翻訳
図書目録
2011-2013

I

総記
人文
社会

日外アソシエーツ

Catalog of Books Translated into Japanese from Foreign Languages

2011-2013

I: General Works, Humanities & Social Sciences

Compiled by

Nichigai Associates, Inc.

本書はディジタルデータでご利用いただくことができます。詳細はお問い合わせください。

●編集担当● 高橋 朝子

2011-2013版の刊行に際して

小社では、翻訳文献を調査・探索するツールの一環として「翻訳図書目録シリーズ」を企画し、1984年末より刊行を続けている。それらを収録期間の年代順に列挙すると次のようになる。

「翻訳図書目録 明治・大正・昭和戦前期」(2006.12 ～ 2007.1刊)

「翻訳図書目録 45/76」(1991.3刊)
「翻訳図書目録 77/84」(1984.11 ～ 12刊)
「翻訳図書目録 84/88」(1988.7刊)
「翻訳図書目録 88/92」(1992.12刊)

「全集・合集収載 翻訳図書目録 45/75」(1996.3 ～ 5刊)
「全集・合集収載 翻訳図書目録 76/92」(1995.4 ～ 8刊)

「翻訳図書目録 92/96」(1997.7刊)
「翻訳図書目録 1996-2000」(2001.1刊)
「翻訳図書目録 2000-2003」(2004.8刊)
「翻訳図書目録 2004-2007」(2008.5刊)

「全集・合集収載 翻訳図書目録 1992-2007」(2009.3刊)

「翻訳図書目録 2008-2010」(2011.6 ～ 7刊)

このシリーズは、当初から「I 総記・人文・社会」「II 科学・技術・産業」「III 芸術・言語・文学」という主題別の3分冊構成を採り、書誌にあたる本文は原著者名アルファベット表記(中国・朝鮮人はカナ表記)を見出しとし、巻末に書名索引、原著者名カナ表記索引を付していた。

「92/96」からは見出しを一般の人々にも使いやすいカナ表記五十音順に改め、別に著者名索引（ABC 順）を付した。また、多数著者の著作を収めた論文集や作品集についても原本調査を行って個別の著者名から引けるようにした。探したい図書がどの分冊に収録されているか判りにくい場合も多いことを考慮して、総索引（著者名（五十音順／ABC 順）／書名／原書名）を新たに別巻として設けたのもこの「92/96」からである。

今回刊行する「2011-2013」は、「92/96」「1996-2000」「2000-2003」「2004-2007」「2008-2010」の方針を踏襲している。本版の収録期間は2011 年 1 月から 2013 年 12 月までの 3 年間である。なお、書誌事項等の調査には主に BOOKPLUS と JAPAN/MARC を使用した。

本書が既刊分と併せて幅広く活用されることを祈りたい。

2014 年 3 月

日外アソシエーツ

凡　例

1．「翻訳図書目録 2011-2013」の構成

次の4分冊で構成される。

Ⅰ　総記・人文・社会

Ⅱ　科学・技術・産業

Ⅲ　芸術・言語・文学

Ⅳ　総索引

本書はその第Ⅰ分冊である。

2．収録対象

2011年1月より2013年12月までに日本国内で刊行された翻訳図書ないしは翻訳を含む図書、および2010年以前に刊行されたもので前版までに収録されなかった翻訳図書や翻訳を含む図書を収録した。これらには日本国内で編訳されたものも含む。

第Ⅰ分冊には、「日本十進分類法」に準拠して、概ね0門～3門に該当する図書（総記・図書館・学術・哲学・宗教・歴史・地理・社会科学・政治・経済・教育・民俗など）を収録している。ただし、情報科学は第Ⅱ分冊に、民話集は第Ⅲ分冊に収めた。収録した図書は5,600冊である。

3．見出し（原著者名）

1) 個人・機関・団体を問わず、著者・編者・作者など原著者名のカナ表記を見出しに立て、判明する限りアルファベット表記または漢字表記を併記した。

2) 機関・団体名の場合は原則、漢字カナ表記を見出しに採用した。

3) 特定の国や地域の法規集などは、その国名・地域名を見出しに立てた。

4) その他、聖書・教典、民話など著者不明の場合は本文の末尾に「無著者」

としてまとめた。

4. 見出しのカナ表記

1) カナ表記は原則として、その図書における表示に従った。ただし図書によって表記が異なる場合は一般的な名を採用し、不採用の名から適宜参照を立てた。

2) 図書にカナ表記がなかった場合は、編集部で妥当と思われるカナ表記を作成し、末尾右肩に「*」マークを付して区別できるようにした。

3) 韓国・朝鮮人名は民族読みを見出しに採用し、日本語読みからの参照を立てた。中国人名は日本語読みを見出しに採用し、民族読みから適宜参照を立てた。

5. 見出しの排列

1) 原著者名の姓の五十音順、名の五十音順とし、姓・名に分けられないものや機関・団体名については全体を姓と見なして排列した。その際、機関・団体名のアルファベット表記もカナに読み下して排列した。

2) 排列にあたって、ヂ→シ、ヅ→スと見なし、長音符は排列上無視した。

6. 図書の排列

見出しの下の図書は刊行年月順に排列し、刊行年月が同じものは書名の五十音順とした。

7. 図書の記載事項

書名／副書名／巻次／各巻書名／各巻副書名／各巻巻次／原書名／著者表示／資料種別表示／版表示／出版地*／出版者／刊行年月／ページ数または冊数／大きさ／叢書名／叢書番号／副叢書名／副叢書番号／叢書責任者表示／注記／定価（刊行時）／ISBN／内容細目または内容タイトル・内容著者表示／文献番号

*出版地が東京の場合は省略した。

8. 著者名索引（ABC 順）

原著者名のアルファベット表記を姓の ABC 順、名の ABC 順に排列し、見出しのカナ表記（機関・団体名の漢字カナ表記）を補記してその掲載頁を指示した。

9．書誌事項等の出所

本目録に掲載した各図書の基本的な書誌事項はデータベース「BOOKPLUS」およびJAPAN/MARCに拠ったが、多数著者の著作を収めた合集や論文集などの細目についてはすべて調査し個別著者とその著作タイトルを掲載した。

【ア】

ア, フウ*　阿 風
◇中国訴訟社会史の研究　夫馬進編　京都　京都大学学術出版会　2011.3　930p　22cm　〈索引あり〉 9600円　①978-4-87698-992-8
内容 清代の京控（阿風著, 井上充幸訳）　〔00001〕

IFRS財団
◇国際財務報告基準（IFRS）―2011年1月1日現在で公表されている基準書等　2011 part A（概念フレームワーク及び要求事項）　IFRS財団編, 企業会計基準委員会, 財務会計基準機構監訳　中央経済社　〔2011〕　1227p　26cm　〈背のタイトル ： IFRS国際財務報告基準　索引あり〉 〔00002〕
◇国際財務報告基準（IFRS）―2011年1月1日現在で公表されている基準書等　2011 part B（付属文書）　IFRS財団編, 企業会計基準委員会, 財務会計基準機構監訳　中央経済社　2011.12　1753p　26cm　〈背のタイトル ： IFRS国際財務報告基準　索引あり〉　〔00003〕
◇国際財務報告基準IFRS　2012PART A　2012年1月1日現在で公表されている基準書等―概念フレームワーク及び要求事項（International Financial Reporting Standards）　IFRS財団編, 企業会計基準委員会, 公益財団法人財務会計基準機構監訳　中央経済社　c2012　1310p　26cm　〈タイトルは奥付等による.標題紙のタイトル ： 国際財務報告基準（IFRSs）　索引あり〉　〔00004〕
◇国際財務報告規準（IFRS）―2011年5月・6月公表　IFRS財団編, 企業会計基準委員会, 財務会計基準機構監訳　特別追補版　中央経済社　2012.1　586p　26cm　〈背のタイトル ： IFRS国際財務報告規準〉 3800円　①978-4-502-44720-4
内容 目的（目的の達成）　範囲　支配（パワー　リターン　パワーとリターンとの関連）　会計処理の要求事項（非支配持分　支配の喪失）　付録（定義された用語　適用指針　発効日及び経過措置　他のIFRSの修正）　〔00005〕
◇国際財務報告基準〈IFRS〉詳説　第1巻（iGAAP 2012 A guide to IFRS reporting（原著第5版））　トーマツ訳　レクシスネクシス・ジャパン　2012.8　1357p　22cm　〈索引あり〉 14000円　①978-4-902625-51-6
内容 国際財務報告基準に関して　財務報告に関する概念フレームワーク　財務諸表の表示　会計方針、会計上の見積りの変更および誤謬　公正価値測定　棚卸資産　有形固定資産　投資不動産　無形資産　資産の減損〔ほか〕　〔00006〕
◇国際財務報告基準〈IFRS〉詳説　第2巻（iGAAP 2012 A guide to IFRS reporting（原著第5版））　トーマツ訳　レクシスネクシス・ジャパン　2012.8　1360p　22cm　〈索引あり〉 14000円　①978-4-902625-52-3　〔00007〕
◇国際財務報告基準〈IFRS〉詳説　第3巻（iGAAP 2012 A guide to IFRS reporting（原著第5版））　トーマツ訳　レクシスネクシス・ジャパン　2012.8　1076p　22cm　〈索引あり〉 13000円　①978-4-902625-53-0
内容 金融商品 ： 範囲　金融商品 ： 金融資産　金融商品 ： 金融負債と資本　金融商品 ： デリバティブ　金融商品 ： 組込デリバティブ　金融商品 ： 測定　金融商品 ： 公正価値測定　金融商品 ： 認識および認識の中止　金融商品 ： ヘッジ会計―基礎　金融商品 ： 複雑なヘッジ会計―設例　金融商品 ： 開示　金融商品 ： 国際税務報告基準の初度適用　金融商品 ： IFRS第9号の経過規程　〔00008〕
◇国際財務報告基準IFRS　2012PART B　2012年1月1日現在で公表されている基準書等―付属文書（International Financial Reporting Standards）　IFRS財団編, 企業会計基準委員会, 公益財団法人財務会計基準機構監訳　中央経済社　2012.12　1958p　26cm　〈タイトルは奥付等による.標題紙のタイトル ： 国際財務報告基準（IFRSs）　索引あり〉　〔00009〕
◇国際財務報告基準IFRS　2013PART A　2013年1月1日現在で公表されている基準書等―概念フレームワーク及び要求事項（International Financial Reporting Standards）　IFRS財団編, 企業会計基準委員会, 公益財団法人財務会計基準機構監訳　中央経済社　c2013　1321p　26cm　〈タイトルは奥付等による.標題紙のタイトル ： 国際財務報告基準〈IFRSs〉 索引あり〉 ①978-4-502-08280-1　〔00010〕
◇国際財務報告基準IFRS　2013PART B　2013年1月1日現在で公表されている基準書等―付属文書（International Financial Reporting Standards）　IFRS財団編, 企業会計基準委員会, 公益財団法人財務会計基準機構監訳　中央経済社　2013.12　1933p　26cm　〈タイトルは奥付等による.標題紙のタイトル ： 国際財務報告基準〈IFRSs〉 索引あり〉 ①978-4-502-08280-1　〔00011〕

アイエンガー, シーナ　Iyengar, Sheena
◇選択日記　シーナ・アイエンガー著, 桜井祐子訳　文芸春秋　2012.7　79p　21cm　〈他言語標題 ： The Choice Diary〉 980円　①978-4-16-375600-4　〔00012〕

アイク, デーヴィッド　Icke, David
◇ムーンマトリックス―人類よ起ち上がれ！　覚醒篇 1　マインドに呪縛された人類～私を嘲笑せよ～（Human race get off your knees）　デーヴィッド・アイク著, 為清勝彦訳　ヒカルランド　2011.9　293p　15cm　（超☆ぴかぴか文庫 006）　724円　①978-4-905027-54-6
内容 第1章 私は「デーヴィッド・アイク」ではない―根源意識の「知ること」に接続せよ！（肉体とは、永遠の根源意識が「体験」を積むための乗り物　この仮想現実の宇宙で、気付くべきは「唯一の心」　私は誰だ？―「物質世界」は我々の脳内に存在しているだけ　ほか）　第2章 壁に嵌め込まれたレンガになるな―静かな声からの直感を得よ！（あなたも私も「一つ」、それが「本当の私」「真の私」　私の生い立ちは、私の旅にとって最適な内容だった　長年の体験から何も学んでいない年老いたバカ　ほか）　第3章 デーヴィッド、どうなってるの？―液体的物質世界に回帰するときが来た！（心の大転換をもたらした霊能者との出会い！　波長の異なる「世界」―並行宇宙が無限にある世界を知る！　「ヒューストンへ、我々は宇宙人との接触に成功した」 ほか）〔00013〕

◇世界覚醒原論―真実は人を自由にする　デーヴィッド・アイク著, アイク翻訳委員会訳　成甲書房　2011.10　379p　20cm　1900円　①978-4-88086-280-4

内容 第1部 操作されるマネー、捏造される危機（金融危機…「大物だけのクラブです、あなたは入れません」パニックの仕掛け人…そして、希望の兆し ほか）　第2部 すぐそこにある世界政府（DARPA―私たちの税金で建設される電子監獄　規則は支配する―決まりは決まり、おわかりかな？ ほか）　第3部 世界に忍び寄る魔の手（食糧危機…飢餓との付き合い方　思想警察に対する恐怖を越えて… ほか）　第4部 スピリチュアル世界の真実（いかにして宗教は人類を奴隷化してきたのか　肉体意識…永遠なる意識 ほか）〔00014〕

◇ムーンマトリックス―人類よ起ち上がれ！　覚醒篇 2　血筋のウェブ（蜘蛛の巣）「ユダヤ」ではない「ロスチャイルド・シオニスト」だ（Human race get off your knees）　デーヴィッド・アイク著, 為清勝彦訳　ヒカルランド　2011.10　297p　15cm　（超☆ぴかぴか文庫 008）　724円　①978-4-905027-65-2

内容 第4章「手がかりを追っていけばよいだけだ…」―操作者の「血筋」はシュメール、バビロンへとさかのぼる！（この世界最大の謎は、シンクロニシティに導かれて解明される！　アトランティスとムー（レムリア）の「黄金の時代」 ほか）　第5章「どうぞ家にお上がりください」と蠅を誘う蜘蛛―蜘蛛の最も重要な執行部隊はロスチャイルド！（イルミナティのネットワークは巨大な蜘蛛の巣―どこからでもからめ取る　イルミナティの重要組織「フェビアン協会」の手口は「全体主義の忍び足」 ほか）　第6章 スパイダーマンたち―「ユダヤ人という発明」を押し進め、利用し尽くすシオニスト/ハザール人の正体（ロックフェラーも配下―ロスチャイルド家という血筋も「蜘蛛」の代理人　ロスチャイルドがユダヤ人―最も残酷な作り話、実はシュメール人！ ほか）　第7章 シオンのメインフレーム（巨大コンピュータ）―ユダヤ人とは関係ない！ ロスチャイルドのシオニズムなのだ!!（ロスチャイルドは「シオニズム」でユダヤ人を詐称し、搾取　ユダヤ人を撲滅するロスチャイルド、サバタイ・ツヴィ、ヤコブ・フランク ほか）〔00015〕

◇ムーンマトリックス―人類よ起ち上がれ！　覚醒篇 3　地球支配の手口「プロブレム・リアクション・ソリューション」これを知っておけばもう騙されない！（Human race get off your knees）　デーヴィッド・アイク著, 為清勝彦訳　ヒカルランド　2011.10　263, 16p　15cm　（超☆ぴかぴか文庫 009）　724円　①978-4-905027-66-9

内容「映画」を現実と思わせる（PRS―本当の行き先を隠すための作り話　ノー・プロブレム、リアクション、ソリューションの実例がイラク侵略　9・11のPRS「40年前の9・11」ノースウッズ作戦は未遂！　ロスチャイルドの指紋だらけの世界貿易センター・ビル「新たな真珠湾」を起草したロスチャイルドの「ネオコン」　画策された「股下爆弾犯」―全身スキャナーの導入　ICTSとテロ事件の奇妙なめぐり合わせ　ブッシュ家の資産の出所は第三帝国　第三次大戦のPRS ほか）〔00016〕

◇ムーンマトリックス―人類よ起ち上がれ！　覚醒篇 4　爬虫類人が残した痕跡～古代からの伝承～（Human race get off your knees）　デーヴィッド・アイク著, 為清勝彦訳　ヒカルランド　2011.11　277p　15cm　（超☆ぴかぴか文庫 010）〈著作目録あり〉724円　①978-4-905027-73-7

内容 第10章 えっ？ やつらの正体は何だって？（イルミナティの血筋は、人類と爬虫類のハイブリッド種　あなたの頭の中にもいるトカゲ―イルミナティほど強烈ではないが…　24時間無休で危険を探し続ける爬虫類脳 ほか）　第11章 蛇崇拝（宗教団体、秘密結社、悪魔組織は「蛇の神々」を崇拝する　最古より世界中にあふれる蛇崇拝　「羽毛のある蛇の土地」―蛇人種が来たりて楽園を分割・支配 ほか）　付録2 あるサタニストの告白（「死の床の告白」で知る悪魔崇拝の深刻な社会浸透　孤独な大学生が眩惑的悪魔世界にどっぷり漬かる　タイフォン暗黒会の高位の女司祭リリス ほか）〔00017〕

◇ムーンマトリックス―人類よ起ち上がれ！　覚醒篇 5　爬虫類人はどこに潜んでいる？ ～第4密度からの操作～（Human race get off your knees）　デーヴィッド・アイク著, 為清勝彦訳　ヒカルランド　2011.11　279p　15cm　（超☆ぴかぴか文庫 011）〈著作目録あり〉724円　①978-4-905027-74-4

内容 第12章 暗号化された真実（蛇人種は暗号と象徴で人類を誑かす　こんにちは、水兵さん―蛇たちのお好みは海事用語 ほか）　第13章 それで、彼らはどこにいるのか？（爬虫類人は「秘密の玄関」で次元間移動する　人間を常食する爬虫類人 ほか）　第14章 宇宙船「月」（「月は観測エラーだ。月は存在しない」　異常なまでの「偶然」―「巨石ヤード」の暗号 ほか）　コラム 日本の「爬虫類神」（レプティリアンはすぐそこにいるこの「事実」をどう説明する？ ほか）〔00018〕

◇ムーンマトリックス―人類よ起ち上がれ！　覚醒篇 6　人間コンピュータと宇宙インターネット（Human race get off your knees）　デーヴィッド・アイク著, 為清勝彦訳　ヒカルランド　2011.12　279p　15cm　（超☆ぴかぴか文庫 013）〈著作目録あり〉724円　①978-4-905027-80-5

内容 第15章 声（ヴォイス）（9・11以降「ありうること」情報が受け入れられつつある！　「神々の植物」アヤフアスカでヴェールを破り取る ほか）　第16章 仮想現実「ゲーム」（真実を覆い隠す重要な役割の「科学」「現実」とは電気信号の読み込み ほか）　第17章 宇宙インターネット（仮想現実宇宙に接続されている肉体コンピュータ　人間は歩き話す水晶―本体は液晶 ほか）　第18章 現実の解読（爬虫類人の陰謀を事前に阻止する!!　「無いもの」、「全てのもの」の「空」から形が生じる ほか）〔00019〕

◇ムーンマトリックス―人類よ起ち上がれ！　覚醒篇 7　月のマトリックス～地球は人間牧場～（Human race get off your knees）　デーヴィッド・アイク著, 為清勝彦訳　ヒカルランド　2012.1　200p　15cm　（超☆ぴかぴか文庫 014）〈著作目録あり〉724円　①978-4-905027-87-4

内容 爬虫類人は太陽からのフォトン情報を改竄―月は爬虫類人の「仮想」宇宙管制センター！　ピラミッド、ストーンヘンジ巨石構造物は月のマトリックスに同調させるため地球レイ・ラインの働きを阻害　親密で相互協力的な人間と動物の関係も分断！―月発信の信号は、右脳の奇跡的な能力・洞察力を抑制　爬虫類人と血筋「塩の契約」―伝導性による人類支配をより容易にする淡水海を塩水海に変えた爬虫類人エネルギーが引き抜かれる分裂（シズム）の具体化が互いに食べ合う「野生の掟」　女の太陽をハイジャック！―爬虫類人と月が人間を堕落させた　20万年前!?月の到着―地質的・生物的地球は破滅、太陽系に惨事月のマトリックスの符号破りが始まった！―「眠れる美女」は目覚めつつある！　監獄「時間の環」、人間を包囲「月の環」のルービー環の人　「出産の苦痛」がもたらされることで、地球は人間捕食者たちの「天国」に！―「楽園」からの追放時、爬虫類脳が埋め込まれた〔ほか〕　〔00020〕

◇ムーンマトリックス―人類よ起ち上がれ！　ゲームプラン篇1　食品・医薬品で心身を攻撃し、人間を疲弊させる（Human race get off your knees）　デーヴィッド・アイク著, 為清勝彦訳　ヒカルランド　2012.2　303p　15cm　（超☆ぴかぴか文庫 016）　〈著作目録あり〉724円　①978-4-905027-98-0

内容　第20章 ゲーム・プラン（1）健康を破壊する「医療」（全て現実社会はそうなるべく設定されている！　健康を破壊する医者―「先生、ありがとう。殺してくれて」 ほか）　第21章 ゲーム・プラン（2）間引きのテクノロジー（何が何でも人口削減だ！―「適正」人口5億人！　免疫システム破壊に好都合なワクチン ほか）　第22章 ゲーム・プラン（3）心に閉じ込め（自閉症）、混乱させる（ADHD）（「8歳までに何とかしろ、そうしないと手遅れになる」　存在しない病気さえ捏造、薬物による殺傷が目的 ほか）　コラム 地球は監獄か畜舎か（為清勝彦）（爬虫類神は『人間の飼い方』という本を読んでいる!?　人類社会を客観視する ほか）　〔00021〕

◇ムーンマトリックス―人類よ起ち上がれ！　ゲームプラン篇2　ロボット人間が相互監視する「すばらしい新世界」（HUMAN RACE GET OFF YOUR KNEES）　デーヴィッド・アイク著, 為清勝彦訳　ヒカルランド　2012.4　311p　15cm　（超☆ぴかぴか文庫 018）　〈著作目録あり〉724円　①978-4-86471-014-5

内容　第23章 ゲーム・プラン（4）正義を破壊する「法律」、知識を破壊する「教育」と「ジャーナリズム」（肉体コンピュータをプログラムする　枝を束ねて斧を振るう―統治の基本　公的議論なしの法律という名の命令 ほか）　第24章 ゲーム・プラン（5）ロボット人間が相互監視するグローバル警察国家（いよいよ目に見えてきた地球監獄化　多様性を押し潰す　第三次世界大戦は世界政府、世界軍への糸口 ほか）　第25章 ゲーム・プラン（6）自由を襲撃する「政府」（着々と強化前進の「監視社会」　インチキの「テロ対策」法―愛国者法（米）、調査権限規制法（英）　制服を着た凶悪犯＋全国市民治安部隊 ほか）　〔00022〕

◇ムーンマトリックス―人類よ起ち上がれ！　ゲームプラン篇3　子供を奪えば未来が手に入る（HUMAN RACE GET OFF YOUR KNEES）　デーヴィッド・アイク著, 為清勝彦訳　ヒカルランド　2012.5　289p　15cm　（超☆ぴかぴか文庫 019）　〈著作目録あり〉724円　①978-4-86471-025-1

内容　第26章 ゲーム・プラン（7）子供を盗む（子供たちを両親から引き離すのが独裁国家の要諦　徹底的に子供を国家管理する ほか）　第27章 ゲーム・プラン（8）役に立つバカ（血筋は蜂の巣心理で昏睡中の管理要員を求人中　役に立つバカ「リーダー」研修所「コモン・パーポス」 ほか）　第28章 かけられた呪文を解け（奴隷ロボット化の「呪文」を解く　鏡に嘘をつく―認知的不協和と否認 ほか）　第29章 分かれ道（爬虫類人の操作は終焉に―巨大な変容の力　「真実の振動」の作用を必死で止めようとしている ほか）　愛のボルテックス（為清勝彦）（苦の感知　未来予言と自己責任 ほか）　〔00023〕

アイケングリーン, バリー　Eichengreen, Barry

◇とてつもない特権―君臨する基軸通貨ドルの不安（EXORBITANT PRIVILEGE）　バリー・アイケングリーン著, 小浜裕久監訳　勁草書房　2012.9　318, 18p　20cm　〈文献あり 索引あり〉2800円　①978-4-326-55070-8

内容　第1章 イントロダクション　第2章 デビュー　第3章 支配　第4章 拮抗する通貨　第5章 危機　第6章 独占の終わり　第7章 ドル・クラッシュ　〔00024〕

アイケンベリー, G.ジョン　Ikenberry, G.John

◇東アジア共同体と日本の戦略―何をどう進めるべきか　国際アジア共同体学会編, 進藤栄一監修　相模原　桜美林大学北東アジア総合研究所　2011.3　107p　21cm　（北東アジア研究叢書ブックレット）　1000円　①978-4-904794-17-3

内容　東アジア共同体構築を推進せよ（ジョン・アイケンベリー, チャールズ・クプチャン著, 鈴木隆訳）　〔00025〕

◇リベラルな秩序か帝国か―アメリカと世界政治の行方　上（Liveral Order and Imperial Ambition）　G.ジョン・アイケンベリー著, 細谷雄一監訳　勁草書房　2012.4　264p　20cm　〈文献あり〉2800円　①978-4-326-35158-9

内容　第1部 コンスティテューショナリズムとリベラルな覇権（アメリカ覇権の起源を再考する　社会化と覇権的パワー　リベラルな国際秩序の性質と源泉　国際関係論におけるコンスティテューショナリズム）　〔00026〕

◇リベラルな秩序か帝国か―アメリカと世界政治の行方　下（Liveral Order and Imperial Ambition）　G.ジョン・アイケンベリー著, 細谷雄一監訳　勁草書房　2012.4　272p　20cm　2800円　①978-4-326-35159-6

内容　第1部 コンスティテューショナリズムとリベラルな覇権（承前）（アメリカのパワーと資本主義的なデモクラシーの帝国）　第2部 単極構造と多国間主義（冷戦後の混乱という誤った通念　覇権を正しく理解するテロ時代のアメリカのグランド・ストラテジー　アメリカの帝国的野心　ネオコンの時代の終わり　アメリカの多国間主義は衰退しているのか）　〔00027〕

◇現代日本の政治と外交　2　日米安全保障同盟―地域的多国間主義　猪口孝監修　原書房　2013.12　403, 4p　21cm　〈文献あり 索引あり〉4800円　①978-4-562-04954-7

内容　制約のある同盟（猪口孝,G.ジョン・アイケンベリー, 佐藤洋一郎著, 小林朋則訳）　〔00028〕

アイザックソン, ウォルター　Isaacson, Walter

◇アインシュタイン―その生涯と宇宙　上巻（Einstein）　ウォルター・アイザックソン著, 二間瀬敏史監訳, 関宗蔵, 松田卓也, 松浦俊輔訳　武田ランダムハウスジャパン　2011.6　428p　20cm　2000円　①978-4-270-00649-8

ア

ア

内容 第1章 光ビームに乗って　第2章 少年時代1879～1896　第3章 チューリッヒ工科大学時代1896～1900　第4章 恋人たち1900～1904　第5章 奇跡の年「量子と分子」1905　第6章 特殊相対性理論1905　第7章 最も幸福な考え1906～1909　第8章 さまよえる教授1909～1914　第9章 一般相対性理論1911～1915　第10章 離婚1916～1919　第11章 アインシュタインの宇宙1916～1919　〔00029〕

◇アインシュタイン―その生涯と宇宙　下巻（Einstein）　ウォルター・アイザックソン著, 二間瀬敏史監訳, 関宗蔵, 松田卓也, 松浦俊輔訳　武田ランダムハウスジャパン　2011.8（第2刷修正版）　476p　20cm　〈文献あり〉2000円　①978-4-270-00650-4

内容 名声　さまよえるシオニスト1920～1921　ノーベル賞受賞者1921～1927　統一場理論1923～1931　転換期の五〇代1929～1931　アインシュタインの神亡命者1932～1933　アメリカ1933～1939　量子のもつれ1935　原爆1939～1945　「一つの世界」論1945～1948　記念碑1948～1953　赤い恐怖1951～1954　最期1955　アインシュタインの脳、アインシュタインの心　〔00030〕

◇スティーブ・ジョブズ―The Exclusive Biography　1（Steve Jobs）　ウォルター・アイザックソン著, 井口耕二訳　講談社　2011.10　445p　20cm　1900円　①978-4-06-217126-7

内容 子ども時代―捨てられて、選ばれる　おかしなふたり―ふたりのスティーブ　ドロップアウト―ターンオン、チューンイン　アタリとインド―禅とゲームデザインというアート　アップル1―ターンオン、ブートアップ、ジャックイン　アップル2―ニューエイジの夜明け　クリスアンとリサ―捨てられた過去を持つ男　ゼロックスとリサ―グラフィカルユーザインターフェース　株式公開―富と名声を手にする　マック誕生―革命を起こしたいと君は言う…〔ほか〕　〔00031〕

◇スティーブ・ジョブズ―The Exclusive Biography　2（Steve Jobs）　ウォルター・アイザックソン著, 井口耕二訳　講談社　2011.11　430p　20cm　1900円　①978-4-06-217127-4

内容 再臨―野獣、ついに時機めぐり来たる　王政復古―今日の敗者も明日は勝者に転じるだろう　シンク・ディファレント―iCEOのジョブズ　デザイン原理―ジョブズとアイブのスタジオ　iMac―hello（again）　CEO―経験を積んでもなおクレージー　アップルストアージーニアスバーとイタリアの砂岩　デジタルハブ―iTunesからiPod　iTunesストアーハーメルンの笛吹き　ミュージックマン―人生のサウンドトラック〔ほか〕　〔00032〕

◇スティーブ・ジョブズ　1（STEVE JOBS）　ウォルター・アイザックソン著, 井口耕二訳　ペーパーバック版　講談社　2012.11　486p　18cm　1000円　①978-4-06-218073-3

内容 子ども時代―捨てられて、選ばれる　おかしなふたり―ふたりのスティーブ　ドロップアウト―ターンオン、チューンイン　アタリとインド―禅とゲームデザインというアート　アップル1―ターンオン、ブートアップ、ジャックイン　アップル2―ニューエイジの夜明け　クリスアンとリサ―捨てられた過去を持つ男　ゼロックスとリサ―グラフィカルユーザインターフェース　株式公開―富と名声を手にするマック誕生―革命を起こしたいと君は言う…　現実歪曲フィールド―自分ルールでプレイする　デザイン―真のアーティストはシンプルに　マックの開発力―旅こそが報いスカリー登場―ペプシチャレンジ発売―宇宙に衝撃を与える　ゲイツとジョブズ―軌道が絡み合うとき　イカロス―のぼりつめれば墜ちるだけ　ネクスト―プロメテウスの解放　ピクサー―テクノロジー・ミーツ・アート　レギュラー・ガイ―凡夫を取り巻く人間模様　『トイ・ストーリー』―バズとウッディの救出作戦　〔00033〕

◇スティーブ・ジョブズ　2（STEVE JOBS）　ウォルター・アイザックソン著, 井口耕二訳　ペーパーバック版　講談社　2012.11　475p　18cm　1000円　①978-4-06-218074-0

内容 再臨―野獣、ついに時機めぐり来たる　王政復古―今日の敗者も明日は勝者に転じるだろう　シンク・ディファレント―iCEOのジョブズ　デザインの原理―ジョブズとアイブのスタジオ　iMac―hello（again）　CEO―経験を積んでもなおクレージー　アップルストアージーニアスバーとイタリアの砂岩　デジタルハブ―iTunesからiPod　iTunesストアーハーメルンの笛吹き　ミュージックマン―人生のサウンドトラック　ピクサーの友人…そして敵　21世紀のマック―アップルを際立たせる　第1ラウンド―メメント・モリ―死を忘れるなかれ　iPhone―三位一体の革命的製品　第2ラウンド―ポストPCの時代に向けて　iPad―ポストPCの時代に向けて　新たな戦い―昔の戦いの余韻　無限の彼方へ さあ行くぞ！―クラウド、宇宙船、そのまた先へ　第3ラウンド―たそがれの苦闘　受け継がれてゆくもの―輝く創造の天空　〔00034〕

アイシンカクラ, フケツ　愛新覚羅 溥傑

◇溥傑自伝―「満州国」皇弟を生きて　愛新覚羅溥傑著, 丸山昇監訳, 金若静訳　改訂新版　河出書房新社　2011.7　373p　20cm　〈年譜あり〉　3000円　①978-4-309-22550-0

内容 第1章 醇親王府　第2章 黄金の幼年時代　第3章 光り輝く広々とした世界への憧れ　第4章 日本留学　第5章 入念に計画された結婚　第6章 「満州国」の崩壊　第7章 ソ連での五年間　第8章 撫順戦犯管理所　第9章 ただいま、北京　第10章 再建された家庭は格別に温かい　第11章 晩年の生活　附 撫順戦犯管理所での溥傑の日記　〔00035〕

アイスキネス　Aischinēs

◇弁論集　アイスキネス〔著〕, 木曽明子訳　京都　京都大学学術出版会　2012.10　451, 22p　20cm（西洋古典叢書 G074　内山勝利, 大戸千之, 中務哲郎, 南川高志, 中畑正志, 高橋宏幸編集委員）〈付属資料：8p：月報 95　布装　文献あり 年表あり 索引あり〉4200円　①978-4-87698-198-4

内容 第1弁論 ティマルコス弾劾　第2弁論 使節職務不履行について　第3弁論 クテシポン弾劾　アイスキネスの古伝「伝記」　〔00036〕

アイセル, ディーター

◇各国における分権改革の最新動向―日本, アメリカ, イタリア, スペイン, ドイツ, スウェーデン　山田徹, 柴田直子編　公人社　2012.9　118p　21cm　1500円　①978-4-86162-087-4

内容 ドイツにおける連邦制改革（ディーター・アイセル著, 諸坂佐利訳）　〔00037〕

アイドゥン, ジェミル

◇アジア主義は何を語るのか―記憶・権力・価値

松浦正孝編著　京都　ミネルヴァ書房　2013.2　671, 6p　22cm　〈索引あり〉8500円　①978-4-623-06488-5

内容 グローバルなアジア主義における「ムスリム世界」(ジェミル・アイドゥン執筆, 浜由樹子訳)　〔00038〕

アイトマン, デビッド・K.　Eiteman, David K.

◇国際ビジネスファイナンス (Multinational business finance (12 ed.))　デビッド・K.アイトマン, アーサー・I.ストーンヒル, マイケル・H.モフェット著, 久保田政純, 真殿達監訳　〔柏〕　麗沢大学出版会　2011.12　719p　24cm　〈索引あり　発売 : 広池学園事業部(柏)〉10000円　①978-4-89205-607-9

内容 第1部 国際財務を取り巻く環境　第2部 外国為替理論と市場　第3部 外国為替リスク　第4部 多国籍企業の資金調達　第5部 海外投資の意思決定　第6部 国際業務管理　〔00039〕

アイバーソン, ケン　Iverson, Ken

◇逆境を生き抜くリーダーシップ (Plain talk)　ケン・アイバーソン著, 近藤隆文訳　海と月社　2011.7　195p　19cm　〈『真実が人を動かす』(ダイヤモンド社1998年刊)の新訳〉1600円　①978-4-903212-28-9

内容 1「長期の」利益を全員の目標に　2 意思決定は現場にまかせろ　3 社員はすべて平等だ　4 進歩は従業員から生まれる　5 やる気を生む給料とは　6 小さいことはいいことだ　7 リスクをとれ！　8「ビジネス」と「倫理」の関係　9 成功は「シンプル」の先に　エピローグ ビジネススクールへの提言　〔00040〕

アイファート, ゲオルグ・H.　Eifert, Georg H.

◇不安・恐れ・心配から自由になるマインドフルネス・ワークブック―豊かな人生を築くためのアクセプタンス&コミットメント・セラピー〈ACT〉(The Mindfulness & Acceptance Workbook for Anxiety)　ジョン・P.フォーサイス, ゲオルグ・H.アイファート著, 熊野宏昭, 奈良元寿監訳　明石書店　2012.8　283p　26cm　〈訳 : 西川美樹ほか　文献あり〉3000円　①978-4-7503-3657-2

内容 1 新たな旅の準備をしましょう(いつもと違う結果を得るために新たな道を選びましょう　あなたは一人ではありません―不安と不安障害を理解する　問題の核心「恐怖や不安を避けて生きること」と向き合う　不安と不安障害にまつわる俗説　過去の俗説を捨て、新たな道を切りひらこう)　2 新たな旅を始めましょう(人生に責任をもつコストと向き合う　不安に対処することと充実した人生を送ることのどちらが大切か　解決策は不安との闘いをやめること　自分の選択・行動・運命をコントロールする　マインドフルなアクセプタンスとともに人生に熱中する　マインドフルなアクセプタンスを学ぶ)　3 自分の人生を取り戻して生きていきましょう(自分の人生をコントロールする　あなたにとっての価値を見つける　マインドフルなアクセプタンスとともに不安に向き合う準備をする　あなたの不安に思いやりを向ける　ありのままの自分でいることに満足する　判断するマインドとともにいることに満足する　価値ある人生に向かって　あきらめずにやり抜く)　〔00041〕

アイフェルト, クリスティアーネ

◇ヴァイマル イン ベルリン―ある時代のポートレート (Weimar in Berlin)　マンフレート・ゲルテマーカー, プロイセン文化財団映像資料館編, 岡田啓美, 斎藤尚子, 茂幾保代, 渡辺芳子訳　三元社　2012.3　219p　25cm　〈年表あり　索引あり　文献あり〉5800円　①978-4-88303-301-0

内容 新しい女性(クリスティアーネ・アイフェルト著, 茂幾保代訳)　〔00042〕

アイヤー, ピコ　Iyer, Pico

◇日本の未来について話そう―日本再生への提言 (Reimagining Japan)　マッキンゼー・アンド・カンパニー責任編集, クレイ・チャンドラー, エアン・ショー, ブライアン・ソーズバーグ編著　小学館　2011.7　416p　19cm　1900円　①978-4-09-388189-0

内容 たとえ多くが変わっても(ピコ・アイヤー著)　〔00043〕

アインシュタイン, アルバート　Einstein, Albert

◇アインシュタイン希望の言葉　アルバート・アインシュタイン〔述〕, 志村史夫監修・訳　ワニ・プラス　2011.11　175p　20cm　〈英文併記　文献あり 年表あり　発売 : ワニブックス〉1300円　①978-4-8470-9024-0

内容 序章 アインシュタインちょいかじり　第1章 科学 科学は人を幸せにするか？　第2章 真価―人間の価値とは？　第3章 愛―愛する、愛される喜び　第4章 才能―自己評価 アインシュタイン自身のこと　第5章 学び―教え、教わる大切さ　第6章 神秘―宇宙 神 そして芸術　対談 アインシュタインとタゴール　〔00044〕

アーヴァイン, ウィリアム・B.　Irvine, William Braxton

◇良き人生について―ローマの哲人に学ぶ生き方の知恵 (A Guide to the Good Life)　ウィリアム・B.アーヴァイン著, 竹内和世訳　白揚社　2013.10　301p　20cm　〈文献あり〉2500円　①978-4-8269-9053-0

内容 第1部 ストア哲学の勃興(哲学は人生に関心を持つ　最初のストイック ほか)　第2部 ストアの心理テクニック(ネガティブ・ビジュアリゼーション―起こり得る最悪のこととは？　コントロールの二分法―無敵となることについて ほか)　第3部 ストアのアドバイス(義務―人類を愛することについて　社会的関係―他者への対処について ほか)　第4部 現代のためのストア哲学(ストア哲学の衰退　ストア哲学再考 ほか)　〔00045〕

アヴィグドル, B.S.　Avigdor, Barrett S.

◇幸せなリーキングマザーになる方法―ポジティブ心理学で手に入れる最高のワークライフバランス (What happy working mothers know)　C.L.グリーンバーグ,B.S.アヴィグドル著, 森田由美訳　NTT出版　2011.7　272p　19cm　1900円　①978-4-7571-2264-2

内容 第1章 幸せは贅沢品ではなく、必需品　第2章 幸せの科学的根拠　第3章 HAPPYになる五つの法則　第4章 罪悪感を捨てよう　第5章 母親が幸せなら家族も幸せ　第6章 でも、子どもは大丈夫？　第7章 つらいときは助けてもらおう　第8章 ブレない自分になる　第9章 あなただけのストーリー―ハッピーエンドを目指して　〔00046〕

アヴィセンナ　Avicenna

◇魂について―治癒の書自然学第六篇　イブン・シーナー著, 木下雄介訳　知泉書館　2012.10　323, 29p　22cm　〈文献あり 索引あり〉6500円　①978-4-86285-141-3

内容 第1部（全五章）（魂の確立と魂であるかぎりにおける魂の定義　古人たちが魂と魂の実体について述べたことの記述とその論破 ほか）　第2部（全五章）（植物的魂に関係のある諸能力の確認　我々にそなわる各種の知覚作用の確認 ほか）　第3部 視覚（全八章）（光、透明体、色彩　明るみは物体ではなく物体に生じる質であること、また明るみと光線にかんする諸説と疑問 ほか）　第4部 内部感覚（全四章）（動物にそなわる内部感覚の概説　これれの内部感覚に属する形相化能力と思考能力の諸作用、および眠りと覚醒、正夢と逆夢、ある種の預言者的諸特性の議論 ほか）　第5章（全八章）（人間にそなわる能動作用と受動作用の諸特性、および人間的魂にそなわる思弁と実践の諸能力の説明　理性的魂が物質的素材に押印されずに存立することの確立 ほか）〔00047〕

アーウィン, ウィル　Irwin, Will

◇特殊部隊ジェドバラ―ヨーロッパ解放の陰の立役者　ウィル・アーウィン著, 村上和久訳　並木書房　2011.4　331p　19cm　2200円　①978-4-89063-270-1

内容 戦闘準備　虎穴に入る　べつな形の戦争　「状況は切迫している」　サバイバル　サフレのマキ　ブルターニュ地方の解放　「そんなものは無視しろ！」　ピカルディーの雨の夜　リヴィエラに戦争がやってきた　フランス国内軍のウクライナ兵　第三帝国の戸口で〔00048〕

アーウィン, キャシー　Urwin, Cathy

◇子どもの心理療法と調査・研究―プロセス・結果・臨床的有効性の探求（Child psychotherapy and research）　ニック・ミッジリー, ジャン・アンダーソン, イブ・グレンジャー, ターニャ・ネシッジ・プコビッチ, キャシー・アーウィン編著, 鵜飼奈津子監訳　大阪　創元社　2012.2　287p　22cm　〈索引あり　文献あり〉5200円　①978-4-422-11524-5

内容 子どもの心理療法における臨床的効果を評価するための質的枠組み：治療に対する希望と期待（HETA）（Cathy Urwin著, 金沢晃訳）〔00049〕

アーウィン, スティーヴ　Erwin, Steve

◇ゆるしへの道―ルワンダ虐殺から射してくる、ひとすじの光（LED BY FAITH）　イマキュレー・イリバギザ, スティーヴ・アーウィン著, 原田葉子訳　女子パウロ会　2013.5　302p　19cm　1400円　①978-4-7896-0721-6

内容 生かされて　荒廃した地で　聖母マリア　平安と祈り　無条件の愛　新たな痛み　難民も殺人者も湖を渡る　奇跡を待ち望む　夢がかなう　職場での駆け引き　パワー・ハラスメント　戻ってきたボーイフレンド　愛の軍勢　ハチと祝福　故郷を離れる　アメリカに　世界がわたしのストーリーに耳を傾ける〔00050〕

アウエハント, C.　Ouwehand, Cornelius

◇鯰絵―民俗的想像力の世界（NAMAZU-E AMD THEIR THEMES）　C.アウエハント著, 小松和彦, 中沢新一, 飯島吉晴, 古家信平訳　岩波書店　2013.6　601, 38p　15cm　（岩波文庫 34-227-1）〈せりか書房 1979年刊の再刊　文献あり 索引あり〉1440円　①978-4-00-342271-7

内容 第1部 鯰絵への招待（鯰絵　伝説　破壊者 - 救済者としての鯰）　第2部 さまざまなテーマ（石と鯰　瓢箪鯰　テーマの構造）　第3部 隠れた意味（テーマ・シンボル・構造　危機的出来事としての地震）〔00051〕

アウグスタイン, コルネリス

◇宗教改革者の群像　〔マルティン・グレシャト〕〔編〕, 日本ルター学会編訳　知泉書館　2011.11　449, 18p　22cm　〈索引あり　文献あり〉8000円　①978-4-86285-119-2

内容 ロッテルダムのエラスムス（コルネリス・アウグスタイン著, 金子晴勇訳）〔00052〕

アウグスティヌス〈聖〉　Augustinus, Aurelius, Saint, Bp.of Hippo

◇アジアの顔のキリスト　ホアン・カトレット編, 高橋敦子訳　名古屋　新世社　2010.10　175, 32p　16cm　〈文献あり〉1200円　①978-4-88382-100-6

内容 夜の祈り（聖アウグスティヌス）〔00053〕

◇アウグスティヌス著作集　20/1　詩編注解　5　アウグスティヌス〔著〕　中川純男, 鎌田伊知郎, 泉治典, 林明弘訳　教文館　2011.3　749, 4p　22cm　7400円　①978-4-7642-3020-0

内容 第101-122編〔00054〕

◇ちくま哲学の森　3　悪の哲学　鶴見俊輔, 安野光雅, 森毅, 井上ひさし, 池内紀編　筑摩書房　2011.11　431p　15cm　1200円　①978-4-480-42863-9

内容 仲間と犯した窃盗のこと（アウグスティヌス著, 山田晶訳）〔00055〕

◇古代教会の説教　小高毅編　教文館　2012.1　347p　21cm　（シリーズ・世界の説教）　3400円　①978-4-7642-7335-1

内容 〔アウグスティヌス〕（アウグスティヌス）〔00056〕

◇告白録（Sancti Augustini confessionum libri）　アウグスティヌス〔著〕, 宮谷宣史訳　教文館　2012.2　662, 5p　22cm　（キリスト教古典叢書）〈年表あり〉4800円　①978-4-7642-1804-8

内容 幼少年時代（〇 - 一五歳）の回顧と告白　青年時代（一六歳）の回顧と告白　青年時代（一六 - 一九歳）の回顧と告白　青年時代（一九 - 二八歳）の回顧と告白　青年時代（二九歳）の回顧と告白　青年時代（三〇歳）の回顧と告白　壮年時代（三一歳）の回顧と告白　壮年時代（三二歳）の回顧と告白　ミラノにおける洗礼とオスティアでの母モニカの死―三八六 - 三八七年　現在の告白、記憶の問題、誘惑の問題　神による創造と時間の問題　聖書の神による創造に関する記述（創世記一章一 - 二節）の解釈　創世記にある創造物語の比喩的解釈〔00057〕

◇アウグスティヌス著作集　別巻1　書簡集　1　アウグスティヌス〔著〕　金子晴勇訳　教文館　2013.2　379, 3p　22cm　〈年譜あり〉5200円　①978-4-7642-3035-4

内容 第1部 三八六 - 三九五年―ミラノの回心からヒッポの副司教就任まで（ゼノビウスへの手紙　ネブリディウスへの手紙　ロマニアスへの手紙　マクシムスか

らの手紙 ほか）　第2部 三九六 - 四一〇年—司教就任から西ゴート族によるローマ攻略まで（エウセビウスへの手紙　シンプリキアヌスへの手紙　プロフトゥルスへの手紙　ヒエロニュムスへの手紙（二）「ヒロエニュムスの聖書解釈を巡って」 ほか）〔00058〕

◇アウグスティヌス著作集　別巻2　書簡集　2　アウグスティヌス〔著〕　金子晴勇訳　教文館　2013.4　465, 29p　22cm　〈年譜あり 索引あり〉　6000円　①978-4-7642-3036-1

内容 第3部 411 - 430年—カルタゴ協議会からペラギウス派論争を経て死に至るまで（アルビナ、ピニアヌス、メラニアへの手紙　ピニアヌスの義母アルビナへの手紙　ローマの高官マルケリヌスへの手紙　富裕なローマ人寡婦プロバへの手紙 ほか）　第4部 新しく発見された書簡（フィルムスへの手紙　アレクサンドリアの司教キュリロスへの手紙　コンスタンティノポリスの司教アティックスへの手紙　アリピウスへの手紙 ほか）〔00059〕

アウスゲイル・ジョウンソン　Ásgeir Jónsson

◇アイスランドからの警鐘—国家破綻の現実（Why Iceland？）　アウスゲイル・ジョウンソン著, 安喜博彦訳　新泉社　2012.12　332, 17p　20cm　2600円　①978-4-7877-1217-2

内容 序章 炭鉱のカナリア　第1章 アイスランドの謎　第2章 バンキング・システムの誕生　第3章 バンキング帝国への変貌　第4章 ガイザー（間歇泉）・クラインス　第5章 バブルを生きる　第6章 地獄への道　第7章 国家破綻の現実　第8章 ロスト・イン・アイスランド　終章 テムズ川沿いのレイキャビク〔00060〕

アウティオ, ヴェリ・マッティ

◇グローバル化のなかの企業文化—国際比較調査から　石川晃弘, 佐々木正道, 白石利政, ニコライ・ドリャフロフ編著　八王子　中央大学出版部　2012.2　382p　22cm　（中央大学社会科学研究所研究叢書 25）　4600円　①978-4-8057-1326-6

内容 信頼資本の変化（ヴェリ・マッティ・アウティオ著, 石川晃弘訳）〔00061〕

アヴリル, ピエール

◇フランス憲政学の動向—法と政治の間 Jus Politicum　山元一, 只野雅人編訳　慶応義塾大学出版会　2013.8　313p　22cm　7000円　①978-4-7664-2063-0

内容 フランスにおけるいくつかの憲法問題に憲法習律〈convention de la constitution〉の観念を適用すること（ピエール・アヴリル著, 徳永貴志訳）〔00062〕

アウリレネ, エレーナ

◇満洲の中のロシア—境界の流動性と人的ネットワーク　生田美智子編　横浜　成文社　2012.4　300p　22cm　3400円　①978-4-915730-92-4

内容 中国におけるロシア亡命者文化の運命の地域的要因（エレーナ・アウリレネ著, 阪本秀昭訳）〔00063〕

アウレリウス　Aurelius Antoninus, Marcus

◇〈超訳〉古代ローマ三賢人の言葉　キケロ, セネカ, アウレリウス著, 金森誠也, 長尾剛訳　PHP研究所　2012.6　237p　20cm　〈他言語標題：THREE ROMAN PHILOSOPHERS SPEAK ON THE WAY OF HUMAN LIFE〉 1500円　①978-4-569-80491-0

内容 賢く生きる　自己と向き合う　人間というもの　友情とは何か　愛と幸福をめざす　老いもまた楽し　人間関係に強くなる　働く喜びを知る　死について考える　逆境を乗り越える　どう学ぶか、何を学ぶか　善と悪のはざま　よりよい人生のために　古代ローマ三賢人について〔00064〕

アウン・サン・スー・チー　Aung San Suu Kyi

◇絆こそ、希望の道しるべ—命あるかぎり、あきらめない　アウン・サン・スー・チー述, 栗原富雄取材・構成　ケーズ・パブリッシング　2011.10　116p　19cm　1200円　①978-4-905395-02-7

内容 第1章 日本への揺るぎない想い—日本との“絆”（ビルマと日本との歴史的な関係　過去から学び新たな関係を ほか）　第2章 私の愛する家族への想い—家族との“絆”（父、アウン・サンのこと　父に飛びついて抱きかかえられた記憶 ほか）　第3章“生きる”という意味と責任—人々との“絆”（母の病いでビルマに戻る　民主化運動の静かな支持者でいたかった ほか）　第4章 女性として、人間としてなすべきこと—苦境に立つ人々との“絆”（軟禁で世界中の関心が集まる　信頼できると確信をもつ人との出会い ほか）〔00065〕

◇新ビルマからの手紙—1997～1998/2011　アウンサンスーチー著, 土佐桂子, 永井浩, 毎日新聞外信部訳　毎日新聞社　2012.3　205p　20cm　〈年表あり〉 1500円　①978-4-620-32119-6

内容 第1章 1997年1月6日～1998年6月1日（新年事始め　独立から連邦へ　夏　闘う女孔雀 ほか）　第2章 2011年1月1日～12月24日（今日と向き合おう　名もなき英雄たちよ　動物の話　日本のみなさまへ ほか）〔00066〕

◇ビルマからの手紙—1995～1996　アウンサンスーチー著, 土佐桂子, 永井浩訳　増補復刻版　毎日新聞社　2012.3　246p　20cm　1500円　①978-4-620-32122-6

内容 ターマニャ山への道　ターマニャ山にて　孔雀と竜　篭の外の若い鳥　朝食の憂鬱　ラングーンのクリスマス　新年の覚書　独立記念日のアニェイン　経済政策覚書　月と季節〔ほか〕〔00067〕

◇自由—自ら綴った祖国愛の記録（FREEDOM FROM FEAR）　アウンサンスーチー〔著〕,〔マイケル・アリス〕〔編〕, 柳沢由実子訳　角川書店　2012.6　451p　15cm　（角川文庫 ア14-1）〈発売：角川グループパブリッシング〉 952円　①978-4-04-100346-6

内容 第1部 わたしが受け継いだもの（わたしの父、アウンサン　わたしの祖国、そしてビルマの人びと　植民地統治下のビルマとインドの知的活動 ほか）　第2部 わたしはなぜ戦っているのか（民主主義を求めて　恐怖からの自由　「ボ」のほんとうの意味 ほか）　第3部 アウンサンスーチーを支えるもの（スーの魂が花と開いて（マ・タンイー）　ビルマ人、スー（アン・パステルナーク・スレーター）　アウンサンスーチーはビルマを救う女性か（ジョセフ・シルバースタイン）ほか）〔00068〕

アオキ, マサナオ

◇マクロ進化動学と相互作用の経済学—エントロピー, 縮退, 複数均衡, 異質的経済主体, 相互作用の道具箱（New approaches to macroeconomic modeling）　マサナオ・アオキ著, 有賀裕二監訳,

ア

青木正直訳　八王子　中央大学出版部　2011.3　401p　22cm　(中央大学企業研究所翻訳叢書 12)〈文献あり 索引あり〉5000円　①978-4-8057-3311-0

内容 第1部 概論(序論　わかりやすく示唆に富んだ例　経験分布—マクロ経済学の統計法則 ほか)　第2部 相互作用のモデル化(相互作用のモデル化1—飛躍型マルコフ過程　相互作用のモデル化2—マスター方程式と場の効果　相互作用のモデル化3—対および複数対の相互作用)　第3部 階層の動学と臨界現象(ゆっくりとした動学と階層型状態空間　経済モデルにおける自己組織的およびその他の臨界現象)　〔00069〕

アオキ, マサヒコ　青木 昌彦

◇コーポレーションの進化多様性—集合認知・ガバナンス・制度 (Corporations in evolving diversity)　青木昌彦著, 谷口和弘訳　NTT出版　2011.3　278p　22cm　(叢書《制度を考える》)〈文献あり 索引あり〉3400円　①978-4-7571-2261-1

内容 第1章 序 : コーポレーションとは何か　第2章 コーポレーションの集合認知・自己統治の多様なフレーム(アーキテクチャ的視点とガバナンス的視点の統合　認知的視点の導入の理由と方法　組織アーキテクチャの基本要素　コーポレーションの集合認知・ガバナンスの5つの基本様式　社会・組織間・組織レベルでの組織ゲームのフレーム)　第3章 コーポレーションがプレイする政治・社会関係ゲーム(経済学を超えて　社会ルールのヒューリスティクス　政治的ガバナンスとコーポレート・ガバナンスの制度的補完性　コーポレーションを埋め込む社会的交換)　第4章 社会ゲームのルールの進化(制度分析の論争点　共有認知フレームとしての社会ルール　さまざまな社会ルールの共進化)　第5章 会社経済のランドスケープの進化多様性(「失われた10年」のあいだに日本の会社には何がおきたのか　多様性に向かうグローバルな収斂か　総括 : 「歴史の終わり」はありえない)　〔00070〕

アガスティア, シュリ　Agasthiya, Sri

◇未来予言2015　シュリ・アガスティア, KomiyaKoji著　ゴマブックス　2012.2　203p　18cm　700円　①978-4-7771-1567-9

内容 次に起こる超巨大地震　アガスティア地震対策　放射能の恐怖　大恐慌・世界システムの崩壊　予言のしくみ　アガスティア驚異の長期予言 二〇一二～二〇四八年　〔00071〕

アカロフ, ジョージ・A.　Akerlof, George A.

◇アイデンティティ経済学 (Identity economics)　ジョージ・A.アカロフ, レイチェル・E.クラントン著, 山形浩生, 守岡桜訳　東洋経済新報社　2011.8　200, 52p　20cm　〈文献あり 索引あり〉2200円　①978-4-492-31414-2

内容 第1部 経済学とアイデンティティ(はじめに　アイデンティティ経済学　ロゼッタストーン　今日の経済学での位置づけ)　第2部 仕事と学校(アイデンティティと組織の経済学　アイデンティティと教育経済学)　第3部 性別と人種(性別と仕事　人種とマイノリティの貧困)　第4部 今後の展望(アイデンティティ経済学と経済学の方法論　結論、そしてアイデンティティが経済学を変える五つのやり方)　〔00072〕

アガンベン, ジョルジョ　Agamben, Giorgio

◇民主主義は、いま?—不可能な問いへの8つの思想的介入 (Democratie, dans quel etat ?)　ジョルジョ・アガンベン, アラン・バディウ, ダニエル・ベンサイード, ウェンディ・ブラウン, ジャン＝リュック・ナンシー, ジャック・ランシエール, クリスティン・ロス, スラヴォイ・ジジェク著, 河村一郎, 沢里岳史, 河合孝昭, 太田悠介, 平田周訳　以文社　2011.2　230p　20cm　2500円　①978-4-7531-0287-7

内容 民主主義概念に関する巻頭言(ジョルジョ・アガンベン著, 太田悠介訳)　〔00073〕

◇事物のしるし—方法について (Signatura rerum)　ジョルジョ・アガンベン著, 岡田温司, 岡本源太訳　筑摩書房　2011.5　184, 11p　20cm　〈文献あり 索引あり〉2600円　①978-4-480-84718-8

内容 第1章 パラダイムとはなにか　第2章 しるしの理論　第3章 哲学的考古学　〔00074〕

◇開かれ—人間と動物 (L'aperto)　ジョルジョ・アガンベン著, 岡田温司, 多賀健太郎訳　平凡社　2011.10　239p　16cm　(平凡社ライブラリー 745)〈文献あり〉1300円　①978-4-582-76745-2

内容 動物人　無頭人　スノッブ　分接の秘儀　至福者たちの生理学　経験的認識　分類学　序列なし　人類学機械　環世界　ダニ　世界の窮乏　開かれ　深き倦怠　世界と大地　動物化　人類創生　あいだ　無為　存在の外で　〔00075〕

◇裸性 (Nudità)　ジョルジョ・アガンベン著, 岡田温司, 栗原俊秀訳　平凡社　2012.5　221p　20cm　(イタリア現代思想 *1)〈文献あり〉2600円　①978-4-582-70342-9

内容 創造と救済　同時代人とは何か?　K　亡霊にかこまれて生きることの意義と不便さ　しないでいられることについて　ペルソナなきアイデンティティ　裸性　天の栄光に浴した肉体　牛のごとき空腹—安息日、祭日、無為をめぐる考察　世界の歴史の最終章　〔00076〕

◇到来する共同体 (La comunità che viene)　ジョルジョ・アガンベン著, 上村忠男訳　調布　月曜社　2012.8　153p　18cm　(叢書・エクリチュールの冒険)　1800円　①978-4-901477-97-0

内容 なんであれかまわないもの　リンボから　見本　生起　個体化の原理　くつろぎ　マネリエス　悪魔的なもの　バートルビー　取り返しがつかないもの　倫理　ディム・ストッキング　光背　偽名　階級のない社会　外　同名異義語　シェキナー　天安門　取り返しがつかないもの　〔00077〕

アキタ, ジョージ　Akita, George

◇「日本の朝鮮統治」を検証する—1910-1945　ジョージ・アキタ, ブランドン・パーマー著, 塩谷紘訳　草思社　2013.8　310p　20cm　2600円　①978-4-7942-1997-8

内容 1 統治史研究の最前線　2 統治の実相　3 統治と司法　4 日本の統治と近代化　5 軍人と文官　6 統治政策の評価　〔00078〕

アギーレ, アダルベルト, Jr.　Aguirre, Adalberto, Jr.

◇アメリカのエスニシティ—人種的融和を目指す多民族国家 (AMERICAN ETHNICITY (原著第5

版））　アダルベルト・アギーレ・ジュニア, ジョナサン・H.ターナー著, 神田外語大学アメリカ研究会訳　明石書店　2013.1　550p　21cm　〈文献あり〉4800円　①978-4-7503-3742-5

内容 第1章 エスニシティとエスニック関係　第2章 エスニックの関係性についての解釈　第3章 アングロサクソン中心とエスニシティに基づく対立　第4章 白人系エスニック・グループ　第5章 アフリカ系アメリカ人　第6章 先住アメリカ人　第7章 ラティーノ　第8章 アジア系・太平洋諸島系アメリカ人　第9章 アラブ系アメリカ人　第10章 アメリカにおけるエスニシティの将来　〔00079〕

アーキン, ウィリアム　Arkin, William M.

◇トップシークレット・アメリカ―最高機密に覆われる国家（TOP SECRET AMERICA）　デイナ・プリースト, ウィリアム・アーキン著, 玉置悟訳　草思社　2013.10　357p 図版16p　20cm　〈文献あり〉2600円　①978-4-7942-2009-7

内容 永遠に続く警戒態勢　トップシークレット・アメリカ　あなた方が知る必要があるのはそれだけだ　神に誓って偽りは申しません　地図に出ていないアメリカの地理　巨大政府と情報のジャングル　一つの国に地図は一つ　不審な行動を通報せよ　機密を扱う人たち　対テロビジネス　無人機作戦　暗黒物質　一つの時代の終焉　〔00080〕

アクアローネ, ステラ

◇母子臨床の精神力動―精神分析・発達心理学から子育て支援へ（Parent-infant psychodynamics）　ジョーン・ラファエル‐レフ編, 木部則雄監訳, 長沼佐代子, 長尾牧子, 坂井直子, 金沢聡子訳　岩崎学術出版社　2011.11　368p　22cm　〈索引あり〉6600円　①978-4-7533-1032-6

内容 乳幼児期の授乳や食事に関する障害（ステラ・アクアローネ著, 長沼佐代子訳）　〔00081〕

アグエイアス, ホゼ

◇どんな時代が来るのか―2012年アセンション・マニュアル（The mystery of 2012）　タミ・サイモン編著, 菅靖彦, 田中淳一, 堤康一郎訳　風雲舎　2011.4　287p　19cm　1800円　①978-4-938939-64-9

内容 マヤン・ファクター（ホゼ・アグエイアス著）　〔00082〕

アクスト, ダニエル　Akst, Daniel

◇なぜ意志の力はあてにならないのか―自己コントロールの文化史（We have met the enemy）　ダニエル・アクスト著, 吉田利子訳　NTT出版　2011.8　398p　20cm　〈文献あり 索引あり〉2800円　①978-4-7571-4264-0

内容 過剰の民主主義　病的な過剰　自分を叱咤して便利な発明のコスト　繁栄の代価　自己コントロールと社会の変化　古代ギリシャの人々はどう考えていたか　マシュマロ・テスト　熾烈な内輪もめ　心と身という問題　自己コントロール、自由意思、その他の矛盾　オデュッセウスと伝書バト　激情による犯罪　依存、衝動、選択　明日があるから　自由気ままに　政府と自律　自分のゴッドファーザーになる　現在を楽しめ　〔00083〕

アクトン, アルフレッド　Acton, Alfred

◇スヴェーデンボリの準備（Swedenborg's preparation）　アルフレッド・アクトン著, 鈴木泰之訳　スヴェーデンボリ出版　2012.2　48p　19cm　700円　①978-4-9905656-9-5　〔00084〕

アクトン, ハロルド　Acton, Harold

◇メディチ家の黄昏（The last Medici）　ハロルド・アクトン著, 柴野均訳　白水社　2012.2　439, 22p　20cm　〈索引あり　文献あり　著作目録あり〉3800円　①978-4-560-08192-1

内容 コジモ三世の誕生　フェルディナンド二世の性格　彼の情熱　科学の発展　思春期前期のコジモ三世　フィレンツェの宮廷　ジャン・カルロ枢機卿　コジモの結婚をめぐる計画　マルグリット・ルイーズ・ドルレアン　コジモの結婚のための交渉〔ほか〕　〔00085〕

アグニュー, トム　Agnew, Thomas George Arnold

◇エンゲージメント革命―フラストレーションから社員を解放する（THE ENEMY OF ENGAGEMENT）　マーク・ロイヤル, トム・アグニュー著, 市川幹人訳　生産性出版　2012.10　254p　21cm　2400円　①978-4-8201-2002-5

内容 何かが起こっている　フラストレーション　バーネット社に広がる職場のフラストレーション　意欲溢れる社員の能力を引き出す　少ないインプットで多くの成果を達成　入社時の意欲の維持　軌道修正　社員を活かす環境を理解する　社員を活かす環境の整備　診断と処方　成功の兆し　マネージャーは組織変革の推進者　〔00086〕

アークハート, ブライアン　Urquhart, Brian

◇世界平和への冒険旅行―ダグ・ハマーショルドと国連の未来（The Adventure of Peace）　ステン・アスク, アンナ・マルク＝ユングクヴィスト編, ブライアン・アークハート, セルゲイ・フルシチョフ他著, 光橋翠訳　新評論　2013.7　358p　20cm　〈文献あり 年譜あり〉3800円　①978-4-7948-0945-2

内容 なぜ、ダグ・ハマーショルドを国連事務総長にしたのか？（ブライアン・アークハート著）　〔00087〕

アグラス, W.スチュワート

◇認知行動療法という革命―創始者たちが語る歴史（A HISTORY OF THE BEHAVIORAL THERAPIES（抄訳））　ウィリアム・T.オドナヒュー, デボラ・A.ヘンダーソン, スティーブン・C.ヘイズ, ジェーン・E.フィッシャー, リンダ・J.ヘイズ編, 坂野雄二, 岡島義監訳, 石川信一, 金井嘉宏, 松岡紘史訳　日本評論社　2013.9　283p　21cm　〈文献あり〉3000円　①978-4-535-98362-5

内容 行動医学の発展（W.スチュワート・アグラス著, 松岡紘史訳）　〔00088〕

アグラワル, アルン

◇コモンズのドラマ―持続可能な資源管理論の15年（The Drama of the COMMONS）　全米研究評議会,Elinor Ostrom,Thomas Dietz,Nives Dolšak,Paul C.Stern,Susan C.Stonich,Elke U. Weber編, 茂木愛一郎, 三俣学, 泉留維監訳　知泉書館　2012.5　665p　23cm　〈文献あり 索引あ

り〉 9000円 ①978-4-86285-132-1
内容 共有資源と制度の持続可能性（アルン・アグラワル著, 田村典江訳） 〔00089〕

アグリエッタ, ミシェル　Aglietta, Michel
◇貨幣主権論（LA MONNAIE SOUVERAINE） M.アグリエッタ,A.オルレアン編, 坂口明義監訳, 中野佳裕, 中原隆幸訳　藤原書店　2012.6　650p 22cm 〈索引あり〉 8800円 ①978-4-89434-865-3
内容 市場経済の貨幣的秩序（ミシェル・アグリエッタ, ジャン・カルトゥリエ著） 〔00090〕

アーサー, ジェームズ　Arthur, James
◇5次元フィールドへ超覚醒する脳―幻覚性キノコで半霊半物質への扉が開いてしまう ： 闇の超権力が死守してきた太古からの秘密（Mushrooms and mankind） ジェームズ・アーサー著, ケイ・ミズモリ訳　ヒカルランド　2011.12　282p 20cm （超☆どきどき 008） 〈文献あり〉 1600円 ①978-4-905027-81-2
内容 第1類 民族菌類学―キリスト教「ワン・ワールド宗教」への闇の洗脳史 キノコの封印・暗号化で歪められたイエスの教えと霊的進化の停滞（人類の霊性起源は幻覚キノコ＝ベニテングタケに結びつく　宗教芸術の至る所に描写されている特別な象徴キノコ ほか）　第2類 民族菌類学―人類発祥シュメールから始まった超支配の系譜 錬金術・自己啓発＝キノコの摂取、セクシュアリティの自由はこうして抑圧された（人類を遺伝子操作で創造した惑星ニビルの宇宙人アヌンナキの思惑　罪悪感と恐怖心を！ 古代から使われてきた闇の支配者の父権的戦略 ほか）　第3類 民族菌類学―東洋の宗教・哲学思想に隠された変容の秘儀 ヒンドゥー教、仏教はどのように神・霊的宇宙とコンタクトしてきたか（神々と人類を仲介―人体部分に基づいて擬人化されてきたキノコ　古代ヴェーダのヒンドゥー教・植物神ソーマとキノコの関係 ほか）　第4類 民族菌類学―闇の超権力による「新世界秩序」の呪縛原理 秘密結社・宗教・政府はいかに "人類の覚醒"を妨害・破壊してきたか（キノコの情報公開は常に権力者によって握り潰されてきた　自由世界の国家の裏側でファシスト体制は管理強化されている ほか）　エピローグ 心理学、セクシュアリティ、そして全体像へ…いまこそ人類は宇宙の根源法則に回帰するとき（幻覚剤の禁止と性的抑圧によって人類はどのように弱体化してきたか　ベニテングタケによる超自然的な体験記録の一部をここに記す） 〔00091〕

アーサー, W.ブライアン　Arthur, W.Brian
◇テクノロジーとイノベーション―進化/生成の理論（The nature of technology） W.ブライアン・アーサー〔著〕, 有賀裕二監修, 日暮雅通訳　みすず書房　2011.9　283, 22p　20cm 〈文献あり〉 3700円 ①978-4-622-07621-6
内容 第1章 疑問　第2章 組み合わせと構造　第3章 現象　第4章 ドメイン―目的を達成させる世界　第5章 エンジニアリングとその解決法　第6章 テクノロジーの起源　第7章 構造の深化　第8章 変革とドメイン変更　第9章 進化のメカニズム　第10章 テクノロジーの進化に伴う経済の進化　第11章 テクノロジー―この創造物とどう共存するか 〔00092〕

アサド, タラル
◇他者の苦しみへの責任―ソーシャル・サファリングを知る　アーサー・クラインマン, ジョーン・クラインマン, ヴィーナ・ダス, ポール・ファーマー, マーガレット・ロック,E.ヴァレンタイン・ダニエル, タラル・アサド〔編〕, 坂川雅子訳　みすず書房　2011.3　267, 5p　20cm 〈解説 ： 池沢夏樹〉 3400円 ①978-4-622-07592-9
内容 拷問―非人間的・屈辱的な残虐行為（タラル・アサド著） 〔00093〕
◇宗教概念の彼方へ　磯前順一, 山本達也編　京都 法蔵館　2011.9　445p　21cm 〈他言語標題 ： Beyond the Concept of Religion〉 5000円 ①978-4-8318-8174-8
内容 世俗主義を超えて（タラル・アサド著, 苅田真司訳） 〔00094〕

アサヌマブリス, セシル*　浅沼＝ブリス, セシル
◇震災とヒューマニズム―3・11後の破局をめぐって　日仏会館・フランス国立日本研究センター編, クリスチーヌ・レヴィ, ティエリー・リボー監修, 岩沢雅利, 園山千晶訳　明石書店　2013.5 328p　20cm　2800円 ①978-4-7503-3814-9
内容 大震災後の公共住宅政策（セシル・浅沼＝ブリス執筆, 岩沢雅利訳） 〔00095〕

アザブ, ハーレド
◇死者の追悼と文明の岐路―二〇一一年のエジプトと日本　大稔哲也, 島薗進編著　三元社　2012.3 166p　21cm　1800円 ①978-4-88303-308-9
内容 一月二五日革命の記録編纂プロジェクト（ハーレド・アザブ著, 小林理修訳） 〔00096〕

アザン, エリック　Hazan, Éric
◇パリ大全―パリを創った人々・パリが創った人々（L'INVENTION DE PARIS） エリック・アザン著, 杉村昌昭訳　以文社　2013.7　430p 22cm　4500円 ①978-4-7531-0315-7
内容 第1部 巡視路（パリを経巡る）（境界の心理地理学 旧パリ―そのさまざまな街区　新パリ フォブール　新パリ 村）　第2部 赤いパリ（バリケードの誕生　ヴィクトル・ユゴーの償い）　第3部 雑踏のパリを行く（遊歩者のパリ　美しいイメージ） 〔00097〕

アサンジ, ジュリアン　Assange, Julian Paul
◇アンダーグラウンド（Underground（原著第2版）） スーレット・ドレイファス, ジュリアン・アサンジュ著, 三木直子訳　春秋社　2012.5 553, 13p　20cm 〈文献あり〉 3200円 ①978-4-393-33311-2 〔00098〕
◇ジュリアン・アサンジ自伝―ウィキリークス創設者の告白（JULIAN ASSANGE） ジュリアン・アサンジ著, 片桐晶訳　学研パブリッシング 2012.10　317p　20cm 〈発売 ： 学研マーケティング〉 1800円 ①978-4-05-405369-4
内容 独房　マグネティック島　逃亡　はじめてのコンピュータ　サイファーパンク　告発　数学が導いてくれた未来　ウィキリークスの誕生　寒い国から来たサイト　アイスランド 「正義」の殺人　オール・ザ・"エディターズ"メン 〔00099〕

アジア開発銀行《ADB》
◇躍進するアジア地域主義―繁栄共有に向けたパー

トナーシップ（Emerging Asian Regionalism）　アジア開発銀行著, 荒川博人監訳, 国際協力機構開発問題研究チーム訳　一灯舎　2013.2　262p　26cm　〈文献あり　発売 ： オーム社〉2800円　①978-4-903532-90-5
内容 第1章 なぜアジア地域主義か？　第2章 アジア地域主義 ： 背景と概要　第3章 生産の統合　第4章 金融市場の統合　第5章 マクロ経済の相互依存の活用　第6章 社会包摂的かつ持続可能な成長　第7章 協力の枠組みの構築　第8章 今後の展望　〔00100〕

アジア生産性機構

◇中小企業のためのナレッジ・マネジメント事例集（Knowledge management）　竹中繁雄監修, 荻原直紀訳　国際機関APO　c2010　82p　26cm　①92-833-2409-9　〔00101〕

アジア地域会議

◇アジアにおけるディーセント・ワークの実現―第14回アジア地域会議 事務局長報告書（Realizing decent work in Asia, Labour and social trends in Asia and the Pacific 2006）　吾郷真一監訳　〔ILO駐日事務所〕　2008　85, 93p　30cm　〈会期 ： 2006年8月―9月〉1500円　①978-92-2-821026-2　〔00102〕

アシダ, ヒトシ　芦田 均

◇『Japan To-day』研究―戦時期『文芸春秋』の海外発信　鈴木貞美編　京都　国際日本文化研究センター　2011.3　375p　26cm　（日文研叢書）〈発売 ： 作品社〉4800円　①978-4-86182-328-2
内容 誤算（芦田均著, 戸部良一訳）　〔00103〕

アジャシャンティ　Adyashanti

◇あなたの世界の終わり―「目覚め」とその“あと”のプロセス（THE END OF YOUR WORLD）　アジャシャンティ著, 高木悠鼓訳　ナチュラルスピリット　2012.4　253p　19cm　1900円　①978-4-86451-038-7
内容 目覚めのあとの人生を探求する　真正なる目覚め―そして、そのあとで起こりえる方向感覚の喪失　私はそれを得た、私はそれを失った　私たちは俗世を経由して涅槃にやって来る　隠れている場所から完全に出る　よくある間違った思い込み、罠、執着点　人生それ自体が、私たちの目覚めのために鏡を差し出す　目覚めのエネルギー的要素　目覚めが、マインド、ハート、腹を突き抜けるとき　努力か、恩寵か自然な状態　結婚式の話　アジャシャンティへのインタヴュー　〔00104〕

◇大いなる恩寵に包まれて　苦悩の終わりについての洞察（FALLING INTO GRACE）　アジャシャンティ著, 坪田明美訳　ナチュラルスピリット　2013.8　291p　19cm　2000円　①978-4-86451-088-2
内容 第1章 人間のジレンマ　第2章 苦悩とは何か　第3章 エゴによる昏睡状態からの目覚め　第4章 苦闘を手放す　第5章 感情の素のエネルギーを体験　第6章 内なる安定　第7章 親密なつながりと自己の開放　第8章 苦しみの終焉　第9章 真の自律　第10章 対照的な世界を超えて　第11章 大いなる恩寵に包まれて　〔00105〕

アーシャン, ネイシャ　Ahsian, Naisha

◇ブック・オブ・ストーン―石たちのこと、石たちが教えてくれること（The book of stones）　ロバート・シモンズ, ネイシャ・アーシャン著, Hisa訳　ナチュラルスピリット　2011.1　613p　26cm　〈索引あり〉8900円　①978-4-903821-92-4
内容 アイオライト　アイオライト・サンストーン　アヴェンチュリン　アキシナイト　アクアオーラ　アクアマリン　アグニゴールドダンビュライト　アゲート（瑪瑙）　アストロフィライト　アズライト〔ほか〕　〔00106〕

アシュケナージ, フィリップ　Askenazy, Philippe

◇世界をダメにした経済学10の誤り―金融支配に立ち向かう22の処方箋（MANIFESTE D'ÉCONOMISTES ATTERRÉS）　フィリップ・アシュケナージ, アンドレ・オルレアン, トマ・クトロ, アンリ・ステルディニアック著, 林昌宏訳　明石書店　2012.12　113p　20cm　1200円　①978-4-7503-3732-6
内容 定説の誤り（金融市場は効率的である　金融市場は経済成長に資する　国の債務返済能力を正確に見極めるのは市場だ　公的債務を膨張させたのは国の過剰な支出だ　公的債務を削減するためには、国の支出を減らすべきだ　われわれの過剰な支出は、公的債務となって将来世代の負担になる　市場の機嫌を損ねると、公的債務は行き詰まる　ヨーロッパ型社会モデルを保護するのはEUだ　危機の際、単一通貨ユーロは防御壁になる　ギリシア危機により、ようやく経済政府への道筋が切り開かれ、ヨーロッパの連帯感が強まった）　結論 経済政策について議論し、EUを再構築するための道筋を描き出す　〔00107〕

アシュタールプロジェクト

◇こうしてアセンションしよう―スターシードを生み出す光のメッセージ 宇宙連合司令官アシュタールからの次元変革アドバイス　テリー・サイモンズ, アシュタールプロジェクト著　徳間書店　2011.5　268p　20cm　（「超知」ライブラリー 063）　1600円　①978-4-19-863173-4
内容 アシュタールが今、地球のあなたに一番伝えたいこと！　これがあなたが学ぶべきアセンションの12のステップ！　使命をもって生まれてくる魂たち“スターシード”とアセンションについて！　あなたの魂が今この地球でぜひ学んでほしいこと！　BC5万2000年頃、金星人のあるグループが地球への移殖を選択し、当時の地球人とDNAをリミックスしていた！　地球にいる3種のソウルメイトの区別とその意味！　私の真のチャネラーは地球にたった26人―レディー（女神）アシュタールとしてのテリーの役割！　あなたの魂を輝かせ、肉体を健全に保つためのオーラ、チャクラ、バイブレーション！　パラレルワールド（多次元世界）とパラレルユニバース（別宇宙）と人間の関係性と地球外生命体　肉体をもってこの地球に生きるあなたへの必須スピリチュアル・アドバイス　シャスタ山地下の都市テロス、アトランティス―伝承・伝説の真実について　〔00108〕

アシュモア, ソニア　Ashmore, Sonia

◇チャールズ・ホームの日本旅行記―日本美術愛好家の見た明治（The diary of Charles Holme's 1889 visit to Japan and North America with Mrs Lasenby Liberty's Japan）　チャールズ・

ホーム著, トニ・ヒューバマン, ソニア・アシュモア, 菅靖子編, 菅靖子, 門田園子訳　彩流社　2011.3　243, 13p　22cm　〈写真 ： アーサー・L.リバティ　文献あり 索引あり〉3000円　①978-4-7791-1607-0
内容 はじめに　チャールズ・ホームの日本旅行記 一八八九年三月二八日～六月七日　日本　〔*00109*〕

ア

アシュワース, E.J.
◇中世の哲学―ケンブリッジ・コンパニオン（THE CAMBRIDGE COMPANION TO MEDIEVAL PHILOSOPHY）　A.S.マクグレイド編著, 川添信介監訳　京都　京都大学学術出版会　2012.11　601p　22cm　〈文献あり 年表あり 索引あり〉5800円　①978-4-87698-245-5
内容 言語と論理学（E.J.アシュワース執筆, 周藤多紀訳）　〔*00110*〕

アスキス, K.*　Asquith, Kay
◇子どもの心理療法と調査・研究―プロセス・結果・臨床的有効性の探求（Child psychotherapy and research）　ニック・ミッジリー, ジャン・アンダーソン, イブ・グレンジャー, ターニャ・ネシッジ・ブコビッチ, キャシー・アーウィン編著, 鵜飼奈津子監訳　大阪　創元社　2012.2　287p　22cm　〈索引あり　文献あり〉5200円　①978-4-422-11524-5
内容 適切な教育を受けられなかった子どものアタッチメントの発達に関するアセスメントと、調査・研究にみられるナラティブ（Jill Hodges,Miriam Steele, Jeanne Kaniuk,Saul Hillman,Kay Asquith著, 由井理亜子訳）　〔*00111*〕

アスク, ステン　Ask, Sten
◇世界平和への冒険旅行―ダグ・ハマーショルドと国連の未来（The Adventure of Peace）　ステン・アスク, アンナ・マルク＝ユングクヴィスト編, ブライアン・アークハート, セルゲイ・フルシチョフ他著, 光橋翠訳　新評論　2013.7　358p　20cm　〈文献あり 年譜あり〉3800円　①978-4-7948-0945-2
内容 第1部 ダグ・ハマーショルドの軌跡（なぜ、ダグ・ハマーショルドを国連事務総長にしたのか？　国連への道のり―国際公務員ダグ・ハマーショルド　北京ミッション―国際交渉人ダグ・ハマーショルド　ダグ・ハマーショルドとニキータ・フルシチョフ　ダグ・ハマーショルドとスウェーデン政府）　第2部 ダグ・ハマーショルドの内なる世界（自然と文化―ダグ・ハマーショルドが愛したもの　ダグ・ハマーショルドの日誌『道しるべ』）　第3部 ダグ・ハマーショルドから何を学ぶことができるか？（世界機構の政治哲学を求めて　国連事務総長の役割とは　「独立した国際公務」の確立を目指して　ピースキーパー　国際的リーダーシップとカリスマ）　ダグ・ハマーショルドに導かれて―平和と安全のビジョン　〔*00112*〕

アステーテ, フランシスコ・エルナンデス
◇アンデス世界―交渉と創造の力学　染田秀藤, 関雄二, 網野徹哉編　京都　世界思想社　2012.4　448p　22cm　〈他言語標題 ： LOS ANDES　文献あり 索引あり〉3900円　①978-4-7907-1554-2
内容 インカ史再構築に立ちはだかる対立意見と既成概念（フランシスコ・エルナンデス・アステーテ執筆, 染田秀藤監訳, 溝田のぞみ訳）　〔*00113*〕

アストン, マクシーン　Aston, Maxine
◇アスペルガーの男性が女性について知っておきたいこと（What Men with Asperger Syndrome Want to Know About Women, Dating and Relationships）　マクシーン・アストン著, テーラー幸恵訳　東京書籍　2013.9　204p　21cm　1500円　①978-4-487-80825-0
内容 デートと愛の告白（将来のパートナーとなる女性に出会える一番の場所はどこですか。　彼女が僕に気があるかどうか、どうしたらわかるでしょう。 ほか）　二人の生活が始まったら（女性はなぜあんなに複雑なのですか。　特に彼女が怒っているときには何をしても間違ったことをしている気がします。何も言わなくてもダメ、何か言ってもダメ。これって全部僕のせい？　ほか）　そして子どもが生まれてから（最近初めての子どもが生まれました。人生がまるごとひっくり返ったように感じます。妻の言動はまったく予測できなくなりました。さっきまで幸せそうにしていたと思ったら突然大泣きします。どこか悪いのでしょうか。　生まれた子どもがずっと泣いています。泣き声に我慢できません。夜も眠れません。それがどんなにきついことか彼女はわかってくれず、不満をこぼすと怒ります。なぜでしょう。 ほか）　まとめ（パトナーを幸せにするために何ができるでしょう。リストがあれば教えてください。　AS男性と非AS女性の関係は果たしてうまくいくのでしょうか。）　〔*00114*〕

アスプ, エルッキ
◇グローバル化のなかの企業文化―国際比較調査から　石川晃弘, 佐々木正道, 白石利政, ニコライ・ドリャフロフ編著　八王子　中央大学出版部　2012.2　382p　22cm　（中央大学社会科学研究所研究叢書 25）　4600円　①978-4-8057-1326-6
内容 企業行動の変容と企業の社会的責任（エルッキ・アスプ著, 石川晃弘訳）　〔*00115*〕

アスファロヴァ, アイグル
◇グローバル化のなかの企業文化―国際比較調査から　石川晃弘, 佐々木正道, 白石利政, ニコライ・ドリャフロフ編著　八王子　中央大学出版部　2012.2　382p　22cm　（中央大学社会科学研究所研究叢書 25）　4600円　①978-4-8057-1326-6
内容 企業文化と職務満足（ジョセリーヌ・ロベール, アイグル・アスファロヴァ著, 石川晃弘訳）　〔*00116*〕

アスフォルム, S.*　Aspholm, Suvi
◇フィンランド理科教科書　化学編（Aine ja energia）　Suvi Aspholmほか著, 鈴木誠監訳, 宇井久仁子訳　京都　化学同人　2013.5　270p　24cm　〈索引あり〉2500円　①978-4-7598-1545-0
内容 1章 化学で扱う物質　2章 物質と化学反応　3章 空気と水　4章 物質の化学　5章 生命の化学　6章 金属の化学　7章 身近な製品と化学　8章 環境問題と化学　〔*00117*〕

アスマン, アライダ　Assmann, Aleida
◇記憶のなかの歴史―個人的経験から公的演出へ（Geschichte im Gedachtnis）　アライダ・アスマン著, 磯崎康太郎訳　京都　松籟社　2011.3

335, 8p　20cm　〈文献あり 索引あり〉2400円　①978-4-87984-292-3

内容 導入　序曲―ドイツ史はいかに短いか、長いか　体現された歴史―世代のダイナミズムについて　家庭の記憶における歴史―世界史への私的アプローチ　公的な空間における歴史―想起の担い手としての建築　演出された歴史―ミュージアムとメディア　展望―国民の再発明〔00118〕

アスマン, ディルク　Assmann, Dirk

◇フェアな未来へ―誰もが予想しながら誰も自分に責任があるとは考えない問題に私たちはどう向きあっていくべきか（Fair Future : Resource Conflicts, Security and Global Justice ; A Report of the Wuppertal Institute for Climate, Environment and Energy）　ヴォルフガング・ザックス, ティルマン・ザンタリウス編, 川村久美子訳・解題　新評論　2013.12　422p　21cm　3800円　①978-4-7948-0881-3

内容 第1章 現実主義者にとっての公正　第2章 環境をめぐる不公正　第3章 専有を競う競技場　第4章 フェアな資源配分モデル　第5章 フェアな豊かさ　第6章 公正とエコロジーのための取り決め　第7章 ヨーロッパの存在価値とは〔00119〕

アスレイナー, エリック・M.　Uslaner, Eric M.

◇不平等の罠―腐敗・不平等と法の支配（Corruption, inequality, and the rule of law）　エリック・M.アスレイナー著, 稲葉陽二訳　日本評論社　2011.3　395p　21cm　〈文献あり 索引あり〉4700円　①978-4-535-58584-3

内容 第1章 腐敗―基になっている話　第2章 腐敗と不平等の罠　第3章 腐敗・不平等・信頼―国を超えた連鎖　第4章 体制移行と不平等の罠への道　第5章 移行へのいばらの道―ルーマニアのケース　第6章 半分からっぽ？ それともほとんどいっぱい？―エストニア、スロヴァキア、ルーマニアにおける民衆とエリート層の腐敗の認識　第7章 簡単だが難しいケース―アフリカ、シンガポール、香港　第8章 腐敗は不可避ではない、だが　第9章 結論〔00120〕

アスン, ポール＝ロラン　Assoun, Paul-Laurent

◇ラカン（Lacan）　ポール＝ロラン・アスン著, 西尾彰泰訳　白水社　2013.3　173, 1p　18cm（文庫クセジュ 978）〈文献あり 著作目録あり〉1200円　①978-4-560-50978-4

内容 第1部 想像界、象徴界、現実界の基礎（鏡像段階から想像界へ　シニフィアンの理論　父の名から象徴界へ　現実界とその機能）　第2部 ラカンのマテシス。他者、対象、欲望（他者の姿　対象の力　主体の機能）　第3部 分析的行為とマテーム。構造と症状（神経症、精神病、倒錯　分析の終わりと、「分析家の欲望」　メタ心理学からマテームへ　分析の記述　「ラカン思想」とその争点）〔00121〕

アスンサン, カルロス

◇キリシタンと出版　豊島正之編　八木書店古書出版部　2013.10　350, 20p　22cm　〈布装　文献あり 年表あり 索引あり　発売 : 八木書店〉8000円　①978-4-8406-2207-3

内容 文法書（カルロス・アスンサン著, 豊島正之訳）〔00122〕

アセモグル, ダロン　Acemoglu, Daron

◇世界は考える　野中邦子訳　土曜社　2013.3　189p　19cm　（プロジェクトシンジケート叢書 2）〈文献あり〉1900円　①978-4-9905587-7-2

内容 国家資本主義は最強か（ダロン・アセモグル, ジェームス・ロビンソン著）〔00123〕

◇国家はなぜ衰退するのか―権力・繁栄・貧困の起源　上（WHY NATIONS FAIL）　ダロン・アセモグル, ジェイムズ・A.ロビンソン著, 鬼沢忍訳　早川書房　2013.6　360p　20cm　〈索引あり〉2400円　①978-4-15-209384-4

内容 第1章 こんなに近いのに、こんなに違う　第2章 役に立たない理論　第3章 繁栄と貧困の形成過程　第4章 小さな相違と決定的な岐路―歴史の重み　第5章「私は未来を見た。うまくいっている未来を」―収奪的制度のもとでの成長　第6章 乖離　第7章 転換点　第8章 領域外―発展の障壁〔00124〕

◇国家はなぜ衰退するのか―権力・繁栄・貧困の起源　下（WHY NATIONS FAIL）　ダロン・アセモグル, ジェイムズ・A.ロビンソン著, 鬼沢忍訳　早川書房　2013.6　358p　20cm　〈文献あり 索引あり〉2400円　①978-4-15-209385-1

内容 第9章 後退する発展　第10章 繁栄の広がり　第11章 好循環　第12章 悪循環　第13章 こんにち国家はなぜ衰退するのか　第14章 旧弊を打破する　第15章 繁栄と貧困を理解する〔00125〕

アセンドープ, ジェンス・B.

◇子どもの社会的ひきこもりとシャイネスの発達心理学（THE DEVELOPMENT OF SHYNESS AND SOCIAL WITHDRAWAL）　ケネス・H.ルビン, ロバート・J.コプラン編, 小野善郎訳　明石書店　2013.8　363p　22cm　5800円　①978-4-7503-3873-6

内容 シャイネスの長期的発達（ジェンス・B.アセンドープ著）〔00126〕

アダス, マイケル

◇デモクラシーとナショナリズム―アジアと欧米　加藤節編　未来社　2011.3　275p　21cm　（成蹊大学アジア太平洋研究センター叢書）〈執筆 : 加藤節ほか〉3200円　①978-4-624-30115-6

内容 致命的な多義性（マイケル・アダス著, 三宅麻理訳）〔00127〕

アタナシオス（アレクサンドリアの）

◇古代教会の説教　小高毅編　教文館　2012.1　347p　21cm　（シリーズ・世界の説教）　3400円　①978-4-7642-7335-1

内容 イエス・キリストの受難および裁きの恐怖について（アタナシオス（アレクサンドリアの））〔00128〕

アダムズ, クリスティーン・A.　Adams, Christine A.

◇今日は今日だけセラピー（One～day～at～a～time Therapy）　クリスティーン・A.アダムズ文, R.W.アリー絵, 目黒摩天雄訳　サンパウロ　2012.10　1冊（ページ付なし）　16cm　（Elf-Help books）〈英語併記〉700円　①978-4-8056-2093-9〔00129〕

ア

アダムズ, サイモン　Adams, Simon

◇ヒラメキ公認ガイドブックこんな世界地図、みたことない（THE MOST STUPENDOUS ATLAS OF THE WHOLE WIDE WORLD）　リサ・スワーリング, ラルフ・レイザーイラスト, サイモン・アダムズ文, 伊藤伸子訳　京都　化学同人　2012.7　61p　31cm　〈索引あり〉2500円　①978-4-7598-1483-5

内容 みんなの住んでいる世界　北アメリカ　ゴルフでひとまわり　地面の下の世界　南アメリカ　カーニバルだ、パレードだ　地球の表面　アフリカ　アフリカ邸におじゃまします　天気と気候　ヨーロッパさぁアート・ショーへ　海　アジア　ごちゃまぜバザール　世界の人びと　オセアニア　ビーチでばーべきゅー　極地　くらべてみよう　用語集とさくいん　〔00130〕

アダムズ, ジェイムズ・L.　Adams, James L.

◇メンタル・ブロックバスター―知覚、感情、文化、環境、知性、表現…、あなたの発想を邪魔する6つの壁（CONCEPTUAL BLOCKBUSTING）　ジェイムズ・L.アダムス著, 大前研一監修・監訳　プレジデント社　2013.4　253p　19cm　〈他言語標題：Mental Blockbuster　1999年刊の再刊〉1700円　①978-4-8334-2043-3

内容 第1章 誰にでも発想力はある　第2章 知覚の壁―正しいものの見方を妨げる壁を破る　第3章 感情の壁―発想をブロックする感情の壁を破る　第4章 文化と環境の壁―創造的思考における「非」まじめのすすめ　第5章 知性と表現の壁―思考の道具を使いこなそう　第6章 壁を破るテクニック1―思考言語を使い分けよう　第7章 壁を破るテクニック2―知的に楽しみながら壁を破ろう　〔00131〕

アダムズ, ジェミニ　Adams, Gemini

◇死ぬときに後悔しない「こころの遺産」の贈り方―今日から始める愛する人への「メッセージ」作り（Your legacy of love）　ジェミニ・アダムズ著, 峰岸計羽訳　ハート出版　2011.7　271p　19cm　〈文献あり〉1800円　①978-4-89295-683-6

内容 第1部 理解する（手遅れになる前に　心のこもったメッセージ　悲しみにさようなら　「死」とはどんなもの？）　第2部 準備する（天国からのアドバイス　未来への贈りもの　あなただけの物語　音楽に思いをこめて）　第3部 実践する（安らかな最期のために　人生の卒業祝い　「いま」を生きる）　〔00132〕

アダムス, ジョージ　Adams, George

◇エーテル空間（Von dem ätherischen Raum）　ジョージ・アダムス著, 石井秀治訳　那須塩原　耕文舎　2012　72p　26cm　（耕文舎叢書 6）〈発売：イザラ書房（〔上里町（埼玉県）〕）〉2000円　①978-4-7565-0118-9

内容 1 ユークリッド幾何学と近代幾何学　2 反空間とその力　3 球面に関する対極性　4 物質とエーテルの力と実体　〔00133〕

◇空間・反空間のなかの植物　ジョージ・アダムス, オリーヴ・ウィチャー著, 石井秀治訳　那須塩原　耕文舎　2013　262p　26cm　（耕文舎叢書 7）〈発売：イザラ書房（〔上里町（埼玉県）〕）〉3200円　①978-4-7565-0122-6

内容 シュートの身振り．原空間形態．物質空間とエーテル空間．シュートのエーテル空間．放射的形態形成と周縁的形態形成．根とシュート．花の世界　〔00134〕

アダムス, マーク　Adams, Mark

◇マチュピチュ探検記―天空都市の謎を解く（TURN RIGHT AT MACHU PICCHU）　マーク・アダムス著, 森夏樹訳　青土社　2013.7　445, 10p　20cm　〈文献あり 年表あり 索引あり〉2800円　①978-4-7917-6713-7

内容 オズの国からきた男―ペルーのクスコ　「へそ」の情報―クスコ（続き）　三人のハイラム―ハワイのホノルル　息子の母親との出会い―ニューヨーク　旅する学者―バークレー→ケンブリッジ→プリンストン　荒野の呼び声―ニューヨーク　探検家―ベネズエラとコロンビアの横断　失われた都市の伝説―クスコ　脂肪を抜き取られないようにご用心―ペルーのリマ　ペルーの標準時間―クスコ〔ほか〕　〔00135〕

アダムソン, ボブ　Adamson, Bob

◇比較教育研究―何をどう比較するか（Comparative education research）　マーク・ブレイ, ボブ・アダムソン, マーク・メイソン編著, 杉村美紀, 大和洋子, 前田美子, 阿古智子訳　上智大学出版　2011.6　351p　21cm　〈文献あり 索引あり　発売：ぎょうせい〉2500円　①978-4-324-08596-7

内容 様々なモデル・重点・考察（マーク・ブレイ, ボブ・アダムソン, マーク・メイソン著, 杉村美紀訳）　〔00136〕

アタリ, ジャック　Attali, Jacques

◇国家債務危機―ソブリン・クライシスに、いかに対処すべきか？（Tous ruines dans dix ans？）　ジャック・アタリ著, 林昌宏訳　作品社　2011.1　317p　20cm　〈文献あり〉2200円　①978-4-86182-307-7

内容 公的債務の誕生―国家主権と債務の終わりなき攻防のはじまり　公的債務が、戦争、革命、そして歴史をつくってきた―覇権国は必ず財政破綻に陥る　20世紀"国民主権"と債務の時代―全国民が責任を負うことになった国家の借金　世界史の分岐点となった2008年―途上国から借金する先進国　債務危機の歴史から学ぶ12の教訓　想定される「最悪のシナリオ」「健全な債務」とそのレベルとは？　フランスの過剰債務を例にとって考えてみると　債務危機に脅かされるヨーロッパ―ユーロは破綻から逃れられるか？　いま世界は、何をなすべきか？〔ほか〕　〔00137〕

アーチディコン, トーマス・J.　Archdeacon, Thomas J.

◇アジア系アメリカ人の光と陰―アジア系アメリカ移民の歴史（Asian Americans）　スーチェン・チャン著, トーマス・J.アーチディコン編纂, 住居広士訳　岡山　大学教育出版　2010.9　338p　22cm　〈文献あり 年表あり 索引あり〉3000円　①978-4-86429-003-6　〔00138〕

アーチャー・ライト, イアン　Archer-Wright, Ian

◇みんな大切！―多様な性と教育（Everyone is special！）　ローリ・ベケット編, 橋本紀子監訳, 艮香織, 小宮明彦, 杉田真衣, 渡辺大輔訳　新科学出版社　2011.3　195p　22cm　2500円　①978-4-915143-39-7

内容 同性愛嫌悪 ： 何を恐れているの？（イアン・アーチャー・ライト著, 小宮昭彦訳）〔00139〕

アチャリア, ヴィラル・V.　Acharya, Viral V.

◇金融規制のグランドデザイン―次の「危機」の前に学ぶべきこと（Restoring financial stability）ヴィラル・V.アチャリア, マシュー・リチャードソン編著, 大村敬一監訳, 池田竜哉, 増原剛輝, 山崎洋一, 安藤祐介訳　中央経済社　2011.3　488p　22cm 〈文献あり〉5800円 ①978-4-502-68200-1

内容 現代の金融セクターにおけるコーポレート・ガバナンス 他（ヴィラル・V.アチャリア, ジェニファー・N.カーペンター, ザビエル・ガバイ, コーズ・ジョン, マシュー・リチャードソン, マーティ・G.サブラマニャム, ランガラジャン・K.サンドラム, エータン・ジーメル）〔00140〕

アッサ, A.　Assa, Ariel

◇米国の国外所得課税（US taxation of foreign income）G.C.ハフバウアー,A.アッサ著, 清水哲之監訳, 小野島真, 清田幸弘, 仲地健, 西迫一郎訳　五絃舎　2011.6　341p　22cm 〈文献あり 索引あり〉4000円 ①978-4-86434-000-7

内容 第1章 序論　第2章 法人課税　第3章 国外所得に関する伝統的租税原則　第4章 ポートフォリオ投資所得に対する居住地国課税　第5章 世界経済における多国籍企業　第6章 穏健な改革への議論 ： 属地主義的（テリトリアルな）制度　補遺〔00141〕

アッシュ, ティモシー・ガートン　Ash, Timothy Garton

◇ダンシング・ウィズ・ヒストリー―名もなき10年のクロニクル（FACTS ARE SUBVERSIVE）ティモシー・ガートン・アッシュ著, 添谷育志監訳, 添谷育志, 葛谷彩, 池本大輔, 鹿島正裕, 金田耕一訳　風行社　2013.7　461, 11p　22cm 〈索引あり〉6500円 ①978-4-86258-053-5〔00142〕

アッセン, マーセル・ヴァン　Assen, Marcel van

◇マネジャーのための経営モデルハンドブック―知っておくべき「60」の経営モデル（Key management models (2nd ed.)）マーセル・ヴァン・アッセン, ガーベン・ヴァン・デン・バーグ, ポール・ピーテルスマ著, 竹谷仁宏監訳, 桧垣さゆり訳　ピアソン桐原　2012.3　273p　21cm 〈索引あり〉2300円 ①978-4-86401-062-7

内容 1 戦略モデル（アンゾフの製品/市場マトリクス　BCGマトリクス　ブルー・オーシャン戦略 ほか）2 戦術モデル（7Sフレームワーク　活動基準原価計算（ABC）　ビアーとノーリアのE理論とO理論 ほか）3 オペレーショナル・モデル（バランス・スコアカード（BSC）　ベルビンのチームでの役割　ブランド戦略のペンタグラム（五角星）ほか）〔00143〕

アッテンボロー, デヴィッド

◇世界一素朴な質問、宇宙一美しい答え―世界の第一人者100人が100の質問に答える（BIG QUESTIONS FROM LITTLE PEOPLE）ジェンマ・エルウィン・ハリス編, 西田美緒子訳, タイマタカシ絵　河出書房新社　2013.11　298p　22cm　2500円 ①978-4-309-25292-6

内容 まだだれも見たことのない動物が、どこかにいるの？（デヴィッド・アッテンボロー卿）〔00144〕

アットウッド, クリス　Attwood, Chris

◇心に響くことだけをやりなさい！――瞬で自分らしく生きられる「パッションテスト」（THE PASSION TEST）ジャネット・アットウッド, クリス・アットウッド著, 鶴田豊和, ユール洋子訳　フォレスト出版　2013.6　250p　19cm　1700円 ①978-4-89451-569-7

内容 第1章 すべての始まり　第2章 パッションテスト誕生　第3章 さあ、パッションテストを受けてみよう！　第4章 パッションを生きる　第5章 マーカーをつくろう！　第6章 夢を実現する　第7章 世界は私のあり方を映し出す　第8章 あなたは、あなたが思うようになる　第9章 コントロールを宇宙に委ねる　第10章 自分だけではなく、みんなのために　第11章 信頼が旅のスピードを左右する　第12章 喜びは常にそこにある〔00145〕

アットウッド, ジャネット　Attwood, Janet Bray

◇心に響くことだけをやりなさい！――瞬で自分らしく生きられる「パッションテスト」（THE PASSION TEST）ジャネット・アットウッド, クリス・アットウッド著, 鶴田豊和, ユール洋子訳　フォレスト出版　2013.6　250p　19cm　1700円 ①978-4-89451-569-7

内容 第1章 すべての始まり　第2章 パッションテスト誕生　第3章 さあ、パッションテストを受けてみよう！　第4章 パッションを生きる　第5章 マーカーをつくろう！　第6章 夢を実現する　第7章 世界は私のあり方を映し出す　第8章 あなたは、あなたが思うようになる　第9章 コントロールを宇宙に委ねる　第10章 自分だけではなく、みんなのために　第11章 信頼が旅のスピードを左右する　第12章 喜びは常にそこにある〔00146〕

アッハム, カール

◇現代社会におけるポスト合理性の問題―マックス・ヴェーバーの遺したもの　土方透編著　上尾　聖学院大学出版会　2012.3　262p　20cm 〈執筆 ： K.アッハムはか　文献あり〉3200円 ①978-4-915832-90-3

内容 アッハム、ヴァイス両教授の応答 他（カール・アッハム, ヨハネス・ヴァイス著, 渡会知子, 佐藤貴史訳）〔00147〕

◇ドイツ社会学とマックス・ヴェーバー―草創期ドイツ社会学の固有性と現代的意義　茨木竹二編　時潮社　2012.10　406p　22cm　4952円 ①978-4-7888-0682-5

内容 ドイツ語圏社会学の初期の活動の場としてのヴィーンとグラーツ（カール・アッハム執筆, 小林純訳）〔00148〕

アップル, マイケル・W.　Apple, Michael W.

◇デモクラティック・スクール―力のある学校教育とは何か（Democratic Schools (原著第2版)）マイケル・W.アップル, ジェームズ・A.ビーン編, 沢田稔訳　Sophia University Press上智大学出版　2013.10　288p　21cm 〈文献あり 索引あり　発売 ： ぎょうせい〉2000円 ①978-4-324-09636-9

内容 なぜ、いま、デモクラティック・スクールなのか

他（ジェームズ・A.ビーン, マイケル・アップル著）〔00149〕

アップルヤード, レジナルド
◇西オーストラリア‐日本（にっぽん）交流史―永遠の友情に向かって（An enduring friendship）デイビッド・ブラック, 曽根幸子編著, 有吉宏之, 曽根幸子監訳　日本評論社　2012.2　391p　22cm　〈タイトル：西オーストラリア―日本交流史〉3000円　①978-4-535-58613-0
内容 西オーストラリア州と日本の長期的な経済関係（レジナルド・アップルヤード著）〔00150〕

アッポルド, K.G.　Appold, Kenneth G.
◇宗教改革小史（THE REFORMATION）K.G.アッポルド著, 徳善義和訳　教文館　2012.10　316, 21p　19cm　（コンパクト・ヒストリー）〈索引あり〉1800円　①978-4-7642-1856-7
内容 第1章 中世キリスト教化の諸相　第2章 ルターのできごと　第3章 宗教改革は改革する　第4章 宗教改革が打ち建てたもの　エピローグ 宗教改革の遺したもの〔00151〕

アティエンザ, マリア・エラ・L.
◇越境するケア労働―日本・アジア・アフリカ　佐藤誠編　日本経済評論社　2010.12　252p　22cm　〈索引あり〉4400円　①978-4-8188-2145-3
内容 フィリピンにおける保健医療格差と医療従事者（マリア・エラ・L.アティエンザ著, 佐藤千鶴子訳）〔00152〕

アディス, マイケル・E.　Addis, Michael E.
◇うつ病の行動活性化療法―新世代の認知行動療法によるブレイクスルー（Depression in context）クリストファー・R.マーテル, ミッシェル・E.アディス, ニール・S.ジェイコブソン著, 熊野宏昭, 鈴木伸一監訳　日本評論社　2011.7　277p　21cm　〈文献あり〉3200円　①978-4-535-98318-2
内容 第1部 行動活性化―古いものと新しいもの（内的原因を探す　行動活性化療法の骨子　文脈的アプローチ）　第2部 治療法としての行動活性化―行動活性化療法（行動活性化療法の原則とエッセンス　行動活性化療法をはじめる　行動活性化療法に取り組む―生活の文脈からうつ病を捉える　行動活性化療法で用いられる技法　行動活性化療法の実践例）　第3部 課題と今後の方向性（行動活性化療法に生じうる問題と今後の方向性　結論）〔00153〕

アテウェル, ポール
◇企業と人権インド・日本―平等な機会のために　反差別国際運動日本委員会編集　反差別国際運動日本委員会　2012.9　146p　21cm　（IMADR-JCブックレット 15）〈発売：解放出版社（大阪）〉1200円　①978-4-7592-6756-3
内容 都市労働市場における差別（スカデオ・ソラット, ポール・アテウェル, フィルダス・ファティマ・リズビ執筆, 平野裕二訳）〔00154〕

アテシュリス, スティリアノス　Atteshlis, Stylianos
◇真理の言葉―スティリアノス・アテシュリス博士の講義録より撰集（Words of truth）スティリアノス・アテシュリス講義, パナヨッタ・セオトキーアテシュリ撰, 須々木光誦訳　エドコム　2011.7　345p　21cm　〈発売：叢文社〉2600円　①978-4-7947-0657-7
内容 全なる智恵、意志の喜び、ライフ‐ライト、大天使、天使、観察、愛、マインド、マインド・バイタリティー、エゴイズム　マインド、エーテル、集中、観察、瞑想、視覚化　真理、生命、愛　生命、欲望、感情、マインドの利用、エゴイズム、警戒力、ヒーリングと短いエクササイズ　愛、神聖なる愛　波動、生命の光、エーテル　思考、考えること、マインド、光、高次元での利用について　ヒーリング、エーテル・バイタリティー、サイキカル・ヒーリング、スピリチュアル・ヒーリング　生命、キネーシス、神は生命、私は誰か、マインド、体、パーソナリティー、エレメンタル、自己実現　光、物質界、サイキカル界、ノエティカル界、神、人間のイデア、体外離脱〔ほか〕〔00155〕

アデリン＝ポコック, マギー
◇世界一素朴な質問、宇宙一美しい答え―世界の第一人者100人が100の質問に答える（BIG QUESTIONS FROM LITTLE PEOPLE）ジェンマ・エルウィン・ハリス編, 西田美緒子訳, タイマタカシ絵　河出書房新社　2013.11　298p　22cm　2500円　①978-4-309-25292-6
内容 地球温暖化ってなに？（マギー・アデリン＝ポコック博士）〔00156〕

アデルソン, エドナ　Adelson, Edna
◇母子臨床の精神力動―精神分析・発達心理学から子育て支援へ（Parent-infant psychodynamics）ジョーン・ラファエル‐レフ編, 木部則雄監訳, 長沼佐代子, 長尾牧子, 坂井直子, 金沢聡子訳　岩崎学術出版社　2011.11　368p　22cm　〈索引あり〉6600円　①978-4-7533-1032-6
内容 赤ちゃん部屋のおばけ―傷ついた乳幼児‐母親関係の問題への精神分析的アプローチ（セルマ・フライバーグ, エドナ・アデルソン, ヴィヴィアン・シャピロ著, 長沼佐代子訳）〔00157〕

アトウェル, デビー　Atwell, Debby
◇図書館に児童室ができた日―アン・キャロル・ムーアのものがたり（MISS MOORE THOUGHT OTHERWISE）ジャン・ピンボロー文, デビー・アトウェル絵, 張替恵子訳　徳間書店　2013.8　1冊（ページ付なし）　28cm　〈文献あり〉1600円　①978-4-19-863657-9〔00158〕

アトウッド, クリスティー　Atwood, Christee Gabour
◇サクセッションプランの基本―人材プールが力あるリーダーを生み出す（Succession planning basics）クリスティー・アトウッド著, 石山恒貴訳　ヒューマンバリュー　2012.6　149p　23cm　（ASTDグローバルベーシックシリーズ）〈文献あり〉2400円　①978-4-9903298-8-4〔00159〕

アトキソン, アラン　Atkisson, Alan
◇GDP追求型成長から幸せ創造へ―グリーン経済とそのあとに来るもの　アラン・アトキソン, 枝広淳子共著　武田ランダムハウスジャパン

2012.7　275p　19cm　1600円　①978-4-270-00702-0

内容 第1章「成長」とは何か？　第2章 経済成長の歴史的背景　第3章 成長のパラダイムの興隆（および今後訪れるかもしれない衰退）　第4章 成長のパラダイムの基本要素　第5章 成長のパラダイムに代わるもの：小史　第6章 成長を考え直す：オルタナティブな枠組みとその指標　第7章 将来に目を向ける：二一世紀初めにおける成長の政治経済学　第8章 成長と幸福の倫理、そして未来へのビジョン　〔00160〕

アドキンス, エリザベス・W.

◇世界のビジネス・アーカイブズ—企業価値の源泉　渋沢栄一記念財団実業史研究情報センター編　日外アソシエーツ　2012.3　272p　19cm　〈発売：紀伊国屋書店〉3600円　①978-4-8169-2353-1

内容 地方史か会社史か（エリザベス・W.アドキンス著, 松崎裕子訳）　〔00161〕

アトキンソン, ウィリアム・ウォーカー　Atkinson, William Walker

◇記憶力—成功をもたらす無限の力（Memory culture）　ウィリアム・W.アトキンソン著, ハーパー保子訳　サンマーク出版　2011.3　198p　15cm　（サンマーク文庫 う・2・1）　571円　①978-4-7631-8487-0

内容 記憶とは何か？　注意力と集中力　印象が大切な理由　目は心の窓である　耳は目よりも優れもの　聴覚を鍛えるエクササイズ　関連の法則とは？　印象に関する13の法則　古代の記憶術に迫る　「テン・クエスチョン・システム」　数字とイメージ　道に迷わない人になる　人の顔の覚え方　名前の記憶術　〔00162〕

◇引き寄せの法則—完全新訳版　ウィリアム・ウォーカー・アトキンソン著, 関岡孝平訳　〔録音資料〕　パンローリング　〔2012〕　録音ディスク 4枚（209分）：CD　（耳で聴く本オーディオブックCD）〈他言語標題：Thought vibration or the law of attraction in the thought world　企画・制作：でじじ〉1365円　①978-4-7759-2126-5　〔00163〕

◇引き寄せの法則—原典完訳（Thought Vibration or the Law of Attraction in the Thought World）　ウィリアム・ウォーカー・アトキンソン著, 関岡孝平訳　パンローリング　2013.5　164p　20cm　（フェニックスシリーズ 11）　1200円　①978-4-7759-4114-0

内容 引き寄せの法則とは　思考の波と連鎖のプロセス　心について話そう　心を改造する　意志力とは何か　有害な思考の引き寄せに負けない方法—恐怖に負けない心を作る　ネガティブ思考を変える　メンタル・コントロールの法則　生命力を注ぎ込む　正しい心の折り目（習慣）を作る　感情をコントロールする　脳細胞を作り変える—好ましい思考習慣を育てる　引き寄せる力—願望力　強くダイナミックな力—行動力と決意　自分のものは自分のものだと言う　偶然ではない、法則だ　〔00164〕

◇〈アトキンソン版〉引き寄せの法則　1　最強のマネーメイキング—あなたをヒーロー《財政の大成功者》に変えるアクションプログラム　ウィリアム・W.アトキンソン著, 林陽訳・解説　ヒカルランド　2013.12　189p　20cm　（アトキンソンシリーズ 001）〈他言語標題：Law of Attraction and Financial Success　文献あり 年譜あり〉1700円　①978-4-86471-169-2　〔00165〕

アドキンソン, ロバート　Adkinson, Robert

◇シンボルof聖なる秘儀—民族・宗教・古代祭祀・神話・聖霊（Sacred symbols）　ロバート・アドキンソン編, 乙須敏紀訳　ガイアブックス　2011.2　791p　19cm　〈発売：産調出版〉4400円　①978-4-88282-773-3

内容 民族（古代エジプト　ケルト　アメリカ先住民　マヤ）　宗教（仏教　道教　キリスト教）　秘儀（マンダラ　聖なる性　タロット）　〔00166〕

アドナー, ロン　Adner, Ron

◇ワイドレンズ—イノベーションを成功に導くエコシステム戦略（The Wide Lens）　ロン・アドナー著, 清水勝彦監訳　東洋経済新報社　2013.2　236, 15p　20cm　1800円　①978-4-492-50245-7

内容 第1部 エコシステムの全体像を捉えるワイドレンズ（すべて正しいことをしたのに、なぜ失敗するのか　コーイノーベーション・リスク—イノベーションを自分だけで起こせない場合の本当の成功確率　アダプションチェーン・リスク—エンドユーザー以外の顧客とは誰か）　第2部 エコシステム内のポジションを決める（エコシステムの全体像づくり—すべてのパートナーとその場所を明確にする　役割と関係—イノベーション・エコシステムのリーダーになるか、フォロワーになるか　適切な場所、適切なタイミング—先行者が勝つとは限らない）　第3部 ゲームに勝つ（ゲームを変える—エコシステムを自分に有利な形に再構築する　成功のための順序づけ—連続するゲームに勝ち続ける　成功確率を上げるために）　〔00167〕

アドマティ, アナト

◇世界は考える　野中邦子訳　土曜社　2013.3　189p　19cm　（プロジェクトシンジケート叢書 2）〈文献あり〉1900円　①978-4-9905587-7-2

内容 グレート・バンク・エスケープ（アナト・アドマティ著）　〔00168〕

アドラー, アルフレッド　Adler, Alfred

◇個人心理学の技術　1　伝記からライフスタイルを読み解く（Die Technik der Individualpsychologie.1：die Kunst, eine Lebens-und Krankengeschichte zu lesen）　アルフレッド・アドラー著, 岸見一郎訳　アルテ　2011.6　253p　19cm　（アドラー・セレクション）〈発売：星雲社〉2000円　①978-4-434-15721-9

内容 ライフスタイル解釈の方法　甘やかせる父親の役割　家族の雰囲気　子どもの病気　就寝儀式　両親の役割　最初の強迫観念と罵り　強迫観念（続）　不眠症　友人関係と遊び〔ほか〕　〔00169〕

◇個人心理学の技術　2　子どもたちの心理を読み解く（Die Technik der Individualpsychologie.2：die Seele des schwer erziehbaren Schulkindes）　アルフレッド・アドラー著, 岸見一郎訳　アルテ　2012.3　257p　19cm　（アドラー・セレクション）〈発売：星雲社〉2000円　①978-4-434-16515-3

内容 自尊心の誇張　落第生　父親が共同体感覚の発達

を妨げる　甘やかされた末子　思春期の危機　単独子　勇気をくじかれた末子　精神発達遅滞、それとも教育困難？　誤って導かれた野心　憎まれた子ども　支配しようとする単独子　王座から転落した第一子　自尊感情を高めるための手段としての嘘　空想における英雄の役―現実における有用な代用としての　トラブルメーカー　失われた愛のために盗む　おねしょをする子ども　結びつく手段としてのおねしょ　優秀なきょうだいがいる子ども　親とどう話すか　保育園の仕事　〔00170〕

◇個人心理学講義―生きることの科学（The Science of Living）　アルフレッド・アドラー著, 岸見一郎訳　アルテ　2012.5　190p　19cm　（アドラー・セレクション）〈発売：星雲社〉　1800円　①978-4-434-16386-9

内容 個人心理学の原理　限界を克服すること　劣等コンプレックスと優越コンプレックス　ライフスタイル　早期回想　身体の動きと態度　夢とその解釈　教育と問題のある子ども　誤ったライフスタイル 症例　犯罪と共同体感覚の欠如　恋愛と結婚　性とセックスの問題　結論　〔00171〕

◇子どもの教育（The Education of Children）　アルフレッド・アドラー著, 岸見一郎訳　アルテ　2013.1　254p　19cm　（アドラー・セレクション）〈発売：星雲社〉2200円　①978-4-434-17556-5

内容 パーソナリティの統一性　優越性の追求とその教育的意味　優越性の追求の方向づけ　劣等コンプレックス　子どもの成長―劣等コンプレックスの防止　共同体感覚とそれの発達の障害―家族における子どもの位置　状況と治療の心理学　準備としての新しい状況　学校の子ども　外からの影響　教育の誤り　親教育　個人心理学質問票　五つの症例と症例のコメント　〔00172〕

◇性格はいかに選択されるのか　アルフレッド・アドラー著, 岸見一郎訳・注釈　アルテ　2013.4　189p　19cm　（アドラー・アンソロジー）〈文献あり　発売：星雲社〉2000円　①978-4-434-17879-5

内容 第1章 真の原因はどこに　第2章 性格概論　第3章 性格のタイプ分け　第4章 攻撃的性格　第5章 非攻撃的性格　第6章 その他の性格　第7章 情動　第8章 家族布置　〔00173〕

◇子どものライフスタイル（The Pattern of Life）　アルフレッド・アドラー著, 岸見一郎訳　アルテ　2013.6　190p　19cm　（アドラー・セレクション）〈発売：星雲社〉2000円　①978-4-434-18032-3

内容 身体全体のジェスチャー　母親の支配　犯罪への道　支配したい少年　大きくなることの怖れ　反抗的な「悪い」少年　ハンガーストライキ　リーダーに従う　あまりに従順な子ども　神経症の基礎　生まれつきの精神発達遅滞　病気による専制支配　〔00174〕

アドラー, ゴードン　Adler, Gordon

◇マネジャーのためのコミュニケーション戦略―ビジネス成功に欠かせないコミュニケーション・スキル（FINANCIAL TIMES BRIEFINGS MANAGEMENT COMMUNICATION）　ゴードン・アドラー著, 梶川達也訳　ピアソン桐原　2012.12　213p　21cm　（フィナンシャルタイムズダイジェスト）〈文献あり 索引あり〉2400円　①978-4-86401-084-9

内容 1 要約（要約　マネジメント・コミュニケーションとは何でしょうか？　ほか）　2 実践（対人コミュニケーション　内部コミュニケーション ほか）　3 介入（取締役による介入）　4 より深く学ぶために（参考資料）　〔00175〕

アドラー, ナンシー・J.　Adler, Nancy J.

◇ストーリーで学ぶ経営の真髄（Learn like a leader）　マーシャル・ゴールドスミス, ビバリー・ケイ, ケン・シェルトン編, 和泉裕子, 井上実訳　徳間書店　2011.2　311p　19cm　1600円　①978-4-19-863118-5

内容 直観を信じ、人生を信頼する（ナンシー・J.アドラー著）　〔00176〕

◇リーダーシップ・マスター―世界最高峰のコーチ陣による31の教え（Coaching for Leadership）　マーシャル・ゴールドスミス, ローレンス・S.ライアンズ, サラ・マッカーサー編著, 久野正人監訳, 中村安子, 夏井幸子訳　英治出版　2013.7　493p　21cm　2800円　①978-4-86276-164-4

内容 内省を通して示唆を得る（ナンシー・J.アドラー）　〔00177〕

アドラー, マックス　Adler, Max

◇政治的デモクラシーか社会的デモクラシーか（Politische oder soziale Demokratie）　マックス・アドラー著, 小山博也訳・解説　同時代社　2013.8　167p　19cm　1600円　①978-4-88683-750-9

内容 問題としてのデモクラシー　デモクラシーへの批判　デモクラシーという言葉の二義性　ブルジョア的理想としてのデモクラシー　身分の違いと階級対立　政治的デモクラシーと社会的デモクラシー　デモクラシーの本来の意味は連帯的な社会化である　何故に国家内において真のデモクラシーは不可能なのか　強制組織と支配組織の違いについて　多数の問題　独裁概念の論議へ移行　独裁とテロリズムの区別　独裁とデモクラシー　階級勢力の均衡　経済的デモクラシーについて　機能的デモクラシー　社会的デモクラシーと社会主義的教育　〔00178〕

アトリッジ, ハロルド・W.

◇古代世界におけるモーセ五書の伝承　秦剛平, 守屋彰夫編　京都　京都大学学術出版会　2011.2　427p　23cm　〈索引あり〉8400円　①978-4-87698-976-8

内容 創造と聖なる空間（ハロルド・W.アトリッジ著, 大住雄一訳）　〔00179〕

アドルノ, テオドール・W.　Adorno, Theodor Wiesengrund

◇哲学のアクチュアリティ―初期論集（Die Aktualität der Philosophie〔etc.〕）　テオドール・W.アドルノ〔著〕, 細見和之訳　みすず書房　2011.11　193p　20cm　（始まりの本）　3000円　①978-4-622-08345-0

内容 哲学のアクチュアリティ　自然史の理念　哲学者の言語についてのテーゼ　音楽アフォリズム　〔00180〕

◇自律への教育―講演およびヘルムート・ベッカーとの対話：一九五九～一九六九年（Erziehung zur Mündigkeit）　テオドール・W.アドルノ著,

ゲルト・カーデルバッハ編, 原千史, 小田智敏, 柿木伸之訳　中央公論新社　2011.12　229p　22cm　〈年譜あり　著作目録あり〉3200円　①978-4-12-004315-4

内容 1 過去の総括とは何を意味するのか　2 哲学と教師　3 テレビと教育　4 教職を支配するタブー　5 アウシュヴィッツ以後の教育　6 教育は何を目指して　7 野蛮から脱するための教育　8 自律への教育　〔00181〕

◇ゾチオロギカ―フランクフルト学派の社会学論集（Sociologica.2 : Reden und Vorträge）　マックス・ホルクハイマー, テオドール・W.アドルノ著, 三光長治, 市村仁, 藤野寛訳　平凡社　2012.1　389p　20cm　3800円　①978-4-582-70276-7

内容 社会学のカテゴリーとしての静学と動学 他（Th. W.アドルノ著, 三光長治訳）　〔00182〕

◇ベンヤミン/アドルノ往復書簡―1928-1940　上（BRIEFWECHSEL 1928-1940）　ベンヤミン, アドルノ〔著〕, H.ローニツ編, 野村修訳　みすず書房　2013.6　291p　20cm　（始まりの本）〈晶文社 1996年刊の分冊〉3600円　①978-4-622-08361-0　〔00183〕

◇ベンヤミン/アドルノ往復書簡―1928-1940　下（BRIEFWECHSEL 1928-1940）　ベンヤミン, アドルノ〔著〕, H.ローニツ編, 野村修訳　みすず書房　2013.6　267, 19p　20cm　（始まりの本）〈晶文社 1996年刊の分冊　索引あり〉3600円　①978-4-622-08362-7　〔00184〕

アートン, ゲイリー

◇インカ帝国―研究のフロンティア　島田泉, 篠田謙一編著　秦野　東海大学出版会　2012.3　428p　27cm　（国立科学博物館叢書 12）〈索引あり〉3500円　①978-4-486-01929-9

内容 紐の国家キープによるインカ帝国の行政（ゲイリー・アートン著, 渡部森哉訳）　〔00185〕

アナ, ドーン　Anna, Dawn

◇たましいの共鳴 コロンバイン高校、附属池田小学校の遺族が紡ぐいのちの絆　ドーン・アナ, ブルース・ベック, 酒井肇, 酒井智恵著, 池埜聡編著　明石書店　2013.6　189p　19cm　1800円　①978-4-7503-3831-6

内容 いのちの光をかかげて（ドーン・アナ, ブルース・ベック述）　〔00186〕

アナスタシ, エリザベス　Anastasi, Elizabeth

◇グリーン・バリュー経営への大転換（Green Business, Green Values, and Sustainability（抄訳））　クリストス・ピテリス, ジャック・キーナン, ヴィッキー・プライス編著, 谷口和弘訳　NTT出版　2013.7　285p　20cm　〈索引あり〉2800円　①978-4-7571-2292-5

内容 グリーン・ビジネスとグリーン・バリュー―政府の視点（エリザベス・アナスタシ）　〔00187〕

アナワルト, パトリシア・リーフ　Anawalt, Patricia Rieff

◇世界の民族衣装文化図鑑　1（中東・ヨーロッパ・アジア編）（The worldwide history of dress）　パトリシア・リーフ・アナワルト著, 蔵持不三也監訳　柊風舎　2011.9　319p　29cm　〈文献あり 索引あり〉15000円　①978-4-903530-49-9

内容 1 中東　2 ヨーロッパ　3 中央アジア　4 東アジア　5 南アジア　6 東南アジア　〔00188〕

◇世界の民族衣装文化図鑑　2（オセアニア・南北アメリカ・アフリカ編）（The worldwide history of dress）　パトリシア・リーフ・アナワルト著, 蔵持不三也監訳　柊風舎　2011.9　303p　29cm　〈文献あり 索引あり〉15000円　①978-4-903530-50-5

内容 7 オセアニア　8 北アメリカ　9 南アメリカ　10 アフリカ　〔00189〕

アニョレット, ヴィットリオ

◇反グローバリゼーションの声（VOCES CONTRA LA GLOBALIZACIÓN）　カルロス・エステベス, カルロス・タイボ編著, 大津真作訳　京都　晃洋書房　2013.11　257, 8p　21cm　2900円　①978-4-7710-2490-8

内容 グローバルな論争（ヴィットリオ・アニョレット述）　〔00190〕

アニング, A.*　Anning, Angela

◇英国の貧困児童家庭の福祉政策―"Sure Start"の実践と評価（The National Evaluation of Sure Start）　ジェイ・ベルスキー, ジャクリーン・バーンズ, エドワード・メルシュ編著, 清水隆則監訳　明石書店　2013.3　230p　21cm　2800円　①978-4-7503-3764-7

内容 Sure Start地域プログラムの多様性 他（Edward Melhuish,Jay Belsky,Angela Anning,Mog Ball著, 真鍋顕久訳）　〔00191〕

アヌス, ミシェル　Hanus, Michel

◇喪の悲しみ（Le deuil）　マリ＝フレデリック・バッケ, ミシェル・アヌス著, 西尾彰泰訳　白水社　2011.9　167, 4p　18cm　（文庫クセジュ）〈文献あり〉1050円　①978-4-560-50961-6

内容 現代の西洋における死と喪の悲しみの表現　喪の悲しみとは何か　「通常の」喪の悲しみの経過　喪の作業の心理学的分析　喪の悲しみが悪化するとき　喪の悲しみの病理　特別な喪の悲しみ　喪の悲しみに陥っている人に寄り添うこと　子供と死　子供における喪の悲しみ　子供における喪の作業　悲嘆に暮れる子供の未来　喪の悲しみに暮れる子供の寄り添い　〔00192〕

アーネスト, ピーター　Earnest, Peter

◇最強スパイの仕事術（Business confidential）　ピーター・アーネスト, マリアン・カリンチ〔著〕, 福井久美子訳　ディスカヴァー・トゥエンティワン　2012.2　252p　19cm　1600円　①978-4-7993-1127-1

内容 スパイ活動とビジネスの共通点　適性を見る　採用　人を育てる　情報を味方につける　対人力を高める　情報を分析する　情報を伝達する　ブランドを作る　組織を前進させる　変化を恐れない　チェック機関を設ける　〔00193〕

アーネソン, スティーヴ　Arneson, Steve

◇「課長」として身につけたい50のルール―ぶれないリーダーシップと決断力を養うために

(Bootstrap leadership)　スティーヴ・アーネソン著, 片山奈緒美訳　メトロポリタンプレス　2011.12　271p　19cm　1500円　Ⓘ978-4-904759-39-4

内容 1 理想の上司を目指そう！(自分の経歴書を書いてみよう　仕事における人脈をもう一度確認する ほか)　2 新しいゲームを加える(課長のリーダー力とは　LDP(課長のリーダー力開発計画)の作成 ほか)　3 まわりの世界に目を向ける(異文化を学ぶ　ビジネスを学ぶ ほか)　4 心地よい環境から抜け出す(めぐらされた壁の外に出る　正しいこと、間違っていること ほか)　5 上司や指導者としての役目(部下を大切にする　社会に恩返しをする ほか)　〔00194〕

アーノット, マデリーン　Arnot, Madeleine

◇グローバル化・社会変動と教育　2　文化と不平等の教育社会学 (EDUCATION, GLOBALIZATION AND SOCIAL CHANGE (抄訳))　ヒュー・ローダー, フィリップ・ブラウン, ジョアンヌ・ディラボー, A.H.ハルゼー編, 苅谷剛彦, 志水宏吉, 小玉重夫編訳　東京大学出版会　2012.5　370p　22cm　〈文献あり〉4800円　Ⓘ978-4-13-051318-0

内容 パフォーマンス型ペタゴジーの枠づけ(マデリーン・アーノット, ダイアン・レイ著, 山田哲也訳)　〔00195〕

アーノブ, アンソニー　Arnove, Anthony

◇肉声でつづる民衆のアメリカ史　上巻 (Voices of a People's History of the United States(原著第2版))　ハワード・ジン, アンソニー・アーノブ編, 寺島隆吉, 寺島美紀子訳　明石書店　2012.6　713p　20cm　(世界歴史叢書)　〈索引あり〉9300円　Ⓘ978-4-7503-3617-6

内容 第1章 コロンブスとラス・カサス　第2章 初期の奴隷制と奴隷の反乱　第3章 植民地における年季奉公人の、隷属と反乱　第4章 アメリカ独立革命への道　第5章 独立革命いまだ成らず—革命軍兵士の反乱　第6章 初期の女性解放運動　第7章 インディアン強制移住　第8章 奴隷州を拡大するためのメキシコ戦争　第9章 奴隷制にたいする抵抗と反乱　第10章 南北戦争と階級闘争　第11章 南北戦争後のうわべの繁栄、貧困化に反撃する民衆、そして人民党の結成　第12章 帝国の拡大は神から与えられた「明日なる使命」　第13章 社会主義者と世界産業労働者組合　第14章 第一次世界大戦にたいする抵抗と反戦運動　第15章 ジャズ・エイジと一九三〇年代の民衆蜂起　〔00196〕

◇肉声でつづる民衆のアメリカ史　下巻 (Voices of a People's History of the United States(原著第2版))　ハワード・ジン, アンソニー・アーノブ編, 寺島隆吉, 寺島美紀子訳　明石書店　2012.6　647p　20cm　(世界歴史叢書)　〈索引あり〉9300円　Ⓘ978-4-7503-3618-3

内容 第16章 第二次世界大戦とマッカーシズム　第17章 人種隔離に対する黒人の憤激　第18章 ベトナム戦争と歴史に残る民衆の抵抗運動　第19章 既成の価値観に反逆する人々　第20章 一九七〇年代、青ざめる権力者たち　第21章 カーター、レーガン、ブッシュ—民主党と共和党の実質的合意　第22章 パナマ侵攻、湾岸戦争、そして国内における都市暴動　第23章 ビル・クリントンへの異議申し立て　第24章 ブッシュ二世と「対テロ戦争」　第25章 戦争と不正義、声を上げはじめた民衆　〔00197〕

アーノルド, グレン　Arnold, Glen

◇億万長者の黄金律—名トレーダーから学ぶ投資の教訓 (The great investors)　グレン・アーノルド著, 峯村利哉訳　朝日新聞出版　2012.1　378p　20cm　〈文献あり〉2200円　Ⓘ978-4-02-331021-6

内容 第1章 ベンジャミン・グレアム—20世紀の投資界における最高の知恵者　第2章 フィリップ・フィッシャー—成長株投資の第一人者　第3章 ウォーレン・バフェットとチャールズ・マンガー—能力を補完し合う最強のコンビ　第4章 ジョン・テンプルトン—グローバル・バリュー投資の大家　第5章 ジョージ・ソロス—投資界の哲学者　第6章 ピーター・リンチ—最もパフォーマンスが高いファンド・マネージャー　第7章 アンソニー・ボルトン—地球上で最も優秀な投資家の1人　〔00198〕

アーノルト, フランク　Arnold, Frank

◇有名人の成功のカギはドラッカーの『マネジメント』にあった (Management)　フランク・アーノルト著, 畔上司訳　阪急コミュニケーションズ　2011.6　308p　19cm　1800円　Ⓘ978-4-484-11108-7

内容 第1編 組織のマネジメント(「企業の使命」を有効に活かす—ビル・ゲイツ　顧客の役に立つ—ルイス・ガースナー　正しい妥協をする—ソロモン王 ほか)　第2編 イノベーションのマネジメント(アイデアを実行に移す—スティーブ・ジョブズ　イノベーションは決して歓迎されない—ギュスターヴ・エッフェル　定説をすべて疑う—ニコラウス・コペルニクス ほか)　第3編 人間のマネジメント(一つだけの使命に集中する—ミケランジェロ　結果を絶対視する—ミハエル・シューマッハ　強みを活かす—アルバート・アインシュタイン ほか)　〔00199〕

アバサラーラ, ゴビンダ　Avasarala, Govinda

◇日本の未来について話そう—日本再生への提言 (Reimagining Japan)　マッキンゼー・アンド・カンパニー責任編集, クレイ・チャンドラー, エアン・ショー, ブライアン・ソーズバーグ編著　小学館　2011.7　416p　19cm　1900円　Ⓘ978-4-09-388189-0

内容 光を絶やさないために(チャールズ・エビンジャー, ケビン・マシー, ゴビンダ・アバサラーラ著)　〔00200〕

アバス, スリアティ

◇フューチャースクール—シンガポールの挑戦 (A school's journey into the future)　テイ・リー・ヨン, リム・チェー・ピン, カイン・ミント・スウィー編著, トランネット訳, 中川一史監訳　ピアソン桐原　2011.2　183p　21cm　2400円　Ⓘ978-4-89471-549-3

内容 小学校低学年の英語の授業における、デジタルストーリーテリングの活用に関するケーススタディー(リー・チュイー・ベン, スリアティ・アバス, フォン・イン・クアン, ウン・シアム・ホン(ジュン), リム・ショー・ティアン(オードリー), ユー・シウ・ホイ(サンディー))　〔00201〕

アーバックル, ブラッド・B.　Arbuckle, Brad B.

◇プライベート・エクイティ (Private equity)　ハリー・チェンドロフスキー, ジェームズ・P.マーティン, ルイス・W.ペトロ, アダム・A.ワデキ編著, 若杉敬明監訳, 森順次, 藤村武史訳　中央経済社　2011.11　364p　22cm　〈索引あり〉　4600円　①978-4-502-68950-5

内容 第1部 プライベート・エクイティの歴史(プライベート・エクイティのプロセス　プライベート・エクイティ業界の特徴 ほか)　第2部 プライベート・エクイティのガバナンス(プライベート・エクイティのガバナンス・モデル　内部統制の価値 ほか)　第3部 プライベート・エクイティのオペレーション(組織と人間との対比　リーン方式への転換の開始 ほか)　第4部 プライベート・エクイティの投資における留意点(プライベート・エクイティ・ファンドとポートフォリオ企業投資　エグジット戦略における法律的考察：IPO対トレードセールス ほか)　〔00202〕

アハメド, ライアカット　Ahamed, Liaquat

◇世界恐慌―経済を破綻させた4人の中央銀行総裁 上 (LORDS OF FINANCE)　ライアカット・アハメド著, 吉田利子訳　筑摩書房　2013.9　331p　19cm　(筑摩選書 0073)　1600円　①978-4-480-01579-2

内容 第1部 思いがけない嵐の襲来――一九一四年八月(プロローグ―戦争のような不経済なものは起こりえない　孤独な変わり者――一九一四年、英国　若き天才――一九一四年、ドイツ　頼もしい手――一九一四年、アメリカ　金融監察官――一九一四年、フランス　マネーの将軍たち――一九一四～一九一九年、中央銀行)　第2部 決壊後――一九一九～二三年(愚かきわまるインスピレーション―ドイツの賠償　アンクル・シャイロック―戦債　野蛮な遺産―金本位制度)　第3部 新しい風――一九二三～二八年(混沌と希望をつなぐ橋――一九二三年、ドイツ　ドーズ・プランの開幕――一九二四年、ドイツ　金の宰相――一九二五年、英国　抵抗勢力との戦い――一九二六年、フランス)　〔00203〕

◇世界恐慌―経済を破綻させた4人の中央銀行総裁 下 (LORDS OF FINANCE)　ライアカット・アハメド著, 吉田利子訳　筑摩書房　2013.9　334p　19cm　(筑摩選書 0074)　〈文献あり 索引あり〉　1600円　①978-4-480-01580-8

内容 第3部 新しい風――一九二三～二八年(承前)(最初の旋風――一九二六～二七年　ウィスキーを少々――一九二七～二八年)　第4部 もうひとつの自業自得――一九二八～三三年(渦巻きのなかへ――一九二八～二九年　腐敗の粛清――一九二九～三〇年　電気系統のトラブル――一九三〇～三一年　世界という甲板の火種――一九三一年　金の足枷――一九三一～一九三三年)　第5部 その他――一九三三～四四年(千鳥足の金本位制――一九三三年　隊商は進む――一九三三～四四年　エピローグ―歴史はくりかえすのか)　〔00204〕

アヒース＝ビリャベルデ, マルセリーノ　Agís Villaverde, Marcelino

◇ミルチャ・エリアーデ―聖なるものをめぐる哲学 (Mircea Eliade)　マルセリーノ・アヒース＝ビリャベルデ著, 平田渡訳　吹田　関西大学東西学術研究所　2013.3　353p　22cm　(関西大学東西学術研究所訳注シリーズ 16)　〈布装　発行所：関西大学出版部　文献あり〉　3400円　①978-4-87354-563-9

内容 第1章 人と作品(伝記に関する簡潔なメモ　作品を理解するために必要な要素)　第2章 聖なるものへの最初のアプローチ(聖なるもの対俗なるもの　聖体顕現)　第3章 シンボルと神話における聖なるもの(シンボルと文化　神話)　第4章 空間と時間における聖なるもの(聖なる空間　聖なる時間)　〔00205〕

アピチュ, ビルギット

◇ライフコース選択のゆくえ―日本とドイツの仕事・家族・住まい　田中洋美, マーレン・ゴツィック, クリスティーナ・岩田ワイケナント編　新曜社　2013.2　380, 4p　20cm　〈他言語標題：Beyond a Standardized Life Course〉　4200円　①978-4-7885-1324-2

内容 自律的な職業キャリアへの転換(ビルギット・アピチュ著, 石黒久仁子, 不破麻紀子訳)　〔00206〕

アビハイル, ラビ・エリヤフ　Avichail, Rabbi Eliyahu

◇日本人ならぜったい知りたい十六菊花紋の超ひみつ―ユダヤと皇室と神道　中丸薫, ラビ・エリヤフ・アビハイル, 小林隆利, 久保有政著　ヒカルランド　2011.1　438p　19cm　(超☆わくわく)　1900円　①978-4-905027-15-7

内容 第1部 アミシャーブ(失われた十支族調査機関)のラビたちと語り合った「日本人とユダヤ人最後のひみつ」と「ハルマゲドン」(日本とユダヤの秘密の関係は、未だ天上界からも、解禁とはなっていないのです！　宇宙創造神は一つ―ユダヤの神と神道と天皇家のアマテラスは、どうつながるのか!? ほか)　第2部 明治天皇の孫二人が語る「皇室とユダヤ最後のひみつ」(中丸薫　小林隆利)(「皇室はユダヤの流れである！」明治天皇は、母にいつも話していた　明治天皇は、正当である南朝系の大室寅之祐が、睦仁親王に代わって即位していた ほか)　第3部 ここまでわかった！ 日本とユダヤのひみつ「最先端研究エンサイクロペディア」(諏訪大社の御頭祭は、アブラハムと息子イサクの聖書の物語を再現したもの！　山伏のトキンとほら貝は、ユダヤ人のフィラクテリーとショーファー(角笛)にそっくりだ！ ほか)　第4部 イスラエルの失われた十支族とは、何か 資料篇(失われた十支族とは何か？　イスラエルの十二支族の背景 ほか)　〔00207〕

アブ＝サダ, カロリーヌ

◇人道的交渉の現場から―国境なき医師団の葛藤と選択 (Agir à tout prix？)　クレール・マゴン, ミカエル・ノイマン, ファブリス・ワイズマン編著, リングァ・ギルド他訳　小学館スクウェア　2012.11　419p　19cm　1429円　①978-4-7979-8739-3

内容 ガザ地区―権力闘争の危うい変遷(カロリーヌ・アブ＝サダ著)　〔00208〕

アフジャ, アンジャナ　Ahuja, Anjana

◇なぜ、あの人がリーダーなのか？―科学的リーダーシップ論 (SELECTED)　マルク・ファン・フフト, アンジャナ・アフジャ著, 小坂恵理訳　早川書房　2012.10　332p　19cm　〈文献あり〉　2000円　①978-4-15-209328-8

内容 第1章 リーダーシップの性質　第2章 すべてはただのゲーム　第3章 生まれながらのフォロワー　第4章 サバンナでステイタスシンボルを探す―民主的なサルたち　第5章 腐敗の誕生　第6章 ミスマッチ仮説　第7章 サバンナから重役会議室へ―ナチュラルリーダーシップの教訓　付録A 六人のナチュラルリーダー―アンケート　付録B リーダーシップの歩み　〔00209〕

ア

アフージャ, シモーヌ　Ahuja, Simone
◇イノベーションは新興国に学べ！―カネをかけず、シンプルであるほど増大する破壊力（JUGAAD INNOVATION）　ナヴィ・ラジュ, ジャイディープ・プラブ, シモーヌ・アフージャ著, 月沢李歌子訳　日本経済新聞出版社　2013.8　318p　19cm　1900円　①978-4-532-31896-3
内容 第1章 ジュガード―成功と成長のための戦略　第2章 原則―逆境を利用する　第3章 原則―少ないものでより多くを実現する　第4章 原則―柔軟に考え、迅速に行動する　第5章 原則―シンプルにする　第6章 原則―末端層を取り込む　第7章 原則―自分の直観に従う　第8章 ジュガードを組織に取り入れる　第9章 ジュガード的な国家をつくる　〔00210〕

アブダッラ, モハマド
◇デモクラシーの世界史（THE SECRET HISTORY OF DEMOCRACY）　ベンジャミン・イサカーン, スティーヴン・ストックウェル編, 猪口孝日本版監修, 田口未和訳　東洋書林　2012.8　330p　22cm　〈文献あり 索引あり〉　3800円　①978-4-88721-803-1
内容 ヴェールに隠れたイスラーム民主制度史（モハマド・アブダッラ, ハリム・ラネ著）　〔00211〕

アブデル・アール, ムハンマド・H.
◇持続可能な福祉社会へ―公共性の視座から　4 アジア・中東―共同体・環境・現代の貧困　柳沢悠, 栗田禎子編著　勁草書房　2012.7　292p　22cm　〈奥付のタイトル : 双書持続可能な福祉社会へ　索引あり〉　3000円　①978-4-326-34883-1
内容 エジプト農民とグローバリゼーション（ムハンマド・H.アブデル・アール執筆, 栗田禎子訳）　〔00212〕

アブドゥル＝ムウティー, フサーム・ムハンマド
◇ナイル・デルタの環境と文明　2　長谷部史彦編集責任　共同利用・共同研究拠点イスラーム地域研究拠点早稲田大学イスラーム地域研究機構　c2013　p49-154, 48p　26cm　〈他言語標題 : The environments and civilizations of the Nile delta　文献あり〉　①978-4-904039-66-3
内容 オスマン朝時代のアレクサンドリア（フサーム・ムハンマド・アブドゥル＝ムウティー著, 太田（塚田）絵里奈訳）　〔00213〕

アブラハム・ア・サンタ・クララ
◇近代カトリックの説教　高柳俊一編　教文館　2012.8　458p　21cm　（シリーズ・世界の説教）　4300円　①978-4-7642-7338-2
内容 聖ステファノの祝日〈一二月二六日〉の説教（アブラハム・ア・サンタ・クララ述, 富田裕訳）　〔00214〕

アブラムソン, ローレン　Abramson, Lauren
◇ソーシャルワークと修復的正義―癒やしと回復をもたらす対話、調停、和解のための理論と実践（Social Work and Restorative Justice）　エリザベス・ベック, ナンシー・P.クロフ, パメラ・ブラム・レオナルド編著, 林浩康監訳　明石書店　2012.11　486p　22cm　〈訳 : 大竹智ほか　索引あり〉　6800円　①978-4-7503-3687-9
内容 コミュニティ形成に向けた衝突の活用―コミュニティ会議（ローレン・アブラムソン, エリザベス・ベック著, 林浩康訳）　〔00215〕

アブロン, J.スチュアート　Ablon, J.Stuart
◇エビデンスベイスト精神力動的心理療法ハンドブック―科学と臨床実践をつなぐ試み（HANDBOOK OF EVIDENCE-BASED PSYCHODYNAMIC PSYCHOTHERAPY）　R.A.レヴィ,J.S.アブロン編著, 安達圭一郎, 石山貴章, 久崎孝浩編訳　京都　北大路書房　2012.8　22, 356p　21cm　〈文献あり 索引あり〉　4500円　①978-4-7628-2783-9
内容 1 さまざまな精神疾患に対する効果性研究と実用性研究（精神力動的心理療法 : 効果性研究と実用性研究の文献レビュー　パニック障害の精神力動的治療 : 臨床と研究評価　パニック障害に対する実地治療 : 感情焦点プロセスの重要性　摂食障害の精神力動的心理療法に対する実証的裏づけ　境界性パーソナリティ障害に対する転移焦点型心理療法と他の精神力動的心理療法に関するエビデンス（科学的根拠）　防衛機制評価尺度を用いて心理療法における防衛機能の変化について研究する : 4つの仮説と4つのケース）　2 心理療法のプロセスを測定する実証的心理尺度（精神力動的心理療法のプロセス測定尺度　逆転移とパーソナリティ病理 : 逆転移尺度の作成と臨床適用）　3 精神力動的心理療法の理論、方法、プロセス（治療同盟、交渉、決裂の修復　精神力動的心理療法における情動焦点型技法について　情動焦点型短期力動的治療 : 実証的に支持された感情恐怖に対する解決方略　うつ病外来患者治療における治療効果の持続に寄与する要因）　4 精神力動論と心理療法の神経生理学的基礎（精神力動的な概念と治療の神経学的モデル : 精神力動的心理療法への影響　精神力動的心理療法研究における生理的モニタリング）　〔00216〕

アベ, トモジ　阿部 知二
◇『Japan To-day』研究―戦時期『文芸春秋』の海外発信　鈴木貞美編　京都　国際日本文化研究センター　2011.3　375p　26cm　（日文研叢書）〈発売 : 作品社〉　4800円　①978-4-86182-328-2
内容 日本現代文学の主要作家3 : 山本有三（阿部知二著, 石川肇訳）　〔00217〕

アベッグ, リリー
◇ゾルゲ事件関係外国語文献翻訳集　no.37　日露歴史研究センター事務局編　〔川崎〕　日露歴史研究センター事務局　2013.7　52p　30cm　700円
内容 ゾルゲの同僚、リリー・アベッグが連合国軍対敵諜報部隊（CIC）に供述した文書（リリー・アベッグ著）　〔00218〕

アベラ, アレックス　Abella, Alex
◇ランド世界を支配した研究所（Soldiers of reason）　アレックス・アベラ著, 牧野洋訳　文芸春秋　2011.6　502, 8p　16cm　（文春文庫）　886円　①978-4-16-765174-9
内容 第1部 ランド誕生―1946‐　第2部 軍産複合体に成長―1950‐　第3部 ケネディとともに―1960‐　第4部 ペンタゴンペーパーの波紋―1970‐　第5部 アメリカ帝国―1980‐　第6部 そしてこれから―2000‐　〔00219〕

アペル, ジェイコブ　Appel, Jacob

◇善意で貧困はなくせるのか？―貧乏人の行動経済学（MORE THAN GOOD INTENTIONS）　ディーン・カーラン, ジェイコブ・アペル〔著〕, 清川幸美訳　みすず書房　2013.2　324, 16p　20cm　〈索引あり〉3000円　①978-4-622-07726-8

内容 第1章 はじめに―僧侶と魚　第2章 貧困と闘う―何をどうするのか　第3章 買う―セーフティネットがある世帯を倍に増やす　第4章 お金を借りる―タクシーの運転手はどうしてローンを借りなかったか　第5章 幸せを求める―もっと楽しいことがある　第6章 力を合わせる―集団の欠点はどうする？　第7章 貯める―楽しくない選択肢　第8章 耕す―ゼロから何かを作りだす　第9章 学ぶ―大事なのは学校に来させること　第10章 健康を保つ―足の骨折から寄生虫まで　第11章 男と女のこと―裸の真実　第12章 寄付をする―結論　〔00220〕

アベルス, チャナ・バイヤーズ　Abells, Chana Byers

◇おもいだしてくださいあのこどもたちを（The Children We Remember）　チャナ・バイヤーズ・アベルス構成・文, おびただす訳　汐文社　2012.7　1冊（ページ付なし）　24×25cm　1500円　①978-4-8113-8899-1　〔00221〕

アボット, アンドリュー　Abbott, Andrew Delano

◇社会学科と社会学―シカゴ社会学百年の真相（Department and discipline）　アンドリュー・アボット著, 松本康, 任雪飛訳　西東京　ハーベスト社　2011.9　351p　21cm　（ネオ・シカゴ都市社会学シリーズ 2　松本康, 奥田道大監修）〈文献あり 索引あり〉3400円　①978-4-86339-031-7　〔00222〕

アボット, クリス　Abbott, Chris

◇世界を動かした21の演説―あなたにとって「正しいこと」とは何か（21 speeches that shaped our world）　クリス・アボット著, 清川幸美訳　英治出版　2011.2　413p　20cm　2300円　①978-4-86276-096-8

内容 なぜ言葉が重要なのか　第1部 人類はみな人間（なぜ彼女は命をかけたのか―権利のための闘争　平等な社会とは―世界を熱狂させたビジョン ほか）　第2部 敵か味方か（真の危機とは何か―意表を突いた欧米批判　冷戦とは何だったのか―超大国の主張と現実 ほか）　第3部 力は正義（総力戦とは何か―極限状況を戦いぬいた英国の覚悟　歴史をつくるのはだれか―失脚直前の大統領の叫び ほか）　第4部 平和にチャンスを（暴力を捨てられるか　非暴力・不服従の論理　民主主義を守れるか―エリートと市民の責任 ほか）　〔00223〕

アマダ, ジェラルド　Amada, Gerald

◇心理療法ガイドブック（A GUIDE TO PSYCHOTHERAPY）　ジェラルド・アマダ著, 上地安昭監訳, 亀田佐知子訳　誠信書房　2012.9　242p　19cm　2000円　①978-4-414-40419-7

内容 心理療法とはなにか　心理療法の歴史　心理療法の専門家について　どんなときに心理療法を受けたらよいか　すぐれた心理療法家に出会うには　個人心理療法か集団心理療法か　心理療法はどのように効果があるのか　心理療法を受けると本来の自分らしさを失うのでは　心理療法家には悩みがないのか　心理療法家はなぜ自分自身のことを話さないのか〔ほか〕　〔00224〕

アマール, パトリック　Amar, Patrick

◇部下へのモヤモヤがなくなる上司のための心理学（Psychologie du manager Pour mieux réussir au travail）　パトリック・アマール著,〔井上大輔〕,〔竹沢りか〕,〔向井明代〕〔訳〕　クロスメディア・パブリッシング　2012.11　270p　19cm　〈発売：インプレスコミュニケーションズ〉　1580円　①978-4-8443-7194-6

内容 第1章 どうして部下がついてこないのか？（汝自身を知れ―パーソナリティ診断　すべての行動は学習の結果―行動主義心理学　為せば成る―自己効力感と社会認知理論 ほか）　第2章 部下を育てて成果を出す（私が間違うはずない！―認知的不協和　信じる者は救われる―ピグマリオン効果　出る杭は打たれる―承認欲求 ほか）　第3章 組織で認められるには（部下を仕事に巻き込むには？―ホーソン効果　国が違えば認識も変わる―異文化間マネジメント　風が吹けば桶屋が儲かる―システマチックアプローチ ほか）　〔00225〕

アーマン, バート・D.　Ehrman, Bart D.

◇キリスト教の創造―容認された偽造文書（Forged）　バート・D.アーマン著, 津守京子訳　柏書房　2011.10　325p　20cm　〈文献あり〉　2400円　①978-4-7601-4018-3

内容 序章 真理に向き合う　第1章 欺瞞と偽造に満ちた世界　第2章 ペトロの名で書かれた偽書　第3章 パウロの名で書かれた偽書　第4章 嘘や欺瞞に代わるもの　第5章 ユダヤ教徒および異教徒との争いから生まれた偽書　第6章 偽教師との争いから生まれた偽書　第7章 偽りの著者名が冠された文書、作り話、変造など　第8章 偽書と嘘と欺瞞と新約聖書の書　〔00226〕

アミオ, ジャン　Amiot, Joseph Marie

◇孔子の一生　ジャン・アミオ著, 神戸仁彦訳　明徳出版社　2011.3　113p　27cm　〈年譜あり〉　3500円　①978-4-89619-788-4　〔00227〕

アミチャイ＝ハンバーガー, イェア

◇子どもの社会的ひきこもりとシャイネスの発達心理学（THE DEVELOPMENT OF SHYNESS AND SOCIAL WITHDRAWAL）　ケネス・H.ルビン, ロバート・J.コプラン編, 小野善郎訳　明石書店　2013.8　363p　22cm　5800円　①978-4-7503-3873-6

内容 電子的コミュニケーション（バリー・H.シュナイダー, イェア・アミチャイ＝ハンバーガー著）　〔00228〕

アーミテイジ, デイヴィッド　Armitage, David

◇独立宣言の世界史（The declaration of independence）　D.アーミテイジ著, 平田雅博, 岩井淳, 菅原秀二, 細川道久訳　京都　ミネルヴァ書房　2012.3　263, 13p　20cm　（Minerva 歴史・文化ライブラリー 20）〈索引あり〉3800円　①978-4-623-06207-2

内容 序章 独立宣言のグローバル・ヒストリー（独立宣言の成立と世界への伝播　独立宣言というジャンル）　第1章 独立宣言の中の世界（独立宣言の構成とその意

義　独立宣言の歴史的背景と時代状況 ほか）　第2章 世界における独立宣言（国際的な文書としての独立宣言　国家としての承認を求めて ほか）　第3章 諸独立宣言の織りなす世界（世界各地への独立宣言の波及 四つの画期 ほか）　終章 独立宣言と主権国家の行方 資料編 独立宣言一覧（トマス・ジェファソンの独立宣言「最初の草案概略」　一七七六年七月四日、大陸会議におけるアメリカ連合諸邦による全会一致の宣言 ほか）〔00229〕

ア

アーミテージ, ジョン　Armitage, John

◇イギリス人はどう遊んできたか―「遊び」の社会史 娯楽に見る貧富の格差（Man at play）　ジョン・アーミテージ著, 小山内洸訳　三友社出版 2011.2　321p　22cm　〈索引あり〉2800円 ①978-4-88322-674-0

内容 中世の後景―おもに12世紀から13世紀にかけての娯楽模様　中世の華飾―見せ物の盛期―14世紀から15世紀にかけて　幕間狂言―中世の遊び道具　ルネッサンス―16世紀の魅惑　分裂―17世紀の変調　幕間狂言―座興をそいだピューリタン　都会の紳士―王政復古とジョージ朝（1）　田舎の紳士―王政復古とジョージ朝（2）　窮民―王政復古とジョージ朝（3）　幕間狂言―仰天と驚嘆〔ほか〕〔00230〕

アムスデン, アリス・H.　Amsden, Alice Hoffenberg

◇帝国と経済発展―途上国世界の興亡（Escape from empire）　アリス・H.アムスデン著, 原田太津男, 尹春志訳　法政大学出版局　2011.12 288p　20cm　（サピエンティア 10）〈索引あり 文献あり〉2800円　①978-4-588-60310-5

内容 第1章 天国は待てない　第2章 太陽は沈まず、賃金が上がらない場所　第3章 地上と天国の交換　第4章 援助という麻薬　第5章 神の贈り物　第6章 月光 第7章 ディエン・ビエン・フー―知は永遠なり　第8章 麦わらかごの地獄に向かって　第9章 アメリカによる宣告　第10章 遅れたものは放っておけ　第11章 巨大な火の玉〔00231〕

アームストロング, ウォリー　Armstrong, Wally

◇マリガンという名の贈り物―人生を変える究極のルール（The Mulligan）　ケン・ブランチャード, ウォリー・アームストロング著, 秋山隆英訳 大阪　創元社　2013.2　214p　20cm　1200円 ①978-4-422-10113-2

内容 エリート　衝撃　メンター　新しい人生の始まり 考えにふける　自尊心の源泉　現実に戻って　プレーに備える　自分のパーを設定する　一日をゆっくりスタートする　有言不実行　マリガンは役に立つ　究極nマリガンという贈り物　最初の一打　あまりプレーされていないコースを回る　繋がらない電話　「よくやった、ウィル・ダン」　ポーチにて〔00232〕

アームストロング, デイヴィッド・M.　Armstrong, David Malet

◇現代普遍論争入門（UNIVERSALS）　デイヴィッド・M.アームストロング著, 秋葉剛史訳 春秋社　2013.10　306, 13p　20cm　（現代哲学への招待―Great Works　丹治信春監修）〈文献あり 索引あり〉3500円　①978-4-393-32337-3

内容 第1章 問題設定　第2章 原始的かつ自然なクラス 第3章 類似性唯名論　第4章 普遍者の束としての個別者　第5章 属性としての普遍者　第6章 トロープ　第7章 まとめ〔00233〕

アームストロング, トーマス　Armstrong, Thomas

◇薬を飲ませる前にできるADHDの子どもを救う50の方法（The myth of the A.D.D.child）　トーマス・アームストロング著, 松本剛史訳　柏書房 2012.1　289p　19cm　2500円　①978-4-7601-4077-0

内容 第1部 子どもの行動・注意力を改善する50の方法（バランスのとれた朝食から　テレビやゲームは制限してみる　自分自身に言い聞かせ、させてみる　何に興味を持つのかたしかめる ほか）　第2部 ADHDとは何か（アメリカの新しい学習障害　ADHD―わかったと思えば、またわからなくなる障害　「いい子」であることの危険　機械と病気のモデル ほか）〔00234〕

◇脳の個性を才能にかえる―子どもの発達障害との向き合い方（THE POWER OF NEURODIVERSITY）　トーマス・アームストロング著, 中尾ゆかり訳　NHK出版　2013.6 277, 40p　20cm　〈文献あり〉2100円　①978-4-14-081608-0

内容 1章 脳の多様性　2章 活発な脳―ADHD　3章 システム化する脳―自閉症　4章 学び方のちがう人―ディスレクシア　5章 うつの贈り物―気分障害　6章 モチベーションの源―不安障害　7章 虹色の知性―知的発達の遅れ　8章 べつのキーで考える―統合失調症 9章 脳の多様性に満ちた教室　10章 脳の多様性の未来〔00235〕

アームストロング, ニッキー　Armstrong, Nicky

◇子どもの心理臨床　1-1　不安や強迫観念を抱く子どものために（Helping children who are anxious or obsessional）　マーゴット・サンダーランド著, ニッキー・アームストロング絵　関口進一郎監訳, 菊池由美訳　誠信書房　2011.9 80p　27cm　〈文献あり〉1800円　①978-4-414-41351-9

内容 第1章 内面に強い不安を抱えた子どもの生活―「ゆらゆら君」の場合（特に不安定な感情　「ゆらゆら君」のような子どもが、なぜそんなに不安定なのかを理解する ほか）　第2章 内面に強い不安を抱えた子どもの生活―「まっすぐ君」の場合（なぜ「まっすぐ君」のような子どもは、不安定さや混乱を求めるのか　「まっすぐ君」のような子どもが、解放されないでいる理由 ほか）　第3章『ゆらゆら君とまっすぐ君』を子どもに読み聞かせた後に（「ゆらゆら君」、あるいは「まっすぐ君」と同じように感じる　ここちよいと感じる場所 ほか）　第4章 不安を抱え、自由になれない子どものためのさらなるカウンセリングや心理療法（「ゆらゆら君」のような子どものカウンセリング　「まっすぐ君」のような子どものカウンセリング）〔00236〕

◇子どもの心理臨床　1-2　ゆらゆら君とまっすぐ君（Willy and the Wobby house）　マーゴット・サンダーランド著, ニッキー・アームストロング絵　森さち子訳　誠信書房　2011.9　1冊（ページ付なし）　27cm　1400円　①978-4-414-41361-8〔00237〕

◇子どもの心理臨床　2-1　恐怖を抱えた子どものために（Helping children with fear）　マーゴット・サンダーランド著, ニッキー・アームストロング絵　関口進一郎監訳, 菊池由美訳　誠信書房 2011.9　160p　27cm　〈文献あり〉2400円 ①978-4-414-41352-6

内容 第1章 恐怖を抱えた子どもの生活とは（恐怖を抱

えた子どもは、人生に対して姿を隠し、避けるような態度をとるようになる　子どもの家出に関する統計(十六歳未満) ほか)　第2章 子どもが人生に対して、恐怖心を抱くようになる過程を理解する(人生に対する恐れは、赤ちゃん時代から受け継がれたもの　人生を恐れる態度を抱きつづける子どもの脳で起こっていること ほか)　第3章 恐怖を抱えた子どもにかける言葉、接する態度(恐怖心を抱きながら人生に臨んでいる子どもへの、役立つ言葉と心理学的メッセージ「いいえ」(駄目)と言えるように手助けをする ほか)　第4章 子どもが自分の恐怖について語り、それを処理できるようにする(怒りっぽい人は溝の中　モンスターたち ほか)　第5章 恐怖を抱えた子どものためのカウンセリングと心理療法(自分の恐怖に取り組むための助けを得られない子どもには、どんな長期的影響があるか　心理療法によって、恐怖を抱えた子どもに温かな世界を教える ほか)　〔00238〕

◇子どもの心理臨床　2-2　大きな(おっきな)世界のおちびのウィーニー(Teenie Weenie in a too big world)　マーゴット・サンダーランド著, ニッキー・アームストロング絵　森さち子訳　誠信書房　2011.9　1冊(ページ付なし)　27cm　〈各巻タイトル : 大きな世界のおちびのウィーニー〉 1400円　①978-4-414-41362-5　〔00239〕

◇子どもの心理臨床　3-1　感情を抑圧した子どものために(Helping children who bottle up their feelings)　マーゴット・サンダーランド者, ニッキー・アームストロング絵　関口進一郎監訳, 菊池由美訳　誠信書房　2011.9　58p　27cm　〈文献あり〉 1700円　①978-4-414-41353-3

内容 第1章 傷ついた気持ちを封じ込めてしまった子どもの生活(傷ついた気持ちを封じ込めてしまった子どもの生活　あまりに多くの難しい感情を封じ込めている子どもの人生とは　自分の感情を封じ込めていることに、子どもはどうやって気づくのか ほか)　第2章 『へっちゃら君』を子どもに読み聞かせた後に(いっぱいいっぱいの気持ち　カラフルな(生き生きとした)気持ち　「へっちゃら」5項目 ほか)　第3章 感情を封じ込めた子どものためのさらなるカウンセリングと心理療法(感情を封じ込めつづける子どもの人生はどうなっていくのか　感情を封じ込めた子どもへのカウンセリングや心理療法)　〔00240〕

◇子どもの心理臨床　3-2　へっちゃら君(A nifflenoo called nevermind)　マーゴット・サンダーランド著, ニッキー・アームストロング絵　森さち子訳　誠信書房　2011.9　1冊(ページ付なし)　27cm　1400円　①978-4-414-41363-2　〔00241〕

◇子どもの心理臨床　4-1　思いやりをなくし、弱いものいじめをする子どものために(Helping children who have hardened their hearts or become bullies)　マーゴット・サンダーランド著, ニッキー・アームストロング絵　関口進一郎監訳, 安本智子訳　誠信書房　2011.9　82p　27cm　〈文献あり〉 1900円　①978-4-414-41354-0

内容 第1章 心を閉ざし、思いやりをなくした子どもの日常(心に壁を作ることは、自ら感性を乏しくすること　心を冷たく閉ざし、愛より力を選ぶと、人生はつらくわびしいものになる ほか)　第2章 なぜ子どもは思いやりをなくし、弱いものいじめをするのか(子どもはなぜ心に壁を作るのか、防衛システムの仕組みはどのようになっているのか　誰かに愛してもらえないために心を閉ざす子ども ほか)　第3章 『ふわふわころりんのプーミン(と、えっへん3兄弟)』を子どもに読み聞かせた後に(凍りついた気持ち　あなたを傷つけた人たち ほか)　第4章 思いやりをなくし、弱いものいじめをする子どものための、さらなるカウンセリングと心理療法(赤ちゃんも子どもも、悲しみで胸が張り裂ける　子どもの閉ざされた心が開いたとき)　〔00242〕

◇子どもの心理臨床　4-2　ふわふわころりんのプーミン(と、えっへん3兄弟)(A wibble called Bipley (and a few honkes))　マーゴット・サンダーランド著, ニッキー・アームストロング絵　森さち子訳　誠信書房　2011.9　1冊(ページ付なし)　27cm　1400円　①978-4-414-41364-9　〔00243〕

◇子どもの心理臨床　5-1　大切なものを失った子どものために(Helping children with loss)　マーゴット・サンダーランド著, ニッキー・アームストロング絵　関口進一郎監訳, 安本智子訳　誠信書房　2011.9　96p　27cm　〈文献あり〉 2000円　①978-4-414-41355-7

内容 第1章 子どもにとって喪失とは何か(愛する人を失った子どもに送りたい大切なメッセージ　赤ちゃんも子どもも悲しみで胸が張り裂ける ほか)　第2章 喪失はなぜそれほどつらいのか(愛着の心理　「愛」と「喪失」を生化学的に理解する ほか)　第3章 愛する人を失った子どもをどうやって支えるか(ありきたりな慰めやアドバイスをせず、子どもの悲しみにひたすら寄り添う　子どもの年齢に見合ったやさしい言葉で、死の概念を伝える ほか)　第4章 失うことのつらさを子ども自らが語り、乗り越えるための実践法(大切なものを失う物語　からっぽな場所 ほか)　第5章 なぜ心理療法やカウンセリングが必要なのか(心理療法やカウンセリングは、子どもに悲しみ方を教える　痛ましい喪失体験に傷ついた子どもに対して、心理療法やカウンセリングができること ほか)　〔00244〕

◇子どもの心理臨床　5-2　海が戻ってこなくなった日(The day the sea went out and never came back)　マーゴット・サンダーランド著, ニッキー・アームストロング絵　森さち子訳　誠信書房　2011.9　1冊(ページ付なし)　19×27cm　1400円　①978-4-414-41365-6　〔00245〕

◇子どもの心理臨床　6-1　自信を失っている子どものために(Helping children with low self-esteem)　マーゴット・サンダーランド著, ニッキー・アームストロング絵　関口進一郎監訳, 菊池由美訳　誠信書房　2011.9　112p　27cm　〈文献あり〉 2000円　①978-4-414-41356-4

内容 第1章 自分には価値がないと思っている子ども(自分に価値がないと感じるとき、人生の魅力は失われ、とてもみじめな結果に終わる　自尊心が非常に低い四〜十歳の子どもが、遊戯療法中に話した言葉 ほか)　第2章 自分には価値がないと思っている子どもの感情を理解する(幼い頃の愛情深い人間的な結びつきが、自尊心の核となる　自尊心と人生に対する愛情の確立における、深い結びつきの力について—精神療法における名言 ほか)　第3章 自分に価値がないと考える子どもへの言葉のかけ方と接し方(自分には価値がないと考える子どもに送りたい大切なメッセージ　自分が大きな罪を犯したのか、それとも誰にでもあることなのか—自分を恥じている子どもに、自分が傷ついていることに気づくようにかける言葉 ほか)　第4章 自尊心が低いことについて、子どもに語らせ、処

ア

ア

理させるための実践的方法（自分が好きになれないとき　大人たちに、自分が悪いと感じさせられるときほか）　第5章 自尊心の低い子どものためのカウンセリングと心理療法（つらく恐ろしい家庭環境に戻らなければならない子どもにカウンセリングや心理療法を受けさせる意味とは何か　心理療法で、子どもは不死鳥のごとく蘇生する ほか）〔00246〕

◇子どもの心理臨床　6-2　私（わたし）ってごみくず、かな?!（Ruby and the rubbish bin）マーゴット・サンダーランド著, ニッキー・アームストロング絵　森さち子訳　誠信書房　2011.9　1冊（ページ付なし）27cm〈各巻タイトル：私ってごみくず、かな?!〉1400円　①978-4-414-41366-3〔00247〕

◇子どもの心理臨床　7-1　怒りや憎しみにとらわれた子どものために（Helping children locked in rage or hate）マーゴット・サンダーランド著, ニッキー・アームストロング絵　関口進一郎監訳, 安本智子訳　誠信書房　2011.9　234p　27cm〈文献あり〉2800円　①978-4-414-41357-1

内容 第1章 怒りにとらわれた子どもの日常　第2章 なぜ子どもは怒りにとらわれるのか　第3章 怒りにとらわれた子どもの心の苦しみを和らげるために—何を語り、どう接するか　第4章 子どもが怒りについて語り、乗り越えるための実践方法　第5章 なぜ怒りにとらわれた子どもにカウンセリングや心理療法が必要なのか　第6章 憎しみにとらわれた子どもの日常　第7章 なぜ子どもは憎しみにとらわれるのか　第8章 憎しみにとらわれた子どもの心の苦しみを和らげるために—何を語り、どう接するか　第9章 子どもが憎しみについて語り、乗り越えるための実践方法　第10章 憎しみや怒りにとらわれた子どものために、なぜカウンセリングや心理療法が必要なのか〔00248〕

◇子どもの心理臨床　7-2　ハティは、親切大きらい（How Hattie hated kindness）マーゴット・サンダーランド著, ニッキー・アームストロング絵　森さち子訳　誠信書房　2011.9　1冊（ページ付なし）27cm　1400円　①978-4-414-41367-0〔00249〕

◇子どもの心理臨床　8-1　愛する人を待ちわびる子どものために（Helping children who yearn for someone they love）マーゴット・サンダーランド著, ニッキー・アームストロング絵　関口進一郎監訳, 菊池由美訳　誠信書房　2011.9　50p　27cm〈文献あり〉1400円　①978-4-414-41358-8

内容 第1章 愛着に苦しむ子どもの生活（なぜ子どもたちは待ちわびるのか　そばにいるのに手が届かないと感じさせる親を待ちわびる子ども　あるときは愛し、あるときは拒絶する親をもつがゆえに待ちわびる子ども　分離不安に苦しんでいるために待ちわびる子ども　その日、母親が去っていく前に十分な強い絆を結べなかったために、母親を待ちわびる子ども ほか）　第2章『お月さまにっこりを待ちこがれたカエル君』を子どもに読み聞かせた後に（愛情を返してもらえない　もの足りない場所と、とても満足できる場所　心の中で恋しく思っている人　思い切って手を離すこと　恋しい気持ちを表わす言葉 ほか）　第3章 愛する人を待ちわびる子どものためのカウンセリングや心理療法〔00250〕

◇子どもの心理臨床　8-2　お月さまにっこりを待ちこがれたカエル君（The frog who longed for the moon to smile）マーゴット・サンダーランド著, ニッキー・アームストロング絵　森さち子訳　誠信書房　2011.9　1冊（ページ付なし）27cm　1400円　①978-4-414-41368-7〔00251〕

◇子どもの心理臨床　9-1　夢や希望をもてない子どものために（Helping children pursue their hopes and dreams）マーゴット・サンダーランド著, ニッキー・アームストロング絵　関口進一郎監訳, 安本智子訳　誠信書房　2011.9　42p　27cm〈文献あり〉1400円　①978-4-414-41359-5

内容 第1章 なぜ子どもには、夢や希望をもつために周囲の助けが必要なのか　第2章 自分の夢や希望に温かい励ましの言葉をかけてもらえない子どもの日常（なぜ子どもは夢や希望を途中で諦めたり、最初からもてなかったりするのか）　第3章『お豆のニューピー』を子どもに読み聞かせた後に（あなたの夢はどこ？ニューピーがしたように、自分の願いや夢を描いてみよう　魔法の場所を訪れよう　夢を叶えるための旅　夢が叶うまでによくある二つの時期 ほか）　第4章 夢や希望をもてない子どものためのさらなるカウンセリングや心理療法〔00252〕

◇子どもの心理臨床　9-2　お豆のニューピー（A pea called Mildred）マーゴット・サンダーランド著, ニッキー・アームストロング絵　森さち子訳　誠信書房　2011.9　1冊（ページ付なし）27cm　1400円　①978-4-414-41369-4〔00253〕

アムネスティ・インターナショナル《Amnesty International》

◇世界の人権—アムネスティ・レポート　2011（Amnesty International report）『アムネスティ・レポート世界の人権』編集部編　アムネスティ・インターナショナル日本　2011.10　386p　26cm〈索引あり　発売：現代人文社〉3200円　①978-4-87798-490-8〔00254〕

◇世界の人権　2012（Amnesty International Report）『アムネスティ・レポート世界の人権』編集部編集　アムネスティ・インターナショナル日本　2012.9　398p　26cm（アムネスティ・レポート）〈共同発売：大学図書　索引あり　発売：現代人文社〉3200円　①978-4-87798-526-4〔00255〕

アーメッド, アジャズ　Ahmed, Ajaz

◇ベロシティ思考—最高の成果を上げるためのクリエイティブ術（velocity）アジャズ・アーメッド, ステファン・オーランダー著, 白倉三紀子, 杉本しのぶ訳　パイインターナショナル　2012.8　357p　19cm〈文献あり 索引あり〉1800円　①978-4-7562-4289-1

内容 第1章 銃の前では、最強の手札も無力になる。　第2章 行うは易く、言うは難し。　第3章 最高の広告は、広告ではない。　第4章 手軽さは、正しさの敵である。　第5章 そこに「人」がいることを忘れずに。　第6章 最高のジョークも、会議にかけるとダメになる。　第7章 自分自身よりも大きな目標をもて。〔00256〕

アメリー, ジャン

◇ちくま哲学の森　4　いのちの書　鶴見俊輔, 安野光雅, 森毅, 井上ひさし, 池内紀編　筑摩書房

2011.12 434p 15cm 1200円 ①978-4-480-42864-6
内容 拷問(ジャン・アメリー著, 池内紀訳) 〔00257〕

アメリカ
⇒全米、米国も見よ

アメリカ
◇日本語訳ウィキリークス文書―流出したアメリカ外交公電 チーム21C訳 バジリコ 2011.3 318p 21cm 1600円 ①978-4-86238-175-0
内容 バラク・オバマ大統領への書簡 ウィキリークスの概要(ウィキリークスについて ジュリアン・アサンジ氏について アメリカ外交公電について) イラク無差別殺人の記録 アメリカ外交公電(東京発 首席公使、捕鯨協議で日本政府に柔軟性を要求 東京発 日本、捕鯨問題への積極的関与に容認的 東京発 捕鯨 : 日本政府、アイスランドの捕獲枠削減への積極的関与をあいまいにかわす ほか) 〔00258〕

アメリカ合衆国議会下院
◇中国の通信機器会社であるファーウェイ(華為)とZTE(中興通訊股份有限公司)によりもたらされる米国の国家安全保障問題に関する調査報告書 (Investigative report on the U.S.national security issues posed by Chinese telecommunications companies Huawei and ZTE) 〔米下院情報常設特別委員会〕〔著〕, 防衛基盤研究センター刊行物等編集委員会編 防衛基盤整備協会 2013.9 51p 30cm (BSK 第25-8号) 〈表紙のタイトル : 中国の電気通信機器会社であるファーウェイ(華為)とZTE(中興通訊股份有限公司)によりもたらされる米国の国家安全保障問題に関する調査報告書〉 非売品 〔00259〕

アメリカ合衆国教育省
◇エビデンスに基づくオンライン学習実践法の評価―オンライン学習研究のメタ分析およびレビュー (Evaluation of evidence-based practices in online learning) 米国教育省〔編〕, 角倉雅博監訳 岩波ブックセンター(制作) 〔2010〕 211p 27cm 〈英語併記 文献あり〉 ①978-4-904241-10-3 〔00260〕

アメリカ合衆国国務省
◇国際テロに関する国別報告書―米国務省報告書 2008年 (Country reports on terrorism 2008) 公共政策調査会編 公共政策調査会 2010.6 483p 21cm (Special report no.106) 〔00261〕
◇国際テロに関する国別報告書―米国務省報告書 2009年 (Country reports on terrorism 2009) 公共政策調査会編 公共政策調査会 2011.8 405p 21cm (Special report no.112) 〔00262〕
◇国際テロに関する国別報告書―米国務省報告書 2010年 (Country reports on terrorism 2010) 公共政策調査会編 公共政策調査会 2012.7 390p 21cm (Special report no.116) 〔00263〕

アメリカ合衆国国立衛生研究所
◇自殺傾向ハイリスク者に対する介入研究で考慮すべき事項に関する手引き (Issues to consider intervention research with persons at high risk for suicidality) 米国国立衛生研究所, 米国国立精神衛生研究所著, 米本直裕訳 小平 国立精神・神経医療研究センター精神保健研究所自殺予防総合対策センター 2011.2 48p 30cm (自殺予防総合対策センターブックレット no.8) 〈英語併記 文献あり〉 〔00264〕

アメリカ合衆国国家情報会議
◇2030年世界はこう変わる―アメリカ情報機関が分析した「17年後の未来」 (GLOBAL TRENDS 2030) 米国国家情報会議編, 谷町真珠訳 講談社 2013.4 190p 19cm 〈文献あり〉 1000円 ①978-4-06-218376-5
内容 第1章 メガトレンド―「2030年の世界」を決める4つの構造変化(個人の力の拡大 権力の拡散 人口構成の変化 食料・水・エネルギー問題の連鎖) 第2章 ゲーム・チェンジャー―世界の流れを変える6つの要素(危機を頻発する世界経済 変化に乗り遅れる「国家の統治力」 高まる「大国」衝突の可能性 広がる地域紛争 最新技術の影響力 変わる米国の役割) 第3章 オルターナティブ・ワールド―「2030年」4つの異なる世界(「欧米没落」型 「米中協調」型 「格差支配」型 「非政府主導」型) 〔00265〕

アメリカ合衆国商務省
◇現代アメリカデータ総覧 2009 (Statistical abstract of the United States) アメリカ合衆国商務省センサス局編, 鳥居泰彦監訳 柊風舎 2010.11 1022p 27cm 〈索引あり〉 28000円 ①978-4-903530-43-7 〔00266〕
◇現代アメリカデータ総覧 2010 (Statistical Abstract of the United States) アメリカ合衆国商務省センサス局編, 鳥居泰彦監訳 柊風舎 2012.10 1024p 27cm 〈索引あり〉 28000円 ①978-4-903530-97-0 〔00267〕
◇現代アメリカデータ総覧 2011 (Statistical Abstract of the United States) アメリカ合衆国商務省センサス局編, 鳥居泰彦監訳 柊風舎 2013.9 1046p 27cm 〈索引あり〉 28000円 ①978-4-86498-008-1
内容 人口 出生、死亡、結婚、離婚 保健・栄養 教育 法律の執行・裁判所および刑務所 地理・環境 選挙 州・地方政府の財政と雇用 連邦政府の財政と雇用 国家安全保障・退役軍人 社会保障・ヒューマンサービス 労働力・雇用・所得 所得・支出・貧困および富 物価 企業 科学と技術 農業 天然資源 エネルギーと公益事業 建設・住宅 製造業 卸売業および小売業 輸送 情報およびコミュニケーション 銀行・金融・保険 芸術・レクリエーションおよび旅行 宿泊・飲食およびその他のサービス 外国貿易・援助 プエルトリコおよび諸島域 国際比較統計 付録 〔00268〕

アメリカ合衆国信用組合庁
◇連邦クレジット・ユニオンハンドブック (The Federal Credit Union handbook) 全米クレジットユニオン管理庁〔著〕, 農村金融研究会訳 農村金融研究会 2012.3 96p 30cm 〈付 :

連邦クレジット・ユニオン定款〉〔00269〕

◇全米クレジット・ユニオン管理庁(NCUA)2011年年次報告書 (National Credit Union Administration 2011 annual report(抄訳)) 農村金融研究会抄訳 〔農村金融研究会〕 〔2013〕 61p 30cm 〔00270〕

アメリカ合衆国陸軍省

◇沖縄戦—第二次世界大戦最後の戦い (Okinawa) アメリカ陸軍省戦史局編, 喜納健勇訳 那覇 出版舎Mugen 2011.3 512p 22cm 4200円 ①978-4-9904879-7-3 〔00271〕

アメリカ研究審議会《NRC》

◇コモンズのドラマ—持続可能な資源管理論の15年 (The Drama of the COMMONS) 全米研究評議会,Elinor Ostrom,Thomas Dietz,Nives Dolšak,Paul C.Stern,Susan C.Stonich,Elke U. Weber編, 茂木愛一郎, 三俣学, 泉留維監訳 知泉書館 2012.5 665p 23cm 〈文献あり 索引あり〉 9000円 ①978-4-86285-132-1

内容 序論(コモンズのドラマ) 第1部 コモンズのドラマにおける資源利用者、資源制度、および行動(共有資源と制度の持続可能性 不平等な潅漑利用主体—大規模多変量研究における異質性とコモンズ管理 ほか) 第2部 私有化とその限界(コモンズの保全に向けた許可証取引によるアプローチ—私たちは何を学んできたのか 共同所有、規制性所有、環境保護—共同体に根ざした管理と取引可能環境許可証の比較) 第3部 クロス・スケールのリンケージと動態的な相互作用(制度的相互作用—環境面におけるクロス・スケールな相互作用の重要性 クロス・スケールな制度的リンケージ—ボトムアップからの展望) 第4部 新たに現れてきた課題(科学的不確実性、複雑系とコモン・プール制度のデザイン コモンズにおける制度生成—コンテクスト、状況、イベント ほか) 結論(15年間の研究を経て得られた知見と残された課題) 〔00272〕

アメリカ心理学会《APA》

◇APA論文作成マニュアル (Publication manual of the American Psychological Association (6th ed.)) アメリカ心理学会(APA)著, 前田樹海, 江藤裕之, 田中建彦訳 第2版 医学書院 2011.3 304p 26cm 〈文献あり 索引あり〉 3800円 ①978-4-260-01220-1 〔00273〕

アメリカ・スクール・ライブラリアン協会

◇学校図書館メディアプログラムのためのガイドライン (Empowering learners) アメリカ・スクール・ライブラリアン協会編, 全国SLA海外資料委員会訳, 渡辺信一, 平久江祐司, 柳勝文監訳 全国学校図書館協議会 2010.8 67p 26cm (シリーズ学習者のエンパワーメント 第2巻) 〈年表あり〉 2500円 ①978-4-7933-0085-1 〔00274〕

◇21世紀を生きる学習者のための活動基準 (Standards for the 21st-century learner in action) アメリカ・スクール・ライブラリアン協会編, 全国SLA海外資料委員会訳, 渡辺信一, 平久江祐司, 柳勝文監訳 全国学校図書館協議会 2010.8 126p 26cm (シリーズ学習者のエンパワーメント 第1巻) 2800円 ①978-4-7933-0084-4 〔00275〕

アメリカ図書館協会

◇図書館の原則—図書館における知的自由マニュアル (第8版) (Intellectual freedom manual (8th ed.)) アメリカ図書館協会知的自由部編纂, 川崎良孝, 川崎佳代子, 久野和子訳 改訂3版 日本図書館協会 2010.12 585p 21cm 〈文献あり 索引あり〉 6000円 ①978-4-8204-1009-6 〔00276〕

◇21世紀の図書館におけるプライヴァシーと情報の自由 (Privacy and freedom of information in 21st century libraries) アメリカ図書館協会知的自由部編著, 高鍬裕樹, 久野和子, 川崎智子, 川崎良孝訳 京都 京都図書館情報学研究会 2012.4 117p 21cm (KSPシリーズ 13) 〈文献あり 発売：日本図書館協会〉 2000円 ①978-4-8204-1117-8 〔00277〕

アメルンク, クヌト

◇刑事法の諸問題 8 専修大学法学研究所編 専修大学法学研究所 2011.2 179p 21cm (専修大学法学研究所紀要 36)

内容 自然法主義的法思想から実証主義的法思想への転換としてのビルンバウムの刑法的『財』保護理論(クヌト・アメルンク著, 日高義博, 稲垣悠一, 張光雲共訳) 〔00278〕

アーメンターノ, ポール Armentano, Paul

◇マリファナはなぜ非合法なのか? (Marijuana is safer) スティーブ・フォックス, ポール・アーメンターノ, メーソン・トヴェルト著, 三木直子訳 築地書館 2011.1 284p 19cm 〈文献あり〉 2200円 ①978-4-8067-1414-9

内容 1 "選択肢"マリファナか、酒か("二つの主役"マリファナと酒は人々にどう受け入れられ、使用されているか "マリファナ入門"マリファナを理解しよう ほか) 2 奪われた選択肢("「マリファナの狂気」騒動"マリファナ禁止の起源 "事実確認"マリファナについての、よくある作り話とその真実 ほか) 3 選択の自由("これ以上は要らないだろう"従来のマリファナ法廃止論 悪習慣を増やすのではなく、代替案を提示する ほか) 付録「マリファナのほうがもっと安全」というメッセージを広める 〔00279〕

アモローゾ, レオナルド

◇弱い思考 (Il pensiero debole) ジャンニ・ヴァッティモ, ピエル・アルド・ロヴァッティ編, 上村忠男, 山田忠彰, 金山準, 土肥秀行訳 法政大学出版局 2012.8 374p 20cm (叢書・ウニベルシタス 977) 〈文献あり〉 4000円 ①978-4-588-00977-8

内容 ハイデガーにおけるlucus a (non) lucendoとしての開かれ=空き地(レオナルド・アモローゾ著, 金山準訳) 〔00280〕

アヤタ, アイシェ・ギュネシュ

◇中東・北アフリカにおけるジェンダー—イスラーム社会のダイナミズムと多様性 (Gender and diversity in the Middle East and North Africa) ザヒア・スマイール・サルヒー編著, 鷹木恵子,

大川真由子, 細井由香, 宇野陽子, 辻上奈美江, 今堀恵美訳　明石書店　2012.1　412p　20cm　(世界人権問題叢書 79)　〈索引あり　文献あり〉4700円　①978-4-7503-3526-1
内容 トルコにおけるAKPの党派政治(2002〜2007年)と西洋主義者・イスラミスト・フェミニストの言説の交差にいる女性たちの苦悩(アイシェ・ギュネシュ・アヤタ, ファトマ・テュテュンジュ著, 宇野陽子訳)〔00281〕

アユカワ, ミチコ・ミッジ　Ayukawa, Michiko Midge
◇カナダへ渡った広島移民—移住の始まりから真珠湾攻撃前夜まで (HIROSHIMA IMMIGRANTS IN CANADA 1891-1941)　ミチコ・ミッヂ・アユカワ著, 和泉真澄訳　明石書店　2012.11　309p　20cm　(世界人権問題叢書 82)　〈文献あり〉4000円　①978-4-7503-3691-6
内容 第1章 ふるさと広島　第2章 初期の移民たち　第3章 出稼ぎとその後　第4章 女性の到来　第5章 農業者たち　第6章 分裂する都市コミュニティ　第7章 二世世代　結章〔00282〕

アユシーエヴァ, イリーナ・G.
◇ハルハ河・ノモンハン戦争と国際関係　田中克彦, ボルジギン・フスレ編　三元社　2013.7　155p　21cm　1700円　①978-4-88303-346-1
内容 ハルハ河 : 記憶の場(イリーナ・G.アユシーエヴァ著, 成田あゆみ訳)〔00283〕

アライアンス・フォー・インクルーシヴ・エデュケーション《The Alliance for Inclusive Education》
◇変化を起こせ　未来を担う若い障がい者リーダーを育てるために障がい当事者団体にできること (Pushing for change)　The Alliance for Inclusive Education編, 豊高明枝, 土井圭子訳　〔出版地不明〕　放課後クラブ「チャレンジ・キッズ」　2013.3　67p　30cm　〈文献あり〉〔00284〕

アラヴァムダン, ギーター　Aravamudan, Gita
◇インド 姿を消す娘たちを探して (Disappearing Daughters)　ギーター・アラヴァムダン著, 鳥居千代香訳　柘植書房新社　2012.10　258p　19cm　2200円　①978-4-8068-0635-6
内容 第1章 姿を消す娘たちを探して　第2章 犠牲者はだれか　第3章 インドの失われた女の子たち　第4章 科学的な除去　第5章 活躍する高度先端技術とグローバル　第6章 法と違法　第7章 だれが娘を望むのか　第8章 バックラッシュ　第9章 荒らされる子宮　第10章 昨日、今日、明日〔00285〕

アラシェフスカ, アンディ　Alaszewski, Andy
◇日記とはなにか—質的研究への応用 (Using diaries for social research)　アンディ・アラシェフスカ著, 川浦康至, 田中敦訳　誠信書房　2011.5　270p　20cm　〈文献あり 索引あり〉2800円　①978-4-414-30419-0
内容 第1章 日記の発展と利用　第2章 日記を研究する　第3章 研究を始めよう　第4章 データを集める—日記とガイドライン、サポート　第5章 日記を分析する—数値、内容、構造　第6章 結論—日記研究の可能性をさぐる〔00286〕

アラス, ルート
◇グローバル化のなかの企業文化—国際比較調査から　石川晃弘, 佐々木正道, 白石利政, ニコライ・ドリャフロフ編著　八王子　中央大学出版部　2012.2　382p　22cm　(中央大学社会科学研究所研究叢書 25)　4600円　①978-4-8057-1326-6
内容 個人的・組織的諸要因の予測変数としての企業の社会的責任(ユッレ・ユビウス, ルート・アラス著, 石川晃弘訳)〔00287〕

アラスコ, カール　Alasko, Carl
◇人間関係を破壊するイライラ伝染病—不安・怒り・苦しみ・恐れに捕らわれた人たち (EMOTIONAL BULLSHIT)　カール・アラスコ著, 高松綾子訳　すばる舎　2013.2　382p　19cm　1800円　①978-4-7991-0181-0
内容 1 エモーショナル・ブルシットのしくみ(「エモーショナル・ブルシット」と「有毒トリオ」　エモーショナル・ブルシットの根源は「欲望」と「恐れ」　エモーショナル・ブルシットを進行させる原因と、進行を食い止める方法)　2 あなたの周りにもいる！ エモーショナル・ブルシットの感染者(恋愛関係に見られるエモーショナル・ブルシット　夫婦関係に見られるエモーショナル・ブルシット　親子関係に見られるエモーショナル・ブルシット ほか)　3 エモーショナル・ブルシットから自分を守る方法(自分にとって本当に必要なこと(コア・ニーズ)を見つける　コア・ニーズに焦点を当てて自分を大切にする　他人と前向きに衝突する ほか)〔00288〕

アラミー, ダウド　El Alami, Dawoud Sudqi
◇双方の視点から描くパレスチナ/イスラエル紛争史 (The Palestine-Israeli conflict)　ダン・コンシャーボク, ダウド・アラミー〔著〕, 臼杵陽監訳　岩波書店　2011.3　278, 6p　19cm　〈年表あり 索引あり〉3400円　①978-4-00-024464-0
内容 パレスチナ人から見た歴史(現代パレスチナの起源　パレスチナ人、ユダヤ人、そしてイギリス　ユダヤ人国家の建設に向かって　アラブ人とユダヤ人解放に向かって　壁　旧勢力の遺産)　ユダヤ人から見た歴史(シオニズム運動　第一次世界大戦後　ユダヤ人国家　六日間戦争とその後　和平への道　九・一一の前後　新たな侵略)〔00289〕

アラン　Alain
◇幸福論 (Propos sur le bonheur)　アラン〔著〕, 石川湧訳　新版　角川学芸出版　2011.10　297p　15cm　(角川文庫 17088—〔角川ソフィア文庫〕〔G-200-1〕)　〈初版 : 角川書店昭和26年刊　年譜あり　発売 : 角川グループパブリッシング〉629円　①978-4-04-408602-2
内容 名馬ブケファルス　いらだち　悲しいマリー　神経衰弱　ふさぎの虫　情念　神託の終滅　想像力について　精神の病気　気で病む男〔ほか〕〔00290〕
◇ちくま哲学の森　5　詩と真実　鶴見俊輔, 安野光雅, 森毅, 井上ひさし, 池内紀編　筑摩書房　2012.1　449p　15cm　1300円　①978-4-480-42865-3
内容 芸術に関する一〇一章より(アラン著, 斎藤正二訳)〔00291〕
◇絵本アランの幸福論　アラン著, 合田正人訳, 田所真理子画　PHPエディターズ・グループ　2012.3　127p　20cm　〈他言語標題 : Livre

ア

d'images. Des Propos d'Alain sur le bonheur 文献あり　原文併記　発売 : PHP研究所〉 1500円　①978-4-569-80325-8

内容 1章 上機嫌とは（あなたが上機嫌でありますように　上機嫌には潔いところがある ほか） 2章 仕事とは（人間的な最大の喜びは　少しは生きる苦労というものがあったほうがいい ほか） 3章 幸福とは（幸福とは　喜びをさがしに行くなら ほか） 4章 礼節とは（人ごみのなかで　人がいらだったり、不機嫌だったりするのは ほか） 5章 人間とは（人間の営為がなかったら　自分を責めさいなんでいるすべての者たちに ほか）〔00292〕

◇ちくま哲学の森　7　恋の歌　鶴見俊輔, 安野光雅, 森毅, 井上ひさし, 池内紀編　筑摩書房　2012.3　444p　15cm　1300円　①978-4-480-42867-7

内容 ドン・ジュアン/女房学校（アラン著, 古賀照一訳）〔00293〕

◇哲学講義（Éléments de philosophie）　アラン著, 中村雄二郎訳　白水社　2012.10　443p　19cm（白水iクラシックス）〈「アラン著作集 1」(1981年刊) の改題、一部改訂〉3800円　①978-4-560-09608-6

内容 第1部 感覚による認識　第2部 秩序立った経験　第3部 推理による認識　第4部 行為　第5部 情念　第6部 道徳　第7部 儀式〔00294〕

◇よくわかるアランの幸福論　アラン〔著〕, 上之二郎訳　笠倉出版社　2012.12　249p　19cm〈文献あり〉1143円　①978-4-7730-8643-0

内容 第1章 幸福の青い鳥　第2章 過去・現在、未来　第3章 心がくじけそうなときこそ「悲しい」「怖い」「怒り」を育てない　第4章 原因をさがせ　第5章 人間関係1 上機嫌のすすめ　第6章 人間関係2 人とのつきあい　第7章 仕事　第8章 行動　第9章 幸福の誓い〔00295〕

◇超訳 アランの幸福論　許成準著　彩図社　2013.7　191p　19cm　1200円　①978-4-88392-930-6

内容 1章 幸福とはなにか？　2章 悩み事から解放される　3章 仕事を通じて幸福になる　4章 辛い過去や不安な未来と向き合う　5章 行動しなければ何も起こらない　6章 人間関係でつまずかない　7章 幸せになるにはそれを誓うこと〔00296〕

アラン, ジェレミー　Allan, Jeremy

◇いつかは行きたい一生に一度だけの旅BEST500 続（Secret Journeys of a lifetime）　ジェレミー・アランほか著, 関利枝子, 北村京子訳　日経ナショナルジオグラフィック社　2012.10　319p　31cm（NATIONAL GEOGRAPHIC）〈発売 : 日経BPマーケティング〉7400円　①978-4-86313-182-8

内容 1 広がる眺望を楽しむ―世界各地の“高台”から眺める景観の数々に息をのむ　2 地球最後の大自然―手つかずの貴重な自然の姿に敬意を払い、体験する　3 島々の多彩な素顔―熱帯の楽園や氷に閉ざされた極地など、隠れ家のような島を訪ねる　4 知られざる道を行く―歴史ある道や静かな散策路、厳しい自然に挑み、土地の神髄に触れる　5 隠れた歴史を探る―観光ルートを外れた史跡が語る歴史のドラマに耳を傾ける　6 魂の安らぎを求めて―人里離れた辺境から大都市まで、心のよりどころを追う　7 知られざる新名所―観光地図にない美術館や邸宅、城で、思いがけない喜びに出合う　8 秘密の小さな村と町―失われつつある素朴な暮らしと文化を垣間見る　9 都会に潜むオアシス―にぎやかな町に潜む庭園やカフェで静かなひとときを過ごす〔00297〕

◇いつかは行きたい一生に一度だけの旅世界の新名所BEST500（Secret Journeys of a Lifetime）　ジェレミー・アランほか著, 関利枝子, 北村京子訳　コンパクト版　日経ナショナルジオグラフィック社　2013.6　319p　21cm（NATIONAL GEOGRAPHIC）〈初版のタイトル : いつかは行きたい一生に一度だけの旅BEST500 続　索引あり　発売 : 日経BPマーケティング〉2800円　①978-4-86313-212-2

内容 1 広がる眺望を楽しむ―世界各地の“高台”から眺める景観の数々に息をのむ　2 地球最後の大自然―手つかずの貴重な自然の姿に敬意を払い、体験する　3 島々の多彩な素顔―熱帯の楽園や氷に閉ざされた極地など、隠れ家のような島を訪ねる　4 知られざる道を行く―歴史ある道や静かな散策路、厳しい自然に挑み、土地の神髄に触れる　5 隠れた歴史を探る―観光ルートを外れた史跡が語る歴史のドラマに耳を傾ける　6 魂の安らぎを求めて―人里離れた辺境から大都市まで、心のよりどころを追う　7 知られざる新名所―観光地図にない美術館や邸宅、城で、思いがけない喜びに出合う　8 秘密の小さな村と町―失われつつある素朴な暮らしと文化を垣間見る　9 都会に潜むオアシス―にぎやかな町に潜む庭園やカフェで静かなひとときを過ごす〔00298〕

アラン, トニー　Allan, Tony

◇世界予言全書（Prophecies）　トニー・アラン著, 真田由美子訳　原書房　2011.10　275p　19cm　2300円　①978-4-562-04733-8

内容 第1部 神々の口寄せ（予言の起こり　旧約聖書の預言者たち ほか）　第2部 夢と予感（メソポタミアの神々　ファラオの未来を予言する ほか）　第3部 占いの体系（占星術の起こり　『易経』 ほか）　第4部 予言者と千里眼（予言者マーリン　魔法使いと魔女 ほか）　第5部 未来を考える（ルネサンスの予見者レオナルド・ダ・ヴィンチ　ユートピアとその仲間たち ほか）〔00299〕

アーラント, クルト*　Aland, Kurt

◇ガリラヤのイェシュー―日本語訳新約聖書四福音書（The Greek New Testament (4th rev.ed.)）　山浦玄嗣訳　大船渡　イー・ピックス出版　2011.10　663p　22cm〈文献あり〉2400円　①978-4-901602-33-4

内容 第1巻 マタイの伝えた“よきたより”　第2巻 マルコの伝えた“よきたより”　第3巻 ルカの伝えた“よきたより”　第4巻 ヨハネの伝えた“よきたより”〔00300〕

アーラント, B.*　Aland, Barbara

◇ガリラヤのイェシュー―日本語訳新約聖書四福音書（The Greek New Testament (4th rev.ed.)）　山浦玄嗣訳　大船渡　イー・ピックス出版　2011.10　663p　22cm〈文献あり〉2400円　①978-4-901602-33-4

内容 第1巻 マタイの伝えた“よきたより”　第2巻 マルコの伝えた“よきたより”　第3巻 ルカの伝えた“よきたより”　第4巻 ヨハネの伝えた“よきたより”〔00301〕

アリー, ゲッツ　Aly, Götz

◇ヒトラーの国民国家―強奪・人種戦争・国民的社会主義（HITLERS VOLKSSTAAT）　ゲッツ・アリー著, 芝健介訳　岩波書店　2012.6　361, 65p　22cm　〈文献あり 索引あり〉8000円　①978-4-00-024516-6

内容 第1部 ムード作り政治の全開（民族の帝国の夢　本書を読む上での注意　国民の意に適った独裁）　第2部 従属と利用（ゆるぎない合理性　国民にとっての戦時利得　支柱たる西部　新膨張空間としての東部）　第3部 ユダヤ人資産の没収（国家原則としての盗み・強奪　国防軍のための資金洗浄　同盟国の助成　金の痕跡）　第4部 国民福祉のための犯罪（悪の果実　投機的政治　国民的社会主義）　〔*00302*〕

アーリ, ジョン　Urry, John

◇社会を越える社会学―移動・環境・シチズンシップ（SOCIOLOGY BEYOND SOCIETIES : Mobilities for the twenty‐first century）　ジョン・アーリ著, 吉原直樹監訳　新装版　法政大学出版局　2011.2　385, 77p　19cm　（叢書・ウニベルシタス）　5000円　①978-4-588-09935-9

内容 第1章 社会　第2章 メタファー　第3章 旅行　第4章 感覚　第5章 時間　第6章 居住　第7章 シチズンシップ　第8章 社会学　〔*00303*〕

◇場所を消費する（CONSUMING PLACES）　ジョン・アーリ著, 吉原直樹, 大沢善信監訳, 武田篤志, 松本行真, 斎藤綾美, 末良哲, 高橋雅也訳　新装版　法政大学出版局　2012.9　393, 43p　19cm　（叢書・ウニベルシタス）　4800円　①978-4-588-09958-8

内容 1 社会と空間（場所の消費における時間と空間　寄生体としての社会学―その短所と長所　集合的行為と新マルクス主義―批判的分析　社会、空間、ローカリティ）　2 リストラクチュアリングとサービス（農村のリストラクチュアリング　資本主義的生産、科学的管理、サービス階級　英国は史上初の「脱工業社会」か？）　3 消費、場所、アイデンティティ（ツーリズムの消費　ツーリズム、旅行、近代的主体　地域文化の再解釈　ツーリズム、ヨーロッパ、アイデンティティ）　4 自然の消費（観光のまなざしと環境　湖水地方の形成　社会的アイデンティティ、レジャー、田園）　〔*00304*〕

アリー, R.W.　Alley, Robert W.

◇結婚生活セラピー（Be-good-to-your-marriage therapy）　キャス・ペリー・ドッターウィック文, R.W.アリー絵, 目黒摩天雄訳　サンパウロ　2011.4　1冊（ページ付なし）　16cm　（Elf-help books）　〈原文併記〉700円　①978-4-8056-2819-5　〔*00305*〕

◇ゆったりと生きるセラピー（Slow～down therapy）　ライナス・マンディ文, R.W.アリー絵, 目黒摩天雄訳　サンパウロ　2011.12　1冊（ページ付なし）　16cm　（Elf-help books）　〈原文併記〉700円　①978-4-8056-8807-6　〔*00306*〕

◇今日は今日だけセラピー（One～day～at～a～time Therapy）　クリスティーン・A.アダムズ文, R.W.アリー絵, 目黒摩天雄訳　サンパウロ　2012.10　1冊（ページ付なし）　16cm　（Elf-Help books）　〈英語併記〉700円　①978-4-8056-2093-9　〔*00307*〕

◇苦しみを意味あるものにするセラピー（Making～sense～out～of～suffering Therapy）　ジャック・ウィンツ文, R.W.アリー絵, 目黒摩天雄訳　サンパウロ　2012.10　1冊（ページ付なし）　16cm　（Elf-Help books）　〈英語併記〉700円　①978-4-8056-2619-1　〔*00308*〕

◇定年退職セラピー（Elf-help for a Happy Retirement）　テッド・オニール文, R.W.アリー絵, 目黒摩天雄訳　サンパウロ　2012.12　1冊（ページ付なし）　16cm　（Elf-Help books）　〈英語併記〉700円　①978-4-8056-6126-0　〔*00309*〕

◇悲しみの祈り三十日セラピー（Thirty Days of Grief Prayers）　トム・マックグラース文, R.W.アリー絵, 目黒摩天雄訳　サンパウロ　2013.2　1冊（ページ付なし）　16cm　（Elf-Help books）　〈英語併記〉700円　①978-4-8056-1519-5　〔*00310*〕

◇命日を迎えるセラピー（On the Anniversary of Your Loss）　ライナス・マンディ文, R.W.アリー絵, 目黒摩天雄訳　サンパウロ　2013.2　1冊（ページ付なし）　16cm　（Elf-Help books）　〈英語併記〉700円　①978-4-8056-8510-5　〔*00311*〕

◇さびしさセラピー（Loneliness Therapy）　ダニエル・グリッポ文, R.W.アリー絵, 目黒摩天雄訳　サンパウロ　2013.9　1冊（ページ付なし）　16cm　（Elf-Help books）　〈英語併記〉700円　①978-4-8056-3620-6　〔*00312*〕

アリエス, フィリップ　Ariès, Philippe

◇死を前にした人間　フィリップ・アリエス著, 成瀬駒男訳　みすず書房　2013.10　588p　21cm　8400円　①978-4-622-03483-4

内容 第1巻 横臥像の時代（第1部 われらは皆死にゆく（飼いならされた死　聖人の近くに、教会の近くに）　第2部 己れの死（死期。一つの人生の追憶　来世のための保証　横臥像、跪拝像と霊魂像））　第2巻 野性化した死（第3部 遠くて近い死（引き潮　どくろ絵　死体　生きている死者）　第4部 汝の死（大往生の時代　墓地参詣）　第5部 倒立した死（倒立した死））　結論　四つの主題による五つの変奏　〔*00313*〕

アリエリー, ダン　Ariely, Dan

◇ずる―嘘とごまかしの行動経済学（THE〈HONEST〉TRUTH ABOUT DISHONESTY）　ダン・アリエリー著, 桜井祐子訳　早川書房　2012.12　308p　19cm　〈文献あり〉1800円　①978-4-15-209341-7

内容 なぜ不正はこんなにおもしろいのか　シンプルな合理的犯罪モデル（SMORC）を検証する　つじつま合わせ仮説　ゴルフ　自分の動機で目が曇る　なぜ疲れているとしくじるのか　なぜにせものを身につけるとごまかしをしたくなるのか　自分自身を欺く　創造性と不正―わたしたちはみな物語を語る　感染症としての不正行為―不正菌に感染するしくみ　協働して行う不正行為―なぜ一人よりみんなの方がずるをしやすいのか　半・楽観的なエンディング―人はそれほどごまかしをしない！　〔*00314*〕

◇予想どおりに不合理―行動経済学が明かす「あな

たがそれを選ぶわけ」（PREDICTABLY IRRATIONAL（原著改訂増補版））　ダン・アリエリー著, 熊谷淳子訳　早川書房　2013.8　486p　16cm　（ハヤカワ文庫 NF 391）〈文献あり〉　900円　①978-4-15-050391-8

内容 相対性の真相　需要と供給の誤謬　ゼロコストのコスト　社会規範のコスト　無料のクッキーの力　性的興奮の影響　先延ばしの問題と自制心　高価な所有意識　扉をあけておく　予測の効果　価格の力　不信の輪　わたしたちの品性について その1　わたしたちの品性について その2　ビールと無料のランチ　〔00315〕

アリオーネ, ツルティム　Allione, Tsultrim

◇内なるデーモンを育む―心の葛藤を解消する「5つのステップ」（Feeding your demons）　ツルティム・アリオーネ著, 岡田愛, 河野一紀, 酒井謙輔, 竹村隆太訳　星和書店　2013.10　349p　19cm　2500円　①978-4-7911-0857-2

内容 第1部 古くからの実践（デーモンとの出会い　行の発見　デーモンとは何か）　第2部 デーモンを育む（デーモンを育む方法　五つのステップの実際　ヒュドラーデーモンの複合体　芸術と地図を用いてデーモンとワークする）　第3部 さまざまなタイプのデーモン（マチクの四つのデーモン、神々と神なるデーモンたち　病気のデーモン　恐怖のデーモン）　第4部 デーモン・ワークを深める（デーモンの直接的解放　私たちをとりまく世界のデーモン）　〔00316〕

アリギ, ジョヴァンニ　Arrighi, Giovanni

◇北京のアダム・スミス―21世紀の諸系譜（Adam Smith in Beijing）　ジョヴァンニ・アリギ著, 中山智香子監訳　作品社　2011.4　673p　20cm　〈訳：上野友也ほか 解説：山下範久　文献あり 著作目録あり 索引あり〉5800円　①978-4-86182-319-0

内容 第1部 アダム・スミスと新しいアジアの時代（デトロイトのマルクスと北京のスミス　アダム・スミスの歴史社会学 ほか）　第2部 グローバルな乱流を追跡する（グローバルな乱流の経済学　グローバルな乱流の社会的ダイナミズム ほか）　第3部 解体するヘゲモニー（ヘゲモニーなき支配　史的資本主義の領土的論理 ほか）　第4部 新アジア時代の系譜（「平和的台頭」の挑戦　国家、市場、資本主義、そして東と西 ほか）　〔00317〕

アリシマ, イクマ　有馬 生馬

◇『Japan To-day』研究―戦時期『文芸春秋』の海外発信　鈴木貞美編　京都　国際日本文化研究センター　2011.3　375p　26cm　（日文研叢書）〈発売：作品社〉4800円　①978-4-86182-328-2

内容 我々の教育の一要素としての書道（有馬生馬著, 稲賀繁美訳）　〔00318〕

アリス, マイケル　Aris, Michael

◇自由―自ら綴った祖国愛の記録（FREEDOM FROM FEAR）　アウンサンスーチー〔著〕,〔マイケル・アリス〕〔編〕, 柳沢由実子訳　角川書店　2012.6　451p　15cm　（角川文庫 ア14-1）〈発売：角川グループパブリッシング〉　952円　①978-4-04-100346-6

内容 第1部 わたしが受け継いだもの（わたしの父、アウンサン　わたしの祖国、そしてビルマの人びと　植民地統治下のビルマとインドの知的活動 ほか）　第2部 わたしはなぜ戦っているのか（民主主義を求めて　恐怖からの自由　「ボ」のほんとうの意味 ほか）　第3部 アウンサンスーチーを支えるもの（スーの魂が花と開いて（マ・タンイー）　ビルマ人、スー（アン・パステルナーク・スレーター）　アウンサンスーチーはビルマを救う女性か（ジョセフ・シルバースタイン）ほか）　〔00319〕

アリスティド, ジャン＝ベルトラン

◇近代カトリックの説教　高柳俊一編　教文館　2012.8　458p　21cm　（シリーズ・世界の説教）　4300円　①978-4-7642-7338-2

内容 聖性への呼びかけ（ジャン＝ベルトラン・アリスティド述, 高柳俊一訳）　〔00320〕

アリストテレス　Aristoteles

◇ニコマコス倫理学　上（Ethica Nicomachea）　アリストテレス〔著〕, 高田三郎訳　第55刷改版　岩波書店　2009.12　377p　15cm　（岩波文庫 33-604-1）　860円　〔00321〕

◇アリストテレス「哲学のすすめ」（Jamblique：protreptique）　アリストテレス〔著〕, 広川洋一訳・解説　講談社　2011.3　236p　15cm　（講談社学術文庫 2039）〈文献あり〉840円　①978-4-06-292035-3　〔00322〕

◇ちくま哲学の森　1　生きる技術　鶴見俊輔, 安野光雅, 森毅, 井上ひさし, 池内紀編　筑摩書房　2011.9　420p　15cm　1200円　①978-4-480-42861-5

内容 ニコマコス倫理学第二巻第九章（アリストテレス著, 高田三郎訳）　〔00323〕

◇ニコマコス倫理学　上（Ethica Nicomachea）　アリストテレス〔著〕, 高田三郎訳　岩波書店　2012.1　377p　19cm　（ワイド版岩波文庫 346）　1400円　①978-4-00-007346-2

内容 あらゆる人間活動は何らかの「善」を追求している。だがもろもろの「善」の間には従属関係が存する「人間的善」「最高善」を目的とする活動は政治的なそれである。われわれの研究も政治学的なそれだといえる　素材のゆるす以上の厳密性を期待すべきではない。聴講者の条件　最高善が「幸福」であることは万人の容認せざるをえないところ。だが、幸福の何たるかについては異論がある。（聴講者の条件としてのよき習慣づけの重要性）　善とか幸福とかは、快楽や名誉や富には存しない　「善のイデア」　最高善は究極的な意味における目的であり自足的なものでなくてはならない。幸福はかかる性質を持つ。幸福とは何か。人間の機能よりする幸福の規定　この規定は幸福に関する従来のもろもろの見解に適合する　幸福は学習とか習慣づけとかによって得られるものか、それとも神与のものであるか　ひとは生存中に幸福なひとといわれうるか〔ほか〕　〔00324〕

◇ニコマコス倫理学　下（Ethica Nicomachea）　アリストテレス〔著〕, 高田三郎訳　岩波書店　2012.2　334, 39p　19cm　（ワイド版岩波文庫 347）〈索引あり　文献あり〉1400円　①978-4-00-007347-9

内容 抑制と無抑制（悪徳・無抑制・獣的状態。ならびにその反対のもの。抑制と無抑制とに関するもろもろの通説　これらの見解に含まれている困難。以下かかる難点が解きほぐされなくてはならない ほか）　快楽—A稿（快楽の究明の必要。快楽は善でないという三説とその論拠　右についての全面的な検討 ほか）　愛（フィリア）（愛の不可欠性とうるわしさ。愛に関する疑義若干　愛の種類は一つではない。その種別は「愛さるべきもの」の種類いかんから明らかになる。「愛さるべきもの」の三種—善きもの・快適なもの・有用なもの ほか）　快楽—B稿（快楽を論ずる必要。快楽の善悪に関する正反対の両説。その検討の必要　快楽は善であるとするエウドクソスの説。（その制約。）エウドクソスに対する駁論の検討 ほか）　結び（究極目的とされた「幸福」とは何か。それは何らか即自的に望ましい活動でなくてはならぬ。だが快楽が「幸福」を構成はしない。「幸福」とは卓越性に即しての活動である　究極的な幸福は観照的な活動に存する。だがかかる純粋な生活は超人間的である ほか）〔*00325*〕

◇生成と消滅について　アリストテレス〔著〕, 池田康男訳　京都　京都大学学術出版会　2012.11　265, 10p　20cm　（西洋古典叢書 G075　内山勝利, 大戸千之, 中務哲郎, 南川高志, 中畑正志, 高橋宏幸編集委員）〈付属資料 ： 8p ： 月報 96　布装　索引あり〉3100円　①978-4-87698-199-1

内容 第1巻（一元論者と多元論者、エンペドクレス説に対する批判　可分性と不可分性、アトミズムに対する批判　端的な生成と消滅　質的転化 ほか）　第2巻（四元素、四元素を構成する要素　第一の反対性質、熱と冷、乾と湿　第一の反対性質と四元素　四元素の相互転化 ほか）〔*00326*〕

◇アリストテレス全集　1　カテゴリー論 命題論　アリストテレス〔著〕, 内山勝利, 神崎繁, 中畑正志編集委員　中畑正志, 早瀬篤, 近藤智彦, 高橋英海訳　岩波書店　2013.10　442, 15p　22cm　〈付属資料 ： 8p ： 月報 1　著作目録あり 年譜あり 索引あり〉5600円　①978-4-00-092771-0

内容 カテゴリー論　命題論　アリストテレス諸伝（ディオゲネス・ラエルティオス　ヘシュキオス　サン・マルコ図書館所蔵写本　プトレマイオス）　編者総説（アリストテレスの生涯と著作　アリストテレス哲学案内　歴史のなかのアリストテレス—テキストと思想の冒険）〔*00327*〕

アリソン, グラハム　Allison, Graham T.

◇リー・クアンユー、世界を語る（LEE KUAN YEW）　リークアンユー〔述〕, グラハム・アリソン, ロバート・D.ブラックウィル, アリ・ウィン著, 倉田真木訳　サンマーク出版　2013.10　217p　20cm　1700円　①978-4-7631-3321-2

内容 第1章 中国の未来　第2章 アメリカの未来　第3章 米中関係の未来　第4章 インドの未来　第5章 イスラム原理主義の未来　第6章 国家の経済成長の未来　第7章 地政学とグローバル化の未来　第8章 民主主義の未来　第9章 リー・クアンユーの考え方　第10章 むすび〔*00328*〕

アリソン, ソニア　Arrison, Sonia

◇寿命100歳以上の世界—20XX年、仕事・家族・社会はこう変わる（100 Plus）　ソニア・アリソン著, 土屋晶子訳　阪急コミュニケーションズ　2013.11　291, 28p　20cm　2100円　①978-4-484-13120-7〔*00329*〕

アリソン, J.*　Allison, Jeff

◇動機づけ面接法　応用編（Motivational interviewing（2nd edition））　ウイリアム・R.ミラー, ステファン・ロルニック編, 松島義博, 後藤恵, 猪野亜朗訳　星和書店　2012.9　291p　21cm　〈文献あり〉3200円　①978-4-7911-0817-6

内容 主題の変奏曲—動機づけ面接法とその改作版（Stephen Rollnick, Jeff Allison, Sthephanie Ballasiotes, Tom Barth, Christopher C.Butler, Gary S.Rose, David B.Rosengren）〔*00330*〕

アリベコフ, L.

◇アイハヌム—加藤九祚一人雑誌　2012　加藤九祚編訳　秦野　東海大学出版会　2012.12　201p　21cm　〈他言語標題 ： Ay Khanum〉2000円　①978-4-486-03731-6

内容 中央アジアの山と平野の間（L.アリベコフ著）〔*00331*〕

アリヨシ, ジョージ・R.　Ariyoshi, George R.

◇おかげさまで—アメリカ最初の日系人知事ハワイ州元知事ジョージ・アリヨシ自伝（With obligation to all）　ジョージ・R.アリヨシ著, アグネス・M.贄川, 長谷川寿美, 飯野朋美, 小沢智子訳, 飯野正子監修　アーバン・コネクションズ　2010.4　233p　24cm　1980円　①978-4-904480-12-2〔*00332*〕

アリヨシ, リタ　Ariyoshi, Rita

◇世界の街道を行くBEST500—一生に一度だけの旅（Drives of a lifetime）　リタ・アリヨシほか著, 花田知恵訳　日経ナショナルジオグラフィック社　2011.10　319p　31cm　〈索引あり　発売 ： 日経BPマーケティング〉7400円　①978-4-86313-139-2

内容 1 丘を越え、山を越えて—スリリングな高地からのどかな丘まで、自然美を満喫する　2 ロマンチックな水辺のドライブ—海辺の断崖や魅惑のビーチの絶景に息をのむ　3 川と峡谷を行く—絶え間ない水の流れが大地に刻んだ景観・奇観を楽しむ　4 人跡まれな最果ての地へ—人里離れた道を進み、眠っていた冒険心を刺激する　5 村々の脇道を抜けて—小道の奥にある、時が止まったような村や町を訪ねる　6 都市とその郊外へ—活気あふれる都会とおだやかな郊外を満喫する　7 時を駆ける歴史ドライブ—偉人の足跡をたどり、過ぎ去った日々に思いを馳せる　8 美食に酔いしれる—街道沿いのごちそうの数々に舌つづみを打つ〔*00333*〕

◇いつかは行きたい一生に一度だけの旅世界の街道を行くBEST500—NATIONAL GEOGRAPHIC（Drives of a Lifetime）　リタ・アリヨシほか著, 花田知恵訳　コンパクト版　日経ナショナルジオグラフィック社　2012.4　319p　21cm　〈初版のタイトル ： 一生に一度だけの旅 世界の街道を行くBEST500　索引あり　発売 ： 日経BPマーケティング〉2800円　①978-4-86313-166-8

内容 1 丘を越え、山を越えて—スリリングな高地からのどかな丘まで、自然美を満喫する　2 ロマンチックな水辺のドライブ—海辺の断崖や魅惑のビーチの絶景に息をのむ　3 川と峡谷を行く—絶え間ない水の流れが大地に刻んだ景観・奇観を楽しむ　4 人跡まれな最果ての地へ—人里離れた道を進み、眠っていた冒険心を刺激する　5 村々の脇道を抜けて—小道の奥にある、時が止まったような村や町を訪ねる　6 都市とその郊外へ—活気あたれる都会とおだやかな郊外を満喫する　7時を駆ける歴史ドライブ―偉人の足跡をたどり、過ぎ去った日々に思いを馳せる　8 美食に酔いしれる―街道沿いのごちそうの数々に舌つづみを打つ　〔00334〕

ア

アール, エドワード・ミード　Earle, Edward Mead

◇新戦略の創始者―マキアヴェリからヒトラーまで 上（Makers of modern strategy）　エドワード・ミード・アール編著, 山田積昭, 石塚栄, 伊藤博邦訳　原書房　2011.3　383p　20cm　〈1978年刊の新版〉2800円　①978-4-562-04674-4

内容 軍事力の経済的基盤―アダム・スミス アレクサンダー・ハミルトン フリードリヒ・リスト 他（エドワード・ミード・アール著, 山田積昭訳）〔00335〕

◇新戦略の創始者―マキアヴェリからヒトラーまで 下（Makers of modern strategy）　エドワード・ミード・アール編著, 山田積昭, 石塚栄, 伊藤博邦訳　原書房　2011.3　366p　20cm　〈1979年刊の増補、新版　索引あり〉2800円　①978-4-562-04675-1

内容 ソ連の戦争観―レーニン トロツキー スターリン 他（エドワード・ミード・アール著, 山田積昭訳）〔00336〕

アール, ジョナサン　Earle, Jonathan Halperin

◇地図でみるアフリカ系アメリカ人の歴史―大西洋奴隷貿易から20世紀まで（The routledge atlas of African American history）　ジョナサン・アール著, 古川哲史, 朴珣英訳　明石書店　2011.3　144p　27cm　〈文献あり 年表あり 索引あり〉3800円　①978-4-7503-3358-8

内容 第1部 黒人アメリカの起源　第2部 二つのコミュニティ―奴隷と自由黒人　第3部 自由に向かって　第4部 アフリカ系アメリカ人と軍隊　第5部 平等を求める闘い　第6部 アフリカ系アメリカ人のコミュニティ〔00337〕

アル＝アリー, ナーディア

◇中東・北アフリカにおけるジェンダー―イスラーム社会のダイナミズムと多様性（Gender and diversity in the Middle East and North Africa）　ザヒア・スマイール・サルヒー編著, 鷹木恵子, 大川真由子, 細井由香, 宇野陽子, 辻上奈美江, 今堀恵美訳　明石書店　2012.1　412p　20cm（世界人権問題叢書 79）〈索引あり　文献あり〉4700円　①978-4-7503-3526-1

内容 イラク人女性とジェンダー関係（ナーディア・アル＝アリー著, 辻上奈美江訳）〔00338〕

アルガミッセン, コンラート

◇近代カトリックの説教　高柳俊一編　教文館　2012.8　458p　21cm（シリーズ・世界の説教）4300円　①978-4-7642-7338-2

内容 罪と救済、あるいは運命と自己救済？（コンラート・アルガミッセン述, 高柳俊一訳）〔00339〕

アル＝カリーリ, ジム　Al-Khalili, Jim

◇世界一素朴な質問、宇宙一美しい答え―世界の第一人者100人が100の質問に答える（BIG QUESTIONS FROM LITTLE PEOPLE）　ジェンマ・エルウィン・ハリス編, 西田美緒子訳, タイマタカシ絵　河出書房新社　2013.11　298p　22cm　2500円　①978-4-309-25292-6

内容 電気はどうやって作る？（ジム・アルカリーリ教授）〔00340〕

アルグエヨ, キコ　Argüello, Kiko

◇ケリグマ―福音の告知 バラックの貧しい人々の間で 新しい福音宣教の体験 異邦人への宣教（IL KERIGMA）　キコ・アルグエヨ著, 谷口幸紀訳, 平山高明監修　フリープレス　2013.9　140p　21cm　〈発売：〔星雲社〕〉1000円　①978-4-434-18305-8

内容 バラックで：証言　「ケリグマ」：解説　ケリグマ "三位の天使"―ソーラ「聖ドミニコ大修道院」での講話　新しい福音宣教の試み―異邦人への宣教（ミッシオ・アド・ジェンテス）〔00341〕

アルグジャーエヴァ, ユーリア

◇満洲におけるロシア人の社会と生活―日本人との接触と交流　阪本秀昭編著　京都　ミネルヴァ書房　2013.8　290, 17p　22cm　〈索引あり〉8000円　①978-4-623-06619-3

内容 ロシア側資料に見る三河コサック村の生活 他（ユーリア・アルグジャーエヴァ著, 伊賀上菜穂訳）〔00342〕

アルゴソ, テレサ・A.

◇日本人の「男らしさ」―サムライからオタクまで「男性性」の変遷を追う（RECREATING JAPANESE MEN）　サビーネ・フリューシュトゥック, アン・ウォルソール編著, 長野ひろ子監訳, 内田雅克, 長野麻紀子, 粟倉大輔訳　明石書店　2013.1　307p　22cm　3800円　①978-4-7503-3745-6

内容 男として不適格？（テレサ・A.アルゴソ著, 内田雅克訳）〔00343〕

アル・サウド, トルキ・ビン・ファイサル

◇世界は考える　野中邦子訳　土曜社　2013.3　189p　19cm（プロジェクトシンジケート叢書 2）〈文献あり〉1900円　①978-4-9905587-7-2

内容 中東は敗者のままでいるのか（トルキ・ビン・ファイサル・アル・サウド著）〔00344〕

アールズ, ジョン

◇インカ帝国―研究のフロンティア　島田泉, 篠田謙一編著　秦野　東海大学出版会　2012.3　428p　27cm（国立科学博物館叢書 12）〈索引あり〉3500円　①978-4-486-01929-9

内容 モライ遺跡とインカのコスモロジー（ジョン・アールズ著, 南条郁子訳）〔00345〕

アルス, ハイエデリス

◇母子臨床の精神力動―精神分析・発達心理学から子育て支援へ（Parent-infant psychodynamics）　ジョーン・ラファエル-レフ編, 木部則雄監訳, 長沼佐代子, 長尾牧子, 坂井直子, 金沢聡子訳　岩崎学術出版社　2011.11　368p　22cm　〈索引あり〉6600円　①978-4-7533-1032-6

内容 先天奇形を伴う乳児の子育て―自尊心の調整（ドリアン・ミンツァー, ハイエデリス・アルス, エドワー

ド・トロニック, ベリー・ブラゼルトン著, 長沼佐代子訳）　〔00346〕

アールスト, マリスカ・ヴァン　Aalst, Mariska van

◇FBIトレーナーが教える相手の嘘を99%見抜く方法（YOU CAN'T LIE TO ME）　ジャニーン・ドライヴァー, マリスカ・ヴァン・アールスト共著, 川添節子訳　宝島社　2012.9　383p　19cm　1500円　①978-4-7966-9955-6

内容 1 準備 うそバロメーターをパワーアップする（うそについての真実　うそバロメーターとは？　うそバロメーターを使うとき）　2 実践 うそバロメーターを身につける（ステップ一 情報収集　ステップ二 盗聴　ステップ三 張り込み　ステップ四 ボディチェック　ステップ五 尋問）　3 活用 うそバロメーターを活用する（いろいろな場面で使う　自分を振り返る）　〔00347〕

アルストランド, ブルース　Ahlstrand, Bruce W.

◇戦略サファリ―戦略マネジメント・コンプリートガイドブック（STRATEGY SAFARI（原著第2版））　ヘンリー・ミンツバーグ, ブルース・アルストランド, ジョセフ・ランペル著, 斎藤嘉則監訳　第2版　東洋経済新報社　2013.1　488p　22cm　〈文献あり 索引あり〉4200円　①978-4-492-53319-2

内容 サファリ・ツアーのねらいと構成―さあ皆さん、戦略マネジメントという獣の登場です！　デザイン・スクール―コンセプト構想プロセスとしての戦略形成　プランニング・スクール―形式的策定プロセスとしての戦略形成　ポジショニング・スクール―分析プロセスとしての戦略形成　アントレプレナー・スクール―ビジョン創造プロセスとしての戦略形成　コグニティブ・スクール―認知プロセスとしての戦略形成　ラーニング・スクール―創発的学習プロセスとしての戦略形成　パワー・スクール―交渉プロセスとしての戦略形成　カルチャー・スクール―集合的プロセスとしての戦略形成　エンバイロメント・スクール―環境への反応プロセスとしての戦略形成　コンフィギュレーション・スクール―変革プロセスとしての戦略形成　新たなるパースペクティブ―皆さん、ちょっと待って。まだ獣全体に出会った訳ではないのだから。　〔00348〕

アルセ, レヒナルド・ウスタリス　Arze, Reginaldo Ustariz

◇チェ・ゲバラ最後の真実（Che Guevara）　レヒナルド・ウスタリス・アルセ著, 服部綾乃, 石川隆介訳　武田ランダムハウスジャパン　2011.7　478p　20cm　〈文献あり 著作目録あり 年表あり〉2200円　①978-4-270-00662-7

内容 第1部 ゲバラ、その死の真実（チェ・ゲバラ―最期の時　チェはなぜ表舞台から姿を消したのか　ニャンカウアスー　最初の戦い ほか）　第2部 ゲバラの生涯（エルネストからチェへ　チェと喘息　ボリビア、ペルー、グアテマラ　メキシコへ ほか）　〔00349〕

アルセーニエフ, ウラジミール

◇ちくま哲学の森　8　自然と人生　鶴見俊輔, 安野光雅, 森毅, 井上ひさし, 池内紀編　筑摩書房　2012.4　448p　15cm　（〔ちくま文庫〕）　1300円　①978-4-480-42868-4

内容 デルスウ・ウザーラ〈抄〉（アルセーニエフ著, 長谷川四郎訳）　〔00350〕

アルダフ, アルジュナ

◇どんな時代が来るのか―2012年アセンション・マニュアル（The mystery of 2012）　タミ・サイモン編著, 菅靖彦, 田中淳一, 堤康一郎訳　風雲舎　2011.4　287p　19cm　1800円　①978-4-938939-64-9

内容 半透明の革命（アルジュナ・アルダフ著）　〔00351〕

アルチュセール, ルイ　Althusser, Louis

◇哲学について（Sur la philosophie）　ルイ・アルチュセール著, 今村仁司訳　筑摩書房　2011.1　238p　15cm　（ちくま学芸文庫 ア12-4）　1100円　①978-4-480-09350-9

内容 第1部 哲学とマルクス主義―フェルナンダ・ナヴァロとの対話（一九八四年 - 一九八七年）（編集者のノート　マウリシオ・マラムードへ　フェルナンダ・ナヴァロの序文 ほか）　第2部 手紙（一九八四年 - 一九八七年）―「哲学とマルクス主義」の出版に関して、フェルナンダ・ナヴァロに宛てたルイ・アルチュセールの手紙 マウリシオ・マラムードへの手紙を冒頭に付す（編集者のノート　マウリシオ・マラムードへの手紙　フェルナンダ・ナヴァロへの手紙）　第3部 哲学の変革―グラナダ講演（一九七六年）（編集者のノート　哲学の変革）　〔00352〕

アルト, フランツ　Alt, Franz

◇ユング名言集（Von schein und sein）　カール・グスタフ・ユング著, フランツ・アルト編, 金森誠也訳　PHP研究所　2011.2　233p　20cm　〈文献あり〉1600円　①978-4-569-79424-2

内容 1 人生を語る（人生の本質をつかめ　人生の最高の意味 ほか）　2 影の世界（影にも長所あり　暗い性質も私の一部だ ほか）　3 個性について（孤立を避けよ　虚業と実業 ほか）　4 不安や苦悩との戦い（空想や夢を重視せよ　生の肯定、生の否定 ほか）　5 人生行路の目標について（創造的精神によって生きよ　無意識に拘泥せずむしろ探究せよ ほか）　〔00353〕

アルトバック, フィリップ・G.　Altbach, Philip G.

◇新興国家の世界水準大学戦略―世界水準をめざすアジア・中南米と日本（World-Class Worldwide）　フィリップ・G.アルトバック, ホルヘ・バラン編, 米沢彰純監訳　東信堂　2013.5　386p　22cm　〈索引あり〉4800円　①978-4-7989-0134-3

内容 知識と開発の帝国（フィリップ・G.アルトバック執筆, 米沢彰純訳）　〔00354〕

アルトフェスト, ルイス・J.　Altfest, Lewis J.

◇パーソナルファイナンス―プロフェッショナルFPのための理論と実務　上（Personal Financial Planning）　ルイス・J.アルトフェスト著, 伊藤宏一, 岩佐代市, 駒井正晶, 高橋文郎, 森平爽一郎訳, 日本FP協会監修　マグロウヒル・エデュケーション　2013.10　574p　22cm　〈索引あり　発売：日本経済新聞出版社〉5000円　①978-4-532-60531-5

内容 第1部 プランニングの基礎（パーソナル・ファイナンシャル・プランニングとは　貨幣の時間的価値　プランニングのプロセスの着手）　第2部 継続的な家計プランニング（家計ファイナンス　財務諸表の分

析　キャッシュフロー・プランニング　債務）　第3部 ポートフォリオ運用（非金融投資　金融投資　リスクマネジメント）　〔00355〕

◇パーソナルファイナンス―プロフェッショナルFPのための理論と実務　下（Personal Financial Planning）　ルイス・J.アルトフェスト著, 伊藤宏一, 岩佐代市, 駒井正晶, 高橋文郎, 森平爽一郎訳, 日本FP協会監修　マグロウヒル・エデュケーション　2013.10　569p　22cm　〈索引あり　発売：日本経済新聞出版社〉5000円　①978-4-532-60532-2

内容 第4部 特殊なプランニング（その他の保険　リタイアメントプランニング　教会資金設計）　第5部 タックスプランニングと相続設計（タックスプランニング　相続設計）　第6部 プランニングに不可欠な要素（株式、債券、投資信託　関連するトピック）　第7部 統合的意思決定（資本ニーズ分析　行動ファイナンシャル・プランニング　作業を完了する）　〔00356〕

アルトマン, エドワード・I.　Altman, Edward I.

◇金融規制のグランドデザイン―次の「危機」の前に学ぶべきこと（Restoring financial stability）　ヴィラル・V.アチャリア, マシュー・リチャードソン編著, 大村敬一監訳, 池田竜哉, 増原剛輝, 山崎洋一, 安藤祐介訳　中央経済社　2011.3　488p　22cm　〈文献あり〉5800円　①978-4-502-68200-1

内容 救済措置はどこで止めるべきか？（エドワード・I.アルトマン, トーマス・フィリポーン）　〔00357〕

アルトマン, ダニエル　Altman, Daniel

◇10年後の世界―これからのグローバル経済を激変させる12のトレンド（OUTRAGEOUS FORTUNES）　ダニエル・アルトマン著, 桜田直美訳, 大浜平太郎解説　角川書店　2013.5　340p　19cm　〈発売：角川グループホールディングス〉1800円　①978-4-04-110464-4

内容 1 経済成長の上限（中国はさらに豊かになり、その後また貧しくなるだろう　経済実体としてのEUは分解するだろう）　2 経済成長を阻む障害物（新しい植民地主義は、宗主国にとっても植民地にとっても不利益になるだろう　豊かな国が移民政策を変更し、貧しい国の頭脳流出がさらに激しくなるだろう ほか）　3 経済成長を加速させるチャンス（アメリカは世界のセールス大国になるだろう　グローバル経済の統合が進み、その結果ブローカーが勝者になるだろう ほか）　4 経済成長を妨げるリスク（伝統的な金融センターの外側で、巨大な金融ブラックマーケットが出現するだろう　地球温暖化によって、豊かな国はさらに環境保護が進んでさらに豊かになり、貧しい国はさらに環境が汚染されてさらに貧しくなるだろう ほか）　〔00358〕

アルドリッチ, ダニエル・P.　Aldrich, Daniel P.

◇誰が負を引きうけるのか―原発・ダム・空港立地をめぐる紛争と市民社会（Site fights）　ダニエル・P.アルドリッチ〔著〕, 湯浅陽一監訳, リンダマン香織, 大門信也訳　京都　世界思想社　2012.3　307p　21cm　〈索引あり　文献あり〉3200円　①978-4-7907-1561-0

内容 序章 立地をめぐる紛争と政策手段　第1章 立地場所を選び出す　第2章 手法選択の論理　第3章 散発する騒乱―日本およびフランスにおける空港立地　第4章 ダムを造る―日本とフランスにおける水源開発事業の立地　第5章 心をつかめ―日本における原子力発電所の立地　第6章 ダビデ対ゴリアテ―フランス原子力発電所の立地　結論 将来の研究に向けて　〔00359〕

アルノー, ベルナール　Arnault, Bernard

◇日本の未来について話そう―日本再生への提言（Reimagining Japan）　マッキンゼー・アンド・カンパニー責任編集, クレイ・チャンドラー, エアン・ショー, ブライアン・ソーズバーグ編著　小学館　2011.7　416p　19cm　1900円　①978-4-09-388189-0

内容 目利きの文化（ベルナール・アルノー著）　〔00360〕

アルノー, A.　Arnauld, Antoine

◇形而上学叙説　ライプニッツ-アルノー往復書簡（Discours de Métaphysique et Correspondance avec Arnauld）　G.W.ライプニッツ, アルノー著, 橋本由美子監訳, 秋保亘, 大矢宗太朗訳　平凡社　2013.8　359p　16cm　（平凡社ライブラリー 794）　1500円　①978-4-582-76794-0

内容 形而上学叙説　ライプニッツ-アルノー往復書簡　〔00361〕

アルノルト, イングマール　Arnold, Ingmar

◇ベルリン地下都市の歴史（Der Untergrund von Berlin）　ディートマール・アルノルト, イングマール・アルノルト, フリーデル・ザルム著, 中村康之訳　東洋書林　2011.9　257p　21cm　〈文献あり〉3800円　①978-4-88721-793-5

内容 ベルリン地下世界入門　第1章 建築基礎と土台　第2章「出口なきトンネル」と行き止まりの軌道　第3章 地下壕と爆弾　第4章 瓦礫の山と逃亡トンネル　第5章 地下の闇社会　第6章 変革と新たな次元　〔00362〕

アルノルト, ディートマール　Arnold, Dietmar

◇ベルリン地下都市の歴史（Der Untergrund von Berlin）　ディートマール・アルノルト, イングマール・アルノルト, フリーデル・ザルム著, 中村康之訳　東洋書林　2011.9　257p　21cm　〈文献あり〉3800円　①978-4-88721-793-5

内容 ベルリン地下世界入門　第1章 建築基礎と土台　第2章「出口なきトンネル」と行き止まりの軌道　第3章 地下壕と爆弾　第4章 瓦礫の山と逃亡トンネル　第5章 地下の闇社会　第6章 変革と新たな次元　〔00363〕

アルパー, T.*　Alper, Ted

◇WISC-IVの臨床的利用と解釈（WISC-IV clinical use and interpretation）　アウレリオ・プリフィテラ, ドナルド・H.サクロフスキー, ローレンス・G.ワイス編, 上野一彦監訳, 上野一彦, バーンズ亀山静子訳　日本文化科学社　2012.5　592p　22cm　〈文献あり〉①978-4-8210-6366-6

内容 各種アセスメントのためのマルチレベル統合モデル（Virginia W.Berninger, Alnita Dunn, Ted Alper著, バーンズ亀山静子訳）　〔00364〕

アルパート, ジョナサン　Alpert, Jonathan Boyd

◇米国カリスマセラピストが教える何が起きても平常心でいられる技術（BE FEARLESS）　ジョナサン・アルパート, アリサ・ボーマン著　アチーブメント出版　2013.2　317p　19cm　1500円

①978-4-905154-41-9
内容 1 平常心を身につける前に知っておくべきこと（私もできたのだから、あなたもできる！ 不安の乗り越え方　どうして変化には不安が付き物なのか？　不安から抜け出せない13の理由　平常心でいられる7つの信念）　2 何が起きても平常心でいられる5つのステップ（不安のない心の基礎をつくる　自分にとっての理想の生活をはっきりさせる　不安のサイクルを断ち切る　ポジティブなもう1人の自分を育てる　不安に動じないスキルを身につける　思い描いたとおりにいきる）〔*00365*〕

アルバート, M.　Albert, Michael H.

◇組合せゲーム理論入門―勝利の方程式（Lessons in play）　Michael H.Albert,Richard J. Nowakowski,David Wolfe原著, 川辺治之訳　共立出版　2011.9　349p　21cm　〈文献あり〉 3800円　①978-4-320-01975-1
内容 組合せゲーム理解とは　ゲームの基本的な技法　帰結類　ゲームの一般理論に向けて　ゲームの代数　ゲームの値　ゲームの構造　不偏ゲーム　ゲームの温度　全微小ゲーム　組合せゲーム理路音の最近の動向　降下型帰納法　CGSuite〔*00366*〕

アルバーラ, ケン　Albala, Ken

◇パンケーキの歴史物語（PANCAKE ： A GLOBAL HISTORY）　ケン・アルバーラ著, 関根光宏訳　原書房　2013.9　181p　20cm　（お菓子の図書館）〈文献あり〉2000円　①978-4-562-04942-4
内容 第1章 パンケーキの歴史　第2章 なつかしの味　第3章 祝祭のパンケーキ　第4章 ストリートフード　第5章 労働者のパンケーキ　第6章 豪華なパンケーキ　終章 おなかが鳴ったら〔*00367*〕

アルバレス, シーザー　Alvarez, Cesar

◇コナーズの短期売買戦略―検証して初めてわかるマーケットの本当の姿（How Markets Really Work）　ローレンス・A.コナーズ, シーザー・アルバレス著, 長尾慎太郎監修, 山口雅裕訳　パンローリング　2012.9　159p　22cm　（ウィザードブックシリーズ 197）　4800円　①978-4-7759-7164-2
内容 株式市場におけるエッジ　短期の高値と短期の安値　高値の切り上げと安値の切り下げ　数日間連続した上昇や下落　騰落レシオ　出来高　大きな値動き　52週高値と52週安値　プット・コール・レシオ　VIX　2期間RSI　ヒストリカルボラティリティ　本書の調査に基づく戦略の見本　本書の情報の利用法〔*00368*〕

アルバレス, A.*　Alvarez, Anne

◇子どもの心理療法と調査・研究―プロセス・結果・臨床的有効性の探求（Child psychotherapy and research）　ニック・ミッジリー, ジャン・アンダーソン, イブ・グレンジャー, ターニャ・ネシッジ・プコビッチ, キャシー・アーウィン編著, 鵜飼奈津子監訳　大阪　創元社　2012.2　287p　22cm　〈索引あり　文献あり〉5200円　①978-4-422-11524-5
内容 自閉症の子どもの対人関係 ： 臨床的複雑さvs.科学的単純さ（Anne Alvarez,Anthony Lee著, 由井理亜子訳）〔*00369*〕

アルビオン, ピーター　Albion, Peter R.

◇インストラクショナルデザインとテクノロジ―教える技術の動向と課題（TRENDS AND ISSUES IN INSTRUCTIONAL DESIGN AND TECHNOLOGY（原著第3版））　R.A.リーサー, J.V.デンプシー編　京都　北大路書房　2013.9　690p　21cm　〈訳 ： 半田純子ほか　索引あり〉 4800円　①978-4-7628-2818-8
内容 3か国の大学におけるデザイナの5つの役割（ブレンダ・C.リッチフィールド, J.V.（ジャック）・デンプシー, ピーター・アルビオン, ジャッキー・マクドナルド, 根本淳子著, 渡辺雄貴訳）〔*00370*〕

アルフォード, ミミ　Alford, Mimi

◇私はジョン・Fの愛の奴隷だった（ONCE UPON A SECRET）　ミミ・アルフォード著, 長坂陽子訳　ビジネス社　2012.11　253p　20cm 1600円　①978-4-8284-1684-7〔*00371*〕

アルフォンソ, ヴィンセント・C.　Alfonso, Vincent C.

◇エッセンシャルズ新しいLDの判断（Essentials of specific learning disability identification）　ドーン・P.フラナガン, ヴィンセント・C.アルフォンソ編, 上野一彦, 名越斉子監訳　日本文化科学社　2013.10　426p　21cm　〈文献あり〉 3600円　①978-4-8210-6367-3〔*00372*〕

アルフォンソ10世　Alfonso

◇アルフォンソ十世賢王の七部法典―スペイン王立歴史アカデミー1807年版　第1部 第4篇　逐文対訳試案、その道程と訳注（Las siete partidas del Rey Don Alfonso 10 el Sabio）　相沢正雄, 青砥清一試訳　横浜　相沢正雄　2011.4　562p 26cm　〈文献あり〉5000円　①978-4-9903027-5-7〔*00373*〕

◇アルフォンソ十世賢王の七部法典―スペイン王立歴史アカデミー1807年版　第1部 第5篇　逐文対訳試案、その道程と訳註（Las siete partidas del Rey Don Alfonso X el Sabio）　相沢正雄, 青砥清一試訳　横浜　相沢正雄　2012.7　520p 26cm　〈文献あり〉5000円　①978-4-9903027-6-4〔*00374*〕

◇アルフォンソ十世賢王の七部法典―スペイン王立歴史アカデミー1807年版　第2部 上巻（第1章―第18章）　逐文対訳試案、その道程と訳註（Las siete partidas del Rey Don Alfonso X el Sabio）　アルフォンソ十世賢王〔編纂〕, 相沢正雄, 青砥清一試訳　横浜　相沢正雄　2013.8　431p　26cm 〈文献あり〉4000円　①978-4-9903027-7-1〔*00375*〕

アルプレヒト, クレメンス

◇ドイツ社会学とマックス・ヴェーバー―草創期ドイツ社会学の固有性と現代的意義　茨木竹二編　時潮社　2012.10　406p　22cm　4952円　①978-4-7888-0682-5
内容 差異性の文化人類学、共通性の文化人類学（クレメンス・アルプレヒト執筆, 伊藤美登里訳）〔*00376*〕

ア

アルブレヒト, G.L.* Albrecht, Gary L.

◇障害百科事典　第1巻　あ〜く（Encyclopedia of Disability）Gary L.Albrecht〔編〕, 日本特殊教育学会編　丸善出版　c2013　421, 50p　27cm〈編集委員長 ： 前川久男　索引あり〉①978-4-621-08559-2 〔00377〕

◇障害百科事典　第2巻　け〜しょうがい（Encyclopedia of Disability）Gary L.Albrecht〔編〕, 日本特殊教育学会編　丸善出版〔2013〕p422〜967 50p　27cm〈編集委員長 ： 前川久男　索引あり〉①978-4-621-08559-2 〔00378〕

◇障害百科事典　第3巻　しょうせつ〜ひ（Encyclopedia of Disability）Gary L.Albrecht〔編〕, 日本特殊教育学会編　丸善出版〔2013〕p968〜1444 50p　27cm〈編集委員長 ： 前川久男　索引あり〉①978-4-621-08559-2 〔00379〕

◇障害百科事典　第4巻　ふ〜わ（Encyclopedia of Disability）Gary L.Albrecht〔編〕, 日本特殊教育学会編　丸善出版〔2013〕p1445〜1858 50p　27cm〈編集委員長 ： 前川久男　文献あり 索引あり〉①978-4-621-08559-2 〔00380〕

◇障害百科事典　第5巻　資料編（Encyclopedia of Disability）Gary L.Albrecht〔編〕, 日本特殊教育学会編　丸善出版　2013.1　p1860〜2431 50p 27cm〈編集委員長 ： 前川久男　年表あり 索引あり〉①978-4-621-08559-2 〔00381〕

アルベール, ミシェル　Albert, Michel

◇資本主義対資本主義（Capitalisme contre Capitalisme）ミシェル・アルベール著, 小池はるひ訳, 久水宏之監修　改訂新版　竹内書店新社　2011.10　334p　21cm〈発売 ： 雄山閣〉2600円　①978-4-8035-0357-9

内容 第1章 アメリカの復活—アメリカイズバック　第2章 アメリカの後退　第3章 金融と栄光　第4章 アングロサクソン型保険対アルペン型保険　第5章 もう一つの資本主義　第6章 ライン型の経済的優位　第7章 ライン型の社会的優位　第8章 ライン型資本主義の後退　第9章 なぜ、競争力のないほうが勝つのか？　第10章 ドイツからの第二の教訓　第11章 ヨーロッパの転換期とフランス 〔00382〕

アルベローニ, フランチェスコ　Alberoni, Francesco

◇他人をほめる人、けなす人（L'ottimismo）フランチェスコ・アルベローニ著, 大久保昭男訳　草思社　2011.4　270p　16cm（草思社文庫 ア1-1）650円　①978-4-7942-1816-2

内容 日常的に出会う人（楽観的な人、悲観的な人　皮肉っぽい人、熱狂する人 ほか）人の上に立とうとする人（他人を指導する人　部下に確信をもたせる人 ほか）社会を支える人（企業に連帯する人　企業と一体化する人 ほか）よりよく生きる人（成功だけを求める人　冒険できる人 ほか）自分らしく生きる人（自分の感情を恐れない人　危機を受け入れる人 ほか） 〔00383〕

◇借りのある人、貸しのある人（Pubblico e privato）フランチェスコ・アルベローニ著, 泉典子訳　草思社　2011.10　232p　16cm（草思社文庫）650円　①978-4-7942-1855-1

内容 どう生きるか（借りのある人、貸しのある人　押しつけがましい人 ほか）どう愛するか（本物の恋をつかむ人　愛に冷めた人 ほか）どう見抜くか（疲れさせる人　和解がしにくい人 ほか）どう乗りこえるか（ダイナミックな人　禁止したがる人 ほか） 〔00384〕

◇「逆境」こそ生きる力の源　フランチェスコ・アルベローニ著, 泉典子訳　草思社　2012.11　223p　19cm〈他言語標題 ： Solo con la forza d'animo ci liberiamo dalle ossessioni〉1800円　①978-4-7942-1937-4

内容 1「逆境」こそ生きる力の源　2 人間の裏と表　3 危機の時代のリーダーとは　4 働くということ　5 考えない人たち　6 男たち、女たち　7 わが道をいく　8 豊かに成熟する 〔00385〕

アルボナ, コンスエロ

◇D.E.スーパーの生涯と理論—キャリアガイダンス・カウンセリングの世界的泰斗のすべて（The Career Development Quarterly.Volume 43 Number1）全米キャリア発達学会著, 仙崎武, 下村英雄編訳　図書文化社　2013.11　183p　21cm〈索引あり〉3000円　①978-4-8100-3637-4

内容 文化的な文脈におけるキャリア（ナディア・フアード, コンスエロ・アルボナ著, 下村英雄訳） 〔00386〕

アルマサン, ダビド

◇日本・スペイン交流史　坂東省次, 川成洋編　れんが書房新社　2010.12　505, 23p　22cm〈文献あり 年表あり〉6000円　①978-4-8462-0377-1

内容 スペインにおける「ジャポニスム」（ダビド・アルマサン著, 山際真也訳） 〔00387〕

アルメイダ, デービッド・M.

◇ライフコース研究の技法—多様でダイナミックな人生を捉えるために（The Craft of Life Course Research）グレン・H.エルダー,Jr., ジャネット・Z.ジール編著, 本田時雄, 岡林秀樹監訳, 登張真稲, 中尾暢見, 伊藤教子, 磯谷俊仁, 玉井航太, 藤原善美訳　明石書店　2013.7　470p　22cm〈文献あり 索引あり〉6700円　①978-4-7503-3858-3

内容 人生移行とデイリーストレス過程（デービッド・M.アルメイダ, ジェン・D.ウォン著, 磯谷俊仁訳） 〔00388〕

アルリック・オブ・イングランド《Ulric of England》

◇ナチス親衛隊装備大図鑑（INSIDE THE ALLGEMEINE SS）アルリック・オブ・イングランド著, 村上和久訳　原書房　2013.5　435p 31cm〈文献あり 索引あり〉9500円　①978-4-562-04920-2

内容 第1部 歴史的背景と組織（アドルフ・ヒトラー挺身隊と親衛隊の誕生　一般親衛隊の組織　祖先をたどる親衛隊信仰　ヴェヴェルスブルク城 ほか）第2部 制服、装具、旗、徽章（帽子類　制服　ベルト、バックルとそのほかの装具　親衛隊短剣 ほか） 〔00389〕

アルワイス, リリアン　Alweiss, Lilian

◇フッサールとハイデガー—世界を取り戻す闘い（THE WORLD UNCLAIMED）リリアン・アルワイス著, 工藤和男, 中村拓也訳　京都　晃洋書房　2012.11　213, 11p　22cm〈文献あり〉

3000円　①978-4-7710-2374-1

内容 第1章 フッサールとハイデガーその関係性の再評価（なぜフッサールは内在主義者ではないのか　ハイデガーのフッサールへの負債 ほか）　第2章「非世界的」はじまりへ（ハイデガーの批判　「非世界的」現実存在へ ほか）　第3章 ハイデガーによる世界の回復（現存在の際立ち　世界の際立ち ほか）　第4章 世界の最終的喪失（「内在的超越」から「超越的内在」へ　世界の優位 ほか）　第5章 取り戻すべき世界（身体化された現存在への回帰　「わたしはできる」より前に身体は動く―内在との決別 ほか）　〔*00390*〕

アルワース, ジェームズ　Allworth, James

◇イノベーション・オブ・ライフ―ハーバード・ビジネススクールを巣立つ君たちへ（HOW WILL YOU MEASURE YOUR LIFE？）　クレイトン・M.クリステンセン, ジェームズ・アルワース, カレン・ディロン著, 桜井祐子訳　翔泳社　2012.12　250p　20cm　1800円　①978-4-7981-2409-4

内容 序講 羽があるからと言って…　第1部 幸せなキャリアを歩む（わたしたちを動かすもの　計算と幸運のバランス　口で言っているだけでは戦略にならない）　第2部 幸せな関係を築く（時を刻み続ける時計　そのミルクシェイクは何のために雇ったのか？　子どもたちをテセウスの船に乗せる　経験の学校　家庭内の見えざる手）　第3部 罪人にならない（この一度だけ…）　〔*00391*〕

アレイン, パトリック　Alain, Patrick

◇リーダーとして話すための英語パワーフレーズ3000（THE LEADER PHRASE BOOK）　パトリック・アレイン著, 阿部川久広訳　すばる舎　2013.12　376p　21cm　2800円　①978-4-7991-0302-9　〔*00392*〕

アレキサンダー, クリステン　Alexander, Kristen

◇キラーと呼ばれた男―オーストラリア人エースパイロットの栄光と挫折（Clive Caldwell, air ace）　クリステン・アレキサンダー著, マクマーン智子訳　尼崎　津雲　2011.9　390p　21cm　〈文献あり　発売：出版共同販売（大阪）〉2095円　①978-4-86180-057-3

内容 新人戦闘機パイロット　シャドーシューティング（影撃ち）　戦闘機掃討と補給船団護衛　“クルセーダー”作戦　シャーク中隊　戦場を離れて　ダーウィン防衛　「全機が海に落ちた」日　オーストラリア最高のエース　失意の戦闘機パイロット　モロタイ島バリー調査委員会　軍法会議、そして…　〔*00393*〕

アレグザンダー, エベン　Alexander, Eben

◇プルーフ・オブ・ヘヴン―脳神経外科医が見た死後の世界（PROOF OF HEAVEN）　エベン・アレグザンダー著, 白川貴子訳　早川書房　2013.10　254p　19cm　〈文献あり〉1700円　①978-4-15-209408-7

内容 痛み　病院で　唐突に　エベン四世　地下世界　生きるための錨　回転する光体の調べとゲートウェイの世界　イスラエル旅行　コアの世界　重要なこと〔ほか〕　〔*00394*〕

アレクサンダー, ジョン　Alexander, John

◇リーダーシップ・マスター―世界最高峰のコーチ陣による31の教え（Coaching for Leadership）　マーシャル・ゴールドスミス, ローレンス・S.ライアンズ, サラ・マッカーサー編著, 久野正人監訳, 中村安子, 夏井幸子訳　英治出版　2013.7　493p　21cm　2800円　①978-4-86276-164-4

内容 弁護士をリーダーに育てる（ジョン・アレクサンダー）　〔*00395*〕

アレクサンダー, I.*　Alexander, Ian

◇いつかは行きたい一生に一度だけの旅BEST500 続（Secret Journeys of a lifetime）　ジェレミー・アランほか著, 関利枝子, 北村京子訳　日経ナショナルジオグラフィック社　2012.10　319p　31cm　（NATIONAL GEOGRAPHIC）〈発売：日経BPマーケティング〉7400円　①978-4-86313-182-8

内容 1 広がる眺望を楽しむ―世界各地の“高台”から眺める景観の数々に息をのむ　2 地球最後の大自然―手つかずの貴重な自然の姿に敬意を払い、体験する　3 島々の多彩な素顔―熱帯の楽園や氷に閉ざされた極地など、隠れ家のような島を訪ねる　4 知られざる道を行く―歴史ある道や静かな散策路、厳しい自然に挑み、土地の神髄に触れる　5 隠れた歴史を探る―観光ルートを外れた史跡が語る歴史のドラマに耳を傾ける　6 魂の安らぎを求めて―人里離れた辺境から大都市まで、心のよりどころを追う　7 知られざる新名所―観光地図にない美術館や邸宅、城で、思いがけない喜びに出会う　8 秘密の小さな村と町―失われつつある素朴な暮らしと文化を垣間見る　9 都会に潜むオアシス―にぎやかな町に潜む庭園やカフェで静かなひとときを過ごす　〔*00396*〕

アレクサンダーソン, オロフ　Alexandersson, Olof

◇奇跡の水―シャウベルガーの「生きている水」と「究極の自然エネルギー」（Living water）　オロフ・アレクサンダーソン著, 遠藤昭則訳　ヒカルランド　2012.2　249p　20cm　（超☆わくわく 026）　1700円　①978-4-86471-002-2

内容 知られざる天才の科学原理はどこからやって来たのか　生きた生命体の水が集まった川をコントロールする革新技術　「生きている水」と「死んでいる水」の神秘なるメカニズムと自然界に及ぼす影響　森林は地球の生命すべての生と死に関わる重要な役割を担っている　自然界の永久運動の原理をどのように技術に活かしていくか　危険な廃棄物を生み出さない生合成と内破による新たな技術開発　水と空気だけでエネルギーを生み出す夢のテクノロジーの実現へ　銀色の光を放った「空飛ぶ円盤」の推進原理はこうなっている　地球の大地と大気のエネルギー法則に合致した農業技術とは　全生命を破滅させる現代科学・思想・文化への最終警告〔ほか〕　〔*00397*〕

アレクセーエフ, ミハイル

◇ゾルゲ事件関係外国語文献翻訳集 no.29　日露歴史研究センター事務局編　〔川崎〕　日露歴史研究センター事務局　2011.4　55p　30cm　700円

内容『あなたのラムゼイリヒアルト・ゾルゲと中国におけるソ連軍事諜報機関1930-1933年』より抜粋 1（ミハイル・アレクセーエフ著）　〔*00398*〕

◇ゾルゲ事件関係外国語文献翻訳集 no.30　日露歴史研究センター事務局編　〔川崎〕　日露歴史研究センター事務局　2011.7　60p　30cm　700円

内容 『あなたのラムゼイリヒアルト・ゾルゲと中国におけるソ連軍事諜報機関1930-1933年』より抜粋 2（ミハイル・アレクセーエフ著）〔00399〕

◇ゾルゲ事件関係外国語文献翻訳集　no.31　日露歴史研究センター事務局編　〔川崎〕　日露歴史研究センター事務局　2011.10　61p　30cm　700円

内容 『あなたのラムゼイリヒアルト・ゾルゲと中国におけるソ連軍事諜報機関1930-1933年』より抜粋 3（ミハイル・アレクセーエフ著）〔00400〕

◇ゾルゲ事件関係外国語文献翻訳集　no.32　日露歴史研究センター事務局編　〔川崎〕　日露歴史研究センター事務局　2012.2　52p　30cm　700円

内容 『あなたのラムゼイリヒアルト・ゾルゲと中国におけるソ連軍事諜報機関1930-1933年』より抜粋 4（ミハイル・アレクセーエフ著）〔00401〕

◇ゾルゲ事件関係外国語文献翻訳集　no.33　日露歴史研究センター事務局編　〔川崎〕　日露歴史研究センター事務局　2012.6　58p　30cm　700円

内容 『あなたのラムゼイリヒアルト・ゾルゲと中国におけるソ連軍事諜報機関1930-1933年』より抜粋 5（ミハイル・アレクセーエフ著）〔00402〕

◇ゾルゲ事件関係外国語文献翻訳集　no.34　日露歴史研究センター事務局編　〔川崎〕　日露歴史研究センター事務局　2012.9　58p　30cm

内容 『あなたのラムゼイリヒアルト・ゾルゲと中国におけるソ連軍事諜報機関1930-1933年』より抜粋 6（ミハイル・アレクセーエフ著）〔00403〕

◇ゾルゲ事件関係外国語文献翻訳集　no.35　日露歴史研究センター事務局編　〔川崎〕　日露歴史研究センター事務局　2012.12　54p　30cm

内容 『あなたのラムゼイリヒアルト・ゾルゲと中国におけるソ連軍事諜報機関1930-1933年』より抜粋 7（ミハイル・アレクセーエフ著）〔00404〕

◇ゾルゲ事件関係外国語文献翻訳集　no.36　日露歴史研究センター事務局編　〔川崎〕　日露歴史研究センター事務局　2013.3　65p　30cm　〈文献あり〉　700円

内容 『あなたのラムゼイリヒアルト・ゾルゲと中国におけるソ連軍事諜報機関1930-1933年』より抜粋 8（ミハイル・アレクセーエフ著）〔00405〕

◇ゾルゲ事件関係外国語文献翻訳集　no.37　日露歴史研究センター事務局編　〔川崎〕　日露歴史研究センター事務局　2013.7　52p　30cm　700円

内容 『あなたのラムゼイリヒアルト・ゾルゲと中国におけるソ連軍事諜報機関1930-1933年』より抜粋 9（ミハイル・アレクセーエフ著）〔00406〕

◇ゾルゲ事件関係外国語文献翻訳集　no.38　日露歴史研究センター事務局編　〔川崎〕　日露歴史研究センター事務局　2013.12　64p　30cm　700円

内容 『あなたのラムゼイリヒアルト・ゾルゲと中国におけるソ連軍事諜報機関1930-1933年』より抜粋 10（ミハイル・アレクセーエフ）〔00407〕

アレハール - ベルナルド, アレリー

◇フィリピンと日本の戦後関係―歴史認識・文化交流・国際結婚（The past, love, money and much more）　リディア・N.ユー・ホセ編著, 佐竹真明, 小川玲子, 堀芳枝訳　明石書店　2011.12　310p　20cm　（明石ライブラリー 148）〈年表あり〉　2800円　①978-4-7503-3506-3

内容 台頭するアジア（千賀邦夫, アレリー・アレハール - ベルナルド著）〔00408〕

アレン, ジェームス（1864-1912）　Allen, James

◇『人は思考したとおりに』完全訳&ジェームズ・アレン徹底解読（As a man thinketh）　松永英明著　〔出版地不明〕　松永英明　2009.12　80p　21cm　〈著作目録あり〉〔00409〕

◇愛を引き寄せる法―超訳「原因」と「結果」の法則（As a man thinketh）　ジェームス・アレン原著, 上之二郎著　ロングセラーズ　2011.2　221p　19cm　1400円　①978-4-8454-2207-4

内容 第1章 チャンスは準備をした人にだけ訪れます。（愛を逃す人、愛を引き寄せる人　バラの花の意味 ほか）　第2章 人生に偶然という要素はひとつもありません。（あなたの周りの人たちは、　あなた自身を映し出す鏡です。 ほか）　第3章 自滅愛と招き愛（恋愛は学びの場です。　恋愛と感情 ほか）　第4章 究極の恋愛力 実践編（愛する人を引き寄せる最強のモテ力　わがままな心 ほか）〔00410〕

◇自分の心に「奇跡のタネ」をまく人―繁栄の「原因と結果」8つの法則（Eight pillars of prosperity）　ジェームズ・アレン著, 斎藤孝訳　イースト・プレス　2011.2　279p　20cm　（East Press business）　1400円　①978-4-7816-0529-6

内容 1「繁栄」を約束された人・されない人　2 "第1の柱―エネルギー"自分を「自分らしく生かす」最強の武器　3 "第2の柱―効率"「自分の力」を最大に伸ばす法　4 "第3の柱―清廉潔白さ"何があってもブレない「心の知性」　5 "第4の柱―システム"「システム・マインド」を持つ人の仕事力　6 "第5の柱―共感"黙っていても「人がついてくる」人　7 "第6の柱―誠実さ"人を根底から「動かす」力　8 "第7の柱―公明正大さ"大きな心には「大きな芽」が出る　9 "第8の柱―自己信頼"自分の「英雄」度を試す　10 今日は、自分の「繁栄の神殿」完成記念日〔00411〕

◇打たれ強く生きる―超訳「原因」と「結果」の法則 無理なくできる、強い自分の作り方　ジェームズ・アレン原著, 上之二郎著　ロングセラーズ　2011.4　219p　19cm　1400円　①978-4-8454-2213-5

内容 第1章 あなたは、自分が選んだ「思い」通りの人になります。―未来日記で「プラスチャンネル」にチューニング。（自分を創る未来日記　自分の運命は、自分でしかつくれません。 ほか）　第2章 あなたがプラスに変わると、周りは、あなたに優しくなります。―無理なくできるお誕生日カレンダー（打たれ弱さを、人のせいにするのは間違いです。　打たれ弱いのは、性格のせいではありません。 ほか）　第3章 自分の内側に心を向けると、弱さは立ち去ります。―「プラスチャンネル」にチューニングする習慣（「思いのパワー」に振り回された女性ストーカー。　不安は、あなたをマイナスの思いの奴隷にします。 ほか）　第4章 「苦しみ」を「学び」に変えれば強くなる。―逆境は、「プラスチャンネル」への入口です（ひとつ

の場を卒業すると、新しい場が現れます。 人気役者のトラブルも「学び」に違いありません。 ほか）〔00412〕

◇原因と結果36の法則—心のおもむくままに（As a Man Thinketh） ジェームズ・アレン著, 菅靖彦訳 河出書房新社 2012.12 184p 20cm 1200円 ①978-4-309-24612-3

内容 ジェームズ・アレンの生涯 原因と結果36の法則（人は心の中で考えている通りの人間である。 人は意図的な策略によって作られるのではなく、法則によって成長する。 人間は思考の主、人格の鍛造者であり、境遇と環境と運命の製作者である。 人は自分自身の内部で思考の法則が働いているのを発見した時にのみ、賢い主人になれる。 ほか） 心のおもむくままに（はじめに 思考と人格 思考が環境にもたらす影響 健康や身体への思考の影響 ほか）〔00413〕

アレン, ジェームズ（1960-） Allen, James

◇Repeatability—再現可能な不朽のビジネスモデル（Repeatability） クリス・ズック, ジェームズ・アレン著, 火浦俊彦, 奥野慎太郎訳 プレジデント社 2012.12 377p 20cm 〈文献あり〉 2200円 ①978-4-8334-2026-6

内容 第1章 再現可能な不朽のビジネスモデル 第2章「原則1」明確に差別化されたコア事業 第3章「原則2」絶対に譲れない一線 第4章「原則3」循環型学習システム 第5章「リーダーシップ」フリーダムかフレームワークか 第6章「単純さ」の勝利 第7章 日本企業への示唆〔00414〕

アレン, ポール Allen, Paul

◇ぼくとビル・ゲイツとマイクロソフト—アイデア・マンの軌跡と夢（IDEA MAN） ポール・アレン著, 夏目大訳 講談社 2013.2 531p 19cm 2400円 ①978-4-06-217128-1

内容 チャンス ルーツ ビル・ゲイツ 熱狂 ワシントン州立大学 2+2=4！ MITS パートナー ソフトカード プロジェクト・チェス〔ほか〕〔00415〕

アレン, マーク Allen, Mark

◇マニフェステーション—願望実現の法則（The greatest secret of all） マーク・アレン著, 岡田雅子訳 講談社 2011.7 139p 20cm 1400円 ①978-4-06-214676-0

内容 はじめに マニフェステーションの秘密（「理想的な五年後」を思い描く どんな過去にも価値がある 疑心暗鬼をやっつける 秘密のなかの、とっておきの秘密） 第1部 まずは自分が夢をかなえる（マニフェステーションの秘密 ごく簡単な四つのステップ その1・夢と理想を思い描く その2・目標をリストアップする その3・実現のためのプランを練る 信念をもつ ガンコ頭の錆みがき その4・よそ見をせず、戦略を創る） 第2部 幸せな世界を創り出す（知っていたのに、忘れている秘密 わたしたちは創造の一部 世界中にパートナーシップを築く 人生の目的・生きる使命 すべての秘密は愛である） まとめ 秘密を心に刷り込む〔00416〕

アレン, ロバート・C. Allen, Robert C.

◇なぜ豊かな国と貧しい国が生まれたのか（Global Economic History） ロバート・C.アレン著, グローバル経済史研究会訳 NTT出版 2012.12 224p 20cm 〈文献あり 索引あり〉 1900円 ①978-4-7571-2304-5

内容 第1章 大いなる分岐—「豊かな国」と「貧しい国」のルーツをたどる 第2章 西洋の勃興—最初のグローバル化 第3章 産業革命—なぜイギリスではじまったのか 第4章 工業化の標準モデル—ドイツとアメリカのキャッチアップ 第5章 偉大なる帝国—インドの工業化の挫折 第6章 南北アメリカ—なぜ南北格差が生じたのか 第7章 アフリカ—なぜ貧しいままなのか 第8章 後発工業国と標準モデル—帝政ロシアと近代日本のキャッチアップ 第9章 ビッグプッシュ型工業化—ソ連・戦後日本と東アジアの奇跡〔00417〕

アレン, ロバート・G. Allen, Robert G.

◇どんなお金の悩みも、90日で解決できる！—誰も言わなかった「スピード起業術」 実践編（Cash in a flash fast money in slow times） マーク・ヴィクター・ハンセン, ロバート・G.アレン著, ダイレクト出版監訳 大阪 ダイレクト出版 2011.1 262p 22cm 3800円 ①978-4-904884-09-6〔00418〕

◇どんなお金の悩みも、90日で解決できる！—誰も言わなかった「スピード起業術」 物語編（Cash in a flash fast money in slow times） マーク・ヴィクター・ハンセン, ロバート・G.アレン著, ダイレクト出版監訳 大阪 ダイレクト出版 2011.1 214p 22cm 2800円 ①978-4-904884-10-2〔00419〕

◇史上最高のセミナー（Conversations with millionaires） マイク・リットマン, ジェイソン・オーマン共著, 河本隆行監訳 ポケット版 きこ書房 2011.7 407p 17cm 〈述：ジム・ローンほか〉 1200円 ①978-4-87771-278-5

内容 夢と欲望と目標と情熱があれば、あなたも億万長者になれる（ロバート・アレン述）〔00420〕

アレン, W.E.D. Allen, William Edward David

◇16世紀世界史におけるトルコ勢力の諸問題（Problems of Turkish power in the sixteenth century） W.E.D.アレン著, 尾高晋已訳著 名古屋 あるむ 2011.8 113p 21cm 〈索引あり〉 2300円 ①978-4-86333-044-3〔00421〕

アーレント, ハンナ Arendt, Hannah

◇アウグスティヌスの愛の概念（Der Liebesbegriff bei Augustin） ハンナ・アーレント〔著〕, 千葉真訳 みすず書房 2012.1 303p 20cm （始まりの本） 〈文献あり 2002年刊の新編集〉 3000円 ①978-4-622-08349-8

内容 第1章「欲求としての愛」Amor qua appetitus（「欲求」appetitusの基本構造 「愛」caritasと「欲望」cupiditas 「秩序づけられた愛」Ordinata dilectio） 第2章「創造者」Creatorと「被造者」creatura（「被造者」の起源Ursprungとしての「創造者」 「愛」caritasと「欲望」cupiditas 「隣人愛」Dilectio proximi） 第3章「社会生活」Vita socialis〔00422〕

◇ユダヤ論集 1 反ユダヤ主義（THE JEWISH WRITINGS） ハンナ・アーレント〔著〕, J.コーン,R.H.フェルドマン編 山田正行, 大島かおり, 佐藤紀子, 矢野久美子共訳 みすず書房 2013.9 86, 347p 22cm 6400円 ①978-4-622-07728-2

ア

内容 1 一九三〇年代(啓蒙とユダヤ人問題　私的サークルに反対する　独創的な同化―ラーエル・ファルンハーゲン百年忌へのエピローグ　若者の職業分野の再編成を ほか）　2 一九四〇年代(マイノリティ問題によせて　起こっていないユダヤ戦争　沈黙と無言のあいだ　ユダヤ民族の政治的組織化)　〔00423〕

◇ユダヤ論集　2　アイヒマン論争（THE JEWISH WRITINGS）　ハンナ・アーレント〔著〕, J.コーン,R.H.フェルドマン編　斎藤純一, 山田正行, 金慧, 矢野久美子, 大島かおり共訳　みすず書房　2013.9　430, 22p　22cm　〈索引あり〉 6400円　①978-4-622-07729-9

内容 2 一九四〇年代(承前)(ユダヤ人の政治　クレミュー令はなぜ廃止されたか　ヨーロッパに新しいリーダー現わる ほか)　3 一九五〇年代(近東における和平か休戦か　マグネス、ユダヤ民族の良心　巨大な犯罪の歴史―レオン・ポリアコフ『憎悪の祈禱書―第三帝国とユダヤ人』書評)　4 一九六〇年代(アイヒマン論争―ゲルショム・ショーレムへの書簡　サミュエル・グラフトンの質問への回答　アイヒマン事件とドイツ人―ティーロ・コッホとの対談 ほか)　〔00424〕

アロー, ケネス・J.　Arrow, Kenneth Joseph

◇社会的選択と個人的評価（SOCIAL CHOICE AND INDIVIDUAL VALUES(原著第3版)）　ケネス・J.アロー著, 長名寛明訳　勁草書房　2013.1　181p　22cm　〈日本経済新聞社 1977年刊の最新版　索引あり〉 3200円　①978-4-326-50373-5

内容 第1章 序論　第2章 選好と選択の性質　第3章 社会的厚生関数　第4章 補償原理　第5章 社会的厚生関数の一般可能性定理　第6章 個人主義的仮定　第7章 社会的厚生判断の基礎としての類似性　第8章 社会的選択の理論に関する覚書き―1963年　〔00425〕

アロウェイ, トレーシー　Alloway, Tracy Packiam

◇ワーキングメモリと発達障害（Improving working memory）　T.P.アロウェイ著, 湯沢美紀, 湯沢正通訳　京都　北大路書房　2011.9　129p　21cm　（教師のための実践ガイド 2）〈文献あり〉 1900円　①978-4-7628-2764-8

内容 第1章 脳のメモ帳　第2章 ワーキングメモリのアセスメント　第3章 読字障害　第4章 算数障害　第5章 統合運動障害　第6章 注意欠陥多動性障害　第7章 自閉症スペクトラム　第8章 支援方法とトレーニング　〔00426〕

アロック, D.*　Allock, Debra

◇英国の貧困児童家庭の福祉政策―"Sure Start"の実践と評価（The National Evaluation of Sure Start）　ジェイ・ベルスキー, ジャクリーン・バーンズ, エドワード・メルシュ編著, 清水隆則監訳　明石書店　2013.3　230p　21cm　2800円　①978-4-7503-3764-7

内容 Sure Start地域プログラム(Jane Tunstill,Debra Allock著, 上積宏道訳)　〔00427〕

アーロノビッチ, デビッド　Aaronovitch, David

◇陰謀説の嘘―ユダヤ陰謀論から9・11まで（Voodoo histories）　デビッド・アーロノビッチ著, 佐藤美保訳　PHP研究所　2011.5　576p　20cm　4000円　①978-4-569-79690-1

内容 序章 ゆがんだ社会にはびこる陰謀説　第1章 ユダヤ陰謀論と『シオン賢者の議定書』　第2章 トロツキー主義者の大陰謀　第3章 真珠湾攻撃陰謀説とマッカーシズム　第4章 J.F.ケネディを殺したのはオズワルド、M.モンローは自殺、ダイアナ妃は事故死　第5章 ヒルダ・マレル殺人事件と英国政府の陰謀　第6章 キリスト教の根幹を揺るがす『ダ・ヴィンチ・コード』の"真実"　第7章 9・11陰謀説をめぐる攻防　第8章 俗物議員によるデヴィッド・ケリー他殺説　終章 すべての陰謀説は子どもだまし　〔00428〕

アロン, レイモン　Aron, Raymond

◇レイモン・アロンとの対話（Dialogue(原著新版)）　レイモン・アロン〔述〕, ミシェル・フーコー著, 西村和泉訳　水声社　2013.6　95p　22cm　（叢書言語の政治 21）〈年譜あり〉 1800円　①978-4-89176-979-6　〔00429〕

アロンソ＝プッチ, マリオ　Alonso Puig, Mario

◇ハーバード流自分の潜在能力を発揮させる技術―Reinventing Yourself（REINVENTARSE）　マリオ・アロンソ・プッチ著, 梶浦真美訳　アチーブメント出版　2012.7　181p　19cm　1400円　①978-4-905154-27-3

内容 新しい自分になるために　自分の内側を見つめるひとつの脳には2つの心がある　宝の発見　価値のある自画像を描こう　最高の遺産　崖から飛び降りる認識の扉　問い―薬にもなり毒にもなるもの　言葉は現実を作る　勝利を願おう。そして勝利者になろう　人生の栄養素　細胞の心　自分を許すことを学ぼう　2つの教訓　暗闇から光へ　本当の自分に戻ろう　魂の暗夜　新しい世界　〔00430〕

◇ハーバード流自分の限界を超える思考法（AHORA YO）　マリオ・アロンソ・プッチ著, 山本泉訳　アチーブメント出版　2013.5　254p　19cm　1400円　①978-4-905154-45-7

内容 第1部「想像力」と「集中力」が道を切り開く(合気道の達人に学ぶ　未来を創造する ほか)　第2部「言葉」が心の持ちようを変える(心の中の神託所　自由を前にしたパニック ほか)　第3部「内なる対話」が魂を目覚めさせる(機械人間からの脱却　魂の目覚め ほか)　第4部「困難」と「失敗」が新たな地平に導く(今こそ行動を　聖なる大地 ほか)　〔00431〕

アロンソン, ペーテル

◇国家と国民の歴史―ヴィジュアル版（HISTORIES OF NATIONS）　ピーター・ファタードー編, 猪口孝日本語版監修, 小林朋則訳　原書房　2012.11　320p　26cm　〈文献あり 索引あり〉 5800円　①978-4-562-04850-2

内容 スウェーデン―ヴァイキングの国から福祉国家へ(ペーテル・アロンソン)　〔00432〕

アン, カイセイ*　安 介生

◇東アジア海文明の歴史と環境　鶴間和幸, 葛剣雄編著　東方書店　2013.3　555p　22cm　（学習院大学東洋文化研究叢書）　4800円　①978-4-497-21304-4

内容 魏晋南北朝時期における「海眺め」の流行と海域認識について(安介生著, 津守陽訳)　〔00433〕

アン, ゲンカ* 安 元河
◇東アジアにおける市民の刑事司法参加 後藤昭編 国際書院 2011.2 269p 21cm 〈索引あり〉 4200円 ①978-4-87791-215-4
内容 刑事司法の中での国民参与裁判制度の機能(安元河著, 鄭智恵訳) 〔00434〕

アン, ジュウコン 安 重根
⇒アン, ジュングン

アン, ジュングン 安 重根
◇安重根—仁の人、義の人、信の人 安重根著, うのていお訳, 愛知宗教者九条の会編 名古屋 愛知宗教者九条の会 2011.2 120p 19cm 〈奥付・背のタイトル : 安重根自叙伝・東洋平和論 発売 : ほっとブックス新栄(名古屋)〉 800円 ①978-4-903036-14-4
内容 はじめに 仁の人、義の人、信の人安重根 安重根自叙伝(私の父祖の業績 天主教の宣教活動 諸事件に遭遇する さらに個人的なトラブル 保護条約に対する悲憤 風雲急を告げる 破局、それとも序局?) 東洋平和論 〔00435〕

アン, ジョンソン* 安 正善
◇東アジアのウフカジ—大風 徐勝先生退職記念文集 徐勝先生退職記念事業実行委員会(日本・韓国)編 京都 かもがわ出版 2011.2 278p 21cm 〈著作目録あり 年譜あり〉 1800円 ①978-4-7803-0418-3
内容 徐勝!(安正善著, 鄭育子訳) 〔00436〕

アン, セイコウ* 安 世鴻
⇒アン, セホン

アン, セイゼン* 安 正善
⇒アン, ジョンソン*

アン, セホン 安 世鴻
◇重重—中国に残された朝鮮人日本軍「慰安婦」の物語 安世鴻著, 植田祐介訳 大月書店 2013.6 175p 22cm 2500円 ①978-4-272-52087-9 〔00437〕

アン, チョルス 安 哲秀《Ahn, Cheol soo》
◇アン・チョルス経営の原則—ソウル大学白熱講義 (PRINCIPLE OF MANAGEMENT) アン・チョルス著, 福田恵介訳 東洋経済新報社 2012.10 157p 19cm 1500円 ①978-4-492-50239-6
内容 第1部 経営の原則 第2部 教授との対話 第3部 学生との対話 〔00438〕

アン, テツシュウ* 安 哲秀
⇒アン, チョルス

アン, ヒゴン《Ahn, Heegun》
◇スティーブ・ジョブズってどんな人? Nam Kyongwan作, Ahn Heegun絵, 藤田千枝文 汐文社 2012.1 39p 28cm 〈年表あり〉 1500円 ①978-4-8113-8882-3 〔00439〕

アン, ビテイ* 安 美貞
⇒アン, ミジョン*

アン, ヒョンモ《Ahn, Hyungmo》
◇アインシュタイン アンヒョンモ文, スタジオチョンビ絵, 築田順子訳 岩崎書店 2013.11 191p 23cm (オールカラーまんがで読む知っておくべき世界の偉人 1) 〈年譜あり〉 1600円 ①978-4-265-07671-0 〔00440〕

アン, ヘイシュウ* 安 平秋
◇東アジア書誌学への招待 第1巻 大沢顕浩編著 東方書店 2011.12 405p 22cm (学習院大学東洋文化研究叢書) 4000円 ①978-4-497-21114-9
内容 中国、日本、台湾、アメリカ所在の宋、元版漢籍の概況(安平秋著, 中嶋諒訳) 〔00441〕

アン, ミジョン* 安 美貞
◇東アジアの間地方交流の過去と現在—済州と沖縄・奄美を中心にして 津波高志編 彩流社 2012.3 491, 7p 22cm (琉球大学人の移動と21世紀のグローバル社会 5) 〈文献あり〉 4500円 ①978-4-7791-1674-2
内容 済州潜嫂(海女)の漁撈文化(安美貞著, 神谷智昭訳) 〔00442〕

アン, ヨウショ* 晏 陽初
◇新編原典中国近代思想史 第5巻 国家建設と民族自救—国民革命・国共分裂から一致抗日へ 野村浩一, 近藤邦康, 並木頼寿, 坂元ひろ子, 砂山幸雄, 村田雄二郎編 野村浩一, 近藤邦康, 村田雄二郎責任編集 岩波書店 2010.12 392, 6p 22cm 〈年表あり〉 5400円 ①978-4-00-028225-3
内容 中華平民教育促進会の定県における事業概要(晏陽初著, 山本真訳) 〔00443〕

アンカ, ダリル(バシャール) Anka, Darryl
◇未来図 part 2 バシャール&関野あやこ—スペースシップの時空間で行なわれた2DAYワークショップ ダリル・アンカ, 関野あやこ著, 関野直行, 佐藤レイナ訳 葉山町(神奈川県) アンフィニグローバル 2010.12 251p 21cm 〈発売 : ヴォイス〉 1500円 ①978-4-89976-321-5 〔00444〕
◇BASHAR GOLD バシャール(ダリル・アンカ)著, 関野直行通訳 ヴォイス 2011.4 341p 21cm 〈本文は日本語〉 2100円 ①978-4-89976-272-0
内容 第1章 世界は比喩である(対等な出会いの準備として スタートポイントはここにある ほか) 第2章 世界を癒す(自分を癒す 他人を癒す ほか) 第3章 世界を構築する(一人ひとりの波動で全体が変わる もうひとつの地球へ ほか) 第4章 1・3・5・7の実現法則(「1」—ワンネス、ひとつであること 「3」—ワクワク・ヴィジョン、夢のパワー ほか) 〔00445〕
◇未来は、えらべる! 本田健, バシャール(ダリル・アンカ)著, 島田真喜子通訳 新書判 ヴォイス 2011.7 228p 18cm (Voice新書 012) 〈他言語標題 : The Future is in Our Hands!〉

800円 ①978-4-89976-275-1
内容 第1章 大好きなことの見つけ方、ワクワクの方法（2010年バージョンのメッセージとは？　観念のトリックに気づけ！ ほか） 第2章 運命は、変えられる（「運命」とは、生まれる前に選択したテーマ　絶望は、光に変えられる ほか） 第3章 お金と豊かさについて（お金は絶えず、動かすもの　豊かさとは「やりたいことを、やりたいときに、やれる能力」ほか） 第4章 ソウルメイトとコミュニケーションについて（ソウルメイトに最短で出会う方法　「男運」「女運」は、存在する？ ほか） 第5章 私たちの未来、分離していくリアリティ、2012年（経済危機の、本当の名前とは　新しい社会システムの青写真 ほか） 〔00446〕

◇人生に奇跡を起こすバシャール名言集　ダリル・アンカ著, バシャール本文, 本田健訳・解説　ヴォイス出版事業部　2012.8　187p　18cm　〈他言語標題 : The Best Quotes of BASHAR creating miracle in your life〉 1200円 ①978-4-89976-354-3
内容 第1章 自分のパワーを思い出す（あなたが笑えば、世界も笑う　電車に乗り遅れたら、ワクワクしよう！　最高の自分に会えるキーワードとは ほか） 第2章 ワクワクを生きる「鍵」を手にする（現実を変える三つのポイント　感情は、あなたが何を信じているかを知らせる「警報システム」　観念のワナから抜け出すには ほか） 第3章 無限の未来を選ぶ（笑おう、リラックスしよう　「時間」と「空間」は、あなたがつくり出したオモチャ　ワクワクという「万能ツール」を使う ほか） 〔00447〕

アンガー, ローリン　Unger, Lorin

◇プロジェクト・マネジャーが知るべき97のこと（97 things every project manager should know）　Barbee Davis編, 笹井崇司訳, 神庭弘年監修　オライリー・ジャパン　2011.11　240p　21cm　〈発売 : オーム社〉 1900円 ①978-4-87311-510-8
内容 プロジェクトマネジメントはプロブレムマネジメント（ローリン・アンガー） 〔00448〕

アングラオ, クリスティアン　Ingrao, Christian

◇ナチスの知識人部隊（Croire et détruire）　クリスティアン・アングラオ著, 吉田春美訳　河出書房新社　2012.1　534p　20cm　〈文献あり〉 3200円 ①978-4-309-22561-6
内容 第1部 ドイツの若者たち（「敵の世界」　人脈の形成　知識人活動家） 第2部 ナチズムへの加入―ある政治参加（ナチスになる　SDに入る　闘争から監視へ） 第3部 ナチズムと暴力 絶頂期――九三九～一九四五年（東を考える―ユートピアと恐怖のあいだ　戦争の説明書―ナチスのレトリック　暴力の実行 ほか） 終章 戦争の記憶、闘士的活動の記憶、ジェノサイドの記憶 〔00449〕

アングリスト, ヨシュア　Angrist, Joshua David

◇「ほとんど無害」な計量経済学―応用経済学のための実証分析ガイド（MONSTLY HARMLESS ECONOMETRICS）　ヨシュア・アングリスト, ヨーン・シュテファン・ピスケ著, 大森義明, 小原美紀, 田中隆一, 野口晴子訳　NTT出版　2013.6　373p　21cm　〈文献あり 索引あり〉 5600円 ①978-4-7571-2251-2
内容 第1部 準備編（問いに関する問い　実験的理想） 第2部 コア（たかが回帰、されど回帰　機能する操作変数―必要なものをたぶん得られる　パラレルワールド―固定効果、差分の差分、パネルデータ） 第3部 拡張（ちょっと跳んじゃうんだけど―回帰不連続デザイン　分位点回帰モデル　標準じゃない標準誤差の話） 〔00450〕

アンサーリー, タミム　Ansary, Mir Tamim

◇イスラームから見た「世界史」（Destiny disrupted）　タミム・アンサーリー著, 小沢千重子訳　紀伊国屋書店　2011.9　685p　20cm　〈文献あり 索引あり〉 3400円 ①978-4-314-01086-3
内容 ミドルワールド　ヒジュラ　カリフ制の誕生　分裂　ウマイヤ朝　アッバース朝の時代　学者・哲学者・スーフィー　トルコ系王朝の出現　災厄　再生　ヨーロッパの状況　西ヨーロッパの東方進出　改革運動　産業・憲法・ナショナリズム　世俗的近代主義の隆盛　近代化の危機　潮流の変化 〔00451〕

アンジェラ, アルベルト　Angela, Alberto

◇古代ローマ人の24時間―よみがえる帝都ローマの民衆生活（Una giornata nell'antica Roma）　A.アンジェラ著, 関口英子訳　河出書房新社　2012.4　552p　15cm　（河出文庫 ア7-1）　950円 ①978-4-309-46371-1
内容 当時の世界　日の出の数時間前　午前6時―裕福な人が住む邸宅　午前6時15分―室内装飾にみる古代ローマの趣味　午前6時30分―主人の目覚め　午前7時―ローマ式の服装　午前7時10分―女性のファッション　午前7時15分―古代ローマ時代の男性の身だしなみ　午前7時30分―二〇〇〇年前の美しさの秘訣　午前8時―古代ローマ風の朝食〔ほか〕 〔00452〕

◇古代ローマ帝国1万5000キロの旅（IMPERO）　アルベルト・アンジェラ著, 関口英子, 佐瀬奈緒美訳　河出書房新社　2013.2　605p　20cm　3200円 ①978-4-309-22589-0
内容 ローマ―すべてが始まる場所　ロンドン―ローマ人が考案した都市　パリ―ポンペイよりも小さな町だった頃　トリーア―神酒を作る　ライン川を越えて―蛮族との戦い　ミラノ―女性解放　レッジョ・エミリア―古代のジョーク　リミニ―外科手術　テヴェレ川―水に運ばれてローマへ〔ほか〕 〔00453〕

アンジェレーリ, クラウディア・V.

◇異文化コミュニケーション学への招待　鳥飼玖美子, 野田研一, 平賀正子, 小山亘編　みすず書房　2011.12　484p　22cm　〈他言語標題 : Introduction to Intercultural Communication Studies〉 6000円 ①978-4-622-07659-9
内容 多言語社会における通訳者の役割（クラウディア・V.アンジェレーリ著, 武田珂代子訳） 〔00454〕

アンジェロ, ジャック　Angelo, Jack

◇ソースにつながる呼吸法―セルフ・ヒーリング・ハンドブック（THE SELF-HEALING HANDBOOK）　ジャック・アンジェロ著, 井村宏次監訳, 八木さなえ訳　相模原　ビイング・ネット・プレス　2013.12　270p　19cm　（実践講座 16）　2000円 ①978-4-904117-96-5 〔00455〕

アンスコム, G.E.M.　Anscombe, G.E.M.

◇ルートヴィッヒ・ウィトゲンシュタイン『1914-1916年の備忘録』（Notebooks 1914-1916）　ルートヴィッヒ・ウィトゲンシュタイン〔著〕, G.H.フォン・ウリクト,G.E.M.アンスコム共編, G.E.M.アンスコム独―英訳, 岡田征弘訳　〔出版地不明〕　〔岡田征弘〕　〔2013〕　380枚　26cm　（数理哲学へのきっかけ論集 5）
〔*00456*〕

アーンスト, D.*　Ernst, Denise

◇動機づけ面接法　応用編（Motivational interviewing（2nd edition））　ウイリアム・R.ミラー, ステファン・ロルニック編, 松島義博, 後藤恵, 猪野亜朗訳　星和書店　2012.9　291p　21cm　〈文献あり〉3200円　①978-4-7911-0817-6
内容　一般医療と公衆保健領域における動機づけ面接法（Ken Resnicow, Colleen DiIorio, Johanna E.Soet, Belinda Borrelli, Denise Ernst, Jacki Hecht, Angelica K.Thevos）
〔*00457*〕

アーンスト・アンド・ヤングLLP《The International Financial Reporting Group of Ernst & Young》

◇IFRS国際会計の実務―International GAAP　上巻　アーンスト・アンド・ヤング著, 新日本有限責任監査法人監訳　レクシスネクシス・ジャパン　2010.8　1225p　21cm　12000円　①978-4-9026-2533-2
内容　国際会計基準の発展　財務報告のための概念フレームワークの追求　財務諸表の表示及び会計方針　売却目的で保有する非流動資産及び非継続事業　連結財務諸表　連結手続及び非支配持分　個別財務諸表　企業結合　共通支配下の企業結合　関連会社　ジョイント・ベンチャー　外国為替　超インフレ〔*00458*〕

◇IFRS国際会計の実務―International GAAP　中巻　アーンスト・アンド・ヤング著, 新日本有限責任監査法人監訳　レクシスネクシス・ジャパン　2010.9　1127p　21cm　12000円　①978-4-9026-2534-9
内容　無形資産　有形固定資産　政府との取引：補助金及びサービス委譲契約　投資不動産　固定資産及びのれんの減損　借入費用の資産化　棚卸資産　リース　引当金、偶発負債及び偶発資産　従業員給付　株式報酬
〔*00459*〕

◇IFRS国際会計の実務―International GAAP　下巻　アーンスト・アンド・ヤング著, 新日本有限責任監査法人監訳　レクシスネクシス・ジャパン　2010.9　984p　21cm　11000円　①978-4-9026-2535-6
内容　収益認識　工事契約　法人所得税　キャッシュ・フロー計算書　事業セグメント　1株当たり利益　関連当事者についての開示　後発事象　期中財務報告　農業　初度適用
〔*00460*〕

◇収益認識の実務―US GAAP　アーンスト・アンド・ヤングLLP編, 新日本有限責任監査法人監修・訳　中央経済社　2011.6　1022p　22cm　〈索引あり〉10000円　①978-4-502-43900-1
内容　第1部 ソフトウェア―収益認識（概要及び適用範囲　他の基準書との関係　基本原則 ほか）　第2部 収益認識―複数要素契約（提供物の特定　適用対象及び適用除外　会計単位の決定 ほか）　第3部 コンバージェンスへの道のり―収益の認識に関する提案（適用対象、経過規定及び内部統制上の検討事項　顧客との契約の識別　契約における別個の履行義務の識別 ほか）
〔*00461*〕

◇IFRS国際会計の実務―International GAAP金融商品・保険契約（International GAAP 2011）　アーンスト・アンド・ヤング著, 新日本有限責任監査法人監訳　レクシスネクシス・ジャパン　2011.8　1062p　21cm　〈『国際会計の実務 International GAAP金融商品・保険契約』改訂・改題書〉14000円　①978-4-9026-2540-0
内容　金融商品：序説　金融商品：定義及び適用範囲　金融商品：デリバティブ及び組込デリバティブ　金融商品：金融負債と資本　金融商品：分類（IAS第39号）　金融商品：分類（IFRS第9号）　金融商品：認識及び当初測定　金融商品：事後測定　金融商品：認識の中止　金融商品：ヘッジ会計　金融商品：表示及び開示　保険契約
〔*00462*〕

◇IFRS国際会計の実務　金融商品・保険契約（International GAAP）　アーンスト・アンド・ヤングLLP著, 新日本有限責任監査法人日本語版監修　レクシスネクシス・ジャパン　2011.8　1062p　22cm　〈索引あり　発売：雄松堂書店〉14000円　①978-4-8419-0582-3
内容　金融商品：序説　金融商品：定義及び適用範囲　金融商品：デリバティブ及び組込デリバティブ　金融商品：金融負債と資本　金融商品：分類（IAS第39号）　金融商品：分類（IFRS第9号）　金融商品：認識及び当初測定　金融商品：事後測定　金融商品：認識の中止　金融商品：ヘッジ会計　金融商品：表示及び開示　保険契約
〔*00463*〕

◇US GAAP税効果会計の実務（Financial Reporting Developments〈FRDs〉 - Income taxes）　アーンスト・アンド・ヤングLLP編, 新日本有限責任監査法人監修・訳　中央経済社　2012.6　503p　22cm　〈索引あり〉6400円　①978-4-502-45230-7
内容　範囲　目的及び基本原則　一時差異　認識及び測定　評価性引当金　評価性引当金の変動　税法の改正又は税率の改定　企業の税務上の地位の変更　規制対象企業　企業結合〔ほか〕
〔*00464*〕

◇IFRS国際会計の実務　上巻（International GAAP 2013）　アーンスト・アンド・ヤングLLP著, 新日本有限責任監査法人日本語版監修　レクシスネクシス・ジャパン　2012.8　1140p　22cm　〈索引あり〉12000円　①978-4-902625-54-7
〔*00465*〕

◇IFRS国際会計の実務　中巻（International GAAP 2013）　アーンスト・アンド・ヤングLLP著, 新日本有限責任監査法人日本語版監修　レクシスネクシス・ジャパン　2012.9　1244p　22cm　〈布装　索引あり〉12000円　①978-4-902625-55-4
内容　第15章 公正価値測定　第16章 無形資産　第17章 有形固定資産　第18章 政府補助金　第19章 サービス委譲契約　第20章 投資不動産　第21章 固定資産及びのれんの減損　第22章 借入費用の資産化　第23章 棚卸資産　第24章 リース　第25章 従業員給付　第26章 株式報酬
〔*00466*〕

◇IFRS国際会計の実務　下巻（International GAAP 2013）　アーンスト・アンド・ヤング

LLP著, 新日本有限責任監査法人日本語版監修　レクシスネクシス・ジャパン　2012.10　1189p　22cm　〈布装　索引あり〉11000円　Ⓘ978-4-902625-56-1　〔00467〕

アンスパック, マルク・ロガン　Anspach, Mark Rogin

◇悪循環と好循環―互酬性の形/相手も同じことをするという条件で（À charge de revanche）　マルク・R.アンスパック〔著〕, 杉山光信訳　新評論　2012.2　221p　20cm　〈文献あり〉2200円　Ⓘ978-4-7948-0891-2

内容 第1章 復讐と贈与（殺した者は殺せ　とても強力な取引　くれる人に贈る）　第2章 贈与とお返し（贈与の魔術　認識できないことを認識する　「第三の人物の謎」　循環する因果関係　ビールの奢り合いと背中側での手渡し　酒屋、肉屋、パン屋）　第3章 あなたと私（一人、神、あなた　チャタレイ夫人、その恋人、そしてジョン・トマス　グラスを洗うのは誰？親、子どもたち、サンタクロース　第三の人物の場所「賢者の贈り物」）　第4章 われわれと全体（両端を結ぶ　見えざる手による迷子　円環の復習）〔00468〕

◇貨幣主権論（LA MONNAIE SOUVERAINE）　M.アグリエッタ,A.オルレアン編, 坂口明義監訳, 中野佳裕, 中原隆幸訳　藤原書店　2012.6　650p　22cm　〈索引あり〉8800円　Ⓘ978-4-89434-865-3

内容 貨幣取引の儀礼的基礎、もしくは殺し屋に礼を尽くす方法（マルク・ロガン・アンスパック著）〔00469〕

アンスワース, ジョン　Unsworth, John

◇人文学と電子編集―デジタル・アーカイヴの理論と実践（ELECTRONIC TEXTUAL EDITING）　ルー・バーナード, キャサリン・オブライエン・オキーフ, ジョン・アンスワース編, 明星聖子, 神崎正英監訳　慶応義塾大学出版会　2011.9　503p　21cm　4800円　Ⓘ978-4-7664-1774-6

内容 第1部 典拠資料と方針（デジタルの地平での編集『カンタベリー物語』をはじめとする中世テキスト　記録資料の編集　詩とネットワーク―詩を電子編集する　戯曲のケーススタディー『ケンブリッジ版ベン・ジョンソン作品集』ほか）　第2部 実践と手順（手稿と印刷典拠資料から機械可読テキストを作る効果的な方法　転写のレベル　編集におけるデジタル・ファクシミリ　電子版の真正性認証　文書管理とファイル命名 ほか）　補遺 ガイドライン　〔00470〕

アンセリン, ルーク

◇環境犯罪学と犯罪分析（Environmental criminology and crime analysis）　リチャード・ウォートレイ, ロレイン・メイズロール編, 島田貴仁, 渡辺昭一監訳, 斉藤知範, 雨宮護, 菊池城治, 畑倫子訳　社会安全研究財団　2010.8　313p　26cm　〈文献あり〉Ⓘ978-4-904181-13-3

内容 クライムマッピングとホットスポット分析（ルーク・アンセリン, エリザベス・グリフィス, ジョージ・ティータ著, 菊池城治訳）〔00471〕

アンソニー, W.　Anthony, William Alan

◇精神科リハビリテーション（Psychiatric Rehabilitaion（原著第2版））　W.アンソニー,M.コーエン,M.ファルカス,C.ガニエ著, 野中猛, 大橋秀行監訳　第2版　三輪書店　2012.11　436p　21cm　〈初版 : マイン1993年刊　文献あり 索引あり〉4800円　Ⓘ978-4-89590-422-3　〔00472〕

アンダーウッド, M.*　Underwood, Marion K.

◇子どもの仲間関係―発達から援助へ（CHILDREN'S PEER RELATIONS）　J.B.クーパーシュミット,K.A.ダッジ編, 中沢潤監訳　京都　北大路書房　2013.12　299p　21cm　〈文献あり 索引あり〉3600円　Ⓘ978-4-7628-2826-3

内容 ジェンダーと仲間関係（Marion K.Underwood著, 大島みずき訳）〔00473〕

アンダーソン, アレン　Anderson, Allen

◇動物たちはセラピスト―8つのきずな（Animals and the Kids Who Love Them（抄訳））　アレンアンダーソン, リンダアンダーソン著, 姫川明月画　学研教育出版　2013.7　158p　22cm　（動物感動ノンフィクション）〈発売 : 学研マーケティング〉1300円　Ⓘ978-4-05-203632-3

内容 1 暴れ馬のパティ　2 ウサギのキャスパー　3 車いすの犬・フランキー　4 捨て犬リーフ　5 ニワトリのウッドストック　6 シェルティ犬のリルは名セラピスト　7 猫のサイモン　8 少女と優しい動物たち〔00474〕

◇動物たちはセラピスト―8つの希望（Animals and the Kids Who Love Them（抄訳））　アレンアンダーソン, リンダアンダーソン著, 姫川明月画　学研教育出版　2013.7　162p　22cm　（動物感動ノンフィクション）〈発売 : 学研マーケティング〉1300円　Ⓘ978-4-05-203633-0

内容 1 サーフィン犬リコシェ　2 馬のエリーはいつもそこにいる　3 猫のトビーは魔法使い　4 七面鳥のクローイ　5 介助犬マイダス　6 リャマのモーキーが教えてくれたこと　7 火災安全対策犬スパークルズ　8 亀のペパロニ〔00475〕

アンダーソン, イライジャ　Anderson, Elijah

◇ストリートのコード―インナーシティの作法 暴力 まっとうな生き方（Code of the Street）　イライジャ・アンダーソン著, 田中研之輔, 木村裕子訳　ハーベスト社　2012.4　357p　21cm　〈文献あり 索引あり〉3400円　Ⓘ978-4-86339-033-1　〔00476〕

アンダーソン, ウィリアム・S.　Anderson, William S.

◇ビル・アンダーソンの昭和史―日本軍の捕虜から世界企業NCRのトップへ（Corporate crisis）　ウィリアム・S.アンダーソン著, 森山尚美訳　原書房　2012.3　356p　20cm　2400円　Ⓘ978-4-562-04749-9

内容 消え去った世界　上海での幕間劇　あらたな門出　侵入と敗北　捕虜　戦時下の日本で生き延びる　もはや日は昇らず　イングランドと再出発　中国行きのスローボート　香港での成功〔ほか〕〔00477〕

アンダーソン, エミリ

◇アメリカ日系二世と越境教育―1930年代を主にして　吉田亮編著　不二出版　2012.2　254p　22cm　（同志社大学人文科学研究所研究叢書

42)〈索引あり〉3800円 ①978-4-8350-7083-4
内容 海老名弾正のアメリカ講演旅行と同志社大学二世教育プログラム(エミリ・アンダーソン著, 石村真紀訳)〔00478〕

アンダーソン, グレッグ Anderson, Greg
◇ギリシャ (Greece) ジェン・グリーン著, グレッグ・アンダーソン, コスタス・フラソプロス監修 ほるぷ出版 2011.9 64p 25cm (ナショナルジオグラフィック世界の国)〈年表あり〉2000円 ①978-4-593-58572-4
内容 地理—けわしい山、美しい海(見てみよう スペシャルコラム ふたつに分かれた国 ほか) 自然—古代の森(見てみよう スペシャルコラム 古代のヒツジ ほか) 歴史—帝国の支配地(見てみよう スペシャルコラム オリンピックの起源 ほか) 人と文化—友人と家族(見てみよう スペシャルコラム 国民の祝日 ほか) 政治と経済—栄光の時よ、ふたたび(見てみよう スペシャルコラム 政府のしくみ ほか)〔00479〕

アンダーソン, ジェニー Anderson, Jenny
◇夫婦仲の経済学—皿洗いからセックスライフまで、妻と夫の不満は経済理論で解決 (SPOUSONOMICS) ポーラ・シューマン, ジェニー・アンダーソン著, 永井二菜訳 阪急コミュニケーションズ 2012.4 423p 19cm 2000円 ①978-4-484-12108-6
内容 第1章 労働の分業—家事の分担はこうして決める 第2章 損失回避—夫婦ゲンカを早く、丸く収めるには 第3章 需要と供給—性生活を充実させる秘策 第4章 モラルハザード—結婚という保険に甘えない、甘えさせない 第5章 インセンティブ—思いのままに妻、夫を動かす切り札 第6章 トレードオフ—苦渋の選択をすんなりと行なう技術 第7章 情報の非対称性—風通しのいい関係を確立するコツ 第8章 異時点間の選択—初志貫徹で良き家庭人になる 第9章 バブル—夫婦の好景気を長続きさせるには 第10章 ゲーム理論—フルシチョフ並みの戦略とケネディ級の駆け引き〔00480〕

アンダーソン, ジャン Anderson, Jan
◇子どもの心理療法と調査・研究—プロセス・結果・臨床的有効性の探求 (Child psychotherapy and research) ニック・ミッジリー, ジャン・アンダーソン, イブ・グレンジャー, ターニャ・ネシッジ・ブコビッチ, キャシー・アーウィン編著, 鵜飼奈津子監訳 大阪 創元社 2012.2 287p 22cm〈索引あり 文献あり〉5200円 ①978-4-422-11524-5
内容 リスクを伴う危険な行動の神話的重要性(Jan Anderson著, 勅使川原学訳)〔00481〕

アンダーソン, スティーブン Anderson, Steven R.
◇戦略的収益費用マネジメント—新時間主導型ABCの有効利用 (Time-driven activity-based costing) ロバート・キャプラン, スティーブン・アンダーソン著, 前田貞芳, 久保田敬一, 海老原崇監訳 マグロウヒル・エデュケーション 2011.10 329p 21cm (マグロウヒル・ビジネス・プロフェッショナル・シリーズ)〈索引あり 発売：日本経済新聞出版社〉2900円 ①978-4-532-60513-1
内容 第1部 時間主導型ABCの基本原理—アクティビティからキャパシティへ(TDABC(時間主導型ABC)を用いた経営革新 業務プロセス所要時間の推定 キャパシティ費用率 TDABCモデルの実装 シナリオ分析とABB(活動基準予算) ほか) 第2部 時間主導型ABCの実際—マネジメント・アクションへの最短距離(ケンプス社 サナック社のロジスティックス戦略 カンプトン・ファイナンシャル社 ATBファイナンシャル シティグループ・テクノロジー・インフラストラクチャー事業部 ほか)〔00482〕

アンダーソン, ステファン・A. Anderson, Stephen A.
◇パートナー暴力—男性による女性への暴力の発生メカニズム (What causes men's violence against women?) ミッシェル・ハーウェイ, ジェームズ・M.オニール編著, 鶴元春訳 京都 北大路書房 2011.9 303p 21cm〈文献あり〉3700円 ①978-4-7628-2763-1
内容 虐待に関するシステム視点—状況とパターンの重要性(ステファン・A.アンダーソン, マーガレット・C.シュロスバーグ)〔00483〕

アンダーソン, テリー Anderson, Terry
◇インストラクショナルデザインとテクノロジ—教える技術の動向と課題 (TRENDS AND ISSUES IN INSTRUCTIONAL DESIGN AND TECHNOLOGY(原著第3版)) R.A.リーサー, J.V.デンプシー編 京都 北大路書房 2013.9 690p 21cm〈訳：半田純子ほか 索引あり〉4800円 ①978-4-7628-2818-8
内容 ネットワーク・Web2.0とつながった学習者(テリー・アンダーソン著, 山田政寛訳)〔00484〕

アンダーソン, ハーレーン Anderson, Harlene
◇協働するナラティヴ—グーリシャンとアンダーソンによる論文「言語システムとしてのヒューマンシステム」 ハーレーン・アンダーソン, ハロルド・グーリシャン著, 野村直樹著訳 三鷹 遠見書房 2013.7 149p 19cm〈索引あり〉1800円 ①978-4-904536-56-8
内容 助走 野村直樹 著. 言語システムとしてのヒューマンシステム ハーレーン・アンダーソン, ハロルド・グーリシャン 著, 野村直樹 訳. Q&A ハーレーン・アンダーソンに聞く ハーレーン・アンダーソン, 野村直樹 述, 野村直樹 訳. ハリー・グーリシャンと仲間たち 野村直樹 著〔00485〕

アンダーソン, ヒュー Anderson, Hugh
◇マルコによる福音書 (The Gospel of Mark) ヒュー・アンダーソン著, 三永旨従訳 日本キリスト教団出版局 2011.3 459p 22cm (ニューセンチュリ聖書注解)〈文献あり 索引あり〉7800円 ①978-4-8184-0571-4
内容 緒論 注解(福音書の基礎 ガリラヤでのイエスの働きとその結果 イエスの弟子の一団と「アウトサイダー」 宣教の拡大と弟子たちの無理解 イエスと弟子たちに対する神の意志：受難の道 受難と復活)〔00486〕

アンダーソン, ベネディクト Anderson, Benedict Richard O'Gorman
◇三つの旗のもとに—アナーキズムと反植民地主義

ア

的想像力（Under three flags）　ベネディクト・アンダーソン著, 山本信人訳　NTT出版　2012.3　346p　22cm　〈索引あり　文献あり〉3600円　①978-4-7571-4138-4

内容 第1章 プロローグ―雄鶏の卵（新しい学問　豊かな土地の智恵 ほか）　第2章 あの世…あそこに（国境を越える蔵書　柘榴に含まれるニトログリセリン ほか）　第3章 ビスマルクとノーベルの世界の裏に潜む影（ヨーロッパへの渡航　ビスマルクと帝国主義の新しい地理 ほか）　第4章 ある小説家の試練（チェルヌイシェフスキーの問い　コンラッドの国 ほか）　第5章 モンジュイック（タリダの聖戦　急進化するパリ ほか）　〔00487〕

アンダーソン, ペリー

◇アウシュヴィッツと表象の限界（Probing the Limits of Representation : Nazism and the "Final Solution"）　ソール・フリードランダー編, 上村忠男, 小沢弘明, 岩崎稔訳　未来社　2013.5　260p　19cm　（ポイエーシス叢書）〈第3刷（第1刷1994年）〉3200円　①978-4-624-93223-7

内容 プロット化について－ふたつの崩壊（ペリー・アンダーソン著, 小沢弘明訳）　〔00488〕

アンダーソン, マーク　Anderson, Mark

◇ザ・リーダーシップ―「リーダー」になるためにまず読んでおく本（THE LEADERSHIP BOOK）　マーク・アンダーソン著, 山本泉訳　ピアソン桐原　2012.5　355p　21cm　〈索引あり〉2200円　①978-4-86401-071-9

内容 第1章 リーダーとしての自分　第2章 ビジョンと戦略―リーダーのモットー　第3章 リーダーシップチーム　第4章 組織をリードする　第5章 卓越したパフォーマンスをリードする　第6章 顧客のリードに従う　第7章 マーケティング―市場をリードする　第8章 サプライヤーとビジネスパートナー―共にリードする　第9章 学び―リーダーシップを育てる　第10章 リソース―リーダーシップのツールキット　〔00489〕

アンダーソン, マックス　Anderson, Max

◇MBAの誓い―ハーバード・ビジネス・スクールから始まる若きビジネス・リーダーたちの誓い（The MBA oath）　マックス・アンダーソン, ピーター・エッシャー著, 青木創訳, 岩瀬大輔監修　アメリカン・ブック＆シネマ　2011.11　309p　20cm　〈発売 : 英治出版〉2000円　①978-4-903825-08-3

内容 1 プリンシプル（企業はなんのために存在するか　人は自分が思っているほど倫理的ではない　株主と従業員、どちらが大切か　賢明な利己心は強欲とは異なる　法律さえ守っていればいいのか　透明性を高め、正直に伝える　学び続け、成長し続ける　持続可能な繁栄を生み出す　経営者の誓い）　2 倫理的であることを教えられるか（ビジネス・スクールで倫理は教えられるか　経営者はプロフェッションたりうるか　誓いに効果を期待できるのか　批判に対する六つの補足）　〔00490〕

アンダーソン, リンダ　Anderson, Linda C.

◇動物たちはセラピスト―8つのきずな（Animals and the Kids Who Love Them（抄訳））　アレンアンダーソン, リンダアンダーソン著, 姫川明月画　学研教育出版　2013.7　158p　22cm　（動物感動ノンフィクション）〈発売 : 学研マーケティング〉1300円　①978-4-05-203632-3

内容 1 暴れ馬のパティ　2 ウサギのキャスパー　3 車いすの犬・フランキー　4 捨て犬リーフ　5 ニワトリのウッドストック　6 シェルティ犬のリルは名セラピスト　7 猫のサイモン　8 少女と優しい動物たち　〔00491〕

◇動物たちはセラピスト―8つの希望（Animals and the Kids Who Love Them（抄訳））　アレンアンダーソン, リンダアンダーソン著, 姫川明月画　学研教育出版　2013.7　162p　22cm　（動物感動ノンフィクション）〈発売 : 学研マーケティング〉1300円　①978-4-05-203633-0

内容 1 サーフィン犬リコシェ　2 馬のエリーはいつもそこにいる　3 猫のトビーは魔法使い　4 七面鳥のクローイ　5 介助犬マイダス　6 リャマのモーキーが教えてくれたこと　7 火災安全対策犬スパークルズ　8 亀のペパロニ　〔00492〕

アンダーソン, R.D.　Anderson, Robert David

◇近代ヨーロッパ大学史―啓蒙期から1914年まで（European Universities from the Enlightenment to 1914）　R.D.アンダーソン著, 安原義仁, 橋本伸也監訳　京都　昭和堂　2012.11　344, 76p　22cm　〈索引あり〉6000円　①978-4-8122-1234-9

内容 アンシャン・レジーム　啓蒙改革　フランス―啓蒙からナポレオンのユニヴェルシテまで　ドイツとフンボルト・モデル　学生・教授・政治　大学・宗教・自由主義国家　カリキュラムと文化　入学者数と社会的パターン　エリートの形成　ドイツ―大学の黄金時代　ドイツ―政治的緊張　フランス　イギリス　イタリアとスペイン　ナショナリズムと大学―ハプスブルクを中心に　ロシア　女性と大学　学生コミュニティと学生政治運動　民衆への使命？　結章・一九一四年のヨーロッパの大学　〔00493〕

アンダーヒル, ブライアン・O.　Underhill, Brian O.

◇リーダーシップ・マスター―世界最高峰のコーチ陣による31の教え（Coaching for Leadership）　マーシャル・ゴールドスミス, ローレンス・S.ライアンズ, サラ・マッカーサー編著, 久野正人監訳, 中村安子, 夏井幸子訳　英治出版　2013.7　493p　21cm　2800円　①978-4-86276-164-4

内容 マイクロソフトはこう育てる（シャノン・ウォリス, ブライアン・O.アンダーヒル, キャロル・ヘドリー）　〔00494〕

アンダーヤ, バーバラ

◇グローバル化するアジア系宗教―経営とマーケティング　中牧弘允, ウェンディ・スミス編　大阪　東方出版　2012.1　433p　22cm　〈索引あり〉4000円　①978-4-86249-189-3

内容 歴史的展望のなかに見るグローバル化の文脈（バーバラ・アンダーヤ著, 大野あきこ訳）　〔00495〕

アンチョルドギー, マリー　Anchordoguy, Marie

◇日本経済の再設計―共同体資本主義とハイテク産業の未来（Reprogramming Japan）　マリー・アンチョルドギー著, 安部悦生, 内田金生, 山下充監訳　文真堂　2011.12　375p　22cm　〈索引あり　文献あり〉3100円　①978-4-8309-4725-4

内容 第1章 共同体資本主義のダイナミクス　第2章 規範と制度　第3章 電信電話産業の巨人　第4章 電気通信業界—時代遅れの制度　第5章 コンピューター—協調か競争か？　第6章 ソフトウェアー—失敗のための「プログラム」　第7章 半導体—好況から不況まで　第8章 共同体資本主義の危機　〔00496〕

アンドリアノヴァ, エレナ

◇グローバル化のなかの企業文化—国際比較調査から　石川晃弘, 佐々木正道, 白石利政, ニコライ・ドリャフロフ編著　八王子　中央大学出版部　2012.2　382p　22cm　(中央大学社会科学研究所研究叢書 25)　4600円　①978-4-8057-1326-6

内容 企業文化・職務満足・経済効果 (ウラヂミール・ダヴィデンコ, エヴゲニイ・ガイダルジ, エレナ・アンドリアノヴァ著, 石川晃弘訳)　〔00497〕

アンドリュー, ジャン

◇貨幣主権論 (LA MONNAIE SOUVERAINE)　M.アグリエッタ,A.オルレアン編, 坂口明義監訳, 中野佳裕, 中原隆幸訳　藤原書店　2012.6　650p　22cm　〈索引あり〉8800円　①978-4-89434-865-3

内容 古代ローマにおける戸口調査・評価・貨幣 (ジャン・アンドリュー著)　〔00498〕

アンドリュース, シャーリー　Andrews, Shirley

◇霊知の源泉アトランティスからの未来リーディング—地球大変動のシンクロニシティ (Atlantis)　シャーリー・アンドリュース著, 小林美香訳　徳間書店　2011.1　394p　20cm　(「超知」ライブラリー 059)　〈文献あり〉1800円　①978-4-19-863102-4

内容 近未来予言！ これから地球上で起こるすべての事象が刻まれている　第1部 文明初期の時代—人類の誕生と失われた超文明に地球外生命はどう関わっていたのか (クロマニョン人の起源とアトランティス文明発祥の謎　地理—アトランティスはどこに実在していたのか　歴史—現代への警鐘！ 文明の興亡から分かった人類進化の超サイクル)　第2部 黄金時代—未来の記憶へ！ 宇宙エネルギーとつながった理想の超ライフスタイルとは (アトランティス人—スピリチュアルに根ざした独特な文化とその生活習慣　建築様式—驚異的な技術力に隠された"天からの訪問者"の英知　陸・海・空—超テクノロジーを駆使して理想郷をいかに創造したのか　科学—次元進化の鍵！ 現代人の意識を超越したエネルギー創出法と医療法)　第3部 滅亡と新たな始まり—それは最終氷河期の終わりとともに始まった (滅亡—黒魔術の横行と天変地異で地球の楽園は消えていった　生存者たち—壮大な文明の英知はこうして途切れていった　大移動—世界中に離散したアトランティス人の移住先を辿る　未来—アトランティス文明の叡知を再浮上させるための条件とは)　アトランティス復活の予言はまもなく成就する…　〔00499〕

アンドリュース, ニール・**H.**　Andrews, Neil H.

◇イギリス民事手続法制 (The Three Paths of Justice)　ニール・アンドリュース著, 溜箭将之, 山﨑昇訳　京都　法律文化社　2012.6　404p　22cm　〈文献あり 索引あり〉7900円　①978-4-589-03441-0

内容 第1章 序説　第2章 民事司法の諸原則　第3章 第一審手続　第4章 上訴と判決の終局性　第5章 民事訴訟費用　第6章 裁判所の判決および命令の執行　第7章 民事保全　第8章 多数当事者訴訟　第9章 調停　第10章 仲裁　第11章 裁判所・仲裁・調停・和解の相互関係 ： 国際的視点から　〔00500〕

アンドリュース, **D.A.**　Andrews, Donald Arthur

◇非行・犯罪少年のアセスメント—問題点と方法論 (Assessing the youthful offender)　ロバート・D.ホッジ,D.A.アンドリュース著, 菅野哲也訳　金剛出版　2012.2　180p　22cm　〈文献あり〉3200円　①978-4-7724-1235-3

内容 第1章 理論的背景　第2章 少年司法制度における決定プロセス　第3章 少年司法手続における心理検査の役割　第4章 能力適性と学力レベルのアセスメント　第5章 性格、態度および行動面のアセスメント　第6章 環境要因のアセスメント　第7章 総合診断および分類システム　第8章 まとめ　〔00501〕

アンドルーズ, アンディ　Andrews, Andy

◇バタフライ・エフェクト世界を変える力 (The butterfly effect)　アンディ・アンドルーズ〔著〕, 弓場隆訳　ディスカヴァー・トゥエンティワン　2011.3　85p　20cm　1000円　①978-4-88759-939-0　〔00502〕

アンドレ, ジャック　André, Jacques

◇100語でわかるセクシュアリティ—人間のさまざまな性のあり方 (Les 100 mots de la sexualité)　ジャック・アンドレ監修, 古橋忠晃, 守谷てるみ訳　白水社　2013.3　159, 1p　18cm　(文庫クセジュ 977)　〈文献あり〉1200円　①978-4-560-50977-7　〔00503〕

アントワーヌ・ド・サン=ジョゼフ, **F.**　Anthoine de Saint-Joseph, Fortuné

◇日本立法資料全集　別巻 672　英国財産相続法 孛国財産相続法　アントワーヌ・ド・サン＝ジョゼフ著, 中江篤介訳　復刻版　信山社出版　2011.3　81, 106, 42p　23cm　〈司法省蔵版明治10年刊の複製合本〉30000円　①978-4-7972-6368-8　〔00504〕

◇日本立法資料全集　別巻 673　各国民法異同条弁　アントワーヌ・ド・サン＝ジョゼフ著, 馬屋原二郎訳　復刻版　信山社出版　2011.3　354p　23cm　〈司法省蔵版明治16年刊の複製〉36000円　①978-4-7972-6369-5　〔00505〕

◇日本立法資料全集　別巻 674　嗹馬民法　アントワーヌ・ド・サン＝ジョゼフ著, 玉置良造訳　復刻版　信山社出版　2011.3　244p　23cm　〈司法省蔵版明治15年刊の複製〉30000円　①978-4-7972-6370-1　〔00506〕

◇日本立法資料全集　別巻 675　英仏民法異同条弁　アントワーヌ・ド・サン＝ジョゼフ著, 木下哲三郎, 馬屋原二郎, 中江篤介訳　復刻版　信山社出版　2011.4　431p　23cm　〈司法省蔵版明治15年刊の複製〉40000円　①978-4-7972-6371-8　〔00507〕

◇日本立法資料全集　別巻 676　荷蘭国民法　アントワーヌ・ド・サン＝ジョゼフ著　福地家良訳　復刻版　信山社出版　2011.4　420p　23cm

〈司法省蔵版明治15年刊の複製〉38000円 ①978-4-7972-6372-5 〔00508〕

◇日本立法資料全集　別巻 677　亜米利加累斯安州民法　アントワーヌ・ド・サン＝ジョゼフ著, 福地家良訳　復刻版　信山社出版　2011.4　756p 23cm 〈司法省蔵版明治15年刊の複製〉65000円 ①978-4-7972-6373-2 〔00509〕

◇日本立法資料全集　別巻 678　瑞士辺留奴民法　アントワーヌ・ド・サン＝ジョゼフ著, 玉置良造訳　復刻版　信山社出版　2011.5　373p　23cm 〈司法省蔵版明治15年刊の複製〉35000円 ①978-4-7972-6374-9 〔00510〕

◇日本立法資料全集　別巻 679　独逸法律書——一名普通法　アントワーヌ・ド・サン＝ジョゼフ著, 磯部四郎校閲, 高野孝正, 前田達枝合訳　復刻版　信山社出版　2011.5　458, 4p　23cm 〈報告堂明治17年刊の複製〉42000円 ①978-4-7972-6375-6 〔00511〕

アンニョリ, アントネッラ　Agnoli, Antonella

◇知の広場—図書館と自由 (Le piazze del sapere) アントネッラ・アンニョリ〔著〕, 萱野有美訳　みすず書房　2011.5　251p　20cm 〈解説 : 柳与志夫　文献あり〉2800円 ①978-4-622-07562-2

内容 第1部 図書館と町 (ここ30年間の状況 2010 - 2030年とはどのような時代か　広場、ベンチ、図書館)　第2部 小さなことに宿る神 (ロンドンとペーザロ　スーパーマーケットから学ぶ　案内標識を撤去する　邪魔な装備を取り払う　適した場所を見つける　ちょうどいい椅子を見つける　フレキシブルな図書館に　スカンピーアでムナーリを読む)　むすび 17の忘れてはならないポイント 〔00512〕

アーンハート, フィリップ　Earnhart, Philip

◇仕事も人生も整理整頓して考えるビジュアル3分間シンキング (50 ERFOLGSMODELLE)　ミカエル・クロゲラス, ローマン・チャペラー, フィリップ・アーンハート著, 月沢李歌子訳　講談社 2012.12　157p　18cm 〈他言語標題 : THE DECISION BOOK　文献あり〉1200円 ①978-4-06-217113-7

内容 自分をレベルアップする (効率よく仕事をするために　正しい目的・目標を設定する ほか)　自分をもっと知る (幸せを感じるのはどんなとき?　人からどんなふうに見られたい?　ほか)　世の中の仕組みをさらに理解する (大事故はなぜ起こるのか　人間はなにを必要とし、なにを求めるのか ほか)　周囲の人々を育てる (チーム意識を育てるには　チームの強みと弱みを明確にする ほか)　今度はあなたの番です (自分でモデルを作ってみよう) 〔00513〕

アンブレイト, マーク　Umbreit, Mark

◇ソーシャルワークと修復的正義—癒やしと回復をもたらす対話、調停、和解のための理論と実践 (Social Work and Restorative Justice)　エリザベス・ベック, ナンシー・P.クロフ, パメラ・ブラム・レオナルド編著, 林浩康監訳　明石書店 2012.11　486p　22cm 〈訳 : 大竹智ほか　索引あり〉6800円 ①978-4-7503-3687-9

内容 前文 (マーク・アンブレイト著, 大竹智訳) 〔00514〕

アンブロシウス (ミラノの)

◇古代教会の説教　小高毅編　教文館　2012.1 347p　21cm (シリーズ・世界の説教)　3400円 ①978-4-7642-7335-1

内容 兄の旅立ちについて (兄サテュルスのための追悼演説) 第一部 (アンブロシウス (ミラノの)) 〔00515〕

アンブローズ, アリス　Ambrose, Alice

◇ウィトゲンシュタインの講義—ケンブリッジ 1932-1935年 アリス・アンブローズとマーガレット・マクドナルドのノートより (WITTGENSTEIN'S LECTURES)　ウィトゲンシュタイン〔述〕, アリス・アンブローズ編, 野矢茂樹訳　講談社　2013.10　546p　15cm (講談社学術文庫 2196) 〈勁草書房 1991年刊の再刊　索引あり〉1500円 ①978-4-06-292196-1

内容 第1部 哲学 ウィトゲンシュタインの講義 (一九三二 - 一九三三年)　第2部 黄色本 (抜粋)　第3部 ウィトゲンシュタインの講義 (一九三四 - 一九三五年)　第4部 数学者のための哲学 ウィトゲンシュタインの講義 (一九三二 - 一九三三年) 〔00516〕

アンベール, マルク　Humbert, Marc

◇脱成長の道—分かち合いの社会を創る　勝俣誠, マルク・アンベール編著　コモンズ　2011.5 279p　19cm　1900円 ①978-4-86187-078-1

内容 楽しい世界へダウンサイジングしよう 他 (マルク・アンベール著) 〔00517〕

◇EUと東アジアの地域共同体—理論・歴史・展望　中村雅治, イーヴ・シュメイユ共編　Sophia University Press上智大学出版　2012.12　404p 22cm 〈他言語標題 : The European Union and East Asian Regional Community　索引あり　制作・発売 : ぎょうせい〉3000円 ①978-4-324-09206-4

内容 持続可能な統合はいかなる産業的、金融的、文化的基盤の上に構築されるか (マルク・アンベール執筆, 早川美也子訳) 〔00518〕

アンベール - 雨宮 裕子

◇震災とヒューマニズム—3・11後の破局をめぐって　日仏会館・フランス国立日本研究センター編, クリスチーヌ・レヴィ, ティエリー・リボー監修, 岩沢雅利, 園山千晶訳　明石書店　2013.5 328p　20cm　2800円 ①978-4-7503-3814-9

内容 福島の被災農家たち (アンベール - 雨宮裕子執筆, 園山千晶訳) 〔00519〕

アンリ, ミシェル　Henry, Michel

◇キリストの言葉—いのちの現象学 (Paroles du Christ)　ミシェル・アンリ著, 武藤剛史訳　白水社　2012.6　248p　20cm　3200円 ①978-4-560-08214-0

内容 第1章 ひとりの人間としてのキリストの言葉—人々に人間的言語で語りかけ、彼らについて語っている言葉　第2章 キリストの言葉によって人間的世界が解体してゆくこと　第3章 キリストの言葉による人間の条件の転倒　第4章 人間的言語を用いて人々に語りかけるが、彼らについてではなく、自分自身について語っているキリストの言葉。これらの言葉の中で、キリストは神であることをみずから明かしている　第5章 自分自身について語るキリストの言葉—自分が神であることを改めて認める　第6章 キリストが自分自身について語っている言葉の正当化の問題　第7章 世界の言葉、いのちの言葉　第8章 神の言葉―キリストが自分自身について語った言葉の自己正当化　第9章 キリストの言葉―人間がキリストの言葉を理解することのむずかしさについて　第10章 キリストの言葉―人間はキリストの言葉を聞き取ることができるか　結論 神の言葉を聞き取ること―カファルナウムの会堂でキリストが語ったこと 〔00520〕

【イ】

イ, インソク

◇韓国の歴史教科書―検定版 高等学校韓国史　イ インソク, チョンヘンニョル, パクチュンヒョン, パクポミ, キムサンギュ, イムヘンマン著, 三橋広夫, 三橋尚子訳　明石書店　2013.12　406p　21cm　(世界の教科書シリーズ 39)　4600円　①978-4-7503-3907-8 〔00521〕

イ, インチョル　李 仁哲

◇高句麗の政治と社会　東北亜歴史財団編, 田中俊明監訳, 篠原啓方訳　明石書店　2012.1　322p　22cm 〈索引あり　文献あり〉5800円　①978-4-7503-3513-1

内容 高句麗による夫余と靺鞨の統合(李仁哲) 〔00522〕

イ, ウンソク

◇韓国歴史用語辞典　イ・ウンソク, ファン・ビョンソク著, 三橋広夫, 三橋尚子訳　明石書店　2011.9　251p　20cm　3500円　①978-4-7503-3468-4 〔00523〕

イ, ギュハン　李 圭恒

◇0の幸せ―幸せは今、ここに　李圭恒著, 藤本敏和訳　インターブックス　2011.12　210p　20cm　1600円　①978-4-924914-13-1

内容 アメリカ西部旅行で金君に会う　仏陀の悟り　病床生活で発見した0の幸せ　仏陀は人生を発見したコロンブス　禅とは　仏教は両翼の飛行機　仏教の本質は「虚無/無常」ではない　仏陀最初の説法　有の無と、無の有　仏陀は心の内を以心伝心で伝える〔ほか〕 〔00524〕

イ, キョンウォン*　李 暻遠

◇東アジアの間地方交流の過去と現在―済州と沖縄・奄美を中心にして　津波高志編　彩流社　2012.3　491, 7p　22cm　(琉球大学人の移動と21世紀のグローバル社会 5)　〈文献あり〉4500円　①978-4-7791-1674-2

内容 日帝下在日済州人の形成と移住史的意味(李暻遠著, 神谷智昭訳) 〔00525〕

イ, ギョンシク　李 慶植《Lee, Kyong-Sik》

◇李健熙(イゴンヒ)―サムスンの孤独な帝王　李慶植〔著〕, 福田恵介訳　東洋経済新報社　2011.5　423p　20cm　〈タイトル : 李健熙　文献あり〉2400円　①978-4-492-50218-1

内容 第1章 父と息子　第2章 ナマズとドジョウ　第3章 木鶏になれ　第4章 李健熙の時代　第5章 サムスン王国　第6章 茨の道 〔00526〕

イ, ギルニョ　李 吉女

◇夢は叶えるためにある―韓国医療界の"革命児"はこうして誕生した　李吉女著, 金正出訳　東海教育研究所　2013.2　214p　19cm　〈発売 : 東海大学出版会(秦野)〉1800円　①978-4-486-03746-0

内容 1 千年の大計(一歩先を歩め　夢には終止符がない　一日二五時間走れ　最先端を目指せ ほか)　2 選択(公益経営、核心を求めよ　人を優先しなさい　相手の立場になって考える　大義は必ず報われる ほか) 〔00527〕

イ, クァンス*　李 光洙

◇明治学院歴史資料館資料集　第8集　朝鮮半島出身留学生から見た日本と明治学院　明治学院歴史資料館　2011.3　202p　21cm　〈編集代表 : 辻泰一郎〉952円

内容 私の少年時代(李光洙著, 佐藤飛文訳) 〔00528〕

イ, クァンヒ*　李 光熙

◇東アジア平和共同体の構築と国際社会の役割―「IPCR国際セミナー」からの提言　宗教平和国際事業団, 世界宗教者平和会議日本委員会編, 真田芳憲監修　佼成出版社　2011.9　336, 4p　18cm　(アーユスの森新書 003　中央学術研究所編)　900円　①978-4-333-02507-7

内容 東アジア平和共同体の建設と国際社会の役割(李光熙述, 金永完訳) 〔00529〕

イ, クングァン*　李 根寛

◇韓国強制併合一〇〇年―歴史と課題 国際共同研究　笹川紀勝, 辺英浩監修, 都時煥編著　明石書店　2013.8　493p　22cm　8000円　①978-4-7503-3869-9

内容 日本の韓国併合に関する国際法的再検討(李根寛著, 辺英浩訳) 〔00530〕

イ, サンジュン*　李 相俊

◇東アジア平和共同体の構築と国際社会の役割―「IPCR国際セミナー」からの提言　宗教平和国際事業団, 世界宗教者平和会議日本委員会編, 真田芳憲監修　佼成出版社　2011.9　336, 4p　18cm　(アーユスの森新書 003　中央学術研究所編)　900円　①978-4-333-02507-7

内容 朝鮮半島の平和と東アジア平和共同体の構築(李相俊述, 金永完訳) 〔00531〕

イ, サンフン*　李 相勲

◇東アジア海をめぐる交流の歴史的展開　鐘江宏之, 鶴間和幸編著　東方書店　2010.12　317p　22cm　(学習院大学東洋文化研究叢書)　4000円　①978-4-497-21016-6

内容 四世紀における韓半島の気候変動と碧骨堤(李相勲著, 加藤美蘭訳) 〔00532〕

イ, ジェヨン*　李 在永

◇東アジア平和共同体の構築と国際社会の役割―

「IPCR国際セミナー」からの提言　宗教平和国際事業団, 世界宗教者平和会議日本委員会編, 真田芳憲監修　佼成出版社　2011.9　336, 4p　18cm　(アーユスの森新書 003　中央学術研究所編)　900円　①978-4-333-02507-7
内容 「東北アジア地域の平和教育・訓練機関」(NARPI)の設立の必要性と機能(李在永述, 金永完訳)　〔00533〕

イ, ジスク*　李 志淑
◇東アジア海をめぐる交流の歴史的展開　鐘江宏之, 鶴間和幸編著　東方書店　2010.12　317p　22cm　(学習院大学東洋文化研究叢書)　4000円　①978-4-497-21016-6
内容 高麗時代の官人における落職と復職(李志淑著, 趙真慧訳)　〔00534〕

イ, シヒョン　李 時炯
◇つねに結果を出す人の「勉強脳」のつくり方―科学的に自分を変える絶対成功へのステップ 受験 資格 就職 昇進 情報収集 情報整理　イシヒョン著, 〔ピッチコミュニケーションズ〕〔翻訳・構成〕　日本文芸社　2012.12　237p　19cm　〈文献あり〉1500円　①978-4-537-25991-9　〔00535〕

イ, ジフン　李 志勲
◇魂創通―危機を生きぬくビジネスリーダーのおしえ (Hong chang tong)　李志勲著, 李明姫訳　AC Books/ACクリエイト　2011.4　287p　19cm　〈文献あり〉1600円　①978-4-904249-30-7
内容 なぜ今「魂・創・通」なのか？　第1章 魂(彼らを仕事に駆りたてるのはだれだ？　お金で人は動かせない)　第2章 創(タダでは手に入らない夢　手が泥で汚れるのを恐れるな　現実に安住する瞬間、「創」はしぼむ)　第3章 通(小さな声ひとつも聞き逃がすな　出る杭になれ)「魂・創・通」は不確実性という嵐の中を照らす灯台　〔00536〕

イ, ジュビン　李 珠彬《Lee, Jubin》
◇クロムビの歌を聴け―済州・江汀村を守る平和の流刑者たち　イジュビン文, ノスンテク写真, 関谷敦子訳　大阪　かんよう出版　2013.7　286p　20cm　〈年譜あり〉2800円　①978-4-906902-17-0
内容 「路上の神父」江汀村の住人となる　江汀の孤独な闘いは終わっていない　美しい島、平穏な日常をなぜ壊すのか　済州の風の痛みを治したい　明日に期する人は、絶望しない　江汀を縛る古い鎖を解け　島の子どもたちは、どこへ行けばいいのか　クロムビよ、泣かないで　海に線があるか、垣根があるか　居るべき所に居るだけ、これが平和の道〔ほか〕　〔00537〕

イ, ジュホン*　李 柱憲
◇宮都飛鳥　奈良県立橿原考古学研究所附属博物館編　学生社　2011.3　233p　22cm　〈著作目録あり〉3200円　①978-4-311-30079-0
内容 新羅の王京と王陵(李柱憲著, 山田隆文訳)　〔00538〕

イ, ジユン
◇ビジネス英語ライティング表現1000　イ・ジユン著, HANA, 原田美穂訳　アルク　2011.7　283p　21cm　〈他言語標題：English at Work-for Writing〉1800円　①978-4-7574-1982-7　〔00539〕

イ, ジョウウン　李 鍾旭
◇高句麗の政治と社会　東北亜歴史財団編, 田中俊明監訳, 篠原啓方訳　明石書店　2012.1　322p　22cm　〈索引あり　文献あり〉5800円　①978-4-7503-3513-1
内容 領土の拡大と対外関係(李鍾旭)　〔00540〕

イ, ジョンソク*　李 鍾奭
◇岩波講座東アジア近現代通史　第8巻　ベトナム戦争の時代―1960-1975年　岩波書店　2011.6　398p　22cm　〈文献あり 年表あり〉3800円　①978-4-00-011288-8
内容 北朝鮮の社会主義(李鍾奭著, 高一訳)　〔00541〕

イ, ジング*　李 進亀
◇越境する日韓宗教文化―韓国の日系新宗教日本の韓流キリスト教　李元範, 桜井義秀編著　札幌　北海道大学出版会　2011.12　461, 8p　22cm　〈索引あり〉7000円　①978-4-8329-6757-1
内容 統一教会の日本宣教(李進亀著, 李賢京訳)　〔00542〕

イ, スンイル*　李 昇一
◇日本の朝鮮植民地支配と植民地的近代　李昇一, 金大鎬, 鄭昞旭, 文暎周, 鄭泰憲, 許英蘭, 金旻栄著, 庵逧由香監訳　明石書店　2012.3　248p　22cm　〈文献あり〉4500円　①978-4-7503-3550-6
内容 日帝の朝鮮慣習調査事業活動と植民地法の認識(李昇一著)　〔00543〕

イ, スンキ*　李 承機
◇韓国強制併合一〇〇年―歴史と課題 国際共同研究　笹川紀勝, 辺英浩監修, 都時煥編著　明石書店　2013.8　493p　22cm　8000円　①978-4-7503-3869-9
内容 植民地体制と「群衆」(李承機著, 白栄勛訳)　〔00544〕

イ, スンホン　李 承憲
◇セドナの夢―「地球愛」を育てる生き方　一指李承憲著　三五館　2011.2　169p　19cm　1300円　①978-4-88320-512-7　〔00545〕

イ, スンユル　李 承律
◇韓国人が見た東アジア共同体―新巨大戦略New Grand Strategy　李承律著, 村上賢一訳　論創社　2011.12　197p　20cm　2000円　①978-4-8460-1110-9
内容 第1章 覚醒―新しい時代の到来―巨大な変化と挑戦の歴史("新風俗図"日・韓・中の国境が崩れつつある　グローバル金融危機と東北アジア情勢の変化　第二次世界化のテーマ「アジア化」の進行と意味 ほか)　第2章 代案―東北アジアブロックを構築しよう―FTAとT&T(時代のキーワード「FTA」の拡散　日・韓・中FTA論議と損益計算書　東北アジア三国とアセアンFTA進展の意味 ほか)　第3章 展望―力の大移動―世界秩序の再編とフュージョンロードマップ(揺れる

世界の軸　多極体制時代の開幕と東北アジア　基軸通貨システムの変化と新しい世界秩序 ほか）〔00546〕

イ, ソクテ*　李 錫兌
◇東アジアのウフカジ―大風 徐勝先生退職記念文集　徐勝先生退職記念事業実行委員会（日本・韓国）編　京都　かもがわ出版　2011.2　278p　21cm　〈著作目録あり 年譜あり〉1800円　①978-4-7803-0418-3
内容 徐勝先生、京都、そして思い出（李錫兌著, 鄭育子訳）〔00547〕
◇性的マイノリティ判例解説　谷口洋幸, 斉藤笑美子, 大島梨沙編　信山社　2011.11　247p　26cm（判例解説シリーズ）〈執筆：志田陽子ほか　索引あり〉3800円　①978-4-7972-5546-1
内容 青少年保護法による同性愛インターネットサイトの有害媒体物指定（李錫兌著, 沢田つばさ, 李ジュヒ訳）〔00548〕

イ, ソンジェ　李 成制
◇高句麗の政治と社会　東北亜歴史財団編, 田中俊明監訳, 篠原啓方訳　明石書店　2012.1　322p　22cm　〈索引あり　文献あり〉5800円　①978-4-7503-3513-1
内容 中国南北朝との関係（李成制）〔00549〕

イ, チェヒョン　李 斉賢
◇櫟翁稗説　筆苑雑記　李斉賢, 徐居正著, 梅山秀幸訳　作品社　2011.3　490p　20cm　2800円　①978-4-86182-324-4
内容 櫟翁稗説（高麗王の出自　祖廟の祀り方　わが高麗は弱体か　蒙古との因縁　宗廟に祭られる資格 ほか）筆苑雑記（この国の古さ　檀君の朝鮮　箕子の朝鮮　朝鮮と中国　漢陽（ソウル）について ほか）〔00550〕

イ, チャンイク*　李 昌益
◇東アジアの間地方交流の過去と現在―済州と沖縄・奄美を中心にして　津波高志編　彩流社　2012.3　491, 7p　22cm（琉球大学人の移動と21世紀のグローバル社会 5）〈文献あり〉4500円　①978-4-7791-1674-2
内容 在日済州人の生活と精神（李昌益著, 神谷智昭訳）〔00551〕

イ, チャンス*　李 賛洙
◇東アジア平和共同体の構築と国際社会の役割―「IPCR国際セミナー」からの提言　宗教平和国際事業団, 世界宗教者平和会議日本委員会編, 真田芳憲監修　佼成出版社　2011.9　336, 4p　18cm（アーユスの森新書 003　中央学術研究所編）900円　①978-4-333-02507-7
内容 「地球化」と「東アジア化」、その限界と可能性（李賛洙述, 金永完訳）〔00552〕

イー, チュン・スン
◇宗教を考える教育　宗教教育研究会編　教文館　2010.8　253p　21cm〈執筆：頼住光子ほか〉2500円　①978-4-7642-7317-7
内容 韓国の高等学校における宗教教育の現状と生徒のアイデンティティ（イー・チュン・スン著, 土居由美訳）〔00553〕

イ, テジン*　李 泰鎮
◇韓国強制併合一〇〇年―歴史と課題 国際共同研究　笹川紀勝, 辺英浩監修, 都時煥編著　明石書店　2013.8　493p　22cm　8000円　①978-4-7503-3869-9
内容 近代日本長州藩閥の韓国侵略（李泰鎮著, 辺英浩訳）〔00554〕

イ, テヨン*　李 泰永
◇東アジア平和共同体の構築と国際社会の役割―「IPCR国際セミナー」からの提言　宗教平和国際事業団, 世界宗教者平和会議日本委員会編, 真田芳憲監修　佼成出版社　2011.9　336, 4p　18cm（アーユスの森新書 003　中央学術研究所編）900円　①978-4-333-02507-7
内容 朝鮮半島の平和と東アジア共同体の建設（李泰永述, 金永完訳）〔00555〕

イ, ドカン*　李 道剛
◇東アジア平和共同体の構築と国際社会の役割―「IPCR国際セミナー」からの提言　宗教平和国際事業団, 世界宗教者平和会議日本委員会編, 真田芳憲監修　佼成出版社　2011.9　336, 4p　18cm（アーユスの森新書 003　中央学術研究所編）900円　①978-4-333-02507-7
内容 東アジアの平和の過程とヨーロッパ統合の啓示（李道剛述, 金瑩訳）〔00556〕

イ, ドギル　李 徳一《Lee, Duckil》
◇イ・サンの夢見た世界―正祖の政治と哲学　上　李徳一著, 権容奭訳　キネマ旬報社　2011.12　318p　21cm〈年表あり　索引あり　文献あり〉1900円　①978-4-87376-382-8
内容 第1章 雪恥　第2章 余は思悼世子の息子である　第3章 洪麟漢の権勢と没落　第4章 外戚戦争　第5章 三大謀反事件　第6章 黒頭奉朝賀・洪国栄　第7章 奎章閣四検書、時代をリードする　第8章 宋時烈子孫推戴事件　第9章 貞純王后の反撃　第10章 南人と天主教〔00557〕
◇イ・サンの夢見た世界―正祖の政治と哲学　下　李徳一著, 権容奭訳　キネマ旬報社　2011.12　318p　21cm〈索引あり〉1900円　①978-4-87376-383-5
内容 第11章 文体反正　12章 蔡済恭と金縢之詞の秘密　13章 華城の夢　14章 未来への道　15章 王の家族　16章 哲人君主の一日　17章 伍晦筵教と疑惑の死　18章 反動〔00558〕

イ, ドハク　李 道学
◇高句麗の政治と社会　東北亜歴史財団編, 田中俊明監訳, 篠原啓方訳　明石書店　2012.1　322p　22cm〈索引あり　文献あり〉5800円　①978-4-7503-3513-1
内容 広開土王の領土拡大と広開土王陵碑（李道学）〔00559〕

イ, ドンジン*　李 東振
◇東アジアのウフカジ―大風 徐勝先生退職記念文集　徐勝先生退職記念事業実行委員会（日本・韓

国）編　京都　かもがわ出版　2011.2　278p　21cm　〈著作目録あり 年譜あり〉1800円　①978-4-7803-0418-3
内容 大邱の地域性、在日同胞、そして徐勝（李東振著, 小野容照訳）　〔00560〕

イ

イ, ナムス《Lee, Nam Su》
◇子どもを英語好きにする秘密のメソッド―韓国★ソルビママ式　イ・ナムス著, 桑畑優香訳　小学館　2011.7　223p　19cm　1400円　①978-4-09-310537-8
内容 日本の読者の皆さんへ ソルビからの手紙　第1章 ソルビママ式メソッド（死んだ英語にサヨウナラ！基礎からしっかりと ほか）　第2章 ソルビママ式メソッドを真似してみよう（基礎固め　音をとらえる―リスニング ほか）　第3章 料理にたとえてみる「ソルビママ式メソッド」　第4章 ママ式メソッドで英語から自由になった子どもたち　第5章 ソルビママ、ここが知りたいです　〔00561〕

イ, ナムヒ*　李 南姫
◇東アジアのウフカジ―大風 徐勝先生退職記念文集　徐勝先生退職記念事業実行委員会（日本・韓国）編　京都　かもがわ出版　2011.2　278p　21cm　〈著作目録あり 年譜あり〉1800円　①978-4-7803-0418-3
内容 徐勝、歴史、そして歴史の進歩（李南姫著, 多田理和子訳）　〔00562〕

イ, ハクチュン　李 学俊《Lee, Hark-Joon》
◇天国の国境を越える―命懸けで脱北者を追い続けた1700日（Crossing Heaven's Border）　李学俊〔著〕, 沢田克己訳　東洋経済新報社　2013.5　319p　20cm　2200円　①978-4-492-21208-0
内容 第1章 国境に置いてきた悲しみの翼　第2章 荒れる海で守った妻との約束　第3章 韓国に行けないなら死ぬ　第4章 鴨緑江の闇を行き来する人々　第5章 三つの名前を持つ女　第6章 そこでは人間市場が開かれる　第7章 中国脱出一万キロ　第8章 難民になった脱北ブローカー　第9章 シベリアでも涙は熱い　第10章 大韓民国からの脱出　第11章 自由と引き換えに家族を失う　第12章 脱北者と生きる牧師たち　〔00563〕

イ, ヒギョン*　李 禧京
◇文学、社会、歴史の中の女性たち　2　学際的視点から　白百合女子大学「21世紀の女子大学におけるジェンダー教育・研究確立への試み」研究会編　丸善プラネット　2013.2　155p　21cm　〈発売 : 丸善出版〉1000円　①978-4-86345-158-2
内容 植民地における女子教育、その決定不可能な領域（李禧京著, 李垠庚, 権明愛訳）　〔00564〕

イ, ヒョイン*　李 孝仁
◇東アジアのウフカジ―大風 徐勝先生退職記念文集　徐勝先生退職記念事業実行委員会（日本・韓国）編　京都　かもがわ出版　2011.2　278p　21cm　〈著作目録あり 年譜あり〉1800円　①978-4-7803-0418-3
内容 永遠の青年、徐勝（李孝仁著, 原佑介訳）　〔00565〕

イ, ヒョドク　李 孝徳
◇レイシズム・スタディーズ序説　鵜飼哲, 酒井直樹, テッサ・モーリス＝スズキ, 李孝徳著　以文社　2012.10　314p　20cm　2800円　①978-4-7531-0304-1
内容 レイシズム・スタディーズへの視座　グローバル化されるレイシズム　移民/先住民の世界史―イギリス、オーストラリアを中心に　共和主義とレイシズム―フランスと中東問題を中心に　近代化とレイシズム―イギリス、合州国を中心に　新しいレイシズムと日本　レイシズムの構築　〔00566〕

イ, ビョンチョル
◇新アジア地政学（ASIAN GEOPOLITICS）　I.ブレマー,J.S.ナイ,J.ソラナ,C.R.ヒル, 金田秀昭〔著〕, 福戸雅宏, 藤原敬之助, 水原由生, 髙橋直貴, 松尾知典共訳　土曜社　2013.6　139p　19cm　（プロジェクトシンジケート叢書 3）〈文献あり〉1700円　①978-4-9905587-8-9
内容 近づく韓国の核武装（イ・ビョンチョル著, 松尾知典訳）　〔00567〕

イ, ヒョンナン　李 熒娘
◇動物からの死のメッセージ　樹仙斎著, イ・ヒョンナン訳　京都　晃洋書房　2011.11　170p　19cm　1800円　①978-4-7710-2315-4
内容 第1部 動植物が知らせる地球の危機とその解決方法（蜜蜂が伝える経済危機　北極グマが語る地球大洪水　アマゾンに隠された地球の生命エネルギー　蛇が伝える地震と噴火の危機　地球の危機を知らせるクジラのメッセージ）　第2部 人間と動物、痛々しい同居（牛と豚が語る狂牛病、口蹄疫、新型インフルエンザの真実　犬から見た補身湯　鶏が語る鳥インフルエンザの真実　これ以上、人間の実験動物であることを拒否するチンパンジー）　〔00568〕

イ, ビョンホ*　李 炳鎬
◇「仏教」文明の受容と君主権の構築―東アジアのなかの日本　大橋一章, 新川登亀男編　勉誠出版　2012.3　377p　22cm　9500円　①978-4-585-22037-4
内容 扶余・定林寺址よりみた百済聖王代の仏教と王権（李炳鎬著, 橋本繁訳）　〔00569〕

イ, フン　李 薫
◇朝鮮と琉球―歴史の深淵を探る　河宇鳳, 孫承喆, 李薫, 閔徳基, 鄭成一著, 赤嶺守監訳, 金東善, 神谷智昭, 陳碩炫, 呉明花, 前田舟子訳　宜野湾　榕樹書林　2011.7　232p　27cm　〈文献あり 年表あり 索引あり〉6400円　①978-4-89805-154-2
内容 人的交流を通じてみる朝鮮・琉球関係（李薫著）　〔00570〕

イ, ヘギョン*　李 恵景
◇アジア女性と親密性の労働　落合恵美子, 赤枝香奈子編　京都　京都大学学術出版会　2012.2　329p　22cm　（変容する親密圏/公共圏 2）〈索引あり〉3600円　①978-4-87698-574-6
内容 韓国の移民政策における多文化家族の役割（李恵景著, 辻由希訳）　〔00571〕

イ, ホギュン*　李 好均

◇児童虐待と児童保護—国際的視点で考える　町野朔, 岩瀬徹, 柑本美和共編　Sophia University Press上智大学出版　2012.3　299p　21cm　〈他言語標題 : Preventing Child Abuse and Protecting Children　索引あり　発売 : ぎょうせい〉 2300円　①978-4-324-09205-7

内容 資料韓国法令〈抄訳〉(李好均執筆, 横内豪訳)　〔00572〕

イ, ボムジュン　李 範俊

◇憲法裁判所—韓国現代史を語る　李範俊著, 在日コリアン弁護士協会訳　日本加除出版　2012.5　349p　21cm　〈年表あり〉 3500円　①978-4-8178-3992-3

内容 抗争—市民パワー、憲法裁判所を誕生させる　庁舎—貞洞の一間、乙支路の教室、斎洞の裁判所　武士—軍事政権時代の悪法を憲法の剣で切る　訴願—法院という分厚い障壁を取り払う　攻撃—大法院に繋がれた堅い錨の鎖を切る　流出—検察、法院、国会、青瓦台に、情報は漏れ　公安—民主化憲法裁判所、また別の民主化と向き合う　変心—20年の姦通論争、犯罪であるのか、不道徳であるのか　市場—経済を青瓦台の意のままにさせない　遅延—ダンマリ憲法裁判所、時が過ぎるのを待つだけ〔ほか〕　〔00573〕

イ, ミョンフィ*　李 明輝

◇韓国経済発展への経路—解放・戦争・復興　原朗, 宣在源編著　日本経済評論社　2013.3　264p　22cm　〈年表あり 索引あり〉 4800円　①978-4-8188-2259-7

内容 金融制度と金融市場(李明輝執筆, 林采成訳)　〔00574〕

イ, ミンギュ　李 珉圭《Lee, Min-Kyu》

◇「先延ばし」にしない技術　イ・ミンギュ著, 吉川南訳　サンマーク出版　2012.1　265p　21cm　1700円　①978-4-7631-3185-0

内容 Prologue すぐに行動に移す人先延ばしにする人　第1章 決心する—目的地がなければ始まらない(成功者は「近道」を知っている　矢を射るならまず的を見よ　スケジュールは逆から立てなさい　切り札は常に2枚用意する　決心は「ひとりじめ」するな　変われないのは望んでいないからだ)　第2章 実行する—自分からやる。いますぐに始める(ベストタイミングは「いま」だ　1%の行動に全力を注げ　「ふたつの締め切り」をつくりなさい　人生とは「実験」の連続だ　魔法のランプにお願いしよう　目標達成率を高める「観察」の力　ウォーミングアップに時間をかけるな)　第3章 維持する—最後まであきらめない(自分をもっと大きくイメージしよう　断れないのは目標が見えていない証拠　逃げ道をふさいでしまえ　「効率」と「効果」の違いを知る　目標から目をそらさない　一歩の差が勝負を決める　教えることは学ぶこと)　epilogue 毎日1%だけ、昨日と違うことを実行しよう　〔00575〕

イ, ヤンピョン*　李 良変

◇東アジアの地域協力と経済・通貨統合　塩見英治, 中条誠一, 田中素香編著　八王子　中央大学出版部　2011.3　303p　22cm　(中央大学経済研究所研究叢書 50)　3800円　①978-4-8057-2246-6

内容 韓国の立場からみた韓日中における経済統合の可能性(李良変, 姜鎮旭著, 姜鎮旭訳, 塩見英治監修)　〔00576〕

イ, ヨンジョン　李 永鐘

◇後継者金正恩(キムジョンウン)　李永鐘著, 金香清訳　講談社　2011.2　222p　20cm　〈タイトル : 後継者金正恩　年表あり〉 1600円　①978-4-06-216723-9

内容 1 牙を剥いた北朝鮮　2 ベールを脱いだ後継者　3 前奏曲—2人の兄はなぜ脱落したのか　4 倒れた金正日、立ち上がった金正恩　5 ついに打ち上げられた後継者決定の祝砲　6 権力闘争始まる　7 後継者ムード作りに励む共和国　8 後継者デビューの合図となった中国訪問　9 後継者の誕生、そして老いゆく金正日　10 玉座に立ちはだかる壁　〔00577〕

イ, ヨンチェ*　李 泳采

◇東アジアのウフカジ—大風 徐勝先生退職記念文集　徐勝先生退職記念事業実行委員会(日本・韓国)編　京都　かもがわ出版　2011.2　278p　21cm　〈著作目録あり 年譜あり〉 1800円　①978-4-7803-0418-3

内容 韓流、靖国、そして徐勝(李泳采著, 川嵜陽訳)　〔00578〕

イ, ヨンホ*　李 昤昊

◇東アジアの陽明学—接触・流通・変容　馬淵昌也編著　東方書店(発売)　2011.1　450p　22cm　(学習院大学東洋文化研究叢書)　5200円　①978-4-497-21018-0

内容 李卓吾と朝鮮儒学(李昤昊著, 李正勲訳)　〔00579〕

イアコヴィーノ, ラファエル　Iacovino, Raffaele

◇マルチナショナリズム—ケベックとカナダ・連邦制・シティズンシップ (Federalism, ctizenship, and Quebec)　アラン＝G.ガニョン, ラファエル・イアコヴィーノ著, 丹羽卓監修, 丹羽卓, 古地順一郎, 柳原克行訳　彩流社　2012.3　403, 15p　20cm　3000円　①978-4-7791-1765-7

内容 第1章 序/マルチナショナリズムの探求　第2章 歴史的基盤と憲法秩序の発展—ケベックにおける異議申し立ての政治　第3章 カナダにおける連邦制の原則—代表制をめぐる多面的な理解　第4章 二つのナショナルな統合モデル—選択の文脈を確立するために　第5章 シティズンシップと民主政—メンバーシップの問題　第6章 現代の課題とカナダの未来　〔00580〕

イアンブリコス　Iamblichos

◇ピタゴラス的生き方 (Iamblichi De vita Pythagorica liber)　イアンブリコス〔著〕, 水地宗明訳　京都　京都大学学術出版会　2011.6　348, 15p　20cm　(西洋古典叢書)　3600円　①978-4-87698-190-8

内容 イアンブリコス『ピタゴラス的生き方』　著者不明『ピタゴラスの生涯』(要約)　〔00581〕

イヴァーノフ＝ラズームニク　Ivanov-Razumnik

◇ロシア社会思想史—インテリゲンツィヤによる個人主義のための闘い　上 (История русской общественной мысли (原著第3版))　イヴァーノフ＝ラズームニク〔著〕, 佐野努, 佐野洋

イ

子訳　横浜　成文社　2013.3　614p　22cm　7400円　①978-4-915730-97-9

内容 一九世紀の扉を前にして　センチメンタリズムとロマンチシズム　デカブリスト　プーシキンとレールモントフ　官製小市民主義時代　ゴーゴリ　ゴンチャローフ　余計者　三〇年代　ベリンスキー　西欧主義者とスラヴ主義者　ゲルツェン　六〇年代　チェルヌイシエフスキー　ピーサレフ　ニヒリズム　〔00582〕

◇ロシア社会思想史―インテリゲンツィヤによる個人主義のための闘い　下（История русской общественной мысли（原著第3版））　イヴァーノフ＝ラズームニク〔著〕, 佐野努, 佐野洋子訳　横浜　成文社　2013.3　582p　22cm　〈索引あり〉7000円　①978-4-915730-98-6

内容 七〇年代　ラヴローフ　ミハイローフスキー　トルストイとドストエフスキー　ナロード主義の危機―ズラトヴラーツキーとグレープ・ウスペーンスキー　社会的小市民主義時代　九〇年代　チェーホフ　ゴーリキー　「理想主義的個人主義」「デカダン主義」から「シンボリズム」へ　二〇世紀の門口にて　〔00583〕

イヴァン, アーニャ

◇ヴァイマル イン ベルリン―ある時代のポートレート（Weimar in Berlin）　マンフレート・ゲルテマーカー, プロイセン文化財団映像資料館編, 岡田啓美, 斎藤尚子, 茂幾保代, 渡辺芳子訳　三元社　2012.3　219p　25cm　〈年表あり　索引あり　文献あり〉5800円　①978-4-88303-301-0

内容 おっとっと、おれたちは生きてる（アーニャ・イヴァン著, 岡田啓美訳）　〔00584〕

イーヴァント, ハンス・ヨーアヒム　Iwand, Hans Joachim

◇キリスト論―人間の人間性への転換　1・2　神が死となりたもうこと　死と復活（Christologie）　H.J.イーヴァント著, 鈴木和男訳　日本キリスト教団出版局　2011.10　390p　22cm　〈索引あり　文献あり　著作目録あり〉8200円　①978-4-8184-5522-1

内容 キリスト論1 神が人となりたもうこと（1958年/59年ボン大学講義）（キリスト論の主題 神が人となりたもうこと　キリスト論の方法　誤ったキリスト論の教説の二つの型　この世におけるイエス・キリストの存在　エミール・ブルンナーに対して　ハインリッヒ・フォーゲルに対して　カール・バルトに対して　振り返り）　キリスト論2 死と復活（1959年ボン大学講義）（移行―イエス・キリストの生と死　キリスト論の場 神話と史実の間　キリスト論の形態 使信　使信の内容　キリスト論の認識理論のために）　付論 この講義の主題をめぐるイーヴァントのテキスト（選）　〔00585〕

イーヴィス, アンドルー・ジェイムズ

◇世界探検家列伝―海・河川・砂漠・極地、そして宇宙へ（The great explorers）　ロビン・ハンベリーテニソン編著, 植松靖夫訳　悠書館　2011.9　303p　26cm　〈文献あり 索引あり〉9500円　①978-4-903487-49-6

内容 アンドルー・ジェイムズ・イーヴィス―地下の新世界を発見（アンドルー・ジェイムズ・イーヴィス）　〔00586〕

イーヴズ, モリス　Eaves, Morris

◇人文学と電子編集―デジタル・アーカイヴの理論と実践（ELECTRONIC TEXTUAL EDITING）　ルー・バーナード, キャサリン・オブライエン・オキーフ, ジョン・アンスワース編, 明星聖子, 神崎正英監訳　慶応義塾大学出版会　2011.9　503p　21cm　4800円　①978-4-7664-1774-6

内容 マルチメディアの解剖図―自己評価の試み（モリス・イーヴズ）　〔00587〕

イヴリエフ, A.L.

◇沿海州渤海古城クラスキノ古城の機能と性格―論集　青山学院大学クラスキノ土城発掘調査団, ロシア科学アカデミー極東支部諸民族歴史学・考古学・民族学研究所〔著〕, 清水信行監修　青山学院大学文学部史学科　2013.3　164p　30cm　〈他言語標題：Краскинское городище Приморья－характер и Функциональное назначение　文献あり　英語併載〉

内容 沿海地方クラスキノ古城（A.L.イヴリエフ著, 垣内あと訳）　〔00588〕

イェ, ウェンシン

◇総合研究辛亥革命　辛亥革命百周年記念論集編集委員会編　岩波書店　2012.9　9, 592, 17p　22cm　〈索引あり〉7800円　①978-4-00-025859-3

内容 辛亥革命史の叙述と中間層（ウェンシン・イェ著, 岩間一弘訳）　〔00589〕

イエイツ, パメラ・M.　Yates, Pamela M.

◇グッドライフ・モデル―性犯罪からの立ち直りとより良い人生のためのワークブック（Building A Better Life）　パメラ・M.イエイツ, デビッド・S.プレスコット著, 藤岡淳子監訳　誠信書房　2013.12　211p　26cm　3500円　①978-4-414-41453-0　〔00590〕

イェイツ, フランシス・A.　Yates, Frances Amelia

◇ジョン・フローリオ―シェイクスピア時代のイングランドにおける一イタリア人の生涯（John Florio）　フランシス・A.イェイツ著, 正岡和恵, 二宮隆洋訳　中央公論新社　2012.3　421p　22cm　（MEDIATIONS）〈年譜あり　索引あり　文献あり　著作目録あり〉4200円　①978-4-12-004360-4

内容 ジョン・フローリオの父親　『第一の果実』　初期の友人や知人たち　フランス大使館にて　フローリオとブルーノ　『第二の果実』　ジョン・エリオットの『果実』　エリオットとハーヴィ　伊英辞典と「H・S」　モンテーニュの翻訳　宮廷にて　宮廷時代の文芸活動　隠退と晩年　トッリアーノとフローリオの手稿　結論 フローリオとシェイクスピア　補遺1 読者への辞―フローリオの『言葉の世界』（一五九八年）から　補遺2 ソープによるフローリオへの献辞―ジョン・ヒーリーの『エピクテトスの提要』（一六一〇年）から　〔00591〕

イェーガー, ヴィリギス　Jäger, Willigis

◇東西の叡智―「無」において出会う（Westöstliche Weisheit）　ヴィリギス・イェー

ガー著, 八城圀衛訳　習志野　教友社　2011.8　165p　19cm　1200円　①978-4-902211-69-6　〔00592〕

イエズス会

◇イエズス会会憲　イエズス会日本管区編訳, 梶山義夫監訳　南窓社　2011.5　593p　21cm　〈付・会憲補足規定　索引あり〉4000円　①978-4-8165-0396-2　〔00593〕

◇イエズス会教育の特徴　梶山義夫監訳, イエズス会中等教育推進委員会編　ドン・ボスコ社　2013.9　247p　21cm　〈年表あり〉1300円　①978-4-88626-564-7

内容 第1部 イエズス会教育の特徴　第2部 イエズス会教育基本文献集（MEN FOR OTHERS　イエズス会の中等教育—現状と展望　ともに歩む指導法—イグナチオの遺産を教育現場に適用して　今日のイグナチオ的教育方法　現代に挑戦するイエズス会教育　イエズス会学校卒業生のプロファイル）　〔00594〕

イェッツイ, ケイティ　Yezzi, Katie

◇成功する練習の法則—最高の成果を引き出す42のルール（PRACTICE PERFECT）　ダグ・レモフ, エリカ・ウールウェイ, ケイティ・イェッツイ著, 依田卓巳訳　日本経済新聞出版社　2013.6　324p　20cm　1900円　①978-4-532-31888-8

内容 1 練習の思い込みを見直そう　2 どんな練習にするか考えよう　3 手本を活用しよう　4 フィードバックしよう　5 練習できる組織を作ろう　6 練習は終わらない　〔00595〕

イエットギリエス, グラツィア　Ietto-Gillies, Grazia

◇多国籍企業と国際生産—概念・理論・影響（Transnational Corporations and International Production（原著第2版））　GRAZIA IETTO-GILLIES〔著〕, 井上博監訳, 磯谷玲, 岸田未来, 田村考司, 藤本共一, 十河利明訳　同文舘出版　2012.7　349p　21cm　〈文献あり 索引あり〉3600円　①978-4-495-44101-2

内容 第1部 進化と概念（進化と概念　定義とデータの問題）　第2部 第2次世界大戦前の国際投資アプローチ（マルクス主義アプローチ　新古典派パラダイムにおける海外投資）　第3部 現代の理論（ハイマーの独創的研究　プロダクト・ライフ・サイクルと国際生産ほか）　第4部 影響（影響評価の境界　イノベーションと多国籍企業 ほか）　〔00596〕

イェーニッケ, マルティン　Jänicke, Martin

◇緑の産業革命—資源・エネルギー節約型成長への転換　マルティン・イェーニッケ, ミランダ・A.シュラーズ, クラウス・ヤコブ, 長尾伸一編　京都　昭和堂　2012.8　261, 31p　19cm　3000円　①978-4-8122-1238-7

内容 緑の産業革命—資源集約型成長の危機を超えて（マルティン・イェーニッケ, クラウス・ヤコブ著, 西村健佑訳）　〔00597〕

イエリチク, カーリン

◇家族のための総合政策　3　家族と職業の両立　本沢巳代子, ウタ・マイヤー＝グレーヴェ編　信山社　2010.10　250p　22cm　（総合叢書 14—〔家族法〕）　7500円　①978-4-7972-5464-8

内容 家族の時間は不充分か（カーリン・イエリチク著, 大曽根悠訳）　〔00598〕

イェリネック, G.　Jellinek, Georg

◇人権宣言論争—イェリネック対ブトミー　イェリネック, ブトミー〔著〕, 初宿正典編訳　オンデマンド版　みすず書房　2010.12　288, 6p　19cm　〈原本 ： 1995年刊〉4600円　①978-4-622-06218-9　〔00599〕

◇日本立法資料全集　別巻 685　公権論　イェリネック著, 美濃部達吉閲, 木村鋭一, 立花俊吉訳　復刻版　信山社出版　2011.7　518p　23cm　〈中央大学明治39年刊の複製〉45000円　①978-4-7972-6382-4　〔00600〕

イェーリング, ルードルフ・フォン　Jhering, Rudolf von

◇ちくま哲学の森　1　生きる技術　鶴見俊輔, 安野光雅, 森毅, 井上ひさし, 池内紀編　筑摩書房　2011.9　420p　15cm　1200円　①978-4-480-42861-5

内容 権利のための闘争（抄）（イェーリング著, 村上淳一訳）　〔00601〕

イオアン（クロンシュタットの）〈聖〉　John of Kronstadt, Saint

◇司祭の品格—クロンシュタットの聖イオアン司祭による司祭職への助言 ：『キリストにある私の生涯』からの抜粋（St.John of Kronstadt counsels on the Christian priesthood）　クロンシュタットの聖イオアン著, ウィリアム・ジャーディン・グリズブルック編, 信岡章人訳　聖公会出版　2011.11　163p　19cm　1800円　①978-4-88274-224-1

内容 第1章 司祭の人柄　第2章 司祭と誘惑　第3章 司祭と祈り　第4章 司祭と聖務時禱　第5章 司祭と聖なるユーカリスト　第6章 牧者としての司祭　第7章 説教者・教師としての司祭　第8章 聴罪者としての司祭　第9章 司祭と代禱の務め　第10章 司祭と癒しの務め　〔00602〕

イーガン, キエラン　Egan, Kieran

◇想像力と教育—認知的道具が培う柔軟な精神（THE EDUCATED MIND）　キエラン・イーガン著, 髙屋景一, 佐柳光代訳　京都　北大路書房　2013.11　327p　21cm　〈文献あり 索引あり〉4000円　①978-4-7628-2824-9

内容 3つの古い理念と1つの新しい理念．神話的理解．ロマン的理解．哲学的理解．アイロニー的理解と身体的理解．質疑応答．カリキュラムへの応用．授業への応用　〔00603〕

イギリス

⇒英国も見よ

イギリス

◇イギリス憲法典—1998年人権法（Human Rights Act 1998）　田島裕訳著　信山社　2010.6　124p　15cm　（信山文庫 2）〈原文併載　発売 ：〔大学図書〕〉980円　①978-4-7972-8002-9　〔00604〕

◇外国著作権法令集　44（英国編）　大山幸房訳

著作権情報センター　2010.12　295p　21cm 〈SARVH共通目的事業（平成22年度）〉 非売品 〔00605〕

◇犯罪被害者のために何ができるのか―「英国の尊厳」先進的ビジョンとアプローチ（Rebuilding lives）　柏野健三訳者代表, 才村真理, 杉本正, 周防美智子, 高田さやか共訳　奈良　帝塚山大学出版会　2011.3　12, 90p　21cm 〈英国政府刊行物〉 1200円　①978-4-925247-13-9 〔00606〕

◇英国の内閣執務提要（The cabinet manual）　国立国会図書館調査及び立法考査局　2013.3　151p　30cm （調査資料 2012-4）　①978-4-87582-743-6 〔00607〕

◇英国保険法―2012年家計保険（告知）法　甘利公人監訳, 生命保険協会編　生命保険協会　2013.3　1冊　30cm 〔00608〕

イギリス会計検査院《National Audit Office》

◇地方公共サービスのイノベーションとガバナンス―行政サービス提供体制と住民自治体制の強化をめざす（Seeing the Light, In the Know〔etc.〕）　英国地方自治体監査委員会, 英国勅許公共財務会計協会, 英国会計検査院著, 石原俊彦監訳, 木村昭興, 酒井大策, 関下弘樹, 丸山恭司, 井上直樹訳　西宮　関西学院大学出版会　2013.7　282p　21cm 〈他言語標題 : Innovation and Governance in Local Public Services〉 3000円　①978-4-86283-141-5

内容 第1部 輝く未来 : 地方公共サービスのイノベーション（導入　イノベーションの概略　イノベーションの便益　イノベーションの生成　イノベーションの実効　イノベーションの普及）　第2部 情報への精通―優れた意思決定のための情報利用（優れた情報とは、優れた意思決定とは、そして優れた業績とは　意思決定　情報の特質―目的適合性、品質、提供方法　着手にあたって）　第3部 地方自治体における最高財務責任者の役割　第4部 公共部門における内部監査責任者の役割　第5部 公共部門における内部管理業務のVFM―英国公共部門における監査機関の共同プロジェクト（プロジェクトの背景　業績指標の設定　プロジェクトの結果　新たな段階） 〔00609〕

イギリス地方自治体監査委員会《Audit Commission》

◇地方公共サービスのイノベーションとガバナンス―行政サービス提供体制と住民自治体制の強化をめざす（Seeing the Light, In the Know〔etc.〕）　英国地方自治体監査委員会, 英国勅許公共財務会計協会, 英国会計検査院著, 石原俊彦監訳, 木村昭興, 酒井大策, 関下弘樹, 丸山恭司, 井上直樹訳　西宮　関西学院大学出版会　2013.7　282p　21cm 〈他言語標題 : Innovation and Governance in Local Public Services〉 3000円　①978-4-86283-141-5

内容 第1部 輝く未来 : 地方公共サービスのイノベーション（導入　イノベーションの概略　イノベーションの便益　イノベーションの生成　イノベーションの実効　イノベーションの普及）　第2部 情報への精通―優れた意思決定のための情報利用（優れた情報とは、優れた意思決定とは、そして優れた業績とは　意思決定　情報の特質―目的適合性、品質、提供方法　着手にあたって）　第3部 地方自治体における最高財務責任者の役割　第4部 公共部門における内部監査責任者の役割　第5部 公共部門における内部管理業務のVFM―英国公共部門における監査機関の共同プロジェクト（プロジェクトの背景　業績指標の設定　プロジェクトの結果　新たな段階） 〔00610〕

イグナティエフ, マイケル　Ignatieff, Michael

◇許される悪はあるのか?―テロの時代の政治と倫理（Lesser evil）　マイケル・イグナティエフ著, 添谷育志, 金田耕一訳　風行社　2011.12　371, 15p　20cm 〈索引あり〉 3000円　①978-4-938662-83-7 〔00611〕

イーグル, モリス・N.

◇変容する臨床家―現代アメリカを代表するセラピスト16人が語る心理療法統合へのアプローチ（HOW THERAPISTS CHANGE）　マービン・R.ゴールドフリード編, 岩壁茂, 平木典子, 福島哲夫, 野末武義, 中釜洋子監訳, 門脇陽子, 森田由美訳　福村出版　2013.10　415p　22cm 〈索引あり〉 5000円　①978-4-571-24052-2

内容 ひとりの精神分析的心理療法家の回想（モリス・N.イーグル著） 〔00612〕

イーグルストン, ロバート　Eaglestone, Robert

◇ホロコーストとポストモダン―歴史・文学・哲学はどう応答したか（THE HOLOCAUST AND THE POSTMODERN）　ロバート・イーグルストン〔著〕, 田尻芳樹, 太田晋共訳　みすず書房　2013.10　499, 93p　20cm 〈文献あり 索引あり〉 6400円　①978-4-622-07793-0

内容 序論 ホロコーストとポストモダン　第1部 読むこととホロコースト（「他の書物と同様の仕方で読んだり消費したりしてはならない」―同一化と証言というジャンル　経験の痕跡―証言のテクスト　「忠実でかつ懐疑的、近くかつ遠く」―記憶、ポスト記憶、同一性　ホロコースト読解――九九〇年から二〇〇三年までのホロコースト・フィクションにおける記憶と同一化）　第2部 ホロコーストのメタヒストリー（歴史主義に抗して―歴史、記憶、そして真実　「脚注なら野蛮でないと言えるだろうか」―サウル・フリートレンダーの仕事における歴史、記憶そしてホロコーストの真実　「何が歴史的説明を構成するのか」―ゴールドハーゲン/ブラウニング論争におけるメタヒストリーと歴史的説明の限界　否定論のメタヒストリー―アーヴィング/リプシュタット裁判とホロコースト否定論）　第3部 ホロコーストの痕跡（汲み尽くせぬ意味、消去しえぬ声―レヴィナスとホロコースト　哲学の灰、灰の哲学―デリダとホロコーストの痕跡　理解の限界―加害者の哲学と哲学的歴史　ポストモダン、ホロコースト、人間の限界） 〔00613〕

イーグルトン, テリー　Eagleton, Terry

◇なぜマルクスは正しかったのか（Why Marx was right）　テリー・イーグルトン著, 松本潤一郎訳　河出書房新社　2011.5　243p　20cm　2400円　①978-4-309-24548-5 〔00614〕

◇テロリズム聖なる恐怖（Holy terror）　テリー・イーグルトン〔著〕, 大橋洋一訳　岩波書店　2011.8　251, 4p　20cm 〈索引あり〉 2400円　①978-4-00-024034-5

内容 第1章 オルギアへの招待　第2章 崇高性の諸状態　第3章 恐怖と自由　第4章 聖人と自死　第5章 生ける死者　第6章 スケープゴート 〔00615〕

◇ワルター・ベンヤミン―革命的批評に向けて（WALTER BENJAMIN OR TOWARDS A REVOLUTIONARY CRITICISM）　T.イーグルトン著, 有満麻美子, 高井宏子, 今村仁司訳　勁草書房　2012.5　335, 6p　19cm　〈第3刷（第1刷1988年）〉4000円　①978-4-326-15213-1

内容 1 ワルター・ベンヤミン（バロックのアレゴリー　アウラと商品　歴史・伝統・革命）2 革命的批評に向けて（マルクス主義批評　レトリック小史　テクスト性について　マルクス主義とディコンストラクション　カーニヴァルとコメディー/バフチンとブレヒト　歴史の天使）〔00616〕

◇共産主義の理念（L'Idée du communisme（重訳））　コスタス・ドゥズィーナス, スラヴォイ・ジジェク編, 長原豊監訳, 沖公祐, 比嘉徹徳, 松本潤一郎訳　水声社　2012.6　434p　20cm　4500円　①978-4-89176-912-3

内容 共産主義（テリー・イーグルトン著, 松本潤一郎訳）〔00617〕

◇人生の意味とは何か（THE MEANING OF LIFE）　T.イーグルトン著, 有泉学宙, 高橋公雄他訳　彩流社　2013.9　177, 8p　19cm　（フィギュール彩 1）〈文献あり 索引あり〉1800円　①978-4-7791-7001-0

内容 第1章 質疑応答　第2章 意味という問題　第3章 意味の衰退　第4章 人生は人の意図するものか〔00618〕

イーグルマン, デイヴィッド　Eagleman, David

◇世界一素朴な質問、宇宙一美しい答え―世界の第一人者100人が100の質問に答える（BIG QUESTIONS FROM LITTLE PEOPLE）　ジェンマ・エルウィン・ハリス編, 西田美緒子訳, タイマタカシ絵　河出書房新社　2013.11　298p　22cm　2500円　①978-4-309-25292-6

内容 自分で自分をくすぐれないのはなぜ？（デヴィッド・イーグルマン）〔00619〕

イケイ, マサル　池井 優

◇中国人と日本人―交流・友好・反発の近代史（The Chinese and the Japanese）　入江昭編著, 岡本幸治監訳　京都　ミネルヴァ書房　2012.3　401, 6p　22cm　〈索引あり〉7000円　①978-4-623-05858-7

内容 宇垣一成の対支観と支那政策（池井優著, 佐藤晋訳）〔00620〕

イーゲン, イドザード・ファン　Eeghen, Idzard van

◇「考えるリスク管理」の実践―不確実性下における経済資本の活用に向けて（Economic capital）　ピーター・クラーセン, イドザード・ファン・イーゲン著, 三浦良造, 住友信託銀行リスク統括部訳　金融財政事情研究会　2011.7　409p　22cm　〈発売：きんざい〉4000円　①978-4-322-11743-1

内容 第1章 予想外を計測すること―経済資本の理解　第2章 見返りは何か―経済資本の目的　第3章 何を計測し管理すべきか―経済資本の定義　第4章 数字を求める―経済資本の計測　第5章 現実との対峙―経済資本管理態勢の構築　第6章 チームプレイ―経済資本を取り巻く背景　第7章 この先にあるもの―経済資本の未来〔00621〕

イサカーン, ベンジャミン　Isakhan, Benjamin

◇デモクラシーの世界史（THE SECRET HISTORY OF DEMOCRACY）　ベンジャミン・イサカーン, スティーヴン・ストックウェル編, 猪口孝日本版監修, 田口未和訳　東洋書林　2012.8　330p　22cm　〈文献あり 索引あり〉3800円　①978-4-88721-803-1

内容 イラクのストリート 他（ベンジャミン・イサカーン著）〔00622〕

イシイ, K.*　Ishi, Kotaro

◇メコン地域経済開発論（Globalization and Development in the Mekong Economies）　梁, ビンガム, デイヴィス編著, 阿曽村邦昭訳・注　古今書院　2012.10　391, 9p　21cm　〈文献あり 索引あり〉6200円　①978-4-7722-8112-6

内容 ラオス・成長、改革および展望（Kotaro Ishi）〔00623〕

イシャウッド, バロン　Isherwood, Baron

◇儀礼としての消費―財と消費の経済人類学（The World of Goods）　メアリー・ダグラス, バロン・イシャウッド〔著〕, 浅田彰, 佐和隆光訳　講談社　2012.12　317p　15cm　（講談社学術文庫 2145）〈新曜社 1984年刊の再刊　索引あり〉1000円　①978-4-06-292145-9

内容 第1部 情報システムとしての財（人はなぜ財をもとめるか　人はなぜ貯蓄するか　財の使用　排除、侵入　消費の技術　消費の周期性）第2部 社会政策上の含意（民族誌における分離された経済諸領域　国際比較　消費諸階級　価値の制御）〔00624〕

イーストマン, ロイド・E.

◇中国人と日本人―交流・友好・反発の近代史（The Chinese and the Japanese）　入江昭編著, 岡本幸治監訳　京都　ミネルヴァ書房　2012.3　401, 6p　22cm　〈索引あり〉7000円　①978-4-623-05858-7

内容 矛盾した関係の諸相（ロイド・E.イーストマン著, 宮田昌明訳）〔00625〕

イーストン, ジュリー

◇西オーストラリア‐日本（にっぽん）交流史―永遠の友情に向かって（An enduring friendship）　デイビッド・ブラック, 曽根幸子編著, 有吉宏之, 曽根幸子監訳　日本評論社　2012.2　391p　22cm　〈タイトル：西オーストラリア―日本交流史〉3000円　①978-4-535-58613-0

内容 西オーストラリア州の日本人戦争花嫁（ジュリー・イーストン著）〔00626〕

イスブ, ジャン・ピエール　Isbouts, Jean-Pierre

◇地図と写真で読む聖書の世界（The biblical world）　ジャン・ピエール・イスブ著, 尾沢和幸, 藤井留美訳, 月本昭男日本語版監修　コンパクト版　日経ナショナルジオグラフィック社　2011.6　367p　24cm　〈文献あり 索引あり　発売：日経BPマーケティング〉5800円　①978-4-86313-142-2

内容 第1章 アブラハム以前の世界　第2章 アブラハムがたどった道　第3章 エジプトのヨセフ　第4章 出エジプト記　第5章 カナンの集落　第6章 ダビデとソロモンの王国　第7章 王国の分裂と滅亡　第8章 捕囚からの帰還　第9章 イエスの世界　第10章 初期キリスト教とラビのユダヤ教　エピローグ 三つの宗教の聖地 〔00627〕

イ

イースリー, デイビッド　Easley, David

◇ネットワーク・大衆・マーケット―現代社会の複雑な連結性についての推論（Networks, Crowds, and Markets）　David Easley,Jon Kleinberg著, 浅野孝夫, 浅野泰仁訳　共立出版　2013.6　781p　27cm　〈布装　文献あり 索引あり〉11000円　①978-4-320-12331-1

内容 第1部 グラフ理論とソーシャルネットワーク　第2部 ゲーム理論　第3部 マーケットとネットワークにおける戦略的相互作用　第4部 情報ネットワークとワールドワイドウェブ　第5部 ネットワークダイナミクス：集団モデル　第6部 ネットワークダイナミクス：構造的モデル　第7部 制度と集約行動 〔00628〕

イソアホ, シモ

◇フィンランドの高等教育ESDへの挑戦―持続可能な社会のために（Towards sustainable development in higher education-reflections）　フィンランド教育省, タイナ・カイヴォラ, リーサ・ローヴェーデル編著, 斎藤博次, 開竜美監訳, 岩手大学ESDプロジェクトチーム訳　明石書店　2011.4　201p　21cm　〈文献あり〉2500円　①978-4-7503-3377-9

内容 大学教育と研究を通したテクノロジーにおける持続可能性の促進（シモ・イソアホ, トゥーラ・ポホヨラ著, 秋田淳子訳） 〔00629〕

イチオカ, ユウジ　Ichioka, Yuji

◇抑留まで―戦間期の在米日系人（BEFORE INTERNMENT）　ユウジ・イチオカ著, ゴードン・H.チャン, 東栄一郎編, 関元訳　彩流社　2013.10　278, 53p　22cm　3600円　①978-4-7791-1943-9

内容 第1部（第二世問題―二世問題への日本人移民の見方の変化・一九〇二‐一九四一　見学団―二世訪日研修のはじまり　国語学校―日本語学校をめぐる議論　二元論の考察―ジェームズ・ヨシノリ・サカモトとジャパニーズ・アメリカン・クーリエ紙 一九二八‐一九四二）　第2部（『多様性の中の一体』―ルイス・アダミックと日系アメリカ人　忠誠の意味―カズマロ・バディ・ウノの場合　日本人移民のナショナリズム――世と日中戦争・一九三七‐一九四一　真珠湾前夜の国家安全保障――九四一年立花スパイ事件と連坐した一世指導者ら　「被告弁護人」―市橋倭と日本人移民　本多力太医師の死―戦時中の悲劇）　第3部（日系アメリカ人研究の将来―北米、南米の日系に比較歴史的視野の期待　成り行きの歴史家） 〔00630〕

イチカワ, マリー　市川 マリー

◇フランス図書館の伝統と情報メディアの革新　日仏図書館情報学会編　勉誠出版　2011.4　262p　21cm　〈文献あり 年表あり〉3200円　①978-4-585-20003-1

内容 児童図書館（市川マリー著, 市川義則訳） 〔00631〕

イチムラ, シンイチ　市村 真一

◇日本経済のマクロ計量分析　市村真一, ローレンス・R.クライン編著　日本経済新聞出版社　2011.5　437p　22cm　〈文献あり 索引あり〉6000円　①978-4-532-13406-8

内容 日本のマクロ計量経済学モデル構築史の概要（市村真一著, 定道宏訳） 〔00632〕

イーツ, K.*　Yeates, Keith Owen

◇WISC-IVの臨床的利用と解釈（WISC-IV clinical use and interpretation）　アウレリオ・プリフィテラ, ドナルド・H.サクロフスキー, ローレンス・G.ワイス編, 上野一彦監訳, 上野一彦, バーンズ亀山静子訳　日本文化科学社　2012.5　592p　22cm　〈文献あり〉①978-4-8210-6366-6

内容 WISC-IVと神経心理学的アセスメント（Keith Owen Yeates, Jacobus Donders著, 上野一彦訳） 〔00633〕

イッツォ, ジョン　Izzo, John Baptist

◇自分でやれば、うまくいく―本物のステップアップを導く「能動思考」（Stepping Up）　ジョン・イッツォ著, 桜井真砂美訳　マグロウヒル・エデュケーション　2012.9　182p　19cm　〈発売：日本経済新聞出版社〉1400円　①978-4-532-60524-7

内容 五列分の影響力　実行できるのは自分しかいない！　一歩踏出す勇気　一途な人間こそが世界を変える　一〇〇%の自己責任と〇%の自己弁護　行動あるのみ！　とにかくやってみよう　はじまりはいつも足元から　リーダーになるのに資格はいらない　口に出すことがはじめの一歩　ステップアップは誰にでもできる　人をやる気ににさせる環境づくり　さあ、勇気ある一歩を踏み出そう！ 〔00634〕

イップ, グレッグ　Ip, Greg

◇ホンネの経済学―教科書ではわからない世の中とお金のしくみ（The little book of economics）　グレッグ・イップ著, 貫井佳子訳　日本経済新聞出版社　2011.9　269p　19cm　1600円　①978-4-532-35487-9

内容 繁栄の秘訣―人口、資本、そしてアイデアが国を豊かにする　景気のバンジージャンプ―拡大のち後退、ときどき恐慌　経済のフライトモニター―景気の現状をとらえ、先行きを占うための指標　消えては生まれる職―米国雇用統計のイロハ　インフレとデフレ―物価は上がりつづけても、下がりつづけても有害　拡大する世界貿易―勝ち組と負け組を生むグローバル化　ボーダレス化が進む金融市場―世界を一つにするグローバルATM　米国大統領を支える行政機関―経済政策ブレーンと乱立する規制当局　ドルはここから生まれる―FRBの驚くべきマネー創造力と信用収縮力　市場を動かすFRBの金融政策―その手法と見どころ　世界の火消し約FRB―米国の「最後の貸し手」、そして世界の危機管理者　米国経済の巨象―政府は与え、そして奪いたもう　良い債務、悪い債務―経済を救う国家債務と壊す国家債務　金融業会の光と影―経済に必要不可欠だが、ときに暴走する金融システム　再発を繰り返す神経痛―金融危機を引き起こす複合的な要因 〔00635〕

イーデルソン, エドワード　Edelson, Edward

◇クリックとワトソン―生命の宇宙への船出

(Francis Crick and James Watson)　エドワード・イーデルソン著, 西田美緒子訳　大月書店　2011.6　145, 9p　20cm　(オックスフォード科学の肖像　オーウェン・ギンガリッチ編集代表)〈年譜あり〉2000円　①978-4-272-44061-0

内容 第1章 ふたりの男と新しい科学の物語　第2章 ワトソン博士、クリック氏と出会う　第3章 DNAへの道のり　第4章 脚光を浴びはじめた核酸　第5章 二重らせんの登場　第6章 DNAの働き　第7章 ワトソンとヒトゲノムプロジェクト　〔00636〕

イーデン, ドナ　Eden, Donna

◇エネルギー・メディスン―あなたの体のエネルギーを調整し、健康と喜びと活力を生み出す (ENERGY MEDICINE)　ドナ・イーデン著, デイヴィッド・ファインスタイン共著, 日高播希人訳　ナチュラルスピリット　2012.5　540p　21cm　2980円　①978-4-86451-041-7

内容 第1部 内なる二〇〇万歳のヒーラーを目覚めさせる(すべてはエネルギー　エネルギー・テスト　エネルギーのハミング)　第2部 あなたのエネルギー・ボディの解剖学(経絡　チャクラ　オーラ、電気回路、ケルト織、基礎グリッド　五つのリズム　トリプル・ウォーマーとラディアント回路)　第3部 すべてを織り合わせる(病気　痛み　電磁気の流れの中を泳ぐ　最高度の健康と活力をもたらすために習性フィールドを設置する)　〔00637〕

イトウ, ジョウイチ　伊藤 穰一

◇「ひらめき」を生む技術　伊藤穰一著, 狩野綾子訳　KADOKAWA　2013.12　185p　19cm　(角川EPUB選書)　1400円　①978-4-04-080005-9

内容 第1章 多様な価値観を持つこと　第2章 モノ作りは、霧の中のドライブ―J.J.エイブラムスを迎えて　第3章 現場で生きるコー・デザイン―ティム・ブラウンを迎えて　第4章 変化を恐れない、起業家精神を持て―リード・ホフマンを迎えて　第5章 コメディとネットは人をつなげるか―バラチュンデ・サーストンを迎えて　第6章 クリエイティブな現場主義　〔00638〕

イトゥアルテ＝リマ, クラウディア

◇オルタナティブ・ジャスティス―新しい〈法と社会〉への批判的考察　石田慎一郎編　吹田　大阪大学出版会　2011.4　338p　21cm　〈著：石田慎一郎ほか〉3600円　①978-4-87259-368-6

内容 環境正義と知的財産権(クラウディア・イトゥアルテ＝リマ著, 石田慎一郎, 山田亨訳)　〔00639〕

イナール, フランソワ　Hinard, François

◇〈新版〉ローマ共和政 (La République romaine)　フランソワ・イナール著, 石川勝二訳　白水社　2013.12　167, 3p　18cm　(文庫クセジュ 986)〈文献あり〉1200円　①978-4-560-50986-9　〔00640〕

イニー, アラン　Iny, Alan

◇BCG流最強の思考プロセス―いかにして思い込みを捨て「新しい箱」をつくり出すか (THINKING IN NEW BOXES)　リュック・ド・ブラバンデール, アラン・イニー著, 松木剛史訳　日本経済新聞出版社　2013.10　429p　19cm　1800円　①978-4-532-31916-8

内容 第1章 なぜ「新しい箱」が必要なのか　第2章 ボックスをつくり出し、利用する　第3章 ステップ1 あらゆる物事に疑いを持つ　第4章 ステップ2 正しい問いを発するために可能性を探る　第5章 ステップ3 発散―大胆なアイデアを出し尽くす　第6章 ステップ4 収束―適切なボックスを選び出す　第7章 ステップ5 徹底的に評価し直す　第8章 ボックスを満たす―インスピレーションからイノベーションへ　第9章 未来を想像する　第10章 新しい始まり―五つのステップをあなたの状況に当てはめる　〔00641〕

イニス, ジョアンナ

◇オックスフォード ブリテン諸島の歴史　8　18世紀―1688年―1815年 (The Short Oxford History of the British Isles : The Eighteenth Century 1688-1815)　鶴島博和日本語版監修　ポール・ラングフォード編, 坂下史監訳　慶応義塾大学出版会　2013.11　305, 46p　22cm　〈文献あり 年表あり 索引あり〉5800円　①978-4-7664-1648-0

内容 多様な社会を統治する(ジョアンナ・イニス著, 高田明佳訳)　〔00642〕

イノグチ, タカシ　猪口 孝

◇現代日本の政治と外交　2　日米安全保障同盟―地域的多国間主義　猪口孝監修　原書房　2013.12　403, 4p　21cm　〈文献あり 索引あり〉4800円　①978-4-562-04954-7

内容 制約のある同盟(猪口孝,G.ジョン・アイケンベリー, 佐藤洋一郎著, 小林朋則訳)　〔00643〕

イブラヒム, アブデュルレシト　Ibrahim, Abdürresid

◇ジャポンヤ―イブラヒムの明治日本探訪記　アブデュルレシト・イブラヒム著, 小松香織, 小松久男訳　岩波書店　2013.7　517, 3p　22cm　(イスラーム原典叢書)　〈第三書館 1991年刊の増補改訂版　布装　索引あり〉9400円　①978-4-00-028418-9

内容 トルキスタン(タシュケント　旧ブハラ　サマルカンド　フェルガナ州　セミレチエ州 ほか)　日本(日本到着　日本の村―米原　力車―人が引く車　横浜　盲人 ほか)　〔00644〕

イブリー, パトリシア

◇朱子家礼と東アジアの文化交渉　吾妻重二, 朴元在編　汲古書院　2012.3　486p　22cm　〈他言語標題：Zhu Xi's Family Rituals and Cultural Interactions in East Asia　文献あり〉13000円　①978-4-7629-2978-6

内容 朱熹の『家礼』における飲食物(パトリシア・イーブリー執筆, 吾妻重二訳)　〔00645〕

イブン・イスハーク, M.　Ibn Isḥāq, Muḥammad

◇預言者の生涯―イスラーム文明を創造した男の物語　第2巻　イブン・イスハーク著, 座喜純, 岡島稔訳・解説　名古屋　ブイツーソリューション　2011.2　421p　19cm　6000円　①978-4-902218-37-4　〔00646〕

◇預言者ムハンマド伝　2 (Das Leben Muhammed's nach Muhammed)　イブン・イスハーク著, イブン・ヒシャーム編註, 後藤明, 医王

秀行, 高田康一, 高野太輔訳　岩波書店　2011.3　613p　22cm　（イスラーム原典叢書）　9400円　①978-4-00-028412-7
内容 第11章 使徒の移住と礼拝所の建設　第12章 ユダヤ教とキリスト教　第13章 戦いのはじまり　第14章 バドルの戦　第15章 バドルの戦についての情報とその後の出来事　第16章 ウフドの戦　第17章 ウフドの戦に続く出来事　〔00647〕

◇預言者ムハンマド伝　3（Das Leben Muhammed's nach Muhammed）　イブン・イスハーク著, イブン・ヒシャーム編註, 後藤明, 医王秀行, 高田康一, 高野太輔訳　岩波書店　2011.7　638p　22cm　（イスラーム原典叢書）　9600円　①978-4-00-028413-4
内容 第18章 塹壕の戦とクライザ族　第19章 ヒジュラ暦六年の出来事　第20章 フダイビヤの和約とハイバル親征　第21章 成就の小巡礼とムータ遠征　第22章 メッカ征服　第23章 フナインの戦とターイフ包囲　第24章 タブーク親征とサキーフ族の改宗　第25章 使節の往来と別れの巡礼　第26章 親征と遠征の一覧　第27章 ムハンマドの死　〔00648〕

◇預言者の生涯―イスラーム文明を創造した男の物語　第3巻　イブン・イスハーク著, 座喜純, 岡島稔訳・解説　名古屋　ブイツーソリューション　2011.12　516p　19cm　6300円　①978-4-902218-86-2　〔00649〕

◇預言者ムハンマド伝　4（Das Leben Muhammed's nach Muhammed）　イブン・イスハーク著, イブン・ヒシャーム編註, 後藤明, 医王秀行, 高田康一, 高野太輔訳　岩波書店　2012.1　412, 138p　22cm　（イスラーム原典叢書）〈索引あり　文献あり〉9000円　①978-4-00-028414-1　〔00650〕

◇預言者の生涯―イスラーム文明を創造した男の物語　第4巻　イブン・イスハーク著, 座喜純, 岡島稔訳・解説　名古屋　ブイツーソリューション　2012.10　405p　19cm　〈文献あり〉6000円　①978-4-86476-045-4　〔00651〕

イブン・シーナー
⇒アヴィセンナ

イブン・ヒシャーム, A.　Ibn Hishām, 'Abd al-Malik

◇預言者ムハンマド伝　2（Das Leben Muhammed's nach Muhammed）　イブン・イスハーク著, イブン・ヒシャーム編註, 後藤明, 医王秀行, 高田康一, 高野太輔訳　岩波書店　2011.3　613p　22cm　（イスラーム原典叢書）　9400円　①978-4-00-028412-7
内容 第11章 使徒の移住と礼拝所の建設　第12章 ユダヤ教とキリスト教　第13章 戦いのはじまり　第14章 バドルの戦　第15章 バドルの戦についての情報とその後の出来事　第16章 ウフドの戦　第17章 ウフドの戦に続く出来事　〔00652〕

◇預言者ムハンマド伝　3（Das Leben Muhammed's nach Muhammed）　イブン・イスハーク著, イブン・ヒシャーム編註, 後藤明, 医王秀行, 高田康一, 高野太輔訳　岩波書店　2011.7　638p　22cm　（イスラーム原典叢書）　9600円　①978-4-00-028413-4
内容 第18章 塹壕の戦とクライザ族　第19章 ヒジュラ暦六年の出来事　第20章 フダイビヤの和約とハイバル親征　第21章 成就の小巡礼とムータ遠征　第22章 メッカ征服　第23章 フナインの戦とターイフ包囲　第24章 タブーク親征とサキーフ族の改宗　第25章 使節の往来と別れの巡礼　第26章 親征と遠征の一覧　第27章 ムハンマドの死　〔00653〕

◇預言者ムハンマド伝　4（Das Leben Muhammed's nach Muhammed）　イブン・イスハーク著, イブン・ヒシャーム編註, 後藤明, 医王秀行, 高田康一, 高野太輔訳　岩波書店　2012.1　412, 138p　22cm　（イスラーム原典叢書）〈索引あり　文献あり〉9000円　①978-4-00-028414-1　〔00654〕

イポリット, J.　Hyppolite, Jean

◇ヘーゲル精神現象学の生成と構造　上巻（GENÈSE ET STRUCTURE de la PHÉNOMÉNOLOGIE DE L'ESPRIT DE HEGEL）　イポリット著, 市倉宏祐訳　岩波書店　2011.5　480p　21cm　〈第9刷（第1刷1972年）〉4300円　①4-00-002024-2
内容 第1部『現象学』全般に関して（『現象学』の意味と方法　歴史と『現象学』『現象学』の構造）　第2部 意識、あるいは概念の現象学的な生成（感覚的確信　知覚　悟性）　第3部 自然的な自己意識から普遍的な自己意識へ（意識から自己意識への移行　自己意識と生命、自己意識の自立性　自己意識の自由、ストア柚木とスケプシス主義　不幸なる意識）　第4部 現象学的様相における理性（理性と観念論　自然の観察　人間の個体の観察　人間の仕事と行為の弁証法）　〔00655〕

◇ヘーゲル精神現象学の生成と構造　下巻（GENÈSE ET STRUCTURE de la PHÉNOMÉNOLOGIE DE L'ESPRIT DE HEGEL）　イポリット著, 市倉宏祐訳　岩波書店　2011.5　438, 49p　21cm　〈第8刷（第1刷1973年）〉4300円　①4-00-002025-0
内容 第5部 精神、精神的実体から精神の自己知へ（直接的なる精神　精神的"自己"の第一の形式　教養と外化の世界　「"啓蒙"」、あるいは人知と迷信との闘争　絶対自由と"恐怖"、精神的"自己"の第二の型）　第6部 精神の自己知から絶対精神へ（道徳的世界観　自己確信的精神、"自己"あるいは自由（精神的"自己"の第三の型）　宗教、神秘主義かヒューマニズムか）　第7部（結論「現象学」と「論理学」、絶対知）〔00656〕

イマーエワ, ザーラ　Imaeva, Zara

◇旅する対話―ディアスポラ・戦争・再生　姜信子, ザーラ・イマーエワ著　横浜　春風社　2013.2　302p　19cm　〈付属資料：DVD1〉1800円　①978-4-86110-350-6
内容 1 いつかチェチェンで会いましょう。　2「希望」と「予兆」―熊本学園大学講義二〇〇四・秋　3「子どもの物語にあらず」―アムネスティ・スピーキングツアー・二〇〇三　4 ディアスポラの対話　5 対話のあとで　6 付録・ディアスポラの荒野から―インタビュー・二〇〇四年六月　〔00657〕

イミンク, F.G.　Immink, Gerrit

◇信仰論―実践神学再構築試論（In God geloven（重訳））　F.G.イミンク著, 加藤常昭訳　教文館　2012.9　467, 9p　21cm　〈索引あり〉5000円

①978-4-7642-7349-8　〔*00658*〕

イム, ギファン　林 起煥

◇高句麗の政治と社会　東北亜歴史財団編, 田中俊明監訳, 篠原啓方訳　明石書店　2012.1　322p　22cm　〈索引あり　文献あり〉5800円　①978-4-7503-3513-1
内容 貴族連立体制の成立 他(林起煥)　〔*00659*〕

◇高句麗の文化と思想　東北亜歴史財団編, 東潮監訳, 篠原啓方訳　明石書店　2013.2　458p　22cm　〈文献あり 索引あり〉8000円　①978-4-7503-3754-8
内容 高句麗の都城と都市(林起煥)　〔*00660*〕

イム, サンテク*　林 尚澤

◇景観の大変容—新石器化と現代化　内山純蔵, カティ・リンドストロム編　京都　昭和堂　2011.3　246, 6p　21cm　(東アジア内海文化圏の景観史と環境 2)　4000円　①978-4-8122-1117-5
内容 朝鮮半島南部の新石器化と景観の変化 他(金壮錫, 林尚澤, 金鐘一)　〔*00661*〕

イム, ジェヒョン　任 栽賢

◇母(オモニ)たちの済州島(チェジュド)—姜万保写真集　姜万保著, 任栽賢文, 李敏珠, 川瀬俊治訳・解説　大阪　東方出版　2012.3　94p　17×19cm　〈タイトル : 母たちの済州島　文献あり〉1800円　①978-4-86249-192-3　〔*00662*〕

イム, スービン

◇日本企業のイノベーション・マネジメント　(Manegment of Technology and Innovation in Japan)　コルネリウス・ヘルシュタット, クリストフ・シュトゥックシュトルム, ヒューゴ・チルキー, 長平彰夫編著, 長平彰夫監訳, 松井憲一, 名取隆, 高橋修訳　同友館　2013.6　433p　22cm　〈執筆 : マリアン・バイゼほか　索引あり〉　3800円　①978-4-496-04912-5
内容 日本の新製品の優位点〜比較検証(チェルリ・ナカタ, スービン・イム著)　〔*00663*〕

イム, チュンシク　林 春植

◇老いない愛と性—豊かな高齢期を生きる　林春植著, 宣賢奎, 住居広士訳　岡山　大学教育出版　2011.10　253p　21cm　〈文献あり〉2000円　①978-4-86429-079-1　〔*00664*〕

イム, ビョングク

◇小さな駅を訪ねる韓国ローカル鉄道の旅　イム・ビョングク著, 金光英実訳　平凡社　2011.8　215p　19cm　1800円　①978-4-582-63057-2
内容 1 慶尚道 ゆったり、ロマンのある小さな駅　2 忠清道 過去を探しに旅立つ駅　3 全羅道 人が暮らす匂いと物語のある小さな駅　4 京畿道 気軽に行けるソウル周辺の小さな駅　5 江原道 深い山と青い海へ旅立つ駅　付録 旅行者のための特別案内　〔*00665*〕

イム, ヒョンジン*　林 炯真

◇東アジア平和共同体の構築と国際社会の役割—「IPCR国際セミナー」からの提言　宗教平和国際事業団, 世界宗教者平和会議日本委員会編, 真田芳憲監修　佼成出版社　2011.9　336, 4p　18cm　(アーユスの森新書 003　中央学術研究所編)　900円　①978-4-333-02507-7
内容 東アジア平和共同体の建設と国際社会の役割(林炯真述, 金永完訳)　〔*00666*〕

イム, ヘンマン

◇韓国の歴史教科書—検定版 高等学校韓国史　イインソク, チョンヘンニョル, パクチュンヒョン, パクポミ, キムサンギュ, イムヘンマン著, 三橋広夫, 三橋尚子訳　明石書店　2013.12　406p　21cm　(世界の教科書シリーズ 39)　4600円　①978-4-7503-3907-8　〔*00667*〕

イム, ヨンギ

◇排除型社会と生涯学習—日英韓の基礎構造分析　鈴木敏正編著　札幌　北海道大学出版会　2011.3　278p　22cm　(北海道大学大学院教育学研究院研究叢書 2)　〈索引あり〉5800円　①978-4-8329-6752-6
内容 韓国における地域間教育格差と政策的対応(イム・ヨンギ著, ソン・ミラン訳)　〔*00668*〕

イラル, カカ・ディエヘコリエ　Iralu, Kaka Dierhekolie

◇血と涙のナガランド—語ることを許されなかった民族の物語　(Nagaland and India (2nd edition))　カカ・D.イラル著, 木村真希子, 南風島渉訳　コモンズ　2011.9　331p　19cm　〈文献あり　年表あり〉2800円　①978-4-86187-083-5
内容 見せしめの虐殺—ロングファ村の悪夢　反攻の戦士たち—コヒマ攻防戦　禁じられた墓碑銘—セツ村の虐殺　穢された瞳の悪夢—マヤンコクラ・屈辱の重荷を負って　精霊たちの復讐劇—ズラケ村の奇襲　死線に踊る戦士—ククウィ村の相棒物語　濁流の果ての祖国—東パキスタンへの過酷な遠征　儚き希望への旅立ち—中国への第二次遠征(前編)　死と絶望のあぎとへ—中国への第二次遠征(中編)　混迷と裏切りへの凱旋—中国への第二次遠征(後編)　血塗られた安息日—チエメクマ村の無差別攻撃　退路なき祖国—密林に果てた中国派遣団　迷宮に落ちた兵士—永遠を戦い続けた男の物語　希望へとつなぐ墓標—死と再生のマティクル村　〔*00669*〕

イラン

◇イランのシーア派イスラーム学教科書—イラン高校国定宗教教科書〈3、4年次版〉2　富田健次訳　明石書店　2012.7　283p　21cm　(世界の教科書シリーズ 36)　〈索引あり〉4000円　①978-4-7503-3625-1
内容 第3巻 イスラームの慧眼(3)(守護と統治　死後の生活　道徳　イスラーム諸法令(アフカーム))　第4巻 イスラームの慧眼(4)(人間認識　イスラームにおける家庭の基礎)　〔*00670*〕

イリエ, アキラ　入江 昭

◇中国人と日本人—交流・友好・反発の近代史　(The Chinese and the Japanese)　入江昭編著, 岡本幸治監訳　京都　ミネルヴァ書房　2012.3　401, 6p　22cm　〈索引あり〉7000円　①978-4-623-05858-7
内容 新文化秩序へ向けて(入江昭著, 関静雄訳)

〔00671〕

イリバギザ, イマキュレー　Ilibagiza, Immaculée
◇ゆるしへの道―ルワンダ虐殺から射してくる、ひとすじの光（LED BY FAITH）　イマキュレー・イリバギザ, スティーヴ・アーウィン著, 原田葉子訳　女子パウロ会　2013.5　302p　19cm　1400円　①978-4-7896-0721-6
内容 生かされて　荒廃した地で　聖母マリア　平安と祈り　無条件の愛　新たな痛み　難民も殺人者も湖を渡る　奇跡を待ち望む　夢がかなう　職場での駆け引き　パワー・ハラスメント　戻ってきたボーイフレンド　愛の軍勢　ハチと祝福　故郷を離れる　アメリカに　世界がわたしのストーリーに耳を傾ける〔00672〕

イールヴァール, ビルギッタ　Irvall, Birgitta
◇ディスレクシアのための図書館サービスのガイドライン　ギッダ・スカット・ニールセン, ビルギッタ・イールヴァール作, 日本ライトハウス情報文化センター編　〔電子資料〕　日本障害者リハビリテーション協会(製作)　c2013　CD-ROM 1枚　12cm　〈収録時間 ： 1時間15分13秒　朗読 ： 居谷敬子〉〔00673〕

イルジーグラー, フランツ　Irsigler, Franz
◇中世のアウトサイダー（Bettler und Gaukler, Dirnen und Henker）　フランツ・イルジーグラー, アルノルト・ラゾッタ著, 藤代幸一訳　新装復刊　白水社　2012.5　348, 33p　20cm　〈2005年刊の複製　文献あり〉4800円　①978-4-560-08224-9
内容 第1章 周辺集団とアウトサイダー　第2章 乞食とならず者、浮浪者とのらくら者　第3章 ハンセン病患者　第4章 心と頭を病む人びと　第5章 風呂屋と床屋、医者といかさま医者　第6章 大道芸人と楽士　第7章 魔法使い、占い女、狼男　第8章 ジプシー　第9章 娼婦　第10章 刑吏とその仲間　第11章 結論でなく、いかがわしい人びととまともな人びと〔00674〕

イルス, ジュディカ　Illes, Judika
◇スペルズ―世界のおまじない事典（The Element Encyclopedia 5000 Spells）　ジュディカ・イルス著, 寺田祐監訳　説話社　2012.12　774p　21cm　5800円　①978-4-906828-00-5
内容 恋愛のおまじない　結婚と離婚のおまじない　妊娠と出産のおまじない　子宝・子孫繁栄のおまじない　家内安全のおまじない　美と若さと長寿のおまじない　幸運と成功のおまじない　浄化のおまじない　護身のおまじない　追放のおまじない〔00675〕

イルミア, ヌリット
◇アタッチメントを応用した養育者と子どもの臨床（Attachment theory in clinical work with children）　ダビッド・オッペンハイム, ドグラス・F.ゴールドスミス編, 数井みゆき, 北川恵, 工藤晋平, 青木豊訳　京都　ミネルヴァ書房　2011.6　316p　22cm　〈文献あり〉4000円　①978-4-623-05731-3
内容 子どもの診断に関する親の解決と親子関係（ダビッド・オッペンハイム, スマダール・ドルエフ, ニナ・コレン‐カリー, エフラト・シャー‐センソー, ヌリット・イルミア, シャハフ・ソロモン著）〔00676〕

イレート, レイナルド・C.
◇アメリカの影のもとで―日本とフィリピン　藤原帰一, 永野善子編著　法政大学出版局　2011.6　304p　20cm　（サピエンティア 18）〈索引あり〉3200円　①978-4-588-60318-1
内容 日本との戦争、アメリカとの戦争（レイナルド・C.イレート著, 芹沢隆道訳）〔00677〕

イレネオ（リヨンの）〈聖〉
◇アジアの顔のキリスト　ホアン・カトレット編, 高橋敦子訳　名古屋　新世社　2010.10　175, 32p　16cm　〈文献あり〉1200円　①978-4-88382-100-6
内容 芸術家の手（リヨンの聖イレネオ）〔00678〕

イワタ ワイケナント, クリスティーナ　岩田ワイケナント クリスティーナ
◇ライフコース選択のゆくえ―日本とドイツの仕事・家族・住まい　田中洋美, マーレン・ゴツィック, クリスティーナ・岩田ワイケナント編　新曜社　2013.2　380, 4p　20cm　〈他言語標題 ： Beyond a Standardized Life Course〉4200円　①978-4-7885-1324-2
内容 1 ライフコースへのアプローチ（「人生の多様化」とライフコース―日本における制度化・標準化・個人化　ライフコース・ライフストーリー・社会変動―ドイツ語圏社会科学におけるバイオグラフィー（人生経歴）・アプローチ）　2 仕事をめぐる生き方の変化（雇用改革とキャリア―日本における雇用の多様化と「生き方」をめぐる労働者の葛藤　雇われない働き方とライフコース―日本における新しい労働世界の予兆 ほか）　3 結婚・家族観の持続と変容（働く独身女性のライフコース選択―「普通の逸脱」の日本的文脈　テレビドラマにみるライフコースの脱標準化と未婚化の表象―『アラウンド40』と『婚カツ！』を例に ほか）　4 住まいからみる新しい生き方（若年層のライフコースと住宅政策　高齢女性の住まい方とライフコース―なぜ共生型・参加型居住を選択するのか ほか）　5 日本社会と生きがい（日本における生きがいとライフコースの変化）〔00679〕

イン, エイカン*　尹 永寛
⇒ユン, ヨングァン*

イン, カイトウ*　尹 海東
⇒ユン, ヘドン

イン, キチン　尹 姫珍
⇒ユン, ヒジン

イン, キョウエン*　尹 京媛
⇒ユン, キョンウォン*

イン, コウヒョウ*　印 紅標
◇「牛鬼蛇神を一掃せよ」と文化大革命―制度・文化・宗教・知識人　石剛編著・監訳　三元社　2012.3　426p　21cm　5000円　①978-4-88303-306-5
内容 紅衛兵「破四旧」の文化と政治（印紅標著, 光田剛訳）〔00680〕

イン, ミカ　尹 美香
⇒ユン, ミヒャン

イン, リュウタク*　尹 竜沢
⇒ユン, ヨンテク*

イン, ロバート・K.　Yin, Robert K.
◇ケース・スタディの方法（Case study research (2/e)）　ロバート・K.イン著, 近藤公彦訳　第2版 新装版　千倉書房　2011.8　1冊　21cm　〈文献あり〉3500円　①978-4-8051-0977-9
内容 第1章 序論　第2章 ケース・スタディの設計　第3章 ケース・スタディの実施 ： データ収集の準備　第4章 ケース・スタディの実施 ： 証拠の収集　第5章 ケース・スタディの証拠の分析　第6章 ケース・スタディ・「リポート」の作成　〔00681〕

インガーマン, サンドラ　Ingerman, Sandra
◇神霊の世界に覚醒して―直接啓示を受けるためのシャーマンの方法（AWAKENING TO THE SPIRIT WORLD）　サンドラ・インガーマン, ハンク・ウエスルマン著, 高島康司, 豊田泰士訳　東久留米　道出版　2012.5　246p　20cm　1800円　①978-4-86086-061-5
内容 第1章 シャーマニズムとはなにか　第2章 神霊の世界への旅　第3章 自然とつながる　第4章 気候や自然環境の変化とシャーマニズム　第5章 セレモニーとシャーマンの儀式のパワー　第6章 夢　第7章 神霊世界へと続く創造的な制作活動　第8章 音と光　第9章 通過儀礼としての死　第10章 死についての実験的な仕事　第11章 シャーマニズムの他の側面　第12章 変容していく社会　〔00682〕

インガム, グラハム
◇トラウマを理解する―対象関係論に基づく臨床アプローチ（Understanding trauma）　キャロライン・ガーランド編, 松木邦裕監訳, 田中健夫, 梅本園乃訳　岩崎学術出版社　2011.3　249p　22cm　〈文献あり 索引あり〉4000円　①978-4-7533-1018-0
内容 トラウマを蒙った患者の心の仕事（グラハム・インガム著）　〔00683〕

イングス, ウィリアム　Ings, William
◇Google Earthと旅する世界の歴史（A HISTORY OF THE WORLD WITH GOOGLE EARTH）　ペニー・ワームズ文, ウィリアム・イングス絵, ひろうちかおり訳　大日本絵画　2012　1冊（ページ付なし）　31cm　（VRしかけえほん）　1300円　①978-4-499-28480-6　〔00684〕

イングス, サイモン
◇世界一素朴な質問、宇宙一美しい答え―世界の第一人者100人が100の質問に答える（BIG QUESTIONS FROM LITTLE PEOPLE）　ジェンマ・エルウィン・ハリス編, 西田美緒子訳, タイマタカシ絵　河出書房新社　2013.11　298p　22cm　2500円　①978-4-309-25292-6
内容 空はどうして青いの？（サイモン・イングス）　〔00685〕

イングドール, ウィリアム　Engdahl, William
◇ロックフェラーの完全支配　マネートラスト（金融・詐欺）編（The gods of money）　ウィリアム・イングドール著, 為清勝彦訳　徳間書店　2011.2　553p　20cm　（「超知」ライブラリー 060）〈年表あり〉2200円　①978-4-19-863113-0
内容 アメリカに出現した金融寡頭政治　アメリカ初代「マネーの神」ジョン・ピアポント・モルガン　金融業者のクーデタと連邦準備制度の創設　欧州戦争に金を貸したモルガンのFRS　金の支配―対立する両帝国の目的　ロックフェラー、采配を振る　WPS＝「アメリカの世紀」の立案部隊　相容れない二つの地政学目標と戦争　パックス・ブリタニカの終焉　アメリカの原爆投下の標的はモスクワだった〔ほか〕　〔00686〕
◇ペンタゴン戦慄の完全支配―核兵器と謀略的民主化で実現する新世界秩序（Full spectrum dominance）　ウィリアム・イングドール著, 為清勝彦訳　徳間書店　2011.10　337p　19cm　（「超知」ライブラリー 071）〈タイトル ： 米国防総省戦慄の完全支配〉1800円　①978-4-19-863272-4
内容 第1章 ワシントンの「拡大中東」戦争　第2章 ロシアを支配する―カラー革命と群遊クーデター　第3章「合成民主主義」で中国を支配する　第4章 武器に化けた「人権」―ダルフール、ミャンマー、チベット　第5章 基地の帝国　第6章 スターウォーズ計画の奇妙な経緯　第7章 核に取り憑かれたワシントン　第8章 ストレンジラブ博士は実在していた！　第9章 永遠の戦争国家への道　第10章 ヨーダの軍事革命　第11章 完全支配か、完全狂気か？　〔00687〕

イングランド, ブレック　England, Breck
◇第3の案―成功者の選択（The 3rd alternative）　スティーブン・R.コヴィー, ブレック・イングランド著, フランクリン・コヴィー・ジャパン訳　キング・ベアー出版　2012.2　567p　20cm　2000円　①978-4-86394-018-5
内容 第1章 転換点　第2章 第3の案 ： シナジーの原則、パラダイム、プロセス　第3章 職場での第3の案　第4章 家庭での第3の案　第5章 学校での第3の案　第6章 第3の案と法律　第7章 社会における第3の案　第8章 世界における第3の案　第9章 第3の案の人生　第10章 インサイド・アウト―内から外へ　〔00688〕

イングリッシュ, デビッド
◇成年後見法における自律と保護―成年後見法世界会議講演録　新井誠監修, 2010年成年後見法世界会議組織委員会編, 紺野包子訳　日本評論社　2012.8　319p　21cm　〈英語抄訳付〉5600円　①978-4-535-51865-0
内容 後見制度に関するハーグ条約および米国の批准の可能性（デビッド・イングリッシュ著）　〔00689〕

インスティトゥート・フォー・チャレンジング・ディスオーガナイゼーション《Institute For Challenging Disorganization》
◇慢性的に片づけられない人をサポートするオーガナイズの手法　上巻（INSTITUTE FOR CHALLENGING DISORGANIZATION ： Education.Research.Strategies）　ICD著, 日本ライフオーガナイザー協会監修, ブラッドリー純

子訳　葉月出版　2013.2　222p　21cm　〈発売：マトマ出版〉 2000円　①978-4-904934-09-8
内容 第1部 CDの定義と理解（CD（慢性的に片づけられない状態）とは？　CDタイプの人々に共通している特徴　CDに関連する要因　神経学的な症状とは？　外傷性脳損傷とは？　ほか）　第2部 オーガナイザーの役割（ICDの倫理規定　領域と倫理的な枠組みのつくり方　個人情報の保護　オーガナイザーの役割　心理療法士、コーチ、プロのオーガナイザー：互いの業務範囲を理解・尊重する ほか）〔00690〕

インディレサン, P.V.
◇新興国家の世界水準大学戦略―世界水準をめざすアジア・中南米と日本（World-Class Worldwide）　フィリップ・G.アルトバック, ホルヘ・バラン編, 米沢彰純監訳　東信堂　2013.5　386p　22cm　〈索引あり〉 4800円　①978-4-7989-0134-3
内容 世界水準のインド研究大学への展望（P.V.インディレサン執筆, 米沢由香子訳）〔00691〕

インドネシア
◇インドネシア新会社法―株式会社に関するインドネシア共和国法律2007年第40号　柳田茂紀訳　第2版　エヌ・エヌ・エー　2011.9　183p　26cm　〈原文併記〉 10000円　①978-4-86341-023-7〔00692〕
◇バリ島に生きる古文書―ロンタール文書のすがた　吉原直樹, 中村潔, 長谷部弘編訳　東信堂　2012.3　136p　26cm　〈複製　原日インドネシア文併載〉 5000円　①978-4-7989-0113-8
内容 「現在に生きる古文書」としてのバリ・ロンタール文書―日本の近世村文書との比較から（バリの古文書　日本社会における古文書と歴史学　バリ「ロンタール文書」の保存運動　バリ社会と「ロンタール文書の行方」）　バリにおけるロンタール（貝葉文書）とアウィグ＝アウィグ（ロンタールとアウィグ＝アウィグ　1980年代の村で　アウィグ＝アウィグの成文化と伝統の再創造　ロンタールとアウィグの現代）　アウィグ＝アウィグオリジナル画像（アウィグ＝アウィグMangui　アウィグ＝アウィグSubak Lanyahan Krobokan）　日本語訳　インドネシア語訳　バリ語〔00693〕
◇インドネシア経済関連法令集　柳田茂紀訳　エヌ・エヌ・エー　2013.2　459p　26cm　15000円　①978-4-86341-027-5
内容 新投資法 2007年法律第25号　新労働法 2003年法律第13号　労使関係紛争解決法 2004年法律第2号　違法ストに関する労働移住大臣決定 2003年法律第232号　期間を定めた雇用契約実施に関する労働大臣決定 2004年法律第100号　最低賃金に関する労働大臣令 1999年法律第1号/2000年法律第226号　賃金構成と賃金基準に関する労働移住大臣決定 2004年法律第49号　残業時間と残業手当に関する労働移住大臣決定 2004年法律第102号　THR（宗教祭日手当）に関する労働大臣令 1994年法律第4号　外国人就労許可手続きに関する労働大臣令 2008年法律第2号〔ほか〕〔00694〕

インノチェンティ, ロベルト　Innocenti, Roberto
◇エリカ奇跡のいのち（Erika's story）　ルース・バンダー・ジー文, ロベルト・インノチェンテイ絵, 柳田邦男訳, あおもりDAISY研究会マルチメディアDAISY編集　〔電子資料〕　日本障害者リハビリテーション協会（製作）　c2013　CD-ROM 1枚　12cm　〈収録時間：27分40秒　朗読：南部優子　原本の出版者：講談社〉〔00695〕

【ウ】

ウ, インス*　禹 仁秀
◇東アジア海をめぐる交流の歴史的展開　鐘江宏之, 鶴間和幸編著　東方書店　2010.12　317p　22cm　（学習院大学東洋文化研究叢書）　4000円　①978-4-497-21016-6
内容 東アジア海国際港としての蔚山の地位とその変化（禹仁秀著, 島暁彦訳）〔00696〕

ウ, ケンコウ　于 建嶸
◇移行期における中国郷村政治構造の変遷―岳村政治　于建嶸著, 徐一睿訳, 寺出道雄監修　日本僑報社　2012.5　437p　22cm　〈文献あり〉 6800円　①978-4-86185-119-3
内容 序論（問題意識と研究の意義　分析の枠組み、経路と方法　研究のサンプルと分権　いくつかの説明）　第1章 伝統郷村社会の政治特徴（伝統郷村と郷村伝統皇権と保甲制度　族権と宗族組織　紳権と士紳統治　土地、租税、文化と郷村統制）　第2章 社会の激動期における郷村秩序（辛亥革命後の郷村政治　農民運動と郷村伝統　地方自治と保甲制の再建　郷村建設の実験と郷鎮の行政化　略奪、兵役、人口と郷村の反抗）　第3章 新中国の郷村政治に対する改造（農民協会と土地改革　合作化運動と郷村組織　公社の政社合一体制　計画、戸籍、階級と郷村動員）　第4章 新時期の郷村政治の発展（新時期の郷村改革　国家権力と郷政体制　コミュニティ権威と村治構造　家庭利益と郷村秩序　村民の権利と公共参加　市場、民主、法制と郷村管理）　結論〔00697〕
◇陳情―中国社会の底辺から　毛里和子, 松戸庸子編著　東方書店　2012.7　289p　21cm　〈索引あり〉 3000円　①978-4-497-21111-8
内容 陳情制度改革と憲政の建設（于建嶸執筆, 松戸庸子訳）〔00698〕

ウ, コウエン*　于 光遠
◇新編原典中国近代思想史　第7巻　世界冷戦のなかの選択―内戦から社会主義建設へ　野村浩一, 近藤邦康, 並木頼寿, 坂元ひろ子, 砂山幸雄, 村田雄二郎編　砂山幸雄責任編集　岩波書店　2011.10　410, 7p　22cm　〈年表あり〉 5700円　①978-4-00-028227-7
内容 私たちの反省（抄）（胡縄, 于光遠ほか著, 吉川次郎訳）〔00699〕

ウ, ショウガ*　禹 晶娥
⇒ウ, ジョンア*

ウ, ジョンア*　禹 晶娥
◇カルチュラル・スタディーズで読み解くアジア―Cultural Typhoon　岩崎稔, 陳光興, 吉見俊哉編　せりか書房　2011.7　314, 2p　21cm　3000円　①978-4-7967-0306-2
内容 不安の感性、金守子と李昢（禹晶娥著, 常安郁弥

訳）〔00700〕

ウ, ジンシュウ*　禹 仁秀
⇒ウ, インス*

ウ, ダイブ　于 大武
◇北京—中軸線上につくられたまち　于大武作, 文妹訳　ポプラ社　2012.9　〔32p〕　26×27cm　〈他言語標題 : Beijing　文献あり〉1500円　①978-4-591-13058-2〔00701〕

ウ, テツグン*　于 鉄軍
◇日中安全保障・防衛交流の歴史・現状・展望　秋山昌広, 朱鋒編著　亜紀書房　2011.11　448p　22cm　〈執筆 : 秋山昌広ほか　年表あり〉2800円　①978-4-7505-1119-1
内容 中日安全保障と軍事交流の評価（欧陽維, 于鉄軍著, 毛利亜樹訳）〔00702〕

ヴー, ドゥオン・ルオン
◇海の道と考古学—インドシナ半島から日本へ　菊池誠一, 阿部百里子編　高志書院　2010.11　268p　22cm　6000円　①978-4-86215-085-1
内容 17世紀のアジア貿易ネットワークへのベトナムの加入（グエン・クアン・ゴック, ヴー・ドゥオン・ルオン著, 阿部百里子訳）〔00703〕

ウアー, アーネスト・B.
◇大学学部長の役割—米国経営系学部の研究・教育・サービス（The dean's perspective）　クリシナ・S.ディア編著, 佐藤修訳　中央経済社　2011.7　245p　21cm　3400円　①978-4-502-68720-4
内容 教員経験の知恵（ウィリアム・B.カーパー, カール・グッディング, ジェームス・A.ポープ, アーネスト・B.ウアー著）〔00704〕

ヴァイゲルト, ホルスト
◇宗教改革者の群像　〔マルティン・グレシャト〕〔編〕, 日本ルター学会編訳　知泉書館　2011.11　449, 18p　22cm　〈索引あり　文献あり〉8000円　①978-4-86285-119-2
内容 セバスティアン・フランク（ホルスト・ヴァイゲルト著, 安酸敏眞訳）〔00705〕

ヴァイザー, アルトゥール　Weiser, Artur
◇出エジプト記—私訳と註解（Das zweite Buch Mose/Exodus）　マルティン・ノート著, 木幡藤子, 山我哲雄訳　ATD・NTD聖書註解刊行会　2011.12　463p　22cm　（ATD旧約聖書註解 2　アルトゥール・ヴァイザー監修, 月本昭男, 並木浩一, 山我哲雄日本語版編集）　7000円　①978-4-901434-06-5〔00706〕

ヴァイス, ヨハネス
◇現代社会におけるポスト合理性の問題—マックス・ヴェーバーの遺したもの　土方透編著　上尾聖学院大学出版会　2012.3　262p　20cm　〈執筆 : K.アッハムほか　文献あり〉3200円　①978-4-915832-96-3
内容 アッハム, ヴァイス両教授の功績 他（カール・アッハム, ヨハネス・ヴァイス著, 渡会知子, 佐藤貴史訳）〔00707〕

◇ドイツ社会学とマックス・ヴェーバー—草創期ドイツ社会学の固有性と現代的意義　茨木竹二編　時潮社　2012.10　406p　22cm　4952円　①978-4-7888-0682-5
内容 明確に限定された開始か？（ヨハネス・ヴァイス執筆, 大鐘武訳）〔00708〕

ヴァイスハウプト, アダム　Weishaupt, Adam
◇秘密結社イルミナティ入会講座　初級篇（Das verbesserte System der Illuminaten mit allen seinen Graden und Einrichtungen（抄訳））　アダム・ヴァイスハウプト著, 芳賀和敏訳　ベストセラーズ　2013.1　215p　19cm　〈文献あり〉1500円　①978-4-584-13468-9
内容 第1章 初級者のための秘密結社入会講座（これから秘密結社に入会する者に告ぐ　秘密結社の目的 ほか）　第2章 なぜ秘密結社が必要なのか（人類の原初の状態　統治のさまざまな形態 ほか）　第3章 初級者を受け入れる秘密結社の覚悟と使命（上級位階者の役割　人間の変革の可能性 ほか）　第4章 神秘主義に傾倒するすべての成員に告ぐ（世界の起源は何か　無から有は生じない ほか）〔00709〕

ヴァイツゼッカー, カール・フリードリヒ・フォン　Weizsäcker, Carl Friedrich von
◇自由の条件とは何か1989～1990—ベルリンの壁崩壊からドイツ再統一へ（BEDINGUNGEN DER FREIHEIT, Reden und Aufsätze 1989-1990）　カール・フォン・ヴァイツゼッカー著, 小杉尅次, 新垣誠正訳　京都　ミネルヴァ書房　2012.10　262, 9p　20cm　〈索引あり〉4000円　①978-4-623-06399-4
内容 第1章 平和・社会正義・創造の保持　第2章 和解と一致—スイス・バーゼルにて　第3章 ドイツ文化再考—シラーとゲーテの時代認識　第4章 現代と宗教—キリスト教の使命　第5章 現代ヨーロッパ共生文化論—自立のための支援　第6章 和解と連帯—韓国・ソウルにて　第7章 自由の条件とは何か〔00710〕

ヴァイデンフェルト, ナタリー　Weidenfeld, Nathalie
◇ソクラテス・クラブへようこそ—子どもに学ぶ大人のための哲学教室（DER SOKRATES-CLUB）　ナタリー・ヴァイデンフェルト, ユリアン・ニーダ＝リューメリン著, 岩佐倫太郎訳　阪急コミュニケーションズ　2013.11　297, 4p　19cm　〈文献あり〉1700円　①978-4-484-13118-4〔00711〕

ヴァイニーオ, ピルッコ　Vainio, Pirkko
◇小鳥の贈りもの—おおぞらに向かって飛び立つあなたへ（Voor wie wil vliegen（重訳））　ピルッコ・ヴァイニーオ作, 山川紘矢, 山川亜希子訳　アノニマ・スタジオ　2013.12　1冊（ページ付なし）　20cm　〈PHP研究所 2008年刊の新装版　発売 : KTC中央出版〉1100円　①978-4-87758-721-5〔00712〕

ヴァイニング, エリザベス・グレイ　Vining, Elizabeth Gray
◇友愛の絆に生きて—ルーファス・ジョーンズの生涯（Friend of life）　エリザベス・グレイ・ヴァ

イニング著, 山田由香里訳　教文館　2011.11　407, 10p　22cm　〈索引あり　著作目録あり〉　2500円　①978-4-7642-7334-4
内容 メイン州サウスチャイナ　クエーカーの流れのなかへ　世界の根源をにぎる　あたらしい生活　山の上の礼拝　深く掘り下げるとき　ハーヴァードの黄金時代　はじまり　精神世界の社会法則　方向を定める　クエーカー史のはじまり　宗教改革者たち　ひとつの時代のおわり　ゆっくりと　戦時下における愛の奉仕　ハーバート・フーヴァーとわが友ジョーンズ　我らがルーファス　アテネと聖地パレスチナ　はじめて聞く音、はじめての訪問　ふたたび東洋へ　産婆術　退官後　ルーファス・ジョーンズの神秘主義　またとない機会　南アフリカ　ベシュタポへの使節　生命の電池　任務のおわり　〔00713〕

ヴァクスマン, パトリック
◇フランス憲政学の動向―法と政治の間 Jus Politicum　山元一, 只野雅人編訳　慶応義塾大学出版会　2013.8　313p　22cm　7000円　①978-4-7664-2063-0
内容 公的自由の制限を可能にする新たな技術（パトリック・ヴァクスマン著, 中島宏訳）　〔00714〕

ヴァーグナー, ゲルハルト　Wagner, Gerhard
◇ドイツ不法行為法（Deliktsrecht (10th ed.)）　ハイン・ケッツ, ゲルハルト・ヴァーグナー著, 吉村良一, 中田邦博監訳　京都　法律文化社　2011.9　398p　22cm　〈索引あり〉7800円　①978-4-589-03343-7
内容 第1章 不法行為法の対象　第2章 不法行為法の歴史的発展　第3章 社会的法治国家における事故法　第4章 責任法の目的　第5章 過失責任の基本要件　第6章 他人の義務違反行為についての責任　第7章 非財産的な人格的利益と純粋財産利益　第8章 危険責任　第9章 欠陥のある製造物に関する責任　第10章 損害賠償給付の種類と範囲　第11章 保険者の求償　〔00715〕

ヴァーグナー, シルヴェスター
◇ウィーンとウィーン人（Wien und die Wiener）　アーダルベルト・シュティフター他著, 新井裕, 戸口日出夫, 阿部雄一, 荒川宗晴, 篠原敏昭, 松岡晋訳　八王子　中央大学出版部　2012.3　990, 29p　20cm　（中央大学人文科学研究所翻訳叢書 6　中央大学人文科学研究所編）〈年表あり〉　7200円　①978-4-8057-5405-4
内容 ぼろ屑集めの女 他（シルヴェスター・ヴァーグナー著, 松岡晋訳）　〔00716〕

ヴァッサーマン, ルドルフ
◇ユダヤ出自のドイツ法律家（DEUTSCHE JURISTEN JUDISCHER HERKUNFT）　ヘルムート・ハインリッヒス, ハラルド・フランツキー, クラウス・シュマルツ, ミヒャエル・シュトレイス著, 森勇監訳　八王子　中央大学出版部　2012.3　25, 1310p　21cm　（日本比較法研究所翻訳叢書 62）〈文献あり 索引あり〉13000円　①978-4-8057-0363-2
内容 「実務の指導者」（ルドルフ・ヴァッサーマン著, 山崎勉訳）　〔00717〕

ヴァッセイレフ, G.*　Vasseilev, Georgy
◇動機づけ面接法　応用編（Motivational interviewing (2nd edition)）　ウイリアム・R.ミラー, ステファン・ロルニック編, 松島義博, 後藤恵, 猪野亜朗訳　星和書店　2012.9　291p　21cm　〈文献あり〉3200円　①978-4-7911-0817-6
内容 カップルのための動機づけ面接法―配偶者・恋人・親が面接に参加するということ（Brian L.Burke, Georgy Vasseilev, Alexander Kantchelov, Allen Zweben）　〔00718〕

ヴァッティモ, ジャンニ　Vattimo, Gianni
◇哲学者の使命と責任（Vocazione e responsabilita del filosofo）　ジャンニ・ヴァッティモ〔著〕, 上村忠男訳　法政大学出版局　2011.10　196p　20cm　（叢書・ウニベルシタス 965）　2800円　①978-4-588-00965-5
内容 哲学と科学（カント以後、ヘーゲル以後　エアアイクニスの閃き ほか）　哲学、歴史、文学（真理、レトリック、歴史　歴史と存在論は両立不可能であるか ほか）　哲学における論理（論理学ともろもろの論理学　論理学と存在の歴史 ほか）　真理を語る（真理の神、主よ、あなたはわたしを贖ってくださいました　永遠の饗宴 ほか）　哲学への召喚と哲学の責任（新聞に寄稿すること　一人称で書くこと ほか）　〔00719〕

◇共産主義の理念（L'Idée du communisme (重訳)）　コスタス・ドゥズィーナス, スラヴォイ・ジジェク編, 長原豊監訳, 沖公祐, 比嘉徹徳, 松本潤一郎訳　水声社　2012.6　434p　20cm　4500円　①978-4-89176-912-3
内容 弱い共産主義？（ジャンニ・ヴァッティモ著, 松本潤一郎訳）　〔00720〕

◇弱い思考（Il pensiero debole）　ジャンニ・ヴァッティモ, ピエル・アルド・ロヴァッティ編, 上村忠男, 山田忠彰, 金山準, 土肥秀行訳　法政大学出版局　2012.8　374p　20cm　（叢書・ウニベルシタス 977）〈文献あり〉4000円　①978-4-588-00977-8
内容 弁証法、差異、弱い思考（ジャンニ・ヴァッティモ著, 上村忠男訳）　〔00721〕

◇透明なる社会（La società transparente）　ジャンニ・ヴァッティモ著, 多賀健太郎訳　平凡社　2012.11　157p　20cm　（イタリア現代思想 *3）　2400円　①978-4-582-70344-3
内容 第1章 ポストモダン―透明なる社会なのか？　第2章 人文科学とコミュニケーション社会　第3章 再発見された神話　第4章 揺らぎの芸術　第5章 ユートピアからヘテロトピアへ　第6章 脱現実化の限界　〔00722〕

ヴァニエ, アラン　Vanier, Alain
◇はじめてのラカン精神分析―初心者と臨床家のために（LACAN）　アラン・ヴァニエ著, 赤坂和哉, 福田大輔訳　誠信書房　2013.11　158p　19cm　〈文献あり 年譜あり〉2000円　①978-4-414-40420-3　〔00723〕

ヴァーミューレン, フリーク　Vermeulen, Freek
◇ヤバい経営学―世界のビジネスで行われている不都合な真実（BUSINESS EXPOSED）　フリーク・ヴァーミューレン〔著〕, 本木隆一郎, 山形佳

史訳　東洋経済新報社　2013.3　301, 7p　20cm 〈文献あり〉 1600円　①978-4-492-50246-4

内容 Introduction モンキーストーリー　1 今、経営で起きていること　2 成功の罠（とそこからの脱出方法）　3 登りつめたい衝動　4 英雄と悪党　5 仲間意識と影響力　6 経営にまつわる神話　7 暗闇の中での歩き方　8 目に見えるものと目に見えないもの　Epilogue 裸の王様 〔00724〕

ヴァランシ, L.　Valensi, Lucette

◇叢書『アナール1929-2010』―歴史の対象と方法 2　1946-1957（Anthologie des Annales 1929-2010）　E.ル＝ロワ＝ラデュリ,A.ビュルギエール監修, 浜名優美監訳　L.ヴァランシ編, 池田祥英, 井上桜子, 尾河直哉, 北垣潔, 塚島真実, 平沢勝行訳　藤原書店　2011.6　460p　22cm　6800円 ①978-4-89434-807-3

内容 貨幣と文明―スーダンの金からアメリカ大陸の銀へ 地中海のドラマ　古代奴隷制の終焉　経済的覇権を支えた貨幣―7‐11世紀のイスラームの金　ブドウ畑、ワイン、ブドウ栽培者　一時的な市場から恒久的な植民地へ―中世における商業政策の発展　アメリカ産業界における「人的要素」の諸問題　経済界、金融界の一人勢力―イエズス会の日本での活動開始1547‐1583　ブルゴーニュにおけるブドウ栽培の起源　往生術―15世紀末における死の問題に関する覚書　17世紀パリにおける出版業―いくつかの経済的側面　ボーヴェジにて―17世紀における人口学的問題　16世紀半ばにおけるフランス経済とロシア市場1640年をめぐって―大西洋の政治と経済　神話から理性へ―アルカイック期ギリシャにおける実証的思考の形成　バロックと古典主義―一つの文明　衣服の歴史と社会学―方法論的考察 〔00725〕

ヴァーリ, アンジェロ　Valle, Angelo

◇プロジェクト・マネジャーが知るべき97のこと（97 things every project manager should know）　Barbee Davis編, 笹井崇司訳, 神庭弘年監修　オライリー・ジャパン　2011.11　240p　21cm 〈発売：オーム社〉 1900円　①978-4-87311-510-8

内容 PMOの導入：開発者の足並みをそろえる（アンジェロ・ヴァーリ） 〔00726〕

ヴァール, ライナー　Wahl, Rainer

◇法発展における法ドグマーティクの意義―日独シンポジウム　松本博之, 野田昌吾, 守矢健一編　信山社　2011.2　367p　22cm（総合叢書 8（ドイツ法））〈会期・会場：2009年2月18日～21日 フライブルグ大学法学部〉 12000円　①978-4-7972-5458-7

内容 公法における法ドグマーティクと法政策（ライナー・ヴァール著, 野田昌吾訳） 〔00727〕

◇憲法の優位　ライナー・ヴァール著, 小山剛監訳　慶応義塾大学法学研究会　2012.11　370p　22cm（慶応義塾大学法学研究会叢書 84）〈他言語標題：Der Vorrang der Verfassung　発売：慶応義塾大学出版会〉 6000円　①978-4-7664-1997-9

内容 1 公法の50年間の発展（現代公法史は何のためにあるのか？　50年代の公法建設期　建設期後の法発展　社会の変動および新しい国家任務への回答　ヨーロッパ化と国際化―基本法の下における公法の第二期　結語）　2 立憲国家の歴史的考察（1866年までのドイツにおける立憲国家の発展　19世紀ドイツ立憲主義とワイマール時代における立憲国家性　19世紀ドイツ立憲主義における基本権の法的効果と作用）　3 憲法の優位と憲法裁判権（憲法の優位　憲法の優位と法律の独自性　憲法と家族法―やっかいな血縁関係　ヨーロッパ化、国際化と連邦憲法裁判所　国家の変遷―主権の装甲をこじ開ける） 〔00728〕

◇講座憲法の規範力　第1巻　規範力の観念と条件　ドイツ憲法判例研究会編　古野豊秋, 三宅雄彦編集代表　信山社　2013.8　256p　22cm　5600円 ①978-4-7972-1231-0

内容 憲法の規範性と実効性（ライナー・ヴァール著, 石塚壮太郎訳） 〔00729〕

ヴァルシナー, ヤーン　Valsiner, Jaan

◇新しい文化心理学の構築―〈心と社会〉の中の文化（CULTURE IN MINDS AND SOCIETIES）　ヤーン・ヴァルシナー著, サトウタツヤ監訳　新曜社　2013.1　491, 45p　22cm 〈文献あり 索引あり〉 6300円　①978-4-7885-1325-9

内容 第1章 文化へのアプローチ―文化心理学の記号的基礎　第2章 社会とコミュニティ―社会的網目の相互依存性　第3章 対立を作り出す―対話的自己と、意味形成における二重性　第4章 最小のコミュニティとしての組織―血縁集団、家族、結婚形態　第5章 文化の全体は移動のただなかにある―記号的宇宙の中の境界域の維持と横断　第6章 文化的プロセスとしての思考　第7章 行為における記号フィールド―情緒による内化/外化プロセスのガイダンス　第8章 文化心理学のための方法論―包括体系的、質的、個性記述的　結論 “心と社会”の中の文化 〔00730〕

ヴァルデツキー, ベルベル　Wardetzki, Bärbel

◇いつも気にしすぎてしまうあなたへ（NIMM'S BITTE NICHT PERSÖNLICH）　ベルベル・ヴァルデツキー著, 岡本朋子訳　サンマーク出版　2013.9　190p　19cm 〈文献あり〉 1300円 ①978-4-7631-3322-9

内容 1 どうして人は、傷つくのか（傷ついた心は、負のスパイラルにはまっている　あなたが “傷ついた” なら　あなたが “傷つけた” なら）　2 傷ついた心と上手に向き合う（傷ついたならそれを素直に認めましょう　立ち直るために何をすればいいか自分に問いかけましょう　深呼吸しましょう　運動しましょう ほか） 〔00731〕

ヴァルテール, Ph.

◇罪と贖罪の神話学―シンポジウム論文集：2011年9月―2012年1月　GRMC責任編集, 篠田知和基編　千葉　楽瑯書院　2012.3　558p　22cm 〈文献あり〉

内容 『聖ブランダンの航海』（12世紀）が描くユダの劫罰（Ph.ヴァルテール著, 渡辺浩司訳） 〔00732〕

ヴァルトルタ, マリア　Valtorta, Maria

◇主の祈り―マリア・ヴァルトルタの「手記」より　マリア・ヴァルトルタ著, 天使館編　増補第2版　伊東　天使館　2008.4　40p　15cm　300円 ①978-4-938928-42-1 〔00733〕

◇私に啓示された福音　第4 中巻（L'evangelo come mi è stato rivelato）　マリア・ヴァルトルタ著, 吉向キエ訳　伊東　天使館　2011.9　283p

ウ

19cm　1905円　①978-4-938928-47-6
内容 イエズスの公生活の第二年 つづき　〔00734〕

◇私に啓示された福音　第5 上巻（L'evangelo come mi è stato rivelato）　マリア・ヴァルトルタ著, 吉向キエ訳　伊東　天使館　2012.11　253p　19cm　1905円　①978-4-938928-49-0
内容 イエズスの公生活の第二年 つづき. イエズスの公生活の第三年　〔00735〕

◇地球上の神の国—世紀末の黙示録 手記抜粋1943-1944（I quaderni del 1943, '44（抄訳））　マリア・ヴァルトルタ著, 渡辺義愛訳　伊東　天使館　2013.6　205p　19cm　1700円　①978-4-938928-51-3　〔00736〕

◇私に啓示された福音　第4 下巻（L'evangelo come mi è stato rivelato）　マリア・ヴァルトルタ著, 吉向キエ訳　伊東　天使館　2013.10　243p　19cm　1700円　①978-4-938928-52-0
内容 イエズスの公生活の第二年 つづき　〔00737〕

ヴァールマン, ヘーリット

◇変貌する世界の緑の党—草の根民主主義の終焉か？（GREEN PARTIES IN TRANSITION）　E.ジーン・フランクランド, ポール・ルカルディ, ブノワ・リウー編著, 白井和宏訳　緑風出版　2013.9　455p　20cm　〈文献あり〉3600円　①978-4-8461-1320-9
内容 アマチュアとプロの運動家の党オランダにおける二つの緑の党（ポール・ルカルディ, ヘーリット・ヴァールマン著）　〔00738〕

ヴァルマン, ヨハネス　Wallmann, Johannes

◇ドイツ敬虔主義—宗教改革の再生を求めた人々（Der Pietismus）　ヨハネス・ヴァルマン著, 梅田与四男訳　日本キリスト教団出版局　2012.5　307, 12p　22cm　〈文献あり 索引あり〉5600円　①978-4-8184-0812-8　〔00739〕

ヴァールラーヴェンス, ハルトムート

◇日独交流150年の軌跡　日独交流史編集委員会編　雄松堂書店　2013.10　345p　29cm　〈布装〉3800円　①978-4-8419-0655-4
内容 世紀転換期の日本人によるドイツ像（ハルトムート・ヴァールラーヴェンス著, 内田賢太郎訳）〔00740〕

ヴァレラ, レリオ　Varella, Lelio

◇プロジェクト・マネジャーが知るべき97のこと（97 things every project manager should know）　Barbee Davis編, 笹井崇司訳, 神庭弘年監修　オライリー・ジャパン　2011.11　240p　21cm　〈発売：オーム社〉1900円　①978-4-87311-510-8
内容 プロジェクトはチームワーク次第（レリオ・ヴァレラ）　〔00741〕

ヴァレリー, ポール　Valéry, Paul Ambroise

◇ちくま哲学の森　2　世界を見る　鶴見俊輔, 安野光雅, 森毅, 井上ひさし, 池内紀編　筑摩書房　2011.10　440p　15cm　1200円　①978-4-480-42862-2
内容 『パンセ』の一句を主題とする変奏曲（ヴァレリー著, 安井源治訳）　〔00742〕

ヴァンアンデル, スティーブ　Van Andel, Steve

◇日本の未来について話そう—日本再生への提言（Reimagining Japan）　マッキンゼー・アンド・カンパニー責任編集, クレイ・チャンドラー, エアン・ショー, ブライアン・ソーズバーグ編著　小学館　2011.7　416p　19cm　1900円　①978-4-09-388189-0
内容 起業家と女性が拓く日本の未来（スティーブ・ヴァンアンデル著）　〔00743〕

ヴァン・ヴェルサ, エレン　Van Velsor, Ellen

◇リーダーシップ開発ハンドブック（The center for creative leadership）　C.D.マッコーレイ,R.S.モクスレイ,E.V.ヴェルサ編, 金井寿宏監訳, 嶋村伸明, リクルートマネジメントソリューションズ組織行動研究所訳　白桃書房　2011.3　463p　22cm　〈文献あり 索引あり〉4700円　①978-4-561-24546-9
内容 リーダーシップ開発についての私たちの見解 他（エレン・ヴァン・ヴェルサ, シンシア・D.マッコーレイ, ラス・S.モクスレイ著）　〔00744〕

ヴァン・ゲルダー, サラ　Van Gelder, Sarah

◇99%の反乱—ウォール街占拠運動のとらえ方（This changes everything）　サラ・ヴァン・ゲルダー, 『YES！　Magazine』編集部編, 山形浩生, 守岡桜, 森本正史訳　バジリコ　2012.1　150p　19cm　〈解説：山形浩生〉1200円　①978-4-86238-184-2
内容 ウォール街占拠がいかにすべてを変えるか　第1部 ウォール街占拠（ウォール街占拠はそもそもどのようにして始まったのか　不可能を可能にする—総意による決定　連帯原則—ウォール街占拠全体集会　民衆の力の恐ろしさ—ウォール街占拠、最初の1ケ月　「ウォール街占拠」に多様性の余地を求める　ニューヨーク市占拠宣言　指導者なし、暴力なし　世界で最も重要なこと）　第2部 何が変わるべきか（いかに不平等が社会を害し、公平さが万人の益になるか—リチャード・ウィルキンソンへのインタビュー　実体経済をウォール街から解放する6つの方法　公平な税制—3つの出発点　地球にとって優しい、生きられる賃金の仕事を作るには）　第3部 私たちには力がある（人と自然の権利を企業の権利より優先するには　仕事を片付けるために街頭に出る　希望の占拠—死者への手紙　選挙運動を支援する10の方法）〔00745〕

ヴァンザンタン, アニエス

◇学校選択のパラドックス—フランス学区制と教育の公正　園山大祐編著　勁草書房　2012.2　240p　22cm　〈索引あり〉2900円　①978-4-326-25073-8
内容 他者を選ぶ（アニエス・ヴァンザンタン著, 小林純子訳）　〔00746〕

ヴァンス, ウィリアム・A.　Vance, William A.

◇グローバル思考の英会話—イェール大学言語学博士特別セミナー　ウィリアム・A.ヴァンス著, 神田房枝監訳　DHC　2012.10　238p　19cm　〈他言語標題：English for Global Communication〉1600円　①978-4-88724-533-4

内容 第1章 これから話すことが100倍よく理解される技術(聞き手を一心不乱にさせる「利益の陳述」　会話でこそ、「ロードマップ」が冴える　「標識」の有用性に敬意を払ってみる)　第2章 優れたビジネス英会話は、ピンポイントする単語から生まれる(変化を説明できなければビジネスパーソンじゃない　原因を追究しなければビジネスパーソンである価値がない)　第3章 スピーキング上達の基本は、スタイルだ(スピーキングスタイルに注目すると、想像以上に向上する　スピーキングスタイルを変革する)　第4章 感謝される最高の聞き手になろう(リスニングを劇的に進化させる「セイバック技法」　優れた質問をするためのIQR戦術)　第5章 英語の選び方であなたとあなたの会話は成功へと導かれる(民主的な文法構造へ　名前の威力は無視できないほど絶大　グローバルビジネスの成功の鍵はポジティビティー)　〔00747〕

ヴァンダー・ウォル, T.*　Vander Wal, Thomas

◇コネクト―企業と顧客が相互接続された未来の働き方 (The Connected Company)　Dave Gray, Thomas Vander Wal著, 野村恭彦監訳, 牧野聡訳　オライリー・ジャパン　2013.7　294p　21cm　〈文献あり 索引あり　発売 ： オーム社〉2200円　①978-4-87311-619-8

内容 第1部 変化はなぜ起こったのか(つながり合う顧客　サービス経済 ほか)　第2部 コネクト型企業とは(コネクト型企業は学ぶ　コネクト型企業には目標がある ほか)　第3部 コネクト型企業の働き(複雑性との戦い　未来はポジュラー性にある ほか)　第4部 コネクト型企業の指揮(実験結果の蓄積としての戦略　コネクト型企業のリーダーとは ほか)　第5部 我々の進むべき道(つながりのリスク　コネクト化への旅の始まり)　〔00748〕

ヴァンダーカム, ジェイムズ・C.

◇古代世界におけるモーセ五書の伝承　秦剛平, 守屋彰夫編　京都　京都大学学術出版会　2011.2　427p　23cm　〈索引あり〉8400円　①978-4-87698-976-8

内容 ヨベル書とクムラン出土の関連文書におけるモーセ五書の律法の釈義(ジェイムズ・C.ヴァンダーカム著, 守屋彰夫訳)　〔00749〕

ヴァン・ハネハン, ジェームズ・P.　Van Haneghan, James P.

◇インストラクショナルデザインとテクノロジ―教える技術の動向と課題 (TRENDS AND ISSUES IN INSTRUCTIONAL DESIGN AND TECHNOLOGY(原著第3版))　R.A.リーサー, J.V.デンプシー編　京都　北大路書房　2013.9　690p　21cm　〈訳 ： 半田純子ほか　索引あり〉4800円　①978-4-7628-2818-8

内容 学習科学 ： どこから来てインストラクショナルデザイナに何をもたらすのか(クリストファー・ホードレイ, ジェームズ・P.ヴァン・ハネハン著, 椿本弥生訳)　〔00750〕

ヴァン=マーネン, マックス　Van Manen, Max

◇生きられた経験の探究―人間科学がひらく感受性豊かな〈教育〉の世界 (Researching lived experience(2nd ed.))　マックス・ヴァン=マーネン著, 村井尚子訳　ゆみる出版　2011.1　302p　21cm　〈文献あり〉3000円　①978-4-946509-45-2

内容 第1章 人間科学　第2章 生きられた経験の本質へと向かうこと　第3章 経験を我々がそれを生きるように探究すること　第4章 解釈学的現象学的反省　第5章 解釈学的現象学的に書くこと　第6章 強力に方向づけられた関係を保つこと　第7章 部分と全体を考え、研究の文脈を整える　〔00751〕

ヴァン・ライパー, ポール・K.

◇歴史と戦略の本質―歴史の英知に学ぶ軍事文化 上 (The past as prologue)　ウイリアムソン・マーレー, リチャード・ハート・シンレイチ編, 今村伸哉監訳, 小堤盾, 蔵原大訳　原書房　2011.2　290p　20cm　2400円　①978-4-562-04649-2

内容 歴史と軍事専門職との関連性～あるアメリカ人の見解(ポール・K.ヴァン・ライパー著)　〔00752〕

ヴァン・ルーン, ボリン　Van Loon, Borin

◇経済学とおともだちになろう (Introducing Economics)　デイヴィッド・オレル著, ボリン・ヴァン・ルーン絵, 望月衛訳　東洋経済新報社　2012.9　174p　21cm　〈文献あり〉1600円　①978-4-492-31429-6

内容 経済学とは？　古の貨幣　ピタゴラス　天球の和声　オイコノミコス　プラトンの『国家』　アリストテレス　対のシステム　有限対無限　アリストテレスの言葉を広める〔ほか〕　〔00753〕

ヴィアラ, アレクサンドル

◇法・制度・権利の今日的変容　植野妙実子編著　八王子　中央大学出版部　2013.3　480p　22cm　(日本比較法研究所研究叢書 87)　5900円　①978-4-8057-0586-5

内容 公の自由から基本権へ(アレクサンドル・ヴィアラ述, 石川裕一郎訳)　〔00754〕

ヴィヴェーカーナンダ, スワーミー　Vivekananda, Swami

◇カルマ・ヨーガ―働きのヨーガ (Karma yoga)　スワーミー・ヴィヴェーカーナンダ〔述〕, 〔日本ヴェーダーンタ協会〕〔訳〕　改訂版　逗子　日本ヴェーダーンタ協会　2013.2　218p　19cm　1000円　①978-4-931148-50-5　〔00755〕

◇立ち上がれ目覚めよ―スワーミー・ヴィヴェーカーナンダのメッセージ　スワーミー・ヴィヴェーカーナンダ〔述〕, 〔日本ヴェーダーンタ協会〕〔訳〕　逗子　日本ヴェーダーンタ協会　2013.6　70p　15cm　〈他言語標題 ： Arise awake　英語併記〉500円　①978-4-931148-54-3　〔00756〕

◇最高の愛 (Religion of love)　スワーミー・ヴィヴェーカーナンダ〔著〕, 日本ヴェーダーンタ協会〔訳〕　逗子　日本ヴェーダーンタ協会　2013.11　136p　19cm　900円　①978-4-931148-55-0　〔00757〕

ウィヴェル, アンデルス　Wivel, Anders

◇拡大ヨーロッパの地政学―コンステレーション理論の可能性 (The geopolitics of Euro-Atlantic integration)　ハンス・モウリッツェン, アンデルス・ウィヴェル編, 蓮見雄, 小林正英, 東野篤子

訳　文真堂　2011.5　356p　21cm　〈文献あり　索引あり〉 2900円　①978-4-8309-4703-2

内容 欧州・大西洋統合の制度的ダイナミクス 他（フィン・ラウルセン, ハンス・モウリッツェン, アンデルス・ウィヴェル著, 小林正英訳）〔00758〕

ウ

ヴィヴレ, パトリック　Viveret, Patrick

◇脱成長の道―分かち合いの社会を創る　勝俣誠, マルク・アンベール編著　コモンズ　2011.5　279p　19cm　1900円　①978-4-86187-078-1

内容 良き生活へどう変えていくか（パトリック・ヴィヴレ著）〔00759〕

ヴィガレロ, ジョルジュ　Vigarello, Georges

◇美人の歴史（Histoire de la beauté）　ジョルジュ・ヴィガレロ〔著〕, 後平澪子訳　藤原書店　2012.4　437p 図版16p　22cm　〈索引あり〉 4600円　①978-4-89434-851-6

内容 第1部 啓示される美―十六世紀（記述されるからだ、序列化されるからだ　美人の「性別」　唯一の美　顔の炎と体液）　第2部 表現力豊かな美―十七世紀（顔か胴か？　魂とフォルム　純化と圧縮のはざまで）　第3部 感じられる美―十八世紀（機能的なものの発見　個人の美しさ　引き締まるからだ、美しくなるからだ）　第4部「求められる」美―十九世紀（ロマン主義の美　人体の勝利　美しくなるための市場）　第5部 民主化された美？――一九一四‐二〇〇〇年（「現代のシルフィード」　スターに近づく　「消費のもっとも美しい対象」　「試練」としての美、現代の美）〔00760〕

ウィーガンド, ウェイン・A.　Wiegand, Wayne A.

◇メインストリートの公立図書館―コミュニティの場・読書のスペース・1876-1956年（Main street public library）　ウェイン・A.ウィーガンド著, 川崎良孝, 川崎佳代子, 福井佑介訳　京都　京都図書館情報学研究会　2012.9　314p　22cm　〈文献あり　発売：日本図書館協会〉 6000円　①978-4-8204-1212-0〔00761〕

ウィギンズ, グラント　Wiggins, Grant P.

◇理解をもたらすカリキュラム設計―「逆向き設計」の理論と方法（UNDERSTANDING by DESIGN（原著増補第2版））　G.ウィギンズ, J.マクタイ著, 西岡加名恵訳　日本標準　2012.4　434p　26cm　〈文献あり 索引あり〉 6000円　①978-4-8208-0557-1

内容「逆向き設計」　理解を理解する　ゴールを明瞭にする　理解の6側面　本質的な問い―理解への門戸　理解を形づくる　評価者のように考える　規準と妥当性　学習のための計画　理解のための指導　設計プロセス　全体的展望―カリキュラムの枠組みとしてのUbD　「なるほど、しかし……」〔00762〕

ウィーグ, E.*　Wiig, Elisabeth H.

◇WISC-IVの臨床的利用と解釈（WISC-IV clinical use and interpretation）　アウレリオ・プリフィテラ, ドナルド・H.サクロフスキー, ローレンス・G.ワイス編, 上野一彦監訳, 上野一彦, バーンズ亀山静子訳　日本文化科学社　2012.5　592p　22cm　〈文献あり〉 ①978-4-8210-6366-6

内容 言語障害（Elisabeth H.Wiig著, 上野一彦訳）〔00763〕

ウィーク, J.*　Weeke, John R.

◇動機づけ面接法　応用編（Motivational interviewing（2nd edition））　ウイリアム・R.ミラー, ステファン・ロルニック編, 松島義博, 後藤恵, 猪野亜朗訳　星和書店　2012.9　291p　21cm　〈文献あり〉 3200円　①978-4-7911-0817-6

内容 刑事司法領域の人々と動機づけ面接法（Joel I.D. Ginsburg, Ruth E.Mann, Frederick Rotgers, John R.Weeke）〔00764〕

ウィークス, マーカス

◇哲学大図鑑（The philosophy book）　ウィル・バッキンガムほか著, 小須田健訳　三省堂　2012.2　352p　25cm　〈索引あり〉 3800円　①978-4-385-16223-2

内容 古代世界―紀元前700年～後250年　中世世界―250年～1500年　ルネサンスと理性の時代―1500年～1750年　革命の時代―1750年～1900年　現代世界―1900年～1950年　現代哲学―1950年～現在〔00765〕

◇心理学大図鑑（The Psychology Book）　キャサリン・コーリンほか著, 小須田健訳, 池田健用語監修　三省堂　2013.2　352p　25cm　〈索引あり〉 3800円　①978-4-385-16224-9

内容 哲学的ルーツ―心理学の形成過程　行動主義―環境への反応　心理療法―無意識裡に決定された行動　認知心理学―計算する脳　社会心理学―他者世界内存在　発達心理学―幼児から成人へ　差異心理学―人格と知能〔00766〕

ウィークス, マレー

◇子どもの社会的ひきこもりとシャイネスの発達心理学（THE DEVELOPMENT OF SHYNESS AND SOCIAL WITHDRAWAL）　ケネス・H.ルビン, ロバート・J.コプラン編, 小野善郎訳　明石書店　2013.8　363p　22cm　5800円　①978-4-7503-3873-6

内容 小児期の非社交性と孤独を好む傾向（ロバート・J.コプラン, マレー・ウィークス著）〔00767〕

ウィクストラム, パーオロフ・H.　Wikström, Per-Olof H.

◇犯罪学研究―社会学・心理学・遺伝学からのアプローチ（The Explanation of Crime）　パーオロフ・H.ウィクストラム, ロバート・J.サンプソン編著, 松浦直己訳　明石書店　2013.8　338p　22cm　6000円　①978-4-7503-3878-1

内容 個人、状況背景、犯罪行為（パーオロフ・H.ウィクストラム著）〔00768〕

ヴィクトリア州精神分析的精神療法家協会

◇日常の援助場面における精神分析的アプローチ―地域精神保健の現場で働く援助者のための入門書　オーストラリアヴィクトリア州精神分析的精神療法家協会著, 勝又陽太郎, 川西智也, 福原俊太郎訳　小平　国立精神・神経医療研究センター精神保健研究所自殺予防総合対策センター　2010.11　42p　30cm　（自殺予防総合対策センターブックレット no.7）〔00769〕

ヴィクトル, ジャン - クリストフ　Victor, Jean-Christophe

◇地図で読む世界情勢　〔2012-1〕　激変する経済とEU危機（LE DESSOUS DES CARTES, ITINÉRAIRES GÉOPOLITIQUES）　ジャン-クリストフ・ヴィクトル著, 鳥取絹子訳　河出書房新社　2012.8　108p　26cm　1700円　①978-4-309-22579-1

内容 第1部 新しい世界秩序の未来（変化する「力の分配」（西欧—沈みゆく太陽　アメリカ合衆国—それでも大国に変わりなし　危機に瀕するヨーロッパ　影響力を探るロシア　日本—足かせをはめられた大国　自信をつけた大国、中国　実用主義の大国、インド　大国になりつつあるブラジル　激動するアフリカ　激変に沸きたつ地中海沿岸諸国　大国が狙う戦略の地、東南アジア）　世界の力関係を左右する経済（一変した豊かさ　ブレトン・ウッズ協定後の世界統治システム　足かせのない自由な貿易　熾烈な通貨戦争　非難される租税回避地）　環境問題は人類の挑戦（エコロジカル・フットプリント　陸地と海—おびやかされる資源　エネルギー問題は方向転換を迫られている　気候変動に翻弄される世界））　〔*00770*〕

◇地図で読む世界情勢　〔2012-2〕　情報革命と新しい国境（LE DESSOUS DES CARTES, ITINÉRAIRES GÉOPOLITIQUES）　ジャン-クリストフ・ヴィクトル著, 鳥取絹子訳　河出書房新社　2012.8　116p　26cm　〈索引あり〉　1700円　①978-4-309-22580-7

内容 第2部 世界の暴力（終わりなき戦争状態—戦争中の国々　人間の安全保障）　第3部 国境を越えた新しい領土の出現（流動する世界　混ざりあう世界　地政学の新しい空間）　〔*00771*〕

ウィークランド, ジョン・H.　Weakland, John H.

◇変化の原理—問題の形成と解決（Change）　ポール・ワツラウィック, ジョン・H.ウィークランド, リチャード・フィッシュ著, 長谷川啓三訳　新装版　法政大学出版局　2011.11　221, 14p　20cm　（りぶらりあ選書）　〈索引あり　文献あり〉　2700円　①978-4-588-02303-3

内容 第1部 持続と変化（理論的な見通し　実践的な見通し）　第2部 問題形成（「同じことの繰返し」もしくは解決が問題になってしまう時　極端な問題軽視　ユートピア・シンドローム　パラドクス）　第3部 問題解決（第二次変化　リフレイミング技法　変化の実践　変化の実践—事例検討　さらなる見通し）　〔*00772*〕

◇解決が問題である—MRIブリーフセラピー・センターセレクション（Focused problem resolution）　リチャード・フィッシュ, ウェンデル・A.レイ, カリン・シュランガ編, 小森康永監訳　金剛出版　2011.12　349p　20cm　4800円　①978-4-7724-1226-1

内容 家族療法家らしくない人々について（一九七二）他（リチャード・フィッシュ, ポール・ワツラウィック, ジョン・H.ウィークランド, アーサー・ボーディン）　〔*00773*〕

ヴィーコ, ジャンバッティスタ　Vico, Giovanni Battista

◇自伝（Vita di Giambattista Vico scritta da se medesimo）　ジャンバッティスタ・ヴィーコ著, 上村忠男訳　平凡社　2012.8　358p　16cm　（平凡社ライブラリー 768）　1500円　①978-4-582-76768-1

内容 第1部 本人の書いたジャンバッティスタ・ヴィーコの生涯（一七二五 - 二八年）　第2部『自伝』へのヴィーコによる追加（一七三一年）　第3部 ヴィッラローザ侯爵による補記（一八一八年）　付録1 望みを絶たれた者の想い（一六九三年）　付録2 英雄的知性について（一七三二年）　〔*00774*〕

ヴィゴツキー, L.S.　Vygotskiĭ, Lev Semenovich

◇「人格発達」の理論—子どもの具体心理学　ヴィゴツキー著, 土井捷三, 神谷栄司監訳, 土井捷三, 神谷栄司, 伊藤美和子, 西本有逸, 竹岡志朗, 堀村志をり訳　大津　三学出版　2012.11　301p　21cm　2700円　①978-4-903520-73-5

内容 1 児童学的な年齢の概念　2 子どもの発達の年齢的時期区分の問題　3 年齢期の構造とダイナミクス　4 年齢期の問題と発達診断学—発達の最近接領域　5 三歳と七歳の危機　6 移行期のネガティヴな相——三歳の危機　7 就学前期—子どもの心理発達における遊びとその役割　8 学齢期　9 学童の思考　10 児童学における環境の問題　11 人間の具体心理学　〔*00775*〕

ウィザーレル, キャロル・スミス

◇成人のナラティヴ学習—人生の可能性を開くアプローチ（NARRATIVE PERSPECTIVES ON ADULT EDUCATION）　マーシャ・ロシター, M.キャロリン・クラーク編, 立田慶裕, 岩崎久美子, 金藤ふゆ子, 佐藤智子, 荻野亮吾訳　福村出版　2012.10　161p　22cm　〈索引あり〉2600円　①978-4-571-10162-5

内容 ナラティヴを構成し、空間を開く：対話を通じた異文化とジェンダーの探究（キャロル・スミス・ウィザーレル著, 金藤ふゆ子訳）　〔*00776*〕

ウィージ, カール　Wiese, Carl

◇コラボレーション革命—あなたの組織の力を引き出す10のステップ（THE COLLABORATION IMPERATIVE）　ロン・リッチ, カール・ウィージ著, シスコシステムズ合同会社執行役員会訳監修　日経BP社　2013.2　247p　22cm　〈索引あり　発売：日経BPマーケティング〉1800円　①978-4-8222-6276-1

内容 コラボレーション、それが重要だ—今、取り組むべき理由　第1部 カルチャー（トップこそ最大の推進者—ゴールを共有するカルチャーを醸成する　コミュニケーションの真髄をつかむ—組織を「信頼できる伝達者」の集まりに）　第2部 プロセス（共通言語を確立して全員を巻き込む—チームの方向性を一致させビジョンに邁進させる　「信頼と責任」があるチームを素早く作る—「チームチャーター」を書く　時間の無駄遣いをやめる—目的を明確にして会議の質を向上）　第3部 テクノロジー（ツールボックスを開く—適切なテクノロジーポートフォリオで戦略を支える　成果を出せる8領域—変革する業務を特定する　投資対効果の測り方—3種類のROIを理解する ほか）　〔*00777*〕

ウィシャート, トレヴァー　Wishart, Trevor

◇音あそびするものよっといで（Sounds Fun, Sounds Fun 2）　トレヴァー・ウィシャート著, 坪能由紀子, 若尾裕共訳　音楽之友社　2012.8　94p　20cm　〈「音あそびするものよっといで」1巻、2巻（1987年刊）の合本・改訂〉2200円

①978-4-276-31314-9
内容 第1部（ハロー・ゲーム　手拍子まわし　パートナーさがし　エコー　穴うめゲーム ほか）　第2部（ハエぶんぶん　パーキング　メロディーの輪　モティーフを使って　物まね鳥 ほか）〔00778〕

ウ

ヴィシュワナータン, ゴウリ
◇宗教概念の彼方へ　磯前順一, 山本達也編　京都　法蔵館　2011.9　445p　21cm 〈他言語標題 ： Beyond the Concept of Religion〉 5000円 ①978-4-8318-8174-8
内容 異議申し立てとしての宗教研究（ゴウリ・ヴィシュワナータン述, 磯前順一聞き手, 磯前順一, 山本達也訳）〔00779〕

ヴィシュワナータン, マドゥ
◇BOPビジネス市場共創の戦略（Next generation business strategies for the base of the pyramid）スチュアート・L.ハート, テッド・ロンドン編著, 清川幸美訳　英治出版　2011.8　347p　20cm　2200円 ①978-4-86276-111-8
内容 ミクロレベルで市場を理解する（マドゥ・ヴィシュワナータン著）〔00780〕

ヴィステンドール, マーラ　Hvistendahl, Mara
◇女性のいない世界―性比不均衡がもたらす恐怖のシナリオ（UNNATURAL SELECTION）マーラ・ヴィステンドール著, 大田直子訳　講談社　2012.6　333p　19cm　2200円 ①978-4-06-216018-6
内容 第1部「どこのうちも男の子ばかり」（人口統計学者親　経済学者 ほか）　第2部 素晴らしい構想（学生　惨事の予言者　遺伝学者 ほか）　第3部「女性のいない世界」（花嫁　売春婦　独身男性 ほか）〔00781〕

ヴィターレ, ジョー　Vitale, Joseph G.
◇奇跡を起こす目覚めのレッスン―願いが叶う「4つのステージ」（The awakening course）ジョー・ヴィターレ著, 住友進訳　サンマーク出版　2011.6　350p　20cm　2000円 ①978-4-7631-3157-7
内容 1「目覚め」とはいったい何か？　2 第一のレッスン「犠牲者意識」　3 第二のレッスン「自覚」　4 第三のレッスン「ゆだねる」　5 第四のレッスン「目覚め」　6 インタビュー「目覚めたミリオネア」　7 プログラム「目覚めた人間関係」〔00782〕

ウィチャー, オリーヴ　Whicher, Olive
◇空間・反空間のなかの植物　ジョージ・アダムス, オリーヴ・ウィチャー著, 石井秀治訳　那須塩原　耕文舎　2013　262p　26cm （耕文舎叢書 7）〈発売 ： イザラ書房（〔上里町（埼玉県）〕）〉 3200円 ①978-4-7565-0122-6
内容 シュートの身振り．原空間形態．物質空間とエーテル空間．シュートのエーテル空間．放射的形態形成と周縁的形態形成．根とシュート．花の世界〔00783〕

ヴィッカーズ, ジョン
◇世界は考える　野中邦子訳　土曜社　2013.3　189p　19cm （プロジェクトシンジケート叢書 2）〈文献あり〉 1900円 ①978-4-9905587-7-2
内容 銀行論争、終わりの始まり（ジョン・ヴィッカーズ著）〔00784〕

ヴィッサー, ヤン　Visser, Jan
◇インストラクショナルデザインとテクノロジ―教える技術の動向と課題（TRENDS AND ISSUES IN INSTRUCTIONAL DESIGN AND TECHNOLOGY（原著第3版））R.A.リーサー, J.V.デンプシー編　京都　北大路書房　2013.9　690p　21cm 〈訳 ： 半田純子ほか　索引あり〉 4800円 ①978-4-7628-2818-8
内容 世界を1つにするための複雑な課題に向かいあう学習の開発（ヤン・ヴィッサー著, 渡辺雄貴訳）〔00785〕

ヴィッサー, リヒャルト　Wisser, Richard
◇責任―人間存在の証　リヒャルト・ヴィッサー〔著〕, 平野明彦, 中山剛史, 町田輝雄, 皆見浩史訳　松戸　理想社　2012.9　366p　22cm　4000円 ①978-4-650-10545-2
内容 1 問題の概観（責任について―序言に代えて　責任の人間学的根拠　責任の諸次元）　2 思考様式および行為の様態としての責任―三つの例（責任を自覚した変化。物理学‐哲学‐政治‐宗教　思索の道としての問うこと　責‐任のある人間であること）　3 人間存在の本質としての責任（人間への問い　すべての人間の完全な無責任性と無垢を唱えるニーチェの教説　「人間とは何か」という問いへの責任ある回答）〔00786〕

ウィッティントン, リチャード　Whittington, Richard
◇実践としての戦略―新たなパースペクティブの展開（STRATEGY AS PRACTICE）G.ジョンソン, A.ラングレィ, L.メリン, R.ウィッティントン著, 高橋正泰監訳, 宇田川元一, 高井俊次, 間嶋崇, 歌代豊訳　文真堂　2012.3　20, 334p　21cm 〈文献あり 索引あり〉 3500円 ①978-4-8309-4756-8
内容 第1部（実践としての戦略パースペクティブへの招待　実践的な理論　戦略の実践を研究する）　第2部 事例研究（構造化への契機としての技術―CTスキャナーがもたらす放射線科の社会構造への影響　急速に変化する環境における迅速な戦略的意思決定　合理性の再考―組織が取り組む調査や研究に隠された目的　戦略転換の始動におけるセンスメーキングとセンスギビング　教育としての事業計画―変化する制度フィールドにおける言語とコントロール　生きられた経験としての戦略化と戦略の方向性を決定しようとする戦略担当者たちの日常の取組み　組織変革とミドルマネジャーのセンスメーキング　戦略クラフティングにおけるメタファーから実践まで）　第3部（総括）〔00787〕

ウィッテルン, クリスティアン　Wittern, Christian
◇人文学と電子編集―デジタル・アーカイヴの理論と実践（ELECTRONIC TEXTUAL EDITING）ルー・バーナード, キャサリン・オブライエン・オキーフ, ジョン・アンスワース編, 明星聖子, 神崎正英監訳　慶応義塾大学出版会　2011.9　503p　21cm　4800円 ①978-4-7664-1774-6
内容 書字システムと文字表現（クリスティアン・ウィッテルン）〔00788〕

ウィットゥロー, スティーヴ　Whitlow, Steve

◇さいこうのクリスマスプレゼント　ジュリエット・デイヴィッドぶん, スティーヴ・ウィットゥローえ, サンパウロ訳　サンパウロ　2012.9　1冊（ページ付なし）　17×17cm　800円　①978-4-8056-3619-0　〔00789〕

ウィットフィールド, ジョン　Whitfield, John

◇あなたの仕事も人生も一瞬で変わる評判の科学（People Will Talk）　ジョン・ウィットフィールド著, 千葉啓恵訳　中経出版　2013.4　322, 12p　19cm　〈文献あり〉1600円　①978-4-8061-4344-4

内容 成功者を真似すれば評判は落ちない　観衆によって行動が決まり、評判も決まる　集団の結束力が評判を左右する　評判に忍び寄る影―ゴシップという落とし穴　評判を上下させる感情行動は「恥」と「誇り」　評判の影響力―人を殺しても評判が上がる理由　自分の評判を維持する方法―鳥や小魚でさえ自分をコントロールする　人は評判を感じながら行動を決めている　評判を蝕むうわさの効果　給料が良ければ評判を気にしない人々　ウェブで評判が加速する　人間は評判によって永遠に右往左往する　〔00790〕

ウィットルゼー, ダーウェント

◇新戦略の創始者―マキアヴェリからヒトラーまで 下（Makers of modern strategy）　エドワード・ミード・アール編著, 山田積昭, 石塚栄, 伊藤博邦訳　原書房　2011.3　366p　20cm　〈1979年刊の増補、新版　索引あり〉2800円　①978-4-562-04675-1

内容 地政学者―ハウスホーファー（ダーウェント・ウィットルゼー著, 石塚栄訳）　〔00791〕

ヴィッピヒ, ロルフ＝ハラルド

◇日独交流150年の軌跡　日独交流史編集委員会編　雄松堂書店　2013.10　345p　29cm　〈布装〉3800円　①978-4-8419-0655-4

内容 ドイツ東洋文化研究会 他（スヴェン・サーラ, クリスティアン・W.シュパング, ロルフ＝ハラルド・ヴィッピヒ著, 幅山美和子訳）　〔00792〕

ヴィッラルバ, ブルーノ

◇変貌する世界の緑の党―草の根民主主義の終焉か？（GREEN PARTIES IN TRANSITION）　E.ジーン・フランクランド, ポール・ルカルディ, ブノワ・リウー編著, 白井和宏訳　緑風出版　2013.9　455p　20cm　〈文献あり〉3600円　①978-4-8461-1320-9

内容 「フランス緑の党」制限された状況下で変化した運動家の文化と実践（ブルーノ・ヴィッラルバ著）　〔00793〕

ウィティングトン, ジョン　Whitington, John

◇PDF構造解説（PDF Explained）　John Whitington著, 村上雅章訳　オライリー・ジャパン　2012.5　225p　21cm　〈執筆協力：古籏一浩, 千住治郎　索引あり　発売：オーム社〉2200円　①978-4-87311-549-8

内容 1章 はじめに　2章 簡単なPDFファイルの作成　3章 ファイル構造　4章 ドキュメント構造　5章 グラフィックス　6章 テキストとフォント　6.5章 日本語の取り扱い　7章 ドキュメントのメタデータとナビゲーション　8章 ドキュメントの暗号化　9章 pdftkを用いた作業　10章 PDFソフトウェアと参考文献　付録A JavaScriptの埋め込み　付録B 電子書籍に便利なツール集　〔00794〕

ヴィートー, リチャード・H.K.　Vietor, Richard H.K.

◇ハーバードの「世界を動かす授業」―ビジネスエリートが学ぶグローバル経済の読み解き方　リチャード・H.K.ヴィートー, 仲条亮子共著　徳間書店　2012.3　331p　15cm　（徳間文庫）　629円　①978-4-19-893524-5

内容 序 世界の動きをいかに読み解くか　第1章 国が発展するための8つの軌道　第2章 アジアの高度成長　第3章 挟まって身動きがとれない国々　第4章 資源に依存する国々　第5章 欧州連合という試み　第6章 巨大債務に悩む富裕国　第7章 国の競争力とは何か　第8章 私たちのミッション　〔00795〕

ヴィトキーヌ, アントワーヌ　Vitkine, Antoine

◇ヒトラー『わが闘争』がたどった数奇な運命（Mein Kampf, histoire d'un livre）　アントワーヌ・ヴィトキーヌ著, 永田千奈訳　河出書房新社　2011.5　294p　20cm　2800円　①978-4-309-22546-3

内容 第1部 戦前篇―ナチスのバイブル『わが闘争』（刊行のいきさつ　アドルフ・ヒトラーの思惑　『わが闘争』が総統をつくった　第三帝国の頂点へ　翻訳版の登場　隣国フランスの不安　ドイツの偽装工作、フランスの混乱　第二次世界大戦）　第2部 戦後篇―終わりなき『わが闘争』（戦争責任の所在―ドイツ人と『わが闘争』　発禁措置の限界　ドイツの亡霊　アジアからイスラムへ　トルコのベストセラー）　〔00796〕

ウィトゲンシュタイン, ルートヴィッヒ　Wittgenstein, Ludwig

◇透明な沈黙―哲学者ウィトゲンシュタインの言葉×新世界『透明標本』　ウィトゲンシュタイン〔著〕, 鬼界彰夫訳, 冨田伊織透明標本　青志社　2010.8　159p　22cm　〈年譜あり〉1800円　①978-4-903853-98-7

内容 透明な沈黙. 真理と生. 哲学と思考. いまある理性. 未来へ　〔00797〕

◇ウィトゲンシュタインからの書簡集―「追想の記」と共に（Letters from Ludwig Wittgenstein with a memoir）　ウィトゲンシュタイン〔著〕, パウル・エンゲルマン〔編著〕, 岡田征弘訳注　〔出版地不明〕　〔岡田征弘〕　〔2011〕　262枚　26cm　（数理哲学へのきっかけ論集 4）　〈表紙のタイトル：ウイットゲンシュタインからの書簡集　1993年刊の改訳版　著作目録あり〉　〔00798〕

◇ちくま哲学の森 2 世界を見る　鶴見俊輔, 安野光雅, 森毅, 井上ひさし, 池内紀編　筑摩書房　2011.10　440p　15cm　1200円　①978-4-480-42862-2

内容 哲学の正しい方法（ヴィトゲンシュタイン著, 坂井秀寿訳）　〔00799〕

◇ルートヴィッヒ・ウィトゲンシュタイン『1914-1916年の備忘録』（Notebooks 1914-1916）　ルートヴィッヒ・ウィトゲンシュタイン〔著〕,

ウ

G.H.フォン・ウリクト,G.E.M.アンスコム共編, G.E.M.アンスコム独一英訳, 岡田征弘訳 〔出版地不明〕 〔岡田征弘〕 〔2013〕 380枚 26cm （数理哲学へのきっかけ論集 5） 〔00800〕

◇哲学探究（PHILOSOPHISCHE UNTERSUCHUNGEN） ルートヴィヒ・ヴィトゲンシュタイン〔著〕, 丘沢静也訳 岩波書店 2013.8 467p 20cm 3300円 ①978-4-00-024041-3 〔00801〕

◇ウィトゲンシュタインの講義―ケンブリッジ1932-1935年 アリス・アンブローズとマーガレット・マクドナルドのノートより（WITTGENSTEIN'S LECTURES） ウィトゲンシュタイン〔述〕, アリス・アンブローズ編, 野矢茂樹訳 講談社 2013.10 546p 15cm （講談社学術文庫 2196） 〈勁草書房 1991年刊の再刊 索引あり〉 1500円 ①978-4-06-292196-1

内容 第1部 哲学 ウィトゲンシュタインの講義（一九三二 - 一九三三年） 第2部 黄色本（抜粋） 第3部 ウィトゲンシュタインの講義（一九三四 - 一九三五年） 第4部 数学者のための哲学 ウィトゲンシュタインの講義（一九三二 - 一九三三年） 〔00802〕

ヴィートヘルター, ルードルフ

◇結果志向の法思考―利益衡量と法律家的論証（Entscheidungsfolgen als Rechtsgrunde） グンター・トイブナー編, 村上淳一, 小川浩三訳 東京大学出版会 2011.9 236p 22cm 〈索引あり〉 4800円 ①978-4-13-031185-4

内容 法における論証について（ルードルフ・ヴィートヘルター著） 〔00803〕

ウィドマー, テッド Widmer, Edward L.

◇ジョン・F.ケネディ ホワイトハウスの決断―ケネディ・テープ50年後明かされた真実（LISTENING IN） テッド・ウィドマー編集 世界文化社 2013.11 413p 22cm 〈訳：鈴木淑美ほか 文献あり〉 2400円 ①978-4-418-13232-4 〔00804〕

ウィドマー, デビッド Wiedemer, John David

◇いますぐアメリカ発の金融大崩壊に備えよ―忍び寄る最悪危機（AFTERSHOCK） デビッド・ウィドマー, ロバート・A.ウィドマー, シンディ・スピッツァー著, 峯村利哉訳 徳間書店 2012.4 333p 19cm 1800円 ①978-4-19-863392-9

内容 第1部 初めはバブルクエーク、次はアフターショック（アメリカのバブルエコノミー 第1段階：バブルクエーク―最初に弾けた4つのバブル「住宅」「株式」「個人債務」「消費」 薬が毒になる：迫り来る危険なインフレ 第2段階：アフターショック―次なる危機「ドル」と「政府債務」 世界規模のマネー・メルトダウン―これはアメリカだけでなく、世界のバブルだ） 第2部 アフターショックがもたらす危機と利益（自分の資産を守る方法 混沌の中で富を築く最適な投資法 アフターショック期の雇用とビジネス 問題解決の第一歩は問題を理解すること 私たちの予想は的確なのに、なぜ人々は反感を持つのか？） 〔00805〕

ウィドマー, ロバート・A. Wiedemer, Robert A.

◇いますぐアメリカ発の金融大崩壊に備えよ―忍び寄る最悪危機（AFTERSHOCK） デビッド・ウィドマー, ロバート・A.ウィドマー, シンディ・スピッツァー著, 峯村利哉訳 徳間書店 2012.4 333p 19cm 1800円 ①978-4-19-863392-9

内容 第1部 初めはバブルクエーク、次はアフターショック（アメリカのバブルエコノミー 第1段階：バブルクエーク―最初に弾けた4つのバブル「住宅」「株式」「個人債務」「消費」 薬が毒になる：迫り来る危険なインフレ 第2段階：アフターショック―次なる危機「ドル」と「政府債務」 世界規模のマネー・メルトダウン―これはアメリカだけでなく、世界のバブルだ） 第2部 アフターショックがもたらす危機と利益（自分の資産を守る方法 混沌の中で富を築く最適な投資法 アフターショック期の雇用とビジネス 問題解決の第一歩は問題を理解すること 私たちの予想は的確なのに、なぜ人々は反感を持つのか？） 〔00806〕

ヴィドマイアー, リタ

◇ライプニッツ研究 創刊号 日本ライプニッツ協会編 日本ライプニッツ協会 2010.12 182p 21cm 〈他言語標題：Studia Leibnitiana Japonica 文献あり〉 1200円

内容 ライプニッツの中国布教論（リタ・ヴィドマイアー著, 来栖哲明訳） 〔00807〕

ウィートリー, マーガレット・J. Wheatley, Margaret J.

◇「対話」がはじまるとき―互いの信頼を生み出す12の問いかけ（Turning to one another） マーガレット・J.ウィートリー著, 浦谷計子訳 英治出版 2011.3 253p 19cm 〈文献あり〉 1600円 ①978-4-86276-102-6

内容 第1部 みんなで向かいあって（未来に希望を取り戻せますか？ いま、何を信じていますか？ シンプルなプロセス 人間の対話のシンプルさ ほか） 第2部 一息ついて振り返ってみましょう 第3部 対話のきっかけ（人間らしく生きたいと感じていますか？ 未来における役割は何ですか？ 他人を信じていますか？ 何に目を向けていますか？ ほか） 〔00808〕

ウィニコット, ドナルド・W. Winnicott, Donald Woods

◇子どもの治療相談面接（Therapeutic consultations in child psychiatry） D.W.ウィニコット著, 橋本雅雄, 大矢泰士監訳 新版 岩崎学術出版社 2011.11 393p 21cm 〈索引あり 文献あり 初版（1987年刊）のタイトル：子どもの治療相談〉 4800円 ①978-4-7533-1036-4

内容 症例1 イーロ9歳9カ月 症例2 ロビン5歳 症例3 イライザ7歳半 症例4 ボブ6歳 症例5 ロバート9歳 症例6 ローズマリー10歳 症例7 アルフレッド10歳 症例8 チャールズ9歳 症例9 アシュトン12歳 症例10 アルバート7歳9カ月〔ほか〕 〔00809〕

◇母子臨床の精神力動―精神分析・発達心理学から子育て支援へ（Parent-infant psychodynamics） ジョーン・ラファエル - レフ編, 木部則雄監訳, 長沼佐代子, 長尾牧子, 坂井直子, 金沢聡子訳 岩崎学術出版社 2011.11 368p 22cm 〈索引あり〉 6600円 ①978-4-7533-1032-6

内容 子どもの発達における母親と家族の鏡役割（ドナ

ルド・ウィニコット著, 木部則雄訳）〔00810〕

ヴィーニンガー, ヨハネス

◇小シーボルトと日本の考古・民族学の黎明　ヨーゼフ・クライナー編　同成社　2011.1　322p　22cm　7000円　①978-4-88621-546-8

内容 あるコレクションの一生（ヨハネス・ヴィーニンガー著, ヨーゼフ・クライナー訳）〔00811〕

ウィノグラッド, モーリー　Winograd, Morley

◇アメリカを変えたM（ミレニアル）世代―SNS・YouTube・政治再編（Millennial makeover）　モーリー・ウィノグラッド, マイケル・D.ハイス〔著〕, 横江公美監訳　岩波書店　2011.4　320p　20cm　〈タイトル：アメリカを変えたM世代　文献あり〉3200円　①978-4-00-022056-9

内容 第1部 アメリカ政治とM世代の誕生（世代の変化と政治大変革　M世代を紹介しよう　M世代が再編の先陣を切る）　第2部 新しい時代の始まり（政治再編が始まる　古い政治なんていらない―母乳がなくても育つもの　テクノロジーの津波　ソーシャル・ネットワークが政治マップを塗り替える　テクノロジーで武装する競争に勝利する）　第3部 新しいアメリカ政治の展望（新しいアメリカを始動させる　誰が誰とパーティーする？　誰が再編をリードするか？　市民社会インフラを再構築する　M世代時代の政策）〔00812〕

ウィフテルレ, オットー　Wichterle, Otto

◇オットー・ウィフテルレ回想録　オットー・ウィフテルレ著, 槇敦子訳　〔出版地不明〕　佐多保彦　2010.9　252p　26cm〔00813〕

ヴィマー, オットー　Wimmer, Otto

◇図説聖人事典（Kennzeichen und Attribute der Heiligen）　オットー・ヴィマー著, 藤代幸一訳　八坂書房　2011.12　382p 図版24枚　22cm　〈索引あり　文献あり〉4800円　①978-4-89694-988-9

内容 第1部 聖人篇　第2部 シンボル・アトリビュート篇〔00814〕

ヴィラ・ヴィセンシオ, チャールズ　Villa-Vicencio, Charles

◇南アフリカの指導者、宗教と政治を語る―自由の精神、希望をひらく（The spirit of freedom）　チャールズ・ヴィラ・ヴィセンシオ著, 北島義信監訳　本の泉社　2012.8　431p　22cm　（正泉寺国際宗教文化研究所研究叢書 1）　3500円　①978-4-7807-0664-2

内容 ネヴィル・アレクサンダー―神の実在を仮定することの不要性　レイ・アレクサンダー―究極の労働組合主義者　フランツ・アウアーバッハ―ユダヤ系人道主義者　シェリル・カルロス―政治ではなく闘争　フランク・チカネ―霊性と闘争　シーナ・ダンカン―喜びにおそわれて　イラ・ガンディー―ヒンドゥー教徒であり、社会主義者であること　ナディン・ゴーディマー―作家という天職　クリス・ハニ―僧侶といってもいいほどの人物、クリス・ハニ　トレヴァー・ハドルストン―マカリピレ 恐れを知らない人物〔ほか〕〔00815〕

ウィリアムス, アンドリュー　Williams, Andrew

◇紛争と開発（Conflict and development）　ロジャー・マクギンティー, アンドリュー・ウィリアムス著, 阿曽村邦昭訳　たちばな出版　2012.2　511p　20cm　（日本国際フォーラム叢書）〈文献あり〉4200円　①978-4-8133-2415-7

内容 第1章 貧困、金銭的利益および暴力的紛争の政治経済学　第2章 機構・ハードウエアとソフトウエア　第3章 民衆・参加、市民社会およびジェンダー　第4章 紛争の解決、転換、和解および開発　第5章 紛争後の復興と開発　第6章 開発、援助および暴力的紛争〔00816〕

ウィリアムズ, イゾベル

◇世界探検家列伝―海・河川・砂漠・極地、そして宇宙へ（The great explorers）　ロビン・ハンベリーテニソン編著, 植松靖夫訳　悠書館　2011.9　303p　26cm　〈文献あり 索引あり〉9500円　①978-4-903487-49-6

内容 エドワード・ウィルソン―科学者・医師・博物学者・藝術家（イゾベル・ウィリアムズ）〔00817〕

ウィリアムズ, エマ　Williams, Emma

◇アンガーコントロールトレーニング―怒りを上手に抑えるためのステップガイド（Anger Control Training）　エマ・ウィリアムズ, レベッカ・バロウ著, 壁屋康洋, 下里誠二, 黒田治訳　軽装版　星和書店　2012.8　55, 110, 36p　26cm　〈文献あり〉2800円　①978-4-7911-0815-2〔00818〕

ウィリアムズ, ジェイソン　Williams, Jason

◇トレーダーのメンタルエッジ―自分の性格に合うトレード手法の見つけ方（The Mental Edge in Trading）　ジェイソン・ウィリアムズ著, 長尾慎太郎監修, 井田京子訳　パンローリング　2013.10　286p　22cm　（ウィザードブックシリーズ 210）　3800円　①978-4-7759-7177-2

内容 人間の心―概論　脳はどのようにして心を生み出すのか　脳の構造に関する基礎知識　精神生活を解釈するための4つの視点　性格特性の概論　性格はどこから来るのか　性格検査　改正NEO性格検査の概要　五因子モデルの詳細　性格の30のファセット〔ほか〕〔00819〕

ウィリアムズ, ジェニー（教育）　Williams, Jenny

◇ギークマム―21世紀のママと家族のための実験、工作、冒険アイデア（GEEK MOM）　Natania Barron,Kathy Ceceri,Corrina Lawson,Jenny Williams著, 堀越英美, 星野靖子訳　オライリー・ジャパン　2013.10　278p　21cm　（Make Japan Books）〈発売：オーム社〉2200円　①978-4-87311-636-5

内容 1章 コミック・ヒーロー編 スーパーヒーローに！おれはなるっ!!―空想の世界への序章　2章 知育・家庭教育編 初歩的なことだよ、ワトソン君―子どもの自然な好奇心は学びへの第一歩　3章 IT・ゲーム編 抵抗は無意味だ―マルチタスクなママたちはデジタル革命の最先端　4章 科学・実験編 ときめきサイエンス―科学を親子で楽しもう　5章 料理編 ギーク一家、食を究める―料理とは工夫と精進　6章 手芸・工芸編 裁てよ国民！ ギークなハンドクラフト大集合 伝統手工芸を未知の領域へ〔00820〕

ウ

ウィリアムズ, ジュディ　Williams, Judy
◇いじめの罠にさようなら―クラスで取り組むワークブック 安全な学校をつくるための子ども間暴力防止プログラム（No Fishing Allowed）　キャロル・グレイ, ジュディ・ウィリアムズ著, 田中康雄監修, 小川真弓訳　明石書店　2013.12　119p　21cm　〈文献あり〉1500円　①978-4-7503-3937-5　〔00821〕

ウィリアムス, ジョフリー　Williams, Geoffrey
◇適性・適職発見テスト　ジェームス・バレット, ジョフリー・ウィリアムス共著, 本明寛, 織田正美訳　一ツ橋書店　2011.6　128p　19cm　900円　①978-4-565-13035-8
内容 1 適性テスト（論理的思考力　言語的思考力　数的思考力　抽象的思考力　技術的能力　事務的能力）　2 採点とテスト結果（採点の仕方　適性プロフィール　テスト結果の解釈　次の段階へ）　3 パーソナリティテスト（性格　動機）　適職選び（適職を見つけるには）　〔00822〕
◇適性・適職発見テスト―An appropriate job〔2014年度版〕（TEST YOUR OWN APTITUDE）　ジェームス・バレット, ジョフリー・ウィリアムス共著, 本明寛, 織田正美訳　一ツ橋書店　2012.6　128p　19cm　900円　①978-4-565-14035-7
内容 1 適性テスト（論理的思考力　言語的思考力 ほか）　2 採点とテスト結果（採点の仕方　適性プロフィール ほか）　3 パーソナリティテスト（性格　動機）　4 適職選び（適職を見つけるには　興味（動機）別職業一覧表）　〔00823〕
◇適性・適職発見テスト―An appropriate job〔2015年度版〕（TEST YOUR OWN APTITUDE）　ジェームス・バレット, ジョフリー・ウィリアムス共著, 織田正美訳　一ツ橋書店　2013.7　128p　19cm　900円　①978-4-565-15035-6
内容 1 適性テスト（論理的思考力　言語的思考力　数的思考力　抽象的思考力　技術的能力　事務的能力）　2 採点とテスト結果（採点の仕方　適性プロフィール　テスト結果の解釈　次の段階へ）　3 パーソナリティテスト（性格　動機）　4 適職選び（適職を見つけるには　興味（動機）別職業一覧表）　〔00824〕

ウィリアムズ, スザンヌ　Williams, Suzanne
◇オクスファム男女共同参画研修マニュアル―教室での実践例つき（The Oxfam gender training manual）　スザンヌ・ウィリアムズ, アデリーナ・ムワウ, ジャネット・シード著, 川中信訳　北樹出版　2011.3　221p　26cm　2500円　①978-4-7793-0288-6
内容 1 この本の使い方と基本概念（マニュアルの使い方ガイド　基本概念）　2 ファシリテーター用指針（ガイドライン）（そもそもの検討課題　計画づくりの7ステップ　研修中の業務）　3 気づきとモーザ手法の研修コース（ジェンダーへの気づきと男と女の気づき　ジェンダー役割とジェンダーニーズ　男女共同参画社会（ジェンダーと開発GAD）　男女に配慮した計画づくりとジェンダー分析）　〔00825〕

ウィリアムズ, ディーン　Williams, Dean
◇リーダーシップ6つの試練（Real leadership）　ディーン・ウィリアムズ著, 上野真由美, 中辻綾太, 開発徹, 山崎貴弘訳　英治出版　2011.9　397p　20cm　〈文献あり〉2200円　①978-4-86276-108-8
内容 試練と対峙する　第1部 リアル・リーダーシップとは（リーダーシップの真偽　診断作業）　第2部 6つの試練（活動家型試練　発展型試練　移行型試練　維持型試練　創造型試練　非常事態型試練）　第3部 リアル・リーダーシップを実践する（複合型試練　真に価値あること）　〔00826〕

ウィリアムス, ドイル・Z.
◇大学学部長の役割―米国経営系学部の研究・教育・サービス（The dean's perspective）　クリシナ・S.ディア編著, 佐藤修訳　中央経済社　2011.7　245p　21cm　3400円　①978-4-502-68720-4
内容 「学部長職」についての個人的見方（ドイル・Z.ウィリアムス著）　〔00827〕

ウィリアムズ, トニー　Williams, Anthony
◇写真で見るヴィクトリア朝ロンドンの都市と生活（Dickens's Victorian London）　アレックス・ワーナー, トニー・ウィリアムズ著, 松尾恭子訳　原書房　2013.12　327p　22cm　〈索引あり〉3800円　①978-4-562-04975-2　〔00828〕

ウィリアムズ, トマス
◇中世の哲学―ケンブリッジ・コンパニオン（THE CAMBRIDGE COMPANION TO MEDIEVAL PHILOSOPHY）　A.S.マクグレイド編著, 川添信介監訳　京都　京都大学学術出版会　2012.11　601p　22cm　〈文献あり 年表あり 索引あり〉5800円　①978-4-87698-245-5
内容 伝播と翻訳（トマス・ウィリアムズ執筆, 三辺マリ子訳）　〔00829〕

ウイリアムズ, ナンシー・ローゼンバーグ　Williams, Nancy Rothenberg
◇ソーシャルワークと修復的正義―癒やしと回復をもたらす対話、調停、和解のための理論と実践（Social Work and Restorative Justice）　エリザベス・ベック, ナンシー・P.クロフ, パメラ・ブラム・レオナルド編著, 林浩康監訳　明石書店　2012.11　486p　22cm　〈訳：大竹智ほか　索引あり〉6800円　①978-4-7503-3687-9
内容 国際状況におけるソーシャルワークと修復的正義―リベリアの場合（トーマス・K.クイック, ナンシー・ローゼンバーグ・ウイリアムズ著, 大原天青訳）　〔00830〕

ウィリアムズ, ヘザー・A.
◇流動する〈黒人〉コミュニティ―アメリカ史を問う　樋口映美編　彩流社　2012.2　238, 46p　22cm　〈他言語標題：African American Communities in Flux　索引あり〉2800円　①978-4-7791-1763-3
内容 その災難がいつ降りかかるのか（ヘザー・A.ウィリアムズ著, 樋口映美訳）　〔00831〕

ウィリアムス, リー　Williams, Lee
◇家族面接・家族療法のエッセンシャルスキル―初回面接から終結まで（Essential skills in family

therapy (2nd edition)）　ジョーエレン・パターソン, リー・ウィリアムス, トッド・M.エドワーズ, ラリー・シャモウ, クラウディア・グラフ - グラウンズ著, 遊佐安一郎監修, 鈴木美砂子監訳, 鈴木美砂子, 若林英樹, 山田宇以, 近藤強訳　星和書店　2013.6　342p　21cm　〈文献あり〉3800円　①978-4-7911-0847-3　〔*00832*〕

ウィリアムズ, レイモンド　Williams, Raymond

◇共通文化にむけて―文化研究 1　レイモンド・ウィリアムズ〔著〕, 川端康雄編訳, 大貫隆史, 河野真太郎, 近藤康裕, 田中裕介訳　みすず書房　2013.12　350, 6p　22cm　〈索引あり〉5800円　①978-4-622-07814-2

内容 文化とはふつうのもの 川端康雄 訳. このアクチュアルな成長 河野真太郎 訳. コミュニケーションとコミュニティ 川端康雄 訳. 共通文化の理念 河野真太郎 訳. コミュニティの意義 川端康雄 訳. 自然の観念 田中裕介 訳. 社会ダーウィニズム 田中裕介 訳. マルクス主義文化理論における土台と上部構造 大貫隆史 訳. 社会主義とエコロジー 川端康雄 訳. 意味を掘り起こす 近藤康裕 訳. ウェールズの文化 近藤康裕 訳. ウェールズとイングランド 近藤康裕 訳. コミュニティ 近藤康裕 訳. 距離 大貫隆史 訳. 映画史 川端康雄 訳. 小説と筆者大衆 河野真太郎 訳. 労働者階級の態度 河野真太郎 訳　〔*00833*〕

ウィリアムス, N.H.　Williams, Noel H.

◇学習の問題への認知的アプローチ―PASS理論による学習メカニズムの理解 (Learning problems)　J.R.カービィ,N.H.ウィリアムス著, 田中道治, 前川久男, 前田豊編訳　京都　北大路書房　2011.1　319p　21cm　〈文献あり 索引あり〉3300円　①978-4-7628-2734-1

内容 本書について　第1部 子どもの学習上の問題への序論 (歴史概観　回想される論点)　第2部 統合された理論的枠組み (脳が行なうこと―情報の処理　PASS―情報処理の概念 ほか)　第3部 学習上の問題に対する診断および治療教育 (注意と覚醒　継次処理 ほか)　第4部 結論 (回顧と展望)　〔*00834*〕

ウィリアムソン, カレン　Williamson, Karen

◇おやこでよむせいしょ　カレン・ウィリアムソン文, アマンダ・エンライト絵, 大越結実訳　いのちのことば社CS成長センター　2012.4　128p　17×17cm　1000円　①978-4-8206-0293-4

内容 きゅうやくせいしょのおはなし (アブラハムのたび　エジプトからたすけだされる　やくそくのくにカナン　イスラエルのおうさま　かみさまにそむいたひとたち)　しんやくせいしょのおはなし (さいしょのクリスマス　イエスさまとかぞく　イエスさまがなさったこと　エルサレムにむかうイエスさま　イエスさまのじゅうじか　よみがえったイエスさま)　〔*00835*〕

◇ポケットせいしょものがたり (My Very Own Bible)　カレン・ウィリアムソンぶん, ハンナ・ウッドえ, ゆうきえみこやく　いのちのことば社　2012.10　93p　16cm　400円　①978-4-264-03032-4　〔*00836*〕

ウィリアムソン, スティーブン・D.　Williamson, Stephen D.

◇マクロ経済学 1 (入門篇) (Macroeconomics (3rd ed.))　ウィリアムソン〔著〕, 釜国男訳　東洋経済新報社　2012.3　366p　22cm　〈索引あり〉3800円　①978-4-492-31418-0

内容 第1部 イントロダクションと測定問題　第2部 1期間マクロ経済モデル (消費者と企業の行動―労働 - 余暇の決定と利潤の最大化　閉鎖経済の1期間マクロモデル)　第3部 貯蓄、投資と財政赤字 (2期間モデル―消費 - 貯蓄の決定と資本市場　投資を含んだ実物的異時点間モデル)　第4部 経済成長 (経済成長―マルサスとソロー　所得格差と内生的成長)　〔*00837*〕

◇マクロ経済学 2　応用篇 (MACROECONOMICS (原著第3版))　ウィリアムソン〔著〕, 釜国男訳　東洋経済新報社　2012.10　303p　22cm　〈索引あり〉3600円　①978-4-492-31431-9

内容 第5部 貨幣と景気変動 (貨幣的異時点間モデル ： 貨幣、物価と金融政策　景気変動の市場均衡モデル　ケインジアンの景気変動理論 ： 硬直賃金と硬直価格)　第6部 国際マクロ経済学 (財と資産の国際取引　開放経済における貨幣)　第7部 マクロ経済学のトピックス (貨幣、インフレーションおよびバンキング　失業 ： ジョブサーチと効率賃金　インフレーション、フィリップス曲線と中央銀行のコミットメント)　〔*00838*〕

ウィリアムソン, マイケル　Williamson, Michael

◇繁栄からこぼれ落ちたもうひとつのアメリカ―果てしない貧困と闘う「ふつう」の人たちの30年の記録 (SOMEPLACE LIKE AMERICA)　デール・マハリッジ著, マイケル・ウィリアムソン写真, ラッセル秀子訳　ダイヤモンド社　2013.9　445p 図版72p　19cm　〈文献あり〉2400円　①978-4-478-02140-8

内容 プロローグ 2009年の旅のスナップ　1 先の見えない30年の旅に出たアメリカ―1980年代　2 アメリカの旅は続く―1990年代　3 飢えは静かに広がっていく―2000年代　4 彼らのその後を追って―2000年代後半　5 屋根が吹き飛んだアメリカ―2000年代後半　6 再生と、新しい未来への旅　〔*00839*〕

ウィリアムソン, マリアン　Williamson, Marianne

◇シャドウ・エフェクト―シャドウには、人生を一変させるギフトが詰まっている!! (Shadow effect)　ディーパック・チョプラ, デビー・フォード, マリアン・ウィリアムソン著, 佐藤志緒訳　ヴォイス　2011.1　299p　19cm　1700円　①978-4-89976-270-6

内容 第1部 シャドウについて (妄想の霧　脱出方法　新たな現実、新たなパワー)　第2部 自分自身、他者、そして世界と和解する (シャドウの影響　二元的な自我　シャドウの誕生 ほか)　第3部 私たちの暗闇を照らし出すのは光のみ (本当ではないのに、本当のように見えるもの　愛のないところには怖れがある　そろそろ先に進もう ほか)　〔*00840*〕

ウィリス, イーサン　Willis, Ethan

◇実践幸福な「繁栄」への6つの成功法則―ポラリス・ポイントを見つけ、真に豊かな人生を送る (Prosper)　イーサン・ウィリス, ランディ・ガーン著, 中井京子訳　マグロウヒル・エデュケーション　2012.4　200p　19cm　〈発売 ： 日本経済新聞出版社〉1600円　①978-4-532-60521-6

内容 1「ポラリス・ポイント」を見つけよう　2 繁栄ゾーンで生きよう　3 コアで稼ごう　4 今あるもので

スタートしよう　5「繁栄の道」に集中しよう　6 徹底した行動を取ろう　〔00841〕

ウィリス, デイビッド

◇在日コリアンの経済活動―移住労働者、起業家の過去・現在・未来　李洙任編著, 河明生, 木村健二, 田中宏, 中村尚司, 朴一, 李洙任著　不二出版　2012.2　269p　22cm　〈索引あり〉3800円　①978-4-8350-7084-1

内容 在日コリアン系起業家（デイビッド・ウィリス, 李洙任著, 李洙任訳）　〔00842〕

ウィリス, ポール　Willis, Paul

◇グローバル化・社会変動と教育　2　文化と不平等の教育社会学（EDUCATION, GLOBALIZATION AND SOCIAL CHANGE（抄訳））　ヒュー・ローダー, フィリップ・ブラウン, ジョアンヌ・ディラボー,A.H.ハルゼー編, 苅谷剛彦, 志水宏吉, 小玉重夫編訳　東京大学出版会　2012.5　370p　22cm　〈文献あり〉4800円　①978-4-13-051318-0

内容 モダニティの歩兵たち（ポール・ウィリス著, 山本雄二訳）　〔00843〕

ウィリン, メルヴィン　Willin, Melvyn J.

◇世界の心霊写真―カメラがとらえた幽霊たち、その歴史と真偽（GHOSTS CAUGHT ON FILM）　メルヴィン・ウィリン著, 小林真里訳　洋泉社　2012.8　176p　15×21cm　2800円　①978-4-86248-980-7

内容 黎明期の心霊写真　シルヴァー・ベルに姿を現したエクトプラズム　ペテン師？ 苦行僧？ 空中浮揚？ コティングレーの妖精写真はなぜ信じられたのか？ 降霊会に現れた怪しい幽霊　エクトプラズムが驚に実体化した　エイブラハム・リンカーンの幽霊　ポーズをとる幽霊たち　バジリカの幽霊　図書室に座る貴族の幽霊〔ほか〕　〔00844〕

ウィルキンソン, トニー　Wilkinson, Tony J.

◇古代イラク―2つの大河とともに栄えたメソポタミア文明（Ancient Iraq）　ベス・グルーバー著, トニー・ウィルキンソン監修, 日暮雅通訳　神戸 BL出版　2013.8　63p　26cm　（ナショナルジオグラフィック―考古学の探検）〈文献あり 年表あり 索引あり〉1800円　①978-4-7764-0556-6

内容 1 過去をよみがえらせる　2 石器時代にさかのぼる　3 シュメールの都市　4 バビロンの空中庭園　5 アッシリアの王妃　6 過去の遺産を保護する　〔00845〕

ウィルキンソン, フィリップ　Wilkinson, Philip

◇世界の神話伝説図鑑（MYTHS & LEGENDS）　フィリップ・ウィルキンソン編, 井辻朱美日本版監修, 大山晶訳　原書房　2013.4　352p　25cm　〈索引あり〉5800円　①978-4-562-04882-3

内容 ヨーロッパ　西アジアと中央アジア　南アジアと東アジア　アフリカ　南北アメリカ　オセアニア　〔00846〕

ウィルキンソン, ロイ　Wilkinson, Roy

◇シュタイナー学校の英語の時間（Teaching English）　ロイ・ウィルキンソン著, 飯野一彦訳　水声社　2013.11　181p　19cm　〈文献あり 著作目録あり〉2200円　①978-4-89176-992-5　〔00847〕

ウィルズ, ハワード　Wills, Howard

◇生命（いのち）の贈り物（Prayer of life）　ハワード・ウィルズ著, 大内博訳　増補改訂版　ナチュラルスピリット　2011.4　101p　19cm　〈タイトル：生命の贈り物〉1300円　①978-4-86451-001-1

内容 “生命の祈り”をおこなうにあたって（信念体系について　人類について　神の名称について　癒しは感じることである）　生命の祈り（ゆるしの祈り　自分自身の癒しのための祈り　世代間にわたるゆるしの祈り　すべての人種・すべての国民・全人類・地球そして、すべての生命体のための祈り　すべての関係の完全な癒しのための祈り　自分自身の完全な癒しの祈り　感謝の祈り　祖先のための祈り）　2011年改訂版より追加された祈り―豊かさの祈り　“生命の祈り”によって癒された人々の物語　〔00848〕

ウィルソン, ヴァレリー・プレイム　Wilson, Valerie Plame

◇フェア・ゲーム―アメリカ国家に裏切られた元CIA女性スパイの告白（Fair game）　ヴァレリー・プレイム・ウィルソン著, 高山祥子訳　ブックマン社　2011.11　287p　19cm　〈文献あり〉1714円　①978-4-89308-761-4

内容 CIAに入る　[redacted]任務　[redacted]　愛とはみ出し者の島　母親であること　母親と非常勤スパイ　ニジェールへの旅　衝撃と畏怖　暴かれるワシントンで唯一のセックスがらみでないスキャンダル　地獄の年　留まって闘　起訴　退局後の人生　不思議の国のアリス　リビー裁判とワシントンとの別れ　〔00849〕

ウィルソン, エドワード・O.　Wilson, Edward Osborne

◇人類はどこから来て、どこへ行くのか（THE SOCIAL CONQUEST OF EARTH）　エドワード・O.ウィルソン著, 斉藤隆央訳, 巌佐庸解説　京都　化学同人　2013.10　373, 27p　19cm　2800円　①978-4-7598-1564-1

内容 1 なぜ高度な社会性をもつ生命が存在するのか？　2 われわれはどこから来たのか？　3 いかにして社会性昆虫は無脊椎動物の世界を支配するに至ったのか？　4 社会進化の力　5 われわれは何者か？　6 われわれはどこへ行くのか？　〔00850〕

ウィルソン, ジェームズ

◇コモンズのドラマ―持続可能な資源管理論の15年（The Drama of the COMMONS）　全米研究評議会,Elinor Ostrom,Thomas Dietz,Nives Dolšak,Paul C.Stern,Susan C.Stonich,Elke U. Weber編, 茂木愛一郎, 三俣学, 泉留維監訳　知泉書館　2012.5　665p　23cm　〈文献あり 索引あり〉9000円　①978-4-86285-132-1

内容 科学的不確実性, 複雑系とコモン・プール制度のデザイン（ジェームズ・ウィルソン著, 田村典江訳）　〔00851〕

ウィルソン, ディビッド・B.

◇エビデンスに基づく犯罪予防（Evidence-based crime prevention）　ローレンス・W.シャーマン, ディビッド・P.ファリントン, ブランドン・C.

ウェルシュ, ドリス・レイトン・マッケンジー編, 津富宏, 小林寿一監訳, 島田貴仁, 藤野京子, 寺村堅志, 渡辺昭一訳　社会安全研究財団　2008.9　434p　26cm　〈文献あり〉①978-4-904181-02-7
内容 学校を基盤とした犯罪予防（デニス・C.ゴッドフレッドソン, ディビッド・B.ウィルソン, ステイシー・スクローバン・ナジャカ著, 藤野京子訳）〔00852〕

ウィルソン, ノーマン・J.　Wilson, Norman James
◇歴史学の未来へ（History in crisis?）　ノーマン・J.ウィルソン〔著〕, 南塚信吾, 木村真監訳　法政大学出版局　2011.4　275p　20cm　〈索引あり〉3200円　①978-4-588-35005-4
内容 第1章 歴史とは何であったか　第2章 歴史とは何か　第3章 歴史認識の諸問題 : 歴史主義、現在主義、歴史叙述　第4章 隣接科学との交流　第5章 さまざな歴史学　第6章 歴史の行為者　第7章 ポストモダンの挑戦　第8章 ポストコロニアルと歴史学の視野　第9章 歴史学の未来　訳者補論 実証主義とポストモダンの歴史学の対話〔00853〕

ウィルソン, パトリシア・オコーナー
◇リーダーシップ開発ハンドブック（The center for creative leadership）　C.D.マッコーレイ,R.S.モクスレイ,E.V.ヴェルサ編, 金井寿宏監訳, 嶋村伸明, リクルートマネジメントソリューションズ組織行動研究所訳　白桃書房　2011.3　463p　22cm　〈文献あり 索引あり〉4700円　①978-4-561-24546-9
内容 リーダーシップ開発 : プロセス リーダーシップ開発のシステム・アプローチ（ラス・S.モクスレイ, パトリシア・オコーナー・ウィルソン著）〔00854〕

ウィルソン, ピーター・ランボーン　Wilson, Peter Lamborn
◇海賊ユートピア―背教者と難民の17世紀マグリブ海洋世界（PIRATE UTOPIAS）　ピーター・ランボーン・ウィルソン著, 菰田真介訳　以文社　2013.4　308, 2p　19cm　〈文献あり〉2600円　①978-4-7531-0311-9
内容 1 海賊とマーメイド　2 トルコ人になったキリスト教徒　3 暗殺による民主主義　4 チンピラ連中　5 チュニスの雪花石膏宮殿　6 サレーのムーア人共和国　7 ムラド船長とボルティモア略奪　8 海賊カレンダー　9 海賊ユートピア　10「厄介なトルコ人」と呼ばれたオールド・ニューヨークのムーア人海賊―クリストファー・ヒルを追慕して〔00855〕

ウィルソン, ビル　Wilson, Bill
◇片目の王―偉大なことを成し遂げる普通の人々！（One eyed kings）　ビル・ウィルソン著, 万代栄嗣訳　ウィズダム出版　2011.2　295p　19cm　〈文献あり〉1500円　①978-4-903663-21-0〔00856〕

ウィルソン, ブレンド・G.　Wilson, Brent G.
◇インストラクショナルデザインとテクノロジー―教える技術の動向と課題（TRENDS AND ISSUES IN INSTRUCTIONAL DESIGN AND TECHNOLOGY（原著第3版））　R.A.リーサー, J.V.デンプシー編　京都　北大路書房　2013.9　690p　21cm　〈訳 : 半田純子ほか　索引あり〉4800円　①978-4-7628-2818-8
内容 構成主義 : 実践と歴史の文脈の中で（ブレンド・G.ウィルソン著, 沖潮（原田）満里子訳）〔00857〕

ウィルソン, ポール　Wilson, Paul
◇シンプルに生きるためのパーフェクト・バランス（Perfect balance）　ポール・ウィルソン著, 藤井留美訳　河出書房新社　2011.4　281p　20cm　1600円　①978-4-309-27244-3
内容 いつ、パーフェクト・バランスになるか？（あなたに訪れるパーフェクトな瞬間　見失ったバランスはどこへ？　大きな展望を持つ）　パーフェクト・バランスの見つけかた（手をのばせば届くもの　第一段階―はじめの一歩を踏みだす　第二段階―今日の絵を完成させる ほか）　安らぎを得るためのテクニック（ライフバランスチャート　中心を感じるカームウェイ　タイムライン ほか）〔00858〕
◇シンプルに生きるための人生整理法（ライフ・カルキュレーター）（The life priorities calculator）　ポール・ウィルソン著, 藤井留美訳　河出書房新社　2011.5　157p　19cm　〈タイトル : シンプルに生きるための人生整理法〉1300円　①978-4-309-27249-8
内容 優先順位が最優先　優先順位を決めるためのカームウェイ　人生整理法 第一段階　人生整理法 第二段階　やわらかさを失わないために　ボーナス・セクション　まっすぐ伸びる一本の道　あなたの役に立つツール〔00859〕

ウィルソン, マーティン
◇歴史と和解　黒沢文貴, イアン・ニッシュ編　東京大学出版会　2011.7　424, 9p　22cm　〈索引あり〉5700円　①978-4-13-026228-6
内容 和解と赦し（マーティン・ウィルソン著, 小菅信子訳）〔00860〕

ウィルソン, ロバート・J.　Wilson, Robert J.
◇「主体的学び」につなげる評価と学習方法―カナダで実践されるICEモデル（ASSESSMENT & LEARNING）　Sue Fostaty Young,Robert J. Wilson原著, 土持ゲーリー法一監訳, 小野恵子訳　東信堂　2013.5　108p　21cm　（主体的学びシリーズ 1　主体的学び研究所［編］）〈文献あり〉1000円　①978-4-7989-0175-6
内容 第1章　アイデア（Ideas）、つながり（Connections）、応用（Extensions）（ICEとは　ICEを裏付ける理論）　第2章 ICEを教育と学びに応用するには（評価が難しい領域で進歩を見守るには　ルーブリックを使って「学習の」進歩をマッピングする試験で進歩の度合を要約する　学習者とICEを共有する　生徒たちのICEへの反応）　第3章 ICEの汎用性（カリキュラムの広い範囲に応用する　多様な学習成果に応用する）〔00861〕

ウィルソン, T.*　Wilson, Trevor
◇メコン地域経済開発論（Globalization and Development in the Mekong Economies）　梁, ビンガム, デイヴィス編著, 阿曽村邦昭訳・注　古今書院　2012.10　391, 9p　21cm　〈文献あり 索引あり〉6200円　①978-4-7722-8112-6
内容 政策改革の政治経済学・メコン地域四ヵ国の改革の前途は？　他（Hal Hill, Suiwah Leung, Trevor

Wilson)〔00862〕

ヴィルタネン, アンネ

◇フィンランドの高等教育ESDへの挑戦―持続可能な社会のために（Towards sustainable development in higher education-reflections） フィンランド教育省, タイナ・カイヴォラ, リーサ・ローヴェーデル編著, 斎藤博次, 開竜美監訳, 岩手大学ESDプロジェクトチーム訳 明石書店 2011.4 201p 21cm 〈文献あり〉2500円 ①978-4-7503-3377-9

内容 自然資源学と環境学における持続可能な開発（アンネ・ヴィルタネン, アンネ＝マリエ・サロネン著, 秋田淳子訳）〔00863〕

ウィルツ, ジェームズ　Wirtz, James J.

◇戦略論―現代世界の軍事と戦争（Strategy in the Contemporary World(原著第3版)(抄訳)） ジョン・ベイリス, ジェームズ・ウィルツ, コリン・グレイ編, 石津朋之監訳 勁草書房 2012.9 314p 21cm 〈文献あり 索引あり〉2800円 ①978-4-326-30211-6

内容 今日の世界における戦略―「9.11アメリカ同時多発テロ事件」以降の戦略（ジョン・ベイリス, ジェームズ・ウィルツ著, 石津朋之訳）〔00864〕

ウィルヘルム, ヨハネス

◇東日本大震災の人類学―津波、原発事故と被災者たちの「その後」 トム・ギル, ブリギッテ・シテーガ, デビッド・スレイター編 京都 人文書院 2013.3 371p 19cm 2900円 ①978-4-409-53043-6

内容 家も、船も、いかだもなくなった（アリーン・デレーニ, ヨハネス・ウィルヘルム著, 森本麻衣子訳）〔00865〕

ウィルモア, ジョー　Willmore, Joe

◇HPIの基本―業績向上に貢献する人材開発のためのヒューマン・パフォーマンス・インプルーブメント（Performance basics） ジョー・ウィルモア著, 中原孝子訳 ヒューマンバリュー 2011.12 212p 23cm （ASTDグローバルベーシックシリーズ）〈文献あり〉2800円 ①978-4-9903298-7-7〔00866〕

ウィルモット, ウィリアム・W.　Wilmot, William W.

◇イノベーション5つの原則―世界最高峰の研究機関SRIが生みだした実践理論（Innovation） カーティス・R.カールソン, ウィリアム・W.ウィルモット共著, 楠木建監訳, 電通イノベーションプロジェクト訳 ダイヤモンド社 2012.2 331p 20cm 2400円 ①978-4-478-01748-7

内容 イノベーションの本質を知る―フランクがホームランを打つまで イノベーションか、死か―指数関数的に進化する市場 原則1 真の顧客ニーズ（重要度の高いニーズに取り組む―RFIDタグ 顧客価値を創出する―あなたの唯一の仕事） 原則2 価値の創出（NABCを使えば簡単！―リズが昇進を勝ち取ったわけ 「ウォータリング・ホール」で価値を創造する―BBCがやって来た日 ほか） 原則3 イノベーションをリードするチャンピオン（まずはチャンピオンが必要だ―ケリービルの町長） 原則4 イノベーション・チームの構築（チームの才能を引き出す―ダグラス・エンゲルバートとパソコンの誕生 イノベーション・チームを構築する―HDTVチームがエミー賞を獲得した経緯 ほか） 原則5 組織の方向づけ（あなたのイノベーション・チームだ―今すぐに始めよう イノベーションの精神を根づかせる―継続的な価値創出（CVC）の徹底 ほか）〔00867〕

ウィレット, ジョン　Willett, John B.

◇縦断データの分析―変化についてのマルチレベルモデリング 1（Applied Longitudinal Data Analysis） Judith D.Singer,John B.Willett〔著〕, 菅原ますみ監訳 朝倉書店 2012.9 323p 22cm 〈訳：松本聡子ほか 文献あり 索引あり〉6500円 ①978-4-254-12191-9

内容 1章 時間による変化を検討する際の枠組み 2章 時間についての縦断データの探索 3章 変化についてのマルチレベルモデルの紹介 4章 変化についてのマルチレベルモデルでのデータ分析 5章 時間的な変数TIMEをより柔軟に扱う 6章 非連続あるいは非線形の変化のモデリング 7章 マルチレベルモデルの誤差共分散構造を検討する 8章 共分散構造分析を用いて変化のモデリングを行う〔00868〕

ヴィレラ, K.*　Villela, Khristaan

◇アメリカ古代文明―人自然精霊 Khristaan Villela著, 八杉佳穂監修, Miho Museum編訳〔甲賀〕 Miho Museum 2011.7 158p 30cm 〈他言語標題：Ancient civilizations of the Americas 英語併記 会期・会場：2011年7月9日―8月14日 Miho Museum 文献あり〉1700円 ①4-903642-09-7〔00869〕

ウィン, アリ　Wyne, Ali

◇リー・クアンユー、世界を語る（LEE KUAN YEW） リークアンユー〔述〕, グラハム・アリソン, ロバート・D.ブラックウィル, アリ・ウィン著, 倉田真木訳 サンマーク出版 2013.10 217p 20cm 1700円 ①978-4-7631-3321-2

内容 第1章 中国の未来 第2章 アメリカの未来 第3章 米中関係の未来 第4章 インドの未来 第5章 イスラム原理主義の未来 第6章 国家の経済成長の未来 第7章 地政学とグローバル化の未来 第8章 民主主義の未来 第9章 リー・クアンユーの考え方 第10章 むすび〔00870〕

ウィン, ギャリソン　Wynn, Garrison

◇アンフェアにたたかえ！―上位1%の成功をつかむ秘密の力（The real truth about success） ギャリソン・ウィン著, 浦谷計子訳 マグロウヒル・エデュケーション 2011.8 261p 19cm 〈発売：日本経済新聞出版社〉1600円 ①978-4-532-60515-5

内容 第1章 成功神話の嘘 なぜ私たちは信じてしまうのか？―真理とは、たいそうな話に聞こえないもの 第2章 インタビューから告白へ―嘘の裏に隠された真実 第3章 持って生まれた強みを掘り起こす―身長が二一八センチあればダンクシュートできるのに！ 第4章 それでもフェアにたたかうのか？―自分だけの強みをつくる 第5章 御曹司を狙え―個人的な資源や人脈を利用する 第6章 成功にまつわる真実―ベストが選ばれるとは限らない 第7章 現実を見よ―外側から内側へ 他人からどう見られているかを考える 第8章 やる気の問題―思考を行動へ移すには　第9章 行動と適応力がチャンスをつくる―成功パターンを確立する　第10章 怠け者の読者のために―この本を読破したふりをしたい人のための簡単なアドバイス　〔*00871*〕

ウィン, D.*　Winn, Donna-Marie C.

◇子どもの仲間関係―発達から援助へ（CHILDREN'S PEER RELATIONS）　J.B.クーパーシュミット,K.A.ダッジ編, 中沢潤監訳　京都　北大路書房　2013.12　299p　21cm　〈文献あり 索引あり〉 3600円　①978-4-7628-2826-3

内容 研究と現実世界の出会い（Magaretha G.Hartley Herman,Donna-Marie　C.Winn著,　荒木史代訳）　〔*00872*〕

ウイングメーカー《WingMakers LLC》

◇ウイングメーカー（Wingmakers）　WingMakers LLC著, shima訳, 大野百合子監修　ヴォイス出版事業部　2012.2　332p　18cm　（Voice新書 013）　1400円　①978-4-89976-286-7

内容 第1章 プロジェクト概要とバックグラウンド　第2章 インタビュー　第3章 ACIO機密文書　第4章 グロッサリー　第5章 ウイングメーカー・フィロソフィー　第6章 ファースト・ソース 「至高なるすべて」への宣言文　〔*00873*〕

◇ウイングメーカー　2　現代の神話エンシェント・アロー・プロジェクト（Wingmakers）　WingMakers LLC著, shima訳, 大野百合子監修　ヴォイス出版事業部　2012.3　557p　18cm　（Voice新書 014）　1500円　①978-4-89976-287-4

内容 砂漠の発見　偵察　人工遺物　イニシャル・コンタクト　トランス　ETC　ZEMI　解けぬ謎　ディスクロージャー　セントラルレイス〔ほか〕　〔*00874*〕

◇ウイングメーカー　3　加速される自己変容（Wingmakers）　WingMakers LLC著, shima訳, 大野百合子監修　ヴォイス出版事業部　2012.3　327p　18cm　（Voice新書 015）　1400円　①978-4-89976-288-1

内容 第1章 ネルダ・インタビュー　第2章 ウイングメーカー・フィロソフィー（グロッサリー　ウイングメーカー・フィロソフィー第三室 ほか）　第3章 ウイングメーカー・ポエトリー（サークル　永遠 ほか）　第4章 ファースト・ソース（マイ・セントラル・パーパス　マイ・セントラル・レベレイション）　〔*00875*〕

◇ウイングメーカー　リリカス対話篇　宇宙のしくみを使いこなす超ノウハウ（Essential WingMakers）　WingMakers LLC著, shima訳　ヒカルランド　2012.5　209p　20cm　（超☆きらきら 013）　1600円　①978-4-86471-030-5

内容 1 リリカス対話篇 ホールネス・ナビゲーターの経験　2 リリカス対話篇 ホールネス・ナビゲーターの召喚　3 リリカス対話篇 知識の性質　4 リリカス対話篇 宇宙との関係　5 リリカス対話篇 インターフェイス・ゾーン　6 リリカス対話篇 直観的知性の獲得　概説 ウイングメーカーとは　〔*00876*〕

ヴィンクラー, フランツ　Winkler, Franz

◇アセンション・スーパーマニュアル―次元変革と量子跳躍（Il cambiamento dimensionale）　フランツ　ヴィンクラー著, やよしけいこ訳　徳間書店　2011.3　250p　19cm　（超スピ 023）　〈文献あり〉 1600円　①978-4-19-863131-4

内容 次元変革と量子跳躍　周期とオートマティズム　それぞれが持っている情報の断片を全て組み合わせよう　グリッドと形態形成場　融合とキリスト意識　いかなる時も、私たちには選択肢が与えられている　小麦粒からふすまを取り除く　トートとは何者か、メルキゼデクたちとは誰なのか？　メンタル・レベル、感情レベル、物質レベルでの浄化　あと数年しか残されていない恩赦期間〔ほか〕　〔*00877*〕

ウィンザー, ジャスティン

◇ボストン市立図書館とJ.ウィンザーの時代（1868-1877年）―原典で読むボストン市立図書館発展期の思想と実践　川崎良孝解説・訳, 久野和子, 川崎智子訳　京都　京都図書館情報学研究会　2012.5　401p　21cm　〈背・表紙のタイトル ： ボストン市立図書館とJ.ウィンザーの時代　発売 ： 日本図書館協会〉 6000円　①978-4-8204-1200-7

内容 1868年図書館長報告（『ボストン市立図書館理事会第16年報』1868年）他（ジャスティン・ウィンザー）　〔*00878*〕

ウィンスロップ, サイモン　Winthrop, Simon

◇メンタリストになる！―心を操る超プロ（HOW TO BE A MENTALIST）　サイモン・ウィンスロップ著, DaiGo訳・監修　ヒカルランド　2013.4　318p　19cm　1600円　①978-4-86471-116-6

内容 第1章 メンタリストに必要な集中力と直観力を得る　第2章 メンタリストの基本テクニック―完璧な記憶力　第3章 メンタリストの目―五感を使って観察力を鍛える　第4章 どうやって嘘つきを見分けるか―真実をつかむ確実なテクニック　第5章 どんなときでも自分が優位に立てるコントロール術　第6章 催眠術で情報を引き出し、心のパワーを最大限に活用する　第7章 超能力者の秘密!?リーディングはメンタリズムの強力なテクニック！　第8章 駆け引きのトリック　第9章 メンタリズムのパワーを使いこなす！　〔*00879*〕

ヴィンセック, ヘンリー

◇レゴの本―創造力をのばす魔法のブロック　ヘンリー・ヴィンセック著, 成川善継訳　復刊　復刊ドットコム　2012.3　176p　25×20cm　3500円　①978-4-8354-4834-3

内容 レゴ・ブロックの芸術　遊びのシステム　精密なプラスチック　おもちゃの理論　教育素材としてのレゴ製品　ブロックがコンピューターと合体　レゴ・ブロックの芸術　レゴランド・パーク　組み立て説明図　〔*00880*〕

ヴィンセント, カリン・D　Vincent, Karyn D.

◇グローバル投資パフォーマンス基準のすべて―GIPS基準への準拠と実務（COMPLYING WITH THE GLOBAL INVESTMENT PERFORMANCE STANDARDS）　ブルース・J.フィーベル, カリン・D.ヴィンセント〔著〕, 桒原洋監訳, GIPS実務家翻訳チーム訳　東洋経済新報社　2013.4　324p　21cm　〈索引あり〉 3800円　①978-4-492-73292-2

内容 1 GIPS基準の説明（準拠の基本　会社とコンポジットの定義）　2 リターン計算の方法（ポートフォリオリターンの計測　コンポジットリターンの計測　散らばりとリスクの計測）　3 報告とGIPS基準準拠

の維持（コンポジットパフォーマンスの開示と広告ラップフィー/SMA、プライベート・エクイティ、不動産　GIPS基準への準拠の維持　検証）〔00881〕

ウ

ヴィンセント, デイヴィッド　Vincent, David
◇マス・リテラシーの時代―近代ヨーロッパにおける読み書きの普及と教育（The rise of mass literacy）　デイヴィッド・ヴィンセント著, 北本正章監訳, 岩下誠, 相沢真一, 北田佳子, 渡辺福太郎訳　新曜社　2011.9　323, 13p　20cm　3800円　①978-4-7885-1238-2
内容 第1章 マス・リテラシーの勃興（ヨーロッパ単一計画　数量把握 ほか）　第2章 リテラシーの学習（国家　教会 ほか）　第3章 経済発展（職業と経済的繁栄　不平等 ほか）　第4章 読むこと、書くこと（声と書かれた文字　共同と私事 ほか）　第5章 リテラシーの境界域（権威　抵抗 ほか）〔00882〕

ヴィンター, ゲルト
◇政治学の諸問題　8　専修大学法学研究所編　専修大学法学研究所　2012.3　215p　21cm（専修大学法学研究所紀要 37）
内容 ドイツにおける核エネルギーからの脱却その法的諸問題（ゲルト・ヴィンター述, 梛沢能生訳）〔00883〕

ウィンター, ジャネット　Winter, Jeanette
◇ろばのとしょかん―コロンビアでほんとうにあったおはなし　ジャネット・ウィンター文と絵, 福本友美子訳　集英社　2011.3　1冊（ページ付なし）　21×21cm　1500円　①978-4-08-781467-5〔00884〕
◇いつもみていた―ゆめをかなえた女の子ジェーン・グドール（THE WATCHER）　ジャネット・ウィンター作, まえざわあきえ訳　福音館書店　2012.10　〔44p〕　23×23cm　1400円　①978-4-8340-2701-3〔00885〕
◇バスラの図書館員―イラクで本当にあった話（The librarian of Basra）　ジャネット・ウィンター絵・文, 長田弘訳, ボランティアグループデイジー江戸川DAISY編集　〔電子資料〕　日本障害者リハビリテーション協会（製作）　c2013　CD-ROM 1枚　12cm　〈収録時間 : 19分55秒　朗読 : 金子麻里子　原本の出版者 : 晶文社〉〔00886〕

ウィンターソン, ジャネット　Winterson, Jeanette
◇世界一素朴な質問、宇宙一美しい答え―世界の第一人者100人が100の質問に答える（BIG QUESTIONS FROM LITTLE PEOPLE）　ジェンマ・エルウィン・ハリス編, 西田美緒子訳, タイマタカシ絵　河出書房新社　2013.11　298p　22cm　2500円　①978-4-309-25292-6
内容 どんなふうに恋に落ちるの？（ジャネット・ウィンターソン）〔00887〕

ウィンツ, ジャック　Wintz, Jack
◇苦しみを意味あるものにするセラピー（Making～sense～out～of～suffering Therapy）　ジャック・ウィンツ文, R.W.アリー絵, 目黒摩天雄訳　サンパウロ　2012.10　1冊（ページ付なし）　16cm（Elf-Help books）〈英語併記〉700円　①978-4-8056-2619-1〔00888〕

ウヴラール, フランソワーズ
◇学校選択のパラドックス―フランス学区制と教育の公正　園山大祐編著　勁草書房　2012.2　240p　22cm　〈索引あり〉2900円　①978-4-326-25073-8
内容 対談 日仏の学区制度と学校選択 他（嶺井正也, フランソワーズ・ウヴラール述, 園山大祐聞き手, 小林純子訳）〔00889〕

ウェア, ブロニー　Ware, Bronnie
◇死ぬ瞬間の5つの後悔（THE TOP FIVE REGRETS OF THE DYING）　ブロニー・ウェア〔著〕, 仁木めぐみ訳　新潮社　2012.12　316p　20cm　1600円　①978-4-10-506391-7
内容 ヘルパーになるまで　自分に正直な人生を生きればよかった　働きすぎなければよかった　思い切って自分の気持ちを伝えればよかった　友人と連絡を取り続ければよかった　幸せをあきらめなければよかった　その後　エピローグ 微笑みとともに知る〔00890〕

ヴェアシュア, シャルロッテ・フォン　Verschuer, Charlotte von
◇モノが語る日本対外交易史―七―一六世紀（Across the perilous sea）　シャルロッテ・フォン・ヴェアシュア〔著〕, 河内春人訳　藤原書店　2011.7　401p 図版16枚　20cm　〈解説 : 鈴木靖民　文献あり 索引あり〉4800円　①978-4-89434-813-4
内容 序章 ヨーロッパから見た東アジア世界　第1章 朝貢交易―七‐九世紀　第2章 唐物への殺到―九‐一二世紀　第3章 海を渡ったモノ　第4章 自由貿易の高まり―一二‐一四世紀　第5章 増大する輸出―一四世紀後半‐一六世紀　終章 唐物輸入から倭物輸出へ〔00891〕

ウェイ, ウォンキ*　衛 元琪
◇東アジア平和共同体の構築と国際社会の役割―「IPCR国際セミナー」からの提言　宗教平和国際事業団, 世界宗教者平和会議日本委員会編, 真田芳憲監修　佼成出版社　2011.9　336, 4p　18cm（アーユスの森新書 003　中央学術研究所編）　900円　①978-4-333-02507-7
内容 対話・協力の強化と東アジアの平和（衛元琪述, 崔延花訳）〔00892〕

ヴェイガン, ジナ　Weygand, Zina
◇盲人の歴史―中世から現代まで（Vivre sans voir）　ジナ・ヴェイガン〔著〕, 加納由起子訳　藤原書店　2013.4　522p　22cm　6600円　①978-4-89434-904-9
内容 第1部 中世から古典主義時代へ―逆説的な盲人のイメージ（中世　近代のはじめ　古典主義時代における盲人の歴史の足がかり）　第2部 一八世紀―盲人に対する新たなまなざし（感覚主義と五感の障害　博愛主義と感覚障害者の教育　クアンズ・ヴァンの移転と国庫収益）　第3部 フランス革命と盲人―国家事業（聾唖者と盲人の合同学校（一七九一‐一七九四年）　国立盲人労働者学校　国立盲人労働学校とキャンズ・ヴァンの合併）　第4部 一九世紀初頭のフランス社会の盲人たち―現実とフィクション（一九世紀初頭のフランスの盲人たち　一八〇〇年から一八三〇年代に

かけてのフランス社会における盲人のイメージと文学的表象）　第5部 ルイ・ブライユの世紀—生産主義的ユートピアの時代から教養による社会参加の時代へ（執政政府下から第一帝政時代のキャンズ・ヴァン—生産主義的ユートピア思想の出現　王政復古期のキャンズ・ヴァン—絶対王政派にとっての「記憶の場所」　王政復古下の王立訓盲院）〔*00893*〕

ウェイゲル, エリザベス　Wagele, Elizabeth

◇9つの性格でわかるあなたの天職（THE CAREER WITHIN YOU）　エリザベス・ウェイゲル, イングリッド・スタブ著, 栗木さつき訳　メトロポリタンプレス　2012.5　301p　21cm　1500円　①978-4-904759-35-6

内容 第1部 9つの性格とは（完ぺきを求める向上心の強い人—几帳面でまじめな改革家　人の力になる情愛深い人—困っている人に手を差しのべる心やさしい人　目標の達成と成功を求める有能な人—成功に向かって邁進する人　個性を大切にするロマンティックな人—個性を表現したい人　知識を求め孤独を好む理知的な人—冷静に分析する客観的な人　安全を求めリスクを回避する用心深い人—慎重に行動する人　楽しさを求め冒険する楽観的な人—可能性とチャンスを求めて行動する人　信念をもち自己を主張する断固とした人—独立心旺盛な自信家　調和と平和を愛する温厚な人—争いを避け、心穏やかにすごしたい人）　第2部 ウェイゲル‐スタブの適職判別テスト　第3部 あなたに向いている職場と職業〔*00894*〕

ウェイジャーズ, マイケル

◇環境犯罪学と犯罪分析（Environmental criminology and crime analysis）　リチャード・ウォートレイ, ロレイン・メイズロール編, 島田貴仁, 渡辺昭一監訳, 斉藤知範, 雨宮護, 菊池城治, 畑倫子訳　社会安全研究財団　2010.8　313p　26cm　〈文献あり〉①978-4-904181-13-3

内容 割れ窓理論と警察活動（マイケル・ウェイジャーズ, ウィリアム・スーザ, ジョージ・ケリング著, 雨宮護訳）〔*00895*〕

ヴェイセイ, B.*　Veysey, Bonita M.

◇犯罪者の立ち直りと犯罪者処遇のパラダイムシフト　日本犯罪社会学会編, 津富宏責任編集　現代人文社　2011.5　182p　21cm　〈発売：大学図書〉2500円　①978-4-87798-483-0

内容 変容の瞬間（Bonita M.Veysey,Johnna Christian著, 上田光明訳, 津富宏監訳）〔*00896*〕

ウェイド, ウッディー　Wade, Woody

◇シナリオ・プランニング—未来を描き、創造する（SCENARIO PLANNING）　ウッディー・ウェイド著, 野村恭彦監訳, 関美和訳　英治出版　2013.11　207p　19×26cm　2400円　①978-4-86276-165-1〔*00897*〕

ウェイド, ニコラス　Wade, Nicholas

◇宗教を生みだす本能—進化論からみたヒトと信仰（The faith instinct）　ニコラス・ウェイド著, 依田卓巳訳　NTT出版　2011.4　358p　20cm　〈索引あり〉2800円　①978-4-7571-4258-9

内容 宗教の本質　道徳的本能　宗教行動の進化　音楽、舞踏、トランス　太古の宗教　宗教の変容　宗教の樹　道徳、信頼、取引　宗教の生態学　宗教と戦闘　宗教と国家　宗教の未来〔*00898*〕

ウェイドマン, デイジー　Wademan, Daisy

◇ハーバードからの贈り物（Remember Who You Are）　デイジー・ウェイドマン著, 幾島幸子訳　ダイヤモンド社　2013.7　190p　20cm　〈ランダムハウス講談社 2004年刊の再刊〉1200円　①978-4-478-02482-9〔*00899*〕

ウェイトリー, デニス　Waitley, Denis

◇新訳成功の心理学—人生の勝者に生まれ変わる10の方法（THE PSYCHOLOGY OF WINNING）　デニス・ウェイトリー著, 加藤諦三訳　ダイヤモンド社　2012.4　219p　20cm　1600円　①978-4-478-01299-4

内容 プロローグ 成功者の条件　第1章 積極的な自己認識　第2章 肯定的な自己評価　第3章 率先した自己コントロール　第4章 モチベーションを高める　第5章 大胆な自己期待を持つ　第6章 どん欲な自己イメージづくり　第7章 明確な目標設定　第8章 活発な自己訓練　第9章 豊かな人生観を描く　第10章 印象的な自己表現　エピローグ 人生の勝利者となるために〔*00900*〕

◇人生とは、一着にならなければならないような愚かな生存競争ではない（THE DOUBLE WIN）　デニス・ウェイトリー著, 田中孝顕訳　きこ書房　2012.10　156p　20cm　1300円　①978-4-87771-301-0

内容 第1章 お互いに勝てる。　第2章 ウィン・ウィナーの理想的な姿。　第3章 自己イメージが人生を変える。　第4章 私は誰？ 私は何？ なぜ私？　第5章 ウィン・ウィナーの自己イメージ。　第6章 「勝った」「負けた」は、もうけっこう。〔*00901*〕

ウェイナー, エリック・J.　Weiner, Eric J.

◇シャドウ・マーケット—富裕国と有力投資家は、いかにして秘密裏に世界を支配しているのか（The shadow market）　エリック・J.ウェイナー著, プレシ南日子, 仲田由美子訳　ビジネス社　2011.4　381p　19cm　〈文献あり〉1900円　①978-4-8284-1632-8

内容 第1章 金は武器—金で世界を掌握しようとしたアメリカ　第2章 4兆ドルをどう使うか—中国、アブダビ、シンガポール、クウェートなどとプライベート・エクイティ・ファンドの実態　第3章 巨人の国—ブラジル、ロシア、インド、中国は、急速に資金を集め、運用へとつなげている　第4章 中国のごり押し—すべてを買い漁る力をつけた中国　第5章 成功を約束された小国—クウェート、アブダビ、ドバイ、UAEの資金元と運用　第6章 ならず者産油国—リビア、カタールなど産油国をめぐる思惑　第7章 慈善家にご用心—ノルウェーの政治手法　第8章 21世紀のヨーロッパを植民地化する—イギリス、フランス、ドイツがシャドウ・マーケットに屈するとき　第9章 アメリカン・ドリーム、全品売り尽くしセール実施中！—企業も技術も蝕まれている〔*00902*〕

ヴェイユ, シモーヌ　Weil, Simone

◇前キリスト教的直観—甦るギリシア（Intuitions pré-chrétiennes）　シモーヌ・ヴェイユ〔著〕, 今村純子訳　法政大学出版局　2011.10　234, 20p　20cm　（叢書・ウニベルシタス 964）〈年譜あり　索引あり　文献あり〉2600円　①978-4-588-

00964-8
内容 神が降りてくること(神による人間の探索 神と人間が承認し合うこと) 恩寵の働き(『アガメムノン』註解) 創造における神の愛(『ティマイオス』註解 『饗宴』註解 『国家』註解 『縛られたプロメテウス』註解) ピタゴラス派の学説について ギリシア科学史素描 〔00903〕

ウ

◇シモーヌ・ヴェイユ選集 1 初期論集 : 哲学修業 シモーヌ・ヴェイユ〔著〕, 冨原真弓訳 みすず書房 2012.1 306, 9p 22cm 〈索引あり〉4800円 ①978-4-622-07660-5
内容 アランの教室にて(一九二五年十月‐一九二八年七月)(哲学 文学 レオン・ルテリエについて) 一九二九年の試論(知覚について、あるいはプロテウスの冒険 時間について) 多様な主題について(思考と事物 労働と権利 職業の道徳的機能 断章) 〔00904〕

◇シモーヌ・ヴェイユ選集 2 中期論集 : 労働・革命 シモーヌ・ヴェイユ〔著〕, 冨原真弓訳 みすず書房 2012.8 303, 11p 22cm 〈索引あり〉4800円 ①978-4-622-07661-2
内容 同時代時事論評──一九三一年‐一九三三年(学習委員会の余白に 訓話 搾取の諸様態 身分制の残滓 資本と労働者 炭坑訪問のあとで ソヴィエト連邦とアメリカ 書評 ドイツ革命の諸条件─レオン・トロツキー『そして、いま』 ほか) 工場日記(工場日記 断片) 〔00905〕

◇シモーヌ・ヴェイユ選集 3 後期論集 : 霊性・文明論 シモーヌ・ヴェイユ〔著〕, 冨原真弓訳 みすず書房 2013.12 273, 10p 22cm 〈索引あり〉5600円 ①978-4-622-07662-9
内容 価値の観念をめぐる省察. 哲学. 文学の責任について. 読みの観念をめぐる試論. 道徳と文学. 一叙事詩にみる文明の苦悶. オック語文明の霊感はどこにあるか. 隷属的ならざる労働の第一条件. 神の愛と不幸. 神の愛をめぐる雑感. 神の愛をめぐる雑考. 人格と聖なるもの. われわれは正義のために戦っているのか. この戦争は宗教戦争である. 断章と覚書. 虚無の焔に焼きつくされて(冨原真弓著) 〔00906〕

ヴェイユ, シルヴィ Weil, Sylvie
◇アンドレとシモーヌ─ヴェイユ家の物語 (Chez les Weil : Andre et Simone) シルヴィ・ヴェイユ著, 稲葉延子訳 春秋社 2011.5 284p 20cm 2500円 ①978-4-393-32706-7
内容 プラトンそれともディオファントス? アンドレからの電話 白いトンネル ふつうの小さな女の子 聖女の脛骨 シモーヌと共に生きる 砂糖壺の場所 ここで誰を祝うのか 洗礼を受けさせるのか 善良な修道女たち〔ほか〕 〔00907〕

ウエウンテン, イワオ・ウェスリー 上運天 巌・ウェスリー
◇琉球・沖縄の芸能─その継承と世界へ拓く研究 大城学編 彩流社 2012.3 289, 17p 図版6枚 22cm (琉球大学 人の移動と21世紀のグローバル社会 6) 〈索引あり〉3500円 ①978-4-7791-1675-9
内容 アメリカにおける沖縄芸能の現状と課題(上運天・巌・ウェスリー執筆, 浜川仁訳) 〔00908〕

ウエキ, チカコ* 植木 千可子
◇現代日本の政治と外交 2 日米安全保障同盟─地域的多国間主義 猪口孝監修 原書房 2013.12 403, 4p 21cm 〈文献あり 索引あり〉4800円 ①978-4-562-04954-7
内容 中国に対するリベラル抑止(植木千可子著, 小林朋則訳) 〔00909〕

ウェクスラー, リサ Wexler, Lisa
◇ユダヤ賢母の教え─なぜユダヤ人はお金に強いのか・「生きかた上手」なのか (Secrets of a Jewish mother) ジル・ザリン, リサ・ウェクスラー, グロリア・カーメン著, 坂東真理子訳 イースト・プレス 2011.3 258p 19cm (East Press business) 1300円 ①978-4-7816-0549-4
内容 1 自分が輝く「仕事」の作法 2 人生を楽しむための「お金」の作法 3 わが子を"第2のビル・ゲイツ"にする「教育」と「勉強」の作法 4「家族」と賢くつきあう作法 5 人生の栄養になる「友情」の作法 6 大人の「恋愛」作法 7 マンネリ化しない人生と「結婚」の作法 8 しっかり「子育て」作法 9"勝負したくなる"「美」と「健康」の作法 〔00910〕

ウェグナー, ジュディス・ウェルチ Wegner, Judith Welch
◇アメリカの法曹教育 (EDUCATING LAWYERS) ウィリアム・M.サリバン, アン・コルビィ, ジュディス・ウェルチ・ウェグナー, ロイド・ボンド, リー・S.シュールマン著, 柏木昇, 伊藤寿英, 藤本亮, 坂本力也, 田中誠一訳 八王子 中央大学出版部 2013.1 291p 21cm (日本比較法研究所翻訳叢書 64) 〈索引あり〉3600円 ①978-4-8057-0365-6
内容 第1章 専門職養成におけるロースクール 第2章 共通の入口─特徴的教育としてのケース対話法 第3章 実務への架橋─「法律家のように考える」から「ローヤリング」へ 第4章 プロフェッショナルとしてのアイデンティティと目的 第5章 評価とその活用法 〔00911〕

ヴェーグマン, イタ Wegman, Ita
◇アントロポゾフィー医学の本質 (Grundlegendes für eine Erweiterung der Heikunst nach geisteswissenschaftlichen Erkenntnissen) ルドルフ・シュタイナー, イタ・ヴェーグマン著, 浅田豊, 中谷三恵子訳 水声社 2013.4 185p 20cm 2500円 ①978-4-89176-968-0
内容 医術の基礎としての、真の人間本性の認識 なぜ人は病気になるのか 生命の現れ 感受する有機体の本質 植物、動物、人間 血液と神経 治癒作用の本質 人間の有機体内の諸活動、糖尿病 人体における蛋白質の役割とアルブミン尿 人間の有機体における脂肪の役割と見せかけの局所症候群〔ほか〕 〔00912〕

ウェザビー, エミー・M. Wetherby, Amy M.
◇SCERTSモデル─自閉症スペクトラム障害の子どもたちのための包括的教育アプローチ 2巻 プログラムの計画と介入 (The SCERTS model) バリー・M.プリザント, エミー・M.ウェザビー, エミリー・ルービン, エミー・C.ローレント, パトリック・J.ライデル著, 長崎勤, 吉田仰希, 仲野真史訳 日本文化科学社 2012.2 404p 30cm 〈索引あり 文献あり〉9400円 ①978-4-8210-

7358-0

内容 1章 SCERTSモデルの教育実践へのガイド、パート1 ： 価値基準と基本原則、実践ガイドライン、目標設定、交流型支援　2章 SCERTSモデルの教育実践へのガイド、パート2 ： 交流型支援 ： 対人間支援と学習支援、ピアとの学習や遊び　3章 交流型支援 ： 家族支援と専門家間支援　4章 交流型支援の目標と社会コミュニケーションおよび情動調整の目標のリンク　5章 社会パートナー段階における社会コミュニケーション、情動調整、交流型支援の促進 ： アセスメントからプログラムの実行まで　6章 言語パートナー段階における社会コミュニケーション、情動調整、交流型支援の促進 ： アセスメントからプログラムの実行まで　7章 会話パートナー段階における社会コミュニケーション、情動調整、交流型支援の促進 ： アセスメントからプログラムの実行まで 〔00913〕

ウェザーフォード, キャロル・ボストン　Weatherford, Carole Boston

◇北極点をめざした黒人探検家マシュー・ヘンソン（I, MATTHEW HENSON）　キャロル・ボストン・ウェザーフォード著, エリック・ヴェラスケス絵, 渋谷弘子訳　汐文社　2013.11　1冊（ページ付なし）　25cm　1600円　①978-4-8113-2032-8 〔00914〕

ウェスターフィールド, R.*　Westerfield, Randolph W.

◇コーポレートファイナンスの原理（Corporate Finance（原著第9版））　Stephen A.Ross, Randolph W.Westerfield,Jeffrey F.Jaffe著, 大野薫訳　金融財政事情研究会　2012.10　1554p　21cm　〈索引あり　発売 ： きんざい〉10000円　①978-4-322-11338-9

内容 第1部 概観　第2部 価値とキャピタル・バジェッティング　第3部 リスク　第4部 資本構成と配当政策　第5部 長期資本調達　第6部 オプション、先物、そしてコーポレートファイナンス　第7部 短期財務　第8部 スペシャル・トピックス 〔00915〕

ヴェスターマン, C.　Westermann, Claus

◇聖書の基礎知識　旧約篇（Abriß der Bibelkunde）　C.ヴェスターマン〔著〕, 左近淑, 大野恵正訳　改訂新版　日本キリスト教団出版局　2013.5　283p　22cm　〈年表あり〉3800円　①978-4-8184-0853-1 〔00916〕

ウエスタン, リチャード・D.

◇学校と職場をつなぐキャリア教育改革―アメリカにおけるSchool-to-Work運動の挑戦（The school-to-work movement）　ウィリアム・J.スタル, ニコラス・M.サンダース編, 横井敏郎ほか訳　学事出版　2011.7　385p　21cm　3800円　①978-4-7619-1839-2

内容 School-to-Work―ウィスコンシン州の経験（マーク・C.シャッグ, リチャード・D.ウエスタン著, 横井敏郎訳） 〔00917〕

ウェスティ, ジョン

◇戦争と和解の日英関係史　小菅信子, ヒューゴ・ドブソン編著　法政大学出版局　2011.7　318p　22cm　〈他言語標題 ： Japan and Britain at War and Peace　索引あり〉5200円　①978-4-588-37709-9

内容 日英の経済・軍事関係一九四五～一九六〇年（ジョン・ウェスティ著, 山根康子訳） 〔00918〕

ウェステン, ロビン　Westen, Robin

◇自分がわかる747の質問―“愛され女子”になるヒント（The Big Book of Personality Tests for Women）　ロビン・ウェステン著, 渡会圭子訳　宝島社　2012.6　477p　21cm　〈文献あり〉1600円　①978-4-7966-8868-0

内容 1 あなたの内面（あなたの視野の広さは？　あなたは変化する準備ができているか？　あなたは怒りにうまく対処できる人間か？ ほか） 2 人間関係（あなたはどのくらいボディランゲージを読みとれるか？　親としてのスキルを採点してみよう　あなたは他人にどんな印象を与えているか。その秘密は髪の分け方にあり ほか） 3 職業生活（目標を達成するためのあなたの戦略は？　あなたは何で気持ちをアゲるのか？　あなたは職場でのトラブルをどうやって乗り越えているだろうか？ それを知るヒントはお気に入りの映画にあり ほか） 〔00919〕

ウエスト, アレックス　West, Alex

◇オーストラリア建国物語（Constructing Australia）　リチャード・エバンズ, アレックス・ウエスト著, 内藤嘉昭訳　明石書店　2011.11　220p　20cm　〈標題紙・背の責任表示 ： 内藤嘉明　文献あり〉2800円　①978-4-7503-3500-1

内容 橋（1932　立役者たち　偶然できた町 ほか） パイプの夢（立役者たち　シンデレラ州　鉄道、港、あらゆるもの ほか） 心臓部を貫く電線（立役者たち　二人の王女の物語　懐かしのイギリスよさらば ほか） 〔00920〕

ウエストブルック, デヴィッド　Westbrook, David

◇認知行動療法臨床ガイド（An Introduction to Cognitive Behaviour Therapy）　デヴィッド・ウエストブルック, ヘレン・ケナリー, ジョアン・カーク著, 下山晴彦監訳, 石丸径一郎, 小堀彩子, 高橋美保, 袴田優子, 松沢広和, 森田慎一郎訳　金剛出版　2012.11　447p　26cm　〈文献あり 索引あり〉5200円　①978-4-7724-1271-1

内容 第1部 基本的特徴（CBTの基本理論とその発展　CBTは他の心理療法とどこが違うのか―CBTの特徴） 第2部 基本的方法（協働関係　アセスメントとフォーミュレーション　CBTにおける効果測定　クライエントが自分自身のセラピストとなるために） 第3部 技法（ソクラテス式問答法　認知技法　行動実験　身体技法　介入の過程） 第4部 各障害への適用（うつ病　不安障害　不安障害―特定モデルと介入プロトコル） 第5部 発展と応用（CBTの新たな提供方法　CBTの新たな展開　CBT実践の評価　CBTにスーパーヴィジョンを用いる） 〔00921〕

ウェストン, ウォルター

◇富士山に登った外国人―幕末・明治の山旅　山本秀峰編訳, 村野克明訳　露蘭堂　2012.11　247p　22cm　〈年表あり　文献あり　発売 ： ナウカ出版営業部（富士見）〉3400円　①978-4-904059-53-1

内容 五月のフジヤマ（ウォルター・ウェストン著） 〔00922〕

ウェストン, ステイシア　Weston, Stasia

◇インストラクショナルデザインとテクノロジ―教える技術の動向と課題（TRENDS AND ISSUES IN INSTRUCTIONAL DESIGN AND TECHNOLOGY（原著第3版））　R.A.リーサー, J.V.デンプシー編　京都　北大路書房　2013.9　690p　21cm　〈訳：半田純子ほか　索引あり〉　4800円　①978-4-7628-2818-8

内容 仮想世界（バーチャルワールド）でデザインする（J.V.（ジャック）・デンプシー, レベッカ・リーセ, ステイシア・ウェストン著, 山田政寛訳）〔00923〕

ウエスルマン, ハンク　Wesselman, Henry Barnard

◇神霊の世界に覚醒して―直接啓示を受けるためのシャーマンの方法（AWAKENING TO THE SPIRIT WORLD）　サンドラ・インガーマン, ハンク・ウエスルマン著, 高島康司, 豊田泰士訳　東久留米　道出版　2012.5　246p　20cm　1800円　①978-4-86086-061-5

内容 第1章 シャーマニズムとはなにか　第2章 神霊の世界への旅　第3章 自然とつながる　第4章 気候や自然環境の変化とシャーマニズム　第5章 セレモニーとシャーマンの儀式のパワー　第6章 夢　第7章 神霊世界へと続く創造的な制作活動　第8章 音と光　第9章 通過儀礼としての死　第10章 死についての実験的な仕事　第11章 シャーマニズムの他の側面　第12章 変容していく社会〔00924〕

◇ハワイの長老が語り伝える先住民族の聖なる知恵（THE BOWL OF LIGHT）　ハンク・ウエスルマン著, 小野寺粛訳, 高島康司監修　道出版　2012.12　315p　20cm　1600円　①978-4-86086-062-2

内容 初めての出会い　マクアの事務所　光のボウル　自我の性質　夢見る者　マクアの教え　スピリチュアルな戦士の社会　役割　イニシエーション　真実のレベル　語る女性　祖先のグランド・プラン　最後の集い　別れ　神になる〔00925〕

ウェスレー, ジョン　Wesley, John

◇心を新たに―ウェスレーによる一日一章（Renew My Heart）　J.ウェスレー著, A.ルシー編, 坂本誠訳　教文館　2012.12　390, 8p　21cm　〈索引あり〉　2800円　①978-4-7642-7359-7〔00926〕

ヴェダンタム, シャンカール　Vedantam, Shankar

◇隠れた脳―好み、道徳、市場、集団を操る無意識の科学　シャンカール・ヴェダンタム著, 渡会圭子訳　インターシフト　2011.9　269p　20cm　〈発売：合同出版〉　1600円　①978-4-7726-9525-1

内容 第1章 自分の脳にだまされる―認知のバイアス　第2章 相手への評価は無意識に決めている―コミュニケーションのバイアス　第3章 道徳は隠れた脳が司る―倫理のバイアス　第4章 思わず知らず偏見は忍び入る―文化のバイアス　第5章 男と女は入れ代わらなければわからない―ジェンダーのバイアス　第6章 なぜ災害時に対応を誤るのか？―集団のバイアス　第7章 "トンネル"にはまるひとたち―つながりのバイアス　第8章 一匹の犬が多数の犠牲者より同情を集めるわけ―数のバイアス〔00927〕

ウェッセルズ, デイビッド　Wessels, David

◇企業価値評価―バリュエーションの理論と実践 上（VALUATION（原著第5版））　マッキンゼー・アンド・カンパニー, ティム・コラー, マーク・フーカート, デイビッド・ウェッセルズ著, 本田桂子監訳, 柴山和久, 中村正樹, 三島大輔, 坂本教晃, 坂本貴則, 桑原祐訳　ダイヤモンド社　2012.8　478p　22cm　〈索引あり〉　4000円　①978-4-478-01796-8

内容 第1部 原理編（なぜ企業価値か？　価値創造の基本原則　期待との際限なき闘い　投下資産利益率（ROIC）　成長とは何か）　第2部 実践編（企業価値評価のフレームワーク　財務諸表の組み替え　業績および競争力の分析　将来の業績予測　継続価値の算定　資本コストの確定　企業価値から1株当たりの価値へ　企業価値の算定と結果の分析　マルチプル法による企業価値評価の検証）　第3部 創造編（企業価値はROICと成長率で決まる　市場は形式ではなく実体を評価する　市場心理と価格乖離　効率的市場における投資家と経営者）〔00928〕

◇企業価値評価―バリュエーションの理論と実践 下（VALUATION（原著第5版））　マッキンゼー・アンド・カンパニー, ティム・コラー, マーク・フーカート, デイビッド・ウェッセルズ著, 本田桂子監訳, 加藤智秋, 中村弥生, 佐藤克宏, 岡玄樹, 田中宏隆訳　ダイヤモンド社　2012.8　506p　22cm　〈索引あり〉　4000円　①978-4-478-02170-5

内容 第4部 管理編（事業ポートフォリオ戦略　価値創造のための業績管理　M&Aによる価値創造　事業売却を通じた価値創造　有利子負債・資本構成　IR活動）　第5部 上級編（税金　営業外費用、一時費用、準備金および引当金　リース、年金、その他負債　資産計上された費用　インフレーション　外資　ケース・スタディ：ハイネケン）　第6部 応用編（経営の自由度の価値評価　新興国市場における企業価値評価　高成長企業の価値評価　周期的変動のある企業の価値評価　銀行の価値評価　日本における企業価値創造）　資料編（エコノミック・プロフィットとバリュー・ドライバー式　エコノミック・プロフィットとキャッシュフローの等価性　営業フリー・キャッシュフロー、WACC、APVの導出　株主資本コストの算出　レバレッジとPER）〔00929〕

ウェッタシンハ, シビル　Wettasinghe, Sybil

◇わたしのなかの子ども（Child in me）　シビル・ウェッタシンハ著, 松岡享子訳　福音館書店　2011.2　257p　20cm　2300円　①978-4-8340-2281-0〔00930〕

ウェッバー, クリストファー・L.　Webber, Christopher L.

◇聖公会へようこそ―米国聖公会の歴史、信仰、礼拝入門（Welcome to the Episcopal Church）　クリストファー・L.ウェッバー著, 長谷川清純日本語版監修, 髙橋守, 髙橋知代訳　聖公会出版　2012.12　227p　20cm　〈文献あり〉　1800円　①978-4-88274-238-8

内容 第1章 歴史　第2章 礼拝　第3章 米国聖公会の中の聖書　第4章 教会の教え　第5章 霊性　第6章 教会の職務と組織　第7章 教会の任務　もっと知りたい人のための読書案内〔00931〕

ウェッブ, リンダ　Webb, Linda D.

◇学校コンサルテーション入門―よりよい協働のための知識とスキル（School Counselor Consultation）　グレッグ・ブリッグマン, フラン・ムリス, リンダ・ウェッブ, ジョアナ・ホワイト著, 谷島弘仁訳　金子書房　2012.4　155p　21cm　〈文献あり 索引あり〉2600円　①978-4-7608-2367-3

内容 第1章 コンサルタントとしてのスクールカウンセラーとは　第2章 コンサルテーションに生かす学校全体のアプローチ―支えとなるモデルと理論　第3章 コンサルテーションにおける倫理的問題　第4章 教師や保護者との事例コンサルテーション　第5章 学校コンサルテーションの典型的な諸問題　第6章 研修会と教育プログラム　第7章 その他の学校コンサルテーションの機会　第8章 クラス会議―協力的な雰囲気をつくる　第9章 管理職とのコンサルテーション　第10章 コミュニティにおけるコンサルテーション　〔00932〕

ヴェドリーヌ, ユベール　Védrine, Hubert

◇最新世界情勢地図（Atlas du monde global）　パスカル・ボニファス, ユベール・ヴェドリーヌ〔著〕, 松永りえ, 加賀通恵訳　ディスカヴァー・トゥエンティワン　2011.4　143p　19×26cm　1700円　①978-4-7993-1008-3

内容 過去における大きな転換点（地球で栄えた初めての人類　ヨーロッパの全盛期　帝国の崩壊とその影響 ほか）　グローバル化した世界についてのさまざまな解釈（「国際共同体」という命題　「文明の衝突」という命題　「一極世界」という命題 ほか）　世界のさまざまなデータ（人口　世界の言語　宗教 ほか）　それぞれから見た世界（米国から見た世界　カナダから見た世界　ヨーロッパから見た世界 ほか）　〔00933〕

◇ヨーロッパ統合とフランス―偉大さを求めた1世紀　吉田徹編　京都　法律文化社　2012.7　317p　21cm　〈他言語標題：L'Intégration Européenne et la France　文献あり 索引あり〉3200円　①978-4-589-03433-5

内容 ヨーロッパ（ユベール・ヴェドリーヌ執筆, 吉田徹訳）　〔00934〕

ヴェヌティ, ローレンス

◇異文化コミュニケーション学への招待　鳥飼玖美子, 野田研一, 平賀正子, 小山亘編　みすず書房　2011.12　484p　22cm　〈他言語標題：Introduction to Intercultural Communication Studies〉6000円　①978-4-622-07659-9

内容 ユーモアを訳す（ローレンス・ヴェヌティ著, 鳥飼玖美子訳）　〔00935〕

ヴェネツィアーノ, アンナ

◇ヨーロッパ私法の原則・定義・モデル準則―共通参照枠草案〈DCFR〉（Principles, Definitions and Model Rules of European Private Law（原著概要版）（抄訳））　クリスティアン・フォン・バール, エリック・クライブ, ハンス・シュルテ-ネルケ, ヒュー・ビール, ジョニー・ヘレ, ジェローム・ユエ, マティアス・シュトルメ, シュテファン・スワン, ポール・バルール, アンナ・ヴェネツィアーノ, フリデリーケ・ツォル編, 窪田充見, 潮見佳男, 中田邦博, 松岡久和, 山本敬三, 吉永一行監訳　京都　法律文化社　2013.11　498p　22cm　〈索引あり〉8500円　①978-4-589-03541-7

内容 序論　原則　モデル準則（総則　契約及びその他の法律行為　債務及びこれに対応する権利　各種の契約及びそれに基づく権利義務　事務管理　他人に生じた損害に基づく契約外責任　不当利得　物品所有権の得喪　動産担保　信託）　〔00936〕

ヴェネラシオン - ラロンザ, ロアーデス

◇アジアにおけるジェンダー平等―政策と政治参画：東北大学グローバルCOEプログラム「グローバル時代の男女共同参画と多文化共生」（Gender equality in Agia）　辻村みよ子, スティール若希編　仙台　東北大学出版会　2012.3　353p　22cm　〈文献あり〉3000円　①978-4-86163-185-6

内容 トランスナショナルな領域におけるシンボリック・ポリティクス（ロアーデス・ヴェネラシオン - ラロンザ著, 中村文子訳）　〔00937〕

ウェバー, アラン・M.

◇ストーリーで学ぶ経営の真髄（Learn like a leader）　マーシャル・ゴールドスミス, ビバリー・ケイ, ケン・シェルトン編, 和泉裕子, 井上実訳　徳間書店　2011.2　311p　19cm　1600円　①978-4-19-863118-5

内容 真実を語れば力となる（アラン・M.ウェバー著）　〔00938〕

ウェーバー, アルフレッド　Weber, Alfred

◇A.ウェーバー「歴史よ、さらば」―戦後ドイツ再生と復興におけるヨーロッパ史観との訣別（Abschied von der bisherigen Geschichte（重訳））　アルフレッド・ウェーバー著, 中道寿一監訳　福村出版　2013.3　301p　22cm　4800円　①978-4-571-41051-2

内容 第1章 西欧の特異性　第2章 教条の弛緩と深淵の発見　第3章 再教条化、非難、孤立　第4章 教条主義そして次代を予見した諸見解　第5章 絶頂と破壊―19世紀　第6章 ニーチェと破局　第7章 現代としての課題　第8章 超越性の暗示　〔00939〕

ウェバー, カール　Weber, Karl

◇ザ・ディマンド―爆発的ヒットを生む需要創出術（DEMAND）　エイドリアン・J.スライウォツキー, カール・ウェバー著, 佐藤徳之監訳, 中川治子訳　日本経済新聞出版社　2012.7　430p　19cm　1900円　①978-4-532-31818-5

内容 序 需要のミステリー　1 マグネティック―機能面と情緒面の「魅力」が需要を生み出す　2 ハッスル・マップ―時間とお金をムダにする「欠点」を明らかにする　3 バックストーリー―「見えない要素」で魅力を強化する　4 トリガー―人々を「夢中」にさせ、購買の決断を下してもらう　5 トラジェクトリー―魅力を「進化」させ、新しい需要層を掘り起こす　6 バリエーション―「コスト効率の高い製品多様化」を図る　7 ローンチ―需要のアキレス腱に注意する　8 ポートフォリオ―シリーズ化には高いハードルがつきまとう　9 スパーク―需要の未来はこうして見つけよ！　〔00940〕

ヴェーバー, カール＝ヴィルヘルム　Weeber, Karl-

Wilhelm
◇古代ローマ生活事典（Alltag im alten Rom）　カール＝ヴィルヘルム・ヴェーバー〔著〕，小竹澄栄訳　みすず書房　2011.9　566, 29p　22cm　〈文献あり〉20000円　①978-4-622-07611-7　〔00941〕

ウ

ウェーバー，ジェームズ　Weber, James
◇企業と社会―企業戦略・公共政策・倫理　上（Business and society（10th ed.））　J.E.ポスト，A.T.ローレンス，J.ウェーバー著，松野弘，小阪隆秀，谷本寛治監訳　京都　ミネルヴァ書房　2012.3　390p　22cm　〈索引あり　文献あり〉3800円　①978-4-623-05248-6
内容 第1部 社会のなかの企業　第2部 企業と社会環境　第3部 企業と倫理環境　第4部 グローバル社会のなかの企業と政府　第5部 企業と自然環境　第6部 企業と技術変化　〔00942〕
◇企業と社会―企業戦略・公共政策・倫理　下（Business and society（10th ed.））　J.E.ポスト，A.T.ローレンス，J.ウェーバー著，松野弘，小阪隆秀，谷本寛治監訳　京都　ミネルヴァ書房　2012.3　375p　22cm　〈索引あり　文献あり〉3800円　①978-4-623-06078-8
内容 第7部 ステイクホルダーへの対応（株主とコーポレート・ガバナンス　消費者保護　コミュニティと企業　従業員と企業）　第8部 社会的課題事項（ダイバーシティと労働力　企業とメディア　新世紀とグローバルな社会的課題事項）　企業的社会政策の事例研究（オドワラ社と大腸菌の発生　ソルトレークシティとオリンピック招致をめぐる贈収賄スキャンダル　コロンビア/HCAとメディケア詐欺スキャンダル　タバコ協定　マイクロソフト社に対する反トラスト法違反訴訟事件　ダウ・コーニング社とシリコン製人工乳房論争　ナイキ社とオレゴン大学との論争　ナイジェリアのシェル石油　シェル社の変容）〔00943〕

ウェーバー，ヘルマン
◇ユダヤ出自のドイツ法律家（DEUTSCHE JURISTEN JUDISCHER HERKUNFT）　ヘルムート・ハインリッヒス，ハラルド・フランツキー，クラウス・シュマルツ，ミヒャエル・シュトレイス著，森勇監訳　八王子　中央大学出版部　2012.3　25, 1310p　21cm　（日本比較法研究所翻訳叢書 62）〈文献あり 索引あり〉13000円　①978-4-8057-0363-2
内容 プロイセン内務省警察局法律担当官からニュールンベルク裁判におけるアメリカ合衆国選出主席検察官代行者への道のり（ヘルマン・ウェーバー著，森勇訳）　〔00944〕

ウェーバー，マックス　Weber, Max
◇歴史は科学か　エドワルト・マイヤー，マックス・ウェーバー著，森岡弘通訳　改訂版　みすず書房　2011.5　261p　19cm　〈第3刷（第1刷1987年）〉2800円　①4-622-00514-X
内容 歴史の理論と方法（エドワルト・マイヤー）　文化科学の論理学の領域における批判的研究（マックス・ウェーバー）　〔00945〕
◇権力と支配（Typen der Herrschaft）　マックス・ウェーバー〔著〕，浜嶋朗訳　講談社　2012.1　355p　15cm　（講談社学術文庫 2091）〈索引あり〉1100円　①978-4-06-292091-9
内容 第1部 権力と支配（正当性の妥当　官僚制的行政幹部をそなえた合法的支配　伝統的支配　カリスマ的支配　カリスマの日常化　身分と階級）　第2部 官僚制（官僚制の特徴　官僚の地位　官僚制化の前提と根拠　官僚制機構の永続的性格　官僚制化の経済的および社会的帰結　官僚制の権力的地位　官僚制の発展的段階　教養と教育の「合理化」）　〔00946〕
◇国民国家と経済政策（Der Nationalstaat und die Volkswirtschaftspolitik）　マックス・ウェーバー著，田中真晴訳　未来社　2012.5　121p　19cm　（転換期を読む 4）〈第二刷（第一刷2000年）〉2000円　①978-4-624-93424-8　〔00947〕
◇政治論集　1（GESAMMELTE POLITISCHE SCHRIFTEN）　マックス・ヴェーバー著，中村貞二，山田高生，林道義，嘉目克彦共訳　みすず書房　2013.5　331p　21cm　〈第3刷（第1刷1982年）〉5000円　①978-4-622-01762-2
内容 国民国家と経済政策　国民的＝社会的な政党の結成にあたって　『アルゲマイネ・ツァイトゥング（ミュンヒェン）』紙の艦隊アンケートに答える　私的大経営における労働関係によせて　カルテルと国家の関係によせて　都市の制度と行政組織によせて　市町村の経済的事業によせて　国民経済の生産性によせて　社会政策における進歩によせて　ビスマルクの外交政策と現代　講和問題によせて　二つの律法のはざま　潜水艦作戦の強化　ヨーロッパ列強とドイツ　選挙権にかんする帝国の緊急法　帝国憲法第九条の改正　第七次ドイツの戦時公債　祖国と祖国党　バイエルンと帝国の議会主義化　『帝国憲法のなかのビスマルクの遺産』　ドイツにおける選挙法と民主主義　国内情勢と対外政治　〔00948〕
◇政治論集　2（GESAMMELTE POLITISCHE SCHRIFTEN）　マックス・ヴェーバー著，中村貞二，山田高生，脇圭平，嘉目克彦共訳　みすず書房　2013.5　1冊　21cm　〈第2刷（第1刷1982年）〉5400円　①978-4-622-01763-9
内容 新秩序ドイツの議会と政府　次の内政的課題　停戦と講和　ドイツ将来の国家形態　新しいドイツ　「戦争責任」問題について　大統領　職業としての政治　政治書簡　〔00949〕

ウェーバー，E.*　Weber, Elke U.
◇コモンズのドラマ―持続可能な資源管理理論の15年（The Drama of the COMMONS）　全米研究評議会，Elinor Ostrom，Thomas Dietz，Nives Dolšak，Paul C.Stern，Susan C.Stonich，Elke U. Weber編，茂木愛一郎，三俣学，泉留維監訳　知泉書館　2012.5　665p　23cm　〈文献あり 索引あり〉9000円　①978-4-86285-132-1
内容 序論（コモンズのドラマ）　第1部 コモンズのドラマにおける資源利用者、資源制度、および行動（共有資源と制度の持続可能性　不平等な灌漑利用主体―大規模多変量研究における異質性とコモンズ管理 ほか）　第2部 私有化とその限界（コモンズの保全に向けた許可証取引によるアプローチ―私たちは何を学んできたのか　共同所有、規制性所有、環境保護―共同体に根ざした管理と取引可能環境許可証の比較）　第3部 クロス・スケールのリンケージと動態的な相互作用（制度的相互作用―環境面におけるクロス・スケールな相互作用の重要性　クロス・スケールな制度的リンケージ―ボトムアップからの展望）　第4部 新たに現れてきた課題（科学的不確実性、複雑系とコモン・プール

制度のデザイン　コモンズにおける制度生成―コンテクスト、状況、イベント ほか）　結論（15年間の研究を経て得られた知見と残された課題）　〔00950〕

ウェバー, J.マーク

◇コモンズのドラマ―持続可能な資源管理論の15年（The Drama of the COMMONS）　全米研究評議会,Elinor Ostrom,Thomas Dietz,Nives Dolšak,Paul C.Stern,Susan C.Stonich,Elke U. Weber編, 茂木愛一郎, 三俣学, 泉留維監訳　知泉書館　2012.5　665p　23cm　〈文献あり 索引あり〉 9000円　①978-4-86285-132-1

内容 コモンズ・ディレンマにおける協調行動に影響を与える諸要因（シューリ・コペルマン,J.マーク・ウェバー, デイヴィッド・M.メスィック著, 小南仁司訳）　〔00951〕

ウェーバー, K.*　Weber, Kathleen R.

◇教師というキャリア―成長続ける教師の六局面から考える（Life cycle of the career teacher）　Betty E.Steffy,Michael P.Wolfe,Suzanne H. Pasch,Billie J.Enz編著, 三村隆男訳　雇用問題研究会　2013.3　190p　21cm　〈文献あり〉 2000円　①978-4-87563-261-0

内容 第五局面にある教師 ： the Distinguished Teacher（Billie J.Enz, Kathleen R.Weber, Ruth D. Campopiano）　〔00952〕

ヴェーバー＝ケラーマン, インゲボルク　Weber-Kellermann, Ingeborg

◇ヨーロッパ・エスノロジーの形成―ドイツ民俗学史（Einführung in die Volkskunde（改訂第3版））　インゲボルク・ヴェーバー＝ケラーマン, アンドレーアス・C.ビマー, ジークフリート・ベッカー著, 河野真訳　京都　文緝堂　2011.3　375p 図版 32p　22cm　〈文献あり〉 4000円　①978-4-9901976-5-0　〔00953〕

ウェブスター - ストラットン, C.　Webster-Stratton, Carolyn

◇認知行動療法を活用した子どもの教室マネジメント―社会性と自尊感情を高めるためのガイドブック（HOW TO PROMOTE CHILDREN'S SOCIAL AND EMOTIONAL COMPETENCE）　ウェブスター - ストラットン著, 佐藤正二, 佐藤容子監訳　金剛出版　2013.5　265p　26cm　〈索引あり〉 2900円　①978-4-7724-1314-5

内容 ストレスマネジメント　親と力を合わせる　子どもと良い関係をつくる　先手を打つ教師　ポジティブな行動を伸ばす ： 注目、励まし、賞賛　子どものやる気を引き出すごほうびを使用する　問題行動を管理する ： 無視と再指示　問題行動への対処 ： 自然な「結果」と理にかなった「結果」　問題行動への対処 ： タイムアウト　問題解決のやり方を教える　仲間関係お問題と友情スキル　情動への対処の学習を支援する　〔00954〕

ヴェーユ, シモーヌ　Veil, Simone

◇シモーヌ・ヴェーユ回想録―20世紀フランス、欧州と運命をともにした女性政治家の半生（Simone Veil ： "une vie"）　シモーヌ・ヴェーユ著, 石田久仁子訳　パド・ウィメンズ・オフィス　2011.7　325p　21cm　〈年譜あり〉 3000円　①978-4-904111-98-7

内容 ニースの子ども時代　罠　地獄　再出発　司法官　保健大臣として　欧州女性市民として　再び保健大臣に　シリウスの視点　変革の動き　正義の人々の光　〔00955〕

ヴェラスケス, エリック　Velasquez, Eric

◇北極点をめざした黒人探検家マシュー・ヘンソン（I, MATTHEW HENSON）　キャロル・ボストン・ウェザーフォード著, エリック・ヴェラスケス絵, 渋谷弘子訳　汐文社　2013.11　1冊（ページ付なし）　25cm　1600円　①978-4-8113-2032-8　〔00956〕

ヴェラスケス, メアリー・マーデン　Velasquez, Mary Marden

◇動機づけ面接法　応用編（Motivational interviewing（2nd edition））　ウイリアム・R.ミラー, ステファン・ロルニック編, 松島義博, 後藤恵, 猪野亜朗訳　星和書店　2012.9　291p　21cm　〈文献あり〉 3200円　①978-4-7911-0817-6

内容 動機づけ面接法と「変化の5段階」（Carlo C. DiClemente, Mary Marden Velasquez）　〔00957〕

ヴェルジェス, フランソワーズ　Vergès, Françoise

◇植民地共和国フランス（La republique coloniale）　N.バンセル,P.ブランシャール,F.ヴェルジェス〔著〕, 平野千果子, 菊池恵介訳　岩波書店　2011.9　237, 18p　20cm　〈文献あり 索引あり〉 3300円　①978-4-00-023497-9

内容 第1章 植民地共和国（憤りと悔恨について　歴史の危機 ほか）　第2章「植民地国民la nation coloniale」なるものの起源へ（西洋文化のなかの帝国　ここでは自由・平等・友愛、あちらでは ほか）　第3章 文明化の使命の権利と義務（野蛮人の文明化　束縛と隷従 ほか）　第4章 共和国の人種と国民（人種概念の知的起源　人種と植民地化 ほか）　第5章 植民地共和国の遺産（植民地的なるものの過去と現在　アルジェリアという例外―それが隠蔽するもの ほか）　〔00958〕

◇ニグロとして生きる―エメ・セゼールとの対話（Nègre je suis, nègre je resterai）　エメ・セゼール, フランソワーズ・ヴェルジェス著, 立花英裕, 中村隆之訳　法政大学出版局　2011.10　200p　20cm　（サピエンティア 21）〈文献あり 年譜あり 索引あり〉 2600円　①978-4-588-60321-1

内容 エメ・セゼールは語る　対談を終えて―エメ・セゼール小論　文化と植民地支配　〔00959〕

ウェルシュ, ブランドン・C.　Welsh, Brandon C.

◇エビデンスに基づく犯罪予防（Evidence-based crime prevention）　ローレンス・W.シャーマン, ディビッド・P.ファリントン, ブランドン・C.ウェルシュ, ドリス・レイトン・マッケンジー編, 津富宏, 小林寿一監訳, 島田貴仁, 藤野京子, 寺村堅志, 渡辺昭一訳　社会安全研究財団　2008.9　434p　26cm　〈文献あり〉 ①978-4-904181-02-7

内容 メリーランド科学的方法尺度 他（ディビッド・P.ファリントン, デニス・C.ゴットフレッドソン, ローレンス・W.シャーマン, ブランドン・C.ウェルシュ著, 島田貴仁訳）　〔00960〕

ウ

ウェルズ, デイヴィッド　Wells, David
◇魂の導き過去世はあなたの未来を知っている（YOUR ASTROLOGICAL MOON SIGN）　デイヴィッド・ウェルズ著, 快東みちこ訳　徳間書店　2012.8　284p　19cm　（超知ライブラリー 074）　1700円　①978-4-19-863433-9
内容 ムーンサインと過去世の秘密　月が牡羊座にあるあなたの過去世の記憶　月が牡牛座にあるあなたの過去世の記憶　月が双子座にあるあなたの過去世の記憶　月が蟹座にあるあなたの過去世の記憶　月が獅子座にあるあなたの過去世の記憶　月が乙女座にあるあなたの過去世の記憶　月が天秤座にあるあなたの過去世の記憶　月が蠍座にあるあるあなたの過去世の記憶　月が射手座にあるあなたの過去世の記憶　月が山羊座にあるあなたの過去世の記憶　月が水瓶座にあたるあなたの過去世の記憶　月が魚座にあるあなたの過去世の記憶　〔00961〕

ウェルズ, ハーバート・ジョージ　Wells, Herbert George
◇世界文化小史（A Short History of the World）　H.G.ウェルズ〔著〕, 下田直春訳　講談社　2012.7　523p　15cm　（講談社学術文庫 2122）〈角川書店 1971年刊の再刊　年表あり 索引あり〉1450円　①978-4-06-292122-0
内容 空間における世界　時間における世界　生物の始まり　魚類の時代　石炭沼沢の時代　爬虫類の時代　最初の鳥類と最初の哺乳動物　哺乳動物の時代　猿、類人猿、および原人　ネアンデルタール人とローデシア人〔ほか〕　〔00962〕

ヴェルセ, ノエル・オーベール・ド
◇ピエール・ベール関連資料集　2　寛容論争集成　上　野沢協編訳　法政大学出版局　2013.11　1008p　21cm　25000円　①978-4-588-12029-9
内容 平和的プロテスタント、または教会平和論（一六八四年）他（ノエル・オーベール・ド・ヴェルセ）〔00963〕

ウェルチ, エドワード・T.
◇うつ—落ち込みから抜け出す道　エドワード・T.ウェルチ著, 日本長老伝道会編　イーグレープ　2012.3　28p　21cm　300円　①978-4-903748-65-8　〔00964〕

ウェルチ, デイヴィッド・A.　Welch, David A.
◇国際紛争—理論と歴史（Understanding global conflict and cooperation (8th ed.)）　ジョセフ・S.ナイ・ジュニア, デイヴィッド・A.ウェルチ著, 田中明彦, 村田晃嗣訳　原書第8版　有斐閣　2011.4　436p　22cm　〈文献あり 索引あり〉2800円　①978-4-641-04991-8
内容 第1章 世界政治における紛争には一貫した論理があるか？　第2章 紛争と協調を説明する—知の技法　第3章 ウェストファリアから第一次世界大戦まで　第4章 集団安全保障の挫折と第二次世界大戦　第5章 冷戦　第6章 冷戦後の紛争と協調　第7章 グローバリゼーションと相互依存　第8章 情報革命と脱国家的主体　第9章 未来に何を期待できるか？　〔00965〕

◇国際紛争—理論と歴史（UNDERSTANDING GLOBAL CONFLICT AND COOPERATION（原著第9版））　ジョセフ・S.ナイ・ジュニア, デイヴィッド・A.ウェルチ著, 田中明彦, 村田晃嗣訳　有斐閣　2013.4　446p　22cm　〈文献あり索引あり〉2800円　①978-4-641-14905-2
内容 第1章 世界政治における紛争と協調には一貫した論理があるか？　第2章 紛争と協調を説明する—知の技法　第3章 ウェストファリアから第一次世界大戦まで　第4章 集団安全保障の挫折と第二次世界大戦　第5章 冷戦　第6章 冷戦後の協調、紛争と引火点　第7章 グローバリゼーションと相互依存　第8章 情報革命と脱国家的主体　第9章 未来に何を期待できるか？　〔00966〕

ウェルナー, ルート
◇ゾルゲ事件関係外国語文献翻訳集　no.29　日露歴史研究センター事務局編　〔川崎〕　日露歴史研究センター事務局　2011.4　55p　30cm　700円
内容 『ソニア・レポート』より抜粋 上（ルート・ウェルナー著）　〔00967〕

◇ゾルゲ事件関係外国語文献翻訳集　no.30　日露歴史研究センター事務局編　〔川崎〕　日露歴史研究センター事務局　2011.7　60p　30cm　700円
内容 『ソニア・レポート』より抜粋（ルート・ウェルナー著）　〔00968〕

◇ゾルゲ事件関係外国語文献翻訳集　no.31　日露歴史研究センター事務局編　〔川崎〕　日露歴史研究センター事務局　2011.10　61p　30cm　700円
内容 『ソニア・レポート』より抜粋 中国1930年—1933年 下（ルート・ウェルナー著）　〔00969〕

ヴェルナン, ジャン=ピエール　Vernant, Jean-Pierre
◇叢書『アナール1929-2010』—歴史の対象と方法　2　1946-1957（Anthologie des Annales 1929-2010）　E.ル＝ロワ＝ラデュリ,A.ビュルギエール監修, 浜名優美監訳　L.ヴァランシ編, 池田祥英, 井上桜子, 尾河直哉, 北垣潔, 塚島真実, 平沢勝行訳　藤原書店　2011.6　460p　22cm　6800円　①978-4-89434-807-3
内容 神話から理性へ（ジャン＝ピエール・ヴェルナン著, 塚島真実訳）　〔00970〕

◇ギリシア人の神話と思想—歴史心理学研究（MYTHE ET PENSÉE CHEZ LES GRECS（原著1996年版））　ジャン＝ピエール・ヴェルナン著, 上村くにこ, ディディエ・シッシュ, 饗庭千代子訳　国文社　2012.8　594p　20cm　〈索引あり〉6000円　①978-4-7720-0535-7
内容 第1章 神話の構造　第2章 時間と記憶の神話的様相　第3章 空間の構成　第4章「仕事」と「技術の思考」　第5章「分身」から「イメージ」へ　第6章 宗教と人格　第7章 神話から理性へ　〔00971〕

ヴェルマー, アルブレヒト　Wellmer, Albrecht
◇倫理学と対話—道徳的判断をめぐるカントと討議倫理学（ETHIK UND DIALOG）　アルブレヒト・ヴェルマー〔著〕, 加藤泰史監訳, 御子柴善之, 舟場保之, 松本大理, 庄司信訳　法政大学出版局　2013.4　317, 3p　20cm　（叢書・ウニベルシタス 992）〈索引あり〉3600円　①978-4-588-00992-1
内容 第1部 カント倫理学の解明　第2部 討議倫理学批

判　第3部 カント倫理学と討議倫理学との媒介の試み　理性・解放・ユートピアについて―批判的社会理論のコミュニケーション論的基礎づけのために（革命のモデルあるいは資本主義社会と無階級社会との「連関」モデル　解放された社会　ポスト合理主義的な理性概念に向けて　合理性、真理、合意）　〔*00972*〕

ウェルマン, バリー

◇都市社会学セレクション　2　都市空間と都市コミュニティ　森岡清志編　日本評論社　2012.8　268p　22cm　〈文献あり〉3800円　①978-4-535-58593-5

内容 ネットワーク、近隣、コミュニティ（バリー・ウェルマン, バリー・レイトン著, 野沢慎司訳）〔*00973*〕

ヴェルメシ, ゲザ　Vermès, Géza

◇解き明かされた死海文書（The story of the scrolls）　ゲザ・ヴェルメシ著, 守屋彰夫訳　青土社　2011.8　296, 18p　20cm　〈文献あり 索引あり〉2200円　①978-4-7917-6614-7

内容 第1部（クムラン発見以前の聖書学の状況　画期的な発見と初期の不手際　その後のいざこざの元凶となったフランス聖書・考古学研究所　職務怠慢・国際紛争・スキャンダル　巻物をめぐるいさかいとその余波）　第2部（新生面を開いた非宗派的死海巻物　宗派的巻物の斬新さ　未完の事業―考古学・宗派の同定・歴史　クムランがもたらした、聖書時代と聖書後時代のユダヤ教と初期キリスト教研究における革命　エピローグ）　〔*00974*〕

ウェレイユス・パテルクルス　Velleius Paterculus

◇ローマ世界の歴史（Histoire romaine）　ウェレイユス・パテルクルス〔著〕, 西田卓生, 高橋宏幸訳　京都　京都大学学術出版会　2012.3　224, 25p　20cm　（西洋古典叢書 L020　内山勝利, 大戸千之, 中務哲郎, 南川高志, 中畑正志, 高橋宏幸編）〈索引あり　付属資料：8p：月報 91　文献あり〉2800円　①978-4-87698-191-5　〔*00975*〕

ヴェレルスト, スアナ　Verelst, Suana

◇ラズィアのねがい―アフガニスタンの少女（Razia's Ray of Hope）　エリザベス・サナビー文, スアナ・ヴェレルスト絵, もりうちすみこ訳　汐文社　2013.11　1冊（ページ付なし）　32cm　1600円　①978-4-8113-2059-5　〔*00976*〕

ウェン, リリ

◇フューチャースクール―シンガポールの挑戦（A school's journey into the future）　テイ・リー・ヨン, リム・チェー・ピン, カイン・ミント・スウィー編著, トランネット訳, 中川一史監訳　ピアソン桐原　2011.2　183p　21cm　2400円　①978-4-89471-549-3

内容 デジタルストーリーテリングの共同制作による生徒の言語能力の進歩（チャイ・チン・シン, ウェン・リリ）　〔*00977*〕

ヴェンカタラーマイア, ムナガーラ　Venkataramaiah, Munagala S.

◇ラマナ・マハルシとの対話　第1巻　1935.1.6～1936.12.31（Talks with Sri Ramana Maharshi）　ラマナ・マハルシ〔述〕, ムナガーラ・ヴェンカタラーマイア記録, 福間巖訳　ナチュラルスピリット　2012.12　613p　19cm　〈索引あり〉3000円　①978-4-86451-060-8　〔*00978*〕

◇ラマナ・マハルシとの対話　第2巻　1937.1.1～1938.3.22（Talks with Sri Ramana Maharshi）　ラマナ・マハルシ〔述〕, ムナガーラ・ヴェンカタラーマイア記録, 福間巖訳　ナチュラルスピリット　2013.2　457p　19cm　〈索引あり〉2500円　①978-4-86451-061-5

内容 第3章 1937年　第4章（1）1938年　〔*00979*〕

◇ラマナ・マハルシとの対話　第3巻　1938.4.29～1939.4.1（Talks with Sri Ramana Maharshi）　ラマナ・マハルシ〔述〕, ムナガーラ・ヴェンカタラーマイア記録, 福間巖訳　ナチュラルスピリット　2013.4　475p　19cm　〈文献あり 年譜あり 索引あり〉2600円　①978-4-86451-062-2

内容 第4章（2）1938年　第5章 1939年　ラマナ・マハルシの生涯　〔*00980*〕

ヴェンツ, グンター

◇研究プロジェクト「キリスト教大学の学問体系論」　青山学院大学総合研究所キリスト教文化研究部研究プロジェクト「キリスト教大学の学問体系論」　2013.3　148p　30cm　（研究報告論集 Credo ut intelligam 第3号）　非売品

内容 精神における思惟と存在の統一 他（グンター・ヴェンツ述, 浜崎雅孝訳）　〔*00981*〕

ヴェンツェル, クラウディア

◇中国中世仏教石刻の研究　気賀沢保規編　勉誠出版　2013.3　340p　22cm　9500円　①978-4-585-21012-2

内容 山東の摩崖刻経（クラウディア・ヴェンツェル執筆, 羅翠恂訳）　〔*00982*〕

ヴェントカー, ヘルマン　Wentker, Hermann

◇東ドイツ外交史―1949-1989（Außenpolitik in engen Grenzen）　ヘルマン・ヴェントカー著, 岡田浩平訳　三元社　2013.2　714, 48p　22cm　〈文献あり 索引あり〉8400円　①978-4-88303-326-3

内容 第1部 国際的な承認以前の東ドイツ外交（1945/49 - 1972）（構造と人物：五〇年代における東ドイツの外交機関　建国以前の外交の端緒　ソビエト指揮監督下の外交とドイツ政策（1949 - 1955）　問題は相変わらず、存在感は増大する（1955 - 1961）　持続と変化の間で：六〇年代における外交機関　新たな挑戦と変わらぬ目標との間で：六〇年代における東ドイツ外交（1961 - 1969）　モスクワとボンとのはざまで：東ドイツと「新東方政策」（1969 - 1972））　第2部「基本条約」後の東ドイツ外交（1973 - 1989）（七〇年代/八〇年代における東ドイツの外交機関　順応と自立の間で：ホーネッカー時代初期の東ドイツ外交（1973 - 1981）　飛翔と転落：八〇年代における東ドイツ外交）　〔*00983*〕

ヴェンドラー, オイゲン

◇回想小林昇　服部正治, 竹本洋編　日本経済評論社　2011.12　383p　20cm　〈年譜あり　著作目録あり〉2800円　①978-4-8188-2186-6

内容 尊敬する友人にして誉れ高き学者、小林昇教授の思い出（オイゲン・ヴェンドラー著, 原田哲史訳）〔00984〕

ウ

ヴェントレラ, スコット・W.　Ventrella, Scott W.
◇Me, Inc.—エッ！　“私”って会社なの？　：とびっきりの人生を経営する方法（Me, Inc）　スコット・W.ヴェントレラ著, 伊藤靖史, 大崎温子, 友井明子, 星野紀子訳, 近藤裕子監訳　バベル・プレス　2012.3　209p　19cm　1300円　①978-4-89449-125-0
内容 1 何が欲しいか、なぜ欲しいかを見極める（“足もとの火”　ずっとなりたかったものって？）　2 “とびっきりの人生プラン”を創る（何が一番大切なのか？　誰が一番大切なのか？　地平線を、さらにそのむこうを見据える短期と長期、究極の目標を立てる　はいでき上がり！）　3 プランを実行に移す（目は口より千倍ものを言う　消火する　予知技能　自由自在になる　はなまるプレーヤー）　4 運動量を上げていく（人生は常に変化する）〔00985〕

ヴェンベーリア, ビルギッタ　Wennberg, Birgitta
◇スウェーデン発・知的障害のある人の生活支援ハンドブック（Grepp om livet）　E.リンストローム,B.ヴェンベーリア著, 田代幹康, シシリア・ロボス訳・著　京都　ミネルヴァ書房　2011.3　184p　26cm　〈評価に役立つ記入様式付き　文献あり 索引あり〉3500円　①978-4-623-05915-7
内容 2つの重要なスターティングポイント　第1部 解説・実践編（活動と参加　困難な状況と環境からの要求　コントロールする—自分自身で知ること、選択すること、そして決定すること ほか）　第2部 フォーム（記入様式・資料）編（本人による自立の評価—フォーム（様式）1　支援者による自立の評価—フォーム（様式）2　能力活用の評価—フォーム（様式）3 ほか）　第3部 スウェーデンの障害福祉における法律・政策（基本理念と行政組織　法律の概要　スウェーデンの障害者福祉に関する施策の概要 ほか）〔00986〕

ヴォイルズ, ベロニカ　Voiels, Veronica
◇グローバル・ティーチャーの理論と実践—英国の大学とNGOによる教員養成と開発教育の試み（Developing the global teacher）　ミリアム・スタイナー編, 岩崎裕保, 湯本浩之監訳　明石書店　2011.7　540p　20cm　（明石ライブラリー 146）〈文献あり 索引あり〉5500円　①978-4-7503-3381-6
内容 宗教教育とグローバル教育の接点と協働—「内なる自己」の探究と「教員になる」ということ（ベロニカ・ヴォイルズ著, 上條直美訳）〔00987〕

ウォーカー, ガブリエル　Walker, Gabrielle
◇世界一素朴な質問、宇宙一美しい答え—世界の第一人者100人が100の質問に答える（BIG QUESTIONS FROM LITTLE PEOPLE）　ジェンマ・エルウィン・ハリス編, 西田美緒子訳, タイマタカシ絵　河出書房新社　2013.11　298p　22cm　2500円　①978-4-309-25292-6
内容 北極と南極の氷は、いつかはぜんぶとけちゃうの？　他（ガブリエル・ウォーカー博士）〔00988〕

ウォーカー, ギャヴィン
◇政治経済学の政治哲学的復権—理論の理論的〈臨界—外部〉にむけて　法政大学比較経済研究所, 長原豊編　法政大学出版局　2011.3　476p　20cm　（比較経済研究所研究シリーズ 別巻）〈索引あり〉4500円　①978-4-588-60241-2
内容 資本のプロレタリア的零度（ギャヴィン・ウォーカー著, 長原豊訳）〔00989〕

ウォーカー, ブレット
◇岩波講座日本の思想　第4巻　自然と人為—「自然」観の変容　苅部直, 黒住真, 佐藤弘夫, 末木文美士編集委員　岩波書店　2013.8　329p　22cm　3800円　①978-4-00-011314-4
内容 偉大なる収斂日本における自然環境の発見（ブレット・ウォーカー著, 福田武史訳）〔00990〕

ウォーカー, マイケル
◇西オーストラリア - 日本（にっぽん）交流史—永遠の友情に向かって（An enduring friendship）　デイビッド・ブラック, 曽根幸子編著, 有吉宏之, 曽根幸子監訳　日本評論社　2012.2　391p　22cm　〈タイトル　：　西オーストラリアー日本交流史〉3000円　①978-4-535-58613-0
内容 拡張と深化（マイケル・ウォーカー著）〔00991〕

ウォーカー, モートン　Walker, Morton
◇カラー・セラピー色彩の神秘力（THE POWER OF COLOR）　モートン・ウォーカー著, 井村宏次監訳, 加藤博訳　新装版　相模原　ビイング・ネット・プレス　2012.5　283p　19cm　（実践講座 14）〈著作目録あり〉1800円　①978-4-904117-74-3
内容 第1章 色彩とは何か　第2章 歴史の中の色彩　第3章 色彩が心と身体に及ぼす影響　第4章 ビジネスで成功する色彩　第5章 カラー・セラピー　第6章 石と鉱物結晶から得られる色彩の恵み　第7章 色彩と物質を超えた世界〔00992〕

ウォーク, ハリー・I.　Wolk, Harry I.
◇アメリカ会計学—理論、制度、実証（ACCOUNTING THEORY）　ハリー・I.ウォーク, ジェームズ・L.ドッド, ジョン・J.ロジスキー著, 長谷川哲嘉, 中野貴之, 成岡浩一, 菅野浩勢, 松本安司, 平賀正剛訳　同友館　2013.3　458p　22cm　〈索引あり〉5000円　①978-4-496-04962-0
内容 第1章 会計理論序説　第2章 会計理論と会計研究　第3章 財務会計の制度構造をめぐる展開　第4章 財務報告規制の経済学　第5章 公準、原則および概念　第6章 目的の探求　第7章 FASBの概念フレームワーク　第8章 投資者および債権者に対する会計情報の有用性　第9章 統一性と開示—会計基準設定に関するいくつかの方向性　第10章 国際会計〔00993〕

ヴォークレール, ジャック　Vauclair, Jacques
◇乳幼児の発達—運動・知覚・認知（Développement du jeune enfant）　ジャック・ヴォークレール著, 明和政子監訳, 鈴木光太郎訳　新曜社　2012.3　270, 26p　21cm　〈索引あり 文献あり〉2800円　①978-4-7885-1282-5
内容 1章 発達心理学における疑問と考え方　2章 認知発達を研究する方法　3章 出生前の発達　4章 運動の発達　5章 知覚の発達　6章 認知発達の理論　7章 モ

ノの知識と因果関係　8章 カテゴリー化　9章 空間の認知　10章 数の認知　11章 記憶　12章 音声知覚から最初のことばへ　13章 終わりに　〔00994〕

ヴォーゲル, エズラ・F.　Vogel, Ezra F.

◇中国は、いま　国分良成編　岩波書店　2011.3　247, 3p　18cm　(岩波新書 新赤版1297)　820円　①978-4-00-431297-0

内容 日中関係への三つの提案(エズラ・ヴォーゲル著, 山口信治訳)　〔00995〕

◇日本の未来について話そう—日本再生への提言 (Reimagining Japan)　マッキンゼー・アンド・カンパニー責任編集, クレイ・チャンドラー, エアン・ショー, ブライアン・ソーズバーグ編著　小学館　2011.7　416p　19cm　1900円　①978-4-09-388189-0

内容 ジャパン・アズ・ナンバーワンはどこへ(エズラ・F.ヴォーゲル著)　〔00996〕

◇東アジア市場統合の探索—日中韓の真の融和に向けて　杉本孝編著　京都　晃洋書房　2012.2　394p　22cm　〈文献あり〉4200円　①978-4-7710-2274-4

内容 東アジア協力に向けた新たな挑戦(エズラ・F.ヴォーゲル著, 杉本孝訳責)　〔00997〕

◇現代中国の父鄧小平　上 (Deng Xiaoping and the Transformation of China)　エズラ・F.ヴォーゲル著, 益尾知佐子, 杉本孝訳　日本経済新聞出版社　2013.9　621p　20cm　〈索引あり〉　3800円　①978-4-532-16884-1

内容 第1部 鄧小平の来歴(革命家から建設者へ、そして改革者へ——一九〇四年～一九六九年)　第2部 最高指導者への曲折の道——一九六九年～一九七七年(追放と復活——一九六九年～一九七四年　毛沢東の下での秩序回復——一九七四年～一九七五年　毛沢東の下での前進——一九七五年　毛沢東時代の終焉を傍観——一九七六年　華国鋒の下での復活——一九七七年～一九七八年)　第3部 鄧小平時代の始まり——一九七八年～一九八〇年(三つの転換点——一九七八年　自由の限度の設定——一九七八年～一九七九年　ソ連・ベトナムの脅威——一九七八年～一九七九年　日本への門戸開放——一九七八年　アメリカへの門戸開放——一九七八年～一九七九年　鄧小平政権の船出——一九七九年～一九八〇年)　第4部 鄧小平の時代——一九七八年～一九八九年(鄧小平の統治技術)　〔00998〕

◇現代中国の父鄧小平　下 (Deng Xiaoping and the Transformation of China)　エズラ・F.ヴォーゲル著, 益尾知佐子, 杉本孝訳　日本経済新聞出版社　2013.9　556p　20cm　〈索引あり〉　3800円　①978-4-532-16885-8

内容 第4部 鄧小平の時代——一九七八年～一九八九年(承前)(広東と福建の実験——一九七九年～一九八四年　経済調整と農村改革——一九七八年～一九八二年　経済発展と対外開放の加速——一九八二年～一九八九年　一国二制度—台湾、香港、チベット　軍隊—現代化を目指して　寄せては返す政治の波)　第5部 鄧小平時代に対する挑戦——一九八九年～一九九二年(北京の春——一九八九年四月一五日～五月一七日　天安門の悲劇——一九八九年五月一七日～六月四日　逆風の中で——一九八九年～一九九二年　有終の美—南巡談話、一九九二年)　第6部 鄧小平の歴史的位置づけ(中国の変容)　鄧小平時代の重要人物　中国共産党の主要会議一覧——一九五六年～一九九二年　〔00999〕

◇日本の立ち位置を考える—連続シンポジウム　明石康編　岩波書店　2013.9　193, 3p　19cm　〈会期会場 : 2012年9月11日～2013年1月22日 国際文化会館〉 2100円　①978-4-00-024298-1

内容 アメリカの世紀における日米関係(エズラ・F.ヴォーゲル述, 野口良次訳)　〔01000〕

ヴォーゲル, スーザン　Vogel, Suzanne H.

◇変わりゆく日本の家族—〈ザ・プロフェッショナル・ハウスワイフ〉から見た五〇年　スーザン・ヴォーゲル著, 西島実里訳　京都　ミネルヴァ書房　2012.7　293p　20cm　〈文献あり〉3800円　①978-4-623-06379-6

内容 第1章 日本と私の五〇年　第2章 天性の専業主婦—田中華枝　第3章 支配と服従—鈴木美恵子　第4章「良妻賢母」への反逆者—伊藤八重子　第5章 三人の専業主婦とその家族　第6章 選択できる時代のクライシス　終章 不確かな時代を生き抜く力　〔01001〕

ウォーケル, S.*　Worchel, Stephen

◇紛争と平和構築の社会心理学—集団間の葛藤とその解決 (INTERGROUP CONFLICTS AND THEIR RESOLUTION)　ダニエル・バル・タル編著, 熊谷智博, 大渕憲一監訳　京都　北大路書房　2012.10　375p　21cm　〈索引あり〉4000円　①978-4-7628-2787-7

内容 豚, スリングショット, およびその他の集団間紛争の基盤(Dawna K.Coutant, Marcelo Hanza, Stephen Worchel著, 熊谷智博訳)　〔01002〕

ヴォージェル, ルイ　Vogel, Louis

◇欧州競争法 (Droit de la concurrence européen et français(抄訳))　ルイ・ヴォージェル著, 小梁吉章訳　信山社　2012.12　610p　22cm　(法学翻訳叢書 0006—ヨーロッパ競争法)　〈文献あり 索引あり〉 15000円　①978-4-7972-6156-1

内容 第1部 カルテルと市場支配的地位の濫用(適用範囲　カルテル　市場支配的地位の濫用　知的財産権の特例)　第2部 競争手続(権限　欧州委員会の手続　事前調査　行政手続　欧州委員会の決定　民事の損害賠償　訴訟手続)　第3部 企業結合(規制範囲　監督の実施　監督手続)　第4部 国家補助(禁止される補助　適合する補助　監督手続)　〔01003〕

ウォーシャック, リチャード・A.　Warshak, Richard Ades

◇離婚毒—片親疎外という児童虐待 (DIVORCE POISON)　リチャード・A.ウォーシャック〔著〕, 青木聡訳　誠信書房　2012.5　297p　22cm　〈文献あり 索引あり〉 3600円　①978-4-414-41447-9

内容 第1章 デリケートなバランス　第2章 悪口、罵詈雑言、洗脳　第3章 親と引き離された子ども　第4章 有害な動機　第5章 片親疎外を引き起こす状況　第6章 現実の改変　第7章 毒のコントロール　第8章 手放す　〔01004〕

ヴォス, キャスリン　Vos, Catherine F.

◇親と子の聖書—旧約聖書　1 (The Child's Story Bible)　キャスリン・ヴォス著, 有賀英子訳　いのちのことば社フォレストブックス　2013.7　461p　21cm　2000円　①978-4-264-00079-0

内容 1部 世界のはじまり(はじめに神　世界のはじまり ほか)　2部 さまよう民(モーセ　神さまはモーセを選ばれる ほか)　3部 神さまの律法(イスラエル人の礼拝　イスラエル人の祭り ほか)　4部 約束の地へ(カナン　勝利と敗北 ほか)　〔01005〕

◇親と子の聖書―旧約聖書　2 (The Child's Story Bible)　キャスリン・ヴォス著, 有賀英子訳　いのちのことば社フォレストブックス　2013.7　442p　21cm　2000円　①978-4-264-03080-5

内容 5部 ユダヤの王たち(神さまに約束されたサムエル　ペリシテ人との戦い　最初の王サウル ほか)　6部 預言者たち(世界でいちばんかしこい人　ソロモンの黄金王国　悪い時代のはじまり ほか)　7部 バビロン捕囚(ダニエル　燃える炉　野に住んだ王 ほか)　〔01006〕

◇親と子の聖書―新約聖書 (The Child's Story Bible)　キャスリン・ヴォス著, 深江真智子訳　いのちのことば社フォレストブックス　2013.8　425p　21cm　〈『母と子の聖書 新約』加筆・修正・復刊・改題書〉2000円　①978-4-264-03081-2

内容 1部 救い主(話せなくなった祭司　天使の知らせ　聖夜　東の国で見た星 ほか)　2部 弟子たちと教会のはじまり(上よりの力　美しの門の貧しい男　うそつきの話　開いたろうごくのとびら ほか)　〔01007〕

ウォーズマン, シャー　Wasmund, Sháá

◇つべこべ言わずにやってみよう―本当にやりたいことを思いっきりやるために! (STOP TALKING START DOING)　シャー・ウォーズマン, リチャード・ニュートン著, 山本雅子訳　アルファポリス　2013.7　231p　19cm　〈文献あり　発売：星雲社〉1400円　①978-4-434-18106-1

内容 1 チック・タック　2 やりたいのにやれない　3 恐れと後悔　4 スタート　5 意思決定のワザ　6 さあやってみよう!　〔01008〕

ウォーターズ, ドノヴァン

◇成年後見法における自律と保護―成年後見法世界会議講演録　新井誠監修, 2010年成年後見法世界会議組織委員会編, 紺野包子訳　日本評論社　2012.8　319p　21cm　〈英語抄訳付〉5600円　①978-4-535-51865-0

内容 高齢化社会における個人信託の利用(ドノヴァン・ウォーターズ著)　〔01009〕

ウォーターズ, マイケル・R.　Waters, Michael R.

◇ジオアーケオロジー―地学にもとづく考古学 (Principles of Geoarchaeology)　マイケル・R.ウォーターズ著, 熊井久雄, 川辺孝幸監修, 松田順一郎, 髙倉純, 出穂雅実, 別所秀高, 中沢祐一訳　朝倉書店　2012.7　326p　21cm　〈文献あり 索引あり〉6400円　①978-4-254-53018-6

内容 第1章 ジオアーケオロジー　第2章 ジオアーケオロジーの基礎　第3章 沖積環境　第4章 風成環境　第5章 湧泉、湖、岩陰、その他の陸域環境　第6章 海岸環境　第7章 遺跡の埋没後擾乱　第8章 ジオアーケオロジーによる調査研究　付録　〔01010〕

ウォーターハウス, スティーブン　Waterhouse, Stephen

◇とびだす世界地図帳 (MY POP-UP WORLD ATLAS)　アニータ・ガネリぶん, スティーブン・ウォーターハウスえ, ひろうちかおりやく　大日本絵画　2013　1冊(ページ付なし)　28cm　(しかけえほん)　1900円　①978-4-499-28515-5　〔01011〕

◇とびだす世界地図帳 (MY POP - UP WORLD ATLAS)　アニータ・ガネリ文, スティーブン・ウォーターハウス絵, ひろうちかおり訳　大日本絵画　〔2013.12〕　1冊　28×26cm　1900円　①978-4-499-28515-5　〔01012〕

ウォーデン, J.ウィリアム　Worden, James William

◇悲嘆カウンセリング―臨床実践ハンドブック (Grief counseling and grief therapy (4th ed.))　J.W.ウォーデン著, 山本力監訳, 上地雄一郎, 桑原晴子, 浜崎碧訳　誠信書房　2011.9　330p　22cm　〈文献あり〉4000円　①978-4-414-41445-5

内容 序論 新しい悲嘆の概念　第1章 愛着、喪失、悲嘆経験　第2章 喪の過程における4つの課題　第3章 喪の過程に影響を与える媒介要因　第4章 悲嘆カウンセリング：通常の悲嘆の促進　第5章 異常な悲嘆反応：複雑な喪の過程　第6章 悲嘆セラピー：複雑性悲嘆の解消　第7章 喪失の特別なタイプと悲嘆の営み　第8章 悲嘆と家族システム　第9章 カウンセラー自身の悲嘆　第10章 悲嘆カウンセリングの訓練―研修方法と事例スケッチ　付録　〔01013〕

ウォード, サラ・F.　Ward, Sarah F.

◇フランシスE.ウィラード女性たちの代弁者 (Frances E.Willard advocate for women)　サラ・F.ウォード著, JWCTU翻訳委員会訳　第2版　日本クリスチャン女性禁酒同盟　2010.11　128p　19cm　〈発売：アンカークロス出版〉857円　①978-4-900839-19-9　〔01014〕

ウォード, ジェイミー　Ward, Jamie

◇カエルの声はなぜ青いのか?―共感覚が教えてくれること (The frog who croaked blue)　ジェイミー・ウォード著, 長尾力訳　青土社　2012.1　241, 28p　20cm　〈索引あり　文献あり〉2200円　①978-4-7917-6635-2

内容 第1章 多芸多「彩」なアルビノ(家族の中の異星人　共感覚の興亡 ほか)　第2章 諸感覚の力(赤ちゃんの騒がしい世界　音と映像が衝突する場所 ほか)　第3章 もう一つの現実(ルビコン河を渡る―多感覚知覚から共感覚へ　「O」はなぜ白く、ショパンはなぜ黄色なのか?　ほか)　第4章 額の中のスクリーン(幻の触覚　多種多様な空間 ほか)　第5章 諸感覚の彼方へ(視触覚　共感覚はなぜ存在するのか?　ほか)　〔01015〕

ウォートレイ, リチャード　Wortley, Richard K.

◇環境犯罪学と犯罪分析 (Environmental criminology and crime analysis)　リチャード・ウォートレイ, ロレイン・メイズロール編, 島田貴仁, 渡辺昭一監訳, 斉藤知範, 雨宮護, 菊池城治, 畑倫子訳　社会安全研究財団　2010.8　313p　26cm　〈文献あり〉①978-4-904181-13-3

内容 環境犯罪学と犯罪分析：理論、分析アプローチと応用の位置づけ 他(リチャード・ウォートレイ, ロレイン・メイズロール著, 島田貴仁訳)　〔01016〕

ウォーノック, メアリー　Warnock, Mary

◇イギリス特別なニーズ教育の新たな視点―2005年ウォーノック論文とその後の反響（Special educational needs ： a new look）　メアリー・ウォーノック, ブラーム・ノーウィッチ著, ロレラ・テルジ編, 宮内久絵, 青柳まゆみ, 鳥山由子監訳　ジアース教育新社　2012.3　194p　21cm　2400円　①978-4-86371-179-2

内容 第1章 2005年ウォーノック論文―特別なニーズ教育の新たな視点（歴史的背景　特別な教育的ニーズ・ステートメントの再検討　インクルージョンの理想についての再検討　結論）　第2章 2005年ウォーノック論文に対する反響の整理と考察（2005年ウォーノック論文出版直後の反響　2005年ウォーノック論文の詳細な検証　特別な教育的ニーズ、ステートメント、インクルージョンの将来に関する考察　まとめ）　第3章 ブラーム・ノーウィッチに対する返答　あとがき 差異、平等、および教育におけるインクルージョンの理想（教育における子どもの差異の特定 ： ニーズなのか潜在能力なのか　インクルージョン、インクルーシブ教育および潜在能力の平等）〔01017〕

ウォーラーステイン, I.　Wallerstein, Immanuel Maurice

◇近代世界システム　1　農業資本主義と「ヨーロッパ世界経済」の成立（THE MODERN WORLD-SYSTEM.1）　I.ウォーラーステイン著, 川北稔訳　名古屋　名古屋大学出版会　2013.10　423, 35p　22cm　〈文献あり 索引あり〉4800円　①978-4-8158-0743-6

内容 序章 社会変動の研究のために　第1章 近代への序曲　第2章 新たなヨーロッパ分業体制の確立――四五〇年頃から一六四〇年頃まで　第3章 絶対王政と国家機構の強化　第4章 セビーリャからアムステルダムへ―帝国の挫折　第5章 強力な中核諸国家―階級形成と国際商業　第6章「ヨーロッパ世界経済」―その周辺と外部世界　第7章 理論的総括〔01018〕

◇近代世界システム　2　重商主義と「ヨーロッパ世界経済」の凝集―1600-1750（THE MODERN WORLD-SYSTEM.2）　I.ウォーラーステイン著, 川北稔訳　名古屋　名古屋大学出版会　2013.10　368, 66p　22cm　〈文献あり 索引あり〉4800円　①978-4-8158-0744-3

内容 序章「一七世紀の危機」は実在したか？　第1章 収縮（B）局面　第2章「世界経済」におけるオランダのヘゲモニー　第3章 中核における抗争―第一の局面一六五一年から一六八九年まで　第4章 低成長期における周辺諸地域　第5章 岐路に立つ半周辺　第6章 中核地域における抗争―第二の局面一六八九年から一七六三年まで〔01019〕

◇近代世界システム　3　「資本主義的世界経済」の再拡大―1730s-1840s（THE MODERN WORLD SYSTEM.3）　I.ウォーラーステイン著, 川北稔訳　名古屋　名古屋大学出版会　2013.10　314, 100p　22cm　〈文献あり 索引あり〉4800円　①978-4-8158-0745-0

内容 第1章 工業とブルジョワ　第2章 中核部における抗争の第三局面――七六三年から一八一五年まで　第3章 広大な新地域の「世界経済」への組み込み――七五〇年から一八五〇年まで　第4章 南北アメリカにおける定住植民地の解放――七六三年から一八三三年まで〔01020〕

◇近代世界システム　4　中道自由主義の勝利―1789-1914（THE MODERN WORLD-SYSTEM.4）　I.ウォーラーステイン著, 川北稔訳　名古屋　名古屋大学出版会　2013.10　343, 80p　22cm　〈文献あり 索引あり〉4800円　①978-4-8158-0746-7

内容 序章『近代世界システム』全巻の構成　第1章 イデオロギーとしての中道自由主義　第2章 自由主義国家の建設――八一五年から一八三〇年まで　第3章 自由主義国家と階級闘争――八三〇年から一八七五年まで　第4章 自由主義国家の市民　第5章 社会科学としての自由主義　第6章 再論〔01021〕

ウォリス, シャノン　Wallis, Shannon

◇リーダーシップ・マスター―世界最高峰のコーチ陣による31の教え（Coaching for Leadership）　マーシャル・ゴールドスミス, ローレンス・S.ライアンズ, サラ・マッカーサー編著, 久野正人監訳, 中村安子, 夏井幸子訳　英治出版　2013.7　493p　21cm　2800円　①978-4-86276-164-4

内容 マイクロソフトはこう育てる（シャノン・ウォリス, ブライアン・O.アンダーヒル, キャロル・ヘドリー）〔01022〕

ウォリック, ジョビー　Warrick, Joby

◇三重スパイ―CIAを震撼させたアルカイダの「モグラ」（THE TRIPLE AGENT）　ジョビー・ウォリック著, 黒原敏行訳　太田出版　2012.12　303p　19cm　2300円　①978-4-7783-1346-3

内容 強迫観念　取り憑かれて　青年医師　屈辱　情報提供者　標的　聖戦主義者　圧力　基地司令官　二重スパイ　ぶらさげられた餌　リハーサル　三重スパイ　アッラーのほかに神なし　殉教者　殉職　決意　戦没将兵追悼記念日〔01023〕

ウォーリン, デイビッド・J.　Wallin, David J.

◇愛着と精神療法（Attachment in psychotherapy）　デイビッド・J.ウォーリン著, 津島豊美訳　星和書店　2011.11　551p　22cm　〈索引あり　文献あり〉5800円　①978-4-7911-0794-0

内容 愛着と変化　第1部 ボウルビィを越えて（愛着理論の基礎　メアリー・メイン―心的表象、メタ認知、成人愛着面接（AAI）　フォナギー以後）　第2部 愛着関係と自己の発達（自己の多重側面　愛着体験の多様性　愛着関係はどのように自己を形作るのか）　第3部 愛着理論から臨床実践へ（非言語的体験と「未思考の知」―情緒自己核への接近　体験に対する自己のスタンス―埋没、メンタライジング、マインドフルネス　愛着理論の臨床的側面を深める―間主観性と関係性の視点）　第4部 精神療法と愛着型（発達の坩堝を構成する　愛着軽視型患者―孤立から親密へ　とらわれ型患者―自分自身の心のための居場所を作る　未解決型患者―外傷と喪失の傷を癒す）　第5部 臨床的焦点を鮮明にする（非言語領域（呼び起こされたものおよびエナクトしたものをとり扱う　身体をとり扱う）　メンタライジングとマインドフルネス―心理的解放の二重らせん）〔01024〕

ヴォール, アズビヨン　Wahl, Asbjørn

◇福祉国家の興亡（THE RISE AND FALL OF THE WELFARE STATE）　アズビヨン・ヴォール著, 渡辺雅男訳　こぶし書房　2013.9

380, 16p　20cm　（こぶしフォーラム 24）〈文献あり 索引あり〉3800円　①978-4-87559-279-2
内容 第1章 はじめに　第2章 権力基盤　第3章 転換点　第4章 バランス・オブ・パワーの変化　第5章 攻撃　第6章 労働の非人間化　第7章 シンボル政治の惨状　第8章 課題とオルタナティブ　〔01025〕

ウ

ウォルコット, デビッド・A.　Wolcott, David A.
◇ビジネスとしての高等教育―営利大学の勃興（Earnings from learning）　デビッド・W.ブレネマン, ブライアン・パッサー, サラ・E.ターナー編著, 田部井潤監訳, 渡部晃正, 栗栖淳, 遠藤克弥訳　出版研　2011.6　265p　22cm　〈文献あり 索引あり　発売 : 人間の科学新社〉2800円　①978-4-8226-0291-8
内容 活発なロビー活動―非営利大学、営利大学と高等教育政策の関連（ブライアン・パッサー, デビッド・A.ウォルコット著, 田部井潤訳）　〔01026〕

ウォルシュ, カール・E.　Walsh, Carl E.
◇入門経済学（Economics (4th ed.)）　ジョセフ・E.スティグリッツ, カール・E.ウォルシュ著, 藪下史郎, 秋山太郎, 蟻川靖浩, 大阿久博, 木立力, 宮田亮, 清野一治訳　第4版　東洋経済新報社　2012.4　546p　21cm　〈他言語標題 : INTRODUCTORY ECONOMICS　索引あり〉2800円　①978-4-492-31419-7
内容 現代の経済学　経済学的な考え方　需要、供給、価格　需要・供給分析の応用　市場と効率性　不完全市場入門　公共部門　マクロ経済学と完全雇用　経済成長　失業とマクロ経済学　インフレーションと総需要・失業　グローバル危機 : 金融システム・世界経済・地球環境　〔01027〕

◇スティグリッツミクロ経済学（Economics (原著第4版) (抄訳)）　ジョセフ・E.スティグリッツ, カール・E.ウォルシュ著, 藪下史郎, 秋山太郎, 蟻川靖浩, 大阿久博, 木立力, 宮田亮, 清野一治訳　第4版　東洋経済新報社　2013.1　736p　21cm　〈他言語標題 : MICROECONOMICS　索引あり〉3800円　①978-4-492-31435-7
内容 第1部 ミクロ経済学入門（需要と供給　不完全市場と公共部門）　第2部 完全市場（消費の決定　企業と費用　競争的企業　労働市場　資本市場　競争市場の効率性）　第3部 不完全市場（独占、独占的競争と寡占　競争促進政策　戦略的行動　生産物市場と不完全情報　労働市場の不完全性）　第4部 ミクロ経済学と政策課題（環境の経済学　国際貿易と貿易政策　技術進歩　資産の運用）　〔01028〕

ウォルシュ, シアラン　Walsh, Ciaran
◇マネジャーのための経営指標ハンドブック―知っておくべき「100+」の経営指標（Key management ratios (4th ed.)）　シアラン・ウォルシュ著, 梶川達也, 梶川真味訳　原著第4版　ピアソン桐原　2012.3　384p　21cm　〈索引あり 初版 : ピアソンエデュケーション2001年刊〉2800円　①978-4-86401-063-4
内容 1 基礎（この本の使い方　財務諸表 ほか）　2 経営指標（業績の測定　経営指標 ほか）　3 流動性（キャッシュフローサイクル　流動性 ほか）　4 企業価値の評価（企業価値　財務レバレッジと企業評価 ほか）　5 意思決定（コスト、数量、単価の関係　投資プロジェクト評価指標 ほか）　〔01029〕

ウォルシュ, ニール・ドナルド　Walsch, Neale Donald
◇新しき啓示（The new revelations）　ニール・ドナルド・ウォルシュ著, 吉田利子訳　サンマーク出版　2012.3　500p　15cm　（サンマーク文庫 に・1・8）　880円　①978-4-7631-6010-2
内容 現在の世界が直面しているのは、霊的な問題なのだ。　何をすべきか、という問題ではない。あなたがどんな行動を選ぶか、というのが大事なのだ。　現在の信念を超越するとは、否定することではなく「つけ加える」ことなのだ。　すべての人間は、聖なるインスピレーションを得られるように生まれついている。　あなたがたはいま、新しい驚くべき危険に直面している。　平和への五つのステップを実行すれば、地球上のすべてを変えることできる。　行動の奥にある信念に取り組まなければ、長い目で見た行動を変化させることはできない。　行動ではなく、信念を変えなさい。信念を変えられれば、行動は自然に変わってくる。　自分の世界観に照らして不適切なことは、誰もしない。　あなたがたには、自分が夢にも思わなかったほどの成果をあげ、体験する力がある。〔ほか〕　〔01030〕

◇神へ帰る（Home with God）　ニール・ドナルド・ウォルシュ著, 吉田利子訳　サンマーク出版　2012.3　520p　15cm　（サンマーク文庫 に・1・9）　880円　①978-4-7631-6011-9
内容 誰でもすべてを自分自身のためにしている。死についてもこの真実があてはまることが理解できれば、二度と死を恐ろしいとは思わないだろう。　死についていだいている疑問のほとんどに答えを得られたら、生命/人生についていだいている疑問のほとんどにも答えが出る。　死があなたの意志に反して起こることだと思うか？　あなたのなかにある真実以外に真実はない。そのほかはすべて誰かがあなたに言っていることだ。　どの方向へ進もうと、「わが家」に帰り着かないはずがない。　どんなことがあっても、ここで言われていることを信じてはいけない。　すべての魂は死後に安らぎを見いだす。ただし、すべての魂が死の前に安らぎを見いだすとは限らない。　死においては、あなたの個々のアイデンティティはすべて脱ぎ捨てられ、ついにあなたがたのあいだの分離が終了する。　愛に屈服し、魂が行きたがるところへと愛の導きに身を委ねるとき、あなたには何の困難もない。　「あの世」には何の苦しみもない。〔ほか〕　〔01031〕

◇人類との対話　1　静けさの前の嵐（CONVERSATION WITH HUMANITY）　ニール・ドナルド・ウォルシュ〔著〕, 飯島奈美訳　アルファポリス　2013.9　405p　19cm　〈発売 : 星雲社〉1800円　①978-4-434-18284-6
内容 第1部（話し合うことはできるか？　「なぜ」そして「いつ」に対する答え　ひとつだけ確実にわかっていること　最初に変えなくてはならない考え　人類が今すぐできるもっとも勇気ある行動 ほか）　第2部（わたしたちの目の前にある信じられないストーリー　ひとつめのダイヤモンドが落ちてきたら、残りも後から落ちてくる　形態場、転換点そして臨界量　新しい日のための新しいストーリー　これまで信じてきたことを本当に信じていいのだろうか？ ほか）　〔01032〕

ウォルソール, アン　Walthall, Anne
◇日本人の「男らしさ」―サムライからオタクまで

「男性性」の変遷を追う（RECREATING JAPANESE MEN） サビーネ・フリューシュトゥック, アン・ウォルソール編著, 長野ひろ子監訳, 内田雅克, 長野麻紀子, 粟倉大輔訳 明石書店 2013.1 307p 22cm 3800円 ①978-4-7503-3745-6
内容 男性と男性性を問い直す 他（サビーネ・フリューシュトゥック, アン・ウォルソール著, 長野麻紀子訳） 〔01033〕

ウォルター, インゴ Walter, Ingo
◇金融規制のグランドデザイン―次の「危機」の前に学ぶべきこと（Restoring financial stability） ヴィラル・V.アチャリア, マシュー・リチャードソン編著, 大村敬一監訳, 池田竜哉, 増原剛輝, 山崎洋一, 安藤祐介訳 中央経済社 2011.3 488p 22cm 〈文献あり〉5800円 ①978-4-502-68200-1
内容 金融機関の報酬制度の再考 他（ジャン・ルカ・クレメンティ, トーマス・F.クーリー, マシュー・リチャードソン, インゴ・ウォルター） 〔01034〕

ウォルダー, クリス Waldherr, Kris
◇悲劇の女王の物語―儚く散った50人（Doomed queens） クリス・ウォルダー著, 竹田円, 築地誠子訳 原書房 2011.4 247p 20cm 2200円 ①978-4-562-04679-9
内容 序章 はじめに 第1章 はるか聖書の時代より 第2章 暗黒時代のダンス 第3章 中世―災厄の時代 第4章 享楽のルネサンス期 第5章 いざ、バロック 第6章 近代から現代へ 終章 あなたの「悲劇の女王」度診断 〔01035〕

ウォルターズ, ガイ Walters, Guy
◇ナチ戦争犯罪人を追え（Hunting evil） ガイ・ウォルターズ著, 高儀進訳 白水社 2012.3 521, 14p 20cm 〈文献あり〉3800円 ①978-4-560-08199-0
内容 第1章 逃亡 第2章「地の果てまで」 第3章「決して忘れぬ男」 第4章 鼠を助ける 第5章 オデッサ神話 第6章「特殊な旅の手配」 第7章 至極扱いにくい人物 第8章 隠れる 第9章 アイヒマン 第10章 荒っぽい裁き 第11章「このナチ狩りというもののすべて」 第12章 ナチ狩り、その後 〔01036〕

ウォルターズ, キャロリン
◇ラーニング・コモンズ―大学図書館の新しいかたち 加藤信哉, 小山憲司編訳 勁草書房 2012.7 290p 22cm 〈他言語標題：LEARNING COMMONS 索引あり〉3900円 ①978-4-326-00037-1
内容 コモンズ環境におけるレファレンス・サービス（ダイアン・タリス, キャロリン・ウォルターズ執筆, 加藤信哉, 小山憲司訳） 〔01037〕

ウォルターズ, S.* Walters, Scott T.
◇動機づけ面接法 応用編（Motivational interviewing (2nd edition)） ウイリアム・R.ミラー, ステファン・ロルニック編, 松島義博, 後藤恵, 猪野亜朗訳 星和書店 2012.9 291p 21cm 〈文献あり〉3200円 ①978-4-7911-0817-6
内容 集団による動機づけ面接法の危険性と可能性（Scott T.Walters, Richard Ogle, John Martin） 〔01038〕

ウォルツ, ケネス Waltz, Kenneth Neal
◇人間・国家・戦争―国際政治の3つのイメージ（Man, the State, and War） ケネス・ウォルツ著, 渡辺昭夫, 岡垣知子訳 勁草書房 2013.5 240p 22cm 〈文献あり 索引あり〉3200円 ①978-4-326-30218-5
内容 第1章 はじめに 第2章 第1イメージ―国際紛争と人間行動 第3章 第1イメージからの推論―行動科学と国家間暴力の削減 第4章 第2イメージ―国際紛争と国内構造 第5章 第2イメージからの推論―国際社会主義と第一次世界大戦の到来 第6章 第3イメージ―国際紛争と国際的アナーキー 第7章 第3イメージからの推論―経済、政治、歴史の例 第8章 結論 〔01039〕

ウォルツァー, マイケル Walzer, Michael
◇政治的に考える―マイケル・ウォルツァー論集（Thinking politically） マイケル・ウォルツァー著, デイヴィッド・ミラー編, 萩原能久, 斎藤純一監訳 風行社 2012.4 548, 34p 22cm 〈著作目録あり〉5500円 ①978-4-86258-018-4
内容 哲学とデモクラシー 哲学的会話批判 客観性と社会的意味 リベラリズムと分離の技法 いまここにある正義 排除、不正義と民主国家 コミュニタリアンのリベラリズム批判 市民社会論 社会再編への道 討議と、そしてそのほかには何が？ 境界線をひく―宗教と政治 差異の政治―多文化的世界における国家像と寛容 民族と普遍的世界 国家の道徳的地位―四人の批判者はの応答 人道的介入論 人道的介入を超えて―グローバル社会における人権 テロリズムと正しい戦争 政治行為と「汚れた手」という問題 世界のなかのアメリカ合衆国―正しい戦争と正しい社会 〔01040〕

ウォルドループ, ジェームズ Waldroop, James
◇人間関係がうまくいく12の法則―誰からも好かれる人になる方法（Maximum Success） ジェームズ・ウォルドループ, ティモシー・バトラー著, 藤井留美訳 日本経済新聞出版社 2012.9 285p 20cm （BEST OF BUSINESS） 〈「一緒に仕事をしたくない「あの人」の心理分析」（飛鳥新社 2002年刊）の改題, 修正〉1600円 ①978-4-532-31825-3
内容 第1部 困った性格を解決する12の方法（マイナス思考の「キャリア高所恐怖症」…自分に自信が持てない人 融通のきかない「正論家」…つねに自分だけが正しい人 24時間闘い続ける「英雄」…自分にも他人にも厳しい人 議論を避けたがる「平和主義者」…自分の意見を言わない人 威張ってばかりの「ブルドーザー」…他人の話を聞かない人 ルール破りが大好きな「反逆児」…ただ目立ちたいだけの人 ホームラン狙いの「大振り屋」 とにかく成功したい人 変化を恐れる心配性の「悲観論者」…いつも「ダメ」しか言わない人 相手の気持ちが読めない「感情不感症」…理論だけで判断する人 理想だけは立派な「できたはず屋」…口ばかりで何もやらない人 公私の区別がつかない「筒抜けスピーカー」…何でもしゃべりたがる人 誰もがかかりやすい「無気力症」…何をすべきかわからない人） 第2部 ハーバード流心の弱点改造トレーニング（他人の目でものを見る 権威と折り合いをつける 力の使い方 鏡をのぞく―セルフイメージ） 変わるためのチェック・リスト 〔01041〕

ウ

ウォルトン, アシュレイ　Walton, Ashley
◇王室の秘密は女王陛下のハンドバッグにあり (What's in the queen's handbag)　フィル・ダンピェール, アシュレイ・ウォルトン著, あまおかけい訳　R.S.V.P.　2011.3　135p　21cm　〈発売：丸善出版〉1400円　①978-4-904072-10-3
内容 1 王室の秘密は女王陛下のハンドバッグにあり　2 女王はゴーストがお好き　3 王室の乱暴者たち　4 使用人との微妙な関係　5 王室のコソ泥たちの悲哀　6 黒いバナナと究極のサンドイッチ　7 競馬醜聞　8 そこ退けそこ退け、ウィンザー様のお通りだ　9 家族で過ごすクリスマスは最高　〔01042〕

ヴォールハウプター, オイゲン　Wohlhaupter, Eugen
◇詩人法律家 (Dichterjuristen (3Bde.) (抄訳))　オイゲン・ヴォールハウプター著, 堅田剛編訳　御茶の水書房　2012.12　365, 2p　23cm　6800円　①978-4-275-01010-0
内容 第1章 A.F.J.ティボーとロベルト・シューマン (法学者にして音楽愛好家としてのティボー　シューマンの法学生時代)　第2章 E.T.A.ホフマン (法律家にして芸術家としてのホフマン　ホフマンの文学作品にみられる法的なもの)　第3章 ハインリヒ・ハイネ (はじめに　少年時代および学生時代 ほか)　第4章 芸術家としての法律家たち (詩人法律家についての概観　法律家詩人 ほか)　〔01043〕

ウォルフ, バリー・E.
◇変容する臨床家―現代アメリカを代表するセラピスト16人が語る心理療法統合へのアプローチ (HOW THERAPISTS CHANGE)　マービン・R.ゴールドフリード編, 岩壁茂, 平木典子, 福島哲夫, 野末武義, 中釜洋子監訳, 門脇陽子, 森田由美訳　福村出版　2013.10　415p　22cm　〈索引あり〉5000円　①978-4-571-24052-2
内容 心理療法統合の統合的体験 (バリー・E.ウォルフ著)　〔01044〕

ウォルフ, ピーター・H.
◇遊びと発達の心理学 (Play and Development)　J.ピアジェ他著, 森楙監訳　名古屋　黎明書房　2013.6　207p　22cm　(精神医学選書 第11巻)　〈文献あり〉3700円　①978-4-654-00161-3
内容 操作的思考と社会的適応 (ピーター・H.ウォルフ著, 森楙監訳, 阿部好策, 黒川久美, 植田ひとみ,Kyouko Muecke, 恒原睦子, 石崎昌子共訳)　〔01045〕

ヴォルフ, リリ＝アン
◇フィンランドの高等教育ESDへの挑戦―持続可能な社会のために (Towards sustainable development in higher education-reflections)　フィンランド教育省, タイナ・カイヴォラ, リーサ・ローヴェーデル編著, 斎藤博次, 開竜美監訳, 岩手大学ESDプロジェクトチーム訳　明石書店　2011.4　201p　21cm　〈文献あり〉2500円　①978-4-7503-3377-9
内容 高等教育における持続可能な開発の道筋を求めて (リリ＝アン・ヴォルフ著, 岡田仁訳)　〔01046〕

ヴォルフルム, エトガー　Wolfrum, Edgar
◇ベルリンの壁―ドイツ分断の歴史 (Die Mauer)　エトガー・ヴォルフルム著, 飯田収治, 木村明夫, 村上亮訳　京都　洛北出版　2012.12　283p　19cm　〈索引あり〉2400円　①978-4-903127-17-0
内容 壁にむける視線　衝撃―壁建設、一九六一年八月一三日　前史―壁建設への道　安堵―西側と壁建設　壁による閉じ込め―「沈静化要因」としての壁　人狩り―逃亡の成功と失敗　うそ―「反ファシズム防壁」　立派な外観―壁緊張緩和の時代の壁　終わりのはじめ―東ブロックの不穏な情勢、新冷戦　世界最長のカンバス―ポップ・アートの壁　自陣営内の敵―ドイツ社会主義統一等とミハイル・ゴルバチョフ　世界を揺るがした出来事――九八九年、壁の倒壊　壁の消滅と記憶へ―壁が後に残したもの　現代世界における壁　〔01047〕

ウォルフレン, カレル・ヴァン　Wolferen, Karel van
◇誰が小沢一郎を殺すのか？―画策者なき陰謀　カレル・ヴァン・ウォルフレン著, 井上実訳　角川書店　2011.3　198p　19cm　〈発売：角川グループパブリッシング〉1600円　①978-4-04-885089-6
内容 プロローグ 歴史の岐路に立つ日本　第1章「人物破壊」にさらされる小沢一郎　第2章 霞が関というシステムの起源　第3章 日本型スキャンダルの残酷と混沌　第4章 "政治的現実"と日本のメディア　第5章 戦後日米関係という病理　終章 国家主権、オザワ、システムの欺瞞　〔01048〕
◇この国はまだ大丈夫なのか　カレル・ヴァン・ウォルフレン, 大下英治著　青志社　2012.3　269p　19cm　1500円　①978-4-905042-41-9
内容 1章 官僚と国家盛衰 (改革の鍵を握るのは新聞をはじめとするメディアだ　官僚支配国家 ほか)　2章 支配者たちの憂うつ (エネルギー政策問題　国政を操る「事務次官会議」 ほか)　3章 日本は壊れない (靖国問題の解決策　消費税を上げる必要はまったくない ほか)　4章 小沢一郎の器量 (小沢一郎をなぜ叩く　小沢一郎の力 ほか)　〔01049〕
◇人物破壊―誰が小沢一郎を殺すのか？ (The character assassination of Ozawa Ichiro)　カレル・ヴァン・ウォルフレン〔著〕, 井上実訳　角川書店　2012.3　234p　15cm　(角川文庫 17320)　〈『誰が小沢一郎を殺すのか？』(2011年刊) の改題、加筆・修正　発売：角川グループパブリッシング〉629円　①978-4-04-100258-2
内容 第1章「人物破壊」にさらされる小沢一郎　第2章 霞が関というシステムの起源　第3章 日本型スキャンダルの残酷と混沌　第4章 "政治的現実"と日本のメディア　第5章 戦後日米関係という病理　終章 国家主権、オザワ、システムの欺瞞　〔01050〕
◇日本を追い込む5つの罠 (The five traps surrounding Japan)　カレル・ヴァン・ウォルフレン〔著〕, 井上実訳　角川書店　2012.3　236p　18cm　(角川oneテーマ21 C-219)　〈発売：角川グループパブリッシング〉940円　①978-4-04-110209-1
内容 序 アメリカ、EUの危機と日本の"罠"　第1章 TPPの背後に潜む「権力」の素顔―第1の罠　第2章 EUを殺した「財政緊縮」という伝染病―第2の罠　第3章 脱原子力に抵抗する「非公式権力」―第3の罠　第4章「国家」なき対米隷属に苦しむ沖縄―第4の罠　第5章 権力への「無関心」という怠慢―第5の罠　〔01051〕
◇アメリカとともに沈みゆく自由世界 (America's

Tragedy and the Blind Free World) カレル・ヴァン・ウォルフレン著, 井上実訳　徳間書店　2012.4　487p　15cm　(徳間文庫 ウ7-1)　781円　①978-4-19-893538-2

内容 第1章 世界のリーダー・アメリカという幻想(連鎖する四つの危機　変革への期待 ほか)　第2章 画策された陰謀と画策者なき陰謀(意図せぬ結果　隠された目的 ほか)　第3章 暴走する国家(安全保障国家アメリカ　無力化した政治とコーポラティズムの猛攻　コーポラティズムの勝利　放置される行きすぎたふるまい)　第4章 嘆かわしい歴史の下書き(ウソつき機構と化した右派勢力　正常と分別という罠 ほか)　第5章 銃砲が告げる真実(アメリカを堕落させるもの　独善的な妄想 ほか)　〔01052〕

◇いまだ人間を幸福にしない日本というシステム(The False Realities of a Politicized Society)　カレル・ヴァン・ウォルフレン〔著〕, 井上実訳　角川学芸出版　2012.12　332p　15cm　(〔角川ソフィア文庫〕　〔SP L-118-1〕)　〈「人間を幸福にしない日本というシステム」(毎日新聞社 1994年刊)の改題、改訂、新訳　発売 : 角川グループパブリッシング〉 895円　①978-4-04-409444-7

内容 第1部 よき人生をはばむもの(偽りの現実と社会の檻　巨大な生産機構　停滞する社会の犠牲者たち　民主主義にひそむ官僚独裁主義)　第2部 日本に運命づけられた使命(日本の奇妙な現状　説明責任を果たそうとしないバブルの張本人)　第3部 日本人はみずからを救えるのか?(さらなる変化に見舞われた世界　不確かな日本の新時代　日本民主主義の可能性)　〔01053〕

◇独立の思考　孫崎享, カレル・ヴァン・ウォルフレン著　角川学芸出版　2013.5　214p　19cm　〈発売 : 角川グループホールディングス〉 1400円　①978-4-04-653280-0

内容 第1章 幻想の日米同盟　第2章 尖閣と沖縄をめぐるアメリカの思惑　第3章 誰が政治改革を殺すのか?　第4章 官僚とメディアの支配する国　第5章 米国を警戒するヨーロッパ　第6章 日本は「独立」できるのか　〔01054〕

ウォルポール, スペンサー　Walpole, Spencer

◇日本立法資料全集　別巻796　英国国会政治(Parliamentary Government in England)　アルフユース・トッド著, スペンサー・ヲルポール校, 林田亀太郎, 岸清一共訳　復刻版　信山社出版　2012.12　634p　23cm　〈三省堂書店明治26年刊の複製〉 65000円　①978-4-7972-6441-8　〔01055〕

ウォルマー, クリスティアン　Wolmar, Christian

◇鉄道と戦争の世界史(ENGINES OF WAR)　クリスティアン・ウォルマー著, 平岡緑訳　中央公論新社　2013.9　368p 図版20p　20cm　〈文献あり 索引あり〉 3800円　①978-4-12-004536-3

内容 第1章 鉄道誕生以前の戦争　第2章 戦闘に呼びこまれた鉄道　第3章 鉄の道に敗北した奴隷制度　第4章 学ばれなかった教訓　第5章 戦争の新たなる武器　第6章 世界中が予期した戦争　第7章 西部戦線における大鉄道戦争　第8章 東部戦線での対照的な様態　第9章 またしても同じこと　第10章 線路上の流血　〔01056〕

ウォルム, ジャン=ピエール

◇流動化する民主主義―先進8カ国におけるソーシャル・キャピタル(Democracies in Flux)　ロバート・D.パットナム編著, 猪口孝訳　京都　ミネルヴァ書房　2013.7　443, 8p　22cm　〈索引あり〉 4800円　①978-4-623-05301-8

内容 フランス(ジャン=ピエール・ウォルム執筆)　〔01057〕

ウォルワード, バーバラ　Walvoord, Barbara E.Fassler

◇大学教育アセスメント入門―学習成果を評価するための実践ガイド(Assessment Clear and Simple(原著第2版))　バーバラ・ウォルワード著, 山崎めぐみ, 安野舞子, 関田一彦訳　京都　ナカニシヤ出版　2013.1　139p　26cm　〈文献あり〉 2000円　①978-4-7795-0740-3

内容 第1章 アセスメントの基礎(アセスメントとは何か　アセスメントに対する懸命 ほか)　第2章 大学の首脳陣、教学方針立案者のために(ビジョン、利用者、目的、到達目標の設定　統合的なアセスメント・システムの分析 ほか)　第3章 学部・学科長、プログラム責任者のために(アセスメント・システムの基本　ケーススタディーと取組例 ほか)　第4章 一般教育の責任者のために(ビジョン、責任、利用者、到達目標の設定　簡潔なアセスメント・システム ほか)　〔01058〕

ウォレス, イアン　Wallace, Ian

◇100の夢事典―夢が答えを教えてくれる(THE TOP 100 DREAMS)　イアン・ウォレス著, 奥野節子訳　ダイヤモンド社　2012.12　324p　19cm　〈索引あり〉 1600円　①978-4-478-01707-4

内容 第1章 夢を分析する(世界に共通する100の夢のパターンがある　夢はあなたの可能性を教えてくれる　相対性理論は夢をきっかけに生み出された ほか)　第2章 100の夢(追いかけられる　歯が抜ける　トイレが見つからない ほか)　第3章 夢を人生に活かす(夢を現実に活用する　夢を覚えている方法　"明晰夢"を見よう ほか)　〔01059〕

ウォレス, ロバート(諜報)　Wallace, Robert

◇CIA極秘マニュアル―日本人だけが知らないスパイの技術(THE OFFICIAL CIA MANUAL OF TRICKERY AND DECEPTION)　H.キース・メルトン, ロバート・ウォレス著, 北川玲訳　大阪　創元社　2013.8　221p　19cm　〈文献あり 索引あり〉 1400円　①978-4-422-30061-0

内容 1 だましのテクニック　2 錠剤の扱い方　3 粉末の扱い方　4 液体の扱い方　5 秘密に持ち去る方法　6 だましのテクニック(女性版)　7 チームでだます　8 合図と目印　〔01060〕

ウォレン, ケイ　Warren, Kay

◇勇気ある無条件降伏―神にすべてを明け渡すとき(Dangerous surrender)　ケイ・ウォレン著, PDJ編集部訳　パーパス・ドリブン・ジャパン　2011.3　298p　19cm　1900円　①978-4-902680-21-8

内容 第1章 垣間見た現実　第2章 私の王国　第3章 栄光のうちに砕かれる　第4章 位置について、用意、ストップ!　第5章 暴かれる悪　第6章 鏡はうそをつかない　第7章 最高の贈り物　第8章 意図的な選択　第9章 思いがけない絆　第10章 共に手を携えて　第11

章 命にかかわる決断　補足資料1 HIV/エイズに対してすべての教会にできること　補足資料2 分かち合いのための質問　〔01061〕

ウ

ウォレン, リック　Warren, Richard

◇人生の使命を発見する―神の目的を実現するために（Class 401 discovering my life mission）　リック・ウォレン著, PDJ編集部訳編　パーパス・ドリブン・ジャパン　2011.11　191p　19cm　（クリスチャンライフシリーズ 4（クラス401））　1500円　①978-4-902680-17-1

内容 セッション1 私の人生の使命を発見する（神が人間を造られた目的　イエス・キリストの地上生涯における使命　なぜ主イエスの使命が私にとって重要なのか）　セッション2 ライフ・メッセージを分かち合う（自分の証しを分かち合う　福音を分かち合う　効果的に分かち合う―コミュニケーションのヒント）　セッション3 私の「宣教池」で魚を釣る（霊的な魚釣りのための鍵　伝道に関する洞察　友情の架け橋を築く）　セッション4 ワールドクラス・クリスチャンになる（神はこの世界で何をしておられるのか　世界宣教のビジョン　世界宣教の働きに参加する　宣教の使命を成し遂げるには何が必要か　私の人生の投資目標を考える）　〔01062〕

◇5つの目的が教会を動かす（THE PURPOSE DRIVEN CHURCH）　リック・ウォレン著, 河野勇一監訳　いのちのことば社　2012.6　414p　19cm　〈「健康な教会へのかぎ」（1998年刊）と「魅力的な礼拝へのかぎ」（2001年刊）の改題, 合本〉　2200円　①978-4-264-03031-7

内容 霊的な波乗り　第1部 概観　第2部「目的主導の教会」とは　第3部 地域住民に届く　第4部 群衆を集める　第5部 教会を建て上げる　〔01063〕

ウォーレン, ロバート・ペン　Warren, Robert Penn

◇南北戦争の遺産（The legacy of the Civil War）　ロバート・ペン・ウォーレン著, 留守晴夫訳　仙台　圭書房　2011.11　142p　24cm　〈年表あり〉　1800円　①978-4-9904811-3-1

内容 なぜ比類無き大事件か　統一国家の誕生　巨大産業国家の誕生　敗北より生れた「魂の都」「神の掟」と律法主義とプラグマティズム　二つの破滅的な絶対主義への反撥　新しいアメリカの課題とパラドックス　戦争の代償「大いなる口実」「美徳の宝庫」　南北戦争の魅力　苦悩せる南北の英雄達　戦争は必然だったのか　悲劇的な尊厳への憧憬　〔01064〕

ウォーレン, J.F.

◇講座生存基盤論　第2巻　地球圏・生命圏の潜在力―熱帯地域社会の生存基盤　柳沢雅之, 河野泰之, 甲山治, 神崎護編　京都　京都大学学術出版会　2012.3　336p　22cm　〈文献あり 索引あり〉　3800円　①978-4-87698-203-5

内容 気候変動・食糧生産・農村社会（J.F.ウォーレン執筆, 河野泰之訳）　〔01065〕

ウォーレンバーグ, ジェイソン・L.

◇リカバリー―希望をもたらすエンパワーメントモデル（RECOVERY AND WELLNESS）　カタナ・ブラウン編, 坂本明子監訳　金剛出版　2012.6　227p　21cm　〈索引あり〉　3000円　①978-4-7724-1255-1

内容 地域精神保健領域におけるリカバリーと作業療法（ジェイソン・L.ウォーレンバーグ著）　〔01066〕

ヴォーン, クリストファー　Vaughan, Christopher C.

◇遊びスイッチ、オン！―脳を活性化させ、そうぞう力を育む「遊び」の効果（PLAY）　スチュアート・ブラウン, クリストファー・ヴォーン著, 足立理英子, 佐藤裕子, 鈴木真理子, 田中智美, 深川恵, 前田雅代訳, 芳賀靖史監訳　武蔵野　バベルプレス　2013.11　291p　21cm　1500円　①978-4-89449-142-7

内容 第1部 遊びって？（『遊び』の贈り物　だけど遊びって何なんだ？　なぜ遊ぶんだ？　人はそもそも遊ぶ動物）　第2部 遊び心のある人生を生きる（親なら遊ばせよう　遊び上手は仕事上手　遊びを共有する　遊びのダークサイド　遊ぶ世界）　〔01067〕

ウォン, ジェン・D.

◇ライフコース研究の技法―多様でダイナミックな人生を捉えるために（The Craft of Life Course Research）　グレン・H.エルダー,Jr., ジャネット・Z.ジール編著, 本田時雄, 岡林秀樹監訳, 登張真稲, 中尾暢見, 伊藤教子, 磯谷俊仁, 玉井航太, 藤原善美訳　明石書店　2013.7　470p　22cm　〈文献あり 索引あり〉　6700円　①978-4-7503-3858-3

内容 人生移行とデイリーストレス過程（デービッド・M.アルメイダ, ジェン・D.ウォン著, 磯谷俊仁訳）　〔01068〕

ウォン, ドナ・M.　Wong, Dona M.

◇ウォールストリート・ジャーナル式図解表現のルール（The Wall Street journal guide to information graphics）　ドナ・M.ウォン著, 村井瑞枝訳　かんき出版　2011.4　157p　21cm　1600円　①978-4-7612-6743-8

内容 1 読み手にとってわかりやすい図表とは（図表の作成手順　数字の表し方 ほか）　2 データを正しく表現する図表のつくり方（線グラフのつくり方　縦棒グラフのつくり方 ほか）　3 図表に必要な統計とマーケットの知識（図表以前の統計の知識　図表作成に役立つ計算 ほか）　4 図表作成で発生する問題の解決方法（データ不足の場合　大きな数字の小さな変化を表す場合 ほか）　5 プロジェクト管理に役立つ図表（計画を立てる　プロジェクトのスタート前 ほか）　〔01069〕

ヴォーン, ハル　Vaughan, Hal

◇誰も知らなかったココ・シャネル（SLEEPING WITH THE ENEMY）　ハル・ヴォーン著, 赤根洋子訳　文芸春秋　2012.8　410p　20cm　〈文献あり〉　1900円　①978-4-16-375510-6

内容 第1章 修道院の反ユダヤ教育　第2章 No.5誕生　第3章 英国王室の傘のもとで　第4章 ハリウッド進出　第5章 ディンクラーゲという男　第6章 お針子たちのストライキ　第7章 ホテル・リッツ　第8章 ナチスのスパイとなる　第9章 香水利権争奪戦　第10章 ヒムラーの密使　第11章 なぜ対独協力の罪に問われなかったのか　第12章 過去を封印する　〔01070〕

ウォン, ヘヨン*　元 恵栄

◇東アジア平和共同体の構築と国際社会の役割―「IPCR国際セミナー」からの提言　宗教平和国

際事業団, 世界宗教者平和会議日本委員会編, 真田芳憲監修 佼成出版社 2011.9 336, 4p 18cm (アーユスの森新書 003 中央学術研究所編) 900円 ①978-4-333-02507-7
内容 国益よりは人類共栄の利益を優先することの認識とその必要性(元恵栄述, 金永完訳) 〔01071〕

ウォン, ヤン
◇世界一素朴な質問、宇宙一美しい答え—世界の第一人者100人が100の質問に答える (BIG QUESTIONS FROM LITTLE PEOPLE) ジェンマ・エルウィン・ハリス編, 西田美緒子訳, タイマタカシ絵 河出書房新社 2013.11 298p 22cm 2500円 ①978-4-309-25292-6
内容 サルとニワトリに共通点はある? (ヤン・ウォン博士) 〔01072〕

ヴォーン, ロバート・G.
◇現代における人権と平和の法的探求—法のあり方と担い手論 市川正人, 徐勝編著 日本評論社 2011.9 330p 22cm 5500円 ①978-4-535-51656-4
内容 公益通報者保護に対する4つの視点(ロバート・G.ヴォーン著, 吉岡実奈穂, 小林徹抄訳, 倉田玲監訳) 〔01073〕

ヴォーン, M.E. Vaughan, Margaret E.
◇初めて老人になるあなたへ—ハーバード流知的な老い方入門 (Enjoy old age) B.F.スキナー著, M.E.ヴォーン共著, 大江聡子訳 成甲書房 2012.2 197p 20cm 1400円 ①978-4-88086-286-6
内容 老いを考える 老いに向き合う 感覚の衰えとつきあう 記憶力を補う 頭をしっかりと働かせる やりたいことを見つける 快適に暮らす 人づきあいのしかた 心を穏やかに保つ 死を恐れる気持ち〔ほか〕 〔01074〕

ヴォンデ, ベアーテ
◇日独交流150年の軌跡 日独交流史編集委員会編 雄松堂書店 2013.10 345p 29cm 〈布装〉 3800円 ①978-4-8419-0655-4
内容 森鷗外と独日文化の橋渡し役(ベアーテ・ヴォンデ著, ケラー佑子訳) 〔01075〕

ウォンブーンシン, クア
◇親密圏と公共圏の再編成—アジア近代からの問い 落合恵美子編 京都 京都大学学術出版会 2013.2 356p 22cm (変容する親密圏/公共圏 1) 〈索引あり〉 3600円 ①978-4-87698-582-1
内容 人口ボーナスとアジアの将来(パチャラワライ・ウォンブーンシン, クア・ウォンブーンシン執筆, 佐藤綾子訳) 〔01076〕

ウォンブーンシン, パチャラワライ
◇親密圏と公共圏の再編成—アジア近代からの問い 落合恵美子編 京都 京都大学学術出版会 2013.2 356p 22cm (変容する親密圏/公共圏 1) 〈索引あり〉 3600円 ①978-4-87698-582-1
内容 人口ボーナスとアジアの将来(パチャラワライ・ウォンブーンシン, クア・ウォンブーンシン執筆, 佐藤綾子訳) 〔01077〕

ウーケン, エイドリアナ Uken, Adriana
◇DV加害者が変わる—解決志向グループ・セラピー実践マニュアル (Solution-Focused Treatment of Domestic Violence Offenders) モー・イー・リー, ジョン・シーボルド, エイドリアナ・ウーケン著, 玉真慎子, 住谷祐子訳 金剛出版 2012.9 286p 22cm 〈文献あり 索引あり〉 4200円 ①978-4-7724-1267-4
内容 1 序論—解決についての説明責任 2 解決志向アセスメント面接 3 グループ・ルール、宿題、チーム・アプローチの活用 4 役に立つゴールを作る 5 ゴールを活用して変化を促す 6 変化を確実にする—「成功の言語」 7 グループ過程を活用する—「分かち合いの言語」 8 有効な仮説と手段 9 特定のグループとの共働作業 10 治療プログラムの評価 11 おわりに 〔01078〕

ウージェル, イネス Heugel, Inès
◇魅惑のアンティーク照明—ヨーロッパあかりの歴史 (Éclairage de charme) イネス・ウージェル著, クリスティアン・サラモン写真, 石井幹子日本語版監修, 中山久美子訳 西村書店東京出版編集部 2013.5 183p 27cm 2800円 ①978-4-89013-688-9
内容 ろうそくのあかり(ろうそく—シャンデルとブジーブジョワール ほか) 電化以前のあかり(原始的なオイルランプ 18世紀と19世紀のオイルランプ ほか) 電気による照明(テーブル・ランプ 常夜灯、ベッドサイド・ランプ、光る地球儀 ほか) クリエーターたち(アール・ヌーヴォーの偉大なガラス作家たち 1930年代と1940年代のクリエーターたち ほか) 業務用ランプ(デスク・ランプ 工業用の照明器具 ほか) 〔01079〕

ウスタリス・アルセ, レヒナルド Ustariz Arze, Reginaldo
◇チェ・ゲバラ最後の真実 (Che Guevara) レヒナルド・ウスタリス・アルセ著, 服部綾乃, 石川隆介訳 武田ランダムハウスジャパン 2011.7 478p 20cm 〈文献あり 著作目録あり 年表あり〉 2200円 ①978-4-270-00662-7
内容 第1部 ゲバラ、その死の真実(チェ・ゲバラ—最期の時 チェはなぜ表舞台から姿を消したのか ニャンカウアスー 最初の戦い ほか) 第2部 ゲバラの生涯(エルネストからチェへ チェと喘息 ボリビア、ペルー、グアテマラ メキシコへ ほか) 〔01080〕

ウスナウ, ロバート
◇流動化する民主主義—先進8カ国におけるソーシャル・キャピタル (Democracies in Flux) ロバート・D.パットナム編著, 猪口孝訳 京都 ミネルヴァ書房 2013.7 443, 8p 22cm 〈索引あり〉 4800円 ①978-4-623-05301-8
内容 アメリカ合衆国(ロバート・ウスナウ執筆) 〔01081〕

ウタス, マッツ
◇アフリカの紛争解決と平和構築—シエラレオネの経験 落合雄彦編 京都 昭和堂 2011.3 200p 22cm (龍谷大学社会科学研究所叢書 第92巻) 〈年表あり 索引あり〉 3800円 ①978-4-

8122-1074-1
内容 2007年選挙と若者（マヤ・クリステンセン, マッツ・ウタス著, 落合雄彦訳）〔01082〕

ウタール, フランソワ
◇反グローバリゼーションの声（VOCES CONTRA LA GLOBALIZACIÓN） カルロス・エステベス, カルロス・タイボ編著, 大津真作訳 京都 晃洋書房 2013.11 257, 8p 21cm 2900円 ①978-4-7710-2490-8
内容 別のモラルは可能だ（フランソワ・ウタール述）〔01083〕

ウダン, ベルナール Oudin, Bernard
◇殺人の歴史（Le crime entre horreur et fascination） ベルナール・ウダン著, 遠藤ゆかり訳, 河合幹雄監修 大阪 創元社 2012.3 142p 18cm （「知の再発見」双書 154）〈年表あり 索引あり 文献あり〉1600円 ①978-4-422-21214-2
内容 第1章 殺人の記憶 第2章 法廷という舞台 第3章 新聞の1面を飾る殺人 第4章 殺人と文学 第5章 殺人と映画 資料篇―殺人をめぐる考察（哀歌からオペラまで―歌になった殺人 殺人は芸術か？ 探偵を演じる小説家 新聞が報じる殺人―「ル・プチ・ジュルナル」紙 三面記事の特殊性 『私、ピエール・リヴィエールは…』 善悪を超えた殺人者は存在するか？ ツルゲーネフが見たトロップマンの処刑）〔01084〕

ウチムラ, カンゾウ 内村 鑑三
◇名著「代表的日本人」を読む 内村鑑三著, 石井寛訳 三笠書房 2012.1 237p 15cm （知的生きかた文庫 い66-1）〈文献あり〉571円 ①978-4-8379-7989-0
内容 西郷隆盛―"新しい日本の創設者"（明治維新 生まれ、教育、霊感 ほか） 上杉鷹山―"封建君主"（封建体制 人と事業 ほか） 二宮尊徳―"農民出身の聖人"（日本の農業 少年時代 ほか） 中江藤樹―"村の教師"（旧日本における教育 少年時代と自我の目覚め ほか） 日蓮上人―"仏教僧"（日本の仏教 誕生と出家 ほか）〔01085〕
◇代表的日本人 内村鑑三著, 斎藤慎子訳 致知出版社 2012.11 237p 19cm （いつか読んでみたかった日本の名著シリーズ 4） 1400円 ①978-4-88474-979-8
内容 西郷隆盛―新しい日本の創設者（明治維新 生い立ち、教養、天の声 ほか） 上杉鷹山―封建藩主（封建制度 鷹山とその使命 ほか） 二宮尊徳―農民聖者（十九世紀初めの日本の農業 少年時代 ほか） 中江藤樹―村の先生（かつての日本の教育 若かりし頃と自覚 ほか） 日蓮上人―仏教僧侶（日本の仏教 生まれと出家 ほか）〔01086〕

ウッズ, カスピアン Woods, Caspian
◇まじめなのに結果が出ない人は、「まわりと同じ考え方をしている」という法則（The Devil's Advocate） カスピアン・ウッズ著, 河村めぐみ訳 三笠書房 2013.12 237p 19cm 1280円 ①978-4-8379-5747-8〔01087〕

ウッズ, B. Woods, Robert (Bob) T.
◇ケアホームにおける家族参加―認知症ケアにおける関係性中心のアプローチ（Involving Families in Care Homes） B.ウッズ,J.キディ,D.セドン著, 北素子監訳, グライナー智恵子, 遠山寛子, 吉田令子訳 風間書房 2013.8 153p 21cm 〈文献あり 索引あり〉2800円 ①978-4-7599-2003-1
内容 第1章 ケアホームにおける家族参加 第2章 ケアホーム入所後の家族メンバーの体験―ノース・ウェールズにおける研究 第3章 家族参加―スタッフと家族の視点―ヨーロッパ研究より 第4章 家族参加―ガイドラインとグッドプラクティス 第5章 家族とのコミュニケーション―関係性中心のアプローチ 第6章 家族参加とエンドオブライフケアに関する課題 第7章 介入プログラムと結論〔01088〕

ウッダード, ケイティ
◇世界一素朴な質問、宇宙一美しい答え―世界の第一人者100人が100の質問に答える（BIG QUESTIONS FROM LITTLE PEOPLE） ジェンマ・エルウィン・ハリス編, 西田美緒子訳, タイマタカシ絵 河出書房新社 2013.11 298p 22cm 2500円 ①978-4-309-25292-6
内容 背の高い人と低い人がいるのはなぜ？（ケイティ・ウッダード）〔01089〕

ウッド, アンドリア Wood, Andrea
◇ソーシャルワークと修復的正義―癒やしと回復をもたらす対話、調停、和解のための理論と実践（Social Work and Restorative Justice） エリザベス・ベック, ナンシー・P.クロフ, パメラ・ブラム・レオナルド編著, 林浩康監訳 明石書店 2012.11 486p 22cm 〈訳：大竹智ほか 索引あり〉6800円 ①978-4-7503-3687-9
内容 修復的正義実践（エリザベス・ベック, アンドリア・ウッド著, 小長井賀與訳）〔01090〕

ウッド, ケイ Wood, Kay
◇グローバル・ティーチャーの理論と実践―英国の大学とNGOによる教員養成と開発教育の試み（Developing the global teacher） ミリアム・スタイナー編, 岩崎裕保, 湯本浩之監訳 明石書店 2011.7 540p 20cm （明石ライブラリー 146）〈文献あり 索引あり〉5500円 ①978-4-7503-3381-6
内容 教員養成課程におけるグローバル教育の試み―持続可能な未来に向けた「変革のための教育」（デイヴィッド・ヒックス, ケイ・ウッド著, 中村絵乃訳）〔01091〕

ウッド, ジェームズ・B. Wood, James B.
◇「太平洋戦争」は無謀な戦争だったのか（JAPANESE MILITARY STRATEGY IN THE PACIFIC WAR） ジェームズ・B.ウッド著, 茂木弘道訳 ワック 2013.12 319p 18cm （WAC BUNKO B-187）〈2009年刊の再刊 文献あり〉970円 ①978-4-89831-687-0〔01092〕

ウッド, ジョン Wood, John
◇僕の「天職」は7000人のキャラバンになった―マイクロソフトを飛び出した社会起業家の成長物語（CREATING ROOM TO READ） ジョン・ウッド著, 矢羽野薫訳 ダイヤモンド社 2013.3 318p 20cm 1600円 ①978-4-478-02289-4

内容 一〇年間で一万カ所の図書館　大胆な目標は大胆な人を引き寄せる　一キログラムの金塊　人生の宝くじ　すべてはバフンダンダから始まった　チャレンジ・グラント・モデル—自分たちで助け合う手助けをする　パルマー主義で一流のチームをつくる　ツナミから一年　レンジローバーはいらない—経費削減戦争　ネパールのドクター・スース〔ほか〕〔01093〕

◇マイクロソフトでは出会えなかった天職—僕はこうして社会起業家になった（Leaving Microsoft to Change the World）　ジョン・ウッド著, 矢羽野薫訳　ダイヤモンド社　2013.3　289p　20cm　〈ランダムハウス講談社 2007年刊に「日本のみなさんへ」を加筆し再刊〉1600円　①978-4-478-02454-6

内容 第1部 ネパールとの出会いマイクロソフトとの別れ（「あなたはきっと、本を持って帰ってきてくれる」ロウソクの下でアイデアが燃え上がる　すぐに帰ってこい！　ほか）　第2部 ゼロからの出発（走り出したら止まらない　営業のコツ—僕はこうしてマイクロソフトに転職した　ネパールを超えて ほか）　第3部 新しいステージへ（少女を学校へ！　カンボジアの生徒　インドの民主主義 ほか）〔01094〕

ウッド, デイビッド　Wood, David

◇プロジェクト・マネジャーが知るべき97のこと（97 things every project manager should know）　Barbee Davis編, 笹井崇司訳, 神庭弘年監修　オライリー・ジャパン　2011.11　240p　21cm　〈発売 : オーム社〉1900円　①978-4-87311-510-8

内容 巧妙なコードはメンテナンスが困難 他（デイビッド・ウッド）〔01095〕

ウッド, ハンナ　Wood, Hannah

◇ポケットせいしょものがたり（My Very Own Bible）　カレン・ウィリアムソンぶん, ハンナ・ウッドえ, ゆうきえみこやく　いのちのことば社　2012.10　93p　16cm　400円　①978-4-264-03032-4〔01096〕

ウッド, マイケル

◇世界一素朴な質問、宇宙一美しい答え—世界の第一人者100人が100の質問に答える（BIG QUESTIONS FROM LITTLE PEOPLE）　ジェンマ・エルウィン・ハリス編, 西田美緒子訳, タイマタカシ絵　河出書房新社　2013.11　298p　22cm　2500円　①978-4-309-25292-6

内容 世界最初の芸術家はだれ？（マイケル・ウッド）〔01097〕

ウッド, ラモント　Wood, Lamont

◇なぜ存在するのか謎解き〈オーパーツ〉決定版—時代の最先端すぎた技術・場違い現象の超しくみ（OUT OF PLACE IN TIME AND SPACE）　ラモント・ウッド著, 藤野薫訳　ヒカルランド　2013.3　369p　19cm　1900円　①978-4-86471-103-6

内容 第1部 歴史に突然現れた場違いな機械類　第2部 摩訶不思議な古代建造物　第3部 ミステリアスなオーパーツ　第4部 あまりにも先進的すぎた知識や技術　第5部 自分の予言を的中させた人、時代を先取りしすぎた人　第6部 未来を予言した書籍、論文、映画　第7部 前近代のキリスト教美術に登場するUFOの数々　第8部 まだ解明されていない天文学の謎〔01098〕

ウッド, J.B.　Wood, J.B.

◇コンサンプションエコノミクス—クラウド時代を乗り切るビジネス再生の新ルール（CONSUMPTION ECONOMICS）　J.B.ウッド, トッド・ヒューリン, トーマス・ラー著, 尾崎正弘, 樋崎充監修　日経BP社　2013.2　232p　21cm　〈発売 : 日経BPマーケティング〉2000円　①978-4-8222-7603-4

内容 第1章 所有を前提としたビジネスモデルの終焉—ハイテク産業における「金のなる木」　第2章 クラウドへのシフトとルールの変更　第3章 マージンウォールを越えて　第4章 マイクロトランザクションを好きになる　第5章 ガレージの片隅に積み上げられたデータ　第6章「コンサンプション（消費）」開発—インテリジェントリスニングの人文科学　第7章「コンサンプション（消費）」マーケティング—マイクロマーケティングとマイクロバズ　第8章「コンサンプション（消費）」セールス—今のモデルはオーバーホールが必要　第9章「コンサンプション（消費）」サービス—サービス部門はいつか「数字」に責任を持つ　第10章 顧客の需要と資本市場—どれだけ早く変革すべきか　第11章 ハイテク産業はサービスに向かう〔01099〕

ウッドサイド, アレクサンダー　Woodside, Alexander

◇ロスト・モダニティーズ—中国・ベトナム・朝鮮の科挙官僚制と現代世界（LOST MODERNITIES）　アレクサンダー・ウッドサイド著, 秦玲子, 古田元夫監訳　NTT出版　2013.11　266, 29p　20cm　（叢書「世界認識の最前線」）〈索引あり〉3200円　①978-4-7571-4158-2

内容 第1章 懐疑的な科挙官僚（ベトナムと朝鮮の重要性　東アジアはどんな時代に位置しているのか？　政治的弊害についての分析）　第2章 メリトクラシーの裏の世界（文章による政治の不安定さ　エリートの自尊心をめぐる問題　ポスト封建期の忠誠の問題）　第3章 行政による福祉という夢（古代における福祉の理想の卓越　試される官僚主義的な税制改革　連体意識の不足の再現　孟子は未だ死なず）　第4章 科挙官僚マネジメントの理論家たち？（科挙官僚主義に対する分裂した諸見解　韓国のインスピレーション　科学崇拝と科挙官僚の理想　システム理論の科挙官僚化　弊害分析の再出現）〔01100〕

ウッドワード, アントニー

◇世界一素朴な質問、宇宙一美しい答え—世界の第一人者100人が100の質問に答える（BIG QUESTIONS FROM LITTLE PEOPLE）　ジェンマ・エルウィン・ハリス編, 西田美緒子訳, タイマタカシ絵　河出書房新社　2013.11　298p　22cm　2500円　①978-4-309-25292-6

内容 虹はなにでできている？　他（アントニー・ウッドワードとロバート・ペン）〔01101〕

ウッドワード, ウッディ　Woodward, Woody

◇100%思い通りの自分に変わる方法—人の行動を決めるマインドパターンの秘密（Your Emotional Fingerprint）　ウッディ・ウッドワード著, 井上裕之監修, 高橋璃子訳　かんき出版　2013.12　254p　19cm　1400円　①978-4-7612-

ウ

ウ

6966-1 〔01102〕

ウッドワード, ジョン　Woodward, John

◇ZOOM大図鑑―世界に近づく、世界を見わたす (Zoom Encyclopedia)　マイク・ゴールドスミス, スーザン・ケネディ, スティーブ・パーカー, キャロル・ストット, イザベル・トーマス, ジョン・ウッドワード文, 伊藤伸子訳　京都　化学同人　2013.11　249p　31×26cm　3800円　①978-4-7598-1550-4

内容 自然　人間の体　地球　人と場所　芸術と文化　歴史　科学と技術　宇宙 〔01103〕

ウッドワード, ハリー　Woodward, Harry

◇アフターショック―変化の時代の「痛み」を解決する知恵 (AFTERSHOCK)　ハリー・ウッドワード, スティーブ・バッコルツ著, 崎山千春訳　新版　ダイヤモンド社　2013.7　229p　19cm　1400円　①978-4-478-02511-6

内容 1章 変化…ただ一つ不変のもの　2章 組織はいかに成長するか　3章 変化の三段階　4章 変化に対する四つの反応を見きわめる　5章 セルフマネジメントと信頼　6章 CSEサポート・システムの知恵　7章 危機的状況の人を助ける　8章 変化に強い組織を作る　エピローグ どうすれば早く再スタートが切れるか 〔01104〕

ウッドワード, ベンジャミン　Woodward, Benjamin

◇英語で読む旧約聖書　ベンジャミン・ウッドワード編, 中村直子訳・解説　ジャパンタイムズ　2010.10　183p　19cm　〈他言語標題 : The Stories from the Old Testament　文献あり〉　1700円　①978-4-7890-1410-6 〔01105〕

ウッドワード, ボブ　Woodward, Bob

◇オバマの戦争 (Obama's wars)　ボブ・ウッドワード著, 伏見威蕃訳　日本経済新聞出版社　2011.6　601p　20cm　2400円　①978-4-532-16797-4 〔01106〕

◇政治の代償 (The Price of Politics)　ボブ・ウッドワード著, 伏見威蕃訳　日本経済新聞出版社　2013.11　613p 図版16p　19cm　2600円　①978-4-532-16893-3 〔01107〕

ウディン, モハマド・マイン

◇金融の世界史―貨幣・信用・証券の系譜　国際銀行史研究会編　悠書館　2012.10　503p　20cm　〈索引あり 文献あり〉 4000円　①978-4-903487-64-9

内容 開発経済とグラミンバンク (モハマド・マイン・ウディン執筆, 伊藤大輔訳) 〔01108〕

ウバルデ, ジョナード　Ubalde, Jonard

◇みんな大切!―多様な性と教育 (Everyone is special!)　ローリ・ベケット編, 橋本紀子監訳, 艮香織, 小宮明彦, 杉田真衣, 渡辺大輔訳　新科学出版社　2011.3　195p　22cm　2500円　①978-4-915143-39-7

内容 命をかけてもいい! (ジョナード・ウバルデ著, 杉田真衣訳) 〔01109〕

ウマル・ハイヤーム

⇒オマル・ハイヤーム

ヴュルテンベルガー, トーマス

◇法発展における法ドグマーティクの意義―日独シンポジウム　松本博之, 野田昌吾, 守矢健一編　信山社　2011.2　367p　22cm　(総合叢書 8(ドイツ法))　〈会期・会場 : 2009年2月18日～21日 フライブルグ大学法学部〉 12000円　①978-4-7972-5458-7

内容 ドイツから見た基礎研究とドグマーティク (トーマス・ヴュルテンベルガー著, 杉本好央訳) 〔01110〕

◇講座憲法の規範力　第1巻　規範力の観念と条件　ドイツ憲法判例研究会編　古野豊秋, 三宅雄彦編集代表　信山社　2013.8　256p　22cm　5600円　①978-4-7972-1231-0

内容 憲法の規範力 (トーマス・ヴュルテンベルガー著, 高橋雅人訳) 〔01111〕

ウラムス, スタン　Woollams, Stanley

◇交流分析の理論と実践技法―現場に役立つ手引き (TRANSACTIONAL ANALYSIS)　S.ウラムス,M.ブラウン著, 繁田千恵監訳, 城所尚子, 丸茂ひろみ訳　風間書房　2013.8　408p　21cm　〈索引あり〉 6000円　①978-4-7599-2002-4

内容 TAとは―"そうじゃないよ、シグムント。超越的瞑想法とは関係ないんだよ。"　自我状態―"一度どう? 6人で楽しくやろうよ"　ストローク―"どこにも行かないでくれ。僕の脊髄が君を必要としているんだ!"　やりとり分析―"あなたは私が言ったと思ったことを理解したと信じているでしょ。でも、あなたが聞いたと思ったことは本当に私が言いたかったことではないということにあなたは気付いているかしら。"　時間の構造化―"時間とは気を揉むもの"　人間になるということ―"どんぐりだって愛が必要!"　共生関係と値引き―"君が9歳で僕が8歳。そう、僕たちは2人合わせて17歳だったことを覚えている?"　ラケットとゲーム―"ふたつの"餌"と"こいつは驚きだ"でひとつの神経衰弱と交換だ"　脚本―"母は言った。これと同じような日があったわね。"　再決断―"9つの命を持つのは猫だけではない"　脚本行動―"もし自分がどこにいるのかわかっていたら、ここにいると思う?"　交流分析的トリートメント―"…友人たちからほんの少しの助けを借りて"　学ぶ体験 〔01112〕

ウリー, ベンジャミン　Woolley, Benjamin

◇科学の花嫁―ロマンス・理性・バイロンの娘 (The bride of science)　ベンジャミン・ウリー〔著〕, 野島秀勝, 門田守訳　法政大学出版局　2011.7　621, 26p　20cm　(叢書・ウニベルシタス 958)　〈文献あり 索引あり〉 7300円　①978-4-588-00958-7

内容 第1章 暗い想像力に呪われた人びと　第2章 ただ一つの優しい弱みが欠けていた　第3章 人間の危険な才能　第4章 悪魔の客間　第5章 深いロマンティックな裂け目　第6章 不具の変身　第7章 完全な職業人　第8章 ロマンスの死　第9章 まぼろしに縋りつつ　第10章 皮相なる感覚を超えて 〔01113〕

ウリクト, G.H.フォン　Wright, Georg Henrik von

◇ルートヴィッヒ・ウィトゲンシュタイン『1914-1916年の備忘録』(Notebooks 1914-1916)　ルートヴィッヒ・ウィトゲンシュタイン〔著〕,

G.H.フォン・ウリクト,G.E.M.アンスコム共編, G.E.M.アンスコム独—英訳, 岡田征弘訳 〔出版地不明〕 〔岡田征弘〕 〔2013〕 380枚 26cm (数理哲学へのきっかけ論集 5)
〔*01114*〕

ウーリック, ユージーン

◇古代世界におけるモーセ五書の伝承　秦剛平, 守屋彰夫編　京都　京都大学学術出版会　2011.2 427p　23cm 〈索引あり〉8400円　①978-4-87698-976-8

内容 第二神殿時代におけるモーセ五書の発展的展開(ユージーン・ウーリック著, 守屋彰夫訳)〔*01115*〕

ウリベ, フェルナンド　Uribe Escobar, Fernando

◇聖フランシスコの会則—文字と精神 (La regla de San Francisco)　フェルナンド・ウリベ著, 古里慶史郎訳　習志野　教友社　2009.10　428p 22cm (フランシスカン叢書 4)　4900円 ①978-4-902211-54-2 〔*01116*〕

ウリーン, ベングト　Ulin, Bengt

◇シュタイナー学校の数学読本(とくほん) (Der Losung auf der Spur)　ベングト・ウリーン著, 丹羽敏雄, 森章吾訳　筑摩書房　2011.4　456p 15cm (ちくま学芸文庫 ウ19-1—〔Math & science〕) 〈タイトル : シュタイナー学校の数学読本　索引あり〉1500円　①978-4-480-09368-4

内容 1 序論　2 思考の修練の道としての数学—かつてと今と　3 授業から生まれたモチーフ　4 思考の修練の場としての数学　5 数学と自然科学　6 学校の科目としての数学　7 数学と思春期　8 目標設定とカリキュラム
〔*01117*〕

ウールウェイ, エリカ　Woolway, Erica

◇成功する練習の法則—最高の成果を引き出す42のルール (PRACTICE PERFECT)　ダグ・レモフ, エリカ・ウールウェイ, ケイティ・イェッツイ著, 依田卓巳訳　日本経済新聞出版社　2013.6 324p　20cm　1900円　①978-4-532-31888-8

内容 1 練習の思い込みを見直そう　2 どんな練習にするか考えよう　3 手本を活用しよう　4 フィードバックしよう　5 練習できる組織を作ろう　6 練習は終わらない
〔*01118*〕

ウルズィードゥーレン, S.

◇ハルハ河・ノモンハン戦争と国際関係　田中克彦, ボルジギン・フスレ編　三元社　2013.7 155p　21cm　1700円　①978-4-88303-346-1

内容 ロシア連邦におけるハルハ河戦争史研究とその成果および今後の動向(S.ウルズィードゥーレン著, 三矢緑訳)
〔*01119*〕

ウルストンクラフト, メアリ　Wollstonecraft, Mary

◇ウルストンクラフトの北欧からの手紙 (Letters Written During a Short Residence in Sweden, Norway, and Denmark)　メアリ・ウルストンクラフト〔著〕, 石幡直樹訳　法政大学出版局 2012.8　298p　20cm (叢書・ウニベルシタス 981)　3200円　①978-4-588-00981-5　〔*01120*〕

ウルバーネク, ウラジミール

◇友愛と秘密のヨーロッパ社会文化史—古代秘儀宗教からフリーメイソン団まで　深沢克己, 桜井万里子編　東京大学出版会　2010.11　347, 2p 22cm　7000円　①978-4-13-026138-8

内容 彗星、世界の終末と薔薇十字思想の流行(ウラジミール・ウルバーネク著, 篠原琢訳)　〔*01121*〕

ヴルフ, クリストフ　Wulf, Christoph

◇幸福の人類学—クリスマスのドイツ・正月の日本　鈴木晶子, クリストフ・ヴルフ編　京都　ナカニシヤ出版　2013.3　195p　19cm (シリーズ汎いのち学—Paragrana 1)　2200円　①978-4-7795-0736-6

内容 序章 家庭・幸福・祝祭　第1章 ドイツのクリスマス(贈り物がもたらす幸福—ベルリンのシュルツ家の場合　幸福への架け橋としてのクリスマス—ドイツのパッチワーク・ファミリーにおける幸福の演出　カトリックの家庭におけるクリスマス・イヴの過ごし方—静謐さと沈思)　第2章 日本の正月と幸福をめぐる文化(日本の正月と幸福をめぐる文化についての覚書　伝統と宗教により受け継がれる幸福—滋賀県伊香郡の小田家の場合　記憶の再演/記憶の予演と異世代間で相互生成する幸福　滋賀県米原市の中村家の場合　正月様のいたところ—現代日本の一般家庭における正月の心理学的検討)
〔*01122*〕

ウルフ, ダイアン・ローレン　Wolf, Diane Lauren

◇「アンネ・フランク」を超えて—かくまわれたユダヤの子供達の証言 (Beyond Anne Frank)　ダイアン・ローレン・ウルフ〔著〕, 小岸昭, 梅津真訳　岩波書店　2011.2　389, 16p　22cm 〈文献あり 索引あり〉5900円　①978-4-00-022064-4

内容 第1章 かくまわれた子供達の歴史と記憶　第2章 戦前と戦時中—オランダとユダヤ人　第3章 戦後—ユダヤ人とオランダ　第4章「私の母は金切り声で叫びに叫んだ」—占領、戦争、そして潜伏の記憶　第5章「私は家に帰った。しかし、ホームシックになった」—両親がどちらも戻った場合　第6章「親達は頭がおかしくなっていた」—親が一人だけ戻った場合　第7章「私は何者か？」—家族と同居した孤児達　第8章「優しい言葉をかけてもらったことは一度もなかった」—ユダヤ人孤児院における生活　第9章 戦後の生活をつくり出す場合、集合的記憶をつくり出す場合—個人的なことから政治的なことへ　結論　〔*01123*〕

ウルフ, デイヴィッド(アジア史)

◇日露戦争とサハリン島　原暉之編著　札幌　北海道大学出版会　2011.10　414, 12p　21cm (北海道大学スラブ研究センタースラブ・ユーラシア叢書 10) 〈索引あり〉3800円　①978-4-8329-6750-2

内容 サハリン/樺太の一九〇五年、夏(デイヴィッド・ウルフ著, 鶴見太郎訳)
〔*01124*〕

◇アジア主義は何を語るのか—記憶・権力・価値　松浦正孝編著　京都　ミネルヴァ書房　2013.2 671, 6p　22cm 〈索引あり〉8500円　①978-4-623-06488-5

内容 スターリンと汎アジア主義(デイヴィッド・ウルフ執筆, 浜由樹子訳)
〔*01125*〕

◇ユーラシア国際秩序の再編　岩下明裕編著　京都　ミネルヴァ書房　2013.12　226p　22cm (シ

ウ

リーズ・ユーラシア地域大国論 3）〈年表あり 索引あり〉4500円 ①978-4-623-06781-7
内容 スターリン外交と中露印三角形（ディヴィッド・ウルフ著, 泉川泰博訳）〔01126〕

ウ

ウルフ, バートン・H.　Wolfe, Burton H.
◇ザ・ヒッピー―フラワー・チルドレンの反抗と挫折（The hippies）　バートン・H.ウルフ著, 飯田隆昭訳　国書刊行会　2012.1　334p　20cm　2700円　①978-4-336-05453-1
内容 宣言　ヒッピーはどこから来たのか　新しいミュージックと新しいシーン　白い黒人　ディガーズ、見えない政府　メリー・バーミン　ブーフーのチャーリー・ブラウン　ヘイトで愛が爆発した　ヒッピーは働きそして遊ぶ　ヒッピーが創造したもの　ドラッグによってよりよき生を　フラワー・パワー　花をむしり取られたフラワー・チルドレン　ポスト・トリップ〔01127〕

ウルフ, D.（ゲーム理論）　Wolfe, David
◇組合せゲーム理論入門―勝利の方程式（Lessons in play）　Michael H.Albert,Richard J. Nowakowski,David Wolfe原著, 川辺治之訳　共立出版　2011.9　349p　21cm〈文献あり〉3800円　①978-4-320-01975-1
内容 組合せゲーム理解とは　ゲームの基本的な技法　帰結類　ゲームの一般理論に向けて　ゲームの代数　ゲームの値　ゲームの構造　不偏ゲーム　ゲームの温度　全微小ゲーム　組合せゲーム理路音の最近の動向　降下型帰納法　CGSuite〔01128〕

ウルフ, M.*　Wolfe, Michael P.
◇教師というキャリア―成長続ける教師の六局面から考える（Life cycle of the career teacher）　Betty E.Steffy,Michael P.Wolfe,Suzanne H. Pasch,Billie J.Enz編著, 三村隆男訳　雇用問題研究会　2013.3　190p　21cm〈文献あり〉2000円　①978-4-87563-261-0
内容 第1章 キャリア教師のライフ・サイクル・モデルとその活用　第2章 第一局面にある教師 ： the Novice Teacher　第3章 第二局面にある教師 ： the Apprentice Teacher　第4章 第三局面にある教師 ： the Professional Teacher　第5章 第四局面にある教師 ： the Expert Teacher　第6章 第五局面にある教師 ： the Distinguished Teacher　第7章 第六局面にある教師 ： the Emeritus Teacher　第8章 キャリア教師のライフ・サイクル・モデルを適用する〔01129〕

ウルフ, P.*　Wolfe, Polly
◇教師というキャリア―成長続ける教師の六局面から考える（Life cycle of the career teacher）　Betty E.Steffy,Michael P.Wolfe,Suzanne H. Pasch,Billie J.Enz編著, 三村隆男訳　雇用問題研究会　2013.3　190p　21cm〈文献あり〉2000円　①978-4-87563-261-0
内容 第三局面にある教師 ： the Professional Teacher（Polly Wolfe, Diane S.Murphy, Patricia H.Phelps, Vincent R.McGrath）〔01130〕

ウルマン, エドワード・L.
◇都市社会学セレクション　2　都市空間と都市コミュニティ　森岡清志編　日本評論社　2012.8　268p　22cm〈文献あり〉3800円　①978-4-535-58593-5
内容 都市の性質（チャウンシー・D.ハリス, エドワード・L.ウルマン著, 原田謙訳）〔01131〕

ウルリッチ, ウェンディ　Ulrich, Wendy
◇個人と組織を充実させるリーダーシップ―全米No.1のウルリッチ教授の処方箋（THE WHY OF WORK）　デイブ・ウルリッチ, ウェンディ・ウルリッチ著, 梅津祐良, 松本利明訳　生産性出版　2012.5　276p　21cm〈文献あり〉3400円　①978-4-8201-2005-6
内容 第1章「意味」を生み出す　第2章 充実した組織を築く　第3章 私たちはどのような点で知られているのか（アイデンティティ）　第4章 私はどこへ向かっているのか（目的とモチベーション）　第5章 誰と一緒に旅を続けるのか（職場で役立つ人間関係とチームワークを築く）　第6章 前向きな職場環境をどのように築き上げるのか（効果的な職場文化と職場環境）　第7章 どのようなチャレンジが私の興味をかきたてるのか（個人に内在化された貢献意欲）　第8章「使い捨て」と変化にどのように対応するか（成長、学習、再起力）　第9章 何が私を歓喜させるのか（礼節と幸福感）　第10章 経営幹部、人事、個々の従業員に対する意味　巻末資料「意味を生み出す人」として、リーダーにとっての挑戦とリーダーシップの行動〔01132〕

ウルリッチ, デイブ　Ulrich, David
◇ストーリーで学ぶ経営の真髄（Learn like a leader）　マーシャル・ゴールドスミス, ビバリー・ケイ, ケン・シェルトン編, 和泉裕子, 井上実訳　徳間書店　2011.2　311p　19cm　1600円　①978-4-19-863118-5
内容 学習をめぐる寓話…そしてその意味（デーブ・ウルリヒ著）〔01133〕
◇個人と組織を充実させるリーダーシップ―全米No.1のウルリッチ教授の処方箋（THE WHY OF WORK）　デイブ・ウルリッチ, ウェンディ・ウルリッチ著, 梅津祐良, 松本利明訳　生産性出版　2012.5　276p　21cm〈文献あり〉3400円　①978-4-8201-2005-6
内容 第1章「意味」を生み出す　第2章 充実した組織を築く　第3章 私たちはどのような点で知られているのか（アイデンティティ）　第4章 私はどこへ向かっているのか（目的とモチベーション）　第5章 誰と一緒に旅を続けるのか（職場で役立つ人間関係とチームワークを築く）　第6章 前向きな職場環境をどのように築き上げるのか（効果的な職場文化と職場環境）　第7章 どのようなチャレンジが私の興味をかきたてるのか（個人に内在化された貢献意欲）　第8章「使い捨て」と変化にどのように対応するか（成長、学習、再起力）　第9章 何が私を歓喜させるのか（礼節と幸福感）　第10章 経営幹部、人事、個々の従業員に対する意味　巻末資料「意味を生み出す人」として、リーダーにとっての挑戦とリーダーシップの行動〔01134〕
◇リーダーシップ・マスター―世界最高峰のコーチ陣による31の教え（Coaching for Leadership）　マーシャル・ゴールドスミス, ローレンス・S.ライアンズ, サラ・マッカーサー編著, 久野正人監訳, 中村安子, 夏井幸子訳　英治出版　2013.7　493p　21cm　2800円　①978-4-86276-164-4
内容 リーダーのためのコーチング活用法（デイブ・ウルリッチ, ジェシカ・K.ジョンソン）〔01135〕

◇人事コンピテンシー—人と組織は「改革」「進化」「活性化」できるのか (HR COMPETENCIES)　デイブ・ウルリッチ, ウェイン・ブロックバンク, ダニ・ジョンソン, カート・スタンドホルツ, ジョン・ヤンガー著, 中島豊訳　生産性出版　2013.8　266p　21cm　〈文献あり〉6000円　①978-4-8201-2016-2

内容 第1章 人事部門における「変革の旅程」　第2章 人事の専門性をめぐる状況　第3章 信頼される行動家　第4章 文化と変革の執事　第5章 人材の管理者・組織の設計者　第6章 戦略の構築家　第7章 業務遂行者　第8章 ビジネスの協力者　第9章 あるべき人事部門の姿　第10章 本書のまとめと含意　Appendix 1 人事コンピテンシー調査 (HR Competency Study : HRCS) の変遷　〔01136〕

ウルリヒ, シュワーブ

◇宗教を考える教育　宗教教育研究会編　教文館　2010.8　253p　21cm　〈執筆 : 頼住光子ほか〉　2500円　①978-4-7642-7317-7

内容 ヨーロッパにおける宗教教育 (シュワーブ・ウルリヒ著, 土居由美訳)　〔01137〕

ウン, シアム・ホン (ジュン)

◇フューチャースクール—シンガポールの挑戦 (A school's journey into the future)　テイ・リー・ヨン, リム・チェー・ピン, カイン・ミント・スウィー編著, トランネット訳, 中川一史監訳　ピアソン桐原　2011.2　183p　21cm　2400円　①978-4-89471-549-3

内容 小学校低学年の英語の授業における、デジタルストーリーテリングの活用に関するケーススタディー (リー・チュイー・ベン, スリアティ・アバス, フォン・イン・クアン, ウン・シアム・ホン (ジュン), リム・ショー・ティアン (オードリー), ユー・シウ・ホイ (サンディー))　〔01138〕

ウンシュ, マージョリー　Wunsch, Marjory

◇常識の天才ジェイン・ジェイコブズ—『死と生』まちづくり物語 (GENIUS OF COMMON SENSE)　G.ラング, M.ウンシュ著, 玉川英則, 玉川良重訳　鹿島出版会　2012.6　159p　21cm　〈文献あり 著作目録あり 年譜あり 索引あり〉　2600円　①978-4-306-07297-8

内容 小うるさい女の子が　生まれ育ったのは電気の町　ニューヨークで記者になり　キューピッドとキャンディーストアの家に出会い　アーキテクチュラル・フォーラムで学びながらレポートを　ジェインの「幸運な」記事は　母親たち、そして子供たちを束ね　都市計画に挑戦して　ウエスト・ビレッジを救う　『死と生』の反響は〔ほか〕　〔01139〕

ウンノ, ミーガン*　海野 ミーガン

◇西オーストラリア - 日本 (にっぽん) 交流史—永遠の友情に向かって (An enduring friendship)　デイビッド・ブラック, 曽根幸子編著, 有吉宏之, 曽根幸子監訳　日本評論社　2012.2　391p　22cm　〈タイトル : 西オーストラリアー日本交流史〉3000円　①978-4-535-58613-0

内容 JETプログラムへの西オーストラリア州の参加 (ミーガン海野著)　〔01140〕

ウンノ, ローナ*　海野 ローナ

◇西オーストラリア - 日本 (にっぽん) 交流史—永遠の友情に向かって (An enduring friendship)　デイビッド・ブラック, 曽根幸子編著, 有吉宏之, 曽根幸子監訳　日本評論社　2012.2　391p　22cm　〈タイトル : 西オーストラリアー日本交流史〉3000円　①978-4-535-58613-0

内容 ブルームの日本人社会 (ローナ海野著)　〔01141〕

【エ】

エアーズ, イアン　Ayres, Ian

◇ヤル気の科学—行動経済学が教える成功の秘訣 (Carrots and Sticks)　イアン・エアーズ著, 山形浩生訳　文芸春秋　2012.10　306, 18p　20cm　1700円　①978-4-16-375760-5

内容 序章 コミットメント契約という魔法　第1章 今日の一個のリンゴと、一年後の二個のリンゴ　第2章 インセンティブかコミットメントか　第3章 損失は大きく見える　第4章 ガミガミ言われる気分　第5章 持続性と意識化　第6章 コミットメントは人を語る　第7章 やりすぎる危険　第8章 コミットメント店舗　〔01142〕

エアーズ, クリス　Ayres, Chris

◇ドクター・オジーに訊け！ (Trust me, I'm Dr Ozzy)　オジー・オズボーン, クリス・エアーズ著, 迫田はつみ訳　シンコーミュージック・エンタテイメント　2012.3　236p　19cm　1600円　①978-4-401-63643-3

内容 医師は在室…頭はどこかへ—患者の皆様へ (ほとんど) 総ての症状に対応する治療法—二度と病気になることはない…たぶん　卵を食べろ—ダイエットとエクササイズの真実　余分なものは取り除こう—オジーらしさの次に大切なこと それは清潔さ　家族この不埒な存在 死ぬほど愛している家族—でも家族のせいで頭がおかしくなりそうで　専門家ではない人々のための外科　何かやってもらいたいなら…自分でやろう　総合診療—変わった症状に関するドクター・オジーのA to Z　遺伝子が解き明かす…のかな—ここを読む前に頭に氷枕を当てておくこと　友人とろくでなし—周囲に人がいない人のために　灰色の脳細胞ゼリー—正気じゃないってのも結講大変なんだぜ　セックス、ロマンス、そして道具のお手入れ—ドクター・オジーの性教育　薬理学の時間—薬のラベルに書かれていないこと　ご臨終です—大空の巨大なモッシュ・ピットに飛び込む準備を　ドクター・オジーの処方箋—指示どおりに服用すること　〔01143〕

エイ, ゲンキ*　衛 元琪

⇒ウェイ, ウォンアンチ*

エイ, シンコウ　栄 新江

◇アジアが結ぶ東西世界　橋寺知子, 森部豊, 蜷川順子, 新谷英治共編　吹田　関西大学東西学術研究所　2011.3　449p　22cm　(アジアにおける経済・法・文化の展開と交流 3)　〈発行所 : 関西大学出版部〉5700円　①978-4-87354-522-0

内容 イスラーム化以前の中央アジア (栄新江著, 陳贇,

森部豊訳）〔01144〕

◇敦煌の民族と東西交流―敦煌歴史文化絵巻　栄新江著, 高田時雄監訳, 西村陽子訳　東方書店　2012.12　14, 245p　21cm　〈共同出版：甘粛教育出版社　文献あり〉2400円　①978-4-497-21203-0

内容 1 月氏―古代敦煌の白人種　2 玉門関と懸泉置―漢代の関城と宿駅　3 仏教東漸―敦煌の仏教都市空間　4 ソグド商胡と敦煌の胡人聚落　5 吐蕃の敦煌統治とチベット文化の貢献　6 帰義軍時期のシルクロード　7 ウイグルと敦煌　8 于闐と沙州〔01145〕

◇敦煌・吐魯番出土漢文文書の新研究　土肥義和編纂　修訂版　東洋文庫　2013.3　504p　27cm　（東洋文庫論叢 第72b）〈文献あり　2009年刊の修訂〉非売品　①978-4-8097-0274-7

内容 吐魯番新出前秦建元二十年籍の淵源（栄新江著, 西村陽子訳）〔01146〕

エイヴィス, ポール　Avis, Paul D.L.

◇教会の働きと宣教（A ministry shaped by mission）　ポール・エイヴィス著, 芦屋聖マルコ教会翻訳の会訳, 岩城聡監修　聖公会出版　2011.12　200p　19cm　〈文献あり〉2000円　①978-4-88274-225-8

内容 第1章 教会の職務を形づくる神の宣教（宣教の全体像　神の宣教　一なる教会の宣教 ほか）　第2章 神の宣教によって形成される職務（何が教会の職務か　新約聖書における職務　職務の焦点 ほか）　第3章 宣教によって形づくられる職務への叙任（聖職　キリストと教会を代表する　信徒の職務 ほか）〔01147〕

エイカー, ショーン　Achor, Shawn

◇幸福優位7つの法則―仕事も人生も充実させるハーバード式最新成功理論（The happiness advantage）　ショーン・エイカー著, 高橋由紀子訳　徳間書店　2011.8　301p　19cm　1600円　①978-4-19-863235-9

内容 1 職場におけるポジティブ心理学（幸福優位性の発見　職場における幸せと成功　人は変わることができる）　2 幸福優位7つの法則（ハピネス・アドバンテージ―幸福感は人間の脳と組織に競争優位をもたらす　心のレバレッジ化―マインドセットを変えて仕事の成果を上げる　テトリス効果―可能性を最大化するために脳を鍛える　再起力―下降への勢いを利用して上昇に転じる　ゾロ・サークル―小さなゴールに的を絞って少しずつ達成範囲を広げる　二〇秒ルール―変化へのバリアを最小化して悪い習慣をよい習慣に変える　ソーシャルへの投資―周囲からの支えを唯一最高の資産とする）　3 幸せの波及効果（幸福優位性を仕事に家庭に人生に応用する）〔01148〕

エイゲン, ケネス　Aigen, Kenneth

◇音楽中心音楽療法（MUSIC-CENTERED MUSIC THERAPY）　ケネス・エイゲン著, 鈴木琴栄, 鈴木大裕共訳　春秋社　2013.10　343p　22cm　〈文献あり 索引あり〉3500円　①978-4-393-93498-2

内容 第1部 音楽療法における音楽中心理論のコンテクスト（理論の性質　音楽療法における理論）　第2部 音楽中心音楽療法 理論と実践の性質（音楽中心音楽療法の起源と基礎　音楽中心音楽療法におけるミュージッキングの価値　音楽中心音楽療法の理論的根拠、実践、意味　音楽療法モデルにおける音楽中心の考え　現代の音楽療法の枠組みにおける音楽中心の考え）　第3部 音楽中心理論の音楽哲学（音楽療法とスキーマ理論　ツカーカンドルの音のダイナミック理論　音楽の力、動き、空間―スキーマ理論とツカーカンドルの調和）　第4部 音楽中心音楽療法へ（音楽の力と動きを臨床に応用する―活性化と自己の創造　音楽中心音楽療法における音楽と感情　音楽の形式、展開、変容　旋律、容器、推移）〔01149〕

英国

⇒イギリスも見よ

英国王立地理学協会《Royal Geographical Society》

◇世界の探検大百科―ビジュアル版（Explorers）　英国王立地理学協会編, 佐藤友紀, 富岡由美, 箸本寿比花訳, 荒俣宏日本版監修　東洋書林　2011.11　360p　31cm　〈年表あり　索引あり〉15000円　①978-4-88721-795-9

内容 第1章 初期の探検家たち（古代世界の拡大　交易と外交　新天地を求めて　仏教世界における探検）　第2章 貿易と発見（アジア探検紀行　イスラーム世界への探検　アジアへのアフリカ周回航路　新世界との―出会い）　第3章 征服と植民地建設（残忍なコンキスタドールたち　北部同盟　世界を周航する　太平洋への進出）　第4章 未知の世界との邂逅（地図の作製　アフリカの内奥へ　キリスト教の布教　異人たちの交流）　第5章 極限への挑戦（学術探検　地の果てまで　海の底を探検する　太陽系への飛翔）〔01150〕

英国勅許公共財務会計協会《Chartered Institute of Public Finance and Accountancy》

◇地方公共サービスのイノベーションとガバナンス―行政サービス提供体制と住民自治体制の強化をめざす（Seeing the Light, In the Know〔etc.〕）　英国地方自治体監査委員会, 英国勅許公共財務会計協会, 英国会計検査院著, 石原俊彦監訳, 木村昭興, 酒井大策, 関下弘樹, 丸山恭司, 井上直樹訳　西宮　関西学院大学出版会　2013.7　282p　21cm　〈他言語標題：Innovation and Governance in Local Public Services〉3000円　①978-4-86283-141-5

内容 第1部 輝く未来：地方公共サービスのイノベーション（導入　イノベーションの概略　イノベーションの便益　イノベーションの生成　イノベーションの実効　イノベーションの普及）　第2部 情報への精通―優れた意思決定のための情報利用（優れた情報とは、優れた意思決定とは、そして優れた業績とは　意思決定　情報の特質―目的適合性、品質、提供方法　着手にあたって）　第3部 地方自治体における最高財務責任者の役割　第4部 公共部門における内部監査責任者の役割　第5部 公共部門における内部管理業務のVFM―英国公共部門における監査機関の共同プロジェクト（プロジェクトの背景　業績指標の設定　プロジェクトの結果　新たな段階）〔01151〕

エイシンガー, ロバート・W.

◇ストーリーで学ぶ経営の真髄（Learn like a leader）　マーシャル・ゴールドスミス, ビバリー・ケイ, ケン・シェルトン編, 和泉裕子, 井上実訳　徳間書店　2011.2　311p　19cm　1600円　①978-4-19-863118-5

内容 真の学習には時間がかかる（ロバート・W.エイシンガー著）〔01152〕

AP通信社

◇ブレーキングニュース―AP通信社報道の歴史 AP通信社の記者たちは戦争、平和、世界のニュースをいかに取材し報道してきたか（Breaking news） AP通信社編, 我孫子和夫訳 新聞通信調査会 2011.6 431p 27cm 〔*01153*〕

エイブラー, タイシャ Abelar, Taisha

◇呪術師の飛翔―未知への旅立ち（The sorcerers' crossing） タイシャ・エイブラー著, こまいひさよ訳 コスモス・ライブラリー 2011.3 420p 19cm 〈文献あり 発売：星雲社〉2200円 ①978-4-434-15513-0

内容 見知らぬ女性 奇妙な約束 退屈な目をした犬 反復の技法 子宮に巣食う虫 無限の眼差し 影たちの道化 スピリットの声 クリスタルの秘法 呪術師のダブル〔ほか〕 〔*01154*〕

エイブラハム, W.J. Abraham, William James

◇はじめてのウェスレー（Wesley for Armchair Theologians） W.J.エイブラハム著, 藤本満訳 教文館 2013.6 238, 4p 19cm 〈文献あり 索引あり〉1000円 ①978-4-7642-6700-8

内容 第1章 すべて伝道のために 第2章 バックミュージック 第3章 創造、堕落、そして先行的恵み 第4章 新たに生まれる 第5章 神はどんなことでもできるのです 第6章 教会をどう考えるか 第7章 倫理的に生きる 第8章 霊的しゃっくりと麻疹 第9章 摂理と予定説 〔*01155*〕

エイブラハムズ, ロジャー・D.

◇アメリカ民俗学―歴史と方法の批判的考察 小長谷英代, 平山美雪編訳 岩田書院 2012.3 338p 22cm 〈文献あり〉9500円 ①978-4-87294-738-0

内容 民俗学におけるロマン主義ナショナリズムの幻影（ロジャー・D.エイブラハムズ著, 小長谷英代解説・訳） 〔*01156*〕

エイモス, ウォリー・“フェイマス”

◇史上最高のセミナー（Conversations with millionaires） マイク・リットマン, ジェイソン・オーマン共著, 河本隆行監訳 ポケット版 きこ書房 2011.7 407p 17cm 〈述：ジム・ローンほか〉1200円 ①978-4-87771-278-5

内容 最初にイメージすることなく、人生で何かを手に入れることは不可能なんだ（ウォリー・“フェイマス”・エイモス述） 〔*01157*〕

エヴァット, アリソン Evatt, Alison

◇みんな大切！―多様な性と教育（Everyone is special！） ローリ・ベケット編, 橋本紀子監訳, 艮香織, 小宮明彦, 杉田真衣, 渡辺大輔訳 新科学出版社 2011.3 195p 22cm 2500円 ①978-4-915143-39-7

内容 ある教育実習生の話（アリソン・エヴァット著, 杉田真衣訳） 〔*01158*〕

エヴァリット, アントニー Everitt, Anthony

◇ハドリアヌス―ローマの栄光と衰退（Hadrian and the triumph of Rome） アントニー・エヴァリット著, 草皆伸子訳 白水社 2011.10 461, 53p 20cm 〈文献あり 年表あり 索引あり〉5400円 ①978-4-560-08165-5

内容 西からの侵入者 危険な世界 希望あふれる若き紳士 帝国の危機 新王朝 ローマでの生活 フラウィウス朝の没落 皇帝の息子 オプティムス・プリンケプス（至高の皇帝） ドナウの彼方 雌伏の時代 東方からの呼び声 任務完了 四人の執政官経験たち ローマへの道 旅人 辺境 最後の別れ ビテュニアの少年 ギリシアの島々 ホームとアウェー どこに行ってしまったのだ、わが愛する人よ 「やつの骨が腐らんことを！」 もはや冗談を言うこともない 戦争と平和 〔*01159*〕

◇アウグストゥス―ローマ帝国のはじまり（THE FIRST EMPEROR） アントニー・エヴァリット著, 伊藤茂訳 白水社 2013.8 477, 37p 20cm 〈文献あり 年表あり 索引あり〉4800円 ①978-4-560-08298-0

内容 紀元一四年 地方の少年時代の出来事―前六三年‐四八年 大伯父―前四八年‐四七年 政治家たち―前四八年‐四六年 未完の事業―前四六年‐四四年 名前をもった少年―前四四年 勝利から敗北へ―前四四年‐四三年 キリング・フィールド―前四三年‐四二年 分割された世界―前四二年‐四〇年 黄金の時代―前四〇年‐三八年〔ほか〕 〔*01160*〕

エヴァンス, ボーガン Evans, Vaughan

◇成功するビジネスプランの作り方―いかにして投資家の心をつかむか？（FT ESSENTIAL GUIDE TO WRITING A BUSINESS PLAN HOW TO WIN BACKING TO START UP OR GROW YOUR BUSINESS） ボーガン・エヴァンス著, SDL Plc訳 ピアソン桐原 2012.12 241p 21cm （フィナンシャルタイムズガイド）〈索引あり〉1900円 ①978-4-86401-139-6

内容 1 ビジネスプラン作成前の準備（必要不可欠な準備） 2 ビジネスプランの作成（事業 市場の需要 競争 戦略 リソース 財務情報と予測 リスク、チャンス、および感度 結論） 3 ビジネスプランのレビュー（監視と評価） 〔*01161*〕

エヴァンズ, R.J.W. Evans, Robert John Weston

◇バロックの王国―ハプスブルク朝の文化社会史 1550-1700年（The Making of the Habsburg Monarchy 1550-1700） R.J.W.エヴァンズ著, 新井皓士訳 慶応義塾大学出版会 2013.4 22, 439, 130p 22cm 〈文献あり 年表あり 索引あり〉9500円 ①978-4-7664-2025-8

内容 第1部 全体像としてみた中欧近代の進展（暁天の幻影 一五五〇‐一六〇〇年―ルネサンスと宗教改革 宗教的・政治的危機 一六〇〇‐五〇年 社会的・精神的危機 一六〇〇‐九〇年 統合強化 一六五〇‐一七〇〇年―レオポルト一世とその王朝国家） 第2部 中央と地方（オーストリア―ハプスブルクの心臓部 ボヘミア―限定的受容 ハンガリー―限定的拠絶 ドイツ帝国―限定的覇権） 第3部 知的基盤（カトリック的学問の解剖 学識魔術との妥協 民衆的魔術への攻撃 普遍計画） 〔*01162*〕

エヴェレット, ダニエル・L. Everett, Daniel Leonard

◇ピダハン―「言語本能」を超える文化と世界観（Don't sleep, there are snakes） ダニエル・L.エヴェレット［著］, 屋代通子訳 みすず書房 2012.3 390, 8p 20cm 〈索引あり〉3400円

①978-4-622-07653-7

内容 第1部 生活（ピダハンの世界を発見　アマゾン　伝道の代償 ほか）　第2部 言語（ピダハン語の音　ピダハンの単語　文法はどれだけ必要か ほか）　第3章 結び（伝道師を無神論に導く）　エピローグ 文化と言語を気遣う理由 〔01163〕

エ

エーエー（ハーカー）

◇ミャンマー概説　伊東利勝編　めこん　2011.3　731p　22cm　〈索引あり〉7000円　①978-4-8396-0240-6

内容 チン族の歴史、その拡張と背景〔チン世界〕 他（エーエー（ハーカー）著, 土橋泰子訳） 〔01164〕

エガート, ポール　Eggert, Paul

◇人文学と電子編集―デジタル・アーカイヴの理論と実践（ELECTRONIC TEXTUAL EDITING）　ルー・バーナード, キャサリン・オブライエン・オキーフ, ジョン・アンスワース編, 明星聖子, 神崎正英監訳　慶応義塾大学出版会　2011.9　503p　21cm　4800円　①978-4-7664-1774-6

内容 電子版の真正性認証（フィル・ベリー, ポール・エガート, クリス・ティフィン, グレアム・バーウェル） 〔01165〕

エクスタイン

◇ちくま哲学の森　8　自然と人生　鶴見俊輔, 安野光雅, 森毅, 井上ひさし, 池内紀編　筑摩書房　2012.4　448p　15cm　（〔ちくま文庫〕）　1300円　①978-4-480-42868-4

内容 百万匹の油虫（エクスタイン著, 内田清之助訳） 〔01166〕

エクナット, イーシュワラン　Eknath, Easwaran

◇永遠の生命（いのち）―死を超えて未知の国へ（The undiscovered country）　エクナット・イーシュワラン著, スタイナー紀美子訳　大阪　東方出版　2011.12　162p　20cm　〈タイトル：永遠の生命〉1500円　①978-4-86249-187-9

内容 第1章 小さな出来事―死が意味するもの　第2章 ジャケット―魂を覆っているもの　第3章 ライラックの教え―すべては死に向かう　第4章 大いなる目覚め―不滅との一体　エイトポイント・プログラム―よりよい人生のために 〔01167〕

◇人間ガンディー―世界を変えた自己変革（Gandhi The Man）　エクナット・イーシュワラン著, スタイナー紀美子訳　大阪　東方出版　2013.3　214p　21cm　〈文献あり 年譜あり 索引あり〉2000円　①978-4-86249-213-5

内容 ガンディーのインドに育って―当時と今　第1章 変容の時代―幼年期、ロンドン留学、南アフリカ　第2章 愛の道―南アフリカとインドにおける非暴力　第3章 母なるギーター―霊性の源『バガヴァッド・ギーター』　第4章 ひとりの人間として―生活すべてにわたる非暴力　非暴力はいかに作用するか 〔01168〕

エクブロム, ポール

◇環境犯罪学と犯罪分析（Environmental criminology and crime analysis）　リチャード・ウォートレイ, ロレイン・メイズロール編, 島田貴仁, 渡辺昭一監訳, 斉藤知範, 雨宮護, 菊池城治, 畑倫子訳　社会安全研究財団　2010.8　313p　26cm　〈文献あり〉①978-4-904181-13-3

内容 犯罪を予防する製品デザイン（ポール・エクブロム著, 畑倫子訳） 〔01169〕

エクルスシェア, ジュリア　Eccleshare, Julia

◇世界の絵本・児童文学図鑑（1001 children's books）　ジュリア・エクルスシェア編, 井辻朱美監訳　柊風舎　2011.10　958p　22cm　〈索引あり〉15000円　①978-4-903530-52-9

内容 0‐3歳　3歳以上　5歳以上　8歳以上　12歳以上 〔01170〕

エクレス, ロバート・G.　Eccles, Robert G.

◇ワンレポート―統合報告が開く持続可能な社会と企業（One report）　ロバート・G.エクレス, マイケル・P.クルス著, 花堂靖仁監訳, ワンレポート日本語版委員会訳　東洋経済新報社　2012.3　233p　22cm　3600円　①978-4-492-53280-5

内容 第1章 ワンレポートとは何か　第2章 最初の統合報告書：UTC社の事例　第3章 財務報告の現状　第4章 非財務報告の現状　第5章 持続可能な社会のための持続可能な戦略　第6章 今こそワンレポートの時代　第7章 インターネットと統合報告　第8章 持続可能な社会のための統合報告 〔01171〕

エーコ, ウンベルト　Eco, Umberto

◇弱い思考（Il pensiero debole）　ジャンニ・ヴァッティモ, ピエル・アルド・ロヴァッティ編, 上村忠男, 山田忠彰, 金山準, 土肥秀行訳　法政大学出版局　2012.8　374p　20cm　（叢書・ウニベルシタス 977）　〈文献あり〉4000円　①978-4-588-00977-8

内容 反ポルフュリオス（ウンベルト・エーコ著, 山田忠彰訳） 〔01172〕

『エコノミスト』編集部

◇2050年の世界―英『エコノミスト』誌は予測する（Megachange）　英『エコノミスト』編集部著, 東江一紀, 峯村利哉訳　文芸春秋　2012.8　429p　20cm　〈解説：船橋洋一〉1750円　①978-4-16-375500-7

内容 第1部 人間とその相互関係（人口の配当を受ける成長地域はここだ　人間と病気の将来　経済成長がもたらす女性の機会　ソーシャル・ネットワークの可能性　言語と文化の未来）　第2部 環境、信仰、政府（宗教はゆっくりと後退する　地球は本当に温暖化するか　弱者が強者となる戦争の未来　おぼつかない自由の足取り　高齢化社会による国家財政の悪化をどうするか）　第3部 経済とビジネス（新興市場の時代　グローバリゼーションとアジアの世紀　貧富の格差は収斂していく　現実となるシュンペーターの理論　バブルと景気循環のサイクル）　第4部 知識と科学（次なる科学　苦難を越え宇宙に進路を　情報技術はどこまで進歩するか　距離は死に、位置が重要になる　予言はなぜ当たらないのか） 〔01173〕

エコランパーディウス, ヨハンネス

◇宗教改革時代の説教　出村彰編　教文館　2013.1　482p　21cm　（シリーズ・世界の説教）　4500円　①978-4-7642-7337-5

内容 青少年のための説教（ヨハンネス・エコランパー

ディウス述, 出村彰訳）　〔01174〕

エザワ, アヤ　江沢 あや

◇福祉国家と家族　法政大学大原社会問題研究所, 原伸子編著　法政大学出版局　2012.6　336p　22cm　（法政大学大原社会問題研究所叢書）〈索引あり〉4500円　①978-4-588-64543-3

内容 アメリカの福祉改革（江沢あや著, 前原直子訳）　〔01175〕

エシェリック, ジョセフ・W.

◇総合研究辛亥革命　辛亥革命百周年記念論集編集委員会編　岩波書店　2012.9　9, 592, 17p　22cm　〈索引あり〉7800円　①978-4-00-025859-3

内容 辛亥革命再考（ジョセフ・W.エシェリック著, 高嶋航訳）　〔01176〕

エシッグ, ドン　Essig, Don

◇1分間でやる気が出る146のヒント（Motivational minutes）　ドン・エシッグ〔著〕, 弓場隆訳　ディスカヴァー・トゥエンティワン　2013.9　163p　18cm　（ディスカヴァー携書 110）　1000円　①978-4-7993-1396-1

内容 毎日、目標を立てる　長所は自分で手に入れる　自分は成功していると信じる　大切な人に感謝を伝える　自分のための時間を確保する　快適な生活空間を創る　「もう年だ」という言い訳をしない　ピンチをチャンスに変える　まわりの人をほめる　物事をよい方向に考える人とつき合う〔ほか〕　〔01177〕

エシャム, バーバラ　Esham, Barbara

◇算数の天才なのに計算ができない男の子のはなし—算数障害を知ってますか？（Last to Finish : A Story About the Smartest Boy in Math Class）　バーバラ・エシャム文, マイク・ゴードン, カール・ゴードン絵, 品川裕香訳　岩崎書店　2013.7　31p　23cm　〈文献あり〉1600円　①978-4-265-85036-5　〔01178〕

エシュケ, トビアス・エルンスト

◇日独交流150年の軌跡　日独交流史編集委員会編　雄松堂書店　2013.10　345p　29cm　〈布装〉　3800円　①978-4-8419-0655-4

内容 ヤコブ・メッケル少佐（トビアス・エルンスト・エシュケ著, 江面快晴訳）　〔01179〕

SOS子どもの村インターナショナル《SOS CHILDREN'S VILLAGES INTERNATIONAL》

◇国連子どもの代替養育に関するガイドライン—SOS子どもの村と福岡の取り組み　子どもの村福岡編　福村出版　2011.12　254p　21cm　2000円　①978-4-571-42041-2

内容 SOS子どもの村インターナショナル・ISS版子どもの代替養育に関するガイドライン ガイドライン和訳（SOS子どもの村インターナショナル, 国際社会事業団（ISS）著, 子どもの村福岡訳）　〔01180〕

エスキベル, アドルフォ・ペレス

◇反グローバリゼーションの声（VOCES CONTRA LA GLOBALIZACIÓN）　カルロス・エステベス, カルロス・タイボ編著, 大津真作訳　京都　晃洋書房　2013.11　257, 8p　21cm　2900円　①978-4-7710-2490-8

内容 変革のための社会勢力（アドルフォ・ペレス・エスキベル述）　〔01181〕

エスクーバ, エリアーヌ

◇崇高とは何か（Du sublime）　ミシェル・ドゥギー他〔著〕, 梅木達郎訳　新装版　法政大学出版局　2011.9　413p　20cm　（叢書・ウニベルシタス 640）　4800円　①978-4-588-09943-4

内容 カントあるいは崇高なるものの単純さ（エリアーヌ・エスクーバ）　〔01182〕

エスクバック, L.　Eschbach, Louis Prosper Auguste

◇日本立法資料全集　別巻825　威氏法学通論　エスクバック原著, 渡辺輝之助, 神山亨太郎訳　復刻版　信山社出版　2013.9　329p　23cm　〈牧野書房 明治22年刊の複製〉35000円　①978-4-7972-7122-5　〔01183〕

エスコバル, マリオ　Escobar, Mario

◇教皇フランシスコ—12億の信徒を率いる神父の素顔（Francis : Man of Prayer）　マリオ・エスコバル著, 八重樫克彦, 八重樫由貴子訳　新教出版社　2013.7　222p　19cm　〈文献あり 年譜あり〉1400円　①978-4-400-22667-3

内容 第1部 人生を変えた"春の日"（記憶に刻まれた故郷の言葉—イタリア移民の家庭に育って　"春の日"—召命と献身　軍事政権下での苦難の日々　謙虚すぎる男の昇進）　第2部 イエズス会出身の枢機卿（イエズス会　教皇の精鋭部隊　ヨハネ・パウロ二世時代の貢献　ドイツ人候補者に一歩譲った教皇の座　二〇一三年コンクラーベ）　第3部 新教皇フランシスコの五つの挑戦（初のアメリカ大陸出身の教皇　初のイエズス会出身の教皇　現代化とグローバル化に直面する教皇　数々のスキャンダルに立ち向かう教皇　祈りを大切にする謙虚な教皇）　〔01184〕

エスダース, シュテファン

◇歴史におけるテクスト布置—「テクスト布置の解釈学的研究と教育」第12回国際研究集会報告書　加納修編　〔名古屋〕　名古屋大学大学院文学研究科　2012.3　279p　30cm　（Global COE program international conference series no.12）〈他言語標題 : Configuration du texte en histoire〉

内容 中世初期における古代末期の法テクストの利用（シュテファン・エスダース著, 加納修訳）　〔01185〕

エスタブレ, ロジェ　Establet, Roger

◇豊かさのなかの自殺（SUICIDE, L'ENVERS DE NOTRE MONDE）　Ch・ボードロ,R.エスタブレ〔著〕, 山下雅之, 都村聞人, 石井素子訳　藤原書店　2012.6　317p　20cm　3300円　①978-4-89434-860-8

内容 序論 自殺という危機に瀕する世界　第1章 貧困は自殺から人々を保護するのか？　第2章 離陸—自殺増大の初期段階　第3章 大転換点　第4章 栄光の三〇年間　第5章 ソビエトという例外　第6章 オイルショックと若者の自殺　第7章 自殺と社会階級—その現状報告　第8章 二〇世紀—支配階級が自殺からいかなり保

護される　第9章 だがしかし、彼女たちはそこから出ていく…　結論　〔01186〕

エ

エスチューリン, ダニエル　Estulin, Daniel

◇世界を牛耳る洗脳機関タヴィストック研究所の謎（EL INSTITUTO TAVISTOCK）　ダニエル・エスチューリン著, 富永和子訳　TOブックス　2013.12　418, 12p　19cm　1900円　①978-4-86472-211-7　〔01187〕

エステベス, カルロス　Estéves, Carlos

◇反グローバリゼーションの声（VOCES CONTRA LA GLOBALIZACIÓN）　カルロス・エステベス, カルロス・タイボ編著, 大津真作訳　京都　晃洋書房　2013.11　257, 8p　21cm　2900円　①978-4-7710-2490-8

内容 よりよい世界のために（カルロス・エステベス著）　〔01188〕

エスピノサ, アルベルト・ガルソン　Espinosa, Alberto Garzón

◇もうひとつの道はある―スペインで雇用と社会福祉を創出するための提案（HAY ALTERNATIVAS : Propuestas para crear empleo y bienestar social en España）　ビセンス・ナバロ, ホアン・トーレス・ロペス, アルベルト・ガルソン・エスピノサ著, 吾郷健二, 海老原弘子, 広田裕之訳, ATTAC Japan編　柘植書房新社　2013.9　277p　19cm　2500円　①978-4-8068-0652-3

内容 第1章 世界危機の原因　第2章 スペイン経済危機の特殊性　第3章 解決しなければならないこと―より公正で効率的な経済のための課題　第4章 まともな雇用を創出するための条件　第5章 社会支出の不足という障害　第6章 雇用創出と経済回復のためには、賃金の引下げか引上げか？　第7章 経済活動の別のモデルへの融資　第8章 もうひとつの欧州、もうひとつの世界　第9章 人間に仕え、自然と調和した経済　第10章 一一五の具体的な提案　〔01189〕

エスピリトゥ, アウグスト

◇アメリカの影のもとで―日本とフィリピン　藤原帰一, 永野善子編著　法政大学出版局　2011.6　304p　20cm　（サピエンティア 18）〈索引あり〉3200円　①978-4-588-60318-1

内容 対抗する陰影〈日本〉と〈アメリカ〉（アウグスト・エスピリトゥ著, 小川玲子訳）　〔01190〕

エスピン＝アンデルセン, イエスタ　Esping-Andersen, Gøsta

◇平等と効率の福祉革命―新しい女性の役割（The incomplete revolution）　イエスタ・エスピン＝アンデルセン〔著〕, 大沢真理監訳　岩波書店　2011.11　246p　22cm　〈索引あり　文献あり〉3800円　①978-4-00-024512-8

内容 序論　第1部（女性の役割の革命と家族　新しい不平等）　第2部（家族政策を女性の革命に適応させる　子どもに投資しライフチャンスを平等にする　高齢化と衡平）　〔01191〕

◇グローバル化・社会変動と教育　2　文化と不平等の教育社会学（EDUCATION, GLOBALIZATION AND SOCIAL CHANGE（抄訳））　ヒュー・ローダー, フィリップ・ブラウン, ジョアンヌ・ディラボー, A.H.ハルゼー編, 苅谷剛彦, 志水宏吉, 小玉重夫編訳　東京大学出版会　2012.5　370p　22cm　〈文献あり〉4800円　①978-4-13-051318-0

内容 社会的相続と機会均等政策（G.エスピン‐アンデルセン著, 小内透訳）　〔01192〕

エスポジト, エレーナ　Esposito, Elena

◇GLU―ニクラス・ルーマン社会システム理論用語集（GLU）　クラウディオ・バラルディ, ジャンカルロ・コルシ, エレーナ・エスポジト著, 土方透, 庄司信, 毛利康俊訳　国文社　2013.3　344p　20cm　〈著作目録あり〉3500円　①978-4-7720-0533-3　〔01193〕

エスポジト, ジョン・L.　Esposito, John L.

◇地球規模的政治における宗教の役割と未来　ジョン・L.エスポジト著, 山口航訳　京都　同志社　2012.3　32p　21cm　（新島講座 第34回（2011年）同志社新島基金運営委員会編）〈他言語標題：The role and future of religion in global politics　会期・会場：2011年12月20日 大学至誠館3番教室ほか　英語併記〉500円　〔01194〕

エスポジト, ロベルト　Esposito, Roberto

◇三人称の哲学―生の政治と非人称の思想（Terza persona）　ロベルト・エスポジト著, 岡田温司監訳, 佐藤真理恵, 長友文史, 武田宙也訳　講談社　2011.2　276p　19cm　（講談社選書メチエ 491）〈索引あり〉1700円　①978-4-06-258492-0

内容 第1章 二重の生（人間科学機械）　第2章 ペルソナ、ヒト、モノ　第3章 三人称（非‐人称　動物　他者「彼」中性的なもの　外　出来事）　〔01195〕

エセル, ステファン　Hessel, Stéphane

◇怒れ！ 憤れ！（Indignez-vous！）　ステファン・エセル著, 村井章子訳　日経BP社　2011.12　111p　18cm＋〈発売：日経BPマーケティング〉800円　①978-4-8222-4876-5　〔01196〕

◇若者よ怒れ！ これがきみたちの希望の道だ―フランス発90歳と94歳のレジスタンス闘士からのメッセージ（Le chemin de l'espérance）　ステファン・エセル, エドガール・モラン著, 林昌宏訳　明石書店　2012.3　118p　19cm　1000円　①978-4-7503-3557-5

内容 1 世界のいま（世界＝運命共同体　地球規模の時代）　2 希望への道筋（暮らしを充実させる　絆の再生　若者よ、立ちあがれ！　モラルの再生　労働の再生！　多元的経済に変えよ！　狂った消費活動　格差をなくせ！　教育は国家の大計　生きる歓び―ときめく心をもつ　衰弱する国　よみがえる民主主義　新たな政治を求める）　〔01197〕

エーチャン

◇ミャンマー概説　伊東利勝編　めこん　2011.3　731p　22cm　〈索引あり〉7000円　①978-4-8396-0240-6

内容 ヤカイン世界（エーチャン著, 天野瑞枝訳）　〔01198〕

エ

エック, ジョン
◇環境犯罪学と犯罪分析（Environmental criminology and crime analysis） リチャード・ウォートレイ, ロレイン・メイズロール編, 島田貴仁, 渡辺昭一監訳, 斉藤知範, 雨宮護, 菊池城治, 畑倫子訳　社会安全研究財団　2010.8　313p　26cm　〈文献あり〉①978-4-904181-13-3
内容 問題指向型警察活動と環境犯罪学（マイケル・スコット, ジョン・エック, ヨハーンネス・クヌートソン, ハーマン・ゴールドスタイン著, 齊藤知範訳）〔01199〕

エック, ジョン・E.
◇エビデンスに基づく犯罪予防（Evidence-based crime prevention） ローレンス・W.シャーマン, ディビッド・P.ファリントン, ブランドン・C.ウェルシュ, ドリス・レイトン・マッケンジー編, 津富宏, 小林寿一監訳, 島田貴仁, 藤野京子, 寺村堅志, 渡辺昭一訳　社会安全研究財団　2008.9　434p　26cm　〈文献あり〉①978-4-904181-02-7
内容 犯罪予防のための警察活動 他（ローレンス・W.シャーマン, ジョン・E.エック著, 渡辺昭一訳）〔01200〕

エックハルト　Eckhart
◇エックハルト ラテン語著作集　4　全56篇のラテン語説教集　エックハルト著, 中山善樹訳　知泉書館　2011.4　413, 113p　22cm　〈索引あり〉　8000円　①978-4-86285-106-2
内容 教会暦による説教（（われわれの心のうちに）住む霊によって、（われわれの心のうちに）神の愛が注がれた（ロマ五・五参照）　平和と愛の職があなたがたとともにあるであろう（2コリ一三・一一）　地上のことを、私はあなたがたに話した（ヨハ三・一二）　彼から、彼によって、彼のうちにすべてのものはある（ロマ一一・三六）　私の肉は真に糧である、等々（ヨハ六・五六）ほか）　聖人の祝日における説教（われわれはすべてを捨てて、あなたに従いました。われわれは何を受けるでしょうか（マタ一九・二七）　神を恐れる人は善きことをなすであろう（シラ一五・一）　知恵のうちに留まる人は幸いである（シラ一四・二二）　聖人たちは信仰によって国々を征服した（ヘブ一一・三三））〔01201〕
◇エックハルト ラテン語著作集　5　小品集　エックハルト著, 中山善樹訳　知泉書館　2012.9　326, 44p　22cm　6000円　①978-4-86285-139-0
内容 命題集コラチオ　一二九四年の復活祭にパリで行われた説教　主の祈りの論考　聖アウグスティヌスの祝日にパリで行われた説教　パリ討論集　三部作序文　「シラ書」第二四章第二三 - 三一節についての説教と講解　弁明書〔01202〕

エッサー, カエタン　Esser, Caietanus
◇聖フランシスコの会則と遺言―聖フランシスコに従う現代人のための講話 ： 聖フランシスコの第一会則についての研究（Rule and testament of St.Francis） カエタン・エッサー著, フランシスコ会日本管区訳　習志野　教友社　2009.5　372p　20cm　（フランシスカン叢書 2）　3100円　①978-4-902211-45-0〔01203〕

エッシェー, カタリン　Escher, Katalin
◇アッティラ大王とフン族―〈神の鞭〉と呼ばれた男（Le dossier Attila） カタリン・エッシェー, ヤロスラフ・レベディンスキー著, 新保良明訳　講談社　2011.7　302p　19cm　（講談社選書メチエ 503）　〈文献あり 年表あり 索引あり〉　1800円　①978-4-06-258477-7
内容 第1章 史料　第2章 アッティラの生涯―史料に記されている事実　第3章 人物　第4章 君主　第5章 外交家アッティラ　第6章 大将軍アッティラ　第7章 アッティラの死　第8章 アッティラの神話　結論〔01204〕

エッシャー, ピーター　Escher, Peter
◇MBAの誓い―ハーバード・ビジネス・スクールから始まる若きビジネス・リーダーたちの誓い（The MBA oath） マックス・アンダーソン, ピーター・エッシャー著, 青木創訳, 岩瀬大輔監修　アメリカン・ブック＆シネマ　2011.11　309p　20cm　〈発売 ： 英治出版〉　2000円　①978-4-903825-08-3
内容 1 プリンシプル（企業はなんのために存在するか　人は自分が思っているほど倫理的ではない　株主と従業員、どちらが大切か　賢明な利己心は強欲とは異なる　法律さえ守っていればいいのか　透明性を高め、正直に伝える　学び続け、成長し続ける　持続可能な繁栄を生み出す　経営者の誓い）　2 倫理的であることを教えられるか（ビジネス・スクールで倫理は教えられるか　経営者はプロフェッションたりうるか　誓いに効果を期待できるのか　批判に対する六つの補足）〔01205〕

エッセン, ヴァージニア　Essene, Virginia
◇ハトホルの書―アセンションした文明からのメッセージ（The Hathor material） トム・ケニオン, ヴァージニア・エッセン著, 紫上はとる訳　改訂版　ナチュラルスピリット　2011.5　332p　21cm　〈付属資料（CD1枚 12cm） ： ハトホルのサウンド・メディテーション 付（8p） ： 光の薬〉　2870円　①978-4-86451-002-8
内容 ハトホルとはだれか、そしてなぜ地球にやって来たのか　エネルギー体としての人間　感情と人類の進化　みずからを開くことへの怖れ　均衡のピラミッド　アセンションの上昇螺旋　混乱のなかで安定を確立する　聖なる四大元素　支点　鍵としての音　運命を変える　力の聖笏　いまだ問われざる問い〔01206〕

エデュケーション・フォー・オール・グローバル・モニタリング・レポート・チーム《Education for All Global Monitoring Report Team》
◇隠された危機―武力紛争と教育　EFA Global Monitoring Report Team著, 浜野隆, 垂見裕子翻訳監修, 翻訳センターパイオニア訳　国際協力機構　2011.3　36p　28cm　（EFAグローバルモニタリングレポート 概要 2011）　〈共同刊行 ： ユネスコ・アジア文化センターほか〉〔01207〕

エーデルマン, マーレー　Edelman, Murray Jacob
◇政治スペクタクルの構築（Constructing the Political Spectacle） マーレー・エーデルマン著, 法貴良一訳　青弓社　2013.1　186p　21cm　〈索引あり〉　3000円　①978-4-7872-3350-9

内容 第1章 政治についてのいくつかの前提　第2章 社会問題の構築と効用　第3章 政治指導者の構築と効用　第4章 政治的な敵の構築と効用　第5章 政治ニュースの曖昧さ　第6章 政治の言語と政治的現実　第7章 政治スペクタクルの戦術化と神秘化　〔01208〕

エ

エドマンズ, ジュリー・M.

◇子どもの社会的ひきこもりとシャイネスの発達心理学（THE DEVELOPMENT OF SHYNESS AND SOCIAL WITHDRAWAL）　ケネス・H.ルビン, ロバート・J.コプラン編, 小野善郎訳　明石書店　2013.8　363p　22cm　5800円　①978-4-7503-3873-6

内容 子どもの社会不安の治療（マシュー・P.マイカリジン, ジェレミー・S.コーエン, ジュリー・M.エドマンズ, サラ・A.クロウリー, フィリップ・C.ケンダル著）　〔01209〕

エドワーズ, トッド・M.　Edwards, Todd M.

◇家族面接・家族療法のエッセンシャルスキル―初回面接から終結まで（Essential skills in family therapy (2nd edition)）　ジョーエレン・パターソン, リー・ウィリアムス, トッド・M.エドワーズ, ラリー・シャモウ, クラウディア・グラフ‐グラウンズ著, 遊佐安一郎監修, 鈴木美砂子監訳, 鈴木美砂子, 若林英樹, 山田宇以, 近藤強訳　星和書店　2013.6　342p　21cm　〈文献あり〉3800円　①978-4-7911-0847-3　〔01210〕

エドワーズ, ホルヘ　Edwards, Jorge

◇ペルソナ・ノン・グラータ―カストロにキューバを追われたチリ人作家（PERSONA NON GRATA）　ホルヘ・エドワーズ著, 松本健二訳　現代企画室　2013.9　450, 14p　20cm　（セルバンテス賞コレクション 12　寺尾隆吉, 稲本健二企画・監修）〈索引あり〉3200円　①978-4-7738-1313-5　〔01211〕

エドワーズ, リンダ　Edwards, Linda

◇探し絵ツアー世界地図（CHILDREN'S PICTURE ATLAS）　ルース・ブロックルハースト作, リンダ・エドワーズ絵, ナカイサヤカ訳　文渓堂　2013.4　47p　31cm　〈索引あり〉1400円　①978-4-7999-0029-1

内容 宇宙　地図ってなに？　国と都市　人びと　旅行　氷と雪　砂漠　草原　森林　山やま　川と湖　海と大洋　世界　北アメリカ　南アメリカ　オーストラリア・オセアニア　アジア　アフリカ　ヨーロッパ　北極　南極大陸　世界一周　場所さくいん　探し絵の答え　〔01212〕

エナフ, マルセル

◇正義への挑戦―セン経済学の新地平（Against injustice）　後藤玲子, ポール・デュムシェル編著, 後藤玲子監訳　京都　晃洋書房　2011.9　310p　23cm　〈文献あり 索引あり〉2900円　①978-4-7710-2271-3

内容 パラジャパティ・テスト 他（マルセル・エナフ著）　〔01213〕

◇デリダ―政治的なものの時代へ（Derrida and the time of the political）　フェン・チャー, スザンヌ・ゲルラク編, 藤本一勇, 沢里岳史編訳　岩波書店　2012.1　296p　20cm　3900円　①978-4-00-024038-3

内容 純粋贈与のアポリアと相互性の狙い（マルセル・エナッフ著）　〔01214〕

エニス, ジェシカ

◇世界一素朴な質問、宇宙一美しい答え―世界の第一人者100人が100の質問に答える（BIG QUESTIONS FROM LITTLE PEOPLE）　ジェンマ・エルウィン・ハリス編, 西田美緒子訳, タイマタカシ絵　河出書房新社　2013.11　298p　22cm　2500円　①978-4-309-25292-6

内容 オリンピックに出たいなら、なにをしなくちゃいけない？（ジェシカ・エニス）　〔01215〕

エバット, ブランチ　Ebbutt, Blanche

◇イギリス人の知恵に学ぶ「これだけはしてはいけない」夫婦のルール　ブランチ・エバット著, 井形慶子監訳　筑摩書房　2012.5　281p　15cm　（ちくま文庫 い39-4）〈「イギリス人の知恵に学ぶ夫がしてはいけない181のこと」(サンマーク出版 2009年刊）と「イギリス人の知恵に学ぶ妻がしてはいけない180のこと」(サンマーク出版 2009年刊）の改題、合本〉800円　①978-4-480-42935-3

内容 夫がしてはいけない181のこと（普段の習慣　妻への気配り　嫉妬について　家計について　家事のこと　休日の過ごし方　健康について　服装のこと　趣味について　食事について　子どもとのこと）　妻がしてはいけない180のこと（まずは人として　仲たがいしないために　日々の習慣　お金のこと　家での過ごし方　やきもちについて　娯楽とのお付き合い　食事と料理の心得　自分と夫の服装　おもてなしについて　家事について）　〔01216〕

エバンス, メアリ・アン

◇子どもの社会的ひきこもりとシャイネスの発達心理学（THE DEVELOPMENT OF SHYNESS AND SOCIAL WITHDRAWAL）　ケネス・H.ルビン, ロバート・J.コプラン編, 小野善郎訳　明石書店　2013.8　363p　22cm　5800円　①978-4-7503-3873-6

内容 言語能力、学力とシャイネスの徴候（メアリ・アン・エバンス著）　〔01217〕

エバンズ, リチャード　Evans, Richard W.

◇オーストラリア建国物語（Constructing Australia）　リチャード・エバンズ, アレックス・ウエスト著, 内藤嘉昭訳　明石書店　2011.11　220p　20cm　〈標題紙・背の責任表示 : 内藤嘉明　文献あり〉2800円　①978-4-7503-3500-1

内容 橋（1932　立役者たち　偶然できた町 ほか）　パイプの夢（立役者たち　シンデレラ州　鉄道、港、あらゆるもの ほか）　心臓部を貫く電線（立役者たち　二人の王女の物語　懐かしのイギリスよさらば ほか）　〔01218〕

エピクロス　Epikouros

◇ちくま哲学の森　8　自然と人生　鶴見俊輔, 安野光雅, 森毅, 井上ひさし, 池内紀編　筑摩書房　2012.4　448p　15cm　（［ちくま文庫］）　1300円　①978-4-480-42868-4

内容 ピュトクレス宛の手紙（エピクロス著, 出隆, 岩崎

允胤訳）　〔01219〕

エーピック, オイゲン

◇ユダヤ出自のドイツ法律家（DEUTSCHE JURISTEN JUDISCHER HERKUNFT）　ヘルムート・ハインリッヒス, ハラルド・フランツキー, クラウス・シュマルツ, ミヒャエル・シュトレイス著, 森勇監訳　八王子　中央大学出版部　2012.3　25, 1310p　21cm　（日本比較法研究所翻訳叢書 62）〈文献あり 索引あり〉13000円　①978-4-8057-0363-2

内容 弁護士法の開拓者にして先見の明を備えた人物（エーベルハネト・ハース, オイゲン・エーピック著, 森勇訳）　〔01220〕

エビンジャー, チャールズ　Ebinger, Charles

◇日本の未来について話そう―日本再生への提言（Reimagining Japan）　マッキンゼー・アンド・カンパニー責任編集, クレイ・チャンドラー, エアン・ショー, ブライアン・ソーズバーグ編著　小学館　2011.7　416p　19cm　1900円　①978-4-09-388189-0

内容 光を絶やさないために（チャールズ・エビンジャー, ケビン・マシー, ゴビンダ・アバサラーラ著）　〔01221〕

エーベル, デレク・F.　Abell, Derek F.

◇「新訳」事業の定義―戦略計画策定の出発点（Defining the business）　デレク・F.エーベル著, 石井淳蔵訳　津　碩学舎　2012.3　336p　22cm　（碩学叢書 Sekigaku Library）〈索引あり　発売：中央経済社〉3400円　①978-4-502-69250-5

内容 1部 予備的考察（事業定義の問題　従来の理論からの手がかり）　2部 実践での事業定義（顧客機能の違い―コンピュータ周辺機器　顧客機能と顧客層の違い―自動金銭出納機（ATM）ほか）　3部 新理論とその拡張（事業定義の理論　市場境界定義の理論）　4部 実践上のインプリケーション（戦略策定のためのインプリケーション　組織と計画策定のためのインプリケーション）　〔01222〕

エベレット, クレッグ・A.　Everett, Craig A.

◇家族療法のスーパーヴィジョン―統合的モデル（The integrative family therapy supervisor）　ロバート・E.リー, クレッグ・A.エベレット著, 福山和女, 石井千賀子監訳, 日本家族研究・家族療法学会評議員会訳　金剛出版　2011.6　279p　22cm　〈文献あり〉3800円　①978-4-7724-1193-6

内容 スーパーヴィジョン過程における基本要素―スーパーヴィジョンの基本原則　実践現場に与える過去と未来のスーパーヴィジョンの歴史的影響についての理解　スタートを切る―統合的スーパーヴィジョンの基本的指針　トレーニング・システムの多世代的構造とダイナミクス　スーパーヴィジョンの発達段階的側面　スーパーヴィジョンのための主要な理論的リソース　スーパーヴィジョンの様式―ライブ、ビデオ、音声テープ、事例提示法　スーパーヴィジョンの形態―個別スーパーヴィジョンとグループ・スーパーヴィジョン　スーパーヴィジョンにおける文化とコンテクストに関する課題　スーパーヴィジョンにおける効果的な実践　トレーニング・システムの構成員の視点から　スーパーヴィジョン・プロセスを妨げる問題の取り扱い方　スーパーヴァイザーの責任と管理的側面のツール　スーパーヴィジョンにおけるあなた独自のモデルを明確にすること　統合的スーパーヴィジョンの実際　私たちの旅路の第一段階を終えるにあたって　〔01223〕

エーベンシュタイン, ラニー　Ebenstein, Lanny

◇フリードリヒ・ハイエク（FRIEDRICH HAYEK）　ラニー・エーベンシュタイン著, 田総恵子訳　春秋社　2012.8　441, 56p　20cm　〈年表あり 索引あり〉3500円　①978-4-393-62184-4

内容 第1部 戦争―1899‐1931（家族　第一次世界大戦　ウィーン大学　ニューヨーク　ルートヴィヒ・フォン・ミーゼス）　第2部 イギリス―1931‐1939（ロンドン・スクール・オブ・エコノミクス　ライオネル・ロビンス　ジョン・メイナード・ケインズ　貨幣と景気変動　資本について　国際金本位制　社会主義経済計算論争　経済学、知識、情報）　第3部 ケンブリッジ―1940‐1949（理性の濫用と衰退　方法論について　『隷属への道』　有名人になる　モンペルラン協会　心理学　カール・ポパー）　第4部 アメリカ―1950‐1962（シカゴ大学　シカゴ学派　社会思想委員会　ジョン・スチュアート・ミル　『自由の条件』　ハイエクの影響力）　第5部 フライブルク―1962‐1974（『法と立法と自由』　自由と法　マルクス、進化、ユートピア　政府と道徳　思想史家として　ザルツブルク時代）　第6部 ノーベル賞―1974‐1992（栄誉　ミルトン・フリードマン　後期の貨幣観　経済問題研究所　マーガレット・サッチャー　おじいちゃん　『致命的な思いあがり』　ノイシュティフト・アム・ヴァルド墓地　「普遍的平和の秩序」）　〔01224〕

エマーソン, デイヴィッド　Emerson, David

◇トラウマをヨーガで克服する（Overcoming trauma through yoga）　デイヴィッド・エマーソン, エリザベス・ホッパー〔著〕, 伊藤久子訳　紀伊国屋書店　2011.12　226p　19cm　〈索引あり〉1800円　①978-4-314-01090-0

内容 第1章 体を取り戻す　第2章 トラウマティック・ストレス　第3章 ヨーガ　第4章 トラウマ・センシティブ・ヨーガ　第5章 トラウマを抱える皆さんへ　第6章 医療者、心理セラピストの皆さんへ　第7章 ヨーガ教師の皆さんへ　〔01225〕

エマソン, ラルフ・ウォルドー　Emerson, Ralph Waldo

◇自己信頼　ラルフ・ウォルドー・エマソン著, 関岡孝平訳　〔録音資料〕　パンローリング〔2013〕　録音ディスク 2枚（111分）：CD（耳で聴く本オーディオブックCD）〈他言語標題：Self reliance　企画・制作：でじじ〉1365円　①978-4-7759-2776-2　〔01226〕

◇〈超訳〉エマソンの「自己信頼」（Essays, First Series（抄訳））　ラルフ・ウォルドー・エマソン著, 三浦和子訳　PHPエディターズ・グループ　2013.2　126p　20cm　〈文献あり　発売：PHP研究所〉1200円　①978-4-569-81027-0

内容 自分自身を信じよ（自分にとっての真実は、誰にとっても真実だと信じる　わたしたちの中に宿る力は、外にあるものとは違う　自分の心のうちに、絶対に信頼できるものをもつ　自立してやっていくなら、その主張は無視されない ほか）　真実に従って生きよ（他者に向かう道ではなく、普遍的な真理に従う道を歩む　魂が独立する限り、原動力が存在する　万物はひとつのものに集約される　人はひとりで生きて

エ

エ

いかなければならない ほか)　〔01227〕

エマニュエル, ルイーズ　Emanuel, Louise

◇子どもを理解する　2～3歳（Understanding Your Two-Year-Old, Understanding Your Three-Year-Old）リサ・ミラー, ルイーズ・エマニュエル著, 平井正三, 武藤誠監訳, 子どもの心理療法支援会訳　岩崎学術出版社　2013.11　197p　21cm　（タビストック☆子どもの心と発達シリーズ）〈文献あり 索引あり〉2200円　①978-4-7533-1068-5　〔01228〕

エマミ, フーマン　Emami, Houman

◇エンライトメント―伝統を超えて（Enlightenment）アジズ・クリストフ, フーマン・エマミ著, 荻原智子訳　アルテ　2011.2　188p　19cm　〈発売：星雲社〉1800円　①978-4-434-15290-0

内容 1 内面の領域（プレゼンスに向かって　不生に向かって ほか）2 人間の領域（人間であること　自由意志 ほか）3 神性の領域（悟りの落とし穴　非自己同一化 ほか）4 ホールネス（全一性）の領域（内側に安らぐことと、それ―I Amを知ること　サマーディ：「私」の不在か？ ほか）　〔01229〕

エマール, ジャンヌ　Emard, Jeanne

◇花と典礼―祭儀における生け花（Fleurs et liturgie）ジャンヌ・エマール著, 白浜満監訳, 井上信一訳　オリエンス宗教研究所　2013.12　126p　19×27cm　1800円　①978-4-87232-087-9　〔01230〕

エマール, モーリス

◇地中海世界（LA MÉDITERRANÉE：L'HISTOIRE ET L'ESPACE LES HOMMES ET L'HÉRITAGE）フェルナン・ブローデル編, 神沢栄三訳　みすず書房　2011.5　190, 184p　19cm　〈第3刷（第1刷2000年）〉4200円　①4-622-03384-4

内容 空間（モーリス・エマール）　〔01231〕

エミリア, レッジョ　Emilia, Reggio

◇驚くべき学びの世界―レッジョ・エミリアの幼児教育（THE WONDER OF LEARNING）佐藤学監修, ワタリウム美術館企画・編集　東京カレンダー　c2011　343p　22cm　〈ACCESS 2011年刊の再刊　会期・会場：金沢展2011年3月25日～3月30日 石川県行政庁舎19階 東京展2011年4月23日～7月31日 ワタリウム美術館ほか　主催：ワタリウム美術館子どもたちの100の言葉展実行委員会　文献あり 年表あり〉3800円　①978-4-906931-17-0　〔01232〕

◇驚くべき学びの世界―レッジョ・エミリアの幼児教育（The wonder of learning）ワタリウム美術館編, 佐藤学監修　ACCESS　2011.4　343p　22cm　〈会期・会場：2011年3月25日～3月30日 石川県行政庁舎19階ほか　年表あり〉3800円　①978-4-901976-91-6

内容 第1章 場所との対話（コレオグラフィーのためのノート　もしも円柱が… ほか）第2章 モノとの対話（黒はすべての色からできている　白、白、白 ほか）第3章 書くことの魅力（記号を描くことと文字を書くことの間　レタリング）第4章 光線（二つのパラレルな世界に出会うこと　光の通り道 ほか）第5章 アイデアとプロジェクト（アイデアのあれこれ　見る・聴くプロジェクト）第6章 展覧会づくり―スケールの大きな共同作業（展覧会をとりまく会話　可能性の大きさ ほか）　〔01233〕

◇子どもたちの100の言葉―レッジョ・エミリアの幼児教育実践記録（The Hundred Languages of Children）レッジョ・チルドレン著, ワタリウム美術館企画・編集, 田辺敬子, 木下竜太郎, 辻昌宏, 志茂こづえ訳　日東書院本社　2012.11　349p　22cm　〈学研 2001年刊の増補改訂版〉4000円　①978-4-528-01058-1

内容 可能性の物語その1（環境　自己再認識の重要性　ライオンの肖像　色を把握する ほか）可能性の物語その2（影　小鳥の遊園地　群衆　二頭の馬の誕生 ほか）可能性の物語その3　アイデアのあれこれ（小石が並んだ。なんてきれい！　木のブレスレット　てんとう虫の飛行 ほか）　〔01234〕

M&Cサーチ

◇アイデアが生まれる時―世界を変えた48のシンプルな発想（Brutal simplicity of thought）M&Cサーチ〔著〕, 高橋璃子訳　ディスカヴァー・トゥエンティワン　2012.1　107p　20cm　1200円　①978-4-7993-1100-4　〔01235〕

エメット, リタ　Emmett, Rita

◇ストレスフリーの時間術―イライラ、ヘトヘトを元気いっぱいな状態に変える法（MANAGE YOUR TIME TO REDUCE YOUR STRESS）リタ・エメット著, 桑名真弓訳　日本経済新聞出版社　2013.2　253p　19cm　1400円　①978-4-532-31869-7

内容 第1章 そのストレスをコントロールするときが来た　第2章 あなたの人生で本当に大事なものを探し出そう　第3章 完璧主義をやめよう　第4章 有意義でやりがいのある、現実的なゴールを目指そう　第5章 できるところから手離し、すべてすっきりさせよう　第6章 仕事とプライベートをはっきり分けよう　第7章 毎日、英気を養うようにしよう　第8章 さあ、全部まとめて考えよう　〔01236〕

エモット, スティーブン　Emmott, Stephen

◇世界がもし100億人になったなら（TEN BILLION）スティーブン・エモット著, 満園真木訳　マガジンハウス　2013.8　204p　18cm　1500円　①978-4-8387-2573-1

内容 地球には何百万という種の生物がすんでいます。それをたったひとつの種が支配しています。わたしたちです　わたしたちの人口はどうやってこれだけ増えたのでしょう　わたしたちが依存している、そしてわたしたちが急激に変えつつある、このすべてがつながりあったシステムに、今何が起きているのか、よりくわしく見ていく必要があるでしょう　食料の需要が増えていることはべつに意外ではありません。意外なのは、食料需要の増加のペースが、人口増加のペースを大きく上回っていることです　現在、10億人以上の人々が、深刻な水不足の状況のもとで暮らしています　一九〇〇年以降に製造された自動車の総数は、20億台を超えます　現在、気候変動は加速しています　人口が増え、人間の活動も増えた結果、わたしたちは今後、どのような困難に見舞われることにな

るのでしょうか　現在の農業のやり方で、そして現在の消費ペースで、100億人の人口を食べさせられる手段は、今のわたしたちにはありません　今世紀末までに、地球上のかなりの場所で、使える水が満足に手に入らなくなってしまいます　予想される需要をまかなうには、今世紀末までに、エネルギー生産を少なくとも3倍に増やさなければなりません　わたしたちが今まさに直面しつつある気候問題は、まったくスケールが違います　どの方向に目を向けても、人口100億人の地球は悪夢以外の何ものでもありません　科学技術の力で切り抜けられないとすれば、残された唯一の方法は、わたしたちの行動を変えることしかありません　わたしたちはこれからどうなるのでしょう　〔*01237*〕

エモット, ビル　Emmott, Bill

◇日本の未来について話そう―日本再生への提言（Reimagining Japan）　マッキンゼー・アンド・カンパニー責任編集, クレイ・チャンドラー, エアン・ショー, ブライアン・ソーズバーグ編著　小学館　2011.7　416p　19cm　1900円　①978-4-09-388189-0

内容 日本に突きつけられた選択肢（ビル・エモット著）　〔*01238*〕

◇なぜ国家は壊れるのか―イタリアから見た日本の未来（GOOD ITALY, BAD ITALY）　ビル・エモット著, 烏賀陽正弘訳　PHP研究所　2012.8　293p　20cm　1800円　①978-4-569-80670-9

内容 プロローグ 驚くほど重なる日本とイタリア　第1章 グッドな価値観VSバッドな価値観　第2章 経済成長を阻害する多くの試練　第3章 トリノからのインスピレーション　第4章 既得権の誘惑に翻弄される企業　第5章 壁を壊して伸びるビジネス　第6章 全ヨーロッパの期待を担う改革　〔*01239*〕

エモト, マサル　江本 勝

◇宇宙からのヒーリング信号は水が受け取っている―ウォーター・ヒーリング完全ガイド（The healing power of water）　江本勝著, 小林美香訳　徳間書店　2011.3　315, 50p　19cm　（超スピ 024）　1700円　①978-4-19-863132-1

内容 健康とヒーリングの観点から（健康の源としての水―ペトラ・ソラビト（医学博士）　ウォーターヒーリングであなたの精神が目覚める―ダレン・ワイスマン博士　水占い―ウォーター・ダウジング―シグ・ロングレン ほか）　スピリチュアル的そして神話学的観点から（シャーマニズムの世界における水の精霊―ホセ・ルイス・スティーブンス博士　世界の神話学における水の言い伝えと儀式―テリ・ウィンドリングルルドの泉が蓄える愛と祈りのエネルギー―アラン・ウォーカー ほか）　科学的観点から（心霊エネルギー科学 : 人間の意識を包含する方向への現代科学の発展―ウィリアム A.ティラー博士　液体水の構造 : ホメオパシー、超低濃度ゾル（またはコロイド溶液）、およびインプリントされた水との関連性―ラスタム・ロイ博士）　〔*01240*〕

エリー, フォースタン　Hélie, Faustin

◇日本立法資料全集　別巻 671　仏蘭西治罪法証拠法衍義　フォーステン・ヱリー著, 栗原幹譚　復刻版　信山社出版　2011.2　388p　23cm　〈博聞社蔵版明治16年刊の複製〉38000円　①978-4-7972-6367-1

内容 第1章 証拠　第2章 検証　第3章 証人取調　第4章 書面証拠　第5章 監定人ニ因テ得ル証拠　第6章 取調ヲ委任スル事　第7章 被告人訊問　〔*01241*〕

◇日本立法資料全集　別巻 629　治罪法大全　調書之部　フォースタン・ヱリー著, 木下哲三郎訳　復刻版　信山社出版　2011.8　30, 290p　23cm　〈法務図書館蔵の複製〉50000円　①978-4-7972-6241-4　〔*01242*〕

◇日本立法資料全集　別巻 630　治罪法大全　陪審之部 1　フォースタン・ヱリー著, 内藤直亮訳　復刻版　信山社出版　2011.8　458p　23cm　〈法務図書館蔵の複製〉62000円　①978-4-7972-6242-1　〔*01243*〕

◇日本立法資料全集　別巻 631　治罪法大全　陪審之部 2　フォースタン・ヱリー著, 内藤直亮訳　復刻版　信山社出版　2011.8　654p　23cm　〈法務図書館蔵の複製〉70000円　①978-4-7972-6243-8　〔*01244*〕

◇日本立法資料全集　別巻 632　仏国治罪法大全　第1巻　フォースタン・ヱリー著, 木下哲三郎訳　復刻版　信山社出版　2011.9　268p　23cm　〈法務図書館蔵明治19年訳成の複製〉40000円　①978-4-7972-6244-5　〔*01245*〕

◇日本立法資料全集　別巻 633　仏国治罪法大全　第2巻　フォースタン・ヱリー著, 木下哲三郎訳　復刻版　信山社出版　2011.9　854p　23cm　〈法務図書館蔵明治18年訳成の複製〉90000円　①978-4-7972-6245-2　〔*01246*〕

◇日本立法資料全集　別巻 634　仏国治罪法大全　第3巻　フォースタン・ヱリー著, 田部芳訳　復刻版　信山社出版　2011.10　283p　23cm　〈法務図書館蔵明治19年訳成の複製〉40000円　①978-4-7972-6246-9　〔*01247*〕

◇日本立法資料全集　別巻 635　仏国治罪法大全　第4巻　フォースタン・ヱリー著, 曲木如長訳　復刻版　信山社出版　2011.10　260p　23cm　〈法務図書館蔵明治18年訳成の複製〉40000円　①978-4-7972-6247-6　〔*01248*〕

◇日本立法資料全集　別巻 703　仏国刑法大全　第1帙 上巻　シヨウボー＝アドルフ, フォースタン＝エリー原著, 亀山貞義, 内藤直亮, 橋本胖三郎訳　復刻版　信山社出版　2012.2　428, 3p　23cm　〈司法省蔵版明治19年刊の複製〉40000円　①978-4-7972-6413-5

内容 第1章 刑法ノ原則（刑法ノ編纂ヲ支配シタル所ノ原則ヲ探求スルノ必要アリ　古代法律ノ基礎 復讐ノ権 ほか）　第2章 刑法編纂ノ体裁（刑法ノ編纂ヲ支配シタル一般ノ思考　千八百三十二年四月二十八日ノ改正法律 其一般ノ性質 ほか）　第3章 刑律ノ適用（刑法ハ其知ルカヲ得タル日ヨリ一ノ刑リレハ執行力ヲ有セス　刑法第四条ニ於テ此原則ノ適用 此原則ヲ適用シタル所ノ事件 ほか）　第4章 軍事犯罪〔ほか〕　〔*01249*〕

◇日本立法資料全集　別巻704　仏国刑法大全　第1帙下巻　シヨウボー＝アドルフ, フォースタン＝エリー原著, 磯部四郎, 宮城浩蔵訳　信山社出版　2012.4　495p　23cm　〈司法省明治19年刊の複製〉45000円　①978-4-7972-6414-2　〔*01250*〕

エ

エリアソン, グンナー

◇知識の創造・普及・活用―学習社会のナレッジ・マネジメント（Knowledge management in the learning society） OECD教育研究革新センター編著, 立田慶裕監訳　明石書店　2012.3　505p　22cm　〈訳 : 青山貴子ほか〉5600円　①978-4-7503-3563-6

内容 産業政策の制度理論（グンナー・エリアソン著, 市原光匡訳）〔01251〕

エリアーデ, ミルチャ　Eliade, Mircea

◇宗教学名著選　第1巻　アルカイック宗教論集―ルーマニア・オーストラリア・南アメリカ　島薗進, 鶴岡賀雄, 山中弘, 松村一男, 深沢英隆, 奥山倫明, 江川純一編　ミルチャ・エリアーデ著, 奥山倫明監修, 飯嶋秀治, 奥山史亮, 小藤朋保, 藤井修平訳　国書刊行会　2013.8　504, 10p　22cm　〈索引あり〉5600円　①978-4-336-05688-7

内容 再統合の神話　棟梁マノーレ伝説の注解　オーストラリアの宗教　南アメリカの高神〔01252〕

エリオット, ジョン

◇エビデンスに基づく教育政策（EVIDENCE-BASED EDUCATION POLICY） D.ブリッジ, P.スメイヤー,R.スミス編著, 柘植雅義, 葉養正明, 加治佐哲也編訳　勁草書房　2013.11　270p　21cm　〈索引あり〉3600円　①978-4-326-25092-9

内容 研究と政策における倫理としての認識論（ジョン・エリオット, ドミニク・ラケス著, 肥後祥治訳）〔01253〕

エリオット, レベッカ　Elliott, Rebecca

◇クリスマス―じぐそーえほん（My Nativity jigsaw book） クリスティーナ・グディングス文, レベッカ・エリオット絵, 女子パウロ会訳編　女子パウロ会　2010.10　1冊（ページ付なし）　22cm　〈はめ込ピース多数〉1000円　①978-4-7896-0683-7〔01254〕

エリクソン, エリク・H.　Erikson, Erik Homburger

◇アイデンティティとライフサイクル（Identity and the life cycle） エリク・H.エリクソン著, 西平直, 中島由恵訳　誠信書房　2011.5　251p　22cm　〈文献あり 索引あり〉3500円　①978-4-414-41444-8

内容 第1論文 自我の発達と歴史的変化―臨床的な覚書（集団アイデンティティと自我アイデンティティ　自我の病理学と歴史的変化　自我の強さと社会の病理）第2論文 健康なパーソナリティの成長と危機（健康と成長について　基本的信頼対基本的不信　自律対恥と疑惑　自主性対罪の意識　勤勉対劣等感　アイデンティティ対アイデンティティ拡張　成人期の三つの段階　結論）第3論文 自我アイデンティティの問題（伝記的研究 G・B・S（七十歳）が語るジョージ・バーナード・ショウ（二十歳）　発生論的な研究―同一化とアイデンティティ　病理誌的な研究―アイデンティティ拡散の臨床像　社会的広がり―自我と環境）〔01255〕

◇遊びと発達の心理学（Play and Development） J.ピアジェ他著, 森楙監訳　名古屋　黎明書房　2013.6　207p　22cm　（精神医学選書 第11巻）〈文献あり〉3700円　①978-4-654-00161-3

内容 遊びと現実（エリック・H.エリクソン著, 森楙監訳, 阿部好策, 黒川久美, 植田ひとみ,Kyouko Muecke, 恒原睦子, 石崎昌子共訳）〔01256〕

エリクソン, キャロリー　Erickson, Carolly

◇イギリス摂政時代の肖像―ジョージ四世と激動の日々（OUR TEMPESTUOUS DAY） C.エリクソン著, 古賀秀男訳　京都　ミネルヴァ書房　2013.5　375, 17p　20cm　（MINERVA歴史・文化ライブラリー 23）〈文献あり 索引あり〉4500円　①978-4-623-06590-5

内容 即位五〇周年―ジョージ三世と難病　戦時下のイギリス―洗練されたロンドンと素朴な田舎　皇太子ジョージ摂政へ　摂政ジョージの派手な嗜好―カールトン・ハウスとマリーン・パヴィリオン　ラダイトの抗議―摂政・トーリ政権の動揺　白面の詩人バイロンの登場　道徳改革者ハナ・モアと福音派ウィルバーフォース　ウェリントン軍の勝利―摂政ジョージとキャロライン妃、シャーロット王女　戦勝の歓喜に酔いしれる摂政とロンドン　ボナパルトに立ち向かうイギリス〔ほか〕〔01257〕

エリクソン, ケント　Ericsson, Kent

◇スウェーデンにおける施設解体と地域生活支援―施設カールスルンドの誕生と解体までを拠り所に（From institutional life to community participation） ケント・エリクソン著, 河東田博, 古関―ダール瑞穂訳　現代書館　2012.1　225p　21cm　〈文献あり〉2200円　①978-4-7684-3514-4

内容 第1章 入所施設の展開と閉鎖・解体 : 課題の整理　第2章 入所施設支援から地域生活支援への移行へ　第3章 福祉社会におけるしょうがいのある人たち　第4章 入所施設退所者に対する地域生活支援サービス　第5章 入所施設閉鎖・解体が対象者に与えた影響 : 実際的研究の概要　第6章 横断的研究　第7章 縦断的研究　第8章 追跡研究　第9章 地域生活者の地域参加　第10章 二つの伝統的支援の間に見られた移行〔01258〕

エリクソン, バリ・アンハルト

◇学校と職場をつなぐキャリア教育改革―アメリカにおけるSchool-to-Work運動の挑戦（The school-to-work movement） ウィリアム・J.スタル, ニコラス・M.サンダース編, 横井敏郎ほか訳　学事出版　2011.7　385p　21cm　3800円　①978-4-7619-1839-2

内容 School-to-Workの管理運営（バリ・アンハルト・エリクソン著, 佐藤浩章訳）〔01259〕

エリクソン, ミルトン・H.　Erickson, Milton H.

◇ミルトン・エリクソンの臨床催眠セミナー―15のデモンストレーション（The practical application of medical and dental hypnosis） ミルトン・H.エリクソン, セイモア・ハーシュマン, アービング・I.セクター著, 横井勝美訳　新潟　亀田ブックサービス　2011.12　377p　21cm　〈文献あり〉4953円　①978-4-906364-63-3〔01260〕

◇催眠における生活構造のリフレーミング（Life reframming in hypnosis） 織田孝裕, 白木孝二監

訳　新潟　亀田ブックサービス　2012.4　347p　21cm　（ミルトン・エリクソン言行録 第2巻　ミルトン・エリクソン〔著〕, アーネスト・L.ロッシ, マーガレット・O.リアン編, ヒレル・M.ザイトリン, 尾川丈一監訳）　4667円　①978-4-906364-43-5　〔01261〕

◇ミルトン・エリクソンの二月の男―彼女は, なぜ水を怖がるようになったのか（THE FEBRUARY MAN）　ミルトン・H.エリクソン, アーネスト・ローレンス・ロッシ著, 横井勝美訳　金剛出版　2013.3　426, 3p　20cm　〈文献あり 索引あり〉5400円　①978-4-7724-1295-7

内容 催眠治療へのアプローチ　「二月の男」の人物像形成　複数レベルのコミュニケーションと存在　精神力動のプロセスを喚起し、利用すること　能動的なトランスでの治療　〔01262〕

エリス, アルバート

◇ダイニングテーブルのミイラ セラピストが語る奇妙な臨床事例―セラピストはクライエントから何を学ぶのか（The mummy at the dining room table）　ジェフリー・A.コトラー, ジョン・カールソン編著, 岩壁茂監訳, 門脇陽子, 森田由美訳　福村出版　2011.8　401p　22cm　〈文献あり〉3500円　①978-4-571-24046-1

内容 誰もかも何もかもが憎くてたまらない女性（アルバート・エリス著, 門脇陽子訳）　〔01263〕

◇認知行動療法という革命―創始者たちが語る歴史（A HISTORY OF THE BEHAVIORAL THERAPIES（抄訳））　ウィリアム・T.オドナヒュー, デボラ・A.ヘンダーソン, スティーブン・C.ヘイズ, ジェーン・E.フィッシャー, リンダ・J.ヘイズ編, 坂野雄二, 岡島義監訳, 石川信一, 金井嘉宏, 松岡紘史訳　日本評論社　2013.9　283p　21cm　〈文献あり〉3000円　①978-4-535-98362-5

内容 認知行動療法の台頭（アルバート・エリス著, 石川信一訳.）　〔01264〕

エリス, チャールズ・D.　Ellis, Charles D.

◇敗者のゲーム　金融危機を超えて（Winning the loser's game（5th ed.））　チャールズ・エリス著, 鹿毛雄二訳　原著第5版　日本経済新聞出版社　2011.2　255p　20cm　〈初版：日本経済新聞社 1999年刊〉1600円　①978-4-532-35439-8

内容 第1部 まず資産運用で押さえるべきこと（敗者にならないゲーム　それでも市場に勝ちたいのなら ほか）　第2部 運用を少し理論的に見てみよう（「時間」が教える投資の魅力　収益率の特徴と中身 ほか）　第3部 個人投資家への助言（市場予測の難しさ　個人投資家にとっての課題 ほか）　敗者のゲームに勝つために 付録 運用機関との上手な付き合い方　〔01265〕

エリス, チャールズ・M.

◇ボストン市立図書館とJ.ウィンザーの時代（1868-1877年）―原典で読むボストン市立図書館発展期の思想と実践　川崎良孝解説・訳, 久野和子, 川崎智子訳　京都　京都図書館情報学研究会　2012.5　401p　21cm　〈背・表紙のタイトル：ボストン市立図書館とJ.ウィンザーの時代　発売：日本図書館協会〉6000円　①978-4-8204-1200-7

内容 ボストン市立図書館閲覧室の日曜午後の開館に関する論争（1867年）（チャールズ・M.エリス）　〔01266〕

エリセーエフ, ヴァディム　Elisseeff, Vadime

◇日本文明（LA CIVILISATION JAPONAISE）　ヴァディム・エリセーエフ, ダニエル・エリセーエフ著, 桐村泰次訳　論創社　2013.4　394p　20cm　〈文献あり 索引あり〉5800円　①978-4-8460-1219-9

内容 第1部 歴史的座標軸（神話伝説時代　日本文明の誕生と開花　近代的国家の形成）　第2部 人々（家族生活　天皇　宗教思想　教育）　第3部 日本文明の物質的側面（空間　道具　三次元芸術―彫像　二次元芸術―絵画）　第4部 言葉（演劇芸術　文学的感性）　〔01267〕

エリセーエフ, ダニエル　Elisseeff, Danielle

◇日本文明（LA CIVILISATION JAPONAISE）　ヴァディム・エリセーエフ, ダニエル・エリセーエフ著, 桐村泰次訳　論創社　2013.4　394p　20cm　〈文献あり 索引あり〉5800円　①978-4-8460-1219-9

内容 第1部 歴史的座標軸（神話伝説時代　日本文明の誕生と開花　近代的国家の形成）　第2部 人々（家族生活　天皇　宗教思想　教育）　第3部 日本文明の物質的側面（空間　道具　三次元芸術―彫像　二次元芸術―絵画）　第4部 言葉（演劇芸術　文学的感性）　〔01268〕

エリソン, サラ　Ellison, Sarah

◇ウォール・ストリート・ジャーナル陥落の内幕―なぜ世界屈指の高級紙はメディア王マードックに身売りしたのか（War at the Wall Street Journal）　サラ・エリソン著, 土方奈美訳　プレジデント社　2011.5　439p　19cm　2000円　①978-4-8334-1958-1

内容 密談　いとこたち　ほころび　編集局　ビリー追跡　手紙　待機　極秘　「ノー」ではない〔ほか〕　〔01269〕

エリソン, ニック

◇排除型社会と生涯学習―日英韓の基礎構造分析　鈴木敏正編著　札幌　北海道大学出版会　2011.3　278p　22cm　（北海道大学大学院教育学研究院研究叢書 2）〈索引あり〉5800円　①978-4-8329-6752-6

内容 イギリスとEUにおける社会政策の動向（ニック・エリソン著, 姉崎洋一監訳, 向井健訳）　〔01270〕

エリボン, ディディエ

◇セクシュアリティ　水声社　2012.7　325p　21cm　（別冊水声通信）　2800円　①978-4-89176-915-4

内容 明かされた共同体（ディディエ・エリボン執筆, 福島勲訳）　〔01271〕

エルヴェ・ド・サン＝ドニ, L.　Hervey de Saint-Denys, Léon

◇夢の操縦法（Les Rêves et les moyens de les diriger）　エルヴェ・ド・サン＝ドニ著, 立木鷹志訳　国書刊行会　2012.3　434p　20cm　4500円　①978-4-336-05494-4

内容 第1部 本書に記されていること、および本書の構成　第2部 ほかの著者の見解を紹介し、自説を展開す

る　第3部 夢の実践的観察とそれを操縦する方法について　結論要旨 〔01272〕

エルストン, ピーター　Ellston, Peter
◇みんな大切！―多様な性と教育（Everyone is special！）　ローリ・ベケット編, 橋本紀子監訳, 艮香織, 小宮明彦, 杉田真衣, 渡辺大輔訳　新科学出版社　2011.3　195p　22cm　2500円　①978-4-915143-39-7
内容 息子たちへの教育（ピーター・エルストン著, 艮香織訳） 〔01273〕

エルゾーグ, モーリス　Herzog, Maurice
◇処女峰アンナプルナ―最初の8000m峰登頂（ANNAPURNA.PREMIER 8.000）　モーリス・エルゾーグ著, 近藤等訳　山と渓谷社　2012.7　377p　15cm　（ヤマケイ文庫）　1000円　①978-4-635-04743-2
内容 出発準備　ヒマラヤ　知られざる渓谷　ダウラギリ東氷河　アンナプルナを求めて　作戦会議　ミリスティ・コーラ　北西ピーク　アンナプルナ　鎌　第二キャンプ　突撃　一九五〇年六月三日　氷雪の割れ目　なだれ　撤退　レテの森　稲田のなかの行軍　ゴラクプール　他のアンナプルナがある 〔01274〕

エルゾク, ロベール
◇法・制度・権利の今日的変容　植野妙実子編著　八王子　中央大学出版部　2013.3　480p　22cm　（日本比較法研究所研究叢書 87）　5900円　①978-4-8057-0586-5
内容 基本権に関する批判論（ロベール・エルゾク述, 兼頭ゆみ子訳） 〔01275〕

エルソン, ダイアン（女性学）
◇ジェンダー社会科学の可能性　第4巻　公正なグローバル・コミュニティを―地球的視野の政治経済　大沢真理編　岩波書店　2011.12　200p　22cm　〈索引あり〉3600円　①978-4-00-028474-5
内容 主流派貿易理論, 異端派貿易理論を超えるフェミニスト貿易理論（ダイアン・エルソン著, 大沢真理訳） 〔01276〕

エルダー, アレキサンダー　Elder, Alexander
◇利食いと損切りのテクニック―トレード心理学とリスク管理を融合した実践的手法（The New Sell & Sell Short（原著第2版））　アレキサンダー・エルダー著, 木水康介訳　パンローリング　2012.6　444p　22cm　（ウィザードブックシリーズ 194）〈文献あり〉3800円　①978-4-7759-7162-8
内容 第1部 心理学、リスク管理、記録（買いについてトレード心理学とリスク管理　記録をつける）　第2部 どのように売るか（目標価格で売る　ストップで売る　「エンジンノイズ」で売る）　第3部 どのように空売りをするか（株の空売り　株以外の空売り）　第4部 下げ相場の教訓（弱気派が利益を上げる　底値を探る） 〔01277〕

エルダー, グレン・H., Jr.　Elder, Glen H., Jr.
◇ライフコース研究の技法―多様でダイナミックな人生を捉えるために（The Craft of Life Course Research）　グレン・H.エルダー,Jr., ジャネット・Z.ジール編著, 本田時雄, 岡林秀樹監訳, 登張真稲, 中尾暢見, 伊藤教子, 磯谷俊仁, 玉井航太, 藤原善美訳　明石書店　2013.7　470p　22cm　〈文献あり 索引あり〉6700円　①978-4-7503-3858-3
内容 研究の問いとデータアーカイブとの関連づけ 他（グレン・H.エルダー,Jr., マイルス・G.テイラー著, 中尾暢見訳） 〔01278〕

エルチャロス, G.*　Elcheroth, Guy
◇紛争と平和構築の社会心理学―集団間の葛藤とその解決（INTERGROUP CONFLICTS AND THEIR RESOLUTION）　ダニエル・バル・タル編著, 熊谷智博, 大淵憲一監訳　京都　北大路書房　2012.10　375p　21cm　〈索引あり〉4000円　①978-4-7628-2787-7
内容 政治的暴力, 集団間紛争, 民族カテゴリー（Guy Elcheroth, Dario Spini著, 熊谷智博, 岡田成能訳） 〔01279〕

エルティス, デイヴィッド　Eltis, David
◇環大西洋奴隷貿易歴史地図（ATLAS OF THE TRANSATLANTIC SLAVE TRADE）　デイヴィッド・エルティス, デイヴィッド・リチャードソン著, 増井志津代訳　東洋書林　2012.6　305p　27cm　〈年表あり〉9500円　①978-4-88721-801-7
内容 第1章 奴隷をアフリカから輸送した国々（1501-1867）　第2章 環大西洋奴隷貿易における航海拠点港　第3章 奴隷のアフリカ大西洋岸出発地、そしてアフリカと大西洋世界の関連　第4章 中間航路の体験　第5章 南北アメリカにおける奴隷の到着地と大西洋世界とのつながり　第6章 環大西洋奴隷貿易の廃止と鎮圧 〔01280〕

エルトゥールル, イルテル　Ertuğrul, İlter
◇現代トルコの政治と経済―共和国の85年史（1923-2008）（Cumhuriyet tarihi el kitabi）　イルテル・エルトゥールル著, 佐原徹哉訳　世界書院　2011.4　337p　19cm　2800円　①978-4-7927-2117-6
内容 第1章 帝国から共和国へ　第2章 共和国　第3章「国家指導者」の時代　第4章 民主党時代　第5章 三つの軍事介入の時代　第6章「システム」への完全なる従属　第7章 トルコの経済政策 〔01281〕

エルドリッジ, J.　Eldredge, John
◇目を醒ませ、死者の中から―神の栄光、完全に生きるあなたの心（WAKING the DEAD）　J.エルドリッジ著, 宮原守男, 木下教子訳　教文館　2012.7　432p　19cm　1800円　①978-4-7642-6697-1 〔01282〕

エルトン, チェスター　Elton, Chester
◇「透明社員」を使え！―やる気のない部下を頼れる戦力に変える方法（The invisible employee（2nd ed.））　エイドリアン・ゴスティック, チェスター・エルトン著, 古賀祥子訳　阪急コミュニケーションズ　2011.6　237p　19cm　1500円　①978-4-484-11107-0
内容 1 透明化する社員たち　2 社員が消える！　3 すぐれたリーダーは社員を見ている　4 社員の正しい認

め方・褒め方 5 社員の「見える化」で、結果も目に見える 6 社員が戻ってくる！ 〔01283〕

◇「一緒に仕事できて良かった！」と部下が喜んで働くチームをつくる52の方法（ALL IN） エイドリアン・ゴスティック, チェスター・エルトン著, 匝瑳玲子訳 日本経済新聞出版社 2013.5 266p 19cm 1600円 ①978-4-532-31853-6

内容 第1部 優れたチームをつくり、好業績を導き出すたったひとつの要素（どうしてあなたの部下は全力を尽くしてくれないのか？ 信頼―企業文化を伝染させる秘訣 一流の業績を生み出す要素） 第2部 強力な企業文化を築く7つのステップ（危機を定義する―WHYを与えよ 顧客に焦点を合わせる―耳を傾けていますか？ 俊敏になる―社員が変化に順応する手助けをする すべてを共有化する―率直なコミュニケーションで信頼を築く 部下の才能を見出す―「私になんの得があるのか？」 互いに応援し合う―社員の功績を認め、感謝と好意の企業文化を築く 責任を明確化する―ネガティブをポジティブに） 第3部 成功を維持するためのツール（信頼を取り戻す―危機に瀕した企業文化を再建する 社員が喜んで全力を尽くしてくれる52の方法 信じる人々とともに―豊かな報酬） 〔01284〕

エルファディング, ズザンネ Elfferding, Susanne

◇シェアする道路―ドイツの活力ある地域づくり戦略 ズザンネ・エルファディング, 浅野光行, 卯月盛夫著 技報堂出版 2012.4 216p 21cm 2800円 ①978-4-7655-1795-9

内容 第1章 市街地の歩行者ゾーン整備（ドイツの諸都市で整備される歩行者ゾーン 交通ルールとネットワークを浸透させるには 歩行者空間整備のケース・スタディ オープンカフェによる賑わい創出 まとめ） 第2章 住宅地の交通環境改善（交通環境改善の方策 ゾーン30の導入 : グリンデルホーフ通りのケース・スタディ シェアド・スペース : 標識と信号のない空間 新たな試みと今後の展開） 第3章 魅力的な自転車交通（自転車政策を振り返る 自転車のための制度 自転車交通ネットワークの形成 自転車交通ネットワーク整備のケース・スタディ 長距離自転車道と自転車ツーリズム） 第4章 ボン市の成功例に学ぶ中心市街地の発展（ボン市はどのような都市なのか 中心市街地ではどのように空間配分を実施したか 改めて空間を再配分する計画） 第5章 ドイツの経験から何を学ぶか（地区レベルの交通空間整備 : 日本の経験 ドイツの経験と近年の動向 魅力と賑わいある都市空間への道 : 「あとがき」に代えて） 〔01285〕

エルベール, ジャン Herbert, Jean

◇ラーマクリシュナの教え―霊性に生きる人 : 綜合ヨガ（L'enseignement de Ramakrishna (9. éd.)） ジャン・エルベール監修・編纂, 深沢孝訳 宝塚 竜王文庫 2011.0 444p 21cm 3200円 ①978-4-89741-200-9 〔01286〕

エルマン, ミヒャエル

◇〈戦争の子ども〉を考える―体験の記録と理解の試み 森茂起, 港道隆編 平凡社 2012.3 329p 21cm （甲南大学人間科学研究所叢書「心の危機と臨床の知」第12巻） 2800円 ①978-4-582-73106-4

内容 戦争の子ども時代を思い出すドイツ人（ミヒャエル・エルマン述） 〔01287〕

エロイーズ Héloïse

◇ちくま哲学の森 7 恋の歌 鶴見俊輔, 安野光雅, 森毅, 井上ひさし, 池内紀編 筑摩書房 2012.3 444p 15cm 1300円 ①978-4-480-42867-7

内容 エロイーズよりアベラールへの願い（エロイーズ著, 畠中尚志訳） 〔01288〕

エロン, アモス Elon, Amos

◇ドイツに生きたユダヤ人の歴史―フリードリヒ大王の時代からナチズム勃興まで（THE PITY OF IT ALL） アモス・エロン著, 滝川義人訳 明石書店 2013.12 571p 20cm （世界歴史叢書） 6800円 ①978-4-7503-3942-9 〔01289〕

エン, イジ 袁 偉時

◇中国の歴史教科書問題―偏狭なナショナリズムの危険性 袁偉時著, 武吉次朗訳 新版 日本僑報社 2012.11 200p 21cm 3800円 ①978-4-86185-141-4

内容 『氷点』事件の記録と反省 近代化と中国の歴史教科書問題 中国歴史教科書騒動 冷ややかに見つめつつも―『氷点』復刊に思う 学術・文化の討論が、理性・寛容・自由・平等の下に回帰するよう願って なぜ、何時、どのような「反帝・反封建」だったのか―「反帝・反封建が近代中国史のテーマ」に答える 甲午戦争〔日清戦争〕の歴史的教訓 抗日戦争―文明の進展と中国の反省 近代中日関係への冷静な思考 円明園―立ち後れと封鎖性が招いた苦難 〔01290〕

エン, イチリュウ 鄢 一竜

◇2030年中国はこうなる―GDP、国内格差、環境問題…近未来の姿を詳細予測 胡鞍鋼, 鄢一竜, 魏星著, 丹藤佳紀, 石井利尚訳 科学出版社東京 2012.11 298p 20cm 1900円 ①978-4-907051-00-6

内容 第1章 「中国の夢」と路線 第2章 世界とともに繁栄する 第3章 経済強国 第4章 イノベーション強国 第5章 高い福祉の国 第6章 みんなが豊かな「共同富裕」社会 第7章 緑色の中国 第8章 自由と平等の「大同」世界をともに築く 〔01291〕

エン, ガクツウ* 閻 学通

◇新アジア地政学（ASIAN GEOPOLITICS） I. ブレマー, J.S.ナイ, J.ソラナ, C.R.ヒル, 金田秀昭〔著〕, 福戸雅宏, 藤原敬之助, 水原由生, 髙橋直貴, 松尾知典共訳 土曜社 2013.6 139p 19cm （プロジェクトシンジケート叢書 3） 〈文献あり〉 1700円 ①978-4-9905587-8-9

内容 中国の対外行動の源泉（閻学通著, 髙橋直貴訳） 〔01292〕

エン, ホウエン 袁 芳遠

◇なるほど！ 中国人が教える中国人のビジネス思考（Anatomy of the Chinese Business Mind） 劉美如, 袁芳遠著, 青木創訳 センゲージラーニング 2012.11 283p 19cm 〈文献あり 発売 : 同友館〉 1600円 ①978-4-496-04930-9

内容 第1部 中国ってどんな国だろう（中国早わかり 中国経済―リスクとチャンス） 第2部 中国人はなぜ中国人なのか（中国人の考え方を理解するために 中国のビジネス文化のルーツ ビジネス文化の地域による違い） 第3部 中国のビジネスの世界（関係（guan xi）

が物を言う　自分の成功のために他人の面子（mianzi）を立てる　相手の目に映る自分 ほか）〔01293〕

エングストュラー, アンゲリカ
◇家族のための総合政策　3　家族と職業の両立　本沢巳代子, ウタ・マイヤー＝グレーヴェ編　信山社　2013.10　250p　22cm　（総合叢書 14―〔家族法〕）　7500円　①978-4-7972-5464-8
内容 ワーク・ライフ・バランスと時間―今の政治の課題―（アンゲリカ・エングストュラー著, 脇野幸太郎訳）〔01294〕

エンゲストローム, ユーリア　Engeström, Yrjö
◇ノットワークする活動理論―チームから結び目へ（FROM TEAMS TO KNOTS）　ユーリア・エンゲストローム著, 山住勝広, 山住勝利, 蓮見二郎訳　新曜社　2013.6　385, 40p　20cm　〈文献あり 索引あり〉4700円　①978-4-7885-1347-1
内容 1章 チームと仕事の変容　2章 テレビ制作チームにおける障害への対処と隠蔽　3章 敵対する者の間でのチームワーク―法廷審理における調整、協力、コミュニケーション　4章 一次医療チームにおける置き換わりとイノベーション　5章 教師チームにおける境界横断　6章 工場作業チームにおける知識創造　7章 チーム、インフラストラクチャー、社会関係資本　8章 鉄の鳥かごから風に舞う織物へ　9章 流動的な組織の場におけるノットワーキングと行為主体性〔01295〕

エンゲル, ロバート・F.　Engle, Robert F.
◇金融規制のグランドデザイン―次の「危機」の前に学ぶべきこと（Restoring financial stability）　ヴィラル・V.アチャリア, マシュー・リチャードソン編著, 大村敬一監訳, 池田竜哉, 増原剛輝, 山崎洋一, 安藤祐介訳　中央経済社　2011.3　488p　22cm　〈文献あり〉5800円　①978-4-502-68200-1
内容 信用デリバティブの中央清算機関 他（ヴィラル・V.アチャリア, ロバート・F.エンゲル, スティーブン・フィゲルスキー, アンソニー・W.リンチ, マーティ・G.サブラマニャム）〔01296〕

エンゲルス, フリードリヒ　Engels, Friedrich
◇高校生でも読める「共産党宣言」　カール・マルクス, フリードリヒ・エンゲルス著, 北口裕康訳　パルコエンタテインメント事業部　2012.8　190p　18cm　〈表紙のタイトル：Manifest der Kommunistischen Partei　文献あり〉1200円　①978-4-89194-974-7
内容 『共産党宣言』のすゝめ（斎藤孝）　共産党宣言（「金持ち組（ブルジョア）」と「やとわれ組（プロレタリア）」　「やとわれ組（プロレタリア）」と共産主義者　「社会主義」という言葉でくくられているさまざまな考え方と共産主義について　今の世の中を変えようとしているさまざまなグループに対する共産主義者の立場）〔01297〕

エンゲルマン, パウル　Engelmann, Paul
◇ウィトゲンシュタインからの書簡集―「追想の記」と共に（Letters from Ludwig Wittgenstein with a memoir）　ウィトゲンシュタイン〔著〕, パウル・エンゲルマン〔編著〕, 岡田征弘訳注　〔出版地不明〕　〔岡田征弘〕　〔2011〕　262枚　26cm　（数理哲学へのきっかけ論集 4）〈表紙のタイトル：ウイットゲンシュタインからの書簡集　1993年刊の改訳版　著作目録あり〉〔01298〕

エンジェシス, ステファン　Engeseth, Stefan
◇シャークノミクス―会社を強くする20の戦略 サメのように考え、サメのように動け！（SHARKONOMICS）　ステファン・エンジェシス著, 沢田秀雄監訳, 藤島みさ子訳　日本文芸社　2013.8　174p　19cm　1400円　①978-4-537-26030-4
内容 第1部 サメの経済学＝攻撃篇 うま味のある市場を開拓する法―「小が大を食う」10のポイント（じっくり計画を練って攻めに出る　歴史や伝統にとらわれてはならない　パニックを効果的に引き起こす　市場調査はサメのごとく行う　死角を突いて食らいつく ほか）　第2部 サメの経済学＝防御篇 自社の市場を守り発展させる法―サメの攻撃から身を守る10のポイント（防衛戦略をしっかり練って攻撃に備える　決して立ち止まってはいけない　マインドコントロールの基本は“恐怖心”　サメに襲われてもパニックに陥らない　自分の死角を自覚する ほか）〔01299〕

エンジェル, デイブ　Angel, Dave
◇アスペルガー症候群子育てハンドブック―お母さんたちからのエール（Secrets to parenting your child with Aspergers）　デイブ・エンジェル著, 関口里華訳　クリアサイト・ジャパン　2011.1　157p　19cm　〈発売：JMA・アソシエイツステップワークス事業部〉1300円　①978-4-904665-21-3
内容 第1部 20のアドバイス（子育てのヒント）　第2部 48のQ&A（行動について　育児と家族　教育と社会医療の問題　その他の問題）〔01300〕

エンズ, B.J.*　Enz, Billie J.
◇教師というキャリア―成長続ける教師の六局面から考える（Life cycle of the career teacher）　Betty E.Steffy,Michael P.Wolfe,Suzanne H.Pasch,Billie J.Enz編著, 三村隆男訳　雇用問題研究会　2013.3　190p　21cm　〈文献あり〉2000円　①978-4-87563-261-0
内容 第二局面にある教師：the Apprentice Teacher 他（Mary C.Clement, Billie J.Enz, George E.Pawlas）〔01301〕

エンスリン, ペニー
◇エビデンスに基づく教育政策（EVIDENCE-BASED EDUCATION POLICY）　D.ブリッジ, P.スメイヤー,R.スミス編著, 柘植雅義, 葉養正明, 加治佐哲也編訳　勁草書房　2013.11　270p　21cm　〈索引あり〉3600円　①978-4-326-25092-9
内容 政策および実践の基盤としての哲学（ジェームズ・コンロイ, ロバート・A.デービス, ペニー・エンスリン著, 本多正人訳）〔01302〕

エンナジー, モハー
◇中東・北アフリカにおけるジェンダー―イスラーム社会のダイナミズムと多様性（Gender and diversity in the Middle East and North Africa）

ザヒア・スマイール・サルヒー編著, 鷹木恵子, 大川真由子, 細井由香, 宇野陽子, 辻上奈美江, 今堀恵美訳　明石書店　2012.1　412p　20cm　（世界人権問題叢書 79）〈索引あり　文献あり〉4700円　①978-4-7503-3526-1
内容 モロッコにおける開発への女性統合に向けたステップ（モハー・エンナジー著, 鷹木恵子訳）〔01303〕

エンブルトン, ゲーリー　Embleton, Gerry A.

◇中世兵士の服装—中世ヨーロッパを完全再現！（MEDIEVAL MILITARY COSTUME）　ゲーリー・エンブルトン著, 浜崎亨訳　マール社　2013.3　95p　26cm　〈文献あり〉1680円　①978-4-8373-0663-4
内容 ノルマン人たち ： バイユーのタペストリーの再考　13世紀の兵士　14世紀のハンドガンナー（小銃兵）　14世紀の弓兵　14世紀の騎士　14世紀の従軍した女性　15世紀の男性の衣装　15世紀の女性の衣装　15世紀のイタリア兵士　リブリー（そろいの服）〔ほか〕〔01304〕

エンライト, アマンダ　Enright, Amanda

◇おやこでよむせいしょ　カレン・ウィリアムソン文, アマンダ・エンライト絵, 大越結実訳　いのちのことば社CS成長センター　2012.4　128p　17×17cm　1000円　①978-4-8206-0293-4
内容 きゅうやくせいしょのおはなし（アブラハムのたび　エジプトからたすけだされる　やくそくのくにカナン　イスラエルのおうさま　かみさまにそむいたひとたち）　しんやくせいしょのおはなし（さいしょのクリスマス　イエスさまとかぞく　イエスさまがなさったこと　エルサレムにむかうイエスさま　イエスさまのじゅうじか　よみがえったイエスさま）〔01305〕

【オ】

オー, ゴードン　Orr, Gordon

◇日本の未来について話そう—日本再生への提言（Reimagining Japan）　マッキンゼー・アンド・カンパニー責任編集, クレイ・チャンドラー, エアン・ショー, ブライアン・ソーズバーグ編著　小学館　2011.7　416p　19cm　1900円　①978-4-09-388189-0
内容「日本企業のグローバル化」への具体的施策（ゴードン・オール, ブライアン・ソーズバーグ, 岩谷直幸著）〔01306〕

オ, サンヨル*　呉 尚烈

◇東アジア平和共同体の構築と国際社会の役割—「IPCR国際セミナー」からの提言　宗教平和国際事業団, 世界宗教者平和会議日本委員会編, 真田芳憲監修　佼成出版社　2011.9　336, 4p　18cm　（アーユスの森新書 003　中央学術研究所編）　900円　①978-4-333-02507-7
内容 東アジアにおける過去の紛争をどう克服すべきか（呉尚烈述, 金永完訳）〔01307〕

オー, ボニー・B

◇中国人と日本人—交流・友好・反発の近代史（The Chinese and the Japanese）　入江昭編著, 岡本幸治監訳　京都　ミネルヴァ書房　2012.3　401, 6p　22cm　〈索引あり〉7000円　①978-4-623-05858-7
内容 朝鮮半島における日清対立（ボニー・B.オー著, 馬場優訳）〔01308〕

オ, ヨンシク《Oh, Youngseok》

◇ココ・シャネル　オヨンシク文, クレパス絵, 猪川なと訳　岩崎書店　2013.11　155p　23cm　（オールカラーまんがで読む知っておくべき世界の偉人 2）〈年譜あり〉1600円　①978-4-265-07672-7〔01309〕

オア, アン・マリー　Orr, Anne Murray

◇子どもと教師が紡ぐ多様なアイデンティティ—カナダの小学生が語るナラティブの世界（Composing diverse identities）　D.ジーン・クランディニン, ジャニス・ヒューバー, アン・マリー・オア, マリリン・ヒューバー, マーニ・ピアス, ショーン・マーフィー, パム・スティーブス著, 田中昌弥訳　明石書店　2011.4　313p　21cm　〈文献あり〉3000円　①978-4-7503-3363-2
内容 第1章 学校での人生をナラティブとして理解する　第2章 子ども、教師、親、管理職と共に取り組む関係的なナラティブ的探究　第3章 子どもたちが支えとするストーリー—そして、教師による子どもたちについてのストーリー　第4章 脚色されたストーリー　第5章 人格教育プログラムをめぐるストーリー　第6章 子どもと共に生きる、ある管理職のストーリー　第7章 支えとするストーリーを変化させる—教師の人生において個人的なものと専門的なものを織り合わせる　第8章 緊張関係を生きる—人生のカリキュラムを共に模索する　第9章 支えとするストーリーを紡ぐ—学校についてのストーリーを中断させる　第10章 人生に心を配るカウンター・ストーリー〔01310〕

オアンセア, アリス

◇エビデンスに基づく教育政策（EVIDENCE-BASED EDUCATION POLICY）　D.ブリッジ, P.スメイヤー, R.スミス編著, 柘植雅義, 葉養正明, 加治佐哲也編訳　勁草書房　2013.11　270p　21cm　〈索引あり〉3600円　①978-4-326-25092-9
内容 徹底的であることの重要性（アリス・オアンセア, リチャード・プリング著, 籾井圭子訳）〔01311〕

オイルシュレーガー, ハンス・ディター

◇小シーボルトと日本の考古・民族学の黎明　ヨーゼフ・クライナー編　同成社　2011.1　322p　22cm　7000円　①978-4-88621-546-8
内容 ヨーロッパにおけるアイヌ民族コレクション 他（ハンス・ディター・オイルシュレーガー著, 松野義明訳）〔01312〕

オウ, イツシュウ*　王 逸舟

◇転形期における中国と日本—その苦悩と展望　飯田泰三, 李暁東編　国際書院　2012.10　319p　21cm　〈索引あり〉3400円　①978-4-87791-237-6
内容 中国外交の進歩と転換（王逸舟執筆, 杜崎群傑訳）〔01313〕

オ

オ

オウ, ガイメイ　王 艾明

◇王道—21世紀中国の教会と市民社会のための神学　王艾明著, 松谷曄介編訳　新教出版社　2012.11　269p　19cm　2300円　①978-4-400-22710-6

内容 1 説教（主の弟子となる　神の約束　命の光に照らされて）2 講演（中国プロテスタント教会の歴史と課題　教会の自治—中国の発展・安定・調和のための道筋）3 論文（“教会の信仰”—中国プロテスタント“教会の神学”「神学は教会を主体とする思索である」か　カルヴァン生誕五〇〇年—中国教会に対するその意義）〔01314〕

オウ, キ　王 輝

◇文化大革命の真実天津大動乱　王輝著, 橋爪大三郎, 張静華監修, 中路陽子訳　京都　ミネルヴァ書房　2013.5　661, 38p　20cm 〈他言語標題：The Great Cultural Revolution in Tianjin　年譜あり 年表あり 索引あり〉4800円　①978-4-623-06507-3

内容 第1部 一九六六～六七年 中国共産党天津市委員会、市人民委員会の崩壊（文化大革命の前奏—農村の整風整社運動　文化大革命の序幕「天津『小站四清』」の一部始終—「小站四清」の起草人として　殺気立つ華北局工作会議　矛先は実権派に　狼煙上がる市委員会工作会議　天津市委員会司令部を砲撃せよ　天津市委員会文革弁公室日誌　暴風雨にさらされる天津市委員会　政治の渦中で　天津最大の冤罪事件「万張反革命修正主義集団」事件　一九六七年一月一八日、終焉を迎えた天津市委員会）第2部 一九六七～七八年 中共天津市委員会、市人民委員会の再組織から崩壊まで（中央の鶴の一声　造反者の悲劇　天津市革命委員会の成立　天津市革命委員会の第一回改組—いわゆる「二.二一」事件の記録　批陳整風—最初の巨大な衝撃波　江青の八度に渡る天津訪問　軍に近づく四人組 ほか）〔01315〕

オウ, キ　汪 暉

◇世界史のなかの中国—文革・琉球・チベット　汪暉著, 石井剛, 羽根次郎訳　青土社　2011.2　351p　20cm　2800円　①978-4-7917-6586-7

内容 第1章 中国における一九六〇年代の消失—脱政治化の政治をめぐって（中国と一九六〇年代の終焉　脱政治化の政治と党‐国体制の危機　脱政治化の政治と現代社会 ほか）第2章 琉球—戦争の記憶、社会運動、そして歴史解釈について（北海道から琉球へ　琉球の戦争記憶　戦争/冷戦と琉球アイデンテイティの政治性 ほか）第3章 東西間の「チベット問題」—オリエンタリズム、民族区域自治、そして尊厳ある政治（オリエンタリズムの二種類の幻影　植民地主義とナショナリズムの変奏　民族区域自治と「多元一体」の未完成性 ほか）〔01316〕

◇近代中国思想の生成　汪暉著, 石井剛訳　岩波書店　2011.4　433, 7p　22cm 〈索引あり〉8400円　①978-4-00-022586-1

内容 「中国」とその「近代」をどのように解釈するか—『近代中国思想の生成』第二版の序（三組の概念—帝国と国家、封建と郡県、礼楽と制度　歴史叙述における国家と帝国 ほか）序論（二つの中国ナラティヴとその派生態　帝国‐国家二元論とヨーロッパの「世界史」ほか）総論 公理的世界観とその自己崩壊（普遍的理性としての科学と近代社会　科学的世界観のメタモルフォーゼ ほか）補論 システム横断的社会と地域の方法化（二つの地域主義叙述　地方の非地方性—安定と流動の弁証法 ほか）〔01317〕

◇共産主義の理念（L'Idée du communisme（重訳））コスタス・ドゥズィーナス, スラヴォイ・ジジェク編, 長原豊監訳, 沖公祐, 比嘉徹徳, 松本潤一郎訳　水声社　2012.6　434p　20cm　4500円　①978-4-89176-912-3

内容 われわれの未来のために論ずる（汪暉著, 長原豊訳）〔01318〕

オウ, キ*　王 毅

◇「牛鬼蛇神を一掃せよ」と文化大革命—制度・文化・宗教・知識人　石剛編著・監訳　三元社　2012.3　426p　21cm　5000円　①978-4-88303-306-5

内容 「牛鬼蛇神を一掃せよ」が「文革」の綱領となる課程及びその文化的根源（王毅著, 浜田ゆみ訳）〔01319〕

オウ, キセイ*　王 奇生

◇リベラリズムの中国　村田雄二郎編　有志舎　2011.9　343p　22cm 〈文献あり〉6200円　①978-4-903426-46-4

内容 個人・社会・大衆・党（王奇生著, 丸田孝志訳）〔01320〕

オウ, ギョウシュウ*　王 暁秋

◇相互探究としての国際日本学研究—日中韓文化関係の諸相　法政大学国際日本学研究所編　法政大学国際日本学研究センター　2013.3　462p　21cm （国際日本学研究叢書 18）

内容 一九世紀東アジア各国の対外意識の比較（王暁秋著, 王腰辰己訳）〔01321〕

オウ, キン*　王 鑫

◇天草諸島の文化交渉学研究　荒武賢一朗, 野間晴雄, 藪田貫編　吹田　関西大学文化交渉学教育研究拠点　2011.3　220p　30cm （周縁の文化交渉学シリーズ 2）〈文部科学省グローバルCOEプログラム関西大学文化交渉学教育研究拠点　文献あり〉①978-4-9905164-4-4

内容 政治と宗教（王鑫著, 田村新訳）〔01322〕

◇泊園記念会創立50周年記念論文集　吾妻重二編　吹田　関西大学出版部　2011.10　310p　22cm （関西大学東西学術研究所国際共同研究シリーズ 9）〈発行：関西大学東西学術研究所　年表あり〉4000円　①978-4-87354-526-4

内容 藤沢東畡・南岳と『周易輯疏』（王鑫著, 松井真希子, 前原あやの訳）〔01323〕

オウ, キンシ　王 錦思

◇中国「反日」活動家の証言　王錦思著, 孫秀萍訳　河出書房新社　2011.3　205p　20cm　1700円　①978-4-309-24543-0

内容 第1章 故郷は日本に侵略された　第2章 残された戦争問題　第3章 歴史の解決は難しい　第4章 われわれの愛国活動　第5章 中国は日本を誤解している　第6章 中国と日本が手を握りあうとき　第7章 中日両国が共によくなるために〔01324〕

オウ, ゲイセイ*　王 芸生

◇新編原典中国近代思想史　第7巻　世界冷戦のなかの選択—内戦から社会主義建設へ　野村浩一, 近藤邦康, 並木頼寿, 坂元ひろ子, 砂山幸雄, 村田

雄二郎編　砂山幸雄責任編集　岩波書店　2011.10　410, 7p　22cm　〈年表あり〉5700円　①978-4-00-028227-7

内容 中国の時局の前途についての三つの方向（王芸生著, 砂山幸雄訳）〔01325〕

オウ, ケイハツ*　王 啓発

◇魏晋南北朝における貴族制の形成と三教・文学―歴史学・思想史・文学の連携による 第二回日中学者中国古代史論壇論文集　中国社会科学院歴史研究所, 東方学会〔編〕, 渡辺義浩編　汲古書院　2011.9　330p　27cm　12000円　①978-4-7629-2969-4

内容 葛洪の道論と魏晋士人の精神生活（王啓発著, 広瀬直記訳）〔01326〕

オウ, ケンセン*　王 見川

◇越境する近代東アジアの民衆宗教―中国・台湾・香港・ベトナム、そして日本　武内房司編著　明石書店　2011.11　373p　22cm　〈索引あり〉5000円　①978-4-7503-3491-2

内容 道院・紅卍字会の台湾における発展およびその慈善活動（王見川著, 豊岡康史訳）〔01327〕

オウ, ケンロウ*　王 建朗

◇蒋介石研究―政治・戦争・日本　山田辰雄, 松重充浩編著　東方書店　2013.3　564p　22cm　〈索引あり〉4500円　①978-4-497-21229-0

内容 抗戦時期国民政府の版図構想とその変化についての試論（王建朗著, 石川誠人訳）〔01328〕

オウ, コウカ　王 向華

◇東アジアの日本観―文学・信仰・神話などの文化比較を中心に　王敏編　三和書籍　2010.10　412p　22cm　（国際日本学とは何か？）　3800円　①978-4-86251-092-1

内容 日本化された台湾？ 中国化された台湾？ あるいは日本化され中国化された台湾？（王向華, 邱愷欣著, 鈴村裕輔訳）〔01329〕

◇コンテンツ化する東アジア―大衆文化/メディア/アイデンティティ　谷川建司, 王向華, 須藤遥子, 秋菊姫編著　青弓社　2012.12　285p　21cm　3400円　①978-4-7872-3348-6

内容 ポピュラーカルチャーを通じて出現した「香港人アイデンティティー」（王向華, 邱愷欣著, 後藤悠里訳）〔01330〕

◇アジア企業の経営理念―生成・伝播・継承のダイナミズム　三井泉編著　文真堂　2013.3　281p　22cm　2800円　①978-4-8309-4785-8

内容 「ヘゲモニー」としての経営理念（王向華執筆, 川上あすか訳）〔01331〕

オウ, コウショ　王 洪緒

◇卜筮正宗―五行易奥義　林屋山人王洪緒著, 藤田善三郎訳著　太玄社　2013.1　727p　20cm　〈1980年刊の再刊　布装　文献あり　発売：ナチュラルスピリット〉9000円　①978-4-906724-09-3〔01332〕

オウ, コウジン*　王 宏仁

◇国際移動と教育―東アジアと欧米諸国の国際移民をめぐる現状と課題　江原裕美編著　明石書店　2011.1　366p　22cm　3900円　①978-4-7503-3319-9

内容 台湾における移民受け入れ政策と統治技術（王宏仁著, 山崎直也訳）〔01333〕

オウ, コクバイ　王 国培

◇中国も日本のようになってしまうのか？―日中バブル経済比較論　王国培著, 永井麻生子訳　ディスカヴァー・トゥエンティワン　2013.7　335p　19cm　〈執筆：安斎隆ほか〉1600円　①978-4-7993-1359-6

内容 1 中国はバブル崩壊を迎えても回復し、成長を続けることができる―安斎隆・セブン銀行代表取締役会長（バブル経済とは資産の価値が上がり続ける状態 政治家が経済の下降を受け入れないことが問題を生む ほか） 2 経済成長率が下がるとき、不良債権の問題が発生する可能性がある―竹中平蔵・慶応義塾大学教授（当時の日本の金融緩和はいきすぎだった 人民元を上げることは中国にとって有益だ ほか） 3 中国のバブルが崩壊すると、巨大な津波を巻き起こす―小林英夫・早稲田大学教授（現在の中国は1960年代の日本に似ている 高度成長期の日本では住宅不足が大きな問題だった ほか） 4 中国の最大の課題は所得の再分配だ―瀬口清之・キヤノングローバル戦略研究所研究主幹（日本でバブル経済が発生した3つの原因 中国の不動産価格高騰の問題は, 実際は所得格差の問題である ほか） 5 中国経済の構造的変化を見極めなければバブルへの正しい対応はできない―高橋亘・大阪経済大学教授（日本のバブル経済の原因は金融緩和政策だけではなかった 1970年代のバブル崩壊はあまり大きな影響を与えなかった ほか） 6 過度の人民元レートの抑制が中国経済の直面する最大のリスクだ―関山健・明治大学国際連携機構准教授（為替レート上昇の影響がプラスかマイナスかは判断しづらい 現在までの中国経済発展の真の原動力は内需だった ほか） 7 金融自由化は中国の長期的な趨勢―榊原英資・青山学院大学特別招聘教授（市場経済はバブルを生み続ける 日本が財政的に破産することはない ほか） 8 中国のソフトランディングは難しい―野口悠紀雄・一橋大学名誉教授（金融緩和が日本のバブルを招いた アメリカが中国人民元切り上げの圧力をかけている意図は分からない ほか） 9 経済成長と環境のバランスを取り、持続可能な発展を目指せ―谷口誠・桜美林大学北東アジア総合研究所特別顧問、評議委員（金があるからといって傲慢になってはいけない 持続可能な発展方法を取るべきだ ほか） 10 中国はバブル崩壊しても日本のようにはならない―村上誠一郎・衆議院議員（アメリカが赤字を処理するために円切り上げを迫った 日本銀行の失策もバブル崩壊を招いた ほか）〔01334〕

オウ, コクビン*　王 克敏

◇『Japan To-day』研究―戦時期『文芸春秋』の海外発信　鈴木貞美編　京都　国際日本文化研究センター　2011.3　375p　26cm　（日文研叢書）〈発売：作品社〉4800円　①978-4-86182-328-2

内容 協力への要求（王克敏著, 川端麻由訳）〔01335〕

オウ, シキョウ*　王 志強

◇中国訴訟社会史の研究　夫馬進編　京都　京都大学学術出版会　2011.3　930p　22cm　〈索引あり〉9600円　①978-4-87698-992-8

内容 清代巴県銭債案件の受理と審判（王志強著, 田辺章

オ

秀訳）〔01336〕

オウ, シキン*　王 子今

◇東アジア出土資料と情報伝達　藤田勝久, 松原弘宣編　汲古書院　2011.5　384p　22cm　9000円　①978-4-7629-2896-3

内容 中国古代交通システムの特徴（王子今著, 菅野恵美訳）〔01337〕

オウ, ジツミ*　王 実味

◇新編原典中国近代思想史　第6巻　救国と民主―抗日戦争から第二次世界大戦へ　野村浩一, 近藤邦康, 並木頼寿, 坂元ひろ子, 砂山幸雄, 村田雄二郎編　野村浩一, 近藤邦康, 砂山幸雄責任編集　岩波書店　2011.3　412, 7p　22cm　〈年表あり〉5700円　①978-4-00-028226-0

内容 山百合の花（王実味著, 丸山昇訳, 近藤竜哉改訳）〔01338〕

オウ, シュウキン　王 秀鑫

◇中華民族抗日戦争史―1931～1945　王秀鑫, 郭徳宏著, 石島紀之監訳,『抗日戦争史』翻訳刊行会訳　八朔社　2012.12　798, 21p　22cm　〈年表あり 索引あり〉8900円　①978-4-86014-063-2

内容 第1章 局部的抗戦の勃興　第2章 全国的抗戦の勃発　第3章 対峙段階前期の二つの戦場の戦い　第4章 世界の反ファシズム統一戦線形成前後の中国戦場　第5章 世界の反ファシズム戦争の勝利と進展、その中での中国の戦局　第6章 抗日戦争の最後の勝利〔01339〕

オウ, シュウシ*　王 緝思

◇日本の立ち位置を考える―連続シンポジウム　明石康編　岩波書店　2013.9　193, 3p　19cm　〈会期会場 ： 2012年9月11日～2013年1月22日 国際文化会館〉2100円　①978-4-00-024298-1

内容 世界とアジアにおける中国、日本、そしてアメリカ（王緝思述, 野口良次訳）〔01340〕

オウ, シュジョウ*　王 守常

◇中国伝統文化が現代中国で果たす役割　中島隆博編　東京大学グローバルCOE「共生のための国際哲学教育研究センター」　2008.12　254p　21cm　（UTCP booklet 5）〈文献あり〉

内容 中国における企業文化の現状と考察 他（王守常著, 石井剛訳）〔01341〕

オウ, シュンオウ*　汪 春泓

◇東アジアをむすぶ漢籍文化―敦煌から正倉院、そして金沢文庫へ ： 歴博国際シンポジウム ： 予稿集　静永健監修, 陳翀, 大淵貴之編　〔佐倉〕人間文化研究機構国立歴史民俗博物館　〔2012〕182p　30cm　〈会期・会場 ： 2012年11月2日―3日 国立歴史民俗博物館講堂　国立歴史民俗博物館平成24年度共同研究「高松宮家伝来書籍等を中心とする漢籍読書の歴史とその本文に関する研究」　訳 ： 甲斐雄一ほか　中国語併載〉

内容 劉向、劉歆と『漢書』の関係について（汪春弘著, 奥野新太郎訳）〔01342〕

オウ, ショイン　王 書音

◇中国の四季の絵本　2　立春・春のお彼岸　王早早文, 黄馳衡, 王書音絵, 〔古島洋一〕,〔張保〕〔訳〕　〔横浜〕　神奈川共同出版販売　2013.5　64p　22×27cm　〈発売 ： 星の環会〉①978-4-89294-526-7〔01343〕

オウ, ショシン*　汪 曙申

◇中国の未来　金燦栄ほか著, 東滋子訳　日本僑報社　2013.12　227p　19cm　1900円　①978-4-86185-139-1

内容 第1章 中国その真実（中国とは何者なのか―中国に関する四つのエピソード　「勝手な思い込み」―我々が中国を理解する方法 ほか）　第2章 経済発展における難関とその対策への理解（中国経済発展の魅力　中国経済発展の苦境 ほか）　第3章 社会変化と発展の中で迎える新しい課題（新しい成功へ―転換発展する中国社会への人民の期待　新しい挑戦―中国社会の転換型発展におけるリスクと試練 ほか）　第4章 待ち望まれる平和的発展への挑戦とその対応（ポストクライシス時代の世界経済の振動　安全保障分野の難題 ほか）　第5章 未来の道を読み解く（中国の平和的発展への試み　転換の成功と挑戦 ほか）〔01344〕

オウ, ジンパク　王 人博

◇法学変革論　文正邦, 程燎原, 王人博, 魯天文著, 野沢秀樹訳　創英社/三省堂書店　2013.12　432p　22cm　〈索引あり〉4000円　①978-4-88142-817-7〔01345〕

オウ, シンメイ*　王 新命

◇新編原典中国近代思想史　第5巻　国家建設と民族自救―国民革命・国共分裂から一致抗日へ　野村浩一, 近藤邦康, 並木頼寿, 坂元ひろ子, 砂山幸雄, 村田雄二郎編　野村浩一, 近藤邦康, 村田雄二郎責任編集　岩波書店　2010.12　392, 6p　22cm　〈年表あり〉5400円　①978-4-00-028225-3

内容 中国本位の文化建設宣言（王新命, 何炳松, 武堉, 孫寒冰, 黄文山, 陶希聖, 章益, 陳高傭, 樊仲雲, 薩孟武著, 野村浩一訳, 小野寺史郎改訳）〔01346〕

オウ, セイ　王 静

◇中国慈城の餅文化　王静著, 池上正治訳　勉誠出版　2012.6　200, 5p　22cm　〈索引あり〉3800円　①978-4-585-22039-8

内容 第1部 中国の餅の淵源（餅の起源　餅の定義　海外の餅）　第2部 寧波・慈城の餅（その来歴　品種の特色）　第3部 餅を作る技術（原料を植える　餅つきの道具　技術の流れ　餅づくりの習慣）　第4部 祭食としての餅の記録（節句の餅　日常の餅）　第5部 餅のもつ芸術価値（芸術の形態　芸術の特徴　芸術の価値）〔01347〕

オウ, セイ*　応 星

◇陳情―中国社会の底辺から　毛里和子, 松戸庸子編著　東方書店　2012.7　289p　21cm　〈索引あり〉3000円　①978-4-497-21111-8

内容 中国陳情制度の運用メカニズムとその変容（応星執筆, 松戸庸子訳）〔01348〕

オウ, セイエイ*　汪 精衛

◇新編原典中国近代思想史　第5巻　国家建設と民族自救―国民革命・国共分裂から一致抗日へ　野

村浩一, 近藤邦康, 並木頼寿, 坂元ひろ子, 砂山幸雄, 村田雄二郎編　野村浩一, 近藤邦康, 村田雄二郎責任編集　岩波書店　2010.12　392, 6p　22cm　〈年表あり〉5400円　①978-4-00-028225-3
内容 二つのモデル心理の瓦解（汪精衛著, 光田剛訳）〔01349〕

◇新編原典中国近代思想史　第6巻　救国と民主―抗日戦争から第二次世界大戦へ　野村浩一, 近藤邦康, 並木頼寿, 坂元ひろ子, 砂山幸雄, 村田雄二郎編　野村浩一, 近藤邦康, 砂山幸雄責任編集　岩波書店　2011.3　412, 7p　22cm　〈年表あり〉5700円　①978-4-00-028226-0
内容 艶電（汪精衛著, 光田剛訳）〔01350〕

オウ, ソ*　王 素
◇敦煌・吐魯番出土漢文文書の新研究　土肥義和編纂　修訂版　東洋文庫　2013.3　504p　27cm　（東洋文庫論叢 第72b）〈文献あり　2009年刊の修訂〉非売品　①978-4-8097-0274-7
内容 吐魯番新出高昌郡文書の年代区分とその研究（王素著, 鈴木桂訳）〔01351〕

オウ, ソウソウ　王 早早
◇中国の四季の絵本　1　元旦・小正月　王早早文, 李剣, 沈氷, 石子児絵, 〔古島洋一〕,〔張保〕〔訳〕　〔横浜〕　神奈川共同出版販売　2013.5　64p　22×27cm　〈発売 ： 星の環会〉①978-4-89294-525-0〔01352〕
◇中国の四季の絵本　2　立春・春のお彼岸　王早早文, 黄馳衡, 王書音絵, 〔古島洋一〕,〔張保〕〔訳〕　〔横浜〕　神奈川共同出版販売　2013.5　64p　22×27cm　〈発売 ： 星の環会〉①978-4-89294-526-7〔01353〕
◇中国の四季の絵本　3　はじまりの季節・花祭り　王早早文, 黄虫肚子絵, 〔古島洋一〕,〔張保〕〔訳〕　〔横浜〕　神奈川共同出版販売　2013.5　64p　27cm　〈発売 ： 星の環会〉①978-4-89294-527-4〔01354〕
◇中国の四季の絵本　4　端午節・七夕　王早早文, 寇嵐, 胡文如絵, 〔古島洋一〕,〔張保〕〔訳〕　〔横浜〕　神奈川共同出版販売　2013.5　64p　22×27cm　〈発売 ： 星の環会〉①978-4-89294-528-1〔01355〕
◇中国の四季の絵本　5　お月見・秋の行事　王早早文, 劉婷, 王嵐, 段虹絵, 〔古島洋一〕,〔張保〕〔訳〕　〔横浜〕　神奈川共同出版販売　2013.5　64p　22×27cm　〈発売 ： 星の環会〉①978-4-89294-529-8〔01356〕
◇中国の四季の絵本　6　神様を祭る・祖先を祭る　王早早文, 黄馳衡, 芝麻醬絵, 〔古島洋一〕,〔張保〕〔訳〕　〔横浜〕　神奈川共同出版販売　2013.5　64p　22×27cm　〈発売 ： 星の環会〉①978-4-89294-530-4〔01357〕

オウ, ダイガク*　王 大学
◇東アジア海文明の歴史と環境　鶴間和幸, 葛剣雄編著　東方書店　2013.3　555p　22cm　（学習院大学東洋文化研究叢書）　4800円　①978-4-497-21304-4
内容 清代江南における防波堤の日常的管理にみる生態と社会の関係（王大学著, 倉嶋真美訳）〔01358〕

オウ, タイショウ*　王 泰升
◇近代台湾の経済社会の変遷―日本とのかかわりをめぐって　馬場毅, 許雪姫, 謝国興, 黄英哲編　東方書店（発売）　2013.11　537p　22cm　〈索引あり〉6000円　①978-4-497-21313-6
内容 台湾における中華民国法制の「脱内地化」の進展と限界（王泰升著, 村上享二訳）〔01359〕

オウ, タイヘイ　王 泰平
◇「日中国交回復」日記―外交部の「特派員」が見た日本　王泰平著, 福岡愛子監訳　勉誠出版　2012.9　687, 12p　20cm　〈索引あり〉5000円　①978-4-585-22044-2
内容 第1部 はじめての日本―1970年1月～1970年9月　第2部 中国承認の「なだれ現象」―1970年10月～1970年12月　第3部 周恩来外交の本領―1971年1月～1971年9月　第4部 中国、国連復帰―1971年10月～1971年12月　第5部 ニクソン訪中―1972年1月～1972年6月　第6部 田中内閣成立・日中国交回復―1972年7月～1972年12月　第7部 日中国交回復後はじめての新年とその後―1973年1月～1978年4月〔01360〕

オウ, チュウコウ*　王 中江
◇出土資料と漢字文化圏　谷中信一編　汲古書院　2011.3　396p　22cm　7000円　①978-4-7629-2893-2
内容 『凡物流形』における「一」の思想構造とその位置（王中江著, 谷中信一訳）〔01361〕

オウ, トウ*　王 東
◇21世紀の思想的課題―転換期の価値意識 大阪経済法科大学アジア太平洋研究センター、北京大学哲学系共催日中哲学シンポジウム論文集　岩佐茂, 金泰明編, 李洪权訳　国際書院　2013.10　425p　21cm　（アジア太平洋研究センター叢書 4）〈他言語標題 ： The Philosophical Problematique of the 21st Century　会期・会場 ： 2011年9月16日、17日 北京大学内国際会議場　共催 ： 大阪経済法科大学アジア太平洋研究センター 北京大学哲学系　索引あり〉6000円　①978-4-87791-249-9
内容 晩年期マルクスの哲学思想の革新について（王東, 賈向雲著, 李洪権訳）〔01362〕

オウ, ネイ　王 寧
◇中国共産党と資本主義（HOW CHINA BECAME CAPITALIST）　ロナルド・コース, 王寧著, 栗原百代訳　日経BP社　2013.2　461p　20cm　〈文献あり 索引あり　発売 ： 日経BPマーケティング〉2800円　①978-4-8222-4945-8
内容 第1章 毛沢東亡き中国　第2章 過渡期の中国　第3章 中国は市場改革にどう着手したか　第4章 カゴの鳥―社会主義体制下の市場改革　第5章 社会主義からの脱皮―中国的特色をもつ資本主義　第6章 一つの資本主義から複数の資本主義へ〔01363〕

オウ, フクシン　王 福振
◇菜根譚　2　王福振編, 漆嶋稔訳　日本能率協会

オ

マネジメントセンター　2011.1　237p　20cm　〈他言語標題 ： CAIGENTAN ZHIHUI QUANJI〉1500円　①978-4-8207-1802-4

内容 第1章 日々の暮らしを楽しむ（純朴であるほど楽しく生きられる　幸せは探し求めなくとも身近にある ほか）　第2章 素のままに生きる（人徳が人生を決める　節操のある生き方をする ほか）　第3章 人づきあいを楽しむ（自然のままに感情を表わす　自然体が人づきあいを楽しくする ほか）　第4章 仕事に処する心構え（善し悪しの判断軸をもつ　客観的に判断し、利害にとらわれない ほか）　第5章 自分らしく生きる（一度きりの人生だから、一日を大切に生きる　私利私欲を欲える ほか）〔01364〕

◇心が鎮まる荘子の言葉　王福振編, 漆嶋稔訳　日本能率協会マネジメントセンター　2011.9　277p　20cm　〈他言語標題 ： ZHUANGZHI ZHIHUI QUANJI〉1600円　①978-4-8207-1820-8

内容 第1章 心が鎮まる言葉（淡々と生きる　気にしない ほか）　第2章 生き方を考える言葉（展望をもつ　利口にならず大智となる ほか）　第3章 自分らしく生きる言葉（知識を詰めこまない　自然体で生きれば長生きできる ほか）　第4章 欲を捨てる言葉（名利を忘れる　身分に左右されない ほか）　第5章 交遊を楽しむ言葉（才知をひけらかさない　無用の中に有用を見出す ほか）〔01365〕

◇新釈論語―恕の人“孔子”の人生哲学　王福振著, 祐木亜子訳　日本能率協会マネジメントセンター　2012.12　245p　19cm　1400円　①978-4-8207-1855-0

内容 第1章 これからの生き方を考える（楽しむ人は強い　家に居るときくらいはゆったりと過ごす ほか）　第2章 学ぶ心があればいくつになっても成長する（学んだことを友と語り合うことを楽しむ　人生の節目に己を省みる ほか）　第3章 心地よい人間関係を築く（裏表ある人間に近づかない　人にしたことは自分に返ってくる ほか）　第4章 人に迷惑をかけない人間力を身につける（純真な心は学問にも勝る　温良恭倹譲の五徳を磨く ほか）　第5章 正しいリーダーシップを知る（組織は力ではなく、徳で治める　正しい心をもつ者を登用すれば、邪心をもつ者は排除される ほか）〔01366〕

◇心が鎮まる老子の教え　王福振編, 漆嶋稔訳　日本能率協会マネジメントセンター　2013.6　357p　20cm　1600円　①978-4-8207-1876-5

内容 上篇 道（「道」に従って生きる　お互いがあってこそ、意味をなす　無為の心をもって、国を治める　自らの才能をひけらかさない ほか）　下篇 徳（善行に、見返りを求めない　自然のままに、質朴に生きる　有は無から生まれる　偉大なものほど、質朴に見える ほか）〔01367〕

オウ, ブンコウ*　翁 文灝

◇新編原典中国近代思想史　第5巻　国家建設と民族自救―国民革命・国共分裂から一致抗日へ　野村浩一, 近藤邦康, 並木頼寿, 坂元ひろ子, 砂山幸雄, 村田雄二郎編　野村浩一, 近藤邦康, 村田雄二郎責任編集　岩波書店　2010.12　392, 6p　22cm　〈年表あり〉5400円　①978-4-00-028225-3

内容 中国の科学への取組（翁文灝著, 竹元規人訳）〔01368〕

オウ, ムカク*　区 夢覚

◇新編原典中国近代思想史　第7巻　世界冷戦のなかの選択―内戦から社会主義建設へ　野村浩一, 近藤邦康, 並木頼寿, 坂元ひろ子, 砂山幸雄, 村田雄二郎編　砂山幸雄責任編集　岩波書店　2011.10　410, 7p　22cm　〈年表あり〉5700円　①978-4-00-028227-7

内容 いかにして新しい社会の新しい女性になるか（区夢覚著, 秋山洋子訳）〔01369〕

オウ, ユウメイ*　王 友明

◇変革期の基層社会―総力戦と中国・日本　奥村哲編　創土社　2013.2　302p　22cm　3000円　①978-4-7988-0213-8

内容 建国前の土地改革と民衆運動（王友明執筆, 奥村哲訳）〔01370〕

オウ, ラン（絵本）　王 嵐

◇中国の四季の絵本　5　お月見・秋の行事　王早早文, 劉婷, 王嵐, 段虹絵, 〔古島洋一〕,〔張保〕〔訳〕〔横浜〕神奈川共同出版販売　2013.5　64p　22×27cm　〈発売 ： 星の環会〉①978-4-89294-529-8〔01371〕

オウ, ラン（経営）*　王 嵐

◇世界のビジネス・アーカイブズ―企業価値の源泉　渋沢栄一記念財団実業史研究情報センター編　日外アソシエーツ　2012.3　272p　19cm　〈発売 ： 紀伊国屋書店〉3600円　①978-4-8169-2353-1

内容 資産概念の導入と中国における企業の記録管理へのその効果（王嵐著, 古賀崇訳）〔01372〕

オウ, リキユウ　王 力雄

◇私の西域、君の東トルキスタン　王力雄著, 馬場裕之訳, 劉燕子監修解説　〔福岡〕集広舎　2011.1　470p　21cm　〈文献あり　発売 ： 中国書店（福岡）〉3320円　①978-4-904213-11-7

内容 ムフタルとの出会い――九九九年新疆での遭難の追憶　ムフタルを極秘に訪問―四回の新疆再訪の記録（二〇〇三年夏　二〇〇三年秋　二〇〇六年春　二〇〇六年夏）　ムフタルかく語りき―インタビューの記録（地元民族の憎悪がこれまでになく高まっているウイグル人の心の中の歴史　民族間の矛盾　新疆漢人の「お手上げ」　抵抗者と抵抗組織　テロリズムと暴力闘争　東トルキスタン勢力が利用できる国際条件　東トルキスタンは何を基礎として建国するのか　「中道路線」を選べないか）　ムフタルへの手紙―新疆問題の検討（一通目の手紙 ： テロリズムと民族的憎悪　二通目の手紙 ： 独立は最良の選択ではない　三通目の手紙 ： 「逓進民主主義」に何ができるか）〔01373〕

◇「私（わたし）には敵はいない」の思想―中国民主化闘争二十余年　劉暁波〔著〕, 藤原書店編集部編　藤原書店　2011.5　398p　20cm　〈タイトル ： 「私には敵はいない」の思想　執筆 ： 劉霞ほか　文献あり 著作目録あり〉3600円　①978-4-89434-801-1

内容 中国の民主化と民族問題（王力雄著, 劉燕子訳）〔01374〕

◇「牛鬼蛇神を一掃せよ」と文化大革命―制度・文化・宗教・知識人　石剛編著・監訳　三元社

2012.3　426p　21cm　5000円　①978-4-88303-306-5

内容 チベット仏教の社会的機能とその崩壊 他（王力雄著, 渡辺祐子訳）〔01375〕

◇チベットの秘密　ツェリン・オーセル, 王力雄著, 劉燕子編訳　福岡　集広舎　2012.11　414p　20cm 〈発売 : 〔中国書店〕（〔福岡〕）〉 2800円　①978-4-904213-17-9

内容 1 詩篇（雪国の白　バラバラに壊された痛ましい尊仏の記 ほか）　2 エッセイ（チベット・二〇〇八年ソンツェン・ガムポ王の故郷はまもなく掘り尽くされます ほか）　3 チベット独立へのロードマップ（チベット事件は分水嶺である　帝国政治体制の苦境 ほか）　4 雪の花蘂―ツェリン・オーセルの文学の力（はじめに―「亡命」の詩学　オーセルのプロフィール―永遠の輝き ほか）〔01376〕

オーウェル, ジョージ　Orwell, George

◇ちくま哲学の森　4　いのちの書　鶴見俊輔, 安野光雅, 森毅, 井上ひさし, 池内紀編　筑摩書房　2011.12　434p　15cm　1200円　①978-4-480-42864-6

内容 絞首刑（G.オーウェル著, 小野寺健訳）〔01377〕

◇カタロニア讃歌（HOMAGE TO CATALONIA）　ジョージ・オーウェル著, 都築忠七訳　岩波書店　2013.5　358p　15cm （岩波文庫）〈第14刷（第1刷1992年）〉 900円　①4-00-322623-2〔01378〕

欧州連合《EU》

◇ヨーロッパ中小企業白書　2009　中小企業の概況と政策の体系　〔欧州連合〕〔著〕, 中小企業総合研究機構訳編　同友館　2010.12　327p　21cm 〈文献あり〉 4200円　①978-4-496-04729-9〔01379〕

◇ヨーロッパ統計年鑑―データと図表で見るヨーロッパ案内　2009　ヨーロッパ連合編, 猪口孝監訳　柊風舎　2011.6　511p　26cm　35000円　①978-4-903530-46-8

内容 科学、技術、技術革新と起業家活動 : 2009年は創造性と技術革新の年　経済　人口　教育　健康　生活条件と福祉　労働市場　工業とサービス業　農林漁業　対外貿易　運輸業　環境　エネルギー　科学・技術　ヨーロッパ諸地域　統計とヨーロッパの諸政策とのつながり〔01380〕

◇ヨーロッパ統計年鑑―データと図表で見るヨーロッパ案内　2010　ヨーロッパ連合編, 猪口孝監訳　柊風舎　2012.8　655p　26cm　35000円　①978-4-903530-96-3

内容 注目の話題―国民経済計算 : 経済・金融危機を監視するための主要なマクロ経済諸指標　経済　人口　健康　教育　労働市場　生活条件と福祉　工業とサービス業　農林漁業　対外貿易　運輸　環境とエネルギー　科学・技術　ヨーロッパ諸地域〔01381〕

◇ヨーロッパ統計年鑑―データと図表で見るヨーロッパ案内　2011（Europe in figures : Eurostat Yearbook 2011）　ヨーロッパ連合編, 猪口孝監訳, 藤井真人訳　柊風舎　2013.4　689p　26cm　38000円　①978-4-903530-99-4

内容 第1章 経済と財政　第2章 人口　第3章 健康　第4章 教育・訓練　第5章 労働市場　第6章 生活条件と社会保護　第7章 工業・商業・サービス業　第8章 農林漁業　第9章 国際貿易　第10章 運輸　第11章 環境　第12章 エネルギー　第13章 科学・技術〔01382〕

◇ヨーロッパ統計年鑑―データと図表で見るヨーロッパ案内　2012（Europe in figures : Eurostat yearbook 2012）　ヨーロッパ連合編, 猪口孝監訳, 藤井真人訳　柊風舎　2013.12　689p　26cm　38000円　①978-4-86498-010-4

内容 第1章 経済と財政　第2章 人口　第3章 健康　第4章 教育・訓練　第5章 労働市場　第6章 生活条件と社会保護　第7章 工業・商業・サービス業　第8章 農林漁業　第9章 国際貿易　第10章 運輸　第11章 環境　第12章 エネルギー　第13章 科学・技術〔01383〕

オウヨウ, イ*　欧陽 維

◇日中安全保障・防衛交流の歴史・現状・展望　秋山昌広, 朱鋒編著　亜紀書房　2011.11　448p　22cm 〈執筆 : 秋山昌広ほか　年表あり〉 2800円　①978-4-7505-1119-1

内容 中日安全保障と軍事交流の評価（欧陽維, 于鉄軍著, 毛利亜樹訳）〔01384〕

オウヨウ, ジュン　欧陽 詢

◇芸文類聚訓読付索引　巻84　大東文化大学東洋研究所「芸文類聚」研究班著, 大東文化大学東洋研究所編　大東文化大学東洋研究所　2011.2　66, 27p　26cm 〈欧陽詢ほか撰　中国語併載　共著 : 芦川敏彦ほか〉 4000円　①978-4-904626-05-4〔01385〕

◇芸文類聚訓読付索引　巻85　大東文化大学東洋研究所「芸文類聚」研究班著, 大東文化大学東洋研究所編　大東文化大学東洋研究所　2012.3　100, 30p　26cm 〈欧陽詢ほか撰　中国語併載　共著 : 芦川敏彦ほか〉 5000円　①978-4-904626-09-2〔01386〕

◇芸文類聚訓読付索引　巻86　大東文化大学東洋研究所「芸文類聚」研究班著, 大東文化大学東洋研究所編　大東文化大学東洋研究所　2013.3　98, 38p　26cm 〈欧陽詢ほか撰　中国語併載　執筆 : 芦川敏彦ほか〉 5000円　①978-4-904626-12-2〔01387〕

オーエン, ジョー　Owen, Jo

◇影響力―物事を実現するために本当に必要なこと（How to influence）　ジョー・オーエン著, 山本泉訳　ピアソン桐原　2012.3　278p　21cm 〈索引あり〉 1500円　①978-4-86401-067-2

内容 第1部 影響力を身につける方法―影響力と力を備えた人物になるには（まず、影響力の基盤を構築する　影響力のネットワークをつくる ほか）　第2部 影響力のささやき―役にふさわしい態度・行動と外見（役にふさわしい態度・行動　アクティブ・リスニング（積極的に聞く） ほか）　第3部 ネットワークを張りめぐらす―コミットメントと忠誠心を確立する（パートナーシップの法則―信頼されるパートナーになる　信頼関係を築く ほか）　第4部 チャンスをつかむ―正念場を最大限に利用する（闘いを選ぶ　ウィン・ウィン ほか）〔01388〕

◇指導力―リーダーとして成功するために本当に必要なこと（How to lead (2nd ed.)）　ジョー・オーエン著, 山本泉訳　ピアソン桐原　2012.3

342p　21cm　〈文献あり〉1700円　①978-4-86401-064-1
内容 第1部 リーダーシップの基礎を築く（対人関係の重視　ポジティブ思考　プロフェッショナリズム）　第2部 リーダーシップを実践する（中間管理職　対人関係の重視　ポジティブ思考 ほか）　第3部 リーダーシップを極める（トップリーダー　対人関係の重視　ポジティブ思考 ほか）　第4部 リーダーシップ探求の旅（リーダーシップ探求の旅と、リーダーシップの三.五P）　〔01389〕

◇管理力—企業を成功に導くマネージメントとは（HOW TO MANAGE（原著第3版））　ジョー・オーエン著, SDL Plc訳　ピアソン桐原　2012.12　361p　21cm　〈索引あり〉1900円　①978-4-86401-137-2
内容 第1章 概要とサマリー—実社会に必要とされる本物の管理者（IQ—理性の管理　EQ—感情の管理 ほか）　第2章 IQスキル—問題、仕事、予算への対応（目的から逆算して開始する—結果重視　結果の達成—業績と認識 ほか）　第3章 EQスキル—対人関係（人を動機付ける—やる気のあるフォロワーを育てる　説得する—セールスの方法 ほか）　第4章 PQスキル—実行手段としての権力を獲得する（権力を持つための一〇の法則—PQを身に付ける　権力基盤の構築—七つの主要な権力源 ほか）　第5章 MQスキル—旅を管理する（MQの獲得—成功を学ぶ方法　MQの採用—使用と悪用 ほか）　〔01390〕

オオヌキ, タカシ　大貫 隆
◇グノーシスの神話　大貫隆訳・著　岩波書店　2011.11　313, 5p　19cm　（岩波人文書セレクション）〈文献あり〉3000円　①978-4-00-028510-0
内容 1 グノーシス主義とは何か（グノーシス主義の世界観と救済観　グノーシス主義の系譜学）　2 ナグ・ハマディ文書の神話（世界と人間は何処から来たのか　世界と人間は何処へ行くのか　今をどう生きるか）　3 マンダ教の神話（マンダ教について　『ギンザー（財宝）』の神話）　4 マニ教の神話（マニとマニ教について　マニ教の神話）　結び グノーシス主義と現代（グノーシス主義の終焉と残された傷痕　移植されたグノーシス主義とその克服　新霊性運動とグノーシス主義　「終りなき日常」とグノーシス主義　グノーシス主義のメッセージ　グノーシス主義を超えて）　〔01391〕

オカクラ, カクゾウ　岡倉 覚三
⇒オカクラ, テンシン（岡倉天心）

オカクラ, テンシン　岡倉 天心
◇ちくま哲学の森　5　詩と真実　鶴見俊輔, 安野光雅, 森毅, 井上ひさし, 池内紀編　筑摩書房　2012.1　449p　15cm　1300円　①978-4-480-42865-3
内容 茶室（岡倉天心著, 桜庭信之訳）　〔01392〕

◇ちくま哲学の森　7　恋の歌　鶴見俊輔, 安野光雅, 森毅, 井上ひさし, 池内紀編　筑摩書房　2012.3　444p　15cm　1300円　①978-4-480-42867-7
内容 宝石の声なる人に（岡倉天心, プリヤンバダ著, 大岡信訳）　〔01393〕

オーガス, オギ　Ogas, Ogi
◇性欲の科学—なぜ男は「素人」に興奮し、女は「男同士」に萌えるのか（A billion wicked thoughts）　オギ・オーガス, サイ・ガダム著, 坂東智子訳　阪急コミュニケーションズ　2012.2　373, 39p　19cm　1900円　①978-4-484-12103-1
内容 第1章 大まじめにオンラインポルノを研究する—性科学と「セクシュアル・キュー」　第2章 熟女人気と体のパーツの好みに関する考察—男の「目」を惹きつけるキュー　第3章 お尻や乳房など体ばかりに注目するのはなぜか—男性の性的欲望　第4章 セックスする前に脳が男を品定めする—女性の性的欲望　第5章 強くて支配的な大金持ちとちょいワルが好き—女の「心」を捉えるキューその1 ヒーロー　第6章 自分の性的魅力で男たちを惹きつけたい—女の「心」を捉えるキューその2 ヒロイン　第7章 ストレートの男と違うところは3つだけ—ゲイの男を惹きつけるキュー　第8章 求む、背が高くてお尻がカッコいい男—女の「目」を惹きつけるキュー　第9章 浮気妻と素人娘は競争原理と本物志向の表れ—男の「心」を捉えるキュー　第10章「支配」と「服従」あなたはどっちがお好き？—男女両方の「心」を捉えるキュー　第11章 そして欲望はイリュージョンを生み新たな次元へ—セクシュアル・キューの創造力　〔01394〕

オーガスティン, スー　Augustine, Sue
◇過去の傷がいやされるとき—埋もれている夢を掘り出す21日間（WHEN YOUR PAST IS HURTING YOUR PRESENT）　スー・オーガスティン著, 上原由美子訳　いのちのことば社　2013.4　446p　19cm　2000円　①978-4-264-03044-7
内容 第1週 過去を手放す（昨日　希望の約束　選択肢はいつも自分の手の中にある ほか）　第2週 現在を一新する（今日　問題から真珠が生まれる　弾力性—逆境をバネに立ち直る ほか）　第3週 未来を立て直す（明日　自尊心はどこに消えたのだろう　神様はあなたに語りかけています—耳を傾けていますか？ ほか）　〔01395〕

オカモト, シュンペイ*　岡本 俊平
◇中国人と日本人—交流・友好・反発の近代史（The Chinese and the Japanese）　入江昭編著, 岡本幸治監訳　京都　ミネルヴァ書房　2012.3　401, 6p　22cm　〈索引あり〉7000円　①978-4-623-05858-7
内容 石橋湛山と二十一カ条要求（岡本俊平著, 大矢吉之訳）　〔01396〕

オキヒロ, ゲーリー・Y.
◇人の移動、融合、変容の人類史—沖縄の経験と21世紀への提言　我部政明, 石原昌英, 山里勝己編　彩流社　2013.3　400, 15p　22cm　（琉球大学人の移動と21世紀のグローバル社会 8）〈索引あり〉4000円　①978-4-7791-1677-3
内容 人の移動と世界史の形成（ゲーリー・Y.オキヒロ執筆, 山里勝己訳）　〔01397〕

オキーフ, キャサリン・オブライエン　O'Keeffe, Katherine O'Brien
◇人文学と電子編集—デジタル・アーカイヴの理論と実践（ELECTRONIC TEXTUAL EDITING）　ルー・バーナード, キャサリン・オブライエン・オキーフ, ジョン・アンスワース編, 明星聖子, 神崎正英監訳　慶応義塾大学出版会　2011.9　503p　21cm　4800円　①978-4-7664-

1774-6

内容 第1部 典拠資料と方針(デジタルの地平での編集 『カンタベリー物語』をはじめとする中世テキスト 記録資料の編集 詩とネットワーク—詩を電子編集する 戯曲のケーススタディー『ケンブリッジ版ベン・ジョンソン作品集』 ほか) 第2部 実践と手順(手稿と印刷典拠資料から機械可読テキストを作る効果的な方法 転写のレベル 編集におけるデジタル・ファクシミリ 電子版の真正性認証 文書管理とファイル命名 ほか) 補遺 ガイドライン 〔01398〕

オキーフ, ニアム O'Keeffe, Niamh

◇あなたは最初の100日間に何をすべきか—成功するリーダー、マネジャーの鉄則 (YOUR FIRST 100DAYS) ニアム・オキーフ著, 黒輪篤嗣訳 日本経済新聞出版社 2013.3 205p 19cm 1500円 ①978-4-532-31872-7

内容 1 スタート地点(準備—あなたに求められている役割は何か 100日計画—計画を立てるための3ステップ スタート—マネジャーではなく、リーダーであれ) 2 中間地点(30日目—何が重要かを見きわめる 60日目—何を捨てるか決断する) 3 ゴール地点(90日目—フィードバックをもらい、残り10日の準備をする ゴール—次のステップのために) 〔01399〕

オキーフ, ブライアン

◇ありえない決断 フォーチュン誌が選んだ史上最高の経営判断 (FORTUNE : THE GREATEST BUSINESS DECISIONS OF ALL TIME) バーン・ハーニッシュ, フォーチュン編集部著, 石山淳訳 阪急コミュニケーションズ 2013.10 237p 19cm 1700円 ①978-4-484-13117-7

内容 ソフトソープのブロッキング作戦(ブライアン・オキーフ著) 〔01400〕

『オキュパイ! ガゼット』編集部

◇私たちは"99%"だ—ドキュメントウォール街を占拠せよ (OCCUPY!) 『オキュパイ! ガゼット』編集部編, 肥田美佐子訳 岩波書店 2012.4 247p 21cm 2000円 ①978-4-00-025778-7

内容 1 ウォール街を占拠せよ(一つの「ノー」、たくさんの「イエス」 トップ一%の真実 アメリカンドリームをあきらめて いま、立ち上がる 合意の神学 ほか) 2「占拠」の風景(ニューヨーク アトランタ オークランド フィラデルフィア ボストン) 3 過去からの視線(アメリカの危機) 〔01401〕

オーキン, スーザン・モラー Okin, Susan Moller

◇正義・ジェンダー・家族 (JUSTICE, GENDER, AND THE FAMILY) スーザン・M.オーキン〔著〕, 山根純佳, 内藤準, 久保田裕之訳 岩波書店 2013.5 308, 46p 20cm 〈文献あり 索引あり〉 4400円 ①978-4-00-025873-0

内容 第1章 正義とジェンダー 第2章 正義は家族に届かないのか? 第3章 コミュニタリアニズム—伝統と共通理解 第4章 リバタリアニズム—母系制・奴隷制・ディストピア 第5章 公正としての正義—誰にとっての正義か? 第6章 越境する正義—公私二元論への挑戦 第7章 結婚と女性の脆弱性 第8章 結論—人間性を備えた正義に向かって 〔01402〕

オクサラ, ヨハンナ Oksala, Johanna

◇フーコーをどう読むか (How to read Foucault) ヨハンナ・オクサラ著, 関修訳 新泉社 2011.10 221p 20cm 〈年譜あり 文献あり〉 2000円 ①978-4-7877-1110-6

内容 第1章 哲学の自由 第2章 理性と狂気 第3章 人間の死 第4章 文学の匿名性 第5章 考古学から系譜学へ 第6章 監獄 第7章 抑圧されたセクシュアリティ 第8章 真なる性 第9章 政治権力、合理性、批判 第10章 自己の実践 〔01403〕

オークショット, マイケル Oakeshott, Michael

◇歴史について、およびその他のエッセイ (ON HISTORY AND OTHER ESSAYS) マイケル・オークショット著, 添谷育志, 中金聡訳 風行社 2013.1 260, 16p 22cm (ソキエタス叢書 1) 〈索引あり〉 3500円 ①978-4-86258-069-6

内容 現在、未来、および過去 中金聡 訳. 歴史的出来事 中金聡 訳. 歴史的変化 添谷育志 訳. 法の支配 中金聡 訳. バベルの塔 添谷育志 訳. 代議制デモクラシーにおける大衆 添谷育志 訳 〔01404〕

◇政治における合理主義 (Rationalism in Politics and other essays) マイケル・オークショット著, 嶋津格, 森村進, 名和田是彦, 玉木秀敏, 田島正樹, 杉田秀一, 石山文彦, 桂木隆夫, 登尾章, 川瀬貴之訳 増補版 勁草書房 2013.9 520, 4p 22cm 〈索引あり〉 4500円 ①978-4-326-30223-9

内容 政治における合理主義 自由の政治経済学 バベルの塔 合理的行動 政治教育 歴史家の営為 保守的であるということ 人類の会話における詩の言葉 ホッブズの著作における道徳的生 大学にふさわしい「政治学」教育について 新しいベンサム 代表民主主義における大衆 ロゴスとテロス 政治を語る 政治的言説 〔01405〕

オークランダー, バイオレット

◇ダイニングテーブルのミイラ セラピストが語る奇妙な臨床事例—セラピストはクライエントから何を学ぶのか (The mummy at the dining room table) ジェフリー・A.コトラー, ジョン・カールソン編著, 岩壁茂監訳, 門脇陽子, 森田由美訳 福村出版 2011.8 401p 22cm 〈文献あり〉 3500円 ①978-4-571-24046-1

内容 セラピーの相棒はヘビとトカゲ(バイオレット・オークランダー著, 森田由美訳) 〔01406〕

オークランド, トーマス・D. Oakland, Thomas

◇WISC-IVの臨床的利用と解釈 (WISC-IV clinical use and interpretation) アウレリオ・プリフィテラ, ドナルド・H.サクロフスキー, ローレンス・G.ワイス編, 上野一彦監訳, 上野一彦, バーンズ亀山静子訳 日本文化科学社 2012.5 502p 22cm 〈文献あり〉 ①978-4-8210-6366-6

内容 WISC-IVに伴う検査行動のアセスメント 他 (Thomas Oakland, Joseph Glutting, Marley W. Watkins著, 上野一彦訳) 〔01407〕

◇世界の学校心理学事典 (THE HANDBOOK OF INTERNATIONAL SCHOOL PSYCHOLOGY) シェーン・R.ジマーソン, トーマス・D.オークランド, ピーター・T.ファレル編 石隈利紀, 松本真理子, 飯田順子監訳 明石書店 2013.9 640p 27cm 〈文献あり 索引あ

オ

り〉 18000円 ①978-4-7503-3886-6
内容 第1部 各国の学校心理学（カナダの学校心理学　アメリカ合衆国の学校心理学　ジャマイカの学校心理学　プエルトリコの学校心理学 ほか） 第2部 世界の学校心理学―現在から未来へ（世界の学校心理学―これまでの歩み　学校心理学の国際的発展に影響を与える求心的、遠心的動向　国際学校心理学会―その設立、成果、および将来展望　学校心理学の国際比較調査―世界のスクールサイコロジストから得られる洞察 ほか） 〔01408〕

オ

オーグル, R.* Ogle, Richard
◇動機づけ面接法　応用編（Motivational interviewing（2nd edition）） ウイリアム・R.ミラー, ステファン・ロルニック編, 松島義博, 後藤恵, 猪野亜朗訳　星和書店　2012.9　291p　21cm 〈文献あり〉 3200円 ①978-4-7911-0817-6
内容 集団による動機づけ面接法の危険性と可能性（Scott T.Walters, Richard Ogle, John Martin） 〔01409〕

オクレール, マルセル Auclair, Marcelle
◇神のさすらい人―アビラの聖テレサ（La vie de Sainte Therese d'Avila） マルセル・オクレール著, 福岡カルメル会訳　改訂版　サンパウロ　2011.10　736, 9p　19cm 〈初版：中央出版社1978年刊　文献あり 年表あり〉 4500円 ①978-4-8056-1418-1
内容 聖テレサとの出会い　第1部 神と世にはさまれて（光栄――五一五～一五二八年　愛――五二八～一五三一年 ほか） 第2部 十字架の王道（傷だらけのキリスト　ドニャ・ギオマル・デ・ウリョア ほか） 第3部 果てしなき地平線（創立の曙　修道士が一人半 ほか） 第4部 試練の大嵐（南への旅――五七五～一五七六年　裕福な町セビリア――五七五～一五七六年 ほか） 第5部 愛するかたよ、時が来ました（一五八一年のアビラ　王の町――五八二年 ほか） 〔01410〕

オコナー, サンドラ O'Connor, Sandra Webb
◇アメリカのIEP個別の教育プログラム―障害のある子ども・親・学校・行政をつなぐツール（All About IEPs） ピーター・ライト, パメラ・ライト, サンドラ・オコナー著, 柘植雅義, 緒方明子, 佐藤克敏監訳　中央法規出版　2012.12　242p　21cm 〈文献あり 索引あり〉 2800円 ①978-4-8058-3731-3
内容 さあ始めましょう　IEPチームとIEPミーティング　保護者の参加と同意　現在の達成レベル、測定可能なIEPの目標の設定、特別教育サービス　関連サービス、補助的エイドとサービス　子どもの進歩、アコモデーション、モディフィケーション、代替アセスメント　IEPの特別な五つの要素　支援テクノロジー　学校卒業後の移行支援　プレースメント〔ほか〕 〔01411〕

オコナー, ジョセフ O'Connor, Joseph
◇コーチングのすべて―その成り立ち・流派・理論から実践の指針まで（HOW COACHING WORKS） ジョセフ・オコナー, アンドレア・ラゲス著, 杉井要一郎訳　英治出版　2012.10　333p　22cm 〈文献あり〉 3200円 ①978-4-86276-152-1
内容 第1部 コーチングの歴史（混沌の縁にあるコーチング　コーチングの歴史 人物編　コーチングの歴史 時代編） 第2部 コーチングのモデル（インナーゲーム、GROW、コーアクティブ・コーチング　インテグラル・コーチング　NLPコーチング ほか） 第3部 コーチングの効果（コーチングの効果測定　発達コーチング　脱近代主義的コーチング ほか） 〔01412〕

オコナー, フラナリー O'Connor, Flannery
◇ちくま哲学の森　3　悪の哲学　鶴見俊輔, 安野光雅, 森毅, 井上ひさし, 池内紀編　筑摩書房　2011.11　431p　15cm　1200円 ①978-4-480-42863-9
内容 善良な田舎者（F.オコナー著, 須山静夫訳） 〔01413〕

◇ちくま哲学の森　8　自然と人生　鶴見俊輔, 安野光雅, 森毅, 井上ひさし, 池内紀編　筑摩書房　2012.4　448p　15cm　（〔ちくま文庫〕） 1300円 ①978-4-480-42868-4
内容 鳥の王（F.オコナー著, 上杉明訳） 〔01414〕

オザキ, テオドラ エイ 尾崎 テオドラ英
◇富士山に登った外国人―幕末・明治の山旅　山本秀峰編訳, 村野克明訳　露蘭堂　2012.11　247p　22cm 〈年表あり　文献あり　発売：ナウカ出版営業部（富士見）〉 3400円 ①978-4-904059-53-1
内容 ある少女のフジヤマ登山（尾崎テオドラ英著） 〔01415〕

オジェンドレ, マリー
◇震災とヒューマニズム―3・11後の破局をめぐって　日仏会館・フランス国立日本研究センター編, クリスチーヌ・レヴィ, ティエリー・リボー監修, 岩沢雅利, 園山千晶訳　明石書店　2013.5　328p　20cm　2800円 ①978-4-7503-3814-9
内容 火山とともに生きる（マリー・オジェンドレ執筆, 園山千晶訳） 〔01416〕

オショウ 和尚
⇒ラジニーシ, A.*

オズウィック, クリフ Oswick, Cliff
◇ハンドブック組織ディスコース研究（The SAGE Handbook of Organizational Discourse） DAVID GRANT,CYNTHIA HARDY,CLIFF OSWICK,LINDA PUTNAM〔編〕, 高橋正泰, 清宮徹監訳, 組織ディスコース翻訳プロジェクトチーム訳　同文舘出版　2012.3　677p　22cm 〈文献あり 索引あり〉 6800円 ①978-4-495-38101-1
内容 第1部 ディスコースの射程（対話―組織の生と死　ナラティヴ、ストーリー、テクスト　組織ディスコースとしての企業のレトリック　比喩、ディスコース、組織化） 第2部 方法とパースペクティヴ（組織の日常言語―相互行為分析、会話分析、そして言語行為連鎖分析　ディスコースとアイデンティティ　組織的ディスコースへの解釈主義的アプローチ　組織ディスコースにおけるマルチレベル、マルチメソッドアプローチ　組織ディスコースを研究するということ：研究者コンテクストの重要性　ディスコース、パワー、そしてイデオロギー：批判的アプローチをひもとく　ディスコースの脱構築） 第3部 ディスコースと組織化（ジェンダー、ディコスース、そして組織―転換する関係性のフレーミング　ディスコースと

パワー　組織文化とディスコース　道具、技術と組織の相互行為 ：「作業現場研究」の出現　組織ディスコースとニューメディア ： 実践パースペクティヴ　グローバル化のディスコースとディスコースのグローバル化）　第4部 補論（ディスコースへの転回　会話へのバイアス―組織において言説的に行為すること　組織ディスコースに関する実在の把握）〔01417〕

オズグッド, ケネス

◇占領する眼・占領する声―CIE/USIS映画とVOAラジオ　土屋由香, 吉見俊哉編　東京大学出版会　2012.7　8, 377, 9p　22cm 〈他言語標題 ： Occupying Eyes, Occupying Voices　索引あり〉 5400円　①978-4-13-026232-3

内容 アジア太平洋における政策とプロパガンダ（ケネス・オズグッド執筆, 吹戸真実訳）〔01418〕

オスターワルダー, アレックス　Osterwalder, Alexander

◇ビジネスモデル・ジェネレーション―ビジネスモデル設計書 ： ビジョナリー、イノベーターと挑戦者のためのハンドブック（Business model generation）　アレックス・オスターワルダー, イヴ・ピニュール著, 45カ国の470人の実践者共著, 小山竜介訳　翔泳社　2012.2　273p　19×26cm 〈文献あり〉 2480円　①978-4-7981-2297-7

内容 1 キャンバス（ビジネスモデルの定義　9つの構築ブロック　ビジネスモデルキャンバス）　2 パターン（アンバンドルビジネスモデル　ロングテール　マルチサイドプラットフォーム　ビジネスモデルとしてのフリー戦略　オープンビジネスモデル）　3 デザイン（顧客インサイト　アイデア創造　ビジュアルシンキング　プロトタイピング　ストーリーテリング　シナリオ）　4 戦略（ビジネスモデル環境　ビジネスモデル評価　ブルーオーシャンモデルにおけるビジネスモデル　複数のビジネスモデル運営）　5 プロセス（ビジネスモデルのデザインプロセス）　展望〔01419〕

◇ビジネスモデルYOU―キャリア再構築のための1ページメソッド（Business Model YOU）　ティム・クラーク著, アレックス・オスターワルダー, イヴ・ピニュール共著, 神田昌典訳　翔泳社　2012.10　262p　19×26cm　2200円　①978-4-7981-2814-6

内容 1 キャンバス　組織や個人のビジネスモデルを分析し描くための鍵となるツール。その使い方を学ぶ。（ビジネスモデル思考 ： 変化し続ける社会に適応するビジネスモデル・キャンバス　パーソナル・キャンバス）　2 熟考する―あなたの人生の方向性に立ち戻る。個人としての望み、そしてキャリア上の望みを、どう両立するのか？（あなたはどんな人？　キャリアの目的を明確にする）　3 修正する―キャンバスと、ここまでの章で得た気づきをもとにあなたの仕事生活（ワークライフ）を調整しよう。―あるいは、新しく構築し直そう。（自分を新しく構築しなおそう　パーソナル・ビジネスモデルをもう一度描く）　4 行動する―全てを実現させる方法を学ぶ。（あなたのビジネス価値を算出する　モデルを市場でテストする　次に来るものは？）　5 最後に―ビジネスモデルYOU誕生の背景にある、人々やリソースの話。（ビジネスモデルYOUコミュニティ）〔01420〕

オースティン, ジョン　Austin, John

◇ゾンビの作法　もしもゾンビになったら　ジョン・オースティン著, 兼光ダニエル真訳　太田出版　2011.9　222p　19cm　1800円　①978-4-7783-1270-1

内容 脳味噌満喫ライフを目指して　ワタシは誰？　ゾンビのからだ　敵を知る　脳味噌狩り　交通手段　攻撃の作法　人間献立　感染の作法　最期の時　ゾンビ規範　生者へのメッセージ〔01421〕

オストロム, エリノア　Ostrom, Elinor

◇コモンズのドラマ―持続可能な資源管理論の15年（The Drama of the COMMONS）　全米研究評議会,Elinor Ostrom,Thomas Dietz,Nives Dolšak,Paul C.Stern,Susan C.Stonich,Elke U. Weber編, 茂木愛一郎, 三俣学, 泉留維監訳　知泉書館　2012.5　665p　23cm 〈文献あり 索引あり〉 9000円　①978-4-86285-132-1

内容 15年間の研究を経て得られた知見と残された課題他（ポール・C.スターン, トーマス・ディーツ, ニーヴェス・ドルジャーク, エリノア・オストロム, スーザン・ストニック著, 茂木愛一郎訳）〔01422〕

オストロム, スヴェルケル

◇世界平和への冒険旅行―ダグ・ハマーショルドと国連の未来（The Adventure of Peace）　ステン・アスク, アンリ・マルク－ユングクヴィスト編, ブライアン・アークハート, セルゲイ・フルシチョフ他著, 光橋翠訳　新評論　2013.7　358p　20cm 〈文献あり 年譜あり〉 3800円　①978-4-7948-0945-2

内容 ダグ・ハマーショルドとスウェーデン政府（スヴェルケル・オストロム著）〔01423〕

オズボーン, アレック

◇インディアン・シティ号の航海―私の414日世界一周初航海 ： 1950年―1951年　アレック・オズボーン記, 寺内裕子訳　京都　寺内裕子　2013.2　22p　30cm〔01424〕

オズボーン, ウィル　Osborne, Will

◇世界の海賊たち（PIRATES）　メアリー・ポープ・オズボーン, ウィル・オズボーン著, 高畑智子訳　メディアファクトリ　2012.8　127p　19cm（マジック・ツリーハウス探険ガイド） 700円　①978-4-8401-4667-8

内容 1 海賊のはじまり　2「新大陸」時代の海賊　3 海賊の黄金時代　4 海賊船　5 海賊の生活　6 海賊の秘宝　7 海賊が来たぞ！　8 黄金時代のあとの海賊たち〔01425〕

オズボーン, オジー　Osbourne, Ozzy

◇ドクター・オジーに訊け！（Trust me, I'm Dr Ozzy）　オジー・オズボーン, クリス・エアーズ著, 迫田はつみ訳　シンコーミュージック・エンタテイメント　2012.3　236p　19cm　1600円　①978-4-401-63643-3

内容 医師は在室…頭はどこかへ―患者の皆様へ（ほとんど）総ての症状に対応する治療法―二度と病気になることはない…たぶん　卵を食べろ―ダイエットとエクササイズの真実　余分なものは取り除こう―オジーらしさの次に大切なこと それは清潔さ　家族この不埒な存在 死ぬほど愛している家族―でも家族の中で頭がおかしくなりそうで　専門家ではない人々のための外科―何かやってもらいたいなら…目

オ

分でやろう　総合診療―変わった症状に関するドクター・オジーのA to Z　遺伝子が解き明かす…のかな―ここを読む前に頭に氷枕を当てておくこと　友人とろくでなし―周囲に人がいない人のために　灰色の脳細胞ゼリー―正気じゃないってのも結構大変なんだぜ　セックス、ロマンス、そして道具のお手入れ―ドクター・オジーの性教育　薬理学の時間―薬のラベルに書かれていないこと　ご臨終です―大空の巨大なモッシュ・ピットに飛び込む準備を　ドクター・オジーの処方箋―指示どおりに服用すること 〔01426〕

オズボーン, ケナン・B.　Osborne, Kenan B.

◇キリスト教入信の秘跡―洗礼・堅信・エウカリスティア（The Christian sacraments of initiation）　ケナン・B.オズボーン著, 太田実訳, 石脇慶総監修　名古屋　新世社　2010.7　452p　19cm　2000円　①978-4-88382-102-0 〔01427〕

◇共同体・エウカリスティア・霊性（Community, eucharist, and spirituality）　ケナン・B.オズボーン著, 太田実訳, 石脇慶総監修　名古屋　新世社　2010.12　214p　19cm　1500円　①978-4-88382-103-7 〔01428〕

オズボーン, デビッド　Osborne, David E.

◇財政革命―終わりなき財政危機からの脱出（THE PRICE OF GOVERNMENT）　デビッド・オズボーン, ピーター・ハッチンソン著, 小峯弘靖訳　日本能率協会マネジメントセンター　2013.3　516p　22cm　3800円　①978-4-8207-4824-3

内容 財政危機の嵐からの回避　第1部 賢明なる予算案―最善の解決策となる五つの意思決定（問題の核心の把握　行政の値段の設定 ほか）　第2部 賢明なる行政規模―改革推進を成功に導く重要な用件（戦略レビュー　関連機能の整理統合 ほか）　第3部 賢明なる財政支出―価値あるものの調達、財政引き締め（競争によるサービスの購入　誠意ではなく実績による報奨 ほか）　第4部 賢明なる行政マネジメント―財政革命を推進する内部改革（説明責任を伴うフレキシビリティ　制度への抵抗から活用へ ほか）　第5部 賢明なるリーダーシップ―急進的中道からの変革（変革のためのリーダーシップ　政治との関わり） 〔01429〕

オズボーン, メアリー・ポープ　Osborne, Mary Pope

◇世界の海賊たち（PIRATES）　メアリー・ポープ・オズボーン, ウィル・オズボーン著, 高畑智子訳　メディアファクトリー　2012.8　127p　19cm　（マジック・ツリーハウス探険ガイド）　700円　①978-4-8401-4667-8

内容 1 海賊のはじまり　2「新大陸」時代の海賊　3 海賊の黄金時代　4 海賊船　5 海賊の生活　6 海賊の秘宝　7 海賊が来たぞ！　8 黄金時代のあとの海賊たち 〔01430〕

◇リンカン大統領（ABRAHAM LINCOLN）　メアリー・ポープ・オズボーン, ナタリー・ポープ・ボイス著, 高畑智子訳　メディアファクトリー　2012.11　127p　19cm　（マジック・ツリーハウス探険ガイド）〈年譜あり 索引あり〉　700円　①978-4-8401-4890-0 〔01431〕

オズボン, ロビン　Osborne, Robin

◇ギリシアの古代―歴史はどのように創られるか？（Greek history）　ロビン・オズボン著, 佐藤昇訳　刀水書房　2011.6　261p　20cm　（刀水歴史全書 81―歴史・民族・文明）〈文献あり 索引あり〉2800円　①978-4-88708-396-7

内容 第1章 馴染み深く、異質なるギリシア　第2章 ポリスを創る　第3章 ギリシアの人口とサヴァイヴァル　第4章 法、僭主、そして政治の創造　第5章 敵対する　第6章 自由と抑圧の都市　第7章 ギリシア都市、斉一性と多様性　第8章 アレクサンドロス―ギリシア史終幕？ 〔01432〕

オスマーン, ターレク　Osman, Tarek

◇エジプト岐路に立つ大国―ナセルからアラブ革命まで（Egypt on the brink）　ターレク・オスマーン著, 久保儀明訳　青土社　2011.12　346, 42p　20cm　〈索引あり　文献あり〉2800円　①978-4-7917-6630-7

内容 第1章 エジプト世界　第2章 ナセルとアラブ民族主義　第3章 イスラーム教徒　第4章 自由主義的な資本主義の興隆　第5章 エジプトのキリスト教徒　第6章 ムバーラクの時代　第7章 エジプトの若者たち 〔01433〕

オズワルド, イヴォンヌ　Oswald, Yvonne

◇言葉のパワー―思い通りに生きるための波動の法則（EVERY WORD HAS POWER）　イヴォンヌ・オズワルド著, 磯崎ひとみ訳　ダイヤモンド社　2012.11　301p　19cm　1700円　①978-4-478-00584-2

内容 1章 言葉の波動で幸運スイッチを入れる　2章 成功を受け取れる自分に変える　3章 無意識に働きかけて願いを叶える　4章 心はイメージしたものを現実にする　5章 感情をコントロールする　6章 たやすく相手の心をつかみ好印象を与える　7章 最高の人間関係を築く　8章 超意識、宇宙意識とつながる　9章 あなたの世界と人生を思いのままに変える　付録 ホ・オポノポノの応用エクササイズ 〔01434〕

オーセル, ツェリン　Woeser, Tsering

◇チベットの秘密　ツェリン・オーセル, 王力雄著, 劉燕子編訳　福岡　集広舎　2012.11　414p　20cm　〈発売：〔中国書店〕(〔福岡〕)〉2800円　①978-4-904213-17-9

内容 1 詩篇（雪国の白　バラバラに壊された痛ましい尊仏の記 ほか）　2 エッセイ（チベット・二〇〇八年　ソンツェン・ガムポ王の故郷はまもなく掘り尽くされます ほか）　3 チベット独立へのロードマップ（チベット事件は分水嶺である　帝国政治体制の苦境 ほか）　4 雪の花蘂―ツェリン・オーセルの文学の力（はじめに―「亡命」の詩学　オーセルのプロフィール―永遠の輝き ほか） 〔01435〕

オータバシ, メレック

◇世界の中の柳田国男　R.A.モース, 赤坂憲雄編, 菅原克也監訳, 伊藤由紀, 中井真木訳　藤原書店　2012.11　326p　22cm　〈他言語標題：Yanagita Kunio Studies Around the World　文献あり〉4600円　①978-4-89434-882-0

内容 写実主義文学として『遠野物語』を読む（メレック・オータバシ執筆） 〔01436〕

オッタヴィアニ, ジム　Ottaviani, Jim

◇マンガはじめましてファインマン先生―超天才物

理学者の頭の中（FEYNMAN）　ジム・オッタヴィアニ原作, リーランド・マイリック漫画, 大貫昌子訳　講談社　2013.9　277p　18cm　（ブルーバックス B-1832）〈文献あり 索引あり〉980円　Ⓘ978-4-06-257832-5　〔01437〕

オット, ヘルマン・E.　Ott, Hermann E.

◇フェアな未来へ—誰もが予想しながら誰も自分に責任があるとは考えない問題に私たちはどう向きあっていくべきか（Fair Future : Resource Conflicts, Security and Global Justice ; A Report of the Wuppertal Institute for Climate, Environment and Energy）　ヴォルフガング・ザックス, ティルマン・ザンタリウス編, 川村久美子訳・解題　新評論　2013.12　422p　21cm　3800円　Ⓘ978-4-7948-0881-3

内容 第1章 現実主義者にとっての公正　第2章 環境をめぐる不公正　第3章 専有を競う競技場　第4章 フェアな資源配分モデル　第5章 フェアな豊かさ　第6章 公正とエコロジーのための取り決め　第7章 ヨーロッパの存在価値とは　〔01438〕

オッフェ, クラウス

◇規範理論の探究と公共圏の可能性　舩橋晴俊, 寿福真美編著　法政大学出版局　2012.3　270p　22cm　（現代社会研究叢書 5—「公共圏と規範理論」シリーズ 3）〈索引あり〉3800円　Ⓘ978-4-588-60255-9

内容 リベラル・デモクラシーの危機と刷新（クラウス・オッフェ執筆, 鈴木宗徳訳）　〔01439〕

◇緑の産業革命—資源・エネルギー節約型成長への転換　マルティン・イェーニッケ, ミランダ・A.シュラーズ, クラウス・ヤコブ, 長尾伸一編　京都　昭和堂　2012.8　261, 31p　19cm　3000円　Ⓘ978-4-8122-1238-7

内容 「第三次産業革命」と、経済人としての市民が持つ複数の自己（クラウス・オッフェ著, 松本奈央子訳）　〔01440〕

◇流動化する民主主義—先進8カ国におけるソーシャル・キャピタル（Democracies in Flux）　ロバート・D.パットナム編著, 猪口孝訳　京都　ミネルヴァ書房　2013.7　443, 8p　22cm　〈索引あり〉4800円　Ⓘ978-4-623-05301-8

内容 ドイツ（クラウス・オッフェ, ズザンネ・フュックス執筆）　〔01441〕

オッペンハイマー, アンドレス　Oppenheimer, Andrés

◇米州救出—ラテンアメリカの危険な衰退と米国の憂鬱（Saving the Americas）　アンドレス・オッペンハイマー著, 渡辺尚人訳　時事通信出版局　2011.7　355p　20cm　〈発売 : 時事通信社〉2800円　Ⓘ978-4-7887-1163-1

内容 第1章 アジアの挑戦　第2章 中国の資本主義熱　第3章 アイルランドの奇跡　第4章 新しいヨーロッパ　第5章 決してなかった「基本的な約束」　第6章 アルゼンチンのマラドーナ症候群　第7章 ブラジル—南の巨人　第8章 チャベスのナルシシスト・レーニン主義革命　第9章 メキシコの政治的麻痺　第10章 新世紀のラテンアメリカ　〔01442〕

オッペンハイム, ダビッド　Oppenheim, David

◇アタッチメントを応用した養育者と子どもの臨床（Attachment theory in clinical work with children）　ダビッド・オッペンハイム, ドグラス・F.ゴールドスミス編, 数井みゆき, 北川恵, 工藤晋平, 青木豊訳　京都　ミネルヴァ書房　2011.6　316p　22cm　〈文献あり〉4000円　Ⓘ978-4-623-05731-3

内容 子どもの診断に関する親の解決と親子関係 他（ダビッド・オッペンハイム, スマダール・ドルエフ, ニナ・コレン-カリー, エフラト・シャー-センソー, ヌリット・イルミア, シャハフ・ソロモン著）　〔01443〕

オーディ, ポール　Audi, Paul

◇ミシェル・アンリ—生の現象学入門（MICHEL HENRY）　ポール・オーディ著, 川瀬雅也訳　勁草書房　2012.11　354p　20cm　〈文献あり 著作目録あり 年譜あり 索引あり〉3600円　Ⓘ978-4-326-15423-4

内容 イントロダクション 哲学的歩みの出発点（独立と絶対者　生の場所　直進か、転回か）　1 現象学の刷新（出発点　原初的な“現れること”　哲学的真理）　2 刷新に伴う諸困難（個体の問題　自己-触発の問題　他者関係の問題）　3 刷新の方法（方法論的な“賭け金”　超越論的なものへの道行き　三つの基本モチーフ）　4 刷新の特異性（存在論というリスク　生の無名性に抗して　諸概念の二重化）　結論 哲学的歩みの到達点（信仰と知　最後の言葉）　〔01444〕

オーディア, ジェームス

◇どんな時代が来るのか—2012年アセンション・マニュアル（The mystery of 2012）　タミ・サイモン編著, 菅靖彦, 田中淳一, 堤康一郎訳　風雲舎　2011.4　287p　19cm　1800円　Ⓘ978-4-938939-64-9

内容 あなたはまさにこの時期を選んで生まれてきた（ジェームス・オーディア著）　〔01445〕

オディベール, カトリーヌ　Audibert, Catherine

◇「ひとりではいられない」症候群—愛と孤独と依存症をめぐるエッセイ（L'INCAPACITÉ D'ÊTRE SEUL）　カトリーヌ・オディベール著, 平野暁人訳　講談社　2012.5　270p　19cm　（講談社選書メチエ 526）〈文献あり〉1600円　Ⓘ978-4-06-258529-3

内容 第1章「ひとりではいられない」症候群（はじまりの孤独　孤独を感じるって病的なこと？　ほか）　第2章 孤独のトラウマ（心に打ち込まれる「孤独」という楔　心の苦しみ ほか）　第3章「ひとりではいられない症候群」の臨床現場（自己が消滅するという不安　身体現象-身体言語に訴え出る症状たち ほか）　第4章 依存関係—愛が薬から毒へと変わるとき（薬物なき依存症　愛と依存関係 ほか）　第5章 依存症—孤独感を晴らしてくれるモノ（依存症を理解するきっかけとなった、臨床現象での出会い　性行為依存症 ほか）　〔01446〕

オデコン, メフメト　Odekon, Mehmet

◇世界格差・貧困百科事典（ENCYCLOPEDIA OF WORLD POVERTY）　メフメト・オデコン編集代表, 駒井洋監修, 穂坂光彦監訳者代表　明石書店　2012.5　1107p　27cm　〈索引あり〉38000円　Ⓘ978-4-7503-3586-5　〔01447〕

オ

オ

オトゥール, ダン　O'Toole, Dan

◇ビジュアル1001の出来事でわかる世界史（1000 events that shaped the world）　ダン・オトゥール, エリザベス・タウナー, ミシェル・R.ハリス, ジュリー・シーダーボルグ, パトリシア・ダニエルズ, スティーブン・G.ヒスロップ, テレサ・バリー, 桶谷仁志著　日経ナショナルジオグラフィック社　2012.2　419p　23cm　〈訳：倉田真木ほか　索引あり　文献あり　『ビジュアル歴史を変えた1000の出来事』(2009年刊)の加筆・再編集、改題　発売：日経BPマーケティング〉　3800円　Ⓘ978-4-86313-161-3

内容 第1章 古代―先史時代～紀元400年　第2章 中世―400年～1500年　第3章 発見の時代―1500年～1700年　第4章 革命の時代―1700年～1850年　第5章 帝国主義の時代―1850年～1913年　第6章 世界大戦の時代―1914年～1945年　第7章 現代―1946年～現在　〔01448〕

オドナヒュー, ウィリアム・T.　O'Donohue, William T.

◇認知行動療法という革命―創始者たちが語る歴史（A HISTORY OF THE BEHAVIORAL THERAPIES(抄訳)）　ウィリアム・T.オドナヒュー, デボラ・A.ヘンダーソン, スティーブン・C.ヘイズ, ジェーン・E.フィッシャー, リンダ・J.ヘイズ編, 坂野雄二, 岡島義監訳, 石川信一, 金井嘉宏, 松岡紘史訳　日本評論社　2013.9　283p　21cm　〈文献あり〉3000円　Ⓘ978-4-535-98362-5

内容 行動療法の歴史（ウィリアム・T.オドナヒュー, デボラ・A.ヘンダーソン, スティーブン・C.ヘイズ, ジェーン・E.フィッシャー, リンダ・J.ヘイズ著, 岡島義訳）　〔01449〕

オドンネル, L.*　O'Donnell, Louise

◇WISC-IVの臨床的利用と解釈（WISC-IV clinical use and interpretation）　アウレリオ・プリフィテラ, ドナルド・H.サクロフスキー, ローレンス・G.ワイス編, 上野一彦監訳, 上野一彦, バーンズ亀山静子訳　日本文化科学社　2012.5　592p　22cm　〈文献あり〉Ⓘ978-4-8210-6366-6

内容 研究に裏付けられた特異的LDの判断（Virginia W.Berninger, Louise O'Donnell著, 上野一彦訳）　〔01450〕

オーナフ, ピーター

◇国家と国民の歴史―ヴィジュアル版（HISTORIES OF NATIONS）　ピーター・ファタードー編, 猪口孝日本語版監修, 小林朋則訳　原書房　2012.11　320p　26cm　〈文献あり 索引あり〉5800円　Ⓘ978-4-562-04850-2

内容 アメリカ合衆国―歴史をもたないことを選んだ国（ピーター・オーナフ）　〔01451〕

オニール, ウィリアム・J.　O'Neil, William J.

◇オニールの成長株発掘法―良い時も悪い時も儲かる銘柄選択をするために（How to make money in stocks(4th ed.)）　ウィリアム・J.オニール著, スペンサー倫亜訳, 長尾慎太郎監修　第4版　パンローリング　2011.5　623p　20cm　（ウィザードブックシリーズ vol.179）　3800円　Ⓘ978-4-7759-7146-8

内容 第1部 勝つシステム―CAN‐SLIM(銘柄選択の極意　プロのチャート読解術を身につけ、銘柄選択と売買タイミングを改善する　C(Current Quarterly Earnings＝当期四半期のEPSと売り上げ)　A(Annual Farnings Increases＝年間EPSの増加)―大きく成長している銘柄を探す　N(Newer Companies, New Products, New Management, New Highs Off Properly Formed Bases＝新興企業、新製品、新経営陣、正しいベースを抜けて新高値)　S(Supply and Demand＝株式の需要と供給)―重要なポイントで株式の需要が高いこと　L(Leader or Laggard＝主導銘柄か、停滞銘柄か)―あなたの株は？　I(Institutional Sponsorship＝機関投資家による保有)　M(Market Direction＝株式市場の方向)―見極め方)　第2部 最初から賢くあれ(絶対に売って損切りをしなければならないとき　いつ売って利益を確定するか　資金管理―分散投資、長期投資、信用取引、空売り、オプション取引、新規株式公開、節税目的の投資、ナスダック銘柄、外国銘柄、債券、そのほかの資産について投資家に共通する二一の誤り)　第3部 投資のプロになる(素晴らしい大化け銘柄の事例　最高の業界、業種、川下業種を選ぶ　マーケットを観察してニュースに素早く反応する　投資信託で百万長者になる方法　年金と機関投資家のポートフォリオ管理を改善する　覚えるべきルールと指針)　〔01452〕

オニール, ジェームズ・M.　O'Neil, James M.

◇パートナー暴力―男性による女性への暴力の発生メカニズム（What causes men's violence against women？）　ミッシェル・ハーウェイ, ジェームズ・M.オニール編著, 鶴元春訳　京都　北大路書房　2011.9　303p　21cm　〈文献あり〉　3700円　Ⓘ978-4-7628-2763-1

内容 男性の性役割葛藤, 防衛機制, 自衛的防衛戦略―性役割の社会化の視点に立った男性による女性に対する暴力の説明 他（ジェームズ・M.オニール, ロドニー・A.ナダル）　〔01453〕

オニール, ジム　O'Neill, Jim

◇次なる経済大国―世界経済を繁栄させるのはBRICsだけではない（The growth map）　ジム・オニール著, 北川知子訳　ダイヤモンド社　2012.2　261p　20cm　1800円　Ⓘ978-4-478-01762-3

内容 序章 想像を絶する成長　第1章 BRICsの誕生　第2章「新興」から「発展」へ　第3章 BRICs―ブラジル、ロシア、インド、中国　第4章 勃興する成長国市場　第5章 成長に伴う資源は十分か　第6章 次なる消費大国　第7章 歴史を超える新たな経済同盟　第8章 世界経済の新たな秩序　第9章 塗り替わる世界経済地図　終章 世界はよりよい時代に　〔01454〕

◇世界は考える　野中邦子訳　土曜社　2013.3　189p　19cm　（プロジェクトシンジケート叢書 2）〈文献あり〉1900円　Ⓘ978-4-9905587-7-2

内容 新興世界が立ち上る（ジム・オニール著）　〔01455〕

オニール, テッド　O'Neal, Ted

◇定年退職セラピー（Elf-help for a Happy Retirement）　テッド・オニール文, R.W.アリー絵, 目黒摩天雄訳　サンパウロ　2012.12　1冊（ページ付なし）　16cm　（Elf-Help books）〈英語併記〉700円　Ⓘ978-4-8056-6126-0

〔01456〕

オネク, オムネク　Onec, Omnec

◇地球人になった金星人オムネク・オネク―アセンションした星からのメッセージ　オムネク・オネク著, 益子祐司訳　徳間書店　2011.2　357p　20cm　(「超知」ライブラリー 061)　1900円　①978-4-19-863114-7

内容 地球での家族との出会い　新たな人生への旅立ち　楽園から奈落へ　金星人オディンとの再会と古代ホピ族の予言　刻み込まれた悪夢　自殺未遂と裁判の行方　自立への道　聖なる婚約と悪夢の再来　妊娠、逃亡、そして夢の終焉　初めての出産―魂の選択〔ほか〕　〔01457〕

◇DVDから語りかける金星人オムネク地球を救う愛のメッセージ―あなたもスターピープルの一人です！　オムネク・オネク著, 益子祐司訳　徳間書店　2011.12　237p　19cm　(「超知」ライブラリー 072)　〈付属資料：DVD-Video1枚 12cm：金星人オムネク・オネクからのメッセージ〉1900円　①978-4-19-863308-0

内容 物理的な体のバランスを整えましょう　自分の感情をコントロールする方法を学びましょう　あなたの過去世を知ることで、完成した魂へと導く　自分自身で考えるメンタル(知的)プロセスを取り戻す　エーテル界の働き　魂―本当の私　至高なる神性の法則　カルマをどのように受け入れるか　瞑想を実践しましょう　ソウルトラベルのテクニック〔ほか〕　〔01458〕

◇金星人オムネクとの対話―スターピープルたちにいま伝えたいこと　オムネク・オネク著, 益子祐司訳　TOブックス　2013.9　302p　19cm　1900円　①978-4-86472-185-1

内容 第1部 オムネクとの対話(金星人と地球人の架け橋となるために　あなたがアストラル次元に向かっていくために　他の惑星の仲間たちと共に歩んでいくために　地球の変容の時代を生き抜いていくために)　第2部 オムネク・オネク/全米放送TV出演紙上再現　〔01459〕

オーバービーク, エリード　Overbeek, Edzard J.C.

◇日本の未来について話そう―日本再生への提言 (Reimagining Japan)　マッキンゼー・アンド・カンパニー責任編集, クレイ・チャンドラー, エアン・ショー, ブライアン・ソーズバーグ編著　小学館　2011.7　416p　19cm　1900円　①978-4-09-388189-0

内容 独自性から強さを築く(ジョン・チェンバース, エザード・オーバービーク著)　〔01460〕

オバマ, バラク　Obama, Barack

◇地球が消滅する日―いま, 改めてヒロシマ, ナガサキ　近藤蒼一郎編　川口　蒼洋出版新社　2011.6　326p　22cm　1900円　①978-4-916076-00-7

内容 オバマ米大統領書面インタビュー 他(バラク・オバマ著, 読売新聞国際部訳)　〔01461〕

◇オバマ大統領再選勝利演説―勝利演説・指名受諾演説完全収録　オバマ〔述〕, 津吉襄, コスモピア編集部訳, コスモピア編集部編　完全保存版　コスモピア　2012.12　147p　21cm　〈表紙・背のタイトル：Obama's Re-election Victory〉 1200円　①978-4-86454-024-7　〔01462〕

オーバリー, リチャード　Overy, Richard

◇ビジュアル歴史図鑑20世紀 (20th CENTURY)　R.G.グラント, サリー・レーガン, スーザン・ケネディ著, リチャード・オーバリー監修・序文, 尾沢和幸訳　日経ナショナルジオグラフィック社　2013.9　319p　29cm　(NATIONAL GEOGRAPHIC)　〈年表あり 索引あり　発売：日経BPマーケティング〉4600円　①978-4-86313-194-1

内容 1900‐09　1910‐19　1920‐29　1930‐39　1940‐49　1950‐59　1960‐69　1970‐79　1980‐89　1990‐　〔01463〕

オハンロン, ビル　O'Hanlon, William Hudson

◇解決指向催眠実践ガイド―本当の自分を生かし, 可能性をひらくための：エリクソニアンアプローチ (A guide to trance land)　ビル・オハンロン著, 上地明彦訳　金剛出版　2011.11　158p　22cm　〈文献あり〉2600円　①978-4-7724-1222-3

内容 第1部 解決指向催眠の基本要素(許容　前提　スプリッティング(切り離し)　リンキング(結びつけ)　散りばめ　その他の基本要素)　第2部 解決指向催眠の実際(催眠言語　催眠の本質について知りたかったが、深くトランスに入り過ぎていて訊けなかったこと　クライエントがトランスに入った後、どうしたら望む成果をあげることができるのか？　包容的介入法　解決指向催眠ヒッチハイク・ガイド　痛みのトランス/癒しのトランス　エリクソニアンアプローチで行う催眠療法の手順　おわりに―トランスランド(催眠によるトランスの世界)から旅立ちます)　〔01464〕

◇可能性のある未来につながるトラウマ解消のクイック・ステップ―新しい4つのアプローチ (Quick Steps Resolving Trauma)　ビル・オハンロン著, 前田泰宏監訳, 内田由可里訳　金剛出版　2013.1　189p　22cm　〈文献あり〉3200円　①978-4-7724-1282-7

内容 第1章 インクルーシブセラピー―脱価値化された体験を再生する　第2章 未来による牽引―未来が現在をもたらすことを知っていましたか？　第3章 ボトルの形状―トラウマによって形成されたパターンを変える　第4章 再結合(再び繋がること)―トラウマの後の解離と断絶に挑戦する　第5章 ポストトラウマティックサクセス―危機を通り抜けて成長する　〔01465〕

オフィサー, アラナ　Officer, Alana

◇世界障害報告書 (World Report on Disability 2011)　アラナ・オフィサー, アレクサンドラ・ポサラック編, 長瀬修監訳, 石川ミカ訳　明石書店　2013.8　567p　22cm　〈索引あり〉7500円　①978-4-7503-3879-8

内容 第1章 障害に対する理解　第2章 障害―世界の状況　第3章 一般的な医療　第4章 リハビリテーション　第5章 アシスタンスと支援　第6章 可能にする環境　第7章 教育　第8章 就労と雇用　第9章 今後に向けて―勧告　〔01466〕

オ

オフェイロン, ショーン　O'Faoláin, Seán

◇アイルランド―歴史と風土　オフェイロン著, 橋本槙矩訳　岩波書店　2012.4　319p　15cm　(岩波文庫)　〈第10刷(第1刷1997年)〉 760円　①4-00-322311-X

内容 第1部 根(ケルト人とは？　偉大な神々の死　詩人たちの世界 ほか)　第2部 幹(基本的対立　ノルマン人の贈物　宗教的対立)　第3部 六つの枝(新農民　アングロ・アイリッシュ(英国系アイルランド人)　反逆者 ほか)　〔01467〕

オブズフェルド, モーリス　Obstfeld, Maurice

◇クルーグマンの国際経済学―理論と政策　下巻(金融編)　(International economics (8th ed.))　P.R.クルーグマン,M.オブズフェルド著, 山本章子, 伊藤博明, 伊能早苗, 小西紀嗣訳　ピアソン桐原　2011.2　512p　22cm　〈索引あり〉 4600円　①978-4-86401-007-8

内容 第3部 為替レートと開放経済のマクロ経済学(国民所得勘定および国際収支　為替レートと外国為替市場：為替レートの決定要因となるアセット・マーケット・アプローチ　貨幣、利子率、為替レート　長期的な価格水準と為替レート ほか)　第4部 国際マクロ経済政策(国際通貨制度、1870～1973年　変動相場制の下でのマクロ経済政策と協調　最適通過圏とヨーロッパの経験　国際資本市場：機能性と政策課題 ほか)　付録 数学に関する補足説明　〔01468〕

オブライエン, ドミニク　O'Brien, Dominic

◇記憶に自信のなかった私が世界記憶力選手権で8回優勝した最強のテクニック　(You Can Have an Amazing Memory)　ドミニク・オブライエン著, 梶浦真美訳　エクスナレッジ　2012.7　272p　19cm　〈年譜あり〉 1600円　①978-4-7678-1421-6

内容 あなたの記憶力、私の記憶力　記憶力トレーニングとの出会い　想像力と創造力　関連付けの力　関連付けの多面性　関連付けの鎖　連想結合法　ついに方法を見つけた！　究極の戦略「ジャーニー法」への道のり　ジャーニー法を使ってみる〔ほか〕　〔01469〕

オブライエン, パトリック・カール

◇アジアからみたグローバルヒストリー―「長期の18世紀」から「東アジアの経済的再興」へ　秋田茂編著　京都　ミネルヴァ書房　2013.11　343p　22cm　〈索引あり〉 4500円　①978-4-623-06717-6

内容 グローバル市民のためのグローバルヒストリー(パトリック・カール・オブライエン著, 中村武司訳)　〔01470〕

オブライエン, フィリップス

◇検証太平洋戦争とその戦略　3　日本と連合国の戦略比較　三宅正樹, 庄司潤一郎, 石津朋之, 山本文史編著　中央公論新社　2013.8　315p　20cm　〈索引あり〉 3200円　①978-4-12-004509-7

内容 ミッドウェー海戦後の連合国の戦略(フィリップス・オブライエン著, 山本文史訳)　〔01471〕

オブリ, イザベル　Aubry, Isabelle

◇それは6歳からだった―ある近親姦被害者の証言　(La première fois, j'avais six ans…)　イザベル・オブリ著, 小沢君江訳　緑風出版　2012.4　293p　20cm　〈文献あり〉 2500円　①978-4-8461-1202-8

内容 ポルト・ドーフィンヌ…　オブジェ　パパとわたしの小さな秘密　パパの家に移る　父がわたしにしたこと　犯罪人　地獄のあともうひとつの地獄　錯乱状態のなかで　助かる　死者の喪、生者の喪〔ほか〕　〔01472〕

オベルティ, マルコ

◇学校選択のパラドックス―フランス学区制と教育の公正　園山大祐編著　勁草書房　2012.2　240p　22cm　〈索引あり〉 2900円　①978-4-326-25073-8

内容 居住地域の社会的・教育的差異化(マルコ・オベルティ著, 荒井文雄訳)　〔01473〕

オマーティアン, ストーミー　Omartian, Stormie

◇ジュニアの祈りは聞かれる！　(The power of a praying kid)　ストーミー・オマーティアン著, 原田治子訳　いのちのことば社CS成長センター　2009.2　141p　19cm　1000円　①978-4-8206-0266-8　〔01474〕

◇わが子をいつまでも愛する祈り　(The power of praying for your adult children)　ストーミー・オマーティアン著, 土屋治子訳　いのちのことば社CS成長センター　2010.6　223p　19cm　1200円　①978-4-8206-0276-7　〔01475〕

◇10分間の祈り　(10 MINUTES TO POWERFUL PRAYER)　ストーミー・オマーティアン著, 内田みずえ訳　いのちのことば社CS成長センター　2011.11　159p　18cm　1000円　①978-4-8206-0294-1

内容 10分間の祈り―疑問に答えて　1 神様を神様として礼拝し、賛美しましょう　2 神様があなたの生活の主であると宣言しましょう　3 神様にあなたの一日の管理をお任せしましょう　4 からだ、心、頭を神様に従わせましょう　5 思いや行いにおける罪の告白をしましょう　6 神様の守りと御翼の陰を求めましょう　7 心の願いを神様に告げましょう　8 身近な人のために祈りましょう　9 周囲の世界のためにとりなしの祈りをしましょう　10 神様のみこころがなるように祈りましょう　〔01476〕

オマリー, マイケル　O'Malley, Michael

◇芸術家に学ぶリーダーシップ　(Every Leader Is an Artist)　マイケル・オマリー, ウィリアム・F.ベイカー著, 日暮美月訳　マグロウヒル・エデュケーション　2012.12　205p　19cm　〈発売：日本経済新聞出版社〉 1600円　①978-4-532-60527-8

内容 意志―リーダーシップは自分で生み出す　焦点―注目の中心を際立たせる　技術―リーダーとしてテクニックを磨く　フォルム―統一感を作り出す　表現―正しく伝えるための方法を工夫する　想像力―イマジネーションを駆使する　真正性―オリジナリティを重要視する　関心―好奇心の強い文化を作り出す　満足―個人に満足と充実感を与える　人間性―芸術とリーダーシップが生き残るために　批判―真剣に評価する　リーダーシップは本当に大事なのか？　リーダーシップの名匠たち　あるリーダーの物語　〔01477〕

オマル・ハイヤーム　Omar Khayyám
◇ノウルーズの書　守川知子, 稲葉穣訳注・校訂　京都　京都大学人文科学研究所附属東アジア人文情報学研究センター　2011.3　16, 106, 36p　26cm　(東方学資料叢刊 第19冊)〈附ペルシア語テキスト　伝ウマル・ハイヤーム著　文献あり〉　〔01478〕
◇ちくま哲学の森　8　自然と人生　鶴見俊輔, 安野光雅, 森毅, 井上ひさし, 池内紀編　筑摩書房　2012.4　448p　15cm　(〔ちくま文庫〕)　1300円　①978-4-480-42868-4
内容 ルバイヤートより(U.カイヤム著, 小川亮作訳)　〔01479〕

オーマン, ジェイソン　Oman, Jason
◇史上最高のセミナー(Conversations with millionaires)　マイク・リットマン, ジェイソン・オーマン共著, 河本隆行監訳　ポケット版　きこ書房　2011.7　407p　17cm　〈述：ジム・ローンほか〉1200円　①978-4-87771-278-5
内容 第1章 ジム・ローン「人は自分が向かう方向に進み、自分が考える方向に向かうものなんだ」　第2章 マーク・ビクター・ハンセン「収入の一割を納めた瞬間、『世の中』全体が自分に向かって開かれる」　第3章 ウォリー・"フェイマス"・エイモス「最初にイメージすることなく、人生で何かを手に入れることは不可能なんだ」　第4章 ジャック・キャンフィールド「自分の人生に一〇〇パーセント責任を持つ」　第5章 ロバート・アレン「夢と欲望と目標と情熱があれば、あなたも億万長者になれる」　第6章 シャロン・レクター「財務諸表は、実際の人生における通知表なのよ」　第7章 マイケル・ガーバー「事業を立ち上げる真の目的は、会社を売却することだ」　第8章 ジム・マッキャン「行動するかしないかを決める責任は、自分自身にあるんだよ」　第9章 ジェイ・コンラッド・レビンソン「内面的な決意こそが成功を現実のものにする」　〔01480〕

オライリー, ビル　O'Reilly, Bill
◇ケネディ暗殺50年目の真実(KILLING KENNEDY)　ビル・オライリー, マーティン・デュガード著, 江口泰子訳　講談社　2013.11　350p　19cm　2000円　①978-4-06-218516-5　〔01481〕

オラサバル, エルナン・アマット
◇アンデス世界―交渉と創造の力学　染田秀藤, 関雄二, 網野徹哉編　京都　世界思想社　2012.4　448p　22cm　〈他言語標題：LOS ANDES　文献あり　索引あり〉3900円　①978-4-7907-1554-2
内容 インカ国家の領土拡大をめぐって(エルナン・アマット・オラサバル執筆, 染田秀藤監訳, 佐藤吉文訳)　〔01482〕

オラフリン, ジェームズ　O'Loughlin, James
◇バフェットの経営術―バークシャー・ハサウェイを率いた男は投資家ではなかった(THE REAL WARREN BAFFETT)　ジェームズ・オラフリン著, 長尾慎太郎監修, 井田京子訳　パンローリング　2013.2　389p　20cm　(ウィザードブックシリーズ 203)　2000円　①978-4-7759-7170-0
内容 ウォーレン・バフェットの本質　第1部 人々のリーダー(バークシャー・ハサウェイと組織由来の旧習　リーダーシップと資産配分　買収を成功させる　保険会社―ウォーレン・バフェットの銀行)　第2部 資産運用(頼りになる男　コア・コンピタンス領域)　第3部 オーナーのように行動するために(ユーザーマニュアル　幻想のコンピタンス領域の効力　将来理解できること)　〔01483〕

オラフリン, マイケル　O'Laughlin, Michael
◇ヘンリ・ナウエン―その生涯とビジョン(Henri Nouwen)　マイケル・オラフリン著, 広戸直江訳　聖公会出版　2012.11　205p　21cm　2000円　①978-4-88274-234-0
内容 海のそばの低地地帯　家族　司祭ごっこ　第二次世界大戦　神学校　オランダの神学　アルフリンク枢機卿　第二バチカン公会議　大学での教育　アメリカに呼ばれて〔ほか〕　〔01484〕

オーランダー, ステファン　Olander, Stefan
◇ベロシティ思考―最高の成果を上げるためのクリエイティブ術(velocity)　アジャズ・アーメッド, ステファン・オーランダー著, 白倉三紀子, 杉本しのぶ訳　パイインターナショナル　2012.8　357p　19cm　〈文献あり 索引あり〉1800円　①978-4-7562-4289-1
内容 第1章 銃の前では、最強の手札も無力になる。　第2章 行うは易く、言うは難し。　第3章 最高の広告は、広告ではない。　第4章 手軽さは、正しさの敵である。　第5章 そこに「人」がいることを忘れずに。　第6章 最高のジョークも、会議にかけるとダメになる。　第7章 自分自身よりも大きな目標をもて。　〔01485〕

オーランド, アンジェラ・M.
◇ライフコース研究の技法―多様でダイナミックな人生を捉えるために(The Craft of Life Course Research)　グレン・H.エルダー,Jr., ジャネット・Z.ジール編著, 本田時雄, 岡林秀樹監訳, 登張真稲, 中尾暢見, 伊藤教子, 磯谷俊仁, 玉井航太, 藤原善美訳　明石書店　2013.7　470p　22cm　〈文献あり 索引あり〉6700円　①978-4-7503-3858-3
内容 ライフコースにおける累積過程(アンジェラ・M.オーランド著, 伊藤教子訳)　〔01486〕

オーランド, クラウディア
◇世界のビジネス・アーカイブズ―企業価値の源泉　渋沢栄一記念財団実業史研究情報センター編　日外アソシエーツ　2012.3　272p　19cm　〈発売：紀伊国屋書店〉3600円　①978-4-8169-2353-1
内容 アンサルド財団(クラウディア・オーランド著, 中山貴子訳)　〔01487〕

オリヴァー, ニール
◇世界一素朴な質問、宇宙一美しい答え―世界の第一人者100人が100の質問に答える(BIG QUESTIONS FROM LITTLE PEOPLE)　ジェンマ・エルウィン・ハリス編, 西田美緒子訳, タイマタカシ絵　河出書房新社　2013.11　298p　22cm　2500円　①978-4-309-25292-6
内容 世界ではじめて金属のものを作ったのはだれ？(ニール・オリヴァー)　〔01488〕

オ

オリヴィエ, ベルナール　Ollivier, Bernard

◇ロング・マルシュ長く歩く―アナトリア横断（LONGUE MARCHE）　ベルナール・オリヴィエ〔著〕, 内藤伸夫, 渡辺純訳　藤原書店　2013.6　426p　20cm　3200円　①978-4-89434-919-3

内容 道のはじまる町々　木こり哲学者　ミサーフィルペルヴェルリキ（もてなし）　疑念　カンガル犬　ウェニ、ウィディ…（来た、見た…）　千キロメートル　ジャンダルマ…　キャラバンサライ　女たち　そして盗賊　高地の憂鬱　大きな痛み　〔01489〕

オリゲネス

◇アジアの顔のキリスト　ホアン・カトレット編, 高橋敦子訳　名古屋　新世社　2010.10　175, 32p　16cm　〈文献あり〉1200円　①978-4-88382-100-6

内容 イエスを胸に抱いて（オリゲネス）　〔01490〕

◇古代教会の説教　小高毅編　教文館　2012.1　347p　21cm　（シリーズ・世界の説教）　3400円　①978-4-7642-7335-1

内容 エン・ドルの口寄せ女（サムエル記上講話）他（オリゲネス）　〔01491〕

オリゲネス（アレキサンドリアの）

◇アジアの顔のキリスト　ホアン・カトレット編, 高橋敦子訳　名古屋　新世社　2010.10　175, 32p　16cm　〈文献あり〉1200円　①978-4-88382-100-6

内容 わたしの足は汚れています（アレキサンドリアのオリゲネス）　〔01492〕

オリバー, パム

◇西オーストラリア‐日本（にっぽん）交流史―永遠の友情に向かって（An enduring friendship）　デイビッド・ブラック, 曽根幸子編著, 有吉宏之, 曽根幸子監訳　日本評論社　2012.2　391p　22cm　〈タイトル：西オーストラリア‐日本交流史〉3000円　①978-4-535-58613-0

内容 西オーストラリア州日本人の家族ビジネス 他（パム・オリバー著）　〔01493〕

オルグネル, ファフレッティン　Olguner, Fahrettin

◇ファーラービーの哲学―ギリシア哲学をアラビア・イスラーム世界に定着させた中世イスラームの大哲学者（FÂRÂBÎ）　ファフレッティン・オルグネル著, 三箇文夫訳　幻冬舎ルネッサンス　2012.8　259p　20cm　〈著作目録あり〉1700円　①978-4-7790-0593-0

内容 第1章 ファーラービーについて　第2章 ファーラービーとは如何なる人物か　第3章 ファーラービーの育った文化と思想体系　第4章 多様な文化と思想体系に対するファーラービー　第5章 ファーラービーの学問的性格と業績　第6章 ファーラービーの哲学　第7章 イスラーム世界における音楽とファーラービー　第8章 思想と人間性におけるファーラービー　第9章 ファーラービーより抜粋　〔01494〕

オールコック, ラザフォード　Alcock, Sir Rutherford

◇長崎から江戸へ―1861年日本内地の旅行記録（Narrative of a journey through the interior of Japan, from Nagasaki to Yeddo）　ラザフォード・オールコック著, 山本秀峰編・訳　露蘭堂　2011.11　153p　22cm　〈付・英国議会報告書日本情勢に関する書簡―オールコック氏からラッセル卿宛 チャールズ・ワーグマン「日本の生活」「日本でのスケッチ」「九州横断騎馬旅行」「大坂から江戸」（イラストレイテッド・ロンドン・ニュース記事）　画：チャールズ・ワーグマン　年表あり　文献あり　発売：ナウカ出版営業部（富士見）〉3000円　①978-4-904059-52-4

内容 長崎から江戸へ―一八六一年日本内地の旅行記録（旅行の目的　長崎街道―長崎から下関へ　兵庫、大坂、奈良、伊賀、伊勢）　英国議会報告書日本情勢に関する書簡 オールコック氏からラッセル卿宛　チャールズ・ワーグマンイラストレイテッド・ロンドン・ニュース記事（日本の生活　日本でのスケッチ　日本の九州横断騎馬旅行　日本の旅大坂から江戸）　〔01495〕

◇富士山に登った外国人―幕末・明治の山旅　山本秀峰編訳, 村野克明訳　露蘭堂　2012.11　247p　22cm　〈年表あり　文献あり　発売：ナウカ出版営業部（富士見）〉3400円　①978-4-904059-53-1

内容「富士登山と熱海の硫黄温泉訪問」より（ラザフォード・オールコック著）　〔01496〕

オルセン, マーク　Olssen, Mark

◇グローバル化・社会変動と教育　1　市場と労働の教育社会学（EDUCATION, GLOBALIZATION AND SOCIAL CHANGE（抄訳））　ヒュー・ローダー, フィリップ・ブラウン, ジョアンヌ・ディラボー,A.H.ハルゼー編, 広田照幸, 吉田文, 本田由紀編訳　東京大学出版会　2012.4　354p　22cm　〈文献あり〉4800円　①978-4-13-051317-3

内容 新自由主義・グローバル化・民主主義―教育の課題 他（マーク・オルセン著, 田原宏人訳）　〔01497〕

オールソップ, ナイジェル　Allsopp, Nigel

◇世界の軍用犬の物語（CRY HAVOC）　ナイジェル・オールソップ著, 河野肇訳　エクスナレッジ　2013.7　301p 図版16p　19cm　〈文献あり〉1800円　①978-4-7678-1619-7

内容 第1部 軍用犬の歴史（軍用犬の起源　軍用犬の歴史　軍用犬の種類　軍用犬の役割　捕虜の監視と治安維持　特殊部隊の軍用犬軍用犬の防護　軍用犬のメモリアル　マスコット犬とコンパニオン犬　創作救助犬）　第2部 世界の軍用犬（イギリス　北アメリカと中央アメリカ　スカンジナビア　西ヨーロッパ　旧ソ連邦諸国　東ヨーロッパ　地中海諸国　中東諸国　アジア諸国　東南アジア　南アメリカ　オセアニア　アフリカ諸国　軍用犬の未来）　〔01498〕

オルソン, パーミー　Olson, Parmy

◇我々はアノニマス―天才ハッカー集団の正体とサイバー攻撃の内幕（WE ARE ANONYMOUS）　堀江貴文序文・監修, パーミー・オルソン著, 竹内薫訳　ヒカルランド　2013.10　477p　19cm　2000円　①978-4-86471-157-9

内容 1 我々はアノニマスである（不意の攻撃が始まった！　4チャンとアノニマスの起源　みんな、ここに集まろう ほか）　2 名声を競う（追いつめられる精鋭たち　アノニマスからの離脱　弱者を救う「革命」を語る ほか）　3 暴かれた正体（安らかに眠れ、トピア

リ　現実世界のサブ　ケイラの正体とアノニマスの未来)　〔01499〕

オルター, アダム　Alter, Adam L.

◇心理学が教える人生のヒント (DRUNK TANK PINK)　アダム・オルター著, 林田陽子訳　日経BP社　2013.12　346p　19cm　〈索引あり　発売：日経BPマーケティング〉2000円　①978-4-8222-8516-6　〔01500〕

オルティス・ヌエボ, ホセ・ルイス　Ortiz Nuevo, José Luis

◇集いと娯楽の近代スペイン―セビーリャのソシアビリテ空間 (Los espacios de la sociabilidad Sevillana)　アルベルト・ゴンサレス・トゥロヤーノ, イサベル・ゴンサレス・トゥルモ, フランシスコ・バスケス・ガルシア, アンドレス・モレーノ・メンヒバル, ホセ・ルイス・オルティス・ヌエボ著, 岡住正秀, 畠中昌教, 椎名浩, 辻博子, 塩見千加子訳　彩流社　2011.10　263, 20p　22cm　〈年表あり　索引あり〉2800円　①978-4-7791-1658-2

内容 カフェ・カンタンテー新聞はどう見たのか(ホセ・ルイス・オルティス・ヌエボ著, 塩見千加子訳)　〔01501〕

オルテガ・イ・ガセー, J.　Ortega y Gasset, José

◇ちくま哲学の森　2　世界を見る　鶴見俊輔, 安野光雅, 森毅, 井上ひさし, 池内紀編　筑摩書房　2011.10　440p　15cm　1200円　①978-4-480-42862-2

内容 密集の事実(オルテガ・イ・ガセー著, 桑名一博訳)　〔01502〕

オルデンバーグ, レイ　Oldenburg, Ray

◇サードプレイス―コミュニティの核になる「とびきり居心地よい場所」(THE GREAT GOOD PLACE)　レイ・オルデンバーグ〔著〕, 忠平美幸訳　みすず書房　2013.10　480, 35p　20cm　〈解説：マイク・モラスキー　文献あり　索引あり〉4200円　①978-4-622-07780-0

内容 第1部(アメリカにおける場所の問題　サードプレイスの特徴　個人が受ける恩恵　もっと良いこと)　第2部(ドイツ系アメリカ人のラガービール園　メインストリート　イギリスのパブ　フランスのカフェ　アメリカの居酒屋　古典的なコーヒーハウス)　第3部(厳しい環境　男女とサードプレイス　若者を締め出すということ　めざすは、よりよい時代…と場所)　〔01503〕

オルデンベルク, ヘルマン　Oldenberg, Hermann

◇仏陀―その生涯、教理、教団 (Buddha)　ヘルマン・オルデンベルク著, 木村泰賢, 景山哲雄訳　書肆心水　2011.5　379p　22cm　6500円　①978-4-902854-86-2　〔01504〕

オールド, ヒューズ・オリファント　Old, Hughes Oliphant

◇改革派教会の礼拝―その歴史と実践 (Worship (増補改訂版))　H.O.オールド著, 金田幸男, 小峯明訳　教文館　2012.10　299, 22p　21cm　〈文献あり　索引あり〉2900円　①978-4-7642-7350-4

内容 第1章 いくつかの基本原理　第2章 洗礼　第3章 主の日　第4章 賛美の務め　第5章 御言葉の務め　第6章 祈りの務め　第7章 主の晩餐　第8章 日々の祈り　第9章 施し(慈善の献金)　第10章 伝統と実践　〔01505〕

オルドネツ, ヴィクター

◇転換期の教育改革―グローバル時代のリーダーシップ (Changing education)　ピーター・D.ハーショック, マーク・メイソン, ジョン・N.ホーキンス編著, 島川聖一郎, 高橋貞雄, 小原一仁監訳　町田　玉川大学出版部　2011.7　377p　22cm　〈文献あり〉6200円　①978-4-472-40430-6

内容 リーダーシップの役割の変化(ヴィクター・オルドネツ著)　〔01506〕

オルトマン, アンドレアス　Ortmann, Andreas

◇ビジネスとしての高等教育―営利大学の勃興 (Earnings from learning)　デビッド・W.ブレネマン, ブライアン・パッサー, サラ・E.ターナー編著, 田部井潤監訳, 渡部晃正, 栗栖淳, 遠藤克弥訳　出版研　2011.6　265p　22cm　〈文献あり　索引あり　発売：人間の科学新社〉2800円　①978-4-8226-0291-8

内容 資本のロマンス―なぜウォール街は高等教育に恋したのか(アンドレアス・オルトマン著, 遠藤克弥訳)　〔01507〕

オルドリカ, L.

◇新興国家の世界水準大学戦略―世界水準をめざすアジア・中南米と日本 (World-Class Worldwide)　フィリップ・G.アルトバック, ホルヘ・バラン編, 米沢彰純監訳　東信堂　2013.5　386p　22cm　〈索引あり〉4800円　①978-4-7989-0134-3

内容 学問の最高峰機関(L.オルドリカ,B.パッサー執筆, 阿部和子訳)　〔01508〕

オルドリッチ, リチャード　Aldrich, Richard

◇教育の世紀 (A century of education)　リチャード・オルドリッチ編著, 山内乾史, 原清治監訳　学文社　2011.9　248p　22cm　2800円　①978-4-7620-2209-8

内容 イントロダクション　第1章 初等教育　第2章 中等教育　第3章 高等教育　第4章 教員　第5章 生徒と学生　第6章 カリキュラム　第7章 資格と評価　結論　〔01509〕

◇イギリス・ヴィクトリア期の学校と社会―ジョゼフ・ペインと教育の新世界 (SCHOOL AND SOCIETY IN VICTORIAN BRITAIN)　リチャード・オルドリッチ著, 本多みどり訳　岡山　ふくろう出版　2013.8　316p　21cm　〈文献あり　索引あり〉3000円　①978-4-86186-563-3

内容 第1章 ベリー・セント・エドマンズからグローヴ・ヒル・ハウスへ　第2章 デンマーク・ヒル・グラマー・スクール　第3章 レザヘッドからキルデア・ガーデンズへ　第4章 カレッジ・オブ・プリセプターズ　第5章 プロフェッサー・オブ・エデュケーション　第6章 批評家・改革家としてのペイン　第7章 教育の科学と技芸　第8章 教育を歴史と比較の側面から見る　第9章 結論　〔01510〕

オ

オールブライト, W.F.　Albright, William Foxwell
◇石器時代からキリスト教まで―唯一神教とその歴史的過程　W.F.オールブライト著, 小野寺幸也訳, 木田献一監修　日本キリスト教団出版局　2013.3　445p　22cm　(聖書学古典叢書)　〈年表あり 索引あり〉6000円　①978-4-8184-0826-5
内容 第1章 歴史における新しい地平　第2章 有機的歴史哲学を目指して　第3章 プラエパラティオ(準備)　第4章 イスラエルが子供であったとき…(ホセア書11：1)　第5章 カリスマとカタルシス(霊の賜物と浄化)　第6章 時満ちて…(ガラテヤ4：4)〔01511〕

オールベリ, マウリ
◇フィンランドの高等教育ESDへの挑戦―持続可能な社会のために(Towards sustainable development in higher education-reflections)　フィンランド教育省, タイナ・カイヴォラ, リーサ・ローヴェーデル編著, 斎藤博次, 開竜美監訳, 岩手大学ESDプロジェクトチーム訳　明石書店　2011.4　201p　21cm　〈文献あり〉2500円　①978-4-7503-3377-9
内容 ESDの理論的土台(タイナ・カイヴォラ, マウリ・オールベリ著, 斎藤博次訳)〔01512〕

オルベーンズ, フィリップ・E.　Orbanes, Philip E.
◇投資とお金の大事なことはモノポリーに学べ!(MONOPOLY, MONEY, AND YOU)　フィリップ・E.オルベーンズ著, 千葉敏生訳, 岡田豊監修　日本実業出版社　2013.12　222p　19cm　1500円　①978-4-534-05134-9〔01513〕

オルレアン, アンドレ　Orléan, André
◇貨幣主権論(LA MONNAIE SOUVERAINE)　M.アグリエッタ,A.オルレアン編, 坂口明義監訳, 中野佳裕, 中原隆幸訳　藤原書店　2012.6　650p　22cm　〈索引あり〉8800円　①978-4-89434-865-3
内容 自己準拠貨幣(アンドレ・オルレアン著)〔01514〕
◇世界をダメにした経済学10の誤り―金融支配に立ち向かう22の処方箋(MANIFESTE D'ÉCONOMISTES ATTERRÉS)　フィリップ・アシュケナージ, アンドレ・オルレアン, トマ・クトロ, アンリ・ステルディニアック著, 林昌宏訳　明石書店　2012.12　113p　20cm　1200円　①978-4-7503-3732-6
内容 定説の誤り(金融市場は効率的である　金融市場は経済成長に資する　国の債務返済能力を正確に見極めるのは市場だ　公的債務を膨張させたのは国の過剰な支出だ　公的債務を削減するためには、国の支出を減らすべきだ　われわれの過剰な支出は、公的債務となって将来世代の負担になる　市場の機嫌を損ねると、公的債務は行き詰まる　ヨーロッパ型社会モデルを保護するのはEUだ　危機の際、単一通貨ユーロは防御壁になる　ギリシア危機により、ようやく経済政府への道筋が切り開かれ、ヨーロッパの連帯感が強まった)　結論 経済政策について議論し、EUを再構築するための道筋を描き出す〔01515〕
◇価値の帝国―経済学を再生する(L'EMPIRE DE LA VALEUR)　アンドレ・オルレアン〔著〕, 坂口明義訳　藤原書店　2013.11　353p　22cm　〈文献あり〉5500円　①978-4-89434-943-8〔01516〕

オレイリー, アーサー　O'Reilly, Arthur
◇ディーセント・ワークへの障害者の権利(The right to decent work of persons with disabilities)　アーサー・オレイリー著　改訂版　Tokyo　International Labour Office　2008　131p　24cm　〈文献あり〉2000円　①978-92-2-820148-2〔01517〕

オレガリオ, ロウェナ　Olegario, Rowena
◇P&Gウェイ―世界最大の消費財メーカーP&Gのブランディングの軌跡(Rising Tide：Lessons from 165 Years of Brand Building at Procter & Gamble)　デーヴィス・ダイアー, フレデリック・ダルゼル, ロウェナ・オレガリオ著, 足立光, 前平謙二訳　東洋経済新報社　2013.7　353, 27p　21cm　3500円　①978-4-492-54010-7
内容 第1部 黎明期(一八三七～一九四五年)(P&Gの誕生(一八三七～九〇年)　企業基盤の確立(一八九〇～一九四五年) ほか)　第2部 P&G流マーケティングの確立(一九四五～八〇年)(各種消費財への事業拡大(一九四五～八〇年)　伝説的ブランド―クレストとパンパース)　第3部 世界市場への進出(一九八〇～九〇年)(グローバルへの展開(一九八〇～九〇年)　日本市場での教訓 ほか)　第4部 縮小市場での模索(一九九〇年～)(一九九〇年代の組織改革　サプライチェーン再構築 ほか)〔01518〕

オレル, デイヴィッド　Orrell, David
◇なぜ経済予測は間違えるのか?―科学で問い直す経済学(Economyths)　デイヴィッド・オレル著, 松浦俊輔訳　河出書房新社　2011.2　315p　20cm　〈文献あり〉2400円　①978-4-309-24541-6
内容 第1章「ニュートン力学」で読む経済法則―経済は数学で表せると思ってはいけない　第2章「ブラウン運動」で読む人の動き―群集心理が無視できない理由　第3章「つりあい」で読む市場―「見えざる手」は信用できない　第4章「パスカルの三角形」で読む価格変動―リスクモデルのリスクを知る　第5章「無理数」で読むホモ・エコノミクス―効率では割り切れない　第6章「陰陽原理」で読む経営―男女不均衡が与える悪影響　第7章「対称性」で読む経済格差―金持ちしか儲からない世界を変える　第8章「ミツバチ」で読む経済成長―成長し続けるという誤解　第9章「比較の心理」で読む豊かさと幸福―お金と幸せの奇妙な関係　第10章「ファジイな倫理」抜きでは読めない経済―新しい経済学へ〔01519〕
◇経済学とおともだちになろう(Introducing Economics)　デイヴィッド・オレル著, ボリン・ヴァン・ルーン絵, 望月衛訳　東洋経済新報社　2012.9　174p　21cm　〈文献あり〉1600円　①978-4-492-31429-6
内容 経済学とは?　古の貨幣　ピタゴラス　天球の和声　オイコノミコス　プラトンの『国家』　アリストテレス　対のシステム　有限対無限　アリストテレスの言葉を広める〔ほか〕〔01520〕

オレン, マイケル・B.　Oren, Michael B.
◇第三次中東戦争全史(Six days of war)　マイケル・B.オレン著, 滝川義人訳　原書房　2012.2　600, 108p　22cm　〈索引あり　文献あり〉6800

円　①978-4-562-04761-1
内容 第1章 背景　第2章 触媒　第3章 危機　第4章 秒読　第5章 戦闘—第一日、六月五日　第6章 戦闘—第二日、六月六日　第7章 戦闘—第三日、六月七日　第8章 戦闘—第四日、六月八日　第9章 戦闘—第五日、六月九日　第10章 戦闘—第六日、六月一〇日　第11章 余波　巻末付録 インタビュー—マイケル・オレン×フアド・アジャミ　〔01521〕

オレンスタイン, ペギー　Orenstein, Peggy
◇プリンセス願望には危険がいっぱい（Cinderella Ate My Daughter）　ペギー・オレンスタイン〔著〕, 日向やよい訳　東洋経済新報社　2012.11　284, 23p　19cm　〈文献あり〉1600円　①978-4-492-22328-4
内容 第1章 なぜ、男の子がいいと思ったか　第2章 シンデレラのどこがいけないの？　第3章 ピンクだらけ！　第4章 女の子と男の子　第5章 輝いて、かわいいおチビちゃん！　第6章 ピストルといばら姫　第7章 清純からふしだらへ：ディズニープリンセスの変身　第8章 マントの威力　第9章 あなたとわたしと622人のボーイフレンドの間だけの話　第10章 真のガール・パワーとは　〔01522〕

オレンダー, ピョートル　Olender, Piotr
◇日露海戦1905　vol.1（旅順編）（Russo-Japanese naval war 1905）　ピョートル・オレンダー著, 平田光夫訳　大日本絵画　2011.1　143p　30cm　3200円　①978-4-499-23036-0
内容 開戦までの経緯　両軍の戦力　開戦　仁川沖海戦　旅順港第一次攻撃と旅順海戦—1904年2月9日　旅順近海でのロシア軍機雷敷設作戦、1904年2月　ロシア旅順艦隊への追加攻撃と第1回旅順口閉塞作戦　日本陸軍第一軍の韓国上陸と鴨緑江会戦　日本海軍の第1回旅順港砲撃　日本海軍の第2回旅順港砲撃〔ほか〕　〔01523〕

オーロット, パトリシア・J.
◇リーダーシップ開発ハンドブック（The center for creative leadership）　C.D.マッコーレイ,R.S.モクスレイ,E.V.ヴェルサ編, 金井寿宏監訳, 嶋村伸明, リクルートマネジメントソリューションズ組織行動研究所訳　白桃書房　2011.3　463p　22cm　〈文献あり 索引あり〉4700円　①978-4-561-24546-9
内容 仕事の割り当て（パトリシア・J.オーロット著）　〔01524〕

オング, アイファ　Ong, Aihwa
◇《アジア》、例外としての新自由主義—経済成長は、いかに統治と人々に突然変異をもたらすのか？（NEOLIBERALISM AS EXCEPTION）　アイファ・オング著, 加藤敦典, 新ケ江章友, 高原幸子訳　作品社　2013.8　405p　20cm　〈文献あり〉3200円　①978-4-86182-444-9
内容 第1部 アジアの“倫理”をめぐる闘争—性、宗教、民族（女たちの団結—「穏健なイスラーム」とフェミニストの徳　グローバル華人—サイバー公共空間とディアスポラ的中国政治の落とし穴）　第2部 アジアのガバナンス（統治空間）（段階づけられた主権　東アジアにおける特別区のテクノロジー）　第3部 新たな人工空間「ラチチュード」—人的資本、専門技能はいかに展開するのか？（水平軸（latitude）、あるいは市場はいかにして統治性の範囲を拡張するか　グローバル空間における高等教育 ほか）　第4部 新興国、その現れの影、あるいは新興都市の憂鬱（バロックな生態系、沸騰するシンガポール　生地図作成…メイド、新奴隷制、NGO ほか）　〔01525〕

オンケン, ウィリアム, Jr.　Oncken, William, Jr.
◇1分間マネジャーの時間管理—働きすぎを解消する仕事のさばき方（THE ONE MINUTE MANAGER MEETS THE MONKEY）　ケン・ブランチャード, ウィリアム・オンケン・ジュニア, ハル・バローズ著, 永井二菜訳　パンローリング　2013.3　183p　19cm　（フェニックスシリーズ 8）〈ダイヤモンド社 1990年刊の新訳改訂〉1300円　①978-4-7759-4111-9
内容 二年前の私　管理職に昇進　上司の苦言　“1分間マネジャー”に相談　管理職のジレンマ　諸悪の根源“サル”の正体　飼い主は誰？　負のスパイラル　結論　“1分間マネジャー”、ビル・オンケンと出会う〔ほか〕　〔01526〕

【カ】

カー, アレックス　Kerr, Alex
◇対談 世流に逆らう—佐伯快勝×アレックス・カー　佐伯快勝, アレックス・カー著　豊岡　北星社　2012.6　143p　21cm　1800円　①978-4-939145-33-9
内容 第1章 佐伯快勝、アレックス・カーを浄瑠璃寺に迎える　第2章 佐伯快勝×アレックス・カー対談 自然・日本人・文明を語る（誰も犠牲にしないという精神　日本人の曖昧な宗教観と優しい自然観　風景・文化・人間関係を観光によって取り戻す　偉大なるものの力を感じ始めた日本人）　第3章 点描 アレックス・カー　〔01527〕

カー, アレン　Carr, Allen
◇安心セラピー—あなたの心配グセを治す（Allen Carr's no more worrying）　アレン・カー著, 阪本章子訳　ロングセラーズ　2011.12　202p　18cm　（LONGSELLER MOOK FOR PLEASURE READING）　905円　①978-4-8454-0890-0
内容 心を開く—心得1　ポジティブに物事を考える—ルール1　心配事がある場合、まず解決策があるかどうかを考える—ルール2　何かを心配するまえに、最悪のケースを想像してみる—ルール3　ワクワクした気分で始める—心得2　自分が「分からないこと」を認める—ルール4　恐怖心は「敵」だとか、自分の「欠点」だと思わないこと—ルール5　済んだことを後悔しない—ルール6　失敗を恐れないこと—ルール7　将来に投資しよう—ルール8〔ほか〕　〔01528〕

カ, ウホウ＊　河 宇鳳
⇒ハ, ウボン

カ, エンメイ＊　夏 遠鳴
◇客家の創生と再創生—歴史と空間からの総合的再検討　瀬川昌久, 飯島典子編　風響社　2012.2　240p　22cm　〈索引あり〉5000円　①978-4-

89489-180-7
内容 「客都」の変遷(夏遠鳴執筆, 河合洋尚訳)〔01529〕

カ, カ* 華 夏
◇東アジア平和共同体の構築と国際社会の役割―「IPCR国際セミナー」からの提言 宗教平和国際事業団, 世界宗教者平和会議日本委員会編, 真田芳憲監修 佼成出版社 2011.9 336, 4p 18cm (アーユスの森新書 003 中央学術研究所編) 900円 ①978-4-333-02507-7
内容 歴史を鏡とし、未来を志向する(華夏述, 崔延花訳)〔01530〕

カ, カンシ* 何 幹之
◇新編原典中国近代思想史 第5巻 国家建設と民族自救―国民革命・国共分裂から一致抗日へ 野村浩一, 近藤邦康, 並木頼寿, 坂元ひろ子, 砂山幸雄, 村田雄二郎編 野村浩一, 近藤邦康, 村田雄二郎責任編集 岩波書店 2010.12 392, 6p 22cm 〈年表あり〉5400円 ①978-4-00-028225-3
内容 中国社会性質問題論戦(抄)(何幹之著, 竹元規人訳)〔01531〕

カ, ケイセン* 賈 蕙萱
◇相互探究としての国際日本学研究―日中韓文化関係の諸相 法政大学国際日本学研究所編 法政大学国際日本学研究センター 2013.3 462p 21cm (国際日本学研究叢書 18)
内容 雨ニモマケズ(賈蕙萱著, 朱江訳)〔01532〕
◇東アジアの中の日本文化―日中韓文化関係の諸相 王敏編著 三和書籍 2013.9 462p 22cm (国際日本学とは何か?) 3800円 ①978-4-86251-155-3
内容 雨ニモマケズ(賈蕙萱著, 朱江訳)〔01533〕

カ, コウウン* 賈 向雲
◇21世紀の思想的課題―転換期の価値意識 大阪経済法科大学アジア太平洋研究センター、北京大学哲学系共催日中哲学シンポジウム論文集 岩佐茂, 金泰明編, 李洪权訳 国際書院 2013.10 425p 21cm (アジア太平洋研究センター叢書 4) 〈他言語標題 : The Philosophical Problematique of the 21st Century 会期・会場 : 2011年9月16日、17日 北京大学内国際会議場 共催 : 大阪経済法科大学アジア太平洋研究センター 北京大学哲学系 索引あり〉6000円 ①978-4-87791-249-9
内容 晩年期マルクスの哲学思想の革新について(王東, 賈向雲著, 李洪権訳)〔01534〕

カ, サンブン* 何 山文
◇相互探究としての国際日本学研究―日中韓文化関係の諸相 法政大学国際日本学研究所編 法政大学国際日本学研究センター 2013.3 462p 21cm (国際日本学研究叢書 18)
内容 中国日本史学会の成立と発展(何山文著, 相沢瑠璃子訳)〔01535〕
◇東アジアの中の日本文化―日中韓文化関係の諸相 王敏編著 三和書籍 2013.9 462p 22cm (国際日本学とは何か?) 3800円 ①978-4-86251-155-3
内容 中国日本史学会の成立と発展(何山文著, 相沢瑠璃子訳)〔01536〕

カ, シュクギ* 何 淑宜
⇒ハ, スクウィ*

カ, シュンズイ 何 春蕤
◇「性/別」攪乱―台湾における性政治 何春蕤著, 舘かおる, 平野恵子編, 大橋史恵, 張瑋容訳 御茶の水書房 2013.12 263, 25p 21cm (シリーズ〈国際ジェンダー研究〉別巻3) 〈文献あり 年譜あり〉3800円 ①978-4-275-01055-1
内容 バックグラウンド. ポルノグラフィと女性の性的行為主体性. セックスワークにおけるセルフ・エンパワーメントと職業的行為遂行性. スパイス・ガールズから「援助交際」へ. 反人身売買から社会的規律へ. アイデンティティの具現化. トラブルの撲滅. トラブルの統御. トラブルの統治. ジェンダー統治をめぐる新たな政治〔01537〕

カ, ショウユウ 河 昌佑
⇒ハ, チャンウ

カ, タイケイ 河 泰慶
⇒ハ, テギョン

カ, チカイ* 河 智海
⇒ハ, ジヘ

カー, トーマス・K. Carr, Thomas K.
◇株式超短期売買法―ミクロトレンドを使ったスキャルピング法 (Micro-Trend Trading for Daily Income) トーマス・K.カー著, 長尾慎太郎監修, 山下恵美子訳 パンローリング 2013.2 241p 22cm (ウィザードブックシリーズ 202) 3800円 ①978-4-7759-7169-7
内容 ミクロトレンドトレードとは? 第1部 準備編(ミクロトレンドトレードのワークステーション ミクロトレンドトレードに打ってつけの市場 ミクロトレンドトレードを成功に導くための5つのステップ 注文の種類、損切り、手仕舞い目標) 第2部 ワンデイ・ミクロトレンドシステム(ブレッドアンドバター・システム 5分トレンド・トレードシステム VIXリバーサルシステム ランチタイムスキャルピング・システム アフタヌーンリバーサル・システム) 第3部 マルチデイ・ミクロトレンドシステム(オーバーナイトトレード・システム スナップバック・ボリンジャーバンド・システム ターン・オブ・ザ・マンス・システム) 第4部 補遺(トレードとはギャンブルなのか 最後のことば)〔01538〕

カ, ヒョウ* 夏 冰
◇新史料からみる中国現代史―口述・電子化・地方文献 高田幸男, 大沢肇編著 東方書店 2010.12 353p 22cm 〈文献あり 索引あり〉3800円 ①978-4-497-21017-3
内容 蘇州新史料の発掘と運用(夏冰著, 関智英訳)〔01539〕

カー, ファーガス Kerr, Fergus
◇二十世紀のカトリック神学―新スコラ主義から婚

姻神秘主義へ（Twentieth-century Catholic theologians）　ファーガス・カー著, 前川登, 福田誠二監訳　教文館　2011.9　375, 13p　21cm　〈索引あり〉3800円　①978-4-7642-7331-3　〔01540〕

ガ, ヘイ*　賀平

◇なぜリージョナリズムなのか　中逵啓示編　京都　ナカニシヤ出版　2013.6　344p　21cm　〈他言語標題 ： Why Regionalism Now？　索引あり〉3600円　①978-4-7795-0771-7

内容 日米貿易交渉およびその有効性への評価（賀平執筆, 盛居則訳）　〔01541〕

カ, ヘイショウ*　何炳松

◇新編原典中国近代思想史　第5巻　国家建設と民族自救―国民革命・国共分裂から一致抗日へ　野村浩一, 近藤邦康, 並木頼寿, 坂元ひろ子, 砂山幸雄, 村田雄二郎編　野村浩一, 近藤邦康, 村田雄二郎責任編集　岩波書店　2010.12　392, 6p　22cm　〈年表あり〉5400円　①978-4-00-028225-3

内容 中国本位の文化建設宣言（王新命, 何炳松, 武堉, 孫寒冰, 黄文山, 陶希聖, 章益, 陳高傭, 樊仲雲, 薩孟武著, 野村浩一訳, 小野寺史郎改訳）　〔01542〕

カー, マーガレット　Carr, Margaret

◇保育の場で子どもの学びをアセスメントする―「学びの物語」アプローチの理論と実践（ASSESSMENT IN EARLY CHILDHOOD SETTINGS）　マーガレット・カー著, 大宮勇雄, 鈴木佐喜子訳　ひとなる書房　2013.6　326p　21cm　3200円　①978-4-89464-193-8

内容 アセスメントモデルの転換―7つの観点から新旧モデルを検討する　「学びの構え」の構造とそのとらえ方　「関心を持つ」構えと「熱中する」構えとは何か　「困難ややったことがないことに立ち向かう」構えとは何か　「他者とコミュニケーションをはかる」構えと「自ら責任を担う」構えとは何か　「学びの物語」アプローチの枠組み　「学びの物語」アプローチの実践プロセス（学びをとらえる　話し合う　記録をつくる　次にどうするか判断する）「学びの物語」の旅路　〔01543〕

カー, ミランダ　Kerr, Miranda

◇TREASURE YOURSELF―Power Thoughts for My Generation（Treasure yourself）　ミランダ・カー著, 高橋裕子訳　トランスメディア　2011.11　242p　21cm　1500円　①978-4-901929-70-7

内容 人生のレッスン　自信を持って踏み出そう　情熱の赤…　鏡よ鏡、鏡さん…　あなたを創るのは食べ物と…他にもいろいろ！　とにかく大事なのはあなたです…　緑の目をしたモンスター　人間関係はあなたの強みです…　それは魔法のように…　「ありがとう」を忘れずに…　グラスにはいつも半分入っています　成功への夢を描きましょう　大好きなアファメーションたち　〔01544〕

カー, E.H.　Carr, Edward Hallett

◇危機の二十年―理想と現実（The twenty years' crisis 1919-1939）　E.H.カー著, 原彬久訳　岩波書店　2011.11　544, 4p　15cm　（岩波文庫）1100円　①978-4-00-340221-4

内容 第1部 国際政治学（学問の出発　ユートピアとリアリティ）　第2部 国際的危機（ユートピア的背景　利益の調和　リアリストからの批判）　第3部 政治、権力、そして道義（政治の本質　国際政治における権力　国際政治における道義）　第4部 法と変革（法の基盤　条約の拘束性　国際紛争の司法的解決　平和的変革）　結論（新しい国際秩序への展望）　〔01545〕

◇ロシア革命の考察（1917 ： BEFORE AND AFTER）　E.H.カー〔著〕, 南塚信吾訳　みすず書房　2013.4　257p　20cm　（始まりの本）〈1969年刊の新編集〉3400円　①978-4-622-08358-0

内容 1 ロシア革命―その歴史的意義　2『なにをなすべきか？』　3 赤いローザ　4 ボリシェヴィキのユートピア　5 ソヴェト社会の構造　6 上からの革命―集団化への道　7 ソヴェト工業化の考察　8 ソヴェト労働組合　9 トロツキーの悲劇　10 未完の革命　〔01546〕

◇バクーニン　上（Michael Bakunin）　E.H.カー著, 大沢正道訳　現代思潮新社　2013.9　369p　20cm　〈現代思潮社 1965年刊のオンデマンド印刷・製本 ： デジタルパブリッシングサービス〉4200円　①978-4-329-02072-7

内容 1部 若いロマン主義者（反逆児の誕生　愛と形而上学 ほか）　2部 革命的冒険者（ふたつの世界の間　哲学よさようなら ほか）　3部 生き埋め（サクソン、オーストリア　ロシア ほか）　4部 再起（ロンドンにおける第一歩　政治的野心）　〔01547〕

◇バクーニン　下（Michael Bakunin）　E.H.カー著, 大沢正道訳　現代思潮新社　2013.9　p370～708 19p　20cm　〈現代思潮社 1965年刊のオンデマンド　印刷・製本 ： デジタルパブリッシングサービス　索引あり〉4200円　①978-4-329-02073-4

内容 4部 再起（ポーランド　スエーデンでのエピソード　フィレンツェ　ナポリ）　5部 バクーニンとマルクス（平和と自由同盟　国際社会民主同盟の誕生　バーゼル大会　ネチャーエフ事件　リヨンでのおかした失敗　同盟の勢力　マルクス対バクーニン）　6部 晩年（最後の企て　バロナータ　ある金利生活者の死）　〔01548〕

カイヴォラ, タイナ　Kaivola, Taina

◇フィンランドの高等教育ESDへの挑戦―持続可能な社会のために（Towards sustainable development in higher education-reflections）　フィンランド教育省, タイナ・カイヴォラ, リーサ・ローヴェーデル編著, 斎藤博次, 開竜美監訳, 岩手大学ESDプロジェクトチーム訳　明石書店　2011.4　201p　21cm　〈文献あり〉2500円　①978-4-7503-3377-9

内容 ESDの理論的土台 他（タイナ・カイヴォラ, マウリ・オールベリ著, 斎藤博次訳）　〔01549〕

カイエ, アラン　Caillé, Alain

◇功利的理性批判―民主主義・贈与・共同体（Critique de la raison utilitaire）　アラン・カイエ著, 藤岡俊博訳　以文社　2011.1　268p　20cm　〈文献あり〉2800円　①978-4-7531-0286-0

内容 第1部 功利主義の力の台頭（漠然とした功利主義から支配的な功利主義へ　支配的な功利主義から一般

化された婉曲的な功利主義へ）　第2部 功利的理性批判の諸要素（近代功利主義の発生に関する諸断片　功利主義と経済主義　理性の不確実さと主体のさまざまな状態　反功利主義と民主主義の問い）　結論 知の改革のために　〔01550〕

◇"経済"を審問する―人間社会は"経済的"なのか？　西谷修編著, 金子勝, アラン・カイエ著　せりか書房　2011.5　299p　19cm　2000円　①978-4-7967-0304-8

内容 カール・ポラニーの現代性―『ポラニー論集』へのあとがき 他（アラン・カイエ, ジャン＝ルイ・ラヴィル著, 藤岡俊博訳）　〔01551〕

◇脱成長の道―分かち合いの社会を創る　勝俣誠, マルク・アンベール編著　コモンズ　2011.5　279p　19cm　1900円　①978-4-86187-078-1

内容 ラディカルな社会主義としてのコンヴィヴィアリズム 他（アラン・カイエ著）　〔01552〕

カ

カイザー, ヴォルフガング

◇法発展における法ドグマーティクの意義―日独シンポジウム　松本博之, 野田昌吾, 守矢健一編　信山社　2011.2　367p　22cm　（総合叢書 8（ドイツ法））〈会期・会場：2009年2月18日～21日 フライブルグ大学法学部〉12000円　①978-4-7972-5458-7

内容 失敗した法律の修正（ヴォルフガング・カイザー著, 守矢健一訳）　〔01553〕

ガイゼルマン, エドワード　Geiselman, R.Edward

◇認知面接―目撃者の記憶想起を促す心理学的テクニック（Memory-Enhancing Techniques for Investigative Interviewing）　ロナルド・フィッシャー, エドワード・ガイゼルマン著, 宮田洋監訳, 高村茂, 横田賀英子, 横井幸久, 渡辺和美訳　西宮　関西学院大学出版会　2012.6　280p　21cm　〈文献あり 索引あり〉2600円　①978-4-86283-118-7

内容 目撃者の記憶の複雑性　面接のダイナミックス　目撃者の記憶想起を制約する諸要因の克服　面接の実務管理　面接の基本技術　認知の原理　記憶促進のための実務テクニック　目撃者に対応した質問法　イメージ的・概念的記憶コードの探査　認知面接の順序　面接事例と分析　認知面接習得の為の訓練プログラム　〔01554〕

ガイダルジ, エヴゲニイ

◇グローバル化のなかの企業文化―国際比較調査から　石川晃弘, 佐々木正道, 白石利政, ニコライ・ドリャフロフ編著　八王子　中央大学出版部　2012.2　382p　22cm　（中央大学社会科学研究所研究叢書 25）　4600円　①978-4-8057-1326-6

内容 企業文化・職務満足・経済効果（ウラヂミール・ダヴィデンコ, エヴゲニイ・ガイダルジ, エレナ・アンドリアノヴァ著, 石川晃弘訳）　〔01555〕

カイヨワ, ロジェ　Caillois, Roger

◇戦争論―われわれの内にひそむ女神ベローナ（BELLONE ou la pente de la guerre）　ロジェ・カイヨワ著, 秋枝茂夫訳　新装版　法政大学出版局　2013.8　294p　19cm　（りぶらりあ選書）　3000円　①978-4-588-02271-5

内容 第1部 戦争と国家の発達（戦争の原形態と小規模戦争　古代中国の戦争法　鉄砲 歩兵 民主主義　イポリット・ド・ギベールと共和国戦争の観念　国民戦争の到来　ジャン・ジョレスと社会主義的軍隊の理念）　第2部 戦争の眩暈（近代戦争の諸条件　戦争の予言者たち　全体戦争　戦争への信仰　戦争 国民の宿命　無秩序への回帰　社会が沸点に達するとき）　〔01556〕

カイル, クリス　Kyle, Chris

◇ネイビー・シールズ最強の狙撃手（AMERICAN SNIPER）　クリス・カイル, スコット・マクイーウェン, ジム・デフェリス著, 大槻敦子訳　原書房　2012.5　428p　20cm　2000円　①978-4-562-04797-0

内容 照準のなかの邪悪　じゃじゃ馬馴らしとばか騒ぎ　身震い　拿捕　あと五分の命　狙撃手　死をもたらす　危険のなかで　家庭内紛争　罰を与える者〔ほか〕　〔01557〕

ガイル, デイヴィド　Guile, David

◇グローバル化・社会変動と教育　1　市場と労働の教育社会学（EDUCATION, GLOBALIZATION AND SOCIAL CHANGE（抄訳））　ヒュー・ローダー, フィリップ・ブラウン, ジョアンヌ・ディラボー,A.H.ハルゼー編, 広田照幸, 吉田文, 本田由紀編訳　東京大学出版会　2012.4　354p　22cm　〈文献あり〉4800円　①978-4-13-051317-3

内容 知識経済の特徴とは何か？―教育への意味（デイヴィド・ガイル著, 潮木守一訳）　〔01558〕

カイン, ミント・スウィー　Khine, Myint Swe

◇フューチャースクール―シンガポールの挑戦（A school's journey into the future）　テイ・リー・ヨン, リム・チェー・ピン, カイン・ミント・スウィー編著, トランネット訳, 中川一史監訳　ピアソン桐原　2011.2　183p　21cm　2400円　①978-4-89471-549-3

内容 ICTを媒介とする具体的な活動を通し、児童のマレー語およびタミール語のオーラルコミュニケーション・スキルを高める（カイン・ミント・スウィー, ワン・アルフィダ・スレイマン, カリアモアシー・シヴァゴーリ）　〔01559〕

カヴァイエス, ジャン　Cavaillès, Jean

◇構造と生成　2　論理学と学知の理論について（Sur la logique et la théorie de la science）　ジャン・カヴァイエス著, 近藤和敬訳　調布　月曜社　2013.10　186p　22cm　（古典転生 5）〈文献あり 著作目録あり 索引あり〉3200円　①978-4-86503-007-5　〔01560〕

カヴァリエ, フィリップ　Cavalier, Philippe

◇図説パリ魔界伝説（Une promenade magique dans Paris）　フィリップ・カヴァリエ著, 蔵持不三也訳　原書房　2012.4　214p　22cm　〈イラスト：マリ・ジャフレド＝エイルポルン　文献あり〉2400円　①978-4-562-04787-1

内容 第1章 パリのノートル＝ダム―聖なる島　第2章 サン＝ジャック塔―物質に対する愛の勝利　第3章 サン＝メリ教会―悪魔の快楽　第4章 パレ＝ロワイヤ

ル—時の円柱　第5章 ルーヴル—神々の芸術学校と太陽の宝石箱　第6章 チュイルリー宮—カインと赤い矮人　第7章 コンコルド広場—犠牲の舞台　第8章 モンソー公園—幻想の国　第9章 ブルボン宮—万法の母　第10章 シャン＝ド＝マルス—契約の更新　第11章 サン＝シュルピス教会—無意味な神秘　第12章 サン＝ミシェルの噴水—パリの精神　〔01561〕

カヴァリエ, J.　Cavalier, Jean

◇フランス・プロテスタントの反乱—カミザール戦争の記録（Mémoires sur la guerre des Camisards）　カヴァリエ著, 二宮フサ訳　岩波書店　2012.2　562, 8p　15cm　（岩波文庫 33-492-1）〈年表あり〉1320円　①978-4-00-334921-2

内容 1の巻（宗教的迫害の経緯　わたしの少年時代 ほか）　2の巻（聖なる集会　攻防激化 ほか）　3の巻（ロランの健闘　カミザールの名称の由来 ほか）　4の巻（一七〇四年初頭の状況　モンルヴェルとバヴィルの確執 ほか）　補遺（ミールモン侯爵とカミザール　クレメンス十一世の大勅書とアレス司教の教書 ほか）　〔01562〕

カヴァーロ・ヒーロス, マオリッツオ　Cavallo Jhlos, Maurizio

◇クラリオン星人から日本人へ緊急ハートサポート—YKAH2012 : 宇宙創造者からの救いの手　マオリッツオ・カヴァーロ著, 篠崎由羅聞き手, やよしけいこ訳　ヒカルランド　2011.9　221p　15cm　（超☆ぴかぴか文庫 003）　648円　①978-4-905027-51-5

内容 第1部 宇宙創造者からの救いの手—日本人のための緊急未来Q&A（日本人は、今、銀河連盟からのサポートを必要としています！　かつてスターチャイルドであったあなた方は、今、マルチユニバース（超次元）へ帰還している真っ最中なのです！　あなた方もスターピープルたちと同じように、平行次元的周波数の中、"永遠の現在"に生き続けられるようになるのです！　"もう一つの世界"へのアクセス方法—パラレルワールドの時間の実態についてお話しします！ ほか）　第2部「虹の神々」多次元世界の生命体たちからの予言（ルネッサンス時代からやってきた男　負の存在のエイリアンなど存在しない！　私はアブダクションで丸裸にされた　私たちの現実とは、時間と空間を結晶化させてしまった次元のこと ほか）　〔01563〕

◇地球「超」アンダーワールド「内部次元」への侵入—量子深淵からの輝き : クラリオン星人がガイドする〈次元壁ブレークスルー〉のからくり（Fulgori dall'abisso）　マオリッツオ・カヴァーロ・ヒーロス著, やよしけいこ訳　ヒカルランド　2012.2　354p 図版28枚　20cm　（超☆どきどき 011）　1900円　①978-4-905027-95-9

内容 脳は宇宙の壮麗なる真髄を歪曲して伝えることしかできない—五感が吐く嘘になぜ振り回されてしまうのか　「世界の雛形」と「リセット的ステップ」—宇宙の完全なパノラマを把握する！　未知の惑星系外部にある謎の「データベース」—アクセスを可能にするため、フルオープンになった私のサイキック能力　止まれ、人の子よ—私は未知の存在の制止を振り切って、禁断の領域へと踏み入った…　銀河系連盟/異次元の驚異的な海底都市でクラリオン星人スエルが語ったこと　お前は地下世界の番人と出会うであろう　地下世界の番人/巨大な者たちは神ではなく時空次元に縛られ、エゴによって自身の本質から離れてしまった人間たちが死後に住む世界　スターピープルを子孫に持つ人間の起源/不朽不滅の多次元意識「マルチユニバース」　地球空洞へ/そこは次元が浸透し合って、混じわる場所だった〔ほか〕　〔01564〕

ガーヴェイ, ジェイムズ　Garvey, James

◇30秒で学ぶ哲学思想—思考を呼び起こす50の哲学思想（30-SECOND PHILOSOPHIES）　バリー・ローワー監修, ジュリアン・バジーニ, カティ・バローグ, ジェイムズ・ガーヴェイ, バリー・ローワー, ジェレミー・スタンルーム執筆, 寺田俊郎監訳, 佐良土茂樹, 津田良生, 中村信隆, 目黒広和訳　スタジオタッククリエイティブ　2013.3　159p　24cm　（Series 30 Seconds）〈文献あり 索引あり〉2500円　①978-4-88393-597-0　〔01565〕

ガウス, マフユディン　Gaus, Mahjudin

◇M. ガウス回想録—戦前期インドネシア留学生の日本体験　マフユディン・ガウス著, 後藤乾一編訳　早稲田大学アジア太平洋研究センター　2012.10　115p　26cm　（研究資料シリーズ 第3号　アジア太平洋研究センター〔編〕）〔01566〕

カウソーン, ナイジェル　Cawthorne, Nigel

◇世界の特殊部隊作戦史—1970-2011（Warrior Elite）　ナイジェル・カウソーン著, 角敦子訳, 友清仁用語監修　原書房　2012.12　367, 15p　20cm　〈索引あり〉2800円　①978-4-562-04877-9

内容 ソンタイ捕虜収容所への奇襲作戦　海の特殊作戦　ミュンヘン・オリンピック事件　ヤマヴェーズ号事件　エンテベ空港奇襲作戦　「イーグル・クロウ」作戦　在英イラン大使館占拠事件　行方不明者（MIA）救出作戦　フォークランド紛争　「アージェント・フュリー」作戦〔ほか〕　〔01567〕

◇〈図説〉公開処刑の歴史（PUBLIC EXECUTIONS）　ナイジェル・カウソーン著, 井上広美訳　原書房　2013.10　299, 11p　22cm　〈文献あり 索引あり〉3500円　①978-4-562-04952-3

内容 第1章 古代ローマの処刑方法　第2章 斬首　第3章 剣による死　第4章 タイバーンへの道　第5章 首つり・内臓えぐり・四つ裂きの刑　第6章 火刑　第7章 恐怖政治　第8章 エキゾチックな処刑　第9章 軍隊方式　第10章 現代の処刑　〔01568〕

ガウディ, アンドルー

◇世界探検家列伝—海・河川・砂漠・極地、そして宇宙へ（The great explorers）　ロビン・ハンベリーテニソン編著, 植松靖夫訳　悠書館　2011.9　303p　26cm　〈文献あり 索引あり〉9500円　①978-4-903487-49-6

内容 ラルフ・バグノルド—砂丘を駆けるフォード車（アンドルー・ガウディ）　〔01569〕

カウフマン, ジョシュ　Kaufman, Josh

◇Personal MBA—学び続けるプロフェッショナルの必携書（The Personal MBA）　ジョシュ・カウフマン著, 三ツ松新監訳, 渡部典子訳　英治出版　2012.7　485p　21cm　〈文献あり〉2600円　①978-4-86276-135-4

内容 本書を読む理由　価値創造　マーケティング　販売　価値提供　ファイナンス　人の心を理解する　自分と上手につきあう　他の人々とうまく協業する　システムを理解する　システムを分析する　システムを改善する　〔01570〕

カ

カウフマン, フランツ・グザファー　Kaufmann, Franz-Xaver

◇縮減する社会―人口減少とその帰結 (Schrumpfende Gesellschaft)　フランツ・グザファー・カウフマン著, 原俊彦, 魚住明代訳　原書房　2011.6　285p　22cm 〈文献あり〉 2800円　①978-4-562-04708-6

内容 第1章 成長は縮減より容易である　第2章 人口学的展望　第3章 人口減少は経済発展を脅かすか？　第4章 人口減少の社会的影響　第5章 後継世代の不足、その歴史的条件と動機　第6章 政策的展望　第7章 世代間関係と社会国家　第8章 結びにかえて ： 2冊のベストセラーについての覚書き　解説 縮減する社会 ： 人口減少とその帰結 - 日本の場合　〔01571〕

ガウラー, デイヴィッド・B.　Gowler, David B.

◇たとえ話 (What Are They Saying About The Parables？)　デイヴィッド・B.ガウラー著, 駒木亮訳　日本キリスト教団出版局　2013.2　198p　21cm　(神学は語る) 〈文献あり 索引あり〉 2600円　①978-4-8184-0848-7

内容 第1章 たとえ話に対する歴史的批判的アプローチ　第2章 たとえ話に対する文学的アプローチの出現　第3章 たとえ話に対する文学的アプローチの成熟　第4章 たとえ話とそのユダヤ的文脈　第5章 たとえ話とそのヘレニズム的文脈　第6章 たとえ話とその社会的文脈　第7章 直喩と隠喩から象徴と象徴言語へ　〔01572〕

カウリケ, ペーター

◇インカ帝国―研究のフロンティア　島田泉, 篠田謙一編著　秦野　東海大学出版会　2012.3　428p　27cm　(国立科学博物館叢書 12) 〈索引あり〉 3500円　①978-4-486-01929-9

内容 インカにおける生、死、祖先崇拝の概念作用 (ペーター・カウリケ著, 松本剛訳)　〔01573〕

◇アンデス世界―交渉と創造の力学　染田秀藤, 関雄二, 網野徹哉編　京都　世界思想社　2012.4　448p　22cm 〈他言語標題 ： LOS ANDES 文献あり 索引あり〉 3900円　①978-4-7907-1554-2

内容 形成期に組織的な暴力行為は存在したか (ペーター・カウリケ執筆, 関雄二監訳, 土井正樹訳)　〔01574〕

カエサリウス (アルルの)

◇古代教会の説教　小高毅編　教文館　2012.1　347p　21cm　(シリーズ・世界の説教)　3400円　①978-4-7642-7335-1

内容 キリスト教の生 (第一三説教) (カエサリウス (アルルの))　〔01575〕

カエサル, ユリウス　Caesar, Gaius Julius

◇ガリア戦記―新訳　上 (Commentarii de Bello Gallico)　ユリウス・カエサル著, 中倉玄喜翻訳・解説　普及版　PHP研究所　2013.5　285p　18cm 〈2008年刊を加筆修正し、上・下巻に分冊〉 950円　①978-4-569-81225-0

内容 第1巻 紀元前五八年 (ガリアの地理と人種　ヘルウェティイ族との戦い　ゲルマニー人アリオウィストゥスtの戦い)　第2巻 紀元前五七年 (ベルガエ人との戦い　大洋沿岸部族の服従)　第3巻 紀元前五七～五六年 (山岳部族との戦い―前五七年　大洋沿岸部族との戦い　アクィタニー人との戦い　北方部族との戦い)　第4巻 紀元前五五年 (ゲルマニー人との戦い　最初のゲルマニア遠征　最初のブリタンニア遠征　北方部族との戦い)　〔01576〕

◇ガリア戦記―新訳　下 (Commentarii de Bello Gallico)　ユリウス・カエサル著, 中倉玄喜翻訳・解説　普及版　PHP研究所　2013.5　293p　18cm 〈2008年刊を加筆修正し、上・下巻に分冊 年表あり 索引あり〉 950円　①978-4-569-81226-7

内容 第5巻 紀元前五四年 (第二次ブリタンニア遠征　エブロネス族による第十四軍団の壊滅　ネルウィイ族によるキケロ陣営への攻撃　北方部族の間における反乱の拡大)　第6巻 紀元前五三年 (ガリア全土における反乱の拡大　第二次ゲルマニア遠征　ガリー人の制度と風習　ゲルマニー人の制度と風習　エブロネス族の討伐)　第7巻 紀元前五二年 (全ガリアの共謀と指導者ウェルキンゲトリクス　アウァリクムの攻囲と占領　ゲルゴウィアの戦闘と攻略断念　ガリー人の蜂起　アレシアの決戦　ハニドゥイ族とアルウェルニ族の降伏)　第8巻 紀元前五一～五〇年 (ビトゥリゲス族、カルヌテス族、ベッロウァキ族などの反乱　ウクセッロドゥヌムの攻囲と占領　内乱の影―カエサルと元老院の思惑)　〔01577〕

カエス, アントン

◇アウシュヴィッツと表象の限界 (Probing the Limits of Representation ： Nazism and the "Final Solution")　ソール・フリードランダー編, 上村忠男, 小沢弘明, 岩崎稔訳　未来社　2013.5　260p　19cm　(ポイエーシス叢書) 〈第3刷 (第1刷1994年)〉 3200円　①978-4-624-93223-7

内容 ホロコーストと歴史の終焉 - 映画にみるポストモダン的歴史叙述 (アントン・カエス著, 岩崎稔訳)　〔01578〕

カーギル, バーバラ・J.

◇大学学部長の役割―米国経営系学部の研究・教育・サービス (The dean's perspective)　クリシナ・S.ディア編著, 佐藤修訳　中央経済社　2011.7　245p　21cm　3400円　①978-4-502-68720-4

内容 企業家的な学部長と教員 (バーバラ・J.カーギル著)　〔01579〕

ガーキン, チャールズ・V.　Gerkin, Charles V.

◇牧会学入門 (An introduction to pastoral care)　チャールズ・V.ガーキン〔著〕, 越川弘英訳　日本キリスト教団出版局　2012.1　383, 6, 9p　22cm 〈索引あり　文献あり〉 5800円　①978-4-8184-0797-8

内容 第1部 牧会の歴史と新たな方向―継続と変革 (牧会史の概説　二十世紀の牧会　牧会における新たな方向　私たちの人生とキリスト教の物語)　第2部 牧会とは何か―キリスト者の共同体の物語に対するケア (「解釈上のリーダーシップ」としての牧会　多様な共同体が存在する世界の中でのキリスト者の共同体)　第3部 牧会の実践とライフサイクル―キリスト教の物語、個々人の物語、そして家族の物語 (幼少年期と牧会―人生の始まりにおける物語　思春期と牧会―成長、自立、自覚的な他者との結びつき　壮年期と牧会―ジェンダーの相違、次世代の育成、破綻した関係　高齢期と牧会―信仰共同体と高齢者の牧会　牧会と人生の儚さ）〔01580〕

カク, ケンネイ*　郭 建寧

◇21世紀の思想的課題―転換期の価値意識 大阪経済法科大学アジア太平洋研究センター、北京大学哲学系共催日中哲学シンポジウム論文集　岩佐茂, 金泰明編, 李洪权訳　国際書院　2013.10　425p　21cm　（アジア太平洋研究センター叢書 4）〈他言語標題 ： The Philosophical Problematique of the 21st Century　会期・会場 ： 2011年9月16日、17日 北京大学内国際会議場　共催 ： 大阪経済法科大学アジア太平洋研究センター 北京大学哲学系　索引あり〉6000円　①978-4-87791-249-9

内容 マルクス主義の中国化と共有された精神的故郷の構築（郭建寧著, 李洪権訳）〔01581〕

カク, シュンブン　郝 春文

◇よみがえる古文書―敦煌遺書　郝春文著, 高田時雄監訳, 山口正晃訳　東方書店　2013.10　191p　21cm　（敦煌歴史文化絵巻）〈共同出版 ： 甘粛教育出版社　文献あり〉2200円　①978-4-497-21204-7

内容 1 敦煌遺書の概要（内容　書写年代　形態 ほか）　2 敦煌遺書の数量および所蔵状況（敦煌遺書の数え方　敦煌遺書の発見と西洋列強　スタインの中央アジア探検隊 ほか）　3 敦煌遺書の内容および価値（宗教文献　歴史地理文書　社会史文書 ほか）〔01582〕

カーク, ジョアン　Kirk, Joan

◇認知行動療法臨床ガイド（An Introduction to Cognitive Behaviour Therapy）　デヴィッド・ウエストブルック, ヘレン・ケナリー, ジョアン・カーク著, 下山晴彦監訳, 石丸径一郎, 小堀彩子, 高橋美保, 袴田優子, 松沢広和, 森田慎一郎訳　金剛出版　2012.11　447p　26cm　〈文献あり 索引あり〉5200円　①978-4-7724-1271-1

内容 第1部 基本的特徴（CBTの基本理論とその発展　CBTは他の心理療法とどこが違うのか―CBTの特徴）　第2部 基本的方法（協働関係　アセスメントとフォーミュレーション　CBTにおける効果測定　クライエントが自分自身のセラピストとなるために）　第3部 技法（ソクラテス式問答法　認知技法　行動実験　身体技法　介入の過程）　第4部 各障害への適用（うつ病　不安障害　不安障害―特定モデルと介入プロトコル）　第5部 発展と応用（CBTの新たな提供方法　CBTの新たな展開　CBT実践の評価　CBTにスーパーヴィジョンを用いる）〔01583〕

カク, トクコウ　郭 徳宏

◇中華民族抗日戦争史―1931〜1945　王秀鑫, 郭徳宏著, 石島紀之監訳, 『抗日戦争史』翻訳刊行会訳　八朔社　2012.12　798, 21p　22cm　〈年表あり 索引あり〉8900円　①978-4-86014-063-2

内容 第1章 局部的抗戦の勃興　第2章 全国的抗戦の勃発　第3章 対峙段階前期の二つの戦場の戦い　第4章 世界の反ファシズム統一戦線形成前後の中国戦場　第5章 世界の反ファシズム戦争の勝利と進展、その中での中国の戦局　第6章 抗日戦争の最後の勝利〔01584〕

核戦争防止国際医師会議

◇チェルノブイリ原発事故がもたらしたこれだけの人体被害―科学的データは何を示している　核戦争防止国際医師会議ドイツ支部著, 松崎道幸監訳　合同出版　2012.3　151p　21cm　〈他言語標題 ： Health Effects of Chernobyl〉1600円　①978-4-7726-1056-8

内容 第1章 はじめに　第2章 リクビダートル　第3章 乳児死亡率　第4章 遺伝性障害・催奇形性（奇形）　第5章 甲状腺がんとその他の甲状腺疾病　第6章 全がん・白血病　第7章 チェルノブイリ原発事故によるさまざまな疾病　第8章 政府および公的機関によるチェルノブイリ事故の影響の卑小化〔01585〕

カー=ゴム, フィリップ　Carr-Gomm, Philip

◇「裸」の文化史（A brief history of nakedness）　フィリップ・カー＝ゴム著, 中島由華訳　河出書房新社　2012.2　321p　20cm　2800円　①978-4-309-22564-7

内容 プロローグ バラダ王の鏡　第1章 天空の衣―魔女術とドルイド教　第2章 ジェラム川とヨルダン川のほとり―ジャイナ教からキリスト教へ　第3章 裸の反抗　第4章 イギリス首相は隠しごとをしない　第5章 消える羞恥心　第6章 英雄の帰還　エピローグ 奇妙な満足感〔01586〕

カーザー, カール　Kaser, Karl

◇ハプスブルク軍政国境の社会史―自由農民にして兵士（Freier Bauer und Soldat ： Die Militarisierung der agrarischen Gesellschaft an der kroatisch‐slawonischen Militärgrenze (1535‐1881)）　カール・カーザー著, 越村勲, 戸谷浩編訳　学術出版会　2013.11　447p　21cm　（学術叢書）〈発売 ： 日本図書センター〉6800円　①978-4-284-10398-5

内容 第1部 初期国境民社会（1535年から1754年）（16世紀における荒廃と社会秩序の崩壊　モデルとしてのジュンベラク地区のウスコク　ヴァラジュディン管区のヴラーフ　カルロヴァツ管区の国境民村落　リカ地方　例外のケース ： 総督国境区　新しいモデル ： スラヴォニア管区）　第2部 軍事化する社会（1754年から1881年）（初期国境民社会から軍事社会へ　軍役　軍事社会の人口動態　軍指令下の経済　家父長制としてのザドルガ　宗教にもとづく国民統合　軍制国境地帯の終焉）〔01587〕

ガーサイド, W.R.

◇オックスフォード ブリテン諸島の歴史 10　20世紀―1901年―1951年（The Short Oxford History of the British Isles ： The British Isles 1901-1951）　鶴島博和日本語版監修　キース・ロビンズ編, 秋田茂監訳　慶応義塾大学出版会　2013.8　295, 58p　22cm　〈文献あり 年表あり 索引あり〉5800円　①978-4-7664-1650-3

内容 後退する優位（W.R.ガーサイド著, 山口育人訳）〔01588〕

カサキ, ヤスコ　香咲 弥須子

◇わたしは何も知らない　香咲弥須子著・訳　ナチュラルスピリット　2011.1　141p　18cm　（『奇跡のコース』のワークを学ぶガイドブック 1）　1000円　①978-4-900001-03-1

カ

内容 『奇跡のコース』を学ぶためのヒント(内なる声の答え　見聞きすることのすべては、自分に責任がある　わたしは本当のことを見ていないし、聞いていない　原因と結果の本当の法則　自我は存在しない)　ワークブック編(イントロダクション　パート1 レッスン1～レッスン20)　〔01589〕

◇知覚のとびらをあけて　香咲弥須子著, 香咲弥須子, 水田真紀子訳　ナチュラルスピリット　2011.2　198p　18cm　(『奇跡のコース』のワークを学ぶガイドブック 2)　1000円　①978-4-903821-94-8

内容 『奇跡のコース』を学ぶためのヒント(心の平和　時間について　「わたしは、ここには、いません」　うたかたの美　神の子　知覚のとびらをあけて)　ワークブック編　〔01590〕

◇聖なる関係　1 (A course in miracles (2nd ed.))　香咲弥須子著・監訳, 水田真紀子訳　ナチュラルスピリット　2011.3　214p　18cm　(『奇跡のコース』のワークを学ぶガイドブック 3)　1000円　①978-4-903821-97-9　〔01591〕

◇聖なる関係　2 (A course in miracles (2nd ed.))　香咲弥須子著・監訳, 水田真紀子訳　ナチュラルスピリット　2011.4　214p　18cm　(『奇跡のコース』のワークを学ぶガイドブック 4)　1000円　①978-4-903821-98-6　〔01592〕

◇神の教師 (A course in miracles (2nd ed.))　香咲弥須子著・監訳, 水田真紀子訳　ナチュラルスピリット　2011.5　206p　18cm　(『奇跡のコース』のワークを学ぶガイドブック 5)　1000円　①978-4-903821-99-3

内容 『奇跡のコース』を学ぶためのヒント(心のゴミ出し　「神の教師」という生き方　神の教師の仲間になる)　ワークブック編(復習3 イントロダクション　レッスン111～レッスン135)　〔01593〕

◇完全な治癒 (A course in miracles (2nd ed.))　香咲弥須子著・監訳, 水田真紀子訳　ナチュラルスピリット　2011.7　190p　18cm　(『奇跡のコース』のワークを学ぶガイドブック 6)　1000円　①978-4-86451-010-3

内容 『奇跡のコース』を学ぶためのヒント(奇跡に備える心　生き生きした身体　病の即効薬)　ワークブック編　〔01594〕

◇永遠の生命 (A course in miracles (2nd ed.))　香咲弥須子著・監訳, 水田真紀子訳　ナチュラルスピリット　2011.8　206p　18cm　(『奇跡のコース』のワークを学ぶガイドブック 7)　1000円　①978-4-86451-015-8

内容 『奇跡のコース』を学ぶためのヒント　ワークブック編　〔01595〕

◇豊かさの力学 (A course in miracles (2nd ed.))　香咲弥須子著・監訳, 水田真紀子訳　ナチュラルスピリット　2011.11　205p　18cm　(『奇跡のコース』のワークを学ぶガイドブック 8)　1000円　①978-4-86451-025-7

内容 『奇跡のコース』を学ぶためのヒント(最高の思い、最高の自分自身　チャリティについて　お金と時間の使い方　「問題」を豊かさに変える　お金とセックスと「聖なる関係」)　ワークブック編　〔01596〕

◇祈りのある生き方 (A course in miracles (2nd ed.))　香咲弥須子著・監訳, 水田真紀子訳　ナチュラルスピリット　2012.3　207p　18cm　(『奇跡のコース』のワークを学ぶガイドブック 9)　1000円　①978-4-86451-033-2　〔01597〕

◇特別性の終焉 (A Course in Miracles (原著第2版) (抄訳))　香咲弥須子著・監訳, 水田真紀子訳　ナチュラルスピリット　2012.5　239p　18cm　(『奇跡のコース』のワークを学ぶガイドブック 10)　1200円　①978-4-86451-043-1

内容 『奇跡のコース』を学ぶためのヒント(愛と恐れ　優越感を認める　特別性の終焉)　ワークブック編―レッスン原文訳+ヒント(世界とは何ですか?　レッスン241～レッスン250　罪とは何ですか?　レッスン251～レッスン260　身体とは何ですか?　レッスン261～270)　〔01598〕

◇蘇生する自己 (A Course in Miracles (原著第2版) (抄訳))　香咲弥須子著・監訳, 水田真紀子訳　ナチュラルスピリット　2012.7　239p　18cm　(『奇跡のコース』のワークを学ぶガイドブック 11)　1200円　①978-4-86451-047-9

内容 『奇跡のコース』を学ぶためのヒント(レッスン303の思い出　新しい身体　ゆるしの12のステップ)　ワークブック編(キリストとは何ですか?　ホーリースピリットとは何ですか?　実在の世界とは何ですか?　再臨とは何ですか?)　〔01599〕

◇創造の海へ (A Course in Miracles (原著第2版) (抄訳))　香咲弥須子著・監訳, 水田真紀子訳　ナチュラルスピリット　2012.10　238p　18cm　(『奇跡のコース』のワークを学ぶガイドブック 12)　1200円　①978-4-86451-057-8

内容 『奇跡のコース』を学ぶためのヒント(クリエイティブであるということ　願望と意志　創造の海へ　自由になることと、自由に触れること　ふたつの"審判"　しりぞくという行為　やわらかな上を歩けるように)　ワークブック編―レッスン原文訳+ヒント(最後の審判とは何ですか?　創造されたものとは何ですか?　自我とは何ですか?)　〔01600〕

◇サンシップ (A course in miracles (2nd ed.))　香咲弥須子著・監訳, 水田真紀子訳　ナチュラルスピリット　2012.11　239p　18cm　(『奇跡のコース』のワークを学ぶガイドブック 13)　1200円　①978-4-86451-066-0

内容 『奇跡のコース』を学ぶためのヒント(共有される物語　共鳴という分かち合い　共生すること、共にゆるすこと　サンシップ　サンシップの中の"ひとり")　ワークブック編(レッスン原文訳+ヒント)(奇跡とは何ですか?　わたしとは何ですか?)　〔01601〕

カサス, ラス　Casas, Bartolomé de las

◇ちくま哲学の森　3　悪の哲学　鶴見俊輔, 安野光雅, 森毅, 井上ひさし, 池内紀編　筑摩書房　2011.11　431p　15cm　1200円　①978-4-480-42863-9

内容 エスパニョーラ島について(ラス・カサス著, 染田秀藤訳)　〔01602〕

◇インディアスの破壊についての簡潔な報告 (BREVÍSIMA RELACIÓN DE LA DESTRUCCIÓN DE LAS INDIAS)　ラス・カサス著, 染田秀藤訳　改版　岩波書店　2013.8　346p　15cm　(岩波文庫 33-427-1)　〈文献あり　年譜あり〉　840円　①978-4-00-358001-1

内容 インディアスの破壊についての簡潔な報告　エスパニョーラ島について　エスパニョーラ島にかつて存

在した諸王国について　サン・フアン島とジャマイカ島について　キューバ島について　ティエラ・フィルメについて　ニカラグア地方について　ヌエバ・エスパーニャについて　グアティマラ地方とその王国について　ヌエバ・エスパーニャ、パヌコ、ハリスコについて　ユカタン王国について　サンタ・マルタ地方について　カルタヘーナ地方について　ペルラス海岸、パリア海岸、トリニダード島について　ユヤパリ川について　ベネスエラ王国について　大陸にあってフロリダと呼ばれる地域の諸地方について　ラ・プラタ川について　ペルーにある数々の広大な王国と地方について　新グラナダ王国について　〔01603〕

カサノヴァ, ホセ
◇宗教概念の彼方へ　磯前順一, 山本達也編　京都　法藏館　2011.9　445p　21cm　〈他言語標題 : Beyond the Concept of Religion〉5000円　①978-4-8318-8174-8
内容 公共宗教を論じなおす（ホセ・カサノヴァ著, 藤本竜児訳）　〔01604〕

カサマ, アキオ　笠間 杲雄
◇『Japan To-day』研究―戦時期『文芸春秋』の海外発信　鈴木貞美編　京都　国際日本文化研究センター　2011.3　375p　26cm　（日文研叢書）〈発売 : 作品社〉4800円　①978-4-86182-328-2
内容 欧州の知らぬこと（笠間杲雄著, 園部暁子訳）　〔01605〕

ガザーリー　Ghazzālī
◇中庸の神学―中世イスラームの神学・哲学・神秘主義　ガザーリー著, 中村広治郎訳註　平凡社　2013.12　486p　18cm　（東洋文庫）　3200円　①978-4-582-80844-5
内容 誤りから救うもの（真理の探求　懐疑と知識の否定　真理探求者の種類　啓示の本質とその必要性　引退後に再び教鞭をとった理由）　中庸の神学（序論　至高なる神の本質についての考察　神の属性　至高なる神の行為について　預言者性と来世の出来事）　光の壁龕（「光の啓示」の意味　光と闇のヴェールの意味）　〔01606〕

カザンツィス, ニコラオス　Kazantzis, Nikolaos
◇臨床実践を導く認知行動療法の10の理論―「ベックの認知療法」から「ACT」・「マインドフルネス」まで（Cognitive and Behavioral Theories in Clinical Practice）　ニコラオス・カザンツィス, マーク・A.ライナック, アーサー・フリーマン編, 小堀修, 沢宮容子, 勝倉りえこ, 佐藤美奈子訳　星和書店　2012.11　509p　21cm　〈文献あり〉　4600円　①978-4-7911-0829-9
内容 精神障害の哲学、心理学、原因、および治療　Beckの認知療法　問題解決療法　論理情動行動療法　アクセプタンス＆コミットメント・セラピー　行動活性化療法　弁証法的行動療法　認知分析療法　ポジティブ心理学とポジティブセラピー　マインドフルネス認知療法　感情焦点化/対人的認知療法　結び　〔01607〕

ガシェ, ロドルフ　Gasché, Rodolphe
◇いまだない世界を求めて（In view of a world）　ロドルフ・ガシェ著, 吉国浩哉訳　調布　月曜社　2013.1　[illegible]p　19cm　（叢書・エクリチュールの冒険）　3000円　①978-4-901477-90-1
内容 作品、現実性、形態―ハイデッガー『芸術作品の根源』に関する覚書　信仰の残余―カール・レーヴィットによる世俗化の概念について　責任、この奇妙な概念　思考の密度―ヨーロッパ、アメリカ、脱構築　〔01608〕

カーシェンバウム, シェリル　Kirshenbaum, Sheril
◇なぜ人はキスをするのか？（The science of kissing）　シェリル・カーシェンバウム著, 沼尻由起子訳　河出書房新社　2011.4　246p　20cm　〈文献あり〉2000円　①978-4-309-25249-0
内容 第1部 キスの起源を突き止める（最初のふれ合い　動物もキスをするのか　人類とキスの歴史 ほか）　第2部 キスしているときの身体（キスの解剖学　男と女はキスをどうとらえているのか　男性の匂い ほか）　第3部 キスの魔力（キスしているときの脳　未来社会のキス　恋人の心をつかむキスとは？ ほか）　〔01609〕

カーシェンバウム, ハワード
◇ダイニングテーブルのミイラ セラピストが語る奇妙な臨床事例―セラピストはクライエントから何を学ぶのか（The mummy at the dining room table）　ジェフリー・A.コトラー, ジョン・カールソン編著, 岩壁茂監訳, 門脇陽子, 森田由美訳　福村出版　2011.8　401p　22cm　〈文献あり〉　3500円　①978-4-571-24046-1
内容 治療法を指示したがるクライエント（ハワード・カーシェンバウム著, 森田由美訳）　〔01610〕

カーシェンブラット‐ギンブレット, バーバラ
◇アメリカ民俗学―歴史と方法の批判的考察　小長谷英代, 平山美雪編訳　岩田書院　2012.3　338p　22cm　〈文献あり〉9500円　①978-4-87294-738-0
内容 民俗学の危機（バーバラ・カーシェンブラット‐ギンブレット著, 小長谷英代解説・訳）　〔01611〕

カジス, リチャード
◇学校と職場をつなぐキャリア教育改革―アメリカにおけるSchool-to-Work運動の挑戦（The school-to-work movement）　ウィリアム・J.スタル, ニコラス・M.サンダース編, 横井敏郎ほか訳　学事出版　2011.7　385p　21cm　3800円　①978-4-7619-1839-2
内容 School-to-Careerの次は何か―進歩と見通しの評価（リチャード・カジス, ヒラリー・ペニントン著, 横井敏郎訳）　〔01612〕

カシャップ, アニル・K.　Kashyap, Anil K.
◇何が日本の経済成長を止めたのか―再生への処方箋　星岳雄, アニル・K.カシャップ著　日本経済新聞出版社　2013.1　207p　19cm　1900円　①978-4-532-35547-0
内容 第1部 何が日本の経済成長を止めたのか（高度成長の終焉　高齢化と経済成長　輸出主導型の経済成長　成長を阻害するもの　小泉改革の評価　結論）　第2部 経済改革の成功と挫折―小泉改革の検証（金融システム改革　郵政民営化　労働市場改革　農業改革とFTA政策　構造改革特区　地方財政改革）　第3部 日本再生のための処方箋（規制改革　開国政策　マクロ経済政策の改善）　〔01613〕

カ

カ

カーシュナー, リック　Kirschner, Rick

◇共感CLICK！―うまくいかない「あの人」とうまくやる13の方法（How to click with people）　リック・カーシュナー著, 日暮雅通訳　朝日新聞出版　2011.10　262p　19cm　1600円　①978-4-02-330987-6

内容 共感する力―いつでも、どこでも、誰とでも、思いのままにクリック！ できる超基礎スキル　感じる力―クリック能力を保つためのエネルギー　聞く力―「伝える」には「話す」よりも「聞く」　スタイルを見分ける力―相手がいちばんよく感応するスタイルでコミュニケーションする　モチベーションを知る力―相手を動かす力を見きわめる　価値を見いだす力―相手の「大切なもの」を見つける　電話やメールのとき―顔が見えなくてもクリックできる　トラブル解決力―人的な問題を、人的な関係に変える　クリックの領域―心の次は、あなたのアイデアにクリックしてもらおう　感情に訴える力―感情に働きかける最強クリック　説得する―あなたの意見を、相手に自分の意見だと信じ込ませる　突破する力　グループでクリックする―これができればストレスは半減する　〔01614〕

ガスタヴァス・ジョーンズ, サラ　Gustavus Jones, Sarah

◇子どもを理解する　0～1歳（Understanding Your Baby）　ソフィー・ボズウェル, サラ・ガスタヴァス・ジョーンズ著, 平井正三, 武藤誠監訳, 子どもの心理療法支援会訳　岩崎学術出版社　2013.5　197p　21cm　（タビストック☆子どもの心と発達シリーズ）〈文献あり 索引あり〉2200円　①978-4-7533-1059-3

内容 第1部 0歳の子どもを理解する（妊娠、出産、「親子の絆」　最初の6週間　生後3カ月から6カ月　生後6カ月から12カ月　母子分離を乗り切ること）　第2部 1歳の子どもを理解する（すばらしき新世界　探索することの重要性　性格の芽生え　母親との分離　子ども自身の人生を歩んでいくこと）　〔01615〕

カスタネダ, カルロス　Castaneda, Carlos

◇ドン・ファンの教え（The teachings of Don Juan）　カルロス・カスタネダ著, 真崎義博訳　太田出版　2012.4　316p　19cm　2000円　①978-4-7783-1304-3

内容 第1部 教え（わたしの最良の場所　メスカリトとの出会い　ダツラの体験と煙の準備　メスカリトとの再会　トカゲの呪術　ダツラでの飛行　からだが消える煙の体験　メスカリトの教え　もうひとつのトカゲの呪術　カラスへの変身　魂の奪回）　第2部 構造分析　〔01616〕

◇分離したリアリティ（A separate reality）　カルロス・カスタネダ著, 真崎義博訳　太田出版　2012.4　342p　19cm　2100円　①978-4-7783-1305-0

内容 第1部「見ること」への準備（ドン・ファンとの再会　見ることと眺めること　ミトテへの参加　ひとりひとりの道　管理された愚かさ　ヘナロの滝渡り）　第2部「見る」という課題（もうひとつの世界の守護者　守護者との再会・離反　子どもの頃の約束　戦士とは？ 意志とは？　水たまりの精霊　泡にのっての旅　盟友の顔そして死とは？　女性呪術師ラ・カタリーナ　音の中の穴　音の洪水　ひとつの移行期）　〔01617〕

◇イクストランへの旅（JOURNEY TO IXTLAN）　カルロス・カスタネダ著, 真崎義博訳　太田出版　2012.8　375p　19cm　2200円　①978-4-7783-1332-6　〔01618〕

ガスタフソン, デビッド・L.　Gustafson, David L.

◇ソーシャルワークと修復的正義―癒やしと回復をもたらす対話、調停、和解のための理論と実践（Social Work and Restorative Justice）　エリザベス・ベック, ナンシー・P.クロフ, パメラ・ブラム・レオナルド編著, 林浩康監訳　明石書店　2012.11　486p　22cm　〈訳：大竹智ほか　索引あり〉6800円　①978-4-7503-3687-9

内容 暴力発生後の協働―ソーシャルワークと修復的実践（ナンシー・J.グッド, デビッド・L.ガスタフソン著, 竹原幸太訳）　〔01619〕

カスティア・アンドリュー, ジョゼフ・マリア

◇各国における分権改革の最新動向―日本, アメリカ, イタリア, スペイン, ドイツ, スウェーデン　山田徹, 柴田直子編　公人社　2012.9　118p　21cm　1500円　①978-4-86162-087-4

内容 スペインにおける政治的分権改革への挑戦（ジョゼフ・マリア＝カスティア・アンドリュー著, 柴田直子訳）　〔01620〕

カスティロ, デビッド・ディアス　Castillo, David Diaz

◇プロジェクト・マネジャーが知るべき97のこと（97 things every project manager should know）　Barbee Davis編, 笹井崇司訳, 神庭弘年監修　オライリー・ジャパン　2011.11　240p　21cm　〈発売：オーム社〉1900円　①978-4-87311-510-8

内容 ビジョンと期待される成果に合わせる 他（デビッド・ディアス・カスティロ）　〔01621〕

カステジャノス, エドウィン・J.　Castellanos, Edwin J.

◇グアテマラ（Guatemala）　アニタ・クロイ著, マシュー・テイラー, エドウィン・J.カステジャノス監修　ほるぷ出版　2011.11　64p　25cm　（ナショナルジオグラフィック世界の国）〈日本語版校閲・ミニ情報：岩淵孝　年表あり　索引あり〉2000円　①978-4-593-58574-8

内容 地理―火と水　自然―秘められた輝き　歴史―埋没、そして発見　人と文化―歴史とともに生きる　政治と経済―富める者と貧しい者　〔01622〕

カステジャノス, マリア　Castellanos, María

◇たちあがる言語・ナワト語―エルサルバドルにおける言語復興運動　マリア・カステジャノス, 佐野直子, 敦賀公子著　名古屋　グローバル社会を歩く研究会　2012.3　220p　21cm　（グローバル社会を歩く 3）〈発売：新泉社　本文：日本語スペイン語〉1000円　①978-4-7877-1208-0

内容 第1部 ナワト語への旅（エルサルバドルにおけるナワト語を復興させるための取り組み　ナワト語への旅―現地調査　おわりに）　第2部 解説（植民地時代のナワ系言語―多言語社会におけるリンガ・フランカ　生まれたての言語―「危機に瀕する言語」とは何か）　Versión espanola　〔01623〕

カステラ＝イ＝プジョルス, マリア＝ベトレム　Castellà

i Pujols, Maria Betlem
◇見えざるフランス革命―通信の統制から見た法と秩序(フランス、1789年―1795年) (La révolution invisible) マリア＝ベトレム・カステラ＝イ＝プジョルス〔著〕, 山崎耕一訳 国立 一橋大学社会科学古典資料センター 2012.11 50p 26cm (一橋大学社会科学古典資料センターstudy series no.68) 〔01624〕

カステル, コラリー
◇震災とヒューマニズム―3・11後の破局をめぐって 日仏会館・フランス国立日本研究センター編, クリスチーヌ・レヴィ, ティエリー・リボー監修, 岩沢雅利, 園山千晶訳 明石書店 2013.5 328p 20cm 2800円 ①978-4-7503-3814-9
内容 思い出を復元する(コラリー・カステル執筆, 岩沢雅利訳) 〔01625〕

カステル, マニュエル
◇都市社会学セレクション 3 都市の政治経済学 町村敬志編 日本評論社 2012.9 314p 22cm 3800円 ①978-4-535-58594-2
内容 ヨーロッパ都市、情報社会、グローバル経済(マニュエル・カステル執筆, 稲月正訳) 〔01626〕

カステル, ロベール Castel, Robert
◇社会問題の変容―賃金労働の年代記 (Les métamorphoses de la question sociale) ロベール・カステル著, 前川真行訳 京都 ナカニシヤ出版 2012.3 566, 32p 22cm 〈索引あり 著作目録あり〉 6500円 ①978-4-7795-0637-6
内容 第1部 後見から契約へ(近接性に基づく保護 土地に縛られた社会 名もなき賃金労働者 自由主義的近代) 第2部 契約から身分規定へ(国家なき政治 社会的所有 賃金労働社会 新たな社会問題) 結論 負の個人主義 〔01627〕

カストロ, アメリコ Castro, Américo
◇スペイン人とは誰か―その起源と実像 (Espanol, palabra extranjera 〔etc.〕) アメリコ・カストロ著, 本田誠二訳 水声社 2012.1 541p 22cm 8000円 ①978-4-89176-885-0
内容 第1部 外来語としての“エスパニョール”(“エスパニョール”という言葉がなぜスペイン土着の言葉ではないのか まかり通る似非歴史学 “スペイン人”はいかにして存在するようになったのか 要約すれば… “締めくくり”として “エスパーニャ”と“エスパニョール”には一千年の隔たりがある “エスパニョール”という言葉の起源について) 第2部 スペイン人はいかにしてスペイン人となったか(予備的註釈 一九六八年の序文 問題の在り処 歴史記述可能な人間集団の“われわれ” レコンキスタとアル・アンダルス ホルヘ・マンリーケにおけるキリスト教、イスラム教、詩 人格の史上命令的な広がり 何にもまして理解することが優先する 存在と価値―歴史記述可能な過去の二つの側面 最期の覚書) 〔01628〕

カストロ, フアーナ Castro Ruz, Juanita
◇カストロ家の真実―CIAに協力した妹が語るフィデルとラウール (Fidel y Raúl, mis hermanos) フアーナ・カストロ著, マリーア＝アントニエタ・コリンズインタビュー・構成, 伊高浩昭訳 中央公論新社 2012.3 490p 19cm 〈年表あり〉 3300円 ①978-4-12-004342-0
内容 故郷への帰還 私たちの出自 母リーナと父アンヘル あー、ビラーン、哀れなビラーンよ 子供七人のいる家族 それが何で悪いの？ フィデルと激烈な歳月 フィデルが結婚し卒業し、父は幸せだった 孫たちの出現 歴史は始まる〔ほか〕 〔01629〕

カストロ, ミゲル・デリーベス・デ
◇反グローバリゼーションの声 (VOCES CONTRA LA GLOBALIZACIÓN) カルロス・エステベス, カルロス・タイボ編著, 大津真作訳 京都 晃洋書房 2013.11 257, 8p 21cm 2900円 ①978-4-7710-2490-8
内容 まだ希望がある(ミゲル・デリーベス・デ・カストロ述) 〔01630〕

カストロ・ルス, フィデル Castro Ruz, Fidel
◇フィデル・カストロ―みずから語る革命家人生 上 (Fidel Castro) フィデル・カストロ〔述〕, イグナシオ・ラモネ著, 伊高浩昭訳 岩波書店 2011.2 388p 20cm 3200円 ①978-4-00-024659-0
内容 はじめに フィデルとの一〇〇時間 ある指導者の幼少時代 ある反逆者の鍛造 政治への参加 モンカダ兵営襲撃 革命の来歴 「歴史は私に無罪を証明するだろう」 チェ・ゲバラ マエストラ山脈でゲリラの教訓 革命初期の過程と問題 陰謀の始まり ヒロン浜侵攻事件 一九六二年一〇月危機 チェ・ゲバラの死 キューバとアフリカ 〔01631〕
◇フィデル・カストロ―みずから語る革命家人生 下 (Fidel Castro) フィデル・カストロ〔述〕, イグナシオ・ラモネ著, 伊高浩昭訳 岩波書店 2011.2 383, 64p 20cm 〈年表あり 索引あり〉 3200円 ①978-4-00-024660-6
内容 対米移住問題の危機 ソ連の崩壊 オチョア事件と死刑 キューバと新自由主義全球化 ジェームス・カーター元米大統領の来訪 二〇〇三年三月の反体制派逮捕 二〇〇三年四月の乗っ取り事件 キューバとスペイン フィデルとフランス ラテンアメリカ 今日のキューバ 人生と革命の決算 フィデル後はどうなるのか 〔01632〕
◇フィデル・カストロ自伝―勝利のための戦略:キューバ革命の闘い (LA VICTORIA ESTRATÉGICA) フィデル・カストロ・ルス著, 山岡加奈子, 田中高, 工藤多香子, 富田君子訳 明石書店 2012.9 628p 20cm 4800円 ①978-4-7503-3668-8
内容 キューバの全般的な、そして1958年5月の革命闘争の状況 我々の陣地を防御する準備 ラス・メルセデスの占領 ミナス・デ・ブエイシートからの圧力 南からの上陸 敵はラス・ベガスに到着 サント・ドミンゴに到着 南における重大な脅威 ラ・プラタの脅威 サン・ロレンソまで〔ほか〕 〔01633〕

ガストン, W.M.
◇ボストン市立図書館とJ.ウィンザーの時代(1868-1877年)―原典で読むボストン市立図書館発展期の思想と実践 川崎良孝解説・訳, 久野和子, 川崎智子訳 京都 京都図書館情報学研究会 2012.5 401p 21cm 〈背・表紙のタイトル : ボストン市立図書館とJ.ウィンザーの時代 発売 : 日本

図書館協会〉 6000円 ①978-4-8204-1200-7
内容 市長メッセージ : 市立図書館の日曜開館の命令を承認しない理由(『市文書第69号』1872年6月29日)(W.M.ガストン) 〔01634〕

カ

カーズナー, イスラエル・M. Kirzner, Israel M.

◇ルートヴィヒ・フォン・ミーゼス―生涯とその思想 (LUDWIG VON MISES) イスラエル・M. カーズナー著, 尾近裕幸訳 春秋社 2013.6 259, 4p 20cm 〈著作目録あり 年譜あり 索引あり〉 3200円 ①978-4-393-62186-8
内容 第1章 ミーゼスの生涯―1881 - 1973 第2章 経済学者ミーゼス 第3章 経済学の方法論とは 第4章 市場プロセスの経済学 第5章 貨幣理論、景気循環論、および利子率 第6章 自由市場の最強の擁護者として 〔01635〕

カズニック, ピーター Kuznick, Peter J.

◇オリバー・ストーンが語るもうひとつのアメリカ史 1 2つの世界大戦と原爆投下 (THE UNTOLD HISTORY OF THE UNITED STATES) オリバー・ストーン, ピーター・カズニック著 大田直子, 鍛原多恵子, 梶山あゆみ, 高橋璃子, 吉田三知世訳 早川書房 2013.4 403p 20cm 2000円 ①978-4-15-209367-7
内容 序章 帝国のルーツ―「戦争はあこぎな商売」(「覇権国家」アメリカの光と影 歴史に縛られたくないアメリカ人 ほか) 第1章 第一次世界大戦―ウィルソンvsレーニン (ウィルソン―革命嫌いの人権差別主義者 メキシコ革命とウィルソン ほか) 第2章 ニュー・ディール―「私は彼らの憎しみを喜んで受け入れる」(世界大不況下のアメリカとFDR 「あこぎな両替商」との決別 ほか) 第3章 第二次世界大戦―誰がドイツを打ち破ったのか? (枢軸国の侵略、始まる スターリンのあせり―独ソ不可侵条約 ほか) 第4章 原子爆弾―凡人の悲劇 (歴史の流れを変えた発明 核エネルギーへの危惧―アインシュタインの後悔 ほか) 〔01636〕

◇オリバー・ストーンが語るもうひとつのアメリカ史 2 ケネディと世界存亡の危機 (THE UNTOLD HISTORY OF THE UNITED STATES) オリバー・ストーン, ピーター・カズニック著 熊谷玲美, 小坂恵理, 関根光宏, 田沢恭子, 桃井緑美子訳 早川書房 2013.5 434p 20cm 2000円 ①978-4-15-209372-1
内容 第5章 冷戦―始めたのは誰か? (第二次大戦後の荒廃 ひとり活況を示すアメリカ ほか) 第6章 アイゼンハワー―高まる軍事的緊張 (米ソ対立は本当に避けられなかったか? ますます増える原爆の備蓄数 ほか) 第7章 JFK―「人類史上、最も危険な瞬間」(新しい指導者、フルシチョフ ソ連のスプートニク・ショック ほか) 第8章 LBJ―道を見失った帝国 (ケネディ暗殺の余波 「偉大な社会」を目指したジョンソン大統領 ほか) 第9章 ニクソンとキッシンジャー―「狂人」と「サイコパス」(「覇権国家アメリカ」というビジョンは共有する二人 反戦の大きなうねりに乗って ほか) 〔01637〕

◇オリバー・ストーンが語るもうひとつのアメリカ史 3 帝国の緩やかな黄昏 (THE UNTOLD HISTORY OF THE UNITED STATES) オリバー・ストーン, ピーター・カズニック著 金子浩, 柴田裕之, 夏目大訳 早川書房 2013.6 493p 20cm 2200円 ①978-4-15-209379-0
内容 第10章 デタントの崩壊―真昼の暗黒 (フォード大統領の時代―アメリカの受けた痛手 南ベトナムの敗北と、反故にされたベトナムへの資金供与協定 ほか) 第11章 レーガン時代―民主主義の暗殺 (「想像を絶する」、レーガン大統領の知的レベル 「ラテンアメリカがあんなにたくさんの国に分かれていたなんて驚いたよ」 ほか) 第12章 冷戦の終結―機会の逸失 (ゴルバチョフ、冷戦の終結を宣言 ブッシュ・シニア―「究極のエスタブリッシュメント」大統領候補 ほか) 第13章 ブッシュ=チェイニー体制の瓦解―「イラクでは地獄の門が開いている」(イスラム過激派による9・11テロの衝撃 ネオコンにとって、9・11は「新たな真珠湾のような」好機だった ほか) 第14章 オバマ―傷ついた帝国の運営 (「救済者」と思えたオバマは、事態をより悪化させた 経済顧問はほぼ全員、金融危機を招いたルービンの手下―彼らは嬉々として銀行家たちを救済した ほか) 〔01638〕

カスノーカ, ベン Casnocha, Ben

◇スタートアップ!―シリコンバレー流成功する自己実現の秘訣 (THE START-UP OF YOU) リード・ホフマン, ベン・カスノーカ著, 有賀裕子訳 日経BP社 2012.5 299p 19cm 〈文献あり 発売 : 日経BPマーケティング〉 1600円 ①978-4-8222-4910-6
内容 第1章 人はみな起業家 第2章 競争するうえでの強みを培う 第3章 順応へのプラン 第4章 持つべきは人脈 第5章 飛躍への戦略 第6章 賢くリスクをとる 第7章 人脈は知識の泉 〔01639〕

ガーズマ, ジョン Gerzema, John

◇女神的リーダーシップ―世界を変えるのは、女性と「女性のように考える」男性である (THE ATHENA DOCTRINE) ジョン・ガーズマ, マイケル・ダントニオ著, 有賀裕子訳 プレジデント社 2013.12 390p 19cm 1700円 ①978-4-8334-2067-9 〔01640〕

ガスリー, ヴィクトリア・A.

◇リーダーシップ開発ハンドブック (The center for creative leadership) C.D.マッコーレイ,R.S.モクスレイ,E.V.ヴェルサ編, 金井寿宏監訳, 嶋村伸明, リクルートマネジメントソリューションズ組織行動研究所訳 白桃書房 2011.3 463p 22cm 〈文献あり 索引あり〉 4700円 ①978-4-561-24546-9
内容 フィードバック・インテンシブ・プログラム 他 (ヴィクトリア・A.ガスリー, リリィ・ケリー－ラドフォード著) 〔01641〕

ガスリッジ, リズ Guthridge, Liz

◇「想定外」に備える企業災害対策マニュアル (Leading people through disasters) キャスリン・マッキー, リズ・ガスリッジ著, 山中朝晶, 南沢篤花訳 翔泳社 2011.8 279p 19cm 〈付・災害時の企業のソーシャルメディア活用〉 1900円 ①978-4-7981-2444-5
内容 第1部 災害にどう備えるか (リーダーシップの構築 「人」を重視した業務継続プランの立案 緊急時の人事・労務) 第2部 災害時に対処する (社員のケア 災害対応の業務分担 通常業務への戻り方 通常業務に戻る際の10のステップ 心の回復力をつけ

る　いま、始めよう―五分間の準備）　資料編　特別付録 災害時の企業のソーシャルメディア活用（トライバルメディアハウス著）　〔01642〕

カースルズ, スティーブン　Castles, Stephen

◇国際移民の時代（The age of migration（4th ed.））　S.カースルズ,M.J.ミラー著, 関根政美, 関根薫監訳　第4版　名古屋　名古屋大学出版会　2011.1　465p　21cm　〈文献あり 索引あり〉　3800円　①978-4-8158-0655-2

内容 序論　移民理論　グローバリゼーション・開発・移民　1945年以前の国際移民　1945年以降のヨーロッパ、北アメリカ、オセアニアへの移民　アジア・太平洋地域の移民　サブサハラアフリカ、中東・北アフリカ、ラテンアメリカの移民　国家と国際移民―管理への探究　移民と安全保障　労働市場のなかの移民とマイノリティ　ニューエスニック・マイノリティと社会　移民と政治　結論―21世紀の移民と移動　〔01643〕

カズンズ, ポール

◇環境犯罪学と犯罪分析（Environmental criminology and crime analysis）　リチャード・ウォートレイ, ロレイン・メイズロール編, 島田貴仁, 渡辺昭一監訳, 齊藤知範, 雨宮護, 菊池城治, 畑倫子訳　社会安全研究財団　2010.8　313p　26cm　〈文献あり〉①978-4-904181-13-3

内容 環境デザインによる犯罪予防（ポール・カズンズ著, 雨宮護訳）　〔01644〕

カセカンプ, アンデルス

◇拡大ヨーロッパの地政学―コンステレーション理論の可能性（The geopolitics of Euro-Atlantic integration）　ハンス・モウリッツェン, アンデルス・ウィヴェル編, 蓮見雄, 小林正英, 東野篤子訳　文真堂　2011.5　356p　21cm　〈文献あり 索引あり〉2900円　①978-4-8309-4703-2

内容 北東部（アンデルス・カセカンプ著, 蓮見雄訳）　〔01645〕

カーゼム, マーク　Kurzem, Mark

◇マスコット―ナチス突撃兵になったユダヤ少年の物語（The mascot）　マーク・カーゼム著, 宮崎勝治, 宮崎栄美子訳　ミルトス　2011.11　438p　19cm　2200円　①978-4-89586-152-6

内容 第1部 謎の二つの言葉（僕は何も知らなかった　出血　地鳴り　尋問　殺戮　ジェーニス家　ヴォルホフ沼地　チョコレートの兵隊　ある判断　ビデオテープ　漂流　オックスフォード　女学生エリ）　第2部 空白の地図（再び郷里へ　リガからの脱出　自由へ　宣誓供述書　追いつめられて　ストックフォルム　恐れ　アリス　手紙　夜ごとの悪夢　電報）　第3部 五〇年後の旅（写真　コイダノフ　父の生家　ソロモンとヴォロージャ　リガ　カルニカウァ　ツィルム）　〔01646〕

ガゼル, ハイディ

◇子どもの社会的ひきこもりとシャイネスの発達心理学（THE DEVELOPMENT OF SHYNESS AND SOCIAL WITHDRAWAL）　ケネス・H.ルビン, ロバート・J.コプラン編, 小野善郎訳　明石書店　2013.8　303p　22cm　5800円　①978-4-7503-3873-6

内容 小児期と思春期の社会的ひきこもり（ケネス・H.ルビン, ジュリー・ボーカー, ハイディ・ガゼル著）　〔01647〕

カーソン, デイビッド　Carson, David

◇心の平和を取り戻すスピリット・アニマルの見つけ方（FIND YOUR SPIRIT ANIMALS）　デイビッド・カーソン著, 山川亜希子監訳　飛鳥新社　2013.11　136p　20cm　1500円　①978-4-86410-287-2

内容 第1章 スピリット・アニマルと共にあるために（内なる世界を見つめる　夢の中でつながる ほか）　第2章 内なる資質を見つける（ヘビ―永遠のヒーラー　モグラ―下に潜る ほか）　第3章 内なる知恵を見つける（イヌ―法の番人　ウマ―天性の気高さ ほか）　第4章 内なる美しさを見つける（ハト―アストラル飛行の秘密　ミツバチ―勤労の美 ほか）　〔01648〕

カーター, サンディ　Carter, Sandy

◇さあ、ソーシャル・ビジネスに乗り出そう―ソーシャル・メディア活用が“強い”ビジネスを創り出す（Get Bold）　サンディ・カーター著　日経BP社　2012.12　331, 8p　21cm　〈発売：日経BPマーケティング〉1800円　①978-4-8222-1090-8

内容 第1章 ソーシャル・ビジネスを成功に導く行動計画「AGENDA」　第2章 組織の目標や文化を整合させる　第3章 ソーシャル・メディア上で信頼関係を築く　第4章 体験を通じてつながる　第5章 ビジネス・プロセスをネットワーク化する　第6章 評判管理とリスク管理の体制を整備する　第7章 データを分析する　第8章 テクノロジーが競争力の源となる　第9章 自社のAGENDAを作成する　〔01649〕

カーター, ジェフリー

◇国際学のすすめ―グローバル時代を生きる人のために　東海大学教養学部国際学科編　第4版　秦野　東海大学出版会　2013.10　219p　21cm　〈索引あり〉2100円　①978-4-486-02008-0

内容 異文化コミュニケーション（ジェフリー・カーター著, 吉川直人訳）　〔01650〕

カーター, フィリップ（1958-）　Carter, Philip

◇いのちのサイコドラマ―マックス・クレイトンによるトレーニング・ワークショップの実録（The Living Spirit of the Psychodramatic Method）　マックス・クレイトン, フィリップ・カーター〔著〕, 松本功訳　高崎　群馬病院出版会　2013.3　529p　22cm　（ぐんま精神医学セレクション 3）〈索引あり　発売：弘文堂〉7800円　①978-4-335-65156-4

内容 1日目 蝶の飛翔（夜明け：サイコドラマ・セッションのオープニング　話がいよいよ面白くなる　方法へのオリエンテーション ほか）　2日目 あなたも星と同じように宇宙の子どもだ（生きた技法　人間的な学び方　全ては準備次第 ほか）　3日目 実を結ぶ（第5セッション　瞬間瞬間を生きる　魅力的なグループ：あなたはその一員に本当になりたいと思う ほか）　〔01651〕

ガータイス, クリストファー

◇日本人の「男らしさ」―サムライからオタクまで「男性性」の変遷を追う（RECREATING

JAPANESE MEN) サビーネ・フリューシュトゥック, アン・ウォルソール編著, 長野ひろ子監訳, 内田雅克, 長野麻紀子, 粟倉大輔訳 明石書店 2013.1 307p 22cm 3800円 ①978-4-7503-3745-6

内容 衰退していく労働組合員(クリストファー・ガータイス著, 内田雅克訳) 〔01652〕

カ

カタソノワ, エレーナ・L.

◇ゾルゲ事件関係外国語文献翻訳集 no.28 日露歴史研究センター事務局編 〔川崎〕 日露歴史研究センター事務局 2011.1 64p 30cm 〈no.28のタイトル関連情報 : ユーリー・ゲオルギエフ追悼特集号〉 700円

内容 リヒアルト・ゾルゲ外国での見方(エレーナ・カタソノワ著) 〔01653〕

◇ゾルゲ事件関係外国語文献翻訳集 no.29 日露歴史研究センター事務局編 〔川崎〕 日露歴史研究センター事務局 2011.4 55p 30cm 700円

内容 ノモンハン・ハルハ河戦争(エレーナ・L.カタソノワ著) 〔01654〕

◇ゾルゲ事件関係外国語文献翻訳集 no.37 日露歴史研究センター事務局編 〔川崎〕 日露歴史研究センター事務局 2013.7 52p 30cm 700円

内容 重要なことに関する古い神話(エレーナ・L.カタソノワ著) 〔01655〕

ガダマー, ハンス=ゲオルク Gadamer, Hans-Georg

◇ヘーゲルの弁証法 (HEGELS DIALEKTIK) ハンス=ゲオルク・ガダマー著, 山口誠一, 高山守訳 未來社 2011.5 251, 17p 19cm (フィロソフィア双書) 〈第3刷(第1刷1990年)〉 3500円 ①978-4-624-02029-3

内容 1 ヘーゲルと古代弁証法 2 ヘーゲル―逆さまの世界 3 自己意識の弁証法 4 ヘーゲル論理学の理念 5 ヘーゲルとハイデルベルク・ロマン派 6 ヘーゲルとハイデガー 〔01656〕

◇真理と方法 1 哲学的解釈学の要綱 (WAHRHEIT UND METHODE) ハンス=ゲオルク・ガダマー著, 轡田収, 麻生建, 三島憲一, 北川東子, 我田広之, 大石紀一郎訳 法政大学出版局 2012.11 289, 3p 19cm (叢書・ウニベルシタス) 3800円 ①978-4-588-09965-6

内容 第1部 芸術経験を手がかりとした真理問題の展開(美学的次元の乗り越え 芸術作品の存在論およびその解釈学的意味) 〔01657〕

◇真理と方法―哲学的解釈学の要綱 3 (WAHRHEIT UND METHODE(原著第4版)) ハンス=ゲオルク・ガダマー〔著〕, 轡田収, 三浦国泰, 巻田悦郎訳 法政大学出版局 2012.11 p679〜984 17p 20cm (叢書・ウニベルシタス 177) 〈索引あり〉 3800円 ①978-4-588-00177-2

内容 第3部 言語を導きの糸とした解釈学の存在論的な転回(解釈学的経験の媒体としての言語 "言語"の概念に対する西洋思想史の刻印 解釈学的存在論の地平としての言語) 付録1‐6 付録 解釈学と歴史主義 〔01658〕

ガダム, サイ Gaddam, Sai

◇性欲の科学―なぜ男は「素人」に興奮し、女は「男同士」に萌えるのか (A billion wicked thoughts) オギ・オーガス, サイ・ガダム著, 坂東智子訳 阪急コミュニケーションズ 2012.2 373, 39p 19cm 1900円 ①978-4-484-12103-1

内容 第1章 大まじめにオンラインポルノを研究する―性科学と「セクシュアル・キュー」 第2章 熟女人気と体のパーツの好みに関する考察―男の「目」を惹きつけるキュー 第3章 お尻や乳房など体ばかりに注目するのはなぜか―男性の性的欲望 第4章 セックスする前に脳が男を品定めする―女性の性的欲望 第5章 強くて支配的な大金持ちとちょいワルが好き―女の「心」を捉えるキューその1 ヒーロー 第6章 自分の性的魅力で男たちを惹きつけたい―女の「心」を捉えるキューその2 ヒロイン 第7章 ストレートの男と違うところは3つだけ―ゲイの男を惹きつけるキュー 第8章 求む、背が高くてお尻がカッコいい男―女の「目」を惹きつけるキュー 第9章 浮気妻と素人娘は競争原理と本物志向の表れ―男の「心」を捉えるキュー 第10章「支配」と「服従」あなたはどっちがお好き？―男女両方の「心」を捉えるキュー 第11章 そして欲望はイリュージョンを生み新たな次元へ―セクシュアル・キューの創造力 〔01659〕

カダリ, クリシュナ Kadali, Krishna

◇プロジェクト・マネジャーが知るべき97のこと (97 things every project manager should know) Barbee Davis編, 笹井崇司訳, 神庭弘年監修 オライリー・ジャパン 2011.11 240p 21cm 〈発売 : オーム社〉 1900円 ①978-4-87311-510-8

内容 柔軟性がプロジェクトマネジメントをシンプルにする 他(クリシュナ・カダリ) 〔01660〕

ガタリ, フェリックス Guattari, Félix

◇哲学とは何か (QU'EST-CE QUE LA PHILOSOPHIE?) G.ドゥルーズ,F.ガタリ著, 財津理訳 河出書房新社 2012.8 406p 15cm (河出文庫 ト6-16) 1400円 ①978-4-309-46375-9

内容 序論 こうして結局、かの問は… 1 哲学(ひとつの概念とは何か 内在平面 概念的人物 哲学地理) 2 哲学―科学、論理学、そして芸術(ファンクティヴと概念 見通しと概念 被知覚態、変様態、そして概念) 結論 カオスから脳へ 〔01661〕

カツ, ケンユウ 葛 剣雄

◇東アジア海文明の歴史と環境 鶴間和幸, 葛剣雄編著 東方書店 2013.3 555p 22cm (学習院大学東洋文化研究叢書) 4800円 ①978-4-497-21304-4

内容 東アジア海と地中海(葛剣雄著, 菅野恵美訳) 〔01662〕

カーツ, リサ・A. Kurtz, Lisa A.

◇不器用さのある発達障害の子どもたち運動スキルの支援のためのガイドブック―自閉症スペクトラム障害・注意欠陥多動性障害・発達性協調運動障害を中心に (Understanding Motor Skills in Children with Dyspraxia, ADHD, Autism, and Other Learning Disabilities) リサ・A.カーツ著, 七木田敦, 増田貴人, 沢江幸則監訳, 泉流星訳

東京書籍　2012.9　175p　21cm　〈文献あり 索引あり〉1800円　①978-4-487-80705-5

内容 第1部 運動スキルの性質を理解する（運動スキルの発達　専門家に助けを求めるには　介入についての一般原理）　第2部 家庭や学校でできる実践的な対処法と活動（基礎的な運動スキルを高めるには　日常生活がひとりでできるようになるために　教室での問題に対処する　協調運動の問題の社会的な影響）〔01663〕

カッシーラー, エルンスト　Cassirer, Ernst

◇実体概念と関数概念―認識批判の基本的諸問題の研究（SUBSTANZBEGRIFF UND FUNKTIONSBEGRIFF : Untersuchungen über die Grundfragen der Erkenntniskritik）　エルンスト・カッシーラー著, 山本義隆訳　みすず書房　2012.5　448, 18p　21cm　6000円　①978-4-622-02462-0

内容 第1部 事物概念と関係概念（概念形成の理論によせて　数の概念　空間概念と幾何学　自然科学的概念形成）　第2部 関係概念の体系と現実の問題（帰納の問題によせて　現実の概念　関係概念の主観性と客観性　関係の心理学によせて）〔01664〕

◇認識問題―近代の哲学と科学における　3（DAS ERKENNTNISPROBLEM）　エルンスト・カッシーラー〔著〕, 須田朗, 宮武昭, 村岡晋一共訳　みすず書房　2013.6　539, 2p　22cm　〈索引あり〉8000円　①978-4-622-03193-2

内容 第1章「経験の対象」と「物自体」　第2章 フィヒテ　第3章 シェリング　第4章 ヘーゲル　第5章 ヘルバルト　第6章 ショーペンハウアー　第7章 フリース〔01665〕

ガッセン, マーシャ　Gessen, Masha

⇒ゲッセン, マーシャ

カッツ, マベル　Katz, Mabel

◇生き方楽々ホ・オポノポノ―こんなに簡単でいいの？　こころの芯から輝き出す満足度120パーセントの幸せ（The easiest way（special ed.））　マベル・カッツ著, 小林美香訳　ヒカルランド　2011.9　210p　20cm　（超☆はぴはぴ 003）1600円　①978-4-905027-55-3

内容 1 本当の自分って何？―すべては自分次第、本来は思いのままに現実化させることができるのです　2 何か問題が起きたとき…―これは与えられたチャンス、こんどこそ反応・執着を手放しましょう　3 心頼の意味は？―すべてをゆだねる、「期待」から心を自由にすることで幸せはやってきます　4 お金―心からやりたいことを！　愛のあるところにはおのずと富と成功も存在します　5 恐れと不安―どの瞬間も温かく見守られ、保護されていることに気付くようになりましょう　6 愛―まず自分を愛すること！　誰かが幸せを与えてくれるわけではありません　7 最もシンプルで即効性のある方法―すべての責任を受け入れ、許しを請い、自分自身を大切にすることだけなのです〔01666〕

◇さとりのホ・オポノポノ―ホイホイ暮らし 手放すほどに豊かになれる楽園ハワイの魔法（The Easiest Way to Live）　マベル・カッツ著, 石原まどか訳　ヒカルランド　2013.4　212p　19cm　1500円　①978-4-86471-109-8

内容 あなたはあなたのままで、すでに完璧！　あなたの身に起こっている問題は、すべて過去の記憶の再生が引き起こしているのです　人生にとって役に立たない記憶を消すと、新しいチャンスが舞い込んできます　「ありがとう」と言うたびにインスピレーションが舞い降りて、あなたの波動やエネルギーが変わります　あなたが心をオープンにして空っぽでいると、素晴らしいことが起こりはじめます　空＝ゼロ・ポイントにいるとき、宇宙のパワーがあなたへ流れこみ、どんな奇跡も起こります！　クリーニングの際、超意識への橋渡しをしてくれるのは、すべての記憶を保持するインナー・チャイルドです　ゆるしはあなた自身への贈り物。わたしたちが自分を愛すると、愛してくれる人々が寄ってきます　期待を手放してクリーニングすれば、魔法のシンクロニシティが味わえる！　欲しいものを手放したときにこそ、夢にも思わぬ素晴らしいものを受け取れます〔ほか〕〔01667〕

◇よみきかせホ・オポノポノ―子供に、そしてあなたの中の〈ウニヒピリ〉へ インナーチャイルドの成長と癒し（The Easiest Way to Grow）　マベル・カッツ著, 伊藤功, 伊藤愛子訳　ヒカルランド　2013.10　83p　18cm　〈英語抄訳付〉1400円　①978-4-86471-152-4〔01668〕

カッツ, リチャード　Katz, Richard

◇〈癒し〉のダンス―「変容した意識」のフィールドワーク（BOILING ENERGY）　リチャード・カッツ著, 永沢哲, 田野尻哲郎, 稲葉大輔訳　講談社　2012.4　455p　20cm　〈文献あり〉2800円　①978-4-06-217553-1

内容 出発点　狩猟採集の民、クン　クンの癒し　ヒーリング・ダンス　伝統の癒し手、カイナチャウ　「われらすべてを殺す死」　癒しの教育　癒し手の道　女性の視点　転換期にある癒し手、トマジョー　分かち合いの伝統　強力な癒し手、カウ・ドゥワ　癒しの精華、トゥワ・ナ　こころと霊性の成長　文化変容という難題　カイナチャウとの最後の語らい　「わしらの物語を伝えてくれ」〔01669〕

カッツェンスタイン, ピーター・J.　Katzenstein, Peter J.

◇世界政治と地域主義―世界の上のアメリカ、ヨーロッパの中のドイツ、アジアの横の日本（A world of regions）　ピーター・J.カッツェンスタイン著, 光辻克馬, 山影進訳　書籍工房早山　2012.6　20, 399p　22cm　〈文献あり〉2500円　①978-4-904701-28-7〔01670〕

カッツェンバック, ジョン・R.　Katzenbach, Jon R.

◇インフォーマル組織力―組織を動かすリーダーの条件（Leading outside the lines）　ジョン・R.カッツェンバック, ジア・カン著, ブーズ・アンド・カンパニー訳　税務経理協会　2011.10　244p　21cm　〈文献あり〉2000円　①978-4-419-05687-2

内容 コールセンターの「壁」　第1部 フォーマルを強化するインフォーマル（フォーマルは論理、インフォーマルは魔法　バランスが変わるとき　フォーマルとインフォーマルの統合）　第2部 動機づけで個人のパフォーマンスを上げる（重要なのは仕事そのもの　価値観が組織を動かす　パフォーマンスの重要性）　第3部 組織変革を加速させる（「速いシマウマ」を解き放つ　凍りついたツンドラを溶かす　波を起こせる）インフォーマルなマネジメント手法　今日からやるべき

カ

カ

こと）　〔01671〕

ガット, アザー　Gat, Azar

◇文明と戦争　上（WAR IN HUMAN CIVILIZATION）　アザー・ガット著, 石津朋之, 永末聡, 山本文史監訳, 歴史と戦争研究会訳　中央公論新社　2012.8　475p　20cm　3600円　①978-4-12-004400-7

内容 第1部 過去二〇〇万年間の戦争—環境、遺伝子、文化（はじめに—「人間の自然状態」　平和的それとも好戦的—狩猟採集民は戦ったのか？　人間はなぜ戦うのか？—進化論の視点から　動機—食糧と性　動機—入り組んだ欲望　「未開の戦争」—どのように戦われたか？　結論—人類の発展状態における戦闘）第2部 農業、文明、戦争（はじめに—進化する文化的複雑性　農耕社会と牧畜社会における部族戦争　国家の出現における軍隊）　〔01672〕

◇文明と戦争　下（WAR IN HUMAN CIVILIZATION）　アザー・ガット著, 石津朋之, 永末聡, 山本文史監訳, 歴史と戦争研究会訳　中央公論新社　2012.8　521p　20cm 〈索引あり〉 3600円　①978-4-12-004401-4

内容 第2部 農業、文明、戦争（承前）（ユーラシア大陸の先端—東部、西部、ステップ地帯　結論—戦争、リヴァイアサン、そして文明の快楽と悲惨）　第3部 近代性—ヤヌスの二つの顔（はじめに—富と力の爆発　大砲と市場—ヨーロッパ新興諸国とグローバルな世界　縛られたプロメテウスと解き放たれたプロメテウス—機械化時代の戦争　裕福な自由民主主義諸国、究極の兵器、そして世界　結論—戦争の謎を解く）〔01673〕

カットバートソン, キース　Cuthbertson, Keith

◇ファイナンスの基礎理論—株式・債券・外国為替（Quantitative Financial Economics（原著第2版））　キース・カットバートソン, ダーク・ニッチェ著, 吉野直行監訳, 菅原周一, 上木原さおり訳　慶応義塾大学出版会　2013.10　604p　21cm 〈文献あり 索引あり〉 6800円　①978-4-7664-2065-4

内容 ファイナンスの基本概念　効率的市場仮説　平均分散ポートフォリオ理論とCAPM　パフォーマンスの評価測度CAPMとAPT　実証研究：CAPMとAPT　線形ファクターモデルの応用　評価モデルと資産収益率　株式価格のボラティリティ　株式価格：ベクトル自己回帰（VAR）によるアプローチ　確率割引ファクターモデルとC‐CAPM　行動ファイナンスとアノマリー　期間構造の理論　期待仮設—理論から検証へ　期間構造に関する実証研究　為替市場　CIP、UIP、FRUの検定　為替リスクプレミアムのモデリング　為替レートとファンダメンタルズ　市場リスク　〔01674〕

カッパーチェク, マーチン　Kacperczyk, Marcin

◇金融規制のグランドデザイン—次の「危機」の前に学ぶべきこと（Restoring financial stability）　ヴィラル・V.アチャリア, マシュー・リチャードソン編著, 大村敬一監訳, 池田竜哉, 増原剛輝, 山崎洋一, 安藤祐介訳　中央経済社　2011.3　488p　22cm 〈文献あり〉 5800円　①978-4-502-68200-1

内容 ヘッジファンド業界における金融危機の余波（スティーブン・J.ブラウン, マーチン・カッパーチェク, アレクサンダー・ジュンクビスト, アンソニー・W.リンチ, ラッセ・H.ペダーソン, マシュー・リチャードソン）　〔01675〕

カッリオマキ, アンッティ

◇フィンランドの高等教育ESDへの挑戦—持続可能な社会のために（Towards sustainable development in higher education-reflections）　フィンランド教育省, タイナ・カイヴォラ, リーサ・ローヴェーデル編著, 斎藤博次, 開竜美監訳, 岩手大学ESDプロジェクトチーム訳　明石書店　2011.4　201p　21cm 〈文献あり〉 2500円　①978-4-7503-3377-9

内容 持続可能な開発のための高等教育（アンッティ・カッリオマキ著, 開竜美訳）　〔01676〕

ガデア, イルダ　Gadea, Hilda

◇チェ・ゲバラと歩んだ人生（Mi vida con El Che）　イルダ・ガデア著, 松枝愛訳　中央公論新社　2011.11　341p　20cm 〈年表あり　文献あり〉 2200円　①978-4-12-004303-1

内容 二人の出会い　グアテマラの中心で　侵攻　グアテマラの教訓　メキシコでの再会　結婚と党活動　グランマ号遠征の準備　計画の最終段階　迫害　出発　ペルーへの帰国と結末　エルネスト・ゲバラによる未編集の詩　〔01677〕

カーティス, ジェラルド

◇日本の外交　第6巻　日本外交の再構築　井上寿一, 波多野澄雄, 酒井哲哉, 国分良成, 大芝亮編集委員　井上寿一, 波多野澄雄, 酒井哲哉, 国分良成, 大芝亮編　岩波書店　2013.10　316p　22cm　3800円　①978-4-00-028596-4

内容 変化する東アジアにおける日本の外交政策（ジェラルド・カーティス著, 横山司訳）　〔01678〕

カーティス, リサ

◇人口から読み解く国家の興亡—2020年の米欧中印露と日本（POPULATION DECLINE AND THE REMAKING OF GREAT POWER POLITICS）　スーザン・ヨシハラ, ダグラス・A.シルバ, ゴードン・G.チャンほか著, 米山伸郎訳　ビジネス社　2013.10　301p　20cm　1900円　①978-4-8284-1725-7

内容 インド 人口動態のトレンドとアジアの戦略的地形図に与える影響（リサ・カーティス著）　〔01679〕

ガーディナー, サミュエル・ローソン　Gardiner, Samuel Rawson

◇大内乱史　1　ガーディナーのピューリタン革命史（History of the great civil war）　サミュエル・ローソン・ガーディナー著, 小野雄一訳　創英社　2011.5　16, 625, 24p　22cm 〈共同刊行：三省堂書店　索引あり〉 2400円　①978-4-88142-514-5

内容 王党派と議会派　ポーウィック・ブリッジとエッジヒルの戦い　ターナム・グリーン　和平を求める叫び声　オックスフォード交渉　アイルランドとスコットランドの情勢　レディングとストラットン　王党派の勝利　ブリストルとゲインズバラ　グロースターとニューベリー　アイルランド休戦と厳粛なる同盟と協約　ウィンスビーとアランデル　長老派と独立派　良心の自由　両王国委員会　ニューアーク、

チェリトン、セルビーの戦い　エセックスとウォーラーの別れ　マーストン・ムアの戦い　〔01680〕

ガーデナ, マイケル　Gardiner, Michael

◇トマス・グラバーの生涯―大英帝国の周縁にて（AT THE EDGE OF EMPIRE）　マイケル・ガーデナ著, 村里好俊, 杉浦裕子訳　岩波書店　2012.6　298, 12p　20cm 〈文献あり〉3700円　①978-4-00-025848-7

内容 出島　スコットランドの深北部　中国の噂　一攫千金を夢見て　帝国の周縁にて（一）―大いなる英国刀剣の道　その前夜　転落への道　造幣事業の帝国主義者　移りゆく侍像　宝島　カウボーイ的な相談役ビールと名誉　帝国の周縁にて（二）―日本　『蝶々夫人』顛末記　文明開化　〔01681〕

カデュック, エヴリン

◇沈黙の向こう側―豊崎光一追悼集　豊崎令子監修, 岩嵜誠, 佐久間和男, 中村裕, 平山規子編　横浜　春風社　2013.12　229p　20cm 〈年譜あり〉3048円　①978-4-86110-370-4

内容 豊崎光一パリ青春の日々：1960-1963（エヴリン・カデュック著, 平山規子, 吉田加南子訳）　〔01682〕

カーデルバッハ, ゲルト　Kadelbach, Gerd

◇自律への教育―講演およびヘルムート・ベッカーとの対話 ： 一九五九～一九六九年（Erziehung zur Mündigkeit）　テオドール・W.アドルノ著, ゲルト・カーデルバッハ編, 原千史, 小田智敏, 柿木伸之訳　中央公論新社　2011.12　229p　22cm 〈年譜あり　著作目録あり〉3200円　①978-4-12-004315-4

内容 1 過去の総括とは何を意味するのか　2 哲学と教師　3 テレビと教育　4 教職を支配するタブー　5 アウシュヴィッツ以後の教育　6 教育は何を目指して　7 野蛮から脱するための教育　8 自律への教育　〔01683〕

カトウジアン, ホマー

◇国家と国民の歴史―ヴィジュアル版（HISTORIES OF NATIONS）　ピーター・ファタードー編, 猪口孝日本語版監修, 小林朋則訳　原書房　2012.11　320p　26cm 〈文献あり 索引あり〉5800円　①978-4-562-04850-2

内容 イラン―長い歴史と短期社会（ホマー・カトウジアン）　〔01684〕

ガードナー, ジョン・W.　Gardner, John William

◇自己革新―新訳 ： 成長しつづけるための考え方（SELF-RENEWAL）　ジョン・W.ガードナー著, 矢野陽一朗訳　英治出版　2012.5　253p　19cm 〈著作目録あり 年譜あり〉1500円　①978-4-86276-132-3

内容 第1章 成熟、衰退、革新　第2章 自己革新　第3章 多面的能力　第4章 イノベーション　第5章 革新を阻むもの　第6章 圧制者なき圧制　第7章 革新の条件　第8章 革新のための組織づくり　第9章 個人主義とその限界　第10章 献身と意義　第11章 未来に対する心構え　第12章 道徳の衰退と革新　〔01685〕

ガードナー, ダン　Gardner, Dan

◇専門家の予測はサルにも劣る（Future Babble）　ダン・ガードナー著, 川添節子訳　飛鳥新社　2012.5　350p　19cm　1600円　①978-4-86410-166-0

内容 第1章 始めに―専門家の予測はいつでも間違っていた　第2章 予測できない世界―「蝶の羽ばたき」が未来予測を吹き飛ばす　第3章 専門家の頭の中―優秀だから専門家は間違える　第4章 今日と同じ明日―世界は変わらない。変わるとしても今日のように変わる　第5章 不確実性による不安―楽観論より、悲観論が売れる理由　第6章 メディアスターたちの予測―人気者ほど、予測が下手　第7章 予言が外れる時―専門家たちの言い訳　第8章 終わりに―それでも未来を知りたい人たちへ　〔01686〕

ガードナー, マーティン　Gardner, Martin

◇メイトリックス博士の驚異の数秘術（The incredible Dr.Matrix（第1-14章））　マーティン・ガードナー〔著〕, 一松信訳　紀伊国屋書店　2012.3（第3刷）　182p　20cm　2200円　①978-4-314-01079-5

内容 ニューヨーク　ロスアンジェルス　シンシン刑務所　リンカーンとケネディ　シカゴ　マイアミ海岸　フィラデルフィア　円周率 ： ワードスミス大学　スケアスビル　左と右　五番街　月　ホノルル　〔01687〕

ガードナー, ローレンス　Gardner, Laurence

◇聖杯王たちの創世記―ドラゴン王と賢者の石（Genesis of the grail kings）　ローレンス・ガードナー著, ヘイグ悦子訳　清流出版　2011.12　311p　19cm 〈年表あり〉3600円　①978-4-86029-370-3

内容 文明の揺りかご　渡り鳥のように　深紅のローブと銀の櫛　カルデアの創世記　天使たちの王国　啓蒙の時代　王権が天から下ったとき　命の女神　ロイヤルシードの牧者たち　善悪を知る木　天の女王荒れ地に埋もれた遺産　神々の黄金　不死鳥と燃える石　ウルカヌスと五芒星形　契約の土地　色とりどりの晴れ着　エジプトのモーセ　セラビト山の魔術　知恵と法律　〔01688〕

カートリッジ, ポール　Cartledge, Paul

◇古代ギリシア―11の都市が語る歴史（Ancient Greece）　ポール・カートリッジ著, 橋場弦監修, 新井雅代訳　白水社　2011.8　217, 18p　20cm 〈文献あり〉2600円　①978-4-560-08158-7

内容 第1部 先史時代（クノッソス　ミュケナイ）　第2部 歴史時代初期―前五〇〇年まで - 暗黒時代とアルカイック期（アルゴス　ミレトス　マッサリア　スパルタ）　第3部 古典期―前五〇〇年 - 前三三〇年（アテナイ　シュラクサイ　テバイ）　第4部 ヘレニズム時代（アレクサンドリア）　第5部 回顧と展望（ビュザンティオン　エピローグ）　〔01689〕

カトレット, ホアン　Catret, Juan

◇十字架の聖ヨハネの“信仰の道”　ホアン・カトレット編著, 高橋敦子訳　名古屋　新世社　2010.6　303p　19cm　1500円　①978-4-88382-098-6　〔01690〕

◇アジアの顔のキリスト　ホアン・カトレット編, 高橋敦子訳　名古屋　新世社　2010.10　175, 32p　16cm 〈文献あり〉1200円　①978-4-88382-100-0　〔01691〕

カ

カ

ガートン・アッシュ, ティモシー　Garton-Ash, Timothy

◇フリー・ワールド—なぜ西洋の危機が世界にとってのチャンスとなるのか？（Free world）　ティモシー・ガートン・アッシュ著, 添谷育志監訳, 添谷育志, 葛谷彩, 金田耕一, 丸山直起訳　風行社　2011.5　472, 12p　22cm　〈索引あり〉6500円　①978-4-938662-92-9

内容 第1部 危機（ふたつの顔をもつ英国　「否アメリカ」としてのヨーロッパ　アメリカ、力溢れる国　新しい複数の「赤軍」）　第2部 好機（英国、みずからの役割を発見する　ヨーロッパの将来像　アンクル・サム　自由な世界を目指して）〔01692〕

◇ダンシング・ウィズ・ヒストリー—名もなき10年のクロニクル（FACTS ARE SUBVERSIVE）　ティモシー・ガートン・アッシュ著, 添谷育志監訳, 添谷育志, 葛谷彩, 池本大輔, 鹿島正裕, 金田耕一訳　風行社　2013.7　461, 11p　22cm　〈索引あり〉6500円　①978-4-86258-053-5〔01693〕

カナ, タルン　Khanna, Tarun

◇新興国マーケット進出戦略—「制度のすきま」を攻める（Winning in emerging markets）　タルン・カナ, クリシュナ・G.パレプ著, 上原裕美子訳　日本経済新聞出版社　2012.2　317p　20cm　2500円　①978-4-532-31776-8

内容 第1部 新興国を理解する（「制度のすきま」とは何か　「制度のすきま」を特定する）　第2部 成功企業の具体例（「制度のすきま」をビジネスにする　多国籍企業が新興国市場に進出する場合　エマージング・ジャイアント—母国で競う場合　エマージング・ジャイアント—海外に進出する場合　勃興する世界）〔01694〕

カナリー, ジョン　Cunnally, John

◇古代ローマの肖像—ルネサンスの古銭収集と芸術文化（IMAGES OF THE ILLUSTRIOUS）　ジョン・カナリー著, 桑木野幸司訳　白水社　2012.6　201, 63p　22cm　〈文献あり 索引あり〉4000円　①978-4-560-08212-6

内容 枯れることなき地脈より湧きいずる—ルネサンスは古銭だらけ　事物の夥多と多様性—古銭図像の豊富なこと、多彩なこと　小さな部屋の無限の財産—ティツィアーノ描くヤコポ・ストラーダの肖像　「かくのごとく他者の図像を愛する者」—ルネサンス期イタリアにおける、徳の鑑としての古銭　「なんでも手当たりしだいに買いあさる」—北方へと伝染る古銭マニア　「ローマの古物学者」—アンドレア・フルヴィオと『著名人の肖像』　「ダレス」は誰？—『著名人の肖像』の挿絵画家を探せ　「メダルについて記した者たち」—最初期の古銭学書誌　「心を映す澄んだ鏡のごとく」—ルイユ、観相学、ルネサンス期の「肖像画付き著名人伝」　「書物が語らぬ多くのことを教えてくれる」—十六世紀の硬貨本とエンブレム本　「書物が語らぬ多くのことを教えてくれる—一六世紀の硬貨本とエンブレム本　「多大な労苦なくしては」—十六世紀後半の壮大な硬貨修正プロジェクト　「事物そのものの図像、物言わぬ歴史」—ルネサンス古銭学における経験主義と合理主義〔01695〕

河南省文物考古研究所

◇曹操墓の真相　河南省文物考古研究所編著, 渡辺義浩監訳・解説, 谷口建速訳, 唐際根総監修　科学出版社東京　2011.9　308p　20cm　〈発売：国書刊行会〉2300円　①978-4-336-05417-3

内容 第1章 西高穴大墓の発掘調査　第2章「死の暗号」を読み解く　第3章 文献における曹操の死の真相　第4章 瘠薄の地に葬られた英雄　第5章 歴史を真実に回帰させる　エピローグ—千年の古墓における現世のまぼろし　附録 曹操高陵発見の一部始終　解説「曹操墓の真相」の行方〔01696〕

カニュイック, ジェイン　Kaniuk, Jeanne

◇アタッチメントを応用した養育者と子どもの臨床（Attachment theory in clinical work with children）　ダビッド・オッペンハイム, ドグラス・F.ゴールドスミス編, 数井みゆき, 北川恵, 工藤晋平, 青木豊訳　京都　ミネルヴァ書房　2011.6　316p　22cm　〈文献あり〉4000円　①978-4-623-05731-3

内容 虐待された子どもとその養親に対する治療的介入（ミリアム・スティール, ジル・ホッジ, ジェイン・カニュイック, ハワード・スティール, デボラ・ダゴスティーノ, インガ・ブルム, サウル・ヒルマン, ケイ・ヘンダーソン著）〔01697〕

◇子どもの心理療法と調査・研究—プロセス・結果・臨床的有効性の探求（Child psychotherapy and research）　ニック・ミッジリー, ジャン・アンダーソン, イブ・グレンジャー, ターニャ・ネシッジ・ブコビッチ, キャシー・アーウィン編著, 鵜飼奈津子監訳　大阪　創元社　2012.2　287p　22cm　〈索引あり　文献あり〉5200円　①978-4-422-11524-5

内容 適切な教育を受けられなかった子どものアタッチメントの発達に関するアセスメントと、調査・研究にみられるナラティブ（Jill Hodges,Miriam Steele,Jeanne Kaniuk,Saul Hillman,Kay Asquith著, 由井理亜子訳）〔01698〕

ガニョン, アラン=G.　Gagnon, Alain-G.

◇マルチナショナリズム—ケベックとカナダ・連邦制・シティズンシップ（Federalism, ctizenship, and Quebec）　アラン＝G.ガニョン, ラファエル・イアコヴィーノ著, 丹羽卓監修, 丹羽卓, 古地順一郎, 柳原克行訳　彩流社　2012.3　403, 15p　20cm　3000円　①978-4-7791-1765-7

内容 第1章 序/マルチナショナリズムの探求　第2章 歴史的基盤と憲法秩序の発展—ケベックにおける異議申し立ての政治　第3章 カナダにおける連邦制の原則—代表制をめぐる多面的な理解　第4章 二つのナショナルな統合モデル—選択の文脈を確立するために　第5章 シティズンシップと民主政—メンバーシップの問題　第6章 現代の課題とカナダの未来〔01699〕

カニンガム, ヒュー　Cunningham, Hugh

◇概説子ども観の社会史—ヨーロッパとアメリカにみる教育・福祉・国家（CHILDREN AND CHILDHOOD（原著第2版））　ヒュー・カニンガム著, 北本正章訳　新曜社　2013.11　398p　20cm　〈索引あり〉5000円　①978-4-7885-1361-7

内容 第1章 序論—子ども期の観念と実態　第2章 古代と中世ヨーロッパの子ども観　第3章 中産階級の子ども期イデオロギーの展開—一五〇〇～一九〇〇年　第4章 家族・労働・学校—一五〇〇～一九〇〇年　第5章 ヨーロッパの子ども・博愛団体・国家—一五〇〇～一九〇〇年　第6章 子どもの救済—一八三〇年頃～

一九二〇年頃　第7章「子どもの世紀」？―一九〇〇年～現在　第8章 結論　〔*01700*〕

カニンガム, L.S.　Cunningham, Lawrence

◇カトリック入門（An Inroduction to Catholicism）　L.S.カニンガム著, 青木孝子監訳　教文館　2013.4　414, 13p　21cm　〈文献あり 索引あり〉 4200円　①978-4-7642-7367-2　〔*01701*〕

カーネギー, アンドリュー　Carnegie, Andrew

◇富の福音（The gospel of wealth）　アンドリュー・カーネギー著, 田中孝顕監訳　きこ書房　2011.2　219p　20cm　〈年表あり〉 1500円　①978-4-87771-274-7

内容 序章 実業家への道　第1章 富の福音　第2章 富に対する誤解　第3章 トラストに関する幻想　第4章 労働問題と経営者の見解　第5章 アメリカの興隆と帝国主義　あとがき―カーネギーの最大の財産　〔*01702*〕

◇大富豪の条件―7つの富の使い道 『富の福音』Spiritual Edition（The Gospel of Wealth and Other Timely Essays（抄訳））　アンドリュー・カーネギー著, 桑原俊明訳　幸福の科学出版　2013.5　241p　19cm　（新・教養の大陸BOOKS 1）　1200円　①978-4-86395-324-6

内容 序章 私の修行時代（なぜ実業家の道を選んだのか？　「絶対、我が家から貧困を追い出してやる」ほか）　第1章 富の福音（富の活用（格差がなければ、人間の生活は進歩しない　競争原理の利点は、その代償より大きい ほか）　七つの富の使い道（大学　図書館 ほか））　第2章 大富豪の使命（富豪が誕生した結果、豊かな人の数が増えた　自尊心と勤勉・倹約の精神が貧困を減らす ほか）　〔*01703*〕

カーネギー, ドロシー　Carnegie, Dorothy Reeder

◇D.カーネギー名言集（Dale Carnegie's scrapbook）　ドロシー・カーネギー編, 神島康訳　文庫版　大阪　創元社　2011.11　251p　15cm　〈「新版」ハンディーカーネギー・ベスト　文献あり〉 ①978-4-422-10107-1　〔*01704*〕

カーネギー, D.　Carnegie, Dale

◇ハンディーカーネギー・ベスト―人を動かす・道は開ける・カーネギー名言集　D.カーネギー著, 山口博訳　新版;文庫版　大阪　創元社　2011.11　3冊（セット）　15cm　2200円　①978-4-422-10104-0

内容 人を動かす　道は開ける　カーネギー名言集　〔*01705*〕

◇人を動かす（How to win friends and influence people）　D.カーネギー著, 山口博訳　文庫版　大阪　創元社　2011.11　340p　15cm　〈「新版」ハンディーカーネギー・ベスト〉 ①978-4-422-10105-7　〔*01706*〕

◇道は開ける（How to stop worrying and start living）　D.カーネギー著, 香山晶訳　文庫版　大阪　創元社　2011.11　439p　15cm　〈「新版」ハンディーカーネギー・ベスト〉 ①978-4-422-10106-4　〔*01707*〕

ガーネット, ジョン　Garnett, John

◇戦略論―現代世界の軍事と戦争（Strategy in the Contemporary World（原著第3版）（抄訳））　ジョン・ベイリス, ジェームズ・ウィルツ, コリン・グレイ編, 石津朋之監訳　勁草書房　2012.9　314p　21cm　〈文献あり 索引あり〉 2800円　①978-4-326-30211-6

内容 戦争の原因と平和の条件（ジョン・ガーネット著, 加藤朗訳）　〔*01708*〕

カーネマン, ダニエル　Kahneman, Daniel

◇ダニエル・カーネマン心理と経済を語る（Nobel prize lecture〔etc.〕）　ダニエル・カーネマン著, 友野典男監訳, 山内あゆ子訳　楽工社　2011.3　231p　20cm　〈文献あり 年譜あり〉 1900円　①978-4-903063-48-5

内容 第1章 ノーベル賞記念講演限定合理性の地図（知覚が、直接利用できる特徴と、直接利用できない特徴がある　直感は高度なことをするが、系統だったバイアスやエラーも犯す ほか）　第2章 自伝（幼少期　青春時代 ほか）　第3章 効用最大化と経験効用（現在の感情状態の影響　選択状況の影響 ほか）　第4章 主観的な満足の測定に関する進展（主観的経験の測定原理と、実験室での測定　生活上の満足と幸せについての調査 ほか）　〔*01709*〕

◇ファスト＆スロー―あなたの意思はどのように決まるか？　上（THINKING, FAST AND SLOW）　ダニエル・カーネマン著, 村井章子訳　早川書房　2012.11　370p　20cm　〈索引あり〉 2100円　①978-4-15-209338-7

内容 第1部 二つのシステム（登場するキャラクター―システム1（速い思考）とシステム2（遅い思考）　注意と努力―衝動的で直感的なシステム1　怠け者のコントローラー―論理思考能力を備えたシステム2 ほか）　第2部 ヒューリスティクスとバイアス（少数の法則―統計に関する直感を疑え　アンカー―数字による暗示　利用可能性ヒューリスティック―手近な例には要注意 ほか）　第3部 自信過剰（わかったつもり―後知恵とハロー効果　妥当性の錯覚―自信は当てにならない　直感対アルゴリズム―専門家の判断は統計より劣る ほか）　〔*01710*〕

◇ファスト＆スロー―あなたの意思はどのように決まるか？　下（THINKING, FAST AND SLOW）　ダニエル・カーネマン著, 村井章子訳　早川書房　2012.11　350p　20cm　〈索引あり〉 2100円　①978-4-15-209339-4

内容 第3部 自信過剰（承前）（エキスパートの直感は信用できるか―直感とスキル　外部情報に基づくアプローチ―なぜ予想ははずれるのか　資本主義の原動力　楽観的な起業家）　第4部 選択（ベルヌーイの誤り―効用は「参照点」からの変化に左右される　プロスペクト理論―「参照点」と「損失回避」という二つのツール　保有効果―使用目的の財と交換目的の財 ほか）　第5部 二つの自己（二つの自己―「経験する自己」と「記憶する自己」　人生は物語―エンディングがすべてを決める　「経験する自己」の幸福感―しあわせはお金で買えますか？　ほか）　〔*01711*〕

ガネリ, アニータ　Ganeri, Anita

◇とびだす世界地図帳（MY POP-UP WORLD ATLAS）　アニータ・ガネリぶん, スティーブン・ウォーターハウスえ, ひららかおりやく大日本絵画　2013　1冊(ページ付なし)　28cm　(しかけえほん)　1900円　①978-4-499-28515-5　〔01712〕

◇とびだす世界地図帳(MY POP - UP WORLD ATLAS)　アニータ・ガネリ文, スティーブン・ウォーターハウス絵, ひろうちかおり訳　大日本絵画　〔2013.12〕　1冊　28×26cm　1900円　①978-4-499-28515-5　〔01713〕

カ

カーノイ, マーティン　Carnoy, Martin

◇知識の創造・普及・活用―学習社会のナレッジ・マネジメント(Knowledge management in the learning society)　OECD教育研究革新センター編著, 立田慶裕監訳　明石書店　2012.3　505p　22cm　〈訳：青山貴子ほか〉5600円　①978-4-7503-3563-6

内容 事例と考察(マーティン・カーノイ著, 野村和訳)　〔01714〕

◇グローバル化・社会変動と教育　2　文化と不平等の教育社会学(EDUCATION, GLOBALIZATION AND SOCIAL CHANGE (抄訳))　ヒュー・ローダー, フィリップ・ブラウン, ジョアンヌ・ディラボー, A.H.ハルゼー編, 苅谷剛彦, 志水宏吉, 小玉重夫編訳　東京大学出版会　2012.5　370p　22cm　〈文献あり〉4800円　①978-4-13-051318-0

内容 新しい家族とフレキシブルな労働(マーティン・カーノイ著, 平沢和司訳)　〔01715〕

カノディア, チャンドラ　Kanodia, Chandra

◇会計ディスクロージャーと企業行動―市場の価値評価は経営にどのような影響を及ぼすか(Accounting disclosure and real effects)　チャンドラ・カノディア著, 佐藤紘光監訳, 奥村雅史, 鈴木孝則訳　中央経済社　2011.7　149p　22cm　〈文献あり 索引あり〉3000円　①978-4-502-44060-1

内容 第1章 はじめに　第2章 リアル・エフェクトを理解するための概念フレームワーク　第3章 会計測定における不正確性のリアル・エフェクト　第4章 インタンジブルズを測定するリアル・エフェクト　第5章 定期的業績報告のリアル・エフェクト　第6章 デリバティブ会計のリアル・エフェクト　第7章 結論　〔01716〕

カーパー, ウィリアム・B.

◇大学学部長の役割―米国経営系学部の研究・教育・サービス(The dean's perspective)　クリシナ・S.ディア編著, 佐藤修訳　中央経済社　2011.7　245p　21cm　3400円　①978-4-502-68720-4

内容 教員経験の知恵(ウィリアム・B.カーパー, カール・グッディング, ジェームス・A.ポープ, アーネスト・B.ウアー著)　〔01717〕

ガーバー, マイケル・E.　Gerber, Michael E.

◇史上最高のセミナー(Conversations with millionaires)　マイク・リットマン, ジェイソン・オーマン共著, 河本隆行監訳　ポケット版　きこ書房　2011.7　407p　17cm　〈述：ジム・ローンほか〉1200円　①978-4-87771-278-5

内容 事業を立ち上げる真の目的は、会社を売却することだ(マイケル・ガーバー述)　〔01718〕

◇起業の神様マイケルE.ガーバーに学ぶ成功への10原則(THE MOST SUCCESSFUL SMALL BUSINESS IN THE WORLD : THE TEN PRINCIPLES)　マイケル・E.ガーバー著, 山口大輝, 横尾樹子訳　ソフトバンククリエイティブ　2013.6　238p　19cm　1500円　①978-4-7973-7265-6

内容 第1章 一万倍―成長するビジネスの秘密　第2章 アイデア―限界と可能性　第3章 システム―すべてのパーツをかみ合わせる　第4章 持続するビジネス―7つのルール　第5章 人材の創出―正しい質問をする　第6章 崇高な目的―構成する5つの要素　第7章 ビジネスの成果―世界を変革する　第8章 ビジネスの生命―存在の意義　第9章 ビジネスの複製―経済に与える影響　第10章 基準の創造―世界クラスを超えるために　〔01719〕

◇あなたの中の起業家を呼び起こせ！ 普通の人がすごい会社をつくる方法(Awakening the Entrepreneur Within)　マイケル・E.ガーバー著, 近藤学訳　国分寺　エレファントパブリッシング　2013.12　303p　19cm　2000円　①978-4-902807-06-6

内容 1 準備(母との会話がドリーミングルームに導いたアントレプレナーの5つの現実　4つの段階におけるアントレプレナーの性格)　2 ドリーマーと夢(アントレプレナーの目覚め　気づき　否定的な反応　パーソナルドリーム　インパーソナル・ドリーム　思いがけない衝撃的な出来事　夢の誕生)　3 シンカーとビジョン(夢を分解する　夢をさらに分解する　ビジョンが形成されてゆく　ビジョンがさらに形成されてゆく　ビジネスモデルと向き合う)　4 ストーリーテラーと目的(あなたの想像を形にするために目的を明確にする　あなたのストーリーを追いかける　そしてストーリーはあなたの中で成長してゆく)　5 リーダーとミッション(リーダー　リーダーの仕事　はじめの一歩　戦略とプランの開始　ミッションは進行中　ミッションが明らかになる　私たちは突然理解する　ミッションが実現されてゆく　ゴールデン・ピラミッドを完成させる―あなたの事業を100倍にする方法)　〔01720〕

ガバイ, ザビエル　Gabaix, Xavier

◇金融規制のグランドデザイン―次の「危機」の前に学ぶべきこと(Restoring financial stability)　ヴィラル・V.アチャリア, マシュー・リチャードソン編著, 大村敬一監訳, 池田竜哉, 増原剛輝, 山崎洋一, 安藤祐介訳　中央経済社　2011.3　488p　22cm　〈文献あり〉5800円　①978-4-502-68200-1

内容 現代の金融セクターにおけるコーポレート・ガバナンス(ヴィラル・V.アチャリア, ジェニファー・N.カーペンター, ザビエル・ガバイ, コーズ・ジョン, マシュー・リチャードソン, マーティ・G.サブラマニャム, ランガラジャン・K.サンドラム, エータン・ジーメル)　〔01721〕

カーバスドゥーエ, ジャン・ドゥ

◇知識の創造・普及・活用―学習社会のナレッジ・マネジメント(Knowledge management in the learning society)　OECD教育研究革新センター編著, 立田慶裕監訳　明石書店　2012.3　505p　22cm　〈訳：青山貴子ほか〉5600円　①978-4-7503-3563-6

内容 20世紀末のフランスにおける情報、コンピュータ化、医療行為（ジャン・ドゥ・カーバスドゥーエ著, 吉田敦也訳）〔01722〕

カパッティ, アルベルト　Capatti, Alberto

◇食のイタリア文化史（La cucina italiana）　アルベルト・カパッティ, マッシモ・モンタナーリ〔著〕, 柴野均訳　岩波書店　2011.2　426, 22p　22cm　〈文献あり 索引あり〉6500円　①978-4-00-023479-5

内容 序章 交流がもたらす独自性　1章 物理的・精神的空間としてのイタリア　2章 イタリア風に食べる　3章 味覚の形成　4章 料理の順序　5章 料理を伝える—レシピ集　6章 食べ物の語彙　7章 料理人、居酒屋主人、主婦　8章 調理場における科学と技術　9章 食欲の歴史に向けて〔01723〕

カバン, オリビア・フォックス　Cabane, Olivia Fox

◇カリスマは誰でもなれる（The Charisma Myth）　オリビア・フォックス・カバン著, 矢羽野薫訳　KADOKAWA　2013.12　310p　19cm　1500円　①978-4-04-110642-6

内容 カリスマは神秘ではない　カリスマ的な振る舞い　プレゼンス、パワー、誠意　カリスマを邪魔するもの　障害を克服する　カリスマ的な精神状態をつくりだす　カリスマのスタイル　カリスマ的な第一印象　カリスマは聞き上手で話し上手　カリスマ的なボディランゲージ　困難な状況こそカリスマらしく　カリスマのプレゼンテーション　危機的状況とカリスマ　カリスマ的な人生—困難に立ち向かう〔01724〕

カーピアック, アイリーン・E.

◇成人のナラティヴ学習—人生の可能性を開くアプローチ（NARRATIVE PERSPECTIVES ON ADULT EDUCATION）　マーシャ・ロシター, M.キャロリン・クラーク編, 立田慶裕, 岩崎久美子, 金藤ふゆ子, 佐藤智子, 荻野亮吾訳　福村出版　2012.10　161p　22cm　〈索引あり〉2600円　①978-4-571-10162-5

内容 過去を呼び起こす：「可能性に向けた動き」としての自伝（アイリーン・E.カーピアック著, 佐藤智子訳）〔01725〕

カービィ, J.R.　Kirby, John R.

◇学習の問題への認知的アプローチ—PASS理論による学習メカニズムの理解（Learning problems）　J.R.カービィ,N.H.ウィリアムス著, 田中道治, 前川久男, 前田豊編訳　京都　北大路書房　2011.1　319p　21cm　〈文献あり 索引あり〉3300円　①978-4-7628-2734-1

内容 本書について　第1部 子どもの学習上の問題への序論（歴史概観　回想される論点）　第2部 統合された理論的枠組み（脳が行なうこと—情報の処理　PASS—情報処理の概念 ほか）　第3部 学習上の問題に対する診断および治療教育（注意と覚醒　継次処理 ほか）　第4部 結論（回顧と展望）〔01726〕

ガーフィールド, チャールズ

◇ストーリーで学ぶ経営の真髄（Learn like a leader）　マーシャル・ゴールドスミス, ビバリー・ケイ, ケン・シェルトン編, 和泉裕子, 井上実訳　徳間書店　2011.2　311p　19cm　1600円　①978-4-19-863118-5

内容 躍る料金徴収人（チャールズ・ガーフィールド著）〔01727〕

カフカ, フランツ　Kafka, Franz

◇ちくま哲学の森　5　詩と真実　鶴見俊輔, 安野光雅, 森毅, 井上ひさし, 池内紀編　筑摩書房　2012.1　449p　15cm　1300円　①978-4-480-42865-3

内容 断食芸人（カフカ著, 池内紀訳）〔01728〕

カブキアン, アン　Cavoukian, Ann

◇プライバシー・バイ・デザイン—プライバシー情報を守るための世界的新潮流　堀部政男, 日本情報経済社会推進協会編, アン・カブキアン著, JIPDEC訳　日経BP社　2012.10　223p　21cm　〈発売：日経BPマーケティング〉2400円　①978-4-8222-1086-1〔01729〕

カブスギル, S.ターマー　Cavusgil, S.Tamer

◇ボーングローバル企業論—新タイプの国際中小・ベンチャー企業の出現（Born global firms）　S.ターマー・カブスギル, ゲーリー・A.ナイト著, 中村久人監訳, 村瀬慶紀, 萩原道雄訳　八千代出版　2013.1　148p　22cm　〈文献あり〉2500円　①978-4-8429-1590-6

内容 第1章 ボーングローバル企業：イントログクション　第2章 ボーングローバル企業の出現の背景　第3章 ボーングローバル企業に関する文献レビュー　第4章 ボーングローバル企業についての理論的解釈と枠組み　第5章 新しい領域：国際的起業家精神　第6章 ボーングローバル企業の成功：経営者のためのインプリケーション　第7章 ボーングローバル・国際貿易の将来　付録A ボーングローバル企業のケース・スタディ　付録B 国際ビジネス計画の策定〔01730〕

ガーブラー, ハンス・ヴァルター　Gabler, Hans Walter

◇人文学と電子編集—デジタル・アーカイヴの理論と実践（ELECTRONIC TEXTUAL EDITING）　ルー・バーナード, キャサリン・オブライエン・オキーフ, ジョン・アンスワース編, 明星聖子, 神崎正英監訳　慶応義塾大学出版会　2011.9　503p　21cm　4800円　①978-4-7664-1774-6

内容 印刷ベースの編集プロジェクトから電子形態への移行（ハンス・ヴァルター・ガーブラー）〔01731〕

カプラン, アリ　Kaplan, Ari

◇ハスラー—プロフェッショナルたちの革新（Reinventing Professional Services）　アリ・カプラン著, 細谷功選・訳・解説　亜紀書房　2012.12　355p　20cm　2200円　①978-4-7505-1227-3

内容 プロフェッショナルこそ変革を　起業家のごときプロフェッショナルたち　ソーシャルメディアで自分を強く打ち出す　革新に聖域なし　学生もホワイトカラー「客引き」から学ぶ　徹底してクライアントに寄り添う　実験環境に自らを置く　狭い世界だからこそ横のつながりを重視する　たかが人脈、されど人脈　「進化」を強く意識するイノベーターたち　専門知識と資格だけでは「取るに足らない存在」　ソーシャルメディアを日常的に使う「習慣」を　あらゆるメディアとツールを駆使する　「諸刃の剣」えおうまく使いこなす　クライアントや仲間と積極的に未払

を共有　プロフェッショナルにM留められる起業家精神 〔01732〕

カプラン, エイブラハム　Kaplan, Abraham

◇権力と社会―政治研究の枠組（POWER AND SOCIETY）　ハロルド・D.ラスウェル, エイブラハム・カプラン著, 堀江湛, 加藤秀治郎, 永山博之訳　芦書房　2013.10　343p　22cm　〈文献あり　索引あり〉3000円　①978-4-7556-1257-2

内容 第1部（人間　思考様式　集団）　第2部（影響力　権力　象徴　行為）　第3部（機能　構造　過程） 〔01733〕

カプラン, エレン　Kaplan, Ellen

◇人はなぜ過ちを犯すのか（Bozo sapiens）　マイケル・カプラン, エレン・カプラン著, 山内あゆ子訳　ソフトバンククリエイティブ　2011.10　402p　19cm　1900円　①978-4-7973-6501-6

内容 第1章 愚か者たちの船の航海日誌より　第2章 市場の過ち　第3章 色のついためがね　第4章 脱線　第5章 われわれのひとり　第6章 更新世のバスを降りたばかり　第7章 正しく生きる 〔01734〕

カプラン, ソーレン　Kaplan, Soren

◇驚きがブレイクスルーをもたらす―「リープ・フロッギング」の発想戦略（Leapfrogging）　ソーレン・カプラン著, 山本晶子訳　マグロウヒル・エデュケーション　2013.11　188p　19cm　〈発売：日本経済新聞出版社〉1700円　①978-4-532-60533-9

内容 1 ブレイクスルーは心地よい驚きをもたらす　2 驚きの持つ力　3 リープ・フロッギングのプロセス　4 聴く―自分の声に耳を傾けよう　5 探検する―心のなかを知るために外へ出よう　6 行動する―小さなステップを繰り返そう　7 粘る―失敗を恐れない　8 つかみ取る―予期せぬ目的地へ向かって進もう　9 どれほど変わったか感じてみよう 〔01735〕

カプラン, デビッド・A.

◇ありえない決断―フォーチュン誌が選んだ史上最高の経営判断（FORTUNE：THE GREATEST BUSINESS DECISIONS OF ALL TIME）　バーン・ハーニッシュ, フォーチュン編集部著, 石山淳訳　阪急コミュニケーションズ　2013.10　237p　19cm　1700円　①978-4-484-13117-7

内容 「ジャックの大聖堂」がもたらしたもの 他（デビッド・A.カプラン著） 〔01736〕

カプラン, マイケル　Kaplan, Michael

◇人はなぜ過ちを犯すのか（Bozo sapiens）　マイケル・カプラン, エレン・カプラン著, 山内あゆ子訳　ソフトバンククリエイティブ　2011.10　402p　19cm　1900円　①978-4-7973-6501-6

内容 第1章 愚か者たちの船の航海日誌より　第2章 市場の過ち　第3章 色のついためがね　第4章 脱線　第5章 われわれのひとり　第6章 更新世のバスを降りたばかり　第7章 正しく生きる 〔01737〕

カプラン, ロバート・D.　Kaplan, Robert D.

◇インド洋圏が、世界を動かす―モンスーンが結ぶ躍進国家群はどこへ向かうのか（MONSOON）　ロバート・D.カプラン著, 奥山真司, 関根光宏訳　インターシフト　2012.7　525p　20cm　〈発売：合同出版〉2600円　①978-4-7726-9532-9

内容 1（垂直に拡大する中国、水平に拡大するインド）　2（オマーン、多文化の融合　西洋とは異なる発展の指標　海の世界帝国　バルチスタンとシンド、大いなる夢と反乱 ほか）　3（中国の海洋戦略の本質　アフリカをめぐる、統治とアナーキー　最後のフロンティア、ザンジバル） 〔01738〕

ガブリエリ, ガブリエル・K.　Gabrielli, Gabrielle K.

◇インストラクショナルデザインとテクノロジ―教える技術の動向と課題（TRENDS AND ISSUES IN INSTRUCTIONAL DESIGN AND TECHNOLOGY（原著第3版））　R.A.リーサー, J.V.デンプシー編　京都　北大路書房　2013.9　690p　21cm　〈訳：半田純子ほか　索引あり〉4800円　①978-4-7628-2818-8

内容 経済産業界で職を得るために（ガブリエル・K.ガブリエリ, ロバート・K.ブランソン著, 沖潮（原田）満里子訳） 〔01739〕

ガブリエル, J.C.　Gabriel, J.C.

◇新たなるフォトンベルトか―NASA新発見 光の超巨大構造フェルミバブルの真実　J.C.ガブリエル（エハン・デラヴィ）著, 愛知ソニア訳　ヒカルランド　2011.6　334p　20cm　（超☆わくわく 014）　1800円　①978-4-905027-31-7

内容 序文 銀河中央でNASAが発見した巨大"泡"構造が意味するもの　"あり得ない隕石"銀河の中心で今起こっている、すごいこと＆人類の行方　アインシュタインを超える超天才ナシーム・ハラメインが聞かせてくれた宇宙人テクノロジー"黒い太陽"と人類の歴史　それは太陽フレアから地球を守る巨大な宇宙船なのか!?　地球の最後のあがきに私たちは一緒になって挑むしかない！　"カーボンコード"炭素こそ人類をメルトダウンから救う復活の鍵となる！　"銀河中心からの爆風"強大なガンマ線が地球に降り注ぐときが来た!?　アヌンナキが戻ってくる！―あり得ないことがあり得るというタイムラインへ　"変容の天使"私たちは時空を超越して今まさに「天使次元」に入ろうとしている!!　時間の終焉「エシャトン」とガンマ線の夜明け　エピローグ 銀河のどんでん返し―太陽の黒点活動が衰退と消滅に向かっている！ 〔01740〕

◇日本を襲うテロ経済の本質―インサイドジョブの本番がやってくる：金融バイキングたちの共同謀議からこの国を守る唯一の方法　J.C.ガブリエル著, 藤島みさ子訳　ヒカルランド　2013.1　365p　20cm　（超☆わくわく 039）　1800円　①978-4-86471-089-3

内容 ここはニュー・アトランティスか/アイスランドの人々がやり遂げたこと　第1部 詐欺の手口（破綻の分析/ドキュメンタリー映画『インサイド・ジョブ』が暴いて明らかにしてくれたこと　ケルトとのつながり/アイスランドはこうして実験室となった　情報は美しい/銀行システムの暴走は史上最悪のネズミ講と化した　政府のもくろみを国民投票で阻止、新政府樹立、中央銀行総裁罷免/アイスランド国民は史上稀に見ることを成し遂げた、しかし…　アイスランド版『インサイド・ジョブ』/これが金融テロリストたちの手口だ！）　第2部 現状突破の糸口（バハーイー教の、人類は1つ、他人への奉仕というヴィジョンがなぜ意識の飛躍をもたらすのか!?　中間派アウトサイダー/アイスランドの日本人移民に教えられた日本の課題

つけこむトリックスター/国民財産を奪う陰謀は現実に進行している！　「夢の国」を超えて—トリックスターに奪われた地球を取り戻すのはあなたの覚醒から！）〔01741〕

ガブリーロフ, ビクトル・A.

◇ゾルゲ事件関係外国語文献翻訳集　no.29　日露歴史研究センター事務局編　〔川崎〕　日露歴史研究センター事務局　2011.4　55p　30cm　700円

内容 「事変」、はたまた、途轍もない賭けだったのだろうか？（ビクトル・A.ガブリーロフ著）〔01742〕

カプリン, アンドリュー　Caplin, Andrew

◇金融規制のグランドデザイン—次の「危機」の前に学ぶべきこと（Restoring financial stability）　ヴィラル・V.アチャリア, マシュー・リチャードソン編著, 大村敬一監訳, 池田竜哉, 増原剛輝, 山崎洋一, 安藤祐介訳　中央経済社　2011.3　488p　22cm　〈文献あり〉5800円　①978-4-502-68200-1

内容 モーゲージと家計について（アンドリュー・カプリン, トーマス・F.クーリー）〔01743〕

カプール, アショーク

◇世界のビジネス・アーカイブズ—企業価値の源泉　渋沢栄一記念財団実業史研究情報センター編　日外アソシエーツ　2012.3　272p　19cm　〈発売：紀伊国屋書店〉3600円　①978-4-8169-2353-1

内容 インド準備銀行アーカイブズ（アショーク・カプール著, 大貫摩里訳）〔01744〕

カフーン, イアン

◇英国の都市・住宅政策と団地・住宅地再生の動向に関する調査　アーバンハウジング　2013.4　97, 21p　30cm　〈文献あり〉

内容 英国の学識者から見た近年の住宅政策（イアン・カフーン著, 小畑晴治訳）〔01745〕

カペッリ, ピーター　Cappelli, Peter

◇インド・ウェイ飛躍の経営（The India way）　ジテンドラ・シン, ピーター・カペッリ, ハビル・シン, マイケル・ユシーム著, 太田正孝監訳, 早稲田大学アジア・サービス・ビジネス研究所訳　英治出版　2011.12　349p　20cm　〈文献あり〉2200円　①978-4-86276-119-4

内容 目覚めた巨象　底辺からの跳躍　インド・ウェイ（従業員とのホリスティック・エンゲージメント　ジュガードの精神—即興力と適応力　創造的な価値提案　高遠な使命と目的）　ビジネスリーダーシップの再定義〔01746〕

カーペンター, イアン*　Carpenter, Iain

◇インターライ方式ケアアセスメント—居宅・施設・高齢者住宅（InterRAI home care (HC) assessment form and user's manual, 9.1〔etc.〕）　John N.Morris〔ほか〕著, 池上直己監訳, 山田ゆかり, 石橋智昭訳　医学書院　2011.12　367p　30cm　3800円　①978-4-260-01503-5〔01747〕

カーペンター, ジェニファー・N.　Carpenter, Jennifer N.

◇金融規制のグランドデザイン—次の「危機」の前に学ぶべきこと（Restoring financial stability）　ヴィラル・V.アチャリア, マシュー・リチャードソン編著, 大村敬一監訳, 池田竜哉, 増原剛輝, 山崎洋一, 安藤祐介訳　中央経済社　2011.3　488p　22cm　〈文献あり〉5800円　①978-4-502-68200-1

内容 現代の金融セクターにおけるコーポレート・ガバナンス（ヴィラル・V.アチャリア, ジェニファー・N.カーペンター, ザビエル・ガバイ, コーズ・ジョン, マシュー・リチャードソン, マーティ・G.サブラマニャム, ランガラジャン・K.サンドラム, エータン・ジーメル）〔01748〕

カーペンター, ジュディス　Carpenter, Judith M.

◇ボディ＆ソウルの魔を祓うスピリチュアル完全ブック—サイキック「超」パワーヒーリング　ジュディス・カーペンター著, 伊藤仁彦, 谷崎智美訳　ヒカルランド　2012.4　261p　20cm　（超☆はぴはぴ 006）　1800円　①978-4-86471-019-0

内容 はじめに ポジティブなチャンスと癒しをもたらすジュディスのエネルギー・ヒーリングとDVDの活用法（伊藤仁彦）　トリニティメソッド1 心身・魂を癒す—不安・恐怖・病気を解放してゆくセルフヒーリングと想念の仕組み、ワンネスへと向かう進化について（モーストハイエネルギーのヒーリングはこうして行っています　病気を患う人に働きかけるポジティブな想念 ほか）　トリニティメソッド2 生命エネルギーを上昇させる—湧き上がる強いパワーと揺るぎない自信を持つために、日々の生活で実践すべき具体的なエクササイズや教え（毎日を生きていく上でエネルギーを高めることはとても重要なのです　エネルギーを感じるエクササイズで人生を実り豊かなものに変えてゆきましょう ほか）　トリニティメソッド3 多層次元世界/トワイライト・ヴィジョンを体感する—スピリットたちとの驚異のコネクションで明らかになった「死の瞬間」「水星・宇宙」「あの世」等を含むライブ＆リアル情報（スピリットたちが住まう異次元世界へようこそ—死後の世界や転生（リサイクル）の仕組みはこうなっている　魂を継続的に進化・成長させる基本原則—現実世界とスピリチュアルな世界のバランス感覚を養うこと ほか）〔01749〕

カーボ, マイケル

◇アフリカの紛争解決と平和構築—シエラレオネの経験　落合雄彦編　京都　昭和堂　2011.3　268p　22cm　（竜谷大学社会科学研究所叢書 第92巻）〈年表あり 索引あり〉3800円　①978-4-8122-1074-1

内容 ブレア・ドクトリン（マイケル・カーボ著, 岡野英之訳）〔01750〕

ガポネンコ, コンスタンチン　Gaponenko, Konstantin

◇樺太・瑞穂村の悲劇　コンスタンチン・ガポネンコ著, 井上紘一, 徐満洙訳　福岡　花乱社　2012.7　246p　22cm　〈共同刊行：民俗苑〉2000円　①978-4-905327-19-6〔01751〕

ガマゲー, D.　Gamage, David Thenuwara

◇高等教育機関の発展—グローバルな視点からのアプローチ（Development of higher education）

D.ガマゲー, 植山剛行著, 植山剛行訳　岡山　大学教育出版　2012.9　181p　21cm　〈文献あり〉　2200円　①978-4-86429-162-0　〔01752〕

カマチ, ノリコ　蒲地 典子

◇中国人と日本人―交流・友好・反発の近代史　(The Chinese and the Japanese)　入江昭編著, 岡本幸治監訳　京都　ミネルヴァ書房　2012.3　401, 6p　22cm　〈索引あり〉7000円　①978-4-623-05858-7

内容 明治日本の中国人(蒲地典子著, 木村幹訳)　〔01753〕

カマチョ, キース・L.

◇真珠湾を語る―歴史・記憶・教育　矢口祐人, 森茂岳雄, 中山京子編　東京大学出版会　2011.12　282p　21cm　3800円　①978-4-13-020300-5

内容 マリアナ諸島で大戦を記念する日本人(キース・L.カマチョ著, 畠山望訳)　〔01754〕

カマラ, エルダー

◇近代カトリックの説教　高柳俊一編　教文館　2012.8　458p　21cm　(シリーズ・世界の説教)　4300円　①978-4-7642-7338-2

内容 エキュメニカル対話と永久的宗教改革(エルダー・カマラ述, 高柳俊一訳)　〔01755〕

カマラ, マリアトゥ　Kamara, Mariatu

◇両手を奪われても―シエラレオネの少女マリアトゥ　(The Bite of the Mango)　マリアトゥ・カマラ, スーザン・マクリーランド共著, 村上利佳訳　汐文社　2012.12　282p　19cm　1600円　①978-4-8113-8973-8　〔01756〕

カミロ, クリス　Camillo, Chris

◇急騰株はコンビニで探せ―世界一のアマチュア投資家が〈プロにはできないけどあなたにはできる投資術〉教えます。 (LAUGHING AT WALLSTREET)　クリス・カミロ著, 山田美明訳　阪急コミュニケーションズ　2012.6　287p　19cm　1700円　①978-4-484-12112-3

内容 どれにしようかな　問題があるなら改めろ　わかっている人間はいない　他人の金　自分が目にしたものを信じろ　金融の知識はいらない　アマチュアはプロが知らないことを知つている　人脈は誰にでも作れる　一歩を踏み出す勇気を持て　投資家としての視点を忘れずに　投資家としての視点を忘れずに　サクセスストーリー　〔01757〕

カミング, ヘザー　Cumming, Heather

◇ジョン・オブ・ゴッド―無償の愛が奇跡を起こす　(John of God)　ヘザー・カミング, カレン・レフラー著, 奥野節子訳　ダイヤモンド社　2011.3　285p　19cm　1800円　①978-4-478-00637-5

内容 第1章 貧しかった少年時代とミディアムとしての開花　第2章 生まれ故郷イタパチでの一日　第3章 妻アナが語る、夫としての彼、ミディアムとしての彼の生活　第4章 カーサへの道のり　第5章 聖イグナチオ・デ・ロヨラの家　第6章 メインホールとカレントルーム　第7章 カーサのヒーリング方法　第8章 ペルー、アメリカでの素晴らしい体験　第9章 スピリティズムとエンティティ　第10章 奇跡的なヒーリング体験　〔01758〕

カミングス, ブルース　Cumings, Bruce

◇朝鮮戦争の起源　1　解放と南北分断体制の出現―1945年―1947年　(THE ORIGINS OF THE KOREAN WAR)　ブルース・カミングス著　鄭敬謨, 林哲, 加地永都子訳　明石書店　2012.4　626p　22cm　〈「朝鮮戦争の起源 第一巻」(シアレヒム社 1989年刊)と「朝鮮戦争の起源 第二巻」(シアレヒム社 1991年刊)の修正　文献あり 索引あり〉7000円　①978-4-7503-3564-3

内容 第1部 物語の背景(植民地朝鮮における社会階級と支配機構　植民地朝鮮における地主と小作人の関係　革命と反動――九四五年八月から九月まで　坩堝の中の対朝鮮政策―アメリカにおける一国独占主義と国際協調主義の対立)　第2部 中央におけるアメリカ占領軍の政策――九四五年 - 一九四七年(新しい秩序の創出―アメリカ軍の上陸と官僚機構、警察、軍に対する政策　南朝鮮の単独政府に向かって　国際協調主義的政策と一国独占主義的論理―中央における態度の硬化一九四六年)　第3部 地方における朝鮮人と米軍の激突――九四五年 - 一九四七年(各道における人民委員会の概観　各道における人民委員会の運命　九月ゼネストと一〇月人民蜂起　北朝鮮の風―社会主義改革の展開　結論―踏みにじられた解放)　〔01759〕

◇朝鮮戦争の起源　2上　「革命的」内戦とアメリカの覇権―1947年―1950年　上　(THE ORIGINS OF THE KOREAN WAR)　ブルース・カミングス著　鄭敬謨, 林哲, 山岡由美訳　明石書店　2012.4　467p　22cm　7000円　①978-4-7503-3565-0

内容 序―方法に関する回顧、およびアメリカ外交の理論について　第1部 アメリカ(封じ込めと国際協調主義　巻き返しと国家主義　迷路へと予定されている運命―スパイと投機家　官僚機構に浸透する巻き返し)　第2部 朝鮮(南朝鮮の体制　南朝鮮の体制への抵抗　ゲリラ抗争　北朝鮮の体制　ソ連と北朝鮮　北朝鮮と中国とのつながり)　〔01760〕

◇朝鮮戦争の起源　2下　「革命的」内戦とアメリカの覇権―1947年―1950年　下　(THE ORIGINS OF THE KOREAN WAR)　ブルース・カミングス著　鄭敬謨, 林哲, 山岡由美訳　明石書店　2012.4　p473～1014　22cm　〈文献あり 索引あり〉7000円　①978-4-7503-3566-7

内容 第3部 一九五〇年六月への前奏曲(適当な間合い―米軍撤退、境界での戦闘、ゲリラの鎮圧　「演説」―記者クラブにおけるアチソン流の抑止　戦争前夜の北朝鮮　戦争前夜の韓国　台湾の暗示　六月の週末―戦争前夜の東京、モスクワ、ワシントン　朝鮮戦争を始めたのは誰か―三種類のモザイク画)　第4部 終幕(封じ込めのための戦争　朝鮮戦争の政治的特徴―人民委員会と「白いパジャマ」　巻き返しのための戦争　結論―落日)　〔01761〕

◇アメリカ西漸史―《明白なる運命》とその未来　(DOMINION FROM SEA TO SEA)　ブルース・カミングス著, 渡辺将人訳　東洋書林　2013.10　718p　22cm　〈文献あり 索引あり〉8000円　①978-4-88721-806-2

内容 第1部 裡なるフロンティア(庭園における機械　「比類なき遠隔」―カリフォルニアを探して)　第2部 海から輝く海へ―"明白なる運命"(ファイヴ・イージー・

ピーセズの大陸　“明白なる運命”の所産―黄金、大陸横断鉄道、テキサス　破壊すべき怪物を探して海外へ）　第3部 太平洋諸州とニューイングランドの人々（エデンの東―太平洋岸北西部　楽園の青々と茂る緑と凍てつく寒さ　太平洋を渡って―新しい州のアジア人）　第4部「地球の外皮」―多相の地、カリフォルニア（豊穣の園　「さあ、どうぞ。持っていきなさい」―水とエネルギー　カリフォルニア南部―太平洋の島）　第5部 ある臨界点（自らを装う国家―西部の開発　戦後カリフォルニアと西部共和党の勃興　カリフォルニアの影のもと―戦後、カリフォルニア以外の西部　帝国の群島―グローバルな庭園のためのアメリカのグリッド　シリコンヴァレー―太平洋の端にある新世界　結論―アメリカの優位性）〔*01762*〕

カミンズ, ジェラルディン　Cummins, Geraldine

◇永遠の大道―マイヤースの通信 ： 全訳（The road to immortality）　ジェラルディン・カミンズ著, E.B.ギブス編, 近藤千雄訳　豊橋　スピリチュアリズム普及会　2011.1（第3刷）　273p　21cm　①978-4-905275-05-3〔*01763*〕

◇個人的存在の彼方―マイヤースの通信 ： 全訳（Beyond human personality（増補版））　ジェラルディン・カミンズ著, E.B.ギブス編, 近藤千雄訳　豊橋　スピリチュアリズム普及会　2012.5（第3刷）　300p　21cm　①978-4-905275-06-0〔*01764*〕

カミンズ, トーマス

◇インカ帝国―研究のフロンティア　島田泉, 篠田謙一編著　秦野　東海大学出版会　2012.3　428p　27cm　（国立科学博物館叢書 12）〈索引あり〉3500円　①978-4-486-01929-9

内容 インカの美術（トーマス・カミンズ著, 武井摩利訳）〔*01765*〕

カムマン, ハンス＝ヘルマン　Cammann, Hans-Hermann

◇第400戦闘航空団―ドイツ空軍世界唯一のロケット戦闘機その開発と実戦記録（Jagdgeschwader 400）　ステファン・ランサム, ハンス＝ヘルマン・カムマン共著, 宮永忠将訳　大日本絵画　2011.9　127p　25cm　（オスプレイ軍用機シリーズ 57）〈カラーイラスト ： ジム・ローリアー　文献あり〉2800円　①978-4-499-23061-2

内容 1章 Me163コメートの誕生　2章 1./JG400第1飛行中隊　3章 2./JG400第2飛行中隊　4章 I./JG400第1番行隊　5章 II./JG400第2飛行隊〔*01766*〕

カムリン, ジャニス　Kamrin, Janice

◇古代エジプト―黄金のマスクとピラミッドをつくった人びと（Ancient Egypt）　ジル・ルバルカーバ著, ジャニス・カムリン監修, 日暮雅通訳　神戸　BL出版　2013.12　63p　26cm　（ナショナルジオグラフィック―考古学の探検）〈文献あり 年表あり 索引あり〉1800円　①978-4-7764-0557-3〔*01767*〕

カーメル, アナベル

◇世界一素朴な質問、宇宙一美しい答え―世界の第一人者100人が100の質問に答える（BIG QUESTIONS FROM LITTLE PEOPLE）　ジェンマ・エルウィン・ハリス編, 西田美緒子訳, タイマタカシ絵　河出書房新社　2013.11　298p　22cm　2500円　①978-4-309-25292-6

内容 砂糖はからだに悪いの？（アナベル・カーメル）〔*01768*〕

カーメン, グロリア　Kamen, Gloria

◇ユダヤ賢母の教え―なぜユダヤ人はお金に強いのか・「生きかた上手」なのか（Secrets of a Jewish mother）　ジル・ザリン, リサ・ウェクスラー, グロリア・カーメン著, 坂東真理子訳　イースト・プレス　2011.3　258p　19cm　（East Press business）　1300円　①978-4-7816-0549-4

内容 1 自分が輝く「仕事」の作法　2 人生を楽しむための「お金」の作法　3 わが子を“第2のビル・ゲイツ”にする「教育」と「勉強」の作法　4「家族」と賢くつきあう作法　5 人生の栄養になる「友情」の作法　6 大人の「恋愛」作法　7 マンネリ化しない人生と「結婚」の作法　8 しっかり「子育て」作法　9“勝負したくなる”「美」と「健康」の作法〔*01769*〕

カーライナー, サウル　Carliner, Saul

◇研修プログラム開発の基本―トレーニングのデザインからデリバリーまで（Training design basics）　サウル・カーライナー著, 下山博志監修, 堀田恵美訳　ヒューマンバリュー　2013.9　266p　23cm　（ASTDグローバルベーシックシリーズ ASTD training basics series）　2800円　①978-4-9906893-2-2

内容 第1章 トレーニング・デザインの基本　第2章 トレーニング・プロジェクトの企画の基本　第3章 トレーニング・プロジェクトの開始に必要な基本的情報　第4章 学習目標の基本　第5章 コースのコンテンツ整理の基本　第6章 コンテンツを提供するための基本的なストラテジー　第7章 コースの教材開発の基本　第8章 学習教材の製作の基本　第9章 新しいコースの品質チェックの基本　第10章 コースの運営の基本〔*01770*〕

カーライル, マリー＝クレール　Carlyle, Marie-Claire

◇お金はこうして引き寄せる―「かわいそうな私」とさようなら！（HOW TO BECOME A MONEY MAGNET）　マリー＝クレール・カーライル著, 江原啓之監訳　日本文芸社　2013.4　243p　20cm　1600円　①978-4-537-26004-5

内容 第1部 入門篇＝お金持ちになる「シークレット」（お金を引き寄せるための基礎知識　「お金をどう思うか」で大差がつく！　あなたが望むのは中金持ち？それとも大金持ち？）　第2部 準備篇＝「お金が集まる習慣」をつくる（パターンを打ち破る　「ビジョンボード」が持つ魔法の力　お金持ちの「幸せな気分」で一日をスタート！）　第3部 実践篇＝お金を引き寄せる「じしゃく」になった（お金を迎える「スペース」の作り方　好きな仕事で「流れ」に乗る　お金を引き寄せる「FAB」の大原則　お金を引き寄せる「永久じしゃく」になる方法）〔*01771*〕

カラス, ヨジャ　Karas, Joža

◇テレジーンの音楽―1941-1945　ヨジャ・カラス〔著〕, 山本耀郎訳　第2版　〔出版地不明〕〔山本耀郎〕〔2012〕　188p　23cm〔*01772*〕

カ

カ

カラハン, ケビン　Callahan, Kevin R.

◇戦略的プロジェクト経営（Essentials of strategic project management）　ケビン・カラハン, リン・ブルークス共著, プロジェクトマネジメント情報研究所監訳, 清水計雄, 増淵典明共訳　鹿島出版会　2011.9　125p　26cm　3500円　①978-4-306-01151-9

内容 第1章 プロジェクトマネジメントに関する問題　第2章 プロジェクトマネジメントの基礎　第3章 プロジェクトの立上げ　第4章 プロジェクト計画　第5章 プロジェクトの実行とコントロール　第6章 プロジェクトマネジメント成熟度　第7章 プロジェクトマネジメント・オフィス　第8章 プロジェクト・ポートフォリオマネジメント　〔01773〕

カラビドプロス, J.*　Karavidopoulos, Johannes

◇ガリラヤのイェシュー―日本語訳新約聖書四福音書（The Greek New Testament (4th rev.ed.)）　山浦玄嗣訳　大船渡　イー・ピックス出版　2011.10　663p　22cm　〈文献あり〉2400円　①978-4-901602-33-4

内容 第1巻 マタイの伝えた“よきたより”　第2巻 マルコの伝えた“よきたより”　第3巻 ルカの伝えた“よきたより”　第4巻 ヨハネの伝えた“よきたより”　〔01774〕

カーラン, ディーン　Karlan, Dean S.

◇善意で貧困はなくせるのか？―貧乏人の行動経済学（MORE THAN GOOD INTENTIONS）　ディーン・カーラン, ジェイコブ・アペル〔著〕, 清川幸美訳　みすず書房　2013.2　324, 16p　20cm　〈索引あり〉3000円　①978-4-622-07726-8

内容 第1章 はじめに―僧侶と魚　第2章 貧困と闘う―何をどうするのか　第3章 買う―セーフティネットがある世帯を倍に増やす　第4章 お金を借りる―タクシーの運転手はどうしてローンを借りなかったか　第5章 幸せを求める―もっと楽しいことがある　第6章 力を合わせる―集団の欠点はどうする？　第7章 貯める―楽しくない選択肢　第8章 耕す―ゼロから何かを作りだす　第9章 学ぶ―大事なのは学校に来させること　第10章 健康を保つ―足の骨折から寄生虫まで　第11章 男と女のこと―裸の真実　第12章 寄付をする―結論　〔01775〕

ガラン, ラファエル　Galán, Rafael

◇タフガイの仕事術―ハードな職場でも自分を殺さない方法（El club de los tipos duros）　フェルナンド・モンテロ, ラファエル・ガラン著, 宮﨑真紀訳　阪急コミュニケーションズ　2012.8　287p　19cm　1600円　①978-4-484-12119-2

内容 ジャック・バウアー - ドラマ『24』―上司にも同僚にも尊敬されつづけるタフガイになる　エレン・リプリー中尉 - 映画『エイリアン』シリーズ―“困り者”の同僚や上司を懐柔する方法　ヴィンセント - 映画『コラテラル』―あなたをけなしつづける上司に、ガツンとかましてやるには　ジョン・マクレーン - 映画『ダイ・ハード』シリーズ―どういうときなら会社で悪態をついていいか　グレゴリー・ハウス - ドラマ『Dr. HOUSE』―自己中、傲慢、猜疑心が強い…こんな上司や同僚をどう食い止めるか　デクスター・モーガン - ドラマ『デクスター』―上司や同僚を思いどおりに動かすには　マージ・シンプソン - アニメ『シンプソンズ』―不精な上司のお尻を叩くには　ブルース・バナー - 映画『ハルク』―行く手に立ちふさがる上司とどう折りあいをつけるか　ハリー・キャラハン - 映画『ダーティハリー』―クビになるかもという恐怖で縮こまってはいけない　ヴァルモン子爵 - 映画『危険な関係』―退屈なルーティンは他人に、楽しい仕事は自分に割り振られるように画策する方法〔ほか〕　〔01776〕

カラン, ロナン・ド　Calan, Ronan de

◇カール・マルクスの亡霊（Le fantome de Karl Marx）　ロナン・ド・カラン文, 岩沢雅利訳, ドナティヤン・マリ絵　ディスカヴァー・トゥエンティワン　2011.6　64p　21cm　（プチ哲学）　1200円　①978-4-7993-1027-4　〔01777〕

カーランスキー, マーク　Kurlansky, Mark

◇世界一素朴な質問、宇宙一美しい答え―世界の第一人者100人が100の質問に答える（BIG QUESTIONS FROM LITTLE PEOPLE）　ジェンマ・エルウィン・ハリス編, 西田美緒子訳, タイマタカシ絵　河出書房新社　2013.11　298p　22cm　2500円　①978-4-309-25292-6

内容 海の水はどうしてしょっぱいの？（マーク・カーランスキー）　〔01778〕

ガランド, アドルフ　Galland, Adolf

◇始まりと終わり―ドイツ空軍の栄光 アドルフ・ガランド自伝（Die Ersten und die Letzten）　アドルフ・ガランド著, 並木均訳　学研パブリッシング　2013.5　709p　20cm　（WWセレクション）〈文献あり 年譜あり　発売：学研マーケティング〉3800円　①978-4-05-405258-1

内容 アルゼンチンの地の上で　パイロットになろう…　人生の厳しさは徐々に　グライダーから動力機へ　「『現役』にならんかね」　「飛行士不適格」　コンドル軍団に呼集　共産勢力への低空攻撃　スペイン内戦から閲兵式までの間　西方戦役における戦闘機隊〔ほか〕　〔01779〕

ガーランド, キャロライン　Garland, Caroline

◇トラウマを理解する―対象関係論に基づく臨床アプローチ（Understanding trauma）　キャロライン・ガーランド編, 松木邦裕監訳, 田中健夫, 梅本園乃訳　岩崎学術出版社　2011.3　249p　22cm　〈文献あり 索引あり〉4000円　①978-4-7533-1018-0

内容 トラウマ後の状態における行為, 同一化, 思考 他（キャロライン・ガーランド著）　〔01780〕

カリー, コンスタンス　Curry, Constance

◇アメリカ黒人町ハーモニーの物語―知られざる公民権の闘い（Mississippi Harmony）　ウィンソン・ハドゥソン, コンスタンス・カリー著, 樋口映美訳　彩流社　2012.12　213, 12p　20cm　〈年表あり 索引あり〉2500円　①978-4-7791-1854-8

内容 第1章 奴隷制時代と幼少期の思い出　第2章 選挙登録への挑戦　第3章 人種統合という選択とハーモニー学校　第4章 フリーダム・サマーとその後―一九六〇～一九七〇年　第5章 公民権獲得の活動は続く　第6章 活動の日々を思って　〔01781〕

カリー, ティルデン・J.

◇大学学部長の役割—米国経営系学部の研究・教育・サービス（The dean's perspective）　クリシナ・S.ディア編著, 佐藤修訳　中央経済社　2011.7　245p　21cm　3400円　①978-4-502-68720-4

内容 経営倫理教育（ティルデン・J.カリー著）〔01782〕

カリー, トーマス・E.

◇文化系統学への招待—文化の進化パターンを探る　中尾央, 三中信宏編著　勁草書房　2012.5　213, 9p　22cm　〈他言語標題：An Introduction to Cultural Phylogenetics　索引あり〉3200円　①978-4-326-10216-7

内容 系統比較法による仮説検定（トーマス・E.カリー執筆, 中尾央訳）〔01783〕

ガリ, マリオ・フォン

◇近代カトリックの説教　高柳俊一編　教文館　2012.8　458p　21cm　（シリーズ・世界の説教）　4300円　①978-4-7642-7338-2

内容 新しい考えにより自分を変えなさい（マリオ・フォン・ガリ述, 富田裕訳）〔01784〕

カリアー, トーマス　Karier, Thomas Mark

◇ノーベル経済学賞の40年—20世紀経済思想史入門　上（INTELLECTUAL CAPITAL）　トーマス・カリアー著, 小坂恵理訳　筑摩書房　2012.10　299p　19cm　（筑摩選書 0052）　1800円　①978-4-480-01556-3

内容 第1章 ノーベル経済学賞とは　第2章 自由市場主義者の経済学　第3章 ミクロの信奉者—シカゴ学派　第4章 カジノと化した株式市場　第5章 さらにミクロに　第6章 行動主義者　第7章 ケインジアン〔01785〕

◇ノーベル経済学賞の40年—20世紀経済思想史入門　下（INTELLECTUAL CAPITAL）　トーマス・カリアー著, 小坂恵理訳　筑摩書房　2012.10　286p　19cm　（筑摩選書 0053）〈索引あり〉1800円　①978-4-480-01557-0

内容 第8章 古典派の復活　第9章 発明者たち　第10章 ゲームオタクたち　第11章 一般均衡という隘路　第12章 世界経済への視線　第13章 数学へのこだわり　第14章 歴史と制度　第15章 ノーベル賞再編へ向けて〔01786〕

カリアス, オーロール　Callias, Aurore

◇動物には心があるの？ 人間と動物はどうちがうの？　（Quand un animal te regarde）　エリザベット・ド・フォントネ文, オーロール・カリアス絵, 伏見操訳　岩崎書店　2011.7　76p　20cm　（10代の哲学さんぽ 4）　1300円　①978-4-265-07901-0

内容 1 深く考えるということ。　2 動物の体に人間の魂？　3 動物は話すのか？　4 動物は痛みを感じるか？　5 人間は動物に、「よいこと、悪いこと」の区別をもとめることができるのか？〔01787〕

カリヴァン, ジュード　Currivan, Jude

◇この世のすべては波動でわかる—量子力学と古代の叡智のシンクロニシティ（The wave）　ジュード・カリヴァン著, 井上実訳　徳間書店　2011.4　379p　20cm　1800円　①978-4-19-863159-8

内容 1 現代と古代の叡智を融和させる—宇宙はどうなっているのか（万物の理論とは？　いにしえの叡智 ほか）　2 科学と霊魂の融和—宇宙はなぜこうなっているのか（宇宙には意識がある　時空を超えて ほか）　3 大いなる全体を癒す（信じる力　ひとつの心 ほか）　4 私たちの未来を共同創造する（共同創造する）〔01788〕

カリオラート, アルフォンソ　Cariolato, Alfonso

◇神の身振り—スピノザ『エチカ』における場について（LE GESTE DE DIEU）　アルフォンソ・カリオラート, ジャン＝リュック・ナンシー著, 藤井千佳世, 的場寿光訳　水声社　2013.5　201p　22cm　（叢書言語の政治 19）〈文献あり〉3000円　①978-4-89176-970-3〔01789〕

ガリキオ, マーク　Gallicchio, Marc S.

◇アメリカ黒人から見た日本、中国—1895-1945 ブラック・インターナショナリズムの盛衰（THE AFRICAN AMERICAN ENCOUNTER WITH JAPAN AND CHINA）　マーク・ガリキオ〔著〕, 伊藤裕子訳　岩波書店　2013.5　345, 39p　20cm　〈索引あり〉4200円　①978-4-00-022073-6

内容 1 有色人種の擁護者　2 有色人種の潮流の高まり　3 階級か肌の色か？　4「ブラック・インターナショナル」の台頭　5 抵抗か不忠か？　6 人種と国家安全保障　7 ブラック・インターナショナリズムと白人リベラルたち　8 中国の再発見　9 中国の喪失　おわりに 戦時と平時、それぞれのブラック・インターナショナリズム〔01790〕

ガリシア州自治政府

◇ガリシア、大西洋を見つめるその深い精神性　ガリシア州自治政府, ガリシア自治政府革新産業省, シャコベオ計画管理運営会社編, フランシスコ・シングル編集責任, 塩沢恵訳　〔出版地不明〕　Xunta de Galicia　〔20－－〕　133p　24cm　①978-84-453-4483-5〔01791〕

◇聖地サンティアゴへの巡礼—日の沈む国への旅　ガリシア州自治政府, ガリシア自治政府革新産業省, シャコベオ計画管理運営会社編, フランシスコ・シングル編集責任・著, 塩沢恵訳　〔出版地不明〕　Xunta de Galicia　〔20－－〕　93p　24cm　①978-84-453-4482-8〔01792〕

カリーゼ, マウロ　Calise, Mauro

◇政党支配の終焉—カリスマなき指導者の時代（IL PARTITO PERSONALE）　マウロ・カリーゼ著, 村上信一郎訳　法政大学出版局　2012.6　244, 17p　20cm　（サピエンティア 24）〈年表あり 索引あり〉3000円　①978-4-588-60324-2

内容 序論 一〇年後　第1部 もはや政党は存在しない（沈黙のスパイラル　恐竜の没落　ルソーの亡霊　アメリカのフロンティア　イギリス労働党の雪辱）　第2部 指導者の復活（パーソナル・パーティ　民主主義の時代の「君主」　怖いもの知らずの「騎士」　傭兵隊長　首相党）　第3部 指導者の二つの身体（政治的身体　失われた根拠　理性・利益・情念）〔01793〕

カーリッツ, ゲイル　Karlitz, Gail

◇アメリカの中学生はみな学んでいる「おカネと投

資」の教科書（Growing Money）　ゲイル・カーリッツ著, 秋山勝訳　朝日新聞出版　2012.10　170p　19cm　1300円　①978-4-02-331133-6
内容 お金はどこにしまっている？　投資の世界にようこそ　自分はどんなタイプの投資家？　銀行預金の表と裏　債券のすべて　株式市場は投資のスーパーマーケット　証券取引所の舞台裏　株式市場でお金を増やす　金融情報を読み解こう　買う株、売る株　投資ゲームで実際に運用方法を学ぼう　〔01794〕

カ

カリプソ, ノボ　Calypso, Gnobo A.
◇ミスティカル数秘術―パターンを解釈する（Interpretation of patterns with mystical numerology）ノボ・カリプソ著, 小松原さおり訳　ナチュラルスピリット　2011.6　335p　21cm　〈文献あり〉2870円　①978-4-86451-009-7
内容 序章（数秘術）　第1章 数秘術と生きる（ミスティカル数秘術士　神秘主義/ミスティシズム ほか）　第2章 宇宙の原則・マスターナンバー（手放す　宇宙の原則 ほか）　第3章 パターン（パターン1 ： モナドパターン2 ： ダイアド ほか）　第4章 メソッド（哲学レイン/雨（数字の比率/カスケード）パターンの動き/三位一体 ほか）　ミスティカル数秘術のチャート作成　〔01795〕

ガリャ
◇アジアの顔のキリスト　ホアン・カトレット編, 高橋敦子訳　名古屋　新世社　2010.10　175, 32p　16cm　〈文献あり〉1200円　①978-4-88382-100-6
内容 あなたの小道をまっすぐに歩く（ガリャ）　〔01796〕

カリンチ, マリアン　Karinch, Maryann
◇最強スパイの仕事術（Business confidential）ピーター・アーネスト, マリアン・カリンチ〔著〕, 福井久美子訳　ディスカヴァー・トゥエンティワン　2012.2　252p　19cm　1600円　①978-4-7993-1127-1
内容 スパイ活動とビジネスの共通点　適性を見る　採用　人を育てる　情報を味方につける　対人力を高める　情報を分析する　情報を伝達する　ブランドを作る　組織を前進させる　変化を恐れない　チェック機関を設ける　〔01797〕

カルヴァン, ジャン　Calvin, Jean
◇宗教改革時代の説教　出村彰編　教文館　2013.1　482p　21cm　（シリーズ・世界の説教）　4500円　①978-4-7642-7337-5
内容 イザヤ書第五五章一―二節についての説教 他（ジャン・カルヴァン述, 野村信訳）　〔01798〕

カルキア, ジャンニ
◇弱い思考（Il pensiero debole）　ジャンニ・ヴァッティモ, ピエル・アルド・ロヴァッティ編, 上村忠男, 山田忠彰, 金山準, 土肥秀行訳　法政大学出版局　2012.8　374p　20cm　（叢書・ウニベルシタス 977）〈文献あり〉4000円　①978-4-588-00977-8
内容 現象を称えて（ジャンニ・カルキア著, 山田忠彰訳）　〔01799〕

カルク, ジェフ・フォン　Kuyk, Jef J.van
◇小学校との連携 プロジェクト幼児教育法―Cito旧オランダ王立教育評価機構ライセンスカリキュラムPiramide Method　ジェフ・フォン・カルク, 辻井正共編著　京都　オクターブ　2013.2　127p　30cm　2500円　①978-4-89231-103-1
内容 なぜ、プロジェクト型カリキュラムなのか？（ジェフ・フォン・カルク著, 辻井正訳）　〔01800〕

ガルシア, ニッキー　Garcea, Nicky
◇リーダーシップ・マスター―世界最高峰のコーチ陣による31の教え（Coaching for Leadership）マーシャル・ゴールドスミス, ローレンス・S.ライアンズ, サラ・マッカーサー編著, 久野正人監訳, 中村安子, 夏井幸子訳　英治出版　2013.7　493p　21cm　2800円　①978-4-86276-164-4
内容 自分の性質を見極める（P.アレックス・リンリー, ニッキー・ガルシア）　〔01801〕

ガルシア, ペニー・A.
◇成人のナラティヴ学習―人生の可能性を開くアプローチ（NARRATIVE PERSPECTIVES ON ADULT EDUCATION）　マーシャ・ロシター, M.キャロリン・クラーク編, 立田慶裕, 岩崎久美子, 金藤ふゆ子, 佐藤智子, 荻野亮吾訳　福村出版　2012.10　161p　22cm　〈索引あり〉2600円　①978-4-571-10162-5
内容 デジタル・ストーリーテリング ： ナラティヴ領域の新たなプレイヤー（マーシャ・ロシター, ペニー・A.ガルシア著, 立田慶裕訳）　〔01802〕

ガルシア・デ・ファネリ, アナ・M.
◇新興国家の世界水準大学戦略―世界水準をめざすアジア・中南米と日本（World-Class Worldwide）　フィリップ・G.アルトバック, ホルヘ・バラン編, 米沢彰純監訳　東信堂　2013.5　386p　22cm　〈索引あり〉4800円　①978-4-7989-0134-3
内容 中所得国における研究大学構築への挑戦（アナ・M.ガルシア・デ・ファネリ執筆, 白幡真紀訳）　〔01803〕

カルース, キャシー
◇アメリカン・ヴァイオレンス―見える暴力・見えない暴力　権田建二, 下河辺美知子編著　彩流社　2013.5　322, 18p　20cm　（成蹊大学アジア太平洋研究センター叢書）〈他言語標題 ： American Violence　索引あり〉2500円　①978-4-7791-1894-4
内容 嘘と歴史（キャシー・カルース執筆, 下河辺美知子訳）　〔01804〕

カールソン, カーティス・R.　Carlson, Curtis Ray
◇イノベーション5つの原則―世界最高峰の研究機関SRIが生みだした実践理論（Innovation）　カーティス・R.カールソン, ウィリアム・W.ウィルモット共著, 楠木建監訳, 電通イノベーションプロジェクト訳　ダイヤモンド社　2012.2　331p　20cm　2400円　①978-4-478-01748-7
内容 イノベーションの本質を知る―フランクがホームランを打つまで　イノベーションか、死か―指数関数的に進化する市場　原則1 真の顧客ニーズ（重要度の高いニーズに取り組む―RFIDタグ　顧客価値を創出する―あなたの唯一の仕事）　原則2 価値の創出（NABCを使えば簡単！―リズが昇進を勝ち取ったわけ　「ウォータリング・ホール」で価値を創造する―BBCがやって来た日 ほか）　原則3 イノベーションをリードするチャンピオン（まずはチャンピオンが必要だ―ケリービルの町長）　原則4 イノベーション・チームの構築（チームの才能を引き出す―ダグラス・エンゲルバートとパソコンの誕生　イノベーション・チームを構築する―HDTVチームがエミー賞を獲得した経緯 ほか）　原則5 組織の方向づけ（あなたのイノベーション・チームだ―今すぐに始めよう　イノベーションの精神を根づかせる―継続的な価値創出（CVC）の徹底 ほか）　〔01805〕

カールソン, ジョン　Carlson, Jon

◇ダイニングテーブルのミイラ セラピストが語る奇妙な臨床事例―セラピストはクライエントから何を学ぶのか（The mummy at the dining room table）　ジェフリー・A.コトラー, ジョン・カールソン編著, 岩壁茂監訳, 門脇陽子, 森田由美訳　福村出版　2011.8　401p　22cm　〈文献あり〉　3500円　①978-4-571-24046-1

内容 ダイニングテーブルのミイラ（ジョン・カールソン著, 門脇陽子訳）　〔01806〕

カールソン, マイ

◇海を渡ってきたわが子―韓国の子どもを育てたスウェーデンの親たち9編の実話　キムスコグルンド編, 坂井俊樹監訳, 徐凡喜訳　梨の木舎　2013.3　136p　19cm　1500円　①978-4-8166-1303-6

内容 ある日突然ママになる（マイ・カールソン）　〔01807〕

カールソン, リチャード　Carlson, Richard

◇小さいことにくよくよするな！―しょせん、すべては小さなこと コミック版（Don't sweat the small stuff...and it's all small stuff）　リチャード・カールソン原作, マツカワチカコ作画, トレンド・プロ制作, 小沢瑞穂訳　サンマーク出版　2010.10　143p　19cm　952円　①978-4-7631-3069-3　〔01808〕

◇読むだけで心に元気があふれる！ 10のヒント（Shortcut through therapy）　リチャード・カールソン著, 浅見帆帆子訳　三笠書房　2011.10　190p　15cm　（王様文庫）　552円　①978-4-8379-6614-2

内容 1「幸せに生きる」と決める―心にグングン“いいエネルギー”がわき出す！　2「気分の波」に、のまれない　気持ちが明るくなった瞬間、すべてがガラリと好転！　3「考えない」練習をする―“どうでもいいこと”で頭をいっぱいにしない！　4「プラスの面」に注目する―「いいこと」を数えると、もっと「いいこと」が起こる！　5 考え方は人それぞれ―人間関係のストレスが不思議なくらい消えていく！　6「今、ここ」を生きる―人生はいつでも「本番」。リハーサル気分は捨てよう！　7「心の声」に耳をすます―パッとひらめいたことは、案外正しい　8 いつでも「幸運」の数を数えよう―運がみるみるよくなる“感謝の魔法”！　9 一歩ひいて、自分を眺めてみる―「へえ、そうだったんだ！」と新鮮な気づきがいっぱい！　10「完璧」をめざすより、プロセスを楽しむ―“至福感”こそ自分への最高のプレゼント　〔01809〕

◇心がスーッと晴れる読むだけセラピー（EASIER THAN YOU THINK）　リチャード・カールソン著, 浅見帆帆子監訳　三笠書房　2013.5　206p　15cm　（王様文庫 B76-4）　571円　①978-4-8379-6676-0

内容 1章 そうだったのか！ 人生を「プラス方向」に変える秘訣―あなたの「思い」が現実をつくっていた！　2章 これだけでいいんです！ 心を「ひと休み」させるコツ―今日から“幸せオーラ”を全開に！　3章 どんなときでも！「人づきあい」がラクになるヒント―いつだってムリしないほうが愛される　4章 すべて大丈夫！「なりたい自分」になる黄金ルール―夢中になれる人は「うれしい未来」が手に入る！　5章 いつでもハッピー！「小さなこと」から人生は変わる！―面白いほど“幸運をキャッチ”する習慣　〔01810〕

カールソン, ローリー*　Carlson, Laurie

◇エジソンと発明―努力とひらめきで失敗を成功につなげた偉人 ： 21の体験学習〈ためしてみよう！〉（Thomas Edison for kids HIS LIFE AND IDEAS）　LAURIE CARLSON〔著〕, 大森充香訳　丸善出版　2012.5　13, 177p　19×26cm　（ジュニアサイエンス）　〈文献あり 年譜あり 索引あり〉　2800円　①978-4-621-08554-7

内容 1 順調な滑り出し―エジソンの子ども時代　2 新しい仕事―鉄道との出会い　3 さすらいの電信技手―発明までの道のり　4 本格的な仕事―発明の仕事　5 電灯が光った！―電灯照明システムの開発　6 新しい生活―別荘と家族と映画　7 止まない思考―新しい分野への挑戦　8 成功と苦難―息の長い発明家　9 植物と友情とゴム―エジソンの晩年　〔01811〕

カルダーノ, ジローラモ

◇天才カルダーノの肖像―ルネサンスの自叙伝、占星術、夢解釈　榎本恵美子著, ヒロ・ヒライ編, 坂本邦暢解説　勁草書房　2013.7　276, 18p　21cm　（bibliotheca hermetica叢書）　5300円　①978-4-326-14826-4

内容 ―について（カルダーノ）　〔01812〕

ガルダム, ヌケット

◇アジアにおけるジェンダー平等―政策と政治参画 ： 東北大学グローバルCOEプログラム「グローバル時代の男女共同参画と多文化共生」（Gender equality in Agia）　辻村みよ子, スティール若希編　仙台　東北大学出版会　2012.3　353p　22cm　〈文献あり〉　3000円　①978-4-86163-185-6

内容 グローバル・ジェンダー・レジームへのトルコの対応（ヌケット・ガルダム著, 沢江史子, 川辺敬子共訳）　〔01813〕

カルターリ, ヴィンチェンツォ　Cartari, Vincenzo

◇西欧古代神話図像大鑑―全訳『古人たちの神々の姿について』（LE IMAGINI DE I DEI DE GLI ANTICHI）　カルターリ〔著〕, 大橋喜之訳　八坂書房　2012.9　684, 12p　23cm　〈索引あり〉　6800円　①978-4-89694-141-8

内容 サトゥルヌス　アポロン、ポイボス、太陽　ディアーナ　ユピテル　ユーノー　大地母神　ネプトゥーヌス　プルトーン　メルクリウス　ミネルヴァ　バッカス　フォルトゥナ　クピド　ヴェヌス　グラティアたち　〔01814〕

カ

カルドー, メアリー　Kaldor, Mary

◇「人間の安全保障」論―グローバル化と介入に関する考察（Human security）　メアリー・カルドー著, 山本武彦, 宮脇昇, 野崎孝弘訳　法政大学出版局　2011.3　332p　20cm　（サピエンティア 17）〈索引あり〉3600円　①978-4-588-60317-4

内容 第1章 人道的介入の一〇年（一九九一・二〇〇〇年）　第2章 アメリカのパワー―強制からコスモポリタニズムへ？　第3章 ナショナリズムとグローバリゼーション　第4章 バルカン諸国における介入―未完の学習過程　第5章 グローバル市民社会という理念　第6章 正しい戦争と正しい平和　第7章「人間の安全保障」〔01815〕

カルトゥリエ, ジャン

◇貨幣主権論（LA MONNAIE SOUVERAINE）　M.アグリエッタ,A.オルレアン編, 坂口明義監訳, 中野佳裕, 中原隆幸訳　藤原書店　2012.6　650p　22cm　〈索引あり〉8800円　①978-4-89434-865-3

内容 市場経済の貨幣的秩序（ミシェル・アグリエッタ, ジャン・カルトゥリエ著）〔01816〕

カルドーゾ, フェルナンド・エンリケ　Cardoso, Fernando Henrique

◇ラテンアメリカにおける従属と発展―グローバリゼーションの歴史社会学（Dependencia y desarrollo en America Latina）　フェルナンド・エンリケ・カルドーゾ, エンソ・ファレット著, 鈴木茂, 受田宏之, 宮地隆広訳　府中（東京都）東京外国語大学出版会　2012.4　348p　20cm〈索引あり〉2800円　①978-4-904575-19-2〔01817〕

カルドン, ドミニク　Cardon, Dominique

◇インターネット・デモクラシー―拡大する公共空間と代議制のゆくえ（La démocratie Internet）　ドミニク・カルドン著, 林昌宏, 林香里訳　トランスビュー　2012.2　191p　20cm〈解説 : 林香里〉1800円　①978-4-7987-0122-6

内容 序章 進行中の世界規模の実験（代議制民主主義の対案になるか　反逆精神の起源）　第1章 理想から現実へ（カウンター・カルチャーと軍事技術　頭脳は末端に位置する　ソフトウェアはフリーでなければならない　ヒッピーたちの模索　ヴァーチャル・コミュニティの登場 ほか）　第2章 公共空間の拡大（公共圏とは何か　「アマチュア」の登場　「まず公開、次に選別」　階層化の原則　言論の自由の栄華と災厄 ほか）　第3章 薄暗がりのウェブ（二つの世界の接続　ウェブ2.0―自己顕示とおしゃべり　ブログからフェイスブックへ　自己をつくり出しながら公開する　多様な自己を許容する ほか）　第4章 インターネットはどのような政治形態をつくるか（キーワードは「自己組織化」　平等の前提とクリックという参加形式　緩やかなつながりが大きな運動に　参加型から協働型の民主主義へ　ウィキペディアの革新性 ほか）　結論 解放された公衆（「代表者による政治」からの脱出　インターネットと民主主義を脅かすもの）〔01818〕

カールトン・ブックス《Carlton Books Limited》

◇ドールハウス―イギリス、ビクトリア時代のいえのひみつ : ひらいて、みて、まなぼう（DOLL'S HOUSE）　ジェマイマ・パイプぶん, マリア・テイラーえ, カールトン・キッズ・チームせいさく, よしいちよこやく　大日本絵画　2012　23p　31cm　（めくりしかけえほん）2300円　①978-4-499-28478-3〔01819〕

◇びっくりトリックアート―ちゅうい！　あなたの脳をだまします！（AWESOME OPTICAL ILLUSIONS）　カールトン・ブックスさく, よしいちよこやく　大日本絵画　2012　45p　26×29cm　（しかけえほん）　1400円　①978-4-499-28467-7

内容 くらくらゾーン　みて…もういちどみて　ふしぎな線とおかしなおおきさ　うちゅうへとびだそう〔01820〕

カールバーグ, G.*　Carlberg, Gunnar

◇子どもの心理療法と調査・研究―プロセス・結果・臨床的有効性の探求（Child psychotherapy and research）　ニック・ミッジリー, ジャン・アンダーソン, イブ・グレンジャー, ターニャ・ネシッジ・プコビッチ, キャシー・アーウィン編著, 鵜飼奈津子監訳　大阪　創元社　2012.2　287p　22cm　〈索引あり　文献あり〉5200円　①978-4-422-11524-5

内容 子どもの心理力動的心理療法における変化プロセスの探求 : セラピストの視点から（Gunnar Carlberg著, 松本拓真訳）〔01821〕

カルピン, クリストファー　Culpin, Christopher

◇イギリスの歴史―帝国の衝撃 : イギリス中学校歴史教科書（The impact of empire）　ミカエル・ライリー, ジェイミー・バイロン, クリストファー・カルピン著, 前川一郎訳　明石書店　2012.2　155p　21cm　（世界の教科書シリーズ 34）〈索引あり〉2400円　①978-4-7503-3548-3

内容 初期の帝国（ロアノーク : イングランド人は初めて建設した植民地でどんな過ちを犯したのか？―なぜ植民地の建設が失敗したのかを自分で考えてみましょう　「いつの間にか支配者になった者たち？」 : イギリス人はいかにインドを支配するようになったのか？―答えを見つけるために東インド会社貿易ゲームをしてみましょう　帝国の建設者 : ウォルフとクライヴについてどう考えるか？―「帝国の英雄」についてあなたが評価を下してください　帝国と奴隷制 : イギリスによる奴隷貿易の歴史をいかに語るか？―史料を用いて奴隷貿易に関するふたつの見解を論じてください）　世界帝国（囚人植民地 : どうすれば良い歴史映画を撮れるのか？―あなた自身の映画を構想してみましょう　隠された歴史 : 歴史に埋もれた物語は英領インドについて何を語るか？―インドにおいて人びとの関係がどのように変化したのかを示すグラフを描いてください　アフリカの外へ : ベナンの頭像はいったい誰が所有すべきか？―ブロンズの頭像の歴史をたどり、今日誰がこれを所有すべきかを考えてみましょう　帝国のイメージ : 大英帝国はどのように描かれたのか？―子どもたちが大英帝国にどんな思いを抱くように期待されていたのかを理解するために、図像の読解に挑戦してみましょう）　帝国の終焉（アイルランド : なぜ人びとはアイルランドと大英帝国について異なる歴史を語るのか？―視聴者参加型のラジオ番組で自分の意見を述べる準備をしましょう　切なる希望 : ガートルードがアラブ人に抱いた夢を助け、そして妨げたのは何だったのか？―でたらめに書かれたインターネット百科事典の質を向上させてください　帝国の終焉：なぜイギリスは1947年にインドから撤退したのか？―マウントバッテン卿に宛ててインド独立を認めるように説得する手紙を書いてみましょう　帝国の帰郷：歴史に埋もれたコモンウェルス移民の物語をいかに掘り起こすか？―コモンウェルス移民にインタビューするために良質な質問事項を考えてください）　あなたは大英帝国の歴史をどう見るか？―著者の考えに反論し、自分自身にも問い返してみましょう〔*01822*〕

ガルブレイス, ジェイ・R.

◇ストーリーで学ぶ経営の真髄（Learn like a leader）　マーシャル・ゴールドスミス, ビバリー・ケイ, ケン・シェルトン編, 和泉裕子, 井上実訳　徳間書店　2011.2　311p　19cm　1600円　①978-4-19-863118-5

内容 疑問を抱きながら生きることを学ぶ（ジェイ・R.ガルブレイス著）〔*01823*〕

カルボニエ, ユーリ

◇伝統都市を比較する―飯田とシャルルヴィル　高沢紀恵, 吉田伸之, フランソワ＝ジョゼフ・ルッジウ, ギヨーム・カレ編　山川出版社　2011.5　232, 67p　26cm（別冊都市史研究）〈文献あり〉5200円　①978-4-634-52714-0

内容 シャルルヴィルにおける都市空間の形成と発展（ユーリ・カルボニエ著, 竹下和亮訳）〔*01824*〕

カレ, ギヨーム　Carré, Guillaume

◇伝統都市を比較する―飯田とシャルルヴィル　高沢紀恵, 吉田伸之, フランソワ＝ジョゼフ・ルッジウ, ギヨーム・カレ編　山川出版社　2011.5　232, 67p　26cm（別冊都市史研究）〈文献あり〉5200円　①978-4-634-52714-0

内容 飯田とシャルルヴィルを比較する（ギヨーム・カレ著, 竹下和亮訳）〔*01825*〕

ガレアーノ, エドゥアルド　Galeano, Eduardo

◇火の記憶　3　風の世紀（Memoria del fuego）　エドゥアルド・ガレアーノ〔著〕, 飯島みどり訳　みすず書房　2011.12　513, 47p　20cm〈索引あり〉6000円　①978-4-622-04640-0〔*01826*〕

◇反グローバリゼーションの声（VOCES CONTRA LA GLOBALIZACIÓN）　カルロス・エステベス, カルロス・タイボ編著, 大津真作訳　京都　晃洋書房　2013.11　257, 8p　21cm　2900円　①978-4-7710-2490-8

内容 恐怖との戦い（エドゥアルド・ガレアーノ述）〔*01827*〕

カレーキナ, アンナ

◇グローバル化のなかの企業文化―国際比較調査から　石川晃弘, 佐々木正道, 白石利政, ニコライ・ドリャフロフ編著　八王子　中央大学出版部　2012.2　382p　22cm（中央大学社会科学研究所研究叢書 25）　4600円　①978-4-8057-1326-6

内容 プロフェッショナル文化の形成における企業文化の位置と役割（ニコライ・ドリャフロフ, アンナ・カレーキナ著, 石川晃弘訳）〔*01828*〕

カレ・ド・マルベール, R.　Carré de Malberg, Raymond

◇法律と一般意思（La loi, expression de la volonte generale）　カレ・ド・マルベール〔著〕, 時本義昭訳　成文堂　2011.8　226, 5p　22cm〈索引あり〉7000円　①978-4-7923-0516-1

内容 第1章 近代における法律と立法権とに関するさまざまな概念　第2章 一八七五年憲法における立法権と執行権の区別　第3章 憲法法律と通常法律の区別について―八七五年憲法に何が残されているのか　第4章 わが国の現行公法における法律の義務的拘束力の法的基盤　第5章 一八七五年憲法の下における執行府に対する議会の優位　結論〔*01829*〕

カレヤ, ステファン・C.

◇拡大ヨーロッパの地政学―コンステレーション理論の可能性（The geopolitics of Euro-Atlantic integration）　ハンス・モウリッツェン, アンデルス・ウィヴェル編, 蓮見雄, 小林正英, 東野篤子訳　文真堂　2011.5　356p　21cm〈文献あり 索引あり〉2900円　①978-4-8309-4703-2

内容 南部（ステファン・C.カレヤ著, 小林正英訳）〔*01830*〕

ガレン, エウジェニオ　Garin, Eugenio

◇ルネサンス文化史―ある史的肖像（La cultura del Rinascimento）　エウジェニオ・ガレン著, 沢井繁男訳　平凡社　2011.2　302p　16cm（平凡社ライブラリー 724）〈文献あり 索引あり〉1400円　①978-4-582-76724-7

内容 ルネサンスと文化　新しい時代という意識　古典の発見　ギリシア人とルネサンスの起源　人文主義とルネサンス―連続か対立か　図書館と印刷術の発明　新しい教育　政治的省察に関する主題と問題―現実の都市と理想の都市　批判と宗教的刷新の動機　新しい哲学―人間と自然の賞揚　新しい科学―人間と世界の認識　人文主義文化と国民文学　美術―建築、彫刻、絵画〔*01831*〕

カレン, フランシス・T.　Cullen, Francis T.

◇犯罪学―理論的背景と帰結（CRIMINOLOGICAL THEORY（原著第5版））　J.ロバート・リリー, フランシス・T.カレン, リチャード・A.ボール〔著〕, 影山任佐監訳　金剛出版　2013.11　491p　27cm〈訳：藤田貞幸ほか　文献あり 索引あり〉12000円　①978-4-7724-1342-8〔*01832*〕

ガロ, カーマイン　Gallo, Carmine

◇スティーブ・ジョブズ驚異のイノベーション―人生・仕事・世界を変える7つの法則（The innovation secrets of Steve Jobs）　カーマイン・ガロ著, 井口耕二訳　日経BP社　2011.7　390p　19cm〈文献あり　発売：日経BPマーケティング〉1800円　①978-4-8222-4856-7

内容 はじめに 世界は多くのジョブズ―スティーブ・ジョブズを必要としている　法則1 大好きなことをする　法則2 宇宙に衝撃を与える　法則3 頭に活を入れる　法則4 製品を売るな。夢を売れ。　法則5 1000ものことにノーと言う　法則6 めちゃくちゃすごい体験をつくる　法則7 メッセージの名人になる〔*01833*〕

カ

カロニウス, エリック　Calonius, Erik

◇なぜビジョナリーには未来が見えるのか？―成功者たちの思考法を脳科学で解き明かす（TEN STEPS AHEAD）　エリック・カロニウス著, 花塚恵訳　集英社　2012.7　326p　20cm　〈文献あり〉 1800円　①978-4-08-773478-2

内容 第1章「ビジョン」とは何か　第2章 発見力―見過ごされているものを見いだす　第3章 想像力―頭のなかで視覚化する　第4章 直観―「無意識」の声に耳を傾ける　第5章 勇気と信念―犠牲を厭わず、人生を賭ける　第6章 共有力―自分のビジョンに他人を巻き込む　第7章 運―偶然を自分のものにする　第8章 ビジョンを曇らせるもの　第9章「ビジョナリー気取り」の誤算　第10章 ビジョンを習得することは可能か？　〔01834〕

カロライン, ハウ　Caroline, Hau

◇中国は東アジアをどう変えるか―21世紀の新地域システム　白石隆, ハウ・カロライン著　中央公論新社　2012.7　248p　18cm　（中公新書）　840円　①978-4-12-102172-4

内容 第1章 東アジア地域秩序の変容（東アジア地域システム―その原型　東アジア地域システム―その変容「東アジア共同体」構築　GMS（大メコン圏）協力　東シナ海の領土問題　中国の変容　米国のアジア再関与　日本の対応　東アジアからアジア太平洋へ　まとめ）　第2章 周辺諸国の行動（タイ　インドネシア　ヴェトナム　ミャンマー　まとめ）　第3章 中国の経済協力（対外政策手段としての経済協力　ミャンマーの事例　ラオスの事例　インドネシアの事例　まとめ）　第4章 歴史比較のために（大元モンゴルの時代　大明の時代　一六世紀末・一七世紀初頭の東アジア　大清の時代　歴史の比較）　第5章 アングロ・チャイニーズの世界（中国＝チャイナ、チャイニーズ　「まなざし」の変化　東南アジアのチャイニーズ―その先史　チャイニーズの形成　「日本化」と「アングロ・サクソン化」　アングロ・チャイニーズの台頭　ふたたび、「中国」とチャイニーズについて　まとめ）　〔01835〕

カワイ, ハヤオ　河合 隼雄

◇日本人の心を解く―夢・神話・物語の深層へ（DREAMS, MYTHS AND FAIRY TALES IN JAPAN）　河合隼雄〔著〕, 河合俊雄訳　岩波書店　2013.6　186p　19cm　（岩波現代全書 005）〈文献あり〉 1900円　①978-4-00-029105-7

内容 第1章 相互浸透―中世日本における夢　第2章 明恵夢記における身体　第3章 日本神話―神々の均衡　第4章 日本の昔話―美的な解決　第5章 とりかへばや―性役割交換の物語　付録 とりかへばや物語の要約　〔01836〕

カワサキ, ガイ　Kawasaki, Guy

◇アップルとシリコンバレーで学んだ賢者の起業術（Reality check）　ガイ・カワサキ著, 三木俊哉訳　海と月社　2011.1　457p　21cm　2800円　①978-4-903212-22-7

内容 立ち上げ　資金調達　計画と実行　イノベーション　マーケティング　販売と伝道活動　コミュニケーション　ウィン・ウィン　競争　採用と解雇　仕事　善行　〔01837〕

◇人を魅了する――流の職業人であるための技術（Enchantment）　ガイ・カワサキ著, 依田卓巳訳　海と月社　2012.3　302p　19cm　1800円　①978-4-903212-33-3

内容 人を魅了すれば、世界が変わる　まず好感を持ってもらう　信頼がなくては魅了できない　正しい準備の仕方　市場に投入する方法　変化に対する抵抗を克服する　いつまでも魅了する秘訣　「プッシュ技術」の使い方―パワーポイント、ツイッター、Eメールを武器にする　「プル技術」の使い方―ウェブ、ユーチューブ、SNSを自在に操る　従業員を魅了する　上司を魅了する　アブナい「魅了」の対処法　〔01838〕

カーワディン, マーク　Carwardine, Mark

◇世界一素朴な質問、宇宙一美しい答え―世界の第一人者100人が100の質問に答える（BIG QUESTIONS FROM LITTLE PEOPLE）　ジェンマ・エルウィン・ハリス編, 西田美緒子訳, タイマタカシ絵　河出書房新社　2013.11　298p　22cm　2500円　①978-4-309-25292-6

内容 世界じゅうでいちばん絶滅しそうな動物は？（マーク・カーワーディン）　〔01839〕

カーン, イムラン

◇世界は考える　野中邦子訳　土曜社　2013.3　189p　19cm　（プロジェクトシンジケート叢書 2）〈文献あり〉 1900円　①978-4-9905587-7-2

内容 ドローンを停止せよ（イムラン・カーン著）　〔01840〕

カン, インショウ*　韓 寅燮

⇒ハン, インソプ*

カン, ウ*　賈 宇

◇変動する21世紀において共有される刑事法の課題―日中刑事法シンポジウム報告書　椎橋隆幸, 西田典之編　成文堂　2011.12　199p　21cm　〈会期・会場：2011年10月1日（土）～2日（日）中央大学多摩キャンパス3号館3551号室〉 2000円　①978-4-7923-1931-1

内容 中国における闇社会の性質を有する組織的犯罪とその経済的分析（賈宇著, 黄士軒訳）　〔01841〕

カン, ギョクショウ*　韓 玉勝

◇東アジアにおける市民の刑事司法参加　後藤昭編　国際書院　2011.2　269p　21cm　〈索引あり〉 4200円　①978-4-87791-215-4

内容 司法における民主主義と民主主義の司法（韓玉勝, 史丹如著, 額尔敦畢力格訳）　〔01842〕

カン, キョンヒ*　姜 京希

◇東アジアの間地方交流の過去と現在―済州と沖縄・奄美を中心にして　津波高志編　彩流社　2012.3　491, 7p　22cm　（琉球大学人の移動と21世紀のグローバル社会 5）〈文献あり〉 4500円　①978-4-7791-1674-2

内容 済州島における村落共同体祭儀の現代的意義（姜京希著, 津波高志訳）　〔01843〕

カン, ケンカ*　韓 建華

◇宮都飛鳥　奈良県立橿原考古学研究所附属博物館編　学生社　2011.3　233p　22cm　〈著作目録あり〉 3200円　①978-4-311-30079-0

内容 隋唐東都洛陽城の考古学発掘と研究（韓建華著, 米川裕治訳）　〔01844〕

カーン, サルマン　Khan, Salman

◇世界はひとつの教室―「学び×テクノロジー」が起こすイノベーション（The One World Schoolhouse）　サルマン・カーン著, 三木俊哉訳　ダイヤモンド社　2013.5　254p　20cm　1600円　①978-4-478-02046-3

内容 第1部「教える」ということ（ナディアの家庭教師　ごくシンプルなビデオ ほか）　第2部 壊れたモデル（慣習を疑う　プロイセン・モデル ほか）　第3部 現実の世界へ（理論と実践　カーンアカデミーのソフトウェア ほか）　第4部 世界はひとつの教室（不確かなのは当たり前　生徒だったころの私 ほか）〔01845〕

カン, ジア　Khan, Zia

◇インフォーマル組織力―組織を動かすリーダーの条件（Leading outside the lines）　ジョン・R.カッツェンバック, ジア・カン著, ブーズ・アンド・カンパニー訳　税務経理協会　2011.10　244p　21cm　〈文献あり〉2000円　①978-4-419-05687-2

内容 コールセンターの「壁」　第1部 フォーマルを強化するインフォーマル（フォーマルは論理、インフォーマルは魔法　バランスが変わるとき　フォーマルとインフォーマルの統合）　第2部 動機づけで個人のパフォーマンスを上げる（重要なのは仕事そのもの　価値観が組織を動かす　パフォーマンスの重要性）　第3部 組織変革を加速させる（「速いシマウマ」を解き放つ　凍ったツンドラを溶かす　決起させる：インフォーマルなマネジメント手法　今日からやるべきこと）〔01846〕

カーン, ジャッド　Kahn, Judd

◇競争戦略の謎を解く―コロンビア大学ビジネス・スクール特別講義（COMPETITION DEMYSTIFIED）　ブルース・グリーンウォルド, ジャッド・カーン著, 辻谷一美訳　ダイヤモンド社　2012.7　424p　21cm　〈文献あり 索引あり〉2800円　①978-4-478-00450-0

内容 第1部 理論編―競争戦略をシンプルに考える（戦略と市場、そして競争―競争戦略の前提とは何だろうか　競争優位のタイプ1―供給面と需要面の競争優位　競争優位のタイプ2―規模の経済の活用　競争優位の評価法―競争優位はどこから生まれるのか　競争戦略とゲーム理論1―囚人のジレンマ・ゲーム ほか）　第2部 ケース・スタディ編―繰り広げられる競争というゲーム（ローカルな規模の経済による競争優位―ウォルマート、クアーズ　持続可能な競争優位とは―フィリップス、シスコシステムズ　コーラ戦争と囚人のジレンマ―コカ・コーラVS.ペプシ　テレビ・ネットワーク事業への参入とゲーム理論―フォックス放送　歴史的大敗に終わった新規事業参入―コダックのインスタント写真事業 ほか）〔01847〕

カン, シュンショウ*　干 春松

◇中国伝統文化が現代中国で果たす役割　中島隆博編　東京大学グローバルCOE「共生のための国際哲学教育研究センター」　2008.12　254p　21cm　（UTCP booklet 5）〈文献あり〉

内容 二一世紀初頭中国大陸における「儒学運動」の理論構想およびその評価（干春松著, 小野泰教訳）〔01848〕

◇「牛鬼蛇神を一掃せよ」と文化大革命―制度・文化・宗教・知識人　石剛編著・監訳　三元社　2012.3　426p　21cm　5000円　①978-4-88303-306-5

内容 1973年の梁漱溟と馮友蘭（干春松著, 光田剛訳）〔01849〕

カン, ショウケイ*　韓 昭慶

◇東アジア海文明の歴史と環境　鶴間和幸, 葛剣雄編著　東方書店　2013.3　555p　22cm　（学習院大学東洋文化研究叢書）　4800円　①978-4-497-21304-4

内容 南宋以降、黄河下流の変遷の海岸に対する影響（韓昭慶著, 五味知子訳）〔01850〕

カン, ショウシュウ*　韓 昇洲

◇日本の立ち位置を考える―連続シンポジウム　明石康編　岩波書店　2013.9　193, 3p　19cm　〈会期会場：2012年9月11日～2013年1月22日 国際文化会館〉2100円　①978-4-00-024298-1

内容 不安定な三角関係（韓昇洲述, 野口良次訳）〔01851〕

カン, ジョング*　姜 禎求

◇東アジアのウフカジ―大風 徐勝先生退職記念文集　徐勝先生退職記念事業実行委員会（日本・韓国）編　京都　かもがわ出版　2011.2　278p　21cm　〈著作目録あり 年譜あり〉1800円　①978-4-7803-0418-3

内容 平和と人権の統合と実現により徐勝先生の真意を称えよう（姜禎求著, 小島容照訳）〔01852〕

カン, ジンウク*　姜 鎮旭

◇東アジアの地域協力と経済・通貨統合　塩見英治, 中条誠一, 田中素香編著　八王子　中央大学出版部　2011.3　303p　22cm　（中央大学経済研究所研究叢書 52）　3800円　①978-4-8057-2246-6

内容 韓国の立場からみた韓日中における経済統合の可能性（李良変, 姜鎮旭著, 姜鎮旭訳, 塩見英治監修）〔01853〕

カン, セイユウ*　咸 世雄

⇒ハム, セウン*

カン, ソウシン*　韓 相震

⇒ハン, サンジン*

カン, ソン　姜 仙

◇高句麗の政治と社会　東北亜歴史財団編, 田中俊明監訳, 篠原啓方訳　明石書店　2012.1　322p　22cm　〈索引あり　文献あり〉5800円　①978-4-7503-3513-1

内容 前燕・百済との対決と試練（姜仙）〔01854〕

カン, ダイゲン*　韓 大元

◇東アジアにおける市民の刑事司法参加　後藤昭編　国際書院　2011.2　269p　21cm　〈索引あり〉4200円　①978-4-87791-215-4

内容 中国陪審制度の憲法的根拠について（韓大元著, 洪英訳）〔01855〕

カン, ダイショウ*　韓 乃彰

◇仏教と平和　第21回国際仏教文化学術会議実行委員会編　京都　仏教大学国際交流センター　2011.12　238p　22cm　（仏教大学国際学術研究

叢書 2）〈制作発売 ： 思文閣出版（京都）〉 1500円 ①978-4-7842-1599-7
内容 宗教の両面（韓乃彰著, 李容株訳）〔01856〕

ガン, ティム Gunn, Tim
◇ティム・ガンのゴールデンルール―人生をあきらめないための18の方法（Gunn's golden rules） ティム・ガン著, 野沢敦子訳 宝島社 2012.1 318p 19cm 1200円 ①978-4-7966-8772-0
内容 形にしよう！ 誰もあなたに"借り"はない 「受け流す」のが冴えたやり方 権力に頼ると、権力に溺れるはめになる インスピレーションがなければ生きていけない 「因果応報」を肝に命じる 礼儀正しいのが正しい 楽なのは決していいことではない 話してみなさい（物事には必ず裏がある） よきゲストになること。さもなくば家でおとなしくしていなさい（あなたを責めてはいない。私はパーティが苦手なのだ） テクノロジーに使われるな 嗅覚を研ぎ澄ませ！ 打ち明けるべき秘密、墓場まで持って行く秘密 郷に入れば…（でもやっぱり、猿の脳みそは食べられない） 助けが欲しいときは、素直に言おう お返しをしよう（でも、限界を知ること） 続けよう！〔01857〕

カン, ハク* 甘 博
◇中国占領地の社会調査 1 27 生活 2 近現代資料刊行会企画編集, 永岡正己, 沈潔監修 近現代資料刊行会 2011.8 560p 22cm （戦前・戦中期アジア研究資料 6）〈財政部駐滬調査貨価所中華民国14年刊ほかの複製合本〉①978-4-86364-106-8
内容 二十五年来北京之物価工資及生活程度（孟天培, 甘博著, 李景漢訳）〔01858〕

カン, ヒョンスク 姜 賢淑
◇高句麗の文化と思想 東北亜歴史財団編, 東潮監訳, 篠原啓方訳 明石書店 2013.2 458p 22cm 〈文献あり 索引あり〉8000円 ①978-4-7503-3754-8
内容 高句麗の古墳と墓制の変遷（姜賢淑）〔01859〕

カン, マンボ 姜 万保
◇母（オモニ）たちの済州島（チェジュド）―姜万保写真集 姜万保著, 任栽賢文, 李敏珠, 川瀬俊治訳・解説 大阪 東方出版 2012.3 94p 17×19cm 〈タイトル ： 母たちの済州島 文献あり〉1800円 ①978-4-86249-192-3〔01860〕

カン, メイキ* 韓 明基
⇒ハン, ミョンギ*

ガーン, ランディ Garn, Randy
◇実践幸福な「繁栄」への6つの成功法則―ポラリス・ポイントを見つけ、真に豊かな人生を送る（Prosper） イーサン・ウィリス, ランディ・ガーン著, 中井京子訳 マグロウヒル・エデュケーション 2012.4 200p 19cm 〈発売 ： 日本経済新聞出版社〉1600円 ①978-4-532-60521-6
内容 1「ポラリス・ポイント」を見つけよう 2 繁栄ゾーンで生きよう 3 コアで稼ごう 4 今あるものでスタートしよう 5「繁栄の道」に集中しよう 6 徹底した行動を取ろう〔01861〕

カーンウェイラー, ジェニファー・B. Kahnweiler, Jennifer B.
◇内向型人間がもつ秘めたる影響力―あなたを取り巻く世界が変わる6つの力の伸ばし方（QUIET INFLUENCE） ジェニファー・B.カーンウェイラー著, 境誠輝訳 すばる舎リンケージ 2013.10 358p 19cm 〈文献あり 発売 ： すばる舎〉1800円 ①978-4-7991-0284-8
内容 第1章 舞台を下りて 第2章 Quiet Influencer 6つの力 第3章 QI度判定テスト 第4章 第1の力―静なる時間 第5章 第2の力―備え 第6章 第3の力―聴く力 第7章 第4の力―焦点をあてた会話 第8章 第5の力―書く力 第9章 第6の力―ソーシャル・メディアの慎重活用 第10章 静かな変化を作る〔01862〕

ガンガジ Gangaji
◇ポケットの中のダイヤモンド―あなたの真の輝きを発見する（THE DIAMOND IN YOUR POCKET） ガンガジ著, 三木直子訳 ナチュラルスピリット 2012.11 276p 19cm 〈徳間書店 2006年刊の再刊〉1600円 ①978-4-86451-059-2
内容 1 本当の自分発見への招待（探そうとも思わなかった場所 幸せを求めて ほか） 2 思考を超え、感情よりも深く（平安とは理解を超えたもの 理解できない贈り物 ほか） 3 もつれた苦しみを解きほぐす（苦しみの根本原因 苦しみの定義 ほか） 4 平安の選択（責任を持つ 問題よりも平安を選ぶ ほか）〔01863〕

韓国
⇒大韓民国も見よ

韓国
◇外国著作権法令集 45（韓国編） 金亮完訳 著作権情報センター 2011.2 127p 22cm 〈SARVH共通目的事業（平成22年度）〉非売品〔01864〕
◇日韓国交正常化問題資料 基礎資料編 第9巻 韓国側会談白書・国会議事・米国評価資料 浅野豊美, 吉沢文寿, 李東俊編集・解説 現代史料出版 2011.11 348p 27cm 〈外務省アジア局北東アジア課1960年刊ほかの複製合本 発売 ： 東出版〉①978-4-87785-254-2
内容 「日韓会談のきのうときょう」抄訳（韓国政府）〔01865〕
◇大韓民国公認労務士法―日本語翻訳版 朴英彩訳, 社会保険労務士総合研究機構編 社会保険労務士総合研究機構 2011.12 34p 30cm （社労士総研研究プロジェクト報告書 平成23年）〔01866〕

韓国考古学会
◇概説韓国考古学 韓国考古学会編, 武末純一監訳, 庄田慎矢, 山本孝文訳 同成社 2013.10 497p 21cm 4800円 ①978-4-88621-639-7
内容 第1章 総説 第2章 旧石器時代 第3章 新石器時代 第4章 青銅器時代 第5章 初期鉄器時代 第6章 原三国時代 第7章 三国時代 第8章 統一新羅と渤海 付篇 中・近世考古学の現状と展望〔01867〕

ガンジー, マハトマ Gandhi, Mohandas Karamchand
⇒ガンディー, マハトマ

カンジョウ　灌頂

◇法華文句　4　〔智顗〕〔説〕,〔灌頂〕〔記〕, 菅野博史訳註　第三文明社　2011.9　p968-1310　18cm　（レグルス文庫 257）　1500円　①978-4-476-01257-6

内容 妙法蓮華経文句 巻第八下（釈見宝塔品・提婆達多品・勧持品・安楽行品）　妙法蓮華経文句 巻第九上（釈安楽行品・従地涌出品）　妙法蓮華経文句 巻第九下（釈如来寿量品）　妙法蓮華経文句 巻第十上（釈如来寿量品・分別功徳品・随喜功徳品・法師功徳品・常不軽菩薩品）　妙法蓮華経文句 巻第十下（釈如来神力品・嘱累品・薬王菩薩本事品・妙音菩薩品・観世音菩薩普門品・陀羅尼品・妙荘厳王本事品・普賢菩薩勧発品）〔01868〕

ガンズ, ハーバート

◇都市社会学セレクション　2　都市空間と都市コミュニティ　森岡清志編　日本評論社　2012.8　268p　22cm　〈文献あり〉3800円　①978-4-535-58593-5

内容 生活様式としてのアーバニズムとサバーバニズム（ハーバート・ガンズ著, 松本康訳）〔01869〕

ガンスキー, アルトン　Gansky, Alton

◇幸せな億万長者になる賢者ソロモン王の教え―富と成功を生む7つの成功法則（The Solomon secret）　ブルース・フリート, アルトン・ガンスキー著, 佐藤利恵訳　メトロポリタンプレス　2011.5　220p　20cm　1500円　①978-4-904759-12-7

内容 序章 ソロモン王との出会い　第1章 「計画」は、億万長者への第一歩　第2章 財布のひもはしっかり締めろ　第3章 世間に「うまい」儲け話はないと思え　第4章 投資の判断は、自分の都合のいいようにしてはいけない　第5章 投資で成功するために必要なこと　第6章 給料の中から一割でもいいから貯蓄する習慣をつける　第7章 幸せなお金持ちになるための秘訣　終章 ソロモン王の教えよ永遠なれ―アビダンとヨシュア〔01870〕

カンダ, ヒデキ　神田 秀樹

◇会社法の解剖学―比較法的＆機能的アプローチ（The Anatomy of Corporate Law : A Comparative and Functional Approach）　レイニア・クラークマン, ポール・デイビス, ヘンリー・ハンスマン, ゲラード・ヘルティッヒ, クラウス・J.ホプト, 神田秀樹, エドワード・B.ロック著, 布井千博監訳　レクシスネクシス・ジャパン　2009.7　323p　21cm　4000円　①978-4-902625-21-9

内容 第1章 株式会社法とは何か　第2章 エージェンシー問題と法的戦略　第3章 基本的なガバナンス構造　第4章 債権者保護　第5章 関連当事者取引　第6章 重大な会社の行為　第7章 支配権取引　第8章 発行者と投資家保護　第9章 解剖学を超えて〔01871〕

カンチェロフ, A.*　Kantchelov, Alexander

◇動機づけ面接法　応用編（Motivational interviewing（2nd edition））　ウイリアム・R.ミラー, ステファン・ロルニック編, 松島義博, 後藤恵, 猪野亜朗訳　星和書店　2012.9　291p　21cm　〈文献あり〉3200円　①978-4-7911-0817-0

内容 カップルのための動機づけ面接法―配偶者・恋人・親が面接に参加するということ（Brian L.Burke, Georgy Vasseilev, Alexander Kantchelov, Allen Zweben）〔01872〕

ガンツ, デイヴィド　Gants, David

◇人文学と電子編集―デジタル・アーカイヴの理論と実践（ELECTRONIC TEXTUAL EDITING）　ルー・バーナード, キャサリン・オブライエン・オキーフ, ジョン・アンスワース編, 明星聖子, 神崎正英監訳　慶応義塾大学出版会　2011.9　503p　21cm　4800円　①978-4-7664-1774-6

内容 戯曲のケーススタディー『ケンブリッジ版ベン・ジョンソン作品集』（デイヴィド・ガンツ）〔01873〕

ガンディー, マハトマ　Gandhi, Mohandas Karamchand

◇アジアの顔のキリスト　ホアン・カトレット編, 高橋敦子訳　名古屋　新世社　2010.10　175, 32p　16cm　〈文献あり〉1200円　①978-4-88382-100-6

内容 真実の人格（マハトマ・ガンジー）〔01874〕

◇ガンディーの言葉（Gandhi speaks）　マハートマ・ガンディー著, 鳥居千代香訳　岩波書店　2011.3　194p　18cm　（岩波ジュニア新書 678）〈文献あり 年譜あり〉780円　①978-4-00-500678-6

内容 1 両親と家族　2 教育　3 サッティヤーグラハとアヒンサー　4 誠実と真理　5 チャルカーとカーディー　6 協同組合運動と自立　7 受託制度　8 宗教・カースト・世俗主義〔01875〕

◇今こそ読みたいガンディーの言葉（All men are brothers）　マハートマー・ガンディー著, 古賀勝郎訳　朝日新聞出版　2011.9　261p　19cm　〈『抵抗するな・屈服するな』（朝日新聞社1970年刊）の改題、再編集、復刊　年譜あり〉1500円　①978-4-02-330971-5

内容 第1章 自伝　第2章 宗教と真理　第3章 アヒンサー―非暴力への道　第4章 自己修養　第5章 国際平和　第6章 潤沢の中の貧困　第7章 民主主義と民衆　第8章 教育　第9章 雑録〔01876〕

◇ガンディー 魂の言葉　マハトマ・ガンディー著, 浅井幹雄監修　太田出版　2011.9　207p　19cm　1200円　①978-4-7783-1276-3

内容 打ち砕かれた心のために　暴力にさらされた世界　非暴力への道　捨てることから始めよう　近代文明の悪から離れて　道徳なき経済はいらない　農村に帰ろう　手仕事のある簡素な暮らし　健やかな体であるために　幸せを求める心のために　愛と死について　いま、この社会を変えるために〔01877〕

◇マハートマー・ガンディー最後の断食―懊悩の五日間（Hrdaya-manthan ke pãnc din, New Delhi（2nd ed.）（抄訳））　マハートマー・ガンディー〔述〕, ヤシュパール・ジャイン編, 古賀勝郎訳　〔出版地不明〕　古賀勝郎　2012.6　51p　26cm〔01878〕

カント, イマヌエル　Kant, Immanuel

◇純粋理性批判　4（Kritik der reinen Vernunft（2. Aufl.））　カント著, 中山元訳　光文社　2011.1　366p　16cm　（光文社古典新訳文庫 K-Bカ-1-5）

895円 ①978-4-334-75223-1
内容 第1部 超越論的な原理論(超越論的な理論学(超越論的な弁証論(純粋な理性の概念について　純粋理性の弁証論的な推論について))) 補遺 〔01879〕

◇純粋理性批判 5 (Kritik der reinen Vernunft (2. Aufl.)) カント著,中山元訳 光文社 2011.5 431p 16cm (光文社古典新訳文庫 K-Bカ-1-6) 895円 ①978-4-334-75229-3
内容 第1部 超越論的な原理論(超越論的な論理学) 〔01880〕

◇純粋理性批判 6 (Kritik der reinen Vernunft (2. Aufl.)) カント著,中山元訳 光文社 2011.9 375p 16cm (光文社古典新訳文庫 K-Bカ-1-7) 895円 ①978-4-334-75235-4 〔01881〕

◇超訳カント―時代を照らすカントの言葉 イマヌエル・カント原著,早間央訳・監修 マーブルトロン 2011.11 238p 20cm (Marble books) 〈他言語標題：Kants Philosophie 構成：北沢睦世 年表あり 文献あり 発売：三交社〉 1800円 ①978-4-87919-645-3
内容 啓蒙 理性 正しさと善 義務と責任 道徳 感性と悟性 考えること 美 男と女 社会と教育 人間とは 自由と幸福 〔01882〕

◇純粋理性批判 (Kritik der reinen Vernunft) イマヌエル・カント〔著〕,熊野純彦訳 作品社 2012.1 863p 22cm 〈索引あり〉 8000円 ①978-4-86182-358-9
内容 1 超越論的原理論(超越論的感性論 超越論的論理学) 2 超越論的方法論 〔01883〕

◇純粋理性批判 7 (Kritik der reinen Vernunft (2. Aufl.)) カント著,中山元訳 光文社 2012.1 361p 16cm (光文社古典新訳文庫 K-Bカ-1-8) 〈年譜あり〉 895円 ①978-4-334-75243-9
内容 第1章 純粋理性の訓練(独断的な使用における純粋理性の訓練 論争的な使用における純粋理性の訓練 仮説についての純粋理性の訓練 理性の証明についての純粋な理性の訓練) 第2章 純粋理性の基準(わたしたちの理性の純粋な使用の究極的な目的について 純粋理性の究極の目的を規定する根拠となる最高善の理想について 臆見、知、信念について) 第3章 純粋理性の建築術 第4章 純粋理性の歴史 〔01884〕

◇道徳形而上学の基礎づけ (GRUNDLEGUNG ZUR METAPHYSIK DER SITTEN) カント著,中山元訳 光文社 2012.8 410p 16cm (光文社古典新訳文庫 KBカ1-9) 〈年譜あり〉 1067円 ①978-4-334-75252-1
内容 第1章 道徳にかんする普通の理性認識から、哲学的な理性認識へと進む道程 第2章 通俗的な道徳哲学から道徳形而上学へと進む道程(道徳性の最高原理としての意志の自律 道徳性のすべての偽りの原理の源泉としての意志の他律 他律を根本的な概念とした場合に生まれうる道徳性のすべての可能な原理の分類) 第3章 道徳の形而上学から純粋な実践理性の批判へと進む道程(自由の概念は、意志の自律を説明するための“鍵”となる 自由は、すべての理性的な存在者の意志の特性として、前提されなければならない 道徳性のさまざまな理念にともなう関心について 定言命法はどのようにして可能になるか あらゆる実践哲学の究極の限界 結論としての注) 〔01885〕

◇カント「視霊者の夢」 (Träume eines Geistersehers, erläutert durch Träume der Metaphysik) イマヌエル・カント〔著〕,金森誠也訳 講談社 2013.3 173p 15cm (講談社学術文庫 2161) 〈「霊界と哲学の対話」(論創社1991年刊)の抜粋〉 680円 ①978-4-06-292161-9
内容 第1部 独断編(好き勝手に解きほぐしたりあるいは断ち切ることができる混乱した形而上学的な糸の結び目 霊界との連帯を開くための隠秘哲学の断片 反カバラ。霊界との共同体をとりこわそうとする通俗哲学の断片 第一部の全考察からの理論的結論) 第2部 歴史編(それが本当かどうかは読者の皆さんの随意の探究にお委せする一つの物語 無想家の有頂天になった霊界旅行 本論文全体の実践的結末) 〔01886〕

◇実践理性批判 1 (KRITIK DER PRAKTISCHEN VERNUNFT) カント著,中山元訳 光文社 2013.4 362p 16cm (光文社古典新訳文庫 KBカ1-10) 1105円 ①978-4-334-75269-9
内容 序論 実践理性批判の理念について 第1部 純粋実践理性の原理論(純粋実践理性の分析論(純粋実践理性の原則について 純粋実践理性の対象の概念について)) 〔01887〕

◇実践理性批判―倫理の形而上学の基礎づけ (Kritik der praktischen Vernunft, Grundlegung der Metaphysik der Sitten) イマヌエル・カント〔著〕,熊野純彦訳 作品社 2013.5 386p 22cm 〈索引あり〉 6000円 ①978-4-86182-436-4
内容 第1部 純粋実践理論の原理論(純粋実践理性の分析論(純粋実践理性の原則について 純粋実践理性の対象の概念について 純粋実践理性の動機について) 純粋実践理性の弁証論(純粋実践理性一般の弁証論について 最高善の概念を規定するさいの純粋理性の弁証論について)) 第2部 純粋実践理性の方法論(通常の倫理的理性認識から哲学的な倫理的理性認識への移行 大衆的な倫理哲学から倫理の形而上学への移行 倫理の形而上学から純粋実践理性の批判への移行) 〔01888〕

◇実践理性批判 2 (KRITIK DER PRAKTISCHEN VERNUNFT) カント著,中山元訳 光文社 2013.7 384p 16cm (光文社古典新訳文庫 KBカ1-11) 〈年譜あり〉 1124円 ①978-4-334-75273-6
内容 第1部 純粋実践理性の原理論(純粋実践理性の分析論 純粋実践理性の弁証論) 第2部 純粋実践理性の方法論 〔01889〕

ガントルガ, J.

◇ハルハ河・ノモンハン戦争と国際関係 田中克彦,ボルジギン・フスレ編 三元社 2013.7 155p 21cm 1700円 ①978-4-88303-346-1
内容 モンゴル国防中央文書館に保管されているハルハ河戦争史関連地図の研究利用(L.バヤル,J.ガントルガ著,三矢緑訳) 〔01890〕

ガンドルフォ, K.ルイザ

◇デモクラシーの世界史 (THE SECRET HISTORY OF DEMOCRACY) ベンジャミン・イサカーン,スティーヴン・ストックウェル編,猪口孝日本版監修,田口未和訳 東洋書林 2012.8 330p 22cm 〈文献あり 索引あり〉 3800円 ①978-4-88721-803-1
内容 民主主義の誕生(K.ルイザ・ガンドルフォ著)

〔01891〕

カントーロヴィチ, エルンスト・H.　Kantorowicz, Ernst Hartwig

◇皇帝フリードリヒ二世（Kaiser Friedrich der Zweite）　エルンスト・H.カントーロヴィチ著, 小林公訳　中央公論新社　2011.9　774p　22cm　〈年表あり 索引あり〉7600円　①978-4-12-004257-7

内容 第1章 フリードリヒの幼年時代　第2章 アプーリアの子　第3章 統治者としての第一歩　第4章 十字軍遠征　第5章 シチリアの専制君主　第6章 ドイツ皇帝　第7章 カエサルとローマ　第8章 ドミヌス・ムンディ　第9章 反キリスト　〔01892〕

カンナ, パラグ　Khanna, Parag

◇ネクスト・ルネサンス―21世紀世界の動かし方（How to run the world）　パラグ・カンナ著, 古村治彦訳　講談社　2011.6　380p　20cm　2200円　①978-4-06-216527-3

内容 第1章 巨大化する外交　第2章 これまでにないタイプの「外交官」の登場　第3章 条件つきのコンセンサス　第4章 戦争なき平和　第5章 新しい植民地主義―古い植民地主義よりもよいもの　第6章 テロリスト、海賊、核兵器　第7章 人権がきちんと守られる世界　第8章 必要な手段を採る　第9章 貧困根絶を目指す　第10章 私たちの地球、私たちの選択　第11章 新しい時代のルネサンス　〔01893〕

カーン=パニ, フィリップ　Khan-Panni, Phillip

◇ビジネスプレゼンテーション―記憶に残るメッセージを届ける方法（FT ESSENTIAL GUIDE TO MAKING BUSINESS PRESENTATIONS）　フィリップ・カーン=パニ著, 夏目大訳　ピアソン桐原　2012.12　155p　21cm　（フィナンシャルタイムズガイド）　〈索引あり〉1900円　①978-4-86401-124-2

内容 1 プレゼンテーションを始める前に（人を動かすプレゼンテーションとは　プレゼンテーションの失敗を分析する　準備段階でしておくべきこと　内容を決める）　2 プレゼンテーションを実施する（ドラフト作成　説得力をつける　ビジュアルを使う　聞き手とのかかわり　メッセージを伝える）　3 仕上げ（プレゼンテーションの構成要素　さらに上達するために）　〔01894〕

ガンビジョ, パトリシア*　丸美如 パトリシア

◇震災とヒューマニズム―3・11後の破局をめぐって　日仏会館・フランス国立日本研究センター編, クリスチーヌ・レヴィ, ティエリー・リボー監修, 岩沢雅利, 園山千晶訳　明石書店　2013.5　328p　20cm　2800円　①978-4-7503-3814-9

内容 町内会とコミュニティ（パトリシア・丸美如執筆, 岩沢雅利訳）　〔01895〕

カンペン, トーマス

◇ゾルゲ事件関係外国語文献翻訳集　no.28　日露歴史研究センター事務局編　〔川崎〕　日露歴史研究センター事務局　2011.1　64p　30cm　〈no.28のタイトル関連情報 ： ユーリー・ゲオルギエフ追悼特集号〉700円

内容 上海のツァイト・ガイスト書店と書店員「イレーネ」イーザ、ウルズラのこと（トーマス・カンペン著）　〔01896〕

◇ゾルゲ事件関係外国語文献翻訳集　no.32　日露歴史研究センター事務局編　〔川崎〕　日露歴史研究センター事務局　2012.2　52p　30cm　700円

内容 「ワルター」ボイト（トーマス・カンペン著）　〔01897〕

カンポピアノ, R.*　Campopiano, Ruth D.

◇教師というキャリア―成長続ける教師の六局面から考える（Life cycle of the career teacher）　Betty E.Steffy,Michael P.Wolfe,Suzanne H. Pasch,Billie J.Enz編著, 三村隆男訳　雇用問題研究会　2013.3　190p　21cm　〈文献あり〉2000円　①978-4-87563-261-0

内容 第五局面にある教師 ： the Distinguished Teacher（Billie J.Enz, Kathleen R.Weber, Ruth D. Campopiano）　〔01898〕

【キ】

キ, アコウ　紀 亜光

◇周恩来・鄧穎超と池田大作　孔繁豊, 紀亜光著, 高橋強編訳　第三文明社　2012.5　207p　19cm　〈「周恩来、鄧穎超与池田大作」（南開大学出版社2011年刊）の抄訳に編訳者が補足の上再構成〉1200円　①978-4-476-06218-2

内容 第1章 中日友好の未来を拓いた周・池田会見　第2章 六八年「池田提言」の意味するもの　第3章 池田大作の日中友好促進の実践　第4章 鄧穎超と池田大作との八回の会見　第5章 池田大作の「心」の中の周恩来　第6章 池田大作の「心」の中の鄧穎超　第7章 周恩来・池田大作精神の継承・発展　〔01899〕

ギ, セイ　魏 星

◇2030年中国はこうなる―GDP、国内格差、環境問題…近未来の姿を詳細予測　胡鞍鋼, 鄢一竜, 魏星著, 丹藤佳紀, 石井利尚訳　科学出版社東京　2012.11　200p　20cm　1000円　①978-4-907051-00-6

内容 第1章 「中国の夢」と路線　第2章 世界とともに繁栄する　第3章 経済強国　第4章 イノベーション強国　第5章 高い福祉の国　第6章 みんなが豊かな「共同富裕」社会　第7章 緑色の中国　第8章 自由と平等の「大同」世界をともに築く　〔01900〕

キ, ダイイ*　紀 大偉

◇文学、社会、歴史の中の女性たち　1　学際的視点から　白百合女子大学「21世紀の女子大学におけるジェンダー教育・研究確立への試み」研究会, 長島世津子, 釘宮明美編著　丸善プラネット　2012.2　195p　21cm　〈執筆 ： 陳芳明ほか　発売 ： 丸善出版〉1200円　①978-4-86345-116-2

内容 特殊性の表れ（紀大偉著, 横路啓子訳）　〔01901〕

ギ, バイセン*　魏 培泉

◇中国古典の解釈と分析―日本・台湾の学術交流　佐藤錬太郎, 鄭吉雄編著　札幌　北海道大学出版

会　2012.3　388p　22cm　〈布装〉9500円
①978-4-8329-6765-6
内容 『関尹子』が先秦の作品ではないことの言語的証拠(魏培泉著, 藤井得弘訳)　〔01902〕

ギ, ヒン*　魏 斌

◇魏晋南北朝における貴族制の形成と三教・文学―歴史学・思想史・文学の連携による 第二回日中学者中国古代史論壇論文集　中国社会科学院歴史研究所, 東方学会〔編〕, 渡辺義浩編　汲古書院　2011.9　330p　27cm　12000円　①978-4-7629-2969-4
内容 六朝名山の生活世界(魏斌著, 冨田絵美訳)　〔01903〕

ギアーツ, クリフォード　Geertz, Clifford

◇文化の読み方/書き方 (WORKS AND LIVES)　クリフォード・ギアーツ〔著〕, 森泉弘次訳　岩波書店　2012.10　284p　19cm　(岩波人文書セレクション)　〈1996年刊の再刊〉2800円
①978-4-00-028557-5
内容 第1章 あちら側にいるということ―人類学と執筆の場面　第2章 テクストに内在する世界―『悲しき熱帯』の読み方　第3章 スライド写真技法―エヴァンス＝プリッチャードによるアフリカ文化の透かし絵　第4章 目撃者としてのわたし―マリノフスキーの子どもたち　第5章 われわれ対われわれでない人びと―ベネディクトの旅　第6章 こちら側にいるということ―ともあれそれは誰の生活か　〔01904〕

キアナン, ベン

◇ジェノサイドと現代世界　石田勇治, 武内進一編　勉誠出版　2011.3　485p　22cm　〈他言語標題：Genocide in the Modern World　文献あり〉4500円　①978-4-585-22511-9
内容 裁判に直面するクメール・ルージュ(ベン・キアナン著, 開裕香子, 河本和美, 福永美和子訳)　〔01905〕

ギアンマルヴォ, ポール　Giammalvo, Paul

◇プロジェクト・マネジャーが知るべき97のこと (97 things every project manager should know)　Barbee Davis編, 笹井崇司訳, 神庭弘年監修　オライリー・ジャパン　2011.11　240p　21cm　〈発売：オーム社〉1900円　①978-4-87311-510-8
内容 「自前主義」に陥るな(ポール・ギアンマルヴォ)　〔01906〕

キェルケゴール, S.　Kierkegaard, Søren Aabye

⇒キルケゴール, セーレン・オービュイ

キーガン, ロバート　Kegan, Robert

◇なぜ人と組織は変われないのか―ハーバード流自己変革の理論と実践 (Immunity to Change)　ロバート・キーガン, リサ・ラスコウ・レイヒー著, 池村千秋訳　英治出版　2013.10　435p　22cm　2500円　①978-4-86276-154-5
内容 個人や組織は本当に変われるのか？　第1部 "変われない"本当の理由(人の知性に関する新事実　問題をあぶり出す免疫マップ　組織の「不安」に向き合う)　第2部 変革に成功した人たち(さまざまな組織が抱える悩み―集団レベルの変革物語　なぜ部下に任せられないのか？―個人レベルの変革物語1　自分をおさえることができるか？―個人レベルの変革物語2　うまくコミュニケーションが取れないチーム―集団を変革するために、個人レベルで自己変革に取り組む物語)　第3部 変革を実践するプロセス(変わるために必要な3つの要素　診断―「変われない原因」を突き止める　克服―新しい知性を手に入れる　組織を変える　成長を促すリーダーシップ)　〔01907〕

キクチ, カン　菊池 寛

◇『Japan To-day』研究―戦時期『文芸春秋』の海外発信　鈴木貞美編　京都　国際日本文化研究センター　2011.3　375p　26cm　(日文研叢書)　〈発売：作品社〉4800円　①978-4-86182-328-2
内容 日本とアメリカ(菊池寛著, 鈴木貞美訳)　〔01908〕

キクラ シャフェ, キミコ*　木蔵シャフェ 君子

◇NLPイノベーション―〈変革〉をおこす6つのモデル＆アプリケーション (INNOVATIONS IN NLP FOR CHALLENGING TIMES)　L.マイケル・ホール, シェリー・ローズ・シャーベイ編, 足立桃子訳　春秋社　2013.3　324p　21cm　2800円　①978-4-393-36639-4
内容 医療現場への応用―がん患者へのアプローチ(木蔵シャフェ君子著)　〔01909〕

ギーゲリッヒ, ヴォルフガング　Giegerich, Wolfgang

◇ギーゲリッヒ夢セミナー　ヴォルフガング・ギーゲリッヒ, 河合俊雄編著, 田中康裕編　大阪　創元社　2013.3　251p　21cm　2800円　①978-4-422-11560-3
内容 夢への内在的アプローチ―ギーゲリッヒの方法論　事例1 コミュニケーションの問題―1から「結合と分離の結合」としての2の論理へ　事例2 うつ状態―何かを始めることと架け橋としての自分　事例3 自分の問題を直視できない―神経症的アリバイから出立へ　事例4 吃音・夜尿の男児―無垢な子ども時代から現実との出会いへ　事例5 直面への恐怖―外からの治療的な敵意と批判的回避　事例6 家族の救済―英雄的自我から反省的自我へ　事例7 不登校と父親代わり―高みからの墜落　事例8 パニック発作と自我の不在―作られた呪いと恐怖を認めること　事例9 母娘関係―隠された願望と自分自身の物語や他者　〔01910〕

キケロ, マルクス・トゥリウス　Cicero, Marcus Tullius

◇〈超訳〉古代ローマ三賢人の言葉　キケロ, セネカ, アウレリウス著, 金森誠也, 長尾剛訳　PHP研究所　2012.6　237p　20cm　〈他言語標題：THREE ROMAN PHILOSOPHERS SPEAK ON THE WAY OF HUMAN LIFE〉1500円
①978-4-569-80491-0
内容 賢く生きる　自己と向き合う　人間というもの　友情とは何か　愛と幸福をめざす　老いもまた楽し　人間関係に強くなる　働く喜びを知る　死について考える　逆境を乗り越える　どう学ぶか、何を学ぶか　善と悪のはざま　よりよい人生のために　古代ローマ三賢人について　〔01911〕

ギショネ, ポール　Guichonnet, Paul

◇イタリアの統一 (L'unité italienne)　ポール・ギショネ著, 幸田礼雅訳　白水社　2013.4　171, 3p　18cm　(文庫クセジュ 979)　〈文献あり〉

1200円　①978-4-560-50979-1
内容 序文「リソルジメント」の意義と解釈　第1章 啓蒙主義時代から旧体制復興まで。初期統一の試み（一七八九～一八一五年）　第2章 ロマン主義的革命の失敗（一八一五～一八四九年）　第3章 雌伏一〇年（一八四九～一八五九年）　第4章 イタリア王国の形成（一八五九～一八六一年）　第5章 苦難に満ちた統一の完成（一八六一～一八七〇年）　結論「リソルジメント」は不完全な革命か？　〔01912〕

ギース, ジョゼフ　Gies, Joseph
◇中世ヨーロッパの家族（A MEDIEVAL FAMILY）　ジョゼフ・ギース, フランシス・ギース〔著〕, 三川基好訳　講談社　2013.7　470p　15cm　（講談社学術文庫 2181）〈「中世の家族」（朝日新聞社 2001年刊）の改題　文献あり 年表あり〉1350円　①978-4-06-292181-7
内容 書簡　一族　ウィリアム判事とその子ら―一四二一年～一四四四年　土地争いとグレシャム攻城―一四四四年～一四五〇年　退役軍人サー・ジョン・ファストルフ―一四五〇年～一四五二年　サー・ジョン・ファストルフとジョン・パストン―一四五三年～一四五九年　ファストルフの遺言をめぐる争い―一四五九年～一四六五年　ヘルスドン略取とジョン・パストンの死―一四六五年～一四六六年　王家の結婚と不釣り合いな結婚―一四六六年～一四六九年　ケイスター城攻め―一四六九年　バーネットの戦い―一四七〇年～一四七一年　家族間の不和、外国での戦争、およびその他の騒動―一四七一年～一四七五年　ケイスター城回復、結婚の交渉 一四七五年～一四七八年　死―一四七九年～一四八四年　中世パストン家の最後　〔01913〕

ギース, フランシス　Gies, Frances
◇中世ヨーロッパの家族（A MEDIEVAL FAMILY）　ジョゼフ・ギース, フランシス・ギース〔著〕, 三川基好訳　講談社　2013.7　470p　15cm　（講談社学術文庫 2181）〈「中世の家族」（朝日新聞社 2001年刊）の改題　文献あり 年表あり〉1350円　①978-4-06-292181-7
内容 書簡　一族　ウィリアム判事とその子ら―一四二一年～一四四四年　土地争いとグレシャム攻城―一四四四年～一四五〇年　退役軍人サー・ジョン・ファストルフ―一四五〇年～一四五二年　サー・ジョン・ファストルフとジョン・パストン―一四五三年～一四五九年　ファストルフの遺言をめぐる争い―一四五九年～一四六五年　ヘルスドン略取とジョン・パストンの死―一四六五年～一四六六年　王家の結婚と不釣り合いな結婚―一四六六年～一四六九年　ケイスター城攻め―一四六九年　バーネットの戦い―一四七〇年～一四七一年　家族間の不和、外国での戦争、およびその他の騒動―一四七一年～一四七五年　ケイスター城回復、結婚の交渉 一四七五年～一四七八年　死―一四七九年～一四八四年　中世パストン家の最後　〔01914〕

キズレー, ジョン・P.
◇歴史と戦略の本質―歴史の英知に学ぶ軍事文化 上（The past as prologue）　ウイリアムソン・マーレー, リチャード・ハート・シンレイチ編, 今村伸哉監訳, 小堤盾, 蔵原大訳　原書房　2011.2　290p　20cm　2400円　①978-4-562-04649-2
内容 歴史と軍事専門職との関連性　あるイギリス人の見解（ジョン・P.キズレー著）　〔01915〕

ギーゼブレヒト, マーティン・ゲルハルト　Giesbrecht, Martin Gerhard
◇アメリカ経済がわかる「経済指標」の読み方（A guide to everyday economic statistics（7th ed.））　ゲーリー・E.クレイトン, マーティン・ゲルハルト・ギーゼブレヒト, フェン・グオ著, 山田郁夫訳, 永浜利広解説　原著第7版　マグロウヒル・エデュケーション　2011.11　189p　21cm　〈索引あり　発売：日本経済新聞出版社〉1800円　①978-4-532-60516-2
内容 第1章 本書で取り上げた統計の選び方　第2章 総生産と所得　第3章 生産と成長　第4章 投資と資本支出　第5章 雇用と失業　第6章 支出、利益、そして期待　第7章 物価、通貨、そして金利　第8章 株価と国際取引　〔01916〕

ギゾー, F.　Guizot, François Pierre Guillaume
◇欧洲代議政体起原史 第一冊・第二冊 代議政体原論 完　ギゾー著, 漆間真学, 藤田四郎, 山口松五郎重訳, アンドリー訳　復刻版　信山社出版　2013.11　1冊　24×17cm　（日本立法資料全集 別巻831）　100000円　①978-4-7972-7128-7　〔01917〕

◇日本立法資料全集　別巻831　欧洲代議政体起原史 第1冊　欧洲代議政体起原史 第2冊　代議政体原論　ギゾー著, 漆間真学重訳, ギゾー著, 藤田四郎重訳, ギゾー著, アンドリー訳, 山口松五郎重訳　復刻版　信山社出版　2013.11　310, 411, 205p　23cm　〈自由出版会社 明治15年刊の複製　自由出版会社 明治16年刊の複製ほか〉100000円　①978-4-7972-7128-7　〔01918〕

キダー, デビッド・S.　Kidder, David S.
◇「世界」を変えろ！―急成長するスタートアップの秘訣（The Startup Playbook）　デビッド・S.キダー著, 小林啓倫訳　日経BP社　2013.9　290p　21cm　〈索引あり　発売：日経BPマーケティング〉2000円　①978-4-8222-4970-0
内容 クリス・アンダーソン　チャールズ・ベスト　サラ・ブレイクリー　スティーブ・ブランク　マット・ブラムバーグ　ロドニー・ブルックス　ジェノ・パスギャンダ　スティーブ・ケース　マーク・チェネデラ　ロビン・チェイス〔ほか〕　〔01919〕

キーダ, トマス　Kida, Thomas Edward
◇ヒトは賢いからこそだまされる―ニセ科学から衝動買いまで（Don't believe everything you think）　トマス・キーダ著, ニキリンコ訳　生活書院　2011.2　461p　19cm　〈文献あり〉2300円　①978-4-903690-68-1
内容 六つの穴　オカルトとニセ科学　肩の上の妖怪　科学のテクニックを拝借しよう　世の中、運で決まることは意外に多い　知覚は現実のコピーじゃない　関連がなくても関連が見える　予測できないものごとは、予測できない　「やっぱりそうだったんだ」と思いたい　思考の省力化をやりすぎると　人の判断には癖がある　記憶はまちがうこともある　人は他人の意見に引きずられる　〔01920〕

北朝鮮
⇒朝鮮民主主義人民共和国も見よ

北朝鮮人権第3の道

◇北朝鮮全巨里教化所—人道犯罪の現場 全巨里教化所元収監者81人の証言を含む8934人による、北朝鮮の国内人権状況の証言集　北朝鮮人権第3の道編, 北朝鮮難民救援基金訳・編　北朝鮮難民救援基金　2013.3　157p　26cm　〈文献あり　発売：連合出版〉2000円　①978-4-89772-276-4

内容 1 まえがき　2 教化所収容手続　3 全巨里教化所　4 作業　5 処罰制度　6 遺体の処理　7 結論〔01921〕

キッシンジャー, ヘンリー・A.　Kissinger, Henry Alfred

◇中国は21世紀の覇者となるか？—世界最高の4頭脳による大激論（Does the 21st century belong to China？）　ヘンリー・キッシンジャー, ファリード・ザカリア, ニーアル・ファーガソン, デビッド・リー（李稲葵）著, 酒井泰介訳　早川書房　2011.12　125p　18cm　952円　①978-4-15-209260-1

内容 「中国は21世紀の覇者となるか？」（ムンク・ディベート・オン・チャイナ　中国の実力　日本をどう見るか　アフリカの資源と「アラブの春」　いかに中国をとりこむか）　ヘンリー・キッシンジャーとの対話　デビッド・リー（李稲葵）との対話〔01922〕

◇中国—キッシンジャー回想録　上（ON CHINA）　ヘンリー・A.キッシンジャー〔著〕, 塚越敏彦, 松下文男, 横山司, 岩瀬彰, 中川潔訳　岩波書店　2012.3　297, 25p　20cm　2800円　①978-4-00-023874-8

内容 第1章 中国の特異性　第2章 叩頭問題とアヘン戦争　第3章 優位から没落へ　第4章 毛沢東の継続革命　第5章 三極外交と朝鮮戦争　第6章 中国と両超大国との対立　第7章 危機の一〇年　第8章 和解への道　第9章 関係の再開—毛沢東、周恩来との最初の出会い〔01923〕

◇中国—キッシンジャー回想録　下（ON CHINA）　ヘンリー・A.キッシンジャー〔著〕, 塚越敏彦, 松下文男, 横山司, 岩瀬彰, 中川潔訳　岩波書店　2012.3　p300～604 26p　20cm　〈索引あり〉2800円　①978-4-00-023875-5

内容 第10章 擬似同盟関係—毛沢東との会話　第11章 毛沢東時代の終焉　第12章 不死身の鄧小平　第13章「虎の尾を踏む」—第三次ベトナム戦争　第14章 レーガンの登場と正常な関係の到来　第15章 天安門　第16章 どのような改革か—鄧小平の南方視察　第17章 新たな和解へのジェットコースター—江沢民時代　第18章 新世紀　終章 歴史は繰り返すか—クロウの覚書〔01924〕

キッツ, フォルカー　Kitz, Volker

◇仕事はどれも同じ—「今やっている仕事」を「やりたい仕事」にする方法（Das Frustjobkillerbuch）　フォルカー・キッツ, マヌエル・トゥッシュ著, 畔上司訳　阪急コミュニケーションズ　2012.7　276p　19cm　1600円　①978-4-484-12115-4

内容 第1編 心はもう退職モード。その後フラストレーションがたまりすぎて、とうとう退職願いを提出（職場を替えても同じこと、上司が代わっても同じこと　あなたは自分の期待にそぐわない仕事をしている　いつも付きまとう邪魔な諸要素　イライラの元凶はこうした連中だ　退職は永遠に続くシナリオの途中の小休止にすぎない）　第2編「今やっている仕事」を「やりたい仕事」にしよう（あなたの仕事と生活、その背後に隠れているもの　世間は恩知らず　お金だけでは幸せになれない　フェアなコミュニケーション　個性を維持し、プライドを高めること—幸せになるためのガイダンス）〔01925〕

キッツァ, イマキュレート

◇デモクラシーの世界史（THE SECRET HISTORY OF DEMOCRACY）　ベンジャミン・イサカーン, スティーヴン・ストックウェル編, 猪口孝日本版監修, 田口未和訳　東洋書林　2012.8　330p　22cm　〈文献あり 索引あり〉3800円　①978-4-88721-803-1

内容 アフリカの土着民主主義（イマキュレート・キッツァ著）〔01926〕

キッド, チップ　Kidd, Chip

◇TRUE PREP—オフィシャル・プレッピー・ハンドブック（TRUE PREP）　リサ・バーンバック, チップ・キッド著, 篠儀直子訳, 山崎まどか日本語版監修　Pヴァイン・ブックス　2012.9　248p　22cm　〈年表あり　発売：スペースシャワーネットワーク〉2500円　①978-4-906700-38-7

内容 イントロダクション：さて、あの頃ってどんなだった？ そうね、あれは1980年…　こっそり伝えて！：トゥルー・プレップ・マニフェスト。　その話はしません。：何の話をしているのかはおわかりですね。　そこ、兄が行っていたところです：学校—幼稚園前から20年生まで。　クローゼットに見つけたの：プレッピーのワードローブを発掘してご説明。　アンハッピーな時間：朝食からディナーまでの終わりなき時間帯にわたしたちがやっていること。　わたしたちはそれを家と呼びます：イヌがそこに住んでいます。そしてわたしたちも。　お気の毒なアスター夫人：この手のことはわたしたちにも起こるのです。　ドリンクをディナーの前に：そしてドリンクとディナー—トゥルー・プレップ・クックブック。　ハッピーな時間、パート1—何をするか：わたしたちは楽しむ家族です。〔ほか〕〔01927〕

キテイ, エヴァ・フェダー　Kittay, Eva Feder

◇ケアの倫理からはじめる正義論—支えあう平等　エヴァ・フェダー・キテイ著, 岡野八代, 牟田和恵編著・訳　白沢社　2011.8　172p　19cm　〈発売：現代書館〉1800円　①978-4-7684-7940-7

内容 1 ケア、平等、そして正義をめぐって—哲学的伝統に対するキテイの挑戦　2 ケアの倫理から、グローバルな正義へ—二〇一〇年一一月来日講演録　3 インタビュー・社会的プロジェクトとしてのケアの倫理—未知の可能性に心を閉ざすことはできない　4 キテイ哲学の可能性—『愛の労働あるいは依存とケアの正義論』を読む　5 キテイ哲学がわたしたちに伝えてくれるもの〔01928〕

キディ, J.　Keady, John

◇ケアホームにおける家族参加—認知症ケアにおける関係性中心のアプローチ（Involving Families in Care Homes）　B.ウッズ,J.キディ,D.セドン著, 北素子監訳, グライナー智恵子, 遠山寛子, 吉田令子訳　風間書房　2013.8　153p　21cm　〈文献あり 索引あり〉2800円　①978-4-7599-

2003-1

内容 第1章 ケアホームにおける家族参加 第2章 ケアホーム入所後の家族メンバーの体験―ノース・ウェールズにおける研究 第3章 家族参加―スタッフと家族の視点―ヨーロッパ研究より 第4章 家族参加―ガイドラインとグッドプラクティス 第5章 家族とのコミュニケーション―関係性中心のアプローチ 第6章 家族参加とエンドオブライフケアに関する課題 第7章 介入プログラムと結論 〔01929〕

キーティング, ポーリン

◇デモクラシーの世界史（THE SECRET HISTORY OF DEMOCRACY） ベンジャミン・イサカーン, スティーヴン・ストックウェル編, 猪口孝日本版監修, 田口未和訳 東洋書林 2012.8 330p 22cm 〈文献あり 索引あり〉 3800円 ①978-4-88721-803-1

内容 中国の民主主義を掘り起こす（ポーリン・キーティング著） 〔01930〕

ギテレーツ, アレハンドロ Gutierrez, Alejandro

◇グリーン・バリュー経営への大転換（Green Business, Green Values, and Sustainability（抄訳）） クリストス・ピテリス, ジャック・キーナン, ヴィッキー・プライス編著, 谷口和弘訳 NTT出版 2013.7 285p 20cm 〈索引あり〉 2800円 ①978-4-7571-2292-5

内容 持続可能な経済特区―行動のきっかけ（リチャード・ブロイド, ジェフ・グローガン, アレクサンドラ・マンデルボウム, アレハンドロ・ギテレーツ, デブラ・ラム） 〔01931〕

キート, フィロメナ

◇コンタクト・ゾーンの人文学 第2巻 Material Culture/物質文化 田中雅一, 稲葉穣編 京都 晃洋書房 2011.4 257p 22cm 3100円 ①978-4-7710-2211-9

内容 ファッション・コンタクト・ゾーンとしての原宿（フィロメナ・キート著, サベジ佐和訳） 〔01932〕

キドナー, デレク Kidner, Derek

◇エズラ記、ネヘミヤ記 デレク・キドナー著, 鈴木昌, 富井悠夫共訳 いのちのことば社 2011.7 231p 22cm （ティンデル聖書注解） 〈年表あり〉 3200円 ①978-4-264-02253-4

内容 エズラ記 ネヘミヤ記 〔01933〕

◇詩篇73-150篇（Psalms 73-150） デレク・キドナー著, 富井悠夫訳 いのちのことば社 2012.8 315p 22cm （ティンデル聖書注解） 3800円 ①978-4-264-02257-2 〔01934〕

◇箴言（Proverbs） デレク・キドナー著, 竹内茂夫訳 いのちのことば社 2012.12 243p 22cm （ティンデル聖書注解） 3300円 ①978-4-264-02258-9

内容 緒論（箴言の書とイスラエルの知恵 古代世界の知恵 箴言の構成、著者、年代、本文） 主題研究（神と人 知恵 愚かな者 なまけ者 友人 ことば 家族 いのちと死） 〔01935〕

◇詩篇1‐72篇（Tyndale Old Testament Commentaries The Book of Psalms 1‐72） デレク・キドナー著, 橋本昭夫訳 いのちのことば社 2013.9 351p 21cm （ティンデル聖書注解） 4000円 ①978-4-264-02256-5

内容 緒論（ヘブルの詩歌 詩篇の構造 近代詩篇研究の流れ メシヤ的希望 復讐を求める叫び 表題と専門用語 表題に見られるダビデの挿話） 注解 補注 1‐11節について 〔01936〕

キーナン, ケヴィン Kiernan, Kevin

◇人文学と電子編集―デジタル・アーカイヴの理論と実践（ELECTRONIC TEXTUAL EDITING） ルー・バーナード, キャサリン・オブライエン・オキーフ, ジョン・アンスワース編, 明星聖子, 神崎正英監訳 慶応義塾大学出版会 2011.9 503p 21cm 4800円 ①978-4-7664-1774-6

内容 編集におけるデジタル・ファクシミリ（ケヴィン・キーナン） 〔01937〕

キーナン, ジャック Keenan, Jack

◇グリーン・バリュー経営への大転換（Green Business, Green Values, and Sustainability（抄訳）） クリストス・ピテリス, ジャック・キーナン, ヴィッキー・プライス編著, 谷口和弘訳 NTT出版 2013.7 285p 20cm 〈索引あり〉 2800円 ①978-4-7571-2292-5

内容 企業利益の持続可能性（ジャック・キーナン） 〔01938〕

キニー, ジェフ Kinney, Jeff

◇グレッグ公認きみだけのダメ日記帳（The wimpy kid do-it-yourself book） ジェフ・キニー作, 中井はるの訳 ポプラ社 2012.3 141p 21cm 950円 ①978-4-591-12918-0 〔01939〕

キーニー, ブラッドフォード

◇ダイニングテーブルのミイラ セラピストが語る奇妙な臨床事例―セラピストはクライエントから何を学ぶのか（The mummy at the dining room table） ジェフリー・A.コトラー, ジョン・カールソン編著, 岩壁茂監訳, 門脇陽子, 森田由美訳 福村出版 2011.8 401p 22cm 〈文献あり〉 3500円 ①978-4-571-24046-1

内容 ビジョンを見たことがない呪術師（ブラッドフォード・キーニー著, 森田由美訳） 〔01940〕

キノドス, ジャン‐ミシェル Quinodoz, Jean-Michel

◇フロイトを読む―年代順に紐解くフロイト著作（LIRE FREUD） ジャン‐ミシェル・キノドス著, 福本修監訳 岩崎学術出版社 2013.11 311p 26cm 〈文献あり 年譜あり 索引あり〉 4600円 ①978-4-7533-1070-8 〔01941〕

ギブ, エリザベス

◇トラウマを理解する―対象関係論に基づく臨床アプローチ（Understanding trauma） キャロライン・ガーランド編, 松木邦裕監訳, 田中健夫, 梅本園乃訳 岩崎学術出版社 2011.3 249p 22cm 〈文献あり 索引あり〉 4000円 ①978-4-7533-1018-0

内容 外傷的な死別後にみた夢・喪の哀悼かその回避か 他（エリザベス・ギブ著） 〔01942〕

キ

キ

キーファー, チャールズ・F.　Kiefer, Charles F.

◇ジャスト・スタート―起業家に学ぶ予測不能な未来の生き抜き方（Just Start）　レオナード・A.シュレシンジャー, チャールズ・F.キーファー, ポール・B.ブラウン著, 清水由貴子訳　阪急コミュニケーションズ　2013.8　253p　19cm　1700円　①978-4-484-13112-2

内容 1 未知の状況に直面したら（未来を予測できない場合にどうするか　何はさておき欲求）2 不確実なことにチャレンジする（手近な手段で行動開始　許容損害を決める　学んだことを活かす　協力者を作る）3 クリアクションを実践する（現在の結果としての未来―プレディクションとクリアクションの使い分け　不確実に備える―仕事でのクリアクション活用法　日常生活におけるクリアクション　クリアクションで世界を変える）〔01943〕

ギフォード・スミス, M.*　Gifford-Smith, Mary E.

◇子どもの仲間関係―発達から援助へ（CHILDREN'S PEER RELATIONS）　J.B.クーパーシュミット,K.A.ダッジ編, 中沢潤監訳　京都　北大路書房　2013.12　299p　21cm〈文献あり 索引あり〉3600円　①978-4-7628-2826-3

内容 社会的情報処理と子どもの社会的適応（Mary E.Gifford-Smith,David L.Rabiner著, 中沢潤訳）〔01944〕

ギブス, ナンシー　Gibbs, Nancy

◇プレジデント・クラブ―元大統領だけの秘密組織（THE PRESIDENTS CLUB）　ナンシー・ギブス, マイケル・ダフィー著, 横山啓明訳　柏書房　2013.3　805p 図版16p　20cm〈文献あり〉2800円　①978-4-7601-4220-0

内容 トルーマンとフーヴァー―追放からの帰還　アイゼンハウアーとトルーマン―慎重な求愛、苦い別れ　ケネディとその仲間―新入りいじめ　ジョンソンとアイゼンハウアー―義兄弟　ニクソンとレーガン―カリフォルニア・ボーイズ　ジョンソンとニクソン―瓶のなかの二匹のサソリ　ニクソンとジョンソン―その絆と脅迫　ニクソンとフォード―どのような犠牲を払おうとも慈悲を　フォードとレーガン―家族のあいだの確執　ニクソン、フォード、カーター―三人の男たちと葬式〔ほか〕〔01945〕

ギブス, E.B.　Gibbes, E.B.

◇永遠の大道―マイヤースの通信：全訳（The road to immortality）　ジェラルディン・カミンズ著, E.B.ギブス編, 近藤千雄訳　豊橋　スピリチュアリズム普及会　2011.1（第3刷）　273p　21cm　①978-4-905275-05-3〔01946〕

◇個人的存在の彼方―マイヤースの通信：全訳（Beyond human personality（増補版））　ジェラルディン・カミンズ著, E.B.ギブス編, 近藤千雄訳　豊橋　スピリチュアリズム普及会　2012.5（第3刷）　300p　21cm　①978-4-905275-06-0〔01947〕

ギブソン, アーヴィング・M.

◇新戦略の創始者―マキアヴェリからヒトラーまで 下（Makers of modern strategy）　エドワード・ミード・アール編著, 山田積昭, 石塚栄, 伊藤博邦訳　原書房　2011.3　366p　20cm〈1979年刊の増補、新版　索引あり〉2800円　①978-4-562-04675-1

内容 防御の教義―マジノ リデルハート（アーヴィング・M.ギブソン著, 伊藤博邦訳）〔01948〕

ギブソン, クレア　Gibson, Clare K.

◇シンボルの謎を解く（How to read symbols）　クレア・ギブソン著, 乙須敏紀訳　ガイアブックス　2011.10　255p　17cm〈索引あり　発売：産調出版〉1800円　①978-4-88282-809-9

内容 シンボルとシンボリズム　シンボルの文法　いろいろなシンボル　アフリカ　南北アメリカ　アジア　ヨーロッパ　オセアニア〔01949〕

ギブソン, ジェームズ・J.　Gibson, James Jerome

◇視覚ワールドの知覚（The perception of the visual world）　ジェームズ・J.ギブソン著, 東山篤規, 竹沢智美, 村上嵩至訳　新曜社　2011.3　299p　22cm〈文献あり 著作目録あり 索引あり〉3500円　①978-4-7885-1222-1

内容 なぜ物は見えるように見えるのか　知覚の諸学説　視覚フィールドと視覚ワールド　網膜像の形成　知覚の精神物理学的理論　視覚的奥行きと距離に対する刺激―瞬間的な刺激作用　視覚における奥行きと距離の刺激変数―能動的な観察者　安定していて境界のない視覚ワールドの問題　物の大きさと形の恒常性　幾何学的空間とかたち　意味　学習　空間知覚と空間行動〔01950〕

◇生態学的知覚システム―感性をとらえなおす（The senses considered as perceptual systems）　J.J.ギブソン著, 佐々木正人, 古山宣洋, 三嶋博之監訳　東京大学出版会　2011.5　391p　22cm〈文献あり 索引あり〉4800円　①978-4-13-011130-0

内容 刺激作用の源としての環境　刺激作用の獲得　知覚システム　基礎定位システム　聴覚システム　触覚システムとその構成要素　触覚‐身体覚システムの能力　知覚システムとしての味わうことと嗅ぐこと　視覚システムの進化　視覚システム―環境の情報　技術による光の構造化　包囲情報のピックアップ―走査　情報ピックアップ理論　不完全な知覚の諸原因〔01951〕

ギブニー, K.*　Gibney, Katherine H.

◇新しい認知行動療法―健康に生きるための18の秘訣 実践ワークブック（Make health happen）　Erik Peper,Katherine H.Gibney,Catherine F.Holt著, 六浦裕美訳・改編, 竹林直紀日本語版監修　京都　金芳堂　2010.10　246p　26cm〈索引あり〉2800円　①978-4-7653-1452-7〔01952〕

ギボン, ピアーズ　Gibbon, Piers

◇世界の少数民族文化図鑑―失われつつある土着民族の伝統的な暮らし（Tribe）　ピアーズ・ギボン著, 福井正子訳　柊風舎　2011.2　191p　29cm〈文献あり 索引あり〉13000円　①978-4-903530-42-0

内容 序 未開の歴史　第1章 食べ物と飲料　第2章 服装と身体装飾　第3章 家（ハウス）、住居（シェルター）、家庭（ホーム）　第4章 求愛と結婚　第5章 音楽、ダンス、余暇　第6章 社会構造、戦い、平和　第7章 信仰、儀礼、健康維持　第8章 未来〔01953〕

ギボンズ, ジェイムズ

◇近代カトリックの説教　高柳俊一編　教文館　2012.8　458p　21cm　（シリーズ・世界の説教）　4300円　①978-4-7642-7338-2

内容 アメリカ合衆国初の枢機卿に任命されてローマ・トラステヴェレのサンタ・マリア名義座教会で一八八七年三月二五日に行われた説教 他（ジェイムズ・ギボンズ述, 高柳俊一訳）〔01954〕

ギボンズ, ジョン　Gibbons, John

◇法言語学入門―司法制度におけることば　（FORENSIC LINGUISTICS）　ジョン・ギボンズ著, 中根育子監訳, 鶴田知佳子, 水野真木子, 中村幸子訳　府中（東京都）　東京外国語大学出版会　2013.4　414p　21cm　〈文献あり 索引あり〉2800円　①978-4-904575-26-0　〔01955〕

キム, イルギュ*　金 一圭

◇東アジアの古代鉄文化―シンポジウム　松井和幸編　雄山閣　2010.5　187p　21cm　〈会期・会場：2007年12月1・2日 北九州市立自然史・歴史博物館（いのちのたび博物館）〉2800円　①978-4-639-02138-4

内容 最近の調査成果から見た韓国鉄文化の展開（金一圭著, 松井和幸訳）〔01956〕

キム, イルグォン　金 一権

◇高句麗の文化と思想　東北亜歴史財団編, 東潮監訳, 篠原啓方訳　明石書店　2013.2　458p　22cm　〈文献あり 索引あり〉8000円　①978-4-7503-3754-8

内容 高句麗の天文自然観と天思想（金一権）〔01957〕

キム, インフェ*　金 仁会

◇東アジアのウフカジ―大風 徐勝先生退職記念文集　徐勝先生退職記念事業実行委員会（日本・韓国）編　京都　かもがわ出版　2011.2　278p　21cm　〈著作目録あり 年譜あり〉1800円　①978-4-7803-0418-3

内容 徐勝―人権と平和、過去事（金仁会著, 原佑介訳）〔01958〕

キム, オクスン

◇聖母とともにする十字架の道行き　ファンナンヨン文, キムオクスン絵, 田島久子訳編　女子パウロ会　2011.3　38p　19cm　300円　①978-4-7896-0701-8　〔01959〕

キム, キサム　金 基三《Kim, Kisam》

◇金大中仮面の裏側―元韓国情報部員の告発　金基三著, 荒木信子訳　草思社　2011.1　310p　20cm　1900円　①978-4-7942-1792-9

内容 1 良心宣言（金大中大統領、仮面の裏側―国民への手紙（1）　林東源国情院長のスパイ疑惑―国民への手紙（2）　嘘の喜劇、盗聴の真実―国民への手紙（3）「呪われたノーベル賞」―受賞工作に関する記者会見）　2 情報部員（青春時代　ひよこ機関員時代　「文民政府」の裏街道　海外工作局で ほか）〔01960〕

キム, キースック

◇新興国家の世界水準大学戦略―世界水準をめざすアジア・中南米と日本　（World-Class Worldwide）　フィリップ・G.アルトバック, ホルヘ・バラン編, 米沢彰純監訳　東信堂　2013.5　386p　22cm　〈索引あり〉4800円　①978-4-7989-0134-3

内容 周縁国家における世界水準大学の創出（キースック・キム, スンヘー・ナム執筆, 太田浩訳）〔01961〕

キム, ギフン　金 基興

◇高句麗の政治と社会　東北亜歴史財団編, 田中俊明監訳, 篠原啓方訳　明石書店　2012.1　322p　22cm　〈索引あり　文献あり〉5800円　①978-4-7503-3513-1

内容 高句麗の建国神話（金基興）〔01962〕

◇高句麗の文化と思想　東北亜歴史財団編, 東潮監訳, 篠原啓方訳　明石書店　2013.2　458p　22cm　〈文献あり 索引あり〉8000円　①978-4-7503-3754-8

内容 高句麗の経済生活（金基興）〔01963〕

キム, キョングン*　金 炅根

◇学力格差に挑む　耳塚寛明編　金子書房　2013.5　149p　21cm　（お茶の水女子大学グローバルCOEプログラム格差センシティブな人間発達科学の創成 3巻）〈索引あり〉2400円　①978-4-7608-9536-6

内容 韓国における学力格差（金炅根執筆, 朴炫貞訳）〔01964〕

キム, キョンホ*　金 慶浩

◇東アジアの資料学と情報伝達　藤田勝久編　汲古書院　2013.11　348p　22cm　9000円　①978-4-7629-6508-1

内容 韓国の木簡研究の現況（金慶浩著, 河英美訳）〔01965〕

キム, クァンス*　金 光洙

◇世界の公私協働―制度と理論　岡村周一, 人見剛編著　日本評論社　2012.2　316p　22cm　〈他言語標題：Die gegenwärtige Kooperationen zwischen Staat und Privaten in der Welt〉5500円　①978-4-535-51844-5

内容 社会基盤施設のための民間投資制度の法的問題（金光洙著, 李孝慶訳）〔01966〕

キム, サンギュ

◇韓国の歴史教科書―検定版 高等学校韓国史　イインソク, チョンヘンニョル, パクチュンヒョン, パクポミ, キムサンギュ, イムヘンマン著, 三橋広夫, 三橋尚子訳　明石書店　2013.12　406p　21cm　（世界の教科書シリーズ 39）　4600円　①978-4-7503-3907-8　〔01967〕

キム, サンヒョプ

◇陵墓からみた東アジア諸国の位相―朝鮮王陵とその周縁　篠原啓方編　吹田　関西大学文化交渉学教育研究拠点　2011.12　223p　30cm　（周縁の文化交渉学シリーズ 3）〈文部科学省グローバルCOEプログラム関西大学文化交渉学教育研究拠点　ハングル併載〉①978-4-9905164-6-8

内容 朝鮮王陵における石人の造成方法（キム・サンヒョプ著, 松永悦枝訳）〔01968〕

キ

キム, サンヒョン　金 相鉉
◇高句麗の文化と思想　東北亜歴史財団編, 東潮監訳, 篠原啓方訳　明石書店　2013.2　458p　22cm　〈文献あり 索引あり〉8000円　①978-4-7503-3754-8
内容 高句麗の仏教と文化（金相鉉）〔01969〕

キム, ジェホン《Kim, Jae-Houn》
◇成功者の話を聞けば君も成功できる　キムジェホン著, 吉川南訳　サンマーク出版　2013.1　238p　19cm　1500円　①978-4-7631-3277-2
内容 第1章 目標　第2章 準備　第3章 挑戦　第4章 信頼　第5章 勇気　第6章 実践　第7章 創造〔01970〕

キム, ジャンソク*　金 壮錫
◇景観の大変容—新石器化と現代化　内山純蔵, カティ・リンドストロム編　京都　昭和堂　2011.3　246, 6p　21cm　（東アジア内海文化圏の景観史と環境 2）　4000円　①978-4-8122-1117-5
内容 朝鮮半島南部の新石器化と景観の変化 他（金壮錫, 林尚澤, 金鐘一）〔01971〕

キム, ジョン
◇ジョン・キムのハーバード講義 ウィキリークスからフェイスブック革命まで逆パノプティコン社会の到来　ジョン・キム著　ディスカヴァー・トゥエンティワン　2011.4　239p　18cm　（ディスカヴァー携書 059）　1000円　①978-4-88759-898-0
内容 第1章 ウィキリークス誕生　第2章 ウィキリークスと外交　第3章 サイバー戦争の勃発　第4章 ウィキリークスとジャーナリズム　第5章 ウィキリークスと企業　第6章 ウィキリークスの未来　第7章 フェイスブック革命　結びに変えて—逆パノプティコン社会の到来〔01972〕

キム, ジョンイル*　金 鐘一
◇景観の大変容—新石器化と現代化　内山純蔵, カティ・リンドストロム編　京都　昭和堂　2011.3　246, 6p　21cm　（東アジア内海文化圏の景観史と環境 2）　4000円　①978-4-8122-1117-5
内容 朝鮮半島南部の新石器化と景観の変化 他（金壮錫, 林尚澤, 金鐘一）〔01973〕

キム, ジョンウン　金 斑運
◇私は妻との結婚を後悔している　キム・ジョンウン著, 吉原育子訳　サンマーク出版　2012.2　268p　19cm　1500円　①978-4-7631-3194-2
内容 第1章 私は妻との結婚を後悔している（白いシーツの上では誰でもうまくやれる　いつからか、妻が朝食をつくってくれなくなった　私は妻との結婚を後悔している　初恋の彼女から「どなた？」と言われた　生きるのがつまらない男たちがすること）　第2章 季節が変わると男も生理になる（春には発情したオスのようにときめくのが正しい　忘却するほど人生は満たされる　天井が崩れ落ちるほどの孤独を知っているか？　女は男のもとを去り…　私が毎日学生服を着ているわけ　私を父親にするわが家のわき水）　第3章 なぜ、ますます人生がつまらなくなるのか？（それがいったい何だっていうのだ！　口元が下がった分だけ不幸になる　「朝型人間」になんてならなくていい！　人は変わらないからこそ自由になれる　人生がつまらないなら遠近法で見よ　週末、男たちはゴルフ場へと脱出する）　第4章 地球なんか守らなくてもいい（あなたも居酒屋地球防衛軍？　頼むから、自分の話ばかりするのはやめてくれ！　人生がつまらない上司との仕事は死にたくなる　男がこぼしてはならないものは？　涙、そして…　ドイツ統一は私のおかげだ！）　第5章 何のために生きていますか？（ハンサムチーム長と腕の太い妻との「荒野の決闘」　節目をつければ人生はコントロールできる　あなたはいったい誰…ですか？　食欲、性欲はヒトの本質的な欲求ではない　私たちは感動するために生きている）〔01974〕

キム, ジョンギ*　金 正起
◇東アジアのウフカジ—大風 徐勝先生退職記念文集　徐勝先生退職記念事業実行委員会（日本・韓国）編　京都　かもがわ出版　2011.2　278p　21cm　〈著作目録あり 年譜あり〉1800円　①978-4-7803-0418-3
内容 「焼けただれた顔」に咲いた眩いばかりの人権の花（金正起著, 李美於訳）〔01975〕

キム, ジョンリュル
◇取調べの可視化へ！—新たな刑事司法の展開　指宿信編　日本評論社　2011.7　280p　21cm　〈年表あり〉2400円　①978-4-535-51836-0
内容 韓国検察庁における取調べ録画制度の概観（キム・ジョンリュル著, 森類臣訳）〔01976〕

キム, シンジョン*　金 信貞
◇東アジアの記憶の場　板垣竜太, 鄭智泳, 岩崎稔編著　河出書房新社　2011.4　397p　21cm　4200円　①978-4-309-22542-5
内容 尹東柱（金信貞著, 金ウネ訳）〔01977〕

キム, ジンスク　金 鎮淑
◇塩花の木　金鎮淑著, 裵姶美, 野木香里, 友岡有希訳　大阪　耕文社　2013.11　341p　19cm　1900円　①978-4-86377-030-0〔01978〕

キム, ジンスン　金 鎮順
◇高句麗の文化と思想　東北亜歴史財団編, 東潮監訳, 篠原啓方訳　明石書店　2013.2　458p　22cm　〈文献あり 索引あり〉8000円　①978-4-7503-3754-8
内容 高句麗の美術と工芸（金鎮順）〔01979〕

キム, スンクック*　金 承国
◇東アジア平和共同体の構築と国際社会の役割—「IPCR国際セミナー」からの提言　宗教平和国際事業団, 世界宗教者平和会議日本委員会編, 真田芳憲監修　佼成出版社　2011.9　336, 4p　18cm　（アーユスの森新書 003　中央学術研究所編）　900円　①978-4-333-02507-7
内容 韓日の過去の歴史における紛争を根本的に解決する道（金承国述, 金永完訳）〔01980〕

キム, ソンギュ　金 星奎
◇高句麗の文化と思想　東北亜歴史財団編, 東潮監訳, 篠原啓方訳　明石書店　2013.2　458p　22cm　〈文献あり 索引あり〉8000円　①978-4-7503-3754-8

内容 高句麗の言語(金星奎)　〔01981〕

キム, ソンゴン*　金 星坤

◇東アジア平和共同体の構築と国際社会の役割―「IPCR国際セミナー」からの提言　宗教平和国際事業団, 世界宗教者平和会議日本委員会編, 真田芳憲監修　佼成出版社　2011.9　336, 4p　18cm　(アーユスの森新書 003　中央学術研究所編)　900円　①978-4-333-02507-7

内容 「東アジア平和共同体」の構築と国際社会の役割(金星坤述, 金永完訳)　〔01982〕

キム, ソンテ　金 性泰

◇高句麗の文化と思想　東北亜歴史財団編, 東潮監訳, 篠原啓方訳　明石書店　2013.2　458p　22cm　〈文献あり 索引あり〉 8000円　①978-4-7503-3754-8

内容 高句麗の武器、武装、馬具(金性泰著)　〔01983〕

キム, ソンヒ*　金 成姫

◇コリアン・ディアスポラと東アジア社会　松田素二, 鄭根埴編　京都　京都大学学術出版会　2013.8　316p　22cm　(変容する親密圏/公共圏 4)　〈索引あり〉 3600円　①978-4-87698-258-5

内容 1970年代在日同胞母国訪問事業に関する政治社会的考察(金成姫著, 金泰植訳)　〔01984〕

キム, ソンへ　金 聖恵

◇高句麗の文化と思想　東北亜歴史財団編, 東潮監訳, 篠原啓方訳　明石書店　2013.2　458p　22cm　〈文献あり 索引あり〉 8000円　①978-4-7503-3754-8

内容 高句麗の音楽と舞踊(金聖恵)　〔01985〕

キム, ソンレ*　金 成礼

◇宗教概念の彼方へ　磯前順一, 山本達也編　京都　法藏館　2011.9　445p　21cm　〈他言語標題 : Beyond the Concept of Religion〉 5000円　①978-4-8318-8174-8

内容 歴史的暴力の記憶(金成礼著, 山本達也訳)　〔01986〕

◇植民地朝鮮と宗教―帝国史・国家神道・固有信仰　磯前順一, 尹海東編著　三元社　2013.1　369p　22cm　(日文研叢書)　3800円　①978-4-88303-329-4

内容 日本帝国時代における巫俗言説の形成と近代的再現(金成礼執筆, 金泰勲訳)　〔01987〕

◇植民地朝鮮と宗教―帝国史・国家神道・固有信仰　磯前順一, 尹海東編著　京都　人間文化研究機構国際日本文化研究センター　2013.1　369p　22cm　(日文研叢書 50)　〈制作 : 三元社〉 非売品　①978-4-901558-58-7

内容 日本帝国時代における巫俗言説の形成と近代的再現(金成礼著, 金泰勲訳)　〔01988〕

キム, チャンミン*　金 昌民

◇東アジアの間地方交流の過去と現在―済州と沖縄・奄美を中心にして　津波高志編　彩流社　2012.3　491, 7p　22cm　(琉球大学人の移動と21世紀のグローバル社会 5)　〈文献あり〉 4500円　①978-4-7791-1674-2

内容 済州島一村落におけるクェンダン関係の変化(金昌民著, 津波高志訳)　〔01989〕

キム, チュンファン*　金 忠環

◇東アジア平和共同体の構築と国際社会の役割―「IPCR国際セミナー」からの提言　宗教平和国際事業団, 世界宗教者平和会議日本委員会編, 真田芳憲監修　佼成出版社　2011.9　336, 4p　18cm　(アーユスの森新書 003　中央学術研究所編)　900円　①978-4-333-02507-7

内容 韓・中・日三国間における過去の紛争をいかに克服すべきか(金忠環述, 金永完訳)　〔01990〕

キム, デジュン　金 大中《Kim, Dae-jung》

◇金大中自伝　1　死刑囚から大統領へ―民主化への道　金大中著, 波佐場清, 康宗憲訳　岩波書店　2011.1　552p　20cm　3900円　①978-4-00-022581-6

内容 島の少年―一九二四～三六年　私を愛した人、私が愛した人―一九三六～四五年　熱い心と厳しい世間―一九四五～五〇年　死と隣り合わせ―一九五〇年　戦争の中の成功と挫折、そして挑戦―一九五〇～五三年　落選、また落選―一九五四～五九年　李承晩政権崩壊―一九五九～六〇年四月一九日　善良な総理を守った熱血スポークスマン―一九六〇年四月～六一年五月　「五・一六」―暗黒の時間―一九六一年五月～六二年五月　永遠の同志「五月の新婦」―一九六二年五月～六三年一〇月〔ほか〕　〔01991〕

◇金大中自伝　2　歴史を信じて―平和統一への道　金大中著, 波佐場清, 康宗憲訳　岩波書店　2011.2　528p　20cm　〈年譜あり〉 3900円　①978-4-00-022582-3

内容 長く、重い冬(一九九七年一二月一七日～九八年一月)　「閣下と呼ばないで」(一九九八年二月二五日～五月一二日)　国の体質を変えた四大改革(一九九八年)　米国の八泊九日(一九九八年三～六月)　牛の群、板門店を越える(一九九八年六～九月)　奇跡は、奇跡的に訪れない(一九九八年九～一〇月)　金剛山観光(一九九八年一一月～九九年九月)　二一世紀は誰のものか(一九九八年一二月～九九年三月)　四大国外交の仕上げ(一九九九年二～六月)　純真、柔弱な政府ではない(一九九九年六～九月)〔ほか〕　〔01992〕

キム, デホ*　金 大鎬

◇日本の朝鮮植民地支配と植民地的近代　李昇一, 金大鎬, 鄭昞旭, 文暎周, 鄭泰憲, 許英蘭, 金旻栄著, 庵逧由香監訳　明石書店　2012.3　248p　22cm　〈文献あり〉 4500円　①978-4-7503-3550-6

内容 1910年代～1930年代初における京城神社と地域社会の関係(金大鎬著)　〔01993〕

キム, テミョン　金 泰明

◇21世紀の思想的課題　転換期の価値意識 大阪経済法科大学アジア太平洋研究センター、北京大学哲学系共催日中哲学シンポジウム論文集　岩佐茂, 金泰明編, 李洪权訳　国際書院　2013.10　425p　21cm　(アジア太平洋研究センター叢書 4)　〈他言語標題 : The Philosophical Problematique of the 21st Century　会期・会場 : 2011年9月16日、17日 北京大学内国際会議場　共催 : 大阪経済法科大学アジア太平洋研究センター 北京大学哲学系　索引あり〉 6000円

①978-4-87791-249-9
内容 『ホッブズ問題』の原理的考察(金泰明著, 李洪権訳)〔01994〕

キム, ドコン* 金 道公
◇仏教と癒しの文化 第22回国際仏教文化学術会議実行委員会編 京都 仏教大学国際交流センター 2013.9 187p 22cm (仏教大学国際学術研究叢書 4)〈発売 : 思文閣出版(京都)〉 1900円 ①978-4-7842-1706-9
内容 懺悔修行を通じた現代人の仏教的治癒(金道公著, 李容株訳)〔01995〕

キム, ドンイン 金 東仁
◇明治学院歴史資料館資料集 第8集 朝鮮半島出身留学生から見た日本と明治学院 明治学院歴史資料館 2011.3 202p 21cm 〈編集代表 : 辻泰一郎〉952円
内容 女人(金東仁著, 佐藤飛文訳)〔01996〕

キム, ドンチョル 金 東哲
◇グローバル時代の朝鮮通信使研究—海峡あれど国境なし 松原孝俊編 福岡 花書院 2010.12 304p 22cm 〈文献あり 年表あり〉2667円 ①978-4-903554-84-6
内容 通信使がみた近世日本の産業と技術(金東哲著, 風間千秋, 新城道彦訳)〔01997〕

キム, ナクジュン* 金 洛中
◇宮都飛鳥 奈良県立橿原考古学研究所附属博物館編 学生社 2011.3 233p 22cm 〈著作目録あり〉3200円 ①978-4-311-30079-0
内容 泗沘期の百済都城と寺刹(金洛中著, 井上主税訳)〔01998〕

キム, ナンド《Kim, Rando》
◇つらいから青春だ キム・ナンド〔著〕, 吉原育子〔訳〕 ディスカバー・トゥエンティワン 2012.3 286p 19cm 1400円 ①978-4-7993-1140-0
内容 答えはきみの瞳のなかにしかない(人生時計 : きみの人生はいま何時だろう? きみの熱い思いにしたがえ きみという花が咲く季節 答えは君の瞳のなかにしかない ときには偶然に頼ることもあったほか) 思っているほど底は深くない(試練は自分の力となる 思っているほど底は深くない そのひとりがきみの大きな海だ 愛なんていらない2.0 人生の誤答ノート ほか) 奇跡は少しずつ叶えられるものだ(三日坊主はあたりまえ、生きかたは決心ではなく練習だ ひとりで遊ぶな 文章の力は大きい 隣の知識を幅広くとりこめ 忙しすぎて時間がないというわけについて ほか) 「明日」が導くきみの人生(きみがくだした決定で人生をリードしろ 「明日」が導く人生、「自分の仕事」が導く人生 使えない「アルファ」たち 大学はゴールか、スタートラインか? きみだけのストーリーをつくっていけ ほか)〔01999〕

◇最高の自分をつくる人生の授業 キム・ナンド〔著〕, 簗田順子訳 ディスカヴァー・トゥエンティワン 2013.6 303p 19cm 〈他言語標題 : The golden rules of growth〉1500円 ①978-4-7993-1330-5
内容 第1章 自分自身の運命を愛する(夢に逃げてはいけない 大切なのは最初の職場ではない ほか) 第2章 社会の中で自分を活かす(ドラマのエンディングはこれからだ 成功から自分を守る ほか) 第3章 人と出会う。家族を愛する(結婚。するか、しないか。いつ、誰とするか 大人になってからの友だちのつくり方 ほか) 第4章 人生の折り返しに向かう(近くで見る人生がいちばんつらく見える 消費のジャングルで生き残る秘訣 ほか)〔02000〕

キム, ハクチュン 金 学俊
◇独島(ドクト)研究—韓日間論争の分析を通じた韓国領有権の再確認 金学俊著, 李喜羅, 小西直子訳, 保坂祐二監修 論創社 2012.1 348p 22cm 〈タイトル : 独島研究 索引あり 文献あり〉3800円 ①978-4-8460-1118-5
内容 第1章 独島問題の歴史、そして独島の地理 第2章 鬱陵島と于山島に関する高麗王朝と朝鮮王朝前期の諸記録 第3章 鬱陵島と于山島をめぐる朝鮮と日本の間の摩擦、そして安竜福の対日談判 第4章 明治政府、竹島と松島を調査後、「我が国とは関係がない」との結論を下す 第5章 独島—朝鮮政府が「石島」という名で鬱陵郡に編入したにもかかわらず、四年四か月後に日本政府が「竹島」という名で島根県に編入する 第6章 日帝が敗れ、独島の原状が回復する 第7章 日本が独島を「法的紛争」の対象に仕立てあげようとする〔02001〕

キム, ヒョンスク 金 賢淑
◇高句麗の政治と社会 東北亜歴史財団編, 田中俊明監訳, 篠原啓方訳 明石書店 2012.1 322p 22cm 〈索引あり 文献あり〉5800円 ①978-4-7503-3513-1
内容 初期の領域支配と対民支配(金賢淑)〔02002〕

キム, ブチャン* 金 富燦
◇東アジアの間地方交流の過去と現在—済州と沖縄・奄美を中心にして 津波高志編 彩流社 2012.3 491, 7p 22cm (琉球大学人の移動と21世紀のグローバル社会 5) 〈文献あり〉4500円 ①978-4-7791-1674-2
内容 東アジア地域間人的交流と移住民の人権(金富燦著, 神谷智昭訳)〔02003〕

キム, ヘシク 金 海植
◇超一流の結果を出すサムスン式仕事の極意—年間750億を稼ぎ出す現役・営業リーダーの教え キムヘシク著 日本文芸社 2012.11 236p 20cm 1500円 ①978-4-537-25969-8〔02004〕

キム, ヘヨン* 金 海竜
◇世界の公私協働—制度と理論 岡村周一, 人見剛編著 日本評論社 2012.2 316p 22cm 〈他言語標題 : Die gegenwärtige Kooperationen zwischen Staat und Privaten in der Welt〉5500円 ①978-4-535-51844-5
内容 韓国における公私協働の現況と改善課題(金海竜著, 李孝慶訳)〔02005〕

キム, ホンシン 金 洪信
◇人生使用説明書—たった一度だけの人生のための7つの問い 金洪信著, 金希姃訳 大阪 アットワークス 2011.10 163p 19cm 1600円 ①978-4-939042-78-2

内容 第1章 あなたは誰ですか？　第2章 なぜ生きるのですか？　第3章 人生の主人公は誰ですか？　第4章 この世の中に存在する理由は何ですか？　第5章 誰と共にしますか？　第6章 今、つらい理由は何ですか？　第7章 どのように心を落ち着かせますか？〔02006〕

キム, ミスク*　金 美淑

◇現代韓国の家族政策　伊藤公雄, 春木育美, 金香男編　大津　行路社　2010.12　247p　22cm　2500円　①978-4-87534-423-0

内容 盧武鉉（ノ・ムヒョン）政権の家族政策（金美淑著, 金香男訳）〔02007〕

キム, ミンヨン*　金 旻栄

◇日本の朝鮮植民地支配と植民地的近代　李昇一, 金大鎬, 鄭昞旭, 文暎周, 鄭泰憲, 許英蘭, 金旻栄著, 庵逧由香監訳　明石書店　2012.3　248p　22cm　〈文献あり〉4500円　①978-4-7503-3550-6

内容 植民地期朝鮮人労働者の強制動員と個別企業の責任（金旻栄著）〔02008〕

キム, ユンヒ*　金 允嬉

◇文化交渉における画期と創造―歴史世界と現代を通じて考える　荒武賢一朗, 池田智恵編著　吹田　関西大学文化交渉学教育研究拠点　2011.3　303p　21cm　（関西大学文化交渉学教育研究拠点次世代国際学術フォーラムシリーズ 第3輯）〈文部科学省グローバルCOEプログラム　文献あり〉①978-4-9905164-2-0

内容 1897年（日本の金本位制実施）以後における大韓帝国金融環境の変化と居留地三国商人の営業実態（金允嬉著, 金泰勲訳）〔02009〕

キム, ヨンウン　金 容雲

◇日韓の文化対立は宿命である―引き裂かれた言語と、原型の精神分析　金容雲著, 平井敏晴編訳　三五館　2012.11　250p　20cm　〈文献あり〉1600円　①978-4-88320-574-5

内容 第1章 日本人と韓国人の原型とは（日韓の対立的文化形成　思考方法の違いは、言語の違い　原型の完成―日韓の比較　対立的原型に操られる日韓）　第2章 民族移動の痕跡を刻んだ言語（征服なのか浸透なのか―異なる方向の国造り　民族移動とともに列島に入ったもの）　第3章 原初、日韓語は共通だった（日本語は伽耶語+百済語　離れ出した日本語と韓国語　表記方法と母音に潜む歴史）　第4章 異なり出す「言語=原型」（日本人の思考と言葉づかい　日韓漢字語それぞれの行方　「ウリとナム」という原理　息づく「ウリとナム」の支配原理　理念よりも現実を優先する日本）　第5章 原型史観の文脈（ひとつの原型が分枝した　宗教の解釈も極端に向かう日韓　古代に共有していたもうひとつの幹）〔02010〕

キム, ヨンジャ　金 蓮子

◇基地村の女たち―もう一つの韓国現代史　金蓮子著, 山下英愛訳　御茶の水書房　2012.7　274p　図版12枚　19cm　〈文献あり 年譜あり〉2800円　①978-4-275-00943-2

内容 プロローグ 死ぬ五分前まで叫び続ける　第1章 波打つ記憶、巨文島　第2章 婦女保護所の女たち　第3章 東豆川の歌声　第4章 立ち上がれ、遂げよ　第5章 アメリカタウンへようこそ　第6章 われらのテント共同体　第7章 聞け、みなのものよ　第8章 花のように咲いて　エピローグ 平和を夢見ながら〔02011〕

キム, ヨンジュ

◇ジェンダー白書　8　ポップカルチャーとジェンダー　北九州市立男女共同参画センター・ムーブ編　明石書店　2012.3　119p　21cm　（ムーブ叢書）〈索引あり〉1500円　①978-4-7503-3558-2

内容 韓国のポップカルチャーと若者（キム・ヨンジュ著, 金貞愛訳）〔02012〕

キム, ヨンジン*　金 泳鎮

◇東アジアのウフカジ―大風 徐勝先生退職記念文集　徐勝先生退職記念事業実行委員会（日本・韓国）編　京都　かもがわ出版　2011.2　278p　21cm　〈著作目録あり 年譜あり〉1800円　①978-4-7803-0418-3

内容 歪められた神様の形を回復させてきた徐勝教授の人生（金泳鎮著, 原佑介訳）〔02013〕

キム, ヨンスン　金 栄順

◇アルファ・ガールの仕事術―韓国ナンバーワンキャリアウーマンが教える　金栄順著, 鈴木深良訳　ヨシモトブックス　2012.1　245p　19cm　〈発売：ワニブックス〉1500円　①978-4-8470-9048-6

内容 プロローグ アルファ・ガールたちへのラブコール　1 妻であり、母でもある女性たちへ（「最初の人」より「最高の人」　道がなければ作ればいい ほか）　2 私の仕事術（「戦略的おしゃべり」とは？　いつだって「ボス マインド」で ほか）　3 女性リーダーであるということ（まずは「皿洗い」から　たおやかなカリスマになろう ほか）　エピローグ もっと夢みよう〔02014〕

キム, ヨンチョル　金 勇澈《Kim, YongCheol》

◇サムスンの真実―告発された巨大企業　金勇澈著, 金智子訳, 藤田俊一監修　バジリコ　2012.2　380p　19cm　1800円　①978-4-86238-185-9

内容 1 良心の告白―サムスンの不正を告発する（「良心の告白」を決意するまで　検察はなぜサムスンではなく私を捜査するのか　相次ぐ無罪判決。有罪判決にも大統領特別恩赦）　2 サムスンの世界（特捜検事からサムスンの法務チームに　「室」を知らなければ、サムスンはわからない　数千万ウォンの賄賂ぐらいで何を怖じ気づくのか　一九九九年サムスン倒産の危機　経営権継承へ仕組まれた不正のシナリオ　大統領選挙資金問題で割れた意見。そして退社　李健煕ファミリー、彼らだけの世界　皇帝経営の裏側）　3 韓国特捜検察の現実（司法研修を経て海軍法務官に入隊　特捜検事として　全斗煥大統領捜査と検察の限界）　4 サムスンと韓国が共生する道（サムスンの問題は裏金だ　特別検事の捜査で、思わぬ得をしたサムスン　死んだ権力、生きている権力、死なない権力　サムスンと韓国が共に生きる道）〔02015〕

キム, ヨンヒ《Kim, Yong-hee》

◇善徳（ソンドク）女王の真実　キム・ヨンヒ著, クォン・ヨンス訳　キネマ旬報社　2012.1　247p　20cm　〈タイトル：善徳女王の真実〉[illegible]000円　①978-4-87376-388-0

内容 女王の誕生　新羅最高のファム・ファタール、美

室　誰を王にすべきか　日本の国宝彫刻の部・第一号と香りのない牡丹の花の秘密　善徳女王はなぜ幾人もの夫を迎えたのか　金庾信、金春秋と血盟を結ぶ　試練を乗り越え、女王の座に就く　片思いの火鬼、志鬼　国じゅうを仏心で満たす　善徳女王の予知力と金春秋の危機　天の岩戸に隠れる　忉利天の女神、三国を統一する　〔02016〕

キ

キム, ヨンファン*　金 容煥

◇東アジア平和共同体の構築と国際社会の役割―「IPCR国際セミナー」からの提言　宗教平和国際事業団, 世界宗教者平和会議日本委員会編, 真田芳憲監修　佼成出版社　2011.9　336, 4p　18cm　（アーユスの森新書 003　中央学術研究所編）　900円　①978-4-333-02507-7

内容 韓日における過去の歴史を清算するための媒介方策（金容煥述, 金永完訳）　〔02017〕

◇仏教と平和　第21回国際仏教文化学術会議実行委員会編　京都　仏教大学国際交流センター　2011.12　238p　22cm　（仏教大学国際学術研究叢書 2）〈制作発売：思文閣出版（京都）〉　1500円　①978-4-7842-1599-7

内容 世界倫理と三同倫理の脈絡和用（金容煥著, 元永常訳）　〔02018〕

◇相互探究としての国際日本学研究―日中韓文化関係の諸相　法政大学国際日本学研究所編　法政大学国際日本学研究センター　2013.3　462p　21cm　（国際日本学研究叢書 18）

内容 宮沢賢治における生命倫理（金容煥著, 金英美訳）　〔02019〕

◇東アジアの中の日本文化―日中韓文化関係の諸相　王敏編著　三和書籍　2013.9　462p　22cm　（国際日本学とは何か？）　3800円　①978-4-86251-155-3

内容 宮沢賢治における生命倫理（金容煥著, 金英美訳）　〔02020〕

キム, ヨンボク*　金 容福

◇時代のように訪れる朝を待つ―「日韓併合」101年、キリスト者たちの対話　『福音と世界』編集部編　新教出版社　2011.8　197p　21cm　（新教コイノーニア 25）　1800円　①978-4-400-21315-4

内容 友よ！（金容福著, 香山洋人訳）　〔02021〕

キム, ヨンミョン*　金 淵明

◇社会保障改革への提言―いま、日本に何が求められているのか　橘木俊詔, 同志社大学ライフリスク研究センター編　京都　ミネルヴァ書房　2012.6　225p　22cm　〈索引あり〉3500円　①978-4-623-06348-2

内容 韓国における社会政策のジレンマ（金淵明執筆, 崔銀珠訳）　〔02022〕

キム, W.チャン　Kim, W.Chan

◇ブルー・オーシャン戦略―競争のない世界を創造する（Blue Ocean Strategy）　W.チャン・キム, レネ・モボルニュ著, 有賀裕子訳　ダイヤモンド社　2013.5　294, 8p　20cm　（HARVARD BUSINESS SCHOOL PRESS）〈武田ランダムハウスジャパン 2005年刊の再刊　文献あり〉　1900円　①978-4-478-02467-6

内容 第1部 ブルー・オーシャン戦略とは（ブルー・オーシャンを生み出す　分析のためのツールとフレームワーク）　第2部 ブルー・オーシャン戦略を策定する（市場の境界を引き直す　細かい数字は忘れ、森を見る　新たな需要を掘り起こす　正しい順序で戦略を考える）　第3部 ブルー・オーシャン戦略を実行する（組織面のハードルを乗り越える　実行を見すえて戦略を立てる　結び：ブルー・オーシャン戦略の持続と刷新）　〔02023〕

キムジーハウス, キャレン　Kimsey-House, Karen

◇コーチング・バイブル―本質的な変化を呼び起こすコミュニケーション（CO-ACTIVE COACHING（原著第3版））　ヘンリー・キムジーハウス, キャレン・キムジーハウス, フィル・サンダール〔著〕, CTIジャパン訳　第3版　東洋経済新報社　2012.6　310p　22cm　（BEST SOLUTION）　2600円　①978-4-492-55715-0

内容 第1部 コーアクティブ・コーチングの基礎（コーアクティブ・コーチングのモデル　コーアクティブ・コーチングの関係）　第2部 コーアクティブ・コーチングの資質（傾聴　直感　好奇心　行動と学習　自己管理）　第3部 コーアクティブ・コーチングの指針と実践（フルフィルメント　バランス　プロセス　コーアクティブ・コーチングの実践と未来）　ツールキット　〔02024〕

キムジーハウス, ヘンリー　Kimsey-House, Henry

◇コーチング・バイブル―本質的な変化を呼び起こすコミュニケーション（CO-ACTIVE COACHING（原著第3版））　ヘンリー・キムジーハウス, キャレン・キムジーハウス, フィル・サンダール〔著〕, CTIジャパン訳　第3版　東洋経済新報社　2012.6　310p　22cm　（BEST SOLUTION）　2600円　①978-4-492-55715-0

内容 第1部 コーアクティブ・コーチングの基礎（コーアクティブ・コーチングのモデル　コーアクティブ・コーチングの関係）　第2部 コーアクティブ・コーチングの資質（傾聴　直感　好奇心　行動と学習　自己管理）　第3部 コーアクティブ・コーチングの指針と実践（フルフィルメント　バランス　プロセス　コーアクティブ・コーチングの実践と未来）　ツールキット　〔02025〕

キムリッカ, ウィル　Kymlicka, Will

◇土着語の政治―ナショナリズム・多文化主義・シティズンシップ（Politics in the Vernacular）　ウィル・キムリッカ著, 岡﨑晴輝, 施光恒, 竹島博之監訳, 栗田佳泰, 森敦嗣, 白川俊介訳　法政大学出版局　2012.11　505, 43p　22cm　（サピエンティア 28）〈文献あり 索引あり〉5200円　①978-4-588-60328-0

内容 第1部 マイノリティの権利に関する論争の展開（マイノリティの権利をめぐる新たな論争　リベラルな文化主義―生じつつある合意？　マイノリティの権利のリベラリズム理論は必要か―カレンズ、ヤング、パレク、フォーストへの回答）　第2部 民族文化的正義（人権と民族文化的正義　マイノリティ・ナショナリズムと複数ネイション連邦制　先住民の権利を理論化する　先住民の権利と環境的正義　移民多文化主義の理論と実践　人種間関係の岐路）　第3部 ナショナリズムに関する誤解（啓蒙的コスモポリタニズムからリベラル・ナショナリズムへ　コスモポリタニズム、国民国家、マイノリティ・ナショナリズム　ナショナリズムに関する誤解　リベラル・ナショナリズムのパラドックス　国際舞台におけるアメリカ多文化主義　マイノリティ・ナショナリズムと移民の統合）第4部 複数エスニック国家における民主的シティズンシップ（シティズンシップ教育　グローバル化時代のシティズンシップ―ヘルドに関する論評　理腹留な平等主義と公民的共和主義―友か敵か？）〔*02026*〕

キャヴァラーロ, ジーナ　Cavallaro, Gina

◇ザ・スナイパー―イラク・アフガン戦争の狙撃手（SNIPER）　ジーナ・キャヴァラーロ, マット・ラーセン共著, 村上和久訳　並木書房　2013.1　294p　19cm　1800円　①978-4-89063-301-2

内容 母の贈物　開戦―ヒンドゥークシュ山脈の教訓　嘲笑う狙撃手　「もっとも危険な戦い」　他人の家　狙撃手たちの声　レインジャー部隊―狙撃手兼奇襲隊員　教師としての特殊作戦要員―三十七番射場で学ぶ教訓　誰にでも見える場所に隠れる　隠れ場所―三つの物語　サルマン・パクで隠密行動　スコープの反射　奇怪な命中弾　発射されなかった銃弾　狙撃手たちの絆〔*02027*〕

ギャスティル, ジョン　Gastil, John

◇熟議民主主義ハンドブック（The deliberative democracy handbook）　ジョン・ギャスティル, ピーター・レヴィーン編, 津富宏, 井上弘貴, 木村正人監訳　現代人文社　2013.5　399p　21cm〈発売：大学図書〉3800円　①978-4-87798-543-1〔*02028*〕

キャスピ, アブシャロム

◇犯罪学研究―社会学・心理学・遺伝学からのアプローチ（The Explanation of Crime）　パーオロフ・H.ウィクストラム, ロバート・J.サンプソン編著, 松浦直己訳　明石書店　2013.8　338p　22cm　6000円　①978-4-7503-3878-1

内容 行動遺伝学から得た反社会的行動に対する環境の影響を示すエビデンス（テリー・モフィット, アブシャロム・キャスピ著）〔*02029*〕

キャッスル, J.　Castle, Jennifer

◇イギリス・ルーマニア養子研究から社会的養護への示唆―施設から養子縁組された子どもに関する質問（Policy and Practice Implications from the English and Romanian Adoptees (ERA) Study）　マイケル・ラター他著, 上鹿渡和宏訳　福村出版　2012.12　77p　22cm〈文献あり〉2000円　①978-4-571-42048-1

内容 イギリス・ルーマニアの養子に関する研究（ERA研究）　施設ケアを離れた子どもへの影響に関する8つの質問　施設でのデプリベーションが及ぼす全体への影響に関する4つの質問　施設でのデプリベーションに特異的な心理的傾向に関する13の質問　副次的な問題に関する3つの質問　身体的発達に関する2つの質問　心理的機能の一般的なバリエーションに関する3つの質問　養子縁組家庭に関する3つの質問　介入に関する5つの質問　他の国から養子縁組された子どもたちに見られた結果に関する4つの質問〔*02030*〕

キャッチャー, クリス　Kacher, Chris

◇株式売買スクール―オニールの生徒だからできた1万8000％の投資法（Trade Like an O'Neil Disciple）　ギル・モラレス, クリス・キャッチャー著, 長尾慎太郎監修, スペンサー倫亜訳　パンローリング　2012.10　512p　22cm（ウィザードブックシリーズ 198）〈文献あり〉3800円　①978-4-7759-7165-9

内容 第1章 優れた投資法が生まれるまで―オニールの投資法　第2章 クリス・キャッチャー博士が7年間で1万8000％を超える利益を得た方法　第3章 ギル・モラレスが株式市場で1万1000％を超える利益を出した方法　第4章 失敗に学ぶ　第5章 トレードの極意　第6章 弱気相場に乗る方法―すぐに使える空売りの手法　第7章 キャッチャー博士のマーケットダイレクションモデル　第8章 オニールの十戒　第9章 ウィリアム・オニールと実践に挑んだ日々　第10章 トレードは生きること、そして生きることはトレードすること〔*02031*〕

キャットン, ブルース

◇南北戦争記（THE CIVIL WAR）　ブルース・キャットン著, 益田育彦訳, 中島順監訳　バベルプレス　2011.4　285p　21cm　1600円　①978-4-89449-113-7

内容 分かれ争う家　砲撃開始　素人軍隊の衝突　本格的戦争　海軍　南軍の絶頂期　同盟への模索　東部、西部における戦況の膠着　南部連合最後の好機　軍隊　戦時における二つの経済　奴隷制度の崩壊　合衆国の締めつけ強化　戦争と征司　全面戦争　遠ざかる希望　勝利　終わりと始まり　はるかなる太鼓の響き〔*02032*〕

ギャニオン, アイリーサ　Gagnon, Elisa

◇パワーカード―アスペルガー症候群や自閉症の子どもの意欲を高める視覚的支援法（Power cards）　アイリーサ・ギャニオン著, 門真一郎訳　明石書店　2011.5　65p　26cm〈絵：ペニー・チルズ　文献あり〉1200円　①978-4-7503-3388-5

内容 第1章 アスペルガー症候群と自閉症の特性：パワーカード法の使用根拠（知能指数（IQ）　言葉/言語ほか）　第2章 パワーカードの作成と使用方法（パワーカード法の構成要素　パワーカード法が使える場面ほか）　第3章 学業成績の向上に、パワーカード法と特別な興味を利用する（カイル　ジェフリー ほか）　第4章 パワーカード法の実例（ブライアン　ジェレミー ほか）　第5章 教室でのパワーカード法の使用結果（ナンシー　スコット）〔*02033*〕

キャニング, ジョン　Canning, John

◇ロンドン路地裏の生活誌―ヴィクトリア時代　上（The illustrated Mayhew's London）　ヘンリー・メイヒュー著, ジョン・キャニング編, 植松靖夫訳　原書房　2011.3　221p　20cm〈1992年刊の新装版〉2000円　①978-4-562-04684-3

内容 路上の人びと一般、特に呼売商人の種類　街頭職人　土曜日の夜のロンドンの街頭市場　呼売商人の習癖と娯楽　「ヴィクの天井桟敷」　無教育な呼売商人　「呼売青年」の教育　呼売商人の服装　一ペニー劇場　魚を売る街頭商人…ビリングズゲイト〔ほか〕〔*02034*〕

◇ロンドン路地裏の生活誌―ヴィクトリア時代　下（The illustrated Mayhew's London）　ヘンリー・メイヒュー著, ジョン・キャニング編, 植松靖夫訳　原書房　2011.3　238p　20cm〈1992

年刊の新装版〉 2000円 Ⓘ978-4-562-04685-0

内容 ローズマリー・レーン　スミスフィールド・マーケットの中古品売り　生きた動物を売る街頭商人　犬の「捜し屋」―ある「ぺてん師」の生涯　偽物の鳥を売りつける小鳥屋の術策　鳥の巣を売る街頭商人　テムズ川のビール売り、あるいはパール売り　ぼろ、壊れた金物類、ビン、ガラス、そして骨を買い取る街頭商人　「ぼろとビン」を扱う店、及び「中古船具」を扱う店　台所のごみ、油脂及び脂汁の回収業者〔ほか〕〔02035〕

キ

キャノン, マーシャ　Cannon, Marcia G.

◇プロカウンセラーが教える「怒り」を整理する技術（THE GIFT OF ANGER）　マーシャ・キャノン著, 山本えりこ訳　日本実業出版社　2013.4　254p　19cm　1500円　Ⓘ978-4-534-05051-9

内容 1 Stage1・怒りは、自分を守るためのもの　2 Stage2・怒りに隠された心の傷を癒す　3 あなたの信念はどうやって形づくられたか　4 Step1・怒りに気づいて感情のバランスを整える　5 Step2・自分の考えと感情に気づく　6 Step3・自分自身の正しさを認める　7 Step4・満たされていない欲求に気づく　8 Step5・欲求を満たす行動を起こす　9 Step6・相手の「判断の枠組み」を理解する　10 Step7・許し―自分を解き放つ　11 自分自身に怒りを感じた時〔02036〕

ギャバード, グレン・O.　Gabbard, Glen O.

◇精神分析における境界侵犯―臨床家が守るべき一線（Boundaries and boundary violations in psychoanalysis）　グレン・O.ギャバード, エヴァ・P.レスター著, 北村婦美, 北村隆人訳　金剛出版　2011.11　288p　22cm 〈索引あり　文献あり〉 4000円　Ⓘ978-4-7724-1221-6

内容 第1章 精神分析における境界概念　第2章 境界と精神分析過程　第3章 分析の枠組み、分析的境界、そして分析的対象　第4章 境界とジェンダー　第5章 精神分析における境界侵犯の初期の歴史　第6章 性的境界侵犯　第7章 非性的境界侵犯　第8章 転移の運命：終結後の境界　第9章 精神分析のスーパービジョンにおける境界　第10章 組織の対応〔02037〕

キャプラン, ロバート・S.　Kaplan, Robert S.

◇バランス・スコアカード―戦略経営への変革（The balanced scorecard）　ロバート・S.キャプラン, デビッド・P.ノートン著, 吉川武男訳　新訳版　生産性出版　2011.8　341p　21cm　4500円　Ⓘ978-4-8201-1980-7

内容 情報化時代の業績評価と経営管理　なぜバランス・スコアカードが必要なのか　1 企業戦略を測定評価する（財務の視点　顧客の視点　業務プロセスの視点　人材と変革の視点　バランス・スコアカードの業績評価指標を戦略に結びつける　組織構造と経営戦略）　2 経営戦略をマネジメントする（戦略的整合性の達成―トップからボトムへ　ターゲット（数値目標）、資源配分、新しい戦略プログラムおよび予算　フィードバックと戦略的学習プロセス　バランス・スコアカードのマネジメント・プログラムを実行する）　補論 バランス・スコアカードの構築〔02038〕

◇戦略的収益費用マネジメント―新時間主導型ABCの有効利用（Time-driven activity-based costing）　ロバート・キャプラン, スティーブン・アンダーソン著, 前田貞芳, 久保田敬一, 海老原崇監訳　マグロウヒル・エデュケーション　2011.10　329p　21cm　（マグロウヒル・ビジネス・プロフェッショナル・シリーズ）〈索引あり　発売：日本経済新聞出版社〉 2900円　Ⓘ978-4-532-60513-1

内容 第1部 時間主導型ABCの基本原理―アクティビティからキャパシティへ（TDABC（時間主導型ABC）を用いた経営革新　業務プロセス所要時間の推定　キャパシティ費用率　TDABCモデルの実装　シナリオ分析とABB（活動基準予算）ほか）　第2部 時間主導型ABCの実際―マネジメント・アクションへの最短距離（ケンプス社　サナック社のロジスティックス戦略　カンプトン・ファイナンシャル社　ATBファイナンシャル　シティグループ・テクノロジー・インフラストラクチャー事業部 ほか）〔02039〕

キャベンディッシュ, ルーシー　Cavendish, Lucy

◇レムリア、アトランティス、アヴァロンへの旅―あなたの魂はどこから来たのか？（The Lost Lands）　ルーシー・キャベンディッシュ著, 住友玲子訳, ミキマキコ監訳　アールズ出版　2012.4　442p　19cm　2400円　Ⓘ978-4-86204-217-0

内容 序 遠い記憶を呼び覚ますために（旅のはじまり　伝説の大陸からの影響 ほか）　1 レムリア―母なる大地を思い出す（誕生のとき　銀河の意識と調和する ほか）　2 アトランティス―偉大な叡智とつながる（語り継がれる伝説　アトランティスの位置は？ ほか）　3 アヴァロン―聖なる魔法を手にする（安息の地に還るとき　グラストンベリーという聖地 ほか）　エピローグ 終わりなき旅をするために（飛行機が身体に及ぼす影響　ライトボディやチャクラのゆがみを修正する ほか）〔02040〕

◇マーメイド・マジック―母なる海のパワーとつながるために（MERMAID MAGIC）　ルーシー・キャベンディッシュ, セレーン・コネリー著, 住友玲子訳　アールズ出版　2013.6　437p　19cm 〈年譜あり〉 2400円　Ⓘ978-4-86204-250-7

内容 1 マーメイドとは何か？　2 海のスピリットとつながる　3 マーメイドに導かれる　4 聖なる水に癒される　5 海の存在からのメッセージ　6 神聖なる海洋動物　7 母なる自然を守る〔02041〕

キャメロン, ケネス　Cameron, Kenneth

◇イングランドの地名―起源と歴史を訪ねて（English place names）　ケネス・キャメロン著, 吉見昭徳訳　横浜　春風社　2012.9　381p　23cm 〈文献あり〉 4286円　Ⓘ978-4-86110-290-5

内容 地名研究の技術　地名形成の類型　ケルトの地名と河川名　アングロ・サクソンの諸王国、イングランドの州、ハンドレッド、ワッペンテイク　最古のイングランド定住地名　スカンジナビアの地名　イングランド地名のフランス語の影響　地名における前置詞と副詞　地名における接辞　地名と考古学　異教・神話。民間伝承との連想による地名　キリスト教を連想させる地名　地名が示す社会と法律上の慣習　イングランド入植時の地名　街道名　河川、河川の交差、湿地帯　丘陵と谷　森林、開拓地、公地　街路名　小地名と牧草地名〔02042〕

キャメロン, ジュリア　Cameron, Julia

◇ずっとやりたかったことを、やりなさい。 2 歩くことで創造的になる12週間の旅（WALKING IN THIS WORLD）　ジュリア・

キャメロン著, 菅靖彦訳　サンマーク出版　2013.1　312p　21cm　1800円　①978-4-7631-3189-8

内容 歩くことで魂を動かす　基本ツール　起点の感覚を発見する　調和の感覚を発見する　一段高いところから見る感覚を発見する　冒険の感覚を発見する　ノーと言える感覚を発見する　境界の感覚を発見する　背中を押される感覚を発見する　見分ける能力を発見する　立ち直る感覚を発見する　仲間意識を発見する　信頼の感覚を発見する　創造の感覚を発見する　〔02043〕

キャメロン, ロンド　Cameron, Rondo E.

◇概説世界経済史　1　旧石器時代から工業化の始動まで（A CONCISE ECONOMIC HISTORY OF THE WORLD(原著第4版)）　ロンド・キャメロン, ラリー・ニール著, 速水融監訳, 酒田利夫, 玉置紀夫, 中野忠, 藤原幹夫, 安元稔訳　東洋経済新報社　2013.1　325p　21cm　〈文献あり 索引あり〉3400円　①978-4-492-37111-4

内容 第1章 序論―経済史と経済発展　第2章 古代における経済発展　第3章 中世ヨーロッパにおける経済発展　第4章 西洋の拡張前夜における非西洋社会の経済　第5章 ヨーロッパにおける第2の成長局面(ロジスティック)　第6章 経済的ナショナリズムと帝国主義　第7章 近代工業の夜明け　〔02044〕

◇概説世界経済史　2　工業化の展開から現代まで（A CONCISE ECONOMIC HISTORY OF THE WORLD(原著第4版)）　ロンド・キャメロン, ラリー・ニール著, 速水融監訳, 酒田利夫, 玉置紀夫, 中野忠, 藤原幹夫, 安元稔訳　東洋経済新報社　2013.1　393p　21cm　〈文献あり 索引あり〉4200円　①978-4-492-37112-1

内容 第8章 19世紀の経済発展―基本的決定要因　第9章 発展のパターン―先発工業国家　第10章 発展のパターン―後発工業国家と予期に反して工業化しない国々　第11章 戦略的経済部門　第12章 世界経済の成長　第13章 20世紀世界経済の概観　第14章 国際経済の崩壊　第15章 世界経済の再構築、1945 - 73年　第16章 21世紀初頭の世界経済　〔02045〕

ギャラガー, ショーン　Gallagher, Shaun

◇現象学的な心―心の哲学と認知科学入門（The phenomenological mind）　ショーン・ギャラガー, ダン・ザハヴィ著, 石原孝二, 宮原克典, 池田喬, 朴嵩哲訳　勁草書房　2011.12　384p　21cm　〈索引あり　文献あり〉4300円　①978-4-326-10212-9

内容 第1章 イントロダクション：心の哲学、認知科学、現象学　第2章 方法論　第3章 意識と自己意識　第4章 時間　第5章 知覚　第6章 志向性　第7章 身体化された心　第8章 行為と行為者性　第9章 私たちはいかにして他者を知るのか　第10章 自己と人格　第11章 結論　〔02046〕

ギャラガー, B.J.　Gallagher, B.J.

◇ブッダが職場の上司だったら（BEING BUDDHA AT WORK）　フランツ・メトカルフ,B.J.ギャラガー著, 小池竜之介監訳　日本文芸社　2013.10　238p　19cm　1400円　①978-4-537-25955-1

内容 1「いい仕事」は必ず報われる法　2「木を切り、水を運ぶ」人になろう　3 今日の仕事に「よろこび」を見出す法　4「集中する力」と「受け入れる」力　5 お金の問題を解決するブッダ　6「変化」に対応できる力を　7 お互いに「生産的」な人間関係をつくる法　8 とかく「問題のある人」とうまくつき合う法　9 これがブッダならではの「顧客サービス」法　10 ブッダがつくる「能率が上がる」職場　11 自分をもっと「深く」掘りなさい！　〔02047〕

キャラン, ジェイミー・キャット　Callan, Jamie Cat

◇セクシーに生きる―年を重ねるほどに、フランス女性が輝きを増す秘密（French women don't sleep alone）　ジェイミー・キャット・キャラン著, 永峯涼訳　プレジデント社　2011.9　238p　19cm　1400円　①978-4-8334-1973-4

内容 第1章 フランス女性はデートから入らない　第2章 出会いって、すごくカンタン！　第3章 フランス女性は出会う人すべてを"誘惑"する　第4章 フランス女性はあるがままの自分が好き　第5章 知的な女性は美しい　第6章 フランス女性はボディケアを怠らない　第7章 フレンチ・コネクション・ランジェリー　第8章 取り巻きのパワー　第9章 フランス女性と秘密の花園　第10章 フランス女性がセクシーな理由　第11章 マリアージュ・ア・ラ・モード　〔02048〕

キャリー, デビッド　Carey, David Leonard

◇ブラックストーン（King of capital）　デビッド・キャリー, ジョン・E.モリス著, 土方奈美訳　東洋経済新報社　2011.12　454, 50p　20cm　〈他言語標題：BLACK STONE　索引あり〉2800円　①978-4-492-71181-1

内容 デビュー　フーデイルの奇跡とリーマンの内紛　ドレクセルの一〇年　どぶ板営業　万事順調　混乱　スティーブ・シュワルツマン・ショー　時代の終焉、そしてイメージ問題の始まり　ニューフェイス　離婚、そして価値観の違い〔ほか〕　〔02049〕

ギャルダン, ローラン

◇連帯経済―その国際的射程（L'économie solidaire）　ジャン＝ルイ・ラヴィル編, 北島健一, 鈴木岳, 中野佳裕訳　生活書院　2012.1　389p　19cm　〈索引あり　文献あり〉3400円　①978-4-903690-87-2

内容 欧州における連帯経済（ローラン・ギャルダン, ジャン＝ルイ・ラヴィル著, 北島健一訳）　〔03050〕

ギャルネール, ジョシェン　Gerner, Jochen

◇なぜ世界には戦争があるんだろう。どうして人はあらそうの？（Pourquoi les hommes font-ils la guerre？）　ミリアム・ルヴォー・ダロンヌ文, ジョシェン・ギャルネール絵, 伏見操訳　岩崎書店　2011.4　66p　20cm　（10代の哲学さんぽ　3）〈文献あり〉1300円　①978-4-265-07903-2

内容 1 なぜ人は戦争をするのか？　2 人間が戦争をする理由を見つけるには、どんな問いを投げかけたらいいのだろう？　3 戦争と文明、そして戦争と残虐行為について。　4 戦争にはいろんな種類があるのか？　戦争とは絶対に悪なのか？ 正しい戦争と正しくない戦争というのがあるのだろうか？　〔02051〕

ギャレンバーガー, ジョー　Gallenberger, Joseph

◇富と成功の秘訣―ラスベガスとヘミシンクに学んだ（INNER VEGAS）　ジョー・ギャレンバーガー著, 坂本政道監訳, 長沢あかね訳　ハート出

キ

版　2013.12　387p　21cm　2500円　①978-4-89295-968-4　〔02052〕

キャロル, ポール　Carroll, Paul B.

◇7つの危険な兆候―企業はこうして壊れていく（Billion-dollar lessons）　ポール・キャロル, チュンカ・ムイ著, 谷川漣訳　海と月社　2011.10　307p　19cm　1800円　①978-4-903212-30-2

内容 第1部 企業が陥る7つの罠（シナジーという幻想に惑わされる　「金融の錬金術」の虜になる　業界をまとめ、ひとり勝ちを夢見る　現実の変化を都合よく解釈する　隣接市場にまちがったチャンスを見出す　新テクノロジーを求めて暴走する　統合がもたらす難題を軽視する）　第2部 成功率を確実に高める知恵（人はなぜ悪い戦略を選んでしまうのか　企業が戦略ミスを犯す本当の理由　異論のないところに成果なし　「最後のチャンス」審査で念を押す）〔02053〕

キャンピ, アリシア

◇ハルハ河・ノモンハン戦争と国際関係　田中克彦, ボルジギン・フスレ編　三元社　2013.7　155p　21cm　1700円　①978-4-88303-346-1

内容 ハルハ河に関する米公文書（アリシア・キャンピ著, 小寺裕子訳）〔02054〕

キャンピオン, ニコラス　Campion, Nicholas

◇世界史と西洋占星術（A HISTORY OF WESTERN ASTROLOGY.Volume 2）　ニコラス・キャンピオン著, 鏡リュウジ監訳, 宇佐和通, 水野友美子訳　柏書房　2012.8　567p　22cm　〈文献あり 索引あり〉3800円　①978-4-7601-3974-3

内容 起源と背景　ラテン語圏―西ローマ帝国～凋落と消滅　カロリング世界―生き残りと復活　12世紀―ルネサンスと復興　13世紀―アリストテレス革命　13世紀―実践と問題　中世後期―占星術の活用　ルネサンス―異教の復活　ルネサンス―急進主義と変革　16世紀―改革派と魔術師〔ほか〕〔02055〕

キャンピン, アリシャ

◇ゾルゲ事件関係外国語文献翻訳集　no.36　日露歴史研究センター事務局編　〔川崎〕　日露歴史研究センター事務局　2013.3　65p　30cm　〈文献あり〉700円

内容 ハルハ河に関する米国公文書（アリシャ・キャンピン著）〔02056〕

キャンプ, ジム　Camp, Jim

◇No！―ビジネス心理戦で絶対に負けない「超」交渉術（No）　ジム・キャンプ著　大阪　ダイレクト出版　2011.9　287p　22cm　3800円　①978-4-904884-18-8　〔02057〕

キャンフィールド, ジャック

◇史上最高のセミナー（Conversations with millionaires）　マイク・リットマン, ジェイソン・オーマン共著, 河本隆行監訳　ポケット版　きこ書房　2011.7　407p　17cm　〈述：ジム・ローンほか〉1200円　①978-4-87771-278-5

内容 自分の人生に一〇〇パーセント責任を持つ（ジャック・キャンフィールド述）〔02058〕

キャンベル, チェリー　Campbell, Chellie

◇幸せなお金を引き寄せる億万長者（ジリオネア）の「超」法則―資産ゼロから超リッチになるための8ステップ（Zero to Zillionaire）　チェリー・キャンベル著, 目黒条訳　ヒカルランド　2012.5　342p　20cm　（超☆きらきら 012）〈背のタイトル：億万長者（ジリオネア）の「超」法則〉1700円　①978-4-86471-029-9

内容 1 マインドセット（心的態度）を変えて、未来を変える―お金とのつきあい方＝考え方や態度をこうして改めましょう　2 内側の声を聴いて本物のゴールを選択する―「達成した」という成功体験を積み上げてゆきましょう　3 最高の結果を引き出す！ 行動開始の具体的手順―大金を得るために船を作り、船を出しましょう　4 幸せを分かち合い助け合える仲間で周囲を固める―「ドルフィン」「シャーク」「ツナ」三種類の人間像を理解しましょう　5 お金持ちへのナビゲーター！ 予算（バジェット）の魔法を実践する―三種類の予算スコアを活用してマネー・ストレスを解放しましょう　6 ジリオネアの時間概念に切り替えて動き始める―「ビジネスがあなたに奉仕する」＝正しい状態を作り出しましょう　7 ブレークダウン（破綻）からブレークスルー（現状打破）への道筋―船が嵐で沈みかけているときはこうして乗り切りましょう　8 これからの人生をジリオネア精神で生きる―悟りへの途上でも光り輝き、幸せに導いてくれる信念を選びましょう〔02059〕

キャンベル, ニール　Campbell, Neil

◇アメリカン・カルチュラル・スタディーズ―ポスト9・11からみるアメリカ文化（American cultural studies（2nd edition））　ニール・キャンベル, アラスディア・キーン著, 徳永由紀子, 橋本安央, 藤本雅樹, 松村延昭, 田中紀子, 大川淳編訳　第2版　奈良　萌書房　2012.11　264, 8p　21cm　〈文献あり〉3000円　①978-4-86065-069-8

内容 第1章 新たなる始まり―アメリカの文化とアイデンティティ　第2章 エスニシティと移民―いくつもの世界のはざまで　第3章 アフリカ系アメリカ人―「他者の声は歌わない」　第4章 アメリカ人は神を信じているのだろうか？―アメリカ人の生活における宗教　第5章 地域主義へのアプローチ―西部と南部　第6章 ジェンダーとセクシュアリティ―古い回路を断ち切って　第7章 自由の普及〔02060〕

キャンベル, ロス　Campbell, Ross

◇子どもに愛が伝わる5つの方法（The five love languages of children）　ゲーリー・チャップマン, ロス・キャンベル共著, 中村佐知訳　いのちのことば社CS成長センター　2009.8　319p　19cm　〈文献あり〉1400円　①978-4-8206-0272-9　〔02061〕

キャンベル, G.マイケル　Campbell, G.Michael

◇世界一わかりやすいプロジェクト・マネジメント（COMPLETE IDIOT'S GUIDE TO Project Management）　G.マイケル・キャンベル, サニー・ベーカー著, 中嶋秀隆訳　第3版　総合法令出版　2011.8　485p　21cm　2900円　①978-4-86280-263-7

内容 1 プロジェクト・マネジメントの威力　2 プロジェクト定義フェーズ　3 プロジェクト計画フェーズ　4 プロジェクト実行フェーズ　5 プロジェクト・コント

ロール・フェーズ　6 プロジェクト終結フェーズ　7 プロジェクト・マネジメントの効果を上げる組織とソフトウェア　〔02062〕

キャンベル, W.キース　Campbell, W.Keith

◇自己愛過剰社会（The narcissism epidemic）　ジーン・M.トウェンギ,W.キース・キャンベル著, 桃井緑美子訳　河出書房新社　2011.12　385p　20cm　〈文献あり〉2800円　①978-4-309-24576-8

内容 第1部 自己愛病の診断（自己賛美は万能薬か　自己賛美の弊害とナルシシズムの五つの俗説　ナルシズムで競争社会を生き延びる？―ナルシズムのもう一つの俗説　いつからこんなことになったのか―自己愛病の起源）　第2部 自己愛病の原因（王様の子育て―甘やかしの構造　病気をばらまく困った人々―セレブリティとメディアのナルシシズム　見て、見て、わたしを見て―インターネットで注目集め　年利18パーセントで夢の豪邸―放漫融資、そして現実原則の放棄）　第3部 自己愛病の症状（アタシって、セクシー！―虚栄　暴走する消費欲―物質主義　70億のオンリーワン―個性重視　有名になれるならなんだってやる―反社会的行動　甘い罠―人間関係のトラブル）　第4部 自己愛病の予後と治療（自己愛病の予後―どこまで、そしていつまで、ナルシシズムは広がるのだろう？　自己愛病の治療）　〔02063〕

キュウ, ガイキン*　邱 愷欣

◇東アジアの日本観―文学・信仰・神話などの文化比較を中心に　王敏編　三和書籍　2010.10　412p　22cm　（国際日本学とは何か？）　3800円　①978-4-86251-092-1

内容 日本化された台湾？ 中国化された台湾？ あるいは日本化され中国化された台湾？（王向華, 邱愷欣著, 鈴村裕輔訳）　〔02064〕

◇コンテンツ化する東アジア―大衆文化/メディア/アイデンティティ　谷川建司, 王向華, 須藤遥子, 秋菊姫編著　青弓社　2012.12　285p　21cm　3400円　①978-4-7872-3348-6

内容 ポピュラーカルチャーを通じて出現した「香港人アイデンティティー」（王向華, 邱愷欣著, 後藤悠里訳）　〔02065〕

ギュウ, グン*　牛 軍

◇岩波講座東アジア近現代通史　第8巻　ベトナム戦争の時代―1960-1975年　岩波書店　2011.6　398p　22cm　〈文献あり 年表あり〉3800円　①978-4-00-011288-8

内容 中ソ分裂（牛軍著, 石川誠人訳）　〔02066〕

キュウ, テツ*　汲 喆

◇中国伝統文化が現代中国で果たす役割　中島隆博編　東京大学グローバルCOE「共生のための国際哲学教育研究センター」　2008.12　254p　21cm　（UTCP booklet 5）　〈文献あり〉

内容 以楽設教（汲喆著, 田中有紀訳）　〔02067〕

キュステンマッハー, ヴェルナー・ティキ　Küstenmacher, Werner

◇「もっと単純に！」で人生はうまくいく（BEST OF SIMPLIFY）　ヴェルナー・ティキ・キュステンマッハー, ローター・ザイヴァート, ダグマール・フォン・クラム, マリオン・キュステンマッハー著, 河井真樹子訳　中経出版　2012.11　271p　19cm　1400円　①978-4-8061-4407-6

内容 第1章 シンプル整理術（住まいのがらくたを片づける　お金への偏見を捨てる　豊かさについて見直す）　第2章 シンプル時間術（シンプル時間をつくるツール　リラックスして時間とつきあう　あなたの時間タイプを明らかにする）　第3章 シンプル健康法（体から幸福のもとを引き出す　熱中する　フィットネスを取り入れる　最高にリラックスする　今までの食習慣から抜け出す）　第4章 シンプル交際術（人とつながら　怒らない）　第5章 シンプル自律法（人生の目的を発見する　長所を伸ばす　良心の負担を軽くする）　〔02068〕

キュステンマッハー, マリオン　Kustenmacher, Marion

◇「もっと単純に！」で人生はうまくいく（BEST OF SIMPLIFY）　ヴェルナー・ティキ・キュステンマッハー, ローター・ザイヴァート, ダグマール・フォン・クラム, マリオン・キュステンマッハー著, 河井真樹子訳　中経出版　2012.11　271p　19cm　1400円　①978-4-8061-4407-6

内容 第1章 シンプル整理術（住まいのがらくたを片づける　お金への偏見を捨てる　豊かさについて見直す）　第2章 シンプル時間術（シンプル時間をつくるツール　リラックスして時間とつきあう　あなたの時間タイプを明らかにする）　第3章 シンプル健康法（体から幸福のもとを引き出す　熱中する　フィットネスを取り入れる　最高にリラックスする　今までの食習慣から抜け出す）　第4章 シンプル交際術（人とつながら　怒らない）　第5章 シンプル自律法（人生の目的を発見する　長所を伸ばす　良心の負担を軽くする）　〔02069〕

ギューティング, エーバハルト　Güting, Eberhard W.

◇新約聖書の「本文」とは何か　エーバハルト・ギューティング著, 前川裕訳　新教出版社　2012.8　131p　22cm　3500円　①978-4-400-11026-2

内容 新約聖書の本文をどう定めるか―本文批評への手引き（副詞$\pi\alpha\lambda\iota\nu$―厳密な意味で副詞的な意味を持った用例　副詞$\pi\alpha\lambda\iota\nu$―物語事象の構造化のための用例　副詞$\pi\alpha\lambda\iota\nu$―本文単位を結合するための用例　ここで提示された本文批評の方法論に対する問い　結論）　本文校訂者の責務―本文構成および異読資料欄への注記（本文構成の正当化としての編集者の報告　本文批評作業の要素としての異読の記述　本文構成に依存する異読資料欄の形成　提案1 証言と反証を挙げる　提案2 発表されている異読資料を区別する　提案3 ペアになっている異読を分割しない　提案4 個々の写本証言おグループ記号の中に埋没させない　提案5 本文n対する別の選択肢を識別しやすくする）　新約聖書は誰が書写したか　著者・写字生・改訂者（著者の手―古代文献の伝承における自筆　本文批評の第一の対象―写字生の手 ほか）　新約聖書本文の問題―未解決の方法論（元来の本文という解決不能な問題　校訂における解決不能な問題 ほか）　〔02070〕

キューバ教育省

◇キューバの歴史―先史時代から現代まで キューバ中学校歴史教科書（Historia de Cuba）　キューバ教育省編, 後藤政子訳　明石書店　2011.2　528p　21cm　（世界の教科書シリーズ 28）　〈索引あり〉4800円　①978-4-7503-3348-9

内容 第1部 キューバの歴史の始まり。わが国の最初の住民（キューバの歴史と世界史との関係に関する学習の重要性　キューバにおける原始共同体）　第2部 植民地キューバ（1867年までの植民地キューバ　十年戦争（1868～1878年） ほか）　第3部 キューバにおける新植民地共和国（1902年から1935年の新植民地共和国 1952年までのキューバ ほか）　第4部 キューバ、社会主義共和国（権力についたキューバ革命）〔02071〕

キ

キューバ党

◇岐路に立つキューバ　山岡加奈子編　岩波書店　2012.2　267p　21cm　（アジア経済研究所叢書 8）〈索引あり〉4400円　①978-4-00-009977-6

内容 キューバ党と革命の経済・社会政策指針の概要（狐崎知己, 山岡加奈子訳）〔02072〕

キュリロス（アレクサンドリアの）

◇古代教会の説教　小高毅編　教文館　2012.1　347p　21cm　（シリーズ・世界の説教）　3400円　①978-4-7642-7335-1

内容 エフェソス公会議での説教 他（キュリロス（アレクサンドリアの））〔02073〕

キュリロス（エルサレムの）

◇古代教会の説教　小高毅編　教文館　2012.1　347p　21cm　（シリーズ・世界の説教）　3400円　①978-4-7642-7335-1

内容 カテケシスの序（キュリロス（エルサレムの））〔02074〕

ギュル, アブドゥラー

◇世界は考える　野中邦子訳　土曜社　2013.3　189p　19cm　（プロジェクトシンジケート叢書 2）〈文献あり〉1900円　①978-4-9905587-7-2

内容 危機と変革（アブドゥラー・ギュル著）〔02075〕

キュルテン, P.

◇ちくま哲学の森　3　悪の哲学　鶴見俊輔, 安野光雅, 森毅, 井上ひさし, 池内紀編　筑摩書房　2011.11　431p　15cm　1200円　①978-4-480-42863-9

内容 尋問調書・補遺（P.キュルテン著, 池内紀訳）〔02076〕

ギュンター, マックス　Gunther, Max

◇ツキの科学―運をコントロールする技術（The luck factor）　マックス・ギュンター著, 夏目大訳　PHP研究所　2011.2　318p　20cm　1700円　①978-4-569-79460-0

内容 第1部 旅の始まり（運の良い人、悪い人　二つの数奇な人生）　第2部 運とは何か―科学的な見解（ランダム理論　超能力 ほか）　第3部 運とは何か―神秘的な見解（数字　運命と神 ほか）　第4部 運を良くする方法（運の良い人は社交性に富む　運の良い人は直感力が強い ほか）〔02077〕

◇運とつきあう―幸せとお金を呼び込む13の方法（HOW TO GET LUCKY）　マックス・ギュンター著, 林康史監訳, 九内麻希訳　日経BP社　2012.4　237p　20cm　〈発売：日経BPマーケティング〉1500円　①978-4-8222-4849-9

内容 第1部 支配的な要因（究極の侮辱　誰も話さないこと）　第2部 「幸運なポジション」に立つための方法（「運」と「計画」を区別する　「人の流れ」に飛び込む　「スプーン一杯」のリスクをとる　引き際をわきまえる　運を選ぶ ほか）〔02078〕

キュンメル, フリードリッヒ　Kümmel, Friedrich

◇人間と自然と言葉―O.F.ボルノウの晩年の著作について（Spricht die Natur?）　フリードリッヒ・キュンメル著, 中野優子訳・解説　北樹出版　2013.9　245p　20cm　2500円　①978-4-7793-0378-4

内容 第1章 理解の限界としての自然　第2章 限界経験の価値　第3章 言葉の現実関係性　第4章 自然は話す　補遺 教育学的な問題としての人間と自然の関係〔02079〕

キョ, イクメイ*　許 育銘

◇共進化する現代中国研究―地域研究の新たなプラットフォーム　田中仁, 三好恵真子編　吹田　大阪大学出版会　2012.3　364p　21cm　〈文献あり〉3900円　①978-4-87259-394-5

内容 戦後台琉関係の再構築（許育銘執筆, 永野佑子訳）〔02080〕

キョ, イン*　許 殷

◇占領する眼・占領する声―CIE/USIS映画とVOAラジオ　土屋由香, 吉見俊哉編　東京大学出版会　2012.7　8, 377, 9p　22cm　〈他言語標題：Occupying Eyes, Occupying Voices　索引あり〉5400円　①978-4-13-026232-3

内容 冷戦期アメリカの民族国家形成への介入とヘゲモニー構築の最前線（許殷執筆, 南衣映訳）〔02081〕

キョ, エイラン　許 英蘭

⇒ホ, ヨンラン*

キョ, ケンヘイ*　許 建平

◇東アジアをむすぶ漢籍文化―敦煌から正倉院、そして金沢文庫へ：歴博国際シンポジウム：予稿集　静永健監修, 陳翀, 大淵貴之編　〔佐倉〕　人間文化研究機構国立歴史民俗博物館　〔2012〕　182p　30cm　〈会期・会場：2012年11月2日―3日 国立歴史民俗博物館講堂　国立歴史民俗博物館平成24年度共同研究「高松宮家伝来書籍等を中心とする漢籍読書の歴史とその本文に関する研究」　訳：甲斐雄一ほか　中国語併載〉

内容 敦煌写本『詩経』研究の総括と展望（許建平著, 長谷川真史訳）〔02082〕

キョ, コウヘイ　許 広平

◇暗い夜の記録　許広平著, 安藤彦太郎訳　岩波書店　2011.3　202p　18cm　（岩波新書）〈第11刷（第1刷1955年）〉720円　①978-4-00-415002-2

内容 人民の立場とわたし　受難の発端　護送されて　囚人生活はじまる　留置場の内部　同室の友人たち　四日間　屈辱の試錬　しばしの休息　電気拷問にかかる〔ほか〕〔02083〕

キョ, セツキ　許 雪姫

◇近代台湾の経済社会の変遷―日本とのかかわりをめぐって　馬場毅, 許雪姫, 謝国興, 黄英哲編　東方書店（発売）　2013.11　537p　22cm　〈索引あり〉6000円　①978-4-497-21313-6

内容 満洲国政府における台湾籍高等官 一九三二～一九

四五年（許雪姫著, 湯原健一訳）〔02084〕

キョ, ナンシュン＊　許 南春
⇒ホ, ナムチュン＊

キョウ, キョウキ＊　姜 京希
⇒カン, キョンヒ＊

キョウ, ケンシュク＊　姜 賢淑
⇒カン, ヒョンスク

キョウ, セン＊　姜 仙
⇒カン, ソン

キョウ, チンキョク＊　姜 鎮旭
⇒カン, ジンウク＊

キョウ, テイキュウ＊　姜 禎求
⇒カン, ジョング＊

キョウ, マンホ　姜 万保
⇒カン, マンボ

キヨヴェンダ, ジウゼッペ
◇民事裁判小論集　中野貞一郎著　信山社　2013.6　360p　22cm　8000円　①978-4-7972-8596-3
内容 民事訴訟におけるローマ的要素とゲルマン的要素（ジウゼッペ・キヨヴェンダ著, 中野貞一郎訳）〔02085〕

教皇庁
◇普遍的倫理の探求―自然法の新たな展望（Alla ricerca di un'etica universale）　教皇庁国際神学委員会著, 岩本潤一訳　カトリック中央協議会　2012.1　148p　19cm　1000円　①978-4-87750-165-5
内容 第1章 歩み寄り（世界のさまざまな知恵の伝統と諸宗教　自然法に関するギリシア・ローマの源泉資料　キリスト教的伝統の発展　その後の発展　教会協同職と自然法）　第2章 道徳的価値の認識（社会と文化の役割　道徳的経験―「人は善を行わなければならない」　自然法のおきての発見―自然法の普遍性　自然法のさまざまなおきて　共通のおきての適用―自然法の歴史性　人格の道徳的体制と具体的行為）　第3章 自然法の理論的基礎（経験から理論へ　本性、人格、自由　本性、人間、神―調和から葛藤へ）　第4章 自然法と国家（人格と共通善　政治的秩序の基準としての自然法　自然法から自然権へ　自然法と実定法　政治的秩序は終末論的秩序ではない　政治的秩序は地上的・理性的秩序である）　第5章 自然法の完成としてのイエス・キリスト（生ける法である受肉したみことば（ロゴス）　聖霊と自由をもたらす新しい法）〔02086〕
◇現代カトリシズムの公共性　岩本潤一訳著　知泉書館　2012.8　222p　23cm　〈索引あり〉4000円　①978-4-86285-136-9
内容 全米司教協議会から提出された人工的栄養補給と水分補給に関する問いに対する回答 他（教皇庁教理省）〔02087〕
◇今日のカトリック神学―展望・原理・基準（Theology today）　教皇庁教理省国際神学委員会著, 浅井太郎訳　カトリック中央協議会　2013.3　111p　19cm　1200円　①978-4-87750-172-3〔02088〕

キョク, セイ＊　曲 星
◇世界平和への冒険旅行―ダグ・ハマーショルドと国連の未来（The Adventure of Peace）　ステン・アスク, アンナ・マルク＝ユングクヴィスト編, ブライアン・アークハート, セルゲイ・フルシチョフ他著, 光橋翠訳　新評論　2013.7　358p　20cm　〈文献あり 年譜あり〉3800円　①978-4-7948-0945-2
内容 北京ミッション（曲星著）〔02089〕

キヨサキ, ロバート　Kiyosaki, Robert T.
◇黄金を生み出すミダスタッチ―成功する起業家になるための5つの教え（Midas Touch）　ドナルド・トランプ, ロバート・キヨサキ著, 白根美保子訳　筑摩書房　2012.11　311p　21cm　〈著作目録あり〉1900円　①978-4-480-86420-8
内容 第1章 親指―人間的な強さ（悪運を幸運に変える悪運のおかげ　（まとめ）人間的な強さについて）　第2章 人差し指―フォーカス（戦場でもビジネスでも人生でも、大事なのはフォーカス　フォーカスの力　（まとめ）フォーカスについて）　第3章 中指―ブランド（本物のロレックスか？ それとも偽物か？　名前に何の意味があろうか？（まとめ）　ブランドについて）　第4章 薬指―人間関係（パートナーとの関係にひそむ危険　成功の秘訣は強い人間関係　（まとめ）人間関係について）　第5章 小指―小さいけれど大事なこと（小さいことこそが大事　豪華さと細かさ―小さなことが大きなことに　（まとめ）小さいけれど大事なことについて）〔02090〕
◇金持ち父さんのお金を自分のために働かせる方法　ロバート・キヨサキ著, 井上純子訳　青春出版社　2013.1　222p　21cm　〈著作目録あり〉1400円　①978-4-413-11081-5
内容 PROLOGUE ロバート・キヨサキ来日特別インタビュー ユーロ危機、中国の減速…ニュースに振り回されるより「金持ちの考え方」を！　1 金持ちの考え方と行動原理を学ぼう（通貨戦争からの警鐘「クワドラント」を変えよ　結婚とお金 共に学び、共に笑え ほか）　2 「将来の危機」に備える視点をインストールしておこう（不安な世界経済 最悪の事態に備えよ　あなたの人生設計は万端か いまこそ自分の「方舟」を造り始めよう ほか）　3 どんな時代にも勝ち抜くための新発想（情報時代の富の築き方 知識は金なり　上がったものは下がる キャッシュフローに投資せよ ほか）　4 金持ち父さんに学ぶ「起業・経営」のルール（己の恐怖心に克て！　プラチナチケットとなれ！ ほか）〔02091〕
◇金持ち父さんのキャッシュフロー・クワドラント―経済的自由があなたのものになる（Rich Dad's CASHFLOW QUADRANT : Guide to Financial Freedom）　ロバート・キヨサキ著, 白根美保子訳　改訂版　筑摩書房　2013.11　334p　21cm　1900円　①978-4-480-86425-3
内容 第1部 クワドラントの右側か左側か（私があえてホームレスになったわけ　クワドラントが違えば人間も違う　人はなぜ自由よりも安全を求めるのか　ビジネスシステムを手に入れる　投資家の五つのレベル　お金は目に見えない）　第2部 最高のあなたを引き出す（なりたい自分になる　どうしたら金持ちになれるか　銀行そのものになれ）　第3部 クワドラント

の右側で成功するために（まずはヨチヨチ歩きから　ラットレースから抜け出すための七つのステップ）〔02092〕

◇金持ち父さん貧乏父さん―アメリカの金持ちが教えてくれるお金の哲学（Rich Dad Poor Dad : What The Rich Teach Their Kids About Money - That The Poor And Middle Class Do Not!）　ロバート・キヨサキ著，白根美保子訳　改訂版　筑摩書房　2013.11　262p　21cm　1600円　①978-4-480-86424-6

内容 教えの書―金持ち父さんの六つの教え（金持ちはお金のためには働かない　お金の流れの読み方を学ぶ　自分のビジネスを持つ　会社を作って節税する　金持ちはお金を作り出す　お金のためでなく学ぶために働く）　実践の書（まず五つの障害を乗り越えよう　スタートを切るための十のステップ　具体的な行動を始めるためのヒント）〔02093〕

ギヨーム，グザヴィエ

◇EUと東アジアの地域共同体―理論・歴史・展望　中村雅治，イーヴ・シュメイユ共編　Sophia University Press上智大学出版　2012.12　404p　22cm〈他言語標題 : The European Union and East Asian Regional Community　索引あり　制作・発売 : ぎょうせい〉3000円　①978-4-324-09206-4

内容 記憶の共同体と地域安全保障（グザヴィエ・ギヨーム執筆，立川京一訳）〔02094〕

キラルフィ，アレキサンダー

◇新戦略の創始者―マキアヴェリからヒトラーまで　下（Makers of modern strategy）　エドワード・ミード・アール編著，山田積昭，石塚栄，伊藤博邦訳　原書房　2011.3　366p　20cm〈1979年刊の増補、新版　索引あり〉2800円　①978-4-562-04675-1

内容 日本の海軍戦略（アレキサンダー・キラルフィ著，石塚栄訳）〔02095〕

キーリー，ケヴィン　Kiley, Kevin F.

◇戦闘技術の歴史　4　ナポレオンの時代編―AD1792-AD1815（FIGHTING TECHNIQUES OF THE NAPOLEONIC AGE）　ロバート・B.ブルース，イアン・ディッキー，ケヴィン・キーリー，マイケル・F.パヴコヴィック，フレデリック・C.シュネイ著，浅野明監修，野下祥子訳　大阪　創元社　2013.4　367p　22cm〈文献あり　索引あり〉4500円　①978-4-422-21507-5

内容 第1章 歩兵の役割（縦長隊形　戦術の再考 ほか）　第2章 騎兵の戦闘（騎兵の馬　隊形と規律 ほか）　第3章 指揮と統率（スイス選抜歩兵将校（第三スイス連隊）　王室騎馬兵将校（イギリス））　第4章 火砲と攻囲戦（野戦砲の発達　リヒテンシュタイン・システム ほか）　第5章 海戦（攻撃力　艦隊戦術 ほか）〔02096〕

ギリアム，ウォルター・S.　Gilliam, Walter S.

◇みんなの幼児教育の未来予想図（A Vision for Universal Preschool Education）　エドワード・ジグラー，ウォルター・S.ギリアム，ステファニー・M.ジョーンズ編，田中道治編訳　京都　ナカニシヤ出版　2013.3　322p　22cm〈索引あり〉3800円　①978-4-7795-0753-3

内容 万人の幼児教育運動 他（エドワード・ジグラー，ウォルター・S.ギリアム，ステファニー・M.ジョーンズ著，田中道治訳）〔02097〕

ギリアン，レモン*　Guillien, Raymond

◇フランス法律用語辞典（Lexique des termes juridiques（原著第16版））　Raymond Guillien, Jean Vincent〔編著〕，中村紘一，新倉修，今関源成監訳，Termes juridiques研究会訳　第3版　三省堂　2012.6　490p　22cm〈索引あり〉5000円　①978-4-385-15754-2〔02098〕

ギリガン，ジェームズ　Gilligan, James

◇男が暴力をふるうのはなぜか―そのメカニズムと予防（Preventing violence）　ジェームズ・ギリガン著，佐藤和夫訳　大月書店　2011.2　228, 10p　20cm〈文献あり 索引あり〉2800円　①978-4-272-42013-1

内容 序論 暴力を予防するための二つのアプローチ　第1章 恥と自我の死　第2章 暴力の社会的原因　第3章 男らしさの証としての暴力　第4章 暴力の新しい理論　第5章 暴力の少ない社会をつくるために　第6章 第二次予防＝早期介入　第7章 第三次予防＝治療的介入　第8章 暴力で誰が得をするのか〔02099〕

ギリガン，スティーヴン　Gilligan, Stephen

◇NLPヒーローズ・ジャーニー（The hero's journey）　ロバート・ディルツ，スティーヴン・ギリガン著，橋本敦生監訳，浅田仁子訳　春秋社　2011.7　446p　19cm〈文献あり〉3200円　①978-4-393-36636-3

内容 1日目 道を開く（旅の始まり　英雄の旅の枠組み ほか）　2日目 心地よい闇へ（生成的な認知意識　スポンサーシップ ほか）　3日目 つながりのパターンを知る（生成的な場　元型的なエネルギー ほか）　4日目 帰還（旅の舵を取る　実践の重要性 ほか）〔02100〕

ギリソン，カレン　Gillison, Karen

◇プロジェクト・マネジャーが知るべき97のこと（97 things every project manager should know）　Barbee Davis編，笹井崇司訳，神庭弘年監修　オライリー・ジャパン　2011.11　240p　21cm〈発売 : オーム社〉1900円　①978-4-87311-510-8

内容 チームのために働く（カレン・ギリソン）〔02101〕

キリチェンコ，アレクセイ・アレクセーヴィチ　Kirichenko, Alekseĭ Alekseevich

◇知られざる日露の二百年（Неизвестные моменты 200 лет японо－российских отношений）　アレクセイ・A.キリチェンコ著，川村秀編，名越陽子訳　現代思潮新社　2013.3　276p　20cm　2800円　①978-4-329-00486-4

内容 第1章 十七世紀から十九世紀前半の日本とロシアの接触　第2章 十九世紀後半の日露関係　第3章 日本のシベリア・極東への干渉――九一八 - 一九二二年　第4章 ソ連 - 日本 戦争瀬戸際の二十年――九二五 - 一九四五年　第5章 日本の諜報活動とソ連のスパイ騒動　第6章 五日間の満洲電撃戦　第7章 ロシアにおける日本人捕虜　第8章「満洲電撃戦」のいくつかの結果〔02102〕

ギリヤ，エヴゲニー・ユリエヴィッチ　Giria, Evgeniĭ

IUr'evich
◇氷河期の極北に挑むホモ・サピエンス―マンモスハンターたちの暮らしと技（Секреты Древних Косторезов Восточной Евролы и Сибири）G.A.フロパーチェフ,E.Ju.ギリヤ, 木村英明著, 木村英明, 木村アヤ子訳　雄山閣　2013.3　208p　26cm　〈文献あり〉4800円　①978-4-639-02264-0

内容 第1部 牙と角のわざのひみつ（マンモスの牙、トナカイの角：かたちとなりたち　マンモスの牙とトナカイの角加工法の研究史　基本的な観察と考古学的な観察　マンモスの牙とトナカイの角の剥離実験　角と牙のたわみ実験―形状記憶 ほか）　第2部 酷寒に挑む旧石器時代の人びとと技―北方ユーラシアにおけるホモ・サピエンスとマンモスハンターの起源（酷寒の地に足を踏み入れたのは誰か？　旧石器時代における環境と文化の変遷史　寒さを味方にした人びと―マンモスハンターの文化の成立と展開　マンモスの骨格住居とマンモスの絶滅問題　マンモス牙製の槍に守られた少年・少女たち ほか）〔02103〕

ギル, エリアナ　Gil, Eliana
◇虐待とトラウマを受けた子どもへの援助―統合的アプローチの実際（Helping Abused and Traumatized Children）エリアナ・ギル著, 小川裕美子, 湯野貴子訳　大阪　創元社　2013.8　333p　21cm　〈文献あり 索引あり〉3800円　①978-4-422-11566-5

内容 第1部 虐待とトラウマ―臨床実践の基本となる考え方（虐待、トラウマを受けた子どもの治療における基礎　統合的アセスメントのガイドライン　統合的治療法についてのガイドライン　表現療法　認知行動療法　家族療法と家族プレイセラピー　特有の問題―ポストトラウマティックプレイ、トラウマフォーカストプレイセラピー（TF‐PT）そして解離の問題）　第2部 四つの事例（スコットとお城とお姫様の護衛　カーラの居なくなったお母さん探し　裏庭に潜む危険　魔女と赤ちゃんと虫）〔02104〕

ギル, トム　Gill, Tom
◇日本人の「男らしさ」―サムライからオタクまで「男性性」の変遷を追う（RECREATING JAPANESE MEN）サビーネ・フリューシュトゥック, アン・ウォルソール編著, 長野ひろ子監訳, 内田雅克, 長野麻紀子, 粟倉大輔訳　明石書店　2013.1　307p　22cm　3800円　①978-4-7503-3745-6

内容 日本の都市路上に散った男らしさ（トム・ギル著, 粟倉大輔訳）〔02105〕

◇東日本大震災の人類学―津波、原発事故と被災者たちの「その後」　トム・ギル, ブリギッテ・シテーガ, デビッド・スレイター編　京都　人文書院　2013.3　371p　19cm　2900円　①978-4-409-53043-6

内容 1 被災地の内と外（支援を拒む人々―被災地支援の障壁と文化的背景　ボランティア支援における倫理―贈り物と返礼の組み合わせ　3.11と日本の若者たち―学生ボランティアの新しい仕組みと体験談）　2 見えない被害と向き合う（彼ら対我ら―福島原発危機にかんする日本と国際メディアの報道　「汚染」と「安全」―原発事故後のリスク概念の構築と福島復興の力　場所と人の関係が絶たれるとき　福島第一原発事故と「故郷」の意味　立ち上がる母―受身の大衆とマヒした政府の間で戦う女性たち）　3 被災者たちの日常（「皆一緒だから」―岩手県山田町の津波避難所における連帯感　がれきの中の祭壇―大震災を経験した岩手県での信仰習慣の順応　家も、船も、いかだもなくなった―大震災後の宮城県沿岸地域の人々）〔02106〕

ギル, メル　Gill, Mel
◇ザ・メタ・シークレット（THE META SECRET）メル・ギル著, 山川紘矢, 山川亜希子訳　角川書店　2012.12　311p　19cm　〈発売：角川グループパブリッシング〉1800円　①978-4-04-110203-9

内容 第1部（世界が変わった日　どんなことでも可能　出したものが返ってくる　良い波動　全てのものにはその逆がある　流れに乗る　全てのことには時がある　全ては偶然ではない）　第2部（共時性はどこにでもある　富を生かす　ますます健康になる　愛を生きる　本当の幸せを見つける　人生最高の日々）〔02107〕

◇図解ザ・メタ・シークレット　メル・ギル著, 山川紘矢, 山川亜希子監訳, メタ・シークレット・ユニバーシティ監修　中経出版　2012.12　95p　26cm　〈他言語標題：THE META SECRET〉933円　①978-4-8061-4574-5

内容 1 7つの法則（1）思考の法則　2 7つの法則（2）投影の法則　3 7つの法則（3）バイブレーションの法則　4 7つの法則（4）極性の法則　5 7つの法則（5）リズムの法則　6 7つの法則（6）両性の法則　7 7つの法則（7）原因と結果の法則　Last Chapter 7つの法則「実践編」〔02108〕

キルギス, マグディー
◇死者の追悼と文明の岐路―二〇一一年のエジプトと日本　大稔哲也, 島薗進編著　三元社　2012.3　166p　21cm　1800円　①978-4-88303-308-9

内容 鈴木報告、ロワイ・マフムード報告へのコメント（マグディー・ギルギス著, 小林理修訳）〔02109〕

ギールケ, オットー・フォン　Gierke, Otto Friedrich von
◇ヨハネス・アルトジウス―自然法的国家論の展開及び法体系学説史研究（Johannes Althusius und die Entwicklung der naturrechtlichen Staatstheorien）オットー・フォン・ギールケ著, 笹川紀勝, 本間信長, 増田明彦訳　勁草書房　2011.7　325p　22cm　〈文献あり 索引あり〉4800円　①978-4-326-40266-3

内容 第1部 アルトジウスの生涯と学問（ヨハネス・アルトジウス　アルトジウスの政治学　アルトジウスの法学　原注1および付説）　第2部 アルトジウスの国家論に刻印された政治理念の発展史（アルトジウスの国家論における宗教的要素　国家契約論　人民主権論　代表原理　連邦制の理念　法治国家の理念）　補遺（1902年の補遺　1913年の補遺　注）〔02110〕

キルケゴール, セーレン・オービュイ　Kierkegaard, Søren Aabye
◇死に至る病（Sygdommen til doden）キェルケゴール著, 斎藤信治訳　98刷改版　岩波書店　2010.4　294p　15cm　（岩波文庫 33-635-3）780円〔02111〕

◇キェルケゴール著作全集―原典訳記念版　第13

キ

巻（Soren Kierkegaards samlede vaerker）　キェルケゴール〔著〕, 大谷長監修　福岡　創言社　2011.8　469p　22cm　9000円　①978-4-88146-325-3
内容 キリスト教への修練 山下秀智, 国井哲義 訳. 一つの建徳的談話 山下秀智 訳　〔02112〕

◇ちくま哲学の森　7　恋の歌　鶴見俊輔, 安野光雅, 森毅, 井上ひさし, 池内紀編　筑摩書房　2012.3　444p　15cm　1300円　①978-4-480-42867-7
内容 わが沈黙の共謀者よ！（キルケゴール著, 桝田啓三郎訳）　〔02113〕

◇単独者と憂愁―キルケゴールの思想　セーレン・オービュイ・キルケゴール著, 飯島宗享編・訳・解説　未知谷　2012.12　270p　20cm　〈「世界の思想家 15 キルケゴール」（平凡社 1976年刊）の改題、復刊　文献あり 索引あり〉2500円　①978-4-89642-392-1
内容 思想と生涯 実存主義思想の源泉キルケゴール（思想の出発点　父と子　レギーネとの婚約破棄　コルサール事件と教会闘争）　1 モラリスト的洞察（不幸なる人間とその気分　現代の悲惨　詩と真実）　2 実存的自己（実存の意味　自己の概念　単独者の自由）　3 実存主義的キリスト教（罪とは何か　キリストのまねび　信仰か、つまずきか）　〔02114〕

ギルゲン, R.*　Gilgen, Ruedi

◇インターライ方式ケアアセスメント―居宅・施設・高齢者住宅（InterRAI home care (HC) assessment form and user's manual, 9.1 〔etc.〕）　John N.Morris〔ほか〕著, 池上直己監訳, 山田ゆかり, 石橋智昭訳　医学書院　2011.12　367p　30cm　3800円　①978-4-260-01503-5　〔02115〕

キルドウ, ベティー・A.　Kildow, Betty A.

◇「事業継続」のためのサプライチェーン・マネジメント実践マニュアル（A supply chain management guide to business continuity）　ベティー・A.キルドウ著, 樋口恵一訳　プレジデント社　2011.11　313p　21cm　〈索引あり〉3800円　①978-4-8334-1983-3
内容 第1章 事業継続の基本　第2章 事業継続プログラム―誰の計画で、それを動かしているのは何か　第3章 事業継続のベストプラクティス　第4章 組織・サプライチェーン・事業継続　第5章 リスクの明確化とハザードアセスメント　第6章 ビジネスインパクト分析　第7章 サプライチェーン事業継続戦略　第8章 事業継続プランの文書化　第9章 事業継続プランのテストと維持　第10章 事業継続の標準・法規制・要件　〔02116〕

ギルドン, バージニー　Guiraudon, Virginie

◇流動性と多様性に満ちた大陸―いかにしてヨーロッパは移民大国になったのか？　バージニー・ギルドン著, 尾嶋史章訳　京都　同志社　2013.3　18p　21cm　（新島講座 第35回（2012年）　同志社新島基金運営委員会編）〈他言語標題：A mobile and diverse continent　会期・会場：2012年11月19日 大学寒梅館6階大会議室ほか　英語併記〉500円　〔02117〕

ギルバート, ジョージ　Gelabert, Jorge

◇プロジェクト・マネジャーが知るべき97のこと（97 things every project manager should know）　Barbee Davis編, 笹井崇司訳, 神庭弘年監修　オライリー・ジャパン　2011.11　240p　21cm　〈発売：オーム社〉1900円　①978-4-87311-510-8
内容 よいスポンサー、わるいスポンサー、ひどいスポンサー 他（ジョージ・ギルバート）　〔02118〕

ギルバート, シルリ　Gilbert, Shirli

◇ホロコーストの音楽―ゲットーと収容所の生（MUSIC IN THE HOLOCAUST）　シルリ・ギルバート〔著〕, 二階宗人訳　みすず書房　2012.9　290, 41p　22cm　〈文献あり〉4500円　①978-4-622-07695-7
内容 序論 音楽を救う―「精神的抵抗」を超えて　第1章「哀れみを、ユダヤ人の心よ」ワルシャワ・ゲットーの音楽（ユダヤ人の都市ワルシャワの状況　ゲットー生活の両極　街頭の音楽　劇場　ワルシャワ・ゲットーのオーケストラ　ポーランドとユダヤの闘い　後世のために記録する）　第2章 ヴィルナ―政治家とパルチザンたち（リトアニアのエルサレム　戦争、そしてゲットーへの強制移住　嵐のあとの静けさ　ユダヤ人のアイデンティティを抱いて　パルチザンと若者たち　ゲンスとゲットーの劇場　劇場の先に）　第3章 過去と向き合う歌―ザクセンハウゼンの生活（収容所の歴史　ドイツ人政治犯、チェコ人芸術家、特権の諸段階　冷笑、ナショナリズム、ポーランド人の体験　オーケストラ、強制された音楽、ユダヤ人　ザクセンハウゼンを回想する）　第4章 人間性の断片―アウシュヴィッツの音楽（アウシュヴィッツの風景　一般収容者の歌　「特別囚」たちの生活　没収財産登録事務所のメドレー　強制された歌唱、オーケストラ、ナチ当局　音楽と死の収容所の世界）　〔02119〕

ギルバート, ダニエル　Gilbert, Daniel Todd

◇明日の幸せを科学する（STUMBLING ON HAPPINESS）　ダニエル・ギルバート著, 熊谷淳子訳　早川書房　2013.12　370p　16cm　（ハヤカワ文庫 NF 399）〈「幸せはいつもちょっと先にある」（2007年刊）の改題〉760円　①978-4-15-050399-4　〔02120〕

ギルバート, フェリックス

◇新戦略の創始者―マキアヴェリからヒトラーまで　上（Makers of modern strategy）　エドワード・ミード・アール編著, 山田積昭, 石塚栄, 伊藤博邦訳　原書房　2011.3　383p　20cm　〈1978年刊の新版〉2800円　①978-4-562-04674-4
内容 戦術のルネサンス―マキアヴェリ（フェリックス・ギルバート著, 山田積昭訳）　〔02121〕

キルヒホッフ, パウル

◇ユダヤ出自のドイツ法律家（DEUTSCHE JURISTEN JUDISCHER HERKUNFT）　ヘルムート・ハインリッヒス, ハラルド・フランツキー, クラウス・シュマルツ, ミヒャエル・シュトレイス著, 森勇監訳　八王子　中央大学出版部　2012.3　25, 1310p　21cm　（日本比較法研究所翻訳叢書 62）〈文献あり 索引あり〉13000円　①978-4-8057-0363-2

内容 法治国家にのっとった租税法を目指した闘士（パウル・キルヒホッフ著, 森勇訳） 〔02122〕

ギルボア, イツァーク Gilboa, Itzhak

◇意思決定理論入門（MAKING BETTER DECISIONS） イツァーク・ギルボア著, 川越敏司, 佐々木俊一郎訳 NTT出版 2012.7 235p 21cm 〈索引あり〉2800円 ①978-4-7571-2282-6

内容 第1章 基礎概念 第2章 判断と選択におけるバイアス 第3章 統計データを理解する 第4章 リスク下の意思決定 第5章 不確実性下の意思決定 第6章 幸福度と幸福感 〔02123〕

◇合理的選択（Rational Choice） イツァーク・ギルボア著, 松井彰彦訳 みすず書房 2013.3 235p 21×14cm 3200円 ①978-4-622-07733-6

内容 1 最適化（できることと望ましいこと 効用最大化 制約付き最適化） 2 リスクと不確実性（期待効用 確率と統計） 3 集団選択（選好の集計 ゲームと均衡 自由市場） 4 合理性と感情（感情の進化論的説明 効用と幸福度） 〔02124〕

ギルボーン, デービッド Gillborn, David

◇グローバル化・社会変動と教育 2 文化と不平等の教育社会学（EDUCATION, GLOBALIZATION AND SOCIAL CHANGE（抄訳）） ヒュー・ローダー, フィリップ・ブラウン, ジョアンヌ・ディラボー,A.H.ハルゼー編, 苅谷剛彦, 志水宏吉, 小玉重夫編訳 東京大学出版会 2012.5 370p 22cm 〈文献あり〉4800円 ①978-4-13-051318-0

内容 教育的選別とDからCへの成績の転換（デービッド・ギルボーン, デボラ・ユーデル著, 清水睦美訳） 〔02125〕

ギルマン, キャロリン

◇世界探検家列伝—海・河川・砂漠・極地、そして宇宙へ（The great explorers） ロビン・ハンベリーテニソン編著, 植松靖夫訳 悠書館 2011.9 303p 26cm 〈文献あり 索引あり〉9500円 ①978-4-903487-49-6

内容 ルイスとクラーク—アメリカ大陸の未知なる西部へ（キャロリン・ギルマン） 〔02126〕

ギルマン, ハンク

◇ありえない決断—フォーチュン誌が選んだ史上最高の経営判断（FORTUNE ： THE GREATEST BUSINESS DECISIONS OF ALL TIME） バーン・ハーニッシュ, フォーチュン編集部著, 石山淳訳 阪急コミュニケーションズ 2013.10 237p 19cm 1700円 ①978-4-484-13117-7

内容 ウォルマートの土曜日早朝ミーティング（ハンク・ギルマン著） 〔02127〕

ギルロイ, ポール

◇ディアスポラの力を結集する—ギルロイ・ボヤーリン兄弟・スピヴァク 赤尾光春, 早尾貴紀編著 京都 松籟社 2012.6 346, 3p 19cm 〈執筆：上野俊哉ほか〉1900円 ①978-4-87984-306-7

内容 Could You Be Loved？（ポール・ギルロイ著, 鈴木慎一郎訳） 〔02128〕

ギレボー, クリス Guillebeau, Chris

◇常識からはみ出す生き方—ノマドワーカーが贈る「仕事と人生のルール」（The Art of Non-conformity） クリス・ギレボー著, 中西真雄美訳 講談社 2012.7 267p 19cm 1400円 ①978-4-06-217226-4

内容 第1部 すばらしい人生を送るために（人の期待に合わせて生きていないか？ 常識からはみ出して生きよう 「不安の壁」をぶち破れ！ ルールを変えて、「普通」に立ち向かえ！） 第2部 仕事を再発見する（能力こそ、最大の防御 大学院VS.ウェブの世界 「小さな友軍」の力を引き出す パーソナルファイナンス） 第3部 収束のパワー（いらないものを断つ習慣と豊かさの追求 ノマドライフを選択する 君の生きた証を残す） エピローグ 君を常識からはみ出させるアイデア 〔02129〕

◇1万円起業—片手間で始めてじゅうぶんな収入を稼ぐ方法（THE $100 STARTUP） クリス・ギレボー著, 本田直之監訳 飛鳥新社 2013.9 269p 19cm 1400円 ①978-4-86410-270-4

内容 第1部 気がつけば、起業家（自分を再発見しよう 「魚」を与えよ！ 情熱だけでは成功しない ノマド起業の真実 顧客の年齢層を調べるな） 第2部 さあ、街で売ろう（ビジネスプランはA4用紙1枚に 断れないオファー 本日発売！ 売り込みは穏やかに 儲かり続けなければ仕事じゃない） 第3部 利益を増やす次の一手（収入を倍増させる微調整 自分をフランチャイズしよう 大きくなるのはいいこと？ あなたはもう、いちばんの専門家！） 〔02130〕

キロ Cheiro

◇手は物語る キロ 手相の書（Cheiro's Language of the Hand） キロ著, ゆきまる監訳 ディスカヴァー・トゥエンティワン 2011.3 255p 21cm 2000円 ①978-4-7993-1004-5

内容 第1章 手型学（手と指の形 親指 指の関節 指 手のひら ほか） 第2章 掌線学（手相を読むということ 主要線と複線の名称 線の観方について 右手と左手 生命線 ほか） 巻末附録 弁明 ハンドプリントサンプル 〔02131〕

ギロヴィッチ, トーマス Gilovich, Thomas

◇お金で失敗しない人たちの賢い習慣と考え方（Why smart people make big money mistakes and how to correct them） ゲーリー・ベルスキー, トーマス・ギロヴィッチ著, 鬼沢忍訳 日本経済新聞出版社 2011.1 334p 20cm 〈『賢いはずのあなたが、なぜお金で失敗するのか』（日本経済新聞社2000年刊）の改訂版〉1800円 ①978-4-532-35453-4

内容 プロローグ—賢いはずのあなたが、なぜお金で失敗するのか 1 心の会計 2 五十歩百歩 3 正体のわかっている悪魔 4 数字オンチ 5 錨をおろす 6 自尊心の落とし穴 7 それは噂で聞いた 8 感情的なお荷物 エピローグ—ではどうするのか 〔02132〕

キーン, アラスディア Kean, Alasdair

◇アメリカン・カルチュラル・スタディーズ—ポスト9・11からみるアメリカ文化（American cultural studies（2nd edition）） ニール・キャンベル, アラスディア・キーン著, 徳永由紀子, 橋本安央, 藤本雅樹, 松村延昭, 山中礼子, 大川淳編訳 第2版 奈良 萌書房 2012.11 264, 8p 21cm

〈文献あり〉 3000円 ①978-4-86065-069-8
内容 第1章 新たなる始まり—アメリカの文化とアイデンティティ　第2章 エスニシティと移民—いくつもの世界のはざまで　第3章 アフリカ系アメリカ人—「他者の声は歌わない」　第4章 アメリカ人は神を信じているのだろうか？—アメリカ人の生活における宗教　第5章 地域主義へのアプローチ—西部と南部　第6章 ジェンダーとセクシュアリティ—古い回路を断ち切って　第7章 自由の普及　〔02133〕

キ

キン, イツケイ*　金 一圭
⇒キム, イルギュ*

キン, イツケン*　金 一権
⇒キム, イルグォン

キン, インキ*　金 允嬉
⇒キム, ユンヒ*

キン, エイジュン　金 栄順
⇒キム, ヨンスン

キン, エイチン*　金 泳鎮
⇒キム, ヨンジン*

キン, エンメイ*　金 淵明
⇒キム, ヨンミョン*

キン, オウバイ*　金 王培
◇デモクラシーとコミュニティ—東北アジアの未来を考える　中神康博, 愛甲雄一編　未来社　2013.9　352p　21cm　（成蹊大学アジア太平洋研究センター叢書）　3800円　①978-4-624-30120-0
内容「リスク社会」と共同体の未来（金王培著, 高一訳）　〔02134〕

キン, カイショク*　金 海植
⇒キム, ヘシク

キン, カイリュウ*　金 海竜
⇒キム, ヘヨン*

キン, ガクシュン　金 学俊
⇒キム, ハクチュン

キン, キコウ*　金 基興
⇒キム, ギフン

キン, キサン　金 基三
⇒キム, キサム

キン, キシュウ　金 起秀
◇蜃気楼か？　中国経済　金起秀著, 洪熒訳　晩声社　2012.11　197p　19cm　1600円　①978-4-89188-355-3
内容 1 中国はなぜ北韓を庇護するのか（中国コンプレックスの起源　中国の対アジア戦略　中国が北韓を庇護する理由とその限界）　2 中国経済（永遠の成長はない　新しい時代の出現—西欧の躍進　中国の経済開発方式　中国の経済が直面したジレンマ　中国政治制度の脆弱性）　3 中国は絶対米国に追いつけない（覇権　米国と中国の軍事覇権競争　中国の経済的挑戦と米国の経済覇権）　〔02135〕

キン, キツドウ　金 吉堂
◇支那回教徒の研究　支那回教史　南満洲鉄道株式会社庶務部調査課著, 金吉堂著, 外務省調査部訳　大空社　2011.9　172, 38, 177p　22cm　（アジア学叢書 241）　〈南満洲鉄道株式会社庶務部調査課大正13年刊と生活社昭和15年刊の複製合本〉　15000円　①978-4-283-00813-7　〔02136〕

キン, キョウシュク*　琴 京淑
⇒クム, ギョンスク

キン, ケイコウ*　金 慶浩
⇒キム, キョンホ*

キン, ケイコン*　金 炅根
⇒キム, キョングン*

キン, ケンシュク*　金 賢淑
⇒キム, ヒョンスク

キン, ケンショク*　金 建植
◇会社・金融・法　上巻　岩原紳作, 山下友信, 神田秀樹編集代表　商事法務　2013.11　618p　22cm　10000円　①978-4-7857-2125-1
内容 企業支配構造の変化（金建植著, 田中佑季訳）　〔02137〕

キン, コウシュ*　金 光洙
⇒キム, クァンス*

キン, コウシン　金 洪信
⇒キム, ホンシン

キン, サンエイ　金 燦栄
◇中国の未来　金燦栄ほか著, 東滋子訳　日本僑報社　2013.12　227p　19cm　1900円　①978-4-86185-139-1
内容 第1章 中国その真実（中国とは何者なのか—中国に関する四つのエピソード　「勝手な思い込み」—我々が中国を理解する方法 ほか）　第2章 経済発展における難関とその対策への理解（中国経済発展の魅力　中国経済発展の苦境 ほか）　第3章 社会変化と発展の中で迎える新しい課題（新しい成功へ—転換発展する中国社会への人民の期待　新しい挑戦—中国社会の転換型発展におけるリスクと試練 ほか）　第4章 待ち望まれる平和的発展への挑戦とその対応（ポストクライシス時代の世界経済の振動　安全保障分野の難題 ほか）　第5章 未来の道を読み解く（中国の平和的発展への試み　転換の成功と挑戦 ほか）　〔02138〕

キン, ショウイツ*　金 鐘一
⇒キム, ジョンイル*

キン, ショウコク*　金 承国
⇒キム, スンクック*

キン, ショウミン*　金 昌民
⇒キム, チャンミン*

キーン, ジョン　Keane, John
◇デモクラシーの世界史 (THE SECRET HISTORY OF DEMOCRACY)　ベンジャミン・イサカーン, スティーヴン・ストックウェル編, 猪口孝日本版監修, 田口未和訳　東洋書林　2012.8　330p　22cm　〈文献あり 索引あり〉 3800円　①978-4-88721-803-1
内容 監視民主主義? (ジョン・キーン著)　〔02139〕
◇デモクラシーの生と死　上 (THE LIFE AND DEATH OF DEMOCRACY)　ジョン・キーン〔著〕, 森本醇訳　みすず書房　2013.11　453, 28p　22cm　6500円　①978-4-622-07743-5　〔02140〕
◇デモクラシーの生と死　下 (THE LIFE AND DEATH OF DEMOCRACY)　ジョン・キーン〔著〕, 森本醇訳　みすず書房　2013.11　426, 33, 25p　22cm　〈索引あり〉 6500円　①978-4-622-07744-2　〔02141〕

キン, ジンカイ*　金 仁会
⇒キム, インフェ*

キン, シンテイ*　金 信貞
⇒キム, シンジョン*

キン, セイキ*　金 成姫
⇒キム, ソンヒ*

キン, セイキ*　金 正起
⇒キム, ジョンギ*

キン, セイケイ*　金 星奎
⇒キム, ソンギュ

キン, セイケイ*　金 聖恵
⇒キム, ソンヘ

キン, セイコウ*　金 生紘
◇広池千九郎の思想と業績―モラロジーへの世界の評価 2009年モラルサイエンス国際会議報告　岩佐信道, 北川治男監修　柏　モラロジー研究所　2011.2　471p　22cm　〈他言語標題 : Ethical Theory and Moral Practice : Evaluating Chikuro Hiroike's Work in Moralogy　発売 : 広池学園事業部(柏)〉 3200円　①978-4-89639-195-4
内容 最高道徳に従って (金生紘著, 足立智孝訳)　〔02142〕

キン, セイコン*　金 星坤
⇒キム, ソンゴン*

キン, セイタイ*　金 性泰
⇒キム, ソンテ

キン, セイライ*　金 成礼
⇒キム, ソンレ*

キン, セキユウ*　金 錫佑
◇東アジアの記憶の場　板垣竜太, 鄭智泳, 岩崎稔編著　河出書房新社　2011.4　397p　21cm　4200円　①978-4-309-22542-5
内容 関羽 (金錫佑著, 藤井たけし訳)　〔02143〕

キン, ソウケン*　金 相鉉
⇒キム, サンヒョン

キン, ソウセキ　金 壮錫
⇒キム, ジャンソク*

キン, ダイコウ　金 大鎬
⇒キム, デホ*

キン, ダイチュウ　金 大中
⇒キム, デジュン

キン, タイメイ*　金 泰明
⇒キム, テミョン

キン, チュウカン*　金 忠環
⇒キム, チュンファン*

キン, チンシュク*　金 鎮淑
⇒キム, ジンスク

キン, チンジュン*　金 鎮順
⇒キム, ジンスン

キン, テイウン*　金 珽運
⇒キム, ジョンウン

キン, ドウコウ*　金 道公
⇒キム, ドコン*

キン, トウジン　金 東仁
⇒キム, ドンイン

キン, トウテツ*　金 東哲
⇒キム, ドンチョル

キーン, ドナルド　Keene, Donald
◇ドナルド・キーン自伝　ドナルド・キーン著, 角地幸男訳　中央公論新社　2011.2　363p　16cm　(中公文庫 キ3-14)　〈『私と20世紀のクロニクル』(2007年刊)の改題　索引あり〉 762円　①978-4-12-205439-4
内容 1 (ニューヨーク郊外、少年時代　九歳、ヨーロッパへの船旅 ほか)　2 (日本研究へ―自分の運を信じろ　一九四七年、ハーヴァード大学に「遍参」 ほか)　3 (国際ペンクラブ東京大会　一九五七年夏、ニューヨークの三島由紀夫 ほか)　4 (『百代の過客』から初の伝記『明治天皇』へ　「日本のこころ」と足利義政 ほか)　〔02144〕
◇ドナルド・キーン著作集　第1巻　日本の文学　ドナルド・キーン著　新潮社　2011.12　573p　22cm　〈他言語標題 : The Collected Works of Donald Keene　索引あり〉 3600円　①978-4-10-647101-8
内容 日本の文学 (日本の文学　海外の万葉集　近松と欧米の読者　啄木の日記と芸術　日本と太宰治と『斜陽』)　日本文学散歩 (室町編　戦国編　江戸編　明治

編）古典を楽しむ―私の日本文学（『源氏物語』と私　平安後期の物語の新しさ　能の楽しみ　『おくのほそ道』の世界　世界のなかの近松―悲劇の条件について　歌舞伎における改作の功罪　外国人に俳句がわかりますか？　日本古典文学の特質）古典の愉しみ（日本の美学　日本の詩　日本の詩の有用性　日本の小説　日本の演劇）日本文学の国際性（太平洋戦争まで　自由の享受　翻訳者たちの活躍　海を渡る日本文学・日本文化）Japanese literature　〔02145〕

◇ドナルド・キーン著作集　第2巻　ドナルド・キーン著　新潮社　2012.2　444p　22cm　〈他言語標題：The Collected Works of Donald Keene　各巻のタイトル：百代の過客　索引あり　文献あり〉3000円　①978-4-10-647102-5
内容 序 日本人の日記（文学的な位置　事実と嘘 ほか）1 平安時代（入唐求法巡礼行記　土佐日記 ほか）2 鎌倉時代（建礼門院右京大夫集　たまきはる ほか）3 室町時代（失われた女性日記の伝統　大神宮参詣記 ほか）4 徳川時代（回想録に近い作品の出現　戴恩記 ほか）〔02146〕

◇ドナルド・キーン著作集　第3巻　ドナルド・キーン著　新潮社　2012.4　572p　22cm　〈他言語標題：The Collected Works of Donald Keene　文献あり 索引あり〉3600円　①978-4-10-647103-2
内容 序 近代日本人の日記　1 初期米欧派遣団員の記録　2 中国へ、北へ、南へ　3 のちの文豪たちと密航者　4 政治家も日記を付けた　5 女性の見た日本と世界　6 明治日記文学の傑作　7 二十世紀に入って　終わりに 近代の旅人たちの西欧との出会い　〔02147〕

◇ドナルド・キーン著作集　第4巻　ドナルド・キーン著　新潮社　2012.6　636p　22cm　〈他言語標題：The Collected Works of Donald Keene　著作目録あり 索引あり〉3800円　①978-4-10-647104-9
内容 思い出の作家たち―谷崎・川端・三島・安部・司馬　日本の作家（鷗外の『花子』をめぐって　子規と啄木 ほか）日本文学を読む（二葉亭四迷　尾崎紅葉 ほか）私の日本文学逍遥―現代作家をめぐって（二十二年前の三島由紀夫　三島由紀夫と日本の現況 ほか）声の残り―私の文壇交遊録（火野葦平の屈折　阿部知二に出会って ほか）〔02148〕

◇ドナルド・キーン著作集　第5巻　ドナルド・キーン著　新潮社　2012.8　604p　22cm　〈他言語標題：The Collected Works of Donald Keene　索引あり〉3800円　①978-4-10-647105-6
内容 日本人の戦争―作家の日記を読む（開戦の日　「大東亜」の誕生　偽りの勝利、本物の敗北　暗い新年 ほか）昨日の戦地から―米軍日本語将校が見た終戦直後のアジア（一九四五年八 - 九月 最高の解決策とは 一九四五年十月 初めて戦争が終わったと実感したよ 一九四五年十一月 忌まわしい真実　一九四五年十二月 天皇のなし得ることは ほか）〔02149〕

◇ドナルド・キーン著作集　第6巻　能・文楽・歌舞伎　ドナルド・キーン著　新潮社　2013.1　421p　22cm　〈他言語標題：The Collected Works of Donald Keene　索引あり〉3000円　①978-4-10-647106-3
内容 第1部 能（能のよろこび　能と狂言の歴史 ほか）第2部 文楽（文楽の味　文楽の歴史 ほか）第3部 歌舞伎と日本の演劇（歌舞伎　日本の演劇 ほか）私の日本文学逍遥 古典をめぐって（日本文学における劇的要素　連歌における滑稽の伝統 ほか）〔02150〕

◇ドナルド・キーン著作集　第7巻　足利義政と銀閣寺　ドナルド・キーン著　〔角地幸男〕〔ほか〕〔訳〕　新潮社　2013.5　428p　22cm　〈他言語標題：The Collected Works of Donald Keene　索引あり〉3000円　①978-4-10-647107-0
内容 足利義政と銀閣寺（東山時代と燻し銀の文化　父義教の暗殺　乳母と生母の狭間で ほか）日本人の美意識（日本人の美意識　平安時代の女性的感性　日本文学における個性と型 ほか）私の日本文学逍遥―言葉と書をめぐって（日本語のむずかしさ　日本近代文学の外国語訳　好きな詩 ほか）〔02151〕

◇ドナルド・キーン著作集　第8巻　碧い眼の太郎冠者　ドナルド・キーン著　新潮社　2013.8　653p　22cm　〈他言語標題：The Collected Works of Donald Keene　索引あり〉3800円　①978-4-10-647108-7
内容 碧い眼の太郎冠者（外人への先入観に抗議する　日本文化の理解を妨げるもの ほか）生きている日本（島国とその人々　古い日本 ほか）日本細見（五つの紀行　十二の印象）日本人の質問（日本語を勉強するようになった動機は何ですか　日本語はむずかしいでしょうね ほか）わたしの好きなレコード（わたしの好きなレコード　"本場の音" ほか）〔02152〕

◇ドナルド・キーン著作集　第9巻　世界のなかの日本文化　ドナルド・キーン著　新潮社　2013.11　548p　21cm　3600円　①978-4-10-647109-4
内容 世界のなかの日本文化（講演）（外国が存在しなかった人々　日本人の世界意識 ほか）日本人と日本文化（対談 司馬遼太郎と）（日本文化の誕生　空海と一休―宗教の普遍性について ほか）反劇的人間（対談 安部公房と）（日本的とは何か　日本文化と残酷 ほか）世界のなかの日本―十六世紀まで遡って見る（対談 司馬遼太郎と）（オランダからの刺激　日本人の近世観 ほか）日本の魅力―対談集（「第二芸術」のすすめ（梅棹忠夫と）戯作の精神（井上ひさしと）ほか）〔02153〕

キン, ビシュク*　金 美淑
⇒キム, ミスク*

キン, ビンエイ　金 旻栄
⇒キム, ミンヨン*

キン, フサン*　金 富燦
⇒キム, ブチャン*

キン, ヘイシュン*　金 秉駿
◇東アジア出土資料と情報伝達　藤田勝久, 松原弘宣編　汲古書院　2011.5　384p　22cm　9000円　①978-4-7629-2896-3
内容 中国古代南方地域の水運（金秉駿著, 小宮秀陵訳）〔02154〕

◇東アジアの資料学と情報伝達　藤田勝久編　汲古書院　2013.11　348p　22cm　9000円　①978-4-7629-6508-1
内容 張家山漢簡『二年律令』の出土位置と編連（金秉駿著, 小宮秀陵訳）〔02155〕

キン, ユウテツ　金 勇澈
⇒キム, ヨンチョル

キン, ヨウウン　金 容雲
⇒キム, ヨンウン

キン, ヨウカン*　金 容煥
⇒キム, ヨンファン*

キン, ヨウフク*　金 容福
⇒キム, ヨンボク*

キン, ラクチュウ*　金 洛中
⇒キム, ナクジュン*

キン, レンシ　金 蓮子
⇒キム, ヨンジャ

ギンガリッチ, オーウェン　Gingerich, Owen
◇ライナス・ポーリング―科学への情熱と平和への信念（Linus Pauling）　オーウェン・ギンガリッチ編, トム・ヘイガー著, 梨本治男訳　大月書店　2011.2　191, 9p　20cm　（オックスフォード科学の肖像）〈年譜あり 索引あり〉2200円　①978-4-272-44059-7
内容 第1章 こども教授　第2章 革命の目撃　第3章 結合　第4章 戦時の科学者　第5章 三重らせん　第6章 平和の代償　第7章 ビタミンC　〔02156〕
◇グラハム・ベル―声をつなぐ世界を結ぶ（Alexander Graham Bell）　オーウェン・ギンガリッチ編, ナオミ・パサコフ著, 近藤隆文訳　大月書店　2011.4　176, 9p　20cm　（オックスフォード科学の肖像）〈年譜あり 索引あり〉2000円　①978-4-272-44060-3
内容 第1章 科学的研究の下地　第2章 偉大な発見や発明は…小さなものを観察することから生まれる　第3章 あらがいようもなく電話のほうへ　第4章 世界がねらう標的　第5章 科学…あらゆるもののなかで最高のもの　第6章 わたしのライフワーク…聴覚障害者に話し方を教えること　第7章 飛行機の時代はすぐそこに　第8章 これを仕上げるためにまだ何年も生きていたい　〔02157〕
◇クリックとワトソン―生命の宇宙への船出（Francis Crick and James Watson）　エドワード・イーデルソン著, 西田美緒子訳　大月書店　2011.6　145, 9p　20cm　（オックスフォード科学の肖像　オーウェン・ギンガリッチ編集代表）〈年譜あり〉2000円　①978-4-272-44061-0
内容 第1章 ふたりの男と新しい科学の物語　第2章 ワトソン博士、クリック氏と出会う　第3章 DNAへの道のり　第4章 脚光を浴びはじめた核酸　第5章 二重らせんの登場　第6章 DNAの働き　第7章 ワトソンとヒトゲノムプロジェクト　〔02158〕

緊急時の教育のための機関間ネットワーク《INEE》
◇教育ミニマムスタンダード（緊急時の教育のための最低基準）―準備・対応・復興　2010　INEE〔原著〕, お茶の水女子大学国際協力論ゼミ訳　お茶の水女子大学グローバル協力センター　2011.2　137p　22cm　非売品　①978-4-9905741-0-9　〔02159〕

キング, カレン・L.　King, Karen L.
◇『ユダ福音書』の謎を解く（READING JUDAS : The Gospel of Judas and The shaping of Christianity）　エレーヌ・ペイゲルス, カレン・L.キング著, 山形孝夫, 新免貢訳　河出書房新社　2013.10　257p　20cm　〈索引あり〉2400円　①978-4-309-22602-6
内容 第1部 ユダを読む（ユダ―裏切り者か寵愛された弟子か？　ユダと十二弟子　犠牲と霊の命　王国の秘義）　第2部 ユダ福音書（原典ユダ福音書　いくつかのコプト語に関する訳語について　ユダ福音書への注解　参照牽引）　〔02160〕

キング, ジョン・P.　King, John Paul
◇トライブ―人を動かす5つの原則（Tribal leadership）　デイブ・ローガン, ジョン・キング, ハリー・フィッシャー＝ライト著　大阪　ダイレクト出版　2011.6　300p　22cm　3800円　①978-4-904884-17-1　〔02161〕

キング, パトリシア・A.　King, Patricia A.
◇家庭内暴力の研究―防止と治療プログラムの評価（Violence in families）　ローズマリー・チョーク, パトリシア・A.キング編, 多々良紀夫監訳, 乙須敏紀, 菱沼裕子訳　福村出版　2011.12　500p　22cm　〈索引あり　文献あり〉8000円　①978-4-571-42039-9
内容 要旨　第1章 序論　第2章 家庭内暴力と家庭内暴力への介入　第3章 評価の改善に向けて　第4章 社会福祉サービス介入　第5章 法的介入　第6章 医療介護介入　第7章 包括的で協働的な介入　第8章 分野横断的な問題　第9章 結論および提言　〔02162〕

キング, ピーター・J.
◇哲学大図鑑（The philosophy book）　ウィル・バッキンガムほか著, 小須田健訳　三省堂　2012.2　352p　25cm　〈索引あり〉3800円　①978-4-385-16223-2
内容 古代世界―紀元前700年～後250年　中世世界―250年～1500年　ルネサンスと理性の時代―1500年～1750年　革命の時代―1750年～1900年　現代世界―1900年～1950年　現代哲学―1950年～現在　〔02163〕

キング, ブライアン　King, Brian
◇本当にあった嘘のような話（BEYOND COINCIDENCE）　マーティン・プリマー, ブライアン・キング著, 有沢善樹訳　アスペクト　2012.11　311p　15cm　（アスペクト文庫 B19-1）　648円　①978-4-7572-2175-8
内容 世界が小さくなる扉　悲劇が近づいてくる扉　不思議な出会いの扉　失われたものが帰ってくる扉　作り話が現実になる扉　ジャスト・タイミングの扉　呪いとたたりの扉　歴史がくりかえす扉　偶然が偶然を呼ぶ扉　名前に隠された秘密の扉　パラレルワールドの扉　幸運がやってくる扉　数字に魅入られる扉　シンクロニシティの扉　運命のいたずらの扉　〔02164〕

キング, ブレット　King, Brett
◇リテール金融のチャネル革命―ソーシャル時代の支店のあり方（BRANCH TODAY, GONE TOMORROW）　ブレット・キング著, 電通国際情報サービス監訳　金融財政事情研究会　2013.3　159p　19cm　〈発売：きんざい〉1400円

①978-4-322-12154-4
内容 第1章 過去にしがみつく企業は生き残れない　第2章 加速する技術の定着スピード　第3章 スティーブ・ジョブズが銀行に与えた影響　第4章 ネット関連のイノベーションに対する莫大な投資　第5章 顧客行動と銀行サービスの広がるギャップ　第6章 銀行が信頼を取り戻す日　第7章 ソーシャルメディアによって非難にさらされる金融機関の収益と無駄　結論 銀行が学ぶべきこと　〔02165〕

キ

キング, マーティン・ルーサー, Jr.　King, Martin Luther, Jr.
◇わたしには夢がある（I HAVE A DREAM）　マーティン・ルーサー・キング・ジュニア文, カディール・ネルソン絵, さくまゆみこ訳　光村教育図書　2013.4　〔34p〕　27×27cm　1500円　①978-4-89572-850-8　〔02166〕

キング, ラッセル*　King, Russell
◇移住・移民の世界地図（The atlas of human migration）　Russell King,Richard Black, Michael Collyer,Anthony Fielding,Ronald Skeldon〔著〕, 竹沢尚一郎, 稲葉奈々子, 高畑幸共訳　丸善出版　2011.10　125p　25cm　〈索引あり〉2800円　①978-4-621-08450-2
内容 第1部 大いなる物語—時代を越えた移住と移民（黎明期の移住　地中海の放浪の旅 ほか）　第2部 移動する世界—現在のグローバルな移民パターン（グローバルな移民　戦後の労働者の移住と移民 ほか）　第3部 移住＝移民の時代—人の移動によるハイブリッド・アイデンティティ（難民　難民の滞留 ほか）　第4部 データと出所（経済と移動　移民政策）　〔02167〕

キングストン, カレン　Kingston, Karen
◇新ガラクタ捨てれば自分が見える—風水整理術入門（CLEAR YOUR CLUTTER WITH FENG SHUI（原著改訂版））　カレン・キングストン著, 田村明子訳　小学館　2013.10　253p　15cm　（小学館文庫 キ3-2）　638円　①978-4-09-408862-5
内容 第1部「ガラクタ」を理解する（風…何？　「ガラクタ」の抱える問題　「ガラクタ」を整理する効力 ほか）　第2部「ガラクタ」を見分ける（「ガラクタ」と風水定位盤　あなたの家の「ガラクタ」ゾーン　収集癖 ほか）　第3部「ガラクタ」を処分する（あなたの「ガラクタ」の処分の仕方　時間の無駄を管理する「ガラクタ」を溜めない生活 ほか）　〔02168〕

ギンズバーグ, ジョアンナ
◇心理学大図鑑（The Psychology Book）　キャサリン・コーリンほか著, 小須田健訳, 池田健用語監修　三省堂　2013.2　352p　25cm　〈索引あり〉3800円　①978-4-385-16224-9
内容 哲学的ルーツ—心理学の形成過程　行動主義—環境への反応　心理療法—無意識裡に決定された行動　認知心理学—計算する脳　社会心理学—他者世界内存在　発達心理学—幼児から成人へ　差異心理学—人格と知能　〔02169〕

ギンズバーグ, J.*　Ginsburg, Joel I.D.
◇動機づけ面接法　応用編（Motivational interviewing（2nd edition））　ウイリアム・R.ミラー, ステファン・ロルニック編, 松島義博, 後藤恵, 猪野亜朗訳　星和書店　2012.9　291p　21cm　〈文献あり〉3200円　①978-4-7911-0817-6
内容 刑事司法領域の人々と動機づけ面接法（Joel I.D. Ginsburg, Ruth E.Mann, Frederick Rotgers, John R.Weeke）　〔02170〕

ギンズブルグ, カルロ　Ginzburg, Carlo
◇チーズとうじ虫—16世紀の一粉挽屋の世界像（IL FORMAGGIO E I VERMI）　カルロ・ギンズブルグ〔著〕, 杉山光信訳　みすず書房　2012.6　360p　20cm　（始まりの本）〈新装版 2003年刊の新編集〉3800円　①978-4-622-08350-4
内容 メノッキオ　村　最初の審問「悪魔に憑かれている」？　コンコルディアからポルトグルアロへ「高い地位にある方々に対して存分に語る」　古いものを残した社会「かれらは貧しい人びとからむさぼりとる」「ルター派」と再洗礼派　粉挽屋、絵師、道化〔ほか〕　〔02171〕

◇裁判官と歴史家（Il giudice e lo storico）　カルロ・ギンズブルグ著, 上村忠男, 堤康徳訳　筑摩書房　2012.9　287p　15cm　（ちくま学芸文庫 キ20-1）〈平凡社 1992年刊の加筆、再刊　年譜あり〉1300円　①978-4-480-09466-7
内容 窓から舞い落ちた死体—十六年後の告発　裁判官と歴史家　予審判事ロンバルディの報告　裁判長ミナーレの追及　殺害指示　歴史学的実験としての裁判　謎の十七日間　憲兵たちの証言　闇に包まれた夜の面談　ヴィンチェンツィ司祭の証言〔ほか〕　〔02172〕

◇アウシュヴィッツと表象の限界（Probing the Limits of Representation : Nazism and the "Final Solution"）　ソール・フリードランダー編, 上村忠男, 小沢弘明, 岩崎稔訳　未来社　2013.5　260p　19cm　（ポイエーシス叢書）〈第3刷（第1刷1994年）〉3200円　①978-4-624-93223-7
内容 ジャスト・ワン・ウィットネス（カルロ・ギンズブルグ著, 上村忠男訳）　〔02173〕

キンズロー, フランク　Kinslow, Frank J.
◇瞬間ヒーリングの秘密—QE : 純粋な気づきがもたらす驚異の癒し（THE SECRET OF INSTANT HEALING）　フランク・キンズロー著, 髙木悠鼓, 海野未有訳　ナチュラルスピリット　2012.12　165p　21cm　1780円　①978-4-86451-024-0
内容 始まり　明かされた秘密　気づきと宇宙　心と思考　思考のはざまの空間　私とは誰か？　ゲート・テクニック　QE—クォンタム・エントレインメント　ヒーリングの準備　感情とユーフィーリング〔ほか〕　〔02174〕

◇ユーフィーリング！—内なるやすらぎと外なる豊かさを創造する技法（EUFEELING）　フランク・キンズロー著, 古閑博丈訳　ナチュラルスピリット　2013.7　229p　21cm　1800円　①978-4-86451-084-4
内容 ポイント　ふるさとに戻る道を見つける　感覚、思考、行動　安心を見いだす　ユーフィーリング　QEの仕組み　QEの実践—ユーフィーリングに気づく　心の根源で生きる　ユーフィーリング、エゴ、信念　完璧な知覚〔ほか〕　〔02175〕

キンセラ, シャロン
◇若者問題の社会学—視線と射程（A SOCIOLOGY OF JAPANESE YOUTH） ロジャー・グッドマン, 井本由紀, トゥーッカ・トイボネン編著, 井本由紀監訳, 西川美樹訳　明石書店　2013.6　315p　20cm　2600円　①978-4-7503-3828-6
内容 ナラティブと統計（シャロン・キンセラ執筆）〔02176〕

ギンタス, ハーバート　Gintis, Herbert
◇ゲーム理論による社会科学の統合（The bounds of reason） ハーバート・ギンタス著, 成田悠輔, 小川一仁, 川越敏司, 佐々木俊一郎訳　NTT出版　2011.7　421p　22cm　（叢書《制度を考える》）〈文献あり 索引あり〉5600円　①978-4-7571-2240-6
内容 意思決定理論と人間行動　ゲーム理論 : 基礎概念　ゲーム理論と人間行動　合理化可能性と合理性に関する共有知識　展開形における合理化可能性　混合問題 : 純粋化と予想　ベイズ的合理性と社会認識論　共有知識とナッシュ均衡　反省的推論と均衡情緻化　人間の社会性に関する分析　私的所有権の進化論　行動科学の統合に向けて　要約　記号の表記〔02177〕

【ク】

グ, ドカン*　具 度完
◇公共圏と熟議民主主義—現代社会の問題解決　舩橋晴俊, 寿福真美編著　法政大学出版局　2013.8　277p　22cm　（現代社会研究叢書 9—「公共圏と規範理論」シリーズ 7）〈索引あり〉4700円　①978-4-588-60259-7
内容 環境問題と公共圏（具度完著, 舩橋晴俊監訳）〔02178〕

ク, ボンジュン　具 本俊
◇最新・大韓民国国籍法　逐条解説と運用実務上の解釈　石東炫, 具本俊著, 金汝淑訳　日本加除出版　2011.11　401p　21cm　〈索引あり　文献あり〉4000円　①978-4-8178-3966-4
内容 第1編 国籍に関する一般理論（国籍の概念　国籍の機能　国籍の法源　国籍の決定　国籍の抵触）　第2編 大韓民国国籍法の沿革（概要　国籍法改正の沿革）　第3編 国籍法逐条解説（国籍法の立法目的　出生による国籍取得　認知による国籍取得　帰化制度　随伴取得制度　国籍回復制度　国籍取得者の外国国籍放棄義務　国籍再取得申告制度　複数国籍者の法的地位）　第4編 争点事項の検討（北韓（北朝鮮）住民の国内法的地位　「最初の大韓民国国民」に関する法的欠欠と治癒方案）〔02179〕

グ, ホンシュン　具 本俊
⇒ク, ボンジュン

クア, パトリック　Kua, Patrick
◇プロジェクト・マネジャーが知るべき97のこと（97 things every project manager should know） Barbee Davis編, 笹井崇司訳, 神庭弘年監修　オライリー・ジャパン　2011.11　240p　21cm　〈発売 : オーム社〉1900円　①978-4-87311-510-8
内容 ドキュメントは手段であり目的ではない 他（パトリック・クア）〔02180〕

クァク, ヨングォン
◇チェ・キドン爺さんの話—愛の共同体コットンネ物語　クァク・ヨングォン文・画, なかむらともたろう訳　長崎　聖母の騎士社　2012.8　78p　17×18cm　〈年表あり〉1200円　①978-4-88216-338-1〔02181〕

クアット, チュ・ホン
◇アジア女性と親密性の労働　落合恵美子, 赤枝香奈子編　京都　京都大学学術出版会　2012.2　329p　22cm　（変容する親密圏/公共圏 2）〈索引あり〉3600円　①978-4-87698-574-6
内容 公的労働と家事労働をうまくこなすには, 三つの頭と六本の手が必要である 他（クアット・チュ・ホン, ブイ・チュ・フォン, リ・バック・ズン著, 戸梶民夫訳）〔02182〕

グァラ, フランチェスコ　Guala, Francesco
◇科学哲学から見た実験経済学（The Methodology of Experimental Economics） フランチェスコ・グァラ著, 川越敏司訳　日本経済評論社　2013.4　391p　22cm　〈文献あり 索引あり〉4800円　①978-4-8188-2260-3
内容 第1部 実験室内での推論（実験室の内部　仮説検定　因果関係と実験統制　予測　消去法）　第2部 実験室外への推論（外部的妥当性　経済工学　実験室から外部世界へ　仲介者としての実験　金銭的動機付けについて）〔02183〕

クーイ, J.D.*　Coie, John D.
◇子どもの仲間関係—発達から援助へ（CHILDREN'S PEER RELATIONS） J.B.クーパーシュミット,K.A.ダッジ編, 中沢潤監訳　京都　北大路書房　2013.12　299p　21cm　〈文献あり 索引あり〉3600円　①978-4-7628-2826-3
内容 ネガティブな社会的経験が反社会的行動の発達に与える影響（John D.Coie著, 浜口佳和訳）〔02184〕

クイギン, ジョン　Quiggin, John
◇ゾンビ経済学—死に損ないの5つの経済思想（ZOMBIE ECONOMICS） ジョン・クイギン著, 山形浩生訳　筑摩書房　2012.11　306p　20cm　〈文献あり 索引あり〉2600円　①978-4-480-86417-8
内容 第1章 大中庸時代　第2章 効率的市場仮説　第3章 動学的確率的一般均衡（DSGE）　第4章 トリクルダウン経済学　第5章 民営化　結論 二一世紀の経済学とは〔02185〕

クィグリー, ジェームス　Quigley, James H.
◇As One—目標に向かって1つになる（As one） ジェームス・クィグリー, メルダッド・バグハイ, 近藤聡, 木村伸幸著, 三輪耕司, 浜田健二監訳, デロイトトーマツコンサルティング訳　プレジデント社　2011.10　397p　22cm　〈索引あり〉3500

円　Ⓘ978-4-8334-1981-9
内容 Intoroduction　1 オーナーとテナント　2 コミュニティーリーダーとボランティア　3 指揮者とオーケストラ　4 プロデューサーとクリエイティブチーム　5 司令官と部隊　6 建築家と職人　7 キャプテンとスポーツチーム　8 議員と市民　Conclusion As Oneの実践に向けて　〔02186〕

クイケン, ウィレム　Kuyken, Willem
◇認知行動療法におけるレジリエンスと症例の概念化（Collaborative case conceptualization）　ウィレム・クイケン, クリスティーン・A.パデスキー, ロバート・ダッドリー著, 大野裕監訳, 荒井まゆみ, 佐藤美奈子訳　星和書店　2012.3　497p　21cm　〈文献あり〉4500円　Ⓘ978-4-7911-0805-3
内容 第1章 プロクルステスのジレンマ　第2章 症例の概念化のるつぼ―新モデル　第3章 一人より二人―協同的経験主義　第4章 クライエントの強みの取り入れとレジリエンスの確立　第5章「助けてくれますか？」―記述的概念化　第6章「なぜこんなことが私に続くのですか？」―横断的な説明的概念化　第7章「今後もこれまでのようになるのでしょうか？」―縦断的な説明的概念化　第8章 症例の概念化の学習と教育　第9章 モデルを評価する　付録 経歴に関する補助的質問票　〔02187〕

クイック, トーマス・K.　Crick, Thomas K.
◇ソーシャルワークと修復的正義―癒やしと回復をもたらす対話、調停、和解のための理論と実践（Social Work and Restorative Justice）　エリザベス・ベック, ナンシー・P.クロフ, パメラ・ブラム・レオナルド編著, 林浩康監訳　明石書店　2012.11　486p　22cm　〈訳：大竹智ほか　索引あり〉6800円　Ⓘ978-4-7503-3687-9
内容 国際状況におけるソーシャルワークと修復的正義―リベリアの場合（トーマス・K.クイック, ナンシー・ローゼンバーグ・ウイリアムズ著, 大原天青訳）　〔02188〕

グイヤール, フランシス　Gouillart, Francis J.
◇生き残る企業のコ・クリエーション戦略―ビジネスを成長させる「共同創造」とは何か（The power of co-creation）　ベンカト・ラマスワミ, フランシス・グイヤール共著, 山田美明訳, 尾崎正弘, 田畑万監修　徳間書店　2011.4　319p　20cm　1700円　Ⓘ978-4-19-863160-4
内容 第1部 コ・クリエーション型企業こそが成長する（成長の原動力は「コ・クリエーション」　参加型プラットフォームで感動体験を生む　アイデアのコ・クリエーションを行う方法　事業ネットワーク内の関係者とのコ・クリエーション　社会的生態系を形成する ほか）　第2部 経営のコ・クリエーション（コ・クリエーションで企業を改革する　経営者たちの新しい意思決定の方法　ビジネスのやり方を双方向から変える　戦略プロセスを開放する　制度改革のコ・クリエーション）　〔02189〕

グイヨマール, パトリック
◇精神分析と人文学―問題としての「欲望」　UTCP「精神分析と欲望のエステティクス」プログラム編　東京大学グローバルCOE「共生のための国際哲学教育研究センター」　2011.3　184, 2p　21cm　（UTCP booklet 20）〈他言語標題：Psychoanalysis and the humanities　文献あり〉
内容 アンティゴネの肯定 他（パトリック・グイヨマール著, 柵瀬宏平訳）　〔02190〕

クイン, ゲーリー　Quinn, Gary
◇この7つの天使があなたに奇跡を起こす―ビジョンの天使 知恵の天使 清らかさの天使 強さの天使 愛の天使 平和の天使 勝利の天使（May the Angels Be With You）　ゲーリー・クイン著, 坂本貢一訳　ヒカルランド　2012.7　292p　20cm　1600円　Ⓘ978-4-86471-044-2
内容 第1章 まもなくあなたのそばに守護天使が現れます　第2章 天使の属する「宇宙の果てしない豊かさ」にアクセスしてください　第3章 あなたの望みが現実化されることを願っている"ビジョンの天使"　第4章 あなたが本当に望んでいる人生のビジョンを創造することを手伝う"知恵の天使"　第5章 宇宙からの豊かな回路を保つ"清らかさの天使"　第6章 この惑星上でもっともパワフルな「生命力」とつながる"強さの天使"　第7章 ソウルメイトを見つけてくれる"愛の天使"　第8章 愛の洪水のあとに訪れる"平和の天使"　第9章 勝つことは「信頼すること」を教えてくれる"勝利の天使"　第10章 地上の天国へ―七つの天使たちとつながる誘導瞑想　第11章 天使たちに関するクイック・ガイド　〔02191〕

クイン, パトリシア・O.　Quinn, Patricia O.
◇ADHDコーチング―大学生活を成功に導く援助技法（Coaching college students with AD/HD）　パトリシア・O.クイン, ナンシー・A.レイティ, テレサ・L.メイトランド著, 篠田晴男, 高橋知音監訳, ハリス淳子訳　明石書店　2011.2　245p　21cm　〈文献あり〉2000円　Ⓘ978-4-7503-3325-0
内容 1 コーチング入門（ADHDのある学生にとってなぜ大学は難しいのか？　コーチングとは何か？　ADHDのある大学生に対するコーチング　コーチング―具体的な活動の開始）　2 問題への対処（日常生活のスキル―ADHDのある大学生にとっての問題　ソーシャルスキル―ADHDのある大学生にとっての問題　学習スキル―ADHDのある大学生にとっての問題　個人的問題への対処スキル―ADHDのある大学生にとっての問題）　3 まとめ（コーチング―その利点と限界）　4 資料　〔02192〕

クイン, ロバート・E.　Quinn, Robert E.
◇ディープ・チェンジ―組織変革のための自己変革（DEEP CHANGE）　ロバート・E.クイン著, 池村千秋訳　海と月社　2013.7　291p　19cm　1800円　Ⓘ978-4-903212-43-2
内容 第1部 ディープ・チェンジか、緩慢な死か（未知の世界に裸で踏み出す　ジレンマを克服する）　第2部 自分を変える（変わることへの恐怖　英雄の旅 ほか）　第3部 組織を変える（変化を否定する人々　問題の源はどこにある？　ほか）　第4部 ビジョン、リスク、エクセレンスの創造（同調への圧力を跳ね返すマネジャーからリーダーへの飛躍 ほか）　〔02193〕

クインティリアヌス　Quintilianus, Marcus Fabius
◇弁論家の教育 3（M.Fabi Quintiliani Institutionis Oratoriae Libri Duodecim）　クイ

ンティリアヌス〔著〕, 森谷宇一, 戸高和弘, 吉田俊一郎訳　京都　京都大学学術出版会　2013.1　333, 16p　20cm　（西洋古典叢書 L022　内山勝利, 大戸千之, 中務哲郎, 南川高志, 中畑正志, 高橋宏幸編集委員）〈付属資料 : 8p : 月報 97　布装　索引あり〉3500円　①978-4-87698-250-9

内容 第6巻（結びについて　感情について　笑いについて ほか）　第7巻（配列について　推測が関わる問題　定義が関わる問題 ほか）　第8巻（ラテン語らしさについて　明晰さについて　修辞 ほか）〔02194〕

クヴァンテ, ミヒャエル　Quante, Michael

◇ヘーゲルの行為概念—現代行為論との対話 （Hegels Begriff der Handlung）　ミヒャエル・クヴァンテ著, 高田純, 後藤弘志, 渋谷繁明, 竹島尚仁訳　リベルタス出版　2011.10　226p　22cm　〈索引あり　文献あり〉4200円　①978-4-905208-01-3

内容 第1部 主観的意志（概念上の諸前提—人格と主体意図性—主観的自由の形式　要約）　第2部 行為（行為の形式　行為の内容）　第3部 結語〔02195〕

◇人格—応用倫理学の基礎概念（Person）　ミヒャエル・クヴァンテ著, 後藤弘志訳　知泉書館　2013.12　314, 24p　22cm　〈文献あり〉4800円　①978-4-86285-166-6〔02196〕

グウィー, チー=ルー

◇防災教育—学校・家庭・地域をつなぐ世界の事例（Disaster Education）　ショウ・ラジブ, 塩飽孝一, 竹内裕希子編著, 沢田晶子, ベンジャミン由里絵訳　明石書店　2013.11　182p　22cm　〈文献あり〉3300円　①978-4-7503-3917-7

内容 防災教育に関する施策 他（チー=ルー・グウィー, ショウ ラジブ, 竹内裕希子著）〔02197〕

グウィン, S.C.　Gwynne, Samuel C.

◇史上最強のインディアンコマンチ族の興亡—最後の英雄クアナ・パーカーの生涯　上（EMPIRE OF THE SUMMER MOON）　S.C.グウィン著, 森夏樹訳　青土社　2012.5　327p　20cm　2400円　①978-4-7917-6652-9

内容 新しい戦争　死のパラダイス　衝突する世界　飲めや歌えの大騒ぎ　オオカミの遠吠え　血と煙　夢物語と黙示録　白いインディアン女　風を追いかけて　何食わぬ死の顔　死闘〔02198〕

◇史上最強のインディアンコマンチ族の興亡—最後の英雄クアナ・パーカーの生涯　下（EMPIRE OF THE SUMMER MOON）　S.C.グウィン著, 森夏樹訳　青土社　2012.5　318, 8p　20cm　〈文献あり 年表あり 索引あり〉2400円　①978-4-7917-6653-6

内容 コマンチ族の「白の女王」　クアナの台頭　無意味な戦い　平和、そして残った恐怖　反カスター将軍　解放されたマッケンジー　バッファロー・ハンターと救世主　レッド川の戦い　敗北して、前へ　これこそは人間だった！　夜が明けるまでここに眠る〔02199〕

クウィンシー, ジョサイア

◇ボストン市立図書館とJ.ウィンザーの時代（1868-1877年）—原典で読むボストン市立図書館発展期の思想と実践　川崎良孝解説・訳, 久野和子, 川崎智子訳　京都　京都図書館情報学研究会　2012.5　401p　21cm　〈背・表紙のタイトル : ボストン市立図書館とJ.ウィンザーの時代　発売 : 日本図書館協会〉6000円　①978-4-8204-1200-7

内容 ボストン・アセニアムのための訴え : アセニアムの所有者に告ぐ（『ボストン・デイリー・アドヴァタイザー』1853年3月24日）（ジョサイア・クウィンシー）〔02200〕

グエン, ヴァン・ダン

◇フエ地域の歴史と文化—周辺集落と外からの視点　西村昌也, グエン・クアン・チュン・ティエン, 野間晴雄, 熊野建編　吹田　関西大学文化交渉学教育研究拠点　2012.3　634p　30cm　（周縁の文化交渉学シリーズ 7）〈文部科学省グローバルCOEプログラム関西大学文化交渉学教育研究拠点　文献あり〉①978-4-9906213-2-2

内容 1306年から1945年までにおけるトゥアティエン・フエの手工業（グエン・ヴァン・ダン著, 新江利彦, 西村昌也訳）〔02201〕

グエン, クアン・ゴック

◇海の道と考古学—インドシナ半島から日本へ　菊池誠一, 阿部百里子編　高志書院　2010.11　268p　22cm　6000円　①978-4-86215-085-1

内容 17世紀のアジア貿易ネットワークへのベトナムの加入（グエン・クアン・ゴック, ヴー・ドゥオン・ルオン著, 阿部百里子訳）〔02202〕

グエン, クアン・チュン・ティエン　Nguyen, Quang Trung Tien

◇陵墓からみた東アジア諸国の位相—朝鮮王陵とその周縁　篠原啓方編　吹田　関西大学文化交渉学教育研究拠点　2011.12　223p　30cm　（周縁の文化交渉学シリーズ 3）〈文部科学省グローバルCOEプログラム関西大学文化交渉学教育研究拠点　ハングル併載〉①978-4-9905164-6-8

内容 フエにおける葬礼への宮廷文化・仏教・儒教の影響（グエン・クアン・チュン・ティエン著, 上田新也, 西村昌也訳）〔02203〕

◇フエ地域の歴史と文化—周辺集落と外からの視点　西村昌也, グエン・クアン・チュン・ティエン, 野間晴雄, 熊野建編　吹田　関西大学文化交渉学教育研究拠点　2012.3　634p　30cm　（周縁の文化交渉学シリーズ 7）〈文部科学省グローバルCOEプログラム関西大学文化交渉学教育研究拠点　文献あり〉①978-4-9906213-2-2

内容 フエ周辺における水上居住民の生活様式と文化生活について（グエン・クアン・チュン・ティエン著, 吉本康子訳）〔02204〕

グエン, チユ

◇海の道と考古学—インドシナ半島から日本へ　菊池誠一, 阿部百里子編　高志書院　2010.11　268p　22cm　6000円　①978-4-86215-085-1

内容 ベトナム中部の初期金属器時代（グエン・チユ著, 菊池誠一訳）〔02205〕

グエン, ティ・ハー・タイン

◇フエ地域の歴史と文化—周辺集落と外からの視点

ク

西村昌也, グエン・クアン・チュン・ティエン, 野間晴雄, 熊野建編　吹田　関西大学文化交渉学教育研究拠点　2012.3　634p　30cm　（周縁の文化交渉学シリーズ 7）〈文部科学省グローバルCOEプログラム関西大学文化交渉学教育研究拠点　文献あり〉①978-4-9906213-2-2
内容 1935-1996年の地籍簿資料からみたディアリン村の人文景観の変化（グエン・ティ・ハー・タイン著, 河野茜, 西村昌也訳）〔02206〕

ク

グエン, ティ・ビン　Nguyen, Thi Binh
◇『家族、仲間、そして祖国』―ベトナム社会主義共和国・元国家副主席グエン・ティ・ビン女史回顧録（Nguyen Thi Binh : Hoi ky Gia Dinh, Ban Be Va Dat Nu'o'c）　グエン・ティ・ビン著, 冨田健次, 清水政明監修・訳　コールサック社　2013.8　365p　19cm　2000円　①978-4-86435-123-2
内容 回顧録（故郷　幼年期　私は幸せ者です。　抗仏戦の中での成長　抗米救国の特殊戦線 ほか）　写真集（家族　国内での活動1960‐1976　外国の仲間と1960‐1976　パリでの日々1968‐1973　教育部門において1976‐1987 ほか）〔02207〕

グエン, ヒュウ・トン
◇フエ地域の歴史と文化―周辺集落と外からの視点　西村昌也, グエン・クアン・チュン・ティエン, 野間晴雄, 熊野建編　吹田　関西大学文化交渉学教育研究拠点　2012.3　634p　30cm　（周縁の文化交渉学シリーズ 7）〈文部科学省グローバルCOEプログラム関西大学文化交渉学教育研究拠点　文献あり〉①978-4-9906213-2-2
内容 都市フエの特徴的構造からみる伝統村落の位置と特色（グエン・ヒュウ・トン著, 福田康男, 西村昌也訳）〔02208〕

グエン, フランク　Nguyen, Frank
◇インストラクショナルデザインとテクノロジ―教える技術の動向と課題（TRENDS AND ISSUES IN INSTRUCTIONAL DESIGN AND TECHNOLOGY（原著第3版））　R.A.リーサー, J.V.デンプシー編　京都　北大路書房　2013.9　690p　21cm　〈訳 : 半田純子ほか　索引あり〉4800円　①978-4-7628-2818-8
内容 パフォーマンス支援（フランク・グエン著, 根本淳子訳）〔02209〕

グオ, フェン　Guo, Feng
◇アメリカ経済がわかる「経済指標」の読み方（A guide to everyday economic statistics（7th ed.））　ゲーリー・E.クレイトン, マーティン・ゲルハルト・ギーゼブレヒト, フェン・グオ著, 山田郁夫訳, 永浜利広解説　原著第7版　マグロウヒル・エデュケーション　2011.11　189p　21cm　〈索引あり　発売 : 日本経済新聞出版社〉1800円　①978-4-532-60516-2
内容 第1章 本書で取り上げた統計の選び方　第2章 総生産と所得　第3章 生産と成長　第4章 投資と資本支出　第5章 雇用と失業　第6章 支出、利益、そして期待　第7章 物価、通貨、そして金利　第8章 株価と国際取引〔02210〕

クォン, インスク　権 仁淑
◇ジェンダーの話をしよう―母から娘へ　権仁淑著, 中野宣子訳　梨の木舎　2011.7　186p　21cm　〈他言語標題 : Let's talk about gender　まん画 : 大越京子〉1800円　①978-4-8166-1106-3
内容 ひとつめの物語 女と男はどのようにつくられるのか（女はなぜ頭のよい男が好きなのか　女と男のあいだには本当に違いがあるのか ほか）　ふたつめの物語 母の犠牲はいつでも美しいか（母の資格を考える　母性も時代と環境によって変化する ほか）　みっつめの物語 女は身体に支配されているか（ダイエットのために眠れない娘に　ダイエットに代表される容姿至上主義 ほか）　よっつめの物語 女と男の性、そして性暴力（ミニスカートについて思うこと　男と女の性的アイデンティティーはなぜ異なって形成されるのか ほか）　いつつめの物語 職場の女性たち、男性たち（本当に女性上位時代なのか？　韓国女性の労働の現実 ほか）〔02211〕

クォン, オユル《Kwon, O.Yul》
◇韓国の国際ビジネス―グローバル時代の市場変革（International Business In Korea）　クォンオユル著, 奥本勝彦監訳　八王子　中央大学出版部　2013.3　306p　22cm　（中央大学企業研究所翻訳叢書 13）　3700円　①978-4-8057-3312-7
内容 第1部 韓国における国際ビジネスの環境（ビジネス・チャンス―韓国の経済的展望　韓国の政治的リスクの評価―韓国と北朝鮮間の経済関係、政治、政府‐企業関係　転換期における韓国の社会と文化　転換期における韓国市場の構成　韓国の対内FDI : 体制の変化と展望）　第2部 韓国におけるビジネス経営と管理（韓国におけるビジネス交渉―異文化的側面　韓国の経営倫理　転換期における韓国の経営システム　転換期における韓国の労働市場とHRM　韓国におけるIJV : 顕著な特徴と経営）〔02212〕

クォン, ジンホ*　権 鎮浩
◇朱子家礼と東アジアの文化交渉　吾妻重二, 朴元在編　汲古書院　2012.3　486p　22cm　〈他言語標題 : Zhu Xi's Family Rituals and Cultural Interactions in East Asia　文献あり〉13000円　①978-4-7629-2978-6
内容 嶺南学派における『朱子家礼』の受容（権鎮浩執筆, 吾妻重二訳）〔02213〕

クォン, ボドゥレ
◇恋愛の時代―大正期〈1920年代前半〉朝鮮における文化と流行　クォンボドゥレ著, 鄭大成訳　勉誠出版　2013.1　429, 6p　22cm　〈文献あり 年表あり 索引あり〉6000円　①978-4-585-22036-7
内容 序論「恋愛」という言葉　第1章 妓生と女学生　第2章 旧女性と新女性　第3章 恋愛と読書　第4章 ラブレターによって広がる世界像　第5章 肉体と恋愛　第6章 恋愛の死と生　結論 恋愛の時代、あるいは改造の時代　補論1 恋愛以前の恋愛――九〇〇年代式の情熱と自由結婚論　補論2 恋愛の外なる恋愛―恋愛フィーバーの時代と韓竜雲の「恋人」〔02214〕

クォン, ヨンピル　権 寧弼
◇高句麗の文化と思想　東北亜歴史財団編, 東潮監訳, 篠原啓方訳　明石書店　2013.2　458p　22cm　〈文献あり 索引あり〉8000円　①978-4-

7503-3754-8
内容 高句麗の対外文化交流（権寧弼）〔02215〕

クーク, ティム　Cooke, Tim

◇世界史図鑑—みんなが知らない歴史の秘密（HOW TO CHANGE THE WORLD WITH A BALL OF STRING）　ティム・クーク著, 増田ユリヤ監修, 池内恵訳　主婦の友社　2012.11　93p　30cm　1800円　①978-4-07-283529-6

内容 古代（文明はドロからつくられた　ペットもミイラに ほか）　中世（ふたつの国の女王になった中世最強の女性　民主主義のはじまり—大憲章 ほか）　近代（戦争で活躍して聖人になった少女　はだかになってルネサンス！　ほか）　産業と帝国（奴隷をはたらかせて自由の国を！　やかんで産業革命 ほか）　現代（うごかない戦線—第1次世界大戦　参政権までのカゲキな道のり ほか）〔02216〕

クーグラー, ポール

◇昔話と日本社会　日本ユング心理学会編　大阪　創元社　2012.3　163p　21cm　（ユング心理学研究 第4巻）　2000円　①978-4-422-11493-4

内容 エラノスと分析心理学（ポール・クーグラー述, 河合俊雄通訳）〔02217〕

クークリン, スーザン　Kuklin, Susan

◇イクバルと仲間たち—児童労働にたちむかった人々（IQBAL MASIH AND THE CRUSADERS AGAINST CHILD SLAVERY）　スーザン・クークリン著, 長野徹, 赤塚きょう子訳　小峰書店　2012.9　207p　20cm　（ノンフィクション・Books）　〈文献あり〉1600円　①978-4-338-15507-6

内容 第1部 自由への道のり—児童労働の実態と立ち上がる人々（ぼくの名前はイクバル　じゅうたん織り　現代の奴隷労働　野火のように　ぼくたちは奴隷労働の廃止を要求する　自由の証明書）　第2部 さらなる前進、そして突然の悲劇（行動　まじめな生徒…そして活動家　エイブラハム・リンカーンのように　パキスタンにもどって　だれがイクバルを殺したのか？）　第3部 新しい希望（イクバルの学校）〔02218〕

クザーヌス　Cusanus, Nicolaus

◇神を観ることについて 他二篇（De Visione Dei）　クザーヌス著, 八巻和彦訳　岩波書店　2013.5　312, 4p　15cm　（岩波文庫）　〈第5刷（第1刷2001年）〉800円　①4-00-338231-5

内容 神を観ることについて　オリヴェト山修道院での説教　ニコラウスへの書簡〔02219〕

グズィ, クリストフ

◇フランス憲政学の動向—法と政治の間 Jus Politicum　山元一, 只野雅人編訳　慶応義塾大学出版会　2013.8　313p　22cm　7000円　①978-4-7664-2063-0

内容 「政治法」についての考察（クリストフ・グズィ著, 山元一訳）〔02220〕

クスカワ, サチコ　楠川 幸子

◇西洋哲学史　3　「ポスト・モダン」のまえに　神崎繁, 熊野純彦, 鈴木泉責任編集　講談社　2012.6　398p　19cm　（講談社選書メチエ 513）〈索引あり〉1800円　①978-4-06-258516-3

内容 近世スコラと宗教改革（楠川幸子執筆, 宮崎文典訳）〔02221〕

グステル, S.*　Gstöhl, Sieglinde

◇EUとグローバル・ガバナンス—国際秩序形成におけるヨーロッパ的価値　安江則子編著　京都　法律文化社　2013.9　187p　21cm　〈文献あり　索引あり〉3200円　①978-4-589-03536-3

内容 EUの通商政策（Sieglinde Gstöhl著, 浦川紘子訳）〔02222〕

クストー, ジャン・ミシェル

◇世界探検家列伝—海・河川・砂漠・極地、そして宇宙へ（The great explorers）　ロビン・ハンベリーテニソン編著, 植松靖夫訳　悠書館　2011.9　303p　26cm　〈文献あり 索引あり〉9500円　①978-4-903487-49-6

内容 ジャック・イヴ・クストー—潜水のパイオニア（ジャン・ミシェル・クストー）〔02223〕

クズネツォフ, ボリス

◇ロシア近代化の政治経済学　溝端佐登史編著　京都　文理閣　2013.4　284p　21cm　〈他言語標題 : The Political Economy of Russian Modernization〉2700円　①978-4-89259-699-5

内容 近代化がロシア経済の構造変化に及ぼす影響（ボリス・クズネツォフ執筆, 山脇大, 伏田寛範訳）〔02224〕

クスマノ, マイケル・A.　Cusumano, Michael A.

◇君臨する企業の「6つの法則」—戦略のベストプラクティスを求めて（Staying power）　マイケル・A.クスマノ著, 鬼沢忍訳　日本経済新聞出版社　2012.1　524p　20cm　〈解説 : 延岡健太郎　索引あり　文献あり〉3200円　①978-4-532-31768-3

内容 序章 「君臨しつづける企業」の法則　01 製品だけでなく「プラットフォーム」も重視する　02 製品（あるいはプラットフォーム）だけでなく「サービス」も重視する　03 戦略だけでなく「ケイパビリティ」も重視する　04 プッシュだけでなく「プル」も重視する　05 規模だけでなく「範囲」も重視する　06 効率性だけでなく「柔軟性」も重視する　結論 アイデアと研究の力　補遺 研究上の課題—「ベストプラクティス」を求めて〔02225〕

グスマン, ナタリア

◇インカ帝国—研究のフロンティア　島田泉, 篠田謙一編著　秦野　東海大学出版会　2012.3　428p　27cm　（国立科学博物館叢書 12）〈索引あり〉3500円　①978-4-486-01929-9

内容 インカ支配の物質的記録を読む（フランシス・ハヤシダ, ナタリア・グスマン著, 渡部森哉, 市木尚利訳）〔02226〕

クセイン, イサーエフ

◇中央アジアの教育とグローバリズム　嶺井明子, 川野辺敏編著　東信堂　2012.3　247p　22cm　〈他言語標題 : Globalization and Education Reform in Central Asia　索引あり〉3200円　①978-4-7989-0102-2

内容 グローバル化時代の高等教育の発展（イサーエフ・

クセイン, ショクシェワ・グリナーラ著, 沢野由紀子抄訳）〔02227〕

クーゼス, ジェームズ・M.　Kouzes, James M.
◇ストーリーで学ぶ経営の真髄（Learn like a leader）　マーシャル・ゴールドスミス, ビバリー・ケイ, ケン・シェルトン編, 和泉裕子, 井上実訳　徳間書店　2011.2　311p　19cm　1600円　①978-4-19-863118-5
内容 教えと訓練（ジェームズ・M.クーゼス著）〔02228〕
◇リーダーシップの真実―どんな時代でも人々がリーダーに求めていること（The truth about leadership）　ジェームズ・M.クーゼス, バリー・Z.ポズナー著, 渡辺博訳　生産性出版　2011.8　223p　19cm　1800円　①978-4-8201-1983-8
内容 導入 誰もがリーダーシップについて知りたいこと　第一の真実 違いを生み出す　第二の真実 信頼性がリーダーシップの基礎である　第三の真実 価値がコミットメントを推し進める　第四の真実 将来に目を向けるのがリーダーである　第五の真実 一人ではできない　第六の真実 信頼がすべて　第七の真実 挑戦から偉大なことが生まれる　第八の真実 模範によってリードしなければリードできない　第九の真実 最良のリーダーは最良の学習者である　第一〇の真実 リーダーシップとは心を通わすことである　エピローグ リーダーはイエスと言う〔02229〕
◇リーダーシップ・マスター―世界最高峰のコーチ陣による31の教え（Coaching for Leadership）　マーシャル・ゴールドスミス, ローレンス・S.ライアンズ, サラ・マッカーサー編著, 久野正人監訳, 中村安子, 夏井幸子訳　英治出版　2013.7　493p　21cm　2800円　①978-4-86276-164-4
内容 リーダーシップはリレーションシップ（ジェームズ・M.クーゼス, バリー・Z.ポズナー）〔02230〕

クセノポン　Xenophon
◇ソクラテス言行録　1　クセノポン〔著〕, 内山勝利訳　京都　京都大学学術出版会　2011.3　293, 3p　20cm　（西洋古典叢書 G065　内山勝利, 大戸千之, 中務哲郎, 南川高志, 中畑正志, 高橋宏幸編）〈文献あり 索引あり〉3200円　①978-4-87698-187-8〔02231〕

クータント, D.*　Coutant, Dawna K.
◇紛争と平和構築の社会心理学―集団間の葛藤とその解決（INTERGROUP CONFLICTS AND THEIR RESOLUTION）　ダニエル・バル・タル編著, 熊谷智博, 大淵憲一監訳　京都　北大路書房　2012.10　375p　21cm　〈索引あり〉4000円　①978-4-7628-2787-7
内容 豚, スリングショット, およびその他の集団間紛争の基盤（Dawna K.Coutant, Marcelo Hanza, Stephen Worchel著, 熊谷智博訳）〔02232〕

グーチ, ジョン
◇歴史と戦略の本質―歴史の英知に学ぶ軍事文化　上（The past as prologue）　ウイリアムソン・マーレー, リチャード・ハート・シンレイチ編, 今村伸哉監訳, 小堤盾, 蔵原大訳　原書房　2011.2　290p　20cm　2400円　①978-4-562-04649-2
内容 歴史と戦略の本質（ジョン・グーチ著）〔02233〕

クツィエ, D.*　Coetsee, Danie
◇シンプルIFRS（Applying IFRS for SMEs）　ブルース・マッケンジー他著, 河崎照行監訳　中央経済社　2011.7　552p　21cm　〈索引あり〉5800円　①978-4-502-44150-9
内容 中小企業版IFRSの範囲　諸概念及び広く認められた諸原則　財務諸表の表示　キャッシュ・フロー計算書　連結財務諸表及び個別財務諸表　企業結合及びのれん　会計方針、会計上の見積りの変更及び誤謬　棚卸資産　関連会社に対する投資　ジョイント・ベンチャーに対する投資〔ほか〕〔02234〕

クック, エレン・ピエール
◇D.E.スーパーの生涯と理論―キャリアガイダンス・カウンセリングの世界的泰斗のすべて（The Career Development Quarterly.Volume 43 Number1）　全米キャリア発達学会著, 仙崎武, 下村英雄編訳　図書文化社　2013.11　183p　21cm　〈索引あり〉3000円　①978-4-8100-3637-4
内容 役割特徴と多重役割（エレン・ピエール・クック著, 榧野潤訳）〔02235〕

クック, C.W.　Cooke, C.W.
◇スティーブ・ジョブズ グラフィックノベル（Steve Jobs）　C.W.クック, クリス・シュミット著　アチーブメント出版　2012.1　71p　29cm　〈他言語標題：The Graphic Novel Steve Jobs, Co-founder of Apple　年譜あり　文献あり　原文併記〉700円　①978-4-905154-18-1〔02236〕

グッディング, カール
◇大学学部長の役割―米国経営系学部の研究・教育・サービス（The dean's perspective）　クリシナ・S.ディア編著, 佐藤修訳　中央経済社　2011.7　245p　21cm　3400円　①978-4-502-68720-4
内容 教員経験の知恵（ウィリアム・B.カーパー, カール・グッディング, ジェームス・A.ポープ, アーネスト・B.ウアー著）〔02237〕

グッド, ジョゼフ
◇図書館と中立性（Questioning library neutrality）　アリソン・ルイス編, 川崎良孝, 久野和子, 福井佑介, 川崎智子訳　京都　京都図書館情報学研究会　2013.10　158p　22cm　〈文献あり　発売：日本図書館協会〉3500円　①978-4-8204-1308-0
内容 地獄で一番熱い場所―現代の図書館における中立性という危機（ジョゼフ・グッド著）〔02238〕

グッド, ナンシー・J.　Good, Nancy J.
◇ソーシャルワークと修復的正義―癒やしと回復をもたらす対話、調停、和解のための理論と実践（Social Work and Restorative Justice）　エリザベス・ベック, ナンシー・P.クロフ, パメラ・ブラム・レオナルド編著, 林浩康監訳　明石書店　2012.11　486p　22cm　〈訳：大竹智ほか　索引あり〉6800円　①978-4-7503-3687-9
内容 暴力発生後の協働―ソーシャルワークと修復的実践（ナンシー・J.グッド, デビッド・L.ガスタフソン

著, 竹原幸太訳）〔02239〕

グッドウィン, ドリス・カーンズ　Goodwin, Doris Kearns

◇リンカン　上　南北戦争勃発（Team of rivals）ドリス・カーンズ・グッドウィン著, 平岡緑訳　中央公論新社　2011.2　641p　20cm　3800円　①978-4-12-004193-8

内容 待機する四人の男たち　上昇への切望　政治の魅力　略奪と征服　激動の五〇年代　嵐の襲来　指名への秒読み　シカゴでの大詰め　その人は自分の名前をご存知だ　徹底したクロスワードパズル　今や私は公的財産である　神秘的な記憶の琴線　先鞭をつけた一八六一年夏〔02240〕

◇リンカン　下　奴隷解放宣言（Team of rivals）ドリス・カーンズ・グッドウィン著, 平岡緑訳　中央公論新社　2011.3　653p　20cm〈索引あり〉3800円　①978-4-12-004194-5

内容 犠牲になるのはご免だ——一八六一年秋　ぼうやが逝ってしまった——一八六二年冬　彼はまんまと敵の術中に陥った——一八六二年春　われわれは深みに嵌まっている——一八六二年夏　私は言葉を発した——一八六二年秋　尻に火がついた——一八六三年冬春　実力者は絶好調なり——一八六三年夏　空気がきな臭い——一八六三年夏秋　いまだ急流にあり——一八六三年秋　あの中には人がいる！——一八六四年冬春　アトランタはわれわれのものだ——一八六四年夏秋　聖なる力作——一八六四年冬　最後の数週間——一八六十五年春〔02241〕

◇リンカーン　上　大統領選（TEAM OF RIVALS）ドリス・カーンズ・グッドウィン著, 平岡緑訳　中央公論新社　2013.2　502p　16cm（中公文庫 ク8-1）〈「リンカン 上・下」(2011年刊）の改題、三分冊〉933円　①978-4-12-205763-0

内容 第1章 待機する四人の男たち　第2章 上昇への切望　第3章 政治の魅力　第4章 略奪と征服　第5章 激動の五〇年代　第6章 嵐の襲来　第7章 指名への秒読み　第8章 シカゴでの大詰め〔02242〕

◇リンカーン　中　南北戦争（TEAM OF RIVALS）ドリス・カーンズ・グッドウィン著, 平岡緑訳　中央公論新社　2013.2　460p　16cm（中公文庫 ク8-2）〈「リンカン 上・下」(2011年刊）の改題、三分冊〉933円　①978-4-12-205764-7

内容 第9章 その人は自分の名前をご存知だ　第10章 徹底したクロスワードパズル　第11章 今や私は公的財産である　第12章 神秘的な記憶の琴線——一八六一年春　第13章 先鞭をつけた——一八六一年夏　第14章 犠牲になるのはご免だ——一八六一年秋　第15章 ぼうやが逝ってしまった——一八六二年冬　第16章 彼はまんまと敵の術中に陥った——一八六二年春　第17章 われわれは深みに嵌まっている——一八六二年夏　第18章 私は言葉を発した—1862年秋〔02243〕

◇リンカーン　下　奴隷解放（TEAM OF RIVALS）ドリス・カーンズ・グッドウィン著, 平岡緑訳　中央公論新社　2013.2　525p　16cm（中公文庫 ク8-3）〈「リンカン 上・下」(2011年刊）の改題・三分冊　索引あり〉933円　①978-4-12-205765-4

内容 第19章 尻に火がついた——一八六三年冬春　第20章 実力者は絶好調なり——一八六三年夏　第21章 空気がきな臭い——一八六三年夏秋　第22章 いまだ急流にあり——一八六三年秋　第23章 あの中には人がいる！——一八六四年冬春　第24章 アトランタはわれわれのものだ——一八六四年夏秋　第25章 聖なる力作——一八六四年 - 一八六五年冬　第26章 最後の数週間——一八六五年春〔02244〕

グッドスタイン, フィリス・カウフマン　Goodstein, Phyllis Kaufman

◇きみにもあるいじめをとめる力—はじめよういじめゼロアクション（Bystander Power）フィリス・カウフマン・グッドスタイン, エリザベス・バーディック〔著〕, 上田勢子訳　大月書店　2013.12　117p　22cm　1800円　①978-4-272-41221-1〔02245〕

グッドマン, エイミー

◇反グローバリゼーションの声（VOCES CONTRA LA GLOBALIZACIÓN）カルロス・エステベス, カルロス・タイボ編著, 大津真作訳　京都　晃洋書房　2013.11　257, 8p　21cm　2900円　①978-4-7710-2490-8

内容 呉越同舟（エイミー・グッドマン述）〔02246〕

グッドマン, ジェーン

◇D.E.スーパーの生涯と理論—キャリアガイダンス・カウンセリングの世界的泰斗のすべて（The Career Development Quarterly.Volume 43 Number1）全米キャリア発達学会著, 仙崎武, 下村英雄編訳　図書文化社　2013.11　183p　21cm〈索引あり〉3000円　①978-4-8100-3637-4

内容 成人のキャリア適応性（ジェーン・グッドマン著, 榧野潤訳）〔02247〕

グットマン, ティエリー

◇震災とヒューマニズム—3・11後の破局をめぐって　日仏会館・フランス国立日本研究センター編, クリスチーヌ・レヴィ, ティエリー・リボー監修, 岩沢雅利, 園山千晶訳　明石書店　2013.5　328p　20cm　2800円　①978-4-7503-3814-9

内容 危機管理と現代日本の政治文化（ティエリー・グットマン執筆, 園山千晶訳）〔02248〕

グッドマン, マシュー　Goodman, Matthew

◇ヴェルヌの『八十日間世界一周』に挑む—4万5千キロを競ったふたりの女性記者（Eighty Days）マシュー・グッドマン著, 金原瑞人, 井上里訳　柏書房　2013.11　605p 図版16p　20cm〈文献あり〉2800円　①978-4-7601-4298-9

内容 自由なアメリカン・ガール　ゴッサムに住む新聞の神たち　ひみつの食器棚　「女性が世界一周するのにかかる時間は？」　「フィリアス・フォッグの記録をやぶってみせる」　鉄道標準時を生きる　世界地図　我アルカディアに在りき　バクシーシュ　中国のイギリス人街　ネリー・ブライ・レースのはじまり　ライバルのリード　死の寺院　不思議議な旅行代理人　臨時列車　ジャージーからふたたびジャージーへ　時の神を打ち負かす〔02249〕

グッドマン, ロジャー　Goodman, Roger

◇若者問題の社会学—視線と射程（A SOCIOLOGY OF JAPANESE YOUTH）ロ

ジャー・グッドマン, 井本由紀, トゥーッカ・トイボネン編著, 井本由紀監訳, 西川美樹訳　明石書店　2013.6　315p　20cm　2600円　①978-4-7503-3828-6
内容 「かわいそうな子ども」から「特権をもつ子ども」に 他（ロジャー・グッドマン編著）　〔02250〕

ク

グディ, ジョー　Goodey, Jo
◇これからの犯罪被害者学―被害者中心的司法への険しい道（Victims and victimology）　ジョー・グディ著, 西村春夫監訳　成文堂　2011.6　385p　22cm　（RJ叢書 7）〈索引あり〉8000円　①978-4-7923-1899-4
内容 第1章 被害者と被害者学の状況論的考察　第2章 被害の計測―誰が被害者なのか　第3章「犯罪の恐怖」と「無防備性」の理解　第4章 学問的被害者学、総合的被害者支援、そして社会政策　第5章 被害者のニーズと権利についての考察　第6章 被害者の権利と加害者の権利との均衡　第7章 修復的司法―被害者中心へのパラダイム転換か　第8章 昨今の被害者中心的研究、政策、そして実践　結びに代えて―いくつかの論点　〔02251〕

グディス, キャサリン　Gudis, Catherine
◇アメリカ（United States）　エルデン・クロイ著, ジョン・フレーザー・ハート, キャサリン・グディス監修　ほるぷ出版　2011.10　64p　25cm　（ナショナルジオグラフィック世界の国）〈日本語版校閲・ミニ情報 : 岩淵孝　年表あり 索引あり〉2000円　①978-4-593-58573-1
内容 地理―驚きにみちた自然（気候　基本データ　平均気温と降水量　地勢図）　自然―たいせつな自然（自然保護　絶滅危惧種　植生および生態系地図）　歴史―自由の天地（最初のアメリカ人　年表　歴史地図）　人と文化―移民の国（都市と農村　よくつかわれる言葉　人口地図）　政治と経済―幸福の追求（ひとつの国、50の州　貿易相手国　行政地図）　〔02252〕

グディングス, クリスティーナ　Goodings, Christina
◇クリスマス―じぐそーえほん（My Nativity jigsaw book）　クリスティーナ・グディングス文, レベッカ・エリオット絵, 女子パウロ会訳編　女子パウロ会　2010.10　1冊（ページ付なし）　22cm　〈はめ込ピース多数〉1000円　①978-4-7896-0683-7　〔02253〕
◇みんなの聖書ものがたり（My Look and Point Bible）　クリスティーナ・グディングス文, アナベル・ハドソン絵, 大越結実編著　いのちのことば社CS成長センター　2012.8　222p　22cm　1300円　①978-4-8206-0299-6
内容 きゅうやく聖書（世界のはじめ　ノアとはこぶね　アブラハムと家族　ヨセフが見たゆめ　モーセの旅　ヨシュアと新しい国　ナオミとルツ　サムエル　ゆうかんなダビデ　ヨナ　ダニエルとライオン）　しんやく聖書（イエスさまのお生まれ　子どものころのイエスさま　イエスさまのお話　5つのパンと2ひきのさかな　ヤイロのむすめ　親切なサマリヤ人　まいごになった羊　木に登ったザアカイ　さいしょのイースター　世界に広まった福音　イエスさまが教えてくださったお祈り　羊かいの少年の歌）　〔02254〕
◇わたしの聖書（The Lion Bible for Me）　クリスティーナ・グディングス文, エミリー・ボーラム絵, 女子パウロ会訳　女子パウロ会　2013.10　94p　18cm　1200円　①978-4-7896-0718-6　〔02255〕

クーデルカ, ジョセフ　Koudelka, Josef
◇ジョセフ・クーデルカ プラハ侵攻1968（Invaze 68）　ジョセフ・クーデルカ著, 阿部賢一日本語訳　平凡社　2011.4　295p　32cm　〈他言語標題 : Invasion Prague 68〉3800円　①978-4-582-27782-1　〔02256〕

クドゥナリス, ポール　Koudounaris, Paul
◇死の帝国―写真図説・奇想の納骨堂（THE EMPIRE OF DEATH）　ポール・クドゥナリス著, 千葉喜久枝訳　大阪　創元社　2013.10　224p　32cm　〈索引あり〉4200円　①978-4-422-14385-9
内容 序 死との対話　第1章 往生術（アルス・モリエンディ）―初期の納骨堂　第2章 黄金時代―対抗宗教改革期のマカーブル　第3章 死の勝利―19世紀の骨の幻影　第4章 天国の魂―骨の山にまつわる神話と心霊術　第5章 我を忘れることなかれ―記憶の場としての納骨所　第6章 死者をよみがえらせる―保存と修復　〔02257〕

クトロ, トマ　Coutrot, Thomas
◇世界をダメにした経済学10の誤り―金融支配に立ち向かう22の処方箋（MANIFESTE D'ÉCONOMISTES ATTERRÉS）　フィリップ・アシュケナージ, アンドレ・オルレアン, トマ・クトロ, アンリ・ステルディニアック著, 林昌宏訳　明石書店　2012.12　113p　20cm　1200円　①978-4-7503-3732-6
内容 定説の誤り（金融市場は効率的である　金融市場は経済成長に資する　国の債務返済能力を正確に見極めるのは市場だ　公的債務を膨張させたのは国の過剰な支出だ　公的債務を削減するためには、国の支出を減らすべきだ　われわれの過剰な支出は、公的債務となって将来世代の負担になる　市場の機嫌を損ねると、公的債務は行き詰まる　ヨーロッパ型社会モデルを保護するのはEUだ　危機の際、単一通貨ユーロは防御壁になる　ギリシア危機により、ようやく経済政府への道筋が切り開かれ、ヨーロッパの連帯感が強まった）　結論 経済政策について議論し、EUを再構築するための道筋を描き出す　〔02258〕

クニッゲ, フォルクハルト
◇過ぎ去らぬ過去との取り組み―日本とドイツ　佐藤健生, ノルベルト・フライ編　岩波書店　2011.1　314, 15p　21cm　〈年表あり〉2800円　①978-4-00-001079-5
内容 社会犯罪を想起する（フォルクハルト・クニッゲ著, 福永美和子訳）　〔02259〕

グニルカ, ヨアヒム　Gnilka, Joachim
◇聖書とコーラン―どこが同じで、どこが違うか（Bibel und Koran）　J.グニルカ著, 矢内義顕訳　教文館　2012.2　253, 16p　20cm　〈索引あり 文献あり〉2600円　①978-4-7642-6693-3
内容 第1章 歴史的な背景（ムハンマド以前のアラビアにおけるユダヤ人とキリスト教徒　ムハンマドとイエス―伝記的な問題　相互の歴史的な認知）　第2章 聖書とコーラン―全般的な比較（聖書とコーランの成立

価値と評価　概観と構成　コーランの中の聖書　具体的なイメージに富んだ表現について）　第3章 神学的なテーマ（神観　神の被造物としての世界　創造の仲介者　神の使徒（使者）たちの派遣とその運命　イエス・キリスト論　コーランの中にイエスの言葉はあるか　アブラハムへの共通の依拠　人間観　終末論　ユダヤ人・キリスト教徒・ムスリム　倫理的な訓戒―十戒、聖争など）　〔*02260*〕

◇コーランの中のキリスト教―その足跡を追って（Die Nazarener und der Koran）　J.グニルカ著, 矢内義顕訳　教文館　2013.5　200, 16p　20cm　〈文献あり 年表あり 索引あり〉2200円　①978-4-7642-6699-5

内容 第1章 コーランの中のキリスト教徒　第2章 ナザレ人・ナゾライ人・キリスト者　第3章 ヘレニストとヘブライ人　第4章 エルサレムのナゾライ人―ユダヤ・ローマ戦争勃発まで　第5章 ユダヤ・ローマ戦争およびそれ以降　第6章 いかなる新約聖書的な伝承がコーランに見いだされるか　第7章 コーランのイエス像　第8章 旧約聖書的・ユダヤ教的な根　結語 エルサレム岩のドームの碑文　〔*02261*〕

クヌートソン, ヨハーンネス

◇環境犯罪学と犯罪分析（Environmental criminology and crime analysis）　リチャード・ウォートレイ, ロレイン・メイズロール編, 島田貴仁, 渡辺昭一監訳, 斉藤知範, 雨宮護, 菊池城治, 畑倫子訳　社会安全研究財団　2010.8　313p　26cm　〈文献あり〉①978-4-904181-13-3

内容 問題指向型警察活動と環境犯罪学（マイケル・スコット, ジョン・エック, ヨハーンネス・クヌートソン, ハーマン・ゴールドスタイン著, 齊藤知範訳）　〔*02262*〕

クネヒト, ペトロ　Knecht, Peter

◇「腹の虫」の研究―日本の心身観をさぐる　長谷川雅雄, 辻本裕成, ペトロ・クネヒト, 美濃部重克著　名古屋　名古屋大学出版会　2012.5　479, 39p　21cm　（南山大学学術叢書）　6600円　①978-4-8158-0698-9

内容 第1部（言葉を発する「虫」―「応声虫」という奇病　「虫」の病と「異虫」　「諸虫」と「五臓思想」　「虫の居所」―「腹の虫」と「胸の虫」　「疳の虫」　「疳の虫」の民間治療）　第2部（「虫」病前史―「鬼」から「虫」へ　「虫」病の誕生　「虫」観・「虫」像の解体と近代化　教科書と近代文学に見る「五臓」用語と「脳・神経」表現）　〔*02263*〕

クノ, カナコ　Kuno, Kanako

◇パリジェンヌたちの秘密のパリ（My little Paris, le Paris secret des parisiennes）　マイ・リトル・パリ編, 広田明子訳　原書房　2012.7　153p　21cm　〈索引あり〉1800円　①978-4-562-04844-1　〔*02264*〕

クノップ, グイド　Knopp, Guido

◇王家を継ぐものたち―現代王室サバイバル物語（Die Konigskinder）　ギド・クノップ編著, 平井吉夫訳　悠書館　2011.2　403p　19cm　2500円　①978-4-903487-42-7

内容 チューリップとタンゴ―オランダのウィレム・アレクサンデルとマキシマ　真夏のメルヘン―スウェーデンのヴィクトリアと彼女のダニエル　皇太子と女性ジャーナリスト―スペインのフェリペとレティシア　シンデレラと王子―メッテ・マリトとノルウェーのホーコン　ヴァイキングの宝―デンマークのフレゼリクとメアリ　王子と反逆者―イギリスのウィリアム　〔*02265*〕

◇100のトピックで知るドイツ歴史図鑑（Die Sternstunden der Deutschen）　グイド・クノップ著, エドガー・フランツ, 深見麻奈訳　原書房　2012.2　296p　21cm　3200円　①978-4-562-04759-8

内容 800年 カール大帝の戴冠　955年 オットー1世、レヒフェルトの戦いに勝利　1356年 金印勅書―初の基本法　1450年 グーテンベルクによる活版印刷の発明　1516年 乾杯！―ビール純粋令　1521年 「神よ、われを助けたまえ」―ヴォルムスにおけるマルティン・ルター　1648年 外交の勝利―ヴェストファーレン条約　1734年 バッハ『クリスマス・オラトリオ』の初演　1740年 フリードリヒ2世による拷問の廃止　1791年 モーツァルト『魔笛』の初演〔ほか〕　〔*02266*〕

クーパー, アーテミス　Cooper, Artemis

◇パリ解放1944-49（Paris after the Liberation 1944-1949）　アントニー・ビーヴァー, アーテミス・クーパー著, 北代美和子訳　白水社　2012.9　498, 36p　20cm　〈文献あり 索引あり〉4200円　①978-4-560-08228-7

内容 第1部 二国物語（元帥と将軍　対独協力への道と抵抗運動への道 ほか）　第2部 国家、それはドゴールなり（臨時政府　外交団 ほか）　第3部 冷戦突入（影絵芝居―計略と逆計　政治と文学 ほか）　第4部 新たな秩序（パリのアメリカ人　観光客の襲来 ほか）　〔*02267*〕

クーパー, イアン　Cooper, Ian

◇ビジネスデベロップメント―いかにして顧客やクライアントを増やすか!?（FINANCIAL TIMES GUIDE TO BUSINESS DEVELOPMENT HOW TO WIN PROFITABLE CUSTOMERS AND CLIENTS）　イアン・クーパー著, SDL Plc訳　ピアソン桐原　2012.12　183p　21cm　（フィナンシャルタイムズガイド）　〈文献あり 索引あり〉2300円　①978-4-86401-138-9

内容 第1章 21の常識的なビジネス成長の真理　第2章 ビジネスについて適切な質問をする―ビジネス成長ツールキット　第3章 ビジネス成長のための価格設定に役立つ20のツール、真理、テクニック　第4章 ビジネス成長の優先課題について　第5章 優先課題1―リード、機会、引き合いを利益性のある取引に転換する　第6章 優先課題2―既存の顧客や得意先からさらに多くの取引を引き出す　第7章 優先課題3―新しいリード、機会、引き合いを生成するビジネス成長の努力を具体化する　第8章 個人的パフォーマンスビジネス成長スキル　第9章 すべてをまとめる―実現に向けて　〔*02268*〕

クーパー, グレン

◇アタッチメントを応用した養育者と子どもの臨床（Attachment theory in clinical work with children）　ダビッド・オッペンハイム, ドグラス・F.ゴールドスミス編, 数井みゆき, 北川恵, 工藤晋平, 青木豊訳　京都　ミネルヴァ書房　2011.6　316p　22cm　〈文献あり〉4000円　①978-4-623-05731-3

内容 サークル・オブ・セキュリティという取り組み（バート・パウエル, グレン・クーパー, ケント・ホフマン, ロバート・マービン著）〔02269〕

クーパー, ジョン・O. Cooper, John O.

◇応用行動分析学（APPLIED BEHAVIOR ANALYSIS（原著第2版））　ジョン・O.クーパー, ティモシー・E.ヘロン, ウイリアム・L.ヒューワード著, 中野良顕訳　明石書店　2013.6　1269p　27cm　〈文献あり 索引あり〉18000円　①978-4-7503-3826-2

内容 第1部 序論と基本概念　第2部 行動を選択し定義し測定する　第3部 行動改善を評価し分析する　第4部 強化　第5部 弱化　第6部 先行変数　第7部 新しい行動を形成する　第8部 非罰的手続きによって行動を減らす　第9部 関数分析　第10部 言語行動　第11部 特別な応用　第12部 般性の行動改善を促進する　第13部 倫理〔02270〕

クーパー, ダイアナ Cooper, Diana

◇宇宙の扉を開く50の鍵―宇宙のパワーと叡智に波長を合わせ古代の秘密にアクセスする（THE KEYS TO THE UNIVERSE）　ダイアナ・クーパー, キャシー・クロスウェル著, フィンチ史訳　岡山　三雅　2012.6　366p　21cm　〈発売：星雲社〉2700円　①978-4-434-16859-8

内容 1 地球の空洞―第一のゴールデン・コスミックキー（宇宙への黄金の「鍵」）（古代文明　古代文化　ポータル　王国）　2 シリウス―第二のゴールデン・コスミックキー（宇宙への黄金の「鍵」）（時間とスピード　他の次元―アセンデッド・マスター、ハイヤーセルフ、モナド　他の惑星、星、銀河　自然王国―エレメンツ　神聖幾何学 ほか）〔02271〕

クーパー, デイヴィッド・E. Cooper, David Edward

◇教育思想の50人（FIFTY MODERN THINKERS ON EDUCATION）　ジョイ・A.パーマー, リオラ・ブレスラー, デイヴィッド・E.クーパー編著, 広岡義之, 塩見剛一, 津田徹, 石崎達也, 井手華奈子, 高柳充利訳　青土社　2012.11　481, 13p　20cm　〈索引あり〉2800円　①978-4-7917-6673-4

内容 A.S.ニイル―1883‐1973　スーザン・アイザックス―1885‐1948　ハロルド・ラッグ―1886‐1960　ルートヴィヒ・ウィトゲンシュタイン―1889‐1951　マルティン・ハイデッガー―1889‐1976　ハーバート・エドワード・リード―1893‐1968　レフ・セミョーノヴィチ・ヴィゴツキー―1896‐1934　ジャン・ピアジェ―1896‐1980　マイケル・オークショット―1901‐92　カール・ロジャーズ―1902‐87〔ほか〕〔02272〕

グーバー, ピーター Guber, Peter

◇成功者は皆、ストーリーを語った。（Tell to win）　ピーター・グーバー著, 児島修訳　アルファポリス　2011.5　387p　19cm　〈発売：星雲社〉1800円　①978-4-434-15677-9

内容 第1部 ストーリーなくして、ビジネスはない―成功を生み出すストーリーテリングの魔法（足りなかったのは「ストーリー」だった！　ストーリーって何だ？　だれもが「それ」をもっている　バックストーリー―ストーリーの背後にあるストーリー）　第2部 ストーリーの技法―ストーリーに命を吹き込むために（構え！　狙え！　撃て！　ネバー・エンディング・ストーリー　新たなストーリーの始まり）〔02273〕

◇成功するための話術（TELL TO WIN）　ピーター・グーバー著, 児島修訳　アルファポリス　2012.10　422p　15cm　（アルファポリス文庫）〈「成功者は皆、ストーリーを語った。」（2011年刊）の改題　発売：星雲社〉700円　①978-4-434-17239-7

内容 第1部 ストーリーなくして、ビジネスはない―成功を生み出すストーリー話術の魔法（足りなかったのは「ストーリー」だった！　ストーリーって何だ？　だれもが「それ」をもっている　バックストーリー―ストーリーの背後にあるストーリー）　第2部 ストーリー話術の技法―ストーリーに命を吹き込むために（構え！　狙え！　撃て！　ネバー・エンディング・ストーリー　新たなストーリーの始まり）〔02274〕

クーパー, ヘザー

◇世界一素朴な質問、宇宙一美しい答え―世界の第一人者100人が100の質問に答える（BIG QUESTIONS FROM LITTLE PEOPLE）　ジェンマ・エルウィン・ハリス編, 西田美緒子訳, タイマタカシ絵　河出書房新社　2013.11　298p　22cm　2500円　①978-4-309-25292-6

内容 お月さまはどうして光るの？（ヘザー・クーパー博士）〔02275〕

クーパー, ページ Cooper, Page

◇炎の遺産―リヒャルト・ワーグナーの孫娘の物語（Heritage of fire）　フリーデリント・ワーグナー, ページ・クーパー著, 北村充史訳　論創社　2011.9　332p　19cm　2500円　①978-4-8460-0930-4

内容 救国者が来た日　シンデレラ・チャイルド　バイロイト・フェスティバル　コージマは思い出す　家族で行列行進曲　父にはわたしが必要　指揮台をめぐる戦い　父の一周忌　ラズベリー・シロップで忠誠乾杯　ベルリンの休日〔ほか〕〔02276〕

クーパー, ミック Cooper, Mick

◇カウンセリング効果の研究―エビデンスにもとづく：クライアントにとって何が最も役に立つのか（Essential research findings in counselling and psychotherapy）　ミック・クーパー著, 清水幹夫, 末武康弘監訳, 田代千夏, 村里忠之, 高野嘉之, 福田玖美訳　岩崎学術出版社　2012.1　308p　21cm　〈索引あり　文献あり〉3600円　①978-4-7533-1039-5

内容 第1章 イントロダクション―研究からの問いかけ　第2章 カウンセリングおよびサイコセラピーがもたらす結果　第3章 セラピーにおける立場（orientation）の違いは問題なのだろうか？―サイコセラピーにおける大論争　第4章 クライアントの要因―治療的変化の核心　第5章 セラピストの要因―誰が何のために働くのか？　第6章 セラピー関係の要因―癒すのは関係…だろうか？　第7章 技法とプラクティスの要因―セラピストがやっていることと、それをどのようにやっているかのどちらが重要か？　第8章 コンクリュージョン　補遺―さまざまなセラピーの効力と効果〔02277〕

グハ, ラーマチャンドラ Guha, Ramachandra

◇インド現代史―1947-2007　上巻（India after

Gandhi）　ラーマチャンドラ・グハ著, 佐藤宏訳　明石書店　2012.1　643p　20cm　（世界歴史叢書）〈索引あり〉8000円　①978-4-7503-3524-7

内容 第1部 破片の寄せ集め（独立と父親殺し―ガンディー暗殺と新生国家　分割の論理―去りゆく総督の計算　籠のなかの林檎―インド藩王国の統合　血まみれの美しき渓谷―カシュミール問題の起原　難民と共和国―分離独立の犠牲者たち　インドの理念）　第2部 ネルーのインド（史上最大のギャンブル―独立後初の総選挙　国の内と外―ネルー外交の始動　地図の描き直し―州再編と言語の政治　自然の征服―インドの計画経済　法と予言者たち―ヒンドゥー家族法の改正　カシュミールの確保―独立と自治のはざま　部族の問題―東北丘陵部の反乱）　第3部 揺らぐ中央（南からの挑戦―ケーララ州の赤い星　敗北の経験―インド・中国国境戦争　われらが時代の平和―ネルーの最後の闘争　マイノリティへの記憶―包摂と排除のせめぎあい）〔02278〕

◇インド現代史―1947-2007　下巻（India after Gandhi）　ラーマチャンドラ・グハ著, 佐藤宏訳　明石書店　2012.1　627p　20cm　（世界歴史叢書）〈索引あり〉8000円　①978-4-7503-3525-4〔02279〕

クーパー, ロバート・G.　Cooper, Robert Gravlin

◇ステージゲート法―製造業のためのイノベーション・マネジメント（Winning at New Products（原著第4版））　ロバート・G.クーパー著, 浪江一公訳　英治出版　2012.12　413p　21cm　3800円　①978-4-86276-151-4

内容 第1章 イノベーションへの挑戦　第2章 新製品はなぜ成功するのか　第3章 なぜ、ベストイノベーターは優れているのか　第4章 ステージゲート法アイデアから市場投入までのシステム　第5章 次世代のステージゲート法―どう企業はシステムを進化させ、スピードを向上させてきたか　第6章 アイデア発見―革新的アイデアの追求　第7章 前半の活動―発見から開発まで　第8章 勝者を選ぶ―正しいプロジェクトへの投資　第9章 ゲートを機能させる―「牙を持った」ゲート　第10章 開発、テスト、そして市場投入〔02280〕

クーパー, S.A.　Cooper, Stephen Andrew

◇はじめてのアウグスティヌス（Augustine for armchair theologians）　S.A.クーパー著, 上村直樹訳　教文館　2012.1　326, 3p　19cm　〈索引あり　文献あり〉2000円　①978-4-7642-6692-6

内容 ぼんやりとした始まり　愛にのぼせる若者　自立する青年　教師という職業　置いてきたこと　足踏み―苦しむ魂の世俗的な目標　光の上の光―プラトン主義者の書物との出会い　回心への転換　いくつもの死と新たな生活　はてしなき告白〔ほか〕〔02281〕

クハシュ, パヴェル

◇グローバル化のなかの企業文化―国際比較調査から　石川晃弘, 佐々木正道, 白石利政, ニコライ・ドリャフロフ編著　八王子　中央大学出版部　2012.2　382p　22cm　（中央大学社会科学研究所研究叢書 25）　4600円　①978-4-8057-1326-6

内容 国際比較からみたチェコとスロヴァキアの企業文化（パヴェル・クハシュ著, 石川晃弘訳）〔02282〕

クーパーシュミット, J.B.　Kupersmidt, Janis B.

◇子どもの仲間関係―発達から援助へ（CHILDREN'S PEER RELATIONS）　J.B.クーパーシュミット,K.A.ダッジ編, 中沢潤監訳　京都　北大路書房　2013.12　299p　21cm　〈文献あり 索引あり〉3600円　①978-4-7628-2826-3

内容 仲間関係の問題はどのようにしてネガティブ結果につながるのか（Melissa E.DeRoiser,Janis B. Kupersmidt著, 川島亜紀子訳）〔02283〕

クープ, G.*　Koop, Gary

◇ベイズ計量経済学ハンドブック（The Oxford Handbook of Bayesian Econometrics）　John Geweke,Gary Koop,Herman van Dijk〔編〕, 照井伸彦監訳　朝倉書店　2013.9　546p　22cm　〈索引あり〉12000円　①978-4-254-29019-6

内容 第1部 諸原理（処置選択のベイズ推測の諸側面　交換可能性、表現定理、主観性）　第2部 方法（時系列状態空間モデルのためのベイズ推測　柔軟なモデリングとノンパラメトリックモデリング　シミュレーションとMCMC法入門）　第3部 応用（ミクロ計量経済学におけるベイズ法　ベイズ統計によるマクロ計量経済分析　ベイズ手法のマーケティングへの応用　ベイズ統計のファイナンスへの応用）〔02284〕

クーフィ, フォジア　Koofi, Fawzia

◇わたしが明日殺されたら（Letters to my daughters）　フォージア・クーフィ著, 福田素子訳　徳間書店　2011.5　348p　20cm　〈年表あり〉1700円　①978-4-19-863180-2

内容 第1部 娘たちへ最初の手紙を書いた朝（「女の子じゃしょうがない」（一九七五年）　母の愛を注がれて（一九七七年）　父の恐ろしい最期（一九七八年）ほか）　第2部 戦う、生きる、生き抜く（タリバンの登場（一九九六年）　北への避難（一九九六～一九九七）　狂気の白い旗（一九九六～一九九七年）ほか）　第3部 未来をこの国に（故郷へ戻る（一九九八）　娘たちの誕生（一九九八～二〇〇一年）　タリバンの敗走（二〇〇一年）ほか）〔02285〕

グプタ, マヘンドラ　Gupta, Mahendra Nath

◇不滅の言葉（コタムリト）―大聖ラーマクリシュナ　第1巻　マヘンドラ・グプタ著, 田中嫺玉訳　名古屋　ブイツーソリューション　2011.2　733p　19cm　〈タイトル：不滅の言葉　文献あり　発売：星雲社〉3600円　①978-4-434-15303-7

内容 聖ラーマクリシュナの生涯略伝　師との出会い　聖ラーマクリシュナ、信者と共に　南神の寺院で信者と共に　ナレンドラなど最も親しい人々と共に　ヴィジャヤの日に南神の寺院で信者と共に　ケーシャブ・セン氏と楽しい船旅　シンティのブラフマ協会への出席　サーカス劇場にて〔ほか〕〔02286〕

◇不滅の言葉（コタムリト）―大聖ラーマクリシュナ　第2巻　マヘンドラ・グプタ著, 田中嫺玉訳　名古屋　ブイツーソリューション　2012.12　625p　19cm　〈文献あり　発売：星雲社〉3600円　①978-4-434-16988-5

内容 信者と語らう聖ラーマクリシュナ　聖ラーマクリシュナ、信者と共に　南神寺院でラタンたちと共に　アダルの邸宅において　南神寺院にて信者たちと共に　アダル邸でのドゥルガー大祭　ラクシュミー満月の日に　ブラフマ協会の集会にて　睡蓮荘のケーシャブ・セン氏　聖ラーマクリシュナ、信者と共に語る〔ほか〕〔02287〕

ク

クプチャン, チャールズ
◇東アジア共同体と日本の戦略―何をどう進めるべきか　国際アジア共同体学会編, 進藤榮一監修　相模原　桜美林大学北東アジア総合研究所　2011.3　107p　21cm　(北東アジア研究叢書 ブックレット)　1000円　①978-4-904794-17-3
内容 東アジア共同体構築を推進せよ(ジョン・アイケンベリー, チャールズ・クプチャン著, 鈴木隆訳)　〔02288〕

グベリナ, ペタール　Guberina, Petar
◇ことばと人間―聴覚リハビリと外国語教育のための言語理論 (RETROSPECTION)　ペタール・グベリナ著, クロード・ロベルジュ編, 原田早苗, 西田俊明, 小川裕花日本語版監修　Sophia University Press上智大学出版　2012.4　418p　22cm　〈訳：小川裕花ほか　索引あり　発売：ぎょうせい〉3000円　①978-4-324-09207-1
内容 VT法から見た聴きとりと調音(ペタール・グベリナ, ユギ・ゴスポドネティッチ共著, 福山孝子訳)　〔02289〕

グベール, ピエール
◇叢書『アナール1929-2010』―歴史の対象と方法 2 1946-1957 (Anthologie des Annales 1929-2010)　E.ル＝ロワ＝ラデュリ,A.ビュルギエール監修, 浜名優美監訳　L.ヴァランシ編, 池田祥英, 井上桜子, 尾河直哉, 北垣潔, 塚島真実, 平沢勝行訳　藤原書店　2011.6　460p　22cm　6800円　①978-4-89434-807-3
内容 ボーヴェジにて(ピエール・グベール著, 池田祥英訳)　〔02290〕

クミン, リビー　Kumin, Libby
◇ダウン症の子どもがいきいきと育つことばとコミュニケーション―家族と専門家のための実践ガイドブック (Early communication skills for children with Down syndrome (2nd ed.))　リビー・クミン著, 梅村浄ほか訳　吹田　メディカ出版　2011.4　214p　26cm　〈文献あり　索引あり〉3000円　①978-4-8404-3670-0　〔02291〕

クム, ギョンスク　琴 京淑
◇高句麗の政治と社会　東北亜歴史財団編, 田中俊明監訳, 篠原啓方訳　明石書店　2012.1　322p　22cm　〈索引あり　文献あり〉5800円　①978-4-7503-3513-1
内容 高句麗の中央政治制度の発展(琴京淑)　〔02292〕

グライス, ポール　Grice, H.Paul
◇理性と価値―後期グライス形而上学論集　ポール・グライス著, 岡部勉編訳　勁草書房　2013.11　327, 8p　22cm　〈索引あり〉4600円　①978-4-326-10225-9
内容 理性の諸相. 行為と出来事. 形而上学と価値　〔02293〕

クライナー, ヨーゼフ　Kreiner, Josef
◇小シーボルトと日本の考古・民族学の黎明　ヨーゼフ・クライナー編　同成社　2011.1　322p　22cm　7000円　①978-4-88621-546-8
内容 第1部 小シーボルトの生涯と業績(もう1人のシーボルト―日本考古学・民族文化起源論の学史から　小シーボルト資料集成　ブランデンシュタイン家資料に見られる小シーボルトの日本での活動　小シーボルトと日本考古学の黎明期)　第2部 日本の民族学的研究(自然人類学が解明する日本人の起源―DNA分析の発展と現在の起源論　小シーボルト以後の日本民族学・文化人類学の展開　ヴィーンにおける日本の民族学的研究―岡正雄とA スラヴィク　文化人類学者による日本考察―ドイツ語圏学術界における日本文化・社会の民族学的調査研究　アンドレ・ルロワ＝グーランと日本　ヴィーン大学の事例にみる日本学の「ヴィジュアル・ターン」)　第3部 日本研究と日本コレクション(あるコレクションの一生―ヴィーン工芸美術館のシーボルト・コレクション　ピーボディー・エセックス博物館の日本コレクション形成―船長たちとモースの持ち帰った「もの」　ヨーロッパにおけるアイヌ民族コレクション―その民族学的意義と西洋のアイヌ観への影響　江戸期の日本におけるものの収集について　在欧州能楽面の研究　子爵渋沢敬三のアチック・ミューゼアム)　〔02294〕

クライブ, エリック　Clive, Eric M.
◇ヨーロッパ私法の原則・定義・モデル準則―共通参照枠草案〈DCFR〉(Principles, Definitions and Model Rules of European Private Law (原著概要版)(抄訳))　クリスティアン・フォン・バール, エリック・クライブ, ハンス・シュルテ-ネルケ, ヒュー・ビール, ジョニー・ヘレ, ジェローム・ユエ, マティアス・シュトルメ, シュテファン・スワン, ポール・バルール, アンナ・ヴェネツィアーノ, フリデリィク・ツォル編, 窪田充見, 潮見佳男, 中田邦博, 松岡久和, 山本敬三, 吉永一行監訳　京都　法律文化社　2013.11　498p　22cm　〈索引あり〉8500円　①978-4-589-03541-7
内容 序論　原則　モデル準則(総則　契約及びその他の法律行為　債務及びこれに対応する権利　各種の契約及びそれに基づく権利義務　事務管理　他人に生じた損害に基づく契約外責任　不当利得　物品所有権の得喪　動産担保　信託)　〔02295〕

グライフ, M.*　Greif, Mark
◇私たちは"99%"だ―ドキュメントウォール街を占拠せよ (OCCUPY!)　『オキュパイ！ガゼット』編集部編, 肥田美佐子訳　岩波書店　2012.4　247p　21cm　2000円　①978-4-00-025778-7
内容 1 ウォール街を占拠せよ(一つの「ノー」、たくさんの「イエス」　トップ一%の真実　アメリカンドリームをあきらめて　いま、立ち上がる　合意の神学ほか)　2「占拠」の風景(ニューヨーク　アトランタ　オークランド　フィラデルフィア　ボストン)　3 過去からの視線(アメリカの危機)　〔02296〕

グライボロンスキー, ウラジーミル・V.
◇ゾルゲ事件関係外国語文献翻訳集　no.36　日露歴史研究センター事務局編　〔川崎〕　日露歴史研究センター事務局　2013.3　65p　30cm　〈文献あり〉700円
内容 第2次世界大戦とモンゴルの国際的な承認に対するモンゴルの関与(ウラジーミル・V.グライボロンスキー著)　〔02297〕

グライムズ, C.* Grimes, Christina L.

◇子どもの仲間関係―発達から援助へ（CHILDREN'S PEER RELATIONS） J.B.クーパーシュミット,K.A.ダッジ編, 中沢潤監訳 京都 北大路書房 2013.12 299p 21cm 〈文献あり 索引あり〉 3600円 ①978-4-7628-2826-3

内容 親とその両親や仲間との関係（Christina L. Grimes,Tovah P.Klein,Martha Putallaz著, 中沢小百合訳） 〔02298〕

クライヤー, R. Cryer, Robert

◇東京裁判を再評価する（The Tokyo International Military Tribunal : A Reappraisal） N.ボイスター,R.クライヤー著, 粟屋憲太郎, 藤田久一, 高取由紀監訳, 岡田良之助訳 日本評論社 2012.9 548p 22cm 〈文献あり 索引あり〉 7200円 ①978-4-535-51710-3

内容 序章 イントロダクション 第1章 裁判の背景 第2章 東京国際軍事裁判所―その性格および管轄権 第3章 被告人と起訴状 第4章 審理の執行 第5章 平和に対する罪 第6章 殺人の訴因 第7章 戦争犯罪 第8章 責任の一般原則と抗弁 第9章 刑の量定 第10章 東京国際軍事裁判所と法哲学 第11章 東京国際軍事裁判所の役割と遺産 終章 結論 〔02299〕

クライルガート, ピーター Kreilgaard, Peter

◇世界一流のサッカー監督から学ぶマネジメント（Management by Football） ピーター・クライルガート, ダニエル・ソレン, ヘンリック・ソレンセン〔著〕, 〔山下清彦〕〔訳〕 クロスメディア・パブリッシング 2012.6 239p 19cm 〈発売 : インプレスコミュニケーションズ〉 1580円 ①978-4-8443-7150-2

内容 プロローグ サッカービジネス 第1の特性 常に頂点を目指す能力 第2の特性 理由を説明できる能力 第3の特性 戦略を行動に変える能力 第4の特性 戦略に柔軟性を持たせる能力 第5の特性 優れた人材を見つける能力 第6の特性 二番手のレベルを高める能力 第7の特性 強力なコーチング能力 第8の特性 問題解決能力の向上を応援する能力 第9の特性 競合相手を分析する能力 第10の特性 セットプレーを最大限に活用する能力 〔02300〕

クライン, ジェームズ・D. Klein, James D.

◇インストラクショナルデザインとテクノロジー―教える技術の動向と課題（TRENDS AND ISSUES IN INSTRUCTIONAL DESIGN AND TECHNOLOGY（原著第3版）） R.A.リーサー, J.V.デンプシー編 京都 北大路書房 2013.9 690p 21cm 〈訳 : 半田純子ほか 索引あり〉 4800円 ①978-4-7628-2818-8

内容 IDT関連学会と出版物（ジェームズ・D.クライン, ニック・ラッシュビー, ユヤン・スー著, 沖潮（原田）満里子訳） 〔02301〕

クライン, ジリアン Klein, Gillian

◇グローバル・ティーチャーの理論と実践―英国の大学とNGOによる教員養成と開発教育の試み（Developing the global teacher） ミリアム・スタイナー編, 岩崎裕保, 湯本浩之監訳 明石書店 2011.7 540p 20cm （明石ライブラリー 146） 〈文献あり 索引あり〉 5500円 ①978-4-7503-3381-6

内容 教員養成における社会正義と反人種差別の実現―変革に向けた勇気あるプログラムとは（ジリアン・クライン著, 石井正訳） 〔02302〕

クライン, ナオミ Klein, Naomi

◇ショック・ドクトリン―惨事便乗型資本主義の正体を暴く 上（The shock doctrine） ナオミ・クライン〔著〕, 幾島幸子, 村上由見子訳 岩波書店 2011.9 345, 46p 20cm 2500円 ①978-4-00-023493-1

内容 ブランク・イズ・ビューティフル―三〇年にわたる消去作業と世界の改変 第1部 ふたりのショック博士―研究と開発（ショック博士の拷問実験室―ユーイン・キャメロン、CIA、そして人間の心を消去し、作り変えるための狂気じみた探究 もう一人のショック博士―ミルトン・フリードマンと自由放任実験室の探究） 第2部 最初の実験―産みの苦しみ（ショック状態に投げ込まれた国々―流血の反革命 徹底的な浄化―効果を上げる国家テロ 「まったく無関係」―罪を逃れたイデオローグたち） 第3部 民主主義を生き延びる―法律で作られた爆弾（戦争に救われた鉄の女―サッチャリズムに役立った敵たち 新しいショック博士―独裁政権に取って代わった経済戦争 危機こそ絶好のチャンス―パッケージ化されるショック療法） 第4部 ロスト・イン・トランジション―移行期の混乱に乗じて（「歴史は終わった」のか？―ポーランドの危機、中国の虐殺 鎖につながれた民主主義の誕生―南アフリカの束縛された自由 燃え尽きた幼き民主主義の火―「ピノチェト・オプション」を選択したロシア） 〔02303〕

◇ショック・ドクトリン―惨事便乗型資本主義の正体を暴く 下（The shock doctrine） ナオミ・クライン〔著〕, 幾島幸子, 村上由見子訳 岩波書店 2011.9 686, 66p 20cm 〈索引あり〉 2500円 ①978-4-00-023494-8

内容 第4部 ロスト・イン・トランジション―移行期の混乱に乗じて（資本主義への猛進―ロシア問題と粗暴なる市場の幕開け 拱手傍観―アジア略奪と「第二のベルリンの壁崩壊」） 第5部 ショックの時代―惨事便乗型資本主義複合体の台頭（米国内版ショック療法―バブル景気に沸くセキュリティー産業 コーポラティズム国家――体化する官と民） 第6部 暴力への回帰―イラクへのショック攻撃（イラク抹消―中東の“モデル国家”建設を目論んで 因果応報―資本主義が引き起こしたイラクの惨状 吹き飛んだ楽観論―焦土作戦への変貌） 第7部 増殖するグリーンゾーン―バッファーゾーンと防御壁（一掃された海辺―アジアを襲った「第二の津波」 災害アパルトヘイト―グリーンゾーンとレッドゾーンに分断された社会 二の次にされる和平―警告としてのイスラエル） ショックからの覚醒―民衆の手による復興へ 〔02304〕

クライン, ハーバート・S. Klein, Herbert S.

◇ボリビアの歴史（A concise history of Bolivia （2nd ed.）） ハーバート・S.クライン著, 星野靖子訳 創土社 2011.7 449p 20cm （ケンブリッジ版世界各国史） 〈文献あり 年表あり 索引あり〉 3200円 ①978-4-7988-0208-4 〔02305〕

クライン, フランツ

◇民事裁判小論集 中野貞一郎著 信山社 2013.6 360p 22cm 8600円 ①978-4-7972-8590-3

内容 訴訟における時代思潮（フランツ・クライン著, 中

野貞一郎訳）〔02306〕

クライン, ローレンス・R.　Klein, Lawrence Robert
◇日本経済のマクロ計量分析　市村真一, ローレンス・R.クライン編著　日本経済新聞出版社　2011.5　437p　22cm　〈文献あり 索引あり〉　6000円　①978-4-532-13406-8
内容 日本のマクロ計量経済学モデル構築史の概要　第1部 社会会計とサーベイの分析（日本の経済成長の要因 : 社会会計論による接近　日本の失われた90年代の社会会計分析　景気指数を調査データによる予測）第2部 産業連関分析とCGEモデル（生産要素比率と外国貿易　日本の地域間相互依存と地域別成長　東アジア経済の雁行型発展　量的金融緩和政策の資金循環分析）　第3部 マクロ計量経済学モデル（日本経済の成長の計量経済学モデル、1878 - 1937年　日本の計量経済学モデル : 1930 - 59年　阪大社研モデル　世界リンク・モデルの中の日本モデル　日本経済の斉藤モデル　超短期モデル予測と合意予測　2020年までの日本経済の成長選択肢）〔02307〕

クライン, T.*　Klein, Tovah P.
◇子どもの仲間関係―発達から援助へ（CHILDREN'S PEER RELATIONS）　J.B.クーパーシュミット,K.A.ダッジ編, 中沢潤監訳　京都　北大路書房　2013.12　299p　21cm　〈文献あり 索引あり〉3600円　①978-4-7628-2826-3
内容 親とその両親や仲間との関係（Christina L. Grimes,Tovah P.Klein,Martha Putallaz著, 中沢小百合訳）〔02308〕

クラインク, アニタ
◇変貌する世界の緑の党―草の根民主主義の終焉か？（GREEN PARTIES IN TRANSITION）　E.ジーン・フランクランド, ポール・ルカルディ, ブノワ・リウー編著, 白井和宏訳　緑風出版　2013.9　455p　20cm　〈文献あり〉3600円　①978-4-8461-1320-9
内容 カナダ緑の党草の根民主主義からの急速な転換（ジャクリーン・シャープ, アニタ・クラインク著）〔02309〕

クラインバーグ, ジョン　Kleinberg, Jon
◇ネットワーク・大衆・マーケット―現代社会の複雑な連結性についての推論（Networks, Crowds, and Markets）　David Easley,Jon Kleinberg著, 浅野孝夫, 浅野泰仁訳　共立出版　2013.6　781p　27cm　〈布装　文献あり 索引あり〉11000円　①978-4-320-12331-1
内容 第1部 グラフ理論とソーシャルネットワーク　第2部 ゲーム理論　第3部 マーケットとネットワークにおける戦略的相互作用　第4部 情報ネットワークとワールドワイドウェブ　第5部 ネットワークダイナミクス : 集団モデル　第6部 ネットワークダイナミクス : 構造的モデル　第7部 制度と集約行動〔02310〕

クラインマン, アーサー　Kleinman, Arthur
◇他者の苦しみへの責任―ソーシャル・サファリングを知る　アーサー・クラインマン, ジョーン・クラインマン, ヴィーナ・ダス, ポール・ファーマー, マーガレット・ロック,E.ヴァレンタイン・ダニエル, タラル・アサド〔編〕, 坂川雅子訳　みすず書房　2011.3　267, 5p　20cm　〈解説 : 池沢夏樹〉3400円　①978-4-622-07592-9
内容 苦しむ人々・衝撃的な映像―現代における苦しみの文化的流用（アーサー・クラインマン, ジョーン・クラインマン著）〔02311〕
◇八つの人生の物語―不確かで危険に満ちた時代を道徳的に生きるということ（What really matters）　A.クラインマン著, 皆藤章監訳, 高橋洋訳　誠信書房　2011.10　346p　20cm　〈文献あり 索引あり〉2800円　①978-4-414-42863-6
内容 第1章 はじめに　第2章 ウィンスロップ・コーエン―第二次世界大戦を兵士として生きた、アメリカ人男性の物語　第3章 アイディ・ボスク・レマルク―内戦のアフリカで闘った、ひとりの民間人女性の物語　第4章 厳忠樹―文化大革命からいまを生き抜き、成功した中国人男性の物語　第5章 チャールズ・ケントワース・ジェイミソン―性的空想から慢性頭痛に苦しんだ、ある牧師の物語　第6章 サリー・ウィリアムス―麻薬中毒とエイズを克服した、ある女性の物語　第7章 ビル・バート/シンシャ・アドラー―わたし自身の物語　第8章 W.H.R.リバーズ―ひとりの人類学者、精神科医の道徳的・人間的体験の物語　第9章 おわりに　付録〔02312〕

クラインマン, ジョーン　Kleinman, Joan
◇他者の苦しみへの責任―ソーシャル・サファリングを知る　アーサー・クラインマン, ジョーン・クラインマン, ヴィーナ・ダス, ポール・ファーマー, マーガレット・ロック,E.ヴァレンタイン・ダニエル, タラル・アサド〔編〕, 坂川雅子訳　みすず書房　2011.3　267, 5p　20cm　〈解説 : 池沢夏樹〉3400円　①978-4-622-07592-9
内容 苦しむ人々・衝撃的な映像―現代における苦しみの文化的流用（アーサー・クラインマン, ジョーン・クラインマン著）〔02313〕

グラウ, レスター　Grau, Lester W.
◇赤軍ゲリラ・マニュアル（THE RED ARMY'S DO-IT-YOURSELF, NAZI-BASHING GUERRILLA WARFARE MANUAL）　レスター・グラウ, マイケル・グレス編, 黒塚江美訳　原書房　2012.6　245p　20cm　1900円　①978-4-562-04843-4
内容 パルチザンの基本戦術　ファシストの対パルチザン戦法　爆発物と破壊工作　戦闘用武器　リヴォルヴァーとピストル　敵の武器を使う　偵察　カムフラージュ　敵の軍用機との戦い方　化学兵器に対する防護　白兵戦　応急手当て　行軍と野営　食料の保存法　雪中生活〔02314〕

クラヴィッツ, リー　Kravitz, Lee
◇僕は人生の宿題を果たす旅に出た―失った人間関係を取り戻す10のストーリー（UNFINISHED BUSINESS）　リー・クラヴィッツ著, 月沢李歌子訳　ダイヤモンド社　2013.2　323p　19cm　1600円　①978-4-478-02224-5
内容 職を失って気づいた、やり残した「10の宿題」―「人生の宿題」リストを作ってみよう　十五年間、音信不通の叔母を探して会いに行く―大切な人と再会する日　娘を失った友人に言えなかったお悔みの言葉を伝えよう―家族や友人と喪失の痛みを分かち合う　三十年以上前に借りたままになっている六百ドル。彼は許してくれるだろうか―後ろめたい気持ちを乗り越える　9・11以来、気がかりだったパキスタン人のルームメイト―自分の人生を生きるということ　僕をいじめたアイツをずっと憎んでたんだ―仕返ししたいという気持ちはどこから来るのか　高校時代の恩師にどうして「ありがとう」を言えなかったのか―死んだあとに思い出して欲しい自分像を考える　意外なところにあった、父と叔父の関係修復の糸口―家族の不仲を解決するためにできること　仕事を口実に行かなかったお葬式―いつだって別れは突然やって来る　陽気なマットは偏狭な原理主義者に変わってしまった？―自分とはちがう道を選んだ人から学ぶこと　難民キャンプで少年と交わした約束を今こそ果たそう―できないことを約束して宿題を抱えてしまわないために　〔*02315*〕

グラウエ, ポール・デ　Grauwe, Paul de

◇通貨同盟の経済学―ユーロの理論と現状分析（Economics of monetary union (8th ed.)）　ポール・デ・グラウエ著, 田中素香, 山口昌樹訳　勁草書房　2011.10　386p　22cm　〈文献あり 索引あり〉 4800円　①978-4-326-50356-8

内容 第1部 通貨同盟の費用と便益（共通通貨の費用　最適通貨圏の理論への批判　共通通貨の便益　費用と便益の比較　通貨同盟と政治同盟）　第2部 通貨同盟（不完全な通貨同盟の脆弱性　通貨統合への移行　欧州中央銀行（ECB）　ユーロ圏の金融政策　通貨同盟における財政政策 ほか）　〔*02316*〕

クラウザー, サミュエル　Crowther, Samuel

◇自動車王フォードが語るエジソン成功の法則（Edison, as I know him）　ヘンリー・フォード, サミュエル・クラウザー著, 鈴木雄一訳・監修　言視舎　2012.8　157p　19cm　〈年譜あり〉 1400円　①978-4-905369-41-7

内容 1 エジソンとの出会い　2 少年時代の我が理想の人　3 エジソンがもたらした恩恵　4 実用の意味　5 エジソンの天才　6 発明の方法　7 成功のよろこび　8 あらゆるものへの興味　9 いつ仕事をして、いつ眠るのか　10 書物を超えた教育　11 エジソンの精神は生きていく　〔*02317*〕

クラウス, デビッド

◇大学学部長の役割―米国経営系学部の研究・教育・サービス（The dean's perspective）　クリシナ・S.ディア編著, 佐藤修訳　中央経済社　2011.7　245p　21cm　3400円　①978-4-502-68720-4

内容 経営倫理教育（デビッド・クラウス, サラ・ペック著）　〔*02318*〕

クラウス, ローレンス・M.　Krauss, Lawrence Maxwell

◇ファインマンさんの流儀―すべてを自分で創り出した天才の物理学人生（Quantum man）　ローレンス・M.クラウス著, 吉田三知世訳　早川書房　2012.1　401p　20cm　〈文献あり〉 2300円　①978-4-15-209270-0

内容 第1部 偉大さへの道（光、カメラ、作用　量子的な宇宙　新しい考え方　量子の国のアリス　終わりと始まり　無垢の喪失　偉大さへの道　ここより無限に　無限を馴らす　鏡におぼろに映ったもの）　第2部 宇宙の残りの部分（心の問題と問題の核心　宇宙を整理しなおす　鏡に映った像に隠されているもの　気晴らしと楽しみ・喜び　宇宙の尻尾をねじり回す　上から下まで　真実、美、そして自由）　〔*02319*〕

◇世界一素朴な質問、宇宙一美しい答え―世界の第一人者100人が100の質問に答える（BIG QUESTIONS FROM LITTLE PEOPLE）　ジェンマ・エルウィン・ハリス編, 西田美緒子訳, タイマタカシ絵　河出書房新社　2013.11　298p　22cm　2500円　①978-4-309-25292-6

内容 わたしは、なにでできているの？（ローレンス・クラウス教授）　〔*02320*〕

クラウゼヴィッツ, カール・フォン　Clausewitz, Carl von

◇〈新訳〉戦争論―隣の大国をどう斬り伏せるか（Vom Kriege）　クラウゼヴィッツ著, 兵頭二十八訳　PHP研究所　2011.12　318p　18cm　950円　①978-4-569-80153-7

内容 第1部 戦争の性質　第2部 戦争の理論　第3部 戦略概論　第4部 戦闘　第5部 戦闘力　第6部 防禦　第7部 攻撃　第8部 戦争計画についてのノート　〔*02321*〕

クラウド, ヘンリー　Cloud, Henry

◇クラウド&タウンゼント博士の聖書に学ぶ子育てコーチング―境界線～自分と他人を大切にできる子に　ヘンリー・クラウド, ジョン・タウンゼント共著, 中村佐知訳　あめんどう　2011.8　407p　19cm　2000円　①978-4-900677-21-0　〔*02322*〕

◇クラウド&タウンゼント博士の二人がひとつとなるために―夫婦をつなぐ境界線（Boundaries in marriage）　ヘンリー・クラウド, ジョン・タウンゼント共著, 中村佐知訳　あめんどう　2013.1　438p　19cm　2100円　①978-4-900677-22-7

内容 第1部 境界線を理解する（境界線とは何なのか？　境界線の十の法則と結婚生活への適用 ほか）　第2部 結婚生活に境界線を築く（ひとつになるには、二人が必要　大切にするなら自分のものになる ほか）　第3部 結婚生活における衝突を解決する（三人だと多すぎる―結婚生活を侵入者から守る　六種類の衝突 ほか）　第4部 境界線に対する誤解（結婚生活での境界線の誤用を避けるには）　〔*02323*〕

グラウプ, パトリック　Graupp, Patrick

◇TWI実践ワークブック―改善が生きる、明るく楽しい職場を築く（The TWI Workbook）　パトリック・グラウプ, ロバート・ロナ著, 成沢俊子訳　日刊工業新聞社　2013.11　334p　21cm　〈文献あり〉 2800円　①978-4-526-07159-1　〔*02324*〕

クラカワー, ジョン　Krakauer, Jon

◇空へ―悪夢のエヴェレスト1996年5月10日（INTO THIN AIR）　ジョン・クラカワー著, 海津正彦訳　山と溪谷社　2013.8　509p　15cm　（ヤマケイ文庫）　1300円　①978-4-635-04751-7

内容 エヴェレスト山頂 八八四八メートル/一九九六年五月十日　インド、デーラ・ダン 六八一メートル/一八五二年　北インド上空 九〇〇〇メートル/一九九六年三月二十九日　パクディン 二八〇〇メートル/一九九六年三月三十一日　ロブジェ 四九三〇メートル/一九九六年四月八日　エヴェレスト・ベースキャンプ 五三六〇メートル/一九九六年四月十二日　第一キャンプ 五九五〇メートル/一九九六年四月十三日　第一キャンプ 五九五〇メートル/一九九六年四月十六日　第二キャンプ 六五〇〇メートル/一九九六年四月二十八日　ローツェ・フェース 七一〇〇メートル/一九九六年四月二十九日〔ほか〕　〔*02325*〕

クラーク, アーサー・B.　Clark, Arthur B.
◇日本立法資料全集　別巻818　商法五十課　アーサー・B.クラーク著, 本多孫四郎訳補　復刻版　信山社出版　2013.8　319p　23cm　〈集成社書店 明治20年刊の複製〉38000円　①978-4-7972-7115-7　〔02326〕

ク

クラーク, アンディ　Clark, Andy
◇現れる存在—脳と身体と世界の再統合（BEING THERE）　アンディ・クラーク著, 池上高志, 森本元太郎監訳　NTT出版　2012.11　442p　20cm　〈文献あり 索引あり〉3800円　①978-4-7571-0267-5
内容 1 外なる心（自律的なエージェント—月面を歩く状況に置かれた幼児　心と世界—移ろう境界　集合の叡智、粘菌流）2 外に広がった心を説明する（ロボットを進化させる　創発と説明　神経科学的なイメージ　存在する/計算する/表象する）3 前進（心とマーケット　言語—究極の人工物　心、脳、それとマグロの話—塩水に浸かった要約）〔02327〕

クラーク, ウィリアム・R.　Clark, William R.
◇ペトロダラー戦争—イラク戦争の秘密、そしてドルとエネルギーの未来（PETRODOLLER WARFARE）　ウィリアム・R.クラーク著, 高沢洋志訳　作品社　2013.12　439p　20cm　2800円　①978-4-86182-465-4　〔02328〕

クラーク, エドワード・W.
◇富士山に登った外国人—幕末・明治の山旅　山本秀峰編訳, 村野克明訳　露蘭堂　2012.11　247p　22cm　〈年表あり　文献あり　発売：ナウカ出版営業部（富士見）〉3400円　①978-4-904059-53-1
内容 フジヤマ登山（エドワード・W.クラーク著）〔02329〕

クラーク, ジョン
◇総合人間学　5　人間にとっての都市と農村　総合人間学会編　学文社　2011.5　208p　22cm　2500円　①978-4-7620-2175-6
内容 第三の自由概念.1（ジョン・クラーク著, 大倉茂, 尾関周二訳）〔02330〕

クラーク, ジル　Clarke, Gill
◇みんな大切！—多様な性と教育（Everyone is special！）　ローリ・ベケット編, 橋本紀子監訳, 艮香織, 小宮明彦, 杉田真衣, 渡辺大輔訳　新科学出版社　2011.3　195p　22cm　2500円　①978-4-915143-39-7
内容 差異の重要性と教育の無関心（ジル・クラーク著, 小宮昭彦訳）〔02331〕

クラーク, ティム　Clark, Tim
◇ビジネスモデルYOU—キャリア再構築のための1ページメソッド（Business Model YOU）　ティム・クラーク著, アレックス・オスターワルダー, イヴ・ピニュール共著, 神田昌典訳　翔泳社　2012.10　262p　19×26cm　2200円　①978-4-7981-2814-6
内容 1 キャンバス—組織や個人のビジネスモデルを分析し描くための鍵となるツール。その使い方を学ぶ。（ビジネスモデル思考：変化し続ける社会に適応するビジネスモデル・キャンバス　パーソナル・キャンバス）2 熟考する—あなたの人生の方向性に立ち戻る。個人としての望み、そしてキャリア上の望みを、どう両立するのか？（あなたはどんな人？　キャリアの目的を明確にする）3 修正する—キャンバスと、ここまでの章で得た気づきをもとにあなたの仕事生活（ワークライフ）を調整しよう。—あるいは、新しく構築し直そう。（自分を新しく構築しなおそう　パーソナル・ビジネスモデルをもう一度描く）4 行動する—全てを実現させる方法を学ぶ。（あなたのビジネス価値を算出する　モデルを市場でテストする　次に来るものは？）5 最後に—ビジネスモデルYOU誕生の背景にある、人々やリソースの話。（ビジネスモデルYOUコミュニティ）〔02332〕

クラーク, デビッド　Clark, David
◇バフェットの株式ポートフォリオを読み解く（The Warren Buffett Stock Portfolio）　メアリー・バフェット, デビッド・クラーク著, 山田美明訳　阪急コミュニケーションズ　2012.9　218p　20cm　1900円　①978-4-484-12118-5
内容 1 バフェットの投資戦略（バフェットの投資戦略の歴史と進化　バフェットのお気に入りは老舗企業　安定した収益　バフェットの疑似債券　将来の収益率を予想する ほか）2 ケーススタディおよび投資価値の評価（アメリカン・エキスプレス・カンパニー　バンク・オブ・ニューヨーク・メロン（BNYメロン）　コカ・コーラ・カンパニー　コノコフィリップス　コストコ・ホールセール・コーポレーション ほか）〔02333〕

クラーク, ピーター
◇グローバル化するアジア系宗教—経営とマーケティング　中牧弘允, ウェンディ・スミス編　大阪　東方出版　2012.1　433p　22cm　〈索引あり〉4000円　①978-4-86249-189-3
内容 グローバル化と海外日系新宗教運動のマーケティング戦略（ピーター・クラーク著, 竹村初美訳）〔02334〕

クラーク, ヒュー
◇世界の中のオーストラリア—社会と文化のグローバリゼーション　早稲田大学オーストラリア研究所編　横浜　オセアニア出版社　2012.3　226, 9p　21cm　2200円　①978-4-87203-108-9
内容 クジラとオーストラリア、そして日本（ヒュー・クラーク著, 菅野素子訳）〔02335〕

クラーク, リチャード・E.　Clark, Richard E.
◇インストラクショナルデザインとテクノロジー—教える技術の動向と課題（TRENDS AND ISSUES IN INSTRUCTIONAL DESIGN AND TECHNOLOGY（原著第3版））　R.A.リーサー, J.V.デンプシー編　京都　北大路書房　2013.9　690p　21cm　〈訳：半田純子ほか　索引あり〉4800円　①978-4-7628-2818-8
内容 討論：異なるレベルの教育的ガイダンスの利点（リチャード・E.クラーク, マイケル・J.ハナフィン著, 半田純子訳）〔02336〕

クラーク, ルース・コルビン　Clark, Ruth Colvin
◇インストラクショナルデザインとテクノロジー—教える技術の動向と課題（TRENDS AND

ISSUES IN INSTRUCTIONAL DESIGN AND TECHNOLOGY (原著第3版)) R.A.リーサー, J.V.デンプシー編　京都　北大路書房　2013.9　690p　21cm 〈訳：半田純子ほか　索引あり〉 4800円　①978-4-7628-2818-8

内容 リッチメディアを賢く使う (ルース・コルビン・クラーク, リチャード・E.メイヤー著, 山田政寛訳)　〔02337〕

クラーク, ロナルド・V.

◇環境犯罪学と犯罪分析 (Environmental criminology and crime analysis)　リチャード・ウォートレイ, ロレイン・メイズロール編, 島田貴仁, 渡辺昭一監訳, 斉藤知範, 雨宮護, 菊池城治, 畑倫子訳　社会安全研究財団　2010.8　313p　26cm 〈文献あり〉 ①978-4-904181-13-3

内容 合理的選択の観点 他 (デレック・B.コーニッシュ, ロナルド・V.クラーク著, 渡辺昭一訳)　〔02338〕

クラーク, M.キャロリン　Clark, M.Carolyn

◇成人のナラティヴ学習―人生の可能性を開くアプローチ (NARRATIVE PERSPECTIVES ON ADULT EDUCATION)　マーシャ・ロシター, M.キャロリン・クラーク編, 立田慶裕, 岩崎久美子, 金藤ふゆ子, 佐藤智子, 荻野亮吾訳　福村出版　2012.10　161p　22cm 〈索引あり〉 2600円　①978-4-571-10162-5

内容 ナラティヴ学習：その輪郭と可能性 他 (M.キャロリン・クラーク著, 荻野亮吾訳)　〔02339〕

クラークソン, ジャネット　Clarkson, Janet

◇パイの歴史物語 (PIE：A GLOBAL HISTORY)　ジャネット・クラークソン著, 竹田円訳　原書房　2013.1　181p　20cm (お菓子の図書館) 〈文献あり〉 2000円　①978-4-562-04885-4

内容 序章 パイとは何だろう　第1章 パイの簡潔な歴史　第2章 パイの魅力　第3章 パイのデザイン　第4章 パイの中身　第5章 特別な日のパイ　第6章 パイは世界をめぐる　第7章 パイと文化と芸術と　終章 パイの未来　〔02340〕

クラークマン, レイニア　Kraakman, Reinier R.

◇会社法の解剖学―比較法的&機能的アプローチ (The Anatomy of Corporate Law：A Comparative and Functional Approach)　レイニア・クラークマン, ポール・デイビス, ヘンリー・ハンスマン, ゲラード・ヘルティッヒ, クラウス・J.ホプト, 神田秀樹, エドワード・B.ロック著, 布井千博監訳　レクシスネクシス・ジャパン　2009.7　323p　21cm　4000円　①978-4-902625-21-9

内容 第1章 株式会社法とは何か　第2章 エージェンシー問題と法的戦略　第3章 基本的なガバナンス構造　第4章 債権者保護　第5章 関連当事者取引　第6章 重大な会社の行為　第7章 支配権取引　第8章 発行者と投資家保護　第9章 解剖学を超えて　〔02341〕

クラーゲス, ルートヴィッヒ　Klages, Ludwig

◇精神と生命 (Geist und Leben)　ルートヴィッヒ・クラーゲス著, 平沢伸一, 吉増克実訳　うぶすな書院　2011.3　130p　20cm　1800円　①978-4-900470-26-2　〔02342〕

◇リズムの本質について (Vom Wesen des Rhythmus)　ルートヴィッヒ・クラーゲス著, 平沢伸一, 吉増克実訳　うぶすな書院　2011.12　151p　20cm　1800円　①978-4-900470-27-9

内容 第1章 現象研究の意味について　第2章 拍子についての暫定的所見　第3章 分節化された連続性としてのリズム　第4章 意識と体験　第5章 リズムに拍子をつける可能性について　第6章 反復と更新　第7章 リズムの時空性　第8章 分極した連続性としてのリズム　第9章 拍子の生命的内実　第10章 展望　〔02343〕

グラシア, ファーラー

◇アジアを学ぶ―海外調査研究の手法　鴨川明子編著　勁草書房　2011.11　227p　21cm (アジア地域統合講座―テキストブック) 〈索引あり　文献あり〉 2800円　①978-4-326-54633-6

内容 質的分析を初めて学ぶあなたへ (ファーラー・グラシア著, 山田麻貴, 西山雄大訳)　〔02344〕

グラシアン, バルタサール　Gracián y Morales, Baltasar

◇処世の智恵―賢く生きるための300の箴言 (Oraculo manual y arte de prudencia)　バルタサール・グラシアン著, 東谷穎人訳　白水社　2011.10　244p　20cm　2000円　①978-4-560-08170-9　〔02345〕

◇賢者の処世術 (LIVING THE PRUDENT LIFE)　バルタサール・グラシアン著, 斎藤慎子訳　幻冬舎　2013.3　231p　18cm　1100円　①978-4-344-02359-8　〔02346〕

グラス, キャシー　Glass, Cathy

◇ジョディ、傷つけられた子―里親キャシー・グラスの手記 (Damaged)　キャシー・グラス著, 塩川亜咲子訳　中央公論新社　2013.11　315p　19cm　2200円　①978-4-12-004532-5　〔02347〕

クラスナー, レオナルド

◇認知行動療法という革命―創始者たちが語る歴史 (A HISTORY OF THE BEHAVIORAL THERAPIES (抄訳))　ウィリアム・T.オドナヒュー, デボラ・A.ヘンダーソン, スティーブン・C.ヘイズ, ジェーン・E.フィッシャー, リンダ・J.ヘイズ編, 坂野雄二, 岡島義監訳, 石川信一, 金井嘉宏, 松岡紘史訳　日本評論社　2013.9　283p　21cm 〈文献あり〉 3000円　①978-4-535-98362-5

内容 認知行動療法 (レオナルド・クラスナー著, 松岡紘史訳)　〔02348〕

クラスノフ, アンドレイ・N.

◇富士山に登った外国人―幕末・明治の山旅　山本秀峰編訳, 村野克明訳　露蘭堂　2012.11　247p　22cm 〈年表あり　文献あり　発売：ナウカ出版営業部 (富士見)〉 3400円　①978-4-904059-53-1

内容 文明の揺籃の地から (アンドレイ・N.クラスノフ著)　〔02349〕

クラーセン, ピーター　Klaassen, Pieter

◇「考えるリスク管理」の実践―不確実性下における経済資本の活用に向けて (Economic capital)　ピーター・クラーセン, イドザード・ファン・イーゲン著, 三浦良造, 住友信託銀行リスク統括部訳　金融財政事情研究会　2011.7　409p　22cm　〈発売 : きんざい〉 4000円　①978-4-322-11743-1

内容 第1章 予想外を計測すること―経済資本の理解　第2章 見返りは何か―経済資本の目的　第3章 何を計測し管理すべきか―経済資本の定義　第4章 数字を求める―経済資本の計測　第5章 現実との対峙―経済資本管理態勢の構築　第6章 チームプレイ―経済資本を取り巻く背景　第7章 この先にあるもの―経済資本の未来　〔02350〕

グラッサー, ウィリアム

◇ダイニングテーブルのミイラ セラピストが語る奇妙な臨床事例―セラピストはクライエントから何を学ぶのか (The mummy at the dining room table)　ジェフリー・A.コトラー, ジョン・カールソン編著, 岩壁茂監訳, 門脇陽子, 森田由美訳　福村出版　2011.8　401p　22cm　〈文献あり〉 3500円　①978-4-571-24046-1

内容 ゴミバケツを漁りたがる女性 (ウィリアム・グラッサー著, 森田由美訳)　〔02351〕

グラッシー, ヘンリー

◇アメリカ民俗学―歴史と方法の批判的考察　小長谷英代, 平山美雪編訳　岩田書院　2012.3　338p　22cm　〈文献あり〉 9500円　①978-4-87294-738-0

内容 物質文化 (ヘンリー・グラッシー著, 平山美雪解説・訳)　〔02352〕

グラッソ, ダミオン

◇アタッチメントを応用した養育者と子どもの臨床 (Attachment theory in clinical work with children)　ダビッド・オッペンハイム, ドグラス・F.ゴールドスミス編, 数井みゆき, 北川恵, 工藤晋平, 青木豊訳　京都　ミネルヴァ書房　2011.6　316p　22cm　〈文献あり〉 4000円　①978-4-623-05731-3

内容 里親ケアにおける養育責任者としての役割 (メアリー・ドジャー, ダミオン・グラッソ, オリバー・リンドハイム, エリン・ルイス著)　〔02353〕

クラッチフィールド, レスリー・R.　Crutchfield, Leslie R.

◇世界を変える偉大なNPOの条件―圧倒的な影響力を発揮している組織が実践する6つの原則 (FORCES FOR GOOD)　レスリー・R.クラッチフィールド, ヘザー・マクラウド・グラント著, 服部優子訳　ダイヤモンド社　2012.7　422p　20cm　2400円　①978-4-478-00728-0

内容 序章 六つの原則　第1章 社会を変える力　第2章 政策アドボカシーとサービスを提供する―第一の原則　第3章 市場の力を利用する―第二の原則　第4章 熱烈な支持者を育てる―第三の原則　第5章 NPOのネットワークを育てる―第四の原則　第6章 環境に適応する技術を身につける―第五の原則　第7章 権限を分担する―第六の原則　第8章 影響力を持続させるための方法　第9章 原則を実践に移す　〔02354〕

グラッドストーン, ウィリアム　Gladstone, William

◇願いを叶える7つの呪文―"言葉"を使った引き寄せレボリューション (Tapping the source)　ウィリアム・グラッドストーン, リチャード・グレニンガー, ジョン・セルビー著, 菅靖彦訳　ソフトバンククリエイティブ　2011.3　311p　20cm　1600円　①978-4-7973-6190-2

内容 1 呪文を唱える前に (チャールズ・ハアネルとは？ 著者のリチャード、ウィリアム、ジョンについて ほか)　2 潜在能力を活性化する7つの呪文 (ハアネルのビジョンをよみがえらせる　創造的な宇宙精神 ほか)　3 本当の満足を実現するヒント (与えることの秘密　尽きることのない豊かさを受け取る ほか)　4 ハアネルの「引き寄せの法則」の本質 (ベスト『ザ・マスター・キー』)　〔02355〕

グラットン, リンダ　Gratton, Lynda

◇ワーク・シフト―孤独と貧困から自由になる働き方の未来図〈2025〉 (THE SHIFT)　リンダ・グラットン著, 池村千秋訳　プレジデント社　2012.8　386, 26p　20cm　〈他言語標題 : WORK SHIFT　文献あり〉 2000円　①978-4-8334-2016-7

内容 働き方の未来は今日始まる　働き方の未来を予測する　第1部 なにが働き方の未来を変えるのか？　第2部「漫然と迎える未来」の暗い現実　第3部「主題的に築く未来」の明るい日々　第4部 働き方を"シフト"する　未来のために知っておくべきこと　〔02356〕

クラッハ, ティルマン

◇ユダヤ出自のドイツ法律家 (DEUTSCHE JURISTEN JUDISCHER HERKUNFT)　ヘルムート・ハインリッヒス, ハラルド・フランツキー, クラウス・シュマルツ, ミヒャエル・シュトレイス著, 森勇監訳　八王子　中央大学出版部　2012.3　25, 1310p　21cm　(日本比較法研究所翻訳叢書 62)　〈文献あり 索引あり〉 13000円　①978-4-8057-0363-2

内容 真実発見の創造的原理としての弁護人の批判精神 (ティルマン・クラッハ著, 渡辺靖明訳)　〔02357〕

グラディ, ジョン

◇ビジュアル調査法と社会学的想像力―社会風景をありありと描写する (PICTURING THE SOCIAL LANDSCAPE)　キャロライン・ノウルズ, ポール・スウィートマン編, 後藤範章監訳　京都　ミネルヴァ書房　2012.10　317p　22cm　〈索引あり〉 3400円　①978-4-623-06394-9

内容 目に見える証拠と取り組む (ジョン・グラディ著, 後藤範章訳)　〔02358〕

グラディング, サミュエル

◇ダイニングテーブルのミイラ セラピストが語る奇妙な臨床事例―セラピストはクライエントから何を学ぶのか (The mummy at the dining room table)　ジェフリー・A.コトラー, ジョン・カールソン編著, 岩壁茂監訳, 門脇陽子, 森田由美訳　福村出版　2011.8　401p　22cm　〈文献あり〉 3500円　①978-4-571-24046-1

内容 美女と野獣 (サミュエル・グラディング著, 門脇陽

子訳）〔02359〕

グラート, ジュンコ　Graat, Junko

◇まんがサイコセラピーのお話（Couch Fiction）　フィリッパ・ペリー物語, ジュンコ・グラート絵, 鈴木竜監訳, 酒井祥子, 清水めぐみ訳　金剛出版　2013.4　153p　17×20cm　〈文献あり〉2400円　①978-4-7724-1310-7〔02360〕

グラード, ピーター　Goullart, Peter

◇忘れられた王国―1930～40年代の香格里拉・麗江（Forgotten kingdom）　ピーター・グラード著, 由井格監修, 佐藤維訳　社会評論社　2011.6　367p　19cm　2700円　①978-4-7845-1340-6

内容 革命ロシアに生まれ動乱の中国へ　麗江へ、日本軍の空襲をさけて山賊の世界へ　麗わしの古都・麗江　少数民族の集まる市と酒の都・麗江　本拠地を踏み出して地方へ　合作社・生産協同組合の設立　つながりを深めた医療活動　納西族の自立した女性たち　チベット族・天性の商人「女王」にかしづく男たち　さまざまな少数民族　ラマ教（チベット仏教）とトンバ教　身のまわりの精霊たち　自由恋愛と「許嫁」制のはざまで　盛大なる結婚式　ヒトと神と自然が一体となる祭　納西族の音楽　合作社の成果　「解放」時の混乱　去らば麗江〔02361〕

クラノウィッツ, キャロル・ストック　Kranowitz, Carol Stock

◇でこぼこした発達の子どもたち―発達障害・感覚統合障害を理解し、長所を伸ばすサポートの方法（The out-of-sync child）　キャロル・ストック・クラノウィッツ著, 土田玲子監訳, 高松綾子訳　すばる舎　2011.6　319, 24p　21cm　（あんしん子育てすこやか保育ライブラリーspecial）　2400円　①978-4-88399-898-2

内容 1 知りたい、わかりたい！ でこぼこした発達の子が持つ感覚のしくみ（まわりで、こんな子みかけませんか？　感覚と体の動きは、どうつながっているの？　触覚の情報処理がうまくいかないと…　前庭感覚の情報処理がうまくいかないと…　固有感覚の情報処理がうまくいかないと…　視覚の情報処理がうまくいかないと…　聴覚の情報処理がうまくいかないと…）　2 やってみたら、こんなに変わる！ 感覚統合障害との上手なつきあいかた（診断とセラピーを受ける　家庭生活をよりよくするために　園や学校での生活をよりよくするために　子どもの感情に向きあう　新しい視点で子どもを見つめる）〔02362〕

グラハム, イアン　Graham, Ian

◇いまがわかる！ 世界なるほど大百科（What you need to know now）　ジョー・フルマン, イアン・グラハム, サリー・リーガン, イザベル・トマス著, スティーブン・スコッファム監修, 武舎広幸, 武舎るみ, 野村真依子訳　河出書房新社　2011.10　256p　29cm　〈索引あり〉3800円　①978-4-309-61541-7〔02363〕

グラハム, キャロル　Graham, Carol

◇幸福の経済学―人々を豊かにするものは何か（The pursuit of happiness）　キャロル・グラハム著, 多田洋介訳　日本経済新聞出版社　2013.2　245p　20cm　〈索引あり〉2000円　①978-4-532-35552-4

内容 第1章 幸福―新たな経済学（用語の使い方について　幸福の経済学のアプローチ ほか）　第2章 幸福とは何か―行為者性と厚生の理論（アリストテレス対ベンサム　経験された厚生と期待される厚生 ほか）　第3章 世界各国の幸福―何がわかっているか（中南米、ロシアとOECD諸国との比較　移行経済における幸福―中央アジア、キューバ、東ヨーロッパの場合 ほか）　第4章 適応理論とその他のパズル（不幸な成長、不満な成功者、より不幸な危機　幸せな農民と不満な成功者 ほか）　第5章 GNHかGNPか？（幸福の指標が教えてくれるもの―私たちが学んできたもの　「幸せな農民と不満な成功者」再び ほか）〔02364〕

グラハム, ジェームス　Graham, James

◇プロジェクト・マネジャーが知るべき97のこと（97 things every project manager should know）　Barbee Davis編, 笹井崇司訳, 神庭弘年監修　オライリー・ジャパン　2011.11　240p　21cm　〈発売 : オーム社〉1900円　①978-4-87311-510-8

内容 すぐれた開発者を見つけるには 他（ジェームス・グラハム）〔02365〕

クラフ, オーレン　Klaff, Oren

◇シリコンバレーの交渉術―yesを引き出す〈売り込み〉の脳科学（Pitch anything）　オーレン・クラフ著　大阪　ダイレクト出版　2012.11　239p　21cm　3800円　①978-4-904884-37-9〔02366〕

クラフ, ニック　Clough, Nick

◇グローバル・ティーチャーの理論と実践―英国の大学とNGOによる教員養成と開発教育の試み（Developing the global teacher）　ミリアム・スタイナー編, 岩崎裕保, 湯本浩之監訳　明石書店　2011.7　540p　20cm　（明石ライブラリー 146）〈文献あり 索引あり〉5500円　①978-4-7503-3381-6

内容 グローバル・ティーチャーの専門性とコンピタンス―技術的コンピタンスを超えるために（ニック・クラフ, キャシー・ホールデン著, 近藤牧子訳）〔02367〕

グラブ, W.ノートン

◇グローバル化・社会変動と教育　1　市場と労働の教育社会学（EDUCATION, GLOBALIZATION AND SOCIAL CHANGE（抄訳））　ヒュー・ローダー, フィリップ・ブラウン, ジョアンヌ・ディラボー,A.H.ハルゼー編, 広田照幸, 吉田文, 本田由紀編訳　東京大学出版会　2012.4　354p　22cm　〈文献あり〉4800円　①978-4-13-051317-3

内容 レトリックと実践のグローバル化―「教育の福音」と職業教育主義（W.ノートン・グラブ著）〔02368〕

グラフ‐グラウンズ, クラウディア

◇家族面接・家族療法のエッセンシャルスキル―初回面接から終結まで（Essential skills in family therapy（2nd edition））　ジョーエレン・パターソン, リー・ウィリアムス, トッド・M.エドワーズ, ラリー・シャモウ, クラウディア・グラフ‐グラウンズ著, 遊佐安一郎監修, 鈴木美砂子監訳, 鈴木美砂子, 若林英樹, 山田宇以, 近藤強訳　星和書店　2013.6　342p　21cm　〈文献あり〉3800円

①978-4-7911-0847-3 〔02369〕

クラフツェヴィチ, アンドレイ　Kravtsevich, Andrei Ivanovich

◇ロシアの歴史―ロシア中学・高校歴史教科書　上 古代から19世紀前半まで　アレクサンドル・ダニロフ, リュドミラ・コスリナ著, 吉田衆一, アンドレイ・クラフツェヴィチ監修　明石書店　2011.7 683p　21cm　(世界の教科書シリーズ 31) 6800円　①978-4-7503-3415-8 〔02370〕

◇ロシアの歴史―ロシア中学・高校歴史教科書　下 19世紀後半から現代まで　アレクサンドル・ダニロフ, リュドミラ・コスリナ, ミハイル・ブラント著, 吉田衆一, アンドレイ・クラフツェヴィチ監修　明石書店　2011.7　717p　21cm　(世界の教科書シリーズ 32)　6800円　①978-4-7503-3416-5 〔02371〕

クラーフト, ヴィクトル　Kraft, Victor

◇ウィーン学団―論理実証主義の起源・現代哲学史への一章 (Der Wiener Kreis - Der Ursprung des Neopositivismus, Ein Kapital der jüngsten Philosophiegeschichte)　ヴィクトル・クラーフト著, 寺中平治訳　勁草書房　2013.5　286, 17p 19cm　(双書プロブレーマタ 2・2)　3500円 ①978-4-326-19882-5

内容 1 ウィーン学団の歴史　2 ウィーン学団の業績(論理主義　経験論　ウィーン学団のその後の発展)　付録 科学的世界把握―ウィーン学団 〔02372〕

Glamour編集部

◇すべての女性が30歳までに知っておきたい30のこと (30 THINGS EVERY WOMAN SHOULD HAVE AND SHOULD KNOW BY THE TIME SHE'S 30)　Glamour編集部, パメラ・レドモンド・サトラン著, 鳴海深雪訳　阪急コミュニケーションズ　2012.12　155p　19cm　1400円 ①978-4-484-12125-3

内容 すべての女性が30歳までに知っておきたい30のこと　30歳までに持っておきたいもの(「元鞘に戻りたいと思える彼」と「自分の成長が分かる昔の彼」　実家からのお下がりではない、逸品の家具　憧れの職場の雇い主や理想の男性に突然会うことになっても、1時間以内でいつでも会いに行ける服　ちゃんとした財布、スーツケース、傘 ほか)　30歳までに知っておきたいこと(自分を見失わずに恋をする方法　子どもを持つことについての自分の気持ち　仕事を辞める時、彼と別れる時、友情を壊さずに相手と向き合う時に取るべき態度　「頑張り時」と「引き際」について ほか) 〔02373〕

クラマレンコ, ゲ・ア　Kramarenko, Grigoriĭ Amosovits

◇十五歳の露国少年の書いたカムチャツカ旅行記 (Камчатка)　ジョルジュ・クラマレンコ著, ゲ・ア・クラマレンコ監修, 松本高太郎訳, 今井昌雄編　復刻改訂版　函館　新函館ライブラリ 2013.1　163p　21cm　〈年譜あり〉952円 ①978-4-906833-02-3 〔02374〕

クラマレンコ, ジョルジュ　Kramarenko, Zhorzh

◇十五歳の露国少年の書いたカムチャツカ旅行記 (Камчатка)　ジョルジュ・クラマレンコ著, ゲ・ア・クラマレンコ監修, 松本高太郎訳, 今井昌雄編　復刻改訂版　函館　新函館ライブラリ 2013.1　163p　21cm　〈年譜あり〉952円 ①978-4-906833-02-3 〔02375〕

グラミー, アメル

◇中東・北アフリカにおけるジェンダー―イスラーム社会のダイナミズムと多様性 (Gender and diversity in the Middle East and North Africa)　ザヒア・スマイール・サルヒー編著, 鷹木恵子, 大川真由子, 細井由香, 宇野陽子, 辻上奈美江, 今堀恵美訳　明石書店　2012.1　412p　20cm (世界人権問題叢書 79)　〈索引あり　文献あり〉4700円　①978-4-7503-3526-1

内容 チュニジアにおけるジェンダー平等(アメル・グラミー著, 細井由香訳) 〔02376〕

クラム, ダグマール・フォン　Cramm, Dagmar von

◇「もっと単純に!」で人生はうまくいく (BEST OF SIMPLIFY)　ヴェルナー・ティキ・キュステンマッハー, ローター・ザイヴァート, ダグマール・フォン・クラム, マリオン・キュステンマッハー著, 河井真樹子訳　中経出版　2012.11 271p　19cm　1400円　①978-4-8061-4407-6

内容 第1章 シンプル整理術(住まいのがらくたを片づける　お金への偏見を捨てる　豊かさについて見直す)　第2章 シンプル時間術(シンプル時間をつくるツール　リラックスして時間とつきあう　あなたの時間タイプを明らかにする)　第3章 シンプル健康法(体から幸福のもとを引き出す　熱中する　フィットネスを取り入れる　最高にリラックスする　今までの食習慣から抜け出す)　第4章 シンプル交際術(人とつながら　怒らない)　第5章 シンプル自律法(人生の目的を発見する　長所を伸ばす　良心の負担を軽くする) 〔02377〕

クラム, ダン　Crum, Dan

◇恋愛ウソ発見器―CIAポリグラフ検査官が教える男の本音の見抜き方 (IS HE LYING TO YOU?)　ダン・クラム著, 旦紀子訳　祥伝社 2012.5　219p　19cm　1300円　①978-4-396-65049-0 〔02378〕

グラムシ, アントニオ　Gramsci, Antonio

◇グラムシ『獄中ノート』著作集　7　歴史の周辺にて「サバルタンノート」注解　アントニオ・グラムシ著, 松田博編訳　明石書店　2011.5　178p 20cm　〈文献あり 年譜あり 索引あり〉2500円 ①978-4-7503-3382-3

内容 1 歴史の周辺にて―サバルタン集団の歴史(ダヴィデ・ラザレッティ　方法論的諸基準 ほか)　2「サバルタン・ノート」関連草稿(リソルジメントとサバルタン　「実践の哲学」とサバルタン ほか)　3「サバルタン・ノート」関連資料(グラムシ略年譜　『獄中ノート』執筆プラン ほか)　4 解題(「サバルタン・ノート」と千年王国運動　「サバルタン」論の生成と展開) 〔02379〕

◇知識人と権力―歴史的 - 地政学的考察 ("Alcuni temi della quistione meridionale" and several notes from QUADERNI DEL CARCERE)　アントニオ・グラムシ著, 上村忠男編訳　みすず書

房　2011.5　177, 37p　19cm　(みすずライブラリー)　〈第3刷(第1刷1999年)〉 2800円　①4-622-05047-1
内容 第1章 南部問題についての覚え書　第2章 知識人の形成と機能　第3章 イタリアにおける国民と近代国家の形成と発展のなかにあっての政治的指導の問題　第4章 リソルジメントとイタリアの国民構造における都市 - 農村関係　第5章 従属的諸階級の歴史のために　〔02380〕

◇グラムシ『獄中ノート』著作集　3　知識人とヘゲモニー―「知識人論ノート」注解 (Appunti sulla storia degli intellettuali e della cultura in Italia)　アントニオ・グラムシ著, 松田博編訳　明石書店　2013.4　165p　20cm　〈文献あり 索引あり〉 2600円　①978-4-7503-3812-5
内容 1 知識人論とヘゲモニー―「知識人論ノート」(知識人の形成　学校教育にかんする考察―教育原理の探究のために　知識人と非知識人)　2「知識人論ノート」関連草稿(ヘゲモニーと教育　知識人―大衆関係　知ることから理解することへの移行)　3「知識人論ノート」関連資料(『獄中ノート』執筆プラン　『獄中書簡』より)　4 解題(知識人論の構想と展開　補論 ヘゲモニー・「知的モラル的改革」・知識人)　〔02381〕

グラムリヒ=オカ, ベティーナ　Gramlich-Oka, Bettina
◇日米欧からみた近世日本の経済思想 (Economic thought in early modern Japan)　川口浩, ベティーナ・グラムリヒ=オカ編, 田中アユ子, 安野正士訳　岩田書院　2013.2　371p　22cm　7900円　①978-4-87294-785-4
内容 仙台藩医工藤平助と幕府の政策(ベティーナ・グラムリヒ=オカ著)　〔02382〕

グラーン, ルーツィア　Glahn, Lucia
◇修道院の医術―心身ともに健やかに生きるための12章 (Die Heilkunst der Monche)　ペーター・ゼーヴァルト編, ルーツィア・グラーン著, 島田道子訳　大阪　創元社　2011.8　239p　19cm　(修道院ライブラリー)　1400円　①978-4-422-14390-3
内容 修道院へようこそ　修道院の医術・小史　最高の予防―心と体の全体をケアする生き方　体と魂について　体と魂を調和させる方法　節度と中庸について―生活のバランスをとりもどす方法　修道院の庭園から生まれた薬剤―各薬剤の用法　正しく飲食する―バランスよく、健康によい栄養のとり方　正しく断食する―体と精神を清め、新たな力を得る方法　よく働きよく遊ぶ―仕事や悩みに惑わされず、安らぎを得る方法　正しい目覚めと眠り―昼と夜を適切に過ごし、心の落ちつきを得る方法　神はともに癒される―「天」からの助けを求め、そこから始められること　〔02383〕

グラングリオット, B.*　Grandguillot, Béatrice
◇財務分析―企業会計原則の最新版に準拠して作成される会計記録をもとにした財務診断の手段 (Analyse financière (13e édition))　Béatrice Grandguillot,F.Grandguillot著, 後藤宏行訳　〔出版地不明〕　後藤宏行　2013.7　234p　22cm　〈発売 : あるむ(名古屋)〉 2000円　①978-4-86333-071-9　〔02384〕

グラングリオット, F.*　Grandguillot, Francis
◇財務分析―企業会計原則の最新版に準拠して作成される会計記録をもとにした財務診断の手段 (Analyse financière (13e édition))　Béatrice Grandguillot,F.Grandguillot著, 後藤宏行訳　〔出版地不明〕　後藤宏行　2013.7　234p　22cm　〈発売 : あるむ(名古屋)〉 2000円　①978-4-86333-071-9　〔02385〕

クランディニン, D.ジーン　Clandinin, D.Jean
◇子どもと教師が紡ぐ多様なアイデンティティ―カナダの小学生が語るナラティブの世界 (Composing diverse identities)　D.ジーン・クランディニン, ジャニス・ヒューバー, アン・マリー・オア, マリリン・ヒューバー, マーニ・ピアス, ショーン・マーフィー, パム・スティーブス著, 田中昌弥訳　明石書店　2011.4　313p　21cm　〈文献あり〉 3000円　①978-4-7503-3363-2
内容 第1章 学校での人生をナラティブとして理解する　第2章 子ども、教師、親、管理職と共に取り組む関係的なナラティブ的探究　第3章 子どもたちが支えとするストーリー―そして、教師による子どもたちについてのストーリー　第4章 脚色されたストーリー　第5章 人格教育プログラムをめぐるストーリー　第6章 子どもと共に生きる、ある管理職のストーリー　第7章 支えとするストーリーを変化させる―教師の人生において個人的なものと専門的なものを織り合わせる　第8章 緊張関係を生きる―人生のカリキュラムを共に模索する　第9章 支えとするストーリーを紡ぐ―学校についてのストーリーを中断させる　第10章 人生に心を配るカウンター・ストーリー　〔02386〕

グラント, アンソニー　Grant, Anthony M.
◇8週間で幸福になる8つのステップ (EIGHT STEPS TO HAPPINESS)　アンソニー・グラント, アリソン・リー〔著〕, 石川園枝訳　ディスカヴァー・トゥエンティワン　2012.6　301p　19cm　1600円　①978-4-7993-1175-2
内容 1 スタートする前に知っておきたいこと(幸福になるということ　定説を覆す　変わるということ)　2 幸福になる8つのステップ(目標と価値観をはっきりさせる　無私無欲の親切な行いをする　いま、この瞬間に集中する　自分の強みを生かす　感謝する　許す　人とつながりを持つ　これまでの道のりを振り返る)　3 プログラムの舞台裏(数字が証明する効果)　〔02387〕

グランド, ヴーラ
◇心理学大図鑑 (The Psychology Book)　キャサリン・コーリンほか著, 小須田健訳, 池田健用語監修　三省堂　2013.2　352p　25cm　〈索引あり〉 3800円　①978-4-385-16224-9
内容 哲学的ルーツ―心理学の形成過程　行動主義―環境への反応　心理療法―無意識裡に決定された行動　認知心理学―計算する脳　社会心理学―他者世界内存在　発達心理学―幼児から成人へ　差異心理学―人格と知能　〔02388〕

グラント, ヘザー・マクラウド　Grant, Heather McLeod
◇世界を変える偉大なNPOの条件―圧倒的な影響力を発揮している組織が実践する6つの原則 (FORCES FOR GOOD)　レスリー・R.クラッ

チフィールド, ヘザー・マクラウド・グラント著, 服部優子訳　ダイヤモンド社　2012.7　422p　20cm　2400円　①978-4-478-00728-0

内容 序章 六つの原則　第1章 社会を変える力　第2章 政策アドボカシーとサービスを提供する―第一の原則　第3章 市場の力を利用する―第二の原則　第4章 熱烈な支持者を育てる―第三の原則　第5章 NPOのネットワークを育てる―第四の原則　第6章 環境に適応する技術を身につける―第五の原則　第7章 権限を分担する―第六の原則　第8章 影響力を持続させるための方法　第9章 原則を実践に移す　〔02389〕

ク

グラント, D.* Grant, David

◇ハンドブック組織ディスコース研究（The SAGE Handbook of Organizational Discourse）　DAVID GRANT,CYNTHIA HARDY,CLIFF OSWICK,LINDA PUTNAM〔編〕, 高橋正泰, 清宮徹監訳, 組織ディスコース翻訳プロジェクトチーム訳　同文舘出版　2012.3　677p　22cm　〈文献あり 索引あり〉6800円　①978-4-495-38101-1

内容 第1部 ディスコースの射程（対話―組織の生と死　ナラティヴ、ストーリー、テクスト　組織ディスコースとしての企業のレトリック　比喩、ディスコース、組織化）　第2部 方法とパースペクティヴ（組織の日常言語―相互行為分析、会話分析、そして言語行為連鎖分析　ディスコースとアイデンティティ　組織的ディスコースへの解釈主義的アプローチ　組織ディスコースにおけるマルチレベル、マルチメソッドアプローチ　組織ディスコースを研究するということ：研究者コンテクストの重要性　ディスコース、パワー、そしてイデオロギー：批判的アプローチをひもとく　ディスコースの脱構築）　第3部 ディスコースと組織化（ジェンダー、ディコスース、そして組織―転換する関係性のフレーミング　ディスコースとパワー　組織文化とディスコース　道具、技術と組織の相互行為：「作業現場研究」の出現　組織ディスコースとニューメディア：実践パースペクティヴ　グローバル化のディスコースとディスコースのグローバル化）　第4部 補論（ディスコースへの転回　会話へのバイアス―組織において言説的に行為すること　組織ディスコースに関する実在の把握）　〔02390〕

グラント, R.G. Grant, R.G.

◇イギリスの歴史―ビジュアル版（History of Britain and Ireland）　R.G.グラント, アン・ケイ, マイケル・ケリガン, フィリップ・パーカー著, 田口孝夫, 田中英史, 丸川桂子訳　東洋書林　2012.11　400p　29cm　〈索引あり〉15000円　①978-4-88721-800-0

内容 1 ブリトン人と侵略者―1066年まで　2 中世のイギリス―1066‐1485　3 テューダー朝とステュアート朝―1485‐1688　4 勢力の増大―1688‐1815　5 工業と帝国―1815‐1914　6 現代―1914年以降　〔02391〕

◇世界の戦い歴史百科―ビジュアル版 歴史を変えた1001の戦い（1001 Battles）　R.G.グラント編, 竹村厚士日本語版監修, 藤井留美訳　柊風舎　2013.5　959p　22cm　〈索引あり〉15000円　①978-4-86498-001-2

内容 第1章 紀元前2450年‐紀元999年　第2章 1000年‐1499年　第3章 1500年‐1699年　第4章 1700年‐1799年　第5章 1800年‐1899年　第6章 1900年‐1938年　第7章 1939年‐現在　〔02392〕

◇ビジュアル歴史図鑑20世紀（20th CENTURY）　R.G.グラント, サリー・レーガン, スーザン・ケネディ著, リチャード・オーバリー監修・序文, 尾沢和幸訳　日経ナショナルジオグラフィック社　2013.9　319p　29cm　（NATIONAL GEOGRAPHIC）〈年表あり 索引あり　発売：日経BPマーケティング〉4600円　①978-4-86313-194-1

内容 1900‐09　1910‐19　1920‐29　1930‐39　1940‐49　1950‐59　1960‐69　1970‐79　1980‐89　1990‐　〔02393〕

クラントン, レイチェル・E. Kranton, Rachel E.

◇アイデンティティ経済学（Identity economics）　ジョージ・A.アカロフ, レイチェル・E.クラントン著, 山形浩生, 守岡桜訳　東洋経済新報社　2011.8　200, 52p　20cm　〈文献あり 索引あり〉2200円　①978-4-492-31414-2

内容 第1部 経済学とアイデンティティ（はじめに　アイデンティティ経済学　ロゼッタストーン　今日の経済学での位置づけ）　第2部 仕事と学校（アイデンティティと組織の経済学　アイデンティティと教育経済学）　第3部 性別と人種（性別と仕事　人種とマイノリティの貧困）　第4部 今後の展望（アイデンティティ経済学と経済学の方法論　結論、そしてアイデンティティが経済学を変える五つのやり方）〔02394〕

クランプトン, アレクサンドラ・リー Crampton, Alexandra Lee

◇ソーシャルワークと修復的正義―癒やしと回復をもたらす対話、調停、和解のための理論と実践（Social Work and Restorative Justice）　エリザベス・ベック, ナンシー・P.クロフ, パメラ・ブラム・レオナルド編著, 林浩康監訳　明石書店　2012.11　486p　22cm　〈訳：大竹智ほか　索引あり〉6800円　①978-4-7503-3687-9

内容 修復的正義と高齢化―統合実践への可能性（アレクサンドラ・リー・クランプトン, ナンシー・P.クロフ著, 大原天青訳）　〔02395〕

クランプトン, ディビッド・S. Crampton, David S.

◇ソーシャルワークと修復的正義―癒やしと回復をもたらす対話、調停、和解のための理論と実践（Social Work and Restorative Justice）　エリザベス・ベック, ナンシー・P.クロフ, パメラ・ブラム・レオナルド編著, 林浩康監訳　明石書店　2012.11　486p　22cm　〈訳：大竹智ほか　索引あり〉6800円　①978-4-7503-3687-9

内容 児童福祉現場での修復的正義―子どものケアと保護における家族とコミュニティの連携（ディビッド・S.クランプトン, パトリシア・L.ライドアウト著, 林浩康訳）　〔02396〕

クランペ, クリストフ

◇ユダヤ出自のドイツ法律家（DEUTSCHE JURISTEN JUDISCHER HERKUNFT）　ヘルムート・ハインリッヒス, ハラルド・フランツキー, クラウス・シュマルツ, ミヒャエル・シュトレイス著, 森勇監訳　八王子　中央大学出版部　2012.3　25, 1310p　21cm　（日本比較法研究所翻訳叢書 62）〈文献あり 索引あり〉13000円　①978-4-8057-0363-2

内容 ユダヤ人開放の早期におけるローマ法の体系家（クリストフ・クランペ著, 森勇訳）〔02397〕

クランマー, トマス

◇宗教改革時代の説教　出村彰編　教文館　2013.1　482p　21cm　（シリーズ・世界の説教）　4500円　①978-4-7642-7337-5

内容 救いについての説教 他（トマス・クランマー述, 八代崇訳）〔02398〕

グランモン, ジャン‐ミシェール　Grandmont, Jean-Michel

◇非線型経済動学―差分方程式・分岐・カオス（Nonlinear economic dynamics）　J-M.グランモン著, 斉木吉隆訳　知泉書館　2013.4　132p　23cm　（数理経済学叢書 4）〈編集：岩本誠一ほか　文献あり〉3000円　①978-4-86285-153-6

内容 第1章 準備（行列代数　陰関数定理）　第2章 線型差分方程式と非線形差分方程式（安定性　変数変換ほか）　第3章 局所分岐（導入　サドルノード分岐 ほか）　第4章 大域的分岐とカオス（区間上の写像　ホモクリニック分岐と馬蹄 ほか）〔02399〕

クーリー, トーマス・F.　Cooley, Thomas F.

◇金融規制のグランドデザイン―次の「危機」の前に学ぶべきこと（Restoring financial stability）　ヴィラル・V.アチャリア, マシュー・リチャードソン編著, 大村敬一監訳, 池田竜哉, 増原剛輝, 山崎洋一, 安藤祐介訳　中央経済社　2011.3　488p　22cm　〈文献あり〉5800円　①978-4-502-68200-1

内容 システミック・リスクへの規制 他（トーマス・F.クーリー, ラッセ・H.ペダーソン, トーマス・フィリポーン, マシュー・リチャードソン）〔02400〕

グリア, ジョン・マイケル　Greer, John Michael

◇アトランティス―失われた超先進文明 完全ガイド決定版（Atlantis）　ジョン・マイケル・グリア著, 高橋和子訳　徳間書店　2011.2　293p　19cm　（超スピ 022）　1800円　①978-4-19-863115-4

内容 第1章 プラトンの謎かけ　第2章 神秘主義とアトランティス　第3章 アトランティスへの憶測　第4章 水による破壊　第5章 アトランティス発見？　第6章 現代と未来につながるアトランティス　付録 時間のヴェールの向こうを見る〔02401〕

グリアー, フランシス　Grier, Francis

◇母子臨床の精神力動―精神分析・発達心理学から子育て支援へ（Parent-infant psychodynamics）　ジョーン・ラファエル‐レフ編, 木部則雄監訳, 長沼佐代子, 長尾牧子, 坂井直子, 金沢聡子訳　岩崎学術出版社　2011.11　368p　22cm　〈索引あり〉6600円　①978-4-7533-1032-6

内容 アマンダ―乳房としての母親を見出した哺乳瓶で養育された乳児の観察と考察（フランシス・グリアー著, 長尾牧子訳）〔02402〕

グリーア, メアリー・K.　Greer, Mary Katherine

◇タロットワークブック―あなたの運命を変える10の方法（TAROT FOR YOURSELF）　メアリー・K.グリーア著, 鏡リュウジ監訳, 現代タロット研究会訳　朝日新聞出版　2012.7　307p　26cm　〈文献あり 索引あり〉3000円　①978-4-02-331073-5

内容 カードを深く知るために　タロット日記　リーディング　ケルティック・クロス・スプレッド　コートカードの性格　パーミュテーション（置換法）：リーディングを掘り下げる　気分、感情、人間関係に対処する人生計画　あなたの創造物に意識を向ける　ヒーリング　クリスタルとタロット　デザインと創作にタロットを活用する〔02403〕

グリクスン, オイヴィン・T.　Gulliksen, Øyvind Tveitereid

◇アメリカの文化―アンソロジー（American culture（抄訳））　アンネシュ・ブライリィ, フレドリック・クリスティアン・ブルッゲル, オイヴィン・T.グリクスン, トルビョルン・シレヴァーグ編, 藤江啓子訳　大阪　大阪教育図書　2012.11　405p　21cm　〈2006年刊　の増補〉3800円　①978-4-271-31019-8〔02404〕

グリグル, トム

◇日独交流150年の軌跡　日独交流史編集委員会編　雄松堂書店　2013.10　345p　29cm　〈布装〉3800円　①978-4-8419-0655-4

内容 グラッシ民族学博物館所蔵の徳川家の能面（トム・グリグル著, 宮田奈々訳）〔02405〕

クリコフ, ボリス　Kulikov, Boris

◇バーナムの骨―ティラノサウルスを発見した化石ハンターの物語（BARNUM'S BONES）　トレイシー・E.ファーン文, ボリス・クリコフ絵, 片岡しのぶ訳　光村教育図書　2013.2　〔34p〕　25×28cm　〈文献あり〉1500円　①978-4-89572-848-5〔02406〕

グリザダ, アフメトワ

◇中央アジアの教育とグローバリズム　嶺井明子, 川野辺敏編著　東信堂　2012.3　247p　22cm　〈他言語標題：Globalization and Education Reform in Central Asia　索引あり〉3200円　①978-4-7989-0102-2

内容 農村の子どもの教育保障（アフメトワ・グリザダ著, タスタンベコワ・クアニシ訳）〔02407〕

グリーシー, ポール・V.　Griesy, Paul V.

◇同志社の独立―ミッション・スクールからの脱皮（The Doshisha, 1875-1919）　ポール・V.グリーシー著, 北垣宗治訳　新教出版社　2012.2　446, 70p　21cm　〈索引あり　文献あり〉4000円　①978-4-400-22662-8

内容 第1部 明治維新以降の文脈における同志社（明治維新に続く十九世紀日本の概観　同志社の概観（一八七五‐一九〇〇））　第2部 教会と関係諸機関の土着化（神学における変化　教会政治における変化　国家によるキリスト教受容の進展　国家に順応していく教会）　第3部 日本の新世紀における同志社　回顧　展望〔02408〕

グーリシャン, ハロルド　Goolishian, Harold

◇協働するナラティヴ―グーリシャンとアンダーソンによる論文「言語システムとしてのヒューマン

システム」　ハーレーン・アンダーソン, ハロルド・グーリシャン著, 野村直樹著訳　三鷹　遠見書房　2013.7　149p　19cm　〈索引あり〉1800円　①978-4-904536-56-8
内容 助走 野村直樹 著. 言語システムとしてのヒューマンシステム ハーレーン・アンダーソン, ハロルド・グーリシャン 著, 野村直樹 訳. Q&A ハーレーン・アンダーソンに聞く ハーレーン・アンダーソン, 野村直樹 述, 野村直樹 訳. ハリー・グーリシャンと仲間たち 野村直樹 著　〔02409〕

ク

クリシュナナンダ　Krishnananda
◇光への招待―神の使者たちとのアストラル通信（DOORWAYS TO LIGHT（原著第2版））　クリシュナナンダ著, 真名凜訳　太陽出版　2013.8　247p　19cm　1600円　①978-4-88469-779-2
内容 1（アマラと七人のリシ　創造の未踏の領域へ　途方もない啓示　ヴィシュヴァミトラの帰還　「情事」の始まり　五万一千年前に始められた仕事　偉大なるリシの死）　2（クリシュナ神の警告　掘っ建て小屋からの再出発　バンガロールの瞑想教室　蘇る古代の聖地　延長された寿命　光の中に生きる）〔02410〕

クリシュナムルティ, ジッドゥ　Krishnamurti, Jiddu
◇時間の終焉―J.クリシュナムルティ＆デヴィッド・ボーム対話集（The ending of time）　J.クリシュナムルティ著, デヴィッド・ボーム〔対談〕, 渡辺充訳　コスモス・ライブラリー　2011.1　506p　19cm　〈文献あり　発売：星雲社〉2300円　①978-4-434-15395-2
内容 心理的な葛藤の根源　精神から時間の蓄積物を拭い取る　なぜ人間は思考を最重要視するようになったのか？　自己中心的な活動パターンの打破　存在の基底と人間の精神　洞察は脳細胞に変容をもたらすことができるか？　死にはほとんど意味がない　他の人々の中に洞察を喚起させることはできるのか？　老化と脳細胞　コスモスの秩序　“心理的”知識の終焉　宇宙における精神　個人的な問題を解決し、断片化を終わらせることは可能か？　〔02411〕
◇神話と伝統を超えて―DVDで見るクリシュナムルティの教え　1（Beyond myth and tradition）　J.クリシュナムルティ著, 大野純一訳, 白川霞監修　越谷　彩雲出版　2011.7　129p　22cm　〈原文併記　文献あり　発売：星雲社〉3500円　①978-4-434-15837-7
内容 第1章 葛藤について　第2章 変化について　第3章 権威からの自由について　第4章 聖なるものについて　第5章 無選択の気づきについて　第6章 瞑想について　〔02412〕
◇四季の瞑想―クリシュナムルティの一日一話（The book of life）　J.クリシュナムルティ著, こまいひさよ訳, 大野純一監修　コスモス・ライブラリー　2011.8　410p　19cm　〈文献あり　発売：星雲社〉2200円　①978-4-434-15942-8
内容 1月 聴くこと・学ぶこと・権威・自己知　2月 何かになること・信・行為・善と悪　3月 依存・執着・関係・恐怖　4月 欲望・セックス・結婚・情熱　5月 英知・感情・言葉・条件づけ　6月 エネルギー・注意・選択なき気づき・暴力　7月 幸せ・嘆き・傷・悲しみ　8月 真理・真実在・観察する者と観察されるもの・あるがまま　9月 知性・思考・知識・精神　10月 時間・知覚・脳・変容〔ほか〕　〔02413〕
◇真の革命―クリシュナムルティの講話と対話：英和対訳：DVDブック　J.クリシュナムルティ著, 柳川晃緒訳, 大野純一監訳　コスモス・ライブラリー　2011.11　178p　21cm　〈他言語標題：The Real Revolution　文献あり　発売：星雲社〉2800円　①978-4-434-16138-4
内容 第1章 人類の行方　第2章 自己観察　第3章 恐怖からの自由　第4章 瞑想について　第5章 愛とは何か？　第6章 問うということ　第7章 生と死　第8章 葛藤を終わらせる　〔02414〕
◇神話と伝統を超えて―DVDで見るクリシュナムルティの教え　2（Beyond myth and tradition）　J.クリシュナムルティ著, 大野純一訳, 白川霞監修　越谷　彩雲出版　2011.12　117p　22cm　〈文献あり　著作目録あり　原文併記　発売：星雲社〉3500円　①978-4-434-16330-2
内容 第7章 関係という鏡について　第8章 条件づけについて　第9章 暴力的な自己について　第10章 死について　第11章 愛について　第12章 宗教的な精神とは何か？　〔02415〕
◇静かな精神の祝福―クリシュナムルティの連続講話（AS ONE IS）　J.クリシュナムルティ著, 大野純一訳　コスモス・ライブラリー　2012.5　241p　19cm　〈文献あり 著作目録あり　発売：星雲社〉1600円　①978-4-434-16773-7　〔02416〕
◇伝統と革命―J.クリシュナムルティとの対話（TRADITION AND REVOLUTION）　J.クリシュナムルティ著, 大野純一訳　コスモス・ライブラリー　2013.4　452p　19cm　〈文献あり 著作目録あり　発売：星雲社〉2200円　①978-4-434-17850-4
内容 第1部 ニューデリーでの対話（悲しみの炎（一九七〇年十二月十二日）　錬金術と突発的変化（一九七〇年十二月十四日）ほか）　第2部 マドラスでの対話（因果の逆説（一九七一年一月三日）　伝統と知識（一九七一年一月四日）ほか）　第3部 リシ・ヴァレーでの対話（伝統の母体（一九七一年一月二十一日）　グル、伝統、自由（一九七一年一月二十三日）ほか）　第4部 ボンベイでの対話（脳細胞と突発的変化（一九七一年二月六日）　神について（一九七一年二月七日）ほか）　〔02417〕
◇スタンフォードの人生観が変わる特別講義―あなたのなかに、全世界がある（You Are the World（抄訳））　J.クリシュナムルティ著, 中川吉晴訳　PHPエディターズ・グループ　2013.5　142p　20cm　〈他言語標題：FOUR TALKS AT STANFORD UNIVERSITY　発売：PHP研究所〉1300円　①978-4-569-81025-6
内容 1日目 世界が変わるために（「まず世界を変えよ」という考え方　心理的な革命はいかにして起こるか ほか）　2日目 私を囲む壁を離れて（自分をとり囲む壁をつくる　偏見や恐怖による条件づけ ほか）　3日目 愛と死について（私たちが変わらない理由　人は自分自身を知ることができるか ほか）　4日目 瞑想という精神のあり方（情熱と美について　「瞑想」として理解されているものを捨て去る ほか）　〔02418〕
◇愛について、孤独について（ON LOVE AND LONELINESS）　J.クリシュナムルティ著, 中川正生訳　〔柏〕　麗沢大学出版会　2013.6　245p　20cm　〈発売：広池学園事業部（柏）〉2800円

①978-4-89205-619-2
内容 マドラス（現チェンナイ）にて――一九七二年一二月一六日　ブロックウッド・パークにて――一九七一年九月一一日　ラージガート・スクールの学生たちと――一九五二年一二月一九日　ボンベイ（現ムンバイ）にて――一九五〇年二月一二日　オーハイ（カリフォルニア州）にて――一九四九年八月二八日　ボンベイにて――一九五〇年三月一二日　ニューヨークにて――一九五〇年六月一八日　シアトルにて――一九五〇年八月六日　マドラスにて――一九五二年二月三日　孤独について―『生へのコメンタリー・シリーズ』より〔ほか〕 〔02419〕

◇クリシュナムルティ著述集　第4巻　静けさの発見―二元性の葛藤を越えて（The collected works of J.Krishnamurti）　J.クリシュナムルティ著　横山信英, 藤仲孝司, 内藤晃訳　京都　UNIO　2013.8　653, 37p　19cm　〈索引あり　発売：星雲社〉3600円　①978-4-434-18192-4
内容 カリフォルニア・オーハイ（オーク・グローブ）での講話　カリフォルニア・オーハイ（オーク・グローブ）での講話　インド・マドラス（現、チェンナイ）での講話　インド・ラジオ講話　インド・ボンベイ（現、ムンバイ）での講話 〔02420〕

グリズウォルド, イライザ　Griswold, Eliza

◇北緯10度線―キリスト教とイスラームの「断層」（The tenth parallel）　イライザ・グリズウォルド著, 白須英子訳　白水社　2011.11　407, 32p　20cm　〈文献あり 索引あり〉3000円　①978-4-560-08182-2
内容 第1部 アフリカ（ナイジェリア　スーダン　ソマリア）　第2部 アジア（インドネシア　マレーシア　フィリピン） 〔02421〕

クリスチャン, J.*　Christian, Johnna

◇犯罪者の立ち直りと犯罪者処遇のパラダイムシフト　日本犯罪社会学会編, 津富宏責任編集　現代人文社　2011.5　182p　21cm　〈発売：大学図書〉2500円　①978-4-87798-483-0
内容 変容の瞬間（Bonita M.Veysey,Johnna Christian著, 上田光明訳, 津富宏監訳） 〔02422〕

クリスティ, アラン・S.

◇世界の中の柳田国男　R.A.モース, 赤坂憲雄編, 菅原克也監訳, 伊藤由紀, 中井真木訳　藤原書店　2012.11　326p　22cm　〈他言語標題：Yanagita Kunio Studies Around the World　文献あり〉4600円　①978-4-89434-882-0
内容 上代日本の幻想（アラン・S.クリスティ執筆） 〔02423〕

クリスティ, ニルス

◇持続可能な刑事政策とは―地域と共生する犯罪者処遇　日本犯罪社会学会編, 浜井浩一責任編集　現代人文社　2012.3　183p　21cm　〈発売：大学図書〉1900円　①978-4-87798-517-2
内容 他者との出会い（他者を知る）（ニルス・クリスティ著, 桑山亜也訳, 浜井浩一監訳） 〔02424〕

クリステヴァ, ジュリア　Kristeva, Julia

◇セクシュアリティ　水声社　2012.7　305p　21cm　（別冊水声通信）　2800円　①978-4-89176-915-4
内容 クリステヴァ（ジュリア・クリステヴァ執筆, 木村信子訳） 〔02425〕

◇メラニー・クライン―苦痛と創造性の母親殺し（LE GENIE FEMIN-Melanie Klein）　ジュリア・クリステヴァ著, 松葉祥一, 井形美代子, 植本雅治訳　作品社　2013.1　351p　20cm　2800円　①978-4-86182-421-0
内容 序章 精神分析の世紀　第1章 ユダヤの家系、ヨーロッパの歴史―うつ病とその後遺症　第2章 子どもたちを分析する―スキャンダルから遊びの技術へ　第3章 他者と結びつきの優先性と内在性―赤ん坊は対象とともに生まれる　第4章 不安か欲望か―はじめに死の欲動があった　第5章 早熟で横暴な超自我　第6章 母親崇拝か母親殺し礼賛か？　両親　第7章 具体化した隠喩としての幻想　第8章 象徴性の内在と度合い　第9章 外国語から支持者と不支持者のネットワークへ　第10章 クライン主義の政治 〔02426〕

クリステンセン, クレイトン・M.　Christensen, Clayton M.

◇イノベーションのDNA―破壊的イノベータの5つのスキル（The innovator's DNA）　クレイトン・クリステンセン, ジェフリー・ダイアー, ハル・グレガーセン著, 桜井祐子訳　翔泳社　2012.1　323p　20cm　（Harvard business school press）　〈索引あり〉2000円　①978-4-7981-2471-1
内容 第1部 破壊的イノベーションはあなたから始まる（破壊的イノベータのDNA　発見力その1―関連づける力　発見力その2―質問力　発見力その3―観察力　発見力その4―ネットワーク力　発見力その5―実験力）　第2部 破壊的組織/チームのDNA（世界で最もイノベーティブな企業のDNA　イノベータDNAを実践する―人材　イノベータDNAを実践する―プロセス　イノベータDNAを実践する―哲学）　結論 行動を変え、思考を変え、世界を変えよ 〔02427〕

◇イノベーション・オブ・ライフ―ハーバード・ビジネススクールを巣立つ君たちへ（HOW WILL YOU MEASURE YOUR LIFE？）　クレイトン・M.クリステンセン, ジェームズ・アルワース, カレン・ディロン著, 桜井祐子訳　翔泳社　2012.12　250p　20cm　1800円　①978-4-7981-2409-4
内容 序講 羽があるからと言って…　第1部 幸せなキャリアを歩む（わたしたちを動かすもの　計算と幸運のバランス　口で言っているだけでは戦略にならない）　第2部 幸せな関係を築く（時を刻み続ける時計　そのミルクシェイクは何のために雇ったのか？　子どもたちをテセウスの船に乗せる　経験の学校　家庭内の見えざる手）　第3部 罪人にならない（この一度だけ…） 〔02428〕

◇C.クリステンセン経営論（Harvard Business Review Clayton M.Christensen on Innovation）　クレイトン・M.クリステンセン著, DIAMONDハーバード・ビジネス・レビュー編集部編訳　ダイヤモンド社　2013.7　421p　20cm　2800円　①978-4-478-02134-7
内容 イノベーションのジレンマ―大企業が陥る「破壊的技術」の罠　戦略再構築へのドライビング・フォース・マッピング―組織の方向性を繰り返し検証する「イノベーションのジレンマ」への挑戦―リーダー企業は「破壊的変化」にどう対処すべきか　医療にイノ

クの

スのジレンマ―イノベーションと効率化の進行を阻むものは何か　シフトする収益源を先読みする―製品ライフサイクルに伴うバリューチェーンの変化　よい経営理論、悪い経営理論―マネジメント研究の正しい姿勢　セグメンテーションという悪弊―「ジョブ」に焦点を当てたブランド構築が必要　アグリーメント・マトリックス―合意度に基づいて変革手法を見極めるツール　破壊的イノベーションで社会改革を実現する―現状投資に意味はない　財務分析がイノベーションを殺す―投資価値評価がもたらす3つのバイアス〔ほか〕　〔02429〕

クリステンセン, ボニー　Christensen, Bonnie

◇わたしはガリレオ（I, GALILEO）　ボニー・クリステンセン作, 渋谷弘子訳　さ・え・ら書房　2012.10　1冊（ページ付なし）　29cm　〈年表あり〉1400円　①978-4-378-04135-3　〔02430〕

クリステンセン, マヤ

◇アフリカの紛争解決と平和構築―シエラレオネの経験　落合雄彦編　京都　昭和堂　2011.3　268p　22cm　（竜谷大学社会科学研究所叢書 第92巻）〈年表あり 索引あり〉3800円　①978-4-8122-1074-1

内容 2007年選挙と若者（マヤ・クリステンセン, マッツ・ウタス著, 落合雄彦訳）　〔02431〕

クリストフ, アジズ　Kristof, Aziz

◇エンライトメント―伝統を超えて（Enlightenment）　アジズ・クリストフ, フーマン・エマミ著, 荻原智子訳　アルテ　2011.2　188p　19cm　〈発売：星雲社〉1800円　①978-4-434-15290-0

内容 1 内面の領域（プレゼンスに向かって　不生に向かって ほか）　2 人間の領域（人間であること　自由意志 ほか）　3 神性の領域（悟りの落とし穴　非自己同一化 ほか）　4 ホールネス（全一性）の領域（内側に安らぐことと、それ―I Amを知ること　サマーディ：「私」の不在か？　ほか）　〔02432〕

◇ヒューマン・ブッダ　2　魂の覚醒とは何か（The human Buddha）　アジズ・クリストフ著, 荻原智子訳　アルテ　2011.12　254p　19cm　〈発売：星雲社〉2000円　①978-4-434-16301-2

内容 1 目覚めの伝達 サットサング　2 問いへの目覚め（無知を超越する　I Amの次元　魂の次元　知性の次元）　〔02433〕

◇ヒューマン・ブッダ　3　魂の覚醒を超えて（THE HUMAN BUDDHA（抄訳））　アジズ・クリストフ著, 荻原智子訳　アルテ　2012.11　254p　19cm　〈発売：星雲社〉2000円　①978-4-434-17340-0

内容 1 目覚めの伝達 - サットサング　2 問いへの目覚め（創造主の次元　悟りの次元　完成の上に）　〔02434〕

クリスプ, ピーター　Chrisp, Peter

◇ヒラメキ公認ガイドブック世界中を探検しよう（THE MOST BRILLIANT BOLDLY GOING BOOK OF EXPLORATION EVER）　リサ・スワーリング, ラルフ・レイザーイラスト, ピーター・クリスプ文, 伊藤伸子訳　京都　化学同人　2012.7　61p　31cm　〈索引あり〉2500円　①978-4-7598-1484-2

内容 世界中を探検する　古代の探検家たち　バイキングの航海　旅人の話、ほら話　マルコ・ポーロとイブン＝バットゥータ　中国の探検家　航海王子エンリケ　インド上陸　西へ出航　世界一周　スペインの征服者　旧世界と新世界　北回り航路　北アメリカ横断　〔02435〕

グリズブルック, ウィリアム・ジャーディン
Grisbrooke, William Jardine

◇司祭の品格―クロンシュタットの聖イオアン司祭による司祭職への助言：『キリストにある私の生涯』からの抜粋（St.John of Kronstadt counsels on the Christian priesthood）　クロンシュタットの聖イオアン著, ウィリアム・ジャーディン・グリズブルック編, 信岡章人訳　聖公会出版　2011.11　163p　19cm　1800円　①978-4-88274-224-1

内容 第1章 司祭の人柄　第2章 司祭と誘惑　第3章 司祭と祈り　第4章 司祭と聖務時禱　第5章 司祭と聖なるユーカリスト　第6章 牧者としての司祭　第7章 説教者・教師としての司祭　第8章 聴罪者としての司祭　第9章 司祭と代禱の務め　第10章 司祭と癒しの務め　〔02436〕

グリーゼ, アネリーゼ

◇マルクス抜粋ノートからマルクスを読む―MEGA第4部門の編集と所収ノートの研究　大谷禎之介, 平子友長編　桜井書店　2013.10　364p　22cm　4700円　①978-4-905261-14-8

内容 マルクスの「化学諸草稿」と地質学・鉱物学・農芸化学抜粋（アネリーゼ・グリーゼ著, 白井亜希子, 大谷禎之介訳）　〔02437〕

クリソログス, ペトロス

◇古代教会の説教　小高毅編　教文館　2012.1　347p　21cm　（シリーズ・世界の説教）　3400円　①978-4-7642-7335-1

内容 使徒信条の説明（第五七説教）（ペトロス・クリソログス）　〔02438〕

クリーチ, J.F.D.　Creach, Jerome Frederick Davis

◇詩編（Psalms）　J.F.D.クリーチ著, 飯謙訳　日本キリスト教団出版局　2011.5　164p　21cm　（現代聖書注解スタディ版）〈文献あり〉2300円　①978-4-8184-0781-7　〔02439〕

クリック, バーナード　Crick, Bernard Rowland

◇シティズンシップ教育論―政治哲学と市民（Essays on citizenship）　バーナード・クリック著, 関口正司監訳, 大河原伸夫, 岡崎晴輝, 施光恒, 竹島博之, 大賀哲訳　法政大学出版局　2011.9　317p　20cm　（サピエンティア 20）〈文献あり 索引あり〉3200円　①978-4-588-60320-4

内容 第1章 ようやく正式科目に　第2章 授業で政治を教える　第3章 偏向について　第4章 政治リテラシー　第5章 政治教育における基本的な概念　第6章 シティズンシップと教育　第7章 二〇〇〇年シティズンシップ教育施行令を擁護する　第8章 好意的立場からの批判的議論　第9章 シティズンシップ教育の諸前提　第10章 イギリスの公的生活における政治的思考の凋落　第11章 民主主義を熟考する　〔02440〕

◇社会を変える教育―英国のシティズンシップ教育とクリック・レポートから　長沼豊, 大久保正弘編著, バーナード・クリックほか著, 鈴木崇弘, 由井一成訳　町田　キーステージ21　2012.10　212p　21cm　（キーステージ21ソーシャルブックス）〈他言語標題 ： Citizenship education 文献あり〉2000円　①978-4-904933-01-5

内容 第1編 現下の教育課題とシティズンシップ教育（教育をめぐる現代的課題とシティズンシップ　社会参加・政治参加としてのシティズンシップ教育）　第2編 わが国におけるCitizenship Educationの導入の可能性について―英国の事例との比較分析から（社会の変化と日本の教育における状況　わが国における社会科の系譜とCitizenshipの教育をめぐる新しい動き　英国の教育改革とCitizenship Educationの導入過程 ほか）　第3編 シティズンシップのための教育と学校で民主主義を学ぶために（はじめに　提言　詳説）〔02441〕

グリックマン, マイケル　Glickman, Michael

◇クロップサークル未来暗号「超」解読―宇宙から届いた人類進化の全貌（CROP CIRCLES）　マイケル・グリックマン著, 藤野薫訳　ヒカルランド　2012.6　208p 図版16p　20cm　（超☆どきどき 016）　1800円　①978-4-86471-038-1

内容 クロップサークル小史―史上最大のミステリー現象はこうして始まった　時空を超え別次元の迷宮へ―アルトン・バーンズ 1990年　未知なる象形記号の謎―バーベリー・キャスル 1991年　五芒星形のシンボルがもつ秘力―バイソーン 1993年　幾何学と神聖幾何的図形の魔術―物質と精神をつなぐ象徴的な橋　優美なる生命迷宮の誘い―フロックスフィールド 1994年　秘められた数霊術的構図―DNAと追跡パス 1996年　神との和解を表わす超図形―シルベリー・ヒル 1997年　宇宙フラクタルと神の手法―ウェスト・ケネット 1999年　ミルク・ヒルでの奇跡そして「天使」の降臨―世界変質の体感へ 2001年　リボンとリングの啓示・予言―サークル芸術の深化 2002年　群塔と神殿の未来透視図―サークル現象の新展開へ 2006/07年　次元転換の鍵 "円周率"―バーベリー・キャスル2 2008年　「別の存在」との接触―人類覚醒への前奏曲〔02442〕

グリッポ, ダニエル　Grippo, Daniel

◇さびしさセラピー（Loneliness Therapy）　ダニエル・グリッポ文, R.W.アリー絵, 目黒摩天雄訳　サンパウロ　2013.9　1冊（ページ付なし）　16cm　（Elf-Help books）〈英語併記〉700円　①978-4-8056-3620-6〔02443〕

クリートン, デーヴィッド・L.　Cleeton, David L.

◇現代ファイナンス論―意思決定のための理論と実践（Financial economics（2nd ed.））　ツヴィ・ボディ, ロバート・C.マートン, デーヴィッド・L.クリートン著, 大前恵一朗訳　原著第2版　ピアソン桐原　2011.12　601p　22cm　〈索引あり 初版 ： ピアソンエデュケーション1999年刊〉4200円　①978-4-86401-016-0

内容 第1部 ファイナンスと金融システム　第2部 時間と資源配分　第3部 資産評価モデル　第4部 リスク管理とポートフォリオ理論　第5部 資産とデリバティブの評価　第6部 コーポレート・ファイナンス〔02444〕

グリナーラ, ショクシェワ

◇中央アジアの教育とグローバリズム　嶺井明子, 川野辺敏編著　東信堂　2012.3　247p　22cm　〈他言語標題 ： Globalization and Education Reform in Central Asia　索引あり〉3200円　①978-4-7989-0102-2

内容 グローバル化時代の高等教育の発展（イサーエフ・クセイン, ショクシェワ・グリナーラ著, 沢野由紀子抄訳）〔02445〕

グリーノウ, ウィリアム・W.

◇ボストン市立図書館とJ.ウィンザーの時代（1868-1877年）―原典で読むボストン市立図書館発展期の思想と実践　川崎良孝解説・訳, 久野和子, 川崎智子訳　京都　京都図書館情報学研究会　2012.5　401p　21cm　〈背・表紙のタイトル ： ボストン市立図書館とJ.ウィンザーの時代　発売 ： 日本図書館協会〉6000円　①978-4-8204-1200-7

内容 イースト・ボストン分館献納式での演説（1871年3月22日）他（ウィリアム・W.グリーノウ）〔02446〕

クリーバー, エリザベス

◇ビジュアル調査法と社会学的想像力―社会風景をありありと描写する（PICTURING THE SOCIAL LANDSCAPE）　キャロライン・ノウルズ, ポール・スウィートマン編, 後藤範章監訳　京都　ミネルヴァ書房　2012.10　317p　22cm　〈索引あり〉3400円　①978-4-623-06394-9

内容 ハウスシェア生活の空間地図（スー・ヒース, エリザベス・クリーバー著, 松橋達矢訳）〔02447〕

グリビン, ジョン　Gribbin, John R.

◇シュレーディンガーと量子革命―天才物理学者の生涯（ERWIN SCHRÖDINGER AND THE QUANTUM REVOLUTION）　ジョン・グリビン著, 松浦俊輔訳　青土社　2013.4　301, 23p 図版16p　20cm　〈文献あり 索引あり〉2600円　①978-4-7917-6695-6

内容 ロケットサイエンスではない　一九世紀少年　シュレーディンガー以前の物理学　二〇世紀人　第一次量子革命　スイスでの堅実な地位　行列力学　シュレーディンガーと第二次量子革命　ベルリンでの最盛期　量子猫の登場　行って、帰って　「人生でいちばん幸せな年月」　『生命とは何か』　ウィーンへの帰還　シュレーディンガー科学の遺産〔02448〕

◇世界一素朴な質問、宇宙一美しい答え―世界の第一人者100人が100の質問に答える（BIG QUESTIONS FROM LITTLE PEOPLE）　ジェンマ・エルウィン・ハリス編, 西田美緒子訳, タイマタカシ絵　河出書房新社　2013.11　298p　22cm　2500円　①978-4-309-25292-6

内容 いつかは過去に戻れるようになる？（ジョン・グリビン博士）〔02449〕

クリフ, ナイジェル　Cliff, Nigel

◇ヴァスコ・ダ・ガマの「聖戦」―宗教対立の潮目を変えた大航海（HOLY WAR）　ナイジェル・クリフ著, 山村宜子訳　白水社　2013.8　463, 15p　20cm　〈文献あり 索引あり〉4000円　①978-4-560-08307-3

内容 第1部 発端（東と西　聖地　一族の戦争 ほか）　第

2部 探検（司令官　航海のコツ　スワヒリ沿岸 ほか）第3部 十字軍（インド提督　衝撃と畏怖　海上での窮地 ほか）〔02450〕

グリフィス, エリザベス

◇環境犯罪学と犯罪分析（Environmental criminology and crime analysis）リチャード・ウォートレイ, ロレイン・メイズロール編, 島田貴仁, 渡辺昭一監訳, 斉藤知範, 雨宮護, 菊池城治, 畑倫子訳　社会安全研究財団　2010.8　313p　26cm　〈文献あり〉 ①978-4-904181-13-3

内容 クライムマッピングとホットスポット分析（ルーク・アンセリン, エリザベス・グリフィス, ジョージ・ティータ著, 菊池城治訳）〔02451〕

ク

グリフィス, クリス　Griffiths, Chris

◇ザ・マインドマップ　ビジネス編　仕事のスキルと成果が上がる実践的活用法（MIND MAPS FOR BUSINESS）トニー・ブザン, クリス・グリフィス著, 近田美季子訳　ダイヤモンド社　2012.6　287p　21cm　2000円　①978-4-478-00903-1

内容 第1部 マインドマップ―究極のビジネス「ソフトウェア」（マインドマップとは何か？　マインドマップの作り方 ほか）第2部 ビジネス・スキル向上のためのマインドマップ（マインドマップ計画術　マインドマップ交渉術 ほか）第3部 ビジネス思考力を高めるためのマインドマップ（リーダーのためのマインドマップ活用法　斬新なアイディアを生み出すためのマインドマップ ほか）第4部 業績向上のためのマインドマップ（マインドマップで売上を伸ばす　目標設定と変化への対応）〔02452〕

グリフィス, サイモン　Griffiths, Simon

◇多元主義と多文化主義の間―現代イギリス政治思想史研究　佐藤正志, ポール・ケリー編　早稲田大学出版部　2013.3　321p　21cm　（早稲田大学現代政治経済研究所研究叢書）　5800円　①978-4-657-13005-1

内容 イギリス社会主義―二十世紀における諸潮流とその未来（サイモン・グリフィス著, 馬路智仁訳）〔02453〕

グリフィス, モルウェナ

◇エビデンスに基づく教育政策（EVIDENCE-BASED EDUCATION POLICY）D.ブリッジ, P.スメイヤー, R.スミス編著, 柘植雅義, 葉養正明, 加治佐哲也編訳　勁草書房　2013.11　270p　21cm　〈索引あり〉 3600円　①978-4-326-25092-9

内容 自伝と政策（モルウェナ・グリフィス, ゲール・マクラウド著, 海津亜希子, 玉木宗久訳）〔02454〕

グリフィス, R.　Griffiths, Roy

◇21世紀のコミュニティ・ケア―英国政府の介護支援対策 : グリフィス報告（Community care）グリフィス〔著〕, 柏野健三訳者代表, 才村真理, 杉本正訳　倉敷　英国思想・ベヴァリッジ研究所　2013.2　76p　26cm　①978-4-9905144-1-9〔02455〕

グリフィン, コリン

◇生涯学習支援の理論と実践―「教えること」の現在（The theory and practice of teaching（2nd ed.））ピーター・ジャーヴィス編著, 渡辺洋子, 吉田正純監訳　明石書店　2011.2　420p　20cm　（明石ライブラリー 144）〈文献あり 索引あり〉 4800円　①978-4-7503-3339-7

内容 ラディカル教育学とフェミニスト教育学 他（ジュリア・プリース, コリン・グリフィン著, 犬塚典子訳）〔02456〕

グリフィン, ジャッキー　Griffin, Jacqui

◇みんな大切！―多様な性と教育（Everyone is special！）ローリ・ベケット編, 橋本紀子監訳, 艮香織, 小宮明彦, 杉田真衣, 渡辺大輔訳　新科学出版社　2011.3　195p　22cm　2500円　①978-4-915143-39-7

内容 カミングアウトするか、しないか（ジャッキー・グリフィン著, 渡辺大輔訳）〔02457〕

クリフォード, リチャード・M.

◇みんなの幼児教育の未来予想図（A Vision for Universal Preschool Education）エドワード・ジグラー, ウォルター・S.ギリアム, ステファニー・M.ジョーンズ編, 田中道治編訳　京都　ナカニシヤ出版　2013.3　322p　22cm　〈索引あり〉 3800円　①978-4-7795-0753-3

内容 万人の幼稚園前教育における専門性向上にかかわる課題（ケリー・L.マックスウェル, リチャード・M.クリフォード著, 眞城知己, 宮寺千恵訳）〔02458〕

グリブル, ケイト　Gribble, Kate

◇恋人たちの本（THE LOVERS' BOOK）ケイト・グリブル〔著〕, 加藤久美子訳　ディスカヴァー・トゥエンティワン　2013.2　183p　18cm　〈翻訳協力 : トランネット〉 1200円　①978-4-7993-1290-2

内容 日常生活をふたりでハッピーに過ごすコツ　おすすめデートプラン　歴史上の恋人たち　ハッピーバレンタイン　愛する人のハートをつかむレシピ集　銀幕の恋　文学の中の恋人たち　ふたりだけの旅　キス！ キス！ キス！　ハッピーウェディング！　幸せの秘訣　思い出にタイムスリップ〔02459〕

クリーマ, ジュラ

◇中世の哲学―ケンブリッジ・コンパニオン（THE CAMBRIDGE COMPANION TO MEDIEVAL PHILOSOPHY）A.S.マクグレイド編著, 川添信介監訳　京都　京都大学学術出版会　2012.11　601p　22cm　〈文献あり 年表あり 索引あり〉 5800円　①978-4-87698-245-5

内容 本性（ジュラ・クリーマ執筆, 横田蔵人訳）〔02460〕

グリム, ディーター

◇結果志向の法思考―利益衡量と法律家的論証（Entscheidungsfolgen als Rechtsgrunde）グンター・トイブナー編, 村上淳一, 小川浩三訳　東京大学出版会　2011.9　236p　22cm　〈索引あり〉 4800円　①978-4-13-031185-4

内容 法的根拠としての〈裁判の結果〉（ディーター・グ

リム著)　〔02461〕

クリュソストモス, ディオン　Chrysostomos, Diōn

◇トロイア陥落せず―弁論集 2　ディオン・クリュソストモス〔著〕, 内田次信訳　京都　京都大学学術出版会　2012.2　290, 13p　20cm　(西洋古典叢書 G071)　〈索引あり　付属資料 : 8p : 月報 90　文献あり〉3300円　①978-4-87698-194-6

内容 エウボイアの狩人　ディオゲネス―真の勇武とは何か　ディオゲネスとイストミア競技　ディオゲネス―財産および神託について　トロイア陥落せず　オリュンピアのゼウス像と神の観念―詩と彫刻の比較　〔02462〕

クリュソストモス, ヨアンネス

◇古代教会の説教　小高毅編　教文館　2012.1　347p　21cm　(シリーズ・世界の説教)　3400円　①978-4-7642-7335-1

内容 立像をめぐる第二の講話 他(ヨアンネス・クリュソストモス)　〔02463〕

グリューン, アルノ　Gruen, Arno

◇私は戦争のない世界を望む (ICH WILL EINE WELT OHNE KRIEGE)　アルノ・グリューン著, 村椿嘉信, 松田真理子共訳　ヨベル　2013.11　198p　19cm　〈文献あり 索引あり〉900円　①978-4-946565-83-0　〔02464〕

グリルス, ベア

◇世界一素朴な質問、宇宙一美しい答え―世界の第一人者100人が100の質問に答える (BIG QUESTIONS FROM LITTLE PEOPLE)　ジェンマ・エルウィン・ハリス編, 西田美緒子訳, タイマタカシ絵　河出書房新社　2013.11　298p　22cm　2500円　①978-4-309-25292-6

内容 ミミズを食べても大丈夫?(ベア・グリルス)　〔02465〕

グリーン, アンソニー・F.　Greene, Anthony F.

◇パートナー暴力―男性による女性への暴力の発生メカニズム (What causes men's violence against women?)　ミッシェル・ハーウェイ, ジェームス・M.オニール編著, 鵜元春訳　京都　北大路書房　2011.9　303p　21cm　〈文献あり〉3700円　①978-4-7628-2763-1

内容 女性に対する暴力に関する生物学的視点(アンソニー・F.グリーン)　〔02466〕

グリーン, アンドレ　Green, André

◇母子臨床の精神力動―精神分析・発達心理学から子育て支援へ (Parent-infant psychodynamics)　ジョーン・ラファエル - レフ編, 木部則雄監訳, 長沼佐代子, 長尾牧子, 坂井直子, 金沢聡子訳　岩崎学術出版社　2011.11　368p　22cm　〈索引あり〉6600円　①978-4-7533-1032-6

内容 デッドマザー・コンプレックス(アンドレ・グリーン著, 長尾牧子訳)　〔02467〕

グリーン, エイミー・ブース　Green, Amy Boothe

◇ウォルト・ディズニーの思い出 (Remembering Walt)　エイミー・ブース・グリーン, ハワード・E.グリーン著, 阿部清美訳　竹書房　2013.4　351p　19cm　〈文献あり〉1600円　①978-4-8124-9448-6

内容 プライベートワールド(ウォルトの幼少期　家庭的な男　ウォルトの趣味 ほか)　仕事場のウォルト(第一印象　上司ウォルト―モチベーション、インスピレーション、フラストレーションの物語　あのネズミの陰にこの男あり―その気紛れな性格と特徴 ほか)　夢のあとさき(勇敢さと強がりと　早すぎるさよなら　ウォルトよ、永遠に)　〔02468〕

グリーン, ジェン　Green, Jen

◇ギリシャ (Greece)　ジェン・グリーン著, グレッグ・アンダーソン, コスタス・フラソプロス監修　ほるぷ出版　2011.9　64p　25cm　(ナショナルジオグラフィック世界の国)　〈年表あり〉2000円　①978-4-593-58572-4

内容 地理―けわしい山、美しい海(見てみよう　スペシャルコラム ふたつに分かれた国 ほか)　自然―古代の森(見てみよう　スペシャルコラム 古代のヒツジ ほか)　歴史―帝国の支配地(見てみよう　スペシャルコラム オリンピックの起源 ほか)　人と文化―友人と家族(見てみよう　スペシャルコラム 国民の祝日 ほか)　政治と経済―栄光の時よ、ふたたび(見てみよう　スペシャルコラム 政府のしくみ ほか)　〔02469〕

グリーン, ジャック・P.　Greene, Jack P.

◇幸福の追求―イギリス領植民地期アメリカの社会史 (PURSUITS OF HAPPINESS)　ジャック・P.グリーン著, 大森雄太郎訳　慶応義塾大学出版会　2013.2　296, 64p　22cm　〈索引あり〉3800円　①978-4-7664-2014-2

内容 第1章 イングランドによる植民の二つのモデル―一六〇〇年 - 一六六〇年　第2章 再考　第3章 衰退モデル : ニューイングランド――六六〇年 - 一七六〇年　第4章 発展モデル : チェサピーク――六六〇年 - 一七六〇年　第5章 典型と変形 : イギリスとアイルランド――六六〇年 - 一七六〇年　第6章 変形 : 中部植民地と低南部――七一〇年 - 一七六〇年　第7章 変形 : 大西洋諸島植民地とカリブ海諸島植民地――六六〇年 - 一七六〇年　第8章 収束 : 一つのアメリカ社会の発展――七二〇年 - 一七八〇年　〔02470〕

グリーン, ジョエル・B.　Green, Joel B.

◇叢書新約聖書神学 2　ルカ福音書の神学 (THE THEOLOGY OF THE GOSPEL OF LUKE)　J.D.G.ダン編集主幹, 山内一郎, 山内真日本語監修　J.B.グリーン著, 山田耕太訳　新教出版社　2012.9　222p　20cm　〈文献あり 索引あり〉3000円　①978-4-400-10461-2

内容 第1章「ユダヤの王ヘロデの時代」―ルカ福音書の世界　第2章「わが救い主, 神」―ルカ福音書における神の目的　第3章「メシア、主なる、救い主」―イエス、ヨハネ、ユダヤの人々　第4章「貧しい人に福音を告げ知らせるために」―宣教と救い　第5章「日々、自分の十字架を背負って」―弟子の道　第6章「あなたたちは真理を知り」―教会におけるルカ福音書　〔02471〕

グリーン, デイヴィド(電子編集)　Green, David

◇人文学と電子編集―デジタル・アーカイヴの理論と実践 (ELECTRONIC TEXTUAL

EDITING）　ルー・バーナード, キャサリン・オブライエン・オキーフ, ジョン・アンスワース編, 明星聖子, 神崎正英監訳　慶応義塾大学出版会　2011.9　503p　21cm　4800円　①978-4-7664-1774-6
内容 電子版における権利と許諾（メアリ・ケイス, デイヴィド・グリーン）　〔02472〕

ク

グリーン, デイビッド（金融）　Green, David
◇あすにかける—中央銀行の栄光と苦悩（Banking on the future）　ハワード・デイビス, デイビッド・グリーン著, 井上哲也訳　金融財政事情研究会　2012.2　414p　22cm　〈索引あり　発売：きんざい〉4000円　①978-4-322-11753-0
内容 中央銀行業とは何か、なぜ重要なのか　通貨の安定　金融安定　金融のインフラストラクチャー　資産価格　構造、地位、説明責任　欧州：特殊なケース　新興国における中央銀行　経営資源、コスト、効率性　国際協力　リーダーシップ　変革に向けた課題　〔02473〕

グリーン, トマス・ヒル　Green, Thomas Hill
◇イギリス革命講義—クロムウェルの共和国（Four lectures on the English commonwealth）　トマス・ヒル・グリーン著, 田中浩, 佐野正子訳　未来社　2011.8　201, 10p　19cm　（転換期を読む 13）〈索引あり〉2200円　①978-4-624-93433-0　〔02474〕

グリーン, ハワード・E.　Green, Howard E.
◇ウォルト・ディズニーの思い出（Remembering Walt）　エイミー・ブース・グリーン, ハワード・E.グリーン著, 阿部清美訳　竹書房　2013.4　351p　19cm　〈文献あり〉1600円　①978-4-8124-9448-6
内容 プライベートワールド（ウォルトの幼少期　家庭的な男　ウォルトの趣味 ほか）　仕事場のウォルト（第一印象　上司ウォルト—モチベーション、インスピレーション、フラストレーションの物語　あのネズミの陰にこの男あり—その気紛れな性格と特徴 ほか）　夢のあとさき（勇敢さと強がりと　早すぎるさよなら　ウォルトよ、永遠に）　〔02475〕

グリーン, フィル　Green, Phil
◇インストラクショナルデザインとテクノロジー—教える技術の動向と課題（TRENDS AND ISSUES IN INSTRUCTIONAL DESIGN AND TECHNOLOGY（原著第3版））　R.A.リーサー, J.V.デンプシー編　京都　北大路書房　2013.9　690p　21cm　〈訳：半田純子ほか　索引あり〉4800円　①978-4-7628-2818-8
内容 ヨーロッパにおけるインストラクショナルデザイン（フィル・グリーン著, 渡辺雄貴訳）　〔02476〕

グリーン, マイケル・J.　Green, Michael J.
◇日本の未来について話そう—日本再生への提言（Reimagining Japan）　マッキンゼー・アンド・カンパニー責任編集, クレイ・チャンドラー, エアン・ショー, ブライアン・ソーズバーグ編著　小学館　2011.7　416p　19cm　1900円　①978-4-09-388189-0
内容 米国の戦略的資産としての日本（マイケル・グリーン著）　〔02477〕

グリーン, リズ　Greene, Liz
◇占星学（RELATING）　リズ・グリーン著, 岡本翔子, 鏡リュウジ訳　新版　青土社　2013.9　477, 8p　20cm　〈文献あり 索引あり〉3200円　①978-4-7917-6725-0
内容 1 無意識の言葉　2 潜在的可能性を示す惑星地図　3 風、水、地、火—心理学的タイプ　4 美女と野獣　5 内なるパートナー　6 心の性生活　7 汝の父と母を敬え…ただし条件付きで　8 絶対確実な内面の時計　9 水瓶座時代の人間関係　〔02478〕

グリーン, ルーシー
◇世界一素朴な質問、宇宙一美しい答え—世界の第一人者100人が100の質問に答える（BIG QUESTIONS FROM LITTLE PEOPLE）　ジェンマ・エルウィン・ハリス編, 西田美緒子訳, タイマタカシ絵　河出書房新社　2013.11　298p　22cm　2500円　①978-4-309-25292-6
内容 太陽はなぜ熱いの？（ルーシー・グリーン博士）　〔02479〕

グリーン, ロス・W.　Greene, Ross W.
◇教師と親のための子どもの問題行動を解決する3ステップ（Lost at School）　ロス・W.グリーン著, 井上祐紀, 竹村文訳　日本評論社　2013.8　213p　21cm　2000円　①978-4-535-56319-3
内容 第1章 荒れた教室　第2章 子どもたちはやり方さえわかればよい行動がとれる　第3章 レッスンプラン　第4章 プランBを始めよう—子どもに向き合う3ステップ　第5章 支援は山あり谷あり　第6章 不足スキルを補う　第7章 クラスメートの子どもたちへの対応　第8章 学校を変えよう　第9章 分かれ道に立つ子どもたちのために　〔02480〕

グリーン, ロバート　Greene, Robert
◇恐怖を克服すれば野望は現実のものとなる—50セント成り上がりの法則（The 50th law）　50セント, ロバート・グリーン著, 石川由美子訳　トランスワールドジャパン　2011.4　387p　19cm　（TWJ books）〈作品目録あり〉1500円　①978-4-86256-076-6
内容 01 ありのままの姿を見る—究極の現実主義　02 すべてを自分色に染める—自力本願の精神　03 鞭を飴に変える—日和見主義　04 前進し続ける—計画的な勢い　05 悪を演じるべき時を見極める—攻撃性　06 先頭に立つ—権威　07 周囲の環境を徹底的に理解する—繋がり　08 過程を尊重する—精通　09 自分の限界を超える—自信　10 死の必然性に立ち向かう—崇高　〔02481〕

グリーン, R.W.　Greene, Robert William
◇アメリカン・ハッスル　上（THE STING MAN）　R.グリーン著, 新庄哲夫訳　河出書房新社　2013.12　253p　15cm　（河出文庫 ク9-1）〈「おとり捜査」（1982年刊）の改題、上下2分冊〉840円　①978-4-309-46391-9　〔02482〕
◇アメリカン・ハッスル　下（THE STING MAN）　R.グリーン著, 新庄哲夫訳　河出書房新社　2013.12　276p　15cm　（河出文庫 ク9-2）〈「おとり捜査」（1982年刊）の改題、上下2分冊〉

840円　①978-4-309-46392-6　〔02483〕

グリーンウォルド, ブルース　Greenwald, Bruce C.N.

◇競争戦略の謎を解く―コロンビア大学ビジネス・スクール特別講義（COMPETITION DEMYSTIFIED）　ブルース・グリーンウォルド, ジャッド・カーン著, 辻谷一美訳　ダイヤモンド社　2012.7　424p　21cm　〈文献あり 索引あり〉2800円　①978-4-478-00450-0

内容 第1部 理論編―競争戦略をシンプルに考える（戦略と市場、そして競争―競争戦略の前提とは何だろうか　競争優位のタイプ1―供給面と需要面の競争優位　競争優位のタイプ2―規模の経済の活用　競争優位の評価法―競争優位はどこから生まれるのか　競争戦略とゲーム理論1―囚人のジレンマ・ゲーム ほか）　第2部 ケース・スタディ編―繰り広げられる競争というゲーム（ローカルな規模の経済による競争優位―ウォルマート、クアーズ　持続可能な競争優位とは―フィリップス、シスコシステムズ　コーラ戦争と囚人のジレンマ―コカ・コーラVS.ペプシ　テレビ・ネットワーク事業への参入とゲーム理論―フォックス放送　歴史的大敗に終わった新規事業参入―コダックのインスタント写真事業 ほか）　〔02484〕

グリーンウォルド, レイチェル　Greenwald, Rachel

◇なぜ、彼は電話してこないの？―男があなたをためらう本当の理由（Why He Didn't Call You Back）　レイチェル・グリーンウォルド著, 実川元子訳　WAVE出版　2012.8　511p　18cm　1800円　①978-4-87290-583-0

内容 第1章 誰もがあなたに夢中になる。それなのに、どうして彼だけ？　第2章 デートのときにどんな話をしている？　第3章 彼が連絡しなかった理由　第4章 デート後にいきなりふられる理由　第5章 男性たちの名言・迷言集　第6章 なぜ彼は電話をかけてきたのか？　第7章 なぜ彼女は彼の誘いを断ったのか？　第8章 あなたも聞き取り調査に挑戦してみよう　第9章 サクセス・ストーリー　第10章 さてどうしたらいい？　〔02485〕

グリーンスタイン, イレーヌ　Greenstein, Elaine

◇ガンたちとともに―コンフートローレンツ物語（THE GOOSE MAN）　イレーヌ・グリーンスタイン作, 樋口広芳訳　福音館書店　2013.9　32p　29cm　1300円　①978-4-8340-2784-6　〔02486〕

グリーンスパン, スタンレー　Greenspan, Stanley I.

◇ADHDの子どもを育む―DIRモデルにもとづいた関わり（Overcoming ADHD）　スタンレー・グリーンスパン, ヤコブ・グリーンスパン著, 広瀬宏之監訳, 越後顕一訳　大阪　創元社　2011.11　186p　21cm　〈文献あり〉2000円　①978-4-422-11521-4

内容 第1章 ADHDへの新しい視点　第2章 包括アプローチ　第3章 ステファニーの事例　第4章 からだの動きを組み立てる　第5章 感覚刺激を調節する　第6章 感情のこもったやりとりや思考が、注意力を育てる　第7章 見たことを理解する聞いたことを理解する　第8章 自己肯定感を確かなものにする　第9章 家族のパターンに目を向ける　第10章 物質的な環境について　第11章 おとなのADHD　第12章 さらなる治療や薬物療法が必要な場合は　〔02487〕

グリーンスパン, ヤコブ　Greenspan, Jacob

◇ADHDの子どもを育む―DIRモデルにもとづいた関わり（Overcoming ADHD）　スタンレー・グリーンスパン, ヤコブ・グリーンスパン著, 広瀬宏之監訳, 越後顕一訳　大阪　創元社　2011.11　186p　21cm　〈文献あり〉2000円　①978-4-422-11521-4

内容 第1章 ADHDへの新しい視点　第2章 包括アプローチ　第3章 ステファニーの事例　第4章 からだの動きを組み立てる　第5章 感覚刺激を調節する　第6章 感情のこもったやりとりや思考が、注意力を育てる　第7章 見たことを理解する聞いたことを理解する　第8章 自己肯定感を確かなものにする　第9章 家族のパターンに目を向ける　第10章 物質的な環境について　第11章 おとなのADHD　第12章 さらなる治療や薬物療法が必要な場合は　〔02488〕

グリンダー, ジョン　Grinder, John

◇ミルトン・エリクソンの催眠テクニック　1　言語パターン篇（PATTERNS OF THE HYPNOTIC TECHNIQUES OF MILTON H. ERICKSON, M.D.Volume 1）　浅田仁子訳　リチャード・バンドラー, ジョン・グリンダー著　春秋社　2012.4　310p　21cm　〈文献あり〉3300円　①978-4-393-36123-8

内容 第1部 エリクソン催眠のパターン（エリクソンのパターンを概観する　エリクソンの"散りばめ技法"に学ぶ　作家オルダス・ハクスリーとの変性意識の探究に学ぶ）　第2部 エリクソン催眠のパターンを詳しく知る（ペーシングして「意識」の注意をそらし、その「意識」の動きを利用する　「無意識」にアクセスする　「意識」の注意をそらし、「無意識」の領域にアクセスする）　第3部 エリクソン催眠のパターンを使う（言語的因果モデルの構築と利用　トランスデリベーショナル現象　曖昧さ：より小さい構造の包含意味の派生　催眠言語の4つのポイント）　〔02489〕

◇ミルトン・エリクソンの催眠テクニック　2　知覚パターン篇（PATTERNS OF THE HYPNOTIC TECHNIQUES OF MILTON H. ERICKSON, M.D.Volume 2）　浅田仁子訳　ジョン・グリンダー, ジュディス・ディロージャ, リチャード・バンドラー著　春秋社　2012.4　294p　21cm　〈文献あり〉3300円　①978-4-393-36124-5

内容 第1部 クライエントの知覚に迫る（4タップル・モデル―一次体験を4つの記号"VKAO"で表わす　言語―言葉を介した二次体験を「Ad」で表わす　Rオペレーター―クライエントの「表象システム」を表わす　Rオペレータと4タップルを使う―クライエントの世界モデルを活かす　Lオペレーター―クライエントの「リード・システム」を表わす　アクセシング・テクニック―言葉で過去のリソースにアクセスする　トランスデリベーショナル・サーチ―五感を通じて深層のリソースにアクセスする　Cオペレーター―言葉と行為、一貫性を感じ取る）　第2部 エリクソンのセッション記録（モンドとのセッション―トランスクリプト1　ニックとのセッション―トランスクリプト2　ふたつのセッションを振り返る―トランスクリプト1・2）　〔02490〕

グリーンバーグ, レスリー・S.　Greenberg, Leslie S.

◇エモーション・フォーカスト・セラピー入門（Emotion-Focused Therapy）　レスリー・S.グ

リーンバーグ著, 岩壁茂, 伊藤正哉, 細越寛樹監訳, 関屋裕希, 藤里紘子, 村井亮介, 山口慶子訳　金剛出版　2013.10　207p　21cm　〈文献あり 索引あり〉3400円　①978-4-7724-1336-7

内容 1 はじめに（中核概念　概念的枠組み ほか）　2 歴史（パーソン・センタード・アプローチの理論　体験的フォーカシング ほか）　3 理論（理論的発展の概要　人間の本質と動機についての観点 ほか）　4 セラピーのプロセス（関係原則と課題原則　観察スキル ほか）　5 評価（エビデンスに基づく心理療法　感情的傷つき ほか）　6 今後の発展（今後の研究領域　訓練 ほか）〔02491〕

◇変容する臨床家―現代アメリカを代表するセラピスト16人が語る心理療法統合へのアプローチ（HOW THERAPISTS CHANGE）　マービン・R.ゴールドフリード編, 岩壁茂, 平木典子, 福島哲夫, 野末武義, 中釜洋子監訳, 門脇陽子, 森田由美訳　福村出版　2013.10　415p　22cm　〈索引あり〉5000円　①978-4-571-24052-2

内容 私の変容のプロセス（レスリー・S.グリーンバーグ著）〔02492〕

グリーンバーグ, C.L.　Greenberg, Cathy L.

◇幸せなワーキングマザーになる方法―ポジティブ心理学で手に入れる最高のワークライフバランス（What happy working mothers know）　C.L.グリーンバーグ,B.S.アヴィグドル著, 森田由美訳　NTT出版　2011.7　272p　19cm　1900円　①978-4-7571-2264-2

内容 第1章 幸せは贅沢品ではなく、必需品　第2章 幸せの科学的根拠　第3章 HAPPYになる五つの法則　第4章 罪悪感を捨てよう　第5章 母親が幸せなら家族も幸せ　第6章 でも、子どもは大丈夫？　第7章 つらいときは助けてもらおう　第8章 ブレない自分になる　第9章 あなただけのストーリー―ハッピーエンドを目指して〔02493〕

グリーンフィールド, ケント　Greenfield, Kent

◇〈選択〉の神話―自由の国アメリカの不自由（THE MYTH OF CHOICE）　ケント・グリーンフィールド〔著〕, 高橋洋訳　紀伊国屋書店　2012.12　337p　19cm　1900円　①978-4-314-01101-3

内容 第1部 選択は重要だ（選択、選択、選択　選択への愛）　第2部 選択は不自由だ（脳　文化　権力　自由市場）　第3部 よりよい選択のために（「自己責任」の落とし穴　審判も判事もまちがえる　いかに選択するか）〔02494〕

グリーンフィールド, スーザン

◇世界一素朴な質問、宇宙一美しい答え―世界の第一人者100人が100の質問に答える（BIG QUESTIONS FROM LITTLE PEOPLE）　ジェンマ・エルウィン・ハリス編, 西田美緒子訳, タイマタカシ絵　河出書房新社　2013.11　298p　22cm　2500円　①978-4-309-25292-6

内容 わたしの脳はどうやってわたしを思いどおりに動かしているの？（スーザン・グリーンフィールド）〔02495〕

グリンフェルト, リア

◇新アジア地政学（ASIAN GEOPOLITICS）　I.ブレマー,J.S.ナイ,J.ソラナ,C.R.ヒル, 金田秀昭〔著〕, 福戸雅宏, 藤原敬之助, 水原由生, 髙橋直貴, 松尾知典共訳　土曜社　2013.6　139p　19cm　（プロジェクトシンジケート叢書 3）〈文献あり〉1700円　①978-4-9905587-8-9

内容 日中の競争意識をたどる（リア・グリンフェルト著, 松尾知典訳）〔02496〕

グリーンブラット, アラン　Greenblatt, Alan

◇プロジェクト・マネジャーが知るべき97のこと（97 things every project manager should know）　Barbee Davis編, 笹井崇司訳, 神庭弘年監修　オライリー・ジャパン　2011.11　240p　21cm　〈発売：オーム社〉1900円　①978-4-87311-510-8

内容 ひとつの成果物にひとりの責任者 他（アラン・グリーンブラット）〔02497〕

グリーンブラット, スティーヴン　Greenblatt, Stephen

◇一四一七年、その一冊がすべてを変えた（THE SWERVE）　スティーヴン・グリーンブラット著, 河野純治訳　柏書房　2012.12　395p　20cm　〈文献あり 索引あり〉2200円　①978-4-7601-4176-0

内容 第1章 ブックハンター　第2章 発見の瞬間　第3章 ルクレティウスを探して　第4章 時の試練　第5章 誕生と復活　第6章 嘘の工房にて　第7章 キツネを捕らえる落とし穴　第8章 物事のありよう　第9章 帰還　第10章 逸脱　第11章 死後の世界〔02498〕

グルー, ジョセフ・C.　Grew, Joseph Clark

◇滞日十年　上（Ten years in Japan）　ジョセフ・C.グルー著, 石川欣一訳　筑摩書房　2011.9　459p　15cm　（ちくま学芸文庫 ク21-1）　1500円　①978-4-480-09401-8

内容 第1章 日本を覆う暗殺者の影（一九三二年五月十四日 - 一九三三年二月十五日）　第2章 嵐に先立つ平穏の三年間（一九三三年二月二十日 - 一九三六年二月十一日）　第3章 早産的革命から公然たる戦争へ（一九三六年二月二十六日 - 一九三七年四月十八日）　第4章 「支那事変」（一九三七年七月八日 - 一九三九年五月十五日）〔02499〕

◇滞日十年　下（Ten years in Japan）　ジョセフ・C.グルー著, 石川欣一訳　筑摩書房　2011.10　432, 10p　15cm　（ちくま学芸文庫 ク21-2）〈年表あり　索引あり〉1500円　①978-4-480-09402-5

内容 第5章 一つの世界と二つの戦争（一九三九年十月十日 - 一九四一年十二月七日）　第6章 一つの世界と一つの戦争（一九四一年十二月八日 - 一九四二年五月三十一日）〔02500〕

グルー, ドミニック　Groux, Dominique

◇比較教育―1997年　比較教育に関する著作の草案と予備的見解―1817年（L'education comparee）　ドミニック・グルー, ルイ・ポルシェ著, 園山大祐監訳, マルク＝アントワーヌ・ジュリアン著, 園山大祐監訳　文教大学出版事業部　2011.7　190p　21cm　〈訳：上原秀一ほか〉1334円　①978-4-904035-26-9〔02501〕

クルーガー, デビッド　Krueger, David

◇お金への考え方を変えよう（The Secret Language of Money）　デビッド・クルーガー著, 神田昌典監訳　三笠書房　2013.8　349p　15cm　（知的生きかた文庫 か38-2―〔BUSINESS〕）〈「「お金」のシークレット」(2010年刊) の改題〉　676円　①978-4-8379-8206-7

内容 誰も教えてくれなかった“お金の魔力”の使い方(「お金の世界」に起きた最大の変化　運命が左右される質問―あなたにとって「お金」とは何か？　お金の魔力―人生の中で、あなたが大切だと思うものは？ ほか)　一瞬で「幸せな答え」をもたらす“知恵”と“実践”(お金の決断―「大儲けしたとき」、あるいは「大儲けを想像したとき」　投資の判断―あなたに都合のいいことばかりは起こらない　天使の「節約」―“ムダ遣いの落とし穴”を知る ほか)　これから10年、30年、お金で幸せをつかむ法(人生を“次のステージ”へ引き上げる「金銭力」　あなたの新しい「マネー・ストーリー」をつくる！　「本当に大切なもの」を手に入れる生き方)　〔02502〕

クルーグマン, ポール・R.　Krugman, Paul R.

◇クルーグマンの国際経済学―理論と政策　下巻（金融編）（International economics (8th ed.)）　P.R.クルーグマン,M.オブズフェルド著, 山本章子, 伊藤博明, 伊能早苗, 小西紀嗣訳　ピアソン桐原　2011.2　512p　22cm　〈索引あり〉4600円　①978-4-86401-007-8

内容 第3部 為替レートと開放経済のマクロ経済学(国民所得勘定および国際収支　為替レートと外国為替市場 ： 為替レートの決定要因となるアセット・マーケット・アプローチ　貨幣、利子率、為替レート　長期的な価格水準と為替レート ほか)　第4部 国際マクロ経済政策(国際通貨制度、1870～1973年　変動相場制の下でのマクロ経済政策と協調　最適通過圏とヨーロッパの経験　国際資本市場 ： 機能性と政策課題 ほか)　付録 数学に関する補足説明　〔02503〕

◇さっさと不況を終わらせろ（END THIS DEPRESSION NOW！）　ポール・クルーグマン著, 山形浩生訳　早川書房　2012.7　323p　19cm　1700円　①978-4-15-209312-7

内容 これからどうする？　事態はこんなにひどい　不況の経済学　ミンスキーの瞬間　たがの外れた銀行家たち　第二の金ぴか時代　暗黒時代の経済学　不適切な対応の解剖　でも財政赤字はどうなる？　インフレ ： 見せかけの脅威　ユーロの黄昏　緊縮論者　何が必要か　この不況を終わらせよう！　政府支出については実際のところ何がわかっているの？　〔02504〕

◇そして日本経済が世界の希望になる　ポール・クルーグマン著, 山形浩生監修・解説, 大野和基訳　PHP研究所　2013.10　196p　18cm　（PHP新書 887）　800円　①978-4-569-81478-0

内容 第1章 「失われた20年」は人為的な問題だ(日本の経済不振は自らが蒔いた種　「流動性の罠」が発動する条件 ほか)　第2章 デフレ期待をただちに払拭せよ(なぜデフレよりインフレが望ましいのか　ピグー効果を相殺する経済条件 ほか)　第3章 中央銀行に「独立性」はいらない(英財務省の一機関だったイングランド銀行　なぜFRBの独立性は問題にならないのか ほか)　第4章 インフレ率2パーセント達成後の日本(株式市場はそもそも不安定なもの　インフレで財政問題は大きく好転する ほか)　第5章 10年後の世界経済はこう変わる(金融危機で表出した「恐慌型経済」　アメリカはまだ地盤を取り戻せていない ほか)　〔02505〕

クルグランスキー, A.*　Kruglanski, Arie W.

◇紛争と平和構築の社会心理学―集団間の葛藤とその解決（INTERGROUP CONFLICTS AND THEIR RESOLUTION）　ダニエル・バル・タル編著, 熊谷智博, 大淵憲一監訳　京都　北大路書房　2012.10　375p　21cm　〈索引あり〉4000円　①978-4-7628-2787-7

内容 テロリストの心理―個人, 集団, 組織レベルの分析(Shira Fishman, Arie W.Kruglanski, Keren Sharvit著, 脇本竜太郎訳)　〔02506〕

クルシチェヴァ, ニーナ・L.

◇混乱の本質―叛逆するリアル民主主義・移民・宗教・債務危機　ジョージ・ソロスほか著, 徳川家広訳　土曜社　2012.8　157p　18cm　（PROJECT SYNDICATE A WORLD OF IDEAS）〈他言語標題 ： Reality in Revolt〉　952円　①978-4-9905587-4-1

内容 皇帝プーチンの危うい「復位」(ニーナ・L.クルシチェヴァ著)　〔02507〕

クルス, ポーラ　Kluth, Paula

◇先生のための自閉症のある子の「良いところ」を伸ばす20の方法―コミュニケーション、マナーから学習スキルまで（Just give him the whale！）　ポーラ・クルス, パトリック・シュウォーツ著, 竹迫仁子訳　明石書店　2012.1　182p　19cm　〈文献あり〉1800円　①978-4-7503-3520-9

内容 生徒との関係を築くには　人づきあいの機会を広げるには　コミュニケーション・スキルを伸ばし、コミュニケーションの機会を増やすには　不安をできるだけ小さくするには　通常学級に通う計画を立てるには　教室に生徒を専門家として登場させるには　読み書き学習(リテラシー・ラーニング)を増やすには　安心感をあたえるには　働くという考えをもつようにするには　リスクをとることを促すには〔ほか〕　〔02508〕

クルス, マイケル・P.　Krzus, Michael P.

◇ワンレポート―統合報告が開く持続可能な社会と企業（One report）　ロバート・G.エクレス, マイケル・P.クルス著, 花堂靖仁監訳, ワンレポート日本語版委員会訳　東洋経済新報社　2012.3　233p　22cm　3600円　①978-4-492-53280-5

内容 第1章 ワンレポートとは何か　第2章 最初の統合報告書 ： UTC社の事例　第3章 財務報告の現状　第4章 非財務報告の現状　第5章 持続可能な社会のための持続可能な戦略　第6章 今こそワンレポートの時代　第7章 インターネットと統合報告　第8章 持続可能な社会のための統合報告　〔02509〕

クルーゼ, アンドレアス

◇成年後見法における自律と保護―成年後見法世界会議講演録　新井誠監修, 2010年成年後見法世界会議組織委員会編, 紺野包子訳　日本評論社　2012.8　319p　21cm　〈英語抄訳付〉5600円　①978-4-535-51865-0

内容 認知症と生活の質(アンドレアス・クルーゼ著)

〔02510〕

クルーゼ, フォルカー

◇ドイツ社会学とマックス・ヴェーバー―草創期ドイツ社会学の固有性と現代的意義　茨木竹二編　時潮社　2012.10　406p　22cm　4952円　①978-4-7888-0682-5

内容 ドイツにおける社会学とドイツ社会学 他（フォルカー・クルーゼ執筆, 小松君代, 斎藤理恵訳）〔02511〕

グルッセ, ルネ　Grousset, René

◇仏陀の足跡を逐って（Sur les traces du Bouddha）　ルネ・グルッセ著, 浜田泰三訳　再版　興山舎　2011.12　397p　22cm　（叢書/仏教文化の世界）〈年譜あり　索引あり　初版：金花舎1983年刊〉3800円　①978-4-904139-57-8

内容 叙事詩時代の中国　仏教のよび声　西域を越えてゴビ奥地のペルシャ絵画　遊牧の民の動揺の前夜にギリシャ的仏教の国にあって　ガンジスの聖地へ　仏教の聖地にて　アジャンターの時代、デカンへの旅　僧院都市ナーランダー　ハルシャ、詩人にして王　パミールから敦煌へ　唐の栄光　南海の求法僧　義浄の航海　パゴダの平安　大乗仏教（マハーヤーナ）形而上学の飛翔　仏教の神秘の天空にて　インド美学の啓示　〔02512〕

グルディーナ, パオラ・ベルトリーニ　Grudina, Paola Bertolini

◇つくってたのしい！　クリスマスこうさくえほん　サリー・アン・ライトぶん, パオラ・ベルトリーニ・グルディーナえ　いのちのことば社　2012.10　27p　28cm　450円　①978-4-264-03033-1　〔02513〕

クルティーヌ, ジャン＝フランソワ

◇崇高とは何か（Du sublime）　ミシェル・ドゥギー他〔著〕, 梅木達郎訳　新装版　法政大学出版局　2011.9　413p　20cm　（叢書・ウニベルシタス 640）　4800円　①978-4-588-09943-4

内容 悲劇と崇高性（ジャン＝フランソワ・クルティーヌ）　〔02514〕

クルティーヌ＝ドゥナミ, シルヴィ　Courtine-Denamy, Sylvie

◇シモーヌ・ヴェイユ―天上の根を求めて（Simone Weil）　シルヴィ・クルティーヌ＝ドゥナミ著, 庭田茂吉, 落合芳訳　奈良　萌書房　2013.7　223, 15p　20cm　〈文献あり 索引あり〉　2600円　①978-4-86065-078-0　〔02515〕

グルーティング, J.*　Glutting, Joseph

◇WISC-IVの臨床的利用と解釈（WISC-IV clinical use and interpretation）　アウレリオ・プリフィテラ, ドナルド・H.サクロフスキー, ローレンス・G.ワイス編, 上野一彦監訳, 上野一彦, バーンズ亀山静子訳　日本文化科学社　2012.5　592p　22cm　〈文献あり〉①978-4-8210-6366-6

内容 WISC-IVに伴う検査行動のアセスメント（Thomas Oakland, Joseph Glutting, Marley W. Watkins著, 上野一彦訳）　〔02516〕

グルーバー, ベス　Gruber, Beth

◇古代イラク―2つの大河とともに栄えたメソポタミア文明（Ancient Iraq）　ベス・グルーバー著, トニー・ウィルキンソン監修, 日暮雅通訳　神戸　BL出版　2013.8　63p　26cm　（ナショナルジオグラフィック―考古学の探検）〈文献あり 年表あり 索引あり〉1800円　①978-4-7764-0556-6

内容 1 過去をよみがえらせる　2 石器時代にさかのぼる　3 シュメールの都市　4 バビロンの空中庭園　5 アッシリアの王妃　6 過去の遺産を保護する　〔02517〕

グルバイ, サンドル

◇成年後見制度の新たなグランド・デザイン　法政大学大原社会問題研究所, 菅富美枝編著　法政大学出版局　2013.2　420p　22cm　（法政大学大原社会問題研究所叢書）〈索引あり〉5700円　①978-4-588-62524-4

内容 ハンガリーとチェコ共和国における民法改正の動向（サンドル・グルバイ著, 菅富美枝訳）　〔02518〕

クルマイヒ, ゲルト　Krumeich, Gerd

◇仏独共同通史第一次世界大戦　上（La Grande guerre）　ジャン＝ジャック・ベッケール, ゲルト・クルマイヒ〔著〕, 剣持久木, 西山暁義訳　岩波書店　2012.3　200, 20p　20cm　〈年表あり〉　3200円　①978-4-00-023796-3

内容 第1部 なぜ仏独戦争なのか？（世紀転換期におけるフランスとドイツの世論　一九一一年以降の仏独関係の悪化　一九一四年七月の危機）　第2部 国民間の戦争？（フランスの「神聖なる団結」とドイツの「城内平和」　戦争の試練に立つ政治体制　「神聖なる団結」と「城内平和」の変容　メンタリティーと「戦争文化」　士気とその動揺）　第3部 前代未聞の暴力を伴う戦争？（人間の動員　産業の動員）　〔02519〕

◇仏独共同通史第一次世界大戦　下（La Grande guerre）　ジャン＝ジャック・ベッケール, ゲルト・クルマイヒ〔著〕, 剣持久木, 西山暁義訳　岩波書店　2012.3　228, 31p　20cm　〈年表あり 索引あり〉3200円　①978-4-00-023797-0

内容 第3部 前代未聞の暴力を伴う戦争？（承前）（戦場の暴力　民間人に対する暴力）　第4部 なぜかくも長期戦になったのか？（神話となった短期戦　勢力均衡　講和の試み）　第5部 やぶれた均衡（ドイツ優位への均衡解消　勝利と講和　戦後）　〔02520〕

クルリ, クリスティナ　Koulouri, Christina

◇バルカンの歴史―バルカン近現代史の共通教材（TEACHING MODERN SOUTHEAST EUROPEAN HISTORY（原著第2版））　クリスティナ・クルリ総括責任, 柴宜弘監訳　明石書店　2013.4　547p　27cm　（世界の教科書シリーズ 37）〈企画：南東欧における民主主義と和解のためのセンター 訳：黛秋津ほか　年表あり〉　6800円　①978-4-7503-3808-8

内容 第1巻 オスマン帝国（南東欧におけるオスマン勢力の拡大　オスマン帝国の制度　宗教組織、宗教共同体そしてその実践 ほか）　第2巻 南東欧のネイションと国家（国民国家の創設―その目標と成果　国民国家の組織　民族のイデオロギー ほか）　第3巻 バルカン戦争（経済と社会　諸政策　戦争下の社会 ほか）　第4巻 第2次世界大戦（政治　戦時中の生活　戦争の恐怖 ほか）　〔02521〕

クルル, キャスリーン　Krull, Kathleen
◇なぜカツラは大きくなったのか?—髪型の歴史えほん (Big wig)　キャスリーン・クルル文, ピーター・マローン絵, 宮坂宏美訳　あすなろ書房　2012.4　46p　26cm　〈文献あり〉1600円　①978-4-7515-2692-7　〔02522〕

グルントヴィ, N.F.S.　Grundtvig, Nicolai Frederik Severin
◇社会文化形成　第3号　名古屋大学社会文化形成研究会編　〔名古屋〕　名古屋大学社会文化形成研究会　2011.3　147p　21cm　〈他言語標題：Formation of society and culture　文献あり　年表あり〉
内容 普遍史的哲学・学芸—『北欧神話記』第一序論 (N.F.S.グルントヴィ著, 小池直人訳)　〔02523〕
◇生の啓蒙　N.F.S.グルントヴィ著, 小池直人訳　名古屋　風媒社　2011.12　262p　19cm　(グルントヴィ哲学・教育・学芸論集 Grundtvigs Vidskabelige Skrifter 2)　〈索引あり　文献あり〉2500円　①978-4-8331-0960-4
内容 第1部 普遍史的哲学・学芸—『北欧神話記』への第一序論 (北欧の学問的召命　ローマの三重の軛—皇帝の軛、教皇の軛、古典の軛　人間的生の普遍史的考察の源泉としてのキリスト的直観 ほか)　第2部 国家的啓蒙 (来るべき啓蒙と学校制度　庶民学校　市民学校 ほか)　第3部 補録 (普遍的啓蒙　詩歌集)　〔02524〕

グレー, リチャード
◇NLPイノベーション—〈変革〉をおこす6つのモデル&アプリケーション (INNOVATIONS IN NLP FOR CHALLENGING TIMES)　L.マイケル・ホール, シェリー・ローズ・シャーベイ編, 足立桃子訳　春秋社　2013.3　324p　21cm　2800円　①978-4-393-36639-4
内容 ブルックリン・モデル—薬物依存へのアプローチ (リチャード・グレー著)　〔02525〕

グレアム, ベンジャミン　Graham, Benjamin
◇賢明なる投資家　ベンジャミン・グレアム〔著〕, 土光篤洋監修, 増沢和美, 新美美葉訳　〔録音資料〕　Pan Rolling　〔2011〕　録音ディスク13枚 (750分)：CD　(Audio book series—耳で聴く本オーディオブックCD)　〈他言語標題：The intelligent investor〉3990円　①978-4-7759-2125-8　〔02526〕
◇グレアムからの手紙—賢明なる投資家になるための教え (Benjamin Graham, Building a Profession)　ベンジャミン・グレアム著, ジェイソン・ツバイク, ロドニー・N.サリバン編, 和田真範訳, 長尾慎太郎監修　パンローリング　2013.7　430p　20cm　(ウィザードブックシリーズ 207)　3800円　①978-4-7759-7174-1
内容 第1部 証券分析の基礎を築く (一九四五年 証券アナリストは専門家と言えるか—肯定的な見方　一九四六年 証券分析における適正性について ほか)　第2部 証券分析を定義する (一九五二年 証券分析の科学的側面について　一九五七年 株式評価方法の二つの説例 ほか)　第3部 証券分析の領域を広げる (一九四七年 株主と経営陣の関係についての質問リスト　一九五四年 企業利益への二重課税を軽減する方法はあるのか ほか)　第4部 証券分析の未来を考える (一九六三年 証券分析の未来　一九七四年 株式の未来 ほか)　〔02527〕

グレイ, キャロル　Gray, Carol
◇いじめの罠にさようなら—クラスで取り組むワークブック 安全な学校をつくるための子ども間暴力防止プログラム (No Fishing Allowed)　キャロル・グレイ, ジュディ・ウィリアムズ著, 田中康雄監修, 小川真弓訳　明石書店　2013.12　119p　21cm　〈文献あり〉1500円　①978-4-7503-3937-5　〔02528〕

グレイ, コリン・S.　Gray, Colin S.
◇歴史と戦略の本質—歴史の英知に学ぶ軍事文化　上 (The past as prologue)　ウイリアムソン・マーレー, リチャード・ハート・シンレイチ編, 今村伸哉監訳, 小堤盾, 蔵原大訳　原書房　2011.2　290p　20cm　2400円　①978-4-562-04649-2
内容 クラウゼヴィッツと歴史、そして将来の戦略的世界 (コリン・S.グレイ著)　〔02529〕
◇戦略論—現代世界の軍事と戦争 (Strategy in the Contemporary World (原著第3版) (抄訳))　ジョン・ベイリス, ジェームズ・ウィルツ, コリン・グレイ編, 石津朋之監訳　勁草書房　2012.9　314p　21cm　〈文献あり 索引あり〉2800円　①978-4-326-30211-6
内容 序章 今日の世界における戦略—「9.11アメリカ同時多発テロ事件」以降の戦略　第1章 戦争の原因と平和の条件　第2章 近代戦争の展開　第3章 戦略理論　第4章 戦略文化　第5章 法律・政治・武力行使　第6章 地理と戦略　第7章 技術と戦争　第8章 インテリジェンスと戦略　〔02530〕

グレイ, ジョン (1948-)　Gray, John
◇ユートピア政治の終焉—グローバル・デモクラシーという神話 (Black mass)　ジョン・グレイ〔著〕, 松野弘監訳　岩波書店　2011.3　360, 5p　20cm　〈索引あり〉4000円　①978-4-00-025411-3
内容 第1章 ユートピアの死　第2章 啓蒙と二〇世紀のテロ　第3章 ユートピアの主流化　第4章 黙示録のアメリカ化　第5章 武装した伝道師たち　第6章 ポスト黙示録　〔02531〕

グレイ, ジョン (1951-)　Gray, John
◇ベスト・パートナーになるために—男は火星から、女は金星からやってきた (MEN ARE FROM MARS, WOMEN ARE FROM VENUS)　ジョン・グレイ著, 大島渚訳　新装版　三笠書房　2013.7　238p　19cm　1200円　①978-4-8379-5743-0
内容 1章 男と女は違う星からやってきた—男は"受容"を、女は"共感"を求めている　2章「男は単純で、女は複雑」は本当か—男は"調停屋"に、女は"教育委員長"になりたがる　3章 男は分析して満足する、女は話してすっきりする—言葉が愛を生む、憎しみを生む　4章 相手の気持ちを上手に"翻訳"してますか？—男と女がうまくいく"究極のルール"　5章 男の恋愛観、女の結婚観—この"小さな気づかい"が、彼を男らしい気分にする　6章 男に自信をつける"女のひと言、会話の仕方"—男の"やさしさ"を上手に引き出

すテクニック　7章“二人の愛”をさらに深める心理法則―男と女の“愛情のパラドックス”〔02532〕

グレイ, デイブ　Gray, Dave

◇ゲームストーミング―会議、チーム、プロジェクトを成功へと導く87のゲーム（Gamestorming）Dave Gray,Sunni Brown,James Macanufo著, 野村恭彦監訳, 武舎広幸, 武舎るみ訳　オライリー・ジャパン　2011.8　262, 8p　21cm　〈発売：オーム社〉2600円　①978-4-87311-505-4

内容 1章 ゲームとは何か？　2章 ゲームストーミングの10のポイント　3章 ゲームストーミングの主要スキル　4章 主要なゲーム　5章 開幕のためのゲーム　6章 探索のためのゲーム　7章 閉幕のためのゲーム　8章 ゲームストーミングの実践例　特別付録 フューチャーセンターでのゲームストーミング活用事例〔02533〕

◇コネクト―企業と顧客が相互接続された未来の働き方（The Connected Company）Dave Gray, Thomas Vander Wal著, 野村恭彦監訳, 牧野聡訳　オライリー・ジャパン　2013.7　294p　21cm　〈文献あり 索引あり　発売：オーム社〉2200円　①978-4-87311-619-8

内容 第1部 変化はなぜ起こったのか（つながり合う顧客　サービス経済 ほか）第2部 コネクト型企業とは（コネクト型企業は学ぶ　コネクト型企業には目標がある ほか）第3部 コネクト型企業の働き（複雑性との戦い　未来はポジュラー性にある ほか）第4部 コネクト型企業の指揮（実験結果の蓄積としての戦略　コネクト型企業のリーダーとは ほか）第5部 我々の進むべき道（つながりのリスク　コネクト化への旅の始まり）〔02534〕

グレイ, L.*　Gray, Len

◇インターライ方式ケアアセスメント―居宅・施設・高齢者住宅（InterRAI home care (HC) assessment form and user's manual, 9.1 〔etc.〕）John N.Morris〔ほか〕著, 池上直己監訳, 山田ゆかり, 石橋智昭訳　医学書院　2011.12　367p　30cm　3800円　①978-4-260-01503-5〔02535〕

グレイヴス, クリストファー　Graves, Christopher

◇日本の未来について話そう―日本再生への提言（Reimagining Japan）マッキンゼー・アンド・カンパニー責任編集, クレイ・チャンドラー, エアン・ショー, ブライアン・ソーズバーグ編著　小学館　2011.7　416p　19cm　1900円　①978-4-09-388189-0

内容 外から見た日本ブランド論（クリストファー・グレイヴス著）〔02536〕

グレイヴス, ジャヤ　Graves, Jaya

◇グローバル・ティーチャーの理論と実践―英国の大学とNGOによる教員養成と開発教育の試み（Developing the global teacher）ミリアム・スタイナー編, 岩崎裕保, 湯本浩之監訳　明石書店　2011.7　540p　20cm　（明石ライブラリー 146）〈文献あり 索引あり〉5500円　①978-4-7503-3381-6

内容「南」の声を聴く―教員養成に「南」の人間が参加するには（ジャヤ・グレイヴス著, 湯本浩之訳）〔02537〕

クレイグ, ゴードン・A.

◇新戦略の創始者―マキアヴェリからヒトラーまで 上（Makers of modern strategy）エドワード・ミード・アール編著, 山田積昭, 石塚栄, 伊藤博邦訳　原書房　2011.3　383p　20cm　〈1978年刊の新版〉2800円　①978-4-562-04674-4

内容 フランスの解説者―ジョミニ 他（ゴードン・A.クレイグ著, 山田積昭訳）〔02538〕

グレイザー, アミハイ

◇政治経済学の新潮流　小西秀樹編, 田中愛治監修　勁草書房　2012.3　343p　22cm　4800円　①978-4-326-30209-3

内容 政府におけるコミットメント問題（アミハイ・グレイザー著, 小西秀樹訳）〔02539〕

グレイザー, エドワード　Glaeser, Edward Ludwig

◇都市は人類最高の発明である（TRIUMPH of the CITY）エドワード・グレイザー著, 山形浩生訳　NTT出版　2012.9　484p　20cm　〈文献あり 索引あり〉3300円　①978-4-7571-4279-4〔02540〕

クレイズ, グレゴリー　Claeys, Gregory

◇ユートピアの歴史（SEARCHING FOR UTOPIA）グレゴリー・クレイズ著, 巽孝之監訳, 小畑拓也訳　東洋書林　2013.7　333p　22cm　〈文献あり 索引あり〉4500円　①978-4-88721-808-6

内容 ユートピアの探求　古典時代―神話、黄金時代、理想の政体　キリスト教的原型―天国と地獄、千年紀と「黙示録」　非ヨーロッパ圏の理想社会の構想―何処でもない、何処か　領域の定義―トマス・モアのユートピア　楽園との邂逅？―新世界とその先への発見の旅　デフォーとスウィフトの時代―諷刺と無人島　革命と啓蒙―アメリカ、フランス、そして世界の再構成　理想の諸都市―中世から近代へ　共同体としてのユートピア―シェイカー信徒からヒッピーまで　革命の第二時代―社会主義、共産主義、無政府主義　進歩の発明―ユートピアとしての合理主義、テクノロジー、近代　サイエンス・フィクションの登場―天上と彼方の新世界　様々なディストピア―諷刺と現実における全体主義とその後　ユートピア、サイエンス・フィクション、映画―最後のフロンティア　パラダイス・ロスト？〔02541〕

グレイデン, スティーブ　Gladen, Steve

◇健康なスモールグループが教会を育てる（Small Groups with Purpose）スティーブ・グレイデン著, PDJ編集部訳　パーパス・ドリブン・ジャパン　2013.1　284p　19cm　1800円　①978-4-902680-22-5

内容 第1部 健康なスモールグループとは何か（私の物語―ミニストリーについて教えられたこと　サドルバック教会のスモールグループ―10の基本原則 ほか）第2部 健康なスモールグループはどのように見えるのか（あなたのビジョンはぼやけていないか―成功の定義を明確にする　すべては共同体から始まる―健康なスモールグループの土台を築く ほか）第3部 健康なスモールグループをつくるために具体的に何をすべきか（霊的健康アセスメント―目的に導かれて生きる　健康なグループをつくるために―明確な道筋を示す ほか）第4部 スモールグループを教会全体の

働きにどう組み込むか（日曜学校とスモールグループ―スモールグループを教会の中にどう位置づけるかあらゆる機会を用いる―人々をスモールグループにつなげるには ほか） 第5部 私にもできますか？（だれかに教えてほしかったこと―経験を通して学んだ教訓）〔02542〕

グレイトハウス, ウィリアム・M.　Greathouse, William M.
◇主が聖であられるように―ホーリネスの本質を探る（Wholeness in Christ : Toward a Biblical Theology of Holiness）　ウィリアム・M.グレイトハウス著, 福江等訳　いのちのことば社　2011.8　333p　19cm　2400円　①978-4-264-02619-8
内容 旧約聖書におけるホーリネス　旧約聖書における完全　旧約聖書のホーリネス神学に向かって　御霊の時代　キリスト者の聖霊体験　ローマ人への手紙におけるパウロの聖化神学　聖化の教理に向かって　ヘブル人への手紙における聖化と完全性　山上の説教〔02543〕

クレイトモア, リチャード　Creightmore, Richard
◇風水―気と古代風景学の秘密（FENG SHUI）　リチャード・クレイトモア著, 山田美明訳　大阪　創元社　2013.7　61p　18cm　（アルケミスト双書）〈文献あり〉1200円　①978-4-422-21468-9
内容 風水の歴史　三才、幸運をもたらす5つの要素　気　山水　山竜　水竜　陰陽　四象　風景の中の四象　住居の向き〔ほか〕〔02544〕

クレイトン, ゲーリー・E.　Clayton, Gary E.
◇アメリカ経済がわかる「経済指標」の読み方（A guide to everyday economic statistics（7th ed.））　ゲーリー・E.クレイトン, マーティン・ゲルハルト・ギーゼブレヒト, フェン・グオ著, 山田郁夫訳, 永浜利広解説　原著第7版　マグロウヒル・エデュケーション　2011.11　189p　21cm　〈索引あり　発売：日本経済新聞出版社〉1800円　①978-4-532-60516-2
内容 第1章 本書で取り上げた統計の選び方　第2章 総生産と所得　第3章 生産と成長　第4章 投資と資本支出　第5章 雇用と失業　第6章 支出、利益、そして期待　第7章 物価、通貨、そして金利　第8章 株価と国際取引〔02545〕

クレイトン, マックス　Clayton, Max
◇いのちのサイコドラマ―マックス・クレイトンによるトレーニング・ワークショップの実録（The Living Spirit of the Psychodramatic Method）　マックス・クレイトン, フィリップ・カーター〔著〕, 松本功訳　高崎　群馬病院出版会　2013.3　529p　22cm　（ぐんま精神医学セレクション 3）〈索引あり　発売：弘文堂〉7800円　①978-4-335-65156-4
内容 1日目 蝶の飛翔（夜明け：サイコドラマ・セッションのオープニング　話がいよいよ面白くなる　方法へのオリエンテーション ほか） 2日目 あなたも星と同じように宇宙の子どもだ（生きた技法　人間的な学び方　全ては準備次第 ほか） 3日目 実を結ぶ（第5セッション　瞬間瞬間を生きる　魅力的なグループ：あなたはその一員に本当になりたいと思う ほか）〔02546〕

◇ロールトレーニング・マニュアル―のびやかに生きる（Enhancing Life & Relationships）　マックス・クレイトン著, 中込ひろみ, 松本功訳　二瓶社　2013.11　165p　19cm　〈索引あり〉2000円　①978-4-86108-063-0〔02547〕

クレイマー, P.*　Kramer, Pamela A.
◇教師というキャリア―成長続ける教師の六局面から考える（Life cycle of the career teacher）　Betty E.Steffy,Michael P.Wolfe,Suzanne H. Pasch,Billie J.Enz編著, 三村隆男訳　雇用問題研究会　2013.3　190p　21cm　〈文献あり〉2000円　①978-4-87563-261-0
内容 第四局面にある教師：the Expert Teacher（Jone S.Bray, Pamela A.Kramer, Denise LePage）〔02548〕

グレイリング, A.C.
◇世界一素朴な質問、宇宙一美しい答え―世界の第一人者100人が100の質問に答える（BIG QUESTIONS FROM LITTLE PEOPLE）　ジェンマ・エルウィン・ハリス編, 西田美緒子訳, タイマタカシ絵　河出書房新社　2013.11　298p　22cm　2500円　①978-4-309-25292-6
内容 「よい」は、どこから生まれるの？（A.C.グレイリング）〔02549〕

クレイン, グレッグ　Crane, Greg
◇人文学と電子編集―デジタル・アーカイヴの理論と実践（ELECTRONIC TEXTUAL EDITING）　ルー・バーナード, キャサリン・オブライエン・オキーフ, ジョン・アンスワース編, 明星聖子, 神崎正英監訳　慶応義塾大学出版会　2011.9　503p　21cm　4800円　①978-4-7664-1774-6
内容 文書管理とファイル命名（グレッグ・クレイン）〔02550〕

クレイン, ニック　Crane, Nicholas
◇世界をぼうけん！ 地図の絵本（WORLD ATLAS）　ニック・クレイン文章, デビッド・ディーンイラスト, 柏木しょうこ訳　実業之日本社　2013.4　47p　31cm　〈翻訳協力：たなべりえほか　文献あり 索引あり〉1800円　①978-4-408-41168-2
内容 ぼくらの地球がうまれたキセキ　世界はどんなカタチ？　世界の海と大陸　世界の海、太平洋　大西洋　インド洋　北極海　南極大陸と南極海　オセアニア　東南アジア　東アジア　北アジアと中央アジア　南アジア　南西アジア　ヨーロッパ　北アフリカ　アフリカ南部　メキシコ、中央アメリカとカリブ諸島　南アメリカ　ことばのリストと参考にした本　国や地域のリスト〔02551〕

グレインジャー, E.*　Grainger, Eve
◇子どもの心理療法と調査・研究―プロセス・結果・臨床的有効性の探求（Child psychotherapy and research）　ニック・ミッジリー, ジャン・アンダーソン, イブ・グレンジャー, ターニャ・ネシッジ・ブコビッチ, キャシー・アーウィン編著, 鵜飼奈津子監訳　大阪　創元社　2012.2　287p　22cm　〈索引あり　文献あり〉5200円　①978-

4-422-11524-5
内容 公的保護下にある子どもとの精神分析的心理療法の評価(Mary Boston,Dora Lush,Eve Grainger著, 金沢晃訳)〔02552〕

グレーヴ, コンスタンス
◇法・制度・権利の今日的変容　植野妙実子編著　八王子　中央大学出版部　2013.3　480p　22cm（日本比較法研究所研究叢書 87）　5900円　①978-4-8057-0586-5
内容 基本権の移動と移入(コンスタンス・グレーヴ述, 稲木徹訳)〔02553〕

クレオン, オースティン　Kleon, Austin
◇クリエイティブの授業―"君がつくるべきもの"をつくれるようになるために（STEAL LIKE AN ARTIST）　オースティン・クレオン著, 千葉敏生訳　実務教育出版　2012.9　164p　15×15cm　1300円　①978-4-7889-0805-5
内容 1 アーティストのように盗め！　2 自分探しは後回し　3 自分の読みたい本を書こう　4 手を使おう　5 本業以外も大切に　6 いいものつくって、みんなと共有　7 場所にこだわらない　8 他人には親切に―世界は小さな町だ　9 平凡に生きよう―仕事がはかどる唯一の道だ　10 創造力は引き算だ〔02554〕

グレガーセン, ハル　Gregersen, Hal B.
◇イノベーションのDNA―破壊的イノベータの5つのスキル（The innovator's DNA）　クレイトン・クリステンセン, ジェフリー・ダイアー, ハル・グレガーセン著, 桜井祐子訳　翔泳社　2012.1　323p　20cm　(Harvard business school press)　〈索引あり〉2000円　①978-4-7981-2471-1
内容 第1部 破壊的イノベーションはあなたから始まる(破壊的イノベータのDNA　発見力その1―関連づける力　発見力その2―質問力　発見力その3―観察力　発見力その4―ネットワーク力　発見力その5―実験力)　第2部 破壊的組織/チームのDNA(世界で最もイノベーティブな企業のDNA　イノベータDNAを実践する―人材　イノベータDNAを実践する―プロセス　イノベータDNAを実践する―哲学)　結論 行動を変え、思考を変え、世界を変えよ〔02555〕

クレーゲル, J.A.　Kregel, Jan Allen
◇金融危機の理論と現実―ミンスキー・クライシスの解明（The World Financial Crisis）　J.A.クレーゲル著, 横川信治編・監訳, 鍋島直樹, 石倉雅男, 横川太郎訳　日本経済評論社　2013.12　218p　22cm　（ポスト・ケインジアン叢書 37）〈索引あり〉3400円　①978-4-8188-2299-3
内容 序章 横川信治 訳. 金融脆弱性の生成における安全性のゆとり幅と推論の重み 鍋島直樹 訳. 本当に「それ」はまた起こった 石倉雅男 訳. 金融派生商品〈デリバティブ〉とグローバル資本フロー 横川太郎 訳. われわれは安定的な国際金融環境を創出することができるか 鍋島直樹 訳. 資本移動と国際不均衡 石倉雅男 訳. アメリカのサブプライム・モーゲージ市場の分析 横川太郎 訳. なぜ緊急援助は機能しないのか 横川太郎 訳. サブプライム危機は金融規制改革のためのミンスキー・モーメントか 鍋島直樹 訳〔02556〕

グレコ, ローリー・A.　Greco, Laurie A.
◇子どもと青少年のためのマインドフルネス&アクセプタンス―新世代の認知/行動療法実践ガイド（Acceptance & Mindfulness Treatments for Children and Adolescents）　ローリー・A.グレコ, スティーブン・C.ヘイズ編著, 武藤崇監修, 伊藤義徳, 石川信一, 三田村仰監訳, 小川真弓訳　明石書店　2013.7　405p　21cm　〈索引あり〉3600円　①978-4-7503-3856-9
内容 1 アセスメントと治療に関わる全般的な課題(子どものためのアクセプタンスとマインドフルネス―そのときは今　子どもと青少年のための第3世代の行動療法―進展・課題・展望　子どものアクセプタンスとマインドフルネスのプロセスに関するアセスメント)　2 特定の集団への適用(マインドフルネスによる不安の治療―子どものためのマインドフルネス認知療法　小児慢性疼痛のためのアクセプタンス&コミットメント・セラピー　ボーダーラインの特徴のある青少年のための弁証法的行動療法　学齢期の子どものためのマインドフルネス・ストレス低減プログラム　子どもの外在化障害のためのアクセプタンス&コミットメント・セラピー　青少年のアクセプタンスとボディイメージ、健康)　3 アクセプタンスとマインドフルネスをより大きな社会的文脈へ組み込む(マインドフル・ペアレンティング―帰納的な探索過程　小児プライマリーケアにアクセプタンス&コミットメント・セラピーを組み込む　学校でのアクセプタンス推進に行動コンサルタントが果たす役割)〔02557〕

グレゴリー, ジョシー
◇生涯学習支援の理論と実践―「教えること」の現在（The theory and practice of teaching (2nd ed.)）　ピーター・ジャーヴィス編著, 渡辺洋子, 吉田正純監訳　明石書店　2011.2　420p　20cm（明石ライブラリー 144）〈文献あり 索引あり〉4800円　①978-4-7503-3339-7
内容 ファシリテーションとファシリテーターのスタイル他(ジョシー・グレゴリー著, 佐伯知子訳)〔02558〕

グレゴリー, モーナ・E.　Gregory, Morna E.
◇世界の変なトイレ（Toilets of the World）　モーナ・E.グレゴリー, シアン・ジェームズ〔著〕,〔清宮真理〕〔訳〕　エクスナレッジ　2013.2　256p　17cm　〈文献あり〉1600円　①978-4-7678-1511-4
内容 トイレの歴史　北アメリカのトイレ　中央・南アメリカのトイレ　ヨーロッパのトイレ　アフリカのトイレ　オセアニアのトイレ　アジアのトイレ　もっと詳しく知るために〔02559〕

グレゴリオス(ナジアンゾスの)
◇アジアの顔のキリスト　ホアン・カトレット編, 高橋敦子訳　名古屋　新世社　2010.10　175, 32p　16cm　〈文献あり〉1200円　①978-4-88382-100-6
内容 星とともに来なさい(ナジアンツのグレゴリオ)〔02560〕

◇古代教会の説教　小高毅編　教文館　2012.1　347p　21cm　（シリーズ・世界の説教）　3400円　①978-4-7642-7335-1
内容 逃亡の弁明(第二説教)(グレゴリオス(ナジアンゾスの))〔02561〕

グレゴリオス（ニュッサの）

◇古代教会の説教　小高毅編　教文館　2012.1　347p　21cm　（シリーズ・世界の説教）　3400円　①978-4-7642-7335-1

内容 真福八端講話（第六説教）（グレゴリオス（ニュッサの））〔02562〕

グレシャト, マルティン　Greschat, Martin

◇宗教改革者の群像　〔マルティン・グレシャト〕〔編〕, 日本ルター学会編訳　知泉書館　2011.11　449, 18p　22cm　〈索引あり　文献あり〉8000円　①978-4-86285-119-2

内容 マルティン・ブツァー（マルティン・グレシャート著, 立山忠浩訳）〔02563〕

クレース, ハンス＝ペーター

◇家族のための総合政策　3　家族と職業の両立　本沢巳代子, ウタ・マイヤー＝グレーヴェ編　信山社　2013.10　250p　22cm　（総合叢書 14―〔家族法〕）　7500円　①978-4-7972-5464-8

内容 連邦政府第8家族報告書のコンセプトと展望（ハンス＝ペーター・クレース著, 辻朋季訳）〔02564〕

グレス, マイケル　Gress, Michael A.

◇赤軍ゲリラ・マニュアル（THE RED ARMY'S DO-IT-YOURSELF, NAZI-BASHING GUERRILLA WARFARE MANUAL）　レスター・グラウ, マイケル・グレス編, 黒塚江美訳　原書房　2012.6　245p　20cm　1900円　①978-4-562-04843-4

内容 パルチザンの基本戦術　ファシストの対パルチザン戦法　爆発物と破壊工作　戦闘用武器　リヴォルヴァーとピストル　敵の武器を使う　偵察　カムフラージュ　敵の軍用機との戦い方　化学兵器に対する防護　白兵戦　応急手当て　行軍と野営　食料の保存法　雪中生活〔02565〕

クレスピ, フランコ

◇弱い思考（Il pensiero debole）　ジャンニ・ヴァッティモ, ピエル・アルド・ロヴァッティ編, 上村忠男, 山田忠彰, 金山準, 土肥秀行訳　法政大学出版局　2012.8　374p　20cm　（叢書・ウニベルシタス 977）　〈文献あり〉　4000円　①978-4-588-00977-8

内容 社会の基盤および計画の欠如（フランコ・クレスピ著, 土肥秀行訳）〔02566〕

グレッグ, スーザン　Gregg, Susan

◇聖人・神々・天使図鑑（The Encyclopedia of Angels）　スーザン・グレッグ著, 日和士枚美訳　ガイアブックス　2013.7　314p　24cm　〈「天使のすべて」（2009年刊）の改題　索引あり〉2300円　①978-4-88282-887-7

内容 1 大天使と天使（大天使（大天使ミカエル　大天使アズラエル ほか）　天使（スリエル　ミニエル ほか））　2 聖人（聖アンデレ　聖ニコラウス ほか）　3 アセンディッド・マスター、精霊など（エノク　モーセ ほか）　4 男神、女神（モリアン（モリガン）　イツァムナ ほか）〔02567〕

クレッグ, ブライアン　Clegg, Brian

◇超能力の科学―念力、予知、テレパシーの真実（EXTRA SENSORY）　ブライアン・クレッグ著, 和田美樹訳　エクスナレッジ　2013.7　285p　19cm　1800円　①978-4-7678-1621-0

内容 第1章 パワーを科学する―スーパーヒーローと物理学　第2章 超心理学―ヒツジとヤギを分ける　第3章 私の声が聞こえるか　第4章 動いた！　第5章 未来予知　第6章 遠隔透視　第7章 ラインの実験室にて　第8章 超能力の軍事利用　第9章 PEARの地道な実験　第10章 スプーンを曲げる　第11章 そこに何があるのか〔02568〕

グレットン, G.*　Gretton, George L.

◇基礎法理からの信託分析　トラスト60　2013.3　167p　26cm　（トラスト60研究叢書）　非売品

内容 擬制信託と倒産（Constructive trusts and insolvency）（George L.Gretton著, 渡辺宏之訳）〔02569〕

クレッパー, セバスチャン

◇法発展における法ドグマーティクの意義―日独シンポジウム　松本博之, 野田昌吾, 守矢健一編　信山社　2011.2　367p　22cm　（総合叢書 8（ドイツ法））〈会期・会場 ： 2009年2月18日～21日 フライブルグ大学法学部〉 12000円　①978-4-7972-5458-7

内容 労働法における学問と実務への法解釈学の影響（セバスチャン・クレッパー著, 根本到訳）〔02570〕

クレップナー, J.*　Kreppner, Jana

◇イギリス・ルーマニア養子研究から社会的養護への示唆―施設から養子縁組された子どもに関する質問（Policy and Practice Implications from the English and Romanian Adoptees （ERA）Study）　マイケル・ラター他著, 上鹿渡和宏訳　福村出版　2012.12　77p　22cm　〈文献あり〉2000円　①978-4-571-42048-1

内容 イギリス・ルーマニアの養子に関する研究（ERA研究）　施設ケアを離れた子どもへの影響に関する8つの質問　施設でのデプリベーションが及ぼす全体への影響に関する4つの質問　施設でのデプリベーションに特異的な心理的傾向に関する13の質問　副次的な問題に関する3つの質問　身体的発達に関する2つの質問　心理的機能の一般的なバリエーションに関する3つの質問　養子縁組家庭に関する3つの質問　介入に関する5つの質問　他の国から養子縁組された子どもたちに見られた結果に関する4つの質問〔02571〕

グレニー, ジョセフ　Grenny, Joseph

◇ダイアローグスマート―肝心なときに本音で話し合える対話の技術（Crucial conversations）　ケリー・パターソン, ジョセフ・グレニー, ロン・マクミラン, アル・スウィツラー著, 本多佳苗, 千田彰訳　幻冬舎ルネッサンス　2010.9　379p　19cm　〈文献あり〉1600円　①978-4-7790-0622-7〔02572〕

◇自分を見違えるほど変える技術―仕事・お金・依存症・ダイエット・人間関係 ： チェンジ・エニシング（CHANGE ANYTHING）　ケリー・パターソン, ジョセフ・グレニー, デヴィッド・マクスフィールド, ロン・マクミラン, アル・スウィツラー著, 本多佳苗, 千田彰訳　阪急コミュニケーションズ　2012.12　285, 8p　19cm　〈文献あ

り〉1600円 ①978-4-484-12123-9
内容 第1部 行動変化の科学的アプローチ(意志の力の呪縛から自由になる 科学者として、自分を観察する) 第2部 影響力の六つの発生源(嫌いなことを好きになる できないことをする 共犯者を友人に変える 損得を逆転させる 自分の空間をコントロールする) 第3部 あらゆるものを変化させる(キャリア―仕事上の伸び悩み ダイエット―減量して健康な体になる‐そして維持する 健全な家計―借金返済と借金に依存しない生活 依存症―自分を取り戻す 人間関係 : 自分変化を通して、自分たちを変化させる 変化を起こす)〔02573〕

ク

グレニンガー, リチャード Greninger, Richard
◇願いを叶える7つの呪文―"言葉"を使った引き寄せレボリューション(Tapping the source) ウィリアム・グラッドストーン, リチャード・グレニンガー, ジョン・セルビー著, 菅靖彦訳 ソフトバンククリエイティブ 2011.3 311p 20cm 1600円 ①978-4-7973-6190-2
内容 1 呪文を唱える前に(チャールズ・ハアネルとは? 著者のリチャード、ウィリアム、ジョンについて ほか) 2 潜在能力を活性化する7つの呪文(ハアネルのビジョンをよみがえらせる 創造的な宇宙精神 ほか) 3 本当の満足を実現するヒント(与えることの秘密 尽きることのない豊かさを受け取る ほか) 4 ハアネルの「引き寄せの法則」の本質(ベスト『ザ・マスター・キー』)〔02574〕

グレネヴェーゲン, ピーター
◇創設期の厚生経済学と福祉国家 西沢保, 小峯敦編著 京都 ミネルヴァ書房 2013.8 372p 22cm 〈索引あり〉8000円 ①978-4-623-06335-2
内容 マーシャルにおける厚生経済学と福祉国家(ピーター・グレネヴェーゲン著, 藤井賢治訳)〔02575〕

クレパス
◇ココ・シャネル オヨンシク文, クレパス絵, 猪川なと訳 岩崎書店 2013.11 155p 23cm (オールカラーまんがで読む知っておくべき世界の偉人 2) 〈年譜あり〉1600円 ①978-4-265-07672-7〔02576〕

クレフェルト, マーチン・ファン Creveld, Martin van
◇戦争の変遷(The transformation of war) マーチン・ファン・クレフェルト著, 石津朋之監訳 原書房 2011.9 417p 20cm 〈文献あり〉2800円 ①978-4-562-04730-7
内容 第1章 現代の戦争 第2章 誰が戦うのか 第3章 戦争とはどういうものなのか 第4章 どのようにして戦うのか 第5章 何のために戦うのか 第6章 なぜ戦うのか 第7章 戦争の将来 結び 来たるべきものの姿〔02577〕

クレープス, ゲルハルト
◇日独交流150年の軌跡 日独交流史編集委員会編 雄松堂書店 2013.10 345p 29cm 〈布装〉3800円 ①978-4-8419-0655-4
内容 日本の俘虜収容所における青島の守備兵たち(ゲルハルト・クレープス著, 宮田奈々訳)〔02578〕

クレーム, ベンジャミン Creme, Benjamin
◇多様性の中の和合―新しい時代の政治形態 ベンジャミン・クレーム著, 石川道子訳 岐阜 シェア・ジャパン出版 2012.5 270p 19cm 〈著作目録あり〉1500円 ①978-4-916108-19-7〔02579〕

クレメンス〈擬〉
◇古代教会の説教 小高毅編 教文館 2012.1 347p 21cm (シリーズ・世界の説教) 3400円 ①978-4-7642-7335-1
内容 コリントのキリスト者へ(2)(擬クレメンス)〔02580〕

クレメンティ, ジャン・ルカ Clementi, Gian Luca
◇金融規制のグランドデザイン―次の「危機」の前に学ぶべきこと(Restoring financial stability) ヴィラル・V.アチャリア, マシュー・リチャードソン編著, 大村敬一監訳, 池田竜哉, 増原剛輝, 山崎洋一, 安藤祐介訳 中央経済社 2011.3 488p 22cm 〈文献あり〉5800円 ①978-4-502-68200-1
内容 金融機関の報酬制度の再考(ジャン・ルカ・クレメンティ, トーマス・F.クーリー, マシュー・リチャードソン, インゴ・ウォルター)〔02581〕

クレメント, M.* Clement, Mary C.
◇教師というキャリア―成長続ける教師の六局面から考える(Life cycle of the career teacher) Betty E.Steffy,Michael P.Wolfe,Suzanne H. Pasch,Billie J.Enz編著, 三村隆男訳 雇用問題研究会 2013.3 190p 21cm 〈文献あり〉2000円 ①978-4-87563-261-0
内容 第二局面にある教師 : the Apprentice Teacher (Mary C.Clement, Billie J.Enz, George E.Pawlas)〔02582〕

グレンジャー, イブ Grainger, Eve
◇子どもの心理療法と調査・研究―プロセス・結果・臨床的有効性の探求(Child psychotherapy and research) ニック・ミッジリー, ジャン・アンダーソン, イブ・グレンジャー, ターニャ・ネシッジ・ブコビッチ, キャシー・アーウィン編著, 鵜飼奈津子監訳 大阪 創元社 2012.2 287p 22cm 〈索引あり 文献あり〉5200円 ①978-4-422-11524-5
内容 1 子どもの心理療法における調査・研究とは?(子どもの心理療法の調査・研究 : その進歩、問題点、そして可能性は? 子どもの心理療法士は何を知っているのだろうか?) 2 子どもの心理療法のプロセス研究(子どもの心理療法におけるプロセスの筋道づけ : 精神分析的事例研究を評価するための新しい方法の策定に向けた諸段階 心理療法プロセスについての新しい見方と話し方の発見 : 子どもの心理療法Qセット ほか) 3 子どもの心理療法の結果とその臨床的有効性の評価(公的保護下にある子どもとの精神分析的心理療法の評価 子どものうつ : 予後の調査・研究プロジェクト ほか) 4 多職種協働による調査・研究(自閉症の子どもの対人関係 : 臨床的複雑さvs.科学的単純さ? リスクを伴う危険な行動の神話的重要性 ほか)〔02583〕

グレンジャー, ラッセル・H.　Granger, Russell H.
◇「Yes！」を引き出す7つのトリガー──説得の科学（The 7 triggers to yes）　ラッセル・H.グレンジャー著　大阪　ダイレクト出版　2010.12　261p　22cm　3800円　①978-4-904884-05-8　〔*02584*〕

グレンディ, クレイグ　Glenday, Craig
◇ギネス世界記録　2012（Guinness world records (2012)）　クレイグ・グレンディ編　角川マガジンズ　2011.11　303p　28cm　〈2011の出版者：角川マーケティング　索引あり　発売：角川グループパブリッシング〉2952円　①978-4-04-895439-6
内容 宇宙　地球という惑星　多様な生命　今昔物語　人の体　技能と才能　冒険心　社会　科学と技術　大衆文化　スポーツ　〔*02585*〕
◇ギネス世界記録　2013（GUINNESS WORLD RECORDS）　クレイグ・グレンディ編　角川マガジンズ　2012.11　303p　28cm　〈索引あり　発売：角川グループパブリッシング〉2952円　①978-4-04-895467-9
内容 宇宙　緑の地球　動物　人間　人間の偉業　冒険　世界旅行　社会　工学　科学　エンタテインメント　スポーツ　〔*02586*〕
◇ギネス世界記録　2014（GUINNESS WORLD RECORDS）　クレイグ・グレンディ編, 上岡風美翻訳監修　角川マガジンズ　2013.9　18, 272p　28cm　〈索引あり　発売：KADOKAWA〉　2952円　①978-4-04-731884-7
内容 ダイナミックな地球　究極の動物たち　人間の体　先駆者たち　サーカス　驚きの偉業　社会　アーバンライフ　エンジニアリング　科学とテクノロジー　エンタテインメント　スポーツ　GWRデー　マメ知識　〔*02587*〕

クロー, ベン　Crow, Ben
◇格差の世界地図（The Atlas of GLOBAL INEQUALITIES）　Ben Crow,Suresh K.Lodha〔著〕, 岸上伸啓訳　丸善出版　2012.5　128p　25cm　〈文献あり 索引あり〉2000円　①978-4-621-08547-9
内容 1 経済格差　2 権力格差　3社会的格差　4 アクセスの格差　5 健康格差　6 教育上の格差　7 環境の格差　8 平等に向かって　9 データ、定義、資料　〔*02588*〕

クロイ, アニタ　Croy, Anita
◇グアテマラ（Guatemala）　アニタ・クロイ著, マシュー・テイラー, エドウィン・J.カステジャノス監修　ほるぷ出版　2011.11　64p　25cm（ナショナルジオグラフィック世界の国）〈日本語版校閲・ミニ情報：岩淵孝　年表あり　索引あり〉2000円　①978-4-593-58574-8
内容 地理―火と水　自然―秘められた輝き　歴史―埋没、そして発見　人と文化―歴史とともに生きる　政治と経済―富める者と貧しい者　〔*02589*〕
◇スペイン（Spain）　アニタ・クロイ著, ホセ・マヌエル・レイエス, ラクエル・メディナ監修　ほるぷ出版　2011.12　64p　25cm（ナショナルジオグラフィック世界の国）〈日本語版校閲・ミニ情報：岩淵孝　年表あり　索引あり〉2000円　①978-4-593-58575-5
内容 地理―ふたつの海のあいだで　自然―めずらしい動植物　歴史―歴史の光と影　人と文化―前へむかって　政治と経済―発展の時代　〔*02590*〕

クロイ, エルデン　Croy, Elden
◇アメリカ（United States）　エルデン・クロイ著, ジョン・フレーザー・ハート, キャサリン・グディス監修　ほるぷ出版　2011.10　64p　25cm（ナショナルジオグラフィック世界の国）〈日本語版校閲・ミニ情報：岩淵孝　年表あり 索引あり〉2000円　①978-4-593-58573-1
内容 地理―驚きにみちた自然（気候　基本データ　平均気温と降水量　地勢図）　自然―たいせつな自然（自然保護　絶滅危惧種　植生および生態系地図）　歴史―自由の天地（最初のアメリカ人　年表　歴史地図）　人と文化―移民の国（都市と農村　よくつかわれる言葉　人口地図）　政治と経済―幸福の追求（ひとつの国、50の州　貿易相手国　行政地図）　〔*02591*〕

クロイヤー, ラース　Kroijer, Lars
◇マネー・マーヴェリック―あるヘッジファンド・マネジャーの告白（MONEY MAVERICKS（原著第2版））　ラース・クロイヤー著, 斉藤裕一訳　ピアソン桐原　2012.12　333p　19cm　〈索引あり〉2200円　①978-4-86401-102-0
内容 1 ホルテ・キャピタル設立にいたるまで（ヘッジファンドとの出合い　新しい世界へ　ヘッジファンドの立ち上げ　投資家を求めて旅へ　設立までの悪戦苦闘）　2 一流を目指して（ちっぽけなファンド　突破口　事業拡大、ゴッドファーザーとの対面　Hとかどの存在に　会社らしい姿に　物言う株主　ヘッジファンド・マネジャーの一日）　3 最前線で（経歴調査　流血の街　強み　大成功？　仲間とライバル　手数料にものを言わせて　存在価値への疑問）　4 転落（暗い気分　最悪の一日　不運　家路　ホルテ・キャピタルを振り返って）　最後に ヘッジファンドを越えて―アマチュアのためのポートフォリオ・ガイド　〔*02592*〕

クローヴェ, ヘリヤ・アントラ
◇フィンランドの高等教育ESDへの挑戦―持続可能な社会のために（Towards sustainable development in higher education-reflections）　フィンランド教育省, タイナ・カイヴォラ, リーサ・ローヴェーデル編著, 斎藤博次, 開竜美監訳, 岩手大学ESDプロジェクトチーム訳　明石書店　2011.4　201p　21cm　〈文献あり〉2500円　①978-4-7503-3377-9
内容 希望のもてる提言により高等教育をエンパワーする（ヘリヤ・アントラ・クローヴェ, ヨハンナ・コール著, 岡田仁訳）　〔*02593*〕

クロウェル, ビバリー　Crowell, Beverly
◇リーダーシップ・マスター―世界最高峰のコーチ陣による31の教え（Coaching for Leadership）　マーシャル・ゴールドスミス, ローレンス・S.ライアンズ, サラ・マッカーサー編著, 久野正人監訳, 中村安子, 夏井幸子訳　英治出版　2013.7　493p　21cm　2800円　①978-4-86276-164-4
内容 目的に根ざした意欲を引き出す（ビバリー・ケイ, ビバリー・クロウェル）　〔*02594*〕

グローヴス, R.* Groves, Robert M.

◇調査法ハンドブック（Survey methodology） Robert M.Groves〔ほか著〕, 大隅昇監訳 朝倉書店 2011.6 504p 21cm 〈文献あり 索引あり〉 12000円 ①978-4-254-12184-1 〔02595〕

クロウリー, アレイスター Crowley, Aleister

◇777の書（777（増補改訂版）） アレイスター・クロウリー著, 江口之隆訳 新装版 国書刊行会 2013.12 278p 22cm 〈初版のタイトル：アレイスター・クロウリー著作集 5 文献あり〉 3800円 ①978-4-336-05781-5 〔02596〕

クロウリー, サラ・A.

◇子どもの社会的ひきこもりとシャイネスの発達心理学（THE DEVELOPMENT OF SHYNESS AND SOCIAL WITHDRAWAL） ケネス・H.ルビン, ロバート・J.コプラン編, 小野善郎訳 明石書店 2013.8 363p 22cm 5800円 ①978-4-7503-3873-6

内容 子どもの社会不安の治療（マシュー・P.マイカリジン, ジェレミー・S.コーエン, ジュリー・M.エドマンズ, サラ・A.クロウリー, フィリップ・C.ケンダル著） 〔02597〕

グローガン, ジェフ Grogan, Jeff

◇グリーン・バリュー経営への大転換（Green Business, Green Values, and Sustainability（抄訳）） クリストス・ピテリス, ジャック・キーナン, ヴィッキー・プライス編著, 谷口和弘訳 NTT出版 2013.7 285p 20cm 〈索引あり〉 2800円 ①978-4-7571-2292-5

内容 持続可能な経済特区—行動のきっかけ（リチャード・ブロイド, ジェフ・グローガン, アレクサンドラ・マンデルボウム, アレハンドロ・ギテレーツ, デブラ・ラム） 〔02598〕

クロゲラス, ミカエル Krogerus, Mikael

◇仕事も人生も整理整頓して考えるビジュアル3分間シンキング（50 ERFOLGSMODELLE） ミカエル・クロゲラス, ローマン・チャペラー, フィリップ・アーンハート著, 月沢李歌子訳 講談社 2012.12 157p 18cm 〈他言語標題：THE DECISION BOOK 文献あり〉 1200円 ①978-4-06-217113-7

内容 自分をレベルアップする（効率よく仕事をするために 正しい目的・目標を設定する ほか） 自分をもっと知る（幸せを感じるのはどんなとき？ 人からどんなふうに見られたい？ ほか） 世の中の仕組みをさらに理解する（大事故はなぜ起こるのか 人間はなにを必要とし、なにを求めるのか ほか） 周囲の人々を育てる（チーム意識を育てるには チームの強みと弱みを明確にする ほか） 今度はあなたの番です（自分でモデルを作ってみよう） 〔02599〕

クローサー, キーシャ Crowther, Kiesha

◇迫り来る地球大変容で《レインボー・トライブ/虹の民》に生まれ変わるあなたへ—叡智の伝承者《ウィズダム・キーパー》が伝えるマザーアース超深層メッセージ（MESSAGE FOR THE TRIBE OF MANY COLORS） キーシャ・クローサー著, サアラ訳 ヒカルランド 2013.5 374p 19cm 1600円 ①978-4-86471-118-0

内容 第1部 癒しの旅—人間はつらいときほど霊的な祝福や深い啓示を受けやすくなる（遠く離れた動物の存在や、彼らが何を感じ、何を言いたいのかもわかります ネイティブアメリカンが「無血の谷」と呼ぶ聖地サンルイス・バレーは、UFOが現れ、超常現象で有名な地域 暗くて深い井戸の底に落ち、助けを求めて祈り始めた ほか） 第2部 アトランティス時代にプログラミングされた水晶が、地球と人類の次元上昇のために目を覚まし始めている！（先住民族の長老、精神的指導者、シャーマン、叡智の伝承者（ウィズダム・キーパー）が集結した国際集会「先祖たちの帰還」 人間は愛を深めれば深めるほど知的な存在になる—これが宇宙の法則です あなたは“偉大なる自己存在”です ほか） 第3部 叡智の伝承者（ウィズダム・キーパー）が見た未来のヴィジョン—極移動と次元推移で何が起きるのか（マザー・スピリットの魂は、動植物から人間まですべての存在の中に流れている 「惑星X」「ニビル」星は年何も太陽の光を浴びられないうえ、人口爆発と資源の枯渇に悩まされている！ マザー・スピリットから託された古代の真理と叡智を解き明かす ほか） 〔02600〕

グローシェル, クレイグ Groeschel, Craig

◇キリストを信じる無神論者（The Christian atheist） クレイグ・グローシェル著, 田頭美貴訳, 宮本安喜監修 立川 福音社 2012.11 301p 19cm 1800円 ①978-4-89222-429-4 〔02601〕

クロージャー, W.レイ

◇子どもの社会的ひきこもりとシャイネスの発達心理学（THE DEVELOPMENT OF SHYNESS AND SOCIAL WITHDRAWAL） ケネス・H.ルビン, ロバート・J.コプラン編, 小野善郎訳 明石書店 2013.8 363p 22cm 5800円 ①978-4-7503-3873-6

内容 シャイネスと困惑および自意識感情の発達（W.レイ・クロージャー著） 〔02602〕

クロス, ダフニ Cross, Daphne

◇ネガティブな気持ちが消える方法—青い光のクレンジング・メソッド ダフニ・クロス著,〔三浦英樹〕〔訳〕 サンマーク出版 2012.4 191p 20cm 1500円 ①978-4-7631-3125-6

内容 1章 あなたを救う「青い光のクレンジング・メソッド」（スピリットが教えてくれたメソッド 青色がもつ不思議な力 ほか） 2章 スピリットの声を聞けば幸せな人生を歩める（私にしか見えなかった隣人 最初のガイド・スピリットとの出会い ほか） 3章 死後の世界を知れば強くなれる（死んだあとスピリットはどこに行くのか？ あの世はあらゆるところにある ほか） 4章 あなたを守るエネルギーの鍛え方（あなたの発しているエネルギーを鍛える オーラの正体 ほか） 5章 みなさんの悩みに対するダフニ・クロスの回答（出会いがない！ 友人の結婚もストレスに 働いても、働いても年収が低い！ お金の不安 ほか） 〔02603〕

グロース, ピーター Grose, Peter

◇ブラディ・ダーウィン—もうひとつのパール・ハーバー（AN AWKWARD TRUTH） ピーター・グロース著, 伊藤真訳 大津 大隅書店 2012.6 17, 343p 20cm 〈文献あり〉 2800円

①978-4-905328-02-5 〔02604〕

グロース, マーディ　Grothe, Mardy
◇たった1つの言葉が人生を大きく変える（Neverisms）　マーディ・グロース著, 渡部昇一訳　日本文芸社　2012.3　253p　20cm　1600円　①978-4-537-25926-1
内容 第1章「リスク」を敵にするな—「ことばの魔術師」からの贈り物　第2章 今日の楽しみを明日に延ばすな—人生を楽しく大らかに生きるために　第3章 自分で持ち上げられないコンピュータは信用するな—何もかも「破格ずくめ」のインパクト　第4章「相手によかれ」と、よけいな世話を焼くな—人生を良くも悪くもする「人間関係」の秘訣　第5章 女には後ろから近づくな—愛、セックス、ロマンス 男と女の「特選ネバリズム」　第6章 今日地球が滅びようとギブアップするな—なぜ運のいい人がいるのか、どうすればその1人になれるのか　第7章 1日の「始め」かた、1日の「終わり」かた—グッドが「ベター」に、ベターが「ベスト」になるまで　第8章 人生と仕事に効果的な「混沌と秩序」のアプローチ—マネジメントの奥義と失敗しない仕事術　第9章 大切なのは立ち直る力、心のスタミナ、エネルギー—人の上に立つ人、これから立つ人へ 〔02605〕

グロス, J.*　Gross, James J.
◇紛争と平和構築の社会心理学　集団間の葛藤とその解決（INTERGROUP CONFLICTS AND THEIR RESOLUTION）　ダニエル・バル・タル編著, 熊谷智博, 大渕憲一監訳　京都　北大路書房　2012.10　375p　21cm　〈索引あり〉4000円　①978-4-7628-2787-7
内容 集団間紛争における感情と感情制御—評価基盤フレームワーク（James J.Gross, Eran Halperin, Keren Sharvit著, 後藤伸彦訳） 〔02606〕

グロース, N.E.
◇リーディングス日本の社会福祉　第7巻　障害と福祉　岩田正美監修　杉野昭博編著　日本図書センター　2011.2　434p　22cm　〈文献あり〉3800円　①978-4-284-30350-7
内容 みんなが手話で話した島（N.E.グロース著, 佐野正信訳） 〔02607〕

クロスウェル, キャシー　Crosswell, Kathy
◇宇宙の扉を開く50の鍵—宇宙のパワーと叡智に波長を合わせ古代の秘密にアクセスする（THE KEYS TO THE UNIVERSE）　ダイアナ・クーパー, キャシー・クロスウェル著, フィンチ史訳　岡山　三雅　2012.6　366p　21cm　〈発売：星雲社〉2700円　①978-4-434-16859-8
内容 1 地球の空洞—第一のゴールデン・コスミックキー（宇宙への黄金の「鍵」）（古代文明　古代文化　ポータル　王国）　2 シリウス—第二のゴールデン・コスミックキー（宇宙への黄金の「鍵」）（時間とスピード　他の次元—アセンデッド・マスター、ハイヤーセルフ、モナド　他の惑星、星、銀河　自然王国—エレメンツ　神聖幾何学 ほか） 〔02608〕

クロスビー, アルフレッド・W.
◇講座生存基盤論　第1巻　歴史のなかの熱帯生存圏—温帯パラダイムを超えて　杉原薫, 脇村孝平, 藤田幸一, 田辺明生編　京都　京都大学学術出版会　2012.5　536p　22cm　〈索引あり〉4200円　①978-4-87698-202-8
内容 エネルギー（アルフレッド・W.クロスビー著, 脇村孝平訳） 〔02609〕

クロスリー, ニック　Crossley, Nick
◇社会的身体—ハビトゥス・アイデンティティ・欲望（The social body）　ニック・クロスリー著, 西原和久, 堀田裕子訳　新泉社　2012.3　326, 16p　22cm　〈索引あり　文献あり〉3800円　①978-4-7877-1201-1
内容 第1章 序論—二元論と身体的実践　第2章 心身二元論—デカルトの亡霊について　第3章 すべては脳のなかにあるのか—誤解の始まり　第4章 二元論を超えて—デカルトの亡霊をライルとともに追い払う道　第5章 意味・行為・欲望—身体的行為についての予備的素描　第6章 ハビトゥス・資本・界—ブルデューのプラクシス理論における身体性　第7章 習慣・内自化・身体図式—メルロ＝ポンティと身体の現象学　第8章 再帰的な身体性—存在・所有・差異　結語 身体的行為とプラクシス理論 〔02610〕

クロスリー, パミラ・カイル　Crossley, Pamela Kyle
◇グローバル・ヒストリーとは何か（WHAT IS GLOBAL HISTORY？）　パミラ・カイル・クロスリー著, 佐藤彰一訳　岩波書店　2012.8　185, 17p　20cm　〈文献あり 索引あり〉2600円　①978-4-00-022634-9
内容 第1章 大きな物語への衝動　第2章 発散　第3章 収斂　第4章 伝染　第5章 システム　第6章 グローバル・ヒストリーの現在 〔02611〕

クローチェ, ベネデット　Croce, Benedetto
◇ヴィーコの哲学　ベネデット・クローチェ著, 上村忠男編訳　未来社　2011.2　166, 6p　19cm（転換期を読む 11）〈索引あり〉2000円　①978-4-624-93431-6
内容 第1章 ヴィーコの生涯と性格について　第2章 ヴィーコ認識理論の第一の形態　第3章 ヴィーコ認識理論の第二の形態　第4章 ヴィーコ認識理論の源泉 〔02612〕
◇ヘーゲル弁証法とイタリア哲学—スパヴェンタ、クローチェ、ジェンティーレ（Le prime categorie della logica di Hegel〔etc.〕）　スパヴェンタ, クローチェ, ジェンティーレ〔著〕, 上村忠男編訳　調布　月曜社　2012.2　299p　22cm　（シリーズ・古典転生 6）　3800円　①978-4-901477-91-8
内容 ヘーゲル論理学の最初のカテゴリー（ベルトランド・スパヴェンタ）　区別されたものの連関と対立するものの弁証法（ベネデット・クローチェ）　変成の概念とヘーゲル主義（ベネデット・クローチェ）　ヘーゲル弁証法の改革とB.スパヴェンタ（ジョヴァンニ・ジェンティーレ）　ヘーゲルと弁証法の起源（ベネデット・クローチェ）　付録 ヘーゲル論理学の「失われた弁証法」をめぐって（上村忠男） 〔02613〕
◇イタリア版「マルクス主義の危機」論争—ラブリオーラ、クローチェ、ジェンティーレ、ソレル　上村忠男監修, イタリア思想史の会編訳　未来社　2013.8　293p　19cm　（転換期を読む 20）　3200円　①978-4-624-93440-8
内容 イタリアにおける理論的マルクス主義はどのよう

にして生まれどのようにして死んだか 他（ベネデット・クローチェ著, 千野貴裕訳）〔02614〕

クロチック, M.*　Krochik, Margarita
◇紛争と平和構築の社会心理学―集団間の葛藤とその解決（INTERGROUP CONFLICTS AND THEIR RESOLUTION）ダニエル・バル・タル編著, 熊谷智博, 大淵憲一監訳　京都　北大路書房　2012.10　375p　21cm〈索引あり〉4000円　①978-4-7628-2787-7
内容 イデオロギー葛藤と極化―社会心理学の視点から（John T.Jost, Margarita Krochik著, 縄田健悟訳）〔02615〕

クロッペンバーグ, ジェイムズ　Kloppenberg, James T.
◇オバマを読む―アメリカ政治思想の文脈（Reading Obama）ジェイムズ・クロッペンバーグ〔著〕, 古矢旬, 中野勝郎訳　岩波書店　2012.2　321, 18p　20cm〈索引あり　文献あり〉3500円　①978-4-00-022418-5
内容 第1章 バラク・オバマの教育　第2章 普遍主義から個別主義へ　第3章 オバマのアメリカ史　終章 夢、希望、そして、アメリカの政治的伝統〔02616〕

クローデル, ポール　Claudel, Paul
◇大恐慌のアメリカ―ポール・クローデル外交書簡1927-1932（La crise, Amerique 1927-1932）ポール・クローデル〔著〕, 宇京頼三訳　法政大学出版局　2011.1　232p　20cm（叢書・ウニベルシタス 951）3200円　①978-4-588-00951-8
内容 一九二七年末のアメリカにおける経済の一般的状況　アメリカの失業　アメリカの繁栄、その原因と状況、それを脅かす危険　アメリカの「チェーン方式」と小売の再編　クーリッジ大統領政権　帰任の印象　休戦十周年記念日のクーリッジ大統領の演説　一九二七年のアメリカの対外収支と対外資本投資　農産物関税価格引上げ問題　ウォール・ストリートの投機〔ほか〕〔02617〕

グロード, ピエール
◇哲学的解釈学からテクスト解釈学へ―「テクスト布置の解釈学的研究と教育」第13回国際研究集会報告書　松沢和宏編著　〔名古屋〕　名古屋大学大学院文学研究科　2012.3　232p　30cm（Global COE program international conference series no.13）〈他言語標題：De l'herméneutique philosophique à l'herméneutique du texte　文献あり〉
内容 物語と解釈学的装置（ピエール・グロード著, 佐々木稔訳）〔02618〕

クローバー, T.
◇ちくま哲学の森　6　驚くこころ　鶴見俊輔, 安野光雅, 森毅, 井上ひさし, 池内紀編　筑摩書房　2012.2　437p　15cm　1300円　①978-4-480-42866-0
内容〈世界の果て〉へ（T.クローバー著, 中野好夫, 中村妙子訳）〔02619〕

クロフ, ナンシー・P.　Kropf, Nancy P.
◇ソーシャルワークと修復的正義―癒やしと回復をもたらす対話、調停、和解のための理論と実践（Social Work and Restorative Justice）エリザベス・ベック, ナンシー・P.クロフ, パメラ・ブラム・レオナルド編著, 林浩康監訳　明石書店　2012.11　486p　22cm〈訳：大竹智ほか　索引あり〉6800円　①978-4-7503-3687-9
内容 修復的正義と高齢化―統合実践への可能性 他（アレクサンドラ・リー・クランプトン, ナンシー・P.クロフ著, 大原天青訳）〔02620〕

クロフォード, アレックス
◇世界一素朴な質問、宇宙一美しい答え―世界の第一人者100人が100の質問に答える（BIG QUESTIONS FROM LITTLE PEOPLE）ジェンマ・エルウィン・ハリス編, 西田美緒子訳, タイマタカシ絵　河出書房新社　2013.11　298p　22cm　2500円　①978-4-309-25292-6
内容 なぜ戦争が起きるの？（アレックス・クロフォード）〔02621〕

クロフォード, サッフィ　Crawford, Saffi
◇誕生日大全（THE POWER OF BIRTHDAYS, STARS AND NUMBERS）サッフィ・クロフォード, ジェラルディン・サリヴァン著, アイディ訳　愛蔵版　主婦の友社　2012.10　831p　21cm　2800円　①978-4-07-284434-2
内容 占星術への招待　10天体　支配星　進行　恒星占星術とは　数秘術とは　366日の性格＆相性診断　星の特質〔02622〕

クロポトキン, ピョートル　Kropotkin, Petr Alekseevich
◇ある革命家の思い出　上（Memoirs of a revolutionist）ピョートル・クロポトキン著, 高杉一郎訳　平凡社　2011.9　262p　16cm（平凡社ライブラリー 743）1400円　①978-4-582-76743-8
内容 第1部 幼年時代　第2部 近習学校　第3部 シベリア〔02623〕
◇ある革命家の思い出　下（Memoirs of a revolutionist）ピョートル・クロポトキン著, 高杉一郎訳　平凡社　2011.11　335p　16cm（平凡社ライブラリー 749）1500円　①978-4-582-76749-0
内容 第4部 サンクト・ペテルブルグ―西ヨーロッパへのはじめての旅行　第5部 要塞監獄―脱走　第6章 西ヨーロッパ〔02624〕
◇相互扶助論　ピョートル・クロポトキン著, 大杉栄訳　増補修訂版/同時代社編集部/増補修訂　同時代社　2012.6　336p　19cm　3000円　①978-4-88683-723-3
内容 動物の相互扶助　未開人の相互扶助　野蛮人の相互扶助　中世都市の相互扶助　近代社会の相互扶助〔02625〕
◇相互扶助再論―支え合う生命・助け合う社会　ピョートル・クロポトキン著, 大窪一志訳　同時代社　2012.10　297p　19cm〈他言語標題：On Mutual Aid, Again〉3000円　①978-4-88683-732-5
内容 第1章 いま求められている倫理　第2章 自然の道徳　第3章 進化論と相互扶助　第4章 アナキズムの道義〔02626〕

グロルマン, アール・A. Grollman, Earl A.

◇愛する人を亡くした時（What helped me when my loved one died） アール・A.グロルマン編著, 日野原重明監訳, 松田敬一訳 新版 春秋社 2011.5 245p 19cm 1800円 ①978-4-393-36516-8

内容 「死」や「死ぬこと」との初めての出会い（エリザベス・キューブラー＝ロス） 死別の悲しみを癒すための10の指針 1 子どもを亡くした時の心の支え―子どもを失うと、親は人生の希望を失う 2 夫や妻を亡くした時の心の支え―配偶者を失うと、共に生きていくべき現在を失う 3 親を亡くした時の心の支え―親を失うと、人は過去を失う 4 親しい友人を亡くした時の心の支え―友を失うと、人は自分の一部を失う 〔02627〕

クローン, ディアンヌ・A. Crone, Deanne A.

◇スクールワイドPBS―学校全体で取り組むポジティブな行動支援（BUILDING POSITIVE BEHAVIOR SUPPORT SYSTEMS IN SCHOOLS） ディアンヌ・A.クローン, ロバート・H.ホーナー著, 野呂文行, 大久保賢一, 佐藤美幸, 三田地真実訳 二瓶社 2013.11 205p 21cm 〈索引あり〉 2600円 ①978-4-86108-064-7 〔02628〕

グロンダン, ジャン

◇哲学的解釈学からテクスト解釈学へ―「テクスト布置の解釈学的研究と教育」第13回国際研究集会報告書 松沢和宏編著 〔名古屋〕 名古屋大学大学院文学研究科 2012.3 232p 30cm （Global COE program international conference series no.13） 〈他言語標題：De l'herméneutique philosophique à l'herméneutique du texte 文献あり〉

内容 ガダマーと解釈学的なテクスト経験（ジャン・グロンダン著, 松沢和宏訳） 〔02629〕

クロンツ, テッド Klontz, Ted

◇お金で不幸にならない11のカルテ―「いくら稼いでもなぜか貯まらない」と思ったら読む本（MIND OVER MONEY） ブラッド・クロンツ, テッド・クロンツ著, 吉田利子訳 大和書房 2012.6 254p 19cm 1500円 ①978-4-479-79346-5

内容 第1章 大きな嘘（お金は最大のストレス要因 あなたの動物の脳を手なずけよう おいてきぼりの恐怖で判断を誤る マネーのトラウマというおばけ） 第2部 マネー感覚不全症候群（マネーのトラウマが引き起こす問題 マネー忌避症候群 マネー崇拝症候群 人間関係マネー不全症候群） 第3部 マネーとトラウマを克服する（未解決の問題に取り組む ファイナンシャル・セラピー お金にかかわる暮らし方を変える） 〔02630〕

クロンツ, ブラッド Klontz, Brad

◇お金で不幸にならない11のカルテ―「いくら稼いでもなぜか貯まらない」と思ったら読む本（MIND OVER MONEY） ブラッド・クロンツ, テッド・クロンツ著, 吉田利子訳 大和書房 2012.6 254p 19cm 1500円 ①978-4-479-79346-5

内容 第1章 大きな嘘（お金は最大のストレス要因 あなたの動物の脳を手なずけよう おいてきぼりの恐怖で判断を誤る マネーのトラウマというおばけ） 第2部 マネー感覚不全症候群（マネーのトラウマが引き起こす問題 マネー忌避症候群 マネー崇拝症候群 人間関係マネー不全症候群） 第3部 マネーとトラウマを克服する（未解決の問題に取り組む ファイナンシャル・セラピー お金にかかわる暮らし方を変える） 〔02631〕

クロンベ, サヴィエ

◇人道的交渉の現場から―国境なき医師団の葛藤と選択（Agir à tout prix？） クレール・マゴン, ミカエル・ノイマン, ファブリス・ワイズマン編著, リングァ・ギルド他訳 小学館スクウェア 2012.11 419p 19cm 1429円 ①978-4-7979-8739-3

内容 アフガニスタン―活動再開への交渉（サヴィエ・クロンベ共著） 〔02632〕

クワイ, テレンス・H. Kwai, Terence H.

◇リーダーシップ・マスター―世界最高峰のコーチ陣による31の教え（Coaching for Leadership） マーシャル・ゴールドスミス, ローレンス・S.ライアンズ, サラ・マッカーサー編著, 久野正人監訳, 中村安子, 夏井幸子訳 英治出版 2013.7 493p 21cm 2800円 ①978-4-86276-164-4

内容 国境を超えてリードする（テレンス・H.クワイ） 〔02633〕

クワスト, ミシェル

◇アジアの顔のキリスト ホアン・カトレット編, 高橋敦子訳 名古屋 新世社 2010.10 175, 32p 16cm 〈文献あり〉 1200円 ①978-4-88382-100-6

内容 そちらであなたのみ前にいます 他（ミッシェル・クワスト） 〔02634〕

クワック, ジェームズ Kwak, James

◇国家対巨大銀行―金融の肥大化による新たな危機（13 bankers） サイモン・ジョンソン, ジェームズ・クワック著, 村井章子訳 ダイヤモンド社 2011.1 357p 20cm 〈解説：倉都康行 索引あり〉 1800円 ①978-4-478-01475-2

内容 序章 一三の銀行 第1章 トーマス・ジェファーソンと金融貴族たち 第2章 よその国の金融寡頭制 第3章 ウォール街の台頭 第4章 強欲はいいことだ―乗っ取り 第5章 金の卵を産むガチョウ 第6章 大きすぎてつぶせない 第7章 アメリカの金融寡頭制―六つの銀行 〔02635〕

クーン, ガブリエル Kuhn, Gabriel

◇海賊旗を掲げて 黄金期海賊の歴史と遺産（Life Under the Jolly Roger：Reflections on Golden Age Piracy） ガブリエル・クーン著, 菰田真介訳 夜光社 2013.11 382p 19cm 2000円 ①978-4-906944-02-6

内容 第1章 歴史背景（私掠者、バカニーア、海賊という用語の問題 「黄金期」の概略的歴史） 第2章「みずからの文明の敵」―黄金期海賊業のエスノグラフィー（「海からじゃ」：海洋ノマド 「平滑」VS「条理」：空間の問題 ほか） 第3章 「社会的起源」、もしくはヨーロッパからの遺産―黄金期海賊業と文化研究

ク

（ファッション、食べ物、娯楽、隠語 ： 海賊副文化の素描 「諸国家の敵」？ ： 海賊業と（トランス）ナショナリティ ほか） 第4章「神もなく、主人もなく」—黄金期における海賊行為と政治（海賊の組織形態 ： 「浜辺の兄弟」から「無法者連合」への移行 黒旗ジョリー・ロジャーの掲揚 ほか） 第5章 結論—黄金期海賊の政治的遺産 〔02636〕

ケ

クーンタナクンラウォン, スッチャリット

◇タイ2011年大洪水—その記録と教訓 玉田芳史, 星川圭介, 船津鶴代編 千葉 アジア経済研究所 2013.9 207p 21cm （情勢分析レポート No. 22） 1900円 ①978-4-258-30022-8

内容 タイ2011年大洪水後の短期治水対策（スッチャリット・クーンタナクンラウォン著, 星川圭介訳） 〔02637〕

クンツ, カール＝ルートヴィッヒ

◇量刑法の基本問題—量刑理論と量刑実務との対話 ： 日独シンポジウム ヴォルフガング・フリッシュ, 浅田和茂, 岡上雅美編著, ヴォルフガング・フリッシュ〔ほか〕著・訳 成文堂 2011.11 284p 22cm 〈会期・会場 ： 2009年9月12日（土）～13日（日）立命館大学朱雀キャンパス〉 5000円 ①978-4-7923-1925-0

内容 量刑事実としての前科前歴および犯行後の事情（カール＝ルートヴィッヒ・クンツ著, 浅田和茂訳） 〔02638〕

クンドゥ, アヌパム Kundu, Anupam

◇プロジェクト・マネジャーが知るべき97のこと（97 things every project manager should know） Barbee Davis編, 笹井崇司訳, 神庭弘年監修 オライリー・ジャパン 2011.11 240p 21cm 〈発売 ： オーム社〉1900円 ①978-4-87311-510-8

内容 分散したプロジェクトにおける積極的なコミュニケーション 他（アヌパム・クンドゥ） 〔02639〕

【ケ】

ケアスティング, ヴォルフガング Kersting, Wolfgang

◇自由の秩序—カントの法および国家の哲学（Wohlgeordnete Freiheit（原著第3版）） W.ケアスティング著, 舟場保之, 寺田俊郎監訳, 御子柴善之, 小野原雅夫, 石田京子, 桐原隆弘訳 京都 ミネルヴァ書房 2013.1 415, 26p 22cm （MINERVA人文・社会科学叢書 183） 〈文献あり 索引あり〉 7000円 ①978-4-623-06436-6

内容 緒論（二〇〇七年）—カントと現代政治哲学（政治哲学の死 現代における政治哲学の復活 ほか） 第1部 法の根拠づけ（法の概念 法の法則と道徳原理 法と倫理学 人間性の権利 カントによるウルピアヌスの法規則の解釈） 第2部 私法（所有 債権 物件に対する仕方で人格に対する権利—権利的債権） 第3部 国家法（自然状態 - 所有 - 国家 根源的契約 市民状態の三つの原理 主権と権力分立 支配形式と統治様式 実定法の拘束力と抵抗の禁止） 〔02640〕

ケイ, アン Kay, Ann

◇イギリスの歴史—ビジュアル版（History of Britain and Ireland） R.G.グラント, アン・ケイ, マイケル・ケリガン, フィリップ・パーカー著, 田口孝夫, 田中英史, 丸川桂子訳 東洋書林 2012.11 400p 29cm 〈索引あり〉 15000円 ①978-4-88721-800-0

内容 1 ブリトン人と侵略者—1066年まで 2 中世のイギリス—1066 - 1485 3 テューダー朝とステュアート朝—1485 - 1688 4 勢力の増大—1688 - 1815 5 工業と帝国—1815 - 1914 6 現代—1914年以降 〔02641〕

ケイ, ギデン* 邢 義田

◇東アジア出土資料と情報伝達 藤田勝久, 松原弘宣編 汲古書院 2011.5 384p 22cm 9000円 ①978-4-7629-2896-3

内容 漢代の『蒼頡篇』、『急就篇』、八体と「史書」の問題（邢義田著, 広瀬薫雄訳） 〔02642〕

◇文献と遺物の境界—中国出土簡牘史料の生態的研究 籾山明, 佐藤信編 府中（東京都） 東京外国語大学アジア・アフリカ言語文化研究所 2011.11 282p 26cm ①978-4-86337-094-4

内容 漢代簡牘文書における正本・副本・草稿と署名の問題（邢義田著, 中村威也訳） 〔02643〕

◇文献と遺物の境界—中国出土簡牘史料の生態的研究 籾山明, 佐藤信編 六一書房 2011.11 282p 26cm 7600円 ①978-4-86445-008-9

内容 漢代簡牘文書における正本・副本・草稿と署名の問題（邢義田著, 中村威也訳） 〔02644〕

ケイ, シャロン Kaye, Sharon M.

◇中学生からの対話する哲学教室（Philosophy for teens） シャロン・ケイ, ポール・トムソン著, 河野哲也監訳, 安藤道夫, 木原弘行, 土屋陽介, 松川絵里, 村瀬智之訳 町田 玉川大学出版部 2012.4 177p 26cm 2400円 ①978-4-472-40446-7

内容 1 美（“愛”とはなにか “美”は事実か趣味か ほか） 2 真（“真”になりえないものはあるか 嘘をつくのはいつも悪いことか ほか） 3 正義（“差別”とはなにか 動物には権利があるか ほか） 4 神（善人に悪いことが起きるのはなぜか 生きる意味とはなにか） 〔02645〕

ケイ, ジョン

◇世界探検家列伝—海・河川・砂漠・極地、そして宇宙へ（The great explorers） ロビン・ハンベリーテニソン編著, 植松靖夫訳 悠書館 2011.9 303p 26cm 〈文献あり 索引あり〉 9500円 ①978-4-903487-49-6

内容 フランシス・ガルニエ—メコン川に取り憑かれた男（ジョン・ケイ） 〔02646〕

ケイ, ジョン・A. Kay, John Anderson

◇想定外—なぜ物事は思わぬところでうまくいくのか？ （OBLIQUITY） ジョン・ケイ〔著〕, 青木高夫訳 ディスカヴァー・トゥエンティワン 2012.12 317p 19cm 1800円 ①978-4-7993-1280-3

内容 回り道—なぜ、目標にまっすぐ向かわない人のほうが目標を達成できるのか？ 第1部 回り道の世界

—なぜ、私たちの周囲には回り道がたくさんあるのか？(幸福—なぜ、幸福を追求しない人のほうが幸福になるのか？　利益追求のパラドクス—なぜ、利益を追求しない会社のほうが利益をあげるのか？　ほか)　第2部 回り道の必要性—なぜ、問題が直接的に解決できないことがよく起きるのか？(「ごちゃまぜ検討」—なぜ、回り道のアプローチが成功するのか？　多元論—なぜ、一つの問題に複数の回答が存在するのか？　ほか)　第3部 回り道とつきあう—複雑な世界で問題を解決する方法(歴史の揺らめく光—なぜ、結果から誤った意図を推測してしまうのか？　ストックデールの逆説—なぜ、われわれの選択肢は思ったより少ないのか？　ほか)　結論(回り道の実践—回り道的な意思決定のアドバンテージ)　〔02647〕

ケイ, デイビッド・H.　Kaye, David H.

◇数字で立証する—裁判と統計 (PROVE IT WITH FIGURES)　ハンス・ザイゼル, デイビッド・H.ケイ共著, 細谷雄三訳　牧野書店　2012.4　355p　21cm　〈文献あり 索引あり　発売：星雲社〉2800円　①978-4-434-16420-0

内容 原因の追究：展望　対照ランダム実験　観察研究から原因を推測する　疫学研究　まとめ：反復と多角的照合　偶然の結果と有意性　標本抽出　内容分析　サーベイ調査と裁判地変更　標本サーベイ：総称性〔ほか〕　〔02648〕

ケイ, ビバリー　Kaye, Beverly

◇ストーリーで学ぶ経営の真髄 (Learn like a leader)　マーシャル・ゴールドスミス, ビバリー・ケイ, ケン・シェルトン編, 和泉裕子, 井上実訳　徳間書店　2011.2　311p　19cm　1600円　①978-4-19-863118-5

内容 一面的な見方を多面的にする(ビバリー・ケイ著)　〔02649〕

◇リーダーシップ・マスター—世界最高峰のコーチ陣による31の教え (Coaching for Leadership)　マーシャル・ゴールドスミス, ローレンス・S.ライアンズ, サラ・マッカーサー編著, 久野正人監訳, 中村安子, 夏井幸子訳　英治出版　2013.7　493p　21cm　2800円　①978-4-86276-164-4

内容 目的に根ざした意欲を引き出す(ビバリー・ケイ, ビバリー・クロウェル)　〔02650〕

ケイ, ヤクシン＊　景 躍進

◇中国共産党のサバイバル戦略　菱田雅晴編著　三和書籍　2012.2　520p　22cm　〈他言語標題：CCP's Survival Strategy　索引あり〉6000円　①978-4-86251-125-6

内容 転型・吸収・浸透(景躍進著, 菱田雅晴訳)　〔02651〕

経済協力開発機構《OECD》

◇日本の労働市場改革—OECDアクティベーション政策レビュー：日本 (Activation policies in Japan)　OECD編著, 浜口桂一郎訳　明石書店　2011.1　270p　22cm　〈文献あり〉3800円　①978-4-7503-3335-9

内容 要約と勧告　主な政策勧告の要点　第1章 労働市場環境　第2章 制度的構造　第3章 職業紹介とアクティベーション戦略　第4章 失業給付と関連する給付　第5章 積極的労働市場プログラム　〔02652〕

◇OECD移転価格ガイドライン—多国籍企業と税務当局のための移転価格算定に関する指針 2010年版 (OECD transfer pricing guidelines for multinational enterprises and tax administrations 2010)　日本租税研究協会　2011.1　282p　26cm　2381円　①978-4-930964-36-6　〔02653〕

◇学習成果の認証と評価—働くための知識・スキル・能力の可視化 (Recognising non-formal and informal learning)　OECD編著, 山形大学教育企画室監訳, 松田岳士訳　明石書店　2011.3　155p　22cm　〈文献あり〉2800円　①978-4-7503-3355-7

内容 第1章 学習成果認証の背景と主要な概念(研究の範囲と焦点　論点と定義：ノンフォーマル・インフォーマル学習の成果を可視化する　参加国で用いられている定義 ほか)　第2章 ノンフォーマル・インフォーマル学習の成果を認証する理由(個人にとっての利益　雇用主と実業界にとっての利益　学習もしくは認定を提供する者にとっての利益 ほか)　第3章 公共政策の選択肢(コミュニケーションの組織化と透明度の向上　認証を生涯学習メカニズムの一部にする　認証手続きとプロセスの改善 ほか)　〔02654〕

◇子どもの福祉を改善する—より良い未来に向けた比較実証分析 (Doing better for children)　OECD編著, 高木郁朗監訳, 熊倉瑞恵, 関谷みのぶ, 永由裕美訳　明石書店　2011.3　220p　26cm　3800円　①978-4-7503-3353-3

内容 第1章 中心的な事実発見の要約　第2章 OECD諸国にみる子どもの福祉の国際比較　第3章 子どものライフサイクル全体のなかでの社会支出　第4章 胎児期から幼稚園まで　第5章 子どもの福祉とひとり親状態　第6章 子ども時代と世代間移動　第7章 子どもの福祉を改善する：前進の道　〔02655〕

◇図表でみる世界の主要統計—OECDファクトブック 経済、環境、社会に関する統計資料 2010年版 (OECD factbook)　経済協力開発機構(OECD)編著, トリフォリオ訳・製作　明石書店　2011.3　277p　26cm　7600円　①978-4-7503-3360-1

内容 人口と移住　生産と所得　グローバリゼーション　価格　エネルギー　労働　科学技術　環境　教育　財政　生活の質　特集 経済危機　〔02656〕

◇OECD保育白書—人生の始まりこそ力強く：乳幼児期の教育とケア(ECEC)の国際比較 (Starting strong 2)　OECD編著, 星三和子, 首藤美香子, 大和洋子, 一見真理子訳　明石書店　2011.3　513p　27cm　7600円　①978-4-7503-3365-6

内容 第1章 各国はなぜ「乳幼児期の教育とケア(ECEC)」に投資するのか　第2章 ECEC政策への体系的で統合的なアプローチ　第3章 ECECと教育制度の強力で対等な連携　第4章 すべての人に開かれたアクセスと特別なニーズをもつ子どもたちへの配慮　第5章 ECECサービスとインフラに対する相当額の公的投資　第6章 ECECの質の改善と保証への参加型アプローチ　第7章 ECEC職員のための適切な養成と労働条件　第8章 ECEC分野の体系的なデータ収集とモニタリング　第9章 ECEC研究と評価の安定した枠組みと長期的課題　第10章 OECDによる政策提言：10項目　〔02657〕

◇移民の子どもと格差—学力を支える教育政策と実

ケ

ケ

践（Closing the gap for immigrant students） OECD編著, 斎藤里美監訳, 布川あゆみ, 本田伊克, 木下江美訳　明石書店　2011.4　126p　26cm　2800円　①978-4-7503-3403-5

内容 第1章 移民の子どもの教育政策 ： 意義と概要（移民の教育政策とその政策手段　提言） 第2章 移民の子どもをとりまく主要な課題と可能性（移民の教育政策に影響を与える背景要因　教育成果の分析と政策への提言） 第3章 学校改革のための政策と実践（移民の子どもの言語支援　移民の子どものための学習環境　学校・親・地域の協働） 第4章 教育制度改革のための政策と実践（移民の集中と偏在への対応　移民の教育政策における予算配分の方法　移民の教育政策に対するモニタリングと評価） 付録1 OECD移民教育政策評価プロジェクトの概要　〔02658〕

◇PISAから見る、できる国・頑張る国―トップを目指す教育（Strong performers and successful reformers in education ： lessons from PISA for the United States） 経済協力開発機構編著, 渡辺良監訳　明石書店　2011.6　348p　30cm 〈文献あり〉 4600円　①978-4-7503-3421-9

内容 第1章 はじめに―教育システムの分析とPISA調査　第2章 PISA調査の結果から見たアメリカの教育　第3章 カナダ・オンタリオ州―多様性社会における高学力支援改革　第4章 上海と香港―中国の教育改革における2つの特徴的事例　第5章 フィンランド―一貫した高成績への緩やかで安定した改革　第6章 日本―持続的な優秀さの物語　第7章 シンガポール―強靱なパフォーマンスを導いた急速な改革　第8章 ブラジル―大規模な連邦システムに見る有望な取り組み　第9章 ドイツ―国際的な劣位の経験から国を挙げた強力な改革の推進　第10章 イギリスとポーランドに見る教育改革　第11章 アメリカへの教訓　附章 韓国（PISA2009年調査のカントリーノートより）　〔02659〕

◇OECD対日経済審査報告書―日本の経済政策に対する評価と勧告　2011年版　特集 ： 日本の教育改革（OECD economic surveys ： Japan 2011） OECD編著, 大来洋一監訳, 吉川淳, 古川彰, 牛嶋俊一郎, 出口恭子訳　明石書店　2011.7　195p　26cm　3800円　①978-4-7503-3442-4

内容 第1章 日本経済の回復 ： 自律的で持続的な景気拡大とデフレの終焉を目指して（2008年の世界的経済危機からの日本経済の回復　日本の短期経済見通し ほか） 第2章 日本の財政政策 ： 持続可能性のために（2010年までの財政の動向　2010年「財政運営戦略」ほか） 第3章 日本の新成長戦略 ： 需要と雇用を創造するために（新成長戦略の概要　新成長戦略の分野ごとの政策 ほか） 第4章 日本の教育改革（日本の教育制度の概観　教育の成果を改善するための政策 ほか） 第5章 日本の労働市場改革 ： 成長と公平性の改善のために（労働市場の二極化　労働市場への参加促進 ほか）　〔02660〕

◇OECD規制影響分析―政策評価のためのツール（Regulatory impact analysis） 経済協力開発機構（OECD）編著, 山本哲三訳　明石書店　2011.9　346p　22cm 〈文献あり〉 4600円　①978-4-7503-3461-5

内容 第1章 規制影響分析 ： 政策一貫性に向けたツール（RIAの広範な適用とさまざまな規制慣行　RIAのパフォーマンス上の諸問題　RIAの改善のための長期戦略　結論） 第2章 規制影響分析における分析品質の決定要因（RIAの手続と方法論　規制当局にとっての基本的要素とRIAの品質　特別な品質保証メカニズム　結論） 第3章 規制影響分析の方法論的な枠組み ： 価値評価、リスク評価、費用便益分析（政策範囲に関する問題　方法論の基本的な諸要件　費用便益分析の方法論を構成する要素　特殊な部分分析が果たす役割　リスク評価　結論） 第4章 競争評価の統合選択肢 ： いかに競争評価を規制影響分析のなかに組み入れるのか？（RIAと競争政策分析　RIAの一部としての競争政策分析の実施　競争制限の主要な形態の検討　詳細な競争評価　どのような政策が詳細な競争評価に値するのか　競争評価は政策策定プロセスのどの段階で行われるべきか　誰が競争評価書を作成し、誰が審査を行うのか　政策立案者に適正な評価に向けたインセンティブを与えているか　競争評価のためにいかなる資源が求められるのか　成果の取りまとめ　結論） 第5章 コーポレート・ガバナンス領域の政策決定への規制影響分析の適用（政策課題の明確化　事前RIAの経験　ケース・スタディ　事後RIA　内容テスト ： 英国の営業/財務報告書　事後コンサルテーション　計量経済学歴研究 ： 選択された事例　結論）　〔02661〕

◇図表でみる教育―OECDインディケータ　2011年版（Education at a glance） 経済協力開発機構（OECD）編著, 徳永優子, 稲田智子, 来田誠一郎, 矢倉美登里訳　明石書店　2011.10　571p　27cm 〈文献あり〉 8400円　①978-4-7503-3475-2

内容 A章 教育機関の成果と教育・学習の効果　B章 教育への支出と人的資源　C章 教育機会・在学・進学の状況　D章 学習環境と学校組織　付録1 教育制度の特徴（教育関連の主要基礎データ） 付録2 主要な基本データ　付録3 資料・算定方法・テクニカルノート　〔02662〕

◇図表でみる国民経済計算―マクロ経済と社会進歩の国際比較　2010年版（National accounts at a glance 2010） OECD編著, 中村洋一監訳, 高橋しのぶ訳　明石書店　2011.10　109p　26cm　2800円　①978-4-7503-3474-5

内容 第1章 国内総生産（GDP） 第2章 所得　第3章 支出　第4章 生産　第5章 一般政府　第6章 資本 ： 金融資産と非金融資産　〔02663〕

◇世界の教育改革―OECD教育政策分析　4　「非大学型」高等教育、教育とICT、学校教育と生涯学習、租税政策と生涯学習（Education policy analysis（2004 ed.）） OECD編著, 御園生純, 稲川英嗣監訳　高橋聡, 高籔学, 野田千亜紀, 西山幸恵, 野尻愛弓, 大塚裕介訳　明石書店　2011.11　236p　22cm　3800円　①978-4-7503-3487-5

内容 第1章「非大学型」高等教育機関の課題と役割（教育機関設置の目的　教育機関はどのように国の教育訓練システムに合わせていけばよいか ほか） 第2章 教育へのICT投資から得られるものは何か？（教育へのICT投資　ICTの教育効果に関する評価 ほか） 第3章 学校教育はどの程度生涯学習に寄与しているのか？（はじめに ： 学校教育と生涯学習の連携の軽視　生涯学習を学校システムに連携させるための枠組み ほか） 第4章 生涯学習のための租税政策の役割（生涯学習への持続可能な投資のための戦略　租税政策は生涯学習でなぜ重要になりうるのか ほか）　〔02664〕

◇世界の若者と雇用―学校から職業への移行を支援する ： OECD若年者雇用レビュー ： 統合報告書　OECD編著, 浜口桂一郎監訳, 中島ゆり訳　明石書店　2011.12　246p　22cm 〈文献あり〉 3800円　①978-4-7503-3514-8

内容 第1章 雇用危機を若者はどのようにくぐり抜けているか　第2章 若年雇用の課題　第3章 若者の学校から職業への移行における経路と障壁　第4章 職業への移行を改善するよりよい教育訓練　第5章 若年雇用に対する需要側の障壁を取り除く　第6章 若者に対する雇用危機の長期間の影響を最小限にする　第7章 結論 ： 若者のための雇用政策を実行する〔02665〕

◇地図でみる世界の地域格差—都市集中と地域発展の国際比較　2011年版（OECD regions at a glance）　OECD編著, 神谷浩夫監訳, 鍬塚賢太郎, 由井義通, 若林芳樹, 久木元美琴, 中沢高志訳　明石書店　2012.3　161p　26cm　〈2011年版のサブタイトル ： OECD地域指標〉3800円　①978-4-7503-3562-9

内容 第1部 競争の原動力としての地域（人口変化に対する地域的な寄与　人口分布と地域類型　GDP成長に対する地域的な寄与 ほか）　第2部 地域での包摂とサービスへの平等なアクセス（世帯所得の地域格差　老年人口の地域的集中　地域間人口移動 ほか）　第3部 地域と大都市での持続可能な環境（OECD地域における都市的土地利用の拡大　地域の森林、自然植生、カーボンフットプリント　地域の二酸化炭素排出量と大気の質 ほか）〔02666〕

◇PISAから見る、できる国・頑張る国　2　未来志向の教育を目指す ： 日本（Strong performers and successful reformers in education）　経済協力開発機構（OECD）編著, 渡辺良監訳　明石書店　2012.3　284p　30cm　3600円　①978-4-7503-3551-3

内容 序章 教育システムの分析とPISA調査の特徴　第1章 テクノロジーは必要とされる人的スキルをどのように変えるか？　第2章 PISAというプリズムを通して見る日本の教育　第3章 フィンランド ： 経済競争力のための競争なき教育　第4章 シンガポール ： 将来を見据えた教育　第5章 カナダ・オンタリオ州 ： 明日の技能を身に付ける教育　第6章 上海と香港 ： 学び方を学ぶ教育　第7章 日本からの教訓、日本への教訓　付録 PISA2009年調査の特徴〔02667〕

◇図表でみるメンタルヘルスと仕事—疾病、障害、仕事の障壁を打ち破る（Sickness, Disability and Work）　OECD編著, 岡部史信, 田中香織訳　明石書店　2012.6　200p　26cm　3600円　①978-4-7503-3616-9

内容 第1章 障害関連政策の経済的背景　第2章 疾病・障害関連政策の主要な動向とアウトカム　第3章 障害関連政策改革の最近の方向性　第4章 障害給付を就業促進の手段に転換させること　第5章 雇用主と医療専門家を積極的にさせること　第6章 適切な人が適切な時期に適切なサービスを受けること〔02668〕

◇図表でみる世界の主要統計—OECDファクトブック ： 経済、環境、社会に関する統計資料　2011-2012年版（OECD Factbook）　経済協力開発機構編著, トリフォリオ訳・製作　明石書店　2012.7　283p　26cm　8400円　①978-4-7503-3630-5

内容 特集 OECDの50年　人口と移住　生産と所得　グローバリゼーション　価格　エネルギーと輸送　科学技術　環境　教育　財政　健康〔02669〕

◇OECD教員白書—効果的な教育実践と学習環境をつくる ： 第1回OECD国際教員指導環境調査〈TALIS〉報告書（Creating Effective Teaching and Learning Environments : First Results from TALIS）　OECD編著, 斎藤里美監訳, 木下江美, 布川あゆみ, 本田伊克, 山本宏樹訳　明石書店　2012.8　392p　27cm　〈文献あり〉7400円　①978-4-7503-3655-8

内容 第1章 本書のねらい　第2章 前期中等教育における教員と学校の概要　第3章 教員の専門性開発　第4章 教員の信念、態度、授業実践　第5章 学校評価、教員評価とフィードバック、学校と教員への影響　第6章 学習へと導くために ： 学校のリーダーシップとマネジメントのスタイル　第7章 効果的な学習環境を創出するための主な要因 ： 学級の規律的雰囲気と教員の自己効力感〔02670〕

◇OECD移転価格ガイドライン第6章（無形資産に対する特別の配慮）及びその関連条項の改訂に関するディスカッションドラフト（公開草案）—2012年6月6日—9月14日（Discussion draft）　日本租税研究協会　2012.8　90p　26cm　953円　①978-4-930964-47-2〔02671〕

◇図表でみる教育—OECDインディケータ　2012年版（Education at a Glance）　経済協力開発機構編著, 徳永優子, 稲田智子, 来田誠一郎, 矢倉美登里訳　明石書店　2012.10　635p　27cm　8400円　①978-4-7503-3684-8〔02672〕

◇若者の能力開発—働くために学ぶ ： OECD職業教育訓練レビュー ： 統合報告書（Learning for Jobs）　OECD編著, 岩田克彦, 上西充子訳　明石書店　2012.10　247p　22cm　3800円　①978-4-7503-3680-0

内容 働くために学ぶ（Learning for Jobs） ： 概要と政策メッセージ　第1章 職業教育訓練の課題　第2章 労働市場のニーズに合わせる　第3章 キャリアガイダンス　第4章 有効に働く教員と訓練指導員　第5章 職場学習　第6章 制度を支援する諸ツール〔02673〕

◇OECD幸福度白書—より良い暮らし指標 ： 生活向上と社会進歩の国際比較（How's Life？ MEASURING WELL-BEING）　OECD編著, 徳永優子, 来田誠一郎, 西村美由起, 矢倉美登里訳　明石書店　2012.12　331p　27cm　5600円　①978-4-7503-3717-3

内容 概説 ： 幸福度指標の全体像　所得と資産　仕事と報酬　住居　健康状態　ワーク・ライフ・バランス　教育と技能　社会とのつながり　市民参加とガバナンス　環境の質　生活の安全　主観的幸福〔02674〕

◇図表でみる世界の行政改革—OECDインディケータ　2011年版（Government at a Glance）　OECD編著, 平井文三監訳　明石書店　2013.2　325p　27cm　〈文献あり〉7200円　①978-4-7503-3723-4

内容 破綻を避け、成果を得るための統治 ： ガバナンスにレバレッジをかける　財政緊縮 ： 証拠に基づく意思決定の必要性　財政と経済　戦略的洞察とリーダーシップ　一般政府及び公的企業の雇用　公共部門の特定の職業における報酬　人的資源マネジメント慣行　政府における透明性　公共調達　規制ガバナンス　公共サービスの提供方法　政府の業績指標 ： 教育・保健医療・租税部門〔02675〕

◇図表でみる起業活動—OECDインディケータ　2012年版（Entrepreneurship at a Glance）　OECD編著, 高橋しのぶ訳　明石書店　2013.5　144p　26cm　3000円　①978-4-7503-3820-0

内容 第1部 起業を測る（女性の起業を測る　起業の財務状況 ： 中小企業に関する欧州調査）　第2部 起業

指標（母集団企業に関する構造的指標　企業の開業、廃業、存続　雇用の創出と喪失　企業の成長　女性の起業　起業の決定要因 ： 特定の指標）〔02676〕

◇OECD国民経済計算　2010（National Accounts of OECD Countries 2010 ： Volume 1, Main Aggregates）　経済協力開発機構編, 鳥居泰彦監訳　柊風舎　2013.7　2冊　26cm　38000円　①978-4-86498-006-7
内容 1（国際比較　国別表）　2（オーストラリア　オーストリア　ベルギー　カナダ　チリ ほか）〔02677〕

ケ

◇メンタルヘルスと仕事 ： 誤解と真実―労働市場は心の病気にどう向き合うべきか OECDメンタルヘルスと仕事プロジェクト（Sick on the job？）　OECD編著, 岡部史信, 田中香織訳　明石書店　2013.8　249p　26cm　4600円　①978-4-7503-3881-1
内容 第1章 メンタルヘルスの定義と測定、労働市場との関連　第2章 仕事、労働条件、労働者の生産性　第3章 メンタルヘルスケアのシステム、サービス、サポート　第4章 給付制度、労働市場サービス　第5章 教育制度、雇用への移行　第6章 要約と結論〔02678〕

◇図表でみる教育―OECDインディケータ　2013年版（Education at a Glance）　経済協力開発機構編著, 徳永優子, 稲田智子, 来田誠一郎, 矢倉美登里訳　明石書店　2013.9　495p　27cm　8400円　①978-4-7503-3891-0〔02679〕

◇図表でみる世界の社会問題―OECD社会政策指標 貧困・不平等・社会的排除の国際比較　3（Society at a Glance（原著第5版））　OECD編著, 高木郁朗監訳, 麻生裕子訳　明石書店　2013.9　136p　26cm　2800円　①978-4-7503-3890-3
内容 第1章　ヘッドライン社会指標　第2章　特集 ： OECD諸国のレジャー時間の測定　第3章 OECD社会指標の解説　第4章 一般的背景指標　第5章 自立指標　第6章 公正指標　第7章 健康指標　第8章 社会的結束指標〔02680〕

経済協力開発機構開発センター

◇OECD世界開発白書―四速世界における富のシフト（Perspectives on global development）　OECD開発センター編著, 門田清訳　明石書店　2011.12　209p　26cm　4800円　①978-4-7503-3509-4
内容 序章 今なぜ「富のシフト」なのか　第1章 富のシフトと新成長地理　第2章 アジアの巨人 ： そのマクロ経済的影響　第3章 重要性を増す南南関係　第4章 富のシフトと貧困削減　第5章 四速世界における技術格差の拡大　第6章 変革の風に乗って　第7章 富のシフトへの集団的対応〔02681〕

◇OECD世界開発白書　2　富のシフト世界と社会的結束（Perspectives on Global Development 2012）　OECD開発センター編著, 門田清訳　明石書店　2013.12　307p　26cm　〈文献あり〉　6600円　①978-4-7503-3945-0〔02682〕

経済協力開発機構教育研究革新センター《CERI》

◇教育と健康・社会的関与―学習の社会的成果を検証する（Improving health and social cohesion through education）　OECD教育研究革新センター編著, 矢野裕俊監訳, 山形伸二, 佐藤智子, 荻野亮吾, 立田慶裕, 籾井圭子訳　明石書店　2011.6　274p　22cm　〈文献あり〉　3800円　①978-4-7503-3422-6
内容 第1章 序論　第2章 実証分析のための枠組み　第3章 教育と市民的・社会的関与　第4章 教育と健康　第5章 費用効果の高い教育的介入による健康の向上　第6章 政策メッセージと今後の展望〔02683〕

◇教育のトレンド―図表でみる世界の潮流と教育の課題　2（Trends shaping education（2010 ed.））　OECD教育研究革新センター編著, 立田慶裕監訳, 宮田緑訳　明石書店　2011.9　100p　26cm　〈文献あり〉　2400円　①978-4-7503-3449-3
内容 第1章 グローバリゼーションの動態（人口が増加する地球　移動する人々 ほか）　第2章 新しい社会的課題（変化する年齢構成　変わりつつある社会支出の傾向 ほか）　第3章 変化する仕事の世界（ライフサイクル・パターンの変化　労働市場はさらに弾力化しているか？　ほか）　第4章 子ども時代の変容（いっそう多様な家族形態を生きる　小さくなる家族、高齢化する親 ほか）　第5章 ICT ： 次の世代（ユニバーサルアクセスに向けて　どこで生徒たちはコンピュータを使うのか？　ほか）〔02684〕

◇知識の創造・普及・活用―学習社会のナレッジ・マネジメント（Knowledge management in the learning society）　OECD教育研究革新センター編著, 立田慶裕監訳　明石書店　2012.3　505p　22cm　〈訳 ： 青山貴子ほか〉　5600円　①978-4-7503-3563-6
内容 第1部 学習社会のナレッジ・マネジメント（学習経済における教育の役割を理解する　各セクターにおける知識の生産、普及、活用　教育セクターへの教訓 ： 学習システムの創造　新たな研究テーマ）　第2部 知識の創造・普及・活用の事例（ナレッジ・マネジメントに関する専門家の見解　知識とイノベーションのシステム　学習経済 ： 医療システムと教育システムの知識ベースのためのいくつかの示唆　経済発展における産業政策、能力ブロック、科学の役割 ： 産業政策の制度理論　産業のイノベーションと知識の創造と普及 ： 産学連携の省察 ほか）〔02685〕

◇学習の本質―研究の活用から実践へ　OECD教育研究革新センター編著, 立田慶裕, 平沢安政監訳　明石書店　2013.3　418p　21cm　4600円　①978-4-7503-3785-2
内容 21世紀の学習環境の分析と設計　学習についての理解の歴史的発展　学習の認知的視点 ： 重要な10の知見　教室での学習において、動機と感情が果たす重要な役割　発達と生物学的視点からみた学習　形成的アセスメント ： 効果的な学習環境における役割　共同学習 ： 何がグループワークを機能させるのか　テクノロジーを活用した学習　調べ学習 ： その可能性と挑戦　サービス・ラーニング ： 学習資源としてのコミュニティ　家庭と学校のパートナーシップ ： 子どもの学習と社会化への家族の影響　イノベーションの実践 ： 空想的モデルから日常的実践へ　21世紀の学習環境の方向性　付録『学習の本質』実践用ガイド〔02686〕

経済協力開発機構租税委員会

◇OECDモデル租税条約―所得と財産に対するモデル租税条約 ： 簡略版　2010年版（Model tax convention on income and on capital）〔経済協力開発機構租税委員会〕〔著〕, 川端康之監訳　日本租税研究協会　2011.11　487p　26cm　3048円　①978-4-930964-40-3

内容 所得と財産に対するモデル租税条約　モデル条約の規定に関するコメンタリー　非加盟国の立場　付属文書 経済協力開発機構閣僚理事会勧告〔02687〕

ケイシー, P.J.

◇オックスフォード ブリテン諸島の歴史 1 ローマ帝国時代のブリテン島（The short Oxford history of the British Isles : the Roman Era）鶴島博和日本語版監修　ピーター・サルウェイ編, 南川高志監訳　慶応義塾大学出版会 2011.5 336, 53p 22cm 〈文献あり 年表あり 索引あり〉4800円 ①978-4-7664-1641-1

内容 古代末期のブリテン島（P.J.ケイシー著）〔02688〕

ケイス, メアリ　Case, Mary

◇人文学と電子編集―デジタル・アーカイヴの理論と実践（ELECTRONIC TEXTUAL EDITING）ルー・バーナード, キャサリン・オブライエン・オキーフ, ジョン・アンスワース編, 明星聖子, 神崎正英監訳　慶應義塾大学出版会 2011.9 503p 21cm 4800円 ①978-4-7664-1774 6

内容 電子版における権利と許諾（メアリ・ケイス, デイヴィド・グリーン）〔02689〕

ゲイツ, ビル　Gates, Bill

◇世界は考える　野中邦子訳　土曜社 2013.3 189p 19cm （プロジェクトシンジケート叢書 2）〈文献あり〉1900円 ①978-4-9905587-7-2

内容 ある楽観主義者のタイムライン（ビル・ゲイツ著）〔02690〕

ゲイツ, ブライアン

◇広池千九郎の思想と業績―モラロジーへの世界の評価 2009年モラルサイエンス国際会議報告　岩佐信道, 北川治男監修　柏　モラロジー研究所 2011.2 471p 22cm 〈他言語標題 : Ethical Theory and Moral Practice : Evaluating Chikuro Hiroike's Work in Moralogy　発売 : 広池学園事業部（柏）〉3200円 ①978-4-89639-195-4

内容 モラロジーに関する広池千九郎の思考における宗教的視点の重要性とその教育的意味（ブライアン・ゲイツ著, 北川治男訳）〔02691〕

ケイティ, バイロン　Katie, Byron

◇ザ・ワーク―人生を変える4つの質問（Loving what is）バイロン・ケイティ, スティーヴン・ミッチェル著, ティム・マクリーン, 高岡よし子監訳, 神田房枝訳　ダイヤモンド社 2011.4 323p 19cm 〈他言語標題 : THE WORK 『人生を変える4つの質問』（アーティストハウス2003年刊）の新訳、改題〉1800円 ①978-4-478-00377-0

内容 基本的な考え方　ワークのやり方　実例を読む前に　夫婦や家族について問いかける　問いかけを深める　仕事とお金について考え方を変える　自分を裁く　子供へのアプローチ　水面下のビリーフをつきとめる　人以外を対象としたワーク　体と依存についてのワーク　最悪の状況を友とする　Q&A―よくある質問に答える　ワークを日常で生かすために〔02692〕

◇新しい自分に目覚める4つの質問―ストレスや苦しみから自由になれる「問いかけ」の力（QUESTION YOUR THINKING, CHANGE THE WORLD）バイロン・ケイティ著, ティム・マクリーン, 高岡よし子訳　ダイヤモンド社 2013.7 292p 19cm 1800円 ①978-4-478-00492-0

内容 第1章 人間関係―パートナー、恋人、友人などとの関係をとらえ直す　第2章 親子関係―難しい関係に新しい視点をもたらす　第3章 仕事とお金にまつわるストレスを減らす　第4章 生老病死―老いや病、死をどう受けとめるか　第5章 気づきを生きる〔02693〕

ケイナー, ジョナサン　Cainer, Jonathan

◇運命をひらく366の言葉―あなたは奇跡を起こす力を持っています　ジョナサン・ケイナー著, 竹内克明訳　青春出版社 2012.8 192p 20cm 1276円 ①978-4-413-03850-8

内容 1 希望にあふれる言葉―今日という日は、残されたあなたの人生の最初の日です　2 心に光が灯る言葉―ドアを開けてほしいのだったら、あなたの心を開いてください　3 未来への言葉―あなたに必要なのは、少しばかりの信念と努力だけ　4 力が湧いてくる言葉―私たちにとって最大の敵は、内なる泥棒です　5 願いを叶える言葉―あなたは奇跡を起こす力を持っています〔02694〕

ケイパー, R.　Caper, Robert

◇米国クライン派の臨床―自分自身のこころ（A mind of one's own）R.ケイパー著, 松木邦裕監訳, 池田暁史, 久保田圭子, 坂井俊之, 藤巻純, 古川俊一, 別所晶子訳　岩崎学術出版社 2011.8 223p 22cm 〈文献あり〉3800円 ①978-4-7533-1025-8〔02695〕

KPMGドイツ

◇ビジュアルIFRS（IFRS visuell（4.Aufl.））KPMGドイツ編, あずさ監査法人IFRS本部, あずさ監査法人IFRS事業部訳　第2版　中央経済社 2011.7 220p 22cm 2600円 ①978-4-502-44020-5

内容 1 イントロダクション　2 国際財務報告基準（財務諸表の表示　棚卸資産　キャッシュ・フロー計算書 ほか）　3 IFRIC解釈指針（廃棄、原状回復およびそれらに類似する既存の負債の変動　協同組合に対する組合員の持分および類似の金融商品　契約にリースが含まれているか否かの判断 ほか）　巻末付録 2010年1月1日以降に公表された基準書等〔02696〕

ケイビン　恵敏

→ヘミン

ケイン, スーザン　Cain, Susan

◇内向型人間の時代―社会を変える静かな人の力（Quiet）スーザン・ケイン著, 古草秀子訳　講談社 2013.5 349p 19cm 1800円 ①978-4-06-217859-4

内容 1 外向型が理想とされる社会（"誰からも好かれる人"の隆盛―外向型はいかにして文化的理想になったのか　カリスマ的リーダーシップという神話―「性格の文化」の一〇〇年後　共同作業が創造性を殺すとき―新集団思考の登場と単独作業のパワー）　2 持って生まれた性質は、あなたの本質か？（性格は運命づけ

ケ

られているのか？—天性、育ち、そして「ランの花」仮説　気質を超えて—自由意志の役割（そして、内向型の人間がスピーチをするには）　フランクリンは政治家、エレノアは良心の人—なぜ“クール”が過大評価されるのか　ウォール街が大損し、バフェットがもうかったわけ—内向型と外向型の考え方（そしてドーパミンの働き）の違い）　3 すべての文化が外向型を理想としているのか？（ソフトパワー—外向型優位社会に生きるアジア系アメリカ人）　4 愛すること、働くこと（外向的にふるまったほうがいいとき　コミュニケーション・ギャップ—逆のタイプの人とのつきあい方　内向型の特性を磨く方法—静かな子供をどうしたら開花させられるか）　不思議の国　〔*02697*〕

ゲインズ, ケヴィン

◇流動する〈黒人〉コミュニティ—アメリカ史を問う　樋口映美編　彩流社　2012.2　238, 46p　22cm　〈他言語標題 : African American Communities in Flux　索引あり〉2800円　①978-4-7791-1763-3

内容 政治コミュニティを追い求めるブラック・ラディカリズム（ケヴィン・ゲインズ著, 藤永康政訳）〔*02698*〕

ケインズ, ジョン・メイナード　Keynes, John Maynard

◇ケインズ雇用と利子とお金の一般理論—要約（The general theory of employment, interest and money）J.M.ケインズ原著, 山形浩生要約・訳　ポット出版　2011.11　267p　19cm　〈解説 : 飯田泰之〉1500円　①978-4-7808-0171-2

内容 第1巻 はじめに　第2巻 定義と考え方　第3巻 消費性向　第4巻 投資をうながす　第5巻 賃金と価格　第6巻 一般理論が示唆するちょっとしたメモ　〔*02699*〕

◇雇用、利子、お金の一般理論（The general theory of employment, interest, and money）ジョン・メイナード・ケインズ〔著〕, 山形浩生訳　講談社　2012.3　572p　15cm　（講談社学術文庫 2100）〈索引あり〉1500円　①978-4-06-292100-8

内容 第1巻 はじめに　第2巻 定義と考え方　第3巻 消費性向　第4巻 投資の誘因　第5巻 名目賃金と物価　第6巻 一般理論が示唆するちょっとしたメモ　ケインズ氏と「古典派」たち—解釈の一示唆（ジョン・R.ヒックス）〔*02700*〕

◇雇用, 利子および貨幣の一般理論　上（THE GENERAL THEORY OF EMPLOYMENT, INTEREST AND MONEY）ケインズ著, 間宮陽介訳　岩波書店　2012.8　403p　19cm　（ワイド版岩波文庫 353）〈岩波文庫 2008年刊の再刊〉1500円　①978-4-00-007353-0

内容 第1篇 序論（一般理論　古典派経済学の公準　有効需要の原理）　第2篇 定義と概念（単位の選定　産出量と雇用の決定因としての期待　所得、貯蓄および投資の定義　付論 使用費用について　貯蓄と投資の意味—続論）　第3篇 消費性向（消費性向一—客観的要因　消費性向二—主観的要因　限界消費性向と乗数）　第4篇 投資誘因（資本の限界効率　長期期待の状態　利子率の一般論　古典派の利子率理論　付論 マーシャル『経済学原理』、リカード『政治経済学原理』、その他に見られる利子率について　流動性への心理的誘因と営業的誘因　資本の性質に関するくさぐさの考察　利子と貨幣の本質的特性　雇用の一般理論—再論）〔*02701*〕

◇雇用, 利子および貨幣の一般理論　下（THE GENERAL THEORY OF EMPLOYMENT, INTEREST AND MONEY）ケインズ著, 間宮陽介訳　岩波書店　2012.9　259, 47p　19cm　（ワイド版岩波文庫 354）〈岩波文庫 2008年刊の再刊　文献あり 索引あり〉1300円　①978-4-00-007354-7

内容 第5篇 貨幣賃金と物価（貨幣賃金の変化　ピグー教授の『失業の理論』　雇用関数　物価の理論）　第6篇 一般理論の示唆するもの—短い覚書（景気循環に関する覚書　重商主義、高利禁止法、スタンプ付き貨幣および過少消費理論に関する覚書　一般理論の誘う社会哲学—結語的覚書）〔*02702*〕

◇ケインズ全集　第28巻　社会・政治・文学論集（THE COLLECTED WRITINGS OF JOHN MAYNARD KEYNES）ケインズ〔著〕　ドナルド・モグリッジ編, 那須正彦訳　東洋経済新報社　2013.3　626, 61p　22cm　〈索引あり〉15000円　①978-4-492-81328-7

内容 第1章 ケインズとキングズリー・マーティン　第2章 ケインズと古代通貨　第3章 ケインズと芸術　第4章 ヒューム　第5章 雑纂　〔*02703*〕

◇デフレ不況をいかに克服するか—ケインズ1930年代評論集　ジョン・メイナード・ケインズ著, 松川周二編訳　文芸春秋　2013.10　254p　16cm（文春学芸ライブラリー—雑英 2）1120円　①978-4-16-813005-2

内容 1 世界恐慌（経済不況のメカニックス　失業の経済分析 ほか）　2 財政赤字と国債発行（国債借換計画と長期金利　財政危機と国債発行 ほか）　3 自由貿易か、保護貿易か（自由貿易に関するノート　関税に対する賛否両論 ほか）　4 経済社会と国家の介入（国家計画　人口減少の経済的帰結）〔*02704*〕

ゲウエク, J.*　Geweke, John

◇ベイズ計量経済学ハンドブック（The Oxford Handbook of Bayesian Econometrics）John Geweke,Gary Koop,Herman van Dijk〔編〕, 照井伸彦監訳　朝倉書店　2013.9　546p　22cm　〈索引あり〉12000円　①978-4-254-29019-6

内容 第1部 諸原理（処置選択のベイズ推測の諸側面　交換可能性、表現定理、主観性）　第2部 方法（時系列状態空間モデルのためのベイズ推測　柔軟なモデリングとノンパラメトリックモデリング　シミュレーションとMCMC法入門）　第3部 応用（ミクロ計量経済学におけるベイズ法　ベイズ統計によるマクロ計量経済分析　ベイズ手法のマーケティングへの応用　ベイズ統計のファイナンスへの応用）〔*02705*〕

ケヴェール, ジェルジ　Kövér, György

◇身分社会と市民社会—19世紀ハンガリー社会史（Magyarország társadalomtörténete（原著改訂第2版）（抄訳））ケヴェール・ジェルジ著, 平田武訳　刀水書房　2013.2　338p　22cm　（人間科学叢書 45）〈文献あり 索引あり〉4600円　①978-4-88708-408-7

内容 1 解釈枠組み　2 人口—時間と空間の中で　3 構造と軸　4 参加と支配　5 文化の成層構造　6 中間階級の心性をめぐる諸問題　7 定位と移動　〔*02706*〕

ゲエリング

◇コレクション・モダン都市文化　80　出版メディ

ア　和田博文監修　疋田雅昭編　ゆまに書房　2012.6　695p　22cm　〈文献あり 年表あり 「海戦」(金星堂 1924年刊)の複製　「アルキペンコ」(アルス 1926年刊)の複製　「百貨店・白木屋」(洪洋社 1929年刊)の複製　「変態性欲雑考」(時代世相研究社 1931年刊)の複製〉 18000円　①978-4-8433-3458-4
内容 海戦(ゲエリング作, 伊藤武雄訳)　〔02707〕

ゲオルギエフ, ユーリー・V.

◇ゾルゲ事件関係外国語文献翻訳集　no.28　日露歴史研究センター事務局編　〔川崎〕　日露歴史研究センター事務局　2011.1　64p　30cm　〈no.28のタイトル関連情報 : ユーリー・ゲオルギエフ追悼特集号〉 700円
内容 世界的な知名度のあるリヒアルト・ゾルゲ現象(Y.V.ゲオルギエフ著)　〔02708〕

◇ゾルゲ事件関係外国語文献翻訳集　no.29　日露歴史研究センター事務局編　〔川崎〕　日露歴史研究センター事務局　2011.4　55p　30cm　700円
内容 『リヒアルト・ゾルゲ第2次大戦の秘密』より抜粋6(ユーリー・V.ゲオルギエフ著)　〔02709〕

◇ゾルゲ事件関係外国語文献翻訳集　no.31　日露歴史研究センター事務局編　〔川崎〕　日露歴史研究センター事務局　2011.10　61p　30cm　700円
内容 『リヒアルト・ゾルゲ第2次大戦の秘密』より抜粋7(ユーリー・V.ゲオルギエフ著)　〔02710〕

◇ゾルゲ事件関係外国語文献翻訳集　no.32　日露歴史研究センター事務局編　〔川崎〕　日露歴史研究センター事務局　2012.2　52p　30cm　700円
内容 『リヒアルト・ゾルゲ第2次大戦の秘密』より抜粋8(ユーリー・V.ゲオルギエフ著)　〔02711〕

◇ゾルゲ事件関係外国語文献翻訳集　no.33　日露歴史研究センター事務局編　〔川崎〕　日露歴史研究センター事務局　2012.6　58p　30cm　700円
内容 『リヒアルト・ゾルゲ第2次大戦の秘密』より抜粋9(ユーリー・V.ゲオルギエフ著)　〔02712〕

◇ゾルゲ事件関係外国語文献翻訳集　no.34　日露歴史研究センター事務局編　〔川崎〕　日露歴史研究センター事務局　2012.9　58p　30cm
内容 『リヒアルト・ゾルゲ第2次大戦の秘密』より抜粋10(ユーリー・V.ゲオルギエフ著)　〔02713〕

◇ゾルゲ事件関係外国語文献翻訳集　no.35　日露歴史研究センター事務局編　〔川崎〕　日露歴史研究センター事務局　2012.12　54p　30cm
内容 『リヒアルト・ゾルゲ第2次大戦の秘密』より抜粋11(ユーリー・V.ゲオルギエフ著)　〔02714〕

◇ゾルゲ事件関係外国語文献翻訳集　no.36　日露歴史研究センター事務局編　〔川崎〕　日露歴史研究センター事務局　2013.3　65p　30cm　〈文献あり〉 700円
内容 『リヒアルト・ゾルゲ第2次大戦の秘密』より抜粋12(ユーリー・V.ゲオルギエフ著)　〔02715〕

ケーガン, ロバート　Kagan, Robert

◇アメリカが作り上げた“素晴らしき”今の世界(THE WORLD AMERICA MADE)　ロバート・ケーガン著, 副島隆彦監修, 古村治彦訳　ビジネス社　2012.8　254p　19cm　1600円　①978-4-8284-1676-2
内容 第1章 アメリカの存在しない世界はどうだったろうか(各時代の最強国が世界秩序を作り出してきた　戦争を正当な外交政策と考えるアメリカ人 ほか)　第2章 アメリカが作り上げた世界(ヨーロッパが嫌がるアメリカを引き込んだ　アジアから戦争をなくすことはできなかった ほか)　第3章 アメリカ中心の世界秩序の次には何が来るのか?(アメリカ衰退後、世界は多極化するのか?　民主化の波を阻む大国、ロシアと中国 ほか)　第4章 結局のところ、アメリカは衰退に向かっているのか?(大国の衰退はゆっくりと進行する　経済力、軍事力ともにまだアメリカが優位を保っている ほか)　第5章 素晴らしき哉、世界秩序!(衰退という選択と覇権の移譲に対する条件　アメリカのハード・パワーとソフト・パワー ほか)　〔02716〕

ケーゲル, ゲルハルト

◇ユダヤ出自のドイツ法律家(DEUTSCHE JURISTEN JUDISCHER HERKUNFT)　ヘルムート・ハインリッヒス, ハラルド・フランツキー, クラウス・シュマルツ, ミヒャエル・シュトレイス著, 森勇監訳　八王子　中央大学出版部　2012.3　25, 1310p　21cm　(日本比較法研究所翻訳叢書 62)　〈文献あり 索引あり〉 13000円　①978-4-8057-0363-2
内容 国際売買法の先駆者(ゲルハルト・ケーゲル著, 広瀬克巨訳)　〔02717〕

ケーザー, フランク

◇日独交流150年の軌跡　日独交流史編集委員会編　雄松堂書店　2013.10　345p　29cm　〈布装〉 3800円　①978-4-8419-0655-4
内容 ドイツを模範とした日本の医学 他(フランク・ケーザー著, 村瀬天出夫訳)　〔02718〕

ゲシャ ケルサン ギャッツオ　Kelsang Gyatso

◇現代の仏教―知恵と慈悲の道　ゲシェ・ケルサン・ギャッツオ〔著〕　大阪　タルパンヤハン　2012　338p　21cm　〈著作目録あり〉　〔02719〕

ケスキネン, ソイリ　Keskinen, Soili

◇フィンランドの子どもを支える学校環境と心の健康―子どもにとって大切なことは何か　松本真理子, ソイリ・ケスキネン編著　明石書店　2013.9　183p　21cm　2000円　①978-4-7503-3884-2
内容 第1章 子どもにとって大切なことは何か―小学校の物理的環境と学校生活(フィンランドの小学校　就学前教育から生涯教育　特別支援教育　小学生低学年の学校での1日)　第2章 待つことと感謝すること―教師の役割と子どもとの関係(子どもたちを待つこと　子どもに対する感謝と存在を認めること　教師を取り巻く環境)　第3章 思春期の挑戦―中学生の学校生活と将来の夢(中学校の学校生活　フィンランドの中学生と高校生の語り―学校生活と将来について　社会への信頼と不信)　第4章 垣根のない大人と子どものつながり―地域と学校の連携(学校と地域の垣根　地域との連携　子どもたちの読書環境　学童保育　クラブ活動・宗教教育(道徳教育))　第5章 心を支える

大人たち―日本とフィンランドの子どもにおける心の健康調査（スクールサイコロジスト　いじめ対策―KiVaプログラム　児童福祉施設と児童精神科　著者らの研究調査から）　巻末資料 フィンランドの教育事情　〔02720〕

ケ

ケスター, ミヒャエル　Coester, Michael

◇ドイツとヨーロッパの私法と手続法―ダグマール・ケスター＝ヴァルチェン、ミヒャエル・ケスター論文集　ダグマール・ケスター＝ヴァルチェン, ミヒャエル・ケスター著, 新井誠編　日本評論社　2013.11　327p　21cm　〈他言語標題：Deutsches, Europäisches Privat-und Verfahrensrecht〉6300円　①978-4-535-51866-7

内容 ドイツ家族法における親の配慮権紛争 他（ミヒャエル・ケスター著, 松久和彦訳）　〔02721〕

ケスター＝ヴァルチェン, ダグマール　Coester-Waltjen, Dagmar

◇ドイツとヨーロッパの私法と手続法―ダグマール・ケスター＝ヴァルチェン、ミヒャエル・ケスター論文集　ダグマール・ケスター＝ヴァルチェン, ミヒャエル・ケスター著, 新井誠編　日本評論社　2013.11　327p　21cm　〈他言語標題：Deutsches, Europäisches Privat-und Verfahrensrecht〉6300円　①978-4-535-51866-7

内容 性 他（ダグマール・ケスター＝ヴァルチェン著, 佐藤啓子訳）　〔02722〕

ケスラー, デイヴィッド　Kessler, David

◇死は永遠の別れなのか―旅立つ人の最期の証言から（Visions, trips, and crowded rooms）　デイヴィッド・ケスラー著, 渡辺みどり訳　東京書籍　2011.9　266p　19cm　1500円　①978-4-487-80588-4

内容 死に際に見る幻　死にゆく人のことばを信じること　死にゆく人の見る幻　文芸作品における幻　霊的、宗教的な幻　死にゆく人の旅　混み合った部屋　結びのことば　〔02723〕

ケスラー, ロナルド　Kessler, Ronald

◇FBI秘録（The secrets of the FBI）　ロナルド・ケスラー著, 中村佐千江訳　原書房　2012.3　366p　20cm　〈索引あり〉2200円　①978-4-562-04783-3

内容 戦術作戦部隊　沈黙の掟　赤いドレス　極秘ファイル　ウォーターゲートビル侵入事件　ディープ・スロート　プロファイリング　3P　CIAのモグラ　もっとローストビーフを！　ウェイコ事件　奥さまは共同長官　ヴィンス・フォスター自殺の裏側　下っ端捜査官　ハンセン逮捕　『アメリカを売った男』　出所不明の大金　「はい、こちら殺人課のミュラー」　情報部の理念　ザ・センター　追跡　武装した危険な敵　聖戦を説く　ポンジー詐欺の年　仕掛け網　ヨット・パーティー　クリスマスの日　スーツケース核爆弾　スパイ交換　ジェロニモ　最大の脅威　〔02724〕

ゲゼル, シルビオ　Gesell, Silvio

◇ゲゼル全集　第1期10　国家の解体（Der Abbau des Staates, Der Aufstieg des Abendlandes〔etc.〕）　シルビオ・ゲゼル著, 山田明紀訳　アルテ　2013.8　251p　20cm　〈発売：星雲社〉2800円　①978-4-434-18230-3

内容 国家の解体（今日の国家の強化に行きついた動機　国家の解体の範囲）　西洋の興隆　解体された国家（どうしてそういうことになったのか　ドイツ国議会における母親年金　重農主義者の国での調査旅行）　〔02725〕

ゲッセン, マーシャ　Gessen, Masha

◇完全なる証明―100万ドルを拒否した天才数学者（Perfect Rigor）　マーシャ・ガッセン著, 青木薫訳　文芸春秋　2012.4　375p　16cm　（文春文庫 S9-1）　752円　①978-4-16-765181-7

内容 世紀の難問を解いた男　パラレルワールドへの招待　創造への跳躍　天才を育てた魔法使い　数学の天使　満点　幾何学の道に　世界へ　アメリカでの研究　その問題、ポアンカレ予想〔ほか〕　〔02726〕

◇そいつを黙らせろ―プーチンの極秘指令（THE MAN WITHOUT A FACE）　マーシャ・ゲッセン著, 松宮克昌訳　柏書房　2013.7　410p　20cm　〈索引あり〉2600円　①978-4-7601-4282-8

内容 偶然に誕生した大統領　選挙戦　ワルという自伝　かつてスパイだった男　クーデターと改革運動　改革者の末路　メディアが死んだ日　民主主義の崩壊　テロの統治　あくなき強欲　ソビエト連邦への回帰　十二月の一週間　〔02727〕

ゲッセン, K.*　Gessen, Keith

◇私たちは“99%”だ―ドキュメントウォール街を占拠せよ（OCCUPY！）　『オキュパイ！　ガゼット』編集部編, 肥田美佐子訳　岩波書店　2012.4　247p　21cm　2000円　①978-4-00-025778-7

内容 1 ウォール街を占拠せよ（一つの「ノー」、たくさんの「イエス」　トップ一%の真実　アメリカンドリームをあきらめて　いま、立ち上がる　合意の神学ほか）　2「占拠」の風景（ニューヨーク　アトランタ　オークランド　フィラデルフィア　ボストン）　3 過去からの視線（アメリカの危機）　〔02728〕

ケッツ, ハイン　Kötz, Hein

◇ドイツ不法行為法（Deliktsrecht（10th ed.））　ハイン・ケッツ, ゲルハルト・ヴァーグナー著, 吉村良一, 中田邦博監訳　京都　法律文化社　2011.9　398p　22cm　〈索引あり〉7800円　①978-4-589-03343-7

内容 第1章 不法行為法の対象　第2章 不法行為法の歴史的発展　第3章 社会的法治国家における事故法　第4章 責任法の目的　第5章 過失責任の基本要件　第6章 他人の義務違反行為についての責任　第7章 非財産的な人格的利益と純粋財産利益　第8章 危険責任　第9章 欠陥のある製造物に関する責任　第10章 損害賠償給付の種類と範囲　第11章 保険者の求償　〔02729〕

ゲーテ, ヨハン・ヴォルフガング・フォン　Goethe, Johann Wolfgang von

◇ゲーテに学ぶ賢者の知恵　ヨハン・ヴォルフガング・フォン・ゲーテ著, 適菜収編著　大和書房　2011.12　237p　15cm　（だいわ文庫）　648円　①978-4-479-30362-6

内容 対人関係について　成功について　仕事について　趣味について　知性について　自分自身について　才能について　読書について　信仰について　愛につい

て　老いについて　人生について　〔02730〕

ゲート　Gate

◇悟りの錬金術―私を通して至る自由　ゲート著, アン・テファン訳　ナチュラルスピリット　2011.7　251p　19cm　1500円　①978-4-86451-011-0

内容 第1部「私」への旅（私の中の「私」　人生の中で味わう自由　生と死　輪廻と前世　考えと感情　実在と幻想　師匠と弟子　自由意味と選択）　第2部 悟りの錬金術（私を知る修行　考えの主人　生活の中の悟り　真理のもう一つの名前、自由　意識と物質　意識の時限　一切唯心造　私から私へ）　〔02731〕

◇神秘の門　ゲート著, アンテファン訳　ナチュラルスピリット　2013.3　261p　19cm　1500円　①978-4-86451-077-6

内容 1 宇宙の神秘と地球のドキュメンタリー―宇宙という壮快なドラマには地球という主演俳優がいる（不完全の完全志向―天地創造　不調和と会うための神の旅程―人間誕生 ほか）　2 病と死、そして死後の世界―人類の知性が最も怠っていた探求である「死」とその後（宇宙力による病の治癒―共鳴振動　発病と治癒のメカニズム ほか）　3 意識の成長と悟り―真昼の盲人が「悟りはない」あるいは「悟りは不可能だ」などと言う（意識の成長と「大円」の意味　みなさんがすなわち宇宙です ほか）　Epilog マスターゲートが語るマスターゲート（ゲートはシェルパです　匿名にはわけがあります ほか）　〔02732〕

ゲドヴィレネ, ゲヌテ

◇自由への変革と市民教育　不破和彦編訳　青木書店　2011.2　182p　22cm　2500円　①978-4-250-21102-7

内容 リトアニアの成人教育（ゲヌテ・ゲドヴィレネ, エレナ・ミツクナイテ, ニヨレ・ブルクシャイティエネ著）　〔02733〕

ケトル, ドナルド　Kettl, Donald F.

◇なぜ政府は動けないのか―アメリカの失敗と次世代型政府の構想　ドナルド・ケトル著, 稲継裕昭監訳, 浅尾久美子訳　勁草書房　2011.10　266p　20cm　2900円　①978-4-326-35156-5

内容 第1章 ミルドレッドとハリケーン・カトリーナ　第2章 ネットワーク化した政府の直面する課題　第3章 責任のとれない政府　第4章 問題の定型度に応じた対処法　第5章 プレートの動く国　第6章 ロケット科学の秘密　第7章 次世代のアメリカ政府　付章 次世代のアメリカ政府のためのアクションプラン　〔02734〕

ケナリー, ヘレン　Kennerley, Helen

◇認知行動療法臨床ガイド（An Introduction to Cognitive Behaviour Therapy）　デヴィッド・ウェストブルック, ヘレン・ケナリー, ジョアン・カーク著, 下山晴彦監訳, 石丸径一郎, 小堀彩子, 高橋美保, 袴田優子, 松沢広和, 森田慎一郎訳　金剛出版　2012.11　447p　26cm　〈文献あり 索引あり〉5200円　①978-4-7724-1271-1

内容 第1部 基本的特徴（CBTの基本理論とその発展　CBTは他の心理療法とどこが違うのか―CBTの特徴）　第2部 基本的方法（協働関係　アセスメントとフォーミュレーション　CBTにおける効果測定　クライエントが自分自身のセラピストとなるために）　第3部 技法（ソクラテス式問答法　認知技法　行動実験　身体技法　介入の過程）　第4部 各障害への適用（うつ病　不安障害　不安障害―特定モデルと介入プロトコル）　第5部 発展と応用（CBTの新たな提供方法　CBTの新たな展開　CBT実践の評価　CBTにスーパーヴィジョンを用いる）　〔02735〕

ケニオン, トム　Kenyon, Tom

◇ハトホルの書―アセンションした文明からのメッセージ（The Hathor material）　トム・ケニオン, ヴァージニア・エッセン著, 紫上はとる訳　改訂版　ナチュラルスピリット　2011.5　332p　21cm　〈付属資料（CD1枚 12cm）：ハトホルのサウンド・メディテーション 付（8p）：光の薬〉2870円　①978-4-86451-002-8

内容 ハトホルとはだれか、そしてなぜ地球にやって来たのか　エネルギー体としての人間　感情と人類の進化　みずからを開くことへの怖れ　均衡のピラミッド　アセンションの上昇螺旋　混乱のなかで安定を確立する　聖なる四大元素　支点　鍵としての音　運命を変える　力の聖勞　いまだ問われざる問い　〔02736〕

◇新・ハトホルの書―アセンションした文明からのメッセージ（THE HATHOR MATERIAL（原著増補改訂版））　トム・ケニオン著, 紫上はとる訳　ナチュラルスピリット　2013.12　325p　21cm　〈「ハトホルの書」改訂版（2011年刊）の改題、増補改訂版〉2600円　①978-4-86451-103-2　〔02737〕

ケニヤッタ

◇ちくま哲学の森　1　生きる技術　鶴見俊輔, 安野光雅, 森毅, 井上ひさし, 池内紀編　筑摩書房　2011.9　420p　15cm　1200円　①978-4-480-42861-5

内容 ケニヤ山のふもと（ケニヤッタ著, 野間寛二郎訳）　〔02738〕

ケネー, フランソワ　Quesnay, François

◇経済表（TABLEAU ÉCONOMIQUE）　ケネー〔著〕, 平田清明, 井上泰夫訳　〔改版〕　岩波書店　2013.3　312p　15cm　（岩波文庫 34-102-1）　840円　①978-4-00-341021-9

内容 経済表第一版（一七五八年）　経済表第二版（一七五九年）　経済表第三版（一七五九年）　経済表の分析（一七六六年）　（第一）経済問題（一七六六年）　第二経済問題（一七六七年）　農業王国の経済統治の一般準則とそれら準則に関する注（一七六七年）　〔02739〕

ケネディ, ジョン・F.　Kennedy, John Fitzgerald

◇ジョン・F.ケネディ ホワイトハウスの決断―ケネディ・テープ50年後明かされた真実（LISTENING IN）　テッド・ウィドマー編集　世界文化社　2013.11　413p　22cm　〈訳：鈴木淑美ほか　文献あり〉2400円　①978-4-418-13232-4　〔02740〕

ケネディ, スーザン　Kennedy, Susan

◇ビジュアル歴史図鑑20世紀（20th CENTURY）　R.G.グラント, サリー・レーガン, スーザン・ケネディ著, リチャード・オーバリー監修・序文, 尾沢和幸訳　日経ナショナルジオグラフィック社　2013.9　319p　25cm　（NATIONAL GEOGRAPHIC）〈年表あり 索引あり　発売

：日経BPマーケティング〉4600円 ①978-4-86313-194-1
内容 1900‐09 1910‐19 1920‐29 1930‐39 1940‐49 1950‐59 1960‐69 1970‐79 1980‐89 1990‐ 〔02741〕

◇ZOOM大図鑑―世界に近づく、世界を見わたす（Zoom Encyclopedia） マイク・ゴールドスミス, スーザン・ケネディ, スティーブ・パーカー, キャロル・ストット, イザベル・トーマス, ジョン・ウッドワード文, 伊藤伸子訳 京都 化学同人 2013.11 249p 31×26cm 3800円 ①978-4-7598-1550-4
内容 自然 人間の体 地球 人と場所 芸術と文化 歴史 科学と技術 宇宙 〔02742〕

ケネディ, ダンカン

◇結果志向の法思考―利益衡量と法律家的論証（Entscheidungsfolgen als Rechtsgrunde） グンター・トイブナー編, 村上淳一, 小川浩三訳 東京大学出版会 2011.9 236p 22cm 〈索引あり〉 4800円 ①978-4-13-031185-4
内容 裁判の帰結（ダンカン・ケネディ著） 〔02743〕

ケネディ, ダン・S. Kennedy, Dan S.

◇屁理屈なし社長のための時間の使い方（No B.S. time management for entrepreneurs） ダン・ケネディ著, 小川忠洋監訳 大阪 ダイレクト出版 2010.4 230p 22cm 3790円 ①978-4-904884-00-3 〔02744〕

◇億万長者の不況に強いビジネス戦略―ダン・S.ケネディの"屁理屈"なし実戦ビジネスMBA（No B.S.business success in the new economy） ダン・S.ケネディ著, 小川忠洋監訳 大阪 ダイレクト出版 2010.7 350p 22cm 〈著作目録あり〉 3800円 ①978-4-904884-02-7 〔02745〕

◇億万長者のお金を生み出す26の行動原則―ダン・S.ケネディの"屁理屈"なし実戦ビジネスMBA（No B.S.wealth attraction for entrepreneurs） ダン・S.ケネディ著, 小川忠洋監訳 大阪 ダイレクト出版 2010.10 238p 22cm 〈文献あり 著作目録あり〉 3800円 ①978-4-904884-03-4 〔02746〕

◇ダン・S.ケネディの世界一シビアな「社長力」養成講座（No B.S.ruthless management of people & profits） ダン・S.ケネディ著 大阪 ダイレクト出版 2011.11 341p 22cm 3800円 ①978-4-904884-24-9 〔02747〕

◇潜在意識が答えを知っている！（The new psycho-cybernetics） マクスウェル・マルツ著, ダン・S.ケネディ編, 田中孝顕訳 ポケット版 きこ書房 2012.1 317p 19cm 1100円 ①978-4-87771-288-4
内容 人間は本来、成功するようにできている 人生を決定づける自己イメージ 人間だけがもつ「成功本能」 明確なイメージが実行への原動力となる イマジネーションで明らかになる「本当のあなた」 ネガティブな思い込みや行動が失敗を生む どんな問題でも解決してくれる「自動成功メカニズム」 いくつもの逆境を乗り越え幸せになる方法 「成功型」人格を手に入れる最も効果的な手段 「自動失敗メカニズム」の作動を告げる危険信号 健全な自尊心があなたを守る 創造的な自己を発揮することを恐れない 自分自身に備わる力で不安を克服する プレッシャーに負けない強人間になる 勝利の感覚だけを常に抱きつづける 「サイコ＝サイバネティクス」で幸せを手に入れる 〔02748〕

ケネディ, デイン Kennedy, Dane Keith

◇アフリカ・オーストラリア探検における現地仲介者たち デイン・ケネディ著, 小樽周夫訳 成城大学研究機構グローカル研究センター 2012.8 49p 26cm （Seijo CGS reports no.2） 〈他言語標題：Indigenous intermediaries in the exploration of Africa and Australia 文献あり 英語併載〉 ①978-4-906845-02-6 〔02749〕

ケネディ, ポール Kennedy, Paul M.

◇世界の運命―激動の現代を読む ポール・ケネディ著, 山口瑞彦訳 中央公論新社 2011.6 241p 18cm （中公新書 2114） 800円 ①978-4-12-102114-4
内容 1 この世界の戦争と平和（火星と金星―対照的な我々の世界 石油と食糧の交換取引に新たな展開も？ ほか） 2 国家vs.金融（地球規模の繁栄に必要なのは、正統性と言語と位置である バーニー・マドフ、現代の「錬金術師」 ほか） 3 ああ、アメリカ（大使館、売り出し中 数字が物を言う時代 ほか） 4 諸国家の興亡（ウゴ・チャベスとアダム・スミス プーチンのロシアが心配なら、これをお読みなさい ほか） 5 リーダーたちと民主主義（なぜ政治家は少しも黙っていられないのか 大統領万歳！…しかし大統領はどこにいる？ ほか） 〔02750〕

◇第二次世界大戦影の主役―勝利を実現した革新者たち（Engineers of Victory） ポール・ケネディ著, 伏見威蕃訳 日本経済新聞出版社 2013.8 486p 図版16p 22cm 〈文献あり 索引あり〉 3500円 ①978-4-532-16886-5
内容 第1章 いかに輸送船団が大西洋を無事に渡れるようにしたか 第2章 いかに制空権を勝ち取ったか 第3章 いかに電撃戦を食い止めたか 第4章 いかに敵が堅守する海岸を奪取したか 第5章 いかに"距離の暴威"を打ち負かしたか 結び 歴史上の問題解決 〔02751〕

ケネディ, ロバート

◇BOPビジネス市場共創の戦略（Next generation business strategies for the base of the pyramid） スチュアート・L.ハート, テッド・ロンドン編著, 清川幸美訳 英治出版 2011.8 347p 20cm 2200円 ①978-4-86276-111-8
内容 4つのイノベーション（ロバート・ケネディ, ジャクリーン・ノヴォグラッツ著） 〔02752〕

ケネバン, ピーター Kenevan, Peter

◇日本の未来について話そう―日本再生への提言（Reimagining Japan） マッキンゼー・アンド・カンパニー責任編集, クレイ・チャンドラー, エアン・ショー, ブライアン・ソーズバーグ編著 小学館 2011.7 416p 19cm 1900円 ①978-4-09-388189-0
内容 日本のハイテク企業を再起動させる4つのモデル（インゴ・ベイヤー フォン モルゲンスターン, ピー

ター・ケネバン, ウルリヒ・ネーアー著）〔02753〕

ゲーノ, ジャン・マリー

◇世界平和への冒険旅行―ダグ・ハマーショルドと国連の未来（The Adventure of Peace）　ステン・アスク, アンナ・マルク＝ユングクヴィスト編, ブライアン・アークハート, セルゲイ・フルシチョフ他著, 光橋翠訳　新評論　2013.7　358p　20cm　〈文献あり 年譜あり〉3800円　①978-4-7948-0945-2

内容 ピースキーパー（ジャン・マリー・ゲーノ著）〔02754〕

ゲバラ, エルネスト・チェ　Guevara, Ernesto Che

◇チェ・ゲバラ革命日記（DIARIO DE UN COMBATIENTE）　エルネスト・チェ・ゲバラ著, 柳原孝敦訳　原書房　2012.6　467, 9p 図版40p　20cm　〈索引あり〉1900円　①978-4-562-04788-8

内容 1956年一二月　1957年一～八月　1958年四～一二月　付録（シエラ・マエストラ資料集　ラス・ビジャス資料集）〔02755〕

ケヒリー, メアリー・ジェーン　Kehily, Mary Jane

◇みんな大切！―多様な性と教育（Everyone is special！）　ローリ・パケット編, 橋本紀子監訳, 艮香織, 小宮明彦, 杉田真衣, 渡辺大輔訳　新科学出版社　2011.3　195p　22cm　2500円　①978-4-915143-39-7

内容 モア・シュガー？ 若者・ティーン雑誌・セクシュアリティ（メアリー・ジェーン・ケヒリー著, 杉田真衣訳）〔02756〕

ケーブル, ウルズラ

◇法発展における法ドグマーティクの意義―日独シンポジウム　松本博之, 野田昌吾, 守矢健一編　信山社　2011.2　367p　22cm　（総合叢書 8（ドイツ法））〈会期・会場 ： 2009年2月18日～21日 フライブルグ大学法学部〉12000円　①978-4-7972-5458-7

内容 社会保障法（Sozialrecht）における解釈論（Dogmatik）の意義（ウルズラ・ケーブル著, 木下秀雄訳）〔02757〕

ケペル, ジル　Kepel, Gilles

◇中東戦記―ポスト9・11時代への政治的ガイド（Chronique d'une guerre d'orient）　ジル・ケペル著, 池内恵訳・解説　講談社　2011.9　245p　19cm　（講談社選書メチエ 508）〈著作目録あり〉1600円　①978-4-06-258510-1

内容 第1部 ポスト9・11時代の中東（エジプトを嗅ぐ　レバントの街道をゆく　ペルシア湾岸の活況　エジプトに還る）　第2部 インティファーダの聖地（イスラエルとパレスチナ―紛争の日録）　第3部 傷ついたアメリカ（グラウンド・ゼロから）〔02758〕

ケラー, ジョージ　Keller, George

◇無名大学を優良大学にする力―ある大学の変革物語（TRANSFORMING A COLLEGE）　ジョージ・ケラー著, 堀江未来監訳　学文社　2013.11　128p　19cm　1600円　①978-4-7620-2406-1〔02759〕

ケラー, ジョン・M.　Keller, John M.

◇インストラクショナルデザインとテクノロジ―教える技術の動向と課題（TRENDS AND ISSUES IN INSTRUCTIONAL DESIGN AND TECHNOLOGY（原著第3版））　R.A.リーサー, J.V.デンプシー編　京都　北大路書房　2013.9　690p　21cm　〈訳 ： 半田純子ほか　索引あり〉4800円　①978-4-7628-2818-8

内容 学習意欲・意志とパフォーマンス（ジョン・M.ケラー, マルクス・ダイマン著, 椿本弥生訳）〔02760〕

ケラー, ティモシー　Keller, Timothy J.

◇「放蕩」する神―キリスト教信仰の回復をめざして（The prodigal God）　ティモシー・ケラー著, 広橋麻子訳　いのちのことば社　2011.1　143p　19cm　1300円　①978-4-264-02912-0

内容 第1章 イエスとその周辺の人々―「みな、イエスの話を聞こうとして、近寄ってきた」　第2章 失われた二人の息子―「ある人に息子がふたりあった」　第3章 罪とは？―罪の再定義「長年の間、私はお父さんに仕え、戒めを破ったことは一度もありません」　第4章 失われるとは？―逃避の再定義「兄はおこって、家に入ろうともしなかった」　第5章 本当の兄なら―「子よ、私のものは、全部おまえのものだ」　第6章 のぞみとは？―希望の再定義「何もかもまとめて遠い国に旅立った」　第7章 父の宴会―「音楽や踊りの音が聞こえて来た」〔02761〕

◇偽りの神々―かなわない夢と唯一の希望（COUNTERFEIT GODS ： The Empty Promises of Money, Sex, and Power, and the Only Hope that Matters）　ティモシー・ケラー著, 広橋麻子訳　いのちのことば社　2013.1　254p　19cm　1400円　①978-4-264-03072-0

内容 序章 偶像工場　第1章 あなたがほしいものすべて　第2章 愛こそすべて？　第3章 金銭はすべてを変える　第4章 成功への誘惑　第5章 権力と栄光　第6章 日常に隠された偶像　第7章 偽りの神々の終焉　終章 偶像交換〔02762〕

ケラー, ヘレン　Keller, Helen Adams

◇ちくま哲学の森　4　いのちの書　鶴見俊輔, 安野光雅, 森毅, 井上ひさし, 池内紀編　筑摩書房　2011.12　434p　15cm　1200円　①978-4-480-42864-6

内容 暁を見る（ヘレン・ケラー著, 岩橋武夫訳）〔02763〕

◇私の宗教―ヘレン・ケラー、スウェーデンボルグを語る（MY RELIGION）　ヘレン・ケラー著, 高橋和夫, 鳥田恵訳　決定版　未来社　2013.12　199p　20cm　〈初版のタイトル等 ： ヘレン・ケラー光の中へ（めるくまーる 1992年刊）〉1800円　①978-4-624-10046-9〔02764〕

ゲーラック, ヘンリー

◇新戦略の創始者―マキアヴェリからヒトラーまで　上（Makers of modern strategy）　エドワード・ミード・アール編著, 山田積昭, 石塚栄, 伊藤博邦訳　原書房　2011.3　383p　20cm　〈1978年刊の新版〉2800円　①978-4-562-04674-4

内容 戦争に及ぼした科学の影響―ヴォーバン（ヘンリー・ゲーラック著, 山田積昭訳）〔02765〕

ケ

ゲーラット, クリスチャン
◇世界の中の柳田国男　R.A.モース, 赤坂憲雄編, 菅原克也監訳, 伊藤由紀, 中井真木訳　藤原書店　2012.11　326p　22cm　〈他言語標題：Yanagita Kunio Studies Around the World　文献あり〉4600円　①978-4-89434-882-0
内容 はじめに（ロナルド・A.モース, クリスチャン・ゲーラット執筆）〔02766〕

ケラーマン, バーバラ　Kellerman, Barbara
◇ハーバード大学特別講義リーダーシップが滅ぶ時代（THE END OF LEADERSHIP）　バーバラ・ケラーマン著, 板谷いさ子訳　ソフトバンククリエイティブ　2013.3　316p　20cm　〈文献あり〉1600円　①978-4-7973-7177-2
内容 二十一世紀のリーダーシップ、そしてフォロワーシップ　第1部 パワーシフト（歴史的軌跡―衰えゆくリーダーの力　文化的制約―対等な立場で勝負する避けられない技術革命―テクノロジーに振り回される）　第2部 時代の変遷（社会契約―むしばまれる信頼関係　今アメリカで―弱体化するリーダー　世界的な動き―勢いづくフォロワー）　第3部 パラダイムシフト（リーダーシップビジネス―リーダーシップ大流行の中で　特別講義完了―現代に求められるリーダーとは）〔02767〕

ゲラン, イザベル
◇連帯経済―その国際的射程（L'économie solidaire）　ジャン＝ルイ・ラヴィル編, 北島健一, 鈴木岳, 中野佳裕訳　生活書院　2012.1　389p　19cm　〈索引あり　文献あり〉3400円　①978-4-903690-87-2
内容 連帯経済とジェンダー（イザベル・ゲラン著, 中野佳裕訳）〔02768〕

ケリー, ポール　Kelly, Paul
◇多元主義と多文化主義の間―現代イギリス政治思想史研究　佐藤正志, ポール・ケリー編　早稲田大学出版部　2013.3　321p　21cm　（早稲田大学現代政治経済研究所研究叢書）　5800円　①978-4-657-13005-1
内容 イギリス政治理論における多文化主義の再検討（ポール・ケリー著, 高山裕二訳）〔02769〕

ケリー, マイケル
◇異文化コミュニケーション学への招待　鳥飼玖美子, 野田研一, 平賀正子, 小山亘編　みすず書房　2011.12　484p　22cm　〈他言語標題：Introduction to Intercultural Communication Studies〉6000円　①978-4-622-07659-9
内容 ヨーロッパにおける異文化コミュニケーション研究（マイケル・ケリー著, 斉藤美野訳）〔02770〕

ケリー, ロビン・D.G.　Kelley, Robin D.G.
◇フリーダム・ドリームス―アメリカ黒人文化運動の歴史的想像力（Freedom dreams）　ロビン・D.G.ケリー著, 高広凡子, 篠原雅武訳　京都　人文書院　2011.11　380p　20cm　〈索引あり　文献あり〉4500円　①978-4-409-23046-6
内容 「歴史が眠るとき」―はじまり　第1章 新天地の夢　第2章 「黒人問題」―黒人解放の赤い夢　第3章 「東から鳴り響く」―夢見る第三世界　第4章 「報いの日」―補償の夢　第5章 「人生という名の戦場」―黒人フェミニストの夢　第6章 (超) 現実的に生きる―不可思議なものの夢　「歴史が目を覚ますとき」―新しいはじまり〔02771〕

ケリー, J.N.D.　Kelly, John Norman Davidson
◇初期キリスト教信条史（Early Christian creeds (3rd edition)）　J.N.D.ケリー〔著〕, 服部修訳　札幌　一麦出版社　2011.12　471p　23cm　6800円　①978-4-86325-024-6〔02772〕

ケリガン, マイケル　Kerrigan, Michael
◇図説アメリカ大統領―権力と欲望の230年史（American presidents）　マイケル・ケリガン著, 高尾菜つこ訳　原書房　2012.3　318p　21cm　〈索引あり〉3800円　①978-4-562-04763-5
内容 序章 大統領職の誕生　第1章 建国の父―奴隷所有者と姦通者　第2章 腐敗した統合体　第3章 国家の分裂　第4章 南北戦争と再建　第5章 忘れられた大統領たち―欺瞞と愚行　第6章 大国―産業界との癒着　第7章 恐慌と大戦―偉大なる詐欺師たち　第8章 冷戦―秘密の策略家たち　第9章 国際舞台―メディア、ミサイル、不正行為〔02773〕

◇イギリスの歴史―ビジュアル版（History of Britain and Ireland）　R.G.グラント, アン・ケイ, マイケル・ケリガン, フィリップ・パーカー著, 田口孝夫, 田中英史, 丸川桂子訳　東洋書林　2012.11　400p　29cm　〈索引あり〉15000円　①978-4-88721-800-0
内容 1 ブリトン人と侵略者―1066年まで　2 中世のイギリス―1066‐1485　3 テューダー朝とステュアート朝―1485‐1688　4 勢力の増大―1688‐1815　5 工業と帝国―1815‐1914　6 現代―1914年以降〔02774〕

◇第二次世界大戦秘録幻の作戦・兵器1939-45（World War 2 plans that never happened）　マイケル・ケリガン著, 石津朋之監訳, 餅井雅大訳　大阪　創元社　2013.1　192p　25cm　〈文献あり 索引あり〉2400円　①978-4-422-21526-6
内容 第1章 1939‐1941年（ストラトフォード作戦（イギリスによるスカンジナビア侵攻作戦）　ウィルフレッド作戦/R4計画（イギリスによるノルウェー侵攻計画）ほか）　第2章 1942年（タルサ作戦（アメリカによるラバウル侵攻作戦）　ヘラクレス作戦（ドイツによるマルタ島侵攻計画）ほか）　第3章 1943年（ラウンドアップ作戦（アメリカによるヨーロッパ侵攻計画）　コンステレーション作戦（イギリスによるチャネル諸島奪還作戦）ほか）　第4章 1944年（ブリムストーン作戦（連合国によるサルディーニャ侵攻計画）　ブルドーザー作戦（イギリスによるアキャブ侵攻計画）ほか）　第5章 1945年（「その発想はなかった」作戦（イギリスによるソ連攻撃計画）　アクチオン24（ドイツによるヴィスワ川への自爆攻撃）ほか）〔02775〕

ゲーリーバッゼ, アレクサンダー
◇日本企業のイノベーション・マネジメント（Manegment of Technology and Innovation in Japan）　コルネリウス・ヘルシュタット, クリストフ・シュトゥックシュトルム, ヒューゴ・チルキー, 長平彰夫編著, 長平彰夫監訳, 松井憲一, 名取隆, 高橋修訳　同友館　2013.6　433p　22cm

〈執筆 ： マリアン・バイゼほか 索引あり〉 3800円 ①978-4-496-04912-5
内容 日本および欧州の大企業における国際的なイノベーションおよび知識フロー(アレクサンダー・ゲーリーバッゼ著) 〔02776〕

ケリー‐ラドフォード, リリィ
◇リーダーシップ開発ハンドブック (The center for creative leadership) C.D.マッコーレイ,R.S.モクスレイ,E.V.ヴェルサ編, 金井寿宏監訳, 嶋村伸明, リクルートマネジメントソリューションズ組織行動研究所訳 白桃書房 2011.3 463p 22cm 〈文献あり 索引あり〉 4700円 ①978-4-561-24546-9
内容 フィードバック・インテンシブ・プログラム(ヴィクトリア・A.ガスリー, リリィ・ケリー‐ラドフォード著) 〔02777〕

ケリング, ジョージ
◇環境犯罪学と犯罪分析 (Environmental criminology and crime analysis) リチャード・ウォートレイ, ロレイン・メイズロール編, 島田貴仁, 渡辺昭一監訳, 斉藤知範, 雨宮護, 菊池城治, 畑倫子訳 社会安全研究財団 2010.8 313p 26cm 〈文献あり〉 ①978-4-904181-13-3
内容 割れ窓理論と警察活動(マイケル・ウェイジャーズ, ウィリアム・スーザ, ジョージ・ケリング著, 雨宮護訳) 〔02778〕

ケール, メダルド　Kehl, Medard
◇今に生きる教会—カトリックの教会論 (DIE KIRCHE) メダルド・ケール著, 中野正勝訳 サンパウロ 2013.6 587, 84p 21cm (現代カトリック思想叢書 26) 4300円 ①978-4-8056-0477-9 〔02779〕

ゲルシェル, アラン
◇取調べの可視化へ!—新たな刑事司法の展開 指宿信編 日本評論社 2011.7 280p 21cm 〈年表あり〉 2400円 ①978-4-535-51836-0
内容 取調べの録音/録画を義務づけるアメリカ諸州の法制度(アラン・ゲルシェル著, 岩川直子, 指宿信訳) 〔02780〕

ケルステン, ホルガー　Kersten, Holger
◇イエス復活と東方への旅—誕生から老齢期までのキリストの全生涯 (Jesus lived in India) ホルガー・ケルステン著, 佐藤充良訳 たま出版 2012.3 449, 10p 20cm 〈年譜あり 索引あり 文献あり〉 2800円 ①978-4-8127-0339-7
内容 1 イエスの知られざる日々 2 イエスとは誰か? 3 モーセと神の子たち 4 イエスの幼年時代 5 西洋における東洋の叡智 6 イエスの秘密 7 聖骸布—イエスの遺物 8「死」と「復活」 9 磔の後 付録 〔02781〕

ケルゼン, ハンス　Kelsen, Hans
◇ハンス・ケルゼン著作集 3 自然法論と法実証主義 ハンス・ケルゼン〔著〕 黒田覚, 宮崎繁樹, 上原行雄, 長尾竜一訳 日の出町(東京都) 慈学社出版 2010.9 318p 22cm 〈発売 : 大学図書〉 5800円 ①978-4-903425-47-4
内容 自然法思想論 長尾竜一 訳. 自然法論と法実証主義の哲学的基礎 黒田覚 訳. 科学の法廷における自然法論 上原行雄 訳. 正義とは何か 宮崎繁樹 訳. なぜ法に従うべきか? 長尾竜一 訳. 自然法論と法実証主義 長尾竜一 訳. 附録 : 自然法論と社会学 アドルフ・メンツェル 著, 長尾竜一 訳. ケルゼンの書評 アドルフ・メンツェル 著, 長尾竜一 訳 〔02782〕
◇ハンス・ケルゼン著作集 6 神話と宗教 ハンス・ケルゼン著, 長尾竜一訳 日の出町 慈学社出版 2011.9 492p 21cm 〈発売 : 大学図書〉 8800円 ①978-4-903425-48-1
内容 ダンテの国家論(一九〇五年) 神と国家(一九二二・三年) 霊魂信仰の社会学(一九三七年) 因果と応報(一九四一年) 応報律と因果律(一九四一年) 因果と帰報(一九五〇年) 聖書における正義(一九五三年) 附録 〔02783〕

ゲルツ, ハンス‐ユルゲン
◇宗教改革者の群像 〔マルティン・グレシャト〕〔編〕, 日本ルター学会編訳 知泉書館 2011.11 449, 18p 22cm 〈索引あり 文献あり〉 8000円 ①978-4-86285-119-2
内容 トーマス・ミュンツァー(ジークフリート・ブロイアー, ハンス‐ユルゲン・ゲルツ著, 木塚隆志訳) 〔02784〕

ゲルツァー, マティアス　Gelzer, Matthias
◇ローマ政治家伝 1 カエサル (Caesar (原著第6版)) マティアス・ゲルツァー著, 長谷川博隆訳 名古屋 名古屋大学出版会 2013.8 404, 11p 22cm 〈年譜あり 索引あり〉 4600円 ①978-4-8158-0735-1
内容 第1章 政治的背景 第2章 政治世界への登場と栄達 第3章 執政官職 第4章 執政官代理職 第5章 内乱 第6章 勝利と破局 〔02785〕
◇ローマ政治家伝 2 ポンペイウス (Pompeius (2.Aufl.)) マティアス・ゲルツァー著, 長谷川博隆訳 名古屋 名古屋大学出版会 2013.8 271, 8p 21cm 〈原著第2版〉 4600円 ①978-4-8158-0736-8
内容 第1章 序説 第2章 権力の座に 第3章 レピドゥスの蜂起とセルトリウス戦争 第4章 第一次執政官職 第5章 海賊戦争 第6章 ミトラダテス戦争と東方の新秩序 第7章 帰還 第8章 三頭同盟 第9章 三頭同盟の更新と第二次執政官職 第10章 第三次執政官職 第11章 内乱の勃発 第12章 デュッラキオン、ファルサロス、最期 〔02786〕

ゲルテマーカー, ハイケ・B　Görtemaker, Heike B.
◇ヒトラーに愛された女—真実のエヴァ・ブラウン (Eva Braun) ハイケ・B.ゲルテマーカー著, 酒寄進一訳 東京創元社 2012.1 336, 7p 20cm 〈年表あり 索引あり 文献あり〉 2800円 ①978-4-488-00382-1
内容 邂逅(ハインリヒ・ホフマン・スタジオ 第一次世界大戦後のミュンヘン ブラウン家 ヒトラーとともに権力の頂点へ) 拮抗する世界(国家社会主義のなかの女たち 総統神話あるいは私人ヒトラー 愛人と内輪グループの人々 オーバーザルツベルクの生活) 破滅(戦時下の孤立 一九四四年七月二十日とその波紋 ベルリン攻防戦 死を越えて) 〔02787〕

ケ

ケ

ゲルテマーカー, マンフレート Görtemaker, Manfred
◇ヴァイマル イン ベルリン―ある時代のポートレート（Weimar in Berlin） マンフレート・ゲルテマーカー, プロイセン文化財団映像資料館編, 岡田啓美, 斎藤尚子, 茂幾保代, 渡辺芳子訳 三元社 2012.3 219p 25cm 〈年表あり 索引あり 文献あり〉 5800円 ①978-4-88303-301-0
内容 戦いの狭間で（マンフレート・ゲルテマーカー著, 斎藤尚子訳） 〔02788〕

ゲルマン, スザンネ
◇日独交流150年の軌跡 日独交流史編集委員会編 雄松堂書店 2013.10 345p 29cm 〈布装〉 3800円 ①978-4-8419-0655-4
内容 エルヴィン・ベルツ（スザンネ・ゲルマン著, 村瀬天出夫訳） 〔02789〕

ゲルマン, E.I.
◇沿海州渤海古城クラスキノ古城の機能と性格―論集 青山学院大学クラスキノ土城発掘調査団, ロシア科学アカデミー極東支部諸民族歴史学・考古学・民族学研究所〔著〕, 清水信行監修 青山学院大学文学部史学科 2013.3 164p 30cm 〈他言語標題 : Краскинское городище Приморья－характер и Функциональное назначение 文献あり 英語併載〉
内容 クラスキノ古城の土器（E.I.ゲルマン著, 垣内あと訳） 〔02790〕

ケルマン, H.* Kelman, Herbert C.
◇紛争と平和構築の社会心理学―集団間の葛藤とその解決（INTERGROUP CONFLICTS AND THEIR RESOLUTION） ダニエル・バル・タル編著, 熊谷智博, 大淵憲一監訳 京都 北大路書房 2012.10 375p 21cm 〈索引あり〉 4000円 ①978-4-7628-2787-7
内容 紛争の知覚（Ronald James Fisher, Herbert C. Kelman著, 熊谷智博訳） 〔02791〕

ゲルラク, スザンヌ Guerlac, Suzanne
◇デリダ―政治的なものの時代へ（Derrida and the time of the political） フェン・チャー, スザンヌ・ゲルラク編, 藤本一勇, 沢里岳史編訳 岩波書店 2012.1 296p 20cm 3900円 ①978-4-00-024038-3
内容 赦しの脆さ（デリダとリクール）（スザンヌ・ゲルラク著） 〔02792〕

ゲレス, リチャード・J. Gelles, Richard J.
◇パートナー暴力―男性による女性への暴力の発生メカニズム（What causes men's violence against women?） ミッシェル・ハーウェイ, ジェームズ・M.オニール編著, 鶴元春訳 京都 北大路書房 2011.9 303p 21cm 〈文献あり〉 3700円 ①978-4-7628-2763-1
内容 男性犯罪者―データからの理解（リチャード・J.ゲレス） 〔02793〕

ケレーニイ, カール Kerényi, Karl
◇医神アスクレピオス―生と死をめぐる神話の旅（Der göttliche Arzt） カール・ケレーニイ著, 岡田素之訳 新装復刊 白水社 2012.5 172p 20cm 〈1997年刊の複製〉 2800円 ①978-4-560-08226-3
内容 1 ローマのアスクレピオス 2 エピダウロスの治療 3 コス島におけるアスクレピオスの息子たち 4 ホメロスに描かれた医師の神人たちと神々の医師 5 テッサリア地方の起源 〔02794〕

ゲン, カイギョク* 厳 海玉
◇東アジア平和共同体の構築と国際社会の役割―「IPCR国際セミナー」からの提言 宗教平和国際事業団, 世界宗教者平和会議日本委員会編, 真田芳憲監修 佼成出版社 2011.9 336, 4p 18cm （アーユスの森新書 003 中央学術研究所編） 900円 ①978-4-333-02507-7
内容 東アジア各国の二重国籍の歴史から見る衝突から緩和（厳海玉述, 崔延花訳） 〔02795〕

ゲン, キイク* 厳 基郁
◇グローバル時代における結婚移住女性とその家族の国際比較研究 中嶋和夫監修, 尹靖水, 近藤理恵編著 学術出版会 2013.3 267p 22cm （学術叢書） 〈発売 : 日本図書センター〉 4200円 ①978-4-284-10384-8
内容 オーストラリアの移民政策と結婚移住女性（厳基郁執筆, 李志嬉訳） 〔02796〕

ゲン, ケイエイ* 元 恵栄
⇒ウォン, ヘヨン*

ゲン, ジョウカン* 玄 丞桓
⇒ヒョン, スンファン*

ケン, ジンシュク 権 仁淑
⇒クォン, インスク

ケン, チンコウ* 権 鎮浩
⇒クォン, ジンホ*

ケーン, トニー Kahane, Tony
◇エビデンスに基づく子ども虐待の発生予防と防止介入―その実践とさらなるエビデンスの創出に向けて（Preventing child maltreatment） トニー・ケーン編, アレキサンダー・ブッチャー, アリソン・フィネイ・ハーベイ, マーセリーナ・ミアン, ティルマン・フュルニス著, 藤原武男, 水木理恵監訳, 坂戸美和子, 富田拓, 市川佳世子訳, 小林美智子監修 明石書店 2011.12 175p 21cm 2800円 ①978-4-7503-3505-6
内容 導入 第1章 子ども虐待の性質と帰結 第2章 疫学と事例に基づいた情報 第3章 子ども虐待の予防・防止 第4章 虐待を受けた子どもとその家族に対するサービス 第5章 結論と提言 付録 〔02797〕

ケン, ネイヒツ* 権 寧弼
⇒クォン, ヨンピル

ゲン, ヨウチュウ* 厳 耀中
◇魏晋南北朝における貴族制の形成と三教・文学―歴史学・思想史・文学の連携による 第二回日中学者中国古代史論壇論文集 中国社会科学院歴史

研究所, 東方学会〔編〕, 渡辺義浩編　汲古書院　2011.9　330p　27cm　12000円　①978-4-7629-2969-4
内容 北魏の尭亭崇拝について（厳耀中著, 会田大輔訳）〔02798〕

ケンダル, フィリップ・C.
◇子どもの社会的ひきこもりとシャイネスの発達心理学（THE DEVELOPMENT OF SHYNESS AND SOCIAL WITHDRAWAL）　ケネス・H.ルビン, ロバート・J.コプラン編, 小野善郎訳　明石書店　2013.8　363p　22cm　5800円　①978-4-7503-3873-6
内容 子どもの社会不安の治療（マシュー・P.マイカリジン, ジェレミー・S.コーエン, ジュリー・M.エドマンズ, サラ・A.クロウリー, フィリップ・C.ケンダル著）〔02799〕

ケンダル, N.* Kendall, Nicholas
◇筋骨格系問題への取り組み―クリニックおよび職場での手引き ： 心理社会的フラッグシステムを用いた障害の特定 ： 日本語版（Tackling musculoskelotal problems）　Nicholas Kendall, Kim Burton,Chris Main,Paul Watson〔著〕, 菊地臣一訳　メディカルフロントインターナショナルリミテッド　2012.3　32p　21×30cm　2400円　①978-4-902090-73-4〔02800〕

ケント, ボニー
◇中世の哲学―ケンブリッジ・コンパニオン（THE CAMBRIDGE COMPANION TO MEDIEVAL PHILOSOPHY）　A.S.マクグレイド編著, 川添信介監訳　京都　京都大学学術出版会　2012.11　601p　22cm　〈文献あり 年表あり 索引あり〉5800円　①978-4-87698-245-5
内容 道徳的な生（ボニー・ケント執筆, 松根伸治訳）〔02801〕

ケンドール, ジョン・S. Kendall, John S.
◇教育目標をデザインする―授業設計のための新しい分類体系（THE NEW TAXONOMY OF EDUCATIONAL OBJECTIVES（原著第2版））　R.J.マルザーノ,J.S.ケンドール著, 黒上晴夫, 泰山裕訳　京都　北大路書房　2013.9　188p　21cm　〈文献あり 索引あり〉2500円　①978-4-7628-2816-4〔02802〕

ケンパーマン, P. Kempermann, P.
◇ケンパーマンの明治10年山陰紀行（全訳）―あるドイツ人が見た明治初期の山陰 神在月の出雲・松江を訪ねて（Reise Durch die Central-Provinzen Japans）　ケンパーマン〔著〕, 長沢敬訳　〔米子〕　今井出版（発売）　2010.11　215p　21cm　1800円　①978-4-901951-70-8〔02803〕

ケンプ, エルヴェ Kempf, Hervé
◇資本主義からの脱却（Pour sauver la planete, sortez du capitalisme）　エルヴェ・ケンプ著, 神尾賢二訳　緑風出版　2011.4　223p　20cm　2200円　①978-4-8461-1103-8
内容 第1章 資本主義は何を残したか―その消滅の前に（生産性の奇跡　投機家の天下 ほか）　第2章 マーケット・ノイローゼ症候群（個人、裸の王様　政治より心理学 ほか）　第3章 緑の経済成長の幻想（「未来のエネルギー」、汚染された発想　気候変動を抑える原子力の欺瞞 ほか）　第4章 協同と独裁（資本主義、腐った花　オルターナティヴはもうそこにある ほか）〔02804〕

ケンプ, ニック
◇NLPイノベーション―〈変革〉をおこす6つのモデル＆アプリケーション（INNOVATIONS IN NLP FOR CHALLENGING TIMES）　L.マイケル・ホール, シェリー・ローズ・シャーベイ編, 足立桃子訳　春秋社　2013.3　324p　21cm　2800円　①978-4-393-36639-4
内容 プロボカティブ・チェンジ・ワークス―自然な会話が導くセラピーの可能性（ニック・ケンプ著）〔02805〕

ケンプケン, ニコレ Kämpken, Nicole
◇「第九」と日本出会いの歴史―板東ドイツ人俘虜収容所の演奏会と文化活動の記録　ベートーヴェン・ハウスボン編, ニコレ・ケンプケン著, ヤスヨ・テラシマ＝ヴェアハーン訳, 大沼幸雄監訳　彩流社　2011.9　126p　21cm　〈年譜あり〉2200円　①978-4-7791-1654-4
内容 膠州のドイツ租借地　丸亀の寺社内に設けられた仮俘虜収容所　板東のバラック式収容所　ベートーヴェン作品のコンサートプログラム　パウル・エンゲルとその手紙　板東における日本初演交響曲第九番　ベートーヴェン作品の入った他のコンサート・プログラム　その他のコンサート　板東の劇場と演劇　人形劇と展覧会　俘虜生活の終わり〔02806〕

ケン・ブランチャード・カンパニー
◇ケン・ブランチャード リーダーシップ論―より高い成果をいかにしてあげるか ： 完全版（LEADING AT A HIGHER LEVEL）　ケン・ブランチャード, ケン・ブランチャード・カンパニー著, 田辺希久子, 村田綾子訳　ダイヤモンド社　2012.12　453p　20cm　〈索引あり〉2800円　①978-4-478-00148-6
内容 第1部 正しい目標とビジョンに狙いを定める（あなたの組織はハイパフォーマンス組織か　ビジョンの力）　第2部 正しい顧客サービスをする（より高いレベルの顧客サービス）　第3部 従業員と正しく向き合う（権限委譲がカギ　状況対応型リーダーシップ2―統合的概念　自律リーダーシップ　結果指向のパートナーシップ　結果指向のパートナーシップに欠かせないスキル―1分間マネジャー　状況対応型チーム・リーダーシップ　組織リーダーシップ　変革を導くための戦略）　第4部 正しいリーダーシップを選ぶ（サーバント・リーダーシップ　リーダーシップの視点を決める）〔02807〕

【コ】

コ, アショウ* 胡 阿祥
◇魏晋南北朝における貴族制の形成と三教・文学―歴史学・思想史・文学の連携による 第二回日中学者中国古代史論壇論文集　中国社会科学院歴史

研究所, 東方学会〔編〕, 渡辺義浩編　汲古書院　2011.9　330p　27cm　12000円　①978-4-7629-2969-4
内容 東晋・十六国・南北朝の人口移動とその影響（胡阿祥著, 島田悠訳）〔02808〕

コ, アンコウ　胡 鞍鋼
◇2030年中国はこうなる―GDP、国内格差、環境問題…近未来の姿を詳細予測　胡鞍鋼, 鄢一竜, 魏星著, 丹藤佳紀, 石井利尚訳　科学出版社東京　2012.11　298p　20cm　1900円　①978-4-907051-00-6
内容 第1章「中国の夢」と路線　第2章 世界とともに繁栄する　第3章 経済強国　第4章 イノベーション強国　第5章 高い福祉の国　第6章 みんなが豊かな「共同富裕」社会　第7章 緑色の中国　第8章 自由と平等の「大同」世界をともに築く〔02809〕

ゴ, イホウ*　呉 偉峰
◇西南中国少数民族の文化資源の"いま"　塚田誠之編　吹田　人間文化研究機構国立民族学博物館　2013.1　142p　26cm（国立民族学博物館調査報告 109）〈中国語併載〉①978-4-906962-00-6
内容 広西博物館の室外展示の特色と発展（呉偉峰著, 長沼さやか訳）〔02810〕

ゴ, エイジン*　呉 叡人
◇交錯する台湾社会　沼崎一郎, 佐藤幸人編　千葉　アジア経済研究所　2012.3　374p　22cm（研究双書 no.600）〈索引あり〉4600円　①978-4-258-04600-3
内容 社会運動, 民主主義の再定着, 国家統合（呉叡人著, 若畑省二訳）〔02811〕

コ, エイバイ*　胡 咏梅
◇学力格差に挑む　耳塚寛明編　金子書房　2013.5　149p　21cm（お茶の水女子大学グローバルCOEプログラム格差センシティブな人間発達科学の創成 3巻）〈索引あり〉2400円　①978-4-7608-9536-6
内容 中国西部五省における小中学生の学力格差（杜育紅, 胡咏梅, 盧珂執筆, 李敏, 王傑訳）〔02812〕

ゴ, エンワ　呉 燕和
◇ふるさと・フィールド・列車―台湾人類学者の半生記　呉燕和著, 日野みどり訳　風響社　2012.11　325p 図版 8p　20cm　3000円　①978-4-89489-183-8
内容 第1部 南投のふるさと（祖母　中国小僧　古い家　一家離散　軍属居住区の台湾坊や　人類学との出会い）第2部 人類学のフィールド（中央研究院から台湾大学へ「出国の詮議に及ばず」の紆余曲折　ベトナム戦争下のアメリカ人類学　ニューギニア　噴火口の台湾坊や）第3部 列車の旅（列車　岩倉に寓居してよそ者の目に映る日本　今浦島の台湾）〔02813〕

ゴ, カン*　呉 晗
◇新編原典中国近代思想史　第7巻　世界冷戦のなかの選択―内戦から社会主義建設へ　野村浩一, 近藤邦康, 並木頼寿, 坂元ひろ子, 砂山幸雄, 村田雄二郎編　砂山幸雄責任編集　岩波書店　2011.10　410, 7p　22cm〈年表あり〉5700円　①978-4-00-028227-7
内容 皇帝の権力について（呉晗著, 中裕史訳）〔02814〕

コ, カンミン*　胡 漢民
◇新編原典中国近代思想史　第5巻　国家建設と民族自救―国民革命・国共分裂から一致抗日へ　野村浩一, 近藤邦康, 並木頼寿, 坂元ひろ子, 砂山幸雄, 村田雄二郎編　野村浩一, 近藤邦康, 村田雄二郎責任編集　岩波書店　2010.12　392, 6p　22cm〈年表あり〉5400円　①978-4-00-028225-3
内容 訓政綱領（中国国民党, 胡漢民著, 光田剛訳）〔02815〕

ゴ, キ*　呉 毅
◇変革期の基層社会―総力戦と中国・日本　奥村哲編　創土社　2013.2　302p　22cm　3000円　①978-4-7988-0213-8
内容 伝統の転換と再転換（呉毅, 呉帆執筆, 鄭浩瀾, 奥村哲編訳）〔02816〕

ゴ, キナン*　呉 寄南
◇日中安全保障・防衛交流の歴史・現状・展望　秋山昌広, 朱鋒編著　亜紀書房　2011.11　448p　22cm〈執筆：秋山昌広ほか　年表あり〉2800円　①978-4-7505-1119-1
内容 中日防衛交流の今後の展望（呉寄南著, 山影統訳）〔02817〕

コ, グヮンウイ　高 光儀
◇高句麗の文化と思想　東北亜歴史財団編, 東潮監訳, 篠原啓方訳　明石書店　2013.2　458p　22cm〈文献あり 索引あり〉8000円　①978-4-7503-3754-8
内容 高句麗の金石文と書体（高光儀）〔02818〕

コ, グン　胡 軍
◇儒教その可能性　永冨青地編, 張学智, 胡軍, 鄭開, 永冨青地著　早稲田大学出版部　2011.12　167p　22cm（早稲田大学孔子学院叢書 4）3000円　①978-4-657-11014-5
内容 梁漱溟の思想（胡軍著, 許家晟訳）〔02819〕

ゴ, ケイチョウ　呉 景超
◇新編原典中国近代思想史　第5巻　国家建設と民族自救―国民革命・国共分裂から一致抗日へ　野村浩一, 近藤邦康, 並木頼寿, 坂元ひろ子, 砂山幸雄, 村田雄二郎編　野村浩一, 近藤邦康, 村田雄二郎責任編集　岩波書店　2010.12　392, 6p　22cm〈年表あり〉5400円　①978-4-00-028225-3
内容 都市を発展させ農村を救済する（呉景超著, 竹元規人訳）〔02820〕
◇新編原典中国近代思想史　第7巻　世界冷戦のなかの選択―内戦から社会主義建設へ　野村浩一, 近藤邦康, 並木頼寿, 坂元ひろ子, 砂山幸雄, 村田雄二郎編　砂山幸雄責任編集　岩波書店　2011.10　410, 7p　22cm〈年表あり〉5700円　①978-4-00-028227-7
内容 土地改革活動に参加して得たもの（呉景超著, 濱田

麻矢訳)　〔02821〕

コ, ケツゴウ*　顧 頡剛

◇新編原典中国近代思想史　第5巻　国家建設と民族自救―国民革命・国共分裂から一致抗日へ　野村浩一, 近藤邦康, 並木頼寿, 坂元ひろ子, 砂山幸雄, 村田雄二郎編　野村浩一, 近藤邦康, 村田雄二郎責任編集　岩波書店　2010.12　392, 6p　22cm　〈年表あり〉5400円　①978-4-00-028225-3

内容 『禹貢』発刊詞(顧頡剛著, 竹元規人訳)　〔02822〕

◇新編原典中国近代思想史　第6巻　救国と民主―抗日戦争から第二次世界大戦へ　野村浩一, 近藤邦康, 並木頼寿, 坂元ひろ子, 砂山幸雄, 村田雄二郎編　野村浩一, 近藤邦康, 砂山幸雄責任編集　岩波書店　2011.3　412, 7p　22cm　〈年表あり〉5700円　①978-4-00-028226-0

内容 中華民族は一つ(抄)(顧頡剛著, 竹元規人訳)　〔02823〕

ゴ, ケンチュウ　呉 建中

◇上海の図書館と社会―1840-1949年 (Libraries and society in Shanghai)　呉建中著, 川崎良孝, 桜井待子, 沈麗雲, 桑原千幸訳　京都　京都図書館情報学研究会　2013.3　217p　22cm　〈文献あり　発売：日本図書館協会〉5000円　①978-4-8204-1220-5　〔02824〕

◇普遍的な図書館：移行と超越 (The ubiquitous library：transition & transcendence)　呉建中著, 川崎良孝, 徐瑛, 川崎智子訳　京都　京都図書館情報学研究会　2013.7　157p　22cm　〈発売：日本図書館協会〉3500円　①978-4-8204-1304-2　〔02825〕

ゴ, コウトウ*　呉 向東

◇21世紀の思想的課題―転換期の価値意識 大阪経済法科大学アジア太平洋研究センター、北京大学哲学系共催日中哲学シンポジウム論文集　岩佐茂, 金泰明編, 李洪权訳　国際書院　2013.10　425p　21cm　(アジア太平洋研究センター叢書 4)　〈他言語標題：The Philosophical Problematique of the 21st Century　会期・会場：2011年9月16日、17日 北京大学内国際会議場　共催：大阪経済法科大学アジア太平洋研究センター 北京大学哲学系　索引あり〉6000円　①978-4-87791-249-9

内容 価値観の中心問題とその解決のための前提的批判(呉向東著, 李洪権訳)　〔02826〕

ゴ, コクコウ　呉 国光

◇次の中国はなりふり構わない―「趙紫陽の政治改革案」起草者の証言　呉国光著, 廖建竜訳　産経新聞出版　2012.6　235p　20cm　〈発売：日本工業新聞社〉1600円　①978-4-8191-1165-2

内容 第1章 趙紫陽「改革」と中国の呪縛(鄧小平と趙紫陽「改革」の根本的違い　どのような改革を進めたか ほか)　第2章 独裁のための政治的囲い込み戦略(表裏をなす経済自由化と専制政治　政治的買収と政治的囲い込み戦略 ほか)　第3章 経済発展と専制政治の矛盾(二〇〇一年で中国の改革は終結した　社会改革は行われたことがない ほか)　第4章 政治操作の手法と限界(安定維持に使う四つの手法　「鳥かご改革」の限界 ほか)　第5章 趙紫陽「改革」と私(人民日報から党中央へ　怖いもの知らずの論壇デビュー ほか)　〔02827〕

コ, シュウゲン*　胡 秋原

◇新編原典中国近代思想史　第7巻　世界冷戦のなかの選択―内戦から社会主義建設へ　野村浩一, 近藤邦康, 並木頼寿, 坂元ひろ子, 砂山幸雄, 村田雄二郎編　砂山幸雄責任編集　岩波書店　2011.10　410, 7p　22cm　〈年表あり〉5700円　①978-4-00-028227-7

内容 政治的民主と経済的自由(胡秋原著, 中村元哉訳)　〔02828〕

コ, ジョウ*　胡 縄

◇新編原典中国近代思想史　第7巻　世界冷戦のなかの選択―内戦から社会主義建設へ　野村浩一, 近藤邦康, 並木頼寿, 坂元ひろ子, 砂山幸雄, 村田雄二郎編　砂山幸雄責任編集　岩波書店　2011.10　410, 7p　22cm　〈年表あり〉5700円　①978-4-00-028227-7

内容 私たちの反省(抄)(胡縄, 于光遠ほか著, 吉川次郎訳)　〔02829〕

ゴ, ショウカ*　呉 彰化

◇緑の産業革命―資源・エネルギー節約型成長への転換　マルティン・イェーニッケ, ミランダ・A. シュラーズ, クラウス・ヤコブ, 長尾伸一編　京都　昭和堂　2012.8　261, 31p　19cm　3000円　①978-4-8122-1238-7

内容 中国のクリーン革命(呉彰化著, 西本和見訳)　〔02830〕

ゴ, ショウテイ*　呉 松弟

◇都市の歴史的形成と文化創造力　大阪市立大学都市文化研究センター編　大阪　清文堂出版　2011.3　293p　22cm　(大阪市立大学文学研究科叢書 第7巻)　6500円　①978-4-7924-0942-5

内容 北宋中期両浙路における城鎮の研究(呉松弟, 馬峰燕著, 平田茂樹監訳, 土標訳)　〔02831〕

ゴ, ショウレツ*　呉 尚烈

⇒オ, サンヨル*

ゴ, シン*　呉 震

◇哲学資源としての中国思想―吉田公平教授退休記念論集　吉田公平教授退休記念論集刊行会編　研文出版　2013.3　455p　22cm　〈布装　著作目録あり〉13000円　①978-4-87636-358-2

内容 中国思想史における「聖人」概念の変遷(呉震執筆, 鶴成久章訳)　〔02832〕

ゴ, セイシン*　呉 延真

◇東アジアにおける市民の刑事司法参加　後藤昭編　国際書院　2011.2　269p　21cm　〈索引あり〉4200円　①978-4-87791-215-4

内容 国民参与裁判制度と政治的空間としての法廷(呉延真著, 朴銀珠訳)　〔02833〕

コ

ゴ, セイテツ* 呉 成哲
◇東アジアの記憶の場 板垣竜太, 鄭智泳, 岩崎稔編著 河出書房新社 2011.4 397p 21cm 4200円 ①978-4-309-22542-5
内容 運動会(呉成哲著, 板垣竜太訳) 〔02834〕

コ, セキ 胡 適
◇新編原典中国近代思想史 第5巻 国家建設と民族自救―国民革命・国共分裂から一致抗日へ 野村浩一, 近藤邦康, 並木頼寿, 坂元ひろ子, 砂山幸雄, 村田雄二郎編 野村浩一, 近藤邦康, 村田雄二郎責任編集 岩波書店 2010.12 392, 6p 22cm 〈年表あり〉 5400円 ①978-4-00-028225-3
内容 「中国本位の文化建設」なるものを試評する 他(胡適著, 野村浩一訳, 小野寺史郎改訳) 〔02835〕
◇新編原典中国近代思想史 第7巻 世界冷戦のなかの選択―内戦から社会主義建設へ 野村浩一, 近藤邦康, 並木頼寿, 坂元ひろ子, 砂山幸雄, 村田雄二郎編 砂山幸雄責任編集 岩波書店 2011.10 410, 7p 22cm 〈年表あり〉 5700円 ①978-4-00-028227-7
内容 自由主義(胡適著, 水羽信男訳) 〔02836〕

ゴ, ソウビン* 呉 聡敏
◇植民地台湾の経済と社会 老川慶喜, 須永徳武, 谷ケ城秀吉, 立教大学経済学部編 日本経済評論社 2011.9 311p 22cm 5600円 ①978-4-8188-2167-5
内容 大租権土地制度の分析(呉聡敏著, 木越義則訳) 〔02837〕

コー, ダニエル
◇成年後見法における自律と保護―成年後見法世界会議講演録 新井誠監修, 2010年成年後見法世界会議組織委員会編, 紺野包子訳 日本評論社 2012.8 319p 21cm 〈英語抄訳付〉 5600円 ①978-4-535-51865-0
内容 意思能力法・シンガポールの展望(ダニエル・コー著) 〔02838〕

ゴ, テキ* 呉 廸
◇「牛鬼蛇神を一掃せよ」と文化大革命―制度・文化・宗教・知識人 石剛編著・監訳 三元社 2012.3 426p 21cm 5000円 ①978-4-88303-306-5
内容 ユートピアの実験(呉廸著, 浜田ゆみ訳) 〔02839〕

コー, トミー
◇日本の立ち位置を考える―連続シンポジウム 明石康編 岩波書店 2013.9 193, 3p 19cm 〈会期会場 : 2012年9月11日～2013年1月22日 国際文化会館〉 2100円 ①978-4-00-024298-1
内容 東南アジアから見た日本の課題と展望(トミー・コー述, 野口良次訳) 〔02840〕

ゴ, ハクキン* 呉 柏鈞
◇中国長江デルタの都市化と産業集積 加藤弘之編著 勁草書房 2012.3 333p 22cm (神戸大学経済学叢書 第18輯) 〈索引あり〉 5500円 ①978-4-326-54641-1
内容 私営企業の創業と成長(呉柏鈞, 楊剣俠著, 三並康平訳) 〔02841〕

ゴ, ハン* 呉 帆
◇変革期の基層社会―総力戦と中国・日本 奥村哲編 創土社 2013.2 302p 22cm 3000円 ①978-4-7988-0213-8
内容 伝統の転換と再転換(呉毅, 呉帆執筆, 鄭浩瀾, 奥村哲編訳) 〔02842〕

コ, ブンジョ 胡 文如
◇中国の四季の絵本 4 端午節・七夕 王早早文, 寇嵐, 胡文如絵, 〔古島洋一〕, 〔張保〕〔訳〕 〔横浜〕 神奈川共同出版販売 2013.5 64p 22×27cm 〈発売 : 星の環会〉 ①978-4-89294-528-1 〔02843〕

コ, ヘイセイ* 胡 平生
◇東アジア出土資料と情報伝達 藤田勝久, 松原弘宣編 汲古書院 2011.5 384p 22cm 9000円 ①978-4-7629-2896-3
内容 里耶秦簡からみる秦朝行政文書の製作と伝達(胡平生著, 佐々木正治訳) 〔02844〕

コ, ホソク* 高 浩錫
◇東アジアのウフカジ―大風 徐勝先生退職記念文集 徐勝先生退職記念事業実行委員会(日本・韓国)編 京都 かもがわ出版 2011.2 278p 21cm 〈著作目録あり 年譜あり〉 1800円 ①978-4-7803-0418-3
内容 とある縁(高浩錫著, 川寄陽訳) 〔02845〕

コアレッリ, フィリッポ
◇地中海世界 (LA MÉDITERRANÉE : L'HISTOIRE ET L'ESPACE LES HOMMES ET L'HÉRITAGE) フェルナン・ブローデル編, 神沢栄三訳 みすず書房 2011.5 190, 184p 19cm 〈第3刷(第1刷2000年)〉 4200円 ①4-622-03384-4
内容 ローマ(フィリッポ・コアレッリ) 〔02846〕

コイズミ, ヤクモ 小泉 八雲
⇒ハーン, ラフカディオ

コイル, ダニエル Coyle, Daniel
◇才能を伸ばすシンプルな本 (The Little Book of Talent) ダニエル・コイル著, 弓場隆訳 サンマーク出版 2013.6 173p 20cm 1500円 ①978-4-7631-3309-0
内容 第1章 はじめる―観察して、盗んで、バカになる(なりたい人を見つめる 1日に15分を使ってスキルを脳に刻み込む 遠慮なく盗む ほか) 第2章 スキルを伸ばす―スイートスポットを見つけて背伸びをする(スイートスポットを見つける 腕時計をはずす あらゆる動きを細分化する ほか) 第3章 上達を維持する―繰り返し、へこたれず、目標を秘密にする(繰り返しを大切にする 汗水たらして努力する 1時間の実戦のために5時間の練習をする ほか) 〔02847〕

コイン, ケビン・P. Coyne, Kevin P.
◇ブレーンステアリング―10億ドルのアイデアを

生み出す新発想法 (Brainsteering)　ケビン・P.コイン, ショーン・T.コイン著, 古賀祥子訳　阪急コミュニケーションズ　2012.4　325p　19cm　1800円　①978-4-484-12106-2
内容 1「正しい質問」でいいアイデアを引き出す (アイデア発想に役立つ「質問」の確かなパワー　「正しい質問」の蓄えを増やす　よりよいアイデアの見つけ方)　2 個人のアイデア発想力を最大限に伸ばす (質問群構築の体系的アプローチ　アイデア発想のための「分析」の使い方　個人アイデア発想力を最大限に発揮するために)　3 チームのアイデア発想力を高める (お粗末なブレーンストーミング・セッションから最高のブレーンステアリング・ワークショップへ　部下からよりよいアイデアを引き出す方法　アイデア工場を作る)　4 グランドフィナーレ (10億ドルのアイデアを目指せ！)　〔02848〕

コイン, ショーン・T.　Coyne, Shawn T.

◇ブレーンステアリング―10億ドルのアイデアを生み出す新発想法 (Brainsteering)　ケビン・P.コイン, ショーン・T.コイン著, 古賀祥子訳　阪急コミュニケーションズ　2012.4　325p　19cm　1800円　①978-4-484-12106-2
内容 1「正しい質問」でいいアイデアを引き出す (アイデア発想に役立つ「質問」の確かなパワー　「正しい質問」の蓄えを増やす　よりよいアイデアの見つけ方)　2 個人のアイデア発想力を最大限に伸ばす (質問群構築の体系的アプローチ　アイデア発想のための「分析」の使い方　個人アイデア発想力を最大限に発揮するために)　3 チームのアイデア発想力を高める (お粗末なブレーンストーミング・セッションから最高のブレーンステアリング・ワークショップへ　部下からよりよいアイデアを引き出す方法　アイデア工場を作る)　4 グランドフィナーレ (10億ドルのアイデアを目指せ！)　〔02849〕

コウ, ギョウ*　康 暁

◇中国の未来　金燦栄ほか著, 東滋子訳　日本僑報社　2013.12　227p　19cm　1900円　①978-4-86185-139-1
内容 第1章 中国その真実 (中国とは何者なのか―中国に関する四つのエピソード　「勝手な思い込み」―我々が中国を理解する方法 ほか)　第2章 経済発展における難関とその対策への理解 (中国経済発展の魅力　中国経済発展の苦境 ほか)　第3章 社会変化と発展の中で迎える新しい課題 (新しい成功へ―転換発展する中国社会への人民の期待　新しい挑戦―中国社会の転換型発展におけるリスクと試練 ほか)　第4章 待ち望まれる平和的発展への挑戦とその対応 (ポストクライシス時代の世界経済の振動　安全保障分野の難題 ほか)　第5章 未来の道を読み解く (中国の平和的発展への試み　転換の成功と挑戦 ほか)　〔02850〕

コウ, キョクトウ*　侯 旭東

◇東アジアの資料学と情報伝達　藤田勝久編　汲古書院　2013.11　348p　22cm　9000円　①978-4-7629-6508-1
内容 後漢『乙瑛碑』における卒史の増置に見える政務処理について (侯旭東著, 佐々木正治訳)　〔02851〕

コウ, クコウ　黄 馳衡

◇中国の四季の絵本　2　立春・春のお彼岸　王早早文, 黄馳衡, 王書青絵, 〔古島洋一〕, 〔張保〕〔訳〕　〔横浜〕　神奈川共同出版販売　2013.5　64p　22×27cm　〈発売 : 星の環会〉①978-4-89294-526-7　〔02852〕

◇中国の四季の絵本　6　神様を祭る・祖先を祭る　王早早文, 黄馳衡, 芝麻醤絵, 〔古島洋一〕, 〔張保〕〔訳〕　〔横浜〕　神奈川共同出版販売　2013.5　64p　22×27cm　〈発売 : 星の環会〉　①978-4-89294-530-4　〔02853〕

コウ, ケイアン　高 啓安

◇敦煌の飲食文化　高啓安著, 高田時雄監訳, 山本孝子訳　東方書店　2013.7　251p　21cm　(敦煌歴史文化絵巻)　〈共同出版 : 甘粛教育出版社　文献あり〉2400円　①978-4-497-21205-4
内容 1 百味の飲食―原材料の調達　2 百種の什器―食品の加工と食器　3 餢飳餺飥―奇妙な食物の名称　4 対座会食―敦煌の宴席　5 敦煌の人と酒　6 敬神供仏施捨鬼―飲食が敦煌の人びとの精神世界に与える影響　7 世俗と戒律の狭間で―僧尼の食事　8 建ち並ぶ飲食店―敦煌の飲食業　〔02854〕

コウ, ケイセン　黄 圭仙

⇒ファン, キュソン*

コウ, コウキ*　高 光儀

⇒コ, グヮンウイ

コウ, コウセキ*　高 浩錫

⇒コ, ホソク*

コウ, コクブ*　黄 克武

◇新史料からみる中国現代史―口述・電子化・地方文献　高田幸男, 大沢肇編著　東方書店　2010.12　353p　22cm　〈文献あり 索引あり〉3800円　①978-4-497-21017-3
内容 胡適記念館所蔵資料のデジタル化 (黄克武著, 梁雯訳)　〔02855〕

◇総合研究辛亥革命　辛亥革命百周年記念論集編集委員会編　岩波書店　2012.9　9, 592, 17p　22cm　〈索引あり〉7800円　①978-4-00-025859-3
内容 清末から見た辛亥革命 (黄克武著, 青山治世訳)　〔02856〕

コウ, ジシン*　黄 自進

◇蔣介石研究―政治・戦争・日本　山田辰雄, 松重充浩編著　東方書店　2013.3　564p　22cm　〈索引あり〉4500円　①978-4-497-21229-0
内容 中日戦争の前奏 : 蔣介石と華北問題 (黄自進著, 山田辰雄訳)　〔02857〕

ゴウ, ジュリアン

◇アメリカの影のもとで　日本とフィリピン　藤原帰一, 永野善子編著　法政大学出版局　2011.6　304p　20cm　(サピエンティア 18)　〈索引あり〉3200円　①978-4-588-60318-1
内容 フィリピンと合衆国の帝国意識 (ジュリアン・ゴウ著, 鈴木伸隆訳)　〔02858〕

コウ, シュンケツ　黄 俊傑

◇東アジアの陽明学―接触・流通・変容　馬淵昌也編著　東方書店 (発売)　2011.1　450p　22cm

（学習院大学東洋文化研究叢書）　5200円　①978-4-497-21018-0
内容 地域史としての東アジア交流史（黄俊傑著, 藤井倫明訳）〔02859〕

◇転換期日中関係論の最前線―中国トップリーダーの視点　王敏編　三和書籍　2011.3　390p　22cm　（日中新時代をひらく）　3800円　①978-4-86251-097-6
内容 中日文化交流史に見られる「自我」と「他者」（黄俊傑著, 水口幹記訳）〔02860〕

◇東アジア思想交流史―中国・日本・台湾を中心として　黄俊傑著, 藤井倫明, 水口幹記訳　岩波書店　2013.1　219p　20cm　2800円　①978-4-00-024518-0
内容 第1部 理論編（地域史としての東アジア交流史―問題意識と研究テーマ　東アジア文化交流史における「脱脈絡化」と「再脈絡化」―その現象と研究方法論上の問題）　第2部 中日交流編（一八世紀東アジア儒学者の思想世界　中日文化交流史に見られる「自我」と「他者」―相互作用の四種の類型とその含意　中国儒家知識人の日本観―朱舜水と徐復観とを比較して　中国儒家経典に見られる「中国」概念の意義と変容―近世日本及び現代台湾において）　第3部 台日交流編（一九世紀末期の日本人の台湾論―上野専一、福沢諭吉と内藤湖南を中心に　二つの視野―戦後初期中国人の「光復返還経験」と日本政府の「終戦経験」）〔02861〕

コウ, ジュンケン*　洪 淳権
⇒ホン, スングォン*

コウ, ジュンリキ*　黄 順力
◇海域世界の環境と文化　吉尾寛編　汲古書院　2011.3　313, 5p　22cm　（東アジア海域叢書 4　小島毅監修）　7000円　①978-4-7629-2944-1
内容 清代中国の海洋観略論（黄順力著, 土居智典訳）〔02862〕

コウ, ショウドウ　黄 昭堂
◇台湾独立建国運動の指導者黄昭堂　黄昭堂〔述〕, 宗像隆幸, 趙天徳編訳　自由社　2013.8　352p　19cm　〈著作目録あり 年譜あり〉1500円　①978-4-915237-78-2
内容 少年時代　台南1中時代―1946年4月－1952年6月　台湾大学時代―1952年9月－1956年6月　東京に留学―1958年－　台湾建国の歴史などについての論争　台湾青年社―1960年－1963年　台湾青年会―1963年－1964年　台湾青年独立連盟―1965年－1969年　世界台湾独立聯盟、初期―1970年－1974年　政治犯の救援―1970年－1987年　美麗島事件前後（1975年－1985年）　台湾人元日本兵の補償問題（1975年－1992年）　学者としての活動（1970年－1998年）　家族と友人　戒厳令を解除させるための闘い　34年ぶりに台湾へ帰って〔02863〕

コウ, シンコウ*　黄 進興
◇宗教としての儒教　奥崎裕司, 石漢椿編著　汲古書院　2011.1　276, 3p　22cm　7000円　①978-4-7629-2887-1
内容 宗教としての儒教（黄進興著, 日野康一郎訳）〔02864〕

コウ, シンホウ*　江 新鳳
◇日中安全保障・防衛交流の歴史・現状・展望　秋山昌広, 朱鋒編著　亜紀書房　2011.11　448p　22cm　〈執筆：秋山昌広ほか　年表あり〉2800円　①978-4-7505-1119-1
内容 中日防衛交流のメカニズム：その目的と効果（江新鳳著, 福士由紀訳）〔02865〕

コウ, セイキュウ*　洪 性翕
⇒ホン, ソンフプ

コウ, セイキュウ*　洪 性鳩
◇東アジア海をめぐる交流の歴史的展開　鐘江宏之, 鶴間和幸編著　東方書店　2010.12　317p　22cm　（学習院大学東洋文化研究叢書）　4000円　①978-4-497-21016-6
内容 清入関前東アジア国際秩序の再編と日本（洪性鳩著, 橋本繁訳）〔02866〕

コウ, セイタン*　洪 成潭
⇒ホン, ソンタム*

コウ, セキキ*　孔 錫亀
⇒コン, ソック

コウ, チケイ*　黄 智慧
◇地域発展のための日本研究―中国、東アジアにおける人文交流を中心に　法政大学国際日本学研究所編　法政大学国際日本学研究センター　2012.3　363p　21cm　（国際日本学研究叢書 15）〈文献あり　年譜あり〉
内容 台湾における日本観の交錯（黄智慧著, 鈴木洋平, 森田健嗣訳）〔02867〕

◇東アジアの間地方交流の過去と現在―済州と沖縄・奄美を中心にして　津波高志編　彩流社　2012.3　491, 7p　22cm　（琉球大学人の移動と21世紀のグローバル社会 5）〈文献あり〉4500円　①978-4-7791-1674-2
内容 移動と漂流史料における民族の接触と文化の類縁関係（黄智慧著, 稲村務訳）〔02868〕

コウ, チュウトシ　黄 虫肚子
◇中国の四季の絵本　3　はじまりの季節・花祭り　王早早文, 黄虫肚子絵, 〔古島洋一〕, 〔張保〕〔訳〕　〔横浜〕　神奈川共同出版販売　2013.5　64p　27cm　〈発売：星の環会〉①978-4-89294-527-4〔02869〕

コウ, トウキン*　康 東均
◇仏教と平和　第21回国際仏教文化学術会議実行委員会編　京都　仏教大学国際交流センター　2011.12　238p　22cm　（仏教大学国際学術研究叢書 2）〈制作発売：思文閣出版（京都）〉1500円　①978-4-7842-1599-7
内容 仏教と平和（康東均著, 李容株訳）〔02870〕

コウ, ハイ*　江 沛
◇共進化する現代中国研究―地域研究の新たなプラットフォーム　田中仁, 三好恵真子編　吹田　大阪大学出版会　2012.3　364p　21cm　〈文献

あり〉 3900円 ①978-4-87259-394-5
内容 交通システムと近代山東における経済貿易中心の転移(江沛執筆, 根岸智代訳) 〔02871〕

コウ, ハンホウ　孔 繁豊
◇周恩来・鄧穎超と池田大作　孔繁豊, 紀亜光著, 高橋強編訳　第三文明社　2012.5　207p　19cm〈「周恩来、鄧穎超与池田大作」(南開大学出版社2011年刊)の抄訳に編訳者が補足の上再構成〉1200円　①978-4-476-06218-2
内容 第1章 中日友好の未来を拓いた周・池田会見　第2章 六八年「池田提言」の意味するもの　第3章 池田大作の日中友好促進の実践　第4章 鄧穎超と池田大作との八回の会見　第5章 池田大作の「心」の中の周恩来　第6章 池田大作の「心」の中の鄧穎超　第7章 周恩来・池田大作精神の継承・発展 〔02872〕

コウ, ビガ*　黄 美娥
◇近代台湾の経済社会の変遷―日本とのかかわりをめぐって　馬場毅, 許雪姫, 謝国興, 黄英哲編　東方書店(発売)　2013.11　537p　22cm〈索引あり〉6000円　①978-4-497-21313-6
内容 「台湾文学」と「中国文学」の接木及びそれに関連する言語と文字の問題(黄美娥著, 三好洋子訳) 〔02873〕

コウ, フクザイ*　洪 福財
◇国際移動と教育―東アジアと欧米諸国の国際移民をめぐる現状と課題　江原裕美編著　明石書店　2011.1　366p　22cm　3900円　①978-4-7503-3319-9
内容 台湾における国際結婚家庭の子育て(洪福財著, 山崎直也訳) 〔02874〕

コウ, ブンエイ　侯 文詠
◇反逆のススメ―模範解答より大切なこと　ホウ・ウェンヨン著, 藤原由希訳　サンマーク出版　2012.1　239p　19cm　1400円　①978-4-7631-3198-0
内容 第1章「いい子」でなくていいんだよ　第2章「情熱」は「努力」にまさる　第3章 成功するより失敗したほうがいい　第4章 自分の頭で考えよう　第5章 わかっているのに行動できない　第6章 楽しむ力を養おう　第7章 信じた道を行けば「視野」は広がる　第8章 芸術によって人はつながる 〔02875〕

コウ, ブンコウ*　黄 文宏
◇日本哲学の多様性―21世紀の新たな対話をめざして(Frontiers of Japanese Philosophy.4 : Facing the 21st Century)　野家啓一監修, 林永強, 張政遠編　京都　世界思想社　2012.12　239p　22cm〈索引あり〉2700円　①978-4-7907-1579-5
内容 西田幾多郎の「場所の論理」の内在的転回(黄文宏執筆, 廖欽彬訳) 〔02876〕

コウ, ブンザン*　黄 文山
◇新編原典中国近代思想史　第5巻　国家建設と民族自救―国民革命・国共分裂から一致抗日へ　野村浩一, 近藤邦康, 並木頼寿, 坂元ひろ子, 砂山幸雄, 村田雄二郎編　野村浩一, 近藤邦康, 村田雄二郎責任編集　岩波書店　2010.12　392, 6p　22cm〈年表あり〉5400円　①978-4-00-028225-3
内容 中国本位の文化建設宣言(王新命, 何炳松, 武堉, 孫寒冰, 黄文山, 陶希聖, 章益, 陳高傭, 樊仲雲, 薩孟武著, 野村浩一訳, 小野寺史郎改訳) 〔02877〕

コウ, ヘキヨウ*　黄 碧遥
◇新編原典中国近代思想史　第7巻　世界冷戦のなかの選択―内戦から社会主義建設へ　野村浩一, 近藤邦康, 並木頼寿, 坂元ひろ子, 砂山幸雄, 村田雄二郎編　砂山幸雄責任編集　岩波書店　2011.10　410, 7p　22cm〈年表あり〉5700円　①978-4-00-028227-7
内容 潘光旦氏の女性問題の論文を読んで(黄碧遥著, 田畑佐和子訳) 〔02878〕

コウ, ホウ　高 放
◇中国を知るための経典―科学的社会主義の理論と実践　高放, 李景治, 蒲国良主編, 土肥民雄, 林浩一訳　大阪　グローバリンク　2012.2　585p　24cm　4000円　①978-4-990611-60-6 〔02879〕

コウ, ホウ*　高 峰
◇東アジア平和共同体の構築と国際社会の役割―「IPCR国際セミナー」からの提言　宗教平和国際事業団, 世界宗教者平和会議日本委員会編, 真田芳憲監修　佼成出版社　2011.9　336, 4p　18cm　(アーユスの森新書 003　中央学術研究所編)　900円　①978-4-333-02507-7
内容 歴史を鏡に、平和を愛し、ともに未来を切り開こう(高峰述, 崔延花訳) 〔02880〕

コウ, ライ*　光 磊
◇ユーラシア地域大国の統治モデル　唐亮, 松里公孝編著　京都　ミネルヴァ書房　2013.4　313p　22cm　(シリーズ・ユーラシア地域大国論 2)〈索引あり〉4500円　①978-4-623-06640-7
内容 土地紛争のメカニズムと地方政府の対応(光磊執筆, 三輪博樹訳) 〔02881〕

コウ, ラン　寇 嵐
◇中国の四季の絵本　4　端午節・七夕　王早早文, 寇嵐, 胡文如絵, 〔古島洋一〕, 〔張保〕〔訳〕　〔横浜〕　神奈川共同出版販売　2013.5　64p　22×27cm〈発売 : 星の環会〉①978-4-89294-528-1 〔02882〕

コヴァルスキ, ヴィトルト
◇ピウスツキの仕事―白老における記念碑の除幕に寄せて ポーランドのアイヌ研究者　井上紘一編集責任　〔札幌〕　北海道ポーランド文化協会　2013.10　142p　30cm〈共同刊行 : 北海道大学スラブ研究センター　文献あり　年譜あり〉
内容 地球人の魁(ヴィトルト・コヴァルスキ著, 井上紘一訳) 〔02883〕

コーヴィー, アラン
◇インカ帝国―研究のフロンティア　島田泉, 篠田謙一編著　秦野　東海大学出版会　2012.3　428p　27cm　(国立科学博物館叢書 12)〈索引あり〉3500円　①978-4-486-01929-9

内容 ペルー高地におけるインカ帝国の意図と考古学的現実（アラン・コーヴィー著, 松本雄一訳）〔02884〕

コヴィー, ショーン　Covey, Sean

◇戦略を、実行できる組織、実行できない組織。（The 4 Disciplines of Execution）　クリス・マチェズニー, ショーン・コヴィー, ジム・ヒューリング著, フランクリン・コヴィー・ジャパン訳　キングベアー出版　2013.5　417p　19cm　2000円　①978-4-86394-023-9

内容 第1部 実行の4つの規律（最重要目標にフォーカスする　先行指標に基づいて行動する　行動を促すスコアボードをつける ほか）　第2部 4DXのインストール：チーム編（4DXに期待できることは何か　最重要目標にフォーカスする　先行指標に基づいて行動する ほか）　第3部 4DXのインストール：組織編（4DXのベストストーリー　組織を最重要目標にフォーカスさせる　4DXを組織全体に展開する）〔02885〕

コヴィー, スティーブン・R.　Covey, Stephen R.

◇ストーリーで学ぶ経営の真髄（Learn like a leader）　マーシャル・ゴールドスミス, ビバリー・ケイ, ケン・シェルトン編, 和泉裕子, 井上実訳　徳間書店　2011.2　311p　19cm　1600円　①978-4-19-863118-5

内容 自分を形作った経験（スティーブン・R.コヴィー著）〔02886〕

◇7つの習慣―成功には原則があった！（The seven habits of highly effective people）　スティーブン・R.コヴィー著, ジェームス・J.スキナー, 川西茂訳　キング・ベアー出版　2011.6　481, 11p　20cm　2200円　①978-4-86394-016-1

内容 第1部 パラダイムと原則について（インサイド・アウト（内から外へ）　人生の扉を開く「7つの習慣」）　第2部 私的成功（第一の習慣 主体性を発揮する―自己責任の原則　第二の習慣 目的を持って始める―自己リーダーシップの原則　第三の習慣 重要事項を優先する―自己管理の原則）　第3部 公的成功（相互依存のパラダイム　第四の習慣 WinWinを考える―人間関係におけるリーダーシップの原則　第五の習慣 理解してから理解される―感情移入のコミュニケーションの原則　第六の習慣 相乗効果を発揮する―創造的な協力の原則）　第4部 再新再生（第七の習慣 刃を研ぐ―バランスのとれた自己再新再生の原則）　付録〔02887〕

◇第3の案―成功者の選択（The 3rd alternative）　スティーブン・R.コヴィー, ブレック・イングランド著, フランクリン・コヴィー・ジャパン訳　キング・ベアー出版　2012.2　567p　20cm　2000円　①978-4-86394-018-5

内容 第1章 転換点　第2章 第3の案：シナジーの原則、パラダイム、プロセス　第3章 職場での第3の案　第4章 家庭での第3の案　第5章 学校での第3の案　第6章 第3の案と法律　第7章 社会における第3の案　第8章 世界における第3の案　第9章 第3の案の人生　第10章 インサイド・アウト―内から外へ〔02888〕

◇7つの習慣―2011年来日講演映像CD-ROM付属（THE SEVEN HABITS OF HIGHLY EFFECTIVE PEOPLE）　スティーブン・R.コヴィー著, ジェームス・J.スキナー, 川西茂訳　キングベアー出版　2012.8　481, 11p　19cm　〈付属資料：CD-ROM1〉2100円　①978-4-86394-019-2

内容 第1部 パラダイムと原則について　第2部 私的成功（主体性を発揮する　目的を持って始める　重要事項を優先する）　第3部 公的成功（WinWinを考える　理解してから理解される　相乗効果を発揮する）　第4部 再新再生（刃を研ぐ）　付録〔02889〕

◇永遠の知恵―未来に遺すよりよく生きるための18の原則 朗読CD　スティーブン・R.コヴィー著, フランクリン・コヴィー・ジャパン訳〔録音資料〕　パンローリング〔2013〕　録音ディスク 4枚（241分）：CD〈他言語標題：The wisdom and teachings of Stephen R.Covey　企画・制作：でじじ〉1575円　①978-4-7759-8233-4

内容 読者のみなさまへ. 責任の原則. バランスの原則. 選択の原則. ほか〔02890〕

◇希望とインスピレーションあふれる7つの習慣実践ストーリー―朗読CD　1 ビジネスに活かす12のストーリー　スティーブン・R.コヴィー著, フランクリン・コヴィー・ジャパン訳〔録音資料〕　パンローリング〔2013〕　録音ディスク 2枚（134分）：CD〈他言語標題：Living the 7 habits　企画・制作：でじじ〉1260円　①978-4-7759-8237-2〔02891〕

◇希望とインスピレーションあふれる7つの習慣実践ストーリー―朗読CD　2 自分を変える12のストーリー　スティーブン・R.コヴィー著, フランクリン・コヴィー・ジャパン訳〔録音資料〕　パンローリング〔2013〕　録音ディスク 2枚（135分）：CD〈他言語標題：Living the 7 habits　企画・制作：でじじ〉1260円　①978-4-7759-8238-9〔02892〕

◇希望とインスピレーションあふれる7つの習慣実践ストーリー―朗読CD　3 マネジメントを考える8のストーリー　スティーブン・R.コヴィー著, フランクリン・コヴィー・ジャパン訳〔録音資料〕　パンローリング〔2013〕　録音ディスク 5枚（243分）：CD〈他言語標題：Living the 7 habits　企画・制作：でじじ〉1260円　①978-4-7759-8239-6〔02893〕

◇希望とインスピレーションあふれる7つの習慣実践ストーリー―朗読CD　4 家族を支える16のストーリー　スティーブン・R.コヴィー著, フランクリン・コヴィー・ジャパン訳〔録音資料〕　パンローリング〔2013〕　録音ディスク 3枚（157分）：CD〈他言語標題：Living the 7 habits　企画・制作：でじじ〉1260円　①978-4-7759-8240-2〔02894〕

◇永遠の知恵―未来に遺すよりよく生きるための18の原則（The WISDOM and TEACHINGS of STEPHEN R.COVEY）　スティーブン・R.コヴィー著, フランクリン・コヴィー・ジャパン訳　キングベアー出版　2013.2　245p　19cm　1500円　①978-4-86394-022-2〔02895〕

◇7つの習慣―動画でわかる7つの習慣特別CD-ROM付属（THE SEVEN HABITS OF HIGHLY EFFECTIVE PEOPLE）　スティーブン・R.コヴィー著, ジェームス・スキナー, 川西茂訳　キングベアー出版　2013.2　181, 11p

19cm 〈付属資料 : CD - ROM1〉 2000円 ①978-4-86394-021-5
内容 第1部 パラダイムと原則について（インサイド・アウト（内から外へ） 人生の扉を開く「7つの習慣」） 第2部 私的成功（第一の習慣・主体性を発揮する―自己責任の原則 第二の習慣・目的を持って始める―自己リーダーシップの原則 第三の習慣・重要事項を優先する―自己管理の原則） 第3部 公的成功（相互依存のパラダイム 第四の習慣・WinWinを考える―人間関係におけるリーダーシップの原則 第五の習慣・理解してから理解される―感情移入のコミュニケーションの原則 第六の習慣・相乗効果を発揮する―創造的な協力の原則） 第4部 再新再生（第七の習慣・刃を研ぐ―バランスのとれた自己再新再生の原則 再びインサイド・アウト） 〔02896〕

◇リーダーシップ・エッセンシャル―個人、人間関係、チーム、そして組織へと広がるコヴィー・リーダーシップの全貌（Leadership essential） スティーブン・R.コヴィー著, フランクリン・コヴィー・ジャパン編訳 大阪 ダイレクト出版 2013.7 365p 21cm 〈著作目録あり〉 2800円 ①978-4-904884-51-5 〔02897〕

◇完訳7つの習慣―人格主義の回復（THE SEVEN HABITS OF HIGHLY EFFECTIVE PEOPLE） スティーブン・R.コヴィー著, フランクリン・コヴィー・ジャパン訳 キングベアー出版 2013.8 521p 20cm 〈索引あり〉 2200円 ①978-4-86394-024-6 〔02898〕

ゴヴィンダラジャン, ヴィジャイ

◇ストーリーで学ぶ経営の真髄（Learn like a leader） マーシャル・ゴールドスミス, ビバリー・ケイ, ケン・シェルトン編, 和泉裕子, 井上実訳 徳間書店 2011.2 311p 19cm 1600円 ①978-4-19-863118-5
内容 情熱は伝染する（ヴィジャイ・ゴヴィンダラジャン著） 〔02899〕

コウシ 孔子

◇現代語訳論語 斎藤孝訳 筑摩書房 2010.12 282p 18cm （ちくま新書 877） 860円 ①978-4-480-06578-0 〔02900〕

◇論語絵本 森華訳・絵, 礪波護監修 徳島 徳島新聞社 2011.4 157p 19cm 1500円 ①978-4-88606-131-7 〔02901〕

◇論語絵本 森華訳・絵, 礪波護監修 秋田 秋田魁新報社 2011.4 157p 19cm 1500円 ①978-4-87020-300-6 〔02902〕

◇論語絵本 森華訳・絵, 礪波護監修 長崎 長崎新聞社 2011.4 157p 19cm 1500円 ①978-4-904561-24-9 〔02903〕

◇論語絵本 森華訳と絵, 礪波護監修 長野 信濃毎日新聞社 2011.4 157p 19cm 〈文献あり 年表あり 索引あり〉 1500円 ①978-4-7840-7154-8
内容 よろこび まなぶ はたらく まじわる ひとびと せんせい いきる おもう ふろく（この本に出てきた人たち 孔子絵年表 論語のふるさと） 〔02904〕

◇論語絵本 森華訳と絵, 礪波護監修 松山 愛媛新聞社 2011.4 157p 19cm 〈文献あり 年表あり 索引あり〉 1500円 ①978-4-86087-089-8
内容 よろこび まなぶ はたらく まじわる ひとびと せんせい いきる おもう ふろく（この本に出てきた人たち 孔子絵年表 論語のふるさと） 〔02905〕

◇論語絵本 森華訳と絵, 礪波護監修 京都 京都新聞出版センター 2011.4 157p 19cm 〈文献あり 年表あり 索引あり〉 1500円 ①978-4-7638-0644-4 〔02906〕

◇真訳論語―より良く生きる言葉 吉田真弓編訳 イースト・プレス 2011.7 357p 19cm （智恵の贈り物） 〈他言語標題 : Lunyu 文献あり〉 1300円 ①978-4-7816-0638-5
内容 1 豊かに生きる（「一貫した姿勢」の大切さ 完璧を求めない ほか） 2 知性を養う（楽しく学び、のびのびと生きるために 生活と読書 ほか） 3「うまく」つきあう（目上の人とのつきあい方 父親に学ぶ ほか） 4「うまく」働く（「できる人」の条件 慎重さが成功へのカギ ほか） 5 人を動かす（多くの人を率いるならば 部下の力はリーダー次第 ほか） 〔02907〕

◇「論語」叢書 9 新訳論語 大町桂月訳 大空社 2012.5 33, 799p 22cm 〈布装 索引あり 至誠堂書店大正4年刊の複製〉 27000円 ①978-4-283-00985-1 〔02908〕

◇一気に通読できる完訳「論語」 〔孔子〕〔著〕, 佐久協〔訳〕 祥伝社 2012.6 352p 18cm （祥伝社新書 279） 840円 ①978-4-396-11279-0
内容 第1部 孔子のことば（学而第一 為政第二 八佾第三 里仁第四 公冶長第五 ほか） 第2部 孔子の日常生活 第3部 弟子たちのことば（有若 顔回 子貢 子禽 子夏 ほか） 第4部『論語』の原文と読み下し文 〔02909〕

◇関西弁超訳論語―関西弁で深く読み解く孔子の思想 孔子と弟子たち語り, 八田真太超訳・解説 アールズ出版 2012.11 235p 19cm 1400円 ①978-4-86204-236-1
内容 人に会いに行くのも結構やけど、人に会いに来てもらえる人間になりなはれ。 家族への孝行と目上の人間を敬う気持ちこそが思いやりの根っこの部分なんや！ 無駄なくして、国民のことよう考えるんや。それがええ政治家っちゅうもんや。 信頼、信用っちゅうんは小さな約束でもしっかり守ることで築かれるもんなんやで！ 親の背中見て子供は育つんや。ご先祖様への思いやりっちゅうんを見せつけたらんかい！ 明日の仕事でも今日でけるんやったら今日の仕事やでえ。 もっと褒めたってえなあ。ほんならあんたも褒められるでえ。 規則決めて厳しいこと言うだけやったら、人はズルばっかしよる。 親の仕事？ 子供の健康を心配するんが親の仕事なんや。メシ食わすだけやったら親も馬も一緒やん！〔ほか〕 〔02910〕

◇超訳論語 安冨歩編訳 ディスカヴァー・トゥエンティワン 2012.12 1冊（ページ付なし） 20cm 〈他言語標題 : The Analects of Confucius〉 1700円 ①978-4-7993-1261-2
内容 1 学ぶことは危険な行為だ―学而篇より 2「知る」とはどういうことか―為政篇より 3「仁」であるとは美しいことだ―八佾篇、里仁篇より 4 楽しもう―公冶長篇、雍也篇より 5 任務は重く、道は遠い―述而篇、泰伯篇より 6 志は奪えない―子罕篇、郷党篇、先進篇、顔淵篇より 7 正直者とは―子路篇より 8 他人を批判する暇はない―憲問篇より 9 考えない者には教えられない―衛霊公篇より　10 有益な友だち、有害な友だち―季氏篇、陽貨篇、微子篇、子張篇、尭曰篇より　〔02911〕

◇論語集注　1　朱熹〔著〕, 土田健次郎訳注　平凡社　2013.10　377p　18cm　(東洋文庫 841)〈布装〉2900円　①978-4-582-80841-4
内容 論語集注巻一　論語集注巻二　〔02912〕

コ

コーエン, アラン　Cohen, Alan

◇求めるよりも、目覚めなさい―ドラゴンよ、さようなら (The dragon doesn't live here anymore)　アラン・コーエン著, 秋川一穂訳　ダイヤモンド社　2011.6　411p　19cm　1900円　①978-4-478-00500-2
内容 第1部 旅路 (私の原点　限界を乗り越える　心　感情　体　人生の流れ)　第2部 故郷に帰る (自由のビジョン　真理　変容　道　愛　未来)　〔02913〕

◇大震災のメッセージ―心の傷を癒し、日本人の役割に目覚めるヒント　アラン・コーエン著, ダイナビジョン訳　ソフトバンククリエイティブ　2011.8　93p　19cm　〈他言語標題：The New Rising Sun〉1100円　①978-4-7973-6656-3
内容 第1章 どう見るかで出来事の意味は変わる (日本人を助けたい　変わってしまった東京　なぜ日本が？　なぜわたしが？　ほか)　第2章 罪悪感を手放し、癒されるためのノウハウ (罪悪感は答えにならない　責めるのをやめる　自然の秩序に返る ほか)　第3章 恐れを乗り越え、世界の教師としての日本人へ (受け取るという学び　震災の意味　新たな謙虚さ ほか)　〔02914〕

◇深呼吸の時間―1分で心を充電するデイリー・レッスン (A deep breath of life)　アラン・コーエン著, 竹田純子訳　宝島社　2011.10　381p　21cm　1400円　①978-4-7966-8341-8
内容 ゼロからのスタート　まず、やってみる　流れに身をまかせる　自分の殻を破る　決断することからすべては始まる　不安と向き合う　心の平安こそ　愛情表現　パワーの源泉　ひとつのことに集中する〔ほか〕　〔02915〕

◇永遠の愛は存在する―別れた相手といつまでもいい関係を続ける方法 (Happily even after)　アラン・コーエン著, ダイナビジョン訳　PHP研究所　2011.12　295p　19cm　1400円　①978-4-569-80145-2
内容 二人の夫とディナーに―すばらしい元配偶者　「学ぶ人」と「失敗する人」―犠牲者意識を克服する　二人の人生が交わる間だけ―罪悪感に別れを告げる　おかしいことはやめる―傷を勲章に変える　破局から打破まで―自分のためになる離婚をする　苦しみを乗り越えて―強さを身に付ける　浮気で覚えておくこと―第三者から得る恩恵　子どもたちのために―現実を見せる　永遠の別れ―コードを断ち切るための儀式　話せて良かった―コミュニケーションは癒しをもたらす　一番大切なこと―愛を最優先にすること　今度は私の番―飛び立てる自由　誰がストーカーか―元パートナーを止められない時　高次の愛を下さい―大いなる存在からの助け　心への道を表現する―話せるかな？　タンゴは一人で踊れる―あなたには力がある　今の相手の方がいい？―元パートナーが、次の相手と出会う時　またよろしく―ロマンスを復活させる　うまくいく方法―成功のモデル　同居人からソウルメイトへ―喜んで前進する　〔02916〕

◇あなたはあなたのままでいい―人生に愛されるための30章 (ENOUGH ALREADY)　アラン・コーエン著, 真田由美子訳　イースト・プレス　2013.4　287p　20cm　1400円　①978-4-7816-0938-6
内容 自分の豊かさに気づくことから始めよう　ありのままの人生を楽しむ　あなたは生まれつき賢い　「すでに持っている」ことに気づく　安らかな心に行動を決めさせる　「あそこ」へ行くのでなく「ここ」で楽しくやってみる　「条件つき」でない、素の幸福を知る　あえて「ドラマのない人生」を生きる　すでに会っている相手が「選ばれしもの」だ　完全は実は「不完全」の上に成り立つ〔ほか〕　〔02917〕

◇ザ・コンパス―「喜び」がすべての指針 (JOY IS MY COMPASS)　アラン・コーエン著, 島津公美訳　晋遊舎　2013.5　247p　19cm　1500円　①978-4-86391-776-7
内容 第1章 喜びがコンパス　第2章 天使はどうして空を飛べるのか　第3章 目的地を目指す　第4章 心の道筋　第5章 ビジョンを生きる　第6章 家に帰ろう　〔02918〕

コーエン, エリオット　Cohen, Eliot A.

◇戦略論―現代世界の軍事と戦争 (Strategy in the Contemporary World (原著第3版) (抄訳))　ジョン・ベイリス, ジェームズ・ウィルツ, コリン・グレイ編, 石津朋之監訳　勁草書房　2012.9　314p　21cm　〈文献あり 索引あり〉2800円　①978-4-326-30211-6
内容 技術と戦争 (エリオット・コーエン著, 加藤朗訳)　〔02919〕

コーエン, ジェレミー・S.

◇子どもの社会的ひきこもりとシャイネスの発達心理学 (THE DEVELOPMENT OF SHYNESS AND SOCIAL WITHDRAWAL)　ケネス・H.ルビン, ロバート・J.コプラン編, 小野善郎訳　明石書店　2013.8　363p　22cm　5800円　①978-4-7503-3873-6
内容 子どもの社会不安の治療 (マシュー・P.マイカリジン, ジェレミー・S.コーエン, ジュリー・M.エドマンズ, サラ・A.クロウリー, フィリップ・C.ケンダル著)　〔02920〕

コーエン, タイラー　Cowen, Tyler

◇創造的破壊―グローバル文化経済学とコンテンツ産業 (Creative destruction)　タイラー・コーエン著, 浜野志保訳, 田中秀臣監訳・解説　作品社　2011.6　282p　20cm　〈文献あり〉2400円　①978-4-86182-334-3
内容 第1章 異文化間交易―グローバリゼーションの功罪　第2章 グローバル文化の隆盛―富と技術の役割　第3章 エートスと文化喪失の悲劇　第4章 なぜハリウッドが世界を牛耳るのか、それはいけないことなのか　第5章 衆愚化と最小公分母―グローバリゼーション時代の消費者　第6章「国民文化」は重要なのか―貿易と世界市民主義　〔02921〕

◇フレーミング―「自分の経済学」で幸福を切りとる (Create your own economy)　タイラー・コーエン著, 久保恵美子訳　日経BP社　2011.7　315p　20cm　〈文献あり　発売：日経BPマーケティング〉2200円　①978-4-8222-4864-2

内容 第1章 風変わりな思考の未来　第2章 知られざる創造力　第3章 現代文化は、その輝かしい面でなぜ結婚に似ているのか　第4章 インスタント・メッセンジャー、携帯電話、フェイスブック　第5章 救済者としての仏陀とシャーマンとしての教授　第6章「物語」の新しい経済　第7章 ヒーロー　第8章 美は思いがけないもの　第9章 自閉症者の政治学　第10章 世界はどこへ向かうのか　〔02922〕

◇大停滞（The great stagnation）　タイラー・コーエン著, 池村千秋訳　NTT出版　2011.9　166p　20cm　1600円　①978-4-7571-2280-2

内容 第1章 容易に収穫できる果実は食べつくされた—無償の土地、イノベーション、未教育の賢い子どもたち　第2章 経済の生産性は見かけほど向上していない—政府部門、医療部門、教育部門の本当の「成長力」　第3章 インターネットはなにを変えたのか？—ものの値段、「生産」の意味、収入のあり方　第4章 容易に収穫できる果実の政治学—再分配派の誤り、減税派の誤り、保守とリベラルの逆転現象　第5章 深刻な金融危機を招いた「真犯人」—金融機関幹部と美術館長、そして私たちみんなが犯した過ち　第6章 出口はどこにあるのか？—過去と現在、その大いなる違い　〔02923〕

コーエン, ダニエル　Cohen, Daniel

◇経済と人類の1万年史から、21世紀世界を考える（LA PROSPERITE DU VICE）　ダニエル・コーエン著, 林昌宏訳　作品社　2013.4　306p　20cm　2200円　①978-4-86182-429-6

内容 第1部 なぜ西欧が経済発展したのか？—経済成長という"悪徳の栄え"の法則と教訓（文明と経済の起源　停滞の中世から奇跡の近代へ　マルサスの法則　解き放たれたプロメテウス　永続する経済成長）　第2部 繰り返される経済的繁栄と危機—戦争と平和/狂騒と恐慌の時代の法則と教訓（世界戦争の経済的帰結—ドイツに別の選択肢はあったのか？　史上初の世界恐慌　高度経済成長は、私たちを幸せにしたのか？　福祉国家の誕生と終焉　戦争と平和の経済学）　第3部 グローバル化/サイバー化する経済と社会—二十一世紀を動かす新たな法則とは？（復興する中国とインド　歴史の終焉と文明の衝突　二十一世紀資本主義とエコロジー　新たに世界を襲った金融危機　非物質的な資本主義と経済法則）　おわりに 人類初となる時代への突入—求められる思考法の転換　〔02924〕

コーエン, デイヴィッド

◇ジェノサイドと現代世界　石田勇治, 武内進一編　勉誠出版　2011.3　485p　22cm　〈他言語標題：Genocide in the Modern World　文献あり〉　4500円　①978-4-585-22511-9

内容 戦争, ジェノサイドとそれに対する責任（デイヴィッド・コーエン著, 平野達志, 福永美和子訳）　〔02925〕

コーエン, ロビン　Cohen, Robin

◇グローバル・ディアスポラ（GLOBAL DIASPORAS（原著第2版））　ロビン・コーエン著, 駒井洋訳　新版　明石書店　2012.5　414p　20cm　（明石ライブラリー 150）〈文献あり 索引あり〉4800円　①978-4-7503-3597-1

内容 第1章 ディアスポラ研究の四段階　第2章 ディアスポラの古典的概念—ユダヤ人伝説の見直し　第3章 犠牲者ディアスポラ—アフリカ人とアルメニア人　第4章 労働ディアスポラと帝国ディアスポラ—年季契約インド人とイギリス人　第5章 交易ディアスポラおよびビジネス・ディアスポラ—中国人とレバノン人　第6章 ディアスポラとふるさとの地—シオニストとシク教徒　第7章 脱領土化ディアスポラ—黒い大西洋とボンベイの魅力　第8章 グローバル時代におけるディアスポラの動員　第9章 ディアスポラの研究—古い方法と新しい論点　〔02926〕

コーエン, M.　Cohen, Mikal R.

◇精神科リハビリテーション（Psychiatric Rehabilitaion（原著第2版））　W.アンソニー,M.コーエン,M.ファルカス,C.ガニエ著, 野中猛, 大橋秀行監訳　第2版　三輪書店　2012.11　436p　21cm　〈初版：マイン 1993年刊　文献あり 索引あり〉4800円　①978-4-89590-422-3　〔02927〕

コガン, フィリップ　Coggan, Philip

◇紙の約束—マネー、債務、新世界秩序（PAPER PROMISES）　フィリップ・コガン著, 松本剛史訳　日本経済新聞出版社　2012.11　418p　20cm　〈文献あり 索引あり〉2500円　①978-4-532-35541-8

内容 マネーの本質　ポローニアスを無視して　金という選択　マネーと恐慌　ドルとともに踊る　紙の約束　バブルが弾けるとき　濡れ手で粟　危機が始まる　リスクなし、とはいうものの　債務を後世に残す　勘定を支払うとき　新秩序　〔02928〕

コーガン, モーリス

◇知識の創造・普及・活用—学習社会のナレッジ・マネジメント（Knowledge management in the learning society）　OECD教育研究革新センター編著, 立田慶裕監訳　明石書店　2012.3　505p　22cm　〈訳：青山貴子ほか〉5600円　①978-4-7503-3563-6

内容 ヨーロッパにおける高等教育研究（モーリス・コーガン著, 福本徹訳）　〔02929〕

国際児童図書評議会《IBBY》

◇国際アンデルセン賞とIBBYオナーリスト2010—IBBY（国際児童図書評議会）がすすめる世界の児童書（IBBY honour list 2010（抄訳））　日本国際児童図書評議会　2011.8　54p　26cm　〔02930〕

◇国際アンデルセン賞とIBBYオナーリスト2012—IBBY（国際児童図書評議会）がすすめる世界の児童書（IBBY honour list 2012（抄訳））　日本国際児童図書評議会　2013.7　54p　26cm　〔02931〕

国際社会事業団《ISS》

◇国連子どもの代替養育に関するガイドライン—SOS子どもの村と福岡の取り組み　子どもの村福岡編　福村出版　2011.12　254p　21cm　2000円　①978-4-571-42041-2

内容 SOS子どもの村インターナショナル・ISS版子どもの代替養育に関するガイドライン ガイドライン和訳（SOS子どもの村インターナショナル, 国際社会事業団（ISS）著, 子どもの村福岡訳）　〔02932〕

国際ソーシャルワーカー連盟《IFSW》

◇国際ソーシャルワーカー連盟（IFSW）ポリシー

コ

ペーパー「国際方針文書」―多様な社会問題に対する国際的な視点（Policy papers International Federation of Social Workers）　国際ソーシャルワーカー連盟編著, 日本ソーシャルワーカー協会・国際委員会監訳　日本ソーシャルワーカー協会　2011.1　237p　26cm　〈英語併記　文献あり〉　〔02933〕

コ

国際ダリット連帯ネットワーク

◇企業と人権インド・日本―平等な機会のために　反差別国際運動日本委員会編集　反差別国際運動日本委員会　2012.9　146p　21cm　（IMADR-JCブックレット 15）〈発売：解放出版社（大阪）〉1200円　①978-4-7592-6756-3

内容 ダリット差別チェック（デンマーク人権研究所, 国際ダリット連帯ネットワーク編, 小森恵訳）〔02934〕

国際電気標準会議《IEC》

◇わかりやすい情報セキュリティマネジメントシステム―ISO/IEC 27001実践ガイド（ISO/IEC 27001 for small businesses-practical advice）　ISO,IEC編著, 日本情報経済社会推進協会（JIPDEC）監訳　日本規格協会　2011.4　183p　21cm　〈索引あり〉3200円　①978-4-542-40246-1

内容 情報セキュリティ　情報セキュリティマネジメントシステムの適用範囲　文書化の要求事項　マネジメントの責任　情報セキュリティマネジメントシステム基本方針　情報セキュリティリスクマネジメント　リスク対応及び管理策の選択　情報セキュリティマネジメントシステムの実施　監視及びレビュー　情報セキュリティマネジメントシステムの内部監査〔ほか〕　〔02935〕

国際図書館連盟《IFLA》

◇読みやすい図書のためのIFLA指針（ガイドライン）（Guidelines for easy-to-read materials）　国際図書館連盟特別なニーズのある人々に対する図書館サービス分科会編, 日本図書館協会障害者サービス委員会監訳, 日本障害者リハビリテーション協会訳　改訂版　日本図書館協会　2012.6　59p　26cm　（IFLA専門報告書 第120号）　666円　①978-4-8204-1205-2　〔02936〕

国際標準化機構《ISO》

◇ISO 26000：2010社会的責任に関する手引―日本語訳　日本規格協会編, ISOSR国内委員会監修　日本規格協会　2011.1　289p　21cm　〈文献あり 年表あり〉4500円　①978-4-542-40245-4　〔02937〕

◇わかりやすい情報セキュリティマネジメントシステム―ISO/IEC 27001実践ガイド（ISO/IEC 27001 for small businesses-practical advice）　ISO,IEC編著, 日本情報経済社会推進協会（JIPDEC）監訳　日本規格協会　2011.4　183p　21cm　〈索引あり〉3200円　①978-4-542-40246-1

内容 情報セキュリティ　情報セキュリティマネジメントシステムの適用範囲　文書化の要求事項　マネジメントの責任　情報セキュリティマネジメントシステム基本方針　情報セキュリティリスクマネジメント　リスク対応及び管理策の選択　情報セキュリティマネジメントシステムの実施　監視及びレビュー　情報セキュリティマネジメントシステムの内部監査〔ほか〕　〔02938〕

国際復興開発銀行《IBRD》

◇天災と人災―惨事を防ぐ効果的な予防策の経済学（Natural hazards, unnatural disasters）　世界銀行, 国際連合共編, 千葉啓恵訳　一灯舎　2011.6　205p　26cm　〈文献あり 索引あり　発売：オーム社〉3000円　①978-4-903532-74-5

内容 概観　第1章 死亡者数の変動と被害の増加―数字が語るもの　第2章 災害による多くの影響を測定する　第3章 個人による予防策　第4章 政府による予防策　第5章 保険と対処　第6章 大変革をもたらす要因がやってくる？ 急成長する都市、気候変動、気候によって引き起こされた大災害　憂慮する市民への覚え書き　〔02939〕

◇世界経済・社会統計　2009　世界銀行編, 鳥居泰彦監訳　柊風舎　2012.1　433p　26cm　28000円　①978-4-903530-47-5

内容 第1章 世界概観　第2章 人々　第3章 環境　第4章 経済　第5章 国家と市場　第6章 グローバルリンク　〔02940〕

◇世界開発報告　2011　紛争、安全保障と開発（World Development Report 2011：Conflict, Security, and Development）　世界銀行編著, 田村勝省訳　一灯舎　2012.2　346p　26cm　〈発売：オーム社〉4200円　①978-4-903532-77-6

内容 1 挑戦（反復的暴力が開発を脅かす　暴力に対する脆弱性）　2 国家的・国際的な対応からの教訓（暴力から強靱性へ：信頼を回復し制度を転換する　信頼を回復する：瀬戸際から決別する　市民に安全と正義、及び雇用を提供するために制度を転換する　信頼醸成と制度転換に対する国際支援　外部からのストレスを緩和するための国際的措置）　3 実際的な選択肢と勧告（各国別の実際的な指針と選択肢　国際支援の新しい方向）　〔02941〕

◇世界開発報告　2012　ジェンダーの平等と開発　世界銀行編著, 田村勝省, 穴水由紀子訳　一灯舎　2012.9　421p　26cm　〈発売：オーム社〉4200円　①978-4-903532-87-5

内容 1 ジェンダー平等のこれまでの進展を見る（進展の波　ジェンダー不平等の執拗さ）　2 進展の原動力となってきたものは何か？ 妨げているものは何か？（教育と健康：ジェンダー差はどこに真の問題があるのか？　女性のエージェンシーを促進する　職務におけるジェンダー差とその重大性　グローバル化がジェンダー平等に与える影響：何が起き、何が必要なのか）　3 公的措置の役割と潜在力（ジェンダー平等のための公的措置　ジェンダー改革の政治経済学　ジェンダー平等化の推進に向けた世界的アジェンダ）　〔02942〕

◇世界経済・社会統計　2010（World Development Indicators 2010）　世界銀行編, 鳥居泰彦監訳　柊風舎　2013.1　463p　26cm　28000円　①978-4-903530-98-7

内容 第1章 世界概観　第2章 人々　第3章 環境　第4章 経済　第5章 国家と市場　第6章 グローバルリンク　〔02943〕

国際連合《UN》

◇スティグリッツ国連報告―国連総会議長諮問に対

する国際通貨金融システム改革についての専門家委員会報告 ： 最終版2009/09/21 (Report of the Commission of Experts of the President of the United Nations General Assembly on Reforms of the International Monetary and Financial System on September 21, 2009) 国連総会議長諮問によるジョセフ・E.スティグリッツを委員長とする国際通貨金融システム改革についての専門委員会著, 森史朗訳　神戸　水山産業出版部　2011.1　256p　21cm　1333円　①978-4-903796-68-0　〔02944〕

◇天災と人災―惨事を防ぐ効果的な予防策の経済学 (Natural hazards, unnatural disasters)　世界銀行, 国際連合共編, 千葉啓恵訳　一灯舎　2011.6　205p　26cm　〈文献あり 索引あり　発売 ： オーム社〉3000円　①978-4-903532-74-5

内容 概観　第1章 死亡者数の変動と被害の増加―数字が語るもの　第2章 災害による多くの影響を測定する　第3章 個人による予防策　第4章 政府による予防策　第5章 保険と対処　第6章 大変革をもたらす要因がやってくる？ 急成長する都市、気候変動、気候によって引き起こされた大災害　憂慮する市民への覚え書き　〔02945〕

◇世界の女性　2010 (The world's women)　国際連合〔著〕, 日本統計協会訳　日本統計協会　2011.12　279p　30cm　〈2010のサブタイトル ： 傾向と統計　文献あり〉3000円　①978-4-8223-3708-7

内容 1 人口と家族　2 健康　3 教育　4 仕事　5 権力と意思決定　6 女性に対する暴力　7 環境　8 貧困　〔02946〕

国際連合経済社会情報・政策分析局

◇国際連合・世界人口予測―1960→2060　第1分冊 (World population prospects.the 2010 rev)　国際連合経済社会情報・政策分析局人口部編, 原書房編集部訳　〔2010年改訂版〕　原書房　2011.6　717p　30cm　〈『世界人口年鑑』別巻〉①978-4-562-04709-3　〔02947〕

◇国際連合・世界人口予測―1960→2060　第2分冊 (World population prospects.the 2010 rev)　国際連合経済社会情報・政策分析局人口部編, 原書房編集部訳　〔2010年改訂版〕　原書房　2011.6　919p　30cm　〈『世界人口年鑑』別巻〉①978-4-562-04709-3　〔02948〕

◇国際連合・世界人口予測1960 - 2060　2012年改訂版　国際連合経済社会情報・政策分析局人口部編, 原書房編集部訳　原書房　2013.8　2冊（セット）　30cm　（世界人口年鑑 別巻）　45000円　①978-4-562-04940-0

内容 1 付表（人口学的プロフィール　人口学的主要指標）　2 付表（世界、主要地域、地域、および特別グループ別男女・年齢別人口 ： 推計および中位、高位ならびに低位予測値、1960 - 2060年　国・属領別男女・年齢別人口 ： 推計および中位、高位ならびに低位予測値、1960 - 2060年）　〔02949〕

国際連合広報局

◇国際連合の基礎知識 (Basic facts about the United Nations)　国際連合広報局著, 八森充訳　改訂版　〔三田〕　関西学院大学総合政策学部　2012.4　496p　22cm　〈発売 ： 関西学院大学出版会（西宮）〉2600円　①978-4-86283-115-6

内容 第1章 国際連合 ： その憲章と機構　第2章 国際の平和と安全　第3章 経済社会開発　第4章 人権　第5章 人道支援　第6章 国際法　第7章 植民地の独立　〔02950〕

国際連合女性の地位向上部

◇女性への暴力防止・法整備のための国連ハンドブック―政府・議員・市民団体・女性たち・男性たちに (Handbook for legislation on violence against women)　国際連合女性の地位向上部著, 原美奈子, 山下梓訳, 矯風会ステップハウス編　梨の木舎　2011.3　168p　21cm　〈解説 ： 角田由紀子, 柳本祐加子　索引あり〉1800円　①978-4-8166-1105-6

内容 1章 はじめに―世界は動き出している　2章 国際的・地域的な法および政策について　3章 女性への暴力防止についての法律モデル　4章 女性への暴力に関する法案の起草にあたって踏むべき手順のチェックリスト　女性たちへ！―私たちはここまできた　解説―女性への暴力防止・法整備を実現するために　あとがき―こんな法律がほしい！　〔02951〕

国際連合人権高等弁務官事務所《OHCHR》

◇市民社会向けハンドブック―国連人権プログラムを活用する (Working with the United Nations human rights programme, a handbook for civil society)　国連人権高等弁務官事務所著, ヒューマンライツ・ナウ編訳, 阿部浩己監訳, 安孫子理良, 伊藤和子, 枝川充志, 須田洋平訳　信山社　2011.9　198p　22cm　2800円　①978-4-7972-5586-7　〔02952〕

国際連合統計局

◇国際連合 世界統計年鑑　2009 (VOL.54) (2009 United Nations Statistical Yearbook)　国際連合統計局編　平成23年日本語版　原書房　2011.9　785p　26cm　〈本文 ： 日英両文〉20000円　①978-4-562-04734-5

内容 第1部 世界および地域の概括　第2部 人口および社会統計（人口および居住　女性の状況　教育 ほか）　第3部 経済活動（国民経済計算および鉱工業生産　金融統計　労働力 ほか）　第4部 国際経済関係（国際商品貿易　国際観光および輸送　国際金融 ほか）　〔02953〕

◇国際連合貿易統計年鑑　2009 Vol.58　国際連合統計局編, 原書房編集部訳　原書房　2011.9　1冊（セット）　31×22cm　43000円　①978-4-562-04727-7

内容 Volume1　国別表　Volume2　世界貿易表　〔02954〕

国際連合難民高等弁務官事務所《UNHCR》

◇難民の第三国定住―難民の受け入れと社会統合のための国際ハンドブック (Refugee resettlement an international handbook to guide reception and integration)　UNHCR駐日事務所法務部訳編　UNHCR駐日事務所　2010.8　298p　29cm　〈年表あり　文献あり〉①92-1-101048-9　〔02955〕

コ

国際労働機関《ILO》

◇二千七年の国際労働機関第九十六回総会において採択された勧告―仮訳文　〔内閣〕　2008.6　22p　30cm　〔02956〕

◇二千七年の国際労働機関第九十六回総会において採択された条約―仮訳文　〔内閣〕　2008.6　66p　30cm　〔02957〕

◇世界給与・賃金レポート　2010/2011　危機下での給与・賃金政策（Global wage report 2010/11）　ILO（国際労働機関）編著, 田村勝省訳　一灯舎　2011.5　119p　26cm　〈文献あり　発売：オーム社〉2000円　①978-4-903532-73-8

内容 1 賃金の主要トレンド（平均賃金の伸び　賃金シェア　賃金不平等と低賃金）　2 危機下の賃金政策（賃金政策の役割　賃金政策）　3 要約と結論（主要な発見と政策含意　新たな問題の出現と今後の展望　世界の賃金トレンド：方法論の問題　賃金シェアの定義と測定およびシフト・シェア分析）　〔02958〕

◇二千十年の国際労働機関第九十九回総会において採択された勧告―仮訳文　〔内閣〕　2011.6　27p　30cm　〔02959〕

◇世界労働レポート　2010　1つの危機から次の危機へ？（World of work report 2010）　国際労働機関編著, 田村勝省訳　一灯舎　2011.7　159p　26cm　〈文献あり　発売：オーム社〉2500円　①978-4-903532-75-2

内容 第1章 世界の労働展望：雇用に満ちた回復の挑戦（用のスナップショット　雇用の展望 ほか）　第2章 世界の社会環境：政策にとってのトレンドと挑戦課題（危機勃発以降の社会環境　社会環境の変化を説明する：失業と所得不平等の役割 ほか）　第3章 財政制約下における雇用回復（財政緊縮へのシフト　危機下における財政政策の雇用効果についてわかっていること ほか）　第4章 世界の成長をリバランスする：所得主導型戦略の役割（黒字国：成長の源泉をリバランスするという挑戦課題　グローバルの不均衡と成長の回復に取り組むための政策オプション ほか）　第5章 より多くのより良い雇用のために金融を改革する（金融市場にとって多難な回復　金融市場の長期的な安定性のための改革オプション ほか）　〔02960〕

◇世界労働レポート　2011　雇用のために市場を機能させる（World of work report 2011）　国際労働機関（ILO）, 国際労働問題研究所（IILS）編著, 田村勝省訳　一灯舎　2011.12　160p　26cm　〈文献あり　発売：オーム社〉2500円　①978-4-903532-78-3

内容 1 市場の混乱、雇用と社会不安：トレンドと展望　2 利益を投資と雇用のために機能させる　3 所得に占める労働のシェア：決定要因と金融危機からの脱却への潜在的な寄与　4 より良い雇用環境の牽引車として食料の安全保障に投資する　5 雇用回復と公平性を改善するための税制改革　6 緊縮財政下における有効な雇用政策　国際労働研究所の最近の出版物　〔02961〕

◇世界雇用情勢　2012　雇用危機の深刻化を予防（Global Employment Trends）　ILO著, 田村勝省訳　一灯舎　2012.4　126p　26cm　〈文献あり　発売：オーム社〉2500円　①978-4-903532-81-3

内容 1 マクロ経済の展望は悪化しつつある（世界経済は急速に軟化している　短期的な展望　中期的に作用している潮流　シナリオと政策対応）　2 世界の労働市場状況（失業と労働力参加　雇用と労働生産性　世界の労働市場にかかわる厳しい展望）　3 地域別にみた経済・労働市場の動向（先進国・EU　中央・南東欧州（非EU）とCIS　ラテンアメリカ・カリブ　東アジア　東南アジア・太平洋　南アジア　中東　北アフリカ　サハラ以南アフリカ）　4 雇用の増加をともなう成長に向けた政策（危機で失われた雇用の要約　若年雇用危機の悪化　雇用の世界展望　雇用に溢れた成長を促進するマクロ政策の選択肢）　〔02962〕

◇二千十一年の国際労働機関第百回総会において採択された勧告―仮訳文　〔内閣〕　2012.6　18p　30cm　〔02963〕

◇二千十一年の国際労働機関第百回総会において採択された条約―仮訳文　〔内閣〕　2012.6　18p　30cm　〔02964〕

◇世界労働レポート　2012　より良い経済のためのより良い仕事（World of Work Report 2012）　国際労働機関（ILO）・国際労働問題研究所（IILS）著, 田村勝省訳　一灯舎　2012.8　122p　26cm　〈発売：オーム社〉2500円　①978-4-903532-86-8

内容 1 世界的経済危機が雇用、仕事の質、及び社会に対してもたらした意義（雇用のトレンド　仕事の質　貧困や所得不平等に対する危機のインパクト　より良い経済のためのより良い仕事　補遺A　補遺B　補遺C　参考文献）　2 雇用保護と労使関係―最近のトレンドと労働市場へのインパクト（労働市場制度―文献と最近のトレンドにかかわる概観　雇用保護規制や団体交渉にかかわる変更が労働市場に及ぼす効果を評価する　政策対応　補遺A　補遺B　参考文献）　3 財政再建と雇用増加（債務動態と進展中の財政再建に向けた取り組み　財政再建の雇用効果―緊縮策と社会的責任アプローチ　補遺A　参考文献）　4 持続可能な回復に投資する（世界の投資と雇用のトレンド　投資の動因　政策対応　補遺A　参考文献）〔02965〕

◇世界給与・賃金レポート　2012/2013　給与・賃金と公平な成長（Global Wage Report 2012/13）　国際労働機関著, 田村勝省訳　一灯舎　2013.4　115p　26cm　〈文献あり　発売：オーム社〉2500円　①978-4-903532-93-6

内容 1 賃金の主要トレンド（世界経済の状況：危機、不況、及び雇用　実質賃金　地域の推定値　最低賃金と勤労貧困層）　2 労働シェアの低下と公平な成長（労働所得シェアの低下　労働所得シェアが経済成長に及ぼす影響）　3 公平な成長にとっての意義（対内外不均衡　賃金と生産性を再び連動させる）〔02966〕

◇世界雇用情勢　2013　雇用は二番底からの回復途上にある（Global Employment Trends）　国際労働機関著, 田村勝省訳　一灯舎　2013.8　175p　26cm　〈文献あり　発売：オーム社〉2500円　①978-4-903532-96-7

内容 1 マクロ経済の挑戦は悪化している（世界経済の鈍化傾向は2012年に強まった　保護主義と政策矛盾が世界経済により一層のリスクをもたらしかねない ほか）　2 世界の労働市場にかかわる現状と展望（雇用創出がほとんどの地域で鈍化するなかで、失業は再び増加している　世界的な雇用ギャップの規模と性格を理解する ほか）　3 地域別の経済・労働市場動向（先進国・EU　中央・南東欧州（非EU）およびCIS ほか）　4 適切な雇用構造に向けた変化（1人当たり付加価値の伸びを分解する　労働市場は構造変化から利益を享受している ほか）　5 雇用の二番底からの回

復 : 課題と政策(投資と雇用創出を増やすために不確実性に取り組む 世界の需要と雇用の創出に向けて刺激策を調整する ほか)〔02967〕

国際労働問題研究所《IILS》

◇世界労働レポート 2011 雇用のために市場を機能させる (World of work report 2011) 国際労働機関(ILO), 国際労働問題研究所(IILS)編著, 田村勝省訳 一灯舎 2011.12 160p 26cm 〈文献あり 発売 : オーム社〉2500円 ①978-4-903532-78-3

内容 1 市場の混乱、雇用と社会不安 : トレンドと展望 2 利益を投資と雇用のために機能させる 3 所得に占める労働のシェア : 決定要因と金融危機からの脱却への潜在的な寄与 4 より良い雇用環境の牽引車として食料の安全保障に投資する 5 雇用回復と公平性を改善するための税制改革 6 緊縮財政下における有効な雇用政策 国際労働研究所の最近の出版物〔02968〕

◇世界労働レポート 2012 より良い経済のためのより良い仕事 (World of Work Report 2012) 国際労働機関(ILO)・国際労働問題研究所(IILS)著, 田村勝省訳 一灯舎 2012.8 122p 26cm 〈発売 : オーム社〉2500円 ①978-4-903532-86-8

内容 1 世界的経済危機が雇用、仕事の質、及び社会に対してもたらした意義(雇用のトレンド 仕事の質 貧困や所得不平等に対する危機のインパクト より良い経済のためのより良い仕事 補遺A 補遺B 補遺C 参考文献) 2 雇用保護と労使関係—最近のトレンドと労働市場へのインパクト(労働市場制度—文献と最近のトレンドにかかわる概観 雇用保護規制や団体交渉にかかわる変更が労働市場に及ぼす効果を評価する 政策対応 補遺A 補遺B 参考文献) 3 財政再建と雇用増加(債務動態と進展中の財政再建に向けた取り組み 財政再建の雇用効果—緊縮策と社会的責任アプローチ 補遺A 参考文献) 4 持続可能な回復に投資する(世界の投資と雇用のトレンド 投資の動因 政策対応 補遺A 参考文献)〔02969〕

コクトー, ジャン Cocteau, Jean

◇ちくま哲学の森 6 驚くこころ 鶴見俊輔, 安野光雅, 森毅, 井上ひさし, 池内紀編 筑摩書房 2012.2 437p 15cm 1300円 ①978-4-480-42866-0

内容 シャボン玉(J.コクトー著, 堀口大學訳)〔02970〕

国民参政会

◇新編原典中国近代思想史 第6巻 救国と民主—抗日戦争から第二次世界大戦へ 野村浩一, 近藤邦康, 並木頼寿, 坂元ひろ子, 砂山幸雄, 村田雄二郎編 野村浩一, 近藤邦康, 砂山幸雄責任編集 岩波書店 2011.3 412, 7p 22cm 〈年表あり〉5700円 ①978-4-00-028226-0

内容 国民大会を召集し、憲政を実行する案(国民参政会著, 水羽信男訳)〔02971〕

コーコラン, ジュディ Corcoran, Judy

◇離婚後の共同養育と面会交流実践ガイド—子どもの育ちを支えるために (JOINT CUSTODY WITH A JERK(抄訳)) J.A.ロス, J.コーコラン著, 青木聡, 小田切紀子訳 京都 北大路書房 2013.9 215p 19cm 2400円 ①978-4-7628-2813-3

内容 第1章 問題を特定する(最低なヤツ以外の問題) 第2章 誰が問題ピラミッドの頂上にいるのか? 第3章 あなたが問題ピラミッドの頂上にいるとき 第4章 あなたが解決しなければならない問題 第5章 元配偶者と協力することを学ぶ 第6章 子どもが問題ピラミッドの頂上にいるとき 第7章 子どもに自信を与える 第8章 元配偶者が問題ピラミッドの頂上にいるとき 第9章 多様な離婚家族 第10章 明るい将来〔02972〕

ゴーシュ, オーロビンド Ghose, Aurobindo

◇スピリチュアル・エボリューション—オーロビンド・エッセンス (Spiritual evolution) オーロビンド・ゴーシュ著, 沢西康史編訳 アルテ 2011.8 190p 19cm 〈発売 : 星雲社〉1800円 ①978-4-434-15890-2

内容 高みへのあこがれ 宇宙のなかの人間 存在の七重の調和 輪廻転生の哲学 世界の階層 人間、過渡的な存在 進化と内化〔02973〕

◇インテグラル・ヨーガ—オーロビンド・エッセンス (INTEGRAL YOGA) オーロビンド・ゴーシュ著, 沢西康史編訳 アルテ 2013.7 190p 19cm 〈発売 : 星雲社〉2000円 ①978-4-434-18166-5

内容 生命とヨーガ 三つの生命 ヨーガの方法論 システムの統合 四つの助力 自然の三つの様態 魂と自然 下位の三つのプルシャ 上位と下位の知識 サマーディ〔ほか〕〔02974〕

コシュマン, J.ヴィクター Koschmann, J.Victor

◇戦後日本の民主主義革命と主体性 (Revolution and subjectivity in postwar Japan) J.ヴィクター・コシュマン著, 葛西弘隆訳 平凡社 2011.4 402p 22cm 〈文献あり 索引あり〉4200円 ①978-4-582-45439-0

内容 序論 第1章 戦後日本における民主主義革命の政治 第2章 文学とブルジョワ的主体 第3章 哲学とマルクス主義の空隙 第4章 近代的エートス 第5章 ナショナリズム 結論〔02975〕

ゴシュラー, コンスタンティン

◇過ぎ去らぬ過去との取り組み—日本とドイツ 佐藤健生, ノルベルト・フライ編 岩波書店 2011.1 314, 15p 21cm 〈年表あり〉2800円 ①978-4-00-001079-5

内容 第二次世界大戦後のヨーロッパの協調において補償が果たした役割(コンスタンティン・ゴシュラー著, 武井彩佳訳)〔02976〕

ゴーション, パスカル Gauchon, Pascal

◇100の地点でわかる地政学 (Les 100 lieux de la geopolitique) パスカル・ゴーション, ジャン=マルク・ユイスー編, オリヴィエ・ダヴィド他著, 斎藤かぐみ訳 白水社 2011.10 149p 18cm (文庫クセジュ 962) 1050円 ①978-4-560-50962-3

内容 前書き 地点と単語 第1章 パワーを発散する地点 第2章 パワーが織り成される空間 第3章 パワーの鍵となる地点 第4章 パワーの対決地点—係争・紛争・妥協〔02977〕

コ

コーション, ローズ　Cauchon, Rose

◇日本の細道―マルグリット・ブールジョワの足あと　ローズ・コーション著　調布　コングレガシオン・ド・ノートルダム修道会　2011.1　159p　26cm　〈年表あり〉　〔02978〕

ゴス, クリスティン・A.

◇流動化する民主主義―先進8カ国におけるソーシャル・キャピタル（Democracies in Flux）　ロバート・D.パットナム編著, 猪口孝訳　京都　ミネルヴァ書房　2013.7　443, 8p　22cm　〈索引あり〉4800円　①978-4-623-05301-8

内容 社会関係資本とは何か（ロバート・D.パットナム, クリスティン・A.ゴス執筆）　〔02979〕

コス, メアリー・P.　Koss, Marry P.

◇ソーシャルワークと修復的正義―癒やしと回復をもたらす対話、調停、和解のための理論と実践（Social Work and Restorative Justice）　エリザベス・ベック, ナンシー・P.クロフ, パメラ・ブラム・レオナルド編著, 林浩康監訳　明石書店　2012.11　486p　22cm　〈訳：大竹智ほか　索引あり〉6800円　①978-4-7503-3687-9

内容 家族の権利におけるフェミニストの視点―女性への暴力を抑止する修復的実践（メアリー・P.コス, ジョン・ペネル著, 竹原幸太訳）　〔02980〕

コース, ロナルド　Coase, Ronald Harry

◇中国共産党と資本主義（HOW CHINA BECAME CAPITALIST）　ロナルド・コース, 王寧著, 栗原百代訳　日経BP社　2013.2　461p　20cm　〈文献あり 索引あり　発売：日経BPマーケティング〉2800円　①978-4-8222-4945-8

内容 第1章 毛沢東亡き中国　第2章 過渡期の中国　第3章 中国は市場改革にどう着手したか　第4章 カゴの鳥―社会主義体制下の市場改革　第5章 社会主義からの脱皮―中国的特色をもつ資本主義　第6章 一つの資本主義から複数の資本主義へ　〔02981〕

コスタ, オリビィエ

◇EUと東アジアの地域共同体―理論・歴史・展望　中村雅治, イーヴ・シュメイユ共編　Sophia University Press上智大学出版　2012.12　404p　22cm　〈他言語標題：The European Union and East Asian Regional Community　索引あり　制作・発売：ぎょうせい〉3000円　①978-4-324-09206-4

内容 欧州議会によるEU域外地域との対話の試み（オリビィエ・コスタ, クラリッサ・ドゥリ執筆, 西脇靖洋訳）　〔02982〕

コスタ, フィリッポ

◇弱い思考（Il pensiero debole）　ジャンニ・ヴァッティモ, ピエル・アルド・ロヴァッティ編, 上村忠男, 山田忠彰, 金山準, 土肥秀行訳　法政大学出版局　2012.8　374p　20cm　（叢書・ウニベルシタス 977）〈文献あり〉4000円　①978-4-588-00977-8

内容 カフカのアイデンティティなき人間（フィリッポ・コスタ著, 土肥秀行訳）　〔02983〕

コスタ, レベッカ　Costa, Rebecca D.

◇文明はなぜ崩壊するのか（The watchman's rattle）　レベッカ・コスタ著, 藤井留美訳　原書房　2012.3　325p　20cm　2300円　①978-4-562-04778-9

内容 なぜ文明はらせんを描いて落ちていくのか　進化の贈り物―神経科学の画期的発見　スーパーミームの君臨―行きづまりの手ごわい子どもたち　反対という名の思考停止―第一のスーパーミーム　個人への責任転嫁―第二のスーパーミーム　関係のこじつけ―第三のスーパーミーム　サイロ思考―第四のスーパーミーム　行きすぎた経済偏重―第五のスーパーミーム　不合理な世界で見つけだす合理的な解決策　目覚めと行動―戦術的アプローチ〔ほか〕　〔02984〕

コスタンツォ, P.*　Costanzo, Philip

◇子どもの仲間関係―発達から援助へ（CHILDREN'S PEER RELATIONS）　J.B.クーパーシュミット,K.A.ダッジ編, 中沢潤監訳　京都　北大路書房　2013.12　299p　21cm　〈文献あり 索引あり〉3600円　①978-4-7628-2826-3

内容 もし彼らをつぶせないなら, 仲間に入れよう（Shari Miller-Johnson,Philip Costanzo著, 榎本淳子訳）　〔02985〕

ゴスティック, エイドリアン　Gostick, Adrian Robert

◇「透明社員」を使え！―やる気のない部下を頼れる戦力に変える方法（The invisible employee (2nd ed.)）　エイドリアン・ゴスティック, チェスター・エルトン著, 古賀祥子訳　阪急コミュニケーションズ　2011.6　237p　19cm　1500円　①978-4-484-11107-0

内容 1 透明化する社員たち　2 社員が消える！　3 すぐれたリーダーは社員を見ている　4 社員の正しい認め方・褒め方　5 社員の「見える化」で、結果も目に見える　6 社員が戻ってくる！　〔02986〕

◇「一緒に仕事できて良かった！」と部下が喜んで働くチームをつくる52の方法（ALL IN）　エイドリアン・ゴスティック, チェスター・エルトン著, 匝瑳玲子訳　日本経済新聞出版社　2013.5　266p　19cm　1600円　①978-4-532-31853-6

内容 第1部 優れたチームをつくり、好業績を導き出すたったひとつの要素（どうしてあなたの部下は全力を尽くしてくれないのか？　信頼―企業文化を伝染させる秘訣　一流の業績を生み出す要素）　第2部 強力な企業文化を築く7つのステップ（危機を定義する―WHYを与えよ　顧客に焦点を合わせる―耳を傾けていますか？　俊敏になる―社員が変化に順応する手助けをする　すべてを共有化する―率直なコミュニケーションで信頼を築く　部下の才能を見出す―「私になんの得があるのか？」　互いに応援し合う―社員の功績を認め、感謝と好意の企業文化を築く　責任を明確化する―ネガティブをポジティブに）　第3部 成功を維持するためのツール（信頼を取り戻す―危機に瀕した企業文化を再建する　社員が喜んで全力を尽くしてくれる52の方法　信じる人々とともに―豊かな報酬）　〔02987〕

コステル, テオ　Coster, Theo

◇アンネ、わたしたちは老人になるまで生き延びられた。―クラスメートたちがたどるアンネ・フランクの思い出（WE ALL WORE STARS）　テオ・コステル著, 桜田直美訳　清流出版　2012.8

205p　20cm　1600円　①978-4-86029-392-5

内容 プロローグ アンネのクラスメートたち　第1部 新しい学校(十三歳のとき)(消えてゆく生徒たち　金網越しの会話　アンネの誕生パーティ)　第2部 地下に潜る(十四歳のとき)(捕虜交換要員　ナネッテの時計　逮捕 ほか)　第3部 戦争が終わって(十七歳のとき)(ガラスの棺　悲しい知らせ　苦しみの大小 ほか)　エピローグ 予想外の事実　〔02988〕

ゴスポドネティッチ, ユギ

◇ことばと人間―聴覚リハビリと外国語教育のための言語理論 (RETROSPECTION)　ペタール・グベリナ著, クロード・ロベルジュ編, 原田早苗, 西田俊明, 小川裕花日本語版監修　Sophia University Press上智大学出版　2012.4　418p　22cm　〈訳：小川裕花ほか　索引あり　発売：ぎょうせい〉3000円　①978-4-324-09207-1

内容 VT法から見た聴きとりと調音(ペタール・グベリナ, ユギ・ゴスポドネティッチ共著, 福山孝子訳)　〔02989〕

コスリナ, リュドミラ　Kosulina, Liudmila Gennad'evna

◇ロシアの歴史―ロシア中学・高校歴史教科書　上　古代から19世紀前半まで　アレクサンドル・ダニロフ, リュドミラ・コスリナ著, 吉田衆一, アンドレイ・クラフツェヴィチ監修　明石書店　2011.7　683p　21cm　(世界の教科書シリーズ 31)　6800円　①978-4-7503-3415-8　〔02990〕

◇ロシアの歴史―ロシア中学・高校歴史教科書　下　19世紀後半から現代まで　アレクサンドル・ダニロフ, リュドミラ・コスリナ, ミハイル・ブラント著, 吉田衆一, アンドレイ・クラフツェヴィチ監修　明石書店　2011.7　717p　21cm　(世界の教科書シリーズ 32)　6800円　①978-4-7503-3416-5　〔02991〕

ゴーセール, ヴァンサン　Goossaert, Vincent

◇道教の世界―宇宙の仕組みと不老不死 (Le taoisme)　ヴァンサン・ゴーセール, カロリーヌ・ジス著, 遠藤ゆかり訳, 松本浩一監修　大阪創元社　2011.1　142p　18cm　(「知の再発見」双書 150―〔SG絵で読む世界文化史〕)　〈文献あり 年表あり 索引あり〉1600円　①978-4-422-21210-4　〔02992〕

ゴダード, ネヴィル　Goddard, Neville Lancelot

◇想定の『超』法則―未来を改造する「ザ・パワー」のしくみ (The power of awareness)　ネヴィル・ゴダード著, 林陽訳　ヒカルランド　2011.7　257p　20cm　(超・きらきら 4)　1700円　①978-4-905027-37-9

内容 人生のあらゆる現象をつくり出す仕組み―意識=光と「私は在る」の不変不滅の感覚が、運命を決めてゆく　意識こそが幸せな未来を生み出す唯一の原物質―心の状態を活用して、現実の世界をいかにつくり変えるか　宇宙創造の源泉"想定する力"を最大限に生かす―想像力は、未来の夢を今の現実に変える究極の道具　運命の支配者へ！　理想の願望を現実化させる秘法―「願いはすでに実現している」想定力の実践で人生は開ける　想定を成功させる具体的な手順　自由と幸福への鍵は、想像力を意識して制御・反復することにある　注意力でただ一つのものに焦点を絞り込む―成功の秘訣！　集中観察を駆使して思う形を鮮明にする法　想定力が人間関係を好転させる―あなたの態度・想像力が未来を改造するパワーを引き寄せる　余計な想像力をいかに捨て去るか―破壊的な思いを剪定し、自分の叶えたい理想に注意を振り向ける　想像した未来の場所を現実の世界に変換する―想定による心の前進運動が現実の場所をつくり物質化させる　創造されるものすべては、すでにあなたの中に存在する―「自分をどう思うか」によって現在・未来の出来事を最終的に決めている〔ほか〕　〔02993〕

◇世界はどうしたって「あなたの意のまま」―意識と願望の超パワーを使いこなす (At Your Command)　ネヴィル・ゴダード著, 林陽監修・解説, 新間潤子訳　ヒカルランド　2013.10　98p　20cm　(超☆きらきら 019)　1300円　①978-4-86471-111-1　〔02994〕

コダマ, クリスティーヌ　小玉 クリスティーヌ

◇人間に固有なものとは何か―人文科学をめぐる連続講演　森本あんり編　創文社　2011.3　290p　23cm　〈索引あり〉3000円　①978-4-423-10107-0

内容 フランス文学 聖アントワーヌの誘惑(小玉クリスティーヌ述, 岩切正一郎訳)　〔02995〕

コーツ, ジョン　Coates, John

◇トレーダーの生理学 (THE HOUR BETWEEN DOG AND WOLF)　ジョン・コーツ著, 小野木明恵訳　早川書房　2013.1　434p　20cm　〈文献あり〉2300円　①978-4-15-209351-6

内容 第1部 金融市場における心と身体(バブル市場の生物学　身体で考える)　第2部 勘を働かせる(思考のスピード　金融市場で働く勘)　第3部 市場の波(探索のスリル　熱狂を煽るもの　ウォール街でのストレス反応)　第4部 回復する力(精神を鍛える　化学物質と金融市場)　〔02996〕

ゴツィック, マーレン　Godzik, Maren

◇ライフコース選択のゆくえ―日本とドイツの仕事・家族・住まい　田中洋美, マーレン・ゴツィック, クリスティーナ・岩田ワイケナント編　新曜社　2013.2　380, 4p　20cm　〈他言語標題：Beyond a Standardized Life Course〉4200円　①978-4-7885-1324-2

内容 1 ライフコースへのアプローチ(「人生の多様化」とライフコース―日本における制度化・標準化・個人化　ライフコース・ライフストーリー・社会変動―ドイツ語圏社会科学におけるバイオグラフィー(人生経歴)・アプローチ)　2 仕事をめぐる生き方の変化(雇用改革とキャリア―日本における雇用の多様化と「生き方」をめぐる労働者の葛藤　雇われない働き方とライフコース―日本における新しい労働世界の予兆 ほか)　3 結婚・家族観の持続と変容(働く独身女性のライフコース選択―「普通の逸脱」の日本的文脈　テレビドラマにみるライフコースの脱標準化と未婚化の表象―『アラウンド40』と『婚カツ！』を例に ほか)　4 住まいからみる新しい生き方(若年層のライフコースと住宅政策　高齢女性の住まい方とライフコース―なぜ共生型・参加型居住を選択するのか ほか)　5 日本社会と生きがい(日本における生きがいとライフコースの変化)　〔02997〕

コ

コッカー, ジャーヴィス
◇世界一素朴な質問、宇宙一美しい答え—世界の第一人者100人が100の質問に答える（BIG QUESTIONS FROM LITTLE PEOPLE）　ジェンマ・エルウィン・ハリス編, 西田美緒子訳, タイマタカシ絵　河出書房新社　2013.11　298p　22cm　2500円　Ⓘ978-4-309-25292-6
内容 どうして音楽があるの？（ジャーヴィス・コッカー）〔02998〕

コッカ, ユルゲン　Kocka, Jürgen
◇市民社会と独裁制—ドイツ近現代史の経験（Civil society and dictatorship in modern German history）　ユルゲン・コッカ〔著〕, 松葉正文, 山井敏章訳　岩波書店　2011.2　151, 38p　20cm　〈索引あり〉2400円　Ⓘ978-4-00-023483-2
内容 1 序章　2 市民文化と市民社会—ヨーロッパの文脈におけるドイツ（意味の両義性がもつチャンス Bürgertum—対抗者と文化によって定義された市民層 ほか）　3 独裁制の比較—ドイツ民主共和国の社会史をめざして（なぜドイツ民主共和国の歴史なのか 新たな社会の政治的建設 ほか）　4 困難な過去との取り組み——九四五年および一九九〇年以後のドイツにおける集合的記憶と政治（西と東のドイツ人はナチの過去とどのように取り組んだのか——九四五‐一九九〇年　統一後におけるドイツ民主共和国の回想—さまざまな位相、論争的な諸議論 ほか）　5 歴史家、流行、そして真実—最近の五〇年（歴史学—変化しうる学問　第一次世界大戦についての見解の変化—ひとつの例として ほか）〔02999〕
◇緑の産業革命—資源・エネルギー節約型成長への転換　マルティン・イェーニッケ, ミランダ・A.シュラーズ, クラウス・ヤコブ, 長尾伸一編　京都　昭和堂　2012.8　261, 31p　19cm　3000円　Ⓘ978-4-8122-1238-7
内容 現代のために歴史はどれほど有用か（ユルゲン・コッカ著, 松本奈央子訳）〔03000〕

コックス, イヴァ
◇流動化する民主主義—先進8カ国におけるソーシャル・キャピタル（Democracies in Flux）　ロバート・D.パットナム編著, 猪口孝訳　京都　ミネルヴァ書房　2013.7　443, 8p　22cm　〈索引あり〉4800円　Ⓘ978-4-623-05301-8
内容 オーストラリア（イヴァ・コックス執筆）〔03001〕

コック・スターキー, クレア　Cock-Starkey, Claire
◇1秒でわかる世界の「今」—ビジュアル・ワールドデータ89（SEEING THE BIGGER PICTURE）　クレア・コック・スターキー〔著〕, 水原文訳　ディスカヴァー・トゥエンティワン　2012.11　191p　25cm　〈文献あり〉1800円　Ⓘ978-4-7993-1246-9
内容 識字率　コンピューター　ギャンブル　飲酒経験　労働時間　自動車　世界遺産　長期政権　殺人発生率　億万長者〔ほか〕〔03002〕

コッサード, J.P.　Caussade, Jean-Pierre de
◇み旨のままに　J.P.コッサード著, 水谷愛子訳　新装版　ドン・ボスコ社　2013.1　180p　15cm　800円　Ⓘ978-4-88626-549-4
内容 第1部 お任せの徳について（聖人とは、天主のみ旨に忠実に従い、そのみ業に全く自己をお任せしている者である。　天主はどこでも絶えず霊魂を聖化するために働き続けている。）　第2部 お任せの状態について（お任せの状態とその偉大さ　おまかせの状態に招かれている霊魂の為さねばならぬ勧め　お任せの状態にともなう試練　天主はおまかせに努める霊魂に父の御手を差し延べる。）〔03003〕

ゴッス, ミミ　Goss, Mimi
◇一瞬で人を動かすハーバードの技術（WHAT IS YOUR ONE SENTENCE？）　ミミ・ゴッス著, 斎藤孝訳　日本文芸社　2012.8　222p　20cm　1500円　Ⓘ978-4-537-25928-5
内容 第1章 どんな相手も動かす—この「ひと言」の力！　第2章「ドラマ」の力—「記憶に残るひと言」が人を動かす　第3章「ロジック」の力—たった5分で「焦点を絞る」法　第4章「人間味」の力—相手の心を「確実につかむ」5つのメソッド　第5章 魔法の「説得力」—物語で共感を呼び起こす法　第6章 絶対の「信頼力」—共通の「価値観」を探せ！　第7章「知的遊戯」の力—できる人ほど「乗せる」のがうまい　第8章「変化」を創造に変える力—人の上に立つ人のための「ひと言」〔03004〕

コッター, ジョン・P.　Kotter, John P.
◇ハーバード流企画実現力（Buy-in）　ジョン・P.コッター, ローン・A.ホワイトヘッド著, 庭田よう子訳　講談社　2011.7　221p　20cm　1600円　Ⓘ978-4-06-216782-6
内容 はじめに なぜ優れたアイデアがつぶされるのか　第1部 センターヴィルでの出来事（素晴らしいプランが葬り去られるとき　センターヴィルを救え）　第2部 メソッド編（優れたアイデアを葬り去る四つの基本戦略　優れたアイデアを守る、通説とは一見相反する五つの原則　二四の攻撃と二四の処方箋　優れたアイデアを守るための、クイック・レファレンス・ガイド）　付録 本書のメソッドは大変革にどのように役立つか〔03005〕
◇リーダーシップ論—人と組織を動かす能力（John P.Kotter on leadership）　ジョン・P.コッター著, DIAMONDハーバード・ビジネス・レビュー編集部, 黒田由貴子, 有賀裕子訳　第2版　ダイヤモンド社　2012.3　273p　20cm　2400円　Ⓘ978-4-478-01339-7
内容 序章 リーダーシップの未来　第1章 リーダーシップとマネジメントの違い　第2章 企業変革の落とし穴　第3章 変革への抵抗にどう対応するか　第4章 権力と影響力　第5章 上司をマネジメントする　第6章 マネジャーの日常　第7章 自分のアイデアを支持させる技術　第8章 特別インタビュー・迷走するアメリカ企業内大学〔03006〕

コッチ, リチャード　Koch, Richard
◇人生を変える80対20の法則（The 80/20 principle（2nd ed.））　リチャード・コッチ著, 仁平和夫, 高遠裕子訳　新版　阪急コミュニケーションズ　2011.8　397p　19cm　〈初版：TBSブリタニカ1998年刊〉1600円　Ⓘ978-4-484-11109-4
内容 第1部 八〇対二〇の法則—理解と利用法（八〇対二〇の法則とは何か　八〇対二〇の考え方）　第2部 実践・ビジネス篇（ビジネスへの活かし方　あなたの戦略はなぜ間違っているか　シンプル・イズ・ビューティフル　顧客を選ぶ　ここでも活かせる八〇対二〇の法則　がらくたの山から宝石を探せ）　第3部 実

践・生活篇(快楽主義の勧め　時間革命　望むものは必ず手に入れる　人脈の築き方　野心を実現させる資産を増やす一〇の法則　幸福への七つの手引)　第4部 八〇対二〇の法則—検証と新たな理解(法則の二面性)　〔03007〕

◇ビジネスストラテジー—ビジネスユニットの戦略から経営レベルまで (FT GUIDE TO STRATEGY(原著第4版))　リチャード・コッチ著, SDL Plc訳　ピアソン桐原　2012.12　409p　21cm　(フィナンシャルタイムズガイド)〈索引あり〉3400円　①978-4-86401-115-0

内容 1 事業戦略 DIY(ドゥイットユアセルフ)ガイド(概要　現在どのようなビジネスを行っているか　収益をあげているのはどこか　どの程度の競争力があるか　成功を裏付けるスキルおよび能力とは何か　業界の魅力　顧客が何を考えているか　競合企業について　短期間で業績を伸ばす方法　長期的価値を構築する方法　結論　事業戦略の理論に関する追加メモ)　2 企業戦略(企業戦略の恩恵　企業戦略の生態学的観点　企業戦略の5つの要素　35ワードのステートメント　結論)　3 戦略思想家たち　4 戦略的思考—概念、ツール、技術　〔03008〕

◇80対20の法則—楽して幸福を手に入れる　生活実践編　ムダな努力をせずに幸せになる方法 (LIVING THE 80/20 WAY)　リチャード・コッチ著, 高遠裕子訳　新装版　阪急コミュニケーションズ　2013.5　245p　19cm　1600円　①978-4-484-13106-1

内容 第1部 はじめに(大きな考え方　労力は少なく、成果は多く　時間はわが手に)　第2部 生活そして人生に生かす八〇対二〇の法則(強みの二〇パーセントに絞る　仕事と成功を楽しむ　お金の謎を解く　八〇対二〇方式の人間関係　すばらしきシンプル人生)　第3部 実現に向けて(節約型のポジティブな行動パワー　八〇対二〇方式の幸せ計画)　〔03009〕

ゴッツェン, フランク

◇実演家概論—権利の発展と未来への道　日本芸能実演家団体協議会実演家著作隣接権センター編　勁草書房　2013.12　449p　22cm　4000円　①978-4-326-40287-8

内容 EU法〈European Union Law〉における実演家の権利(フランク・ゴッツェン著, 戸波美代訳)　〔03010〕

ゴットフレッドソン, デニス・C.

◇エビデンスに基づく犯罪予防 (Evidence-based crime prevention)　ローレンス・W.シャーマン, ディビッド・P.ファリントン, ブランドン・C.ウェルシュ, ドリス・レイトン・マッケンジー編, 津富宏, 小林寿一監訳, 島田貴仁, 藤野京子, 寺村堅志, 渡辺昭一訳　社会安全研究財団　2008.9　434p　26cm　〈文献あり〉①978-4-904181-02-7

内容 メリーランド科学的方法尺度(ディビッド・P.ファリントン, デニス・C.ゴットフレッドソン, ローレンス・W.シャーマン, ブランドン・C.ウェルシュ著, 島田貴仁訳)　〔03011〕

ゴッドフレッドソン, デニス・C.

◇エビデンスに基づく犯罪予防 (Evidence-based crime prevention)　ローレンス・W.シャーマン, ディビッド・P.ファリントン, ブランドン・C.ウェルシュ, ドリス・レイトン・マッケンジー編, 津富宏, 小林寿一監訳, 島田貴仁, 藤野京子, 寺村堅志, 渡辺昭一訳　社会安全研究財団　2008.9　434p　26cm　〈文献あり〉①978-4-904181-02-7

内容 学校を基盤とした犯罪予防(デニス・C.ゴッドフレッドソン, ディビッド・B.ウィルソン, ステイシー・スクローバン・ナジャカ著, 藤野京子訳)　〔03012〕

ゴットマン, ジャン

◇新戦略の創始者—マキアヴェリからヒトラーまで 上 (Makers of modern strategy)　エドワード・ミード・アール編著, 山田積昭, 石塚栄, 伊藤博邦訳　原書房　2011.3　383p　20cm　〈1978年刊の新版〉2800円　①978-4-562-04674-4

内容 フランス植民地戦争の戦略の発展—ブジョー ガリエニ リヨテ(ジャン・ゴットマン著, 伊藤博邦訳)　〔03013〕

コットレル, レナード　Cottrell, Leonard

◇図説ツタンカーメン発掘秘史 (THE SECRETS OF TUTANKHAMEN)　レナード・コットレル著, 前田耕作監修, 暮田愛訳　原書房　2012.10　158p　21cm　〈著作目録あり〉2000円　①978-4-562-04860-1

内容 第1章 王たちの谷　第2章 発見者たち　第3章 ファラオの宝物　第4章 絶望と挫折　第5章 王の御前にて　第6章 仲違いと「呪いという言葉」　第7章 三つの人型棺　第8章 姿を現したファラオ　第9章 伝説と事実　第10章 どうしてそれは起きたのか　〔03014〕

コッブ, イディス　Cobb, Edith

◇イマジネーションの生態学—子ども時代の自然との詩的交感 (THE ECOLOGY OF IMAGINATION IN CHILDHOOD)　イディス・コッブ著, 黒坂三和子, 村上朝子訳　改訳版　新思索社　2012.4　304p　19cm　〈初版の出版者：思索社〉2500円　①978-4-7835-1202-8

内容 第1章 私の探究の序曲　第2章 知識の起源としての驚嘆　第3章 驚嘆の感覚を解剖する　第4章 知覚組織のエコロジー　第5章 生物から文化へと進化する　第6章 一人ひとりの個性化のエコロジー　第7章 思考と言語で表す意味の進化　第8章 創造的な進化—共感心あふれる謙虚な知性を育むために　イディス・コッブの唯一の講演原稿と論文　イディス・コッブの探究の意味について指導者・友人たちが語る　北米教育機関等での高い評価・日本の役割　〔03015〕

コップ, ウェンディ　Kopp, Wendy

◇世界を変える教室—ティーチ・フォー・アメリカの革命 (A CHANCE TO MAKE HISTORY)　ウェンディ・コップ著, 松本裕訳　英治出版　2012.4　277p　20cm　2200円　①978-4-86276-110-1

内容 序章 世界は教育から変わる　第1章 ティーチング・アズ・リーダーシップ—変革を起こす教師たち　第2章 近道はない—学校を変えるには　第3章 成功を拡大する—システムを変えるには　第4章 特効薬とスケープゴート—なぜほとんどの改革が挫折するのか　第5章 変革を加速する—連携と支援の仕組みづくり　第6章 未来へのインパクト—社会変革の基盤としての教育　終章 実行あるのみ　〔03016〕

コ

ゴッフマン, アーヴィング　Goffman, Erving
◇儀礼としての相互行為―対面行動の社会学 ： 新訳版（INTERACTION RITUAL）　アーヴィング・ゴッフマン著, 浅野敏夫訳　新訳版 新装版　法政大学出版局　2012.6　326, 6p　20cm　（叢書・ウニベルシタス 198）〈索引あり〉3800円　①978-4-588-09951-9
内容 第1章 面目‐行為―社会的相互行為における儀礼的要素について　第2章 敬意表現と品行の性質　第3章 当惑と社会的組織　第4章 相互作用からの心的離反　第5章 精神的症候と公序良俗　第6章 アクションのあるところ　〔03017〕

コッホ, アルント
◇刑罰論と刑罰正義―日独シンポジウム ： 日本―ドイツ刑事法に関する対話　金尚均, ヘニング・ローゼナウ編著　成文堂　2012.3　293p　22cm（竜谷大学社会科学研究所叢書 第94巻）〈他言語標題 ： Straftheorie und Strafgerechtigkeit〉6000円　①978-4-7923-1945-8
内容 ドイツ刑事訴訟法における素人の関与（アルント・コッホ執筆, 田中久美訳）　〔03018〕

コティアス, ミリアム
◇人の移動と文化の交差　粟屋利江, 松本悠子編著　明石書店　2011.1　316p　22cm（ジェンダー史叢書 第7巻）4800円　①978-4-7503-3321-2
内容 自由しかし二流（ミリアム・コティアス著, 松本悠子訳）　〔03019〕

ゴーディン, セス　Godin, Seth
◇「新しい働き方」ができる人の時代（Linchpin）セス・ゴーディン著, 神田昌典監訳　三笠書房　2011.7　237p　20cm　1400円　①978-4-8379-5728-7
内容 1「モノが中心の時代」の終焉、そして「第三の世代」…これが大きな成果を約束する「働き方」の新常識！　2 誰でも「一〇〇倍の価値を生み出す人」になれるチャンスがある！　3 人の心に「感動を呼ぶ」仕事が最大の評価を得る　4 “夢を形にできる人”は頭をこう使う！　5「何かを与えられる人」だけが生き残る時代　6「頭ひとつ抜ける人」へ今こそ成長するときが来た！　〔03020〕
◇「見えてる人」になるたった1つの法則―人生とビジネスが動き出す！（Poke the box）　セス・ゴーディン著, 佐藤可士和監訳, 阿部川久広訳　実業之日本社　2012.2　206p　19cm　1300円　①978-4-408-10919-0
内容 扉を開けよう。あなたの番がやってきた。　変化する者だけが抜け出せる。　グーグルは決して昼寝をしない。　人生も仕事も自分でコントロールしよう。　これからのイノベーション。　スターバックスの「失敗の成功」。　始めたからには遂行あるのみ。　ブーイングを浴びた後のボブ・ディラン。　楽しくなければ仕事じゃない。　先駆けて、主導権を握る。　始めることを習慣化する。　今すぐ、実行！　〔03021〕
◇トライブ―新しい“組織”の未来形（TRIBES）セス・ゴーディン著, 勝間和代訳　講談社　2012.7　190p　19cm　1200円　①978-4-06-217600-2
内容 1 なぜ「あなた」なのか？ しかも「今すぐに」なのか？　2 安定なんて幻想だ　3 あなたには何人のファンがいる？　4 失敗を恐れすぎていないか？　5 過半数の神話　6 信念を強化せよ　7 今日はどんな日だった？　8 リスクという可能性　9 リーダーシップの7つのポイント　10 さあ、前に進もう！　〔03022〕

ゴーディン, マイケル・D.　Gordin, Michael D.
◇原爆投下とアメリカ人の核認識―通常兵器から「核」兵器へ（FIVE DAYS IN AUGUST）　マイケル・D.ゴーディン著, 林義勝, 藤田怜史, 武井望訳　彩流社　2013.9　252, 72p　20cm〈索引あり〉3200円　①978-4-7791-1926-2
内容 第1章 戦争の終結―問題の所在　第2章 衝撃戦略と原爆投下　第3章 原子爆弾―「特別な」兵器か「通常」兵器か　第4章 奇跡―B‐29の基地としてのテニアン島　第5章 原爆投下、ソ連参戦、日本降伏　第6章 革命的兵器になった原子爆弾　第7章 戦後世界における革命的兵器としての原子爆弾　補論 学術文献について　〔03023〕

ゴーディング, マドンナ　Gauding, Madonna
◇マンダラバイブル―聖なる形“マンダラ・シンボル”活用ガイドの決定版（The mandala bible）　マドンナ・ゴーディング著, 石井礼子訳　ガイアブックス　2012.1　399p　17cm〈索引あり　発売 ： 産調出版〉2200円　①978-4-88282-820-4
内容 マンダラ塗り絵の用い方（マンダラ用の日記を準備する　余暇のため、癒しのため、自己変革のため、マンダラの色を塗る ほか）　洞察と癒しを求めてマンダラの色を塗る（「本質の器」としてのマンダラ　エクササイズ リラクゼーションと意識の集中 ほか）　宗教的伝統におけるマンダラ（霊的理解を深めるマンダラ瞑想　ヒンドゥー教のマンダラ ほか）　オリジナルのマンダラのつくり方（心の全体性のシンボルとしてのマンダラ　マンダラづくりのための道具と方法 ほか）　マンダラ・ワークブック―塗り絵と瞑想のためのマンダラ40選（女神ドゥルガーのヤントラ　女神ブヴァネーシュワリーのヤントラ ほか）　〔03024〕

コディントン, グレース　Coddington, Grace
◇グレース―ファッションが教えてくれたこと（GRACE ： A MEMOIR）　グレース・コディントン著, マイケル・ロバーツ〔著〕, 田代文訳　スペースシャワーネットワーク（発売）　2013.12　32, 333p　24cm（SPACE SHOWER BOOKs）3800円　①978-4-907435-11-0　〔03025〕

コーデスマン, アンソニー・H.　Cordesman, Anthony H.
◇21世紀のサウジアラビア―政治・外交・経済・エネルギー戦略の成果と挑戦（SAUDI ARABIA ENTERS THE TWENTY-FIRST CENTURY）　アンソニー・H.コーデスマン著, 中村覚監訳, 須藤繁, 辻上奈美江訳　明石書店　2012.7　765p　22cm〈文献あり 索引あり〉9500円　①978-4-7503-3635-0
内容 第1章 序論　第2章 対外関係と安全保障　第3章 政治と国内安定性　第4章 反体制派とイスラーム過激主義　第5章 経済・人口爆発・社会的挑戦　第6章 真の富の創出と石油依存型経済からの脱却　第7章 石油部門の将来　第8章 主な結論―二一世紀初めにおけるサウジアラビア　〔03026〕

子どもの遊ぶ権利のための国際協会《IPA》
◇IPA子どもの遊ぶ権利に関する世界専門家会議報

告書―日本語版（Report-IPA global consultations on children's right to play） IPA日本支部・海外情報室訳編 〔堺〕 IPA日本支部 2011.2 52p 30cm 〈独立行政法人福祉医療機構社会福祉振興助成事業〉 〔*03027*〕

コトラー, ジェフリー・A. Kottler, Jeffrey A.

◇ダイニングテーブルのミイラ セラピストが語る奇妙な臨床事例―セラピストはクライエントから何を学ぶのか（The mummy at the dining room table） ジェフリー・A.コトラー, ジョン・カールソン編著, 岩壁茂監訳, 門脇陽子, 森田由美訳 福村出版 2011.8 401p 22cm 〈文献あり〉 3500円 ①978-4-571-24046-1

内容 鼻を切り落としたかった男 他（ジェフリー・A.コトラー著, 門脇陽子訳） 〔*03028*〕

コトラー, フィリップ Kotler, Philip

◇コトラーのイノベーション・マーケティング（Winning at innovation） フェルナンド・トリアス・デ・ベス, フィリップ・コトラー著, 桜井祐子訳 翔泳社 2011.9 450p 20cm 〈索引あり〉 2380円 ①978-4-7981-2234-2 〔*03029*〕

◇コトラー8つの成長戦略―低成長時代に勝ち残る戦略的マーケティング（MARKET YOUR WAY TO GROWTH ： 8 Ways to Win） フィリップ・コトラー, ミルトン・コトラー著, 嶋口充輝, 竹村正明監訳 津 碩学舎 2013.5 334p 20cm （SGビジネス双書） 〈発売 ： 中央経済社〉 1800円 ①978-4-502-48200-7

内容 序章 成長への8つの途をマスターするために 第1章 マーケット・シェアを築いて成長する 第2章 コミッテッド・カスタマーやコミッテッド・ステークホルダーを増やして成長する 第3章 強力なブランドを築いて成長する 第4章 新製品、新サービス、そして経験を革新して成長する 第5章 国際展開による成長 第6章 合併、買収、アライアンス、そしてジョイント・ベンチャーによる成長 第7章 社会的責任の卓越した評判で成長する 第8章 政府およびNGOとの提携による成長 〔*03030*〕

コトラー, ミルトン Kotler, Milton

◇コトラー8つの成長戦略―低成長時代に勝ち残る戦略的マーケティング（MARKET YOUR WAY TO GROWTH ： 8 Ways to Win） フィリップ・コトラー, ミルトン・コトラー著, 嶋口充輝, 竹村正明監訳 津 碩学舎 2013.5 334p 20cm （SGビジネス双書） 〈発売 ： 中央経済社〉 1800円 ①978-4-502-48200-7

内容 序章 成長への8つの途をマスターするために 第1章 マーケット・シェアを築いて成長する 第2章 コミッテッド・カスタマーやコミッテッド・ステークホルダーを増やして成長する 第3章 強力なブランドを築いて成長する 第4章 新製品、新サービス、そして経験を革新して成長する 第5章 国際展開による成長 第6章 合併、買収、アライアンス、そしてジョイント・ベンチャーによる成長 第7章 社会的責任の卓越した評判で成長する 第8章 政府およびNGOとの提携による成長 〔*03031*〕

ゴドリエ, モーリス Godelier, Maurice

◇人類学の再構築―人間社会とはなにか（Au fondement des societes humaines） モーリス・ゴドリエ著, 竹沢尚一郎, 桑原知子訳 明石書店 2011.4 286p 20cm 〈文献あり〉 3200円 ①978-4-7503-3401-1

内容 序章 人類学はなんの役に立つのか 第1章 贈るモノ、売るモノ、売っても贈ってもダメでとっておいて継承しなくてはならないモノ 第2章 家族や親族に基礎をおく社会など存在したことがない 第3章 子どもをつくるには男と女のほかに必要なものがある 第4章 人間の“性”は根本的に非社会的である 第5章 個人はいかにして社会的主体となるのか 第6章 複数の人間集団はどのようにして社会を構成するのか 結論 社会科学をたたえる 〔*03032*〕

コートレス, ブリュノー

◇EUと東アジアの地域共同体―理論・歴史・展望 中村雅治, イーヴ・シュメイユ共編 Sophia University Press上智大学出版 2012.12 404p 22cm 〈他言語標題 ： The European Union and East Asian Regional Community 索引あり 制作・発売 ： ぎょうせい〉 3000円 ①978-4-324-09206-4

内容 フランス人の欧州連合〈EU〉とグローバル化に対する態度（ブリュノー・コートレス執筆, 武田千夏訳） 〔*03033*〕

ゴードン, アンドルー Gordon, Andrew

◇日本の社会・労働運動の史的研究 2006-2010年度 三宅明正編 〔千葉〕 千葉大学大学院人文社会科学研究科 2011.2 51p 30cm （人文社会科学研究科研究プロジェクト報告書 第166集）

内容 生まれ変わる日本 他（アンドルー・ゴードン著, 長沢淑夫訳） 〔*03034*〕

◇歴史と戦略の本質―歴史の英知に学ぶ軍事文化 下（The past as prologue） ウイリアムソン・マーレー, リチャード・ハート・シンレイチ編, 今村伸哉監訳, 小堤盾, 蔵原大訳 原書房 2011.3 250p 20cm 2400円 ①978-4-562-04650-8

内容 長い平和な時代における軍事の変遷～ヴィクトリア朝時代のイギリス海軍について（アンドリュー・ゴードン著） 〔*03035*〕

◇日本労使関係史 1853-2010（THE EVOLUTION OF LABOR RELATIONS IN JAPAN） アンドルー・ゴードン著, 二村一夫訳 岩波書店 2012.8 537p 22cm 〈文献あり 索引あり〉 8000円 ①978-4-00-024293-6

内容 第1部 産業革命期の労働者と経営者（工業労働者の組織化 温情主義と直接的管理 労務管理改革と労働運動―1917～1921） 第2部 労働者と経営者―戦間期における雇用制度（渡り職工の消滅？ 採用と長期雇用 賃金制度の複雑化 企業共同体―会社、組合、労働者階級） 第3部 戦時の労使関係と政府（長期雇用と統制賃金 産報―労働組合不在の労働者組織） 第4部 戦後の決着（組合主導の労使関係 経営主導の労使関係） 第5部 労使関係―高度成長期とその後（日本型労使関係のヘゲモニー 日本型労使関係の終焉？） 〔*03036*〕

◇日本の200年―徳川時代から現代まで 上（A MODERN HISTORY OF JAPAN（原著第3版）） アンドルー・ゴードン〔著〕, 森谷文昭訳 新版 みすず書房 2013.4 391, 17p 20cm 3600円 ①978-4-622-07696-4

コ

内容 過去が遺したもの　第1部 徳川体制の危機（徳川政体　社会的・経済的転換　徳川後期の知的状況　討幕）　第2部 近代革命—1868‐1905（武士たちの革命参加と異議申し立て　社会、経済、文化の変容　帝国と国内秩序）　第3部 帝国日本 興隆から崩壊まで（経済と社会　戦間期の民主主義と帝国）　〔03037〕

◇日本の200年—徳川時代から現代まで　下（A MODERN HISTORY OF JAPAN（原著第3版））　アンドルー・ゴードン〔著〕, 森谷文昭訳　新版　みすず書房　2013.4　p393〜787 69p　20cm　〈文献あり 索引あり〉3800円　①978-4-622-07697-1

内容 第3部 帝国日本—興隆から崩壊まで（つづき）（昭和恐慌とさまざまな対応　戦時の日本　占領下の日本—新展開と不変の構造）　第4部 戦後日本と現代日本—1952‐2012（経済と社会の変容　高度成長期の政治闘争と決着　多極化した世界のグローバルな大国—1980年代の日本　日本の「失われた20年」—1989‐2008　2008年以後の日本—衝撃と大災害、そして絶望と希望）　〔03038〕

ゴードン, カール　Gordon, Carl

◇算数の天才なのに計算ができない男の子のはなし—算数障害を知ってますか？（Last to Finish : A Story About the Smartest Boy in Math Class）　バーバラ・エシャム文, マイク・ゴードン, カール・ゴードン絵, 品川裕香訳　岩崎書店　2013.7　31p　23cm　〈文献あり〉1600円　①978-4-265-85036-5　〔03039〕

ゴードン, マイク　Gordon, Mike

◇算数の天才なのに計算ができない男の子のはなし—算数障害を知ってますか？（Last to Finish : A Story About the Smartest Boy in Math Class）　バーバラ・エシャム文, マイク・ゴードン, カール・ゴードン絵, 品川裕香訳　岩崎書店　2013.7　31p　23cm　〈文献あり〉1600円　①978-4-265-85036-5　〔03040〕

ゴードン, ロバート

◇成年後見法における自律と保護—成年後見法世界会議講演録　新井誠監修, 2010年成年後見法世界会議組織委員会編, 紺野包子訳　日本評論社　2012.8　319p　21cm　〈英語抄訳付〉5600円　①978-4-535-51865-0

内容 後見の代替手段・カナダの考え方（ロバート・ゴードン著）　〔03041〕

コナー, マーシャ　Conner, Marcia L.

◇「ソーシャルラーニング」入門—ソーシャルメディアがもたらす人と組織の知識革命（The new social learning）　トニー・ビンガム, マーシャ・コナー著, 松村太郎監訳, 山脇智志訳　日経BP社　2012.1　243p　19cm　〈文献あり　発売 : 日経BPマーケティング〉1800円　①978-4-8222-4875-8

内容 第1章 学びをめぐる変化の機運　第2章 オンラインコミュニティの流儀を取り入れる　第3章 ストーリーを共有すると仲間が見えてくる　第4章 マイクロシェアリングによる健全な文化　第5章 国家インテリジェンスに学ぶ集合知の育て方　第6章 熱中したコミュニケーションから学びが生まれる　第7章 ソーシャルラーニングが会議を共有知にする　〔03042〕

コナーズ, ローレンス・A.　Connors, Laurence A.

◇コナーズの短期売買実践—システムトレードの心得と戦略（The best of the professional traders journal）　ローレンス・A.コナーズ著, 山下恵美子訳, 長尾慎太郎監修　パンローリング　2011.6　228p　22cm　（ウィザードブックシリーズ vol. 180）　7800円　①978-4-7759-7147-5

内容 第1章 ベストトレーディングパターン1　第2章 ベストトレーディングパターン2　第3章 デイトレーディング　第4章 マーケットタイミング　〔03043〕

◇コナーズの短期売買戦略—検証して初めてわかるマーケットの本当の姿（How Markets Really Work）　ローレンス・A.コナーズ, シーザー・アルバレス著, 長尾慎太郎監修, 山口雅裕訳　パンローリング　2012.9　159p　22cm　（ウィザードブックシリーズ 197）　4800円　①978-4-7759-7164-2

内容 株式市場におけるエッジ　短期の高値と短期の安値　高値の切り上げと安値の切り下げ　数日間連続した上昇や下落　騰落レシオ　出来高　大きな値動き　52週高値と52週安値　プット・コール・レシオ　VIX　2期間RSI　ヒストリカルボラティリティ　本書の調査に基づく戦略の見本　本書の情報の利用法　〔03044〕

コナトン, ポール　Connerton, Paul

◇社会はいかに記憶するか—個人と社会の関係（How societies remember（抄訳））　ポール・コナトン著, 芦刈美紀子訳　新曜社　2011.8　224p　20cm　2500円　①978-4-7885-1239-9

内容 第1章 社会の記憶（回想の作用　フランス革命 王の公開処刑/フランス革命 衣服のスタイル　歴史の再構築/ライフ・ヒストリー　個人の記憶/認知の記憶/習慣の記憶　精神分析/実験心理学/ウィンチ 習慣と規則/サーリンズ 衣服の「言語」/社会的慣習の記憶 アルヴァックス 集合的記憶）　第2章 記念式典（ヒトラーと記念式典　世界宗教と儀礼　儀礼とシンボル表象/儀礼と集合表象/儀礼と歴史　儀礼と神話/ギリシャ神話/儀礼の言語　忘却・模倣・反復/再現のレトリック 暦/言葉/身振り）　第3章 身体の実践（具体化と表記/姿勢/アルファベット/映画　身体の技巧・礼儀作法・儀式/ジェスチャー/テーブルマナー/貴族 プルースト・サン=ルーのふるまい/サドナウ ジャズピアノ/習慣とは　解釈学/ローマ法/聖書/パフォーマンス）　〔03045〕

コナン, ダグラス　Conant, Douglas R.

◇リーダーの本当の仕事とは何か—わずかな瞬間で相手の抱える問題を解決する3つのステップ（TOUCHPOINTS）　ダグラス・コナン, メッテ・ノルガード著, 有賀裕子訳　ダイヤモンド社　2012.6　199p　20cm　〈文献あり〉1500円　①978-4-478-01674-9

内容 はじめに リーダーシップに命を吹き込む方法　第1章 仕事への「割り込み」を新たな視点から見る—タッチポイントとは何か　第2章 明日もっとうまくやれることが、ひとつあればよい—進歩への誓い　第3章 自分流のリーダーシップ・モデルをつくる—知恵を働かせる　第4章 仕事に感情を交えるのが、本当に勇気ある行動だ—ハートを活かす　第5章 自分を鍛えるにはどうしたらよいか—限界まで追い込む　第6章

リーダーシップで大切なのは、自分ではなく相手だ―タッチポイントの3つのステップ 〔03046〕

コーニッシュ, デレック・B.

◇環境犯罪学と犯罪分析（Environmental criminology and crime analysis） リチャード・ウォートレイ, ロレイン・メイズロール編, 島田貴仁, 渡辺昭一監訳, 斉藤知範, 雨宮護, 菊池城治, 畑倫子訳 社会安全研究財団 2010.8 313p 26cm 〈文献あり〉 ①978-4-904181-13-3

内容 合理的選択の観点（デレック・B.コーニッシュ, ロナルド・V.クラーク著, 渡辺昭一訳） 〔03047〕

コネラン, トム Connellan, Thomas K.

◇たった1%変えるだけであなたの人生に奇跡は起きる（The 1% solution for work and life how to make your next 30days the best ever） トム・コネラン著, 本田健訳 日本文芸社 2012.4 239p 20cm 1500円 ①978-4-537-25931-5

内容 第1章「自信に満たち自分」に出会う日まで 第2章 モチベーションを上げる「逆転の発想」 第3章 小さな「てこ」で大きな成果を生む魔法 第4章「1万時間」で 流になる方法 第5章 人生を変える「30日」の公式 第6章「休み」を活かして生産性を上げる法 第7章 人生の「ゆたかさ」を大いに楽しむ 〔03048〕

コネリー, セレーン Conneeley, Serene

◇マーメイド・マジック―母なる海のパワーとつながるために（MERMAID MAGIC） ルーシー・キャベンディッシュ, セレーン・コネリー著, 住友玲子訳 アールズ出版 2013.6 437p 19cm 〈年譜あり〉 2400円 ①978-4-86204-250-7

内容 1 マーメイドとは何か？ 2 海のスピリットとつながる 3 マーメイドに導かれる 4 聖なる水に癒される 5 海の存在からのメッセージ 6 神聖なる海洋動物 7 母なる自然を守る 〔03049〕

コネル, アンドリュー Connell, Andrew

◇インサイドMicrosoft SharePoint 2010（Inside Microsoft SharePoint 2010） Ted Pattison, Andrew Connell,Scot Hillier,David Mann著, トップスタジオ訳 日経BP社 2012.1 627p 24cm （マイクロソフト公式解説書） 〈索引あり 発売：日経BPマーケティング〉 8500円 ①978-4-8222-9462-5

内容 SharePoint 2010開発者ロードマップ SharePoint Foundation開発 Visual Studio 2010用のSharePoint Developer Tools サンドボックスソリューション ページとナビゲーション コントロールとWebパーツ リストとイベント テンプレートと型定義 リスト内のデータへのアクセス クライアント側プログラミング〔ほか〕 〔03050〕

コーネル, ジョセフ Cornell, Joseph Bharat

◇シェアリングネイチャー―自然のよろこびをわかちあおう：ネイチャーゲーム原典（Sharing nature） ジョセフ・コーネル著, 吉田正人, 辻淑子訳 日本ネイチャーゲーム協会 2012.5 399p 19cm （Nature game books―ジョセフ・コーネルネイチャーシリーズ 2） 2000円 ①978-4-906937-00-4 〔03051〕

コノリー, スザンヌ・M. Connolly, Suzanne M.

◇TFT思考場療法臨床ケースブック―心理療法への統合的応用（Thought field therapy） スザンヌ・M.コノリー著, 森川綾女監訳 金剛出版 2011.7 204p 21cm 2800円 ①978-4-7724-1208-7

内容 新しきワインを古き皮袋に入れる 古きを新しきに配合する 対話心理療法と思考場療法 喪失と悲嘆の問題に対するTFTの使用 TFTを使って怒りに対処するプログラム ネガティブな自己想定を変える 性の問題に対するTFTの適用 TFTを認知療法と併用する 認知療法が効果的でない時―TFTを使ってトラウマを治療する TFTを行動療法と併用する FAQよくある質問 〔03052〕

コバスト, エリック Cobast, Éric

◇100の神話で身につく一般教養（Les 100 mythes de la culture générale） エリック・コバスト著, 小倉孝誠, 岩下綾訳 白水社 2012.10 143, 2p 18cm （文庫クセジュ 973） 〈文献あり〉 1200円 ①978-4-560-50973-9

内容 第1章 伝説 第2章 寓話 第3章 作中人物 第4章 うわさ 第5章 宗拝 〔03053〕

ゴパラクリシュナン, セナパティ Gopalkrishnan, Senapathy

◇日本の未来について話そう―日本再生への提言（Reimagining Japan） マッキンゼー・アンド・カンパニー責任編集, クレイ・チャンドラー, エアン・ショー, ブライアン・ソーズバーグ編著 小学館 2011.7 416p 19cm 1900円 ①978-4-09-388189-0

内容 Tシャツか着物か（セナパティ・ゴパラクリシュナン著） 〔03054〕

ゴビンダラジャン, ビジャイ Govindarajan, Vijay

◇リバース・イノベーション―新興国の名もない企業が世界市場を支配するとき（REVERSE INNOVATION） ビジャイ・ゴビンダラジャン, クリス・トリンブル著, 渡部典子訳 ダイヤモンド社 2012.9 384p 19cm 〈索引あり〉 1800円 ①978-4-478-02165-1

内容 第1部 リバース・イノベーションへの旅（未来は自国から遠く離れた所にある リバース・イノベーションの五つの道 マインドセットを転換する マネジメント・モデルを変えよ） 第2部 リバース・イノベーションの挑戦者たち（中国で小さな敵に翻弄されたロジテック P&Gらしからぬ手法で新興国市場を攻略する EMCのリバース・イノベーター育成戦略 ディアのプライドを捨てた雪辱戦 ほか） 〔03055〕

◇イノベーションを実行する―挑戦的アイデアを実現するマネジメント（The Other Side of Innovation） ビジャイ・ゴビンダラジャン, クリス・トリンブル著, 吉田利子訳 NTT出版 2012.11 348p 20cm 〈索引あり〉 2600円 ①978-4-7571-2287-1

内容 イノベーションを実行する 第1部 チームづくり（分業 専任チームの人材集め 共同事業のマネジメント） 第2部 規律ある実験（実験の整理と形式化 仮説のブレークダウン 真実を見つける） 前進、そして上昇 〔03056〕

◇ストラテジック・イノベーション―戦略的イノ

ベーターに捧げる10の提言（Ten Rules for Strategic Innovators）　ビジャイ・ゴビンダラジャン,クリス・トリンブル著,三谷宏治監修,酒井泰介訳　翔泳社　2013.8　285p　20cm　(Harvard Business School Press)　〈「戦略的イノベーション」(ランダムハウス講談社 2006年刊)の改題、加筆修正　索引あり〉 2000円　①978-4-7981-3230-3

内容 序章 戦略的イノベーションとは何か？　第1章 なぜ大企業はイノベーションに失敗するのか？　第2章 なぜ組織は成功を忘れられないのか？―忘却の課題　第3章 忘れるための組織変革―忘却の課題　第4章 なぜニューコはコアコと対立するのか？―借用の課題　第5章 対立を前向きな力に変えるために―借用の課題　第6章 なぜ経験から学ぶことが難しいのか？―学習の課題　第7章 学びの壁 - 過剰な期待や積極性―学習の課題　第8章 学びの壁 - 合理性・鼓舞・勤勉さ―学習の課題　第9章 理論型計画法(TFP)で金鉱を掘り当てよう　第10章 戦略的実験事業を成功させる一〇のルール　〔03057〕

コファス《Coface》

◇コファス カントリーリスクハンドブック―世界156カ国の経済概要と2011年の見通し　2011　コファス・サービス・ジャパン株式会社編　コファス・サービス・ジャパン　2011.6　211p　30cm　〈他言語標題 ： Coface country risk handbook〉 10000円　①978-4-903753-01-0　〔03058〕

コプフ, ゲレオン

◇日本哲学の多様性―21世紀の新たな対話をめざして（Frontiers of Japanese Philosophy.4 ： Facing the 21st Century）　野家啓一監修,林永強,張政遠編　京都　世界思想社　2012.12　239p　22cm　〈索引あり〉 2700円　①978-4-7907-1579-5

内容 グローバルとローカルの間で(ゲレオン・コプフ執筆,竹花洋佑訳)　〔03059〕

コプラン, ロバート・J.　Coplan, Robert J.

◇子どもの社会的ひきこもりとシャイネスの発達心理学（THE DEVELOPMENT OF SHYNESS AND SOCIAL WITHDRAWAL）　ケネス・H.ルビン,ロバート・J.コプラン編,小野善郎訳　明石書店　2013.8　363p　22cm　5800円　①978-4-7503-3873-6

内容 昔々、真っ赤な顔のカバとおとなしいネズミがいました 他(ロバート・J.コプラン,キャサリン・ヒューズ,ヒラリー・クレア・ラウセル著)　〔03060〕

コープランド, メアリー・エレン

◇リカバリー―希望をもたらすエンパワーメントモデル（RECOVERY AND WELLNESS）　カタナ・ブラウン編,坂本明子監訳　金剛出版　2012.6　227p　21cm　〈索引あり〉 3000円　①978-4-7724-1255-1

内容 WRAP元気回復行動プラン―不快でつらい身体症状と感情をモニターし,やわらげ,取り除く仕組み(メアリー・エレン・コープランド著)　〔03061〕

コープランド, B.ジャック　Copeland, B.Jack

◇チューリング―情報時代のパイオニア（Turing）　B.ジャック・コープランド著,服部桂訳　NTT出版　2013.11　419p　20cm　〈年譜あり 索引あり〉 2900円　①978-4-7571-0335-1

内容 クリック、タップか、タッチしてオープン　万能チューリング・マシン　アメリカ、数学、ヒトラー　トン・ツーとエニグマが呼んでいる　チューリングとUボートの戦い　一九四二年―アメリカへの帰還とヒトラーの新しい暗号　コロッサス、デリラ、勝利　一カ月の仕事を一分でこなすACE　マンチェスターの「電子頭脳」　イミテーション・ゲーム―人工知能、人工生命　冷えた朝がゆ　/終焉////　〔03062〕

◇チューリング―情報時代のパイオニア（Turing）　B.ジャック・コープランド著,服部桂訳　NTT出版　2013.12　419p　20cm　〈年譜あり 索引あり〉 2900円　①978-4-7571-0344-3　〔03063〕

コペー, ダニエル・ドゥ

◇貨幣主権論（LA MONNAIE SOUVERAINE）　M.アグリエッタ,A.オルレアン編,坂口明義監訳,中野佳裕,中原隆幸訳　藤原書店　2012.6　650p　22cm　〈索引あり〉 8800円　①978-4-89434-865-3

内容 メラネシア共同体にとっての貨幣と、ヨーロッパ社会の個人にとっての現代貨幣とを比較する(ダニエル・ドゥ・コペー著)　〔03064〕

コヘイン, ロバート・O.　Keohane, Robert Owen

◇パワーと相互依存（Power and Interdependence (原著第3版)）　ロバート・O.コヘイン,ジョセフ・S.ナイ著,滝田賢治監訳訳　京都　ミネルヴァ書房　2012.11　480p　22cm　〈索引あり〉 4800円　①978-4-623-06102-0

内容 第1部 相互依存関係を理解する(世界政治のなかの相互依存関係　リアリズムと複合的相互依存関係　国際レジームの変容を説明する)　第2部 海洋と通貨の問題領域におけるレジーム変容(海洋と通貨の問題領域における政治―歴史的概観　海洋と通貨の問題領域における複合的相互依存関係　海洋と通貨におけるルール形成の政治)　第3部 レジームと2国間関係(米加関係と米豪関係)　第4部 アメリカと複合的相互依存関係(相互依存関係への対処)　第5部 グローバリズムと情報の時代(パワー・相互依存関係・情報の時代　パワー・相互依存関係・グローバリズム)　第6部 理論と政策についての再考(1989年)　〔03065〕

コペツキー, マルチン

◇自由への変革と市民教育　不破和彦編訳　青木書店　2011.2　182p　22cm　2500円　①978-4-250-21102-7

内容 チェコ社会の転換と成人のシティズンシップ(市民)教育(ミラン・ベネシュ,マルチン・コペツキー著)　〔03066〕

コーベニ, サワコ

◇西オーストラリア - 日本(にっぽん)交流史―永遠の友情に向かって（An enduring friendship）　デイビッド・ブラック,曽根幸子編著,有吉宏之,曽根幸子監訳　日本評論社　2012.2　391p　22cm　〈タイトル ： 西オーストラリアー日本交流史〉 3000円　①978-4-535-58613-0

内容 西オーストラリアにおける日本語教育(コーベニ沢子著)　〔03067〕

コペルマン, シューリ

◇コモンズのドラマ―持続可能な資源管理論の15年（The Drama of the COMMONS） 全米研究評議会,Elinor Ostrom,Thomas Dietz,Nives Dolšak,Paul C.Stern,Susan C.Stonich,Elke U. Weber編, 茂木愛一郎, 三俣学, 泉留維監訳 知泉書館 2012.5 665p 23cm 〈文献あり 索引あり〉 9000円 ①978-4-86285-132-1

内容 コモンズ・ディレンマにおける協調行動に影響を与える諸要因（シューリ・コペルマン,J.マーク・ウェバー, デイヴィッド・M.メスィック著, 小南仁司訳） 〔03068〕

コーヘン, スレイマン・イブラヒム Cohen, Solomon Ibrahim

◇国際比較の経済学―グローバル経済の構造と多様性（Economic systems analysis and policies） スレイマン・イブラヒム・コーヘン著, 溝端佐登史, 岩﨑一郎, 雲和広, 徳永昌弘監訳, 比較経済研究会訳 NTT出版 2012.1 449p 23cm 〈索引あり 文献あり〉 4800円 ①978-4-7571-2265-9

内容 第1章 国際比較の経済学―本書の基本的な考え方と構成 第2章 国際比較の分析枠組みとその応用 第3章 先進諸国の経済メカニズム―企業本位システムとしての日米欧経済 第4章 先進資本主義経済の政策と課題 第5章 社会主義経済とは何であったか？―国家本位システムとしてのソ連および衛星国経済 第6章 市場経済を目指して―移行経済諸国の挑戦と成果 第7章 開発途上国の経済システム 第8章 第三世界の経済プロファイル 第9章 経済システムの多国間比較分析―社会会計行列アプローチ 第10章 グローバル経済の未来―経済システムの収斂と多様性 〔03069〕

コミサー, ランディ Komisar, Randy

◇プランB―破壊的イノベーションの戦略（Getting to plan B） ジョン・マリンズ, ランディ・コミサー著, 山形浩生訳 文芸春秋 2011.8 397p 20cm 1900円 ①978-4-16-374420-9

内容 はじめに なぜこんな本を？ 第0章 プランAは失敗する―携帯の暗号技術から出発したペイパル 第1章 発明より改善を―ウォークマンとナップスターを融合しiPodを開発 第2章 ダッシュボードのカ―イーベイからひらめいたグローバルギビングの寄付金集め 第3章 売り上げモデルという生命線 グーグルは売り上げゼロモデルから出発 第4章 粗利モデルで行き詰まりを避けよう―パタゴニアの顧客は高価格でも企業理念を買う 第5章 運営モデル改善で贅肉を落とす―サウスウエスト航空という師を超えたライアンエアー 第6章 運転資金モデルで現金力をつける―コストコは会費制で現金を先取りする 第7章 お金がお金を生む投資モデル スカイプは初期投資ゼロで通信業界を一変させた 第8章 各種モデルを組み合わせる―アマゾンやザラはなぜ他の追随を許さないのか 第9章 独自のプランBを見つけよう！―本書を振り返って自分に何ができるかを考える 〔03070〕

ゴメス, アナ・M. Gomez, Ana M.

◇こわかったあの日にバイバイ！―トラウマとEMDRのことがわかる本（DARK, BAD DAY…GO AWAY！） アナ・M.ゴメス作, 市井雅哉監訳, 大塚美菜子訳, 角慎作絵 東京書籍 2012.5 31p 21×26cm 1900円 ①978-4-487-80618-8 〔03071〕

コモッリ, ジャンピエロ

◇弱い思考（Il pensiero debole） ジャンニ・ヴァッティモ, ピエル・アルド・ロヴァッティ編, 上村忠男, 山田忠彰, 金山準, 土肥秀行訳 法政大学出版局 2012.8 374p 20cm （叢書・ウニベルシタス 977） 〈文献あり〉 4000円 ①978-4-588-00977-8

内容 雪国に「城」があらわれるとき（ジャンピエロ・コモッリ著, 土肥秀行訳） 〔03072〕

コヤマ, コウスケ 小山 晃佑

◇水牛神学―アジアの文化のなかで福音の真理を問う（Water buffalo theology (25th anniversary ed.)） 小山晃佑著, 森泉弘次訳 教文館 2011.9 337p 21cm 3200円 ①978-4-7642-7332-0 〔03073〕

ゴーラー, ジェフリー Gorer, Geoffrey

◇日本人の性格構造とプロパガンダ（Japanese character structure and propaganda, Themes in Japanese cultute, The special case of Japan） ジェフリー・ゴーラー著, 福井七子訳 京都 ミネルヴァ書房 2011.4 263p 20cm 〈文献あり〉 2500円 ①978-4-623-06010-8

内容 日本人の性格構造とプロパガンダ（日本人の性格形成 日本人を侵略戦争に駆り立てた理由 プロパガンダと日本人） 日本文化におけるいくつかのテーマ 極端な事例 日本（日本の敗北 最小限の実行事例―侵略的要素の排除 侵略を助長する組織 民主主義の基礎となる日本の村） ジャップはなぜジャップなのか 訳者解説ジェフリー・ゴーラーの日本人論（ジェフリー・ゴーラーの生い立ち 日本人の性格構造とプロパガンダ 日本文化におけるいくつかのテーマ 戦時情報局 極端な事例 日本 太平洋問題調査会―ニューヨーク会議） 〔03074〕

コラー, ティム Koller, Tim

◇企業価値経営―コーポレート・ファイナンスの4つの原則（VALUE） マッキンゼー・アンド・カンパニー, ティム・コラー, リチャード・ドッブス, ビル・ヒューイット著, 本田桂子, 鈴木一功訳 ダイヤモンド社 2012.8 260p 22cm 2400円 ①978-4-478-01708-2

内容 第1部 4つの原則（なぜ、企業価値を評価するのか 価値の根源の原則 価値不変の原則 期待との際限なき闘い ベスト・オーナーの原則） 第2部 株式市場（株式市場とは何か 株式市場と実体経済 株式市場のバブル 収益調整） 第3部 価値創造を管理する（ROIC 成長 事業ポートフォリオ M&Aによる価値創造 リスク 有利子負債・資本構成 IR活動 価値創造経営） 〔03075〕

◇企業価値評価―バリュエーションの理論と実践 上（VALUATION（原著第5版）） マッキンゼー・アンド・カンパニー, ティム・コラー, マーク・フーカート, デイビッド・ウェッセルズ著, 本田桂子監訳, 柴山和久, 中村正樹, 三島大輔, 坂本教晃, 坂本貴則, 桑原祐訳 ダイヤモンド社 2012.8 478p 22cm 〈索引あり〉 4000円 ①978-4-478-01796-8

内容 第1部 原理編（なぜ企業価値か？ 価値創造の基本原則 期待との際限なき闘い 投下資産利益率（ROIC） 成長とは何か） 第2部 実践編（企業価値

コ

評価のフレームワーク　財務諸表の組み替え　業績および競争力の分析　将来の業績予測　継続価値の算定　資本コストの確定　企業価値から1株当たりの価値へ　企業価値の算定と結果の分析　マルチプル法による企業価値評価の検証）　第3部 創造編（企業価値はROICと成長率で決まる　市場は形式ではなく実体を評価する　市場心理と価格乖離　効率的市場における投資家と経営者）〔03076〕

コ

◇企業価値評価―バリュエーションの理論と実践 下（VALUATION（原著第5版））　マッキンゼー・アンド・カンパニー, ティム・コラー, マーク・フーカート, デイビッド・ウェッセルズ著, 本田桂子監訳, 加藤智秋, 中村弥生, 佐藤克宏, 岡玄樹, 田中宏隆訳　ダイヤモンド社　2012.8　506p　22cm　〈索引あり〉4000円　①978-4-478-02170-5

内容 第4部 管理編（事業ポートフォリオ戦略　価値創造のための業績管理　M&Aによる価値創造　事業売却を通じた価値創造　有利子負債・資本構成　IR活動）　第5部 上級編（税金　営業外費用、一時費用、準備金および引当金　リース、年金、その他負債　資産計上された費用　インフレーション　外資　ケース・スタディ：ハイネケン）　第6部 応用編（経営の自由度の価値評価　新興国市場における企業価値評価　高成長企業の価値評価　周期的変動のある企業の価値評価　銀行の価値評価　日本における企業価値創造）　資料編（エコノミック・プロフィットとバリュー・ドライバー式　エコノミック・プロフィットとキャッシュフローの等価性　営業フリー・キャッシュフロー、WACC、APVの導出　株主資本コストの算出　レバレッジとPER）〔03077〕

ゴラード, S.　Gorard, S.

◇グローバル化・社会変動と教育　1　市場と労働の教育社会学（EDUCATION, GLOBALIZATION AND SOCIAL CHANGE（抄訳））　ヒュー・ローダー, フィリップ・ブラウン, ジョアンヌ・ディラボー, A.H.ハルゼー編, 広田照幸, 吉田文, 本田由紀編訳　東京大学出版会　2012.4　354p　22cm　〈文献あり〉4800円　①978-4-13-051317-3

内容 学習社会における歴史・経歴・場所―生涯学習の社会学に向けて（G.リース, R.フェーブル, J.ファーロング, S.ゴラード著, 児美川孝一郎訳）〔03078〕

コラノヴィッチ, ドゥブラヴカ　Kolanovič, Dubravka

◇せいしょから10のおなはし―ちいさなてんしたちへ（Bible Stories for Little Angels）　サラ・J.ドッド文, ドゥブラヴカ・コラノヴィッチ絵, 女子パウロ会訳編　女子パウロ会　2012.10　1冊（ページ付なし）　24cm　1300円　①978-4-7896-0708-7〔03079〕

ゴラビ, モハンマッド・H.

◇人の移動、融合、変容の人類史―沖縄の経験と21世紀への提言　我部政明, 石原昌英, 山里勝己編　彩流社　2013.3　400, 15p　22cm　（琉球大学人の移動と21世紀のグローバル社会 8）〈索引あり〉4000円　①978-4-7791-1677-3

内容 「資源再生管理システム」によって島の都市ゴミを土壌改良剤に変える取り組み（モハメド・ゴラビ, カーク・ジョンソン, 藤原健史, 伊藤依理執筆, 広瀬孝訳）〔03080〕

コリー, クレイグ　Collie, Craig

◇ココダ―遥かなる戦いの道：ニューギニア南海支隊・世界最強の抵抗（THE PATH OF INFINITE SORROW）　クレイグ・コリー, 丸谷元人共著, 丸谷まゆ子訳　ハート出版　2012.5　501p　20cm　〈文献あり〉3200円　①978-4-89295-907-3

内容 イオリバイワ　南海支隊　ラバウル占領　ココダ攻略戦　イスラバの戦い　ミルン湾の蹉跌　補給線途絶　転進　撤退戦　支隊長の最期　北部海岸防衛　バサブア守備隊　サナナンダへの道　ブナ陥落　脱出　故郷への長い旅　廃墟の中から　終わりなき悲しみの道〔03081〕

ゴリ, セヴェリーノ　Gori, Severino

◇ふしぎな生涯―セッツェの聖カルロ　セヴェリーノ・ゴリ原著, 清水光子原版訳　復刻版/セッツェの聖カルロを日本に紹介する会/復刻版改訳　フリープレス　2011.7　82p　21cm　〈初版：中央出版社昭和34年刊　発売：星雲社〉1000円　①978-4-434-15753-0

内容 1 幸いなるあけぼの（幼年時代　修道生活への召命 ほか）　2 完全な修道者（立誓願の後　仕事の聖化 ほか）　3 神秘的な輝き（愛のいたで　心の喜び ほか）　4 光栄の座へ（帰天　不思議な聖痕 ほか）〔03082〕

コーリ, パトリシア　Cori, Patricia

◇あなたからあふれ出すアセンションの超パワー―銀河再生も可能 シリウスの超叡智 1（The cosmos of soul）　パトリシア・コーリ著, 快東みちこ訳　徳間書店　2011.5　326p　20cm　（「超知」ライブラリー 064）　1800円　①978-4-19-863174-1

内容 光あれ―自分の中の神性への気づき　あなたを縛っているものから解放する　意識をクリアにする　あなたの中の記憶を甦らせる　意識を実現化する　魂の音楽　クローンは未来の技術ではない　時間と永遠の概念を新たにする　シリウスの意識と同調するアセンションの鍵を開ける唯一のマスター　秘密政府と宇宙の陰謀　サタンと暗闇―恐怖心を克服する　4次元で生きる　旧約聖書「創世記」の真の意味　あなた方のDNAに埋め込まれた叡智〔03083〕

◇地球大変動の危機を救うアセンションの光―蘇るアトランティスの魂 シリウスの超叡智 2（Atlantis rising）　パトリシア・コーリ著, 三木直子訳　徳間書店　2011.7　305p　20cm　（「超知」ライブラリー 066）　1800円　①978-4-19-863216-8

内容 あなた方に求められる新しい生き方　アトランティスは蘇る　あなた方には語られていない歴史がある　自己中心的なエネルギーを植えつけたニビル星人　地球に最初にやってきたシリウス星人　人類のアセンションを助けるクリスタル・スカル　静かに操られてきた地球と人類の意識　地球のオーラを破壊させてはならない　闇の勢力に取り込まれたアトランティスのアルケミスト　太陽神“ラー”の素晴らしいエネルギーが地球の進化を導いている　隠されてきた地下世界の闇を照らす　地球を救う光の力〔03084〕

◇あなたはいまスターシードとして目覚める―限りない愛を受ける存在 シリウスの超叡智 3（No more secrets, no more lies）　パトリシア・コーリ著, 小林美香訳　徳間書店　2011.9　358p

20cm （「超知」ライブラリー 070） 1800円 ①978-4-19-863249-6
内容 1 闇を照らす光（秘密が暴かれる瞬間 人類誕生の真実 「住み処」を奪われたスターシード 支配者の偽装を見破らなければならない 地球の真の支配者は誰なのでしょう？ 闇の勢力から解き放たれなさい 進められている「世界統一秩序」計画 富と権力、欲望が蔓延させた薬物と武器 秘密政府による宇宙開発計画と監視システム メディアと大衆心理コントロール 生命をつなぐ大気、水、食物） 2 幕開けのとき（叡智を照らし、光を放つのです 過去世と同時に存在する現実 死か、アセンションか DNA—人類という結晶水 12本のDNAを再活性化させる バイオレット・オーバーソウルの子供たち 私たちを愛と祝福で迎えてくれますか？） 〔03085〕

コリアー, ブライアン　Collier, Bryan
◇つぼつくりのデイヴ（Dave the potter） レイバン・キャリック・ヒル文, ブライアン・コリアー絵, さくまゆみこ訳 光村教育図書 2012.1 1冊（ページ付なし） 23×29cm 〈文献あり〉 1600円 ①978-4-89572-839-3 〔03086〕

コリアー, ポール　Collier, Paul
◇収奪の星—天然資源と貧困削減の経済学（The plundered planet） ポール・コリアー〔著〕, 村井章子訳 みすず書房 2012.3 269, 12p 20cm 〈索引あり 文献あり〉 3000円 ①978-4-622-07671-1
内容 第1部 自然の倫理（貧困と略奪 自然は特別か） 第2部 資産としての自然（資源の呪い 自然資産の発見 自然資産の価値の確保 持続不能な収入 投資への投資） 第3部 生産工場としての自然（魚は自然資産か 自然の負債） 第4部 誤解された自然（自然と飢餓） 第5部 自然の秩序（自然の秩序の回復） 〔03087〕

コリオ＝テレーヌ, カトリーヌ
◇フランス憲政学の動向—法と政治の間 Jus Politicum 山元一, 只野雅人編訳 慶応義塾大学出版会 2013.8 313p 22cm 7000円 ①978-4-7664-2063-0
内容 主権の後, 主観的権利はどうなるか？（カトリーヌ・コリオ＝テレーヌ著, 大藤紀子訳） 〔03088〕

コリヤー, M.*　Collyer, Michael
◇移住・移民の世界地図（The atlas of human migration） Russell King,Richard Black, Michael Collyer,Anthony Fielding,Ronald Skeldon〔著〕, 竹沢尚一郎, 稲葉奈々子, 高畑幸共訳 丸善出版 2011.10 125p 25cm 〈索引あり〉 2800円 ①978-4-621-08450-2
内容 第1部 大いなる物語 時代を越えた移住と移民（黎明期の移住 地中海の放浪の旅 ほか） 第2部 移動する世界—現在のグローバルな移民パターン（グローバルな移民 戦後の労働者の移住と移民 ほか） 第3部 移住＝移民の時代—人の移動によるハイブリッド・アイデンティティ（難民 難民の滞留 ほか） 第4部 データと出所（経済と移動 移民政策） 〔03089〕

コーリン, キャサリン　Collin, Catherine
◇心理学大図鑑（The Psychology Book） キャサリン・コーリンほか著, 小須田健訳, 池田健用語監修 三省堂 2013.2 352p 25cm 〈索引あり〉 3800円 ①978-4-385-16224-9
内容 哲学的ルーツ—心理学の形成過程 行動主義—環境への反応 心理療法—無意識裡に決定された行動 認知心理学—計算する脳 社会心理学—他者世界内存在 発達心理学—幼児から成人へ 差異心理学—人格と知能 〔03090〕

コリンガム, リジー　Collingham, Elizabeth M.
◇戦争と飢餓（THE TASTE OF WAR） リジー・コリンガム著, 宇丹貴代実, 黒輪篤嗣訳 河出書房新社 2012.12 600p 20cm 〈文献あり〉 4500円 ①978-4-309-22586-9
内容 序 戦争と食糧 第1部 食糧—戦争の原動力（ドイツの帝国への大望 日本の帝国への大望） 第2部 食糧をめぐる戦い（アメリカの軍需景気 イギリスを養う 大西洋の戦い 大英帝国を動員する ドイツを養う 飢えを東方に輸出したドイツ ソヴィエト体制の崩壊 日本の飢えへの道 内戦下の中国） 第3部 食糧の政治学（天皇のために飢える日本 ソヴィエト連邦—空腹での戦い ドイツとイギリス—受給権に対するふたつの取組み 大英帝国—戦争の福祉的な側面 アメリカ—不況から抜け出して豊かな社会へ） 第4部 戦争の余波（腹ぺこの世界 豊かな世界） 〔03091〕

コリングリッジ, ヴァネッサ
◇世界探検家列伝—海・河川・砂漠・極地、そして宇宙へ（The great explorers） ロビン・ハンベリーテニソン編著, 植松靖夫訳 悠書館 2011.9 303p 26cm 〈文献あり 索引あり〉 9500円 ①978-4-903487-49-6
内容 ルイ－アントワーヌ・ド・ブーガンヴィル フランスの太平洋進出 他（ヴァネッサ・コリングリッジ） 〔03092〕

コリンズ, アシュリーン　Collins, Ashlinn
◇バースデイ・ブック—366日の誕生日の性格と相性と運勢 アシュリーン・コリンズ著, 金本康民訳 楓書店 2012.12 831p 21cm 〈他言語標題：Birthday Book 文献あり 発売：サンクチュアリ・パブリッシング〉 2800円 ①978-4-86113-816-4
内容 星と運命—占星術（牡羊座 牡牛座 双子座 ほか） 数と人生—数秘術（誕生数1/2 誕生数3/4 誕生数5/6 ほか） 曜日と性格—曜占術（月曜日・火曜日 水曜日（午前/午後） 木曜日・金曜日 ほか） 〔03093〕

コリンズ, アデラ・ヤーブロ
◇古代世界におけるモーセ五書の伝承 秦剛平, 守屋彰夫編 京都 京都大学学術出版会 2011.2 427p 23cm 〈索引あり〉 8400円 ①978-4-87698-976-8
内容 マルコにおけるトーラーの受容（アデラ・ヤーブロ・コリンズ著, 佐藤研訳） 〔03094〕

コリンズ, アラン　Collins, Allan
◇デジタル社会の学びのかたち—教育とテクノロジの再考（RETHINKING EDUCATION IN THE AGE OF TECHNOLOGY） A.コリンズ,R.ハルバーソン著, 稲垣忠編訳 京都 北大路書房 2012.12 227, 8p 21cm 2200円 ①978-4-7628-2790-7

内容 1章 どのように教育は変わろうとしているのか 2章 テクノロジ推進派の意見 3章 テクノロジ懐疑派の意見 4章 アメリカにおける学校教育の発達 5章 新しい教育制度の芽ばえ 6章 教育における3つの時代の変化 7章 失われるもの、得られるもの 8章 学校はどうすれば新たなテクノロジとつきあえるのか 9章 結局、何がいいたいのか？ 10章 テクノロジ世界のなかで教育を再考する 座談会 テクノロジを日本の教育に生かすために 〔03095〕

コ

コリンズ, ジェームズ・C.

◇ストーリーで学ぶ経営の真髄（Learn like a leader） マーシャル・ゴールドスミス, ビバリー・ケイ, ケン・シェルトン編, 和泉裕子, 井上実訳 徳間書店 2011.2 311p 19cm 1600円 ①978-4-19-863118-5

内容 学習するエグゼクティブ（ジェームズ・C.コリンズ著） 〔03096〕

コリンズ, ジム Collins, James Charles

◇ビジョナリーカンパニー 4 自分の意志で偉大になる（GREAT BY CHOICE） ジム・コリンズ, モートン・T.ハンセン著, 牧野洋訳 日経BP社 2012.9 492p 20cm 〈索引あり 発売：日経BPマーケティング〉2200円 ①978-4-8222-4923-6

内容 第1章 不確実性の時代に飛躍する 第2章 10X型リーダー 第3章 二十マイル行進 第4章 銃撃に続いて大砲発射 第5章 死線を避けるリーダーシップ 第6章 具体的で整然とした一貫レシピ 第7章 運の利益率 エピローグ 自分の意志で偉大になる 〔03097〕

コリンズ, ジョン・J.

◇古代世界におけるモーセ五書の伝承 秦剛平, 守屋彰夫編 京都 京都大学学術出版会 2011.2 427p 23cm 〈索引あり〉8400円 ①978-4-87698-976-8

内容 死海文書における創世記解釈（ジョン・J.コリンズ著, 三浦望訳） 〔03098〕

コリンズ, ダリル Collins, Daryl

◇最底辺のポートフォリオ―1日2ドルで暮らすということ（Portfolios of the poor） ジョナサン・モーダック, スチュアート・ラザフォード, ダリル・コリンズ, オーランダ・ラトフェン〔著〕, 大川修二訳, 野上裕生監修 みすず書房 2011.12 315, 29p 20cm 〈索引あり 文献あり〉3800円 ①978-4-622-07630-8

内容 第1章 貧困者のポートフォリオ 第2章 骨の折れる日々 第3章 リスクに対処する 第4章 こつこつと積み上げる―まとまった資金を作る方法 第5章 お金の値段 第6章 マイクロファイナンス再考―グラミン2ダイアリー 第7章 よりよいポートフォリオへ 〔03099〕

コリンズ, マリーア＝アントニエタ Collins, María Antonieta

◇カストロ家の真実―CIAに協力した妹が語るフィデルとラウール（Fidel y Raúl, mis hermanos） フアーナ・カストロ著, マリーア＝アントニエタ・コリンズインタビュー・構成, 伊高浩昭訳 中央公論新社 2012.3 490p 19cm 〈年表あり〉3300円 ①978-4-12-004342-0

内容 故郷への帰還 私たちの出自 母リーナと父アンヘル あー、ビラーン、哀れなビラーンよ 子供七人のいる家族 それが何で悪いの？ フィデルと激烈な歳月 フィデルが結婚し卒業し、父は幸せだった 孫たちの出現 歴史は始まる〔ほか〕 〔03100〕

コリンズ, ランドル Collins, Randall

◇脱常識の社会学―社会の読み方入門（SOCIOLOGICAL INSIGHT（原著第2版）） ランドル・コリンズ〔著〕, 井上俊, 磯部卓三訳 第2版 岩波書店 2013.3 306, 15p 15cm （岩波現代文庫―学術 284）〈文献あり〉1240円 ①978-4-00-600284-8

内容 1 合理性の非合理的基礎 2 神の社会学 3 権力の逆説 4 犯罪の常態性 5 愛と所有 6 社会学は人工知能をつくれるか？ 〔03101〕

コール, スティーブ Coll, Steve

◇アフガン諜報戦争―CIAの見えざる闘いソ連侵攻から9.11前夜まで 上（Ghost wars） スティーブ・コール著, 木村一浩, 伊藤力司, 坂井定雄訳 白水社 2011.9 496p 20cm 3200円 ①978-4-560-08159-4

内容 プロローグ 信頼できる説明――九九六年九月 第1部 血を分けた兄弟――九七九年十一月‐一九八九年二月（おれたちはここで死ぬ レーニンが教えてくれた 暴れてこい ウサマが大好きだった おれたちの戦争にするな そのマスードとは誰だ？ 世界がテロリストのものに 神がお望みなら、あなたにもわかる 勝った） 第2部 隻眼の王――九八九年三月‐一九九七年十二月（深刻なリスク 暴れ象 われわれは危険の中にいる 敵の友 慎重に距離を置け 新世代 ゆっくりゆっくり呑み込まれた ニンジンをぶら下げる 起訴できなかった われわれはスティンガーを手放さない アメリカにCIAは必要か？） 〔03102〕

◇アフガン諜報戦争―CIAの見えざる闘いソ連侵攻から9.11前夜まで 下（Ghost wars） スティーブ・コール著, 木村一浩, 伊藤力司, 坂井定雄訳 白水社 2011.9 441, 27p 20cm 〈文献あり〉3200円 ①978-4-560-08160-0

内容 第3部 遠くの敵――九九八年一月‐二〇〇一年九月十日（殺さずに捕獲せよ 王国の利益 戦争をしているのだ 吹き飛ばしてしまえ マンソン・ファミリー あの部隊は消えた クレージーな白人連中 何か政策はあるのか？ 「殺してみろ」と挑発している オマルはどんな顔を神に見せるのだ？ 多くのアメリカ人が死ぬ なんと不運な国だ） 〔03103〕

コール, ヨハンナ

◇フィンランドの高等教育ESDへの挑戦―持続可能な社会のために（Towards sustainable development in higher education-reflections） フィンランド教育省, タイナ・カイヴォラ, リーサ・ローヴェーデル編著, 斎藤博次, 開竜美監訳, 岩手大学ESDプロジェクトチーム訳 明石書店 2011.4 201p 21cm 〈文献あり〉2500円 ①978-4-7503-3377-9

内容 希望のもてる提言により高等教育をエンパワーする（ヘリヤ・アントラ・クローヴェ, ヨハンナ・コール著, 岡田仁訳） 〔03104〕

コール, R.アラン Cole, R.Alan

◇ガラテヤ人への手紙（Galatians） R.アラン・

コール著, 小林高徳訳　いのちのことば社　2011.9　288p　22cm　(ティンデル聖書注解)〈他言語標題 : The Epistle to the Galatians〉　3700円　①978-4-264-02277-0
内容 緒論　アウトライン　注解　補注　〔03105〕

コールグレイヴ, ビル
◇世界探検家列伝―海・河川・砂漠・極地、そして宇宙へ (The great explorers)　ロビン・ハンベリーテニソン編著, 植松靖夫訳　悠書館　2011.9　303p　26cm　〈文献あり 索引あり〉 9500円　①978-4-903487-49-6
内容 ネイ・エライアス―孤独な諜報活動 (ビル・コールグレイヴ)　〔03106〕

コルシ, ジャンカルロ　Corsi, Giancarlo
◇GLU―ニクラス・ルーマン社会システム理論用語集 (GLU)　クラウディオ・バラルディ, ジャンカルロ・コルシ, エレーナ・エスポジト著, 土方透, 庄司信, 毛利康俊訳　国文社　2013.3　344p　20cm　〈著作目録あり〉 3500円　①978-4-7720-0533-3　〔03107〕

ゴールストン, マーク　Goulston, Mark
◇最強交渉人が使っている一瞬で心を動かす技術 (Just Listen)　マーク・ゴールストン〔著〕, 青木高夫訳　ディスカヴァー・トゥエンティワン　2012.5　255p　19cm　1500円　①978-4-7993-1164-6
内容 第1部 心を動かす2つの秘訣 (すべてのコミュニケーションは交渉だ　脳の仕組みを利用せよ)　第2部 心を動かす9つのセオリー (まず自分自身をコントロールせよ　心のフィルターをリセットせよ　先に理解すれば理解される　興味をひこうとするな。興味を持て　「自分には価値がある」と感じさせよ ほか)　第3部 一瞬で心を動かす12のテクニック (不可能の質問　魔法のパラドックス　共感のゆさぶり　逆共感のゆさぶり　「本当にそう思う?」の質問 ほか)　第4部 実践編 心を動かす交渉術を磨く (相手に合わせた交渉方法を選ぶ　周囲に実力を認めさせる　困った相手に対処する　新しくネットワークを開拓する　キレてしまった人に対処する)　〔03108〕

ゴールズワーシー, エイドリアン　Goldsworthy, Adrian Keith
◇カエサル　上 (CAESAR)　エイドリアン・ゴールズワーシー著, 宮坂渉訳　白水社　2012.9　384, 22p　20cm　4400円　①978-4-560-08229-4　〔03109〕
◇カエサル　下 (CAESAR)　エイドリアン・ゴールズワーシー著, 宮坂渉訳　白水社　2012.9　381, 41p　20cm　〈文献あり 年表あり 索引あり〉 4400円　①978-4-560-08230-0　〔03110〕

コルター, ケビン　Coulter, Kevin
◇児童虐待とネグレクト対応ハンドブック―発見、評価からケース・マネジメント、連携までのガイドライン (Child abuse and neglect)　マリリン・ストラッチェン・ピーターソン, マイケル・ダーフィー編, ケビン・コルターメディカルエディター, 木山貞弓, 山田典子監訳, 加藤真紀子訳　明石書店　2012.2　690p　22cm　〈索引あり〉 9500円　①978-4-7503-3542-1
内容 危険信号 : 養育者歴、家族歴、養育者と子どもの行動　虐待発見とスクリーニング検査　子どもへの面接　サインと症状の評価　児童マルトリートメントに関連する特殊な問題　付随するリスクファクター　社会的孤立により増強されるリスクファクター　宗教的問題　評価と治療　家庭内措置と家庭外措置の子ども〔ほか〕　〔03111〕

コルツ, トニー　Koltz, Tony
◇リーダーを目指す人の心得 (IT WORKED FOR ME)　コリン・パウエル, トニー・コルツ著, 井口耕二訳　飛鳥新社　2012.10　349p　20cm　1700円　①978-4-86410-193-6
内容 第1章 コリン・パウエルのルール (13カ条のルール)　第2章 己を知り、自分らしく生きる (常にベストを尽くせ。見る人は見ている　「人生のポイント」をどう数えるか ほか)　第3章 人を動かす (部下を信じる　部下に尊敬されようとするな、まず部下を尊敬せよ ほか)　第4章 情報戦を制する (ハードウェアが変わるたびに、考え方を変えろ　わかっていることを言え ほか)　第5章 150%の力を組織から引きだす (「私の側近として生き残る方法」―新しい部下に配るメモ　ひとつのチーム、ひとつの戦い ほか)　第6章 人生をふり返って―伝えたい教訓 (戦いの鉄則―パウエル・ドクトリン　壊した人が持ち主になる ほか)　〔03112〕

ゴールディ, ダニエル・C.　Goldie, Daniel C.
◇投資とお金について最後に伝えたかったこと (The investment answer)　ダニエル・C.ゴールディ, ゴードン・S.マレー著, 漆嶋稔訳　日本経済新聞出版社　2011.10　143p　20cm　1400円　①978-4-532-35491-6
内容 1 投資とお金で成功するための「意思決定」(自己決定　資産配分の決定　資産分散の決定　アクティブ投資vsパッシブ投資の決定　ポートフォリオ再配分の決定)　2 投資とお金で失敗しないための「結論」(何と比較するのか?　オルタナティブ投資はどうなのか?　誰でも投資で成功できる)　〔03113〕

ゴールディング, ブライアン
◇オックスフォード ブリテン諸島の歴史　4　12・13世紀―1066年―1280年頃 (The Short Oxford History of the British Isles : The Twelfth and Thirteenth Centuries)　鶴島博和日本語版監修　バーバラ・ハーヴェー編, 吉武憲司監訳　慶応義塾大学出版会　2012.10　394, 86p　22cm　〈文献あり 年表あり 索引あり〉 5800円　①978-4-7664-1644-2
内容 教会とキリスト教的生活 (ブライアン・ゴールディング著, 田中美穂訳)　〔03114〕

ゴールデン, ミリアム　A.
◇デモクラシーとアカウンタビリティ―グローバル化する政治責任　真柄秀子編　風行社　2010.11　248p　22cm　3300円　①978-4-86258-051-1
内容 現代先進民主主義諸国における政治腐敗の謎 (ミリアム・A.ゴールデン著, 本田亜紗子訳)　〔03115〕

コルドー, ミケーラ　Cordeo, Mikaelah
◇新しい黄金時代への鍵　「愛を生きる」高次元の叡智 (LIVE IN LOVE)　ミケーラ・コルドー著,

内園かおり訳　太陽出版　2012.8　379p　21cm　〈文献あり〉2800円　①978-4-88469-746-4

内容 「母なる時代」の再生　「新しい天国」と「新しい地球」　毎日を祈りで始める　「魂の星」の目覚め　聖なる息吹　守護天使　「天使」と「光線」　紫の炎　宇宙の時間　人類と太陽の「イニシエーション」〔ほか〕　〔03116〕

コ

ゴールドシュタイン, アラン・J.

◇変容する臨床家—現代アメリカを代表するセラピスト16人が語る心理療法統合へのアプローチ（HOW THERAPISTS CHANGE）　マービン・R.ゴールドフリード編, 岩壁茂, 平木典子, 福島哲夫, 野末武義, 中釜洋子監訳, 門脇陽子, 森田由美訳　福村出版　2013.10　415p　22cm　〈索引あり〉5000円　①978-4-571-24052-2

内容 ひとりの行動療法家の省察（アラン・J.ゴールドシュタイン著）　〔03117〕

ゴールドスタイン, ハーマン

◇環境犯罪学と犯罪分析（Environmental criminology and crime analysis）　リチャード・ウォートレイ, ロレイン・メイズロール編, 島田貴仁, 渡辺昭一監訳, 斉藤知範, 雨宮護, 菊池城治, 畑倫子訳　社会安全研究財団　2010.8　313p　26cm　〈文献あり〉①978-4-904181-13-3

内容 問題指向型警察活動と環境犯罪学（マイケル・スコット, ジョン・エック, ヨハーンネス・クヌートソン, ハーマン・ゴールドスタイン著, 齊藤知範訳）　〔03118〕

ゴールドスタイン, メルヴィン・C.　Goldstein, Melvyn C.

◇チベットの文化大革命—神懸かり尼僧の「造反有理」（On the Cultural Revolution in Tibet）　メルヴィン・C.ゴールドスタイン, ベン・ジャオ, タンゼン・ルンドゥプ著, 楊海英監訳, 山口周子訳　風響社　2012.9　382p　21cm　〈年表あり 文献あり〉3000円　①978-4-89489-182-1　〔03119〕

ゴールドスミス, ジェームズ・J.　Goldsmith, James J.

◇インストラクショナルデザインとテクノロジー—教える技術の動向と課題（TRENDS AND ISSUES IN INSTRUCTIONAL DESIGN AND TECHNOLOGY（原著第3版））　R.A.リーサー, J.V.デンプシー編　京都　北大路書房　2013.9　690p　21cm　〈訳：半田純子ほか　索引あり〉4800円　①978-4-7628-2818-8

内容 研修組織における稀少リソースの管理（ジェームズ・J.ゴールドスミス, リチャード・D.バスビー著, 寺田佳子訳）　〔03120〕

ゴールドスミス, ドグラス・F.　Goldsmith, Douglas F.

◇アタッチメントを応用した養育者と子どもの臨床（Attachment theory in clinical work with children）　ダビッド・オッペンハイム, ドグラス・F.ゴールドスミス編, 数井みゆき, 北川恵, 工藤晋平, 青木豊訳　京都　ミネルヴァ書房　2011.6　316p　22cm　〈文献あり〉4000円　①978-4-623-05731-3

内容 子どもの内的世界を心に留めておけること 他（ニナ・コレン-カリー, ダビッド・オッペンハイム, ドグラス・F.ゴールドスミス著）　〔03121〕

ゴールドスミス, バートン　Goldsmith, Barton

◇自信がつく方法（100 Ways to Boost Your Self-Confidence）　バートン・ゴールドスミス〔著〕, 弓場隆訳　ディスカヴァー・トゥエンティワン　2012.5　173p　20cm　〈他言語標題：Believe in Yourself and Others Will Too〉1400円　①978-4-7993-1170-7

内容 第1章 自尊心を高める　第2章 生活と仕事を充実させる　第3章 考え方をポジティブにする　第4章 成功体験を大切にする　第5章 自信につながる行動を起こす　第6章 気分転換を図る　第7章 よい人間関係を築く　〔03122〕

ゴールドスミス, マイク　Goldsmith, Mike

◇ZOOM大図鑑—世界に近づく、世界を見わたす（Zoom Encyclopedia）　マイク・ゴールドスミス, スーザン・ケネディ, スティーブ・パーカー, キャロル・ストット, イザベル・トーマス, ジョン・ウッドワード文, 伊藤伸子訳　京都　化学同人　2013.11　249p　31×26cm　3800円　①978-4-7598-1550-4

内容 自然　人間の体　地球　人と場所　芸術と文化　歴史　科学と技術　宇宙　〔03123〕

ゴールドスミス, マーシャル　Goldsmith, Marshall

◇ストーリーで学ぶ経営の真髄（Learn like a leader）　マーシャル・ゴールドスミス, ビバリー・ケイ, ケン・シェルトン編, 和泉裕子, 井上実訳　徳間書店　2011.2　311p　19cm　1600円　①978-4-19-863118-5

内容 鏡に映った自分（マーシャル・ゴールドスミス著）　〔03124〕

◇コーチングの神様が教える「前向き思考」の見つけ方（Mojo）　マーシャル・ゴールドスミス, マーク・ライター著, 斎藤聖美訳　日本経済新聞出版社　2011.6　301p　20cm　1800円　①978-4-532-31706-5

内容 1 あなたとあなたのモジョ（モジョとあなたと私　モジョを測る ほか）　2 モジョを築く（アイデンティティ—あなたは自分をどのような人間だと思うか？　成果—最近何を達成したか？ ほか）　3 モジョ・ツールキット（「あなた」を変えるか、「それ」を変えるか　アイデンティティー—あなたは何者かを理解する ほか）　4 内側と外側をつなげる（自助努力を超えて　まずはあなたから）　〔03125〕

◇リーダーシップ・マスター—世界最高峰のコーチ陣による31の教え（Coaching for Leadership）　マーシャル・ゴールドスミス, ローレンス・S.ライアンズ, サラ・マッカーサー編著, 久野正人監訳, 中村安子, 夏井幸子訳　英治出版　2013.7　493p　21cm　2800円　①978-4-86276-164-4

内容 序文 他（マーシャル・ゴールドスミス, ローレンス・S.ライアンズ, サラ・マッカーサー）　〔03126〕

ゴールドファーブ, ロバート・W.　Goldfarb, Robert W.

◇残念な人の仕事の中身—世界中の調査からわかった「組織で評価されない人」の共通点（What's stopping me from getting ahead?）　ロバート・W.ゴールドファーブ著, 川村透訳　大和書房

2011.8　223p　19cm　1400円　①978-4-479-79321-2

内容 はじめに—能力が高くてもうまくいかない。なぜか？　第1章「なぜ採用されたか」知っていますか？—自分が見えないという問題　第2章「話がだらだらしている」と言われませんか？—マイペースという問題　第3章「こっちはちゃんとやってるのに」と言っていませんか？—協力できないという問題　第4章「いくらやっても評価されない」と思っていませんか？—自信過剰という問題　第5章「それなりの仕事で乗り切ろう」としていませんか？—変化を嫌うという問題　〔03127〕

ゴールドフリード, マービン・R.　Goldfried, Marvin R.

◇変容する臨床家—現代アメリカを代表するセラピスト16人が語る心理療法統合へのアプローチ（HOW THERAPISTS CHANGE）　マービン・R.ゴールドフリード編, 岩壁茂, 平木典子, 福島哲夫, 野末武義, 中釜洋子監訳, 門脇陽子, 森田由美訳　福村出版　2013.10　415p　22cm　〈索引あり〉5000円　①978-4-571-24052-2

内容 セラピストの変容過程を通観して 他（マービン・R.ゴールドフリード著）　〔03128〕

ゴールドマン, スチュアート・D.　Goldman, Stuart Douglas

◇ノモンハン1939—第二次世界大戦の知られざる始点（NOMONHAN, 1939）　スチュアート・D.ゴールドマン〔著〕, 山岡由美訳　みすず書房　2013.12　312, 19p　20cm　〈文献あり 索引あり〉3800円　①978-4-622-07813-5　〔03129〕

ゴールドラット, エリヤフ　Goldratt, Eliyahu M.

◇エリヤフ・ゴールドラット何が、会社の目的（ザ・ゴール）を妨げるのか—日本企業が捨ててしまった大事なもの　エリヤフ・ゴールドラット〔著〕, ラミ・ゴールドラット, 岸良裕司監修, ダイヤモンド社編　ダイヤモンド社　2013.2　315p　19cm　1600円　①978-4-478-02401-0

内容 1 言行編（なぜ、私は『ザ・ゴール』の邦訳を許可しなかったのか　効率を正しく追求すれば、むしろリストラの必要はなくなる　繁栄し続ける企業には「調和」がある　適者生存—少量かつ高頻度の受注に即時対応できるリアルタイムの生産体制を構築せよ　直伝 ゴールドラット博士の20の教え）　2 論文・著作編（TOCとは何か—ゴールドラット博士のTOC概論　巨人の肩の上に立って—ヘンリー・フォードと大野耐一の生産革新　フォードに学び、フォードを超えた男—大野耐一の挑戦　『ザ・ゴール』シリーズ翻訳者が厳選 あなたの常識が覆る50の「至言」）　〔03130〕

ゴールドラット, ラミ　Goldratt, Rami

◇エリヤフ・ゴールドラット何が、会社の目的（ザ・ゴール）を妨げるのか—日本企業が捨ててしまった大事なもの　エリヤフ・ゴールドラット〔著〕, ラミ・ゴールドラット, 岸良裕司監修, ダイヤモンド社編　ダイヤモンド社　2013.2　315p　19cm　1600円　①978-4-478-02401-0

内容 1 言行編（なぜ、私は『ザ・ゴール』の邦訳を許可しなかったのか　効率を正しく追求すれば、むしろリストラの必要はなくなる　繁栄し続ける企業には「調和」がある　適者生存—少量かつ高頻度の受注に即時対応できるリアルタイムの生産体制を構築せよ　直伝 ゴールドラット博士の20の教え）　2 論文・著作編（TOCとは何か—ゴールドラット博士のTOC概論　巨人の肩の上に立って—ヘンリー・フォードと大野耐一の生産革新　フォードに学び、フォードを超えた男—大野耐一の挑戦　『ザ・ゴール』シリーズ翻訳者が厳選 あなたの常識が覆る50の「至言」）　〔03131〕

コルヌヴァン, エレーヌ

◇続ビゴー日本素描集　清水勲編　岩波書店　2011.5　229p　15cm　（岩波文庫）〈第11刷（第1刷1992年）〉660円　①4-00-335562-8

内容 版画から漫画まで—ジョルジュ・ビゴーの見た明治の日本（エレーヌ・コルヌヴァン著, 橋爪正子訳）　〔03132〕

コルバン, アラン　Corbin, Alain

◇快楽の歴史（L'harmonie des plaisirs）　アラン・コルバン〔著〕, 尾河直哉訳　藤原書店　2011.10　606p　22cm　〈索引あり〉6800円　①978-4-89434-824-0　〔03133〕

コルビィ, アン　Colby, Anne

◇アメリカの法曹教育（EDUCATING LAWYERS）　ウィリアム・M.サリバン, アン・コルビィ, ジュディス・ウェルチ・ウェグナー, ロイド・ボンド, リー・S.シュールマン著, 柏木昇, 伊藤寿英, 藤本亮, 坂本力也, 田中誠一訳　八王子　中央大学出版部　2013.1　291p　21cm　（日本比較法研究所翻訳叢書 64）〈索引あり〉3600円　①978-4-8057-0365-6

内容 第1章 専門職養成におけるロースクール　第2章 共通の入口—特徴的教育としてのケース対話法　第3章 実務への架橋—「法律家のように考える」から「ローヤリング」へ　第4章 プロフェッショナルとしてのアイデンティティと目的　第5章 評価とその活用法　〔03134〕

コルビン, ジェフ

◇ありえない決断—フォーチュン誌が選んだ史上最高の経営判断（FORTUNE : THE GREATEST BUSINESS DECISIONS OF ALL TIME）　バーン・ハーニッシュ, フォーチュン編集部著, 石山淳訳　阪急コミュニケーションズ　2013.10　237p　19cm　1700円　①978-4-484-13117-7

内容 深刻な状況を脱するための特効薬 他（ジェフ・コルビン著）　〔03135〕

ゴルブノーフ, S.V.　Gorbunov, S.V.

◇サハリンと千島の擦文文化の土器—サハリンと千島へのアイヌ民族の進出　M.M.プロコーフィエフ,V.A.デリューギン,S.V.ゴルブノーフ著, 中川昌久訳, 菊池俊彦, 中村和之監修　函館　函館工業高等専門学校　2012.2　147p　21cm　〔03136〕

コールマン, カール・ヨハン

◇どんな時代が来るのか—2012年アセンション・マニュアル（The mystery of 2012）　タミ・サイモン編著, 菅靖彦, 田中淳一, 堤康一郎訳　風雲舎　2011.4　287p　19cm　1800円　①978-4-938939-64-0

内容 九つの地下世界 拡大する意識のレベル（カール・

ヨハン・コールマン著)　〔03137〕

コールマン, ジョン　Coleman, John
◇真珠湾コンスピラシー (Pearl Harbor and beyond)　ジョン・コールマン著, 太田竜監訳　成甲書房　2011.11　394p　20cm　〈『真珠湾日本を騙した悪魔』(2002年刊)の再編集、改題〉　1900円　①978-4-88086-282-8
内容 真珠湾、それは戦争プロパガンダの最高傑作　選ばれた政府は統治しない　ルシタニア号はなぜ撃沈されたか　ロックフェラーの中国密約　捏造された南京大虐殺　武力による威圧、日本叩きの原点　連邦議会を沈黙させた秘密政府　日本排斥を中国に仕掛けさせたMI6　天皇親電は引き延ばされた　ルーズヴェルトの予知能力〔ほか〕　〔03138〕

コーレイ, ジェラルド　Corey, Gerald
◇コーレイ教授の統合的カウンセリングの技術―理論と実践 (The art of integrative counseling (2nd edition))　ジェラルド・コーレイ著, 山添正監訳　金子書房　2011.4　226p　21cm　〈文献あり〉　3800円　①978-4-7608-2359-8
内容 カウンセリングのはじめ　治療的関係　治療目標の確立　多様性の理解と対応　抵抗の理解と対処　カウンセリングにおける認知焦点化　カウンセリングにおける感情焦点化　カウンセリングにおける行動焦点化　統合的視点　転移と逆転移〔ほか〕　〔03139〕

ゴーレイヴィッチ, フィリップ　Gourevitch, Philip
◇ジェノサイドの丘―ルワンダ虐殺の隠された真実 (We wish to inform you that tomorrow we will be killed with our families)　フィリップ・ゴーレイヴィッチ著, 柳下毅一郎訳　新装版　WAVE出版　2011.12　493p　19cm　2300円　①978-4-87290-544-1　〔03140〕

ゴレーヌ, マチュー
◇震災とヒューマニズム―3・11後の破局をめぐって　日仏会館・フランス国立日本研究センター編, クリスチーヌ・レヴィ, ティエリー・リボー監修, 岩沢雅利, 園山千晶訳　明石書店　2013.5　328p　20cm　2800円　①978-4-7503-3814-9
内容 「核アレルギー」からの転換 (マチュー・ゴレーヌ執筆, 園山千晶訳)　〔03141〕

コレン・カリー, ニナ
◇アタッチメントを応用した養育者と子どもの臨床 (Attachment theory in clinical work with children)　ダビッド・オッペンハイム, ドグラス・F.ゴールドスミス編, 数井みゆき, 北川恵, 工藤晋平, 青木豊訳　京都　ミネルヴァ書房　2011.6　316p　22cm　〈文献あり〉　4000円　①978-4-623-05731-3
内容 子どもの診断に関する親の解決と親子関係 他 (ダビッド・オッペンハイム, スマダール・ドルエフ, ニナ・コレン・カリー, エフラト・シャー・センソー, ヌリット・イルミア, シャハフ・ソロモン著)　〔03142〕

コロミーエツ, マクシム　Kolomiets, Maksim
◇冬戦争の戦車戦―第一次ソ連・フィンランド戦争1939-1940 (Танки в зимней войне 1939-1940)　マクシム・コロミーエツ著, 小松徳仁訳, 梅本弘監修　大日本絵画　2011.4　137p　22cm　(独ソ戦車戦シリーズ 16)　3000円　①978-4-499-23049-0
内容 第1部 冬戦争勃発の経緯　第2部 カレリヤ地峡での戦闘　第3部 ラドガ湖北方での戦闘　第4部 ソ連第9軍地帯での戦闘　第5部 ムルマンスク方面での戦闘　第6部 ソ連の後方から前線へ　ソ・フィン戦争(冬戦争)でソ連邦英雄の称号を拝領した戦車隊員　〔03143〕

◇ベルリン大攻防戦―ソ連軍最精鋭がベルリンへ突入 (3-я гвардейская танковая армия в боях за Берлин)　マクシム・コロミーエツ著, 小松徳仁訳　大日本絵画　2011.10　107p　22cm　(独ソ戦車戦シリーズ 17)　2900円　①978-4-499-23063-6
内容 第1章 作戦準備　第2章 攻勢開始　第3章 バールート～ツォッセン地区の戦い　第4章 ベルリン攻防戦総括　付録　〔03144〕

コロン, アラン
◇家の歴史社会学　二宮宏之, 樺山紘一, 福井憲彦責任編集　藤原書店　2010.12　295p　21cm　(叢書・歴史を拓く 2―『アナール』論文選〈新版〉)　〈コメント：速水融　解説：二宮宏之　文献あり〉　3800円　①978-4-89434-777-9
内容 十八世紀オート＝プロヴァンスにおける核家族と拡大家族 (アラン・コロン著, 福井憲彦訳)　〔03145〕

コロンブス, クリストファー　Columbus, Christopher
◇全航海の報告 (La carta de Colon, anunciando el descubrimiento del Nuevo Mund〔etc.〕)　コロンブス〔著〕, 林屋永吉訳　岩波書店　2011.2　322p　15cm　(岩波文庫 33-428-2)　〈文献あり〉　840円　①978-4-00-334282-4
内容 第一次航海の報告　第二次航海の報告　第三次航海の報告　第四次航海の報告　〔03146〕

コーワン, フィリップ*　Cowan, Philip A.
◇子どもの仲間関係―発達から援助へ (CHILDREN'S PEER RELATIONS)　J.B.クーパーシュミット, K.A.ダッジ編, 中沢潤監訳　京都　北大路書房　2013.12　299p　21cm　〈文献あり 索引あり〉　3600円　①978-4-7628-2826-3
内容 児童中期における家族関係から仲間による拒否や反社会的行動へ (Carolyn Pape Cowan, Philip A. Cowan著, 小川翔大訳)　〔03147〕

コーワン, C.*　Cowan, Carolyn Pape
◇子どもの仲間関係―発達から援助へ (CHILDREN'S PEER RELATIONS)　J.B.クーパーシュミット, K.A.ダッジ編, 中沢潤監訳　京都　北大路書房　2013.12　299p　21cm　〈文献あり 索引あり〉　3600円　①978-4-7628-2826-3
内容 児童中期における家族関係から仲間による拒否や反社会的行動へ (Carolyn Pape Cowan, Philip A. Cowan著, 小川翔大訳)　〔03148〕

コーン, アルフィ　Kohn, Alfie
◇報酬主義をこえて (Punished by rewards)　アルフィ・コーン〔著〕, 田中英史訳　新装版　法政大学出版局　2011.10　430, 157p　20cm　(叢

書・ウニベルシタス 704）〈索引あり　文献あり〉5800円　①978-4-588-09945-8
内容 第1部 報酬反対論（スキナー箱に入れられて—行動主義の遺産　報酬を与えるのは正しいか　報酬は効果があるか ほか）　第2部 報酬の現実（業績給—行動主義は職場でなぜ効果がないか　学習へのエサ—行動主義は学校でなぜ効果がないか　アメで釣って行儀よく—行動主義はなぜよい人間を作れないか）　第3部 報酬を超えて（うれしいな、月曜日だ—職場における動機づけのもと　勉強に熱中させる—学校におけるやる気のもと　アメをもらわなくても、よい子に）〔03149〕

ゴーン, カルロス　Ghosn, Carlos
◇日本の未来について話そう—日本再生への提言（Reimagining Japan）　マッキンゼー・アンド・カンパニー責任編集, クレイ・チャンドラー, エアン・ショー, ブライアン・ソーズバーグ編著　小学館　2011.7　416p　19cm　1900円　①978-4-09-388189-0
内容 変革へのギアチェンジ（カルロス・ゴーン著）〔03150〕

コン, ソック　孔 錫亀
◇高句麗の政治と社会　東北亜歴史財団編, 田中俊明監訳, 篠原啓方訳　明石書店　2012.1　322p　22cm〈索引あり　文献あり〉5800円　①978-4-7503-3513-1
内容 高句麗の南進と百済・新羅（孔錫亀）〔03151〕

コン, ヒデミ　今 日出海
◇『Japan To-day』研究　戦時期『文芸春秋』の海外発信　鈴木貞美編　京都　国際日本文化研究センター　2011.3　375p　26cm（日文研叢書）〈発売：作品社〉4800円　①978-4-86182-328-2
内容 最近の日本美術（今日出海著, 稲賀繁美訳）〔03152〕

コーン, J.　Kohn, Jerome
◇ユダヤ論集　1　反ユダヤ主義（THE JEWISH WRITINGS）　ハンナ・アーレント〔著〕, J.コーン,R.H.フェルドマン編　山田正行, 大島かおり, 佐藤紀子, 矢野久美子共訳　みすず書房　2013.9　86, 347p　22cm　6400円　①978-4-622-07728-2
内容 1 一九三〇年代（啓蒙とユダヤ人問題　私的サークルに反対する　独創的な同化—ラーエル・ファルンハーゲン百年忌へのエピローグ　若者の職業分野の再編成を ほか）　2 一九四〇年代（マイノリティ問題によせて　起こっていないユダヤ戦争　沈黙と無言のあいだ　ユダヤ民族の政治的組織化）〔03153〕
◇ユダヤ論集　2　アイヒマン論争（THE JEWISH WRITINGS）　ハンナ・アーレント〔著〕, J.コーン,R.H.フェルドマン編　斎藤純一, 山田正行, 金慧, 矢野久美子, 大島かおり共訳　みすず書房　2013.9　430, 22p　22cm〈索引あり〉6400円　①978-4-622-07729-9
内容 2 一九四〇年代（承前）（ユダヤ人の政治　クレミュー令はなぜ廃止されたか　ヨーロッパに新しいリーダー現わる ほか）　3 一九五〇年代（近東における和平か休戦か　マグネス、ユダヤ民族の良心　巨大な犯罪の歴史—レオン・ポリアコフ『憎悪の祈禱書—第三帝国とユダヤ人』書評）　4 一九六〇年代（アイヒマン論争—ゲルショム・ショーレムへの書簡　サミュエル・グラフトンの質問への回答　アイヒマン事件とドイツ人—ティーロ・コッホとの対談 ほか）〔03154〕

コンウェル, ラッセル・ハーマン　Conwell, Russell Herman
◇意志力の法則　ラッセル・H.コンウェル著, 関岡孝平訳〔録音資料〕　パンローリング〔2013〕　録音ディスク 2枚（86分）：CD（耳で聴く本オーディオブックCD）〈他言語標題：What you can do with your will power　企画・制作：でじじ〉1365円　①978-4-7759-2130-2〔03155〕
◇富と幸福の探し方—宝の山はそこにある—　ラッセル・H.コンウェル著, 関岡孝平訳〔録音資料〕　パンローリング〔2013〕　録音ディスク 3枚（140分）：CD（耳で聴く本オーディオブックCD）〈他言語標題：Acres of diamonds　企画・制作：でじじ〉1365円　①978-4-7759-2135-7〔03156〕
◇富と幸福の探し方（ACRES OF DIAMONDS）　ラッセル・ハーマン・コンウェル著, 関岡孝平訳　パンローリング　2013.9　139p　20cm（フェニックスシリーズ 14）　1200円　①978-4-7759-4117-1
内容 第1章 宝物のありか　第2章 誠実な人ほどお金持ちになれる　第3章 お金持ちになるチャンスはどこにある？　第4章 ビジネスに必要なのは資金ではなく、心のあり方だ　第5章 求められていることは何？　第6章 富を得るためのたったひとつの原則　第7章 偉大な人物になるためのたったひとつの秘訣　第8章 偉業も、富も、成功も。いつもそこから始まる〔03157〕
◇意志力の法則（What You Can Do With Your Will Power）　ラッセル・ハーマン・コンウェル著, 関岡孝平訳　パンローリング　2013.10　137p　20cm（フェニックスシリーズ 15）　1200円　①978-4-7759-4118-8
内容 第1章 意志のあるところに道は開ける—私たちはみな知らず知らずのうちに宝の山の上を歩いている　第2章 畑を「隅から隅まで」耕した男—「そこそこ」は呪いの言葉　第3章 歴史に名を刻んだ人々に共通するたったひとつのこと—「新イタリア王国建国の父」ダニエーレ・マニン、フランスの宣教師で探検家のルイ・ジョリエとジャック・マルケット、アメリカ最古の女子大学、マウントホールヨーク大学を創設したメアリー・ライアンほか　第4章 バラバラになったリングを元に戻すのに必要なこと「私はやる」—使われていない潜在能力をしっかりと把握し、的確に利用する〔03158〕

コンガー, ジェイ・A.
◇ストーリーで学ぶ経営の真髄（Learn like a leader）　マーシャル・ゴールドスミス, ビバリー・ケイ, ケン・シェルトン編, 和泉裕子, 井上実訳　徳間書店　2011.2　311p　19cm　1600円　①978-4-19-863118-5
内容 愛の女神から与えられた人生についての教訓（ジェイ・A.コンガー著）〔03159〕

ゴンサレス, フリア　González Ferreras, Julia
◇欧州教育制度のチューニング—ボローニャ・プロ

セスへの大学の貢献（Tuning educational structures in Europe（2nd ed.））　フリア・ゴンサレス, ローベルト・ワーヘナール編著, 深堀聡子, 竹中亨訳　明石書店　2012.2　198p　22cm　3600円　①978-4-7503-3544-5

内容 第1章 チューニング・プロジェクトの概要　第2章 チューニングの方法　第3章 教授・学習プロセスにおけるコンピテンス　第4章 欧州単位互換・累積制度（ECTS）、学生の学習量、学習成果　第5章 コンピテンスにもとづく学位プログラムにおける教授、学習、評価の方法　第6章 プログラム・レベルでの質向上：チューニングの方法　第7章 チューニング用語の解説（2006年11月）〔03160〕

ゴンサレス, J.　González, Justo L.

◇これだけは知っておきたいキリスト教史（Church history）　J.ゴンサレス著, 金丸英子訳　教文館　2011.3　193p　19cm　1800円　①978-4-7642-6690-2

内容 概説　第1章 古代教会　第2章 キリスト教帝国　第3章 中世初期　第4章 中世絶頂期　第5章 中世後期　第6章 征服と改革　第7章 十七世紀、十八世紀　第8章 十九世紀　第9章 二十世紀と近代の終焉〔03161〕

ゴンサレス・トゥルモ, イサベル　González Turmo, Isabel

◇集いと娯楽の近代スペイン―セビーリャのソシアビリテ空間（Los espacios de la sociabilidad Sevillana）　アルベルト・ゴンサレス・トゥロヤーノ, イサベル・ゴンサレス・トゥルモ, フランシスコ・バスケス・ガルシア, アンドレス・モレーノ・メンヒバル, ホセ・ルイス・オルティス・ヌエボ著, 岡住正秀, 畠中昌教, 椎名浩, 辻博子, 塩見千加子訳　彩流社　2011.10　263, 20p　22cm〈年表あり 索引あり〉2800円　①978-4-7791-1658-2

内容 時代はめぐり店舗は変る―家の外で食べる、飲む（イサベル・ゴンサレス・トゥルモ著, 畠中昌教訳）〔03162〕

ゴンサレス・トゥロヤーノ, アルベルト　González Troyano, Alberto

◇集いと娯楽の近代スペイン―セビーリャのソシアビリテ空間（Los espacios de la sociabilidad Sevillana）　アルベルト・ゴンサレス・トゥロヤーノ, イサベル・ゴンサレス・トゥルモ, フランシスコ・バスケス・ガルシア, アンドレス・モレーノ・メンヒバル, ホセ・ルイス・オルティス・ヌエボ著, 岡住正秀, 畠中昌教, 椎名浩, 辻博子, 塩見千加子訳　彩流社　2011.10　263, 20p　22cm〈年表あり 索引あり〉2800円　①978-4-7791-1658-2

内容 啓蒙のテルトゥリアからロマン主義的居酒屋へ（アルベルト・ゴンサレス・トゥロヤーノ著, 岡住正秀訳）〔03163〕

コンシャーボク, ダン　Cohn-Sherbok, Dan

◇双方の視点から描くパレスチナ/イスラエル紛争史（The Palestine-Israeli conflict）　ダン・コンシャーボク, ダウド・アラミー〔著〕, 臼杵陽監訳　岩波書店　2011.3　278, 6p　19cm〈年表あり 索引あり〉3400円　①978-4-00-024464-0

内容 パレスチナ人から見た歴史（現代パレスチナの起源　パレスチナ人、ユダヤ人、そしてイギリス　ユダヤ人国家の建設に向かって　アラブ人とユダヤ人解放に向かって　壁　旧勢力の遺産）ユダヤ人から見た歴史（シオニズム運動　第一次世界大戦後　ユダヤ人国家　六日間戦争とその後　和平への道　九・一一の前後　新たな侵略）〔03164〕

コンスタブル, サイモン　Constable, Simon

◇ウォールストリート・ジャーナル式経済指標読み方のルール（The Wall Street Journal guide to the fifth economic indicators that really matter）　サイモン・コンスタブル, ロバート・E.ライト著, 上野泰也監訳, 高橋璃子訳　かんき出版　2012.2　301p　21cm　1600円　①978-4-7612-6814-5

内容 1 個人消費―個人消費に関する経済指標　2 投資支出―投資支出に関する経済指標　3 政府支出―政府支出に関する経済指標　4 貿易収支―貿易収支に関する経済指標　5 複合的指標―複合的な経済指標　6 インフレその他の不安要素―不安要素に関する経済指標〔03165〕

コンスタム, アンガス　Konstam, Angus

◇図説スペイン無敵艦隊―エリザベス海軍とアルマダの戦い（The Spanish Armada）　アンガス・コンスタム著, 大森洋子訳　原書房　2011.10　324p　22cm〈年表あり 索引あり〉3800円　①978-4-562-04738-3

内容 第1章 戦争への道　第2章 スペイン無敵艦隊　第3章 エリザベスの海軍　第4章 アルマダ海戦　第5章 戦いの余波　第6章 考古学的遺産　第7章 運命のねじれ―もしスペインが勝っていたら？〔03166〕

コンダクト・プロブレムズ・プリヴェンション・リサーチ・グループ《Conduct Problems Prevention Research Group》

◇子どもの仲間関係―発達から援助へ（CHILDREN'S PEER RELATIONS）　J.B.クーパーシュミット, K.A.ダッジ編, 中沢潤監訳　京都　北大路書房　2013.12　299p　21cm〈文献あり 索引あり〉3600円　①978-4-7628-2826-3

内容 ファスト・トラック実験（Conduct Problems Prevention Research Group著, 佐藤正二訳）〔03167〕

コンチー, バリー　Conchie, Barry

◇ストレングスリーダーシップ―さあ、リーダーの才能に目覚めよう（STRENGTHS BASED LEADERSHIP）　トム・ラス, バリー・コンチー著, 田口俊樹, 加藤万里子訳　日本経済新聞出版社　2013.3　261p　20cm　1800円　①978-4-532-31871-0

内容 1 自分の強みに投資する（最高のリーダーを真似ても、人はついてこない　あなたならではのリーダーシップを見出そう ほか）2 チームの力を最大限に活かす（すぐれたチームに共通する4つの条件　リーダーシップの実例を見る ほか）3「なぜ人がついてくるか」を理解する（人がついてくる4つの理由）4 実践編―強みを活かして人を率いる（ストレングス・ファインダーを受ける）5 資料編―ストレングス・リーダーシップに関する調査（あなたの強み―ストレングス・ファインダーの裏づけとなる調査　あなたのチーム―チームの熱意に関するギャラップの調査

人はなぜついてくるのか）〔03168〕

コンディヤック, エティエンヌ・ボノ・ド　Condillac, Étienne Bonnot de

◇動物論—デカルトとビュフォン氏の見解に関する批判的考察を踏まえた, 動物の基本的諸能力を解明する試み（Traité des animaux）　エティエンヌ・ボノ・ド・コンディヤック〔著〕, 古茂田宏訳　法政大学出版局　2011.11　216p　20cm（叢書・ウニベルシタス 966）　3000円　①978-4-588-00966-2

内容　第1部 デカルトの学説とビュフォン氏の仮説（獣はただの自動人形ではないということ。人はなぜこのような根拠のない説を空想しがちであるのか。　もし獣が感じるとすれば、我々人間のように感じるということ　獣は単なる物質的な存在だという仮説において、ビュフォン氏は、自分が獣に認めた感覚を説明できないということ。　人間以外の動物が純粋に機械的であり、かつ同時に感じうるというこの想定においても、彼らがもし認識能力をもっていないとすれば、自分の自己保存のために気づかうことはできなくなるであろうということ。ほか）　第2部 動物の諸能力の体系（全ての動物に共通する習慣の形成について　動物における認識の体系　同一種に属する諸個体は、その種において互いに摸倣しようとする傾向が低ければ低いほど、より斉一的な仕方で行動するということ。それゆえ、人類が個体間でこれほど異なっているのは、もっぱら、人類が全ての動物の中で最も真似をしあう傾向を強くもっているという理由からであるということ。　動物の言語 ほか）〔03169〕

コント, オーギュスト　Comte, Auguste

◇ソシオロジーの起源へ（Appendice général du Système de Politique Positive, contenant tous les opuscules primitifs de l'auter sur la philosophie sociale）　オーギュスト・コント著, 杉本隆司訳　白水社　2013.4　249p　19cm（白水iクラシックス—コント・コレクション）　2000円　①978-4-560-09609-3

内容　意見と願望の一般的区別　一般近代史概論　社会再組織のための科学的研究プラン〔03170〕

◇科学＝宗教という地平（Appendice général du Système de Politique Positive, contenant tous les opuscules primitifs de l'auteur sur la philosophie sociale）　オーギュスト・コント著, 杉本隆司訳・解説　白水社　2013.9　217p　19cm（白水iクラシックス—コント・コレクション）〈文献あり 年譜あり〉1900円　①978-4-560-09610-9

内容　科学と科学者の哲学的考察　精神的権力論　ブルセ「興奮論」の検討〔03171〕

コンドウ, ハルオ　近藤 春雄

◇『Japan To-day』研究—戦時期『文芸春秋』の海外発信　鈴木貞美編　京都　国際日本文化研究センター　2011.3　375p　26cm（日文研叢書）〈発売 : 作品社〉4800円　①978-4-86182-328-2

内容　最近の日本映画（近藤春雄著, 佐藤卓己訳）〔03172〕

ゴンドウ, ヤスユキ*　権藤 恭之

◇健康長寿の社会文化的文脈（Healthy Aging in Sociocultural Context）　Andrew E.Scharlach, Kazumi Hoshino編, 佐々木尚之,Kazumi Hoshino監訳　風間書房　2013.10　157p　21cm〈索引あり〉2500円　①978-4-7599-1997-4

内容　日本における高齢者保健医療制度と政策的示唆（中川威, 権藤恭之著, 中川威訳）〔03173〕

ゴントマーヘル, エフゲニー

◇ロシア近代化の政治経済学　溝端佐登史編著　京都　文理閣　2013.4　284p　21cm〈他言語標題 : The Political Economy of Russian Modernization〉2700円　①978-4-89259-699-5

内容　ロシアの近代化（エフゲニー・ゴントマーヘル執筆, 横川和穂訳）〔03174〕

コンドリー, イアン

◇日本人の「男らしさ」—サムライからオタクまで「男性性」の変遷を追う（RECREATING JAPANESE MEN）　サビーネ・フリューシュトゥック, アン・ウォルソール編著, 長野ひろ子監訳, 内田雅克, 長野麻紀子, 粟倉大輔訳　明石書店　2013.1　307p　22cm　3800円　①978-4-7503-3745-6

内容　恋愛革命（イアン・コンドリー著, 長野麻紀子訳）〔03175〕

コントレル, ラースロ

◇国家と国民の歴史—ヴィジュアル版（HISTORIES OF NATIONS）　ピーター・ファタードー編, 猪口孝日本語版監修, 小林朋則訳　原書房　2012.11　320p　26cm〈文献あり 索引あり〉5800円　①978-4-562-04850-2

内容　ハンガリー—千年王国（コントレル・ラースロー）〔03176〕

コンパニョン, アントワーヌ　Compagnon, Antoine

◇アンチモダン—反近代の精神史（LES ANTIMODERNES）　アントワーヌ・コンパニョン著, 松沢和宏監訳, 鎌田隆行, 宮川朗子, 永田道弘, 宮代康丈訳　名古屋　名古屋大学出版会　2012.6　368, 85p　22cm〈索引あり〉6300円　①978-4-8158-0684-2

内容　自由な近代人　第1部 思想（反革命　反啓蒙思想　悲観主義　原罪　崇高　罵詈雑言）　第2部 人物（シャトーブリアンとジョゼフ・ド・メーストル—ラコルデールの背後で　ルナンからブロワまで—反ユダヤ主義、あるいは反近代主義　ペギー—ジョルジュ・ソレルとジャック・マリタンの間で　チボーデ—最後の幸福な批評家　ジュリアン・バンダ—『新フランス評論』の左派反動　ジュリアン・グラッグ—アンドレ・ブルトンとジュール・モヌロの間で　ロラン・バルト—聖ポリカルプスとして）　魅力的な反動〔03177〕

コーンフィールド, ジャック　Kornfield, Jack

◇手放す生き方—タイの森の僧侶に学ぶ「気づき」の瞑想実践（A still forest pool）　アーチャン・チャー著, ジャック・コーンフィールド, ポール・ブレイター編, 星飛雄馬, 花輪陽子, 花輪俊行訳　サンガ　2011.2　264p　20cm　2800円　①978-4-904507-71-1

内容　第1章 ブッダの教えとは　第2章 見解を正す　第3章 日々是修行　第4章 瞑想について　第5章 森の教え　第6章 師への質問　第7章 悟りへの道〔03178〕

◇手放す生き方―タイの森の僧侶に学ぶ「気づき」の瞑想実践（A Still Forest Pool）　アーチャン・チャー著, ジャック・コーンフィールド, ポール・ブレイター編, 星飛雄馬, 花輪陽子, 花輪俊行訳　サンガ　2012.10　303p　15cm　（サンガ文庫 チ1-1）　1300円　①978-4-905425-26-7
内容 第1章 ブッダの教えとは　第2章 見解を正す　第3章 日々是修行　第4章 瞑想について　第5章 森の教え　第6章 師への質問　第7章 悟りへの道　アーチャン・チャーと二十世紀のタイ仏教　〔03179〕

コンフォーティ, K.*　Conforti, Kelly
◇動機づけ面接法　応用編（Motivational interviewing (2nd edition)）　ウイリアム・R.ミラー, ステファン・ロルニック編, 松島義博, 後藤恵, 猪野亜朗訳　星和書店　2012.9　291p　21cm　〈文献あり〉3200円　①978-4-7911-0817-6
内容 重複障害の治療における動機づけ面接法（Nancy Handmaker, Michele Packard, Kelly Conforti）　〔03180〕

コンプリ, ガエタノ　Compri, Gaetano
◇チマッティ神父―本人が書かなかった自叙伝 : 激動の昭和史を生きた宣教師　下　チマッティ〔著〕, ガエタノ・コンプリ編訳　ドン・ボスコ社　2012.12　518p　22cm　〈年譜あり〉1800円　①978-4-88626-548-7
内容 第1章 戦禍のなかでのチマッティ神父―1941～1945　第2章 事業再建と発展の時代―1946～1949　第3章 チマッティ神父、図書係―1950～1952　第4章 院長時代のチマッティ神父―1953～1957・3　第5章 病気を乗り越えるチマッティ神父―1957・4～1963・5　第6章 神を迎えるチマッティ神父―1963・6～1965　〔03181〕

ゴンブリッチ, エルンスト・H.　Gombrich, Ernst Hans Josef
◇若い読者のための世界史―原始から現代まで　上（Eine kurze Weltgeschichte für junge Leser）　エルンスト・H.ゴンブリッチ著, 中山典夫訳　中央公論新社　2012.4　265p　16cm　（中公文庫 コ7-1）〈中央公論美術出版 2004年刊を上下に分冊〉762円　①978-4-12-205635-0
内容「昔、むかし」　偉大な発明者たち　ナイル川のほとり　日月火水木金土　唯一の神　だれもが読める文字　英雄たちのギリシア　けたちがいの戦争　小さな国のふたつの小さな都市　照らされた者と彼の国　大きな民族の偉大な教師　偉大なる冒険　新しい戦い　歴史の破壊者　四方世界の支配者　よろこばしい知らせ　帝政のローマ　嵐の時代　星夜のはじまり　アッラーの神と預言者ムハンマド　統治もできる征服者　キリスト教の支配者　気高く勇敢な騎士　騎士の時代の皇帝　〔03182〕
◇若い読者のための世界史―原始から現代まで　下（Eine kurze Weltgeschichte für junge Leser）　エルンスト・H.ゴンブリッチ著, 中山典夫訳　中央公論新社　2012.4　221p　16cm　（中公文庫 コ7-2）〈中央公論美術出版 2004年刊を上下に分冊〉667円　①978-4-12-205636-7
内容 新しい都市と市民の誕生　新しい時代　新しい世界　新しい信仰　戦う教会　おぞましい時代　不幸な王としあわせな王　その間に東欧で起こったこと　ほんとうの新しい時代　暴力による革命　最後の征服者　人間と機械　海の向こう　ヨーロッパに生まれたふたつの国　世界の分配　〔03183〕

コンポワン, ステファヌ　Compoint, Stéphane
◇世界の発掘現場と冒険家たち―考古学ふしぎ図鑑（Archéologues）　ステファヌ・コンポワン文・写真, 青柳正規日本語版監修, 野中夏実訳　西村書店東京出版編集部　2013.6　79p　32cm　2400円　①978-4-89013-690-2
内容 アレクサンドリア 水没した驚異の都市　イースター島 失われた文明　エジプト 砂漠のミイラ　ナスカの地上絵 青空博物館　ゴビ砂漠 恐竜の化石　トルコ ダムから救われたモザイク　アラスカ 青いクマの足跡を求めて　ケルト人 質の高い文化　ウセルカレ よみがえるファラオ　チャドの砂漠 最古の人類トゥーマイ　ポンペイ 時の止まった都市　北極ѣんけん 漂流する宝　パキスタン 巨大な動物化石　〔03184〕

コンラッド, マーガレット
◇国家と国民の歴史―ヴィジュアル版（HISTORIES OF NATIONS）　ピーター・ファタードー編, 猪口孝日本語版監修, 小林朋則訳　原書房　2012.11　320p　26cm　〈文献あり 索引あり〉5800円　①978-4-562-04850-2
内容 カナダ―ゆるやかに結ばれた国家（マーガレット・コンラッド）　〔03185〕

コンラディ, ピーター　Conradi, Peter
◇英国王のスピーチ―王室を救った男の記録（THE KING'S SPEECH）　マーク・ローグ, ピーター・コンラディ著, 安達まみ訳　岩波書店　2012.6　266p　20cm　2400円　①978-4-00-022287-7
内容 国王陛下万歳　「庶民の植民地人」　英国への航路　成長の痛み　診断　羽根飾りつき大礼服　嵐の前の静けさ　エドワード八世の三百二十七日　戴冠式の前夜　戴冠式のあと　第二次大戦への道　「オーストリア人のペンキ屋を殺せ」　ダンケルクと暗黒の日々　形勢逆転　勝利　最後の言葉　〔03186〕

コンラン, トマス・D.　Conlan, Thomas D.
◇図説戦国時代―武器・防具・戦術百科（Weapons & Fighting Techniques of the SAMURAI WARRIOR）　トマス・D.コンラン著, 小和田哲男日本語版監修　原書房　2013.7　332p　22cm　〈文献あり 索引あり〉4200円　①978-4-562-04929-5
内容 第1章 騎馬武者　第2章 散兵　第3章 槍兵　第4章 武将　第5章 火器　第6章 大砲　〔03187〕

コンリー, エイミー　Conley, Amy
◇ソーシャルワークと社会開発―開発的ソーシャルワークの理論とスキル（Social Work and Social Development）　James Midgley,Amy Conley著, 宮城孝監訳　丸善出版　2012.8　254p　21cm　〈訳 : 李恩心ほか　索引あり〉3800円　①978-4-621-08585-1
内容 第1部 ソーシャルワークにおける開発的視点（開発的ソーシャルワークの理論と実践）　第2部 実践における社会的投資戦略とソーシャルワーク領域（社会開発、社会的投資と児童福祉　プロダクティブ・エイジングと社会開発　社会的投資と精神保健―社会的企

業の役割　開発的ソーシャルワークと障害者　貧困、社会扶助と社会的投資　犯罪、社会開発と矯正ソーシャルワーク　社会開発、社会的企業と若年ホームレス　コミュニティ実践と開発的ソーシャルワーク）第3部 結論（開発的ソーシャルワークの限界と展望）〔03188〕

コンリー, チップ　Conley, Chip
◇ザ・ピーク―マズロー心理学でモチベーションの高い会社を作る方法（Peak）　チップ・コンリー著　大阪　ダイレクト出版　2011.5　270p　22cm　〈文献あり〉3800円　①978-4-904884-16-4〔03189〕

コンロイ, ジェームズ
◇エビデンスに基づく教育政策（EVIDENCE-BASED EDUCATION POLICY）　D.ブリッジ, P.スメイヤー, R.スミス編著, 柘植雅義, 葉養正明, 加治佐哲也編訳　勁草書房　2013.11　270p　21cm　〈索引あり〉3600円　①978-4-326-25092-9
内容 政策および実践の基盤としての哲学（ジェームズ・コンロイ, ロバート・A.デービス, ペニー・エンスリン著, 本多正人訳）〔03190〕

【サ】

サーアル, アマーリア
◇中東・北アフリカにおけるジェンダー―イスラーム社会のダイナミズムと多様性（Gender and diversity in the Middle East and North Africa）　ザヒア・スマイール・サルヒー編著, 鷹木恵子, 大川真由子, 細井由香, 宇野陽子, 辻上奈美江, 今堀恵美訳　明石書店　2012.1　412p　20cm（世界人権問題叢書 79）〈索引あり　文献あり〉4700円　①978-4-7503-3526-1
内容 危機にある男性性（アマーリア・サーアル, ダクリード・ヤヒヤー＝ユーニス著, 大川真由子訳）〔03191〕

サイ, ウンドウ*　崔 雲燾
⇒チェ, ウンド*

サイ, エイシン*　崔 英辰
⇒チェ, ヨンジン*

サイ, エイセイ*　崔 英成
⇒チュエ, ヨンソン

サイ, エンショク*　崔 鉛植
⇒チェ, ヨンシク*

サイ, カ*　柴 可
◇客家の創生と再創生―歴史と空間からの総合的再検討　瀬川昌久, 飯島典子編　風響社　2012.2　240p　22cm　〈索引あり〉5000円　①978-4-89489-180-7
内容 贛南地区における客家文化の構築過程（周建新, 柴可執筆, 横田浩一訳）〔03192〕

サイ, キョウモク　崔 亨黙
⇒チェ, ヒョンムク

サイ, ケイギョク*　蔡 慧玉
◇内海忠司日記―1928-1939 ： 帝国日本の官僚と植民地台湾　近藤正己, 北村嘉恵, 駒込武編　京都　京都大学学術出版会　2012.2　1195p　23cm　〈年譜あり　索引あり　文献あり〉12600円　①978-4-87698-591-3
内容 植民地官僚の「日常生活」（蔡慧玉著, 別役厚子訳, 秋本宏樹校訂）〔03193〕

サイ, ケン*　崔 賢
⇒チェ, ヒョン*

サイ, コウショク*　崔 光植
⇒チェ, グヮンシク

サイ, サイセイ*　崔 宰誠
⇒チェ, ジェソン*

サイ, ショウキ*　崔 晶基
⇒チェ, ジョンギ*

サイ, ショウシ*　蔡 尚思
◇新編原典中国近代思想史　第7巻　世界冷戦のなかの選択―内戦から社会主義建設へ　野村浩一, 近藤邦康, 並木頼寿, 坂元ひろ子, 砂山幸雄, 村田雄二郎編　砂山幸雄責任編集　岩波書店　2011.10　410, 7p　22cm　〈年表あり〉5700円　①978-4-00-028227-7
内容 民族文化の新しい見方（蔡尚思著, 中村元哉訳）〔03194〕

サイ, ショウシュウ　崔 章集
⇒チェ, ジャンジプ

サイ, ショウタク*　崔 鍾澤
⇒チュエ, ジョンテク

サイ, シントク*　崔 真徳
⇒チェ, ジンドク*

サイ, シンホウ*　蔡 振豊
◇東アジアの陽明学―接触・流通・変容　馬淵昌也編著　東方書店（発売）　2011.1　450p　22cm（学習院大学東洋文化研究叢書）　5200円　①978-4-497-21018-0
内容 陽明学と明代中後期における三教論の展開（蔡振豊著, 松野敏之訳）〔03195〕

サイ, ソウゴ*　崔 相伍
⇒チェ, サンオ*

サイ, ダイヨウ*　崔 大庸
⇒チェ, デヨン*

サイ, ヘイゼン　崔 炳善
⇒チェ, ビョンソン

サ

サイ, モウカン*　蔡 孟翰

◇差異と共同―「マイノリティ」という視角　孝忠延夫編著　吹田　関西大学法学研究所　2011.11　460p　22cm　〈発行所 ： 関西大学出版部〉　4200円　①978-4-87354-530-1

内容 中華帝国における外国人とマイノリティをめぐる二つの視座（蔡孟翰著, 安武真隆訳）〔03196〕

サイ, リュウホ*　蔡 竜保

◇植民地台湾の経済と社会　老川慶喜, 須永徳武, 谷ケ城秀吉, 立教大学経済学部編　日本経済評論社　2011.9　311p　22cm　5600円　①978-4-8188-2167-5

内容 台湾総督府の土地調査事業と技術者集団の形成（蔡竜保著, 豊岡康史訳）〔03197〕

◇近代台湾経済とインフラストラクチュア　李昌玟, 湊照宏編著　東京大学社会科学研究所現代中国研究拠点　2012.3　150p　26vm　（現代中国研究拠点研究シリーズ no.9）　非売品

内容 近代台湾における台東線鉄道の敷設と花蓮港庁の発展（蔡竜保著, 都留俊太郎訳）〔03198〕

ザイヴァート, ローター　Seiwert, Lothar

◇「もっと単純に！」で人生はうまくいく（BEST OF SIMPLIFY）　ヴェルナー・ティキ・キュステンマッハー, ローター・ザイヴァート, ダグマール・フォン・クラム, マリオン・キュステンマッハー著, 河井真樹子訳　中経出版　2012.11　271p　19cm　1400円　①978-4-8061-4407-6

内容 第1章 シンプル整理術（住まいのがらくたを片づける　お金への偏見を捨てる　豊かさについて見直す）　第2章 シンプル時間術（シンプル時間をつくるツール　リラックスして時間とつきあう　あなたの時間タイプを明らかにする）　第3章 シンプル健康法（体から幸福のもとを引き出す　熱中する　フィットネスを取り入れる　最高にリラックスする　今までの食習慣から抜け出す）　第4章 シンプル交際術（人とつながら　怒らない）　第5章 シンプル自律法（人生の目的を発見する　長所を伸ばす　良心の負担を軽くする）〔03199〕

サイカムモン

◇ミャンマー概説　伊東利勝編　めこん　2011.3　731p　22cm　〈索引あり〉7000円　①978-4-8396-0240-6

内容 言語・文学〔シャン（タイ）世界〕他（サイカムモン著, 原田正美訳）〔03200〕

サイクス, キャシー

◇世界一素朴な質問、宇宙一美しい答え―世界の第一人者100人が100の質問に答える（BIG QUESTIONS FROM LITTLE PEOPLE）　ジェンマ・エルウィン・ハリス編, 西田美緒子訳, タイマタカシ絵　河出書房新社　2013.11　298p　22cm　2500円　①978-4-309-25292-6

内容 稲妻はどうやって起きるの？（キャシー・サイクス教授）〔03201〕

サイクス, クリストファー　Sykes, Christopher

◇ファインマンさんは超天才（NO ORDINARY GENIUS）〔リチャード・ファインマン〕〔述〕, クリストファー・サイクス〔著〕, 大貫昌子訳　岩波書店　2012.4　381p　15cm　（岩波現代文庫―社会 240）　1220円　①978-4-00-603240-1

内容 1 ものごとをつきとめる楽しみ　2 爆弾と愛と　3 ノーベル賞をしとめる方法　4 トップレス・バーほか楽しく生きる方法　5 想像してごらん！　6 物理をする　7 途方もないアイデア細かい字と巨大なコンピュータ　8 チャレンジャー　9 タンヌ・トゥーバを求めて　10 死ぬこと〔03202〕

サイクス, チャールズ・J.　Sykes, Charles J.

◇子どものための世の中を生き抜く50のルール（50 rules kids won't learn in school）　チャールズ・J.サイクス著, 田口未和訳　PHP研究所　2011.3　270p　19cm　1600円　①978-4-569-79601-7

内容 人生は不公平だ。それに慣れるしかない。　実社会は、学校とはちがって君たちの自尊心のことなど気にかけてくれない。自己満足を味わう前に、何かを成し遂げることが求められる。　残念ながら、高校を出てすぐに年収六万ドルを稼ぐことはできない。副社長にもなれないし、会社から車を与えられることもない。ノーブランドのさえない制服を着るはめになるかもしれない。　何でも手に入るのがあたりまえだと思ってはいけない。　パパが何と言おうと、君はプリンセスではない。　残念ながら、夢見るもの何にでもなれるわけではない…。　学校の先生がきびしいと思うのは、いまだけ。将来の職場の上司はもっときびしい。上司には終身の地位が保証されているわけではない。だから短気で怒りっぽいことが多い。君たちが何かヘマをしでかしたときには、それについてどう感じるかをやさしくたずねてくれたりはしない。　君たちのへそなど、さほどおもしろくもない。へそばかり見て人生を過ごすな。　学校から勝ち組と負け組が消えても、人生から勝ち負けが消えてなくなることはない。　体育の先生が考える以上に、人生はドッジボールに似ている。〔ほか〕〔03203〕

サイコウ カツブツ　済公活仏

◇地獄遊記―奉旨著作・万古奇書　済公活仏著, 弓長慧明, 森川篤子訳　再改訂　三清道観少林寺活仏院　2011.3　695p　22cm　〈筆記 ： 玉虚童子〉非売品　①978-4-902172-10-2〔03204〕

サイジョウ, ヤソ　西條 八十

◇『Japan To-day』研究―戦時期『文芸春秋』の海外発信　鈴木貞美編　京都　国際日本文化研究センター　2011.3　375p　26cm　（日文研叢書）〈発売 ： 作品社〉4800円　①978-4-86182-328-2

内容 東京の春（西條八十著, 堀まどか訳）〔03205〕

サイス, アグスティン　Sáiz, Agustín

◇ドイツ軍装備大図鑑―制服・兵器から日用品まで（Deutsche Soldaten）　アグスティン・サイス著, 村上和久訳　原書房　2011.11　318p　31cm　〈他言語標題 ： Uniforms, Equipment Personal Items of the German Soldier 1939-45　索引あり　文献あり〉9000円　①978-4-562-04746-8

内容 鉄ヘルメット　制服　ベルトとバックル　ガスマスク　野戦装備　観測、位置把握、通信　武器　身のまわりの装備品　文書類　勲章と徽章　健康と衛生　糧食　プロパガンダ媒体　音楽　煙草　休暇と余暇〔03206〕

◇日本軍装備大図鑑―制服・兵器から日用品まで（HEITAI）　アグスティン・サイス著, 村上和久

訳　原書房　2012.5　469p　31cm　〈文献あり　索引あり〉9500円　①978-4-562-04841-0
内容 鉄帽　軍服　個人装備　武器　通信　医療　衛生　勲章と徽章　食事　飲み物　身の回り品　筆記具　予価　信仰と力　〔03207〕

ザイゼル, ハンス　Zeisel, Hans
◇数字で立証する―裁判と統計（PROVE IT WITH FIGURES）　ハンス・ザイゼル, デイビッド・H.ケイ共著, 細谷雄三訳　牧野書店　2012.4　355p　21cm　〈文献あり 索引あり　発売 ： 星雲社〉2800円　①978-4-434-16420-0
内容 原因の追究 ： 展望　対照ランダム実験　観察研究から原因を推測する　疫学研究　まとめ ： 反復と多角的照合　偶然の結果と有意性　標本抽出　内容分析　サーベイ調査と裁判地変更　標本サーベイ ： 総称性〔ほか〕　〔03208〕

サイーダ, マフカモワ
◇中央アジアの教育とグローバリズム　嶺井明子, 川野辺敏編著　東信堂　2012.3　247p　22cm　〈他言語標題 ： Globalization and Education Roform in Central Asia　索引あり〉3200円　①978-4-7989-0102-2
内容 教育にみられる民族的特性（マフカモワ・サイーダ著, 水谷邦子訳）　〔03209〕

ザーイツェフ, A.I.　Zaĭtsev, Aleksandr Iosifovich
◇古代ギリシアの文化革命（Культурный переворот в Древней Греции）　А.И.ザーイツェフ著, 一柳俊夫訳　風行社　2010.9　394p　22cm　〈文献あり〉4500円　①978-4-86258-040-5　〔03210〕

ザイデルフェルト, アントン　Zijderveld, Anton C.
◇懐疑を讃えて―節度の政治学のために（In praise of doubt）　ピーター・バーガー, アントン・ザイデルフェルト著, 森下伸也訳　新曜社　2012.3　214p　20cm　〈索引あり〉2300円　①978-4-7885-1279-5
内容 第1章 近代の神々　第2章 相対化のダイナミズム　第3章 相対主義　第4章 ファンダメンタリズム　第5章 確信と懐疑　第6章 懐疑の限界　第7章 節度の政治学　〔03211〕

サイデンステッカー, エドワード　Seidensticker, Edward
◇東京下町山の手―1867-1923（LOW CITY, HIGH CITY）　エドワード・サイデンステッカー〔著〕, 安西徹雄訳　講談社　2013.11　406p 図版16p　15cm　（講談社学術文庫 2204）〈筑摩書房 1992年刊の再刊〉1200円　①978-4-06-292204-3　〔03212〕

サイード, エドワード・W.　Said, Edward W.
◇人文学と批評の使命―デモクラシーのために（HUMANISM AND DEMOCRATIC CRITICISM）　エドワード・W.サイード〔著〕, 村山敏勝, 三宅敦子訳　岩波書店　2013.9　208p　15cm　（岩波現代文庫―学術 298）　960円　①978-4-00-600298-5
内容 第1章 人文学の圏域　第2章 人文研究と実践の変わりゆく基盤　第3章 文献学への回帰　第4章 エーリッヒ・アウエルバッハ『ミメーシス』について　第5章 作家と知識人の公的役割　〔03213〕

サイプ, ケン　Sipe, Ken
◇プロジェクト・マネジャーが知るべき97のこと（97 things every project manager should know）　Barbee Davis編, 笹井崇司訳, 神庭弘年監修　オライリー・ジャパン　2011.11　240p　21cm　〈発売 ： オーム社〉1900円　①978-4-87311-510-8
内容 開発者を活かす（ケン・サイプ）　〔03214〕

ザイファート, コンスタンス
◇ドイツ社会学とマックス・ヴェーバー―草創期ドイツ社会学の固有性と現代的意義　茨木竹二編　時潮社　2012.10　406p　22cm　4952円　①978-4-7888-0682-5
内容 マックス・ヴェーバーの社会学を理解するための一つの接近方法（コンスタンス・ザイファート執筆, 鈴木宗徳訳）　〔03215〕

サイフェルト, ヴォルフガング
◇日独交流150年の軌跡　日独交流史編集委員会編　雄松堂書店　2013.10　345p　29cm　〈布装〉3800円　①978-4-8419-0655-4
内容 ドイツにおける日本学・日本研究（ヴォルフガング・サイフェルト著, 辻朋季訳）　〔03216〕

サイム, ロナルド　Syme, Ronald
◇ローマ革命―共和政の崩壊とアウグストゥスの新体制　上（The Roman Revolution（原著第2版））　ロナルド・サイム著, 逸身喜一郎, 小池和子, 上野慎也, 小林薫, 兼利琢也, 小池登訳　岩波書店　2013.9　449p　22cm　〈年表あり〉10000円　①978-4-00-002598-0
内容 序説―アウグストゥスと歴史　ローマ寡頭支配層　ポンペイユスの支配　独裁官カエサル　カエサル党　カエサル選任の新参元老院議員たち　執政官アントーニウス　カエサルの相続人　第一次ローマ進軍　長老政治家〔ほか〕　〔03217〕
◇ローマ革命―共和政の崩壊とアウグストゥスの新体制　下（The Roman Revolution（原著第2版））　ロナルド・サイム著, 逸身喜一郎, 小池和子, 上野慎也, 小林薫, 兼利琢也, 小池登訳　岩波書店　2013.10　370, 72p　22cm　〈文献あり 年表あり 索引あり〉10000円　①978-4-00-002599-7
内容 将帥　第一人者　党と体制の危機　アウグストゥスの党派　パトロネジの仕組み　政府　内閣　後継者　国家像の提示　輿論の組織化　反抗　ノービレースの最期　平和と第一人者　〔03218〕

サイモン, シェルドン・W.
◇現代日本の政治と外交　2　日米安全保障同盟―地域的多国間主義　猪口孝監修　原書房　2013.12　403, 4p　21cm　〈文献あり 索引あり〉4800円　①978-4-562-04954-7
内容 アメリカ、日本、オーストラリア（シェルドン・W.サイモン著, 小林朋則訳）　〔03219〕

サイモン, ジョージ　Simon, George K.
◇あなたの心を操る隣人たち―忍びよる「マニピュ

レーター」の見分け方、対処法（IN SHEEP'S CLOTHING（原著改訂版））　ジョージ・サイモン著, 秋山勝訳　草思社　2013.3　238p　19cm　〈文献あり〉1600円　①978-4-7942-1964-0

内容 うわべは「いい人」。だがその素顔は…　1 マニピュレーターの正体（誰も気づかない「攻撃性」「攻撃性」と「隠された攻撃性」　勝利への執着　満たされない権力への欲望　虚言と誘惑への衝動　手段を選ばない闘い　壊れた良心　相手を虐げて関係を操作する　親を思いのままに操る子ども）　2 マニピュレーターと付き合う（人を操る戦略と手法　相手との関係を改める）　寛容社会にはびこる攻撃性　〔03220〕

サ

サイモン, タミ　Simon, Tami

◇どんな時代が来るのか―2012年アセンション・マニュアル（The mystery of 2012）　タミ・サイモン編著, 菅靖彦, 田中淳一, 堤康一郎訳　風雲舎　2011.4　287p　19cm　1800円　①978-4-938939-64-9

内容 岐路に立つ人類 2012年　知性の進化の終着点　マヤン・ファクター―テクノロジーを超える道　九つの地下世界 拡大する意識のレベル　新しいビジネスと政治　半透明の革命　聖書の暗号　女神の復活　新人類の出現　蛇はいかにして脱皮するか〔ほか〕〔03221〕

サイモン, ハーマン　Simon, Hermann

◇グローバルビジネスの隠れたチャンピオン企業―あの中堅企業はなぜ成功しているのか（Hidden champions of the 21st century）　ハーマン・サイモン著, 上田隆穂監訳, 渡部典子訳　中央経済社　2012.3　321p　22cm　〈索引あり〉3600円　①978-4-502-69540-7

内容 第1章 隠れたチャンピオンの神秘性　第2章 成長と市場でのリーダーシップ　第3章 市場の定義と集中戦略　第4章 グローバル化　第5章 顧客、製品、サービス　第6章 イノベーション　第7章 競争　第8章 資金調達、組織、事業環境　第9章 従業員　第10章 リーダー　第11章 隠れたチャンピオンからの教訓　〔03222〕

サイモンズ, テリー　Symons, Terrie

◇こうしてアセンションしよう―スターシードを生み出す光のメッセージ 宇宙連合司令官アシュタールからの次元変革アドバイス　テリー・サイモンズ, アシュタールプロジェクト著　徳間書店　2011.5　268p　20cm　（「超知」ライブラリー 063）　1600円　①978-4-19-863173-4

内容 アシュタールが今、地球のあなたに一番伝えたいこと！　これがあなたが学ぶべきアセンションの12のステップ！　使命をもって生まれてくる魂たち"スターシード"とアセンションについて！　あなたの魂が今この地球でぜひ学んでほしいこと！　BC5万2000年頃、金星人のあるグループが地球への移殖を選択し、当時の地球人とDNAをリミックスしていた！　地球にいる3種のソウルメイトの区別とその意味！　私の真のチャネラーは地球にたった26人―レディー（女神）アシュタールとしてのテリーの役割！　あなたの魂を輝かせ、肉体を健全に保つためのオーラ、チャクラ、バイブレーション！　パラレルワールド（多次元世界）とパラレルユニバース（別宇宙）と人間の関係性と地球外生命体　肉体をもってこの地球に生きるあなたへの必須スピリチュアル・アドバイス　シャスタ山地下の都市テロス、アトランティス―伝承・伝説の真実について　〔03223〕

サヴァル, N.*　Saval, Nikil

◇私たちは"99%"だ―ドキュメントウォール街を占拠せよ（OCCUPY！）　『オキュパイ！ ガゼット』編集部編, 肥田美佐子訳　岩波書店　2012.4　247p　21cm　2000円　①978-4-00-025778-7

内容 1 ウォール街を占拠せよ（一つの「ノー」、たくさんの「イエス」　トップ一%の真実　アメリカンドリームをあきらめて　いま、立ち上がる　合意の神学 ほか）　2「占拠」の風景（ニューヨーク　アトランタ　オークランド　フィラデルフィア　ボストン）　3 過去からの視線（アメリカの危機）　〔03224〕

サヴィアーノ, ロベルト　Saviano, Roberto

◇死都ゴモラ―世界の裏側を支配する暗黒帝国（Gomorra）　R.サヴィアーノ著, 大久保昭男訳　河出書房新社　2011.10　448p　15cm　（河出文庫 サ4-1）　950円　①978-4-309-46363-6　〔03225〕

サーヴィス, ロバート　Service, Robert

◇情報戦のロシア革命（SPIES AND COMMISSARS）　ロバート・サーヴィス著, 三浦元博訳　白水社　2012.9　461, 94p 図版16p　20cm　〈文献あり 索引あり〉4400円　①978-4-560-08239-3

内容 第1部 革命（困難な旅路　崩壊するロシア ほか）　第2部 生き残り（ブレスト＝リトフスク交渉　危険な息継ぎ ほか）　第3部 探査（ロシア問題再考　パリ講和会議 ほか）　第4部 膠着（ボリシェヴィズムに賛否　左派の優待 ほか）　〔03226〕

◇トロツキー　上（TROTSKY）　ロバート・サーヴィス著, 山形浩生, 守岡桜訳　白水社　2013.4　401p 図版12p　20cm　4000円　①978-4-560-08272-0

内容 第1部 一八七九 - 一九一三年（ブロンシュテイン一家　育ち　学校教育 ほか）　第2部 一九一四 - 一九年（戦争に対する戦争　革命の設計　大西洋横断 ほか）　第3部 一九二〇 - 二八年（イメージと実像　平和と戦争　崖っぷちからの帰還 ほか）　〔03227〕

◇トロツキー　下（TROTSKY）　ロバート・サーヴィス著, 山形浩生, 守岡桜訳　白水社　2013.4　323, 98p 図版12p　20cm　〈文献あり 索引あり〉4000円　①978-4-560-08273-7

内容 第3部 一九二〇 - 二八年（続き）（改革をめぐる論争　病気の政治学　左翼反対派　文化について　成功に失敗　取り巻きたちと分派　トロツキーとの生活　トロツキーが望んだもの　モスクワ決戦　アルマ・アタ）　第4部 一九二九 - 四〇年（ブユックアダ革命探し　物書き　ロシア・コネクション　南ヨーロッパから北ヨーロッパへ　メキシコでの立ち上げ　第四インターナショナル　トロツキーと女たち　「ロシア問題」　哲学者たちとの対決　第二次世界大戦　暗殺　遺族と遺産）　〔03228〕

サヴォイ, ニック　Savoy, Nick

◇理想の男性を勝ち取る恋の法則（IT'S YOUR MOVE）　ニック・サヴォイ著, 今井和久訳　学研パブリッシング　2013.9　213p　19cm　〈発売：学研マーケティング〉1300円　①978-4-05-405807-1

内容 1 男性の真実　2 なぜ起こる？ こんなはずじゃなかった　3 男が本当に求めているもの　4 出かける前

にすべきこと　5 より多くの、よりよい男性と出会うために　6 もっと楽に、簡単に　7 もう一歩先に進むには　8 自分にぴったりの人を見極める　9 デートのあれこれ　10 交際の過程で　〔03229〕

ザヴォドニー, J.K.　Zawodny, Janusz Kazimierz

◇消えた将校たち―カチンの森虐殺事件（DEATH IN THE FOREST）　J.K.ザヴォドニー〔著〕, 中野五郎, 朝倉和子訳　みすず書房　2012.12　204, 60p　20cm　〈「カティンの森の夜と霧」(読売新聞社 1963年刊)の改題改訂　文献あり 索引あり〉3400円　①978-4-622-07648-3

内容 1 消えたポーランド軍捕虜　2 森の墓場　3 不都合な同盟国―生者と死者　4 ソ連調査団の現地調査　5 ニュルンベルク裁判―国際政治の罪と罰　6 証拠分析　7 状況の再現―墓穴のふちへ　8 状況の再現―生死を分けたもの　9 カチン事件が生んだ戦後の諸問題　〔03230〕

サウサマーローバー, マグダ

◇犯罪学研究―社会学・心理学・遺伝学からのアプローチ（The Explanation of Crime）　パーオロフ・H.ウィクストラム, ロバート・J.サンプソン編著, 松浦直己訳　明石書店　2013.8　338p　22cm　6000円　①978-4-7503-3878-1

内容 重大な非行の累積的3次元発育モデル（ロルフ・ローバー,N.ウィム・スロット, マグダ・サウサマーローバー著）　〔03231〕

サウスウェル, S.ロバート

◇アジアの顔のキリスト　ホアン・カトレット編, 高橋敦子訳　名古屋　新世社　2010.10　175, 32p　16cm　〈文献あり〉1200円　①978-4-88382-100-6

内容 イエスを愛することこそいのち（S.ロバート・サウスウェル）　〔03232〕

サカタ, ヤスヨ*　阪田 恭代

◇現代日本の政治と外交　2　日米安全保障同盟―地域的多国間主義　猪口孝監修　原書房　2013.12　403, 4p　21cm　〈文献あり 索引あり〉4800円　①978-4-562-04954-7

内容 朝鮮半島と日米同盟―日本からの視点（阪田恭代著, 小林朋則訳）　〔03233〕

ザガミ, レオ　Zagami, Leo

◇世界中枢デンジャラスゾーン―イルミナーティは告白する ： 陰謀実行機関の実態とそのシナリオ　レオ・ザガミ著, 山ノ内春彦, キアラン山本訳　ヒカルランド　2011.11　423p　20cm　（超☆わくわく 022）〈序文・解説 ： 中丸薫〉1900円　①978-4-905027-71-3

内容 第1部 世界中枢（イルミナーティ）は「2012/惑星X接近」のサバイバルゲームの真っ最中（巨大な地下退避施設は「2012/惑星X接近」に対処するための極秘ステーション　イルミナーティが人類の未来を左右する中心的存在である証拠―シオン主義とイエズス会　イルミナーティも参考にする予言と実行の書『ゾハール』―そこには9/11もビン・ラディンも記されていた！　イルミナーティは2012年を待ち構えている―12というマジック・ナンバー（ほか）　第2部 エグレゴーレとオカルトサークル―イルミナティ、フリーメイソン　その他の秘密結社のパワーの源は、全てアストラル次元に存在する！（古代アトランティスにまでさかのぼるイルミナーティの起源について―　秘密結社にみられる四つのタイプ分析―秘密の小冊子『秘密結社のタイプとその一般理論』から　黒魔術と倒錯した性の秘儀がイルミナーティやメイソンの中でどうはびこっていたのか！）　〔03234〕

ザカリア, ファリード　Zakaria, Fareed

◇中国は21世紀の覇者となるか？―世界最高の4頭脳による大激論（Does the 21st century belong to China？）　ヘンリー・キッシンジャー, ファリード・ザカリア, ニーアル・ファーガソン, デビッド・リー（李稲葵）著, 酒井泰介訳　早川書房　2011.12　125p　18cm　952円　①978-4-15-209260-1

内容「中国は21世紀の覇者となるか？」（ムンク・ディベート・オン・チャイナ　中国の実力　日本をどう見るか　アフリカの資源と「アラブの春」　いかに中国をとりこむか）　ヘンリー・キッシンジャーとの対話　デビッド・リー（李稲葵）との対話　〔03235〕

ザクリスキ, A.*　Zakriski, Audrey L.

◇子どもの仲間関係―発達から援助へ（CHILDREN'S PEER RELATIONS）　J.B.クーパーシュミット,K.A.ダッジ編, 中沢潤監訳　京都　北大路書房　2013.12　299p　21cm　〈文献あり 索引あり〉3600円　①978-4-7628-2826-3

内容 仲間による拒否の体験を理解する（Marlene J.Sandstrom,Audrey L.Zakriski著, 中沢結訳）　〔03236〕

サクル, ナオミ

◇中東・北アフリカにおけるジェンダー―イスラーム社会のダイナミズムと多様性（Gender and diversity in the Middle East and North Africa）　ザヒア・スマイール・サルヒー編著, 鷹木恵子, 大川真由子, 細井由香, 宇野陽子, 辻上奈美江, 今堀恵美訳　明石書店　2012.1　412p　20cm　（世界人権問題叢書 79）〈索引あり　文献あり〉4700円　①978-4-7503-3526-1

内容 サウディアラビアにおける女性とメディア（ナオミ・サクル著, 辻上奈美江訳）　〔03237〕

サクロフスキー, ドナルド・H.　Saklofske, Donald H.

◇WISC-IVの臨床的利用と解釈（WISC-IV clinical use and interpretation）　アウレリオ・プリフィテラ, ドナルド・H.サクロフスキー, ローレンス・G.ワイス編, 上野一彦監訳, 上野一彦, バーンズ亀山静子訳　日本文化科学社　2012.5　592p　22cm　〈文献あり〉①978-4-8210-6366-6　〔03238〕

サクロフスキ, D.*　Saklofske, Donald H.

◇WISC-IVの臨床的利用と解釈（WISC-IV clinical use and interpretation）　アウレリオ・プリフィテラ, ドナルド・H.サクロフスキー, ローレンス・G.ワイス編, 上野一彦監訳, 上野一彦, バーンズ亀山静子訳　日本文化科学社　2012.5　592p　22cm　〈文献あり〉①978-4-8210-6366-6

内容 WISC-IVのFSIQとGAIの臨床的解釈 他（Donald H.Saklofske, Aurelio Prifitera, Lawrence G. Weiss, Eric Rolfhus, Jianjun Zhu著, 上野一彦訳）

サ

〔03239〕

サ

サコヴィッチ, イヴォナ
◇国家と国民の歴史―ヴィジュアル版 (HISTORIES OF NATIONS)　ピーター・ファタードー編, 猪口孝日本語版監修, 小林朋則訳　原書房　2012.11　320p　26cm　〈文献あり 索引あり〉 5800円　①978-4-562-04850-2
内容 ポーランド―強力な隣国に囲まれた悲劇とヒロイズム(イヴォナ・サコヴィッチ)　〔03240〕

ササキ, タカユキ　佐々木 尚之
◇健康長寿の社会文化的文脈 (Healthy Aging in Sociocultural Context)　Andrew E.Scharlach, Kazumi Hoshino編, 佐々木尚之,Kazumi Hoshino監訳　風間書房　2013.10　157p　21cm　〈索引あり〉 2500円　①978-4-7599-1997-4
内容 監訳者の日本語版出版に際しての謝辞 他(佐々木尚之, Kazumi Hoshino著, Kazumi Hoshino訳)　〔03241〕

サザーランド, スチュアート　Sutherland, Stuart
◇不合理―誰もがまぬがれない思考の罠100 (IRRATIONALITY)　スチュアート・サザーランド著, 伊藤和子, 杉浦茂樹訳　阪急コミュニケーションズ　2013.12　345p　19cm　2000円　①978-4-484-13121-4
内容 誤った印象　服従　同調　内集団と外集団　組織の不合理性　間違った首尾一貫性　効果のない「アメとムチ」　衝動と情動　証拠の無視　証拠の歪曲〔ほか〕　〔03242〕

サザーランド, ピーター
◇混乱の本質―叛逆するリアル民主主義・移民・宗教・債務危機　ジョージ・ソロスほか著, 徳川家広訳　土曜社　2012.8　157p　18cm　(PROJECT SYNDICATE A WORLD OF IDEAS)　〈他言語標題 : Reality in Revolt〉 952円　①978-4-9905587-4-1
内容 「約束の地」の後に来るもの(ピーター・サザーランド著)　〔03243〕
◇世界は考える　野中邦子訳　土曜社　2013.3　189p　19cm　(プロジェクトシンジケート叢書 2)　〈文献あり〉 1900円　①978-4-9905587-7-2
内容 危機に瀕する多角的貿易交渉(ピーター・サザーランド著)　〔03244〕

サシエ, イヴ
◇歴史におけるテクスト布置―「テクスト布置の解釈学的研究と教育」第12回国際研究集会報告書　加納修編　〔名古屋〕　名古屋大学大学院文学研究科　2012.3　279p　30cm　(Global COE program international conference series no.12)　〈他言語標題 : Configuration du texte en histoire〉
内容 ユーグ・ド・フルリー『王権と祭司職について』(1102-1107年)の最初の数章、あるいは古き政治神学的言説をわがものとすること(イヴ・サシエ著, 村田光司, 小坂井理加訳)　〔03245〕

サージェント, エマ　Sargent, Emma
◇話す力 (HOW YOU CAN TALK TO ANYONE IN EVERY SITUATION)　エマ・サージェント, ティム・フィアロン著, 夏目大訳　ピアソン桐原　2012.12　223p　19cm　(英国式スキルアップ)　1400円　①978-4-86401-103-7
内容 第1章 誰とでも自信を持って話をする　第2章 すべては自分しだい　第3章 会話の基本の「き」　第4章 話すことで心がつながる　第5章 仕事で誰とでも上手に話す　第6章 困難な状況で誰とでも上手に話す　第7章 話をやめるタイミングを知る　第8章 ここ一番で輝くための話し方　〔03246〕

サスーン, ヴィダル　Sassoon, Vidal
◇ヴィダル・サスーン自伝 (Vidal Sassoon the autobiography)　ヴィダル・サスーン著, あずまゆか訳　髪書房　2011.7　503p　24cm　4000円　①978-4-903070-42-1　〔03247〕

サセック, ミロスラフ　Sasek, Miroslav
◇ジス・イズ・ロンドン (This is London)　ミロスラフ・サセック著, 松浦弥太郎訳　改定版　ブルース・インターアクションズ　2011.1　60p　31cm　(〔P-vine books〕)　1800円　①978-4-86020-415-0　〔03248〕

サター, アンドリュー・J.　Sutter, Andrew J.
◇経済成長神話の終わり―減成長と日本の希望　アンドリュー・J.サター著, 中村起子訳　講談社　2012.3　330p　18cm　(講談社現代新書 2148)　880円　①978-4-06-288148-7
内容 1 経済成長は果たして善か(GDPと経済成長の正体　経済成長と社会福祉向上の関係　経済成長と環境問題　経済成長神話の誕生)　2 経済の価値とは何か(大きいことは良いことか?　二つの価値　間違った未来へ続く道)　3 成長なき繁栄(「減成長」とは何か　繁栄とは何か　減成長による繁栄とビジネス　減成長による繁栄と意義あるイノベーション　では、日本はどうすれば良いのか?　厳成長による繁栄と民主主義)　〔03249〕

サタリアノ, W.*　Satariano, William A.
◇健康長寿の社会文化的文脈 (Healthy Aging in Sociocultural Context)　Andrew E.Scharlach, Kazumi Hoshino編, 佐々木尚之,Kazumi Hoshino監訳　風間書房　2013.10　157p　21cm　〈索引あり〉 2500円　①978-4-7599-1997-4
内容 アメリカ合衆国における健康長寿(William A.Satariano著, 木下武徳, Kazumi Hoshino訳)　〔03250〕

サツ, モウブ*　薩 孟武
◇新編原典中国近代思想史　第5巻　国家建設と民族自救―国民革命・国共分裂から一致抗日へ　野村浩一, 近藤邦康, 並木頼寿, 坂元ひろ子, 砂山幸雄, 村田雄二郎編　野村浩一, 近藤邦康, 村田雄二郎責任編集　岩波書店　2010.12　392, 6p　22cm　〈年表あり〉 5400円　①978-4-00-028225-3
内容 中国本位の文化建設宣言(王新命, 何炳松, 武堉, 孫寒冰, 黄文山, 陶希聖, 章益, 陳高傭, 樊仲雲, 薩孟武著, 野村浩一訳, 小野寺史郎改訳)　〔03251〕

ザッカーマン, マイケル・W.　Zuckerman, Michael W.

◇なぜアメリカ人は10代の若者を嫌うのか？　アメリカの青年期に関する比較展望　マイケル・W.ザッカーマン著, 二村太郎訳　京都　同志社　2011.2　44p　21cm　(新島講座 第33回(2010年)　同志社新島基金運営委員会編)　〈他言語標題 : Why do Americans hate their teenagers? US adolescence in comparative perspective　英語併記　会期・会場 : 2010年10月29日 大学神学館礼拝堂ほか〉500円　〔03252〕

ザック, デボラ　Zack, Devora

◇自分のタイプを理解すればマネジメントは成功する (Managing for People Who Hate Managing)　デボラ・ザック著, 坂東智子, トランネット訳　ソフトバンククリエイティブ　2013.3　239p　19cm　1500円　①978-4-7973-7240-3

内容 第1章 なぜマネジメントは嫌われるのか？　第2章「感性タイプ」と「論理タイプ」パーソナリティタイプを理解する　第3章「感性タイプ」も論理的に考え、「論理タイプ」も感性を働かせる　第4章「やっぱり現場の仕事が好きだ!!」というあなたへ　第5章 部下のタイプに合わせてマネジメントしよう　第6章 リーダーは孤独　第7章 親分風の吹かせ方　第8章 部下の問題を解決する　第9章「慎重派」と「積極派」の特徴　第10章 あなたもカリスマになれる！　第11章 ボーナス　〔03253〕

ザック, ポール・J.　Zak, Paul J.

◇経済は「競争」では繁栄しない―信頼ホルモン「オキシトシン」が解き明かす愛と共感の神経経済学 (THE MORAL MOLECULE)　ポール・J.ザック著, 柴田裕之訳　ダイヤモンド社　2013.6　308p　20cm　〈文献あり 索引あり〉1800円　①978-4-478-02162-0

内容 序章 ヴァンパイア・ウェディング―信頼を司るホルモン「オキシトシン」を求めて　第1章 経済は「信頼」で繁栄する―アダム・スミスと「神経経済学」の夜明け　第2章「利他的な遺伝子」は存在するのか？―信頼の起源と進化　第3章 群れと社会と「共感」と―「人間関係構築物質」としてのオキシトシン　第4章 なぜ競争を司る「テストステロン」は暴走するのか？―「性差」という厄介な問題　第5章「欠乏」欠陥症と虐待―オキシトシンの作用を妨害するのは誰だ？　第6章 信仰と儀式、そして性―社会性促進剤としての「宗教」とダンスに迫る　第7章 モラル・マーケットプレイス―「神経経済学」で新しい資本主義を　第8章 長く幸せな人生を―社会を繁栄に導く「ボトムアップ型」の民主主義へ　〔03254〕

ザックス, ヴォルフガング　Sachs, Wolfgang

◇フェアな未来へ―誰もが予想しながら誰も自分に責任があるとは考えない問題に私たちはどう向きあっていくべきか (Fair Future : Resource Conflicts, Security and Global Justice ; A Report of the Wuppertal Institute for Climate, Environment and Energy)　ヴォルフガング・ザックス, ティルマン・ザンタリウス編, 川村久美子訳・解題　新評論　2013.12　422p　21cm　3800円　①978-4-7948-0881-3

内容 第1章 現実主義者にとっての公正　第2章 環境をめぐる不公正　第3章 専有を競う競技場　第4章 フェアな資源配分モデル　第5章 フェアな豊かさ　第6章 公正とエコロジーのための取り決め　第7章 ヨーロッパの存在価値とは　〔03255〕

サックス, ジェフリー　Sachs, Jeffrey D.

◇世界を救う処方箋―「共感の経済学」が未来を創る (THE PRICE OF CIVILIZATION)　ジェフリー・サックス著, 野中邦子, 高橋早苗訳　早川書房　2012.5　353p　20cm　〈文献あり〉2300円　①978-4-15-209298-4

内容 第1部 大崩壊(アメリカの経済危機を診断する　失われた繁栄　自由市場についての誤った考え方　公共目的から手を引く政府　分裂した国家　新しいグローバリゼーション　八百長試合　注意散漫な社会)　第2部 豊かさへの道(共感にみちた社会　豊かさをとりもどす　文明の対価　効率的な行政のための七つのルール　立ち上がるミレニアム世代)　〔03256〕

サッスーン, ジョアンナ

◇西オーストラリア‐日本(にっぽん)交流史―永遠の友情に向かって (An enduring friendship)　デイビッド・ブラック, 曽根幸子編著, 有吉宏之, 曽根幸子監訳　日本評論社　2012.2　391p　22cm　〈タイトル : 西オーストラリア―日本交流史〉3000円　①978-4-535-58613-0

内容 日本の絵葉書に描かれたブルーム (ジョアンナ・サッスーン著)　〔03257〕

サッセン, サスキア　Sassen, Saskia

◇都市の歴史的形成と文化創造力　大阪市立大学都市文化研究センター編　大阪　清文堂出版　2011.3　293p　22cm　(大阪市立大学文学研究科叢書 第7巻)　6500円　①978-4-7924-0942-5

内容 危機の時代のグローバル・シティ (サスキア・サッセン著, 谷富夫訳)　〔03258〕

◇領土・権威・諸権利―グローバリゼーション・スタディーズの現在 (Territory, authority, rights)　サスキア・サッセン著, 伊藤茂訳, 伊予谷登士翁監修　明石書店　2011.4　524p　22cm　〈文献あり 索引あり〉5800円　①978-4-7503-3372-4

内容 第1部 ナショナルなものの集合(ナショナルなものの構成の際の領土・権威・諸権利　帝国地理を基礎にしたナショナルなポリティカルエコノミーの集合)　第2部 ナショナルなものの脱集合(転回点―新たな組織化論理に向けて　脱ナショナル化する国家のアジェンダと民営化される規範形成　政治的メンバーシップをめぐる基本的テーマ―ナショナルな国家との今日の変化する関係)　第3部 グローバルなデジタル時代の集合(デジタルネットワーク、国家の権威、政治　混成的な時間―空間秩序の集合―理論化のための諸要素　結論)　〔03259〕

◇都市社会学セレクション　3　都市の政治経済学　町村敬志編　日本評論社　2012.9　314p　22cm　3800円　①978-4-535-58594-2

内容 新しい都市経済 (サスキア・サッセン執筆, 園部雅久訳)　〔03260〕

◇デモクラシーとコミュニティ―東北アジアの未来を考える　中神康博, 愛甲雄一編　未来社　2013.9　352p　21cm　(成蹊大学アジア太平洋研究センター叢書)　3800円　①978-4-624-30120-0

内容 グローバルでもナショナルでもなく (サスキア・サッセン著, 愛甲雄一訳)　〔03261〕

サッティン, アンソニー
◇世界探検家列伝―海・河川・砂漠・極地、そして宇宙へ（The great explorers）　ロビン・ハンベリーテニソン編著, 植松靖夫訳　悠書館　2011.9　303p　26cm　〈文献あり 索引あり〉 9500円　①978-4-903487-49-6
内容 マンゴ・パーク―黒人の謎を解く（アンソニー・サッティン）〔03262〕

サットン, ロバート・I.　Sutton, Robert I.
◇マル上司、バツ上司―なぜ上司になると自分が見えなくなるのか（GOOD BOSS, BAD BOSS）　ロバート・I.サットン著, 矢口誠訳　講談社　2012.9　268p　19cm　1600円　①978-4-06-216271-5
内容 第1部 序論（よい上司になるための基礎知識）　第2部 上司はいかにあるべきか？（職場を掌握すべし　賢さを身につけるために　スターと腐ったリンゴ　実行力のある上司になるために　部下を守る盾になれ　汚れ仕事から逃げるな　自分のなかの「クソ上司」を抑えつける）　第3部 結論（自己認識を高める）〔03263〕

サッフォー　Sappho
◇ちくま哲学の森　7　恋の歌　鶴見俊輔, 安野光雅, 森毅, 井上ひさし, 池内紀編　筑摩書房　2012.3　444p　15cm　1300円　①978-4-480-42867-7
内容 紅りんご（サッフォー著, 呉茂一訳）〔03264〕

サディーキー, ファーティマ
◇中東・北アフリカにおけるジェンダー―イスラーム社会のダイナミズムと多様性（Gender and diversity in the Middle East and North Africa）　ザヒア・スマイール・サルヒー編著, 鷹木恵子, 大川真由子, 細井由香, 宇野陽子, 辻上奈美江, 今堀恵美訳　明石書店　2012.1　412p　20cm（世界人権問題叢書 79）〈索引あり　文献あり〉 4700円　①978-4-7503-3526-1
内容 モロッコのフェミニズム運動における家族法の中心的役割（ファーティマ・サディーキー著, 鷹木恵子訳）〔03265〕

サーデッロ, ロバート　Sardello, Robert J.
◇静寂（Silence）　ロバート・サーデッロ著, 岡田有子訳　涼風書林　2011.11　157p　21cm　2400円　①978-4-903865-24-9〔03266〕

サトウ, ソウノスケ　佐藤 惣之助
◇『Japan To-day』研究―戦時期『文芸春秋』の海外発信　鈴木貞美編　京都　国際日本文化研究センター　2011.3　375p　26cm（日文研叢書）〈発売：作品社〉 4800円　①978-4-86182-328-2
内容 夏（佐藤惣之助著, 林正子訳）〔03267〕

サトウ, ヨウイチロウ　佐藤 洋一郎
◇現代日本の政治と外交　2　日米安全保障同盟―地域的多国間主義　猪口孝監修　原書房　2013.12　403, 4p　21cm〈文献あり 索引あり〉 4800円　①978-4-562-04954-7
内容 制約のある同盟（猪口孝,G.ジョン・アイケンベリー, 佐藤洋一郎著, 小林朋則訳）〔03268〕

サトウ, リュウゾウ*　佐藤 隆三
◇市場・動学・経済システム―佐藤隆三教授記念論文集　根岸隆, 三野和雄編著　日本評論社　2011.7　342p　22cm〈著作目録あり〉 5200円　①978-4-535-55656-0
内容 貨幣を含む一般化された需要理論における可積分・定符号条件の検証の不可能性（ポール・サミュエルソン, 佐藤隆三著, 森田玉雪訳）〔03269〕

サートウェル, マシュー　Sartwell, Matthew
◇PMA夢をかなえるプラス思考（Think and Grow Rich-A Woman's Choice）　マシュー・サートウェル著, ナポレオン・ヒル財団編, 朝倉千恵子監訳　きこ書房　2012.6　335p　17cm〈「あなたは夢をかなえるために生まれてきた」(2005年刊)の改題・再編集〉 1200円　①978-4-87771-293-8
内容 思―人生は素晴らしい可能性に満ちている　望―夢は明確であるほど実現しやすい　協―心が心に影響を与える　計―夢への障害は夢へのステップ　動―好かれる女性のオーラの正体　耐―あきらめなければ成功が微笑んでくれる　情―感情のコントロールが1ランク上の女性を作る　信―求めるものは与えられる　想―成功の始まりは、いつも小さなヒラメキ　格―夢をかなえる女性は、なぜ魅力的なのか？　努―プラスアルファの努力がチャンスを生む　個―人生の最高責任者は自分自身　心―「心磨き」が望んだ結果を引き寄せる　管―夢に役立つ時間とお金の使い方　健―PMAで毎日を健やかに楽しむ　理―女性の数だけ夢がある〔03270〕

里親養育ネットワーク《The Fostering Network》
◇里親になる人のためのワークブック（The skills to foster）　里親養育ネットワーク著, 鈴木力, 谷口純世監訳, 篠島里佳, 白倉三紀子, 山田勝美, 斎藤美江子訳　明石書店　2011.3　192p　26cm〈文献あり〉 2300円　①978-4-7503-3362-5
内容 第1章 里親は何をするのでしょうか？　第2章 子どもとは誰でしょうか？　第3章 協働すること　第4章 安全な養育　第5章 行動を理解すること　第6章 旅立ち　付録（語彙の説明　英国国家基準（The UK National Standards）　参考文献・資料）〔03271〕

ザトラー, マルティン・J.
◇ユダヤ出自のドイツ法律家（DEUTSCHE JURISTEN JUDISCHER HERKUNFT）　ヘルムート・ハインリッヒス, ハラルド・フランツキー, クラウス・シュマルツ, ミヒャエル・シュトレイス著, 森勇監訳　八王子　中央大学出版部　2012.3　25, 1310p　21cm（日本比較法研究所翻訳叢書 62）〈文献あり 索引あり〉 13000円　①978-4-8057-0363-2
内容 公法のための生涯（マルティン・J.ザトラー著, 工藤達朗訳）〔03272〕

サトラン, パメラ・レドモンド　Satran, Pamela Redmond
◇すべての女性が30歳までに知っておきたい30のこと（30 THINGS EVERY WOMAN SHOULD HAVE AND SHOULD KNOW BY THE TIME SHE'S 30）　Glamour編集部, パメラ・レドモンド・サトラン著, 鳴海深雪訳　阪急コミュニケーションズ　2012.12　155p　19cm　1400円

①978-4-484-12125-3
内容 すべての女性が30歳までに知っておきたい30のこと　30歳までに持っておきたいもの（「元鞘に戻りたいと思える彼」と「自分の成長が分かる昔の彼」　実家からのお下がりではない、逸品の家具　憧れの職場の雇い主や理想の男性に突然会うことになっても、1時間以内でいつでも会いに行ける服　ちゃんとした財布、スーツケース、傘 ほか）　30歳までに知っておきたいこと（自分を見失わずに恋をする方法　子どもを持つことについての自分の気持ち　仕事を辞める時、彼と別れる時、友情を壊さずに相手と向き合う時に取るべき態度　「頑張り時」と「引き際」について ほか）〔03273〕

サートン, ジョージ　Sarton, George
◇ルネサンス―六つの論考（THE RENAISSANCE）　ウォーレス・ファーガソン, ロペス, サートン, バイントン, ブラドナー, パノフスキー著, 沢井繁男訳　国文社　2013.7　248p　20cm　〈索引あり〉2500円　①978-4-7720-0537-1
内容 真理の探究（ジョージ・サートン著）〔03274〕

サナビー, エリザベス　Suneby, Elizabeth
◇ラズィアのねがい―アフガニスタンの少女（Razia's Ray of Hope）　エリザベス・サナビー文, スアナ・ヴェレルスト絵, もりうちすみこ訳　汐文社　2013.11　1冊（ページ付なし）　32cm　1600円　①978-4-8113-2059-5〔03275〕

サネ, ピエール
◇グローバル・ジャスティス―新たな正義論への招待　内藤正典, 岡野八代編著　京都　ミネルヴァ書房　2013.5　247p　21cm　〈索引あり〉2800円　①978-4-623-06597-4
内容 貧困は人権侵害なのか？（ピエール・サネ執筆, 和田昌也, 岡野八代訳）〔03276〕

サバー, カール　Sabbagh, Karl
◇子どもの頃の思い出は本物か―記憶に裏切られるとき（Remembering our childhood）　カール・サバー著, 越智啓太, 雨宮有里, 丹藤克也訳　京都　化学同人　2011.5　352p　20cm　〈索引あり〉2600円　①978-4-7598-1467-5
内容 何年も忘れない　幼児期健忘　自分が何者かをどうやって知るのか　記憶の再構成　記憶戦争の勃発　偽りを演じる　信念の限界　セラピーの犯罪　イメージを信じて　虐待される真実　フレイド家の確執　真実、あるいはその行く末〔03277〕

サーバー, ジェイムズ　Thurber, James
◇ちくま哲学の森　1　生きる技術　鶴見俊輔, 安野光雅, 森毅, 井上ひさし, 池内紀編　筑摩書房　2011.9　420p　15cm　1200円　①978-4-480-42861-5
内容 結婚生活十則（サーバー著,　鳴海四郎訳）〔03278〕

ザハヴィ, ダン　Zahavi, Dan
◇現象学的な心―心の哲学と認知科学入門（The phenomenological mind）　ショーン・ギャラガー, ダン・ザハヴィ著, 石原孝二, 宮原克典, 池田喬, 朴嵩哲訳　勁草書房　2011.12　384p　21cm　〈索引あり　文献あり〉4300円　①978-4-326-10212-9
内容 第1章 イントロダクション：心の哲学、認知科学、現象学　第2章 方法論　第3章 意識と自己意識　第4章 時間　第5章 知覚　第6章 志向性　第7章 身体化された心　第8章 行為と行為者性　第9章 私たちはいかにして他者を知るのか　第10章 自己と人格　第11章 結論〔03279〕

サビカス, マーク・L.
◇D.E.スーパーの生涯と理論―キャリアガイダンス・カウンセリングの世界的泰斗のすべて（The Career Development Quarterly.Volume 43 Number1）　全米キャリア発達学会著, 仙崎武, 下村英雄編訳　図書文化社　2013.11　183p　21cm　〈索引あり〉3000円　①978-4-8100-3637-4
内容 追慕・ドナルド・エドウィン・スーパー博士 他（マーク・L.サビカス著, 仙崎武訳）〔03280〕

サファトル, ウラジミール
◇精神分析と人文学―問題としての「欲望」　UTCP「精神分析と欲望のエステティクス」プログラム編　東京大学グローバルCOE「共生のための国際哲学教育研究センター」　2011.3　184, 2p　21cm　（UTCP booklet 20）〈他言語標題：Psychoanalysis and the humanities　文献あり〉
内容 非人間的なものの政治的力をめぐって 他（ウラジミール・サファトル著, 柵瀬宏平訳）〔03281〕

サブダ, ロバート　Sabuda, Robert
◇ドラゴンとモンスター―エンサイクロペディア神話の世界（Dragons & monsters）　マシュー・ラインハート, ロバート・サブダさく, おぎわらのりこやく　大日本絵画　2011　1冊（ページ付なし）　25cm　（しかけえほん）　3800円　①978-4-499-28386-1〔03282〕
◇ハヌカーのあかり（Chanukah Lights）　マイケル・J.ローゼン文, ロバート・サブダ絵・紙工作, 菊池由美訳　大日本絵画　2012　1冊（ページ付なし）　24cm　（とびだししかけえほん）　3700円　①978-4-499-28448-6〔03283〕

サブラマニャム, マーティ・G.　Subrahmanyam, Marti G.
◇金融規制のグランドデザイン―次の「危機」の前に学ぶべきこと（Restoring financial stability）　ヴィラル・V.アチャリア, マシュー・リチャードソン編著, 大村敬一監訳, 池田竜哉, 増原剛輝, 山崎洋一, 安藤祐介訳　中央経済社　2011.3　488p　22cm　〈文献あり〉5800円　①978-4-502-68200-1
内容 信用デリバティブの中央清算機関 他（ヴィラル・V.アチャリア, ロバート・F.エンゲル, スティーブン・フィゲルスキー, アンソニー・W.リンチ, マーティ・G.サブラマニャム）〔03284〕

サブリナ, メロッラ
◇文化交渉における画期と創造―歴史世界と現代を通じて考える　荒武賢一朗, 池田智恵編著　吹田　関西大学文化交渉学教育研究拠点　2011.3

サ

303p　21cm　(関西大学文化交渉学教育研究拠点次世代国際学術フォーラムシリーズ 第3輯)〈文部科学省グローバルCOEプログラム　文献あり〉①978-4-9905164-2-0
内容 アイデンティティの消失と過去からの亡霊(メロッラ・サブリナ著, 住政二郎訳)〔03285〕

ザフロン, スティーヴ　Zaffron, Steve
◇パフォーマンスアップ3つの法則―組織と個人の成果にブレークスルーを起こす法 (The three laws of performance)　スティーヴ・ザフロン, デイヴ・ローガン著　大阪　ダイレクト出版　2011.10　277p　22cm　3800円　①978-4-904884-23-2〔03286〕

サベージ, ロズ
◇世界一素朴な質問、宇宙一美しい答え―世界の第一人者100人が100の質問に答える (BIG QUESTIONS FROM LITTLE PEOPLE)　ジェンマ・エルウィン・ハリス編, 西田美緒子訳, タイマタカシ絵　河出書房新社　2013.11　298p　22cm　2500円　①978-4-309-25292-6
内容 食べものも水もなしにボートに乗っているとしたら、どうすればいい?(ロズ・サベージ)〔03287〕

サポリ, ミシェル　Sapori, Michelle
◇ローズ・ベルタン―マリー＝アントワネットのモード大臣 (Rose Bertin)　ミシェル・サポリ著, 北浦春香訳　白水社　2012.2　192, 10p　20cm　〈索引あり　文献あり〉2200円　①978-4-560-08191-4
内容 ピカルディのマリー＝ジャンヌがローズ・ベルタンになるまで　野暮ったい王太子妃アントワネット　王妃アントワネットの御用達モード商に　ファッションの虜になった王妃　パリの街中も、舞台の上も　国境を越えて　敏腕な経営者として　簡素な田舎風ファッションの流行　そびえ立つ髪型　ライバルは一人だけ〔ほか〕〔03288〕

サマーズ, サム　Sommers, Sam
◇考えてるつもり―「状況」に流されまくる人たちの心理学 (SITUATIONS MATTER)　サム・サマーズ著, 江口泰子訳　ダイヤモンド社　2013.4　320p　19cm　〈文献あり 索引あり〉1800円　①978-4-478-01594-0
内容 第1章 この世は「わかったつもり」でできている―思考停止に導く「見たまんま」のちから　第2章 助けるかどうかは「周り」を見てから―責任感を霧散させる「匿名」のちから　第3章「みんなの意見」はいつだって正しい?―確固たる意志を挫く「集団」のちから　第4章「本当の自分」なんて探しても見つからない―アイデンティティを曖昧にする「比較」のちから　第5章「男らしさ」と「女らしさ」は、生まれつき決まっている?―男女の違いを演出する「期待」のちから　第6章 好きも嫌いも「見覚え」次第―恋の魔法をかける「慣れ」のちから　第7章 この世の誰もが持つ「偏見」というメガネ―公正な心のを惑わす「分類」のちから　エピローグ―「考えてるつもり」から自由な人生を!〔03289〕

サマースケイル, ケイト　Summerscale, Kate
◇最初の刑事―ウィッチャー警部とロード・ヒル・ハウス殺人事件 (The suspicions of Mr. Whicher)　ケイト・サマースケイル著, 日暮雅通訳　早川書房　2011.5　514p　20cm　〈文献あり 索引あり〉2800円　①978-4-15-209212-0
内容 第1部 死(きっとあれに違いない　恐怖と驚き　神はこれをさぐり出さずにおかれるでしょうか ほか)　第2部 刑事(謎の男　糸口はみな断ち切れているらしい　彼女の浅黒いほおの中で、何かが ほか)　第3部 解明(渇望のごとく　狂っているほうがまし　わたしの愛は変わった ほか)〔03290〕

サマーソン, ヘンリー
◇オックスフォード ブリテン諸島の歴史　4　12・13世紀―1066年―1280年頃 (The Short Oxford History of the British Isles : The Twelfth and Thirteenth Centuries)　鶴島博和日本語版監修　バーバラ・ハーヴェー編, 吉武憲司監訳　慶応義塾大学出版会　2012.10　394, 86p　22cm　〈文献あり 年表あり 索引あり〉5800円　①978-4-7664-1644-2
内容 王権、統治、そして政治生活、一一六〇～一二八〇年(ヘンリー・サマーソン著, 西岡健司訳)〔03291〕

サーマン, ハワード
◇アジアの顔のキリスト　ホアン・カトレット編, 高橋敦子訳　名古屋　新世社　2010.10　175, 32p　16cm　〈文献あり〉1200円　①978-4-88382-100-6
内容 クリスマスのプログラム(ハワード・サーマン)〔03292〕

サーマン, ロバート・A.F.　Thurman, Robert A.F.
◇チベット仏教が教える怒りの手放し方 (Anger)　ロバート・A.F.サーマン著, 屋代通子訳　築地書館　2011.5　199p　19cm　1500円　①978-4-8067-1421-7
内容 第1章 怒りは罪なのか、毒なのか　第2章 怒りと暴力と文化　第3章 事あるごとに怒る神　第4章 怒りへの抵抗―西洋の場合　第5章 怒りへの抵抗―仏教の場合　第6章 怒りを超越するヨーガ　第7章 忍耐を身につける　第8章 怒りを手放す方法　第9章 憎悪には愛を、悪には善を　第10章 怒りに身をゆだねる〔03293〕

サーミナラ, ジナ　Cerminara, Gina
◇転生の秘密 (Many mansions)　ジナ・サーミナラ著, 多賀瑛訳, 光田秀監修　改訂新訳　たま出版　2012.3　415p　20cm　2000円　①978-4-8127-0342-7
内容 偉大なる可能性　エドガー・ケイシーの医学的透視　人生の謎への解答　肉体的カルマの実例　嘲笑のカルマ　中間解説　停止中のカルマ　カルマと健康の問題　心理学の新領域　人間のタイプの問題〔ほか〕〔03294〕

サミュエルソン, ポール　Samuelson, Paul
◇市場・動学・経済システム―佐藤隆三教授記念論文集　根岸隆, 三野和雄編著　日本評論社　2011.7　342p　22cm　〈著作目録あり〉5200円　①978-4-535-55656-0
内容 貨幣を含む一般化された需要理論における可積分・定符号条件の検証の不可能性(ポール・サミュエルソン, 佐藤隆三著, 森田玉雪訳)〔03295〕

サムボッデン, ブライアン　Sam-Bodden, Brian
◇プロジェクト・マネジャーが知るべき97のこと（97 things every project manager should know）　Barbee Davis編, 笹井崇司訳, 神庭弘年監修　オライリー・ジャパン　2011.11　240p　21cm　〈発売 ： オーム社〉1900円　①978-4-87311-510-8
内容 アジャイルなコミュニケーションシステムを導入する 他（ブライアン・サムボッデン）〔03296〕

サモス, ダニエル　Samos, Daniel
◇応用シータヒーリング―「すべてなるもの」のパワーを活用する（ADVANCED THETAHEALING）　ヴァイアナ・スタイバル著, 栗田礼子, ダニエル・サモス監修, 豊田典子訳　ナチュラルスピリット　2012.4　446p　21cm　2870円　①978-4-86451-036-3
内容 シータヒーリング「感覚・感情への働きかけ」について　第七層を見い出す　応用リーディング　応用ヒーリング　感覚・感情の創造　応用 ： 思い込みへの働きかけ、感情への働きかけ、掘り下げ　掘り下げのセッション　存在の七つの層　存在の第七層　第六層［ほか］〔03297〕

サーラ, スヴェン
◇1920年代の日本と国際関係―混沌を越えて「新しい秩序」へ　杉田米行編　横浜　春風社　2011.3　323, 10p　19cm　〈索引あり〉2500円　①978-4-86110-262-2
内容 第一次世界大戦後の日独関係におけるドイツ東洋文化研究協会（OAG）の役割（スヴェン・サーラ, クリスティアン・W.シュパング著, ヤコビ・茉莉子訳）〔03298〕
◇日独交流150年の軌跡　日独交流史編集委員会編　雄松堂書店　2013.10　345p　29cm　〈布装〉3800円　①978-4-8419-0655-4
内容 ドイツ東洋文化研究会 他（スヴェン・サーラ, クリスティアン・W.シュパング, ロルフ＝ハラルド・ヴィッピヒ著, 福山美和子訳）〔03299〕

サラゴサ, フェデリコ・マジョール
◇反グローバリゼーションの声（VOCES CONTRA LA GLOBALIZACIÓN）　カルロス・エステベス, カルロス・タイボ編著, 大津真作訳　京都　晃洋書房　2013.11　257, 8p　21cm　2900円　①978-4-7710-2490-8
内容 市民たちの権力（フェデリコ・マジョール・サラゴサ述）〔03300〕

サラマーゴ, ジョセ　Saramago, Jose
◇反グローバリゼーションの声（VOCES CONTRA LA GLOBALIZACIÓN）　カルロス・エステベス, カルロス・タイボ編著, 大津真作訳　京都　晃洋書房　2013.11　257, 8p　21cm　2900円　①978-4-7710-2490-8
内容 希望を再び考える（ジョゼ・サラマーゴ述）〔03301〕

サラモン, クリスティアン　Sarramon, Christian
◇魅惑のアンティーク照明―ヨーロッパあかりの歴史（Eclairage de charme）　イネス・リーシェル著, クリスティアン・サラモン写真, 石井幹子日本語版監修, 中山久美子訳　西村書店東京出版編集部　2013.5　183p　27cm　2800円　①978-4-89013-688-9
内容 ろうそくのあかり（ろうそく―シャンデルとブジーブジョワール ほか）　電化以前のあかり（原始的なオイルランプ　18世紀と19世紀のオイルランプ ほか）　電気による照明（テーブル・ランプ　常夜灯、ベッドサイド・ランプ、光る地球儀 ほか）　クリエーターたち（アール・ヌーヴォーの偉大なガラス作家たち　1930年代と1940年代のクリエーターたち ほか）　業務用ランプ（デスク・ランプ　工業用の照明器具 ほか）〔03302〕

サリヴァン, ジェラルディン　Sullivan, Geraldine
◇誕生日大全（THE POWER OF BIRTHDAYS, STARS AND NUMBERS）　サッフィ・クロフォード, ジェラルディン・サリヴァン著, アイディ訳　愛蔵版　主婦の友社　2012.10　831p　21cm　2800円　①978-4-07-284434-2
内容 占星術への招待　10天体　支配星　進行　恒星占星術とは　数秘術とは　366日の性格＆相性診断　星の特質〔03303〕

サリバン, ウィリアム・M.　Sullivan, William M.
◇アメリカの法曹教育（EDUCATING LAWYERS）　ウィリアム　M.サリバン, アン・コルビィ, ジュディス・ウェルチ・ウェグナー, ロイド・ボンド, リー・S.シュールマン著, 柏木昇, 伊藤寿英, 藤本亮, 坂本力也, 田中誠一訳　八王子　中央大学出版部　2013.1　291p　21cm　（日本比較法研究所翻訳叢書 64）〈索引あり〉3600円　①978-4-8057-0365-6
内容 第1章 専門職養成におけるロースクール　第2章 共通の入口―特徴的教育としてのケース対話法　第3章 実務への架橋―「法律家のように考える」から「ローヤリング」へ　第4章 プロフェッショナルとしてのアイデンティティと目的　第5章 評価とその活用法〔03304〕

サリバン, ステファン・M.　Sullivan, Stephen M.
◇インストラクショナルデザインとテクノロジ―教える技術の動向と課題（TRENDS AND ISSUES IN INSTRUCTIONAL DESIGN AND TECHNOLOGY（原著第3版））　R.A.リーサー, J.V.デンプシー編　京都　北大路書房　2013.9　690p　21cm　〈訳 ： 半田純子ほか　索引あり〉4800円　①978-4-7628-2818-8
内容 多様性とアクセシビリティ（ジョエル・P.ルイス, ステファン・M.サリバン著, 半田純子訳）〔03305〕

サリバン, ティム　Sullivan, Tim
◇意外と会社は合理的―組織にはびこる理不尽のメカニズム（THE ORG）　レイ・フィスマン, ティム・サリバン著, 土方奈美訳　日本経済新聞出版社　2013.12　333p　20cm　1800円　①978-4-532-31917-5〔03306〕

サリバン, トマス
◇取調べの可視化へ！―新たな刑事司法の展開　指宿信編　日本評論社　2011.7　280p　21cm　〈年表あり〉2400円　①978-4-535-51836-0

内容 身体拘束下における取調べの録画・録音に関する警察の経験(トマス・サリバン著, 中西祐一訳)〔03307〕

サリバン, ロドニー・N.　Sullivan, Rodney N.
◇グレアムからの手紙―賢明なる投資家になるための教え (Benjamin Graham, Building a Profession) ベンジャミン・グレアム著, ジェイソン・ツバイク, ロドニー・N.サリバン編, 和田真範訳, 長尾慎太郎監修　パンローリング　2013.7　430p　20cm　(ウィザードブックシリーズ 207)　3800円　①978-4-7759-7174-1
内容 第1部 証券分析の基礎を築く(一九四五年 証券アナリストは専門家と言えるか―肯定的な見方　一九四六年 証券分析における適正性について ほか)　第2部 証券分析を定義する(一九五二年 証券分析の科学的側面について　一九五七年 株式評価方法の二つの説例 ほか)　第3部 証券分析の領域を広げる(一九四七年 株主と経営陣の関係についての質問リスト　一九五四年 企業利益への二重課税を軽減する方法はあるのか ほか)　第4部 証券分析の未来を考える(一九六三年 証券分析の未来　一九七四年 株式の未来 ほか)〔03308〕

サーリョ, ロジャー　Säljö, Roger
◇グローバル化・社会変動と教育　2　文化と不平等の教育社会学 (EDUCATION, GLOBALIZATION AND SOCIAL CHANGE (抄訳)) ヒュー・ローダー, フィリップ・ブラウン, ジョアンヌ・ディラボー,A.H.ハルゼー編, 苅谷剛彦, 志水宏吉, 小玉重夫編訳　東京大学出版会　2012.5　370p　22cm　〈文献あり〉4800円　①978-4-13-051318-0
内容 ジュリアには問題がある(エヴァ・ヒョルン, ロジャー・サーリョ著, 志水宏吉訳)〔03309〕

ザリン, ジル　Zarin, Jill
◇ユダヤ賢母の教え―なぜユダヤ人はお金に強いのか・「生きかた上手」なのか (Secrets of a Jewish mother) ジル・ザリン, リサ・ウェクスラー, グロリア・カーメン著, 坂東真理子訳　イースト・プレス　2011.3　258p　19cm　(East Press business)　1300円　①978-4-7816-0549-4
内容 1 自分が輝く「仕事」の作法　2 人生を楽しむための「お金」の作法　3 わが子を"第2のビル・ゲイツ"にする「教育」と「勉強」の作法　4「家族」と賢くつきあう作法　5 人生の栄養になる「友情」の作法　6 大人の「恋愛」作法　7 マンネリ化しない人生と「結婚」の作法　8 しっかり「子育て」作法　9"勝負したくなる"「美」と「健康」の作法〔03310〕

サーリンズ, マーシャル　Sahlins, Marshall David
◇石器時代の経済学 (STONE AGE ECONOMICS) マーシャル・サーリンズ〔著〕, 山内昶訳　新装版　法政大学出版局　2012.6　421, 24p　20cm　(叢書・ウニベルシタス 133)　〈文献あり〉4800円　①978-4-588-09950-2
内容 第1章 始原のあふれる社会　第2章 家族制生産様式―過少生産構造　第3章 家族制生産様式―生産の強化　第4章 贈与の霊　第5章 未開交換の社会学　第6章 交換価値と未開交易の外交術　補遺A 相互性と親族制の距離にかんするノート　補遺B 相互性と親族制ランクにかんするノート　補遺C 相互性と富にかんするノート〔03311〕

サルウェイ, ピーター　Salway, Peter
◇オックスフォード ブリテン諸島の歴史　1　ローマ帝国時代のブリテン島 (The short Oxford history of the British Isles : the Roman Era) 鶴島博和日本語版監修　ピーター・サルウェイ編, 南川高志監訳　慶応義塾大学出版会　2011.5　336, 53p　22cm　〈文献あり 年表あり 索引あり〉4800円　①978-4-7664-1641-1
内容 序論 他(ピーター・サルウェイ著)〔03312〕

ザルコンヌ, ティエリー　Zarcone, Thierry
◇スーフィー―イスラームの神秘主義者たち (Le soufisme) ティエリー・ザルコンヌ著, 遠藤ゆかり訳, 東長靖監修　大阪　創元社　2011.8　142p　18cm　(「知の再発見」双書 152―SG絵で読む世界文化史)　〈文献あり 年表あり 索引あり〉1600円　①978-4-422-21212-8
内容 第1章 初期のイスラーム神秘主義者たち　第2章 教団　第3章 マグリブから中国、インドネシアまで　資料篇―イスラームの神秘主義者たち(スーフィズムの表現様式　スーフィーたちの手法　神秘体験の報告　ヨーロッパ人旅行者が見た、イスタンブールの旋回舞踊を踊るダルヴィーシュたちと吼えるダルヴィーシュたち　20世紀初頭のヨーロッパの神秘主義者たちとスーフィズム)〔03313〕

サルツァ・プリーナ・リコッティ, エウジェニア　Salza Prina Ricotti, Eugenia
◇古代ローマの饗宴 (L'arte del convito nella Roma antica) エウジェニア・S.P.リコッティ〔著〕, 武谷なおみ訳　講談社　2011.5　407p　15cm　(講談社学術文庫 2051)　〈平凡社1991年刊の改変〉1200円　①978-4-06-292051-3
内容 序章 古代の饗宴へ　第1章 ローマ式宴会の規則　第2章「美食」ギリシャからローマへ　第3章 カトーの夕餉　第4章 ヴァロとカエサルの晩餐　第5章 キケロ、そしてクレオパトラとアントニウス　第6章 ホラティウスの酒杯　第7章 粋判官ペトロニウスまたはトリマルキオの饗宴　第8章 饗宴詩人マルティアリス　第9章 ユヴェナリスと皇帝たちの食卓　第10章 アピキウスの料理書〔03314〕

ザルツバーガー - ウィッテンバーグ, イスカ　Salzberger-Wittenberg, Isca
◇母子臨床の精神力動―精神分析・発達心理学から子育て支援へ (Parent-infant psychodynamics) ジョーン・ラファエル - レフ編, 木部則雄監訳, 長沼佐代子, 長尾牧子, 坂井直子, 金沢聡子訳　岩崎学術出版社　2011.11　368p　22cm　〈索引あり〉6600円　①978-4-7533-1032-6
内容 精神分析的洞察と関係性(イスカ・ザルツバーガー - ウィッテンバーグ著, 長尾牧子訳)〔03315〕

ザルトマン, ジェラルド　Zaltman, Gerald
◇イノベーションと組織 (Innovations and Organizations) ジェラルド・ザルトマン, ロバート・ダンカン, ジョニー・ホルベック著, 首藤禎史, 伊藤友章, 平安山英成訳　創成社　2012.5　209p　22cm　〈文献あり 索引あり〉2400円　①978-4-7944-2387-0

サ

内容 1 イノベーションの本質(イノベーション　イノベーションの特徴　要約) 2 イノベーションのプロセス(イノベーションにおける意思決定プロセス　イノベーション・プロセスの諸段階　イノベーション・プロセスの統制　革新的な意思決定の種類　イノベーションに対する抵抗　要約) 3 イノベーションに影響を及ぼす組織の特徴(組織環境　組織構造とイノベーション) 4 組織におけるイノベーションの理論(Zaltman, Duncan, Holbekの理論の検討　イノベーションの属性と採用下位段階　組織におけるイノベーションの既存理論の検討　要約と結論)　〔03316〕

サルトーリ, ジョヴァンニ

◇反グローバリゼーションの声 (VOCES CONTRA LA GLOBALIZACIÓN)　カルロス・エステベス, カルロス・タイボ編著, 大津真作訳　京都　晃洋書房　2013.11　257, 8p　21cm　2900円　①978-4-7710-2490-8

内容 視覚時代の人類(ジョヴァンニ・サルトーリ述)　〔03317〕

サルヒー, ザヒア・スマイール　Salhi, Zahia Smail

◇中東・北アフリカにおけるジェンダー—イスラーム社会のダイナミズムと多様性 (Gender and diversity in the Middle East and North Africa)　ザヒア・スマイール・サルヒー編著, 鷹木恵子, 大川真由子, 細井由香, 宇野陽子, 辻上奈美江, 今堀恵美訳　明石書店　2012.1　412p　20cm (世界人権問題叢書 79)　〈索引あり　文献あり〉 4700円　①978-4-7503-3526-1

内容 アルジェリアにおけるジェンダーと暴力(ザヒア・スマイール・サルヒー著, 鷹木恵子訳)　〔03318〕

ザルム, フリーデル　Salm, Frieder

◇ベルリン地下都市の歴史 (Der Untergrund von Berlin)　ディートマール・アルノルト, イングマール・アルノルト, フリーデル・ザルム著, 中村康之訳　東洋書林　2011.9　257p　21cm　〈文献あり〉3800円　①978-4-88721-793-5

内容 ベルリン地下世界入門　第1章 建築基礎と土台　第2章「出口なきトンネル」と行き止まりの軌道　第3章 地下壕と爆弾　第4章 瓦礫の山と逃亡トンネル　第5章 地下の闇社会　第6章 変革と新たな次元　〔03319〕

サルム=ライファーシャイト, ニクラス

◇日独交流150年の軌跡　日独交流史編集委員会編　雄松堂書店　2013.10　345p　29cm　〈布装〉 3800円　①978-4-8419-0655-4

内容 青木周蔵(ニクラス・サルム=ライファーシャイト著, 宮田奈々訳)　〔03320〕

サルヤネン, ペトリ　Sarjanen, Petri

◇白い死神 (Valkoinen kuolema)　ペトリ・サルヤネン著, 古市真由美訳　アルファポリス　2012.3　263p　19cm　〈他言語標題：WHITE DEATH　文献あり　発売：星雲社〉 1600円　①978-4-434-16533-7

内容 罪の起源　必中の一撃　カワウ第6中隊　希望なき隷属　死の炎　モロッコの恐怖　鋼鉄の嵐　戦のヴィッレ　陣地戦　森が息子たちを守る〔ほか〕　〔03321〕

◇白い死神 (VALKOINEN KUOLEMA〈WHITE DEATH〉)　ペトリ・サルヤネン著, 古市真由美訳　アルファポリス　2013.11　281p 図版16p　15cm　(アルファポリス文庫)　〈文献あり　発売：星雲社〉 700円　①978-4-434-18593-9　〔03322〕

サレジオ会

◇こころの教育者ドン・ボスコの「ローマからの手紙」—「若者が愛されていると感じるように、愛してください」　サレジオ会日本管区編, 浦田慎二郎改訳・監修　ドン・ボスコ社　2013.10　59p　19cm　200円　①978-4-88626-567-8

内容 1 ドン・ボスコの「ローマからの手紙」 2「ローマからの手紙」読み解きガイド(親心—愛する子どもたち、いつも君たちのことを思っています　伝わる愛“アモレヴォレッツァ”—若者たちが愛されていると感じるように愛そう　アシステンツァ—ドン・ボスコはいつも若者たちと一緒だった ほか) 3 ドン・ボスコがならった神の“親心”(「お父さん」である神　まず、先に愛する　自分から近づいていく　一人ひとりを分け隔てなく大切にする ほか)　〔03323〕

サロネン, アンネ=マリエ

◇フィンランドの高等教育ESDへの挑戦—持続可能な社会のために (Towards sustainable development in higher education-reflections)　フィンランド教育省, タイナ・カイヴォラ, リーサ・ローヴェーデル編著, 斎藤博次, 開竜美監訳, 岩手大学ESDプロジェクトチーム訳　明石書店　2011.4　201p　21cm　〈文献あり〉 2500円　①978-4-7503-3377-9

内容 自然資源学と環境学における持続可能な開発(アンネ・ヴィルタネン, アンネ=マリエ・サロネン著, 秋田淳子訳)　〔03324〕

サロモン, フランク

◇インカ帝国—研究のフロンティア　島田泉, 篠田謙一編著　秦野　東海大学出版会　2012.3　428p　27cm　(国立科学博物館叢書 12)　〈索引あり〉 3500円　①978-4-486-01929-9

内容 テキストを通して見るインカ(フランク・サロモン著, 武井摩利訳)　〔03325〕

サローヤン, ウィリアム　Saroyan, William

◇ちくま哲学の森　1　生きる技術　鶴見俊輔, 安野光雅, 森毅, 井上ひさし, 池内紀編　筑摩書房　2011.9　420p　15cm　1200円　①978-4-480-42861-5

内容 ハリー(W.サローヤン著, 関汀子訳)　〔03326〕

サワ, モーリーン　Sawa, Maureen

◇本と図書館の歴史—ラクダの移動図書館から電子書籍まで (The library book)　モーリーン・サワ文, ビル・スレイヴィン絵, 宮木陽子, 小谷正子訳　西村書店東京出版編集部　2010.12　70p　27cm　1800円　①978-4-89013-923-1　〔03327〕

サンガー, デビッド　Sanger, David E.

◇日本の未来について話そう—日本再生への提言 (Reimagining Japan)　マッキンゼー・アンド・カンパニー責任編集, クレイ・チャンドラー, エイドリアン・ザッカー, ブライアン・ソルスバーグ編著　小学館　2011.7　416p　19cm　1900円　①978-

4-09-388189-0
内容 「失われた20年」からの脱却(デビッド・サンガー著) 〔03328〕

サンスティーン, キャス・R.　Sunstein, Cass R.
◇最悪のシナリオ—巨大リスクにどこまで備えるのか (WORST-CASE SCENARIOS)　キャス・サンスティーン〔著〕, 田沢恭子訳　みすず書房　2012.8　313, 41p　20cm 〈索引あり〉 3800円　①978-4-622-07699-5
内容 第1章 テロと気候変動(安全か危険か　対極的な二つの事例 ほか)　第2章 二つの議定書の話(オゾン層破壊　CFC規制の費用と便益 ほか)　第3章 大惨事(予防原則　弱い予防原則、強い予防原則 ほか)　第4章 不可逆性(オプション価値、使用価値　基本的な議論 ほか)　第5章 金銭的価値(金銭価値化への批判　的外れな予防措置？ ほか)　第6章 将来(さまざまな見解　選好を根拠とする ほか) 〔03329〕
◇熟議が壊れるとき—民主政と憲法解釈の統治理論　キャス・サンスティーン著, 那須耕介編・監訳　勁草書房　2012.10　326p　20cm 〈索引あり〉 2800円　①978-4-326-15422-7
内容 第1章 熟議のトラブル？—集団が極端化する理由　第2章 共和主義の復活を越えて　第3章 司法ミニマリズムを越えて　第4章 第二階の卓越主義　第5章 第二階の決定 〔03330〕

サンダー, ピーター　Sander, Peter J.
◇ジョブズ・エッセンス—世界を変えた6つの法則 (What would Steve Jobs do？)　ピーター・サンダー著, 満園真木訳　辰巳出版　2012.1　239p　19cm　1500円　①978-4-7778-0994-3
内容 第1章 誕生　第2章 復活　第3章 モデル　第4章 法則1 カスタマー　第5章 法則2 ヴィジョン　第6章 法則3 カルチャー　第7章 法則4 プロダクト　第8章 法則5 メッセージ　第9章 法則6 ブランド 〔03331〕

ザンダー, ベンジャミン　Zander, Benjamin
◇人生が変わる発想力—人の可能性を伸ばし自分の夢をかなえる12の方法 (THE ART OF POSSIBILITY)　ロザモンド・ストーン・ザンダー, ベンジャミン・ザンダー著, 村井智之訳　パンローリング　2012.11　270p　19cm (フェニックスシリーズ 4) 〈文献あり〉 1500円　①978-4-7759-4107-2
内容 全部作りもの　可能性という宇宙へ　みんなにAを　貢献する　誰もがリーダーになれる　規則その六　ありのままを受け入れる　情熱に身をまかせる　可能性の火花をおこす　ゲーム盤になろう　可能性を開く枠組みを作る　「私たち」として語る 〔03332〕

ザンダー, ロザモンド・ストーン　Zander, Rosamund Stone
◇人生が変わる発想力—人の可能性を伸ばし自分の夢をかなえる12の方法 (THE ART OF POSSIBILITY)　ロザモンド・ストーン・ザンダー, ベンジャミン・ザンダー著, 村井智之訳　パンローリング　2012.11　270p　19cm (フェニックスシリーズ 4) 〈文献あり〉 1500円　①978-4-7759-4107-2
内容 全部作りもの　可能性という宇宙へ　みんなにAを　貢献する　誰もがリーダーになれる　規則その六　ありのままを受け入れる　情熱に身をまかせる　可能性の火花をおこす　ゲーム盤になろう　可能性を開く枠組みを作る　「私たち」として語る 〔03333〕

サンダース, アンソニー　Saunders, Anthony
◇金融規制のグランドデザイン—次の「危機」の前に学ぶべきこと (Restoring financial stability)　ヴィラル・V.アチャリア, マシュー・リチャードソン編著, 大村敬一監訳, 池田竜哉, 増原剛輝, 山崎洋一, 安藤祐介訳　中央経済社　2011.3　488p　22cm 〈文献あり〉 5800円　①978-4-502-68200-1
内容 巨大複合金融機関(LCFI)に対する規制強化(アンソニー・サンダース, ロイ・C.スミス, インゴ・ウォルター) 〔03334〕

サンダース, カーネル・ハーランド　Sanders, Harland
◇Col.Harland Sanders—世界でもっとも有名なシェフカーネル・サンダースの自伝　カーネル・ハーランド・サンダース著, ユール洋子訳　日本ケンタッキー・フライド・チキン　2013.2　266p　20cm 〈年譜あり　年表あり〉 非売品 〔03335〕

サンダーズ, キャサリン・M.　Sanders, Catherine M.
◇家族を亡くしたあなたに—死別の悲しみを癒すアドバイスブック (SURVIVING GRIEF AND LEARNING TO LIVE AGAIN)　キャサリン・サンダーズ著, 白根美保子訳　筑摩書房　2012.9　364p　15cm (ちくま文庫 さ39-1) 〈「死別の悲しみを癒すアドバイスブック」(2000年刊)の改題〉 900円　①978-4-480-42958-2
内容 私の死別体験　死別の悲しみ　第一段階“ショック”　第二段階“喪失の認識”　第三段階“引きこもり”　第四段階“癒し”　第五段階“再生”　子供を亡くした親の悲しみ　配偶者の死—パートナーを失う　親の死—成人後に「孤児」になる　家族全体の悲しみ　別れの儀式の持つ意　死別の悲しみを乗り越える 〔03336〕

サンダース, ケネス　Sanders, Kenneth
◇ポスト・クライン派の精神分析—クライン、ビオン、メルツァーにおける真実と美の問題 (POSTKLEINIAN PSYCHOANALYSIS)　ケネス・サンダース〔著〕, 中川慎一郎監訳, 賀来博光, 工藤晋平, 坂下優二, 南里幸一郎, 西見奈子, 渡辺真里子共訳　みすず書房　2013.4　167p　22cm 〈文献あり 索引あり〉 3600円　①978-4-622-07755-8
内容 第1章 プロローグとコンサルテーション　第2章 混乱から抜け出す青年　第3章 夢—脚本を書くのは誰か？　第4章 同一化と心のトイレット機能　第5章 人魚とセイレーンたち　第6章 結合部分対象—「ペニスを持った女性」から「乳首‐と‐乳房」へ　第7章 乳幼児観察と実践における結合部分対象　第8章 エディプス・コンプレックスと取り入れ同一化　第9章 精神身体病的疾患と身体精神病的疾患　第10章 エピローグ—閉所嗜癖と「永遠の哲学」 〔03337〕

サンダース, デイビッド・M.　Saunders, David M.
◇交渉力最強のバイブル—人間力で成功するベストプラクティス (Essentials of negotiation)　ロイ・J.レビスキー, ブルース・バリー, デイビッド・M.サンダース著, 高杉尚孝監訳, 小西紀嗣訳マグロウヒル・エデュケーション　2011.10　459, 4, 33p　19cm　〈文献あり 索引あり　発売：日本経済新聞出版社〉2200円　①978-4-532-60514-8

内容 第1章 交渉の本質　第2章 分配型交渉の戦略と戦術　第3章 統合型交渉の戦略と戦術　第4章 交渉戦略と交渉プラン　第5章 知覚、認知、感情　第6章 コミュニケーション　第7章 交渉力を身につける　第8章 交渉と倫理　第9章 交渉を成功に導く10のベストプラクティス　〔03338〕

サンダース, ニコラス・M.　Sanders, Nicholas M.

◇学校と職場をつなぐキャリア教育改革―アメリカにおけるSchool-to-Work運動の挑戦（The school-to-work movement）　ウィリアム・J.スタル, ニコラス・M.サンダース編, 横井敏郎ほか訳　学事出版　2011.7　385p　21cm　3800円　①978-4-7619-1839-2

内容 第1部 序論（学校におけるSchool‐to‐Work―概観　各章の要約）　第2部 経済的な状況（1990年代の若年者労働市場　創造的破壊の時代における教育と職業訓練 ほか）　第3部 School‐to‐Work運動（School‐to‐Workはうまくいったのか　School‐to‐Workの管理運営 ほか）　第4部 School‐to‐Workプログラムにおける問題、障害物、機会（"職場を基盤とした学習"の教授法開発　School‐to‐Workプログラムがマイノリティの若者に与えた影響 ほか）　第5部 School‐to‐Workの未来（School‐to‐Work運動は正しい道を歩んでいるか　School‐to‐Work運動前後のキャリアアカデミーと高校改革 ほか）　〔03339〕

サンダース, E.P.　Sanders, E.P.

◇イエス―その歴史的実像に迫る（The historical figure of Jesus）　E.P.サンダース著, 土岐健治, 木村和良訳　教文館　2011.6　450, 32p　22cm　〈年表あり 索引あり〉4500円　①978-4-7642-7326-9　〔03340〕

サンダーランド, マーゴット　Sunderland, Margot

◇子どもの心理臨床　1-1　不安や強迫観念を抱く子どものために（Helping children who are anxious or obsessional）　マーゴット・サンダーランド著, ニッキー・アームストロング絵　関口進一郎監訳, 菊池由美訳　誠信書房　2011.9　80p　27cm　〈文献あり〉1800円　①978-4-414-41351-9

内容 第1章 内面に強い不安を抱えた子どもの生活―「ゆらゆら君」の場合（特に不安定な感情　「ゆらゆら君」のような子どもが、なぜそんなに不安定なのかを理解する ほか）　第2章 内面に強い不安を抱えた子どもの生活―「まっすぐ君」の場合（なぜ「まっすぐ君」のような子どもは、不安定さや混乱を求めるのか　「まっすぐ君」のような子どもが、解放されないでいる理由 ほか）　第3章 『ゆらゆら君とまっすぐ君』を子どもに読み聞かせた後に（「ゆらゆら君」、あるいは「まっすぐ君」と同じように感じる　ここちよいと感じる場所 ほか）　第4章 不安を抱え、自由になれない子どものためのさらなるカウンセリングや心理療法（「ゆらゆら君」のような子どものカウンセリング　「まっすぐ君」のような子どものカウンセリング）　〔03341〕

◇子どもの心理臨床　1-2　ゆらゆら君とまっすぐ君（Willy and the Wobby house）　マーゴット・サンダーランド著, ニッキー・アームストロング絵　森さち子訳　誠信書房　2011.9　1冊（ページ付なし）　27cm　1400円　①978-4-414-41361-8　〔03342〕

◇子どもの心理臨床　2-1　恐怖を抱えた子どものために（Helping children with fear）　マーゴット・サンダーランド著, ニッキー・アームストロング絵　関口進一郎監訳, 菊池由美訳　誠信書房　2011.9　160p　27cm　〈文献あり〉2400円　①978-4-414-41352-6

内容 第1章 恐怖を抱えた子どもの生活とは（恐怖を抱えた子どもは、人生に対して姿を隠し、避けるような態度をとるようになる　子どもの家出に関する統計（十六歳未満）ほか）　第2章 子どもが人生に対して、恐怖心を抱くようになる過程を理解する（人生に対する恐れは、赤ちゃん時代から受け継がれたもの　人生を恐れる態度を抱きつづける子どもの脳で起こっていること ほか）　第3章 恐怖を抱えた子どもにかける言葉、接する態度（恐怖心を抱きながら人生に臨んでいる子どもへの、役立つ言葉と心理学的メッセージ　「いいえ」（駄目）と言えるように手助けをする ほか）　第4章 子どもが自分の恐怖について語り、それを処理できるようにする（怒りっぽい人は溝の中　モンスターたち ほか）　第5章 恐怖を抱えた子どものためのカウンセリングと心理療法（自分の恐怖に取り組むための助けを得られない子どもには、どんな長期的影響があるか　心理療法によって、恐怖を抱えた子どもに温かな世界を教える ほか）　〔03343〕

◇子どもの心理臨床　2-2　大きな（おっきな）世界のおちびのウィーニー（Teenie Weenie in a too big world）　マーゴット・サンダーランド著, ニッキー・アームストロング絵　森さち子訳　誠信書房　2011.9　1冊（ページ付なし）　27cm　〈各巻タイトル：大きな世界のおちびのウィーニー〉1400円　①978-4-414-41362-5　〔03344〕

◇子どもの心理臨床　3-1　感情を抑圧した子どものために（Helping children who bottle up their feelings）　マーゴット・サンダーランド著, ニッキー・アームストロング絵　関口進一郎監訳, 菊池由美訳　誠信書房　2011.9　58p　27cm　〈文献あり〉1700円　①978-4-414-41353-3

内容 第1章 傷ついた気持ちを封じ込めてしまった子どもの生活（傷ついた気持ちを封じ込めてしまった子どもの生活　あまりに多くの難しい感情を封じ込めている子どもの人生とは　自分の感情を封じ込めていることに、子どもはどうやって気づくのか ほか）　第2章 『へっちゃら君』を子どもに読み聞かせた後に（いっぱいいっぱいの気持ち　カラフルな（生き生きとした）気持ち　「へっちゃら」5項目 ほか）　第3章 感情を封じ込めた子どものためのさらなるカウンセリングと心理療法（感情を封じ込めつづける子どもの人生はどうなっていくのか　感情を封じ込めた子どものカウンセリングや心理療法）　〔03345〕

◇子どもの心理臨床　3-2　へっちゃら君（A nifflenoo called nevermind）　マーゴット・サンダーランド著, ニッキー・アームストロング絵　森さち子訳　誠信書房　2011.9　1冊（ページ付なし）　27cm　1400円　①978-4-414-41363-2　〔03346〕

◇子どもの心理臨床　4-1　思いやりをなくし、弱いものいじめをする子どものために（Helping children who have hardened their hearts or become bullies)　マーゴット・サンダーランド著, ニッキー・アームストロング絵　関口進一郎監訳, 安本智子訳　誠信書房　2011.9　82p　27cm　〈文献あり〉1900円　①978-4-414-41354-0

内容 第1章 心を閉ざし、思いやりをなくした子どもの日常(心に壁を作ることは、自ら感性を乏しくすること　心を冷たく閉ざし、愛より力を選ぶと、人生はつらくわびしいものになる ほか)　第2章 なぜ子どもは思いやりをなくし、弱いものいじめをするのか(子どもはなぜ心に壁を作るのか、防衛システムの仕組みはどのようになっているのか　誰かに愛してもらえないために心を閉ざす子ども ほか)　第3章『ふわふわころりんのプーミン(と、えっへん3兄弟)』を子どもに読み聞かせた後に(凍りついた気持ち　あなたを傷つけた人たち ほか)　第4章 思いやりをなくし、弱いものいじめをする子どものための、さらなるカウンセリングと心理療法(赤ちゃんも子どもも、悲しみで胸が張り裂ける　子どもの閉ざされた心が開いたとき)〔03347〕

◇子どもの心理臨床　4-2　ふわふわころりんのプーミン(と、えっへん3兄弟)(A wibble called Bipley(and a few honkes))　マーゴット・サンダーランド著, ニッキー・アームストロング絵　森さち子訳　誠信書房　2011.9　1冊(ページ付なし)　27cm　1400円　①978-4-414-41364-9〔03348〕

◇子どもの心理臨床　5-1　大切なものを失った子どものために(Helping children with loss)　マーゴット・サンダーランド著, ニッキー・アームストロング絵　関口進一郎監訳, 安本智子訳　誠信書房　2011.9　96p　27cm　〈文献あり〉2000円　①978-4-414-41355-7

内容 第1章 子どもにとって喪失とは何か(愛する人を失った子どもに送りたい大切なメッセージ　赤ちゃんも子どもも悲しみで胸が張り裂ける ほか)　第2章 喪失はなぜそれほどつらいのか(愛着の心理　「愛」と「喪失」を生化学的に理解する ほか)　第3章 愛する人を失った子どもをどうやって支えるか(ありきたりな慰めやアドバイスをせず、子どもの悲しみにひたすら寄り添う　子どもの年齢に見合ったやさしい言葉で、死の概念を伝える ほか)　第4章 失うことのつらさを子ども自らが語り、乗り越えるための実践法(大切なものを失う物語　からっぽな場所 ほか)　第5章 なぜ心理療法やカウンセリングが必要なのか(心理療法やカウンセリングは、子どもに悲しみ方を教える痛ましい喪失体験に傷ついた子どもに対して、心理療法やカウンセリングができること ほか)〔03349〕

◇子どもの心理臨床　5-2　海が戻ってこなくなった日(The day the sea went out and never came back)　マーゴット・サンダーランド著, ニッキー・アームストロング絵　森さち子訳　誠信書房　2011.9　1冊(ページ付なし)　19×27cm　1400円　①978-4-414-41365-6〔03350〕

◇子どもの心理臨床　6-1　自信を失っている子どものために(Helping children with low self-esteem)　マーゴット・サンダーランド著, ニッキー・アームストロング絵　関口進一郎監訳, 菊池由美訳　誠信書房　2011.9　112p　27cm　〈文献あり〉2000円　①978-4-414-41356-4

内容 第1章 自分には価値がないと思っている子ども(自分に価値がないと感じるとき、人生の魅力は失われ、とてもみじめな結果に終わる　自尊心が非常に低い四〜十歳の子どもが、遊戯療法中に話した言葉 ほか)　第2章 自分には価値がないと思っている子どもの感情を理解する(幼い頃の愛情深い人間的な結びつきが、自尊心の核となる　自尊心と人生に対する愛情の確立における、深い結びつきの力について—精神療法における名言 ほか)　第3章 自分に価値がないと考える子どもへの言葉のかけ方と接し方(自分には価値がないと考える子どもに送りたい大切なメッセージ　自分が大きな罪を犯したのか、それとも誰にでもあることなのか—自分を恥じている子どもに、自分が傷ついていることに気づくようにかける言葉 ほか)　第4章 自尊心が低いことについて、子どもに語らせ、処理させるための実践的方法(自分が好きになれないとき　大人たちに、自分が悪いと感じさせられるとき ほか)　第5章 自尊心の低い子どものためのカウンセリングと心理療法(つらく恐ろしい家庭環境に戻らなければならない子どもにカウンセリングや心理療法を受けさせる意味とは何か　心理療法で、子どもは不死鳥のごとく蘇生する ほか)〔03351〕

◇子どもの心理臨床　6-2　私(わたし)ってごみくず、かな?!(Ruby and the rubbish bin)　マーゴット・サンダーランド著, ニッキー・アームストロング絵　森さち子訳　誠信書房　2011.9　1冊(ページ付なし)　27cm　〈各巻タイトル：私ってごみくず、かな?!〉1400円　①978-4-414-41366-3〔03352〕

◇子どもの心理臨床　7-1　怒りや憎しみにとらわれた子どものために(Helping children locked in rage or hate)　マーゴット・サンダーランド著, ニッキー・アームストロング絵　関口進一郎監訳, 安本智子訳　誠信書房　2011.9　234p　27cm　〈文献あり〉2800円　①978-4-414-41357-1

内容 第1章 怒りにとらわれた子どもの日常　第2章 なぜ子どもは怒りにとらわれるのか　第3章 怒りにとらわれた子どもの心の苦しみを和らげるために—何を語り、どう接するか　第4章 子どもが怒りについて語り、乗り越えるための実践方法　第5章 なぜ怒りにとらわれた子どもにカウンセリングや心理療法が必要なのか　第6章 憎しみにとらわれた子どもの日常　第7章 なぜ子どもは憎しみにとらわれるのか　第8章 憎しみにとらわれた子どもの心の苦しみを和らげるために—何を語り、どう接するか　第9章 子どもが憎しみについて語り、乗り越えるための実践方法　第10章 憎しみや怒りにとらわれた子どものために、なぜカウンセリングや心理療法が必要なのか〔03353〕

◇子どもの心理臨床　7-2　ハティは、親切大きらい(How Hattie hated kindness)　マーゴット・サンダーランド著, ニッキー・アームストロング絵　森さち子訳　誠信書房　2011.9　1冊(ページ付なし)　27cm　1400円　①978-4-414-41367-0〔03354〕

◇子どもの心理臨床　8-1　愛する人を待ちわびる子どものために(Helping children who yearn for someone they love)　マーゴット・サンダーランド著, ニッキー・アームストロング絵　関口進一郎監訳, 菊池由美訳　誠信書房　2011.9　50p　27cm　〈文献あり〉1400円　①978-4-414-41358-8

内容 第1章 愛着に苦しむ子どもの生活(なぜ子どもたちは待ちわびるのか　そばにいるのに手が届かないと感じさせる親を待ちわびる子ども　あるときは愛し、あるときは拒絶する親をもつがゆえに待ちわびる

子ども　分離不安に苦しんでいるために待ちわびる子ども　その日、母親が去っていく前に十分な強い絆を結べなかったために、母親を待ちわびる子ども ほか）　第2章 『お月さまにっこりを待ちこがれたカエル君』を子どもに読み聞かせた後に（愛情を返してもらえない　もの足りない場所と、とても満足できる場所　心の中で恋しく思っている人　思い切って手を離すこと　恋しい気持ちを表わす言葉 ほか）　第3章 愛する人を待ちわびる子どものためのカウンセリングや心理療法 〔*03355*〕

◇子どもの心理臨床　8-2　お月さまにっこりを待ちこがれたカエル君（The frog who longed for the moon to smile）　マーゴット・サンダーランド著, ニッキー・アームストロング絵　森さち子訳　誠信書房　2011.9　1冊（ページ付なし）　27cm　1400円　①978-4-414-41368-7 〔*03356*〕

◇子どもの心理臨床　9-1　夢や希望をもてない子どものために（Helping children pursue their hopes and dreams）　マーゴット・サンダーランド著, ニッキー・アームストロング絵　関口進一郎監訳, 安本智子訳　誠信書房　2011.9　42p　27cm　〈文献あり〉1400円　①978-4-414-41359-5

内容 第1章 なぜ子どもには、夢や希望をもつために周囲の助けが必要なのか　第2章 自分の夢や希望に温かい励ましの言葉をかけてもらえない子どもの日常（なぜ子どもは夢や希望を途中で諦めたり、最初からもてなかったりするのか）　第3章 『お豆のニューピー』を子どもに読み聞かせた後に（あなたの夢はどこ？　ニューピーがしたように、自分の願いや夢を描いてみよう　魔法の場所を訪れよう　夢を叶えるための旅　夢が叶うまでによくある二つの時期 ほか）　第4章 夢や希望をもてない子どものためのさらなるカウンセリングや心理療法 〔*03357*〕

◇子どもの心理臨床　9-2　お豆のニューピー（A pea called Mildred）　マーゴット・サンダーランド著, ニッキー・アームストロング絵　森さち子訳　誠信書房　2011.9　1冊（ページ付なし）　27cm　1400円　①978-4-414-41369-4 〔*03358*〕

ザンタリウス, ティルマン　Santarius, Tilman

◇フェアな未来へ―誰もが予想しながら誰も自分に責任があるとは考えない問題に私たちはどう向きあっていくべきか（Fair Future ： Resource Conflicts, Security and Global Justice ; A Report of the Wuppertal Institute for Climate, Environment and Energy）　ヴォルフガング・ザックス, ティルマン・ザンタリウス編, 川村久美子訳・解題　新評論　2013.12　422p　21cm　3800円　①978-4-7948-0881-3

内容 第1章 現実主義者にとっての公正　第2章 環境をめぐる不公正　第3章 専有を競う競技場　第4章 フェアな資源配分モデル　第5章 フェアな豊かさ　第6章 公正とエコロジーのための取り決め　第7章 ヨーロッパの存在価値とは 〔*03359*〕

サンダール, フィル　Sandahl, Phillip

◇コーチング・バイブル―本質的な変化を呼び起こすコミュニケーション（CO-ACTIVE COACHING（原著第3版））　ヘンリー・キムジー・ハウス, キャレン・キムジー・ハウス, フィル・サンダール〔著〕, CTIジャパン訳　第3版　東洋経済新報社　2012.6　310p　22cm　（BEST SOLUTION）　2600円　①978-4-492-55715-0

内容 第1部 コーアクティブ・コーチングの基礎（コーアクティブ・コーチングのモデル　コーアクティブ・コーチングの関係）　第2部 コーアクティブ・コーチングの資質（傾聴　直感　好奇心　行動と学習　自己管理）　第3部 コーアクティブ・コーチングの指針と実践（フルフィルメント　バランス　プロセス　コーアクティブ・コーチングの実践と未来）　ツールキット 〔*03360*〕

サンチェス, F.P.*　Sanchez, Francisco P.

◇動機づけ面接法　応用編（Motivational interviewing（2nd edition））　ウイリアム・R.ミラー, ステファン・ロルニック編, 松島義博, 後藤恵, 猪野亜朗訳　星和書店　2012.9　291p　21cm　〈文献あり〉3200円　①978-4-7911-0817-6

内容 動機づけ面接法における価値観の役割（Christopher C.Wagner, Francisco P.Sanchez） 〔*03361*〕

サンチェス‐ウクレス, ジャニス　Sanchez-Hucles, Janis

◇パートナー暴力―男性による女性への暴力の発生メカニズム（What causes men's violence against women？）　ミッシェル・ハーウェイ, ジェームズ・M.オニール編著, 鶴元春訳　京都　北大路書房　2011.9　303p　21cm　〈文献あり〉　3700円　①978-4-7628-2763-1

内容 社会的暴力と家庭内暴力の相互作用―人種的, 文化的要因（ジャニス・サンチェス‐ウクレス, マリー・アン・ドゥットン） 〔*03362*〕

ザンデル, ピエトロ　Zander, Pietro

◇バチカン サン・ピエトロ大聖堂下のネクロポリス（La necropoli sotto la Basilica di San Pietro in Vaticano）　ピエトロ・ザンデル著, 豊田浩志, 牧島優子, 西田有紀共訳　上智大学出版　2011.9　134p　21cm　〈制作・発売 ： ぎょうせい〉2400円　①978-4-324-09263-7

内容 場所とその歴史（起源　場所　埋葬建造物　コンスタンティヌス帝の大聖堂建設　考古学的調査 ほか）　見学（霊廟Z、エジプト人の霊廟　霊廟Φ、マルキウス家の霊廟　霊廟X　霊廟A、ガイウス・ポピリウス・ヘラクラの霊廟　霊廟B、ファンニア・レデンプタの霊廟 ほか）　付録 用語解説 〔*03363*〕

サンデル, マイケル・J.　Sandel, Michael J.

◇サンデル教授の対話術（THE ART OF DIALOGICAL LECTURE OF MICHAEL SANDEL）　マイケル・サンデル, 小林正弥著　NHK出版　2011.3　230p　19cm　1200円　①978-4-14-081467-3

内容 第1部 サンデル教授、大いに語る―対話型講義をめぐって（自分自身のこと　対話型講義とはどのようなものか　講義法について　ハーバード大学の講義とその学生たち　東京大学での特別講義　日本とコミュニタリアニズム　アメリカと「市場の道徳的限界」　今日における正義と哲学）　第2部 現代に甦るソクラテス的対話―サンデル教授から学ぶ講義術（大学に甦る対話篇・ハーバード白熱教室　サンデル教授の講義術　日本における対話型講義の技術　対話型講義による教育改革を　対話型講義の実践　その実

践に関心を持つ人々へ）付論 近現代的正義論から古典的正義論へ―新しい正義論への道〔03364〕

◇民主政の不満―公共哲学を求めるアメリカ 下 公民性の政治経済（Democracy's discontent） マイケル・J.サンデル著, 小林正弥監訳, 千葉大学人文社会科学研究科公共哲学センター訳 勁草書房 2011.3 326p 22cm〈索引あり〉3000円 ①978-4-326-10197-9

内容 第5章 初期共和国における経済論と美徳 第6章 自由労働対賃労働 第7章 共同体、自己統治、革新主義的改革 第8章 リベラリズムとケインズ革命 第9章 手続き的共和国の勝利と苦悩 結論 公共哲学を求めて〔03365〕

◇マイケル・サンデル大震災特別講義―私たちはどう生きるのか マイケル・サンデル著, NHK「マイケル・サンデル究極の選択」制作チーム編 NHK出版 2011.5 63p 21cm 552円 ①978-4-14-081483-3

内容 1 大震災特別講義 私たちはどう生きるのか（日本人が見せた混乱の中での秩序と礼節 原発処理には誰があたるべきか 原子力とどう関わっていくべきか 支援の輪は世界を変えるか） 2 大震災とグローバル・アイデンティティ〔03366〕

◇公共哲学―政治における道徳を考える（Public philosophy） マイケル・サンデル著, 鬼沢忍訳 筑摩書房 2011.6 422p 15cm（ちくま学芸文庫 サ28-1）〈索引あり〉1400円 ①978-4-480-09387-5

内容 第1部 アメリカの市民生活（アメリカにおける公共哲学の探求 個人主義を超えて―民主党とコミュニティ 手軽な美徳の政治 ほか） 第2部 道徳と政治の議論（州営宝くじに反対する 教室でのコマーシャル 公共領域をブランド化する ほか） 第3部 リベラリズム、多元主義、コミュニティ（道徳性とリベラルの理想 手続き的共和国と負荷なき自己 成員資格としての正義 ほか）〔03367〕

◇これからの「正義」の話をしよう―いまを生き延びるための哲学（Justice） マイケル・サンデル著, 鬼沢忍訳 早川書房 2011.11 475p 16cm（ハヤカワ文庫 NF376） 900円 ①978-4-15-050376-5

内容 第1章 正しいことをする 第2章 最大幸福原理―功利主義 第3章 私は私のものか？―リバタリアニズム（自由至上主義） 第4章 雇われ助っ人―市場と道徳 第5章 重要なのは動機―イマヌエル・カント 第6章 平等の擁護―ジョン・ロールズ 第7章 アファーマティブ・アクションをめぐる論争 第8章 誰が何に値するか？―アリストテレス 第9章 たがいに負うものは何か？―忠誠のジレンマ 第10章 正義と共通善〔03368〕

◇ハーバード白熱教室講義録+東大特別授業 上 マイケル・サンデル著, NHK「ハーバード白熱教室」制作チーム, 小林正弥, 杉田晶子訳 早川書房 2012.2 299p 16cm（ハヤカワ文庫 NF378） 700円 ①978-4-15-050378-9

内容 第1回 殺人に正義はあるか 第2回 命に値段をつけられるのか 第3回「富」は誰のもの？ 第4回 この土地は誰のもの？ 第5回 お金で買えるもの 買えないもの 第6回 なぜ人を使ってはならないのか 東京大学特別授業（前篇）―イチローの年俸は高すぎる？〔03369〕

◇ハーバード白熱教室講義録+東大特別授業 下 マイケル・サンデル著, NHK「ハーバード白熱教室」制作チーム, 小林正弥, 杉田晶子訳 早川書房 2012.2 335p 16cm（ハヤカワ文庫 NF379） 700円 ①978-4-15-050379-6

内容 第7回 嘘をつかない教訓 第8回 能力主義に正義はない？ 第9回 入学資格を議論する 第10回 アリストテレスは死んでいない 第11回 愛国心と正義どちらが大切？ 第12回 善き生を追求する 東京大学特別授業（後篇）―戦争責任を議論する 特別付録『それをお金で買いますか』より 序章 市場と道徳〔03370〕

◇それをお金で買いますか―市場主義の限界（WHAT MONEY CAN'T BUY） マイケル・サンデル著, 鬼沢忍訳 早川書房 2012.5 329p 20cm 2095円 ①978-4-15-209284-7〔03371〕

◇5000人の白熱教室―DVDブック マイケル・サンデル著, NHK「ハーバード白熱教室」制作チーム訳 早川書房 2012.12 107p 22cm 3333円 ①978-4-15-209340-0

内容 前篇 すべてをお金で買えるのか 後篇 これからの日本の話をしよう〔03372〕

◇世界は考える 野中邦子訳 土曜社 2013.3 189p 19cm（プロジェクトシンジケート叢書 2）〈文献あり〉1900円 ①978-4-9905587-7-2

内容 市場原理に限界はあるか（マイケル・J.サンデル著）〔03373〕

サントス, フアン・マヌエル

◇世界は考える 野中邦子訳 土曜社 2013.3 189p 19cm（プロジェクトシンジケート叢書 2）〈文献あり〉1900円 ①978-4-9905587-7-2

内容 最後の南米反政府ゲリラ（フアン・マヌエル・サントス著）〔03374〕

サントス, ロナルド・L., Jr.

◇フィリピンと日本の戦後関係―歴史認識・文化交流・国際結婚（The past, love, money and much more） リディア・N.ユー・ホセ編著, 佐竹眞明, 小川玲子, 堀芳枝訳 明石書店 2011.12 310p 20cm（明石ライブラリー 148）〈年表あり〉2800円 ①978-4-7503-3506-3

内容 フィリピンの映画批評『母乳―敵の胸の中で』（ロナルド・L.サントス・Jr.著）〔03375〕

サンドストーム, M.* Sandstrom, Marlene J.

◇子どもの仲間関係―発達から援助へ（CHILDREN'S PEER RELATIONS） J.B.クーパーシュミット,K.A.ダッジ編, 中沢潤監訳 京都 北大路書房 2013.12 299p 21cm〈文献あり 索引あり〉3600円 ①978-4-7628-2826-3

内容 仲間による拒否の体験を理解する（Marlene J.Sandstrom,Audrey L.Zakriski著, 中沢結訳）〔03376〕

サンドバーグ, シェリル Sandberg, Sheryl

◇LEAN IN―女性、仕事、リーダーへの意欲（LEAN IN） シェリル・サンドバーグ著, 村井章子訳 日本経済新聞出版社 2013.6 301p 20cm 1600円 ①978-4-532-31897-0

内容 1 怖がらなければ何ができる？ 2 同じテーブル

に着く　3 できる女は嫌われる　4 梯子ではなくジャングルジム　5 メンターになってくれませんか？　6 本音のコミュニケーション　7 辞めなければならないときまで辞めないで　8 パートナーをほんとうのパートナーに　9 スーパーママ神話　10 声を上げよう　11 ともに力を　〔*03377*〕

サント・ブーヴ, C.　Sainte-Beuve, Charles Augustin de

◇プルードン―その生涯と書簡（P.J.Proudhon）　サント・ブーヴ著, 原幸雄訳　現代思潮新社　2013.9　351p　20cm　（〔古典文庫〕〔41〕）〈現代思潮社 1970年刊のオンデマンド　印刷・製本：デジタルパブリッシングサービス〉4000円　①978-4-329-02075-8

内容 出生　学業　印刷所の徒弟修業　「一般文法論」ヴォルネ賞応募論文　スュアール年金　信条告白と象徴　「日曜礼拝論」と有名な理論の萌芽　ブザンソン・アカデミィとの最初の不和　パリ滞在、貧窮と苦しみ〔ほか〕　〔*03378*〕

サンドラム, ランガラジャン・K.　Sundaram, Rangarajan K.

◇金融規制のグランドデザイン―次の「危機」の前に学ぶべきこと（Restoring financial stability）　ヴィラル・V.アチャリア, マシュー・リチャードソン編著, 大村敬一監訳, 池田竜哉, 増原剛輝, 山崎洋一, 安藤祐介訳　中央経済社　2011.3　488p　22cm　〈文献あり〉5800円　①978-4-502-68200-1

内容 金融セクターの救済：次なる危機の火種となるか？　他（ヴィラル・V.アチャリア, ランガラジャン・K.サンドラム）　〔*03379*〕

サン‐ピエール, C.　Saint-Pierre, Charles Irénée Castel de

◇永久平和論　1（Projet pour rendre la paix perpétuelle en Europe）　サン‐ピエール著, 本田裕志訳　京都　京都大学学術出版会　2013.10　603p　20cm　（近代社会思想コレクション 10　大津真作, 奥田敬, 田中秀夫, 中山智香子, 八木紀一郎, 山脇直司編）　5200円　①978-4-87698-296-7

内容 第1論考 平和を維持するためにこれまで実際に用いられてきた諸々の手段は、まったく効力のないものである。　第2論考 本計画に有利な二つの判断材料。　第3論考　第4論考　第5論考　第6論考　第7論考　〔*03380*〕

◇永久平和論　2（Projet pour rendre la paix perpétuelle en Europe）　サン‐ピエール著, 本田裕志訳　京都　京都大学学術出版会　2013.12　462p　20cm　（近代社会思想コレクション 11　大津真作, 奥田敬, 田中秀夫, 中山智香子, 八木紀一郎, 山脇直司編）〈索引あり〉4400円　①978-4-87698-370-4　〔*03381*〕

サンプソン, ロバート・J.　Sampson, Robert J.

◇ライフコース研究の技法―多様でダイナミックな人生を捉えるために（The Craft of Life Course Research）　グレン・H.エルダー,Jr., ジャネット・Z.ジール編著, 本田時雄, 岡林秀樹監訳, 登張真稲, 中尾暢見, 伊藤教子, 磯谷俊仁, 玉井航太, 藤原善美訳　明石書店　2013.7　470p　22cm　〈文献あり 索引あり〉6700円　①978-4-7503-3858-3

内容 ライフコース犯罪学におけるグループに基づくトラジェクトリ（エレーン・E.ドハーティ, ジョン・H.ラウブ, ロバート・J.サンプソン著, 玉井航太訳）　〔*03382*〕

◇犯罪学研究―社会学・心理学・遺伝学からのアプローチ（The Explanation of Crime）　パーオロフ・H.ウィクストラム, ロバート・J.サンプソン編著, 松浦直己訳　明石書店　2013.8　338p　22cm　6000円　①978-4-7503-3878-1

内容 コミュニティの状況はどのような役割を果たすか？（ロバート・J.サンプソン著）　〔*03383*〕

サンブチーノ, チャック　Sambuchino, Chuck

◇庭のこびと“ノーム”から身を守る方法（How to Survive a GARDEN GNOME ATTACK）　チャック・サンブチーノ著, 桑原あつし訳　飛鳥新社　2013.8　119p　19cm　1300円　①978-4-86410-262-9

内容 第1部 分析編（危険レベルを知りましょう　怪しい動きを察知しましょう　ノームの通信手段を把握しましょう）　第2部 対策編（守りを固めましょう　役立つアイテムを揃えましょう（屋外編　屋内編））　第3部 防衛編（“身を守るための10の方法”を学びましょう　敵の武器について知りましょう　武器を手に入れましょう）　第4部 応用編（命がけで戦いましょう　ノームに「No！」を突きつけましょう）　〔*03384*〕

ザンベリ, レイモンド　Zambelli, Raymond

◇リジューのテレーズ365の言葉（Avec Therese de Lisieux）　テレーズ・マルタン著, レイモンド・ザンベリ編, 伊従信子編訳　女子パウロ会　2011.4　391p　15cm　1200円　①978-4-7896-0702-5　〔*03385*〕

【シ】

シ, ケンウ*　侍 建宇

◇中央ユーラシアの文化と社会　梅村坦, 新免康編著　八王子　中央大学出版部　2011.3　344p　22cm　（中央大学政策文化総合研究所研究叢書 12）　4100円　①978-4-8057-1411-9

内容 古代帝国に組み入れられる現代国家（侍建宇著, 相田雅美訳）　〔*03386*〕

シ, タンジョ*　史 丹如

◇東アジアにおける市民の刑事司法参加　後藤昭編　国際書院　2011.2　269p　21cm　〈索引あり〉4200円　①978-4-87791-215-4

内容 司法における民主主義と民主主義の司法（韓玉勝, 史丹如著, 額尓敦畢力格訳）　〔*03387*〕

シ, フクリョウ*　施 復亮

◇新編原典中国近代思想史　第7巻　世界冷戦のなかの選択―内戦から社会主義建設へ　野村浩一, 近藤邦康, 並木頼寿, 坂元ひろ子, 砂山幸雄, 村田雄二郎編　砂山幸雄責任編集　岩波書店　2011.10　410, 7p　22cm　〈年表あり〉5700円

①978-4-00-028227-7
内容 中間派の政治路線(抄)(施復亮著, 水羽信男訳)
〔03388〕

シア, ショーン・クリストファー　Shea, Shawn Christopher
◇自殺リスクの理解と対応―「死にたい」気持にどう向き合うか（THE PRACTICAL ART OF SUICIDE ASSESSMENT）　ショーン・C.シア著, 松本俊彦監訳, 鈴木剛子, 近藤正臣, 富田拓郎訳　金剛出版　2012.9　312p　22cm　〈索引あり〉4200円　①978-4-7724-1263-6
内容 第1部 自殺経験 : 自殺の病因論、現象学、リスク要因(自殺 : 究極のパラドックス : メールストロームへの転落 : 自殺の病因学と現象学　リスク要因 : 死の前兆)　第2部 自殺念慮を引き出すために―その原則、ならびにテクニックと戦略(面接にのぞむ心構え「自殺をタブー視していないだろうか？」　有効な情報を得る技法 : 話しにくい秘密を明かしてもらう簡便な方法　自殺念慮を引き出すには : 実践的技法と効果的戦略)　第3部 実践的リスクアセスメント―柔軟な戦略と確かな記述(総括 : 安全で効果的な意思決定)
〔03389〕

シィエス, E.　Sieyès, Emmanuel Joseph, comte
◇第三身分とは何か（Qu'est-ce que le Tiers Etat？）　シィエス著, 稲本洋之助, 伊藤洋一, 川出良枝, 松本英実訳　岩波書店　2011.2　257p　15cm　（岩波文庫 34-006-1）〈文献あり 著作目録あり 年表あり〉720円　①978-4-00-340061-6
内容 第1章 第三身分は一個の完全な国民である　第2章 第三身分は、これまで何であったか。無であった　第3章 第三身分は何を要求しているのか。何がしかのものになることを　第4章 政府が試みたこと、および第三身分のために特権者が提案していること　第5章 何をなすべきであったか、この点についての諸原理　第6章 残された課題。いくつかの原理についての補論
〔03390〕

シヴァゴーリ, カリアモアシー
◇フューチャースクール―シンガポールの挑戦（A school's journey into the future）　テイ・リー・ヨン, リム・チェー・ピン, カイン・ミント・スウィー編著, トランネット訳, 中川一史監訳　ピアソン桐原　2011.2　183p　21cm　2400円　①978-4-89471-549-3
内容 ICTを媒介とする具体的な活動を通し、児童のマレー語およびタミール語のオーラルコミュニケーション・スキルを高める(カイン・ミント・スウィー, ワン・アルフィダ・スレイマン, カリアモアシー・シヴァゴーリ)
〔03391〕

シヴィロール, ムラート
◇国家と国民の歴史―ヴィジュアル版（HISTORIES OF NATIONS）　ピーター・ファタードー編, 猪口孝日本語版監修, 小林朋則訳　原書房　2012.11　320p　26cm　〈文献あり 索引あり〉5800円　①978-4-562-04850-2
内容 トルコ―失われた帝国の国(ムラート・シヴィロール)
〔03392〕

シエイ, トニー　Hsieh, Tony
◇賢者の言葉　ショーン・スティーブンソン, トニー・シエイ, ビル・ハリス, エブン・ペーガン, F.W.デクラーク, ダライ・ラマ法王14世著, 宇敷珠美監訳, ビッグピクチャーズ監修　ダイヤモンド社　2011.10　323p　19cm　〈他言語標題 : The words of a wise man〉1500円　①978-4-478-01705-0
内容 1 ショーン・スティーブンソン―身長90cm車いすのモチベーター　2 トニー・シエイ―ザッポスCEO　3 ビル・ハリス―『ザ・シークレット』出演者、世界的セラピスト　4 エブン・ペーガン―最速で10億円ビジネスを作り上げる起業家　5 F.W.デクラーク―元・南アフリカ大統領、ノーベル平和賞受賞　6 ダライ・ラマ法王14世―チベット仏教最高指導者、ノーベル平和賞受賞
〔03393〕

ジェイコブズ, ジェイン　Jacobs, Jane
◇都市の原理（The economy of cities）　ジェイン・ジェイコブズ著, 中江利忠, 加賀谷洋一訳　鹿島出版会　2011.3　307p　19cm　（SD選書 257）〈鹿島研究所出版会1971年刊の新装版〉2400円　①978-4-306-05257-4
内容 1 初めに都市ありき―そして農村が発展する　2 新しい仕事はいかにして生れるか　3 都市の非能率と非実用性　4 都市の成長はいかにしてはじまるか　5 都市の爆発的成長　6 大都市の輸出要因はいかにして生れるか　7 都市の経済発展と資本　8 将来の発展のパターン
〔03394〕

◇発展する地域衰退する地域―地域が自立するための経済学（CITIES AND THE WEALTH OF NATIONS）　ジェイン・ジェイコブズ著, 中村達也訳　筑摩書房　2012.11　413p　15cm　（ちくま学芸文庫 シ31-1）〈「都市の経済学」(TBSブリタニカ 1986年刊)の改題、改訂〉1500円　①978-4-480-09502-2
内容 愚者の楽園　現実にたちもどって　都市地域　供給地域　労働者に見すてられる地域　技術と住民排除　移植工場地域　都市のない地域に向けられた資本　取り残された地域　なぜ後進都市は互いを必要とし合うのか　都市への誤ったフィードバック衰退の取引　苦境　漂流
〔03395〕

ジェイコブズ, ハリエット・アン　Jacobs, Harriet Ann
◇ある奴隷少女に起こった出来事（INCIDENTS IN THE LIFE OF A SLAVE GIRL）　ハリエット・アン・ジェイコブズ著, 堀越ゆき訳　大和書房　2013.4　310p　20cm　1700円　①978-4-479-57016-5
内容 1 少女時代(わたしの子ども時代　フリント家の奴隷生活　奴隷が新年をこわがる理由 ほか)　2 逃亡(プランテーション　逃亡　危険な日々 ほか)　3 自由を求めて(北へ！　フィラデルフィア　娘との再会 ほか)
〔03396〕

ジェイコブズ, マイケル　Jacobs, Michael
◇世界で一番美しい村プロヴァンス（The Most Beautiful Villages of Provence）　マイケル・ジェイコブズ文, ヒュー・パーマー撮影, 〔一杉由美〕〔訳〕　ガイアブックス　2013.5　213p　25cm　〈文献あり〉2800円　①978-4-88282-868-6
内容 ヴォクリューズ&プーシュ・デュ・ローヌ(アンスイ　ボニュー　クレステ ほか)　ヴァール&アルプ・マリティーム(アンピュ　バルジュモン　コティ

ニャック ほか）　アルプ・ド・オート・プロヴァンス（アノット　コルマール・レ・ザルプ　アントルヴォーほか）〔03397〕

ジェイコブス, リン

◇変容する臨床家―現代アメリカを代表するセラピスト16人が語る心理療法統合へのアプローチ（HOW THERAPISTS CHANGE）　マービン・R.ゴールドフリード編, 岩壁茂, 平木典子, 福島哲夫, 野末武義, 中釜洋子監訳, 門脇陽子, 森田由美訳　福村出版　2013.10　415p　22cm　〈索引あり〉5000円　①978-4-571-24052-2

内容 関係的な世界観への道すじ（リン・ジェイコブス著）〔03398〕

ジェイコブズ, A.J.　Jacobs, A.J.

◇聖書男（バイブルマン）―現代NYで「聖書の教え」を忠実に守ってみた1年間日記（The year of living biblically）　A.J.ジェイコブズ著, 阪田由美子訳　阪急コミュニケーションズ　2011.9　629p　19cm　〈タイトル：聖書男　文献あり〉2600円　①978-4-484-11111-7

内容 プロジェクトを実行に移す　産んで増やす　祈る　混紡の服の着用を避ける　欲しがらないようにする　計画を見なおす　アーミッシュの村を訪ねる　宗教顧問から助言を受ける　十分の一の献げ物をする　子どもに鞭を打つ〔ほか〕〔03399〕

ジェイコブセン, アニー　Jacobsen, Annie

◇エリア51―世界でもっとも有名な秘密基地の真実（AREA51）　アニー・ジェイコブセン著, 田口俊樹訳　太田出版　2012.4　532p　19cm（ヒストリカル・スタディーズ 02）〈文献あり〉2400円　①978-4-7783-1301-2

内容 秘密都市　エリア51の謎　架空の宇宙戦争　秘密基地　陰謀の種子　情報適格性　原子力事故　ゴーストタウンからブームタウンへ　転落するネコとネズミ　基地の再構築〔ほか〕〔03400〕

ジェイコブソン, ニール・S.　Jacobson, Neil S.

◇うつ病の行動活性化療法―新世代の認知行動療法によるブレイクスルー（Depression in context）　クリストファー・R.マーテル, ミッシェル・E.アディス, ニール・S.ジェイコブソン著, 熊野宏昭, 鈴木伸一監訳　日本評論社　2011.7　277p　21cm　〈文献あり〉3200円　①978-4-535-98318-2

内容 第1部 行動活性化―古いものと新しいもの（内的原因を探す　行動活性化療法の骨子　文脈的アプローチ）　第2部 治療法としての行動活性化―行動活性化療法（行動活性化療法の原則とエッセンス　行動活性化療法をはじめる　行動活性化療法に取り組む―生活の文脈からうつ病を捉える　行動活性化療法で用いられる技法　行動活性化療法の実践例）　第3部 課題と今後の方向性（行動活性化療法に生じうる問題と今後の方向性　結論）〔03401〕

ジェイコブソン, レナード　Jacobson, Leonard

◇沈黙からの言葉―スピリチュアルな目覚めへの招待状（WORDS FROM SILENCE）　レナード・ジェイコブソン著, 今西礼子訳　ナチュラルスピリット　2012.6　274p　19cm　1600円　①978-4-86451-045-5〔03402〕

◇この瞬間を抱きしめる―目覚めた人生の生き方（EMBRACING THE PRESENT）　レナード・ジェイコブソン著, 今西礼子訳　ナチュラルスピリット　2012.7　300p　19cm　1600円　①978-4-86451-046-2〔03403〕

ジェイミソン, ロンダ

◇西オーストラリア‐日本（にっぽん）交流史―永遠の友情に向かって（An enduring friendship）　デイビッド・ブラック, 曽根幸子編著, 有吉宏之, 曽根幸子監訳　日本評論社　2012.2　391p　22cm　〈タイトル：西オーストラリア―日本交流史〉3000円　①978-4-535-58613-0

内容 チャールズ・コートと日本人（ロンダ・ジェイミソン著）〔03404〕

ジェイムズ, ベサン　James, Bethan

◇クリスマスってどんなひ？（My big Christmas picture book）　ベサン・ジェイムズ文, ヘザー・スチュアート絵, サンパウロ訳　サンパウロ　2011.10　29p　29cm　1000円　①978-4-8056-2617-7〔03405〕

ジェイムソン, フレドリック　Jameson, Fredric R.

◇ヘーゲル変奏―『精神の現象学』をめぐる11章（The Hegel variations）　フレドリック・ジェイムソン著, 長原豊訳　青土社　2011.5　256, 6p　20cm　〈索引あり〉2400円　①978-4-7917-6603-1

内容 第1章 閉じること　第2章 体系をめぐる諸問題　第3章 観念論　第4章 言語　第5章 さまざまな対立　第6章 行為の倫理学―事そのものdie Sache Selbst　第7章 内在性　第8章 集合性としての「精神」（「アンティゴネ」、あるいは「一」は「二」に割れる）　第9章 革命と「歴史の終焉」　第10章 文化的上部構造としての宗教　第11章 「絶対的なこと」の自己愛〔03406〕

◇未来の考古学　1　ユートピアという名の欲望（Archaeologies of the future）　フレドリック・ジェイムソン著, 秦邦生訳　作品社　2011.9　520p　20cm　〈索引あり〉3800円　①978-4-86182-331-2

内容 今日のユートピア　さまざまなユートピア性　ユートピア的エンクレーヴ　モルス―ジャンルの窓　ユートピア的科学対ユートピア的イデオロギー　大分裂　いかにして願望を充足するか　時間の壁　不可知性テーゼ　異星人の身体　ユートピアとその二律背反　総合。アイロニー、中性化、そして真実の契機　恐怖への旅　攪乱としての未来〔03407〕

◇未来の考古学　2　思想の達しうる限り（ARCHAEOLOGIES OF THE FUTURE（抄訳））　フレドリック・ジェイムソン著, 秦邦生, 河野真太郎, 大貫隆史訳　作品社　2012.12　428p　20cm　〈索引あり〉3400円　①978-4-86182-414-2

内容 フーリエ、あるいは存在論とユートピア　SFにおけるジャンルの不連続性―ブライアン・オールディスの『スターシップ』　ル＝グウィンにおける世界の縮減　進歩対ユートピア、または、私たちは未来を想像できるか？　空間的ジャンルとしてのサイエンス・フィクション　[illegible]の『脱出待つ者』　SFの空間―ヴァン・ヴォークトにおける物語　階級闘争としての長寿　追悼 フィリップ・K.ディック　ハルマゲドン以降―『ドクター・ブラッドマネー』におけるキャラクター・システム　フィリップ・K.ディックにおける歴史と救済　グローバリゼーションにおける恐怖と嫌悪　「ひとつでも良い町が見つかれば、私は人間を赦そう」―キム・スタンリー・ロビンスン『火星』三部作におけるリアリズムとユートピア 〔03408〕

シ

◇アドルノ―後期マルクス主義と弁証法（LATE MARXISM）　フレドリック・ジェイムソン著, 加藤雅之, 大河内昌, 箭川修, 斎藤靖訳　論創社　2013.3　345p　22cm　〈索引あり〉3800円　①978-4-8460-1209-0

内容 序論 時の流れの中のアドルノ　第1部 概念の破滅的魅力（同一性と反同一性　弁証法と外在的なもの　社会学と哲学的概念 ほか）　第2部 船の漕ぎ手の寓話（客観的なものへの偏向　芸術の罪　左翼芸術の浮沈 ほか）　第3部 モナドの生産性（唯名論　仮象の危機　物象化 ほか）　結論 ポストモダンにおけるアドルノ 〔03409〕

◇言語の牢獄―構造主義とロシア・フォルマリズム（THE PRISON‐HOUSE OF LANGUAGE : A Critical Account of Structuralism and Russian Formalism）　フレドリック・ジェイムソン著, 川口喬一訳　新装版　法政大学出版局　2013.10　262, 16p　19cm　（叢書・ウニベルシタス）　2900円　①978-4-588-09968-7

内容 1 言語モデル　2 フォルマリズムの冒険　3 構造主義の冒険 〔03410〕

ジェイン, プルネンドラ　Jain, Purnendra

◇現代日本の政治と外交　1　現代の日本政治―カラオケ民主主義から歌舞伎民主主義へ　猪口孝監修　猪口孝, プルネンドラ・ジェイン編　原書房　2013.10　295, 6p　22cm　〈索引あり〉4200円　①978-4-562-04926-4

内容 日本の地方自治体（プルネンドラ・ジェイン著, 上原ゆうこ訳） 〔03411〕

シェインドリン, レイモンド・P.　Scheindlin, Raymond P.

◇ユダヤ人の歴史（A SHORT HISTORY OF THE JEWISH PEOPLE）　レイモンド・P.シェインドリン著, 入江規夫訳　河出書房新社　2012.8　384, 19p　15cm　（河出文庫 シ8-1）〈「物語ユダヤ人の歴史」（中央公論新社 2003年刊）を改題し、訳者名を変更　文献あり 年表あり 索引あり〉1200円　①978-4-309-46376-6

内容 第1章 古代イスラエル人の起源とその王国―紀元前一二二〇年以前から紀元前五八七年まで　第2章 ユダヤの地とディアスポラの起源―紀元前五八七年から紀元七〇年まで　第3章 ローマ帝国下のパレスチナとササン朝ペルシアのバビロニア―紀元七〇年から六三二年まで　第4章 イスラム社会におけるユダヤ人/イスラムの勃興と中世の終わりまで―六三二年から一五〇〇年まで　第5章 中世キリスト教ヨーロッパ社会におけるユダヤ人―九世紀から一五〇〇年まで　第6章 オスマン帝国と中東におけるユダヤ人――四五三年から一九四八年まで　第7章 西ヨーロッパのユダヤ人――五〇〇年から一九〇〇年まで　第8章 東ヨーロッパとアメリカ合衆国のユダヤ人――七七〇年から一九四〇年まで　第9章 ホロコースト　第10章 シオニズムとイスラエル建国　第11章 一九四八年以降のユダヤ人 〔03412〕

ジェヴティック, ゾラン　Jevtic, Zoran

◇ボードリヤールなんて知らないよ（Introducing Baudrillard）　クリス・ホロックス文, ゾラン・ジェヴティックイラスト, 塚原史訳・解説　明石書店　2011.8　207p　19cm　〈年譜あり　著作目録あり〉1800円　①978-4-7503-3446-2 〔03413〕

シェクター, ダロウ　Schecter, Darrow

◇グラムシとイタリア国家（GRAMSCI AND ITALIAN STATE）　R.ベラミー,D.シェクター著, 小池渺, 奥西達也, 中原隆幸訳　京都　ミネルヴァ書房　2012.5　18, 276, 14p　22cm　〈年譜あり 索引あり〉5000円　①978-4-623-06240-9

内容 第1章 政治的修養の時代　第2章 赤い二年間（一九一九～一九二〇年）　第3章 イタリア共産党と反ファシズム闘争（一九二一～一九二六年）　第4章 『獄中ノート』1―史的唯物論とクローチェの歴史主義　第5章 『獄中ノート』2―ヘゲモニー、国家、党　第6章 『獄中ノート』3―「イタリア人の形成」 : リソルジメントと新秩序 〔03414〕

ジェサップ, フィリップ・C.　Jessup, Philip Caryl

◇トランスナショナル・ロー（Transnational law）　フィリップ・C.ジェサップ〔著〕, 長谷川正国訳　成文堂　2011.3　177p　20cm　〈索引あり〉2800円　①978-4-7923-3280-8

内容 第1章 人間問題の普遍性　第2章 諸問題を処理する権限　第3章 諸問題を規律する法の選択　付録 国際法における多様性と統一性 〔03415〕

ジェジェ

◇台湾から嫁にきまして。　ジェジェ著　中経出版　2013.5　157p　21cm　〈日本語訳 : 石谷威〉1200円　①978-4-8061-4748-0 〔03416〕

ジェスティス, フィリス・G.　Jestice, Phyllis G.

◇中世ヨーロッパの戦い―ビジュアル版（The Timeline of Medieval Warfare）　フィリス・G.ジェスティス著, 川野美也子訳　東洋書林　2012.9　220p　19×27cm　〈年表あり 索引あり〉4500円　①978-4-88721-804-8

内容 第1章 中世初期の軍事　第2章 11世紀―拡大するヨーロッパ　第3章 12世紀―城砦と十字軍　第4章 13世紀―戦争の世紀　第5章 14世紀―歩兵の革命?　第6章 15世紀―変革の時代　エピローグ 中世の戦争の限界と遺産 〔03417〕

ジェッセン, クリスチャン

◇世界一素朴な質問、宇宙一美しい答え―世界の第一人者100人が100の質問に答える（BIG QUESTIONS FROM LITTLE PEOPLE）　ジェンマ・エルウィン・ハリス編, 西田美緒子訳, タイマタカシ絵　河出書房新社　2013.11　298p　22cm　2500円　①978-4-309-25292-6

内容 男の人にはヒゲが生えて、女の人に生えないのはなぜ?　他（クリスチャン・ジェッセン博士） 〔03418〕

シェッヒェ, ヴォルフガング
◇ヴァイマル イン ベルリン―ある時代のポートレート (Weimar in Berlin)　マンフレート・ゲルテマーカー, プロイセン文化財団映像資料館編, 岡田啓美, 斎藤尚子, 茂幾保代, 渡辺芳子訳　三元社　2012.3　219p　25cm　〈年表あり　索引あり　文献あり〉5800円　①978-4-88303-301-0
内容 新しいベルリン (ヴォルフガング・シェッヒェ著, 渡辺芳子訳)　〔03419〕

シェーパース, ゲァハート
◇人間に固有なものとは何か―人文科学をめぐる連続講演　森本あんり編　創文社　2011.3　290p　23cm　〈索引あり〉3000円　①978-4-423-10107-0
内容 ドイツ文学 現代社会における「人間性・人文科学」の役割 (ゲァハート・シェーパース述, 朝倉哉帆訳)　〔03420〕

シェパード, E.H.　Shepard, Ernest Howard
◇クマのプーさんエチケット・ブック (POOH'S LITTLE ETIQUETTE BOOK, POOH'S LITTLE INSTRUCTION BOOK)　A.A.ミルン原案, E.H.シェパード絵, メリッサ・ドーフマン・フランス, ジョーン・パワーズ編著, 高橋早苗訳　筑摩書房　2012.6　160p　15cm　(ちくま文庫 み30-1)　740円　①978-4-480-42954-4
内容 第1部 プーの礼儀作法 (はじめに　よその家を訪問する　テーブルマナー　おもてなし　会話　手紙を書く　エチケット豆知識いろいろ)　第2部 じゅうようなたしなみについて　〔03421〕

シェヒ, ハインツ
◇量刑法の基本問題―量刑理論と量刑実務との対話：日独シンポジウム　ヴォルフガング・フリッシュ, 浅田和茂, 岡上雅美編著, ヴォルフガング・フリッシュ〔ほか〕著・訳　成文堂　2011.11　284p　22cm　〈会期・会場：2009年9月12日(土)～13日(日)立命館大学朱雀キャンパス〉5000円　①978-4-7923-1925-0
内容 刑種および刑量についての諸基準 (ハインツ・シェヒ著, 岡上雅美訳)　〔03422〕

シェーファー, チャールズ・E.　Schaefer, Charles E.
◇プレイセラピー14の基本アプローチ―おさえておくべき理論から臨床の実践まで (Foundations of play therapy)　チャールズ・E.シェーファー編著, 串崎真志監訳, 畑中千紘, 羽野(謝)玲糸, 野口寿一, 佐々木麻子訳者代表　大阪　創元社　2011.8　312p　26cm　〈文献あり 索引あり〉3300円　①978-4-422-11510-8
内容 精神分析的プレイセラピー　ユング派の分析的プレイセラピー　アドラー派のプレイセラピー　子ども中心プレイセラピー　フィリアル・プレイセラピー　ゲシュタルト・プレイセラピー　セラプレイ：アタッチメントを高めるプレイセラピー　認知行動プレイセラピー　家族プレイセラピー：「短い爪の熊」　グループ・プレイセラピー　エコシステミック・プレイセラピー　現象学的プレイセラピー　対象関係プレイセラピー　プレスクリプティブ・プレイセラピー　〔03423〕

シェファー, J.　Shepher, Joseph
◇インセスト―生物社会的展望 (INCEST：A Biosocial View)　J.シェファー著, 正岡寛司, 藤見純子訳　学文社　2013.9　267p　21cm　3500円　①978-4-7620-2385-9
内容 第1章 はじめに　第2章 生物社会的な展望　第3章 インセスト：概念、定義、そして問題　第4章 エドワード.ウェスターマーク　第5章 キブツと養女婚：母なる自然を惑わすこと　第6章 インセストの生物社会的な理論開発への貢献　第7章 インセストの生物社会的な理論　第8章 フロイトと家族―社会化流派　第9章 同盟学派　第10章 グッディとシュナイダー：定義の問題　第11章 結論　〔03424〕

シェーフォルト, ディアン
◇ユダヤ出自のドイツ法律家 (DEUTSCHE JURISTEN JUDISCHER HERKUNFT)　ヘルムート・ハインリッヒス, ハラルド・フランツキー, クラウス・シュマルツ, ミヒャエル・シュトレイス著, 森勇監訳　八王子　中央大学出版部　2012.3　25, 1310p　21cm　(日本比較法研究所翻訳叢書 62)　〈文献あり 索引あり〉13000円　①978-4-8057-0363-2
内容 都市法制 (Stadtverfassung) からヴァイマル共和国憲法 (Staatsverfassung) へ (ディアン・シェーフォルト著, 武市周作訳)　〔03425〕

シェフォールト, ベルトラム
◇回想小林昇　服部正治, 竹本洋編　日本経済評論社　2011.12　383p　20cm　〈年譜あり　著作目録あり〉2800円　①978-4-8188-2186-6
内容 追悼小林昇 (ベルトラム・シェフォールト著, 原田哲史訳)　〔03426〕

シェプス, ユーリウス・H.　Schoeps, Julius Hans
◇ユダヤ小百科 (NEUES LEXIKON DES JUDENTUMS(原著改訂版))　ユーリウス・H.シェプス編, 石田基広, 唐沢徹, 北彰, 鈴木隆雄, 関口宏道, 土屋勝彦, 西村雅樹, 野村真理, 原研二, 松村国隆訳　水声社　2012.12　1231p　22cm　28000円　①978-4-89176-922-2　〔03427〕
◇死か洗礼か―異端審問時代におけるスペイン・ポルトガルからのユダヤ人追放 (Tod oder Taufe)　フリッツ・ハイマン著, ユーリウス・H.シェプス編, 小岸昭, 梅津真訳　大津　行路社　2013.12　211p　22cm　(マラーノ文学・歴史叢書 2)　2600円　①978-4-87534-445-2　〔03428〕

ジェプセン, デイビッド・A.
◇D.E.スーパーの生涯と理論―キャリアガイダンス・カウンセリングの世界的泰斗のすべて (The Career Development Quarterly.Volume 43 Number1)　全米キャリア発達学会著, 仙崎武, 下村英雄編訳　図書文化社　2013.11　183p　21cm　〈索引あり〉3000円　①978-4-8100-3637-4
内容 主題外挿法 (デイビッド・A.ジェプセン著, 京免徹雄訳)　〔03429〕

ジェフリー, アーサー・B.　Jeffery, Arthur B.
◇インストラクショナルデザインとテクノロジー―教える技術の動向と課題 (TRENDS AND

ISSUES IN INSTRUCTIONAL DESIGN AND TECHNOLOGY（原著第3版）） R.A.リーサー, J.V.デンプシー編 京都 北大路書房 2013.9 690p 21cm 〈訳 : 半田純子ほか 索引あり〉 4800円 ①978-4-7628-2818-8

内容 軍事教育・訓練環境におけるインストラクショナルデザインの機会（メアリー・F.（フランキー）・プラットン＝ジェフリー, アーサー・B.ジェフリー著, 寺田佳子訳） 〔03430〕

シ

ジェフリー, キース Jeffery, Keith

◇MI6秘録―イギリス秘密情報部1909-1949 上（MI6） キース・ジェフリー著, 高山祥子訳 筑摩書房 2013.3 505p 19cm 3200円 ①978-4-480-85801-6

内容 第1部 秘密情報部の創設（秘密活動局はいかに生まれたか） 第2部 第一次世界大戦（組織をかためる 西部戦線を支える さらに遠くへ） 第3部 両大戦間期（SISの誕生 ソ連共産主義という、あらたな脅威 身近な重要問題 少ない財源で生き延びる 近づく戦争） 第4部 第二次世界大戦の衝撃（沈まずにいる） 〔03431〕

◇MI6秘録―イギリス秘密情報部1909-1949 下（MI6） キース・ジェフリー著, 高山祥子訳 筑摩書房 2013.3 526p 19cm 〈文献あり 索引あり〉 3200円 ①978-4-480-85802-3

内容 第4部 第二次世界大戦の衝撃（承前）（ヨーロッパ戦域 ブダペストからバグダッドまで アメリカと極東） 第5部 戦争に勝つ（流れの変化 スイスからノルマンディー ヨーロッパでの勝利 アジアと戦争の終結 戦後の計画） 第6部 武力戦から冷戦へ（平和への調整 戦後ヨーロッパの勢力図 世界的規模の職務） 第7部 結論（三人のリーダーとSIS） 〔03432〕

◇オックスフォード ブリテン諸島の歴史 10 20世紀―1901年―1951年（The Short Oxford History of the British Isles : The British Isles 1901-1951） 鶴島博和日本語版監修 キース・ロビンズ編, 秋田茂監訳 慶応義塾大学出版会 2013.8 295, 58p 22cm 〈文献あり 年表あり 索引あり〉 5800円 ①978-4-7664-1650-3

内容 ブリテン諸島/イギリス帝国（キース・ジェフリー著, 秋田茂監訳） 〔03433〕

ジェフリーズ, アーサー・F.

◇富士山に登った外国人―幕末・明治の山旅 山本秀峰編訳, 村野克明訳 露蘭堂 2012.11 247p 22cm 〈年表あり 文献あり 発売 : ナウカ出版営業部（富士見）〉 3400円 ①978-4-904059-53-1

内容 積雪のフジヤマ登山（アーサー・F.ジェフリーズ著） 〔03434〕

ジェフロワ, G. Geffroy, Gustave

◇幽閉者―ブランキ伝（L'Enfermé） ジェフロワ著, 野沢協, 加藤節子訳 現代思潮新社 2013.9 386p 20cm 〈印刷・製本 : デジタルパブリッシングサービス 文献あり〉 4200円 ①978-4-329-02074-1

内容 1 生国‐家族‐少年時代‐青年時代 2 一八三〇年とその後 3 モン＝サン＝ミッシェル 4 一八四八年 5 ベリール＝アン＝メール 6 サント＝ペラジと第二帝政 7 パリ攻囲 8 トーロー城 9 クレルヴォー 10 最期 〔03435〕

ジェームズ, オリヴァー

◇世界一素朴な質問、宇宙一美しい答え―世界の第一人者100人が100の質問に答える（BIG QUESTIONS FROM LITTLE PEOPLE） ジェンマ・エルウィン・ハリス編, 西田美緒子訳, タイマタカシ絵 河出書房新社 2013.11 298p 22cm 2500円 ①978-4-309-25292-6

内容 どうして意地悪なんかするのかな？（オリヴァー・ジェームズ博士） 〔03436〕

ジェームズ, カレン

◇世界一素朴な質問、宇宙一美しい答え―世界の第一人者100人が100の質問に答える（BIG QUESTIONS FROM LITTLE PEOPLE） ジェンマ・エルウィン・ハリス編, 西田美緒子訳, タイマタカシ絵 河出書房新社 2013.11 298p 22cm 2500円 ①978-4-309-25292-6

内容 最初の種子はどこからやってきた？（カレン・ジェームズ博士） 〔03437〕

ジェームズ, シアン James, Sian

◇世界の変なトイレ（Toilets of the World） モーナ・E.グレゴリー, シアン・ジェームズ〔著〕, 〔清宮真理〕〔訳〕 エクスナレッジ 2013.2 256p 17cm 〈文献あり〉 1600円 ①978-4-7678-1511-4

内容 トイレの歴史 北アメリカのトイレ 中央・南アメリカのトイレ ヨーロッパのトイレ アフリカのトイレ オセアニアのトイレ アジアのトイレ もっと詳しく知るために 〔03438〕

シェーラー, ヘルマン Scherer, Hermann

◇チャンスを逃さない技術―勝負どころで「動ける人」に変わる（Glückskinder） ヘルマン・シェーラー著, 川岸史訳 日本実業出版社 2013.3 317p 19cm 1600円 ①978-4-534-05058-8

内容 チャンスの見つけ方 チャンスは意図的な楽観主義にめぐってくる 人生は一度きり。100%はない。見込み違いは、誰にでもある とりかかろうとしない人には、何もやってこない 失敗には終わりがない 誰にでも平等にあるけれど、その配分しだいで人生が変わるもの 突き抜けた人だけが手に入れられるもの チャンスをすくい取るフィルター リスクは考える順番で減らせる チャンス・インテリジェンス 自分のためが、社会のためになる 〔03439〕

シェーラー, マックス Scheler, Max Ferdinand

◇宇宙における人間の地位（Die Stellung des Menschen im Kosmos, Idealismus-Realismus） マックス・シェーラー著, 亀井裕, 山本達訳 白水社 2012.4 239p 19cm （白水iクラシックス） 2700円 ①978-4-560-09605-5

内容 宇宙における人間の地位 観念論―実在論（実在性の問いに先行する諸問題の選別、配列および解決 本来的な実在性問題） 〔03440〕

ジェラード, ジェーン Jerrard, Jane

◇図書館と民営化（Privatizing libraries） ジェーン・ジェラード, ナンシー・ボルト, カレン・ストレッジ著, 川崎良孝訳 京都 京都図書館情報学研究会　2013.11　103p　21cm　(KSPシリーズ 17)〈文献あり　発売：日本図書館協会〉　2000円　①978-4-8204-1314-1　〔03441〕

シェラン, アシュター　Sheran, Ashtar

◇地球着陸を目前に控えて―宇宙艦隊司令官アシュター・シェランかく語りき（Message all'umanità）　アシュター・シェラン著, やよしけいこ訳　ヒカルランド　2012.1　500p　20cm　(超☆どきどき 010)　2000円　①978-4-905027-85-0

内容 第1部 他の惑星から来た我々に唯一与えられた武器―それは「真実は勝利する」という武器のみである！(ユニバースのスピリットに付けられたその名は、「神」！　聖なるテキストに混ぜられた偽りをあぶり出して見せよう！　アシュター・シェランの祖先が遣わしたのは神です…イエス・キリストにまつわる"真実"をスピリットの法廷において、明らかにしよう！) 第2部 星から星へ連綿と伝わるユニバースからの啓示―地球上で無残にも改竄される前の真正スピリットを再現しよう！(偽造以前の真実の十戒(元は戒律と指針の七ヶ条ずつ)をここに再び公開しよう！　アシュター・シェランとのインタビュー　スペースシップは常にあなた方を監視・監督する神の目としての働きをなしているのです！　ダライ・ラマのメッセージ　キリストからのメッセージ) 第3部 地球着陸を控えて―地球人類へ送る第三のメッセージ(汝らのスピリットを解放する真実のメッセージを強く受け止めて下さい！　アシュター・シェランかく語りき！―地球着陸を控えて　司令官の同席者セタン・シェナー、オター・シイン、アレドス、アーガンとの質疑応答　アシュター・シェランの補佐官たちによって伝えられた、他の惑星における科学についての情報)　〔03442〕

シェリダン, リチャード　Sheridan, Richard

◇プロジェクト・マネジャーが知るべき97のこと（97 things every project manager should know）　Barbee Davis編, 笹井崇司訳, 神庭弘年監修　オライリー・ジャパン　2011.11　240p　21cm　〈発売：オーム社〉1900円　①978-4-87311-510-8

内容 スキルでなく素質のある人を加えよう 他(リチャード・シェリダン)　〔03443〕

ジェリネ, パトリス　Gélinet, Patrice

◇美食の歴史2000年（2000 ans d'histoire gourmande）　パトリス・ジェリネ著, 北村陽子訳　原書房　2011.6　277p　20cm　2800円　①978-4-562-04705-5

内容 第1章 スパイスの道　第2章 テーブルへどうぞ！　第3章 指からフォークへ　第4章 塩―王の白い黄金　第5章 ラ・カンティニ氏の梨　第6章 司厨長ヴァテルが自ら命を絶った理由　第7章 刺激的な嗜好品―茶、コーヒー、それともチョコレート？　第8章 シャンパンの魅惑の物語　第9章 パルマンティエ氏のじゃがいも　第10章 チーズの冒険―バビロンからマリー・アレルへ　第11章 レストラン、癒やしの食　〔03444〕

シェリル, マーサ　Sherrill, Martha

◇ドッグマン（Dog man）　マーサ・シェリル著, 高月園子訳, 東条隆監修　アメリカン・ブック＆シネマ　2011.4　269p　20cm　〈発売：英治出版〉2000円　①978-4-903825-07-6

内容 1 山開き　2 名無し　3 三吉号　4 裏形質の犬たち　5 フェンスで尻尾をなくした犬　6 勝姫号　7 伊達虎号　8 シロ　9 守衛と喜多子　〔03445〕

◇日本の未来について話そう―日本再生への提言（Reimagining Japan）　マッキンゼー・アンド・カンパニー責任編集, クレイ・チャンドラー, エアン・ショー, ブライアン・ソーズバーグ編著　小学館　2011.7　416p　19cm　1900円　①978-4-09-388189-0

内容 秋田犬の系譜(マーサ・シェリル著)　〔03446〕

シェリング, F.　Schelling, Friedrich Wilhelm Joseph von

◇シェリング著作集　第4a巻　自由の哲学　シェリング〔著〕, 高山守, 松山寿一編, 西川富雄, 渡辺二郎, 神林恒道, 相良憲一, 田丸徳善監修　藤田正勝編　京都　灯影舎　2011.4　290p　22cm　〈索引あり〉4000円　①978-4-86094-001-0

内容 自由の哲学(哲学と宗教(一八〇四年)　人間的自由の本質とそれに関連する諸対象についての哲学的探究(一八〇九年)　シュトゥットガルト私講義(一八一〇年))　訳注　解説　〔03447〕

シェール, バーバラ　Sher, Barbara

◇本当に好きなことをして暮らしたい！（LIVE THE LIFE YOU LOVE）　バーバラ・シェール著, 永田浩子訳　ヴォイス　2013.3　316p　18cm　(VOICE新書 019)〈2003年刊の再刊〉　1000円　①978-4-89976-381-9

内容 第1章 やる気になるスタイルはひとりひとり違う　第2章 なぜサポーターが必要なのだろう？　第3章 感情って何だろう？　第4章 ためこんでいるものは何ですか？　第5章 才能って何だろう？　第6章 あなたを引き止めるものの正体　第7章 リサーチしよう　第8章 リハーサルを始めよう　第9章「記憶セット」と「願いごとセット」　第10章 ワクワクする人生って何だろう？　〔03448〕

ジェルテ, グズルン

◇海を渡ってきたわが子―韓国の子どもを育てたスウェーデンの親たち9編の実話　キムスコグルンド編, 坂井俊樹監訳, 徐凡喜訳　梨の木舎　2013.3　136p　19cm　1500円　①978-4-8166-1303-6

内容 2回目のチャンス(グヅルン・ジェルテ)　〔03449〕

シェルテマ, J.　Scheltema, Johann Friedrich

◇スマトラ紀行　ジャヴァ紀行　筑紫二郎著, シェルテマ著, 高柳春之助訳　大空社　2013.9　248, 129p　22cm　(アジア学叢書 270)〈布装　大仙書房 昭和18年刊の複製　岡倉書房 昭和17年刊の複製〉15800円　①978-4-283-01118-2　〔03450〕

シェルドレイク, ルパート

◇世界一素朴な質問、宇宙一美しい答え―世界の第一人者100人が100の質問に答える（BIG QUESTIONS FROM LITTLE PEOPLE）　ジェンマ・エルウィン・ハリス編, 西田美緒子訳, タイマタカシ絵　河出書房新社　2013.11　298p　22cm　2500円　①978-4-309-25292-0

内容 わたしのネコはどうしていつも家に帰る道がわかるの？（ルパート・シェルドレイク博士）〔03451〕

シェルドレイク, P.　Sheldrake, Philip

◇キリスト教霊性の歴史（A brief history of spirituality）　P.シェルドレイク著, 木寺廉太訳　教文館　2010.9　285, 43p　19cm　（コンパクト・ヒストリー）〈文献あり 索引あり〉1800円　①978-4-7642-1854-3　〔03452〕

シェルトン, ケン　Shelton, Ken

◇ストーリーで学ぶ経営の真髄（Learn like a leader）　マーシャル・ゴールドスミス, ビバリー・ケイ, ケン・シェルトン編, 和泉裕子, 井上実訳　徳間書店　2011.2　311p　19cm　1600円　①978-4-19-863118-5

内容 リーダーシップについての教訓　岐路と選択　リードし、学び、教える　他人の行動に自分自身を見つめる　自己認識を高める　正しいと思っていたことを忘れる　痛みこそ優れた導き手　心の師を見つける　〔03453〕

シェルドン, ローズ・マリー　Sheldon, Rose Mary

◇ローマとパルティア―二大帝国の激突三百年史（ROME'S WARS IN PARTHIA）　ローズ・マリー・シェルドン著, 三津間康幸訳　白水社　2013.12　276, 65p　20cm　〈文献あり 年表あり 索引あり〉3600円　①978-4-560-08337-6　〔03454〕

シェルホルン, ゲルハルト　Scherhorn, Gerhard

◇フェアな未来へ―誰もが予想しながら誰も自分に責任があるとは考えない問題に私たちはどう向きあっていくべきか（Fair Future : Resource Conflicts, Security and Global Justice ; A Report of the Wuppertal Institute for Climate, Environment and Energy）　ヴォルフガング・ザックス, ティルマン・ザンタリウス編, 川村久美子訳・解題　新評論　2013.12　422p　21cm　3800円　①978-4-7948-0881-3

内容 第1章 現実主義者にとっての公正　第2章 環境をめぐる不公正　第3章 専有を競う競技場　第4章 フェアな資源配分モデル　第5章 フェアな豊かさ　第6章 公正とエコロジーのための取り決め　第7章 ヨーロッパの存在価値とは　〔03455〕

シェロシェフスキ, ヴァツワフ

◇ピウスツキの仕事―白老における記念碑の除幕に寄せて ポーランドのアイヌ研究者　井上紘一編集責任　〔札幌〕　北海道ポーランド文化協会　2013.10　142p　30cm　〈共同刊行 : 北海道大学スラブ研究センター　文献あり　年譜あり〉

内容 毛深い人たちの間で（ヴァツワフ・シェロシェフスキ著, 井上紘一訳）〔03456〕

ジェローム, フレッド　Jerome, Fred

◇アインシュタインファイル―世界一有名な科学者を狙ったFBIの陰謀（The Einstein file）　フレッド・ジェローム著, 藤井留美訳　太田出版　2011.12　335p　19cm　2000円　①978-4-7783-1289-3

内容 第1部 アメリカのほんとうの顔（「これは取り調べか？」　フラッシュバック　亡命者　原爆計画を阻止せよ）　第2部 戦争の副産物（緊急委員会　リンチ撲滅アメリカ十字軍　アインシュタインを監視せよ　絶好のタイミング）　第3部 連鎖で罪に問われる（リスト　デュボイスとロブソン　どこまで赤い？）　第4部 アインシュタイン包囲作戦（きっかけはエレノアだった？　スパイ狩り―クラウス・フックス　風変わりな人々　スパイ狩り2―ケーブルドロップ作戦　好ましからざる外国人）　第5部 終焉（逆転　崩壊　アインシュタインはほんとうにスパイではなかったのか？）　〔03457〕

シェーン, エドワード・J.

◇大学学部長の役割―米国経営系学部の研究・教育・サービス（The dean's perspective）　クリシナ・S.ディア編著, 佐藤修訳　中央経済社　2011.7　245p　21cm　3400円　①978-4-502-68720-4

内容 AACSB認証取得成功の秘訣（エドワード・J.シェーン, エディス・ラッシュ著）〔03458〕

シェーン, スコット・A.　Shane, Scott Andrew

◇〈起業〉という幻想―アメリカン・ドリームの現実（The illusions of entrepreneurship）　スコット・A.シェーン著, 谷口功一, 中野剛志, 柴山桂太訳　白水社　2011.10　234, 42p　19cm　2400円　①978-4-560-08164-8

内容 第1章 アメリカ―起業ブームの起業家大陸　第2章 今日における起業家的な産業とは何か？　第3章 誰が起業家となるのか？　第4章 典型的なスタートアップ企業とは、どのようなものなのか？　第5章 新たなビジネスは、どのように資金調達をしているのか？　第6章 典型的な起業家は、どのくらいうまくやっているのか？　第7章 成功する起業家とそうでない起業家の違いは何か？　第8章 なぜ、女性は起業しないのか？　第9章 なぜ、黒人起業家は少ないのか？　第10章 平均的なスタートアップ企業には、どの程度の価値があるのか？　〔03459〕

シェンカー, オーデッド　Shenkar, Oded

◇コピーキャット―模倣者こそがイノベーションを起こす（Copycats）　オーデッド・シェンカー著, 井上達彦監訳, 遠藤真美訳　東洋経済新報社　2013.2　231, 22p　20cm　1800円　①978-4-492-53321-5

内容 第1章 繁栄するコピーキャットたち　第2章 模倣の科学と技法　第3章 模倣の時代　第4章 偉大なる模倣者たち　第5章 模倣の能力とプロセス　第6章 模倣という戦略　第7章 イモベーション 成功の条件　特別寄稿 日本企業のイモベーション　〔03460〕

ジェンキンス, マーク・コリンズ　Jenkins, Mark Collins

◇ナショナルジオグラフィックビジュアル大全―125周年記念出版 発見と探求の歴史（NATIONAL GEOGRAPHIC 125 YEARS）　マーク・コリンズ・ジェンキンス著, 藤井留美訳　日経ナショナルジオグラフィック社　2013.6　383p　29cm　（NATIONAL GEOGRAPHIC）〈索引あり　発売 : 日経BPマーケティング〉14000円　①978-4-86313-213-9

内容 PROLOGUE 大いなる未知の世界―地理学者の団体がナショナルジオグラフィック協会になるまで 1888-1899　1 すべての土地の風景を―ジオグラフィック

誌の誕生 1900 - 1919　2 遥かなる過酷な地へ―現地に足を運ぶ記者たち 1920 - 1956　3 私を月まで連れてって―ナショナルジオグラフィックの新境地 1957 - 1969　4 地球を導く役割を担う―現実を直視するフォトジャーナリズムの時代 1970 - 1996　5 新たな可能性を探る―自然を探索し、破壊を防ぎ、理解を深める 1997 - 2013　〔03461〕

シェンク, ジョシュア・ウルフ　Shenk, Joshua Wolf

◇リンカーン―うつ病を糧に偉大さを鍛え上げた大統領（LINCOLN'S MELANCHOLY）　ジョシュア・ウルフ・シェンク著, 越智道雄訳　明石書店　2013.7　449p　20cm　〈文献あり〉3800円　①978-4-7503-3809-5

内容 第1部（世間はあいつはクレイジーだと言った　ものすさまじき天与の才能　今生きている人間の中で、私ほど惨めな人間はいない）　第2部（セルフ＝メイド・マン　欠陥？　いや不運だ　理性の統治 ほか）　第3部（その正確な形と色　われらが潜り抜ける炎の裁き　われらにも智慧は浮かぶ）　〔03462〕

シェンク, デイヴィッド　Shenk, David

◇天才を考察する―「生まれか育ちか」論の嘘と本当（THE GENIUS IN ALL OF US）　デイヴィッド・シェンク著, 中島由華訳　早川書房　2012.9　412p　20cm　〈文献あり〉2500円　①978-4-15-209322-6

内容 第1部 生来の才能という神話（遺伝子2・0―遺伝子の本当の働き　知能はものではなく、プロセスである　「生来の才能」の終焉（そして、才能の本当の源）　双生児の似ているところ、似ていないところ　早咲き・遅咲き　白人はジャンプできないか？）　第2部 天才を育成する（天才になるには（あるいは、たんに偉大な人間になるには）　そのやり方が子供をだめにする（または発奮を促す）　優秀さを求める文化　遺伝子2・1―遺伝子も"改良"できる!?　テッド・ウィリアムズ・フィールド）　〔03463〕

ジェンセン, ロバート

◇図書館と中立性（Questioning library neutrality）　アリソン・ルイス編, 川崎良孝, 久野和子, 福井佑介, 川崎智子訳　京都　京都図書館情報学研究会　2013.10　158p　22cm　〈文献あり　発売：日本図書館協会〉3500円　①978-4-8204-1308-0

内容 中立的な専門職という神話（ロバート・ジェンセン著）　〔03464〕

ジェンティーレ, ジョヴァンニ　Gentile, Giovanni

◇ヘーゲル弁証法とイタリア哲学―スパヴェンタ、クローチェ、ジェンティーレ（Le prime categorie della logica di Hegel〔etc.〕）　スパヴェンタ, クローチェ, ジェンティーレ〔著〕, 上村忠男編訳　調布　月曜社　2012.2　299p　22cm　（シリーズ・古典転生 6）　3800円　①978-4-901477-91-8

内容 ヘーゲル論理学の最初のカテゴリー（ベルトランド・スパヴェンタ）　区別されたものの連関と対立するものの弁証法（ベネデット・クローチェ）　変成の概念とヘーゲル主義（ベネデット・クローチェ）　ヘーゲル弁証法の改革とB.スパヴェンタ（ジョヴァンニ・ジェンティーレ）　ヘーゲルと弁証法の起源（ベネデット・クローチェ）　付録 ヘーゲル論理学の「失われた弁証法」をめぐって（上村忠男）　〔03465〕

◇イタリア版「マルクス主義の危機」論争―ラブリオーラ、クローチェ、ジェンティーレ、ソレル　上村忠男監修, イタリア思想史の会編訳　未来社　2013.8　293p　19cm　（転換期を読む 20）　3200円　①978-4-624-93440-8

内容 史的唯物論の一批判 他（ジョヴァンニ・ジェンティーレ著, 中村勝己訳）　〔03466〕

シェーンベルナー, ゲルハルト

◇過ぎ去らぬ過去との取り組み―日本とドイツ　佐藤健生, ノルベルト・フライ編　岩波書店　2011.1　314, 15p　21cm　〈年表あり〉2800円　①978-4-00-001079-5

内容 過去の駆逐から啓蒙へ（ゲルハルト・シェーンベルナー著, 佐藤健生訳）　〔03467〕

シオラン, エミール　Cioran, Émile M.

◇告白と呪詛（AVEUX ET ANATHÈMES）　シオラン著, 出口裕弘訳　紀伊国屋書店　2012.5　252p　19cm　〈第2刷（第1刷1994年）〉2800円　①978-4-314-00694-1

内容 存在の縁辺で　切断　幻滅の魔　瞬間と向きあう　激情　忌わしき明察　〔03468〕

◇ルーマニアの変容（TRANSFIGURATION DE LA ROUMANIE）　シオラン〔著〕, 金井裕訳　法政大学出版局　2013.2　334p　20cm　（叢書・ウニベルシタス 990）　3800円　①978-4-588-00990-7

内容 コドレアヌ、大天使ミハイル軍団および鉄衛団についての覚書　祖国　シモーヌ・ブエのメモ　シオラン書簡断片　ルーマニアの変容（小文化の悲劇　ルーマニアのアダミスム　ルーマニアの心理的および歴史的な欠陥　国家集産主義　戦争と革命　政治の世界　ルーマニアの歴史の螺旋）　〔03469〕

ジオルジ, アメデオ　Giorgi, Amedeo

◇心理学における現象学的アプローチ―理論・歴史・方法・実践（The Descriptive Phenomenological Method in Psychology）　アメデオ・ジオルジ著, 吉田章宏訳　新曜社　2013.9　266, 21p　22cm　〈文献あり 索引あり〉3400円　①978-4-7885-1351-8

内容 第1章 概念的枠組み　第2章 心理学的現象を研究するにあたっての質的視点　第3章 研究過程　第4章 科学的現象学的方法とその哲学的脈絡　第5章 現象学的方法　第6章 方法の適用　〔03470〕

シクヴァルナ, ドゥシャン

◇ハプスブルク帝国政治文化史―継承される正統性　篠原琢, 中沢達哉編　京都　昭和堂　2012.5　241, 11p　22cm　〈文献あり 索引あり〉4000円　①978-4-8122-1220-2

内容 国民を想い描く（ドゥシャン・シクヴァルナ執筆, 中沢達哉訳）　〔03471〕

シクスー, エレーヌ　Cixous, Hélène

◇セクシュアリティ　水声社　2012.7　325p　21cm　（別冊水声通信）　2800円　①978-4-89176-915-1

内容 エクリチュール、女性性、フェミニズム（エレー

ヌ・シクスー執筆, 岩野卓司訳)　〔03472〕

シグステッド, シリエル・オドナー　Sigstedt, Cyriel Odhner

◇スヴェーデンボリ叙事詩―その生涯と著作（The Swedenborg epic）　シリエル・オドナー・シグステッド著, 鈴木泰之訳　スヴェーデンボリ出版　2012.12　800p　22cm　〈著作目録あり〉4500円　①978-4-906861-03-3　〔03473〕

ジクメ・ナムカ　Jigs-med nam-mk'a

◇蒙古喇嘛教史　ジクメ・ナムカ著, 外務省調査部訳　増訂　大空社　2011.9　430, 27p　22cm　（アジア学叢書 243）〈生活社昭和15年刊の複製　索引あり〉16000円　①978-4-283-00815-1　〔03474〕

ジグラー, エドワード　Zigler, Edward

◇みんなの幼児教育の未来予想図（A Vision for Universal Preschool Education）　エドワード・ジグラー, ウォルター・S.ギリアム, ステファニー・M.ジョーンズ編, 田中道治編訳　京都　ナカニシヤ出版　2013.3　322p　22cm　〈索引あり〉3800円　①978-4-7795-0753-3

内容 万人の幼児教育運動 他（エドワード・ジグラー, ウォルター・S.ギリアム, ステファニー・M.ジョーンズ著, 田中道治訳）　〔03475〕

ジグレール, ジャン

◇反グローバリゼーションの声（VOCES CONTRA LA GLOBALIZACIÓN）　カルロス・エステベス, カルロス・タイボ編著, 大津真作訳　京都　晃洋書房　2013.11　257, 8p　21cm　2900円　①978-4-7710-2490-8

内容 世界の主（ジャン・ジグレール述）　〔03476〕

シゲミ, シュウキチ　重見 周吉

◇日本少年―少年少女版　重見周吉原作, 菅紀子訳　松山　創風社出版　2012.8　177p　19cm　〈文献あり〉1200円　①978-4-86037-175-3　〔03477〕

ジーゲル, マリー・E.　Siegel, Mary E.

◇スーパーカウンセラーの「聞く力」で、運がこわいほどついてくる！―「人を動かす」簡単で最強の法　ポール・J.ドナヒュー, マリー・E.ジーゲル著, 内藤誼人訳　イースト・プレス　2011.1　230p　19cm　（East Press business）　1400円　①978-4-7816-0512-8

内容 運は「話す人」より「聞き上手」に！　"大事な人"をコロリと味方にする「聞き方」　なぜ"専門家"を苦手にしてしまうのか　トップ・上司を味方につける「聞き方」　複雑な「人間関係」もこうすればスッキリいく　「思い込み」で聞いていないか　「自分のこと」は後まわしにする　相手の「主導権」を横取りするな　「助言」にはくれぐれも注意！　人は「先入観」で耳を閉じてしまう　「砂に水がしみ込む」ように聞く方法　相手がつい「ホンネ」をもらす聞き方　「自分の話を必ず聞いてもらえるようになる」話し方　〔03478〕

シーコラ, ヤン

◇日米欧からみた近世日本の経済思想（Economic thought in early modern Japan）　川口浩, ベティーナ・グラムリヒ＝オカ編, 田中アユ子, 安野正士訳　岩田書院　2013.2　371p　22cm　7900円　①978-4-87294-785-4

内容 正司考祺の経済思想と佐賀藩の天保改革（ヤン・シーコラ著）　〔03479〕

シーサンティスック, ソムサック

◇人の移動、融合、変容の人類史―沖縄の経験と21世紀への提言　我部政明, 石原昌英, 山里勝己編　彩流社　2013.3　400, 15p　22cm　（琉球大学人の移動と21世紀のグローバル社会 8）〈索引あり〉4000円　①978-4-7791-1677-3

内容 タイのヤソトーン県プラチャーコムバーンクムにおけるプラチャーコム形成のプロセス（ソムサック・シーサンティスック執筆, 鈴木規之, ワッチャラー・スヤラー訳）　〔03480〕

ジジェク, スラヴォイ　Žižek, Slavoj

◇民主主義は、いま？―不可能な問いへの8つの思想的介入（Democratie, dans quel etat？）　ジョルジョ・アガンベン, アラン・バディウ, ダニエル・ベンサイード, ウェンディ・ブラウン, ジャン＝リュック・ナンシー, ジャック・ランシエール, クリスティン・ロス, スラヴォイ・ジジェク著, 河村一郎, 沢里岳史, 河合孝昭, 太田悠介, 平田周訳　以文社　2011.2　230p　20cm　2500円　①978-4-7531-0287-7

内容 民主主義から神的暴力へ（スラヴォイ・ジジェク著, 沢里岳史訳）　〔03481〕

◇共産主義の理念（L'Idée du communisme（重訳））　コスタス・ドゥズィーナス, スラヴォイ・ジジェク編, 長原豊監訳, 沖公祐, 比嘉徹徳, 松本潤一郎訳　水声社　2012.6　434p　20cm　4500円　①978-4-89176-912-3

内容 序共産主義の理念 他（コスタス・ドゥズィーナス, スラヴォイ・ジジェク著, 長原豊訳）　〔03482〕

◇終焉の時代に生きる（Living in the End Times）　スラヴォイ・ジジェク著, 山本耕一訳　国文社　2012.12　572p　20cm　5200円　①978-4-7720-0536-4

内容 序章「天にいる邪悪な諸霊」　第1章 否認―自由主義のユートピア　第2章 怒り―神学的・政治的なものの現実性　第3章 バーゲニング―経済学批判の帰還　第4章 抑鬱―ニューロン的心的外傷、あるいは、プロレタリアート的コギトの出現　第5章 受容―ふたたび獲得された大義　〔03483〕

ジジェンティ, リチャード・H.　Girgenti, Richard H.

◇不正・不祥事のリスクマネジメント（Managing the Risk of Fraud and Misconduct）　リチャード・H.ジジェンティ, ティモシー・P.ヘッドリー著, 知野雅彦監訳, KPMG FASフォレンジック部門訳　日本経済新聞出版社　2012.6　351p　21cm　〈索引あり〉3800円　①978-4-532-31794-2

内容 第1部 不正の理解（資産の不正流用　財務報告不正）　第2部 その他不正の種類および違法行為の理解（贈賄および汚職　マネーロンダリングと貿易制裁

政府に対する規制とインサイダー取引）　第3部 効果的なコンプライアンス・プログラムのフレームワーク（持続可能な価値のための総合的・包括的なコンプライアンス・プログラム）　第4部 不正・不適切な行為の管理モデル―予防、発見、対処（予防 ： リスク評価　予防 ： 行動規範、コミュニケーションと研修　予防 ： コーポレート・インテリジェンス　発見 ： 不適切な行為の報告のメカニズム　発見 ： 監査とモニタリング　対処 ： 調査　対処 ： 政府和解合意　対処 ： 電子保存情報の復元、再現および分析）〔03484〕

ジス, カロリーヌ　Gyss, Caroline

◇道教の世界―宇宙の仕組みと不老不死（Le taoisme）　ヴァンサン・ゴーセール, カロリーヌ・ジス著, 遠藤ゆかり訳, 松本浩一監修　大阪　創元社　2011.1　142p　18cm　（「知の再発見」双書 150―〔SG絵で読む世界文化史〕）〈文献あり 年表あり 索引あり〉1600円　①978-4-422-21210-4　〔03485〕

シスラク, A.*　Cislak, Aleksandra

◇紛争と平和構築の社会心理学―集団間の葛藤とその解決（INTERGROUP CONFLICTS AND THEIR RESOLUTION）　ダニエル・バル－タル編著, 熊谷智博, 大渕憲一監訳　京都　北大路書房　2012.10　375p　21cm　〈索引あり〉4000円　①978-4-7628-2787-7

内容 紛争解決に対する社会心理学的アプローチ（Aleksandra Cislak, Janusz Reykowski著, 大渕憲一訳）〔03486〕

シセリ, キャシー　Ceceri, Kathy

◇ギークマム―21世紀のママと家族のための実験、工作、冒険アイデア（GEEK MOM）　Natania Barron,Kathy Ceceri,Corrina Lawson,Jenny Williams著, 堀越英美, 星野靖子訳　オライリー・ジャパン　2013.10　278p　21cm　（Make Japan Books）〈発売 ： オーム社〉2200円　①978-4-87311-636-5

内容 1章 コミック・ヒーロー編 スーパーヒーローに！おれはなるっ!!―空想の世界への序章　2章 知育・家庭教育編 初歩的なことだよ、ワトソン君―子どもの自然な好奇心は学びへの第一歩　3章 IT・ゲーム編 抵抗は無意味だ―マルチタスクなママたちはデジタル革命の最先端　4章 科学・実験編 ときめきサイエンス―科学を親子で楽しもう　5章 料理編 ギーク一家、食を究める―料理とは工夫と精進　6章 手芸・工芸編 裁てよ国民！ ギークなハンドクラフト大集合―伝統手工芸を未知の領域へ　〔03487〕

シーダーボルグ, ジュリー

◇ビジュアル1001の出来事でわかる世界史（1000 events that shaped the world）　ダン・オトゥール, エリザベス・タウナー, ミシェル・R.ハリス, ジュリー・シーダーボルグ, パトリシア・ダニエルズ, スティーブン・G.ヒスロップ, テレサ・バリー, 桶谷仁志著　日経ナショナルジオグラフィック社　2012.2　419p　23cm　〈訳 ： 倉田真木ほか　索引あり　文献あり　『ビジュアル歴史を変えた1000の出来事』（2009年刊）の加筆・再編集、改題　発売 ： 日経BPマーケティング〉3800円　①978-4-86313-161-3

内容 第1章 古代―先史時代～紀元400年　第2章 中世―400年～1500年　第3章 発見の時代―1500年～1700年　第4章 革命の時代―1700年～1850年　第5章 帝国主義の時代―1850年～1913年　第6章 世界大戦の時代―1914年～1945年　第7章 現代―1946年～現在　〔03488〕

シッチン, ゼカリア　Sitchin, Zecharia

◇12番惑星ニビルからやって来た宇宙人―シュメール楔型文字が暴いた神々と天使（Divine encounters）　ゼカリア・シッチン著, 竹内慧訳　徳間書店　2011.2　597p　15cm　（5次元文庫 097）〈『神々との遭遇』（1997年刊）の加筆・修正〉857円　①978-4-19-906104-2

内容 第1部 人類の起源と宇宙から移植された超古代文明（遺伝子操作による人類創造―宇宙人はエデンの園でアダムとイブをこうして誕生させた　聖書と人類進化の系譜―カインとアベルの悲劇は二人の宇宙人の軋轢を反映したものだった　有史以前の失われた超科学文明―宇宙船に乗って天界を訪問した人類初の記録　巨神と半神半人伝説の時代―惑星結婚の掟により宇宙人と人間女性の間に次々と子供が生まれた　大洪水による人類絶滅の危機―ノア一族（人類）を救おうとした宇宙人と抹殺しようとした宇宙人 ほか）　第2部 旧約聖書の時代と古代中近東の情勢（次元変換によって歴史は動く―幻影/夢の中の物体が現実世界に物質転移された神業の実例　「契約の櫃」に秘められた謎―宇宙の神々からの通信/啓示は実際どのように行われていたのか　UFOに乗った天使と神の使者たち―罪悪の都市ソドムとゴモラの滅亡に神の天使たちはどう関わったか　実録！ 神の顕現とモーゼの十戒―エジプト脱出から人類史上最大規模の神との出会いの時へ　見えざる神の預言者たち―古きシュメールに戻れ！ 主ヤハウエの言葉を受け継ぐ神の子たちの活躍 ほか）　〔03489〕

シッパー, ミネケ　Schipper, Mineke

◇なぜ神々は人間をつくったのか―創造神話1500が語る人間の誕生（IN THE BEGINNING THERE WAS NO ONE）　ミネケ・シッパー著, 松村一男監訳, 大山晶訳　原書房　2013.3　321, 43p　20cm　〈文献あり〉2800円　①978-4-562-04898-4

内容 第1部 人間（人間はどうやってここに来たのか　創造　なぜ神々は人間をつくったのか　結びつき　不平等の起源）　第2部 男性と女性（製作時の男と女　片割れ　それ自身が命を持つ器官　血液　魔法のごとき母体）　〔03490〕

シップサイド, スティーブ　Shipside, Steve

◇わくわく「資本論」―いま、なぜマルクスなのか（Karl Marx's das Kapital）　スティーブ・シップサイド著, 松村哲哉訳　PHP研究所　2011.3　207p　19cm　〈文献あり〉1500円　①978-4-569-79519-5

内容 資本主義は難破船だ！　持続可能な資本主義のために　しっかりした企業倫理を持っているか？　資本主義に良心はあるか？　トリプルボトムラインに目を向けよ　資本主義は後始末が苦手　環境経済学のすすめ　自分の殻に閉じこもるな！　現代のラッダイトたち　科学技術はユートピアをもたらすか？〔ほか〕　〔03491〕

シディーク, アブ
◇西オーストラリア - 日本（にっぽん）交流史―永遠の友情に向かって（An enduring friendship）デイビッド・ブラック, 曽根幸子編著, 有吉宏之, 曽根幸子監訳　日本評論社　2012.2　391p　22cm 〈タイトル ： 西オーストラリアー日本交流史〉3000円　①978-4-535-58613-0
内容 日本と西オーストラリアの鉱業における協力関係（アブ・シディーク著）〔03492〕

シティズンシップ教育のための諮問委員会
◇社会を変える教育―英国のシティズンシップ教育とクリック・レポートから　長沼豊, 大久保正弘編著, バーナード・クリックほか著, 鈴木崇弘, 由井一成訳　町田　キーステージ21　2012.10　212p　21cm （キーステージ21ソーシャルブックス）〈他言語標題 ： Citizenship education 文献あり〉2000円　①978-4-904933-01-5
内容 シティズンシップのための教育と学校で民主主義を学ぶために（シティズンシップ教育のための諮問委員会著, 鈴木崇弘, 由井一成訳）〔03493〕

シテーガ, ブリギッテ　Steger, Brigitte
◇東日本大震災の人類学―津波、原発事故と被災者たちの「その後」　トム・ギル, ブリギッテ・シテーガ, デビッド・スレイター編　京都　人文書院　2013.3　371p　19cm　2900円　①978-4-409-53043-6
内容 皆一緒だから（ブリギッテ・シテーガ著, 池田陽子訳）〔03494〕
◇世界が認めたニッポンの居眠り―通勤電車のウトウトにも意味があった！（INEMURI）　ブリギッテ・シテーガ著, 畔上司訳　阪急コミュニケーションズ　2013.6　244, 6p　19cm 〈文献あり〉1700円　①978-4-484-13107-8
内容 01 日本人の睡眠習慣　02 日本の睡眠―昔と今　03 ところ変われば睡眠習慣変わる　04 睡眠と余暇　05 居眠りの社会的ルール　06 居眠りの社会学　07 居眠りの効果―賢くなるための短眠法〔03495〕

シード, ジャネット　Seed, Janet
◇オクスファム男女共同参画研修マニュアル―教室での実践例つき（The Oxfam gender training manual）　スザンヌ・ウィリアムズ, アデリーナ・ムワウ, ジャネット・シード著, 川中信訳　北樹出版　2011.3　221p　26cm　2500円　①978-4-7793-0288-6
内容 1 この本の使い方と基本概念（マニュアルの使い方ガイド　基本概念）　2 ファシリテーター用指針（ガイドライン）（そもそもの検討課題　計画づくりの7ステップ　研修中の業務）　3 気づきとモーザ手法の研修コース（ジェンダーへの気づきと男と女の気づきジェンダー役割とジェンダーニーズ　男女共同参画社会（ジェンダーと開発GAD）　男女に配慮した計画づくりとジェンダー分析）〔03496〕

ジトウスキー, ドナルド
◇D.E.スーパーの生涯と理論―キャリアガイダンス・カウンセリングの世界的泰斗のすべて（The Career Development Quarterly.Volume 43 Number1）　全米キャリア発達学会著, 仙崎武, 下村英雄編訳　図書文化社　2013.11　183p　21cm 〈索引あり〉3000円　①978-4-8100-3637-4
内容 職業理論へのスーパーの貢献（ドナルド・ジトウスキー著, 野淵竜雄訳）〔03497〕

シードマン, ダヴ　Seidman, Dov
◇人として正しいことを（How（原著増補版））　ダヴ・シードマン著, 近藤隆文訳　海と月社　2013.3　389p　21cm　2800円　①978-4-903212-41-8
内容 ウェーブを起こした男　第1部 WHATとHOWはどう違うか（パワーの源泉の移り変わり　あなたにも起こるかもしれないこと ほか）　第2部 思考のHOW（人間は「助けあう」動物だった　「やってもいい」から「やるべき」へ ほか）　第3部 行動のHOW（いつでも、どこでも、あなたのままで　信頼のつくり方、守り方 ほか）　第4部 統治のHOW（企業文化の基本を理解する　自己統治できる人、そして組織へ ほか）〔03498〕

ジーナー, チャールズ・H.
◇アタッチメントを応用した養育者と子どもの臨床（Attachment theory in clinical work with children）　ダビッド・オッペンハイム, ドグラス・F.ゴールドスミス編, 数井みゆき, 北川恵, 工藤晋平, 青木豊訳　京都　ミネルヴァ書房　2011.6　316p　22cm 〈文献あり〉4000円　①978-4-623-05731-3
内容 母子の関係性を形成するための治療計画（チャールズ・H.ジーナー著）〔03499〕

シニャフスキー, アンドレイ　Siniavskii, Andrei Donat'evich
◇ソヴィエト文明の基礎（Основы советской цивилизации）　アンドレイ・シニャフスキー〔著〕, 沼野充義, 平松潤奈, 中野幸男, 河尾基, 奈倉有里共訳　みすず書房　2013.12　416, 22p　20cm 〈文献あり 索引あり〉5800円　①978-4-622-07732-9〔03500〕

シニル, キム
◇排除型社会と生涯学習―日英韓の基礎構造分析　鈴木敏正編著　札幌　北海道大学出版会　2011.3　278p　22cm （北海道大学大学院教育学研究院研究叢書 2）〈索引あり〉5800円　①978-4-8329-6752-6
内容 持続可能な社会と平生学習（キム・シニル著, ソン・ミラン訳）〔03501〕

シネック, サイモン　Sinek, Simon
◇WHYから始めよ！―インスパイア型リーダーはここが違う（Start with why）　サイモン・シネック著, 栗木さつき訳　日本経済新聞出版社　2012.1　261p　19cm　1600円　①978-4-532-31767-6
内容 はじめに なぜ、WHYから始めるのか？　第1部 WHYから始まらない世界　第2部 WHYから始まる世界　第3部 リーダーには信奉者が必要　第4部 信じる人間をどう集結させるか　第5部 成功は最大の難関なり　第6部 WHYを発見する〔03502〕

シノウェイ, エリック　Sinoway, Eric C.
◇「これから」を生きるための授業―ハーバード・

ビジネススクール（HOWARD'S GIFT）　エリック・シノウェイ，メリル・ミードウ著，岩瀬大輔訳　三笠書房　2013.4　253p　20cm　1400円　①978-4-8379-5740-9

内容 すべての働く人へ―ハワード先生「後悔しない生き方の授業」　「ピンチ」を人生最大の「チャンス」に変える方法　夢をかなえる人はゴールからスタートを切っている　一度きりの人生を、あなたはどう描くか　「自分らしさ」は選べる　「自信を土台にできる人」「自信過剰に陥る人」　"弱点"をなくすより、"強み"を伸ばしなさい　「他人が敷いたレール」を走らない　情熱に火をつける「メンター」を探せ　上手に助けを求められる人　「もっと自分を高める環境」を選ぶ　時に「人生の岐路」を楽しめ　「失敗をバネにできる人」が得るもの　未来を切り拓く人は、もう静かに行動を起こしている　〔03503〕

シノン，フィリップ　Shenon, Philip

◇ケネディ暗殺―ウォーレン委員会50年目の証言　上（A CRUEL AND SHOCKING ACT）　フィリップ・シノン著，村上和久訳　文芸春秋　2013.11　428p 図版16p　20cm　1600円　①978-4-16-376880-9

内容 第1部 1963年11月22日―29日（解剖医は、血染めのメモを焼却した　ロバート・ケネディの推理　ジョンソンとフーヴァーの奇妙な友情　誇大妄想狂の母親ジョンソン、ウォーレンを説得）　第2部 調査（委員会招集される　FBIへの内通者、ジェラルド・フォード　若く優秀な法律家を調査スタッフに　六つの調査分野をつくる　「陰謀」チームのスローソン ほか）　〔03504〕

◇ケネディ暗殺―ウォーレン委員会50年目の証言　下（A CRUEL AND SHOCKING ACT）　フィリップ・シノン著，村上和久訳　文芸春秋　2013.11　412p 図版16p　20cm　〈文献あり〉1600円　①978-4-16-376890-8

内容 第3部 ウォーレン報告（報告書執筆へ追い込み　オズワルドと一緒にいたキューバの男　シルビア・オディオの証言　ザプルーダーはいくら儲けたのか？　筆記録を取るのをやめた委員会 ほか）　第4部 報告書発表以降（無視された外交官トーマスの調査　イカれた検事ジム・ギャリソン　機密解除されたCIAメキシコ支部長の回想録　ケネディ暗殺は防ぐことができた）　〔03505〕

シバ，セン　司馬 遷

◇史記列伝　3　司馬遷著，野口定男訳　平凡社　2011.1　520p　16cm　（平凡社ライブラリー 723）　1500円　①978-4-582-76723-0

内容 匈奴列伝 第五十　衛将軍・驃騎列伝 第五十一　平津侯・主父列伝 第五十二　南越列伝 第五十三　東越列伝 第五十四　朝鮮列伝 第五十五　西南夷列伝 第五十六　司馬相如列伝 第五十七　淮南・衡山列伝 第五十八　循吏列伝 第五十九〔ほか〕　〔03506〕

◇現代語訳史記　司馬遷著，大木康訳・解説　筑摩書房　2011.2　248p　18cm　（ちくま新書 890）〈年表あり〉780円　①978-4-480-06593-3

内容 第1章 権力にあるもの―帝王（理想の聖天子―尭・舜　王を討って王となる―殷の湯王 ほか）　第2章 権力を目指すもの―英雄たち（復讐こそすべて―伍子胥　わが「舌」は最強の武器となる―蘇秦と張儀 ほか）　第3章 権力を支えるもの―補佐の臣下たち（国の威信を守る―廉頗・藺相如　高祖劉邦の知恵袋―張良 ほか）　第4章 権力の周辺にあるもの―道化・名君・文学者（笑いの力―淳于髠　酒と女におぼれた名君―信陵君 ほか）　第5章 権力に刃向かうもの―刺客と反乱者（執念の刺客―予譲・荊軻　大帝国を滅ぼした最初の一撃―陳勝）　〔03507〕

◇史記列伝抄　〔司馬遷〕〔原著〕，宮崎市定訳，礪波護編　国書刊行会　2011.3　409p　22cm　3600円　①978-4-336-05341-1

内容 伯夷列伝第一　管晏列伝第二　老子韓非列伝第三　司馬穰苴列伝第四　孫子呉起列伝第五　伍子胥列伝第六　仲尼弟子列伝第七　商君列伝第八　蘇秦列伝第九　張儀列伝第十〔ほか〕　〔03508〕

◇ちくま哲学の森　1　生きる技術　鶴見俊輔，安野光雅，森毅，井上ひさし，池内紀編　筑摩書房　2011.9　420p　15cm　1200円　①978-4-480-42861-5

内容 貨殖列伝（司馬遷著，小川環樹訳）　〔03509〕

◇ちくま哲学の森　3　悪の哲学　鶴見俊輔，安野光雅，森毅，井上ひさし，池内紀編　筑摩書房　2011.11　431p　15cm　1200円　①978-4-480-42863-9

内容 酷吏列伝（司馬遷著，福島吉彦訳）　〔03510〕

シーバーグ，モリーン　Seaberg, Maureen

◇共感覚という神秘的な世界―言葉に色を見る人、音楽に虹を見る人（Tasting the Universe）　モリーン・シーバーグ著，和田美樹訳　エクスナレッジ　2012.7　288p　19cm　〈文献あり〉1800円　①978-4-7678-1422-3

内容 灰色のガラス　E線が奏でる赤い色　カイリューの巨大な緑のWWW　エメラルドグリーンの港と青い音符　ブロンドの共感覚者　透明のプリズム　科学的領域　赤と黒の魔法　青い目の奥で　愛の色　神の恵みの音　色彩ルネッサンス　神さまの味　ゾンビの憂鬱　インディゴブルーをまとった量子の化身　虹の始まり　〔03511〕

シバナンダ，スワミ　Sivananda, Swami

◇ヨーガと空の科学―スワミは答える‐幸せは心の内に（Thought Power, May I Answer That？）　スワミ・シバナンダ著，小山芙美子訳・編　東宣出版　2012.9　25, 345, 20p　19cm　2000円　①978-4-88588-076-6

内容 第1部 思考の科学（思考の力―その物理特性と哲学　思考の力―法則と作用　思考の価値と使い方　思考の作用　思考力の開発 ほか）　第2部 スワミは答える（神を信じる根拠が知りたい　信仰心と輪廻の輪　ブラフマ・ムルタとは　グルとヨーギの役割　ジャパと瞑想の違い ほか）　〔03512〕

◇プラーナヤーマの科学―シバナンダが伝えるヨーガ呼吸法のすべて（The Science of Pranayama）　スワミ・シバナンダ著，友永淳子訳　サンガ　2013.9　311p　20cm　〈文献あり 索引あり〉　2800円　①978-4-905425-54-0

内容 第1章（プラーナとプラーナヤーマ　プラーナとは何か？　ほか）　第2章（瞑想室　5種類の必須事項 ほか）　第3章（プラーナヤーマとは何か？　プラーナヤーマに関する記述 ほか）　実習の手引き　付記（太陽神経叢への集中　パンチャ・ダーラナ（5種類の精神集中）ほか）　日本語版解説（調気法　プラーナヤーマで用いるマントラ）　〔03513〕

シーハン, マイケル　Sheehan, Michael
◇戦略論―現代世界の軍事と戦争（Strategy in the Contemporary World（原著第3版）（抄訳））　ジョン・ベイリス, ジェームズ・ウィルツ, コリン・グレイ編, 石津朋之監訳　勁草書房　2012.9　314p　21cm　〈文献あり 索引あり〉2800円　①978-4-326-30211-6
内容 近代戦争の展開（マイケル・シーハン著, 吉崎知典訳）〔03514〕

シフ, アンドリュー・J.　Schiff, Andrew J.
◇なぜ政府は信頼できないのか―寓話で学ぶ経済の仕組み（How an economy grows and why it crashes）　ピーター・D.シフ, アンドリュー・J.シフ著, 酒井泰介訳　東洋経済新報社　2011.6　212p　21cm　1800円　①978-4-492-31411-1
内容 ひらめき　富の配分　信用あれこれ　経済発展　協力は繁栄のみなもと　貯金は銀行に　インフラと通商　共和国の誕生　知恵を使いはじめた政府　縮んでいく魚　遠方からの命綱　重要性を増すサービス産業　交換停止　住宅バブル　バブル崩壊　悪あがき　通貨危機〔03515〕

シフ, ステイシー　Schiff, Stacy
◇クレオパトラ（Cleopatra）　ステイシー・シフ著, 仁木めぐみ訳, 近藤二郎監修　早川書房　2011.12　460p　20cm　〈文献あり〉2600円　①978-4-15-209264-9
内容 第1章 あのエジプト女　第2章 死者は噛みつかない　第3章 クレオパトラ、魔術で老人を魅了する　第4章 黄金時代が今であったためしはない　第5章 人間は生まれつき政治的な生き物　第6章 港に着くには、帆を何度も変えねばならない　第7章 世界中のゴシップの的　第8章 不倫と私生児　第9章 歴史上で一番の悪女〔03516〕

シフ, ピーター・D.　Schiff, Peter D.
◇なぜ政府は信頼できないのか―寓話で学ぶ経済の仕組み（How an economy grows and why it crashes）　ピーター・D.シフ, アンドリュー・J.シフ著, 酒井泰介訳　東洋経済新報社　2011.6　212p　21cm　1800円　①978-4-492-31411-1
内容 ひらめき　富の配分　信用あれこれ　経済発展　協力は繁栄のみなもと　貯金は銀行に　インフラと通商　共和国の誕生　知恵を使いはじめた政府　縮んでいく魚　遠方からの命綱　重要性を増すサービス産業　交換停止　住宅バブル　バブル崩壊　悪あがき　通貨危機〔03517〕
◇アメリカが暴発する！ 大恐慌か超インフレだ―資産を守り、国家破綻を防ぐ方法（THE REAL CRASH）　ピーター・シフ著, 渡辺博文訳, 朝倉慶監修　ビジネス社　2012.10　284p　19cm　1600円　①978-4-8284-1680-9
内容 アメリカを取り巻く経済状況とその行方　政府が諸悪の根源　雇用を改善するために政府は何もすべきでない　金融業界の規制をなくすのが唯一の方法　健全なマネーは金本位制に戻る　まずは所得税を廃止する　あまりにも保守的な年金と健康保険を廃止する　政府は高等教育の現場から撤退せよ　オバマの健康保険を止めるのは単なる始まりにすぎない　政府には政府の役割に専念させる　アメリカはすでに破産しているのに、いつ認めるのか　大崩壊に備えての投資戦略〔03518〕

シブサワ, エイイチ　渋沢 栄一
◇「論語」を生かす私（わたし）の方法―渋沢栄一『論語講義』 人生の「充実感」をかみしめる！　渋沢栄一著, 斎藤孝訳・責任編集　イースト・プレス　2010.4　534p　20cm　（《座右の名著》シリーズ）〈タイトル：「論語」を生かす私の方法〉1600円　①978-4-7816-0343-8〔03519〕

シブタニ, タモツ
◇パースペクティブとしての準拠集団　タモツ・シブタニ著, 木原綾香, 奥田真悟, 桑原司訳　〔鹿児島〕　Faculty of Law, Economics and Humanities of Kagoshima University　2013.4　16枚　30cm　（Discussion papers in economics and sociology no.1301）〔03520〕

シープバウアー, マーティン　Scheepbouwer, Martin
◇すべての仕事は〈逆〉から考えるとうまくいく（Thinking Backwards）　ロブ・ヴァン・ハーストレッチト, マーティン・シープバウアー著, 細谷功監訳　日本実業出版社　2012.4　213p　19cm　1500円　①978-4-534-04944-5
内容 1 目標を設定する―問題を目標に変える（なぜ、目標をしっかり設定できないのか？―問題に目を奪われる　問題にはまり込まない ほか）　2 分析のためのフレームワークを構築する―問題を逆から考える（逆から考える　質問型アプローチ ほか）　3 分析を実行する―「合理的な疑い」を超える（いい分析とはどんなものか　舞台裏…捜査ごっこ ほか）　4 解決策を策定する―決断だけでは意味がない。施策実行に意味がある（決断だけでは意味がない。施策実行に意味がある　より確実に行動に結びつけるには ほか）　5 利害関係者と連携する―「ボートをどう揺らすか」（「ボートをどう揺らすか」　変化を拒む反対勢力への対応策 ほか）〔03521〕

ジブラーン, カリール　Gibran, Kahlil
◇ちくま哲学の森　1　生きる技術　鶴見俊輔, 安野光雅, 森毅, 井上ひさし, 池内紀編　筑摩書房　2011.9　420p　15cm　1200円　①978-4-480-42861-5
内容 結婚について/子どもについて（ジブラーン著, 神谷美恵子訳）〔03522〕

シフリン, アンドレ　Schiffrin, André
◇出版と政治の戦後史―アンドレ・シフリン自伝（A political education）　アンドレ・シフリン著, 高村幸治訳　トランスビュー　2012.9　353p　20cm　2800円　①978-4-7987-0129-5
内容 第1章 楽園を追われて　第2章 ふたたびフランスへ　第3章 戦後アメリカの激動の中で　第4章 大学での政治活動―SDSとCIA　第5章 遥かなるケンブリッジの日々　第6章 出版の新しい可能性を求めて　第7章 変質する出版界―七〇年代以後　第8章 活路はどこに　終章 パリで暮らして〔03523〕

シフリン, マシュー　Schifrin, Matthew
◇となりのバフェットがやっている凄い投資―普通の人がプロを出し抜く10のテクニック（The Warren Buffetts next door）　マシュー・シフリン著, 小野一郎訳　ダイヤモンド社　2011.8

269p 19cm 1800円 ①978-4-478-01503-2
内容 ギリギリの評価でバリュー株を見つける オプションを使って利益の上乗せ 落下するナイフをつかむ投資法 11の指標で投資先を選ぶ 有望銘柄はネットの中にある 悪いニュースが出たらバイオ株を買う 世界最高の銘柄選択術 金鉱株で悠々自適のリタイアメント どんな相場でも柔軟に対応する テクニカル分析で下げ相場を乗り切る 投資に役立つサイト 〔03524〕

私法統一国際協会
◇UNIDROIT国際商事契約原則2010（UNIDROIT 2010） 私法統一国際協会著, 内田貴, 曽野裕夫, 森下哲朗, 大久保紀彦訳 商事法務 2013.8 349p 21cm 〈索引あり〉4000円 ①978-4-7857-2107-7
内容 前文 第1章 総則 第2章 成立と代理 第3章 有効性 第4章 解釈 第5章 内容、第三者の権利および条件 第6章 履行 第7章 不履行 第8章 相殺 第9章 権利の譲渡、債務の移転、契約の譲渡 第10章 時効期間 第11章 複数の債務者および債権者 付録 〔03525〕

シーボルド, ジョン Sebold, John
◇DV加害者が変わる—解決志向グループ・セラピー実践マニュアル（Solution-Focused Treatment of Domestic Violence Offenders） モー・イー・リー, ジョン・シーボルド, エイドリアナ・ウーケン著, 玉真慎子, 住谷祐子訳 金剛出版 2012.9 286p 22cm 〈文献あり 索引あり〉4200円 ①978-4-7724-1267-4
内容 1 序論—解決についての説明書仔 2 解決志向アセスメント面接 3 グループ・ルール、宿題、チーム・アプローチの活用 4 役に立つゴールを作る 5 ゴールを活用して変化を促す 6 変化を確実にする—「成功の言語」 7 グループ過程を活用する—「分かち合いの言語」 8 有効な仮説と手段 9 特定のグループとの共働作業 10 治療プログラムの評価 11 おわりに 〔03526〕

シーボルド, スティーブ Siebold, Steve
◇一流の人に学ぶ自分の磨き方—全米屈指の超人気セミナー講師が伝授する12の成長法則（177 mental toughness secrets of the world class (3rd ed.)） スティーブ・シーボルド著, 弓場隆訳 かんき出版 2012.3 237p 20cm 1500円 ①978-4-7612-6822-0
内容 第1章 信念 第2章 勇気 第3章 努力 第4章 情熱 第5章 成長 第6章 規律 第7章 学習 第8章 感謝 第9章 謙虚 第10章 正義 第11章 忍耐 第12章 寛容 〔03527〕
◇金持ちになる男、貧乏になる男（HOW RICH PEOPLE THINK） スティーブ・シーボルド著, 弓場隆訳 サンマーク出版 2012.5 239p 19cm 1500円 ①978-4-7631-3210-9
内容 第1章 お金の本質を理解しているか？ 第2章 お金に対して偏見をもっていないか？ 第3章 自分には稼げないと思い込んでいないか？ 第4章 自分を信じて努力しているか？ 第5章 積極的にチャンスをつかもうとしているか？ 第6章 お金に対して罪悪感をもっていないか？ 第7章 子どもにお金の重要性を教えているか？ 第8章 自分に投資しているか？ 〔03528〕

シーマー, D.C. Siemer, Deanne C.
◇弁護士のための法廷テクノロジー入門（Effective use of courtroom technology） D.C.シーマー, F.D.ロスチャイルド, A.J.ボッキーノ, D.H.ベスキント著, 今在景子, 荒川歩, 石崎千景, 菅原郁夫訳 日の出町（東京都） 慈学社出版 2011.4 221p 22cm 〈発売：大学図書〉3200円 ①978-4-903425-69-6 〔03529〕

シマザキ, トウソン 島崎 藤村
◇『Japan To-day』研究—戦時期『文芸春秋』の海外発信 鈴木貞美編 京都 国際日本文化研究センター 2011.3 375p 26cm （日文研叢書）〈発売：作品社〉4800円 ①978-4-86182-328-2
内容 西欧化の風潮と日本女性（島崎藤村著, 野間けいこ訳） 〔03530〕

シマショウ 芝麻醤
◇中国の四季の絵本 6 神様を祭る・祖先を祭る 王早早文, 黄馳衡, 芝麻醤絵, 〔古島洋一〕,〔張保〕〔訳〕 〔横浜〕 神奈川共同出版販売 2013.5 64p 22×27cm 〈発売：星の環会〉①978-4-89294-530-4 〔03531〕

ジマーソン, シェーン・R. Jimerson, Shane R.
◇世界の学校心理学事典（THE HANDBOOK OF INTERNATIONAL SCHOOL PSYCHOLOGY） シェーン・R.ジマーソン, トーマス・D.オークランド, ピーター・T.ファレル編, 石隈利紀, 松本真理子, 飯田順子監訳 明石書店 2013.9 640p 27cm 〈文献あり 索引あり〉18000円 ①978-4-7503-3886-6
内容 第1部 各国の学校心理学（カナダの学校心理学 アメリカ合衆国の学校心理学 ジャマイカの学校心理学 プエルトリコの学校心理学 ほか） 第2部 世界の学校心理学—現在から未来へ（世界の学校心理学—これまでの歩み 学校心理学の国際的発展に影響を与える求心的、遠心的動向 国際学校心理学会—その設立、成果、および将来展望 学校心理学の国際比較調査—世界のスクールサイコロジストから得られる洞察 ほか） 〔03532〕

シマニス, エリック
◇BOPビジネス市場共創の戦略（Next generation business strategies for the base of the pyramid） スチュアート・L.ハート, テッド・ロンドン編著, 清川幸美訳 英治出版 2011.8 347p 20cm 2200円 ①978-4-86276-111-8
内容 どこにでもあるニーズ、どこにもない市場（エリック・シマニス著） 〔03533〕

ジマーマン, D.* Zimmerman, David
◇インターライ方式ケアアセスメント—居宅・施設・高齢者住宅（InterRAI home care (HC) assessment form and user's manual, 9.1 〔etc.〕） John N.Morris〔ほか〕著, 池上直己監訳, 山田ゆかり, 石橋智昭訳 医学書院 2011.12 367p 30cm 3800円 ①978-4-260-01503-5 〔03534〕

シマンスキー, ジェフ Szymanski, Jeff
◇がんばりすぎるあなたへ—完璧主義を健全な習慣

に変える方法（THE PERFECTIONIST'S HANDBOOK）　ジェフ・シマンスキー著, 小林玲子訳　阪急コミュニケーションズ　2013.8　238p　19cm　〈文献あり〉1800円　①978-4-484-13111-5
内容 第1部 完璧主義を理解する（さまざまな完璧主義　完璧主義のプロフィールを作る　自覚だけでは変化を起こせない）　第2部 健全な完璧主義を最大限に伸ばす（完璧主義が悪いのではない　収穫逓減を学ぶ―努力を分析する方法　ミスを戦略的実験に変える　人生を吟味する―トップテンのリストに注目する　キリストも弟子が必要だった―他人という存在の価値　仕事熱心の功罪―なぜ休憩とリフレッシュが必要なのか　全体のまとめ）〔03535〕

シ

シミズ, タダシ　清水 正
◇青い目の人形の物語―Dolls of Friendship Between Japan and America　山嵜直樹, 清水正著　長野　ほおずき書籍　2012.11　41p　22×29cm　〈日本語対訳付　文献あり　発売：星雲社〉1200円　①978-4-434-17224-3〔03536〕

シミドケ, H.*　Schmidtke, Henning
◇紛争と平和構築の社会心理学―集団間の葛藤とその解決（INTERGROUP CONFLICTS AND THEIR RESOLUTION）　ダニエル・バル・タル編著, 熊谷智博, 大渕憲一監訳　京都　北大路書房　2012.10　375p　21cm　〈索引あり〉4000円　①978-4-7628-2787-7
内容 平和構築―社会心理学的アプローチ（Klaus Boehnke, Henning Schmidtke, Maor Shani著, 大渕憲一訳）〔03537〕

シムサ, パベル　Simsa, Pavel
◇プロジェクト・マネジャーが知るべき97のこと（97 things every project manager should know）　Barbee Davis編, 笹井崇司訳, 神庭弘年監修　オライリー・ジャパン　2011.11　240p　21cm　〈発売：オーム社〉1900円　①978-4-87311-510-8
内容 ステータスレポートは開発者に嫌がられ、マネジャーに愛される 他（パベル・シムサ）〔03538〕

シムズ, ピーター　Sims, Peter
◇小さく賭けろ！―世界を変えた人と組織の成功の秘密（Little Bets）　ピーター・シムズ著, 滑川海彦, 高橋信夫訳　日経BP社　2012.4　294p　19cm　〈文献あり　発売：日経BPマーケティング〉1600円　①978-4-8222-4896-3
内容 第1章「大きな賭け」対「小さな賭け」　第2章 成長志向のマインドセット　第3章 素早い失敗、素早い学習　第4章 遊びの天才　第5章 問題は新しい答え　第6章 質問は新しい答え　第7章 大から小を学ぶ　第8章 小から大を学ぶ　第9章 小さな勝利　第10章 あなたの「小さな賭け」〔03539〕

シムチーク, マルチン
◇体制転換と地域社会の変容―スロヴァキア地方小都市定点追跡調査　石川晃弘, リュボミール・ファルチャン, 川崎嘉元編著　八王子　中央大学出版部　2010.11　335p　22cm　（中央大学社会科学研究所研究叢書 24）　4000円　①978-4-8057-1325-9
内容 変動下の文化と地域社会（マルチン・シムチーク著, 石川晃弘訳）〔03540〕

シメオナ, モーナ・ナラマク　Simeona, Mornnah Nalamaku
◇叡智のしずく（Dewdrops of wisdom）　モーナ・ナラマク・シメオナ, イハレアカラ・ヒューレン, カマイリ・ラファエロヴィッチ著, 平良アイリーン訳, The Foundation of I,Freedom of the Cosmos監修　SITHホ・オポノポノアジア事務局　2012.9　183p　15×15cm　1905円　①978-4-904881-02-6〔03541〕

ジーメル, エータン　Zemel, Eitan
◇金融規制のグランドデザイン―次の「危機」の前に学ぶべきこと（Restoring financial stability）　ヴィラル・V.アチャリア, マシュー・リチャードソン編著, 大村敬一監訳, 池田竜哉, 増原剛輝, 山崎洋一, 安藤祐介訳　中央経済社　2011.3　488p　22cm　〈文献あり〉5800円　①978-4-502-68200-1
内容 現代の金融セクターにおけるコーポレート・ガバナンス（ヴィラル・V.アチャリア, ジェニファー・N.カーペンター, ザビエル・ガバイ, コーズ・ジョン, マシュー・リチャードソン, マーティ・G.サブラマニャム, ランガラジャン・K.サンドラム, エータン・ジーメル）〔03542〕

シーモア, ミランダ　Seymour, Miranda
◇オットリン・モレル破天荒な生涯―ある英国貴婦人の肖像（OTTOLINE MORRELL：LIFE ON THE GRAND SCALE）　ミランダ・シーモア著, 蛭川久康訳　彩流社　2012.7　734, 39p　22cm　〈索引あり〉8000円　①978-4-7791-1603-2
内容 第1部 ヴィクトリア朝に生まれて（箱入り娘だった少女時代（一八七三‐九二）　娘から妻へ（一八九三‐一九〇二））　第2部 自由への歩み（結婚そして母親となること（一九〇二‐七）　画想を誘う女性像　ブルームズベリ、愛と芸術（一九〇七‐一〇）　利己主義者を惹きつけて（一九〇九‐一一）　噴出する情熱（一九一一年三月））　第3部 オットリンとパーティ（ある恋愛の肖像（一九一一‐一六）　信頼と背信（一九一一年四月）　イプスデンの危機（一九一一‐一二）　三角関係（一九一二‐一三）　小春日和（一九一三‐一四）　新しい友、新しい敵（一九一四‐一五））　第4部 ガーシントン邸（ガーシントン邸の肖像（一九一五‐二八）　ガーシントンの最初の年（一九一五‐一六）　悲しみの時（一九一六‐一七）　一時代の終焉（一九一七‐一八）　ダブリンとトロントとタイガー（一九一九‐二二）　母としての試練（一九二二‐二五））　第5部 ガウワー・ストリート一〇番（回想録と勇気の試される時（一九二五‐二八）　友情と再生　最後の一年（一九三八‐三八））〔03543〕

シモニ, M.
◇無文字民族の神話　ミシェル・パノフ, 大林太良他著, 大林太良, 宇野公一郎訳　新装復刊　白水社　2013.5　281, 12p　20cm　〈文献あり 索引あり〉4200円　①978-4-560-08291-1
内容 中央アメリカの神話（M.シモニ著, 宇野公一郎訳）〔03544〕

シモノヴァ, リュドミラ

◇グローバル化のなかの企業文化―国際比較調査から　石川晃弘, 佐々木正道, 白石利政, ニコライ・ドリャフロフ編著　八王子　中央大学出版部　2012.2　382p　22cm　（中央大学社会科学研究所研究叢書 25）　4600円　①978-4-8057-1326-6
内容 国際ビジネスにおける信頼と倫理（リュドミラ・シモノヴァ著, 石川晃弘訳）　〔03545〕

シモムラ, カイナン　下村 海南

◇『Japan To-day』研究―戦時期『文芸春秋』の海外発信　鈴木貞美編　京都　国際日本文化研究センター　2011.3　375p　26cm　（日文研叢書）〈発売：作品社〉4800円　①978-4-86182-328-2
内容 日本は1940年オリンピック開催にむけて準備中（下村海南著, 牛村圭訳）　〔03546〕

シモンズ, アネット　Simmons, Annette

◇プロフェッショナルは「ストーリー」で伝える（THE STORY FACTOR）　アネット・シモンズ著, 池村千秋訳　海と月社　2012.12　343p　21cm　2400円　①978-4-903212-39-5
内容 人を動かす六つのストーリー　ストーリーとはなにか？　ストーリーにできて、事実にできないこと　どう語ればいいのか？　人間心理とストーリーの絶妙な関係　決めゼリフより大叙事詩を語ろう　抵抗派、無関心派、無気力派を動かす　相手のストーリーに耳を傾け、動かす　ストーリーテラーが心がけるべきこと、やってはいけないこと　ストーリーテラーとして生きる喜び　ストーリー・シンキングというスキル　ストーリーで成功そたある会社の物語　〔03547〕

シモンズ, シモーヌ　Simmons, Simone

◇ダイアナ妃の遺言（Diana the last word）　シモーヌ・シモンズ, イングリッド・シュワード著, 飯塚恭子訳　清流出版　2011.4　286p　19cm　1900円　①978-4-86029-303-1
内容 JFK　ダイアナとの出会い　チャールズ　危険な情事　オリバー・ホア　最愛の息子たち　離婚　ドレス売却　もう一度恋に落ちて　信仰　より美しく　家庭の事情　チャリティ　ファギー　勇気ある行動　宮殿をとりまく人びと　最後の夏　終焉　〔03548〕

シモンズ, ダニエル　Simons, Daniel J.

◇錯覚の科学―あなたの脳が大ウソをつく（The invisible gorilla）　クリストファー・チャブリス, ダニエル・シモンズ著, 木村博江訳　文芸春秋　2011.2　373p　20cm　〈文献あり〉1571円　①978-4-16-373670-9
内容 はじめに 思い込みと錯覚の世界へようこそ　実験1 えひめ丸はなぜ沈没したのか？―注意の錯覚　実験2 捏造された「ヒラリーの戦場体験」―記憶の錯覚　実験3 冤罪証言はこうして作られた―自信の錯覚　実験4 リーマンショックを招いた投資家の誤算―知識の錯覚　実験5 俗説、デマゴーグ、そして陰謀論―原因の錯覚　実験6 自己啓発、サブリミナル効果のウソ―可能性の錯覚　おわりに 直感は信じられるのか？　〔03549〕

◇世界一素朴な質問、宇宙一美しい答え―世界の第一人者100人が100の質問に答える（BIG QUESTIONS FROM LITTLE PEOPLE）　ジェンマ・エルウィン・ハリス編, 西田美緒子訳, タイマタカシ絵　河出書房新社　2013.11　298p　22cm　2500円　①978-4-309-25292-6
内容 サルはどうしてバナナが好きなの？（ダニエル・シモンズ）　〔03550〕

シモンズ, メノ

◇宗教改革時代の説教　出村彰編　教文館　2013.1　482p　21cm　（シリーズ・世界の説教）　4500円　①978-4-7642-7337-5
内容 新生（メノ・シモンズ述, 矢口以文訳）　〔03551〕

シモンズ, ロバート　Simmons, Robert

◇ブック・オブ・ストーン―石たちのこと、石たちが教えてくれること（The book of stones）　ロバート・シモンズ, ネイシャ・アーシャン著, Hisa訳　ナチュラルスピリット　2011.1　613p　26cm　〈索引あり〉8900円　①978-4-903821-92-4
内容 アイオライト　アイオライト・サンストーン　アヴェンチュリン　アキシナイト　アクアオーラ　アクアマリン　アグニゴールドダンビュライト　アゲート（瑪瑙）　アストロフィライト　アズライト〔ほか〕　〔03552〕

◇ブック・オブ・ストーン　石のスピリチュアル事典（THE BOOK OF STONES）　ロバート・シモンズ著, Hisa訳　ポケット版　ナチュラルスピリット　2013.12　396p　16cm　2700円　①978-4-86451-100-1　〔03553〕

シヤ*　子夜

◇ちくま哲学の森　7　恋の歌　鶴見俊輔, 安野光雅, 森毅, 井上ひさし, 池内紀編　筑摩書房　2012.3　444p　15cm　1300円　①978-4-480-42867-7
内容 恋愛天文学（子夜著, 佐藤春夫訳）　〔03554〕

シャ, イワ*　謝 維和

◇日中教育学対話　3　新たな対話への発展・深化を求めて　山崎高哉, 労凱声共編　横浜　春風社　2010.12　424p　20cm　3200円　①978-4-86110-248-6
内容 中国高等教育大衆化過程における構造分析 他（謝維和, 文雯, 李楽夫著, 楊奕訳）　〔03555〕

シャ, エイ*　謝 泳

◇「牛鬼蛇神を一掃せよ」と文化大革命―制度・文化・宗教・知識人　石剛編著・監訳　三元社　2012.3　426p　21cm　5000円　①978-4-88303-306-5
内容 思想改造運動の起源及び中国知識人への影響（謝泳著, 浜田ゆみ訳）　〔03556〕

シャ, カジュン*　車 河淳

⇒チャ, ハスン*

シャ, ケツ　謝 杰

◇使琉球録　蕭崇業, 謝杰著, 原田禹雄, 三浦国雄訳注　宜野湾　榕樹書林　2011.3　529, 11p　22cm　18000円　①978-4-89805-148-1　〔03557〕

シャ, コクコウ　謝 国興

◇近代台湾の経済社会の変遷―日本とのかかわりを

めぐって　馬場毅, 許雪姫, 謝国興, 黄英哲編　東方書店(発売)　2013.11　537p　22cm　〈索引あり〉6000円　①978-4-497-21313-6

内容 戦後初期において台湾中小企業が植民地時代から継承したもの(謝国興著, 佃隆一郎訳)　〔03558〕

シャー, スネー　Shah, Sneh

◇グローバル・ティーチャーの理論と実践―英国の大学とNGOによる教員養成と開発教育の試み (Developing the global teacher)　ミリアム・スタイナー編, 岩崎裕保, 湯本浩之監訳　明石書店　2011.7　540p　20cm　(明石ライブラリー 146)〈文献あり 索引あり〉5500円　①978-4-7503-3381-6

内容 グローバルな教員養成課程の制度設計―どうしたら大学内に「浸透」させることができるのか(スネー・シャー著, 湯本浩之訳)　〔03559〕

シャ, ヒツシン*　謝 必震

◇人の移動、融合、変容の人類史―沖縄の経験と21世紀への提言　我部政明, 石原昌英, 山里勝己編　彩流社　2013.3　400, 15p　22cm　(琉球大学人の移動と21世紀のグローバル社会 8)〈索引あり〉4000円　①978-4-7791-1677-3

内容 新たな視点に見る中琉関係史研究(謝必震執筆, 前田舟子訳)　〔03560〕

シャ, ヒョウエイ*　謝 冰瑩

◇新編原典中国近代思想史　第7巻　世界冷戦のなかの選択―内戦から社会主義建設へ　野村浩一, 近藤邦康, 並木頼寿, 坂元ひろ子, 砂山幸雄, 村田雄二郎編　砂山幸雄責任編集　岩波書店　2011.10　410, 7p　22cm　〈年表あり〉5700円　①978-4-00-028227-7

内容 女性と団結(謝冰瑩著, 田畑佐和子訳)　〔03561〕

シャ, ボウゲン*　謝 望原

◇日中経済刑法の比較研究　佐伯仁志, 金光旭編　成文堂　2011.6　285p　22cm　(成蹊大学アジア太平洋研究センター叢書§アジア法叢書 30)　3300円　①978-4-7923-1908-3

内容 公衆預金不法吸収罪 他(謝望原, 張開駿著, 金光旭訳)　〔03562〕

◇変動する21世紀において共有される刑事法の課題―日中刑事法シンポジウム報告書　椎橋隆幸, 西田典之編　成文堂　2011.12　199p　21cm　〈会期・会場 : 2011年10月1日(土)~2日(日)　中央大学多摩キャンパス3号館3551号室〉2000円　①978-4-7923-1931-1

内容 承諾の正当化根拠及び中国での適用(謝望原著, 李勇訳)　〔03563〕

シャ, マツカ*　謝 沫華

◇西南中国少数民族の文化資源の"いま"　塚田誠之編　吹田　人間文化研究機構国立民族学博物館　2013.1　142p　26cm　(国立民族学博物館調査報告 109)〈中国語併載〉①978-4-906962-00-6

内容 文化多様性の保護(謝沫華著, 長沼さやか訳)　〔03564〕

シャイアー, クラウス - アルツウル

◇時間の謎―哲学的分析 (Das Rätsel der Zeit)　ハンス・ミカエル・バウムガルトナー編, 田中隆訳　丸善書店出版サービスセンター　2013.8　353p　22cm　非売品　①978-4-89630-281-3

内容 ハイデッガーの通俗時間概念とヘーゲルの光を忌む力(クラウス - アルツウル・シャイアー)　〔03565〕

シャイブレ, ハインツ

◇宗教改革者の群像　〔マルティン・グレシャト〕〔編〕, 日本ルター学会編訳　知泉書館　2011.11　449, 18p　22cm　〈索引あり　文献あり〉8000円　①978-4-86285-119-2

内容 フィリップ・メランヒトン(ハインツ・シャイブレ著, 菱刈晃夫訳)　〔03566〕

シャイラー, ルートヴィヒ

◇ウィーンとウィーン人 (Wien und die Wiener)　アーダルベルト・シュティフター他著, 新井裕, 戸口日出夫, 阿部雄一, 荒川宗晴, 篠原敏昭, 松岡晋訳　八王子　中央大学出版部　2012.3　990, 29p　20cm　(中央大学人文科学研究所翻訳叢書 6　中央大学人文科学研究所編)〈年表あり〉7200円　①978-4-8057-5405-4

内容 美しきウィーン娘 他(ルートヴィヒ・シャイラー著, 荒川宗晴訳)　〔03567〕

シャイン, エドガー・H.　Schein, Edgar H.

◇組織文化とリーダーシップ (Organizational Culture and Leadership(原著第4版))　エドガー・H.シャイン著, 梅津祐良, 横山哲夫訳　白桃書房　2012.11　497p　22cm　〈文献あり 索引あり〉4000円　①978-4-561-23561-3

内容 第1部 組織文化とリーダーシップを定義する(組織文化の概念―何故重要か?　文化に伴う3つのレベル ほか)　第2部 文化の次元(外的適応に関する前提認識　内部的統合のマネジメントについての前提認識 ほか)　第3部 文化を築き、定着させ、育てる際のリーダーの役割(新しいグループで文化はいかに形成されるのか　創設者/リーダーはいかに組織文化を生みだすのか ほか)　第4部 リーダーは文化の変革をいかにマネジできるのか(マネジされた文化変革のための概念モデル　マネジされた組織変革の一部としての文化アセスメント ほか)　第5部 リーダーとリーダーシップにとっての新しい役割(学習する文化と学習するリーダー　文化の島―多元的文化グループをマネジする)　〔03568〕

◇リーダーシップ・マスター―世界最高峰のコーチ陣による31の教え (Coaching for Leadership)　マーシャル・ゴールドスミス, ローレンス・S.ライアンズ, サラ・マッカーサー編著, 久野正人監訳, 中村安子, 夏井幸子訳　英治出版　2013.7　493p　21cm　2800円　①978-4-86276-164-4

内容 コンサルティングとの違いは何か(エドガー・H.シャイン)　〔03569〕

ジャイン, ナレシュ　Jain, Naresh

◇プロジェクト・マネジャーが知るべき97のこと (97 things every project manager should know)　Barbee Davis編, 笹井崇司訳, 神庭弘年監修　オライリー・ジャパン　2011.11　240p

21cm 〈発売 : オーム社〉1900円 ①978-4-87311-510-8
内容 スプリントでなくマラソンのためのチームづくり 他(ナレシュ・ジャイン) 〔03570〕

シャイン, ベティ　Shine, Betty
◇ベティ・シャインのイメージワークブック―心のエネルギーがすべてを変える (BETTY SHINE'S MIND WORKBOOK)　ベティ・シャイン著, 鈴木純子訳　ナチュラルスピリット　2012.10　230p　19cm　1600円　①978-4-86451-050-9
内容 人生　エネルギー体とは　エクササイズ(ストレスを解消する　意識のトレーニング　雲に乗る ほか)　心と魂のワーク(詩を書こう　ポジティブなこと、ネガティブなこと　日々の記録)　マントラ 〔03571〕

ジャイン, ヤシュパール　Jaina, Yaśapāla
◇マハートマー・ガンディー最後の断食―懊悩の五日間 (Hrdaya-manthan ke pãnc din, New Delhi (2nd ed.) (抄訳))　マハートマー・ガンディー〔述〕, ヤシュパール・ジャイン編, 古賀勝郎訳　〔出版地不明〕　古賀勝郎　2012.6　51p　26cm 〔03572〕

シャインフェルド, ロバート　Scheinfeld, Robert
◇「ザ・マネーゲーム」から脱出する法―勝てないゲームから自由になるための刺激的な戦略　ロバート・シャインフェルド著, 本田健訳　ヴォイス　2011.9　268p　19cm　1400円　①978-4-89976-279-9
内容 ゲームのルール　つきまとう3つの疑問　ハリウッドもかなわない　白馬の騎士がやってくる　お金は実際にどのように創られるか?　鏡よ、鏡　エックス線で世の中を見る　世紀の宝探し　運転席に飛び乗る　アクセルを踏み込む　マネーゲームからの脱出　旅先からのポストカード　限界や制限のないプレー　招待状※ 〔03573〕
◇「ビジネスゲーム」から自由になる法―絶対勝てない幻想のゲームからの脱出マニュアル (Busting Loose from the Business Game)　ロバート・シャインフェルド著, 本田健訳　ヴォイス　2013.2　269p　19cm　1400円　①978-4-89976-379-6
内容 「大いなる嘘」に気づく　「大いなる真実」に目覚める　「現実」は、ファンタジー工場で創られる　「奇跡」は、どのように起きるのか?　「ビジネスゲーム」を最新科学で読み解く　脱出パズルのピースを見つけよう　他人は、あなたが創るエキストラ　太陽を隠す雲の覆いを取り払う　雲を打ち破るドリルを組み立てよう　ドリルを使って幻想を砕こう〔ほか〕 〔03574〕
◇あなたの夢をかなえる目に見えない力の秘密―理想の人生を引き寄せる7つのステップ (INVISIBLE PATH TO SUCCESS)　ロバート・シャインフェルド著, 本田健訳　イースト・プレス　2013.3　253p　19cm　1400円　①978-4-7816-0914-0
内容 第1部 "成功"へと続く道の入り口を見つける(第1のステップはこれだ―意見を手放し、自分の役に立つものを利用する　第2のステップはこれだ―町で一番おもしろい「映画」の席を確保する　第3のステップはこれだ―「自動運転モード」を解除する　第4のステップはこれだ―遠くの人と話す　第5のステップはこれだ―戦力をそっくり残らず利用する　第6のステップはこれだ―あなたは常に「票を集めて」はいるが、いつも「当選する」とは限らない　第7のステップはこれだ―現代は、地球という遊園地の「アトラクション変更」の時期だ。)　第2部 "成功"へと続く見えない道」に沿って歩む(7章までの「復習」　欲しいものの依頼の方法　頼んだものが届かないときの対処法　「"成功"へと続く見えない道」を歩む際の一般的な注意事項　感情、ストレス、苦境に打ち克って、目に見えない道を歩む　人間関係における「"成功"へと続く見えない道」の歩み方　ビジネスにおける「"成功"へと続く見えない道」の歩み方) 〔03575〕
◇なにが起こっても、「絶対★幸せ」でいる法 (The Ultimate Key to Happiness)　ロバート・シャインフェルド著, 栗原弘美訳　ヴォイス　2013.10　201p　19cm　1500円　①978-4-89976-402-1 〔03576〕

ジャヴァーズ, エイモン　Javers, Eamon
◇諜報ビジネス最前線 (Broker, trader, lawyer, spy)　エイモン・ジャヴァーズ著, 大沼安史訳　緑風出版　2011.8　458p　20cm　2800円　①978-4-8461-1113-7
内容 暗号名はユッカ　第1部 贋金島とディープ・チョコレート(高貴なる天職　すべては金のため　あの男が消えた!　悪党バスターズ　チョコレート戦争)　第2部 テクニック・テクノロジー・タレント(戦術的行動評価　エディ・マーフィ戦略　名なしのニッククレージーが勢ぞろい　この国はそれでも偉大な国か?　寒い国から来たスパイ) 〔03577〕

シャヴァニュー, クリスチアン　Chavagneux, Christian
◇タックスヘイブン―徹底解明 グローバル経済の見えざる中心のメカニズムと実態 (TAX HAVENS)　ロナン・パラン, リチャード・マーフィー, クリスチアン・シャヴァニュー著, 青柳伸子訳　作品社　2013.9　438p　20cm 〈文献あり〉2800円　①978-4-86182-416-6
内容 第1部 タックスヘイブンの機能と役割(タックスヘイブンとは何か?　世界経済に及ぼしている影響での統計的実態　タックスヘイブンのメカニズム―媒介機関とシステム)　第2部 タックスヘイブンの起源と発展(タックスヘイブンの起源　大英帝国によるタックスヘイブンの発展)　第3部 国際政治におけるタックスヘイブン(先進国世界とタックスヘイブン　途上国の開発とタックスヘイブン)　第4部 タックスヘイブンの規制と攻防(タックスヘイブン規制の歴史的経緯　国際的・組織的規制の開始　二一世紀世界とタックスヘイブン　グローバル経済における富と権力を問い直す) 〔03578〕

ジャーヴィス, サラ
◇世界一素朴な質問、宇宙一美しい答え―世界の第一人者100人が100の質問に答える (BIG QUESTIONS FROM LITTLE PEOPLE)　ジェンマ・エルウィン・ハリス編, 西田美緒子訳, タイマタカシ絵　河出書房新社　2013.11　298p　22cm　2500円　①978-4-309-25292-6
内容 女の人には赤ちゃんが生まれて男の人に生まれないのはなぜ?(サラ・ジャーヴィス博士) 〔03579〕

ジャーヴィス, ピーター　Jarvis, Peter
◇生涯学習支援の理論と実践―「教えること」の現在（The theory and practice of teaching (2nd ed.)）　ピーター・ジャーヴィス編著, 渡辺洋子, 吉田正純監訳　明石書店　2011.2　420p　20cm（明石ライブラリー 144）〈文献あり 索引あり〉 4800円　①978-4-7503-3339-7
内容 実践基盤型学習と課題基盤型学習（PBL）他（ピーター・ジャーヴィス著, 柴原真知子訳）〔03580〕

ジャーヴィス, B.*　Jervis, Barrie G.
◇現代海上保険（REEDS MARINE INSURANCE）　Barrie G.Jervis著, 大谷孝一, 中出哲監訳　成山堂書店　2013.11　353p　22cm〈索引あり〉3800円　①978-4-425-36181-6 〔03581〕

シャヴィット, デイヴィッド　Shavit, David
◇アジアにおけるアメリカの歴史事典（The United States in Asia : a historical dictionary）デイヴィッド・シャヴィット著, 荒このみ監訳, 三輪恭子, 吉崎円訳　雄松堂書店　2011.3　510p 23cm　11000円　①978-4-8419-0577-9 〔03582〕

シャーヴィト, K.*　Sharvit, Keren
◇紛争と平和構築の社会心理学―集団間の葛藤とその解決（INTERGROUP CONFLICTS AND THEIR RESOLUTION）　ダニエル・バル・タル編著, 熊谷智博, 大淵憲一監訳　京都　北大路書房　2012.10　375p　21cm〈索引あり〉4000円　①978-4-7628-2787-7
内容 集団間紛争における感情と感情制御―評価基盤フレームワーク 他（James J.Gross, Eran Halperin, Keren Sharvit著, 後藤伸彦訳）〔03583〕

ジャウォースキー, ジョセフ　Jaworski, Joseph
◇源泉―知を創造するリーダーシップ（SOURCE）　ジョセフ・ジャウォースキー著, 金井寿宏監訳, 野津智子訳　英治出版　2013.2 284p　20cm　1900円　①978-4-86276-145-3
内容 企業家的な衝動の源泉―探究の旅が始まる　意識のより深い領域　U理論の誕生　創造的な発見のためのラボ　『赤い本』　バハへ　実証プロジェクト　ピューマ　厳しい教訓を学ぶ　オランダでの出会い〔ほか〕〔03584〕
◇シンクロニシティ―未来をつくるリーダーシップ（SYNCHRONICITY（原著第2版））　ジョセフ・ジャウォースキー著, 金井寿宏監訳, 野津智子訳　増補改訂版　英治出版　2013.2　381p　20cm 1900円　①978-4-86276-146-0
内容 1 旅の準備（ウォーターゲート事件　成功すること ほか）2 出発点（決心　教え導くもの ほか）3 英雄の旅（「力強い前進」の瞬間　野外体験 ほか）4 贈り物（回帰　場を整える ほか）5 旅はつづく（初版についての読者からの手紙　蔓延している信念体系を変える）〔03585〕

ジャオ, ベン　Jiao, Ben
◇チベットの文化大革命―神懸かり尼僧の「造反有理」（On the Cultural Revolution in Tibet）メルヴィン・C.ゴールドスタイン, ベン・ジャオ, タンゼン・ルンドゥプ著, 楊海英監訳, 山口周子訳　風響社　2012.9　382p　21cm〈年表あり 文献あり〉3000円　①978-4-89489-182-1 〔03586〕

シャーキー, クレイ
◇世界一素朴な質問、宇宙一美しい答え―世界の第一人者100人が100の質問に答える（BIG QUESTIONS FROM LITTLE PEOPLE）　ジェンマ・エルウィン・ハリス編, 西田美緒子訳, タイマタカシ絵　河出書房新社　2013.11　298p 22cm　2500円　①978-4-309-25292-6
内容 インターネットは、なんのためにあるの？（クレイ・シャーキー）〔03587〕

シャーキー, ジョン（ケルト文化）　Sharkey, John
◇ミステリアス・ケルト―薄明のヨーロッパ（Celtic Mysteries）　ジョン・シャーキー著, 鶴岡真弓訳　新版　平凡社　2013.5　127p　21cm（新版・イメージの博物誌）〈文献あり〉1900円　①978-4-582-28439-3
内容 古代宗教　三態一組の女神　英雄の王国　呪術師と宗教儀礼　不思議の旅　キリスト教のヒーローたち　テーマ別〔03588〕

シャーキー, ジョン（理学療法）　Sharkey, John
◇ミステリアス・ケルト―薄明のヨーロッパ（Celtic Mysteries）　ジョン・シャーキー著, 鶴岡真弓訳　新版　平凡社　2013.5　127p　21cm（新版・イメージの博物誌）〈文献あり〉1900円　①978-4-582-28439-3
内容 古代宗教　三態一組の女神　英雄の王国　呪術師と宗教儀礼　不思議の旅　キリスト教のヒーローたち　テーマ別〔03589〕

シャク, ケイシン*　釈 慧真
⇒ソク, ヘジン*

ジャクソン, アンドリュー　Jackson, Andrew
◇モルモン教とキリスト教はどう違うのか（Mormonism Explained）　アンドリュー・ジャクソン著, 結城絵美子訳　いのちのことば社 2012.12　234p　19cm　1500円　①978-4-264-03062-1
内容 第1部 モルモン教の起源（ジョセフ・スミス―真の福音の回復者？　ジョセフ・スミスとモルモン教徒、西へ　ジョセフ・スミスの時代からソルトレーク・シティへ）第2部 モルモン教の教義（地上における唯一の真の教会　今も続く啓示とモルモン教の聖典　モルモン教の世界観　神々と神格化というモルモン教の福音）第3部 モルモン教における救い（モルモン教が教える天国と地獄　イエス・プラスアルファ　モルモン教では死者はどのようにして救われるのか）〔03590〕

ジャクソン, ティム　Jackson, Tim
◇成長なき繁栄―地球生態系内での持続的繁栄のために（Prosperity without growth）　ティム・ジャクソン著, 田沢恭子訳　一灯舎　2012.2 297, 49p　20cm〈索引あり　文献あり　発売：オーム社〉2200円　①978-4-903532-76-9
内容 失われた繁栄　無責任の時代　繁栄の再定義　成長のジレンマ　デカップリングの神話　消費主義の

「鉄の牢獄」 ケインズ主義と「グリーン・ニューディール」 生態系マクロ経済学 限界内での繁栄 繁栄のためのガバナンス 持続可能な経済への移行 持続的な繁栄 〔03591〕

シャクソン, ニコラス Shaxson, Nicholas

◇タックスヘイブンの闇―世界の富は盗まれている！ (Treasure islands) ニコラス・シャクソン著, 藤井清美訳 朝日新聞出版 2012.2 446p 20cm 2500円 ①978-4-02-331002-5

内容 表玄関から出て行って横手の窓から戻って来た植民地主義 どこでもない場所へようこそ―オフショア入門 法律的には海外居住者―ヴェスティ兄弟への課税 中立という儲かる盾―ヨーロッパ最古の守秘法域、スイス オフショアと正反対のもの―金融資本に対する戦いとケインズ ユーロダラーというビッガーバン―ユーロダラー市場、銀行、および大脱出 クモの巣の構築―イギリスはどのように新しい海外帝国を築いたのか アメリカの陥落―オフショア・ビジネスへの積極参加を決めたアメリカ 途上国からの莫大な資金流出―タックスヘイブンは貧しい国々をどのように痛めつけるか オフショアの漸進的拡大―危機のルーツ 抵抗運動―オフショアのイデオロギー戦士との戦い オフショアの暮らし―人間の要因 怪物繰りフィン―シティ・オブ・ロンドン・コーポレーション 〔03592〕

シャクター, A.* Schachter, Abby

◇子どもの心理療法と調査・研究―プロセス・結果・臨床的有効性の探求 (Child psychotherapy and research) ニック・ミッジリー, ジャン・アンダーソン, イブ・グレンジャー, ターニャ・ネシッジ・プロビッチ, キャシー・アーウィン編著, 鵜飼奈津子監訳 大阪 創元社 2012.2 287p 22cm 〈索引あり 文献あり〉5200円 ①978-4-422-11524-5

内容 子どもの精神分析の成人時での結果：アンナ・フロイトセンターにおける長期追跡調査 (Abby Schachter, Mary Target著, 南里裕美訳) 〔03593〕

シャコベオ計画管理運営会社

◇ガリシア、大西洋を見つめるその深い精神性 ガリシア州自治政府, ガリシア自治政府革新産業省, シャコベオ計画管理運営会社編, フランシスコ・シングル編集責任, 塩沢恵訳 〔出版地不明〕 Xunta de Galicia 〔20－－〕 133p 24cm ①978-84-453-4483-5 〔03594〕

◇聖地サンティアゴへの巡礼―日の沈む国への旅 ガリシア州自治政府, ガリシア自治政府革新産業省, シャコベオ計画管理運営会社編, フランシスコ・シングル編集責任・著, 塩沢恵訳 〔出版地不明〕 Xunta de Galicia 〔20－－〕 93p 24cm ①978-84-453-4482-8 〔03595〕

ジャコメッティ

◇ちくま哲学の森 5 詩と真実 鶴見俊輔, 安野光雅, 森毅, 井上ひさし, 池内紀編 筑摩書房 2012.1 449p 15cm 1300円 ①978-4-480-42865-3

内容 昨日、動く砂は (ジャコメッティ著, 矢内原伊作訳) 〔03596〕

シャー・センソー, エフラト

◇アタッチメントを応用した養育者と子どもの臨床 (Attachment theory in clinical work with children) ダビッド・オッペンハイム, ドグラス・F.ゴールドスミス編, 数井みゆき, 北川恵, 工藤晋平, 青木豊訳 京都 ミネルヴァ書房 2011.6 316p 22cm 〈文献あり〉4000円 ①978-4-623-05731-3

内容 子どもの診断に関する親の解決と親子関係 (ダビッド・オッペンハイム, スマダール・ドルエフ, ニナ・コレン・カリー, エフラト・シャー・センソー, ヌリット・イルミア, シャハフ・ソロモン著) 〔03597〕

シャッグ, マーク・C.

◇学校と職場をつなぐキャリア教育改革―アメリカにおけるSchool-to-Work運動の挑戦 (The school-to-work movement) ウィリアム・J.スタル, ニコラス・M.サンダース編, 横井敏郎ほか訳 学事出版 2011.7 385p 21cm 3800円 ①978-4-7619-1839-2

内容 School-to-Work―ウィスコンシン州の経験 (マーク・C.シャッグ, リチャード・D.ウエスタン著, 横井敏郎訳) 〔03598〕

シャックマン, ヘレン Schucman, Helen

◇奇跡講座 ワークブック編 (A course in miracles) ヘレン・シャックマン筆記, 加藤三代子, 沢井美子訳 中央アート出版社 2011.12 565p 22cm 4600円 ①978-4-8136-0653-6

内容 第1部 (この部屋の中に…見えているものには、何の意味もない。 この部屋の中に…見えているあらゆるものに、私にとっての意味のすべてを与えたのは、私自身である。 この部屋の中に…見えているどんなものも、私は理解していない。 これらの考えには何の意味もない。それらは、この部屋に見えているものと同様である。 私は自分で考えているような理由で、動揺しているのではない。ほか) 第2部 (赦しとは何か 救済とは何か 世界とは何か 罪とは何か ほか) 〔03599〕

◇奇跡のコース 第2巻 学習者のためのワークブック/教師のためのマニュアル (A COURSE IN MIRACLES) ヘレン・シャックマン記, ウィリアム・セットフォード, ケネス・ワプニック編, 大内博訳 ナチュラルスピリット 2012.12 800, 105p 22cm 5500円 ①978-4-86451-069-1

内容 1 (この部屋の中で (この通りで、この窓から、この場所で) 私が見ているものには、何の意味もありません。 私は、この部屋の中で (この通りで、この窓から、この場所で) 見ているもののすべてに、それらが私に対してもっている意味のすべてを与えています。 私は、この部屋で (この通りで、この窓から、この場所で) 見ているものを何も理解していません。 これらの思いには何の意味もありません。これらの思いは私がこの部屋で (この通りで、この窓から、この場所で) 見ているものと同じようなものです。 私の動揺は、私が考える理由によるものであることは決してありません。 ほか) 2 (ゆるしとは何でしょうか 救いとは何でしょうか この世界とは何でしょうか 罪とは何でしょうか 肉体とは何でしょうか ほか) 〔03600〕

◇奇跡講座 テキスト編 (A Course in Miracles) ヘレン・シャックマン筆記, 加藤三代子, 沢井美子訳 中央アート出版社 2013.7 861p 22cm 5000円 ①978-4-8136-0651-3

シ

内容 奇跡の意味　分離と贖罪　無垢なる知覚　自我の幻想　癒しと全一性　愛のレッスン　神の国の贈り物　帰還の旅　贖罪の受容　病気という偶像〔ほか〕〔03601〕

ジャット, トニー　Judt, Tony

◇記憶の山荘■私の戦後史（The memory chalet）　トニー・ジャット〔著〕, 森夏樹訳　みすず書房　2011.4　273p　20cm　〈年譜あり〉3000円　①978-4-622-07594-3

内容 第1部（質素な生活　食べ物　自動車　パトニー　グリーンラインバス　模倣の欲望　ロードウォーデン）　第2部（ジョー　キブツ　寝室係　パロ・ワズ・イエスタディ　革命家たち　仕事　エリート集団　言葉）　第3部（若者ジャットよ、西へ行け　中年の危機　囚われの魂　ガールズ、ガールズ、ガールズ　ニューヨーク・ニューヨーク　エッジピープル　トニ）〔03602〕

◇失われた二〇世紀　上（Reappraisals）　トニー・ジャット著, 河野真太郎, 生駒久美, 伊沢高志, 近藤康裕, 高橋愛訳　NTT出版　2011.12　255p　20cm　2800円　①978-4-7571-4225-1

内容 序 わたしたちが失った世界　第1部 闇の奥（典型的知識人アーサー・ケストラー　プリーモ・レーヴィにかんする基本的事実　マネス・シュペルバーのユダヤ的ヨーロッパ　ハンナ・アーレントと悪）　第2部 知識人の関与―その政治学（アルベール・カミュ―「フランスで最高の男」　空虚な伽藍―アルチュセールの「マルクス主義」　エリック・ホブズボームと共産主義というロマンス　さらば古きものよ？―レシェク・コワコフスキとマルクス主義の遺産　「哲人教皇」―ヨハネ・パウロ二世と現代世界　エドワード・サイード―根なし草のコスモポリタン）〔03603〕

◇失われた二〇世紀　下（Reappraisals）　トニー・ジャット著, 河野真太郎, 生駒久美, 伊沢高志, 近藤康裕, 高橋愛訳　NTT出版　2011.12　368, 15p　20cm　〈索引あり〉3200円　①978-4-7571-4286-2

内容 第3部 ロスト・イン・トランジション―場所と記憶（破局―一九四〇年、フランスの敗北　失われた時を求めて―フランスとその過去　庭に置かれたノーム像―トニー・ブレアとイギリスの「遺産」　国家なき国家―なぜベルギーが重要なのか　ルーマニア―歴史とヨーロッパのあいだで　暗い勝利―イスラエルの六日間戦争　成長を知らない国）　第4部 アメリカの（半）世紀（アメリカの悲劇？―ウィテカー・チェンバース事件　危機―ケネディ、フルシチョフ、キューバ　幻影に憑かれた男―ヘンリー・キッシンジャーとアメリカの外交政策　それは誰の物語なのか？―冷戦を回顧する　羊たちの沈黙―リベラルなアメリカの奇妙な死について　良き社会―ヨーロッパ対アメリカ）　結び よみがえった社会問題〔03604〕

ジャドソン, ブルース　Judson, Bruce

◇起業はGO IT ALONE！―最小投資・最小人員で大きく成功する方法（GO IT ALONE！）　ブルース・ジャドソン著, 細谷功選・監修, 松田貴美子訳　亜紀書房　2013.9　292p　20cm　（PROFESSIONAL & INNOVATION）〈文献あり 索引あり〉1900円　①978-4-7505-1321-8

内容 フリーランスでもフリーエージェントでもなくGO‐IT‐ALONE起業で成功するための法則　起業家に味方する事業環境への一大転換　アイデアは自分の得意分野でこそ生きる　ビジネスシステムを創造する方法　起業家の英雄神話に惑わされるな　フリーランスやフランチャイジーにならない理由　極限までのアウトソーシングとその管理法　創意工夫に富む企業から得る教訓　企画した事業を評価する11のテスト　会社勤めをやめるタイミング　ベンチャーキャピタルが役に立たない理由　「必ず起こる過ち」から学ぶ　GO‐IT‐ALONE起業とは、「突然ひとりになる」こと　「不安」は敵である〔03605〕

シャドラー, テッド　Schadler, Ted

◇エンパワード―ソーシャルメディアを最大活用する組織体制（Empowered）　ジョシュ・バーノフ, テッド・シャドラー著, 黒輪篤嗣訳　翔泳社　2011.5　323p　20cm　（Harvard business school press）　2200円　①978-4-7981-2281-6

内容 第1部 HERO（なぜビジネスにHEROが必要なのか）　第2部 HEROは何をするのか（HEROとその取り組み　顧客間の相互影響を分析する　グランズウェルの顧客サービスを提供する　モバイルアプリケーションで顧客に力を与える　ファンの声を増幅させる）　第3部 HERO駆動の会社（DIYテクノロジーがHERO協定を支える　HEROのための準備はできているか？　HEROをいかに導き、マネジメントするか？　HEROのイノベーションを助ける　HEROのコラボレーションを助ける　HEROの安全を守る　テクノロジーのイノベーションでHEROを支える　HERO駆動を実現する）〔03606〕

シャナー, カール・オットー

◇ユダヤ出自のドイツ法律家（DEUTSCHE JURISTEN JUDISCHER HERKUNFT）　ヘルムート・ハインリッヒス, ハラルド・フランツキー, クラウス・シュマルツ, ミヒャエル・シュトレイス著, 森勇監訳　八王子　中央大学出版部　2012.3　25, 1310p　21cm　（日本比較法研究所翻訳叢書 62）〈文献あり 索引あり〉13000円　①978-4-8057-0363-2

内容 分類された経済生活としての取引法（カール・オットー・シャナー著, 梶浦桂司訳）〔03607〕

シャナハン, マイケル・J.

◇ライフコース研究の技法―多様でダイナミックな人生を捉えるために（The Craft of Life Course Research）　グレン・H.エルダー,Jr., ジャネット・Z.ジール編著, 本田時雄, 岡林秀樹監訳, 登張真稲, 中尾暢見, 伊藤教子, 磯谷俊仁, 玉井航太, 藤原善美訳　明石書店　2013.7　470p　22cm　〈文献あり 索引あり〉6700円　①978-4-7503-3858-3

内容 ライフコースにおける遺伝と行動（マイケル・J.シャナハン, ジェイソン・D.ボードマン著, 本田時雄, 登張真稲訳）〔03608〕

ジャナン, ピエール

◇叢書『アナール1929-2010』―歴史の対象と方法　2　1946-1957（Anthologie des Annales 1929-2010）　E.ル＝ロワ＝ラデュリ,A.ビュルギエール監修, 浜名優美監訳　L.ヴァランシ編, 池田祥英, 井上桜子, 尾河直哉, 北垣潔, 塚島真実, 平沢勝行訳　藤原書店　2011.6　460p　22cm　6800円　①978-4-89434-807-3

内容 十六世紀半ばにおけるフランス経済とロシア市場

（ピエール・ジャナン著, 北垣潔訳）〔03609〕

シャニ, M.*　Shani, Maor
◇紛争と平和構築の社会心理学—集団間の葛藤とその解決（INTERGROUP CONFLICTS AND THEIR RESOLUTION）　ダニエル・バル・タル編著, 熊谷智博, 大渕憲一監訳　京都　北大路書房　2012.10　375p　21cm　〈索引あり〉4000円　①978-4-7628-2787-7
内容 平和構築—社会心理学的アプローチ（Klaus Boehnke, Henning Schmidtke, Maor Shani著, 大渕憲一訳）〔03610〕

ジャネ, ピエール　Janet, Pierre
◇心理学的自動症—人間行動の低次の諸形式に関する実験心理学試論（L'AUTOMATISME PSYCHOLOGIQUE）　ピエール・ジャネ〔著〕, 松本雅彦訳　みすず書房　2013.4　514, 10p　22cm　〈索引あり〉7000円　①978-4-622-07758-9
内容 第1部 全自動症（心理現象を個々別々に切り離して観察する試み　忘却と多彩な心理学的存在の経時的出現　暗示、意識野の狭窄）　第2部 部分自動症（下意識の行動　感覚麻痺、心理現象の同時的存在　心理学的統合不全（解離）の多彩な形態　精神力とその衰弱）〔03611〕

ジャネイ, レイチェル　Janney, Rachel
◇子どものソーシャルスキルとピアサポート—教師のためのインクルージョン・ガイドブック（Social relationships and peer support (2nd ed.)）　レイチェル・ジャネイ, マーサ・E.スネル著, 高野久美子, 涌井恵監訳　金剛出版　2011.2　164p　26cm　〈索引あり〉2800円　①978-4-7724-1181-3
内容 第1章 対人関係の構築　第2章 学校環境の整備　第3章 対人関係づくりとピアサポート　第4章 ソーシャルスキルを教える　第5章 ピアサポートを組み込んだ指導モデル　第6章 はじめの一歩とその継続のために　付録〔03612〕

シャノン, リサ・J.　Shannon, Lisa J.
◇私は、走ろうと決めた。—「世界最悪の地」の女性たちとの挑戦（A THOUSAND SISTERS）　リサ・J.シャノン著, 松本裕訳　英治出版　2012.10　381p　19cm　〈文献あり〉1900円　①978-4-86276-126-2
内容 コンゴの映像　真っ青な芝生　死はときに陣痛に似ている　単独走行　ミス・コンゴ　世界中の人たちにコーラを買ってあげたい　これこそが本物　思い出　私が泣くとき　ピーナツと少女〔ほか〕〔03613〕

シャバス, ウィリアム・A.
◇死刑と向きあう裁判員のために　福井厚編著　現代人文社　2011.4　232p　21cm　〈発売：大学図書〉2500円　①978-4-87798-479-3
内容 国際連合と死刑廃止（ウィリアム・A.シャバス著, 北野嘉章訳）〔03614〕

シャバス, フランソワ
◇社会の発展と権利の創造—民法・環境法学の最前線：淡路剛久先生古稀祝賀　大塚直, 大村敦志, 野沢正充編　有斐閣　2012.2　915p　22cm　〈他言語標題：Societal Development and the Creation of Rights　年譜あり　著作目録あり〉16000円　①978-4-641-13614-4
内容 フランス法における消費者の保護（フランソワ・シャバス著, 野沢正充訳）〔03615〕

ジャービス, ジェフ　Jarvis, Jeff
◇パブリック—開かれたネットの価値を最大化せよ（Public parts）　ジェフ・ジャービス著, 小林弘人監修・解説, 関美和訳　NHK出版　2011.11　331, 17p　20cm　〈他言語標題：PUBLIC　文献あり〉1800円　①978-4-14-081513-7
内容 イントロダクション—大公開時代　パブリックの預言者マーク・ザッカーバーグ　パブリックの選択　"パブリックネス"のメリット　プライベートとパブリック その歴史　パブリック・メディア　プライバシーとは何か？　僕らはどこまでパブリックだろう？　パブリックなあなた　シェア産業　スーパー・パブリックカンパニー　人民の、人民による、人民のための…　新しい世界〔03616〕

シャピロ, アーロン　Shapiro, Aaron
◇USERS—顧客主義の終焉と企業の命運を左右する7つの戦略（Users, Not Customers）　アーロン・シャピロ著, 梶原健司, 伊藤富雄訳, 萩原雅之監訳　翔泳社　2013.9　327p　19cm　〈索引あり〉1800円　①978-4-7981-3092-7
内容 イントロダクション ユーザーファースト—デジタル時代のビジネスを左右する最も重要なコンセプト　第1章 ユーザー中心の経営—成功する企業に共通する経営手法の秘密　第2章 同心円型の組織体制—なぜどんな社員であってもユーザーと繋がれるのか？　第3章 使い捨てテクノロジー—オバマが採用した開発手法とは？　第4章 社会的使命に基づいた製品—コモディティ化の波を乗り越える4つの手法　第5章 ユーティリティ・マーケティング—広告に代わるデジタル時代における真のマーケティングとは？　第6章 TCPFセールス—ユーザーを顧客に変えるには？　第7章 ハイブリッド・カスタマーサービス—デジタル時代に求められる新しいサービスの形とは？　おわりに シフトする—今からでも遅くはない。ユーザーファースト企業になろう〔03617〕

シャピロ, ヴィヴィアン　Shapiro, Vivian
◇母子臨床の精神力動—精神分析・発達心理学から子育て支援へ（Parent-infant psychodynamics）　ジョーン・ラファエル-レフ編, 木部則雄監訳, 長沼佐代子, 長尾牧子, 坂井直子, 金沢聡子訳　岩崎学術出版社　2011.11　368p　22cm　〈索引あり〉6600円　①978-4-7533-1032-6
内容 赤ちゃん部屋のおばけ—傷ついた乳幼児-母親関係の問題への精神分析的アプローチ（セルマ・フライバーグ, エドナ・アデルソン, ヴィヴィアン・シャピロ著, 長沼佐代子訳）〔03618〕

シャープ, イザドア　Sharp, Isadore
◇フォーシーズンズ—世界最高級ホテルチェーンをこうしてつくった（Four Seasons）　イザドア・シャープ著, 三角和代訳　文芸春秋　2011.1　415p　20cm　1857円　①978-4-16-373620-4
内容 第1部 移民の息子　第2部 ホテル王になる！　第3部 コミュニティとカルチャー　第4部 まったくあら

たなアプローチ　第5部 世界に最高のクオリティを　第6部 自分たちの持ち場で　第7部 つねにチャレンジ精神で　〔03619〕

シャープ, ケネス　Sharpe, Kenneth Evan
◇知恵―清掃員ルークは、なぜ同じ部屋を二度も掃除したのか（Practical wisdom）　バリー・シュワルツ, ケネス・シャープ共著, 小佐田愛子訳　アルファポリス　2011.11　406p　20cm　〈発売：星雲社〉1900円　①978-4-434-16126-1
内容 第1部 知恵とはなにか、なぜ知恵が必要なのか（知恵の必要性　知恵とはなにか―清掃員と判事　バランスを取る行動）　第2部 知恵のメカニズム（賢明になるべく生まれついている　感情とともに考える―感情移入の価値　経済学習―知恵のメカニズム）　第3部 知恵の戦争（知恵を除外する―判事が裁きをやめ、医師が処方をやめるとき　賢明になるための感情移入を蝕むもの　丸暗記はまっぴら―行きすぎた画一化と才気ある無法者の出現　モラルを忘れた機関）　第4部 希望の源（システム変革者　知恵と幸福）　〔03620〕

シャープ, ジャクリーン
◇変貌する世界の緑の党―草の根民主主義の終焉か？（GREEN PARTIES IN TRANSITION）　E.ジーン・フランクランド, ポール・ルカルディ, ブノワ・リウー編著, 白井和宏訳　緑風出版　2013.9　455p　20cm　〈文献あり〉3600円　①978-4-8461-1320-9
内容 カナダ緑の党草の根民主主義からの急速な転換（ジャクリーン・シャープ, アニタ・クライング著）　〔03621〕

シャープ, ジーン　Sharp, Gene
◇独裁体制から民主主義へ―権力に対抗するための教科書（FROM DICTATORSHIP TO DEMOCRACY）　ジーン・シャープ著, 滝口範子訳　筑摩書房　2012.8　155, 13p　15cm　（ちくま学芸文庫 シ30-1）〈文献あり〉950円　①978-4-480-09476-6
内容 第1章 独裁体制に直面することの現実　第2章 交渉に潜む危険性　第3章 政治的な力は何に由来するのか？　第4章 独裁政権にも弱みがある　第5章 力を行使する　第6章 戦略計画の必要性　第7章 戦略を立案する　第8章 政治的抵抗を応用する　第9章 独裁体制を崩壊させる　第10章 永続する民主主義のための基礎作り　〔03622〕

シャープ, ティモシー・J.　Sharp, Timothy J.
◇親も子も幸せになれる子育てのヒント100（100 WAYS TO HAPPY CHILDREN）　ティモシー・J.シャープ著, 大石美保子, 音喜多貴子, コルホネン由江, 多賀谷正子, 徳永富美恵, 山本美和子訳, 赤松由美子監訳　バベルプレス　2012.11　231p　19cm　1300円　①978-4-89449-132-8
内容 第1章 家族の基盤を作るための20のヒント（幸せになるために必要なこと　幸せになるための必要条件ではないこと ほか）　第2章 子どもの個性を活かすための20のヒント（子どもの成長に応じた接し方　ソクラテス式問答法の活用 ほか）　第3章 子どもに合った枠組み作りのための20のヒント（手本は行動や態度で示す　境界と枠組みを定める ほか）　第4章 子どもが楽しく着実に学ぶための20のヒント（学ぶ楽しさを教える　学校生活を楽しむ ほか）　第5章 心身ともに健やかな生活を送るための20のヒント（不健康な習慣を見直して手本となる　健康的な習慣を身に付けて手本となる ほか）　〔03623〕

ジャフ, デニス　Jaffe, Dennis T.
◇組織改革―ビジョン設定プロセスの手引（Organizational vision, values, and mission）　シンシア・スコット, デニス・ジャフ, グレン・トベ共著, プロジェクトマネジメント情報研究所監訳, 清水計雄訳　鹿島出版会　2012.1　105p　26cm　〈文献あり〉3000円　①978-4-306-01154-0
内容 ビジョンを描くプロセス　1 バリューを明確にする　2 現状を映し出す　3 ミッションを明確にする　4 ビジョンを描く　5 ビジョンを実現する　〔03624〕

シャーフ, デビッド
◇ダイニングテーブルのミイラ セラピストが語る奇妙な臨床事例―セラピストはクライエントから何を学ぶのか（The mummy at the dining room table）　ジェフリー・A.コトラー, ジョン・カールソン編著, 岩壁茂監訳, 門脇陽子, 森田由美訳　福村出版　2011.8　401p　22cm　〈文献あり〉3500円　①978-4-571-24046-1
内容 記憶を取り戻した男（デビッド・シャーフ著, 森田由美訳）　〔03625〕

シャーブ, リサ・M.　Schab, Lisa M.
◇自尊感情を持たせ, きちんと自己主張できる子を育てるアサーショントレーニング40―先生と子どもと親のためのワークブック（Cool, calm, and confident a workbook to help kids learn assertiveness skills）　リサ・M.シャーブ著, 上田勢子訳　名古屋　黎明書房　2011.8　191p　26cm　2700円　①978-4-654-01862-8
内容 伝えかたの3つの種類　楽しい考えかたをすると、楽しい行動になる　黄金のルール「自分がしてほしいことを、相手にもしよう」　あなたはとくべつ　いちばんとくべつなところは目に見えないところ　得意なことをしよう　自分のことをよく思おう―弱点に立ち向かう5つのステップ　失敗してもだいじょうぶ　自己主張のできる人はこんな人　前向きになろう〔ほか〕　〔03626〕

ジャフィー, ドワイト　Jaffee, Dwight
◇金融規制のグランドデザイン―次の「危機」の前に学ぶべきこと（Restoring financial stability）　ヴィラル・V.アチャリア, マシュー・リチャードソン編著, 大村敬一監訳, 池田竜哉, 増原剛輝, 山崎洋一, 安藤祐介訳　中央経済社　2011.3　488p　22cm　〈文献あり〉5800円　①978-4-502-68200-1
内容 ファニー・メイおよびフレディ・マックに対する処置 他（ドワイト・ジャフィー, マシュー・リチャードソン, スタジン・ヴァン・ニューワーバー, ローレンス・J.ホワイト, ロバート・E.ライト）　〔03627〕

ジャフィー, J.*　Jaffe, Jeffrey F.
◇コーポレートファイナンスの原理（Corporate Finance（原著第9版））　Stephen A.Ross, Randolph W.Westerfield,Jeffrey F.Jaffe著, 大野薫訳　金融財政事情研究会　2012.10　1554p

21cm 〈索引あり　発売 : きんざい〉10000円 ①978-4-322-11338-9
内容 第1部 概観　第2部 価値とキャピタル・バジェッティング　第3部 リスク　第4部 資本構成と配当政策　第5部 長期資本調達　第6部 オプション、先物、そしてコーポレートファイナンス　第7部 短期財務　第8部 スペシャル・トピックス　〔03628〕

シャプコット, リチャード　Shapcott, Richard
◇国際倫理学（INTERNATIONAL ETHICS）　リチャード・シャプコット〔著〕, 松井康浩, 白川俊介, 千知岩正継訳　岩波書店　2012.9　305p　21cm　（岩波テキストブックス）〈文献あり 索引あり〉3300円　①978-4-00-028908-5
内容 第1章 序論　第2章 コスモポリタニズム　第3章 アンチ・コスモポリタニズム　第4章 歓待—入国と成員資格　第5章 人道主義と相互扶助　第6章 危害の倫理—暴力と正戦　第7章 許しがたい危害—グローバルな貧困とグローバルな正義　第8章 結論　〔03629〕

シャブロ, クリストフ
◇法・制度・権利の今日的変容　植野妙実子編著　八王子　中央大学出版部　2013.3　480p　22cm　（日本比較法研究所研究叢書 87）　5900円　①978-4-8057-0586-5
内容 地方自治体におけるデモクラシーと人権保障（クリストフ・シャブロ述, 石川裕一郎訳）　〔03630〕

シャヘ, リューディガー　Schache, Ruediger
◇心のマグネットの秘密（Das Geheimnis des Herzmagneten）　リューディガー・シャヘ著, 小川捷子訳　飛鳥新社　2011.12　203p　19cm　1800円　①978-4-86410-127-1
内容 第1の秘密 引き寄せる力　第2の秘密 鏡　第3の秘密 明晰さと憧れ　第4の秘密 自分の源泉　第5の秘密 メッセージの力　第6の秘密 自己暗示　第7の秘密 自分を愛する　第8の秘密 心の中の空き地　第9の秘密 決心と行動　第10の秘密 現在の力　〔03631〕

シャーベイ, シェリー・ローズ　Charvet, Shelle Rose
◇NLPイノベーション—〈変革〉をおこす6つのモデル＆アプリケーション（INNOVATIONS IN NLP FOR CHALLENGING TIMES）　L.マイケル・ホール, シェリー・ローズ・シャーベイ編, 足立桃子訳　春秋社　2013.3　324p　21cm　2800円　①978-4-393-36639-4
内容 LABプロファイル—〈影響言語〉でコミュニケーションが変わる（シェリー・ローズ・シャーベイ著）　〔03632〕

シャペロ, エヴ　Chiapello, Ève
◇資本主義の新たな精神　上（LE NOUVEL ESPRIT DU CAPITALISME）　リュック・ボルタンスキー, エヴ・シャペロ著, 三浦直希, 海老塚明, 川野英二, 白鳥義彦, 須田文明, 立見淳哉訳　京都　ナカニシヤ出版　2013.8　431, 22p　22cm 〈索引あり〉5500円　①978-4-7795-0786-1　〔03633〕
◇資本主義の新たな精神　下（LE NOUVEL ESPRIT DU CAPITALISME）　リュック・ボルタンスキー, エヴ・シャペロ著, 三浦直希, 海老塚明, 川野英二, 白鳥義彦, 須田文明, 立見淳哉訳　京都　ナカニシヤ出版　2013.9　378, 51p　22cm 〈文献あり 索引あり〉5500円　①978-4-7795-0787-8　〔03634〕

シャーマ, ロビン　Sharma, Robin Shilp
◇3週間続ければ一生が変わる　part 2　最高の自分に変わる80の英知（The greatness guide）　ロビン・シャーマ著, 北沢和彦訳　ポケット版　海竜社　2011.1　279p　18cm　857円　①978-4-7593-1168-6
内容 マンネリの日々から「新しいきょう」へ—一日の贈り物　「あきらめ思考」から「やる気思考」へ—思考基準　「流される時間」から充実した時間へ—時間術　「振り回される生活」から自発的生活へ—習慣づくり　「ぬるい生き方」から情熱の横溢へ—行動意欲　「愚痴グセ」から「好きな自分」へ—自己変革　慢性的疲労感から「フレッシュな精神力」へ—パワー充電　「ひとごと仕事」から「心をつかむ仕事人」へ—ビジネス魂　「余っている人」から役割の自覚へ—リーダーシップ　「やらない後悔」から実行する人へ—品格ある人間　「無感動人生」から輝く人生へ—達成感　〔03635〕
◇書店員が教えてくれた人生で最も大切なこと（The Leader Who Had No Title）　ロビン・シャーマ著, 和田裕美監訳　アチーブメント出版　2012.7　238p　20cm　1600円　①978-4-905154-26-6
内容 PROLOGUE リーダーシップと成功する力は生まれながらに備わっている　1 リーダーシップの師匠との出会い　2 平凡に生きることの悲惨な代償とは？　3 第一のリーダーシップ談義—リーダーに肩書は必要ない　4 第二のリーダーシップ談義—混乱の時期が優れたリーダーを育てる　5 第三のリーダーシップ談義—人間関係の強化がリーダーシップを高める　6 第四のリーダーシップ談義—まずは優れた人間になれ　〔03636〕
◇答えはすでにあなたの心の中にある—ほんとうの自分に目覚める7つのステップ（DISCOVER YOUR DESTINY WITH THE MONK WHO SOLD HIS FERRARI）　ロビン・シャーマ著, 北沢和彦訳　ダイヤモンド社　2012.8　289p　19cm　1500円　①978-4-478-00488-3
内容 1章 スピリチュアルな危機　2章 探究者、師と出会う　3章 天職と運命について学ぶ　4章 ステップ1・自分を裏切る　5章 ステップ2・選択する　6章 ステップ3・あらたな眼で見る　7章 ステップ4・先人たちから学び、失敗し、準備をする　8章 ステップ5・手放し、再生をはじめる　9章 ステップ6・試練をあたえられる　10章 ステップ7・最高の自分を覚醒させ、輝きつづける　〔03637〕

ジャマーノ, ウィリアム　Germano, William P.
◇ジャマーノ編集長学術論文出版のすすめ（Getting It Published）　ウィリアム・ジャマーノ著, 松井貴子訳　慶応義塾大学出版会　2012.4　261p　21cm 〈文献あり 索引あり〉3800円　①978-4-7664-1939-9
内容 本を出版するということ　出版社の仕事　原稿を書く　出版社を選ぶ　出版社に接触する　編集者が求めているもの　原稿評価のプロセスを勝ち残る　出版契約を結ぶ　コレクションとアンソロジー　引用、掲載図版など　広報を引き出す　原稿がたどる道　電子出版とは何か　次回作に向けて　〔03638〕

ジャマール, モーリス　Jamall, Maurice
◇音と映像―授業・学習・現代社会におけるテクノロジーの在り方とその役割　成蹊大学文学部学会編　風間書房　2012.3　225p　20cm　(成蹊大学人文叢書 9)　〈文献あり〉2000円　①978-4-7599-1924-0
内容 ポライトネスについて(モーリス・ジャマール執筆)　〔03639〕

シャーマン, ストラトフォード
◇ストーリーで学ぶ経営の真髄 (Learn like a leader)　マーシャル・ゴールドスミス, ビバリー・ケイ, ケン・シェルトン編, 和泉裕子, 井上実訳　徳間書店　2011.2　311p　19cm　1600円　①978-4-19-863118-5
内容 本当の強さとは(ストラトフォード・シャーマン著)　〔03640〕

シャーマン, ローレンス・W.　Sherman, Lawrence W.
◇エビデンスに基づく犯罪予防 (Evidence-based crime prevention)　ローレンス・W.シャーマン, ディビッド・P.ファリントン, ブランドン・C.ウェルシュ, ドリス・レイトン・マッケンジー編, 津富宏, 小林寿一監訳, 島田貴仁, 藤野京子, 寺村堅志, 渡辺昭一訳　社会安全研究財団　2008.9　434p　26cm　〈文献あり〉①978-4-904181-02-7
内容 メリーランド科学的方法尺度 他(ディビッド・P.ファリントン, デニス・C.ゴットフレッドソン, ローレンス・W.シャーマン, ブランドン・C.ウェルシュ著, 島田貴仁訳)　〔03641〕

ジャーミソン, イアン　Jamieson, Ian
◇グローバル化・社会変動と教育　1　市場と労働の教育社会学 (EDUCATION, GLOBALIZATION AND SOCIAL CHANGE (抄訳))　ヒュー・ローダー, フィリップ・ブラウン, ジョアンヌ・ディラボー,A.H.ハルゼー編, 広田照幸, 吉田文, 本田由紀編訳　東京大学出版会　2012.4　354p　22cm　〈文献あり〉4800円　①978-4-13-051317-3
内容 学生のエンパワメントか学習の崩壊か?―高等教育における学生消費者主義のインパクトに関する研究課題(ラジャニ・ネイドゥ, イアン・ジャーミソン著, 橋本鉱市訳)　〔03642〕

シャムー, フランソワ　Chamoux, François
◇ヘレニズム文明 (La civilisation hellenistique)　フランソワ・シャムー著, 桐村泰次訳　論創社　2011.3　583p　20cm　〈文献あり 索引あり〉5800円　①978-4-8460-0840-6
内容 第1章 アレクサンドロスの世界統治　第2章 ディアドコイ(後継者)たちの争い　第3章 ヘレニズム諸王国の絶頂期　第4章 引き裂かれ征服されたオリエント　第5章 ヘレニズム世界の苦悶　第6章 都市の存続　第7章 君主制システム　第8章 生活の枠組と慣習　第9章 魂の欲求　第10章 精神生活と芸術における飛躍　〔03643〕

シャムスル, A.B.
◇グローバル化するアジア系宗教―経営とマーケティング　中牧弘允, ウェンディ・スミス編　大阪　東方出版　2012.1　433p　22cm　〈索引あり〉4000円　①978-4-86249-189-3
内容 アジアの新宗教はすべてが成功物語ではない(A.B.シャムスル著, 藤本拓也訳)　〔03644〕

シャムダサーニ, ソヌ　Shamdasani, Sonu
◇ユング伝記のフィクションと真相 (Jung stripped bare by his biographers, even)　ソヌ・シャムダサーニ著, 河合俊雄監訳, 田中康裕, 竹中菜苗, 小木曽由佳訳　大阪　創元社　2011.7　235p　22cm　〈文献あり 索引あり〉3000円　①978-4-422-11509-2
内容 序章 伝記・フィクション・歴史　第1章「いかに獲物を捕まえるか」―ユングと彼の最初の伝記作家たち　第2章 ユング未完の『全集』　第3章 異なる生涯　第4章 ユングの新たな生涯　終章 伝記後の生涯　思い出・夢・削除　〔03645〕
◇心の古層と身体　日本ユング心理学会編　大阪　創元社　2013.3　191p　21cm　(ユング心理学研究 第5巻)　〈文献あり〉2000円　①978-4-422-11494-1
内容 ユングの『赤の書』の背景と可能性(ソヌ・シャムダサーニ述, 河合俊雄訳)　〔03646〕

シャモウ, ラリー
◇家族面接・家族療法のエッセンシャルスキル―初回面接から終結まで (Essential skills in family therapy (2nd edition))　ジョーエレン・パターソン, リー・ウィリアムス, トッド・M.エドワーズ, ラリー・シャモウ, クラウディア・グラフ - グラウンズ著, 遊佐安一郎監修, 鈴木美砂子監訳, 鈴木美砂子, 若林英樹, 山田宇以, 近藤強訳　星和書店　2013.6　342p　21cm　〈文献あり〉3800円　①978-4-7911-0847-3　〔03647〕

ジャーモン, ジェニファー　Germon, Jennifer
◇ジェンダーの系譜学 (Gender)　ジェニファー・ジャーモン〔著〕, 左古輝人訳　法政大学出版局　2012.11　418p　20cm　(叢書・ウニベルシタス 986)　〈文献あり 索引あり〉4600円　①978-4-588-00986-0
内容 序論 ジェンダー惑星を周回する　第1章 マネーとジェンダーの生成　第2章 ストーラーの魅惑の二元論　第3章 フェミニストがジェンダーと出会う　第4章「ラヴマップ」とリマレンス　第5章 危険な欲望―主体性としての半陰陽　第6章 結論への途上で　〔03648〕

ジャヤラム, N.
◇新興国家の世界水準大学戦略―世界水準をめざすアジア・中南米と日本 (World-Class Worldwide)　フィリップ・G.アルトバック, ホルヘ・バラン編, 米沢彰純監訳　東信堂　2013.5　386p　22cm　〈索引あり〉4800円　①978-4-7989-0134-3
内容 知識の受け売りを超えて(N.ジャヤラム執筆, 米沢由香子訳)　〔03649〕

シャール, ロベール
◇啓蒙の地下文書　2 (Difficultes sur la religion proposees au pere Malebranche〔etc.〕)　野沢協監訳, 藤原真実, 寺田元一, 三井吉俊, 石川光一, 楠

本重行, 飯野和夫訳　法政大学出版局　2011.6　1155p　22cm　24000円　①978-4-588-15054-8
内容 宗教についての異議　軍人哲学者　新しき思想の自由　万人に開かれた天国　被造無限論　ヒポクラテスからダマゲトスへの手紙　世界形成論　〔03650〕

シャルブ　Charb
◇マルクス―取扱説明書（MARX, mode d'emploi）　ダニエル・ベンサイド文, シャルブ絵, 湯川順夫, 中村富美子, 星野秀明訳　柘植書房新社　2013.5　203, 15p　21cm　3200円　①978-4-8068-0647-9
内容 どのようにして、ひげ面の男に成長し、共産主義者になったのか　神が死んだとは、どういうことかなぜ、闘争は、階級的なのか　亡霊は、どのようにして生身の人間になるのか、そして、どうして微笑むのか　なぜ、革命はいつも、定刻通りにいかないのかなぜ、政治は、時計の針をくるわせるのか　なぜ、マルクスとエンゲルスは、党のフリーターなのか　だれが、剰余価値を盗んだのか―資本の犯罪小説　なぜ、ムッシュ・資本には、恐慌という心臓発作のおそれがあるのか　なぜ、マルクスは緑の天使でも、生産力主義の悪魔でもないのか〔ほか〕　〔03651〕

シャルボニエ, ジャン＝ジャック　Charbonier, Jean-Jacques
◇「あの世」が存在する7つの理由（Les 7 bonnes raisons de croire à l'au-delà）　ジャン＝ジャック・シャルボニエ著, 石田みゆ訳　サンマーク出版　2013.9　205p　20cm　1600円　①978-4-7631-3332-8
内容 第1の理由 死からよみがえった六千万人　第2の理由 反論のしようがない特殊なケース　第3の理由 死の入口で見る光景　第4の理由 肉体を離れた魂　第5の理由 死の疑似共有体験　第6の理由 霊能力の存在　第7の理由 あの世からのサイン　〔03652〕

シャルマ, ルチル　Sharma, Ruchir
◇ブレイクアウト・ネーションズ―大停滞を打ち破る新興諸国（BREAKOUT NATIONS）　ルチル・シャルマ著, 鈴木立哉訳　早川書房　2013.2　366p　20cm　〈文献あり〉2200円　①978-4-15-209358-5
内容 長い目で見れば何でも正しい？　宴の後―中国　誰もが驚く魔法のロープ―インド　神様はきっと、ブラジル人？―ブラジル　「大立て者」経済―メキシコ　天上にしかスペースがない―ロシア　ヨーロッパのスイート・スポット―ポーランドとチェコ　中東に響く単旋律―トルコ　虎への道―東南アジア　金メダリスト―韓国と台湾　エンドレス・ハネムーン―南アフリカ　第四世界―スリランカからナイジェリアまで　宴の後の後片付け―コモディティ・ドットコムを越えて　「第三の降臨」―次なるブレイクアウト・ネーションズ　〔03653〕

シャーロー, ヴィクトリア　Sherrow, Victoria
◇古代アフリカ―400万年前の人類と消えた王国―巨大大陸の謎を追う（Ancient Africa）　ヴィクトリア・シャーロー著, ジェイムズ・デンボー監修, 赤尾秀子訳　神戸　BL出版　2013.8　63p　26cm　（ナショナルジオグラフィック―考古学の探検）　〈文献あり 年表あり 索引あり〉1800円　①978-4-7764-0555-9
内容 1 過去をよみがえらせる　2 骨と石とネックレス　3 ナイル河畔で栄えた王国　4 謎に満ちた石の建造物　5 どんな物語がきざまれている？　6 捨てられた謎の大都市　7 危機にひんした遺跡　〔03654〕

ジャロー, ゲイル　Jarrow, Gail
◇印刷職人は、なぜ訴えられたのか（The printer's trial）　ゲイル・ジャロー著, 幸田敦子訳　あすなろ書房　2011.10　103p　20cm　〈年表あり〉1300円　①978-4-7515-2220-2
内容 1 火花、散る　2 ニューヨーク・ウィークリー・ジャーナル紙、誕生　3 批判記事　4 総督の報復　5 屋根裏の牢獄　6 薄れゆく希望　7 裁きの庭　8 それから　〔03655〕

ジャンガー, エドワード・J.　Janger, Edward J.
◇アメリカ倒産法　上巻（Understanding bankruptcy（2nd ed.））　ジェフ・フェリエル, エドワード・J.ジャンガー著, 米国倒産法研究会訳　レクシスネクシス・ジャパン　2011.1　596p　22cm　（LexisNexisアメリカ法概説 8）　〈発行元：雄松堂書店　索引あり〉8500円　①978-4-8419-0570-0
内容 第1章 倒産法を基礎づける一般原則　第2章 債権者による回収　第3章 倒産の小史　第4章 倒産事件における当事者とその他の参加者　第5章 倒産手続、管轄　第6章 事件の開始　第7章 財団財産　第8章 オートマティックステイ　第9章 債務者の運営　第10章 債権および持分権　〔03656〕
◇アメリカ倒産法　下巻（Understanding bankruptcy（2nd ed.））　ジェフ・フェリエル, エドワード・J.ジャンガー著, 米国倒産法研究会訳　レクシスネクシス・ジャパン　2012.2　612p　22cm　（LexisNexisアメリカ法概説 8）　〈索引あり〉8500円　①978-4-902625-48-6
内容 第11章 双方未履行契約および期間満了前の賃貸借　第12章 債務者財産の保持　第13章 免責　第14章 一般否認権とその制限　第15章 偏頗行為　第16章 詐害行為　第17章 チャプター7手続の下での清算　第18章 チャプター11による再生　第19章 倒産手続における専門家の役割　第20章 国際倒産　第21章 倒産制度の特殊な利用　〔03657〕

シャンカル, パンドランギ　Shankar, Pandrangi
◇インド人コンサルタントが教えるインドビジネスのルール　パンドランギ・シャンカル, 加茂純著　中経出版　2012.11　398p　19cm　1900円　①978-4-8061-4527-1
内容 第1部 インドは国ではなく「大陸」である（インドは多様性の国、と聞きますが本当ですか？　インドを代表する言語は「ヒンディー語」でしょうか？　公用語がたくさんあると聞きました。どれくらいの数と種類があるのでしょうか？　ほか）　第2部「インド人」を極める（インドというと「カースト制度」が気になります…　インドで「ジュガード」という言葉を聞きました。これはいったい何ですか？　「ジュガード」は生活の中でどのように生かされているのでしょうか？　ほか）　第3部 今だからこそ知っておきたいインドのツボ（インド憲法を知る　インド政府・統治機構・政治組織について　インドの政党 ほか）　〔03658〕

シ

シ

ジャンセン, マリウス・B.

◇中国人と日本人―交流・友好・反発の近代史 (The Chinese and the Japanese)　入江昭編著, 岡本幸治監訳　京都　ミネルヴァ書房　2012.3　401, 6p　22cm　〈索引あり〉7000円　①978-4-623-05858-7

内容 近衛篤麿の思想形成とアジア認識 (マリウス・B. ジャンセン著, 山本茂樹訳)　〔03659〕

シャンツェ, イェンス

◇過ぎ去らぬ過去との取り組み―日本とドイツ　佐藤健生, ノルベルト・フライ編　岩波書店　2011.1　314, 15p　21cm　〈年表あり〉2800円　①978-4-00-001079-5

内容 冬の子どもたち (イェンス・シャンツェ著, 佐藤健生訳)　〔03660〕

シャーンティデーヴァ　Santideva

◇菩薩を生きる―入菩薩行論 (Bodhisattvacarya-vata-ra)　シャーンティデーヴァ著, 寺西のぶ子訳, 長沢広青監修　バベルプレス　2011.12　402p　20cm　1900円　①978-4-89449-123-6

内容 第1章 菩提心の恩恵　第2章 供養と帰依　第3章 菩提心の理解　第4章 菩提心の堅持　第5章 正知の守護　第6章 忍辱　第7章 精進　第8章 禅定　第9章 智慧　第10章 廻向　〔03661〕

シャンデル, ブーバン

◇広池千九郎の思想と業績―モラロジーへの世界の評価 2009年モラルサイエンス国際会議報告　岩佐信道, 北川治男監修　柏　モラロジー研究所　2011.2　471p　22cm　〈他言語標題：Ethical Theory and Moral Practice : Evaluating Chikuro Hiroike's Work in Moralogy　発売：広池学園事業部(柏)〉3200円　①978-4-89639-195-4

内容 仏教の文脈から広池千九郎の最高道徳を考察する (ブーバン・シャンデル著, 立木教夫, 竹内啓二訳)　〔03662〕

ジャンナン, ピエール　Jeannin, Pierre

◇フランス文化史 (France, culture vivante)　ジャック・ル・ゴフ, ピエール・ジャンナン, アルベール・ソブール, クロード・メトラ著, 桐村泰次訳　論創社　2012.8　445p　22cm　〈索引あり〉5800円　①978-4-8460-1169-7

内容 第1部 一つの国民の誕生 (埋もれた過去の遺跡　先史時代のフランス　ケルト世界 ほか)　第2部 一つの国家と文化の形成 (貴族的文明　「偉大な世紀」の始まり　ルイ十四世と文化)　第3部 現代への入り口 (新しい社会　産業革命)　〔03663〕

上海市警察

◇ゾルゲ事件関係外国語文献翻訳集　no.29　日露歴史研究センター事務局編　〔川崎〕　日露歴史研究センター事務局　2011.4　55p　30cm　700円

内容 上海市警察が摘発した『ヌーラン事件調査報告書』の全容 上 (上海市警察著)　〔03664〕

◇ゾルゲ事件関係外国語文献翻訳集　no.30　日露歴史研究センター事務局編　〔川崎〕　日露歴史研究センター事務局　2011.7　60p　30cm　700円

内容 上海市警察が摘発した『ヌーラン事件調査報告書』の全容 下 (上海市警察著)　〔03665〕

シャンペイユ＝デスプラ, ヴェロニク

◇フランス憲政学の動向―法と政治の間 Jus Politicum　山元一, 只野雅人編訳　慶応義塾大学出版会　2013.8　313p　22cm　7000円　①978-4-7664-2063-0

内容 「公的自由」から「基本権」へ (ヴェロニク・シャンペイユ＝デスプラ著, 佐々木くみ訳)　〔03666〕

ジャーンボキ, カーロイネー　Zsámboki, Károlyné

◇手と頭と心保育園・幼稚園の数学　ジャーンボキ・カーロイネー著, コダーイ芸術教育研究所訳　明治図書出版　2011.8　93p　22cm　〈文献あり〉1660円　①978-4-18-006315-4

内容 1章 ハンガリー国内のこれまでの状況と国際的な情勢　2章 心理学と教育学の基礎事項 (子どもの特性について　子どもの成長・発達について　子どもの活動形態について　子どもの経験獲得の過程について　子どもと保育士の関係について　教育者の仕事の成果について)　3章 保育園での比較 (心理学的、論理的、数学的背景　比較は、どんな実践的活動の中に現れるのか?　保育園での比較 まとめ)　4章 数の概念の基礎づくり (1からは2が出る (お前のいうとおり、明々白々)　集合を比べる　数量を比べる　まとめ)　5章 図形の経験獲得の道のり (幾何学の歴史的経緯　幾何学的認識の心理学的基礎　各国専門家による図形認識の段階　まとめ)　〔03667〕

シュ, インキ*　朱 蔭貴

◇総合研究辛亥革命　辛亥革命百周年記念論集編集委員会編　岩波書店　2012.9　9, 592, 17p　22cm　〈索引あり〉7800円　①978-4-00-025859-3

内容 辛亥革命前後の中国経済 (朱蔭貴著, 今井就稔訳)　〔03668〕

シュ, エイシン　朱 永新

◇朱永新中国教育文集　1　私の理想新教育の夢　朱永新著, 石川啓二, 王智新訳　東方書店 (発売)　2012.7　268p　21cm　2800円　①978-4-497-21219-1

内容 第1章 理想の徳育　第2章 理想の知育　第3章 理想の体育　第4章 理想の美育　第5章 理想の労働技術教育　第6章 理想の学校　第7章 理想の教師　第8章 理想の校長　第9章 理想の生徒　第10章 理想の父母　付録 新教育実験の理論と実践　〔03669〕

◇朱永新中国教育文集　2　中国現代教育思想史　朱永新著, 王智新訳　東方書店 (発売)　2013.1　472p　21cm　4500円　①978-4-497-21301-3

内容 第1章 中国現代教育発展の歩み　第2章 中国現代教育思想の変遷　第3章 共和国指導者の教育理想　第4章 中国現代教育の基本理論　第5章 中国の現代教育思想　第6章 中国の現代道徳教育思想　第7章 中国の現代教育心理思想　第8章 中国の現代教育改革理論の模索　第9章 中国現代教育の発展戦略研究　第10章 二一世紀の中国教育科学　〔03670〕

◇朱永新中国教育文集　3　苦境と超越―現代中国教育評論　朱永新著　牧野篤監訳　東方書店 (発

売） 2013.10 492p 21cm 5000円 ①978-4-497-21310-5

内容 上編 一九四九 - 一九八九（中国の教育―成果と過ち “老九（インテリども）”の詠嘆曲 「勉強嫌い」の真意はいかに いびつな結合 ほか） 下編 一九九〇 - 二〇〇三（中国の教育―栄光とかげり 義務教育の「勘定」は誰が払うのか 均衡のとれた発展―持てるものと持たざるもの “老九”の嘆き、ふたたび ほか） 〔03671〕

シュ, エキショウ 朱 益鐘
⇒チュ, イクチョン

シュ, カカ* 朱 家驊
◇新編原典中国近代思想史 第6巻 救国と民主―抗日戦争から第二次世界大戦へ 野村浩一, 近藤邦康, 並木頼寿, 坂元ひろ子, 砂山幸雄, 村田雄二郎編 野村浩一, 近藤邦康, 砂山幸雄責任編集 岩波書店 2011.3 412, 7p 22cm 〈年表あり〉 5700円 ①978-4-00-028226-0

内容 科学世界と建国の前途（抄）（朱家驊著, 土田哲夫訳） 〔03672〕

シュ, キ 朱 熹
◇『朱子語類』訳注 巻113～116 朱子〔述〕, 垣内景子編, 訓門人研究会訳注 汲古書院 2012.7 413, 4p 22cm 〈索引あり〉 5000円 ①978-4-7629-1303-7 〔03673〕

◇『朱子語類』訳注 巻125 朱子〔述〕, 山田俊訳注 汲古書院 2013.1 260, 6p 22cm 〈索引あり〉 5000円 ①978-4-7629-1304-4 〔03674〕

◇『朱子語類』訳注 巻126上 朱子〔述〕, 野口善敬, 広田宗玄, 本多道隆, 森宏之訳注 汲古書院 2013.7 303p 22cm 5000円 ①978-4-7629-1305-1 〔03675〕

◇『朱子語類』訳注 巻126下 朱子〔述〕, 野口善敬, 広田宗玄, 本多道隆, 森宏之訳注 汲古書院 2013.7 p305～598 11p 22cm 〈索引あり〉 5000円 ①978-4-7629-1306-8 〔03676〕

◇論語集注 1 朱熹〔著〕, 土田健次郎訳注 平凡社 2013.10 377p 18cm （東洋文庫 841） 〈布装〉 2900円 ①978-4-582-80841-4

内容 論語集注巻一 論語集注巻二 〔03677〕

◇『朱子語類』訳注 巻14 朱子〔述〕, 中純夫編, 朱子語類大学篇研究会訳注 汲古書院 2013.12 274, 9p 22cm 〈索引あり〉 5000円 ①978-4-7629-1307-5 〔03678〕

シュ, ギョウセイ* 朱 暁青
◇アジアにおけるジェンダー平等―政策と政治参画 : 東北大学グローバルCOEプログラム「グローバル時代の男女共同参画と多文化共生」 (Gender equality in Agia) 辻村みよ子, スティール若希編 仙台 東北大学出版会 2012.3 353p 22cm 〈文献あり〉 3000円 ①978-4-86163-185-6

内容 中国の法分野におけるジェンダー主流化のアプローチ（朱暁青著, 大橋史恵訳） 〔03679〕

シュ, ケイブン* 朱 景文
◇東アジアにおける市民の刑事司法参加 後藤昭編 国際書院 2011.2 269p 21cm 〈索引あり〉 4200円 ①978-4-87791-215-4

内容 現代中国陪審制度の変遷およびその社会文化的背景（朱景文著, 額尔敦畢力格訳） 〔03680〕

シュ, コウチョウ 朱 光朝
⇒チュ, カンジョ

シュ, サミエル 朱 サミエル
◇中国人と日本人―交流・友好・反発の近代史 (The Chinese and the Japanese) 入江昭編著, 岡本幸治監訳 京都 ミネルヴァ書房 2012.3 401, 6p 22cm 〈索引あり〉 7000円 ①978-4-623-05858-7

内容 日清戦争期における支那の対日姿勢（サミエル・朱著, 慶野義雄訳） 〔03681〕

シュ, セイコ* 朱 成虎
◇日中安全保障・防衛交流の歴史・現状・展望 秋山昌広, 朱鋒編著 亜紀書房 2011.11 448p 22cm 〈執筆 : 秋山昌広ほか 年表あり〉 2800円 ①978-4-7505-1119-1

内容 戦略的相互信頼の構築に向けて（朱成虎著, 杉浦康之, 田口佐紀子訳） 〔03682〕

ジュ, センサイ 樹 仙斎
⇒ス, ソンジェ

シュ, タイカ 朱 大可
◇チャイニーズカルチャー・レビュー―中国文化総覧 vol.7 朱大可, 張閎主編, 高屋亜希, 千田大介監訳 好文出版 2010.10 320p 24cm 〈他言語標題 : Chinese culture review〉 2800円 ①978-4-87220-143-7 〔03683〕

シュ, チンゴ* 朱 鎮五
⇒チュ, ジンオ*

シュ, ホウ 朱 鋒
◇日中安全保障・防衛交流の歴史・現状・展望 秋山昌広, 朱鋒編著 亜紀書房 2011.11 448p 22cm 〈執筆 : 秋山昌広ほか 年表あり〉 2800円 ①978-4-7505-1119-1

内容 中国の安全保障（朱鋒著, 弓野正宏訳） 〔03684〕

◇新アジア地政学 (ASIAN GEOPOLITICS) I. ブレマー,J.S.ナイ,J.ソラナ,C.R.ヒル, 金田秀昭〔著〕, 福戸雅宏, 藤原敬之助, 水原由生, 髙橋直貴, 松尾知典共訳 土曜社 2013.6 139p 19cm （プロジェクトシンジケート叢書 3） 〈文献あり〉 1700円 ①978-4-9905587-8-9

内容 中国が北朝鮮を見捨てる日（朱鋒著, 藤原敬之助訳） 〔03685〕

ジュアンジャン, オリヴィエ
◇法・制度・権利の今日的変容 植野妙実子編著 八王子 中央大学出版部 2013.3 480p 22cm （日本比較法研究所研究叢書 87） 5900円 ①978-4-8057-0580-5

内容 フランス法への尊厳の原則の導入（オリヴィエ・

シ

ジュアンジャン述, 佐々木くみ, 兼頭ゆみ子訳）〔03686〕

◇フランス憲政学の動向―法と政治の間 Jus Politicum　山元一, 只野雅人編訳　慶応義塾大学出版会　2013.8　313p　22cm　7000円　①978-4-7664-2063-0

内容 フランスにおける憲法裁判のモデルと捉え方（オリヴィエ・ジュアンジャン著, 山元一, 池田晴奈訳）〔03687〕

シ

シュイサ, ジャン=リュック

◇100の地点でわかる地政学（Les 100 lieux de la geopolitique）　パスカル・ゴーション, ジャン＝マルク・ユイスー編, オリヴィエ・ダヴィド他著, 斎藤かぐみ訳　白水社　2011.10　149p　18cm（文庫クセジュ 962）　1050円　①978-4-560-50962-3

内容 前書き 地点と単語　第1章 パワーを発散する地点　第2章 パワーが織り成される空間　第3章 パワーの鍵となる地点　第4章 パワーの対決地点―係争・紛争・妥協〔03688〕

シュイファー, ウルリック

◇アジアの顔のキリスト　ホアン・カトレット編, 高橋敦子訳　名古屋　新世社　2010.10　175, 32p　16cm　〈文献あり〉1200円　①978-4-88382-100-6

内容 自由でいなさい（ウルリック・シュイファー）〔03689〕

シュウ, エンヨウ　周 婉窈

◇岩波講座東アジア近現代通史　第5巻　新秩序の模索―1930年代　〔和田春樹, 後藤乾一, 木畑洋一, 山室信一, 趙景達, 中野聡, 川島真〕〔編〕　岩波書店　2011.5　391p　22cm　3800円　①978-4-00-011285-7

内容 台湾議会設置請願運動についての再検討（周婉窈著, 若松大祐訳）〔03690〕

◇図説台湾の歴史　周婉窈著, 浜島敦俊監訳, 石川豪, 中西美貴, 中村平訳　増補版　平凡社　2013.2　273p　21cm　〈文献あり〉3000円　①978-4-582-41109-6

内容 本篇 先史時代～1945年（誰の歴史か？　先史時代の台湾　先住民とオーストロネシア語族　「美麗島」の出現　漢人の故郷と移民開墾社会　漢人と先住民の関係　日本統治時代―天子が代わった　二大抗日事件　植民地化と近代化　知識人の反植民地運動　台湾人の芸術世界　戦争下の台湾）　戦後篇 ポストコロニアルの泥沼（二・二八事件　「白色テロ」の時代　党国教育　民主化、歴史記憶、私たちの道のり）〔03691〕

シュウ, オンライ　周 恩来

◇新編原典中国近代思想史　第7巻　世界冷戦のなかの選択―内戦から社会主義建設へ　野村浩一, 近藤邦康, 並木頼寿, 坂元ひろ子, 砂山幸雄, 村田雄二郎編　砂山幸雄責任編集　岩波書店　2011.10　410, 7p　22cm　〈年表あり〉5700円　①978-4-00-028227-7

内容 知識人の改造問題について（抄）他（周恩来著, 茂木敏夫訳）〔03692〕

シュウ, キンウ*　周 鑫宇

◇中国の未来　金燦栄ほか著, 東滋子訳　日本僑報社　2013.12　227p　19cm　1900円　①978-4-86185-139-1

内容 第1章 中国その真実（中国とは何者なのか―中国に関する四つのエピソード　「勝手な思い込み」―我々が中国を理解する方法 ほか）　第2章 経済発展における難関とその対策への理解（中国経済発展の魅力　中国経済発展の苦境 ほか）　第3章 社会変化と発展の中で迎える新しい課題（新しい成功へ―転換発展する中国社会への人民の期待　新しい挑戦―中国社会の転換型発展におけるリスクと試練 ほか）　第4章 待ち望まれる平和的発展への挑戦とその対応（ポストクライシス時代の世界経済の振動　安全保障分野の難題 ほか）　第5章 未来の道を読み解く（中国の平和的発展への試み　転換の成功と挑戦 ほか）〔03693〕

シュウ, ケイビ*　周 炅美

⇒チュ, キョンミ*

シュウ, ケンシン*　周 建新

◇客家の創生と再創生―歴史と空間からの総合的再検討　瀬川昌久, 飯島典子編　風響社　2012.2　240p　22cm　〈索引あり〉5000円　①978-4-89489-180-7

内容 贛南地区における客家文化の構築過程（周建新, 柴可執筆, 横田浩一訳）〔03694〕

シュウ, シュンサイ　周 春才

◇マンガでわかる論語《入門》―孔子の教えを楽しく学ぶ！　周春才著, 漆嶋稔訳　日本能率協会マネジメントセンター　2012.1　309p　21cm（中国古典漫画セレクション）　1600円　①978-4-8207-4754-3

内容 はじめに（『論語』とは？　孔子ってどんな人？「徳治主義」って何？　「君子」と「小人」とは？　孔子の思想）　論語（学而第一　為政第二　八佾第三　里仁第四　公冶長第五 ほか）〔03695〕

◇マンガでわかる老子《入門》―「無為自然」の教えを学ぶ！　周春才著, 漆嶋稔訳　日本能率協会マネジメントセンター　2012.2　237p　21cm（中国古典漫画セレクション）　1600円　①978-4-8207-4757-4

内容 老子とその教え（『老子』とは　老子と孔子　老子「道徳経」と「易経」 ほか）　上篇 道（「道」は天地万物の変化の根源　表があるから裏もある　「無為」の政治を目指す ほか）　下篇 徳（有徳者の徳　「一」を保てば心が安定する　「道」は根源に立ち戻る　「道」は常識では理解できない ほか）〔03696〕

シュウ, シンカク*　周 振鶴

◇東アジア書誌学への招待　第1巻　大沢顕浩編著　東方書店　2011.12　405p　22cm（学習院大学東洋文化研究叢書）　4000円　①978-4-497-21114-9

内容 清代における日本への漢籍輸出に関する基礎的研究（周振鶴著, 村上正和訳）〔03697〕

シュウ, タイヘイ*　周 太平

◇共進化する現代中国研究―地域研究の新たなプラットフォーム　田中仁, 三好恵真子編　吹田　大阪大学出版会　2012.3　364p　21cm　〈文献あり〉3900円　①978-4-87259-394-5

内容 郭道甫(メルセ)とその時代(周太平執筆, 田中剛訳) 〔03698〕

シュウ, ユウ* 周 勇
◇国際関係のなかの日中戦争　西村成雄, 石島紀之, 田嶋信雄編　慶応義塾大学出版会　2011.7　450p　22cm　(日中戦争の国際共同研究 4)　5800円　①978-4-7664-1855-2
内容 抗戦期重慶の歴史的役割(周勇著, 関智英訳) 〔03699〕

シュヴァイツァー, アルベルト　Schweitzer, Albert
◇わが生活と思想より (Aus meinem Leben und Denken)　アルベルト・シュヴァイツァー著, 竹山道雄訳　白水社　2011.2　292p　18cm　(白水Uブックス 1121)　1500円　①978-4-560-72121-6
内容 幼年時代、小中学校より大学時代まで　パリとベルリン 一八九八 - 一八九九年　シュトラースブルクでの活動の最初の数年　聖餐研究とイエス伝 一九〇〇 - 一九〇二年　大学教授、イエス伝研究史　史実のイエスと現代のキリスト教　バッハ研究、そのフランス語版とドイツ語版　パイプオルガンとその製作　原始林に医者となる決心　医学研究　九〇五 - 一九一二年　アフリカ出発の準備　医学研究時代の著作　第一次アフリカ事業 一九一三 - 一九一七　ガレソンとサン・レミ　エルザス帰郷　病院の助医および聖ニコライ教会の説教者　アフリカの回想記　ギュンスバッハおよび外国旅行　第二次アフリカ事業 一九二四 - 一九二七年　ヨーロッパの二年間、第三次アフリカ事業 〔03700〕

シュヴァーベ, クリストーフ　Schwabe, Christoph
◇出会いの音楽療法 (Die Sozialmusiktherapie (3. Aufl.))　クリストーフ・シュヴァーベ, ウルリケ・ハーゼ著, 中河豊訳　名古屋　風媒社　2011.9　346p　22cm　2800円　①978-4-8331-4091-1
内容 1 出会いの音楽療法の本質(出会いの音楽療法の対象　出会いの音楽療法の療法的性格　出会いの音楽療法の根源と発展の論理)　2 出会いの音楽療法の教授法(手段　行為端緒と行為原理との教授法的関係　音楽療法的行為からの例　プロセス診断)　3 出会いの音楽療法の考え方が応用できる領域(臨床的応用領域　音楽療法的、教育的、予防的適用領域) 〔03701〕

シュヴァリエ, マリエル　Chevallier, Marielle
◇フランスの歴史―フランス高校歴史教科書 19世紀中頃から現代まで 近現代史 (Histoire 1re L-ES, Histoire Tle L-ES)　マリエル・シュヴァリエ, ギヨーム・ブレル監修, 福井憲彦監訳, 遠藤ゆかり, 藤田真利子訳　明石書店　2011.6　700p　27cm　(世界の教科書シリーズ 30)　〈執筆：フランソワ・ゲジほか　年表あり〉 9500円　①978-4-7503-3412-7
内容 19世中頃から1939年までの工業の時代とその文明　19世紀中頃から1914年までのフランス　戦争、民主主義、全体主義(1914～1945年)　1945年から現在までの世界　1945年から現在までのヨーロッパ　1945年から現在までのフランス 〔03702〕

シュウィーン, V.*　Schwean, Vicki L.
◇WISC-IVの臨床的利用と解釈 (WISC-IV clinical use and interpretation)　アウレリオ・プリフィテラ, ドナルド・H.サクロフスキー, ローレンス・G.ワイス編, 上野一彦監訳, 上野一彦, バーンズ亀山静子訳　日本文化科学社　2012.5　592p　22cm　〈文献あり〉 ①978-4-8210-6366-6
内容 WISC-IVによる注意欠陥多動性障害のアセスメント(Vicki L.Schwean, Donald H.Saklofske著, 上野一彦訳) 〔03703〕

シュヴェート, エルケ　Schwedt, Elke
◇南西ドイツシュヴァーベンの民俗―年中行事と人生儀礼 (Schwabische Brauche)　ヘルベルト・シュヴェート, エルケ・シュヴェート著, 河野眞訳　新宮　文楫堂　2009.3　228p　25cm　〈文献あり〉 6000円　①978-4-9901976-3-6 〔03704〕

シュヴェート, ヘルベルト　Schwedt, Herbert
◇南西ドイツシュヴァーベンの民俗―年中行事と人生儀礼 (Schwabische Brauche)　ヘルベルト・シュヴェート, エルケ・シュヴェート著, 河野眞訳　新宮　文楫堂　2009.3　228p　25cm　〈文献あり〉 6000円　①978-4-9901976-3-6 〔03705〕

シュウェーベル, フランソワ　Schwoebel, François
◇デカルト氏の悪霊 (Le malin genie de monsieur Descartes)　ジャン＝ポール・モンジャン文, 及川美枝訳, フランソワ・シュウェーベル絵　ディスカヴァー・トゥエンティワン　2011.8　64p　21cm　(プチ哲学)　1200円　①978-4-7993-1041-0 〔03706〕

ジュヴェンツァー, インゲボルク
◇ヨーロッパ私法の現在と日本法の課題　川角由和, 中田邦博, 潮見佳男, 松岡久和編　日本評論社　2011.10　610p　22cm　(竜谷大学社会科学研究所叢書 第88巻)　7600円　①978-4-535-51838-4
内容 不可抗力とハードシップにおける免責(インゲボルク・ジュヴェンツァー著, 寺川永訳) 〔03707〕

シュヴェントカー, ヴォルフガング　Schwentker, Wolfgang
◇マックス・ウェーバーの日本―受容史の研究 1905-1995 (MAX WEBER IN JAPAN)　ヴォルフガング・シュヴェントカー〔著〕, 野口雅弘, 鈴木直, 細井保, 木村裕之共訳　みすず書房　2013.1　371, 65p　22cm　〈文献あり 著作目録あり 索引あり〉 7500円　①978-4-622-07709-1
内容 第1章 マックス・ウェーバーの著作におけるテーマとしての日本―受容の出発点？　第2章 マックス・ウェーバー受容のあけぼの 一九〇五 - 一九二五　第3章 業績の発見 一九二六 - 一九四五　第4章 日本の「第二の開国」期におけるマックス・ウェーバー研究 一九四五 - 一九六五　第5章 一九七〇年以後のマックス・ウェーバー・ルネサンス　第6章 結語 〔03708〕

シュウォーツ, パトリック　Schwarz, Patrick
◇先生のための自閉症のある子の「良いところ」を伸ばす20の方法―コミュニケーション、マナーから学習スキルまで (Just give him the whale！)　ポーラ・クルス, パトリック・シュウォーツ著, 竹迫仁子訳　明石書店　2012.1　182p　19cm　〈文献あり〉 1800円　①978-4-7503-3520-9

シ

内容 生徒との関係を築くには　人づきあいの機会を広げるには　コミュニケーション・スキルを伸ばし、コミュニケーションの機会を増やすには　不安をできるだけ小さくするには　通常学級に通う計画を立てるには　教室に生徒を専門家として登場させるには　読み書き学習（リテラシー・ラーニング）を増やすには　安心感をあたえるには　働くという考えをもつようにするには　リスクをとることを促すには〔ほか〕 〔03709〕

シ

宗教平和国際事業団

◇東アジア平和共同体の構築と国際社会の役割―「IPCR国際セミナー」からの提言　宗教平和国際事業団, 世界宗教者平和会議日本委員会編, 真田芳憲監修　佼成出版社　2011.9　336, 4p　18cm　（アーユスの森新書 003　中央学術研究所編）　900円　①978-4-333-02507-7

内容 基調講演 「東アジア平和共同体」の構築と国際社会の役割 金星坤 述, 金永完 訳. 過去の葛藤はいかに克服すべきか 歴史を鏡に、平和を愛し、ともに未来を切り開こう 高峰 述, 崔延花 訳. 東アジア各国の二重国籍の歴史から見る衝突から緩和 厳海玉 述, 崔延花 訳. 東アジアにおける過去の紛争をどう克服すべきか 呉尚烈 述, 金永完 訳. 韓・中・日三国間における過去の紛争をいかに克服すべきか 金忠環 述, 金永完 訳. 東アジアにおける過去の傷跡をどう癒すか 松井ケテイ 述. 多様性の中の調和と共生 杜文堂 述, 崔延花 訳. 韓日における過去の歴史を清算するための媒介方策 金容煥 述, 金永完 訳. 歴史を鏡とし、未来を志向する 華夏 述, 崔延花 訳. 心の傷を癒すために、新たなる発足を 山崎竜明 述. 韓日の過去の歴史における紛争を根本的に解決する道 金承国 述, 金永完 訳. 東アジアの平和共同体の構築と国際社会の役割 東アジア平和共同体の建設と国際社会の役割 伊藤成彦 述. 東アジアの共同体の構築と国際機関の役割 ヴェセリン・ポポフスキー 述, 三善恭子 訳. 東アジア共同体の樹立と国際社会の役割 真田芳憲 述. 対話・協力の強化と東アジアの平和 衛元琪 述, 崔延花 訳. 国益よりは人類共栄の利益を優先することの認識とその必要性 元恵栄 述, 金永完 訳. 政権交代と東アジア共同体 近藤昭一 述. 東アジア共同体への道程 犬塚直史 述. 平和共同体の構築 クリス・ライス 述, 三善恭子 訳. 東アジア平和共同体の建設と国際社会の役割 林炯真 述, 金永完 訳. 東アジア平和共同体の建設と国際社会の役割 李光熙 述, 金永完 訳. 対話―「東アジアの平和教育」へと前進するために 井手弘人 述. 共有される安全保障と日中韓協力を基軸とした東アジア共同体 杉野恭一 述. 「東北アジア地域の平和教育・訓練機関」（NARPI）の設立の必要性と機能 李在永 述, 金永完 訳. 朝鮮半島の平和と東アジア共同体 朝鮮半島の平和と東アジア共同体の建設 李泰永 述, 金永完 訳. 平和を実現する人たちは幸いである 馬英林 述, 崔延花 訳. 朝鮮半島の平和と東アジア共同体 田中庸仁 述. 朝鮮半島の平和と東アジア平和共同体の建設 妙蔵 述, 金永完 訳. 朝鮮半島の平和と東アジア共同体の実現のための実践的戦略 崔宰誠 述, 金永完 訳. 朝鮮半島の平和と東アジア共同体 曹敏 述, 金永完 訳. 東アジアの平和の過程とヨーロッパ統合の啓示 李道剛 述, 金瑩 訳. 「地球化」と「東アジア化」、その限界と可能性 李賛洙 述, 金永完 訳. 朝鮮半島の平和と東アジア共同体 山本俊正 述. 朝鮮半島の平和と東アジア平和共同体の構築 李相俊 述, 金永完 訳 〔03710〕

シュエッツ, ハンス・G.

◇知識の創造・普及・活用―学習社会のナレッジ・マネジメント（Knowledge management in the learning society）　OECD教育研究革新センター編著, 立田慶裕監訳　明石書店　2012.3　505p　22cm　〈訳 : 青山貴子ほか〉 5600円　①978-4-7503-3563-6

内容 産学連携の省察（ハンス・G.シュエッツ著, 米川英樹, 新谷竜太朗訳） 〔03711〕

シュエッド, フレッド, Jr.　Schwed, Fred, Jr.

◇投資家のヨットはどこにある？―プロにだまされないための知恵（Where are the customer's yachts?）　フレッド・シュエッド・ジュニア著, 関岡孝平訳, 岡本和久監修　パンローリング　2011.1　244p　21cm　（ウィザードブックシリーズ vol.175）　1800円　①978-4-7759-7142-0

内容 第1章 序文―「二流詩人の遠慮がちな咳払い」　第2章 金融家と占い師　第3章 顧客たち―このたくましい種族　第4章 投資信託会社―期待と成績　第5章 空売り屋―腹黒いやつら　第6章 プットにコールにストラドル、そしてガーガー　第7章 古き「よき」時代と「偉大なる」指導者たち　第8章 投資―多数の質問と少々の回答　第9章 改革―その数年と異論 〔03712〕

ジュオー, クリスチアン　Jouhaud, Christian

◇歴史とエクリチュール―過去の記述　クリスチアン・ジュオー著, 嶋中博章, 杉浦順子, 中畑寛之, 野呂康訳　水声社　2011.11　304p　22cm　〈索引あり〉 4000円　①978-4-89176-858-4

内容 第1部 講演（マザリナード 著述家、出資者、公衆　マザリナードと雑報―一六五二年、パリに流通した反ユダヤ文書群　「太陽王」時代における政治権力の無力さと全能の力　十七世紀におけるエクリチュールと行為―論争と論戦に関する研究のための方法論的展望）　第2部 論考（歴史と文学史の出会い―アラン・ヴィアラ著『作家の誕生』（注釈と批評）　「実践の形式」における「国家理性」から、ルーダンでの行為としての「国家理性」へ―歴史における時間の区分　ベンヤミン、「偉大なる世紀」そして歴史家―ひとつの仕事をふり返ること　過去を見る/見ない―メグレと口の固い証人たち）　より高度な方法意識の覚醒に向けて―クリスチアン・ジュオーの認識と方法（野呂康） 〔03713〕

◇マザリナード―言葉のフロンド（MAZARINADES）　クリスチアン・ジュオー著, 嶋中博章, 野呂康訳　水声社　2012.10　370p　22cm　〈文献あり 年表あり 索引あり〉 5000円　①978-4-89176-919-2 〔03714〕

シュグ, ジョン・A.　Schug, John A.

◇ピオ神父の生涯　ジョン・A.シュグ著, 甲斐睦興訳, 木鎌安雄監訳　長崎　聖母の騎士社　2013.12　399p　15cm　（聖母文庫）　800円　①978-4-88216-352-7 〔03715〕

ジュグラー, クレマン

◇世界資本主義の景気循環―クレマン・ジュグラーの景気循環論とクズネッツ循環　岩田佳久著　日本経済評論社　2013.10　265p　21cm　5600円　①978-4-8188-2286-3

内容 第1章 19世紀英仏マネタリーオーソドキシーにおけるジュグラーとその景気循環論（課題の設定 : 神話から研究対象へ　方法 : オーソドキシーと分類基準

分析1 ： 利子率とその影響　銀行通貨量とその影響　総括 ： ジュグラーの通貨理論と景気循環論）　第2章 ジュグラー景気循環論の世界経済的枠組みとその実証（実証分析の基礎としてのジュグラーの理論的再検討　実証 ： 同調性と異質性、相互関係　19世紀国際通貨体制としての国際複貨幣制）　第3章 世界資本主義としてのクズネッツ循環論（理論 ： クズネッツ循環に関する諸学説の整理と検討　実証 ： 方法と第1次大戦前の分析　展望 ： 現代のクズネッツ循環）〔03716〕

ジューコフ, ボリス　Jukov, Boris

◇アイハヌム―加藤九祚一人雑誌　2010　加藤九祚編訳　秦野　東海大学出版会　2011.3　157p　21cm　〈他言語標題 ： Ay Khanum〉2000円　①978-4-486-03727-9

内容 湖底に消えた都―イッシク・クル湖探検記（ボリス・ジューコフ）〔03717〕

シュスターマン, リチャード　Shusterman, Richard

◇プラグマティズムと哲学の実践（Practicing philosophy）　リチャード・シュスターマン著, 樋口聡, 青木孝夫, 丸山恭司訳　〔横浜〕　世織書房　2012.1　389, 17p　19cm　〈索引あり〉　4000円　①978-4-902163-01-2

内容 哲学的な生き方―哲学の詩学の再生　哲学的な生き方の素描―デューイ、ウィトゲンシュタイン、フーコー　第1部 倫理学と政治学（プラグマティズムと自由主義―デューイとローティの間　民主主義の倫理学―パトナムとカヴェル）　第2部 芸術・知・行為（理性と美―モダンとポストモダンの間 ハーバーマスとローティ　躍動する芸術・侵犯する芸術―グッドマン、ラップ、プラグマティズム（新しい現実混合））　第3部 身体性と民族性（身体的経験―基礎付けか、あるいは再構築か　来年はエルサレムで？―ユダヤ人アイデンティティと帰郷神話）〔03718〕

シュタイア, レイチェル　Shteir, Rachel

◇万引きの文化史（The Steal ： A Cultural History of Shoplifting）　レイチェル・シュタイア著, 黒川由美訳　太田出版　2012.10　311p　19cm　（ヒストリカル・スタディーズ 03）　2200円　①978-4-7783-1341-8〔03719〕

シュタイナー, ジョアン・E.

◇新興国家の世界水準大学戦略―世界水準をめざすアジア・中南米と日本（World-Class Worldwide）　フィリップ・G.アルトバック, ホルヘ・バラン編, 米沢彰純監訳　東信堂　2013.5　386p　22cm　〈索引あり〉4800円　①978-4-7989-0134-3

内容 ブラジルの研究型大学（ジョアン・E.シュタイナー執筆, 藤沢圭子訳）〔03720〕

シュタイナー, ルドルフ　Steiner, Rudolf

◇シュタイナー魂について（Der Ursprung der Seele〔etc.〕）　ルドルフ・シュタイナー著, 高橋巖訳　春秋社　2011.1　329p　20cm　〈他言語標題 ： Rudolf Steiner Von dem Seelenleben〉　2800円　①978-4-393-32543-8

内容 魂の起源　人間の魂とは何か　積極的な人と消極的な人　笑うことと泣くこと　月についての考察　幸と不幸　夜の人と昼の人　魂のいとなみについて　人間学と人智学〔03721〕

◇社会改革案　ルドルフ・シュタイナー著, 西川隆範訳　水声社　2011.2　245p　20cm　（ロサ・ミスティカ叢書）　2500円　①978-4-89176-823-2

内容 経済の根本問題　精神科学と社会問題　社会問題（社会問題の真相　現実に沿った社会問題の解決　社会生活の現実的な把握　社会の発展と現代人の生活状況）　社会秩序のなかの人間―個人と共同体〔03722〕

◇あたまを育てるからだを育てる（Vortage uber Erziehung und soziales Leben）　ルドルフ・シュタイナー著, 西川隆範訳　新装版　風涛社　2011.4　205p　20cm　（〔Steiner books〕）　2300円　①978-4-89219-342-2

内容 精神科学の観点からの学校問題　身体の健康　大人の気質は子どもにどう作用するか　道徳教育　人間関係を築く　社会を考える〔03723〕

◇私たちの中の目に見えない人間―治療の根底にある病理（Der unsichtbare mensch in uns）　ルドルフ・シュタイナー著, 石川公子, 小林国力訳　涼風書林　2011.4　57p　21cm　2000円　①978-4-903865-21-8〔03724〕

◇シュタイナーはこう語った　ルドルフ・シュタイナー著, 西川隆範訳　アルテ　2011.5　190p　20cm　〈他言語標題 ： ALSO SPRACH R. STEINER　著作目録あり　発売 ： 星雲社〉　2000円　①978-4-434-15610-6

内容 1 人間について　2 日々の暮らしの知恵　3 死について　4 精神生活の心得　5 詩とメルヘン〔03725〕

◇シュタイナー死について（Die Verbindung zwischen Lebenden und Toten〔etc.〕）　ルドルフ・シュタイナー著, 高橋巖訳　春秋社　2011.8　282p　20cm　〈他言語標題 ： Rudolf Steiner Von dem Tode〉2700円　①978-4-393-32544-5〔03726〕

◇シュタイナー天地の未来―地震・火山・戦争　ルドルフ・シュタイナー著, 西川隆範編訳　風濤社　2011.9　261p　20cm　2800円　①978-4-89219-347-7〔03727〕

◇シュタイナー悪について（Das Böse im Lichte der Erkenntnis vom Geiste〔etc.〕）　ルドルフ・シュタイナー著, 高橋巖訳　春秋社　2012.2　318p　20cm　〈他言語標題 ： Rudolf Steiner Von Bösen〉2800円　①978-4-393-32545-2

内容 1（民主主義と悪　悪について）　2（破壊のかまど　悪の秘儀　ルツィフェルとアーリマン）　3 われわれの生きる悪の時代の霊的背景　4 ミカエルと竜の闘い　5 ミカエルの秘儀〔03728〕

◇シュタイナー古代秘教講義（Vorträge über die Mysterien des Altertums）　ルドルフ・シュタイナー著, 西川隆範訳　アルテ　2012.6　190p　20cm　〈発売 ： 星雲社〉2000円　①978-4-434-16727-0

内容 インド‐エジプト‐バビロニア　ギリシャ　クリシュナ意識とアルジュナ意識　瑜伽の階梯　エジプト文明と現代　古代エジプトにおける治療　秘儀の四段階　ギリシャの密儀―エフェソスとエレウシス　ゲルマンの神々　インド‐ペルシア‐エジプト‐ギリシャの神々〔03729〕

◇シュタイナー黙示録的な現代（いま）　信仰・愛・

希望　ルドルフ・シュタイナー著, 西川隆範編訳　風濤社　2012.12　252p　20cm　2800円　①978-4-89219-359-0
内容 電気・磁気・原子力—エーテル化する血液　白魔術と黒魔術　神智学のモラル　黙示録へのプロローグ　黙示録の象徴　信仰・愛・希望—人間のいとなみの三段階　〔03730〕

◇人間理解からの教育（Die Kunst des Erziehens aus dem Erfassen der Menschenwesenheit）　ルドルフ・シュタイナー著, 西川隆範訳　筑摩書房　2013.3　277p　15cm　（ちくま学芸文庫 シ8-10）　1200円　①978-4-480-09531-2
内容 真の人間認識の必要性　遺伝と個性　年齢に応じた教育の課題　模倣と想像力　書き方の授業　物語　植物学　動物学　懲罰　教師の条件　形態感覚　算数　幾何学　芸術教育　外国語　オイリュトミーと体操　生活に結びついた授業　現実に即した授業　学校組織について　〔03731〕

◇アントロポゾフィー医学の本質（Grundlegendes für eine Erweiterung der Heikunst nach geisteswissenschaftlichen Erkenntnissen）　ルドルフ・シュタイナー, イタ・ヴェーグマン著, 浅田豊, 中谷三恵子訳　水声社　2013.4　185p　20cm　2500円　①978-4-89176-968-0
内容 医術の基礎としての、真の人間本性の認識　なぜ人は病気になるのか　生命の現れ　感受する有機体の本質　植物、動物、人間　血液と神経　治癒作用の本質　人間の有機体内の諸活動、糖尿病　人体における蛋白質の役割とアルブミン尿　人間の有機体における脂肪の役割と見せかけの局所症候群〔ほか〕　〔03732〕

◇普遍人間学—教育の基として（Allgemeine Menschenkunde als Grundlage der Pädagogik（第9版））　ルドルフ・シュタイナー著, 鈴木一博訳　大仙　榛書房　2013.5　379p　19cm　〈発売：精巧堂出版（大仙）〉2800円　①978-4-904082-20-1　〔03733〕

◇秘されたる人体生理—シュタイナー医学の原点（Eine okkulte Physiologie（原著第5版））　ルドルフ・シュタイナー著, 森章吾訳　上里町（埼玉県）　イザラ書房　2013.6　221p　20cm　3000円　①978-4-7565-0121-9
内容 心構え「畏敬の念を持って自らを認識する」　二重性　発達が進んだ器官、発達初期の器官　脳・脊髄の役割と思考・反射・夢　脳と脊髄のオーラ　生体を霊的なものの開示と見る　血流におけるもう一つの二重性　感覚知覚と栄養系の内臓が持つ対称関係　内臓と惑星の対応　器官と人間の構成要素〔ほか〕　〔03734〕

◇瞑想と祈りの言葉　ルドルフ・シュタイナー著, 西川隆範編訳　新版　上里町（埼玉県）　イザラ書房　2013.12　271p　20cm　〈文献あり〉2800円　①978-4-7565-0124-0　〔03735〕

シュタイニッツァー, W.　Steinitzer, Wilhelm
◇日本山岳紀行—ドイツ人が見た明治末の信州（Japanische Bergfahrten）　W.シュタイニッツァー著, 安藤勉訳　長野　信濃毎日新聞社　2013.10　305p　19cm　（信毎選書 5）〈1992年刊の改訂　文献あり〉1400円　①978-4-7840-7222-4　〔03736〕

シュッツ, ウィル　Schutz, Will
◇すべてはあなたが選択している　ウィル・シュッツ著, 池田絵実訳, ビジネスコンサルタント監修　翔泳社　2011.1　395p　20cm　〈文献あり〉1600円　①978-4-7981-2360-8
内容 新しい時代　真実　選択　単純さ　限界のなさ　全体性　達成　次元　社会への応用　法と政治〔ほか〕　〔03737〕

ジュッブリエ, L.　Dupriez, Léon
◇日本立法資料全集　別巻 696　英国立憲大臣論　デュッブリエ著, 坂部行三郎訳　復刻版　信山社出版　2011.12　337p　23cm　〈丸善明治32年刊の複製〉35000円　①978-4-7972-6394-7　〔03738〕

シュティフター, アーダルベルト　Stifter, Adalbert
◇ウィーンとウィーン人（Wien und die Wiener）　アーダルベルト・シュティフター他著, 新井裕, 戸口日出夫, 阿部雄一, 荒川宗晴, 篠原敏昭, 松岡晋訳　八王子　中央大学出版部　2012.3　990, 29p　20cm　（中央大学人文科学研究所翻訳叢書 6　中央大学人文科学研究所編）〈年表あり〉7200円　①978-4-8057-5405-4
内容 聖シュテファン教会の尖塔からの眺望と観察（導入として）他（アーダルベルト・シュティフター著, 戸口日出夫訳）　〔03739〕

シュティルナー, M.　Stirner, Max
◇唯一者とその所有　上（Der Einzige und sein Eigenthum）　シュティルナー著, 片岡啓治訳　現代思潮新社　2013.1　213p　20cm　（古典文庫 6）　2800円　①978-4-329-02066-6　〔03740〕

◇唯一者とその所有　下（Der Einzige und sein Eigenthum）　シュティルナー著, 片岡啓治訳　現代思潮新社　2013.1　356p　20cm　（古典文庫 21）　4000円　①978-4-329-02067-3　〔03741〕

シュテルク, ヴォルフガング　Sterk, Wolfgang
◇フェアな未来へ—誰もが予想しながら誰も自分に責任があるとは考えない問題に私たちはどう向きあっていくべきか（Fair Future：Resource Conflicts, Security and Global Justice ; A Report of the Wuppertal Institute for Climate, Environment and Energy）　ヴォルフガング・ザックス, ティルマン・ザンタリウス編, 川村久美子訳・解題　新評論　2013.12　422p　21cm　3800円　①978-4-7948-0881-3
内容 第1章 現実主義者にとっての公正　第2章 環境をめぐる不公正　第3章 専有を競う競技場　第4章 フェアな資源配分モデル　第5章 フェアな豊かさ　第6章 公正とエコロジーのための取り決め　第7章 ヨーロッパの存在価値とは　〔03742〕

シュテルツハマー, フランツ
◇ウィーンとウィーン人（Wien und die Wiener）　アーダルベルト・シュティフター他著, 新井裕, 戸口日出夫, 阿部雄一, 荒川宗晴, 篠原敏昭, 松岡晋訳　八王子　中央大学出版部　2012.3　990, 29p　20cm　（中央大学人文科学研究所翻訳叢書 6　中央大学人文科学研究所編）〈年表あり〉

7200円　①978-4-8057-5405-4

内容 リーニエの外での夕べ（風俗素描）他（フランツ・シュテルツハマー著, 阿部雄一訳）〔03743〕

シュテーレ, ハンス＝エルク

◇日独交流150年の軌跡　日独交流史編集委員会編　雄松堂書店　2013.10　345p　29cm　〈布装〉　3800円　①978-4-8419-0655-4

内容 日本とドイツ（ハンス＝エルク・シュテーレ著, ドイツ大使館通訳・翻訳部訳）〔03744〕

シュート, ヴァレリー・J.　Shute, Valerie J.

◇インストラクショナルデザインとテクノロジー―教える技術の動向と課題（TRENDS AND ISSUES IN INSTRUCTIONAL DESIGN AND TECHNOLOGY（原著第3版））　R.A.リーサー, J.V.デンプシー編　京都　北大路書房　2013.9　690p　21cm　〈訳 : 半田純子ほか　索引あり〉　4800円　①978-4-7628-2818-8

内容 ゲームと学習？（ヴァレリー・J.シュート, ロイド・P.リーバー, リチャード・ファン・エック著, 山田政寛訳）〔03745〕

シュトックシュトルム, クリストフ　Stockstrom, Christoph

◇日本企業のイノベーション・マネジメント（Manegment of Technology and Innovation in Japan）　コルネリウス・ヘルシュタット, クリストフ・シュトゥックシュトルム, ヒューゴ・チルキー, 長平彰夫編著, 長平彰夫監訳, 松井憲一, 名取隆, 高橋修訳　同友館　2013.6　433p　22cm　〈執筆 : マリアン・バイゼほか　索引あり〉　3800円　①978-4-496-04912-5

内容 イノベーションプロセスの製品開発前段階〈Fuzzy Front End〉における日本企業のマネジメント活動（コルネリウス・ヘルシュタット, ビルギット・フェルボルン, クリストフ・シュトックシュトルム, 長平彰夫, 高橋修著）〔03746〕

シュトラウス, レオ　Strauss, Leo

◇哲学者マキァヴェッリについて（Thought on Machiavelli）　レオ・シュトラウス著, 飯島昇藏, 厚見恵一郎, 村田玲訳　勁草書房　2011.11　430p　22cm　〈索引あり〉　7000円　①978-4-326-30203-1

内容 第1章 マキァヴェッリの教えの2重の性格　第2章 マキァヴェッリの意図 : 『君主論』　第3章 マキャヴァッリの意図 : 『ディスコルシ』　第4章 マキァヴァッリの教え〔03747〕

◇自然権と歴史（Natural Right and History）　レオ・シュトラウス著, 塚崎智, 石崎嘉彦訳　筑摩書房　2013.12　507p　15cm　（ちくま学芸文庫）　1500円　①978-4-480-09584-8

内容 1 自然権と歴史的アプローチ　2 事実と価値の区別と自然権　3 自然権観念の起源　4 古典的自然権　5 近代的自然権　6 近代的自然権の危機〔03748〕

シュトラウプ, エバーハルト　Straub, Eberhard

◇フルトヴェングラー家の人々―あるドイツ人家族の歴史（Die Furtwänglers）　エバーハルト・シュトラウプ〔著〕, 岩淵達治, 藤倉孚子, 岩井智子訳　岩波書店　2011.5　390, 17p　20cm　〈文献あり　索引あり〉　3800円　①978-4-00-024662-0

内容 第1章 「感情の揺れる階梯の上で」―失われた美を求める神経質な学者　第2章 「耳を聾する轟音から誇らしげに遠ざかって」―生の索漠たる岸辺に立つ若き市民たちの悩み　第3章 「音楽こそ祖国」―ドイツ的教養の聖なる芸術　第4章 「彼の芸術からは常に無限の幸福感を生む音が流れ出てくるだろう」―人間を捉える指揮者にして、聴衆のいない作曲家　第5章 「私を招き、私に憧れ、引く手あまたの私」―芸術の力の大規模な産業化　第6章 「フィルハーモニーの響きは自然の産物」―ウィーンの柔らかな音と北ドイツ的な音色　第7章 「我々芸術家は政治に関与すべからず」―権力者に接近はするが、心の内では留保　第8章 「協力を楯に抵抗」―市民的なジレンマ、権力なしでは人の言うなりだ　第9章 「美も死なねばならない」―すべてイメージ化された商品世界における教養市民の絶望〔03749〕

シュトルベック, オラフ　Storbeck, Olaf

◇人はお金だけでは動かない―経済学で学ぶビジネスと人生（Ökonomie2.0（重訳））　ノルベルト・ヘーリング, オラフ・シュトルベック著, 熊谷淳子訳　NTT出版　2012.8　313p　20cm　〈文献あり 索引あり〉　2400円　①978-4-7571-4237-4

内容 人間―エコノミック・アニマルか？　幸福の追求　労働市場の謎　忘れさられつつある小さな違い　すべては文化しだい　はかりとものさしの経済学　グローバル化の論理　金融市場―とことん効率的なのか、まるででたらめなのか　サブプライムの不意打ち―金融危機の構造　経営者も人の子　売り買いの高度な芸術　スポーツ選手をモルモットに―なぜ経済学者はスポーツが好きなのか　市場経済の暗がりで最後の警告〔03750〕

シュトルメ, マティアス

◇ヨーロッパ私法の原則・定義・モデル準則―共通参照枠草案〈DCFR〉（Principles, Definitions and Model Rules of European Private Law（原著概要版）（抄訳））　クリスティアン・フォン・バール, エリック・クライブ, ハンス・シュルテ－ネルケ, ヒュー・ビール, ジョニー・ヘレ, ジェローム・ユエ, マティアス・シュトルメ, シュテファン・スワン, ポール・バルール, アンナ・ヴェネツィアーノ, フリデリィク・ツォル編, 窪田充見, 潮見佳男, 中田邦博, 松岡久和, 山本敬三, 吉永一行監訳　京都　法律文化社　2013.11　498p　22cm　〈索引あり〉　8500円　①978-4-589-03541-7

内容 序論　原則　モデル準則（総則　契約及びその他の法律行為　債務及びこれに対応する権利　各種の契約及びそれに基づく権利義務　事務管理　他人に生じた損害に基づく契約外責任　不当利得　物品所有権の得喪　動産担保　信託）〔03751〕

シュトルル, ヴォルフ＝ディーター　Storl, Wolf-Dieter

◇ケルトの植物―治療術 植物の魔法 木の暦（Pflanzen der Kelten）　ヴォルフ＝ディーター・シュトルル著, 手塚千史, 高橋紀子訳　ヴィーゼ　2012.10　265p　26cm　〈文献あり　発売 : 岳陽舎〉　3000円　①978-4-903942-10-0

内容 私たちもかつてはインディアンだった　森百姓とステップの戦士　ケルトの治療術　ケルトの一年と

木の暦　首長の木　どの木にも神宿れり　花からつくられた女　ケリドウェンの変容の薬缶　〔03752〕

シュトレイス, ミヒャエル　Stolleis, Michael

◇ユダヤ出自のドイツ法律家（DEUTSCHE JURISTEN JUDISCHER HERKUNFT）　ヘルムート・ハインリッヒス, ハラルド・フランツキー, クラウス・シュマルツ, ミヒャエル・シュトレイス著, 森勇監訳　八王子　中央大学出版部　2012.3　25, 1310p　21cm　（日本比較法研究所翻訳叢書 62）〈文献あり 索引あり〉13000円　①978-4-8057-0363-2

内容 ユダヤ人の解放とこれに遅れた法律職の開放　ジグムント・ヴィルヘルム・ツインメルン（1796‐1830）―ユダヤ人解放の早期におけるローマ法の体系家　エドゥアルト・ガンス（1797‐1839）―ヘーゲルとサヴィニーの狭間にあった政治指向の人物　フリードリッヒ・ユリウス・シュタール（1802‐1861）―キリスト教的国家と正統性の政党　ガブリエル・リーサー（1806‐1863）―ユダヤ人解放のための戦いから自由主義的なドイツ憲法への道のり　エドゥアルト・フォン・ジムゾン（1810‐1899）―1848‐49年ドイツ国民議会議長、1871年ドイツ帝国議会議長、ライヒ裁判所長官　フェルディナント・ラッサール（1825‐1864）―社会主義、国家主義革命家　ドイツ帝国及びワイマール共和国におけるユダヤ出自の法律家―エルンスト・ランズベルクへの思いをこめて　レヴィーン・ゴルトシュミット（1829‐1897）―現代商法学の創始者　ハインリッヒ・デルンブルク（1829‐1907）―後期パンデクティスティク及びプロイセン私法の「侯爵」〔ほか〕　〔03753〕

シュトレッカー, エリーザベト

◇時間の謎―哲学的分析（Das Rätsel der Zeit）　ハンス・ミカエル・バウムガルトナー編, 田中隆訳　丸善書店出版サービスセンター　2013.8　353p　22cm　非売品　①978-4-89630-281-3

内容 時間を経験する―時間を決める　自然と歴史における時間の構造（エリーザベト・シュトレッカー）　〔03754〕

シュトレーブ, H.　Straeb, Hermann

◇サステナブル社会のまちづくり―ドイツ・EUの実務に学ぶ　沢田誠二編著, H.シュトレーブ, 小林正美, 永松栄著　明治大学出版会　2012.11　247p　19cm　（明治大学リバティブックス）〈発売：丸善出版〉3000円　①978-4-906811-03-8

内容 第1章 サステナブル社会の都市計画・まちづくり研究の狙い　第2章 未来を構想するドイツのプランニング・システム　第3章 ヨーロッパのパブリックスペースを考える　第4章 不確実性を超えるプランニング・マネージメント　第5章 ドイツ流まちづくりから学べること―制度の差異を越えて　第6章 グローバル化時代のまちづくり―大学と社会の関わり　第7章 ドイツと日本―その差異から見た今後の交流　第8章 研究成果のまとめ　〔03755〕

シュトレーロフ, ヴィガート　Strehlow, Wighard

◇ヒルデガルトの宝石療法―修道院治療学の宝石23種と薬用ハーブ　ヴィガート・シュトレーロフ著, 畑沢裕子訳, 豊泉真知子監修　フレグランスジャーナル社　2013.2　132p　21cm　2700円　①978-4-89479-229-6

内容 アゲート（瑪瑙）　アメジスト（紫水晶）　アンバー（琥珀）　エメラルド（翠玉、緑玉）　オニキス（縞瑪瑙）　カーネリアン（紅玉髄）　カルセドニー（玉髄）　クリソプレーズ（緑玉髄）　ゴールド（金）　サード（紅玉髄）〔ほか〕　〔03756〕

シュトレング, フランツ

◇量刑法の基本問題―量刑理論と量刑実務との対話：日独シンポジウム　ヴォルフガング・フリッシュ, 浅田和茂, 岡上雅美編著, ヴォルフガング・フリッシュ〔ほか〕著・訳　成文堂　2011.11　284p　22cm　〈会期・会場：2009年9月12日（土）～13日（日）立命館大学朱雀キャンパス〉5000円　①978-4-7923-1925-0

内容 量刑の経験的基礎（フランツ・シュトレング著, 高山佳奈子訳）　〔03757〕

シュナイアー, ブルース　Schneier, Bruce

◇信頼と裏切りの社会（Liars and Outliers）　ブルース・シュナイアー著, 山形浩生訳　NTT出版　2013.12　510p　20cm　〈文献あり 索引あり〉4200円　①978-4-7571-4304-3　〔03758〕

シュナイウィンド, J.B.　Schneewind, Jerome B.

◇自律の創成―近代道徳哲学史（The invention of autonomy）　J.B.シュナイウィンド〔著〕, 田中秀夫監訳, 逸見修二訳　法政大学出版局　2011.11　925, 72p　20cm　（叢書・ウニベルシタス 969）〈索引あり　文献あり〉13000円　①978-4-588-00969-3

内容 近代道徳哲学史のさまざまな主題　第1部 近代自然法の興亡（自然法―主知主義から主意主義へ　宗教を無視する―共和主義と懐疑論 ほか）　第2部 完全論と合理性（近代完全論の諸起源　神への道（1）ケンブリッジ・プラトニスト ほか）　第3部 自立した世界に向かって（救済なき道徳　徳の復興 ほか）　第4部 自律と神の秩序（完全性と意志―ヴォルフとクルジウス　宗教、道徳、改革 ほか）　エピローグ（ピュタゴラス、ソクラテス、カント―道徳哲学史を理解する）　〔03759〕

シュナイダー, シェリー　Schneider, Sherrie

◇現代版ルールズ―理想の男性を手に入れる31の法則（NOT YOUR MOTHER'S RULES）　エレン・ファイン, シェリー・シュナイダー著, 田村明子訳　ベストセラーズ　2013.5　285p　19cm　〈タイトルは奥付による.標題紙・背・表紙のタイトル：THE RULES the new secrets for dating〉1300円　①978-4-584-13491-7

内容 1 なぜ本書を書いたのか　2 娘たちから『ルールズ』について一言　3「娘たちを抱きしめて」母親のためのルールズ　4 ルールズをはじめるまで、好きなことをやってみる　5 男性がゲンメツする20のこと　6 ルールズに関するよくある質問とその回答　7 繰り返す価値のある20のルールズ　Conclusion デートは努力である！　〔03760〕

シュナイダー, バリー・H.

◇子どもの社会的ひきこもりとシャイネスの発達心理学（THE DEVELOPMENT OF SHYNESS AND SOCIAL WITHDRAWAL）　ケネス・H.

ルビン, ロバート・J.コプラン編, 小野善郎訳　明石書店　2013.8　363p　22cm　5800円　①978-4-7503-3873-6
内容 電子的コミュニケーション(バリー・H.シュナイダー, イェア・アミチャイ＝ハンバーガー著)　〔03761〕

シュナイダー, ハンス　Schneider, Hans
◇ドイツにおけるラディカルな敬虔主義 (Geschichte des Pietismus(Bd.1 抄訳), Geschichte des Pietismus(Bd.2 抄訳))　ハンス・シュナイダー著, 芝田豊彦訳　吹田　関西大学出版部　2013.11　277p　22cm　〈文献あり〉　2500円　①978-4-87354-570-7　〔03762〕

シュナイダー, C.*　Schneider, Celeste
◇子どもの心理療法と調査・研究―プロセス・結果・臨床的有効性の探求 (Child psychotherapy and research)　ニック・ミッジリー, ジャン・アンダーソン, イブ・グレンジャー, ターニャ・ネシッジ・ブコビッチ, キャシー・アーウィン編著, 鵜飼奈津子監訳　大阪　創元社　2012.2　287p　22cm　〈索引あり　文献あり〉 5200円　①978-4-422-11524-5
内容 心理療法プロセスについての新しい見方と話し方の発見：子どもの心理療法Qセット(Celeste Schneider,Anna Pruetzel-Thomas,Nick Midgley著, 松本拓真訳)　〔03763〕

シュナブル, フィリップ　Schnabl, Philipp
◇金融規制のグランドデザイン―次の「危機」の前に学ぶべきこと (Restoring financial stability)　ヴィラル・V.アチャリア, マシュー・リチャードソン編著, 大村敬一監訳, 池田竜哉, 増原剛輝, 山崎洋一, 安藤祐介訳　中央経済社　2011.3　488p　22cm　〈文献あり〉 5800円　①978-4-502-68200-1
内容 銀行はいかにレバレッジ・ゲームに興じたのか(ヴィラル・V.アチャリア, フィリップ・シュナブル)　〔03764〕

シュナペール, ドミニク　Schnapper, Dominique
◇市民権とは何か (Qu'est-ce que la citoyenneté?)　ドミニク・シュナペール著, 富沢克, 長谷川一年訳　風行社　2012.1　324, 5p　20cm　〈索引あり　著作目録あり〉 3000円　①978-4-86258-016-0　〔03765〕

シュニーウィンド, サラ
◇碑と地方志のアーカイブズを探る　須江隆編　汲古書院　2012.3　440, 6p　22cm　(東アジア海域叢書 6　小島毅監修)　7000円　①978-4-7029-2946-5
内容 明代の社学と専制政治(サラ・シュニーウィンド執筆, 深沢貴行訳)　〔03766〕

シュネイ, フレデリック・C.
◇戦闘技術の歴史　4　ナポレオンの時代編―AD1792-AD1815 (FIGHTING TECHNIQUES OF THE NAPOLEONIC AGE)　ロバート・B.ブルース, イアン・ディッキー, ケヴィン・キーリー, マイケル・F.パヴコヴィック, フレデリック・C.シュネイ著, 浅野明監修, 野下祥子訳　大阪　創元社　2013.4　367p　22cm　〈文献あり　索引あり〉 4500円　①978-4-422-21507-5
内容 第1章 歩兵の役割(縦長隊形　戦術の再考 ほか)　第2章 騎兵の戦闘(騎兵の馬　隊形と規律 ほか)　第3章 指揮と統率(スイス選抜歩兵将校(第三スイス連隊)　王室騎馬兵将校(イギリス))　第4章 火砲と攻囲戦(野戦砲の発達　リヒテンシュタイン・システム ほか)　第5章 海戦(攻撃力　艦隊戦術 ほか)　〔03767〕

シュネル, スコット
◇世界の中の柳田国男　R.A.モース, 赤坂憲雄編, 菅原克也監訳, 伊藤由紀, 中井真木訳　藤原書店　2012.11　326p　22cm　〈他言語標題：Yanagita Kunio Studies Around the World　文献あり〉 4600円　①978-4-89434-882-0
内容 日本の民俗研究の活性化のために(スコット・シュネル, 橋本裕之執筆)　〔03768〕

ジュネル, ピエール　Jounel, Pierre
◇ミサきのうきょう―ミサがよくわかるために (La messe hier et aujourd'hui)　ピエール・ジュネル著, 菊地多嘉子訳, 中垣純監修　改訂版　ドン・ボスコ社　2012.10　243p　19cm　1000円　①978-4-88626-540-1
内容 きのう 二千年の歴史(主の晩餐から教会の感謝の祭儀まで　イスラエルの遺産　ユダヤ・キリスト者の諸教会における感謝の祭儀 ほか)　きょう 主日のミサ(感謝の祭儀の風景(主の日　会衆　あなたの家は美しい ほか)　感謝の典礼(パンとぶどう酒　神の栄光と世の救いのために　感謝の祈り ほか))　〔03769〕

シュパイアー, ハンス
◇新戦略の創始者―マキアヴェリからヒトラーまで 下 (Makers of modern strategy)　エドワード・ミード・アール編著, 山田積昭, 石塚栄, 伊藤博邦訳　原書房　2011.3　366p　20cm　〈1979年刊の増補、新版　索引あり〉 2800円　①978-4-562-04675-1
内容 ドイツの総力戦観　ルーデンドルフ(ハンス・シュパイアー著, 山田積昭訳)　〔03770〕

シュバリエ, ロジャー　Chevalier, Roger
◇リーダーシップ・マスター――世界最高峰のコーチ陣による31の教え (Coaching for Leadership)　マーシャル・ゴールドスミス, ローレンス・S.ライアンズ, サラ・マッカーサー編著, 久野正人監訳, 中村安子, 夏井幸子訳　英治出版　2013.7　493p　21cm　2800円　①978-4-86276-164-4
内容 行動の問題を明らかにする(ポール・ハーシィ, ロジャー・シュバリエ)　〔03771〕

シュパール, リヒャルト
◇マルクス抜粋ノートからマルクスを読む―MEGA第4部門の編集と所収ノートの研究　大谷禎之介, 平子友長編　桜井書店　2013.10　364p　22cm　4700円　①978-4-905261-14-8
内容 MEGA第4部門での研究用サブ資料の編集について(リヒャルト・シュパール著, 白井亜希子, 大谷禎之介訳)　〔03772〕

シュパング, クリスティアン・W.
◇1920年代の日本と国際関係—混沌を越えて「新しい秩序」へ　杉田米行編　横浜　春風社　2011.3　323, 10p　19cm　〈索引あり〉2500円　①978-4-86110-262-2
内容 第一次世界大戦後の日独関係におけるドイツ東洋文化研究協会（OAG）の役割（スヴェン・サーラ, クリスティアン・W.シュパング著, ヤコビ・茉莉子訳）〔03773〕
◇日独交流150年の軌跡　日独交流史編集委員会編　雄松堂書店　2013.10　345p　29cm　〈布装〉3800円　①978-4-8419-0655-4
内容 ドイツ東洋文化研究会（スヴェン・サーラ, クリスティアン・W.シュパング, ロルフ＝ハラルド・ヴィッピヒ著, 福山美和子訳）〔03774〕

シュピーグラー, ジュリー　Spiegler, Julie
◇子どもが体験するべき50の危険なこと（Fifty dangerous things）　Gever Tulley,Julie Spiegler著, 金井哲夫訳　オライリー・ジャパン　2011.5　167p　21cm　（Make：Japan Books）〈発売：オーム社〉2000円　①978-4-87311-498-9
内容 9ボルト電池をなめてみよう　あられの中で遊ぼう　完ぺきなでんぐり返しを決めよう　フランス人のようにキスであいさつしよう　車の窓から手を出してみよう　釘を打とう　車を運転しよう　やりを投げよう　ポリ袋爆弾を作ろう　電気掃除機で遊ぼう〔ほか〕〔03775〕

シュピーゲル, ディキシー・リー　Spiegel, Dixie Lee
◇本を読んで語り合うリテラチャー・サークル実践入門（MOVING FORWARD WITH LITERATURE CIRCLES）　ジェニ・ポラック・デイ, ディキシー・リー・シュピーゲル, ジャネット・マクレラン, ヴァレリー・B.ブラウン著, 山元隆春訳　広島　渓水社　2013.10　191p　26cm　〈文献あり〉2500円　①978-4-86327-236-1
内容 第1章 リテラチャー・サークルの条件をととのえ、開始する　第2章 リテラチャー・サークルのために子どもたちを準備させる　第3章 ほんものの話し合いを促す　第4章 リテラチャー・サークルにおける書くことと思考と　第5章 話し合いを評価する　第6章 多様なニーズをかなえる〔03776〕

シュピッツァー, レオ　Spitzer, Leo
◇ディドロ著作集　第4巻　美学・美術—付・研究論集　ディドロ〔著〕, 鷲見洋一, 井田尚監修　法政大学出版局　2013.9　646p　20cm　6600円　①978-4-588-12014-5
内容 ディドロの文体（レオ・シュピッツァー著, 井田尚訳）〔03777〕

シュピッツバート, ミヒャエル　Spitzbart, Michael
◇青い象のことだけは考えないで！—思考を上手に操作する方法（DENKEN SIE NICHT AN EINEN BLAUEN ELEFANTEN！）　トルステン・ハーフェナー, ミヒャエル・シュピッツバート著, 福原美穂子訳　サンマーク出版　2013.1　314p　19cm　1600円　①978-4-7631-3214-7
内容 第1章 私たちの思考は「不自由」である（青い象のことだけは考えないで！　僕がテレビ番組で行った“偽死実験” ほか）　第2章 五感と脳の働きが幸せをもたらす（つきあいたくなるのは「いいにおいがする」と感じた人　わずかな芳香だけでも、数十年前の記憶がよみがえる ほか）　第3章 私たちの思考は「自由」になれる（子どものころに夢中になった「世界最高のマジシャン」　十九歳、ラスベガス一人旅の「たった一つの目的」 ほか）　第4章 自分の世界を根本から変える「思考の力」（がん患者が回復するための「三つの要素」　「副作用がある」と説明されると、何が起こるのか？ ほか）〔03778〕

シュポラール, ヴィダ・モホルチッチ
◇自由への変革と市民教育　不破和彦編訳　青木書店　2011.2　182p　22cm　2500円　①978-4-250-21102-7
内容 活動と活動的シティズンシップ（ヴィダ・モホルチッチ・シュポラール著）〔03779〕

シューマッハー, エルンスト・フリードリヒ　Schumacher, Ernst Friedrich
◇宴のあとの経済学（Good work）　E.F.シューマッハー著, 長洲一二監訳, 伊藤拓一訳　筑摩書房　2011.9　229p　15cm　（ちくま学芸文庫 シ27-1）　1100円　①978-4-480-09405-6
内容 1 ひとつの時代の終焉　2 人間の身の丈にあったテクノロジー　3 みずみずしい未来を予見する　4 適正な所有と行動の様式　5 よき仕事への教育　6 宴は終わった　意義ある仕事への道標（ピーター・N.ギリンガム）〔03780〕

シュマルツ, クラウス　Schmalz, Klaus
◇ユダヤ出自のドイツ法律家（DEUTSCHE JURISTEN JUDISCHER HERKUNFT）　ヘルムート・ハインリッヒス, ハラルド・フランツキー, クラウス・シュマルツ, ミヒャエル・シュトレイス著, 森勇監訳　八王子　中央大学出版部　2012.3　25, 1310p　21cm　（日本比較法研究所翻訳叢書 62）〈文献あり 索引あり〉13000円　①978-4-8057-0363-2
内容 ユダヤ人の解放とこれに遅れた法律職の開放　ジグムント・ヴィルヘルム・ツインメルン（1796‐1830）—ユダヤ人解放の早期におけるローマ法の体系家　エドゥアルト・ガンス（1797‐1839）—ヘーゲルとサヴィニーの狭間にあった政治指向の人物　フリードリッヒ・ユリウス・シュタール（1802‐1861）—キリスト教的国家と正統性の政党　ガブリエル・リーサー（1806‐1863）—ユダヤ人解放のための戦いから自由主義的なドイツ憲法への道のり　エドゥアルト・フォン・ジムゾン（1810‐1899）—1848‐49年ドイツ国民議会議長、1871年ドイツ帝国議会議長、ライヒ裁判所長官　フェルディナント・ラッサール（1825‐1864）—社会主義、国家主義革命家　ドイツ帝国及びワイマール共和国におけるユダヤ出自の法律家—エルンスト・ランズベルクへの思いをこめて　レヴィーン・ゴルトシュミット（1829‐1897）—現代商法学の創始者　ハインリッヒ・デルンブルク（1829‐1907）—後期パンデクティスティク及びプロイセン私法の「侯爵」〔ほか〕〔03781〕

シューマン, ポーラ　Szuchman, Paula
◇夫婦仲の経済学—皿洗いからセックスライフまで、妻と夫の不満は経済理論で解決（SPOUSONOMICS）　ポーラ・シューマン,ジェニー・アンダーソン著, 永井二菜訳　阪急コミュニケーションズ　2012.4　423p　19cm　2000円　①978-4-484-12108-6

内容 第1章 労働の分業―家事の分担はこうして決める　第2章 損失回避―夫婦ゲンカを早く、丸く収めるには　第3章 需要と供給―性生活を充実させる秘策　第4章 モラルハザード―結婚という保険に甘えない、甘えさせない　第5章 インセンティブ―思いのままに妻、夫を動かす切り札　第6章 トレードオフ―苦渋の選択をすんなりと行なう技術　第7章 情報の非対称性―風通しのいい関係を確立するコツ　第8章 異時点間の選択―初志貫徹で良き家庭人になる　第9章 バブル―夫婦の好景気を長続きさせるには　第10章 ゲーム理論―フルシチョフ並みの戦略とケネディ級の駆け引き　〔03782〕

シュミッター, フィリップ・C.

◇デモクラシーとアカウンタビリティ―グローバル化する政治責任　真柄秀子編　風行社　2010.11　248p　22cm　3300円　①978-4-86258-051-1

内容 「現存する」民主主義諸国における政治的アカウンタビリティ（フィリップ・C.シュミッター著, 本田亜紗子, 東島雅昌訳）　〔03783〕

シュミット, カール　Schmitt, Carl

◇憲法論（VERFASSUNGSLEHRE）　カール・シュミット著, 阿部照哉, 村上義弘訳　みすず書房　2012.5　475, 13p　21cm　6500円　①978-4-622-01736-3

内容 第1編 憲法の概念（絶対的憲法概念―統一的全体としての憲法　相対的憲法概念―多数の個別法律としての憲法 ほか）　第2編 近代憲法の法治国的構成部分（市民的法治国の諸原理　法治国の法律概念 ほか）　第3編 近代憲法の政治的構成部分（民主制の理論―基本概念　人民と民主制憲法 ほか）　第4編 連邦に関する憲法理論（連邦に関する憲法理論の基本的諸概念　連邦に関する憲法理論の基本的諸概念からの帰結 ほか）　〔03784〕

◇政治的ロマン主義（POLITISCHE ROMANTIK）　カール・シュミット〔著〕, 大久保和郎訳　みすず書房　2012.6　266, 16p　20cm　（始まりの本）〈1970年刊の新編集　索引あり〉3200円　①978-4-622-08353-5

内容 緒論（ドイツ人の見解・反動と復古のイデオロギーとしての政治的ロマン主義　フランス人の見解・革命の原理としてのロマン主義、ルソー主義 ほか）　1 外的状況（ドイツにおけるロマン主義文人の個人としての政治的意義　シュレーゲルの政治的無力 ほか）　2 ロマン主義精神の構造（実在の探究　ロマン主義の機会原因論的構造）　3 政治的ロマン主義（一七九六年以降の国家理論の展開の概観　反革命的および正統主義的国家観とロマン主義的国家観の相違 ほか）　むすび 政治的現象の随伴情感としての政治的ロマン主義　〔03785〕

◇政治思想論集（Gespräch über die Macht und den Zugang zum Machthaber）　カール・シュミット著, 服部平治, 宮本盛太郎訳　筑摩書房　2013.3　204p　15cm　（ちくま学芸文庫 シ3-2）〈社会思想社 1974年刊に「ドイツにおける全体国家の発展」を加えて再刊〉1100円　①978-4-480-09529-9

内容 法・国家・個人―『国家の価値と個人の意義』緒言―（一九一四年）　政治理論とロマン主義（一九二一年）　フリードリヒ・マイネッケの『国家理性の理念』に寄せて（一九二六年）　ドイツにおける全体国家の発展（一九三三）　現代国家の権力状況（一九三三年）　ナチス法治国（一九三五年）　権力並びに権力者への道についての対話（一九五四年）　〔03786〕

◇現代議会主義の精神史的地位（DIE GEISTESGESCHICHTLICHE LAGE DES HEUTIGEN PARLAMENTARISMUS）　カール・シュミット著, 稲葉素之訳　新装版　みすず書房　2013.5　121, 4p　19cm　2800円　①978-4-622-07772-5

内容 第1章 民主主義と議会主義（民主主義的思考の規準をなす同一性の観念と、政治的現実の中でそれらの観念の代位をなす様々な同一化現象）　第2章 議会主義の諸原理（公開性と討論　三権分立と均衡　純粋の議会主義の法概念　議会主義的思考の相対的合理主義）　第3章 マルクス主義思想における独裁（独裁と弁証法　マルクス主義の形而上学的明証　プロレタリア独裁における合理主義と非合理性）　第4章 議会主義の敵・直接的暴力行使の非合理主義的諸理論（ジョルジュ・ソレルにおける神話の理論　ブルジョアについての神話的イメージ　ボルシェヴィズムとファッシズムの対立において現われた階級闘争神話と民族神話）　〔03787〕

シュミット, クリス　Schmidt, Chris

◇スティーブ・ジョブズ グラフィックノベル（Steve Jobs）　C.W.クック, クリス・シュミット著　アチーブメント出版　2012.1　71p　29cm　〈他言語標題：The Graphic Novel Steve Jobs, Co-founder of Apple　年譜あり　文献あり　原文併記〉700円　①978-4-905154-18-1　〔03788〕

シュミット, ジル　Schmid, Sil

◇自由こそ治療だ―イタリア精神病院解体のレポート（Freiheit heilt）　ジル・シュミット著, 半田文穂訳　新装改訂版　社会評論社　2013.7　211p　20cm　2200円　①978-4-7845-1121-1

内容 第1章 トリエステ精神病院の解体　第2章 カメリーノの開放　第3章 バザーリアとの対話　第4章 ゴリツィアの民主的精神医療化　第5章 イタリア反精神医学の本質　第6章 ロザンナの場合　第7章 オットネッロの民主的精神医療化　第8章 パルマの草の根精神医療　第9章 イタリア共産党の精神医療の基本戦略　〔03789〕

シュミット, ルイス・A.

◇子どもの社会的ひきこもりとシャイネスの発達心理学（THE DEVELOPMENT OF SHYNESS AND SOCIAL WITHDRAWAL）　ケネス・H.ルビン, ロバート・J.コプラン編, 小野善郎訳　明石書店　2013.8　363p　22cm　5800円　①978-4-7503-3873-6

内容 シャイネスの理解（ルイス・A.シュミット, アーノルド・H.バス著）　〔03790〕

シュミット, E.*　Schmitt, Eli

◇私たちは“99%”だ―ドキュメントウォール街を占拠せよ（OCCUPY！）　『オキュパイ！ ガゼット』編集部編, 肥田美佐子訳　岩波書店　2012.4　247p　21cm　2000円　①978-4-00-025778-7

内容 1 ウォール街を占拠せよ（[illegible]つの「[illegible]」[illegible]

んの「イエス」　トップ一%の真実　アメリカンドリームをあきらめて　いま、立ち上がる　合意の神学ほか）2「占拠」の風景（ニューヨーク　アトランタ　オークランド　フィラデルフィア　ボストン）3 過去からの視線（アメリカの危機）〔03791〕

シュミット - ケッセル, マルティン

◇ヨーロッパ消費者法・広告規制法の動向と日本法　中田邦博, 鹿野菜穂子編　日本評論社　2011.8　598p　22cm　（竜谷大学社会科学研究所叢書 第90巻）　7000円　①978-4-535-51839-1

内容 ヨーロッパにおける法の平準化の流れにある水平化指令提案（マルティン・シュミット - ケッセル著, 寺川永訳）〔03792〕

◇ヨーロッパ私法の現在と日本法の課題　川角由和, 中田邦博, 潮見佳男, 松岡久和編　日本評論社　2011.10　610p　22cm　（竜谷大学社会科学研究所叢書 第88巻）　7600円　①978-4-535-51838-4

内容 ヨーロッパ私法における契約解消と巻戻し（マルティン・シュミットーケッセル著, 中田邦博, 坂口甲, 高嶌英弘訳）〔03793〕

シュミットポット, カティヤ

◇日独交流150年の軌跡　日独交流史編集委員会編　雄松堂書店　2013.10　345p　29cm　〈布装〉　3800円　①978-4-8419-0655-4

内容 第一次世界大戦以前の独日貿易（カティヤ・シュミットポット著, 福山美和子訳）〔03794〕

シュミート, K.　Schmid, Konrad

◇旧約聖書文学史入門（Literaturgeschichte des Alten Testaments）　K.シュミート著, 山我哲雄訳　教文館　2013.10　429p　22cm　〈文献あり索引あり〉4500円　①978-4-7642-7371-9

内容 A 旧約聖書文学史の課題、歴史、諸問題　B アッシリア到来以前のシリア・パレスチナ小国家世界を枠組とした古代イスラエル文学の諸端緒（前10 - 8世紀）　C アッシリア時代の文学（前8 - 7世紀）　D バビロニア時代の文学（前6世紀）　E ペルシア時代の文学（前5 - 4世紀）　F プトレマイオス朝時代の文学（前3世紀）　G セレウコス朝時代の文学（前2世紀）　H 聖典化と正典形成〔03795〕

シュメイユ, イーヴ　Schemeil, Yves

◇EUと東アジアの地域共同体—理論・歴史・展望　中村雅治, イーヴ・シュメイユ共編　Sophia University Press上智大学出版　2012.12　404p　22cm　〈他言語標題 : The European Union and East Asian Regional Community　索引あり　制作・発売 : ぎょうせい〉3000円　①978-4-324-09206-4

内容 長いタイムスパンで地域秩序と世界秩序を、いかに適切に比較するか（イーヴ・シュメイユ執筆, 鈴木規子訳）〔03796〕

シューメーク, キャロル・ジョンソン　Shewmake, Carrol Johnson

◇神の臨在を実感すること神の声を聞くこと—神の声を聞く能力を養う方法（Sensing his presence, hearing his voice）　キャロル・ジョンソン・シューメーク著, 大畑繁雄訳　立川　福音社　2012.12　247p　18cm　（福音社ブックス）　1000円　①978-4-89222-435-5〔03797〕

シューラー, エーミール　Schürer, Emil

◇イエス・キリスト時代のユダヤ民族史　1（Geschichte des jüdischen Volkes im Zeitalter Jesu Christi（重訳））　E.シューラー著, 小河陽訳　教文館　2012.12　399p　22cm　8900円　①978-4-7642-7351-1

内容 序論（本書の視野と目的　補助科目　諸資料）　第1部 前175年から紀元135年までのパレスチナ政治史（アンティオコス・エピファネスからポンペイウスによるサルサレム占領まで—マカバイ蜂起と独立時代（前175 - 63年）　ポンペイウスによるエルサレム占領からハドリアヌス戦争まで—ローマ・ヘロデ時代（前63年 - 紀元135年））〔03798〕

◇イエス・キリスト時代のユダヤ民族史　2（Geschichte des jüdischen Volkes im Zeitalter Jesu Christi（重訳））　E.シューラー著, 小河陽訳　教文館　2012.12　436p　22cm　9200円　①978-4-7642-7352-8

内容 第2期（続き）（ヘロデ大王（前37 - 4年）　ヘロデ死後の騒動（前4年）　ヘロデ大王の死からアグリッパ1世まで（前4年 - 紀元41年）　アグリッパ1世（紀元37、40、41 - 44年）　ローマ人プロクラトルたち（紀元44 - 66年）ほか）　補遺（カルキス、イツリヤ、及びアビレネの歴史　ナバテア諸王の歴史　ユダヤ暦の主な特徴　ヘブライ語（刻印のある）貨幣　オリュンピア、セレウコス、キリスト教年号の対観年代 ほか）〔03799〕

シュラー, トム

◇教育研究とエビデンス—国際的動向と日本の現状と課題　国立教育政策研究所編　明石書店　2012.5　370p　22cm　〈他言語標題 : Educational Research and Evidence　執筆 : 大槻達也ほか　年表あり〉3800円　①978-4-7503-3607-7

内容 OECDプロジェクトに見るエビデンスと教育的成果（トム・シュラー執筆, 籾井圭子訳）〔03800〕

シュライエルマッハー, フリードリヒ　Schleiermacher, Friedrich

◇宗教について—宗教を侮蔑する教養人のための講話（Über die Religion）　フリードリヒ・シュライアマハー著, 深井智朗訳　春秋社　2013.4　348p　20cm　4000円　①978-4-393-32345-8

内容 第1講話 弁明　第2講話 宗教の本質について　第3講話 宗教への教育について　第4講話 宗教における社交、あるいは教会と聖職者について　第5講話 諸宗教について〔03801〕

◇信仰論　下巻 第1分冊　キリスト論—福音主義教会の根本命題に従って組織的に叙述したるもの（Der christliche Glaube nach den Grundsätzen（第2版））　シュライエルマッハー著, 松井睦訳　シャローム印刷　2013.6　91p　18cm　800円　①978-4-921120-03-0〔03802〕

シュライナー, クラウス　Schreiner, Klaus

◇マリア—処女・母親・女主人（Maria）　クラウス・シュライナー〔著〕, 内藤道雄訳　新装版　法政大学出版局　2011.11　597, 69p　20cm　（叢書・ウニベルシタス 700）〈文献あり〉

6800円　①978-4-588-09949-6
内容 幼少期、青春時代、母親時代　悦び、羞恥、同苦、心痛　知的な女性マリア　命の書　あなたの乳房は葡萄の房より甘い　黒いマドンナ　聖画像の効力と無力　主の女奴隷から貴族女性、さらには天の女王に　市民の守護聖人　無敵のマリア　ユダヤ人の母　死　〔03803〕

シュライバー, ハンス=ルートヴィッヒ

◇刑罰論と刑罰正義―日独シンポジウム ： 日本―ドイツ刑事法に関する対話　金尚均, ヘニング・ローゼナウ編著　成文堂　2012.3　293p　22cm　(竜谷大学社会科学研究所叢書 第94巻)〈他言語標題 ： Straftheorie und Strafgerechtigkeit〉　6000円　①978-4-7923-1945-8
内容 刑罰の再社会化機能(ハンス＝ルートヴィッヒ・シュライバー執筆, 石塚伸一訳)　〔03804〕

シュライム, アヴィ　Shlaim, Avi

◇鉄の壁―イスラエルとアラブ世界　上巻 (The IRON WALL(原著第2版))　アヴィ・シュライム著, 神尾賢二訳　緑風出版　2013.6　581p　20cm　〈年表あり 索引あり〉　3500円　①978-4-8461-1311-7
内容 プロローグ シオニズムの成立　第1章 イスラエルの出現――九四七年～一九四九年　第2章 強化の時代――九四九年～一九五三年　第3章 和解の試み――九五三年～一九五五年　第4章 スエズへの道――九五五年～一九五七年　第5章 周辺国との同盟――九五七年～一九六三年　第6章 哀れな小男のサムソン――九六三年～一九六九年　第7章 現状維持主義――九六九年～一九七四年　第8章 兵力引き離し――九七四年～一九七七年　〔03805〕

◇鉄の壁―イスラエルとアラブ世界　下巻 (The IRON WALL(原著第2版))　アヴィ・シュライム著, 神尾賢二訳　緑風出版　2013.10　548p　20cm　〈文献あり 索引あり〉　3500円　①978-4-8461-1318-6
内容 エジプトとの和平――九七七年～一九八一年　レバノンの泥沼化――九八一年～一九八四年　政治的麻痺――九八四年～一九八八年　石の壁(対話拒否)――九八八年～一九九二年　進展――九九二年～一九九五年　後退――九九五年～一九九六年　ふたたび鉄の壁へ――九九六年～一九九九年　ずたずたの和平――九九九年～二〇〇一年　単独行動主義―二〇〇一年～二〇〇六年　〔03806〕

シュラーズ, ミランダ・A.　Schreurs, Miranda Alice

◇東アジア統合の政治経済・環境協力　吉野孝, 弦間正彦編, 藪下史郎監修　東洋経済新報社　2011.3　198p　22cm　〈索引あり〉　3800円　①978-4-492-44377-4
内容 東アジアの国家間における協力的環境ガバナンスの構築(ミランダ・シュラーズ著, 和島隆典訳)　〔03807〕

◇女性が政治を変えるとき―議員・市長・知事の経験　五十嵐暁郎, ミランダ・A.シュラーズ著　岩波書店　2012.7　340p　19cm　3500円　①978-4-00-025838-8
内容 第1部 なぜ日本の政治的決定の場に女性が少ないのか(女性の政治進出を阻んできた障壁　比較研究から見た女性の政治進出　転換とその背景　女性の政治進出によって何が変わるのか)　第2部 女性が政治を変えるとき(なぜ政治的決定の場を目指したのか　選挙の試練を乗り越えて　この政策に取り組み、議員活動を展開した　直面したジェンダーの課題 ほか)　〔03808〕

◇緑の産業革命―資源・エネルギー節約型成長への転換　マルティン・イェーニッケ, ミランダ・A.シュラーズ, クラウス・ヤコブ, 長尾伸一編　京都　昭和堂　2012.8　261, 31p　19cm　3000円　①978-4-8122-1238-7
内容 クリーンエネルギーと環境技術のリーダーシップ競争―日本・ドイツ・アメリカ合衆国・中国(ミランダ・A.シュラーズ著, 西村健佑, 西本和見, 山下紀明訳)　〔03809〕

◇いま福島で考える―震災・原発問題と社会科学の責任　後藤康夫, 森岡孝二, 八木紀一郎編　桜井書店　2012.10　286p　20cm　〈英語抄訳付〉　2400円　①978-4-905261-10-0
内容 ドイツの脱原発への道(ミランダ・シュラーズ著, 八木紀一郎訳)　〔03810〕

シュラム, ヨセフ　Shulam, Joseph

◇神・イスラエル・教会―主の家に植えられて　ヨセフ・シュラム著, 石井田直二監訳　柏　イーグレープ　2012.10　187p　19cm　1400円　①978-4-903748-72-6　〔03811〕

シュランガー, カリーン　Schlanger, Karin

◇解決が問題である―MRIブリーフセラピー・センターセレクション (Focused problem resolution)　リチャード・フィッシュ, ウェンデル・A.レイ, カリーン・シュランガー編, 小森康永監訳　金剛出版　2011.12　349p　20cm　4800円　①978-4-7724-1226-1
内容 「次から次へ」再来(ウェンデル・A.レイ, カリーン・シュランガー)　〔03812〕

ジュリアン, キャサリン

◇アンデス世界―交渉と創造の力学　染田秀藤, 関雄二, 網野徹哉編　京都　世界思想社　2012.4　448p　22cm　〈他言語標題 ： LOS ANDES　文献あり 索引あり〉　3900円　①978-4-7907-1554-2
内容 征服をいかに語るべきか(キャサリン・ジュリアン執筆, 染田秀藤監訳, 小山朋子訳)　〔03813〕

ジュリアン, マルク=アントワーヌ　Jullien, Marc Antoine

◇比較教育―1997年　比較教育に関する著作の草案と予備的見解―1817年 (L'education comparee)　ドミニック・グルー, ルイ・ポルシェ著, 園山大祐監訳, マルク＝アントワーヌ・ジュリアン著, 園山大祐監訳　文教大学出版事業部　2011.7　190p　21cm　〈訳 ： 上原秀一ほか〉　1334円　①978-4-904035-26-9　〔03814〕

ジュリアン(ノリッジの)　Julian of Norwich

◇神の愛の啓示 (Julian of Norwich)　ノリッジのジュリアン〔著〕, 内桶真二訳　岡山　大学教育出版　2011.12　178p　21cm　2000円　①978-4-88730-995-1　〔03815〕

シ

シュリヴァスタヴァ, ラーフル

◇コンタクト・ゾーンの人文学 第2巻 Material Culture/物質文化 田中雅一, 稲葉穣編 京都 晃洋書房 2011.4 257p 22cm 3100円 ①978-4-7710-2211-9

内容 近隣社会としてのスラム（ラーフル・シュリヴァスタヴァ著, 常田夕美子, 松川恭子訳） 〔03816〕

ジュリュー, ピエール

◇ピエール・ベール関連資料集 2 寛容論争集成 上 野沢協編訳 法政大学出版局 2013.11 1008p 21cm 25000円 ①978-4-588-12029-9

内容 良心と君主という宗教問題における二つの主権者の権利について（ピエール・ジュリュー） 〔03817〕

シュリンク, バジレア　Schlink, Basilea

◇聖地イスラエルへの旅―キリストの御声に心の耳を澄ませて（Heilige stätten heute） バジレア・シュリンク著, マリア福音姉妹会日本支部訳 改訂版 福岡 カナン出版 2011.10 64p 19cm 467円 ①978-4-944019-41-0 〔03818〕

◇御心がわからずとも―信頼してモリヤの地へ バジレア・シュリンクの霊的遺産より バジレア・シュリンク〔著〕, マリア福音姉妹会著, マリア福音姉妹会日本支部訳 福岡 カナン出版 2012.8 28p 19cm 314円 ①978-4-944019-42-7 〔03819〕

◇神との語らい―さまざまな状況においてどう祈るか（Mein beten） バジレア・シュリンク著, マリア福音姉妹会日本支部訳 増補改定版 福岡 カナン出版 2013.3 125p 15cm 500円 ①978-4-944019-03-8 〔03820〕

シュールチェ

◇日本立法資料全集 別巻822 自治論纂 独逸学協会編纂 復刻版 信山社出版 2013.9 496p 23cm 〈独逸学協会 明治21年刊の複製〉 50000円 ①978-4-7972-7119-5

内容 中央集権及自治制（シュールチェ著） 〔03821〕

シュルツ, ウルリケ

◇法曹継続教育の国際比較―ジェンダーから問う司法 南野佳代編著 日本加除出版 2012.1 280p 21cm 〈執筆 : 岡野八代ほか〉 3200円 ①978-4-8178-3973-2

内容 ドイツにおける法曹継続教育とジェンダー（ウルリケ・シュルツ著, 内藤葉子訳） 〔03822〕

シュルツ, エドワード・J.

◇韓国強制併合一〇〇年―歴史と課題 国際共同研究 笹川紀勝, 辺英浩監修, 都時煥編著 明石書店 2013.8 493p 22cm 8000円 ①978-4-7503-3869-9

内容 侵略行為（エドワード・J.シュルツ著, 笹川紀勝訳） 〔03823〕

シュルツ, キャスリン　Schulz, Kathryn

◇まちがっている―エラーの心理学、誤りのパラドックス（Being wrong） キャスリン・シュルツ著, 松浦俊輔訳 青土社 2012.1 455, 43p 20cm 〈索引あり〉 3200円 ①978-4-7917-6633-8

内容 第1部 誤りとは（間違い学 間違いの二つのモデル） 第2部 誤りの起源（感覚 自分の心（知っている、知らない、でっち上げる 信念 証拠） ほか） 第3部 誤りの経験（間違っているということ どう間違っているか ほか） 第4部 誤りの受け入れ（誤りのパラドックス 歴史全体からの楽観的メタ帰納） 〔03824〕

シュルツ, ハワード　Schultz, Howard

◇日本の未来について話そう―日本再生への提言（Reimagining Japan） マッキンゼー・アンド・カンパニー責任編集, クレイ・チャンドラー, エアン・ショー, ブライアン・ソーズバーグ編著 小学館 2011.7 416p 19cm 1900円 ①978-4-09-388189-0

内容 パーフェクトブレンドを求めて（ハワード・シュルツ著） 〔03825〕

シュルツ, ブライアン・D.

◇デモクラティック・スクール―力のある学校教育とは何か（Democratic Schools（原著第2版）） マイケル・W.アップル, ジェームズ・A.ビーン編, 沢田稔訳 Sophia University Press上智大学出版 2013.10 288p 21cm 〈文献あり 索引あり 発売 : ぎょうせい〉 2000円 ①978-4-324-09636-9

内容 『気持ち』わかってくれてんじゃん（ブライアン・D.シュルツ著） 〔03826〕

シュルツ, ヘルムート　Schultz, Helmut

◇主に遣わされる毎日―シュルツ宣教師と読む御言聖書日課（Equipped by the word every day） ヘルムート・シュルツ著, 日本ホーリネス教団出版部訳 東村山 日本ホーリネス教団 2013.11 383p 21cm 〈発売 : 東宣社（〔東村山〕）〉 1500円 ①978-4-931241-95-4 〔03827〕

シュルツェ, ハンス・K.　Schulze, Hans Kurt

◇西欧中世史事典 3 王権とその支配（Grundstrukturen der Verfassung im Mittelalter, Band.4 : Das Königtum, Stuttgart） ハンス・K.シュルツェ著 小倉欣一, 河野淳訳 京都 ミネルヴァ書房 2013.11 218, 20p 22cm （MINERVA西洋史ライブラリー 96） 〈文献あり 索引あり〉 3500円 ①978-4-623-06742-8 〔03828〕

シュルテ - ネルケ, ハンス　Schulte-Nölke, Hans

◇ヨーロッパ私法の原則・定義・モデル準則―共通参照枠草案〈DCFR〉（Principles, Definitions and Model Rules of European Private Law（原著概要版）（抄訳）） クリスティアン・フォン・バール, エリック・クライブ, ハンス・シュルテ - ネルケ, ヒュー・ビール, ジョニー・ヘレ, ジェローム・ユエ, マティアス・シュトルメ, シュテファン・スワン, ポール・バルール, アンナ・ヴェネツィアーノ, フリデリィク・ツォル編, 窪田充見, 潮見佳男, 中田邦博, 松岡久和, 山本敬三, 吉永一行監訳 京都 法律文化社 2013.11 498p 22cm 〈索引あり〉 8500円 ①978-4-589-03541-

シ

7
内容 序論　原則　モデル準則(総則　契約及びその他の法律行為　債務及びこれに対応する権利　各種の契約及びそれに基づく権利義務　事務管理　他人に生じた損害に基づく契約外責任　不当利得　物品所有権の得喪　動産担保　信託)　〔03829〕

ジュルヌ, フランソワ=ポール　Journe, François-Paul
◇偏屈のすすめ。―自分を信じ切ることで唯一無二のものが生まれる。　フランソワ=ポール・ジュルヌ著, 高木教雄構成・分析　幻冬舎　2013.10　226p　18cm　1200円　①978-4-344-02474-8
内容 1章 “偏屈”だからこその成功。(授業よりも、自身の知的欲求に従うべき。　誰もやらないことに、喜びを感じる。 ほか)　2章 “偏屈”を極める。(ウェイトレスの一言が勇気をくれた。　トゥールビヨンで、自身の技術力を表現した。 ほか)　3章 “偏屈”と “素直”は表裏一体。(ケガが導いた会社設立。　無一文になってから気づいたこと。 ほか)　4章 もの作りはビジネスではない。(イマジネーションのマラソンができる。　ライバルは、いない。 ほか)　5章 もの作りは “美意識”がすべて。(作る場所、をとても大切にしている。　美しいものは、きれいな場所から生まれる。 ほか)　〔03830〕

シュールマン, リー・S.　Shulman, Lee S.
◇アメリカの法曹教育（EDUCATING LAWYERS）　ウィリアム・M.サリバン, アン・コルビィ, ジュディス・ウェルチ・ウェグナー, ロイド・ボンド, リー・S.シュールマン著, 柏木昇, 伊藤寿英, 藤本亮, 坂本力也, 田中誠一訳　八王子　中央大学出版部　2013.1　291p　21cm　（日本比較法研究所翻訳叢書 64）〈索引あり〉3600円　①978-4-8057-0365-6
内容 第1章 専門職養成におけるロースクール　第2章 共通の入口―特徴的教育としてのケース対話法　第3章 実務への架橋―「法律家のように考える」から「ローヤリング」へ　第4章 プロフェッショナルとしてのアイデンティティと目的　第5章 評価とその活用法　〔03831〕

シュレー, エドゥアール　Schuré, Edouard
◇偉大な秘儀参入者たち（Les grands initiés）　エドゥアール・シュレー著, 西川隆範, 河野和子, 槇野かおり, 金子孝行, 川杉啓子訳　水声社　2013.1　517p　20cm　（〔神秘学叢書〕）　4800円　①978-4-89176-937-6
内容 序論 秘教教理について　ラーマ アーリア期　クリシュナ インドと婆羅門の秘儀　ヘルメス エジプトの秘儀　モーセ イスラエルの使命　オルフェウス ディオニュソスの秘儀　ピュタゴラス デルフォイの密儀　プラトン エレウシスの秘儀　イエス キリストの使命　〔03832〕

ジュレ, ルートガー　Syré, Ludger
◇ドイツ図書館入門―過去と未来への入り口（Portale zu Vergangenheit und Zukunft (4., aktualisierte und überarbeitete Aufl.)）　ユルゲン・ゼーフェルト, ルートガー・ジュレ著, 伊藤白訳　日本図書館協会　2011.11　169p　21cm　〈索引あり〉2600円　①978-4-8204-1111-6　〔03833〕

シュレイガー, アダム　Schrager, Adam
◇日系人を救った政治家ラルフ・カー―信念のコロラド州知事（The Principled Politician）　アダム・シュレイガー著, 池田年穂訳　水声社　2013.7　451p　20cm　4500円　①978-4-89176-973-4
内容 一九三八年夏　一九三九年一月一〇日　一九三九年一一月 - 一九四〇年　一九四一年 - 一二月初め　一九四一年一二月　一九四二年一月　一九四二年二月前半　一九四二年二月後半　一九四二年三月前半　一九四二年三月後半　一九四二年四月　一九四二年五月 - 六月　一九四二七月 - 八月　一九四二年九月　一九四二年一〇月　一九四二年一二月 - 一九五〇年九月　〔03834〕

シュレーゲル, フリードリヒ　Schlegel, Friedrich von
◇イェーナ大学講義『超越論的哲学』（Transcendentalphilosophie）　フリードリヒ・シュレーゲル著, 酒田健一訳・註解　御茶の水書房　2013.3　355, 20p　23cm　〈年譜あり 索引あり〉8400円　①978-4-275-01023-0
内容 序論　体系詳論　第1部 世界の理論　第2部 人間の理論　第3部 哲学の自己自身への回帰、あるいは哲学の哲学　訳註　〔03835〕

シュレシンジャー, レオナード・A.　Schlesinger, Leonard A.
◇ジャスト・スタート―起業家に学ぶ予測不能な未来の生き抜き方（Just Start）　レオナード・A.シュレシンジャー, チャールズ・F.キーファー, ポール・B.ブラウン著, 清水由貴子訳　阪急コミュニケーションズ　2013.8　253p　19cm　1700円　①978-4-484-13112-2
内容 1 未知の状況に直面したら(未来を予測できない場合にどうするか　何はさておき欲求)　2 不確実なことにチャレンジする(手近な手段で行動開始　許容損害を決める　学んだことを活かす　協力者を作る)　3 クリアクションを実践する(現在の結果としての未来―プレディクションとクリアクションの使い分け　不確実に備える―仕事でのクリアクション活用法　日常生活におけるクリアクション　クリアクションで世界を変える)　〔03836〕

シュレーダー, ハンス=ヴェルナー　Schroeder, Hans-Werner
◇ミカエルの秘密（Vom Geheimnis des Michael）　ハンス=ヴェルナー・シュレーダー著, 小林直生訳著　涼風書林　2011.9　123p　20cm　（地球とキリスト 3）　2200円　①978-4-903865-23-2　〔03837〕

シュレッカー, ジョン E.
◇中国人と日本人―交流・友好・反発の近代史（The Chinese and the Japanese）　入江昭編著, 岡本幸治監訳　京都　ミネルヴァ書房　2012.3　401, 6p　22cm　〈索引あり〉7000円　①978-4-623-05858-7
内容 清議運動としての戊戌変法運動と明治維新(ジョン・E.シュレッカー著, 滝田豪訳)　〔03838〕

シュレルップ, インゲ
◇インカ帝国―研究のフロンティア　島田泉, 篠田謙一編著　秦野　東海大学出版会　2012.3　428p　27cm　（国立科学博物館叢書 12）〈索引

シ

あり〉 3500円 Ⓘ978-4-486-01929-9
内容 山々を越えて, セハ・デ・セルバへ下って（インゲ・シュレルップ著, 森下寿典訳）〔03839〕

シュロスバーグ, マーガレット・C.　Schlossberg, Margaret C.
◇パートナー暴力―男性による女性への暴力の発生メカニズム（What causes men's violence against women?）ミッシェル・ハーウェイ, ジェームズ・M.オニール編著, 鶴元春訳　京都　北大路書房　2011.9　303p　21cm　〈文献あり〉3700円　Ⓘ978-4-7628-2763-1
内容 虐待に関するシステム視点―状況とパターンの重要性（ステファン・A.アンダーソン, マーガレット・C.シュロスバーグ）〔03840〕

シ

シュワッガー, ジャック・D.　Schwager, Jack D.
◇マーケットの魔術師　続　トップヘッジファンドマネジャーが明かす成功の極意（Hedge Fund Market Wizards）ジャック・D.シュワッガー著, 長尾慎太郎監修, 山口雅裕訳　パンローリング　2013.1　544p　20cm　（ウィザードブックシリーズ 201）2800円　Ⓘ978-4-7759-7168-0
内容 第1部 株式トレーダーたち（スティーブ・クラーク　マーティン・テイラー　トム・クローガス　ジョー・ヴィディッチ　ケビン・デーリー　ジミー・バロディマス　ジョエル・グリーンブラット）第2部 グローバルマクロ戦略のトレーダーたち（コルム・オシア　レイ・ダリオ　ラリー・ベネディクト　スコット・ラムジー　ジャフリー・ウッドリフ）第3部 マルチストラテジーのトレーダーたち（エドワード・ソープ　ジェイミー・マイ　マイケル・プラット）〔03841〕
◇シュワッガーのマーケット教室―なぜ人はダーツを投げるサルに投資の成績で勝てないのか（Market Sense and Nonsense）ジャック・D.シュワッガー著, 長尾慎太郎監修, 山口雅裕訳　パンローリング　2013.8　406p　21cm　（ウィザードブックシリーズ 208）2800円　Ⓘ978-4-7759-7175-8
内容 第1部 市場とリターンとリスク（専門家のアドバイス　非効率的市場仮説　過去のリターンの圧力　間違ったリスク評価　リスク以外にも関係するボラティリティ、レバレッジ型ETFの場合　運用実績の落とし穴　試算（プロフォルマ）による運用成績の意味と無意味　過去のパフォーマンスの評価法　相関係数―事実と誤解）第2部 投資対象としてのヘッジファンド（ヘッジファンドの起源　ヘッジファンド入門　ヘッジファンドへの投資―外見と実際　ヘッジファンドに対する警戒―人間であるが故の誤謬　ファンド・オブ・ヘッジファンズのパフォーマンスが単一のヘッジファンドに劣るという矛盾　レバレッジの誤った考え　マネージドアカウント―投資家が利用しやすい代替手段）第3部 重要なのはポートフォリオ（分散投資―10銘柄では不十分な理由　分散投資―増やすほど劣るとき　ロビン・フッド流の投資　ボラティリティが高いことは常に悪いのか？　ポートフォリオ構築の原則）〔03842〕

シュワード, イングリッド　Seward, Ingrid
◇ダイアナ妃の遺言（Diana the last word）シモーヌ・シモンズ, イングリッド・シュワード著, 飯塚恭子訳　清流出版　2011.4　286p　19cm　1900円　Ⓘ978-4-86029-303-1
内容 JFK　ダイアナとの出会い　チャールズ　危険な情事　オリバー・ホア　最愛の息子たち　離婚　ドレス売却　もう一度恋に落ちて　信仰　より美しく　家庭の事情　チャリティ　ファギー　勇気ある行動　宮殿をとりまく人びと　最後の夏　終焉〔03843〕

シュワーブ, カール・ハインツ
◇ユダヤ出自のドイツ法律家（DEUTSCHE JURISTEN JUDISCHER HERKUNFT）ヘルムート・ハインリッヒス, ハラルド・フランツキー, クラウス・シュマルツ, ミヒャエル・シュトレイス著, 森勇監訳　八王子　中央大学出版部　2012.3　25, 1310p　21cm　（日本比較法研究所翻訳叢書 62）〈文献あり 索引あり〉13000円　Ⓘ978-4-8057-0363-2
内容 偉大な訴訟法学者（カール・ハインツ・シュワーブ著, 本間学訳）〔03844〕

シュワブ, クラウス　Schwab, Klaus
◇日本の未来について話そう―日本再生への提言（Reimagining Japan）マッキンゼー・アンド・カンパニー責任編集, クレイ・チャンドラー, エアン・ショー, ブライアン・ソーズバーグ編著　小学館　2011.7　416p　19cm　1900円　Ⓘ978-4-09-388189-0
内容 数字で見る日本の競争力（クラウス・シュワブ著）〔03845〕

シュワーブ, B.J.
◇研究法と尺度　岩立志津夫, 西野泰広責任編集　新曜社　2011.11　330p　22cm　（発達科学ハンドブック 第2巻　日本発達心理学会編）〈索引あり〉3600円　Ⓘ978-4-7885-1257-3
内容 心理学英語論文とアブストラクトの書き方・投稿の仕方（D.W.シュワーブ,B.J.シュワーブ著, 中沢潤訳）〔03846〕

シュワーブ, D.W.
◇研究法と尺度　岩立志津夫, 西野泰広責任編集　新曜社　2011.11　330p　22cm　（発達科学ハンドブック 第2巻　日本発達心理学会編）〈索引あり〉3600円　Ⓘ978-4-7885-1257-3
内容 心理学英語論文とアブストラクトの書き方・投稿の仕方（D.W.シュワーブ,B.J.シュワーブ著, 中沢潤訳）〔03847〕

シュワルツ, アントワーヌ　Schwartz, Antoine
◇欧州統合と新自由主義―社会的ヨーロッパの行方（L'EUROPE SOCIALE N'AURA PAS LIEU）フランソワ・ドゥノール, アントワーヌ・シュワルツ著, 小沢裕香, 片岡大右訳　論創社　2012.8　291p　19cm　〈年表あり 索引あり〉2700円　Ⓘ978-4-8460-1158-1〔03848〕

シュワルツ, バリー　Schwartz, Barry
◇知恵―清掃員ルークは、なぜ同じ部屋を二度も掃除したのか（Practical wisdom）バリー・シュワルツ, ケネス・シャープ共著, 小佐田愛子訳　アルファポリス　2011.11　406p　20cm　〈発売：星雲社〉1900円　Ⓘ978-4-434-16126-1
内容 第1部 知恵とはなにか、なぜ知恵が必要なのか（知

恵の必要性　知恵とはなにか—清掃員と判事　バランスを取る行動）　第2部 知恵のメカニズム（賢明になるべく生まれついている　感情とともに考える—感情移入の価値　経済学習—知恵のメカニズム）　第3部 知恵の戦争（知恵を除外する—判事が裁きをやめ、医師が処方をやめるとき　賢明になるための感情移入を蝕むもの　丸暗記はまっぴら—行きすぎた画一化と才気ある無法者の出現　モラルを忘れた機関）　第4部 希望の源（システム変革者　知恵と幸福）〔03849〕

◇なぜ選ぶたびに後悔するのか—オプション過剰時代の賢い選択術（The paradox of choice）　バリー・シュワルツ著, 瑞穂のりこ訳　新装版　武田ランダムハウスジャパン　2012.10　282p　19cm　1400円　①978-4-270-00708-2

内容 第1部 なにもかもが選べる時代（お買い物に行こう　新たな選択）　第2部 選択のプロセス（決断と選択　最高でなければだめなとき—最大化と満足）　第3部 満たされないのはなぜ？（選択と幸せ　あきらめた機会 ほか）　第4部 満足して生きるための選択術（選択にどう向き合うか）〔03850〕

シュワルツ, ビバリー　Schwartz, Beverly

◇静かなるイノベーション—私が世界の社会起業家たちに学んだこと（RIPPLING）　ビバリー・シュワルツ著, 藤崎香里訳　英治出版　2013.3　315p　21cm　1800円　①978-4-86276-147-7

内容 1 時代遅れの考え方をつくりかえる（民衆に電力を！—ウアズラ・スラーデク（ドイツ）人々が所有する電力会社　「教え方」を教える—アリータ・マーゴリス（アメリカ）教員の仕事を根本的に変える ほか）　2 市場の力学を変える（さあ、商売をはじめよう—グレッグ・ヴァン・カーク（グアテマラ）農村への物流革命をもたらす小規模委託販売モデル　アフリカ農業に革新を—エイドリアン・マッケビ（ケニア）携帯電話が農家を変える ほか）　3 市場の力で社会的価値をつくる（ごみの山を宝の山に—アルビナ・ルイス（ペルー）新しい仕事をつくり、まちを美しくする　進化した資本主義モデル—ポール・ライス（アメリカ）世界中の農家にチャンスを与えるフェアトレード ほか）　4 完全な市民権を追求する（経済的自由と子どもたち—ジェルー・ビリモリア（インド）ビジネススキルを教えて路上生活から脱出させる　「私たち」と「あの人たち」の壁を乗り越える—アンドレアス・ハイネッケ（ドイツ）異なる能力を持つ人々と対話するエンターテイメント ほか）　5 共感力を育む（赤ちゃんを通じて自分と他者の気持ちを学ぶ—メアリー・ゴードン（カナダ）感情リテラシーを高めるルーツ・オブ・エンパシー　宗教の壁を越えるリーダーシップ—イブー・パテル（アメリカ）学生の力で協力の輪を広げる ほか）〔03851〕

シュワルツ, ポール

◇デモクラティック・スクール—力のある学校教育とは何か（Democratic Schools（原著第2版））　マイケル・W.アップル, ジェームズ・A.ビーン編, 沢田稔訳　Sophia University Press上智大学出版　2013.10　288p　21cm　〈文献あり 索引あり　発売：ぎょうせい〉2000円　①978-4-324-09636-9

内容 セントラル・パーク・イースト中等学校（デボラ・マイヤー, ポール・シュワルツ著）〔03852〕

シュワルツ, マクシム*　Schwartz, Maxime

◇パスツールと微生物—伝染病の解明と治療につくした科学者 18の体験学習〈ためしてみよう！〉（Pasteur des microbes au vaccin）　佐藤直樹, ジョゼフィーヌ・ガリポン監訳, 佐藤直樹, 佐藤薫, ジョゼフィーヌ・ガリポン訳, 笹川昇, 佐藤直樹, 松田良一〈ためしてみよう！〉監修, Annick Perrot,Maxime Schwartz〔著〕　丸善出版　2013.3　158p　19×26cm　（ジュニアサイエンス）〈画：Jean-Marie Poissenot　文献あり 年譜あり 索引あり〉2800円　①978-4-621-08603-2

内容 1 使命感のめざめ（ジュラ山地出身の子どもとして　美術の才能 ほか）　2 発酵の研究（ヨーロッパへの道　リール大学 ほか）　3 微生物学の発展（ワインのなかの真実　ビールと愛国心 ほか）　4 栄光のワクチン開発（炭疽病との闘い　「のろわれた畑」の調査 ほか）　パスツールがわたしたちに遺してくれたもの（ジフテリア　ペスト ほか）〔03853〕

シュワルツマン, シモン

◇新興国家の世界水準大学戦略—世界水準をめざすアジア・中南米と日本（World-Class Worldwide）　フィリップ・G.アルトバック, ホルヘ・バラン編, 米沢彰純監訳　東信堂　2013.5　386p　22cm　〈索引あり〉4800円　①978-4-7989-0134-3

内容 ブラジルの一流大学（シモン・シュワルツマン執筆, 藤沢圭子訳）〔03854〕

ジュンクビスト, アレクサンダー　Ljungqvist, Alexander

◇金融規制のグランドデザイン—次の「危機」の前に学ぶべきこと（Restoring financial stability）　ヴィラル・V.アチャリア, マシュー・リチャードソン編著, 大村敬一監訳, 池田竜哉, 増原剛輝, 山崎洋一, 安藤祐介訳　中央経済社　2011.3　488p　22cm　〈文献あり〉5800円　①978-4-502-68200-1

内容 ヘッジファンド業界における金融危機の余波（スティーブン・J.ブラウン, マーチン・カッパーチェク, アレクサンダー・ジュンクビスト, アンソニー・W.リンチ, ラッセ・H.ペダーソン, マシュー・リチャードソン）〔03855〕

ショー, エアン　Chhor, Heang

◇日本の未来について話そう—日本再生への提言（Reimagining Japan）　マッキンゼー・アンド・カンパニー責任編集, クレイ・チャンドラー, エアン・ショー, ブライアン・ソーズバーグ編著　小学館　2011.7　416p　19cm　1900円　①978-4-09-388189-0

内容 日本のロードマップ（エアン・ショー著）〔03856〕

ジョ, エイセイ*　徐 永胜

◇正義への挑戦—セン経済学の新地平（Against injustice）　後藤玲子, ポール・デュムシェル編著, 後藤玲子監訳　京都　晃洋書房　2011.9　310p　23cm　〈文献あり 索引あり〉2900円　①978-4-7710-2271-3

内容 厚生経済学における個人的権利と自由の諸構想：再検討（プラサンタ・K.パタナイク, 徐永胜著）〔03857〕

ジョ, エイダイ*　徐 永大

⇒ソ, ヨンデ

ジョ, エン*　徐 淵
◇新編原典中国近代思想史　第5巻　国家建設と民族自救―国民革命・国共分裂から一致抗日へ　野村浩一, 近藤邦康, 並木頼寿, 坂元ひろ子, 砂山幸雄, 村田雄二郎編　野村浩一, 近藤邦康, 村田雄二郎責任編集　岩波書店　2010.12　392, 6p　22cm　〈年表あり〉5400円　①978-4-00-028225-3
内容 中国ファシズムの特殊性(抄)(徐淵著, 光田剛訳)〔03858〕

ジョ, キショク*　徐 毅植
⇒ソ, ウィシク*

ジョ, キョセイ　徐 居正
⇒ソ, コジョン

ジョ, ケンシン*　徐 建新
⇒ソ, コンシン*

ジョ, シンカン*　徐 震漢
⇒ソ, ジンハン*

ジョ, ジンハン*　徐 仁範
⇒ソ, インボム*

ジョ, ダイシュク　徐 大粛
⇒ソ, デスク

ジョ, チエイ*　徐 智瑛
⇒ソ, ジヨン*

ジョ, テンシン*　徐 天進
◇中国渭河流域の西周遺跡　2　飯島武次編　同成社　2013.3　36, 190p　27cm　〈文献あり〉8000円　①978-4-88621-634-2
内容 周原遺跡殷周時期墓地の分布と年代(徐天進, 馬賽執筆, 岸本泰緒子訳)〔03859〕

ジョ, ビン*　舒 旻
◇東アジア統合の政治経済・環境協力　吉野孝, 弦間正彦編, 藪下史郎監修　東洋経済新報社　2011.3　198p　22cm　〈索引あり〉3800円　①978-4-492-44377-4
内容 国家と地域主義(舒旻著, 仁木研太訳)〔03860〕

ジョ, フショウ*　徐 富昌
◇中国古典の解釈と分析―日本・台湾の学術交流　佐藤錬太郎, 鄭吉雄編著　札幌　北海道大学出版会　2012.3　388p　22cm　〈布装〉9500円　①978-4-8329-6765-6
内容 簡帛典籍における異文問題を論ず(徐富昌著, 大野裕司, 和田敬典, 猪野(胡)慧君訳)〔03861〕

ジョ, ユウ*　徐 勇
◇21世紀東ユーラシアの地政学　滝田賢治編著　中央大学出版部　2012.3　332p　22cm　(中央大学学術シンポジウム研究叢書 8)　〈文献あり〉3600円　①978-4-8057-6180-9
内容 中国沿岸都市ベルトと21世紀地政学の再検討(徐勇著, 張玉萍訳)〔03862〕
◇韓国強制併合一〇〇年―歴史と課題 国際共同研究　笹川紀勝, 辺英浩監修, 都時煥編著　明石書店　2013.8　493p　22cm　8000円　①978-4-7503-3869-9
内容 日本の中国東北地域侵略「満・韓不可分」論(徐勇著, 白栄勛訳)〔03863〕

ジョ, ユウギョ*　徐 友漁
◇「私(わたし)には敵はいない」の思想―中国民主化闘争二十余年　劉暁波〔著〕, 藤原書店編集部編　藤原書店　2011.5　398p　20cm　〈タイトル：「私には敵はいない」の思想　執筆：劉霞ほか　文献あり 著作目録あり〉3600円　①978-4-89434-801-1
内容 二〇一〇年ノーベル平和賞に関する思考(徐友漁著, 及川淳子訳)〔03864〕

ジョ, リツボウ*　徐 立望
◇辛亥革命と日本　王柯編　藤原書店　2011.11　321p　22cm　〈執筆：桜井良樹ほか　年表あり 索引あり〉3800円　①978-4-89434-830-1
内容 二十世紀初頭浙江省における社会再編(呂一民, 徐立望著, 王海燕, 王柯訳)〔03865〕

ショア, ジュリエット・B.　Schor, Juliet B.
◇浪費するアメリカ人―なぜ要らないものまで欲しがるか(The overspent American)　ジュリエット・B.ショア〔著〕, 森岡孝二監訳　岩波書店　2011.3　367, 15p　15cm　(岩波現代文庫 S214)〈文献あり 索引あり〉1420円　①978-4-00-603214-2
内容 第1章 新しい消費主義の出現　第2章 商品によるコミュニケーション―私たちが買うものはいかにして多くを語るのか　第3章 視覚的なライフスタイル―アメリカのステータスシンボル　第4章 消費があなたらしさを創る　第5章 隣のダウンシフター　第6章 ディドロの教訓に学ぶ―欲望の上昇を止める　エピローグ 消費を減らせば経済は難破するか〔03866〕

ジョイス, コリン　Joyce, Colin
◇「イギリス社会」入門―日本人に伝えたい本当の英国　コリン・ジョイス著, 森田浩之訳　NHK出版　2011.7　225p　18cm　(NHK出版新書 354)　780円　①978-4-14-088354-9
内容 階級―みすぼらしい上流、目立ちたがる労働者　天気―今日も「くもり時々雨、時々晴れ」　国旗―ユニオン・ジャックは優れた輸出品だ　住宅―イギリス人がいちばん好きな話題　料理―フランス人にはわからない独創性　王室―昔、英語を話せない国王がいた　結婚―ロイヤル・ウェディングの新常識　表現―スズメバチをかんでいるブルドッグ　蘊蓄―てっとり早くイギリス通になる方法　英雄―「偉大」なイギリス人　私淑―敬愛するジョージ・オーウェル　紅茶―お茶は世界を生き返らせる　飲酒―酔っぱらいはこうして生まれる　酒場―パブは歴史、文化、伝説の宝庫だ　歴史―ぼくのお気に入り英国史　風物―好事家向けスポーツカレンダー　伝統―ニュー＆オールド・ブリテン　品格―これぞ、イギリス〔03867〕
◇驚きの英国史　コリン・ジョイス著, 森田浩之訳　NHK出版　2012.6　205p　18cm　(NHK出版新書 380)　740円　①978-4-14-088380-8
内容 1 中庸は国の心　2 侵略と分断　3 ときどき偉大

な着想が… 4 もうひとつのエデン？ 5 アイルランドという“問題” 6 英雄と悪役 7 外交か戦争か 8 イギリス族 〔03868〕

ジョイス, ジェイムズ Joyce, James

◇ジョルダーノ・ブルーノの哲学―生の多様性へ　岡本源太著　調布　月曜社　2012.3　227p　21cm　（シリーズ・古典転生 7）　3800円　①978-4-901477-92-5

内容 ブルーノ哲学/ルネサンスの世界文学的影響（ジェイムズ・ジョイス） 〔03869〕

ジョイス, スティーヴン

◇図書館と中立性（Questioning library neutrality）　アリソン・ルイス編, 川崎良孝, 久野和子, 福井佑介, 川崎智子訳　京都　京都図書館情報学研究会　2013.10　158p　22cm　〈文献あり　発売：日本図書館協会〉3500円　①978-4-8204-1308-0

内容 少数の分野での復帰―社会的責任をめぐる論争の検証、1970年代初頭と1990年代（スティーヴン・ジョイス著） 〔03870〕

ショイベ, B. Scheube, Botho

◇京都療病院お雇い医師ショイベ―滞日書簡から　ショイベ〔著〕, 森本武利編著, 酒井謙一訳　京都　思文閣出版　2011.5　332p　22cm　〈著作目録あり 年譜あり〉7000円　①978-4-7842-1581-2

内容 第1部　滞日書簡―親愛なる母へ（1877年（明治10年）　1878年（明治11年）　1879年（明治12年）　1880年（明治13年）　1881年（明治14年）　1882年（明治15年））　第2部　京都療病院とお雇い医師（京都療病院の発足とお雇い医師　京都療病院着任までのショイベ　ショイベの日本での活躍　帰国後のショイベ） 〔03871〕

ショウ, エキ* 章 益

◇新編原典中国近代思想史　第5巻　国家建設と民族自救―国民革命・国共分裂から一致抗日へ　野村浩一, 近藤邦康, 並木頼寿, 坂元ひろ子, 砂山幸雄, 村田雄二郎編　野村浩一, 近藤邦康, 村田雄二郎責任編集　岩波書店　2010.12　392, 6p　22cm　〈年表あり〉5400円　①978-4-00-028225-3

内容 中国本位の文化建設宣言（王新命, 何炳松, 武堉, 孫寒冰, 黄文山, 陶希聖, 章益, 陳高傭, 樊仲雲, 薩孟武著, 野村浩一訳, 小野寺史郎改訳） 〔03872〕

ショウ, ガイ* 蔣 凱

◇比較教育研究―何をどう比較するか（Comparative education research）　マーク・ブレイ, ボブ・アダムソン, マーク・メイソン編著, 杉村美紀, 大和洋子, 前田美子, 阿古智子訳　上智大学出版　2011.6　351p　21cm　〈文献あり 索引あり　発売：ぎょうせい〉2500円　①978-4-324-08596-7

内容 教育制度による比較研究（マーク・ブレイ, 蔣凱著, 大和洋子訳） 〔03873〕

ショウ, カイセキ　蔣 介石

◇新編原典中国近代思想史　第5巻　国家建設と民族自救―国民革命・国共分裂から一致抗日へ　野村浩一, 近藤邦康, 並木頼寿, 坂元ひろ子, 砂山幸雄, 村田雄二郎編　野村浩一, 近藤邦康, 村田雄二郎責任編集　岩波書店　2010.12　392, 6p　22cm　〈年表あり〉5400円　①978-4-00-028225-3

内容 外国の侵略に抵抗し、民族を復興しよう（抄）他（蔣介石著, 光田剛訳） 〔03874〕

◇新編原典中国近代思想史　第6巻　救国と民主―抗日戦争から第二次世界大戦へ　野村浩一, 近藤邦康, 並木頼寿, 坂元ひろ子, 砂山幸雄, 村田雄二郎編　野村浩一, 近藤邦康, 砂山幸雄責任編集　岩波書店　2011.3　412, 7p　22cm　〈年表あり〉5700円　①978-4-00-028226-0

内容 敵国の陰謀をあばき、抗戦の国策を明らかにする（抄）他（蔣介石著, 土田哲夫訳） 〔03875〕

◇新編原典中国近代思想史　第7巻　世界冷戦のなかの選択―内戦から社会主義建設へ　野村浩一, 近藤邦康, 並木頼寿, 坂元ひろ子, 砂山幸雄, 村田雄二郎編　砂山幸雄責任編集　岩波書店　2011.10　410, 7p　22cm　〈年表あり〉5700円　①978-4-00-028227-7

内容 抗戦勝利を慶祝して全国同胞に向けたラジオ演説（抄）（蔣介石著, 砂山幸雄訳） 〔03876〕

ショウ, カン* 蕭 乾

◇新編原典中国近代思想史　第7巻　世界冷戦のなかの選択―内戦から社会主義建設へ　野村浩一, 近藤邦康, 並木頼寿, 坂元ひろ子, 砂山幸雄, 村田雄二郎編　砂山幸雄責任編集　岩波書店　2011.10　410, 7p　22cm　〈年表あり〉5700円　①978-4-00-028227-7

内容 自由主義者の信念（蕭乾著, 水羽信男訳） 〔03877〕

ジョウ, キンホウ* 聶 錦芳

◇21世紀の思想的課題―転換期の価値意識 大阪経済法科大学アジア太平洋研究センター、北京大学哲学系共催日中哲学シンポジウム論文集　岩佐茂, 金泰明編, 李洪权訳　国際書院　2013.10　425p　21cm　（アジア太平洋研究センター叢書 4）〈他言語標題：The Philosophical Problematique of the 21st Century　会期・会場：2011年9月16日、17日 北京大学内国際会議場　共催：大阪経済法科大学アジア太平洋研究センター 北京大学哲学系　索引あり〉6000円　①978-4-87791-249-9

内容 「歴史の『世界史』への転化」の過程と段階（聶錦芳著, 李洪権訳） 〔03878〕

ジョウ, ケイ　浄 慧

◇生活禅のすすめ　浄慧著, 井上浩一, 何燕生, 斎藤智寛, 渡部東一郎訳　山喜房仏書林　2012.12　407p　22cm　4000円　①978-4-7963-0571-6 〔03879〕

ショウ, コウケン* 蕭 公権

◇新編原典中国近代思想史　第7巻　世界冷戦のなかの選択―内戦から社会主義建設へ　野村浩一, 近藤邦康, 並木頼寿, 坂元ひろ子, 砂山幸雄, 村田雄二郎編　砂山幸雄責任編集　岩波書店　2011.

10　410, 7p　22cm　〈年表あり〉5700円
①978-4-00-028227-7
内容 民主について(抄)(蕭公権著, 中村元哉訳)
〔03880〕

シヨウ, シンテン　鍾 進添
◇完全定本四柱推命大全　鍾進添著, 山道帰一訳注　河出書房新社　2011.10　406p　22cm　〈他言語標題 : Four Pillars of Destiny〉3800円
①978-4-309-27282-5
内容 第1部 基礎理論　第2部 命式の出し方　第3部 神煞の判断　第4部 看命の方法　第5部 命式の強弱と格局　第6部 命式・歳運の解釈　〔03881〕

シヨウ, スウギヨウ　蕭 崇業
◇使琉球録　蕭崇業, 謝杰著, 原田禹雄, 三浦国雄訳注　宜野湾　榕樹書林　2011.3　529, 11p　22cm　18000円　①978-4-89805-148-1　〔03882〕

シヨウ, セイ*　章 清
◇リベラリズムの中国　村田雄二郎編　有志舎　2011.9　343p　22cm　〈文献あり〉6200円
①978-4-903426-46-4
内容 公共輿論(章清著, 小野泰教訳)　〔03883〕
◇講座東アジアの知識人　第3巻　「社会」の発見と変容—韓国併合～満洲事変　趙景達, 原田敬一, 村田雄二郎, 安田常雄編　趙景達本巻担当　有志舎　2013.12　362p　22cm　3600円　①978-4-903426-79-2
内容 胡適とデューイ(章清著, 森川裕貫訳)　〔03884〕

シヨウ, ダイキ*　章 乃器
◇新編原典中国近代思想史　第5巻　国家建設と民族自救—国民革命・国共分裂から一致抗日へ　野村浩一, 近藤邦康, 並木頼寿, 坂元ひろ子, 砂山幸雄, 村田雄二郎編　野村浩一, 近藤邦康, 村田雄二郎責任編集　岩波書店　2010.12　392, 6p　22cm　〈年表あり〉5400円　①978-4-00-028225-3
内容 団結して侵略に抵抗するためのいくつかの基本的条件と最低限の要求 他(沈鈞儒, 章乃器, 陶行知, 鄒韜奮著, 小野寺史郎訳)　〔03885〕

ジヨウ, チユンツアイ　周 春才
⇒シュウ, シュンサイ

シヨウ, テイフツ　蔣 廷黻
◇新編原典中国近代思想史　第5巻　国家建設と民族自救—国民革命・国共分裂から一致抗日へ　野村浩一, 近藤邦康, 並木頼寿, 坂元ひろ子, 砂山幸雄, 村田雄二郎編　野村浩一, 近藤邦康, 村田雄二郎責任編集　岩波書店　2010.12　392, 6p　22cm　〈年表あり〉5400円　①978-4-00-028225-3
内容 革命と専制(蔣廷黻著, 光田剛訳)　〔03886〕
◇中国近代史　蔣廷黻著, 佐藤公彦訳　府中(東京都)　東京外国語大学出版会　2012.11　270p　20cm　2500円　①978-4-904575-22-2
内容 第1章 剿夷と撫夷(イギリス、中国に国交を求むイギリス人、アヘン売買を行なう ほか)　第2章 洪秀全と曽国藩(旧社会、循環を歩む　洪秀全、新王朝を建てんとする ほか)　第3章 自強とその失敗(朝廷の内外、協力して自強を求む　一歩一歩、前進 ほか)　第4章 分割と民族の復興(李鴻章、狼を部屋に引き入れる　康有為、光緒帝を輔助して変法する ほか)　解題 中国近現代史理解のパラダイム転換のために(佐藤公彦)(蔣廷黻とその『中国近代史』　范文瀾の『中国近代史 上冊』 ほか)　〔03887〕

シヨウ, バイコン*　蔣 培坤
◇「私(わたし)には敵はいない」の思想—中国民主化闘争二十余年　劉暁波〔著〕, 藤原書店編集部編　藤原書店　2011.5　398p　20cm　〈タイトル : 「私には敵はいない」の思想　執筆 : 劉霞ほか　文献あり 著作目録あり〉3600円
①978-4-89434-801-1
内容 「天安門の母たち」と劉暁波(丁子霖, 蔣培坤著, 劉燕子訳)　〔03888〕

ジヨウ, ホウ　聶 鋒
◇敦煌壁画物語—釈迦の前世・誕生・悟り・涅槃　聶鋒編著, 筒井文子編・訳, 梁雲祥監修　東京文献センター　2011.10　322p　21cm　2800円
①978-4-925187-92-3
内容 1 仏伝物語(シッダ太子が象に乗って胎に入る　シッダ太子が木の下で誕生 ほか)　2 本生物語(虎に命を捧げたサッタ太子　九色の鹿の物語 ほか)　3 因縁物語(ミミョウ尼の物語　五百人の盗賊が仏になる ほか)　4 経変物語(タンニチと端正王　鹿母夫人が蓮の花を生む ほか)　〔03889〕

シヨウ, ラジブ　Shaw, Rajib
◇防災教育—学校・家庭・地域をつなぐ世界の事例(Disaster Education)　ショウ・ラジブ, 塩飽孝一, 竹内裕希子編著, 沢田晶子, ベンジャミン由里絵訳　明石書店　2013.11　182p　22cm　〈文献あり〉3300円　①978-4-7503-3917-7
内容 防災教育における家庭と地域の役割 他(竹内裕希子, ファラ・ムルヤサリ, ショウ ラジブ著)　〔03890〕

ジヨウクウ　浄空
◇運命のルール—『了凡四訓』講話　浄空法師述, 付海訳　明徳出版社　2011.12　400p　15cm　700円　①978-4-89619-799-0
内容 立命の学(運命はあるのか　命は「定」なのか「運」なのか　「運」は自分で「定」める　凡夫と聖賢の違い　脱凡人への道のり)　改過の方(反省の心構え　事と理と心　改過の効果)　積善の方(善が福を呼ぶ　善の見分け方　十種類の善)　謙徳の効(謙虚は得する　志は大きく)　附『浄空法師からローマ法皇宛のお手紙』　〔03891〕

シヨウペンハウエル, アルトゥール　Schopenhauer, Arthur
⇒ショーペンハウアー, アルトゥール

シヨウボー, アドルフ　Chauveau, Adolphe
◇日本立法資料全集　別巻703　仏国刑法大全　第1帙 上巻　シヨウボー＝アドルフ, フォースタン＝エリー原著, 亀山貞義, 内藤直亮, 橋本胖三郎訳　復刻版　信山社出版　2012.2　428, 3p　23cm　〈司法省蔵版明治19年刊の複製〉40000円
①978-4-7972-6413-5
内容 第1章 刑法ノ原則(刑法ノ編纂ヲ支配シタル所ノ原

則ヲ探求スルノ必要アリ　古代法律ノ基礎 復讐ノ権ほか）　第2章 刑法編纂ノ体裁（刑法ノ編纂ヲ支配シタル一般ノ思考　千八百三十二年四月二十八日ノ改正法律 其一般ノ性質 ほか）　第3章 刑律ノ適用（刑法ハ其知ルカヲ得タル日ヨリニアラサレハ執行力ヲ有セス　刑法第四条ニ於テ此原則ノ適用 此原則ヲ適用シタル所ノ事件 ほか）　第4章 軍事犯罪〔ほか〕〔03892〕

◇日本立法資料全集　別巻704　仏国刑法大全　第1帙下巻　シヨウボー＝アドルフ, フォースタン＝エリー原著, 磯部四郎, 宮城浩蔵訳　信山社出版　2012.4　495p　23cm　〈司法省明治19年刊の複製〉45000円　①978-4-7972-6414-2〔03893〕

ショエ, フランソワーズ

◇都市空間の解剖　二宮宏之, 樺山紘一, 福井憲彦責任編集　藤原書店　2011.2　274p　21cm（叢書・歴史を拓く―『アナール』論文選〈新版〉4）〈コメント：小木新造　解説：福井憲彦　文献あり〉3600円　①978-4-89434-785-4

内容 都市をみる眼（フランソワーズ・ショエ著, 福井憲彦訳）〔03894〕

ショエット, ロビン　Shohet, Robin

◇心理援助職のためのスーパービジョン―効果的なスーパービジョンの受け方から, 良きスーパーバイザーになるまで（SUPERVISION IN THE HELPING PROFESSIONS（原著第3版））　P.ホーキンズ,R.ショエット著, 国重浩一, バーナード紫, 奥村朱矢訳　京都　北大路書房　2012.8　292p　21cm　〈文献あり 索引あり〉3200円　①978-4-7628-2782-2

内容 第1部 スーパーバイジーの視点から（「ほどよい」スーパービジョン　なぜ対人援助者となるのか？　学習を継続し、職場での実りとしていくこと　効果的なスーパーバイジーのあり方）　第2部 スーパーバイザーとスーパービジョン（スーパーバイザーになるに当たって　スーパービジョンの概要とそのモデル　七眼流スーパービジョン―スーパービジョンのプロセスモデル　差異を越えてのスーパービジョン　スーパーバイザーへのトレーニングとその発展）　第3部 グループ、チーム、ピアグループのスーパービジョン（グループ、チーム、ピアグループのスーパービジョン　グループ・ダイナミクスを探求する）　第4部 組織的なアプローチ（スーパービジョンのネットワーク　学びの文化に向けて―スーパービジョンをめぐる組織的文脈　組織内のスーパービジョンの指針とその実践）　まとめ―開かれた精神を持つこと〔03895〕

ショエル, ラファエル　Choeël, Raphaëlle

◇トーキョー・シスターズ（Tokyo sisters）　ラファエル・ショエル, ジュリー・ロヴェロ・カレズ著, 松本百合子訳　小学館　2011.9　285p　15cm（小学館文庫 ラ4-1）　714円　①978-4-09-408617-1

内容 1章 赤信号は渡らない　2章 食べることが大好き！　3章 いつも元気にまじめに遊ぶ　4章 おしゃれは「カワイイ」が勝ち　5章 ぬかりなきビューティ　6章 謎だらけのお仕事　7章 未知との遭遇　8章 狙いを定めて、いざ男探し　9章 結婚生活はアンビリバボー　10章 心とからだのデトックス〔03896〕

ショエル＝リンバイ, ビヨルン

◇実演家概論―権利の発展と未来への道　日本芸能実演家団体協議会実演家著作隣接権センター編　勁草書房　2013.12　449p　22cm　4000円　①978-4-326-40287-8

内容 過去60年間の実演家の権利管理の概要（ビヨルン・ジョエル＝サンバイ著, 小川明子訳）〔03897〕

ショケット, ソニア　Choquette, Sonia

◇アンサー・イズ・シンプルオラクルカード（The answer is simple oracle cards）　ソニア・ショケット著, 奥野節子訳　〔静止画資料〕　ダイヤモンド社　2011.12　カード 62枚　13×9cm　〈箱入〉3000円　①978-4-478-00862-1〔03898〕

◇目覚めた人になる4つのステージ（The power of your spirit）　ソニア・ショケット著, 宇佐和通訳　ソフトバンククリエイティブ　2011.12　334p　19cm　1700円　①978-4-7973-6666-2

内容 第1章 実践の大切さ　第2章 ステージ1 あなたのスピリットに気づく　第3章 ステージ2 あなたのスピリットを発見する　第4章 自分だけの祭壇を作る　第5章 ステージ3 あなたのスピリットに委ねる　第6章 ステージ4 スピリットとともにフローに入る　変容を遂げたスピリチュアルな存在に勤める日々の実践〔03899〕

◇不安や恐れを手放す瞑想CDブック―感謝と喜びに生きるトレーニング（TRAVELLING AT THE SPEED OF LOVE）　ソニア・ショケット著, 奥野節子訳　ダイヤモンド社　2012.7　260p　17cm　2000円　①978-4-478-01275-8

内容 人生はアップグレードできます　恐れを手放し、身軽に旅しましょう　ときには一息つきましょう　要らない荷物は手放しましょう　不安を解消しましょう　すべてをゆだねてみましょう　ハイヤーセルフに導いてもらいましょう　予期せぬ事態を楽しみましょう　間違うことを許しましょう　「グレース」を受け取り、与えましょう　他人に助けてもらいましょう　チャンスを逃さず冒険しましょう　感情をコントロールしましょう　健康をいちばんに考えましょう　直感を羅針盤にしましょう　他人に振り回されないようにしましょう　惜しみなく与えましょう〔03900〕

ジョージ, アレキサンダー　George, Alexander L.

◇社会科学のケース・スタディ―理論形成のための定性的手法（CASE STUDIES AND THEORY DEVELOPMENT IN THE SOCIAL SCIENCES）　アレキサンダー・ジョージ, アンドリュー・ベネット著, 泉川泰博訳　勁草書房　2013.1　376p　22cm　〈文献あり 索引あり〉4500円　①978-4-326-30214-7

内容 第1部 事例研究と社会科学（事例研究と理論の形成　事例研究手法と民主国家平和論の研究）　第2部 どのように事例研究を行うか（体系的重点比較法　第1段階―事例研究のデザイン　第2段階―事例研究の実施　第3段階　事例による発見から理論への含意の導出）　第3部 代替的手法とその諸問題（事例研究と科学哲学　比較手法―統制比較と事例内分析　整合性手法　過程追跡と歴史的説明　比較分析と事例内分析の統合―類型理論　事例研究と政策妥当性のある理論　研究デザインの実例）〔03901〕

ジョージ, シバ・マリヤム　George, Sheba Mariam

◇女が先に移り住むとき―在米インド人看護師のトランスナショナルな生活世界（When women

come first）　シバ・マリヤム・ジョージ著，伊藤るり監訳　有信堂高文社　2011.12　292, 21p　21cm　〈索引あり　文献あり〉3000円　①978-4-8420-6580-9

内容 第1章 女が先に移り住むときのジェンダーの矛盾　第2章 労働―看護、女のネットワーク、そして「杭につながれた」男たち　第3章 家庭―移民家族におけるジェンダーのやりなおし　第4章 コミュニティー―リトル・ケーララの創造と教会で「遊びに興じる男」のパラドクス　第5章 トランスナショナルなつながり―移民コミュニティの双面神的生産　第6章 結論 〔03902〕

シ

ジョージ, スーザン　George, Susan

◇これは誰の危機か、未来は誰のものか―なぜ1%にも満たない富裕層が世界を支配するのか（Whose crisis, whose future？）　スーザン・ジョージ〔著〕，荒井雅子訳　岩波書店　2011.12　305p　20cm　2400円　①978-4-00-022917-3

内容 序章 自由を選び取る　第1章 金融の壁　第2章 貧困と格差の壁　第3章 最も基礎的な必需品（食糧　水―最高の資本主義商品）　第4章 紛争の壁　第5章 私たちの未来　結び 〔03903〕

◇反グローバリゼーションの声（VOCES CONTRA LA GLOBALIZACIÓN）　カルロス・エステベス，カルロス・タイボ編著，大津真作訳　京都　晃洋書房　2013.11　257, 8p　21cm　2900円　①978-4-7710-2490-8

内容 別のグローバリゼーションが必要だ（スーザン・ジョージ述） 〔03904〕

ジョージ, リンダ・K.

◇ライフコース研究の技法―多様でダイナミックな人生を捉えるために（The Craft of Life Course Research）　グレン・H.エルダー,Jr.，ジャネット・Z.ジール編著，本田時雄，岡林秀樹監訳，登張真稲，中尾暢見，伊藤教子，磯谷俊仁，玉井航太，藤原善美訳　明石書店　2013.7　470p　22cm　〈文献あり 索引あり〉6700円　①978-4-7503-3858-3

内容 トラジェクトリの概念化と測定（リンダ・K.ジョージ著，岡林秀樹訳） 〔03905〕

ジョージ, ロジャー　George, Roger

◇戦略論―現代世界の軍事と戦争（Strategy in the Contemporary World（原著第3版）（抄訳））　ジョン・ベイリス，ジェームズ・ウィルツ，コリン・グレイ編，石津朋之監訳　勁草書房　2012.9　314p　21cm　〈文献あり 索引あり〉2800円　①978-4-326-30211-6

内容 インテリジェンスと戦略（ロジャー・ジョージ著，塚本勝也訳） 〔03906〕

ショスタク, セス

◇世界一素朴な質問、宇宙一美しい答え―世界の第一人者100人が100の質問に答える（BIG QUESTIONS FROM LITTLE PEOPLE）　ジェンマ・エルウィン・ハリス編，西田美緒子訳，タイマタカシ絵　河出書房新社　2013.11　298p　22cm　2500円　①978-4-309-25292-6

内容 エイリアンはいるの？（セス・ショスタク博士） 〔03907〕

ジョスト, J.*　Jost, John T.

◇紛争と平和構築の社会心理学―集団間の葛藤とその解決（INTERGROUP CONFLICTS AND THEIR RESOLUTION）　ダニエル・バル・タル編著，熊谷智博，大淵憲一監訳　京都　北大路書房　2012.10　375p　21cm　〈索引あり〉4000円　①978-4-7628-2787-7

内容 イデオロギー葛藤と極化―社会心理学の視点から（John T.Jost, Margarita Krochik著，縄田健悟訳） 〔03908〕

ジョスリン, メアリー　Joslin, Mary

◇クリスマスのはなし（The story of Christmas）　メアリー・ジョスリン文，アリーダ・マッサーリ絵，関谷義樹訳　ドン・ボスコ社　2013.10　25p　27cm　1000円　①978-4-88626-555-5 〔03909〕

ジョセフ, クラウディア　Joseph, Claudia

◇プリンセス ケイト―英国王室への道（Kate Middleton）　クラウディア・ジョセフ著，菊池由美，島田楓子，高橋美江，スコジ泉訳　マーブルトロン　2011.1　317p　20cm　（Marble books）〈他言語標題 ： Princess Kate　発売 ： 中央公論新社〉1800円　①978-4-12-390290-8

内容 ハリソン家一八三七～九八年　ハリソン家一九〇一～五三年　ゴールドスミス家一八三七～一九一八年　ゴールドスミス家一九一八～一九五三年　ドロシー・ハリソンとロナルド・ゴールドスミス　ミドルトン家一八三八～一九一四年　ラプトン家一八四七～一九三〇年　ノエル・ミドルトンとオリーブ・ラプトン　グラスボロー家一八八一～一九五四年　ピーター・ミドルトンとヴァレリー・グラスボロー〔ほか〕 〔03910〕

ジョセフ, ローレンス・E.

◇どんな時代が来るのか―2012年アセンション・マニュアル（The mystery of 2012）　タミ・サイモン編著，菅靖彦，田中淳一，堤康一郎訳　風雲舎　2011.4　287p　19cm　1800円　①978-4-938939-64-9

内容 聖書の暗号（ローレンス・E.ジョセフ著） 〔03911〕

ショーター, ウェイン　Shorter, Wayne

◇ジャズと仏法、そして人生を語る　ハービー・ハンコック，池田大作，ウェイン・ショーター著　毎日新聞社　2013.1　306p　19cm　1238円　①978-4-620-32134-9

内容 第1章 ジャズを生み出した大地　第2章 音楽と人間―創造の喜び　第3章 信仰と人生　第4章 アメリカそして世界 〔03912〕

ショック‐スミス, アンジン・J.　Schock-Smith, Angyne J.

◇プロジェクト・マネジャーが知るべき97のこと（97 things every project manager should know）　Barbee Davis編，笹井崇司訳，神庭弘年監修　オライリー・ジャパン　2011.11　240p　21cm　〈発売 ： オーム社〉1900円　①978-4-87311-510-8

内容 私たちはスーパーヒーローではありません(アンジン・J.ショック - スミス)〔03913〕

シヨッテンハンマー, アンゲラ

◇碑と地方志のアーカイブズを探る　須江隆編　汲古書院　2012.3　440, 6p　22cm　(東アジア海域叢書 6　小島毅監修)　7000円　①978-4-7629-2946-5

内容 埋葬された過去(アンゲラ・シヨッテンハンマー執筆, 河合佐知子訳)〔03914〕

シヨッホ, フリードリヒ

◇法発展における法ドグマーティクの意義—日独シンポジウム　松本博之, 野田昌吾, 守矢健一編　信山社　2011.2　367p　22cm　(総合叢書 8(ドイツ法))〈会期・会場 : 2009年2月18日～21日 フライブルグ大学法学部〉12000円　①978-4-7972-5458-7

内容 国家任務の民営化における法ドグマーティクの役割(フリードリヒ・シヨッホ著, 中原茂樹訳)〔03915〕

ジョティシュキー, アンドリュー　Jotischky, Andrew

◇十字軍の歴史(Crusading and the Crusader States)　アンドリュー・ジョティシュキー著, 森田安一訳　刀水書房　2013.12　468p　20cm　(刀水歴史全書 86)〈文献あり 年表あり 索引あり〉3800円　①978-4-88708-388-2〔03916〕

ジョナー, ジェームス・O.C.

◇世界平和への冒険旅行—ダグ・ハマーショルドと国連の未来(The Adventure of Peace)　ステン・アスク, アンナ・マルク=ユングクヴィスト編, ブライアン・アークハート, セルゲイ・フルシチョフ他著, 光橋翠訳　新評論　2013.7　358p　20cm〈文献あり 年譜あり〉3800円　①978-4-7948-0945-2

内容 「独立した国際公務」の確立を目指して(ジェームス・O.C.ジョナー著)〔03917〕

ジョナセン, デビット　Jonassen, David

◇インストラクショナルデザインとテクノロジー—教える技術の動向と課題(TRENDS AND ISSUES IN INSTRUCTIONAL DESIGN AND TECHNOLOGY(原著第3版))　R.A.リーサー, J.V.デンプシー編　京都　北大路書房　2013.9　690p　21cm〈訳 : 半田純子ほか　索引あり〉4800円　①978-4-7628-2818-8

内容 問題解決のためのデザイン(デビット・ジョナセン著, 椿本弥生訳)〔03918〕

ショーニュ, ピエール

◇叢書『アナール1929-2010』—歴史の対象と方法 2 1946-1957(Anthologie des Annales 1929-2010)　E.ル=ロワ=ラデュリ,A.ビュルギエール監修, 浜名優美監訳　L.ヴァランシ編, 池田祥英, 井上桜子, 尾河直哉, 北垣潔, 塚島真実, 平沢勝行訳　藤原書店　2011.6　460p　22cm　6800円　①978-4-89434-807-3

内容 一六四〇年をめぐって 他(ユゲット・ショーニュ, ピエール・ショーニュ著, 北垣潔訳)〔03919〕

ショーニュ, ユゲット

◇叢書『アナール1929-2010』—歴史の対象と方法 2 1946-1957(Anthologie des Annales 1929-2010)　E.ル=ロワ=ラデュリ,A.ビュルギエール監修, 浜名優美監訳　L.ヴァランシ編, 池田祥英, 井上桜子, 尾河直哉, 北垣潔, 塚島真実, 平沢勝行訳　藤原書店　2011.6　460p　22cm　6800円　①978-4-89434-807-3

内容 一六四〇年をめぐって(ユゲット・ショーニュ, ピエール・ショーニュ著, 北垣潔訳)〔03920〕

ショバーグ, ギデオン

◇都市社会学セレクション　2　都市空間と都市コミュニティ　森岡清志編　日本評論社　2012.8　268p　22cm〈文献あり〉3800円　①978-4-535-58593-5

内容 前産業型都市(ギデオン・ショバーグ著, 小山雄一郎訳)〔03921〕

ジョバン, ポール

◇震災とヒューマニズム—3・11後の破局をめぐって　日仏会館・フランス国立日本研究センター編, クリスチーヌ・レヴィ, ティエリー・リボー監修, 岩沢雅利, 園山千晶訳　明石書店　2013.5　328p　20cm　2800円　①978-4-7503-3814-9

内容 放射線防護によって誰が保護されるのか?(ポール・ジョバン執筆, 園山千晶訳)〔03922〕

ジョブズ, スティーブ　Jobs, Steve

◇スティーブ・ジョブズ夢と命のメッセージ(I, Steve)　スティーブ・ジョブズ〔著〕, ジョージ・ビーム編, 竹内一正監訳・解説　三笠書房　2011.11　220p　15cm　(知的生きかた文庫 た59-1)　552円　①978-4-8379-7987-6

内容 はじめに 世界を変えた天才、スティーブ・ジョブズ この言葉一つひとつに魂が宿っている!　1 誰よりも熱く生きる力　2 ビジョンを描く力　3 人を惹きつけ、巻き込む力　4 夢を実現していく力　5 リーダーシップの力　監訳者あとがき ジョブズがいた世界、いなくなった世界「人生を賭ける」ほどの仕事ができるか(竹内一正)〔03923〕

◇スティーブ・ジョブズ1995ロスト・インタビュー(STEVE JOBS)　スティーブ・ジョブズ〔述〕,「スティーブ・ジョブズ1995」MOVIE PROJECT編　講談社　2013.9　93, 143p　18cm〈英語併記〉1000円　①978-4-06-218626-1

内容 第1部(人生を変えた「12歳の夏休み」「やってみればいいさ」21歳で気づいたビジネス常識のウソ　コンピュータが教えてくれること　その時、未来が見えた　なぜ一度成功した企業は失敗するか　IBM、アップルが勘違いする瞬間　日本の自動車工場を訪ねて　何がすばらしい製品を作り出すのか　優秀な人を使う方法　未来を予見して　アップルを去った理由「マイクロソフトは日本人のようだ」可能性はソフトウェアにある　10年後のコンピュータはこうなる　これこそ人類最大の発明)　第2部 英語(日本語訳付き)巻末から〔03924〕

ジョフラン, ローラン　Joffrin, Laurent

◇ナポレオンの戦役(Les batailles de Napoleon)　ローラン・ジョフラン著, 渡辺格訳　中央公論新

社　2011.1　315p　20cm　2800円　①978-4-12-004190-7

内容 第1章 鷲の一飛び—ロディ橋の戦い 一七九六年　第2章 六十分で征服—ピラミッドの戦い 一七九八年　第3章 午後に起きた奇跡—マレンゴの戦い 一八〇〇年　第4章 戦略の傑作—ワルム、アウステルリッツの戦い 一八〇五年　第5章 鉄元帥ダヴー—アウエルステッドの戦い 一八〇六年　第6章 雪を彩る鮮血—アイラウの戦い 一八〇七年　第7章 大砲の勝利—ワグラムの戦い 一八〇九年　第8章 鍵を握った数分—ワーテルローの戦い 一八一五年 〔03925〕

シ

ショーブン, ジョン・B.

◇社会保障改革への提言—いま、日本に何が求められているのか　橘木俊詔, 同志社大学ライフリスク研究センター編　京都　ミネルヴァ書房　2012.6　225p　22cm　〈索引あり〉3500円　①978-4-623-06348-2

内容 アメリカ医療制度改革(ジョン・B.ショーブン執筆, 陳勝涛, 中原耕訳) 〔03926〕

ショペン, グレゴリー

◇シリーズ大乗仏教　10　大乗仏教のアジア　高崎直道監修, 桂紹隆, 斎藤明, 下田正弘, 末木文美士編　春秋社　2013.10　311p　22cm　3200円　①978-4-393-10170-4

内容 仏教文献学から仏教考古学へ(グレゴリー・ショペン著, 桂紹隆訳) 〔03927〕

ショーペンハウアー, アルトゥール　Schopenhauer, Arthur

◇ちくま哲学の森　1　生きる技術　鶴見俊輔, 安野光雅, 森毅, 井上ひさし, 池内紀編　筑摩書房　2011.9　420p　15cm　1200円　①978-4-480-42861-5

内容 みずから考えること(ショーペンハウアー著, 石井正訳) 〔03928〕

◇自殺について　ショーペンハウエル〔著〕, 石井立訳　新版　角川学芸出版　2012.6　245p　15cm　(〔角川ソフィア文庫〕〔SP G-203-1〕)〈発売：角川グループパブリッシング〉667円　①978-4-04-408607-7

内容 第1部(死によってわたしたちの真の存在は滅ぼされるものではないという説　生の空しさに関する説　この世の悩みに関する説　自殺について　生きようとする意志の肯定と否定とに関する説)　第2部(死によってわたしたちの真の存在は滅ぼされるものではないという説によせて　生の空しさに関する説によせる補遺　この世の悩みに関する説によせる補遺　自殺について　生きようとする意志の肯定と否定とに関する説によせる補遺) 〔03929〕

◇読書について—新訳：知力と精神力を高める本の読み方　ショウペンハウエル著, 渡部昇一編訳　PHP研究所　2012.8　159p　18cm　950円　①978-4-569-80487-3

内容 第1部 ショウペンハウエルの生涯と哲学(悲観の哲学　幅広い芸術を吸収した若き日々　父親の自殺と強い母親　カントとショウペンハウエル　仏教に影響を受ける　ヘーゲルとの確執と晩年の評価　ニーチェに与えた影響)　第2部 新訳 読書について 〔03930〕

◇ショーペンハウアー自分を救う幸福論　アルトゥル・ショーペンハウアー著, 鈴木憲也訳　かんき出版　2012.12　1冊(ページ付なし)　19cm　〈文献あり〉1400円　①978-4-7612-6878-7

内容 1章 幸福について　2章 人間、誰もが持っている性質について　3章 自分自身の心がけについて　4章 富・お金について　5章 対人関係について　6章 人間の性格について　7章 知的生活について　8章 年齢の違いについて　9章 人間の運命について　10章 人生の救いについて 〔03931〕

◇西尾幹二全集　第6巻　ショーペンハウアーとドイツ思想　西尾幹二著　国書刊行会　2013.2　658p　22cm　〈付属資料：8p：月報 6〉7000円　①978-4-336-05385-5

内容『意志と表象としての世界』〈抄〉(ショーペンハウアー著, 西尾幹二訳) 〔03932〕

◇超訳ショーペンハウアーの言葉　アルトゥーア・ショーペンハウアー著, 白取春彦編訳　宝島社　2013.3　1冊(ページ付なし)　20cm　〈他言語標題：Goldene Aphorismen zur Lebensweisheit Arthur Shopenhauer　文献あり〉1524円　①978-4-7966-9958-7

内容 苦しみについて　愚かさについて　生と死について　賢く生きる知恵　この世の真実　人間について　学びと芸術について　幸せについて 〔03933〕

◇読書について(SELBSTDENKEN)　ショーペンハウアー著, 鈴木芳子訳　光文社　2013.5　194p　16cm　(光文社古典新訳文庫 KBシ1-1)〈文献あり 年譜あり〉743円　①978-4-334-75271-2

内容 自分の頭で考える　著述と文体について　読書について 〔03934〕

◇読書について—他二篇(PARERGA UND PARALIPOMENA(抄訳))　ショウペンハウエル著, 斎藤忍随訳　岩波書店　2013.5　158p　19cm　(ワイド版岩波文庫 362)〈岩波文庫1983年刊の再刊〉1000円　①978-4-00-007362-2

内容 思索　著作と文体　読書について 〔03935〕

ショー・ミー・チーム

◇図解!!やりかた大百科—役にたつ(かもしれない)438の豆知識。　デレク・ファーガストローム, ローレン・スミス, ショー・ミー・チーム著, 和田侑子訳　パイインターナショナル　2011.9　1冊(ページ付なし)　20cm　1900円　①978-4-7562-4109-2

内容 つくる　食べる　飲む　洒落る　ラブ　暮らす　育てる　保健体育　旅にでる　生きのびる　おまけ 〔03936〕

ジョヤ, マラライ　Joya, Malalai

◇アフガン民衆とともに(Raising my voice)　マラライ・ジョヤ著, 横田三郎訳　大阪　耕文社　2012.2　408p　20cm　〈年表あり〉1700円　①978-4-86377-023-2 〔03937〕

ショルカル, ショラル　Sarkar, Saral K.

◇エコ資本主義批判—持続可能社会と体制選択(Die nachhaltige Gesellschaft)　ショラル・ショルカル著, 森川剛光訳　調布　月曜社　2012.11　372p　19cm　〈文献あり〉3200円　①978-4-901477-70-3

内容 序論 なぜ「社会主義」的ソヴィエト社会は崩壊したのか（成長の限界と環境破壊 新しい階級と「社会主義」社会の道徳的退廃） 経済の土台としての天然資源—幻想と現実 エコ資本主義は機能するか 二者択一—「第三の道」かエコ社会主義か 進歩とは何か 〔03938〕

ショールズ，ジョセフ Shaules, Joseph

◇深層文化—異文化理解の真の課題とは何か（DEEP CULTURE） ジョセフ・ショールズ著，鳥飼玖美子監訳，長沼美香子訳 大修館書店 2013.5 255p 21cm 〈文献あり 索引あり〉 2100円 ①978-4-469-24577-6

内容 第1部 異文化体験（地球村での異文化接触 文化に対する異義 文化の深層構造 深層文化と残念な結末 異文化を学ぶ目標 異文化学習プロセス） 第2部 文化学習の深層文化モデル（深層文化モデル 変化への抵抗 差異の受容 適応と異文化アイデンティティ 個人差 適応を超えて 「地球村」が意味するもの） 〔03939〕

ショーレム，ゲルショム Scholem, Gershom Gerhard

◇カバラとその象徴的表現（Zur Kabbala und ihrer Symbolik） ゲルショム・ショーレム〔著〕，小岸昭，岡部仁訳 新装版 法政大学出版局 2011.9 323, 10p 20cm （叢書・ウニベルシタス 169） 〈索引あり〉 3800円 ①978-4-588-09944-1

内容 第1章 宗教的権威と神秘主義 第2章 ユダヤ教神秘主義における『トーラー』の意味 第3章 カバラと神話 第4章 カバラ儀礼における伝統と新しき創造 第5章 ゴーレムの表象 〔03940〕

ジョレンテ，A.* Llorente, Antolin M.

◇WISC-IVの臨床的利用と解釈（WISC-IV clinical use and interpretation） アウレリオ・プリフィテラ，ドナルド・H.サクロフスキー，ローレンス・G.ワイス編，上野一彦監訳，上野一彦，バーンズ亀山静子訳 日本文化科学社 2012.5 592p 22cm 〈文献あり〉 ①978-4-8210-6366-6

内容 WISC-IVの使用における文化的配慮（Josette G.Harris, Antolin M.Llorente著，上野一彦訳） 〔03941〕

ジョン，クゥアン

◇一生感謝—幸せの扉を開く29のカギ（One's whole life in appreciation） ジョン・クゥアン著，吉田英里子訳 つくば 小牧者出版 2012.3 267p 19cm 1400円 ①978-4-904308-05-9 〔03942〕

◇ジョン・ワナメーカー—世界初、史上最大の百貨店王（John Wanamaker） ジョン・クゥアン著，林久仁子訳 つくば 小牧者出版 2012.10 331p 19cm （聖書が作った人シリーズ 3） 〈年譜あり 文献あり〉 1600円 ①978-4-904308-06-6 〔03943〕

◇感謝が習慣になる21日—一生感謝実践ガイド（One's whole life in appreciation practice edition） ジョン・クゥアン，ソ・ジョンヒ，ハン・ゴンス著，吉田英里子訳 つくば 小牧者出版 2013.1 239p 19cm 1400円 ①978-4-904308-07-3 〔03944〕

ジョン，コーズ John, Kose

◇金融規制のグランドデザイン—次の「危機」の前に学ぶべきこと（Restoring financial stability） ヴィラル・V.アチャリア，マシュー・リチャードソン編著，大村敬一監訳，池田竜哉，増原剛輝，山崎洋一，安藤祐介訳 中央経済社 2011.3 488p 22cm 〈文献あり〉 5800円 ①978-4-502-68200-1

内容 現代の金融セクターにおけるコーポレート・ガバナンス（ヴィラル・V.アチャリア，ジェニファー・N.カーペンター，ザビエル・ガバイ，コーズ・ジョン，マシュー・リチャードソン，マーティ・G.サブラマニャム，ランガラジャン・K.サンドラム，エータン・ジーメル） 〔03945〕

ジョン，メアリー・E.

◇アジアにおけるジェンダー平等—政策と政治参画：東北大学グローバルCOEプログラム「グローバル時代の男女共同参画と多文化共生」（Gender equality in Agia） 辻村みよ子，スティール若希編 仙台 東北大学出版会 2012.3 353p 22cm 〈文献あり〉 3000円 ①978-4-86163-185-6

内容 インドにおけるクオータ政策と女性の議席留保制度法案（メアリー・E.ジョン著，菅野美佐子訳） 〔03946〕

ジョーンズ，アンドリュー Jones, Andrew

◇グローバリゼーション事典—地球社会を読み解く手引き（DICTIONARY OF GLOBALIZATION） アンドリュー・ジョーンズ著，佐々木てる監訳，穐山新，明戸隆浩，大井由紀，新倉貴仁訳 明石書店 2012.11 281p 22cm 〈文献あり 索引あり〉 4000円 ①978-4-7503-3699-2 〔03947〕

ジョーンズ，スティーヴン Jones, Steven

◇人文学と電子編集—デジタル・アーカイヴの理論と実践（ELECTRONIC TEXTUAL EDITING） ルー・バーナード，キャサリン・オブライエン・オキーフ，ジョン・アンスワース編，明星聖子，神崎正英監訳 慶応義塾大学出版会 2011.9 503p 21cm 4800円 ①978-4-7664-1774-6

内容 詩とネットワーク—詩を電子編集する（ニール・フレイスタット，スティーヴン・ジョーンズ） 〔03948〕

ジョーンズ，スティーブ Jones, Steve

◇罪と監獄のロンドン（Capital Punishments） スティーブ・ジョーンズ著，友成純一訳 筑摩書房 2012.11 350p 15cm （ちくま文庫 し12-3） 1000円 ①978-4-480-43001-4

内容 あなたは奥さんを叩きませんか？—ビクトリア朝の家庭内暴力 人間に対する犯罪—幼児虐待、暴行、性犯罪 危険な女たち—万引きに対して暴力で返礼された原告さまざま 児童犯罪—八歳の子供への、死の宣告、流刑、禁固 惨めな乞食たち—路上や矯正労働施設における悲惨な人生 法廷の明るい側面—ビクトリア朝の治安法廷での微笑ましい出来事 徴役に行く前に—晒し台、焼き印、鞭打ち、その他の拷

問各種　再留置中の囚人たち―一八世紀の無政府状態から、一九世紀の厳罰主義までとにかくたくさんの囚人が裁判を待っていた　裁判と判決―"黒いマリア"で監獄へ　重労働、まずい食事、硬いベッド―囚人たちの語るビクトリア朝監獄の恐るべき実態　監獄病院―数日でも環境の変わることを夢見たたくさんの者たちの行き着く果て　看守と規律―何も失う物が無くかたくなになっている囚人たちが、暴動や無政府状態を引き起こさないようにするための必要な厳しい対策　監獄の女たち―「女たちは互いに、とてつもなく仲良くなるか、致命的に憎み合うか、どちらかだ」　礼拝堂―直立した棺に入って入拝する　脱獄　釈放　〔03949〕

シ

ジョーンズ, ステファニー・M.　Jones, Stephanie M.

◇みんなの幼児教育の未来予想図（A Vision for Universal Preschool Education）　エドワード・ジグラー, ウォルター・S.ギリアム, ステファニー・M.ジョーンズ編, 田中道治編訳　京都　ナカニシヤ出版　2013.3　322p　22cm　〈索引あり〉 3800円　①978-4-7795-0753-3

内容 万人の幼児教育運動 他（エドワード・ジグラー, ウォルター・S.ギリアム, ステファニー・M.ジョーンズ著, 田中道治訳）　〔03950〕

ジョーンズ, チャールズ・I.　Jones, Charles Irving

◇ジョーンズ マクロ経済学　1（長期成長編）（Macroeconomics（2nd ed.））　チャールズ・I.ジョーンズ著, 宮川努, 荒井信幸, 大久保正勝, 釣雅雄, 徳井丞次, 細谷圭訳　東洋経済新報社　2011.5　371p　21cm　〈索引あり〉 3500円　①978-4-492-31410-4

内容 第1章 マクロ経済学への招待　第2章 マクロ経済学の計測　第3章 経済成長の概観　第4章 生産のモデル　第5章 ソロー・モデル　第6章 アイディアと経済成長　第7章 労働市場、賃金、および失業　第8章 インフレーション　第9章 本書のまとめと残された課題　〔03951〕

◇ジョーンズ マクロ経済学　2（短期変動編）（Macroeconomics（2nd ed.））　チャールズ・I.ジョーンズ著, 宮川努, 荒井信幸, 大久保正勝, 釣雅雄, 徳井丞次, 細谷圭訳　東洋経済新報社　2011.10　503p　21cm　〈索引あり〉 3800円　①978-4-492-31417-3

内容 マクロ経済の計測　短期分析序説　世界金融危機とその後の不況　IS曲線　金融政策とフィリップス曲線　安定化政策とAS/AD分析　世界金融危機と短期モデル　消費行動　投資行動　政府とマクロ経済　国際貿易　為替レートと国際金融　本書のまとめと残された課題　〔03952〕

ジョンズ, トム・ホーリック

◇大災害と犯罪　斉藤豊治編　京都　法律文化社　2013.3　230p　21cm　〈他言語標題 : Catastrophic Disaster and Crime〉 2900円　①978-4-589-03478-6

内容 経済・企業犯罪研究からみた福島原発事故（マイケル・レヴィ, トム・ホーリック・ジョンズ執筆, 松原英世訳）　〔03953〕

ジョーンズ, ドロシー・V.

◇世界平和への冒険旅行―ダグ・ハマーショルドと国連の未来（The Adventure of Peace）　ステン・アスク, アンナ・マルク＝ユングクヴィスト編, ブライアン・アークハート, セルゲイ・フルシチョフ他著, 光橋翠訳　新評論　2013.7　358p　20cm　〈文献あり 年譜あり〉 3800円　①978-4-7948-0945-2

内容 国際的リーダーシップとカリスマ（ドロシー・V.ジョーンズ著）　〔03954〕

ジョーンズ, ノリーン　Jones, Noreen

◇西オーストラリア - 日本（にっぽん）交流史―永遠の友情に向かって（An enduring friendship）　デイビッド・ブラック, 曽根幸子編著, 有吉宏之, 曽根幸子監訳　日本評論社　2012.2　391p　22cm　〈タイトル : 西オーストラリア－日本交流史〉 3000円　①978-4-535-58613-0

内容 最初の遭遇（ノリーン・ジョーンズ著）　〔03955〕

ジョーンズ, リンドン　Jones, Lyndon Hamer

◇時間を最高に活かす17の技術（Time well spent）　ポール・ロフタス, リンドン・ジョーンズ著, 力丸祥子訳　イースト・プレス　2012.4　263p　19cm　1400円　①978-4-7816-0755-9

内容 まず目標を定める　余暇の増やしかた　時間をどう使いたいか　「先のばし」の悪習を克服する　時間管理をさまたげる「心のカベ」をこわす　集中力が最大化する「プライムタイム」　実のところ時間を何に使っているのか　目標と「やること」を管理する　オフィス環境で時間を節約する　仕事のひんぱんな「中断」を避ける〔ほか〕　〔03956〕

ジョンストン, エリック

◇ジャパンタイムズ・ニュースダイジェスト　臨時増刊号 2011.8　3・11大震災・福島原発を海外メディアはどう報じたか　エリック・ジョンストン著, 〔小川貴宏〕〔訳〕　ジャパンタイムズ　2011.9　95p　21cm　〈他言語標題 : The Japan Times NEWS DIGEST〉 1200円　①978-4-7890-1460-1　〔03957〕

ジョンストン, A.　Johnston, Alexander Keith

◇万国地図　ジョンストン著, 氏家安信訳　〔電子資料〕　京都　京極堂（製作）　2012.6　CD-ROM 1枚　12cm　（アンティークマップ 明治・大正）　〈ホルダー入（19cm）　明治26年増補の複製〉 1905円　〔03958〕

ジョンソン, カーク

◇人の移動、融合、変容の人類史―沖縄の経験と21世紀への提言　我部政明, 石原昌英, 山里勝己編　彩流社　2013.3　400, 15p　22cm　（琉球大学人の移動と21世紀のグローバル社会 8）　〈索引あり〉 4000円　①978-4-7791-1677-3

内容 「資源再生管理システム」によって島の都市ゴミを土壌改良剤に変える取り組み（モハメド・ゴラビ, カーク・ジョンソン, 藤原健史, 伊藤依理執筆, 広瀬孝訳）　〔03959〕

ジョンソン, ゲリー　Johnson, Gerry

◇実践としての戦略―新たなパースペクティブの展開（STRATEGY AS PRACTICE）　G.ジョンソン, A.ラングレイ, L.メリン, R.ウィッティントン著, 高橋正泰監訳, 宇田川元一, 高井俊次, 間嶋崇,

歌代豊訳　文真堂　2012.3　20, 334p　21cm　〈文献あり 索引あり〉3500円　①978-4-8309-4756-8

内容 第1部（実践としての戦略パースペクティブへの招待　実践的な理論　戦略の実践を研究する）　第2部 事例研究（構造化への契機としての技術―CTスキャナーがもたらす放射線科の社会構造への影響　急速に変化する環境における迅速な戦略的意思決定　合理性の再考―組織が取り組む調査や研究に隠された目的　戦略転換の始動におけるセンスメーキングとセンスギビング　教育としての事業計画―変化する制度フィールドにおける言語とコントロール　生きられた経験としての戦略化と戦略の方向性を決定しようとする戦略担当者たちの日常の取組み　組織変革とミドルマネジャーのセンスメーキング　戦略クラフティングにおけるメタファーから実践まで）　第3部（総括）　〔03960〕

ジョンソン, サイモン　Johnson, Simon

◇国家対巨大銀行―金融の肥大化による新たな危機（13 bankers）　サイモン・ジョンソン, ジェームズ・クワック著, 村井章子訳　ダイヤモンド社　2011.1　357p　20cm　〈解説 : 倉都康行　索引あり〉1800円　①978-4-478-01475-2

内容 序章 一三の銀行　第1章 トーマス・ジェファーソンと金融貴族たち　第2章 よその国の金融寡頭制　第3章 ウォール街の台頭　第4章 強欲はいいことだ 乗っ取り　第5章 金の卵を産むガチョウ　第6章 大きすぎてつぶせない　第7章 アメリカの金融寡頭制―六つの銀行　〔03961〕

ジョンソン, ジェシカ・K.　Johnson, Jessica K.

◇リーダーシップ・マスター―世界最高峰のコーチ陣による31の教え（Coaching for Leadership）　マーシャル・ゴールドスミス, ローレンス・S.ライアンズ, サラ・マッカーサー編著, 久野正人監訳, 中村安子, 夏井幸子訳　英治出版　2013.7　493p　21cm　2800円　①978-4-86276-164-4

内容 リーダーのためのコーチング活用法（デイブ・ウルリッチ, ジェシカ・K.ジョンソン）　〔03962〕

ジョンソン, ジェフ・A.　Johnson, Jett A.

◇保育者のストレス軽減とバーンアウト防止のためのガイドブック―心を元気に笑顔で保育（Finding your smile again）　ジェフ・A.ジョンソン著, 尾木まり監訳, 猿渡知子, 菅井洋子, 高辻千恵, 野沢祥子, 水枝谷奈央訳　福村出版　2011.11　273p　19cm　2400円　①978-4-571-11029-0

内容 第1章「もうあなたのことを好きではいられなかった」―バーンアウトとはどのようなものか。そしてバーンアウトは、あなたの生活をどのように変えてしまうのか　第2章 バーンアウトは誰を傷つけ、その痛みはどのようなものか　第3章「もう子どもに笑顔を見せられない」―バーンアウトの兆候　第4章 本当にあなたの心を変化させ、行動に移すこと　第5章 どんなことが起きても、上手く対応する　第6章 究極の目標を求めて　付録 施設長やスーパーバイザーへの助言　〔03963〕

ジョンソン, スーザン

◇ダイニングテーブルのミイラ セラピストが語る奇妙な臨床事例―セラピストはクライエントから何を学ぶのか（The mummy at the dining room table）　ジェフリー・A.コトラー, ジョン・カールソン編著, 岩壁茂監訳, 門脇陽子, 森田由美訳　福村出版　2011.8　401p　22cm　〈文献あり〉3500円　①978-4-571-24046-1

内容 夫の反応を見るため首つりした女性（スーザン・ジョンソン著, 森田由美訳）　〔03964〕

ジョンソン, スティーブン　Johnson, Steven

◇イノベーションのアイデアを生み出す七つの法則（Where Good Ideas Come From）　スティーブン・ジョンソン著, 松浦俊輔訳　日経BP社　2013.8　348p　19cm　〈文献あり 年表あり 索引あり　発売 : 日経BPマーケティング〉2000円　①978-4-8222-8517-3

内容 序章 サンゴ礁、都市、ウェブが明らかにするもの　第1章 法則1 : 隣接可能性　第2章 法則2 : 液体ネットワーク　第3章 法則3 : ゆっくりとした直感　第4章 法則4 : セレンディピティ　第5章 法則5 : 間違い　第6章 法則6 : 外適応　第7章 法則7 : プラットフォーム　終章 第四区画　〔03965〕

ジョンソン, スペンサー

◇ストーリーで学ぶ経営の真髄（Learn like a leader）　マーシャル・ゴールドスミス, ビバリー・ケイ, ケン・シェルトン編, 和泉裕子, 井上実訳　徳間書店　2011.2　311p　19cm　1600円　①978-4-19-863118-5

内容 自分自身に誠実でいられるか（スペンサー・ジョンソン著）　〔03966〕

ジョンソン, ダニ　Johnson, Dani

◇人事コンピテンシー―人と組織は「改革」「進化」「活性化」できるのか（HR COMPETENCIES）　デイブ・ウルリッチ, ウェイン・ブロックバンク, ダニ・ジョンソン, カート・スタンドホルツ, ジョン・ヤンガー著, 中島豊訳　生産性出版　2013.8　266p　21cm　〈文献あり〉6000円　①978-4-8201-2016-2

内容 第1章 人事部門における「変革の旅程」　第2章 人事の専門性をめぐる状況　第3章 信頼される行動家　第4章 文化と変革の執事　第5章 人材の管理者・組織の設計者　第6章 戦略の構築家　第7章 業務遂行者　第8章 ビジネスの協力者　第9章 あるべき人事部門の姿　第10章 本書のまとめと含意　Appendix 1 人事コンピテンシー調査（HR Competency Study : HRCS）の変遷　〔03967〕

ジョンソン, チャールズ　Johnson, Charles

◇海賊列伝―歴史を駆け抜けた海の冒険者たち　上（A general history of the robberies and murders of the most notorious pyrates, and also their policies, discipline and government, from their first rise and settlement in the Island of providence, in 1717, to the present year 1724）　チャールズ・ジョンソン著, 朝比奈一郎訳　中央公論新社　2012.2　493p　16cm　（中公文庫 シ9-1）　〈『イギリス海賊史 上』（リブロポート1983年刊）の改題〉876円　①978-4-12-205610-7

内容 エイヴリー船長と乗組員　マーテル船長と乗組員　黒髭ティーチ　スティード・ボネット少佐と乗組員　エドワード・イングランド船長と乗組員　チャールズ・ヴェイン船長と乗組員　ジョン・ラカム船長と乗組員

シ

女海賊メアリー・リードとアン・ボニー　ハウェル・デイヴィス船長と乗組員　バーソロミュー・ロバーツ船長と乗組員　アンティス船長と乗組員　ウォーレイ船長と乗組員　ジョージ・ロウザー船長と乗組員　エドワード・ロウ船長と乗組員　〔03968〕

◇海賊列伝―歴史を駆け抜けた海の冒険者たち　下（A general history of the robberies and murders of the most notorious pyrates, and also their policies, discipline and government, from their first rise and settlement in the island of providence, in 1717, to the present year 1724）　チャールズ・ジョンソン著, 朝比奈一郎訳　中央公論新社　2012.2　459p　16cm　（中公文庫 シ9-2）〈『イギリス海賊史 下』(リブロポート1983年刊) の改題〉838円　①978-4-12-205611-4

内容 ジョン・エヴァンズ船長と乗組員　ジョン・フィリップス船長と乗組員　スプリッグス船長と乗組員　ジョン・スミス船長と乗組員　フィリップ・ロシュ他の海賊行為、殺人その他の犯罪　ミッソン船長と乗組員　ジョン・ボーウェン船長　ウィリアム・キッド船長と乗組員　テュー船長と乗組員　ハルゼー船長と乗組員〔ほか〕　〔03969〕

ジョンソン, チャルマーズ　Johnson, Chalmers

◇帝国解体―アメリカ最後の選択（Dismantling the empire）　チャルマーズ・ジョンソン著, 雨宮和子訳　岩波書店　2012.1　237p　19cm　2000円　①978-4-00-024037-6

内容 自滅への選択肢　第1部 過去の行い　第2部 スパイとならず者と傭兵たち　第3部 基地の世界　第4部 ペンタゴン、破壊への道　第5部 解体事始め　回想―チャルの知的変遷（シーラ・ジョンソン）　〔03970〕

◇ゾルゲ事件とは何か（AN INSTANCE OF TREASON）　チャルマーズ・ジョンソン〔著〕, 篠崎務訳　岩波書店　2013.9　458, 10p　15cm　（岩波現代文庫―社会 263）〈索引あり〉1540円　①978-4-00-603263-0

内容 第1章 スパイ活動と政治　第2章 尾崎秀実が受けた影響　第3章 上海　第4章 スメドレーとゾルゲ　第5章 諜報団の組織　第6章 スパイでもあり、識者でもあり　第7章 諜報活動の成果　第8章 逮捕・裁判・処刑　第9章 わが時代の英雄　付章 伊藤律はユダヤだったろうか？　〔03971〕

ジョンソン, デイビッド・T.　Johnson, David T.

◇死刑と向きあう裁判員のために　福井厚編著　現代人文社　2011.4　232p　21cm　〈発売：大学図書〉2500円　①978-4-87798-479-3

内容 日本が死刑を存置する理由（デイビッド・T.ジョンソン著, 布施勇如訳）　〔03972〕

◇孤立する日本の死刑　デイビッド・T.ジョンソン, 田鎖麻衣子著　現代人文社　2012.12　207p　21cm　〈発売：大学図書〉2000円　①978-4-87798-533-2

内容 第1部 変動するアジアの死刑と頑なな日本（現代アジアにおける死刑の多様性　フィリピンおよび日本における死刑―「経済発展なき廃止」と「廃止なき経済発展」　アジアにおける死刑廃止のフロント・ランナー―韓国と台湾　アジアにおける共産主義と死刑―中国、ベトナム、北朝鮮　2つの都市の物語―香港、シンガポールにおける死刑と殺人抑止力　アジアの死刑から学ぶこと　日本における死刑廃止の障害物）　第2部 日本の死刑を動かすものは何か？―裁判員裁判、被害者、人権、政治（死刑は特別か？―裁判員制度下の死刑事件審理に関する考察　日本の死刑裁判における被害者と感情　アサハラを殺すということ―アメリカ人テロリストの死刑執行から被害者と死刑について考える　死刑をめぐる日本と世界の文脈）　〔03973〕

ジョンソン, ティム　Johnson, Tim

◇チベットの祈り、中国の揺らぎ―世界が直面する「人道」と「経済」の衝突（Tragedy in crimson）　ティム・ジョンソン著, 辻仁子訳　英治出版　2011.10　429p　19cm　2200円　①978-4-86276-115-6

内容 大きな賭け　チベット高原の周辺で　鉄道に乗ってチベットへ　聖なる都か、悪魔の国か　ヒマラヤを越えて　ダラムサラ　カルマパ　チベットのプリンセス　戸口のオオカミ　宗教を求める　「ただの僧侶」　ダライ・ラマを妨げるもの　ハリウッド対ウォルマート　中国の「完全に正しい」政策　〔03974〕

ジョンソン, ネルソン　Johnson, Nelson

◇ボードウォーク・エンパイア　ネルソン・ジョンソン著, 新藤克己訳　ACクリエイト　2011.9　413p　20cm　2400円　①978-4-904249-33-8　〔03975〕

ジョンソン, ベン　Johnson, Ben

◇奇跡を呼ぶヒーリングコード―誰でも6分間で健康、成功、素晴らしい人間関係を実現できる画期的方法（The healing code）　アレクサンダー・ロイド, ベン・ジョンソン著, 住友進訳　ソフトバンククリエイティブ　2011.10　399p　19cm　1900円　①978-4-7973-6577-1

内容 1 人生、健康、繁栄の7つの秘密（病気の原因は1つしかない　ストレスは体内のエネルギーの問題によって引き起こされる　心の問題が本質　人間というハードディスク ほか）　2 実質的にどんな健康、人間関係、成功の問題も解決する方法（ヒーリングコードとは何か？　6分間でできる「普遍的ヒーリングコード」　「心の問題発見検査」を利用して、あなたの問題を特定する　インスタント・インパクト環境ストレスを10秒でやっつける ほか）　〔03976〕

ジョンソン, ポール　Johnson, Paul

◇チャーチル―不屈のリーダーシップ（CHURCHILL）　ポール・ジョンソン著, 山岡洋一, 高遠裕子訳　日経BP社　2013.4　325p　20cm　〈年譜あり　発売：日経BPマーケティング〉1800円　①978-4-8222-4957-1

内容 第1章 若武者　第2章 自由主義の政治家　第3章 失敗の教訓　第4章 成功と悲惨　第5章 荒野の予言者　第6章 最高権力と挫折　第7章 栄光の黄昏　〔03977〕

ジョンソン, マーク　Johnson, Mark W.

◇ホワイトスペース戦略―ビジネスモデルの〈空白〉をねらえ（Seizing the white space）　マーク・ジョンソン著, 池村千秋訳　阪急コミュニケーションズ　2011.4　293p　20cm　〈索引あり〉1900円　①978-4-484-11104-9

内容 第1部 成長と企業変革を実現する新しいモデル（ホワイトスペースとビジネスモデル・イノベーション　ビジネスモデルの「四つの箱」　第2部 新しいビジ

ネスモデルが必要なとき(内なるホワイトスペース―既存の市場を変革する　かなたのホワイトスペース―新しい市場をつくる　はざまのホワイトスペース―市場の地殻変動に対処する)　第3部 再現性のあるビジネスモデル・イノベーション(新しいビジネスモデルを設計する　ビジネスモデルを導入する　既存企業特有の課題)　〔*03978*〕

ジョンソン, **D.W.**　Johnson, David W.

◇学習の輪―学び合いの協同教育入門 (Circles of learning)　D.W.ジョンソン,R.T.ジョンソン,E.J.ホルベック著, 石田裕久, 梅原巳代子訳　改訂新版　大阪　二瓶社　2010.11　230p　21cm　〈文献あり〉1800円　①978-4-86108-057-9　〔*03979*〕

ジョンソン, **R.**バーク　Johnson, R.Burke

◇インストラクショナルデザインとテクノロジー―教える技術の動向と課題 (TRENDS AND ISSUES IN INSTRUCTIONAL DESIGN AND TECHNOLOGY (原著第3版))　R.A.リーサー, J.V.デンプシー編　京都　北大路書房　2013.9　690p　21cm　〈訳 : 半田純子ほか　索引あり〉4800円　①978-4-7628-2818-8

内容 インストラクショナルデザインにおける評価 : 評価モデルの比較(R.バーク・ジョンソン, ウォルター・ディック著, 寺田佳子訳)　〔*03980*〕

ジョンソン, **R.T.**　Johnson, Roger T.

◇学習の輪―学び合いの協同教育入門 (Circles of learning)　D.W.ジョンソン,R.T.ジョンソン,E.J.ホルベック著, 石田裕久, 梅原巳代子訳　改訂新版　大阪　二瓶社　2010.11　230p　21cm　〈文献あり〉1800円　①978-4-86108-057-9　〔*03981*〕

ジョンソン‐ベイリー, ファニータ

◇成人のナラティヴ学習―人生の可能性を開くアプローチ (NARRATIVE PERSPECTIVES ON ADULT EDUCATION)　マーシャ・ロシター, M.キャロリン・クラーク編, 立田慶裕, 岩崎久美子, 金藤ふゆ子, 佐藤智子, 荻野亮吾訳　福村出版　2012.10　161p　22cm　〈索引あり〉2600円　①978-4-571-10162-5

内容 他者の側面で学ぶこと : 洞察とエンパワメントの手段(ファニータ・ジョンソン‐ベイリー著, 佐藤智子訳)　〔*03982*〕

ジラー, アマンダ　Ziller, Amanda

◇世界を変えた! スティーブ・ジョブズ (Steve Jobs)　アマンダ・ジラー文, 星野真理訳　小学館　2012.3　182p　19cm　〈年譜あり　文献あり〉1300円　①978-4-09-290530-6

内容 誕生　すばらしい場所で育つ　小学校の問題児　はじめての仕事　チャレンジ精神　気の合う友人、ウォズ　ジョブズ、大学へいく　アタリ社に夜勤でつとめる　精神の目覚め　ゲーム史上に残るゲームの登場〔ほか〕　〔*03983*〕

シラー, フリードリヒ・フォン　Schiller, Johann Christoph Friedrich von

◇人間の美的教育について　フリードリヒ・フォン・シラー著, 小栗孝則訳　新装版　法政大学出版局　2011.2　187p　19cm　(叢書・ウニベルシタス)　2500円　①978-4-588-09934-2

内容 私は美の問題をひとりの人の前に提出するわけです　私は別な世紀の中で生きていたいとは思いませんし、他の世紀のために働きたくもありません　大切な点は、まわっている歯車をその回転中に取り替えることです　人間は自分自身と二重の方法で対立しています。　人間退廃の二つの極端が、二ついっしょに一つの時期に集合しています　文化自体が新しい人間に傷を負わせるものを持っていたのです　時代の性格はまず第一にその深刻な品位喪失から立ち上がらねばなりません　賢くあるために、大胆であれ　君の世紀とともに生き給え、しかしその産物であってはならない　いっさいは、美によって引き戻されねばなりません〔ほか〕　〔*03984*〕

シーラ, **E.D.**

◇中世の哲学―ケンブリッジ・コンパニオン (THE CAMBRIDGE COMPANION TO MEDIEVAL PHILOSOPHY)　A.S.マクグレイド編著, 川添信介監訳　京都　京都大学学術出版会　2012.11　601p　22cm　〈文献あり 年表あり 索引あり〉5800円　①978-4-87698-245-5

内容 創造と自然(E.D.シーラ執筆, 小林剛訳)　〔*03985*〕

シライト, **S.R.**

◇国際通貨体制と世界金融危機―地域アプローチによる検証　上川孝夫編　日本経済評論社　2011.2　465p　22cm　5700円　①978-4-8188-2150-7

内容 アセアン諸国(S.R.シライト著, 佐藤秀樹訳, 上川孝夫補訂)　〔*03986*〕

ジラール, ルネ　Girard, René

◇暴力と聖なるもの (LA VIOLENCE ET LE SACRÉ)　ルネ・ジラール著, 古田幸男訳　新装版　法政大学出版局　2012.11　605, 5p　19cm　(叢書・ウニベルシタス)　6000円　①978-4-588-09962-5

内容 第1章 供犠　第2章 供犠の危機　第3章 オイディプースと贖罪のいけにえ　第4章 神話と儀礼の発生　第5章 ディオニューソス　第6章 模倣の欲望から畸型の分身へ　第7章 フロイトとエディプス・コンプレックス　第8章『トーテムとタブー』と近親相姦の禁止　第9章 レヴィ＝ストロースと構造主義と婚姻の規則　第10章 神々、死者、聖なるもの、供犠における身代り　第11章 あらゆる儀礼の単一性　〔*03987*〕

シラルディ, グレン・**R.**　Schiraldi, Glenn R.

◇自信をはぐくむ　ポジティブな自分を確立する認知療法メソッドとマインドフルネス (10 simple solutions for building self-esteem)　グレン・R.シラルディ著, 中森拓也訳　大阪　創元社　2011.2　241p　19cm　(きっと上手くいく10の解決法シリーズ　大野裕監修)　1500円　①978-4-422-11485-9

内容 第1章 自信とは何だろう　第2章 マインドフルネスとは?　第3章 ネガティブな思考を追いはらおう　第4章 自分の能力を再認識する　第5章 マインドフルネス・メディテーション　第6章 楽しみを拓こう　第7章 自分の身体に目を向けよう　第8章 自分の身体に配慮する。そして自分の心に配慮する。第9章 人格と

精神性を拡げよう　第10章 前を向いて　〔03988〕

◇自尊心を育てるワークブック（The self-esteem workbook）　グレン・R.シラルディ著, 高山巖監訳　金剛出版　2011.10　228p　26cm　〈文献あり〉3000円　①978-4-7724-1213-1

内容 自尊心を理解する（なぜ、自尊心が大事なのか？　自尊心を育むための準備 ： 身体面における準備 ほか）　第1の要素「無条件の人間の価値」の真実性（人間の価値についての基礎知識　自己破壊的な思考を認識し、置き換える ほか）　第2の要素 無条件の愛を感じる（無条件の愛の基礎知識　中核自己を見つけ、愛し、癒す ほか）　第3の要素 愛の行動的な側面 ： 成長すること（成長の基礎知識　自分が完璧ではないことを受け入れる ほか）　付録（苦しむ人に対する援助のモデル　自己を許す ほか）　〔03989〕

シーリグ, ティナ　Seelig, Tina Lynn

◇未来を発明するためにいまできること（INGENIUS）　ティナ・シーリグ著, 高遠裕子訳　阪急コミュニケーションズ　2012.6　254p　20cm　（スタンフォード大学集中講義 2）　1400円　①978-4-484-12110-9

内容 革命を起こす―リフレーミングで視点を変えよ　蜂を招き入れる―ありえない場所にヒントを探す　積み上げ、積み上げ、積み上げ、ジャンプ！―アイデアは永遠に止まらない波　忘れられた顧客カード―観察力を発揮していますか？　机の王国―空間という変数で行動が変わる　ココナッツを思い出す―プレッシャーをアイデアの触媒にする　猫のエサを動かす―フィードバックはゲーミフィケーションで　てっぺんのマシュマロ―チームがはまる落とし穴　がんがん動いて、どんどん壊せ―失敗は正しくやり直すチャンスだ　魔法の靴を履く人、履かない人―失敗する可能性のあるものは、修正しろ！　内から外、外から内へ　〔03990〕

ジール, ジャネット・Z.　Giele, Janet Zollinger

◇ライフコース研究の技法―多様でダイナミックな人生を捉えるために（The Craft of Life Course Research）　グレン・H.エルダー,Jr., ジャネット・Z.ジール編著, 本田時雄, 岡林秀樹監訳, 登張真稲, 中尾暢見, 伊藤教子, 磯谷俊仁, 玉井航太, 藤原善美訳　明石書店　2013.7　470p　22cm　〈文献あり 索引あり〉6700円　①978-4-7503-3858-3

内容 ライフコース研究 他（グレン・H.エルダー,Jr., ジャネット・Z.ジール著, 本田時雄訳）　〔03991〕

ジル, ダニエル　Gile, Daniel

◇異文化コミュニケーション学への招待　鳥飼玖美子, 野田研一, 平賀正子, 小山亘編　みすず書房　2011.12　484p　22cm　〈他言語標題 ： Introduction to Intercultural Communication Studies〉6000円　①978-4-622-07659-9

内容 通訳（ダニエル・ジル著, 武田珂代子訳）　〔03992〕

シルヴァ, ノエノエ

◇アジア主義は何を語るのか―記憶・権力・価値　松浦正孝編著　京都　ミネルヴァ書房　2013.2　671, 6p　22cm　〈索引あり〉8500円　①978-4-623-06488-5

内容 ナショナル・アイデンティティとハワイ先住民の主権問題（ノエノエ・シルヴァ執筆, 松本佐保訳）　〔03993〕

シルヴァー, B.*　Silver, Bruce Richard

◇BPMNメソッド&スタイル（BPMN method & style（2nd edition））　Bruce Silver著, 岩田アキラ監修, 岩田アキラ, 山原雅人訳　日本ビジネスプロセス・マネジメント協会　2013.8　277p　24cm　〈BPMN実装者向けガイド付き〉7000円　①978-4-9907313-1-1　〔03994〕

シルヴァスティン, マイケル

◇異文化コミュニケーション学への招待　鳥飼玖美子, 野田研一, 平賀正子, 小山亘編　みすず書房　2011.12　484p　22cm　〈他言語標題 ： Introduction to Intercultural Communication Studies〉6000円　①978-4-622-07659-9

内容 知識とコミュニケーションの弁証法（マイケル・シルヴァスティン著, 榎本剛士, 永井那和訳）　〔03995〕

シルク, アンジェル・M.J.　Silk, Angèle M.J.

◇子どもの描画心理学（An introduction to the psychology of children's drawings.06）　グリン・V.トーマス, アンジェル・M.J.シルク著, 中川作一監訳　新装版　法政大学出版局　2011.9　216p　20cm　（りぶらりあ選書）〈訳 ： 田中義和ほか　文献あり 索引あり〉2500円　①978-4-588-02301-9

内容 第1章 歴史と理論的概観　第2章 子どもの描画の特徴　第3章 描画とは何か　第4章 なぜ子どもは描画するのか？　第5章 描画過程とその効果　第6章 描画のなかに提示されているのはどんな情報か？　第7章 描画の感情表現の側面　第8章 特異な描画発達　第9章 芸術としての子どもの描画　第10章 結論と将来の方向　〔03996〕

シールズ, サラ　Shields, Sarah D.

◇トルコ（Turkey）　サラ・シールズ著, マイケル・マカダムス, アリソン・ハート監修　ほるぷ出版　2011.2　64p　25cm　（ナショナルジオグラフィック世界の国）〈日本語版校閲・ミニ情報 ： 岩淵孝　年表あり 索引あり〉2000円　①978-4-593-58571-7

内容 地理―綿の城の国　自然―鳥たちの楽園　歴史―文明の中心地　人と文化―多民族国家　政治と経済―古くて新しい国　〔03997〕

シルタラ=ケイナネン, パイヴィ　Siltala-Keinänen, Päivi

◇世界史のなかのフィンランドの歴史―フィンランド中学校近現代史教科書（Historian tuulet）　ハッリ・リンタ＝アホ, マルヤーナ・ニエミ, パイヴィ・シルタラ＝ケイナネン, オッリ・レヒトネン著, 百瀬宏監訳, 石野裕子, 髙瀬愛訳　明石書店　2011.11　437p　26cm　（世界の教科書シリーズ 33）〈索引あり〉5800円　①978-4-7503-3473-8

内容 第7学年 フランス革命から第1次世界大戦の終結まで（フィンランド、大公国になる　機械で変化する世界　民族主義がヨーロッパを変える　大国となったアメリカ　工業国が世界を支配する　フィンランド、民族国家の誕生　現状を変えようとするフィンランド人　旧世界を滅ぼした戦争）　第8学年 フィンランドの独立からEU憲法まで（独立直後のフィンランドの

苦難　国民的合意に向けて—1920〜1930年代のフィンランド　独裁諸国、民主主義諸国に挑戦　第2次世界大戦　冷戦　フィンランド、福祉国家となる　統合するヨーロッパ　フィンランドとグローバル化という課題　私たちの共通の世界）〔03998〕

ジルチ, アン　Jirsch, Anne

◇ザ・フューチャー・イズ・ユアーズ—あなたの運命を明らかにするダイナミックテクニック（The future is yours）　アン・ジルチ著, サヤカ・カーンドーフ訳　武田ランダムハウスジャパン　2011.10　335p　19cm　1500円　①978-4-270-00673-3

内容 1章 未来への旅のはじまり　2章 時間について　3章 愛の気配　4章 あなたにぴったりの仕事の見つけ方　5章 ビジネスチャンスの見極め方　6章 パターンからの脱出　7章 魂の目的　8章 未来のあなた—人類の百年後　9章 未来の世界　エピローグ これから…日本版特別書き下ろし 十年後の日本〔03999〕

シルバ, ダグラス・A.　Sylva, Douglas A.

◇人口から読み解く国家の興亡—2020年の米欧中印露と日本（POPULATION DECLINE AND THE REMAKING OF GREAT POWER POLITICS）　スーザン・ヨシハラ, ダグラス・A.シルバ, ゴードン・G.チャンほか著, 米山伸郎訳　ビジネス社　2013.10　301p　20cm　1900円　①978-4-8284-1725-7

内容 ヨーロッパ 人口減少と社会規範からみる欧州の戦略的将来（ダグラス・A.シルバ著）〔04000〕

シルバー, ネイト　Silver, Nate

◇シグナル＆ノイズ—天才データアナリストの「予測学」（THE SIGNAL AND THE NOISE）　ネイト・シルバー著, 川添節子訳　日経BP社　2013.12　591p　21cm　〈発売：日経BPマーケティング〉2400円　①978-4-8222-4980-9〔04001〕

シルバースタイン, ルイス・B.　Silverstein, Luise B.

◇パートナー暴力—男性による女性への暴力の発生メカニズム（What causes men's violence against women?）　ミッシェル・ハーウェイ, ジェームズ・M.オニール編著, 鶴元春訳　京都　北大路書房　2011.9　303p　21cm　〈文献あり〉3700円　①978-4-7628-2763-1

内容 男性による女性に対する暴力の進化上の起源（ルイス・B.シルバースタイン）〔04002〕

シルビジャー, スティーブン　Silbiger, Steven Alan

◇10日で学ぶMBA—米国MBAトップ10校の教育内容の真髄（THE TEN-DAY MBA（原著第4版））　スティーブン・シルビジャー著, 堀篤監修, 渡会圭子, 曽根原美保訳　新版　ソフトバンククリエイティブ　2013.5　421p　21cm　〈初版：ソフトバンクパブリッシング 2002年刊　索引あり〉2600円　①978-4-7973-7268-7

内容 第1日 マーケティング　第2日 倫理　第3日 アカウンティング　第4日 組織的行動　第5日 定量分析　第6日 ファイナンス　第7日 オペレーション　第8日 経済学　第9日 戦略　第10日 MBAの[illegible]〔04003〕

シレヴァーグ, トルビョルン

◇アメリカの文化—アンソロジー（American culture（抄訳））　アンネシュ・ブライリィ, フレドリック・クリスティアン・ブルッゲル, オイヴィン・T.グリクスン, トルビョルン・シレヴァーグ編, 藤江啓子訳　大阪　大阪教育図書　2012.11　405p　21cm　〈2006年刊の増補〉3800円　①978-4-271-31019-8〔04004〕

ジレージウス

◇ちくま哲学の森　5　詩と真実　鶴見俊輔, 安野光雅, 森毅, 井上ひさし, 池内紀編　筑摩書房　2012.1　449p　15cm　1300円　①978-4-480-42865-3

内容 箴言（ジレージウス著, 大山定一訳）〔04005〕

シレッセン, A.*　Cillessen, Antonius H.N.

◇子どもの仲間関係—発達から援助へ（CHILDREN'S PEER RELATIONS）　J.B.クーパーシュミット,K.A.ダッジ編, 中沢潤監訳　京都　北大路書房　2013.12　299p　21cm　〈文献あり 索引あり〉3600円　①978-4-7628-2826-3

内容 ソシオメトリック地位と仲間集団行動（Lara Mayeux,Antonius H.N.Cillessen著, 丸山愛子訳）〔04006〕

ジーレンジカー, マイケル

◇「ひきこもり」考　河合俊雄, 内田由紀子編　大阪　創元社　2013.3　180p　22cm　（こころの未来選書）〈文献あり〉2600円　①978-4-422-11225-1

内容 ひきこもり（マイケル・ジーレンジガー著, 内田由紀子訳）〔04007〕

シロトリ, セイゴ　白鳥 省吾

◇『Japan To-day』研究—戦時期『文芸春秋』の海外発信　鈴木貞美編　京都　国際日本文化研究センター　2011.3　375p　26cm　（日文研叢書）〈発売：作品社〉4800円　①978-4-86182-328-2

内容 秋（白鳥省吾著, 堀まどか訳）〔04008〕

シロニー, ベン・アミー　Shillony, Ben-Ami

◇日本の強さの秘密—ユダヤ人が歴史から読み解く日本の精神 なぜ、われわれは日本の天皇に関心を持つか　ベン・アミー・シロニー著, 青木偉作, 上野正訳　日新報道　2013.3　344p　19cm　1800円　①978-4-8174-0751-1

内容 プロローグ 日本の強み　第1部 ユダヤ人の見た日本の歴史（天皇は世界最後の皇帝　青年将校と神風特攻隊員　果たして、日本は東洋のドイツであったのか　原爆投下—果たして正当な行為なのか）　第2部 日本人とユダヤ人（類似点と相違点　日本人とユダヤ人—絆とその関係）　第3部 私の見た日本（なぜ、日本なのか？　日本人は無宗教か　質素の秘密と素朴な美しさ　修行僧の伝統と世俗的な喜び　日本社会—繁栄と失望）　エピローグ 日本への道〔04009〕

ジン, アルント

◇刑罰論と刑罰正義—日独シンポジウム：日本—ドイツ刑事法に関する対話　金尚均, ヘニング・ローゼナウ編著　成文堂　2012.3　293p　22cm　（竜谷大学社会科学研究所叢書 第94巻）〈他言

語標題 : Straftheorie und Strafgerechtigkeit〉 6000円 ①978-4-7923-1945-8
内容 刑罰と処分の機能（アルント・ジン執筆, 浅田和茂訳） 〔04010〕

シン, エイセキ* 申 栄錫
⇒シン, ヨンソク

シン, キンジュ* 沈 鈞儒
◇新編原典中国近代思想史 第5巻 国家建設と民族自救―国民革命・国共分裂から一致抗日へ 野村浩一, 近藤邦康, 並木頼寿, 坂元ひろ子, 砂山幸雄, 村田雄二郎編 野村浩一, 近藤邦康, 村田雄二郎責任編集 岩波書店 2010.12 392, 6p 22cm 〈年表あり〉 5400円 ①978-4-00-028225-3
内容 団結して侵略に抵抗するためのいくつかの基本的条件と最低限の要求（沈鈞儒, 章乃器, 陶行知, 鄒韜奮著, 小野寺史郎訳） 〔04011〕

シン, グァンチョル* 申 光澈
◇越境する日韓宗教文化―韓国の日系新宗教日本の韓流キリスト教 李元範, 桜井義秀編著 札幌 北海道大学出版会 2011.12 461, 8p 22cm 〈索引あり〉 7000円 ①978-4-8329-6757-1
内容 韓国キリスト教の日本宣教（申光澈著, 李賢京訳） 〔04012〕

シン, ゲンショウ* 辛 炫承
⇒シン, ヒョンスン*

シン, コウテツ* 申 光澈
⇒シン, グァンチョル*

シン, サイモン Singh, Simon
◇世界一素朴な質問、宇宙一美しい答え―世界の第一人者100人が100の質問に答える（BIG QUESTIONS FROM LITTLE PEOPLE） ジェンマ・エルウィン・ハリス編, 西田美緒子訳, タイマタカシ絵 河出書房新社 2013.11 298p 22cm 2500円 ①978-4-309-25292-6
内容 宇宙のはじめに「なんにもなかった」のなら、どうして「なにか」ができたの？（サイモン・シン博士） 〔04013〕

シン, ジテンドラ Singh, Jitendra
◇インド・ウェイ飛躍の経営（The India way） ジテンドラ・シン, ピーター・カペッリ, ハビール・シン, マイケル・ユシーム著, 太田正孝監訳, 早稲田大学アジア・サービス・ビジネス研究所訳 英治出版 2011.12 349p 20cm 〈文献あり〉 2200円 ①978-4-86276-119-4
内容 目覚めた巨象 底辺からの跳躍 インド・ウェイ（従業員とのホリスティック・エンゲージメント ジュガードの精神―即興力と適応力 創造的な価値提案 高遠な使命と目的） ビジネスリーダーシップの再定義 〔04014〕

シン, ジャスワント
◇新アジア地政学（ASIAN GEOPOLITICS） I. ブレマー,J.S.ナイ,J.ソラナ,C.R.ヒル, 金田秀昭〔著〕, 福戸雅宏, 藤原敬之助, 水原由生, 髙橋直貴, 松尾知典共訳 土曜社 2013.6 139p 19cm （プロジェクトシンジケート叢書 3） 〈文献あり〉 1700円 ①978-4-9905587-8-9
内容 アジア連合への道（ジャスワント・シン著, 髙橋直貴訳） 〔04015〕

シン, シュハク* 辛 珠柏
⇒シン, ジュベク*

シン, ジュベク* 辛 珠柏
◇「韓国併合」100年を問う 2010年国際シンポジウム 国立歴史民俗博物館編 岩波書店 2011.3 418p 21cm 3800円 ①978-4-00-025802-9
内容 歴史教科書対話を通じた東アジア型歴史構想（辛珠柏著, 伊藤俊介訳） 〔04016〕

シン, スワラン
◇21世紀東ユーラシアの地政学 滝田賢治編著 中央大学出版部 2012.3 332p 22cm （中央大学学術シンポジウム研究叢書 8） 〈文献あり〉 3600円 ①978-4-8057-6180-9
内容 多国間関係の中の中印関係（スワラン・シン著, 溜和敏訳） 〔04017〕

シン, ハビール Singh, Harbir
◇インド・ウェイ飛躍の経営（The India way） ジテンドラ・シン, ピーター・カペッリ, ハビール・シン, マイケル・ユシーム著, 太田正孝監訳, 早稲田大学アジア・サービス・ビジネス研究所訳 英治出版 2011.12 349p 20cm 〈文献あり〉 2200円 ①978-4-86276-119-4
内容 目覚めた巨象 底辺からの跳躍 インド・ウェイ（従業員とのホリスティック・エンゲージメント ジュガードの精神―即興力と適応力 創造的な価値提案 高遠な使命と目的） ビジネスリーダーシップの再定義 〔04018〕

ジン, ハワード Zinn, Howard
◇肉声でつづる民衆のアメリカ史 上巻（Voices of a People's History of the United States（原著第2版）） ハワード・ジン, アンソニー・アーノブ編, 寺島隆吉, 寺島美紀子訳 明石書店 2012.6 713p 20cm （世界歴史叢書） 〈索引あり〉 9300円 ①978-4-7503-3617-6
内容 第1章 コロンブスとラス・カサス 第2章 初期の奴隷制と奴隷の反乱 第3章 植民地における年季奉公人の、隷属と反乱 第4章 アメリカ独立革命への道 第5章 独立革命いまだ成らず―革命軍兵士の反乱 第6章 初期の女性解放運動 第7章 インディアン強制移住 第8章 奴隷州を拡大するためのメキシコ戦争 第9章 奴隷制にたいする抵抗と反乱 第10章 南北戦争と階級闘争 第11章 南北戦争後のうわべの繁栄、貧困化に反撃する民衆、そして人民党の結成 第12章 帝国の拡大は神から与えられた「明日なる使命」 第13章 社会主義者と世界産業労働者組合 第14章 第一次世界大戦にたいする抵抗と反戦運動 第15章 ジャズ・エイジと一九三〇年代の民衆蜂起 〔04019〕
◇肉声でつづる民衆のアメリカ史 下巻（Voices of a People's History of the United States（原著第2版）） ハワード・ジン, アンソニー・アーノブ編, 寺島隆吉, 寺島美紀子訳 明石書店 2012.6

647p 20cm （世界歴史叢書）〈索引あり〉 9300円 ①978-4-7503-3618-3

内容 第16章 第二次世界大戦とマッカーシズム 第17章 人種隔離に対する黒人の憤激 第18章 ベトナム戦争と歴史に残る民衆の抵抗運動 第19章 既成の価値観に反逆する人々 第20章 一九七〇年代、青ざめる権力者たち 第21章 カーター、レーガン、ブッシュ—民主党と共和党の実質的合意 第22章 パナマ侵攻、湾岸戦争、そして国内における都市暴動 第23章 ビル・クリントンへの異議申し立て 第24章 ブッシュ二世と「対テロ戦争」 第25章 戦争と不正義、声を上げはじめた民衆 〔04020〕

シン, ヒョウ 沈 氷

◇中国の四季の絵本 1 元旦・小正月 王早早文, 李剣, 沈氷, 石子児絵, 〔古島洋一〕,〔張保〕〔訳〕 〔横浜〕 神奈川共同出版販売 2013.5 64p 22×27cm 〈発売 : 星の環会〉①978-4-89294-525-0 〔04021〕

シン, ヒョンスン* 辛 炫承

◇東アジアの陽明学—接触・流通・変容 馬淵昌也編著 東方書店(発売) 2011.1 450p 22cm (学習院大学東洋文化研究叢書) 5200円 ①978-4-497-21018-0

内容 朝鮮陽明学派の形成と展開(辛炫承著, 大多和朋子訳) 〔04022〕

シーン, フルトン・ジョン

◇近代カトリックの説教 高柳俊一編 教文館 2012.8 458p 21cm （シリーズ・世界の説教） 4300円 ①978-4-7642-7338-2

内容 永遠のガリラヤ人(フルトン・ジョン・シーン述, 高柳俊一訳) 〔04023〕

シン, フローレンス・スコーヴェル

◇成功への秘密の鍵 フローレンス・スコーヴェル・シン著, 関岡孝平訳 〔録音資料〕 パンローリング 〔2013〕 録音ディスク 4枚(218分) : CD （耳で聴く本オーディオブックCD) 〈他言語標題 : The secret door to success 企画・制作 : でじじ〉1305円 ①978-4-7759-2775-5 〔04024〕

シン, ヨンソク 申 栄錫《Shin, Youngseok》

◇韓国歴代政権の統一政策変遷史 申栄錫著, 中戸祐夫, 李虎男訳 明石書店 2011.6 669p 20cm 6800円 ①978-4-7503-3371-7

内容 第1章 序論 第2章 解放と分断初期の統一論議 第3章 李承晩政権期の統一論議 第4章 張勉政権期における統一論議 第5章 朴正熙政権期の統一論議 第6章 全斗煥政権期の統一論議 第7章 盧泰愚政権期の統一論議 第8章 金泳三政権期の統一論議 第9章 金大中政権期の統一論議 第10章 盧武鉉政権期の統一論議 第11章 李明博政権期の対北朝鮮・統一政策と課題 第12章 結論 〔04025〕

シンガー, ジュディス Singer, Judith D.

◇縦断データの分析—変化についてのマルチレベルモデリング 1 (Applied Longitudinal Data Analysis) Judith D.Singer,John B.Willett 〔著〕, 菅原ますみ監訳 朝倉書店 2012.9 323p 22cm 〈訳 : 松本聡子ほか 文献あり 索引あり〉6500円 ①978-4-254-12191-9

内容 1章 時間による変化を検討する際の枠組み 2章 時間についての縦断データの探索 3章 変化についてのマルチレベルモデルの紹介 4章 変化についてのマルチレベルモデルでのデータ分析 5章 時間的な変数TIMEをより柔軟に扱う 6章 非連続あるいは非線形の変化のモデリング 7章 マルチレベルモデルの誤差共分散構造を検討する 8章 共分散構造分析を用いて変化のモデリングを行う 〔04026〕

シンガー, ピーター Singer, Peter

◇私たちはどう生きるべきか (HOW ARE WE TO LIVE? : Ethics in an Age of Self-Interest) ピーター・シンガー著, 山内友三郎訳 筑摩書房 2013.12 472p 15cm （ちくま学芸文庫） 1500円 ①978-4-480-09581-7

内容 第1章 究極の選択 第2章 「そのどこが私のためになるんだ」 第3章 世界を使い果たす 第4章 この生き方の由来はどこにあるのか 第5章 利己心は人の遺伝子の中にあるか 第6章 日本人の生き方 第7章 お返し戦術 第8章 倫理的に生きる 第9章 倫理の本性 第10章 ある目的のために生きる 第11章 よい生き方 〔04027〕

シンガー, ブレア Singer, Blair

◇弱気な声をやっつけろ! (LITTLE VOICE MASTERY(原著第2版)) ブレア・シンガー〔著〕, 米山裕子訳 アルファポリス 2013.10 326p 19cm 〈発売 : 星雲社〉1300円 ①978-4-434-18398-0

内容 第1部 弱気な声の正体を知り、自由に操る(小さな声をコントロールしよう "小さな声"ってなに? いったいだれの声? 小さな声を手なずけよう 夢への足踏みをどう克服するか ほか) 第2部 小さな声を管理するテクニック(成功に対処する 不運に見舞われたときの対処法 恐れにどう立ち向かうか いかなる状況でも「結果報告」をすること ほか) 〔04028〕

シンガポール

◇シンガポール雇用法—英和対訳 エヌ・エヌ・エーシンガポール法人訳編 エヌ・エヌ・エー 2010.5 1冊 28cm 〈他言語標題 ; Employment act ルーズリーフ〉55000円 〔04029〕

シンガポール・ヘリテージ・ソサエティ

◇日本のシンガポール占領—証言=「昭南島」の三年半 (SYONAN) リー・ギョク・ボイ著, シンガポール・ヘリテージ・ソサエティ編, 越田稜, 新田準訳 新訂版 凱風社 2013.9 325p 21cm 〈文献あり 索引あり〉2500円 ①978-4-7736-3801-1

内容 第1章 一つの時代の終幕—占領への序曲 第2章 戦争の勃発—シンガポール包囲戦 第3章 日本時代が始まる—住民への対応 第4章 法と秩序—日本の占領政策 第5章 昭南島の日常—大東亜共栄圏の暮らし 第6章 終局の始まり—ナショナリズムのルーツ 〔04030〕

ジンガレス, ルイジ Zingales, Luigi

◇人びとのための資本主義 市場と自由を取り戻す (A CAPITALISM FOR THE PEOPLE) ルイ

シ

ジ・ジンガレス著, 若田部昌澄監訳, 栗原百代訳　NTT出版　2013.8　414p　20cm　〈索引あり〉　2600円　①978-4-7571-2307-6

内容 第1部 問題（アメリカの例外性　誰がホレイショ・アルジャーを殺したのか?　クローニー資本主義、アメリカン・スタイル　クローニー金融　救済国家　知識人の責任　ポピュリズムの時代）　第2部 解決策（機会の均等　競争で不平等と闘う　市場に基づいた倫理の必要性　ロビー活動の制限　シンプル・イズ・ビューティフル　良い税、悪い税　金融政策　人民にデータを　市場派でいこう、企業派ではなく）〔*04031*〕

シ

新教会問い合わせセンター

◇新教会の教え要点100　新教会問い合わせセンター著, 鈴木泰之訳　スヴェーデンボリ出版　2013.3　27p　18cm　（スヴェーデンボリ出版ブックレット no.2）　200円　①978-4-906861-06-4〔*04032*〕

シング, ラマ　Sing, Lama

◇死後世界へのソウルガイド&ナビゲーション―高次元存在ラマ・シングに聞く（In realms beyond）　アル・マイナー, ラマ・シング著, 金原博昭, 志水真木訳　徳間書店　2011.3　371p　15cm　（5次元文庫 102）　800円　①978-4-19-906112-7

内容 死の直前―地球での人生を終え、暗闇のとばりの中へ　死の瞬間と直後―地球を離れて漆黒の闇を超え、新たな意識世界へ向かう　庭園の意識世界―自らが落ち着く意識の世界=ソウル・グループがいる世界に到着　神を知る―神はあなたであり、あなたは神であり、一つであることを理解する　宇宙の法則―万物を創造する力から奇跡はこうして生まれる　水晶研究者のいる意識世界へ―地球に近い意識レベルに縛られているソウルたちの層　霊性のマント―自らの魂とその場の意識世界の双方を保護する重要な働き　内なる宇宙―地球での過去生を手放し、魂意識に目覚める瞬間へ　霊的受諾―霊的な潜在能力に気づき受け入れる力がどこまで到達しているか　ワンネス―個性ある魂同士が個別の実体ではなく霊的に一つの実体であること　贈り物を分かち合う―皆で共有し合うことで成長し、多くの気づきを獲得することができる　水晶の式典―あらゆる階層の魂や地球で人間として存在する魂とつながる光の祝祭〔*04033*〕

シングル, フランシスコ　Singul, Francisco

◇ガリシア、大西洋を見つめるその深い精神性　ガリシア州自治政府, ガリシア自治政府革新産業省, シャコベオ計画管理運営会社編, フランシスコ・シングル編集責任, 塩沢恵訳　〔出版地不明〕　Xunta de Galicia　〔20――〕　133p　24cm　①978-84-453-4483-5〔*04034*〕

◇聖地サンティアゴへの巡礼―日の沈む国への旅　ガリシア州自治政府, ガリシア自治政府革新産業省, シャコベオ計画管理運営会社編, フランシスコ・シングル編集責任・著, 塩沢恵訳　〔出版地不明〕　Xunta de Galicia　〔20――〕　93p　24cm　①978-84-453-4482-8〔*04035*〕

シンクレア, ヒュー　Sinclair, Hugh

◇世界は貧困を食いものにしている（CONFESSIONS OF A MICROFINANCE HERETIC）　ヒュー・シンクレア著, 大田直子訳　朝日新聞出版　2013.3　365p　20cm　2200円　①978-4-02-331181-7

内容 汝、マイクロファイナンスを批判するなかれ　メキシコでの洗礼　モザンビークのボブ・ディランと私　モザンビークのもう一つの内戦　「先進」世界ナイジェリアでは何かがおかしい　オランダでも何かがおかしい　法廷で　オランダ人を怒らせる　モンゴルから内部告発　『ニューヨーク・タイムズ』に出る　破綻、自殺、ムハマド・ユヌス　善人、悪人、貧乏人〔*04036*〕

シンクレア, C.B.　Sinclair, Celia Brewer

◇創世記（Genesis）　C.B.シンクレア著, 小友聡訳　日本キリスト教団出版局　2011.10　170p　21cm　（現代聖書注解スタディ版）　〈文献あり〉　2300円　①978-4-8184-0796-1

内容 1 創世記1章1節‐2章4節前半―創造　2 創世記2章4節後半‐3章24節―創造に関するもう一つの見方、誘惑物語　3 創世記4章1‐26節―カインとアベル　4 創世記9章1‐17節―神とノアの契約　5 創世記15章1‐21節―アブラムとの契約　6 創世記18章1‐33節―アブラハムとサラへの神の訪問、アブラハムの執り成し　7 創世記22章1‐19節―アブラハムの試練　8 創世記28章10‐22節―ベテルで見たヤコブの夢　9 創世記32章23‐33節―神と格闘するヤコブ　10 創世記45章1‐28節、50章15‐21節―ヨセフの自己告知、ヤコブの息子たちとの和解〔*04037*〕

シンゲル, シャウル　Singer, Saul

◇アップル、グーグル、マイクロソフトはなぜ、イスラエル企業を欲しがるのか?―イノベーションが次々に生まれる秘密（START-UP NATION）　ダン・セノール, シャウル・シンゲル著, 宮本喜一訳　ダイヤモンド社　2012.5　343p　19cm　2000円　①978-4-478-01754-8

内容 1 "なせばなる"の小さな国（粘り腰　戦場の起業家）　2 イノベーションの文化の種をまく（"情報源"を自らつくる人たち　ビジネススクールより強い絆―予備役 ほか）　3 奇跡の経済成長のはじまり（うまくいった産業政策　移民―グーグルの人々の挑戦 ほか）　4 "動機こそが武器"の国（ロケットの先端部から湯沸器まで　シャイフのジレンマ―アラブ世界の起業家精神 ほか）〔*04038*〕

神言修道会

◇宣教の神秘―宣教者の心をもってロザリオを祈る　神言修道会会員著, 聖霊奉侍布教修道女会会員, 神言修道会会員他訳, 神言修道会日本管区・宣教事務局・AJS委員会編　新版　ドン・ボスコ社　2008.1　33p　15cm　150円　①978-4-88626-454-1〔*04039*〕

晋察冀辺区農会臨時代表会

◇新編原典中国近代思想史　第7巻　世界冷戦のなかの選択―内戦から社会主義建設へ　野村浩一, 近藤邦康, 並木頼寿, 坂元ひろ子, 砂山幸雄, 村田雄二郎編　砂山幸雄責任編集　岩波書店　2011.10　410, 7p　22cm　〈年表あり〉　5700円　①978-4-00-028227-7

内容 農民に告げる書（晋察冀辺区農会臨時代表会著, 光田剛訳）〔*04040*〕

ジンジャーリッチ, ウォレス・J.　Gingerich, Wallace J.
◇解決志向ブリーフセラピーハンドブック―エビデンスに基づく研究と実践（Solution-Focused Brief Therapy）　シンシア・フランクリン, テリー・S.トラッパー, ウォレス・J.ジンジャーリッチ, エリック・E.マクコラム編, 長谷川啓三, 生田倫子, 日本ブリーフセラピー協会編訳　金剛出版　2013.9　380p　21cm　〈索引あり〉5200円　①978-4-7724-1334-3
内容 第1部 SFBTの起源と治療マニュアル（解決志向ブリーフセラピーの展開　解決志向ブリーフセラピーマニュアル）　第2部 SFBT実践の測定（解決志向の厳密な測定器具開発のパイロット・スタディ　標準化された解決志向評価尺度、および強み評価尺度に関するレビュー ほか）　第3部 研究のレビュー（SFBTの効果研究　SFBTにおける単一事例デザイン研究の系統的レビュー ほか）　第4部 SFBTの臨床的有用性（裁判所命令のDV加害者との解決志向モデル　カップル間の暴力問題に対する合同カップル面接によるSFBT ほか）　第5部 新たな実践プログラムについての研究（解決から記述へ―実践と研究　児童養護施設および医療施設の青年に対するSFBTの治療効果 ほか）
〔04041〕

シンデル, トゥイ　Sindell, Thuy
◇今の職場で理想の働き方をする8つの戦略（THE END OF WORK AS YOU KNOW IT）　マイロ・シンデル, トゥイ・シンデル著, 雨海弘美, 矢羽野薫訳　阪急コミュニケーションズ　2012.12　180p　19cm　1500円　①978-4-484-12121-5
内容 INTRODUCTION あなたの知っている「仕事」の意味を捨てる　1 専門性を売りこむ　2 みずから変化を起こす　3 自主性を手に入れる　4 仕事に意味を見出す　5 創造性を発揮する　6 正当な評価を勝ち取る　7 オン・オフのバランスを保つ　8 職業人としての資産を築く　CONCLUSION まだ見ぬ世界への旅立ち
〔04042〕

シンデル, マイロ　Sindell, Milo
◇今の職場で理想の働き方をする8つの戦略（THE END OF WORK AS YOU KNOW IT）　マイロ・シンデル, トゥイ・シンデル著, 雨海弘美, 矢羽野薫訳　阪急コミュニケーションズ　2012.12　180p　19cm　1500円　①978-4-484-12121-5
内容 INTRODUCTION あなたの知っている「仕事」の意味を捨てる　1 専門性を売りこむ　2 みずから変化を起こす　3 自主性を手に入れる　4 仕事に意味を見出す　5 創造性を発揮する　6 正当な評価を勝ち取る　7 オン・オフのバランスを保つ　8 職業人としての資産を築く　CONCLUSION まだ見ぬ世界への旅立ち
〔04043〕

シンドラー, コリン
◇国家と国民の歴史―ヴィジュアル版（HISTORIES OF NATIONS）　ピーター・ファタードー編, 猪口孝日本語版監修, 小林朋則訳　原書房　2012.11　320p　26cm　〈文献あり 索引あり〉5800円　①978-4-562-04850-2
内容 イスラエル―シオニストの実験（コリン・シンドラー）
〔04044〕

シンハ, ジャンメジャヤ　Sinha, Janmejaya
◇BCG未来をつくる戦略思考―勝つための50のアイデア（Own the Future）　マイケル・ダイムラー, リチャード・レッサー, デビッド・ローズ, ジャンメジャヤ・シンハ編, 御立尚資監訳, ボストンコンサルティンググループ編訳　東洋経済新報社　2013.10　523p　20cm　2800円　①978-4-492-55736-5
内容 1 変化適応力　2 グローバリゼーション　3 コネクティビティ（接続性）　4 サステナビリティ（持続可能性）　5 顧客視点　6 組織能力向上　7 価値志向　8 信頼　9 大胆な挑戦　10 組織の力を引き出す
〔04045〕

シンハル, A.*　Singhal, Arvind
◇エンターテイメント・エデュケーション―社会変化のためのコミュニケーション戦略（Entertainment-education）　Arvind Singhal, Everett M.Rogers著, 河村洋子訳　成文堂　2011.3　329p　22cm　（熊本大学政創研叢書 8）〈文献あり〉2500円　①978-4-7923-9214-7
〔04046〕

シンブラン, ローランド・G.　Simbulan, Roland G.
◇フィリピン民衆vs米軍駐留―基地完全撤去とVFA（FORGING A NATIONALIST FOREIGN POLICY）　ローランド・G.シンブラン著, 新田準訳　凱風社　2012.6　295p　19cm　〈文献あり 索引あり〉2000円　①978-4-7736-3606-2
内容 フィリピンが「NO！」と言った日―核大国・米国を拒否した上院　剣をどうやって鋤に打ち直すか―在比米軍基地と関連施設の商業施設への転用　フィリピンが締結した防衛協力協定―米国の国益優先で軍事基地化　外交・安保と内政の問題点―「一九八七年憲法」と訪問米軍地位協定（VFA）　アジア太平洋の非核平和をめざして―核兵器と原発を拒否しよう　環境にかかわる不正―米国が汚染したフィリピン国土の回復　CIAの秘密工作―真の民主主義と相容れない米国外交の影の部隊　米国のアジア軍事戦略と比米安全保障―フィリピン駐留米軍の歴史と実態　米軍事介入の新局面―訪問米軍地位協定（VFA）と米特殊作戦部隊の介入拡大　米軍がミンダナオに駐留する理由―バリカタン軍事演習とフィリピンの地政学的位置　バンラン交線地帯での見聞・調査―イスラム教徒の反政府活動と国軍・民兵の犯罪　スービック・レイプ事件判決を考える―VFAの不当性と売国奴化する高級官僚　"検証"VFAの一〇年間―再びフィリピンに現れた米軍
〔04047〕

ジンマー, カール　Zimmer, Carl
◇世界一素朴な質問、宇宙一美しい答え―世界の第一人者100人が100の質問に答える（BIG QUESTIONS FROM LITTLE PEOPLE）　ジェンマ・エルウィン・ハリス編, 西田美緒子訳, タイマタカシ絵　河出書房新社　2013.11　298p　22cm　2500円　①978-4-309-25292-6
内容 いろんな肌の色をした人がいるのはなぜ？（カール・ジンマー）
〔04048〕

『人民日報』
◇必読！ 今、中国が面白い―中国が解る60編 2011年版　而立会訳, 三潴正道監訳　日本僑報社　2011.7　338p　21cm　2600円　①978-4-86185-114-1
〔04049〕

◇必読！ 今、中国が面白い―中国が解る60編 2012〜2013年版 而立会訳, 三潴正道監訳 日本僑報社 2012.6 320p 21cm 2500円 ①978-4-86185-132-2

内容「日本と中国」の巻 「地域発展」の巻 「都市の諸問題」の巻 「先端産業育成」の巻 「就職と労働力」の巻 「環境を巡る話題」の巻 「人権問題」の巻 「信用問題」の巻 「モラル無くして信用なし」の巻 「教育界の問題」の巻〔ほか〕 〔04050〕

◇必読！ 今、中国が面白い―中国が解る60編 2013〜2014年版 而立会訳, 三潴正道監訳 日本僑報社 2013.8 342p 21cm 2600円 ①978-4-86185-151-3

内容「日本と中国」の巻 「歴史発見」の巻 「伝統と文化」の巻 「法と秩序」の巻 「各地の話題」の巻 「環境を巡る話題」の巻 「医療・衛生・健康」の巻 「社会モラルと慈善活動」の巻 「商業モラル」の巻 「庶民生活」の巻 「農村と農民」の巻 「都市生活」の巻 「暮らしの安全」の巻 「言語と知識」の巻 「変化する中国」の巻 〔04051〕

ジンメル, ゲオルグ Simmel, Georg

◇社会的分化論―社会学的・心理学的研究 ジンメル〔著〕, 石川晃弘, 鈴木春男訳 中央公論新社 2011.3 258p 18cm (中公クラシックス W65) 〈年譜あり〉 1600円 ①978-4-12-160123-0

内容 第1章 序論―社会学の認識論（要約） 第2章 集団的責任 第3章 集団の拡大と個性の発達 第4章 社会的水準 第5章 社会圏の交錯 第6章 分化と力の節約の原理 〔04052〕

◇都市社会学セレクション 第1巻 近代アーバニズム 松本康編 日本評論社 2011.9 232p 22cm 3500円 ①978-4-535-58592-8

内容 大都市と精神生活（ゲオルグ・ジンメル著, 松本康訳） 〔04053〕

◇愛の断想・日々の断想 ジンメル著, 清水幾太郎訳 岩波書店 2012.5 152p 15cm （岩波文庫） 〈第10刷（第1刷1980年）〉 540円 ①4-00-336441-4

内容 愛の断想 日々の断想 〔04054〕

ジンメル, デリー Simmel, Derry

◇プロジェクト・マネジャーが知るべき97のこと (97 things every project manager should know) Barbee Davis編, 笹井崇司訳, 神庭弘年監修 オライリー・ジャパン 2011.11 240p 21cm 〈発売 ： オーム社〉 1900円 ①978-4-87311-510-8

内容 計画の価値（デリー・ジンメル） 〔04055〕

シンラン《Xinran》

◇中国、引き裂かれる母娘（ははこ）――一人っ子政策中国の国際養子縁組の真実 (MESSAGE FROM AN UNKNOWN CHINESE MOTHER) シンラン著, 佐藤美奈子訳 明石書店 2013.4 337p 20cm 2200円 ①978-4-7503-3784-5

内容 序章 養子となった娘たちのために書かれた本 第1章 私が最初に出会った、娘を失った母親 第2章 女の子の母親は、みんな心を痛めている 第3章 助産婦の物語 第4章 自殺を二度試みた皿洗いの女性 第5章 超過出産ゲリラ部隊―逃走する父親 第6章 孤児院の紅瑪麗 第7章 アメリカで、今でも待っている母親 第8章 道徳―私たちの時代の語り 第9章 愛の絆―石と葉 第10章 小雪、あなたはどこにいるの？ 〔04056〕

シンレイチ, リチャード・ハート Sinnreich, Richard Hart

◇歴史と戦略の本質―歴史の英知に学ぶ軍事文化 上 (The past as prologue) ウイリアムソン・マーレー, リチャード・ハート・シンレイチ編, 今村伸哉監訳, 小堤盾, 蔵原大訳 原書房 2011.2 290p 20cm 2400円 ①978-4-562-04649-2

内容 仲の悪い相棒（リチャード・ハート・シンレイチ著） 〔04057〕

◇歴史と戦略の本質―歴史の英知に学ぶ軍事文化 下 (The past as prologue) ウイリアムソン・マーレー, リチャード・ハート・シンレイチ編, 今村伸哉監訳, 小堤盾, 蔵原大訳 原書房 2011.3 250p 20cm 2400円 ①978-4-562-04650-8

内容 第2部 歴史の英知に学ぶ軍事文化（長い平和な時代における軍事の変遷―ヴィクトリア朝時代のイギリス海軍について 軍事史と学ばれた教訓の病理学―事例研究としての日露戦争 技術革新と即応体制への障害―イギリス陸軍の経験――九一八年‐一九三九年 歴史はテロリズムとその未来について何を提示するか 政軍関係の歴史と未来―ギャップの解消） 付録 歴史の利用と濫用 〔04058〕

【ス】

ス, ソンジェ 樹 仙斎

◇動物からの死のメッセージ 樹仙斎著, イ・ヒョンナン訳 京都 晃洋書房 2011.11 170p 19cm 1800円 ①978-4-7710-2315-4

内容 第1部 動植物が知らせる地球の危機とその解決方法（蜜蜂が伝える経済危機 北極グマが語る地球大洪水 アマゾンに隠された地球の生命エネルギー 蛇が伝える地震と噴火の危機 地球の危機を知らせるクジラのメッセージ） 第2部 人間と動物、痛々しい同居（牛と豚が語る狂牛病、口蹄疫、新型インフルエンザの真実 犬から見た補身湯 鶏が語る鳥インフルエンザの真実 これ以上、人間の実験動物であることを拒否するチンパンジー） 〔04059〕

スー, ユヤン Su, Yuyan

◇インストラクショナルデザインとテクノロジ―教える技術の動向と課題 (TRENDS AND ISSUES IN INSTRUCTIONAL DESIGN AND TECHNOLOGY（原著第3版）) R.A.リーサー, J.V.デンプシー編 京都 北大路書房 2013.9 690p 21cm 〈訳 ： 半田純子ほか 索引あり〉 4800円 ①978-4-7628-2818-8

内容 IDT関連学会と出版物（ジェームズ・D.クライン, ニック・ラッシュビー, ユヤン・スー著, 沖潮（原田）満里子訳） 〔04060〕

スアレス, ミゲル Suarez Fernandez, Miguel

◇キリスト者であることの喜び―現代教会について

の識別と証しの書 ミゲル・スアレス〔著〕 長崎 聖母の騎士社 2011.8 386p 15cm （聖母文庫 0264） 800円 ①978-4-88216-332-9 〔04061〕

ズィスベール, アンドレ
◇都市空間の解剖 二宮宏之, 樺山紘一, 福井憲彦責任編集 藤原書店 2011.2 274p 21cm （叢書・歴史を拓く―『アナール』論文選〈新版〉4） 〈コメント : 小木新造 解説 : 福井憲彦 文献あり〉3600円 ①978-4-89434-785-4
内容 十八世紀パリにおける暴力の舞台（アルレット・ファルジュ, アンドレ・ズィスベール著, 福井憲彦訳） 〔04062〕

スィーティング, アントニー
◇比較教育研究―何をどう比較するか （Comparative education research） マーク・ブレイ, ボブ・アダムソン, マーク・メイソン編著, 杉村美紀, 大和洋子, 前田美子, 阿古智子訳 上智大学出版 2011.6 351p 21cm 〈文献あり 索引あり 発売 : ぎょうせい〉2500円 ①978-4-324-08590-7
内容 「時」を軸とした比較研究（アントニー・スィーティング著, 杉村美紀訳） 〔04063〕

ズィトリン, リチャード Zitrin, Richard A.
◇アメリカの危ないロイヤーたち―弁護士の道徳指針 （THE MORAL COMPASS OF THE AMERICAN LAWYER TRUTH, JUSTICE, POWER, AND GREED） リチャード・ズィトリン, キャロル・ラングフォード著, 村岡啓一訳 現代人文社 2012.7 287p 21cm 〈発売 : 大学図書〉2200円 ①978-4-87798-523-3 〔04064〕

ズィーバー, ウルリッヒ Sieber, Ulrich
◇21世紀刑法学への挑戦―グローバル化情報社会とリスク社会の中で （Die Herausforderungen an die Strafrechtswissenschaft im 21.Jahrhundert） ウルリッヒ・ズィーバー著, 甲斐克則, 田口守一監訳 早稲田大学比較法研究所 2012.3 557p 22cm （早稲田大学比較法研究所叢書 39号） 〈印刷発売 : 成文堂〉4286円 ①978-4-7923-3290-7
内容 第1部 中心的な研究の問題への導入 : フライブルクのマックス・プランク外国・国際刑法研究所における新たな研究プログラム（刑法の限界―マックス・プランク外国・国際刑法研究所における新たな刑法研究プログラムの基盤とその取組み） 第2部 グローバル化の挑戦（ヨーロッパ刑法の将来―ヨーロッパ刑法体系の目標とそのモデルに関する新たなアプローチ 刑法の調和化の背後にある力 変わりゆく比較刑法―比較刑法学の任務、方法および理論的アプローチ） 第3部 リスク社会の挑戦（テロによる暴力の前段階における危殆化犯の正統性と限界―「国家を危うくする重大な暴力行為の準備を訴追するための法律草案」における前置構成要件の分析 企業刑法におけるコンプライアンス・プログラム―経済犯の統制のための新構想 リヒテンシュタイン事件における捜査―問題点と一次的回答） 第4部 情報社会の挑戦（グローバルなサイバースペースにおける複雑性の統御 : コンピュータ関連刑法の調和化 インターネットにおける児童ポルノ遮断義務―2009年5月5日の法案（BT - Drucks.16/12850）の評価と展開 現代情報技術の条件下における医師・患者間の秘密の刑法上の保護） 〔04065〕

スイリ, P.
◇二宮宏之著作集 第1巻 全体を見る眼と歴史学 二宮宏之著, 福井憲彦, 林田伸一, 工藤光一編 岩波書店 2011.2 436p 22cm 8400円 ①978-4-00-028441-7
内容 日本人から見た日本の歴史序説（二宮宏之,P.スイリ著, 福井憲彦訳） 〔04066〕

スウ, イ* 鄒 怡
◇東アジア海文明の歴史と環境 鶴間和幸, 葛剣雄編著 東方書店 2013.3 555p 22cm （学習院大学東洋文化研究叢書） 4800円 ①978-4-497-21304-4
内容 一三九一～二〇〇六年の竜感湖（鄒怡著, 福島恵訳） 〔04067〕

スウ, イツリン* 鄒 逸麟
◇東アジア海文明の歴史と環境 鶴間和幸, 葛剣雄編著 東方書店 2013.3 555p 22cm （学習院大学東洋文化研究叢書） 4800円 ①978-4-497-21304-4
内容 歴史における黄河流域の都市の興亡と環境の変遷（鄒逸麟著, 放生育王訳） 〔04068〕

スウ, トウフン* 鄒 韜奮
◇新編原典中国近代思想史 第5巻 国家建設と民族自救―国民革命・国共分裂から一致抗日へ 野村浩一, 近藤邦康, 並木頼寿, 坂元ひろ子, 砂山幸雄, 村田雄二郎編 野村浩一, 近藤邦康, 村田雄二郎責任編集 岩波書店 2010.12 392, 6p 22cm 〈年表あり〉5400円 ①978-4-00-028225-3
内容 団結して侵略に抵抗するためのいくつかの基本的条件と最低限の要求 他（沈鈞儒, 章乃器, 陶行知, 鄒韜奮著, 小野寺史郎訳） 〔04069〕
◇新編原典中国近代思想史 第6巻 救国と民主―抗日戦争から第二次世界大戦へ 野村浩一, 近藤邦康, 並木頼寿, 坂元ひろ子, 砂山幸雄, 村田雄二郎編 野村浩一, 近藤邦康, 砂山幸雄責任編集 岩波書店 2011.3 412, 7p 22cm 〈年表あり〉5700円 ①978-4-00-028226-0
内容 「図書雑誌原稿検閲規則」を撤廃して輿論を充分に反映し、出版の自由を保障することを要請する提案（鄒韜奮著, 小野寺史郎訳） 〔04070〕

スヴァンベリ, レーナ・カタリーナ Swanberg, Lena Katarina
◇生き抜いた私（わたし）―サダム・フセインに蹂躙され続けた30年間の告白 （Mitt liv med Saddam） パリソウラ・ランプソス, レーナ・カタリーナ・スヴァンベリ著, 久山葉子訳 主婦の友社 2011.10 286p 19cm 〈タイトル : 生き抜いた私〉1600円 ①978-4-07-277813-5
内容 すべての始まり 愚かな恋 つかのまの幸せ 復讐の始まり 悪魔の千里眼 愛のない関係 サダムの掟 イラクの囚人 人間の顔をした獣 サダム―

ス

族の悪行　破滅へ向けて　死の宣告　〔04071〕

スウィアテク, フランク　Swiatek, Frank

◇「叩き上げCEO」が明かす結果にこだわる思考法（Managers, can you hear me now？）　デニー・F.ストリグル, フランク・スウィアテク著, 川村透訳　日本経済新聞出版社　2012.3　254p　20cm　1600円　①978-4-532-31782-9

内容 1 なぜマネジャーの仕事がうまくいかないのか　2 信頼の持つ力―高潔さ、オープンな環境、相手への敬意　3 マネジャーの一番大事な仕事―結果を出す　4 ものごとはシンプルに　5 リーダーが責任感を持てば部下にも伝染する　6 結果を出すためのテクニック　7 成功するマネジャーの心得　8 気が散る原因をコントロールする　9 高いパフォーマンスを出す会社にする　〔04072〕

スウィツラー, アル　Switzler, Al

◇ダイアローグスマート―肝心なときに本音で話し合える対話の技術（Crucial conversations）　ケリー・パターソン, ジョセフ・グレニー, ロン・マクミラン, アル・スウィツラー著, 本多佳苗, 千田彰訳　幻冬舎ルネッサンス　2010.9　379p　19cm　〈文献あり〉1600円　①978-4-7790-0622-7　〔04073〕

◇自分を見違えるほど変える技術―仕事・お金・依存症・ダイエット・人間関係：チェンジ・エニシング（CHANGE ANYTHING）　ケリー・パターソン, ジョセフ・グレニー, デヴィッド・マクスフィールド, ロン・マクミラン, アル・スウィツラー著, 本多佳苗, 千田彰訳　阪急コミュニケーションズ　2012.12　285, 8p　19cm　〈文献あり〉1600円　①978-4-484-12123-9

内容 第1部 行動変化の科学的アプローチ（意志の力の呪縛から自由になる　科学者として、自分を観察する）　第2部 影響力の六つの発生源（嫌いなことを好きになる　できないことをする　共犯者を友人に変える　損得を逆転させる　自分の空間をコントロールする）　第3部 あらゆるものを変化させる（キャリア―仕事上の伸び悩み　ダイエット―減量して健康な体になる‐そして維持する　健全な家計―借金返済と借金に依存しない生活　依存症―自分を取り戻す　人間関係：自分変化を通して、自分たちを変化させる　変化を起こす）　〔04074〕

スウィートマン, ポール　Sweetman, Paul

◇ビジュアル調査法と社会学的想像力―社会風景をありありと描写する（PICTURING THE SOCIAL LANDSCAPE）　キャロライン・ノウルズ, ポール・スウィートマン編, 後藤範章監訳　京都　ミネルヴァ書房　2012.10　317p　22cm　〈索引あり〉3400円　①978-4-623-06394-9

内容 序論（キャロライン・ノウルズ, ポール・スウィートマン著, 後藤範章訳）　〔04075〕

スウィーニー, ジョン　Sweeney, John

◇損切りか保有かを決める最大逆行幅入門―トレーディングの損失を最小化するリスク管理法（Maximum Adverse Excursion）　ジョン・スウィーニー著, 長尾慎太郎監修, 山下恵美子訳　パンローリング　2012.11　194p　22cm　（ウィザードブックシリーズ 199）　7800円　①978-4-7759-7166-6

内容 第1章 アイデア　第2章 MAEとは　第3章 MAEのグラフ化　第4章 ビンごとの利益の算出　第5章 ボラティリティの変化による影響　第6章 連続逆行が及ぼす影響　第7章 マルティンゲール　第8章 トレーディングの管理　〔04076〕

スウィーニー, マイケル・S.　Sweeney, Michael S.

◇世界のどこでも生き残る完全サバイバル術―自分を守る・家族を守る ナショナル・ジオグラフィック（National geographic complete survival manual）　マイケル・S.スウィーニー著, 日本映像翻訳アカデミー訳, 石井ひろみ, 葛西陽子編　日経ナショナルジオグラフィック社　2011.8　367p　21cm　〈索引あり　発売：日経BPマーケティング〉2400円　①978-4-86313-146-0

内容 1 基礎編：心と体の備え　2 基礎編：技術と道具の備え　3 温帯林　4 湿地と熱帯雨林　5 高山　6 砂漠　7 極地と亜極圏　8 水上　9 自宅　10 自然災害　資料　〔04077〕

スウィフト, アダム　Swift, Adam

◇政治哲学への招待―自由や平等のいったい何が問題なのか？（Political philosophy（2nd ed.））　アダム・スウィフト著, 有賀誠, 武藤功訳　風行社　2011.3　322, 12p　22cm　〈索引あり〉3000円　①978-4-86258-029-0　〔04078〕

◇政治理論入門―方法とアプローチ（Political theory）　デイヴィッド・レオポルド, マーク・スティアーズ編著, 山岡竜一, 松元雅和監訳　慶応義塾大学出版会　2011.7　355p　21cm　〈文献あり〉3400円　①978-4-7664-1854-5

内容 政治理論、社会科学、そして現実政治（アダム・スウィフト, スチュアート・ホワイト著）　〔04079〕

スウィンデルズ, ロバート　Swindells, Robert

◇古代エジプトのものがたり（The orchard book of Egyptian Gods and Pharaohs）　ロバート・スウィンデルズ再話, スティーブン・ランバート絵, 百々佑利子訳　岩波書店　2011.2　86p　28cm　（大型絵本）　2100円　①978-4-00-111219-1

内容 太陽神ラーの神話（光と、ものみなすべての命―すべては、どうやってはじまったのか　いうことをきかない子どもたち―ヌートとゲブ　血の池―太陽神ラーは、どうやって人間をこらしめたか）　オシリスの神話（神がみのおくりもの―イシスとオシリス　うつくしい箱―オシリスの死　ざんこくな王―イシス、逃げる　ひみつの名前―イシスは、どうやってラーのひみつをききだしたか　ちいさなツバメ―イシス、オシリスをさがす　愛の勝利―オシリス、よみがえる　セトの毒ヘビ―幼子ホルス、すくわれる　魔法の目―ホルスは、どうして目をなくしたか　ホルスの復讐―ホルスは、どうやってオシリスの復讐をなしとげたか）　ファラオ（王）と神と魔術師（王子とゆうれい―トトの魔法の本　怒れる神―ナイル川の氾濫は、なぜとまったのか　なんでももっていた王さま―おちた髪どめ　不実な妻たち―誠実な弟　天に向かう船―きょうふの旅路）　〔04080〕

スウェイル＝ポープ, ロージー

◇世界一素朴な質問、宇宙一美しい答え―世界の第一人者100人が100の質問に答える（BIG

QUESTIONS FROM LITTLE PEOPLE)　ジェンマ・エルウィン・ハリス編, 西田美緒子訳, タイマタカシ絵　河出書房新社　2013.11　298p　22cm　2500円　①978-4-309-25292-6
内容 世界を歩いて一周するには、どれくらい時間がかかる？（ロージー・スウェイル＝ポープ）〔04081〕

スウェーデン

◇スウェーデン刑法典　2010年（Brottsbalken SFS 1962 ： 700）　坂田仁訳編　〔川崎〕　〔坂田仁〕　2010.8　1冊　13×19cm　〈付 ： スウェーデン犯罪学・刑事法関連用語集（試作）〉〔04082〕

◇「翻訳」スウェーデン手続諸法集成―集団訴訟法・仲裁法・行政訴訟法・法律扶助法等　萩原金美訳　八王子　中央大学出版部　2011.3　231p　22cm　2600円　①978-4-8057-0727-2
内容 第1 集団訴訟法　第2 過料法および裁判所案件法　第3 送達法　第4 仲裁法　第5 行政訴訟・行政手続関係諸法　第6 法律扶助関係諸法　附録〔04083〕

スヴェーデンボリ, エマヌエル　Swedenborg, Emanuel

◇天界の秘義―ファン語原典訳　第8巻（Arcana caelestia）　エマヌエル・スヴェーデンボルイ著, 長島達也訳　阿波　アルカナ出版　2010.6　628p　22cm　4000円　①978-4-900449-35-0
内容 創世記 第44-50章〔04084〕

◇天界と地獄―原典訳（De coelo et ejus mirabilibus, et de inferno）　エマヌエル・スヴェーデンボリ著, 鈴木泰之訳　スヴェーデンボリ出版　2010.12　598p　22cm　3000円　①978-4-9905656-0-2〔04085〕

◇信仰について―新しいエルサレムの教え（Doctrina novae hierosolymae de fide）　エマヌエル・スヴェーデンボリ著, 鈴木泰之訳　スヴェーデンボリ出版　2011.4　57p　19cm　1000円　①978-4-9905656-2-6〔04086〕

◇スヴェーデンボリの夢日記―一七四三～四四年（Swedenborg's journal of dreams（2nd ed.））　エマヌエル・スヴェーデンボリ著, 鈴木泰之訳　スヴェーデンボリ出版　2011.8　36, 171p　19cm　1300円　①978-4-9905656-3-3〔04087〕

◇新しいエルサレムとその天界の教え（De Nova Hierosolyma et ejus doctrina coelesti）　エマヌエル・スヴェーデンボリ著, 鈴木泰之訳　スヴェーデンボリ出版　2011.10　337p　22cm　〈索引あり〉2500円　①978-4-9905656-5-7
内容 新しい天と新しい地について、「新しいエルサレム」によって何が意味されるか　教えへの序説　善と真理　意志と理解力　内なる人と外なる人　愛全般　自己と世への愛　隣人に対する愛、すなわち仁愛　信仰　敬虔〔ほか〕〔04088〕

◇宗教と生活―『黙示録講解』より スヴェーデンボリ遺稿（Religio et vita）　エマヌエル・スヴェーデンボリ著, 鈴木泰之訳　スヴェーデンボリ出版　2011.10　121p　19cm　1200円　①978-4-9905656-6-4
内容 仁愛の善について　働きが善であるために必要な二つのもの　避けなくてはならない悪　悪をやめること　十戒に含まれる神の戒めにしたがった生活　第一戒「あなたは他の神々をあなたに造ってはならない」　第二戒「あなたは神の御名を冒瀆してはならない」　第三戒「安息日を聖なるものとしなければならない」　第四戒「両親は救われなければならない」　第五戒「あなたは盗んではならない」　第六戒「あなたは姦淫してはならない」　第七戒「あなたは殺してはならない」　第八戒「あなたは偽りの証人であってはならない」　第九戒「隣人の家を欲しがってはならない」　第十戒「あなたの仲間の妻を、彼の男奴隷または女奴隷を、彼の牛またはロバを欲しがってはならない」　十戒の戒め全般　付録 悪から救われるための祈り（『黙示録講解』一一四八番より）〔04089〕

◇「黙示録」第十九章の白い馬について（De equo albo de quo in Apocalypsi, cap ： 19）　エマヌエル・スヴェーデンボリ著, 鈴木泰之訳　スヴェーデンボリ出版　2011.12　57p　19cm　〈背のタイトル ： 白い馬　索引あり〉1000円　①978-4-9905656-8-8
内容 「黙示録」第十九章の白い馬　『天界の秘義』から（みことばの必要性と優越性について　みことばは照らされている者以外には理解されない　みことばは、みことばからの教えによらないなら、理解されない　みことばには内意と呼ばれる霊的な意味がある　みことばの内意は特に天使のためのもの、また人間のためのものでもある ほか）　白い馬についての小論への付録〔04090〕

◇天界と地獄（Heaven and its wonders and hell）　E.スウェーデンボルグ著, 宮崎伸治訳　ミヤオビパブリッシング　2012.1　207p　19cm　〈発売 ： 宮帯出版社（京都）〉1200円　①978-4-86366-829-4
内容 第1章 精霊界 人間が死んだ後すぐに行くところ（人間が死んだ後すぐに行くところ　精霊界に入った人間は神によって明確に区別される ほか）　第2章 天界の生活 仕事・結婚・住居（天使たちは大小さまざまな村に分かれて暮らしている　天使たちの顔つき ほか）　第3章 天界の喜び 天使の力・知恵・愛（天使は一瞥するだけで悪霊たちを一掃する　天使は人間と話すとき、人間が理解できる手段を使う ほか）　第4章 地獄で暮らす悪霊たち 自己愛に生きた者の末路（自己愛が強かった権力者の霊　自分の名誉と栄光のために他人を支配していた霊 ほか）〔04091〕

◇神の愛と知恵（SAPIENTIA ANGELICA DE DIVINO AMORE ET DE DIVINA SAPIENTIA）　エマヌエル・スヴェーデンボリ著, 鈴木泰之訳　スヴェーデンボリ出版　2012.3　375p　22cm　2500円　①978-4-906861-00-2〔04092〕

◇新しいエルサレムのための生活の教え（DOCTRINA VITAE PRO NOVA HIEROSOLYMA EX PRAECEPTIS DECALOGI）　エマヌエル・スヴェーデンボリ著, 鈴木泰之訳　スヴェーデンボリ出版　2012.4　110p　19cm　1200円　①978-4-906861-01-9〔04093〕

◇聖書について―新しいエルサレムの教え（Doctrina novae hierosolymae de scriptura sacra）　エマヌエル・スヴェーデンボリ著, 鈴木泰之訳　スヴェーデンボリ出版　2013.3　175p　19cm　1800円　①978-4-906861-04-0〔04094〕

◇神の摂理（Sapientia angelica de divina

ス

providentia)　エマヌエル・スヴェーデンボリ著, 鈴木泰之訳　スヴェーデンボリ出版　2013.7　585p　22cm　3500円　①978-4-906861-07-1　〔04095〕

スウェーデンボルグ, エマニュエル　Swedenborg, Emanuel
⇒スヴェーデンボリ, エマヌエル

スヴォボダ, テレーズ　Svoboda, Terese
◇占領期の日本―ある米軍憲兵隊員の証言（Black glasses like Clark Kent）　テレーズ・スヴォボダ著, 奥田暁子訳　広島　ひろしま女性学研究所　2011.7　186p　21cm　(hiroshimas・1000シリーズ 14)〈著作目録あり〉2000円　①978-4-907684-30-3　〔04096〕

スカ, ジャン・ルイ　Ska, Jean Louis
◇聖書の物語論的読み方―新たな解釈へのアプローチ（Our Fathers Have Told Us（原著第2版））　J.L.スカ著, 佐久間勤, 石原良明訳　日本キリスト教団出版局　2013.9　207p　22cm　〈文献あり 索引あり〉3000円　①978-4-8184-0868-5
内容 導入 分析の第一段階　第1章「物語内容」と「言説」　第2章 時間　第3章 プロット　第4章 語り手と読者　第5章 観点　第6章 登場人物　〔04097〕

スカー, ルス
◇デモクラシーとナショナリズム―アジアと欧米　加藤節編　未来社　2011.3　275p　21cm　(成蹊大学アジア太平洋研究センター叢書)〈執筆：加藤節ほか〉3200円　①978-4-624-30115-6
内容 フランス革命におけるデモクラシーの構想（ルス・スカー著, 大井赤亥訳）　〔04098〕

スガナミ, ヒデミ
◇英国学派の国際関係論　佐藤誠, 大中真, 池田丈佑編　日本経済評論社　2013.10　278p　22cm　〈文献あり 索引あり〉4000円　①978-4-8188-2292-4
内容 英国学派・歴史・理論（ヒデミ・スガナミ著, 千知岩正継, 佐藤千鶴子訳）　〔04099〕

スカフィディ, リサ
◇西オーストラリア - 日本（にっぽん）交流史―永遠の友情に向かって（An enduring friendship）　デイビッド・ブラック, 曽根幸子編著, 有吉宏之, 曽根幸子監訳　日本評論社　2012.2　391p　22cm　〈タイトル：西オーストラリア－日本交流史〉3000円　①978-4-535-58613-0
内容 鹿児島とパース（リサ・スカフィディ著）　〔04100〕

スカーラク, A.*　Scharlach, Andrew E.
◇健康長寿の社会文化的文脈（Healthy Aging in Sociocultural Context）　Andrew E.Scharlach, Kazumi Hoshino編, 佐々木尚之, Kazumi Hoshino監訳　風間書房　2013.10　157p　21cm　〈索引あり〉2500円　①978-4-7599-1997-4
内容 日本語版出版に際しての謝辞 他（Andrew E. Scharlach, Kazumi Hoshino著, Kazumi Hoshino訳）　〔04101〕

スキナー, クエンティン　Skinner, Quentin
◇マキアヴェッリ―自由の哲学者（Machiavelli）　クエンティン・スキナー著, 塚田富治訳　未来社　2013.4　176, 8p　19cm　〈第3刷（第1刷1991年）〉2500円　①978-4-624-11129-8
内容 1 外交官（人文主義的背景　外交官としての使命ほか）　2 君主への助言者（フィレンツェというコンテクスト　古典の遺産 ほか）　3 自由の哲学者（偉大さへ到達する手段　法とリーダーシップ ほか）　4 フィレンツェの歴史家（歴史の目的　フィレンツェの衰退と没落 ほか）　〔04102〕

スキナー, B.F.　Skinner, Burrhus Frederic
◇初めて老人になるあなたへ―ハーバード流知的な老い方入門（Enjoy old age）　B.F.スキナー著, M.E.ヴォーン共著, 大江聡子訳　成甲書房　2012.2　197p　20cm　1400円　①978-4-88086-286-6
内容 老いを考える　老いに向き合う　感覚の衰えとつきあう　記憶力を補う　頭をしっかりと働かせる　やりたいことを見つける　快適に暮らす　人づきあいのしかた　心を穏やかに保つ　死を恐れる気持ち〔ほか〕　〔04103〕

◇自由と尊厳を超えて（Beyond Freedom and Dignity）　B.F.スキナー著, 山形浩生訳　横浜　春風社　2013.4　309, 20p　20cm　〈索引あり〉2381円　①978-4-86110-341-4
内容 第1章 人間行動のテクノロジー　第2章 自由　第3章 尊厳　第4章 罰　第5章 罰に代わるもの　第6章 価値観　第7章 文化の進化　第8章 文化のデザイン　第9章 人間とは何だろうか？　〔04104〕

スギモリ, コウジロウ　杉森 孝次郎
◇『Japan To-day』研究―戦時期『文芸春秋』の海外発信　鈴木貞美編　京都　国際日本文化研究センター　2011.3　375p　26cm　(日文研叢書)〈発売：作品社〉4800円　①978-4-86182-328-2
内容 ヨーロッパの諸問題と日本の視角（杉森孝次郎著, 有馬学訳）　〔04105〕

スキレベークス, エドワルト
◇近代カトリックの説教　高柳俊一編　教文館　2012.8　458p　21cm　(シリーズ・世界の説教)　4300円　①978-4-7642-7338-2
内容 神はその民を訪れた（エドワルト・スキレベークス述, 高柳俊一訳）　〔04106〕

ズーキン, シャロン　Zukin, Sharon
◇都市はなぜ魂を失ったか―ジェイコブズ後のニューヨーク論（Naked City）　シャロン・ズーキン著, 内田奈芳美, 真野洋介訳　講談社　2013.1　382p　19cm　〈索引あり〉3800円　①978-4-06-157301-7
内容 都市はなぜ魂を失ったか　1 アンコモン・スペース（ブルックリンはどのようにして「クールな」場所になったか　ハーレムはなぜ「ゲットー」を脱したのか　イーストビレッジで「地元」に住む）　2 コモン・スペース（ユニオンスクエアと公共空間のパラドックス　2つのグローバル化の物語：レッドフックのププサとIKEA　ビルボードとガーデン：由来をめぐる闘い）　目的地文化とオーセンティシティの危機　〔04107〕

スクデフ, パヴァン　Sukhdev, Pavan

◇「企業2020」の世界―未来をつくるリーダーシップ（Corporation 2020）　パヴァン・スクデフ著, 月沢李歌子訳　マグロウヒル・エデュケーション　2013.7　393p　19cm　〈発売：日本経済新聞出版社〉2400円　①978-4-532-60530-8

内容 第1章 企業の法制史　第2章 大いなる連携――一九四五年から二〇〇〇年　第3章「企業一九二〇」　第4章 鏡の国の企業外部性―企業の測定　第5章 外部性を取り込む―市場、賢い規制、企業情報開示を利用する　第6章 広告の説明責任　第7章 金融レバレッジを制限する　第8章 資源への課税―善き者ではなく悪しき者に課税する　第9章「企業二〇二〇」―ビジネスの新しいDNA　第10章「企業二〇二〇」の世界〔04108〕

スクラー, ホリー　Sklar, Holly

◇ダドリー通り―破壊された街の再生の物語　ピーター・メドフ, ホリー・スクラー著, 大森一輝, 森川美生訳　東洋書店　2011.8　365p　21cm　〈文献あり 年表あり 索引あり〉3200円　①978-4-88595-998-1

内容 第1章 思い起こしておくべきこと　第2章「ダドリー通り地区再生運動」を立ち上げる　第3章「私たちをゴミ溜めにするな」―地域の力を集める　第4章 都会の中に協同体を作る　第5章 収用権を得て土地を管理する　第6章 土地と住宅の開発―三角地帯、そしてその先　第7章 全体を見据えた開発―人も経済も環境も　第8章 若者のパワー　第9章 先導者たち〔04109〕

スケルドン, ロナルド*　Skeldon, Ronald

◇移住・移民の世界地図（The atlas of human migration）　Russell King,Richard Black, Michael Collyer,Anthony Fielding,Ronald Skeldon〔著〕, 竹沢尚一郎, 稲葉奈々子, 高畑幸共訳　丸善出版　2011.10　125p　25cm　〈索引あり〉2800円　①978-4-621-08450-2

内容 第1部 大いなる物語―時代を越えた移住と移民（黎明期の移住　地中海の放浪の旅 ほか）　第2部 移動する世界―現在のグローバルな移民パターン（グローバルな移民　戦後の労働者の移住と移民 ほか）　第3部 移住＝移民の時代―人の移動によるハイブリッド・アイデンティティ（難民　難民の帰還 ほか）　第4部 データと出所（経済と移動　移民政策）〔04110〕

スコグルンド, キム　Skoglund, Kim

◇海を渡ってきたわが子―韓国の子どもを育てたスウェーデンの親たち9編の実話　キムスコグルンド編, 坂井俊樹監訳, 徐凡喜訳　梨の木舎　2013.3　136p　19cm　1500円　①978-4-8166-1303-6

内容 日本の読者の皆様へ（キム・スコグルンド）〔04111〕

スコシマロ, レミ

◇震災とヒューマニズム―3・11後の破局をめぐって　日仏会館・フランス国立日本研究センター編, クリスチーヌ・レヴィ, ティエリー・リボー監修, 岩沢雅利, 園山千晶訳　明石書店　2013.5　328p　20cm　2800円　①978-4-7503-3814-9

内容 2011年3月11日の地震と津波（レミ・スコシマロ執筆, 園山千晶訳）〔04112〕

スコッチポル, シーダ

◇流動化する民主主義―先進8カ国におけるソーシャル・キャピタル（Democracies in Flux）　ロバート・D.パットナム編著, 猪口孝訳　京都　ミネルヴァ書房　2013.7　443, 8p　22cm　〈索引あり〉4800円　①978-4-623-05301-8

内容 アメリカ合衆国（シーダ・スコッチポル執筆）〔04113〕

スコット, ジェームズ・C.　Scott, James C.

◇ゾミア―脱国家の世界史（THE ART OF NOT BEING GOVERNED）　ジェームズ・C.スコット〔著〕, 佐藤仁監訳, 池田一人, 今村真央, 久保忠行, 田崎郁子, 内藤大輔, 中井仙丈共訳　みすず書房　2013.10　363, 77p　22cm　〈索引あり〉6400円　①978-4-622-07783-1

内容 1 山地、盆地、国家―ゾミア序論　2 国家空間―統治と収奪の領域　3 労働力と穀物の集積―農奴と灌漑稲作　4 文明とならず者　5 国家との距離をとる―山地に移り住む　6 国家をかわし、国家を阻む―逃避の文化と農業　6+1/2 口承、筆記、文書　7 民族創造―ラディカルな構築主義的見解　8 再生の預言者たち　9 結論〔04114〕

スコット, ジェレミー

◇世界探検家列伝―海・河川・砂漠・極地、そして宇宙へ（The great explorers）　ロビン・ハンベリーテニソン編著, 植松靖夫訳　悠書館　2011.9　303p　26cm　〈文献あり 索引あり〉9500円　①978-4-903487-49-6

内容 ジーノ・ワトキンズ―危険に取り憑かれて（ジェレミー・スコット）〔04115〕

スコット, ジョーン・W.　Scott, Joan Wallach

◇ヴェールの政治学（THE POLITICS OF THE VEIL）　ジョーン・W.スコット〔著〕, 李孝徳訳　みすず書房　2012.10　227, 11p　20cm　3500円　①978-4-622-07689-6

内容 第1章 スカーフ論争　第2章 人権主義　第3章 世俗主義　第4章 個人主義　第5章 セクシュアリティ　第6章 結論〔04116〕

スコット, シンシア　Scott, Cynthia D.

◇組織改革―ビジョン設定プロセスの手引（Organizational vision, values, and mission）　シンシア・スコット, デニス・ジャフ, グレン・トベ共著, プロジェクトマネジメント情報研究所監訳, 清水計雄訳　鹿島出版会　2012.1　105p　26cm　〈文献あり〉3000円　①978-4-306-01154-0

内容 ビジョンを描くプロセス　1 バリューを明確にする　2 現状を映し出す　3 ミッションを明確にする　4 ビジョンを描く　5 ビジョンを実現する〔04117〕

スコット, スティーヴン

◇子どもの問題行動への理解と対応―里親のためのフォスタリングチェンジ・ハンドブック（Managing Difficult Behaviour）　クレア・パレット, キャシー・ブラッケビィ, ウィリアム・ユール, ロジャー・ワイスマン, スティーヴン・スコット著, 上鹿渡和宏訳　福村出版　2013.12

143p　26cm　1600円　①978-4-571-42054-2
〔04118〕

スコット, マイケル（犯罪心理学）　Scott, Michael
◇環境犯罪学と犯罪分析（Environmental criminology and crime analysis）　リチャード・ウォートレイ, ロレイン・メイズロール編, 島田貴仁, 渡辺昭一監訳, 斉藤知範, 雨宮護, 菊池城治, 畑倫子訳　社会安全研究財団　2010.8　313p　26cm　〈文献あり〉 ①978-4-904181-13-3
内容 問題指向型警察活動と環境犯罪学（マイケル・スコット, ジョン・エック, ヨハーンネス・クヌートソン, ハーマン・ゴールドスタイン著, 齊藤知範訳）
〔04119〕

ス

スコット, マンダ　Scott, Manda
◇特別な年2012（にーまるいちにー）があっという間にわかるガイド―"その日"を通過するためにあなたが知っておくべきすべてのこと（2012 everything you need to know about the apocalypse）　マンダ・スコット著, 快東みちこ訳　ヒカルランド　2011.12　125p　19cm　〈タイトル：特別な年2012があっという間にわかるガイド〉 1300円　①978-4-905027-79-9
内容 1（マヤ）時代の終了　2 ポールシフト　3 惑星Xと太陽フレア　4 運命の指（＝人生の転機、予期しない出来事）　5 技術的特異点　6 クリスタル・スカル　7 次なる進化のステップ　〔04120〕

スコット・ストークス, ヘンリー　Scott-Stokes, Henry
◇なぜアメリカは、対日戦争を仕掛けたのか　加瀬英明, ヘンリー・S.ストークス〔著〕,〔藤田裕行〕〔訳〕　祥伝社　2012.8　243p　18cm　（祥伝社新書 287）　780円　①978-4-396-11287-5
内容 第1部 アメリカに強要された日米戦争の真実（ルーズベルトが敷いた開戦へのレール　米政府が秘匿した真珠湾の真実　日本人が知らない日本の歴史的功績　この教訓から何を学ぶか）　第2部 ペリー襲来から真珠湾への道（一〇〇年にわたるアメリカの野望　ペリーが開けた「パンドラの箱」）　〔04121〕
◇英国人記者が見た連合国戦勝史観の虚妄　ヘンリー・S.ストークス〔著〕,〔藤田裕行〕〔訳〕　祥伝社　2013.12　252p　18cm　（祥伝社新書 351）　800円　①978-4-396-11351-3　〔04122〕

スコッファム, スティーブン　Scoffham, Stephen
◇いまがわかる！　世界なるほど大百科（What you need to know now）　ジョー・フルマン, イアン・グラハム, サリー・リーガン, イザベル・トマス著, スティーブン・スコッファム監修, 武舎広幸, 武舎るみ, 野村真依子訳　河出書房新社　2011.10　256p　29cm　〈索引あり〉 3800円　①978-4-309-61541-7　〔04123〕

ズーコフ, A.*　Zuckoff, Allan
◇動機づけ面接法　応用編（Motivational interviewing (2nd edition)）　ウイリアム・R.ミラー, ステファン・ロルニック編, 松島義博, 後藤恵, 猪野亜朗訳　星和書店　2012.9　291p　21cm　〈文献あり〉 3200円　①978-4-7911-0817-6
内容 動機づけ面接法と治療アドヒアランス（Allen Zweben, Allan Zuckoff）　〔04124〕

スコフィールド, フィリップ　Schofield, Philip
◇ベンサム―功利主義入門（BENTHAM）　フィリップ・スコフィールド著, 川名雄一郎, 小畑俊太郎訳　慶応義塾大学出版会　2013.1　262, 10p　19cm　〈文献あり 索引あり〉 3200円　①978-4-7664-2003-6
内容 第1章 ベンサムとは誰か　第2章 どのベンサムか　第3章 功利性の原理　第4章 パノプティコン　第5章 政治的誤謬　第6章 宗教と性　第7章 拷問　〔04125〕

スコフォニィ, ギィ
◇日本とフランス（及びヨーロッパ）における分権国家と法―2009年12月12日成城大学日仏比較法シンポジウムの記録　大津浩編　成城大学法学部憲法学教室　2011.3　163p　30cm　〈他言語標題：Etat decentralise et droit au Japon et en FranceEurope　フランス語併記〉
内容 ヨーロッパにおける憲法上の分権国家の概念（ギィ・スコフォニィ著, 大藤紀子訳）　〔04126〕

スコマル, マーティ　Skomal, Marty
◇プロジェクト・マネジャーが知るべき97のこと（97 things every project manager should know）　Barbee Davis編, 笹井崇司訳, 神庭弘年監修　オライリー・ジャパン　2011.11　240p　21cm　〈発売：オーム社〉 1900円　①978-4-87311-510-8
内容 顧客からの声（マーティ・スコマル）　〔04127〕

スーザ, ウィリアム
◇環境犯罪学と犯罪分析（Environmental criminology and crime analysis）　リチャード・ウォートレイ, ロレイン・メイズロール編, 島田貴仁, 渡辺昭一監訳, 斉藤知範, 雨宮護, 菊池城治, 畑倫子訳　社会安全研究財団　2010.8　313p　26cm　〈文献あり〉 ①978-4-904181-13-3
内容 割れ窓理論と警察活動（マイケル・ウェイジャーズ, ウィリアム・スーザ, ジョージ・ケリング著, 雨宮護訳）　〔04128〕

スーザ, ジョージ・ブライアン
◇アジアからみたグローバルヒストリー―「長期の18世紀」から「東アジアの経済的再興」へ　秋田茂編著　京都　ミネルヴァ書房　2013.11　343p　22cm　〈索引あり〉 4500円　①978-4-623-06717-6
内容 近世におけるグローバル商品と交易（ジョージ・ブライアン・スーザ著, 岡田雅志訳）　〔04129〕

スーシャール, チャールズ
◇ビジュアル調査法と社会学的想像力―社会風景をありありと描写する（PICTURING THE SOCIAL LANDSCAPE）　キャロライン・ノウルズ, ポール・スウィートマン編, 後藤範章監訳　京都　ミネルヴァ書房　2012.10　317p　22cm　〈索引あり〉 3400円　①978-4-623-06394-9
内容 アムステルダムとシカゴ（チャールズ・スーシャール著, 渡辺彰規訳）　〔04130〕

スズキ, エドワード　Suzuki, Edward

◇日本の未来について話そう―日本再生への提言 (Reimagining Japan)　マッキンゼー・アンド・カンパニー責任編集, クレイ・チャンドラー, エアン・ショー, ブライアン・ソーズバーグ編著　小学館　2011.7　416p　19cm　1900円　①978-4-09-388189-0

内容 日本建築に宿る温故知新の心 (鈴木エドワード著)　〔04131〕

スズキ, カツアキ　鈴木 克明

◇インストラクショナルデザインとテクノロジー―教える技術の動向と課題 (TRENDS AND ISSUES IN INSTRUCTIONAL DESIGN AND TECHNOLOGY (原著第3版))　R.A.リーサー, J.V.デンプシー編　京都　北大路書房　2013.9　690p　21cm　〈訳 : 半田純子ほか　索引あり〉　4800円　①978-4-7628-2818-8

内容 アジアにおけるIDT : 日本と韓国に焦点を当てて (鈴木克明, 鄭仁星著, 渡辺雄貴訳)　〔04132〕

スズキ, シュンリュウ　鈴木 俊隆

◇禅マインドビギナーズ・マインド (ZEN MIND, BEGINNER'S MIND)　鈴木俊隆著, 松永太郎訳　サンガ　2012.7　308p　18cm　(サンガ新書 055)　〈2010年刊の再編集〉857円　①978-4-905425-16-8

内容 プロローグ ビギナーズ・マインド―初心者の心　第1部 正しい修行 (姿勢　呼吸　コントロール ほか)　第2部 正しい態度 (一途の道　繰り返し　禅と興奮 ほか)　第3部 正しい理解 (伝統的な禅の精神　無常ということ　存在の質 ほか)　エピローグ 禅の心　〔04133〕

スズキ, ダイセツ　鈴木 大拙

◇禅八講―鈴木大拙講演録 (Eight lectures on Chan)　鈴木大拙著, 常盤義伸編, 酒井懋訳　鎌倉　松ヶ岡文庫　2011.3　286p　21cm　(財団法人松ヶ岡文庫叢書 第4)　〈英語併記〉2000円　〔04134〕

◇真宗入門 (Shin Buddhism)　鈴木大拙著, 佐藤平訳　新版　春秋社　2011.4　164p　19cm　1300円　①978-4-393-13398-9

内容 第1章 限りなき慈悲 (親鸞の宗教経験　アミダの教え ほか)　第2章 内なる自己のさとり (アミダの誓願　至心になること ほか)　第3章 絶対の信 (科学者の知　五感を超えるもの ほか)　第4章 ありのまま (自力と他力　自力を超えて ほか)　第5章 妙好人 (妙好人とは　日本語と霊性 ほか)　〔04135〕

◇禅に生きる―鈴木大拙コレクション　鈴木大拙著, 守屋友江編訳　筑摩書房　2012.3　428p　15cm　(ちくま学芸文庫 ス13-1)　1500円　①978-4-480-09445-2

内容 在米時代 (一八九七～一九〇八年) (旅のつれづれ (抄)　一八九八年三月三十日 西田幾多郎宛書簡 ほか)　帰国後 (一九〇九～一九二〇年) (緑陰漫語 (抄)　一九一一年二月二十三日 ポール・ケーラス宛書簡 ほか)　京都時代 (一九二一～一九三〇年) (政治より宗教へ　起て若い君等よ ほか)　十五年戦争期 (一九三一～一九四五年) (日本精神と禅の側面観　一九三六年二月二十七日 山本良吉宛書簡 ほか)　敗戦後 (一九四五～一九六六年) (一九四五年八月十六日 加納実宛書簡　一九四五年八月二十二日 務台理作宛書簡 ほか)　〔04136〕

◇禅八講―鈴木大拙最終講義 (EIGHT LECTURES ON CHAN)　鈴木大拙著, 常盤義伸編, 酒井懋訳　角川学芸出版　2013.4　222p　19cm　(角川選書 522)　〈松ケ岡文庫 2011年刊の改訂　発売 : 角川グループホールディングス〉1800円　①978-4-04-703522-5

内容 第1部 最終講義―禅は人々を、不可得という仕方で自証する自己に目ざめさせる　第2部 鈴木大拙、禅の世界を語る (仏教とはなにか?　禅と心理学　禅仏教と芸術　禅仏教の戒に生きる　仏教と倫理　仏教の神秘主義　禅仏教の哲学)　〔04137〕

スタイナー, クリストファー　Steiner, Christopher

◇アルゴリズムが世界を支配する (AUTOMATE THIS)　クリストファー・スタイナー〔著〕, 永峯涼訳　KADOKAWA　2013.10　374p　19cm　(角川EPUB選書 004)　1600円　①978-4-04-080004-2

内容 第1章 ドミノの最初の一牌目、ウォールストリート　第2章 人類とアルゴリズムの歴史　第3章 ボットトップ40　第4章 ボットの秘密のハイウェイ　第5章 システムをゲーム化しろ　第6章 ドクター・ボットを呼べ　第7章 人類をカテゴライズする　第8章 ウォールストリートvsシリコンバレー　第9章 ウォールストリートが損をすれば他のみんなは儲かる　第10章 未来はアルゴリズムとそのクリエイターのもの　〔04138〕

スタイナー, ジョージ　Steiner, George

◇師弟のまじわり (Lessons of the masters)　ジョージ・スタイナー〔著〕, 高田康成訳　岩波書店　2011.10　270, 12p　20cm　〈索引あり〉　3000円　①978-4-00-023499-3

内容 第1章 起源の存続　第2章 火の雨　第3章 偉大な師　第4章 思考の師匠　第5章 新世界にて　第6章 不老の知性　〔04139〕

◇「ニューヨーカー」のジョージ・スタイナー (GEORGE STEINER AT THE NEW YORKER)　ジョージ・スタイナー著, ロバート・ボイヤーズ編, 工藤政司訳　近代文芸社　2012.5　306p　20cm　〈著作目録あり 索引あり〉 2800円　①978-4-7733-7804-7

内容 1 歴史と政治 (反逆の聖職者　ヴィーン ヴィーン ヌル デュ アライン (ヴェーベルンとウィーンについて) ほか)　2 作家と作品 (千年の孤独　暇つぶし (ジョージ・オーウェルの『一九八四年』について) ほか)　3 思想家 (友人の友人 (ヴァルター・ベンヤミンとゲルショム・ショレムについて)　悪い金曜日 (シモーヌ・ヴェイユについて) ほか)　4 人生研究 (王たちの死 (チェスについて)　辞書を作る (ジェイムズ・マレーとオクスフォード英語辞典について) ほか)　〔04140〕

スタイナー, ボブ　Steiner, Bob

◇ビジネスプロフェッショナルのための金融市場ハンドブック―知っておくべき「100」の金融用語 (KEY FINANCIAL MARKET CONCEPTS (原著第2版))　ボブ・スタイナー著, SDL Plc訳　ピアソン桐原　2012.12　313p　21cm　〈索引あり〉 3200円　①978-4-86401-117-4

内容 第1章 貨幣の時間的価値　第2章 金融市場　第3章

ゼロクーポン利回りとイールドカーブ　第4章 フォワード・フォワード、FRA、先物　第5章 債券/レポ市場　第6章 スワップ市場　第7章 外国為替　第8章 オプション　第9章 統計　第10章 リスク管理と投資管理　〔04141〕

スタイナー, ミリアム　Steiner, Miriam

◇グローバル・ティーチャーの理論と実践―英国の大学とNGOによる教員養成と開発教育の試み（Developing the global teacher）　ミリアム・スタイナー編, 岩崎裕保, 湯本浩之監訳　明石書店　2011.7　540p　20cm　（明石ライブラリー 146）〈文献あり 索引あり〉5500円　①978-4-7503-3381-6

内容 教員養成教育とグローバル・シティズンシップ 他（ミリアム・スタイナー著, 湯本浩之訳）　〔04142〕

スタイバル, ヴァイアナ　Stibal, Vianna

◇シータヒーリングQ&A　ヴァイアナ・スタイバル著, ダニエル・サモス訳　名古屋　クリタ舎　2011.4　237p　19cm　1905円　①978-4-903041-18-6　〔04143〕

◇応用シータヒーリング―「すべてなるもの」のパワーを活用する（ADVANCED THETAHEALING）　ヴァイアナ・スタイバル著, 栗田礼子, ダニエル・サモス監修, 豊田典子訳　ナチュラルスピリット　2012.4　446p　21cm　2870円　①978-4-86451-036-3

内容 シータヒーリング「感覚・感情への働きかけ」について　第七層を見い出す　応用リーディング　応用ヒーリング　感覚・感情の創造　応用：思い込みへの働きかけ、感情への働きかけ、掘り下げ　掘り下げのセッション　存在の七つの層　存在の第七層　第六層〔ほか〕　〔04144〕

◇シータヒーリング―病気と障害（THETAHEALING）　ヴァイアナ・スタイバル著, 串田剛, 矢崎智子, 長内優華監修, 豊田典子, ダニエル・サモス訳　ナチュラルスピリット　2013.9　542p　21cm　〈文献あり 索引あり〉3300円　①978-4-86451-092-9　〔04145〕

スタイン, アビー　Stein, Abby

◇児童虐待・解離・犯罪―暴力犯罪への精神分析的アプローチ（PROLOGUE TO VIOLENCE）　アビー・スタイン著, 一丸藤太郎, 小松貴弘監訳　大阪　創元社　2012.7　227p　22cm　〈文献あり 索引あり〉3500円　①978-4-422-11541-2

内容 第1章 暴力の物語の中の行為主体の位置づけ：「自分がやったのか？」　第2章 言葉を持たない者たちとの対話　第3章 犯罪者の不運　第4章 極限の倒錯　第5章 目覚めている間に夢みること　第6章 結論：自覚と責任能力と制御　〔04146〕

スタインバーグ, アヴィ　Steinberg, Avi

◇刑務所図書館の人びと―ハーバードを出て司書になった男の日記（Running the books）　アヴィ・スタインバーグ著, 金原瑞人, 野沢佳織訳　柏書房　2011.5　533p　20cm　2500円　①978-4-7601-3980-4

内容 第1部 届かなかったもの（マジな話　本は郵便箱ではない）　第2部 届いたもの（タンポポのポレンタ届いたもの）　〔04147〕

スタインバーグ, エイドゥリア

◇デモクラティック・スクール―力のある学校教育とは何か（Democratic Schools（原著第2版））　マイケル・W.アップル, ジェームズ・A.ビーン編, 沢田稔訳　Sophia University Press上智大学出版　2013.10　288p　21cm　〈文献あり 索引あり　発売：ぎょうせい〉2000円　①978-4-324-09636-9

内容 作業訓練場を越えて（ラリー・ローゼンストック, エイドゥリア・スタインバーグ著）　〔04148〕

スタインバーグ, ジョナサン　Steinberg, Jonathan

◇ビスマルク　上（BISMARCK）　ジョナサン・スタインバーグ著, 小原淳訳　白水社　2013.9　472p　20cm　4600円　①978-4-560-08313-0

内容 第1章 序論―ビスマルクの至高なる自我　第2章 ビスマルク―プロイセンに生まれるということ、そしてその意味するところ　第3章 ビスマルク―「気違いユンカー」　第4章 ビスマルク、自らを表現する 一八四七‐五一年　第5章 外交官としてのビスマルク 一八五一‐六二年　第6章 権力　第7章「私は全員を打ちのめした！ 全員を！」　〔04149〕

◇ビスマルク　下（BISMARCK）　ジョナサン・スタインバーグ著, 小原淳訳　白水社　2013.9　409, 38p　20cm　〈文献あり 索引あり〉4600円　①978-4-560-08314-7

内容 第8章 ドイツ統一 一八六六‐七〇年　第9章 転落の始まり―自由主義者とカトリック教徒　第10章「死せるユダヤ人のガストホーフ」　第11章 三人の皇帝とビスマルクの権力喪失　結論 ビスマルクの遺産―「血と鉄」、いや「血と皮肉」　〔04150〕

スタインバーグ, ミルトン　Steinberg, Milton

◇ユダヤ教の基本（Basic Judaism）　ミルトン・スタインバーグ著, 山岡万里子, 河合一充訳, 手島勲矢監修　ミルトス　2012.4　302p　20cm　〈索引あり〉2500円　①978-4-89586-153-3

内容 1章 前提　2章 結論　3章 トーラー　4章 神　5章 善なる生活　6章 イスラエルと諸国民　7章 実践　8章 法　9章 制度　10章 来るべき世界　〔04151〕

スターク, デヴィッド　Stark, David

◇多様性とイノベーション―価値体系のマネジメントと組織のネットワーク・ダイナミズム（The sense of dissonance accounts of worth in economic life）　デヴィッド・スターク著, 中野勉, 中野真澄訳　マグロウヒル・エデュケーション　2011.12　443p　19cm　〈文献あり　発売：日本経済新聞出版社〉2500円　①978-4-532-60520-9

内容 第1章 ヘテラルキー―不協和の組織化　第2章 社会主義体制の工場における仕事、価値、公正　第3章 ニュー・メディアのスタート・アップ企業内の創造的な摩擦　第4章 ディーリング・ルームの認知生態学　第5章 フィールド・リサーチからリサーチを行うフィールドへ　再開、そして主題の繰り返し　〔04152〕

スタジオチョンビ

◇アインシュタイン　アンヒョンモ文, スタジオチョンビ絵, 簗田順子訳　岩崎書店　2013.11　191p　23cm　（オールカラーまんがで読む知っ

ておくべき世界の偉人 1) 〈年譜あり〉1600円 ①978-4-265-07671-0 〔04153〕

スタック, ローラ　Stack, Laura

◇「仕事が終わらない」を抜け出す200のアイデア—パンク寸前の自分を守る超仕事削減術（What To Do When There's Too Much To Do）　ローラ・スタック著, 前田雅子訳　阪急コミュニケーションズ　2013.11　259p　19cm　1500円 ①978-4-484-13122-1 〔04154〕

スタックポール, シンシア・スナイダー　Stackpole, Cynthia Snyder

◇PMBOKガイド・マニュアル（A user's manual to the PMBOK guide）　シンシア・スナイダー・スタックポール著, プロジェクトマネジメント情報研究所監訳, 清水計雄訳　鹿島出版会　2012.1　219p　26cm　〈索引あり〉4200円 ①978-4-306-01153-3

内容 重要な概念　プロジェクトの立上げ　スコープ計画　スケジュール計画　コスト計画　品質計画　人的資源計画　コミュニケーション計画　リスク計画　調達計画〔ほか〕 〔04155〕

スタッツ, フィル　Stutz, Phil

◇ツールズ（THE TOOLS）　フィル・スタッツ, バリー・マイケルズ著, 野津智子訳　早川書房　2012.7　301p　19cm　1600円 ①978-4-15-209309-7

内容 第1章 ツールとは何か？　第2章 ツール1「苦しみを望む」—ハイヤーフォース「未来へ進む力」　第3章 ツール2「進んで与える愛」—ハイヤーフォース「アウトフロー」　第4章 ツール3「内なる権威」—ハイヤーフォース「自己表現の力」　第5章 ツール4「感謝の流れ」—ハイヤーフォース「感謝の気持ち」　第6章 ツール5「危機」—ハイヤーフォース「意志の力」　第7章 ハイヤーフォースを信じる　第8章 新たなビジョンがもたらしたもの 〔04156〕

スタッドン, ジョン　Staddon, J.E.R.

◇市場を操る邪悪な手　金融市場を破壊する見えざる力（The Malign Hand of the Markets）　ジョン・スタッドン著, 橘明美訳　マグロウヒル・エデュケーション　2013.12　405p　19cm　〈発売：日本経済新聞出版社〉2500円 ①978-4-532-60535-3 〔04157〕

スターデン, アルフレッド・ヴァン

◇拡大ヨーロッパの地政学—コンステレーション理論の可能性（The geopolitics of Euro-Atlantic integration）　ハンス・モウリッツェン, アンデルス・ウィヴェル編, 蓮見雄, 小林正英, 東野篤子訳　文真堂　2011.5　356p　21cm　〈文献あり 索引あり〉2900円 ①978-4-8309-4703-2

内容 インサイダー諸国—パワーへの接近か（アルフレッド・ヴァン・スターデン著, 小林正英訳） 〔04158〕

スターナー, トーマス・M.　Sterner, Thomas M.

◇今ここに集中すれば、人生はうまくいく！（The Practicing Mind）　トーマス・M.スターナー著, 茂木健一郎訳　PHPエディターズ・グループ　2013.7　222p　19cm　〈発売：PHP研究所〉1400円 ①978-4-569-81319-6

内容 第1章「今ここ」のプロセスに集中しよう！　第2章 結果や目標をいったん手放す　第3章 完璧をめざすのは、もうやめよう！　第4章 望ましい習慣を自分で選択する　第5章 すべては終わりのないプロセスである　第6章「四つのS」というテクニックを使いこなす　第7章「DOC」で驚きと発見に満ちた人生へ　第8章 子どもは、今この瞬間を生きている　終章 心穏やかで、充実した人生のために 〔04159〕

スターバード, マイケル　Starbird, Michael

◇限界を突破する5つのセオリー—人生の大逆転を生むスマート思考術（THE 5 ELEMENTS OF EFFECTIVE THINKING）　エドワード・B.バーガー, マイケル・スターバード著, 中里京子訳　新潮社　2013.6　202p　20cm　1500円 ①978-4-10-506451-8

内容 1 思考の基礎固め—深く理解しよう　2 誤りが生む洞察力—成功するために失敗しよう　3 何もないところから問いを生み出す—自分自身のソクラテスになろう　4 アイデアの流れをつかむ—過去を見よう、未来を見よう　5 変化を起こす—自分を変えよう　効率的な思考を刺激するヒント—概要 〔04160〕

スタブ, イングリッド　Stabb, Ingrid

◇9つの性格でわかるあなたの天職（THE CAREER WITHIN YOU）　エリザベス・ウェイゲル, イングリッド・スタブ著, 栗木さつき訳　メトロポリタンプレス　2012.5　301p　21cm　1500円 ①978-4-904759-35-6

内容 第1部 9つの性格とは（完ぺきを求める向上心の強い人—几帳面でまじめな改革家　人の力になる情愛深い人—困っている人に手を差しのべる心やさしい人　目標の達成と成功を求める有能な人—成功に向かって邁進する人　個性を大切にするロマンティックな人—個性を表現したい人　知識を求め孤独を好む理知的な人—冷静に分析する客観的な人　安全を求めリスクを回避する用心深い人—慎重に行動する人　楽しさを求め冒険する楽観的な人—可能性とチャンスを求めて行動する人　信念をもち自己を主張する断固とした人—独立心旺盛な自信家　調和と平和を愛する温厚な人—争いを避け、心穏やかにすごしたい人）　第2部 ウェイゲル - スタブの適職判別テスト　第3部 あなたに向いている職場と職業 〔04161〕

スタマティー, マーク・アラン　Stamaty, Mark Alan

◇3万冊の本を救ったアリーヤさんの大作戦—図書館員の本当のお話　マーク・アラン・スタマティー作, 徳永里砂訳　国書刊行会　2012.12　1冊（ページ付なし）　24cm　1400円 ①978-4-336-05625-2 〔04162〕

スターリング, グレゴリー・E.

◇古代世界におけるモーセ五書の伝承　秦剛平, 守屋彰夫編　京都　京都大学学術出版会　2011.2　427p　23cm　〈索引あり〉8400円 ①978-4-87698-976-8

内容 フィロンはどのギリシア語訳聖書を読んでいたのか？（グレゴリー・E.スターリング著, 高橋優子訳） 〔04163〕

スターリング, フレッド　Sterling, Fred

◇キラエル—レムリアの叡智とヒーリング（The

Great Shift Revised Edition(抄訳), The Genesis Matrix(抄訳), The Ten Principles of Consciously Creating(抄訳), Lemurian Legacy for The Great Shift(抄訳)) フレッド・スターリング著, 伯井アリナ訳 ナチュラルスピリット 2012.9 307p 21cm 〈他言語標題 : KIRAEL 文献あり〉 2400円 ①978-4-86451-052-3

内容 プロローグ シグネチャーセル・ヒーリングによる癒し 第1部 グレートシフト(魂の進化 地球の失われた起源 フォトン・エネルギー ほか) 第2部 意識による創造の十の原理(「意識による創造の十の原理」とは何か 真実・信頼・情熱 明確化・コミュニケーション・完了 ほか) 第3部 レムリアのヒーリング、シグネチャーセル・ヒーリング(古代レムリアの癒しの秘密 「真実・信頼・情熱」による癒し) 付録 異次元に関するQ&A 〔04164〕

スタル, ウィリアム・J. Stull, William J.

◇学校と職場をつなぐキャリア教育改革―アメリカにおけるSchool-to-Work運動の挑戦 (The school-to-work movement) ウィリアム・J.スタル, ニコラス・M.サンダース編, 横井敏郎ほか訳 学事出版 2011.7 385p 21cm 3800円 ①978-4-7619-1839-2

内容 学校におけるSchool-to-Work―概観(ウィリアム・J.スタル著, 岡部敦, 横井敏郎訳) 〔04165〕

スタロバンスキー, ジャン

◇ディドロ著作集 第4巻 美学・美術―付・研究論集 ディドロ〔著〕, 鷲見洋一, 井田尚監修 法政大学出版局 2013.9 646p 20cm 6600円 ①978-4-588-12014-5

内容 ディドロと他者の言葉(ジャン・スタロバンスキー著, 小関武史訳) 〔04166〕

スターン, クリスティーナ・トレイシー Stein, Christina Tracy

◇カエルにキスをしろ! (KISS THAT FROG!) ブライアン・トレイシー, クリスティーナ・トレイシー・スターン著, 門田美鈴訳 ダイヤモンド社 2013.2 202p 19cm 1200円 ①978-4-478-02188-0

内容 カエルと王女様 あなたに関する七つの真実 あなたの理想を具体化する カエルに立ち向かう 醜いカエルの池をきれいにする 沼を干上がらせる 池の水を替える カエルの美点を探す 思いきって跳べ 醜いカエルたちにさよならのキスをする カエルに最高を期待する 嫌なカエルたちと決別する ポジティブな人になるための七つのカギ 〔04167〕

スターン, ダニエル・N. Stern, Daniel N.

◇母親になるということ―新しい「私」の誕生 (The Birth of a Mother) ダニエル・N.スターン, ナディア・B-スターン, アリソン・フリーランド著, 北村婦美訳 大阪 創元社 2012.11 258p 19cm 2200円 ①978-4-422-11554-2

内容 第1部 母親になるまで(妊娠―新しい「私」になるために 出産―変化のとき 想像上の赤ちゃんと現実の赤ちゃん) 第2部 母親が生まれる(赤ちゃんの命を守る 愛する責任 認められたい気持ち ある お母さんの体験 もし、赤ちゃんとお母さんが日記を書いたら) 第3部 母親の適応(特別な配慮のいる子どもたち―未熟児や障害児の赤ちゃん いつ仕事に戻るか? 父親になる夫たち) 〔04168〕

スターン, デイヴィッド

◇学校と職場をつなぐキャリア教育改革―アメリカにおけるSchool-to-Work運動の挑戦 (The school-to-work movement) ウィリアム・J.スタル, ニコラス・M.サンダース編, 横井敏郎ほか訳 学事出版 2011.7 385p 21cm 3800円 ①978-4-7619-1839-2

内容 School-to-Work運動前後のキャリアアカデミーと高校改革(デイヴィッド・スターン著, 安宅仁人訳) 〔04169〕

スターン, ポール・C. Stern, Paul C.

◇コモンズのドラマ―持続可能な資源管理論の15年 (The Drama of the COMMONS) 全米研究評議会,Elinor Ostrom,Thomas Dietz,Nives Dolšak,Paul C.Stern,Susan C.Stonich,Elke U. Weber編, 茂木愛一郎, 三俣学, 泉留維監訳 知泉書館 2012.5 665p 23cm 〈文献あり 索引あり〉 9000円 ①978-4-86285-132-1

内容 15年間の研究を経て得られた知見と残された課題 他(ポール・C.スターン, トーマス・ディーツ, ニーヴェス・ドルジャーク, エリノア・オストロム, スーザン・ストニック著, 茂木愛一郎訳) 〔04170〕

スタンダール Stendhal

◇バイアーノの修道院―知られざるスタンダールの匿名本 (Le Couvent de Baiano) 山本明美訳・解説 青山ライフ出版 2011.7 225p 21cm 〈文献あり 著作目録あり 発売 : 〔星雲社〕〉 2500円 ①978-4-434-15337-2

内容 まえがき 16世紀修道院探究 歴史散歩 年代記 主要人名 注釈 〔04171〕

スタンディッシュ, ポール Standish, Paul

◇自己を超えて―ウィトゲンシュタイン、ハイデガー、レヴィナスと言語の限界 (Beyond the self) ポール・スタンディッシュ〔著〕, 斎藤直子訳 法政大学出版局 2012.3 606, 37p 20cm (叢書・ウニベルシタス 972) 〈索引あり 文献あり〉 7800円 ①978-4-588-00972-3

内容 第1章 序論 第2章 言語のザラザラした大地 第3章 意味と神話 第4章 自己を超えて 第5章 自律性を超えて 第6章 受容性と言語の限界 第7章 ハイデガーにとって本質的なものとは : 語られていないものの詩学 第8章 平等に先立つ倫理 : レヴィナスに続く道徳教育 第9章 より高等な教育のエコノミーに向けて 〔04172〕

スタンドホルツ, カート Sandholtz, Kurt

◇人事コンピテンシー―人と組織は「改革」「進化」「活性化」できるのか (HR COMPETENCIES) デイブ・ウルリッチ, ウェイン・ブロックバンク, ダニ・ジョンソン, カート・スタンドホルツ, ジョン・ヤンガー著, 中島豊訳 生産性出版 2013.8 266p 21cm 〈文献あり〉 6000円 ①978-4-8201-2016-2

内容 第1章 人事部門における「変革の旅程」 第2章 人事の専門性をめぐる状況 第3章 信頼される行動家 第4章 文化と変革の執事 第5章 人材の管理者・

組織の設計者　第6章 戦略の構築家　第7章 業務遂行者　第8章 ビジネスの協力者　第9章 あるべき人事部門の姿　第10章 本書のまとめと含意　Appendix 1 人事コンピテンシー調査（HR Competency Study：HRCS）の変遷　〔04173〕

スタントン, フレドリック　Stanton, Fredrik

◇歴史を変えた外交交渉（Great Negotiations）　フレドリック・スタントン著, 佐藤友紀訳　原書房　2013.3　339p　20cm　〈索引あり〉2800円　①978-4-562-04905-9

内容 第1章 アメリカ独立の舞台裏1778年　第2章 ルイジアナ買収1803年　第3章 ウイーン会議1814‐1815年　第4章 ポーツマス条約1905年　第5章 パリ講和会議1919年　第6章 エジプト・イスラエル休戦協定1949年　第7章 キューバ・ミサイル危機1962年　第8章 レイキャヴィク首脳会談1986年　〔04174〕

スタンリー, アンディー　Stanley, Andy

◇あなたの心を本当に変える四つの習慣（Enemies of the heart）　アンディー・スタンリー著, 田頭美貴訳, 宮本安喜監修　立川　福音社　2013.11　302p　19cm　1800円　①978-4-89222-440-9　〔04175〕

スタンリー, トマス・J.　Stanley, Thomas J.

◇となりの億万長者―成功を生む7つの法則（THE MILLIONAIRE NEXT DOOR）　トマス・J.スタンリー, ウィリアム・D.ダンコ著, 斎藤聖美訳　新版　早川書房　2013.8　346p　18cm　1200円　①978-4-15-209392-9

内容 1 となりの億万長者を紹介しよう　2 倹約、倹約、倹約　3 時間、エネルギー、金　4 車であなたの価値が決まるわけではない　5 親の経済的援助　6 男女平等・家庭版　7 ビジネス・チャンスを見つけよう　8 職業：億万長者対遺産相続人　〔04176〕

スタンルーム, ジェレミー

◇30秒で学ぶ哲学思想―思考を呼び起こす50の哲学思想（30-SECOND PHILOSOPHIES）　バリー・ローワー監修, ジュリアン・バジーニ, カティ・バローグ, ジェイムズ・ガーヴェイ, バリー・ローワー, ジェレミー・スタンルーム執筆, 寺田俊郎監訳, 佐良土茂樹, 津田良生, 中村信隆, 目黒広和訳　スタジオタッククリエイティブ　2013.3　159p　24cm　（Series 30 Seconds）〈文献あり 索引あり〉2500円　①978-4-88393-597-0　〔04177〕

スチーブンソン, ロバート・ルイス　Stevenson, Robert Louis Balfour

⇒スティーヴンソン, ロバート・ルイス

スチュアート, イアン　Stewart, Ian

◇世界一素朴な質問、宇宙一美しい答え―世界の第一人者100人が100の質問に答える（BIG QUESTIONS FROM LITTLE PEOPLE）　ジェンマ・エルウィン・ハリス編, 西田美緒子訳, タイマタカシ絵　河出書房新社　2013.11　298p　22cm　2500円　①978-4-309-25292-6

内容 地球のなかには、なにがあるの？（イアン・スチュアート教授）　〔04178〕

スチュアート, ジュールズ

◇世界探検家列伝―海・河川・砂漠・極地、そして宇宙へ（The great explorers）　ロビン・ハンベリーテニソン編著, 植松靖夫訳　悠書館　2011.9　303p　26cm　〈文献あり 索引あり〉9500円　①978-4-903487-49-6

内容 ナイン・シン―禁断の土地で地図を作製（ジュールズ・スチュアート）　〔04179〕

スチュアート, ヘザー　Stuart, Heather

◇クリスマスってどんなひ？　（My big Christmas picture book）　ベサン・ジェイムズ文, ヘザー・スチュアート絵, サンパウロ訳　サンパウロ　2011.10　29p　29cm　1000円　①978-4-8056-2617-7　〔04180〕

◇みんなが楽しめる聖書ものがたり365（365 Story Bible）　メグ・ワング文, ヘザー・スチュワート絵　いのちのことば社　2013.5　381p　20cm　2000円　①978-4-264-03066-9　〔04181〕

スチュアート, マシュー　Stewart, Matthew

◇宮廷人と異端者―ライプニッツとスピノザ、そして近代における神（The courtier and the heretic）　マシュー・スチュアート著, 桜井直文, 朝倉友海訳　書肆心水　2011.11　459p　20cm　〈年譜あり　索引あり　文献あり〉3800円　①978-4-902854-92-3

内容 一六七六年十一月のハーグ　ベントー　ゴットフリート　精神の生活　神の弁護人　人民の英雄　ライプニッツの多面性　友人の友人　恋するライプニッツ　事物の全体についての秘密の哲学　接触　生けるスピノザ　スピノザ主義への解毒剤　出没する亡霊　抑圧されたものの回帰　ライプニッツの終わり　余波　〔04182〕

スチュワート＝フォックス, マーティン＊　Stuart-Fox, Martin

◇メコン地域経済開発論（Globalization and Development in the Mekong Economies）　梁, ビンガム, デイヴィス編著, 阿曽村邦昭訳・注　古今書院　2012.10　391, 9p　21cm　〈文献あり 索引あり〉6200円　①978-4-7722-8112-6

内容 メコン地域の開発に対する歴史的・文化的制約（Martin Stuart-Fox）　〔04183〕

ズック, クリス　Zook, Chris

◇Repeatability―再現可能な不朽のビジネスモデル（Repeatability）　クリス・ズック, ジェームズ・アレン著, 火浦俊彦, 奥野慎太郎訳　プレジデント社　2012.12　377p　20cm　〈文献あり〉2200円　①978-4-8334-2026-6

内容 第1章 再現可能な不朽のビジネスモデル　第2章「原則1」明確に差別化されたコア事業　第3章「原則2」絶対に譲れない一線　第4章「原則3」循環型学習システム　第5章「リーダーシップ」フリーダムかフレームワークか　第6章「単純さ」の勝利　第7章 日本企業への示唆　〔04184〕

スティアーズ, マーク　Stears, Marc

◇政治理論入門―方法とアプローチ（Political theory）　デイヴィッド・レオポルド, マーク・スティアーズ編著, 山岡竜一, 松元雅和監訳　慶応義塾大学出版会　2011.7　355p　21cm　〈文献あり〉3400円　①978-4-7664-1854-5
内容 序論(デイヴィッド・レオポルド, マーク・スティアーズ著)　〔04185〕

スティーヴンズ, S.*　Stevens, Suzanne
◇イギリス・ルーマニア養子研究から社会的養護への示唆―施設から養子縁組された子どもに関する質問（Policy and Practice Implications from the English and Romanian Adoptees (ERA) Study）　マイケル・ラター他著, 上鹿渡和宏訳　福村出版　2012.12　77p　22cm　〈文献あり〉2000円　①978-4-571-42048-1
内容 イギリス・ルーマニアの養子に関する研究(ERA研究)　施設ケアを離れた子どもへの影響に関する8つの質問　施設でのデプリベーションが及ぼす全体への影響に関する4つの質問　施設でのデプリベーションに特異的な心理的傾向に関する13の質問　副次的な問題に関する3つの質問　身体的発達に関する2つの質問　心理的機能の一般的なバリエーションに関する3つの質問　養子縁組家庭に関する3つの質問　介入に関する5つの質問　他の国から養子縁組された子どもたちに見られた結果に関する4つの質問　〔04186〕

スティーヴンソン, ロバート・ルイス　Stevenson, Robert Louis Balfour
◇ちくま哲学の森　7　恋の歌　鶴見俊輔, 安野光雅, 森毅, 井上ひさし, 池内紀編　筑摩書房　2012.3　444p　15cm　1300円　①978-4-480-42867-7
内容 恋愛について(スティブンソン著, 酒井善孝訳)　〔04187〕

スティーヴンソン, N.J.　Stevenson, N.J.
◇ファッションクロノロジー―エンパイアドレスからエシカルデザインまで（THE CHRONOLOGY OF FASHION）　NJ.スティーヴンソン著, 古賀令子訳　文化学園文化出版局　2013.3　288p　26cm　〈索引あり〉2500円　①978-4-579-50192-2
内容 1800‐1837―リージェンシー&ロマンティック　1837‐1858―初期ヴィクトリア朝時代　1858‐1870―オートクチュール　1870‐1914―ベル・エポック　1914‐1930―アール・デコと狂乱の1920年代　1930‐1939―スタイリッシュな1930年代　1939‐1947―戦争の影響　1947‐1960―ニュールック　1960‐1969―スウィンギングシクスティーズ　1969‐1985―グラムからニューロマンスへ　1985‐2020―レトロとレボリューション　〔04188〕

スティグリッツ, ジョセフ・E.　Stiglitz, Joseph E.
◇暮らしの質を測る―経済成長率を超える幸福度指標の提案 : スティグリッツ委員会の報告書（Mismeasuring our lives）　ジョセフ・E.スティグリッツ, アマティア・セン, ジャンポール・フィトゥシ著, 福島清彦訳　金融財政事情研究会　2012.4　153p　21cm　〈発売 : きんざい〉1800円　①978-4-322-11975-6
内容 要約 われわれは暮らしの測り方を間違えている―なぜGDPの合計はあわないのか(だれのためにこの報告書がつくられたのか　なぜこの報告書が重要か　ほか)　第1章 古典的なGDPの問題(推計―包括性と包括性を備える可能性の対比　既存の計測の枠組み内で何ができるか)　第2章 暮らしの質(諸概念を用いた暮らしの質の計測　暮らしの質の主観的計測 ほか)　第3章 持続可能な発展と環境(これまでの研究成果　計器盤あるいは一連の指標 ほか)　〔04189〕

◇入門経済学（Economics (4th ed.)）　ジョセフ・E.スティグリッツ, カール・E.ウォルシュ著, 藪下史郎, 秋山太郎, 蟻川靖浩, 大阿久博, 木立力, 宮田亮, 清野一治訳　第4版　東洋経済新報社　2012.4　546p　21cm　〈他言語標題 : INTRODUCTORY ECONOMICS　索引あり〉2800円　①978-4-492-31419-7
内容 現代の経済学　経済学的な考え方　需要、供給、価格　需要・供給分析の応用　市場と効率性　不完全市場入門　公共部門　マクロ経済学と完全雇用　経済成長　失業とマクロ経済学　インフレーションと総需要・失業　グローバル危機 : 金融システム・世界経済・地球環境　〔04190〕

◇世界の99%を貧困にする経済（The Price of Inequality）　ジョセフ・E.スティグリッツ著, 楡井浩一, 峯村利哉訳　徳間書店　2012.7　415p　20cm　1900円　①978-4-19-863435-3
内容 序 困窮から抜け出せないシステム　第1章 1%の上位が99%の下位から富を吸い上げる　第2章 レントシーキング経済と不平等な社会のつくり方　第3章 政治と私欲がゆがめた市場　第4章 アメリカ経済は長期低迷する　第5章 危機にさらされる民主主義　第6章 大衆の認識はどのように操作されるか　第7章 お金を払える人々のための"正義"　第8章 緊縮財政という名の神話　第9章 上位1%による上位1%のためのマクロ経済政策と中央銀行　第10章 ゆがみのない世界への指針　〔04191〕

◇混乱の本質―叛逆するリアル民主主義・移民・宗教・債務危機　ジョージ・ソロスほか著, 徳川家広訳　土曜社　2012.8　157p　18cm　(PROJECT SYNDICATE A WORLD OF IDEAS)　〈他言語標題 : Reality in Revolt〉952円　①978-4-9905587-4-1
内容 「根拠ある悲観論」の時代がやってくる(ジョセフ・E.スティグリッツ著)　〔04192〕

◇スティグリッツミクロ経済学（Economics (原著第4版) (抄訳)）　ジョセフ・E.スティグリッツ, カール・E.ウォルシュ著, 藪下史郎, 秋山太郎, 蟻川靖浩, 大阿久博, 木立力, 宮田亮, 清野一治訳　第4版　東洋経済新報社　2013.1　736p　21cm　〈他言語標題 : MICROECONOMICS　索引あり〉3800円　①978-4-492-31435-7
内容 第1部 ミクロ経済学入門(需要と供給　不完全市場と公共部門)　第2部 完全市場(消費の決定　企業と費用　競争的企業　労働市場　資本市場　競争市場の効率性)　第3部 不完全市場(独占、独占的競争と寡占　競争促進政策　戦略的行動　生産物市場と不完全情報　労働市場の不完全性)　第4部 ミクロ経済学と政策課題(環境の経済学　国際貿易と貿易政策　技術進歩　資産の運用)　〔04193〕

◇世界は考える　野中邦子訳　土曜社　2013.3　189p　19cm　(プロジェクトシンジケート叢書 2)　〈文献あり〉1900円　①978-4-9905587-7-2
内容 崖っぷちの一年(ジョセフ・E.スティグリッツ著)　〔04194〕

スティグレール, ベルナール　Stiegler, Bernard
◇技術と時間　3　映画の時間と〈難―存在〉の問題（LA TECHNIQUE ET LE TEMPS（TOME 3 : Le temps du cinéma et la question du mal-être））　ベルナール・スティグレール〔著〕, 石田英敬監修, 西兼志訳　法政大学出版局　2013.3　399p　20cm　4000円　①978-4-588-12074-9
内容 第1章 映画の時間　第2章 意識の映画　第3章 "我"と "我々"―アメリカの取り込みの政治学　第4章 われわれの教育施設の困難　第5章 差異を生み出すこと　第6章 科学技術と複製＝再生産　〔04195〕

スティックランド, リヨーニ・レイ
◇西オーストラリア‐日本（にっぽん）交流史―永遠の友情に向かって（An enduring friendship）　デイビッド・ブラック, 曽根幸子編著, 有吉宏之, 曽根幸子監訳　日本評論社　2012.2　391p　22cm　〈タイトル : 西オーストラリア―日本交流史〉3000円　①978-4-535-58613-0
内容 「正真正銘のオージー」小川雅啓（リヨーニ・レイ・スティックランド著）　〔04196〕

スティフコ, サリー・J.
◇みんなの幼児教育の未来予想図（A Vision for Universal Preschool Education）　エドワード・ジグラー, ウォルター・S.ギリアム, ステファニー・M.ジョーンズ編, 田中道治編訳　京都　ナカニシヤ出版　2013.3　322p　22cm　〈索引あり〉3800円　①978-4-7795-0753-3
内容 万人の幼児教育界におけるヘッドスタートの立場（エドワード・ジグラー, ウォルター・S.ギリアム, ステファニー・M.ジョーンズ, サリー・J.スティフコ著, 田中道治訳）　〔04197〕

スティーブス, パム
◇子どもと教師が紡ぐ多様なアイデンティティ―カナダの小学生が語るナラティブの世界（Composing diverse identities）　D.ジーン・クランディニン, ジャニス・ヒューバー, アン・マリー・オア, マリリン・ヒューバー, マーニ・ピアス, ショーン・マーフィー, パム・スティーブス著, 田中昌弥訳　明石書店　2011.4　313p　21cm　〈文献あり〉3000円　①978-4-7503-3363-2
内容 第1章 学校での人生をナラティブとして理解する　第2章 子ども、教師、親、管理職と共に取り組む関係的なナラティブ的探究　第3章 子どもたちが支えとするストーリー――そして、教師による子どもたちについてのストーリー　第4章 脚色されたストーリー　第5章 人格教育プログラムをめぐるストーリー　第6章 子どもと共に生きる、ある管理職のストーリー　第7章 支えとするストーリーを変化させる―教師の人生において個人的なものと専門的なものを織り合わせる　第8章 緊張関係を生きる―人生のカリキュラムを共に模索する　第9章 支えとするストーリーを紡ぐ―学校についてのストーリーを中断させる　第10章 人生に心を配るカウンター・ストーリー　〔04198〕

スティーブンズ, アンドリュー　Stevens, Andrew
◇英国の地方自治―歴史・制度・政策（The Politico's guide to local government (3rd ed.)）　アンドリュー・スティーブンズ著, 石見豊訳　芦書房　2011.5　222p　22cm　〈文献あり 索引あり〉2500円　①978-4-7556-1240-4
内容 第1章 歴史的発展　第2章 英国における地方自治の全体像　第3章 公選議員と選挙　第4章 人的資源　第5章 全国的枠組み　第6章 地方政府財政　第7章 教育とソーシャル・サービス　第8章 住宅、計画、交通　第9章 警察、ライセンス、コミュニティ　第10章 準主要な地方政府　〔04199〕

スティーブンソン, ショーン　Stephenson, Sean
◇言い訳にサヨナラすればあなたの人生は輝く（Get off your "but"）　ショーン・スティーブンソン著, 大江聡子訳　成甲書房　2011.3　300p　19cm　1500円　①978-4-88086-273-6
内容 レッスンの前に 小さな人生の大きなストーリー　1 心を通わせる、人とだけでなく自分自身とも　2 自分に対する言葉に注意する　3 身体で自信を表現する　4 意識のフォーカスを定める　5 ピットクルーは慎重に選ぶ　6 自分の人生は自分で所有する　〔04200〕
◇賢者の言葉　ショーン・スティーブンソン, トニー・シェイ, ビル・ハリス, エブン・ペーガン, F.W.デクラーク, ダライ・ラマ法王14世著, 宇敷珠美監訳, ビッグピクチャーズ監修　ダイヤモンド社　2011.10　323p　19cm　〈他言語標題 : The words of a wise man〉1500円　①978-4-478-01705-0
内容 1 ショーン・スティーブンソン―身長90cm車いすのモチベーター　2 トニー・シェイ―ザッポスCEO　3 ビル・ハリス―『ザ・シークレット』出演者、世界的セラピスト　4 エブン・ペーガン―最速で10億円ビジネスを作り上げる起業家　5 F.W.デクラーク―元・南アフリカ大統領、ノーベル平和賞受賞　6 ダライ・ラマ法王14世―チベット仏教最高指導者、ノーベル平和賞受賞　〔04201〕

スティール, シェルビー　Steele, Shelby
◇白い罪―公民権運動はなぜ敗北したか（White guilt）　シェルビー・スティール著, 藤永康政訳　径書房　2011.4　238p　20cm　2500円　①978-4-7705-0209-4
内容 第1部 白い罪悪感の物語（ディレンマ　原理原則への忠義 ほか）　第2部 白い罪悪感の浸透（白人の叛逆者　すべては青年に ほか）　第3部 盲目でいるさまざまな方法（権力の情況依存性　貧乏に罪なし ほか）　第4部 罪からの距離感覚と文化（カウンターカルチャー・エスタブリッシュメント　文化戦争 ほか）　〔04202〕

スティール, ジャッキー　Steele, Jackie F.
◇アジアにおけるジェンダー平等―政策と政治参画 : 東北大学グローバルCOEプログラム「グローバル時代の男女共同参画と多文化共生」（Gender equality in Agia）　辻村みよ子, スティール若希編　仙台　東北大学出版会　2012.3　353p　22cm　〈文献あり〉3000円　①978-4-86163-185-6
内容 日本の衆議院における女性代表（スティール若希著, 竹田香織訳）　〔04203〕

スティール, ジョン
◇表現の自由とメディア　田島泰彦編著　日本評論社　2013.1　263p　22cm　4300円　①978-4-535-51947-3

ス

内容 英国におけるプレスの検閲（ジョン・スティール執筆, 田島泰彦, 大塚一美訳）〔04204〕

スティール, ドゥガルド・A. Steer, Dugald A.

◇ドラゴン学総覧（Drake's comprehensive compendium of dragonology） ドゥガルド・A.スティール, 石原尚子, 中嶋舞子編, 三枝明子訳 国立 今人舎 2011.10 191p 28cm 〈他言語標題：The Compendium of Dragonology 編：S.A.S.D. 索引あり〉 2800円 ①978-4-901088-93-0

内容 第1章 ドラゴンの種類（生き残っているドラゴン 疑似ドラゴン 絶滅したドラゴン） 第2章 ドラゴンの生態 第3章 ドラゴンの生息地と習性 第4章 ドラゴンとのつきあい方 第5章 実践的ドラゴン学〔04205〕

スティール, ハワード

◇アタッチメントを応用した養育者と子どもの臨床（Attachment theory in clinical work with children） ダビッド・オッペンハイム, ドグラス・F.ゴールドスミス編, 数井みゆき, 北川恵, 工藤晋平, 青木豊訳 京都 ミネルヴァ書房 2011.6 316p 22cm 〈文献あり〉 4000円 ①978-4-623-05731-3

内容 虐待された子どもとその養親に対する治療的介入（ミリアム・スティール, ジル・ホッジ, ジェイン・カニュイック, ハワード・スティール, デボラ・ダゴスティーノ, インガ・ブルム, サウル・ヒルマン, ケイ・ヘンダーソン著）〔04206〕

スティール, ピアーズ Steel, Piers

◇ヒトはなぜ先延ばしをしてしまうのか（THE PROCRASTINATION EQUATION） ピアーズ・スティール著, 池村千秋訳 阪急コミュニケーションズ 2012.7 297, 57p 19cm 1800円 ①978-4-484-12111-6

内容 第1章 先延ばし人間の実像―逃避行動と衝動の関係は 第2章 先延ばしの方程式―行動主義心理学が解き明かすタイプ別症状 第3章 さぼる脳のメカニズム―先延ばしの起源は9000年前だった 第4章 現代社会は誘惑の巣窟―フェイスブック断ちが長続きしないわけ 第5章 私たちが失うもの、悔やむもの―キャリアも財産も健康も危ない 第6章 企業と国家が払う代償―アメリカで1年間に生じる損失は10兆ドル 第7章 自信喪失と自信過剰の最適バランス―「どうせ失敗する」を克服する 第8章 やるべきことに価値を吹き込む―「課題が退屈」を克服する 第9章 現在の衝動と未来のゴールを管理する―「誘惑に勝てない」を克服する 第10章 さあ、先延ばしを克服しよう―必要なのは信じること〔04207〕

スティール, ミリアム Steele, Miriam

◇アタッチメントを応用した養育者と子どもの臨床（Attachment theory in clinical work with children） ダビッド・オッペンハイム, ドグラス・F.ゴールドスミス編, 数井みゆき, 北川恵, 工藤晋平, 青木豊訳 京都 ミネルヴァ書房 2011.6 316p 22cm 〈文献あり〉 4000円 ①978-4-623-05731-3

内容 虐待された子どもとその養親に対する治療的介入（ミリアム・スティール, ジル・ホッジ, ジェイン・カニュイック, ハワード・スティール, デボラ・ダゴスティーノ, インガ・ブルム, サウル・ヒルマン, ケイ・ヘンダーソン著）〔04208〕

◇子どもの心理療法と調査・研究―プロセス・結果・臨床的有効性の探求（Child psychotherapy and research） ニック・ミッジリー, ジャン・アンダーソン, イブ・グレンジャー, ターニャ・ネシッジ・プコビッチ, キャシー・アーウィン編著, 鵜飼奈津子監訳 大阪 創元社 2012.2 287p 22cm 〈索引あり 文献あり〉 5200円 ①978-4-422-11524-5

内容 適切な教育を受けられなかった子どものアタッチメントの発達に関するアセスメントと、調査・研究にみられるナラティブ（Jill Hodges,Miriam Steele, Jeanne Kaniuk,Saul Hillman,Kay Asquith著, 由井理亜子訳）〔04209〕

スティール, K.* Steel, Knight

◇インターライ方式ケアアセスメント―居宅・施設・高齢者住宅（InterRAI home care (HC) assessment form and user's manual, 9.1 〔etc.〕） John N.Morris〔ほか〕著, 池上直己監訳, 山田ゆかり, 石橋智昭訳 医学書院 2011.12 367p 30cm 3800円 ①978-4-260-01503-5〔04210〕

スティルウェル, アレグザンダー Stilwell, Alexander

◇SAS・特殊部隊図解追跡捕獲実戦マニュアル（SAS and Elite Forces Guide） アレグザンダー・スティルウェル著, 角敦子訳 原書房 2013.10 326p 19cm 〈索引あり〉 1900円 ①978-4-562-04944-8

内容 序章（追跡と隠密行動 伝統的な技能 ほか） 第1章 訓練（特殊部隊の訓練 追跡 ほか） 第2章 野外追跡の基本（追跡者の思考 ストーキング（静粛歩行）と隠密行動 ほか） 第3章 市街地の追跡と監視（市街地の追跡 市街地の監視 ほか） 第4章 ハイテク（目視監視 航空監視 ほか） 第5章 接触！（予測しながら標的を追う 追跡犬 ほか） 付録 格闘術（生きのびるための戦い ナイフによる攻撃 ほか）〔04211〕

ステッツ, ジャン・E. Stets, Jan E.

◇ジョナサン・ターナー感情の社会学 5 感情の社会学理論―社会学再考（THE SOCIOLOGY OF EMOTIONS） ジョナサン・H.ターナー著 ジョナサン・H.ターナー, ジャン・E.ステッツ著, 正岡寛司訳 明石書店 2013.7 608p 20cm 〈文献あり 索引あり〉 6800円 ①978-4-7503-3857-6

内容 第1章 社会学における感情の概念化 第2章 感情のドラマツルギー的、文化的な理論化 第3章 儀礼による感情の理論化 第4章 象徴的相互作用論による感情の理論化 第5章 精神分析的要素を用いた感情の象徴的相互作用論の理論化 第6章 感情の交換理論 第7章 感情の構造理論 第8章 進化論による感情の理論化 第9章 感情社会学の展望〔04212〕

ステッフィー, B.* Steffy, Betty E.

◇教師というキャリア―成長続ける教師の六局面から考える（Life cycle of the career teacher） Betty E.Steffy,Michael P.Wolfe,Suzanne H. Pasch,Billie J.Enz編著, 三村隆男訳 雇用問題研究会 2013.3 190p 21cm 〈文献あり〉 2000

円　①978-4-87563-261-0
内容 キャリア教師のライフ・サイクル・モデルとその活用 他（Betty E.Steffy, Michael P.Wolfe, Suzanne H.Pasch, Billie J.Enz）〔04213〕

ステルディニアック, アンリ　Sterdyniak, Henri
◇世界をダメにした経済学10の誤り—金融支配に立ち向かう22の処方箋（MANIFESTE D'ÉCONOMISTES ATTERRÉS）　フィリップ・アシュケナージ, アンドレ・オルレアン, トマ・クトロ, アンリ・ステルディニアック著, 林昌宏訳　明石書店　2012.12　113p　20cm　1200円　①978-4-7503-3732-6
内容 定説の誤り（金融市場は効率的である　金融市場は経済成長に資する　国の債務返済能力を正確に見極めるのは市場だ　公的債務を膨張させたのは国の過剰な支出だ　公的債務を削減するためには、国の支出を減らすべきだ　われわれの過剰な支出は、公的債務となって将来世代の負担になる　市場の機嫌を損ねると、公的債務は行き詰まる　ヨーロッパ型社会モデルを保護するのはEUだ　危機の際、単一通貨ユーロは防御壁になる　ギリシア危機により、ようやく経済政府への道筋が切り開かれ、ヨーロッパの連帯感が強まった）　結論 経済政策について議論し, EUを再構築するための道筋を描き出す〔04214〕

ステレルニー, キム　Sterelny, Kim
◇進化の弟子—ヒトは学んで人になった（THE EVOLVED APPRENTICE）　キム・ステレルニー著, 田中泉吏, 中尾央, 源河亨, 菅原裕輝訳　勁草書房　2013.12　303, 37p　20cm　（ジャン・ニコ講義セレクション 8）〈文献あり 索引あり〉3400円　①978-4-326-19964-8〔04215〕

ステンゲル, フォン
◇日本立法資料全集　別巻822　自治論纂　独逸学協会編纂　復刻版　信山社出版　2013.9　496p　23cm　〈独逸学協会 明治21年刊の複製〉50000円　①978-4-7972-7119-5
内容 自治論〈孛国行政法典抄録〉（フォン、ステンゲル著）〔04216〕

ステンゲル, リチャード　Stengel, Richard
◇信念に生きる—ネルソン・マンデラの行動哲学（Mandela's Way）　リチャード・ステンゲル著, グロービス経営大学院訳　英治出版　2012.9　252p　20cm　1900円　①978-4-86276-141-5
内容 多面的な人物　勇敢に見える行動をとれ　常に冷静沈着であれ　先陣を切れ　背後から指揮をとれ　役になりきれ　原理原則と戦術を区別せよ　相手の良い面を見出せ　己の敵を知れ　敵から目を離すな　しかるべきときにしかるべく「ノー」と言え　長期的な視野を持て　愛ですべてを包め　「負けて勝つ」勇気を持て　すべての角度からものを見よ　自分だけの畑を耕せ〔04217〕

ステント, ガンサー・S.　Stent, Gunther Siegmund
◇進歩の終焉—来るべき黄金時代（The coming of the golden age）　ガンサー・S.ステント〔著〕, 渡辺格, 生松敬三, 柳沢桂子訳　みすず書房　2011.11　202, 6p　20cm　（始まりの本）〈索引あり　文献あり　1972年刊の新編集〉2800円　①978-4-622-08346-7
内容 1 分子遺伝学の興隆と衰退（古典的時代　ロマンチック時代　ドグマの時代　アカデミック時代）　2 ファウスト的人間の興隆と衰退（進歩の終り　芸術と科学の終り　ポリネシアへの道）〔04218〕

ストウェル, ゴードン　Stowell, Gordon
◇かみさまあのね　1　ごめんなさい（SORRY）　シャーロット・ストウェル絵, ゴードン・ストウェル文, 女子パウロ会訳編　女子パウロ会　2012.10　1冊（ページ付なし）　8.5×8.5cm　400円　①978-4-7896-0712-4〔04219〕
◇かみさまあのね　2　ありがとう（THANK YOU）　シャーロット・ストウェル絵, ゴードン・ストウェル文, 女子パウロ会訳編　女子パウロ会　2012.10　1冊（ページ付なし）　8.5×8.5cm　400円　①978-4-7896-0713-1〔04220〕
◇かみさまあのね　3　おねがい（PLEASE）　シャーロット・ストウェル絵, ゴードン・ストウェル文, 女子パウロ会訳編　女子パウロ会　2012.10　1冊（ページ付なし）　8.5×8.5cm　400円　①978-4-7896-0714-8〔04221〕

ストウェル, シャーロット　Stowell, Charlotte
◇かみさまあのね　1　ごめんなさい（SORRY）　シャーロット・ストウェル絵, ゴードン・ストウェル文, 女子パウロ会訳編　女子パウロ会　2012.10　1冊（ページ付なし）　8.5×8.5cm　400円　①978-4-7896-0712-4〔04222〕
◇かみさまあのね　2　ありがとう（THANK YOU）　シャーロット・ストウェル絵, ゴードン・ストウェル文, 女子パウロ会訳編　女子パウロ会　2012.10　1冊（ページ付なし）　8.5×8.5cm　400円　①978-4-7896-0713-1〔04223〕
◇かみさまあのね　3　おねがい（PLEASE）　シャーロット・ストウェル絵, ゴードン・ストウェル文, 女子パウロ会訳編　女子パウロ会　2012.10　1冊（ページ付なし）　8.5×8.5cm　400円　①978-4-7896-0714-8〔04224〕

ストゥーブハウグ, A.　Stubhaug, Arild
◇数学者ソーフス・リー—リー群とリー環の誕生（Det var mine tankers djervhet（重訳））　A.ストゥーブハウグ著, 熊原啓作訳　丸善出版　2013.11　688p　22cm　〈文献あり 著作目録あり 年譜あり 索引あり〉8500円　①978-4-621-06506-8〔04225〕

ストーカー, ジェリー　Stoker, Gerry
◇政治をあきらめない理由—民主主義で世の中を変えるいくつかの方法（WHY POLITICS MATTERS）　ジェリー・ストーカー〔著〕, 山口二郎訳　岩波書店　2013.3　316, 18p　20cm　〈文献あり〉3200円　①978-4-00-025889-0
内容 第1部 大衆民主政治—勝利と失望（民主主義は勝利したか？　政治に対する世界的な失望　なぜ政治に失望するのか　大衆民主制における政治—埋め込まれた失望？）　第2部 政治実践の病理（市民参加の減退？　政治活動の専門化？　シニシズムの危険　ポピュリズムの危険）　第3部 解決策を求めて

チュアのための政治　政治制度の再生　新しい市民的領域を創造する）〔04226〕

ストーカー, ピーター　Stalker, Peter

◇なぜ、1%が金持ちで、99%が貧乏になるのか？—《グローバル金融》批判入門（THE NO-NONSENSE GUIDE TO GLOBAL FINANCE）　ピーター・ストーカー著, 北村京子訳　作品社　2012.7　266p　20cm〈文献あり〉2200円　①978-4-86182-387-9

内容 第1章 お金の世界史—現金の起源　第2章 増殖するお金　第3章 実に、多種多様な銀行　第4章 資本金カジノ—ヘッジファンド・デリバティブ・政府系ファンド　第5章 為替の世界—お金とどうつきあうのか？　第6章 醜い姉妹—IMFと世界銀行　第7章 経済破綻—なぜ、金融メルトダウンはおきるのか？　第8章 99%を生まないための新たなスタート〔04227〕

ストックウィン, J.A.A.

◇現代日本の政治と外交　1　現代の日本政治—カラオケ民主主義から歌舞伎民主主義へ　猪口孝監修　猪口孝, プルネンドラ・ジェイン編　原書房　2013.10　295, 6p　22cm〈索引あり〉4200円　①978-4-562-04926-4

内容 日本の政党政治（J.A.A.ストックウィン著, 大間知知子訳）〔04228〕

ストックウェル, スティーヴン　Stockwell, Stephen

◇デモクラシーの世界史（THE SECRET HISTORY OF DEMOCRACY）　ベンジャミン・イサカーン, スティーヴン・ストックウェル編, 猪口孝日本版監修, 田口未和訳　東洋書林　2012.8　330p　22cm〈文献あり 索引あり〉3800円　①978-4-88721-803-1

内容 初期ヴェネツィア共和国の民主文化 他（スティーヴン・ストックウェル著）〔04229〕

ストット, キャロル　Stott, Carole

◇ZOOM大図鑑—世界に近づく、世界を見わたす（Zoom Encyclopedia）　マイク・ゴールドスミス, スーザン・ケネディ, スティーブ・パーカー, キャロル・ストット, イザベル・トーマス, ジョン・ウッドワード文, 伊藤伸子訳　京都　化学同人　2013.11　249p　31×26cm　3800円　①978-4-7598-1550-4

内容 自然　人間の体　地球　人と場所　芸術と文化　歴史　科学と技術　宇宙〔04230〕

ストニック, スーザン　Stonich, Susan C.

◇コモンズのドラマ—持続可能な資源管理論の15年（The Drama of the COMMONS）　全米研究評議会,Elinor Ostrom,Thomas Dietz,Nives Dolšak,Paul C.Stern,Susan C.Stonich,Elke U. Weber編, 茂木愛一郎, 三俣学, 泉留維監訳　知泉書館　2012.5　665p　23cm〈文献あり 索引あり〉9000円　①978-4-86285-132-1

内容 15年間の研究を経て得られた知見と残された課題（ポール・C.スターン, トーマス・ディーツ, ニーヴェス・ドルジャーク, エリノア・オストロム, スーザン・ストニック著, 茂木愛一郎訳）〔04231〕

ストフェール, リシャール

◇宗教改革者の群像　〔マルティン・グレシャト〕〔編〕, 日本ルター学会編訳　知泉書館　2011.11　449, 18p　22cm〈索引あり　文献あり〉8000円　①978-4-86285-119-2

内容 ジャン・カルヴァン（リシャール・ストフェール著, 鈴木昇司訳）〔04232〕

ストープス, マリー　Stopes, Marie C.

◇日本日誌—自家版（A journal from Japan）　マリー・ストープス著, 松原徳弘訳・解説　〔出版地不明〕　松原徳弘　2012.8　292p 図版 8p　22cm〈文献あり　製作：崙書房出版（流山）〉非売品　①978-4-8455-1175-4〔04233〕

ストュテルヘイム, W.　Stutterheim, Willem Frederik

◇回教と蘭印群島　南洋の回教　ストュテルヘイム著, 高村東介訳, 瀬川亀著　大空社　2011.9　223, 9, 195p　22cm（アジア学叢書 242）〈3版（生活社昭和17年刊）と南洋協会大正11年刊の複製合本　索引あり〉16500円　①978-4-283-00814-4〔04234〕

ストラ, バンジャマン　Stora, Benjamin

◇アルジェリアの歴史—フランス植民地支配・独立戦争・脱植民地化（Histoire de l'Algerie coloniale 1830-1954〔etc.〕）　バンジャマン・ストラ著, 小山田紀子, 渡辺司訳　明石書店　2011.10　701p　20cm（世界歴史叢書）〈文献あり 年表あり 索引あり〉8000円　①978-4-7503-3483-7

内容 第1部 植民地期—1830～1954年（長い歴史の中のアルジェリア　フランスによる植民地化—征服と抵抗　少数のフランス人とムスリム住民　第一次世界大戦と社会変動　都市史・地方史への旅　両大戦間の政治生活　第二次世界大戦　「ピエノワール」社会—無自覚の時代）　第2部 アルジェリア戦争—1954～1962年（「奇妙な戦争」——九五四年一一月～一九五五年七月　公に展開された戦争——九五五年八月～一九五六年一二月　残酷な戦争）一九五七年）　アルジェリア人同士の戦争（一九五四～一九五八年）　ド・ゴールと戦争（一九五八～五九年）　戦争の中の戦争（一九六〇～一九六一年）　戦争とフランス社会（一九五五～一九六二年）　戦争の恐ろしい結末（一九六二年）　戦争の決算　記憶の争点）　第3部 独立国家の形成—1962～1988年（一九六二年夏　ベン・ベッラのアルジェリア—一九六二～一九六五年ブーメディエン、国家と諸制度　経済的選択と外交政策（一九六五～一九七八年）　アルジェリアにおける社会と文化（一九六二～一九八二年）　システムの機能不全（一九七九～一九八八年））　第4部 内戦の危機—1988～2000年（一九八八年一〇月の危機とその結果　内戦—戦時下のアルジェリア　不確かな未来への道程）〔04235〕

ストラ, ルネ　Stora, Renée

◇バウムテスト研究—いかにして統計的解釈にいたるか（Le test du dessin d'arbre（3.éd.））　ルネ・ストラ〔著〕, 阿部恵一郎訳　みすず書房　2011.12　515p　22cm〈文献あり〉7600円　①978-4-622-07650-6

内容 第1章 バウムテストの歴史（研究史　描画サインとその心理学的意味）　第2章 方法論（方法—実施方法と解釈　解釈の具体例）　第3章 情緒成熟度尺度（情

緒成熟度尺度　各年齢ごとの性格特性）　第4章 描画サインの布置と心理学的意味の研究（方法と問題点—心理学的意味と描画サインの間に存在する関係性を確立するために　サインの布置と解釈—心理的項目と描画サイン　描画サインの布置間における検討—一般的描画サインの布置）　第5章 環境の影響について（バウムテスト以外の投影法検査による結果と検討。社会環境から見たバウムテストの考察　事例ピエール描画13、14　事例エグランチーヌ ほか）〔04236〕

ストライカー, ジョージ

◇変容する臨床家—現代アメリカを代表するセラピスト16人が語る心理療法統合へのアプローチ（HOW THERAPISTS CHANGE）　マービン・R.ゴールドフリード編, 岩壁茂, 平木典子, 福島哲夫, 野末武義, 中釜洋子監訳, 門脇陽子, 森田由美訳　福村出版　2013.10　415p　22cm　〈索引あり〉5000円　①978-4-571-24052-2

内容 確実性を捨て変容を受け入れるまで（ジョージ・ストライカー著）〔04237〕

ストラウス, ニール　Strauss, Neil

◇ザ・ゲーム—退屈な人生を変える究極のナンパバイブル（THE GAME）　ニール・ストラウス著, 田内志文訳　パンローリング　2012.9　660p　19cm　（フェニックスシリーズ 3）　〈アーティストハウスパブリッシャーズ 2006年刊の新装改訂版〉1600円　①978-4-7759-4104-1

内容 ターゲットを選ぶ　近づき、開く　価値を見せつける　障害を排除する　ターゲットを隔離する　心のつながりを築く　ナンパのロケーションへと連れ出す　購買意欲を刺激せよ　肉体関係を持て　最終抵抗を突破せよ　期待感を運用せよ〔04238〕

◇ザ・ゲーム30デイズ—極上女を狙い撃つ（RULES OF THE GAME）　ニール・ストラウス著, 難波道明訳　パンローリング　2013.8　575p　19cm　（フェニックスシリーズ 13）　1600円　①978-4-7759-4116-4

内容 ザ・スタイルライフチャレンジ　ルーティーンコレクション　スタイルダイアリー〔04239〕

ストラカン, ミケイラ

◇世界一素朴な質問、宇宙一美しい答え—世界の第一人者100人が100の質問に答える（BIG QUESTIONS FROM LITTLE PEOPLE）　ジェンマ・エルウィン・ハリス編, 西田美緒子訳, タイマタカシ絵　河出書房新社　2013.11　298p　22cm　2500円　①978-4-309-25292-6

内容 どうしてゾウの鼻は長いの？（ミケイラ・ストラカン）〔04240〕

ストランド, クラーク　Strand, Clark

◇SGIと世界宗教の誕生—アメリカ人ジャーナリストが見た創価学会　クラーク・ストランド著, 今井真理子訳　第三文明社　2011.1　189p　19cm　〈索引あり〉1200円　①978-4-476-06214-4

内容 宗教運動と「陶器の完成」　第1部 基盤—牧口常三郎と創価学会の創立（燃える神札の炎　白金小学校の訪問 ほか）　第2部 発展戸田城聖と現代仏教の確立（獄中の悟達　戸田の会長就任 ほか）　第3部 完成池田大作と人間主義の宗教の広がり（決定的な出来事　師弟モデルの検証 ほか）　これからの道〔04241〕

ストリグル, デニー・F.　Strigl, Denny F.

◇「叩き上げCEO」が明かす結果にこだわる思考法（Managers, can you hear me now？）　デニー・F.ストリグル, フランク・スウィアテク著, 川村透訳　日本経済新聞出版社　2012.3　254p　20cm　1600円　①978-4-532-31782-9

内容 1 なぜマネジャーの仕事がうまくいかないのか　2 信頼の持つ力—高潔さ、オープンな環境、相手への敬意　3 マネジャーの一番大事な仕事—結果を出す　4 ものごとはシンプルに　5 リーダーが責任感を持てば部下にも伝染する　6 結果を出すためのテクニック　7 成功するマネジャーの心得　8 気が散る原因をコントロールする　9 高いパフォーマンスを出す会社にする〔04242〕

ストリル＝ルヴェ, ソフィア　Stril-Rever, Sofia

◇ダライ・ラマこころの自伝（Mon autobiographie spirituelle）　ダライ・ラマ14世テンジン・ギャツォ著, ソフィア・ストリル＝ルヴェ編, ルトランジェ治美訳　春秋社　2011.7　344p　20cm　2500円　①978-4-393-13730-7

内容 第1部 ひとりの人間として（誰もがそなえている人間性　始めも終わりもない私の生）　第2部 僧侶として（自分が変わる　世界を変える　地球を大切にする）　第3部 ダライ・ラマとして（一九五九年、ダライ・ラマ世界と出会う　世界のすべての方々に呼びかけます）〔04243〕

ストリンガー, クリス　Stringer, Chris

◇世界一素朴な質問、宇宙一美しい答え—世界の第一人者100人が100の質問に答える（BIG QUESTIONS FROM LITTLE PEOPLE）　ジェンマ・エルウィン・ハリス編, 西田美緒子訳, タイマタカシ絵　河出書房新社　2013.11　298p　22cm　2500円　①978-4-309-25292-6

内容 なにが、わたしをわたしにしているの？（クリス・ストリンガー教授）〔04244〕

ストリンガー, E.T.　Stringer, Ernest T.

◇アクション・リサーチ（Action research（3rd ed.））　E.T.ストリンガー著, 目黒輝美, 磯部卓三監訳　武蔵野　フィリア　2012.3　254p　21cm　〈文献あり　発売：星雲社〉4000円　①978-4-434-16242-8

内容 第1章 専門的活動と公的活動における研究　第2章 アクション・リサーチの理論と原則　第3章 舞台を設定する：研究プロセスを計画する　第4章 見る：見取り図を作る　第5章 考える：解釈し、分析する　第6章 行動する：問題を解決する—計画し、持続可能な解決方法を講じる　第7章 持続可能な変化と発展をめざす戦略的計画　第8章 形式の整った報告書　第9章 アクション・リサーチを理解する〔04245〕

ストルヴィッチ, ハロルド・D.　Stolovitch, Harold D.

◇インストラクショナルデザインとテクノロジー—教える技術の動向と課題（TRENDS AND ISSUES IN INSTRUCTIONAL DESIGN AND TECHNOLOGY（原著第3版））　R.A.リーサー, J.V.デンプシー編　京都　北大路書房　2013.9　690p　21cm　〈訳：半田純子ほか　索引あり〉4800円　①978-4-7628-2818-8

内容 ヒューマンパフォーマンス向上（HPI）の発達と

ス

進化（ハロルド・D.ストルヴィッチ, ボニー・ベレスフォード著, 根本淳子訳）〔04246〕

ストレイ, ジェフ

◇どんな時代が来るのか―2012年アセンション・マニュアル（The mystery of 2012）　タミ・サイモン編著, 菅靖彦, 田中淳一, 堤康一郎訳　風雲舎　2011.4　287p　19cm　1800円　①978-4-938939-64-9

内容 新人類の出現（ジェフ・ストレイ著）〔04247〕

ス

ストレッジ, カレン　Strege, Karen

◇図書館と民営化（Privatizing libraries）　ジェーン・ジェラード, ナンシー・ボルト, カレン・ストレッジ著, 川崎良孝訳　京都　京都図書館情報学研究会　2013.11　103p　21cm　（KSPシリーズ 17）〈文献あり　発売：日本図書館協会〉2000円　①978-4-8204-1314-1〔04248〕

ストレンジ, スーザン　Strange, Susan

◇国家の退場―グローバル経済の新しい主役たち（The retreat of the state）　スーザン・ストレンジ〔著〕, 桜井公人訳　岩波書店　2011.11　336, 28p　19cm　（岩波人文書セレクション）〈索引あり　文献あり〉3200円　①978-4-00-028515-5

内容 第1部 理論的基礎（衰退しつつある国家権威　パワーのパターン　政治の限界　政治と生産　国家の現状）　第2部 経験的証拠（国家を超える権威　テレコム―コミュニケーションの管理　組織犯罪―マフィア　保険とビジネス―リスク・マネジャー　ビッグ・シックス―六大監査法人　カルテルと私的保護主義　国際機構―経済貴族）　第3部 結論（ピノキオ問題とその他の結論）〔04249〕

ストロジャー, チャールズ・B.　Strozier, Charles B.

◇ハインツ・コフート―その生涯と自己心理学（Heinz Kohut）　チャールズ・B.ストロジャー著, 羽下大信, 富樫公一, 富樫真子訳　金剛出版　2011.6　573p　22cm　8500円　①978-4-7724-1202-5

内容 第1部 ウィーン1913‐1939（先史　はじまり　ほか）　第2部 フロイトの足跡を踏んで1939‐1965（新しいアメリカ人としての自己　遂に、精神分析　ほか）　第3部 呪縛から離れて1965‐1970（新しい形態　エルセの死　ほか）　第4部 理論とムーブメント1971‐1977（死と自己　怒りについて　ほか）　第5部 英雄の誕生1977‐1981（英雄と指導者　Z氏自伝　ほか）〔04250〕

ストロス, ランダル　Stross, Randall E.

◇Yコンビネーター―シリコンバレー最強のスタートアップ養成スクール（The Launch Pad）　ランダル・ストロス著, 滑川海彦, 高橋信夫訳　日経BP社　2013.4　454p　20cm　〈索引あり　発売：日経BPマーケティング〉1800円　①978-4-8222-4946-5

内容 面接　YCパートナー　シリコンバレーに来い　女性起業家はなぜ少ない　クレージーだがまとも　アイデアに行き詰まる　新しいものを作り続けろ　エンジェル投資家　契約は必ず成立させろ　営業マン探しは難しい〔ほか〕〔04251〕

ストローソン, P.F.　Strawson, Peter Frederick

◇意味の限界―『純粋理性批判』論考（The Bounds of Sense, An Essay on Kant's Critique of Pure Reason）　P.F.ストローソン著, 熊谷直男, 鈴木恒夫, 横田栄一訳　勁草書房　2013.5　367, 4p　21cm　4200円　①978-4-326-10069-9

内容 1 概説（『批判』の二つの顔　経験の形而上学 ほか）　2 経験の形而上学（空間と時間　客観性と統一 ほか）　3 超越的形而上学（仮象の論理学　霊魂 ほか）　4 超越論的観念論の形而上学（諸理説　いくつかの問い ほか）　5 カントの幾何学論（理論およびその批判者達　物理的幾何学と現象的幾何学 ほか）〔04252〕

ストローベル, タミー　Strobel, Tammy

◇スマートサイジング―価値あるものを探す人生（YOU CAN BUY HAPPINESS（and It's Cheap））　タミー・ストローベル著, 増田沙奈訳　駒草出版　2013.9　295p　19cm　〈文献あり〉1500円　①978-4-905447-19-1

内容 プロローグ 「ふつう」を見直そう　1 モノと幸せの矛盾した関係（モノを買っても幸せにはなれない　「人がモノを」ではなく「モノが人を」支配している）　2 シンプルライフで幸せになる（モノとの付き合い方を変える　借金の底力　売れるモノは売り、残りは寄付する　小さな家の喜び　仕事を見つめ直す）　3 幸せを買う（時間こそ本当の豊かさ　お金VS経験　大切なのはモノではなく「人とのつながり」　コミュニティとつながる秘訣　小さな喜びが持つ力）　エピローグ 愛すべきはモノではなく「生活」〔04253〕

ストロベル, リー　Strobel, Lee

◇キリストの復活は事実か？　リー・ストロベル著, 峯岸麻子訳　いのちのことば社　2012.4　125p　18cm　〈文献あり〉900円　①978-4-264-03022-5

内容 第1章 医学的証拠　第2章 消えた遺体　第3章 イエス、再び現る〔04254〕

ストロング, アンナ・ルイーズ

◇新編原典中国近代思想史　第7巻　世界冷戦のなかの選択―内戦から社会主義建設へ　野村浩一, 近藤邦康, 並木頼寿, 坂元ひろ子, 砂山幸雄, 村田雄二郎編　砂山幸雄責任編集　岩波書店　2011.10　410, 7p　22cm　〈年表あり〉5700円　①978-4-00-028227-7

内容 毛沢東、世界の情勢を語る（抄）（アンナ・ルイーズ・ストロング著, 砂山幸雄訳）〔04255〕

ストロング, チャールズ　Stronge, Charles

◇狙撃手列伝　チャールズ・ストロング著, 伊藤綺訳　原書房　2011.12　304, 11p　19cm　〈原タイトル：Sniper in action　索引あり　文献あり〉2000円　①978-4-562-04760-4

内容 第1章 散兵から射手へ（モーガンの射撃隊　ファーガソンのライフル隊 ほか）　第2章 塹壕での狙撃手（イギリス軍の狙撃手養成学校　戦略と戦術 ほか）　第3章 狙撃兵と機動戦（冬戦争（一九三九～四〇年）「バルバロッサ」作戦 ほか）　第4章 冷戦時代の武力衝突（北ベトナムの狙撃手　アメリカ軍の反撃 ほか）　第5章 現代のスペシャリスト（「砂漠の嵐」作戦、一九九一年　チェチニャー、一九九五年 ほか）〔04256〕

ストーン, オリバー Stone, Oliver

◇オリバー・ストーンが語るもうひとつのアメリカ史 1 2つの世界大戦と原爆投下(THE UNTOLD HISTORY OF THE UNITED STATES) オリバー・ストーン, ピーター・カズニック著 大田直子, 鍛原多恵子, 梶山あゆみ, 高橋璃子, 吉田三知世訳 早川書房 2013.4 403p 20cm 2000円 ①978-4-15-209367-7

内容 序章 帝国のルーツ―「戦争はあこぎな商売」(「覇権国家」アメリカの光と影 歴史に縛られたくないアメリカ人 ほか) 第1章 第一次世界大戦―ウィルソンvsレーニン(ウィルソン―革命嫌いの人種差別主義者 メキシコ革命とウィルソン ほか) 第2章 ニュー・ディール―「私は彼らの憎しみを喜んで受け入れる」(世界大不況下のアメリカとFDR 「あこぎな両替商」との決別 ほか) 第3章 第二次世界大戦―誰がドイツを打ち破ったのか?(枢軸国の侵略、始まる スターリンのあせり―独ソ不可侵条約 ほか) 第4章 原子爆弾―凡人の悲劇(歴史の流れを変えた発明 核エネルギーへの危惧―アインシュタインの後悔 ほか) 〔04257〕

◇オリバー・ストーンが語るもうひとつのアメリカ史 2 ケネディと世界存亡の危機(THE UNTOLD HISTORY OF THE UNITED STATES) オリバー・ストーン, ピーター・カズニック著 熊谷玲美, 小坂恵理, 関根光宏, 田沢恭子, 桃井緑美子訳 早川書房 2013.5 434p 20cm 2000円 ①978-4-15-209372-1

内容 第5章 冷戦―始めたのは誰か?(第二次大戦後の荒廃 ひとり活況を示すアメリカ ほか) 第6章 アイゼンハワー―高まる軍事的緊張(米ソ対立は本当に避けられなかったか? ますます増える原爆の備蓄数 ほか) 第7章 JFK―「人類史上、最も危険な瞬間」(新しい指導者、フルシチョフ ソ連のスプートニク・ショック ほか) 第8章 LBJ―道を見失った帝国(ケネディ暗殺の余波 「偉大な社会」を目指したジョンソン大統領 ほか) 第9章 ニクソンとキッシンジャー―「狂人」と「サイコパス」(「覇権国家アメリカ」というビジョンは共有する二人 反戦の大きなうねりに乗って ほか) 〔04258〕

◇オリバー・ストーンが語るもうひとつのアメリカ史 3 帝国の緩やかな黄昏(THE UNTOLD HISTORY OF THE UNITED STATES) オリバー・ストーン, ピーター・カズニック著 金子浩, 柴田裕之, 夏目大訳 早川書房 2013.6 493p 20cm 2200円 ①978-4-15-209379-0

内容 第10章 デタントの崩壊―真昼の暗黒(フォード大統領の時代―アメリカの受けた痛手 南ベトナムの敗北と、反故にされたベトナムへの資金供与協定 ほか) 第11章 レーガン時代―民主主義の暗殺(「想像を絶する」、レーガン大統領の知的レベル 「ラテンアメリカがあんなにたくさんの国に分かれていたなんて驚いたよ」 ほか) 第12章 冷戦の終結 機会の逸失(ゴルバチョフ、冷戦の終結を宣言 ブッシュ・シニア―「究極のエスタブリッシュメント」大統領候補 ほか) 第13章 ブッシュ=チェイニー体制の瓦解―「イラクでは地獄の門が開いている」(イスラム過激派による9・11テロの衝撃 ネオコンにとって、9・11は「新たな真珠湾のような」好機だった ほか) 第14章 オバマ―傷ついた帝国の運営(「救済者」と思えたオバマは、事態をより悪化させた 経済顧問はほぼ全員、金融危機を招いたルービンの手下 彼らは嬉々として銀行家たちを救済した ほか) 〔04259〕

ストーン, ダン Stone, Dan

◇ホロコースト・スタディーズ―最新研究への手引き(Histories of the Holocaust) ダン・ストーン著, 武井彩佳訳 白水社 2012.12 292, 102p 19cm 〈文献あり 索引あり〉 3600円 ①978-4-560-08237-9

内容 序章 ホロコーストの包括的な歴史研究に向けて 第1章 「最終解決」―計画したのはドイツか、それともヨーロッパか 第2章 意思決定のプロセスを読み込む 第3章 ホロコーストは近代が生んだのか 第4章 人種科学―ナチ世界観の基礎だったのか 第5章 ジェノサイド、ホロコースト、植民地主義の歴史 第6章 ナチ文化の表現としてのホロコースト 終章 奈落の底へ 〔04260〕

ストーン, マイケル Stone, Michael H.

◇何が彼を殺人者にしたのか―ある精神鑑定医の凶悪犯罪調書から(The anatomy of evil) マイケル・ストーン著, 浦谷計子訳 イースト・プレス 2011.12 310p 19cm 1300円 ①978-4-7816-0687-3

内容 1章 「平時の悪」という謎 2章 激情殺人の狂想曲 3章 反社会的人格による衝動的凶行 4章 「ホワイトカラー・サイコパス」による計画殺人 5章 1人では足りない―悪夢の無差別凶行 6章 「死の使い」による連続殺人 7章 連続殺人の方程式 8章 血族殺人のメカニズム 9章 悪の方程式の「ファクターX」とは 終章 善良な人びとが「邪悪」をはたらくとき 〔04261〕

ストーン, M.* Stone, Martin Lawrence

◇アメリカ産科婦人科学会元会長Martin L.Stone教授回想録―60年の医師・医学教育者として(60 years as physician and medical educator a job well done) Martin L.Stone著, 須藤寛人訳 長岡 須藤寛人 2012 145p 30cm 2000円 ①978-4-9906897-0-4 〔04262〕

◇Martin L.Stone教授回想録―アメリカ産科婦人科学会元会長 60年の医師・医学教育者として(60 Years As A Physician And Medical Educator A Job Well Done) Martin L.Stone著, 須藤寛人訳 長岡 須藤寛人 2013.4 145p 30cm 〈発売:考古堂書店(新潟)〉 2000円 ①978-4-87499-804-5 〔04263〕

ストーン, W.クレメント Stone, W.Clement

◇心構えが奇跡を生む(Success Through a Positive Mental Attitude) ナポレオン・ヒル, W.クレメント・ストーン著, 田中孝顕訳 新版 きこ書房 2012.6 317p 17cm 1100円 ①978-4-87771-295-2

内容 第1編 成功することの素晴らしさを知れ!(最も重要な人との出会い あなたは世界を変えることができる ほか) 第2編 成功を勝ち取る(問題で悩むことは素晴らしいことだ! 見ることを学べ ほか) 第3編 富の館への鍵(富への近道はあるのか? 富を引き寄せよ、はねつけるな ほか) 第4編 成功に備えよ!(あなたのエネルギーを高めるには 健康と長寿 ほか) 第5編 さあ、実行だ!(あなたの成功係数をチェックしよう 眠れる巨人を呼び覚ませ ほか) 〔04264〕

ス

ストーンズ, ローズマリー　Stones, Rosemary
◇自分をまもる本（DON'T PICK ON ME）　ローズマリー・ストーンズ著, 小島希里訳　新版　晶文社　2013.11　115p　21cm　1200円　①978-4-7949-6832-6
内容 1 いじめってなに？（いじめってなに？　いじめのしくみ ほか）　2 自分と友だちになろう（自分を大切に思うということは　気持ちって、なんだろう ほか）　3 元気になるレッスン（自分と仲よくなるために　さびしいとき、悲しいときに ほか）　4 自分をまもるかしこい方法（いじめのことを話そう　いじめ予防対策 ほか）〔04265〕

ストーンヒル, アーサー・I.　Stonehill, Arthur I.
◇国際ビジネスファイナンス（Multinational business finance（12 ed.））　デビッド・K.アイトマン, アーサー・I.ストーンヒル, マイケル・H.モフェット著, 久保田政純, 真殿達監訳　〔柏〕　麗沢大学出版会　2011.12　719p　24cm　〈索引あり　発売：広池学園事業部（柏）〉10000円　①978-4-89205-607-9
内容 第1部 国際財務を取り巻く環境　第2部 外国為替理論と市場　第3部 外国為替リスク　第4部 多国籍企業の資金調達　第5部 海外投資の意思決定　第6部 国際業務管理〔04266〕

スナイダー, ゲーリー　Snyder, Gary
◇異文化コミュニケーション学への招待　鳥飼玖美子, 野田研一, 平賀正子, 小山亘編　みすず書房　2011.12　484p　22cm　〈他言語標題：Introduction to Intercultural Communication Studies〉6000円　①978-4-622-07659-9
内容 場所の詩学（ゲーリー・スナイダー述, 山里勝己訳）〔04267〕

スナイダー, スコット（外交）
◇現代日本の政治と外交　2　日米安全保障同盟―地域的多国間主義　猪口孝監修　原書房　2013.12　403, 4p　21cm　〈文献あり 索引あり〉4800円　①978-4-562-04954-7
内容 朝鮮半島と日米同盟―アメリカからの視点（スコット・スナイダー著, 小林朋則訳）〔04268〕

スネイス, ジョン・G.　Snaith, John G.
◇雅歌（The Song of Songs）　ジョン・G.スネイス著, 竹内裕訳　日本キリスト教団出版局　2011.11　213p　22cm　（ニューセンチュリー聖書注解）〈索引あり　文献あり〉4400円　①978-4-8184-0783-1
内容 緒論（正典としての位置、寓意的解釈、起源　豊穣神崇拝との距離　文学的構成　著者と年代　本文の内容による区分）　注解（表題（1：1）　恋人を慕うおとめ（1：2-4）　おとめの困惑（1：5-8）　称え合いの言葉（1：9-17）　高まる称揚（2：1-7）ほか）〔04269〕

スネル, ケイト　Snell, Kate
◇ダイアナ最後の恋（DIANA HER LAST LOVE）　ケイト・スネル著, 大城光子訳　竹書房　2013.10　335p　15cm　（竹書房文庫 す2-1）〈文献あり　年譜あり〉667円　①978-4-8124-9666-4
内容 第1部 ほんとうのダイアナ（「私は邪魔者」　「私は引き返したかった！」 ほか）　第2部 ロマンスへのプレリュード（「お役に立てることはありませんか」「イムラン・カーンをご存じですか」 ほか）　第3部 ドクター（「患者にダメだと言っていることを、全部自分でやっている！」　「どこかでお会いしましたね」 ほか）　第4部 最後の夏（「ハスナット・カーンと結婚したい」　「ドクターにプリンセスと結婚するよう言ってください」 ほか）〔04270〕

スネル, マーサ・E.　Snell, Martha E.
◇子どものソーシャルスキルとピアサポート―教師のためのインクルージョン・ガイドブック（Social relationships and peer support（2nd ed.））　レイチェル・ジャネイ, マーサ・E.スネル著, 高野久美子, 涌井恵監訳　金剛出版　2011.2　164p　26cm　〈索引あり〉2800円　①978-4-7724-1181-3
内容 第1章 対人関係の構築　第2章 学校環境の整備　第3章 対人関係づくりとピアサポート　第4章 ソーシャルスキルを教える　第5章 ピアサポートを組み込んだ指導モデル　第6章 はじめの一歩とその継続のために　付録〔04271〕

スネルグローヴ, デイヴィッド　Snellgrove, David L.
◇チベット文化史（A cultural history of Tibet）　デイヴィッド・スネルグローヴ, ヒュー・リチャードソン著, 奥山直司訳　〔2011年〕新装版　春秋社　2011.3　437, 41p　22cm　〈文献あり 年表あり 索引あり〉5800円　①978-4-393-11309-7
内容 第1部 古代王朝（チベット勢力の出現　仏教の伝来　後世の文献に描かれた古代）　第2部 中世（僧院生活の基礎　モンゴルの間接支配　宗教への専心）　第3部 黄帽派（権力への歩み　清朝の宗主権　二十世紀）〔04272〕

スノウ, ダン
◇世界一素朴な質問、宇宙一美しい答え―世界の第一人者100人が100の質問に答える（BIG QUESTIONS FROM LITTLE PEOPLE）　ジェンマ・エルウィン・ハリス編, 西田美緒子訳, タイマタカシ絵　河出書房新社　2013.11　298p　22cm　2500円　①978-4-309-25292-6
内容 世界にはどうしてたくさんの国があって、ひとつの大きい国ではないの？（ダン・スノウ）〔04273〕

スノセ, ヒロシ　須納瀬 弘
◇プラトーン著作集　第1巻（ソークラテースの四福音書）第3分冊　饗宴―恋について　プラトーン〔原著〕, 水崎博明著　福岡　櫂歌書房　2011.5　203p　19cm　（櫂歌全書 3）〈発売：星雲社〉2200円　①978-4-434-15581-9
内容 『饗宴』篇をこう読む　『饗宴』篇翻訳　『饗宴』篇註〔04274〕

スノドグラス, ジュディス・M.
◇近代と仏教　末木文美士編　京都　国際日本文化研究センター　2012.3　157p　26cm　（国際シンポジウム 第41集）〈他言語標題：Modernity and Buddhism　会期：2011年10月13日―15日　文献あり〉非売品
内容 近代グローバル仏教への日本の貢献（ジュディス・

M.スノドグラス著, 堀雅彦訳)　〔04275〕

スノルハリ, ネルセス
◇アジアの顔のキリスト　ホアン・カトレット編, 高橋敦子訳　名古屋　新世社　2010.10　175, 32p　16cm　〈文献あり〉1200円　①978-4-88382-100-6
内容 種を蒔く人のたとえ話(ネルセス・スノルハリ)　〔04276〕

スパヴェンタ, ベルトランド　Spaventa, Bertrando
◇ヘーゲル弁証法とイタリア哲学―スパヴェンタ、クローチェ、ジェンティーレ（Le prime categorie della logica di Hegel〔etc.〕）　スパヴェンタ, クローチェ, ジェンティーレ〔著〕, 上村忠男編訳　調布　月曜社　2012.2　299p　22cm　(シリーズ・古典転生 6)　3800円　①978-4-901477-91-8
内容 ヘーゲル論理学の最初のカテゴリー(ベルトランド・スパヴェンタ)　区別されたものの連関と対立するものの弁証法(ベネデット・クローチェ)　変成の概念とヘーゲル主義(ベネデット・クローチェ)　ヘーゲル弁証法の改革とB.スパヴェンタ(ジョヴァンニ・ジェンティーレ)　ヘーゲルと弁証法の起源(ベネデット・クローチェ)　付録 ヘーゲル論理学の「失われた弁証法」をめぐって(上村忠男)　〔04277〕

ズーパースベルゲン, ニコウラス　Supersbergen, Nikolaus
◇フェアな未来へ―誰もが予想しながら誰も自分に責任があるとは考えない問題に私たちはどう向きあっていくべきか（Fair Future ; Resource Conflicts, Security and Global Justice ; A Report of the Wuppertal Institute for Climate, Environment and Energy）　ヴォルフガング・ザックス, ティルマン・ザンタリウス編, 川村久美子訳・解題　新評論　2013.12　422p　21cm　3800円　①978-4-7948-0881-3
内容 第1章 現実主義者にとっての公正　第2章 環境をめぐる不公正　第3章 専有を競う競技場　第4章 フェアな資源配分モデル　第5章 フェアな豊かさ　第6章 公正とエコロジーのための取り決め　第7章 ヨーロッパの存在価値とは　〔04278〕

スパラニーズ, アン
◇図書館と中立性（Questioning library neutrality）　アリソン・ルイス編, 川崎良孝, 久野和子, 福井佑介, 川崎智子訳　京都　京都図書館情報学研究会　2013.10　158p　22cm　〈文献あり　発売：日本図書館協会〉3500円　①978-4-8204-1308-0
内容 図書館における積極的活動主義―遺産か異端か 他(アン・スパラニーズ著)　〔04279〕

スパロー, サラ・S.*　Sparrow, Sara S.
◇WISC-IVの臨床的利用と解釈（WISC-IV clinical use and interpretation）　アウレリオ・プリフィテラ, ドナルド・H.サクロフスキー, ローレンス・G.ワイス編, 上野一彦監訳, 上野一彦, バーンズ亀山静子訳　日本文化科学社　2012.5　592p　22cm　〈文献あり〉①978-4-8210-6366-6
内容 WISC-IVを用いたギフテッドのアセスメント（Sara S.Sparrow, Steven I.Pfeiffer, Tina M. Newman著, 上野一彦訳)　〔04280〕

スピアリン, キャリー・E.
◇ライフコース研究の技法―多様でダイナミックな人生を捉えるために（The Craft of Life Course Research）　グレン・H.エルダー,Jr., ジャネット・Z.ジール編著, 本田時雄, 岡林秀樹監訳, 登張真稲, 中尾暢見, 伊藤教子, 磯谷俊仁, 玉井航太, 藤原善美訳　明石書店　2013.7　470p　22cm　〈文献あり 索引あり〉6700円　①978-4-7503-3858-3
内容 生活記録の収集と解釈(デニス・P.ホーガン, キャリー・E.スピアリン著, 登張真稲訳)　〔04281〕

スピヴァク, ガヤトリ・チャクラヴォルティ　Spivak, Gayatri Chakravorty
◇ナショナリズムと想像力（Nationalism and the imagination）　ガヤトリ・C.スピヴァク著, 鈴木英明訳　青土社　2011.4　99, 3p　19cm　〈索引あり〉1600円　①978-4-7917-6602-4
内容 ナショナリズムと想像力　質疑応答　〔04282〕
◇開発を問い直す―転換する世界と日本の国際協力　西川潤, 下村恭民, 高橋基樹, 野田真里編著　日本評論社　2011.11　327p　21cm　〈索引あり〉3600円　①978-4-535-55680-5
内容 開発を「補」う(ガヤトリ・チャクラヴォルティ・スピヴァク著, 西川潤, 島崎裕子訳)　〔04283〕

スピークマン, ジェームス　Speakman, James
◇なぜあの人からつい「買ってしまう」のか（Covert persuasion）　ケビン・ホーガン, ジェームス・スピークマン著, 菅靖彦訳　三笠書房　2011.2　237p　19cm　1300円　①978-4-8379-5723-2
内容 1「相手の欲求」を確実につかむ！ 人を「思いのまま」に動かすテクニック(相手を自分のペースに溶け込ませる！　他人の記憶すら変えてしまうテクニック！ ほか)　2「今すぐこれが欲しい！」と思わせる52の決め手！(親密な関係を、気づかれないうちに築く　「8つのステップ」を頭にたたき込む ほか)　3 狙った結果を常に生み出す「マインドセット」(いつも「結果」を想像できているか　ビル・ゲイツはラッキーなんかじゃない ほか)　4 相手のホンネを簡単に引き出す「質問の力」(なぜ人間はこの確率を考えないのか　実は、こんなにトクする「質問のもつ力」！ ほか)　5「小さな努力」が5倍、10倍になって返ってくる 人の心をつかんで成功する！―その絶対ポイント(「心のしくみ」を知れば、こんなにもうまくいく　あなたにはそれを成し遂げる力がある！)　〔04284〕

スピッツ, エレン・ハンドラー
◇母子臨床の精神力動　精神分析・発達心理学から子育て支援へ（Parent-infant psychodynamics）　ジョーン・ラファエル-レフ編, 木部則雄監訳, 長沼佐代子, 長尾牧子, 坂井直子, 金沢聡子訳　岩崎学術出版社　2011.11　368p　22cm　〈索引あり〉6600円　①978-4-7533-1032-6
内容 夜の中へ―子どもの夢の本(エレン・ハンドラー・スピッツ著, 坂井直子訳)　〔04285〕

スピッツ, レネー・A.

◇遊びと発達の心理学（Play and Development）　J.ピアジェ他著, 森楙監訳　名古屋　黎明書房　2013.6　207p　22cm　（精神医学選書 第11巻）〈文献あり〉3700円　Ⓘ978-4-654-00161-3

内容 基礎教育（レネー・A.スピッツ著, 森楙監訳, 阿部好策, 黒川久美, 植田ひとみ,Kyouko Muecke, 恒原睦子, 石崎昌子共訳）〔04286〕

スピッツァー, シンディ　Spitzer, Cindy S.

◇いますぐアメリカ発の金融大崩壊に備えよ―忍び寄る最悪危機（AFTERSHOCK）　デビッド・ウィドマー, ロバート・A.ウィドマー, シンディ・スピッツァー著, 峯村利哉訳　徳間書店　2012.4　333p　19cm　1800円　Ⓘ978-4-19-863392-9

内容 第1部 初めはバブルクエーク、次はアフターショック（アメリカのバブルエコノミー　第1段階：バブルクエーク―最初に弾けた4つのバブル「住宅」「株式」「個人債務」「消費」　薬が毒になる：迫り来る危険なインフレ　第2段階：アフターショック―次なる危機「ドル」と「政府債務」　世界規模のマネー・メルトダウン―これはアメリカだけでなく、世界のバブルだ）　第2部 アフターショックがもたらす危機と利益（自分の資産を守る方法　混沌の中で富を築く最適な投資法　アフターショック期の雇用とビジネス　問題解決の第一歩は問題を理解すること　私たちの予想は的確なのに、なぜ人々は反感を持つのか？）〔04287〕

スピニ, D.*　Spini, Dario

◇紛争と平和構築の社会心理学―集団間の葛藤とその解決（INTERGROUP CONFLICTS AND THEIR RESOLUTION）　ダニエル・バル・タル編著, 熊谷智博, 大淵憲一監訳　京都　北大路書房　2012.10　375p　21cm　〈索引あり〉4000円　Ⓘ978-4-7628-2787-7

内容 政治的暴力, 集団間紛争, 民族カテゴリー（Guy Elcheroth, Dario Spini著, 熊谷智博, 岡田成能訳）〔04288〕

スピラー, ジャン　Spiller, Jan

◇魂の願い新月のソウルメイキング　ジャン・スピラー著, 東川恭子訳〔点字資料〕　大阪　リブート　2012.8　6冊　28cm　〈原本：東京 徳間書店 2003　ルーズリーフ〉全26000円〔04289〕

スプーナー, ジョン　Spooner, John D.

◇ハーバード卒の凄腕ビジネスマンから孫への50通の手紙―これまで誰も教えてくれなかった人生で「いちばん大切なこと」！（NO ONE EVER TOLD US THAT）　ジョン・スプーナー著, 渡部昇一訳　日本文芸社　2012.9　251p　20cm　1500円　Ⓘ978-4-537-25945-2

内容 自分の「個性」をもっと表に出していい　「過去」には不思議な力がある　試練は最高の「知恵者だ」　あえて人と違うことをしろ　人生における素晴らしい「偶然」　真実に至る道はたくさんある　マーケットを支配するのは感情だ　「ホームラン」を打つための心得　借金をすることと返すこと　もし結婚するなら―心得三カ条〔ほか〕〔04290〕

スプライル, J.*　Spruill, Jean

◇WISC-IVの臨床的利用と解釈（WISC-IV clinical use and interpretation）　アウレリオ・プリフィテラ, ドナルド・H.サクロフスキー, ローレンス・G.ワイス編, 上野一彦監訳, 上野一彦, バーンズ亀山静子訳　日本文化科学社　2012.5　592p　22cm　〈文献あり〉Ⓘ978-4-8210-6366-6

内容 知的障害のアセスメント（Jean Spruill, Thomas Oakland, Patti Harrison著, 上野一彦訳）〔04291〕

スプラウト, マーガレット・タットル

◇新戦略の創始者―マキアヴェリからヒトラーまで 下（Makers of modern strategy）　エドワード・ミード・アール編著, 山田積昭, 石塚栄, 伊藤博邦訳　原書房　2011.3　366p　20cm　〈1979年刊の増補、新版　索引あり〉2800円　Ⓘ978-4-562-04675-1

内容 シーパワーの伝道者―マハン（マーガレット・タットル・スプラウト著, 石塚栄訳）〔04292〕

スプラディン, ドウェイン　Spradlin, Dwayne

◇イノベーションマーケット―新たな挑戦が求められる時代に、企業が価値を創出するには？（OPEN INNOVATION MARKETPLACE, THE：CREATING VALUE IN THE CHALLENGE DRIVEN ENTERPRISE）　アルフェース・ビンガム, ドウェイン・スプラディン著, SDL Plc訳　ピアソン桐原　2012.12　333p　19cm　〈文献あり〉2600円　Ⓘ978-4-86401-131-0

内容 第1部 課題解決型イノベーション：イノベーションマーケットプレイスによるイノベーションモデルの再定義、効率化、リスク管理（価値創出の未来　イノベーションの新たな枠組み　専門知識のロングテール　適切なイノベーションチャネルの選択）　第2部 課題解決型企業：イノベーション、アジリティ、価値の創出を促進するビジネスモデルの仮想化（課題解決型企業　変革　課題解決型企業のプレイブック　リーダーシップ）〔04293〕

スブラマニアム, ベンカト　Subramaniam, Venkat

◇プロジェクト・マネジャーが知るべき97のこと（97 things every project manager should know）　Barbee Davis編, 笹井崇司訳, 神庭弘年監修　オライリー・ジャパン　2011.11　240p　21cm　〈発売：オーム社〉1900円　Ⓘ978-4-87311-510-8

内容 モグラたたき開発を避けよう 他（ベンカト・スブラマニアム）〔04294〕

スプリング, ジャニス・エイブラムズ　Spring, Janis Abrahms

◇もう一度ベストカップルを始めよう―浮気も不倫も乗り越える幸せのセラピー（AFTER THE AFFAIR（抄訳））　ジャニス・エイブラムズ・スプリング, マイケル・スプリング著, 永井二菜訳　パンローリング　2013.1　285p　19cm　（フェニックスシリーズ 6）〈「不倫は別れる理由にならない」（アスペクト 1998年刊）の改題、改訂増補〉1400円　Ⓘ978-4-7759-4109-6

内容 1 不倫発覚！―苦しんでいるのは、あなた一人じゃない（傷ついたパートナーの心理（不倫された側の気持ち）　不実なパートナーの心理（不倫した側の気持ち））　2 別れる？ やり直す？—感情に流されない、賢い決断のために（恋愛は錯覚し、結婚は誤解する　決断—迷いと不安を消しさろう）　3 やり直しに向けて—責任を分かち合い、再出発する（不倫問題の背景にあるものは何？—トラウマ、ストレス、思い込み　信頼関係を回復する—「要望リスト」をつくってみよう　心の通うコミュニケーションの方法—思い込みをとりのぞき、実りある話し合いを　ふたりで再開する、充実した性生活—二人の希望を実現するプロセス　許し—パートナーと自分を許す　インターネット時代の不倫に立ち向かう—オンラインセックスという新たな火種）　〔04295〕

スプリング, マイケル　Spring, Michael

◇もう一度ベストカップルを始めよう—浮気も不倫も乗り越える幸せのセラピー（AFTER THE AFFAIR（抄訳））　ジャニス・エイブラムズ・スプリング, マイケル・スプリング著, 永井二菜訳　パンローリング　2013.1　285p　19cm　（フェニックスシリーズ 6）〈「不倫は別れる理由にならない」（アスペクト 1998年刊）の改題、改訂増補〉 1400円　①978-4-7759-4109-6

内容 1 不倫発覚！—苦しんでいるのは、あなた一人じゃない（傷ついたパートナーの心理（不倫された側の気持ち）　不実なパートナーの心理（不倫した側の気持ち））　2 別れる？ やり直す？—感情に流されない、賢い決断のために（恋愛は錯覚し、結婚は誤解する　決断—迷いと不安を消しさろう）　3 やり直しに向けて—責任を分かち合い、再出発する（不倫問題の背景にあるものは何？—トラウマ、ストレス、思い込み　信頼関係を回復する—「要望リスト」をつくってみよう　心の通うコミュニケーションの方法—思い込みをとりのぞき、実りある話し合いを　ふたりで再開する、充実した性生活—二人の希望を実現するプロセス　許し—パートナーと自分を許す　インターネット時代の不倫に立ち向かう—オンラインセックスという新たな火種）　〔04296〕

スープレナント, A.M.　Surprenant, Aimée M.

◇記憶の原理（PRINCIPLES OF MEMORY）　A.M.スープレナント,J.ニース著, 今井久登訳　勁草書房　2012.12　269p　22cm　〈文献あり 索引あり〉 3600円　①978-4-326-25080-6

内容 第1章 はじめに　第2章 システム説と処理説　第3章 手がかりがなければ始まらない　第4章 符号化と検索の関係が大切　第5章 手がかりの負荷は軽い方が良い　第6章 記憶は単なる再現ではない　第7章 混じりけなしでは測れない　第8章 目立つものほど憶えられる　第9章 決めうちされるほど憶えにくい　第10章 最後に、再び原理について　〔04297〕

スペリー, レン　Sperry, Len

◇ダイニングテーブルのミイラ セラピストが語る奇妙な臨床事例—セラピストはクライエントから何を学ぶのか（The mummy at the dining room table）　ジェフリー・A.コトラー, ジョン・カールソン編著, 岩壁茂監訳, 門脇陽子, 森田由美訳　福村出版　2011.8　401p　22cm　〈文献あり〉 3500円　①978-4-571-24046-1

内容 象になった大佐（レン・スペリー著, 森田由美訳）　〔04298〕

スペンサー, シグネ・M.　Spencer, Signe M.

◇コンピテンシー・マネジメントの展開（Competence at work）　ライル・M.スペンサー, シグネ・M.スペンサー著, 梅津祐良, 成田攻, 横山哲夫訳　完訳版　生産性出版　2011.12　456p　21cm　〈文献あり〉 6000円　①978-4-8201-1981-4

内容 第1部 コンピテンシーの考え方（コンピテンシーとは何か）　第2部 コンピテンシー・ディクショナリー（コンピテンシー・ディクショナリーの構築　達成とアクション　支援と人的サービス　インパクトと影響力　マネジメント・コンピテンシー　認知コンピテンシー　個人の効果性）　第3部 コンピテンシー・モデルの開発（コンピテンシー研究をデザインする　行動結果面接（BEI）の仕方　コンピテンシー・モデルの開発）　第4部 研究結果の検討 ： 一般コンピテンシー・モデル（技術者および専門職　セールス職　支援・人的サービスの従事者　管理者　起業家）　第5部 コンピテンシー・ベースの応用（採用、配属、定着、昇進における評価と選考　パフォーマンス・マネジメント　後継者育成計画　能力開発とキャリア・パス　報酬（ペイ）　人的マネジメント統括的情報システム（IHRMIS）　社会への適用　コンピテンシー・ベースの人事管理（HRM）の将来）　〔04299〕

スペンサー, メアリー・E.

◇ラーニング・コモンズ—大学図書館の新しいかたち　加藤信哉, 小山憲司編訳　勁草書房　2012.7　290p　22cm　〈他言語標題 ： LEARNING COMMONS　索引あり〉 3900円　①978-4-326-00037-1

内容 新しいモデルへの進化（メアリー・E.スペンサー執筆, 加藤信哉, 小山憲司訳）　〔04300〕

スペンサー, ライル・M.　Spencer, Lyle M.

◇コンピテンシー・マネジメントの展開（Competence at work）　ライル・M.スペンサー, シグネ・M.スペンサー著, 梅津祐良, 成田攻, 横山哲夫訳　完訳版　生産性出版　2011.12　456p　21cm　〈文献あり〉 6000円　①978-4-8201-1981-4

内容 第1部 コンピテンシーの考え方（コンピテンシーとは何か）　第2部 コンピテンシー・ディクショナリー（コンピテンシー・ディクショナリーの構築　達成とアクション　支援と人的サービス　インパクトと影響力　マネジメント・コンピテンシー　認知コンピテンシー　個人の効果性）　第3部 コンピテンシー・モデルの開発（コンピテンシー研究をデザインする　行動結果面接（BEI）の仕方　コンピテンシー・モデルの開発）　第4部 研究結果の検討 ： 一般コンピテンシー・モデル（技術者および専門職　セールス職　支援・人的サービスの従事者　管理者　起業家）　第5部 コンピテンシー・ベースの応用（採用、配属、定着、昇進における評価と選考　パフォーマンス・マネジメント　後継者育成計画　能力開発とキャリア・パス　報酬（ペイ）　人的マネジメント統括的情報システム（IHRMIS）　社会への適用　コンピテンシー・ベースの人事管理（HRM）の将来）　〔04301〕

スペンス, ジョナサン・D.　Spence, Jonathan D.

◇神の子洪秀全—その太平天国の建設と滅亡（God's Chinese son）　ジョナサン・D.スペンス著, 佐藤公彦訳　慶応義塾大学出版会　2011.12　484, 77p　22cm　〈索引あり　文献あり〉 6600

円 ①978-4-7664-1906-1
内容 城壁 神の言葉 故郷 天上の戦い 鍵 遊歴 根拠地 裁判 団営 地上の戦い〔ほか〕〔04302〕

スペンス, マイケル Spence, Michael
◇マルチスピード化する世界の中で―途上国の躍進とグローバル経済の大転換（The next convergence） マイケル・スペンス著, 土方奈美訳 早川書房 2011.10 372p 20cm 2500円 ①978-4-15-209245-8
内容 第1部 世界経済と途上国（一九五〇年―驚くべき一世紀のはじまり 変化する世界を静止画でとらえる ほか） 第2部 途上国世界における持続的高成長（戦後期の高成長途上国 世界経済の開放 ほか） 第3部 世界危機とその余波（世界危機下および危機後の新興国 世界経済の不安定化と危機の教訓 ほか） 第4部 成長のゆくえ（新興国は高成長を持続できるか 中国とインド ほか）〔04303〕

スペンダー, J.C. Spender, J.C.
◇グリーン・バリュー経営への大転換（Green Business, Green Values, and Sustainability（抄訳）） クリストス・ピテリス, ジャック・キーナン, ヴィッキー・プライス編著, 谷口和弘訳 NTT出版 2013.7 285p 20cm 〈索引あり〉 2800円 ①978-4-7571-2292-5
内容 グリーン・ビジネスとグリーン・バリューを考える（J.C.スペンダー）〔04304〕

スポールディング, ベアード Spalding, Baird Thomas
◇ヒマラヤ聖者への道―実践版 1 時空を超越する人々（Life and Teaching of the Masters of the Far East, Volume 1） ベアード・スポールディング著, 成瀬雅春訳 ヒカルランド 2013.7 299p 20cm ①978-4-86471-132-6〔04305〕
◇ヒマラヤ聖者への道―実践版 2 内なる無限の力と完全なる法則（Life and Teaching of the Masters of the Far East, Volume 2） ベアード・スポールディング著, 成瀬雅春訳 ヒカルランド 2013.7 335p 20cm ①978-4-86471-132-6〔04306〕
◇実践版 ヒマラヤ聖者への道 2 ベアード・スポールディング著, 成瀬雅春訳 ヒカルランド 2013.11 2冊（セット） 19cm 5800円 ①978-4-86471-162-3
内容 3 深奥の望みを実現する法則（イエスの出現と空間移動/すべては万物の基礎「霊＝知的生命」から来る 馬賊団の頭目に向けて女将の発した波動の超パワー 有害な想念を跳ね返す純白霊光の偉力とその原理 光線に悪自滅する/とてつもないパワーの源 我神なり、神の愛、叡智、悟性なり ほか） 4 奇跡と創造の原理（大白色聖同胞団と世界平和 唯一心（One Mind）/宇宙の中心は知性をもって統制する 二元性は完全調和する 霊的能力を蘇らせる/新社会の発展を促す要因 言葉の力/言葉の起源とパワーの根本的秘密 ほか）〔04307〕
◇ヒマラヤ聖者への道―実践版 3 深奥の望みを実現する法則（Life and Teaching of the Masters of the Far East, Volume 3） ベアード・スポールディング著, 成瀬雅春訳 ヒカルランド 2013.11 362p 20cm ①978-4-86471-162-3〔04308〕
◇ヒマラヤ聖者への道―実践版 4 奇跡と創造の原理（Life and Teaching of the Masters of the Far East, Volume 4） ベアード・スポールディング著, 成瀬雅春訳 ヒカルランド 2013.11 460p 20cm ①978-4-86471-162-3〔04309〕

スマイルズ, サミュエル Smiles, Samuel
◇向上心（Character） サミュエル・スマイルズ著, 竹内均訳 三笠書房 2011.6 265p 15cm （知的生きかた文庫 た1-28） 571円 ①978-4-8379-7949-4
内容 第1章 自分を大きく育てる―何が自分の精神・知性を成長させるか 第2章 個性を磨く―いつも自分に誇りが持てる生き方 第3章 自分を生かす働き方―日々、精一杯働いているか、やりがいはあるか 第4章 見識を高める―「人生の教え」をいつ、どこから学びとるか 第5章 よい人間関係をつくる―つき合う相手を糧に自分を成長させているか 第6章 人を動かす―自分の信念に命をかけられるか〔04310〕
◇現代語訳西国立志編―スマイルズの『自助論』（Self-Help） サミュエル・スマイルズ著, 中村正直訳, 金谷俊一郎現代語訳 PHP研究所 2013.4 605p 18cm （PHP新書 856） 1400円 ①978-4-569-80119-3
内容 自助の精神 発明・創造により国家を富ませた偉人たち 忍耐力こそ成功の源泉である 勤勉な努力と忍耐が成功を生む いかにしてチャンスをつかむか 天才はどう作られるのか―芸術の分野で成功を収めた人たち 誰もが成功して偉くなることができる 意志の持つすばらしい力 仕事に励むことが人格を形成する 金銭の用い方 自分自身の力で向上することについて 従うべき手本について 品行について、真の君子について論ず〔04311〕
◇自助論（Self-Help） サミュエル・スマイルズ著, 竹内均訳 三笠書房 2013.9 270p 18cm 〈2003年刊の再刊〉 1100円 ①978-4-8379-5744-7
内容 1章 自助の精神―人生は"自分の手"でしか開けない！ 2章 忍耐―努力が苦でなくなる法 3章 好機は二度ない―人生の転機を生かす力 4章 仕事―向上意欲の前にカベはない！ 5章 意志と活力―自分の使命に燃えて生きる！ 6章 時間の知恵―「実務能力」のない人に成功はない 7章 金の知恵―楽をするためには汗をかけ！ 8章 自己修養―頭脳と心・体の効率のよい鍛えかた 9章 すばらしい出会い―人生の師・人生の友・人生の書 10章 信頼される人―人格は一生通用する最高の宝だ！〔04312〕

スマジャ, エリック Smadja, Éric
◇笑い―その意味と仕組み（Le rire） エリック・スマジャ著, 高橋信良訳 白水社 2011.5 158, 6p 18cm （文庫クセジュ 958） 〈文献あり〉 1050円 ①978-4-560-50958-6
内容 第1章 文学的見地と哲学的思索（語意の定義 フランス語における「笑う」という語の用法 哲学的思索） 第2章 エソロジーの諸相（笑いの現象学 笑いの個体発生 笑いの系統発生） 第3章 笑いの原因（笑いの病理学 精神分析の諸相 笑いの成立過程に関する仮説） 第4章 文化・社会の諸相（民族誌の事象 「笑いを誘うこと/笑い」というコミュニケーション・システム）〔04313〕

スマート, ピーター　Smart, Peter

◇公共部門における人的資源管理（Human resource management in the public sector）　日本都市センター編, ピーター・スマート, 稲沢克祐著, 稲沢克祐監訳, 荻布彦訳　日本都市センター　2012.9　219p　21cm　（日本都市センターブックレット）〈文献あり〉500円　①978-4-904619-38-4　〔*04314*〕

スマナサーラ, アルボムッレ　Sumanasara, Alubomulle

◇ありのままの自分—アイデンティティの常識を超える　アルボムッレ・スマナサーラ著　サンガ　2011.12　235p　19cm　（サンガ選書）　1300円　①978-4-904507-94-0

内容 第1章 本音と建前（本音と建前の二重構成　いじめられ続ける本音 ほか）　第2章 さまざまな顔を持つ自分（社会は一つではありません　無数の顔、無数の人格 ほか）　第3章 自己欺瞞の方程式（自己欺瞞の問題から除外される人　自己欺瞞で善を演じる大間違い ほか）　第4章 本当の自分に出会う（「正直」を知り尽くす　仏教が認める四つの正直 ほか）　第5章 ありのままに生きられる幸福（裏と表の対立を解消する　瞬間の心は一つ ほか）　〔*04315*〕

スマリヤン, レイモンド・M.　Smullyan, Raymond M.

◇哲学ファンタジー—パズル・パラドックス・ロジック（5000 B.C. AND OTHER PHILOSOPHICAL FANTASIES）　レイモンド・スマリヤン著, 高橋昌一郎訳　筑摩書房　2013.7　333p　15cm　（ちくま学芸文庫 ス16-1）〈丸善 1995年刊の再刊　著作目録あり〉　1400円　①978-4-480-09557-2

内容 第1部 あなたはなぜ正直なのか（あなたはなぜ正直なのか　あるパズル）　第2部 一般的な概念（さまざまな断片　ある論争）　第3部 三つのファンタジー（シンプリカスと木—郊外でのシンポジウム　認識論的な悪夢　心身問題のファンタジー）　第4部 生きるべきか死すべきか（生きるべきか死すべきか　生と死の禅　そこに何があるのか）　第5部 結末のファンタジー（夢か現実か　悟りを開いた唯我論　紀元前五千年）　〔*04316*〕

スマルディノ, シャロン・E.　Smaldino, Sharon E.

◇インストラクショナルデザインとテクノロジー—教える技術の動向と課題（TRENDS AND ISSUES IN INSTRUCTIONAL DESIGN AND TECHNOLOGY（原著第3版））　R.A.リーサー, J.V.デンプシー編　京都　北大路書房　2013.9　690p　21cm　〈訳：半田純子ほか　索引あり〉　4800円　①978-4-7628-2818-8

内容 専門職の倫理：実践に適用されるルール（シャロン E.スマルディノ, J.アナ・ドナルドソン, メアリ・ヘリング著, 渡辺雄貴訳）　〔*04317*〕

スミス, アダム　Smith, Adam

◇アダム・スミス『法学講義Aノート』Police編を読む　中村浩爾, 基礎経済科学研究所編　京都　文理閣　2012.1　196p　21cm　〈年表あり　索引あり　文献あり〉2000円　①978-4-89259-669-8

内容 A.スミス「法学講義Aノート」Police編 A.スミス「法学講義Aノート」Police編（訳）（アダム・スミス著, 北川健次, 服部寿子, 田中幸世, 荒木一彰, 田中百合子訳）　〔*04318*〕

◇アダム・スミス法学講義—1762～1763　アダム・スミス〔著〕, アダム・スミスの会監修, 水田洋, 篠原久, 只腰親和, 前田俊文訳　名古屋　名古屋大学出版会　2012.5　430, 7p　22cm　〈索引あり〉6600円　①978-4-8158-0699-6

内容 第1巻—一七六二年一二月二四日 - 一七六三年一月一〇日（法学について　生活行政 ほか）　第2巻—一七六三年一月一七日 - 二月三日（移転　封建的従士と土地 ほか）　第3巻—一七六三年二月七日 - 二月一六日（家族の一員　ローマの繁栄と女性の自由 ほか）　第4巻—一七六三年二月二一日 - 三月八日（統治の諸形態　権威の進展過程 ほか）　第5巻—一七六三年三月九日 - 三月二四日（自由の体系　イングランドの裁判所 ほか）　第6巻—一七六三年三月二八日 - 四月一三日（政活行政　人類の自然的欲求 ほか）　〔*04319*〕

◇道徳感情論—人間がまず隣人の、次に自分自身の行為や特徴を、自然に判断する際の原動力を分析するための論考（The Theory of Moral Sentiments（原著第6版））　アダム・スミス〔著〕, 高哲男訳　講談社　2013.6　697p　15cm　（講談社学術文庫 2176）〈索引あり〉1800円　①978-4-06-292176-3

内容 第1部 行為の適合性について　第2部 功績と欠陥について、すなわち、報奨と罰の対象について　第3部 我々自身の感情と行為に関する我々の判断の基礎、および義務感について　第4部 是認という感情に対して効用がもつ効果について　第5部 道徳的な是認や否認という感情に対する慣習や流行の影響について　第6部 美徳の特徴について　第7部 道徳哲学の体系について　〔*04320*〕

スミス, アニータ

◇成年後見法における自律と保護—成年後見法世界会議講演録　新井誠監修, 2010年成年後見法世界会議組織委員会編, 紺野包子訳　日本評論社　2012.8　319p　21cm　〈英語抄訳付〉5600円　①978-4-535-51865-0

内容 効果的な後見制度に不可欠な要素（アニータ・スミス著）　〔*04321*〕

スミス, アラスター　Smith, Alastair

◇独裁者のためのハンドブック（The Dictator's Handbook）　ブルース・ブエノ・デ・メスキータ, アラスター・スミス著, 四本健二, 浅野宜之訳　亜紀書房　2013.11　375p　19cm　〈索引あり〉2000円　①978-4-7505-1331-7　〔*04322*〕

スミス, ウェンディ　Smith, Wendy

◇グローバル化するアジア系宗教—経営とマーケティング　中牧弘允, ウェンディ・スミス編　大阪　東方出版　2012.1　433p　22cm　〈索引あり〉4000円　①978-4-86249-189-3

内容 広まりゆく霊魂の自覚（ウェンディ・スミス, タマシン・ラムサイ著, 江口飛鳥訳）　〔*04323*〕

スミス, キース・キャメロン　Smith, Keith Cameron

◇十の分かれ道（THE TOP 10 DISTINCTIONS BETWEEN WINNERS AND WHINERS）　キース・キャメロン・スミス著, 金井啓太訳　アルファポリス　2013.4　117p　20cm　〈発売

ス

星雲社〉 1300円 ①978-4-434-17769-9
内容 第十の分かれ道 責任を持つ人×人のせいにする人 第九の分かれ道 心から望むものを手に入れる人×手に入らないものばかり求める人 第八の分かれ道 道を見つける人×言い訳を見つける人 第七の分かれ道 部屋を明るくする人×部屋を暗くする人 第六の分かれ道 自分の話の二倍、相手の話を聞く人×相手の話の二倍、自分の話をする人 第五の分かれ道 人生の旅路そのものを楽しむ人×目的に着いたその一瞬しか楽しめない人 第四の分かれ道 友情を育む人×友情を壊す人 第三の分かれ道 大きく考える人×小さく考える人 第二の分かれ道 大事なことに集中する人×思考散漫な人 第一の分かれ道 物事の良い面を引きだす人×物事の悪い面を引きだす人 〔04324〕

ス

スミス, グレッグ Smith, Greg
◇訣別ゴールドマン・サックス（WHY I LEFT GOLDMAN SACHS） グレッグ・スミス著, 徳川家広訳 講談社 2012.10 453p 20cm 1900円 ①978-4-06-218080-1
内容 第1章 「わかりません。でも、すぐに調べます」 第2章 最悪の日々、飛躍の日々 第3章 スプリングボックの着地点 第4章 何かが終わった… 第5章 カジノ・ゴールドマンへ、ようこそ 第6章 大型取引を狩る日々 第7章 ウォール街、深淵をのぞき込む 第8章 顧客には四種類ある… 第9章「この怪物どもが」 第10章 ロンドンへの栄転 第11章 ロンドン支店は荒野だった 〔04325〕

スミス, ケノン・M. Smith, Kennon M.
◇インストラクショナルデザインとテクノロジ―教える技術の動向と課題（TRENDS AND ISSUES IN INSTRUCTIONAL DESIGN AND TECHNOLOGY（原著第3版）） R.A.リーサー, J.V.デンプシー編 京都 北大路書房 2013.9 690p 21cm 〈訳：半田純子ほか 索引あり〉 4800円 ①978-4-7628-2818-8
内容 変化するというデザインの本質（エリザベス・ボーリング, ケノン・M.スミス著, 半田純子訳） 〔04326〕

スミス, ゴードン Smith, Gordon
◇なぜ、悪いことが起こってしまうのか？（Why do bad things happen？） ゴードン・スミス著, ノーマン・テイラー邦子訳 ナチュラルスピリット 2011.11 301p 19cm 1500円 ①978-4-86451-016-5
内容 なぜ、自分達に災難がふりかかってくるのか？ スピリットは未来を覗く窓をもっている 予兆のここに注意！ 死期を知ることはできるのか 「変えられること」と「変えられないこと」を知る ソウルメイトは存在しているのか？ 愛に見放されているのか スピリットは恋人を見つけてはくれない 愛は多くの人と分かちあえる 宝くじにあたるのだろうか〔ほか〕 〔04327〕

スミス, ジャニス・A.
◇大学力を高めるeポートフォリオ―エビデンスに基づく教育の質保証をめざして 小川賀代, 小村道昭編著 東京電機大学出版局 2012.3 255p 21cm 〈索引あり 文献あり〉 2800円 ①978-4-501-62740-9
内容 Sakai Open Source Portfolio（OSP）ツール他（ジャニス・A.スミス著, 梶田将司, 足立昇訳） 〔04328〕

スミス, ジョス・A. Smith, Joseph Anthony
◇グレゴール・メンデル―エンドウを育てた修道士（Gregor Mendel） シェリル・バードー文, ジョス・A.スミス絵, 片岡英子訳 神戸 BL出版 2013.6 〔33p〕 27×27cm 1600円 ①978-4-7764-0565-8 〔04329〕

スミス, シーラ
◇日本の外交 第6巻 日本外交の再構築 井上寿一, 波多野澄雄, 酒井哲哉, 国分良成, 大芝亮編集委員 井上寿一, 波多野澄雄, 酒井哲哉, 国分良成, 大芝亮編 岩波書店 2013.10 316p 22cm 3800円 ①978-4-00-028596-4
内容 最前線としての沖縄（シーラ・スミス著, 横山司訳） 〔04330〕
◇現代日本の政治と外交 2 日米安全保障同盟―地域的多国間主義 猪口孝監修 原書房 2013.12 403, 4p 21cm 〈文献あり 索引あり〉 4800円 ①978-4-562-04954-7
内容 日米の戦略的取り決めを改善する（シーラ・A.スミス著, 小林朋則訳） 〔04331〕

スミス, スティーヴ* Smith, Steve
◇エブリデイ禅―今この瞬間を生きる、愛と営み（EVERYDAY ZEN：LOVE AND WORK） シャーロット・浄光・ベック著, Steve Smith〔編〕, 田中淳一訳 サンガ 2012.6 377p 18cm 2800円 ①978-4-905425-13-7
内容 第1章 はじまり 第2章 修行 第3章 感情 第4章 関係 第5章 苦しみ 第6章 理想 第7章 境界 第8章 選択 第9章 奉仕 〔04332〕

スミス, ティモシー・K.
◇ありえない決断―フォーチュン誌が選んだ史上最高の経営判断（FORTUNE：THE GREATEST BUSINESS DECISIONS OF ALL TIME） バーン・ハーニッシュ, フォーチュン編集部著, 石山淳訳 阪急コミュニケーションズ 2013.10 237p 19cm 1700円 ①978-4-484-13117-7
内容 株主より顧客を優先する信条（ティモシー・K.スミス著） 〔04333〕

スミス, フランク Smith, Frank
◇なぜ、学んだものをすぐに忘れるのだろう？―「学び」と「忘れ」の法則（THE BOOK OF LEARNING AND FORGETTING） フランク・スミス著, 福田スティーブ利久, 橋本直実監訳, 沢部涼子訳 岡山 大学教育出版 2012.4 176p 19cm 1500円 ①978-4-86429-100-2 〔04334〕

スミス, ポール（経営） Smith, Paul
◇リーダーはストーリーを語りなさい―顧客と従業員を魅了し、説得し、鼓舞する究極の方法（Lead with a Story） ポール・スミス著, 栗木さつき訳 日本経済新聞出版社 2013.3 412p 19cm 1800円 ①978-4-532-31870-3
内容 第1部 成功をイメージする（ビジョンを描く 目

標を設定し、積極的に取り組ませる　変革を主導する　提案を強く印象づける　顧客サービスの成功と失敗を示す　ストーリーの構成）　第2部 勝利に向かう環境をととのえる（文化を重視する　価値観をつくりあげる　協力をうながし、良好な人間関係を築く　多様性を尊重する　ルールで決まっていなくても、正しい行動をとる　具体的にわかりやすく話す　スタイルの工夫）　第3部 チームを活気づける（やる気をもたせ、士気を高める　勇気をもたせる　仕事に情熱をもたせる　感情に訴えかける　サプライズの要素をとりいれる）　第4部 聞き手を導く（重要な教訓を授ける　コーチングとフィードバック　問題解決の方法を示す　顧客理解をうながす　比喩の活用）　第5部 権限を与える（権限を委譲し、許可を与える　イノベーションと創造性を駆りたてる　営業は全員の仕事　初日に経緯を獲得する　聞き手をストーリーに組みいれる　いざ、実践！）　〔*04335*〕

スミス, リチャード　Smith, Richard

◇エビデンスに基づく教育政策（EVIDENCE-BASED EDUCATION POLICY）　D.ブリッジ, P.スメイヤー, R.スミス編著, 柘植雅義, 葉養正明, 加治佐哲也編訳　勁草書房　2013.11　270p　21cm　〈索引あり〉3600円　①978-4-326-25092-9

内容 教育研究と政策立案者の実際の判断 他（デビッド・ブリッジ, ポール・スメイヤー, リチャード・スミス著, 柘植雅義訳）　〔*04336*〕

スミス, ロイ・C.　Smith, Roy C.

◇金融規制のグランドデザイン―次の「危機」の前に学ぶべきこと（Restoring financial stability）　ヴィラル・V.アチャリア, マシュー・リチャードソン編著, 大村敬一監訳, 池田竜哉, 増原剛輝, 山崎洋一, 安藤祐介訳　中央経済社　2011.3　488p　22cm　〈文献あり〉5800円　①978-4-502-68200-1

内容 巨大複合金融機関（LCFI）に対する規制強化（アンソニー・サンダース, ロイ・C.スミス, インゴ・ウォルター）　〔*04337*〕

スミス, ロバート・ロウランド　Smith, Robert Rowland

◇ソクラテスと朝食を―日常生活を哲学する（BREAKFAST WITH SOCRATES）　ロバート・ロウランド・スミス著, 鈴木晶訳　講談社　2012.9　296p　19cm　〈文献あり〉1700円　①978-4-06-215385-0

内容 目覚める　身支度をする　通勤する　仕事をする　医者にかかる　両親と昼食を食べる　サボる　ショッピング　休暇の予約をする　スポーツジムに行く　風呂に入る　本を読む　テレビを見る　夕食を作って食べる　パーティに行く　同居人と喧嘩する　セックスをする　眠って、夢を見る　〔*04338*〕

スミス, ロバート・D.　Smith, Robert D.

◇「これから」の人生を悔いなく生きる（20, 000 DAYS AND COUNTING）　ロバート・D.スミス著, 渡辺みどり訳　サンマーク出版　2013.11　141p　20cm　1300円　①978-4-7631-3304-5

内容 1「これから」の二〇〇〇〇日を、どう生きるか？（数えてみたら、この世に生をうけて、二〇〇〇〇日 [illegible] 九五五年五月五日に生まれて―人生を変える考え方　強い目的意識で日々を過ごす　毎日を人生最後の日のように生きる　いかに死ぬかを学べば、いかに生きるかがわかる　感情の高まりが毎日を価値あるものにする　デザートは先に注文しなさい）　2 時間の主人になる（モチベーションとは神話にすぎない　選択肢はいつもふたつしかない　思考のプロセスを変えると、問題が解決できる　朝のビジョンに集中する　わからなくなったら、心の声を聞いてみる　三、四回の拒絶をあきらめる根拠にしない　毎日さざなみを起こそう）　3 今日が「これから」の人生の最初の日（勢いよく飛び立つための三つのステップ　今日をしっかり生きるための七つの問い　今すぐにできる十のことで一日を劇的に変える　最後のメッセージ―あなたに望むこと）　〔*04339*〕

スミス, ローレン　Smith, Lauren

◇図解!!やりかた大百科―役にたつ（かもしれない）438の豆知識。　デレク・ファーガストローム, ローレン・スミス, ショー・ミー・チーム著, 和田侑子訳　パイインターナショナル　2011.9　1冊（ページ付なし）　20cm　1900円　①978-4-7562-4109-2

内容 つくる　食べる　飲む　洒落る　ラブ　暮らす　育てる　保健体育　旅にでる　生きのびる　おまけ　〔*04340*〕

スミス, ローレンス・C.　Smith, Laurence C.

◇2050年の世界地図―迫りくるニュー・ノースの時代（The world in 2050）　ローレンス・C.スミス著, 小林由香利訳　NHK出版　2012.3　348p　20cm　2800円　①978-4-14-081535-9

内容 フォートマクマレーへ　しのびよる異変　第1部 プッシュ―高まる圧力（過密都市　鉄、石油、風　干上がるカリフォルニア、水没する上海）　第2部 プル―引き寄せる力（北の生態系が変わる　北極の地下資源は誰のもの？　環北極圏の人口とグローバル移民　先住民の問題）　第3部 さまざまな結末（不確実な要素　ニュー・ノース）　〔*04341*〕

スミス, P.D.　Smith, Peter Daniel

◇都市の誕生―古代から現代までの世界の都市文化を読む（CITY）　P.D.スミス著, 中島由華訳　河出書房新社　2013.8　479p　20cm　〈文献あり〉2800円　①978-4-309-22598-2

内容 第1章 到着　第2章 歴史　第3章 習慣　第4章 滞在　第5章 街をさまよう　第6章 マネー　第7章 余暇　第8章 都市を超えて　〔*04342*〕

スミッツ, グレゴリー　Smits, Gregory James

◇琉球王国の自画像―近世沖縄思想史（Visions of Ryukyu）　グレゴリー・スミッツ著, 渡辺美季訳　ぺりかん社　2011.10　284p　22cm　〈文献あり　索引あり〉4200円　①978-4-8315-1298-7

内容 第1章 琉球の地位および日本・中国との関係　第2章 北への眼差しと西への眼差し―向象賢と程順則　第3章 琉球の自律性―蔡温における琉球の理論的根拠　第4章 琉球の再興―蔡温とその批判勢力　第5章 蔡温の琉球像への対抗　エピローグ 結論　〔*04343*〕

◇日米欧からみた近世日本の経済思想（Economic thought in early modern Japan）　川口浩, ベティーナ・グラムリヒ＝オカ編, 田中アユ子, 安野正士訳　岩田書院　2013.2　371p　22cm　7900円　①978-4-87294-785-4

ス

内容 朽ちたる手縄にて馬を馳せるが如し——八世紀における琉球王国の経済思想（グレゴリー・スミッツ著）〔04344〕

スミット, ダグラス・K.

◇インカ帝国—研究のフロンティア　島田泉, 篠田謙一編著　秦野　東海大学出版会　2012.3　428p　27cm　(国立科学博物館叢書 12)　〈索引あり〉 3500円　Ⓘ978-4-486-01929-9

内容 インカ国家の起源（ダグラス・K.スミット, ブライアン・S.バウアー著, 松本雄一訳）〔04345〕

スミット, ティム

◇世界一素朴な質問、宇宙一美しい答え—世界の第一人者100人が100の質問に答える（BIG QUESTIONS FROM LITTLE PEOPLE）ジェンマ・エルウィン・ハリス編, 西田美緒子訳, タイマタカシ絵　河出書房新社　2013.11　298p　22cm　2500円　Ⓘ978-4-309-25292-6

内容 ウシは空気をよごしているの？（ティム・スミット）〔04346〕

スメイヤー, ポール　Smeyers, Paul

◇エビデンスに基づく教育政策（EVIDENCE-BASED EDUCATION POLICY）　D.ブリッジ, P.スメイヤー,R.スミス編著, 柘植雅義, 葉養正明, 加治佐哲也編訳　勁草書房　2013.11　270p　21cm　〈索引あり〉 3600円　Ⓘ978-4-326-25092-9

内容 教育研究と政策立案者の実際の判断 他（デビッド・ブリッジ, ポール・スメイヤー, リチャード・スミス著, 柘植雅義訳）〔04347〕

スメドリー, ジェニー　Smedley, Jenny

◇天使のノート—あなたのとなりにいる天使のメッセージを聞く方法（A YEAR WITH THE ANGELS）　ジェニー・スメドリー著, 益子祐司訳　徳間書店　2012.6　271p　19cm　1700円　Ⓘ978-4-19-863418-6

内容 天使とともに生きる—エンジェル・ガイドたちからのアドバイス（天使たちに導かれて　天使はいつもあなたのそばにいます ほか）　天使に導かれた人たち—あなたの天使も呼びかけを待っています（天使からの呼びかけを感じて—リンの体験　子供たちの前に現れた婦人—ミリアムの体験 ほか）　一週間をつかさどるエンジェル（日曜日のエンジェル—勇気を与えて力強くサポートします　月曜日のエンジェル—才能を開花させて使命を自覚させます ほか）　十二ヵ月をつかさどるエンジェルたち（一月のエンジェル—いまできることから始めましょう　二月のエンジェル—明るい陽射しを取り入れましょう ほか）〔04348〕

スュテックラー, マンフレッド

◇時間の謎—哲学的分析（Das Rätsel der Zeit）　ハンス・ミカエル・バウムガルトナー編, 田中隆訳　丸善書店出版サービスセンター　2013.8　353p　22cm　非売品　Ⓘ978-4-89630-281-3

内容 確率事象の変換 二十世紀の物理学における時間概念の相対化（マンフレッド・スュテックラー）〔04349〕

スライウォツキー, エイドリアン・J.　Slywotzky, Adrian J.

◇ザ・ディマンド—爆発的ヒットを生む需要創出術（DEMAND）　エイドリアン・J.スライウォツキー, カール・ウェバー著, 佐藤徳之監訳, 中川治子訳　日本経済新聞出版社　2012.7　430p　19cm　1900円　Ⓘ978-4-532-31818-5

内容 序 需要のミステリー　1 マグネティック—機能面と情緒面の「魅力」が需要を生み出す　2 ハッスル・マップ—時間とお金をムダにする「欠点」を明らかにする　3 バックストーリー—「見えない要素」で魅力を強化する　4 トリガー—人々を「夢中」にさせ、購買の決断を下してもらう　5 トラジェクトリー—魅力を「進化」させ、新しい需要層を掘り起こす　6 バリエーション—「コスト効率の高い製品多様化」を図る　7 ローンチ—需要のアキレス腱に注意する　8 ポートフォリオ—シリーズ化には高いハードルがつきまとう　9 スパーク—需要の未来はこうして見つけよ！〔04350〕

スリヴァスタヴァ, ニリマ

◇アジアにおけるジェンダー平等—政策と政治参画：東北大学グローバルCOEプログラム「グローバル時代の男女共同参画と多文化共生」（Gender equality in Agia）　辻村みよ子, スティール若希編　仙台　東北大学出版会　2012.3　353p　22cm　〈文献あり〉 3000円　Ⓘ978-4-86163-185-6

内容 ジェンダー差別とアファーマティブ・アクション（ニリマ・スリヴァスタヴァ著, 菅野美佐子訳）〔04351〕

スリヴァスタヴァ, レーナ

◇緑の産業革命—資源・エネルギー節約型成長への転換　マルティン・イェーニッケ, ミランダ・A.シュラーズ, クラウス・ヤコブ, 長尾伸一編　京都　昭和堂　2012.8　261, 31p　19cm　3000円　Ⓘ978-4-8122-1238-7

内容 地球環境に優しいインドの発展（レーナ・スリヴァスタヴァ著, 西村健佑, 西本和見訳）〔04352〕

スリナス, シャンカナラヤン

◇トラウマを理解する—対象関係論に基づく臨床アプローチ（Understanding trauma）　キャロライン・ガーランド編, 松木邦裕監訳, 田中健夫, 梅本園乃訳　岩崎学術出版社　2011.3　249p　22cm　〈文献あり 索引あり〉 4000円　Ⓘ978-4-7533-1018-0

内容 トラウマにおける同一化過程（シャンカナラヤン・スリナス著）〔04353〕

スーリン, ケネス

◇政治経済学の政治哲学的復権—理論の理論的〈臨界—外部〉にむけて　法政大学比較経済研究所, 長原豊編　法政大学出版局　2011.3　476p　20cm　(比較経済研究所研究シリーズ 別巻)　〈索引あり〉 4500円　Ⓘ978-4-588-60241-2

内容 人間の境界を超えて進む？（ケネス・スーリン著, 沖公祐訳）〔04354〕

スールヤ・ダス　Surya Das

◇人生を劇的に変える〈ブッダの時間〉（BUDDHA STANDARD TIME）　ラマ・スールヤ・ダス著,

ハーディング祥子訳 新潮社 2013.8 251p 20cm 1800円 ①978-4-10-506511-9

内容 はじめに 時間と上手につき合う 第1章 自然の刻む時に目覚める 第2章 より高い「自分」のために時間を作る 第3章 同調する 第4章 直観力を理解する 第5章 時間に賢く心を向ける 第6章 歩みの中に空間を生み出す 第7章 聖なる時間と空間に生きる 第8章 時を紡ぐ車輪 〔04355〕

スレイヴィン, ビル Slavin, Bill

◇本と図書館の歴史―ラクダの移動図書館から電子書籍まで (The library book) モーリーン・サワ文, ビル・スレイヴィン絵, 宮木陽子, 小谷正子訳 西村書店東京出版編集部 2010.12 70p 27cm 1800円 ①978-4-89013-923-1 〔04356〕

スレイター, デビッド Slater, David H.

◇東日本大震災の人類学―津波、原発事故と被災者たちの「その後」 トム・ギル, ブリギッテ・シテーガ, デビッド・スレイター編 京都 人文書院 2013.3 371p 19cm 2900円 ①978-4-409-53043-6

内容 ボランティア支援における倫理 (デビッド・スレイター著, 森本麻衣子訳) 〔04357〕

スレイド, アリエッタ

◇アタッチメントを応用した養育者と子どもの臨床 (Attachment theory in clinical work with children) ダビッド・オッペンハイム, ドグラス・F.ゴールドスミス編, 数井みゆき, 北川恵, 工藤晋平, 青木豊訳 京都 ミネルヴァ書房 2011.6 316p 22cm 〈文献あり〉 4000円 ①978-4-623-05731-3

内容 未組織型の母親と未組織型の子ども (アリエッタ・スレイド著) 〔04358〕

スレイマン, ワン・アルフィダ

◇フューチャースクール―シンガポールの挑戦 (A school's journey into the future) テイ・リー・ヨン, リム・チェー・ピン, カイン・ミント・スウィー編著, トランネット訳, 中川一史監訳 ピアソン桐原 2011.2 183p 21cm 2400円 ①978-4-89471-549-3

内容 ICTを媒介とする具体的な活動を通し、児童のマレー語およびタミール語のオーラルコミュニケーション・スキルを高める (カイン・ミント・スウィー, ワン・アルフィダ・スレイマン, カリアモアシー・シヴァゴーリ) 〔04359〕

スレイメノワ, エレオノラ

◇中央アジアの教育とグローバリズム 嶺井明子, 川野辺敏編著 東信堂 2012.3 247p 22cm 〈他言語標題 : Globalization and Education Reform in Central Asia 索引あり〉 3200円 ①978-4-7989-0102-2

内容 「ロシア語化」「カザフ語化」政策対多言語主義 (スレイメノワ・エレオノラ著, 水谷邦子, ミソチコ・グリゴリー訳) 〔04360〕

スレッテン, ブライアン Sletten, Brian

◇プロジェクトマネジャーが知るべき97のこと (97 things every project manager should know) Barbee Davis編, 笹井崇司訳, 神庭弘年監修 オライリー・ジャパン 2011.11 240p 21cm 〈発売 : オーム社〉 1900円 ①978-4-87311-510-8

内容 プロジェクトの失敗は組織の失敗 他 (ブライアン・スレッテン) 〔04361〕

スロヴィック, スコット

◇異文化コミュニケーション学への招待 鳥飼玖美子, 野田研一, 平賀正子, 小山亘編 みすず書房 2011.12 484p 22cm 〈他言語標題 : Introduction to Intercultural Communication Studies〉 6000円 ①978-4-622-07659-9

内容 自然記述の多様性 (スコット・スロヴィック著, 浅井優一訳) 〔04362〕

スローター, アン＝マリー

◇混乱の本質―叛逆するリアル民主主義・移民・宗教・債務危機 ジョージ・ソロスほか著, 徳川家広訳 土曜社 2012.8 157p 18cm (PROJECT SYNDICATE A WORLD OF IDEAS) 〈他言語標題 : Reality in Revolt〉 952円 ①978-4-9905587-4-1

内容 外交家オバマ (アン＝マリー・スローター著) 〔04363〕

スローター, シェイラ Slaughter, Sheila

◇アカデミック・キャピタリズムとニュー・エコノミー―市場, 国家, 高等教育 (ACADEMIC CAPITALISM and the NEW ECONOMY) S.スローター, G.ローズ〔著〕, 成定薫監訳, 阿曽沼明裕, 杉本和弘, 羽田貴史, 福留東土訳 法政大学出版局 2012.11 501, 36p 20cm (叢書・ウニベルシタス 985) 〈文献あり 索引あり〉 6800円 ①978-4-588-00985-3

内容 第1章 アカデミック・キャピタリズムの理論 第2章 アカデミック・キャピタリズムの政治的背景 第3章 特許政策―法律の変化と商業的拡張 第4章 特許政策の影響―学生と教員 第5章 著作権―大学の政策と実践 第6章 著作権の影響―大学の中心的機能の商品化 第7章 学科レベルのアカデミック・キャピタリズム 第8章 大学執行部のアカデミック・キャピタリズム 第9章 権力のネットワーク―理事会と学長 第10章 スポーツ―契約、商標、ロゴ 第11章 学士課程学生と教育市場 第12章 アカデミック・キャピタリズム的な知と学問の体制 〔04364〕

スローターダイク, ペーター Sloterdijk, Peter

◇方法としての演技―ニーチェの唯物論 (Der Denker auf der Bühne) ペーター・スローターダイク著, 森田数実, 中島裕昭, 若林恵, 藤井佳世訳 論創社 2011.5 264p 20cm 2600円 ①978-4-8460-0803-1

内容 1 ケンタウロス的文学 2 実存の文献学、諸力のドラマトゥルギー 3 猛犬に注意 (cave canem)―あるいは恐るべき真理に注意！ 4 ディオニュソスがディオゲネスに出合う、あるいは身体化された精神の冒険 5 苦痛と正義 解説 スローターダイクのニーチェ論 〔04365〕

スロット, N.ウィム

◇犯罪学研究―社会学・心理学・遺伝学からのアプ

ローチ（The Explanation of Crime）　パーオロフ・H.ウィクストラム, ロバート・J.サンプソン編著, 松浦直己訳　明石書店　2013.8　338p　22cm　6000円　①978-4-7503-3878-1
内容 重大な非行の累積的3次元発育モデル（ロルフ・ローバー,N.ウィム・スロット, マグダ・サウサマーローバー著）〔04366〕

スローン, ポール　Sloane, Paul
◇ポール・スローンの思考力を鍛える30の習慣（How to be a brilliant thinker）　ポール・スローン著, 黒輪篤嗣訳　二見書房　2011.2　254p　19cm　〈他言語標題：Exercise your mind and find creative solutions〉1600円　①978-4-576-10190-3
内容 なぜ考えかたを変えるのか　反対のことを考える　思い込みと向き合う　問題を分析する　問う　組み合わせる　平行思考　創造的に考える　水平的に考える　ほかの人が考えないことを考える〔ほか〕〔04367〕
◇ポール・スローンの結果を出せるリーダーのイノベーション思考法（The innovative leader）　ポール・スローン著, 若林暁子訳　北辰堂　2012.1　269p　19cm　〈文献あり〉1600円　①978-4-89287-511-3
内容 第1章 リーダーのためのイノベーションの鉄則　第2章 解決すべき問題を分析する　第3章 イノベーションの源泉を生み出す　第4章 イノベーションのプロセスを実行する　第5章 イノベーションを育む企業風土を築く　第6章 創造的な生き方をする〔04368〕
◇難関突破の発想を身につける水平思考（ラテラルシンキング）で会社を救え！―図解とパズルでわかる（The leader's guide to lateral thinking skills）　ポール・スローン〔著〕,〔ディスカヴァー・クリエイティブ〕〔訳〕　ディスカヴァー・トゥエンティワン　2013.10　119p　26cm　（マジビジpro）〈（2007年刊）の増訂〉1200円　①978-4-7993-1405-0〔04369〕

スワップ, ウォルター　Swap, Walter C.
◇「経験知」を伝える技術（Deep Smarts）　ドロシー・レナード, ウォルター・スワップ著, 池村千秋訳　新装版　ダイヤモンド社　2013.9　331, 16p　19cm　〈初版：ランダムハウス講談社2005年刊　文献あり〉2000円　①978-4-478-02483-6
内容 第1章 なぜ、経験知が重要なのか　第2章 経験を通じて学習する　第3章 エキスパートの専門知識　第4章 知識を集めて、組み合わせる　第5章 個人の信念の影響　第6章 社会的影響　第7章 経験知をどうやって移転するか　第8章 指導のもとでの経験　第9章 経験知をはぐくむ―組織のために、個人のために〔04370〕

スワーリング, リサ　Swerling, Lisa
◇ヒラメキ公認ガイドブックこんな世界地図、みたことない（THE MOST STUPENDOUS ATLAS OF THE WHOLE WIDE WORLD）　リサ・スワーリング, ラルフ・レイザーイラスト, サイモン・アダムズ文, 伊藤伸子訳　京都　化学同人　2012.7　61p　31cm　〈索引あり〉2500円　①978-4-7598-1483-5
内容 みんなの住んでいる世界　北アメリカ　ゴルフでひとまわり　地面の下の世界　南アメリカ　カーニバルだ、パレードだ　地球の表面　アフリカ　アフリカ邸におじゃまします　天気と気候　ヨーロッパさぁアート・ショーへ　海　アジア　ごちゃまぜバザール　世界の人びと　オセアニア　ビーチでばーべきゅー　極地　くらべてみよう　用語集とさくいん〔04371〕
◇ヒラメキ公認ガイドブック世界中を探検しよう（THE MOST BRILLIANT BOLDLY GOING BOOK OF EXPLORATION EVER）　リサ・スワーリング, ラルフ・レイザーイラスト, ピーター・クリスプ文, 伊藤伸子訳　京都　化学同人　2012.7　61p　31cm　〈索引あり〉2500円　①978-4-7598-1484-2
内容 世界中を探検する　古代の探検家たち　バイキングの航海　旅人の話、ほら話　マルコ・ポーロとイブン＝バットゥータ　中国の探検家　航海王子エンリケ　インド上陸　西へ出航　世界一周　スペインの征服者　旧世界と新世界　北回り航路　北アメリカ横断〔04372〕

スワン, シュテファン
◇ヨーロッパ私法の原則・定義・モデル準則―共通参照枠草案〈DCFR〉（Principles, Definitions and Model Rules of European Private Law（原著概要版）（抄訳））　クリスティアン・フォン・バール, エリック・クライブ, ハンス・シュルテ-ネルケ, ヒュー・ビール, ジョニー・ヘレ, ジェローム・ユエ, マティアス・シュトルメ, シュテファン・スワン, ポール・バルール, アンナ・ヴェネツィアーノ, フリデリィク・ツォル編, 窪田充見, 潮見佳男, 中田邦博, 松岡久和, 山本敬三, 吉永一行監訳　京都　法律文化社　2013.11　498p　22cm　〈索引あり〉8500円　①978-4-589-03541-7
内容 序論　原則　モデル準則（総則　契約及びその他の法律行為　債務及びこれに対応する権利　各種の契約及びそれに基づく権利義務　事務管理　他人に生じた損害に基づく契約外責任　不当利得　物品所有権の得喪　動産担保　信託）〔04373〕

スワンストン, アレグザンダー　Swanston, Alexander
◇アトラス世界航空戦史（Atlas of air warfare）　アレグザンダー・スワンストン, マルコム・スワンストン著, 石津朋之, 千々和泰明監訳　原書房　2011.2　358p　27cm　〈索引あり〉4800円　①978-4-562-04664-5
内容 初期の航空機　初期の航空隊―1914‐1918年　飛行船―1914‐1918年　戦闘機―1914‐1918年　爆撃機―1916‐1918年　アメリカの戦時体制―1917年　最終決戦―1918年　戦間期　空の帝国　洋上の航空機〔ほか〕〔04374〕

スワンストン, マルコム　Swanston, Malcolm
◇アトラス世界航空戦史（Atlas of air warfare）　アレグザンダー・スワンストン, マルコム・スワンストン著, 石津朋之, 千々和泰明監訳　原書房　2011.2　358p　27cm　〈索引あり〉4800円　①978-4-562-04664-5
内容 初期の航空機　初期の航空隊―1914‐1918年　飛行船―1914‐1918年　戦闘機―1914‐1918年　爆撃

機—1916‐1918年　アメリカの戦時体制—1917年　最終決戦—1918年　戦間期　空の帝国　洋上の航空機〔ほか〕〔04375〕

ズントゥム, ウルリヒ・ファン　Suntum, Ulrich van

◇学説で読み解く現代経済入門—ミクロ・マクロ・財政（Die unsichtbare Hand（4 Aufl., part 1-2, 4)）　ウルリヒ・ファン・ズントゥム著, 高倉博樹, 永合位行訳　中央経済社　2011.9　305p　22cm　〈文献あり〉3400円　①978-4-502-68970-3

内容 1 人間と市場—ミクロ経済学（市場の見えざる手競争—その理論と実践　価格、費用および利潤 ほか）　2 市場経済の危機—マクロ経済学（貨幣はどのようにして経済に現れたのか？　経済循環と需要不足　景気変動はなぜ生じるのか？　ほか）　3 国家と社会的なるもの—財政学（国家とその経済における役割　民主制と市場経済　市場経済における社会的なるもの ほか）〔04376〕

スンドシュトレム, ジェルト*　Sundström, Gerdt

◇健康長寿の社会文化的文脈（Healthy Aging in Sociocultural Context）　Andrew E.Scharlach, Kazumi Hoshino編, 佐々木尚之,Kazumi Hoshino監訳　風間書房　2013.10　157p　21cm　〈索引あり〉2500円　①978-4-7599-1997-4

内容 スウェーデンにおける健康長寿（Gerdt Sundström, Mats Thorslund著, 中川威訳）〔04377〕

ズンドファー, ハリエット

◇中国宋代の地域像—比較史からみた専制国家と地域　伊原弘, 市来津由彦, 須江隆編　岩田書院　2013.8　408p　22cm　11800円　①978-4-87294-814-1

内容 宋代地域社会の概観（ハリエット・ズンドファー著, 吉田真弓訳）〔04378〕

【セ】

セイ, クンオク　成 君憶

◇マンガ水煮三国志　上巻　劉備式「人を動かす！」マネジメントの教科書　成君憶原作, 呉常春, 泉京鹿訳, 福原雅也漫画, 谷山一樹脚本　学研パブリッシング　2011.9　190p　19cm　〈発売：学研マーケティング〉1200円　①978-4-05-404806-5〔04379〕

◇マンガ水煮三国志　下巻　孔明式「売れる！」マーケティングの教科書　成君憶原作, 呉常春, 泉京鹿訳, 福原雅也漫画, 谷山一樹脚本　学研パブリッシング　2011.9　188p　19cm　〈発売：学研マーケティング〉1200円　①978-4-05-404902-4〔04380〕

セイ, タイクン*　成 垈勲

⇒ソン, デフン

セイ, トウホウ*　斉 東方

◇ソグド人の美術と言語　曽布川寛, 吉田豊編　京都　臨川書店　2011.2　334p　22cm　3600円　①978-4-653-04049-1

内容 中国文化におけるソグドとその銀器（斉東方著, 古田真一訳）〔04381〕

セイ, ホウエン　斉 邦媛

◇巨流河　上　斉邦媛著, 池上貞子, 神谷まり子訳　作品社　2011.6　306p　20cm　〈他言語標題：Kyoryu-Ga　文献あり 年譜あり〉2400円　①978-4-86182-343-5

内容 第1章 歌声の中の故郷（いのちの始まり　鉄嶺の斉家 ほか）　第2章 涙と流浪の日々—抗日戦争の八年間（戦争の足音　盧溝橋事件 ほか）　第3章「救国はわが手にあり」—南開中学にて（南開中学校長、張伯苓先生　恩師 ほか）　第4章 三江の流れつくところ—大学生活（上流へ　白塔街の女子寮 ほか）　第5章 勝利—虚しさのなかで（戦後の新局面—喪失の始まり　再び生涯の師に遭う ほか）〔04382〕

◇巨流河　下　斉邦媛著, 池上貞子, 神谷まり子訳　作品社　2011.6　316p　20cm　〈他言語標題：Kyoryu-Ga〉2400円　①978-4-86182-344-2

内容 第6章 風雨の台湾（台北の印象　新天地—友情 ほか）　第7章 魂の末裔（台中一中　文化交流の始まり ほか）　第8章 開拓と改革の七〇年代（世界の文壇に向かって進軍—英訳『中国現代文学選集』のこと　文学の種まき—国語教科書改革 ほか）　第9章 台湾大学文学部の回廊（外国文学科今昔　二十歳の夢よ、もう一度 ほか）　第10章 台湾、文学、わたしたち（台湾文学のアイデンティティを求めて　国際舞台に上った台湾文学 ほか）　第11章 この世に生きた証—巨流河から啞口海へ（母の安息　突然の災難—詩と疼痛 ほか）〔04383〕

セイソ　世祖（朝鮮国王）

◇釈譜詳節　下　朝鮮世祖纂述, 河瀬幸夫訳　横浜　春風社　2011.5　379p　22cm　〈年表あり〉6500円　①978-4-86110-271-4

内容 月印釈譜第二十（月印千江之曲第二十・釈譜詳節第二十）　月印釈譜第二十一（月印千江之曲第二十一・釈譜詳節第二十一）　月印釈譜第二十二（月印千江之曲第二十二・釈譜詳節第二十二）　月印釈譜第二十三（月印千江之曲第二十三　釈譜詳節第二十三）　釈譜詳節第二十三（釈譜詳節第廿三）　釈譜詳節第二十四・月印釈譜第二十五（釈譜詳節第廿四　月印千江之曲第二十五・釈譜詳節第二十五）　付録〔04384〕

◇釈譜詳節　中　朝鮮世祖纂述, 河瀬幸夫訳　横浜　春風社　2013.4　511p　22cm　6500円　①978-4-86110-363-6

内容 釈譜詳節（釈譜詳節第十三　釈譜詳節第十九　釈譜詳節第二十 ほか）　月印釈譜（月印釈譜第十一　月印釈譜第十二　月印釈譜第十三 ほか）　付録（刊経都監版妙法蓮華経巻第四　刊経都監版妙法蓮華経巻第五　法華経要解科文の概略）〔04385〕

セイファー, ジーン　Safer, Jeanne

◇親を亡くしたあなたへ—親を失った後、人生はどう好転するか　ジーン・セイファー著, 吉田利子訳　飛鳥新社　2011.7　254p　20cm　1600円　①978-4-86410-089-2

内容 第1部 親の死はすべてを変える（母の死がもたらしたもの　親の死という恵み ほか）　第2部 自分らしい人生が始まる（初めて人生を楽しむ　健康と美という恵みを得る ほか）　第3部 新たな目で親を見る

（パパは何でも知っている？　重荷を背負った娘たち）　第4部 親の死によって見えてくるもの（最後のひとときに得られるもの　真実が明かされるとき ほか）〔04386〕

セイフテル, パヴェル
◇国家と国民の歴史―ヴィジュアル版（HISTORIES OF NATIONS）　ピーター・ファタードー編, 猪口孝日本語版監修, 小林朋則訳　原書房　2012.11　320p　26cm　〈文献あり 索引あり〉5800円　①978-4-562-04850-2
内容 チェコ―民族の歴史とアイデンティティーの探求（パヴェル・セイフテル）〔04387〕

セイヤーズ, ウィリアム・バーウィック　Sayers, William Charles Berwick
◇セイヤーズの児童図書館マニュアル（A manual of children's libraries）　ウィリアム・バーウィック・セイヤーズ著, 伊香左和子監修, 藤野寛之翻訳・解説　金沢　金沢文圃閣　2011.12　194p　22cm　（図書館学古典翻訳セレクション 7）〈文献あり〉12000円　①978-4-907789-76-3〔04388〕

ゼーヴァルト, ペーター　Seewald, Peter
◇修道院の断食―あなたの人生を豊かにする神秘の7日間（Das Fasten der Monche）　ペーター・ゼーヴァルト編, ベルンハルト・ミュラー著, 島田道子訳　大阪　創元社　2011.1　231p　19cm　（修道院ライブラリー）　1400円　①978-4-422-14389-7
内容 第1章 修道院へようこそ　第2章 修道院の断食・小史　第3章 断食前の正しい準備　第4章 断食一日目―毒素を洗い流し、健康な体を作る　第5章 断食二日目―あたえ、断念する。そのことで翼が生えたように軽くなる　第6章 断食三日目―さまざまな誘惑と、断食がうまくいかない原因　第7章 断食四日目―自己発見：「罪」を自覚し、「罪」から清められる　第8章 断食五日目―ついにオアシスにたどりつく　第9章 断食六日目―目や耳、口、手を使ったさまざまな「断食」　第10章 断食七日目―最後には望みどおりの自分になれることを悟る〔04389〕
◇修道院の医術―心身ともに健やかに生きるための12章（Die Heilkunst der Monche）　ペーター・ゼーヴァルト編, ルーツィア・グラーン著, 島田道子訳　大阪　創元社　2011.8　239p　19cm　（修道院ライブラリー）　1400円　①978-4-422-14390-3
内容 修道院へようこそ　修道院の医術・小史　最高の予防―心と体の全体をケアする生き方　体と魂について―体と魂を調和させる方法　節度と中庸について―生活のバランスをとりもどす方法　修道院の庭園から生まれた薬剤―各薬剤の用法　正しく飲食する―バランスよく、健康によい栄養のとり方　正しく断食する―体と精神を清め、新たな力を得る方法　よく働きよく遊ぶ―仕事や悩みに惑わされず、安らぎを得る方法　正しい目覚めと眠り―昼と夜を適切に過ごし、心の落ちつきを得る方法　神はともに癒される―「天」からの助けを求め、そこから始められること〔04390〕

セヴォス, A.*　Thevos, Angelica K.
◇動機づけ面接法　応用編（Motivational interviewing (2nd edition)）　ウイリアム・R.ミラー, ステファン・ロルニック編, 松島義博, 後藤恵, 猪野亜朗訳　星和書店　2012.9　291p　21cm　〈文献あり〉3200円　①978-4-7911-0817-6
内容 一般医療と公衆保健領域における動機づけ面接法（Ken Resnicow, Colleen DiIorio, Johanna E.Soet, Belinda Borrelli, Denise Ernst, Jacki Hecht, Angelica K.Thevos）〔04391〕

セオトキ-アテシュリ, パナヨッタ　Theotoki-Atteshli, Panayiota
◇真理の言葉―スティリアノス・アテシュリス博士の講義録より撰集（Words of truth）　スティリアノス・アテシュリス講義, パナヨッタ・セオトキ-アテシュリ撰, 須々木光誦訳　エドコム　2011.7　345p　21cm　〈発売：叢文社〉2600円　①978-4-7947-0657-7
内容 全なる智恵、意志の喜び、ライフ-ライト、大天使、天使、観察、愛、マインド、マインド・バイタリティー、エゴイズム　マインド、エーテル、集中、観察、瞑想、視覚化　真理、生命、愛　生命、欲望、感情、マインドの利用、エゴイズム、警戒力、ヒーリングと短いエクササイズ　愛、神聖なる愛　波動、生命の光、エーテル　思考、考えること、マインド、光、高次元での利用について　ヒーリング、エーテル・バイタリティー、サイキカル・ヒーリング、スピリチュアル・ヒーリング　生命、キネーシス、神は生命、私は誰か、マインド、体、パーソナリティー、エレメンタル、自己実現　光、物質界、サイキカル界、ノエティカル界、神、人間のイデア、体外離脱〔ほか〕〔04392〕

世界銀行《The World Bank》
⇒国際復興開発銀行

世界宗教者平和会議
◇東アジア平和共同体の構築と国際社会の役割―「IPCR国際セミナー」からの提言　宗教平和国際事業団, 世界宗教者平和会議日本委員会編, 真田芳憲監修　佼成出版社　2011.9　336, 4p　18cm　（アーユスの森新書 003　中央学術研究所編）　900円　①978-4-333-02507-7
内容 基調講演「東アジア平和共同体」の構築と国際社会の役割 金星坤 述, 金永完 訳. 過去の葛藤はいかに克服すべきか 歴史を鏡に、平和を愛し、ともに未来を切り開こう 高峰 述, 崔延花 訳. 東アジア各国の二重国籍の歴史から見る衝突から緩和 厳海玉 述, 崔延花 訳. 東アジアにおける過去の紛争をどう克服すべきか 呉尚烈 述, 金永完 訳. 韓・中・日三国間における過去の紛争をいかに克服すべきか 金忠環 述, 金永完 訳. 東アジアにおける過去の傷跡をどう癒すか 松井ケテイ 述. 多様性の中の調和と共生 杜文堂 述, 崔延花 訳. 韓日における過去の歴史を清算するための媒介方策 金容煥 述, 金永完 訳. 歴史を鏡とし、未来を志向する 華夏 述, 崔延花 訳. 心の傷を癒すために、新たなる発足を 山崎竜明 述. 韓日の過去の歴史における紛争を根本的に解決する道 金承国 述, 金永完 訳. 東アジアの平和共同体の構築と国際社会の役割 東アジア平和共同体の建設と国際社会の役割 伊藤成彦 述. 東アジアの共同体の構築と国際機関の役割 ヴェセリン・ポポフスキー 述, 三善恭子 訳. 東アジア共同体の樹立と国際社会の役割 真田芳憲 述. 対話・協力の強化と東アジアの平和 衛元琪 述, 崔延花 訳. 国益よりは人類共栄の利益を優先することの認

識とその必要性 元恵栄 述, 金永完 訳. 政権交代と東アジア共同体 近藤昭一 述. 東アジア共同体への道程 犬塚直史 述. 平和共同体の構築 クリス・ライス 述, 三善恭子 訳. 東アジア平和共同体の建設と国際社会の役割 林炯真 述, 金永完 訳. 東アジア平和共同体の建設と国際社会の役割 李光熙 述, 金永完 訳. 対話—「東アジアの平和教育」へと前進するために 井手弘人 述. 共有される安全保障と日中韓協力を基軸とした東アジア共同体 杉野恭一 述. 「東北アジア地域の平和教育・訓練機関」(NARPI) の設立の必要性と機能 李在永 述, 金永完 訳. 朝鮮半島の平和と東アジア共同体 朝鮮半島の平和と東アジア共同体の建設 李泰永 述, 金永完 訳. 平和を実現する人たちは幸いである 馬英林 述, 崔延花 訳. 朝鮮半島の平和と東アジア共同体 田中庸仁 述. 朝鮮半島の平和と東アジア平和共同体の建設 妙蔵 述, 金永完 訳. 朝鮮半島の平和と東アジア共同体の実現のための実践的戦略 崔宰誠 述, 金永完 訳. 朝鮮半島の平和と東アジア共同体 曹敏 述, 金永完 訳. 東アジアの平和の過程とヨーロッパ統合の啓示 李道剛 述, 金瑩 訳. 「地球化」と「東アジア化」、その限界と可能性 李賛洙 述, 金永完 訳. 朝鮮半島の平和と東アジア共同体 山本俊正 述. 朝鮮半島の平和と東アジア平和共同体の構築 李相俊 述, 金永完 訳 〔04393〕

世界保健機関《WHO》

◇高齢者の転倒予防—WHOグローバルレポート（WHO global report on falls prevention in older age） 鈴木みずえ, 金森雅夫, 中川経子監訳・訳 西東京 クオリティケア 2010.10 53p 26cm 〈文献あり〉2200円 ①978-4-904363-17-1 〔04394〕

◇エビデンスに基づく自殺予防プログラムの策定に向けて（Towards evidence-based suicide prevention programmes） 〔世界保健機関〕〔著〕, 山内貴史, 稲垣正俊訳 小平 国立精神・神経医療研究センター精神保健研究所自殺予防総合対策センター 2011.9 65p 30cm （自殺予防総合対策センターブックレット no.9） 〈文献あり〉 〔04395〕

セーガル, イーサン

◇日米欧からみた近世日本の経済思想（Economic thought in early modern Japan） 川口浩, ベティーナ・グラムリヒ＝オカ編, 田中アユ子, 安野正士訳 岩田書院 2013.2 371p 22cm 7900円 ①978-4-87294-785-4
内容 貨幣と国家—中世に見られる近世日本経済の胎動（イーサン・セーガル著） 〔04396〕

セキ, ゴウ　石 剛

◇「牛鬼蛇神を一掃せよ」と文化大革命—制度・文化・宗教・知識人 石剛編著 監訳 三元社 2012.3 426p 21cm 5000円 ①978-4-88303-306-5
内容 「牛鬼蛇神を一掃せよ」が「文革」の綱領となる過程及びその文化的根源 紅衛兵「破四旧」の文化と政治 文革期における集団的暴力行為の制度的要因 チベット問題に対する文化的検証 チベット仏教の社会的機能とその崩壊 中国現代「党化教育」制度化の過程 思想改造運動の起源及び中国知識人への影響 ユートピアの実験 毛沢東の「新人と新世界」 1973年の梁漱溟と馮友蘭 1949年以後の朱光潜—自由主義からマルクス主義へ 内なる視点のために 〔04397〕

セキ, シジ　石 子児

◇中国の四季の絵本 1 元旦・小正月 王早早文, 李剣, 沈氷, 石子児絵, 〔古島洋一〕,〔張保〕〔訳〕〔横浜〕 神奈川共同出版販売 2013.5 64p 22×27cm 〈発売：星の環会〉①978-4-89294-525-0 〔04398〕

セキ, トウゲン　石 東炫

⇒ソク, ドンヒョン

セキ, ボヨウ*　席 慕蓉

◇ハルハ河・ノモンハン戦争と国際関係 田中克彦, ボルジギン・フスレ編 三元社 2013.7 155p 21cm 1700円 ①978-4-88303-346-1
内容 忘れられた魂（席慕蓉著, 納村公子訳） 〔04399〕

セキノ, アヤコ　関野 あやこ

◇未来図 part 2 バシャール＆関野あやこ—スペースシップの時空間で行なわれた2DAYワークショップ ダリル・アンカ, 関野あやこ著, 関野直行, 佐藤レイナ訳 葉山町（神奈川県） アンフィニグローバル 2010.12 251p 21cm 〈発売：ヴォイス〉1500円 ①978-4-89976-321-5 〔04400〕

せきや よしき

◇クリスマスのほし（THE CHRISTMAS STAR） せきやよしき文, ロベルタ・パニョーニ絵 ドン・ボスコ社 2013.10 1冊（ページ付なし） 18×18cm 700円 ①978-4-88626-554-8 〔04401〕

セクター, アービング・I.　Secter, Irving I.

◇ミルトン・エリクソンの臨床催眠セミナー—15のデモンストレーション（The practical application of medical and dental hypnosis） ミルトン・H.エリクソン, セイモア・ハーシュマン, アービング・I.セクター著, 横井勝美訳 新潟 亀田ブックサービス 2011.12 377p 21cm 〈文献あり〉4953円 ①978-4-906364-63-3 〔04402〕

セゲフ, トム　Segev, Tom

◇七番目の百万人—イスラエル人とホロコースト（THE SEVENTH MILLION） トム・セゲフ著, 脇浜義明訳 京都 ミネルヴァ書房 2013.9 621, 14p 22cm 〈索引あり〉7500円 ①978-4-623-06694-0
内容 第1部 ヒトラー—イェッケ連中がやってくる 第2部 ホロコースト 新聞で見たよ 第3部 イスラエル—最後のユダヤ人 第4部 補償—お婆ちゃんとお爺ちゃんの命で幾ら貰えるの？ 第5部 政治—カストナー事件 第6部 裁判—エルサレムのアイヒマン 第7部 成長—戦争から戦争へ 第8部 記憶—過去を創る闘い 〔04403〕

セコスキ, マット　Secoske, Matt

◇プロジェクト・マネジャーが知るべき97のこと（97 things every project manager should

セ

know）　Barbee Davis編, 笹井崇司訳, 神庭弘年監修　オライリー・ジャパン　2011.11　240p　21cm　〈発売 ： オーム社〉1900円　①978-4-87311-510-8
内容 「メッセンジャー」にならない（マット・セコスキ）　〔04404〕

セージ, ピーター　Sage, Peter
◇自分を超える法　ピーター・セージ著, 駒場美紀, 相馬一進訳　ダイヤモンド社　2011.7　514p　19cm　〈他言語標題 ： How to master your life　文献あり〉1900円　①978-4-478-01653-4
内容 法則1 成功の心理学　法則2 お金のつくり方　法則3 リーダーシップを高める　法則4 世界観をつくる　法則5 10倍強くなる文章術　ピーターからの“格言”　〔04405〕
◇図解自分を超える法—成功とお金を手に入れる5つの法則　ピーター・セージ著, 駒場美紀訳　ダイヤモンド社　2013.5　111p　26cm　〈他言語標題 ： How to master your life〉1000円　①978-4-478-02449-2
内容 法則1 成功の心理学（「人間の6つの欲求」こそが、人間の行動を突き動かす　安定感のニーズ 多くの人は何かを求めるとき「安定感」を基準にしてしまう ほか）　法則2 お金のつくり方（お金持ちになるダントツの方法は「ビジネス」　お金とは、「社会への貢献度」を示す指標 ほか）　法則3 リーダーシップを高める（「リーダーシップ」は育てたリーダーの数で決まる　リーダーシップを発揮するカギ1「基準を上げる」 ほか）　法則4 世界観をつくる（自分に「力を与える世界観」をつくり上げる　「成長」と「貢献」が世界観をパワフルにする ほか）　法則5 10倍強くなる文章術（すべての人にとって「文章を書くこと」は、最重要の項目である　コピーライティングは「創造力を高めた状態」で行なおう ほか）　〔04406〕

ゼーゼマン, ベルント
◇ヴァイマル イン ベルリン—ある時代のポートレート（Weimar in Berlin）　マンフレート・ゲルテマーカー, プロイセン文化財団映像資料館編, 岡田啓美, 斎藤尚子, 茂幾保代, 渡辺芳子訳　三元社　2012.3　219p　25cm　〈年表あり　索引あり　文献あり〉5800円　①978-4-88303-301-0
内容 ジャーナリズムの力と見解（ベルント・ゼーゼマン著, 渡辺芳子訳）　〔04407〕

セゼール, エメ　Césaire, Aimé
◇ニグロとして生きる—エメ・セゼールとの対話（Negre je suis, negre je resterai）　エメ・セゼール, フランソワーズ・ヴェルジェス著, 立花英裕, 中村隆之訳　法政大学出版局　2011.10　200p　20cm　（サピエンティア 21）〈文献あり 年譜あり 索引あり〉2600円　①978-4-588-60321-1
内容 エメ・セゼールは語る　対談を終えて—エメ・セゼール小論　文化と植民地支配　〔04408〕

セツ, カゲン　薛 化元
◇近代台湾の経済社会の変遷—日本とのかかわりをめぐって　馬場毅, 許雪姫, 謝国興, 黄英哲編　東方書店（発売）　2013.11　537p　22cm　〈索引あり〉6000円　①978-4-497-21313-6
内容 水利会組織の変化と人事変遷（薛化元著, 野口武訳）　〔04409〕

セツ, キンゼン　薛 欣然
◇中国最後の証言者たち—沈黙の世代が初めて語る激動の二〇世紀（China whitness）　欣然著, 中谷和男訳　武田ランダムハウスジャパン　2011.9　509p　20cm　2800円　①978-4-270-00669-6
内容 興義の薬草売りのおばさん　林家族の二つの時代—伝説の呪い　世界最大の牢獄—新疆ウイグル自治区での新発見　中国の石油開発の先駆者—有名な夫婦　曲芸—反革命分子の娘から国家的メダルの受賞者に　茶店とニュースを「歌う」人—三〇〇〇年の逸話と不思議　伝統工芸を続ける—秦淮灯の灯籠作りたち　山を越え草原を渡って—長征の証言者　アメリカ生まれの女性将軍　警察官—中華人民共和国建国時に警察に入る　靴修理の母親—二八年間、風雨の中でも街角で働く　〔04410〕
◇中国、引き裂かれる母娘（ははこ）——人っ子政策中国の国際養子縁組の真実（MESSAGE FROM AN UNKNOWN CHINESE MOTHER）　シンラン著, 佐藤美奈子訳　明石書店　2013.4　337p　20cm　2200円　①978-4-7503-3784-5
内容 序章 養子となった娘たちのために書かれた本　第1章 私が最初に出会った、娘を失った母親　第2章 女の子の母親は、みんな心を痛めている　第3章 助産婦の物語　第4章 自殺を二度試みた皿洗いの女性　第5章 超過出産ゲリラ部隊—逃走する父親　第6章 孤児院の紅瑪麗　第7章 アメリカで、今でも待っている母親　第8章 道徳—私たちの時代の語り　第9章 愛の絆—石と葉　第10章 小雪、あなたはどこにいるの？　〔04411〕

セッチフィールド, ニール　Setchfield, Neil
◇世界で一番恐ろしい食べ物（YUCK！）　ニール・セッチフィールド著, 上原直子訳　エクスナレッジ　2013.10　238p　17cm　〈文献あり〉1800円　①978-4-7678-1660-9
内容 1 虫たちの奇怪な宴　2 海の怪物たち　3 美味しさ丸ごとめしあがれ　4 最高にヘビーな一皿　5 羽の生えたごちそう　6 残り物には福がある　掲載できなかった食材たち　〔04412〕

セットフォード, ウィリアム　Thetford, William N.
◇奇跡のコース　第2巻　学習者のためのワークブック/教師のためのマニュアル（A COURSE IN MIRACLES）　ヘレン・シャックマン記, ウィリアム・セットフォード, ケネス・ワプニック編, 大内博訳　ナチュラルスピリット　2012.12　809, 105p　22cm　5500円　①978-4-86451-069-1
内容 1（この部屋の中で（この通りで、この窓から、この場所で）私が見ているものには、何の意味もありません。　私は、この部屋の中で（この通りで、この窓から、この場所で）見ているもののすべてに、それらが私に対してもっている意味のすべてを与えています。私は、この部屋で（この通りで、この窓から、この場所で）見ているものを何も理解していません。　これらの思いには何の意味もありません。これらの思いは私がこの部屋で（この通りで、この窓から、この場所で）見ているものと同じようなものです。　私の動揺は、私が考える理由によるものであることは決してありません。 ほか）　2（ゆるしとは何でしょうか　救いとは何でしょうか　この世界とは何でしょうか　罪とは何でしょうか　肉体とは何でしょうか ほか）

〔04413〕

セディッキ, ダニエル　Seddiqui, Daniel

◇就職のことをいろいろ考えすぎて面倒くさくなったあなたへ（50 JOBS IN 50 STATES）　ダニエル・セディッキ著, 大城光子訳　共同通信社　2012.7　287p　19cm　1500円　①978-4-7641-0647-5

内容 誰も信じてくれなくても、自分のアイデアを信じること　現実は厳しい、でも後には引けない　どん底まで落ち、復活　ピンチをチャンスに変える　もう自分だけの旅ではなくなったらしい　中間地点はきつい　やっと本領発揮　帰ってきたのは別の自分　新たなカーブとでこぼこ道　未知の文化と遭遇する　変化球を処理する　旅の終わり、そして新たな夢へ　〔04414〕

ゼドラ, ダン　Zadra, Dan

◇5―5年後、あなたはどこにいるのだろう？（5）　ダン・ゼドラ著, 伊東奈美子訳　海と月社　2013.12　1冊（ページ付なし）　24cm　1600円　①978-4-903212-45-6　〔04415〕

セドン, D.　Seddon, Diane

◇ケアホームにおける家族参加―認知症ケアにおける関係性中心のアプローチ（Involving Families in Care Homes）　B.ウッズ,J.キディ,D.セドン著, 北素子監訳, グライナー智恵子, 遠山寛子, 吉田令子訳　風間書房　2013.8　153p　21cm　〈文献あり 索引あり〉2800円　①978-4-7599-2003-1

内容 第1章 ケアホームにおける家族参加　第2章 ケアホーム入所後の家族メンバーの体験―ノース・ウェールズにおける研究　第3章 家族参加―スタッフと家族の視点―ヨーロッパ研究より　第4章 家族参加―ガイドラインとグッドプラクティス　第5章 家族とのコミュニケーション―関係性中心のアプローチ　第6章 家族参加とエンドオブライフケアに関する課題　第7章 介入プログラムと結論　〔04416〕

セニェリ, パオロ

◇近代カトリックの説教　高柳俊一編　教文館　2012.8　458p　21cm　（シリーズ・世界の説教）　4300円　①978-4-7642-7338-2

内容 罪人は最後の日に辱めを受ける（パオロ・セニェリ述, 高柳俊一訳）　〔04417〕

セニング, ダニエル・ポスト

◇エミリー・ポストのエチケット（EMILY POST'S ETIQUETTE（原著18版）（抄訳））　ペギー・ポスト, アンナ・ポスト, リジー・ポスト, ダニエル・ポスト・セニング著, 野沢敦子, 平林祥訳　宝島社　2013.3　269p　19cm　1200円　①978-4-8002-0416-5

内容 1 毎日のマナー（暮らしのガイドライン　ふだんの大切なマナー ほか）　2 外出先でのマナー（外食　旅行 ほか）　3 コミュニケーションとテクノロジー（会話上手になるには　電話のマナー ほか）　4 オフィスでのマナー（オフィスのエチケット　職場の人間関係）　〔04418〕

セネカ, ルキウス・アンナエウス　Seneca, Lucius Annaeus

◇どう生きるか、どう死ぬか「セネカの智慧」―超訳人生の短さについて心の平静について（De brevitate vitae〔etc.〕）　ルキウス・セネカ著, 山本ゆか編訳　三笠書房　2011.4　189p　18cm　〈文献あり〉952円　①978-4-8379-5722-5

内容 巻頭エッセイ「人生の質」を高める智慧の宝庫―「セネカ」入門（斎藤孝）　超訳 人生の短さについて　超訳 心の平静について　〔04419〕

◇〈超訳〉古代ローマ三賢人の言葉　キケロ, セネカ, アウレリウス著, 金森誠也, 長尾剛訳　PHP研究所　2012.6　237p　20cm　〈他言語標題：THREE ROMAN PHILOSOPHERS SPEAK ON THE WAY OF HUMAN LIFE〉1500円　①978-4-569-80491-0

内容 賢く生きる　自己と向き合う　人間というもの　友情とは何か　愛と幸福をめざす　老いもまた楽し　人間関係に強くなる　働く喜びを知る　死について考える　逆境を乗り越える　どう学ぶか、何を学ぶか　善と悪のはざま　よりよい人生のために　古代ローマ三賢人について　〔04420〕

◇生の短さについて―他二篇（DE BREVITATE VITATE, DE TRANQUILLITATE ANIMI, DE VITA BEATA）　セネカ著, 大西英文訳　岩波書店　2012.11　316p　19cm　（ワイド版岩波文庫 356）〈岩波文庫 2010年刊の再刊　文献あり〉1300円　①978-4-00-007356-1

内容 生の短さについて　心の平静について　幸福な生について　〔04421〕

ゼネビッチ, ジョー　Zenevitch, Joe

◇プロジェクト・マネジャーが知るべき97のこと（97 things every project manager should know）　Barbee Davis編, 笹井崇司訳, 神庭弘年監修　オライリー・ジャパン　2011.11　240p　21cm　〈発売：オーム社〉1900円　①978-4-87311-510-8

内容 一番うまく見積もれるのはその仕事をする人である 他（ジョー・ゼネビッチ）　〔04422〕

セノール, ダン　Senor, Dan

◇アップル、グーグル、マイクロソフトはなぜ、イスラエル企業を欲しがるのか？―イノベーションが次々に生まれる秘密（START-UP NATION）　ダン・セノール, シャウル・シンゲル著, 宮本喜一訳　ダイヤモンド社　2012.5　343p　19cm　2000円　①978-4-478-01754-8

内容 1 "なせばなる"の小さな国（粘り腰　戦場の起業家）　2 イノベーションの文化の種をまく（"情報源"を自らつくる人たち　ビジネススクールより強い絆―予備役 ほか）　3 奇跡の経済成長のはじまり（うまくいった産業政策　移民―グーグルの人々の挑戦 ほか）　4 "動機こそが武器"の国（ロケットの先端部から湯沸器まで　シャイフのジレンマ―アラブ世界の起業家精神 ほか）　〔04423〕

セバー, フランソワ＝ダヴィッド　Sebbah, François-David

◇限界の試練―デリダ、アンリ、レヴィナスと現象学（L'EPREUVE DE LA LIMITE）　フランソワ＝ダヴィッド・セバー［著］, 合田正人訳　法政大学出版局　2013.7　379, 72, 3p　20cm　（叢

セ

書・ウニベルシタス 996）〈索引あり〉4700円 ①978-4-588-00996-9
内容 第1部 現象学的合理性の批判に向けて（探求　志向性と非 - 贈与性　限界の問い）第2部 時間の前線（志向性の限界にて―『内的時間意識講義』の読者、M.アンリとE.レヴィナス　現象学が与えるもの―J.デリダとJ - L.マリオン、不可能なものと可能性）第3部 主体性の試練（現代フランス現象学における主体性　E.レヴィナスにおける主体性の誕生　生へと誕生すること、自己自身へと誕生すること。M.アンリにおける主体性の誕生　J.デリダによる幽霊的主体性）第4部 現象学的言説と主体化（E.レヴィナスによる『存在するとは別の仕方で』のリズム　M.アンリによる「生」のリズム）〔04424〕

セ

セハス, モニカ

◇現代アフリカ社会と国際関係―国際社会学の地平　小倉充夫編　有信堂高文社　2012.11　237p　21cm〈他言語標題：Contemporary African Societies and International Relations　文献あり　索引あり〉3500円　①978-4-8420-6583-0
内容 南アフリカにおける女性と市民権（モニカ・セハス著, 真嶋麻子訳）〔04425〕

ゼーフェルト, ユルゲン　Seefeldt, Jürgen

◇ドイツ図書館入門―過去と未来への入り口（Portale zu Vergangenheit und Zukunft（4., aktualisierte und überarbeitete Aufl.））ユルゲン・ゼーフェルト, ルートガー・ジュレ著, 伊藤白訳　日本図書館協会　2011.11　169p　21cm〈索引あり〉2600円　①978-4-8204-1111-6〔04426〕

ゼーボーム, トーマス・M.

◇時間の謎―哲学的分析（Das Rätsel der Zeit）ハンス・ミカエル・バウムガルトナー編, 田中隆訳　丸善書店出版サービスセンター　2013.8　353p　22cm　非売品　①978-4-89630-281-3
内容 今における四重の不在について なぜデリダがフッサールを推察しなかったその場所にフッサールは既にいるのか（トーマス・M.ゼーボーム）〔04427〕

ゼーマン, ハインリヒ

◇日独交流150年の軌跡　日独交流史編集委員会編　雄松堂書店　2013.10　345p　29cm〈布装〉3800円　①978-4-8419-0655-4
内容 明治日本はドイツだけを手本といていたのか 他（ハインリヒ・ゼーマン著, 福山美和子訳）〔04428〕

ゼムスキー, ロバート

◇学校と職場をつなぐキャリア教育改革―アメリカにおけるSchool-to-Work運動の挑戦（The school-to-work movement）ウィリアム・J.スタル, ニコラス・M.サンダース編, 横井敏郎ほか訳　学事出版　2011.7　385p　21cm　3800円　①978-4-7619-1839-2
内容 融合する国際的動向（ロバート・ゼムスキー著, 明田川知美, 安宅仁人, 西美江, 安武邦子訳）〔04429〕

セラート, ヴォルフガング

◇ユダヤ出自のドイツ法律家（DEUTSCHE JURISTEN JUDISCHER HERKUNFT）ヘルムート・ハインリッヒス, ハラルド・フランツキー, クラウス・シュマルツ, ミヒャエル・シュトレイス著, 森勇監訳　八王子　中央大学出版部　2012.3　25, 1310p　21cm（日本比較法研究所翻訳叢書 62）〈文献あり 索引あり〉13000円 ①978-4-8057-0363-2
内容 ある偉大な刑事訴訟法学者にして民事訴訟法学者（ヴォルフガング・セラート著, 森勇訳）〔04430〕

セリグマン, マーティン　Seligman, Martin E.P.

◇オプティミストはなぜ成功するか―ポジティブ心理学の父が教える楽観主義の身につけ方（LEARNED OPTIMISM）マーティン・セリグマン著, 山村宜子訳　新装版　パンローリング　2013.2　381p　19cm（フェニックスシリーズ 7）〈初版：講談社 1991年刊〉1300円　①978-4-7759-4110-2
内容 第1部 オプティミズムとは何か（人生には二通りの見方がある　なぜ無力状態になるのか　不幸な出来事をどう自分に説明するか　悲観主義の行きつくところ　考え方、感じ方で人生が変わる）第2部 オプティミズムが持つ力（どんな人が仕事で成功するか　子どもと両親―楽観主義は遺伝するか　学校で良い成績を上げるのはどんな子か　メッツとビオンディはなぜ勝てたか　オプティミストは長生きする　選挙も楽観度で予測できる）変身―ペシミストからオプティミストへ（楽観的な人生を送るには　子どもを悲観主義から守るには　楽観的な会社はうまくいく　柔軟な楽観主義の勧め）〔04431〕

ゼリンスキー, アーニー・J.　Zelinski, Ernie John

◇働かないって、ワクワクしない？（THE JOY OF NOT WORKING（原著第3版））アーニー・J.ゼリンスキー著, 三橋由希子訳　ヴォイス　2013.3　394p　18cm（VOICE新書 018）〈2003年刊の再刊〉1100円　①978-4-89976-382-6
内容 あなたも、のんきで気楽な生活ができる　ものの見方が生き方を変える　仕事人間は奴隷と同じ　あまり働かないことは健康にいい　失業―自分がどんな人間かを知る真のテスト　私を退屈させているのはこの私　誰かがおこした火で温まるのではなく、自分で火をおこそう　受身の活動だけでは何も得られない　禅の教え―今この瞬間に生きよ　くだらない仲間といるよりひとりになれ　優雅な生活に大金はいらない　終わりは、今、始まったばかり〔04432〕

セルヴァ, T.　Selva, T.

◇アーユルヴェーダ風水入門―インド風水学ヴァーストゥ・シャーストラ 健康・富・幸せを引き寄せる 実践講座 12（Vasthu sastra guide）T.セルヴァ著, 山元謙一訳, 井村宏次監訳・編　ビイング・ネット・プレス　2011.6　205p　19cm〈文献あり〉1600円　①978-4-904117-68-2
内容 1 ヴァーストゥ・シャーストラの基礎　2 土地の購入と修正　3 部屋の配置としつらえ方　4 庭と植物の影響　5 ヴァーストゥの応用と実践　6 アーユルヴェーダ〔04433〕

セルヴェ, ジャン＝ミッシェル

◇貨幣主権論（LA MONNAIE SOUVERAINE）M.アグリエッタ,A.オルレアン編, 坂口明義監訳, 中野佳裕, 中原隆幸訳　藤原書店　2012.6　650p

22cm 〈索引あり〉 8800円 ①978-4-89434-865-3

内容 西・赤道アフリカにおける脱貨幣化と再貨幣化〈一九一二〇世紀〉(ジャン＝ミッシェル・セルヴェ著) 〔04434〕

セルス, ヨハン Cels, Johan

◇人間としての尊厳を守るために―国際人道支援と食のセーフティネットの構築 ヨハン・セルス, チャールズ・E.マクジルトン著, 小松崎利明編 上尾 聖学院大学出版会 2012.5 76p 21cm 700円 ①978-4-915832-98-7

内容 国際人権とは何か―日本における難民認定と出入国管理の現状から考える(UNHCRの活動 世界の難民状況 人道的支援とは 日本における難民の保護) すべての人々に食べ物を―フードバンクの挑戦(私の活動のはじまり 私の責任ですることは何か 日本の貧困の実際 「セカンドハーベスト・ジャパン」の活動 活動の優先順位について 活動の精神) 〔04435〕

セルドン, アンソニー Seldon, Anthony

◇ブレアのイギリス―1997-2007 (Blair's Britain (抄訳)) アンソニー・セルドン編, 土倉莞爾, 広川嘉裕監訳 吹田 関西大学出版部 2012.3 437p 22cm 〈索引あり〉 3800円 ①978-4-87354-537-0

内容 ブレア首相下の政権運営 議会 選挙と世論 地方政府 中央政府 憲法 メディア管理 労働党党首としてのトニー・ブレア 犯罪と刑罰政策 学校 保健と福祉の遺産 平等と社会的公正 高等教育 対外政策 国防 〔04436〕

セルビー, ジョン Selby, John

◇願いを叶える7つの呪文―"言葉"を使った引き寄せレボリューション (Tapping the source) ウィリアム・グラッドストーン, リチャード・グレニンガー, ジョン・セルビー著, 菅靖彦訳 ソフトバンククリエイティブ 2011.3 311p 20cm 1600円 ①978-4-7973-6190-2

内容 1 呪文を唱える前に(チャールズ・ハアネルとは? 著者のリチャード、ウィリアム、ジョンについて ほか) 2 潜在能力を活性化する7つの呪文(ハアネルのビジョンをよみがえらせる 創造的な宇宙精神 ほか) 3 本当の満足を実現するヒント(与えることの秘密 尽きることのない豊かさを受け取る ほか) 4 ハアネルの「引き寄せの法則」の本質(ベスト『ザ・マスター・キー』) 〔04437〕

セルビア共和国大使館(在日本)

◇セルビアと日本両国関係史概観 〔セルビア共和国大使館〕〔著〕, 柴宜弘編 セルビア共和国大使館 〔2011〕 2冊 27cm 〈他言語標題 : Mali vodic kroz istoriju srpsko japanskih odnosa 執筆 : イワン・ムルキッチほか 日本語訳 : 高橋江美奈 共同刊行 : 在大阪セルビア共和国名誉総領事館〉

内容 〔1〕 : セルビアと日本両国関係史概観(日本語版) 〔2〕 : Mali vodic kroz istoriju srpsko-japanskih odnosa(セルビア語版) 〔04438〕

セルブスト, E.* Selbst, Edwin

◇シンプルIFRS (Applying IFRS for SMEs) ブルース・マッケンジー他著, 河崎照行監訳 中央経済社 2011.7 552p 21cm 〈索引あり〉 5800円 ①978-4-502-44150-9

内容 中小企業版IFRSの範囲 諸概念及び広く認められた諸原則 財務諸表の表示 キャッシュ・フロー計算書 連結財務諸表及び個別財務諸表 企業結合及びのれん 会計方針、会計上の見積りの変更及び誤謬 棚卸資産 関連会社に対する投資 ジョイント・ベンチャーに対する投資〔ほか〕 〔04439〕

セルマン, マーティン・J. Selman, Martin J.

◇歴代誌第 2 (The Second Book of the Chronicles) マーティン・J.セルマン著, 井上誠, 菊池実共訳 いのちのことば社 2013.7 384p 21cm (ティンデル聖書注解) 4400円 ①978-4-264-02252-7 〔04440〕

セレル, マティルド Serrell, Mathilde

◇コンバ―オルタナティヴ・ライフスタイル・マニュアル (COMBAT) マティルド・セレル著, 鈴木孝弥訳・解説 うから 2013.2 335p 19cm 1800円 ①978-4-904668-01-6

内容 ミツバチを養子にしよう 大麻の物質援助システムに協力しよう パレオ式にたらふく食べよう ヴォキャブラリーを"破格語法"化しよう フランスにひげを生やそう 核兵器廃絶アクションをしよう エスカレイターを嫌おう パイコットしよう "DP"を批判したおそう バッテリーを交換しよう〔ほか〕 〔04441〕

セロン＝パロミーノ, ロドルフォ

◇インカ帝国―研究のフロンティア 島田泉, 篠田謙一編著 秦野 東海大学出版会 2012.3 428p 27cm (国立科学博物館叢書 12) 〈索引あり〉 3500円 ①978-4-486-01929-9

内容 インカの言語(ロドルフォ・セロン＝パロミーノ著, 蝦名大助訳) 〔04442〕

セン, アマルティア Sen, Amartya Kumar

◇アイデンティティと暴力―運命は幻想である (Identity and violence) アマルティア・セン著, 大門毅監訳, 東郷えりか訳 勁草書房 2011.7 280p 20cm 〈索引あり〉 2100円 ①978-4-326-15416-6

内容 第1章 幻想の暴力 第2章 アイデンティティを理解する 第3章 文明による閉じ込め 第4章 宗教的帰属とイスラム教徒の歴史 第5章 西洋と反西洋 第6章 文化と囚われ 第7章 グローバル化と庶民の声 第8章 多文化主義と自由 第9章 考える自由 〔04443〕

◇正義への挑戦―セン経済学の新地平 (Against injustice) 後藤玲子, ポール・デュムシェル編著, 後藤玲子監訳 京都 晃洋書房 2011.9 310p 23cm 〈文献あり 索引あり〉 2900円 ①978-4-7710-2271-3

内容 経済・法・倫理 他(アマルティア・セン著) 〔04444〕

◇正義のアイデア (The idea of justice) アマルティア・セン著, 池本幸生訳 明石書店 2011.11 666p 20cm 〈索引あり〉 3800円 ①978-4-7503-3494-3

内容 正義へのアプローチ 第1部 正義の要求(理性と

客観性　ロールズとその後　制度と個人　声と社会的選択　不偏性と客観性　閉鎖的不偏性と開放的不偏性）　第2部 推論の形（立場、妥当性、幻想　合理性と他者　普遍的理由の複数性　実現、帰結、行為主体性）　第3部 正義の材料（暮らし、自由、ケイパビリティ　ケイパビリティと資源　幸福、福祉、ケイパビリティ　平等と自由）　第4部 公共的推論と民主主義（公共的理性としての民主主義　民主主義の実践　人権とグローバルな義務　正義と世界）　〔04445〕

◇暮らしの質を測る—経済成長率を超える幸福度指標の提案 ： スティグリッツ委員会の報告書 (Mismeasuring our lives)　ジョセフ・E.スティグリッツ, アマティア・セン, ジャンポール・フィトゥシ著, 福島清彦訳　金融財政事情研究会　2012.4　153p　21cm　〈発売 ： きんざい〉1800円　①978-4-322-11975-6

内容 要約 われわれは暮らしの測り方を間違えている—なぜGDPの合計はあわないのか（だれのためにこの報告書がつくられたのか　なぜこの報告書が重要か ほか）　第1章 古典的なGDPの問題（推計—包括性と包括性を備える可能性の対比　既存の計測の枠組み内で何ができるか）　第2章 暮らしの質（諸概念を用いた暮らしの質の計測　暮らしの質の主観的計測 ほか）　第3章 持続可能な発展と環境（これまでの研究成果　計器盤あるいは一連の指標 ほか）　〔04446〕

セン, エキセキ　銭 亦石

◇一五年戦争期東アジア経済史資料　第3巻　近代支那経済史　広瀬順晧編・解説　銭亦石著, 及川朝雄訳　クレス出版　2013.7　280, 5p　22cm　〈布装　慶応書房 昭和14年刊の複製〉9000円　①978-4-87733-768-1　〔04447〕

ゼン, キョウシュウ*　全 京秀

⇒チョン, キョンス*

ゼン, ケイギョク*　全 敬玉

⇒チョン, キョンオク*

セン, コウ*　銭 杭

◇海域交流と政治権力の対応　井上徹編　汲古書院　2011.2　399, 6p　22cm　（東アジア海域叢書 2　小島毅監修）　7000円　①978-4-7629-2942-7

内容 民国初期の湘湖の利水をめぐる自治問題（銭杭著, 白井順訳）　〔04448〕

ゼン, コダ*　全 虎兌

⇒チョン, ホテ

セン, コリーン・テイラー　Sen, Colleen Taylor

◇カレーの歴史 (Curry ： A Global History)　コリーン・テイラー・セン著, 竹田円訳　原書房　2013.8　185p　20cm　（「食」の図書館）〈文献あり〉2000円　①978-4-562-04938-7

内容 序章 カレーとは何だろう？　第1章 カレーの起源　第2章 イギリスのカレー　第3章 北米とオーストラリアのカレー　第4章 離散インド人たちのカレー　第5章 アフリカのカレー　第6章 東南アジアのカレー　第7章 その他の地域のカレー　第8章 カレーの今日、そして明日　〔04449〕

セン, スナンダ　Sen, Sunanda

◇グローバリゼーションと発展途上国—インド、経済発展のゆくえ (GLOBALISATION and DEVELOPMENT)　スナンダ・セン著, 加藤真理子訳　新泉社　2012.4　241p　20cm　(SUSKEN BOOKS)　2000円　①978-4-7877-1206-6

内容 1 グローバリゼーションの新視点　2 変化する国際秩序—グローバリゼーション下の覇権のゆくえ　3 凌駕する市場—履行されない約束と不均衡　4 技術革新の波及力—経済発展への自動装置になるうるのか？　5 経済発展なき経済成長—問題を看過してよいのか？　6 グローバリゼーションと世界経済危機—今後の展望　〔04450〕

セン, タンショウ*　銭 端升

◇新編原典中国近代思想史　第7巻　世界冷戦のなかの選択—内戦から社会主義建設へ　野村浩一, 近藤邦康, 並木頼寿, 坂元ひろ子, 砂山幸雄, 村田雄二郎編　砂山幸雄責任編集　岩波書店　2011.10　410, 7p　22cm　〈年表あり〉5700円　①978-4-00-028227-7

内容 統一戦線・人民政権・共同綱領（抄）（銭端升著, 中村元哉訳）　〔04451〕

セン, メイ*　銭 明

◇哲学資源としての中国思想—吉田公平教授退休記念論集　吉田公平教授退休記念論集刊行会編　研文出版　2013.3　455p　22cm　〈布装　著作目録あり〉13000円　①978-4-87636-358-2

内容 明代中晩期に吉安地区で展開された王学講会活動（銭明執筆, 早坂俊広訳）　〔04452〕

セン, リグン　銭 理群

◇毛沢東と中国—ある知識人による中華人民共和国史　上　銭理群著, 阿部幹雄, 鈴木将久, 羽根次郎, 丸川哲史訳　青土社　2012.12　699p　20cm　3900円　①978-4-7917-6685-7

内容 建国初期（一九四九‐一九五五）　反右派闘争前後（一九五六‐一九五八年初頭）　大躍進の時代（一九五八）　大飢饉の時代（一九五九‐一九六一）　文革への道（一九六二‐一九六五）　〔04453〕

◇毛沢東と中国—ある知識人による中華人民共和国史　下　銭理群著, 阿部幹雄, 鈴木将久, 羽根次郎, 丸川哲史訳　青土社　2012.12　576, 27p　20cm　〈文献あり〉3900円　①978-4-7917-6686-4

内容 文化大革命時代（一九六六‐一九七六）　ポスト毛沢東時代（上）（一九七七‐一九八九）　ポスト毛沢東時代（中）（一九九〇‐一九九九）　ポスト毛沢東時代（下）（二〇〇〇‐二〇〇九）　〔04454〕

ゼンガー, インゴ　Saenger, Ingo

◇ドイツ・ヨーロッパ・国際経済法論集　インゴ・ゼンガー著, 山内惟介, 鈴木博人編訳　八王子　中央大学出版部　2013.3　152, 31p　21cm　（日本比較法研究所翻訳叢書 65—ゼンガー教授講演集 2）〈著者目録あり〉2400円　①978-4-8057-0366-3

内容 ヨーロッパ団体法—居住移転の自由の限界とヨーロッパ法における団体形式の発展　国際売買法（国連国際動産売買条約）の現代的発展　生者に対する死者の支配—ドイツ財団法の発展　〔04455〕

センゲ, ピーター・M.　Senge, Peter Michael

◇DVDだからわかるドラッカーのマネジメント理論―実践型マネジメントワークブック（Leading in a time of change）　P.F.ドラッカー,P.M.センゲ著　宝島社　2011.3　95p　22cm　1429円　①978-4-7966-8182-7

内容 1 ピーター・ドラッカーとピーター・センゲの対談―変化の時代をリードする 明日を切り開くために 2（リーダーシップを養う　メンタルモデルを明らかにする　計画的廃棄をシステム化する過程で、変化に対する受容力を醸成する　イノベーションと問題解決 ： 組織的改善　予期せぬ機会を歓迎し生かす　機会と、人材やその他の資源を結びつける　信用を保つ ： 変化のなかの継続性　優れた人材のやる気を引き出し確保する ： 組織における人事方針　まとめ）〔04456〕

◇学習する組織―システム思考で未来を創造する（The fifth discipline）　ピーター・M.センゲ著, 枝広淳子, 小田理一郎, 中小路佳代子訳　英治出版　2011.6　581p　22cm　3500円　①978-4-86276-101-9

内容 第1部 いかに私たち自身の行動が私たちの現実を牛み出すか…そして私たちはいかにそれを変えられるか（「われに支点を与えよ。さらば片手で世界を動かさん」　あなたの組織は学習障害を抱えていないか？　システムの呪縛か、私たち自身の考え方の呪縛か？）　第2部 システム思考―「学習する組織」の要（システム思考の法則　意識の変容　「自然」の型―出来事を制御する型を特定する　自己限定的な成長か、自律的な成長か）　第3部 核となるディシプリン―「学習する組織」の構築（自己マスタリー　メンタル・モデル　共有ビジョン　チーム学習）　第4部 実践からの振り返り（基盤　推進力　戦略　リーダーの新しい仕事　システム市民　「学習する組織」の最前線）　第5部 結び（分かたれることのない全体）〔04457〕

セント・ジョン, ノア　St.John, Noah

◇成功マインドのつくり方（The Secret Code of Success）　ノア・セント・ジョン著, 本田直之訳　三笠書房　2013.2　226p　15cm　（知的生きかた文庫 ほ18-1―〔BUSINESS〕）〈「「デキる人」の脳」（2009年刊）の改題〉　571円　①978-4-8379-8170-1

内容 プロローグ 3%の成功者だけが知っている「マインドの法則」　1 1日3分でできる「心の持ち方」を変える法　2 あなたを成長させてくれる「マインドの高い人々」　3 人生、仕事、世の中の「しくみ」を知る！　4 心と体にエネルギーを充満させる習慣　5 人間関係のストレスを減らす「シンプルな考え方」　6 本当に大切なものを手に入れる「断る技術」　7 これが、あなたの「行動力」を全開にする！〔04458〕

センパ, フランシス

◇人口から読み解く国家の興亡―2020年の米欧中印露と日本（POPULATION DECLINE AND THE REMAKING OF GREAT POWER POLITICS）　スーザン・ヨシハラ, ダグラス・A.シルバ, ゴードン・G.チャンほか著, 米山伸郎訳　ビジネス社　2013.10　301p　20cm　1900円　①978-4-8284-1725-7

内容 地政学と人口動態の密接な関係（フランシス・センパ著）〔04459〕

全米

⇒アメリカ、米国も見よ

全米キャリア発達学会《National Career Development Association》

◇D.E.スーパーの生涯と理論―キャリアガイダンス・カウンセリングの世界的泰斗のすべて（The Career Development Quarterly.Volume 43 Number1）　全米キャリア発達学会著, 仙崎武, 下村英雄編訳　図書文化社　2013.11　183p　21cm　〈索引あり〉　3000円　①978-4-8100-3637-4

内容 第1章 職業理論へのスーパーの貢献 ： 仕事観　第2章 キャリア発達とカウンセリングにおける自己概念理論　第3章 主題外挿法 ： キャリアカウンセリングとキャリアパターンの統合　第4章 キャリア発達を測定する ： 現状と将来の行方　第5章 進路選択のレディネス ： プランニング、探索、意思決定　第6章 成人のキャリア適応性 ： いま、必要とされる構成概念　第7章 役割特徴と多重役割 ： ジェンダーの視点から　第8章 文化的な文脈におけるキャリア〔04460〕

【ソ】

ソ, インボム*　徐 仁範

◇海域世界の環境と文化　吉尾寛編　汲古書院　2011.3　313, 5p　22cm　（東アジア海域叢書 4　小島毅監修）　7000円　①978-4-7629-2944-1

内容 朝鮮使節の海路朝貢路と海神信仰（徐仁範著, 渡昌弘訳）〔04461〕

ソ, ウィシク*　徐 毅植

◇歴史教育から「社会科」へ―現場からの問い　君島和彦編　東京堂出版　2011.3　290p　21cm　2500円　①978-4-490-20729-3

内容 韓国における「2009改定教育課程」と「2014修能改編案」（徐毅植著, 国分麻里訳）〔04462〕

ソ, コジョン　徐 居正

◇櫟翁稗説　筆苑雑記　李斉賢, 徐居正著, 梅山秀幸訳　作品社　2011.3　490p　20cm　2800円　①978-4-86182-324-4

内容 櫟翁稗説（高麗王の出自　祖廟の祀り方　わが高麗は弱体か　蒙古との因縁　宗廟に祭られる資格 ほか）　筆苑雑記（この国の古さ　檀君の朝鮮　箕子の朝鮮　朝鮮と中国　漢陽（ソウル）について ほか）〔04463〕

ソ, コンシン*　徐 建新

◇広開土王碑拓本の新研究　古瀬奈津子編　同成社　2013.7　228p　22cm　4500円　①978-4-88621-640-3

内容 好太王碑拓本の編年方法とお茶の水女子大学本の制作年代 他（徐建新著, 江川式部訳）〔04464〕

ソ, ジヨン*　徐 智瑛

◇アジア女性と親密性の労働　落合恵美子, 赤枝香奈子編　京都　京都大学学術出版会　2012.2　329p　22cm　（変容する親密圏/公共圏 2）　〈索引あり〉　3600円　①978-4-87698-574-6

内容 近代初期韓国における「新女性」の困難（徐智瑛著, 赤枝香奈子訳）〔04465〕

ソ, ジョンヒ
◇感謝が習慣になる21日——一生感謝実践ガイド（One's whole life in appreciation practice edition）　ジョン・クゥアン, ソ・ジョンヒ, ハン・ゴンス著, 吉田英里子訳　つくば　小牧者出版　2013.1　239p　19cm　1400円　①978-4-904308-07-3〔04466〕

ソ, ジンハン*　徐 震漢
◇時代のように訪れる朝を待つ―「日韓併合」101年、キリスト者たちの対話　『福音と世界』編集部編　新教出版社　2011.8　197p　21cm　（新教コイノーニア 25）　1800円　①978-4-400-21315-4
内容 不義不当な条約一〇〇年の遺憾.1 他（徐震漢著, 香山洋人訳）〔04467〕

ソ, デスク　徐 大粛《Suh, Dae-Sook》
◇金日成（Kim Il Sung）　徐大粛〔著〕, 林茂訳　講談社　2013.3　621p　15cm　（講談社学術文庫 2162）〈御茶の水書房 1992年刊の再刊　年譜あり 索引あり〉1650円　①978-4-06-292162-6
内容 第1部 若き金日成と東北抗日連軍　第2部 権力基盤の構築　第3部 窮地に立つ金日成　第4部 主体思想への道　第5部 自主路線をひた走る金日成　第6部 金日成王国の誕生　第7部 主体思想と共和国〔04468〕

ソー, ミシェル
◇歴史におけるテクスト布置―「テクスト布置の解釈学的研究と教育」第12回国際研究集会報告書　加納修編　〔名古屋〕　名古屋大学大学院文学研究科　2012.3　279p　30cm　（Global COE program international conference series no.12）〈他言語標題 ： Configuration du texte en histoire〉
内容 9世紀のある聖人伝テクストの布置（ミシェル・ソー著, 小坂井理加, 村田光司訳）〔04469〕

ソ, ヨンデ　徐 永大
◇高句麗の政治と社会　東北亜歴史財団編, 田中俊明監訳, 篠原啓方訳　明石書店　2012.1　322p　22cm　〈索引あり　文献あり〉5800円　①978-4-7503-3513-1
内容 長寿王と平壌遷都（徐永大）〔04470〕
◇高句麗の文化と思想　東北亜歴史財団編, 東潮監訳, 篠原啓方訳　明石書店　2013.2　458p　22cm　〈文献あり 索引あり〉8000円　①978-4-7503-3754-8
内容 土着信仰と風俗文化 他（徐永大）〔04471〕

ソウ, イ*　宋 偉
◇転形期における中国と日本―その苦悩と展望　飯田泰三, 李暁東編　国際書院　2012.10　319p　21cm　〈索引あり〉3400円　①978-4-87791-237-6
内容 中国の東アジア地域一体化戦略（宋偉執筆, 金東建, 石田徹訳）〔04472〕

ゾウ, ウンコ*　臧 運祜
◇国際関係のなかの日中戦争　西村成雄, 石島紀之, 田嶋信雄編　慶応義塾大学出版会　2011.7　450p　22cm　（日中戦争の国際共同研究 4）　5800円　①978-4-7664-1855-2
内容 日中戦争直前における中日国交交渉（臧運祜著, 根岸智代訳）〔04473〕

ソウ, キエイ*　宋 熹永
⇒ソン, ヒヨン*

ソウ, キコウ　曺 喜昖
⇒チョ, ヒヨン

ソウ, ギセイ*　宋 義政
◇東アジア世界史研究センター年報　第5号　〔川崎〕　専修大学社会知性開発研究センター　2011.3　203p　26cm　〈文部科学省私立大学学術研究高度化推進事業 オープン・リサーチ・センター整備事業　文献あり〉
内容 新羅出土外来系文物（宋義政著, 高久健二訳）〔04474〕

ソウ, ザイリン*　宋 在倫
◇朱子家礼と東アジアの文化交渉　吾妻重二, 朴元在編　汲古書院　2012.3　486p　22cm　〈他言語標題 ： Zhu Xi's Family Rituals and Cultural Interactions in East Asia　文献あり〉13000円　①978-4-7629-2978-6
内容 家族、儀礼、善政（宋在倫執筆, 吾妻重二訳）〔04475〕

ソウ, ジュカ*　荘 樹華
◇新史料からみる中国現代史―口述・電子化・地方文献　高田幸男, 大沢肇編著　東方書店　2010.12　353p　22cm　〈文献あり 索引あり〉3800円　①978-4-497-21017-3
内容 台湾のデジタルアーカイブプロジェクト（荘樹華著, 衛藤安奈訳）〔04476〕

ソウ, ゼンギョク*　曹 善玉
◇アジア主義は何を語るのか―記憶・権力・価値　松浦正孝編著　京都　ミネルヴァ書房　2013.2　671, 6p　22cm　〈索引あり〉8500円　①978-4-623-06488-5
内容 近代中国の南洋観と越境するアジア像（劉宏, 曹善玉執筆, 河野正訳）〔04477〕

ソウ, ビン*　曹 敏
⇒チョ, ミン*

ソウ, ヒンソウ*　曽 品滄
◇植民地台湾の経済と社会　老川慶喜, 須永徳武, 谷ケ城秀吉, 立教大学経済学部編　日本経済評論社　2011.9　311p　22cm　5600円　①978-4-8188-2167-5
内容 日本人の食生活と「シナ料亭」の構造的変化（曽品滄著, 鈴木哲造訳）〔04478〕

ソウ, ブンセイ　曽 文星
◇三つの文化を生きた一人の精神科医―日本, 中国,そして米国の各文化による性格形成への影響 (One Life, Three Cultures) 曽文星著, 林建郎訳 星和書店 2012.12 392p 22cm 〈文献あり 著作目録あり 年譜あり〉 5800円 ①978-4-7911-0831-2

内容 第1部 成長の異なる段階(誕生から幼年期まで : 日本文化との早期の接触 思春期から青年期まで : 中国文化の影響 青年期(初期) : アメリカ文化との早期の接触 青年期(後期) : 中国文化の再体験 成人期 : 長期にわたるアメリカ文化の経験 中年初期 : 日本文化への再曝露 中年後期から現在まで : 多文化への曝露) 第2部 分析と統合(人格形成に及ぼした三つの文化の影響の分析 理論的考察のための総括) 付録 学術的概説 : 「文化と性格」研究 〔04479〕

ソウ, ブンリョウ* 曽 文亮

◇近代台湾の経済社会の変遷—日本とのかかわりをめぐって 馬場毅, 許雪姫, 謝国興, 黄英哲編 東方書店(発売) 2013.11 537p 22cm 〈索引あり〉 6000円 ①978-4-497-21313-6

内容 戦後初期台湾人群分類の調整及び法律効果(曽文亮著, 加藤紀子訳) 〔04480〕

ソウ, ヘイ* 桑 兵

◇総合研究辛亥革命 辛亥革命百周年記念論集編集委員会編 岩波書店 2012.9 9, 592, 17p 22cm 〈索引あり〉 7800円 ①978-4-00-025859-3

内容 辛亥革命期の知識と制度の転換(桑兵著, 小野寺史郎訳) 〔04481〕

◇長江流域社会の歴史景観—京都大学人文科学研究所附属現代中国研究センター研究報告 森時彦編 京都 京都大学人文科学研究所 2013.10 433p 27cm

内容 南潯・湖社・国民党(桑兵著, 小野寺史郎訳) 〔04482〕

ソウ, ホウテイ* 曹 鵬程

◇戦争を知らない国民のための日中歴史認識—『日中歴史共同研究〈近現代史〉』を読む 笠原十九司編 勉誠出版 2010.12 271p 22cm 2500円 ①978-4-585-22007-7

内容 差違の尊重と理解の増進(曹鵬程著, 笠原十九司訳) 〔04483〕

ソヴァジェオ, A.

◇無文字民族の神話 ミシェル・パノフ, 大林太良他著, 大林太良, 宇野公一郎訳 新装復刊 白水社 2013.5 281, 12p 20cm 〈文献あり 索引あり〉 4200円 ①978-4-560-08291-1

内容 ウラル諸族の神話(A.ソヴァジェオ著, 宇野公一郎訳) 〔04484〕

ソウシ 荘子

◇荘子・内篇—霊性向上のためのガイドブック 由井寅子編集・解説, 珍小運血訳 ホメオパシー出版 2011.7 271p 19cm (由井寅子のホメオパシー的生き方シリーズ 8) 〈文献あり〉 1500円 ①978-4-86347-051-4 〔04485〕

◇ちくま哲学の森 8 自然と人生 鶴見俊輔, 安野光雅, 森毅, 井上ひさし, 池内紀編 筑摩書房 2012.4 448p 15cm (〔ちくま文庫〕) 1300円 ①978-4-480-42868-4

内容 荘子〈抄〉(荘子著, 森三樹三郎訳) 〔04486〕

◇荘子—新訳 : 天命に逆らわずあるがままに生きる 岬竜一郎編訳 PHP研究所 2013.2 221p 18cm 950円 ①978-4-569-80746-1

内容 序章 本当の生き方を得るために 内篇 外篇 雑篇 終章 目指すは良寛の生き方 〔04487〕

◇荘子 内篇 荘子〔著〕, 福永光司, 興膳宏訳 筑摩書房 2013.7 344p 15cm (ちくま学芸文庫 ソ4-1) 〈底本 : 世界古典文学全集 17 (2004年刊) 索引あり〉 1300円 ①978-4-480-09540-4

内容 逍遥遊篇第一 斉物論篇第二 養生主篇第三 人間世篇第四 徳充符篇第五 大宗師篇第六 応帝王篇第七 〔04488〕

◇荘子 外篇 荘子〔著〕, 福永光司, 興膳宏訳 筑摩書房 2013.8 670p 15cm (ちくま学芸文庫 ソ4-2) 〈底本 : 世界古典文学全集 17 (2004年刊) 索引あり〉 1800円 ①978-4-480-09541-1

内容 駢拇篇第八 馬蹄篇第九 胠篋篇第十 在宥篇第十一 天地篇第十二 天道篇第十三 天運篇第十四 刻意篇第十五 繕性篇第十六 秋水篇第十七 至楽篇第十九 山木篇第二十 田子方篇第二十一 知北遊篇第二十二 〔04489〕

◇荘子 雑篇 荘子〔著〕, 福永光司, 興膳宏訳 筑摩書房 2013.9 619p 15cm (ちくま学芸文庫 ソ4-3) 〈底本 : 世界古典文学全集 17 (2004年刊) 索引あり〉 1800円 ①978-4-480-09542-8

内容 庚桑楚篇第二十三 徐無鬼篇第二十四 則陽篇第二十五 外物篇第二十六 寓言篇第二十七 譲王篇第二十八 盗跖篇第二十九 説剣篇第三十 漁父篇第三十一 列御寇篇第三十二 天下篇第三十三 〔04490〕

ソエト, J.* Soet, Johanna E.

◇動機づけ面接法 応用編 (Motivational interviewing (2nd edition)) ウイリアム・R.ミラー, ステファン・ロルニック編, 松島義博, 後藤恵, 猪野亜朗訳 星和書店 2012.9 291p 21cm 〈文献あり〉 3200円 ①978-4-7911-0817-6

内容 一般医療と公衆保健領域における動機づけ面接法 (Ken Resnicow, Colleen DiIorio, Johanna E.Soet, Belinda Borrelli, Denise Ernst, Jacki Hecht, Angelica K.Thevos) 〔04491〕

ソク, ドンヒョン 石 東炫

◇最新・大韓民国国籍法—逐条解説と運用実務上の解釈 石東炫, 具本俊著, 金汶淑訳 日本加除出版 2011.11 401p 21cm 〈索引あり 文献あり〉 4000円 ①978-4-8178-3966-4

内容 第1編 国籍に関する一般理論(国籍の概念 国籍の機能 国籍の法源 国籍の決定 国籍の抵触) 第2編 大韓民国国籍法の沿革(概要 国籍法改正の沿革) 第3編 国籍法逐条解説(国籍法の立法目的 出生による国籍取得 認知による国籍取得 帰化制度 随伴取得制度 国籍回復制度 国籍取得者の外国国籍放棄義務 国籍再取得申告制度 複数国籍者の法的地位) 第4編 争点事項の検討(北韓(北朝鮮)住民の国

内法的地位　「最初の大韓民国国民」に関する法的欠欠と治癒方案）〔04492〕

ソク, ヘジン＊　釈 慧真

◇東アジアのウフカジ―大風 徐勝先生退職記念文集　徐勝先生退職記念事業実行委員会（日本・韓国）編　京都　かもがわ出版　2011.2　278p　21cm　〈著作目録あり 年譜あり〉 1800円　①978-4-7803-0418-3

内容 因縁（釈慧真著, 庵谷由香訳）〔04493〕

ソ

ソコロフ, アレクサンドル　Sokolov, Aleksandr

◇ようこそ旧約の世界へ―家族で楽しめる旧約聖書111話　アレクサンドル・ソコロフ編, 高橋竜介訳　凱風社　2013.12　292p　21cm　〈挿絵：ギュスターブ・ドレ〉 2000円　①978-4-7736-3803-5〔04494〕

ソジャ, エドワード

◇都市社会学セレクション　3　都市の政治経済学　町村敬志編　日本評論社　2012.9　314p　22cm　3800円　①978-4-535-58594-2

内容 ポスト・メトロポリスにかんする六つの言説（エドワード・ソジャ執筆, 水上徹男訳）〔04495〕

ソーズバーグ, ブライアン　Salsberg, Brian

◇日本の未来について話そう―日本再生への提言（Reimagining Japan）　マッキンゼー・アンド・カンパニー責任編集, クレイ・チャンドラー, エアン・ショー, ブライアン・ソーズバーグ編著　小学館　2011.7　416p　19cm　1900円　①978-4-09-388189-0

内容 「日本企業のグローバル化」への具体的施策（ゴードン・オール, ブライアン・ソーズバーグ, 岩谷直幸著）〔04496〕

ソーソワ, ジャン＝ミッシェル

◇知識の創造・普及・活用―学習社会のナレッジ・マネジメント（Knowledge management in the learning society）　OECD教育研究革新センター編著, 立田慶裕監訳　明石書店　2012.3　505p　22cm　〈訳：青山貴子ほか〉 5600円　①978-4-7503-3563-6

内容 ナレッジ・マネジメントに関する専門家の見解（ジャン＝ミッシェル・ソーソワ著, 青山貴子訳）〔04497〕

ソーニクロフト, グラハム　Thornicroft, Graham

◇精神障害者差別とは何か（Shunned）　グラハム・ソーニクロフト著, 青木省三, 諏訪浩監訳　日本評論社　2012.2　370p　22cm　6000円　①978-4-535-98330-4

内容 第1章 家の周りでは―家族、住居、そして隣人たち　第2章 プライベイトな環境の中で―友情、恋愛、子育て　第3章 うまくいかないとき―差別と雇用　第4章 排除のプロセス―市民生活と社会生活の中の差別　第5章 有害なヘルパーたち―医療と福祉の中の差別　第6章 偏見を食いものにすること―マスメディアと精神疾患　第7章 本当に危険か、それともデマか―暴力と精神疾患の真実　第8章 なぜ、頑張らなければならないのか？―自らに課すスティグマと予測される差別　第9章 スティグマから、無知・偏見・差別へ　第10章 差別を減らすために何をなすべきか？―サービス利用者がなすべき挑戦　第11章 差別をなくすために何をなすべきか？―われわれがなすべきこと〔04498〕

ソヌガ・バルケ, E.＊　Sonuga-Barke, Edmund

◇イギリス・ルーマニア養子研究から社会的養護への示唆―施設から養子縁組された子どもに関する質問（Policy and Practice Implications from the English and Romanian Adoptees (ERA) Study）　マイケル・ラター他著, 上鹿渡和宏訳　福村出版　2012.12　77p　22cm　〈文献あり〉 2000円　①978-4-571-42048-1

内容 イギリス・ルーマニアの養子に関する研究（ERA研究）　施設ケアを離れた子どもへの影響に関する8つの質問　施設でのデプリベーションが及ぼす全体への影響に関する4つの質問　施設でのデプリベーションに特異的な心理的傾向に関する13の質問　副次的な問題に関する3つの質問　身体的発達に関する2つの質問　心理的機能の一般的なバリエーションに関する3つの質問　養子縁組家庭に関する3つの質問　介入に関する5つの質問　他の国から養子縁組された子どもたちに見られた結果に関する4つの質問〔04499〕

ソフスキー, ヴォルフガング　Sofsky, Wolfgang

◇安全の原理（Das Prinzip Sicherheit）　ヴォルフガング・ソフスキー〔著〕, 佐藤公紀,S.マスロー訳　法政大学出版局　2013.5　216p　20cm　（叢書・ウニベルシタス 988）〈索引あり〉　2800円　①978-4-588-00988-4

内容 1 破局　2 危険、冒険　3 計算と否認　4 不安、勇気、そしてリスク願望　5 保険社会　6 社会的紛糾　7 リスク経済　8 保安国家　9 戦争の危険　10 テロ　11 平和と安全　12 自由あるいは安全〔04500〕

ソブリチャ, キャロリン　Sobritchea, Carolyn Israel

◇フィリピンにおける女性の人権尊重とジェンダー平等　キャロリン・ソブリチャ著, 舘かおる, 徐阿貴編, 徐阿貴, 越智方美, ニコルス林奈津子訳　御茶の水書房　2012.5　234, 18p　21cm　（シリーズ〈国際ジェンダー研究〉別巻2）〈文献あり 年表あり〉 3000円　①978-4-275-00974-6

内容 第1章 フィリピンの女性運動とフェミニズム研究―その収斂と争点の分析　第2章 ジェンダー主流化は女性に何をもたらしたか　第3章 フィリピンとアジア諸国におけるジェンダー視点に立った技術・職業訓練―JICAフィリピンの役割　第4章 フィリピン、近隣のアジア諸国におけるHIV/エイズ問題―フェミニスト視点からの検討　第5章 権利アプローチによるジェンダー課題への取組み　第6章 フィリピンのフェミニズム言説にみる女性問題とジェンダー不平等の表明　第7章 ジェンダー、貧困、フィリピン経済―変化の潮流と展望〔04501〕

ソブール, アルベール　Soboul, Albert

◇フランス文化史（France, culture vivante）　ジャック・ル・ゴフ, ピエール・ジャンナン, アルベール・ソブール, クロード・メトラ著, 桐村泰次訳　論創社　2012.8　445p　22cm　〈索引あり〉 5800円　①978-4-8460-1169-7

内容 第1部 一つの国民の誕生（埋もれた過去の遺跡　先史時代のフランス　ケルト世界 ほか）　第2部 一つの国家と文化の形成（貴族的文明　「偉大な世紀」の始まり　ルイ十四世と文化）　第3部 現代への入り口（新

しい社会　産業革命）〔04502〕

ソーベル, アンドリュー　Sobel, Andrew Carl

◇パワー・クエスチョン―空気を一変させ、相手を動かす質問の技術（POWER QUESTIONS）　アンドリュー・ソーベル, ジェロルド・パナス著, 矢沢聖子訳　阪急コミュニケーションズ　2013.4　270p　19cm　1700円　①978-4-484-13104-7

内容　いい質問は安易な答えに勝る　どん底に落ちたくなかったら穴を掘るな　四語　売り込みがうまくいかないとき　ミッションは重要なのではない。すべてだ　洞窟から抜け出す　初めから始める　やり直す　理由がわかれば克服できないものはない　秘密〔ほか〕〔04503〕

ソラット, スカデオ

◇企業と人権インド・日本―平等な機会のために　反差別国際運動日本委員会編集　反差別国際運動日本委員会　2012.9　146p　21cm　（IMADR-JCブックレット 15）〈発売：解放出版社（大阪）〉1200円　①978-4-7592-6756-3

内容　インドにおける民間企業部門によるアファーマティブ・アクション政策 他（スカデオ・ソラット, フィルダス・ファティマ・リズビ執筆, 菅原絵美訳）〔04504〕

ソラナ, ハビエル　Solana, Javier

◇混乱の本質―叛逆するリアル民主主義・移民・宗教・債務危機　ジョージ・ソロスほか著, 徳川家広訳　土曜社　2012.8　157p　18cm　（PROJECT SYNDICATE A WORLD OF IDEAS）〈他言語標題：Reality in Revolt〉952円　①978-4-9905587-4-1

内容　強いEUを作るために（ハビエル・ソラナ著）〔04505〕

◇新アジア地政学（ASIAN GEOPOLITICS）　I.ブレマー,J.S.ナイ,J.ソラナ,C.R.ヒル, 金田秀昭〔著〕, 福戸雅宏, 藤原敬之助, 水原由生, 髙橋直貴, 松尾知典共訳　土曜社　2013.6　139p　19cm　（プロジェクトシンジケート叢書 3）〈文献あり〉1700円　①978-4-9905587-8-0

内容　国際紛争の一年へようこそ！　他（イアン・ブレマー, ハビエル・ソラナ著, 福戸雅宏訳）〔04506〕

ソルダー, スコット　Solder, Scott

◇欲しいものをすべて手に入れて思い通りの人生を生きる方法（You need this book to get what you want）　マーク・パーマー, スコット・ソルダー著, 大沢章子訳　主婦の友社　2011.7　284p　19cm　1500円　①978-4-07-276110-6

内容　あなたがこの世に存在するわけ　あなたの適応力診断　自分の思考を知る　ルールブック　重要なことそうでないこと　計画　相手の頭のなかに入ってみる　Tシャツを手に入れる　説得法 その一―心をつかむ　相手にノーと言わせない　説得法その二―相手の心に働きかける会話術　説得法その三―セレブらしさを使う　説得法その四―顔の見える対応VS機械的な対応　説得法その五―相手をある程度認める　説得法その六―心のつながりを断つ　約束を強化する　敵を知る　新たなオートパイロット　〔04507〕

ソルナード, アレクサンドラ　Solnado, Alexandra

◇光の書―天が答えるあなたへのメッセージ（THE BOOK OF LIGHT）　アレクサンドラ・ソルナード著, 和田豊代美訳　ナチュラルスピリット　2013.4　493p　19cm　〈索引あり〉2780円　①978-4-86451-078-3

内容　始まり　流れに身を任せる　喪失　無行動　天に身をゆだねる　目的　調和　自然に流れる　距離　確信〔ほか〕〔04508〕

ソレッタ, ルイジ　Soletta, Luigi

◇夜半、日頭明らかなり（Il sole che splende a mezzanotte）　ルイジ・ソレッタ著, 横山俊樹訳　ブックコム　2013.2　159p　19cm　1000円　①978-4-903935-87-4〔04509〕

ソレル, ジョルジュ

◇イタリア版「マルクス主義の危機」論争―ラブリオーラ、クローチェ、ジェンティーレ、ソレル　上村忠男監修, イタリア思想史の会編訳　未来社　2013.8　293p　19cm　（転換期を読む 20）3200円　①978-4-624-93440-8

内容　マルクス主義における必然性と宿命論（ジョルジュ・ソレル著, 金山準訳）〔04510〕

ソ連

⇒ロシアを見よ

ソレン, ダニエル　Soren, Daniel

◇世界一流のサッカー監督から学ぶマネジメント（Management by Football）　ピーター・クライルガート, ダニエル・ソレン, ヘンリック・ソレンセン〔著〕,〔山下清彦〕〔訳〕　クロスメディア・パブリッシング　2012.6　239p　19cm　〈発売：インプレスコミュニケーションズ〉1580円　①978-4-8443-7150-2

内容　プロローグ サッカービジネス　第1の特性 常に頂点を目指す能力　第2の特性 理由を説明できる能力　第3の特性 戦略を行動に変える能力　第4の特性 戦略に柔軟性を持たせる能力　第5の特性 優れた人材を見つける能力　第6の特性 二番手のレベルを高める能力　第7の特性 強力なコーチング能力　第8の特性 問題解決能力の向上を応援する能力　第9の特性 競合相手を分析する能力　第10の特性 セットプレーを最大限に活用する能力〔04511〕

ソレンセン, ヘンリック　Sørensen, Henrik

◇世界一流のサッカー監督から学ぶマネジメント（Management by Football）　ピーター・クライルガート, ダニエル・ソレン, ヘンリック・ソレンセン〔著〕,〔山下清彦〕〔訳〕　クロスメディア・パブリッシング　2012.6　239p　19cm　〈発売：インプレスコミュニケーションズ〉1580円　①978-4-8443-7150-2

内容　プロローグ サッカービジネス　第1の特性 常に頂点を目指す能力　第2の特性 理由を説明できる能力　第3の特性 戦略を行動に変える能力　第4の特性 戦略に柔軟性を持たせる能力　第5の特性 優れた人材を見つける能力　第6の特性 二番手のレベルを高める能力　第7の特性 強力なコーチング能力　第8の特性 問題解決能力の向上を応援する能力　第9の特性 競合相手を分析する能力　第10の特性 セットプレーを最大限に活用する能力〔04512〕

ソ

ソーレンセン, ボウ・バウナー

◇あたりまえの暮らしを保障する国デンマーク―DVシェルター・子育て環境　上野勝代, 吉村恵, 室崎生子, 葛西リサ, 吉中季子, 梶木典子編著　ドメス出版　2013.10　230p　21cm　2400円　①978-4-8107-0796-0

内容 シェルターにおける移民女性の実態と支援（ボウ・バウナー・ソーレンセン, イヴォンヌ・モーク, ソフィア・ダネスキャル‐サムソー著, 吉村恵訳）〔04513〕

ソローヴ, ダニエル・J.　Solove, Daniel J.

◇プライバシーの新理論―概念と法の再考（UNDERSTANDING PRIVACY）　ダニエル・J.ソローヴ〔著〕, 大谷卓史訳　みすず書房　2013.6　303p　22cm　〈索引あり〉4600円　①978-4-622-07765-7

内容 1 プライバシー：未整理の概念　2 プライバシー理論とその欠陥　3 プライバシーの再構築　4 プライバシーの価値　5 プライバシーの類型論　6 プライバシー：新しい理解　〔04514〕

ソロス, ジョージ　Soros, George

◇ソロスの警告―ユーロが世界経済を破壊する（Financial turmoil in Europe and the United States）　ジョージ・ソロス著, 藤井清美訳　徳間書店　2012.3　255p　20cm　1600円　①978-4-19-863370-7

内容 序文 金融危機第二ラウンド―ユーロ圏の崩壊とその超バブルの根源　第1部 二〇〇八年：大暴落のあと（過去六〇年で最悪の市場危機　危険な石油価格の高騰　ポールソンに好き勝手をさせてはならない　銀行システムに資本を注入せよ　銀行の資本を増強し、金融市場を救う方法　アメリカは新興経済国救済の先頭に立たねばならない）　第2部 二〇〇九年：正しい金融改革と間違った金融改革（銀行を救済する正しい方法と間違った方法　周縁諸国に対する支援をG20サミットの中心議題に　売り崩しを防ぐ一つの方法　金融改革の三原則　金融改革の必要性を無視してはならない）　第3部 二〇一〇年：危機はグローバルに（ユーロはギリシャより大きな試練に直面する　破綻した住宅ローン制度を改革する　アメリカはデリバティブの危険性を直視せねばならない　危機とユーロ　アメリカに必要なのは倹約ではなく刺激策だ　中国はグローバル通貨危機を解決しなければならない　ヨーロッパは国家の前に銀行を救済するべきだ）　第4部 二〇一一年：ユーロ圏（「二つの速度のヨーロッパ」にしないためにドイツは何をするべきか　真のヨーロッパ人は、今すぐプランBを採用するべきだ　ドイツはユーロを守らなければならない　ユーロ危機を解決するために必要な三つの措置　ユーロに未来はあるか　第二の大恐慌を防ぐには　ユーロ圏という地雷原を通り抜けるためのルートマップ　ユーロ圏を救うための七項目プラン　欧州中央銀行（ECB）はユーロ圏を救うために介入せねばならない）〔04515〕

◇混乱の本質―叛逆するリアル民主主義・移民・宗教・債務危機　ジョージ・ソロスほか著, 徳川家広訳　土曜社　2012.8　157p　18cm（PROJECT SYNDICATE A WORLD OF IDEAS）〈他言語標題：Reality in Revolt〉952円　①978-4-9905587-4-1

内容 危機を前に凍りつくヨーロッパ（ジョージ・ソロス著）〔04516〕

◇世界は考える　野中邦子訳　土曜社　2013.3　189p　19cm（プロジェクトシンジケート叢書 2）〈文献あり〉1900円　①978-4-9905587-7-2

内容 欧州の落日（ジョージ・ソロス著）〔04517〕

ソロマティーナ, ソフィア

◇金融の世界史―貨幣・信用・証券の系譜　国際銀行史研究会編　悠書館　2012.10　503p　20cm〈索引あり 文献あり〉4000円　①978-4-903487-64-9

内容 帝政ロシア（ソフィア・ソロマティーナ執筆, 矢後和彦訳）〔04518〕

ソロモン, シャハフ

◇アタッチメントを応用した養育者と子どもの臨床（Attachment theory in clinical work with children）　ダビッド・オッペンハイム, ドグラス・F.ゴールドスミス編, 数井みゆき, 北川恵, 工藤晋平, 青木豊訳　京都　ミネルヴァ書房　2011.6　316p　22cm〈文献あり〉4000円　①978-4-623-05731-3

内容 子どもの診断に関する親の解決と親子関係（ダビッド・オッペンハイム, スマダール・ドルエフ, ニナ・コレン‐カリー, エフラト・シャー‐センソー, ヌリット・イルミア, シャハフ・ソロモン著）〔04519〕

ソロモン, フセイン

◇越境するケア労働―日本・アジア・アフリカ　佐藤誠編　日本経済評論社　2010.12　252p　22cm〈索引あり〉4400円　①978-4-8188-2145-3

内容 南アフリカにおけるゼノフォビア（フセイン・ソロモン, ルイーズ・ヘーグ著, 黒須仁美訳）〔04520〕

ソロモン, マイケル・G.　Solomon, Michael G.

◇コンピュータ・フォレンジック完全辞典―デジタル訴訟の最先端から学ぶ（Computer forensics jumpstart（2nd ed.））　Michael G.Solomon,K. Rudolph,Ed Tittel,Neil Broom,Diane Barrett著, AOS法務IT推進会訳, 佐々木隆仁, 柳本英之監修　幻冬舎ルネッサンス　2012.2　446p　21cm　2500円　①978-4-7790-0790-3

内容 1 コンピュータ・フォレンジックへのニーズ　2 準備―開始前に何をするべきか　3 コンピュータ証拠　4 一般的な任務　5 データイメージをキャプチャする　6 データから情報を取り出す　7 パスワードと暗号化　8 一般的なフォレンジックツール　9 すべてを統合する　10 法廷での証言方法〔04521〕

ソン, アンドリュー

◇アジアの顔のキリスト　ホアン・カトレット編, 高橋敦子訳　名古屋　新世社　2010.10　175, 32p　16cm〈文献あり〉1200円　①978-4-88382-100-6

内容 わたしの深い孤独を追い払ってください（アンドリュー・ソン）〔04522〕

ソン, イヘイ*　孫 偉平

◇21世紀の思想的課題―転換期の価値意識 大阪経済法科大学アジア太平洋研究センター、北京大学哲学系共催日中哲学シンポジウム論文集　岩佐茂, 金泰明編, 李洪权訳　国際書院　2013.10

425p　21cm　(アジア太平洋研究センター叢書 4)〈他言語標題 : The Philosophical Problematique of the 21st Century　会期・会場 : 2011年9月16日、17日 北京大学内国際会議場　共催 : 大阪経済法科大学アジア太平洋研究センター 北京大学哲学系　索引あり〉6000円　①978-4-87791-249-9

内容 電子文化にたいする人文的な憂慮(孫偉平著, 李洪権訳)　〔04523〕

ソン, カ*　孫 科

◇新編原典中国近代思想史　第5巻　国家建設と民族自救―国民革命・国共分裂から一致抗日へ　野村浩一, 近藤邦康, 並木頼寿, 坂元ひろ子, 砂山幸雄, 村田雄二郎編　野村浩一, 近藤邦康, 村田雄二郎責任編集　岩波書店　2010.12　392, 6p　22cm　〈年表あり〉5400円　①978-4-00-028225-3

内容 憲法と三民主義(抄)(孫科著, 光田剛訳)　〔04524〕

◇新編原典中国近代思想史　第6巻　救国と民主―抗日戦争から第二次世界大戦へ　野村浩一, 近藤邦康, 並木頼寿, 坂元ひろ子, 砂山幸雄, 村田雄二郎編　野村浩一, 近藤邦康, 砂山幸雄責任編集　岩波書店　2011.3　412, 7p　22cm　〈年表あり〉5700円　①978-4-00-028226-0

内容 どのように民主を促進するのか(孫科著, 中村元哉訳)　〔04525〕

ソン, カ*　孫 歌

◇デモクラシーとナショナリズム　アジアと欧米　加藤節編　未来社　2011.3　275p　21cm　(成蹊大学アジア太平洋研究センター叢書)〈執筆 : 加藤節ほか〉3200円　①978-4-624-30115-6

内容 冷戦初期の「民族」と「民主」(孫歌著, 李暁東訳)　〔04526〕

◇アジア主義は何を語るのか―記憶・権力・価値　松浦正孝編著　京都　ミネルヴァ書房　2013.2　671, 6p　22cm　〈索引あり〉8500円　①978-4-623-06488-5

内容 東アジア視角の認識論的意義(孫歌執筆, 関智英訳)　〔04527〕

ソン, カンヒョウ*　孫 寒冰

◇新編原典中国近代思想史　第5巻　国家建設と民族自救―国民革命・国共分裂から一致抗日へ　野村浩一, 近藤邦康, 並木頼寿, 坂元ひろ子, 砂山幸雄, 村田雄二郎編　野村浩一, 近藤邦康, 村田雄二郎責任編集　岩波書店　2010.12　392, 6p　22cm　〈年表あり〉5400円　①978-4-00-028225-3

内容 中国本位の文化建設宣言(王新命, 何炳松, 武堉, 孫寒冰, 黄文山, 陶希聖, 章益, 陳高傭, 樊仲雲, 薩孟武著, 野村浩一訳, 小野寺史郎改訳)　〔04528〕

ソン, ケイビン*　孫 慧敏

◇リベラリズムの中国　村田雄二郎編　有志舎　2011.9　343p　22cm　〈文献あり〉6200円　①978-4-903426-46-4

内容 租界の慣習と日本の制度(孫慧敏著, 吉見崇訳)　〔04529〕

ソン, コウウン*　孫 宏雲

◇リベラリズムの中国　村田雄二郎編　有志舎　2011.9　343p　22cm　〈文献あり〉6200円　①978-4-903426-46-4

内容 政治学教科書の中の「自由主義」(孫宏雲著, 森川裕貫訳)　〔04530〕

ソン, ショウテツ*　孫 承喆

⇒ソン, スンチョル

ソン, スンチョル　孫 承喆

◇朝鮮と琉球―歴史の深淵を探る　河宇鳳, 孫承喆, 李薫, 閔徳基, 鄭成一著, 赤嶺守監訳, 金東善, 神谷智昭, 陳碩炫, 呉明花, 前田舟子訳　宜野湾　榕樹書林　2011.7　232p　27cm　〈文献あり 年表あり 索引あり〉6400円　①978-4-89805-154-2

内容 朝琉交隣体制の構造と特徴(孫承喆著)　〔04531〕

ソン, セイ*　孫 青

◇リベラリズムの中国　村田雄二郎編　有志舎　2011.9　343p　22cm　〈文献あり〉6200円　①978-4-903426-46-4

内容 どのような理想の国民をつくるか(孫青著, 宮原佳昭訳)　〔04532〕

ソン, デフン　成 垈勲

◇韓国人も知らない朝鮮王朝史　ソンデフン著, 〔庾水敬〕〔訳〕　新星出版社　2012.9　199p　19cm　〈文献あり 年表あり〉1200円　①978-4-405-12000-6　〔04533〕

ソン, ヒヨン*　宋 熹永

◇東アジアの地域協力と経済・通貨統合　塩見英治, 中条誠一, 田中素香編著　八王子　中央大学出版部　2011.3　303p　22cm　(中央大学経済研究所研究叢書 52)　3800円　①978-4-8057-2246-6

内容 東アジア通貨統合は実現可能なのか(宋熹永, 柳在元著, 姜鎮旭訳, 塩見英治監修)　〔04534〕

ソン, ブン　孫 文

◇孫文革命文集　孫文〔著〕, 深町英夫編訳　岩波書店　2011.9　473, 5p　15cm　(岩波文庫 33-230-3)〈文献あり 索引あり〉1140円　①978-4-00-332303-8

内容 第1部 民族共和国への道程――八九三・一九一二年(広州興中会宗旨　ハワイ興中会章程　香港興中会章程 ほか)　第2部 中央政権への挑戦――九一三・一九二一年(袁世凱に辞任を勧める電文　大隈重信に中国革命への支持を求める書簡　陳新政と南洋同志に中華革命党を組織する意義を説く書簡 ほか)　第3部 革命運動の再構築――九二三・一九二五年(党務活動は宣伝を重視すべきだ―中国国民党改進大会での演説(抄)　孫文・ヨッフェ共同声明　犬養毅に列強の影響を脱し中国革命の成功を助けるよう求める書簡 ほか)　〔04535〕

ソン, ヘイカ　孫 平化

◇中日友好随想録―孫平化が記録する中日関係　上　孫平化著, 武吉次朗訳　日本経済新聞出版社　2012.4　490p 図版12p　20cm　4800円　①978-

4-532-16835-3
内容 目白再訪 田中角栄邸を表敬　民間人会議の提唱者が出席できず 廖参志氏を偲ぶ　西花庁が面目を一新 鄧穎超女史が竹入義勝氏と会見　深圳の大変貌 竹入義勝氏に随行し経済特区を参観　駱駝の背中に心かよわす 伊東正義氏一行と敦煌訪問　無量庵の普茶料理 鄧女史から園田夫人への贈り物を届ける　焼き芋と懐中時計 浜野清吾邸訪問　八王子はわれわれに一番近い場所 劇団「新制作座」を訪問　目白訪問は廖参志氏の遺言 田中角栄邸を再訪　松山バレエ団を訪問〔ほか〕　〔04536〕

◇中日友好随想録―孫平化が記録する中日関係　下　孫平化著, 武吉次朗訳　日本経済新聞出版社　2012.4　511p 図版12p　20cm　4800円　①978-4-532-16836-0
内容 面包一〇四号と国民街一号 ハルビンを再訪　一九九一年新春の放談　思いがけない訪日　人生の禍福は測り難し　日本で入院　盆栽と盆景　柏木博子さんのリサイタル　王震老が木村一三氏と会見　奇遇　有縁千里来相会(縁があれば千里離れていても会える)〔ほか〕　〔04537〕

ソン, ミョンジョ*　孫 明助
◇東アジアの古代鉄文化―シンポジウム　松井和幸編　雄山閣　2010.5　187p　21cm　〈会期・会場：2007年12月1・2日 北九州市立自然史・歴史博物館(いのちのたび博物館)〉2800円　①978-4-639-02138-4
内容 古代韓半島鉄生産の流れ(孫明助著, 松井和幸訳)　〔04538〕

ソン, メイジョ*　孫 明助
⇒ソン, ミョンジョ*

ソンシ　孫子
◇孫子　孫子〔著〕, 町田三郎訳　中央公論新社　2011.7　108p　18cm　(中公クラシックス E15)　1350円　①978-4-12-160125-4
内容 第1 計篇　第2 作戦篇　第3 謀攻篇　第4 形篇　第5 勢篇　第6 虚実篇　第7 軍争篇　第8 九変篇　第9 行軍篇　第10 地形篇　第11 九地篇　第12 火攻篇　第13 用間篇　〔04539〕

ソーントン, スティーブン・J.　Thornton, Stephen J.
◇教師のゲートキーピング―主体的な学習者を生む社会科カリキュラムに向けて (Teaching social studies that matters (2004 editon))　スティーブン・J.ソーントン著, 渡部竜也, 山田秀和, 田中伸, 堀田諭訳　横浜　春風社　2012.10　263p　22cm　〈文献あり　年表あり〉2857円　①978-4-86110-328-5
内容 序章 社会科の諸問題　第1章 なぜ「ゲートキーピング」はカリキュラム改革よりも重要なのか　第2章 社会科カリキュラムはこれまでどのように組織化されてきたか　第3章 教育のねらいの重要性　第4章 バランスのとれた柔軟なカリキュラムに向けて　第5章 教育方法　第6章 教育者を教育すること　第7章 実際なされているカリキュラムの重要性　付論1 社会科におけるゲートキーパーとしての教師　付論2 空カリキュラム―その理論的基礎と実践の示すものについて　付論3 社会科カリキュラムの正当性　〔04540〕

ソーンバー, カレン・ローラ
◇一九二〇年代東アジアの文化交流　2　川本皓嗣, 上垣外憲一編　京都　思文閣出版　2011.6　255p　22cm　(大手前大学比較文化研究叢書 7)　2500円　①978-4-7842-1584-3
内容 一九二〇年代の東アジア文化交流と間テクスト性(カレン・ローラ・ソーンバー著, 水野達朗訳)　〔04541〕

ソーンヒル, クリス　Thornhill, Christopher J.
◇ドイツ政治哲学―法の形而上学 (Garman political philosophy)　クリス・ソーンヒル著, 永井健晴, 安世舟, 安章浩訳　風行社　2012.2　817, 7p　22cm　12000円　①978-4-86258-067-2　〔04542〕

ゾンマー, テオ
◇日独交流150年の軌跡　日独交流史編集委員会編　雄松堂書店　2013.10　345p　29cm　〈布装〉3800円　①978-4-8419-0655-4
内容 両大戦の間(テオ・ゾンマー著, 宮田奈々訳)　〔04543〕

ソーンリィ, レベッカ・ガンダーセン　Thornley, Rebecca Gundersen
◇「そこにいる」ってわかります―信仰についての絵本 (I know he is there)　レベッカ・ガンダーセン・ソーンリィ作, ブランドン・ドーマン絵, 渡辺春美訳　仙台　トリーハウス　2011.7　1冊(ページ付なし)　16×16cm　1200円　①978-4-9902144-6-3　〔04544〕

【タ】

ダアノイ, メアリー・アンジェリン
◇在日外国人と多文化共生―地域コミュニティの視点から　佐竹眞明編著　明石書店　2011.2　321p　21cm　〈他言語標題：Foreign Migrants in Multicultural Japan〉3200円　①978-4-7503-3342-7
内容 愛知県の多文化共生過程におけるフィリピン人海外移住者の文化・政治的関与(メアリー・アンジェリン・ダアノイ著, 稲垣紀代訳)　〔04545〕

タイ
◇外国著作権法令集　47　タイ編　財田寛子, 横山真司共訳, 阿部浩二監修　著作権情報センター　2012.12　23p　21cm　〈SARVH共通目的事業(平成24年度)〉非売品　〔04546〕

タイ, アンコウ*　戴 鞍鋼
◇近代東アジア社会における外来と在来　勝部真人編　大阪　清文堂出版　2011.3　284p　22cm　6800円　①978-4-7924-0944-9
内容 近代上海地域の「外来」と「在来」(戴鞍鋼著, 張楓訳)　〔04547〕

タイ, イライ*　戴 維来

◇中国の未来　金燦栄ほか著, 東滋子訳　日本僑報社　2013.12　227p　19cm　1900円　①978-4-86185-139-1

内容 第1章 中国その真実（中国とは何者なのか―中国に関する四つのエピソード　「勝手な思い込み」―我々が中国を理解する方法 ほか）　第2章 経済発展における難関とその対策への理解（中国経済発展の魅力 中国経済発展の苦境 ほか）　第3章 社会変化と発展の中で迎える新しい課題（新しい成功へ―転換発展する中国社会への人民の期待　新しい挑戦―中国社会の転換型発展におけるリスクと試練 ほか）　第4章 待ち望まれる平和的発展への挑戦とその対応（ポストクライシス時代の世界経済の振動　安全保障分野の難題 ほか）　第5章 未来の道を読み解く（中国の平和的発展への試み　転換の成功と挑戦 ほか）　〔*04548*〕

タイ, シンホウ*　戴 振豊

◇戦後日中関係と廖承志―中国の知日派と対日政策　王雪萍編著　慶応義塾大学出版会　2013.9　386p　22cm　（慶応義塾大学東アジア研究所・現代中国研究シリーズ）〈文献あり 索引あり〉4200円　①978-4-7664-2087-6

内容 廖承志の対日工作と中華民国（戴振豊著, 杜崎群傑訳）　〔*04549*〕

タイ, トウヨウ*　戴 東陽

◇対立と共存の歴史認識―日中関係150年　劉傑, 川島真編　東京大学出版会　2013.8　445p　21cm　〈年表あり 索引あり〉3600円　①978-4-13-023060-5

内容 清末駐日使節団の日本理解（戴東陽著, 青山治世訳）　〔*04550*〕

ダイアー, ウエイン・W.　Dyer, Wayne W.

◇自分のまわりに「不思議な奇跡」がたくさん起こる！（There's a spiritual solution to every problem）　ウエイン・W.ダイアー著, 渡部昇一訳　三笠書房　2011.1　253p　15cm　（王様文庫 D53-1）〈『ダイアー博士のスピリチュアル・ライフ』（2005年刊）の再編集, 改題〉571円　①978-4-8379-6584-8

内容 "スピリチュアルな視点"に立つとすべてがうまくいく―「目に見えない世界」にすべてゆだねてみる 「想像力」のパワーで幸運を引き寄せる―心にはいつも「いいこと」だけを思い描く　誰もが"奇跡を起こす力"を秘めている―「宇宙」とつながる一番いい方法 「体、環境、心」を浄化すると一気に開運できる！―自分の"エネルギー"をクリアに保つコツ　「魂」を成長させる心の習慣―あなたはもっと豊かに幸せになれる　感情をコントロールできると人生が変わる―「怒り・恐れ・妬み」と無縁の世界へ　「愛の種」を蒔けば、憎しみは枯れていく―「自尊心」というブーケで魂を飾ろう　「奇跡の癒し」があなたのものに―病気・けがに治癒をもたらす「神秘の力」　毎日を「絶好調の気分」で生きるヒント―"気分がさえない"時は、こう考えてみる　「与えられたもの」に感謝すると幸せがあふれる―あなたには"無限の可能性"が秘められている〔ほか〕　〔*04551*〕

◇自分のための人生（Your erroneous zones）　ウエイン・W.ダイアー著, 渡部昇一訳・解説　三笠書房　2011.6　200p　15cm　（知的生きかた文庫）　590円　①978-4-8379-7960-9

内容 第1章「気」の力　第2章 自分の価値　第3章 自立と自尊の精神　第4章「昨日の自分」を超える　第5章「今の今」が最高のチャンス　第6章「自分の知らない世界」　第7章「状況打開」の柔軟思考　第8章 "けじめ"をきちんとつける　第9章 セルフ・コントロールの実践　第10章「充実人生」にまっすぐ向かう　〔*04552*〕

◇実践道（タオ）の哲学―老子が教える：あるがままに生きる智恵（Change your thoughts change your life）　ウエイン・W.ダイアー著　PHP研究所　2012.3　349p　19cm　〈タイトル：実践道の哲学　文献あり〉1700円　①978-4-569-77641-5

内容 神秘は謎のままでよし　「二」と見えて「一」である生き方　賢者の治世　悠久無限を眺める　公平に、あくまで公平に　創造に与する生き方　自我（エゴ）を超える　水の流れのように生きる　謙虚の心得 区別の縛りを解く〔ほか〕　〔*04553*〕

◇ザ・シフト―成功よりも「意義ある人生」へ向かう4つのステップ（THE SHIFT）　ウエイン・W.ダイアー著, 島津公美訳　ダイヤモンド社　2012.5　180p　19cm　1400円　①978-4-478-01395-3

内容 第1章 ここから…―私たちはみな、源から生まれてきた聖なるエネルギーが形をなした存在（この世にあるものはすべて、エネルギーから生まれた　私たちの本質は聖なる源と同じ ほか）　第2章 野心―エゴの声を受け入れればにせものの価値観に翻弄される（すべては本質以外のものにはなれない　エゴは重要な人になることが使命だと思い込ませる ほか）　第3章 そして…―思いがけない出来事が人生を目覚めさせる（意義ある人生へのシフトのタイミングを示すポイント　「人生の底」とは方向転換へのエネルギーをため込む時期 ほか）　第4章 意義ある人生―すべてをゆだねれば誰もが本当の自分を生きられる（意義ある人生を送る準備　私たちの本質を構成している4つの美徳 ほか）　〔*04554*〕

◇「言い訳」をやめるといいことがたくさん起こる！（EXCUSES BEGONE！）　ウエイン・W.ダイアー著, 山川紘矢, 山川亜希子訳　三笠書房　2013.4　254p　15cm　（王様文庫 D62-1）〈「「使わない！」と人生がうまくいく"18の言葉"」（2010年刊）の改題、改筆、再編集〉571円　①978-4-8379-6674-6

内容 1章「心の習慣」があなたの現実をつくる！―人生を一瞬でリニューアルするシンプルな方法（「習慣」を変えれば人生は変わる！　人生を「願った方向」へシフトさせる方法）　2章「言葉」ひとつで人生は大好転する！―こんな「心のつぶやき」が人生にブレーキをかけている（それは難しい　危ない ほか）　3章 幸運体質になる「7つのステップ」―"言い訳"と永遠に手を切る「マインド革命」（「言い訳」に逃げている自分に気づく　「きっと、うまくいく」と信頼する ほか）　4章「宇宙」と「自分」をリンクさせれば不思議な力が湧いてくる―"全く新しい次元"へ意識を進化させる法（「自分を変えるパワー」を充満させるために　効果絶大！「生き方」が根底から変わる7つの秘訣）　5章 自分が劇的に変わる「7つの質問」―"奇跡を起こす力"はあなたの中に眠っている！（「それは本当か」「偏った色めがね」は今すぐ外す！　「その言い訳はどこで生まれたのか」「自己責任」を心の隅々まで全うする ほか）　〔*04555*〕

ダイアー, ジェフリー　Dyer, Jeffrey M.

◇イノベーションのDNA—破壊的イノベータの5つのスキル（The innovator's DNA）　クレイトン・クリステンセン, ジェフリー・ダイアー, ハル・グレガーセン著, 桜井祐子訳　翔泳社　2012.1　323p　20cm　（Harvard business school press）〈索引あり〉2000円　①978-4-7981-2471-1

内容 第1部 破壊的イノベーションはあなたから始まる（破壊的イノベータのDNA　発見力その1—関連づける力　発見力その2—質問力　発見力その3—観察力　発見力その4—ネットワーク力　発見力その5—実験力）　第2部 破壊的組織/チームのDNA（世界で最もイノベーティブな企業のDNA　イノベータDNAを実践する—人材　イノベータDNAを実践する—プロセス　イノベータDNAを実践する—哲学）　結論 行動を変え、思考を変え、世界を変えよ　〔04556〕

ダイアー, デーヴィス　Dyer, Davis

◇P&Gウェイ—世界最大の消費財メーカーP&Gのブランディングの軌跡（Rising Tide : Lessons from 165 Years of Brand Building at Procter & Gamble）　デーヴィス・ダイアー, フレデリック・ダルゼル, ロウェナ・オレガリオ著, 足立光, 前平謙二訳　東洋経済新報社　2013.7　353, 27p　21cm　3500円　①978-4-492-54010-7

内容 第1部 黎明期（一八三七～一九四五年）（P&Gの誕生（一八三七～九〇年）　企業基盤の確立（一八九〇～一九四五年）ほか）　第2部 P&G流マーケティングの確立（一九四五～八〇年）（各種消費財への事業拡大（一九四五～八〇年）　伝説的ブランド—クレストとパンパース）　第3部 世界市場への進出（一九八〇～九〇年）（グローバルへの展開（一九八〇～九〇年）　日本市場での教訓 ほか）　第4部 縮小市場での模索（一九九〇年～）（一九九〇年代の組織改革　サプライチェーン再構築 ほか）　〔04557〕

ダイアモンド, ジャレド　Diamond, Jared M.

◇銃・病原菌・鉄　上巻（Guns, germs, and steel）　ジャレド・ダイアモンド著, 倉骨彰訳　草思社　2012.2　395, 17p　16cm　（草思社文庫 ダ1-1）〈文献あり〉900円　①978-4-7942-1878-0

内容 ニューギニア人ヤリの問いかけるもの　第1部 勝者と敗者をめぐる謎（一万三〇〇〇年前のスタートライン　平和の民と戦う民の分かれ道　スペイン人とインカ帝国の激突）　第2部 食料生産にまつわる謎（食料生産と征服戦争　持てるものと持たざるものの歴史　農耕を始めた人と始めなかった人　毒のないアーモンドのつくり方　リンゴのせいか、インディアンのせいか　なぜシマウマは家畜にならなかったのか　大地の広がる方向と住民の運命）　第3部 銃・病原菌・鉄の謎（家畜がくれた死の贈り物）　〔04558〕

◇銃・病原菌・鉄　下巻（Guns, germs, and steel）　ジャレド・ダイアモンド著, 倉骨彰訳　草思社　2012.2　412, 18p　16cm　（草思社文庫 ダ1-2）〈文献あり〉900円　①978-4-7942-1879-7

内容 第3部 銃・病原菌・鉄の謎（承前）（文字をつくった人と借りた人　発明は必要の母である　平等な社会から集権的な社会へ）　第4部 世界に横たわる謎（オーストラリアとニューギニアのミステリー　中国はいかにして中国になったのか　太平洋に広がっていった人びと　旧世界と新世界の遭遇　アフリカはいかにして黒人の世界になったか）　科学としての人類史　〔04559〕

◇文明崩壊—滅亡と存続の命運を分けるもの　上巻（COLLAPSE）　ジャレド・ダイアモンド著, 楡井浩一訳　草思社　2012.12　553p　16cm　（草思社文庫 ダ1-3）〈索引あり〉1200円　①978-4-7942-1939-8

内容 プロローグ ふたつの農場の物語　第1部 現代のモンタナ（モンタナの大空の下）　第2部 過去の社会（イースターに黄昏が訪れるとき　最後に生き残った人々—ピトケアン島とヘンダーソン島　古の人々—アナサジ族とその隣人たち　マヤの崩壊　ヴァイキングの序曲と遁走曲）　〔04560〕

◇文明崩壊—滅亡と存続の命運を分けるもの　下巻（COLLAPSE）　ジャレド・ダイアモンド著, 楡井浩一訳　草思社　2012.12　547p　16cm　（草思社文庫 ダ1-4）〈文献あり 索引あり〉1200円　①978-4-7942-1940-4

内容 第2部 過去の社会（承前）（存続への二本の道筋）　第3部 現代の社会（アフリカの人口危機—ルワンダの大量虐殺　ひとつの島、ふたつの国民、ふたつの歴史—ドミニカ共和国とハイチ　揺れ動く巨人、中国　搾取されるオーストラリア）　第4部 将来に向けて（社会が破壊的な決断を下すのはなぜか？　大企業と環境—異なる条件、異なる結末　世界はひとつの干拓地）　追記 アンコールの興亡　〔04561〕

◇昨日までの世界—文明の源流と人類の未来　上（The World Until Yesterday）　ジャレド・ダイアモンド著, 倉骨彰訳　日本経済新聞出版社　2013.2　414p 図版32p　20cm　〈索引あり〉1900円　①978-4-532-16860-5

内容 空港にて　第1部 空間を分割し、舞台を設定する（友人、敵、見知らぬ他人、そして商人）　第2部 平和と戦争（子どもの死に対する賠償　小さな戦争についての短い話　多くの戦争についての長い話）　第3部 子どもと高齢者（子育て　高齢者への対応—敬うか、遺棄するか、殺すか？）　〔04562〕

◇昨日までの世界—文明の源流と人類の未来　下（The World Until Yesterday）　ジャレド・ダイアモンド著, 倉骨彰訳　日本経済新聞出版社　2013.2　390p　20cm　〈文献あり 索引あり〉1900円　①978-4-532-16861-2

内容 第4部 危険とそれに対する反応（有益な妄想　ライオンその他の危険）　第5部 宗教、言語、健康（デンキウナギが教える宗教の発展　多くの言語を話す　塩、砂糖、脂肪、怠惰）　エピローグ 別の空港にて　〔04563〕

ダイアモンド, スーザン　Diamond, Susan

◇子どもに必要なソーシャルスキルのルールBEST99　スーザン・ダイアモンド著, 上田勢子訳　名古屋　黎明書房　2012.8　126p　26cm　2500円　①978-4-654-01877-2

内容 第1章 話すことと聞くこと　第2章 友だち　第3章 学校　第4章 いじめ　第5章 気持ち　第6章 ボディランゲージ　第7章 マナー　〔04564〕

ダイアモンド, スチュアート　Diamond, Stuart

◇ウォートン流人生のすべてにおいてもっとトクをする新しい交渉術（GETTING MORE）　スチュアート・ダイアモンド著, 桜井祐子訳　集英社　2012.8　510p　20cm　2000円　①978-4-08-

773479-9
内容 これまでとはまったく違う交渉術　交渉の半分は「人」で決まる　相手の頭のなかをのぞく　非協力的な相手と交渉する　不等価交換　(相手のも自分のも)感情は交渉の敵　問題解決のためのゲットモア・モデル　文化の違いに対処する　職場でゲットモア　買い物でゲットモア　人間関係　子どもと交渉する　旅行先でゲットモア　町中でゲットモア　社会問題〔04565〕

大韓民国
⇒韓国も見よ

大韓民国法務部
◇大韓民国国籍法解説―逐条解説及び2010年改正法の内容　大韓民国法務部出入国・外国人政策本部編, 金汶淑訳　日本加除出版　2010.12　175p　21cm　〈戸籍時報号外〉1890円〔04566〕

ダイク, H.*　Dijk, Herman K.van
◇ベイズ計量経済学ハンドブック（The Oxford Handbook of Bayesian Econometrics）　John Geweke,Gary Koop,Herman van Dijk〔編〕, 照井伸彦監訳　朝倉書店　2013.9　546p　22cm　〈索引あり〉12000円　①978-4-254-29019-6
内容 第1部 諸原理（処置選択のベイズ推測の諸側面　交換可能性、表現定理、主観性）　第2部 方法（時系列状態空間モデルのためのベイズ推測　柔軟なモデリングとノンパラメトリックモデリング　シミュレーションとMCMC法入門）　第3部 応用（ミクロ計量経済学におけるベイズ法　ベイズ統計によるマクロ計量経済分析　ベイズ手法のマーケティングへの応用　ベイズ統計のファイナンスへの応用）〔04567〕

タイス, ルー　Tice, Louis E.
◇ストーリーで学ぶ経営の真髄（Learn like a leader）　マーシャル・ゴールドスミス, ビバリー・ケイ, ケン・シェルトン編, 和泉裕子, 井上実訳　徳間書店　2011.2　311p　19cm　1600円　①978-4-19-863118-5
内容 潜在的な可能性を秘めた人材を導く（ルー・タイス著）〔04568〕
◇アファメーション―人生を変える！　伝説のコーチの言葉と5つの法則（Smart talk）　ルー・タイス著, 田口未和訳, 苫米地英人監修　フォレスト出版　2011.12　417p　20cm　1900円　①978-4-89451-473-7
内容 1 人生を変える「言葉の法則」―ビジョン、使命、価値観、動機、態度を明確にする　2 一瞬で自分を変える「アファメーション」の法則―新しい自己イメージの作り方　3 新しいゴールを「脳にプログラミングする」方法―目標設定と刷り込みを行う　4 自身のエフィカシーを高めるアファメーション―能力を引き上げ、行動を起こし、方向を正す技術　5 他人とチームを育てる「アファメーション」の法則―他人を変えれば自分も変わる〔04569〕

タイセン, ゲルト　Theiszen, Gerd
◇イエス運動―ある価値革命の社会史（Die Jesusbewegung）　ゲルト・タイセン著, 広石望訳　新教出版社　2010.9　429p　22cm　〈文献あり〉5000円　①978-4-400-11140-1〔04570〕
◇聖書から聖餐へ―言葉と儀礼をめぐって（Die Bibel in der allegemeinen Bildung〔etc.〕）　ゲルト・タイセン著, 吉田新訳　新教出版社　2010.9　228p　19cm　2500円　①978-4-400-11149-8
内容 教養としての聖書．現代における聖書．釈義とは何か．聖礼典と決断．儀礼と聖餐．聖餐とは何か〔04571〕
◇イエスとパウロ―キリスト教の土台と建築家：ゲルト・タイセン来日記念講演集（Jesus und Paulus）　G.タイセン著, 日本新約学会編訳　教文館　2012.6　286p　20cm　2200円　①978-4-7642-6694-0
内容 第1部 イエス（イエスは実在したか―イエスの歴史性を論じる　遍歴教師としてのイエス―イエス伝研究への社会史的寄与　史的イエスとケーリュグマ―学問的構成と信仰への道）　第2部 パウロ（パウロの回心―その原理主義者から普遍主義者への展開　すべての国民のための教会政治家パウロ―その成功と失敗　律法信仰から選びの確信へ―ロマ書に照らしたパウロの神学的発展）〔04572〕

ダイソン, エスター
◇混乱の本質―叛逆するリアル民主主義・移民・宗教・債務危機　ジョージ・ソロスほか著, 徳川家広訳　土曜社　2012.8　157p　18cm　（PROJECT SYNDICATE A WORLD OF IDEAS）〈他言語標題：Reality in Revolt〉952円　①978-4-9905587-4-1
内容 政府を占拠せよ！（エスター・ダイソン著）〔04573〕

ダイソン, マイケル・エリック　Dyson, Michael Eric
◇プライド―アメリカ社会と黒人（Pride）　マイケル・エリック・ダイソン著, 屋代通子訳　築地書館　2011.6　197p　19cm　1500円　①978-4-8067-1423-1
内容 第1章 さまざまな『プライド』　第2章 プライドは罪？　第3章 人間のプライド　第4章 白人のプライド　第5章 黒人のプライド　第6章 アメリカのプライド〔04574〕

タイソン, ローラ
◇混乱の本質―叛逆するリアル民主主義・移民・宗教・債務危機　ジョージ・ソロスほか著, 徳川家広訳　土曜社　2012.8　157p　18cm　（PROJECT SYNDICATE A WORLD OF IDEAS）〈他言語標題：Reality in Revolt〉952円　①978-4-9905587-4-1
内容 嵐に突入するアジア（ローラ・タイソン著）〔04575〕

タイボ, カルロス　Taibo, Carlos
◇反グローバリゼーションの声（VOCES CONTRA LA GLOBALIZACIÓN）　カルロス・エステベス, カルロス・タイボ編著, 大津真作訳　京都　晃洋書房　2013.11　257, 8p　21cm　2900円　①978-4-7710-2490-8
内容 グローバリゼーションの神話とその危機（カルロス・タイボ著）〔04576〕

タイマガムベトフ
◇アイハヌム　加藤九祚一人雑誌　2012　加藤九

タ

祚編訳　秦野　東海大学出版会　2012.12　201p　21cm　〈他言語標題 ： Ay Khanum〉 2000円　①978-4-486-03731-6
内容 カザフスタンの青銅器時代の遺跡と遺物（バイパコフ, タイマガムベトフ著）　〔04577〕

ダイマン, マルクス　Deimann, Markus
◇インストラクショナルデザインとテクノロジー―教える技術の動向と課題（TRENDS AND ISSUES IN INSTRUCTIONAL DESIGN AND TECHNOLOGY（原著第3版））　R.A.リーサー, J.V.デンプシー編　京都　北大路書房　2013.9　690p　21cm　〈訳 ： 半田純子ほか　索引あり〉 4800円　①978-4-7628-2818-8
内容 学習意欲・意志とパフォーマンス（ジョン・M.ケラー, マルクス・ダイマン著, 椿本弥生訳）〔04578〕

ダイムラー, マイケル　Deimler, Michael S.
◇BCG未来をつくる戦略思考―勝つための50のアイデア（Own the Future）　マイケル・ダイムラー, リチャード・レッサー, デビッド・ローズ, ジャンメジャヤ・シンハ編, 御立尚資監訳, ボストンコンサルティンググループ編訳　東洋経済新報社　2013.10　523p　20cm　2800円　①978-4-492-55736-5
内容 1 変化適応力　2 グローバリゼーション　3 コネクティビティ（接続性）　4 サステナビリティ（持続可能性）　5 顧客視点　6 組織能力向上　7 価値志向　8 信頼　9 大胆な挑戦　10 組織の力を引き出す　〔04579〕

ダイヤモンド, ボブ
◇混乱の本質―叛逆するリアル民主主義・移民・宗教・債務危機　ジョージ・ソロスほか著, 徳川家広訳　土曜社　2012.8　157p　18cm　（PROJECT SYNDICATE A WORLD OF IDEAS）〈他言語標題 ： Reality in Revolt〉 952円　①978-4-9905587-4-1
内容 銀行は、よき市民たりうるか？（ボブ・ダイヤモンド著）　〔04580〕

ダウ, デイヴィッド　Dow, David R.
◇死刑囚弁護人（THE AUTOBIOGRAPHY OF AN EXECUTION）　デイヴィッド・ダウ著, 鈴木淑美, 増子久美訳　河出書房新社　2012.8　299p　20cm　1900円　①978-4-309-24602-4　〔04581〕

ダウィシャ, アディード　Dawisha, Adeed
◇民主化かイスラム化か―アラブ革命の潮流（THE SECOND ARAB AWAKENING）　アディード・ダウィシャ著, 鹿島正裕訳　風行社　2013.10　239, 9p　22cm　〈索引あり〉 2300円　①978-4-86258-078-8　〔04582〕

ダヴィデンコ, ウラジミール
◇グローバル化のなかの企業文化―国際比較調査から　石川晃弘, 佐々木正道, 白石利政, ニコライ・ドリャフロフ編著　八王子　中央大学出版部　2012.2　382p　22cm　（中央大学社会科学研究所研究叢書 25）　4600円　①978-4-8057-1326-6
内容 企業文化・職務満足・経済効果（ウラヂミール・ダヴィデンコ, エヴゲニイ・ガイダルジ, エレナ・アンドリアノヴァ著, 石川晃弘訳）　〔04583〕

ダヴィド, オリヴィエ　David, Olivier
◇100の地点でわかる地政学（Les 100 lieux de la geopolitique）　パスカル・ゴーション, ジャン＝マルク・ユイスー編, オリヴィエ・ダヴィド他著, 斎藤かぐみ訳　白水社　2011.10　149p　18cm　（文庫クセジュ 962）　1050円　①978-4-560-50962-3
内容 前書き 地点と単語　第1章 パワーを発散する地点　第2章 パワーが織り成される空間　第3章 パワーの鍵となる地点　第4章 パワーの対決地点―係争・紛争・妥協　〔04584〕

ダーウィン, チャールズ・R.　Darwin, Charles Robert
◇ちくま哲学の森　8　自然と人生　鶴見俊輔, 安野光雅, 森毅, 井上ひさし, 池内紀編　筑摩書房　2012.4　448p　15cm　（〔ちくま文庫〕）　1300円　①978-4-480-42868-4
内容 パンダ・オリエンタル（ダーウィン著, 島地威雄訳）　〔04585〕

ダヴェンヌ, プリス
◇豊饒なるエジプト1841-44―フランスのエジプト学者プリス・ダヴェンヌの石版画より　東京外国語大学アジア・アフリカ言語文化研究所企画・編集　府中（東京都）　東京外国語大学出版会　2010.4　179p　25cm　〈筆 ： 飯塚正人, 髙松洋一　訳 ： 髙松洋一　年表あり〉 3000円　①978-4-904575-07-9　〔04586〕

タウジー, ベッキー・ハグランド
◇世界のビジネス・アーカイブズ―企業価値の源泉　渋沢栄一記念財団実業史研究情報センター編　日外アソシエーツ　2012.3　272p　19cm　〈発売 ： 紀伊国屋書店〉 3600円　①978-4-8169-2353-1
内容 誇りある遺産（ベッキー・ハグランド・タウジー著, 松田正人訳）　〔04587〕

ダウジーン, ベッティーナ
◇ライフコース選択のゆくえ―日本とドイツの仕事・家族・住まい　田中洋美, マーレン・ゴツィック, クリスティーナ・岩田ワイケナント編　新曜社　2013.2　380, 4p　20cm　〈他言語標題 ： Beyond a Standardized Life Course〉 4200円　①978-4-7885-1324-2
内容 ライフコース・ライフストーリー・社会変動（ベッティーナ・ダウジーン著, 田中洋美訳）　〔04588〕

ダウティー, アンドリュー　Doughty, Andrew
◇カウアイ島ネイチャー・ガイドブック（THE ULTIMATE KAUAI GUIDEBOOK（原著第7版））　アンドリュー・ダウティー著, 樋口知美, 谷美貴子訳　Pヴァイン・ブックス　2012.6　260p　21cm　（アルティメット・ハワイ・シリーズ 1）　〈索引あり　発売 ： スペースシャワーネットワーク〉 2200円　①978-4-906700-12-7
内容 カウアイ島について　旅の基本　ノースショア　イーストショア　サウスショア　ウエストショア

ビーチ　アクティビティ　アドベンチャー　島での食事　どこに泊まる？　〔04589〕

タウナー, エリザベス　Towner, Elizabeth

◇ビジュアル1001の出来事でわかる世界史（1000 events that shaped the world）　ダン・オトゥール, エリザベス・タウナー, ミシェル・R.ハリス, ジュリー・シーダーボルグ, パトリシア・ダニエルズ, スティーブン・G.ヒスロップ, テレサ・バリー, 桶谷仁志著　日経ナショナルジオグラフィック社　2012.2　419p　23cm　〈訳：倉田真木ほか　索引あり　文献あり　『ビジュアル歴史を変えた1000の出来事』(2009年刊)の加筆・再編集、改題　発売：日経BPマーケティング〉　3800円　①978-4-86313-161-3

内容 第1章 古代―先史時代～紀元400年　第2章 中世―400年～1500年　第3章 発見の時代―1500年～1700年　第4章 革命の時代―1700年～1850年　第5章 帝国主義の時代―1850年～1913年　第6章 世界大戦の時代―1914年～1945年　第7章 現代―1946年～現在　〔04590〕

ダウラトザイ, アニーラ

◇中東・北アフリカにおけるジェンダー―イスラーム社会のダイナミズムと多様性（Gender and diversity in the Middle East and North Africa）　ザヒア・スマイール・サルヒー編著, 鷹木恵子, 大川真由子, 細井由香, 宇野陽子, 辻上奈美江, 今堀恵美訳　明石書店　2012.1　412p　20cm　（世界人権問題叢書 79）　〈索引あり　文献あり〉　4700円　①978-4-7503-3526-1

内容 アフガニスタンをめぐる言説上の占領（アニーラ・ダウラトザイ著, 今堀恵美訳）　〔04591〕

ダウンズ, アラン　Downs, Alan

◇その他大勢から抜け出すただ1つの方法（THE FEARLESS EXECTIVE）　アラン・ダウンズ著, 山田聡子訳　きこ書房　2012.8　158p　20cm　〈「組織の中で成功する人の考え方」(2002年刊)の改題・再編集　文献あり〉　1300円　①978-4-87771-300-3

内容 1章 自分を信じる（ひたすら信じる　現実を正しく見つめる ほか）　2章 ワクワクする（あなた以外たれにもわからない　好きなことをする ほか）　3章 行動する（とにかく行動する　小さな一歩を踏み出す ほか）　4章 言い訳をしない（静かに考えられる時間を持つ　本能に耳をすます ほか）　5章 新しいリーダーをめざす（ぶれない　部下を信じる ほか）　〔04592〕

ダウンズ, チャック　Downs, Chuck

◇ワシントン北朝鮮人権委員会拉致報告書―めぐみさんは生存している可能性がある（Taken！）　チャック・ダウンズ編, 鈴木伸幸訳, 植田剛彦監修　自由社　2011.11　316p　20cm　1700円　①978-4-915237-66-9

内容 序章 朝鮮民主主義人民共和国（北朝鮮）による外国人の拉致　第1章 北朝鮮の罠にはめられた外国人　第2章 北朝鮮に自発的に入り、拉致された外国人　第3章 拉致被害者の北朝鮮における扱い　第4章 北朝鮮は拉致被害者をどのように利用したのか　第5章 拉致を実行した組織　第6章 あとに残された家族も犠牲者 愛する者の理由なき失踪　第7章 北朝鮮による拉致事件の法的問題　第8章 結論と提言　〔04593〕

ダウンズ, ロバート・B.

◇現代日本の図書館構想―戦後改革とその展開　今まど子, 高山正也編著, 小出いずみ, 佐藤達生, 佃一可, 春山明哲, 三浦太郎, 村上篤太郎〔執筆〕　勉誠出版　2013.7　350p　21cm　〈年表あり 索引あり〉　2800円　①978-4-585-20022-2

内容 日本の新しい図書館学校（ロバート・B.ダウンズ著, 今まど子訳）　〔04594〕

タウンゼント, ジョン・S.　Townsend, John Sims

◇クラウド&タウンゼント博士の聖書に学ぶ子育てコーチング―境界線～自分と他人を大切にできる子に　ヘンリー・クラウド, ジョン・タウンゼント共著, 中村佐知訳　あめんどう　2011.8　407p　19cm　2000円　①978-4-900677-21-0　〔04595〕

◇クラウド&タウンゼント博士の二人がひとつとなるために―夫婦をつなぐ境界線（Boundaries in marriage）　ヘンリー・クラウド, ジョン・タウンゼント共著, 中村佐知訳　あめんどう　2013.1　438p　19cm　2100円　①978-4-900677-22-7

内容 第1部 境界線を理解する（境界線とは何なのか？　境界線の十の法則と結婚生活への適用 ほか）　第2部 結婚生活に境界線を築く（ひとつになるには、二人が必要　大切にするなら自分のものになる ほか）　第3部 結婚生活における衝突を解決する（三人だと多すぎる―結婚生活を侵入者から守る　六種類の衝突 ほか）　第4部 境界線に対する誤解（結婚生活での境界線の誤用を避けるには）　〔04596〕

タウンゼンド, ヘザー　Townsend, Heather

◇ビジネスネットワーキング―一対一の付き合いからオンラインの人脈まで（FT GUIDE TO BUSINESS NETWORKING HOW TO USE THE POWER OF ONLINE AND OFFLINE NETWORKING FOR BUSINESS SUCCESS）　ヘザー・タウンゼンド著, SDL Plc訳　ピアソン桐原　2012.12　212p　21cm　（フィナンシャルタイムズガイド）　〈索引あり〉　2300円　①978-4-86401-141-9

内容 1 ビジネスネットワーキングへの組み合わせアプローチ（なぜネットワーキングか　ネットワーキングでチャンスを作る　尊敬されるネットワーカーとして振る舞う）　2 オンラインネットワーキングと対面ネットワーキングの選択肢を探る（対面ネットワーキングの選択肢　オンラインネットワーキングの選択肢　ブログ作成）　3 連結型ネットワーカーに必要なネットワーキングスキル（成功するネットワーキングのためのFITTERプロセス入門　良い第一印象を与える　会話を弾ませる　人を惹き付ける　自分のコミュニティーを構築する　文化の壁を越えたネットワーキング）　4 ネットワーキングへの連携型アプローチを実行する（連結型ネットワーキング戦略を構築する　連結型ネットワーキング計画の作成　時間を確保する方法　ネットワーキングのまとめ）　〔04597〕

ダ＝カル, エンリク・ウセライ

◇国家と国民の歴史―ヴィジュアル版（HISTORIES OF NATIONS）　ピーター・ファタードー編, 猪口孝日本語版監修, 小林朋則訳　原書房　2012.11　320p　26cm　〈文献あり 索引

あり〉5800円　①978-4-562-04850-2
内容 スペイン―黒い伝説をのりこえて(エンリク・ウセライ・ダ＝カル)　〔04598〕

タキトゥス　Tacitus, Cornelius
◇同時代史(Historiae)　タキトゥス著, 国原吉之助訳　筑摩書房　2012.3　526p　15cm　(ちくま学芸文庫 タ12-2)〈文献あり〉1600円　①978-4-480-09435-3
内容 序　ローマ帝国の状況　ガルバとピソの養子縁組　オトの叛逆　ガルバの抵抗と最期　ゲルマニア軍の蜂起とウィテッリウスの擁立　ウィテッリウス派の将兵、イタリアへ進撃開始　オトと首都と属州　首都の不穏な気配　オトの出陣〔ほか〕　〔04599〕

タ

ダークス, ルーカス
◇NLPイノベーション―〈変革〉をおこす6つのモデル&アプリケーション(INNOVATIONS IN NLP FOR CHALLENGING TIMES)　L.マイケル・ホール, シェリー・ローズ・シャーベイ編, 足立桃子訳　春秋社　2013.3　324p　21cm　2800円　①978-4-393-36639-4
内容 ソーシャルパノラマ―社会と私の〈景色〉を変える(ルーカス・ダークス著)　〔04600〕

ダグラス, クリスティーナ・A.
◇リーダーシップ開発ハンドブック(The center for creative leadership)　C.D.マッコーレイ,R.S.モクスレイ,E.V.ヴェルサ編, 金井寿宏監訳, 嶋村伸明, リクルートマネジメントソリューションズ組織行動研究所訳　白桃書房　2011.3　463p　22cm〈文献あり 索引あり〉4700円　①978-4-561-24546-9
内容 成長を促す人間関係(シンシア・D.マッコーレイ, クリスティーナ・A.ダグラス著)　〔04601〕

ダグラス, クレア　Douglas, Claire
◇ヴィジョン・セミナー　1(Visions : notes of the seminar given in 1930-1934)　C.G.ユング著, クレア・ダグラス編, 氏原寛, 老松克博監訳, 角野善宏, 川戸円, 宮野素子, 山下雅也訳　大阪 創元社　2011.12　721p 図版〔12〕枚;　22cm　①978-4-422-11517-7　〔04602〕
◇ヴィジョン・セミナー　2(Visions : notes of the seminar given in 1930-1934)　C.G.ユング著, クレア・ダグラス編, 氏原寛, 老松克博監訳, 角野善宏, 川戸円, 宮野素子, 山下雅也訳　大阪 創元社　2011.12　p726-1467　22cm　①978-4-422-11518-4　〔04603〕

ダグラス, ジョー　Douglas, Jo
◇保健師・助産師による子ども虐待予防「CAREプログラム」―乳幼児と親のアセスメントに対する公衆衛生学的アプローチ(A COMMUNITY HEALTH APPROACH TO THE ASSESSMENT OF INFANTS AND THEIR PARENTS)　ケヴィン・ブラウン, ジョー・ダグラス, キャサリン・ハミルトン＝ギアクリトシス, ジーン・ヘガティ著, 上野昌江, 山田和子監訳　明石書店　2012.12　283p　21cm〈文献あり 索引あり〉2800円　①978-4-7503-3733-3
内容 第1章 子どものケアと保護―公衆衛生学的アプローチ　第2章 ケア・プログラムの概観―生後最初の1年　第3章 ニーズの指標　第4章 子どもと親の情緒的発達　第5章 母子相互作用の観察　第6章 事例担当件数の管理　第7章 子どものための親支援の手引き　第8章 子ども保護　第9章 ケアパッケージを使用した事例の実例　第10章 CAREプログラムの評価　第11章 まとめ―保健師・助産師の家庭訪問における費用対効果　〔04604〕

ダグラス, スコット　Douglas, Scott
◇どうか、お静かに―公立図書館ウラ話(Quiet, Please)　スコット・ダグラス著, 宮沢由江訳　文芸社　2012.10　551p　15cm　900円　①978-4-286-12667-8　〔04605〕

ダグラス, ドナ・N.　Douglass, Donna N.
◇「ダラダラ癖」から抜け出すための10の法則―集中力を最高にする時間管理のテクニック(Manage your time, your work, yourself)　メリル・E.ダグラス, ドナ・N.ダグラス著, 川勝久訳　日本経済新聞出版社　2012.1　215p　20cm　(Best of business)〈『24時間をどう使うか!』(三笠書房1999年刊)の改題、修正〉1500円　①978-4-532-31761-4
内容 第1章「仕事のできる人」が実践する時間の上手な作り方　第2章「コマ切れ時間」を一つに集める　第3章 仕事の「流れ」を加速する「ひと工夫」　第4章 仕事が格段にはかどる「優先順位」のつけ方　第5章「浪費時間」を再生する方法　第6章 頭のいい「仕事計画」の立て方　第7章「いざという時」のために使える時間を貯金する　第8章 最短時間で最大の結果を生む「速・仕事術」　第9章「ゴール」を作って「引き延ばし癖」を克服せよ　第10章「時間習慣」が人生を豊かにする　〔04606〕

ダグラス, マーク
◇規律とトレーダー―相場心理分析入門　マーク・ダグラス著, 関本博英訳　〔録音資料〕　Pan Rolling　〔2011〕　録音ディスク8枚(450分) : CD　(耳で聴く本オーディオブックCD)〈他言語標題 : The disciplined trader〉3990円　①978-4-7759-2122-7　〔04607〕
◇ゾーン「勝つ」相場心理学入門　マーク・ダグラス著, 世良敬明訳　〔録音資料〕　Pan Rolling　〔2011〕　録音ディスク9枚(530分) : CD　(Audio book series―耳で聴く本オーディオブックCD)〈他言語標題 : Trading in the zone〉3990円　①978-4-7759-2913-1　〔04608〕

ダグラス, メアリー　Douglas, Mary
◇図説金枝篇　上(The illustrated golden bough)　J.G.フレーザー著, S.マコーマック編, 吉岡晶子訳, M.ダグラス監修　講談社　2011.4　279p　15cm　(講談社学術文庫 2047)　1000円　①978-4-06-292047-6
内容 第1部 呪術と王の成り立ち(森の王　祭司たる王　共感呪術　呪術による天候の支配　神格をもつ王　樹木崇拝　植物の生育と性の関係　聖なる結婚　オーク崇拝)　第2部 タブーと霊魂の危難(王者の重荷　霊魂の危難　タブーとされる行動と人物　未開人への感謝)　第3部 死にゆく神(神々の死　聖なる

王を殺すこと　王殺しに代わる慣習　樹木の霊を殺す）〔04609〕

◇図説金枝篇　下（The illustrated golden bough）　J.G.フレーザー著, S.マコーマック編, 吉岡晶子訳, M.ダグラス監修　講談社　2011.5　333p　15cm　（講談社学術文庫 2048）〈索引あり〉　1150円　①978-4-06-292048-3

内容 第4部 アドニス（アドニス神話　シリアにおけるアドニス ほか）　第5部 穀物霊（デメテルとペルセポネ　ヨーロッパその他における「穀物の母」と「穀物の娘」 ほか）　第6部 身代わり（災厄の転嫁　身代わりについて ほか）　第7部 麗しき神バルデル（天と地のあいだ　バルデル神話 ほか）〔04610〕

◇儀礼としての消費―財と消費の経済人類学（The World of Goods）　メアリー・ダグラス, バロン・イシャウッド〔著〕, 浅田彰, 佐和隆光訳　講談社　2012.12　317p　15cm　（講談社学術文庫 2145）〈新曜社 1984年刊の再刊　索引あり〉　1000円　①978-4-06-292145-9

内容 第1部 情報システムとしての財（人はなぜ財をもとめるか　人はなぜ貯蓄するか　財の使用　排除、侵入　消費の技術　消費の周期性）　第2部 社会政策上の含意（民族誌における分離された経済諸領域　国際比較　消費諸階級　価値の制御）〔04611〕

ダグラス, メリル・E.　Douglass, Merrill E.

◇「ダラダラ癖」から抜け出すための10の法則―集中力を最高にする時間管理のテクニック（Manage your time, your work, yourself）　メリル・E.ダグラス, ドナ・N.ダグラス著, 川勝久訳　日本経済新聞出版社　2012.1　215p　20cm　（Best of business）〈『24時間をどう使うか！』（三笠書房1999年刊）の改題、修正〉　1500円　①978-4-532-31761-4

内容 第1章「仕事のできる人」が実践する時間の上手な作り方　第2章「コマ切れ時間」を一つに集める　第3章 仕事の「流れ」を加速する「ひと工夫」　第4章 仕事が格段にはかどる「優先順位」のつけ方　第5章「浪費時間」を再生する方法　第6章 頭のいい「仕事計画」の立て方　第7章「いざという時」のために使える時間を貯金する　第8章 最短時間で最大の結果を生む「速・仕事術」　第9章「ゴール」を作って「引き延ばし癖」を克服せよ　第10章「時間習慣」が人生を豊かにする〔04612〕

ダグラス, C.　Douglas, Claire

◇ヴィジョン・セミナー　別巻　解説・原注・訳注・索引（Visions notes of the seminar given in 1930-1934）　C.G.ユング著, C.ダグラス編, 氏原寛, 老松克博監訳, 角野善宏, 川戸円, 宮野素子, 山下雅也訳　大阪　創元社　2011.12　157p　22cm　①978-4-422-11519-1〔04613〕

タケムラ, カズコ　竹村 和子

◇彼女は何を視ているのか―映像表象と欲望の深層　竹村和子著, 河野貴代美, 新田啓子編集　作品社　2012.12　299p　22cm　〈文献あり 索引あり〉　2600円　①978-4-86182-418-0

内容 異質性と友情（竹村和子著, 内堀奈保子訳）〔04614〕

ダゴスティーノ, デボラ

◇アタッチメントを応用した養育者と子どもの臨床（Attachment theory in clinical work with children）　ダビッド・オッペンハイム, ドグラス・F.ゴールドスミス編, 数井みゆき, 北川恵, 工藤晋平, 青木豊訳　京都　ミネルヴァ書房　2011.6　316p　22cm　〈文献あり〉　4000円　①978-4-623-05731-3

内容 虐待された子どもとその養親に対する治療的介入（ミリアム・スティール, ジル・ホッジ, ジェイン・カニュイック, ハワード・スティール, デボラ・ダゴスティーノ, インガ・ブルム, サウル・ヒルマン, ケイ・ヘンダーソン著）〔04615〕

タゴール, ラビンドラナート　Tagore, Sir Rabīndranāth

◇アジアの顔のキリスト　ホアン・カトレット編, 高橋敦子訳　名古屋　新世社　2010.10　175, 32p　16cm　〈文献あり〉　1200円　①978-4-88382-100-6

内容 崇敬、あなたの足はわたしの心の上にあります 他（ラビンドラナート・タゴール）〔04616〕

◇ひと（MAN）　ラビンドラナート・タゴール著, 高橋晃監修　本の泉社　2011.8　105p　21cm　〈本文 ： 日英両文〉　1600円　①978-4-7807-0780-9

内容 1 タゴール百年記念祭のこと　2 ひと　3 私が出会った偉大な人物　4 偉大な詩人・タゴールの思い出　5 タゴール著「MAN」との出会いとその意義―ジェロントロジー哲学の考察と今後の課題〔04617〕

◇ちくま哲学の森　1　生きる技術　鶴見俊輔, 安野光雅, 森毅, 井上ひさし, 池内紀編　筑摩書房　2011.9　420p　15cm　1200円　①978-4-480-42861-5

内容 道ができている場所では（タゴール著, 山室静訳）〔04618〕

ダシダワー, Ch.

◇ハルハ河・ノモンハン戦争と国際関係　田中克彦, ボルジギン・フスレ編　三元社　2013.7　155p　21cm　1700円　①978-4-88303-346-1

内容 ハルハ河よりミズーリ号まで（Ch.ダシダワー著, 田中克彦訳）〔04619〕

ダシプルブ, D.　Dashpurėv, Danzankhorloogiĭn

◇モンゴルの政治テロ支配と民衆抑圧の歴史―1920年―1990年（Reign of political terror and repression in Mongolia 1920-1990）　D.ダシプルブ著, 松本康監訳　東大阪　デザインエッグ社　2013.8　156p　22cm　〈文献あり〉　①978-4-907117-58-0〔04620〕

ダシュドング・ゲレルマ　Dashdondog Gerelmaa

◇夢と希望の大国！ モンゴル―大草原で助け合って暮らす遊牧民の物語　ダシュドング・ゲレルマ著, ザ・コミュニティ編　日本地域社会研究所　2013.4　61p　21cm　（コミュニティ・ブックス）　1800円　①978-4-89022-124-0

内容 ゲル―おおきな国の大きな家の物語　知られざるモンゴルの魅力と実力　モンゴルの伝統的な祭りと料理　モンゴルの名品・物産あらかると〔04621〕

ダジュネ, R.* Dagenais, Raymond J.
◇教師というキャリア―成長続ける教師の六局面から考える（Life cycle of the career teacher） Betty E.Steffy,Michael P.Wolfe,Suzanne H. Pasch,Billie J.Enz編著, 三村隆男訳 雇用問題研究会 2013.3 190p 21cm 〈文献あり〉2000円 ①978-4-87563-261-0
内容 第六局面にある教師 : the Emeritus Teacher (Raymond J.Dagenais, Betty E.Steffy, Billie J. Enz) 〔04622〕

タシュバエワ
◇アイハヌム―加藤九祚一人雑誌 2012 加藤九祚編訳 秦野 東海大学出版会 2012.12 201p 21cm 〈他言語標題 : Ay Khanum〉2000円 ①978-4-486-03731-6
内容 サイマルータシュの岩絵（タシュバエワ著） 〔04623〕

ダス, ヴィーナ Das, Veena
◇他者の苦しみへの責任―ソーシャル・サファリングを知る アーサー・クラインマン, ジョーン・クラインマン, ヴィーナ・ダス, ポール・ファーマー, マーガレット・ロック,E.ヴァレンタイン・ダニエル, タラル・アサド〔編〕, 坂川雅子訳 みすず書房 2011.3 267, 5p 20cm 〈解説 : 池沢夏樹〉3400円 ①978-4-622-07592-9
内容 言語と身体―痛みの表現におけるそれぞれの働き（ヴィーナ・ダス著） 〔04624〕

ダス, カビール
◇アジアの顔のキリスト ホアン・カトレット編, 高橋敦子訳 名古屋 新世社 2010.10 175, 32p 16cm 〈文献あり〉1200円 ①978-4-88382-100-6
内容 小鳥たちを見守る方（カビール・ダス） 〔04625〕

タスカ, ピーター Tasker, Peter
◇日本の未来について話そう―日本再生への提言（Reimagining Japan） マッキンゼー・アンド・カンパニー責任編集, クレイ・チャンドラー, エアン・ショー, ブライアン・ソーズバーグ編著 小学館 2011.7 416p 19cm 1900円 ①978-4-09-388189-0
内容 実行の時が来た（ピーター・タスカ著） 〔04626〕

ダスグプタ, ロミット
◇西オーストラリア - 日本（にっぽん）交流史―永遠の友情に向かって（An enduring friendship） デイビッド・ブラック, 曽根幸子編著, 有吉宏之, 曽根幸子監訳 日本評論社 2012.2 391p 22cm 〈タイトル : 西オーストラリア－日本交流史〉3000円 ①978-4-535-58613-0
内容 「ジャパンInc.」から「ジャパン・クール」へ（ロミット・ダスグプタ著） 〔04627〕

タッカー, ハリー Tucker, Harry
◇プロジェクト・マネジャーが知るべき97のこと（97 things every project manager should know） Barbee Davis編, 笹井崇司訳, 神庭弘年監修 オライリー・ジャパン 2011.11 240p 21cm 〈発売 : オーム社〉1900円 ①978-4-87311-510-8
内容 自らに誠実であれ（ハリー・タッカー） 〔04628〕

ダッガン, ホイット・N. Duggan, Hoyt N.
◇人文学と電子編集―デジタル・アーカイヴの理論と実践（ELECTRONIC TEXTUAL EDITING） ルー・バーナード, キャサリン・オブライエン・オキーフ, ジョン・アンスワース編, 明星聖子, 神崎正英監訳 慶応義塾大学出版会 2011.9 503p 21cm 4800円 ①978-4-7664-1774-6
内容 手稿と印刷典拠（ソース）資料から機械可読テキストを作る効果的な方法（アイリーン・ギフォード・フェントン, ホイット・N.ダッガン） 〔04629〕

タックマン, バーバラ・W. Tuchman, Barbara Wertheim
◇遠い鏡―災厄の14世紀ヨーロッパ（A DISTANT MIRROR） バーバラ・W.タックマン著, 徳永守儀訳 朝日出版社 2013.9 1019p 21cm 〈文献あり〉4800円 ①978-4-255-00739-7
内容 第1部（「われはクシーの殿なり」―王朝 災いの中に生まれる――四世紀 青春と騎士道 戦争 「これぞ世の終わり」―黒死病 ほか） 第2部（クシーの出世 獅子に立ち向かう地の虫 イタリアの魅惑 第二のノルマン征服 虚構の亀裂 ほか） 〔04630〕

タックマン, ブルース Tuckman, Bruce
◇債券分析の理論と実践（FIXED INCOME SECURITIES（原著第2版）） ブルース・タックマン著, 四塚利樹, 森田洋訳 改訂版 東洋経済新報社 2012.10 531p 22cm 〈文献あり 索引あり〉6000円 ①978-4-492-71182-8
内容 第1部 固定利付債の相対的価格評価（債券価格、割引ファクターと裁定取引 債券価格、スポット・レートとフォワード・レート ほか） 第2部 債券価格の感応度指標とヘッジング（単一ファクターに対する債券価格の感応度指標 イールド・カーブの平行移動に基づく価格感応度指標 ほか） 第3部 期間構造モデル（期間構造モデル構築のサイエンス 短期金利プロセスと期間構造の形状 ほか） 第4部 金利派生商品（レポ取引 先渡契約 ほか） 〔04631〕

ダッジ, K.A. Dodge, Kenneth A.
◇子どもの仲間関係―発達から援助へ（CHILDREN'S PEER RELATIONS） J.B.クーパーシュミット,K.A.ダッジ編, 中沢潤監訳 京都 北大路書房 2013.12 299p 21cm 〈文献あり 索引あり〉3600円 ①978-4-7628-2826-3
内容 ソシオメトリック地位と仲間集団行動 Lara Mayeux, Antonius H.N.Cillessen 著, 丸山愛子 訳. ジェンダーと仲間関係 Marion K.Underwood 著, 大島みずき 訳. 友人関係, 仲間ネットワーク, 反社会的行動 Catherine L.Bagwell 著, 畠山美穂 訳. 社会的情報処理と子どもの社会的適応 Mary E.Gifford-Smith, David L.Rabiner 著, 中沢潤 訳. 仲間関係の中での子どもの情動の理解と制御 Karen F.Dearing, Julie A.Hubbard 著, 中沢潤 訳. 仲間による拒否の体験を理解する Marlene J.Sandstrom, Audrey L.Zakriski 著, 中沢結 訳. 仲間関係の問題はどのようにしてネガティブ結果につながるのか Melissa E.DeRoiser, Janis B.Kupersmidt 著, 川島亜紀子 訳. 親とその両親や仲間との関係 Christina L.Grimes, Tovah P.Klein, Martha Putallaz 著, 中沢小百合 訳. 児童中期における家族関係から仲間による拒否や反社会的行動へ Carolyn Pape Cowan, Philip A.Cowan 著, 小川翔大 訳. ファスト・トラック実験 Conduct Problems Prevention Research Group 著, 佐藤正二 訳. もし彼らをつぶせないなら, 仲間に入れよう Shari Miller-Johnson, Philip Costanzo 著, 榎本淳子 訳. 研究と現実世界の出会い Magaretha G.Hartley Herman, Donna-Marie C.Winn 著, 荒木史代 訳. ネガティブな社会的経験が反社会的行動の発達に与える影響 John D.Coie 著, 浜口佳和 訳 〔*04632*〕

ダッター, アリンダム

◇アジアが結ぶ東西世界　橋寺知子, 森部豊, 蜷川順子, 新谷英治共編　吹田　関西大学東西学術研究所　2011.3　449p　22cm　（アジアにおける経済・法・文化の展開と交流 3）〈発行所 : 関西大学出版部〉5700円　①978-4-87354-522-6

内容 デルタと神々（アリンダム・ダッター著, 蜷川順子監訳） 〔*04633*〕

ダッティリオ, フランク・M.　Dattilio, Frank M.

◇カップルの認知療法（Cognitive therapy with couples）　フランク・M.ダッティリオ, クリスティーン・A.パデスキー著, 井上和臣監修, 奈良雅之, 千田恵吾監訳, 森一也, 高橋英樹, 上江昇一訳　星和書店　2012.3　146p　21cm　〈文献あり〉1900円　①978-4-7911-0804-6

内容 第1章 認知療法の概観　第2章 カップルにおける認知療法　第3章 アセスメント　第4章 技法と手順　第5章 カップルに対する認知療法の構造　第6章 カップル療法における特別な問題　第7章 事例 : ザックとカルリ　第8章 結びの言葉 〔*04634*〕

ダッドリー, ロバート　Dudley, Robert

◇認知行動療法におけるレジリエンスと症例の概念化（Collaborative case conceptualization）　ウィレム・クイケン, クリスティーン・A.パデスキー, ロバート・ダッドリー著, 大野裕監訳, 荒井まゆみ, 佐藤美奈子訳　星和書店　2012.3　497p　21cm　〈文献あり〉4500円　①978-4-7911-0805-3

内容 第1章 プロクルステスのジレンマ　第2章 症例の概念化のるつぼ―新モデル　第3章 一人より二人―協同的経験主義　第4章 クライエントの強みの取り入れとレジリエンスの確立　第5章「助けてくれますか？」―記述的概念化　第6章「なぜこんなことが私に続くのですか？」―横断的な説明的概念化　第7章「今後もこれまでのようになるのでしょうか？」―縦断的な説明的概念化　第8章 症例の概念化の学習と教育　第9章 モデルを評価する　付録 経歴に関する補助的質問票 〔*04635*〕

ダットン, ケヴィン　Dutton, Kevin

◇瞬間説得―その気にさせる究極の方法（Flipnosis）　ケヴィン・ダットン著, 雨沢泰訳　NHK出版　2011.6　389p　20cm　2700円　①978-4-14-081477-2

内容 1章 本能に注目しよう　2章 赤ちゃんには逆らえない　3章 脳の衝動性を利用する　4章 説得の奥義　5章 数を味方に　6章 瞬間説得のメカニズム　7章 サイコパスの能力　8章 影響力の可能性　あとがき 完全な不完全 〔*04636*〕

◇サイコパス秘められた能力（WISDOM OF PSYCHOPATHS）　ケヴィン・ダットン著, 小林由香利訳　NHK出版　2013.4　317, 32p　20cm　2400円　①978-4-14-081602-8

内容 1 サソリのひと刺し　2 サイコパスとは何者なのか　3 闇に潜む光　4 人生で成功するヒント　5 サイコパスに「変身」する　6 七つの決定的勝因　7 正気を超える正気 〔*04637*〕

ダットン, ディヴィッド

◇オックスフォード ブリテン諸島の歴史　10　20世紀―1901年―1951年（The Short Oxford History of the British Isles : The British Isles 1901-1951）　鶴島博和日本語版監修　キース・ロビンズ編, 秋田茂監訳　慶応義塾大学出版会　2013.8　295, 58p　22cm　〈文献あり 年表あり 索引あり〉5800円　①978-4-7664-1650-3

内容 統合と分離（ディヴィッド・ダットン著, 山口育人訳） 〔*04638*〕

タディチ, ドゥシコ　Tadić, Dušan

◇ハーグ国際法廷のミステリー―旧ユーゴスラヴィア多民族戦争の戦犯第一号日記　ドゥシコ・タディチ著, 岩田昌征訳・著　社会評論社　2013.11　186p　20cm　〈文献あり〉2000円　①978-4-7845-1517-2 〔*04639*〕

ターナー, サラ・E.　Turner, Sarah E.

◇ビジネスとしての高等教育―営利大学の勃興（Earnings from learning）　デビッド・W.ブレネマン, ブライアン・パッサー, サラ・E.ターナー編著, 田部井潤監訳, 渡部晃正, 栗栖淳, 遠藤克弥訳　出版研　2011.6　265p　22cm　〈文献あり 索引あり　発売 : 人間の科学新社〉2800円　①978-4-8226-0291-8

内容 第1章 現代における営利高等教育の供給―競争市場の概況　第2章 高等教育、市場、そして公共の利益の保護　第3章 高等教育市場における営利大学　第4章 フェニックス大学―営利高等教育の象徴　第5章 学術活動に対する営利部門の貢献　第6章 遠隔高等教育市場―伝統的教育機関と教育技術の費用　第7章 資本のロマンス―なぜウォール街は高等教育に恋したのか　第8章 活発なロビー活動―非営利大学、営利大学と高等教育政策の関連 〔*04640*〕

タナー, ジュリア　Tanner, Julia

◇グローバル・ティーチャーの理論と実践―英国の大学とNGOによる教員養成と開発教育の試み（Developing the global teacher）　ミリアム・スタイナー編, 岩崎裕保, 湯本浩之監訳　明石書店　2011.7　540p　20cm　（明石ライブラリー 146）〈文献あり 索引あり〉5500円　①978-4-7503-3381-6

内容 グローバル・ティーチャーとなるための学び―子どもたちの地理的認識とグローバル・リテラシー（ジュリア・タナー著, 上條直美訳） 〔*04641*〕

ターナー, ジョナサン・H.　Turner, Jonathan H.

◇ジョナサン・ターナー感情の社会学　4　インセスト―近親支配の回避とタブー（INCEST）

ジョナサン・H.ターナー著　ジョナサン・H.ターナー, アレクサンドラ・マリヤンスキー著, 正岡寛司, 藤見純子訳　明石書店　2012.4　426p　20cm　〈文献あり 索引あり〉5500円　①978-4-7503-3578-0
内容 第1章 乱交の黄金時代　第2章 インセストの回避―インセスト・タブーの起源に関する説明の現状　第3章 禁止された行為―インセストとその心理学的結果　第4章 太古の鏡像―類人猿の社会構造と霊長目の性的回避　第5章 核家族成立に先立つホルドの社会組織　第6章 家族とタブー　第7章 インセスト・タブーの神秘を解く　〔04642〕

◇アメリカのエスニシティ―人種的融和を目指す多民族国家（AMERICAN ETHNICITY（原著第5版））　アダルベルト・アギーレ・ジュニア, ジョナサン・H.ターナー著, 神田外語大学アメリカ研究会訳　明石書店　2013.1　550p　21cm　〈文献あり〉4800円　①978-4-7503-3742-5
内容 第1章 エスニシティとエスニック関係　第2章 エスニックの関係性についての解釈　第3章 アングロサクソン中心とエスニシティに基づく対立　第4章 白人系エスニック・グループ　第5章 アフリカ系アメリカ人　第6章 先住アメリカ人　第7章 ラティーノ　第8章 アジア系・太平洋諸島系アメリカ人　第9章 アラブ系アメリカ人　第10章 アメリカにおけるエスニシティの将来　〔04643〕

◇ジョナサン・ターナー感情の社会学　5　感情の社会学理論―社会学再考（THE SOCIOLOGY OF EMOTIONS）　ジョナサン・H.ターナー著　ジョナサン・H.ターナー, ジャン・E.ステッツ著, 正岡寛司訳　明石書店　2013.7　608p　20cm　〈文献あり 索引あり〉6800円　①978-4-7503-3857-6
内容 第1章 社会学における感情の概念化　第2章 感情のドラマツルギー的、文化的な理論化　第3章 儀礼による感情の理論化　第4章 象徴的相互作用論による感情の理論化　第5章 精神分析的要素を用いた感情の象徴的相互作用論の理論化　第6章 感情の交換理論　第7章 感情の構造理論　第8章 進化論による感情の理論化　第9章 感情社会学の展望　〔04644〕

ターナー, ダンカン

◇オックスフォード ブリテン諸島の歴史　10　20世紀―1901年―1951年（The Short Oxford History of the British Isles : The British Isles 1901-1951）　鶴島博和日本語版監修　キース・ロビンズ編, 秋田茂監訳　慶応義塾大学出版会　2013.8　295, 58p　22cm　〈文献あり 年表あり 索引あり〉5800円　①978-4-7664-1650-3
内容 統治者の選出/選ばれた者の統治（ダンカン・ターナー著, 秋田茂監訳）　〔04645〕

タナー, N.　Tanner, Norman P.

◇新カトリック教会小史（New Short History of the Catholic Church）　N.タナー著, 野谷啓二訳　教文館　2013.3　304, 14p　21cm　〈文献あり 索引あり〉3200円　①978-4-7642-7365-8
内容 第1章 ペンテコステから四世紀まで（使徒時代　二、三世紀―引きつづく迫害　キリスト教の国教化）　第2章 中世前期―四〇〇年から一〇五四年まで（拡大縮小　公会議　進学者　ローマとコンスタンティノポリス　組織的発展　民衆の宗教）　第3章 中期・後期中世（縮小と拡大　民衆の宗教　教皇、公会議、君主　修道会とベギン　知的発展　典礼、祈り、神秘主義　美術、建築、音楽　西方キリスト教世界に対する挑戦）　第4章 近世のカトリシズム――五〇〇年から一八〇〇年まで（ヨーロッパにおけるカトリック信仰　教皇　トリエント公会議　修道会　宣教活動とヨーロッパの外のカトリシズム　民衆の宗教と芸術の発展　結論）　第5章 一九、二〇世紀（知的挑戦　民衆の宗教　聖人と罪人　第一ヴァティカン公会議と第2ヴァティカン公会議　最近の進展――九六二年から二〇一〇年まで）　〔04646〕

ターニー, クリス　Turney, Chris

◇骨・岩・星―科学が解き明かす歴史のミステリー（BONES, ROCKS AND STARS）　クリス・ターニー著, 古田治訳　日本評論社　2013.9　243p　20cm　2100円　①978-4-535-78727-8　〔04647〕

ダニエル, パトリシア　Daniel, Patricia

◇グローバル・ティーチャーの理論と実践―英国の大学とNGOによる教員養成と開発教育の試み（Developing the global teacher）　ミリアム・スタイナー編, 岩崎裕保, 湯本浩之監訳　明石書店　2011.7　540p　20cm　（明石ライブラリー 146）〈文献あり 索引あり〉5500円　①978-4-7503-3381-6
内容 大学・NGO・小学校の三者連携による教員養成プログラム―中央アメリカをテーマとした開発教育ワークショップ（シーラ・J.ベネル, パトリシア・ダニエル, シンリグ・E.ヒューズ著, 西あい訳）　〔04648〕

ダニエル, マット・"ブーン"　Daniel, Matt "Boom"

◇プロジェクト・マネジャーが知るべき97のこと（97 things every project manager should know）　Barbee Davis編, 笹井崇司訳, 神庭弘年監修　オライリー・ジャパン　2011.11　240p　21cm　〈発売 : オーム社〉1900円　①978-4-87311-510-8
内容 スピードこそ命、速ければ速いほどいい？（マット・"ブーン"・ダニエル）　〔04649〕

ダニエル, ロー　Daniel, Roh

◇竹島密約　ロー・ダニエル著　草思社　2013.2　312p　15cm　（草思社文庫）　760円　①978-4-7942-1953-4
内容 プロローグ「未解決の解決」はなぜ成立したのか　第1章 暗中模索の時代　第2章 叔父と甥の対日外交　第3章 新しい日韓ロビー　第4章 竹島密約　第5章 二つの喪失　エピローグ 先人の「知恵」をいかにして受け継ぐか　〔04650〕

ダニエル, E.ヴァレンタイン

◇他者の苦しみへの責任―ソーシャル・サファリングを知る　アーサー・クラインマン, ジョーン・クラインマン, ヴィーナ・ダス, ポール・ファーマー, マーガレット・ロック,E.ヴァレンタイン・ダニエル, タラル・アサド〔編〕, 坂川雅子訳　みすず書房　2011.3　267, 5p　20cm　〈解説 : 池沢夏樹〉3400円　①978-4-622-07592-9
内容 悩める国家、疎外される人々（E.ヴァレンタイン・ダニエル著）　〔04651〕

ダニエルズ, ティム

◇ラーニング・コモンズ―大学図書館の新しいかたち　加藤信哉, 小山憲司編訳　勁草書房　2012.7　290p　22cm　〈他言語標題 : LEARNING COMMONS　索引あり〉3900円　①978-4-326-00037-1

内容 ラーニング・コモンズに共通するものは何か？ この変化する環境でレファレンス・デスクを見ると（ティム・ダニエルズ, キャロライン・C.バラット執筆, 加藤信哉, 小山憲司訳）　〔04652〕

ダニエルズ, パトリシア

◇ビジュアル1001の出来事でわかる世界史（1000 events that shaped the world）　ダン・オトゥール, エリザベス・タウナー, ミシェル・R.ハリス, ジュリー・シーダーボルグ, パトリシア・ダニエルズ, スティーブン・G.ヒスロップ, テレサ・バリー, 桶谷仁志著　日経ナショナルジオグラフィック社　2012.2　419p　23cm　〈訳 : 倉田真木ほか　索引あり　文献あり　『ビジュアル歴史を変えた1000の出来事』（2009年刊）の加筆・再編集、改題　発売 : 日経BPマーケティング〉3800円　①978-4-86313-161-3

内容 第1章 古代―先史時代～紀元400年　第2章 中世―400年～1500年　第3章 発見の時代―1500年～1700年　第4章 革命の時代―1700年～1850年　第5章 帝国主義の時代―1850年～1913年　第6章 世界大戦の時代―1914年～1945年　第7章 現代―1946年～現在　〔04653〕

ダニオッティ, ティッツィアーノ　Daniotti, Tiziano

◇あしあと（Messaggio di tenerezza）　ティッツィアーノ・ダニオッティ編, 石川康輔訳　改訂版　ドン・ボスコ社　2012.3　15p　15cm　〈他言語標題 : Footprints〉150円　①978-4-88626-530-2　〔04654〕

ダニロフ, アレクサンドル　Danilov, Aleksandr Anatol'evich

◇ロシアの歴史―ロシア中学・高校歴史教科書　上　古代から19世紀前半まで　アレクサンドル・ダニロフ, リュドミラ・コスリナ著, 吉田衆一, アンドレイ・クラフツェヴィチ監修　明石書店　2011.7　683p　21cm　（世界の教科書シリーズ 31）　6800円　①978-4-7503-3415-8　〔04655〕

◇ロシアの歴史―ロシア中学・高校歴史教科書　下　19世紀後半から現代まで　アレクサンドル・ダニロフ, リュドミラ・コスリナ, ミハイル・ブラント著, 吉田衆一, アンドレイ・クラフツェヴィチ監修　明石書店　2011.7　717p　21cm　（世界の教科書シリーズ 32）　6800円　①978-4-7503-3416-5　〔04656〕

ダネスキャル‐サムソー, ソフィア

◇あたりまえの暮らしを保障する国デンマーク―DVシェルター・子育て環境　上野勝代, 吉村恵, 室崎生子, 葛西リサ, 吉中季子, 梶木典子編著　ドメス出版　2013.10　230p　21cm　2400円　①978-4-8107-0796-0

内容 シェルターにおける女性の[illegible]と支援（ボウ・バウナー・ソーレンセン, イヴォンヌ・モーク, ソフィア・ダネスキャル‐サムソー著, 吉村恵訳）　〔04657〕

タネン, デボラ　Tannen, Deborah

◇母と娘わかりあうための口のきき方、接し方（YOU'RE WEARING THAT？）　デボラ・タネン著, 菅野朋子, 前川由江, 宗像喜子, 柳瀬碧, 横山麗子訳, 鈴木久美子監訳　武蔵野　バベルプレス　2013.8　390p　21cm　1600円　①978-4-89449-141-0

内容 第1章 今、話せる？―会話の中の母娘　第2章 私の母、私の髪―気遣いとあら探し　第3章 のけ者にしないで―女性であることの重要性　第4章 私とそっくり、私と全然似てない―どこまでがあなたでどこからが私なの？　第5章 この話はやめて、もう終わりにしたいの　第6章 母親求む―業務内容説明書　第7章 最高の友、最悪の敵―闇の世界を探索する　第8章「ママ、BRB」―電子メールとインスタントメッセンジャーは、どのように関係を変えるのか　第9章 親密さと独立心の匙加減―新たな話し方　〔04658〕

タバカ, アルタ　Tabaka, Arta

◇リガ案内―162通のインヴィテーション（ANOTHER TRAVEL GUIDE RĪGA）　アルタ・タバカ編, 菅原彩, 小林まどか訳　土曜社　2012.6　182, 6p　18cm　〈年表あり 索引あり〉1991円　①978-4-9905587-3-4　〔04659〕

ダハティ, フレイザー　Doherty, Fraser

◇スーパービジネス―それはおばあちゃんのレシピからはじまった（Super Business）　フレイザー・ダハティ著, 大美賀馨訳　毎日新聞社　2012.12　235p　19cm　〈文献あり〉1600円　①978-4-620-32154-7

内容 第1章 なぜビジネスを始めるのか　第2章「スーパーアイデア」を思いつく！　第3章 協力者を見つける　第4章 情報収集と、アイデアの売り込み　第5章 販売開始！　第6章 ストーリーを語る　第7章 売る、売る、売る　第8章 顧客を愛する　第9章 社会貢献をする　第10章 チームを作る　第11章 多様化と成長　〔04660〕

タバレフ, アンドレイ　Tabarev, Andrei

◇景観の大変容―新石器化と現代化　内山純蔵, カティ・リンドストロム編　京都　昭和堂　2011.3　246, 6p　21cm　（東アジア内海文化圏の景観史と環境 2）　4000円　①978-4-8122-1117-5

内容 ロシア極東の新石器化に伴う景観変化とその特徴他（アレクサンダー・ポポフ, アンドレイ・タバレフ, ユーリ・ミキーシン著）　〔04661〕

ダーハン, ウディ　Dahan, Udi

◇プロジェクト・マネジャーが知るべき97のこと（97 things every project manager should know）　Barbee Davis編, 笹井崇司訳, 神庭弘年監修　オライリー・ジャパン　2011.11　240p　21cm　〈発売 : オーム社〉1900円　①978-4-87311-510-8

内容 ステータスという間違った考え（ウディ・ダーハン）　〔04662〕

ダヒヤ, キャロル

◇格差センシティブな人間発達科学の創成

proceedings ： お茶の水女子大学グローバルCOEプログラム　19　基礎問題プロジェクト編　お茶の水女子大学グローバルCOE事務局　2012.2　100p　30cm　〈他言語標題 ： Science of human development for restructuring the "gap widening society"〉

内容 格差を是正する全校型支援の実際（キャロル・ダヒヤ述, 熊谷珠美通訳）〔04663〕

タフ, ポール　Tough, Paul

◇成功する子失敗する子―何が「その後の人生」を決めるのか（HOW CHILDREN SUCCEED）　ポール・タフ著, 高山真由美訳　英治出版　2013.12　293p　20cm　1800円　①978-4-86276-166-8 〔04664〕

ダフィー, ダレル　Duffie, Darrell

◇巨大銀行はなぜ破綻したのか―プロセスとその対策（How big banks fail and what to do about it）　ダレル・ダフィー著, 本多俊毅訳　NTT出版　2011.6　129p　22cm　〈文献あり 索引あり〉2400円　①978-4-7571-2270-3

内容 第1章 はじめに　第2章 ディーラー・バンクとは何か　第3章 破綻に至った経過　第4章 経営危機に陥った銀行の資本構成の変更　第5章 規制方法の改善と市場基盤の強化　補論 デリバティブの中央決済所〔04665〕

ダーフィー, マイケル　Durfee, Michael

◇児童虐待とネグレクト対応ハンドブック―発見、評価からケース・マネジメント、連携までのガイドライン（Child abuse and neglect）　マリリン・ストラッチェン・ピーターソン, マイケル・ダーフィー編, ケビン・コルターメディカルエディター, 太田真弓, 山田典子監訳, 加藤真紀子訳　明石書店　2012.2　690p　22cm　〈索引あり〉9500円　①978-4-7503-3542-1

内容 危険信号 ： 養育者歴、家族歴、養育者と子どもの行動　虐待発見とスクリーニング検査　子どもへの面接　サインと症状の評価　児童マルトリートメントに関連する特殊な問題　付随するリスクファクター　社会的孤立により増強されるリスクファクター　宗教的問題　評価と治療　家庭内措置と家庭外措置の子ども〔ほか〕〔04666〕

ダフィー, マイケル　Duffy, Michael

◇プレジデント・クラブ―元大統領だけの秘密組織（THE PRESIDENTS CLUB）　ナンシー・ギブス, マイケル・ダフィー著, 横山啓明訳　柏書房　2013.3　805p 図版16p　20cm　〈文献あり〉2800円　①978-4-7601-4220-0

内容 トルーマンとフーヴァー―追放からの帰還　アイゼンハウアーとトルーマン―慎重な求愛、苦い別れ　ケネディとその仲間―新入りいじめ　ジョンソンとアイゼンハウアー―義兄弟　ニクソンとレーガン―カリフォルニア・ボーイズ　ジョンソンとニクソン―瓶のなかの二匹のサソリ　ニクソンとジョンソン―その絆と脅迫　ニクソンとフォード―どのような犠牲を払おうとも慈悲を　フォードとレーガン―家族のあいだの確執　ニクソン、フォード、カーター―三人の男たちと葬式〔ほか〕〔04667〕

◇オックスフォード ブリテン諸島の歴史　8　18世紀―1688年―1815年（The Short Oxford History of the British Isles ： The Eighteenth Century 1688-1815）　鶴島博和日本語版監修　ポール・ラングフォード編, 坂下史監訳　慶応義塾大学出版会　2013.11　305, 46p　22cm　〈文献あり 年表あり 索引あり〉5800円　①978-4-7664-1648-0

内容 競合する帝国、一七五六～一八一五年（マイケル・ダフィー著, 一柳峻夫訳）〔04668〕

ダブス＝オルソップ, F.W.　Dobbs-Allsopp, F.W.

◇哀歌（Lamentations）　F.W.ダブス＝オルソップ〔著〕, 左近豊訳　日本キリスト教団出版局　2013.3　272p　22cm　（現代聖書注解）〈文献あり〉5400円　①978-4-8184-0844-9

内容 第1詩 慰める者はいない―哀歌一章（補遺 人格化されたシオン　シオンに対する哀歌 ほか）　第2詩 怒りの日―哀歌二章（敵としての主　破壊への反応 ほか）　第3詩 普通の男―哀歌三章（補遺 普通の男　男の訴え ほか）　第4詩 果てしない苦しみ―哀歌四章（民の苦しみ　「わたしたちの目は疲れ果てた」 ほか）　第5詩 結びの祈り―哀歌五章（「心に留めてください、主よ」　共同体の訴え ほか）〔04669〕

ダベンポート, トーマス・H.　Davenport, Thomas H.

◇分析力を駆使する企業―発展の五段階 分析で答を出す六つの問題（Analytics at work）　トーマス・H.ダベンポート, ジェーン・G.ハリス, ロバート・モリソン著, 村井章子訳　日経BP社　2011.5　326p　20cm　〈発売 ： 日経BPマーケティング〉2200円　①978-4-8222-8433-6

内容 分析力を生かす　第1部 分析力を支える五つの要素―DELTA（データ―これがなければ始まらない　エンタープライズ―サイロ化を打破する　リーダーシップ―DELTAのカギはここにある　ターゲット―分析のツボを探せ　アナリスト―希少で貴重なリソースを賢く使う）　第2部 分析力を組織力として維持する三つの秘訣（分析を業務プロセスに組み込む　分析文化を根付かせる　分析環境を継続的に見直す　分析力開発途上企業が直面する四つの課題　分析の究極の目的はよい意思決定である）〔04670〕

◇ジャッジメントコール―決断をめぐる12の物語（JUDGMENT CALL）　トーマス・H.ダベンポート, ブルック・マンビル著, 古川奈々子訳　日経BP社　2013.3　399p　20cm　〈発売 ： 日経BPマーケティング〉1800円　①978-4-8222-8494-7

内容 1 参加型の問題解決プロセスをめぐるストーリー（NASA STS‐119―打ち上げを許可するべきか　WGBホームズ―この住宅を売るにはどうしたらいいか ほか）　2 技術と分析をめぐるストーリー（パートナーズ・ヘルスケアシステム―この患者をどう治療すべきか　コグニザント―オフショア企業はいかにして知識を共有するか ほか）　3 文化の力に関するストーリー（古代アテナイの人々―国の存亡にかかわる侵略から市民を守れるか　メイベル・ユーとバンガード・グループ―サブプライムローン債券を投資家に推奨するべきか ほか）　4 新しいリーダーたちのストーリー（メディアゼネラル―新しい戦略のために会社の再編成が必要か　ウォレス財団―社会に本当の変化をいかにしてもたらすか ほか）〔04671〕

タマナハ, ブライアン・Z.　Tamanaha, Brian Z.

◇「法の支配」をめぐって―歴史・政治・理論

（On the rule of law） ブライアン・Z.タマナハ著, 四本健二監訳, 神戸大学大学院国際協力研究科四本ゼミ訳　現代人文社　2011.12　199p　21cm　〈文献あり　発売：大学図書〉3200円　①978-4-87798-488-5

内容 法の支配の古典的起源　中世に遡る法の支配の起源　自由主義　ロック、モンテスキュー、『ザ・フェデラリスト』の論客たち　保守主義は警告する　衰退に拍車をかける急進左派　形式論　実質論　3つのテーマ　国際的なレベル　人類にとって普遍的な善か？〔04672〕

◇アメリカ・ロースクールの凋落（Failling law schools） ブライアン・タマナハ著, 樋口和彦, 大河原真美共訳　花伝社　2013.4　268p　21cm　〈発売：共栄書房〉2200円　①978-4-7634-0662-0

内容 第1部 自主統制への衝動（アメリカ司法省、アメリカ法曹協会を訴える　なぜロースクールは3年なのか　教員がアメリカ法曹協会認証基準の変更に戦いを挑む） 第2部 ロースクール教授について（講義の負担を減らすが、給料は上げる　研究の追求のコストと結果　教授が増え、予算も増える） 第3部 USニュースの格付け（ランク付けの威力と弊害　法律学界における有害な進展） 第4部 壊れた経済モデル（授業料高騰と借金の増大　授業料急上昇のわけ　ロースクールのコストパフォーマンス　学生への警告　ロースクールへの警告　前進への道）〔04673〕

タム, ユエヒム

◇中国人と日本人―交流・友好・反発の近代史（The Chinese and the Japanese） 入江昭編著, 岡本幸治監訳　京都　ミネルヴァ書房　2012.3　401, 6p　22cm　〈索引あり〉7000円　①978-4-623-05858-7

内容 西洋の進出に対するある知識人の対応（ユエヒム・タム著, 戸沢健次訳）〔04674〕

ダムロッシュ, レオ　Damrosch, Leopold

◇トクヴィルが見たアメリカ―現代デモクラシーの誕生（TOCQUEVILLE'S DISCOVERY OF AMERICA） レオ・ダムロッシュ著, 永井大輔, 高山裕二訳　白水社　2012.12　299, 37p　20cm　〈文献あり 索引あり〉2800円　①978-4-560-08257-7

内容 トクヴィルの来歴　第一印象―ニューヨーク市「すべてが新しい世界の証明である」　森のロマンス　ボストン―精神の状態としてのデモクラシー　フィラデルフィア―寛容の精神、結社の伝統、禁獄の実情「西部」のデモクラシー　ニューオリンズを目指して馬車で南部を往く　期待はずれの首都　名著の完成　アフター・アメリカ〔04675〕

ダメット, マイケル　Dummett, Michael

◇真理という謎（TRUTH AND OTHER ENIGMAS） マイケル・ダメット著, 藤田晋吾訳　勁草書房　2012.5　423, 8p　19cm　〈第4刷（第1刷1986年）〉5000円　①978-4-326-15181-3

内容 真理　フレーゲの哲学　実在論　ウィトゲンシュタインの数学の哲学　ゲーデルの定理の哲学的意義　プラトニズム　直観主義論理の哲学的基底　演繹の正当化　結果はその原因に先立ち得るか　過去を変える　マクタガートの時間の非実在証明を擁護して　過去の実在〔04676〕

ダライ・ラマ14世　Dalai Lama

◇フォト・メッセージ ダライ・ラマ希望のことば　ダライ・ラマ14世テンジン・ギャツォ著, 薄井大還写真　春秋社　2011.3　149p　19cm　1400円　①978-4-393-13389-7

内容 ひとりの人間として　笑顔は人間に与えられた特権　仏教の修行でいちばん大切なこと　人に害を与える行いとは　真の忍耐の意味　自分が人生の主人公　子供の教育　怒りをコントロールするには　真理と宗教はひとつではない　社会に貢献しよう〔ほか〕〔04677〕

◇ダライ・ラマこころの自伝（Mon autobiographie spirituelle） ダライ・ラマ14世テンジン・ギャツォ著, ソフィア・ストリル＝ルヴェ編, ルトランジェ治美訳　春秋社　2011.7　344p　20cm　2500円　①978-4-393-13730-7

内容 第1部 ひとりの人間として（誰もがそなえている人間性　始めも終わりもない私の生） 第2部 僧侶として（自分が変わる　世界を変える　地球を大切にする） 第3部 ダライ・ラマとして（一九五九年、ダライ・ラマ世界と出会う　世界のすべての方々に呼びかけます）〔04678〕

◇夜明けの言葉　ダライ・ラマ14世著, 三浦順子訳, 松尾純写真　大和書房　2011.9　206p　19cm　1300円　①978-4-479-39215-6

内容 1 思いやり　2 忍耐　3 怒り　4 幸福　5 責任感　6 平和　7 死〔04679〕

◇空の智慧、科学のこころ　ダライ・ラマ十四世, 茂木健一郎著, マリア・リンチェン訳　集英社　2011.10　189p　18cm　（集英社新書 0614C）700円　①978-4-08-720614-2

内容 序 困難な現代を生きる智慧（茂木健一郎） 1 空の智慧―『般若心経』の教えから（ダライ・ラマ十四世）（仏教とは「四つの聖なる真理」の教え『般若心経』の解説1　空について　般若心経の解説2） 2 人間の脳と幸せを科学する―対談（ダライ・ラマ十四世　茂木健一郎）（心の平和を維持すること　仏教の教えと科学　瞑想と意識　意識によって脳は変わるか　仏教哲学と近代科学　世界に出よ）〔04680〕

◇賢者の言葉　ショーン・スティーブンソン, トニー・シェイ, ビル・ハリス, エブン・ペーガン, F.W.デクラーク, ダライ・ラマ法王14世著, 宇敷珠美監訳, ビッグピクチャーズ監修　ダイヤモンド社　2011.10　323p　19cm　〈他言語標題：The words of a wise man〉1500円　①978-4-478-01705-0

内容 1 ショーン・スティーブンソン―身長90cm車いすのモチベーター　2 トニー・シェイ―ザッポスCEO　3 ビル・ハリス―『ザ・シークレット』出演者、世界的セラピスト　4 エブン・ペーガン―最速で10億円ビジネスを作り上げる起業家　5 F.W.デクラーク―元　南アフリカ大統領、ノーベル平和賞受賞　6 ダライ・ラマ法王14世―チベット仏教最高指導者、ノーベル平和賞受賞〔04681〕

◇ダライ・ラマ宗教を語る（Towards the true kinship of faiths） ダライ・ラマ14世テンジン・ギャツォ著, 三浦順子訳　春秋社　2011.11　257, 5p　20cm　〈文献あり〉2200円　①978-4-393-13401-6

内容 第1章 安楽の地を離れて　第2章 多様な宗教の中で生きる　第3章 ヒンドゥー教―ガンジス川の岸辺にて

第4章 キリストと菩薩の理想　第5章 イスラーム—神に身を委ねる　第6章 ユダヤ教—亡命の宗教　第7章 慈悲の心—世界宗教が集う場所　第8章 宗教間の理解のためのプログラム　第9章 宗教的排他主義の問題　第10章 未来への課題　〔04682〕

◇ダライ・ラマの般若心経—日々の実践　ダライ・ラマ14世テンジン・ギャツォ著, マリア・リンチェン訳　三和書籍　2011.11　209p　19cm　2000円　①978-4-86251-121-8

内容 1 善き光に導かれて—今、伝えたい心(『般若心経』のエッセンス　心によき変容をもたらすためにQ&A)　2『般若心経』の解説—希望へのみちしるべ(二十一世紀の仏教徒とは　「自我」についての三つの質問　仏教の伝統と修行の道 ほか)　3 仏陀の境地をめざす—チベット仏教の教え(小乗、大乗、密教を総括したチベット仏教　仏教の帰依　菩提心を育み、完全なる仏陀の境地をめざす ほか)　〔04683〕

◇ダライ・ラマ珠玉のことば108—心の平安を得るための仏教の知恵（108 perles de sagesse du Dalaï-Lama pour parvenir à la sérénité）　ダライ・ラマ〔述〕, カトリーヌ・バリ編, 前沢敬訳, 福田洋一監修　武田ランダムハウスジャパン　2012.1　175p　19cm　1200円　①978-4-270-00636-8　〔04684〕

◇ダライ・ラマ法話—文殊の智慧による救い　ダライ・ラマ14世テンジン・ギャツォ著, クンチョック・シタル, 阿門朋子訳, 薄井大還撮影　春秋社　2012.1　101p　19cm　(DVDブック)　2800円　①978-4-393-97046-1

内容 第1部 文殊菩薩の知慧(文殊菩薩の智慧とは　文殊菩薩の成就法)　第2部 智慧についての見解と瞑想(智慧の瞑想　上師の瞑想(『中観の四念柱』上師の念住)　慈悲の瞑想(『中観の四念柱』慈悲の念住)　本尊の瞑想(『中観の四念柱』本尊の念住)　空の瞑想(『中観の四念柱』空の念住))　〔04685〕

◇傷ついた日本人へ　ダライ・ラマ14世著　新潮社　2012.4　189p　18cm　(新潮新書)　680円　①978-4-10-610462-6

内容 第1章 自分の人生を見定めるために　第2章 本当の幸せとはなにか　第3章 私はどこに存在しているのか　第4章 苦しみや悲しみに負けそうになったら　第5章 心を鍛えるにはどうしたらいいか　第6章 数式では測れない心というもの　第7章 この世で起こることには必ず理由がある　〔04686〕

◇ダライ・ラマ科学への旅—原子の中の宇宙（The Universe in a Single Atom）　ダライ・ラマ著, 伊藤真訳　サンガ　2012.5　300p　18cm　(サンガ新書 052)　〈2007年刊の加筆訂正〉 850円　①978-4-905425-11-3

内容 第1章 これまで考えてきたこと　第2章 科学との出会い　第3章 相対性理論、量子物理学、仏教の「空」　第4章 ビッグバンと仏教の宇宙　第5章 進化論、業、心の世界　第6章 意識とは何か　第7章 意識の科学へ向けて　第8章 意識の世界を探る　第9章 新しい遺伝学と倫理　終章 科学、精神性、そして人類について　〔04687〕

◇人間はひとりで生きられない（THE POWER OF COMPASSION）　ダライ・ラマ十四世著, 大谷幸三訳　学研パブリッシング　2012.9　252p　15cm　(学研M文庫 タ-1-1)　〈「空と縁起」(同朋舎出版 1995年刊) の改題　発売：学研マーケティング〉 619円　①978-4-05-900783-8

内容 第1章 人生と生き方について　第2章 死と正しい死に方　第3章 感情を統御する方法　第4章 与えること、受け入れること　第5章 人間は相互に依存している　第6章 真の人間性の獲得に向けて　ダライ・ラマとの質疑応答　〔04688〕

◇ダライ・ラマ宗教を越えて—世界倫理への新たなヴィジョン（BEYOND RELIGION）　ダライ・ラマ14世著, 三浦順子訳　サンガ　2012.11　286p　18cm　2800円　①978-4-905425-22-9

内容 第1部 世俗の倫理への新たなヴィジョン(世俗主義について考え直す　人類に共通する人間性　幸福を求めて　幸福の礎としての慈悲心　慈悲心と正義の問題　洞察力の役割　グローバル化した世界での倫理観)　第2部 心の訓練によって精神性を高める(まず自分から始めてみる　日々の生活における倫理的な気づき　煩悩とどうかかわるか　鍵となる内的な徳性を培う　谷を培う瞑想)　〔04689〕

◇こころを学ぶ—ダライ・ラマ法王 仏教者と科学者の対話　ダライ・ラマ, 村上和雄, 志村史夫, 佐治晴夫, 横山順一ほか著　講談社　2013.11　254p　19cm　1400円　①978-4-06-218687-2

内容 1 遺伝子・科学/技術と仏教(遺伝子オンでいのちを輝かす　仏教が唱え物理学が明らかにしたこと)　2 物理科学・宇宙と仏教(“こころ”が結ぶ科学と宗教　たくさんの宇宙　『あいまいさの科学』と人間)　3 生命科学・医学と仏教(睡眠の謎　病は気から　“幸福感の脳機能”を測ることは可能か？)　4 (新たな科学の創造への挑戦—日本からの発信)　〔04690〕

◇これからの日本、経済より大切なこと　池上彰, ダライ・ラマ法王14世著　飛鳥新社　2013.11　157p　18×13cm　1300円　①978-4-86410-289-6

内容 第1章 経済について(経済学者はお金持ちになれない　経済学は幸せにつながっているか？　ほか)　第2章 格差について(三人に一人は非正規労働者の時代　日本はもともと格差社会だった ほか)　第3章 お金について(欲しいものがなくなった　みんな「お金」が好き ほか)　第4章 物質的価値について(書店に行けば、国の未来が見えてくる　「内なる価値」はどう育まれる？　ほか)　第5章 仕事について(働き続けたい理由　退職後、居場所のない男たち ほか)　第6章 日本について(「誇り」がぶつかる日中・日韓関係　自信を失った日本人 ほか)　〔04691〕

◇ダライ・ラマ誰もが聞きたい216の質問（ALL YOU EVER WANTED TO KNOW FROM HIS HOLINESS THE DALAI LAMA ON HAPPINESS, LIFE, LIVING and MUCH MORE）　ダライ・ラマ14世テンジン・ギャツォ著, ラジーヴ・メロートラ編, 滝川郁久訳　春秋社　2013.11　271p　20cm　2200円　①978-4-393-13405-4　〔04692〕

タリー, ゲイバー　Tulley, Gever

◇子どもが体験するべき50の危険なこと（Fifty dangerous things）　Gever Tulley,Julie Spiegler著, 金井哲夫訳　オライリー・ジャパン　2011.5　167p　21cm　(Make：Japan Books)　〈発売：オーム社〉 2000円　①978-4-87311-498-9

内容 9ボルト電池をなめてみよう　あられの中で遊ぼう　完ぺきなでんぐり返しを決めよう　フランス人のようにキスであいさつしよう　車の窓から手を出してみよう　釘を打とう　車を運転しよう　やりを

投げよう　ポリ袋爆弾を作ろう　電気掃除機で遊ぼう〔ほか〕　〔04693〕

ダリス, ダイアン

◇ラーニング・コモンズ―大学図書館の新しいかたち　加藤信哉, 小山憲司編訳　勁草書房　2012.7　290p　22cm　〈他言語標題 ： LEARNING COMMONS　索引あり〉3900円　①978-4-326-00037-1

内容 コモンズ環境におけるレファレンス・サービス（ダイアン・ダリス, キャロリン・ウォルターズ執筆, 加藤信哉, 小山憲司訳）　〔04694〕

ダーリンガー, リー・D.

◇大学学部長の役割―米国経営系学部の研究・教育・サービス（The dean's perspective）　クリシナ・S.ディア編著, 佐藤修訳　中央経済社　2011.7　245p　21cm　3400円　①978-4-502-68720-4

内容 学部長職にいる学部長（リー・D.ダーリンガー著）　〔04695〕

ダリンプル, ジェーン　Dalrymple, Jane

◇イギリスの子どもアドボカシー―その政策と実践　堀正嗣編著, 栄留里美, 河原畑優子, ジェーン・ダリンプル著　明石書店　2011.10　249p　21cm　3800円　①978-4-7503-3465-3

内容 イギリスの子どもアドボカシーを理解するために　イギリスの子ども政策における参加とアドボカシー　子どもコミッショナーによるアドボカシー実践―ウェールズと北アイルランドを中心に　子どもコミッショナーの意義と課題―スコットランド・イングランドを中心に　イギリスの子ども保護ソーシャルワークの特徴と子ども参加　ウィルトシャー州における独立アドボケイトの実際―ファミリー・グループ・カンファレンスを中心に　ファミリーグループ・カンファレンスにおける独立アドボケイトの意義と課題　ウェールズの苦情解決制度における子どもアドボカシー　障害児の参加とアドボカシー　子どもアドボケイトの養成と提供　社会的養護とピアアドボカシー ボイス・フロム・ケアの取り組みから　障害児とシステムアドボカシー 障害児協議会の取り組みから　英国における子どもアドボカシーサービスの発展と今日的課題　〔04696〕

ダール, R.A.　Dahl, Robert Alan

◇現代政治分析（MODERN POLITICAL ANALYSIS（原著第5版））　R.A.ダール〔著〕, 高畠通敏訳　岩波書店　2012.9　317p　15cm（岩波現代文庫―学術 269）〈1999年刊の改訂〉1300円　①978-4-00-600269-5

内容 第1章 政治とはなにか　第2章 影響力を記述する　第3章 影響力を解釈する　第4章 影響力を説明し評価する　第5章 政治システム―共通性　第6章 政治システム―違い　第7章 違い―ポリアーキーと非ポリアーキー　第8章 ポリアーキーと非ポリアーキー―説明　第9章 政治的人間　第10章 政治的評価　第11章 政策の選択―研究と決定の戦略　〔04697〕

タルジェ, メアリー　Target, Mary

◇子どもの心理療法と調査・研究―プロセス・結果・臨床的有効性の探求（Child psychotherapy and research）　ニック・ミッドグリー, ジャン・アンダーソン, イブ・グレンジャー, ターニャ・ネシッジ・ブコビッチ, キャシー・アーウィン編著, 鵜飼奈津子監訳　大阪　創元社　2012.2　287p　22cm　〈索引あり　文献あり〉5200円　①978-4-422-11524-5

内容 子どもの精神分析の成人時での結果：アンナ・フロイトセンターにおける長期追跡調査（Abby Schachter, Mary Target著, 南里裕美訳）　〔04698〕

◇発達精神病理学からみた精神分析理論（Psychoanalytic Theories）　ピーター・フォナギー, メアリー・タルジェ著, 馬場礼子, 青木紀久代監訳　岩崎学術出版社　2013.11　444p　21cm　〈文献あり 索引あり〉5000円　①978-4-7533-1069-2　〔04699〕

ダルージオ, フェイス　D'Aluisio, Faith

◇地球のごはん―世界30か国80人の“いただきます！”（What I eat）　ピーター・メンツェル, フェイス・ダルージオ著作, 和泉裕子, 池田美紀訳　TOTO出版　2012.3　337p　31cm　3000円　①978-4-88706-324-2

内容 1日の食事の総摂取カロリー 800 - 1900kcal（800 牛追いをするマサイ族・ケニア　900 HIV感染者の主婦・ボツワナ ほか）　2000 - 2400kcal（2000 牛乳を売るマイクロ起業家・バングラデシュ　2000 タクシーの運転手・アメリカイリノイ州 ほか）　3000 - 3400kcal（3000 コールセンターのオペレーター・インド　3000 パレスチナ人運転手・パレスチナ暫定自治政府 ほか）　3500 - 3900kcal（3500 力士・日本　3500 スタンドアップパドル・サーファー・アメリカカリフォルニア州 ほか）　4000 - 4900kcal（4000 アメリカ陸軍兵士・アメリカカリフォルニア州　4000 修道士・イタリア ほか）　5000 - 12300kcal（5200 アマゾン川の漁師・ブラジル　5400 長距離トラック運転手・アメリカイリノイ州 ほか）　〔04700〕

ダルゼル, フレデリック　Dalzell, Frederick

◇P&Gウェイ―世界最大の消費財メーカーP&Gのブランディングの軌跡（Rising Tide ： Lessons from 165 Years of Brand Building at Procter & Gamble）　デーヴィス・ダイアー, フレデリック・ダルゼル, ロウェナ・オレガリオ著, 足立光, 前平謙二訳　東洋経済新報社　2013.7　353, 27p　21cm　3500円　①978-4-492-54010-7

内容 第1部 黎明期（一八三七～一九四五年）（P&Gの誕生（一八三七～九〇年）　企業基盤の確立（一八九〇～一九四五年）ほか）　第2部 P&G流マーケティングの確立（一九四五～八〇年）（各種消費財への事業拡大（一九四五～八〇年）　伝説的ブランド―クレストとパンパース）　第3部 世界市場への進出（一九八〇～九〇年）（グローバルへの展開（一九八〇～九〇年）日本市場での教訓 ほか）　第4部 縮小市場での模索（一九九〇年～）（一九九〇年代の組織改革　サプライチェーン再構築 ほか）　〔04701〕

タルディッツ, マニュエル

◇震災とヒューマニズム―3・11後の破局をめぐって　日仏会館・フランス国立日本研究センター編, クリスチーヌ・レヴィ, ティエリー・リボー監修, 岩沢雅利, 園山千晶訳　明石書店　2013.5　328p　20cm　2800円　①978-4-7503-3814-9

内容 日本に生きる（マニュエル・タルディッツ執筆, 岩沢雅利訳）　〔04702〕

タ

タ

ダルトロイ, テレンス・N.

◇インカ帝国―研究のフロンティア　島田泉, 篠田謙一編著　秦野　東海大学出版会　2012.3　428p　27cm　(国立科学博物館叢書 12)〈索引あり〉3500円　①978-4-486-01929-9
内容 インカ帝国の経済的基盤(テレンス・N.ダルトロイ著, 竹内繁訳)　〔04703〕

ダルトン, ダン・R.

◇大学学部長の役割―米国経営系学部の研究・教育・サービス（The dean's perspective）　クリシナ・S.ディア編著, 佐藤修訳　中央経済社　2011.7　245p　21cm　3400円　①978-4-502-68720-4
内容 経営学部ランキング(ダン・R.ダルトン著)　〔04704〕

ダルトン, マキシン・A.

◇リーダーシップ開発ハンドブック（The center for creative leadership）　C.D.マッコーレイ,R.S.モクスレイ,E.V.ヴェルサ編, 金井寿宏監訳, 嶋村伸明, リクルートマネジメントソリューションズ組織行動研究所訳　白桃書房　2011.3　463p　22cm　〈文献あり 索引あり〉4700円　①978-4-561-24546-9
内容 グローバルな役割を担うリーダーの育成(マキシン・A.ダルトン著)　〔04705〕

ダルミア, アリヤマン　Dalmia, Aryaman

◇バフェットとグレアムとぼく―インドの13歳少年が書いた投資入門（Graham, Buffett & me）　アリヤマン・ダルミア著, 前田俊一訳　阪急コミュニケーションズ　2011.9　197p　19cm　1400円　①978-4-484-11113-1
内容 第1話 ぼくがこの本を書いた理由　第2話 なぜ、ベンジャミン・グレアムから学ぶべきなのか？　第3話 なぜ、ウォレン・バフェットから学ぶべきなのか？　第4話 マーケットを理解する前に、なぜ自分を理解することが大切なのか？　第5話 良い投資をするための、目のつけどころはどこか？　第6話 投資を実行したあとは、どうすればいいか？　第7話 市場の非効率性を生かして、どうやって儲けるのか？　第8話 グレアムとバフェットの生き方から何を学べるのか？　〔04706〕

ダルミヤ, ブリンダ

◇転換期の教育改革―グローバル時代のリーダーシップ（Changing education）　ピーター・D.ハーショック, マーク・メイソン, ジョン・N.ホーキンス編著, 島川聖一郎, 高橋貞雄, 小原一仁監訳　町田　玉川大学出版部　2011.7　377p　22cm　〈文献あり〉6200円　①978-4-472-40430-6
内容 リーダーシップの解明(ブリンダ・ダルミヤ著)　〔04707〕

ダル・ラーゴ, アレッサンドロ

◇弱い思考（Il pensiero debole）　ジャンニ・ヴァッティモ, ピエル・アルド・ロヴァッティ編, 上村忠男, 山田忠彰, 金山準, 土肥秀行訳　法政大学出版局　2012.8　374p　20cm　(叢書・ウニベルシタス 977)〈文献あり〉4000円　①978-4-588-00977-8
内容 弱さの倫理(アレッサンドロ・ダル・ラーゴ著, 山田忠彰訳)　〔04708〕

タルール, シャシ

◇世界平和への冒険旅行―ダグ・ハマーショルドと国連の未来（The Adventure of Peace）　ステン・アスク, アンナ・マルク＝ユングクヴィスト編, ブライアン・アークハート, セルゲイ・フルシチョフ他著, 光橋翠訳　新評論　2013.7　358p　20cm　〈文献あり 年譜あり〉3800円　①978-4-7948-0945-2
内容 国連事務総長の役割とは(シャシ・タルール著)　〔04709〕

ダーレ, グロー　Dahle, Gro

◇パパと怒り鬼―話してごらん、だれかに（Sinna mann）　グロー・ダーレ作, スヴァイン・ニーフース絵, 大島かおり, 青木順子共訳　ひさかたチャイルド　2011.8　39p　25cm　1800円　①978-4-89325-941-7　〔04710〕

タレット, C.*　Taret, Catherine

◇パリジェンヌたちの秘密のパリ（My little Paris, le Paris secret des parisiennes）　マイ・リトル・パリ編, 広田明子訳　原書房　2012.7　153p　21cm　〈索引あり〉1800円　①978-4-562-04844-1　〔04711〕

タレブ, ナシーム・ニコラス　Taleb, Nassim Nicholas

◇世界は考える　野中邦子訳　土曜社　2013.3　189p　19cm　(プロジェクトシンジケート叢書 2)〈文献あり〉1900円　①978-4-9905587-7-2
内容 ゲームに自己資金を投じる(ナシーム・ニコラス・タレブ著)　〔04712〕

ダレール, ロメオ　Dallaire, Roméo

◇なぜ、世界はルワンダを救えなかったのか―PKO司令官の手記（SHAKE HANDS WITH THE DEVIL）　ロメオ・ダレール著, 金田耕一訳　風行社　2012.8　510p　21cm　〈文献あり〉2100円　①978-4-938662-89-9
内容 父に教えられた三つのこと　「ルワンダ？ それはアフリカですね」　「ルワンダを調査して、指揮をとれ」　敵同士が手を握る　時計の針が進む　最初の道標　影の軍隊　暗殺と待ち伏せ　希望の復活なき復活祭　キガリ空港での爆発　去るか残るか　決議なし　虐殺の報告　ターコイズの侵略　多すぎて、遅すぎる　〔04713〕

ダローズ, E.　Dalloz, Edouard

◇日本立法資料全集　別巻 694　仏国民刑判決録 刑事之部　ダローズ編纂, 堀田正忠抄訳　復刻版　信山社出版　2011.10　342p　23cm　〈文学社明治20年刊の複製〉30000円　①978-4-7972-6392-3　〔04714〕

ダワー, ジョン・W.　Dower, John W.

◇日本の未来について話そう―日本再生への提言（Reimagining Japan）　マッキンゼー・アンド・カンパニー責任編集, クレイ・チャンドラー, エアン・ショー, ブライアン・ソーズバーグ編著

小学館　2011.7　416p　19cm　1900円　①978-4-09-388189-0
内容 「変化への抵抗」という錯覚（ジョン・ダワー著）〔04715〕

◇忘却のしかた、記憶のしかた―日本・アメリカ・戦争（WAYS OF FORGETTING, WAYS OF REMEMBERING）　ジョン・W.ダワー著, 外岡秀俊訳　岩波書店　2013.8　343, 6p　22cm　〈索引あり〉3000円　①978-4-00-024783-2
内容 第1章 E.H.ノーマン、日本、歴史のもちいかた　第2章 二つの文化における人種、言語、戦争―アジアにおける第二次世界大戦　第3章 日本の美しい近代戦　第4章「愛されない能力」―日本における戦争と記憶　第5章 被爆者―日本人の記憶のなかの広島と長崎　第6章 広島の医師の日記、五〇年後　第7章 真の民主主義は過去をどう祝うべきか　第8章 二つのシステムにおける平和と民主主義―対外政策と国内対立　第9章 惨めさをわらう―敗戦国日本の草の根の諷刺　第10章 戦争直後の日本からの教訓　第11章 日本のもうひとつの占領〔04716〕

ダワードルジ, B.
◇ハルハ河・ノモンハン戦争と国際関係　田中克彦, ボルジギン・フスレ編　三元社　2013.7　155p　21cm　1700円　①978-4-88303-346-1
内容 ハルハ河戦争が国際関係に及ぼした影響（B.ダワードルジ著, 三矢緑訳）〔04717〕

ダン, イ*　段 偉
◇東アジア海文明の歴史と環境　鶴間和幸, 葛剣雄編著　東方書店　2013.3　555p　22cm　（学習院大学東洋文化研究叢書）　4800円　①978-4-497-21304-4
内容 自然災害と中国古代行政区画の変遷についての初探（段偉著, 中村威也訳）〔04718〕

タン, イキン*　笪 移今
◇新編原典中国近代思想史　第7巻　世界冷戦のなかの選択―内戦から社会主義建設へ　野村浩一, 近藤邦康, 並木頼寿, 坂元ひろ子, 砂山幸雄, 村田雄二郎編　砂山幸雄責任編集　岩波書店　2011.10　410, 7p　22cm　〈年表あり〉5700円　①978-4-00-028227-7
内容 目下の土地問題について（笪移今著, 中村元哉訳）〔04719〕

ダン, クリスティーヌ
◇変貌する世界の緑の党―草の根民主主義の終焉か？（GREEN PARTIES IN TRANSITION）　E.ジーン・フランクランド, ポール・ルカルディ, ブノワ・リウー編著, 白井和宏訳　緑風出版　2013.9　455p　20cm　〈文献あり〉3600円　①978-4-8461-1320-9
内容 実験的な進化オーストラリアとニュージーランドにおける緑の党の発展（クリスティーヌ・ダン著）〔04720〕

ダン, コウ　段 虹
◇中国の四季の絵本　5　お月見・秋の行事　王早早文, 劉婷, 王嵐, 段虹絵, 〔古島洋一〕, 〔張保〕〔訳〕　〔横浜〕　神奈川共同出版販売　2013.3　64p　22×27cm　〈発売：星の環会〉①978-4-89294-529-8〔04721〕

タン, ジェイソン
◇転換期の教育改革―グローバル時代のリーダーシップ（Changing education）　ピーター・D.ハーショック, マーク・メイソン, ジョン・N.ホーキンス編著, 島川聖一郎, 高橋貞雄, 小原一仁監訳　町田　玉川大学出版部　2011.7　377p　22cm　〈文献あり〉6200円　①978-4-472-40430-6
内容 グローバル化の渦中での団結（ジェイソン・タン著）〔04722〕

ダン, ジョン（政治学）
◇デモクラシーとナショナリズム―アジアと欧米　加藤節編　未来社　2011.3　275p　21cm　（成蹊大学アジア太平洋研究センター叢書）〈執筆：加藤節ほか〉3200円　①978-4-624-30115-6
内容 デモクラシーとナショナリズム（ジョン・ダン著, 愛甲雄一訳）〔04723〕

タン, セイレン*　単 世聯
◇「牛鬼蛇神を一掃せよ」と文化大革命―制度・文化・宗教・知識人　石剛編著・監訳　三元社　2012.3　426p　21cm　5000円　①978-4-88303-306-5
内容 1949年以後の朱光潜（単世聯著, 桑島久美子訳）〔04724〕

タン, チャディー・メン　Tan, Chade-Meng
◇サーチ！―富と幸福を高める自己探索メソッド（SEARCH INSIDE YOURSELF）　チャディー・メン・タン著, 柴田裕之訳　宝島社　2012.8　389p　19cm　〈文献あり〉2000円　①978-4-7966-8591-7
内容 序章 サーチ・インサイド・ユアセルフ　第1章 エンジニアでさえEQで成功できる―EQとは何か、EQはどうやって育めばいいか　第2章 命がかかっているかのように呼吸をする―マインドフルネスの瞑想の理論と実践　第3章 座らないでやるマインドフルネス・エクササイズ―マインドフルネスの恩恵を座った姿勢以外にも広げる　第4章 100パーセント自然でオーガニックな自信―自信につながる自己認識　第5章 情動を馬のように乗りこなす―自己統制の力を伸ばす　第6章 利益をあげ、海を漕ぎ渡り、世界を変える―自己動機づけの技術　第7章 脳は情動のタンゴ―相手を理解し、心を通わせることを通して共感を育む　第8章 有能であってしかも人に愛される―リーダーシップと社会的技能　第9章 世界平和への三つの簡単なステップ―「サーチ！」の裏話　エピローグ 空き時間に世界を救おう〔04725〕

タン, ネヴィル　Tan, Neivelle
◇7172―「鉄人」と呼ばれた受刑者が神さまと出会う物語（Iron Man（原著第2版））　ネヴィル・タン著, 金本美恵子訳　ヨベル　2013.2　222p　18cm　（YOBEL新書 014）　1000円　①978-4-946565-59-5
内容 1 神さまとの出会いBefore（子ども時代　終身刑　女王陛下の許しがあるまでの終身刑　チャンギ刑務所　再び独房監禁　再び逮捕　脱走　再びチャンギ刑務所　再び厳重な監視体制の独房）　2 神さまとの

タ

出会いAfter（イエスの御名　母の死　主はわが牧者　新しいいのち　リバイバル　新しい世界　まことの自由　二つの道　教会　新しい人生でのチャレンジ）　エピローグ ネヴィル・タンのその後　〔04726〕

タン, ハク*　覃 搏

◇西南中国少数民族の文化資源の“いま”　塚田誠之編　吹田　人間文化研究機構国立民族学博物館　2013.1　142p　26cm　（国立民族学博物館調査報告 109）〈中国語併載〉①978-4-906962-00-6

内容 現代社会の発展過程における少数民族文化保護・伝承を担う時代の責任と義務（覃搏著, 長沼さやか訳）　〔04727〕

タ

タン, ルイ=ジョルジュ　Tin, Louis-Georges

◇〈同性愛嫌悪（ホモフォビア）〉を知る事典（Dictionnaire de l'Homophobie）　ルイ＝ジョルジュ・タン編, 金城克哉監修, 斉藤笑美子, 山本規雄訳　明石書店　2013.7　668p　27cm　〈文献あり 索引あり〉18000円　①978-4-7503-3863-7

内容 アイルランド　アウティング　悪徳　アフリカ西部　アフリカ中部・東部　アフリカ南部　アレナス（レイナルド・～）　アンリ三世　医学　イギリス〔ほか〕　〔04728〕

ダン, A.*　Dunn, Alnita

◇WISC-IVの臨床的利用と解釈（WISC-IV clinical use and interpretation）　アウレリオ・プリフィテラ, ドナルド・H.サクロフスキー, ローレンス・G.ワイス編, 上野一彦監訳, 上野一彦, バーンズ亀山静子訳　日本文化科学社　2012.5　592p　22cm　〈文献あり〉①978-4-8210-6366-6

内容 各種アセスメントのためのマルチレベル統合モデル（Virginia W.Berninger, Alnita Dunn, Ted Alper著, バーンズ亀山静子訳）　〔04729〕

ダン, J.D.G.　Dunn, James D.G.

◇叢書新約聖書神学　1　マルコ福音書の神学（THE THEOLOGY OF THE GOSPEL OF MARK）　J.D.G.ダン編集主幹, 山内一郎, 山内真日本語監修　W.R.テルフォード著, 嶺重淑, 前川裕訳　新教出版社　2012.6　10, 355p　20cm　〈文献あり 索引あり〉4000円　①978-4-400-10460-5

内容 第1章 マルコ福音書の歴史的状況（導入　著者、年代および出所　マルコ共同体　マルコ以前の伝承　マルコのメッセージ）　第2章 マルコの神学（イエスの人格　イエスの使信　イエスの宣教　支持と反対―マルコの物語における英雄と悪党　マルコ福音書の目的）　第3章 マルコと新約聖書（マルコとパウロ　マルコとQ資料　マルコと他の福音書　マルコと使徒言行録　マルコとペトロ書　マルコとヘブライ書　マルコとヨハネ黙示録）　第4章 教会とこの世におけるマルコ（歴史におけるマルコ　マルコの現代的意義）　〔04730〕

◇叢書新約聖書神学　2　ルカ福音書の神学（THE THEOLOGY OF THE GOSPEL OF LUKE）　J.D.G.ダン編集主幹, 山内一郎, 山内真日本語監修　J.B.グリーン著, 山田耕太訳　新教出版社　2012.9　222p　20cm　〈文献あり 索引あり〉3600円　①978-4-400-10461-2

内容 第1章 「ユダヤの王ヘロデの時代」―ルカ福音書の世界　第2章 「わが救い主、神」―ルカ福音書における神の目的　第3章 「メシア、主なる、救い主」―イエス、ヨハネ、ユダヤの人々　第4章 「貧しい人に福音を告げ知らせるために」―宣教と救い　第5章 「日々、自分の十字架を背負って」―弟子の道　第6章 「あなたたちは真理を知り」―教会におけるルカ福音書　〔04731〕

ダン, R.*　Dunn, Richard L.

◇飛行第77戦隊史―アメリカ側から見た戦闘史と私の戦歴　Richard L.Dunn, 関利雄〔著〕, 隼会編　〔さいたま〕　〔隼会〕　〔2012〕　1冊　30cm　〈翻訳 ： 今吉孝夫〉　〔04732〕

タンカ, ブリジ

◇大谷光瑞と国際政治社会―チベット、探検隊、辛亥革命　白須浄真編　勉誠出版　2011.10　375, 15p　22cm　〈索引あり〉5000円　①978-4-585-22020-6

内容 日本仏教徒の近代的転成（ブリッジ・タンカ著, 宮本隆史訳）　〔04733〕

◇アジア主義は何を語るのか―記憶・権力・価値　松浦正孝編著　京都　ミネルヴァ書房　2013.2　671, 6p　22cm　〈索引あり〉8500円　①978-4-623-06488-5

内容 多様なアジアの想起（ブリジ・タンカ執筆, 水谷明子訳）　〔04734〕

ダンカン, ジャン=マリー

◇フランス憲政学の動向―法と政治の間 Jus Politicum　山元一, 只野雅人編訳　慶応義塾大学出版会　2013.8　313p　22cm　7000円　①978-4-7664-2063-0

内容 立憲主義の現況（ジャン＝マリー・ダンカン著, 井上武史訳）　〔04735〕

ダンカン, ジョン　Duncan, John

◇知性誕生―石器から宇宙船までを生み出した驚異のシステムの起源（How intelligence happens）　ジョン・ダンカン著, 田淵健太訳　早川書房　2011.3　332p　20cm　2200円　①978-4-15-209202-1

内容 プロローグ 混沌から秩序へ　第1章 「知」は力なり　第2章 能力差はどこで生じる？　第3章 モジュール性の脳と心　第4章 知識と行動を結ぶもの　第5章 人工知能から「思考」を探る　第6章 前頭葉で起きていること―サルの食事から戦闘指揮まで　第7章 「理性」は何でも合理化する　第8章 「知」の生物学的限界　〔04736〕

ダンカン, デイヴィッド・ユーイング

◇世界探検家列伝―海・河川・砂漠・極地、そして宇宙へ（The great explorers）　ロビン・ハンベリーテニソン編著, 植松靖夫訳　悠書館　2011.9　303p　26cm　〈文献あり 索引あり〉9500円　①978-4-903487-49-6

内容 エルナンド・デ・ソト―黄金を求めて（デイヴィッド・ユーイング・ダンカン）　〔04737〕

ダンカン, ロバート　Duncan, Robert

◇イノベーションと組織（Innovations and Organizations）　ジェラルド・ザルトマン, ロバート・ダンカン, ジョニー・ホルベック著, 首藤禎史, 伊藤友章, 平安山英成訳　創成社　2012.5　209p　22cm　〈文献あり 索引あり〉2400円　①978-4-7944-2387-0

内容 1 イノベーションの本質（イノベーション　イノベーションの特徴　要約）　2 イノベーションのプロセス（イノベーションにおける意思決定プロセス　イノベーション・プロセスの諸段階　イノベーション・プロセスの統制　革新的な意思決定の種類　イノベーションに対する抵抗　要約）　3 イノベーションに影響を及ぼす組織の特徴（組織環境　組織構造とイノベーション）　4 組織におけるイノベーションの理論（Zaltman, Duncan, Holbekの理論の検討　イノベーションの属性と採用下位段階　組織におけるイノベーションの既存理論の検討　要約と結論）　〔*04738*〕

タンク, アンリ　Tincq, Henri

◇ラルース世界宗教大図鑑―歴史・文化・教義（LAROUSSE DES RELIGIONS）　アンリ・タンク編, 蔵持不三也訳　原書房　2013.8　389p　30cm　〈文献あり 索引あり〉18000円　①978-4-562-04916-5

内容 第1部 一神教（ユダヤ教　キリスト教　イスラーム教）　第2部 東洋的伝統（ヒンドゥー教　仏教　その他の思想と叡智）　第3部 アニミズム、シンクレティズム、セクト主義　第4部 付録　〔*04739*〕

ダンケルバーグ, ウィリアム・C.

◇学校と職場をつなぐキャリア教育改革―アメリカにおけるSchool-to-Work運動の挑戦（The school-to-work movement）　ウィリアム・J.スタル, ニコラス・M.サンダース編, 横井敏郎ほか訳　学事出版　2011.7　385p　21cm　3800円　①978-4-7619-1839-2

内容 古い経済か、新しい経済か―その教育的含意（ウィリアム・C.ダンケルバーグ著, 小出達夫訳）　〔*04740*〕

ダンコ, ウィリアム・D.　Danko, William D.

◇となりの億万長者―成功を生む7つの法則（THE MILLIONAIRE NEXT DOOR）　トマス・J.スタンリー, ウィリアム・D.ダンコ著, 斎藤聖美訳　新版　早川書房　2013.8　346p　18cm　1200円　①978-4-15-209392-0

内容 1 となりの億万長者を紹介しよう　2 検約、検約、検約　3 時間、エネルギー、金　4 車であなたの価値が決まるわけではない　5 親の経済的援助　6 男女平等・家庭版　7 ビジネス・チャンスを見つけよう　8 職業：億万長者対遺産相続人　〔*04741*〕

ダンジガー, ルーシー　Danziger, Lucy S.

◇心の部屋の片付けかた　ルーシー・ダンジガー, キャサリン・バーンドーフ著, 長沢あかね訳　講談社　2011.10　357p　19cm　〈The nine rooms of happiness.〉1700円　①978-4-06-214781-1

内容 はじめに―ようこそ、私たちの、そしてあなたの家へ　順風満帆！ のはずが、何でイラついてるの？　幸せの鍵は自分が握っている　自分が思っているより、あなたは幸せ　心の家の間取り図を描こう　「珠玉の言葉」とちょっとした教訓　地下室―思い出が詰まった場所　ファミリールーム―愛する者たちにブチ切れる場所　リビング―友達は自分で選んだ家族　仕事部屋―お金とストレスをもらう場所　バスルーム―ほどよい自分磨きとは？　ベッドルーム―愛と、セックスと、くしゃくしゃのベッド　キッチン―熱くてたまらないのはあたり前！　子ども部屋―やることなすこと裏目に出る場所　屋根裏部屋―先祖伝来の心の宝物のありか　十番目の部屋―「携帯だって、充電しなくちゃいけないんだものね」　おわりに―イーディスの素晴らしい冒険とあなたの冒険 ※　〔*04742*〕

タンスティル, J.*　Tunstill, Jane

◇英国の貧困児童家庭の福祉政策―"Sure Start"の実践と評価（The National Evaluation of Sure Start）　ジェイ・ベルスキー, ジャクリーン・バーンズ, エドワード・メルシュ編著, 清水隆則監訳　明石書店　2013.3　230p　21cm　2800円　①978-4-7503-3764-7

内容 Sure Start地域プログラム（Jane Tunstill,Debra Allock著, 上積宏道訳）　〔*04743*〕

タンゼン・ルンドゥプ　Tanzen Lhundrup

◇チベットの文化大革命―神懸かり尼僧の「造反有理」（On the Cultural Revolution in Tibet）　メルヴィン・C.ゴールドスタイン, ベン・ジャオ, タンゼン・ルンドゥプ著, 楊海英監訳, 山口周子訳　風響社　2012.9　382p　21cm　〈年表あり 文献あり〉3000円　①978-4-89489-182-1　〔*04744*〕

ダンテ・アリギエーリ　Dante Alighieri

◇ちくま哲学の森　3　悪の哲学　鶴見俊輔, 安野光雅, 森毅, 井上ひさし, 池内紀編　筑摩書房　2011.11　431p　15cm　1200円　①978-4-480-42863-9

内容 銘文（ダンテ・アリギエリ著, 日夏耿之介訳）　〔*04745*〕

ダントニオ, マイケル　D'Antonio, Michael

◇女神的リーダーシップ―世界を変えるのは、女性と「女性のように考える」男性である（THE ATHENA DOCTRINE）　ジョン・ガーズマ, マイケル・ダントニオ著, 有賀裕子訳　プレジデント社　2013.12　390p　19cm　1700円　①978-4-8334-2067-9　〔*04746*〕

ダントレーヴ, A.P.　d'Entrèves, Alexander Passerin

◇国家とは何か　政治理論序説（THE NOTION OF THE STATE : An Introduction to Political Theory）　ダントレーヴ著, 石上良平訳　新装版　みすず書房　2013.10　302, 4p　21cm　5800円　①978-4-622-05136-7

内容 第1部 実力（トラシュマコスの議論　現実主義と悲観主義　新造語としての"国家" ほか）　第2部 権力（人による統治と法による統治　国家と法―基本的観念　法の支配 ほか）　第3部 権威（法と秩序　自然と人為　祖国と民族 ほか）　〔*04747*〕

ダンバー, ニコラス　Dunbar, Nicholas

◇悪魔のデリバティブ―徹底検証：怪物化する金融商品に取り憑かれた男たち（THE DEVIL'S DERIVATIVES）　ニコラス・ダンバー著, 河野純治訳　光文社　2013.12　461p　20cm　〈年表あり〉2300円　①978-4-334-96213-5　〔*04748*〕

ダンバー, ロビン　Dunbar, Robin Ian MacDonald

◇友達の数は何人？―ダンバー数とつながりの進化

タ

心理学（How many friends does one person need？）　ロビン・ダンバー著, 藤井留美訳　インターシフト　2011.7　253p　19cm　〈発売：合同出版〉1600円　①978-4-7726-9524-4
内容 1 ヒトとヒトのつながり（貞節な脳―男と女　ダンバー数―仲間同士 ほか）　2 つながりを生むもの（親密さの素―触れ合い・笑い・音楽　うわさ話は毛づくろい―言葉・物語 ほか）　3 環境や人類とのつながり（進化の傷跡―肌の色・体質　進化の邪魔をするやつはどいつだ？―進化と欲望 ほか）　4 文化・倫理・宗教とのつながり（人間ならではの心って？―志向意識水準　カルチャークラブに入るには―文化 ほか）　〔04749〕

ダンピェール, フィル　Dampier, Phil
◇王室の秘密は女王陛下のハンドバッグにあり（What's in the queen's handbag）　フィル・ダンピェール, アシュレイ・ウォルトン著, あまおかけい訳　R.S.V.P.　2011.3　135p　21cm　〈発売：丸善出版〉1400円　①978-4-904072-10-3
内容 1 王室の秘密は女王陛下のハンドバッグにあり　2 女王はゴーストがお好き　3 王室の乱暴者たち　4 使用人との微妙な関係　5 王室のコソ泥たちの悲哀　6 黒いバナナと究極のサンドイッチ　7 競馬醜聞　8 そこ退けそこ退け、ウィンザー様のお通りだ　9 家族で過ごすクリスマスは最高　〔04750〕

タンミンウー　Thant Myint-U
◇ビルマ・ハイウェイ―中国とインドをつなぐ十字路（WHERE CHINA MEETS INDIA）　タンミンウー著, 秋元由紀訳　白水社　2013.9　365, 17p　19cm　〈索引あり〉3000円　①978-4-560-08312-3
内容 第1部 裏口から入るアジア（夢みるイラワディ　パウポー　ビルマ・ロード　日暮れの王　新しいフロンティア）　第2部 未開の南西部（マラッカ・ディレンマ　雲の南　ガンダーラ　シャングリラ　インド洋への道）　第3部 インド世界のはずれ（東へのまなざし　忘れられた分離　国内の「国境」　新たな交差点）　〔04751〕

ダンロップ, C.G.H.
◇戦争と和解の日英関係史　小菅信子, ヒューゴ・ドブソン編著　法政大学出版局　2011.7　318p　22cm　〈他言語標題：Japan and Britain at War and Peace　索引あり〉5200円　①978-4-588-37709-9
内容 対日戦におけるイギリスの興亡（C.G.H.ダンロップ著, 根本尚美訳）　〔04752〕

【チ】

チ, ビョンモク　池 炳穆
◇高句麗の文化と思想　東北亜歴史財団編, 東潮監訳, 篠原啓方訳　明石書店　2013.2　458p　22cm　〈文献あり 索引あり〉8000円　①978-4-7503-3754-8
内容 高句麗の土木と建築（池炳穆）　〔04753〕

チ, ヘイボク*　池 炳穆
⇒チ, ビョンモク

チー, マデレーニ
◇中国人と日本人―交流・友好・反発の近代史（The Chinese and the Japanese）　入江昭編著, 岡本幸治監訳　京都　ミネルヴァ書房　2012.3　401, 6p　22cm　〈索引あり〉7000円　①978-4-623-05858-7
内容 日本の指導を受け入れた政治家・曹汝霖（マデレーニ・チー著, 石田収訳）　〔04754〕

チア, カリッサ・S.L.
◇子どもの社会的ひきこもりとシャイネスの発達心理学（THE DEVELOPMENT OF SHYNESS AND SOCIAL WITHDRAWAL）　ケネス・H.ルビン, ロバート・J.コプラン編, 小野善郎訳　明石書店　2013.8　363p　22cm　5800円　①978-4-7503-3873-6
内容 シャイネス、子育て、親子関係（ポール・D.ヘースティングス, ジェイコブ・N.ヌセロビッチ, ケネス・H.ルビン, カリッサ・S.L.チア著）　〔04755〕

チア, ホーン・マン
◇フューチャースクール―シンガポールの挑戦（A school's journey into the future）　テイ・リー・ヨン, リム・チェー・ピン, カイン・ミント・スウィー編著, トランネット訳, 中川一史監訳　ピアソン桐原　2011.2　183p　21cm　2400円　①978-4-89471-549-3
内容 未来の学校における授業実践研究の位置づけ（リム・チェー・ピン, チア・ホーン・マン）　〔04756〕

チェ, ウォンソク
◇陵墓からみた東アジア諸国の位相―朝鮮王陵とその周縁　篠原啓方編　吹田　関西大学文化交渉学教育研究拠点　2011.12　223p　30cm　（周縁の文化交渉学シリーズ 3）〈文部科学省グローバルCOEプログラム関西大学文化交渉学教育研究拠点　ハングル併載〉①978-4-9905164-6-8
内容 朝鮮王陵の歴史地理学的考察（チェ・ウォンソク著, 平郡達哉訳）　〔04757〕

チェ, ウンド*　崔 雲燾
◇鏡の中の自己認識―日本と韓国の歴史・文化・未来　東郷和彦, 朴勝俊編著　御茶の水書房　2012.3　261p　23cm　4000円　①978-4-275-00972-2
内容 日本の東アジア共同体構想と地域認識（崔雲燾著, 朴勝俊訳）　〔04758〕

チェ, グヮンシク　崔 光植
◇高句麗の文化と思想　東北亜歴史財団編, 東潮監訳, 篠原啓方訳　明石書店　2013.2　458p　22cm　〈文献あり 索引あり〉8000円　①978-4-7503-3754-8
内容 高句麗の神話と国家祭祀（崔光植）　〔04759〕

チェ, サンオ*　崔 相伍
◇韓国経済発展への経路―解放・戦争・復興　原朗, 宣在源編著　日本経済評論社　2013.3　264p　22cm　〈年表あり 索引あり〉4800円　①978-4-

8188-2259-7
内容 対外貿易（崔相伍執筆, 宣在源訳）〔04760〕

チェ, ジェソン* 崔 宰誠
◇東アジア平和共同体の構築と国際社会の役割―「IPCR国際セミナー」からの提言　宗教平和国際事業団, 世界宗教者平和会議日本委員会編, 真田芳憲監修　佼成出版社　2011.9　336, 4p　18cm　（アーユスの森新書 003　中央学術研究所編）　900円　①978-4-333-02507-7
内容 朝鮮半島の平和と東アジア共同体の実現のための実践的戦略（崔宰誠述, 金永完訳）〔04761〕

チェ, ジャンジプ　崔 章集《Choi, Jang-Jip》
◇民主化以後の韓国民主主義―起源と危機　崔章集著, 磯崎典世, 出水薫, 金洪楹, 浅羽祐樹, 文京洙訳　岩波書店　2012.1　255p　22cm　5000円　①978-4-00-024863-1
内容 第1部 問題（民主化以後の韓国社会の自画像）　第2部 保守的民主主義の起4源（国家形成と早熟な民主主義　権威主義的産業化と運動による民主化　民主化移行の保守的帰結と地域政党システム）　第3部 民主化以後の民主主義（民主化以後の国家　民主化以後の市場　民主化以後の市民社会）　第4部 結論（民主主義の民主化）〔04762〕

チェ, ジョンギ* 崔 晶基
◇東アジアのウフカジ―大風 徐勝先生退職記念文集　徐勝先生退職記念事業実行委員会（日本・韓国）編　京都　かもがわ出版　2011.2　278p　21cm　〈著作目録あり 年譜あり〉1800円　①978-4-7803-0418-3
内容 苦痛の象徴から肯定の力へ（崔晶基著, 川嵜陽訳）〔04763〕

チェ, ジンドク* 崔 真徳
◇朱子家礼と東アジアの文化交渉　吾妻重二, 朴元在編　汲古書院　2012.3　486p　22cm　〈他言語標題 : Zhu Xi's Family Rituals and Cultural Interactions in East Asia　文献あり〉13000円　①978-4-7629-2978-6
内容 朱子学と『朱子家礼』（崔真徳執筆, 篠原啓方訳）〔04764〕

チェ, デヨン* 崔 大庸
◇平泉文化の国際性と地域性　藪敏裕編　汲古書院　2013.6　305, 5p　22cm　（東アジア海域叢書 16　小島毅監修）　7000円　①978-4-7629-2956-4
内容 済南霊岩寺と神通寺の水景配置について（崔大庸執筆, 黄利斌訳）〔04765〕

チェ, ヒョン* 崔 賢
◇東アジアのウフカジ―大風 徐勝先生退職記念文集　徐勝先生退職記念事業実行委員会（日本・韓国）編　京都　かもがわ出版　2011.2　278p　21cm　〈著作目録あり 年譜あり〉1800円　①978-4-7803-0418-3
内容 人権、市民権、民族国家、東アジア共同体と平和（崔賢著, 鄭育子訳）〔04766〕

チェ, ビョンソン　崔 炳善
◇マンガ金正恩（キム・ジョンウン）入門―北朝鮮若き独裁者の素顔　河泰慶作, 崔炳善漫画, 李柳真訳, 李英和監修　TOブックス　2011.7　177p　21cm　〈タイトル : マンガ金正恩入門〉1200円　①978-4-904376-61-4
内容 第1章 金正恩VS金正男（金正恩、後継公式化の日忘れられた悲運の皇太子、金正男 ほか）　第2章 金正恩の後継へのプロセス（金正恩の子ども時代　金正恩と金正哲 ほか）　第3章 金正恩の狂気の挑発（金正恩の最初の挑発　金正恩の2つめの挑発 ほか）　第4章 金正恩の無能な内政（金正恩の最初の国内政策　金正恩の2つめの国内政策 ほか）　第5章 揺らぐ金正恩体制（金正恩と血の粛清　黄長燁と金正恩 ほか）〔04767〕

◇マンガ金正恩入門―北朝鮮若き独裁者の素顔　河泰慶作, 崔炳善漫画, 李英和監修, 李柳真訳　TOブックス　2013.8　181p　15cm　（TO文庫）　571円　①978-4-86472-173-8
内容 第1章 金正恩VS金正男　第2章 金正恩の後継へのプロセス　第3章 金正恩の狂気の挑発　第4章 金正恩の無能な内政　第5章 揺らぐ金正恩体制〔04768〕

チェ, ヒョンムク　崔 亨黙
◇権力を志向する韓国のキリスト教―内部からの対案　崔亨黙著, 金忠一訳　新教出版社　2013.3　176p　18cm　（新教新書 274）　1700円　①978-4-400-40726-3
内容 第1章 韓国のキリスト教は単一の実体なのだろうか（韓国キリスト教の保守化―どのような変化があったのか　韓国の近代化とキリスト教の見取り図）　第2章 権力へと向かった教会の欲望―保守的キリスト教の歩んだ道（権力に向かって突き進んだ韓国キリスト教の憧憬―その歴史的起源と展開　力への憧憬、排他性の信仰を強める教会のメカニズム）　第3章 対案に向けた闘い―進歩的キリスト教の歩んだ道（民主化と人権のためのキリスト教の戦い　相互行為的信仰を形成するための教会構造の再構成）　第4章 他者に向けた開放性としての信仰―生の喜びを享有する信仰　付録 今日の韓国の教会を省みる（教会を渇望する韓国人　教会を離れていく韓国人　対案としての教会の方向性）〔04769〕

チェ, ユンシク
◇富の未来図―2030年　ベ・ドンチョル, チェ・ユンシク著, 金泰旭訳　フォレスト出版　2011.1　279p　19cm　1600円　①978-4-89451-428-7
内容 プロローグ 今後20年で金融危機が5回起こる理由　第1章 富の歴史と富の未来―「富の効果」の時代が終わり「所得効果」の時代へ　第2章 金融の未来図、世界の未来図―これから起こる新産業バブル　第3章 新しい「富の管理システム」の作り方―富を手に入れるための投資先と投資方法　第4章 未来の富を手に入れる方法―富、労働、産業、技術。これから起こる世界の変化　第5章 2030年の宝の地図―未来で勝者になるために必要な能力　第6章 未来で必要とされる人材―未来で勝者になるための働き方　第7章 富の能力を準備せよ―勝者が昔からやり続けていること　エピローグ 生きた魂を持つ金持ちになりなさい〔04770〕

チェ, ヨンシク* 崔 鉛植
◇『仏教』文明の東方移動―百済弥勒寺西塔の舎利

荘厳　新川登亀男編　汲古書院　2013.3　286p　22cm　8000円　①978-4-7629-6503-6
内容 弥勒寺創建の歴史的背景（崔鈆植執筆, 橋本繁訳）〔04771〕

チェ, ヨンジン*　崔 英辰
◇東アジアの陽明学―接触・流通・変容　馬淵昌也編著　東方書店（発売）　2011.1　450p　22cm　（学習院大学東洋文化研究叢書）　5200円　①978-4-497-21018-0
内容 一八―一九世紀朝鮮性理学の心学化傾向についての考察（崔英辰著, 辻弘範訳）〔04772〕

チェスタトン, セシル　Chesterton, Cecil
◇アメリカ史の真実―なぜ「情容赦のない国」が生まれたのか（A history of the United States）　C.チェスタトン著, 中山理訳, 渡部昇一監修　祥伝社　2011.9　423p　20cm　〈年表あり〉2000円　①978-4-396-65047-6
内容 第1章 植民地時代のアメリカと黒人奴隷――四九二～一七六三年　第2章「独立宣言」から「独立戦争」へ――一七六四～八二年　第3章「合衆国憲法」の精神――一七八二～八七年　第4章 初代大統領ワシントンの時代――一七八七～一八〇〇年　第5章 米英戦争とモンロー宣言――一八〇一～二四年　第6章 ジャクソン革命――一八二五～三六年　第7章 テキサス併合と大拡張時代――一八三七～五〇年　第8章 南北戦争前夜の奴隷問題――一八五〇～六〇年　第9章 南北戦争とリンカン大統領――一八六〇～六五年　第10章「再建」とその後の黒人問題――一八六五～七六年　第11章 移民問題、そして第一次大戦参戦へ――一八七七～一九一七年〔04773〕

チェスタトン, G.K.　Chesterton, Gilbert Keith
◇ちくま哲学の森　1　生きる技術　鶴見俊輔, 安野光雅, 森毅, 井上ひさし, 池内紀編　筑摩書房　2011.9　420p　15cm　1200円　①978-4-480-42861-5
内容 脳病院からの出発（チェスタトン著, 安西徹雄訳）〔04774〕

チェスターフィールド, フィリップ　Chesterfield, Philip Dormer Stanhope
◇父から若き息子へ贈る「実りある人生の鍵」45章（Load Chesterfield's letters to his son）　フィリップ・チェスターフィールド著, 竹内均訳・解説　三笠書房　2011.4　281p　15cm　（知的生きかた文庫 た1-26）〈『わが息子よ、君はどう生きるか』（1988年刊）の再編集、改題〉600円　①978-4-8379-7933-3
内容 第1章「人間の器」を大きくする生き方―怠慢を退け、集中力を養い、人との接し方を学べ　第2章 日々の心がけが「最高の人生」をもたらす―勉学、仕事、遊び、すべてが真剣勝負だ　第3章 自分の「殻」が固まらないうちにやっておくべきこと―本をたくさん読みなさい。そしてとにかく「外」へ出てみなさい　第4章 自分の「意見」を持て―自己主張のない人間は絶対伸びない。判断力・表現力を身につける決め手　第5章 一生の友情をどう育てるか―自分を伸ばす友人、引き立ててくれる人をどう見つけ、どう付き合うか　第6章「人間関係」の秘訣―人を陰でほめているか、気配りが自然にできているか　第7章 自分の「品格」を養う―学問ばかりが勉強ではない　第8章 わが息子に贈る「人生最大の教訓」―感情を常にコントロールできたら、もう何も言うことはない〔04775〕
◇わが息子よ、君はどう生きるか（Letters to his son）　フィリップ・チェスターフィールド著, 竹内均訳・解説　新装版　三笠書房　2013.7　238p　20cm　1400円　①978-4-8379-5742-3
内容 第1章 わが息子へ―「今この時をどう生きるか」が君の人生を決める。　第2章「人間の器」を大きくする生き方―「人並み」で満足したら進歩はない。大欲をかけ、あとは意志の力、集中力だ。　第3章「最高の人生」を送る日々の心がけ―仕事（勉強）も遊びもしっかりやれ。　第4章 自分の「殻」が固まらないうちにやっておくべきこと―本をたくさん読みなさい。そして、とにかく「外」へ出てみなさい。　第5章 自分の「意見」を持て―自己主張のない人間は絶対に伸びない。判断力・表現力を身につける決め手。　第6章 一生の友情をどう育てるか―自分を伸ばす友人、引き立ててくれる人をどう見つけ、どうつき合うか。　第7章「人間関係」の秘訣―人を陰でほめているか、気配りが自然にできているか。　第8章 自分の「品格」を養う―学問ばかりが勉強ではない。　第9章 わが息子に贈る「人生最大の教訓」―人間、タフでなければ生きられない。〔04776〕

チェスブロウ, ヘンリー　Chesbrough, Henry William
◇オープン・サービス・イノベーション―生活者視点から、成長と競争力のあるビジネスを創造する（OPEN SERVICES INNOVATION）　ヘンリー・チェスブロウ著, 博報堂大学ヒューマンセンタード・オープンイノベーションラボ, TBWAHAKUHODO監修・監訳　阪急コミュニケーションズ　2012.10　327p　20cm　2200円　①978-4-484-12113-0
内容 オープン・サービスとイノベーション　オープン・サービス・イノベーションの必要性　第1部 イノベーションと成長を促すフレームワーク（ビジネスをサービスとして考える　顧客との共創　社外にサービス・イノベーションを広げる　サービスでビジネスモデルを変換する）　第2部 オープン・サービス・イノベーション（大企業のオープン・サービス・イノベーション　中小企業のオープン・サービス・イノベーション　サービス・ビジネスのオープン・サービス・イノベーション　新興経済国でのオープン・サービス・イノベーション　オープン・サービス・イノベーションの今後）〔04777〕

チェックランド, O.　Checkland, Olive
◇イザベラ・バード旅の生涯（A LIFE OF ISABELLA BIRD）　O.チェックランド著, 川勝貴美訳　オンデマンド版　日本経済評論社　2013.4　306p　21cm　〈印刷・製本：デジタルパブリッシングサービス　文献あり 年譜あり〉3500円　①978-4-8188-1671-8〔04778〕

チェファーズ, マーク　Cheffers, Mark
◇会計倫理の基礎と実践―公認会計士の職業倫理（Understanding accounting ethics（rev.2nd ed.））　マーク・チェファーズ, マイケル・パカラック著, 藤沼亜起監訳, 「公認会計士の職業倫理」研究会訳　同文舘出版　2011.12　376p　21cm　〈索引あり〉3600円　①978-4-495-19671-4
内容 第1部 倫理に関する知識（会計における倫理とプ

ロフェッショナリズム　会計倫理の基礎）　第2部 倫理観の認識（エンロン―客観性と独立性の喪失　ワールドコム―プロフェッショナリズムと誠実性の喪失）　第3部 倫理的判断（正しい倫理的判断の習得　細則だけではまだ足りない）　第4部 倫理観の向上（会計倫理は教えられるか？　会計倫理とプロフェッショナリズムの向上）〔04779〕

チェラニー, ブラーマ
◇新アジア地政学（ASIAN GEOPOLITICS）　I.ブレマー,J.S.ナイ,J.ソラナ,C.R.ヒル, 金田秀昭〔著〕, 福戸雅宏, 藤原敬之助, 水原由生, 髙橋直貴, 松尾知典共訳　土曜社　2013.6　139p　19cm（プロジェクトシンジケート叢書 3）〈文献あり〉1700円　①978-4-9905587-8-9
内容 水をめぐるアジアの覇者 他（ブラーマ・チェラニー著, 藤原敬之助訳）〔04780〕

チエン, アンドレ　Chieng, André
◇100語でわかる中国（Les 100 mots de la Chine）　アンドレ・チエン, ジャン＝ポール・ベトベーズ著, 井川浩訳　白水社　2011.12　144p　18cm（文庫クセジュ 964）　1050円　①978-4-560-50964-7
内容 第1章 広大な国土　第2章 悠遠・激動の歴史　第3章 多岐多様な指標　第4章 複合的な経済　第5章 近年の試み　第6章 今後の課題〔04781〕

チェン, グァンシン　陳 光興
⇒チン, コウコウ

チェン, シンイン
◇子どもの社会的ひきこもりとシャイネスの発達心理学（THE DEVELOPMENT OF SHYNESS AND SOCIAL WITHDRAWAL）　ケネス・H.ルビン, ロバート・J.コプラン編, 小野善郎訳　明石書店　2013.8　363p　22cm　5800円　①978-4-7503-3873-6
内容 小児期と思春期のシャイネス―抑制（シンイン・チェン著）〔04782〕

チェンドロフスキー, ハリー　Cendrowski, Harry
◇プライベート・エクイティ（Private equity）　ハリー・チェンドロフスキー, ジェームズ・P.マーティン, ルイス・W.ペトロ, アダム・A.ワデキ編著, 若杉敬明監訳, 森順次, 藤村武史訳　中央経済社　2011.11　364p　22cm〈索引あり〉4600円　①978-4-502-68950-5
内容 第1部 プライベート・エクイティの歴史（プライベート・エクイティのプロセス　プライベート・エクイティ業界の特徴 ほか）　第2部 プライベート・エクイティのガバナンス（プライベート・エクイティのガバナンス・モデル　内部統制の価値 ほか）　第3部 プライベート・エクイティのオペレーション（組織と人間との対比　リーン方式への転換の開始 ほか）　第4部 プライベート・エクイティの投資における留意点（プライベート・エクイティ・ファンドとポートフォリオ企業投資　エグジット戦略における法律的考察：IPO対トレードセールス ほか）〔04783〕

チェンバーズ, ウィリアム・N.　Chambers, William Nisbet
◇アメリカ近代政党の起源―1776年～1809年（Political Parties in a New Nation）　ウィリアム・N.チェンバーズ著, 藤本一美訳　志学社　2013.8　227p　22cm〈文献あり 索引あり〉3200円　①978-4-904180-32-7
内容 序章 近代政党の起源　1章 徒党の混在　2章 政党勢力に向けて―フェデラリスト　3章 反対勢力の代弁者―リパブリカンズ　4章 大連合　5章 近代政治と大衆政党　6章「96年」の精神 - リパブリカン対フェデラリスト　7章 反対党の責任　8章 1800年の選択　9章 責任性の試練　終章 分裂と再建〔04784〕

チェンバース, ジョン　Chambers, John
◇日本の未来について話そう―日本再生への提言（Reimagining Japan）　マッキンゼー・アンド・カンパニー責任編集, クレイ・チャンドラー, エアン・ショー, ブライアン・ソーズバーグ編著　小学館　2011.7　416p　19cm　1900円　①978-4-09-388189-0
内容 独自性から強さを築く（ジョン・チェンバース, エザード・オーバービーク著）〔04785〕

チギ　智顗
◇新国訳大蔵経　中国撰述部 1-2（法華・天台部）　法華玄義　1　〔智顗〕〔説〕, 菅野博史訳註　大蔵出版　2011.9　370p　22cm　9800円　①978-4-8043-8202-9
内容 妙法蓮華経玄義 巻第一上　妙法蓮華経玄義 巻第一下　妙法蓮華経玄義 巻第二上　妙法蓮華経玄義 巻第二下　妙法蓮華経玄義 巻第三上　妙法蓮華経玄義 巻第三下　妙法蓮華経玄義 巻第四上　妙法蓮華経玄義 巻第四下〔04786〕
◇法華文句　4　〔智顗〕〔説〕,〔灌頂〕〔記〕, 菅野博史訳註　第三文明社　2011.9　p968-1310　18cm（レグルス文庫 257）　1500円　①978-4-476-01257-6
内容 妙法蓮華経文句 巻第八下（釈見宝塔品・提婆達多品・勧持品・安楽行品）　妙法蓮華経文句 巻第九上（釈安楽行品・従地涌出品）　妙法蓮華経文句 巻第九下（釈如来寿量品）　妙法蓮華経文句 巻第十上（釈如来寿量品・分別功徳品・随喜功徳品・法師功徳品・常不軽菩薩品）　妙法蓮華経文句 巻第十下（釈如来神力品・嘱累品・薬王菩薩本事品・妙音菩薩品・観世音菩薩普門品・陀羅尼品・妙荘厳王本事品　普賢菩薩勧発品）〔04787〕
◇新国訳大蔵経　中国撰述部1-4　法華玄義―法華・天台部　2　〔智顗〕〔説〕, 菅野博史訳注　大蔵出版　2013.2　385p　22cm〈底本：大正新脩大蔵経（大正新脩大蔵経刊行会刊）〉10000円　①978-4-8043-8204-3
内容 妙法蓮華経玄義 巻第五上　妙法蓮華経玄義 巻第五下　妙法蓮華経玄義 巻第六上　妙法蓮華経玄義 巻第六下　妙法蓮華経玄義 巻第七上　妙法蓮華経玄義 巻第七下　妙法蓮華経玄義 巻第八上　妙法蓮華経玄義 巻第八下　妙法蓮華経玄義 巻第九上〔04788〕

チデスター, デイヴィッド
◇宗教概念の彼方へ　磯前順一, 山本達也編　京都　法蔵館　2011.9　445p　21cm〈他言語標題：Beyond the Concept of Religion〉5000円　①978-4-8318-8174-8
内容 植民地主義と宗教（デイヴィッド・チデスター著, 高橋原訳）〔04789〕

◇コンタクト・ゾーンの人文学　第3巻　Religious Practices/宗教実践　田中雅一, 小池郁子編　京都　晃洋書房　2012.10　23, 302p　22cm　(京都大学人文科学研究所共同研究報告)　3700円　①978-4-7710-2210-2
内容 コンタクト・ゾーンにおける夢見(デイヴィッド・チデスター執筆, 藤原久仁子訳)　〔04790〕

チノ, ショウショウ　茅野 蕭々
◇『Japan To-day』研究―戦時期『文芸春秋』の海外発信　鈴木貞美編　京都　国際日本文化研究センター　2011.3　375p　26cm　(日文研叢書)〈発売：作品社〉4800円　①978-4-86182-328-2
内容 日本におけるゲーテ(茅野蕭々著, 林正子訳)　〔04791〕

チノイ, マイク　Chinoy, Mike
◇メルトダウン―北朝鮮・核危機の内幕(MELTDOWN)　マイク・チノイ著, 峯良一監修, 中村雄二, 山本正代訳　本の泉社　2012.10　389p　21cm　3600円　①978-4-7807-0695-6
内容 あと一歩で…　体制変革　「悪の枢軸」　「スクラブ(洗い直し)」　高位級会談　4文字の言葉＝dead　メルトダウン　ウォーゲーム　「私の声明を読んでくれ」　「悪とは交渉せず、打ち負かすしかない」　「良いもの、悪いもの、醜いもの」　「わせわれは核兵器製造に成功した」　9・19共同声明　違法活動　弾道ミサイル　核実験　「どうやって現在の状況から抜け出しますか?」　「一同、あなたをお待ちしておりました」　〔04792〕

チベット亡命政府
◇チベットの歴史と宗教―チベット中学校歴史宗教教科書('dsin grwa bdun pa'i slob deb, Gyal rabs chos 'byung dang rigs lam nang chos ; Tibetan Reader 6 Part 2, 2002, 'dsin grwa bdun pa'i slob deb, Gyal rabs chos 'byung dang rigs lam nang chos ; Tibetan Reader 7 Part 2, 2002, 'dsin grwa brgyad pa'i slob deb, Gyal rabs chos 'byung dang rigs lam nang chos ; Tibetan Reader 8 Part 2, 2002)　チベット中央政権文部省著, 石浜裕美子, 福田洋一訳　明石書店　2012.4　314p　21cm　(世界の教科書シリーズ 35)　3800円　①978-4-7503-3568-1
内容 第1部 王統史(チベット世界の形成とそこに住む者たちの起源　原初のチベット社会の姿 ほか)　第2部 インド仏教史(卍ボンの伝統　釈尊が兜率天から人界に降臨し、母の胎内に宿り、お生まれになったこと ほか)　第3部 論理学(チベット論理学(ドゥラ)の基礎問答法の基礎―色についての議論 ほか)　第4部 仏教(仏・法・僧の三宝の礼拝・供養の作法について　「四つの聖なる真実」(四聖諦)の体系 ほか)　〔04793〕

チマッティ, V.　Cimatti, Vincenzo
◇チマッティ神父―本人が書かなかった自叙伝 上：激動の昭和史を生きた宣教師　チマッティ〔著〕, ガエタノ・コンプリ編訳　ドン・ボスコ社　2011.10　479p　22cm　〈年譜あり〉1800円　①978-4-88626-525-8
内容 第1章 生い立ち、そして神父になるまで―1879～1905　第2章 教育者チマッティ神父―1905～1925　第3章 日本の文化との出会い―1926　第4章 宣教師チマッティ神父―1927～1929　第5章 人材養成と事業の発展―1930～1934　第6章 「知牧区」の教区長チマッティ神父―1935～1940　〔04794〕

◇チマッティ神父―本人が書かなかった自叙伝：激動の昭和史を生きた宣教師　下　チマッティ〔著〕, ガエタノ・コンプリ編訳　ドン・ボスコ社　2012.12　518p　22cm　〈年譜あり〉1800円　①978-4-88626-548-7
内容 第1章 戦禍のなかでのチマッティ神父―1941～1945　第2章 事業再建と発展の時代―1946～1949　第3章 チマッティ神父、図書係―1950～1952　第4章 院長時代のチマッティ神父―1953～1957・3　第5章 病気を乗り越えるチマッティ神父―1957・4～1963・5　第6章 神を迎えるチマッティ神父―1963・6～1965　〔04795〕

チャー, アーチャン　Chah, Achaan
◇手放す生き方―タイの森の僧侶に学ぶ「気づき」の瞑想実践(A still forest pool)　アーチャン・チャー著, ジャック・コーンフィールド, ポール・ブレイター編, 星飛雄馬, 花輪陽子, 花輪俊行訳　サンガ　2011.2　264p　20cm　2800円　①978-4-904507-71-1
内容 第1章 ブッダの教えとは　第2章 見解を正す　第3章 日々是修行　第4章 瞑想について　第5章 森の教え　第6章 師への質問　第7章 悟りへの道　〔04796〕

◇手放す生き方―タイの森の僧侶に学ぶ「気づき」の瞑想実践(A Still Forest Pool)　アーチャン・チャー著, ジャック・コーンフィールド, ポール・ブレイター編, 星飛雄馬, 花輪陽子, 花輪俊行訳　サンガ　2012.10　303p　15cm　(サンガ文庫 チ1-1)　1300円　①978-4-905425-26-7
内容 第1章 ブッダの教えとは　第2章 見解を正す　第3章 日々是修行　第4章 瞑想について　第5章 森の教え　第6章 師への質問　第7章 悟りへの道　アーチャン・チャーと二十世紀のタイ仏教　〔04797〕

◇無常の教え―手放す生き方 2 苦しみの終焉(EVERYTHING ARISES, EVERYTHING FALLS AWAY)　アーチャン・チャー著, 星飛雄馬訳　サンガ　2013.11　353p　18cm　2800円　①978-4-905425-60-1
内容 第1章 正しい見解を養う　第2章 無常　第3章 苦　第4章 無我　第5章 瞑想のポイント　第6章 修行の道の完成　〔04798〕

チャ, ヴィクター・D.
◇現代日本の政治と外交　2　日米安全保障同盟―地域的多国間主義　猪口孝監修　原書房　2013.12　403, 4p　21cm　〈文献あり 索引あり〉4800円　①978-4-562-04954-7
内容 アジアのアーキテクチャにおける安全保障のジレンマ(ヴィクター・D.チャ著, 小林朋則訳)　〔04799〕

チャ, ドンヨプ
◇バカだからうまくいく12の法則　チャ・ドンヨプ著, 福田知美訳　サンマーク出版　2011.7　254p　19cm　1500円　①978-4-7631-3155-3
内容 プロローグ　第1章 大きな知恵はバカのように見える(昔からバカはすごかった　一点集中のバカ　バカの反撃)　第2章 バカだからうまくいく12の法則(あなたもバカねえ　バカだからうまくいく12の法則)　第

チ

3章 自由なバカになろう！（境界のない想像力 思考を豊かにするもの 時間など存在しない） エピローグ 〔04800〕

チャ, ハスン* 車 河淳
◇韓国強制併合一〇〇年―歴史と課題 国際共同研究 笹川紀勝, 辺英浩監修, 都時煥編著 明石書店 2013.8 493p 22cm 8000円 ①978-4-7503-3869-9
内容 過去清算の当為性と未来のための選択（車河淳著, 辺英浩訳） 〔04801〕

チャー, フェン Cheah, Pheng
◇デリダ―政治的なものの時代へ（Derrida and the time of the political） フェン・チャー, スザンヌ・ゲルラク編, 藤本一勇, 沢里岳史編訳 岩波書店 2012.1 296p 20cm 3900円 ①978-4-00-024038-3
内容 デモクラシーの時ならぬ秘密（フェン・チャー著） 〔04802〕

チャイ, チン・シン
◇フューチャースクール―シンガポールの挑戦（A school's journey into the future） テイ・リー・ヨン, リム・チェー・ピン, カイン・ミント・スウィー編著, トランネット訳, 中川一史監訳 ピアソン桐原 2011.2 183p 21cm 2400円 ①978-4-89471-549-3
内容 デジタルストーリーテリングの共同制作による生徒の言語能力の進歩（チャイ・チン・シン, ウェン・リリ） 〔04803〕

チャイジュ, サーティ
◇21世紀東ユーラシアの地政学 滝田賢治編著 中央大学出版部 2012.3 332p 22cm （中央大学学術シンポジウム研究叢書 8） 〈文献あり〉 3600円 ①978-4-8057-6180-9
内容 ユーラシアと南コーカサスにおける地政学的諸論争の将来（サーティ・チャイジュ著, 今井宏平訳） 〔04804〕

チャイポン・ポンパニッチ Chaipong Pongpanich
◇タイビジネスと日本企業 藤岡資正, チャイポン・ポンパニッチ, 関智宏編著 同友館 2012.8 238p 19cm 2000円 ①978-4-496-04905-7
内容 タイの基幹産業 : 現状と課題（チャイポン・ポンパニッチ著, 由井慶訳） 〔04805〕

チャイルド・ディベロップメント・インスティテュート
◇反社会的行動のある子どものリスク・アセスメント・リスト―少年版EARL-20B 少女版EARL-21G（EARLY ASSESSMENT RISK LIST FOR BOYS EARL-20B Version2, EARLY ASSESSMENT RISK LIST FOR GIRLS EARL-21G Version1 : Consultation Edition） チャイルド・ディベロップメント・インスティテュート著, 本多隆司監訳, ASB研究会訳 明石書店 2012.10 226p 22cm 3500円 ①978-4-7503-3682-4
内容 第1部 反社会的行動のある子どものリスク・アセスメント・リスト少年版EARL - 20B Version 2（概要 家族項目（F） 子ども項目（C） 治療応答性項目（R） 事例） 第2部 反社会的行動のある子どものリスク・アセスメント・リスト少女版EARL - 21 G Version 1 Consultation Edition 〔04806〕

チャウン, マーカス Chown, Marcus
◇世界一素朴な質問、宇宙一美しい答え―世界の第一人者100人が100の質問に答える（BIG QUESTIONS FROM LITTLE PEOPLE） ジェンマ・エルウィン・ハリス編, 西田美緒子訳, タイマタカシ絵 河出書房新社 2013.11 298p 22cm 2500円 ①978-4-309-25292-6
内容 宇宙はどれくらい遠い？ 他（マーカス・チャウン） 〔04807〕

チャオ, マヌ
◇反グローバリゼーションの声（VOCES CONTRA LA GLOBALIZACIÓN） カルロス・エステベス, カルロス・タイボ編著, 大津真作訳 京都 晃洋書房 2013.11 257, 8p 21cm 2900円 ①978-4-7710-2490-8
内容 未来を閉ざすグローバリゼーション（マヌ・チャオ述） 〔04808〕

チャオ, ラモン Chao, Ramón
◇チェのさすらい（Las andaduras del Che） ラモン・チャオ著, エビハラヒロコ訳 トランジスター・プレス 2011.10 143p 22cm （ラモンブックプロジェクト no.1） 〈イラスト : ウォズニャック 年譜あり〉 1500円 ①978-4-902951-04-2
内容 自転車「ポデローサ（怪力）号」に乗って バイク「ポデローサ（怪力）2号」に乗って 一つの冒険の終わり 番外編 〔04809〕

チャーチル, ウィンストン Churchill, Winston
◇チャーチル150の言葉（The Wit & Wisdom of Winston Churchill（抄訳）） チャーチル, ジェームズ・ヒュームズ〔著〕, 長谷川喜美〔訳〕 ディスカヴァー・トゥエンティワン 2013.5 189p 18cm 〈年譜あり〉 1300円 ①978-4-7993-1327-5
内容 危機 人生 リーダーシップ 勇気 成功 喜び 知恵 ユーモア 信念 老いと死 〔04810〕

チャーチル, ダニエル
◇フューチャースクール―シンガポールの挑戦（A school's journey into the future） テイ・リー・ヨン, リム・チェー・ピン, カイン・ミント・スウィー編著, トランネット訳, 中川一史監訳 ピアソン桐原 2011.2 183p 21cm 2400円 ①978-4-89471-549-3
内容 シンガポールの小学校におけるWeb2.0―担任教師が低学年の児童に対してブログを活用した実践例（ダニエル・チャーチル, ライ・ジー・イー, サバン・ファディラ） 〔04811〕

チャップマン, ゲーリー Chapman, Gary D.
◇子どもに愛が伝わる5つの方法（The five love languages of children） ゲーリー・チャップマン, ロス・キャンベル共著, 中村佐知訳 いのちのことば社 [illegible]

チ

19cm 〈文献あり〉1400円 ①978-4-8206-0272-9 〔04812〕

チャップマン, マーク Chapman, Mark David
◇聖公会物語―英国国教会から世界へ (Anglicanism) マーク・チャップマン著, 岩城聡監訳 大阪 かんよう出版 2013.10 203p 19cm 1500円 ①978-4-906902-20-0
内容 第1章 聖公会が抱える問題 第2章 教会の創設 第3章 英国教会についてのビジョンの競合 第4章 福音主義 第5章 アングロ・カトリック主義 第6章 世界に広がるコミュニオン 第7章 聖公会の将来 〔04813〕

チ

チャップマン, マリーナ Chapman, Marina
◇失われた名前―サルとともに生きた少女の真実の物語 (THE GIRL WITH NO NAME) マリーナ・チャップマン著, 宝木多万紀訳 駒草出版 2013.12 311p 20cm 1800円 ①978-4-905447-22-1 〔04814〕

チャップリン, エリザベス
◇ビジュアル調査法と社会学的想像力―社会風景をありありと描写する (PICTURING THE SOCIAL LANDSCAPE) キャロライン・ノウルズ, ポール・スウィートマン編, 後藤範章監訳 京都 ミネルヴァ書房 2012.10 317p 22cm 〈索引あり〉3400円 ①978-4-623-06394-9
内容 私のビジュアル日記 (エリザベス・チャップリン著, 林浩一郎訳) 〔04815〕

チャドウィック, ジョン Chadwick, John
◇スヴェーデンボリ レキシコン―エマヌエル・スヴェーデンボリの神学著作を読むための (A lexicon to the Latin text of the theological writings of Emanuel Swedenborg (1688～1772)) ジョン・チャドウィック編, 鈴木泰之訳 スヴェーデンボリ出版 2011.10 641p 30cm 〈他言語標題 : LEXICON SWEDENBORGII 文献あり〉20000円 ①978-4-9905656-4-0 〔04816〕

チャブリス, クリストファー Chabris, Christopher F.
◇錯覚の科学―あなたの脳が大ウソをつく (The invisible gorilla) クリストファー・チャブリス, ダニエル・シモンズ著, 木村博江訳 文芸春秋 2011.2 373p 20cm 〈文献あり〉1571円 ①978-4-16-373670-9
内容 はじめに 思い込みと錯覚の世界へようこそ 実験1 えひめ丸はなぜ沈没したのか?―注意の錯覚 実験2 捏造された「ヒラリーの戦場体験」―記憶の錯覚 実験3 冤罪証言はこうして作られた―自信の錯覚 実験4 リーマンショックを招いた投資家の誤算―知識の錯覚 実験5 俗説、デマゴーグ、そして陰謀論―原因の錯覚 実験6 自己啓発、サブリミナル効果のウソ―可能性の錯覚 おわりに 直感は信じられるのか? 〔04817〕

チャペラー, ローマン Tschäppeler, Roman
◇仕事も人生も整理整頓して考えるビジュアル3分間シンキング (50 ERFOLGSMODELLE) ミカエル・クロゲラス, ローマン・チャペラー, フィリップ・アーンハート著, 月沢李歌子訳 講談社 2012.12 157p 18cm 〈他言語標題 : THE DECISION BOOK 文献あり〉1200円 ①978-4-06-217113-7
内容 自分をレベルアップする (効率よく仕事をするために 正しい目的・目標を設定する ほか) 自分をもっと知る (幸せを感じるのはどんなとき? 人からどんなふうに見られたい? ほか) 世の中の仕組みをさらに理解する (大事故はなぜ起こるのか 人間はなにを必要とし、なにを求めるのか ほか) 周囲の人々を育てる (チーム意識を育てるには チームの強みと弱みを明確にする ほか) 今度はあなたの番です (自分でモデルを作ってみよう) 〔04818〕

チャペロー, クレイグ・T.
◇リーダーシップ開発ハンドブック (The center for creative leadership) C.D.マッコーレイ,R.S.モクスレイ,E.V.ヴェルサ編, 金井寿宏監訳, 嶋村伸明, リクルートマネジメントソリューションズ組織行動研究所訳 白桃書房 2011.3 463p 22cm 〈文献あり 索引あり〉4700円 ①978-4-561-24546-9
内容 リーダーシップ開発 : 経験 360度フィードバック (クレイグ・T.チャペロー著) 〔04819〕

チャミン, シャザド Chamine, Shirzad
◇実力を100%発揮する方法―スタンフォード大学の超人気講座 ポジティブ心理学が教えるこころのトレーニング (POSITIVE INTELLIGENCE) シャザド・チャミン著, 田辺希久子訳 ダイヤモンド社 2013.8 331p 19cm 1800円 ①978-4-478-02258-0
内容 1部 心はどれだけあなたの味方として働くか 2部 PQアップの第一の方法―「妨害者」を弱める 3部 PQアップの第二の方法―賢者を強める 4部 PQアップの第三の方法―PQ脳の筋力強化 5部 進歩をどうやって測るか 6部 PQを活用した実践事例 〔04820〕

チャールズワース, J.H. Charlesworth, James H.
◇これだけは知っておきたい史的イエス (The Historical Jesus) J.H.チャールズワース著, 中野実訳 教文館 2012.8 346, 19p 19cm 〈文献あり〉2900円 ①978-4-7642-6698-8
内容 第1章 探求なしの時代、古い探求の時代、新しい探求の時代、そして第三の探求と呼ばれる「イエス研究」の時代 第2章 イエス研究と信頼に値する情報を得る方法 第3章 諸資料、特にヨセフスについて 第4章 イエスのユダヤ教 第5章 イエスの誕生と青年期 第6章 イエス、洗礼者ヨハネ、そしてイエスの公生涯の初期 第7章 イエスと考古学 第8章 イエスによる神の支配 (神の王国) の宣教と彼の譬え話 第9章 イエスの十字架と復活 第10章 結論 〔04821〕

チャールソン, スザンナ Charleson, Susannah
◇災害救助犬ものがたり―がれきの中のレスキュードッグたち (Scent of the missing) スザンナ・チャールソン著, 峰岸計羽訳 ハート出版 2011.11 406p 19cm 1800円 ①978-4-89295-688-1
内容 見知らぬ町の少女 求む、優秀な相棒 人と犬の絆 子犬が家にやってきた やるせない一日 訓練開始 無給のプロ集団 水辺の遺体捜索 犬たちの家庭内戦争 すべてが破壊された町で ベテラン救助犬の流儀 アルツハイマー ただちに出動せよ やんちゃな見習い救助犬 消えた少年 恐怖心の克服

毒ヘビに注意　危険な捜索現場　大いなる成長　検定試験への挑戦　クリアビルディング　がれき捜索の難しさ　スペースシャトル墜落事故　未来を信じて　パズルの初陣　〔04822〕

チャルディーニ, ロバート・B.　Cialdini, Robert B.

◇影響力の武器―コミック版（INFLUENCE）　ロバート・B.チャルディーニ〔原作〕, 安藤清志監訳, 池上小湖訳　誠信書房　2013.9　57p　21cm　〈文献あり〉1000円　①978-4-414-30630-9

内容 返報性　コミットメントと一貫性　社会的証明　好意　権威　希少性　〔04823〕

◇影響力の正体―説得のカラクリを心理学があばく（INFLUENCE（原著改訂版））　ロバート・B.チャルディーニ著, 岩田佳代子訳　SBクリエイティブ　2013.12　396p　19cm　1800円　①978-4-7973-7402-5　〔04824〕

チャロッキ, ジョセフ・V.　Ciarrochi, Joseph

◇認知行動療法家のためのACT（アクセプタンス&コミットメントセラピー）ガイドブック（A CBT-practitioner's guide to ACT）　ジョセフ・V.チャロッキ, アン・ベイリー著, 武藤崇, 嶋田洋徳監訳, 武藤崇, 嶋田洋徳, 黒沢麻美, 佐藤美奈子訳　星和書店　2011.8　279p　21cm　〈文献あり〉3200円　①978-4-7911-0782-7　〔04825〕

チャン, ウェイウェイ　張 維為

⇒チョウ, イイ

チャン, エリン・エラン　Chung, Erin Aeran

◇在日外国人と市民権―移民編入の政治学（Immigration and Citizenship in Japan）　エリン・エラン・チャン著, 阿部温子訳　明石書店　2012.9　276p　20cm　（世界人権問題叢書 81）〈文献あり〉3500円　①978-4-7503-3654-1

内容 序章 日本政治における移民政策と市民権の矛盾　第1章 日本はパターンから外れているのか？―移民編入と非市民の政治的関与の国際的パターン　第2章 戦後日本における市民および非市民の構築　第3章 日本でコリアンとしてのアイデンティティを作る　第4章 政治戦略としての市民権　第5章 行き先は日本―グローバルな変化と地域の変容　〔04826〕

チャン, ゴードン・G.　Chang, Gordon G.

◇人口から読み解く国家の興亡―2020年の米欧中印露と日本（POPULATION DECLINE AND THE REMAKING OF GREAT POWER POLITICS）　スーザン・ヨシハラ, ダグラス・A.シルバ, ゴードン・G.チャンほか著, 米山伸郎訳　ビジネス社　2013.10　301p　20cm　1900円　①978-4-8284-1725-7

内容 中国 人口動態の混乱が地政学的に与える影響（ゴードン・G.チャン著）　〔04827〕

チャン, ゴードン・H.　Chang, Gordon H.

◇抑留まで―戦間期の在米日系人（BEFORE INTERNMENT）　ユウジ・イチオカ著, ゴードン・H.チャン, 東栄一郎編, 関元訳　彩流社　2013.10　278, 53p　22cm　3600円　①978-4-7791-1943-9

内容 第1部（第二世問題―二世問題への日本人移民の見方の変化・一九〇二‐一九四一　見学団―二世訪日研修のはじまり　国語学校―日本語学校をめぐる議論　二元論の考察―ジェームズ・ヨシノリ・サカモトとジャパニーズ・アメリカン・クーリエ紙 一九二八‐一九四二）　第2部（『多様性の中の一体』―ルイス・アダミックと日系アメリカ人　忠誠の意味―カズマロ・バディ・ウノの場合　日本人移民のナショナリズム――世と日中戦争・一九三七‐一九四一　真珠湾前夜の国家安全保障――九四一年立花スパイ事件と連坐した一世指導者ら　「被告弁護人」―市橋倭と日本人移民　本多力太医師の死―戦時中の悲劇）　第3部（日系アメリカ人研究の将来―北米、南米の日系に比較歴史的視野の期待　成り行きの歴史家）　〔04828〕

チャン, ジェニファー

◇現代日本の政治と外交　1　現代の日本政治―カラオケ民主主義から歌舞伎民主主義へ　猪口孝監修　猪口孝, プルネンドラ・ジェイン編　原書房　2013.10　295, 6p　22cm　〈索引あり〉4200円　①978-4-562-04926-4

内容 日本における市民社会とグローバル・シティズンシップ（ジェニファー・チャン著, 竜和子訳）　〔04829〕

チャン, ジャン・リン

◇アジア女性と親密性の労働　落合恵美子, 赤枝香奈子編　京都　京都大学学術出版会　2012.2　329p　22cm　（変容する親密圏/公共圏 2）〈索引あり〉3600円　①978-4-87698-574-6

内容 農家の娘から外国人妻へ（ダニエル・ベランジェ, チャン・ジャン・リン, リ・バック・ズン, クアット・チュ・ホン著, 高谷幸訳）　〔04830〕

チャン, スーチェン　Chan, Sucheng

◇アジア系アメリカ人の光と陰―アジア系アメリカ移民の歴史（Asian Americans）　スーチェン・チャン著, トーマス・J.アーチディコン編纂, 住居広士訳　岡山　大学教育出版　2010.9　338p　22cm　〈文献あり 年表あり 索引あり〉3000円　①978-4-86429-003-6　〔04831〕

チャン, セユン*　張 世胤

◇韓国強制併合一〇〇年―歴史と課題 国際共同研究　笹川紀勝, 辺英浩監修, 都時煥編著　明石書店　2013.8　493p　22cm　8000円　①978-4-7503-3869-9

内容 日本の植民地「朝鮮」支配の実態と韓国人の対応（張世胤著, 辺英浩訳）　〔04832〕

チャン, ソクマン*　張 錫万

◇植民地朝鮮と宗教―帝国史・国家神道・固有信仰　磯前順一, 尹海東編著　三元社　2013.1　369p　22cm　（日文研叢書）　3800円　①978-4-88303-329-4

内容 日本帝国時代における宗教概念の編成（張錫万執筆, 裵貴得訳）　〔04833〕

◇植民地朝鮮と宗教―帝国史・国家神道・固有信仰　磯前順一, 尹海東編著　京都　人間文化研究機構国際日本文化研究センター　2013.1　369p　22cm　（日文研叢書 50）〈制作：三元社〉非売品　①978-4-901558-58-7

内容 日本帝国時代における宗教概念の編成（張錫万著,

裴貴得訳)〔04834〕

チャン, ディン・ハン
◇フエ地域の歴史と文化―周辺集落と外からの視点　西村昌也, グエン・クアン・チュン・ティエン, 野間晴雄, 熊野建編　吹田　関西大学文化交渉学教育研究拠点　2012.3　634p　30cm　(周縁の文化交渉学シリーズ 7)　〈文部科学省グローバルCOEプログラム関西大学文化交渉学教育研究拠点　文献あり〉①978-4-9906213-2-2
内容 フエ地域におけるキン族の城隍神とタインフック村の事例(チャン・ディン・ハン著, 福田康男訳)〔04835〕

チ

チャン, ドゥック・アイン・ソン
◇フエ地域の歴史と文化―周辺集落と外からの視点　西村昌也, グエン・クアン・チュン・ティエン, 野間晴雄, 熊野建編　吹田　関西大学文化交渉学教育研究拠点　2012.3　634p　30cm　(周縁の文化交渉学シリーズ 7)　〈文部科学省グローバルCOEプログラム関西大学文化交渉学教育研究拠点　文献あり〉①978-4-9906213-2-2
内容 古都フエ遺跡群の中でのベトナム陶磁(チャン・ドゥック・アイン・ソン著, 西野範子, 西村昌也訳)〔04836〕

チャン, ドンイク*　張 東翼
◇東アジア海をめぐる交流の歴史的展開　鐘江宏之, 鶴間和幸編著　東方書店　2010.12　317p　22cm　(学習院大学東洋文化研究叢書)　4000円　①978-4-497-21016-6
内容 高麗時代の対外関係の諸相(張東翼著, 金志虎, 島暁彦, 高木理訳)〔04837〕

チャン, ホン・リエン
◇越境する近代東アジアの民衆宗教―中国・台湾・香港・ベトナム、そして日本　武内房司編著　明石書店　2011.11　373p　22cm　〈索引あり〉　5000円　①978-4-7503-3491-2
内容 仏領期ベトナム南部バクリュウ省ニンタインロイ村における農民闘争と宗教(チャン・ホン・リエン著, 高谷浩子, 武内房司訳)〔04838〕

チャン, ロナルド・W.　Chan, Ronald W.
◇バフェット合衆国―世界最強企業バークシャー・ハサウェイの舞台裏(Behind the Berkshire Hathaway curtain)　ロナルド・W.チャン著, 船木麻里訳　パンローリング　2012.1　286p　20cm　(ウィザードブックシリーズ vol.189)　1600円　①978-4-7759-7156-7
内容 第1章 キャシー・バロン・タムラズ、冒険すると人生は変わる―ビジネスワイヤ　第2章 ランディー・ワトソン、チームワークが良ければ必ず成功する―ジャスティン・ブランズ　第3章 スタンフォード・リプシー、達成感こそ働く原動力―バファロー・ニューズ　第4章 バリー・タテルマン、創造性と独創性こそが成功を導く―ジョーダンズ・ファーニチャー　第5章 デニス・ノーツ、数字を超えたところに経営の神髄がある―アクメ・ブリック・カンパニー　第6章 ブラッド・キンスラー、「妥当なき品質」こそが千年企業への第一歩―シーズキャンディーズ　第7章 マーラ・ゴッチャーク、夢中になれるものを見つけるまであきらめない―パンパード・シェフ　第8章 デビッド・ソコル、あきらめず上を目指せばチャンスは必ず訪れる―ミッドアメリカン・エナジー・ホールディングス・カンパニー　第9章 ウォルター・スコット・ジュニア、激変する社会に適応する者だけが生き残る―ミッドアメリカン・エナジー・ホールディングス・カンパニー〔04839〕

チャンドラー, クレイ　Chandler, Clay
◇日本の未来について話そう―日本再生への提言(Reimagining Japan)　マッキンゼー・アンド・カンパニー責任編集, クレイ・チャンドラー, エアン・ショー, ブライアン・ソーズバーグ編著　小学館　2011.7　416p　19cm　1900円　①978-4-09-388189-0
内容 日本の再生へ向けて 3・11が予感させる「国家の地殻変動」船橋洋一 著. がれきのなかに見えた日本の課題と未来 ヘンリー・トリックス 著. 「ガマン」の力 トム・リード 著. 実行の時が来た ピーター・タスカ 著. 日本よ、いますぐ目を覚ませ 長谷川閑史 著. 再び変化の時代へ コスモポリタン国家への転換 イアン・ブルマ 著. 変革へのギアチェンジ カルロス・ゴーン 著. モノづくりの時代を超えて 孫正義 著. 若者よ、日本を出よ 柳井正 著. 「変化への抵抗」という錯覚 ジョン・ダワー 著. ジャパン・アズ・ナンバーワンはどこへ エズラ・F.ヴォーゲル 著. 「失われた20年」からの脱却 デビッド・サンガー 著. 再建のための現状把握 過去から未来へのメッセージ スティーブン・ローチ 著. 7人のサムライを呼べ アダム・ポーゼン 著. 数字で見る日本の競争力 クラウス・シュワブ 著. 日本が世界の未来に向けて貢献すべきものとは 岩崎夏海 著. 光を絶やさないために チャールズ・エビンジャー, ケビン・マシー, ゴビンダ・アバサラーラ 著. 国際化への鍵 「日本企業のグローバル化」への具体的施策 ゴードン・オール, ブライアン・ソーズバーグ, 岩谷直幸 著. グローバル企業への変身 前田新造 著. 鎖国を解く グレン・S.フクシマ 著. 保守化する若者 山田昌弘 著. 野茂効果 ロバート・ホワイティング 著. ベンチから見た日本野球 ボビー・バレンタイン 著. サッカーで見る日本 岡田武史 著. 日本外交政策の選択 日本に突きつけられた選択肢 ビル・エモット 著. 米国の戦略的資産としての日本 マイケル・グリーン 著. 中国と向き合う 田中均 著. 外交力のない国、ニッポン ポール・ブルースタイン 著. グローバルな視座 パーフェクトブレンドを求めて ハワード・シュルツ 著. 米国中西部から極東へ ボブ・マクドナルド 著. 社長島耕作からのアドバイス 弘兼憲史 著. 着眼大局、着手小局 坂根正弘 著. アジアのパイオニア ピーター・レッシャー 著. 技術と思考のイノベーション ガラパゴスからの脱出 関口和一 著. Tシャツか着物か セナパティ・ゴパラクリシュナン 著. 日本のハイテク企業を再起動させる4つのモデル インゴ・ベイヤー・フォン・モルゲンスターン, ピーター・ケネバン, ウルリヒ・ネーアー 著. シリコンバレーのDNA 南場智子 著. 日本ゲーム産業のネクストミッション 稲船敬二 著. 独自性から強さを築く ジョン・チェンバース, エザード・オーバービーク 著. クリーン・テクノロジーの先鋒の地位を守れるか デビッド・ヘンダーソン, フィリップ・ラドケ, 鈴木栄 著. 人材の「発見」と活用 リーダーの必須条件 柴田拓美 著. 若者に席を譲ろう 岡田元也 著. ワーク・ライフバランスと女性の活躍 小室淑恵 著. 家族を第一に 佐々木かをり 著. 起業家と女性が拓く日本の未来 スティーブ・ヴァンアンデル 著. 教育改革の第一歩は、民間校長の登用 藤原和博 著. 文化の継承と発展 秋田犬の系譜 マーサ・シェリル 著. 目利きの文化 ベルナー

ル・アルノー 著. ほか6編　〔04840〕

チャンドラー, スティーヴ　Chandler, Steve

◇金持ち男になる93の方法（100 Ways to Create Wealth）　スティーブ・チャンドラー, サム・ベックフォード著, 弓場隆訳　サンマーク出版　2013.1　230p　19cm　1500円　①978-4-7631-3246-8

内容 財産を築く決意をしよう　お金に対する偏見を排除しよう　お金の流れをよくする口ぐせを習慣づけよう　お金を引き寄せる考え方を身につけよう　前向きな信念をもって生きよう　自分の価値を積極的に認めよう　チャンスをつかんで成果をあげよう　周囲の人と力を合わせよう　人びとの役に立って社会に貢献しよう　顧客を感動させる工夫をしよう　つねに自分を磨くことを心がけよう　自分を変えて「金持ち男」になろう　〔04841〕

◇自分を変える89の方法―change your life forever（100 ways to motivate yourself (3rd edition)）　スティーヴ・チャンドラー〔著〕, 桜田直美訳　ディスカヴァー・トゥエンティワン　2013.9　287p　19cm　1500円　①978-4-7993-1380-0

内容 自分が死ぬ日のことを想像する　なりたい自分になったかのように行動する　未来の「最高の自分」を思い描く　不安に集中しない。目標に集中する　本番以上の状態を経験しておく　すべての行動基準をシンプルにする　周囲の世界から黄金を見いだす　自分の「やる気ボタン」を見つける　小さな目標を立て必ずやり遂げる　「人生の指南書」を見つける〔ほか〕　〔04842〕

チャンドラキールティ　Candrakirti

◇入中論―全訳　チャンドラキールティ〔著〕, 瓜生津隆真, 中沢中訳　浦安　起心書房　2012.11　412p　22cm　〈文献あり〉8800円　①978-4-907022-01-3

内容 中観仏教における菩薩道の展開―『入中論』を中心として　入中論（歓喜という第一発心　離垢という第二発心　発光という第三発心　焔慧という第四発心　難勝という第五発心　現前という第六発心　遠行という第七発心　不動という第八発心　善慧という第九発心　法雲という第十発心　菩薩地の功徳　仏地の功徳　結）『入中論自註』註釈―シャータカからマンダラまで　〔04843〕

チャンバーリコヴァー, モニカ, Jr.

◇グローバル化のなかの企業文化―国際比較調査から　石川晃弘, 佐々木正道, 白石利政, ニコライ・ドリャフロフ編著　八王子　中央大学出版部　2012.2　382p　22cm　（中央大学社会科学研究所研究叢書 25）　4600円　①978-4-8057-1326-6

内容 スロヴァキアにおける企業文化の変化と労働生活他（モニカ・チャンバーリコヴァー, モニカ・チャンバリコヴァー（ジュニア）著, 石川晃弘訳）　〔04844〕

チャンボコ, R.*　Chamboko, Raymond

◇シンプルIFRS（Applying IFRS for SMEs）　ブルース・マッケンジー他著, 河崎照行監訳　中央経済社　2011.7　552p　21cm　〈索引あり〉　5800円　①978-4-502-44150-9

内容 中小企業版IFRSの範囲　諸概念及び広く認められた諸原則　財務諸表の表示　キャッシュ・フロー計算書　連結財務諸表及び個別財務諸表　企業結合及びのれん　会計方針、会計上の見積りの変更及び誤謬　棚卸資産　関連会社に対する投資　ジョイント・ベンチャーに対する投資〔ほか〕　〔04845〕

チュ, イクチョン　朱 益鐘

◇大軍の斥候―韓国経済発展の起源　朱益鐘著, 堀和生監訳, 金承美訳　日本経済評論社　2011.3　252p　22cm　6500円　①978-4-8188-2146-0

内容 序章　第1章 巨大な新しい波　第2章 孕胎　第3章 不安な出発　第4章 周辺部において：1920年代　第5章 中心部へ：1930〜1937年　第6章 絶頂期へ：1938〜1945年　終章　〔04846〕

チュ, カンジョ　朱 光朝

◇岐路に立って―父・朱基徹が遺したもの　朱光朝著, 野寺恵美訳　いのちのことば社　2012.10　143p　21cm　1400円　①978-4-264-03069-0

内容 第1章 殉教者、わが父、朱基徹　第2章 母・呉貞模　第3章 試練に打ち勝たせてくださる神さま（朱光朝の証し）　第4章 兄・朱寧震の生涯と殉教　第5章 日本のキリスト者たちに贈るメッセージ　附録 朱基徹牧師の説教　〔04847〕

チュ, キョンミ*　周 炅美

◇『仏教』文明の東方移動―百済弥勒寺西塔の舎利荘厳　新川登亀男編　汲古書院　2013.3　286p　22cm　8000円　①978-4-7629-6503-6

内容 三国時代〈高句麗・百済・新羅〉舎利荘厳具目録 他（周炅美執筆, 橋本繁訳）　〔04848〕

チュー, サラ

◇えん罪原因を調査せよ　国会に第三者機関の設置を　日弁連えん罪原因究明第三者機関ワーキンググループ編著, 指宿信監修　勁草書房　2012.9　172p　21cm　2300円　①978-4-326-40277-9

内容 科学的証拠の強化が刑事司法の発展を促す（ピーター・ニューフェルド, サラ・チュー執筆, 徳永光訳, 菊地裕子訳協力）　〔04849〕

チュ, ジンオ*　朱 鎮五

◇韓国強制併合一〇〇年―歴史と課題 国際共同研究　笹川紀勝, 辺英浩監修, 都時煥編著　明石書店　2013.8　493p　22cm　8000円　①978-4-7503-3869-9

内容 近代日韓関係と韓国併合（朱鎮五著, 辺英浩訳）　〔04850〕

チュー, チャンイー・チャールズ

◇成年後見法における自律と保護―成年後見法世界会議講演録　新井誠監修, 2010年成年後見法世界会議組織委員会編, 紺野包子訳　日本評論社　2012.8　310p　21cm　〈英語抄訳付〉　5600円　①978-4-535-51865-0

内容 香港の成年後見制度（チャールズ・チュー・チャンイー著）　〔04851〕

チュー, J.*　Zhu, Jianjun

◇WISC-IVの臨床的利用と解釈（WISC-IV clinical use and interpretation）　アウレリオ・プリフィテラ, ドナルド・H.サクロフスキー, ローレンス・G.ワイス編, 上野一彦監訳, 上野　彦,

バーンズ亀山静子訳　日本文化科学社　2012.5　592p　22cm　〈文献あり〉①978-4-8210-6366-6

内容 WISC-IVのFSIQとGAIの臨床的解釈（Donald H.Saklofske, Aurelio Prifitera, Lawrence G. Weiss, Eric Rolfhus, Jianjun Zhu著, 上野一彦訳）〔04852〕

チュア, エイミー　Chua, Amy

◇最強国の条件（Day of empire）　エイミー・チュア著, 徳川家広訳　講談社　2011.5　449p　20cm　2800円　①978-4-06-215394-2

内容 一極優位を可能にするもの　第1部 前近代の最強国（最初の「最強国」―キュロス王からアレキサンダー大王にいたる、古代ペルシャ帝国　ローマ帝国における寛容―剣闘士、長寛衣、そして帝国の「絆」　中華帝国の絶頂期―混血王朝・唐　大モンゴル帝国―野蛮なコスモポリタン）　第2部 近代の最強国（不寛容の代償―中世スペインの異端審問と異教徒追放　小国オランダが築いた世界帝国―ダイヤに織物、そして、あらゆる宗教の“ごった煮”　東洋における寛容と非寛容―オスマン、明、ムガール　イギリスとその帝国―「反逆児」と「白人の責務」）　第3部 近現代そして未来の最強国（アメリカ―移民が築いた最強国　枢軸の蹉跌―ナチス・ドイツと大日本帝国、不寛容の帰結　中国、EU、そしてインド―次の最強国は、どこか？　歴史の教訓―アメリカが選択すべき未来）〔04853〕

◇タイガー・マザー（Tiger mother）　エイミー・チュア著, 斎藤孝訳　朝日出版社　2011.6　295p　20cm　1780円　①978-4-255-00581-2

内容 1（中国人の母として　ソフィア　ルイーザ　チュア家　それぞれの世代と衰退について　かみ合い始めた歯車　虎の強運　ルルの楽器　バイオリン　歯型と泡　『白い小さなロバ』　カデンツァ）　2（ココ　ロンドン、アテネ、バルセロナ、ムンバイ　ポポ　バースデーカード　シャタークワへの道　水浴場　カーネギーホール目指して　デビューとオーディション　ブダペストの失敗）　3（プシュキン　反抗　暗黒　反抗　カトリン　米袋　絶望の淵　『ヘブライの旋律』　赤の広場　シンボル　西へ　終わり）〔04854〕

チュアラ＝ウォレン, レイラニ

◇成年後見法における自律と保護―成年後見法世界会議講演録　新井誠監修, 2010年成年後見法世界会議組織委員会編, 紺野包子訳　日本評論社　2012.8　319p　21cm　〈英語抄訳付〉5600円　①978-4-535-51865-0

内容 国連障害者権利条約とサモア成年後見法（レイラニ・チュアラ＝ウォレン著）〔04855〕

チュウ, クリスティン

◇西オーストラリア‐日本（にっぽん）交流史―永遠の友情に向かって（An enduring friendship）　デイビッド・ブラック, 曽根幸子編著, 有吉宏之, 曽根幸子監訳　日本評論社　2012.2　391p　22cm　〈タイトル：西オーストラリア―日本交流史〉3000円　①978-4-535-58613-0

内容 ブルームのセント・ジョン・オブ・ゴッド・シスターズと日本人 他（クリスティン・チュウ著）〔04856〕

中華人民共和国

⇒中国を見よ

中国

◇中華人民共和国刑法　甲斐克則, 劉建利編訳　成文堂　2011.10　201p　22cm　（アジア法叢書 31）〈文献あり 年表あり〉3800円　①978-4-7923-1921-2

内容 第1部 中国現行刑法の形成と展開　第2部 中国現行刑法の全訳（総則（刑法の任務、基本原則及び適用の範囲　犯罪　刑罰 ほか）　各則（国家の安全に危害を及ぼす罪　公共の安全に危害を及ぼす罪　社会主義市場経済の秩序を破壊する罪 ほか））〔04857〕

◇中国経済六法　2012年版　森・浜田松本法律事務所, 射手矢好雄編集代表　日本国際貿易促進協会　2012.1　2974p　23×17cm　20000円　①978-4-930867-64-3

内容 憲法・行政法　民法　商法　民事訴訟法　刑事法　貿易・税関　外商投資　金融　為替管理　財務・会計・税務　知的財産権　経済諸法　社会法日中間の条約・協定〔04858〕

◇中国経済六法　2013年　射手矢好雄編集代表　増補版　日本国際貿易促進協会　2013.1　506p　21cm　5000円　①978-4-930867-66-7

内容 憲法・行政法　民法　商法　民事訴訟法　刑事法　貿易・税関　外商投資　金融　為替管理　財務・会計・税務　知的財産権　経済諸法〔04859〕

中国共産党中央政治局

◇新編原典中国近代思想史　第5巻　国家建設と民族自救―国民革命・国共分裂から一致抗日へ　野村浩一, 近藤邦康, 並木頼寿, 坂元ひろ子, 砂山幸雄, 村田雄二郎編　野村浩一, 近藤邦康, 村田雄二郎責任編集　岩波書店　2010.12　392, 6p　22cm　〈年表あり〉5400円　①978-4-00-028225-3

内容 当面の政治情勢と党の任務に関する決議（瓦窰堡決議）（抄）（中国共産党中央政治局著, 野村浩一訳）〔04860〕

中国国民党

◇新編原典中国近代思想史　第5巻　国家建設と民族自救―国民革命・国共分裂から一致抗日へ　野村浩一, 近藤邦康, 並木頼寿, 坂元ひろ子, 砂山幸雄, 村田雄二郎編　野村浩一, 近藤邦康, 村田雄二郎責任編集　岩波書店　2010.12　392, 6p　22cm　〈年表あり〉5400円　①978-4-00-028225-3

内容 訓政綱領（中国国民党, 胡漢民著, 光田剛訳）〔04861〕

◇新編原典中国近代思想史　第6巻　救国と民主―抗日戦争から第二次世界大戦へ　野村浩一, 近藤邦康, 並木頼寿, 坂元ひろ子, 砂山幸雄, 村田雄二郎編　野村浩一, 近藤邦康, 砂山幸雄責任編集　岩波書店　2011.3　412, 7p　22cm　〈年表あり〉5700円　①978-4-00-028226-0

内容 中国国民党臨時全国代表大会宣言（抄）他（中国国民党著, 土田哲夫訳）〔04862〕

中国国務院

◇北東アジアに激変の兆し―中・朝・ロ国境を行く　大森経徳, 川西重忠, 木村汎編著　相模原　桜美林大学北東アジア総合研究所　2011.1　341p　21cm　（北東アジア研究叢書）　2000円　①978-

4-904794-07-4
内容 中国図們江地域協力開発計画要綱（中国国務院批准・公表, 京都大学東アジア経済研究センター, 倪卉, 小林拓磨訳, 劉徳強監修） 〔04863〕

中国社会経済研究会

◇新編原典中国近代思想史　第7巻　世界冷戦のなかの選択―内戦から社会主義建設へ　野村浩一, 近藤邦康, 並木頼寿, 坂元ひろ子, 砂山幸雄, 村田雄二郎編　砂山幸雄責任編集　岩波書店　2011.10　410, 7p　22cm　〈年表あり〉5700円　①978-4-00-028227-7
内容 中国社会経済研究会の初歩的主張（中国社会経済研究会著, 中村元哉訳） 〔04864〕

中国人民大学国際通貨研究所

◇人民元―国際化への挑戦　中国人民大学国際通貨研究所著, 石橋春男, 橋口宏行監修, 岩谷貴久子, 古川智子訳　科学出版社東京　2013.12　301p　21cm　〈他言語標題：RMB　文献あり 年表あり〉3800円　①978-4-907051-06-8 〔04865〕

中国民主政団同盟

◇新編原典中国近代思想史　第6巻　救国と民主―抗日戦争から第二次世界大戦へ　野村浩一, 近藤邦康, 並木頼寿, 坂元ひろ子, 砂山幸雄, 村田雄二郎編　野村浩一, 近藤邦康, 砂山幸雄責任編集　岩波書店　2011.3　412, 7p　22cm　〈年表あり〉5700円　①978-4-00-028226-0
内容 中国民主政団同盟成立宣言（中国民主政団同盟著, 水羽信男訳） 〔04866〕

チュエ, ジョンテク　崔 鍾澤

◇高句麗の文化と思想　東北亜歴史財団編, 東潮監訳, 篠原啓方訳　明石書店　2013.2　458p　22cm　〈文献あり 索引あり〉8000円　①978-4-7503-3754-8
内容 高句麗の土器と瓦塼（崔鍾澤） 〔04867〕

チュエ, ヨンソン　崔 英成

◇高句麗の文化と思想　東北亜歴史財団編, 東潮監訳, 篠原啓方訳　明石書店　2013.2　458p　22cm　〈文献あり 索引あり〉8000円　①978-4-7503-3754-8
内容 高句麗の儒教と政治思想（崔英成） 〔04868〕

チョ, アンヘイ*　儲 安平

◇新編原典中国近代思想史　第7巻　世界冷戦のなかの選択―内戦から社会主義建設へ　野村浩一, 近藤邦康, 並木頼寿, 坂元ひろ子, 砂山幸雄, 村田雄二郎編　砂山幸雄責任編集　岩波書店　2011.10　410, 7p　22cm　〈年表あり〉5700円　①978-4-00-028227-7
内容 共産党について 他（儲安平著, 中村元哉訳） 〔04869〕

チョ, インソン　趙 仁成

◇高句麗の政治と社会　東北亜歴史財団編, 田中俊明監訳, 篠原啓方訳　明石書店　2012.1　322p　22cm　〈索引あり 文献あり〉5800円　①978-4-7503-3513-1
内容 高句麗の滅亡と復興運動の展開（趙仁成） 〔04870〕

チョ, ソンヒ*　趙 誠姫

◇日中韓の生涯学習―伝統文化の効用と歴史認識の共有　相庭和彦, 渡辺洋子編著　明石書店　2013.11　294p　20cm　（明石ライブラリー 157）　3600円　①978-4-7503-3929-0
内容 韓国の地域住民の生活から生み出された文化芸術教育（趙誠姫著, 神谷智昭訳） 〔04871〕

チョ, ソンユン*　趙 誠倫

◇東アジアの間地方交流の過去と現在―済州と沖縄・奄美を中心にして　津波高志編　彩流社　2012.3　491, 7p　22cm　（琉球大学人の移動と21世紀のグローバル社会 5）〈文献あり〉4500円　①978-4-7791-1674-2
内容 沖縄最初の韓国人慰霊碑青丘之塔（趙誠倫著, 神谷智昭訳） 〔04872〕

チョ, ドンイル　趙 東一

◇東アジア文明論　趙東一著, 豊福健二訳　京都　朋友書店　2011.9　317p　21cm　〈他言語標題：東亜細亜文明論　他言語標題：Ly luan nen van minh dong a〉3500円　①978-4-89281-128-9 〔04873〕

チョ, ヒヨン　曺 喜昖

◇朴正熙 動員された近代化―韓国、開発動員体制の二重性　曺喜昖著, 李泳采監訳・解説, 牧野波訳　彩流社　2013.2　298p　22cm　〈文献あり 年表あり〉3200円　①978-4-7791-1839-5
内容 第1章 開発動員体制の構造的性格　第2章 朴正熙時代の強圧と同意の相互関係　第3章 ヘゲモニー構成の過程と「ヘゲモニーの亀裂」　第4章「複合的進歩」分析の枠組みにむけて―朴正熙時代の再評価と近現代の歴史像の再構成 〔04874〕

チョ, ヒンケツ　褚 斌傑

◇物語でつづる中国古代神話　褚斌杰著, 北原峰樹訳　再版　高松　美巧社　2012.7　213p　19cm　1143円　①978-4-80307-024-6
内容 盤古 天地を開く. 女媧 人を創り, 天を補修する. 神農氏 百草をなめる. 燧人 木をこすって火をおこす. 「農師」后稷の物語. 黄帝 蚩尤を捕らえる. 羿 十個の太陽を射る. 嫦娥 月に飛び立つ. 太陽神炎帝の物語. 精衛 海を埋める. 夸父 太陽を追う. 刑天の物語. 禹 洪水を治める. 伏羲の物語. 不思議な国の物語. 海に浮かぶ仙人の山. 愚公 山を動かす. 蚕神娘. 牛郎と織女の物語 〔04875〕

チョ, ミョンチョル　趙 明哲

◇さらば愛しのピョンヤン―北朝鮮エリート亡命者の回想　趙明哲著, 李愛俐娥編訳　平凡社　2012.6　212p　19cm　1800円　①978-4-582-45442-0
内容 第1章 特別な子どもの特別な学校　第2章 異母兄弟の権力闘争　第3章 多事多難の学生生活　第4章 党の事情と大学の内情　第5章 思想に侵される北朝鮮経済　第6章 改革開放は是か非か　第7章 苦悩する亡命者　第8章 二つの祖国と世界の針路 〔04876〕

チ

チョ, ミン*　曹 敏

◇東アジア平和共同体の構築と国際社会の役割―「IPCR国際セミナー」からの提言　宗教平和国際事業団, 世界宗教者平和会議日本委員会編, 真田芳憲監修　佼成出版社　2011.9　336, 4p　18cm　(アーユスの森新書 003　中央学術研究所編)　900円　①978-4-333-02507-7

内容 朝鮮半島の平和と東アジア共同体(曹敏述, 金永完訳)〔04877〕

チョ, ユンス*　趙 胤修

◇鏡の中の自己認識―日本と韓国の歴史・文化・未来　東郷和彦, 朴勝俊編著　御茶の水書房　2012.3　261p　23cm　4000円　①978-4-275-00972-2

内容 韓国側交渉者の日本認識の変化と韓日会談(趙胤修著, 朴勝俊訳)〔04878〕

チョウ, イイ　張 維為

◇チャイナ・ショック　張維為著, 唐亜明, 関野喜久子訳　科学出版社東京　2013.2　346p　20cm　1900円　①978-4-907051-02-0

内容 第1章 二度と自分を読み違えるな　第2章 1+1は2より多い　第3章 「文明型国家」の勃興　第4章 発展モデルの出現　第5章 政治言語の台頭　第6章 欧米モデルのジレンマ―インドをみて　第7章 欧米モデルのジレンマ―東欧をみて　第8章 欧米モデルのジレンマ―東アジアをみて〔04879〕

チョウ, インシュウ*　趙 胤修

⇒チョ, ユンス*

チョウ, カイシュン*　張 開駿

◇日中経済刑法の比較研究　佐伯仁志, 金光旭編　成文堂　2011.6　285p　22cm　(成蹊大学アジア太平洋研究センター叢書§アジア法叢書 30)　3300円　①978-4-7923-1908-3

内容 公衆預金不法吸収罪(謝望原, 張開駿著, 金光旭訳)〔04880〕

チョウ, ガクチ　張 学智

◇儒教その可能性　永冨青地編, 張学智, 胡軍, 鄭開, 永冨青地著　早稲田大学出版部　2011.12　167p　22cm　(早稲田大学孔子学院叢書 4)　3000円　①978-4-657-11014-5

内容 宋明理学の展開(張学智著, 清水則夫訳)〔04881〕

チョウ, キジャク*　張 煕若

◇新編原典中国近代思想史　第5巻　国家建設と民族自救―国民革命・国共分裂から一致抗日へ　野村浩一, 近藤邦康, 並木頼寿, 坂元ひろ子, 砂山幸雄, 村田雄二郎編　野村浩一, 近藤邦康, 村田雄二郎責任編集　岩波書店　2010.12　392, 6p　22cm　〈年表あり〉5400円　①978-4-00-028225-3

内容 国民の人格の養成(張煕若著, 光田剛訳)〔04882〕

チョウ, キヒョウ*　張 琪杓

◇東アジアのウフカジ―大風 徐勝先生退職記念文集　徐勝先生退職記念事業実行委員会(日本・韓国)編　京都　かもがわ出版　2011.2　278p　21cm　〈著作目録あり 年譜あり〉1800円　①978-4-7803-0418-3

内容 平和・人権運動として『獄中一九年』の普及を(張琪杓著, 李美於訳)〔04883〕

チョウ, キョクトウ　趙 旭東

◇中国会社法学　趙旭東原著編, 陳景善, 荻原正編訳　成文堂　2013.10　593p　22cm　(アジア法叢書 32)　〈他言語標題 : Corporation Law〉8000円　①978-4-7923-2647-0

内容 会社と会社法　会社の類型　会社の設立　会社定款　会社の能力　資本制度　出資制度　株主と株主権　会社の機関　社債　財務会計制度　会社の合併、分割及び組織変更　会社の終了及び清算　外国会社の分支機構〔04884〕

チョウ, ギョクホウ*　張 玉法

◇蔣介石研究―政治・戦争・日本　山田辰雄, 松重充浩編著　東方書店　2013.3　564p　22cm　〈索引あり〉4500円　①978-4-497-21229-0

内容 党総裁治国(張玉法著, 望月暢子訳)〔04885〕

チョウ, グン*　張 軍

◇魏晋南北朝における貴族制の形成と三教・文学―歴史学・思想史・文学の連携による 第二回日中学者中国古代史論壇論文集　中国社会科学院歴史研究所, 東方学会〔編〕, 渡辺義浩編　汲古書院　2011.9　330p　27cm　12000円　①978-4-7629-2969-4

内容 華夷の間(張軍著, 兼平充明訳)〔04886〕

チョウ, クンバイ*　張 君勱

◇新編原典中国近代思想史　第6巻　救国と民主―抗日戦争から第二次世界大戦へ　野村浩一, 近藤邦康, 並木頼寿, 坂元ひろ子, 砂山幸雄, 村田雄二郎編　野村浩一, 近藤邦康, 砂山幸雄責任編集　岩波書店　2011.3　412, 7p　22cm　〈年表あり〉5700円　①978-4-00-028226-0

内容 二つの時代の人権運動の概論(張君勱著, 原正人訳)〔04887〕

チョウ, ケイショウ*　張 慶燮

◇親密圏と公共圏の再編成―アジア近代からの問い　落合恵美子編　京都　京都大学学術出版会　2013.2　356p　22cm　(変容する親密圏/公共圏 1)　〈索引あり〉3600円　①978-4-87698-582-1

内容 個人主義なき個人化(張慶燮執筆, 柴田悠訳)〔04888〕

チョウ, ケイセイ　趙 啓正

◇中国の公共外交―「総・外交官」時代　趙啓正著, 王敏編・監訳　三和書籍　2011.12　270p　21cm　3000円　①978-4-86251-122-5

内容 第1部 視点、論点編(公共外交の時代に入った中国　国際世論―国家が発展するための重要条件　行政機関のスポークスマン制度　国の建設とイメージに関する発信　国家イメージに対する地域の貢献　文化を基礎とする対外発信)　第2部 対談、講演編(公共外交と各個人の責任―呉建民大使と公共外交を語る　「中国列車」は平和的発展の軌道を進む―未来学者ジョン・ネイスビッツ、およびその夫人ドリスとの対話　信仰を超えて、調和対話を—アメリカの宗教指導者、ルイス・パラオ博士との対話　危機の時に現れる新しい知恵—二〇〇九年夏季ダボスフォーラムでの対話　責任を負う利害関係者—B.ロバート・ゼーリック氏講演への評論　歴史を重んじ、現実と直面する—フォックス銅像の除幕式と「中米非公式高層対話」での講演　公共外交が中日関係を押し進める—「北京—東京フォーラム ： でのスピーチ　歴史の時針を逆戻りさせてはならない—若宮啓文氏の『和解とナショナリズム』を読んで　振り向く馬は賢い馬—全国政治協商会議の記者会見で中国と外国人記者の質疑応答　「国際に通じるらい和者」の育成—大学でのメディア学関係者向け講演　感知と人文精神—「都市で感知、都市を読み解く」万博フォーラムでの講演）〔04889〕

◇中国はコミュニケーション・ギャップをこう乗り越える—中日対照版 ： 対外交流心得98章　趙啓正原著, 夏剛, 永井麻生子訳　京都　かもがわ出版　2012.4　331p　22cm　2800円　①978-4-7803-0512-8
内容「自分の目の前にいるのは外国人だ」　人には「人縁」が有り、国には「国縁」が有る　公民の外交責任　微笑み—通訳の要らない言語　「中国人は皆功夫が出来るの？」　感情の表現であり、哲学的な思考ではない　忍耐も尊重の一種である　「特別視」には及ばない　「来而不往、非礼也」（来りて往かざるは、礼に非ざる也）　ABCから話す〔ほか〕〔04890〕

チョウ, ケンリン*　張 建林
◇宮都飛鳥　奈良県立橿原考古学研究所附属博物館編　学生社　2011.3　233p　22cm　〈著作目録あり〉3200円　①978-4-311-30079-0
内容 唐代皇帝陵と唐長安城（張建林著, 鈴木裕明訳）〔04891〕

チョウ, コウ　張 閎
◇チャイニーズカルチャーレビュー—中国文化総覧 vol.7　朱大可, 張閎主編, 高屋亜希, 千田大介監訳　好文出版　2010.10　320p　24cm　〈他言語標題 ： Chinese culture review〉2800円　①978-4-87220-143-7〔04892〕

チョウ, コンショウ*　張 崑将
◇東アジアの陽明学—接触・流通・変容　馬淵昌也編著　東方書店（発売）　2011.1　450p　22cm　（学習院大学東洋文化研究叢書）　5200円　①978-4-497-21018-0
内容 一六世紀中韓使節の陽明学をめぐる論争とその意義（張崑将著, 阿部亘訳）〔04893〕

チョウ, シア*　張 詩亜
◇日中教育学対話　3　新たな対話への発展・深化を求めて　山崎高哉, 労凱声共編　横浜　春風社　2010.12　424p　20cm　3200円　①978-4-86110-248-6
内容 和諧の道と西南民族教育（張詩亜著, 陶冶訳）〔04894〕

チョウ, シジョウ*　張 志譲
◇新編原典中国近代思想史　第6巻　救国と民主—抗日戦争から第二次世界大戦へ　野村浩一, 近藤邦康, 並木頼寿, 坂元ひろ子, 砂山幸雄, 村田雄二郎編　野村浩一, 近藤邦康, 砂山幸雄責任編集　岩波書店　2011.3　412, 7p　22cm　〈年表あり〉5700円　①978-4-00-028226-0
内容 中国の憲政運動と世界の民主潮流（張志譲著, 柳亮輔, 中村元哉訳）〔04895〕

チョウ, シュンミン*　張 俊民
◇東アジアの資料学と情報伝達　藤田勝久編　汲古書院　2013.11　348p　22cm　9000円　①978-4-7629-6508-1
内容 漢代郵駅システムにおける駅の接待方式（張俊民著, 広瀬薫雄訳）〔04896〕

チョウ, シリン　趙 士林
◇中国古典の知恵—儒道禅墨法兵　趙士林〔著〕, 木村淳訳　ディスカヴァー・トゥエンティワン　2013.5　471p　19cm　1900円　①978-4-7993-1325-1
内容 第1法 儒によって自分を磨く　第2法 道によって生を楽しむ　第3法 禅によって心を清める　第4法 墨によって正義を貫く　第5法 法で秩序を築く　第6法 兵で利益を得る〔04897〕

チョウ, シンカ*　趙 振華
◇円仁と石刻の史料学—法王寺釈迦舎利蔵誌　鈴木靖民編　高志書院　2011.11　322p　22cm　7000円　①978-4-86215-102-5
内容 唐代武宗廃仏の物証と中日僧侶の護法活動（趙振華著, 宇都宮美生訳）〔04898〕

チョウ, ジンセイ*　趙 仁成
⇒チョ, インソン

チョウ, シンリ　趙 新利
◇中国の対日宣伝と国家イメージ—対外伝播から公共外交へ　趙新利著, 趙憲来訳, 趙憲来監修　日本僑報社　2011.4　185p　22cm　〈第一回中日公共外交研究賞受賞作品　文献あり〉5800円　①978-4-86185-109-4〔04899〕
◇温家宝の公共外交芸術（パブリック・ディプロマシー・テクニック）を探る　趙新利著, 多田敏宏訳　日本僑報社　2011.11　285p　22cm　〈他言語標題 ： 温家宝公共外交芸術初探　中国語併記〉3800円　①978-4-86185-123-0〔04900〕

チョウ, セイイン*　張 世胤
⇒チャン, セユン*

チョウ, セイキ*　趙 誠姫
⇒チョ, ソンヒ*

チョウ, セイチュウ*　張 世忠
◇グローバル化のなかの企業文化—国際比較調査から　石川晃弘, 佐々木正道, 白石利政, ニコライ・ドリャフロフ編著　八王子　中央大学出版部　2012.2　382p　22cm　（中央大学社会科学研究所研究叢書 25）　4600円　①978-4-8057-1326-6
内容 中国型企業文化の意義と特徴（張世忠著, 北芳訳）〔04901〕

チ

チ

チョウ, セイリン*　趙 誠倫
⇒チョ, ソンユン*

チョウ, セキバン*　張 錫万
⇒チャン, ソクマン*

チョウ, ゼンショウ*　趙 全勝
◇21世紀東ユーラシアの地政学　滝田賢治編著　中央大学出版部　2012.3　332p　22cm　(中央大学学術シンポジウム研究叢書 8)　〈文献あり〉 3600円　①978-4-8057-6180-9
内容 中国と中央アジア(趙全勝著, 杜崎群傑訳)　〔04902〕

チョウ, チュウミン*　張 忠民
◇近代中国を生きた日系企業　富沢芳亜, 久保亨, 萩原充編著　吹田　大阪大学出版会　2011.12　289p　22cm　〈索引あり　文献あり〉5000円　①978-4-87259-391-4
内容 初期の在華紡(張忠民著, 今井就稔訳)　〔04903〕

チョウ, チュウメイ*　趙 仲明
◇東アジアの日本観―文学・信仰・神話などの文化比較を中心に　王敏編　三和書籍　2010.10　412p　22cm　(国際日本学とは何か?)　3800円　①978-4-86251-092-1
内容 日本浄土信仰の流れと法然の思想について(趙仲明著, 中野英夫訳)　〔04904〕

チョウ, テツカ*　張 哲嘉
◇新史料からみる中国現代史―口述・電子化・地方文献　高田幸男, 大沢肇編著　東方書店　2010.12　353p　22cm　〈文献あり 索引あり〉3800円　①978-4-497-21017-3
内容 アメリカの東アジア研究とデジタル化(張哲嘉著, 薛軼群訳)　〔04905〕

チョウ, トウイツ*　趙 東一
⇒チョ, ドンイル

チョウ, トウウ*　張 東宇
◇朱子家礼と東アジアの文化交渉　吾妻重二, 朴元在編　汲古書院　2012.3　486p　22cm　〈他言語標題 : Zhu Xi's Family Rituals and Cultural Interactions in East Asia　文献あり〉13000円　①978-4-7629-2978-6
内容 『朱子家礼』の受容と普及(張東宇執筆, 篠原啓方訳)　〔04906〕

チョウ, トウコ*　張 東虎
◇グローバル時代における結婚移住女性とその家族の国際比較研究　中嶋和夫監修, 尹靖水, 近藤理恵編著　学術出版会　2013.3　267p　22cm　(学術叢書)　〈発売 : 日本図書センター〉4200円　①978-4-284-10384-8
内容 ドイツの移民政策と結婚移住女性(李成順, 張東虎執筆, 李志嬉訳)　〔04907〕

チョウ, トウソン*　張 東蓀
◇新編原典中国近代思想史　第7巻　世界冷戦のなかの選択―内戦から社会主義建設へ　野村浩一, 近藤邦康, 並木頼寿, 坂元ひろ子, 砂山幸雄, 村田雄二郎編　砂山幸雄責任編集　岩波書店　2011.10　410, 7p　22cm　〈年表あり〉5700円　①978-4-00-028227-7
内容 私も憲政を追論し、あわせて文化の診断に及ぶ 他(張東蓀著, 中村元哉訳)　〔04908〕

チョウ, トウヨク*　張 東翼
⇒チャン, ドンイク*

チョウ, ハクジュ*　張 博樹
◇「私(わたし)には敵はいない」の思想―中国民主化闘争二十余年　劉暁波〔著〕, 藤原書店編集部編　藤原書店　2011.5　398p　20cm　〈タイトル : 「私には敵はいない」の思想　執筆 : 劉霞ほか　文献あり 著作目録あり〉3600円　①978-4-89434-801-1
内容 敵対思考を論ず(張博樹著, 及川淳子訳)　〔04909〕

◇「牛鬼蛇神を一掃せよ」と文化大革命―制度・文化・宗教・知識人　石剛編著・監訳　三元社　2012.3　426p　21cm　5000円　①978-4-88303-306-5
内容 中国現代「党化教育」制度化の過程(張博樹著, 藤井久美子訳)　〔04910〕

チョウ, ハン*　張 帆
◇日中韓の生涯学習―伝統文化の効用と歴史認識の共有　相庭和彦, 渡辺洋子編著　明石書店　2013.11　294p　20cm　(明石ライブラリー 157)　3600円　①978-4-7503-3929-0
内容 文化伝承と生涯学習に関する基本的な概念と実例(張妙弟, 張帆著, 宋佳訳)　〔04911〕

チョウ, ミョウカ　趙 妙果
◇道徳経を学ぶ　趙妙果著, 中江弘, 押手信子共訳　明徳出版社　2012.10　578p　21cm　2500円　①978-4-89619-993-2
内容 一切の微妙な事物が生み出される奥深い門　有と無は互いに生まれる　無為の妙用　道の体は空虚である　偏りなく扱う　天地の根本　超然として心を動かされない　水を道に喩える　物極まれば必ず反る　玄徳を修める〔ほか〕　〔04912〕

チョウ, ミョウテイ*　張 妙弟
◇日中韓の生涯学習―伝統文化の効用と歴史認識の共有　相庭和彦, 渡辺洋子編著　明石書店　2013.11　294p　20cm　(明石ライブラリー 157)　3600円　①978-4-7503-3929-0
内容 中国の地域文化における「文化態度」面の強化に関する研究 他(張妙弟著, 宋佳訳)　〔04913〕

チョウ, メイカイ*　張 明楷
◇日中経済刑法の比較研究　佐伯仁志, 金光旭編　成文堂　2011.6　285p　22cm　(成蹊大学アジア太平洋研究センター叢書§アジア法叢書 30)　3300円　①978-4-7923-1908-3
内容 中国における経済犯罪の規制手段と手続 他(張明楷著, 金光旭訳)　〔04914〕

チョウ, メイテツ　趙 明哲
⇒チョ, ミョンチョル

チョウ, ラクテン*　張 楽天
◇中国長江デルタの都市化と産業集積　加藤弘之編著　勁草書房　2012.3　333p　22cm　（神戸大学経済学叢書 第18輯）〈索引あり〉5500円　①978-4-326-54641-1
内容 農村基層幹部を読み解く（張楽天, 陸洋著, 嶋亜弥子訳）〔04915〕

チョウ, リョウコウ*　張 凌光
◇新編原典中国近代思想史　第7巻　世界冷戦のなかの選択—内戦から社会主義建設へ　野村浩一, 近藤邦康, 並木頼寿, 坂元ひろ子, 砂山幸雄, 村田雄二郎編　砂山幸雄責任編集　岩波書店　2011.10　410, 7p　22cm　〈年表あり〉5700円　①978-4-00-028227-7
内容 「生活即教育、社会即学校」を評する（抄）（張凌光著, 濱田麻矢訳）〔04916〕

チョウ, レイ
◇彼女は何を視ているのか—映像表象と欲望の深層　竹村和子著, 河野貴代美, 新田啓子編集　作品社　2012.12　299p　22cm　〈文献あり 索引あり〉2600円　①978-4-86182-418-0
内容 日本におけるアメリカ研究/アメリカ研究における日本（レイ・チョウ著, 山口菜穂子, 内堀奈保子訳）〔04917〕

チョウ, レンコウ*　張 連紅
◇人間科学と平和教育—体験的心理学を基盤とした歴史・平和教育プログラム開発の視点から　村本邦子編集担当　京都　立命館大学人間科学研究所　2012.10　166p　21cm　（共同対人援助モデル研究 5）〈他言語標題：Human science and peace education　私立大学戦略的研究基盤形成支援事業「大学を模擬社会空間とした持続的対人援助モデルの構築」〉
内容 日中歴史認識と日中平和（張連紅著, 金丸裕　訳）〔04918〕

朝鮮民主主義人民共和国
⇒北朝鮮も見よ

朝鮮民主主義人民共和国
◇現代朝鮮歴史—朝鮮高級学校教科書（日本語訳）高級1　朝鮮高校への税金投入に反対する専門家の会編　八尾　星への歩み出版　2010.4　112p　21cm　2880円〔04919〕
◇現代朝鮮歴史—朝鮮高級学校教科書（日本語訳）高級2　朝鮮高校への税金投入に反対する専門家の会編　八尾　星への歩み出版　2010.5　148p　21cm　2880円〔04920〕
◇現代朝鮮歴史—朝鮮高級学校教科書（日本語訳）高級3　朝鮮高校への税金投入に反対する専門家の会編　八尾　星への歩み出版　2010.6　149p　21cm　2880円〔04921〕

チョウドリ, アンワルル・K.　Chowdhury, Anwarul K.
◇新しき地球社会の創造へ—平和の文化と国連を語る　アンワルル・K.チョウドリ, 池田大作著　潮出版社　2011.9　429p　19cm　1524円　①978-4-267-01877-0
内容 豊かな自然と人間の大地「黄金のベンガル」　母国独立へ—不屈の闘争　精神の巨人タゴール　「全人教育」と人間のための宗教　「平和の文化」を人類の規範に　子どもの権利を守る世界を　"地球民族の要"としての国連　"人類の議会"を支える基盤　「弱者の側に立つ国連」の使命　民衆の幸福のための人間開発　女性こそ世界平和創造の主役！　過程は希望の未来を築く土台　時代を変革しゆく青年の力　世界市民のゆるぎない連帯を〔04922〕

チョーカー, ジャック
◇歴史と和解　黒沢文貴, イアン・ニッシュ編　東京大学出版会　2011.7　424, 9p　22cm　〈索引あり〉5700円　①978-4-13-026228-6
内容 憎悪から和解へ（ジャック・チョーカー著, 根本尚美訳）〔04923〕

チョーク, ジェイ
◇成年後見法における自律と保護—成年後見法世界会議講演録　新井誠監修, 2010年成年後見法世界会議組織委員会編, 紺野包子訳　日本評論社　2012.8　319p　21cm　〈英語抄訳付〉5600円　①978-4-535-51865-0
内容 2020年に向けた構想（ジェイ・チョーク著）〔04924〕

チョーク, ローズマリー　Chalk, Rosemary A.
◇家庭内暴力の研究—防止と治療プログラムの評価（Violence in families）　ローズマリー・チョーク, パトリシア・A.キング編, 多々良紀夫監訳, 乙須敏紀, 菱沼裕子訳　福村出版　2011.12　500p　22cm　〈索引あり　文献あり〉8000円　①978-4-571-42039-9
内容 要旨　第1章 序論　第2章 家庭内暴力と家庭内暴力への介入　第3章 評価の改善に向けて　第4章 社会福祉サービス介入　第5章 法的介入　第6章 医療介護介入　第7章 包括的で協働的な介入　第8章 分野横断的な問題　第9章 結論および提言〔04925〕

チョードリー, イフティカル・ウディン
◇東南・南アジアのディアスポラ　首藤もと子編著　明石書店　2010.12　288p　22cm　（叢書グローバル・ディアスポラ 2）〈索引あり〉5000円　①978-4-7503-3322-9
内容 バングラデシュからの海外移民とディアスポラ（イフティカル・ウディン・チョードリー著, 今藤綾子訳）〔04926〕

チョプラ, ディーパック　Chopra, Deepak
◇シャドウ・エフェクト—シャドウには、人生を一変させるギフトが詰まっている!!（Shadow effect）　ディーパック・チョプラ, デビー・フォード, マリアン・ウィリアムソン著, 佐藤志緒訳　ヴォイス　2011.1　299p　19cm　1700円　①978-4-89976-270-6
内容 第1部 シャドウについて（妄想の霧　脱出方法　新たな現実、新たなパワー）　第2部 自分自身、他者、

チ

そして世界と和解する（シャドウの影響　二元的な自我　シャドウの誕生 ほか）　第3部 私たちの暗闇を照らし出すのは光のみ（本当ではないのに、本当のように見えるもの　愛のないところには怖れがある　そろそろ先に進もう ほか）　〔04927〕

◇スピリチュアルソリューション―人生の困難を乗り越えるための解答集（SPIRITUAL SOLUTIONS）　ディーパック・チョプラ著, 木原禎子訳　たま出版　2013.4　286p　19cm　1400円　①978-4-8127-0347-2

内容 第1章 スピリチュアルソリューション　第2章 人生における最大の困難（人間関係の問題　健康とウェルビーイング　成功するということ　個人的な成長）　第3章 親愛なるディーパック様――問一答　第4章 あなた自身で解決策を見出す　〔04928〕

チ

チョペ・ペルジョル・ツェリン　Chope Paljor Tsering

◇万物の本質―ダライ・ラマの智慧と生き延びたチベット難民（The nature of all things）　チョペ・ペルジョル・ツェリン著, 児玉智子, 山際素男訳　第2版　オープンセンス。　2008.7　272p　19cm　1800円　①978-4-903363-05-9　〔04929〕

チョムスキー, ノーム　Chomsky, Noam

◇アメリカを占拠せよ！（OCCUPY）　ノーム・チョムスキー著, 松本剛史訳　筑摩書房　2012.10　201p　18cm　（ちくま新書 980）　820円　①978-4-480-06685-5

内容 占拠せよ―ハワード・ジン追悼記念講演　三〇年におよぶ階級闘争の果てに―ニューヨーク大学パリ校の学生、エドワード・ラジビロフスキとのインタビュー　インターオキュパイ―オキュパイ運動を相互につなぐ　外交政策を占拠する　ハワード・ジンの思い出　プロパガンダに抵抗せよ―D.J.ブスキーニによるインタビュー　無力も、孤独も、もはやない―クリス・スティールによるインタビュー　オキュパイ運動のサポートのために―全米法律家ギルド　〔04930〕

◇世界一素朴な質問、宇宙一美しい答え―世界の第一人者100人が100の質問に答える（BIG QUESTIONS FROM LITTLE PEOPLE）　ジェンマ・エルウィン・ハリス編, 西田美緒子訳, タイマタカシ絵　河出書房新社　2013.11　298p　22cm　2500円　①978-4-309-25292-6

内容 動物はどうしてわたしたちみたいに話ができないの？（ノーム・チョムスキー）　〔04931〕

チョン, インソン*　鄭 仁星

◇インストラクショナルデザインとテクノロジー―教える技術の動向と課題（TRENDS AND ISSUES IN INSTRUCTIONAL DESIGN AND TECHNOLOGY（原著第3版））　R.A.リーサー, J.V.デンプシー編　京都　北大路書房　2013.9　690p　21cm　〈訳：半田純子ほか　索引あり〉　4800円　①978-4-7628-2818-8

内容 アジアにおけるIDT：日本と韓国に焦点を当てて（鈴木克明, 鄭仁星著, 渡辺雄貴訳）　〔04932〕

チョン, エヨン*　鄭 愛英

◇解放直後、帰還途上における朝鮮人の遭難と埋葬遺骨に関する調査について―韓国真相究明委員会報告書「解放直後壱岐・対馬地域の帰国朝鮮人海難事故および犠牲者遺骨問題真相調査」を中心に　鄭愛英〔著〕, 木村英人訳, 青柳敦子編　日向　宋斗会の会　2011.9　149p　26cm　1500円　〔04933〕

チョン, キョンオク*　全 敬玉

◇アジアにおけるジェンダー平等―政策と政治参画：東北大学グローバルCOEプログラム「グローバル時代の男女共同参画と多文化共生」（Gender equality in Agia）　辻村みよ子, スティール若希編　仙台　東北大学出版会　2012.3　353p　22cm　〈文献あり〉　3000円　①978-4-86163-185-6

内容 韓国における女性の政治参画とクオータ制の影響（全敬玉著, 安藤純子訳）　〔04934〕

チョン, キョンス*　全 京秀

◇東アジアの間地方交流の過去と現在―済州と沖縄・奄美を中心にして　津波高志編　彩流社　2012.3　491, 7p　22cm　（琉球大学人の移動と21世紀のグローバル社会 5）　〈文献あり〉　4500円　①978-4-7791-1674-2

内容 ディアスポラとグローバリズムの民流学（全京秀著, 神谷智昭訳）　〔04935〕

◇国際常民文化研究叢書　第4巻　第二次大戦中および占領期の民族学・文化人類学　神奈川大学国際常民文化研究機構編　横浜　神奈川大学国際常民文化研究機構　2013.3　457p　30cm　〈他言語標題：International Center for Folk Culture Studies monographs　文献あり〉　非売品　①978-4-9907018-4-0

内容 泉靖一のニューギニア調査と軍属人類学（全京秀著, 李徳雨訳）　〔04936〕

チョン, キョンモ　鄭 敬謨

◇歴史の不寝番（ねずのばん）―「亡命」韓国人の回想録　鄭敬謨著, 鄭剛憲訳　藤原書店　2011.5　486p　20cm　〈タイトル：歴史の不寝番　年表あり〉　4600円　①978-4-89434-804-2　〔04937〕

チョン, クァンジュン*　鄭 光中

◇東アジアの間地方交流の過去と現在―済州と沖縄・奄美を中心にして　津波高志編　彩流社　2012.3　491, 7p　22cm　（琉球大学人の移動と21世紀のグローバル社会 5）　〈文献あり〉　4500円　①978-4-7791-1674-2

内容 済州道における人口移動の実態と特徴（鄭光中著, 神谷智昭訳）　〔04938〕

チョン, ジウク*　鄭 智旭

◇朝鮮王朝を変えた55人―韓国時代劇の主役たち　韓国ドラマ時代劇王編集部編, 鄭智旭, 鄭在元, 黄圭仙執筆, 泉千春, 市川生美訳　TOKIMEKIパブリッシング　2012.3　211p　18cm　〈年表あり　文献あり　発売：角川グループパブリッシング〉　762円　①978-4-04-899064-6　〔04939〕

チョン, ジェウォン*　鄭 在元

◇朝鮮王朝を変えた55人―韓国時代劇の主役たち　韓国ドラマ時代劇王編集部編, 鄭智旭, 鄭在元, 黄圭仙執筆, 泉千春, 市川生美訳　TOKIMEKIパブリッシング　2012.3　211p　18cm　〈年表あり 文献あり　発売：角川グループパブリッシング〉762円　Ⓘ978-4-04-899064-6　〔04940〕

チョン, ジェジョン*　鄭 在貞

◇「韓国併合」100年を問う　2010年国際シンポジウム　国立歴史民俗博物館編　岩波書店　2011.3　418p　21cm　3800円　Ⓘ978-4-00-025802-9

内容 韓国併呑一〇〇年と東アジアの歴史和解（鄭在貞著, 伊藤俊介訳）〔04941〕

◇歴史教育から「社会科」へ―現場からの問い　君島和彦編　東京堂出版　2011.3　290p　21cm　2500円　Ⓘ978-4-490-20729-3

内容 歴史認識の転向と分岐（鄭在貞著, 加藤圭木訳）〔04942〕

チョン, ジェソ　鄭 在書

◇高句麗の文化と思想　東北亜歴史財団編, 東潮監訳, 篠原啓方訳　明石書店　2013.2　458p　22cm　〈文献あり 索引あり〉8000円　Ⓘ978-4-7503-3754-8

内容 高句麗の道教と文化（鄭在書）〔04943〕

チョン, ジヨン　鄭 智泳

◇現代の「女人禁制」―性差別の根源を探る　「大峰山女人禁制」の開放を求める会編　大阪　解放出版社　2011.3　278p　21cm　〈文献あり 年表あり〉2400円　Ⓘ978-4-7592-6740-2

内容 朝鮮時代の女性の活動に対する禁制と女性の対応（鄭智泳著, 川瀬俊治訳）〔04944〕

◇東アジアの記憶の場　板垣竜太, 鄭智泳, 岩崎稔編著　河出書房新社　2011.4　397p　21cm　4200円　Ⓘ978-4-309-22542-5

内容 孝女沈清（鄭智泳著, 板垣竜太訳）〔04945〕

チョン, ソンイル*　鄭 成一

◇朝鮮と琉球―歴史の深淵を探る　河宇鳳, 孫承喆, 李薫, 閔徳基, 鄭成一著, 赤嶺守監訳, 金東善, 神谷智昭, 陳碩炫, 呉明花, 前田舟子訳　宜野湾　榕樹書林　2011.7　232p　27cm　〈文献あり 年表あり 索引あり〉6400円　Ⓘ978-4-89805-154-2

内容 朝鮮と琉球の物流（鄭成一著）〔04946〕

チョン, ダハム

◇周縁と中心の概念で読み解く東アジアの「越・韓・琉」―歴史学・考古学研究からの視座　西村昌也, 篠原啓方, 岡本弘道編　吹田　関西大学文化交渉学教育研究拠点　2012.3　194p　30cm　（周縁の文化交渉学シリーズ 6）〈文部科学省グローバルCOEプログラム関西大学文化交渉学教育研究拠点　文献あり〉Ⓘ978-4-9906213-1-5

内容「小中華」の創出（チョン・ダハム述, 金子祐樹訳）〔04947〕

チョン, チェギ*　鄭 菜基

◇現代韓国の家族政策　伊藤公雄, 春木育美, 金香男編　大津　行路社　2010.12　247p　22cm　2800円　Ⓘ978-4-87534-420-0

内容 ジェンダー学（Gender Studies）の成立と完成のための男性学の探究（鄭菜基著, 入江友佳子, 佐々木正徳訳）〔04948〕

チョン, チャンヒョン　鄭 昌鉉

◇真実の金正日―元側近が証言する　鄭昌鉉著, 佐藤久訳　青灯社　2011.4　343p　19cm　2800円　Ⓘ978-4-86228-050-3

内容 第1章 金正日の登場―二〇〇〇年南北首脳会談　第2章 イメージと現実―金正日のリーダーシップ　第3章 北のすべてのものが彼へと向かう―金正日の北朝鮮　第4章 彼は何者なのか―金正日の私生活　第5章「創られた神話」と「誤った推論」の狭間で―出生と成長（一九四二～一九六四）　第6章 権力のバトンを引き継ぐ―後継者への道（一九六四～一九七四）　第7章 掌中の泥―北朝鮮崩壊論の虚と実　第8章 後継者金正恩の登場　あとがき「取材ノートを閉じて―イメージから現実へ」〔04949〕

チョン, テホン*　鄭 泰憲

◇日本の朝鮮植民地支配と植民地的近代　李昇一, 金大鎬, 鄭昞旭, 文暎周, 鄭泰憲, 許英蘭, 金旻栄著, 庵逧由香監訳　明石書店　2012.3　248p　22cm　〈文献あり〉4500円　Ⓘ978-4-7503-3550-6

内容 経済成長論の歴史像の淵源と矛盾する近現代史認識（鄭泰憲著）〔04950〕

チョン, ビョンウク*　鄭 昞旭

◇日本の朝鮮植民地支配と植民地的近代　李昇一, 金大鎬, 鄭昞旭, 文暎周, 鄭泰憲, 許英蘭, 金旻栄著, 庵逧由香監訳　明石書店　2012.3　248p　22cm　〈文献あり〉4500円　Ⓘ978-4-7503-3550-6

内容 経済成長論の「人力開発」認識批判（鄭昞旭著）〔04951〕

チョン, ビョンホ*　鄭 炳浩

◇東アジアのディアスポラ　陳天璽, 小林知子編著　明石書店　2011.10　274p　22cm　（叢書グローバル・ディアスポラ 1）〈索引あり〉5000円　Ⓘ978-4-7503-3478-3

内容（北）朝鮮から（南）韓国へ（鄭炳浩著, 小林知子訳）〔04952〕

チョン, ヒルド

◇神が共におられる人生の祝福　信仰の成長をもたらす7つの鍵　チョンヒルド著, キムスンホ訳　いのちのことば社　2013.10　174p　19cm　1500円　Ⓘ978-4-264-03164-2

内容 第1章 神様が共におられる祝福　第2章 信仰の成長をもたらす七つの鍵　第3章 苦難の時の信仰　第4章 神様のためのビジョンは大きく立てよ　第5章 なんでも願うものをいただける秘訣〔04953〕

チョン, ヘンニョル

◇韓国の歴史教科書―検定版 高等学校韓国史　イインソク, チョンヘンニョル, パクチュンヒョン, パクポミ, キムサンギュ, イムヘンマン著, 三橋広夫, 三橋尚子訳　明石書店　2013.12　406p　21cm　（世界の教科書シリーズ 39）　4600円　Ⓘ978-4-7503-3907-8　〔04954〕

チョン, ホテ　全 虎兌

◇高句麗の文化と思想　東北亜歴史財団編, 東潮監

訳, 篠原啓方訳　明石書店　2013.2　458p　22cm　〈文献あり 索引あり〉8000円　①978-4-7503-3754-8
内容 古墳壁画と高句麗文化(全虎兌)　〔04955〕

チョン, マンジョ*　鄭 万祚
◇泊園記念会創立50周年記念論文集　吾妻重二編　吹田　関西大学出版部　2011.10　310p　22cm　(関西大学東西学術研究所国際共同研究シリーズ 9)〈発行 : 関西大学東西学術研究所　年表あり〉4000円　①978-4-87354-526-4
内容 韓国書院の研究動向とその成果(鄭万祚著, 篠原啓方訳)　〔04956〕

チョン, ミヒ　田 美姫
◇高句麗の政治と社会　東北亜歴史財団編, 田中俊明監訳, 篠原啓方訳　明石書店　2012.1　322p　22cm　〈索引あり　文献あり〉5800円　①978-4-7503-3513-1
内容 淵蓋蘇文の執権と政権の限界(田美姫)　〔04957〕

チョン, ヨンスン
◇排除型社会と生涯学習—日英韓の基礎構造分析　鈴木敏正編著　札幌　北海道大学出版会　2011.3　278p　22cm　(北海道大学大学院教育学研究院研究叢書 2)〈索引あり〉5800円　①978-4-8329-6752-6
内容 韓国の失業問題と教育訓練(チョン・ヨンスン著, ソン・ミラン訳)　〔04958〕

チョン, ワンジン
◇高句麗の文化と思想　東北亜歴史財団編, 東潮監訳, 篠原啓方訳　明石書店　2013.2　458p　22cm　〈文献あり 索引あり〉8000円　①978-4-7503-3754-8
内容 高句麗の衣食住文化(チョン・ワンジン)　〔04959〕

チルキー, ヒューゴ　Tschirky, Hugo
◇日本企業のイノベーション・マネジメント　(Manegment of Technology and Innovation in Japan)　コルネリウス・ヘルシュタット, クリストフ・シュトゥックシュトルム, ヒューゴ・チルキー, 長平彰夫編著, 長平彰夫監訳, 松井憲一, 名取隆, 高橋修訳　同友館　2013.6　433p　22cm　〈執筆 : マリアン・バイゼほか　索引あり〉3800円　①978-4-496-04912-5
内容 MOT : 学問の世界からマネジメント実行へ(ガストン・トラウフラー, ヒューゴ・チルキー著)　〔04960〕

チン, イ*　陳 偉
◇東アジアの資料学と情報伝達　藤田勝久編　汲古書院　2013.11　348p　22cm　9000円　①978-4-7629-6508-1
内容 秦簡牘研究の新段階(陳偉著, 広瀬薫雄訳)　〔04961〕

チン, エイトウ*　陳 衛東
◇東アジアにおける市民の刑事司法参加　後藤昭編　国際書院　2011.2　269p　21cm　〈索引あり〉4200円　①978-4-87791-215-4
内容 人民陪審員制度の歴史的発展と運用の現状(陳衛東著, 芦暁斐訳)　〔04962〕

チン, カフ*　陳 果夫
◇新編原典中国近代思想史　第6巻　救国と民主—抗日戦争から第二次世界大戦へ　野村浩一, 近藤邦康, 並木頼寿, 坂元ひろ子, 砂山幸雄, 村田雄二郎編　野村浩一, 近藤邦康, 砂山幸雄責任編集　岩波書店　2011.3　412, 7p　22cm　〈年表あり〉5700円　①978-4-00-028226-0
内容 戦後中国の責任(抄)(陳果夫著, 土田哲夫訳)　〔04963〕

チン, ケイギョウ*　陳 計尭
◇近代中国を生きた日系企業　富沢芳亜, 久保亨, 萩原充編著　吹田　大阪大学出版会　2011.12　289p　22cm　〈索引あり　文献あり〉5000円　①978-4-87259-391-4
内容 日本製粉業の対中国投資(陳計尭著, 楊素霞訳)　〔04964〕

チン, ケイショウ*　陳 慶昌
◇英国学派の国際関係論　佐藤誠, 大中真, 池田丈佑編　日本経済評論社　2013.10　278p　22cm　〈文献あり 索引あり〉4000円　①978-4-8188-2292-4
内容 国際社会の拡張か、2つの国際社会の衝突か?(陳慶昌著, 山中仁美訳)　〔04965〕

チン, コウコウ　陳 光興
◇カルチュラル・スタディーズで読み解くアジア—Cultural Typhoon　岩崎稔, 陳光興, 吉見俊哉編　せりか書房　2011.7　314, 2p　21cm　3000円　①978-4-7967-0306-2
内容 緊張と共に生きる(陳光興著, 橋本良一訳)　〔04966〕

◇脱帝国—方法としてのアジア　陳光興著, 丸川哲史訳　以文社　2011.11　292, 10p　22cm　〈文献あり〉3200円　①978-4-7531-0294-5
内容 日本語版へのまえがき—蠢動する植民地の亡霊　序章 グローバル化と脱帝国(領域　立論 ほか)　1 脱帝国—51クラブ及び帝国主義を前提とする民主運動(問題意識　51クラブを読む ほか)　2 アジアを方法とする—「脱亜入米」を超える知識状況(問題意識 : 「脱亜入米」　「西洋」問題 ほか)　補論 竹内好一九六〇年「方法としてのアジア」を読む—目下の知識構造の省察として　終章 中華帝国ヒエラルキー下の漢人による人種差別　〔04967〕

チン, コウテツ*　陳 衡哲
◇新編原典中国近代思想史　第5巻　国家建設と民族自救—国民革命・国共分裂から一致抗日へ　野村浩一, 近藤邦康, 並木頼寿, 坂元ひろ子, 砂山幸雄, 村田雄二郎編　野村浩一, 近藤邦康, 村田雄二郎責任編集　岩波書店　2010.12　392, 6p　22cm　〈年表あり〉5400円　①978-4-00-028225-3
内容 法律は感情を維持できるか(陳衡哲著, 田畑佐和子訳)　〔04968〕

チン, コウミン*　陳 紅民
◇蔣介石研究—政治・戦争・日本　山田辰雄, 松重

チ

充浩編著　東方書店　2013.3　564p　22cm　〈索引あり〉 4500円　①978-4-497-21229-0
内容 胡適・蔣介石関係研究論綱（陳紅民著, 岩谷将訳）〔04969〕

チン, コウヨウ*　陳 高傭
◇新編原典中国近代思想史　第5巻　国家建設と民族自救―国民革命・国共分裂から一致抗日へ　野村浩一, 近藤邦康, 並木頼寿, 坂元ひろ子, 砂山幸雄, 村田雄二郎編　野村浩一, 近藤邦康, 村田雄二郎責任編集　岩波書店　2010.12　392, 6p　22cm　〈年表あり〉 5400円　①978-4-00-028225-3
内容 中国本位の文化建設宣言（王新命, 何炳松, 武堉, 孫寒冰, 黄文山, 陶希聖, 章益, 陳高傭, 樊仲雲, 薩孟武著, 野村浩一訳, 小野寺史郎改訳）〔04970〕

チン, コウリョウ*　陳 興良
◇日中経済刑法の比較研究　佐伯仁志, 金光旭編　成文堂　2011.6　285p　22cm　（成蹊大学アジア太平洋研究センター叢書 § アジア法叢書 30）　3300円　①978-4-7923-1908-3
内容 資金の優勢を結集する等の手段により証券取引価格を操縦する行為に関する研究 他（陳興良著, 金光旭訳）〔04971〕

◇変動する21世紀において共有される刑事法の課題―日中刑事法シンポジウム報告書　椎橋隆幸, 西田典之編　成文堂　2011.12　199p　21cm　〈会期・会場 ： 2011年10月1日（土）～2日（日）中央大学多摩キャンパス3号館3551号室〉 2000円　①978-4-7923-1931-1
内容 中国刑法における特殊防衛制度（陳興良著, 金光旭訳）〔04972〕

チン, ジギョク*　陳 慈玉
◇近代中国を生きた日系企業　富沢芳亜, 久保亨, 萩原充編著　吹田　大阪大学出版会　2011.12　289p　22cm　〈索引あり　文献あり〉 5000円　①978-4-87259-391-4
内容 撫順炭鉱と満鉄の経営, 1917-1945年（陳慈玉著, 加島潤訳）〔04973〕

チン, シバイ*　陳 之邁
◇新編原典中国近代思想史　第5巻　国家建設と民族自救―国民革命・国共分裂から一致抗日へ　野村浩一, 近藤邦康, 並木頼寿, 坂元ひろ子, 砂山幸雄, 村田雄二郎編　野村浩一, 近藤邦康, 村田雄二郎責任編集　岩波書店　2010.12　392, 6p　22cm　〈年表あり〉 5400円　①978-4-00-028225-3
内容 一年来の政治制度改革に関する議論（抄）（陳之邁著, 竹元規人訳）〔04974〕

チン, シュンセイ*　陳 春声
◇海域交流と政治権力の対応　井上徹編　汲古書院　2011.2　399, 6p　22cm　（東アジア海域叢書 2　小島毅監修）　7000円　①978-4-7629-2942-7
内容 明代における潮州の海防と沿海地域の社会（陳春声著, 白井順訳）〔04975〕

チン, ショウ*　陳 松
◇中国宋代の地域像―比較史からみた専制国家と地域　伊原弘, 市来津由彦, 須江隆編　岩田書院　2013.8　408p　22cm　11800円　①978-4-87294-814-1
内容 分権統治下における在地社会と広域地方（陳松著, 津坂貢政訳）〔04976〕

チン, ショウエイ*　陳 昭瑛
◇東アジアの陽明学―接触・流通・変容　馬淵昌也編著　東方書店（発売）　2011.1　450p　22cm　（学習院大学東洋文化研究叢書）　5200円　①978-4-497-21018-0
内容 一段の深情在る有り（陳昭瑛著, 大場一央訳）〔04977〕

チン, ショウクン*　陳 尚君
◇東アジアをむすぶ漢籍文化―敦煌から正倉院、そして金沢文庫へ ： 歴博国際シンポジウム ： 予稿集　静永健監修, 陳翀, 大淵貴之編　〔佐倉〕　人間文化研究機構国立歴史民俗博物館　〔2012〕　182p　30cm　〈会期・会場 ： 2012年11月2日―3日 国立歴史民俗博物館講堂　国立歴史民俗博物館平成24年度共同研究「高松宮家伝来書籍等を中心とする漢籍読書の歴史とその本文に関する研究」　訳 ： 甲斐雄一ほか　中国語併載〉
内容 『先秦漢魏晋南北朝詩』の増補修訂の主要成果（陳尚君著, 甲斐雄一訳）〔04978〕

チン, ジョケイ*　陳 序経
◇新編原典中国近代思想史　第5巻　国家建設と民族自救―国民革命・国共分裂から一致抗日へ　野村浩一, 近藤邦康, 並木頼寿, 坂元ひろ子, 砂山幸雄, 村田雄二郎編　野村浩一, 近藤邦康, 村田雄二郎責任編集　岩波書店　2010.12　392, 6p　22cm　〈年表あり〉 5400円　①978-4-00-028225-3
内容 全面的西洋化の理由（抄）（陳序経著, 川尻文彦訳）〔04979〕

◇新編原典中国近代思想史　第6巻　救国と民主―抗日戦争から第二次世界大戦へ　野村浩一, 近藤邦康, 並木頼寿, 坂元ひろ子, 砂山幸雄, 村田雄二郎編　野村浩一, 近藤邦康, 砂山幸雄責任編集　岩波書店　2011.3　412, 7p　22cm　〈年表あり〉 5700円　①978-4-00-028226-0
内容 抗戦時期の西洋化問題（抄）（陳序経著, 水羽信男訳）〔04980〕

チン, セイコウ*　陳 正宏
◇東アジア書誌学への招待　第1巻　大沢顕浩編著　東方書店　2011.12　405p　22cm　（学習院大学東洋文化研究叢書）　4000円　①978-4-497-21114-9
内容 中国古籍版本学新探（陳正宏著, 林雅清, 鳥海奈都子訳）〔04981〕

チン, セイセイ*　陳 盛清
◇新編原典中国近代思想史　第6巻　救国と民主―抗日戦争から第二次世界大戦へ　野村浩一, 近藤邦康, 並木頼寿, 坂元ひろ子, 砂山幸雄, 村田雄二郎編　野村浩一, 近藤邦康, 砂山幸雄責任編集

チ

岩波書店　2011.3　412, 7p　22cm　〈年表あり〉　5700円　①978-4-00-028226-0
内容 戦後の婚姻問題（抄）（陳盛清著, 高見沢磨訳）〔04982〕

チン, センコウ*　陳 先行
◇東アジア書誌学への招待　第1巻　大沢顯浩編著　東方書店　2011.12　405p　22cm　（学習院大学東洋文化研究叢書）　4000円　①978-4-497-21114-9
内容 明清時代の稿本・写本と校本の鑑定について（陳先行著, 倉嶋真美訳）〔04983〕

チン, チュウ　陳 翀
◇東アジアをむすぶ漢籍文化―敦煌から正倉院、そして金沢文庫へ ： 歴博国際シンポジウム ： 予稿集　静永健監修, 陳翀, 大淵貴之編　〔佐倉〕　人間文化研究機構国立歴史民俗博物館　〔2012〕　182p　30cm　〈会期・会場 ： 2012年11月2日―3日 国立歴史民俗博物館講堂　国立歴史民俗博物館平成24年度共同研究「高松宮家伝来書籍等を中心とする漢籍読書の歴史とその本文に関する研究」　訳 ： 甲斐雄一ほか　中国語併載〉
内容 上杉本『史記』について（陳翀著, 大渕貴之訳）〔04984〕

チン, チョウ*　陳 超
◇日中教育学対話　3　新たな対話への発展・深化を求めて　山崎高哉, 労凱声共編　横浜　春風社　2010.12　424p　20cm　3200円　①978-4-86110-248-6
内容 中国教育の改革発展における政策の行方と分析（謝維和, 陳超著, 楊奕訳）〔04985〕

チン, チョウキ*　陳 長琦
◇魏晋南北朝における貴族制の形成と三教・文学―歴史学・思想史・文学の連携による 第二回日中学者中国古代史論壇論文集　中国社会科学院歴史研究所, 東方学会〔編〕, 渡辺義浩編　汲古書院　2011.9　330p　27cm　12000円　①978-4-7629-2969-4
内容 六朝貴族と九品官人法（陳長琦著, 高橋康浩訳）〔04986〕

チン, トウ*　陳 東
◇平泉文化の国際性と地域性　藪敏裕編　汲古書院　2013.6　305, 5p　22cm　（東アジア海域叢書 16　小島毅監修）　7000円　①978-4-7629-2956-4
内容 魯国古泮池の現在位置について（陳東執筆, 栗山雅央訳）〔04987〕

チン, ドクシュウ*　陳 独秀
◇新編原典中国近代思想史　第6巻　救国と民主―抗日戦争から第二次世界大戦へ　野村浩一, 近藤邦康, 並木頼寿, 坂元ひろ子, 砂山幸雄, 村田雄二郎編　野村浩一, 近藤邦康, 砂山幸雄責任編集　岩波書店　2011.3　412, 7p　22cm　〈年表あり〉　5700円　①978-4-00-028226-0
内容 西流への手紙（陳独秀著, 砂山幸雄訳）〔04988〕

チン, ハクウ　陳 破空
◇赤い中国消滅―張子の虎の内幕　陳破空著, 〔山田智美〕〔訳〕　扶桑社　2013.12　263p　18cm　（扶桑社新書 153）　800円　①978-4-594-06953-7　〔04989〕

チン, ヘキセイ*　陳 壁生
◇中国伝統文化が現代中国で果たす役割　中島隆博編　東京大学グローバルCOE「共生のための国際哲学教育研究センター」　2008.12　254p　21cm　（UTCP booklet 5）　〈文献あり〉
内容 神聖生活における儒家思想（陳壁生著, 森川裕貫訳）〔04990〕

チン, ホウメイ*　陳 芳明
◇文学、社会、歴史の中の女性たち　1　学際的視点から　白百合女子大学「21世紀の女子大学におけるジェンダー教育・研究確立への試み」研究会, 長島世津子, 釘宮明美編著　丸善プラネット　2012.2　195p　21cm　〈執筆 ： 陳芳明ほか　発売 ： 丸善出版〉 1200円　①978-4-86345-116-2
内容 私はどのように台湾フェミニズムにたどりついたのか（陳芳明著, 横路啓子訳）〔04991〕

チン, ホウリョウ*　陳 宝良
◇中国訴訟社会史の研究　夫馬進編　京都　京都大学学術出版会　2011.3　930p　22cm　〈索引あり〉 9600円　①978-4-87698-992-8
内容 「郷土社会」か「好訟」社会か？（陳宝良著, 水越知訳）〔04992〕

【ツ】

ツァヒァー, ハンス・F.
◇ユダヤ出自のドイツ法律家（DEUTSCHE JURISTEN JUDISCHER HERKUNFT）　ヘルムート・ハインリッヒス, ハラルド・フランツキー, クラウス・シュマルツ, ミヒャエル・シュトレイス著, 森勇監訳　八王子　中央大学出版部　2012.3　25, 1310p　21cm　（日本比較法研究所翻訳叢書 62）　〈文献あり 索引あり〉 13000円　①978-4-8057-0363-2
内容 連邦国家, 法治国家そして民主主義に奉じたある生涯（ハンス・F.ツァヒァー著, 畑尻剛訳）〔04993〕

ツアホルスト, エファ・マリア　Zurhorst, Eva-Maria
◇誰と結婚しても幸せになる法（LIEBE DICH SELBST UND ES IST EGAL, WEN DU HEIRATEST）　エファ・マリア・ツアホルスト著, 岡本朋子訳　サンマーク出版　2013.10　311p　19cm　〈文献あり〉 1500円　①978-4-7631-3323-6
内容 1章 幸せな結婚生活の8つの掟（王子様探しはやめなさい　「彼と結婚したい理由」はすべて間違っている　パートナーの「イヤな部分」に目をつぶってはいけない　氷河期にこそ二人に必要な「カギ」は落ちている　セックスは「愛を流すこと」と考えなさい　男と女は「違うからうまくいく」と心得る　三角関係に

は荒療治のみ、と覚悟しなさい　「解放」を離婚に求めてはいけない）　2章 パートナーをゆるし、自分を解き放つ7つのプラン（「信じる」ことで傷を癒す　偽りの自分をいますぐ脱ぎ去る　いまを味わい、楽しむと決める　相手をゆるすことからはじめよう　笑うように、泣くように、セックスしよう　子どもに「両親の平安」という贈り物をしよう　彫刻を彫るように、日々愛し方を学びなさい）〔04994〕

ツィーコー, ヤン
◇世界の公私協働―制度と理論　岡村周一, 人見剛編著　日本評論社　2012.2　316p　22cm　〈他言語標題 ： Die gegenwärtige Kooperationen zwischen Staat und Privaten in der Welt〉 5500円　①978-4-535-51844-5
内容 ドイツにおける公私協働（Public Private Partnership）の構造と戦略（ヤン・ツィーコー著, 磯村篤範訳）〔04995〕

ツイード, トマス・A.
◇近代と仏教　末木文美士編　京都　国際日本文化研究センター　2012.3　157p　26cm　（国際シンポジウム 第41集）〈他言語標題 ： Modernity and Buddhism　会期 ： 2011年10月13日―15日　文献あり〉非売品
内容 モダニティの流れをたどる（トマス・A.ツイード著, 島津恵正訳）〔04996〕

ツイントゥリーズ, トーマス　Twintreess, T.
◇ストーンアライブ（Stones alive！）　マリリン・ツイントゥリーズ, トーマス・ツイントゥリーズ著, 沢部はな訳　ヴォイス　2011.1　351p　19cm　〈文献あり 索引あり〉 2600円　①978-4-89976-268-3
内容 感謝の旅　ようこそ（冒険に出かけましょう　冒険者たち　ミステリー　冒険の宝物）　AからZまでの石たち（全冒険のツール）　ストーン・コンビネーション（ストーン・コンビネーションの冒険に出かけましょう　この章の使い方　ストーン・コンビネーションの起源　ストーン・コンビネーションの活用法　チベッタン・テクタイトからの守護の物語　私たちについて）〔04997〕

ツイントゥリーズ, マリリン　Twintreess, Marilyn
◇ストーンアライブ（Stones alive！）　マリリン・ツイントゥリーズ, トーマス・ツイントゥリーズ著, 沢部はな訳　ヴォイス　2011.1　351p　19cm　〈文献あり 索引あり〉 2600円　①978-4-89976-268-3
内容 感謝の旅　ようこそ（冒険に出かけましょう　冒険者たち　ミステリー　冒険の宝物）　AからZまでの石たち（全冒険のツール）　ストーン・コンビネーション（ストーン・コンビネーションの冒険に出かけましょう　この章の使い方　ストーン・コンビネーションの起源　ストーン・コンビネーションの活用法　チベッタン・テクタイトからの守護の物語　私たちについて）〔04998〕

ツィンマーマン, ラインハルト
◇ヨーロッパ私法の現在と日本法の課題　川角由和, 中田邦博, 潮見佳男, 松岡久和編　日本評論社　2011.10　610p　22cm　（竜谷大学社会科学研究所叢書 第88巻）　7600円　①978-4-535-51838-4
内容 ヨーロッパ契約法の現況 他（ラインハルト・ツィンマーマン著, 吉政知広訳）〔04999〕

ツィンメラー, ユルゲン
◇ジェノサイドと現代世界　石田勇治, 武内進一編　勉誠出版　2011.3　485p　22cm　〈他言語標題 ： Genocide in the Modern World　文献あり〉 4500円　①978-4-585-22511-9
内容 ホロコーストと植民地主義（ユルゲン・ツィンメラー著, 猪狩弘美, 石田勇治訳）〔05000〕

ツヴァイク, ジェイソン　Zweig, Jason
◇あなたのお金と投資脳の秘密―神経経済学入門（Your money and your brain）　ジェイソン・ツヴァイク著, 堀内久仁子訳　日本経済新聞出版社　2011.5　436p　20cm　2000円　①978-4-532-35454-1
内容 第1章 神経経済学　第2章「考えること」と「感じること」　第3章 強欲　第4章 予想　第5章 自信　第6章 リスク　第7章 恐怖　第8章 驚き　第9章 後悔　第10章 幸福〔05001〕
◇グレアムからの手紙―賢明なる投資家になるための教え（Benjamin Graham, Building a Profession）　ベンジャミン・グレアム著, ジェイソン・ツバイク, ロドニー・N.サリバン編, 和田真範訳, 長尾慎太郎監修　パンローリング　2013.7　430p　20cm　（ウィザードブックシリーズ 207）　3800円　①978-4-7759-7174-1
内容 第1部 証券分析の基礎を築く（一九四五年 証券アナリストは専門家と言えるか―肯定的な見方　一九四六年 証券分析における適正性について ほか）　第2部 証券分析を定義する（一九五二年 証券分析の科学的側面について　一九五七年 株式評価方法の二つの説例 ほか）　第3部 証券分析の領域を広げる（一九四七年 株主と経営陣の関係についての質問リスト　一九五四年 企業利益への二重課税を軽減する方法はあるのか ほか）　第4部 証券分析の未来を考える（一九六三年 証券分析の未来　一九七四年 株式の未来 ほか）〔05002〕

ツヴァイク, シュテファン　Zweig, Stefan
◇ちくま哲学の森　8　自然と人生　鶴見俊輔, 安野光雅, 森毅, 井上ひさし, 池内紀編　筑摩書房　2012.4　448p　15cm　（〔ちくま文庫〕）　1300円　①978-4-480-42868-4
内容 エルドラード〈黄金郷〉の発見（S.ツヴァイク著, 片山敏彦訳）〔05003〕

ツヴィングリ, フルドリヒ　Zwingli, Huldrych
◇宗教改革時代の説教　出村彰編　教文館　2013.1　482p　21cm　（シリーズ・世界の説教）　4500円　①978-4-7642-7337-5
内容 マタイによる福音書五章〈山上の説教〉の講解説教 他（フルドリヒ・ツヴィングリ述, 出村彰訳）〔05004〕

ツヴェベン, A.*　Zweben, Allen
◇動機づけ面接法　応用編（Motivational interviewing（2nd edition））　ウイリアム・R.ミラー, ステファン・ロルニック編, 松島義博, 後藤恵, 猪野亜朗訳　星和書店　2012.9　291p　21cm　〈文献あり〉 3200円　①978-4-7911-0817-6

内容 カップルのための動機づけ面接法—配偶者・恋人・親が面接に参加するということ 他(Brian L. Burke, Georgy Vasseilev, Alexander Kantchelov, Allen Zweben)〔05005〕

ツェ, エドワード　Tse, Edward

◇中国市場戦略—グローバル企業に学ぶ成功の鍵 (The China strategy)　エドワード・ツェ著, ブーズ・アンド・カンパニー訳　日本経済新聞出版社　2011.10　270p　20cm　2200円　①978-4-532-31743-0

内容 第1章 無視できない国　第2章 開かれた中国　第3章 起業家精神あふれる中国　第4章 公的な中国　第5章 ワンワールド　第6章 中国事業に必要なビジョン　第7章 中国事業に必要な多面性　第8章 中国事業に必要な「見通す力」　終章 中国のルネッサンス〔05006〕

ツェ, デイヴィッド　Tse, David K.

◇グワンシ—中国人との関係のつくりかた　デイヴィッド・ツェ, 古田茂美〔著〕　ディスカヴァー・トゥエンティワン　2011.3　253p　20cm 〈他言語標題 : Guanxi　奥付のタイトル : 関係　訳 : 鈴木あかね〉1800円　①978-4-88759-883-6

内容 第1章 中国理解と進出の鍵、グワンシ(グワンシがいかに重要か？　グワンシがなぜ必要になってきたのか？　ほか)　第2章 グワンシの、欧米や日本の人的「関係」との決定的な違い(グワンシと他文化のソーシャル・ネットワークとはどこが違うか？　グワンシと日本の「和」は、どこが違うのか？　ほか)　第3章 グワンシの負の部分からいかに逃れ、その利点をいかに活用するか？(グワンシの最大の機能とは？　グワンシによる腐敗事件、どんなことが起こっているのか？　ほか)　第4章 中国人社会における社会装置としてのグワンシ(「法律」とグワンシでは、どちらが優先されるのか？　グワンシは何によってつくられるか？　ほか)　第5章 グワンシをいかに活用するか？　日本企業への実践的アドバイス(日系企業のスト事件、なぜ起こったか？　グワンシの肯定的側面を、いかに有効活用するか？　ほか)〔05007〕

◇中国人との「関係」のつくりかた　デイヴィッド・ツェ, 古田茂美〔著〕　ディスカヴァー・トゥエンティワン　2012.7　278p　18cm (ディスカヴァー携書 083)〈「グワンシ」(2011年刊)の改題　訳 : 鈴木あかね〉1000円 ①978-4-7993-1194-3

内容 第1章 中国理解と進出の鍵、グワンシ(グワンシがいかに重要か？　グワンシがなぜ必要になってきたのか？　グワンシは、どのように生まれ、根付いてきたか？)　第2章 グワンシの、欧米や日本の人的「関係」との決定的な違い(グワンシと他文化のソーシャル・ネットワークとはどこが違うか？　グワンシと日本の「和」は、どこが違うのか？　中国社会と日本社会は欧米社会とどこが違うか？)　第3章 グワンシの負の部分からいかに逃れ、その利点をいかに活用するか？(グワンシの最大の機能とは？　グワンシによる腐敗事件、どんなことが起こっているのか？　グワンシの何が問題か？　グワンシのマイナス面は、今後、弱まっていくのか？)　第4章 中国人社会における社会装置としてのグワンシ(「法律」とグワンシでは、どちらが優先されるのか？　グワンシは何によってつくられるか？　どのようにして、グワンシを築いていくのか？　日本企業と中国人従業員、すれ違いの理由　グワンシの拡大としての中国人ネットワーク)　第5章 グワンシをいかに活用するか？　日本企業への実践的アドバイス(日系企業のスト事件、なぜ起こったか？　グワンシの肯定的側面を、いかに有効活用するか？　中国人の特性を生かし学び、幸福な「関係」をつくる)〔05008〕

ツェルナー, ラインハルト

◇日独交流150年の軌跡　日独交流史編集委員会編　雄松堂書店　2013.10　345p　29cm 〈布装〉3800円　①978-4-8419-0655-4

内容 ボン大学日本・韓国研究専攻所蔵のトラウツ・コレクション(ラインハルト・ツェルナー著, 内田賢太郎訳)〔05009〕

ツェン, W.*　Tseng, Winston

◇健康長寿の社会文化的文脈 (Healthy Aging in Sociocultural Context)　Andrew E.Scharlach, Kazumi Hoshino編, 佐々木尚之,Kazumi Hoshino監訳　風間書房　2013.10　157p　21cm 〈索引あり〉2500円　①978-4-7599-1997-4

内容 アメリカ合衆国における多様な高齢者のための健康長寿(Winston Tseng著, Kazumi Hoshino訳)〔05010〕

ツェンツキェヴィッチ, スワヴォミール　Cenckiewicz, Sławomir

◇アンナのポーランド「連帯」—裏切りと真実 (Anna solidarność)　スワヴォミール・ツェンツキェヴィッチ著, 吉野好子, 松崎由美子訳　同時代社　2012.3　410p　20cm　2500円　①978-4-88683-711-0

内容 第1章 母のやさしい抱擁を知らない—リヴネからグダンスクへ(一九二九年～一九五〇年)　第2章 何かがおかしい！—労働者たちを守るために(一九五一年～一九七七年)　第3章「アンナ・ヴァレンティノヴィッチです」—バルト海沿岸地域自由労働組合(一九七八年～一九八〇年)　第4章 私はポーランドの変革のきっかけとなった人間—「連帯」の母(一九八〇年八月十四日～三一日)　第5章 ヤツェク・クーロンは私の家で暮らしていた—「連帯」の誕生(一九八〇年九月一日～十七日)　第6章 連帯は後には引けない—「連帯の象徴」は面倒な女だ(一九八〇年～一九八一年)　第7章 他の道などない—迫害とヒロイズム(一九八二年～一九八四年)　第8章 今敵と手を結んではならない—理想を守る闘い(一九八五年～一九九〇年)　第9章 自主独立を求める闘いは続く—未完成な過去(一九九一年～二〇一〇年)「連帯」結成に至るポーランドの歴史〔05011〕

ツォル, フリデリィク

◇ヨーロッパ私法の原則・定義・モデル準則—共通参照枠草案〈DCFR〉(Principles, Definitions and Model Rules of European Private Law (原著概要版)(抄訳))　クリスティアン・フォン・バール, エリック・クライブ, ハンス・シュルテ - ネルケ, ヒュー・ビール, ジョニー・ヘレ, ジェローム・ユエ, マティアス・シュトルメ, シュテファン・スワン, ポール・バルール, アンナ・ヴェネツィアーノ, フリデリィク・ツォル編, 窪田充見, 潮見佳男, 中田邦博, 松岡久和, 山本敬三, 吉永一行監訳　京都　法律文化社　2013.11　498p　22cm 〈索引あり〉8500円　①978-4-589-03541-

7
内容 序論　原則　モデル準則（総則　契約及びその他の法律行為　債務及びこれに対応する権利　各種の契約及びそれに基づく権利義務　事務管理　他人に生じた損害に基づく契約外責任　不当利得　物品所有権の得喪　動産担保　信託）〔05012〕

ツォンカパ　Tson kha pa Blo bzan grags pa
◇秘密道次第大論　上　無上瑜伽タントラ概説　ツォンカパ著, 北村太道, ツルティム・ケサン共訳　京都　永田文昌堂　2012.6　359p　22cm　（チベット密教資料翻訳シリーズ No.4）〈索引あり〉6300円　①978-4-8162-1834-7〔05013〕

【テ】

テイ, アイエイ　鄭 愛英
⇒チョン, エヨン*

テイ, カイ　鄭 開
◇儒教その可能性　永冨青地編, 張学智, 胡軍, 鄭開, 永冨青地著　早稲田大学出版部　2011.12　167p　22cm　（早稲田大学孔子学院叢書 4）　3000円　①978-4-657-11014-5
内容 人性概念の起源と発展（鄭開著, 松野敏之訳）〔05014〕

テイ, カエイ*　鄭 嘉英
◇カルチュラル・スタディーズで読み解くアジア—Cultural Typhoon　岩崎稔, 陳光興, 吉見俊哉編　せりか書房　2011.7　314, 2p　21cm　3000円　①978-4-7967-0306-2
内容 不可視化される“不法”移民労働者第二世代（鄭嘉英著, 遠見里子訳）〔05015〕

テイ, ガクリョウ　丁 学良
◇検証「中国経済発展モデル」の真実—その起源・成果・代償・展望　丁学良著, 丹藤佳紀監訳, 阿部亘訳　科学出版社東京　2013.8　303p　19cm　3800円　①978-4-907051-04-4
内容 政治経済学の概念としての中国モデル　中国モデルの「前史」　中国モデルの形成とその内実　中国モデルの国際環境　中国モデルの実績評価　中国モデルの四つのコスト　既存の中国モデルの内憂外患　中国モデルの代替案　中国モデルのバージョンアップへの深層にある障害　中国モデルを転換する—前を向くためには外を, そして後ろを見なくてはならない　新たな中国モデルの歴史的意義と国際的意義　中国政治改革への構想と提案〔05016〕

テイ, キツユウ*　鄭 吉雄
◇中国古典の解釈と分析—日本・台湾の学術交流　佐藤錬太郎, 鄭吉雄編著　札幌　北海道大学出版会　2012.3　388p　22cm　〈布装〉9500円　①978-4-8329-6765-6
内容 解釈の観点より「易」「陰」「陽」「乾」「坤」の字義を論ず（鄭吉雄著, 金原泰介訳）〔05017〕

テイ, ケイボ*　鄭 敬謨
⇒チョン, キョンモ

テイ, コウチュウ*　鄭 光中
⇒チョン, クァンジュン*

テイ, サイキ*　鄭 菜基
⇒チョン, チェギ*

テイ, ザイゲン　鄭 在元
⇒チョン, ジェウォン*

テイ, ザイショ*　鄭 在書
⇒チョン, ジェソ

テイ, ザイテイ*　鄭 在貞
⇒チョン, ジェジョン*

デイ, ジェニ・ポラック　Day, Jeni Pollack
◇本を読んで語り合うリテラチャー・サークル実践入門（MOVING FORWARD WITH LITERATURE CIRCLES）　ジェニ・ポラック・デイ, ディキシー・リー・シュピーゲル, ジャネット・マクレラン, ヴァレリー・B.ブラウン著, 山元隆春訳　広島　渓水社　2013.10　191p　26cm　〈文献あり〉2500円　①978-4-86327-236-1
内容 第1章 リテラチャー・サークルの条件をととのえ, 開始する　第2章 リテラチャー・サークルのために子どもたちを準備させる　第3章 ほんものの話し合いを促す　第4章 リテラチャー・サークルにおける書くことと思考と　第5章 話し合いを評価する　第6章 多様なニーズをかなえる〔05018〕

テイ, ショウゲン　鄭 昌鉉
⇒チョン, チャンヒョン

テイ, シリン*　丁 子霖
◇「私（わたし）には敵はいない」の思想—中国民主化闘争二十余年　劉暁波〔著〕, 藤原書店編集部編　藤原書店　2011.5　398p　20cm　〈タイトル：「私には敵はいない」の思想　執筆：劉霞ほか　文献あり 著作目録あり〉3600円　①978-4-89434-801-1
内容 「天安門の母たち」と劉暁波（丁子霖, 蔣培坤著, 劉燕子訳）〔05019〕

テイ, ジンセイ*　鄭 仁星
⇒チョン, インソン*

テイ, シンタク*　鄭 振鐸
◇新編原典中国近代思想史　第7巻　世界冷戦のなかの選択—内戦から社会主義建設へ　野村浩一, 近藤邦康, 並木頼寿, 坂元ひろ子, 砂山幸雄, 村田雄二郎編　砂山幸雄責任編集　岩波書店　2011.10　410, 7p　22cm　〈年表あり〉5700円　①978-4-00-028227-7
内容 日本降伏以後の中国の政局の決算（鄭振鐸著, 野村浩一訳）〔05020〕

テイ, シンリツ*　鄭 新立
◇東アジア市場統合の探索—日中韓の真の融和に向

けて　杉本孝編著　京都　晃洋書房　2012.2　394p　22cm　〈文献あり〉4200円　①978-4-7710-2274-4
内容 中日韓協力はエネルギーと環境を優先目標とすべきである（鄭新立著, 杉本孝訳責）〔05021〕

テイ, セイイツ*　鄭 成一
⇒チョン, ソンイル*

テイ, タイケン　鄭 泰憲
⇒チョン, テホン*

テイ, チエイ*　鄭 智泳
⇒チョン, ジヨン

テイ, チキョク　鄭 智旭
⇒チョン, ジウク*

テイ, バンソ*　鄭 万祚
⇒チョン, マンジョ*

テイ, ビホウ*　程 美宝
◇総合研究辛亥革命　辛亥革命百周年記念論集編集委員会編　岩波書店　2012.9　9, 592, 17p　22cm　〈索引あり〉7800円　①978-4-00-025859-3
内容 近代的男性性と民族主義（程美宝著, 新居洋子訳）〔05022〕

テイ, ブンコウ*　丁 文江
◇新編原典中国近代思想史　第5巻　国家建設と民族自救―国民革命・国共分裂から一致抗日へ　野村浩一, 近藤邦康, 並木頼寿, 坂元ひろ子, 砂山幸雄, 村田雄二郎編　野村浩一, 近藤邦康, 村田雄二郎責任編集　岩波書店　2010.12　392, 6p　22cm　〈年表あり〉5400円　①978-4-00-028225-3
内容 再び民主政治と独裁政治をめぐって 他（丁文江著, 光田剛訳）〔05023〕

テイ, ヘイキョク　鄭 昞旭
⇒チョン, ビョンウク*

テイ, ヘイコウ*　鄭 炳浩
⇒チョン, ビョンホ*

デイ, マルコム　Day, Malcolm
◇図説ギリシア・ローマ神話人物記―絵画と家系図で描く100人の物語（100 characters from classical mythology）　マルコム・デイ著, 山崎正浩訳　大阪　創元社　2011.4　160p　26cm　〈索引あり〉3600円　①978-4-422-14380-4
内容 第1部 神々（原初の神々　オリュンポス神族　ティタン神族の子孫）　第2部 英雄（イアソンとアルゴナウタイ　テセウスとミノタウロス　ペルセウス　オイディプス　トロイア戦争　オデュッセイア）〔05024〕

テイ, リョウゲン　程 燎原
◇法学変革論　文正邦, 程燎原, 王人博, 魯天文著, 野沢秀樹訳　創英社/三省堂書店　2013.12　432p　22cm　〈索引あり〉4000円　①978-4-88142-817-7　〔05025〕

テイ, リー・ヨン　Tay, Lee Yong
◇フューチャースクール―シンガポールの挑戦（A school's journey into the future）　テイ・リー・ヨン, リム・チェー・ピン, カイン・ミント・スウィー編著, トランネット訳, 中川一史監訳　ピアソン桐原　2011.2　183p　21cm　2400円　①978-4-89471-549-3
内容 コンピューターを1人1台の割合で活用する学習環境を実現するために―シンガポールの小学校の取り組み 他（テイ・リー・ヨン, リム・チェー・ピン, スラージ・ナイア）〔05026〕

ディア, クリシナ・S.　Dhir, Krishna S.
◇大学学部長の役割―米国経営系学部の研究・教育・サービス（The dean's perspective）　クリシナ・S.ディア編著, 佐藤修訳　中央経済社　2011.7　245p　21cm　3400円　①978-4-502-68720-4
内容 決定分析への一般教養の応用（クリシナ・S.ディア著）〔05027〕

ティアニー, ジョン　Tierney, John Marion
◇WILLPOWER意志力の科学（WILLPOWER）　ロイ・バウマイスター, ジョン・ティアニー著, 渡会圭子訳　インターシフト　2013.5　355p　20cm　〈発売：合同出版〉1800円　①978-4-7726-9535-0
内容 幸せと成功の鍵　意志力とは何だろう？　意志力のもとになるエネルギーを高める　計画を立てるだけで効果あり　決定疲れ　自分を数値で知れば、行動が変わる　意志力はこうして鍛える　探検家に秘訣を学ぶ　特別な力　能力を伸ばすのは、自尊心より自制心　ダイエットせずに減量を成功させる　守りよりも、攻めの戦略を〔05028〕

ディアマイアー, ダニエル　Diermeier, Daniel
◇「評判」はマネジメントせよ―企業の浮沈を左右するレピュテーション戦略（Reputation rules）　ダニエル・ディアマイアー著, 斉藤裕一訳　阪急コミュニケーションズ　2011.12　404p　20cm　〈索引あり〉2000円　①978-4-484-11119-3
内容 はじめに「評判」という"第二の"経営課題　序章 三つの誤った思い込み―「評判管理」の導入にあたって　第1章「きかんしゃトーマス」のリコール―評判危機の決定的瞬間　第2章 横転したメルセデス「Aクラス」―顧客を越えたブランド管理　第3章 シェルvs.グリーンピース―「セカンド・サークル」の高まる影響力　第4章 CEOの一四〇〇ドルのゴミ箱―経営者の特権とスキャンダル　第5章 ウォルマートの災害救援活動―正しい行いとCSR（企業の社会的責任）　第6章 遺伝子組み換えの不安の壁―危機を引き起こす五つの要因　第7章 プルデンシャル、末期患者から買い取る―戦略的予知と評判管理　第8章 AIMチームを結成せよ―ガバナンス構造と情報活動能力　第9章 転落前のアーサー・アンダーセン―価値観、文化と「教えの時」　終章 SWATは銃口を向けた―戦略的思考と「専門家の罠」〔05029〕

ディアリング, K.*　Dearing, Karen F.
◇子どもの仲間関係―発達から援助へ（CHILDREN'S PEER RELATIONS）　J.B.クーパーシュミット,K.A.ダッジ編, 中沢潤監訳　京都　北大路書房　2013.12　299p　21cm　〈文献あり 索引あり〉3600円　①978-4-7628-2826-3

内容 仲間関係の中での子どもの情動の理解と制御（Karen F.Dearing,Julie A.Hubbard著, 中沢潤訳） 〔05030〕

ディイオリオ, C.* DiIorio, Colleen

◇動機づけ面接法 応用編（Motivational interviewing (2nd edition)） ウイリアム・R.ミラー, ステファン・ロルニック編, 松島義博, 後藤恵, 猪野亜朗訳 星和書店 2012.9 291p 21cm 〈文献あり〉 3200円 ①978-4-7911-0817-6

内容 一般医療と公衆保健領域における動機づけ面接法（Ken Resnicow, Colleen DiIorio, Johanna E.Soet, Belinda Borrelli, Denise Ernst, Jacki Hecht, Angelica K.Thevos） 〔05031〕

デイヴィス, スーザン Davis, Susan

◇社会起業家になりたいと思ったら読む本—未来に何ができるのか、いまなぜ必要なのか（Social entrepreneurship） デービッド・ボーンステイン, スーザン・デイヴィス著, 有賀裕子訳, 井上英之監修 ダイヤモンド社 2012.3 263p 19cm 〈索引あり 文献あり〉 1600円 ①978-4-478-01555-1

内容 第1章 社会起業家の可能性—社会はイノベーションを待っている（ひとりひとりの意識が変わってきている 教育とできること 大学とできること ほか） 第2章 社会起業家の課題—変化を起こすために知っておきたいこと（資金をどう集めるか 組織をどう運営していくか 優れた人材をどう集めるか ほか） 第3章 社会起業家の基礎知識—いま、なぜ必要なのか（社会起業家の誕生 社会起業家を後押しした、世界の変化 世界を変えた人たち ほか） 〔05032〕

デイヴィス, ノーマン Davies, Norman

◇ワルシャワ蜂起1944 上 英雄の戦い（Rising'44） ノーマン・デイヴィス著, 染谷徹訳 白水社 2012.11 556p 図版32p 20cm 4800円 ①978-4-560-08246-1

内容 第1部 蜂起の前（連合国 ドイツ軍による占領 迫り来る東部戦線 レジスタンス） 第2部 蜂起（ワルシャワ蜂起） 〔05033〕

◇ワルシャワ蜂起1944 下 悲劇の戦い（Rising'44） ノーマン・デイヴィス著, 染谷徹訳 白水社 2012.11 511, 70p 図版32p 20cm 〈索引あり〉 4800円 ①978-4-560-08247-8

内容 第2部 蜂起（ワルシャワ蜂起（続き）） 第3部 蜂起の後（敗者は無残なるかな—1944‐45 スターリン主義体制下の抑圧—1945‐56 蜂起の残響—1956‐2000 中間報告） 〔05034〕

デイヴィス, マーク Davis, Mark William

◇サイバー社会に殺される（DIGITAL ASSASSINATION） リチャード・トレンザーノ, マーク・デイヴィス著, 栗木さつき訳 ヴィレッジブックス 2012.5 271p 19cm 1600円 ①978-4-86332-385-8

内容 イントロダクション サイバー社会が暗殺するビジネス・ブランド・人格 1 ニューメディアによる人身攻撃 2 静かなる切り裂き魔—匿名でおこなわれる卑劣な中傷 3 邪悪なクローン—あなたを狙う「なりすまし」 4 人肉検索エンジン—人海戦術で暴く個人情報 5 プロキシ攻撃—隠れ蓑を悪用する暗殺者たち 6 真実のリミックス—ゆがめられた灰色の真実 7 スパイ活動—水面下でおこなわれる機密情報の漏洩 8 サイバー暗殺に対抗するための七つの盾 9 サイバー社会の未来に向けて 〔05035〕

デイヴィス, ロバート・C. Davis, Robert Charles

◇ルネサンス人物列伝（Renaissance People） ロバート・デイヴィス, ベス・リンドスミス著, 和泉香訳 悠書館 2012.7 335p 26cm 〈文献あり 索引あり〉 9500円 ①978-4-903487-54-0

内容 ルネサンスをどう捉えるか 1 古い伝統と新しい思想 ： 1400～1450 2 平和の時代のヨーロッパ人たち ： 1450～1475 3 勃興する諸国家 ： 1470～1495 4 突然の衝撃 ： 1490～1515 6 新しい波 ： 1530～1550 7 近代の枠組み ： 1550～1600 〔05036〕

デイヴィス, M. Davies, Matt

◇メコン地域経済開発論（Globalization and Development in the Mekong Economies） 梁, ビンガム, デイヴィス編著, 阿曽村邦昭訳・注 古今書院 2012.10 391, 9p 21cm 〈文献あり 索引あり〉 6200円 ①978-4-7722-8112-6

内容 グリーバル化とメコン地域経済の開発ベトナム、ラオス、カンボジアおよびミャンマー 他（Ben Bingham, Matt Davies, Suiwah Leung） 〔05037〕

デイヴィッド, ジュリエット David, Juliet

◇まいにちのおいのりバイリンガル ジュリエット・ディビッド文, ヘレン・プロール絵, 広橋麻子訳 いのちのことば社CS成長センター 2011.6 128p 19cm 1000円 ①978-4-8206-0287-3 〔05038〕

◇さいこうのクリスマスプレゼント ジュリエット・デイヴィッドぶん, スティーヴ・ウィットゥローえ, サンパウロ訳 サンパウロ 2012.9 1冊（ページ付なし） 17×17cm 800円 ①978-4-8056-3619-0 〔05039〕

ディ・ヴィンチェンティス, サルヴァトーレ・ポジターノ De Vincentiis, Salvatore Positano

◇二隻のイタリア巡洋艦—技師サルヴァトーレ・ポジターノ・ディ・ヴィンチェンティスによる日露戦争中の「日出づる国」通信記（Incrociatori per il sol levante） サルヴァトーレ・ポジターノ・ディ・ヴィンチェンティス〔著〕, フィアンメッタ・ポジターノ・ディ・ヴィンチェンティス編著, 中川京子訳 西宮 中川義昭 2013.7 99p 26cm 非売品 〔05040〕

ディ・ヴィンチェンティス, フィアンメッタ・ポジターノ De Vincentiis, Fiammetta Positano

◇二隻のイタリア巡洋艦—技師サルヴァトーレ・ポジターノ・ディ・ヴィンチェンティスによる日露戦争中の「日出づる国」通信記（Incrociatori per il sol levante） サルヴァトーレ・ポジターノ・ディ・ヴィンチェンティス〔著〕, フィアンメッタ・ポジターノ・ディ・ヴィンチェンティス編著, 中川京子訳 西宮 中川義昭 2013.7 99p 26cm 非売品 〔05041〕

ティヴォー, ジャン＝マリー

◇貨幣主権論（LA MONNAIE SOUVERAINE）

M.アグリエッタ,A.オルレアン編, 坂口明義監訳, 中野佳裕, 中原隆幸訳　藤原書店　2012.6　650p　22cm　〈索引あり〉8800円　①978-4-89434-865-3

内容 主権性と正統性の狭間にある金融的事実および貨幣手段(ジャン＝マリー・ティヴォー著)〔05042〕

デイヴソン, ラング　Davison, Lang

◇『PULL』の哲学―時代はプッシュからプルへ‐成功のカギは「引く力」にある (The power of pull)　ジョン・ヘーゲル3世, ジョン・シーリー・ブラウン, ラング・デイヴソン著, 桜田直美訳　主婦の友社　2011.6　254p　19cm　1500円　①978-4-07-276127-4

内容 はじめに―「プル」の時代がやってきた　第1章 消えゆくプッシュの力　第2章 アクセスする力　第3章 必要なものを引き寄せる　第4章 プルの力で能力を最大限に発揮する　第5章 個人が起こすプルの革命　第6章 組織のトップから、プルのイノベーションを起こす　第7章 プルの力で世界を変える　おわりに 情熱を持ち、才能を開花させる〔05043〕

ティエス, アンヌ＝マリ　Thiesse, Anne-Marie

◇国民アイデンティティの創造―十八～十九世紀のヨーロッパ (LA CREATION DES IDENTITES NATIONALES)　アンヌ＝マリ・ティエス著, 斎藤かぐみ訳　勁草書房　2013.2　327, 37p　20cm　〈年表あり 索引あり〉4200円　①978-4-326-24841-4

内容 諸国民のヨーロッパ　第1部 祖先の特定(美の革命　国民一つに、言語一つ　国民文化への国際的な後援態勢　一つの国家に、複数の民族　根幹的な叙事詩　国民史)　第2部 民俗文化(明細目録　描かれた国民)　第3部 大衆文化(地平としての国民　歓喜国民団)　ヨーロッパ人としてのアイデンティティ〔05044〕

ディエナース, ペーター

◇ユダヤ出自のドイツ法律家 (DEUTSCHE JURISTEN JUDISCHER HERKUNFT)　ヘルムート・ハインリッヒス, ハラルド・フランツキー, クラウス・シュマルツ, ミヒャエル・シュトレイス著, 森勇監訳　八王子　中央大学出版部　2012.3　25, 1310p　21cm　(日本比較法研究所翻訳叢書 62)　〈文献あり 索引あり〉13000円　①978-4-8057-0363-2

内容 ライヒ司法の行政官(ペーター・ディエナース著, 本間学訳)〔05045〕

ディオニシオ(アレキサンドリアの)〈聖〉

◇アジアの顔のキリスト　ホアン・カトレット編, 高橋敦子訳　名古屋　新世社　2010.10　175, 32p　16cm　〈文献あり〉1200円　①978-4-88382-100-6

内容 調和が打ち立てられますように(アレキサンドリアの聖ディオニシオ)〔05046〕

ディオン, ロジェ

◇叢書『アナール1929-2010』―歴史の対象と方法 2　1946-1957 (Anthologie des Annales 1929-2010)　E.ル＝ロワ＝ラデュリ,A.ビュルギエール監修, 浜名優美監訳　L.ヴァランシ編, 池田祥英, 井上桜子, 尾河直哉, 北垣潔, 塚島真実, 平沢勝行訳　藤原書店　2011.6　460p　22cm　6800円　①978-4-89434-807-3

内容 ブルゴーニュにおけるブドウ栽培の起源(ロジェ・ディオン著, 池田祥英訳)〔05047〕

D.カーネギー協会《Dale Carnegie & Associates, Inc.》

◇D.カーネギーの突破力 (Overcoming worry and stress)　D.カーネギー協会編, 片山陽子訳　大阪　創元社　2011.7　206p　19cm　1200円　①978-4-422-10036-4

内容 はじめに―悩みにつきまとわれないために　第1章 悩むのは身体に悪いだけ　第2章 悩む癖を断つ　第3章 職場の悩みを克服する　第4章 ポジティブな姿勢を育てる　第5章 恐れを克服する　第6章 ストレスに対処する　第7章 燃え尽きを防止する　第8章 タイムマネジメント　第9章 職場の変化を乗り切る　デール・カーネギーの原則〔05048〕

◇D.カーネギーの指導力 (Become an effective leader)　D.カーネギー協会編, 片山陽子訳　大阪　創元社　2012.2　234p　19cm　1200円　①978-4-422-10037-1

内容 第1章 ボスではなくリーダーになれ　第2章 成功するリーダーになる　第3章 部下をやる気にさせる　第4章 スタッフを採用する　第5章 成果を上げる　第6章 部下を育てる　第7章 部下に仕事を任せる　第8章 創造性を開発する　第9章 プロのリーダーになる　デール・カーネギーの原則〔05049〕

◇人を動かす―D.カーネギー　2　デジタル時代の人間関係の原則 (HOW TO WIN FRIENDS AND INFLUENCE PEOPLE IN THE DIGITAL AGE)　D.カーネギー協会編, 片山陽子訳　大阪　創元社　2012.11　310p　20cm　1500円　①978-4-422-10112-5

内容 1 人づき合いの三原則(ブーメランを埋めよ　美点を肯定する ほか)　2 人に好感をもたれる六原則(相手の関心事に関心をもつ　笑顔を忘れない ほか)　3 信頼を築く十原則(議論しない　「あなたは間違っている」と決して言わない ほか)　4 人を変える八原則(まずほめる　自分の過ちを話す ほか)〔05050〕

◇人を動かす―D.カーネギー ： オーディオCD版 2(デジタル時代の人間関係の原則)　D.カーネギー協会編, 片山陽子訳, 茶川亜郎朗読　〔録音資料〕　大阪　創元社　〔2013.1〕　録音ディスク 8枚(592分) ： CD　〈他言語標題 ： How to win friends and influence people in the digital age〉6000円　①978-4-422-68493-2

内容 DISC1-8〈Part 1〉人づき合いの三原則〈Part 2〉人に好感をもたれる六原則〈Part 3〉信頼を築く十原則〈Part 4〉人を変える八原則〔05051〕

ディーガン, パトリシア・E.

◇リカバリー―希望をもたらすエンパワーメントモデル (RECOVERY AND WELLNESS)　カタナ・ブラウン編, 坂本明子監訳　金剛出版　2012.6　227p　21cm　〈索引あり〉3000円　①978-4-7724-1255-1

内容 自分で決める回復と変化の過程としてのリカバリー(パトリシア・E.ディーガン著)〔05052〕

ディーガン, マリリン　Deegan, Marilyn

◇人文学と電子編集―デジタル・アーカイヴの理論と実践（ELECTRONIC TEXTUAL EDITING）　ルー・バーナード, キャサリン・オブライエン・オキーフ, ジョン・アンスワース編, 明星聖子, 神崎正英監訳　慶応義塾大学出版会　2011.9　503p　21cm　4800円　①978-4-7664-1774-6

内容 電子版の収集と保存（マリリン・ディーガン）〔05053〕

ディクソン, ゲイル　Dixon, Gail

◇3分でわかるホーキング（3-MINUTE STEPHEN HAWKING）　ポール・パーソンズ, ゲイル・ディクソン著, 福田篤人訳　エクスナレッジ　2013.3　159p　24cm　〈文献あり 年表あり〉2200円　①978-4-7678-1460-5

内容 第1章 人生（子供時代　前途は有望　物理を学んだわけ ほか）　第2章 理論（特殊相対性理論　一般相対性理論　ブラックホール ほか）　第3章 影響（科学的展望　教え子たち　同世代のライバルたち ほか）〔05054〕

ティクナー, ジョージ

◇ボストン市立図書館とJ.ウィンザーの時代（1868-1877年）―原典で読むボストン市立図書館発展期の思想と実践　川崎良孝解説・訳, 久野和子, 川崎智子訳　京都　京都図書館情報学研究会　2012.5　401p　21cm　〈背・表紙のタイトル：ボストン市立図書館とJ.ウィンザーの時代　発売：日本図書館協会〉6000円　①978-4-8204-1200-7

内容 ボストン・アセニアムと市立図書館の合同（『ボストン・デイリー・アドヴァタイザー』1853年3月14日）（ジョージ・ティクナー）〔05055〕

ディークマン, ハーバート

◇ディドロ著作集　第4巻　美学・美術―付・研究論集　ディドロ〔著〕, 鷲見洋一, 井田尚監修　法政大学出版局　2013.9　646p　20cm　6600円　①978-4-588-12014-5

内容 『ディドロに関する五つの講義』より（ハーバート・ディークマン著, 田口卓臣訳）〔05056〕

ディークマン, マイヤリーサ　Dieckmann, Maijaliisa

◇暗やみの中のきらめき―点字をつくったルイ・ブライユ（Väläys pimeässä）　マイヤリーサ・ディークマン著, 古市真由美訳, 森川百合香絵　汐文社　2013.4　223p　20cm　1500円　①978-4-8113-8975-2

内容 パリ、王立盲学校　フィンランド、現代　一八一二年フランス、クーブレ村　一八一四年クーブレ村　フィンランド、現代　一八一五年クーブレ村　フィンランド、現代　一八一九年二月パリ　一八一九年パリ、王立盲学校　一八二〇年春パリ　一八二一年、パリ　フィンランド、現代　一八二二年～一八三九年パリおよびクーブレ村　一八四〇年 パリ、王立盲学校　一八四二年～一八四四年 パリ　フィンランドとフランス〔05057〕

ディクレメンテ, カルロ・C.　DiClemente, Carlo C.

◇動機づけ面接法　応用編（Motivational interviewing（2nd edition））　ウイリアム・R.ミラー, ステファン・ロルニック編, 松島義博, 後藤恵, 猪野亜朗訳　星和書店　2012.9　291p　21cm　〈文献あり〉3200円　①978-4-7911-0817-6

内容 動機づけ面接法と「変化の5段階」（Carlo C. DiClemente, Mary Marden Velasquez）〔05058〕

ティクーン

◇反―装置論―新しいラッダイト的直観の到来　『来たるべき蜂起』翻訳委員会, ティクーン著　以文社　2012.7　181p　19cm　〈他言語標題：Contre les dispositifs〉2000円　①978-4-7531-0303-4

内容 はじめに 反装置のエチュード　砂漠とオアシス　流言の氾濫はすでに革命の到来を告げている　来たるべき現在のしるし　反原発の社会戦争　批判形而上学は装置論として誕生するだろう…〔05059〕

ディコンシーリョ, ジョン　DiConsiglio, John

◇池上彰のなるほど！現代のメディア　1　ニュースはねむらない（Mastering media : the news never stops）　池上彰日本語版監修　ジョン・ディコンシーリョ著, 笹山裕子訳　文渓堂　2011.3　55p　29cm　〈年表あり 索引あり〉2900円　①978-4-89423-709-4

内容 ニュースを伝える　ニュースをかえた新聞と雑誌　電波に乗せて　テレビの時代　インターネットがジャーナリズムをかえる　どこへ向かうの？ ニュースの未来〔05060〕

ティース, デビッド・J.　Teece, David J.

◇ダイナミック・ケイパビリティ戦略―イノベーションを創発し、成長を加速させる力（DYNAMIC CAPABILITIES & STRATEGIC MANAGEMENT）　デビッド・J.ティース著, 谷口和弘, 蜂巣旭, 川西章弘, ステラ・S.チェン訳　ダイヤモンド社　2013.3　277p　21cm　〈文献あり 索引あり〉2800円　①978-4-478-01145-4

内容 第1部 ダイナミック・ケイパビリティの本質（企業の（持続可能な）パフォーマンスとミクロ的基礎―ダイナミック・ケイパビリティのミクロ的基礎　発達した市場経済における経営者の（企業家的）機能―経営者の役割　ダイナミック・ケイパビリティの基礎―企業がゼロ利潤条件を回避する方法　資源、ケイパビリティ、ペンローズ効果―DCFの理論的基礎としてのペンローズ理論の意味　ダイナミック・ケイパビリティと多国籍企業の本質―ケイパビリティ論から見た多国籍企業）　第2部 経済発展と企業（諸国民の富と経営者・企業・技術の役割―経済発展における企業の重要性　経済発展における経営者・企業家・文系人材の役割―経営者、文系人材の役割と有能な個人のマネジメント）　第3部 競争政策（急速な技術変化の体制下における競争の性質―イノベーションに起因した動学的競争を優遇する競争政策）〔05061〕

ティース, フランク　Thiess, Frank

◇対馬―日本海海戦とバルチック艦隊（Tsushima）　フランク・ティース著, 柄戸正訳　文芸社　2011.12　546p　19cm　〈文献あり〉1800円　①978-4-286-11209-1〔05062〕

ティース, マイケル　Thies, Michael F.

◇日本政治の大転換―「鉄とコメの同盟」から日本型自由主義へ（JAPAN TRANSFORMED）　ノ

テ

ランシス・ローゼンブルース, マイケル・ティース著, 徳川家広訳　勁草書房　2012.12　286, 56p　20cm　〈文献あり〉2800円　①978-4-326-35163-3
内容 第1章 なぜいま、日本の政治システムと経済体制を学ぶのか？　第2章 日本の歴史、日本の文化　第3章 第3章「実験」と「挫折」の日本政治史　第4章 一九五五年体制下の日本政治　第5章「日本経済の奇跡」の政治的基礎　第6章 政治改革以後の日本政治　第7章「新しい日本経済」の政治学　第8章 政治改革後の日本外交　第9章 結論　エピローグ 二〇〇九年の総選挙と自民党の下野　〔05063〕

テ

ディースブロック, トム　Diesbrock, Tom
◇人はなぜ「死んだ馬」に乗り続けるのか？—心に働く「慣性の法則」を壊し、自由に「働く」ための26レッスン（IHR PFERD IST TOT？STEIGEN SIE AB！）　T.ディースブロック著, 三谷武司訳　アスキー・メディアワークス　2012.7　458p　19cm　〈発売：角川グループパブリッシング〉1600円　①978-4-04-870939-2
内容 第1部 どうして「死んだ馬」から降りないのかそのもっともらしい理由（あなたの乗っているその馬、生きていますか？　どうして「死んだ馬」にしがみついてしまうのか？　自分の仕事が「死んだ馬」だったら… ほか）第2部 どうして「死んだ馬」に乗り続けてしまうのか？ 執着の心理学（夢の仕事への道は、気楽な散歩道ではない　転職への8つのステップ—そして、つまずきやすい点　転換期—転職の心理学 ほか）第3部「死んだ馬」を降りて、新しい馬に乗り換える！（手綱をとる！　「内的自由」という成功要因　悩むのをやめ、脳を再起動する ほか）〔05064〕

テイセイラ・デ・メロ, ファビオ　Teixeira de Melo, Fabio
◇プロジェクト・マネジャーが知るべき97のこと（97 things every project manager should know）　Barbee Davis編, 笹井崇司訳, 神庭弘年監修　オライリー・ジャパン　2011.11　240p　21cm　〈発売：オーム社〉1900円　①978-4-87311-510-8
内容 プロジェクト・マネジャーは契約管理者である 他（ファビオ・テイセイラ・デ・メロ）〔05065〕

ティソ, サミュエル＝オーギュスト
◇十八世紀叢書　第6巻　性—抑圧された領域（L'onanisme〔etc.〕）　中川久定, 村上陽一郎責任編集　阿尾安泰, 阿部律子, 江花輝昭, 辻部大介, 辻部亮子, 萩原直幸, 藤本恭比古訳　国書刊行会　2011.6　322p　22cm　8500円　①978-4-336-03916-3
内容 オナニスム（サミュエル＝オーギュスト・ティソ著, 阿尾安泰, 阿部律子, 江花輝昭, 辻部大介, 辻部亮子, 萩原直幸, 藤本恭比古訳）〔05066〕

ティータ, ジョージ
◇環境犯罪学と犯罪分析（Environmental criminology and crime analysis）　リチャード・ウォートレイ, ロレイン・メイズロール編, 島田貴仁, 渡辺昭一監訳, 斉藤知範, 雨宮護, 菊池城治, 畑倫子訳　社会安全研究財団　2010.8　313p　26cm　〈文献あり〉①978-4-904181-13-3
内容 クライムマッピングとホットスポット分析（ルーク・アンセリン, エリザベス・グリフィス, ジョージ・ティータ著, 菊池城治訳）〔05067〕

ディダート, サルバトーレ・V.　Didato, Salvatore V.
◇自分がわかる909の質問（The big book of PERSONALITY tests）　サルバトーレ・V.ディダート著, 渡会圭子訳　宝島社　2012.10　439p　16cm　（宝島SUGOI文庫 Dさ-7-1）　752円　①978-4-8002-0228-4
内容 第1章 本当の自分　第2章 愛する気分　第3章 ハッピーホーム　第4章 社会的センス　第5章 職場で　第6章 成功を目指して　第7章 心の柔軟性　第8章 心の健康　〔05068〕

ディーチュ, シュテフェン　Dietzsch, Steffen
◇超越論哲学の次元—1780-1810（Dimensionen der Transzendental-philosophie）　シュテフェン・ディーチュ著, 長島隆, 渋谷繁明訳　知泉書館　2013.11　248, 68p　22cm　5600円　①978-4-86285-164-2　〔05069〕

ディーツ, トーマス　Dietz, Thomas
◇コモンズのドラマ—持続可能な資源管理論の15年（The Drama of the COMMONS）　全米研究評議会,Elinor Ostrom,Thomas Dietz,Nives Dolšak,Paul C.Stern,Susan C.Stonich,Elke U. Weber編, 茂木愛一郎, 三俣学, 泉留維監訳　知泉書館　2012.5　665p　23cm　〈文献あり 索引あり〉9000円　①978-4-86285-132-1
内容 15年間の研究を経て得られた知見と残された課題 他（ポール・C.スターン, トーマス・ディーツ, ニーヴェス・ドルジャーク, エリノア・オストロム, スーザン・ストニック著, 茂木愛一郎訳）〔05070〕

ディッキー, イアン　Dickie, Iain
◇戦闘技術の歴史　4　ナポレオンの時代編—AD1792-AD1815（FIGHTING TECHNIQUES OF THE NAPOLEONIC AGE）　ロバート・B.ブルース, イアン・ディッキー, ケヴィン・キーリー, マイケル・F.パヴコヴィック, フレデリック・C.シュネイ著, 浅野明監修, 野下祥子訳　大阪　創元社　2013.4　367p　22cm　〈文献あり 索引あり〉4500円　①978-4-422-21507-5
内容 第1章 歩兵の役割（縦長隊形　戦術の再考 ほか）第2章 騎兵の戦闘（騎兵の馬　隊形と規律 ほか）第3章 指揮と統率（スイス選抜歩兵将校（第三スイス連隊）王室騎馬兵将校（イギリス））第4章 火砲と攻囲戦（野戦砲の発達　リヒテンシュタイン・システム ほか）第5章 海戦（攻撃力　艦隊戦術 ほか）〔05071〕

ディック, ウォルター　Dick, Walter
◇インストラクショナルデザインとテクノロジ—教える技術の動向と課題（TRENDS AND ISSUES IN INSTRUCTIONAL DESIGN AND TECHNOLOGY（原著第3版））　R.A.リーサー, J.V.デンプシー編　京都　北大路書房　2013.9　690p　21cm　〈訳：半田純子ほか　索引あり〉4800円　①978-4-7628-2818-8
内容 インストラクショナルデザインにおける評価：評価モデルの比較（R.バーク・ジョンソン, ウォルター・ディック著, 寺田佳子訳）〔05072〕

ティックル, フィリス・A.　Tickle, Phyllis A.
◇強欲の宗教史（Greed the seven deadly sins）　フィリス・A.ティックル著, 屋代通子訳　築地書館　2011.9　99p　19cm　1200円　①978-4-8067-1429-3
内容 プロローグ（あらゆる文化に根をおろす宗教　霊性と実体 ほか）　強欲の宗教史（強欲という名の伝染病　「罪」を表現するふたつの方法 ほか）　エピローグ（ドニゼッティの描いた強欲）　エッセイ（神は「貪欲」のみを残された（井出洋一郎））　〔05073〕

ディッケ, クラウス
◇平和構築の思想―グローバル化の途上で考える（Krieg und Frieden im Prozess der Globalisierung）　マティアス・ルッツ＝バッハマン, アンドレアス・ニーダーベルガー編著, 舟場保之, 御子柴善之監訳　松戸　梓出版社　2011.3　238, 5p　21cm　〈索引あり〉2600円　①978-4-87262-025-2
内容 集団的安全保障は危機に瀕しているか（クラウス・ディッケ著, 御子柴善之訳）　〔05074〕

ティッケル, クリスピン　Tickell, Sir Clispin
◇グリーン・バリュー経営への大転換（Green Business, Green Values, and Sustainability（抄訳））　クリストス・ピテリス, ジャック・キーナン, ヴィッキー・プライス編著, 谷口和弘訳　NTT出版　2013.7　285p　20cm　〈索引あり〉2800円　①978-4-7571-2292-5
内容 人間―過去・現在・未来（クリスピン・ティッケル卿）　〔05075〕

ティッピング, コリン・C.　Tipping, Colin C.
◇人生を癒すゆるしのワーク（Redical forgiveness）　コリン・C.ティッピング著, 菅野礼子訳, ジェームズ・ハートランド監修　太陽出版　2012.1　331p　22cm　〈文献あり〉2600円　①978-4-88469-730-3
内容 1 根源的な癒し（ジルの物語）　2 根源的なゆるしについて（基礎を成す仮説　ふたつの世界 ほか）　3 仮説の展開（スピリチュアルであるために信じていること）　4 根源的なゆるしのための道具（スピリチュアルな技法　根源的なゆるしの四つのステージ ほか）　〔05076〕

ティテル, エド　Tittel, Ed
◇コンピュータ・フォレンジック完全辞典―デジタル訴訟の最先端から学ぶ（Computer forensics jumpstart（2nd ed.））　Michael G.Solomon,K. Rudolph,Ed Tittel,Neil Broom,Diane Barrett著, AOS法務IT推進会訳, 佐々木隆仁, 柳本英之監修　幻冬舎ルネッサンス　2012.2　446p　21cm　2500円　①978-4-7790-0790-3
内容 1 コンピュータ・フォレンジックへのニーズ　2 準備―開始前に何をするべきか　3 コンピュータ証拠　4 一般的な任務　5 データイメージをキャプチャする　6 データから情報を取り出す　7 パスワードと暗号化　8 一般的なフォレンジックツール　9 すべてを統合する　10 法廷での証言方法　〔05077〕

ディーツ, トーマス
◇コモンズのドラマ―持続可能な資源管理論の15年（The Drama of the COMMONS）　全米研究評議会,Elinor Ostrom,Thomas Dietz,Nives Dolšak,Paul C.Stern,Susan C.Stonich,Elke U. Weber編, 茂木愛一郎, 三俣学, 泉留維監訳　知泉書館　2012.5　665p　23cm　〈文献あり 索引あり〉9000円　①978-4-86285-132-1
内容 コモンズの保全に向けた許可証取引によるアプローチ（トム・ティーテンバーグ著, 嶋田大作訳）　〔05078〕

テイト, ライアン　Tate, Ryan
◇20%ドクトリン―サイドプロジェクトで革新的ビジネスを生み出す法（The 20% DOCTRINE）　ライアン・テイト著, 田口未和訳　阪急コミュニケーションズ　2013.7　245, 7p　19cm　1700円　①978-4-484-13109-2
内容 1章 自分のかゆいところに目を向けろ―Gメールができるまでの暗くて長い闘い　2章 破産の危機を乗り越えて―制約が原動力となって生まれたフリッカー　3章 プログラマーたちの祭典―ヤフー・ハックデイはこうして始まった　4章 教育の現場に20%ルールを持ち込め―NYの貧困地域に誕生した「自信」を育む高校　5章 市民が見せたジャーナリスト魂―報道を変えたハフィントン・ポストの素人記者たち　6章 一流シェフの新たな出発―トーマス・ケラーが家庭料理に魅せられた理由　〔05079〕

ディドロ, ドゥニ　Diderot, Denis
◇ちくま哲学の森　2　世界を見る　鶴見俊輔, 安野光雅, 森毅, 井上ひさし, 池内紀編　筑摩書房　2011.10　440p　15cm　1200円　①978-4-480-42862-2
内容 ダランベールの夢（ディドロ者, 杉捷夫訳）　〔05080〕

◇ディドロ著作集　第1巻　哲学　ディドロ著, 小場瀬卓三, 平岡昇監修　新装版　法政大学出版局　2013.5　453p　19cm　5800円　①978-4-588-12010-7
内容 哲学断想　盲人に関する手紙　自然の解釈に関する思索　基本原理入門　ダランベールの夢　物質と運動に関する哲学的諸原理　ブーガンヴィール旅行記補遺　女性について　哲学者とある元帥夫人との対話　〔05081〕

◇ディドロ著作集　第4巻　美学・美術―付・研究論集　ディドロ〔著〕, 鷲見洋一, 井田尚監修　法政大学出版局　2013.9　646p　20cm　6600円　①978-4-588-12014-5
内容 美の起源と本性についての哲学的探求 小場瀬卓三, 井田尚 訳. リチャードソン頌 小場瀬卓三, 鷲見洋一 訳. テレンティウス頌 中川久定 訳. ディドロとファルコネの往復書簡〈抄〉中川久定 訳. 絵画論断章 青山昌文 訳. ディドロはいかに読まれてきたか 鷲見洋一 訳. ディドロの文体 レオ・シュピッツァー著, 井田尚 訳. 『ディドロに関する五つの講義』より ハーバート・ディークマン 著, 田口卓臣 訳. ディドロと神智論者たち ジャン・ファーブル 著, 橋本到 訳. ディドロと他者の言葉 ジャン・スタロバンスキー 著, 小関武史 訳. 『百科全書』から『ラモーの甥』へ ジャック・プルースト 著, 鷲見洋一 訳　〔05082〕

デイトン - ジョンソン, ジェフ
◇コモンズのドラマ―持続可能な資源管理論の15年（The Drama of the COMMONS）　全米研究

評議会,Elinor Ostrom,Thomas Dietz,Nives Dolšak,Paul C.Stern,Susan C.Stonich,Elke U. Weber編, 茂木愛一郎, 三俣学, 泉留維監訳　知泉書館　2012.5　665p　23cm　〈文献あり 索引あり〉9000円　①978-4-86285-132-1
内容 不平等な灌漑利用主体（プラナーブ・バーダン, ジェフ・デイトン‐ジョンソン著, 山本早苗訳）〔05083〕

ディーネル, ペーター・C.　Dienel, Peter C.
◇市民討議による民主主義の再生―プラーヌンクスツェレの特徴・機能・展望（Demokratisch Praktisch Gut）　ペーター・C.ディーネル著, 篠藤明徳訳　イマジン出版　2012.2　173p　22cm　〈文献あり〉1800円　①978-4-87299-594-7
内容 序言 プラーヌンクスツェレの広範な実施はいつ始まるか？　第1章 新しい市民参加の必要性　第2章 プラーヌンクスツェレに至る道（革新のための基本条件 現状の参加手法の分析）　第3章 参加手法・プラーヌンクスツェレ（PZ）（モデルの特徴　PZの作業プロセス）　第4章 プラーヌンクスツェレ（PZ）の効果　第5章 プラーヌンクスツェレ（PZ）の適用とその展望　第6章 プラーヌンクスツェレは前進する　〔05084〕

デイビス, スコット　Davis, Scott
◇プロジェクト・マネジャーが知るべき97のこと（97 things every project manager should know）　Barbee Davis編, 笹井崇司訳, 神庭弘年監修　オライリー・ジャパン　2011.11　240p　21cm　〈発売：オーム社〉1900円　①978-4-87311-510-8
内容「もうすぐ」よりも「今」を大切に 他（スコット・デイビス）　〔05085〕

デイビス, バービー　Davis, Barbee
◇プロジェクト・マネジャーが知るべき97のこと（97 things every project manager should know）　Barbee Davis編, 笹井崇司訳, 神庭弘年監修　オライリー・ジャパン　2011.11　240p　21cm　〈発売：オーム社〉1900円　①978-4-87311-510-8
内容 アーンドバリューとベロシティは共存できるか 他（バービー・デイビス）　〔05086〕

デイビス, ハワード　Davies, Howard
◇あすにかける―中央銀行の栄光と苦悩（Banking on the future）　ハワード・デイビス, デイビッド・グリーン著, 井上哲也訳　金融財政事情研究会　2012.2　414p　22cm　〈索引あり　発売：きんざい〉4000円　①978-4-322-11753-0
内容 中央銀行業とは何か、なぜ重要なのか　通貨の安定　金融安定　金融のインフラストラクチャー　資産価格　構造、地位、説明責任　欧州：特殊なケース　新興国における中央銀行　経営資源、コスト、効率性　国際協力　リーダーシップ　変革に向けた課題　〔05087〕

デイビス, ポール　Davies, Paul
◇会社法の解剖学―比較法的&機能的アプローチ（The Anatomy of Corporate Law：A Comparative and Functional Approach）　レイニア・クラークマン, ポール・デイビス, ヘンリー・ハンスマン, ゲラード・ヘルティッヒ, クラウス・J.ホプト, 神田秀樹, エドワード・B.ロック著, 布井千博監訳　レクシスネクシス・ジャパン　2009.7　323p　21cm　4000円　①978-4-902625-21-9
内容 第1章 株式会社法とは何か　第2章 エージェンシー問題と法的戦略　第3章 基本的なガバナンス構造　第4章 債権者保護　第5章 関連当事者取引　第6章 重大な会社の行為　第7章 支配権取引　第8章 発行者と投資家保護　第9章 解剖学を超えて　〔05088〕

デイビス, モンテ　Davis, Monte
◇プロジェクト・マネジャーが知るべき97のこと（97 things every project manager should know）　Barbee Davis編, 笹井崇司訳, 神庭弘年監修　オライリー・ジャパン　2011.11　240p　21cm　〈発売：オーム社〉1900円　①978-4-87311-510-8
内容 手順を文書化して、守られているか確かめよう 他（モンテ・デイビス）　〔05089〕

デイビソン, エドワード
◇アジアの顔のキリスト　ホアン・カトレット編, 高橋敦子訳　名古屋　新世社　2010.10　175, 32p　16cm　〈文献あり〉1200円　①978-4-88382-100-6
内容 わたしが絶望したときに触れてください（エドワード・デイビソン）　〔05090〕

デイビッドソン, マシュー　Davidson, Matthew
◇優秀で善良な学校―新しい人格教育の手引き（Smart & Good High Schools（抄訳））　トーマス・リコーナ, マシュー・デイビッドソン著, 柳沼良太監訳, 吉田誠訳　慶応義塾大学出版会　2012.9　260, 10p　19cm　2800円　①978-4-7664-1952-8
内容 優秀で善良な学校―学校、職場、その他の人生で成功するために、優秀さと善良さの統合を目指します　第1章 人格への呼びかけ―学校が直面するパフォーマンス的問題と道徳的問題　第2章 パフォーマンス的人格と道徳的人格―優秀さと善良さの統合　第3章 倫理的学習共同体―優秀さと善良さを統合するために協働する教師、子ども、保護者、地域共同体　第4章 職業倫理的学習共同体―優秀さと善良さを統合するために協働する教師　〔05091〕

ティフィン, クリス　Tiffin, Chris
◇人文学と電子編集―デジタル・アーカイヴの理論と実践（ELECTRONIC TEXTUAL EDITING）　ルー・バーナード, キャサリン・オブライエン・オキーフ, ジョン・アンスワース編, 明星聖子, 神崎正英監訳　慶応義塾大学出版会　2011.9　503p　21cm　4800円　①978-4-7664-1774-6
内容 電子版の真正性認証（フィル・ベリー, ポール・エガート, クリス・ティフィン, グレアム・バーウェル）　〔05092〕

ディフォンツォ, ニコラス　DiFonzo, Nicholas
◇うわさとデマ―口コミの科学（The watercooler effect）　ニコラス・ディフォンツォ著, 江口泰子訳　講談社　2011.6　317p　20cm　2400円　①978-4-06-215188-7

内容 第1章 噂をするのは人の常　第2章 噂の海が泳ぐ　第3章 不明瞭であることは明瞭だ―不確実な世界を噂で理解する　第4章 噂、ゴシップ、都市伝説―似たものどうしを考察する　第5章 井戸のまわりの小さな世界―どんな噂がどこで、なぜ、広まるのか？　第6章 信じる噂、信じない噂―なぜ信じたり、信じなかったりするのか？　第7章 事実は曲げられないもの―街の噂を検証する　第8章 噂の製造工場を管理する　〔05093〕

ティベルギアン, イヴ

◇政党政治の混迷と政権交代　樋渡展洋, 斉藤淳編　東京大学出版会　2011.12　269p　22cm　〈索引あり〉4500円　①978-4-13-036241-2

内容 格差問題と政党対立（イヴ・ティベルギアン著, 松田なつ訳）　〔05094〕

ディマーゾ, ピーター　DeMarzo, Peter M.

◇コーポレートファイナンス　入門編（Corporate finance (2nd ed.)）　ジョナサン・バーク, ピーター・ディマーゾ著, 久保田敬一, 芹田敏夫, 竹原均, 徳永俊史訳　ピアソン桐原　2011.12　661p　22cm　〈索引あり〉4500円　①978-4-89471-384-0

内容 第1部 はじめに（会社　財務諸表分析入門）　第2部 分析ツール（無裁定価格と財務意思決定　リスクの価格 ほか）　第3部 評価の基礎（投資の意思決定法　資本予算の基礎 ほか）　第4部 リスクとリターン（資本市場とリスクのプライシング　最適ポートフォリオの選択と資本資産評価モデル ほか）　第5部 資本構成（1）（完全市場における資本構成　負債と税）　〔05095〕

◇コーポレートファイナンス　応用編（Corporate Finance (原著第2版)）　ジョナサン・バーク, ピーター・ディマーゾ著, 久保田敬一, 芹田敏夫, 竹原均, 徳永俊史, 山内浩嗣訳　ピアソン桐原　2013.7　769p　22cm　〈索引あり〉5500円　①978-4-89471-395-6

内容 第5部 資本構成（2）（財務的危機、経営者のインセンティブ、情報　ペイアウト政策）　第6部 評価（レバレッジのある場合の資本予算と企業評価　企業評価とファイナンスモデルの作成：ケーススタディ）　第7部 オプション（金融オプション　オプションの評価 ほか）　第8部 長期資金調達（株式資本調達　負債による資金調達 ほか）　第9部 短期資金調達（運転資本管理　短期ファイナンスプランニング）　第10部 コーポレートファイナンス論におけるスペシャルトピック（M&A　コーポレートガバナンス ほか）　〔05096〕

ディマティーニ, ジョン・F.　Demartini, John F.

◇正負の法則―一瞬で人生の答えが見つかる（The breakthrough experience）　ジョン・F.ディマティーニ〔著〕, 本田健訳　東洋経済新報社　2011.6　254p　20cm　1600円　①978-4-492-04421-6

内容 第1章 人生の本質　第2章 夢を生きる　第3章 正負の法則　第4章 思いやりのある人間関係を築く　第5章 天性の才能に気づく　第6章 夢の構想―信じることは見ること　第7章 夢の実現―創造の青写真　第8章 夢の完成　完全な円　第9章 本当の自分に目覚める―ディマティーニ・メソッド　〔05097〕

◇世界はバランスでできている！―一瞬で人生を変える1つの魔法（The gratitude effect）　ジョン・F.ディマティーニ著, 岩元貴久訳　フォレスト出版　2011.9　287p　19cm　1700円　①978-4-89451-457-7

内容 第1章 感謝の魔法とは？　第2章 感謝とスピリチュアルの考察　第3章 あなたの天才性を目覚めさせる方法　第4章 好きなことを仕事にし、今の仕事を好きになる　第5章 感謝の影響力を利用して財産を築く方法　第6章 家族の間に働くダイナミクス　第7章 人生のマトリックス　第8章 感謝が持つ奇跡のヒーリングパワー　第9章 感謝の旅に向けて　〔05098〕

◇ザ・ミッション―人生の目的の見つけ方（Inspired destiny）　ジョン・F.ディマティーニ著, 成瀬まゆみ訳　ダイヤモンド社　2012.2　278p　19cm　1600円　①978-4-478-01644-2

内容 第1部 人生の目的＝ミッションを知る（あなたの人生には大きな目的がある　人生で「欠けているもの」とは ほか）　第2部 人生のスキルを磨く（コミュニケーションの達人になる　好きなことをしてお金を稼ぐ ほか）　第3部 自分の人生を創造する（あなたはすでに成功している　内なるヒーローを見つける ほか）　第4部 リーダーとしての資質に目覚める（高い視点でビジョンを描く　時間的視野を広げる ほか）　〔05099〕

◇心を知る技術―最高の「人間関係」にする2つの視点（THE HEART OF LOVE）　ジョン・F.ディマティーニ著, 岩元貴久訳　フォレスト出版　2012.9　322p　19cm　1700円　①978-4-89451-521-5

内容 第1章 人間関係にまつわる10の神話　第2章 幻想を捨て、充足を求める　第3章 バリュー・ディターミネーション―価値観の優先順位　第4章 自分の好きなことと相手の好きなことをリンクする　第5章 ディマティーニ・メソッドで感情を中和する　第6章 ディマティーニ・メソッドを自分のものにする　第7章 ソウルメイトと出会う方法　第8章 楽しむ、そして乗り越える　第9章 悲しみと喪失を乗り越える方法　第10章 人間関係の3つの法則　〔05100〕

◇成功のタイムリミット―あなたの人生は、なぜ60日で変わるのか？　日本初公開！　カウントダウン型の成功プログラム!!（You Can Have An Amazing Life In Just 60 Days）　ジョン・F.ディマティーニ著, 染川順平, 中西敦子訳　フォレスト出版　2013.7　276p　19cm　1700円　①978-4-89451-572-7

内容 愛の法則　インスピレーションの法則　良質な質問の法則　祝福の法則　いま、ここの法則　天才の法則　感謝の法則　生命力の法則　静けさの法則　確信の法則〔ほか〕　〔05101〕

◇Dr.ディマティーニの最高の自分が見つかる授業―人生を成功加速させる世界最強メソッド（THE VALUES FACTOR）　ジョン・F.ディマティーニ著, 岩元貴久監訳, 竹井善昭訳　フォレスト出版　2013.11　398p　19cm　〈背のタイトル：最高の自分が見つかる授業〉1700円　①978-4-89451-589-5

内容 第1章 バリュー・ファクターとは何か？　第2章 価値観を特定する　第3章 試練がもたらす価値観　第4章 運命を生きる　第5章 愛を深める　第6章 才能を活性化する　第7章 充実したキャリアを歩む　第8章 経済的自由の拡大　第9章 影響力の拡大　第10章 活力を解き放つ　第11章 究極のビジョンの実現　〔05102〕

テ

テ

ディミトリアディス, グレッグ　Dimitriadis, Greg

◇グローバル化・社会変動と教育　2　文化と不平等の教育社会学（EDUCATION, GLOBALIZATION AND SOCIAL CHANGE（抄訳））　ヒュー・ローダー, フィリップ・ブラウン, ジョアンヌ・ディラボー,A.H.ハルゼー編, 苅谷剛彦, 志水宏吉, 小玉重夫編訳　東京大学出版会　2012.5　370p　22cm　〈文献あり〉4800円　①978-4-13-051318-0

内容 統治性と教育社会学（キャメロン・マッカーシー, グレッグ・ディミトリアディス著, 大田直子訳）〔05103〕

テイヤール・ド・シャルダン, ピエール　Teilhard de Chardin, Pierre

◇現象としての人間（Le phenomene humain）　ピエール・テイヤール・ド・シャルダン〔著〕, 美田稔訳　新版　みすず書房　2011.3　407, 11p　20cm　〈文献あり 著作目録あり 索引あり〉4200円　①978-4-622-07597-4

内容 第1部 生命が現われるまで（宇宙の素材　物質の内面　幼年期の地球）　第2部 生命（生命の出現　生命の膨張　デーメーテール）　第3部 思考力（思考力の発生　精神圏の展開　近代の地球）　第4部 高次の生命（人類集団の未来　集団を超えるもの—高次の人格　地球の最後）〔05104〕

ティヨン, ジェルメーヌ　Tillion, Germaine

◇イトコたちの共和国—地中海社会の親族関係と女性の抑圧（Le harem et les cousins）　ジェルメーヌ・ティヨン〔著〕, 宮治美江子訳　みすず書房　2012.3　289p　20cm　〈著作目録あり〉4000円　①978-4-622-07649-0

内容 第1章 地中海沿岸の高貴な住民たち　第2章 義兄弟たちの共和国からイトコたちの共和国へ　第3章 身内で生きる　第4章 バター時代のマグリブ　第5章「ああお兄さま、私たちの婚礼の祭りの日が来ました」　第6章 アヴェロエスの高貴さとイブン＝ハルドゥーンの高貴さ　第7章 神との争い　第8章 ブルジョワ的スノビズム　第9章 女性とヴェール〔05105〕

◇ジェルメーヌ・ティヨン—レジスタンス・強制収容所・アルジェリア戦争を生きて（FRAGMENTS DE VIE）　ジェルメーヌ・ティヨン〔著〕, ツヴェタン・トドロフ編, 小野潮訳　法政大学出版局　2012.9　402, 5p　20cm（叢書・ウニベルシタス 982）　4000円　①978-4-588-00982-2

内容 1 アルジェリアの民族学者（一九三四 - 一九四〇年）　2 レジスタンスと牢獄（一九四〇 - 一九四三年）　3 強制収容所送り（一九四三 - 一九四五年）　4 強制収容所出所後の時期（一九四五 - 一九五四年）　5 アルジェリア戦争（一九五四 - 一九五七年）　付録〔05106〕

テイラー, アレックス, 3世

◇ありえない決断—フォーチュン誌が選んだ史上最高の経営判断（FORTUNE：THE GREATEST BUSINESS DECISIONS OF ALL TIME）　バーン・ハーニッシュ, フォーチュン編集部著, 石山淳訳　阪急コミュニケーションズ　2013.10　237p　19cm　1700円　①978-4-484-13117-7

内容 欠陥ゼロを目指すトヨタを支えたもの 他（アレックス・テイラー三世著）〔05107〕

テイラー, アンソニー　Taylor, Anthony James

◇世界の聖地バイブル—パワースポット＆スピリチュアルスポットのガイド決定版（The sacred sites bible）　アンソニー・テイラー著, 鈴木宏子訳　ガイアブックス　2011.2　399p　17cm（The world's bestselling series）〈索引あり　発売：産調出版〉2200円　①978-4-88282-780-1

内容 地形　聖堂と森　聖なる石・岩・塚　隠遁地　賢人・聖人・神　巡礼の地　寺院・教会・大聖堂〔05108〕

テイラー, グラディス　Taylor, Gladys

◇〈図説〉聖人と花（SAINTS AND THEIR FLOWERS）　グラディス・テイラー著, 栗山節子訳　八坂書房　2013.2　175p　20cm　〈文献あり 索引あり〉2200円　①978-4-89694-149-4

内容 第1章 宗教と花　第2章 主イエス・キリストの花　第3章 聖人の背景　第4章 聖母マリアの花　第5章 聖人とそのエンブレム　第6章 オランダの祝歌　第7章 庭師の聖人　第8章 イギリスの昔の花暦　第9章 春の聖人　第10章 夏の聖人　第11章 秋の聖人　第12章 冬の聖人　第13章 死後の聖人　第14章 ノーズゲイ〔05109〕

テイラー, サンドラ・アン　Taylor, Sandra Anne

◇運命を書き換える前世療法CDブック—過去を手放して幸せになる方法（THE HIDDEN POWER OF YOUR PAST LIVES）　サンドラ・アン・テイラー著, 奥野節子訳　ダイヤモンド社　2013.6　236p　19cm　1800円　①978-4-478-01726-5

内容 1 魂の永遠を知る（輪廻転生の可能性　魂の時間への旅　なぜ、記憶はコード化されるのか）　2 過去世からのコードを壊す（エネルギー体に残る病気や傷　私とは何者かを知る　感情の持つパワー　カルマを生むもの）　3 過去を手放し、未来を変える（悲劇を壊し、喜びを再構築する（トム・クラッツレー）　コードを書き換える　過去世からのガイドに出会う（シャロン・A.クリングラー）　魂の成長のために）〔05110〕

テイラー, シェリー・E.　Taylor, Shelley E.

◇社会的認知研究—脳から文化まで（SOCIAL COGNITION（原著第3版））　S.T.フィスク,S.E.テイラー著, 宮本聡介, 唐沢穣, 小林知博, 原奈津子編訳　京都　北大路書房　2013.11　554p　21cm　〈文献あり 索引あり〉5800円　①978-4-7628-2822-5〔05111〕

テイラー, ジェレミー（1943-）　Taylor, Jeremy

◇ドリームワーク—みんなで夢を楽しむ方法（DREAM WORK）　ジェレミー・テイラー著, 板谷いさ子, 角岡博子, 城内良江, 田尻宇成, 藤井稔子, 水戸洋子訳, 福井あや子監訳, 田尻宇成監修　バベルプレス　2012.8　327p　21cm　1600円　①978-4-89449-130-4

内容 なぜ夢を研究するのか？　ドリームワークと社会的責任　夢を思い出すためのヒント　夢ではなぜ不思議なことが起こるのか？　自分で行なうドリームワーク一七の心得　夢の中の死　グループ・ドリームワークのためのヒント　グループ・ドリームワーク　夢の中に常に存在する要素とは　夢の中のセクシャリティ〔ほか〕〔05112〕

テイラー, ジョージ

◇変貌する世界の緑の党―草の根民主主義の終焉か？ (GREEN PARTIES IN TRANSITION)　E.ジーン・フランクランド, ポール・ルカルディ, ブノワ・リウー編著, 白井和宏訳　緑風出版　2013.9　455p　20cm　〈文献あり〉3600円　①978-4-8461-1320-9

内容 アイルランドにおける緑の党（ジョージ・テイラー, ブレンダン・フリン著）〔05113〕

テイラー, ジョージ・H.　Taylor, George Howard

◇イデオロギーとユートピア―社会的想像力をめぐる講義（Lectures on ideology and utopia）　ポール・リクール著, ジョージ・H.テイラー編, 川崎惣一訳　新曜社　2011.6　502p　22cm　〈文献あり〉5600円　①978-4-7885-1235-1

内容 第1部 イデオロギー（マルクス『ヘーゲル法哲学批判』および『経済学・哲学草稿』　マルクス『経済学・哲学草稿』「第一草稿」　マルクス『経済学・哲学草稿』「第三草稿」　マルクス『ドイツ・イデオロギー』　アルチュセール　マンハイム　ウェーバー　ハーバーマス　ギアーツ）　第2部 ユートピア（マンハイム　サン＝シモン　フーリエ）〔05114〕

テイラー, チャールズ　Taylor, Charles

◇近代―想像された社会の系譜（Modern social imaginaries）　チャールズ・テイラー〔著〕, 上野成利訳　岩波書店　2011.2　326p　20cm　3200円　①978-4-00-022583-0

内容 近代の道徳秩序　「社会的想像」とは何か　観念論の亡霊　大いなる脱埋め込み化　客体化された現実としての経済　公共圏　公と私　主権者としての人民　全面的に拡がる秩序　直接アクセス型の社会　行為主体と客体化　語りの様式　世俗性の意味　ヨーロッパを地方化する〔05115〕

◇多文化社会ケベックの挑戦―文化的差異に関する調和の実践ブシャール＝テイラー報告（Fonder l'avenir）　ジェラール・ブシャール, チャールズ・テイラー編, 竹中豊, 飯笹佐代子, 矢頭典枝訳　明石書店　2011.8　159p　20cm　〈年表あり〉2200円　①978-4-7503-3448-6

内容 第1章「妥当なる調整」委員会　第2章「妥当なる調整」の危機―それは存在するのか　第3章 公共機関における調和の実践―現場の状況　第4章 ケベックを規定する枠組み―共通の価値規範　第5章「調和」の実践を尊重した政策提言　第6章 批判的意見への回答　第7章 変容するケベック　第8章 最優先されるべき勧告事項〔05116〕

テイラー, デイヴィッド（精神分析）　Taylor, David

◇トラウマを理解する―対象関係論に基づく臨床アプローチ（Understanding trauma）　キャロライン・ガーランド編, 松木邦裕監訳, 田中健夫, 梅本園乃訳　岩崎学術出版社　2011.3　249p　22cm　〈文献あり 索引あり〉4000円　①978-4-7533-1018-0

内容 心的外傷後の状態の精神力動的アセスメント（デイヴィッド・テイラー著）〔05117〕

◇トーキング・キュア―ライフステージの精神分析（Talking Cure）　デビッド・テイラー編著, 木部則雄監訳, 長沼佐代子, 浅沼由美子訳　金剛出版　2013.3　389p　22cm　〈文献あり 索引あり〉5800円　①978-4-7724-1297-1

内容 こころのめばえ　遊び（プレイ）　こどもと純心さ　成長のプロセス　こころの成り立ち　愛　夢を見ること　家族　集団　仕事　こころの食べ物　正常と精神疾患へのこころの態度　精神的苦痛と精神疾患　心理療法　時を刻むということ　年を重ねること　未来〔05118〕

テイラー, ティモシー　Taylor, Timothy

◇スタンフォード大学で一番人気の経済学入門　ミクロ編（THE INSTANT ECONOMIST）　ティモシー・テイラー著, 池上彰監訳, 高橋璃子訳　かんき出版　2013.2　254p　19cm　1500円　①978-4-7612-6894-7

内容 経済学の考え方―どのように身につければいいのか　経済学とは何か―だまされないために, 経済を学ぶ　分業―1人では鉛筆1本つくれない　需要と供給―ピザの値段を決めるのはピザ屋ではない　価格統制―家賃の高騰はふせげるか　価格弾力性―タバコの値上げは誰のためか　労働市場―給料はどのようにして決まるのか　資本市場―どうして利子を払うのか　個人投資―老後のために知っておきたいこと　完全競争と独占―企業にやさしい市場, 厳しい市場　独占禁止法―競合企業は友であり, 顧客は敵だ　規制と規制緩和―何が電話を進化させたのか　負の外部性―見えない環境コストを可視化する　正の外部性―技術革新のジレンマ　公共財―道路も消防もすべては商品　貧困と福祉―魚を与えるか, 釣りを教えるか　格差問題―不平等はどこまで許されるのか　情報の非対称性―保険がうまくいかない理由　企業と政治のガバナンス―誰も信用してはならない〔05119〕

◇スタンフォード大学で一番人気の経済学入門　マクロ編（THE INSTANT ECONOMIST）　ティモシー・テイラー著, 池上彰監訳, 高橋璃子訳　かんき出版　2013.4　261p　19cm　1500円　①978-4-7612-6910-4

内容 マクロ経済とGDP―経済全体を見わたす目　経済成長―生活水準を上げるたった1つの方法　失業率―なぜ失業者が増えると困るのか　インフレ―物価高が給料を食いつぶす　国際収支―アメリカは世界に借金を返せるのか　総需要と総供給―需要が先か, 供給が先か　インフレ率と失業率―マクロ経済の巨大なトレードオフ　財政政策と財政赤字―国の財布の中身をのぞき見る　景気対策―需要がないなら穴を掘らせろ　財政赤字と貯蓄率―赤字のツケを払うのは誰か　お金と銀行―貸せば貸すほどお金は増える　中央銀行と金融政策―誰が世界の経済を動かすのか　金融政策の実践―武器の使いどころを考える　自由貿易―なぜ外国からものを買うのか　保護貿易―貿易をやめると幸せになれる？　為替相場―通貨高で得をする人, 損をする人　国際金融危機―投資ブームと為替の恐怖　世界経済をどう見るか―未来を切りひらく視点〔05120〕

テイラー, ヘレン　Taylor, Helen

◇宗教をめぐる三つのエッセイ（Three essays on religion）　J.S.ミル著, ヘレン・テイラー編, 大久保正健訳　勁草書房　2011.2　256, 3p　20cm　〈索引あり〉2600円　①978-4-326-15415-9

内容 第1論文 自然論　第2論文 宗教の功利性　第3論文 有神論（有神論　有神論の証拠　第一原因論　人類の一般的承認に基づく論証　意識に基づく論証　自然の存在にあるデザインの痕跡に基づく論証　神の属性　霊魂の不死　啓示　一般的結論）〔05121〕

テイラー, マイルス・G.

◇ライフコース研究の技法—多様でダイナミックな人生を捉えるために（The Craft of Life Course Research）　グレン・H.エルダー,Jr., ジャネット・Z.ジール編著, 本田時雄, 岡林秀樹監訳, 登張真稲, 中尾暢見, 伊藤教子, 磯谷俊仁, 玉井航太, 藤原善美訳　明石書店　2013.7　470p　22cm　〈文献あり 索引あり〉6700円　①978-4-7503-3858-3

内容 研究の問いとデータアーカイブとの関連づけ（グレン・H.エルダー,Jr., マイルス・G.テイラー著, 中尾暢見訳）　〔05122〕

テ

テイラー, マシュー　Taylor, Matthew

◇グアテマラ（Guatemala）　アニタ・クロイ著, マシュー・テイラー, エドウィン・J.カステジャノス監修　ほるぷ出版　2011.11　64p　25cm　（ナショナルジオグラフィック世界の国）〈日本語版校閲・ミニ情報：岩淵孝　年表あり　索引あり〉2000円　①978-4-593-58574-8

内容 地理—火と水　自然—秘められた輝き　歴史—埋没、そして発見　人と文化—歴史とともに生きる　政治と経済—富める者と貧しい者　〔05123〕

テイラー, マリア　Taylor, Maria

◇ドールハウス—イギリス、ビクトリア時代のいえのひみつ：ひらいて、みて、まなぼう（DOLL'S HOUSE）　ジェマイマ・パイプぶん, マリア・テイラーえ, カールトン・キッズ・チームせいさく, よしいちよこやく　大日本絵画　2012　23p　31cm　（めくりしかけえほん）2300円　①978-4-499-28478-3　〔05124〕

テイラー, リチャード（倫理）　Taylor, Richard

◇卓越の倫理—よみがえる徳の理想（VIRTUE ETHICS：An Introduction）　リチャード・テイラー著, 古牧徳生, 次田憲和訳　京都　晃洋書房　2013.10　210, 6p　21cm　2800円　①978-4-7710-2388-8

内容 第1部 二つの倫理（「義務の倫理」と「気概の倫理」「正しさ」と「間違い」の観念　哲学と宗教の出現）第2部「個人の卓越」と幸福という理想（ギリシアの倫理的理想　ソクラテスの倫理　「自然法」の観念　キュニコス派とストア派　プラトン主義と倫理的相対主義　アリストテレスの倫理学）第3部 義務と気概（「義務の倫理」の基礎　宗教と「道徳上の務め」の概念　「徳」という理想の破壊　近代倫理の宗教的枠組み　「誇り」という徳　幸福）　〔05125〕

テイラー, A.*　Taylor, Astra

◇私たちは"99%"だ—ドキュメントウォール街を占拠せよ（OCCUPY！）『オキュパイ！ガゼット』編集部編, 肥田美佐子訳　岩波書店　2012.4　247p　21cm　2000円　①978-4-00-025778-7

内容 1 ウォール街を占拠せよ（一つの「ノー」、たくさんの「イエス」　トップ一%の真実　アメリカンドリームをあきらめて　いま、立ち上がる　合意の神学 ほか）2「占拠」の風景（ニューヨーク　アトランタ　オークランド　フィラデルフィア　ボストン）3 過去からの視線（アメリカの危機）　〔05126〕

テイラー, A.J.P.　Taylor, Alan John Percivale

◇第二次世界大戦の起源（The origins of the second world war（2nd ed.））　A.J.P.テイラー〔著〕, 吉田輝夫訳　講談社　2011.1　505p　15cm　（講談社学術文庫 2032）〈文献あり 年表あり 索引あり〉1400円　①978-4-06-292032-2

内容 忘れられた問題　第一次大戦の遺産　大戦後の十年間　ヴェルサイユ体制の終焉　エチオピア戦争とロカルノ条約の終末　半ば武装せる平和、一九三六〜三八年　独墺合併—オーストリアの最後　チェコスロヴァキア危機　六ヵ月の平和　神経戦　ダンツィヒのための戦争　〔05127〕

テイラー, R.（図像学）　Taylor, Richard

◇「教会」の読み方—画像や象徴は何を意味しているのか（HOW TO READ A CHURCH）　R.テイラー著, 竹内一也訳　教文館　2013.8　258p　21cm　〈文献あり 索引あり〉2100円　①978-4-7642-7369-6

内容 教会 建物と調度　十字（架）とクルシフィクス　神イエス　おとめマリア　聖人　旧約聖書　博士、天使、抽象的事物　動物、鳥、魚　植物　文字と言葉　「司祭」の読み方　付録　〔05128〕

ディラボー, ジョアンヌ　Dillabough, Jo-Anne

◇グローバル化・社会変動と教育　1　市場と労働の教育社会学（EDUCATION, GLOBALIZATION AND SOCIAL CHANGE（抄訳））　ヒュー・ローダー, フィリップ・ブラウン, ジョアンヌ・ディラボー,A.H.ハルゼー編, 広田照幸, 吉田文, 本田由紀編訳　東京大学出版会　2012.4　354p　22cm　〈文献あり〉4800円　①978-4-13-051317-3

内容 教育の展望—個人化・グローバル化・社会変動（ヒュー・ローダー, フィリップ・ブラウン, ジョアンヌ・ディラボー, A.H.ハルゼー著, 吉田文, 本田由紀, 広田照幸訳）　〔05129〕

◇グローバル化・社会変動と教育　2　文化と不平等の教育社会学（EDUCATION, GLOBALIZATION AND SOCIAL CHANGE（抄訳））　ヒュー・ローダー, フィリップ・ブラウン, ジョアンヌ・ディラボー,A.H.ハルゼー編, 苅谷剛彦, 志水宏吉, 小玉重夫編訳　東京大学出版会　2012.5　370p　22cm　〈文献あり〉4800円　①978-4-13-051318-0

内容 新しい家族とフレキシブルな労働　社会的相続と機会均等政策　社会的紐帯から社会関係資本へ—学校と保護者ネットワークの関係における階層差　バイリンガリズムをめぐる政治的駆け引き—再生産論による中国返還後の香港における母語教育政策の分析　モダニティの歩兵たち—文化消費の弁証法と21世紀の学校　民主主義・教育・そして多文化主義—グローバル世界におけるシティズンシップのジレンマ　「ジュリアには問題がある」—スウェーデンの学校におけるADHDの症状・カテゴリーとその適用のプロセス　教育における市場　教職の専門性と教員研修の四類型　教育の経済における成果主義と偽装—成果主義社会に向けて　パフォーマンス型ペダゴジーの枠づけ—学校知識とその獲得に関する生徒の視座の分析　教育的選別とDからCへの成績の転換—「処遇に適している」とは？　統治性と教育社会学—メディア、教育政策そしてルサンチマンの政治　文化・権力。不平等と日本の教育—解説にかえて　〔05130〕

ディリー, ワリス　Dirie, Waris

◇砂漠の女ディリー（Desert flower）　ワリス・ディリー著, 武者圭子訳　草思社　2011.4　430p　16cm　（草思社文庫 デ1-1）　950円　①978-4-7942-1817-9

内容 逃走　家畜とともに　遊牧民の暮らし　女になるということ　婚約　モガディシュへの道　親族たち　ロンドンへ　メイドの生活　ようやく手にした自由　モデルの仕事　体の秘密　パスポート問題　スターダム　再会　新たな生命の恵み　国連特別大使　故国への思い　〔05131〕

ティリオン, サミュエル　Thirion, Samuel

◇脱成長の道—分かち合いの社会を創る　勝俣誠, マルク・アンベール編著　コモンズ　2011.5　279p　19cm　1900円　①978-4-86187-078-1

内容 生活の質の向上のためのアプローチ（サミュエル・ティリオン著）　〔05132〕

ティリッヒ, パウル　Tillich, Paul

◇地の基は震え動く（The shaking of the foundations）　パウル・ティリッヒ著, 茂洋訳　新教出版社　2010.8　247p　19cm　2500円　①978-4-400-52353-6　〔05133〕

◇諸学の体系—学問論復興のために（Das System der Wissenschaften nach Gegenständen und Methoden）　パウル・ティリッヒ〔著〕, 清水正, 浜崎雅孝訳　法政大学出版局　2012.1　264p　20cm　（叢書・ウニベルシタス 970）　3200円　①978-4-588-00970-9

内容 一般的な基礎論（諸学の体系の意味と価値　諸学の体系の原理　諸学の体系の構築　諸学の体系の方法）　第1部 思惟科学、あるいは観念的な科学（基礎論　論理学　数学　思惟科学と現象学）　第2部 存在科学、あるいは実在的な科学（基礎論　存在科学の体系）　第3部 精神科学、あるいは規範的な科学（基礎論　精神科学の体系）　結論的な考察（学問と真理　学問と生）　〔05134〕

ティル, ノエル　Tyl, Noel

◇心理占星術—コンサルテーションの世界（Noel Tyl's guide to astrological consultation）　ノエル・ティル著, 石塚隆一監訳, 星の勉強会訳・編　イースト・プレス　2011.8　357p　21cm　〈文献あり〉 3800円　①978-4-7816-0643-9

内容 1 重要な天体配置を確定する—準備プロセス1 ： データの出力　2 天体に生命を吹き込む—準備プロセス2 ： データの人間化　3 コンサルテーション前のイメージづくり—準備プロセス3 ： 何を達成できるか？　4 ケーススタディ1 アリス—姉弟問題, 自己価値の回復　5 ケーススタディ2 ブレット—いじめの影響を乗り越える、防衛姿勢を改善　6 ケーススタディ3 ジョアン—2度目のサターンリターン、自己批判の克服　7 ケーススタディ4 マリオン—与えすぎる葛藤、仕事に対する決断力　8 ケーススタディ5 キャロル—埋もれた才能を引き出す、母親を乗り越える　9 セラピーにおける工夫—洞察のための10のヒント　〔05135〕

ティルズリー, ジョイス

◇世界一素朴な質問、宇宙一美しい答え—世界の第一人者100人が100の質問に答える（BIG QUESTIONS FROM LITTLE PEOPLE）　ジェンマ・エルウィン・ハリス編, 西田美緒子訳, タイマタカシ絵　河出書房新社　2013.11　298p　22cm　2500円　①978-4-309-25292-6

内容 エジプトのピラミッドはどうやって作った？（ジョイス・ティルズリー博士）　〔05136〕

ディルタイ, W.　Dilthey, Wilhelm

◇ディルタイ全集　第8巻　近代ドイツ精神史研究　ディルタイ〔著〕, 西村晧, 牧野英二編　久野昭, 水野建雄編集校閲　法政大学出版局　2010.11　836, 34p　22cm　〈文献あり 索引あり〉 21000円　①978-4-588-12108-1

内容 ライプニッツとその時代 十七世紀のヨーロッパの学問とその諸機関 天野雅郎 訳. ライプニッツとベルリン・アカデミーの創設 天野雅郎 訳. 新しい世俗文化 天野雅郎 訳. プロテスタントの宗教性の最後の偉大な創造物 天野雅郎 訳. フリードリヒ大王とドイツ啓蒙主義 若き国王 牧野英二, 山本英輔 訳. フリードリヒとフランス精神 牧野英二, 山本英輔 訳. 新アカデミー 牧野英二, 山本英輔 訳. フリードリヒとドイツ啓蒙主義との同盟 牧野英二, 山本英輔 訳. ドイツ啓蒙主義の世界観 牧野英二, 山本英輔 訳. 教育者としての国家 牧野英二, 山本英輔 訳. 通俗的な著述家 牧野英二, 山本英輔 訳. 君主制の擁護 牧野英二, 山本英輔 訳. 十八世紀と歴史的世界 久野昭, 千葉建 訳. ヘーゲルの青年時代 最初の発展と神学研究 水野建雄 訳. 神学研究に関連したヘーゲルの世界観の成立 水野建雄 訳. 遺稿からの断章 精神の自己展開としての宇宙 飛田満 訳. ヴィルヘルム・ディルタイによるヘーゲル研究の断章 久野昭 訳. 解説　〔05137〕

ディルツ, ロバート　Dilts, Robert

◇NLPヒーローズ・ジャーニー（The hero's journey）　ロバート・ディルツ, スティーヴン・ギリガン著, 橋本敦生監訳, 浅田仁子訳　春秋社　2011.7　446p　19cm　〈文献あり〉 3200円　①978-4-393-36636-3

内容 1日目 道を開く（旅の始まり　英雄の旅の枠組み ほか）　2日目 心地よい闇へ（生成的な認知意識　スポンサーシップ ほか）　3日目 つながりのパターンを知る（生成的な場　元型的なエネルギー ほか）　4日目 帰還（旅の舵を取る　実践の重要性 ほか）　〔05138〕

◇NLPイノベーション—〈変革〉をおこす6つのモデル&アプリケーション（INNOVATIONS IN NLP FOR CHALLENGING TIMES）　L.マイケル・ホール, シェリー・ローズ・シャーベイ編, 足立桃子訳　春秋社　2013.3　324p　21cm　2800円　①978-4-393-36639-4

内容 成功要因モデリング—起業家のリーダーシップの核心（ロバート・ディルツ著）　〔05139〕

ティルニー, トニー　Tilney, Tony

◇交流分析事典（DICTIONARY OF TRANSACTIONAL ANALYSIS）　トニー・ティルニー著, 深沢道子監訳　実務教育出版　2013.12　307p　21cm　3800円　①978-4-7889-6085-5　〔05140〕

ティレ, アラン

◇伝統都市を比較する—飯田とシャルルヴィル　高沢紀恵, 吉田伸之, フランソワ＝ジョゼフ・ルッジウ, [illegible]編　山川出版社　2011.5

232, 67p 26cm (別冊都市史研究) 〈文献あり〉 5200円 ①978-4-634-52714-0

内容 一八世紀前半パリにおけるサント・マルグリット愛徳会と貧民救済(アラン・ティレ著, 野々村隼訳) 〔05141〕

テイレイ 丁玲

◇新編原典中国近代思想史 第6巻 救国と民主―抗日戦争から第二次世界大戦へ 野村浩一, 近藤邦康, 並木頼寿, 坂元ひろ子, 砂山幸雄, 村田雄二郎編 野村浩一, 近藤邦康, 砂山幸雄責任編集 岩波書店 2011.3 412, 7p 22cm 〈年表あり〉 5700円 ①978-4-00-028226-0

内容 国際女性デーに思う(丁玲著, 丸山昇訳, 近藤竜哉改訳) 〔05142〕

ディロージャ, ジュディス DeLozier, Judith

◇ミルトン・エリクソンの催眠テクニック 2 知覚パターン篇 (PATTERNS OF THE HYPNOTIC TECHNIQUES OF MILTON H. ERICKSON, M.D.Volume 2) 浅田仁子訳 ジョン・グリンダー, ジュディス・ディロージャ, リチャード・バンドラー著 春秋社 2012.4 294p 21cm 〈文献あり〉 3300円 ①978-4-393-36124-5

内容 第1部 クライエントの知覚に迫る(4タップル・モデル―一次体験を4つの記号"VKAO"で表わす 言語―言葉を介した二次体験を「Ad」で表わす Rオペレーター―クライエントの「表象システム」を表わす Rオペレータと4タップルを使う―クライエントの世界モデルを活かす Lオペレーター―クライエントの「リード・システム」を表わす アクセシング・テクニック―言葉で過去のリソースにアクセスする トランスデリベーショナル・サーチ―五感を通じて深層のリソースにアクセスする Cオペレーター―言葉と行為、一貫性を感じ取る) 第2部 エリクソンのセッション記録(モンドとのセッション―トランスクリプト1 ニックとのセッション―トランスクリプト2 ふたつのセッションを振り返る―トランスクリプト1・2) 〔05143〕

ディロン, カレン Dillon, Karen

◇イノベーション・オブ・ライフ―ハーバード・ビジネススクールを巣立つ君たちへ (HOW WILL YOU MEASURE YOUR LIFE?) クレイトン・M.クリステンセン, ジェームズ・アルワース, カレン・ディロン著, 桜井祐子訳 翔泳社 2012.12 250p 20cm 1800円 ①978-4-7981-2409-4

内容 序講 羽があるからと言って… 第1部 幸せなキャリアを歩む(わたしたちを動かすもの 計算と幸運のバランス 口で言っているだけでは戦略にならない) 第2部 幸せな関係を築く(時を刻み続ける時計 そのミルクシェイクは何のために雇ったのか? 子どもたちをテセウスの船に乗せる 経験の学校 家庭内の見えざる手) 第3部 罪人にならない(この一度だけ…) 〔05144〕

ディロン, ステファニー・W. Dillon, Stephanie W.

◇女性のためのセルフ・エスティーム (THE WOMAN'S GUIDE TOTAL SELF-ESTEEM) ステファニー・W.ディロン, M.クリスティナ・ベンソン著, 三橋由希子訳 ヴォイス 2013.7 269p 18cm (VOICE新書) 1000円 ①978-4-89976-394-9

内容 プロローグ セルフ・エスティームのパワー 第一の方法 健全な自分勝手を育てる 第二の方法 自分の体を受け入れる 第三の方法 あらゆる感情を感じる勇気を持つ 第四の方法 感情の高ぶりをストップさせる 第五の方法 鏡の中の自分と向き合う 第六の方法 自分自身のサポーターになる 第七の方法 気持ちを伝えるスキルを身につける 第八の方法 自分が自分の理想の親になる エピローグ ピンチをチャンスに転換する 〔05145〕

ディーン, デビッド Dean, David

◇世界をぼうけん! 地図の絵本 (WORLD ATLAS) ニック・クレイン文章, デビッド・ディーンイラスト, 柏木しょうこ訳 実業之日本社 2013.4 47p 31cm 〈翻訳協力 : たなべりえほか 文献あり 索引あり〉 1800円 ①978-4-408-41168-2

内容 ぼくらの地球がうまれたキセキ 世界はどんなカタチ? 世界の海と大陸 世界の海、太平洋 大西洋 インド洋 北極海 南極大陸と南極海 オセアニア 東南アジア 東アジア 北アジアと中央アジア 南アジア 南西アジア ヨーロッパ 北アフリカ アフリカ南部 メキシコ、中央アメリカとカリブ諸島 南アメリカ ことばのリストと参考にした本国や地域のリスト 〔05146〕

ディーン, ハートレー Dean, Hartley

◇ニーズとは何か (Understanding Human Need) ハートレー・ディーン著, 福士正博訳 日本経済評論社 2012.4 293, 44p 19cm 〈文献あり 索引あり〉 3800円 ①978-4-8188-2208-5

内容 第1章 序論 第2章 本質的ニーズ 第3章 解釈されたニーズ 第4章 貧困、不平等及び資源分配 第5章 社会的排除、ケイパビリティ及び承認 第6章 人間の福利の薄さと厚さ 第7章 ヒューマン・ニーズと社会政策 第8章 ニーズを権利に翻訳する 第9章 ヒューマン・ニーズの政治学 〔05147〕

デイン, フィリス Dain, Phyllis

◇シビックスペース・サイバースペース―情報化社会のアメリカ公共図書館 (CIVIC SPACE/CYBERSPACE) レドモンド・キャスリーン・モルツ, フィリス・デイン共著, 山本順一訳 勉誠出版 2013.1 14, 337p 22cm 〈索引あり〉 4200円 ①978-4-585-20006-2

内容 第1章 公共図書館の使命―意見の一致するところと対立するところ 第2章 公共図書館の管理運営と資金調達 第3章 全国的な視点からの展望―図書館整備における連邦政府の役割 第4章 全国的な視点からの展望―全米情報基盤 第5章 公共図書館―各種サービス、技術、そして地域社会 付録 訪問調査対象機関とインタビュー調査対象者 〔05148〕

ティンレイ, ジグミ Thinley, Jigmi Y.

◇国民総幸福度(GNH)による新しい世界へ―ブータン国王ティンレイ首相講演録 ジグミ・ティンレイ著, 日本GNH学会編 芙蓉書房出版 2011.11 62p 21cm 800円 ①978-4-8295-0541-0

内容 地球規模での幸福な経済成長の実現―GNHの国、ブータンからの提言 はじめに 第1章 世界の現状を考える(ブータンの開発を学ぶ意義 現代世界の苦悩と対処 20世紀の総括(戦争の世紀/自由と民主主義

テ

の世紀/南北問題の世紀/都市化の世紀/医療の進展と新しい病の世紀/市場支配の世紀)) 第2章 国民総幸福度(GNH) 第3章「GNH指標」 おわりに GNHの幸せと繁栄/いま求められるGNH社会への転換 質疑応答 〔05149〕

デヴィ, プーラン Devi, Phoolan
◇女盗賊プーラン 上巻 (I, Phoolan Devi(抄訳)) プーラン・デヴィ著, 武者圭子訳 草思社 2011.8 327p 16cm (草思社文庫) 800円 ①978-4-7942-1842-1
内容 1 虐待(村の生活 暗黙の掟 反抗的なこども 十一歳、早すぎた結婚 婚家での悪夢 ほか) 2 運命(あらたな屈辱 濡れ衣 だれにも言えない恥辱 無知という残酷 村八分 ほか) 〔05150〕
◇女盗賊プーラン 下巻 (I, Phoolan Devi(抄訳)) プーラン・デヴィ著, 武者圭子訳 草思社 2011.8 332p 16cm (草思社文庫) 800円 ①978-4-7942-1843-8
内容 3 復讐(はじめての恋 復讐の味 正義 武装した女神 凶弾 ほか) 4 解放(包囲網 裏切り 交渉 投降の日 新しいジャングル ほか) 〔05151〕

テーヴィカ, J.
◇アジアにおけるジェンダー平等—政策と政治参画 : 東北大学グローバルCOEプログラム「グローバル時代の男女共同参画と多文化共生」 (Gender equality in Agia) 辻村みよ子, スティール若希編 仙台 東北大学出版会 2012.3 353p 22cm 〈文献あり〉 3000円 ①978-4-86163-185-6
内容 インド・ケーララ州における政治, 地方分権, 女性(J.テーヴィカ著, 菅野美佐子訳) 〔05152〕

デヴィッドソン, ポール Davidson, Paul
◇ケインズ・ソリューション—グローバル経済繁栄への途 (The Keynes solution) P.デヴィッドソン著, 小山庄三, 渡辺良夫訳 日本経済評論社 2011.4 226p 22cm (ポスト・ケインジアン叢書 35) 〈文献あり 索引あり〉 3000円 ①978-4-8188-2158-3
内容 第1章 政策に影響を与える思想の力 第2章 21世紀最初のグローバル経済危機を引き起こした思想と政策 第3章 将来を「知る」ために過去のデータに頼ること 第4章 1ペニーの支出は1ペニーの所得になる 第5章 国債とインフレーションについての真実 第6章 経済回復のあとに改革を 第7章 国際貿易の改革 第8章 国際通貨の改革 第9章 ケインズも誇りに思うような文明化された経済社会の実現に向けて 第10章 ジョン・メイナード・ケインズ : 簡潔な伝記 補論 なぜケインズの考えがアメリカの大学で教えられることがなかったのか 〔05153〕

デヴェノ, マーク・W.
◇事業再生と社債—資本市場からみたリストラクチャリング 事業再生研究機構編 商事法務 2012.3 237p 21cm (事業再生研究叢書 12) 2800円 ①978-4-7857-1958-6
内容 和訳 米国における社債のリストラクチャリング(マーク・W.デヴェノ著) 〔05154〕

テオ, L.* Teo, Leslie
◇メコン地域経済開発論 (Globalization and Development in the Mekong Economies) 梁, ビンガム, デイヴィス編著, 阿曽村邦昭訳・注 古今書院 2012.10 391, 9p 21cm 〈文献あり 索引あり〉 6200円 ①978-4-7722-8112-6
内容 ミャンマーの経済開発に対するグルーバル化の影響(Masahiro Hori, Leslie Teo, Trevor Wilson) 〔05155〕

デカルト, ルネ Descartes, René
◇方法序説 (Discours de la méthode) デカルト〔著〕, 小場瀬卓三訳 新版 角川学芸出版 2011.12 170p 15cm (角川文庫 17195—〔角川ソフィア文庫〕 〔G-201-1〕) 〈発売 : 角川グループパブリッシング〉 552円 ①978-4-04-408603-9 〔05156〕
◇デカルト全書簡集 第1巻 1619-1637 デカルト〔著〕, 山田弘明, 吉田健太郎, クレール・フォヴェルグ, 小沢明也, 久保田進一, 稲垣恵一, 曽我千亜紀, 岩佐宣明, 長谷川暁人訳 知泉書館 2012.1 431p 23cm 〈索引あり 文献あり〉 7000円 ①978-4-86285-124-6
内容 デカルトからベークマンへ ブレダ1619年1月24日—フラマン語、音楽論 デカルトからベークマンへ ブレダ1619年3月26日—三次方程式、新しい学問、旅 デカルトからベークマンへ ブレダ1619年4月20日—ベークマンの安否 デカルトからベークマンへ ブレダ1619年4月23日—ドイツへの旅、無為からの救出、コンパス デカルトからベークマンへ アムステルダム1619年4月29日—ルルスの術 ベークマンからデカルトへ ミッデルブルフ1619年5月6日—アグリッパの『註釈』 デカルトから兄へ レンヌ1622年4月3日—財産の売却 デカルトから父へ 1622年5月22日—父からの財産分与 デカルトから兄へ 1623年3月21日—イタリア旅行 デカルトから父へ ポワティエ1625年6月24日—裁判所長の職〔ほか〕 〔05157〕
◇ちくま哲学の森 6 驚くこころ 鶴見俊輔, 安野光雅, 森毅, 井上ひさし, 池内紀編 筑摩書房 2012.2 437p 15cm 1300円 ①978-4-480-42866-0
内容 第2部(デカルト著, 落合太郎訳) 〔05158〕
◇超訳デカルト—人生を導くデカルトの言葉 デカルト〔著〕, 早間央監修, 北沢睦世訳・構成 マーブルトロン 2012.10 258p 20cm (MARBLE BOOKS) 〈文献あり 年譜あり 発売 : 三交社〉 1800円 ①978-4-87919-657-6
内容 自由意志 知恵と哲学 真理への道 理性と善 人間とは 神と人間 人生の乗り越え方 美徳と悪徳 精神と身体 感情と身体〔ほか〕 〔05159〕
◇デカルト全書簡集 第5巻 1641-1643 デカルト〔著〕, 持田辰郎, 山田弘明, 吉田知章, 吉田健太郎, クレール・フォヴェルグ訳 知泉書館 2013.7 326p 23cm 〈文献あり 索引あり〉 6000円 ①978-4-86285-160-4 〔05160〕

デクラーク, F.W.
◇賢者の言葉 ショーン・スティーブンソン, トニー・シェイ, ビル・ハリス, エブン・ペーガン, F.W.デクラーク, ダライ・ラマ法王14世著, 宇敷珠美監訳, ビッグピクチャーズ監修 ダイヤモンド社　2011.10　323p　19cm　〈他言語標題：The words of a wise man〉 1500円　①978-4-478-01705-0

内容 1 ショーン・スティーブンソン―身長90cm車いすのモチベーター　2 トニー・シェイ―ザッポスCEO　3 ビル・ハリス―『ザ・シークレット』出演者、世界的セラピスト　4 エブン・ペーガン―最速で10億円ビジネスを作り上げる起業家　5 F.W.デクラーク―元・南アフリカ大統領、ノーベル平和賞受賞　6 ダライ・ラマ法王14世―チベット仏教最高指導者、ノーベル平和賞受賞　〔05161〕

デ・グラーフ, ジョン　De Graaf, John

◇経済成長って、本当に必要なの？（WHAT'S THE ECONOMY FOR, ANYWAY？）　ジョン・デ・グラーフ, デイヴィッド・K.バトカー著, 高橋由紀子訳　早川書房　2013.5　393p　19cm　〈文献あり〉 2000円　①978-4-15-209371-4

内容 GDP 国内総生産　幸福の追求　人々によい生活を提供する　膨大なコストをかけても不健康　暮らしの不安　時間に追われる　最大多数にとっての幸福　能力（キャパシティ）の問題　持続可能性　アメリカ経済の歩み　よい時代がいつなぜ悪くなっていったのか　住宅、銀行、融資、借金、破産、差し押さえ、失業、通貨…収拾のつかない混乱　二一世紀の経済―生命と自由と幸福のための経済　〔05162〕

デ・クレシェンツォ, ルチャーノ　De Crescenzo, Luciano

◇森羅万象が流転する―ヘラクレイトス言行録（Panta rei）　ルチャーノ・デ・クレシェンツォ著, 谷口伊兵衛, ジョバンニ・ピアッザ訳　近代文芸社　2011.12　241p　20cm　〈タイトル：パンタ・レイ〉 1800円　①978-4-7733-7803-0

内容 時間　売春宿　夢　ヘラクレイトスの生涯（自伝）　森羅万象が流転する　ロゴス　都市国家　エロス　痴愚　天上論　断片集　〔05163〕

◇神話世界の女性群像―現代の視点から古典を読む（LE DONNE SONO DIVERSE）　ルチャーノ・デ・クレシェンツォ著, 谷口伊兵衛訳　明窓出版　2012.5　213p　20cm　1800円　①978-4-89634-302-1

内容 女は違う　女は男よりも美しい　セックス　愛　レスビアンの愛　売春　卑猥な言葉　女性哲学者たち　歴史の中の女性たち　小休止―誘惑された遺棄されて〔ほか〕　〔05164〕

◇楽しいギリシャ神話ものがたり（I grandi miti greci）　ルチャーノ・デ・クレシェンツォ著, 谷口伊兵衛訳　文芸社　2013.12　759p　15cm　940円　①978-4-286-14311-8　〔05165〕

デサイ, ヴィシャーカ・N.

◇混乱の本質―叛逆するリアル民主主義・移民・宗教・債務危機　ジョージ・ソロスほか著, 徳川家広訳　土曜社　2012.8　157p　18cm　（PROJECT SYNDICATE A WORLD OF IDEAS）〈他言語標題：Reality in Revolt〉 952円　①978-4-9905587-4-1

内容 アジアの女性指導者も「実力派」の時代に（ヴィシャーカ・N.デサイ）　〔05166〕

テジャサーナンダ, スワーミー　Tejasānanda, Swami

◇調和の預言者―スワーミー・ヴィヴェーカーナンダの生涯と教え　スワーミー・テジャサーナンダ〔著〕,〔日本ヴェーダーンタ協会〕〔訳〕　逗子　日本ヴェーダーンタ協会　2013.6　175p　19cm　1000円　①978-4-931148-53-6　〔05167〕

デ・ジルコフ, ボリス　De Zirkoff, Boris

◇ベールをとったイシス　第1巻　科学―古代および現代の科学と神学にまつわる神秘への鍵　上（Isis unveiled）　H.P.ブラヴァツキー著, ボリス・デ・ジルコフ編, 老松克博訳　宝塚　竜王文庫　2010.12　340, 20p　21cm　（神智学叢書）〈文献あり〉 4600円　①978-4-89741-600-7　〔05168〕

テスラ, ニコラ　Tesla, Nikola

◇ニコラ・テスラ秘密の告白―世界システム＝私の履歴書 フリーエネルギー＝真空中の宇宙（MY INVENTIONS）　ニコラ・テスラ著, 宮本寿代訳　成甲書房　2013.1　237p　20cm　1700円　①978-4-88086-297-2

内容 第1部 世界システム＝私の履歴書（天才発明家はこんな少年だった　私が体験した奇妙な現象　回転磁界という大発見　テスラコイル＝ラジオやテレビの基本原理　史上初の世界システム　この世界を地獄にしないための発明）　第2部 フリーエネルギー＝真空中の宇宙（人類が絶対的エネルギーを手に入れるための三つの方法　いかにして人類エネルギーを増大させるか　いかにして人類エネルギーの増加を阻害する力を弱体化させるか　いかにして人類エネルギーの増加を促進する力を増大させるか）　〔05169〕

テゼ共同体

◇愛するという選択―テゼのブラザー・ロジェ 1915-2005　テゼ共同体著, 植松功訳　サンパウロ　2012.7　147p　21cm　〈年譜あり〉 1000円　①978-4-8056-0062-7　〔05170〕

テセンガ, スーザン　Thesenga, Susan

◇防御なき自己―パスワークを生きる（The Undefended Self Living the Pathwork（原著第3版））　スーザン・テセンガ著, 二宮千恵訳　ナチュラルスピリット　2013.1　485p　21cm　2870円　①978-4-86451-072-1

内容 第1章 自己を受け入れる―あるがままのスーザンとして：生命の流れを受け入れる　第2章 自己の統一を選択する―モーリン：自分の中の子供とライオン調教師を統合する　第3章 観察者としての自己を育てる―ジェームズの成長：顕微鏡と救急箱　第4章 子供、大人の自我、魂を受け入れる―ボビーとバーバラと、グランドマザー：内なる子供と内なる賢女に出会う　第5章 現在の中で再生されている過去を理解する―ビルとジョアン：二人の関係の中の性的問題を解決する　第6章 マスクセルフを理解する―コニーのマスク：理想的な自己像を捨てる　第7章 ローワーセルフに向き合う―アルバートの亡霊：ローワーセルフとの対面　第8章 ハイアーセルフに出会う―スーザンの心：ハイアーセルフに心を開く　第9章 ローワーセルフへの執着を手放す―マイケルの悪魔：禁断の果実の根源を見つめる　第10章 ローワーセルフを変容させる―マイケルの悪魔：欲情を愛へと変容させる　第11章 ハイアーセルフから人生を創造する

―スーザンのリトリート ： 女性性への旅 〔05171〕

データ・マネジメント・アソシエーション・インターナショナル《Data Management Association International》

◇データマネジメント知識体系ガイド（DAMA-DMBOK guide） DAMA International著, データ総研監訳 日経BP社 2011.12 408p 30cm 〈索引あり 文献あり 発売 ： 日経BPマーケティング〉 6200円 ①978-4-8222-6262-4

内容 イントロダクション データ管理概要 データガバナンス データアーキテクチャ管理 データ開発 データオペレーション管理 データセキュリティ管理 リファレンスデータとマスタデータ管理 データウェアハウジング（DW）とビジネスインテリジェンス管理（BIM） ドキュメントとコンテンツ管理〔ほか〕 〔05172〕

デッカー, エドウィーナ・ネイラー Decker, Edwina Naylor

◇黒船の再来―米海軍横須賀基地第4代司令官デッカー夫妻回想記（Return of the black ships） ベントン・W.デッカー, エドウィーナ・N.デッカー〔著〕, 横須賀学の会訳 全国版 Kooインターナショナル出版部 2011.8 600, 4p 22cm 〈初版 ： 横須賀学の会平成23年刊 年譜あり 発売 ： 博文館新社〉 3000円 ①978-4-86115-164-4

内容 横須賀海軍基地占領 日本人は信頼できる 民主主義への扉を開かせた 家族を呼び寄せる 横須賀復興に着手 米海軍基地の整備・復興 日本国を繁栄に導くマッカーサー 日々の出来事 京都、四国、広島、長野を巡る 横須賀のフリーメーソン 臨んだ基地司令官の任期延長 さくらの宴にマッカーサー夫人を招く 大佐から少将へ昇進 エドウィーナ、カリフォルニアに里帰り マッカーサーの海軍 米軍最高首脳に横須賀基地の重要性を納得させる 朝鮮戦争始まる中で「サヨナラ」 〔05173〕

デッカー, ベントン・ウィーバー Decker, Benton Weaver

◇黒船の再来―米海軍横須賀基地第4代司令官デッカー夫妻回想記（Return of the black ships） ベントン・W.デッカー, エドウィーナ・N.デッカー〔著〕, 横須賀学の会訳 全国版 Kooインターナショナル出版部 2011.8 600, 4p 22cm 〈初版 ： 横須賀学の会平成23年刊 年譜あり 発売 ： 博文館新社〉 3000円 ①978-4-86115-164-4

内容 横須賀海軍基地占領 日本人は信頼できる 民主主義への扉を開かせた 家族を呼び寄せる 横須賀復興に着手 米海軍基地の整備・復興 日本国を繁栄に導くマッカーサー 日々の出来事 京都、四国、広島、長野を巡る 横須賀のフリーメーソン 臨んだ基地司令官の任期延長 さくらの宴にマッカーサー夫人を招く 大佐から少将へ昇進 エドウィーナ、カリフォルニアに里帰り マッカーサーの海軍 米軍最高首脳に横須賀基地の重要性を納得させる 朝鮮戦争始まる中で「サヨナラ」 〔05174〕

テッパー, ジョナサン Tepper, Jonathan

◇エンドゲーム―国際債務危機の警告と対策（Endgame） ジョン・モールディン, ジョナサン・テッパー著, 山形浩生訳 プレジデント社 2012.8 338p 21cm 2000円 ①978-4-8334-2020-4

内容 第1部 負債スーパーサイクルの終わり（終末の始まり なぜギリシャが問題か ルールを見てみよう 低成長と増大する不景気の重荷 今回はちがう ： 国家は破綻する 公的負債の未来 ： 持続不可能な道 デフレの要素 インフレとハイパーインフレ） 第2部 世界ツアー―だれが先に終盤戦に直面するか（アメリカ―超大国の惨状 ヨーロッパの周縁国―現代版金本位制 東欧―よくてもL字回復 日本―潰れようとしている虫 イギリス ： 静かに負債をインフレで消す オーストラリア ： アイルランドの二の舞いか エマージング市場 ： 意図せざる副作用） 結論 エンドゲームで勝つ投資 〔05175〕

デッパート, ボルフガング

◇時間の謎―哲学的分析（Das Rätsel der Zeit） ハンス・ミカエル・バウムガルトナー編, 田中隆訳 丸善書店出版サービスセンター 2013.8 353p 22cm 非売品 ①978-4-89630-281-3

内容 新しい自然科学的研究のための自由空間を手に入れるために物理学的時間の独裁権を廃止せねばならない（ボルフガング・デッパート） 〔05176〕

デッラ・カーサ, G. Della Casa, Giovanni

◇デッラ・カーサ妻を持つべきか―風雅な妻帯論（Opere di Monsignor Giovanni della Casa） デッラ・カーサ〔著〕, 池田廉訳 東京図書出版会 2011.2 121p 15cm （TTS文庫） 〈発売 ： リフレ出版〉 700円 ①978-4-86223-477-3

内容 妻を持つべきか持たざるべきかについて、この論題を解き明かすのは何とも厄介なことである 人類の保存のためには、結婚は必ずしも必要不可欠ではなく、また人口を殖やすのに役立つものでもない 国家を維持していく上で結婚は必要であろうか、今後の論議の展開について よき友を選び、友情を保つ難しさ 結婚生活という名の、一人の女性との永続的な交友関係は保ちがたいもの。だが、二度と解消ができない結婚の絆を、男はいかに軽々しく結ぶことか 一人の同じ女性と生活習慣を共にするのがどれほど辛いことか 立派な家柄の妻が見せる高慢ちきで厚かましい自惚れ 美女といえども、妻となればたちまち煩わしい 女性の美しさは、いかに長く続かず速やかに衰えゆくか 妻は夫にむやみに反感を抱くもの。女たちの強情な性質について〔ほか〕 〔05177〕

テートギャラリー

◇美術館活用術―鑑賞教育の手引き（Art Gallery Handbook） ロンドン・テートギャラリー編, 奥村高明, 長田謙一監訳, 酒井敦子, 品川知子訳 美術出版サービスセンター 2012.7 121p 26×26cm 〈編 ： ヘレン・チャーマンほか 文献あり 索引あり 発売 ： 美術出版社〉 3500円 ①978-4-568-50490-3

内容 1 美術館について考える（美術家という概念と視覚芸術 美術館とは何か？ 一つではない。複数の美術史/美術をさまざまに物語ること 作品の旅/作品の収集から展示まで） 2 美術館で学ぶ（アートへの扉 カリキュラムを支え、カリキュラムを広げる 構造化されたアプローチ 美術館での活動とリソース） 〔05178〕

テドロー, リチャード・S. Tedlow, Richard S.

◇なぜリーダーは「失敗」を認められないのか―現実に向き合うための8の教訓（Denial） リ

チャード・S.テドロー著, 土方奈美訳　日本経済新聞出版社　2011.1　362p　20cm　〈文献あり〉　2000円　①978-4-532-31679-2

内容 第1部 現実を見誤る（悪い情報を遮断する―ヘンリー・フォードと“モデルT”　どうしてあなたは「認められない」のか　技術的キャズム―タイヤ業界が認められなかったこと　「これが現実だなんて、信じられなかった」―A&Pの凋落　巨大建築コンプレックス―シアーズの凋落　今日の行いは、明日の成功につながるか―IBMの否認と復活　コカ・コーラがついた“真っ赤な嘘”　群衆の狂気―ドットコムバブルと否認）　第2部 真実を見極める（戦略、組織構造、そして現実の直視―デュポン　「僕らが一度会社を辞めたつもりになって…」―インテルにおける新たな視点　データ重視のEQ経営―タイレノールの復活　新たな視点）〔05179〕

デニケン, エーリッヒ・フォン　Däniken, Erich von

◇失われた未来の記憶―新世紀オーパーツ紀行（History is wrong）　エーリッヒ・フォン・デニケン著, 松田和也訳　学研パブリッシング　2011.1　271p　20cm　〈発売 ： 学研マーケティング〉　2200円　①978-4-05-404360-2

内容 第1部 世界最大の奇書「ヴォイニッチ写本」とエノクの真実　第2部 エクアドルの地下洞窟網「メタル・ライブラリー」の秘密　付論 ナスカが宇宙船の着陸場だなんて、誰が言った？〔05180〕

デニス, ジョセフ

◇碑と地方志のアーカイブズを探る　須江隆編　汲古書院　2012.3　440, 6p　22cm　（東アジア海域叢書 6　小島毅監修）　7000円　①978-4-7629-2946-5

内容 宋・元・明代の地方志の編纂・出版およびその読者について 他（ジョセフ・デニス執筆, 吉田真弓訳）〔05181〕

デニソフ, ワレリー・ヨシフォビッチ　Denisov, Valeriĭ Iosifovich

◇現代朝鮮の興亡―ロシアから見た朝鮮半島現代史　A.V.トルクノフ,V.I.デニソフ,Vl.F.リ著, 下斗米伸夫監訳　明石書店　2013.6　466p　20cm　（世界歴史叢書）　5000円　①978-4-7503-3836-1

内容 第1章 『朝鮮』の国、解放の朝を迎える　第2章 分裂した国家　第3章 朝鮮半島における「限定的な大戦争」の発生と展開の原因　第4章 戦後復興と発展における二つの朝鮮（一九五三～一九六〇年代）　第5章 二〇世紀一九六〇～七〇年代の北朝鮮・韓国の政治的、そして社会経済的発展　第6章 民族近代化における二つの道（二〇世紀八〇～九〇年代初め）　第7章 二極化した世界情勢の危機とその崩壊のなかでの韓国と北朝鮮（二〇世紀末から二一世紀初頭）　第8章 北朝鮮と韓国の対外優先順位（二〇～二一世紀との狭間で）　第9章 朝鮮半島における文明的・文化的発展の二つの傾向〔05182〕

デニッソン, ポール・E.　Dennison, Paul Ehrlich

◇ブレインジムと私―学習障害からの奇跡の回復（Brain Gym and me）　ポール・E.デニッソン著, 石丸賢一訳　大阪　日本キネシオロジー総合学院　2010.10　451p　20cm　〈文献あり　発売 ： 市民出版社〉　4000円　①978-4-88178-059-6〔05183〕

デニフレ, H.*　Denifle, Heinrich

◇パリ大学年代誌　上　H.Denifle著, 大森定光訳　名古屋　三恵社　2013.3　609p　26cm〔05184〕

◇パリ大学年代誌　下　H.Denifle著, 大森定光訳　名古屋　三恵社　2013.6　564p　26cm〔05185〕

デニング, ステファン　Denning, Stephen

◇ストーリーテリングのリーダーシップ―組織の中の自発性をどう引き出すか（THE SECRET LANGUAGE OF LEADERSHIP）　ステファン・デニング著, 高橋正泰, 高井俊次監訳　白桃書房　2012.4　398p　20cm　3300円　①978-4-561-26567-2

内容 第1部 変革のリーダーシップとは何か？（変革のリーダーが陥る10の誤り　リーダーシップのことばの秘密）　第2部 リーダーのためのストーリーテリング―6つのイネーブラー（明確な目標を提示し、新たな未来への熱い想いを引き出すこと　リーダー自らのストーリーを語り、目標へコミットすること　聞き手のストーリーを理解すること　ナラティブ・インテリジェンスを養うこと　真実を語ること　リーダーシップの存在をはっきりと印象づけること）　第3部 リーダーのためのストーリーテリング―3つのステップと対話の持続（まず、聞き手の関心を喚起すること　次に、聞き手の関心を自発性に変えること　最後に、理由を示し、聞き手の自発性をさらに強固なものとすること　そして、さらに対話を続けること　エピローグ）〔05186〕

テネンティ, アルベルト

◇叢書『アナール1929-2010』―歴史の対象と方法 2　1946-1957（Anthologie des Annales 1929-2010）　E.ル＝ロワ＝ラデュリ,A.ビュルギエール監修, 浜名優美監訳　L.ヴァランシ編, 池田祥英, 井上桜子, 尾河直哉, 北垣潔, 塚島真実, 平沢勝行訳　藤原書店　2011.6　460p　22cm　6800円　①978-4-89434-807-3

内容 往生術（アルベルト・テネンティ著, 池田祥英訳）〔05187〕

デバネセン, チャンドラン

◇アジアの顔のキリスト　ホアン・カトレット編, 高橋敦子訳　名古屋　新世社　2010.10　175, 32p　16cm　〈文献あり〉　1200円　①978-4-88382-100-6

内容 おお、カルワリオの木よ（チャンドラン・デバネセン）〔05188〕

デービス, ロバート・A.

◇エビデンスに基づく教育政策（EVIDENCE-BASED EDUCATION POLICY）　D.ブリッジ, P.スメイヤー,R.スミス編著, 柘植雅義, 葉養正明, 加治佐哲也編訳　勁草書房　2013.11　270p　21cm　〈索引あり〉　3600円　①978-4-326-25092-9

内容 政策および実践の基盤としての哲学（ジェームズ・コンロイ, ロバート・A.デービス, ペニー・エンスリン著, 本多正人訳）〔05189〕

デビッドソン, アレクサンダー Davidson, Alexander
◇金融神話―元インサイダーが明らかにする金融市場のからくり（THE MONEY MYTH） アレクサンダー・デビッドソン著, SDL Plc訳 ピアソン桐原 2012.12 354p 19cm 〈文献あり 索引あり〉2300円 ①978-4-86401-140-2
内容 第1部 投資家の旅 第2部 勝つためのトレード 第3部 活躍するプロたち 第4部 あなたの資金 第5部 安全第一 第6部 規則か破綻か 第7部 華やかな外見の裏で 〔05190〕

デビッドソン, リチャード・J. Davidson, Richard J.
◇脳には、自分を変える「6つの力」がある。（The Emotional Life of Your Brain） リチャード・デビッドソン, シャロン・ベグリー著, 茂木健一郎訳 三笠書房 2013.2 253p 19cm 1400円 ①978-4-8379-5739-3
内容 1 なぜ、このメソッドが効くのか？――一生使える、脳の「6つの力」の活かし方 2 仕事、人間関係、健康、運すべて一簡単！ テストでわかる「あなたはどんな人？」 3「気持ちが生まれるしくみ」を知ろう―「幸せマインド」をつくれる人・つくれない人 4「イキイキとした毎日」を保つために―心が穏やかな人ほど、健康になれる！ 5 その"常識"は大間違いかもしれない―科学が解き明かした「脳と心」の新事実 6 いつもハッピーな人と不機嫌な人の違いとは？―ダライ・ラマが教えてくれた「脳にいいこと」 7 1日10分の奇跡！ 効果を実感してください―心を整え、自分を変えるエクササイズ 〔05191〕

デフェリス, ジム DeFelice, Jim
◇ネイビー・シールズ最強の狙撃手（AMERICAN SNIPER） クリス・カイル, スコット・マクイーウェン, ジム・デフェリス著, 大槻敦子訳 原書房 2012.5 428p 20cm 2000円 ①978-4-562-04797-0
内容 照準のなかの邪悪 じゃじゃ馬馴らしとばか騒ぎ 身震い 拿捕 あと五分の命 狙撃手 死をもたらす 危険のなかで 家庭内紛争 罰を与える者〔ほか〕 〔05192〕

デーブス, ミヒャエル Debus, Michael
◇日本の民族運命と今後の課題―東日本大震災1周年追悼式典に於けるミヒャエル・デーブス講演録 ミヒャエル・デーブス講演, 吉田和彦訳 四国中央 SAKS-Books 2013.1 39p 20cm 〈他言語標題：Das Volksschicksal und die Zukunftsaufgabe in Japan〉800円 ①978-4-9906920-0-1 〔05193〕
◇キリスト存在と自我―ルドルフ・シュタイナーのカルマ論 ミヒャエル・デーブス著, 竹下哲生訳 四国中央 SAKS-Books 2013.3 87p 21cm 1200円 ①978-4-9906920-1-8 〔05194〕

テプフェール, ロドルフ Töpffer, Rodolphe
◇観相学試論 ロドルフ・テプフェール著, 森田直子訳 復刻版 オフィスヘリア 2013.4 77p 30cm 〈他言語標題：Essai de physiognomonie フランス語併記〉920円 ①978-4-901241-11-3 〔05195〕

デプレ, ジャック Després, Jacques
◇愛すること（L'amour et l'amitié） オスカー・ブルニフィエ文, ジャック・デプレイラスト, 藤田尊潮訳 世界文化社 2011.11 1冊（ページ付なし） 23×23cm （はじめての哲学） 1500円 ①978-4-418-11504-4 〔05196〕
◇生きる意味（Le sens de la vie） オスカー・ブルニフィエ文, ジャック・デプレイラスト, 藤田尊潮訳 世界文化社 2011.11 1冊（ページ付なし） 23×23cm （はじめての哲学） 1500円 ①978-4-418-11503-7 〔05197〕
◇哲学してみる（Le livre des grands contraires philosophiques） オスカー・ブルニフィエ文, ジャック・デプレイラスト, 藤田尊潮訳, 村山保史監修・訳 世界文化社 2012.3 75p 23×23cm （はじめての哲学） 1900円 ①978-4-418-12500-5
内容 一と多を考える 有限と無限を考える 存在と外見を考える 自由と必然を考える 理性と情動を考える 自然と文化を考える 時間と永遠を考える わたしと他者を考える 肉体と精神を考える 能動的と受動的を考える 客観的と主観的を考える 原因と結果を考える 〔05198〕
◇神さまのこと（La question de Dieu） オスカー・ブルニフィエ文, ジャック・デプレイラスト, 藤田尊潮訳 世界文化社 2012.8 1冊（ページ付なし） 23×23cm （はじめての哲学） 1500円 ①978-4-418-12501-2 〔05199〕
◇よいことわるいこと（C'est bien, c'est mal） オスカー・ブルニフィエ文, ジャック・デプレイラスト, 藤田尊潮訳 世界文化社 2012.8 1冊（ページ付なし） 23×23cm （はじめての哲学） 1500円 ①978-4-418-12502-9 〔05200〕

デマルコ, エムジェー DeMarco, M.J.
◇ファストレーンのお金持ち―豊かさの謎を解き明かし、一生リッチに生きるためのドライビングテクニック 下 豊かさへの道編（The millionaire fastlane） エムジェー・デマルコ著, サミー・コイワ訳 花泉社 2013.7 330p 21cm 1890円 ①978-4-907205-01-0 〔05201〕

デマルコ, トム DeMarco, Tom
◇ピープルウエア―ヤル気こそプロジェクト成功の鍵（PEOPLEWARE（原著第3版）） トム・デマルコ, ティモシー・リスター著, 松原友夫, 山浦恒央, 長尾高弘訳 第3版 日経BP社 2013.12 299p 21cm 〈文献あり 索引あり 発売：日経BPマーケティング〉2200円 ①978-4-8222-8524-1 〔05202〕

デミック, バーバラ Demick, Barbara
◇密閉国家に生きる―私たちが愛して憎んだ北朝鮮（Nothing to envy） バーバラ・デミック著, 園部哲訳 中央公論新社 2011.6 413p 20cm 2200円 ①978-4-12-004245-4
内容 暗闇の中で手をつなぐ いわくつきの家系 熱狂的信奉者 闇に消える ぎこちない恋愛 神のたそがれ ビール瓶で点滴を アコーディオンと黒板 善人は早死にする 発明の母 さよなら、わが子よ あでやかな乱れ 井の中の蛙 川 覚醒 売られた花嫁

目を開き、口を閉ざせ　約束の地　母国の異邦人　さまざまな再会　〔05203〕

デミデンコ, セルゲイ
◇鍑の研究―ユーラシア草原の祭器・什器　草原考古学研究会編　雄山閣　2011.10　384p　27cm（ユーラシア考古学選書）　18000円　①978-4-639-02174-2
内容 サウロマタイ・サルマタイ青銅製鋳造鍑（セルゲイ・デミデンコ著, 近藤さおり訳）　〔05204〕

デミロヴィッチ, アレックス　Demirović, Alex
◇非体制順応的知識人―批判理論のフランクフルト学派への発展　第4分冊　フランクフルト学派の「真理政治」（Der nonkonformistische Intellektuelle）　アレックス・デミロヴィッチ著, 仲正昌樹責任編集　仲正昌樹監訳, 安井正寛, 松島裕一, 田中均, 松井賢太郎訳　御茶の水書房　2011.3　251p　23cm　5000円　①978-4-275-00921-0
内容 第1部 自己指導と指導（亡命からの帰還　ドイツの大学の自己教育　大学と合理的社会（理性的社会））　第2部 社会学的な知識人（ドイツ社会学会における学問理解をめぐる闘争について）　〔05205〕

デヤヘール, ニコラ
◇越境するケア労働―日本・アジア・アフリカ　佐藤誠編　日本経済評論社　2010.12　252p　22cm〈索引あり〉4400円　①978-4-8188-2145-3
内容 南アフリカにおけるジンバブエ人移民の流入（ニコラ・デヤヘール著, 早川真悠訳）　〔05206〕

デューイ, ジョン　Dewey, John
◇人類共通の信仰（A common faith）　ジョン・デューイ著, 栗田修訳　京都　晃洋書房　2011.10　139p　22cm　1900円　①978-4-7710-2305-5
内容 第1章 宗教と宗教的性質との対立　第2章 信仰とその対象　第3章 宗教的機能が宿る家としての人間　付録 エマスンの自然論からデューイの宗教論へ―大霊から大自然へ（栗田修）　〔05207〕
◇行動の論理学―探求の理論（Logic）　J.デューイ著, 河村望訳　人間の科学新社　2013.2　525p　22cm　6000円　①978-4-8226-0284-0　〔05208〕

デュイソー, イザーク
◇ピエール・ベール関連資料集　2　寛容論争集成　上　野沢協編訳　法政大学出版局　2013.11　1008p　21cm　25000円　①978-4-588-12029-9
内容 キリスト教の合同、または、ただひとつの信仰告白のもとにすべてのキリスト教徒を再統合する方法（一六七〇年）（イザーク・デュイソー）　〔05209〕

デュヴァル, クリスチャン
◇日本とフランス（及びヨーロッパ）における分権国家と法―2009年12月12日成城大学日仏比較法シンポジウムの記録　大津浩編　成城大学法学部憲法学教室　2011.3　163p　30cm〈他言語標題：Etat decentralise et droit au Japon et en FranceEurope　フランス語併記〉
内容 地方公共団体と基本権（ルイ・リュシェール, クリスチャン・デュヴァル著, 永井典克訳）　〔05210〕

デュガード, ジェイシー　Dugard, Jaycee Lee
◇奪われた人生―18年間の記憶（A Stolen Life）　ジェイシー・デュガード著, 古屋美登里訳　講談社　2012.4　314p　20cm　1800円　①978-4-06-216783-3
内容 さらわれて　奪われて　秘密の裏庭　見知らぬ場所にひとり　初めての経験　最初の仔猫　二〇一〇年、父の日　初めての「ラン」　ナンシー　復活祭　フィリップは島に〔ほか〕　〔05211〕

デュガード, マーティン　Dugard, Martin
◇ケネディ暗殺50年目の真実（KILLING KENNEDY）　ビル・オライリー, マーティン・デュガード著, 江口泰子訳　講談社　2013.11　350p　19cm　2000円　①978-4-06-218516-5　〔05212〕

デュクレ, ディアーヌ　Ducret, Diane
◇女と独裁者―愛欲と権力の世界史（FEMMES DE DICTATEUR）　ディアンヌ・デュクレ著, 神田順子監訳, 清水珠代, 山川洋子, ベリャコワ・エレーナ, 浜田英作訳　柏書房　2012.4　403p　20cm〈文献あり〉2800円　①978-4-7601-4115-9
内容 1 ベニート・ムッソリーニ―ドゥーチェの甘い生活　2 レーニン―赤いトリオ　3 アドルフ・ヒトラー―欲望という名の総統　4 スターリン―恋と栄光とダーチャ　5 毛沢東―虎視眈々と漁る男　6 エレナ・チャウシェスク―奢侈、静けさ、秘密警察　〔05213〕
◇五人の権力者（カリスマ）と女たち―カストロ・フセイン・ホメイニ・金正日・ビンラディン（FEMMES DE DICTATEUR.VOL.2）　ディアーヌ・デュクレ著, 大塚宏子訳　原書房　2013.6　365, 15p　20cm　2800円　①978-4-562-04921-9
内容 第1章 フィデル・カストロ―ドン・フィデルあるいは石像の饗宴（キューバ式離婚　メキシコのナイチンゲール ほか）　第2章 サダム・フセイン―石油"地の糧"交換計画（ティグリス川のフィアンセ　ブロンド戦争は起こらない ほか）　第3章 ホメイニ―妻のイマーム（無椿姫　ファミリー・ロマンス ほか）　第4章 金正日の三美神（幼子を抱く赤い聖母　女優の舞踏会 ほか）　第5章 オサマ・ビンラディン―妻たちの戦争と平和（ナジュワのままで　家の中の見知らぬ女 ほか）　〔05214〕

デュ・ソートイ, マーカス　Du Sautoy, Marcus
◇世界一素朴な質問、宇宙一美しい答え―世界の第一人者100人が100の質問に答える（BIG QUESTIONS FROM LITTLE PEOPLE）　ジェンマ・エルウィン・ハリス編, 西田美緒子訳, タイマタカシ絵　河出書房新社　2013.11　298p　22cm　2500円　①978-4-309-25292-6
内容 数字は永遠につづく？（マーカス・デュ・ソートイ）　〔05215〕

テュテュンジュ, ファトマ
◇中東・北アフリカにおけるジェンダー―イスラーム社会のダイナミズムと多様性（Gender and diversity in the Middle East and North Africa）　ザヒア・スマイール・サルヒー編著, 鷹木恵子, 大川真由子, 細井由香, 宇野陽子, 辻上奈美江, 今

堀恵美訳　明石書店　2012.1　412p　20cm（世界人権問題叢書 79）〈索引あり　文献あり〉4700円　①978-4-7503-3526-1

内容 トルコにおけるAKPの政党政治（2002～2007年）と西洋主義者・イスラミスト・フェミニストの言説の交差にいる女性たちの苦悩（アイシェ・ギュネシュ・アヤタ, ファトマ・テュテュンジュ著, 宇野陽子訳）〔05216〕

デュパスキエ, J.*　DuPasquier, Jean-Nöel

◇インターライ方式ケアアセスメント—居宅・施設・高齢者住宅（InterRAI home care（HC）assessment form and user's manual, 9.1〔etc.〕）　John N.Morris〔ほか〕著, 池上直己監訳, 山田ゆかり, 石橋智昭訳　医学書院　2011.12　367p　30cm　3800円　①978-4-260-01503-5〔05217〕

デュビー, ジョルジュ

◇家の歴史社会学　二宮宏之, 樺山紘一, 福井憲彦責任編集　藤原書店　2010.12　295p　21cm（叢書・歴史を拓く 2—『アナール』論文選〈新版〉）〈コメント：速水融　解説：二宮宏之　文献あり〉3800円　①978-4-89434-777-9

内容 マコネー地方における十二世紀の家系・貴族身分・騎士身分—再論（ジョルジュ・デュビー者, 下野義朗訳）〔05218〕

デュヒッグ, チャールズ　Duhigg, Charles

◇習慣の力（The Power of Habit）　チャールズ・デュヒッグ著, 渡会圭子訳　講談社　2013.4　381p　19cm　1900円　①978-4-06-216229-6

内容 第1部 個人の習慣（「習慣」のメカニズム—行動の4割を決めている仕組みの秘密　習慣を生み出す「力」—ファブリーズが突然大ヒットした理由　習慣を変えるための鉄則—アルコール依存症はなぜ治ったのか）　第2部 成功する企業の習慣（アルコアの奇跡—会社を復活させた、たった一つの習慣　スタバと「成功の習慣」—問題児をリーダーに変えるメソッド　危機こそ好機—停滞する組織をいかに変革させるか　買わせる技術—ヒット商品を自在に生み出す秘策）　第3部 社会の習慣（公民権運動の真相—社会運動はどのようにして始まるのか　習慣の功罪—ギャンブル依存は意志か習慣か）〔05219〕

デュピュイ, ジャン=ピエール　Dupuy, Jean-Pierre

◇ツナミの小形而上学（Petite metaphysique des tsunamis）　ジャン - ピエール・デュピュイ〔著〕, 嶋崎正樹訳　岩波書店　2011.7　150p　19cm　1900円　①978-4-00-001403-8

内容 始まりの時（未来を悼む　破局と悪）　リスボンからスマトラへ—悪について私たちは何も学んでいない（ライプニッツ　ルソー　ヴォルテール）　悪を自然のもとに返す（ニューヨーク　アウシュヴィッツ　ヒロシマ）　未来の破局という問題（犠牲者の混同　未来を聖なるものにする）〔05220〕

◇ありえないことが現実になるとき—賢明な破局論にむけて（Quand I'impossible est certain）　ジャン＝ピエール・デュピュイ著, 桑田光平, 本田貴久訳　筑摩書房　2012.5　233p　20cm　2800円　①978-4-4[illegible]

内容 第1部 リスクと運命（特異な視点　迂回、逆生産性、倫理　運命、リスク、責任　技術の自立　係争中の破局論）　第2部 経済学的合理主義の限界（予防—リスクと不確実性との間で　無知のヴェールと道徳的運　知ることと信じることは同じではない）　第3部 道徳哲学の困難、欠くことのできない形而上学（未来の記憶　未来を変えるために未来を予言する（ヨナに対するヨナス）　投企の時間と歴史の時間　破局論の合理性）〔05221〕

◇経済の未来—世界をその幻惑から解くために（L'AVENIR DE L'ÉCONOMIE）　ジャン＝ピエール・デュピュイ著, 森元庸介訳　以文社　2013.1　274p　20cm　3000円　①978-4-7531-0309-6

内容 序 政治を幻惑する経済　第1章 経済と悪という問題　第2章 自己超越　第3章 終わりの経済学と経済の終わり　第4章 経済理性批判　結び 運命論を脱けて　補遺 時間、パラドクス〔05222〕

◇震災とヒューマニズム—3・11後の破局をめぐって　日仏会館・フランス国立日本研究センター編, クリスチーヌ・レヴィ, ティエリー・リボー監修, 岩沢雅利, 園山千晶訳　明石書店　2013.5　328p　20cm　2800円　①978-4-7503-3814-9

内容 悪意なき殺人者と憎悪なき被害者の住む楽園（ジャン＝ピエール・デュピュイ執筆, 園山千晶訳）〔05223〕

デュフレンヌ, ミケル　Dufrenne, Mikel

◇カール・ヤスパースと実存哲学（Karl Jaspers et la philosophie de l'existence）　ミケル・デュフレンヌ, ポール・リクール著, 佐藤真理人訳　調布　月曜社　2013.9　686p　22cm（〔古典転生〕〔8〕）〈著作目録あり 索引あり〉7000円　①978-4-86503-009-9

内容 一般的序論（実存哲学の課題　根本操作—超越）　第1部 哲学的世界定位（世界は一つの全体ではないということ　世界定位の諸限界 ほか）　第2部 実存開明（実存と、実存を開明する方法　自由 ほか）　第3部 超越者と形而上学（形而上学の課題　超越者と範疇 ほか）　第4部 批判的考察—実存哲学の可能性（方法上の問題—例外者と類似者　理説上の諸問題—真理と存在 ほか）〔05224〕

デュフロ, エスタ　Duflo, Esther

◇貧乏人の経済学—もういちど貧困問題を根っこから考える（POOR ECONOMICS）　A.V.バナジー, E.デュフロ〔著〕, 山形浩生訳　みすず書房　2012.4　370, 32p　20cm〈索引あり〉3000円　①978-4-622-07651-3

内容 もう一度考え直そう、もう一度　第1部 個人の暮らし（10億人が飢えている？　お手軽に（世界の）健康を増進？　クラスで一番　パク・スダルノの大家族）　第2部 制度（はだしのファンドマネージャ　カブールから来た男とインドの宦官たち　レンガひとつずつ貯蓄　起業家たちは気乗り薄 ほか）〔05225〕

デュベ, フランソワ　Dubet, François

◇経験の社会学（Sociologie de l'experience）　フランソワ・デュベ著, 山下雅之監訳, 浜西栄司, 森田次朗訳　新泉社　2011.2　288, 12p　21cm〈文献あり〉2800円　①978-4-7877-1010-9

内容 序論　第1章 行為者はシステムである　第2章 古典的モデルの衰退　第3章 社会的経験と行為　第4章

テ

社会的経験からシステムへ　第5章 行為者のワーク　第6章 社会学者と行為者の間　結論　〔05226〕

デュボ, ミシェル　Dubost, Michel

◇絵で見るはじめてのキリスト教―子どものためのカトリック入門（Mon premier théo l'encyclopédie catholique des petits enfants）クリスティン・ペドッティ作, ミシェル・デュボ監修, 関谷義樹日本語版監修, つばきうたこ訳　ドン・ボスコ社　2013.4　96p　26cm　1400円　①978-4-88626-550-0

内容 聖書　世界のはじまり　ノアの箱船　アブラハムとサラ　アブラハムの子どもたち　エジプトを出る長い旅　約束の地　少年ダビデ　ダビデ王　神さまの言葉を伝える預言者　マリアとヨセフ　イエスの誕生　イエスの成長　イエスの弟子たち　イエスと出会った人びと　イエスの話　イエスの奇跡　イエスの死　イエスは生きている　聖霊にいたされてイエスの弟子が集まる　最初のキリスト者〔ほか〕　〔05227〕

デュムシェル, ポール　Dumouchel, Paul

◇正義への挑戦―セン経済学の新地平（Against injustice）後藤玲子, ポール・デュムシェル編著, 後藤玲子監訳　京都　晃洋書房　2011.9　310p　23cm　〈文献あり 索引あり〉2900円　①978-4-7710-2271-3

内容 正義を忘れた経済学（後藤玲子, ポール・デュムシェル著）　〔05228〕

デュモン, セロン・Q.　Dumont, Theron Q.

◇集中力―人生を決める最強の力（The power of concentration）セロン・Q.デュモン著, ハーパー保子訳　サンマーク出版　2011.3　270p　15cm　（サンマーク文庫 せ・1・1）600円　①978-4-7631-8486-3

内容 集中力があれば道は開ける　集中力で身につけるセルフコントロール術　望むものを手に入れる方法　どんなビジネスでも成果を生み出す力　環境はあなたの思いどおり　意志を育てるトレーニング　無限の精神力を引き出すために　平静な精神状態が集中力の鍵　悪習慣を断ち切る　ビジネスの達人になる　勇気のある人間　裕福になるということ　できるかできないかは、あなたしだい　エクササイズで身につける技術　忘れないための記憶力　集中力で願望を達成する　理念の育て方　メンタルパワーの力　集中力で伸ばす強い意志　最期にもう一度、集中力の大切さについて　〔05229〕

デュラーニ, シラツ

◇図書館と中立性（Questioning library neutrality）アリソン・ルイス編, 川崎良孝, 久野和子, 福井佑介, 川崎智子訳　京都　京都図書館情報学研究会　2013.10　158p　22cm　〈文献あり　発売：日本図書館協会〉3500円　①978-4-8204-1308-0

内容 図書館専門職は政治的―公立図書館の社会的役割の再設定（シラツ・デュラーニ著）　〔05230〕

テュルパン, ドミニク　Turpin, Dominique

◇なぜ、日本企業は「グローバル化」でつまずくのか―世界の先進企業に学ぶリーダー育成法　ドミニク・テュルパン, 高津尚志著　日本経済新聞出版社　2012.4　211p　19cm　1800円　①978-4-532-31784-3

内容 第1章 新しい世界、立ちすくむ日本（カタカナの「グローバル」では本質を見失う　日本の世界競争力は、五九カ国中二六位 ほか）　第2章 なぜ、日本企業は「グローバル化」でつまずくのか（つまずきの要因1 もはや競争優位ではない「高品質」にこだわり続けた　つまずきの要因2 生態系の構築が肝心なのにモノしか見てこなかった ほか）　第3章 先進企業は、どのように人材に投資しているのか（人事異動がグローバルに対応するネスレ　イノベーションとダイバーシティ ほか）　第4章 地球規模で活躍するリーダーに求められる能力（どのような形でグローバルをめざすのか　どこで地球規模の意思決定をするのか ほか）　第5章 グローバル人材育成のために日本企業ができること（研修以前にもっと人事異動を効果的に使え　幹部教育を手厚くせよ ほか）　〔05231〕

デヨン, エリザベット

◇海を渡ってきたわが子―韓国の子どもを育てたスウェーデンの親たち9編の実話　キムスコグルンド編, 坂井俊樹監訳, 徐凡喜訳　梨の木舎　2013.3　136p　19cm　1500円　①978-4-8166-1303-6

内容 ひとり親としての私（エリザベット・デヨン）　〔05232〕

デラヴィ, エハン

⇒ガブリエル, J.C.

デ・ラ・メア, ウォルター　De La Mare, Walter John

◇旧約聖書物語　上（STORIES FROM THE BIBLE）ウォルター・デ・ラ・メア作, 阿部知二訳　岩波書店　2012.9　333p　18cm　（岩波少年文庫 606）〈1989年刊の再刊〉760円　①978-4-00-114606-6

内容 1 エデンの園（人間をつくりだす　神の怒り）　2 大洪水　3 ヨセフ（ゆめ　牢獄で　エジプト王のゆめを解く　エジプトにきた兄弟　ヨセフが名のる　エジプトにきたヤコブ）　4 モーセ（アシの船　かがやく炎　エジプト王への願い　わざわいの日々　エジプトの恐怖　過ぎ越しの祝い　エジプトからのがれる　紅海をわたる）　5 荒野（モーセの死　エリコの落城）　〔05233〕

◇旧約聖書物語　下（STORIES FROM THE BIBLE）ウォルター・デ・ラ・メア作, 阿部知二訳　岩波書店　2012.9　291p　18cm　（岩波少年文庫 607）〈1989年刊の再刊〉720円　①978-4-00-114607-3

内容 6 サムソン（天使　なぞ　ムギ畑の中のキツネ　デリラ　うらぎられたサムソン）　7 サムエル（サムエルの少年時代　うばわれた「神の約束の箱」「神の約束の箱」をとりもどす）　8 サウル（サウルとサムエル　サウルが王となる　ハナシ王　ヨナタン　アガグ王）　9 ダビデ（ダビデ、イスラエルの王となるゴリアテ）　〔05234〕

テリー, フィオナ

◇人道的交渉の現場から―国境なき医師団の葛藤と選択（Agir à tout prix？）クレール・マゴン, ミカエル・ノイマン, ファブリス・ワイズマン編著, リングァ・ギルド他訳　小学館スクウェア　2012.11　419p　19cm　1429円　①978-4-7979-8739-3

内容 ミャンマー―将軍とゴルフをする（フィオナ・テ

リー著)　〔05235〕

デリダ, ジャック　Derrida, Jacques

◇他者の言語—デリダの日本講演　ジャック・デリダ〔著〕, 高橋允昭編訳　新装版　法政大学出版局　2011.5　399p　20cm　(叢書・ウニベルシタス 281)　4700円　①978-4-588-09938-0

内容 バベルの塔　時間を—与える　大学の瞳=被後見人—「根拠律」と大学の理念　哲学を教えること—教師、芸術家、国家—カントとシェリングから　私の立場—デリダは答える　他者の言語　〔05236〕

◇法の力(Force de loi)　ジャック・デリダ〔著〕, 堅田研一訳　新装版　法政大学出版局　2011.5　220, 6p　20cm　(叢書・ウニベルシタス 651)　2800円　①978-4-588-09939-7

内容 第1部 正義への権利について/法(=権利)から正義へ　第2部 ベンヤミンの個人名　〔05237〕

◇宗教概念の彼方へ　磯前順一, 山本達也編　京都　法藏館　2011.9　445p　21cm　〈他言語標題：Beyond the Concept of Religion〉5000円　①978-4-8318-8174-8

内容 信仰と知(ジャック・デリダ著, 苅田真司, 磯前順一訳)　〔05238〕

◇セクシュアリティ　水声社　2012.7　325p　21cm　(別冊水声通信)　2800円　①978-4-89176-915-4

内容 思弁=投機する(ジャック・デリダ執筆, 大西雅一郎訳)　〔05239〕

◇散種(LA DISSÉMINATION)　ジャック・デリダ〔著〕, 藤本一勇, 立花史, 郷原佳以訳　法政大学出版局　2013.2　646p　20cm　(叢書・ウニベルシタス 989)　5800円　①978-4-588-00989-1

内容 書物外・序文　プラトンのパルマケイアー(パルマケイア　ロゴスの父　息子たちの書き込み—テウト、ヘルメス、トート、ナブー、ネボ　薬物=魔法の薬 ほか)　二重の会　散種(始動　装置あるいは枠　切断大現在の二重底 ほか)　〔05240〕

テリニ, ジャイアン　Tellini, Gian

◇神との出会い—現代の礼拝論(Encounter with God(原著第2版))　ダンカン　B.フォレスター, J.イアン・H.マクドナルド, ジャイアン・テリー〔著〕, 桑原昭訳　札幌　一麦出版社　2012.4　296p　21cm　〈索引あり〉4800円　①978-4-86325-023-9　〔05241〕

デリューギン, V.A.　Deriugin, V.A.

◇サハリンと千島の擦文文化の土器—サハリンと千島へのアイヌ民族の進出　M.M.プロコーフィエフ,V.A.デリューギン,S.V.ゴルブノーフ著, 中川昌久訳, 菊池俊彦, 中村和之監修　函館　函館工業高等専門学校　2012.2　147p　21cm　〔05242〕

テリン, ベングト

◇世界平和への冒険旅行—ダグ・ハマーショルドと国連の未来(The Adventure of Peace)　ステン・アスク, アンナ・マルク=ユングクヴィスト編, ブライアン・アークハート, セルゲイ・フルシチョフ他著, 光橋翠訳　新評論　2013.7　358p　20cm　〈文献あり 年譜あり〉3800円　①978-4-7948-0945-2

内容 自然と文化(ペール・リンド, ベングト・テリン著)　〔05243〕

デリング, ディーター

◇量刑法の基本問題—量刑理論と量刑実務との対話：日独シンポジウム　ヴォルフガング・フリッシュ, 浅田和茂, 岡上雅美編著, ヴォルフガング・フリッシュ〔ほか〕著・訳　成文堂　2011.11　284p　22cm　〈会期・会場：2009年9月12日(土)〜13日(日)立命館大学朱雀キャンパス〉5000円　①978-4-7923-1925-0

内容 量刑決定の構造(ディーター・デリング著, 小池信太郎訳)　〔05244〕

デルウィ, パスカル

◇変貌する世界の緑の党—草の根民主主義の終焉か?(GREEN PARTIES IN TRANSITION)　E.ジーン・フランクランド, ポール・ルカルディ, ブノワ・リウー編著, 白井和宏訳　緑風出版　2013.9　455p　20cm　〈文献あり〉3600円　①978-4-8461-1320-9

内容 ベルギー二つの緑の党の類似点と相違点(ジョー・ビュロン, パスカル・デルウィ著)　〔05245〕

デルヴォ, シルヴィア・L.　DeRuvo, Silvia L.

◇学校におけるADHD臨床—現場で援助する実務家のための工夫(The School Counselor's Guide to ADHD)　R.A.ルージー,S.L.デルヴォ,D.ローゼンタール著, 桐田弘江, 石川元訳　誠信書房　2012.9　142p　26cm　〈文献あり 索引あり〉2100円　①978-4-414-41451-6

内容 1 注意欠如・多動性障害(ADHD)とは、どういったものでしょう?　2 実行機能の不全　3 ADHDを抱える子どもへの公正な対処　4 授業での方策—生徒の成功を導くコツ　5 学校でのADHDの振る舞いへの対処　6 薬物治療について教師が知っておくべきこと　7 親への有効な伝え方　〔05246〕

テルジ, ロレラ　Terzi, Lorella

◇イギリス特別なニーズ教育の新たな視点—2005年ウォーノック論文とその後の反響(Special educational needs：a new look)　メアリー・ウォーノック, ブラーム・ノーウィッチ著, ロレラ・テルジ編, 宮内久絵, 青柳まゆみ, 鳥山由子監訳　ジアース教育新社　2012.3　194p　21cm　2400円　①978-4-86371-179-2

内容 第1章 2005年ウォーノック論文—特別なニーズ教育の新たな視点(歴史的背景　特別な教育的ニーズ・ステートメントの再検討　インクルージョンの理想についての再検討　結論)　第2章 2005年ウォーノック論文に対する反響の整理と考察(2005年ウォーノック論文出版直後の反響　2005年ウォーノック論文の詳細な検証　特別な教育的ニーズ、ステートメント、インクルージョンの将来に関する考察　まとめ)　第3章 ブラーム・ノーウィッチに対する返答　あとがき差異、平等、および教育におけるインクルージョンの理想(教育における子どもの差異の特定：ニーズなのか潜在能力なのか　インクルージョン、インクルーシブ教育および潜在能力の平等)　〔05247〕

テ

テ

テルズ, エドワード・E.　Telles, Edward Eric
◇ブラジルの人種的不平等―多人種国家における偏見と差別の構造（Race in another America）　エドワード・E.テルズ著, 伊藤秋仁, 富野幹雄訳　明石書店　2011.1　452p　20cm　（世界人権問題叢書 74）〈文献あり 索引あり〉5200円　①978-4-7503-3341-0
内容 第1章 序論　第2章 白人至上主義から人種民主主義へ　第3章 人種民主主義からアファーマティヴ・アクションへ　第4章 人種の分類　第5章 人種的不平等と発展　第6章 人種差別　第7章 異人種間の婚姻　第8章 居住地の分離　第9章 ブラジルの人種関係の再検討　第10章 適切な政策の立案　〔*05248*〕

テルパン, ファビアン
◇EUと東アジアの地域共同体―理論・歴史・展望　中村雅治, イーヴ・シュメイユ共編　Sophia University Press上智大学出版　2012.12　404p　22cm　〈他言語標題：The European Union and East Asian Regional Community　索引あり　制作・発売：ぎょうせい〉3000円　①978-4-324-09206-4
内容 拡大欧州連合〈EU〉と強大なヨーロッパの展望（ファビアン・テルパン執筆, 早川美也子訳）〔*05249*〕

デルビシュ, ケマル
◇混乱の本質―叛逆するリアル民主主義・移民・宗教・債務危機　ジョージ・ソロスほか著, 徳川家広訳　土曜社　2012.8　157p　18cm　（PROJECT SYNDICATE A WORLD OF IDEAS）〈他言語標題：Reality in Revolt〉952円　①978-4-9905587-4-1
内容「アラブの春」の経済的課題（ケマル・デルビシュ著）　〔*05250*〕

テルフォード, W.R.　Telford, William R.
◇叢書新約聖書神学　1　マルコ福音書の神学（THE THEOLOGY OF THE GOSPEL OF MARK）　J.D.G.ダン編集主幹, 山内一郎, 山内真日本語監修　W.R.テルフォード著, 嶺重淑, 前川裕訳　新教出版社　2012.6　10, 355p　20cm〈文献あり 索引あり〉4000円　①978-4-400-10460-5
内容 第1章 マルコ福音書の歴史的状況（導入　著者、年代および出所　マルコ共同体　マルコ以前の伝承　マルコのメッセージ）　第2章 マルコの神学（イエスの人格　イエスの使信　イエスの宣教　支持と反対―マルコの物語における英雄と悪党　マルコ福音書の目的）　第3章 マルコと新約聖書（マルコとパウロ　マルコとQ資料　マルコと他の福音書　マルコと使徒言行録　マルコとペトロ書　マルコとヘブライ書　マルコとヨハネ黙示録）　第4章 教会とこの世におけるマルコ（歴史におけるマルコ　マルコの現代的意義）　〔*05251*〕

テレ, ブルーノ
◇貨幣主権論（LA MONNAIE SOUVERAINE）　M.アグリエッタ,A.オルレアン編, 坂口明義監訳, 中野佳裕, 中原隆幸訳　藤原書店　2012.6　650p　22cm　〈索引あり〉8800円　①978-4-89434-865-3
内容 勤労者社会における債務と貨幣の二元性について（ブルーノ・テレ著）　〔*05252*〕

テレイ, エマニュエル
◇移民のヨーロッパ―国際比較の視点から　竹沢尚一郎編著　明石書店　2011.3　260p　22cm　（人間文化叢書）〈執筆：李仁子ほか〉3800円　①978-4-7503-3389-2
内容 サンパピエからみた国民国家（エマニュエル・テレイ著, 竹沢尚一郎訳）　〔*05253*〕

テレジア（イエズスの）〈聖〉　Teresa
◇アジアの顔のキリスト　ホアン・カトレット編, 高橋敦子訳　名古屋　新世社　2010.10　175, 32p　16cm　〈文献あり〉1200円　①978-4-88382-100-6
内容 キリストの体（アビラの聖テレジア）　〔*05254*〕
◇創立史（Libro de las Fundaciones）　イエズスの聖テレジア著, 東京女子跣足カルメル会訳, 泰阜女子カルメル会改訳　改訂版　ドン・ボスコ社　2012.1　433p　19cm　1800円　①978-4-88626-528-9
内容 メディナ・デル・カンポのカルメル会聖ヨセフ修道院の創立。この修道院、および、これに続くほかの諸修道院の創立が始められたいきさつ。　総長様がアビラにおいでになったしだいとその結果。　メディナ・デル・カンポの聖ヨセフ修道院の創立の交渉が始められたいきさつ。　これらの修道院の姉妹たちが主からいただいたある種の恵みについて、および、院長はその姉妹たちに対してどのように振る舞うべきか。　念禱と啓示に関する幾つかの勧告。これは活動的な生活をしている者にも極めて有益である。どのようなとき熱情に抵抗すべきか、それを知らない霊的な人々が被りうる損失、とくに聖体拝領の望みとそこに起こりうる錯覚について。修道院を治める姉妹たちに対する幾つかの重要な勧告。　メランコリーの姉妹たちをどう扱うべきか。長上たちに必要な勧告。　啓示と示現（ヴィジョン）に関する幾つかの勧告。　メディナ・デル・カンポを去って、マラゴンの聖ヨセフ修道院創立に赴いたいきさつ。　バリャドリドの、カルメル山の聖母の御宿り修道院創立のいきさつ。〔ほか〕　〔*05255*〕

テレーズ（リジューの）　Thérèse, Saint
◇リジューのテレーズ365の言葉（Avec Therese de Lisieux）　テレーズ・マルタン著, レイモンド・ザンベリ編, 伊従信子編訳　女子パウロ会　2011.4　391p　15cm　1200円　①978-4-7896-0702-5　〔*05256*〕

テレーズ（幼きイエズスの）
◇アジアの顔のキリスト　ホアン・カトレット編, 高橋敦子訳　名古屋　新世社　2010.10　175, 32p　16cm　〈文献あり〉1200円　①978-4-88382-100-6
内容 ある使徒の使命（幼きイエズスのテレーズ）〔*05257*〕

デレーニ, アリーン
◇東日本大震災の人類学―津波、原発事故と被災者たちの「その後」　トム・ギル, ブリギッテ・シテーガ, デビッド・スレイター編　京都　人文書院　2013.3　371p　19cm　2900円　①978-4-409-53043-6

内容 家も、船も、いかだもなくなった(アリーン・デレーニ, ヨハネス・ウィルヘルム著, 森本麻衣子訳)〔05258〕

デロイサー, M.* DeRoiser, Melissa E.

◇子どもの仲間関係―発達から援助へ (CHILDREN'S PEER RELATIONS) J.B.クーパーシュミット,K.A.ダッジ編, 中沢潤監訳 京都 北大路書房 2013.12 299p 21cm 〈文献あり 索引あり〉3600円 ①978-4-7628-2826-3

内容 仲間関係の問題はどのようにしてネガティブ結果につながるのか(Melissa E.DeRoiser,Janis B. Kupersmidt著, 川島亜紀子訳)〔05259〕

デロイトトゥシュトーマツ

◇国際財務報告基準詳説 iGAAP 第1巻 (iGAAP : A guide to IFRS reporting) デロイトトゥシュトーマツ著, トーマツ監訳 レクシスネクシス・ジャパン 2010.8 416p 21cm 14000円 ①978-4-9026-2530-1

内容 国際財務報告基準に関して 財務諸表の作成および表示に関するフレームワーク 財務諸表の表示 会計方針、会計上の見積りの変更および誤謬 棚卸資産 有形固定資産 投資不動産 無形資産 資産の減損 リース 借入費用 引当金、偶発負債および偶発資産 売却目的で保有する非流動資産および非継続事業 収益 工事契約 株式報酬〔05260〕

◇国際財務報告基準詳説 iGAAP 第2巻 (iGAAP : A guide to IFRS reporting) デロイトトゥシュトーマツ著, トーマツ監訳 レクシスネクシス・ジャパン 2010.8 1117p 21cm 14000円 ①978-4-9026-2531-8

内容 従業員給付 退職給付制度の会計および報告 法人所得税 連結および個別財務諸表 企業結合(IFRS第3号(2008年)) 関連会社に対する投資 ジョイント・ベンチャーに対する持分 外国為替 キャッシュ・フロー計算書 後発事象〔ほか〕〔05261〕

◇国際財務報告基準詳説 iGAAP 第3巻 (iGAAP : A guide to IFRS reporting) デロイトトゥシュトーマツ著, トーマツ監訳 レクシスネクシス・ジャパン 2010.8 961p 21cm 13000円 ①978-4-9026-2532-5

内容 金融商品 : 範囲 金融商品 : 金融資産 金融商品 : 金融負債と資本 金融商品 : デリバティブ 金融商品 : 組込デリバティブ 金融商品 : 測定 金融商品 : 認識および認識の中止 金融商品 : ヘッジ会計―基礎 金融商品 : 複雑なヘッジ会計 金融商品 : ヘッジ会計―設例 金融商品 : 開示 金融商品 : IFRSの初度適用〔05262〕

デロワ, イヴ Déloye, Yves

◇国民国家構築と正統化―政治的なものの歴史社会学のために (Sociologie historique du politique) イヴ・デロワ著, 中野裕二監訳, 稲永祐介, 小山晶子訳 吉田書店 2013.3 209p 19cm 〈文献あり〉2200円 ①978-4-905497-11-0

内容 第1章 歴史学の方法と政治的なものの科学(歴史学と社会学の間―政治的なものの問題 新しい知的局面 政治的なものの歴史社会学の諸原理) 第2章 近代国家の生成過程(権力の家産化と脱家産化 中央集権化と権力の凝集 国家化と近代的人間の誕生) 第3章 ナショナルな市民権とナショナル・アイデンティティ(国民とは何か 市民権と世俗化 : 紛争と軌道 市民権と国民の同化) 第4章 選挙の文明化の歴史社会学(政治化の道筋 民主的でかつ分化され、専門化された競争に向けて 選挙の習俗) 結論 過去による迂回〔05263〕

デン, ガイ* 田 凱

◇円仁と石刻の史料学―法王寺釈迦舎利蔵誌 鈴木靖民編 高志書院 2011.11 322p 22cm 7000円 ①978-4-86215-102-5

内容 法王寺二号塔地下宮殿およびその関連問題(田凱著, 賈佳訳)〔05264〕

デン, ビキ* 田 美姫

⇒チョン, ミヒ

テンジン・ギャツォ Ngawang Lobsang Yishey Tenzing Gyatso

⇒ダライ・ラマ14世

デント, フィオナ・エルサ Dent, Fiona Elsa

◇「人を動かす」リーダーになるための本―人間関係づくりに役立つ、21のテクニック (THE LEADER'S GUIDE TO INFLUENCE HOW TO USE SOFT SKILLS TO GET HARD RESULTS) マイク・ブレント, フィオナ・エルサ・デント著, 東山顕了訳 ピアソン桐原 2012.5 275p 21cm 〈文献あり 索引あり〉1900円 ①978-4-86401-072-6

内容 あなたの人間関係―それを正しく理解する あなたの人間関係スタイルは? 自分の人間関係を理解する 人間関係がうまくいかなくなる原因は? 人間関係ネットワーキング 好印象をつくり出す リスニング(聴く) 良質なクエスチョニング(訊く) 信頼と誠実さ ラポールと共感〔ほか〕〔05265〕

デンプシー, J.V. Dempsey, John V.

◇インストラクショナルデザインとテクノロジ―教える技術の動向と課題 (TRENDS AND ISSUES IN INSTRUCTIONAL DESIGN AND TECHNOLOGY(原著第3版)) R.A.リーサー, J.V.デンプシー編 京都 北大路書房 2013.9 690p 21cm 〈訳 : 半田純子ほか 索引あり〉4800円 ①978-4-7628-2818-8

内容 3か国の大学におけるデザイナの5つの役割 他(ブレンダ・C.リッチフィールド, J.V.(ジャック)・デンプシー, ピーター・アルビオン, ジャッキー・マクドナルド, 根本淳子著, 渡辺雄貴訳)〔05266〕

デンプス, ラウレンツ

◇ヴァイマル イン ベルリン―ある時代のポートレート (Weimar in Berlin) マンフレート・ゲルテマーカー, プロイセン文化財団映像資料館編, 岡田啓美, 斎藤尚子, 茂幾保代, 渡辺芳子訳 三元社 2012.3 219p 25cm 〈年表あり 索引あり 文献あり〉5800円 ①978-4-88303-301-0

内容 光と影(ラウレンツ・デンプス著, 斎藤尚子訳)〔05267〕

テンプラー, リチャード Templar, Richard

◇英国式非完璧子育て術 (The rules of parenting) リチャード・テンプラー〔著〕, 桜田直美訳 ディスカヴァー・トゥエンティワン　2010.3　235p　19cm　1500円　①978-4-88759-804-1　〔05268〕

◇上手な愛し方（The rules of love）　リチャード・テンプラー〔著〕, 亀田佐知子訳　ディスカヴァー・トゥエンティワン　2011.2　199p　19cm　1400円　①978-4-88759-893-5

内容 1章 ほんとうの愛を見つけるための19のルール（ありのままの自分を見せる　別れのあと、まずは心の傷をいやす ほか）　2章 愛を育てるための48のルール（親しき中にも礼儀あり　おたがいの自立心を育てる ほか）　第3章 別れのための5つのルール（内なる声に耳を澄ます　別れの責任はふたりにあると考える ほか）　第4章 友情についての12のルール（そのままの友人を受け入れる　つねに新たな友人を迎える心構えをもつ ほか）　第5章 すべての愛のための4つのルール（不安な気持ちにとらわれない　愛とは時間のことである ほか）　〔05269〕

◇上司のルール（The rules of management）　リチャード・テンプラー〔著〕, 米谷敬一訳　ディスカヴァー・トゥエンティワン　2012.1　227p　19cm　〈（2007年刊）の改訂〉1500円　①978-4-7993-1119-6

内容 1 部下を育てる（その仕事が社会にどう貢献するのかを語る　自分としてではなくチームとして考えるようにさせる　非現実的な目標から部下を守る　会議を効率的にする　会議を楽しむ ほか）　2 上司力を磨く（懸命に働く　部下が憧れる手本になる　仕事を楽しむ　仕事のことで悩みすぎない　今しなければいけないことを理解する ほか）　〔05270〕

◇がんばりすぎない仕事術―“すずしい”顔でことを動かす105のヒント（HOW TO GET THINGS DONE WITHOUT TRYING TOO HARD（原著第2版））　リチャード・テンプラー著, 中村エマ訳　ピアソン桐原　2012.11　213p　19cm　1500円　①978-4-86401-098-6

内容 自分にはできると信じる　できる人になると決意する　性格は変えなくていい　自分自身を知る　時間をつくる　日課をつくる　自分を退屈な人間だと思わない　ほかの事に気を取られない　なぜ先延ばしにするのか　パニックにならない〔ほか〕　〔05271〕

◇がんばりすぎない人生術―願ったとおりの人生を手に入れる100のヒント（HOW TO GET WHAT YOU WANT WITHOUT HAVING TO ASK）　リチャード・テンプラー著, 桜内篤子訳　ピアソン桐原　2012.11　211p　19cm　1500円　①978-4-86401-099-3

内容 第1章 望みを手に入れられる人になる（あなたは何を望んでいるのか？　なぜそれを望んでいるのか？ ほか）　第2章「イエス」と言ってもらえる人になる（偽りのない自信を持つ　自信を持って話す ほか）　第3章 相手の「イエス」をうまく引き出す（相手が理解しているか確かめる　相手を理解しているか確かめる ほか）　第4章 ストレートに頼まなければならないときは（求めることを明確に示す　頼むタイミングを選ぶ ほか）　〔05272〕

◇できる人の仕事のしかた（THE RULES OF WORK（原著第2版））　リチャード・テンプラー〔著〕, 桜田直美訳　ディスカヴァー・トゥエンティワン　2012.12　255p　19cm　1500円　①978-4-7993-1260-5

内容 1章 誰よりも成果を出すための14のルール　2章 他人に好印象を与えるための9のルール　3章 目標を実現するための11のルール　4章 上手な話し方をするための10のルール　5章 自分の身を守るための13のルール　6章 周囲と調和するための11のルール　7章 昇進すべき人物と見なされるための11のルール　8章 外交能力を身につけるための9のルール　9章 組織の力学を活用するための10のルール　10章 ライバルに絶対負けないための10のルール　〔05273〕

◇できる人の人生のルール（The rules of life（第3版））　リチャード・テンプラー〔著〕, 桜田直美訳　ディスカヴァー・トゥエンティワン　2013.11　230p　19cm　1500円　①978-4-7993-1412-8　〔05274〕

テンブランセル, アン・E.　Tenbrunsel, Ann E.

◇倫理の死角―なぜ人と企業は判断を誤るのか（BLIND SPOTS）　マックス・H.ベイザーマン, アン・E.テンブランセル著, 池村千秋訳　NTT出版　2013.9　297p　20cm　〈索引あり〉2800円　①978-4-7571-2301-4

内容 第1章 意思と行動のギャップ　第2章 これまでの倫理学では不十分な理由　第3章 なぜ自分の倫理観に反した行動を取るのか？　第4章 なぜ思っているほど倫理的に行動できないのか？　第5章 なぜ他人の非倫理的行動に気づけないのか？　第6章 なぜ倫理的な組織を築けないのか？　第7章 なぜ改革が実現しないのか？　第8章 意思と行動のギャップを狭める　〔05275〕

テンプリン, スティーブン　Templin, Stephen

◇極秘特殊部隊シール・チーム・シックス―ビンラディン暗殺！：あるエリート・スナイパーの告白（SEAL TEAM SIX）　ハワード・E.ワーズディン, スティーブン・テンプリン著, 伏見威蕃訳　朝日新聞出版　2012.8　415p　20cm　2200円　①978-4-02-331105-3

内容 第1部（遠くから敵を撃つ　一撃必中　苦労は子どもを鍛える　ソ連の潜水艦と緑色の英雄　安楽な日はきのうだけだ　SEALチーム2　砂漠の嵐）　第2部（SEALチーム6　復活したスナイパー　CIAの隠れ家―アイディド狩り　アイディドの邪悪な守護神を捕らえる　モガディシュ在空監視任務）　第3部（モガディシュの戦い　復活　大使暗殺脅迫　陸にあがったSEAL：治癒）　〔05276〕

テンプル, ジュディ・A.

◇みんなの幼児教育の未来予想図（A Vision for Universal Preschool Education）　エドワード・ジグラー, ウォルター・S.ギリアム, ステファニー・M.ジョーンズ編, 田中道治編訳　京都　ナカニシヤ出版　2013.3　322p　22cm　〈索引あり〉3800円　①978-4-7795-0753-3

内容 幼児教育における投資の経済便益（アーサー・J.レイノルズ, ジュディ・A.テンプル著, 秋川陽一訳）　〔05277〕

テンプル, ニコラス

◇トラウマを理解する―対象関係論に基づく臨床アプローチ（Understanding trauma）　キャロライン・ガーランド編, 松木邦裕監訳, 田中健夫, 梅本園乃訳　岩崎学術出版社　2011.3　249p　22cm　〈文献あり 索引あり〉4000円　①978-4-7533-1018-0

内容 発達上の損傷 ： 内的世界への影響（ニコラス・テンプル著） 〔05278〕

デンボー, ジェイムズ　Denbow, James Raymond

◇古代アフリカ―400万年前の人類と消えた王国―巨大大陸の謎を追う（Ancient Africa）　ヴィクトリア・シャーロー著, ジェイムズ・デンボー監修, 赤尾秀子訳　神戸　BL出版　2013.8　63p　26cm　（ナショナルジオグラフィック―考古学の探検）〈文献あり 年表あり 索引あり〉1800円　①978-4-7764-0555-9

内容 1 過去をよみがえらせる　2 骨と石とネックレス　3 ナイル河畔で栄えた王国　4 謎に満ちた石の建造物　5 どんな物語がきざまれている？　6 捨てられた謎の大都市　7 危機にひんした遺跡 〔05279〕

デンマーク人権研究所

◇企業と人権インド・日本―平等な機会のために　反差別国際運動日本委員会編集　反差別国際運動日本委員会　2012.9　146p　21cm　（IMADR-JCブックレット 15）〈発売 ： 解放出版社（大阪）〉1200円　①978-4-7592-6756-3

内容 ダリット差別チェック（デンマーク人権研究所, 国際ダリット連帯ネットワーク編, 小森恵訳） 〔05280〕

【ト】

ト, イクコウ*　杜 育紅

◇学力格差に挑む　耳塚寛明編　金子書房　2013.5　149p　21cm　（お茶の水女子大学グローバルCOEプログラム格差センシティブな人間発達科学の創成 3巻）〈索引あり〉2400円　①978-4-7608-9536-6

内容 中国西部五省における小中学生の学力格差（杜育紅, 胡咏梅, 盧珂執筆, 李敏, 王傑訳） 〔05281〕

ト, ギョウキン*　杜 暁勤

◇東アジアをむすぶ漢籍文化―敦煌から正倉院、そして金沢文庫へ ： 歴博国際シンポジウム ： 予稿集　静永健監修, 陳翀, 大淵貴之編　〔佐倉〕　人間文化研究機構国立歴史民俗博物館　〔2012〕　182p　30cm　〈会期・会場 ： 2012年11月2日―3日 国立歴史民俗博物館講堂　国立歴史民俗博物館平成24年度共同研究「高松宮家伝来書籍等を中心とする漢籍読書の歴史とその本文に関する研究」　訳 ： 甲斐雄一ほか　中国語併載〉

内容 日本所在の旧鈔本より論じた『白氏文集』前集の編集形式と文体分類（杜暁勤著, 大渕貴之訳） 〔05282〕

ト, コウ*　杜 光

◇「私（わたし）には敵はいない」の思想―中国民主化闘争二十余年　劉暁波〔著〕, 藤原書店編集部編　藤原書店　2011.5　398p　20cm　〈タイトル ： 「私には敵はいない」の思想　執筆 ： 劉霞ほか　文献あり 著作目録あり〉3600円　①978-4-89434-801-1

内容 「08憲章」―和解の宣言、協力の宣言（杜光著, 及川淳子訳） 〔05283〕

ト, ジカン*　都 時煥

⇒ト, シファン*

ト, シファン*　都 時煥

◇韓国強制併合一〇〇年―歴史と課題　国際共同研究　笹川紀勝, 辺英浩監修, 都時煥編著　明石書店　2013.8　493p　22cm　8000円　①978-4-7503-3869-9

内容 一九一〇年「日韓併合条約」締結強制の歴史的真実の糾明と国際法的照明（都時煥著, 辺英浩訳） 〔05284〕

ドー, バン

◇フエ地域の歴史と文化―周辺集落と外からの視点　西村昌也, グエン・クアン・チュン・ティエン, 野間晴雄, 熊野建編　吹田　関西大学文化交渉学教育研究拠点　2012.3　634p　30cm　（周縁の文化交渉学シリーズ 7）〈文部科学省グローバルCOEプログラム関西大学文化交渉学教育研究拠点　文献あり〉①978-4-9906213-2-2

内容 17-19世紀フエの歴史変遷におけるタインハー港町とバオヴィン港町（ドー・バン著, 福田康男, 西村昌也訳） 〔05285〕

ト, ブンドウ*　杜 文堂

◇東アジア平和共同体の構築と国際社会の役割―「IPCR国際セミナー」からの提言　宗教平和国際事業団, 世界宗教者平和会議日本委員会編, 真田芳憲監修　佼成出版社　2011.9　336, 4p　18cm　（アーユスの森新書 003　中央学術研究所編）　900円　①978-4-333-02507-7

内容 多様性の中の調和と共生（杜文堂述, 崔延花訳） 〔05286〕

ト, ミンサイ*　都 民宰

◇朱子家礼と東アジアの文化交渉　吾妻重二, 朴元在編　汲古書院　2012.3　486p　22cm　〈他言語標題 ： Zhu Xi's Family Rituals and Cultural Interactions in East Asia　文献あり〉13000円　①978-4-7629-2978-6

内容 畿湖学派における『朱子家礼』の受容（都民宰執筆, 吾妻重二訳） 〔05287〕

ドゥアラ, プラセンジット

◇越境する近代東アジアの民衆宗教―中国・台湾・香港・ベトナム、そして日本　武内房司編著　明石書店　2011.11　373p　22cm　〈索引あり〉5000円　①978-4-7503-3491-2

内容 二〇世紀アジアの儒教と中国民間宗教（プラセンジット・ドゥアラ著, 梅川純代, 大道寺慶子訳） 〔05288〕

◇アジア主義は何を語るのか―記憶・権力・価値　松浦正孝編著　京都　ミネルヴァ書房　2013.2　671, 6p　22cm　〈索引あり〉6500円　①978-4-623-06488-5

内容 中国とアジアの地域化（プラセンジット・ドアラ執筆, 浜由樹子訳） 〔05289〕

トーイ, ナイジェル　Toye, Nigel

◇グローバル・ティーチャーの理論と実践―英国の大学とNGOによる教員養成と開発教育の試み（Developing the global teacher）　ミリアム・スタイナー編, 岩崎裕保, 湯本浩之監訳　明石書店

2011.7　540p　20cm　（明石ライブラリー 146）〈文献あり 索引あり〉5500円　①978-4-7503-3381-6

内容 グローバル教育における哲学的探究―「子どもたちのための哲学」の実践経験から（クリス・ローリー, ナイジェル・トーイ著, 湯本浩之訳）〔05290〕

ドイツ

◇ドイツ民事訴訟法典―2011年12月22日現在　法務省大臣官房司法法制部司法法制課　2012.3　319p　21cm　（法務資料 第462号）〔05291〕

◇ドイツ民事訴訟法典―2011年12月22日現在　法務大臣官房司法法制部編集　法曹会　2012.4　319p　21cm　3714円〔05292〕

トイブナー, グンター　Teubner, Gunther

◇結果志向の法思考―利益衡量と法律家的論証（Entscheidungsfolgen als Rechtsgrunde）　グンター・トイブナー編, 村上淳一, 小川浩三訳　東京大学出版会　2011.9　236p　22cm　〈索引あり〉4800円　①978-4-13-031185-4

内容 結果志向（グンター・トイブナー著）〔05293〕

◇システム複合時代の法　瀬川信久編, グンター・トイブナー著, 尾崎一郎, 綾部六郎, 梱沢能生, 毛利康俊, 藤原正則訳　信山社　2012.11　174p　22cm　〈解題 : 尾崎一郎 毛利康俊〉3800円　①978-4-7972-5590-4

内容 1 二値編成複合性に立憲化―国民国家を超えた社会的立憲主義について　2 越境する企業の自己立憲化―企業行動指針の私的性格と国家的性格の結合について　3「わたしがベルゼブルの力で悪霊を追い出すのなら、…」―ネットワーク機能不全の悪魔学　4 社会制度としての鑑定（専門家意見）―第三者の契約内部化　5 結合義務としての利益の分配？―フランチャイズ・システムでのネット利益の再分配　6 トイブナーの社会理論と法律学　7 時代と格闘するG.トイブナー―ノイズからの法律学〔05294〕

トイボネン, トゥーッカ　Toivonen, Tuukka Hannu Ilmari

◇東日本大震災の人類学―津波、原発事故と被災者たちの「その後」　トム・ギル, ブリギッテ・シテーガ, デビッド・スレイター編　京都　人文書院　2013.3　371p　19cm　2900円　①978-4-409-53043-6

内容 3・11と日本の若者たち（トゥーッカ・トイボネン著, 森岡梨香訳）〔05295〕

◇若者問題の社会学―視線と射程（A SOCIOLOGY OF JAPANESE YOUTH）　ロジャー・グッドマン, 井本由紀, トゥーッカ・トイボネン編著, 井本由紀監訳, 西川美樹訳　明石書店　2013.6　315p　20cm　2600円　①978-4-7503-3828-6

内容 若者問題を解く 他（トゥーッカ・トイボネン, 井本由紀編著）〔05296〕

ドイル, アイダン

◇ビジュアル調査法と社会学的想像力―社会風景をありありと描写する（PICTURING THE SOCIAL LANDSCAPE）　キャロライン・ノウルズ, ポール・スウィートマン編, 後藤範章監訳　京都　ミネルヴァ書房　2012.10　317p　22cm　〈索引あり〉3400円　①978-4-623-06394-9

内容 視覚的なものと言語的なもの（デヴィッド・バーン, アイダン・ドイル著, 林浩一郎訳）〔05297〕

ドイル, ボブ　Doyle, Bob

◇もう悩まない！「引き寄せの法則」―「類は友を呼ぶ」だけではない法則の真実と実践法（FOLLOW YOUR PASSION, FIND YOUR POWER）　ボブ・ドイル著, 住友進訳　ソフトバンククリエイティブ　2012.7　262p　20cm　1600円　①978-4-7973-6520-7

内容 第1章 引き寄せの法則と抵抗へのイントロダクション　第2章 あなたのビジョンは何か？　第3章 ほんとうに選ぶべきこと　第4章 解放テクニック　第5章 ビジュアライゼーション　第6章 あなたが抱く疑問への答え〔05298〕

トウ, イセン*　董 渭川

◇新編原典中国近代思想史　第7巻　世界冷戦のなかの選択―内戦から社会主義建設へ　野村浩一, 近藤邦康, 並木頼寿, 坂元ひろ子, 砂山幸雄, 村田雄二郎編　砂山幸雄責任編集　岩波書店　2011.10　410, 7p　22cm　〈年表あり〉5700円　①978-4-00-028227-7

内容 誤りは私の「教育」的観点にある（董渭川著, 濱田麻矢訳）〔05299〕

トウ, エイチョウ*　鄧 穎超

◇新編原典中国近代思想史　第6巻　救国と民主―抗日戦争から第二次世界大戦へ　野村浩一, 近藤邦康, 並木頼寿, 坂元ひろ子, 砂山幸雄, 村田雄二郎編　野村浩一, 近藤邦康, 砂山幸雄責任編集　岩波書店　2011.3　412, 7p　22cm　〈年表あり〉5700円　①978-4-00-028226-0

内容 現段階の女性運動に対する意見（鄧穎超著, 田畑佐和子訳）〔05300〕

トーヴ, エマニュエル

◇古代世界におけるモーセ五書の伝承　秦剛平, 守屋彰夫編　京都　京都大学学術出版会　2011.2　427p　23cm　〈索引あり〉8400円　①978-4-87698-976-8

内容 聖性という観点から分析したモーセ五書の筆写・本文伝達（エマニュエル・トーヴ著, 田中健三訳）〔05301〕

トウ, カセン　唐 家璇

◇勁雨煦風―唐家璇外交回顧録　唐家璇著, 加藤千洋監訳　岩波書店　2011.1　331, 6p　20cm　〈年譜あり 索引あり〉4200円　①978-4-00-022780-3

内容 第1章 中日関係の回復　第2章 新外相の初外遊―インドネシア　第3章 四度のニューヨーク訪問―二〇〇三年イラク開戦前の外交闘争　第4章 中ロの黒瞎子島交渉　第5章 在ユーゴスラビア中国大使館爆撃事件　第6章 中越陸地国境・トンキン湾境界画定交渉　第7章 中米軍用機「衝突事件」　第8章「而立」の中欧関係　第9章 インド・パキスタン核実験　第10章 中国アフリカ協力フォーラム北京サミット〔05302〕

トウ, キセイ*　陶 希聖

◇新編原典中国近代思想史　第5巻　国家建設と民族自救—国民革命・国共分裂から一致抗日へ　野村浩一, 近藤邦康, 並木頼寿, 坂元ひろ子, 砂山幸雄, 村田雄二郎編　野村浩一, 近藤邦康, 村田雄二郎責任編集　岩波書店　2010.12　392, 6p　22cm　〈年表あり〉5400円　①978-4-00-028225-3

内容 中国本位の文化建設宣言(王新命, 何炳松, 武堉, 孫寒冰, 黄文山, 陶希聖, 章益, 陳高傭, 樊仲雲, 薩孟武著, 野村浩一訳, 小野寺史郎改訳)　〔05303〕

トウ, ケイカ*　唐 啓華

◇岩波講座東アジア近現代通史　第4巻　社会主義とナショナリズム—1920年代　〔和田春樹, 後藤乾一, 木畑洋一, 山室信一, 趙景達, 中野聡, 川島真〕〔編〕　岩波書店　2011.3　381p　22cm　3800円　①978-4-00-011284-0

内容 一九二〇年代の中露/中ソ関係(唐啓華著, 平田康治訳)　〔05304〕

◇総合研究辛亥革命　辛亥革命百周年記念論集編集委員会編　岩波書店　2012.9　9, 502, 17p　22cm　〈索引あり〉7800円　①978-4-00-025859-3

内容 北洋派と辛亥革命(唐啓華著, 平田康治訳)　〔05305〕

トウ, コウチ*　陶 行知

◇新編原典中国近代思想史　第5巻　国家建設と民族自救—国民革命・国共分裂から一致抗日へ　野村浩一, 近藤邦康, 並木頼寿, 坂元ひろ子, 砂山幸雄, 村田雄二郎編　野村浩一, 近藤邦康, 村田雄二郎責任編集　岩波書店　2010.12　392, 6p　22cm　〈年表あり〉5400円　①978-4-00-028225-3

内容 団結して侵略に抵抗するためのいくつかの基本的条件と最低限の要求(沈鈞儒, 章乃器, 陶行知, 鄒韜奮著, 小野寺史郎訳)　〔05306〕

トウ, コウハ*　鄧 洪波

◇泊園記念会創立50周年記念論文集　吾妻重二編　吹田　関西大学出版部　2011.10　310p　22cm　(関西大学東西学術研究所国際共同研究シリーズ 9)　〈発行 : 関西大学東西学術研究所　年表あり〉4000円　①978-4-87354-526-4

内容 京都順正書院初探(鄧洪波著, 紅粉芳恵訳)　〔05307〕

トウ, コクトウ*　凍 国棟

◇魏晋南北朝における貴族制の形成と三教・文学—歴史学・思想史・文学の連携による 第二回日中学者中国古代史論壇論文集　中国社会科学院歴史研究所, 東方学会〔編〕, 渡辺義浩編　汲古書院　2011.9　330p　27cm　12000円　①978-4-7629-2969-4

内容 葛洪の「文論」およびその「二陸」の評価に対する諸問題(凍国棟著, 池田雅典訳)　〔05308〕

トウ, サイコン*　唐 際根

◇曹操墓の真相　河南省文物考古研究所編著, 渡辺義浩監訳・解説, 谷口建速訳, 唐際根総監修　科学出版社東京　2011.9　308p　20cm　〈発売 : 国書刊行会〉2300円　①978-4-336-05417-3

内容 第1章 西高穴大墓の発掘調査　第2章「死の暗号」を読み解く　第3章 文献における曹操の死の真相　第4章 瘠薄の地に葬られた英雄　第5章 歴史を真実に回帰させる　エピローグ—千年の古墓における現世のまぼろし　附録 曹操高陵発見の一部始終　解説「曹操墓の真相」の行方　〔05309〕

トウ, シキ*　唐 士其

◇デモクラシーとナショナリズム—アジアと欧米　加藤節編　未来社　2011.3　275p　21cm　(成蹊大学アジア太平洋研究センター叢書)　〈執筆 : 加藤節ほか〉3200円　①978-4-624-30115-6

内容 中国のナショナリズム(唐士其著, 森分大輔, 木花章智訳)　〔05310〕

トウ, ショウカ*　董 昭華

◇転形期における中国と日本—その苦悩と展望　飯田泰三, 李暁東編　国際書院　2012.10　319p　21cm　〈索引あり〉3400円　①978-4-87791-237-6

内容 グローバリゼーション、政府と社会ガバナンス(董昭華執筆, 金東建, 石田徹訳)　〔05311〕

トウ, トクミン*　陶 徳民

◇東アジアの日本観—文学・信仰・神話などの文化比較を中心に　王敏編　三和書籍　2010.10　412p　22cm　(国際日本学とは何か？)　3800円　①978-4-86251-092-1

内容 明治日本の女子教育に対する津田梅子の貢献(陶徳民著, 王童童訳)　〔05312〕

トウ, ノウ*　唐 納

◇新編原典中国近代思想史　第5巻　国家建設と民族自救—国民革命・国共分裂から一致抗日へ　野村浩一, 近藤邦康, 並木頼寿, 坂元ひろ子, 砂山幸雄, 村田雄二郎編　野村浩一, 近藤邦康, 村田雄二郎責任編集　岩波書店　2010.12　392, 6p　22cm　〈年表あり〉5400円　①978-4-00-028225-3

内容 軟性映画論との総決算(抄)(唐納著, 白井啓介訳)　〔05313〕

トウ, ブンキ*　佟 文琦

◇日中安全保障・防衛交流の歴史・現状・展望　秋山昌広, 朱鋒編著　亜紀書房　2011.11　448p　22cm　〈執筆 : 秋山昌広ほか　年表あり〉2800円　①978-4-7505-1119-1

内容 中日防衛交流の歴史と現状(佟文琦著, 杉浦康之訳)　〔05314〕

トウ, ホウリン　唐 宝林

◇中国トロツキスト全史　唐宝林著, 鈴木博訳　論創社　2012.4　333p　22cm　〈文献あり〉3800円　①978-4-8460-1127-7

内容 第1章 風雨のなかで孕んだ畸形児　第2章 陳独秀、道を踏みはずす　第3章 四分五裂から嫌々ながらの統一へ　第4章 挟撃のなかの転倒とあがき　第5章 抗戦中のでたらめ　第6章 花が散るのはどうしようもない　〔05315〕

トウ, モウワ*　陶 孟和

◇新編原典中国近代思想史　第7巻　世界冷戦のなかの選択—内戦から社会主義建設へ　野村浩一, 近藤邦康, 並木頼寿, 坂元ひろ子, 砂山幸雄, 村田雄二郎編　砂山幸雄責任編集　岩波書店　2011.10　410, 7p　22cm　〈年表あり〉5700円　①978-4-00-028227-7

内容 中国社会科学工作者の任務(抄)(陶孟和著, 村田雄二郎訳)　〔05316〕

ドゥアニー, ホルヘ

◇人の移動、融合、変容の人類史—沖縄の経験と21世紀への提言　我部政明, 石原昌英, 山里勝己編　彩流社　2013.3　400, 15p　22cm　(琉球大学人の移動と21世紀のグローバル社会 8)　〈索引あり〉4000円　①978-4-7791-1677-3

内容 米国におけるプエルトリコ・ディアスポラ(ホルヘ・ドゥアニー執筆, 石原昌英, 兼本円, 島袋盛世訳)　〔05317〕

トウィガー, ロバート

◇世界探検家列伝—海・河川・砂漠・極地、そして宇宙へ (The great explorers)　ロビン・ハンベリーテニソン編著, 植松靖夫訳　悠書館　2011.9　303p　26cm　〈文献あり 索引あり〉9500円　①978-4-903487-49-6

内容 アレグザンダー・マッケンジー—カヌーでアメリカ横断 他(ロバート・トウィガー)　〔05318〕

トゥイスト, リン　Twist, Lynne

◇ソウル・オブ・マネー—人類最大の秘密の扉を開く 世界をまるっきり変えてしまう《お金とあなたとの関係》(The SOUL of MONEY)　リン・トゥイスト著, 牧野内大史訳・監修　ヒカルランド　2013.5　305p　19cm　1800円　①978-4-86471-119-7

内容 第1部 素晴らしい目覚め("お金"を探求する旅　インドへ—飢餓とお金の"真実"を知る旅)　第2部 人間の豊かさと幻想(お金にまつわる幻想から自由になる　"お金"は本当に必要ですか?)　第3部 内なる豊かさ—3つの真実(お金は水のようなもの　感謝は価値を創造する　分かち合いと協力のパワー)　第4部 夢見る力が世界を変える("夢"を変えると"未来"は変わる　"立場をとる"と地球は動く　コミュニケーションで新しいお金を生みだす　あなたの人生の遺産　豊かさの流れを選択する)　〔05319〕

ドヴィファト, エミール　Dovifat, Emil

◇ジャーナリズムの使命—エミール・ドヴィファト著『新聞学』(Zeitungslehre (5th ed.))　エミール・ドヴィファト著, 吉田慎吾訳　京都　晃洋書房　2011.8　302p　22cm　〈文献あり 索引あり〉2900円　①978-4-7710-2248-5

内容 第1部(新聞事業　報道　新聞における意見形成と意思形成)　第2部(編集　新聞経営における技術とマネージメント　公共的使命の保全)　〔05320〕

ドゥ・ヴァール, エドマンド　De Waal, Edmund

◇琥珀の眼の兎 (The hare with amber eyes)　エドマンド・ドゥ・ヴァール著, 佐々田雅子訳　早川書房　2011.11　382p　20cm　2300円　①978-4-15-209252-6

内容 第1部 パリ——八七一・一八九九(ウエストエンドリ・ド・パラド ほか)　第2部 ウィーン——八九九・一九三八(ポチョムキンの町　ツィオンシュトラーセ ほか)　第3部 ウィーン、ケヴェチェシュ、タンブリッジウェルズ、ウィーン——九三八・一九四七(「大行進に理想的な場」「二度とはない好機」ほか)　第4部 東京——九四七・二〇〇一(タケノコ　コダクローム ほか)　結び 東京、オデッサ、ロンドン—二〇〇一・二〇〇九(ジロー　アストロラーベ、平板、地球儀 ほか)　〔05321〕

トウェイン, マーク　Twain, Mark

◇ちくま哲学の森　1　生きる技術　鶴見俊輔, 安野光雅, 森毅, 井上ひさし, 池内紀編　筑摩書房　2011.9　420p　15cm　1200円　①978-4-480-42861-5

内容 嘘つきの技術の退廃について(マーク・トウェイン著, 三浦朱門訳)　〔05322〕

◇ちくま哲学の森　2　世界を見る　鶴見俊輔, 安野光雅, 森毅, 井上ひさし, 池内紀編　筑摩書房　2011.10　440p　15cm　1200円　①978-4-480-42862-2

内容 長男と長女のこと(マーク・トウェイン著, 勝浦吉雄訳)　〔05323〕

ドヴェールト, ハーベイ・A.

◇新戦略の創始者—マキアヴェリからヒトラーまで 下 (Makers of modern strategy)　エドワード・ミード・アール編著, 山田積昭, 石塚栄, 伊藤博邦訳　原書房　2011.3　366p　20cm　〈1979年刊の増補、新版　索引あり〉2800円　①978-4-562-04675-1

内容 文民による戦争の主宰—チャーチル ロイド=ジョージ クレマンソー(ハーベイ・A.ドヴェールト著, 伊藤博邦訳)　〔05324〕

トヴェルト, メーソン　Tvert, Mason

◇マリファナはなぜ非合法なのか? (Marijuana is safer)　スティーブ・フォックス, ポール・アーメンターノ, メーソン・トヴェルト著, 三木直子訳　築地書館　2011.1　284p　19cm　〈文献あり〉2200円　①978-4-8067-1414-9

内容 1 "選択肢"マリファナか、酒か("二つの主役"マリファナと酒は人々にどう受け入れられ、使用されているか　"マリファナ入門"マリファナを理解しよう ほか)　2 奪われた選択肢("「マリファナの狂気」騒動"マリファナ禁止の起源　"事実確認"マリファナについての、よくある作り話とその真実 ほか)　3 選択の自由("これ以上は要らないだろう"従来のマリファナ法廃止論　悪習慣を増やすのではなく、代替案を提示する ほか)　付録「マリファナのほうがもっと安全」というメッセージを広める　〔05325〕

トウェンギ, ジーン・M.　Twenge, Jean M.

◇自己愛過剰社会 (The narcissism epidemic)　ジーン・M.トウェンギ,W.キース・キャンベル著, 桃井緑美子訳　河出書房新社　2011.12　385p　20cm　〈文献あり〉2800円　①978-4-309-24576-8

内容 第1部 自己愛病の診断(自己賛美は万能薬か　自己賛美の弊害とナルシシズムの五つの俗説　ナルシズムで競争社会を生き延びる?—ナルシズムのもう一つの俗説　いつからこんなことになったのか—自

己愛病の起源）第2部 自己愛病の原因（王様の子育て―甘やかしの構造　病気をばらまく困った人々―セレブリティとメディアのナルシシズム　見て、見て、わたしを見て―インターネットで注目集め　年利18パーセントで夢の豪邸―放漫融資、そして現実原則の放棄）第3部 自己愛病の症状（アタシって、セクシー！―虚栄　暴走する消費欲―物質主義　70億のオンリーワン―個性重視　有名になれるならなんだってやる―反社会的行動　甘い罠―人間関係のトラブル）第4部 自己愛病の予後と治療（自己愛病の予後―どこまで、そしていつまで、ナルシシズムは広がるのだろう？　自己愛病の治療）〔05326〕

ドゥオーキン, ロナルド　Dworkin, Ronald

◇原理の問題（A matter of principle）　ロナルド・ドゥオーキン〔著〕, 森村進, 鳥沢円訳　岩波書店　2012.1　445, 24p　22cm　〈索引あり〉　6600円　①978-4-00-022786-5

内容 第1部 法の政治的基礎（政治的な裁判官と法の支配原理のフォーラム　原理、政策、手続　市民的不服従と反核抗議）第2部 解釈としての法（ハード・ケースには本当に正しい答えがないのか？　法はどのようにして文学に似ているか　解釈と客観性について）第3部 リベラリズムと正義（リベラリズム　リベラル派はなぜ平等を気にかけるべきなのか　リベラルな国家は芸術を支援できるか？）第4部 法についての経済学的検討（富は価値か？　なぜ効率性か？）第5部 検閲と自由なプレス（我々はポルノグラフィーへの権利を持つか？）〔05327〕

ドゥギー, ミシェル　Deguy, Michel

◇崇高とは何か（Du sublime）　ミシェル・ドゥギー他〔著〕, 梅木達郎訳　新装版　法政大学出版局　2011.9　413p　20cm　（叢書・ウニベルシタス 640）　4800円　①978-4-588-09943-4

内容 大－言（ミシェル・ドゥギー）〔05328〕

トゥキュディデス　Thucydides

◇歴史　上　トゥキュディデス著, 小西晴雄訳　筑摩書房　2013.10　503p　15cm　（ちくま学芸文庫）　1600円　①978-4-480-09563-3〔05329〕

◇歴史　下　トゥキュディデス著, 小西晴雄訳　筑摩書房　2013.10　414p　15cm　（ちくま学芸文庫）　1500円　①978-4-480-09564-0〔05330〕

トゥーサン, エリック　Toussaint, Eric

◇世界銀行―その隠されたアジェンダ（The World Bank：A never ending coup d'état The hidden agenda of Washington Consensus）　エリック・トゥーサン著, 大倉純子訳　柘植書房新社　2013.6　307p　21cm　3200円　①978-4-8068-0644-8

内容 ブレトンウッズ機関の設立　世界銀行、その揺籃期（1946～1962年）　国連と世界銀行の複雑な関係　第二次世界大戦後の状況―マーシャル・プランと米国の二国間援助政策　米国の旗の下で　世界銀行・IMFによる独裁者支援　世界銀行とフィリピン（1946～1990年）　世界銀行によるトルコの独裁体制支援　世界銀行とインドネシア―介入のモデルケース　世界銀行の開発理論〔ほか〕〔05331〕

トロシャール, パトリス

◇100の地点でわかる地政学（Les 100 lieux de la geopolitique）　パスカル・ゴーション, ジャン＝マルク・ユイスー編, オリヴィエ・ダヴィド他著, 斎藤かぐみ訳　白水社　2011.10　149p　18cm　（文庫クセジュ 962）　1050円　①978-4-560-50962-3

内容 前書き 地点と単語　第1章 パワーを発散する地点　第2章 パワーが織り成される空間　第3章 パワーの鍵となる地点　第4章 パワーの対決地点―係争・紛争・妥協〔05332〕

トウズ, バーブ　Toews, Barb

◇ソーシャルワークと修復的正義―癒やしと回復をもたらす対話、調停、和解のための理論と実践（Social Work and Restorative Justice）　エリザベス・ベック, ナンシー・P.クロフ, パメラ・ブラム・レオナルド編著, 林浩康監訳　明石書店　2012.11　486p　22cm　〈訳：大竹智ほか　索引あり〉　6800円　①978-4-7503-3687-9

内容 刑務所における修復的正義（M.ケイ・ハリス, バーブ・トウズ著, 山下英三郎訳）〔05333〕

トゥズィー, ポール

◇生涯学習支援の理論と実践―「教えること」の現在（The theory and practice of teaching（2nd ed.））　ピーター・ジャーヴィス編著, 渡辺洋子, 吉田正純監訳　明石書店　2011.2　420p　20cm　（明石ライブラリー 144）　〈文献あり 索引あり〉　4800円　①978-4-7503-3339-7

内容 「教える」「学ぶ」ことに関わる経験的方法 他（ポール・トゥズィー著, 佐伯知子訳）〔05334〕

ドゥズィーナス, コスタス　Douzinas, Costas

◇共産主義の理念（L'Idée du communisme（重訳））　コスタス・ドゥズィーナス, スラヴォイ・ジジェク編, 長原豊監訳, 沖公祐, 比嘉徹徳, 松本潤一郎訳　水声社　2012.6　434p　20cm　4500円　①978-4-89176-912-3

内容 序共産主義の理念 他（コスタス・ドゥズィーナス, スラヴォイ・ジジェク著, 長原豊訳）〔05335〕

ドウセン　道宣

◇新国訳大蔵経　中国撰述部1-3　続高僧伝―史伝部　1　道宣撰, 吉村誠, 山口弘江訳注　大蔵出版　2012.9　426p　22cm　〈底本：『大正新脩大蔵経』（大正新脩大蔵経刊行会刊）　索引あり〉　10000円　①978-4-8043-8203-6

内容 訳経篇（初～四）（梁揚都正観寺扶南国沙門 僧伽婆羅伝1　梁揚都荘厳寺金陵沙門釈宝唱伝2　魏北台石窟寺恒安沙門釈曇曜伝3 ほか）　義解篇（初・二）（梁揚都安楽寺沙門 釈法申伝1　梁揚都建元寺沙門 釈僧韶伝2　梁揚都建元寺沙門 釈法護伝3 ほか）〔05336〕

トゥッシュ, マヌエル　Tusch, Manuel

◇仕事はどれも同じ―「今やっている仕事」を「やりたい仕事」にする方法（Das Frustjobkillerbuch）　フォルカー・キッツ, マヌエル・トゥッシュ著, 畔上司訳　阪急コミュニケーションズ　2012.7　276p　19cm　1600円　①978-4-484-12115-4

内容 第1編 心はもう退職モード。その後フラストレーションがたまりすぎて、とうとう退職願いを提出（職場を替えても同じこと　上司が代わっても同じこと　あなたは自分の期待にそぐわない仕事をしている　いつも付きまとう邪魔な諸要素 イライラの元凶はこうした連中だ 退職は永遠に続くシナリオの途中の小休止にすぎない) 第2編「今やっている仕事」を「やりたい仕事」にしよう(あなたの仕事と生活、その背後に隠れているもの 世間は恩知らず お金だけでは幸せになれない フェアなコミュニケーション 個性を維持し、プライドを高めること―幸せになるためのガイダンス) 〔05337〕

ドゥッチ, ロラン Deutsch, Lorànt

◇メトロにのって―パリ歴史散歩 (MÉTRONOME) ロラン・ドゥッチ著, 高井道夫訳 晋遊舎 2012.9 479p 19cm 1900円 ①978-4-86391-618-0

内容 一世紀 シテ―ガロ・ロマン文明発祥の地 二世紀 プラス・ディタリー―すべての道はローマにつうじる 三世紀 ノートルダム・デ・シャン―サン・ドニの殉教 四世紀 サン・マルタン―ユリアヌス帝が愛した町パリ 五世紀 ルーヴル・リヴォリ―フランク族の首都パリ 六世紀 サン・ミシェル・ノートルダム―カトリック教会の長子、メロヴィング朝 七世紀 サン・ジェルマン・デ・プレ―ある修道院のたどった道 八世紀 バジリック・ド・サン・ドニ―メロヴィング朝の終焉 九世紀 シャトレ・レ・アール―ヴァイキングの来襲 一〇世紀 ラ・シャペル―カペー王朝の勝利〔ほか〕 〔05338〕

ドゥットン, マリー・アン Dutton, Mary Ann

◇パートナー暴力―男性による女性への暴力の発生メカニズム (What causes men's violence against women?) ミッシェル・ハーウェイ, ジェームズ・M.オニール編著, 鶴元春訳 京都 北大路書房 2011.9 303p 21cm 〈文献あり〉 3700円 ①978-4-7628-2763-1

内容 社会的暴力と家庭内暴力の相互作用―人種的, 文化的要因(ジャニス・サンチェス-ウクレス, マリー・アン・ドゥットン) 〔05339〕

ドゥテュランス, パスカル Dethurens, Pascal

◇ヨーロッパ紋切型小事典―AからZの煌めき (L'Europe de A a Z) パスカル・ドゥテュランス著, 田中訓子訳 作品社 2011.7 180, 4p 20cm 〈文献あり〉 1800円 ①978-4-86182-340-4

内容 恋愛の 時代錯誤の 黙示録の 貴族的な 時代遅れの アジアの 野蛮な 好戦的な 幸運な 架空の〔ほか〕 〔05340〕

ドゥノール, フランソワ Denord, François

◇欧州統合と新自由主義―社会的ヨーロッパの行方 (L'EUROPE SOCIALE N'AURA PAS LIEU) フランソワ・ドゥノール, アントワーヌ・シュワルツ著, 小沢裕香, 片岡大右訳 論創社 2012.8 291p 19cm 〈年表あり 索引あり〉 2700円 ①978-4-8460-1158-1 〔05341〕

トゥーヒー, ピーター Toohey, Peter

◇退屈―息もつかせぬその歴史 (Boredom) ピーター・トゥーヒー著, 篠儀直子訳 青土社 2011.9 241, 4p 20cm 〈文献あり 索引あり〉 2200円 ①978-4-7917-6621-5

内容 1 退屈を位置づける 2 慢性的退屈とその仲間たち 3 人間、動物、監禁状態 4 真昼の消耗 5 退屈に歴史はあるか 6 退屈へと帰還する長い歩み 〔05342〕

トゥービン, ジェフリー Toobin, Jeffrey

◇ザ・ナイン―アメリカ連邦最高裁の素顔 (THE NINE) ジェフリー・トゥービン著, 増子久美, 鈴木淑美訳 河出書房新社 2013.6 447, 14p 20cm 〈文献あり〉 3200円 ①978-4-309-24624-6

内容 第1部(思想をめぐる連邦主義戦争 善と悪 問題提起 矛盾 思いやりの心 追放者の帰還? なにが正統であるか? 個別意見 カードは左に 敗北の年) 第2部(瀬戸際 決壊 完璧なまでの敗者) 第3部(「特定の性行為」 「法を専門とする文化の賜物」 話す前にいうべきこと 緑の意見書 「われわれ政府は、断じて」 「たぐいまれなる栄誉」) 第4章(「神のG」 トロフィーを我がものに 「気心は知れている」 「当然の報いカフェ」 「生来の…」 熱狂的?) 〔05343〕

トゥフェザー, ウィリアム Two Feather, William

◇窮地を拓く「祈り」の超パワー―「祈る者」はこうして与えられる : 運命・未来・選択/決断の古来秘法 ウィリアム・トゥフェザー著, 川上澄江訳 ヒカルランド 2012.10 189p 21cm (先住民ヒーリングのマスターコース 1) 2300円 ①978-4-86471-066-4

内容 祈り メディスンを求めた人の話 西洋文化の祈りvs先住民の祈り スピリチュアルな戦士たち 祈りとは「頼む」ことではない お金や物質的なもの 動物のメディスン アニマルメディスンとあなた スピリットガイド 色とメディスン〔ほか〕 〔05344〕

トゥーヘイ, ピーター

◇世界一素朴な質問、宇宙一美しい答え―世界の第一人者100人が100の質問に答える (BIG QUESTIONS FROM LITTLE PEOPLE) ジェンマ・エルウィン・ハリス編, 西田美緒子訳, タイマタカシ絵 河出書房新社 2013.11 298p 22cm 2500円 ①978-4-309-25292-6

内容 わたしはどうして退屈するの?(ピーター・トゥーヘイ教授) 〔05345〕

東北亜歴史財団

◇高句麗の政治と社会 東北亜歴史財団編, 田中俊明監訳, 篠原啓方訳 明石書店 2012.1 322p 22cm 〈索引あり 文献あり〉 5800円 ①978-4-7503-3513-1

内容 第1部 高句麗の起源と国家形成(高句麗の起源と文化的基盤 高句麗の建国神話 高句麗の国家形成) 第2部 高句麗の成長(高句麗の中央政治制度の発展 初期の領域支配と対民支配 領土の拡大と対外関係) 第3部 体制の整備と領域の拡大(前燕・百済との対決と試練 中央集権体制の確立 広開土王の領土拡大と広開土王陵碑) 第4部 高句麗を中心とする国際秩序の構築(長寿王と平壌遷都 中国南北朝との関係 高句麗の南進と百済・新羅 高句麗による夫余と靺鞨の統合) 第5部 高句麗の滅亡と継承(貴族連立体制の成立 淵蓋蘇文の執権と政権の限界 国際秩序の変動と隋・唐との戦争 高句麗の滅亡と復興運動の展開) 〔05346〕

◇高句麗の文化と思想 東北亜歴史財団編, 東潮監訳, 篠原啓方訳 明石書店 2013.2 458p 22cm 〈文献あり 索引あり〉 8000円 ①978-4-

7503-3754-8
内容 第1部 高句麗の宗教と思想（高句麗の神話と国家祭祀　土着信仰と風俗文化　高句麗の道教と文化 ほか）　第2部 高句麗の社会と文化（高句麗の経済生活　高句麗の衣食住文化　高句麗の言語と文学 ほか）　第3部 高句麗の遺跡と遺物（高句麗の都城と都市　高句麗の城と防御体系　高句麗の古墳と墓制の変遷 ほか）〔05347〕

ドゥラン, ラモン・フェルナンデス
◇反グローバリゼーションの声（VOCES CONTRA LA GLOBALIZACIÓN）　カルロス・エステベス, カルロス・タイボ編著, 大津真作訳　京都　晃洋書房　2013.11　257, 8p　21cm　2900円　①978-4-7710-2490-8
内容 ネオコン化するヨーロッパ（ラモン・フェルナンデス・ドゥラン述）〔05348〕

トゥーリー, オリヴァー
◇世界探検家列伝―海・河川・砂漠・極地、そして宇宙へ（The great explorers）　ロビン・ハンベリーテニソン編著, 植松靖夫訳　悠書館　2011.9　303p　26cm　〈文献あり 索引あり〉9500円　①978-4-903487-49-6
内容 フランク・キングドン－ウォード―東アジアで植物採集（オリヴァー・トゥーリー）〔05349〕

ドゥリ, クラリッサ
◇EUと東アジアの地域共同体―理論・歴史・展望　中村雅治, イーヴ・シュメイユ共編　Sophia University Press上智大学出版　2012.12　404p　22cm　〈他言語標題 : The European Union and East Asian Regional Community　索引あり　制作・発売 : ぎょうせい〉3000円　①978-4-324-09206-4
内容 欧州議会によるEU域外地域との対話の試み（オリビィエ・コスタ, クラリッサ・ドゥリ執筆, 西脇靖洋訳）〔05350〕

ドゥーリー, マイク　Dooley, Mike
◇宇宙からの手紙　3（Even more notes from the universe）　マイク・ドゥーリー著, 山川紘矢, 山川亜希子訳　角川書店　2011.11　285p　20cm　〈発売 : 角川グループパブリッシング〉1700円　①978-4-04-110088-2〔05351〕
◇宇宙からの手紙（NOTES FROM THE UNIVERSE）　マイク・ドゥーリー〔著〕, 山川紘矢, 山川亜希子訳　角川書店　2012.11　291p　15cm　（角川文庫 ト17-1）〈発売 : 角川グループパブリッシング〉629円　①978-4-04-100575-0〔05352〕
◇宇宙からの手紙　2（MORE NOTES FROM THE UNIVERSE）　マイク・ドゥーリー〔著〕, 山川紘矢, 山川亜希子訳　角川書店　2013.1　298p　15cm　（角川文庫 ト17-2）〈発売 : 角川グループパブリッシング〉629円　①978-4-04-100662-7〔05353〕
◇宇宙からの手紙　3（EVEN MORE NOTES FROM THE UNIVERSE）　マイク・ドゥーリー〔著〕, 山川紘矢, 山川亜希子訳　角川書店　2013.4　300p　15cm　（角川文庫 ト17-3）〈発売 : 角川グループホールディングス〉705円　①978-4-04-100798-3〔05354〕

トゥリ, ユーハン
◇ちくま哲学の森　1　生きる技術　鶴見俊輔, 安野光雅, 森毅, 井上ひさし, 池内紀編　筑摩書房　2011.9　420p　15cm　1200円　①978-4-480-42861-5
内容 サーメの暮らし（ユーハン・トゥリ著, 三木宮彦訳）〔05355〕

トウル, フィリップ
◇戦争と和解の日英関係史　小菅信子, ヒューゴ・ドブソン編著　法政大学出版局　2011.7　318p　22cm　〈他言語標題 : Japan and Britain at War and Peace　索引あり〉5200円　①978-4-588-37709-9
内容 第二次世界大戦と独英・日英和解（フィリップ・トウル著, 根本尚美訳）〔05356〕
◇歴史と和解　黒沢文貴, イアン・ニッシュ編　東京大学出版会　2011.7　424, 9p　22cm　〈索引あり〉5700円　①978-4-13-026228-6
内容 復讐と和解（フィリップ・トウル著, 黒沢文貴訳）〔05357〕

トゥール, S.S.　Tuell, Steven Shawn
◇歴代誌 上・下（First and Second Chronicles）　S.S.トゥール〔著〕, 津田一夫訳　日本キリスト教団出版局　2012.3　422p　22cm　（現代聖書注解）〈文献あり〉8000円　①978-4-8184-0803-6
内容 歴代誌上（系図　ダビデ）　歴代誌下（ソロモン　ユダの王たち）〔05358〕

トゥルーアー, ポール　Treuer, Paul
◇子どもが地球を愛するために―「センス・オブ・ワンダー」ワークブック（TEACHING KIDS TO LOVE THE EARTH）　マリナ・ラチェッキ, ジョセフ・パッシノ, アン・リネア, ポール・トゥルーアー著, 山本幹彦監訳, 南里憲訳　改訂版　京都　人文書院　2012.7　223p　21cm　2200円　①978-4-409-23052-7
内容 好奇心（たのしい冒険―子どもの好奇心を育む遊びや野外活動　アバーウォッキー―想像力や好奇心を使い、自然のなかへの「センス・オブ・ワンダー」ハイクに出かける ほか）　探検（天敵と獲物―環境への気づきや正しい理解、知識を育むゲーム　釣れた！―子どもたちに野外技術を伝えながら自然を探検する ほか）　発見（春の甘いめぐみ―四季の変化の不思議に気づく　炎の贈り物―焚き火を楽しみ協議することの楽しさを発見する ほか）　シェアリング（わかちあい）（ペンギンのチャック―物語や音楽・ダンスを楽しみながら自然をわかちあう　ロープの上で―ネイチャーセンターでおこなわれている環境教育や冒険プログラム ほか）　情熱（ジョン・ミュアーの足跡―エコヒーローから学びを授かり地球に対するビジョンを持つ　ブルドーザーと委員会室―気づいたことを行動へ ほか）〔05359〕

ドゥルアール, テレーズ＝アンヌ
◇中世の哲学―ケンブリッジ・コンパニオン（THE CAMBRIDGE COMPANION TO MEDIEVAL PHILOSOPHY）　A.S.マクグレイ

ド編著, 川添信介監訳　京都　京都大学学術出版会　2012.11　601p　22cm　〈文献あり 年表あり 索引あり〉5800円　①978-4-87698-245-5
内容 イスラーム世界の哲学（テレーズ＝アンヌ・ドゥルアール執筆, 沼田敦訳）　〔05360〕

ドゥルーズ, ジル　Deleuze, Gilles
◇ディアローグ―ドゥルーズの思想（Dialogues）　ジル・ドゥルーズ, クレール・パルネ著, 江川隆男, 増田靖彦訳　河出書房新社　2011.12　292p　15cm　（河出文庫 ド6-15）〈『対話』（2008年刊）の改題〉1200円　①978-4-309-46366-7
内容 第1章 ひとつの対談、それは何か、何に役立つのか　第2章 英米文学の優位について　第3章 分析せよ死せる精神分析を　第4章 諸々の政治　付録 第5章 現働的なものと潜在的なもの　解説1 対話と折衝（江川隆男）　解説2 回帰の反復―ベルクソンからベルクソンへ（増田靖彦）　〔05361〕
◇哲学とは何か（QU'EST-CE QUE LA PHILOSOPHIE？）　G.ドゥルーズ,F.ガタリ著, 財津理訳　河出書房新社　2012.8　406p　15cm　（河出文庫 ド6-16）　1400円　①978-4-309-46375-9
内容 序論 こうして結局、かの問は…　1 哲学（ひとつの概念とは何か　内在平面　概念的人物　哲学地理）　2 哲学―科学、論理学、そして芸術（ファンクティヴと概念　見通しと概念　被知覚態、変様態、そして概念）　結論 カオスから脳へ　〔05362〕

ドゥルソー, パトリック　Durusau, Patrick
◇人文学と電子編集―デジタル・アーカイヴの理論と実践（ELECTRONIC TEXTUAL EDITING）　ルー・バーナード, キャサリン・オブライエン・オキーフ, ジョン・アンスワース編, 明星聖子, 神崎正英監訳　慶応義塾大学出版会　2011.9　503p　21cm　4800円　①978-4-7664-1774-6
内容 マークアップ選択方法を文書化しておく理由と方法（パトリック・ドゥルソー）　〔05363〕

トゥールミン, スティーヴン　Toulmin, Stephen Edelston
◇議論の技法―トゥールミンモデルの原点（The uses of argument（updated.ed.））　スティーヴン・トゥールミン著, 戸田山和久, 福沢一吉訳　東京図書　2011.5　389p　20cm　〈文献あり 索引あり〉3200円　①978-4-489-02094-0
内容 序論　第1章 議論の場と様相（議論の諸局面　不可能性と不適切性 ほか）　第2章 蓋然性（分かっている、約束するよ、多分　ありそうにない。しかし、真実である ほか）　第3章 論証のレイアウト（論証のパターン―データと根拠　論証のパターン―論拠を裏づける ほか）　第4章 実践的な論理と理想化された論理（仮説とその帰結　仮説の検証 ほか）　第5章 認識論理論の起源（私たちの仮説のさらなる帰結　実質的論証を救い出すことはできるか？（1）超越論的哲学 ほか）　結論　〔05364〕

トゥレーヌ, アラン　Touraine, Alain
◇声とまなざし―社会運動の社会学（La voix et le regard）　アラン・トゥレーヌ著, 梶田孝道訳　新装　新泉社　2011.3　370, 4p　22cm　〈文献あり〉3800円　①978-4-7877-1021-5
内容 人間たちが自らの歴史を創る　1 社会運動（社会学の誕生　社会学を超えて　歴史的行為者　社会運動　歴史的闘争と国家）　2 社会学的介入（対象と方法　グループ　自己分析　研究者　介入の領域とその境界　行為に奉仕するために）　〔05365〕

トカチェフ, セルゲイ
◇景観から未来へ　内山純蔵, カティ・リンドストロム編　京都　昭和堂　2012.3　283, 8p　21cm　（東アジア内海文化圏の景観史と環境 3）　4000円　①978-4-8122-1175-5
内容 シベリア移住民の景観とアイデンティティ（セルゲイ・トカチェフ著, カティ・リンドストロム, 内山純蔵, 細谷葵, 大谷めぐみ監訳）　〔05366〕

ドガン, マテイ　Dogan, Mattei
◇比較政治社会学の新次元（Nouvelles dimensions des sciences sociales）　マテイ・ドガン著, 桜井陽二, 外池力, 芝田秀幹訳　芦書房　2011.8　325p　20cm　〈文献あり〉2700円　①978-4-7556-1242-8
内容 第1部 学際的比較とは何か（社会科学に「パラダイム」は存在するか―社会科学の発展法則　比較社会学の方法――五の戦略　社会諸科学のハイブリッド化―比較研究の視点から）　第2部 新しい社会的現実と新しい見方（ポスト産業社会における社会階級と宗教的信仰の衰退―「地位の非一貫性」へ　西欧民主政諸国における政治への信頼の腐食―デモクラシーは生き残れるか　政治体制の正統性と脱正統化―ウェーバーの類型学の陳腐化）　〔05367〕

ドーキンス, リチャード　Dawkins, Richard
◇世界一素朴な質問、宇宙一美しい答え―世界の第一人者100人が100の質問に答える（BIG QUESTIONS FROM LITTLE PEOPLE）　ジェンマ・エルウィン・ハリス編, 西田美緒子訳, タイマタカシ絵　河出書房新社　2013.11　298p　22cm　2500円　①978-4-309-25292-6
内容 わたしたちはみんな親戚？（リチャード・ドーキンス博士）　〔05368〕

『トクシマ・アンツァイガー』
◇トクシマ・アンツァイガー―徳島俘虜収容所新聞　ドイツ館史料研究会訳・編　〔電子資料〕　〔鳴門〕　ドイツ館史料研究会　2012.3　CD-ROM 1枚　12cm.　〈他言語標題：Tokushima anzeiger　ドイツ語併記〉　〔05369〕

ド・クライフ, P.
◇ちくま哲学の森　8　自然と人生　鶴見俊輔, 安野光雅, 森毅, 井上ひさし, 池内紀編　筑摩書房　2012.4　448p　15cm　（〔ちくま文庫〕）　1300円　①978-4-480-42868-4
内容 レーウェンフック（P.ド・クライフ著, 秋元寿恵夫訳）　〔05370〕

トケィヤー, マーヴィン　Tokayer, Marvin
◇ユダヤと日本謎の古代史　マーヴィン・トケィヤー著, 箱崎総一訳　新装版　産業能率大学出版部　2013.9　228p　19cm　1500円　①978-4-382-05695-4

内容 1 発端・シルクロード　2 古代日本史の謎―ユダヤ文化の影響？　3 日本人＝ユダヤ人説（概説）　4 八咫鏡をめぐる論争　5 絹の道と絹の人　6 シルクロードに残された足跡　7 失なわれた十種族の謎〔05371〕

ドジャー, メアリー

◇アタッチメントを応用した養育者と子どもの臨床（Attachment theory in clinical work with children）　ダビッド・オッペンハイム, ドグラス・F.ゴールドスミス編, 数井みゆき, 北川恵, 工藤晋平, 青木豊訳　京都　ミネルヴァ書房　2011.6　316p　22cm　〈文献あり〉4000円　①978-4-623-05731-3

内容 里親ケアにおける養育責任者としての役割（メアリー・ドジャー, ダミオン・グラッソ, オリバー・リンドハイム, エリン・ルイス著）〔05372〕

ドーズ, ウォルター

◇西オーストラリア－日本（にっぽん）交流史―永遠の友情に向かって（An enduring friendship）　デイビッド・ブラック, 曽根幸子編著, 有吉宏之, 曽根幸子監訳　日本評論社　2012.2　391p　22cm　〈タイトル：西オーストラリア－日本交流史〉3000円　①978-4-535-58613-0

内容 危っく起こらないところだった, 鉄鉱石ブーム 他（ウォルター・ドーズ著）〔05373〕

ドーズ, ディリス

◇母子臨床の精神力動―精神分析・発達心理学から子育て支援へ（Parent-infant psychodynamics）　ジョーン・ラファエル－レフ編, 木部則雄監訳, 長沼佐代子, 長尾牧子, 坂井直子, 金沢聡子訳　岩崎学術出版社　2011.11　368p　22cm　〈索引あり〉6600円　①978-4-7533-1032-6

内容 乳幼児の睡眠に関する問題（ディリス・ドーズ著, 金沢聡子訳）〔05374〕

トスカーノ, アルベルト

◇共産主義の理念（L'Idée du communisme（重訳））　コスタス・ドゥズィーナス, スラヴォイ・ジジェク編, 長原豊監訳, 沖公祐, 比嘉徹徳, 松本潤一郎訳　水声社　2012.6　434p　20cm　4500円　①978-4-89176-912-3

内容 抽象の政治学（アルベルト・トスカーノ著, 長原豊訳）〔05375〕

ドストエフスキー, フョードル・ミハイロヴィチ　Dostoevskii, Fedor Mikhailovich

◇ちくま哲学の森　3　悪の哲学　鶴見俊輔, 安野光雅, 森毅, 井上ひさし, 池内紀編　筑摩書房　2011.11　431p　15cm　1200円　①978-4-480-42863-9

内容 おかしな男の夢（ドストエフスキー著, 小沼文彦訳）〔05376〕

ドッズ, クラウス　Dodds, Klaus

◇地政学とは何か（Geopolitics）　クラウス・ドッズ著, 野田牧人訳　NTT出版　2012.10　241p　19cm　（叢書「世界認識の最前線」）〈文献あり　索引あり〉1900円　①978-4-7571-4296-1

内容 第1章 地政学的であることは賢い　第2章 地政学は知的な毒物か？　第3章 地政学的構造　第4章 地政学とアイデンティティ　第5章 地図と地政学　第6章 一般人の地政学〔05377〕

ドッターウィック, キャス・ペリー　Dotterweich, Kass P.

◇結婚生活セラピー（Be-good-to-your-marriage therapy）　キャス・ペリー・ドッターウィック文, R.W.アリー絵, 目黒摩天雄訳　サンパウロ　2011.4　1冊（ページ付なし）　16cm　（Elf-help books）〈原文併記〉700円　①978-4-8056-2819-5〔05378〕

トッド, アルフユース　Todd, Alpheus

◇日本立法資料全集　別巻796　英国国会政治（Parliamentary Government in England）　アルフユース・トッド著, スペンサー・ヲルポール校, 林田亀太郎, 岸清一共訳　復刻版　信山社出版　2012.12　634p　23cm　〈三省堂書店明治26年刊の複製〉65000円　①978-4-7972-6441-8〔05379〕

トッド, エマニュエル　Todd, Emmanuel

◇アラブ革命はなぜ起きたか―デモグラフィーとデモクラシー（Allah n'y est pour rien！）　エマニュエル・トッド著, 石崎晴己訳・解説　藤原書店　2011.9　188p　20cm　〈折り込1枚〉2000円　①978-4-89434-820-2

内容 アラブ革命は予見可能だったか？　識字率・出生率と民主化　誤解されているイラン革命と現体制　イスラーム圏の内婚制と近代化　トッドの手法―歴史家か、人口統計学者か、予言者か？　アラブ圏の民主化とフランス　宗教は関与していない　老化という西欧の危機　中国とロシアの民主化　ドイツ　昨日はナチス、今日はエゴイスト　「民主化」「進歩」とは何か？―人類学的要員と外的要因　人口動態から見たアラブ革命〔05380〕

◇最後の転落―ソ連崩壊のシナリオ（La chute finale）　E.トッド〔著〕, 石崎晴己監訳, 石崎晴己, 中野茂訳　藤原書店　2013.1　492p　20cm　3200円　①978-4-89434-894-3〔05381〕

ドッド, サラ・J.　Dodd, Sarah J.

◇せいしょから10のおはなし―ちいさなてんしたちへ（Bible Stories for Little Angels）　サラ・J.ドッド文, ドゥブラヴカ・コラノヴィッチ絵, 女子パウロ会訳編　女子パウロ会　2012.10　1冊（ページ付なし）　24cm　1300円　①978-4-7896-0708-7〔05382〕

ドッド, ジェームズ・L.　Dodd, James L.

◇アメリカ会計学―理論、制度、実証（ACCOUNTING THEORY）　ハリー・I.ウォーク, ジェームズ・L.ドッド, ジョン・J.ロジスキー著, 長谷川哲嘉, 中野貴之, 成岡浩一, 菅野浩勢, 松本安司, 平賀正剛訳　同友館　2013.3　458p　22cm　〈索引あり〉5000円　①978-4-496-04962-0

内容 第1章 会計理論序説　第2章 会計理論と会計研究　第3章 財務会計の制度構造をめぐる展開　第4章 財務報告規制の経済学　第5章 公準、原則および概念　第6章 目的の探求　第7章 FASBの概念フレームワーク　第8章 投資者および債権者に対する会計情報の有用性

第9章 統一性と開示―会計基準設定に関するいくつかの方向性　第10章 国際会計　〔05383〕

トッド, ジョン　Todd, John
◇ジョン・トッドの20代で読む人生に必要なこと（Todd's student's manual）　ジョン・トッド著, 渡部昇一訳・解説　三笠書房　2011.9　235p　19cm　〈著作目録あり〉1200円　①978-4-8379-5729-4
内容 1章 自分の頭で考える　2章 生産的な習慣・強い信念が自分を大きく育てる　3章 確たる見識を身につけるために　4章 緻密な頭脳をつくる読書法　5章 人生の持ち時間をいかに有効に生かすか　6章 修養をつんだ人の言葉を生きる糧にせよ　7章 つねに自分の限界をつき破って伸びよ　〔05384〕

トッド, デイヴィッド・P.
◇富士山に登った外国人―幕末・明治の山旅　山本秀峰編訳, 村野克明訳　露蘭堂　2012.11　247p　22cm　〈年表あり　文献あり　発売：ナウカ出版営業部（富士見）〉3400円　①978-4-904059-53-1
内容 比類なきフジの登山（デイヴィッド・P.トッド夫妻著）　〔05385〕

ドッブス, リチャード　Dobbs, Richard
◇企業価値経営―コーポレート・ファイナンスの4つの原則（VALUE）　マッキンゼー・アンド・カンパニー, ティム・コラー, リチャード・ドッブス, ビル・ヒューイット著, 本田桂子, 鈴木一功訳　ダイヤモンド社　2012.8　260p　22cm　2400円　①978-4-478-01798-2
内容 第1部 4つの原則（なぜ、企業価値を評価するのか　価値の根源の原則　価値不変の原則　期待との際限なき闘い　ベスト・オーナーの原則）　第2部 株式市場（株式市場とは何か　株式市場と実体経済　株式市場のバブル　収益調整）　第3部 価値創造を管理する（ROIC　成長　事業ポートフォリオ　M&Aによる価値創造　リスク　有利子負債・資本構成　IR活動　価値創造経営）　〔05386〕

ドドソン, エイダン　Dodson, Aidan
◇全系図付エジプト歴代王朝史（THE COMPLETE ROYAL FAMILIES OF ANCIENT EGYPT）　エイダン・ドドソン, ディアン・ヒルトン著, 池田裕訳　東洋書林　2012.5　318p　27cm　〈文献あり 年表あり 索引あり〉12000円　①978-4-88721-798-0
内容 第1章 初期王朝時代 古王国時代（創設者たち―第1王朝…第2王朝…第3王朝　大ピラミッドの建設者たち―第4王朝 ほか）　第2章 第1中間期 中王国時代 第2中間期（アクトイ家―第9王朝…第10王朝　南部の首長―第11王朝 ほか）　第3章 新王国時代（タア王朝―第17王朝2…第18王朝1　権力と栄光―第18王朝2 ほか）　第4章 第3中間期（王たちと祭司たちと―第21王朝　ショシェンク王家の盛衰―第22王朝 ほか）　第5章 末期王朝時代 プトレマイオス朝時代（最後のルネッサンス―第26王朝　ペルシア人ファラオ―第27王朝・第31王朝 ほか）　〔05387〕

トドロフ, ツヴェタン　Todorov, Tzvetan
◇未完の菜園―フランスにおける人間主義の思想（Le jardin imparfait）　ツヴェタン・トドロフ〔著〕, 内藤雅文訳　新装版　法政大学出版局　2011.5　397, 5p　20cm　（叢書・ウニベルシタス 754）〈文献あり 索引あり〉4400円　①978-4-588-09941-0
内容 序章 知られざる契約　第1章 四つの系譜の展開　第2章 自律性の宣言　第3章 相互依存　第4章 一人で暮らす　第5章 愛の道　第6章 個人―複数性と普遍性　第7章 価値の選択　第8章 人間性のために作られた道徳　第9章 高揚の欲求　終章 人間主義者の賭け　〔05388〕

◇ジェルメーヌ・ティヨン―レジスタンス・強制収容所・アルジェリア戦争を生きて（FRAGMENTS DE VIE）　ジェルメーヌ・ティヨン〔著〕, ツヴェタン・トドロフ編, 小野潮訳　法政大学出版局　2012.9　402, 5p　20cm　（叢書・ウニベルシタス 982）　4000円　①978-4-588-00982-2
内容 1 アルジェリアの民族学者（一九三四‐一九四〇年）　2 レジスタンスと牢獄（一九四〇‐一九四三年）　3 強制収容所送り（一九四三‐一九四五年）　4 強制収容所出所後の時期（一九四五‐一九五四年）　5 アルジェリア戦争（一九五四‐一九五七年）　付録　〔05389〕

ドナヒュー, ポール・J.　Donoghue, Paul J.
◇スーパーカウンセラーの「聞く力」で、運がこわいほどついてくる！―「人を動かす」簡単で最強の法　ポール・J.ドナヒュー, マリー・E.ジーゲル著, 内藤諠人訳　イースト・プレス　2011.1　230p　19cm　（East Press business）　1400円　①978-4-7816-0512-8
内容 運は「話す人」より「聞き上手」に！　"大事な人"をコロリと味方にする「聞き方」　なぜ"専門家"を苦手にしてしまうのか　トップ・上司を味方につける「聞き方」　複雑な「人間関係」もこうすればスッキリいく　「思い込み」で聞いていないか　「自分のこと」は後まわしにする　相手の「主導権」を横取りするな　「助言」にはくれぐれも注意！ 人は「先入観」で耳を閉じてしまう　「砂に水がしみ込む」ように聞く方法　相手がつい「ホンネ」をもらす聞き方　「自分の話を必ず聞いてもらえるようになる」話し方　〔05390〕

ドナルドソン, J.アナ　Donaldson, J.Ana
◇インストラクショナルデザインとテクノロジ―教える技術の動向と課題（TRENDS AND ISSUES IN INSTRUCTIONAL DESIGN AND TECHNOLOGY（原著第3版））　R.A.リーサー, J.V.デンプシー編　京都　北大路書房　2013.9　690p　21cm　〈訳：半田純子ほか　索引あり〉4800円　①978-4-7628-2818-8
内容 専門職の倫理：実践に適用されるルール（シャロン・E.スマルディノ, J.アナ・ドナルドソン, メアリ・ヘリング著, 渡辺雄貴訳）　〔05391〕

ドネリー, リチャード・G.
◇大学学部長の役割―米国経営系学部の研究・教育・サービス（The dean's perspective）　クリシナ・S.ディア編著, 佐藤修訳　中央経済社　2011.7　245p　21cm　3400円　①978-4-502-68720-4
内容 岐路に立つ経営教育（プラビィア・K.バグチ, リチャード・G.ドネリー著）　〔05392〕

ト

ドハーティ, エレーン・E.

◇ライフコース研究の技法—多様でダイナミックな人生を捉えるために（The Craft of Life Course Research）　グレン・H.エルダー,Jr., ジャネット・Z.ジール編著, 本田時雄, 岡林秀樹監訳, 登張真稲, 中尾暢見, 伊藤教子, 磯谷俊仁, 玉井航太, 藤原善美訳　明石書店　2013.7　470p　22cm　〈文献あり 索引あり〉6700円　①978-4-7503-3858-3

内容 ライフコース犯罪学におけるグループに基づくトラジェクトリ（エレーン・E.ドハーティ, ジョン・H.ラウブ, ロバート・J.サンプソン著, 玉井航太訳）〔05393〕

ドハーティ, ジョン・J.

◇図書館と中立性（Questioning library neutrality）　アリソン・ルイス編, 川崎良孝, 久野和子, 福井佑介, 川崎智子訳　京都　京都図書館情報学研究会　2013.10　158p　22cm　〈文献あり　発売：日本図書館協会〉3500円　①978-4-8204-1308-0

内容 図書館についての自己省察に向けて—プラキシスとは（ジョン・J.ドハーティ著）〔05394〕

ドハーティ, ニール・A.　Doherty, Neil A.

◇統合リスクマネジメント（Integrated risk management）　ニール・A.ドハーティ著, 森平爽一郎, 米山高生監訳, 柳瀬典由〔ほか〕訳　中央経済社　2012.1　660p　22cm　〈索引あり〉6200円　①978-4-502-68880-5

内容 第1部 分析のための基礎（「保険リスクマネジメント」および「金融リスクマネジメント」の収斂　リスクと効用：経済学概念と意思決定ルール　モラルハザードと逆選択　ポートフォリオ理論とリスクマネジメント　資本市場理論　デリバティブとオプション）　第2部 リスクマネジメント戦略（なぜリスクは企業にとって高くつくのか？　リスクマネジメント戦略：二重性と大域性　損失発生後の投資決定と損失の測定　損失発生後資金調達：調達可能性と機能不全投資 ほか）〔05395〕

トーピー, ジョン・C.　Torpey, John C.

◇歴史的賠償と「記憶」の解剖—ホロコースト・日系人強制収容・奴隷制・アパルトヘイト（Making Whole What Has Been Smashed）　ジョン・C.トーピー著, 藤川隆男, 酒井一臣, 津田博司訳　法政大学出版局　2013.11　318p　20cm　（サピエンティア 33）〈索引あり〉3700円　①978-4-588-60333-4〔05396〕

トピック, スティーヴン　Topik, Steven

◇グローバル経済の誕生—貿易が作り変えたこの世界（THE WORLD THAT TRADE CREATED（原著第2版））　ケネス・ポメランツ, スティーヴン・トピック著, 福田邦夫, 吉田敦訳　筑摩書房　2013.8　435p　22cm　〈文献あり 索引あり〉3800円　①978-4-480-86723-0

内容 第1章 市場の掟　第2章 輸送技術の進歩は人類に何をもたらしたのか　第3章 ドラッグ文化の経済学　第4章 商品は世界を廻る　第5章 暴力の経済学　第6章 市場はどのようにして創られたか　第7章 世界貿易と工業化の歴史〔05397〕

ド・ビヤンヴィル, J.D.T.

◇十八世紀叢書　第6巻　性—抑圧された領域（L'onanisme〔etc.〕）　中川久定, 村上陽一郎責任編集　阿尾安泰, 阿部律子, 江花輝昭, 辻部大介, 辻部亮子, 萩原直幸, 藤本恭比古訳　国書刊行会　2011.6　322p　22cm　8500円　①978-4-336-03916-3

内容 ニンフォマニア（J.D.T.ド・ビヤンヴィル著, 阿尾安泰, 阿部律子, 江花輝昭, 辻部大介, 辻部亮子, 萩原直幸, 藤本恭比古訳）〔05398〕

ドーフ, ボブ　Dorf, Bob

◇スタートアップ・マニュアル—ベンチャー創業から大企業の新事業立ち上げまで（The Startup Owner's Manual）　スティーブン・G.ブランク, ボブ・ドーフ著, 堤孝志, 飯野将人訳　翔泳社　2012.11　460p　21cm　〈索引あり〉3200円　①978-4-7981-2851-1

内容 第1部 スタートアップに顧客開発モデルが必要なわけ（大惨事への道—スタートアップは大企業の小型版ではない　確信への道—顧客開発モデル）　第2部 ステップ1：顧客発見（ビジネスモデル仮説の構築「オフィスから飛び出して」課題仮説を検証する—「人はそれを気にかけているか？」　「オフィスから飛び出して」ソリューションを検証する　ビジネスモデルの確認とピボットかそのまま先へ進むか）　第3部 ステップ2：顧客実証（有償販売の準備　オフィスから飛び出してエバンジェリストユーザーに売ろう！　製品と企業のポジショニング　最大の難関—ピボットかそのまま進むか？）〔05399〕

ドーフ, リチャード　Dorf, Richard C.

◇最強の起業戦略—スタートアップで知っておくべき20の原則（Technology ventures）　リチャード・ドーフ, トーマス・バイアース著, 設楽常巳訳　日経BP社　2011.11　604p　22cm　〈索引あり　文献あり　発売：日経BPマーケティング〉4800円　①978-4-8222-4883-3

内容 第1部 ベンチャー事業を起こす機会、概念、そして戦略（資本主義と技術系事業家　事業機会と事業概要　競合優位性の構築　戦略作成　イノベーション概略）　第2部 ベンチャー構成と計画（リスクと報酬　ベンチャー事業創造と事業計画　独立系ベンチャー対企業系ベンチャー　知識、学習、構成　法律上の事業構成と知的財産）　第3部 ベンチャー事業のための詳細機能計画（マーケティングと販売計画　新しい企業組織　取得、組織化、資源管理　経営管理　取得、合併、グローバルビジネス）　第4部 ベンチャー事業の資金調達と構築（収益と収穫計画　財務計画　資本の財源　計画を発表し契約を交渉する　技術ベンチャー事業を成功に導く）〔05400〕

ドブズ, マイケル　Dobbs, Michael

◇ヤルタからヒロシマへ—終戦と冷戦の覇権争い（SIX MONTHS IN 1945）　マイケル・ドブズ著, 三浦元博訳　白水社　2013.7　479, 52p 図版16p　20cm　〈文献あり 年表あり 索引あり〉3200円　①978-4-560-08300-0

内容 第1部 「精いっぱいの結果」フランクリン・ルーズヴェルト—一九四五年二月（ルーズヴェルト—二月三日　スターリン—二月四日　チャーチル—二月五日 ほか）　第2部 「鉄のカーテンは下りた」ウィンストン・S.チャーチル—一九四五年二、六月（同志ヴィシンスキー―二月二十七日　「透過不能のヴェール」―三月七日　大統領の死―四月十二日 ほか）　第3部「平和ならざる平和」ジョージ・オーウェル――九四五年七～八月（ベルリン―七月四日　ターミナル―七月十六日　略奪―七月二十三日 ほか）　〔05401〕

ドブズ＝ワインシュタイン, イディット

◇中世の哲学―ケンブリッジ・コンパニオン（THE CAMBRIDGE COMPANION TO MEDIEVAL PHILOSOPHY）　A.S.マクグレイド編著, 川添信介監訳　京都　京都大学学術出版会　2012.11　601p　22cm　〈文献あり 年表あり 索引あり〉5800円　①978-4-87698-245-5
内容 ユダヤ哲学（イディット・ドブズ＝ワインシュタイン執筆, 神田愛子訳）　〔05402〕

ドブソン, ヒューゴ　Dobson, Hugo

◇戦争と和解の日英関係史　小菅信子, ヒューゴ・ドブソン編著　法政大学出版局　2011.7　318p　22cm　〈他言語標題 : Japan and Britain at War and Peace　索引あり〉5200円　①978-4-588-37709-9
内容 日英和解とメディア（ヒューゴ・ドブソン著, 向田智恵訳）　〔05403〕

ドフライン, フランツ　Doflein, Franz

◇ドフライン・日本紀行（Ostasienfahrt（抄訳））　フランツ・ドフライン著, 林和弘訳　水産無脊椎動物研究所　2011.9　234p　27cm　〈著作目録あり　発売 : 松香堂書店（〔京都〕）〉5000円　①978-4-87974-651-1　〔05404〕

ドブリン, アーサー　Dobrin, Arthur

◇幸福の秘密―失われた「幸せのものさし」を探して（The lost art of happiness）　アーサー・ドブリン著, 坂東智子訳　イースト・プレス　2011.11　247p　19cm　1300円　①978-4-7816-0681-1
内容 1 ずっと忘れられていた「幸せの秘密」　2 幸せのものさしはいつ歪んだのか　3 幸せになるためにたった1つ、必要なこと　4 ときには“不公平な”愛を注ごう　5 セックスは人を幸福にするか？　6 正義の前に母親を守りなさい　7「愛ある仕事」こそが人を幸せにする　8 パンとバラの花をわれらに！　9 人生最後の日々に何を思うか　10 幸福な死、そして悼むということ　〔05405〕

トベ, グレン　Tobe, Glenn R.

◇組織改革―ビジョン設定プロセスの手引（Organizational vision, values, and mission）　シンシア・スコット, デニス・ジャフ, グレン・トベ共著, プロジェクトマネジメント情報研究所監訳, 清水計雄訳　鹿島出版会　2012.1　105p　26cm　〈文献あり〉3000円　①978-4-306-01154-0
内容 ビジョンを描くプロセス　1 バリューを明確にする　2 現状を映し出す　3 ミッションを明確にする　4 ビジョンを描く　5 ビジョンを実現する　〔05406〕

ドベリ, ロルフ　Dobelli, Rolf

◇なぜ、間違えたのか？―誰もがハマる52の思考の落とし穴（Die Kunst des klaren Denkens）　ロルフ・ドベリ著, 中村智子訳　サンマーク出版　2013.9　316p　19cm　〈文献あり〉1700円　①978-4-7631-3264-2
内容 生き残りのワナ―なぜ、「自分だけはうまくいく」と思ってしまうのか？　スイマーズボディ幻想のワナ―なぜ、水泳をすれば水泳選手のような体形になれると考えるのか？　自信過剰のワナ―なぜ、自分の知識や能力を過信してしまうのか？　社会的証明のワナ―なぜ、他人と同じように行動していれば正しいと思ってしまうのか？　サンクコストのワナ―なぜ、「もったいない」が命取りになるのか？　お返しの法則のワナ―なぜ、お酒をおごってもらわないほうがいいのか？　確証のワナ（なぜ、「特殊なケース」には気をつけるべきなのか？　なぜ、「あいまいな予想」に惑わされてしまうのか？）　権威のワナ―なぜ、エライ人には遠慮しないほうがいいのか？　コントラストのワナ―なぜ、モデルの友人は連れていかないほうがいいのか？　イメージのワナ―なぜ、「違う町の地図」でもないよりはましなのか？〔ほか〕　〔05407〕

ドボルザーク, グレッグ

◇西オーストラリア‐日本（にっぽん）交流史―永遠の友情に向かって（An enduring friendship）　デイビッド・ブラック, 曽根幸子編著, 有吉宏之, 曽根幸子監訳　日本評論社　2012.2　391p　22cm　〈タイトル : 西オーストラリア－日本交流史〉3000円　①978-4-535-58613-0
内容 戻らなかった日本人真珠漁船員（グレッグ・ドボルザーク著）　〔05408〕

トーマス, アラン・ケン　Thomas, Alan Ken

◇スティーブ・ジョブズ自分を貫く言葉　アラン・ケン・トーマス編, 長谷川薫訳　イースト・プレス　2011.11　157p　19cm　〈年譜あり〉1000円　①978-4-7816-0720-7
内容 情熱　リーダーシップ　技術　伝説　人生　〔05409〕

◇スティーブ・ジョブズ世界を変えた言葉　アラン・ケン・トーマス編, 長谷川薫訳　イースト・プレス　2011.11　149p　19cm　〈年譜あり〉1000円　①978-4-7816-0719-1
内容 ビジネス　始まり　イノベーション　競合　〔05410〕

トーマス, イザベル

◇いまがわかる！ 世界なるほど大百科（What you need to know now）　ジョー・フルマン, イアン・グラハム, サリー・リーガン, イザベル・トマス著, スティーブン・スコッファム監修, 武舎広幸, 武舎るみ, 野村真依子訳　河出書房新社　2011.10　256p　29cm　〈索引あり〉3800円　①978-4-309-61541-7　〔05411〕

◇ZOOM大図鑑―世界に近づく、世界を見わたす（Zoom Encyclopedia）　マイク・ゴールドスミス, スーザン・ケネディ, スティーブ・パーカー, キャロル・ストット, イザベル・トーマス, ジョン・ウッドワード文, 伊藤伸子訳　京都　化学同人　2013.11　249p　31×26cm　3800円　①978-4-7598-1550-4
内容 自然　人間の体　地球　人と場所　芸術と文化　歴史　科学と技術　宇宙　〔05412〕

トーマス, ヴィッキー

◇西オーストラリア - 日本(にっぽん)交流史—永遠の友情に向かって (An enduring friendship)　デイビッド・ブラック, 曽根幸子編著, 有吉宏之, 曽根幸子監訳　日本評論社　2012.2　391p　22cm　〈タイトル：西オーストラリアー日本交流史〉3000円　①978-4-535-58613-0

内容 1903年から1935年までの大日本帝国海軍練習艦西オーストラリア寄港(ヴィッキー・トーマス著)　〔05413〕

トマス, キース　Thomas, Keith

◇生き甲斐の社会史—近世イギリス人の心性 (The ends of life)　キース・トマス著, 川北稔訳　京都　昭和堂　2012.3　390, 97p　22cm　〈索引あり〉4000円　①978-4-8122-1217-2

内容 第1章 困難な時代に人生をまっとうする　第2章 武勲をたてる　第3章 労働と職業　第4章 富と持ち物　第5章 名誉と名声　第6章 友情と人間関係　第7章 死後の名声と来世　〔05414〕

トーマス, グリン・V.　Thomas, Glyn V.

◇子どもの描画心理学 (An introduction to the psychology of children's drawings.06)　グリン・V.トーマス, アンジェル・M.J.シルク著, 中川作一監訳　新装版　法政大学出版局　2011.9　216p　20cm　(りぶらりあ選書)　〈訳：田中義和ほか　文献あり 索引あり〉2500円　①978-4-588-02301-9

内容 第1章 歴史と理論的概観　第2章 子どもの描画の特徴　第3章 描画とは何か　第4章 なぜ子どもは描画するのか？　第5章 描画過程とその効果　第6章 描画のなかに提示されているのはどんな情報か？　第7章 描画の感情表現の側面　第8章 特異な描画発達　第9章 芸術としての子どもの描画　第10章 結論と将来の方向　〔05415〕

トーマス, ジュリアン　Thomas, Julian

◇解釈考古学—先史社会の時間・文化・アイデンティティ (Time, culture and identity)　ジュリアン・トーマス著, 下垣仁志, 佐藤啓介訳　同成社　2012.3　407p　22cm　〈索引あり　文献あり〉8500円　①978-4-88621-592-5

内容 第1部 現象学的考古学？(デカルト以後：考古学・文化・自然　時間と主体　事物とその時間性　場と時間性)　第2部 三つの歴史(ブリテン新石器時代の系譜　新石器時代後期のブリテン：人格をもつ人工物　時間・場・伝統：マウント・プレザント遺跡)　おわりに—考古学と意味　〔05416〕

トーマス, チャック

◇ラーニング・コモンズ　大学図書館の新しいかたち　加藤信哉, 小山憲司編訳　勁草書房　2012.7　290p　22cm　〈他言語標題：LEARNING COMMONS　索引あり〉3900円　①978-4-326-00037-1

内容 図書館文化と新世紀世代の価値との断絶(ロバート・H.マクドナルド, チャック・トーマス執筆, 加藤信哉, 小山憲司訳)　〔05417〕

トーマス, ロレイン　Thomas, Lorraine

◇忙しすぎるお母さんの1日10分・7日間コーチング—やり方を少し変えればイライラ・不安がスッと消える (THE 7 DAY PARENT COACH)　ロレイン・トーマス著, 森田由美訳　ダイヤモンド社　2013.6　253p　21cm　1400円　①978-4-478-00475-3

内容 1 プラス思考で子育てを楽しむための7日間　2 家族との楽しい時間を過ごすための7日間　3 朝のバタバタを乗り切るための7日間　4 ゆったりした夜を過ごすための7日間　5 子どもにキレない親になる7日間　6 子どもとの会話をもっと楽しむ7日間　7 仕事と家庭、どちらもあきらめないための7日間　8 親戚、友人との関係を良好にする7日間　〔05418〕

トーマス, P.*　Thomas, Prakash K.

◇子どもの心理療法と調査・研究—プロセス・結果・臨床的有効性の探求 (Child psychotherapy and research)　ニック・ミッジリー, ジャン・アンダーソン, イブ・グレンジャー, ターニャ・ネシッジ・ブコビッチ, キャシー・アーウィン編著, 鵜飼奈津子監訳　大阪　創元社　2012.2　287p　22cm　〈索引あり　文献あり〉5200円　①978-4-422-11524-5

内容 社会神経科学と治療的行為の諸理論：子どもの心理療法との関係(Linda C.Mayes,Prakash K.Thomas著, 勅使川原学訳)　〔05419〕

トーマス, R.ルーズベルト, Jr.　Thomas, R. Roosevelt, Jr.

◇ストーリーで学ぶ経営の真髄 (Learn like a leader)　マーシャル・ゴールドスミス, ビバリー・ケイ, ケン・シェルトン編, 和泉裕子, 井上実訳　徳間書店　2011.2　311p　19cm　1600円　①978-4-19-863118-5

内容 パラダイムが変化に及ぼす影響(R.ルーズベルト・トーマス・ジュニア著)　〔05420〕

◇リーダーシップ・マスター—世界最高峰のコーチ陣による31の教え (Coaching for Leadership)　マーシャル・ゴールドスミス, ローレンス・S.ライアンズ, サラ・マッカーサー編著, 久野正人監訳, 中村安子, 夏井幸子訳　英治出版　2013.7　493p　21cm　2800円　①978-4-86276-164-4

内容 自律を促し支援する(R.ルーズベルト・トーマス, Jr.)　〔05421〕

トマス(ビラノバの)

◇近代カトリックの説教　高柳俊一編　教文館　2012.8　458p　21cm　(シリーズ・世界の説教)　4300円　①978-4-7642-7338-2

内容 洗礼者聖ヨハネ(トマス(ビラノバの)述, 高柳俊一訳)　〔05422〕

トマス・アクィナス　Thomas Aquinas, Saint

◇神学大全　第21冊　2-2　123-150 (Summa theologiae)　トマス・アクィナス〔著〕　渋谷克美, 松根伸治訳　創文社　2011.3　407, 21p　22cm　〈索引あり〉6300円　①978-4-423-39321-5

内容 第百二十三問題 勇気について　第百二十四問題 殉教について　第百五十問題 酩酊について　〔05423〕

◇神学大全　第37・38冊 (Summa theologiae)　トマス・アクィナス〔著〕　創文社　2011.12

ト

257, 24p　22cm　〈索引あり〉5200円　①978-4-423-39337-6

内容 第四十六問題 キリストの受難について　第四十七問題 キリストの受難の作動因について　第四十八問題 キリストの受難はどのようにわれわれの救いを実現したか　第四十九問題 キリストの受難の結果　第五十問題 キリストの死について　第五十一問題 キリストの埋葬について　第五十二問題 キリストの陰府への下降について　〔05424〕

◇在るものと本質について（De Ente et Essentia）トマス・アクィナス著, 稲垣良典訳註　知泉書館　2012.3　29, 99p　23cm　〈索引あり〉3000円　①978-4-86285-130-7　〔05425〕

◇神学大全　第39・40冊（Summa theologiae）トマス・アクィナス〔著〕　創文社　2012.9　207, 13p　22cm　〈索引あり〉4800円　①978-4-423-39339-0

内容 第五十三問題 キリストの復活について　第五十四問題 復活したキリストの質について　第五十五問題 復活の顕示について　第五十六問題 キリストの復活の因果性について　第五十七問題 キリストの昇天について　第五十八問題 御父の右へのキリストの着座について　第五十九問題 キリストの裁きの権能について　〔05426〕

ト

トマセロ, マイケル　Tomasello, Michael

◇ヒトはなぜ協力するのか（WHY WE COOPERATE）　マイケル・トマセロ著, 橋弥和秀訳　勁草書房　2013.7　153, 23p　20cm　〈文献あり 索引あり〉2700円　①978-4-326-15426-5

内容 1 ヒトはなぜ協力するのか（助けるように生まれてくる（そして育てられる）　インタラクションから社会制度へ　生物学と文化が出会うところ）　2 フォーラム（ジョーン・B.シルク　キャロル・S.デック　ブライアン・スキームズ　エリザベス・S.スペルキ）　〔05427〕

ドーマン, アイザック　Dooman, Isaac

◇神国ニ於ケル一伝道師ノ生活（A missionary's life in the Land of the gods）　アイザック・ドーマン著, 恩智理訳　京都　阿吽社　2012.3　254p　21cm　〈年譜あり〉2800円　①978-4-900590-94-6

内容 第1章 日本、その第一印象　第2章 日本人の性格概観　第3章 日本語についての覚書　第4章 苦難の歳月—その最初期　第5章 苦難の歳月—土地を耕し種を蒔く　第6章 苦難の歳月—教育的活動　第7章 苦難の歳月—教会を増やす　第8章 伝道師の裏話　第9章 伝道師の楽しみ　〔05428〕

ドーマン, ブランドン　Dorman, Brandon

◇「そこにいる」ってわかります—信仰についての絵本（I know he is there）　レベッカ・ガンダーセン・ソーンリィ作, ブランドン・ドーマン絵, 渡辺春美訳　仙台　トリーハウス　2011.7　1冊（ページ付なし）　16×16cm　1200円　①978-4-9902144-6-3　〔05429〕

ド・マン, ポール　De Man, Paul

◇美学イデオロギー（Aesthetic Ideology）　ポール・ド・マン著, 上野成利訳　平凡社　2013.12　516p　15cm　（平凡社ライブラリー）　1900円　①978-4-582-76801-5

内容 メタファーの認識論　パスカルの説得のアレゴリー　カントにおける現象性と物質性　ヘーゲルの『美学』における記号と象徴　ヘーゲルの崇高論　カントの唯物論　カントとシラー　アイロニーの概念　レイモンド・ゴイスに答える　〔05430〕

トムソン, アン　Thomson, Anne

◇倫理のブラッシュアップ—実践クリティカル・リーズニング応用編（Critical reasoning in ethics）　アン・トムソン著, 斎藤浩文, 小口裕史訳　春秋社　2012.1　287p　21cm　〈文献あり〉2500円　①978-4-393-32327-4

内容 第1章 道徳推論を分析する　第2章 徳道推論を評価する　第3章 推論のスキルを練習する　第4章 意思決定　第5章 実践的倫理の諸概念　第6章 道徳原則と道徳理論　第7章 公平性と感情の役割　付録1 いくつかの練習問題へのコメント　付録2 具体的な倫理的諸問題の概要　〔05431〕

トムソン, ポール　Thomson, Paul

◇中学生からの対話する哲学教室（Philosophy for teens）　シャロン・ケイ, ポール・トムソン著, 河野哲也監訳, 安藤道夫, 木原弘行, 土屋陽介, 松川絵里, 村瀬智之訳　町田　玉川大学出版部　2012.4　177p　26cm　2400円　①978-4-472-40446-7

内容 1 美（"愛"とはなにか　"美"は事実か趣味か ほか）　2 真（"真"になりえないものはあるか　嘘をつくのはいつも悪いことか ほか）　3 正義（"差別"とはなにか　動物には権利があるか ほか）　4 神（善人に悪いことが起きるのはなぜか　生きる意味とはなにか）　〔05432〕

トムリン, ジェニー　Tomlin, Jenny

◇閉ざされた扉の向こうで（Behind closed doors）　ジェニー・トムリン著, 笹山祐子, 西宮久雄, 原由紀子, 藤井裕子, 藤竹千晴訳, 中道暁子監訳　バベル・プレス　2011.6　302p　19cm　1500円　①978-4-89449-116-8

内容 シャーブリー通り　おば　新たな希望、新たな恐怖　悪夢　自分のちからで　家の中の暴君　赤ちゃんたち　成長　危機また危機　ひとり立ちへ　一〇代の反逆者　初恋　おばの死　成功の喜び　〔05433〕

ドライアー, ホルスト

◇ユダヤ出自のドイツ法律家（DEUTSCHE JURISTEN JUDISCHER HERKUNFT）　ヘルムート・ハインリッヒス, ハラルド・フランツキー, クラウス・シュマルツ, ミヒャエル・シュトレイス著, 森勇監訳　八王子　中央大学出版部　2012.3　25, 1310p　21cm　（日本比較法研究所翻訳叢書 62）　〈文献あり 索引あり〉13000円　①978-4-8057-0363-2

内容 「世紀の法学者」？（ホルスト・ドライアー著, 土田伸也訳）　〔05434〕

ドライヴァー, ジャニーン　Driver, Janine

◇FBIトレーナーが教える相手の嘘を99%見抜く方法（YOU CAN'T LIE TO ME）　ジャニーン・ドライヴァー, マリスカ・ヴァン・アールスト共著, 川添節子訳　宝島社　2012.9　383p　19cm　1500円　①978-4-7966-9955-6

内容 1 準備 うそバロメーターをパワーアップする（うそについての真実　うそバロメーターとは？　うそバロメーターを使うとき） 2 実践 うそバロメーターを身につける（ステップ一 情報収集　ステップ二 盗聴　ステップ三 張り込み　ステップ四 ボディチェック　ステップ五 尋問） 3 活用 うそバロメーターを活用する（いろいろな場面で使う　自分を振り返る）〔05435〕

ドライデン, ウィンディ　Dryden, Windy

◇いつも楽に生きている人の考え方（10 steps to positive living）　ウィンディ・ドライデン著, 野田恭子訳　ディスカヴァー・トゥエンティワン　2011.9　173p　18cm　（ディスカヴァー携書 69）　1000円　①978-4-7993-1046-5

内容 第1章 自分に責任を持つ　第2章 現実を受け入れる　第3章 忍耐強さを身につける　第4章 自分自身を大切にする　第5章 いやな気持ちもあえて味わう…　第6章「ねばならない」から自由になる　第7章 批判的、創造的に考える　第8章 夢中になれることを見つけて追求する　第9章 人間関係を充実させる　第10章 この本を活用するために〔05436〕

ドライバーグ, アラステア　Dryburgh, Alastair

◇ビジネスについてあなたが知っていることはすべて間違っている（EVERYTHING YOU KNOW ABOUT BUSINESS IS WRONG）　アラステア・ドライバーグ著, 田口未和訳　阪急コミュニケーションズ　2012.10　295p　19cm　1700円　①978-4-484-12120-8

内容 1 なぜ行き詰まるのか、どうしたら抜け出せるのか　2 価格設定　3 コスト削減　4 業績評価　5 予算と事業計画　6 行動原則　7 動機づけ　8 思考について考える　9 次にすべきこと〔05437〕

トラヴァール, ジョエル

◇中国伝統文化が現代中国で果たす役割　中島隆博編　東京大学グローバルCOE「共生のための国際哲学教育研究センター」　2008.12　254p　21cm　（UTCP booklet 5）　〈文献あり〉

内容 現代における儒学復興 他（セバスティアン・ビリュ, ジョエル・トラヴァール著, 田中有紀訳）〔05438〕

トラヴェルシエ, メラニー

◇伝統都市を比較する—飯田とシャルルヴィル　高沢紀恵, 吉田伸之, フランソワ＝ジョゼフ・ルッジウ, ギヨーム・カレ編　山川出版社　2011.5　232, 67p　26cm　（別冊都市史研究）　〈文献あり〉　5200円　①978-4-634-52714-0

内容 芸術エリアの歴史（メラニー・トラヴェルシエ著, 竹下和亮訳）〔05439〕

トラヴニー, ペーター

◇科学と技術への問い—ハイデッガー研究会第三論集　山本英輔, 小柳美代子, 斎藤元紀, 相楽勉, 関口浩, 陶久明日香, 森一郎編　松戸　理想社　2012.7　264, 13p　22cm　〈他言語標題：Wissenschaft und Technik bei Heidegger　文献あり〉　3000円　①978-4-650-10546-9

内容 科学と技術（ペーター・トラヴニー執筆, 木村史人, 庄子綾訳）〔05440〕

トラウフラー, ガストン

◇日本企業のイノベーション・マネジメント（Manegment of Technology and Innovation in Japan）　コルネリウス・ヘルシュタット, クリストフ・シュトゥックシュトルム, ヒューゴ・チルキー, 長平彰夫編著, 長平彰夫監訳, 松井憲一, 名取隆, 高橋修訳　同友館　2013.6　433p　22cm　〈執筆：マリアン・バイゼほか　索引あり〉　3800円　①978-4-496-04912-5

内容 MOT：学問の世界からマネジメント実行へ（ガストン・トラウフラー, ヒューゴ・チルキー著）〔05441〕

ドラクルチー, E.　Delacourtie, Émile

◇日本立法資料全集　別巻802　仏国政典　ドラクルチー著, 箕作麟祥校閲, 大井憲太郎訳　復刻版　信山社出版　2013.2　22, 1176p　23cm　〈司法省 明治6年刊の複製〉　120000円　①978-4-7972-6447-0〔05442〕

ドラス, ウィルフレッド・H.

◇リーダーシップ開発ハンドブック（The center for creative leadership）　C.D.マッコーレイ,R.S.モクスレイ,E.V.ヴェルサ編, 金井壽宏監訳, 嶋村伸明, リクルートマネジメントソリューションズ組織行動研究所訳　白桃書房　2011.3　463p　22cm　〈文献あり 索引あり〉　4700円　①978-4-561-24546-9

内容 リーダーシップ開発の未来へのアプローチ（ウィルフレッド・H.ドラス著）〔05443〕

ドラッカー, ドリス　Drucker, Doris

◇ドラッカーの妻—ピーター・ドラッカーを支えた妻ドリスの物語（Invent radium or I'll pull your hair）　ドリス・ドラッカー著, 野中ともよ訳　アース・スターエンターテイメント　2011.3　319p　19cm　〈『あなたにめぐり逢うまで』（清流出版1997年刊）の加筆・改定　発売：泰文堂〉　1400円　①978-4-8030-0245-4

内容 第1章 ピーターとの恋　第2章 ドイツでの幼少時代　第3章 戦争、そして敗戦　第4章 時はめぐりて…　第5章「問題外です！」　第6章 大英帝国の光と影　第7章 パリ、せつなき恋　ドリスと暮らして60年、「幸せな結婚の秘訣」とは…（ピーター・F.ドラッカー）〔05444〕

ドラッカー, ピーター・F.　Drucker, Peter Ferdinand

◇DVDだからわかるドラッカーのマネジメント理論—実践型マネジメントワークブック（Leading in a time of change）　P.F.ドラッカー,P.M.センゲ著　宝島社　2011.3　95p　22cm　1429円　①978-4-7966-8182-7

内容 1 ピーター・ドラッカーとピーター・センゲの対談—変化の時代をリードする 明日を切り開くために 2（リーダーシップを養う　メンタルモデルを明らかにする　計画的廃棄をシステム化する過程で、変化に対する受容力を醸成する　イノベーションと問題解決：組織的改善　予期せぬ機会を歓迎し生かす　機会と、人材やその他の資源を結びつける　信用を保つ：変化のなかの継続性　優れた人材のやる気を引き出し確保する：組織における人事方針　まとめ）〔05445〕

◇経営の真髄—知識社会のマネジメント　上（MANAGEMENT（原著改訂版））　P.F.ドラッカー著, ジョゼフ・A.マチャレロ編, 上田惇生訳　ダイヤモンド社　2012.9　391p　20cm　〈索引あり〉2400円　①978-4-478-00624-5
内容 1 マネジメントをめぐる状況の変化（知識がすべて　人口構造が変わった ほか）　2 企業にとっての成果（事業の定義　企業の目的と目標 ほか）　3 公的機関が成果とすべきもの（公的機関のマネジメント　NPOが企業に教えること ほか）　4 仕事を生産的なものにし、人に成果をあげさせる（仕事と人　肉体労働の生産性 ほか）　5 組織にとっての社会的責任（社会に与える影響の処理と社会的責任　組織のミッションと公益）　〔05446〕

◇経営の真髄—知識社会のマネジメント　下（MANAGEMENT（原著改訂版））　P.F.ドラッカー著, ジョゼフ・A.マチャレロ編, 上田惇生訳　ダイヤモンド社　2012.9　459p　20cm　〈文献あり 索引あり〉2400円　①978-4-478-02246-7
内容 6 マネジメントの仕事（マネジメントの必要性　マネジメントの仕事の設計 ほか）　7 マネジメントのスキル（意思決定　人事 ほか）　8 イノベーションと企業家精神（企業家精神　ベンチャーのマネジメント ほか）　9 組職（戦略と組織構造　チーム型組織と職能別組織 ほか）　10 個のマネジメント（自らをマネジメントする　上司をマネジメントする ほか）〔05447〕

◇決断の条件—マネジメント力を鍛える実践ケース50（MANAGEMENT CASES（原著改訂版））　P.F.ドラッカー著, ジョゼフ・A.マチャレロ編, 上田惇生訳　ダイヤモンド社　2013.1　244p　19cm　1800円　①978-4-478-00916-1
内容 第1部 パラダイムの変化　第2部 企業にとっての成果　第3部 公的サービス機関が成果とすべきもの　第4部 仕事を生産的にものにし、人に成果をあげさせる　第5部 社会的責任　第6部 マネジメントの仕事　第7部 マネジメントのスキル　第8部 イノベーションと企業家精神　第9部 組織　第10部 個に求められるもの　〔05448〕

トラッパー, テリー・S.　Trepper, Terry S.

◇解決志向ブリーフセラピーハンドブック—エビデンスに基づく研究と実践（Solution-Focused Brief Therapy）　シンシア・フランクリン, テリー・S.トラッパー, ウォレス・J.ジンジャーリッチ, エリック・E.マクコラム編, 長谷川啓三, 生田倫子, 日本ブリーフセラピー協会編訳　金剛出版　2013.9　380p　21cm　〈索引あり〉5200円　①978-4-7724-1334-3
内容 第1部 SFBTの起源と治療マニュアル（解決志向ブリーフセラピーの展開　解決志向ブリーフセラピーマニュアル）　第2部 SFBT実践の測定（解決志向の厳密な測定器具開発のパイロット・スタディ　標準化された解決志向評価尺度、および強み評価尺度に関するレビュー ほか）　第3部 研究のレビュー（SFBTの効果研究　SFBTにおける単一事例デザイン研究の系統的レビュー ほか）　第4部 SFBTの臨床的有用性（裁判所命令のDV加害者との解決志向モデル　カップル間の暴力問題に対する合同カップル面接によるSFBT ほか）　第5部 新たな実践プログラムについての研究（解決から記述へ—実践と研究　児童養護施設および医療施設の青年に対するSFBTの治療効果 ほか）　〔05449〕

トラベル・トマス, ビセンテ　Traver Tomás, Vicente

◇ベガ・インクラン—スペイン・ツーリズムの礎を築いた人　ビセンテ・トラベル・トマス著, 小川祐子訳　大津　行路社　2013.7　235p　22cm　〈他言語標題 : VEGA INCLÁN〉2800円　①978-4-87534-429-2　〔05450〕

ド・ラ・ボエシ, エティエンヌ　de La Boétie, Étienne

◇自発的隷従論（Discours de la servitude volontaire）　エティエンヌ・ド・ラ・ボエシ著, 西谷修監修, 山上浩嗣訳　筑摩書房　2013.11　253p　15cm　（ちくま学芸文庫）　1200円　①978-4-480-09425-4
内容 自発的隷従論（一者支配の不幸　多数者が一者に隷従する不思議　自由への欲求が勇気を与える　自由はただ欲すれば得られる　民衆は隷従を甘受している ほか）　付論（服従と自由についての省察（シモーヌ・ヴェイユ）　自由、災難、名づけえぬ存在（ピエール・クラストル））　〔05451〕

ドーラン, ジェイミー　Doran, Jamie

◇ガガーリン—世界初の宇宙飛行士、伝説の裏側で（STARMAN（原著改訂版））　ジェイミー・ドーラン, ピアーズ・ビゾニー著, 日暮雅通訳　河出書房新社　2013.7　350, 11p　20cm　〈文献あり〉2400円　①978-4-309-20626-4
内容 第1章 農民の息子　第2章 リクルート　第3章 設計技師長　第4章 準備　第5章 飛行直前　第6章 一〇八分間　第7章 帰還　第8章 宇宙開発競争　第9章 フォロス事件　第10章 仕事への復帰　第11章 地に堕ちる　第12章 残骸　エピローグ　〔05452〕

トランシルヴァーノ

◇マゼラン最初の世界一周航海（Relazione del primo viaggio intorno al mondo〔etc.〕）　長南実訳　岩波書店　2011.3　377p　15cm　（岩波文庫 33-494-1）　〈文献あり〉940円　①978-4-00-334941-0
内容 モルッカ諸島遠征調書（トランシルヴァーノ）　〔05453〕

トーランス, トーマス・F.　Torrance, Thomas Forsyth

◇キリストの仲保（The mediation of Christ）　トーマス・F.トーランス著, 芳賀力, 岩本竜弘共訳　キリスト新聞社　2011.8　266p　19cm　2800円　①978-4-87395-591-9　〔05454〕

トランスファー21

◇ESDコンピテンシー—学校の質的向上と形成能力の育成のための指導指針（Bildung für nachhaltige Entwicklung, Konpetenzen einer Building für nachhaltige Entwicklung, Schulqualität von "BNE-Schulen", Schulprogramm "Bildung für nachhaltige Entwicklung"）　トランスファー21編著, 由井義通, 卜部匡司監訳, 高雄綾子, 岩村拓哉, 川田力, 小西美紀訳　明石書店　2012.9　169p　19cm　1800円　①978-4-7503-3662-6
内容 第1章 持続可能な開発のための教育—背景・正統性・（新たな）コンピテンシー（背景 : 持続可能性をめぐる議論　国内外におけるESD ほか）　第2章 学校におけるESD : KMKおよびDUKによる勧告—2007

年6月15日（学校におけるESDの目標設定　ESDを実践するためのヒント ほか）　第3章 ESDのコンピテンシー―正当性・能力基準・学習の提案（前期中等教育修了までのESDの目標設定と学習の提案　「持続可能な開発」の行動領域の普通教育に対する貢献 ほか）　第4章 「ESD学校」における学校の質的向上―質の領域・原理・規準（「ESD学校」における質の領域　コンピテンシー ほか）　第5章 ESDを取り入れた学校教育計画―基礎・構成要素・事例（学校教育計画とESD　学校教育計画の開発手順 ほか）〔05455〕

トラン・ティ・マイ・ホア　Tran Thi Mai Hoa

◇天草諸島の文化交渉学研究　荒武賢一朗, 野間晴雄, 藪田貫編　吹田　関西大学文化交渉学教育研究拠点　2011.3　220p　30cm　（周縁の文化交渉学シリーズ 2）〈文部科学省グローバルCOEプログラム関西大学文化交渉学教育研究拠点　文献あり〉①978-4-9905164-4-4

内容 江戸時代～明治時代における天草漁民の生活（Tran Thi Mai Hoa著, 藤井英明訳）〔05456〕

トーランド, ジョン　Toland, John

◇秘義なきキリスト教（Christianity not mysterious）　ジョン・トーランド〔著〕, 三井礼子訳　法政大学出版局　2011.6　330, 4p　20cm　（叢書・ウニベルシタス 957）〈著作目録あり　索引あり〉4800円　①978-4-588-00957-0

内容 第1部 理性について（理性でないもの　理性はどこに存するか　情報を得る手段について　確信の基盤について）　第2部 福音の教理は理性に反するものではない（本当の矛盾または矛盾と思えるものを宗教のうちに認める不条理とその結果　この議論にかかわる啓示の権威について　キリスト教によって意図されたのは合理的で理解しうる宗教である。これを『新約聖書』に見られる奇蹟、方法、文体から証明する　人間理性の壊廃から引き出される異議に答える）　第3部 福音には秘義的なもの、または理性を超えるものは存在しない（異邦人の著作に見られる秘義の由来と意味　あるものに関して、その特性すべてについて十分な観念を持たない、またその本質についてまったく観念を持たないことを理由に、そのものを神秘と呼ぶべきではない　『新約聖書』と古代キリスト教徒の著作における秘義という言葉の意味　聖書のある章句、信仰の本性、奇蹟から引き出される異議に答える　秘儀がキリスト教に持ち込まれたのは、いつ、なぜ、誰によってなのか）〔05457〕

トランプ, ドナルド・J.　Trump, Donald J.

◇黄金を生み出すミダスタッチ―成功する起業家になるための5つの教え（Midas Touch）　ドナルド・トランプ, ロバート・キヨサキ著, 白根美保子訳　筑摩書房　2012.11　311p　21cm　〈著作目録あり〉1900円　①978-4-480-86420-8

内容 第1章 親指―人間的な強さ（悪運を幸運に変える悪運のおかげ　（まとめ）人間的な強さについて）　第2章 人差し指―フォーカス（戦場でもビジネスでも人生でも、大事なのはフォーカス　フォーカスの力（まとめ）フォーカスについて）　第3章 中指―ブランド（本物のロレックスか？ それとも偽物か？　名前に何の意味があろうか？（まとめ）　ブランドについて）　第4章 薬指―人間関係（パートナーとの関係にひそむ危険　成功の秘訣は強い人間関係　（まとめ）人間関係について）　第5章 小指―小さいけれど大事なこと（小さいことこそが大事　豪華さと細かさ―小さなことが大きなことに　（まとめ）小さいけれど大事なことについて）〔05458〕

トリアス・デ・ベス, フェルナンド　Trias de Bes, Fernando

◇コトラーのイノベーション・マーケティング（Winning at innovation）　フェルナンド・トリアス・デ・ベス, フィリップ・コトラー著, 桜井祐子訳　翔泳社　2011.9　450p　20cm　〈索引あり〉2380円　①978-4-7981-2234-2〔05459〕

ドリーヴァー, ジム　Dreaver, Jim

◇あなたのストーリーを棄てなさい。あなたの人生が始まる。（END YOUR STORY, BEGIN YOUR LIFE）　ジム・ドリーヴァー著, 今西礼子訳　ナチュラルスピリット　2012.5　395p　19cm　2000円　①978-4-86451-044-8

内容 第1章 ステップ1 ： あなたの体験と共に存在する　第2章 ステップ2 ： ストーリーに気づく　第3章 ステップ3 ： 真実を観る　第4章 この「私」に問う　第5章 自由への目覚め　第6章 愛のパワー　第7章 あなたの人生のために新しいストーリーを生み出そう〔05460〕

トリシェ, ジャン=クロード

◇混乱の本質―叛逆するリアル民主主義・移民・宗教・債務危機　ジョージ・ソロスほか著, 徳川家広訳　土曜社　2012.8　157p　18cm　（PROJECT SYNDICATE A WORLD OF IDEAS）〈他言語標題 ： Reality in Revolt〉952円　①978-4-9905587-4-1

内容 未来のヨーロッパ（ジャン=クロード・トリシェ著）〔05461〕

ドリスコル, マーシー・P.　Driscoll, Marcy P.

◇インストラクショナルデザインとテクノロジ―教える技術の動向と課題（TRENDS AND ISSUES IN INSTRUCTIONAL DESIGN AND TECHNOLOGY（原著第3版））　R.A.リーサー, J.V.デンプシー編　京都　北大路書房　2013.9　690p　21cm　〈訳 ： 半田純子ほか　索引あり〉4800円　①978-4-7628-2818-8

内容 インストラクショナルデザインの心理学的基盤（マーシー・P.ドリスコル著, 根本淳子訳）〔05462〕

ドリスコル, M.J.　Driscoll, M.J.

◇人文学と電子編集―デジタル・アーカイヴの理論と実践（ELECTRONIC TEXTUAL EDITING）　ルー・バーナード, キャサリン・オブライエン・オキーフ, ジョン・アンスワース編, 明星聖子, 神崎正英監訳　慶応義塾大学出版会　2011.9　503p　21cm　4800円　①978-4-7664-1774-6

内容 転写のレベル（M.J.ドリスコル）〔05463〕

トリックス, ヘンリー　Tricks, Henry

◇日本の未来について話そう―日本再生への提言（Reimagining Japan）　マッキンゼー・アンド・カンパニー責任編集, クレイ・チャンドラー, エアン・ショー, ブライアン・ソーズバーグ編著　小学館　2011.7　416p　19cm　1900円　①978-

4-09-388189-0
内容 がれきのなかに見えた日本の課題と未来(ヘンリー・トリックス著)〔05464〕

トリップ, ポール・デービッド
◇悲しみを見つめて—希望をとりもどすために (Grief finding hope again)　ポール・デービッド・トリップ著, 日本長老伝道会編　イーグレープ　2012.3　24p　21cm　300円　①978-4-903748-64-1〔05465〕

ドリフテ, ラインハルト
◇戦争と和解の日英関係史　小菅信子, ヒューゴ・ドブソン編著　法政大学出版局　2011.7　318p　22cm　〈他言語標題 : Japan and Britain at War and Peace　索引あり〉 5200円　①978-4-588-37709-9
内容 グローバル化時代の日英関係(ラインハルト・ドリフテ著, 山崎元泰訳)〔05466〕

ドリャフロフ, ニコライ
◇グローバル化のなかの企業文化—国際比較調査から　石川晃弘, 佐々木正道, 白石利政, ニコライ・ドリャフロフ編著　八王子　中央大学出版部　2012.2　382p　22cm　(中央大学社会科学研究所研究叢書 25)　4600円　①978-4-8057-1326-6
内容 プロフェッショナル文化の形成における企業文化の位置と役割(ニコライ・ドリャフロフ, アンナ・カレーキナ著, 石川晃弘訳)〔05467〕

トリュオング, ニコラ　Truong, Nicolas
◇愛の世紀 (Éloge de l'amour)　アラン・バディウ, ニコラ・トリュオング著, 市川崇訳　水声社　2012.6　171p　20cm　2200円　①978-4-89176-913-0
内容 第1章 脅かされる愛　第2章 哲学者と愛　第3章 愛の構築　第4章 愛の真理　第5章 愛と政治　第6章 愛と芸術〔05468〕

ドリュケール, マリー　Drucker, Marie
◇神 (DIEU)　フレデリック・ルノワール著, マリー・ドリュケールインタヴュアー, 田島葉子訳　春秋社　2013.9　358p　19cm　2800円　①978-4-393-32339-7
内容 先史時代とシャーマニズム　女神から始まった神々の誕生　一神教はユダヤ人が考え出したのか　「神は愛である」と説いたイエス　神的なものの体験と不死の探究　東洋の叡智が説いた非人格的絶対者　ムハンマドの神　信議と理性—哲学者と科学者の神　無神論　神は狂信的か—宗教における暴力、女性蔑視、性の抑圧　心に語りかける神　神にはどのような未来があるのか〔05469〕

ドリュモー, ジャン　Delumeau, Jean
◇ルネサンス文明 (La civilisation de la Renaissance)　ジャン・ドリュモー著, 桐村泰次訳　論創社　2012.2　630p　20cm　〈索引あり　文献あり〉 5800円　①978-4-8460-1119-2
内容 西欧の地位向上　第1部 時代の趨勢(キリスト教世界の分裂　アジア・アメリカとヨーロッパ情勢　ルネサンスと古代　教会改革としてのルネサンス)　第2部 生活の物質的側面(技術の進歩　商業と金融の技術　最初の資本主義　都市と田園　社会的流動性)　第3部 新しい人間(ルネサンスの夢　個人と自由　子供と教育　教育・女性・ユマニスム　ルネサンスと異教信仰　魔術から科学へ)〔05470〕

トリン, T.ミンハ　Trinh, Thi Minh-Ha
◇女性・ネイティヴ・他者—ポストコロニアリズムとフェミニズム (Woman, native, other)　トリン・T.ミンハ〔著〕, 竹村和子訳　岩波書店　2011.11　254, 22p　19cm　(岩波人文書セレクション)　〈索引あり　著作目録あり　作品目録あり〉 2800円　①978-4-00-028514-8
内容 1 無限に映し合う「書きもの」の鏡の箱からの社会参与(三重拘束　時のなかの沈黙 ほか)　2 ネイティヴィズムの言語—男が男から聞き取る科学的会話としての人類学(使い古された記号体系の王国　実証主義の夢—"私たち"ネイティヴと、"彼ら"ネイティヴ ほか)　3 差異—「特別な第三世界の女の問題」(「分離発展」の政策　特別だという意識 ほか)　4 おばあちゃんの物語(真実と事実—物語と歴史　保持する人と伝達する人 ほか)〔05471〕

ドーリング・キンダースリー《Dorling Kindersley, Inc.》
◇目で見る宗教—何をめざして生きるのか? (What do you believe?)　ドーリング・キンダースリー編, 町田敦夫訳　さ・え・ら書房　2011.7　96p　29cm　〈索引あり〉 2800円　①978-4-378-04130-8
内容 宗教のはじまり(人はなぜ宗教を信じるのか?　古代の信仰 ほか)　世界の主要な宗教(宗教とは何だろう?　世界の六大宗教 ほか)　宗教と行動(聖典　祈り ほか)　「答え」を探して(宗教と哲学　究極の真理 ほか)〔05472〕
◇ビジュアルディクショナリー—英和大事典 (VISUAL DICTIONARY)　DK, 日東書院本社編集部編　日東書院本社　2012.6　831p　25cm　〈「英和ビジュアルディクショナリー分解博物館21」(同朋舎 1999年刊)の改題・補遺・改訂版　文献あり 索引あり〉 5500円　①978-4-528-01003-1
内容 宇宙　先史時代の地球　植物　動物　人体　地質・地理・気象　物理・化学　鉄道と車　船と航空機　アート　建築　音楽　スポーツ　モダンワールド〔05473〕
◇錯視アートの世界 (OPTICAL ILLUSIONS)　ドーリング・キンダースリーさく, 菊池由美やく　大日本絵画　2013　29p　29cm　(しかけえほん)　2900円　①978-4-499-28506-3〔05474〕
◇人類の歴史大年表—ビジュアル版 (History Year by Year)　ドーリング・キンダースリー編著, 樺山紘一日本語版監修, 藤井留美訳　柊風舎　2013.11　512p　31cm　〈索引あり〉 19000円　①978-4-86498-007-4〔05475〕

トリンブル, クリス　Trimble, Chris
◇リバース・イノベーション—新興国の名もない企業が世界市場を支配するとき (REVERSE INNOVATION)　ビジャイ・ゴビンダラジャン, クリス・トリンブル著, 渡部典子訳　ダイヤモンド社　2012.9　384p　19cm　〈索引あり〉 1800円　①978-4-478-02165-1

内容 第1部 リバース・イノベーションへの旅(未来は自国から遠く離れた所にある　リバース・イノベーションの五つの道　マインドセットを転換する　マネジメント・モデルを変えよ)　第2部 リバース・イノベーションの挑戦者たち(中国で小さな敵に翻弄されたロジテック　P&Gらしからぬ手法で新興国市場を攻略する　EMCのリバース・イノベーター育成戦略　ディアのプライドを捨てた雪辱戦 ほか)〔05476〕

◇イノベーションを実行する―挑戦的アイデアを実現するマネジメント (The Other Side of Innovation)　ビジャイ・ゴビンダラジャン, クリス・トリンブル著, 吉田利子訳　NTT出版　2012.11　348p　20cm　〈索引あり〉2600円　①978-4-7571-2287-1

内容 イノベーションを実行する　第1部 チームづくり(分業　専任チームの人材集め　共同事業のマネジメント)　第2部 規律ある実験(実験の整理と形式化　仮説のブレークダウン　真実を見つける)　前進、そして上昇〔05477〕

◇ストラテジック・イノベーション―戦略的イノベーターに捧げる10の提言 (Ten Rules for Strategic Innovators)　ビジャイ・ゴビンダラジャン, クリス・トリンブル著, 三谷宏治監修, 酒井泰介訳　翔泳社　2013.8　285p　20cm　(Harvard Business School Press)　〈「戦略的イノベーション」(ランダムハウス講談社 2006年刊)の改題、加筆修正　索引あり〉2000円　①978-4-7981-3230-3

内容 序章 戦略的イノベーションとは何か?　第1章 なぜ大企業はイノベーションに失敗するのか?　第2章 なぜ組織は成功を忘れられないのか?―忘却の課題　第3章 忘れるための組織変革―忘却の課題　第4章 なぜニューコはコアコと対立するのか?―借用の課題　第5章 対立を前向きな力に変えるために―借用の課題　第6章 なぜ経験から学ぶことが難しいのか?―学習の課題　第7章 学びの壁 - 過剰な期待や積極性―学習の課題　第8章 学びの壁 - 合理性・鼓舞・勤勉さ―学習の課題　第9章 理論型計画法(TFP)で金鉱を掘り当てよう　第10章 戦略的実験事業を成功させる一〇のルール〔05478〕

トール, イアン　Toll, Ian W.

◇太平洋の試練―真珠湾からミッドウェイまで　上 (Pacific Crucible)　イアン・トール著, 村上和久訳　文芸春秋　2013.6　386p　20cm　1600円　①978-4-16-376420-7

内容 序章 海軍のバイブル　第1章 真珠湾は燃えているか　第2章 ドイツと日本の運命を決めた日　第3章 非合理のなかの合理　第4章 ニミッツ着任　第5章 チャーチルは誘惑する　第6章 不意を打たれるのはお前だ〔05479〕

◇太平洋の試練―真珠湾からミッドウェイまで　下 (Pacific Crucible)　イアン・トール著, 村上和久訳　文芸春秋　2013.6　413p　20cm　〈文献あり〉1600円　①978-4-16-376430-6

内容 第7章 ABDA司令部の崩壊　第8章 ドゥーリットル、奇跡の帝都攻撃　第9章 ハワイの秘密部隊　第10章 索敵の珊瑚海　第11章 米軍は知っている　第12章 決戦のミッドウェイ　終章 何が勝敗を分けたのか〔05480〕

トールヴァルト, J.　Thorwald, Jürgen

◇崩れゆく帝王の日々―外科医の悲劇 (Die Entlassung)　トールヴァルト著, 小川道雄訳　へるす出版　2013.11　327p　21cm　2500円　①978-4-89269-821-7〔05481〕

ドルゥエ, ベルナール

◇家の歴史社会学　二宮宏之, 樺山紘一, 福井憲彦責任編集　藤原書店　2010.12　295p　21cm　(叢書・歴史を拓く 2―『アナール』論文選〈新版〉)　〈コメント：速水融　解説：二宮宏之　文献あり〉3800円　①978-4-89434-777-9

内容 人口動態分析と社会階層(ベルナール・ドルゥエ著, 林田伸一訳)〔05482〕

ドルエフ, スマダール

◇アタッチメントを応用した養育者と子どもの臨床 (Attachment theory in clinical work with children)　ダビッド・オッペンハイム, ドグラス・F.ゴールドスミス編, 数井みゆき, 北川恵, 工藤晋平, 青木豊訳　京都　ミネルヴァ書房　2011.6　316p　22cm　〈文献あり〉4000円　①978-4-623-05731-3

内容 子どもの診断に関する親の解決と親子関係(ダビッド・オッペンハイム, スマダール・ドルエフ, ニナ・コレン-カリー, エフラト・シャー-センソー, ヌリット・イルミア, シャハフ・ソロモン著)〔05483〕

トルクノフ, アナトーリー・ワシリエビッチ　Torkunov, Anatoliĭ Vasil'evich

◇現代朝鮮の興亡―ロシアから見た朝鮮半島現代史　A.V.トルクノフ, V.I.デニソフ, VI.F.リ著, 下斗米伸夫監訳　明石書店　2013.6　466p　20cm　(世界歴史叢書)　5000円　①978-4-7503-3836-1

内容 第1章 『朝鮮』の国、解放の朝を迎える　第2章 分裂した国家　第3章 朝鮮半島における「限定的な大戦争」の発生と展開の原因　第4章 戦後復興と発展における二つの朝鮮(一九五三〜一九六〇年代)　第5章 二〇世紀一九六〇〜七〇年代の北朝鮮・韓国の政治的、そして社会経済的発展　第6章 民族近代化における二つの道(二〇世紀八〇〜九〇年代初め)　第7章 二極化した世界情勢の危機とその崩壊のなかでの韓国と北朝鮮(二〇世紀末から二一世紀初頭)　第8章 北朝鮮と韓国の対外優先順位(二〇-二一世紀との狭間で)　第9章 朝鮮半島における文明的・文化的発展の二つの傾向〔05484〕

ドルジャーク, ニーヴェス　Dolšak, Nives

◇コモンズのドラマ―持続可能な資源管理論の15年 (The Drama of the COMMONS)　全米研究評議会, Elinor Ostrom, Thomas Dietz, Nives Dolšak, Paul C.Stern, Susan C.Stonich, Elke U. Weber編, 茂木愛一郎, 三俣学, 泉留維監訳　知泉書館　2012.5　665p　23cm　〈文献あり 索引あり〉9000円　①978-4-86285-132-1

内容 15年間の研究を経て得られた知見と残された課題 他(ポール・C.スターン, トーマス・ディーツ, ニーヴェス・ドルジャーク, エリノア・オストロム, スーザン・ストニック著, 茂木愛一郎訳)〔05485〕

トルストイ, レフ・ニコラエヴィチ　Tolstoi, Lev

ト

Nikolaevich
◇アジアの顔のキリスト　ホアン・カトレット編, 高橋敦子訳　名古屋　新世社　2010.10　175, 32p　16cm　〈文献あり〉1200円　①978-4-88382-100-6
内容 翼を持った鳥のように(レオ・トルストイ)〔05486〕

トールスルンド, M.*　Thorslund, Mats
◇健康長寿の社会文化的文脈（Healthy Aging in Sociocultural Context）　Andrew E.Scharlach, Kazumi Hoshino編, 佐々木尚之,Kazumi Hoshino監訳　風間書房　2013.10　157p　21cm　〈索引あり〉2500円　①978-4-7599-1997-4
内容 スウェーデンにおける健康長寿(Gerdt Sundström, Mats Thorslund著, 中川威訳)〔05487〕

ドルチェ, ルチア　Dolce, Lucia
◇「神仏習合」再考　ルチア・ドルチェ, 三橋正編　勉誠出版　2013.9　382, 16p　22cm　〈他言語標題：RETHINKING "SYNCRETISM" IN JAPANESE RELIGION〉9800円　①978-4-585-21017-7
内容 大英博物館蔵の三種の神器図(ルチア・ドルチェ著, 大内典訳)〔05488〕

ドルトン, パメラ　Dalton, Pamela
◇クリスマスものがたり（THE STORY OF CHRISTMAS）　パメラ・ドルトン絵, 藤本朝巳文　日本キリスト教団出版局　2012.10　1冊(ページ付なし)　26×26cm　(リトルベル)　1500円　①978-4-8184-0833-3〔05489〕

トールネケ, ニコラス　Törneke, Niklas
◇関係フレーム理論〈RFT〉をまなぶ―言語行動理論・ACT入門（Learning RFT）　ニコラス・トールネケ著, 山本淳一監修, 武藤崇, 熊野宏昭監訳　星和書店　2013.12　369p　21cm　〈文献あり 索引あり〉2800円　①978-4-7911-0862-6〔05490〕

ドレイク, マージョリ　Drake, Marjorie
◇グローバル・ティーチャーの理論と実践―英国の大学とNGOによる教員養成と開発教育の試み（Developing the global teacher）　ミリアム・スタイナー編, 岩崎裕保, 湯本浩之監訳　明石書店　2011.7　540p　20cm　(明石ライブラリー 146)　〈文献あり 索引あり〉5500円　①978-4-7503-3381-6
内容 NGOによるグローバル教育の教材開発―なぜNGOは教材を開発するのか(マージョリ・ドレイク著, 佐藤友紀訳)〔05491〕

トレイシー, ブライアン　Tracy, Brian
◇カエルにキスをしろ！（KISS THAT FROG！）　ブライアン・トレイシー, クリスティーナ・トレイシー・スターン著, 門田美鈴訳　ダイヤモンド社　2013.2　202p　19cm　1200円　①978-4-478-02188-0
内容 カエルと王女様　あなたに関する七つの真実　あなたの理想を具体化する　カエルに立ち向かう　醜いカエルの池をきれいにする　沼を干上がらせる　池の水を替える　カエルの美点を探す　思いきって跳べ　醜いカエルたちにさよならのキスをする　カエルに最高を期待する　嫌なカエルたちと決別する　ポジティブな人になるための七つのカギ〔05492〕

ドレイファス, スーレット　Dreyfus, Suelette
◇アンダーグラウンド（Underground(原著第2版)）　スーレット・ドレイファス, ジュリアン・アサンジュ著, 三木直子訳　春秋社　2012.5　553, 13p　20cm　〈文献あり〉3200円　①978-4-393-33311-2〔05493〕

トレヴァーセン, コールウィン　Trevarthen, Colwyn
◇母子臨床の精神力動―精神分析・発達心理学から子育て支援へ（Parent-infant psychodynamics）　ジョーン・ラファエル - レフ編, 木部則雄監訳, 長沼佐代子, 長尾牧子, 坂井直子, 金沢聡子訳　岩崎学術出版社　2011.11　368p　22cm　〈索引あり〉6600円　①978-4-7533-1032-6
内容 2カ月児との会話(コルウィン・トレヴァーセン著, 長沼佐代子訳)〔05494〕

ドレーガー, ハインツ＝ヨアヒム　Draeger, Heinz-Joachim
◇トーアシュトラーセ―街並みに見るハンザ都市の歴史（DIE TORSTRASSE）　ハインツ＝ヨアヒム・ドレーガー作, 中島大輔訳　朝日出版社　2013.10　35p　33cm　〈著作目録あり〉1714円　①978-4-255-00748-9〔05495〕

トレーシー, ブライアン　Tracy, Brian
◇ブライアン・トレーシー「ベストリーダーの極意」（How the best leaders lead）　ブライアン・トレーシー著, 日暮雅通訳　朝日新聞出版　2011.1　255p　19cm　1700円　①978-4-02-330870-1
内容 第1章「ベストリーダー」の条件　第2章 すぐれたリーダーは「己」を知っている　第3章「軍事戦略」はビジネスにも当てはまる　第4章 すぐれたリーダーは「優秀なマネジャー」でもある　第5章 成功するには「最高の人材」が欠かせない　第6章「チームの成果」がマネジャーの成果である　第7章 問題解決の経験が「意思決定力」を養う　第8章 リーダーに欠かせない「コミュニケーション力」　第9章「リーダーとしての自信」を深めるための試練　第10章「より多くの成功」を手にするために〔05496〕
◇ブライアン・トレーシーのyes！―年収1000万円以上を実現する21のカギ（No excuses！）　ブライアン・トレーシー著, 片山奈緒美訳　主婦の友社　2011.5　222p　19cm　1600円　①978-4-07-274358-4
内容 第1部 自分コントロール力と成功する人生(成功　個性　責任 ほか)　第2部 ビジネスとセールス、ファイナンス(仕事　リーダーシップ　ビジネス ほか)　第3部 自分コントロール力と幸福な人生(幸福　健康　運動 ほか)〔05497〕
◇7つの法則―ビジネスを成功させる正しいコツ（Now, build a great business！）　マーク・トンプソン, ブライアン・トレーシー著, 渡辺美樹監訳, 満園真木訳　辰巳出版　2011.6　321p　19cm　1500円　①978-4-7778-0890-8
内容 第1章 素晴らしいリーダーになる　第2章 素晴ら

しいビジネスプランを立てる　第3章 素晴らしい人材で周りを固める　第4章 素晴らしい製品やサービスを提供する　第5章 素晴らしいマーケティング・プランを立てる　第6章 素晴らしいセールスの方法をマスターする　第7章 素晴らしい顧客体験を提供する　付録 素晴らしい人生を生きる　〔05498〕

◇ターボコーチ—自己実現をかなえる黄金律（TurboCoach）　ブライアン・トレーシー, キャンベル・フレイザー著, 清水美和訳, 西宮久雄監訳　バベル・プレス　2012.3　231p　19cm　1400円　①978-4-89449-126-7

内容 1 ビジョンの明確化（個人戦略計画を立てる　事業について　競争相手を研究する　顧客を知る　自分の得意分野を知る　足かせを取り除く　現在地を確認する「S字曲線」）　2 生産性の向上（生産性を高める一一のカギ　パレートの法則　ゼロベース思考　効果的な仕事の委託　レバレッジ効果　リカードの比較優位の法則　パルテノン神殿の原理）　3 ビジネスの成長（収入を増やす七つの方法　四段階の顧客満足度　見込み客の紹介を通じた事業の構築　強力なマーケティング計画の創出　強力なマーケティング計画の完成　自分ブランドの創出　利益の最大化）　付録 価値観のリスト　〔05499〕

◇クランチ・ポイント—危機を成功に導くリスクマネジメント・トレーニング（CRUNCH POINT）　ブライアン・トレーシー著, AOS法務IT営業部訳　幻冬舎ルネッサンス　2012.6　201p　19cm　1300円　①978-4-7790-0851-1

内容 窮地にこそ、能力は発揮される　冷静に己をコントロールする　自分の能力に自信を持つ　不安でもあえて前進する　事実だけを的確にとらえる　100%の責任を負う　損失を抑える意思を明確にする　最悪のリスクをマネジメントする　財政難にこそ正直に打ちあける　目標を妨げるものを見極める〔ほか〕　〔05500〕

◇ブライアン・トレーシーが教える年収を自分で決められる人になる方法（EARN WHAT YOU'RE REALLY WORTH）　ブライアン・トレーシー著, 勝間和代訳　日本文芸社　2012.9　255p　19cm　1500円　①978-4-537-25949-0

内容 新しい「普通」へようこそ　「個人事業主」の目で見て、動け　あなたの「収入力」をそもそも増やそう　自分の「強み」を最大限に生かす法　適職を見つけよう　未来は仕事のできる人のもの　あなたの「生産性」を2倍にする法　実践的プロジェクトマネジメントを身につけよ　人を第一に考えよう　「問題解決」能力を鍛える法　トレーシー式・成功への10倍「最速コース」！　「認知」されることこそ自分の最高の資本　〔05501〕

◇人を動かせるマネジャーになれ！（FULL ENGAGEMENT！）　ブライアン・トレーシー著, 岩田松雄監訳, 弓場隆訳　かんき出版　2013.9　253p　19cm　1500円　①978-4-7612-6943-2

内容 イントロダクション 有能なマネジャーでありつづけるための実用的で証明ずみの戦略　第1章 人は幸せになりたいから働く　第2章 部下のパフォーマンスに火をつける　第3章 部下に自己重要感をもたせる　第4章 部下の恐怖心を取り除く　第5章 部下の心のなかに勝利の感覚をつくり出す　第6章 正しい人材を選ぶ方法　第7章 マネジャーは結果がすべてだ　第8章 最高のマネジャーになる　〔05502〕

◇まずは、自信をつけなさい！—人生がうまくいく目に見えない成功の秘密（THE POWER OF SELF-CONFIDENCE）　ブライアン・トレーシー著, 門田美鈴訳　学研パブリッシング　2013.9　237p　19cm　〈発売：学研マーケティング〉1300円　①978-4-05-405717-3

内容 はじめに 何ものも恐れない境地になる　第1章 自信の基礎　第2章 目標と個人の力　第3章 能力を獲得し、仕事に熟達する　第4章 自信をつける心のゲーム　第5章 強みをフルに生かす　第6章 逆境が自信を磨く　第7章 行動に見る自信　〔05503〕

トレーシー, モニカ・W.　Tracey, Monica W.

◇インストラクショナルデザインとテクノロジ—教える技術の動向と課題（TRENDS AND ISSUES IN INSTRUCTIONAL DESIGN AND TECHNOLOGY（原著第3版））　R.A.リーサー, J.V.デンプシー編　京都　北大路書房　2013.9　690p　21cm　〈訳：半田純子ほか　索引あり〉4800円　①978-4-7628-2818-8

内容 経済産業界におけるインストラクショナルデザイン（モニカ・W.トレーシー, ゲーリー・R.モリソン著, 寺田佳子訳）　〔05504〕

トーレス, カルロス・アルベルト　Torres, Carlos Alberto

◇グローバル化・社会変動と教育　2　文化と不平等の教育社会学（EDUCATION, GLOBALIZATION AND SOCIAL CHANGE（抄訳））　ヒュー・ローダー, フィリップ・ブラウン, ジョアンヌ・ディラボー, A.H.ハルゼー編, 苅谷剛彦, 志水宏吉, 小玉重夫編訳　東京大学出版会　2012.5　370p　22cm　〈文献あり〉4800円　①978-4-13-051318-0

内容 民主主義・教育・そして多文化主義（カルロス・アルベルト・トーレス著, 小玉重夫訳）　〔05505〕

トーレス, ルイス・E.　Torres, Luis E.

◇プロジェクト・マネジャーが知るべき97のこと（97 things every project manager should know）　Barbee Davis編, 笹井崇司訳, 神庭弘年監修　オライリー・ジャパン　2011.11　240p　21cm　〈発売：オーム社〉1900円　①978-4-87311-510-8

内容 結果を想定して始める（ルイス・E.トーレス）　〔05506〕

トーレス, S.*　Torres, Sandra

◇健康長寿の社会文化的文脈（Healthy Aging in Sociocultural Context）　Andrew E.Scharlach, Kazumi Hoshino編, 佐々木尚之, Kazumi Hoshino監訳　風間書房　2013.10　157p　21cm　〈索引あり〉2500円　①978-4-7599-1997-4

内容 スウェーデンにおける移民の健康長寿：研究の概観と今後の課題（Sandra Torres著, Kazumi Hoshino訳）　〔05507〕

トーレス＝アルピ, マグダレナ・E.　Torres-Arpi, Magdalena E.

◇永遠の愛の歌—雅歌を味わう　マグダレナ・E.トーレス＝アルピ著, 南大路くに訳　大船渡　イー・ピックス出版　2012.5　150p　21cm　〈新世社 1989年刊の再刊〉1200円　①978-4-901602-40-2　〔05508〕

ト

ドレズナー, ダニエル　Drezner, Daniel W.

◇ゾンビ襲来―国際政治理論で、その日に備える（THEORIES OF INTERNATIONAL POLITICS AND ZOMBIES）　ダニエル・ドレズナー著, 谷口功一, 山田高敬訳　白水社　2012.11　207, 33p　19cm　〈文献あり〉2000円　①978-4-560-08249-2

内容 アンデッドへの…イントロダクション　これまでのゾンビ研究　ゾンビを定義する　食屍鬼についての本筋から外れた議論　リビング・デッドのレアルポリティーク（現実政治）　リベラルな世界秩序の下でアンデッドを規制する　ネオコンと死者たちの悪の枢軸　ゾンビの社会的構築性　国内政治…すべてのゾンビ政治はローカルか？　官僚政治…ゾンビにまつわる“押し合いへし合い”　人間だもの…アンデッドに対する心理学的反応　結論…ってゆうか、そう思うでしょ？　〔05509〕

トレスモンタン, クロード　Tresmontant, Claude

◇ヘブライ人キリスト―福音書はいかにして成立したか（LE CHRIST HÉBREU（原著第3版））　クロード・トレスモンタン著, 道体章弘訳　水声社　2013.10　364p　22cm　〈年表あり〉5000円　①978-4-89176-994-9

内容 第1章 マタイ福音書　第2章 マルコ福音書　第3章 ルカ福音書　第4章 共観福音書の問題　第5章 第四福音書　〔05510〕

トレーニン, ドミートリー　Trenin, Dmitri

◇ロシア新戦略―ユーラシアの大変動を読み解く（Post-imperium）　ドミートリー・トレーニン著, 河東哲夫, 湯浅剛, 小泉悠訳　作品社　2012.3　433p　20cm　2800円　①978-4-86182-379-4

内容 序章 帝国不在時代のユーラシア　第1章 帝国の崩壊とポスト帝国の状況　第2章 地政学と安全保障　第3章 経済とエネルギー　第4章 人口動態と移民　第5章 文化、イデオロギー、宗教　終章 ユーラシアの新しい物語　「帝国」は復活するのか、そして日本は―日本語版解説　ロシアおよび周辺諸国データ　〔05511〕

ドレーヤー, ヴァルター

◇広池千九郎の思想と業績―モラロジーへの世界の評価 2009年モラルサイエンス国際会議報告　岩佐信道, 北川治男監修　柏　モラロジー研究所　2011.2　471p　22cm　〈他言語標題：Ethical Theory and Moral Practice：Evaluating Chikuro Hiroike's Work in Moralogy　発売：広池学園事業部（柏）〉3200円　①978-4-89639-195-4

内容 最高道徳と出現する未来（ヴァルター・ドレーヤー著, 北川治男訳）　〔05512〕

トレンザーノ, リチャード　Torrenzano, Richard

◇サイバー社会に殺される（DIGITAL ASSASSINATION）　リチャード・トレンザーノ, マーク・デイヴィス著, 栗木さつき訳　ヴィレッジブックス　2012.5　271p　19cm　1600円　①978-4-86332-385-8

内容 イントロダクション サイバー社会が暗殺するビジネス・ブランド・人格　1 ニューメディアによる人身攻撃　2 静かなる切り裂き魔―匿名でおこなわれる卑劣な中傷　3 邪悪なクローン―あなたを狙う「なりすまし」　4 人肉検索エンジン―人海戦術で暴く個人情報　5 プロキシ攻撃―隠れ蓑を悪用する暗殺者たち　6 真実のリミックス―ゆがめられた灰色の真実　7 スパイ活動―水面下でおこなわれる機密情報の漏洩　8 サイバー暗殺に対抗するための七つの盾　9 サイバー社会の未来に向けて　〔05513〕

トーレンス, フィリップ・D.　Torrence, Phillip D.

◇プライベート・エクイティ（Private equity）　ハリー・チェンドロフスキー, ジェームズ・P.マーティン, ルイス・W.ペトロ, アダム・A.ワデキ編著, 若杉敬明監訳, 森順次, 藤村武史訳　中央経済社　2011.11　364p　22cm　〈索引あり〉4600円　①978-4-502-68950-5

内容 第1部 プライベート・エクイティの歴史（プライベート・エクイティのプロセス　プライベート・エクイティ業界の特徴 ほか）　第2部 プライベート・エクイティのガバナンス（プライベート・エクイティのガバナンス・モデル　内部統制の価値 ほか）　第3部 プライベート・エクイティのオペレーション（組織と人間との対比　リーン方式への転換の開始 ほか）　第4部 プライベート・エクイティの投資における留意点（プライベート・エクイティ・ファンドとポートフォリオ企業投資　エグジット戦略における法律的考察：IPO対トレードセールス ほか）　〔05514〕

トレンチェーニ, バラージュ

◇ハプスブルク帝国政治文化史―継承される正統性　篠原琢, 中沢達哉編　京都　昭和堂　2012.5　241, 11p　22cm　〈文献あり 索引あり〉4000円　①978-4-8122-1220-2

内容 国民を論じる（バラージュ・トレンチェーニ執筆, 秋山晋吾訳）　〔05515〕

トレンティーノ, セシリア・P.

◇フィリピンと日本の戦後関係―歴史認識・文化交流・国際結婚（The past, love, money and much more）　リディア・N.ユー・ホセ編著, 佐竹真明, 小川玲子, 堀芳枝訳　明石書店　2011.12　310p　20cm　（明石ライブラリー 148）〈年表あり〉2800円　①978-4-7503-3506-3

内容 フィリピンの日本広報文化センター（セシリア・P.トレンティーノ著）　〔05516〕

ドロア, イェヘッケル　Dror, Yehezkel

◇統治能力―ガバナンスの再設計（LA CAPACIDAD DE GOBERNAR）　イェヘッケル・ドロア著, 足立幸男, 佐野亘監訳　京都　ミネルヴァ書房　2012.7　375p　22cm　（MINERVA人文・社会科学叢書 181）〈文献あり 索引あり〉7000円　①978-4-623-06198-3

内容 主題 グローバルな転換を導くためのガバナンスの再設計　使命―統治能力の改善　政治哲学による基礎づけ　第1部 問題　第2部 再デザインの要件　第3部 解決　〔05517〕

トローウェル, J.*　Trowell, Judith

◇子どもの心理療法と調査・研究―プロセス・結果・臨床的有効性の探求（Child psychotherapy and research）　ニック・ミッジリー, ジャン・アンダーソン, イブ・グレンジャー, ターニャ・ネシッジ・ブコビッチ, キャシー・アーウィン編著,

鵜飼奈津子監訳　大阪　創元社　2012.2　287p　22cm　〈索引あり　文献あり〉5200円　①978-4-422-11524-5
内容 子どものうつ ： 予後の調査・研究プロジェクト（Judith Trowell,Maria Rhode,Ilan Joffe著, 南里裕美訳）〔05518〕

ドロシー・ロー・ノルトの子ども、孫、ひ孫たち
◇ほめればほめるほど、子どもは伸びる！―ドロシーおばあさんの教え　ドロシー・ロー・ノルトの子ども、孫、ひ孫たち著, 坂崎ニーナ真由美訳　PHP研究所　2013.4　191p　19cm　1200円　①978-4-569-80993-9
内容 1 励ましてあげれば、子どもは、自信を持つようになる　2 広い心で接すれば、子どもは、我慢することを学ぶ　3 誉めてあげれば、子どもは、感謝することを学ぶ　4 愛してあげれば、子どもは、人を愛することを学ぶ　5 認めてあげれば、子どもは、自分が好きになる　6 見つめてあげれば、子どもは、頑張り屋になる　7 分かち合うことを教えれば、子どもは、思いやりを学ぶ　8 親が正直であれば、子どもは、正直であることの大切さを知る　9 やさしく思いやりをもって育てれば、子どもは、敬うことを学ぶ　10 守ってあげれば、子どもは、強い子に育つ〔05519〕

トロステン=ブルーム, アマンダ　Trosten-Bloom, Amanda
◇なぜ、あのリーダーの職場は明るいのか？―ポジティブ・パワーを引き出す5つの思考法（APPRECIATIVE LEADERSHIP）　ダイアナ・ホイットニー, アマンダ・トロステン＝ブルーム, ケイ・レイダー著, 市瀬博基訳　日本経済新聞出版社　2012.11　364p　19cm　〈文献あり 索引あり〉2200円　①978-4-532-31845-1
内容 第1章 今なぜ価値探求型リーダーシップが求められるのか？　第2章 価値探求型リーダーシップの五つの思考法―潜在力をポジティブなパワーに変える　第3章 インクワイアリー（強み発掘思考）―問いかけがポジティブな力を育む　第4章 イルミネーション（価値「見える化」思考）―人や状況に秘められた力を引き出す　第5章 インクルージョン（つながり拡大思考）―メンバーを巻き込み、やる気を高める　第6章 インスパイア（ワクワク創造思考）―クリエイティブな精神を呼びさます　第7章 インテグリティ（みんなの利益思考）―全体を見すえ、最善の方法を選ぶ　第8章 価値探求型リーダーシップでポジティブな変化を生みだす〔05520〕

トロニック, エドワード・Z.　Tronick, Edward Z.
◇母子臨床の精神力動―精神分析・発達心理学から子育て支援へ（Parent infant psychodynamics）　ジョーン・ラファエル‐レフ編, 木部則雄監訳, 長沼佐代子, 長尾牧子, 坂井直子, 金沢聡子訳　岩崎学術出版社　2011.11　368p　22cm　〈索引あり〉6600円　①978-4-7533-1032-6
内容 乳児の情緒と情緒のコミュニケーション 他（エドワード・Z.トロニック著, 坂井直子訳）〔05521〕

トロブリッジ, ジョージ　Trobridge, George
◇スヴェーデンボリ―その生涯と教え（Swedenborg）　ジョージ・トロブリッジ著, 鈴木泰之訳　スヴェーデンボリ出版　2011.4　[illegible]p　19cm　2000円　①978-4-9905656-1-9〔05522〕

トロペール, ミシェル　Troper, Michel
◇リアリズムの法解釈理論―ミシェル・トロペール論文撰　ミシェル・トロペール著, 南野森編訳　勁草書房　2013.6　236p　22cm　〈他言語標題：Une théorie réaliste de I'interprétation du droit　索引あり〉4200円　①978-4-326-40281-6
内容 1 法解釈の理論（リアリズムの解釈理論　憲法裁判官の解釈の自由）　2 法の一般理論（慣習の根拠から根拠としての慣習へ　実証主義と人権）　3 国家の理論（法治国の概念　主権の名義人　ナチス国家は存在したか？）　4 憲法理論史（フランス革命初期における司法権の概念　立憲主義の概念と現代法理論　憲法史と憲法理論）〔05523〕

トロンペナールス, フォンス　Trompenaars, Alfons
◇異文化間のグローバル人材戦略―多様なグローバル人材の効果的マネジメント（MANAGING PEOPLE ACROSS CULTURES）　フォンス・トロンペナールス, チャールズ・ハムデン・ターナー, 古屋紀人著, 古屋紀人監訳, 木下瑞穂訳　白桃書房　2013.9　346p　22cm　〈文献あり〉3600円　①978-4-561-24609-1
内容 序章 人的資源管理（HRM）は、生まれ持った特性か、あるいは幅広い人間の素質の一部か　第1章 人的資源管理（HRM）と企業文化　第2章 募集、選考、そして評価　第3章 戦略的目標を達成するためにマネージャーを訓練する　第4章 人的資源管理はどのようにチームの問題解決力を促進できるか　第5章 学習組織を構築する―人事への挑戦　第6章 異文化間のリーダーシップ開発　第7章 個人的な診断からウェブベースのアセスメントまで　第8章 ジレンマを解決するためのステップ　第9章 評価センターの設立　第10章 異文化間のカルチャーショックの種類　第11章 多国籍な環境下における異文化マネジメントのケース・スタディー〔05524〕

ドワイヤー, チャールズ・E.
◇ストーリーで学ぶ経営の真髄（Learn like a leader）　マーシャル・ゴールドスミス, ビバリー・ケイ, ケン・シェルトン編, 和泉裕子, 井上実訳　徳間書店　2011.2　311p　19cm　1600円　①978-4-19-863118-5
内容 物事がうまく運ばないとき、あなたならどうする？（チャールズ・E.ドワイヤー著）〔05525〕

ドワイヨン, ステファン
◇人道的交渉の現場から―国境なき医師団の葛藤と選択（Agir à tout prix？）　クレール・マゴン, ミカエル・ノイマン, ファブリス・ワイズマン編著, リングァ・ギルド他訳　小学館スクウェア　2012.11　419p　19cm　1429円　①978-4-7979-8739-3
内容 インド―専門家と活動家（ステファン・ドワイヨン著）〔05526〕

ドーン, ダッドリー・J.　Doane, Dudley J.
◇ビジネスとしての高等教育―営利大学の勃興（Earnings from learning）　デビッド・W.ブレネマン, ブライアン・パッサー, サラ・E.ターナー編著, 田部井潤監訳, 渡部晃正, 栗栖淳, 遠藤克弥訳　出版研　2011.6　265p　22cm　〈文献あり　索引あり　発売：人間の科学新社〉2800円

ト

①978-4-8226-0291-8
内容 学術活動に対する営利部門の貢献（ダッドリー・J.ドーン, ブライアン・パッサー著, 渡部晃正訳）〔05527〕

ドンコー, ウィルヘルミナ
◇国家と国民の歴史—ヴィジュアル版（HISTORIES OF NATIONS） ピーター・ファタードー編, 猪口孝日本語版監修, 小林朋則訳　原書房　2012.11　320p　26cm 〈文献あり 索引あり〉5800円　①978-4-562-04850-2
内容 ガーナ—植民地からアフリカのリーダーへ（ウィルヘルミナ・ドンコー）〔05528〕

ト

ドンズロ, ジャック　Donzelot, Jacques
◇都市が壊れるとき—郊外の危機に対応できるのはどのような政治か（Quand la ville se defait）　ジャック・ドンズロ著, 宇城輝人訳　京都　人文書院　2012.4　233p　20cm 〈年表あり 索引あり〉2600円　①978-4-409-23048-0
内容 第1章 都市問題—都市を分離する論理の出現（社会問題か、都市問題か　十九世紀の都市—社会的悲劇の舞台　社会的なもののふたつの顔—個人の保護と社会の防衛　社会住宅—個人の保護と社会の防衛の総合　大規模住宅団地—反都市　棄て置き　外郊外化　ジャントリフィケーション　壊れる都市）　第2章 都市に対処する政策—社会的混合の名における遠隔作用による住居対策（都市政策の内容、哲学、方式　住民、媒介者、住居　社会的混合という理想　なぜ混合なのか　都市のための解決の切り札か　社会的混合について語られざること　遠隔作用のほうへ　過渡期—契約の時代　契約から「指数による統治」へ　「遠隔作用」のほうへ）　第3章 都市を擁護する政策—移動性を促し、居住者の実現能力を高め、都市を結集するために（混合を課すより移動性を促すこと　居住者たちの実現能力を高めること　都市を民主化するために再結集すること）　結論—都市の精神　〔05529〕

ドンデルス, J.*　Donders, Jacobus
◇WISC-IVの臨床的利用と解釈（WISC-IV clinical use and interpretation）　アウレリオ・プリフィテラ, ドナルド・H.サクロフスキー, ローレンス・G.ワイス編, 上野一彦監訳, 上野一彦, バーンズ亀山静子訳　日本文化科学社　2012.5　592p　22cm 〈文献あり〉①978-4-8210-6366-6
内容 WISC-IVと神経心理学的アセスメント（Keith Owen Yeates, Jacobus Donders著, 上野一彦訳）〔05530〕

トンプソン, アーネスト　Thompson, Ernest
◇近代スピリチュアリズム百年史—その歴史と思想のテキスト（The history of modern spiritualism（1848-1948）〔etc.〕）　アーネスト・トンプソン著, 桑原啓善訳　鎌倉　でくのぼう出版　2011.2　287p　20cm 〈年表あり　発売：星雲社〉1500円　①978-4-434-15371-6
内容 前編 近代スピリチュアリズム百年史（スピリチュアリズムの揺籃時代　十九世紀の霊媒と研究　二十世紀のスピリチュアリズム　スピリチュアリズム運動の発展　近代スピリチュアリズム百年祭　百年史年表）　後編 スピリチュアリズム思想の歴史（スウェーデンボルグ　アンドリュー・ジャクソン・デービス　近代スピリチュアリズムの思想　結語）〔05531〕

トンプソン, ジェームズ・D.　Thompson, James D.
◇行為する組織—組織と管理の理論についての社会科学的基盤：新訳オーガニゼーション・イン・アクション（Organizations in action）　J.D.トンプソン〔著〕, 大月博司, 広田俊郎訳　同文舘出版　2012.4　264p　22cm 〈索引あり　文献あり　著作目録あり〉3200円　①978-4-495-38071-7
内容 第1部（組織研究に対する戦略　組織体における合理性　組織化された行為に基づくドメイン　組織ドメインのデザイン　テクノロジーによる相互依存関係と組織構造　環境に対する組織の合理性と組織構造　組織体の評価）　第2部（人間という変動要因　自由裁量とその行使　複雑な組織体のコントロール　管理プロセス　結論）〔05532〕

トンプソン, スティス　Thompson, Stith
◇民間説話—世界の昔話とその分類（THE FOLKTALE）　スティス・トンプソン〔著〕, 荒木博之, 石原綏代訳　八坂書房　2013.2　452, 52p　23cm 〈上下巻（現代教養文庫 1977年刊）の合本、新版　文献あり 索引あり〉5800円　①978-4-89694-150-0
内容 第1部 民間説話の性格と形態（民間説話の普遍性　民間説話の形式）　第2部 アイルランドからインドまでの民間説話（アイルランドからインドまで—その民族と国々　複合昔話 ほか）　第3部 未開文化における説話—北米インディアン（北米インディアンの説話　創造神話 ほか）　第4部 民間説話の研究（民間説話の理論　民間説話研究の国際的組織 ほか）〔05533〕

トンプソン, デイヴィッド　Thompson, David
◇幸せをはこぶスマートフォン—成功するためのメール作法（The magic Blackberry）　デイヴィッド・トンプソン著, 旦紀子訳　辰巳出版　2012.1　144p　19cm　1200円　①978-4-7778-0986-8
内容 自分の限界を知るサラリーマン、ジャック　毎日がプレッシャーの連続　会社がスマートフォンを支給　仕事帰りの一杯　スマートフォンを無くした？　もしかして盗まれた？　代替品を支給してもらう　上司からのメールにムカつく！　怒りの返信が送れていない!?　スマートフォンが説教？〔ほか〕〔05534〕

トンプソン, ドナルド　Thompson, Donald N.
◇普通の人たちを予言者に変える「予測市場」という新戦略—驚異の的中率がビジネスと社会を変革する（ORACLES）　ドナルド・トンプソン著, 千葉敏生訳　ダイヤモンド社　2013.1　334p　20cm 〈文献あり〉2000円　①978-4-478-02127-9
内容 第1部 市場を使って予測する（まったく新しい商品開発の仕組み　予測市場とは何か ほか）　第2部 予測市場を社内に作る（グーグル—会社のあらゆる部分が予測市場　ベスト・バイ—予測市場が導入されるまで ほか）　第3部 これからの予測市場（独創的に応用する—医療からレアル・マドリードの経営まで　国家の安全を守るために—テロリストの市場 ほか）　第4部 予測市場を機能させるには（答えを懼れる人々　無視された警告 ほか）〔05535〕

トンプソン, バーバラ　Thompson, Barbara Rose
◇心の壁—解放され、自由になるために…（Walls of my heart）　ブルース・トンプソン, バーバラ・トンプソン共著, 木幡礼子訳　豊中　Anzus House　2012.11　263p　21cm　1600円　①978-4-9906466-0-8　〔05536〕

トンプソン, ハンター・S.　Thompson, Hunter S.

◇ヘルズエンジェルズ（Hell's angels）　ハンター・S.トンプソン著, 石丸元章訳　リトルモア　2011.2　669p　21cm　3100円　①978-4-89815-306-2　〔05537〕

トンプソン, ブルース　Thompson, Bruce R.T.

◇心の壁─解放され、自由になるために…（Walls of my heart）　ブルース・トンプソン, バーバラ・トンプソン共著, 木幡礼子訳　豊中　Anzus House　2012.11　263p　21cm　1600円　①978-4-9906466-0-8　〔05538〕

トンプソン, ボニタ・S.　Thompson, Bonita S.

◇あなたの評価が2倍になる「ADMIRE」の法則21のツール（ADMIRED）　マーク・C.トンプソン, ボニタ・S.トンプソン著, 矢羽野薫訳　アチーブメント出版　2013.7　232p　19cm　〈別タイトル：あなたの評価が2倍になる「価値創出」の法則21のツール〉　1400円　①978-4-905154-47-1

内容 第1部 あなたにとって大切なものは何か（あなたは正当に評価されているか？　MVPになる　「優先順位のリスト」をつくる ほか）　第2部 相手は何を望んでいるか（大切なものは人それぞれ　褒めるパワー　妥協点を見つける）　第3部「ADMIRE」の法則（Action（行動）　Develop（成長）　Measure（手段）ほか）　〔05539〕

トンプソン, マーク・C.　Thompson, Mark C.

◇7つの法則─ビジネスを成功させる正しいコツ（Now, build a great business！）　マーク・トンプソン, ブライアン・トレーシー著, 渡辺美樹監訳, 満園真木訳　辰巳出版　2011.6　321p　19cm　1500円　①978-4-7778-0890-8

内容 第1章 素晴らしいリーダーになる　第2章 素晴らしいビジネスプランを立てる　第3章 素晴らしい人材で周りを固める　第4章 素晴らしい製品やサービスを提供する　第5章 素晴らしいマーケティング・プランを立てる　第6章 素晴らしいセールスの方法をマスターする　第7章 素晴らしい顧客体験を提供する　付録 素晴らしい人生を生きる　〔05540〕

◇あなたの評価が2倍になる「ADMIRE」の法則21のツール（ADMIRED）　マーク・C.トンプソン, ボニタ・S.トンプソン著, 矢羽野薫訳　アチーブメント出版　2013.7　232p　19cm　〈別タイトル：あなたの評価が2倍になる「価値創出」の法則21のツール〉　1400円　①978-4-905154-47-1

内容 第1部 あなたにとって大切なものは何か（あなたは正当に評価されているか？　MVPになる　「優先順位のリスト」をつくる ほか）　第2部 相手は何を望んでいるか（大切なものは人それぞれ　褒めるパワー　妥協点を見つける）　第3部「ADMIRE」の法則（Action（行動）　Develop（成長）　Measure（手段）ほか）　〔05541〕

◇リーダーシップ・マスター─世界最高峰のコーチ陣による31の教え（Coaching for Leadership）　マーシャル・ゴールドスミス, ローレンス・S.ライアンズ, サラ・マッカーサー編著, 久野正人監訳, 中村安子, 夏井幸子訳　英治出版　2013.7　493p　21cm　2800円　①978-4-86276-164-4

内容 自分の価値を倍増させる（マーク・C.トンプソン, ボニータ・S.ビュエル＝トンプソン）　〔05542〕

トンプソン, W.　Thompson, William

◇富の分配の諸原理　1（An inquiry into the principles of the distribution of wealth most conducive to human happiness）　W.トンプソン著, 鎌田武治訳　京都　京都大学学術出版会　2011.10　407p　20cm　（近代社会思想コレクション 06）　4200円　①978-4-87698-569-2

内容 第1章 富のすべての正しい分配の基礎となるべき、われわれの組織とわれわれをとりまく自然的、社会的環境とから演繹される、自然の原理、規則または法則に関する研究　第2章 富の強制的不平等により現実に生じた諸弊害について　第3章 分配の自然法則「自由な労働、労働生産物の完全利用と自発的交換」の副次的利益について─平等な安全によって制限された平等について　〔05543〕

◇富の分配の諸原理　2（An inquiry into the principles of the distribution of wealth most conducive to human happiness）　W.トンプソン著, 鎌田武治訳　京都　京都大学学術出版会　2012.1　527, 12p　20cm　（近代社会思想コレクション 07）　〈索引あり〉　4800円　①978-4-87698-584-5

内容 第4章 生産と楽しみを増加し、分配の自然法則の永続性を保証する一手段としての知識の修得と普及について（知識を労働と富に結合させること　知識、それから富と幸福を普及したり、抑圧する諸手段の一つとしての、社会制度について　知識を普及したり、抑圧する第二の手段としての講義もしくは書物による成人教育について─その進歩に対する諸障碍 ほか）　第5章 不安全の制度に起因するものとして、富の分配の現状について─また不平等な分配の現存の強制的方策を、安全によって制限された平等の自発的方式に変更する手段について（政治権力によって、労働生産物を、その生産者または所有者の同意なしに略奪する一般的弊害について─本書では公的略奪と名づけて、私的略奪よりも、より広範に及び、救済により困難なので、結局より有害であることが証明される　富の強制的不平等─または平等な安全が要求しない不平等─を生みだす結果になることがもっとも明白な、特別な制度または方策について　特別な制度または方策について─そのもっとも明白な影響は、富の強制的不平等を恒久化することである ほか）　第6章 富の分配における自発的平等について─個人的競争による労働と対立する協働による労働（自発的平等制度の基本的、本質的特徴の説明　相互協働による富の自発的平等制度の諸利益　提唱されている制度が排除しないであろう生産と幸福とに対する諸障碍 ほか）　〔05544〕

ドン・ボスコ

⇒ボスコ, ジョヴァンニ

【ナ】

ナイ, ジョセフ・S., Jr.　Nye, Joseph S., Jr.

◇中国は、いま　国分良成編　岩波書店　2011.3　247, 3p　18cm　（岩波新書 新赤版1297）　820

円　①978-4-00-431297-0
内容 アメリカ、日本、そして中国（ジョセフ・S.ナイ著，赤木完爾訳）　〔05545〕

◇国際紛争―理論と歴史（Understanding global conflict and cooperation（8th ed.））　ジョセフ・S.ナイ・ジュニア，デイヴィッド・A.ウェルチ著，田中明彦，村田晃嗣訳　原書第8版　有斐閣　2011.4　436p　22cm　〈文献あり 索引あり〉　2800円　①978-4-641-04991-8
内容 第1章 世界政治における紛争には一貫した論理があるか？　第2章 紛争と協調を説明する―知の技法　第3章 ウェストファリアから第一次世界大戦まで　第4章 集団安全保障の挫折と第二次世界大戦　第5章 冷戦　第6章 冷戦後の紛争と協調　第7章 グローバリゼーションと相互依存　第8章 情報革命と脱国家的主体　第9章 未来に何を期待できるか？　〔05546〕

◇スマート・パワー―21世紀を支配する新しい力（The future of power）　ジョセフ・S.ナイ著，山岡洋一，藤島京子訳　日本経済新聞出版社　2011.7　349p　20cm　2000円　①978-4-532-16792-9
内容 第1部 力の種類（世界の問題における力　軍事力　経済力　ソフト・パワー）　第2部 パワー・シフト―力の拡散と移行（力の拡散とサイバー・パワー　力の移行―アメリカは没落するのか）　第3部 政策（スマート・パワー）　〔05547〕

◇パワーと相互依存（Power and Interdependence（原著第3版））　ロバート・O.コヘイン，ジョセフ・S.ナイ著，滝田賢治監訳訳　京都　ミネルヴァ書房　2012.11　480p　22cm　〈索引あり〉　4800円　①978-4-623-06102-0
内容 第1部 相互依存関係を理解する（世界政治のなかの相互依存関係　リアリズムと複合的相互依存関係　国際レジームの変容を説明する）　第2部 海洋と通貨の問題領域におけるレジーム変容（海洋と通貨の問題領域における政治―歴史的概観　海洋と通貨の問題領域における複合的相互依存関係　海洋と通貨におけるルール形成の政治）　第3部 レジームと2国間関係（米加関係と米豪関係）　第4部 アメリカと複合的相互依存関係（相互依存関係への対処）　第5部 グローバリズムと情報の時代（パワー・相互依存関係・情報の時代　パワー・相互依存関係・グローバリズム）　第6部 理論と政策についての再考（1989年）　〔05548〕

◇国際紛争―理論と歴史（UNDERSTANDING GLOBAL CONFLICT AND COOPERATION（原著第9版））　ジョセフ・S.ナイ・ジュニア，デイヴィッド・A.ウェルチ著，田中明彦，村田晃嗣訳　有斐閣　2013.4　446p　22cm　〈文献あり 索引あり〉　2800円　①978-4-641-14905-2
内容 第1章 世界政治における紛争と協調には一貫した論理があるか？　第2章 紛争と協調を説明する―知の技法　第3章 ウェストファリアから第一次世界大戦まで　第4章 集団安全保障の挫折と第二次世界大戦　第5章 冷戦　第6章 冷戦後の協調、紛争と引火点　第7章 グローバリゼーションと相互依存　第8章 情報革命と脱国家的主体　第9章 未来に何を期待できるか？　〔05549〕

◇新アジア地政学（ASIAN GEOPOLITICS）　I.ブレマー，J.S.ナイ，J.ソラナ，C.R.ヒル，金田秀昭〔著〕，福戸雅宏，藤原敬之助，水原由生，髙橋直貴，松尾知典共訳　土曜社　2013.6　139p　19cm　（プロジェクトシンジケート叢書 3）　〈文献あり〉　1700円　①978-4-9905587-8-9
内容 アジアの海とナショナリズム 他（ジョセフ・S.ナイ著，福戸雅宏訳）　〔05550〕

ナイア，スラージ

◇フューチャースクール―シンガポールの挑戦（A school's journey into the future）　テイ・リー・ヨン，リム・チェー・ピン，カイン・ミント・スウィー編著，トランネット訳，中川一史監訳　ピアソン桐原　2011.2　183p　21cm　2400円　①978-4-89471-549-3
内容 コンピューターを1人1台の割合で活用する学習環境を実現するために―シンガポールの小学校の取り組み（テイ・リー・ヨン，リム・チェー・ピン，スラージ・ナイア）　〔05551〕

ナイト，ゲーリー・A.　Knight, Gary A.

◇ボーングローバル企業論―新タイプの国際中小・ベンチャー企業の出現（Born global firms）　S.ターマー・カブスギル，ゲーリー・A.ナイト著，中村久人監訳，村瀬慶紀，萩原道雄訳　八千代出版　2013.1　148p　22cm　〈文献あり〉2500円　①978-4-8429-1590-6
内容 第1章 ボーングローバル企業：イントロダクション　第2章 ボーングローバル企業の出現の背景　第3章 ボーングローバル企業に関する文献レビュー　第4章 ボーングローバル企業についての理論的解釈と枠組み　第5章 新しい領域：国際的起業家精神　第6章 ボーングローバル企業の成功：経営者のためのインプリケーション　第7章 ボーングローバル：国際貿易の将来　付録A ボーングローバル企業のケース・スタディ　付録B 国際ビジネス計画の策定　〔05552〕

ナイト，ジョージ・R.　Knight, George R.

◇アイデンティティーを求めて―セブンスデー・アドベンチストの教理発展史（A search for identity）　ジョージ・R.ナイト著，山地明訳，山形正男監訳　立川　福音社　2012.7　309p　18cm　（福音社ブックス）　1000円　①978-4-89222-426-3　〔05553〕

ナイト，フランク　Knight, Frank Hyneman

◇フランク・ナイト社会哲学を語る―講義録知性と民主的行動（INTELLIGENCE AND DEMOCRATIC ACTION）　フランク・ナイト著，黒木亮訳　京都　ミネルヴァ書房　2012.12　260, 7p　20cm　〈索引あり〉3500円　①978-4-623-06426-7
内容 第1章 合理的規範の探求　第2章 自由社会―歴史的背景　第3章 経済的秩序―構造　第4章 経済的秩序―一般問題　第5章 自由主義の倫理　第6章 精神はその解放によって引き起こされる問題を解決できるのか　〔05554〕

ナイハード，クリストフ　Neidhart, Christoph

◇ヌードルの文化史（Die Nudel）　クリストフ・ナイハード著，シドラ房子訳　柏書房　2011.7　358p　20cm　〈文献あり 索引あり〉2800円　①978-4-7601-3999-6
内容 序章 ヌードル四千年の歴史　第1章 ヌードル文化九つの舞台　第2章 麺と小麦　第3章 ヨーロッパのヌードル　第4章 アジアのヌードル　終章 ヌードル

を超えた食文化 〔05555〕

内部監査人協会

◇専門職的実施の国際フレームワーク（International professional practices framework）〔内部監査人協会〕〔著〕,〔日本内部監査協会〕〔訳〕 日本内部監査協会 2011.1 233p 22cm 〔05556〕

◇内部監査の品質評価マニュアル（Quality assessment manual for the internal audit activity (Updated 6th edition)）〔内部監査人協会調査研究財団〕〔著〕,〔日本内部監査協会・事務局〕〔訳〕 日本内部監査協会 2011.9 348p 31cm ①978-0-89413-635-1 〔05557〕

◇専門職的実施の国際フレームワーク 2013年版（International professional practices framework）〔内部監査人協会〕〔著〕, 日本内部監査協会編 日本内部監査協会 2013.5 247p 21cm 4000円 ①978-4-907332-00-6 〔05558〕

ナイブレイド, ベンジャミン

◇政党政治の混迷と政権交代 樋渡展洋, 斉藤淳編 東京大学出版会 2011.12 269p 22cm 〈索引あり〉 4500円 ①978-4-13-036241-2

内容 首相の権力強化と短命政権（ベンジャミン・ナイブレイド著, 松田なつ訳） 〔05559〕

ナイルズ, スーザン

◇インカ帝国―研究のフロンティア 島田泉, 篠田謙一編著 秦野 東海大学出版会 2012.3 428p 27cm （国立科学博物館叢書 12） 〈索引あり〉 3500円 ①978-4-486-01929-9

内容 インカ王領とは？（スーザン・ナイルズ著, 徳江佐和子訳） 〔05560〕

ナイワート, デヴィッド・A. Neiwert, David A.

◇ストロベリー・デイズ―日系アメリカ人強制収容の記憶（STRAWBERRY DAYS） デヴィッド・A.ナイワート〔著〕, ラッセル秀子訳 みすず書房 2013.7 348, 39p 20cm 〈文献あり 索引あり〉 4000円 ①978-4-622-07771-8

内容 プロローグ 豊かな大地 第1章 ベルビューの開墾 第2章 イチゴ農場 第3章 ジャップはジャップだ 第4章 強制退去 第5章 当たって砕けろ 第6章 遠い家路 エピローグ 強制収容の記憶と意味 〔05561〕

ナーイン, ポール・J. Nahin, Paul J.

◇オリヴァー・ヘヴィサイド―ヴィクトリア朝における電気の天才―その時代と業績と生涯（OLIVER HEAVISIDE） ポール・J.ナーイン著, 高野善永訳 海鳴社 2012.4 559p 22cm 〈文献あり 索引あり〉 5000円 ①978-4-87525-288-7

内容 第1章 ヘヴィサイドの生い立ち 第2章 青少年時代 第3章 初期の電信理論 第4章 電信に関するヘヴィサイドの初期の研究 第5章 えせ科学者 第6章 マクスウェルの電気学 第7章 ヘヴィサイドの電気力学 第8章 プリースとの闘い 第9章 四元数をめぐる大戦争 第10章 奇妙な数学 第11章 地球の年齢をめぐる論争 第12章 隠棲者の晩年 第13章 終章 〔05562〕

ナヴァロ, ピーター Navarro, Peter

◇チャイナ・ウォーズ―中国は世界に復讐する（THE COMING CHINA WARS） ピーター・ナヴァロ著, 小坂恵理訳 イースト・プレス 2012.10 310p 20cm 〈「中国は世界に復讐する」(2009年刊)の改題〉 1800円 ①978-4-7816-0888-4

内容 まやかしだらけの「チャイナ・プライス」 中国を支える海賊品・偽造品経済 究極の警告ラベル「メイド・イン・チャイナ」 石油に捧げる「血と核兵器」 世界一皮肉な「帝国主義」者 猛スピードで加速する「環境破壊」 水をめぐる汚染の現実 出口が全く見えない「内紛」 世界最大の「監獄」の内部 限界なき「チャイナ・ウォーズ」の正体 究極の「宇宙戦略競争」 「悪貨」を駆逐し, 最後に勝利するもの 〔05563〕

ナウエン, ヘンリ・J.M. Nouwen, Henri J.M.

◇主の憐れみを叫び求めて―ジェネシー修道院からの祈り（A cry for mercy） ヘンリ・ナウエン著, 太田和功一訳 あめんどう 2011.2 194p 19cm 1600円 ①978-4-900677-19-7

内容 第1章 2月～3月 恐れの心 第2章 3月～4月 主の憐れみを求めて 第3章 4月～5月 希望の光 第4章 5月～6月 聖霊の力 第5章 6月～7月 世界が必要とするもの 第6章 7月～8月 感謝の心 〔05564〕

◇燃える心で―黙想―聖餐を生きる日常（With burning hearts） ヘンリ・J.M.ナウエン著, 景山恭子訳 改訂新版 聖公会出版 2011.3 102p 19cm 1500円 ①978-4-88274-219-7 〔05565〕

◇アダム神の愛する子（Adam : God's beloved） ヘンリ・J.M.ナウエン著, 宮本憲訳 改訂新版 聖公会出版 2013.1 175p 19cm 1800円 ①978-4-88274-237-1

内容 序章 この本はどうして書かれたのか 第1章 アダムの隠れた人生 第2章 アダムの荒野 第3章 アダムの公生涯 第4章 アダムの方法 第5章 アダムの受難 第6章 アダムの死 第7章 アダムの通夜と埋葬 第8章 アダムの復活 第9章 アダムの霊 結び 〔05566〕

ナカガワ, タケシ* 中川 威

◇健康長寿の社会文化的文脈（Healthy Aging in Sociocultural Context） Andrew E.Scharlach, Kazumi Hoshino編, 佐々木尚之,Kazumi Hoshino監訳 風間書房 2013.10 157p 21cm 〈索引あり〉 2500円 ①978-4-7599-1997-4

内容 日本における高齢者保健医療制度と政策的示唆（中川威, 権藤恭之著, 中川威訳） 〔05567〕

ナカジマ, ケンゾウ 中島 健蔵

◇『Japan To-day』研究―戦時期『文芸春秋』の海外発信 鈴木貞美編 京都 国際日本文化研究センター 2011.3 375p 26cm （日文研叢書）〈発売 : 作品社〉 4800円 ①978-4-86182-328-2

内容 日本現代文学の主要作家2 : 横光利一 他（中島健蔵著, 石川肇訳） 〔05568〕

ナカタ, チェルリ

◇日本企業のイノベーション・マネジメント（Manegment of Technology and Innovation in Japan） コルネリウス・ヘルシュタット, クリストフ・シュトゥックシュトルム, ヒューゴ・チルキー, 長平彰夫編著, 長平彰夫監訳, 松井憲一, 名取隆, 高橋修訳　同友館　2013.6　433p　22cm　〈執筆 ： マリアン・バイゼほか　索引あり〉　3800円　①978-4-496-04912-5
内容 日本の新製品の優位点～比較検証（チェルリ・ナカタ, スービン・イム著）〔05569〕

ナカニシ, ドン・トシアキ
◇トランスナショナルな「日系人」の教育・言語・文化―過去から未来に向って　森本豊富, 根川幸男編著　明石書店　2012.6　262p　21cm　〈年表あり〉 3400円　①978-4-7503-3621-3
内容 トランスナショナルな日系人（ドン・トシアキ・ナカニシ執筆, 吉田裕美訳）〔05570〕

ナ

ナカムラ, エリコ　中村 江里子
◇12年目のパリ暮らし―パリジャン&パリジェンヌたちとの愉快で楽しい試練の日々（Nââândé!?）　中村江里子著　ソフトバンククリエイティブ　2013.7　238p　19cm　1400円　①978-4-7973-7348-6〔05571〕

ナカムラ, ハジメ　中村 元
◇比較思想から見た仏教―中村元英文論集（Buddhism in Comparative Light）　中村元著, 春日屋伸昌編訳　新装版　大阪　東方出版　2012.7　222p　19cm　1800円　①978-4-86249-203-6
内容 第1章 "普遍"宗教　第2章 仏教の道とキリスト教の道　第3章 人間的状況の診断　第4章 仏教とキリスト教の治療法　第5章 教団　第6章 禅仏教　第7章 浄土仏教　第8章 東洋における近代思想の夜明け〔05572〕

ナカムラ, レオナード・I.
◇学校と職場をつなぐキャリア教育改革―アメリカにおけるSchool-to-Work運動の挑戦（The school-to-work movement）　ウィリアム・J.スタル, ニコラス・M.サンダース編, 横井敏郎ほか訳　学事出版　2011.7　385p　21cm　3800円　①978-4-7619-1839-2
内容 創造的破壊の時代における教育と職業訓練（レオナード・I.ナカムラ著, 篠原岳司訳）〔05573〕

ナガヨ, ヨシロウ　長与 善郎
◇『Japan To-day』研究―戦時期『文芸春秋』の海外発信　鈴木貞美編　京都　国際日本文化研究センター　2011.3　375p　26cm　（日文研叢書）〈発売 ： 作品社〉 4800円　①978-4-86182-328-2
内容 観光の国、満洲国！（長与善郎著, 依岡隆児訳）〔05574〕

ナーガールジュナ　Nagarjuna
◇根本的な中論の歌　最終訳　ナーガールジュナ著, 西嶋和夫訳　金沢文庫　2011.2　199p　21cm　1800円　①978-4-87339-119-9
内容 正しい教えに関する検証　「行った」、「まだ行っていない」の検証　眼その他の感覚器官に関する検証　集合体に関する検証　物質に関する検証　興奮と感受された内容との完全な融合に関する検証　この世の中に関する検証　行いと動作との完全な融合に関する検証　現在の直前に関する検証　火と燃焼との完全な融合に関する検証〔ほか〕〔05575〕

ナサー, シルヴィア　Nasar, Sylvia
◇大いなる探求　上　経済学を創造した天才たち（GRAND PURSUIT）　シルヴィア・ナサー〔著〕, 徳川家広訳　新潮社　2013.6　398p　20cm　〈索引あり〉 2200円　①978-4-10-541502-0
内容 第1部 希望（まったくもって新しい―「奇跡の時代」を生きるマルクスとエンゲルス　プロレタリアは必然か？―アルフレッド・マーシャルの守護聖人　ポッター嬢の職業―ウェッブ夫妻と「家政国家」　黄金の十字架―フィッシャーと「貨幣錯覚」　創造的破壊―シュンペーターと経済の進化論）　第2部 恐怖（人類最後の日々―ウィーンのシュンペーター）〔05576〕

◇大いなる探求　下　人類は経済を制御できるか（GRAND PURSUIT）　シルヴィア・ナサー〔著〕, 徳川家広訳　新潮社　2013.6　357p　20cm　〈索引あり〉 2200円　①978-4-10-541503-7
内容 第2部 恐怖（ヨーロッパが死んでいく―ヴェルサイユのケインズ　喜びなき街―ウィーンのシュンペーターとハイエク　物質的ならざる心の道具――九二〇年代におけるケインズとフィッシャー　点火装置が壊れている―大不況の中のケインズとフィッシャー　実験――九三〇年代のベアトリス・ウェッブとジョーン・ロビンソン　経済学者の戦争―財政官僚としてのケインズとフリードマン　亡命―第二次大戦中のシュンペーターとハイエク）　第3部 自信（過去と未来―ブレトン＝ウッズのケインズ　隷従からの解放―ハイエクとドイツの奇跡　経済を制御する装置―サミュエルソン、都へ行く　大いなる幻影―モスクワと北京におけるジョーン・ロビンソン　運命との逢い引き―カルカッタとケンブリッジのアマルティア・セン）〔05577〕

◇ビューティフル・マインド―天才数学者の絶望と奇跡（A BEAUTIFUL MIND）　シルヴィア・ナサー〔著〕, 塩川優訳　新潮社　2013.11　953p　16cm　（新潮文庫 シ-38-6）　1200円　①978-4-10-218441-7
内容 第1部 ビューティフル・マインド（ブルーフィールド（一九二八～四五年）　カーネギー工科大学（一九四五年六月～四八年六月）ほか）　第2部 離れゆく生（特異点　特殊な関係（サンタモニカ、一九五二年夏）ほか）　第3部 ゆるゆると燃え出す火（オルデンレーンとワシントン広場（一九五六～五七年）　原爆製造工場 ほか）　第4部 失われた歳月（世界市民（パリおよびジュネーブ、一九五九～六〇年）　絶対零度（プリンストン大学、一九六〇年）ほか）　第5部 もっとも価値ある存在（寛解　ノーベル賞 ほか）〔05578〕

ナジタ, テツオ　Najita, Tetsuo
◇明治維新の遺産（JAPAN）　テツオ・ナジタ〔著〕, 坂野潤治訳　講談社　2013.8　261p　15cm　（講談社学術文庫 2186）〈中央公論社1979年刊の再刊〉 880円　①978-4-06-292186-2
内容 第1章 近代日本への一視座　第2章 徳川官僚制の遺産　第3章 徳川末期の「維新主義」　第4章 明治の模索―立憲制とイデオロギー的確実性を求めて　第5章 二十世紀初期の政治的変化と抵抗　第6章 二つの維新と現代日本の可能性〔05579〕

ナジャカ, ステイシー・スクローバン

◇エビデンスに基づく犯罪予防（Evidence-based crime prevention）　ローレンス・W.シャーマン, ディビッド・P.ファリントン, ブランドン・C.ウェルシュ, ドリス・レイトン・マッケンジー編, 津富宏, 小林寿一監訳, 島田貴仁, 藤野京子, 寺村堅志, 渡辺昭一訳　社会安全研究財団　2008.9　434p　26cm　〈文献あり〉①978-4-904181-02-7

内容 学校を基盤とした犯罪予防（デニス・C.ゴッドフレッドソン, ディビッド・B.ウィルソン, ステイシー・スクローバン・ナジャカ著, 藤野京子訳）〔05580〕

ナショナルジオグラフィック協会《The National Geographic Society》

◇地球の絶景—ナショナルジオグラフィックが見た（Wonders of the World）　幾島幸子訳　日経ナショナルジオグラフィック社　2012.7　133p　28cm　（NATIONAL GEOGRAPHIC）〈発売：日経BPマーケティング〉1400円　①978-4-86313-174-3

内容 sky（アルティプラノ（ボリビア、ペルー、アルゼンチン）　レッドウッド（カリフォルニア）　自然の手に委ねられた遺跡—マチュピチュ（ペルー）ほか）　land（イエローストーン（ワイオミング、アイダホ、モンタナ）　サハラ砂漠（北アフリカ）　ハワイの火山（ハワイ）ほか）　water（ブルーホール（バハマ諸島）　フィヨルド（ノルウェー）　ケルプの森（カリフォルニア）ほか）〔05581〕

◇50グレイテストフォトグラフ—傑作写真に秘められた物語：ナショナルジオグラフィック　北村京子, 関利枝子, 沼中亜紀子, 山根麻子訳　完全保存版　日経ナショナルジオグラフィック社　2012.8　98p　28cm　（日経BPムック）〈発売：日経BPマーケティング〉1000円　①978-4-86313-170-5　〔05582〕

◇ナショナルジオグラフィックが見た日本の100年　ナショナルジオグラフィック編, 伊藤和子, 井上暁子, 大塚茂夫, 小笠原景子, 萩野絵美, 尾沢和幸, 黒田真知, 杉浦茂樹, 竹熊誠, 勅使河原まゆみ, 永島沙友里, 布施節子, 八島玲子訳　日経ナショナルジオグラフィック社　2012.12　319p　23cm　（NATIONAL GEOGRAPHIC）〈「日本の100年」（2003年刊）の改題、加筆・再編集　発売：日経BPマーケティング〉3800円　①978-4-86313-185-9　〔05583〕

◇いつかは行きたい美しい場所100（THE WORLD'S MOST BEAUTIFUL PLACES）　幾島幸子訳　日経ナショナルジオグラフィック社　2013.10　134p　28cm　（NATIONAL GEOGRAPHIC）〈発売：日経BPマーケティング〉1700円　①978-4-86313-225-2

内容 山と渓谷に豊かな田園の旅（米国アリゾナ州南部、サワロ国立公園　米国カリフォルニア州北部、レッドウッド国立公園 ほか）　川と海が陸と織りなす変化（オーストラリア、クイーンズランド州、グレートバリアリーフ　中国、広西チワン族自治区、桂林 ほか）　歴史ある都市と建築をめぐる（ドイツ、バイエルン州、ノイシュバンシュタイン城　イタリア、ローマ ほか）　地の果てに見つけた自然の美（スウェーデン、北極圏　オーストラリア内陸部、デビルズマーブル ほか）〔05584〕

ナダル, ロドニー・A.　Nadeau, Rodney A.

◇パートナー暴力—男性による女性への暴力の発生メカニズム（What causes men's violence against women?）　ミッシェル・ハーウェイ, ジェームズ・M.オニール編著, 鶴元春訳　京都　北大路書房　2011.9　303p　21cm　〈文献あり〉3700円　①978-4-7628-2763-1

内容 男性の性役割葛藤, 防衛機制, 自衛的防衛戦略—性役割の社会化の視点に立った男性による女性に対する暴力の説明（ジェームズ・M.オニール, ロドニー・A.ナダル）〔05585〕

ナッシュ, スーザン・スミス　Nash, Susan Smith

◇インストラクショナルデザインとテクノロジ—教える技術の動向と課題（TRENDS AND ISSUES IN INSTRUCTIONAL DESIGN AND TECHNOLOGY（原著第3版））　R.A.リーサー, J.V.デンプシー編　京都　北大路書房　2013.9　690p　21cm　〈訳：半田純子ほか　索引あり〉4800円　①978-4-7628-2818-8

内容 学習オブジェクト（スーザン・スミス・ナッシュ著, 山田政寛訳）〔05586〕

ナット, ロバート・L.　Nutt, Roberta L.

◇パートナー暴力—男性による女性への暴力の発生メカニズム（What causes men's violence against women?）　ミッシェル・ハーウェイ, ジェームズ・M.オニール編著, 鶴元春訳　京都　北大路書房　2011.9　303p　21cm　〈文献あり〉3700円　①978-4-7628-2763-1

内容 女性の性役割の社会化, 性役割葛藤, 虐待—素因の検討（ロバート・L.ナット）〔05587〕

ナット・ハン, ティク　Nhat Hanh, Thich

◇死もなく、怖れもなく—生きる智慧としての仏教（No death, no fear）　ティク・ナット・ハン著, 池田久代訳　春秋社　2011.3　233p　19cm　1900円　①978-4-393-33305-1

内容 第1章 私たちはどこから来てどこへ行くのか　第2章 本当に怖ろしいこと　第3章 深く観る　第4章 悲しみと怖れを変容する　第5章 新しいはじまり　第6章 幸福のすみか　第7章 永遠の顕現　第8章 怖れ、受容、そして許し—大地に触れる　第9章 死にゆく人々とともに　〔05588〕

◇禅への鍵（Zen keys）　ティク・ナット・ハン著, 藤田一照訳　新装版　春秋社　2011.3　203p　19cm　2000円　①978-4-393-33307-5

内容 第1章 マインドフルネスの修行　第2章 一杯のお茶　第3章 庭の柏の木　第4章 山は山、川は川　第5章 空の足跡　第6章 人間性の復興　付録 課虚　〔05589〕

◇法華経の省察—行動の扉をひらく（Opening the heart of the cosmos）　ティク・ナット・ハン著, 藤田一照訳　春秋社　2011.4　311p　19cm　2500円　①978-4-393-33309-9

内容 『法華経』の広い包容力　第1部 歴史的次元（二つの入り口　巧みな手段 ほか）　第2部 本源的次元（宝塔　大地から現れ出る ほか）　第3部 行動の次元（決して軽んじない　薬王 ほか）　第4部 行動の扉をひらく（六波羅蜜　布施 ほか）〔05590〕

◇蓮華の瞑想—こころとからだのヒーリング・レッスン（The blooming of a lotus）　ティク・ナッ

ト・ハン著, 池田久代訳　京都　法蔵館　2011.4　160p　21cm　2200円　①978-4-8318-6423-9

内容 序章　第1章 身体への気づき　第2章 イメージへの気づき　第3章 気づきの消費　第4章 感情と心　第5章 心の対象物　第6章 ブッダを呼び出す　第7章 両親と私　付録 五つの気づきのトレーニングを唱えるサンガの16年（クリスティーン里）〔05591〕

◇怒り―心の炎の静め方（Anger）　ティク・ナット・ハン著, 岡田直子訳　サンガ　2011.5　252p　19cm　1238円　①978-4-904507-78-0　〔05592〕

◇ブッダの〈気づき〉の瞑想（Transformation and healing）　ティク・ナット・ハン著, 山端法玄, 島田啓介訳　野草社　2011.5　277p　20cm　〈発売：新泉社〉1800円　①978-4-7877-1186-1

内容 "気づき"とは　四種の"気づき"を確立する経典　"気づき"のエクササイズ（身体を観察する　感覚を観察する　心を観察する　心の対象を観察する）"気づき"の瞑想のポイント（心の対象（法）は心にほかならない　観察する対象とひとつになる　真実の心と迷いの心はひとつ　争いを超えた道　観察とは教義を植えつけることではない　結び）付録 三種の訳本について（経典成立の歴史　第二訳本：念処経　第三訳本：一入道経　三種類の訳本の比較）〔05593〕

◇微笑みを生きる―〈気づき〉の瞑想と実践（Peace is every step）　ティク・ナット・ハン著, 池田久代訳　〔2011年〕新装版　春秋社　2011.5　201p　19cm　〈編：アーノルド・コトゥラー〉　1800円　①978-4-393-33308-2

内容 第1章 息を吸って！ ほらあなたは生きている！（まあたらしい二四時間　タンポポは私の微笑み　意識的呼吸 ほか）　第2章 変容と癒し（感情の川　切り刻まないこと　感情の変容 ほか）　第3章 平和は一歩一歩のなかに（インタービーイング（相互共存）　花と生ごみ　平和を維持すること ほか）〔05594〕

◇ブッダの〈呼吸〉の瞑想（Breathe, You Are Alive！）　ティク・ナット・ハン著, 島田啓介訳　野草社　2012.10　269p　20cm　〈発売：新泉社〉1800円　①978-4-7877-1282-0

内容 息してごらん、ほら、あなたは生きている！　いったん止まって、息をしましょう　呼吸による完全な気づきの経典　呼吸の瞑想　日常のなかで生かせる七つの瞑想法　呼吸の瞑想のヒント　付録（大安般守意経　瞑想の背景について　経典成立の歴史）追補 プラムヴィレッジで使われている新しいバージョンの呼吸瞑想〔05595〕

◇ブッダの幸せの瞑想―マインドフルネスを生きる ティク・ナット・ハンが伝えるプラムヴィレッジの実践（Happiness）　ティク・ナット・ハン著, 島田啓介, 馬籠久美子訳　サンガ　2013.9　316p　18cm　1800円　①978-4-905425-44-1

内容 第1章 日常の実践　第2章 食べる実践　第3章 体を使う実践　第4章 人間関係とコミュニティの実践　第5章 応用編　第6章 子どもと一緒に実践する〔05596〕

ナティエ, ジャン

◇大乗仏教とは何か　桂紹隆, 斎藤明, 下田正弘, 末木文美士編, 高崎直道監修　春秋社　2011.6　288p　22cm　（シリーズ大乗仏教 第1巻）　2800円　①978-4-393-10161-2

内容〈原始華厳経〉の編纂過程（ジャン・ナティエ著, 宮崎展昌訳）〔05597〕

ナティサン, ブルナド・ファティマ

◇平和は人権―普遍的実現をめざして　反差別国際運動日本委員会（IMADR-JC）編　反差別国際運動日本委員会　2011.9　170p　21cm　（IMADR-JCブックレット 14）〈発売：解放出版社（大阪）〉1200円　①978-4-7592-6745-7

内容 ダリット女性（ブルナド・ファティマ・ナティサン著, 小森恵訳）〔05598〕

ナドラー, スティーヴン　Nadler, Steven M.

◇スピノザ―ある哲学者の人生（Spinoza）　スティーヴン・ナドラー著, 有木宏二訳　人文書館　2012.3　630p　20cm　〈文献あり〉6800円　①978-4-903174-26-6

内容 定住への道　大伯父アブラハムと父ミカエル　祝福されし者　タルムード・トーラー学校　アムステルダムの商人　破門　ラテン語の名において　ラインスブルフの哲学者　「フォールブルフのユダヤ人」政治的人間〔ほか〕〔05599〕

ナナス, バート　Nanus, Burt

◇本物のリーダーとは何か（Leaders）　ウォレン・ベニス, バート・ナナス著, 伊東奈美子訳　海と月社　2011.6　268p　19cm　1800円　①978-4-903212-26-5

内容 1 リーダーシップに関する「誤解」を解く　2「人を率いること」と「自分を律すること」について　3 戦略1 人を引きつけるビジョンを描く　4 戦略2 あらゆる方法で「意味」を伝える　5 戦略3「ポジショニング」で信頼を勝ち取る　6 戦略4 自己を創造的に活かす　7「責任を引き受ける」ということ〔05600〕

ナバロ, ビセンス　Navarro, Vicenç

◇もうひとつの道はある―スペインで雇用と社会福祉を創出するための提案（HAY ALTERNATIVAS：Propuestas para crear empleo y bienestar social en España）　ビセンス・ナバロ, ホアン・トーレス・ロペス, アルベルト・ガルソン・エスピノサ著, 吾郷健二, 海老原弘子, 広田裕之訳, ATTAC Japan編　柘植書房新社　2013.9　277p　19cm　2500円　①978-4-8068-0652-3

内容 第1章 世界危機の原因　第2章 スペイン経済危機の特殊性　第3章 解決しなければならないこと―より公正で効率的な経済のための課題　第4章 まともな雇用を創出するための条件　第5章 社会支出の不足という障害　第6章 雇用創出と経済回復のためには、賃金の引下げか引上げか？　第7章 経済活動の別のモデルへの融資　第8章 もうひとつの欧州、もうひとつの世界　第9章 人間に仕え、自然と調和した経済　第10章 一一五の具体的な提案〔05601〕

ナビュルシ, カーマ

◇政治理論入門―方法とアプローチ（Political theory）　デイヴィッド・レオポルド, マーク・スティアーズ編著, 山岡竜一, 松元雅和監訳　慶応義塾大学出版会　2011.7　355p　21cm　〈文献あり〉3400円　①978-4-7664-1854-5

内容 政治理論のためのアーカイブ資料の使用（スティール・ハザリシン, カーマ・ナビュルシ著）〔05602〕

ナ

ナポリ, ドナ・ジョー　Napoli, Donna Jo

◇ワンガリ・マータイさんとケニアの木々（Mama miti）　ドナ・ジョー・ナポリ作, カディール・ネルソン絵, 千葉茂樹訳　鈴木出版　2011.3　1冊（ページ付なし）　32cm　1900円　①978-4-7902-5223-8　〔05603〕

ナポリオーニ, ロレッタ　Napoleoni, Loretta

◇マオノミクス―なぜ中国経済が自由主義を凌駕できるのか（MAONOMICS）　ロレッタ・ナポリオーニ著, 井上実訳　原書房　2012.10　381p　20cm　2400円　①978-4-562-04869-4

内容 不況進行中　第1部 グローバリゼーションと共産主義（搾取工場　底辺への競争　中国の新しい料理―マルクス主義のネオリベラル・ソース添え　万里の長城を越えろ　近代化というネオリベラルな夢―アイスランドと中国）　第2部 グローバリゼーションと資本主義（「フラットな世界」という愚かな夢　略奪する金融ネオリベラル主義　団結こそ力なり　ムハンマドから孔子へ　再生可能エネルギーという新たな長城）　第3部 グローバリゼーションと民主主義（中国の目でワシントンと北京を見る　現代のアッティラ―オサマ・ビンラディン　国民国家の破壊者たち　サプライサイド経済学　フルモンティ　メディアクラシー　千人のエビータ）　第4部 未来のイメージ（中国とアフリカの結婚　最後のフロンティア、アフリカ　グローバリゼーションと犯罪　民主主義メイド・イン・チャイナ）　愚行を繰り返すな　〔05604〕

ナポレオン, シャルル　Napoléon, Charles

◇21世紀のナポレオン―歴史創造のエスプリを語る　池田大作, シャルル・ナポレオン著　第三文明社　2011.7　367p　19cm　1524円　①978-4-476-05049-3

内容「人間の世紀」「共和の時代」へ　人間精神のグローバル化を　新たな家族像を求めて　未来を開く人材育成　変革こそ青年の特権　新時代のリーダーシップ　世紀の先頭を駆ける　逆境に勝つ人間学　ロマンの人生を生きる　文化の遺産こそ永遠の宝　不滅のナポレオン法典　「ヨーロッパ統合」の精神的源流　平和共生の「世界合衆国」を　〔05605〕

ナミュール, P　Namur, Parfait

◇日本立法資料全集　別巻 669　白耳義分散法註釈　ナミュール著, 曲木如長譚　復刻版　信山社出版　2011.2　674p　23cm　〈司法省蔵版明治24年刊の複製〉50000円　①978-4-7972-6365-7

内容 第1巻 家資分散（家資分散ノ届出、公告及ヒ支払停止　家資分散ノ効力　家資分散ノ管理及ヒ精算　債権ノ申述及ヒ調査 ほか）　第2巻 倒産（通常倒産　詐欺倒産　総則　倒産ノ場合ニ於ケル財産ノ管理）　第3巻 復権　第4巻 支払猶予（家資分散ノ予防和的ニ関スル千八百八十三年六月二十日ノ法律　商法第六十九条及ヒ第六百三十五条ニ加ヘタル改正）　〔05606〕

◇日本立法資料全集　別巻807　法学通論――一名法学初歩　P.ナミュール著, 河地金代訳, 河村善益, 薩埵正邦閲　復刻版　信山社出版　2013.4　498p　23cm　〈時習社 明治19年刊の複製〉　53000円　①978-4-7972-7102-7　〔05607〕

ナム, ウンギョン　南 恩暻

◇高句麗の文化と思想　東北亜歴史財団編, 東潮監訳, 篠原啓方訳　明石書店　2013.2　458p　22cm　〈文献あり 索引あり〉8000円　①978-4-7503-3754-8

内容 高句麗の文学（南恩暻）　〔05608〕

ナム, キョンワン《Nam, Kyongwan》

◇スティーブ・ジョブズってどんな人？　Nam Kyongwan作, Ahn Heegun絵, 藤田千枝文　汐文社　2012.1　39p　28cm　〈年表あり〉1500円　①978-4-8113-8882-3　〔05609〕

ナム, クンウ*　南 根祐

◇植民地朝鮮と宗教―帝国史・国家神道・固有信仰　磯前順一, 尹海東編著　三元社　2013.1　369p　22cm　（日文研叢書）　3800円　①978-4-88303-329-4

内容 日本人の「朝鮮民俗学」と植民主義（南根祐執筆, 沈熙燦訳）　〔05610〕

◇植民地朝鮮と宗教―帝国史・国家神道・固有信仰　磯前順一, 尹海東編著　京都　人間文化研究機構国際日本文化研究センター　2013.1　369p　22cm　（日文研叢書 50）　〈制作 ： 三元社〉非売品　①978-4-901558-58-7

内容 日本人の「朝鮮民俗学」と植民主義（南根祐著, 沈熙燦訳）　〔05611〕

ナム, スンヘー

◇新興国家の世界水準大学戦略―世界水準をめざすアジア・中南米と日本（World-Class Worldwide）　フィリップ・G.アルトバック, ホルヘ・バラン編, 米沢彰純監訳　東信堂　2013.5　386p　22cm　〈索引あり〉4800円　①978-4-7989-0134-3

内容 周縁国家における世界水準大学の創出（キースック・キム, スンヘー・ナム執筆, 太田浩訳）〔05612〕

ナヤ, セイジ　納谷 誠二

◇アジア開発経済論―持続的成長, 貧困削減, 危機克服の経験（The Asian Development Experience）　セイジ・F.ナヤ著, 吉川直人, 鈴木降裕, 林光洋訳　文真堂　2013.11　252p　21cm　〈文献あり 索引あり〉2700円　①978-4-8309-4804-6　〔05613〕

ナリタ, リュウイチ*　成田 龍一

◇国家と国民の歴史―ヴィジュアル版（HISTORIES OF NATIONS）　ピーター・ファタードー編, 猪口孝日本語版監修, 小林朋則訳　原書房　2012.11　320p　26cm　〈文献あり 索引あり〉5800円　①978-4-562-04850-2

内容 日本―日本とその表象 - 歴史過程のなかで（成田龍一）　〔05614〕

ナン, オンケイ*　南 恩暻

⇒ナム, ウンギョン

ナン, コンユウ*　南 根祐

⇒ナム, クンウ*

ナンシー, ジャン＝リュック　Nancy, Jean-Luc

◇限りある思考（Une pensée finie）　ジャン＝リュック・ナンシー〔著〕, 合田正人訳　法政大学出版局　2011.2　440p　20cm　（叢書・ウニベルシタス 953）　5000円　①978-4-588-00953-2
内容 終わる思考　外記　犠牲にしえないもの　実存の決断　崇高な捧げ物　物々の心臓　粉々の愛/輝く愛　省略的意味　笑い、現前　魂と身体のうちに真理を所有すること　神の進行性麻痺　〔05615〕

◇民主主義は、いま？―不可能な問いへの8つの思想的介入（Democratie, dans quel etat？）　ジョルジョ・アガンベン, アラン・バディウ, ダニエル・ベンサイード, ウェンディ・ブラウン, ジャン＝リュック・ナンシー, ジャック・ランシエール, クリスティン・ロス, スラヴォイ・ジジェク著, 河村一郎, 沢里岳史, 河合孝昭, 太田悠介, 平田周訳　以文社　2011.2　230p　20cm　2500円　①978-4-7531-0287-7
内容 終わりある/終わりなき民主主義（ジャン＝リュック・ナンシー著, 河村一郎訳）　〔05616〕

◇自由の経験（L'expérience de la liberté）　ジャン＝リュック・ナンシー著, 沢田直訳　未来社　2011.5　313p　19cm　（ポイエーシス叢書）〈第2刷（第1刷2000年）〉3500円　①978-4-624-93243-5
内容 自由という主題の必然性。混然とした前提と結論　自由の問題の不可能性。混在する事実と権利　我々は自由について自由に語りうるか　ハイデガーによって自由なままに残された空間　自由の自由な思考　哲学―自由の論理　自由の分有。平等、友愛、正義　自由の経験。それが抵抗する共同体についての再説　物、力、視線としての自由　絶対＝分離的自由〔ほか〕　〔05617〕

◇崇高とは何か（Du sublime）　ミシェル・ドゥギー他〔著〕, 梅木達郎訳　新装版　法政大学出版局　2011.9　413p　20cm　（叢書・ウニベルシタス 640）　4800円　①978-4-588-09943-4
内容 崇高な捧げもの 他（ジャン＝リュック・ナンシー）　〔05618〕

◇共産主義の理念（L'Idée du communisme（重訳））　コスタス・ドゥズィーナス, スラヴォイ・ジジェク編, 長原豊監訳, 沖公祐, 比嘉徹徳, 松本潤一郎訳　水声社　2012.6　434p　20cm　4500円　①978-4-89176-912-3
内容 共産主義、語（ジャン＝リュック・ナンシー著, 松本潤一郎訳）　〔05619〕

◇フクシマの後で―破局・技術・民主主義　ジャン＝リュック・ナンシー著, 渡名喜庸哲訳　以文社　2012.11　199p　20cm　2400円　①978-4-7531-0306-5
内容 1 破局の等価性―フクシマの後で　2 集積について　3 民主主義の実相（六八年‐〇八年　合致しない民主主義　さらけ出された民主主義　民主主義の主体について　存在することの潜勢力　無限なものと共通のもの　計算不可能なものの分有　有限なものにおける無限　区別された政治　非等価性　無限なもののために形成された空間　プラクシス　実相）　〔05620〕

◇眠りの落下（TOMBE DE SOMMEIL）　ジャン＝リュック・ナンシー著, 吉田晴海訳　結城　イリス舎　2013.1　88p　21cm　1800円　①978-4-9903306-3-7
内容 1 たまらなく眠い　2 私は眠りによって落ちる　3 自己に不在の自己　4 等価の世界　5 眠ること、おそらくは夢を見ること、ああ、そこがやっかいなのだ　6 子守唄―揺り椅子Berceuse　7 決して眠らない魂　8 仮の（時間的制約のあるtemporaire）死の弔鐘　9 眠りの盲目の仕事　〔05621〕

◇神の身振り―スピノザ『エチカ』における場について（LE GESTE DE DIEU）　アルフォンソ・カリオラート, ジャン＝リュック・ナンシー著, 藤井千佳世, 的場寿光訳　水声社　2013.5　201p　22cm　（叢書言語の政治 19）〈文献あり〉3000円　①978-4-89176-970-3　〔05622〕

ナンダ, バール・ラーム　Nanda, Bal Ram

◇ガンディー―インド独立への道（Mahatma Gandhi）　B.R.ナンダ著, 森本達雄訳　第三文明社　2011.1　790p　22cm　〈索引あり〉7000円　①978-4-476-03308-3
内容 第1部 人格形成期（少年時代　イギリス留学 ほか）　第2部 ガンディー登場（見習い期間　サーバルマティー・アーシュラム ほか）　第3部 対立と和解（議会戦線　宗教社会間の対立戦線 ほか）　第4部 悲願達成（試される非暴力　インドと世界大戦 ほか）　〔05623〕

ナーントゥーザー

◇ミャンマー概説　伊東利勝編　めこん　2011.3　731p　22cm　〈索引あり〉7000円　①978-4-8396-0240-6
内容 宗教・信仰〔シャン（タイ）世界〕他（ナーントゥーザー著, 高谷紀夫訳）　〔05624〕

【ニ】

ニイ, イタル　新居 格

◇『Japan To-day』研究―戦時期『文芸春秋』の海外発信　鈴木貞美編　京都　国際日本文化研究センター　2011.3　375p　26cm　（日文研叢書）〈発売：作品社〉4800円　①978-4-86182-328-2
内容 パール・バックと日本（新居格著, 鈴木貞美訳）　〔05625〕

ニウ, シエンリ

◇労働者の放射線防護―ILO労働安全衛生・環境プログラム　シエンリ・ニウ著, 吉川徹, 小木和孝訳　川崎　労働科学研究所出版部　2011.5　16p　21cm　（ILO労働安全衛生インフォメーションノートシリーズ 第1号）　200円　①978-4-89760-322-3　〔05626〕

ニヴォラ, クレア・A.　Nivola, Claire A.

◇いのちあふれる海へ―海洋学者シルビア・アール（LIFE IN THE OCEAN）　クレア・A.ニヴォラさく, おびかゆうこやく　福音館書店　2013.4　〔32p〕　29cm　〈文献あり〉1300円　①978-4-8340-2732-7　〔05627〕

ニヴン, ポール　Niven, Paul R.

◇新たなる戦略への旅路―ストーリーから学ぶロードマップ戦略（Roadmaps and revelations）　Paul R.Niven著, 清水孝訳　税務経理協会　2011.6　352p　19cm　2400円　①978-4-419-

05635-3
内容 緊急会議　挑戦　計画の変更　空港のレッドゾーンは短時間の乗り降りのみ可　この男は何者だ？　ところで、戦略とは何か？　馬鹿げた質問　目で見たものがすべてとは限らない　核心に入る　速やかに考える　正しい方向へ邁進する　ヴァイン・ビュー・マナーでの一夜　パッカーに乗る　ピスモ・ビーチで充電　ニーチェがグループについて何て言ったか知っているか　いいぞ、「サイドウェイズ」　砂浜での解決策　いとこに「KISS」　誰にでもいい時があるものだ　親戚会　〔05628〕

ニエミ, マルヤーナ　Niemi, Marjaana
◇世界史のなかのフィンランドの歴史―フィンランド中学校近現代史教科書（Historian tuulet）　ハッリ・リンタ＝アホ, マルヤーナ・ニエミ, パイヴィ・シルタラ＝ケイナネン, オッリ・レヒトネン著, 百瀬宏監訳, 石野裕子, 高瀬愛訳　明石書店　2011.11　437p　26cm　（世界の教科書シリーズ 33）〈索引あり〉5800円　①978-4-7503-3473-8
内容 第7学年 フランス革命から第1次世界大戦の終結まで（フィンランド、大公国になる　機械で変化する世界　民族主義がヨーロッパを変える　大国となったアメリカ　工業国が世界を支配する　フィンランド、民族国家の誕生　現状を変えようとするフィンランド人　旧世界を滅ぼした戦争）　第8学年 フィンランドの独立からEU憲法まで（独立直後のフィンランドの苦難　国民的合意に向けて―1920～1930年代のフィンランド　独裁諸国、民主主義諸国に挑戦　第2次世界大戦　冷戦　フィンランド、福祉国家となる　統合するヨーロッパ　フィンランドとグローバル化という課題　私たちの共通の世界）　〔05629〕

ニクソン, リチャード　Nixon, Richard Milhous
◇指導者とは（LEADERS（抄訳））　リチャード・ニクソン著, 徳岡孝夫訳　文芸春秋　2013.12　473p　16cm　（文春学芸ライブラリー―雑英 3）〈1986年刊の再編集〉1660円　①978-4-16-813009-0　〔05630〕

ニコライ　Nikolai
◇ニコライの日記―ロシア人宣教師が生きた明治日本　上　ニコライ〔著〕, 中村健之介編訳　岩波書店　2011.7　440p　15cm　（岩波文庫 33-493-1）　1080円　①978-4-00-334931-1
内容 一八七〇年―ペテルブルグ　一八七一年―上海、函館への船上　一八七二年―函館　一八七六年―東京　一八七九年（明治一二年）―ペテルブルグ　一八八〇年（明治一三年）―ペテルブルグ、モスクワ、カザンなど　一八八一年（明治一四年）―上州、東北、函館　一八八二年（明治一五年）―東京、九州、中国、大阪、東海道など　一八八四年（明治一七年）―東京　一八八五年（明治一八年）―東京〔ほか〕　〔05631〕

◇ニコライの日記―ロシア人宣教師が生きた明治日本　中　ニコライ〔著〕, 中村健之介編訳　岩波書店　2011.9　469p　15cm　（岩波文庫 33-493-2）　1140円　①978-4-00-334932-8
内容 一八九二年（明治二五年）九月から下総、東京、北関東、仙台　一八九三年（明治二六年）東京、信州、北陸、東北　一八九四年（明治二七年）東京　一八九五年（明治二八年）東京　一八九六年（明治二九年）東京　一八九七年（明治三〇年）東京　一八九八年（明治三一年）東京、北海道　一八九九年（明治三二年）東京　一九〇〇年（明治三三年）東京、京都、大阪　一九〇一年（明治三四年）東京、京都、大阪　〔05632〕

◇ニコライの日記―ロシア人宣教師が生きた明治日本　下　ニコライ〔著〕, 中村健之介編訳　岩波書店　2011.12　487, 18p　15cm　（岩波文庫 33-493-3）〈年譜あり　索引あり　文献あり〉　1140円　①978-4-00-334933-5
内容 一九〇二年（明治三五年）東京　一九〇三年（明治三六年）東京、京都、大阪　一九〇四年（明治三七年）東京　一九〇五年（明治三八年）東京　一九〇六年（明治三九年）東京　一九〇七年（明治四〇年）東京　一九〇八年（明治四一年）東京、松山、広島、岡山、鳥取、島根　一九〇九年（明治四二年）東京、大阪、長崎　一九一〇年（明治四三年）東京、大阪　一九一一年（明治四四年）東京　〔05633〕

ニコライディ, マイク　Nicolaidi, Mike
◇射殺されたガダルカナル日本兵捕虜―フェザーストン収容所事件を追う（The Featherston chronicles）　マイク・ニコライディ著, 鈴木正徳訳　新人物往来社　2011.2　334p　15cm　（新人物文庫 714）　714円　①978-4-404-03971-2
内容 第1部 惨劇（事件の全容　二つの報告　収容所所長の不満 ほか）　第2部 究明（安達元少尉の話　惨劇への滑落　作文された「暴動」ほか）　第3部 未来への遺産（戦時下の駆け引き　戦争の犬たち　結論への接近 ほか）　〔05634〕

ニコラス, シアーン
◇オックスフォード ブリテン諸島の歴史　10　20世紀―1901年―1951年（The Short Oxford History of the British Isles ： The British Isles 1901-1951）　鶴島博和日本語版監修　キース・ロビンズ編, 秋田茂監訳　慶応義塾大学出版会　2013.8　295, 58p　22cm　〈文献あり 年表あり 索引あり〉5800円　①978-4-7664-1650-3
内容 イギリス人であること（シアーン・ニコラス著, 水田大紀訳）　〔05635〕

ニコリッチ, ミショ　Nikolić, Mišo
◇あるロマ家族の遍歴―生まれながらのさすらい人（…und dann zogen wir weiter, Land fahrer）　ミショ・ニコリッチ著, 金子マーティン訳　現代書館　2012.9　302p　20cm　〈文献あり〉2300円　①978-4-7684-5689-7
内容 第1部 …そしてわれわれは旅をつづけた―あるロマ家族の遍歴（リュボミルとミレヴァ　金貨いっぱいのお皿　七人の娘　街道で生まれて　隠れて逃げる生活 ほか）　第2部 放浪者―あるロムの歩んだ道（無人地帯にて　「私についてきなさい！」　パリでのランデヴー　難民収容所　〇五号室　親分とその息子たち ほか）　〔05636〕

ニコルス, ジョン　Nichols, John
◇市民蜂起―ウォール街占拠前夜のウィスコンシン2011（Uprising）　ジョン・ニコルス著, おおさか社会フォーラム実行委員会日本語版編集, 梅田章二, 喜多幡佳秀監訳　京都　かもがわ出版　2012.10　206p　21cm　1800円　①978-4-7803-0567-8
内容 第1章 二〇一一年二月ウィスコンシン州マディソン―それは、たった五〇人の集会から始まった　第2章 憲法修正第一条は生きている　ウィスコンシン州の抵抗の歴史は世代を超えて継承された　第3章「歴史の弧」は連帯に向かってたわむ—地域へのこだわりが闘争と未来を豊かにする　第4章 ウィスコンシンは破綻していない。アメリカは破綻していない。—マイケル・ムーアの経済学教室　第5章 主流メディアを脅かすラディカルなメディアの可能性—二一世紀のジャーナリズムと民主主義的メディア　第6章「労働者の家」が立ち上がった—デモの熱気、いつもと違う政治、マストドンの進化　〔05637〕

ニコルス, ジル

◇生涯学習支援の理論と実践—「教えること」の現在（The theory and practice of teaching（2nd ed.））　ピーター・ジャーヴィス編著, 渡辺洋子, 吉田正純監訳　明石書店　2011.2　420p　20cm　（明石ライブラリー 144）〈文献あり 索引あり〉4800円　①978-4-7503-3339-7

内容 メンタリング（ジル・ニコルス著, 柴原真知子訳）　〔05638〕

ニコルソン, ヘザー・ノリス　Nicholson, Heather Norris

◇グローバル・ティーチャーの理論と実践—英国の大学とNGOによる教員養成と開発教育の試み（Developing the global teacher）　ミリアム・スタイナー編, 岩崎裕保, 湯本浩之監訳　明石書店　2011.7　540p　20cm　（明石ライブラリー 146）〈文献あり 索引あり〉5500円　①978-4-7503-3381-6

内容 他者とともに学ぶということ—マイノリティとの「出会い」と多文化主義との「交わり」（ヘザー・ノリス・ニコルソン著, 山中信幸訳）　〔05639〕

ニース, I.　Neath, Ian

◇記憶の原理（PRINCIPLES OF MEMORY）　A.M.スープレナント,I.ニース著, 今井久登訳　勁草書房　2012.12　269p　22cm　〈文献あり 索引あり〉3600円　①978-4-326-25080-6

内容 第1章 はじめに　第2章 システム説と処理説　第3章 手がかりがなければ始まらない　第4章 符号化と検索の関係が大切　第5章 手がかりの負荷は軽い方が良い　第6章 記憶は単なる再現ではない　第7章 混じりけなしでは測れない　第8章 目立つものほど憶えられる　第9章 決めうちされるほど憶えにくい　第10章 最後に、再び原理について　〔05640〕

ニーダーベルガー, アンドレアス　Niederberger, Andreas

◇平和構築の思想—グローバル化の途上で考える（Krieg und Frieden im Prozess der Globalisierung）　マティアス・ルッツ＝バッハマン, アンドレアス・ニーダーベルガー編著, 舟場保之, 御子柴善之監訳　松戸　梓出版社　2011.3　238, 5p　21cm　〈索引あり〉2600円　①978-4-87262-025-2

内容〈古い〉戦争と〈新しい〉戦争に直面するトランスナショナル・デモクラシー（アンドレアス・ニーダーベルガー著, 舟場保之訳）　〔05641〕

ニーダ＝リューメリン, ユリアン　Nida-Rümelin, Julian

◇ソクラテス・クラブへようこそ—子どもに学ぶ大人のための哲学教室（DER SOKRATES-CLUB）　ナタリー・ヴァイデンフェルト, ユリアン・ニーダ＝リューメリン著, 岩佐倫太郎訳　阪急コミュニケーションズ　2013.11　297, 4p　19cm　〈文献あり〉1700円　①978-4-484-13118-4　〔05642〕

ニーチェ, フリードリヒ　Nietzsche, Friedrich Wilhelm

◇ツァラトゥストラ　下（Also sprach Zarathustra）　ニーチェ著, 丘沢静也訳　光文社　2011.1　417p　16cm　（光文社古典新訳文庫 KBニ-1-4）〈年譜あり〉895円　①978-4-334-75222-4　〔05643〕

◇黄金の星（ツァラトゥストラ）はこう語った　上（Also sprach Zarathustra）　フリードリッヒ・ニーチェ著, 小山修一訳　鳥影社　2011.2　264p　19cm　〈タイトル：黄金の星はこう語った〉1800円　①978-4-86265-292-8

内容 ツァラトゥストラの序説　ツァラトゥストラの話（三つの変化　徳の講壇　大地なき世界を見る者たち　肉体を軽蔑する者たち　歓喜をもたらすものと運命的な煩悩業苦　血の気のない犯罪者　読むことと書くこと　山の木　死の説教者たち　戦いと戦士 ほか）　〔05644〕

◇黄金の星（ツァラトゥストラ）はこう語った　下（Also sprach Zarathustra）　フリードリッヒ・ニーチェ著, 小山修一訳　鳥影社　2011.2　353p　19cm　〈タイトル：黄金の星はこう語った〉1800円　①978-4-86265-293-5

内容 旅人　幻影と謎　意に染まぬ無上の幸せ　日の出前　人間を卑小にしてしまう徳　オリーヴの山で　通り過ぎること　脱落者たち　帰郷　三つの悪〔ほか〕　〔05645〕

◇新しい自分に生まれ変わる「ニーチェの導き」—超訳ツァラトゥストラかく語りき（Also sprach Zarathustra）　フリードリヒ・ニーチェ著, 山崎雄介編訳　三笠書房　2011.4　334p　18cm　〈文献あり〉1143円　①978-4-8379-5721-8

内容 巻頭エッセイ 私とニーチェ（白取春彦）　超訳 ツァラトゥストラかく語りき（ツァラトゥストラ、山を下りる　あなたは気づいていないのか—「神は死んだ！」「超人間」とは？　ラクダ→ライオン→幼い子供へ「精神の三段階の変化」　あなたの孤独の中に、逃れなさい！　ほか）　〔05646〕

◇若き人々への言葉　ニーチェ著, 原田義人訳　角川書店　2011.5　271p　15cm　（角川ソフィア文庫）〈発売：角川グループパブリッシング 63版（初版1954年）〉476円　①978-4-04-301515-3　〔05647〕

◇ちくま哲学の森　3　悪の哲学　鶴見俊輔, 安野光雅, 森毅, 井上ひさし, 池内紀編　筑摩書房　2011.11　431p　15cm　1200円　①978-4-480-42863-9

内容 蒼白の犯罪者（ニーチェ著, 氷上英広訳）　〔05648〕

◇ニーチェの手紙　フリードリヒ・ニーチェ著, 茂木健一郎編・解説, 塚越敏, 真田収一郎訳　筑摩書房　2012.1　318p　15cm　（ちくま学芸文庫 ニ1-20）〈年譜あり〉950円　①978-4-480-09429-2

内容 第1部 愛を語る手紙—ルー・フォン・ザロメ宛て書簡（ナイチンゲールが窓のまえで歌っています　善にして美しき全体に決然と生きる　私のまわりには曙

光が輝いています ほか)　第2部 友情・人生をめぐる手紙(悩みや悲しみを、すばらしき贈り物として　友情という神々の美酒で　わずかな友と孤独と秋とを真に愛する人は ほか)　第3部 哲学・芸術をめぐる手紙(価値ある生だと祝福されるよう試みよう　崇高な人生の威厳　この一瞬がとどまるなら、とどまるがいい ほか)　〔*05649*〕

◇超訳ニーチェの言葉　2　フリードリヒ・ニーチェ〔著〕, 白取春彦編訳　ディスカヴァー・トゥエンティワン　2012.8　1冊(ページ付なし)　20cm　〈他言語標題 : Die weltliche Weisheit von Nietzsche　文献あり〉1700円　①978-4-7993-1196-7

内容 1 生について　2 愛について　3 己について　4 言について　5 人について　6 知について　7 世について　8 美について　9 心について　〔*05650*〕

◇喜ばしき知恵(Die fröhliche Wissenschaft)　フリードリヒ・ニーチェ著, 村井則夫訳　河出書房新社　2012.10　491p　15cm　(河出文庫 ニ1-1)　1200円　①978-4-309-46379-7

内容 「戯れ、企み、意趣返し」　第1書　第2書　第3書　第4書—聖なる一月　第5書 われら怖れを知らぬ者　プリンツ・フォーゲルフライの歌　〔*05651*〕

ニッシム, ドロン　Nissim, Doron

◇公正価値会計のフレームワーク(Principles for the application of fair value accounting)　ドロン・ニッシム, ステファン・ペンマン著, 角ケ谷典幸, 赤城諭士訳　中央経済社　2012.3　157p　22cm　〈索引あり　文献あり〉2800円　①978-4-502-44910-9

内容 序章 本書の概要　第1章 公正価値会計をめぐる諸課題　第2章 公正価値会計と歴史的原価会計の製品としての諸特性　第3章 公正価値会計の五原則　第4章 公正価値会計の適用とその実務的配慮　第5章 マーケット・ソリューション(市場による自発的な解決策)の教訓　第6章 総括 : 公正価値会計の適用可能性　第7章 産業別の公正価値の報告方法　〔*05652*〕

ニッシュ, イアン　Nish, Ian Hill

◇戦争と和解の日英関係史　小菅信子, ヒューゴ・ドブソン編著　法政大学出版局　2011.7　318p　22cm　〈他言語標題 : Japan and Britain at War and Peace　索引あり〉5200円　①978-4-588-37709-9

内容 東南アジアにおける日英のディレンマ、一九四五年以後(イアン・ニッシュ著, 根本尚美訳)　〔*05653*〕

◇歴史と和解　黒沢文貴, イアン・ニッシュ編　東京大学出版会　2011.7　424, 9p　22cm　〈索引あり〉5700円　①978-4-13-026228-6

内容 障子を閉める(イアン・ニッシュ著, 小菅信子訳)　〔*05654*〕

ニッセン, マルト

◇連帯経済—その国際的射程(L'économie solidaire)　ジャン=ルイ・ラヴィル編, 北島健一, 鈴木岳, 中野佳裕訳　生活書院　2012.1　389p　19cm　〈索引あり　文献あり〉3400円　①978-4-903690-87-2

内容 南アメリカにおける連帯経済(イグナシオ・ラ・ラエチェア, マルト・ニッセン著, 鈴木岳訳)　〔*05655*〕

ニッチェ, ダーク　Nitzsche, Dirk

◇ファイナンスの基礎理論—株式・債券・外国為替(Quantitative Financial Economics(原著第2版))　キース・カットバートソン, ダーク・ニッチェ著, 吉野直行監訳, 菅原周一, 上木原さおり訳　慶応義塾大学出版会　2013.10　604p　21cm　〈文献あり 索引あり〉6800円　①978-4-7664-2065-4

内容 ファイナンスの基本概念　効率的市場仮説　平均分散ポートフォリオ理論とCAPM　パフォーマンスの評価測度CAPMとAPT　実証研究 : CAPMとAPT　線形ファクターモデルの応用　評価モデルと資産収益率　株式価格のボラティリティ　株式価格 : ベクトル自己回帰(VAR)によるアプローチ　確率割引ファクターモデルとC‐CAPM　行動ファイナンスとアノマリー　期間構造の理論　期待仮設—理論から検証へ　期間構造に関する実証研究　為替市場　CIP、UIP、FRUの検定　為替リスクプレミアムのモデリング　為替レートとファンダメンタルズ　市場リスク　〔*05656*〕

「日中組織犯罪共同研究」中国側プロジェクト・チーム

◇日中組織犯罪共同研究中国側報告書—中国における組織犯罪の実証的研究　「日中組織犯罪共同研究」中国側プロジェクト・チーム企画・編集, 高橋正義訳　社会安全研究財団　2012.6　335p　30cm　〈校閲 : 渡辺昭一ほか〉①978-4-904181-22-5　〔*05657*〕

ニーデルハウゼル, エミル　Niederhauser, Emil

◇総覧東欧ロシア史学史(A történetírás története Kelet Európában)　ニーデルハウゼル・エミル著, 渡辺昭子, 家田修, 飯尾唯紀, 平田武, 三苫民雄, 鈴木広和, 秋山晋吾, 戸谷浩, 山本明代, 姉川雄大, 吉橋弘行訳　札幌　北海道大学出版会　2013.8　690p　27cm　〈布装　文献あり 索引あり〉10000円　①978-4-8329-6764-9

内容 ポーランドの歴史叙述　チェコの歴史叙述　ロシアの歴史叙述　ハンガリーの歴史叙述　クロアチアの歴史叙述　ルーマニアの歴史叙述　セルビアの歴史叙述　ブルガリアの歴史叙述　スロヴァキアの歴史叙述　スロヴェニアの歴史叙述　20世紀後半の歴史叙述　まとめ　〔*05658*〕

ニトベ, イナゾウ　新渡戸 稲造

◇今こそ読みたい新訳武士道　新渡戸稲造著, 倉田眉貴子訳　幻冬舎ルネッサンス　2012.5　231p　19cm　1300円　①978-4-7790-0821-4

内容 道徳体系としての武士道　武士道の起源　義—誠実と正義　勇気—大胆さと忍耐の精神　「仁」慈悲心—人の苦しみを感じる心　礼儀—丁重さ　正直と誠実　名誉　忠義—忠誠の義務　侍の教育と訓練〔ほか〕　〔*05659*〕

◇武士道(Bushido)　新渡戸稲造著, 桜井鷗村訳　覆刻版　さいたま　えむ出版企画　2012.6　254p　23cm　〈原本 : 丁未出版社明治41年刊(5版)〉5000円　〔*05660*〕

◇武士道(Bushido)　新渡戸稲造著, 夏川賀央訳　致知出版社　2012.9　246p　19cm　(いつか読んでみたかった日本の名著シリーズ 2)　1400円　①978-4-88474-966-8

内容 武士道とは、生きるための道である　武士道の源

流　「義」あるいは「正義」　勇、すなわち勇敢で我慢強い精神　仁、すなわち哀れみの感情　礼　誠　名誉　忠義　サムライの教育と訓練　自制（克己、セルフコントロール）「切腹」と「仇討ち」の制度　刀、サムライの魂　女性の教育と地位　武士道の影響　武士道はまだ生きていけるか？　武士道の未来〔05661〕

◇武士道―日本のこころ―　新渡戸稲造著，関岡孝平訳　〔録音資料〕　パンローリング　〔2013〕　録音ディスク 6枚（350分）：CD　（耳で聴く本オーディオブックCD）〈他言語標題：Bushido the soul of Japan　企画・制作：でじじ〉1575円　①978-4-7759-8229-7〔05662〕

◇武士道（Bushido The Soul of Japan）　新渡戸稲造著，奈良本辰也訳・解説　三笠書房　2013.9　238p　18cm　1000円　①978-4-8379-2512-5

内容 武士道とは何か　武士道の源をさぐる　「義」―武士道の光り輝く最高の支柱　「勇」―いかにして肚を錬磨するか　「仁」―人の上に立つ条件とは何か　「礼」―人とともに喜び、人とともに泣けるか　「誠」―なぜ「武士に二言はない」のか？　「名誉」―苦痛と試練に耐えるために　「忠義」―人は何のために死ねるか　武士は何を学び、どう己を磨いたか　人に勝ち、己に克つために　「切腹」―生きる勇気、死ぬ勇気　「刀」―なぜ武士の魂なのか　武士道が求めた女性の理想像　「大和魂」―いかにして日本人の心となったか　武士道は甦るか　武士道の遺産から何を学ぶか〔05663〕

ニーニルオト，イルッカ

◇フィンランドの高等教育ESDへの挑戦―持続可能な社会のために（Towards sustainable development in higher education-reflections）　フィンランド教育省，タイナ・カイヴォラ，リーサ・ローヴェーデル編著，斎藤博次，開竜美監訳，岩手大学ESDプロジェクトチーム訳　明石書店　2011.4　201p　21cm　〈文献あり〉2500円　①978-4-7503-3377-9

内容 科学と持続可能性（イルッカ・ニーニルオト著，松林城弘訳）〔05664〕

ニービュー，ロバート・E.

◇大学学部長の役割―米国経営系学部の研究・教育・サービス（The dean's perspective）　クリシナ・S.ディア編著，佐藤修訳　中央経済社　2011.7　245p　21cm　3400円　①978-4-502-68720-4

内容 経営科目により高い学費を設定する事例の作成（ロバート・E.ニービュー著）〔05665〕

ニーフース，スヴァイン　Nyhus, Svein

◇パパと怒り鬼―話してごらん、だれかに（Sinna mann）　グロー・ダーレ作，スヴァイン・ニーフース絵，大島かおり，青木順子共訳　ひさかたチャイルド　2011.8　39p　25cm　1800円　①978-4-89325-941-7〔05666〕

ニーマイアー，ロバート・A.

◇ダイニングテーブルのミイラ セラピストが語る奇妙な臨床事例―セラピストはクライエントから何を学ぶのか（The mummy at the dining room table）　ジェフリー・A.コトラー，ジョン・カールソン編著，岩壁茂監訳，門脇陽子，森田由美訳　福村出版　2011.8　401p　22cm　〈文献あり〉　3500円　①978-4-571-24046-1

内容 検針員の記憶のジグソーパズルを復元する（ロバート・A.ニーマイアー著，門脇陽子訳）〔05667〕

ニモンジ，マサアキ　二文字 理明

◇ノーマライゼーション思想を源流とするスウェーデンの教育と福祉の法律　二文字理明編訳　桜井書店　2011.4　301p　20cm　4200円　①978-4-905261-00-1

内容 統治憲章（部分訳）　義務教育学校、六歳児学級ならびに学童保育所のための教育課程　学校教育法　社会サービス法　機能障害者を対象とする援助およびサービスに関する法律　介護手当に関する法律　子どもオンブズマンに関する法律　差別禁止法〔05668〕

ニューコム，ジャッキー　Newcomb, Jacky

◇サイキック・キッズ―驚愕のレポート100 世界最新版（Angel kids）　ジャッキー・ニューコム著，岩大路邦夫訳　コスモトゥーワン　2011.3　295p　20cm　〈他言語標題：PSYCHIC KIDS〉1800円　①978-4-87795-205-1

内容 プロローグ 特別な能力をもつ新時代の子どもたち　1 子どもたちの超常現象はどこでも起こっている！　2 親たちが目撃した驚きのサイキック能力　3 霊と交流する子どもが世界中で激増　4 天使と交流する子どもたち　5 高次元世界からの訪問者と交流する子どもたち　6 サイキック能力を活用する子どもたち　7 生まれる前の記憶をもっている子どもたち　8 もし、あなたの子どもがサイキック・キッズだったら　9 サイキック・キッズとの付き合い方〔05669〕

◇天使の秘密　ジャッキー・ニューコム著，服部由美訳　ガイアブックス　2011.10　207p　23cm　〈発売：産調出版〉2200円　①978-4-88282-807-5

内容 天使と出会う　天使とつながる　天使と愛　天使とキャリア　天使と創造性　天使と友情　天使とヒーリング　天使とお金　天使と保護　天使と占い　日常生活のための天使〔05670〕

ニュートン，ジョン　Newton, John

◇「アメージング・グレース」物語―ゴスペルに秘められた元奴隷商人の自伝（An Authentic Narrative of Some Remarkable and Interesting Particulars in the Life of, Memoirs of the Rev. John Newton, with General Remarks on his Life, Connections, and Character, Thoughts upon the African Slave Trade）　ジョン・ニュートン著，中沢幸夫編訳　増補版　彩流社　2012.12　316p　20cm　〈文献あり 年譜あり〉　2200円　①978-4-7791-1853-1

内容 第1部 名曲「アメージング・グレース」秘話　第2部『物語』　第3部『その後のジョン・ニュートン』　第4部『奴隷貿易についての考察』　クラパム派とウィリアム・ウィルバーフォース　付録1「アメージング・グレース」の歌詞と和訳　付録2 ジョン・ニュートンのクーパーへの弔辞　ジョン・ニュートン関連年表〔05671〕

ニュートン，マイケル　Newton, Michael Duff

◇死後の世界が教える「人生はなんのためにあるのか」―退行催眠による「生」と「生」の間に起こること（Journey of souls）　マイケル・ニュート

ン著, 沢西康史訳　パンローリング　2013.4　413p　21cm　(フェニックスシリーズ 9)　2000円　①978-4-7759-4113-3

内容 死と別れ　スピリットの世界への入口　帰還　道を外れた魂　生の振り返り(オリエンテーション)　本来の居場所へ　魂の分類　霊的なガイド　若い魂　成長する魂　進歩した魂　生の選択　新たな肉体を選ぶ　旅立ちの準備　再誕生　〔05672〕

ニュートン, リチャード　Newton, Richard

◇マネジャーのためのチェンジマネジメント―ビジネス成功のための戦略的メソッドとヒント　(CHANGE MANAGEMENT)　リチャード・ニュートン著, SDL Plc訳　ピアソン桐原　2012.12　176p　21cm　(フィナンシャルタイムズダイジェスト)　〈文献あり 索引あり〉2400円　①978-4-86401-128-0

内容 第1部 概要(エグゼクティブサマリー　チェンジマネジメントとは何か　なぜチェンジマネジメントなのか　誰が変わるのか)　第2部 実践編(チェンジマネジメントの方法：ステップバイステップガイド　チェンジマネジメントの方法：経営幹部としての役割　変更の測定方法　変更の伝達方法)　第3部 介入(経営幹部の介入)　第4部 詳細(追加のリソース)　〔05673〕

◇つべこべ言わずにやってみよう―本当にやりたいことを思いっきりやるために!　(STOP TALKING START DOING)　シャー・ウォーズマン, リチャード・ニュートン著, 山本雅子訳　アルファポリス　2013.7　231p　19cm　〈文献あり　発売：星雲社〉1400円　①978-4-434-18106-1

内容 1 チック・タック　2 やりたいのにやれない　3 恐れと後悔　4 スタート　5 意思決定のワザ　6 さあやってみよう!　〔05674〕

ニューハース, ダン　Neuharth, Dan

◇不幸にする親―人生を奪われる子供　(If You Had Controlling Parents)　ダン・ニューハース〔著〕, 玉置悟訳　講談社　2012.7　281p　16cm　(講談社+α文庫 F35-2)　〈2008年刊の再編集〉　780円　①978-4-06-281481-2

内容 親の有害なコントロールとは　1 こういう親が子供を不幸にする(心が健康な親vs.コントロールばかりする親　有害なコントロールのパターン)　2 問題をよく理解しよう("有害なコントロール"の仕組みはこうなっている　過去からの遺産は大人になって現れる　彼らはなぜ子供をコントロールばかりするのか)　3 問題を解決しよう(不健康な心の結びつきを断ち切るには　親との関係の持ち方を変えるには　人生をリセットする)　過去に意味を見いだす　〔05675〕

ニューフェルド, ピーター　Neufeld, Peter

◇えん罪原因を調査せよ―国会に第三者機関の設置を　日弁連えん罪原因究明第三者機関ワーキンググループ編著, 指宿信監修　勁草書房　2012.9　172p　21cm　2300円　①978-4-326-40277-9

内容 科学的証拠の強化が刑事司法の発展を促す(ピーター・ニューフェルド, サラ・チュー執筆, 徳永光訳, 菊地裕子訳協力)　〔05676〕

ニューマイヤー, マーティ　Neumeier, Marty

◇デザインフル・カンパニー　(THE DESIGNFUL COMPANY)　マーティ・ニューマイヤー著, 近藤隆文訳　海と月社　2012.4　202p　19cm　〈文献あり〉1600円　①978-4-903212-34-0

内容 イントロダクション(「厄介な問題」の時代に　「効率優先」は過去のもの ほか)　1 デザインの力(「ポスターとトースター」を超えて　デザイン思考の4つの特徴 ほか)　2 美学の復活(よい経営は美しい　自然の美と機能 ほか)　3 変化を生むレバー(胸が高なるビジョンを掲げる　豊かなストーリーを語る ほか)　〔05677〕

ニューマン, キャサリン・S.　Newman, Katherine S.

◇親元暮らしという戦略―アコーディオン・ファミリーの時代　(THE ACCORDION FAMILY)　キャサリン・S.ニューマン〔著〕, 萩原久美子, 桑島薫訳　岩波書店　2013.11　296, 38p　20cm　3600円　①978-4-00-025926-2　〔05678〕

ニューマン, ジェイムズ・L.

◇世界探検家列伝―海・河川・砂漠・極地、そして宇宙へ　(The great explorers)　ロビン・ハンベリーテニソン編著, 植松靖夫訳　悠書館　2011.9　303p　26cm　〈文献あり 索引あり〉9500円　①978-4-903487-49-6

内容 ヘンリ・モートン・スタンリー―大英帝国の下僕(ジェイムズ・L.ニューマン)　〔05679〕

ニューマン, ジョン・ヘンリ　Newman, John Henry

◇近代カトリックの説教　高柳俊一編　教文館　2012.8　458p　21cm　(シリーズ・世界の説教)　4300円　①978-4-7642-7338-2

内容 第二の春(ジョン・ヘンリー・ニューマン述, 古橋昌尚訳)　〔05680〕

◇聖母マリア―第二のエバ　(MARY THE SECOND EVE)　ジョン・ヘンリ・ニューマン著, 日本ニューマン協会編・訳　習志野　教友社　2013.10　123p　19cm　1200円　①978-4-902211-93-1

内容 第1章 第二のエバ　第2章 無原罪の御宿り　第3章 聖母の比類ない威厳　第4章 テオトコス―神の母　第5章 聖母被昇天　第6章 聖母のお執り成しの力　第7章 マリアへの崇敬　〔05681〕

◇ニューマン枢機卿の黙想と祈り　(Meditations and devotions)　ニューマン〔著〕, 長倉礼子訳　知泉書館　2013.11　250p　20cm　3500円　①978-4-86285-163-5　〔05682〕

ニューマン, T.M.*　Newman, Tina M.

◇WISC-IVの臨床的利用と解釈　(WISC-IV clinical use and interpretation)　アウレリオ・プリフィテラ, ドナルド・H.サクロフスキー, ローレンス・G.ワイス編, 上野一彦監訳, 上野一彦, バーンズ亀山静子訳　日本文化科学社　2012.5　592p　22cm　〈文献あり〉①978-4-8210-6366-6

内容 WISC-IVを用いたギフテッドのアセスメント(Sara S.Sparrow, Steven I.Pfeiffer, Tina M. Newman著, 上野一彦訳)　〔05683〕

ニューヨーク州

◇ニューヨーク州保険法　2010年末版（New York insurance laws）　今井薫, 梅津昭彦監訳, 生命保険協会編　生命保険協会　2012.3　936, 12p　26cm　〔05684〕

ニューワース, ロバート　Neuwirth, Robert

◇「見えない」巨大経済圏―システムDが世界を動かす（Stealth of Nations）　ロバート・ニューワース著, 伊藤真訳　東洋経済新報社　2013.4　338p　20cm　1800円　①978-4-492-44393-4

内容 がらくた市が世界を回す　システムDとは何か　DIYシティ　グローバル・ビジネスの裏ルート　偽造品という「文化」　密輸の架け橋―「友情の橋」　最底辺の業者たちが最高なわけ　むかしむかし、アメリカのある町で　効率主義への反逆　正直なペテン師　インフォーマルをフォーマルにするべきか？　誰でも自由に商売を　〔05685〕

ニューワーバー, スタジン・ヴァン　Nieuwerburgh, Stijin Van

◇金融規制のグランドデザイン―次の「危機」の前に学ぶべきこと（Restoring financial stability）　ヴィラル・V.アチャリア, マシュー・リチャードソン編著, 大村敬一監訳, 池田竜哉, 増原剛輝, 山崎洋一, 安藤祐介訳　中央経済社　2011.3　488p　22cm　〈文献あり〉5800円　①978-4-502-68200-1

内容 ファニー・メイおよびフレディ・マックに対する処置 他（ドワイト・ジャフィー, マシュー・リチャードソン, スタジン・ヴァン・ニューワーバー, ローレンス・J.ホワイト, ロバート・E.ライト）〔05686〕

ニール, ラリー　Neal, Larry

◇概説世界経済史　1　旧石器時代から工業化の始動まで（A CONCISE ECONOMIC HISTORY OF THE WORLD（原著第4版））　ロンド・キャメロン, ラリー・ニール著, 速水融監訳, 酒田利夫, 玉置紀夫, 中野忠, 藤原幹夫, 安元稔訳　東洋経済新報社　2013.1　325p　21cm　〈文献あり 索引あり〉3400円　①978-4-492-37111-4

内容 第1章 序論―経済史と経済発展　第2章 古代における経済発展　第3章 中世ヨーロッパにおける経済発展　第4章 西洋の拡張前夜における非西洋社会の経済　第5章 ヨーロッパにおける第2の成長局面（ロジスティック）　第6章 経済的ナショナリズムと帝国主義　第7章 近代工業の夜明け　〔05687〕

◇概説世界経済史　2　工業化の展開から現代まで（A CONCISE ECONOMIC HISTORY OF THE WORLD（原著第4版））　ロンド・キャメロン, ラリー・ニール著, 速水融監訳, 酒田利夫, 玉置紀夫, 中野忠, 藤原幹夫, 安元稔訳　東洋経済新報社　2013.1　393p　21cm　〈文献あり 索引あり〉4200円　①978-4-492-37112-1

内容 第8章 19世紀の経済発展―基本的決定要因　第9章 発展のパターン―先発工業国家　第10章 発展のパターン―後発工業国家と予期に反して工業化しない国々　第11章 戦略的経済部門　第12章 世界経済の成長　第13章 20世紀世界経済の概観　第14章 国際経済の崩壊　第15章 世界経済の再構築、1945‐73年　第16章 21世紀初頭の世界経済　〔05688〕

ニールセン, ギッダ・スカット　Nielsen, Gyda Skat

◇ディスレクシアのための図書館サービスのガイドライン　ギッダ・スカット・ニールセン, ビルギッタ・イールヴァール作, 日本ライトハウス情報文化センター編　〔電子資料〕　日本障害者リハビリテーション協会（製作）　c2013　CD-ROM 1枚　12cm　〈収録時間 ： 1時間15分13秒　朗読 ： 居谷敬子〉　〔05689〕

ニン, サイケン　任 栽賢

⇒イム, ジェヒョン

【ヌ】

ヌスバウム, マーサ・C.　Nussbaum, Martha Craven

◇正義への挑戦―セン経済学の新地平（Against injustice）　後藤玲子, ポール・デュムシェル編著, 後藤玲子監訳　京都　晃洋書房　2011.9　310p　23cm　〈文献あり 索引あり〉2900円　①978-4-7710-2271-3

内容 ジェンダー正義という挑戦（マーサ・C.ヌスバウム著）　〔05690〕

◇良心の自由―アメリカの宗教的平等の伝統（Liberty of conscience）　マーサ・ヌスバウム著, 河野哲也監訳　慶応義塾大学出版会　2011.10　558, 71p　22cm　〈訳 ： 木原弘行ほか　索引あり〉5200円　①978-4-7664-1814-9

内容 第1章 序論 脅かされた伝統　第2章 共生―尊重のルーツ　第3章 平等を宣言する―新しい国家の宗教　第4章 便宜的措置をめぐる闘争　第5章 よそ者を恐れる　第6章 国教樹立禁止条項―学校における祈り、公的展示　第7章 教区学校に対する援助をめぐって―公正さを探究する　第8章 現代の議論―「忠誠の誓い」、進化論、想像力、同性婚、イスラーム教徒への恐怖　第9章 結論「重なりあう合意」に向けて？　〔05691〕

◇正義のフロンティア―障碍者・外国人・動物という境界を越えて（Frontiers of Justice）　M.C.ヌスバウム著, 神島裕子訳　法政大学出版局　2012.8　556p　20cm　（サピエンティア 25）〈文献あり 索引あり〉5200円　①978-4-588-60325-9

内容 第1章 社会契約と正義の未解決の三つの問題　第2章 障碍と社会契約　第3章 可能力と障碍　第4章 相互有利性とグローバルな不平等―国境を越える社会契約　第5章 国境を越える諸々の可能力　第6章「同情と慈愛」を超えて―人間以外の動物のための正義　第7章 道徳情操と可能力アプローチ　〔05692〕

◇経済成長がすべてか？―デモクラシーが人文学を必要とする理由（NOT FOR PROFIT）　マーサ・C.ヌスバウム〔著〕, 小沢自然, 小野正嗣訳　岩波書店　2013.9　190p　20cm　2100円　①978-4-00-022793-3

内容 第1章 静かな危機　第2章 利益のための教育、デモクラシーのための教育　第3章 市民を教育する―道徳的（および非道徳的）感情　第4章 ソクラテス的教育法―議論の重要性　第5章 世界市民　第6章 想像力を養う―文学と芸術　第7章 追いつめられた民主的教育　〔05693〕

ヌセロビッチ, ジェイコブ・N.

◇子どもの社会的ひきこもりとシャイネスの発達心

ヌ

理学（THE DEVELOPMENT OF SHYNESS AND SOCIAL WITHDRAWAL）　ケネス・H.ルビン, ロバート・J.コプラン編, 小野善郎訳　明石書店　2013.8　363p　22cm　5800円　①978-4-7503-3873-6
内容 シャイネス、子育て、親子関係（ポール・D.ヘースティングス, ジェイコブ・N.ヌセロビッチ, ケネス・H.ルビン, カリッサ・S.L.チア著）　〔05694〕

【ネ】

ネーアー, ウルリヒ　Naeher, Ulrich

◇日本の未来について話そう—日本再生への提言（Reimagining Japan）　マッキンゼー・アンド・カンパニー責任編集, クレイ・チャンドラー, エアン・ショー, ブライアン・ソーズバーグ編著　小学館　2011.7　416p　19cm　1900円　①978-4-09-388189-0
内容 日本のハイテク企業を再起動させる4つのモデル（インゴ・ベイヤー・フォン・モルゲンスターン, ピーター・ケネバン, ウルリヒ・ネーアー著）　〔05695〕

ネア, ステラ

◇インカ帝国—研究のフロンティア　島田泉, 篠田謙一編著　秦野　東海大学出版会　2012.3　428p　27cm　（国立科学博物館叢書 12）〈索引あり〉3500円　①978-4-486-01929-9
内容 インカの建築物と景観（ステラ・ネア, ジャン－ピエール・プロッツェン著, 宮野元太郎訳）　〔05696〕

ネイドゥ, ラジャニ　Naidoo, Rajani

◇グローバル化・社会変動と教育　1　市場と労働の教育社会学（EDUCATION, GLOBALIZATION AND SOCIAL CHANGE（抄訳））　ヒュー・ローダー, フィリップ・ブラウン, ジョアンヌ・ディラボー, A.H.ハルゼー編, 広田照幸, 吉田文, 本田由紀編訳　東京大学出版会　2012.4　354p　22cm　〈文献あり〉4800円　①978-4-13-051317-3
内容 学生のエンパワメントか学習の崩壊か？—高等教育における学生消費者主義のインパクトに関する研究課題（ラジャニ・ネイドゥ, イアン・ジャーミソン著, 橋本鉱市訳）　〔05697〕

ネイピア, スーザン

◇日本人の「男らしさ」—サムライからオタクまで「男性性」の変遷を追う（RECREATING JAPANESE MEN）　サビーネ・フリューシュトゥック, アン・ウォルソール編著, 長野ひろ子監訳, 内田雅克, 長野麻紀子, 粟倉大輔訳　明石書店　2013.1　307p　22cm　3800円　①978-4-7503-3745-6
内容 サラリーマンはどこへ行った？（スーザン・ネイピア著, 長野麻紀子訳）　〔05698〕

ネイマーク, ノーマン・M.　Naimark, Norman M.

◇スターリンのジェノサイド（STALIN'S GENOCIDES）　ノーマン・M.ネイマーク〔著〕, 根岸隆夫訳　みすず書房　2012.9　170, 22p　20cm　〈索引あり〉2500円　①978-4-622-07705-3
内容 第1章 ジェノサイドをめぐる議論　第2章 ジェノサイド犯罪者の成長過程　第3章 富農（クラーク）撲滅　第4章 飢餓殺人（ホロドモル）　第5章 民族の強制移住　第6章 「大恐怖政治」（大粛清）　第7章 スターリンとヒトラーの犯罪　〔05699〕

ネグリ, アントニオ　Negri, Antonio

◇スピノザとわたしたち（Spinoza et nous）　アントニオ・ネグリ著, 信友建志訳　水声社　2011.11　217p　20cm　2500円　①978-4-89176-855-3
内容 序章 スピノザとわたしたち　第1章 スピノザ—内在性と民主制の異端　第2章 力能と存在論—ハイデッガーかスピノザか　第3章 スピノザ政治思想の展開におけるマルチチュードと個別性　第4章 スピノザ—情動の社会学　〔05700〕

◇戦略の工場—レーニンを超えるレーニン（Trentatre lezioni su Lenin）　アントニオ・ネグリ著, 中村勝己, 遠藤孝, 千葉伸明訳　作品社　2011.11　552p　20cm　〈文献あり〉3800円　①978-4-86182-351-0
内容 第1章 レーニンとわたしたちの世代（レーニンのマルクス主義のマルクス的読解のために　資本の理論から組織化の理論へ（　）：経済闘争と政治闘争—階級闘争 ほか）　第2部 ロシア革命におけるレーニンと評議会、そして評議会主義に関する若干の考察（自然発生性と理論とのあいだにある評議会　レーニンと評議会——九〇五年から一九一七年まで ほか）　弁証法についての間奏——九一四年から一九一六年までのノート（レーニン思想の再発見された形態としての弁証法　ヘーゲルを読むレーニン ほか）　第3部 国家死滅の経済的な基礎—『国家と革命』読解（「誰がやりはじめるか」　国家概念一般—国家は破壊することができるし破壊しなければならない ほか）　補論 「極左路線」（「左翼主義」小児病）について—ひとつの結論とひとつの始まり（困難な均衡　極左路線のひとつの定義といくつかの（相応しい？）模範 ほか）　〔05701〕

◇共産主義の理念（L'Idée du communisme（重訳））　コスタス・ドゥズィーナス, スラヴォイ・ジジェク編, 長原豊監訳, 沖公祐, 比嘉徹徳, 松本潤一郎訳　水声社　2012.6　434p　20cm　4500円　①978-4-89176-912-3
内容 共産主義（アントニオ・ネグリ著, 長原豊訳）　〔05702〕

◇コモンウェルス—〈帝国〉を超える革命論　上（COMMONWEALTH）　アントニオ・ネグリ, マイケル・ハート著, 水嶋一憲監訳, 幾島幸子, 古賀祥子訳　NHK出版　2012.12　348p　19cm　（NHKブックス 1199）　1400円　①978-4-14-091199-0
内容 第1部 共和制（と貧者のマルチチュード）（所有財産の共和制　生産的な身体　貧者のマルチチュード）　第2部 近代性（と別の近代性の風景）（抵抗する反近代性　近代性のアンビバレンス　別の近代性）　第3部 資本（と“共”的な富をめぐる闘い）（資本構成の変貌　階級闘争—危機から脱出へ　マルチチュードの好機）　〔05703〕

◇コモンウェルス—〈帝国〉を超える革命論　下（COMMONWEALTH）　アントニオ・ネグリ,

マイケル・ハート著, 水嶋一憲監訳, 幾島幸子, 古賀祥子訳　NHK出版　2012.12　338p　19cm　(NHKブックス 1200)　〈索引あり〉1400円　①978-4-14-091200-3

内容 第4部 "帝国"の帰還(失敗したクーデタの短い歴史　アメリカのヘゲモニー以後　反逆の系譜学)　第5部 資本を超えて?(経済的移行の管理運営　資本主義に残されたもの　断層線沿いの予震—破滅に向かう資本)　第6部 革命(革命的並行論とは何か　蜂起の拡大と交差　革命を統治する)　〔05704〕

◇叛逆—マルチチュードの民主主義宣言(DECLARATION)　アントニオ・ネグリ, マイケル・ハート著, 水嶋一憲, 清水知子訳　NHK出版　2013.3　213p　19cm　(NHKブックス 1203)　1000円　①978-4-14-091203-4

内容 序 闘争の始まり—バトンを引き継げ!　第1章 危機が生みだした主体形象(借金を負わされた者　メディアに繋ぎとめられた者　セキュリティに縛りつけられた者　代表された者)　第2章 危機への叛逆(借金をひっくり返せ　真理を作り出せ　逃走し、自由になれ　自らを構成せよ)　第3章 "共"を構成する(諸原理の宣言　構成的闘争とは何か　"共"の構成のための実例　新たな三権分立のためのアジェンダ　次なる闘争へ—共民の出来事)　〔05705〕

◇反グローバリゼーションの声(VOCES CONTRA LA GLOBALIZACIÓN)　カルロス・エステベス, カルロス・タイボ編著, 大津真作訳　京都　晃洋書房　2013.11　257, 8p　21cm　2900円　①978-4-7710-2490-8

内容 多数者の抵抗(アントニオ・ネグリ述)　〔05706〕

ネシッジ・ブコビッチ, ターニャ　Nesic-Vuckovic, Tanja

◇子どもの心理療法と調査・研究—プロセス・結果・臨床的有効性の探求(Child psychotherapy and research)　ニック・ミッジリー, ジャン・アンダーソン, イブ・グレンジャー, ターニャ・ネシッジ・ブコビッチ, キャシー・アーウィン編著, 鵜飼奈津子監訳　大阪　創元社　2012.2　287p　22cm　〈索引あり　文献あり〉5200円　①978-4-422-11524-5

内容 1 子どもの心理療法における調査・研究とは?(子どもの心理療法の調査・研究 : その進歩、問題点、そして可能性は?　子どもの心理療法士は何を知っているのだろうか?)　2 子どもの心理療法のプロセス研究(子どもの心理療法におけるプロセスの筋道づけ : 精神分析的事例研究を評価するための新しい方法の策定に向けた諸段階　心理療法プロセスについての新しい見方と話し方の発見 : 子どもの心理療法Qセット ほか)　3 子どもの心理療法の結果とその臨床的有効性の評価(公的保護下にある子どもとの精神分析的心理療法の評価　子どものうつ : 予後の調査・研究プロジェクト ほか)　4 多職種協働による調査・研究(自閉症の子どもの対人関係 : 臨床的複雑さvs.科学的単純さ?　リスクを伴う危険な行動の神話的重要性 ほか)　〔05707〕

ネポ, マーク　Nepo, Mark

◇「自分を変える」心の磨き方(The book of awakening)　マーク・ネポ著, 野口嘉則訳　三笠書房　2012.4　222p　19cm　1200円　①978-4-8379-5734-8

内容 1「自分らしさ」を生きる—この「あなた自身」を大切にする方法、知っていますか?　2「変化」と「成長」を楽しむ—どんな逆境にも負けない「自信のつくり方」　3「本当の自分」に目覚める—あなたの中の「弱さ」が「大きな強み」になる「バランスの法則」　4 つかんでいるものを手放す—「いつもシンプルに生きる人」に共通するこの習慣　5「今、この瞬間」を味わう—「のんびり・大まか・風通しよく」のすすめ　6 こころ豊かに生きる—「今、私にできる"いいこと"は何だろう?」　〔05708〕

ネモト, ジュンコ　根本 淳子

◇インストラクショナルデザインとテクノロジ—教える技術の動向と課題(TRENDS AND ISSUES IN INSTRUCTIONAL DESIGN AND TECHNOLOGY(原著第3版))　R.A.リーサー, J.V.デンプシー編　京都　北大路書房　2013.9　690p　21cm　〈訳 : 半田純子ほか　索引あり〉4800円　①978-4-7628-2818-8

内容 3か国の大学におけるデザイナの5つの役割(ブレンダ・C.リッチフィールド, J.V.(ジャック)・デンプシー, ピーター・アルビオン, ジャッキー・マクドナルド, 根本淳子著, 渡辺雄貴訳)　〔05709〕

ネール, サミ

◇反グローバリゼーションの声(VOCES CONTRA LA GLOBALIZACIÓN)　カルロス・エステベス, カルロス・タイボ編著, 大津真作訳　京都　晃洋書房　2013.11　257, 8p　21cm　2900円　①978-4-7710-2490-8

内容 帝国の根拠(サミ・ネール述)　〔05710〕

ネルソン, カディール　Nelson, Kadir

◇ワンガリ・マータイさんとケニアの木々(Mama miti)　ドナ・ジョー・ナポリ作, カディール・ネルソン絵, 千葉茂樹訳　鈴木出版　2011.3　1冊(ページ付なし)　32cm　1900円　①978-4-7902-5223-8　〔05711〕

◇わたしには夢がある(I HAVE A DREAM)　マーティン・ルーサー・キング・ジュニア文, カディール・ネルソン絵, さくまゆみこ訳　光村教育図書　2013.4　〔34p〕　27×27cm　1500円　①978-4-89572-850-8　〔05712〕

ネルソン, ハンク

◇日本とオーストラリアの太平洋戦争—記憶の国境線を問う　鎌田真弓編　御茶の水書房　2012.6　262p　21cm　〈他言語標題 : Stories from Australia and Japan about the Pacific War　文献あり 索引あり〉3000円　①978-4-275-00978-4

内容 自分のクニが他国の戦場となるとき(ハンク・ネルソン著, 辛島理人訳)　〔05713〕

ネルソン, リチャード・R.　Nelson, Richard R.

◇知識の創造・普及・活用—学習社会のナレッジ・マネジメント(Knowledge management in the learning society)　OECD教育研究革新センター編著, 立田慶裕監訳　明石書店　2012.3　505p　22cm　〈訳 : 青山貴子ほか〉5600円　①978-4-7503-3563-6

内容 知識とイノベーションのシステム(リチャード・

R.ネルソン著, 山本真一訳)　〔05714〕

◇月とゲットー―科学技術と公共政策 (THE MOON AND THE GHETTO)　リチャード・R.ネルソン著, 後藤晃訳　慶応義塾大学出版会　2012.12　187p　20cm　〈索引あり〉2500円　①978-4-7664-2001-2

内容 第1章 論理的分析の課題　第2章 公共政策分析の伝統的視点　第3章 経済活動の組織とコントロール　第4章 知識と技術の役割　第5章 今日の知的な不安感　第6章 子供のデイケアのための公共政策と組織　第7章 新技術創出への支援とコントロール―超音速輸送機と増殖炉計画からの教訓　第8章 変動する世界における経済活動のガバナンス　〔05715〕

【ノ】

ノ, ジュングク　盧 重国

◇高句麗の政治と社会　東北亜歴史財団編, 田中俊明監訳, 篠原啓方訳　明石書店　2012.1　322p　22cm　〈索引あり　文献あり〉5800円　①978-4-7503-3513-1

内容 中央集権体制の確立 (盧重国)　〔05716〕

ノ, スンテク《Noh, Suntag》

◇クロムビの歌を聴け―済州・江汀村を守る平和の流刑者たち　イジュビン文, ノスンテク写真, 関谷敦子訳　大阪　かんよう出版　2013.7　286p　20cm　〈年譜あり〉2800円　①978-4-906902-17-0

内容 「路上の神父」江汀村の住人となる　江汀の孤独な闘いは終わっていない　美しい島、平穏な日常をなぜ壊すのか　済州の風の痛みを治したい　明日に期する人は、絶望しない　江汀を縛る古い鎖を解け　島の子どもたちは、どこへ行けばいいのか　クロムビよ、泣かないで　海に線があるか、垣根があるか　居るべき所に居るだけ、これが平和の道〔ほか〕　〔05717〕

ノ, テドン　盧 泰敦

◇古代朝鮮三国統一戦争史　盧泰敦〔著〕, 橋本繁訳　岩波書店　2012.4　294p　22cm　4500円　①978-4-00-022919-7

内容 1 三国統一戦争史研究序説―「新羅三国統一論」に関する理論的検討 (「三国統一」という概念は成立するか　三国統一戦争期の設定問題)　2 三国統一戦争の展開 (戦争の序幕　百済の滅亡と百済復興戦争　高句麗の滅亡　新・唐戦争と日本、吐蕃　戦争の余震―六七六年以降、新羅の対外関係)　終わりに 三国統一戦争の歴史的意義　〔05718〕

ノアー, デビッド・M.

◇ストーリーで学ぶ経営の真髄 (Learn like a leader)　マーシャル・ゴールドスミス, ビバリー・ケイ, ケン・シェルトン編, 和泉裕子, 井上実訳　徳間書店　2011.2　311p　19cm　1600円　①978-4-19-863118-5

内容 苦痛を乗り越えてこそ得るものもある (デビッド・M ノアー著)　〔05719〕

ノイズ, ドロシー

◇アメリカ民俗学―歴史と方法の批判的考察　小長谷英代, 平山美雪編訳　岩田書院　2012.3　338p　22cm　〈文献あり〉9500円　①978-4-87294-738-0

内容 集団 (ドロシー・ノイズ著, 平山美雪解説・訳)　〔05720〕

ノイバウアー, ディーン

◇転換期の教育改革―グローバル時代のリーダーシップ (Changing education)　ピーター・D.ハーショック, マーク・メイソン, ジョン・N.ホーキンス編著, 島川聖一郎, 高橋貞雄, 小原一仁監訳　町田　玉川大学出版部　2011.7　377p　22cm　〈文献あり〉6200円　①978-4-472-40430-6

内容 グローバル化と教育 (ディーン・ノイバウアー著)　〔05721〕

ノイマン, ジクムント

◇新戦略の創始者―マキアヴェリからヒトラーまで 上 (Makers of modern strategy)　エドワード・ミード・アール編著, 山田積昭, 石塚栄, 伊藤博邦訳　原書房　2011.3　383p　20cm　〈1978年刊の新版〉2800円　①978-4-562-04674-4

内容 社会革命の軍事的概念―マルクス エンゲルス (ジクムント・ノイマン著, 山田積昭訳)　〔05722〕

ノイマン, ミカエル　Neuman, Michael

◇人道的交渉の現場から―国境なき医師団の葛藤と選択 (Agir à tout prix?)　クレール・マゴン, ミカエル・ノイマン, ファブリス　ワイズマン編著, リングァ・ギルド他訳　小学館スクウェア　2012.11　419p　19cm　1429円　①978-4-7979-8739-3

内容 ソマリア―すべては交渉次第―ブノワ・ルデュックとの対談 他 (ミカエル・ノイマン述)　〔05723〕

ノヴァコフスキ, R.*　Nowakowski, Richard J.

◇組合せゲーム理論入門―勝利の方程式 (Lessons in play)　Michael H.Albert,Richard J. Nowakowski,David Wolfe原著, 川辺治之訳　共立出版　2011.9　349p　21cm　〈文献あり〉3800円　①978-4-320-01975-1

内容 組合せゲーム理解とは　ゲームの基本的な技法　帰結類　ゲームの一般理論に向けて　ゲームの代数　ゲームの値　ゲームの構造　不偏ゲーム　ゲームの温度　全微小ゲーム　組合せゲーム理路音の最近の動向　降下型帰納法　CGSuite　〔05724〕

ノーウィッチ, ブラーム　Norwich, Brahm

◇イギリス特別なニーズ教育の新たな視点―2005年ウォーノック論文とその後の反響 (Special educational needs : a new look)　メアリー・ウォーノック, ブラーム・ノーウィッチ著, ロレラ・テルジ編, 宮内久絵, 青柳まゆみ, 鳥山由子監訳　ジアース教育新社　2012.3　194p　21cm　2400円　①978-4-86371-179-2

内容 第1章 2005年ウォーノック論文―特別なニーズ教育の新たな視点 (歴史的背景　特別な教育的ニーズ・[illegible]の再検討　[illegible]についての再検討　結論)　第2章 2005年ウォーノッ

ク論文に対する反響の整理と考察（2005年ウォーノック論文出版直後の反響　2005年ウォーノック論文の詳細な検証　特別な教育的ニーズ、ステートメント、インクルージョンの将来に関する考察　まとめ）　第3章 ブラーム・ノーウィッチに対する返答　あとがき 差異、平等、および教育におけるインクルージョンの理想（教育における子どもの差異の特定 ： ニーズなのか潜在能力なのか　インクルージョン、インクルーシブ教育および潜在能力の平等）〔05725〕

ノヴォグラッツ, ジャクリーン

◇BOPビジネス市場共創の戦略（Next generation business strategies for the base of the pyramid）　スチュアート・L.ハート, テッド・ロンドン編著, 清川幸美訳　英治出版　2011.8　347p　20cm　2200円　①978-4-86276-111-8

内容 4つのイノベーション（ロバート・ケネディ, ジャクリーン・ノヴォグラッツ著）〔05726〕

ノウルズ, キャロライン　Knowles, Caroline

◇ビジュアル調査法と社会学的想像力―社会風景をありありと描写する（PICTURING THE SOCIAL LANDSCAPE）　キャロライン・ノウルズ, ポール・スウィートマン編, 後藤範章監訳　京都　ミネルヴァ書房　2012.10　317p　22cm 〈索引あり〉 3400円　①978-4-623-06394-9

内容 序論（キャロライン・ノウルズ, ポール・スウィートマン著, 後藤範章訳）〔05727〕

ノエル＝ノイマン, E.　Noelle-Neumann, Elisabeth

◇沈黙の螺旋理論―世論形成過程の社会心理学（DIE SCHWEIGESPIRALE（原著第2版））　E.ノエル＝ノイマン著, 池田謙一, 安野智子訳　改訂復刻版　京都　北大路書房　2013.3　328p　21cm 〈改訂版 ： ブレーン出版 1997年刊　文献あり 索引あり〉 4700円　①978-4-7628-2795-2

内容 沈黙の仮説　調査を駆使した仮説のテスト　孤立への恐怖という動機　世論とは何か　意見の法―ジョン・ロック　政府は世論によって支えられる―デビッド・ヒュームとジェームズ・マディソン 「世論」という言葉の創始者―ジャン‐ジャック・ルソー　世論の専制―アレクシス・ド・トックビル 「社会統制」概念が形成され、「世論」概念は一掃された　オオカミたちが遠ぼえで合唱する〔ほか〕〔05728〕

ノグレーディー, ビアンカ　Nogrady, Bianca

◇第6の波―環境・資源ビジネス革命と次なる大市場（The sixth wave）　ジェームズ・ブラッドフィールド・ムーディ, ビアンカ・ノグレーディー著, 峯村利哉訳　徳間書店　2011.1　318p　20cm　1700円　①978-4-19-863104-8

内容 第1部 次なるイノベーションの波（なぜ物事は変化しつづけるのか？　直近の波　資源効率性と次なる大市場　真のコストを把握する ： 制度の進化　クリーンテックの登場）　第2部 波をつかまえる（廃棄物はチャンスである　商品ではなくサービスを売る 「シェアリング」時代　デジタル界と自然界は融合しつつある　原子は地元に、ビットは世界に　迷ったら自然を見よ）　おわりに エコ・ネイティブの時代〔05729〕

ノース, ダグラス・C.　North, Douglass Cecil

◇経済史の構造と変化（Structure and Change in Economic History）　ダグラス・C.ノース著, 大野一訳　日経BP社　2013.2　395p　20cm（NIKKEI BP CLASSICS）〈文献あり 索引あり　発売 ： 日経BPマーケティング〉 2400円　①978-4-8222-4944-1

内容 第1部 理論（問題提起　経済の構造―序論　新古典派流の国家理論　歴史上の経済機構―分析の枠組み　イデオロギーとフリーライダー問題　経済史の構造と変化）　第2部 歴史（第一次経済革命　第一次経済革命―機構への影響　古代文明の経済変化と衰退　封建制の発達と崩壊　近世ヨーロッパの構造と変化　産業革命再考　第二次経済革命とその帰結　アメリカ経済の構造と変化）　第3部 理論と歴史（制度変化の理論と西洋経済史）〔05730〕

ノスティック, ニック　Nostitz, Nick

◇赤vs黄―タイのアイデンティティ・クライシス（Red vs yellow）　ニック・ノスティック著, 大野浩訳　めこん　2012.1　159p　21cm 〈年表あり〉 2500円　①978-4-8396-0253-6

内容 第1章 2001～2005年 ： タックシンの時代　第2章 2005～2006年 ： 黄色派の形成　第3章 2006～2007年 ： クーデタと赤シャツの誕生　第4章 ゲーム開始　第5章 2008年8月29日 ： 法治社会の崩壊　第6章 2008年9月2日 ： マカーワン橋の闘い　第7章 2008年10月7日 ： 黒い火曜日　第8章 余波、幕間　第9章 最後の決戦　第10章 アピシットへの抗議　第11章 ゲームは終わらない〔05731〕

ノースロップ・グラマン社

◇情報優位の獲得―コンピュータ・ネットワーク作戦及びサイバースパイ活動のための中国の能力　米中経済安全保障調査委員会への提出資料（Occupying the information high ground）　防衛調達研究センター刊行物等編集委員会編　防衛基盤整備協会　2012.8　105p　30cm（BSK 第25-1号）　非売品〔05732〕

ノックス, ジョン

◇宗教改革時代の説教　出村彰編　教文館　2013.1　482p　21cm（シリーズ・世界の説教）　4500円　①978-4-7642-7337-5

内容 説教（ジョン・ノックス述, 出村彰訳）〔05733〕

ノックス, ディーン　Knox, Dean

◇中国の新しい対外政策―誰がどのように決定しているのか（New foreign policy actors in China）　リンダ・ヤーコブソン, ディーン・ノックス〔著〕, 辻康吾訳, 岡部達味監修　岩波書店　2011.3　122, 44p　15cm（岩波現代文庫 G248）〈索引あり〉 840円　①978-4-00-600248-0

内容 第1章 序説　第2章 対外政策における公的関与者（中国共産党　国務院　人民解放軍）　第3章 対外政策関与者の思考に影響する諸要因（「合意形成」による政策決定　非公式チャンネルと忠誠心　教育）　第4章 周辺の関与者（実業界　地方政府　研究機関と学術界　メディアとネチズン）　第5章 結論〔05734〕

ノックス, ポール　Knox, Paul L.

◇都市社会地理学（Urban Social Geography（原著第6版））　ポール・ノックス, スティーヴン・ピンチ著, 川口太郎, 神谷浩夫, 中沢高志訳　改訂新

版　古今書院　2013.3　388p　22cm　（大学の地理学 ADVANCED COURSE）〈文献あり 索引あり〉7500円　①978-4-7722-5266-9

内容 社会地理学と社会 - 空間弁証法　都市生活の経済的背景の変化　都市の文化　社会空間的分化のパターン　空間的枠組みと制度的枠組み―市民・国家・市民社会　建造物の供給構造と都市環境の社会的生産　近代アーバニズムの社会的特性　セグリゲーションとコングリゲーション　近隣・コミュニティと場所の社会的構築　都市の環境と行動　身体・セクシュアリティ・都市　居住地移動と近隣変化　都市の変化と紛争　都市社会地理学のゆくえ―最近の展開〔05735〕

ノックス, ロナルド・アーバスノット　Knox, Ronald Arbuthnott

◇近代カトリックの説教　高柳俊一編　教文館　2012.8　458p　21cm　（シリーズ・世界の説教）4300円　①978-4-7642-7338-2

内容 受肉（ロナルド・アーバスノット・ノックス述, 高柳俊一訳）〔05736〕

ノットボム, エレン　Notbohm, Ellen

◇自閉症の子があなたに知ってほしいこと（Ten things every child with autism wishes you knew）　エレン・ノットボム著, 和歌山友子訳　筑摩書房　2011.1　205p　19cm　〈解説：山登敬之　文献あり〉1600円　①978-4-480-87831-1

内容 第1章 まず「子ども」だと思って。「ぼく＝自閉症」じゃないんだよ。　第2章 感じかたがふつうとちがうんだ。　第3章「しない」（する気がない）と「できない」（する力がない）を区別して。　第4章 どうしてもことばどおりに聞いちゃうんだ。　第5章 ことばがたりないけど、がまんして。　第6章 ことばはむずかしすぎるから、絵でわかろうとするんだ。　第7章「できない」ことよりも「できる」ことを見て。　第8章 みんなとなかよくしたいから、てつだって。　第9章 パニックの引き金探しをして。　第10章 家族だったら、いい子じゃない時もきらいにならないで。〔05737〕

◇自閉症の生徒が親と教師に知ってほしいこと（Ten things your student with autism wishes you know）　エレン・ノットボム著, 香川由利子訳　筑摩書房　2012.3　204p　19cm　〈文献あり〉1700円　①978-4-480-84297-8

内容 自閉症の生徒から親と教師への10のメッセージ　第1章 学びは循環していく―だれもが教師であり生徒なんだ　第2章 ぼくたちはチームだ―成功するかどうかは一緒にやっていくぼくたちしだい　第3章 ぼくはちがった考え方をするんだ―ぼくにとって意味のある教え方をして　第4章 行動はコミュニケーションだ―あなたのも、わたしのも、わたしたちのも　第5章 誤作動や文字化けで、わけがわからなくなる―効果的に伝えなければ学習はありえない　第6章 ぼくをひとりの人間として教えて―ぼくは“壊れた”部分とか“欠けた”部分とかの集まり以上のものだ　第7章 好奇心をたくさんもってほしい　第8章 あなたを信頼していいですか？　第9章 信じることのちから　第10章 ぼくに“釣り”を教えてほしい―能力のある大人として見て、その姿を想像して〔05738〕

ノーデン, H.　Norden, Hermann

◇イラン紀行（Under Persian Skies）　ノーデン著, 斎藤大助訳　大空社　2013.9　333, 50p　22cm　（アジア学叢書 268）〈布装　東苑書房昭和16年刊の複製〉16000円　①978-4-283-01116-8〔05739〕

ノート, マルティン　Noth, Martin

◇出エジプト記―私訳と註解（Das zweite Buch Mose/Exodus）　マルティン・ノート著, 木幡藤子, 山我哲雄訳　ATD・NTD聖書註解刊行会　2011.12　463p　22cm　（ATD旧約聖書註解 2　アルトゥール・ヴァイザー監修, 月本昭男, 並木浩一, 山我哲雄日本語版編集）7000円　①978-4-901434-06-5〔05740〕

ノートン, アンヌ

◇デリダ―政治的なものの時代へ（Derrida and the time of the political）　フェン・チャー, スザンヌ・ゲルラク編, 藤本一勇, 沢里岳史編訳　岩波書店　2012.1　296p　20cm　3900円　①978-4-00-024038-3

内容 我をイシュマエルと呼べ（アンヌ・ノートン著）〔05741〕

ノートン, デビッド・P.　Norton, David P.

◇バランス・スコアカード―戦略経営への変革（The balanced scorecard）　ロバート・S.キャプラン, デビッド・P.ノートン著, 吉川武男訳　新訳版　生産性出版　2011.8　341p　21cm　4500円　①978-4-8201-1980-7

内容 情報化時代の業績評価と経営管理　なぜバランス・スコアカードが必要なのか　1 企業戦略を測定評価する（財務の視点　顧客の視点　業務プロセスの視点　人材と変革の視点　バランス・スコアカードの業績評価指標を戦略に結びつける　組織構造と経営戦略）　2 経営戦略をマネジメントする（戦略的整合性の達成―トップからボトムへ　ターゲット（数値目標）、資源配分、新しい戦略プログラムおよび予算　フィードバックと戦略的学習プロセス　バランス・スコアカードのマネジメント・プログラムを実行する）　補論 バランス・スコアカードの構築〔05742〕

ノハラ, ウィルヘルム・コマキチ・フォン　野原ウィルヘルム駒吉フォン

◇黄禍論―日本・中国の覚醒（Die “Gelbe Gefahr”）　W.K.フォン・ノハラ著, 高橋輝好訳　国書刊行会　2012.11　302p　20cm　〈文献あり〉1800円　①978-4-336-05550-7

内容 第1章「黄禍」説　第2章 日本と中国　第3章 日本と有色民族　第4章「一九三六年の戦争」　第5章 黄禍―日本とヨーロッパにとって　終章 開かれた戸〔05743〕

ノーブル, グレゴリー・W.

◇政党政治の混迷と政権交代　樋渡展洋, 斉藤淳編　東京大学出版会　2011.12　269p　22cm　〈索引あり〉4500円　①978-4-13-036241-2

内容 財政危機と政党戦略（グレゴリー・W.ノーブル著, 豊福実紀訳）〔05744〕

ノーマン, E.H.

◇ちくま哲学の森　2　世界を見る　鶴見俊輔, 安野光雅, 森毅, 井上ひさし, 池内紀編　筑摩書房　2011.10　440p　15cm　1000円　①978-4-480-42862-2

内容 歴史の効用と楽しみ(E.H.ノーマン著, 大窪愿二訳) 〔05745〕

ノムラ, カール Nomura, Carl

◇ストレスなしでビジネスで成功する！―技術者が経営者となり、そして成功を収めるための行動原理 (Business Success with Less Stress) カール・ノムラ原著, 香山晋訳 経済産業調査会 2013.2 128p 21cm (現代産業選書) 1200円 ①978-4-8065-2911-8

内容 「成功」の意味、そしてこの本をどんな人に読んで欲しいか 従業員について：どのようにして見つけ出し、選び、そしてつなぎとめるか お客様について：どうやって心をつかみ、そしてつなぎとめるか 経営・管理のスタイルと、職場環境に及ぼす影響 私の経営・管理スタイルと、その成果 仕事の優先順位と時間管理：必要な時に、必要なことを行うには 製品と技術：どうやって成功と失敗を見分けるか サービス事業：障害者を雇用し、非営利事業を経営して 事業計画の立案：短期および長期計画、それぞれの重要性と相違点 進捗状況のレビュー：適切なタイミングで実施する プレゼンテーション：どう印象付け、いかにして理解させるか 財務と計理：推移を監視し、問題の核心を突きとめよ 倫理的、性的、および他の問題行動 〔05746〕

ノラサクンキット, ビナイ

◇「ひきこもり」考 河合俊雄, 内田由紀子編 大阪 創元社 2013.3 180p 22cm (こころの未来選書) 〈文献あり〉 2600円 ①978-4-422-11225-1

内容 「ニート・ひきこもり」についての社会心理的考察(ビナイ・ノラサクンキット著, 内田由紀子訳) 〔05747〕

ノーリア, ニティン Nohria, Nitin

◇ハーバード・ビジネススクールの〈人間行動学〉講義―人を突き動かす4つの衝動 (Driven) ポール・R.ローレンス, ニティン・ノーリア著 大阪 ダイレクト出版 2013.6 383p 21cm 3800円 ①978-4-904884-46-1 〔05748〕

ノーリス, リック Norris, Rick

◇希望の子育て―5歳から16歳までの認知行動療法 (The promised land for children) リック・ノーリス著, 高野弘幸訳 伊丹 牧歌舎 2011.3 220p 21cm 〈発売：星雲社〉 1500円 ①978-4-434-15499-7

内容 1 子どもたちはどのようにしてストレスを受け、不安になり、抑うつ的になるか(忘れられた世界・統計上の思い出 つらいとき こうなるとは思っていなかった 家族の覚書 ありのままの現実 プレッシャーの下で ポジティブ思考への道) 2 子どもたちの思考パターンを変える援助(ウォーム・アップ活動 ジョギング 長くたゆみない走行 短距離走 ウォーム・ダウン活動) 〔05749〕

ノール, マーク・A.

◇キリスト教のアメリカ的展開―継承と変容 上智大学アメリカ・カナダ研究所編 上智大学 2011.2 272, 7p 22cm 〈他言語標題：Christianity in America 索引あり 発売：ぎょうせい〉 2400円 ①978-4-324-09106-7

内容 プロテスタント福音派と近年のアメリカ政治(マーク・A.ノール著, 増井志津代訳) 〔05750〕

ノル, リチャード Noll, Richard

◇ユング・カルト―カリスマ的運動の起源 (The Jung cult) リチャード・ノル著, 月森左知, 高田有現訳 新装版 創土社 2011.12 525p 20cm 〈初版：新評論1998年刊〉 6600円 ①978-4-7988-0210-7

内容 第1部 C.G.ユングの歴史的文脈(歴史的実在としてのユング 世紀末 フロイト、ヘッケル、ユング―自然哲学、進化生物学、世俗的再生 世紀末の神秘主義と再生の約束 民族主義的ユートピア理論と太陽崇拝 『リビドーの変容と象徴』) 第2部 カルトの前奏曲―年代記と伝記(霊魂、記憶イメージ、神秘への憧れ オットー・グロース、ニーチェ哲学、母権的新異教崇拝 「母たち！ 母たち！ 何と奇妙な言葉だろう！」 幻視による集合的無意識の発掘――九〇九年――九十五年 集合的無意識、内なる神、そしてヴォータンの詩) 第3部 ユング・カルト(集団心理学における秘かな実験 「秘密の教会」) 〔05751〕

ノルガード, メッテ Norgaard, Mette

◇リーダーの本当の仕事とは何か―わずかな瞬間で相手の抱える問題を解決する3つのステップ (TOUCHPOINTS) ダグラス・コナン, メッテ・ノルガード著, 有賀裕子訳 ダイヤモンド社 2012.6 199p 20cm 〈文献あり〉 1500円 ①978-4-478-01674-9

内容 はじめに リーダーシップに命を吹き込む方法 第1章 仕事への「割り込み」を新たな視点から見る―タッチポイントとは何か 第2章 明日もっとうまくやれることが、ひとつあればよい―進歩への誓い 第3章 自分流のリーダーシップ・モデルをつくる―知恵を働かせる 第4章 仕事に感情を交えるのが、本当に勇気ある行動だ―ハートを活かす 第5章 自分を鍛えるにはどうしたらよいか―限界まで追い込む 第6章 リーダーシップで大切なのは、自分ではなく相手だ―タッチポイントの3つのステップ 〔05752〕

ノールズ, マルカム Knowles, Malcolm Shepherd

◇成人学習者とは何か―見過ごされてきた人たち (The Adult Learner(原著第4版)) マルカム・ノールズ著, 堀薫夫, 三輪建二監訳 鳳書房 2013.9 353p 22cm 〈布装 文献あり 索引あり〉 3600円 ①978-4-902455-33-5 〔05753〕

ノルト, ミヒャエル North, Michael

◇人生の愉楽と幸福―ドイツ啓蒙主義と文化の消費 (Genuss und Glück des Lebens) ミヒャエル・ノルト著, 山之内克子訳 法政大学出版局 2013.11 390p 22cm 〈文献あり 索引あり〉 5800円 ①978-4-588-37119-6 〔05754〕

ノルトマン, ヨハネス

◇ウィーンとウィーン人 (Wien und die Wiener) アーダルベルト・シュティフター他著, 新井裕, 戸口日出夫, 阿部雄一, 荒川宗晴, 篠原敏昭, 松岡晋訳 八王子 中央大学出版部 2012.3 990, 29p 20cm (中央大学人文科学研究所翻訳叢書 6 中央大学人文科学研究所編) 〈年表あり〉 7200円 ①978-4-8057-5405-4

内容 ウィーン市民の娘のある一日（ヨハネス・ノルトマン著, 荒川宗晴訳）〔05755〕

ノーレン・ホークセマ, スーザン　Nolen-Hoeksema, Susan

◇ヒルガードの心理学（ATKINSON & HILGARD'S INTRODUCTION TO PSYCHOLOGY（原著第15版））　Susan Nolen-Hoeksema,Barbara L.Fredrickson,Geoff R. Loftus,Willem A.Wagenaar著, 内田一成監訳　金剛出版　2012.6　1181p　27cm　〈布装　文献あり 索引あり〉22000円　①978-4-7724-1233-9

内容 心理学の特徴　心理学の生物学的基礎　心理発達　感覚過程　知覚　意識　学習と条件づけ　記憶　言語と思考　動機づけ　感情　知能　人格　ストレス、健康、コーピング　心理障害　メンタルヘルス問題の治療　社会的影響　社会的認知〔05756〕

ノワコフスキー, R.J.　Nowakowski, Richard J.

◇組合せゲーム理論入門―勝利の方程式（Lessons in play）　Michael H.Albert,Richard J. Nowakowski,David Wolfe原著, 川辺治之訳　共立出版　2011.9　349p　21cm　〈文献あり〉3800円　①978-4-320-01975-1

内容 組合せゲーム理解とは　ゲームの基本的な技法　帰結類　ゲームの一般理論に向けて　ゲームの代数　ゲームの値　ゲームの構造　不偏ゲーム　ゲームの温度　全微小ゲーム　組合せゲーム理路音の最近の動向　降下型帰納法　CGSuite〔05757〕

ノンマーカー, S.*　Nonemaker, Sue

◇インターライ方式ケアアセスメント―居宅・施設・高齢者住宅（InterRAI home care (HC) assessment form and user's manual, 9.1〔etc.〕）　John N.Morris〔ほか〕著, 池上直己監訳, 山田ゆかり, 石橋智昭訳　医学書院　2011.12　367p　30cm　3800円　①978-4-260-01503-5〔05758〕

【ハ】

バ, イ*　馬 怡

◇東アジアの資料学と情報伝達　藤田勝久編　汲古書院　2013.11　348p　22cm　9000円　①978-4-7629-6508-1

内容 漢晋時代の倉廩図にみえる糧倉と簡牘（馬怡著, 佐々木正治訳）〔05759〕

バ, イサ*　馬 依莎

◇平泉文化の国際性と地域性　藪敏裕編　汲古書院　2013.6　305, 5p　22cm　（東アジア海域叢書 16 小島毅監修）　7000円　①978-4-7629-2956-4

内容 唐代東都の庭園遺跡及び造園の特徴に関する研究（李徳方, 馬依莎執筆, 渡辺雄之訳）〔05760〕

バ, インショ*　馬 寅初

◇新編原典中国近代思想史　第6巻　救国と民主―抗日戦争から第二次世界大戦へ　野村浩一, 近藤邦康, 並木頼寿, 坂元ひろ子, 砂山幸雄, 村田雄二郎編　野村浩一, 近藤邦康, 砂山幸雄責任編集　岩波書店　2011.3　412, 7p　22cm　〈年表あり〉5700円　①978-4-00-028226-0

内容 中国の工業化と民主は不可分である（抄）（馬寅初著, 柳亮輔訳）〔05761〕

ハ, ウボン　河 宇鳳

◇朝鮮と琉球―歴史の深淵を探る　河宇鳳, 孫承喆, 李薫, 閔徳基, 鄭成一著, 赤嶺守監訳, 金東善, 神谷智昭, 陳碩炫, 呉明花, 前田舟子訳　宜野湾　榕樹書林　2011.7　232p　27cm　〈文献あり 年表あり 索引あり〉6400円　①978-4-89805-154-2

内容 文物交流と相互認識（河宇鳳著）〔05762〕

バ, エイリン*　馬 英林

◇東アジア平和共同体の構築と国際社会の役割―「IPCR国際セミナー」からの提言　宗教平和国際事業団, 世界宗教者平和会議日本委員会編, 真田芳憲監修　佼成出版社　2011.9　336, 4p　18cm　（アーユスの森新書 003　中央学術研究所編）　900円　①978-4-333-02507-7

内容 平和を実現する人たちは幸いである（馬英林述, 崔延花訳）〔05763〕

バ, サイ*　馬 寨

◇中国渭河流域の西周遺跡　2　飯島武次編　同成社　2013.3　36, 190p　27cm　〈文献あり〉8000円　①978-4-88621-634-2

内容 周原遺跡殷周時期墓地の分布と年代（徐天進, 馬寨執筆, 岸本泰緒子訳）〔05764〕

ハ, ジヘ　河 智海

◇ロッテ際限なき成長の秘密　ハジヘ著, ハジョンギ訳　実業之日本社　2012.12　241p　19cm　1500円　①978-4-408-10956-5

内容 1 ロッテ 甘い世界を夢見る―グローバル企業ロッテの限りない成長エンジンの歴史（ともに分かち合える豊かな社会に向けて　軍需産業にはかかわらない！ ほか）　2 最高のサービスで顧客に応える―ロッテ躍進の最大の武器、信頼、尊重、自己発展を促す企業文化（ロッテは信頼をサービスする　原則と基本遵守が運んできた賞 ほか）　3 協力と協業のシナジーを発揮する―ロッテ躍進の最大の武器、信頼、尊重、自己発展を促す企業文化（共生のネットワークを作る　ロッテの辞書に倒産はない ほか）　4 豊かな未来を目指して―情熱と現場主義がもたらしたロッテのイノベーションの源泉（限界を乗り越える情熱の力　ビニールハウスからヒントを得る ほか）〔05765〕

バ, シュンア*　馬 俊亜

◇新史料からみる中国現代史―口述・電子化・地方文献　高田幸男, 大沢肇編著　東方書店　2010.12　353p　22cm　〈文献あり 索引あり〉3800円　①978-4-497-21017-3

内容 時空の相互連動（馬俊亜著, 今井就稔訳）〔05766〕

バ, シュンホウ*　馬 俊峰

◇21世紀の思想的課題―転換期の価値意識 大阪経済法科大学アジア太平洋研究センター、北京大学哲学系共催日中哲学シンポジウム論文集　岩佐茂, 金泰明編, 李洪权訳　国際書院　2013.10

425p 21cm (アジア太平洋研究センター叢書 4) 〈他言語標題 : The Philosophical Problematique of the 21st Century 会期・会場 : 2011年9月16日、17日 北京大学内国際会議場 共催 : 大阪経済法科大学アジア太平洋研究センター 北京大学哲学系 索引あり〉6000円 ①978-4-87791-249-9
内容 自由と平等(馬俊峰著, 李洪権訳)〔05767〕

ハ, スクウィ* 何 淑宜
◇朱子家礼と東アジアの文化交渉 吾妻重二, 朴元在編 汲古書院 2012.3 486p 22cm 〈他言語標題 : Zhu Xi's Family Rituals and Cultural Interactions in East Asia 文献あり〉13000円 ①978-4-7629-2978-6
内容 十七、十八世紀の朝鮮使節が観察した中国の儀礼(何淑宜執筆, 吾妻重二訳)〔05768〕

バ, セイヤ* 馬 星野
◇新編原典中国近代思想史 第6巻 救国と民主—抗日戦争から第二次世界大戦へ 野村浩一, 近藤邦康, 並木頼寿, 坂元ひろ子, 砂山幸雄, 村田雄二郎編 野村浩一, 近藤邦康, 砂山幸雄責任編集 岩波書店 2011.3 412, 7p 22cm 〈年表あり〉5700円 ①978-4-00-028226-0
内容 世界が報道の自由へと至る道(抄)(馬星野著, 中村元哉訳)〔05769〕

ハ, チャンウ 河 昌佑
◇河昌佑の弁護士道しるべ—事件受任時の利害衝突問題を中心とする 河昌佑著, 高村順久訳 大阪 高村順久 2013.11 260p 21cm 〈発売 : 清文社〉2500円 ①978-4-433-48773-7
内容 法務法人の事件を審理した判事は、辞職後その法務法人の構成員になれるか 法務法人の従たる事務所(支所)の看板表示方法 大学教授の専門知識提供に対する弁護士の報酬支払い約束は適法か 法務法人の私書証書認証と受任制限問題 起訴前の和解と訴訟事件の受任制限 共同法律事務所の設置と看板表記問題 仮差押え決定後受任が制限される本案事件 法務法人が当事者となる事件の訴訟遂行方法 調停委員として取り扱った事件の受任制限 検事在職中に捜査した事件に関連する行政事件の受任の可否〔ほか〕〔05770〕

ハ, テギョン 河 泰慶《Ha, Tae-gyong》
◇マンガ金正恩(キム・ジョンウン)入門—北朝鮮若き独裁者の素顔 河泰慶作, 崔炳善漫画, 李柳真訳, 李英和監修 TOブックス 2011.7 177p 21cm 〈タイトル : マンガ金正恩入門〉1200円 ①978-4-904376-61-4
内容 第1章 金正恩VS金正男(金正恩、後継公式化の日忘れられた悲運の皇太子、金正男 ほか) 第2章 金正恩の後継へのプロセス(金正恩の子ども時代 金正恩と金正哲 ほか) 第3章 金正恩の狂気の挑発(金正恩の最初の挑発 金正恩の2つめの挑発 ほか) 第4章 金正恩の無能な内政(金正恩の最初の国内政策 金正恩の2つめの国内政策 ほか) 第5章 揺らぐ金正恩体制(金正恩と血の粛清 黄長燁と金正恩 ほか)〔05771〕
◇マンガ金正恩入門—北朝鮮若き独裁者の素顔 河泰慶作, 崔炳善漫画, 李英和監修, 李柳真訳 TOブックス 2013.8 181p 15cm (TO文庫) 571円 ①978-4-86472-173-8
内容 第1章 金正恩VS金正男 第2章 金正恩の後継へのプロセス 第3章 金正恩の狂気の挑発 第4章 金正恩の無能な内政 第5章 揺らぐ金正恩体制〔05772〕

バー, パット Barr, Pat
◇イザベラ・バード—旅に生きた英国婦人(A curious Life for a Lady) パット・バー〔著〕, 小野崎晶裕訳 講談社 2013.10 419p 15cm (講談社学術文庫 2200) 1250円 ①978-4-06-292200-5
内容 第1章 サンドウィッチ諸島—神に祝福された島 第2章 ロッキー山脈—開拓者たちとの生活 第3章 日本—奥地紀行の内幕 第4章 マレー半島—熱帯の夢 第5章 牧師の娘—病弱の長女が旅に出るまで 第6章 医師の妻—長く続いた悲しみと不安 第7章 カシミールとチベット—書かれなかった旅行記 第8章 ペルシアとクルディスタン—英少佐の偵察活動に同行 第9章 束縛—晩年も「旅は万能薬」〔05773〕

バ, バンカ* 馬 万華
◇新興国家の世界水準大学戦略—世界水準をめざすアジア・中南米と日本(World-Class Worldwide) フィリップ・G.アルトバック, ホルヘ・バラン編, 米沢彰純監訳 東信堂 2013.5 386p 22cm 〈索引あり〉4800円 ①978-4-7989-0134-3
内容 中国における旗艦大学と経済改革(馬万華執筆, 船守美穂訳)〔05774〕

バー, ピーター
◇大学学部長の役割—米国経営系学部の研究・教育・サービス(The dean's perspective) クリシナ・S.ディア編著, 佐藤修訳 中央経済社 2011.7 245p 21cm 3400円 ①978-4-502-68720-4
内容 大学の公共対応(ピーター・バー著)〔05775〕

バ, ビン* 馬 敏
◇総合研究辛亥革命 辛亥革命百周年記念論集編集委員会編 岩波書店 2012.9 9, 592, 17p 22cm 〈索引あり〉7800円 ①978-4-00-025859-3
内容 中・日・米実業団体間の交流(馬敏著, 吉田建一郎訳)〔05776〕

バ, ホウエン* 馬 峰燕
◇都市の歴史的形成と文化創造力 大阪市立大学都市文化研究センター編 大阪 清文堂出版 2011.3 293p 22cm (大阪市立大学文学研究科叢書 第7巻) 6500円 ①978-4-7924-0942-5
内容 北宋中期両浙路における城鎮の研究(呉松弟, 馬峰燕著, 平田茂樹監訳, 王標訳)〔05777〕

バ, リツセイ 馬 立誠
◇反日—中国は民族主義を越えられるか 馬立誠著, 杉山祐之訳 中央公論新社 2011.5 344p 16cm (中公文庫 ハ14-1) 〈『〈反日〉からの脱却』(2003年刊)の改題、増補 年表あり〉781円 ①978-4-12-205482-0
内容 曲がった枝 吹き荒れる民族主義—民族主義思潮

ハ

対日関係の新思考　「対日関係の新思考」への反響　現代中国の民族主義　なぜ民族主義がいらないのか　情緒化を避ける　「対日関係の新思考」解説(杉山祐之)「新思考」その後―『"反日"からの脱却』文庫化に際して(杉山祐之)　〔05778〕

◇中国を動かす八つの思潮―その論争とダイナミズム　馬立誠著, 本田善彦訳　科学出版社東京　2013.11　332p　20cm　3500円　①978-4-907051-05-1　〔05779〕

ハアネル, チャールズ・F.　Haanel, Charles Francis

◇ザ・マスター・キー (The master key system)　チャールズ・F.ハアネル著, 菅靖彦訳　河出書房新社　2012.2　378p　15cm　(河出文庫 ハ7-1)　760円　①978-4-309-46370-4

内容 すべてのパワーは内側からやってくる　潜在意識の驚くべきパワー　身体の太陽　パワーの秘密　心の家の作り方　注意力を養う　イメージの威力　想像力を養う　肯定的暗示の活用法　思考は宇宙と個人をつなぐリンク〔ほか〕　〔05780〕

ハイ, カントウ*　裴 漢東

⇒ベ, ハンドン*

ハイ, キョウカン*　裴 京漢

◇総合研究辛亥革命　辛亥革命百周年記念論集編集委員会編　岩波書店　2012.9　9, 592, 17p　22cm　〈索引あり〉7800円　①978-4-00-025859-3

内容 東アジア史上の辛亥革命(裴京漢著, 柳静我訳)　〔05781〕

ハイ, ケンヘイ*　裴 建平

◇円仁と石刻の史料学―法王寺釈迦舎利蔵誌　鈴木靖民編　高志書院　2011.11　322p　22cm　7000円　①978-4-86215-102-5

内容 石刻の真偽の鑑定分析と登封法王寺「円仁石刻」の製作時期(裴建平著, 宇都宮美生訳)　〔05782〕

ハイ, トウテツ*　裴 東徹

⇒べ, ドンチョル

ハイ, ハイセン*　裵 秉宣

◇『仏教』文明の東方移動―百済弥勒寺西塔の舎利荘厳　新川登亀男編　汲古書院　2013.3　286p　22cm　8000円　①978-4-7629-6503-6

内容 弥勒寺石塔の解体修理と舎利荘厳具の発掘(裵秉宣執筆, 鄭淳一訳)　〔05783〕

バイアース, トーマス　Byers, Thomas H.

◇最強の起業戦略―スタートアップで知っておくべき20の原則 (Technology ventures)　リチャード・ドーフ, トーマス・バイアース著, 設楽常巳訳　日経BP社　2011.11　604p　22cm　〈索引あり　文献あり　発売：日経BPマーケティング〉4800円　①978-4-8222-4883-3

内容 第1部 ベンチャー事業を起こす機会、概念、そして戦略(資本主義と技術系事業家　事業機会と事業概要　競合優位性の構築　戦略作成　イノベーション概略)　第2部 ベンチャー構成と計画(リスクと報酬　ベンチャー事業創造と事業計画　独立系ベンチャー対企業系ベンチャー　知識、学習、構成　法律上の事業構成と知的財産)　第3部 ベンチャー事業のための詳細機能計画(マーケティングと販売計画　新しい企業組織　取得、組織化、資源管理　経営管理　取得、合併、グローバルビジネス)　第4部 ベンチャー事業の資金調達と構築(収益と収穫計画　財務計画　資本の財源　計画を発表し契約を交渉する　技術ベンチャー事業を成功に導く)　〔05784〕

ハイアムズ, エドワード　Hyams, Edward

◇グリーン・バリュー経営への大転換 (Green Business, Green Values, and Sustainability (抄訳))　クリストス・ピテリス, ジャック・キーナン, ヴィッキー・プライス編著, 谷口和弘訳　NTT出版　2013.7　285p　20cm　〈索引あり〉2800円　①978-4-7571-2292-5

内容 エネルギーへの挑戦(エドワード・ハイアムズ)　〔05785〕

ハイエク, フリードリヒ・A.　Hayek, Friedrich August von

◇ハイエク全集　第2期 第8巻　資本の純粋理論　1 (The pure theory of capital)　ハイエク〔著〕, 西山千明監修　江頭進訳　春秋社　2011.6　293p　22cm　5000円　①978-4-393-62198-1

内容 第1部 イントロダクション(本書があつかう問題の範囲　均衡分析と資本問題　実物タームでの分析の重要性　これまでの資本理論と本研究の関係　資本問題の本質　生産過程の耐久期間と財の耐久性―いくつかの定義　資本と「生存基金」)　第2部 単純な経済における投資について(産出関数と投入関数　連続的生産過程　投資構造における耐久財の位置　投資の生産力　一定の産出流列のための計画　複利と瞬間利子率　投資の限界生産力と利子率　価値タームにおける投入、産出、そして資本ストック　投資の限界価値生産物―帰責(帰属)の問題　時間選好と一定の利潤をともなった投資にたいする影響　時間選好と生産力―相対的な重要性)　〔05786〕

◇ハイエク全集　第2期 第3巻　科学による反革命 (The counter-revolution of science (2nd ed.))　ハイエク〔著〕, 西山千明監修　渡辺幹雄訳　春秋社　2011.12　332, 8p　22cm　〈索引あり〉4600円　①978-4-393-62193-6

内容 第1部 科学主義と社会の研究(社会科学にたいする自然科学の影響　自然科学の問題と方法　社会科学のデータの主観的な性格　社会科学の個人主義的かつ「合成的」方法　科学主義的アプローチの客観主義　科学主義的アプローチの集合主義　科学主義的アプローチの歴史主義　「合目的的な」社会的形成物　「意識的な」指導と理性の成長　工学者と計画者)　第2部 科学による反革命(科学主義的傲慢の源泉　エコール・ポリテクニク　「思想の産婆役」―アンリ・ド・サン＝シモン　社会物理学―サン＝シモンとコント　工学者たちの宗教―アンファンタンとサン＝シモン主義者たち　サン＝シモン主義の影響　社会学―コントとその後継者たち)　第3部 コントとヘーゲル　〔05787〕

◇ハイエク全集　第2期 第9巻　資本の純粋理論　2 (The pure theory of capital)　ハイエク〔著〕, 西山千明監修　江頭進訳　春秋社　2012.3　217, 12p　22cm　〈索引あり　文献あり〉5000円　①978-4-393-62199-8

内容 第3部 競争社会における資本利用生産(均衡の一般条件　資本蓄積　生産量とさまざまな商品の相対価

ハ

格にたいする資本蓄積の影響　予想される変化への資本構造の調整　予見しえない変化、とりわけ発明の影響 ほか）　第4部 貨幣経済における利子率（短期利子率に影響を与える要因　利子率に影響する長期的な力　利子率間の差違―結論と展望）〔05788〕

◇ハイエク全集　2-2　ハイエク〔著〕　春秋社　2012.6　310p　22cm　〈索引あり〉4600円　①978-4-393-62192-9

内容 第1部 自由主義における貨幣制度はどうあるべきか（通貨の選択　自由市場にもとづいた貨幣制度の構築に向けて　貨幣の脱国営化論―共存通貨の理論と実践の分析）　第2部 通貨の国際化をめぐって（「通貨国家主義」と国際的安定性）〔05789〕

◇ハイエク全集　2－別巻　ケインズとケンブリッジに対抗して（Contra Keynes and Cambridge）F.A.ハイエク〔著〕　小峯敦, 下平裕之訳　春秋社　2012.11　252, 5p　20cm　〈文献あり 索引あり〉3500円　①978-4-393-62201-8

内容 第1部 ロンドン時代（ロンドンから見た一九三〇年代の経済学　エドウィン・キャナンの思い出）　第2部 ケインズ、スラッファとの論争（ケインズの「貨幣の純粋理論」についての考察　ケインズからの反論　ケインズへの返答　ハイエク～ケインズの初期往復書簡 ほか）　第3部 ケインズを回想する（ハロッド著『ケインズ伝』書評　ベヴァリッジ著『自由社会における完全雇用』書評　ケインズについてのシンポジウム―なんのために？　ケインズと「ケインズ革命」を回想する ほか）〔05790〕

ハ

パイス, アブラハム　Pais, Abraham

◇ニールス・ボーアの時代―物理学・哲学・国家　2（Niels Bohr's times）　アブラハム・パイス〔著〕, 西尾成子, 今野宏之, 山口雄仁共訳　みすず書房　2012.2　373p　22cm　〈年表あり　索引あり〉7600円　①978-4-622-07338-3

内容 「それで全体像がすっかり変わるのです」―量子力学の発見　コペンハーゲン精神　原子核への探求　ボーアのスタイルで物理学の最先端へ、そしてもうすこし先へと　1930年代における物理学と生物学の実験研究の発展　悲しい出来事と大きな旅行　「われわれは言葉の中を浮遊している」　核分裂　「情報公開（グラスノスチ）」の先駆者としてのボーア　全力をあげて行動しつつ晩年を迎えたボーア〔05791〕

ハイス, マイケル・D.　Hais, Michael D.

◇アメリカを変えたM（ミレニアル）世代―SNS・YouTube・政治再編（Millennial makeover）　モーリー・ウィノグラッド, マイケル・D.ハイス〔著〕, 横江公美監訳　岩波書店　2011.4　320p　20cm　〈タイトル : アメリカを変えたM世代　文献あり〉3200円　①978-4-00-022056-9

内容 第1部 アメリカ政治とM世代の誕生（世代の変化と政治大変革　M世代を紹介しよう　M世代が再編の先陣を切る）　第2部 新しい時代の始まり（政治再編が始まる　古い政治なんていらない―母乳がなくても育つもの　テクノロジーの津波　ソーシャル・ネットワークが政治マップを塗り替える　テクノロジーで武装する競争に勝利する）　第3部 新しいアメリカ政治の展望（新しいアメリカを始動させる　誰が誰とパーティーする？　誰が再編をリードするか？　市民社会インフラを再構築する　M世代時代の政策）〔05792〕

バイスター, マイク　Byster, Mike

◇天才脳をつくる！―潜在能力をぐんぐん伸ばす、計算と記憶のテクニック（GENIUS）　マイク・バイスター, クリスティン・ロバーグ著, 酒井泰介訳　早川書房　2012.10　350p　19cm　1900円　①978-4-15-209325-7

内容 忘れてはならないお話　1 記憶のマジック（あなたも天才のように考えられる―IQに関係なく天才的精神を育む方法　パターンの力―すべては関係性だ！）　2 天才になるための六つのスキルをマスターする（スキル1&2 フォーカスとコンセントレーション―指示についてこられるか？　スキル3 膨大な情報を「記憶」せずに保つ―関連づけの妙で頭脳活動の余力を増す　スキル4 型破りに発想する―ヒトラーと姑の共通点とは　スキル5 とりまとめ―ひっかけて覚える　スキル6 忘却―忘却こそ記憶の支え）　3 特別補習さらなるツールと情報源（「見てくれ、ぼくは天才だ！」ごっこ―子どもからお年寄りまで楽しめる楽しいゲームをもっと（家族や友人を驚かせるトリックもね）　質疑応答―質疑応答スタイルで最後に一言）　あなたの内なる天才〔05793〕

ハイズマンズ, グレッグ　Huysmans, Greg

◇現場で使える教室英語―重要表現から授業への展開まで　吉田研作, 金子朝子監修, 石渡一秀, グレッグ・ハイズマンズ著　三修社　2011.10　123p　21cm　〈付属資料 : CD1〉1800円　①978-4-384-05609-9

内容 第1章 重要表現（先生のための重要表現　先生と生徒のための重要表現 ほか）　第2章 対話例（先生が主体となる対話例　生徒が主体となる対話例）　第3章 授業例（リスニングのための授業例　リーディングのための授業例 ほか）　第4章 タスク（リスニング活動　リーディング活動 ほか）〔05794〕

◇科目別 : 現場で使える教室英語―新しい英語科目での展開　吉田研作, 金子朝子監修, 石渡一秀, グレッグ・ハイズマンズ著　三修社　2013.6　227p　21cm　〈付属資料 : CD1〉2500円　①978-4-384-05727-0

内容 準備編 中学と高校の橋渡しとなる教室英語とモデルレッスン　第1章「コミュニケーション英語1」のための教室英語とモデルレッスン　第2章「コミュニケーション英語2・3」のための教室英語とモデルレッスン　第3章「英語表現1」のための教室英語とモデルレッスン　第4章「英語表現2」のための教室英語とモデルレッスン　巻末資料 ディベートの基本的な進め方〔05795〕

バイゼ, マリアン

◇日本企業のイノベーション・マネジメント（Manegment of Technology and Innovation in Japan）　コルネリウス・ヘルシュタット, クリストフ・シュトゥックシュトルム, ヒューゴ・チルキー, 長平彰夫編著, 長平彰夫監訳, 松井憲一, 名取隆, 高橋修訳　同友館　2013.6　433p　22cm　〈執筆 : マリアン・バイゼほか　索引あり〉3800円　①978-4-496-04912-5

内容 日本のイノベーションの国内形成（マリアン・バイゼ著）〔05796〕

バイツェル, バリー・J.　Beitzel, Barry J.

◇地図と絵画で読む聖書大百科（THE BIBLE

ATLAS)　バリー・J.バイツェル監修, 船本弘毅日本語版監修, 山崎正浩他訳　普及版　大阪　創元社　2013.10　352p　27cm　〈索引あり〉4200円　①978-4-422-14386-6

内容 第1章 聖書の地―地理と歴史　第2章 創世記から族長時代まで　第3章 士師時代　第4章 王国時代　第5章 預言者と義人　第6章 征服される王国　〔05797〕

ハイデガー, マルティン　Heidegger, Martin

◇ハイデッガー全集　第42巻（第2部門 講義（1919-44）　人間的自由の本質について―シェリング（Schelling ： vom Wesen der menschlichen Freiheit)　ハイデッガー〔著〕, 辻村公一〔ほか〕編　高山守, 伊坂青司, 山根雄一郎, ゲオルク・シュテンガー訳　創文社　2011.12　320, 10p　22cm　〈索引あり〉5700円　①978-4-423-19650-2

内容 予備的考察　第1部 自由の体系の可能性について。シェリングの論考の導入部（自由の体系の思想における内的な葛藤。導入部の導入部　体系構築の原理についての問いとしての汎神論問題。導入の主要部）第2部 自由の体系の基礎づけとしての悪の形而上学。自由論の本論（悪の内的可能性　悪の現実性の様式）〔05798〕

◇存在と時間　1（Sein und Zeit）　ハイデガー著, 熊野純彦訳　岩波書店　2013.4　532p　15cm（岩波文庫 33-651-1）　1260円　①978-4-00-336514-4

内容 序論 存在の意味への問いの呈示（存在の問いの必然性と構造、ならびにその優位　存在の問いを仕上げるさいの二重の課題 探究の方法とその概略）　第1部 時間性へと向けた現存在の解釈と、存在への問いの超越論的地平としての時間の解明（現存在の予備的な基礎的分析）〔05799〕

◇存在と時間　2（Sein und Zeit）　ハイデガー著, 熊野純彦訳　岩波書店　2013.6　542p　15cm（岩波文庫 33-651-2）　1260円　①978-4-00-336515-1

内容 第1部 時間性へと向けた現存性の解釈と、存在への問いの超越論的地平としての時間の解明（現存在の予備的な基礎的分析）〔05800〕

◇存在と時間　3（SEIN UND ZEIT）　ハイデガー著, 熊野純彦訳　岩波書店　2013.9　554p　15cm（岩波文庫 33-651-3）　1260円　①978-4-00-336516-8

内容 序論 存在の意味への問いの呈示（存在の問いの必然性と構造、ならびにその優位　存在の問いを仕上げるさいの二重の課題探究の方法とその概略）　第1部 時間性へと向けた現存在の解釈と、存在への問いの超越論的地平としての時間の解明（現存在の予備的な基礎的分析　現存在と時間性）〔05801〕

◇技術への問い（Die Frage nach der Technik）　マルティン・ハイデッガー著, 関口浩訳　平凡社　2013.11　310p　16cm（平凡社ライブラリー 800）〈2009年刊の再刊　文献あり 索引あり〉1500円　①978-4-582-76800-8

内容 技術への問い. 科学と省察. 形而上学の超克. 伝承された言語と技術的な言語. 芸術の由来と思索の使命　〔05802〕

◇存在と時間（Sein und Zeit）　マルティン・ハイデガー〔著〕, 高田珠樹訳　作品社　2013.11　741p　22cm　〈索引あり〉6800円　①978-4-86182-454-8　〔05803〕

バイデン, ジョセフ・R., Jr.　Biden, Joseph R., Jr.

◇パートナー暴力―男性による女性への暴力の発生メカニズム（What causes men's violence against women？）　ミッシェル・ハーウェイ, ジェームズ・M.オニール編著, 鶴元春訳　京都　北大路書房　2011.9　303p　21cm　〈文献あり〉3700円　①978-4-7628-2763-1

内容 序文（ジョセフ・R.バイデン ジュニア）〔05804〕

ハイデンライク, コンラッド

◇世界探検家列伝―海・河川・砂漠・極地、そして宇宙へ（The great explorers）　ロビン・ハンベリーテニソン編著, 植松靖夫訳　悠書館　2011.9　303p　26cm　〈文献あり 索引あり〉9500円　①978-4-903487-49-6

内容 サミュエル・ド・シャンプラン―カナダの荒野を開拓（コンラッド・ハイデンライク）〔05805〕

ハイト, ジョナサン　Haidt, Jonathan

◇しあわせ仮説―古代の知恵と現代科学の知恵（The happiness hypothesis）　ジョナサン・ハイト著, 藤沢隆史, 藤沢玲子訳　新曜社　2011.6　355, 55p　19cm　〈文献あり〉3300円　①978-4-7885-1232-0

内容 過剰な知恵　分裂した自己　心を変化させる　報復の返報性　他者の過ち　幸福の追求　愛と愛着　逆境の効用　徳の至福　神の許の神聖性、あるいは神無き神聖性　幸福は「あいだ」から訪れる　バランスの上に　〔05806〕

ハイド, マギー　Hyde, Maggie

◇ユングと占星術（JUNG AND ASTROLOGY）　マギー・ハイド著, 鏡リュウジ訳　新装版　青土社　2013.5　433, 7p　20cm　〈索引あり〉3200円　①978-4-7917-6699-4

内容 魚座の時代　ユング、フロイト、そしてオカルト闇の領域　ユングは歌う―象徴的態度　心理占星術―深層の意味を求めて　心の地図　シンクロニシティ―共時性　実際の占星術　偶然の一致の解釈　天空を引き伸ばす　秘密の共謀関係〔ほか〕〔05807〕

ハイネ, ハインリヒ　Heine, Christian Johann Heinrich

◇ちくま哲学の森　2　世界を見る　鶴見俊輔, 安野光雅, 森毅, 井上ひさし, 池内紀編　筑摩書房　2011.10　440p　15cm　1200円　①978-4-480-42862-2

内容 哲学革命（ハイネ著, 伊東勉訳）〔05808〕

◇ちくま哲学の森　8　自然と人生　鶴見俊輔, 安野光雅, 森毅, 井上ひさし, 池内紀編　筑摩書房　2012.4　448p　15cm（〔ちくま文庫〕）　1300円　①978-4-480-42868-4

内容 精霊物語〈抄〉（ハイネ著, 小沢俊夫訳）〔05809〕

ハイネマン, クラウス　Heinemann, Klaus W.

◇オーブは希望のメッセージを伝える―愛と癒しの使命をもつもの（Orbs）　クラウス・ハイネマン, グンディ・ハイネマン著, 奥野節子訳　ダイヤモンド社　2011.7　190p 図版16枚　19cm

ハ

1600円 ①978-4-478-01567-4
内容 オーブという存在の証拠　変化のシンボル　出現位置に関連するメッセージ　一般的なメッセージ　子供を見守るオーブ　カリスマ的な人物とともに　記念すべき出来事での出現　聖なる場所で　家に現れたオーブ　オーブに現れる顔〔ほか〕　〔05810〕

ハイネマン, グンディ　Heinemann, Gundi
◇オーブは希望のメッセージを伝える―愛と癒しの使命をもつもの（Orbs）　クラウス・ハイネマン, グンディ・ハイネマン著, 奥野節子訳　ダイヤモンド社　2011.7　190p 図版16枚　19cm　1600円 ①978-4-478-01567-4
内容 オーブという存在の証拠　変化のシンボル　出現位置に関連するメッセージ　一般的なメッセージ　子供を見守るオーブ　カリスマ的な人物とともに　記念すべき出来事での出現　聖なる場所で　家に現れたオーブ　オーブに現れる顔〔ほか〕　〔05811〕

ハイネマン, マンフレート
◇ドイツ過去の克服と人間形成　対馬達雄編著　京都　昭和堂　2011.3　332, 16p　22cm　〈文献あり 索引あり〉4500円　①978-4-8122-1102-1
内容 子どもはつねに被害者だ（マンフレート・ハイネマン著, 安藤香織, 遠藤孝夫訳）　〔05812〕

バイパコフ
◇アイハヌム―加藤九祚一人雑誌　2012　加藤九祚編訳　秦野　東海大学出版会　2012.12　201p　21cm　〈他言語標題：Ay Khanum〉2000円　①978-4-486-03731-6
内容 カザフスタンの青銅器時代の遺跡と遺物（バイパコフ, タイマガムベトフ著）　〔05813〕

パイプ, ジェマイマ　Pipe, Jemima
◇ドールハウス―イギリス、ビクトリア時代のいえのひみつ：ひらいて、みて、まなぼう（DOLL'S HOUSE）　ジェマイマ・パイプぶん, マリア・テイラーえ, カールトン・キッズ・チームせいさく, よしいちよこやく　大日本絵画　2012　23p　31cm　（めくりしかけえほん）　2300円　①978-4-499-28478-3　〔05814〕

ハイフィールド, キャシー　Highfield, Kathy
◇言語力を育てるブッククラブ―ディスカッションを通した新たな指導法（Book Club：A Literature-Based Curriculum（原著第2版））　T.E.ラファエル,L.S.パルド,K.ハイフィールド著, 有元秀文訳　京都　ミネルヴァ書房　2012.11　240p　21cm　〈文献あり〉2400円　①978-4-623-06387-1
内容 第1部 理論編（ブッククラブとは何か　読解力とブッククラブ　ブッククラブにおける「書くこと」の意味　よりよいブッククラブのための評価　ブッククラブを用いた学級経営　テーマに基づく単元）　第2部 実践編（『ひとりぼっちの不時着』を題材にした単元　『時をさまようタック』を題材にした単元　『戦場』を題材にした単元　作者研究―ミルドレッド・テイラー）　〔05815〕

ハイフィールド, ロジャー
◇世界一素朴な質問、宇宙一美しい答え―世界の第一人者100人が100の質問に答える（BIG QUESTIONS FROM LITTLE PEOPLE）　ジェンマ・エルウィン・ハリス編, 西田美緒子訳, タイマタカシ絵　河出書房新社　2013.11　298p　22cm　2500円　①978-4-309-25292-6
内容 水にさわると、どうしてぬれている感じがするの？（ロジャー・ハイフィールド）　〔05816〕

ハイベルズ, ビル　Hybels, Bill
◇神さまは大切な事ほど小さな声でささやく。（The power of a whisper）　ビル・ハイベルズ著, 島田穂波, 山地明訳, 宮本安喜監訳　立川　福音社　2011.11　429p　19cm　1800円　①978-4-89222-410-2　〔05817〕

ハイマン, フリッツ　Heymann, Fritz
◇死か洗礼か―異端審問時代におけるスペイン・ポルトガルからのユダヤ人追放（Tod oder Taufe）　フリッツ・ハイマン著, ユーリウス・H.シェプス編, 小岸昭, 梅津真訳　大津　行路社　2013.12　211p　22cm　（マラーノ文学・歴史叢書 2）　2600円　①978-4-87534-445-2　〔05818〕

ハイメル, ミヒャエル　Heymel, Michael
◇時を刻んだ説教―クリュソストモスからドロテー・ゼレまで（Sternstunden der Predigt）　ミヒャエル・ハイメル, クリスティアン・メラー著, 徳善義和訳　日本キリスト教団出版局　2011.8　448p　22cm　6000円　①978-4-8184-0788-6　〔05819〕

バイヤース, アルーナ　Byers, Aruna Rea
◇覚醒の道―マスターズ・メッセンジャー（THE MASTERS' MESSENGER）　アルーナ・バイヤース著, 中嶋恵訳, 加藤成泰監修　JMA・アソシエイツステップワークス事業部　〔2012〕　351p　21cm　3000円　①978-4-904665-32-9
内容 第1部 覚醒前（目覚めの時　用意された舞台　苦しみから探求へ　チャネリング ほか）　第2部 覚醒後（覚醒が深まる　覚醒が深まるプロセス―楽しいワナ　エニアグラム　瞑想 ほか）　〔05820〕

バイラム, マイケル　Byram, Michael
◇異文化コミュニケーション学への招待　鳥飼玖美子, 野田研一, 平賀正子, 小山亘編　みすず書房　2011.12　484p　22cm　〈他言語標題：Introduction to Intercultural Communication Studies〉6000円　①978-4-622-07659-9
内容 外国語教育から異文化市民の教育へ（マイケル・バイラム著, 斉藤美野訳）　〔05821〕
◇グローバル化・社会変動と教育　2　文化と不平等の教育社会学（EDUCATION, GLOBALIZATION AND SOCIAL CHANGE（抄訳））　ヒュー・ローダー, フィリップ・ブラウン, ジョアンヌ・ディラボー,A.H.ハルゼー編, 苅谷剛彦, 志水宏吉, 小玉重夫編訳　東京大学出版会　2012.5　370p　22cm　〈文献あり〉4800円　①978-4-13-051318-0
内容 バイリンガリズムをめぐる政治的駆け引き（パクーサン・ライ, マイケル・バイラム著, 酒井朗訳）　〔05822〕

ハ

パイル, ケネス・B.　Pyle, Kenneth B.
◇欧化と国粋―明治新世代と日本のかたち（The New Generation in Meiji Japan）　ケネス・B.パイル〔著〕, 松本三之介監訳, 五十嵐暁郎訳　講談社　2013.6　360p　15cm　（講談社学術文庫 2174）〈「新世代の国家像」(社会思想社 1986年刊) の改題〉1100円　①978-4-06-292174-9
内容 第1章 新しい世代　第2章 明治青年と欧化主義　第3章 日本人のアイデンティティをめぐる諸問題　第4章 国民意識の苦悩　第5章 条約改正と民族自決　第6章 精神的保証を求めて　第7章 国民的使命の探求　第8章 戦争と自己発見　第9章 日本の歴史的苦境　〔05823〕

ハイル, ローリー　Hile, Lori
◇池上彰のなるほど！ 現代のメディア　4　ネットとじょうずにつきあおう（Mastering media : social networks and blogs）　池上彰日本語版監修　ローリー・ハイル著, 生方頼子訳　文溪堂　2011.2　55p　29cm　〈年表あり 索引あり〉2900円　①978-4-89423-712-4
内容 身近になったインターネット　ブログとミニブログ　インターネットのコミュニティ　みんなでつくる「ウィキ」とレーティング　動画・写真の楽しみかた　インターネットの危険から身をまもるために　政治運動や社会活動と「検閲」　ケータイとじょうずにつきあうためのマナーとルール　〔05824〕

バイルブル, オリビエ
◇相互探究としての国際日本学研究―日中韓文化関係の諸相　法政大学国際日本学研究所編　法政大学国際日本学研究センター　2013.3　462p　21cm　（国際日本学研究叢書 18）
内容 朝鮮半島の言語と中国語からの借用語の関係（オリビエ・バイルブル著, 鈴村裕輔訳）　〔05825〕
◇東アジアの中の日本文化―日中韓文化関係の諸相　王敏編著　三和書籍　2013.9　462p　22cm　（国際日本学とは何か？）　3800円　①978-4-86251-155-3
内容 朝鮮半島の言語と中国語からの借用語の関係（オリビエ・バイルブル著, 鈴村裕輔訳）　〔05826〕

バイロン, ジェイミー　Byrom, Jamie
◇イギリスの歴史―帝国の衝撃 : イギリス中学校歴史教科書（The impact of empire）　ミカエル・ライリー, ジェイミー・バイロン, クリストファー・カルピン著, 前川一郎訳　明石書店　2012.2　155p　21cm　（世界の教科書シリーズ 34）〈索引あり〉2400円　①978-4-7503-3548-3
内容 初期の帝国（ロアノーク : イングランド人は初めて建設した植民地でどんな過ちを犯したのか？―なぜ植民地の建設が失敗したのかを自分で考えてみましょう　「いつの間にか支配者になった者たち？」: イギリス人はいかにインドを支配するようになったのか？―答えを見つけるために東インド会社貿易ゲームをしてみましょう　帝国の建設者 : ウォルフとクライヴについてどう考えるか？―「帝国の英雄」についてあなたが評価を下してください　帝国と奴隷制 : イギリスによる奴隷貿易の歴史をいかに語るか？―史料を用いて奴隷貿易に関するふたつの見解を論じてください）　世界帝国（IMA植民地 : どうすれば良い歴史映画を撮れるのか？―あなた自身の映画を構想してみましょう　隠された歴史 : 歴史に埋もれた物語は英領インドについて何を語るか？―インドにおいて人びとの関係がどのように変化したのかを示すグラフを描いてください　アフリカの外へ : ベナンの頭像はいったい誰が所有すべきか？―ブロンズの頭像の歴史をたどり、今日誰がこれを所有すべきかを考えてみましょう　帝国のイメージ : 大英帝国はどのように描かれたのか？―子どもたちが大英帝国にどんな思いを抱くように期待されていたのかを理解するために、図像の読解に挑戦してみましょう）　帝国の終焉（アイルランド : なぜ人びとはアイルランドと大英帝国について異なる歴史を語るのか？―視聴者参加型のラジオ番組で自分の意見を述べる準備をしましょう　切なる希望 : ガートルードがアラブ人に抱いた夢を助け、そして妨げたのは何だったのか？―でたらめに書かれたインターネット百科事典の質を向上させてください　帝国の終焉 : なぜイギリスは1947年にインドから撤退したのか？―マウントバッテン卿に宛ててインド独立を認めるように説得する手紙を書いてみましょう　帝国の帰郷 : 歴史に埋もれたコモンウェルス移民の物語をいかに掘り起こすか？―コモンウェルス移民にインタビューするために良質な質問事項を考えてください）　あなたは大英帝国の歴史をどう見るか？―著者の考えに反論し、自分自身にも問い返してみましょう　〔05827〕

バイロン, ジョン　Byron, John
◇竜のかぎ爪康生　上（The claws of the dragon）　ジョン・バイロン, ロバート・パック〔著〕, 田畑暁生訳　岩波書店　2011.12　249, 16p　15cm　（岩波現代文庫 S235）〈文献あり〉1100円　①978-4-00-603235-7
内容 序章 見えざる手　第1部 二つの世界に囚われて（孔子の地に生まれて　革命の港―上海　危険な生活　秘密警察　モスクワ―サディストへの最終訓練）　第2部 ならず者たちの陣営（毛沢東への鞍替え　蛇の貴族　恐怖を作る　権勢のかげり）　〔05828〕
◇竜のかぎ爪康生　下（The claws of the dragon）　ジョン・バイロン, ロバート・パック〔著〕, 田畑暁生訳　岩波書店　2011.12　302, 50p　15cm　（岩波現代文庫 S236）〈年譜あり　索引あり〉1100円　①978-4-00-603236-4
内容 第3部 皇帝の庭で（家庭の事情　佞臣の復活　ロシアという切り札　演劇愛好家　破壊のリハーサル）　第4部 文化大革命の後見人（演劇、事件　「混乱を恐れるな！」　蜘蛛が巣を作る　地獄の王　康生コレクション　林彪の陰謀　最後の裏切り　康生の遺産　〔05829〕

バイロン, タニア
◇世界一素朴な質問、宇宙一美しい答え―世界の第一人者100人が100の質問に答える（BIG QUESTIONS FROM LITTLE PEOPLE）　ジェンマ・エルウィン・ハリス編, 西田美緒子訳, タイマタカシ絵　河出書房新社　2013.11　298p　22cm　2500円　①978-4-309-25292-6
内容 わたしがいつも、きょうだいげんかばかりするのはなぜ？（タニア・バイロン教授）　〔05830〕

ハインズ, テレンス　Hines, Terence
◇ハインズ博士再び「超科学」をきる―代替医療はイカサマか？　テレンス・ハインズ著, 井山弘幸訳　京都　化学同人　2011.8　373, 27p　20cm　3000円　①978-4-7598-1468-2

内容 ニセ科学の正体—妖精の写真は捏造だった　なぜニセ科学をあばくのか？—魔女裁判の悲劇　心霊術のだましのテクニック—あばかれたフォックス姉妹　予言は当たったか？—ノストラダムスの大予言　偽造されたUFOの物的証拠—ツングースカ事件の真実　異星人がやってきた？—ばかげたUFO誘拐事件　古代宇宙人飛来説のまやかし—デーニケンのつくり話　バミューダ・トライアングルの謎解き—第一九飛行中隊失踪事件　衝突する宇宙説の真相—聖書物語は本当だったのか？　なぜ代替医療は流行るのか？—ホメオパシー効果の実態　まだある代替医療の数々—セラピューティック・タッチから尿療法まで　集団ヒステリーが煽る恐怖—電磁波ががんを引き起こす？　現代ニセ科学の傾向と対策・その1—奇跡の治療と自閉症　現代ニセ科学の傾向と対策・その2—筆跡から性格がわかるか？ 〔05831〕

ハ

バイントン, ローランド・H.　Bainton, Rolnad H.

◇ルネサンス—六つの論考（THE RENAISSANCE）　ウォーレス・ファーガソン, ロペス, サートン, バイントン, ブラドナー, パノフスキー著, 沢井繁男訳　国文社　2013.7　248p　20cm　〈索引あり〉2500円　①978-4-7720-0537-1

内容 ルネサンス期の、人間、神、そして教会（ローランド・H.バイントン著） 〔05832〕

ハインリッヒス, ヘルムート　Heinrichs, H.C.Helmut

◇ユダヤ出自のドイツ法律家（DEUTSCHE JURISTEN JUDISCHER HERKUNFT）　ヘルムート・ハインリッヒス, ハラルド・フランツキー, クラウス・シュマルツ, ミヒャエル・シュトレイス著, 森勇監訳　八王子　中央大学出版部　2012.3　25, 1310p　21cm　（日本比較法研究所翻訳叢書 62）〈文献あり 索引あり〉13000円　①978-4-8057-0363-2

内容 商法の注釈者, 積極的契約侵害（positive Vertragsverletzung）の発見者（ヘルムート・ハインリッヒ著, 村山淳子訳） 〔05833〕

ハウ, カロライン・S.

◇アジア主義は何を語るのか—記憶・権力・価値　松浦正孝編著　京都　ミネルヴァ書房　2013.2　671, 6p　22cm　〈索引あり〉8500円　①978-4-623-06488-5

内容 アジア主義におけるネットワークと幻想（カロライン・S.ハウ, 白石隆執筆, 浜由樹子訳） 〔05834〕

ハウ, デビッド　Howe, David

◇ソーシャルワーク理論入門（A brief introduction to social work theory）　デビッド・ハウ著, 杉本敏夫監訳　岐阜　みらい　2011.3　278p　21cm　〈文献あり 索引あり〉2700円　①978-4-86015-218-5 〔05835〕

ハウ, ブレンダン・マーク

◇デモクラシーとコミュニティ—東北アジアの未来を考える　中神康博, 愛甲雄一編　未来社　2013.9　352p　21cm　（成蹊大学アジア太平洋研究センター叢書）　3800円　①978-4-624-30120-0

内容 日本の民主政治、ガヴァナンス、人間の安全保障（ブレンダン・マーク・ハウ著, 愛甲雄一訳） 〔05836〕

ハウ, A.L.

◇明治保育文献集　第5巻　岡田正章監修　日本図書センター　2011.5　365p　22cm　〈日本らいぶらり1977年刊の複製〉①978-4-284-30511-2

内容 保育学初歩（A.L.ハウ著, 坂田幸三郎訳） 〔05837〕

バウアー, エーリッヒ

◇ゾルゲ事件関係外国語文献翻訳集　no.32　日露歴史研究センター事務局編　〔川崎〕　日露歴史研究センター事務局　2012.2　52p　30cm　700円

内容 リヒアルト・ゾルゲの知られざる写真（エーリッヒ・バウアー著） 〔05838〕

◇日独交流150年の軌跡　日独交流史編集委員会編　雄松堂書店　2013.10　345p　29cm　〈布装〉3800円　①978-4-8419-0655-4

内容 自然科学と技術分野における日独の学問移転：第一次世界大戦まで 他（エーリッヒ・バウアー著, 村瀬天出夫訳） 〔05839〕

バウアー, サラ・ブライアント

◇大学学部長の役割—米国経営系学部の研究・教育・サービス（The dean's perspective）　クリシナ・S.ディア編著, 佐藤修訳　中央経済社　2011.7　245p　21cm　3400円　①978-4-502-68720-4

内容 二人の学部長の見方 他（サラ・ブライアント・バウアー, アイリーン・A.ホーガン述） 〔05840〕

バウアー, ジェフリー・C.

◇知識の創造・普及・活用—学習社会のナレッジ・マネジメント（Knowledge management in the learning society）　OECD教育研究革新センター編著, 立田慶裕監訳　明石書店　2012.3　505p　22cm　〈訳：青山貴子ほか〉5600円　①978-4-7503-3563-6

内容 アメリカにおける進歩的経験の意義（ジェフリー・C.バウアー著, 今西幸蔵訳） 〔05841〕

バウアー, ジョセフ・L.　Bower, Joseph L.

◇ハーバードが教える10年後に生き残る会社、消える会社（CAPITALISM AT RISK）　ジョセフ・バウアー, ハーマン・レオナード, リン・ペイン著, 峯村利哉訳　徳間書店　2013.4　307p　20cm　1700円　①978-4-19-863599-2

内容 第1部 資本主義の未来に待ち受けるもの（大転換する世界経済とビジネスの変容　2030年までに世界経済に何が起こるか　世界の経営者が警告する迫り来る危機　マーケットはいかにして自ら脅威を生み出すのか）　第2部 資本主義の危機に企業はどう対応すべきか（世界の経営者が考えるビジネス界の現在と未来　ビジネスモデルの変革で危機をチャンスに変えた企業　新たな資本主義の時代に求められる企業の役割　ビジネス界の大再編が世界を変える） 〔05842〕

バウアー, ブライアン・S.

◇インカ帝国—研究のフロンティア　島田泉, 篠田謙一編著　秦野　東海大学出版会　2012.3　428p　27cm　（国立科学博物館叢書 12）〈索引あり〉3500円　①978-4-486-01929-9

内容 インカ国家の起源（ダグラス・K.スミット, ブライ

アン・S.バウアー著, 松本雄一訳）〔05843〕

パーヴィス, フィリダ

◇歴史と和解　黒沢文貴, イアン・ニッシュ編　東京大学出版会　2011.7　424, 9p　22cm　〈索引あり〉5700円　①978-4-13-026228-6

内容 記憶、歴史、和解（フィリダ・パーヴィス著, 杉野明訳）〔05844〕

バーヴィスカル, アミター

◇持続可能な福祉社会へ—公共性の視座から　4　アジア・中東—共同体・環境・現代の貧困　柳沢悠, 栗田禎子編著　勁草書房　2012.7　292p　22cm　〈奥付のタイトル：双書持続可能な福祉社会へ　索引あり〉3000円　①978-4-326-34883-1

内容 インドの首都における対立（アミター・バーヴィスカル執筆, 柳沢悠訳）〔05845〕

パーヴィン, ダイアン

◇ライフコース研究の技法—多様でダイナミックな人生を捉えるために（The Craft of Life Course Research）　グレン・H.エルダー,Jr., ジャネット・Z.ジール編著, 本田時雄, 岡林秀樹監訳, 登張真稲, 中尾暢見, 伊藤教子, 磯谷俊仁, 玉井航太, 藤原善美訳　明石書店　2013.7　470p　22cm　〈文献あり 索引あり〉6700円　①978-4-7503-3858-3

内容 縦断的エスノグラフィー（リンダ・M.バートン, ダイアン・パーヴィン, レイモンド・G.ピータース著, 本田時雄訳）〔05846〕

ハーヴェー, バーバラ　Harvey, Barbara F.

◇オックスフォード ブリテン諸島の歴史　4　12・13世紀—1066年—1280年頃（The Short Oxford History of the British Isles：The Twelfth and Thirteenth Centuries）　鶴島博和日本語版監修　バーバラ・ハーヴェー編, 吉武憲司監訳　慶応義塾大学出版会　2012.10　394, 86p　22cm　〈文献あり 年表あり 索引あり〉5800円　①978-4-7664-1644-2

内容 序論 他（バーバラ・ハーヴェー著, 吉武憲司訳）〔05847〕

ハーヴェイ, デヴィッド　Harvey, David

◇〈資本論〉入門（A companion to Marx's capital）　デヴィッド・ハーヴェイ著, 森田成也, 中村好孝訳　作品社　2011.9　549p　20cm　〈文献あり〉2800円　①978-4-86182-345-9

内容 『資本論』をどう読むべきか　商品と価値　貨幣とその諸機能　資本の生成と労働力商品　労働過程の弁証法と剰余価値生産　労働日と階級闘争の政治学　相対的剰余価値の生産と階級戦略　機械と大工業1—技術と諸契機の弁証法　機械と大工業2—機械と階級闘争のダイナミズム　剰余価値論から資本蓄積論へ　資本主義的蓄積と貧困　本源的蓄積と「略奪による蓄積」　省察と予測〔05848〕

◇資本の〈謎〉—世界金融恐慌と21世紀資本主義（The enigma of capital）　デヴィッド・ハーヴェイ著, 森田成也, 大屋定晴, 中村好孝, 新井田智幸訳　作品社　2012.2　387p　20cm　〈文献あり〉2500円　①978-4-86182-366-4

内容 第1章 なぜ金融恐慌は起こったか？　第2章 どのように資本は集められるのか？　第3章 どのように資本は生産をしているか？　第4章 どのように資本は市場を通るのか？　第5章 資本主義発展の共進化　第6章 資本の流れの地理学　第7章 地理的不均等発展の政治経済学　第8章 何をなすべきか？ 誰がなすべきか？　ペーパーバック版あとがき 恐慌の反復か、資本主義からの転換か　日本語版解説「資本の謎」の謎解きのために〔05849〕

◇都市社会学セレクション　3　都市の政治経済学　町村敬志編　日本評論社　2012.9　314p　22cm　3800円　①978-4-535-58594-2

内容 社会的公正、ポストモダニズム、都市（デイヴィッド・ハーヴェイ執筆, 高木恒一訳）〔05850〕

◇反乱する都市—資本のアーバナイゼーションと都市の再創造（Rebel Cities）　デヴィッド・ハーヴェイ著, 森田成也, 大屋定晴, 中村好孝, 新井大輔訳　作品社　2013.2　321p　20cm　2400円　①978-4-86182-420-3

内容 第1部 都市への権利—金融危機、都市コモンズ、独占レント（都市への権利—資本のアーバナイゼーションへの対抗運動　金融危機の震源地としての都市　都市コモンズの創出　レントの技法—文化資本とコモンズの攻防）　第2部 反乱する都市—エルアルト、ロンドン、ウォールストリート（反資本主義闘争のために都市を取り返す　二〇一一年ロンドン—野蛮な資本主義がストリートを襲う　ウォールストリート占拠（OWS）—「ウォールストリートの党」が復讐の女神に遭うとき）　付録 都市と反乱の現在—デヴィッド・ハーヴェイ、インタヴュー（来たる都市革命—世界各地の都市反乱は新時代の始まりを告げるか？　「都市への権利」から都市革命へ—『反乱する都市』について）〔05851〕

◇コスモポリタニズム—自由と変革の地理学（Cosmopolitanism and the Geographies of Freedom）　デヴィッド・ハーヴェイ著, 大屋定晴訳・解説, 森田成也, 中村好孝, 岩崎明子訳　作品社　2013.9　609p　20cm　〈文献あり 索引あり〉3800円　①978-4-86182-446-3

内容 プロローグ 自由のレトリックと地理学の悪魔　第1部 普遍的価値のパラドクス（カントの人間学と地理学　自由主義的コスモポリタニズムに対するポストコロニアル批判　新自由主義的ユートピアニズムのフラットな世界　新しいコスモポリタンたち　地理学的悪の陳腐さ）　第2部 地理学的知識の政治学（地理学的理性の狡智　時空間性の弁証法と世界　場所、地域、領土　環境とは何か）　エピローグ 変革の地理学理論に向けて　日本語版解説 ハーヴェイによる地理学的批判理論の構築—グローバル資本主義に抗するコスモポリタニズムのために（大屋定晴）〔05852〕

ハーウェイ, ミッシェル　Harway, Michele

◇パートナー暴力—男性による女性への暴力の発生メカニズム（What causes men's violence against women？）　ミッシェル・ハーウェイ, ジェームズ・M.オニール編著, 鶴元春訳　京都　北大路書房　2011.9　303p　21cm　〈文献あり〉3700円　①978-4-7628-2763-1

内容 男性による女性に対する暴力リスク要因を説明する改訂多変量モデル—理論的命題, 新仮説および事前対策提言 他（ミッシェル・ハーウェイ, ジェームズ・M.オニール）〔05853〕

ハ

バーウェル, グレアム　Barwell, Graham

◇人文学と電子編集―デジタル・アーカイヴの理論と実践（ELECTRONIC TEXTUAL EDITING）　ルー・バーナード, キャサリン・オブライエン・オキーフ, ジョン・アンスワース編, 明星聖子, 神崎正英監訳　慶応義塾大学出版会　2011.9　503p　21cm　4800円　①978-4-7664-1774-6

内容 電子版の真正性認証（フィル・ベリー, ポール・エガート, クリス・ティフィン, グレアム・バーウェル）〔05854〕

パウエル, コリン　Powell, Colin L.

◇リーダーを目指す人の心得（IT WORKED FOR ME）　コリン・パウエル, トニー・コルツ著, 井口耕二訳　飛鳥新社　2012.10　349p　20cm　1700円　①978-4-86410-193-6

内容 第1章 コリン・パウエルのルール（13カ条のルール）　第2章 己を知り、自分らしく生きる（常にベストを尽くせ。見る人は見ている　「人生のポイント」をどう数えるか ほか）　第3章 人を動かす（部下を信じる　部下に尊敬されようとするな、まず部下を尊敬せよ ほか）　第4章 情報戦を制する（ハードウェアが変わるたびに、考え方を変えろ　わかっていることを言え ほか）　第5章 150%の力を組織から引きだす（「私の側近として生き残る方法」―新しい部下に配るメモ　ひとつのチーム、ひとつの戦い ほか）　第6章 人生をふり返って―伝えたい教訓（戦いの鉄則―パウエル・ドクトリン　壊した人が持ち主になる ほか）〔05855〕

パウエル, バート

◇アタッチメントを応用した養育者と子どもの臨床（Attachment theory in clinical work with children）　ダビッド・オッペンハイム, ドグラス・F.ゴールドスミス編, 数井みゆき, 北川恵, 工藤晋平, 青木豊訳　京都　ミネルヴァ書房　2011.6　316p　22cm　〈文献あり〉4000円　①978-4-623-05731-3

内容 サークル・オブ・セキュリティという取り組み（バート・パウエル, グレン・クーパー, ケント・ホフマン, ロバート・マービン著）〔05856〕

ハウエルズ, ロバート　Howells, Robert

◇シオン修道会が明かすレンヌ＝ル＝シャトーの真実―秘密結社の地下水脈からイエス・キリストの血脈まで（Inside the Priory of Sion）　ロバート・ハウエルズ著, 山田詩津夫訳　ベストセラーズ　2012.8　494p　19cm　〈文献あり 索引あり〉2400円　①978-4-584-13437-5

内容 第1部 シオン修道会（シオン修道会　隠された歴史　歴代会員　表舞台への登場）　第2部 謎（レンヌ＝ル＝シャトー―フランスの謎　マグダラのマリア教会　風景　浮かび上がったテーマ　巡礼　『ル・セルパン・ルージュ（赤い蛇）』　神殿と墓　遺物の時代）　第3部 血脈（マグダラのマリア　異端と歴史　血脈と王の時代　芸術とシンボリズム　錬金術とグノーシス）　第4部 結末（黙示録　最後に思うこと）〔05857〕

パヴコヴィック, マイケル・F.

◇戦闘技術の歴史　4　ナポレオンの時代編―AD1792-AD1815（FIGHTING TECHNIQUES OF THE NAPOLEONIC AGE）　ロバート・B.ブルース, イアン・ディッキー, ケヴィン・キーリー, マイケル・F.パヴコヴィック, フレデリック・C.シュネイ著, 浅野明監修, 野下祥子訳　大阪　創元社　2013.4　367p　22cm　〈文献あり 索引あり〉4500円　①978-4-422-21507-5

内容 第1章 歩兵の役割（縦長隊形　戦術の再考 ほか）　第2章 騎兵の戦闘（騎兵の馬　隊形と規律 ほか）　第3章 指揮と統率（スイス選抜歩兵将校（第三スイス連隊）王室騎馬兵将校（イギリス））　第4章 火砲と攻囲戦（野戦砲の発達　リヒテンシュタイン・システム ほか）　第5章 海戦（攻撃力　艦隊戦術 ほか）〔05858〕

ハウザー, ロバート・M.

◇ライフコース研究の技法―多様でダイナミックな人生を捉えるために（The Craft of Life Course Research）　グレン・H.エルダー,Jr., ジャネット・Z.ジール編著, 本田時雄, 岡林秀樹監訳, 登張真稲, 中尾暢見, 伊藤教子, 磯谷俊仁, 玉井航太, 藤原善美訳　明石書店　2013.7　470p　22cm　〈文献あり 索引あり〉6700円　①978-4-7503-3858-3

内容 ウィスコンシン縦断研究（ロバート・M.ハウザー著, 登張真稲訳）〔05859〕

バウジンガー, ヘルマン　Bausinger, Hermann

◇フォルクスクンデ―ドイツ民俗学 上古学の克服から文化分析の方法へ（Volkskunde）　ヘルマン・バウジンガー著, 河野真訳　京都　文緝堂　2010.3　439p 図版32p　22cm　〈文献あり〉5000円　①978-4-9901976-4-3〔05860〕

◇ドイツ人はどこまでドイツ的？―国民性をめぐるステレオタイプ・イメージの虚実と因由（Typisch Deutsch）　ヘルマン・バウジンガー著, 河野真訳　京都　文緝堂　2012.3　292p　22cm　（愛知大学文学会叢書 17）〈文献あり〉2500円　①978-4-9901976-6-7〔05861〕

ハウズ, C.*　Hawes, Catherine

◇インターライ方式ケアアセスメント―居宅・施設・高齢者住宅（InterRAI home care (HC) assessment form and user's manual, 9.1 〔etc.〕）　John N.Morris〔ほか〕著, 池上直己監訳, 山田ゆかり, 石橋智昭訳　医学書院　2011.12　367p　30cm　3800円　①978-4-260-01503-5〔05862〕

ハウスナー, ミハエル

◇成年後見法における自律と保護―成年後見法世界会議講演録　新井誠監修, 2010年成年後見法世界会議組織委員会編, 紺野包子訳　日本評論社　2012.8　319p　21cm　〈英語抄訳付〉5600円　①978-4-535-51865-0

内容 成年後見法（ミハエル・ハウスナー著）〔05863〕

バウズマ, ウィリアム・J.　Bouwsma, William James

◇ルネサンスの秋―1550-1640（THE WANING OF THE RENAISSANCE）　ウィリアム・J.バウズマ〔著〕, 沢井繁男訳　みすず書房　2012.9　330, 20p　22cm　〈文献あり 索引あり〉6000円　①978-4-622-07687-2

内容 ヨーロッパの文化的共同体　「自己」の解放　「知

ハ

識」の解放　「時間」の解放　「空間」の解放　「政治」の解放　「宗教」の解放　「時代」の悪化　ルネサンス期の「演劇」と「私」の危機　文化的秩序に向かって　再編された「自己」　確実さの探求―懐疑論から客観知へ　歴史意識の衰退　社会的・統治的秩序　宗教的秩序　芸術的秩序　〔05864〕

バウマイスター, ロイ　Baumeister, Roy F.

◇WILLPOWER意志力の科学（WILLPOWER）　ロイ・バウマイスター, ジョン・ティアニー著, 渡会圭子訳　インターシフト　2013.5　355p　20cm　〈発売：合同出版〉1800円　①978-4-7726-9535-0

内容 幸せと成功の鍵　意志力とは何だろう？　意志力のもとになるエネルギーを高める　計画を立てるだけで効果あり　決定疲れ　自分を数値で知れば、行動が変わる　意志力はこうして鍛える　探検家に秘訣を学ぶ　特別な力　能力を伸ばすのは、自尊心より自制心　ダイエットせずに減量を成功させる　守りよりも、攻めの戦略を　〔05865〕

バウマン, ジグムント　Bauman, Zygmunt

◇コラテラル・ダメージ―グローバル時代の巻き添え被害（Collateral damage）　ジグムント・バウマン著, 伊藤茂訳　青土社　2011.12　296, 4p　20cm　〈索引あり〉2400円　①978-4-7917-6637-6

内容 第1章 アゴラから市場へ　第2章 コミュニズムへの挽歌　第3章 リキッド・モダンの時代の社会的不平等の運命　第4章 見知らぬ人間は本当に危険か？　第5章 消費主義と道徳　第6章 プライバシー、秘密、親密性、人間の絆など―リキッド・モダンの巻き添え被害者　第7章 運と対策の個人化　第8章 近代のアテネに古代エルサレムの疑問への回答を求める　第9章 悪の自然誌　第10章 われわれのような貧しい人間　第11章 社会学―どこからどこへ？　〔05866〕

◇《非常事態》を生きる―金融危機後の社会学（Living on borrowed time）　ジグムント・バウマン, チットラーリ・ロヴィローザ＝マドラーゾ著, 高橋良輔, 高沢洋志, 山田陽訳　作品社　2012.3　352p　20cm　〈文献あり〉2500円　①978-4-86182-364-0

内容 第1部 液状化していく政治経済構造（テーマ「資本主義」　金融・信用危機―銀行の失敗か？　それとも、大成功の帰結か？　いずれにしろ資本主義は死んではいない　テーマ「福祉国家」　経済のグローバル化時代における福祉国家とは？―ベンサムが構想したパノプティコンの最後の残滓？　貧しい人々を取り締まるものか、それとも救うものか？　テーマ「民主主義と主権」　いわゆる「国家」とは何か？―民主主義、主権、人権を再考する）　第2部 人間なるものの行方（テーマ「ジェノサイド」　モダニティ、ポスト・モダニティ、ジェノサイド―十分の一刑と征服から「コラテラル・ダメージ（巻き添え被害）」へ　テーマ「人口問題」　人口、そして廃棄された生の生産と再生産―偶然性と不確定性から容赦のないバイオテクノロジーへ（ウォールストリートを超えて）　テーマ「原理主義」　世俗的原理主義と宗教的原理主義の抗争―二一世紀に繰り広げられるのはドグマ間の競争か、権力をめぐる闘争か　テーマ「科学/技術」　遺伝情報を書き込む―新たな経済のための新たなグラマトロジー「死すべき人間（ホモ・モータルス）」からDIY（Do It Yourself 自分でしよう）の「[illegible]」の[illegible]、そして遺伝子的エリート支配（ジェネトクラシー）の到来　テーマ「世代・ロスジェネ」　ユートピア、愛情、もしくはロスト・ジェネレーション）　〔05867〕

◇液状不安（LIQUID FEAR）　ジグムント・バウマン著, 沢井敦訳　青弓社　2012.9　280p　22cm　（ソシオロジー選書 2）〈索引あり〉4000円　①978-4-7872-3344-8

内容 序論 不安の源泉・動態・用法について　第1章 死への恐れ　第2章 不安と悪　第3章 管理できないものの恐怖　第4章 グローバルなものの脅威　第5章 不安を浮遊させるということ　第6章 不安に抗する思考（あるいは、どうしたらいいのかと問うであろう人のための、決定的なものではない結論）　〔05868〕

◇私たちが, すすんで監視し, 監視される, この世界について―リキッド・サーベイランスをめぐる7章（LIQUID SURVEILLANCE）　ジグムント・バウマン, デイヴィッド・ライアン著, 伊藤茂訳　青土社　2013.6　220, 6p　20cm　〈索引あり〉2200円　①978-4-7917-6703-8

内容 第1章 ドローンとソーシャルメディア　第2章 ポスト・パノプティコンとしてのリキッド・サーベイランス　第3章 遠隔性、遠隔化、自動化　第4章 セキュリティ・インセキュリティと監視　第5章 消費主義、ニューメディア、社会的振り分け　第6章 監視を倫理的に検証する　第7章 行為主体と希望　〔05869〕

バウマン, コラム　Bauman, Yoram

◇この世で一番おもしろいミクロ経済学―誰もが「合理的な人間」になれるかもしれない16講（The cartoon introduction to economics. vol.1：microeconomics）　ヨラム・バウマン著, 山形浩生訳　ダイヤモンド社　2011.11　217p　21cm　〈イラスト：グレディ・クライン〉1500円　①978-4-478-01324-3

内容 1 個人の最適化戦略（はじめに―経済学って、そもそも何を扱うの？　ディシジョンツリー―意思決定を惑わすサンクコスト　時間―今日の1万円と明日の1万円は違うって!?　ほか）　2 相互関係における最適化戦略（ケーキを切り分ける―話をややこしくする「ゲーム理論」　パレート効率性―「公平」って実現できるの？　同時手番ゲーム―自分のためが「みんなのため」にならない「囚人のジレンマ」　ほか）　市場における最適化戦略（需要と供給―価格はどう決まるのさ？　税金―いったいだれが負担しているの？　限界効用―需要と供給のもう1つの顔　ほか）　〔05870〕

◇この世で一番おもしろいマクロ経済学―みんながもっと豊かになれるかもしれない16講（THE CARTOON INTRODUCTION TO ECONOMICS, Volume Two：Macroeconomics）　ヨラム・バウマン著, 山形浩生訳　ダイヤモンド社　2012.5　232p　21cm　〈イラスト：グレディ・クライン　索引あり〉1500円　①978-4-478-01783-8

内容 1 単一のマクロ経済学（失業―なぜ「職のない人」をなくせないのか？　お金/貨幣―金融政策は経済を救う!?　インフレーション―経済成長のための「バランスの取れたインフレ」　国内総生産（GDP）―経済を測るモノサシ、その使い方　政府の役割―政府は経済を何とかできるのか？）　2 国際貿易におけるマクロ経済学（貿易と技術―経済学者が自由貿易をオススメする3つの理由　古典派の経済観―アダム・スミスが信じた自由貿易と比較優位　貿易にまつわる面倒な話―たとえば人権とか保護主義とか　開発援助

(ODA)—最高の援助は「貿易」にあり!?　外国為替—通貨を取引するための不確実な手段)　3 グローバルなマクロ経済学(景気の波の終わり？—金融政策と財政政策の終わりなき戦い　貧困の終わり？—貧困国が「キャッチアップ」するための成長のレシピ　惑星地球の終わり？—地球温暖化を解決するための「市場」の使い方　若さの終わり？—財政破綻せずに高齢化社会を乗り切れるか!?)　〔05871〕

バウマン, リチャード　Bauman, Richard

◇アメリカ民俗学—歴史と方法の批判的考察　小長谷英代, 平山美雪編訳　岩田書院　2012.3　338p　22cm　〈文献あり〉9500円　①978-4-87294-738-0

内容 口承伝統の研究におけるパフォーマンスの民族誌(リチャード・バウマン, ドナルド・ブレイド著, 平山美雪解説・訳)　〔05872〕

バウムガルトナー, ハンス・ミヒャエル　Baumgartner, Hans Michael

◇カント入門講義—『純粋理性批判』読解のために(Kants "Kritik der reinen Vernunft")　ハンス・ミヒャエル・バウムガルトナー〔著〕, 有福孝岳監訳　新装版　法政大学出版局　2011.4　172, 20p　20cm　(叢書・ウニベルシタス 428)　〈文献あり 索引あり〉2500円　①978-4-588-09937-3

内容 1 歴史的展望—経験論と合理論、独断論と懐疑論　2 超越論的哲学の理念と課題—『純粋理性批判』の第一版および第二版の序文と序論　3『純粋理性批判』の構成—その体系的連関　4 感性—直観の形式としての空間と時間(超越論的感性論)　5 悟性—カテゴリーと原則(超越論的分析論)　6 理性—超越論的仮象と超越論的弁証論の課題　7 人間理性の自然的弁証論の意義とその成果　8 超越論的方法論　9『純粋理性批判』の統一、ならびに他の批判的主著と『純粋理性批判』との連関　10 困難、問題、疑問　〔05873〕

◇時間の謎—哲学的分析(Das Rätsel der Zeit)　ハンス・ミカエル・バウムガルトナー編, 田中隆訳　丸善書店出版サービスセンター　2013.8　353p　22cm　非売品　①978-4-89630-281-3　〔05874〕

パウラス, G.＊　Pawlas, George E.

◇教師というキャリア—成長続ける教師の六局面から考える(Life cycle of the career teacher)　Betty E.Steffy,Michael P.Wolfe,Suzanne H. Pasch,Billie J.Enz編著, 三村隆男訳　雇用問題研究会　2013.3　190p　21cm　〈文献あり〉2000円　①978-4-87563-261-0

内容 第二局面にある教師 : the Apprentice Teacher (Mary C.Clement, Billie J.Enz, George E.Pawlas)　〔05875〕

パウリー, ヴァルター

◇ユダヤ出自のドイツ法律家(DEUTSCHE JURISTEN JUDISCHER HERKUNFT)　ヘルムート・ハインリッヒス, ハラルド・フランツキー, クラウス・シュマルツ, ミヒャエル・シュトレイス著, 森勇監訳　八王子　中央大学出版部　2012.3　25, 1310p　21cm　(日本比較法研究所翻訳叢書 62)　〈文献あり 索引あり〉13000円　①978-4-8057-0363-2

内容 学問としての国法学(ヴァルター・パウリー著, 土屋武訳)　〔05876〕

パウル, シュテファン　Paul, Stephan

◇経営学の基本問題(Institutionenokonomie und Betriebswirtschaftslehre)　A.ホルシュ,H.マインヘーヴェル,S.パウル編著, 深山明監訳, 関野賢, 小沢優子訳　中央経済社　2011.10　211p　21cm　〈索引あり〉2600円　①978-4-502-69040-2

内容 第1章 新制度派経済学と経営経済学　第2章 科学理論と経営経済学　第3章 新古典派以前の経済学　第4章 新古典派理論と経営経済学　第5章 プリンシパル・エージェント理論の基礎　第6章 エージェンシー理論と保険契約　第7章 裁量権と取引コスト　第8章 エージェンシー問題とゲーム理論　第9章 進化論的経済学と企業者職能論　第10章 企業者職能と競争力　第11章 一般経営経済学の歴史と課題　〔05877〕

ハウレット, ダリル　Howlett, Darryl

◇戦略論—現代世界の軍事と戦争(Strategy in the Contemporary World(原著第3版)(抄訳))　ジョン・ベイリス, ジェームズ・ウィルツ, コリン・グレイ編, 石津朋之監訳　勁草書房　2012.9　314p　21cm　〈文献あり 索引あり〉2800円　①978-4-326-30211-6

内容 戦略文化(ダリル・ハウレット, ジェフリー・ランティス著, 道下徳成訳)　〔05878〕

パウロ6世　Paulus

◇マリアーリス・クルトゥス—聖母マリアへの信心　教皇パウロ六世使徒的勧告(APOSTOLIC EXHORTATION MARIALIS CULTUS)　教皇パウロ六世著, 井上博嗣訳　カトリック中央協議会　2013.7　189p　15cm　(ペトロ文庫 023)　〈中央出版社 1976年刊の修正・追加〉600円　①978-4-87750-177-8　〔05879〕

パウンガー, ヨハンナ　Paungger, Johanna

◇ザ・コード—人生をひらく誕生日の数字(DAS TIROLER ZAHLENRAD)　ヨハンナ・パウンガー, トーマス・ポッペ著, 奥沢しおり, 奥沢駿訳　ソフトバンククリエイティブ　2012.4　357p　19cm　1500円　①978-4-7973-6614-3

内容 1「コード」と「ホイール」の秘法(あなたの「コード」とは？　「ホイール」のエネルギー)　2「ステーション」の教え(北 : 6と1 統率力、洞察力、決断力　東 : 8と3 共感し未来を見る力 ほか)　3「サイン」の知恵(「ステーション」が1つの人　「ステーション」が2つの人 ほか)　4「コード」と癒し(日常生活と「サイン」　「コード」を使った生活のレベルアップ ほか)　〔05880〕

パウンドストーン, ウィリアム　Poundstone, William

◇Googleがほしがるスマート脳のつくり方—ニューエコノミーを生き抜くために知っておきたい入社試験の回答のコツ(Are You Smart Enough to Work at Google？)　ウィリアム・パウンドストーン著, 桃井緑美子訳　青土社　2012.8　362, 32p　20cm　〈文献あり 索引あり〉2200円　①978-4-7917-6661-1

内容 1 グーグルプレックスは激戦の場—超人気企業に採用されるには　2 創造力というカルト—人事の歴

史、あるいはなぜ面接官は悪乗りするのか　3 ひっかかった、面食らった！―大不況はいかにして奇問珍問を流行らせたか　4 グーグルの採用システム――三〇人の応募者からどうやって一人を選ぶのか　5 エンジニアという人種 彼らのように考えないためには―単純に考えることの大切さ　6 クセもの問題対策の手引き―面接官の隠された意図を見抜く　7 ホワイトボード利用術―図を用いて解答するコツ　8 フェルミ博士と地球外生物――六秒以下で答えを出すには　9 割れない卵―「どのようにして」を問う問題　10 自分の頭の重さを測る―絶体絶命のときはどうするか　解答編　〔05881〕

パエス, D.*　Paez, Dario R.

◇紛争と平和構築の社会心理学―集団間の葛藤とその解決（INTERGROUP CONFLICTS AND THEIR RESOLUTION）　ダニエル・バル・タル編著, 熊谷智博, 大淵憲一監訳　京都　北大路書房　2012.10　375p　21cm　〈索引あり〉4000円　①978-4-7628-2787-7

内容 紛争の集合的記憶（James Hou-fu Liu, Dario R. Paez著, 山口奈緒美訳）　〔05882〕

バーガー, エドワード・B.　Burger, Edward B.

◇限界を突破する5つのセオリー――人生の大逆転を生むスマート思考術（THE 5 ELEMENTS OF EFFECTIVE THINKING）　エドワード・B. バーガー, マイケル・スターバード著, 中里京子訳　新潮社　2013.6　202p　20cm　1500円　①978-4-10-506451-8

内容 1 思考の基礎固め―深く理解しよう　2 誤りが生む洞察力―成功するために失敗しよう　3 何もないところから問いを生み出す―自分自身のソクラテスになろう　4 アイデアの流れをつかむ―過去を見よう、未来を見よう　5 変化を起こす―自分を変えよう　効率的な思考を刺激するヒント―概要　〔05883〕

バーカー, ジョエル

◇ストーリーで学ぶ経営の真髄（Learn like a leader）　マーシャル・ゴールドスミス, ビバリー・ケイ, ケン・シェルトン編, 和泉裕子, 井上実訳　徳間書店　2011.2　311p　19cm　1600円　①978-4-19-863118-5

内容 コーチから学んだ教訓（ジョエル・バーカー著）　〔05884〕

パーカー, ジョナサン　Parker, Jonathan

◇これからのソーシャルワーク実習―リフレクティブ・ラーニングのまなざしから（EFFECTIVE PRACTICE LEARNING IN SOCIAL WORK（原著第2版））　ジョナサン・パーカー著, 村上信, 熊谷忠和監訳　京都　晃洋書房　2012.4　214p　21cm　〈文献あり 索引あり〉2600円　①978-4-7710-2350-5

内容 第1章 実践の学びにおける価値と反抑圧的な実践　第2章 実践における理論の統合とリフレクティブ・プラクティスの開発　第3章 実習の準備をすすめる　第4章 スーパービジョンの活用―実習の学習効果と実践能力の向上を目指して　第5章 実習評価と証拠の収集および能力の証明　第6章 効果的なコミュニケーション技能の向上　第7章 すべてを結びつけること　〔05885〕

パーカー, スティーブ　Parker, Steve

◇ZOOM大図鑑―世界に近づく、世界を見わたす（Zoom Encyclopedia）　マイク・ゴールドスミス, スーザン・ケネディ, スティーブ・パーカー, キャロル・ストット, イザベル・トーマス, ジョン・ウッドワード文, 伊藤伸子訳　京都　化学同人　2013.11　249p　31×26cm　3800円　①978-4-7598-1550-4

内容 自然　人間の体　地球　人と場所　芸術と文化　歴史　科学と技術　宇宙　〔05886〕

バーガー, テレサ　Berger, Teresa

◇女性たちが創ったキリスト教の伝統―聖母マリア、マグダラの聖マリア、ビンゲンのヒルデガルト、アシジの聖クララ、アビラの聖テレサ、マザー・テレサ…（Fragments of real presence）　テレサ・バーガー著, 広瀬和代, 広瀬典生訳　明石書店　2011.6　469p　22cm　〈文献あり 索引あり〉5800円　①978-4-7503-3383-0

内容 マグダラの聖マリア（七月二二日）―「使徒たちへの使徒」を枠に入れる　普通の年間の主日―生活を宣言する　普通でない年間の主日―声なき女性たち　夏の日　全世界のすべての女性は私の神にとって聖なるものである　アシジの聖クララ（八月一一日）―「クララ」と「クレイロール」について―輝きと抵抗をイメージして　マリアの誕生祭（九月八日）―すべての母は娘でもある　ただならぬ一日―二〇〇一年九月一一日　ビンゲンのヒルデガルト（九月一七日）―祝日を探している聖人　アビラの聖テレサ（一〇月一五日）―教会博士　福者マザー・テレサ（一〇月一九日）―女性のシナリオ、「聖人」か「サテン」か「汚れ」か（Saint, Satin or Stain）〔ほか〕　〔05887〕

バーガー, ピーター　Berger, Peter L.

◇懐疑を讃えて―節度の政治学のために（In praise of doubt）　ピーター・バーガー, アントン・ザイデルフェルト著, 森下伸也訳　新曜社　2012.3　214p　20cm　〈索引あり〉2300円　①978-4-7885-1279-5

内容 第1章 近代の神々　第2章 相対化のダイナミズム　第3章 相対主義　第4章 ファンダメンタリズム　第5章 確信と懐疑　第6章 懐疑の限界　第7章 節度の政治学　〔05888〕

パーカー, フィリップ　Parker, Philip

◇イギリスの歴史―ビジュアル版（History of Britain and Ireland）　R.G.グラント, アン・ケイ, マイケル・ケリガン, フィリップ・パーカー著, 田口孝夫, 田中英史, 丸川桂子訳　東洋書林　2012.11　400p　29cm　〈索引あり〉15000円　①978-4-88721-800-0

内容 1 ブリトン人と侵略者―1066年まで　2 中世のイギリス―1066‐1485　3 テューダー朝とステュアート朝―1485‐1688　4 勢力の増大―1688‐1815　5 工業と帝国―1815‐1914　6 現代―1914年以降　〔05889〕

バーカー, ロドニー　Barker, Rodney

◇多元主義と多文化主義の間―現代イギリス政治思想史研究　佐藤正志, ポール・ケリー編　早稲田大学出版部　2013.3　321p　21cm　（早稲田大学現代政治経済研究所研究叢書）　5800円

ハ

①978-4-657-13005-1
内容 イギリス多元主義の多元的な道(ロドニー・バーカー著, 的射場瑞樹訳)　〔05890〕

パーカー, D.C.　Parker, D.C.
◇人文学と電子編集―デジタル・アーカイヴの理論と実践（ELECTRONIC TEXTUAL EDITING）　ルー・バーナード, キャサリン・オブライエン・オキーフ, ジョン・アンスワース編, 明星聖子, 神崎正英監訳　慶応義塾大学出版会　2011.9　503p　21cm　4800円　①978-4-7664-1774-6
内容 宗教テキストの電子化―「ヨハネ福音書」を例に(D.C.パーカー)　〔05891〕

パーカー, F.カルヴィン　Parker, Franklin Calvin
◇仙太郎―ペリー艦隊・黒船に乗っていた日本人サム・パッチ（The Japanese Sam Patch）　F.カルヴィン・パーカー著, 南沢満雄訳　山口　アガリ総合研究所　2011.6　245, 19p　26cm　〈文献あり 年表あり 索引あり〉1714円　①978-4-901151-15-3
内容 1章 海の神々と魔物　2章 アメリカ政府に甘やかされた被後見人　3章 天国から地獄への航路　4章 徴集兵と志願兵　5章 氷の張った小川での浸礼　6章 国旗のもとでの保護　7章 子守　8章 ライス・ケーキと太ったカモ　9章 忠実な人生、やすらかな死　エピローグ　〔05892〕

バーガス, ジュリー・S.
◇認知行動療法という革命―創始者たちが語る歴史（A HISTORY OF THE BEHAVIORAL THERAPIES(抄訳)）　ウィリアム・T.オドナヒュー, デボラ・A.ヘンダーソン, スティーブン・C.ヘイズ, ジェーン・E.フィッシャー, リンダ・J.ヘイズ編, 坂野雄二, 岡島義監訳, 石川信一, 金井嘉宏, 松岡紘史訳　日本評論社　2013.9　283p　21cm　〈文献あり〉3000円　①978-4-535-98362-5
内容 治療的変化におけるスキナーの貢献(ジュリー・S.バーガス著, 岡島義訳)　〔05893〕

パーカー=ポープ, タラ　Parker-Pope, Tara
◇夫婦ゲンカで男はなぜ黙るのか（For better）　タラ・パーカー=ポープ著, 古草秀子訳　NHK出版　2011.9　365p　19cm　2300円　①978-4-14-081504-5
内容 1 より良い結婚生活のために(結婚の現実を知ろう―離婚は少なくなっている　結びつきの科学―浮気するのは遺伝子のせい？　愛の化学反応―ロマンスは測定できる？　セックスの科学―快適な性生活のための傾向と対策　結婚と健康との関係―免疫力をダウンさせる結婚とは？)　2 結婚生活に問題が生じたら―軌道修正するために(あなたの結婚を科学する―夫婦関係の健康度を診断しよう　衝突の科学―夫婦げんかのルール　子育ての科学―子供は天使か、悪魔か　家事の科学―雑用をめぐる戦争　結婚の経済学―愛さえあれば…大丈夫？)　3 今日からできること(性別による役割と主導権争い―対等な結婚というのは幻想か？　結婚生活を長続きさせるには―あなたの離婚リスクはどのくらい？　良い結婚の科学―健全な結婚のための処方箋)　〔05894〕

パカラック, マイケル　Pakaluk, Michael
◇会計倫理の基礎と実践―公認会計士の職業倫理（Understanding accounting ethics (rev.2nd ed.)）　マーク・チェファーズ, マイケル・パカラック著, 藤沼亜起監訳, 「公認会計士の職業倫理」研究会訳　同文舘出版　2011.12　376p　21cm　〈索引あり〉3600円　①978-4-495-19671-4
内容 第1部 倫理に関する知識(会計における倫理とプロフェッショナリズム　会計倫理の基礎)　第2部 倫理観の認識(エンロン―客観性と独立性の喪失　ワールドコム―プロフェッショナリズムと誠実性の喪失)　第3部 倫理的判断(正しい倫理的判断の習得　細則だけではまだ足りない)　第4部 倫理観の向上(会計倫理は教えられるか？　会計倫理とプロフェッショナリズムの向上)　〔05895〕

バーキー, ジョナサン　Berkey, Jonathan Porter
◇イスラームの形成―宗教的アイデンティティーと権威の変遷（The Formation of Islam）　ジョナサン・バーキー著, 野元晋, 太田絵里奈訳　慶応義塾大学出版会　2013.5　356, 85p　22cm　〈文献あり 索引あり〉4800円　①978-4-7664-2033-3
内容 第1部 イスラーム以前の近東(古代末期の諸宗教　イスラーム以前のアラビア ほか)　第2部 イスラームの出現―六〇〇 - 七五〇年(さまざまな研究方法と問題　イスラーム共同体の起源 ほか)　第3部 イスラームの基礎確立―七五〇 - 一〇〇〇年(イスラーム的アイデンティティーの諸問題　宗教と政治 ほか)　第4部 中期のイスラーム――〇〇〇 - 一五〇〇年(中期イスラーム近東　中期イスラーム世界の特徴 ほか)　結部(中期から近代イスラームへ)　〔05896〕

バキチ, オリガ
◇満洲の中のロシア―境界の流動性と人的ネットワーク　生田美智子編　横浜　成文社　2012.4　299p　22cm　3400円　①978-4-915730-92-4
内容 ハルビンのロシア語定期刊行物(オリガ・バキチ著, 有宗昌子訳)　〔05897〕

ハキム, キャサリン　Hakim, Catherine
◇エロティック・キャピタル―すべてが手に入る自分磨き（Honey money-the power of erotic capital）　キャサリン・ハキム著, 田口未和訳　共同通信社　2012.2　357p　19cm　1429円　①978-4-7641-0638-3
内容 はじめに エロティック・キャピタルと欲望の駆け引き　第1部 エロティック・キャピタルと現代の性力学(エロティック・キャピタルって何？　欲望の駆け引き　拒絶反応―なぜエロティック・キャピタルは抑圧されてきたのか)　第2部 日常生活の中のエロティック・キャピタル(人生を豊かにするエロティック・キャピタル　今どきのロマンス事情　お金がなければ、楽しみもなし―性を売るということ ほか)　付録A エロティック・キャピタルの測定　付録B 最近の性意識調査　〔05898〕

パーキン, チェタン　Parkyn, Chetan
◇ヒューマンデザイン―あなたが持って生まれた人生設計図　チェタン・パーキン著, 二宮千恵訳, 上田浩司監修　ナチュラルスピリット　2011.4　363p　21cm　2980円　①978-4-86451-003-5
内容 第1章 真のあなたに出会う―レイヴチャート　第2

ハ

章 内なるエネルギー—9つのセンター 第3章 人生に対する姿勢—5つのタイプ 第4章 内なる権威に沿って生きる—より賢い選択のために 第5章 あなたの個性—36本のチャネル 第6章 真実のゲート—64個のゲート 第7章 デザイン・プロファイリング—12種類のプロファイル 第8章 デザインに沿って生きる—統合 〔05899〕

パク, イェギョン*　朴 礼慶

◇朱子家礼と東アジアの文化交渉　吾妻重二, 朴元在編　汲古書院　2012.3　486p　22cm　〈他言語標題 : Zhu Xi's Family Rituals and Cultural Interactions in East Asia　文献あり〉13000円　①978-4-7629-2978-6

内容 『朱子家礼』における人間と社会(朴礼慶執筆, 篠原啓方, 吾妻重二訳) 〔05900〕

バーグ, インスー・キム

◇ダイニングテーブルのミイラ セラピストが語る奇妙な臨床事例—セラピストはクライエントから何を学ぶのか (The mummy at the dining room table)　ジェフリー・A.コトラー, ジョン・カールソン編著, 岩壁茂監訳, 門脇陽子, 森田由美訳　福村出版　2011.8　401p　22cm　〈文献あり〉3500円　①978-4-571-24046-1

内容 幽霊との共生(インスー・キム・バーグ著, 門脇陽子訳) 〔05901〕

パク, インファン

◇成年後見法における自律と保護—成年後見法世界会議講演録　新井誠監修, 2010年成年後見法世界会議組織委員会編, 紺野包子訳　日本評論社　2012.8　319p　21cm　〈英語抄訳付〉5600円　①978-4-535-51865-0

内容 韓国民法改正案における新たな成年後見制度(パク・インファン著) 〔05902〕

パク, ウ*　朴 佑

◇コリアン・ディアスポラと東アジア社会　松田素二, 鄭根埴編　京都　京都大学学術出版会　2013.8　316p　22cm　(変容する親密圏/公共圏 4)　〈索引あり〉3000円　①978-4-87698-250-5

内容 経済的インセンティブと「道具的民族主義」(朴佑著, 金泰植訳) 〔05903〕

パク, ウォンスン*　朴 元淳

◇危機の時代の市民活動—日韓「社会的企業」最前線　秋葉武, 川瀬俊治, 菊地謙, 桔川純子, 広石拓司, 文京洙編著　大阪　東方出版　2012.3　296p　21cm　(希望叢書 2)　2200円　①978-4-86249-196-1

内容 日韓の市民社会 社会的企業を語る(朴元淳述, 広石拓司聞き手, 桔川純子通訳) 〔05904〕

ハク, ウンショウ*　白 雲翔

◇東アジアの古代鉄文化—シンポジウム　松井和幸編　雄山閣　2010.5　187p　21cm　〈会期・会場 : 2007年12月1・2日 北九州市立自然史・歴史博物館(いのちのたび博物館)〉2800円　①978-4-639-02138-4

内容 中国古代鉄器の起源と初期の発展(白雲翔著, 槙林啓介訳) 〔05905〕

バーク, エドマンド　Burke, Edmund

◇〈新訳〉フランス革命の省察—「保守主義の父」かく語りき (Reflections on the revolution in France)　エドマンド・バーク著, 佐藤健志編訳　PHP研究所　2011.3　317p　18cm　1300円　①978-4-569-77453-4

内容 『フランス革命の省察』から学ぶもの フランス革命と名誉革命の違い 過去を全否定してはいけない 人間はどこまで平等か 革命派の暴挙を批判する 教会は大事にすべきだ フランスに革命は不要だった 貴族と聖職者を擁護する 改革はゆっくりやるほうが良い メチャクチャな新体制 社会秩序が根底から崩れる 武力支配と財政破綻 フランス革命が残した教訓 〔05906〕

パク, オクス

◇私を引いて行くあなたは誰か—心の世界の地図が一目でわかるマインド・ナビゲーション　パクオクス著　大阪　エンタイトル出版　2012.10　312p　21cm　〈発売 : 星雲社〉1600円　①978-4-434-16648-8 〔05907〕

バーグ, ガーベン・ヴァン・デン　Berg, Gerben Van den

◇マネジャーのための経営モデルハンドブック—知っておくべき「60」の経営モデル (Key management models (2nd ed.))　マーセル・ヴァン・アッセン, ガーベン・ヴァン・デン・バーグ, ポール・ピーテルスマ著, 竹谷仁宏監訳, 桧垣さゆり訳　ピアソン桐原　2012.3　273p　21cm　〈索引あり〉2300円　①978-4-86401-062-7

内容 1 戦略モデル(アンゾフの製品/市場マトリクス BCGマトリクス ブルー・オーシャン戦略 ほか) 2 戦術モデル(7Sフレームワーク 活動基準原価計算(ABC) ビアーとノーリアのE理論とO理論 ほか) 3 オペレーショナル・モデル(バランス・スコアカード(BSC) ベルビンのチームでの役割 ブランド戦略のペンタグラム(五角星) ほか) 〔05908〕

パク, キョンチョル　朴 京哲

◇高句麗の政治と社会　東北亜歴史財団編, 田中俊明監訳, 篠原啓方訳　明石書店　2012.1　322p　22cm　〈索引あり　文献あり〉5800円　①978-4-7503-3513-1

内容 高句麗の国家形成(朴京哲) 〔05909〕

パク, クァンチュン*　朴 広春

◇先史学・考古学論究　5 下巻　竜田考古会編　熊本　竜田考古会　2010.2　p471-1142　26cm　〈甲元眞之先生退任記念　文献あり　年譜あり　著作目録あり　年表あり〉

内容 韓国阿羅加耶編年と時期区分(朴広春著, 田中聡一訳) 〔05910〕

パク, クネ　朴 槿恵

◇絶望は私を鍛え、希望は私を動かす—朴槿恵自叙伝　朴槿恵著, 横川まみ訳　晩声社　2012.2　285p　20cm　1600円　①978-4-89188-352-2

内容 第1章 庭の広い家の子どもたち(青瓦台、庭の広い家 国防色ズボンの思い出 ほか) 第2章 二二歳のファーストレディー(ああ、お母さん! 荒波を受けて ほか) 第3章 寂しく長い航海(再び訪れた悲

劇　青瓦台を後にして ほか）　第4章 野党代表朴槿恵（さあ始まりだ　ハンナラ党を選ぶ ほか）　第5章 私の信念は世界の舞台で継続する（私の第一の外交原則　北朝鮮の核問題解決のための「食卓論」 ほか）〔05911〕

パク, サングォン＊　朴 相権
◇仏教と癒しの文化　第22回国際仏教文化学術会議実行委員会編　京都　仏教大学国際交流センター　2013.9　187p　22cm　（仏教大学国際学術研究叢書 4）〈発売 : 思文閣出版（京都）〉 1900円　Ⓘ978-4-7842-1706-9
内容 癒し文化のビジョン（朴相権著, 権東祐訳）〔05912〕

パク, サンクック＊　朴 相国
◇東アジアと高麗版大蔵経―秋期特別展関連国際シンポジウム仏教大学開学100周年企画　仏教大学宗教文化ミュージアム編　京都　仏教大学宗教文化ミュージアム　2012.11　77p　30cm　〈会期・会場 : 平成24年11月3日 仏教大学宗教文化ミュージアム宗教文化シアター〉
内容 高麗版大蔵経の版刻場所は南海である（朴相国述, 馬場久幸訳）〔05913〕

パーク, サン・チュル
◇各国における分権改革の最新動向―日本, アメリカ, イタリア, スペイン, ドイツ, スウェーデン　山田徹, 柴田直子編　公人社　2012.9　118p　21cm　1500円　Ⓘ978-4-86162-087-4
内容 スウェーデンにおける地域と地方の統治システム（サン・チュル・パーク著, 穴見明訳）〔05914〕

ハク, ショウショウ＊　白 承鍾
⇒ペク, スンジョン

バーク, ジョナサン　Berk, Jonathan B.
◇コーポレートファイナンス　入門編（Corporate finance（2nd ed.））　ジョナサン・バーク, ピーター・ディマーゾ著, 久保田敬一, 芦田敏夫, 竹原均, 徳永俊史訳　ピアソン桐原　2011.12　661p　22cm　〈索引あり〉 4500円　Ⓘ978-4-89471-384-0
内容 第1部 はじめに（会社　財務諸表分析入門）　第2部 分析ツール（無裁定価格と財務意思決定　リスクの価格 ほか）　第3部 評価の基礎（投資の意思決定法　資本予算の基礎 ほか）　第4部 リスクとリターン（資本市場とリスクのプライシング　最適ポートフォリオの選択と資本資産評価モデル ほか）　第5部 資本構成（1）（完全市場における資本構成　負債と税）〔05915〕

◇コーポレートファイナンス　応用編（Corporate Finance（原著第2版））　ジョナサン・バーク, ピーター・ディマーゾ著, 久保田敬一, 芦田敏夫, 竹原均, 徳永俊史, 山内浩嗣訳　ピアソン桐原　2013.7　769p　22cm　〈索引あり〉 5500円　Ⓘ978-4-89471-395-6
内容 第5部 資本構成（2）（財務的危機、経営者のインセンティブ、情報　ペイアウト政策）　第6部 評価（レバレッジのある場合の資本予算と企業評価　企業評価とファイナンスモデルの作成 : ケーススタディ）　第7部 オプション（金融オプション　オプションの評価 ほか）　第8部 長期資金調達（株式資本調達　負債による資金調達 ほか）　第9部 短期資金調達（運転資本管理　短期ファイナンスプランニング）　第10部 コーポレートファイナンス論におけるスペシャルトピック（M&A　コーポレートガバナンス ほか）〔05916〕

バーグ, シンシア・A.　Berg, Cynthia A.
◇プロジェクト・マネジャーが知るべき97のこと（97 things every project manager should know）　Barbee Davis編, 笹井崇司訳, 神庭弘年監修　オライリー・ジャパン　2011.11　240p　21cm　〈発売 : オーム社〉 1900円　Ⓘ978-4-87311-510-8
内容 真の成功にはサポートする組織が必要 他（シンシア・A.バーグ）〔05917〕

ハク, セキリュウ＊　白 石隆
◇アジア主義は何を語るのか―記憶・権力・価値　松浦正孝編著　京都　ミネルヴァ書房　2013.2　671, 6p　22cm　〈索引あり〉 8500円　Ⓘ978-4-623-06488-5
内容 アジア主義におけるネットワークと幻想（カロライン・S.ハウ, 白石隆執筆, 浜由樹子訳）〔05918〕

パク, チュンヒョン
◇韓国の歴史教科書―検定版 高等学校韓国史　イインソク, チョンヘンニョル, パクチュンヒョン, パクポミ, キムサンギュ, イムヘンマン著, 三橋広夫, 三橋尚子訳　明石書店　2013.12　406p　21cm　（世界の教科書シリーズ 39）　4600円　Ⓘ978-4-7503-3907-8〔05919〕

パク, チョル　朴 哲
◇グレゴリオ・デ・セスペデス―スペイン人宣教師が見た朝鮮と文禄・慶長の役（Testimonios literarios de la labor cultural de las misiones españolas en el Extremo Oriente）　朴哲著, 谷口智子訳　横浜　春風社　2013.7　394, 33p　22cm　〈文献あり〉 4600円　Ⓘ978-4-86110-366-7
内容 1 グレゴリオ・デ・セスペデスの出生と家族　2 朝鮮におけるグレゴリオ・デ・セスペデス　3 グレゴリオ・デ・セスペデスが朝鮮で書いた書簡　4 日本におけるグレゴリオ・デ・セスペデス　5 グレゴリオ・デ・セスペデスが日本で書いた書簡　6 宣教師たちの記録に映る朝鮮のイメージ　7 布教活動の様子　8 グレゴリオ・デ・セスペデスの書簡に関する研究〔05920〕

ハク, ナンクン＊　白 南薫
⇒ペク, ナムフン＊

バーク, ピーター　Burke, Peter
◇文化のハイブリディティ（CULTURAL HYBRIDITY）　ピーター・バーク著, 河野真太郎訳　法政大学出版局　2012.10　174p　20cm　（サピエンティア 26）〈索引あり〉 2400円　Ⓘ978-4-588-60326-6
内容 第1章 多様な対象　第2章 多様な用語　第3章 多様な状況　第4章 多様な反応　第5章 多様な帰結〔05921〕

ハ

パク, ヒョンギュ　朴 炯圭《Park, Hyeong-kyu》
◇路上の信仰—韓国民主化闘争を闘った一牧師の回想　朴炯圭著, 山田貞夫訳　新教出版社　2012.4　457p　20cm　〈文献あり 著作目録あり 年譜あり 索引あり〉 2381円　①978-4-400-52350-5
内容 1 私を育てたクリスチャンホーム　2 神学の探求　3 都市貧民の中へ　4 維新体制との対決　5 民主化運動の受難　6 民主化を再び阻んだ新軍部　7 春はまだ来ない　〔05922〕

パク, フゴン*　朴 侯建
◇東アジアのウフカジ—大風 徐勝先生退職記念文集　徐勝先生退職記念事業実行委員会（日本・韓国）編　京都　かもがわ出版　2011.2　278p　21cm　〈著作目録あり 年譜あり〉 1800円　①978-4-7803-0418-3
内容 徐勝先生とアイデンティティ（朴侯建著, 高正子訳）　〔05923〕

バーグ, ボブ　Burg, Bob
◇ひとを動かす技術—1人の部下も500人の反対者も自分から動いてくれる（IT'S NOT ABOUT YOU）　ボブ・バーグ, ジョン・デイビッド・マン著, 川村透訳　大和書房　2012.12　254p　20cm　1600円　①978-4-479-79369-4
内容 1週間で500人から「イエス」を引き出す　自分が「与えられるもの」を知る　「原点」と「ビジョン」を見つめる　引く　相手の「力」を引き出す　「説得」しない　仕事を知り尽くす　自ら泥にまみれる　「価値観」を明確にする　「ありのままの自分」をさらす　「4つの柱」で人を動かす　「ひとつ上の視点」に立つ　相手に決めさせる　自分を手放す　〔05924〕

パク, ポミ
◇韓国の歴史教科書—検定版 高等学校韓国史　イインソク, チョンヘンニョル, パクチュンヒョン, パクポミ, キムサンギュ, イムヘンマン著, 三橋広夫, 三橋尚子訳　明石書店　2013.12　406p　21cm　（世界の教科書シリーズ 39）　4600円　①978-4-7503-3907-8　〔05925〕

バーグ, マイケル　Berg, Michael
◇神のようになる—カバラーと人生の窮極目的（Becoming like God）　マイケル・バーグ著, 大沼忠弘訳　ISIS　2011.3　206p　20cm　〈発売：星雲社〉 1800円　①978-4-434-15553-6
内容 監獄の扉に割れ目が　神はあなたに変装している　確信　神の公式　あなたの人生は今すぐ変わる　そして死は、もはや支配権をもたない　敵、死をつくる材料　快適が殺す　「盲導された民は大体で満足する」　戦いの武器　『ゾハール』　「大海は万人の涙である」　〔05926〕

パク, ユハ　朴 裕河
◇和解のために—教科書・慰安婦・靖国・独島　朴裕河著, 佐藤久訳　平凡社　2011.7　339p　16cm　（平凡社ライブラリー 740）　〈2006年刊の増補　年表あり〉 1300円　①978-4-582-76740-7
内容 第1章 教科書—「誇り」から「責任」へ（日本の「反省」と新しい歴史教科書をつくる会　反省する戦後日本 ほか）　第2章「慰安婦」—「責任」は誰にあるのか（「慰安婦はなかった」のか　日本政府の対応と「女性のためのアジア平和国民基金」 ほか）　第3章 靖国—「謝罪」する参拝（小泉首相の「反戦」の意志　靖国と戦後日本 ほか）　第4章 独島—ふたたび境界民の思考を（ふたつの独島ものがたり（1）—近代以前　所有の政治学—名称・逸脱・植民地 ほか）　第5章 和解のために（近代がもたらした四つの問題　本質主義を超えて ほか）　〔05927〕

パク, ヨンギュ　朴 永圭
◇朝鮮王朝実録　朴永圭著, 神田聡, 尹淑姫訳　改訂版　キネマ旬報社　2012.3　491p　22cm　〈初版：新潮社1997年刊〉 3200円　①978-4-87376-391-0
内容 第一代・太祖実録　第二代・定宗実録　第三代・太宗実録　第四代・世宗実録　第五代・文宗実録　第六代・端宗実録　第七代・世祖実録　第八代・睿宗実録　第九代・成宗実録　第十代・燕山君日記〔ほか〕　〔05928〕

パク, ヨンスク　朴 英淑
◇けやきの木陰につどう—韓国・ヌティナム図書館からの報告：親子読書地域文庫全国連絡会第17回全国交流集会：朴英淑講演録　朴英淑〔述〕, 朴鍾振訳, 親子読書地域文庫全国連絡会編　横浜　親子読書地域文庫全国連絡会　2011.3　34, 20p　21cm　〈ハングル併記〉 476円　〔05929〕

パク, ヨンドク
◇神なんていないと言う前に—キリスト教入門 マンガ　パクヨンドク原作, クレマインド文・絵, 藤本匠訳　いのちのことば社　2012.10　223p　21cm　1600円　①978-4-264-03047-8
内容 第1章 神なんていないと言う前に　第2章 キリスト教を遠ざける16の理由　第3章 キリスト教の本当のすがた　第4章 神がいるという2つの証拠　第5章 救いへの第1歩　〔05930〕

ハク, ラクセイ　白 楽晴
⇒ペク, ナクチョン

ハーク, レニー
◇日本企業のイノベーション・マネジメント（Manegment of Technology and Innovation in Japan）　コルネリウス・ヘルシュタット, クリストフ・シュトゥックシュトルム, ヒューゴ・チルキー, 長平彰夫編著, 長平彰夫監訳, 松井憲一, 名取隆, 高橋修訳　同友館　2013.6　433p　22cm　〈執筆：マリアン・バイゼほか　索引あり〉 3800円　①978-4-496-04912-5
内容 プロセスイノベーションの実施（レニー・ハーク著）　〔05931〕

パーク, ロバート・E.
◇都市社会学セレクション　第1巻　近代アーバニズム　松本康編　日本評論社　2011.9　232p　22cm　3500円　①978-4-535-58592-8
内容 都市（ロバート・E.パーク著, 松本康訳）　〔05932〕

バーク, B.*　Burke, Brian L.
◇動機づけ面接法　応用編（Motivational interviewing（2nd edition））　ウイリアム・R.ミ

ラー, ステファン・ロルニック編, 松島義博, 後藤恵, 猪野亜朗訳　星和書店　2012.9　291p　21cm　〈文献あり〉 3200円　①978-4-7911-0817-6
内容 カップルのための動機づけ面接法―配偶者・恋人・親が面接に参加するということ (Brian L.Burke, Georgy Vasseilev, Alexander Kantchelov, Allen Zweben)　〔05933〕

バーグ, K.*　Berg, Katherine
◇インターライ方式ケアアセスメント―居宅・施設・高齢者住宅 (InterRAI home care (HC) assessment form and user's manual, 9.1 〔etc.〕)　John N.Morris〔ほか〕著, 池上直己監訳, 山田ゆかり, 石橋智昭訳　医学書院　2011.12　367p　30cm　3800円　①978-4-260-01503-5　〔05934〕

ハ

バグウェル, C.*　Bagwell, Catherine L.
◇子どもの仲間関係―発達から援助へ (CHILDREN'S PEER RELATIONS)　J.B.クーパーシュミット,K.A.ダッジ編, 中沢潤監訳　京都　北大路書房　2013.12　299p　21cm　〈文献あり 索引あり〉 3600円　①978-4-7628-2826-3
内容 友人関係, 仲間ネットワーク, 反社会的行動 (Catherine L.Bagwell著, 畠山美穂訳)　〔05935〕

バークガフニ, ブライアン　Burke-Gaffney, Brian
◇グラバー家の人々 (The Glover family)　ブライアン・バークガフニ著, 平幸雪訳　改訂新版　長崎　長崎文献社　2011.9　169p　21cm　〈初版(平成15年刊) のタイトル : 花と霜　文献あり〉 1800円　①978-4-88851-172-8
内容 第1章 トーマス・ブレイク・グラバー (スコットランドでの幼少期　故国をあとに ほか)　第2章 グラバーファミリー秘話 (チャールズ・T グラバー　ウィリアムとジェームズとヘンリー ほか)　第3章 倉場富三郎 (新三郎　学生時代 ほか)　第4章 父と子を見つめて (運命の光と影)　〔05936〕

パークス, ファニー・H.
◇富士山に登った外国人―幕末・明治の山旅　山本秀峰編訳, 村野克明訳　露蘭堂　2012.11　247p　22cm　〈年表あり　文献あり　発売 : ナウカ出版営業部 (富士見)〉 3400円　①978-4-904059-53-1
内容 雪と氷の十月のフジー驚異的な女性の登山 (ファニー・H.パークス著)　〔05937〕

バクスター, ジョン　Baxter, John
◇二度目のパリ―歴史歩き (Chronicles of old Paris)　ジョン・バクスター〔著〕, 長崎真澄訳　ディスカヴァー・トゥエンティワン　2013.6　239p　21cm　1800円　①978-4-7993-1314-5
内容 頭を斬り落とされた聖人―パリに息づく聖ドニの伝説　エロイーズとアベラールの恋物語―語り継がれる中世の恋愛スキャンダル　民衆に愛されなかった王妃―マリー・アントワネットの真実　苦痛のない"人道的な"処刑法―ギロチンという発明　英雄とその最愛の女性―ナポレオンとジョセフィーヌ　ショパンの恋人―ジョルジュ・サンドの情熱　名作が救った大聖堂―ヴィクトル・ユゴーとノートルダム　実在した「椿姫」―高級娼婦、マリー・デュプレシの生涯　写真の革命児―ナダールのエキセントリックな人生　象の料理を出すレストラン―パリ包囲と美食の都の維持〔ほか〕　〔05938〕

バグチ, プラビィア・K.
◇大学学部長の役割―米国経営系学部の研究・教育・サービス (The dean's perspective)　クリシナ・S.ディア編著, 佐藤修訳　中央経済社　2011.7　245p　21cm　3400円　①978-4-502-68720-4
内容 岐路に立つ経営教育 (プラビィア・K.バグチ, リチャード・G.ドネリー著)　〔05939〕

バグハイ, メルダッド　Baghai, Mehrdad
◇As One―目標に向かって1つになる (As one)　ジェームス・クィグリー, メルダッド・バグハイ, 近藤聡, 木村伸幸著, 三輪耕司, 浜田健二監訳, デロイトトーマツコンサルティング訳　プレジデント社　2011.10　397p　22cm　〈索引あり〉 3500円　①978-4-8334-1981-9
内容 Intoroduction　1 オーナーとテナント　2 コミュニティーリーダーとボランティア　3 指揮者とオーケストラ　4 プロデューサーとクリエイティブチーム　5 司令官と部隊　6 建築家と職人　7 キャプテンとスポーツチーム　8 議員と市民　Conclusion As Oneの実践に向けて　〔05940〕

バーグマン, ジョエル
◇ダイニングテーブルのミイラ セラピストが語る奇妙な臨床事例―セラピストはクライエントから何を学ぶのか (The mummy at the dining room table)　ジェフリー・A.コトラー, ジョン・カールソン編著, 岩壁茂監訳, 門脇陽子, 森田由美訳　福村出版　2011.8　401p　22cm　〈文献あり〉 3500円　①978-4-571-24046-1
内容 タキシードの花嫁、ウェディングドレスの花婿 (ジョエル・バーグマン著, 森田由美訳)　〔05941〕

バークマン, トーマス・W.
◇世界の中の柳田国男　R.A.モース, 赤坂憲雄編, 菅原克也監訳, 伊藤由紀, 中井真木訳　藤原書店　2012.11　326p　22cm　〈他言語標題 : Yanagita Kunio Studies Around the World　文献あり〉 4600円　①978-4-89434-882-0
内容 ヨーロッパへの回廊 (トーマス・W.バークマン執筆)　〔05942〕

バーグマン, ロネン　Bergman, Ronen
◇シークレット・ウォーズ―イランvs.モサド・CIAの30年戦争 (THE SECRET WAR WITH IRAN)　佐藤優監訳, ロネン・バーグマン著, 河合洋一郎訳　並木書房　2012.10　518p　19cm　〈文献あり〉 2200円　①978-4-89063-294-7
内容 イラン王政の黄昏 : ホメイニの力を見誤った　イランからの脱出 : 反イスラムの嵐　シーシェル作戦 : イスラエルのイラン支援　危険なゲーム : レバノン戦争とヒズボラの誕生　貧者のスマート爆弾 : 自爆攻撃の創始者　イスラエル諜報の迷走 : ヒズボラの台頭　ヒズボラの誘拐作戦 : 世界最悪のテロリスト　ハンガリアン・オクタゴン : イラン・コントラ事件秘話　暗殺者たち : ホメイニの処刑リスト　ボディ・ヒート作戦 : 未解決のアラド事件〔ほか〕　〔05943〕

バグリオ, マット　Baglio, Matt

◇アルゴ（ARGO）　アントニオ・メンデス, マット・バグリオ著, 真崎義博訳　早川書房　2012.10　362p　16cm　（ハヤカワ文庫 NF 382）〈文献あり〉820円　①978-4-15-050382-6

内容 ようこそ革命へ　対応策を練る　外交　逃げ場なし　カナダ、救援へ動く　過去の教訓　チームの招集　作り話　ハリウッド　スタジオ・シックス　宇宙炎上　準備完了　イランでのロケーション撮影　最終準備　脱出　余波　〔05944〕

ハーグリーブス, アンディ　Hargreaves, Andy

◇グローバル化・社会変動と教育　2　文化と不平等の教育社会学（EDUCATION, GLOBALIZATION AND SOCIAL CHANGE（抄訳））　ヒュー・ローダー, フィリップ・ブラウン, ジョアンヌ・ディラボー, A.H.ハルゼー編, 苅谷剛彦, 志水宏吉, 小玉重夫編訳　東京大学出版会　2012.5　370p　22cm　〈文献あり〉4800円　①978-4-13-051318-0

内容 教職の専門性と教員研修の四類型（アンディ・ハーグリーブス著, 佐久間亜紀訳）　〔05945〕

ハーグリーブズ, デヴィッド・H.

◇知識の創造・普及・活用—学習社会のナレッジ・マネジメント（Knowledge management in the learning society）　OECD教育研究革新センター編著, 立田慶裕監訳　明石書店　2012.3　505p　22cm　〈訳：青山貴子ほか〉5600円　①978-4-7503-3563-6

内容 教師と医師の比較分析（デヴィッド・H.ハーグリーブズ著, 有本昌弘訳）　〔05946〕

バーゲス, ウィリアム・T.　Burgess, Williams T.

◇プライベート・エクイティ（Private equity）　ハリー・チェンドロフスキー, ジェームズ・P.マーティン, ルイス・W.ペトロ, アダム・A.ワデキ編著, 若杉敬明監訳, 森順次, 藤村武史訳　中央経済社　2011.11　364p　22cm　〈索引あり〉4600円　①978-4-502-68950-5

内容 第1部 プライベート・エクイティの歴史（プライベート・エクイティのプロセス　プライベート・エクイティ業界の特徴 ほか）　第2部 プライベート・エクイティのガバナンス（プライベート・エクイティのガバナンス・モデル　内部統制の価値 ほか）　第3部 プライベート・エクイティのオペレーション（組織と人間との対比　リーン方式への転換の開始 ほか）　第4部 プライベート・エクイティの投資における留意点（プライベート・エクイティ・ファンドとポートフォリオ企業投資　エグジット戦略における法律的考察：IPO対トレードセールス ほか）　〔05947〕

バケダーノ, エリザベス

◇国家と国民の歴史—ヴィジュアル版（HISTORIES OF NATIONS）　ピーター・ファタードー編, 猪口孝日本語版監修, 小林朋則訳　原書房　2012.11　320p　26cm　〈文献あり 索引あり〉5800円　①978-4-562-04850-2

内容 メキシコ—ワシとサボテンとヘビの国（エリザベス・バケダーノ）　〔05948〕

バゲナ, エレーナ・バルレス

◇日本・スペイン交流史　坂東省次, 川成洋編　れんが書房新社　2010.12　505, 23p　22cm　〈文献あり 年表あり〉6000円　①978-4-8462-0377-1

内容 十九世紀後半から二十世紀前半にかけての日西美術・文化交流（エレーナ・バルレス・バゲナ著, 前田明美訳）　〔05949〕

ハーゲネダー, フレッド　Hageneder, Fred

◇トゥリーエンジェルオラクル—樹木の天使からのメッセージ（The TREE ANGEL ORACLE）　フレッド・ハーゲネダー, アン・ヘング著, ホワード七歩子訳　セントラル印刷　2013.12　118p　22cm　〈外箱入　発売：学研マーケティング〉3000円　①978-4-05-405885-9　〔05950〕

バーコウィッツ, エリック　Berkowitz, Eric

◇性と懲罰の歴史（SEX AND PUNISHMENT）　エリック・バーコウィッツ著, 林啓恵, 吉嶺英美訳　原書房　2013.4　455, 39p　20cm　〈文献あり〉3200円　①978-4-562-04913-4

内容 第1章 性に関する最初の法—オリエントとヘブライ　第2章 古代ギリシャの事例—名誉について（主に男たちの）　第3章 帝国の寝室—古代ローマにおけるセックスと国家　第4章 中世—断罪された群衆　第5章 近代化への模索　近世、一五〇〇年〜一七〇〇年　第6章 性のチャンスに満ちた新世界　第7章 十八世紀—解放と変革　第8章 十九世紀—試される人間性　〔05951〕

バーコウィッツ, マーヴィン

◇広池千九郎の思想と業績—モラロジーへの世界の評価 2009年モラルサイエンス国際会議報告　岩佐信道, 北川治男監修　柏　モラロジー研究所　2011.2　471p　22cm　〈他言語標題：Ethical Theory and Moral Practice：Evaluating Chikuro Hiroike's Work in Moralogy　発売：広池学園事業部（柏）〉3200円　①978-4-89639-195-4

内容 社会科学、哲学、そして教育（マーヴィン・バーコウィッツ著, 望月文明訳）　〔05952〕

パコラ, エイヤ　Pakola, Eija

◇フィンランド中学校現代社会教科書—15歳市民社会へのたびだち（Yhteiskunnan tuulet 9）　タルヤ・ホンカネン, ヘイッキ・マルヨマキ, エイヤ・パコラ, カリ・ラヤラ著, 高橋睦子監訳, ペトリ・ニエメラ, 藤井ニエメラみどり訳　明石書店　2011.4　257p　26cm　（世界の教科書シリーズ 29）　4000円　①978-4-7503-3340-5

内容 1 個人—コミュニティの一員　2 快適な福祉国家　3 個人の家計　4 政治的な影響力と意思決定への参加　5 国民経済　6 経済政策　7 国民の安全　8 ヨーロッパで満足できなければ　〔05953〕

パサコフ, ナオミ　Pasachoff, Naomi E.

◇グラハム・ベル—声をつなぐ世界を結ぶ（Alexander Graham Bell）　オーウェン・ギンガリッチ編, ナオミ・パサコフ著, 近藤隆文訳　大月書店　2011.4　176, 9p　20cm　（オックスフォード科学の肖像）〈年譜あり 索引あり〉2000円　①978-4-272-44060-3

ハ

内容 第1章 科学的研究の下地　第2章 偉大な発見や発明は…小さなものを観察することから生まれる　第3章 あらがいようもなく電話のほうへ　第4章 世界がねらう標的　第5章 科学…あらゆるもののなかで最高のもの　第6章 わたしのライフワーク…聴覚障害者に話し方を教えること　第7章 飛行機の時代はすぐそこに　第8章 これを仕上げるためにまだ何年も生きていたい　〔05954〕

ハザリシン, スティール

◇政治理論入門―方法とアプローチ（Political theory）　デイヴィッド・レオポルド, マーク・スティアーズ編著, 山岡竜一, 松元雅和監訳　慶応義塾大学出版会　2011.7　355p　21cm　〈文献あり〉3400円　①978-4-7664-1854-5

内容 政治理論のためのアーカイブ資料の使用（スティール・ハザリシン, カーマ・ナビュルシ著）〔05955〕

ハーシー, アラン・M.

◇学校と職場をつなぐキャリア教育改革―アメリカにおけるSchool-to-Work運動の挑戦（The school-to-work movement）　ウィリアム・J.スタル, ニコラス・M.サンダース編, 横井敏郎ほか訳　学事出版　2011.7　385p　21cm　3800円　①978-4-7619-1839-2

内容 School-to-Workはうまくいったのか（アラン・M.ハーシー著, 佐藤浩章訳）〔05956〕

ハーシィ, ポール　Hersey, Paul

◇ストーリーで学ぶ経営の真髄（Learn like a leader）　マーシャル・ゴールドスミス, ビバリー・ケイ, ケン・シェルトン編, 和泉裕子, 井上実訳　徳間書店　2011.2　311p　19cm　1600円　①978-4-19-863118-5

内容 巨人の肩の上に乗って（ポール・ハーシー著）〔05957〕

◇リーダーシップ・マスター―世界最高峰のコーチ陣による31の教え（Coaching for Leadership）　マーシャル・ゴールドスミス, ローレンス・S.ライアンズ, サラ・マッカーサー編著, 久野正人監訳, 中村安子, 夏井幸子訳　英治出版　2013.7　493p　21cm　2800円　①978-4-86276-164-4

内容 新米リーダーを助ける 他（ポール・ハーシィ）〔05958〕

バージェス, アーネスト

◇都市社会学セレクション　第1巻　近代アーバニズム　松本康編　日本評論社　2011.9　232p　22cm　3500円　①978-4-535-58592-8

内容 都市の成長（アーネスト・バージェス著, 松本康訳）〔05959〕

ハシカワ, ブンゾウ　橋川 文三

◇中国人と日本人―交流・友好・反発の近代史（The Chinese and the Japanese）　入江昭編著, 岡本幸治監訳　京都　ミネルヴァ書房　2012.3　401, 6p　22cm　〈索引あり〉7000円　①978-4-623-05858-7

内容 日本人のアジア認識（橋川文三著, 岡本幸治訳）〔05960〕

バジーニ, ジュリアン　Baggini, Julian

◇倫理学の道具箱（The ethics toolkit）　ジュリアン・バッジーニ, ピーター・フォスル著, 長滝祥司, 広瀬覚訳　共立出版　2012.1　264, 8p　22cm　〈索引あり〉2800円　①978-4-320-00586-0

内容 第1章 倫理の根拠（美学　行為者性 ほか）　第2章 倫理学の枠組み（帰結主義　契約主義 ほか）　第3章 倫理学の主要概念（絶対的と相対的　行為とルール ほか）　第4章 評価・判断・批判（疎外　ほんもの ほか）　第5章 倫理学の限界（アクラシア　没道徳主義 ほか）〔05961〕

◇100の思考実験―あなたはどこまで考えられるか（The pig that wants to be eaten）　ジュリアン・バジーニ著, 向井和美訳　紀伊国屋書店　2012.3　405p　19cm　1800円　①978-4-314-01091-7

内容 邪悪な魔物―理性で理性を疑えるだろうか？　自動政府―コンピュータに政治ができるだろうか？　好都合な銀行のエラー―誰も損をしなければ何をしてもよいか？　仮想浮気サービス―不倫はなぜいけないのか？　わたしを食べてとブタに言われたら―動物の尊厳とはなんだろう？　公平な不平等―不平等が許される場合とは？　勝者なしの場合―結果がよければ何をしてもいいのか？　海辺のピカソ―芸術は永遠だろうか？　善なる神―宗教なしの道徳は成立するのだろうか？　自由意志―すべてはあらかじめ決定されているのか？〔ほか〕〔05962〕

◇30秒で学ぶ哲学思想―思考を呼び起こす50の哲学思想（30-SECOND PHILOSOPHIES）　バリー・ローワー監修, ジュリアン・バジーニ, カティ・バローグ, ジェイムズ・ガーヴェイ, バリー・ローワー, ジェレミー・スタンルーム執筆, 寺田俊郎監訳, 佐良土茂樹, 津田良生, 中村信隆, 目黒広和訳　スタジオタッククリエイティブ　2013.3　159p　24cm　（Series 30 Seconds）〈文献あり 索引あり〉2500円　①978-4-88393-597-0　〔05963〕

◇世界一素朴な質問、宇宙一美しい答え―世界の第一人者100人が100の質問に答える（BIG QUESTIONS FROM LITTLE PEOPLE）　ジェンマ・エルウィン・ハリス編, 西田美緒子訳, タイマタカシ絵　河出書房新社　2013.11　298p　22cm　2500円　①978-4-309-25292-6

内容 神様ってだれ？（ジュリアン・バジーニ）〔05964〕

ハーシュ, ジェフリー・A.　Hirsch, Jeffrey A.

◇アノマリー投資―市場のサイクルは永遠なり（The little book of stock market cycles）　ジェフリー・A.ハーシュ著, 長尾慎太郎監修, 山口雅裕訳　パンローリング　2013.4　245p　22cm　（ウィザードブックシリーズ vol.204）　2200円　①978-4-7759-7171-0

内容 本音で語る―強気相場と弱気相場の背後にある意味と歴史を探る　戦争と平和―戦争と平和（そして、インフレ）が相場に与える影響　活況と低迷の1世紀―20世紀の金融恐慌と経済の急成長　来るべき好況―次の500%の上昇への準備　政治がポートフォリオに影響を与えるとき―大統領選挙の周期が相場に与える影響　株を買う絶好の季節―確実に利益を上げるために、季節性に合わせたトレードをいつすべきか　魔女のオーラ―オプションの満期日近くにトレードを調節　植え付けの秋―ほとんどの相場上昇の種がまかれるとき　満足の冬―資金流入と良い情報がも

たらす堅調な相場　収穫の春―最高の6カ月で得られたものを収穫　不振の夏―夏の数カ月に投資家がくつろげる理由　楽しい時を祝う―休日のトレードを最大限に利用する　金曜日には売るな―相場を動かしているのは今でも人　機が熟したトレードを摘み取る―季節が適切で、指標が強く、タイミングが完璧なとき 〔05965〕

ハーシュマン, アルバート　Hirschman, Albert O.

◇国力と外国貿易の構造（National power and the structure of foreign trade (expanded ed.)）　アルバート・ハーシュマン〔著〕, 飯田敬輔監訳　勁草書房　2011.2　186p　22cm　（ポリティカル・サイエンス・クラシックス 8　河野勝, 真淵勝監修）〈索引あり〉3800円　①978-4-326-30194-2

内容 第1部 理論的および歴史的側面（外国貿易と国力との関係をめぐる経済思想　国力の手段としての外国貿易　第一次世界大戦中の「経済的侵略」問題　復興の諸問題）　第2部 世界貿易構造に関する3つの統計的研究（貿易小国との通商に対する貿易大国の選好度　弱小国貿易における市場と供給源の集中度　世界貿易の商品構造）　付録（統計手法に関する補論　1916年6月の連合国によるパリ経済会議決議）〔05966〕

ハーシュマン, セイモア　Hershman, Seymour

◇ミルトン・エリクソンの臨床催眠セミナー―15のデモンストレーション（The practical application of medical and dental hypnosis）　ミルトン・H.エリクソン, セイモア・ハーシュマン, アービング・I.セクター著, 横井勝美訳　新潟　亀田ブックサービス　2011.12　377p　21cm　〈文献あり〉4953円　①978-4-906364-63-3 〔05967〕

バシュラール, ガストン　Bachelard, Gaston

◇ちくま哲学の森　6　驚くこころ　鶴見俊輔, 安野光雅, 森毅, 井上ひさし, 池内紀編　筑摩書房　2012.2　437p　15cm　1300円　①978-4-480-42866-0

内容 火と尊崇プロメテウス・コンプレックス（バシュラール著, 前田耕作訳）〔05968〕

◇科学的精神の形成―対象認識の精神分析のために（La Formation de l'esprit scientifique）　ガストン・バシュラール著, 及川馥訳　平凡社　2012.4　542p　16cm　（平凡社ライブラリー 760）〈国文社 1975年刊の再刊　索引あり〉2000円　①978-4-582-76760-5

内容 認識論的障害の概念 本書のプラン　第一の障害、最初の経験　科学的認識の障害となる一般的認識　ことばの障害の例、海綿 身近なイマージュの過度の拡大　科学的認識の障害としての一元的かつプラグマティックな認識　実体論的障害　実在論者の精神分析　アニミスムの障害　消化の神話　リビドーと対象認識　量的認識の障害　科学的客観性と精神分析 〔05969〕

ハーショック, ピーター・D.　Hershock, Peter D.

◇転換期の教育改革―グローバル時代のリーダーシップ（Changing education）　ピーター・D.ハーショック, マーク・メイソン, ジョン・N.ホーキンス編著, 鳥川聖一郎, 高橋貞雄, 小原一仁監訳　町田　玉川大学出版部　2011.7　377p　22cm　〈文献あり〉6200円　①978-4-472-40430-6

内容 グローバル化するアジア太平洋地域における革新の指導にみられる課題と教育の発展 他（ピーター・ハーショック, マーク・メイソン, ジョン・ホーキンス著）〔05970〕

バジョット, ウォルター　Bagehot, Walter

◇ロンバード街―金融市場の解説（Lombard Street）　ウォルター・バジョット著, 久保恵美子訳　日経BP社　2011.1　396p　20cm　（Nikkei BP classics）〈発売 ： 日経BPマーケティング〉2400円　①978-4-8222-4830-7

内容 序章　ロンバード街の概観　ロンバード街が成立した経緯、および現在の形態に至った理由　金融市場における大蔵大臣の地位　ロンバード街における貨幣価値の決まり方　ロンバード街の活動が何度も大きく停滞する一方、ときおり極端に活性化するのはなぜか　イングランド銀行が、適切な銀行支払い準備の保有とその効果的管理という責務を、どのように果たしてきたかに関する詳細な解説　イングランド銀行の管理体制　株式銀行　個人銀行　手形仲買業者　イングランド銀行が保有すべき銀行支払い準備額を調整する原則　結論 〔05971〕

◇イギリス憲政論　バジョット〔著〕, 小松春雄訳　中央公論新社　2011.11　435p　18cm　（中公クラシックス W67）〈The English constitution. 2nd ed　年譜あり〉2000円　①978-4-12-160128-5

内容 内閣　君主　貴族院　衆議院　内閣の更迭　いわゆる「牽制と均衡」　議院内閣制の必要条件、ならびにそのイギリス的特殊形態　憲政の歴史とその成果〔結び〕〔05972〕

バシール, フセイン

◇国家と国民の歴史―ヴィジュアル版（HISTORIES OF NATIONS）　ピーター・ファタードー編, 猪口孝日本語版監修, 小林朋則訳　原書房　2012.11　320p　26cm　〈文献あり 索引あり〉5800円　①978-4-562-04850-2

内容 エジプト―ファラオ、王、大統領（フセイン・バシール）〔05973〕

バシレイオス

◇古代教会の説教　小高毅編　教文館　2012.1　347p　21cm　（シリーズ・世界の説教）　3400円　①978-4-7642-7335-1

内容 富める者について（バシレイオス）〔05974〕

バス, アーノルド・H.

◇子どもの社会的ひきこもりとシャイネスの発達心理学（THE DEVELOPMENT OF SHYNESS AND SOCIAL WITHDRAWAL）　ケネス・H.ルビン, ロバート・J.コプラン編, 小野善郎訳　明石書店　2013.8　363p　22cm　5800円　①978-4-7503-3873-6

内容 シャイネスの理解（ルイス・A.シュミット, アーノルド・H.バス著）〔05975〕

ハース, エイミー・ヒル　Hearth, Amy Hill

◇アメリカ先住民女性の現代史―"ストロング・メディスン"家族と部族を語る（"Strong Medicine" Speaks）　エイミー・ヒル・ハース著,

佐藤円, 大野あずさ訳　彩流社　2012.9　308, 8p　21cm　〈文献あり 索引あり〉2800円　①978-4-7791-1826-5
内容 第1部 素性を隠した人々　第2部 先祖代々伝わる土地で　第3部 自転車に乗った男の子　第4部「お知らせするのは残念ですが…」　第5部 仕事を持っている母親　第6部 時代の移り変わり　第7部 女性の世界　第8部 ネイティブ・プライド　第9部 一巡りしてもとの場所に戻る　第10部 現代の生活　第11部 最後の言葉　〔05976〕

ハース, エーベルハネト
◇ユダヤ出自のドイツ法律家（DEUTSCHE JURISTEN JUDISCHER HERKUNFT）ヘルムート・ハインリッヒス, ハラルド・フランツキー, クラウス・シュマルツ, ミヒャエル・シュトレイス著, 森勇監訳　八王子　中央大学出版部　2012.3　25, 1310p　21cm　（日本比較法研究所翻訳叢書 62）〈文献あり 索引あり〉13000円　①978-4-8057-0363-2
内容 弁護士法の開拓者にして先見の明を備えた人物（エーベルハネト・ハース, オイゲン・エーピック著, 森勇訳）　〔05977〕

バス, カウシク
◇世界は考える　野中邦子訳　土曜社　2013.3　189p　19cm　（プロジェクトシンジケート叢書 2）〈文献あり〉1900円　①978-4-9905587-7-2
内容 新興国の「ユーロ危機」（カウシク・バス著）　〔05978〕

ハース, ダン　Heath, Dan
◇スイッチ！―「変われない」を変える方法（SWITCH）チップ・ハース, ダン・ハース著, 千葉敏生訳　新版　早川書房　2013.8　381p　18cm　1200円　①978-4-15-209398-1
内容「変化」の三つの意外な事実　象使いに方向を教える（ブライト・スポットを見つける　大事な一歩の台本を書く　目的地を指し示す）　象にやる気を与える（感情を芽生えさせる　変化を細かくする　人を育てる）　道筋を定める（環境を変える　習慣を生み出す　仲間を集める　変化を継続する）　〔05979〕
◇決定力！―正解を導く4つのプロセス（DECISIVE）チップ・ハース, ダン・ハース著, 千葉敏生訳　早川書房　2013.9　414p　19cm　〈文献あり〉1900円　①978-4-15-209403-2
内容 意思決定の四つの罠　視野の狭窄を避ける　マルチトラックする　自分と同じ問題を解決した人を見つける　逆を考える　ズームアウトとズームイン　ウーチングする　一時的な感情を乗り越える　核となる優先事項を貫く　未来を“幅”で考える　アラームをセットする　プロセスを信じる　〔05980〕

ハース, チップ　Heath, Chip
◇スイッチ！―「変われない」を変える方法（SWITCH）チップ・ハース, ダン・ハース著, 千葉敏生訳　新版　早川書房　2013.8　381p　18cm　1200円　①978-4-15-209398-1
内容「変化」の三つの意外な事実　象使いに方向を教える（ブライト・スポットを見つける　大事な一歩の台本を書く　目的地を指し示す）　象にやる気を与える（感情を芽生えさせる　変化を細かくする　人を育てる）　道筋を定める（環境を変える　習慣を生み出す　仲間を集める　変化を継続する）　〔05981〕
◇決定力！―正解を導く4つのプロセス（DECISIVE）チップ・ハース, ダン・ハース著, 千葉敏生訳　早川書房　2013.9　414p　19cm　〈文献あり〉1900円　①978-4-15-209403-2
内容 意思決定の四つの罠　視野の狭窄を避ける　マルチトラックする　自分と同じ問題を解決した人を見つける　逆を考える　ズームアウトとズームイン　ウーチングする　一時的な感情を乗り越える　核となる優先事項を貫く　未来を“幅”で考える　アラームをセットする　プロセスを信じる　〔05982〕

バス, デイヴィッド・M.　Buss, David M.
◇科学者が徹底追究！ なぜ女性はセックスをするのか？（Why Women Have Sex）シンディ・メストン, デイヴィッド・バス著, 高橋佳奈子訳　講談社　2012.6　333p　19cm　1800円　①978-4-06-215922-7
内容 女性をその気にさせるもの　セックスの快感　愛と絆の結びつき　パートナー獲得までの戦略　ふたりの関係を破綻させるもの―嫉妬と浮気　望まないセックス―責任感か罪悪感か　快楽を得るための冒険―好奇心や変化を求めて　取引としてのセックス　セックスから得られるもの　闇の側面―虚言とレイプ　体にいいセックス―健康に効く性生活　〔05983〕

バース, T.*　Barth, Tom
◇動機づけ面接法　応用編（Motivational interviewing（2nd edition））ウイリアム・R.ミラー, ステファン・ロルニック編, 松島義博, 後藤恵, 猪野亜朗訳　星和書店　2012.9　291p　21cm　〈文献あり〉3200円　①978-4-7911-0817-6
内容 主題の変奏曲―動機づけ面接法とその改作版（Stephen Rollnick, Jeff Allison, Sthephanie Ballasiotes, Tom Barth, Christopher C.Butler, Gary S.Rose, David B.Rosengren）　〔05984〕

パスカル, ジョルジュ　Pascal, Georges
◇アランの哲学（LA PENSÉE D'ALAIN）ジョルジュ・パスカル著, 橋田和道訳　吉夏社　2012.12　398p　20cm　〈著作目録あり 索引あり〉3600円　①978-4-907758-23-3
内容 第1章 哲学者と哲学（人間　文体 ほか）　第2章 外的秩序（知覚と夢　本質と実在 ほか）　第3章 皮膚の袋（魂と体の合一　心の変事 ほか）　第4章 精神の統治（自分が精神であると知ること　自己抑制 ほか）　第5章 人間的秩序（市民と権力　精神的なものと世上的なもの ほか）　〔05985〕

パスカル, ブレーズ　Pascal, Blaise
◇アジアの顔のキリスト　ホアン・カトレット編, 高橋敦子訳　名古屋　新世社　2010.10　175, 32p　16cm　〈文献あり〉1200円　①978-4-88382-100-6
内容 わたしの意志を一致させてください（ブレーズ・パスカル）　〔05986〕
◇パスカル パンセ抄（Pensées, texte de l'édition Brunschvicg（抄訳））ブレーズ・パスカル原著, 鹿島茂編訳　飛鳥新社　2012.7　237p　20cm　1600円　①978-4-86410-177-6
内容 人間関係とコミュニケーション　人間の心理と錯

覚　人間とは何か？ わたしとは何か？　知ることと精神の働き　話すことと書くこと　原因と結果　職業と選択　自己愛と自我　褒められたい　幸福の追求〔ほか〕〔05987〕

◇イエス・キリストの生涯の要約（Abrégé de la vie de Jésus-Christ）　ブレーズ・パスカル著, 森川甫訳　新教出版社　2013.4　173p　19cm　1800円　①978-4-400-52780-0〔05988〕

◇パンセ（Pensées）　パスカル〔著〕, 田辺保訳　教文館　2013.7　682, 103p　22cm　（キリスト教古典叢書）〈「パスカル著作集 6・7」（1981、1982年刊）の合本、改訂　索引あり〉 5200円　①978-4-7642-1806-2

内容 第1編 分類ずみの断章（順序　空しさ ほか）　第2編 未分類のパンセ（第一集　第二集 ほか）　第3編 奇跡について　第4編 第一写本に収録されていないパンセ（自筆原稿集によるもの　第二写本によるもの ほか）〔05989〕

バスギャング, ジェフリー　Bussgang, Jeffrey

◇起業GAME（Mastering the VC game）　ジェフリー・バスギャング著, 岩田佳代子訳　東久留米　道出版　2011.11　300, 3p　19cm　1700円　①978-4-86086-058-5

内容 第1章 起業への熱い思い―世の中を変える　第2章 VCクラブの実態―一〇〇〇人の決定者　第3章 売り込み―三〇〇人のなかのひとりになる　第4章 犬がバスを捕まえるとき―選択し、契約する　第5章 スタートアップが変身するとき―すべての企業がメロドラマだ　第6章 大成功―現金化へのスタート　第7章 ベンチャーが支援するスタートアップ企業―アメリカ最大の輸出品〔05990〕

ハスキンソン, ジャネット

◇オックスフォード ブリテン諸島の歴史　1　ローマ帝国時代のブリテン島（The short Oxford history of the British Isles ： the Roman Era）　鶴島博和日本語版監修　ピーター・サルウェイ編, 南川高志監訳　慶応義塾大学出版会　2011.5　336, 53p　22cm　〈文献あり 年表あり 索引あり〉 4800円　①978-4-7664-1641-1

内容 属州ブリタンニアにおける文化と社会関係（ジャネット　ハスキンソン著）〔05991〕

バスケス・ガルシア, フランシスコ　Vázquez García, Francisco

◇集いと娯楽の近代スペイン―セビーリャのソシアビリテ空間（Los espacios de la sociabilidad Sevillana）　アルベルト・ゴンサレス・トゥロヤーノ, イサベル・ゴンサレス・トゥルモ, フランシスコ・バスケス・ガルシア, アンドレス・モレーノ・メンヒバル, ホセ・ルイス・オルティス・ヌエボ著, 岡住正秀, 畠中昌教, 椎名浩, 辻博子, 塩見千加子訳　彩流社　2011.10　263, 20p　22cm　〈年表あり 索引あり〉 2800円　①978-4-7791-1658-2

内容 飾り鉄格子の奥で―売春宿の黄金時代（一八六〇～一九三六年）（フランシスコ・バスケス・ガルシア著, 椎名浩訳）〔05992〕

パスケービッチ, セルゲイ　Paskevich, Sergei

◇チェルノブイリ、現実の世界（CHERNOBYL. REAL WORLD）　セルゲイ・パスケービッチ, デニス・ビセネブスキー著, 後藤隆雄訳　本の泉社　2013.10　205p　21cm　1700円　①978-4-7807-0974-2

内容 第1章 危険な区域の国土（放射能とともに食する区域内の不毛の世界　人的な要因）　第2章 チェルノブイリ区域の“我が村”（“我が村”を旅立つ　撤退（避難）する　帰還する ほか）　第3章 チェルノブイリ地方のストーカー（ストーカーは誰だ　ストーカーな人々 ： ゲーム師、“理想主義者”、“稼ぎや”　“ストーカー”のゲームの世界と閉鎖区域の現実世界、平行線で切り離された地点 ほか）〔05993〕

バスティード, R.

◇無文字民族の神話　ミシェル・パノフ, 大林太良他著, 大林太良, 宇野公一郎訳　新装復刊　白水社　2013.5　281, 12p　20cm　〈文献あり 索引あり〉 4200円　①978-4-560-08291-1

内容 アフリカの神話（R.バスティード著, 宇野公一郎訳）〔05994〕

パーステーラ, ユッカ

◇変貌する世界の緑の党―草の根民主主義の終焉か？（GREEN PARTIES IN TRANSITION）　E.ジーン・フランクランド, ポール・ルカルディ, ブノワ・リウー編著, 白井和宏訳　緑風出版　2013.9　455p　20cm　〈文献あり〉 3600円　①978-4-8461-1320-9

内容 フィンランド緑の党オルタナティブな草の根運動から政権政党へ（ユッカ・パーステーラ著）〔05995〕

ハースト, ブランドン　Hurst, Brandon

◇人生を振り返るとき、もっと大胆に生きていたらどんなに素敵だっただろう、なんて思いたくないでしょ？　ブランドン・ハースト編, 秋山絵里菜訳　アルファポリス　2013.8　165p　18cm　〈他言語標題 ： Do you really want to look back on your life and see how wonderful it could have been had you not been afraid to live it？　発売 ： 星雲社〉 1400円　①978-4-434-18175-7〔05996〕

パストウスキー, アンドレアス　Pastowski, Andreas

◇フェアな未来へ―誰もが予想しながら誰も自分に責任があるとは考えない問題に私たちはどう向きあっていくべきか（Fair Future ： Resource Conflicts, Security and Global Justice ; A Report of the Wuppertal Institute for Climate, Environment and Energy）　ヴォルフガング・ザックス, ティルマン・ザンタリウス編, 川村久美子訳・解題　新評論　2013.12　422p　21cm　3800円　①978-4-7948-0881-3

内容 第1章 現実主義者にとっての公正　第2章 環境をめぐる不公正　第3章 専有を競う競技場　第4章 フェアな資源配分モデル　第5章 フェアな豊かさ　第6章 公正とエコロジーのための取り決め　第7章 ヨーロッパの存在価値とは〔05997〕

ハーストレッチト, ロブ・ヴァン　Haastrecht, Rob van

◇すべての仕事は〈逆〉から考えるとうまくいく（Thinking Backwards）　ロブ・ヴァン・ハーストレッチト, マーティン・シープバウアー著, 細

谷功監訳 日本実業出版社 2012.4 213p 19cm 1500円 ①978-4-534-04944-5

内容 1 目標を設定する―問題を目標に変える（なぜ、目標をしっかり設定できないのか？―問題に目を奪われる 問題にはまり込まない ほか） 2 分析のためのフレームワークを構築する―問題を逆から考える（逆から考える 質問型アプローチ ほか） 3 分析を実行する―「合理的な疑い」を超える（いい分析とはどんなものか 舞台裏…捜査ごっこ ほか） 4 解決策を策定する―決断だけでは意味がない。施策実行に意味がある（決断だけでは意味がない。施策実行に意味がある より確実に行動に結びつけるには ほか） 5 利害関係者と連携する―「ボートをどう揺らすか」（「ボートをどう揺らすか」 変化を拒む反対勢力への対応策 ほか） 〔05998〕

パスナウ, ロバート

◇中世の哲学―ケンブリッジ・コンパニオン（THE CAMBRIDGE COMPANION TO MEDIEVAL PHILOSOPHY） A.S.マクグレイド編著, 川添信介監訳 京都 京都大学学術出版会 2012.11 601p 22cm 〈文献あり 年表あり 索引あり〉 5800円 ①978-4-87698-245-5

内容 人間の自然本性（ロバート・パスナウ執筆, 辻内宣博訳） 〔05999〕

バスビー, リチャード・D. Busby, Richard D.

◇インストラクショナルデザインとテクノロジ―教える技術の動向と課題（TRENDS AND ISSUES IN INSTRUCTIONAL DESIGN AND TECHNOLOGY（原著第3版）） R.A.リーサー, J.V.デンプシー編 京都 北大路書房 2013.9 690p 21cm 〈訳：半田純子ほか 索引あり〉 4800円 ①978-4-7628-2818-8

内容 研修組織における稀少リソースの管理（ジェームズ・J.ゴールドスミス, リチャード・D.バスビー著, 寺田佳子訳） 〔06000〕

パスモア, ジョン Passmore, John Arthur

◇分析哲学を知るための哲学の小さな学校（Recent philosophers） ジョン・パスモア著, 大島保彦, 高橋久一郎訳 筑摩書房 2013.2 316p 15cm （ちくま学芸文庫 ハ38-1） 〈「哲学の小さな学校」（青土社 1990年刊）の改題 文献あり 索引あり〉 1300円 ①978-4-480-09515-2

内容 第1章 序論―変化と連続（マルクス主義 言語学 ほか） 第2章 構造と統語論（ソシュール理論とその影響 構造主義者たち ほか） 第3章 統語論から意味論へ（カッツとフォーダーの意味論 モンタギュー―形式化された人工言語 ほか） 第4章 デイヴィドソンとダメット（デイヴィドソンの仕事（心理学の哲学 意味論） ダメットの仕事（言語哲学 反実在論）） 第5章 実在論と相対主義（パトナム以前 パトナムの科学哲学 ほか） 〔06001〕

ハーゼ, ウルリケ Haase, Ulrike

◇出会いの音楽療法（Die Sozialmusiktherapie（3. Aufl.）） クリストーフ・シュヴァーベ, ウルリケ・ハーゼ著, 中河豊訳 名古屋 風媒社 2011.9 346p 22cm 2800円 ①978-4-8331-4091-1

内容 1 出会いの音楽療法の本質（出会いの音楽療法の対象 出会いの音楽療法の療法的性格 出会いの音楽療法の根源と発展の論理） 2 出会いの音楽療法の教授法（手段 行為端緒と行為原理との教授法的関係 音楽療法的行為からの例 プロセス診断） 3 出会いの音楽療法の考え方が応用できる領域（臨床的応用領域 音楽療法的、教育的、予防的適用領域） 〔06002〕

ハセガワ, ニョゼカン 長谷川 如是閑

◇『Japan To-day』研究―戦時期『文芸春秋』の海外発信 鈴木貞美編 京都 国際日本文化研究センター 2011.3 375p 26cm （日文研叢書） 〈発売：作品社〉 4800円 ①978-4-86182-328-2

内容 日本の生活美（長谷川如是閑著, 鈴木貞美訳） 〔06003〕

バーゼドー, ユルゲン

◇ヨーロッパ消費者法・広告規制法の動向と日本法 中田邦博, 鹿野菜穂子編 日本評論社 2011.8 598p 22cm （竜谷大学社会科学研究所叢書 第90巻） 7000円 ①978-4-535-51839-1

内容 高額の訴訟費用を要する国における少額訴訟の実効性の確保（ユルゲン・バーゼドー著, 寺川永訳） 〔06004〕

バー＝ゾウハー, マイケル Bar-Zohar, Michael

◇モサド・ファイル―イスラエル最強スパイ列伝（MOSSAD（重訳）） マイケル・バー＝ゾウハー, ニシム・ミシャル著, 上野元美訳 早川書房 2013.1 454p 20cm 〈文献あり〉 2500円 ①978-4-15-209352-3

内容 ライオンの巣穴に一人で飛びこむ 闇世界の帝王 テヘランの葬儀 バグダッドの処刑 ソ連のスパイと海に浮かんだ死体 「ああ、それ？ フルシチョフの演説よ…」 「アイヒマンを連れてこい！ 生死は問わない」 ヨセレはどこだ？ モサドに尽くすナチスの英雄 ダマスカスの男〔ほか〕 〔06005〕

バーソロミュー Bartholomew

◇バーソロミュー―大いなる叡智が語る愛と覚醒のメッセージ（I COME AS A BROTHER） バーソロミュー著, メアリーマーガレット・ムーアチャネル, ヒューイ陽子訳 ナチュラルスピリット 2013.2 292p 19cm 〈マホロバアート 1993年刊の改訳〉 2100円 ①978-4-86451-076-9

内容 第1部 人間関係（愛ではないもの ソウル・グループ 性エネルギーという贈り物 ほか） 第2部 自己（怖れ 霊性の高い人 マスターであること ほか） 第3部 道（瞬間に生きる 心を開く 内なる気づきへ導く瞑想 ほか） 〔06006〕

パーソンズ, アルフレッド・W.

◇富士山に登った外国人―幕末・明治の山旅 山本秀峰編訳, 村野克明訳 露蘭堂 2012.11 247p 22cm 〈年表あり 文献あり 発売：ナウカ出版営業部（富士見）〉 3400円 ①978-4-904059-53-1

内容 フジサン（アルフレッド・W.パーソンズ著） 〔06007〕

パーソンズ, ジョアン Parsons, Joanne

◇みんな大切！―多様な性と教育（Everyone is special！） ローリ・ベケット編, 橋本紀子監訳, 艮香織, 小宮明彦, 杉田真衣, 渡辺大輔訳 新科学出版社 2011.3 195p 22cm 2500円 ①978-

4-915143-39-7
内容 セクシュアリティ教育(ジョアン・パーソンズ著, 艮香織訳)〔06008〕

パーソンズ, タルコット　Parsons, Talcott
◇社会構造とパーソナリティ (Social structure and personality)　タルコット・パーソンズ著, 武田良三監訳, 丹下隆一, 清水英利, 小尾健二, 長田攻一, 川越次郎共訳　新装　新泉社　2011.4　472, 20p　22cm　〈著作目録あり 索引あり〉　7000円　①978-4-7877-1105-2
内容 第1部 理論的考察(超自我と社会システム論　シンボルとしての父親―精神分析理論および社会学理論に基づいた一考察　インセスト・タブー―社会構造ならびに子どもの社会化との関連 ほか)　第2部 ライフ・サイクルの諸段階(社会システムとしての学級―アメリカ社会における若干の機能　アメリカ社会の情況における青年　性格と社会の接点―ウインストン・ホワイトとの共同執筆 ほか)　第3部 健康と病気(健康と病気の規定―アメリカ社会の価値と社会構造に照らして　精神疾病と魂の病い―精神科医の役割と聖職者の役割　医療社会学の領域に関連する若干の理論的考察)〔06009〕

パーソンズ, ポール　Parsons, Paul
◇3分でわかるアインシュタイン (3-MINUTE EINSTEIN)　ポール・パーソンズ著, 鹿田真梨子訳　エクスナレッジ　2013.3　159p　24cm　〈文献あり 年表あり〉 2200円　①978-4-7678-1459-9
内容 第1章 人生(幼少期　駆け出しの天才　スイス ほか)　第2章 理論(物質の構造　光の性質　熱力学 ほか)　第3章 影響(電子工学　エネルギー　レーザー ほか)〔06010〕
◇3分でわかるホーキング (3-MINUTE STEPHEN HAWKING)　ポール・パーソンズ, ゲイル・ディクソン著, 福田篤人訳　エクスナレッジ　2013.3　159p　24cm　〈文献あり 年表あり〉 2200円　①978-4-7678-1460-5
内容 第1章 人生(子供時代　前途は有望　物理を学んだわけ ほか)　第2章 理論(特殊相対性理論　一般相対性理論　ブラックホール ほか)　第3章 影響(科学的展望　教え子たち　同世代のライバルたち ほか)〔06011〕

ハーター, ジム　Harter, James K.
◇幸福の習慣―世界150カ国調査でわかった人生を価値あるものにする5つの要素 (Wellbeing)　トム・ラス, ジム・ハーター著, 森川里美訳　ディスカヴァー・トゥエンティワン　2011.10　223p　20cm　1600円　①978-4-7993-1065-6
内容 1章 仕事の幸福とは?　2章 人間関係の幸福とは?　3章 経済的な幸福とは?　4章 身体的な幸福とは?　5章 地域社会の幸福とは?　6章 人生を価値あるものとするために〔06012〕

バタイユ, ジョルジュ　Bataille, Georges
◇ニーチェ覚書 (Mémorandum)　ジョルジュ・バタイユ編著, 酒井健訳　筑摩書房　2012.6　223p　15cm　(ちくま学芸文庫 ハ12-10)　〈文献あり〉　1200円　①978-4-480-09465-0
内容 1 本質的特徴　2 道徳(神の死と滅びゆく瞬間の価値)　3 政治　4 神秘的状態〔06013〕

パターソン, ケリー　Patterson, Kerry
◇ダイアローグスマート―肝心なときに本音で話し合える対話の技術 (Crucial conversations)　ケリー・パターソン, ジョセフ・グレニー, ロン・マクミラン, アル・スウィツラー著, 本多佳苗, 千田彰訳　幻冬舎ルネッサンス　2010.9　379p　19cm　〈文献あり〉 1600円　①978-4-7790-0622-7〔06014〕
◇自分を見違えるほど変える技術―仕事・お金・依存症・ダイエット・人間関係 : チェンジ・エニシング (CHANGE ANYTHING)　ケリー・パターソン, ジョセフ・グレニー, デヴィッド・マクスフィールド, ロン・マクミラン, アル・スウィツラー著, 本多佳苗, 千田彰訳　阪急コミュニケーションズ　2012.12　285, 8p　19cm　〈文献あり〉 1600円　①978-4-484-12123-9
内容 第1部 行動変化の科学的アプローチ(意志の力の呪縛から自由になる　科学者として、自分を観察する)　第2部 影響力の六つの発生源(嫌いなことを好きになる　できないことをする　共犯者を友人に変える　損得を逆転させる　自分の空間をコントロールする)　第3部 あらゆるものを変化させる(キャリア―仕事上の伸び悩み　ダイエット　減量して健康な体になる-そして維持する　健全な家計―借金返済と借金に依存しない生活　依存症―自分を取り戻す　人間関係 : 自分変化を通じて、自分たちを変化させる　変化を起こす)〔06015〕

パターソン, ジョーエレン　Patterson, JoEllen
◇家族面接・家族療法のエッセンシャルスキル―初回面接から終結まで (Essential skills in family therapy (2nd edition))　ジョーエレン・パターソン, リー・ウィリアムス, トッド・M.エドワーズ, ラリー・シャモウ, クラウディア・グラフ‐グラウンズ著, 遊佐安一郎監修, 鈴木美砂子監訳, 鈴木美砂子, 若林英樹, 山田宇以, 近藤強訳　星和書店　2013.6　342p　21cm　〈文献あり〉 3800円　①978-4-7911-0847-3〔06016〕

パターソン, マイルズ・L.　Patterson, Miles L.
◇ことばにできない想いを伝える―非言語コミュニケーションの心理学 (More than Words)　マイルズ・L.パターソン著, 大坊郁夫監訳　誠信書房　2013.10　227p　20cm　〈文献あり〉 2600円　①978-4-414-30420-6
内容 第1章 非言語コミュニケーションの特質と領域　第2章 どのようにして知るのか　第3章 非言語コミュニケーションの構成要素とパターン　第4章 基本的決定因　第5章 情報の提供　第6章 相互作用の調整　第7章 親密性の表現　第8章 対人影響力　第9章 印象操作　第10章 システムズ・アプローチ〔06017〕

バーダック, ユージン　Bardach, Eugene
◇政策立案の技法―問題解決を「成果」に結び付ける8つのステップ : カリフォルニア大学バークレー校公共政策大学院の奥義 (A Practical Guide for Policy Analysis (原著第4版))　ユージン・バーダック著, 白石賢司, 鍋島学, 南津和広訳　東洋経済新報社　2012.6　202p　21cm　〈文献あり〉 2600円　①978-4-492-21200-4
内容 第1章 政策分析の8つのステップ　第2章 証拠を集める　第3章 「スマート(ベスト)プラクティス」の

ハ

研究―別の場所のよさそうなアイデアを理解して活用する　付録A 政策分析の実例　付録B 政府が行うこと　付録C 公的組織・非営利組織を理解する―正しく理解するための41の質問　付録D 政治的支援を勝ち取るための戦略的アドバイス　〔06018〕

パタッラス, M.* Putallaz, Martha

◇子どもの仲間関係―発達から援助へ（CHILDREN'S PEER RELATIONS）　J.B.クーパーシュミット,K.A.ダッジ編, 中沢潤監訳　京都　北大路書房　2013.12　299p　21cm　〈文献あり 索引あり〉3600円　①978-4-7628-2826-3

内容 親とその両親や仲間との関係（Christina L. Grimes,Tovah P.Klein,Martha Putallaz著, 中沢小百合訳）　〔06019〕

パタナイク, プラサンタ・K.

◇正義への挑戦―セン経済学の新地平（Against injustice）　後藤玲子, ポール・デュムシェル編著, 後藤玲子監訳　京都　晃洋書房　2011.9　310p　23cm　〈文献あり 索引あり〉2900円　①978-4-7710-2271-3

内容 厚生経済学における個人的権利と自由の諸構想：再検討（プラサンタ・K.パタナイク, 徐永胜著）　〔06020〕

バーダマン, ジェームス・M. Vardaman, James M.

◇外国人によく聞かれる日本の宗教　ジェームス・M.バーダマン著, 沢田組訳　IBCパブリッシング　2011.5　300p　19cm　（対訳ニッポン双書）〈他言語標題：Japanese Religion　文献あり〉1500円　①978-4-7946-0076-9

内容 "日本の宗教入門"概論　民間信仰と自然崇拝　神道　神道と仏教のつながり　仏教　日本のキリスト教　新興宗教と新新興宗教　宗教的意味合いを含む儀式と社会の風習　〔06021〕

◇アメリカ黒人の歴史　ジェームス・M.バーダマン著, 森本豊富訳　NHK出版　2011.11　285p　19cm　（NHKブックス 1185）〈年表あり　索引あり　文献あり〉1200円　①978-4-14-091185-3

内容 第1章 アフリカの自由民からアメリカの奴隷へ　第2章 奴隷としての生活　第3章 南北戦争と再建　第4章 「ジム・クロウ」とその時代（一八七七～一九四〇）　第5章 第二の「大移動」から公民権運動まで（一九四〇～一九六八）　第6章 アメリカ黒人の今とこれから　〔06022〕

ハダリィ, シャロン Hadary, Sharon

◇リーダーをめざすあなたへ―成功した女性の8つの戦略（How Women Lead）　シャロン・ハダリィ, ローラ・ヘンダーソン著, 穴水由紀子訳　一灯舎　2013.7　339, 12p　19cm　〈文献あり　発売：オーム社〉1700円　①978-4-903532-97-4

内容 はじめに 女性のリーダーシップの新たな世界　成功戦略1 女性が持つリーダーとしての潜在能力に目覚める　成功戦略2 自分の運命は自分の手で切り開く　成功戦略3 自分のキャリアは自分で設計する　成功戦略4 臆さず自分をアピールする　成功戦略5 数字が語る話を読み取り、戦略を立て、結果につなげる　成功戦略6 とびきりのチームを作る　成功戦略7 あなたという最大の資産をはぐくむ　成功戦略8 可能性を現実のものにする　インタビューした女性たちの経歴紹介　〔06023〕

パターレ, ヴルンダ

◇世界のビジネス・アーカイブズ―企業価値の源泉　渋沢栄一記念財団実業史研究情報センター編　日外アソシエーツ　2012.3　272p　19cm　〈発売：紀伊国屋書店〉3600円　①978-4-8169-2353-1

内容 企業という設定のなかで歴史を紡ぐ（ヴルンダ・パターレ著, 宮本隆史訳）　〔06024〕

バーダン, プラナーブ

◇コモンズのドラマ―持続可能な資源管理論の15年（The Drama of the COMMONS）　全米研究評議会,Elinor Ostrom,Thomas Dietz,Nives Dolšak,Paul C.Stern,Susan C.Stonich,Elke U. Weber編, 茂木愛一郎, 三俣学, 泉留維監訳　知泉書館　2012.5　665p　23cm　〈文献あり 索引あり〉9000円　①978-4-86285-132-1

内容 不平等な灌漑利用主体（プラナーブ・バーダン, ジェフ・デイトン‐ジョンソン著, 山本早苗訳）　〔06025〕

バダンテール, エリザベート Badinter, Elisabeth

◇母性のゆくえ―「よき母」はどう語られるか（Le conflit）　エリザベート・バダンテール著, 松永りえ訳　春秋社　2011.3　264p　20cm　2400円　①978-4-393-36632-5

内容 静かなる変革　第1部 現況証明書（母性のジレンマ）　第2部 自然主義の攻撃（反動分子の聖なる同盟　母親たちよ、あなた方は子どもあっての存在なのです！　赤ちゃんは絶対君主）　第3部 重荷を背負いすぎて…（女性が望む姿の多様性　お腹のストライキ　フランス人の場合）　〔06026〕

パーチ, エンツォ Paci, Enzo

◇関係主義的現象学への道（Prospettive relazionistiche〔etc.〕）　エンツォ・パーチ著, 上村忠男編訳　調布　月曜社　2011.9　201p　22cm　（シリーズ・古典転生 3）〈著作目録あり〉3200円　①978-4-901477-87-1

内容 第1章 関係主義的展望　第2章 関係主義の歴史主義的基礎　第3章 実存の消費と関係　第4章 経験の関係論的構造　第5章 時間・実存・関係　第6章 マルクスとフッサールにおける人間の意義　〔06027〕

パーチ, パオロ Paci, Paolo

◇世界の小さな町歩き（SMALL TOWNS and VILLAGES OF THE WORLD）　パオロ・パーチ著, 藤井留美訳　日経ナショナルジオグラフィック社　2013.10　303p　21cm　（NATIONAL GEOGRAPHIC―一生に一度だけの旅discover）〈索引あり　発売：日経BPマーケティング〉2600円　①978-4-86313-221-4

内容 1 北欧・中欧1（ーロース（ノルウェー）　ビスビュー（スウェーデン）ほか）　2 南欧・中欧2（ディナン（フランス）　ロカマドゥール（フランス）ほか）　3 アジア・中東・アフリカ（ウチヒサル（トルコ）　シバーム（イエメン）ほか）　4 米州・豪州（ルーネンバーグ（カナダ）　ファーンデール（米国）ほか）　〔06028〕

パチェリ, エウジェニオ Pacelli, Eugenio

⇒ピオ12世

バーチェル, ジョン
◇変貌する世界の緑の党―草の根民主主義の終焉か？（GREEN PARTIES IN TRANSITION） E.ジーン・フランクランド, ポール・ルカルディ, ブノワ・リウー編著, 白井和宏訳 緑風出版 2013.9 455p 20cm 〈文献あり〉3600円 ①978-4-8461-1320-9
内容 スウェーデン緑の党「環境党・緑」(ジョン・バーチェル著) 〔06029〕

バーチェル, マイケル Burchell, Michael
◇最高の職場―いかに創り、いかに保つか、そして何が大切か（The great workplace） M.バーチェル,J.ロビン著, 伊藤健市, 斎藤智文, 中村艶子訳 京都 ミネルヴァ書房 2012.2 267, 19p 20cm 〈索引あり〉2000円 ①978-4-623-06222-5
内容 第1章 序論―最高の職場を創り上げることがもつ価値 第2章 信用―「私はリーダーを信じる」 第3章 尊敬―「私はこの組織の価値ある一員です」 第4章 公正―「皆が同じルールでプレーする」 第5章 誇り―「私は本当に意味あることに貢献します」 第6章 連帯感―「わが社の社員はすばらしい」 第7章 グローバルな視点―世界各国にある最高の職場 第8章 行動を起こす―最高の職場を創り上げる 〔06030〕

バチカン公会議（第2回）
◇第二バチカン公会議公文書―改訂公式訳（Sacrosanctum oecumenicum concilium Vaticanum II, constitutiones, decreta, declarationes） 第2バチカン公会議文書公式訳改訂特別委員会監訳 カトリック中央協議会 2013.9 878p 22cm 3000円 ①978-4-87750-173-0
内容 典礼憲章 広報メディアに関する教令 教会憲章 カトリック東方諸教会に関する教令 エキュメニズムに関する教令 教会における司教の司牧任務に関する教令 修道生活の刷新・適応に関する教令 司祭の養成に関する教令 キリスト教的教育に関する宣言 キリスト教以外の諸宗教に対する教会の態度についての宣言〔ほか〕 〔06031〕

バーチャード, ブレンドン Burchard, Brendon
◇人助け起業《ミリオネア・メッセンジャー》―自分の価値を無限大にする仕組み 1人で1億円稼いで感謝される暮らし（THE MILLIONAIRE MESSENGER） 山崎拓巳監修, ブレンドン・バーチャード著, 田村源二訳 ヒカルランド 2013.5 346p 19cm 1600円 ①978-4-86471-121-0
内容 第1章 わがメッセージ―短期集中講座―わたしはいかなる体験から、世に広めたいメッセージをつかんだか 第2章 あなたにグルの世界を見せよう！―わたしはいかにして億稼ぐエキスパートになっていったか 第3章 エキスパートの使命とライフスタイル―“エキスパート産業”の9つの魅力 第4章 グルに必要な3拍子―この3本柱を支えとすれば、あなたもアドバイス・グルになれる 第5章 エキスパート帝国を築く10のステップ―成功するための必勝法を授けよう 第6章 ミリオネア・メッセンジャーのマネー・マップ―5つのプログラムで100万ドルを稼ごう 第7章 メッセンジャーのマインドセット―成功するための8つの心がまえ 第8章 ミリオネア・マンデート―身につけるべき5つの重要スキル 第9章 メッセンジャー・マニフェスト―成功の仕組みを分かち合い、“エキスパート産業”を進化・前進させていこう 第10章 自分の思いを信じる―恐れを乗り越えてメッセージを伝えよう 〔06032〕

バーチャバー, ニコラス
◇ありえない決断―フォーチュン誌が選んだ史上最高の経営判断（FORTUNE ： THE GREATEST BUSINESS DECISIONS OF ALL TIME） バーン・ハーニッシュ, フォーチュン編集部著, 石山淳訳 阪急コミュニケーションズ 2013.10 237p 19cm 1700円 ①978-4-484-13117-7
内容 サムスンが優秀な社員を遊ばせる理由（ニコラス・バーチャバー著） 〔06033〕

バーチュー, グラント Virtue, Grant
◇エンジェルワード―あなたの人生を変えるアファメーションブック（Angel words） ドリーン・バーチュー, グラント・バーチュー著, 宇佐和通訳 JMA・アソシエイツステップワークス事業部 2011.11 187p 19cm 1800円 ①978-4-904665-30-5
内容 プロローグ 天使の翼のかたちになった言葉 第1章 言葉づかいで生き方が変わる 第2章 経済状況を一変させる言葉 第3章 健やかさと癒しの天使の言葉 第4章 生きる力を得るアファメーション 第5章 人生を癒す言葉 第6章 高いエネルギーのポジティブな言葉 第7章 低いエネルギーのネガティブな言葉 第8章 反対語でわかる言葉の波動 エピローグ エンジェルワードを使いましょう 〔06034〕

バーチュー, ドリーン Virtue, Doreen
◇エンジェル・セラピー瞑想CDブック―天使のもつ奇跡のパワーをあなたに（Angel therapy meditations CD and booklet） ドリーン・バーチュー著, 奥野節子訳 ダイヤモンド社 2011.1 101p 18cm 2200円 ①978-4-478-00981-9
内容 「エンジェル・セラピー瞑想CD」スクリプト（エンジェル・セラピー・メディテーション 特別収録オリジナル英語音声エンジェル・セラピー・メディテーション(一部)） 解説（エンジェル・セラピーとは 天使について チャクラについて ほか） 「エンジェル・セラピー瞑想CD」について（内容 天使に導かれて 使い方） 〔06035〕
◇アークエンジェルズ15の大天使―How to Connect Closely with Archangels Michael, Raphael, Gabriel, Uriel, and Others for Healing, Protection, and Guidance（Archangels 101） ドリーン・バーチュー著, 宇佐和通訳 JMA・アソシエイツライトワークス事業部 2011.3 167p 18cm 〈発売 ： JMA・アソシエイツステップワークス事業部〉1500円 ①978-4-904665-25-1
内容 守護と感情の浄化を司る大天使ミカエル 病を癒し、ヒーラーを守る大天使ラファエル 的確なメッセージを届ける大天使ガブリエル 洞察力とアイディアを与える大天使ウリエル 探しものを見つける大天使チャミュエル 自然と人間とをつなぐ大天使アリエル 感受性豊かな人々を支える大天使メタトロン 天界からの答えをもたらす大天使サンダルフォン 悲しみや喪失感を癒す大天使アズラエル あらゆる局面に美をもたらす大天使ジョフィエル 女性特有の問題を解決する大天使ハニエル 知識を得ようとする人を助ける大天使ラジエル　強調と正義を司る大天使ラギュエル　インスピレーションをもたらす大天使ジェレミエル　許しの心を生み出す大天使ザドキエル　〔06036〕

◇エンジェルセラピーハンドブック（The angel therapy handbook）　ドリーン・バーチュー著，宇佐和通訳　JMA・アソシエイツステップワークス事業部　2011.7　349p　19cm　1800円　①978-4-904665-28-2

内容 天使　大天使　精神世界の人々とミディアムシップ（霊媒術）　天使との対話　4つの“クレア”　クレアボヤンス　クレアセンシェンス　クレアコグニザンス　クレアオーディエンス　エンジェルリーディング　エンジェルメッセージ　エンジェルセラピー・ヒーリング　ライトワーカーと人生の目的　今すぐに起こすべき行動　スピリチュアリティーを職業として起業する　プロの講演者になる　プロのヒーラーになる　ライトワーカーのセルフケア　〔06037〕

◇天使の声を聞く方法―あなたへのエンジェル・ガイダンスに気づきましょう（How to hear your angels）　ドリーン・バーチュー著，奥野節子訳　ダイヤモンド社　2011.9　203p　19cm　1600円　①978-4-478-00526-2

内容 第1章 天使というメッセンジャー　第2章 亡くなってからもなお見守ってくれる人たち　第3章 天にいる子供たちからのメッセージ　第4章 天使体験なのか、自分の想像なのかを見分ける方法　第5章 天使を感じる方法　第6章 聖なるアイディアやひらめきを受け取る方法　第7章 天使の声を聞く方法　第8章 天使を見る方法　第9章 天使からのメッセージを受け取りましょう　おわりに 天使に助けてもらいましょう　〔06038〕

◇エンジェルワード―あなたの人生を変えるアファメーションブック（Angel words）　ドリーン・バーチュー，グラント・バーチュー著，宇佐和通訳　JMA・アソシエイツステップワークス事業部　2011.11　187p　19cm　1800円　①978-4-904665-30-5

内容 プロローグ 天使の翼のかたちになった言葉　第1章 言葉づかいで生き方が変わる　第2章 経済状況を一変させる言葉　第3章 健やかさと癒しの天使の言葉　第4章 生きる力を得るアファメーション　第5章 人生を癒す言葉　第6章 高いエネルギーのポジティブな言葉　第7章 低いエネルギーのネガティブな言葉　第8章 反対語でわかる言葉の波動　エピローグ エンジェルワードを使いましょう　〔06039〕

◇エンジェル・コンタクト（Angel visions）　ドリーン・バーチュー著，島津公美訳　晋遊舎　2012.1　252p　19cm　〈付属資料：CD1枚 12cm：天使に出会えるトレーニングCD〉2100円　①978-4-86391-474-2

内容 あなたの天使を見るには　天使が見えるようになるための7日間プラン　天使を見るには　毎日のエンジェル・ビジョン　天使を見た人たち　天使を見た子供たち　どこからともなく現れて助けてくれ、姿を消した人　見知らぬ人からのメッセージ　アパリションを見た子供たち　スピリットを見た大人たち〔ほか〕　〔06040〕

◇エンジェル・クリスタル・セラピー―天使のエネルギーで、石のパワーを高める（CRYSTAL THERAPY）　ドリーン・バーチュー，ジュディス・ルコムスキー著，奥野節子訳　ダイヤモンド社　2012.6　252,10p　19cm　〈索引あり〉1800円　①978-4-478-01424-0

内容 第1章 人間とクリスタルのつながり　第2章 クリスタルと聖なる幾何学　第3章 天使と実践するクリスタル・セラピー　第4章 クリスタルの浄化＆選び方　第5章 クリスタルクォーツの特徴＆性質　第6章 願いをかなえるクリスタル・グリッド　第7章 クリスタルからのメッセージ　付録 クリスタル・チャート　〔06041〕

◇マリア―あなたを包む愛の奇蹟（MARY, QUEEN OF ANGELS）　ドリーン・バーチュー著，宇佐和通訳　JMA・アソシエイツステップワークス事業部　2012.7　271p　19cm　1800円　①978-4-904665-31-2

内容 はじめに 聖母マリアとの絆が奇蹟を運ぶ　聖母マリアと“出会った”人たち　聖母マリアが身体を癒す　聖母マリアに心をあずける　子どもたちと聖母マリア　すべての母親のために　聖母マリアに命を救われた人たち　ロザリオの祈りとアヴェマリア　マリアさまからのプレゼント　聖母マリアがそばにいる“しるし”　マリア像が運んだ奇蹟　天国からのバラ　聖母マリアゆかりの地　〔06042〕

◇ドリーン・バーチューのフラワーセラピーガイドブック（FLOWER THERAPY）　ドリーン・バーチュー，ロバート・リーブス著，野原みみこ訳　JMA・アソシエイツステップワークス事業部　2013.3　151p　21cm　〈索引あり〉1800円　①978-4-904665-33-6

内容 1 フラワーセラピーを理解する（フラワーセラピーの仲間たち　ヒーリングフラワーの入手と取り扱い方　フラワーセラピー・ヒーリングの方法　フラワーエッセンスとハーブティー　花と聖なるガイダンス）　2 フラワーセラピー・ディレクトリ―フラワーセラピー分類帖　3 フラワーセラピー・チャート（花に関連する大天使　花に関連するチャクラ　目的別花のエネルギーヒーリング　五十音順索引）　〔06043〕

◇大天使からのメッセージ―天界のメッセンジャー・ガブリエルとの出会い（The MIRACLES of ARCHANGEL GABRIEL）　ドリーン・バーチュー著，宇佐和通訳　JMA・アソシエイツステップワークス事業部　2013.11　159p　19cm　〈外箱入〉2800円　①978-4-904665-58-9　〔06044〕

◇エンジェル・メディスン・ヒーリング―アトランティスの天使が伝える古代の叡智（ANGEL MEDICINE）　ドリーン・バーチュー著，島津公美訳　新版　ダイヤモンド社　2013.12　347p　19cm　〈初版：メディアート出版 2005年刊〉1800円　①978-4-478-02124-8　〔06045〕

ハツ，ギョウハ*　初 暁波

◇転形期における中国と日本―その苦悩と展望　飯田泰三，李暁東編　国際書院　2012.10　319p　21cm　〈索引あり〉3400円　①978-4-87791-237-6

内容 近代以降の東アジア国際体系変革の示唆（初暁波執筆，石田徹，黒木信頼訳）　〔06046〕

ハーツ，ノリーナ　Hertz, Noreena

◇グリーン・バリュー経営への大転換（Green Business, Green Values, and Sustainability（抄

訳））　クリストス・ピテリス, ジャック・キーナン, ヴィッキー・プライス編著, 谷口和弘訳　NTT出版　2013.7　285p　20cm　〈索引あり〉　2800円　①978-4-7571-2292-5

内容 グッチ資本主義の終焉（ノリーナ・ハーツ）〔06047〕

ハーツ, レイチェル　Herz, Rachel Sarah

◇あなたはなぜ「嫌悪感」をいだくのか（That's Disgusting）　レイチェル・ハーツ著, 綾部早穂監修, 安納令奈訳　原書房　2012.10　360p　20cm　〈文献あり〉2400円　①978-4-562-04775-8

内容 1章 さあ、食べよう　2章 嫌悪する瞬間　3章 脳における嫌悪感　4章 細菌戦争　5章 不快なのは他人　6章 ホラーショー　7章 性欲と嫌悪感　8章 法と秩序　9章 嫌悪感が教えてくれること〔06048〕

パッカー, ジェームズ・I.　Packer, James Innell

◇ピューリタン神学総説（A Quest for godliness）　ジェームズ・I.パッカー〔著〕, 松谷好明訳　札幌　一麦出版社　2011.8　488p　22cm　〈索引あり〉5400円　①978-4-86325-020-8〔06049〕

◇聖書教理がわかる94章―キリスト教神学入門（Concise Theology）　J.I.パッカー著, 篠原明訳　いのちのことば社　2012.10　327p　19cm　2000円　①978-4-264-03060-7

内容 第1部 創造の主として啓示された神（啓示―聖書は神のことばである　解釈―キリスト者は神のことばを理解することできる ほか）　第2部 救い主として啓示された神（堕落―最初に造られた男と女は罪を犯した　原罪―堕落はすべての人に及んでいる ほか）　第3部 恵みの主として啓示された神（助け主―聖霊は信仰者に仕える　救い―イエスはご自身の民を罪から救出する ほか）　第4部 運命の主として啓示された神（堅持―神はご自身の民を安全に守る　赦されない罪―赦されないのは悔い改めないことだけである ほか）〔06050〕

パッカード, デービッド　Packard, David

◇金融規制のグランドデザイン―次の「危機」の前に学ぶべきこと（Restoring financial stability）　ヴィラル・V.アチャリア, マシュー・リチャードソン編著, 大村敬一監訳, 池田竜哉, 増原剛輝, 山崎洋一, 安藤祐介訳　中央経済社　2011.3　488p　22cm　〈文献あり〉5800円　①978-4-502-68200-1

内容 金融政策運営への教訓 ： 最後の貸し手になるべき条件とは（ヴィラル・V.アチャリア, デービッド・K.バッカス）〔06051〕

パッカード, M.*　Packard, Michele

◇動機づけ面接法　応用編（Motivational interviewing（2nd edition））　ウイリアム・R.ミラー, ステファン・ロルニック編, 松島義博, 後藤恵, 猪野亜朗訳　星和書店　2012.9　291p　21cm　〈文献あり〉3200円　①978-4-7911-0817-6

内容 重複障害の治療における動機づけ面接法（Nancy Handmaker, Michele Packard, Kelly Conforti）〔06052〕

バッキンガム, ウィル　Buckingham, Will

◇哲学大図鑑（The philosophy book）　ウィル・バッキンガムほか著, 小須田健訳　三省堂　2012.2　352p　25cm　〈索引あり〉3800円　①978-4-385-16223-2

内容 古代世界―紀元前700年～後250年　中世世界―250年～1500年　ルネサンスと理性の時代―1500年～1750年　革命の時代―1750年～1900年　現代世界―1900年～1950年　現代哲学―1950年～現在〔06053〕

バッキンガム, マーカス　Buckingham, Marcus

◇さあ、シンプルに生きよう！（Find your strongest life）　マーカス・バッキンガム著, 中村佐千江訳　三笠書房　2011.7　268p　19cm　1300円　①978-4-8379-5727-0

内容 自分らしく心地よく！―あなたは、"自分の強み"に気づいていますか？　第1部 あなたの世界は、今日から素敵に変わります（誰も教えてくれなかったことを、公開します！―仕事、愛、家庭、友情…もっと楽しく！ 笑顔いっぱいになるために　「もっと自分らしい人生」って何だろう？―うまくいっている人は、こんなサインを毎時間、受け取っています！　幸せになれる女性、なれない女性、一ミリの違い―正しい答えを見つけるのは、こんなに簡単！　最高の結果を生み出す、シンプルな生き方―心が強くなる、自信がつく、次々ほしいものが手に入る　頭のいい人は、「ポジティブ集中」で幸せをつかむ！―見つけた自分の「いいところ」を、グングン育てよう　ストロングライフ・テストで、あなたの「才能」を発見しよう！―すべてわかる、あなたの魅力＆長所＆人生の役割　見つけた「人生の役割」の生かし方―迷ったときには、この原点に戻ろう！　どんな自分もイエスと言って受け入れなさい！―見栄、プライド…捨てれば一気に楽になります　「得意なこと」に集中しよう！―バランスよく生きるのをやめれば、幸せがやってくる）　第2部 悩みがスーッと消えていく人生の歩き方（自分らしい「仕事」が見つかります！―無理なく続けたい！ 大好きなことをしたい！ キャリアアップしたい！　心地いい、素敵な「人間関係」をつくるコツ！―好きな人、うんざりな人、イライラする人への対処法　「子どもを伸ばす！」頭のいい親の習慣―親が子どもにしてあげられる、最高のプレゼントとは？　最後に、絶対に知っておきたい三つのスキル―いつか必ず「知っててよかった！」と思う日がきます！）　生まれ変わった"最高の自分"を楽しもう！〔06054〕

ハッキング, イアン　Hacking, Ian

◇知の歴史学（HISTORICAL ONTOLOGY）　イアン・ハッキング〔著〕, 出口康夫, 大西琢朗, 渡辺一弘訳　岩波書店　2012.12　505, 32p　20cm　〈索引あり〉4700円　①978-4-00-023877-9

内容 歴史的存在論　五つの寓話　哲学者のための二種類の「新しい歴史主義」　ミシェル・フーコーの考古学　ミシェル・フーコーの未熟な科学　人々を作り上げる　自己を改善すること　いつ、どこで、なぜ、いかにして言語は公共的なものになったのか　歴史言語学についての夜想　根底的誤訳など現実にあったのか？　言語、真理、理性　歴史家にとっての「スタイル」、哲学者にとっての「スタイル」　ライプニッツとデカルト―証明と永遠真理　哲学的心理学者ヴィトゲンシュタイン　ドリームズ・イン・プレイス〔06055〕

バック, パール　Buck, Pearl Sydenstricker

◇私の見た日本人（The People of Japan）　パール・バック著, 丸田浩監修, 小林政子訳　国書刊

行会　2013.3　262p　22cm　3000円　Ⓘ978-4-336-05626-9
内容 日本の輪郭　日本的特徴の形成　戦前の日本と戦後の日本　日本の変化と女性　家族制度　芸者　人情と躾　義理　コミュニケーション　宗教と偏見　祭り　娯楽　日本の固有性と諸問題　日本とアメリカ 〔06056〕

バック, レス
◇ビジュアル調査法と社会学的想像力―社会風景をありありと描写する（PICTURING THE SOCIAL LANDSCAPE）　キャロライン・ノウルズ, ポール・スウィートマン編, 後藤範章監訳　京都　ミネルヴァ書房　2012.10　317p　22cm　〈索引あり〉3400円　Ⓘ978-4-623-06394-9
内容 眼で聴き取る（レス・バック著, 後藤拓也訳） 〔06057〕

バック, ロバート　Pack, Robert
◇竜のかぎ爪康生　上（The claws of the dragon）　ジョン・バイロン, ロバート・パック〔著〕, 田畑暁生訳　岩波書店　2011.12　249, 16p　15cm（岩波現代文庫 S235）〈文献あり〉1100円　Ⓘ978-4-00-603235-7
内容 序章 見えざる手　第1部 二つの世界に囚われて（孔子の地に生まれて　革命の港―上海　危険な生活　秘密警察　モスクワ―サディストへの最終訓練）　第2部 ならず者たちの陣営（毛沢東への鞍替え　蛇の貴族　恐怖を作る　権勢のかげり） 〔06058〕
◇竜のかぎ爪康生　下（The claws of the dragon）　ジョン・バイロン, ロバート・パック〔著〕, 田畑暁生訳　岩波書店　2011.12　302, 50p　15cm（岩波現代文庫 S236）〈年譜あり　索引あり〉1100円　Ⓘ978-4-00-603236-4
内容 第3部 皇帝の庭で（家庭の事情　佞臣の復活　ロシアという切り札　演劇愛好家　破壊のリハーサル）　第4部 文化大革命の後見人（演劇、事件　「混乱を恐れるな！」　蜘蛛が巣を作る　地獄の王　康生コレクション　林彪の陰謀　最後の裏切り　康生の遺産 〔06059〕

バックハウス, ロジャー
◇創設期の厚生経済学と福祉国家　西沢保, 小峯敦編著　京都　ミネルヴァ書房　2013.8　372p　22cm　〈索引あり〉8000円　Ⓘ978-4-623-06335-2
内容 福祉経済学者としてのJ.A.ホブソン（ロジャー・バックハウス著, 姫野順一訳） 〔06060〕

バック＝モース, スーザン
◇共産主義の理念（L'Idée du communisme（重訳））　コスタス・ドゥズィーナス, スラヴォイ・ジジェク編, 長原豊監訳, 沖公祐, 比嘉徹徳, 松本潤一郎訳　水声社　2012.6　434p　20cm　4500円　Ⓘ978-4-89176-912-3
内容 二度目は茶番として……（スーザン・バック＝モース著, 比嘉徹徳訳） 〔06061〕

ハックル, ジョン　Huckle, John
◇グローバル・ティーチャーの理論と実践―英国の大学とNGOによる教員養成と開発教育の試み（Developing the global teacher）　ミリアム・スタイナー編, 岩崎裕保, 湯本浩之監訳　明石書店　2011.7　540p　20cm（明石ライブラリー 146）〈文献あり 索引あり〉5500円　Ⓘ978-4-7503-3381-6
内容 グローバリゼーションとポスト・モダンを再考する―批判理論と批判的教育学からの示唆（ジョン・ハックル著, 湯本浩之訳） 〔06062〕

バッケ, マリ＝フレデリック　Bacqué, Marie-Frédérique
◇喪の悲しみ（Le deuil）　マリ＝フレデリック・バッケ, ミシェル・アヌス著, 西尾彰泰訳　白水社　2011.9　167, 4p　18cm（文庫クセジュ）〈文献あり〉1050円　Ⓘ978-4-560-50961-6
内容 現代の西洋における死と喪の悲しみの表現　喪の悲しみとは何か　「通常の」喪の悲しみの経過　喪の作業の心理学的分析　喪の悲しみが悪化するとき　喪の悲しみの病理　特別な喪の悲しみ　喪の悲しみに陥っている人に寄り添うこと　子供と死　子供における喪の悲しみ　子供における喪の作業　悲嘆に暮れる子供の未来　喪の悲しみに暮れる子供の寄り添い 〔06063〕

バッコルツ, スティーブ　Buchholz, Steve
◇アフターショック―変化の時代の「痛み」を解決する知恵（AFTERSHOCK）　ハリー・ウッドワード, スティーブ・バッコルツ著, 崎山千春訳　新版　ダイヤモンド社　2013.7　229p　19cm　1400円　Ⓘ978-4-478-02511-6
内容 1章 変化…ただ一つ不変のもの　2章 組織はいかに成長するか　3章 変化の三段階　4章 変化に対する四つの反応を見きわめる　5章 セルフマネジメントと信頼　6章 CSEサポート・システムの知恵　7章 危機的状況の人を助ける　8章 変化に強い組織を作る　エピローグ どうすれば早く再スタートが切れるか 〔06064〕

パッサー, ブライアン　Pusser, Brian
◇ビジネスとしての高等教育―営利大学の勃興（Earnings from learning）　デビッド・W.ブレネマン, ブライアン・パッサー, サラ・E.ターナー編著, 田部井潤監訳, 渡部晃正, 栗栖淳, 遠藤克弥訳　出版研　2011.6　265p　22cm　〈文献あり　索引あり　発売：人間の科学新社〉2800円　Ⓘ978-4-8226-0291-8
内容 高等教育、市場、そして公共の利益の保護 他（ブライアン・パッサー著, 田部井潤訳） 〔06065〕
◇新興国家の世界水準大学戦略―世界水準をめざすアジア・中南米と日本（World-Class Worldwide）　フィリップ・G.アルトバック, ホルヘ・バラン編, 米沢彰純監訳　東信堂　2013.5　386p　22cm　〈索引あり〉4800円　Ⓘ978-4-7989-0134-3
内容 学問の最高峰機関（L.オルドリカ,B.パッサー執筆, 阿部和子訳） 〔06066〕

バッジーニ, ジュリアン　Baggini, Julian
⇒バジーニ, ジュリアン

パッシノ, ジョセフ　Passineau, Joseph
◇子どもが地球を愛するために―「センス・オブ・ワンダー」ワークブック（TEACHING KIDS

TO LOVE THE EARTH) マリナ・ラチェッキ, ジョセフ・パッシノ, アン・リネア, ポール・トゥルーアー著, 山本幹彦監訳, 南里憲訳 改訂版 京都 人文書院 2012.7 223p 21cm 2200円 ①978-4-409-23052-7

内容 好奇心(たのしい冒険—子どもの好奇心を育む遊びや野外活動 アバーウォッキー—想像力や好奇心を使い、自然のなかへの「センス・オブ・ワンダー」ハイクに出かける ほか) 探検(天敵と獲物—環境への気づきや正しい理解、知識を育むゲーム 釣れた！—子どもたちに野外技術を伝えながら自然を探検する ほか) 発見(春の甘いめぐみ—四季の変化の不思議に気づく 炎の贈り物—焚き火を楽しみ協議することの楽しさを発見する ほか) シェアリング(わかちあい)(ペンギンのチャック—物語や音楽・ダンスを楽しみながら自然をわかちあう ロープの上で—ネイチャーセンターでおこなわれている環境教育や冒険プログラム ほか) 情熱(ジョン・ミュアーの足跡—エコヒーローから学びを授かり地球に対するビジョンを持つ ブルドーザーと委員会室—気づいたことを行動へ ほか) 〔06067〕

パッシュ, S.* Pasch, Suzanne H.

◇教師というキャリア—成長続ける教師の六局面から考える (Life cycle of the career teacher) Betty E.Steffy,Michael P.Wolfe,Suzanne H. Pasch,Billie J.Enz編著, 三村隆男訳 雇用問題研究会 2013.3 190p 21cm 〈文献あり〉 2000円 ①978-4-87563-261-0

内容 キャリア教師のライフ・サイクル・モデルとその活用 他(Betty E.Steffy, Michael P.Wolfe, Suzanne H.Pasch, Billie J.Enz) 〔06068〕

ハッセマー, ヴィンフリート Hassemer, Winfried

◇刑罰はなぜ必要か—最終弁論 (WARUM STRAFE SEIN MUSS) ヴィンフリート・ハッセマー著, 堀内捷三監訳 八王子 中央大学出版部 2012.12 275p 21cm (日本比較法研究所翻訳叢書 63) 〈訳 : 大杉一之ほか 文献あり〉 3400円 ①978-4-8057-0364-9

内容 A 日常生活の中の罰(隔たりと近さ 日常文化 社会的コントロール まとめ) B 刑法がなそうとしていること。又は、刑罰がなすべきこと。(畏敬すべき箴言 透明性、悲惨さ、そして、浅薄さ 古いものから新しいものを まとめ) C 我々すべてがなそうとしていること。又は、刑法がなさなければならないこと。(刑法の力 規定化の構想 まとめ) D 焦点(責任 被害者 少年) 〔06069〕

バッソ, トム Basso, Thomas F.

◇トム・バッソの禅トレード—イライラ知らずの売買法と投資心理学 (Panic-proof investing) トム・バッソ著, 塩野未佳訳 パンローリング 2011.2 254p 20cm (ウィザードブックシリーズ vol.176) 〈文献あり〉 1800円 ①978-4-7759-7143-7

内容 イライラする投資家 投資を成功に導く3つのカギ 考え方は人それぞれ だれに責任があるのか？ 資金は運用会社に直接預けるな バランスの取れた状態を保とう うまくいっているものをいじるな 資産運用の監視法 素晴らしい運用実績を追い掛けるな これが良い投資話でなければ何なんだ？ 10年間の運用実績には要注意 分散しすぎるのもダメ 儲けはどのように生まれるのか？ 情報におぼれないようにする 決断を下したら、次は実行だ！ 針路を保つこと—最も難しい決断 成功するためにはエゴを捨てろ 市場はランダムではない、そして皆さんに伝えたいこと 〔06070〕

ハッチンソン, ピーター Hutchinson, Peter

◇財政革命—終わりなき財政危機からの脱出 (THE PRICE OF GOVERNMENT) デビッド・オズボーン, ピーター・ハッチンソン著, 小峯弘靖訳 日本能率協会マネジメントセンター 2013.3 516p 22cm 3800円 ①978-4-8207-4824-3

内容 財政危機の嵐からの回避 第1部 賢明なる予算案—最善の解決策となる五つの意思決定(問題の核心の把握 行政の値段の設定 ほか) 第2部 賢明なる行政規模—改革推進を成功に導く重要な用件(戦略レビュー 関連機能の整理統合 ほか) 第3部 賢明なる財政支出—価値あるものの調達、財政引き締め(競争によるサービスの購入 誠意ではなく実績による報奨 ほか) 第4部 賢明なる行政マネジメント—財政革命を推進する内部改革(説明責任を伴うフレキシビリティ 制度への抵抗から活用へ ほか) 第5部 賢明なるリーダーシップ—急進的中道からの変革(変革のためのリーダーシップ 政治との関わり) 〔06071〕

ハッツフェルド, ジャン Hatzfeld, Jean

◇隣人が殺人者に変わる時—ルワンダ・ジェノサイド生存者たちの証言 (DANS LE NU DE LA VIE(重訳)) ジャン・ハッツフェルド著, ルワンダの学校を支援する会訳 京都 かもがわ出版 2013.5 268p 19cm 〈年表あり〉 1900円 ①978-4-7803-0609-5

内容 早朝のニャマタ—カンウス ニヨンサバの話 大小の市場—ジャネッテ・アインカミエの話 ブゲセラ道路—フランシーネ・ニイテゲカの話 キブンゴの丘—ジャンピエール・ムンヤネーザの話 竪琴の形をした牛の角—ジャンバプテスト・マニャンコーレの話 未亡人たちのたまり場—マンジェリック・ムカマンジの話 アカシアの下の自転車タクシー—イノサン・ルイリリザの話 大通りの店—マリールイズ・カゴイレの話 リリマ刑務所—クリスティーネ・ニランサビマナの話 逃避行—オデッテ・ムカムソニーの話 記念館の中の壁龕—ノーディス・リリーリギラの話 これまでの説明—ベルテ・ムワナンカバンディの話 クロディーネのナレトレハウス クロディーネ・カイテシィの話 ラ・ペルマナンスの黄昏—シルヴィ・ウムベイの話 〔06072〕

パットナム, ロバート・D. Putnam, Robert D.

◇流動化する民主主義—先進8カ国におけるソーシャル・キャピタル (Democracies in Flux) ロバート・D.パットナム編著, 猪口孝訳 京都 ミネルヴァ書房 2013.7 443, 8p 22cm 〈索引あり〉 4800円 ①978-4-623-05301-8

内容 社会関係資本とは何か 他(ロバート・D.パットナム, クリスティン・A.ゴス執筆) 〔06073〕

パットナム, L.* Putnam, Linda

◇ハンドブック組織ディスコース研究 (The SAGE Handbook of Organizational Discourse) DAVID GRANT,CYNTHIA HARDY,CLIFF OSWICK,LINDA PUTNAM〔編〕, 高橋正泰, 清宮徹監訳, 組織ディスコース翻訳プロジェクト

チーム訳　同文舘出版　2012.3　677p　22cm　〈文献あり 索引あり〉6800円　①978-4-495-38101-1

内容 第1部 ディスコースの射程（対話―組織の生と死　ナラティヴ、ストーリー、テクスト　組織ディスコースとしての企業のレトリック　比喩、ディスコース、組織化）　第2部 方法とパースペクティヴ（組織の日常言語―相互行為分析、会話分析、そして言語行為連鎖分析　ディスコースとアイデンティティ　組織的ディスコースへの解釈主義的アプローチ　組織ディスコースにおけるマルチレベル、マルチメソッドアプローチ　組織ディスコースを研究するということ：研究者コンテクストの重要性　ディスコース、パワー、そしてイデオロギー：批判的アプローチをひもとく　ディスコースの脱構築）　第3部 ディスコースと組織化（ジェンダー、ディコスース、そして組織―転換する関係性のフレーミング　ディスコースとパワー　組織文化とディスコース　道具、技術と組織の相互行為：「作業現場研究」の出現　組織ディスコースとニューメディア：実践パースペクティヴ　グローバル化のディスコースとディスコースのグローバル化）　第4部 補論（ディスコースへの転回　会話へのバイアス―組織において言説的に行為すること　組織ディスコースに関する実在の把握）〔06074〕

ハッドン, セリア

◇世界一素朴な質問、宇宙一美しい答え―世界の第一人者100人が100の質問に答える（BIG QUESTIONS FROM LITTLE PEOPLE）　ジェンマ・エルウィン・ハリス編, 西田美緒子訳, タイマタカシ絵　河出書房新社　2013.11　298p　22cm　2500円　①978-4-309-25292-6

内容 世界ではじめてペットを飼ったのはだれ？（セリア・ハッドン）〔06075〕

パップ, ペギー

◇ダイニングテーブルのミイラ セラピストが語る奇妙な臨床事例―セラピストはクライエントから何を学ぶのか（The mummy at the dining room table）　ジェフリー・A.コトラー, ジョン・カールソン編著, 岩壁茂監訳, 門脇陽子, 森田由美訳　福村出版　2011.8　401p　22cm　〈文献あり〉　3500円　①978-4-571-24046-1

内容 第三の性的アイデンティティ（ペギー・パップ著, 森田由美訳）〔06076〕

ハーディ, C.*　Hardy, Cynthia

◇ハンドブック組織ディスコース研究（The SAGE Handbook of Organizational Discourse）　DAVID GRANT,CYNTHIA HARDY,CLIFF OSWICK,LINDA PUTNAM〔編〕, 高橋正泰, 清宮徹監訳, 組織ディスコース翻訳プロジェクトチーム訳　同文舘出版　2012.3　677p　22cm　〈文献あり 索引あり〉6800円　①978-4-495-38101-1

内容 第1部 ディスコースの射程（対話―組織の生と死　ナラティヴ、ストーリー、テクスト　組織ディスコースとしての企業のレトリック　比喩、ディスコース、組織化）　第2部 方法とパースペクティヴ（組織の日常言語―相互行為分析、会話分析、そして言語行為連鎖分析　ディスコースとアイデンティティ　組織的ディスコースへの解釈主義的アプローチ　組織ディスコースにおけるマルチレベル、マルチメソッドアプローチ　組織ディスコースを研究するということ：研究者コンテクストの重要性　ディスコース、パワー、そしてイデオロギー：批判的アプローチをひもとく　ディスコースの脱構築）　第3部 ディスコースと組織化（ジェンダー、ディコスース、そして組織―転換する関係性のフレーミング　ディスコースとパワー　組織文化とディスコース　道具、技術と組織の相互行為：「作業現場研究」の出現　組織ディスコースとニューメディア：実践パースペクティヴ　グローバル化のディスコースとディスコースのグローバル化）　第4部 補論（ディスコースへの転回　会話へのバイアス―組織において言説的に行為すること　組織ディスコースに関する実在の把握）〔06077〕

バディウ, アラン　Badiou, Alain

◇民主主義は、いま？―不可能な問いへの8つの思想的介入（Democratie, dans quel etat？）　ジョルジョ・アガンベン, アラン・バディウ, ダニエル・ベンサイード, ウェンディ・ブラウン, ジャン＝リュック・ナンシー, ジャック・ランシエール, クリスティン・ロス, スラヴォイ・ジジェク著, 河村一郎, 沢里岳史, 河合孝昭, 太田悠介, 平田周訳　以文社　2011.2　230p　20cm　2500円　①978-4-7531-0287-7

内容 民主主義という紋章（アラン・バディウ著, 河村一郎訳）〔06078〕

◇愛の世紀（Éloge de l'amour）　アラン・バディウ, ニコラ・トリュオング著, 市川崇訳　水声社　2012.6　171p　20cm　2200円　①978-4-89176-913-0

内容 第1章 脅かされる愛　第2章 哲学者と愛　第3章 愛の構築　第4章 愛の真理　第5章 愛と政治　第6章 愛と芸術〔06079〕

◇共産主義の理念（L'Idée du communisme（重訳））　コスタス・ドゥズィーナス, スラヴォイ・ジジェク編, 長原豊監訳, 沖公祐, 比嘉徹徳, 松本潤一郎訳　水声社　2012.6　434p　20cm　4500円　①978-4-89176-912-3

内容 共産党の〈理念〉（アラン・バディウ著, 長原豊訳）〔06080〕

◇コミュニズムの仮説（L'HYPOTHESE COMMUNISTE（原著新版））　アラン・バディウ著, 市川崇訳　水声社　2013.11　267p　20cm　3000円　①978-4-89176-989-5

内容 序章 人は何を敗北と呼ぶのか？　第1章 われわれはいまだに、六八年の五月革命と同じ時代を生きている（六八年五月再考、四十年後　ある始まりについての草稿　この危機はどのような現実にまつわる見せ物なのか？）　第2章 最後の革命？　第3章 パリ・コミューン―政治に関する政治宣言　第4章 コミュニズムの理念〔06081〕

パティソン, テッド　Pattison, Ted

◇インサイドMicrosoft SharePoint 2010（Inside Microsoft SharePoint 2010）　Ted Pattison, Andrew Connell,Scot Hillier,David Mann著, トップスタジオ訳　日経BP社　2012.1　627p　24cm　（マイクロソフト公式解説書）　〈索引あり　発売：日経BPマーケティング〉8500円　①978-4-8222-9462-5

内容 SharePoint 2010開発者ロードマップ　SharePoint Foundation開発　Visual Studio 2010用の

SharePoint Developer Tools サンドボックスソリューション ページとナビゲーション コントロールとWebパーツ リストとイベント テンプレートと型定義 リスト内のデータへのアクセス クライアント側プログラミング〔ほか〕 〔06082〕

バーディック, エリザベス Verdick, Elizabeth

◇きみにもあるいじめをとめる力—はじめよういじめゼロアクション (Bystander Power) フィリス・カウフマン・グッドスタイン, エリザベス・バーディック〔著〕, 上田勢子訳 大月書店 2013.12 117p 22cm 1800円 ①978-4-272-41221-1 〔06083〕

ハーティブ, リナ

◇中東・北アフリカにおけるジェンダー—イスラーム社会のダイナミズムと多様性 (Gender and diversity in the Middle East and North Africa) ザヒア・スマイール・サルヒー編著, 鷹木恵子, 大川真由子, 細井由香, 宇野陽子, 辻上奈美江, 今堀恵美訳 明石書店 2012.1 412p 20cm (世界人権問題叢書 79) 〈索引あり 文献あり〉 4700円 ①978-4-7503-3526-1

内容 レバノンにおけるジェンダー、市民権、政治的行為体 (リナ・ハーティブ著, 大川真由子訳) 〔06084〕

パディーヤ, ジョニー Padilha, Janea

◇セクシー&ハッピーな生き方—ラテン女性に学ぶ、人生を120%楽しむ方法 (Brazilian Sexy) ジョニー・パディーヤ, マーサ・フランクル著, 薩摩美知子訳 サンマーク出版 2012.8 196p 19cm 1500円 ①978-4-7631-3237-6

内容 あなたのなかの「ラテン」を探そう—自信を身につけ、世界を征服する秘訣 ラテン美女はなぜセクシーでゴージャスでハッピーなのか—たったの数分でミューズになる方法 かなり大事な「ヘア」のお話—「髪の毛」は多くてもいいけれど…ね! ラティーナみたいに人生を歩こう—悩みをできるだけ軽く、小さく、少なくする方法 涙は集めて、川に流して—世界一お手軽なセラピー リズムに乗って、流れに身をまかせて—身も心もしなやかに生きる方法 ラティーナが教える男性に関するガイドブック—あなただけのダイヤモンドの原石の磨き方 パートナーと今より10倍うまくいく方法—セックスは人生に必要不可欠な甘いスパイス 最後にちょっとだけ、私のこと—男性と人生に関する私の選択 〔06085〕

パディーヤ, ルネ

◇リカバリー—希望をもたらすエンパワーメントモデル (RECOVERY AND WELLNESS) カタナ・ブラウン編, 坂本明子監訳 金剛出版 2012.6 227p 21cm 〈索引あり〉 3000円 ①978-4-7724-1255-1

内容 教育アプローチと作業療法における心理教育 (ルネ・パディーヤ著) 〔06086〕

パディラ, スタン Padilla, Stan

◇最初の教え—ネイティブ・アメリカンの知恵と祈りの言葉 スタン・パディラ編・画, 北山耕平訳・構成 マーブルトロン 2011.1 257p 19cm (Marble books) 〈他言語標題 : First Instructions 索引あり 発売 : 三交社〉 2300円 ①978-4-87919-628-6

内容 まえがき (スタン・パディラ) 第1部 学び 第2部 祈り 用語の説明 最初の教え (北山耕平) 〔06087〕

ハーディング, ビンセント・ゴードン Harding, Vincent Gordon

◇希望の教育 平和の行進—キング博士の夢とともに ビンセント・ゴードン・ハーディング, 池田大作著 第三文明社 2013.1 441p 19cm 1600円 ①978-4-476-05050-9

内容 第1章 民主主義の大地 (公民権運動の歴史と精神 地域社会こそ民主主義の基盤 大自然と寛容の街・デンバー キング博士との出会い 女性の英知、青年の力) 第2章 キング博士の闘争 (キング博士の家族と恩師 バス・ボイコット運動 一九六〇年の苦闘と栄光 獄中からの手紙 「私には夢がある」 「ベトナムを越えて」—良心によって立つ 内なる変革への挑戦と青年の連帯) 第3章 教育の大業 (戦争に終止符を打つために 平和を創造する女性の力 「アメリカン・ドリーム」と教育の使命 グローバル時代の教育と挑戦) 〔06088〕

ハーデカー, ヘレン

◇地域に学ぶ憲法演習 新井誠, 小谷順子, 横大道聡編著 日本評論社 2011.11 304p 21cm 2800円 ①978-4-535-51845-2

内容 憲法改正へのショートカットとしての行政法の改正 (ヘレン・ハーデカー著, 駒村圭吾編集解題, 小谷順子訳) 〔06089〕

◇現代日本の政治と外交 1 現代の日本政治—カラオケ民主主義から歌舞伎民主主義へ 猪口孝監修 猪口孝, プルネンドラ・ジェイン編 原書房 2013.10 295, 6p 22cm 〈索引あり〉 4200円 ①978-4-562-04926-4

内容 憲法改正への近道としての行政法改正 (ヘレン・ハーデカー著, 上原ゆうこ訳) 〔06090〕

ハーデス, J.P.* Hirdes, John P.

◇インターライ方式ケアアセスメント—居宅・施設・高齢者住宅 (InterRAI home care (HC) assessment form and user's manual, 9.1 〔etc.〕) John N.Morris〔ほか〕著, 池上直己監訳, 山田ゆかり, 石橋智昭訳 医学書院 2011.12 367p 30cm 3800円 ①978-4-260-01503-5 〔06091〕

パデスキー, クリスティーン・A. Padesky, Christine A.

◇カップルの認知療法 (Cognitive therapy with couples) フランク・M.ダッティリオ, クリスティーン・A.パデスキー著, 井上和臣監修, 奈良雅之, 千田恵吾監訳, 森一也, 高橋英樹, 上江昇一訳 星和書店 2012.3 146p 21cm 〈文献あり〉 1900円 ①978-4-7911-0804-6

内容 第1章 認知療法の概観 第2章 カップルにおける認知療法 第3章 アセスメント 第4章 技法と手順 第5章 カップルに対する認知療法の構造 第6章 カップル療法における特別な問題 第7章 事例 : ザックとカルリ 第8章 結びの言葉 〔06092〕

◇認知行動療法におけるレジリエンスと症例の概念化 (Collaborative case conceptualization) ウィレム・クイケン, クリスティーン・A.パデスキー

ハ

キー, ロバート・ダッドリー著, 大野裕監訳, 荒井まゆみ, 佐藤美奈子訳　星和書店　2012.3　497p　21cm　〈文献あり〉4500円　①978-4-7911-0805-3

内容 第1章 プロクルステスのジレンマ　第2章 症例の概念化のるつぼ―新モデル　第3章 一人より二人―協同的経験主義　第4章 クライエントの強みの取り入れとレジリエンスの確立　第5章「助けてくれますか？」―記述的概念化　第6章「なぜこんなことが私に続くのですか？」―横断的な説明的概念化　第7章「今後もこれまでのようになるのでしょうか？」―縦断的な説明的概念化　第8章 症例の概念化の学習と教育　第9章 モデルを評価する　付録 経歴に関する補助的質問票　〔06093〕

バデノック, アレクサンダー　Badenoch, Alexander

◇チョコレートの歴史物語（CHOCOLATE : A GLOBAL HISTORY）　サラ・モス, アレクサンダー・バデノック著, 堤理華訳　原書房　2013.1　183p　20cm　（お菓子の図書館）〈文献あり〉2000円　①978-4-562-04884-7

内容 第1章 チョコレートの誕生（メソアメリカのチョコレート　最初期のチョコレート ほか）　第2章 ヨーロッパ上陸（スペインへ　ヨーロッパ諸国へ ほか）　第3章 チョコレート・ビジネス（革命によってもたらされた供給不足　ファン・ハウテン（バン・ホーテン）の技術革新 ほか）　第4章 永遠の魅惑（国際化するチョコレート企業　共産圏のチョコレート ほか）　〔06094〕

バーテル, ルイーザ

◇量刑法の基本問題―量刑理論と量刑実務との対話 : 日独シンポジウム　ヴォルフガング・フリッシュ, 浅田和茂, 岡上雅美編著, ヴォルフガング・フリッシュ〔ほか〕著・訳　成文堂　2011.11　284p　22cm　〈会期・会場 : 2009年9月12日（土）～13日（日）立命館大学朱雀キャンパス〉5000円　①978-4-7923-1925-0

内容 事実審における量刑決定（ルイーザ・バーテル著, 辻本典央訳）　〔06095〕

パテルクルス, ウェレイユス

◇ローマ世界の歴史（Histoire romaine）　ウェレイユス・パテルクルス〔著〕, 西田卓生, 高橋宏幸訳　京都　京都大学学術出版会　2012.3　224, 25p　20cm　（西洋古典叢書 L020　内山勝利, 大戸千之, 中務哲郎, 南川高志, 中畑正志, 高橋宏幸編）〈索引あり　付属資料 : 8p : 月報 91　文献あり〉2800円　①978-4-87698-191-5　〔06096〕

バーテルス, カースティン

◇音声・映像記録メディアの保存と修復　国立文化財機構東京文化財研究所保存修復科学センター近代文化遺産研究室編訳　国立文化財機構東京文化財研究所　2012.3　83p　26cm　（未来につなぐ人類の技 11）〈年表あり〉

内容 音声・映像及び写真文化財の研究と調査プロジェクト（カースティン・バーテルス著）　〔06097〕

ハーデン, ブレイン　Harden, Blaine

◇北朝鮮14号管理所からの脱出（ESCAPE FROM CAMP 14）　ブレイン・ハーデン著, 園部哲訳　白水社　2012.10　249, 5p　19cm　1900円　①978-4-560-08240-9

内容「愛」なんて言葉は知らない　母の昼食を盗み食いする少年　学校生活　上流階級　脱走しようとした母　脱走しようとした母改訂版　このクソガキはどうしようもない　ネズミの穴にも陽の光　母の視線を避ける　反動分子のガキ〔ほか〕　〔06098〕

ハート, アリソン　Hart, Allison

◇トルコ（Turkey）　サラ・シールズ著, マイケル・マカダムス, アリソン・ハート監修　ほるぷ出版　2011.2　64p　25cm　（ナショナルジオグラフィック世界の国）〈日本語版校閲・ミニ情報 : 岩淵孝　年表あり 索引あり〉2000円　①978-4-593-58571-7

内容 地理―綿の城の国　自然―鳥たちの楽園　歴史―文明の中心地　人と文化―多民族国家　政治と経済―古くて新しい国　〔06099〕

バード, イザベラ　Bird, Isabella Lucy

◇完訳日本奥地紀行 1 横浜―日光―会津―越後（Unbeaten tracks in Japan）　イザベラ・バード〔著〕, 金坂清則訳注　平凡社　2012.3　391p　18cm　（東洋文庫 819）　3000円　①978-4-582-80819-3

内容 第一印象　旧きもの、新しきもの　江戸　習慣と身なり　寺院　中国人と従者　演劇　参拝　旅の始まり　粕壁から日光へ〔ほか〕　〔06100〕

◇完訳日本奥地紀行 2 新潟―山形―秋田―青森（Unbeaten Tracks in Japan）　イザベラ・バード〔著〕, 金坂清則訳注　平凡社　2012.7　439p　18cm　（東洋文庫 823）〈折り込 1枚　布装〉3200円　①978-4-582-80823-0

内容 新潟における伝道覚書　仏教　新潟　店屋　粗悪品　食べ物と料理に関する覚書　苦痛の種　繁栄する地方　日本人の医者　恐ろしい病気〔ほか〕　〔06101〕

◇完訳日本奥地紀行 3 北海道・アイヌの世界（Unbeaten Tracks in Japan）　イザベラ・バード〔著〕, 金坂清則訳注　平凡社　2012.11　415p　18cm　（東洋文庫 828）〈布装〉3100円　①978-4-582-80828-5

内容 蝦夷に関する覚書　伝道活動　函館　風景の変化　遭遇　アイヌとの生活　アイヌのもてなし　未開の人々の暮らし　衣類と習俗　アイヌの信仰　酔っ払いの現場　火山探訪　雨の中の旅　驚愕　ぽつんと建つ家　失われた環　日本の進歩　挨拶状　台風　〔06102〕

◇完訳日本奥地紀行 4 東京―関西―伊勢 日本の国政（Unbeaten Tracks in Japan）　イザベラ・バード〔著〕, 金坂清則訳注　平凡社　2013.3　446p　18cm　（東洋文庫 833）〈布装　索引あり〉3200円　①978-4-582-80833-9

内容 東京に関する覚書　雅楽の演奏会　伝道の中心キョウト・カレッジ（同志社英学校）　門徒宗　美術品の好み　宇治　伊勢神宮に関する覚書（伊勢神宮）　もう一つの巡礼　琵琶湖　キリスト教の見通し　火葬　神道に関する覚書　一八七九‐八〇会計年（明治一二年度）歳入・歳出予算表　外国貿易　〔06103〕

◇アメリカ合衆国における宗教の諸相（The Aspects of Religion in the United States of

America)　イザベラ・バード著, 高畑美代子, 長尾史郎訳　中央公論事業出版(発売)　2013.10　174p　20cm　〈索引あり〉1600円　①978-4-89514-406-3　〔06104〕

◇新訳日本奥地紀行（Unbeaten Tracks in Japan）　イザベラ・バード〔著〕, 金坂清則訳　平凡社　2013.10　537p　18cm　(東洋文庫 840)　〈布装 索引あり〉3200円　①978-4-582-80840-7
内容 第一印象　旧きもの、新しきもの　江戸　中国人と従者　参拝　旅の始まり　粕壁から日光へ　金谷邸　日光　温泉場〔ほか〕　〔06105〕

◇チベット人の中で（Among the Tibetans with Illustrations）　イザベラ・バード著, 高畑美代子, 長尾史郎訳　中央公論事業出版　2013.10　165p　19cm　1600円　①978-4-89514-407-0
内容 第1章 旅立ち　第2章 シェルゴルとレー　第3章 ヌブラ　第4章 礼儀作法と慣習　第5章 気候と自然の様相　〔06106〕

◇中国奥地紀行　1（THE YANGTZE VALLEY AND BEYOND）　イザベラ・バード著, 金坂清則訳　平凡社　2013.12　430p　15cm　(平凡社ライブラリー)　1600円　①978-4-582-76802-2
内容 地理と序論　「模範租界」　杭州　杭州医療伝道病院　上海から漢口へ　外国人―漢口と英国の貿易　中国人の都市漢口　漢口から宜昌へ　宜昌　揚子江上流〔ほか〕　〔06107〕

バード, ジェイムズ　Byrd, James P.

◇はじめてのジョナサン・エドワーズ（Jonathan Edwards for armchair theologians）　J.P.バード著, 森本あんり訳　教文館　2011.2　249, 7p　19cm　〈文献あり 索引あり〉1800円　①978-4-7642-6687-2
内容 第1章 若きエドワーズ―神の美を探し求めて　第2章 リヴァイヴァルへの情熱　第3章 ノーサンプトンを追われて　第4章 意志に自由はあるか　第5章 原罪　第6章 創造と真の徳　第7章 伝統の始まり―エドワーズ的な倫理精神　〔06108〕

バードー, シェリル　Bardoe, Cheryl

◇グレゴール・メンデル―エンドウを育てた修道士（Gregor Mendel）　シェリル・バードー文, ジョス・A.スミス絵, 片岡英子訳　神戸　BL出版　2013.6　〔33p〕　27×27cm　1600円　①978-4-7764-0565-8　〔06109〕

ハート, ジョージ　Hart, George

◇エジプトの神々（Ancient Egyptian gods & goddesses）　ジョージ・ハート著, 近藤二郎監訳, 鈴木八司訳　学芸書林　2011.3　50p　19cm　(大英博物館双書 4―古代の神と王の小事典 2)　〈索引あり〉1500円　①978-4-87517-085-3
内容 創造の神と女神たち　大女神たち　テーベの神々　王権とかかわる神々と女神たち　死と死後の世界の神々　日常生活にかかわる神々と女神たち　考えだされた神　〔06110〕

ハート, ジョン・フレーザー　Hart, John Fraser

◇アメリカ（United States）　エルデン・クロイ著, ジョン・フレーザー・ハート, キャサリン・グディス監修　ほるぷ出版　2011.10　64p　25cm　(ナショナルジオグラフィック世界の国)　〈日本語版校閲・ミニ情報 : 岩淵孝　年表あり 索引あり〉2000円　①978-4-593-58573-1
内容 地理―驚きにみちた自然(気候　基本データ　平均気温と降水量　地勢図)　自然―たいせつな自然(自然保護　絶滅危惧種　植生および生態系地図)　歴史―自由の天地(最初のアメリカ人　年表　歴史地図)　人と文化―移民の国(都市と農村　よくつかわれる言葉　人口地図)　政治と経済―幸福の追求(ひとつの国、50の州　貿易相手国　行政地図)　〔06111〕

ハート, スチュアート・L.　Hart, Stuart L.

◇BOPビジネス市場共創の戦略（Next generation business strategies for the base of the pyramid）　スチュアート・L.ハート, テッド・ロンドン編著, 清川幸美訳　英治出版　2011.8　347p　20cm　2200円　①978-4-86276-111-8
内容 BOPと富を共創する 他(テッド・ロンドン, スチュアート・ハート著)　〔06112〕

◇未来をつくる資本主義―世界の難問をビジネスは解決できるか（CAPITALISM AT THE CROSSROADS(原著第3版)）　スチュアート・L.ハート著, 石原薫訳　増補改訂版　英治出版　2012.7　389p　20cm　2200円　①978-4-86276-127-9
内容 第1部 世界を俯瞰する(ポスト危機時代の資本主義　企業責任からビジネスチャンスへ　衝突に向かう世界　持続的価値ポートフォリオ)　第2部 環境保護を超えて(環境技術と創造的破壊　ボトムアップ型のイノベーション　ピラミッドを底上げする)　第3部 土着化する(活動領域の広い企業へ　土着力を身につける　イノベーション戦略を再埋め込みする　持続可能なグローバル企業をつくる　未来を見据えて)　〔06113〕

ハート, ダイアン　Hart, Diane

◇パフォーマンス評価入門―「真正の評価」論からの提案（Authentic assessment）　ダイアン・ハート著, 田中耕治監訳　京都　ミネルヴァ書房　2012.1　186p　21cm　〈文献あり〉3000円　①978-4-623-06158-7
内容 第1章 これまでいたところ―標準テスト　第2章 これから向かうところ―「真正の評価」　第3章 生徒たちがしていることを観察する　第4章 生徒の作品を評価する―ポートフォリオ評価　第5章 パフォーマンス評価―本当に「大事なこと」をテストする　第6章 生徒とその家族に評価プロセスを開示する　第7章 新しい評価における採点と成績づけ　第8章 「真正の評価」を実行する　第9章 よくある質問―「真正の評価」について　第10章 もっと詳しく知りたい人のために　〔06114〕

ハート, マイケル　Hardt, Michael

◇共産主義の理念（L'Idée du communisme(重訳)）　コスタス・ドゥズィーナス, スラヴォイ・ジジェク編, 長原豊監訳, 沖公祐, 比嘉徹徳, 松本潤一郎訳　水声社　2012.6　434p　20cm　4500円　①978-4-89176-912-3
内容 共産主義における共(コモン)(マイケル・ハート著, 長原豊訳)　〔06115〕

◇コモンウェルス―〈帝国〉を超える革命論　上（COMMONWEALTH）　アントニオ・ネグリ,

マイケル・ハート著, 水嶋一憲監訳, 幾島幸子, 古賀祥子訳　NHK出版　2012.12　348p　19cm　(NHKブックス 1199)　1400円　①978-4-14-091199-0

内容 第1部 共和制(と貧者のマルチチュード)(所有財産の共和制　生産的な身体　貧者のマルチチュード)　第2部 近代性(と別の近代性の風景)(抵抗する反近代性　近代性のアンビバレンス　別の近代性)　第3部 資本(と"共"的な富をめぐる闘い)(資本構成の変貌　階級闘争—危機から脱出へ　マルチチュードの好機)　〔06116〕

◇コモンウェルス—〈帝国〉を超える革命論　下 (COMMONWEALTH)　アントニオ・ネグリ, マイケル・ハート著, 水嶋一憲監訳, 幾島幸子, 古賀祥子訳　NHK出版　2012.12　338p　19cm　(NHKブックス 1200)　〈索引あり〉1400円　①978-4-14-091200-3

内容 第4部 "帝国"の帰還(失敗したクーデタの短い歴史　アメリカのヘゲモニー以後　反逆の系譜学)　第5部 資本を超えて?(経済的移行の管理運営　資本主義に残されたもの　断層線沿いの予震—破滅に向かう資本)　第6部 革命(革命的並行論とは何か　蜂起の拡大と交差　革命を統治する)　〔06117〕

◇叛逆—マルチチュードの民主主義宣言 (DECLARATION)　アントニオ・ネグリ, マイケル・ハート著, 水嶋一憲, 清水知子訳　NHK出版　2013.3　213p　19cm　(NHKブックス 1203)　1000円　①978-4-14-091203-4

内容 序 闘争の始まり—バトンを引き継げ!　第1章 危機が生みだした主体形象(借金を負わされた者　メディアに繋ぎとめられた者　セキュリティに縛りつけられた者　代表された者)　第2章 危機への叛逆(借金をひっくり返せ　真理を作り出せ　逃走し、自由になれ　自らを構成せよ)　第3章 "共"を構成する(諸原理の宣言　構成的闘争とは何か　"共"の構成のための実例　新たな三権分立のためのアジェンダ　次なる闘争へ—共民の出来事)　〔06118〕

◇ドゥルーズの哲学 (GILLES DELEUZE : An Apprenticeship in Philosophy)　マイケル・ハート著, 田代真, 井上摂, 浅野俊哉, 暮沢剛巳訳　新装版　法政大学出版局　2013.10　272, 14p　19cm　(叢書・ウニベルシタス)　3200円　①978-4-588-09973-1

内容 第1章 ベルクソンの存在論—存在の肯定的な運動(限定と生成的な差異　質から量への移行における多様性 ほか)　第2章 ニーチェ的倫理学—生成的な力から肯定の倫理学へ(敵のパラドックス　超越論的方法と部分的批判 ほか)　第3章 スピノザ的実践—肯定と喜び(思弁　存在論的表現 ほか)　第4章 結論—哲学の徒弟時代(存在論　肯定 ほか)　〔06119〕

ハート, ミランダ

◇世界一素朴な質問、宇宙一美しい答え—世界の第一人者100人が100の質問に答える (BIG QUESTIONS FROM LITTLE PEOPLE)　ジェンマ・エルウィン・ハリス編, 西田美緒子訳, タイマタカシ絵　河出書房新社　2013.11　298p　22cm　2500円　①978-4-309-25292-6

内容 どうしていつも大人の言うことをきかなくちゃいけないの?(ミランダ・ハート)　〔06120〕

バード, ロン　Bard, Ron

◇今、いちばん大切な本です—2012年以後… : ロン・バードVS.矢追純一　矢追純一, ロン・バード著, 谷崎智美通訳　ナチュラルスピリット　2012.11　286p　19cm　1500円　①978-4-86451-067-7

内容 第1章 日本人の精神性を輸出すべきときが来た　第2章 われわれに隠されてきた多くの真実や陰謀とは何なのか?　第3章 私たちの祖となる宇宙人はどこからやって来た?　第4章 ヒーリングの中で見えた日本再生の兆しとなるビジョン　第5章 3・11はUFOが起こした人工地震だったのか?　第6章「幸せ」を追求する新しい時代の幕開け　〔06121〕

ハートウェル, レオン

◇越境するケア労働—日本・アジア・アフリカ　佐藤誠編　日本経済評論社　2010.12　252p　22cm　〈索引あり〉4400円　①978-4-8188-2145-3

内容 南部アフリカにおける熟練移民労働とマクロ経済状況(レオン・ハートウェル著, 大西裕子, 金恵玉訳)　〔06122〕

ハドゥソン, ウィンソン　Hudson, Winson

◇アメリカ黒人町ハーモニーの物語—知られざる公民権の闘い (Mississippi Harmony)　ウィンソン・ハドゥソン, コンスタンス・カリー著, 樋口映美訳　彩流社　2012.12　213, 12p　20cm　〈年表あり 索引あり〉2500円　①978-4-7791-1854-8

内容 第1章 奴隷制時代と幼少期の思い出　第2章 選挙登録への挑戦　第3章 人種統合という選択とハーモニー学校　第4章 フリーダム・サマーとその後—一九六〇〜一九七〇年　第5章 公民権獲得の活動は続く　第6章 活動の日々を思って　〔06123〕

バトカー, デイヴィッド・K.　Batker, David K.

◇経済成長って、本当に必要なの? (WHAT'S THE ECONOMY FOR, ANYWAY?)　ジョン・デ・グラーフ, デイヴィッド・K.バトカー著, 高橋由紀子訳　早川書房　2013.5　393p　19cm　〈文献あり〉2000円　①978-4-15-209371-4

内容 GDP 国内総生産　幸福の追求　人々によい生活を提供する　膨大なコストをかけても不健康　暮らしの不安　時間に追われる　最大多数にとっての幸福　能力(キャパシティ)の問題　持続可能性　アメリカ経済の歩み　よい時代がいつなぜ悪くなっていったのか　住宅、銀行、融資、借金、破産、差し押さえ、失業、通貨…収拾のつかない混乱　二一世紀の経済—生命と自由と幸福のための経済　〔06124〕

ハドソン, アナベル　Hudson, Annabel

◇みんなの聖書ものがたり (My Look and Point Bible)　クリスティーナ・グディングス文, アナベル・ハドソン絵, 大越結実編著　いのちのことば社CS成長センター　2012.8　222p　22cm　1300円　①978-4-8206-0299-6

内容 きゅうやく聖書(世界のはじめ　ノアとはこぶね　アブラハムと家族　ヨセフが見たゆめ　モーセの旅　ヨシュアと新しい国　ナオミとルツ　サムエル　ゆうかんなダビデ　ヨナ　ダニエルとライオン)　しんやく聖書(イエスさまのお生まれ　子どものころのイエスさま　イエスさまのお話　5つのパンと2ひきのさかな　ヤイロのむすめ　親切なサマリヤ人　まいごになった羊　木に登ったザアカイ　さいしょのイースター　世界に広まった福音　イエスさまが教えて

くださったお祈り　羊かいの少年の歌）　〔06125〕

バトソン, チャールズ・ダニエル　Batson, Charles Daniel

◇利他性の人間学—実験社会心理学からの回答（ALTRUISM IN HUMANS）　C.ダニエル・バトソン著, 菊池章夫, 二宮克美共訳　新曜社　2012.11　425p　22cm　〈文献あり 索引あり〉　4600円　①978-4-7885-1312-9

内容 第1部 利他的動機づけの一理論（共感 - 利他性仮説　共感的配慮の先行要因　共感によって誘発された利他性の行動的帰結）　第2部 実証的証拠（実験の出番　共感 - 利他性仮説を検証する　2つのさらなる挑戦）　第3部 活躍する利他性（共感によって誘発された利他性の利益　共感によって誘発された利他性の不利益　向社会的動機の多元性、そしてより人間的な社会に向けて）　〔06126〕

ハドソン, フレデリック・M.

◇ストーリーで学ぶ経営の真髄（Learn like a leader）　マーシャル・ゴールドスミス, ビバリー・ケイ, ケン・シェルトン編, 和泉裕子, 井上実訳　徳間書店　2011.2　311p　19cm　1600円　①978-4-19-863118-5

内容 私の目を覚まさせたもの（フレデリック・M.ハドソン著）　〔06127〕

ハート=デイヴィス, アダム　Hart-Davis, Adam

◇世界一素朴な質問、宇宙一美しい答え—世界の第一人者100人が100の質問に答える（BIG QUESTIONS FROM LITTLE PEOPLE）　ジェンマ・エルウィン・ハリス編, 西田美緒子訳, タイマタカシ絵　河出書房新社　2013.11　298p　22cm　2500円　①978-4-309-25292-6

内容 どうしてトイレに行くの？（アダム・ハート＝デイヴィス）　〔06128〕

パトナム, ヒラリー　Putnam, Hilary

◇心・身体・世界—三つ撚りの綱/自然な実在論（The threefold cord）　ヒラリー・パトナム著, 野本和幸監訳, 関口浩喜, 渡辺大地, 池田さつき, 岩沢宏和訳　新装版　法政大学出版局　2011.6　291, 68p　20cm　（叢書・ウニベルシタス 830）〈索引あり〉　4200円　①978-4-588-09940-3

内容 第1部 意味・無意味・感覚—人間はどのような心的能力をもつか（実在論の二律背反とは何か　オースティンが肝心—「もう一つの素朴さ」の必要性　認知の相貌）　第2部 心と身体（「私は「機械仕掛けの恋人」なるものを思いついた」　何かを「信じる」という心のあり方は「内的状態」か　心理 - 物理相関）　第3部 後書き（因果と説明　現れは「クオリア」なのか）　〔06129〕

◇事実/価値二分法の崩壊（The collapse of the fact/value dichotomy and other essays）　ヒラリー・パトナム〔著〕, 藤田晋吾, 中村正利訳　新装版　法政大学出版局　2011.6　192, 50p　20cm　（叢書・ウニベルシタス 847）〈索引あり〉　2900円　①978-4-588-09942-7

内容 第1部 事実/価値二分法の崩壊（経験主義的背景　事実と価値の絡み合い　アマルティア・センの世界における事実と価値）　第2部 合理性と価値（カントの「命令主義的」出発点　選好の合理性について　価値はつくられるのか発見されるのか　価値と規範　科学哲学者たちの価値からの逃避）　〔06130〕

◇理性・真理・歴史—内在的実在論の展開（REASON, TRUTH AND HISTORY）　ヒラリー・パトナム著, 野本和幸, 中川大, 三上勝生, 金子洋之訳　新装版　法政大学出版局　2012.11　338, 6p　19cm　（叢書・ウニベルシタス）　4000円　①978-4-588-09963-2

内容 第1章 水槽の中の脳　第2章 指示に関する一問題　第3章 二つの哲学的な見方　第4章 心と身体　第5章 二つの合理性概念　第6章 事実と価値　第7章 理性と歴史　第8章 近代の合理性概念に科学が与えたインパクト　第9章 価値、事実、認識　〔06131〕

◇プラグマティズム—限りなき探究（PRAGMATISM）　ヒラリー・パトナム著, 高頭直樹訳　京都　晃洋書房　2013.2　135p　19cm　〈著作目録あり〉　1700円　①978-4-7710-2411-3

内容 第1講義 ウィリアム・ジェイムズの不滅性（真理全体論　実在論　哲学と人生）　第2講義 ヴィットゲンシュタインはプラグマティストか？（カント　ローティとヴィットゲンシュタイン　ヴィットゲンシュタインとカント—再考　実践理性の優位　後期ヴィトゲンシュタイン哲学の倫理的目的）　第3講義 プラグマティズムと今日の論争（しかし我々は世界を失ってしまったのか？　懐疑論に対するプラグマティストからの反応　ローティ的相対主義）　〔06132〕

◇導きとしてのユダヤ哲学—ローゼンツヴァイク、ブーバー、レヴィナス、ウィトゲンシュタイン（JEWISH PHILOSOPHY AS A GUIDE TO LIFE）　ヒラリー・パトナム〔著〕, 佐藤貴史訳　法政大学出版局　2013.9　188p　20cm　（叢書・ウニベルシタス 997）　2500円　①978-4-588-00997-6

内容 ローゼンツヴァイクとウィトゲンシュタイン．ローゼンツヴァイクの啓示論とロマンス．『我と汝』が本当に語っていること．レヴィナス—われわれに要求されていることについて　〔06133〕

パートノイ, フランク　Partnoy, Frank

◇すべては「先送り」でうまくいく—意思決定とタイミングの科学（WAIT）　フランク・パートノイ著, 上原裕美子訳　ダイヤモンド社　2013.3　352p　19cm　〈索引あり〉　1800円　①978-4-478-02180-4

内容 人は「先送り」で進化した—心に備わる遅らせる仕組み　一流のアスリートはみんな先送りのプロフェッショナル—極限の状況で使える時間を拡張する3つのステップ　「先送り」は利益を生む—高頻度取引の世界で起こった「変な事態」　この世は急かすものばかり—サブリミナル・メッセージが怖い本当の理由　直感が導く最悪の決断—意思決定はこうしてゆがむ　専門家であればあるほどかかる病「シン・スプリング」—無意識に流されないための切り札とは　パニックを制するものは、会話と決断を制す—タイミングをつかむための「間」と沈黙の使い方　恋も戦闘も「見た目」でダマされるな！—タイミングを武器にするための「待つ技術」　いつカラスを食らうべきか？—ちょうどよいタイミングの謝罪とは　ジョージ・アカロフが抱えた「スティグリッツの箱」—よい先送りと悪い先送りを見分ける方法とは？　最高の投資戦略は、何もしないこと？—ギリギリまで待つこと　すべてはそれから　時計を外して、減速を—時間に縛られ

ハ

ずに意思決定するために　イノベーションは一瞬のひらめきだけでは生まれない―アイデアは待つほどに磨かれる　急がば回れ―人生と社会をよりゆたかにするために　〔06134〕

バドビー, A.P.　Batbie, Anselme Polycarpe

◇日本立法資料全集　別巻 651　仏国政法理論　出版自由之部　バドビー著, 司法省編纂課訳　復刻版　信山社出版　2010.8　322p　23cm　〈司法省蔵版明治11年刊の複製〉30000円　①978-4-7972-6346-6　〔06135〕

◇日本立法資料全集　別巻 652　仏国政法論　第1帙 上巻　バドビー著, 岩野新平, 高橋太郎, 松原且次郎, 井田鐘次郎訳　復刻版　信山社出版　2010.8　714p　23cm　〈司法省蔵版明治15年刊の複製〉62000円　①978-4-7972-6347-3　〔06136〕

◇日本立法資料全集　別巻 653　仏国政法論　第1帙 下巻　バドビー著, 高橋太郎訳　復刻版　信山社出版　2010.8　648p　23cm　〈司法省蔵版明治15年刊の複製〉55000円　①978-4-7972-6348-0　〔06137〕

◇日本立法資料全集　別巻 654　仏国政法論　第2帙 上巻　バドビー著, 松田正久訳　復刻版　信山社出版　2010.9　571p　23cm　〈司法省蔵版明治12年刊の複製〉46000円　①978-4-7972-6349-7　〔06138〕

◇日本立法資料全集　別巻 655　仏国政法論　第2帙 下巻　バドビー著, 松田正久訳　復刻版　信山社出版　2010.9　424p　23cm　〈司法省蔵版明治12年刊の複製〉36000円　①978-4-7972-6350-3　〔06139〕

◇日本立法資料全集　別巻 656　仏国政法論　第3帙 上巻　バドビー著, 松田正久訳　復刻版　信山社出版　2010.9　418, 4p　23cm　〈司法省蔵版明治12年刊の複製〉36000円　①978-4-7972-6351-0　〔06140〕

◇日本立法資料全集　別巻 666　仏国政法論総目録　バドビー著　復刻版　信山社出版　2011.1　401p　23cm　〈司法省蔵版明治16年刊の複製〉33000円　①978-4-7972-6361-9　〔06141〕

バトラー, ジュディス　Butler, Judith P.

◇宗教概念の彼方へ　磯前順一, 山本達也編　京都　法蔵館　2011.9　445p　21cm　〈他言語標題：Beyond the Concept of Religion〉5000円　①978-4-8318-8174-8

内容 暴力と宗教（ジュディス・バトラー著, 山本達也訳）　〔06142〕

◇戦争の枠組―生はいつ嘆きうるものであるのか（Frames of war）　ジュディス・バトラー著, 清水晶子訳　筑摩書房　2012.3　251p　20cm　2900円　①978-4-480-84719-5

内容 序章 あやうい生、悲嘆をもたらす生　第1章 生存可能性、被傷性、情動　第2章 拷問と写真の倫理―ソンタグとともに思考する　第3章 性の政治、拷問、そして世俗的時間　第4章 規範的なものの名における非-思考　第5章 非暴力の要求　〔06143〕

◇権力の心的な生―主体化＝服従化に関する諸理論（THE PSYCHIC LIFE OF POWER）　ジュディス・バトラー著, 佐藤嘉幸, 清水知子訳　調布　月曜社　2012.6　277p　19cm　（暴力論叢書 6）　2800円　①978-4-901477-95-6

内容 第1章 頑固な愛着、身体の服従化―"不幸な意識"をめぐるヘーゲルを再読する　第2章 疚しい良心の回路―ニーチェとフロイト　第3章 服従化、抵抗、再意味化―フロイトとフーコーの間で　第4章「良心は私たち皆を主体にする」―アルチュセールによる主体化＝服従化　第5章 メランコリー的ジェンダー/拒否される同一化　第6章 精神の始原―メランコリー、両価性、怒り　〔06144〕

バトラー, ティモシー　Butler, Timothy

◇人間関係がうまくいく12の法則―誰からも好かれる人になる方法（Maximum Success）　ジェームズ・ウォルドループ, ティモシー・バトラー著, 藤井留美訳　日本経済新聞出版社　2012.9　285p　20cm　（BEST OF BUSINESS）〈「一緒に仕事をしたくない「あの人」の心理分析」（飛鳥新社 2002年刊）の改題、修正〉1600円　①978-4-532-31825-3

内容 第1部 困った性格を解決する12の方法（マイナス思考の「キャリア高所恐怖症」…自分に自信が持てない人　融通のきかない「正論家」…つねに自分だけが正しい人　24時間闘い続ける「英雄」…自分にも他人にも厳しい人　議論を避けたがる「平和主義者」…自分の意見を言わない人　威張ってばかりの「ブルドーザー」…他人の話を聞かない人　ルール破りが大好きな「反逆児」…ただ目立ちたいだけの人　ホームラン狙いの「大振り屋」…とにかく成功したい人　変化を恐れる心配性の「悲観論者」…いつも「ダメ」しか言わない人　相手の気持ちが読めない「感情不感症」…理論だけで判断する人　理想だけは立派な「できたはず屋」…口ばかりで何もやらない人　公私の区別がつかない「筒抜けスピーカー」…何でもしゃべりたがる人　誰もがかかりやすい「無気力症」…何をすべきかわからない人）　第2部 ハーバード流心の弱点改造トレーニング（他人の目でものを見る　権威と折り合いをつける　力の使い方　鏡をのぞく―セルフイメージ）　変わるためのチェック・リスト　〔06145〕

バトラ, ラビ　Batra, Raveendra N.

◇セカンドボトム世界大恐慌―2012年ラビ・バトラの大予測!!　ラビ・バトラ著, ペマ・ギャルポ, 藤原直哉監訳　横浜　あ・うん　2012.2　248p　19cm　〈文献あり〉1400円　①978-4-904891-08-7

内容 プロローグ 日本の再生が世界経済の鍵を握る　第1章 大転換期に入った世界　第2章 激動の2012年 世界はこう動く　第3章 日本の未来は黄金に輝くか　第4章 宇宙の意識とメッセージ　第5章 輝かしい精神が築く黄金時代　エピローグ 市民が行使する「ネットワークの力」　〔06146〕

バトラー, C.*　Butler, Christopher C.

◇動機づけ面接法　応用編（Motivational interviewing (2nd edition)）　ウイリアム・R.ミラー, ステファン・ロルニック編, 松島義博, 後藤恵, 猪野亜朗訳　星和書店　2012.9　291p　21cm　〈文献あり〉3200円　①978-4-7911-0817-6

内容 主題の変奏曲―動機づけ面接法とその改作版（Stephen Rollnick, Jeff Allison, Sthephanie Ballasiotes, Tom Barth, Christopher C.Butler, Gary

ハ

S.Rose, David B.Rosengren）〔06147〕

バートラム, パメラ　Bartram, Pamela

◇特別なニーズを持つ子どもを理解する（Understanding Your Young Child with Special Needs）　パメラ・バートラム著, 平井正三, 武藤誠監訳, 子どもの心理療法支援会訳　岩崎学術出版社　2013.2　117p　21cm　（タビストック☆子どもの心と発達シリーズ）〈文献あり 索引あり〉1700円　①978-4-7533-1055-5

内容 第1章 さまざまな期待と誕生　第2章 つながりあうこと　第3章 手放すこと　第4章 問題行動を理解することと線引きをすること　第5章 診断、検査、治療、セラピー　第6章 自閉症を持つ幼児を理解すること　第7章 遊びと話すこと　第8章 親、夫婦、そして家族　第9章 きょうだい　第10章「喜んでいる自分に驚く」〔06148〕

ハートランド, ジェームズ　Heartland, James

◇人生を癒すゆるしのワーク（Redical forgiveness）　コリン・C.ティッピング著, 菅野礼子訳, ジェームズ・ハートランド監修　太陽出版　2012.1　331p　22cm　〈文献あり〉2600円　①978-4-88469-730-3

内容 1 根源的な癒し（ジルの物語）　2 根源的なゆるしについて（基礎を成す仮説　ふたつの世界 ほか）　3 仮説の展開（スピリチュアルであるために信じていること）　4 根源的なゆるしのための道具（スピリチュアルな技法　根源的なゆるしの五つのステージ ほか）〔06149〕

バドリー, アラン　Baddeley, Alan D.

◇ワーキングメモリー―思考と行為の心理学的基盤（WORKING MEMORY, THOUGHT, AND ACTION）　アラン・バドリー著, 井関竜太, 斉藤智, 川﨑恵里子訳　誠信書房　2012.9　16, 459p　22cm　〈布装　文献あり 索引あり〉6200円　①978-4-414-30628-6

内容 イントロダクションと概観　なぜ音韻ループが必要か　音韻ループ ： 課題と広がる論点　視空間的短期記憶　イメージと視空間的ワーキングメモリ　新近性、検索、定数比の法則　中央実行系を細分化する　長期記憶とエピソード・バッファ　エピソード・バッファの探求　ワーキングメモリスパンにおける個人差　何がワーキングメモリスパンを制限するのか　ワーキングメモリの神経イメージング　ワーキングメモリと社会的行動　ワーキングメモリと情動1 ： 恐怖と渇望　ワーキングメモリと情動2 ： 抑うつと行為の源　意識性　多重レベルの行為制御　ワーキングメモリ研究の広がり ： 生命、宇宙、そして万物について〔06150〕

パトリック, ニコラス・J.M.

◇世界一素朴な質問、宇宙一美しい答え―世界の第一人者100人が100の質問に答える（BIG QUESTIONS FROM LITTLE PEOPLE）　ジェンマ・エルウィン・ハリス編, 西田美緒子訳, タイマタカシ絵　河出書房新社　2013.11　298p　22cm　2500円　①978-4-309-25292-6

内容 重力ってどんなもの？　宇宙にはどうして重力がないの？（ニコラス・J.M.パトリック博士）〔06151〕

パトリック, ベサニー　Patrick, Bethanne Kelly

◇マナーとエチケットの文化史―世界のあいさつと作法（An Uncommon History of Common Courtesy）　ベサニー・パトリック著, 上原裕美子訳　原書房　2013.6　307p　22cm　〈索引あり〉3200円　①978-4-562-04918-9

内容 1 あいさつの作法　2 魔法の言葉　3 テーブルに肘をつかないで　4 序列というピラミッド　5 すべては家庭のなかに　6 人生というゲーム　7 旅に出る理由　8 お金とビジネス〔06152〕

パートリッジ, バーゴ　Partridge, Burgo

◇乱交の文化史（A History of Orgies）　バーゴ・パートリッジ著, 山本規雄訳　作品社　2012.10　469p　20cm　〈文献あり 索引あり〉2600円　①978-4-86182-232-2

内容 第1章 古代ギリシア―神々とともに享楽した慾望と快楽　第2章 古代ローマ―倒錯と退廃、そして残虐性の快楽　第3章 中世の闇からルネサンスの放埒へ　第4章 ピューリタンの禁慾主義の裏側で　第5章 一八世紀イギリスの秘密クラブ―紳士たちの夜の顔　第6章 ヨーロッパの性の探検家たち　第7章 一九世紀、ヴィクトリア時代―抑圧された淫らな慾望は、どこで解放されたか？　第8章 二〇世紀―性の解放と求められるさらなる刺激　日本語版解説 日本における乱交の文化と歴史（下川耿史）〔06153〕

バートレット, アリソン・フーヴァー　Bartlett, Allison Hoover

◇本を愛しすぎた男―本泥棒と古書店探偵と愛書狂（THE MAN WHO LOVED BOOKS TOO MUCH）　アリソン・フーヴァー・バートレット著, 築地誠子訳　原書房　2013.11　270p　20cm　〈文献あり〉2400円　①978-4-562-04969-1〔06154〕

バートレット, サラ　Bartlett, Sarah

◇タロットバイブル―カードとスプレッドを完全習得するための決定版ガイド（The tarot bible）　サラ・バートレット著, 乙須敏紀訳　ガイアブックス　2011.2　399p　17cm　（The world's bestselling series）〈索引あり　発売 ： 産調出版〉2400円　①978-4-88282-781-8

内容 第1部 タロットの基本（タロットとは？　タロットの歴史　なぜタロットを使うのか？　タロットはどのように作用するか？　シンボル言語　鏡としてのタロット　デッキとその構造　いろいろなタロット・デッキ）　第2部 タロット占いの実践（さあ、始めよう！　大アルカナ　小アルカナ　今日のスプレッド　恋愛関係スプレッド　啓示のスプレッド　運命のスプレッド　さらに深く、さらに広く）〔06155〕

バートレット, リチャード　Bartlett, Richard

◇マトリックス・エナジェティクス　2　奇跡の科学―意識の潜在場を活用する（The physics of miracles）　リチャード・バートレット著, 小川昭子訳　ナチュラルスピリット　2011.12　309, 13p　21cm　〈文献あり〉2600円　①978-4-86451-028-8

内容 鳥だ！ 飛行機だ！ いや…スーパーマンだ？　最初から―マトリックス・エナジェティクスの始まり　自由形式の質問と未知のものへの信頼を築く　二元性の基礎講座　「何もしない」対「テクニック」　量

子不可解　仕立て上げられたものの科学　命令の力とコントロール　ちょっと待て、何が起きたのだ？　波動の崩壊〔ほか〕〔06156〕

パートン, アレン　Parton, Allen
◇エンダル（Endal）　アレン＝パートン, サンドラ＝パートン著, 片山奈緒美訳　マガジンランド　2010.11　327p　19cm　〈年表あり〉1429円　①978-4-905054-04-7〔06157〕

パートン, サンドラ　Parton, Sandra
◇エンダル（Endal）　アレン＝パートン, サンドラ＝パートン著, 片山奈緒美訳　マガジンランド　2010.11　327p　19cm　〈年表あり〉1429円　①978-4-905054-04-7〔06158〕

バートン, ドミニク　Barton, Dominic
◇日本の未来について話そう―日本再生への提言（Reimagining Japan）　マッキンゼー・アンド・カンパニー責任編集, クレイ・チャンドラー, エアン・ショー, ブライアン・ソーズバーグ編著　小学館　2011.7　416p　19cm　1900円　①978-4-09-388189-0
内容 明るい未来を創るために（ドミニク・バートン著）〔06159〕

バートン, リンダ・M.
◇ライフコース研究の技法―多様でダイナミックな人生を捉えるために（The Craft of Life Course Research）　グレン・H.エルダー,Jr., ジャネット・Z.ジール編著, 本田時雄, 岡林秀樹監訳, 登張真稲, 中尾暢見, 伊藤教子, 磯谷俊仁, 玉井航太, 藤原善美訳　明石書店　2013.7　470p　22cm　〈文献あり 索引あり〉6700円　①978-4-7503-3858-3
内容 縦断的エスノグラフィー（リンダ・M.バートン, ダイアン・パーヴィン, レイモンド・G.ピータース著, 本田時雄訳）〔06160〕

バートン, A.*　Burton, A.Kim
◇筋骨格系問題への取り組み―クリニックおよび職場での手引き ： 心理社会的フラッグシステムを用いた障害の特定 ： 日本語版（Tackling musculoskeletal problems）　Nicholas Kendall, Kim Burton,Chris Main,Paul Watson〔著〕, 菊地臣一訳　メディカルフロントインターナショナルリミテッド　2012.3　32p　21×30cm　2400円　①978-4-902090-73-4〔06161〕

バートン, E.ジェームス
◇大学学部長の役割―米国経営系学部の研究・教育・サービス（The dean's perspective）　クリシナ・S.ディア編著, 佐藤修訳　中央経済社　2011.7　245p　21cm　3400円　①978-4-502-68720-4
内容 学部長職への挑戦を振り返って（E.ジェームス・バートン著）〔06162〕

バナジー, アビジット・V.　Banerjee, Abhijit V.
◇貧乏人の経済学―もういちど貧困問題を根っこから考える（POOR ECONOMICS）　A.V.バナジー,E.デュフロ〔著〕, 山形浩生訳　みすず書房　2012.4　370, 32p　20cm　〈索引あり〉3000円　①978-4-622-07651-3
内容 もう一度考え直そう、もう一度　第1部 個人の暮らし（10億人が飢えている？　お手軽に（世界の）健康を増進？　クラスで一番　パク・スダルノの大家族）　第2部 制度（はだしのファンドマネージャ　カブールから来た男とインドの宦官たち　レンガひとつずつ貯蓄　起業家たちは気乗り薄 ほか）〔06163〕

パナス, ジェロルド　Panas, Jerold
◇パワー・クエスチョン―空気を一変させ、相手を動かす質問の技術（POWER QUESTIONS）　アンドリュー・ソーベル, ジェロルド・パナス著, 矢沢聖子訳　阪急コミュニケーションズ　2013.4　270p　19cm　1700円　①978-4-484-13104-7
内容 いい質問は安易な答えに勝る　どん底に落ちたくなかったら穴を掘るな　四語　売り込みがうまくいかないとき　ミッションは重要なのではない。すべてだ　洞窟から抜け出す　初めから始める　やり直す　理由がわかれば克服できないものはない　秘密〔ほか〕〔06164〕

バーナード, ルー　Burnard, Lou
◇人文学と電子編集―デジタル・アーカイヴの理論と実践（ELECTRONIC TEXTUAL EDITING）　ルー・バーナード, キャサリン・オブライエン・オキーフ, ジョン・アンスワース編, 明星聖子, 神崎正英監訳　慶応義塾大学出版会　2011.9　503p　21cm　4800円　①978-4-7664-1774-6
内容 第1部 典拠資料と方針（デジタルの地平での編集『カンタベリー物語』をはじめとする中世テキスト　記録資料の編集　詩とネットワーク―詩を電子編集する　戯曲のケーススタディー『ケンブリッジ版ベン・ジョンソン作品集』 ほか）　第2部 実践と手順（手稿と印刷典拠資料から機械可読テキストを作る効果的な方法　転写のレベル　編集におけるデジタル・ファクシミリ　電子版の真正性認証　文書管理とファイル命名 ほか）　補遺 ガイドライン〔06165〕

ハナフィン, マイケル・J.　Hannafin, Michael J.
◇インストラクショナルデザインとテクノロジ―教える技術の動向と課題（TRENDS AND ISSUES IN INSTRUCTIONAL DESIGN AND TECHNOLOGY（原著第3版））　R.A.リーサー, J.V.デンプシー編　京都　北大路書房　2013.9　690p　21cm　〈訳 ： 半田純子ほか　索引あり〉4800円　①978-4-7628-2818-8
内容 討論 ： 異なるレベルの教育的ガイダンスの利点（リチャード・E.クラーク, マイケル・J.ハナフィン著, 半田純子訳）〔06166〕

バーナム, ダグラス
◇哲学大図鑑（The philosophy book）　ウィル・バッキンガムほか著, 小須田健訳　三省堂　2012.2　352p　25cm　〈索引あり〉3800円　①978-4-385-16223-2
内容 古代世界―紀元前700年～後250年　中世世界―250年～1500年　ルネサンスと理性の時代―1500年～1750年　革命の時代―1750年～1900年　現代世界―1900年～1950年　現代哲学―1950年～現在〔06167〕

バーナム, P.T.

◇富を築く技術―金儲けのための黄金のルール20　P.T.バーナム著, 関岡孝平訳　〔録音資料〕　パンローリング　〔2013〕　録音ディスク 2枚（135分）：CD　（耳で聴く本オーディオブックCD）〈他言語標題：The art of money getting　企画・制作：でじじ〉1365円　①978-4-7759-2138-8　〔06168〕

バナール, マーティン　Bernal, Martin

◇『黒いアテナ』批判に答える　上（BLACK ATHENA WRITES BACK）　マーティン・バナール〔著〕, 金井和子訳　藤原書店　2012.6　461p　22cm　5500円　①978-4-89434-863-9

内容 第1部 エジプト学（私たちは公正であり得るか―ジョン・ベインズに答える　ギリシアはヌビアではない―デイヴィッド・オコーナーに答える）　第2部 古典学（ギリシア史を書く資格はだれにあるか―ロレンス・A.トリトルに答える　死のエジプト様式はどのようにギリシアに到達したか―エミリー・ヴァミュールに答える　単なる錯覚か―イーディス・ホールに答える）　第3部 言語学（音法則に例外なしはすべてに優越する―ジェイ・H.ジェイサノフとアラン・ヌスバウムに答える）　第4部 歴史記述（正確さおよび/または首尾一貫性か―ロバート・ノートン、ロバート・パルター、ジョシネ・ブロックに答える　情熱と政治―ガイ・ロジャーズに答える　イギリスの功利主義、帝国主義、"古代モデル"の没落）　〔06169〕

◇『黒いアテナ』批判に答える　下（BLACK ATHENA WRITES BACK）　マーティン・バナール〔著〕, 金井和子訳　藤原書店　2012.8　p464～811　22cm　〈文献あり　索引あり〉4500円　①978-4-89434-864-6

内容 第5部 科学（ギリシアに科学の奇跡はあったか―ロバート・パルターに答える　西洋科学起源論を批判する）　第6部 広がる学問的関心―最近の動き（エジプト抜きのギリシア美術と王子抜きの『ハムレット』―サラ・モリス『ダイダロスとギリシア美術の起源』を論ずる　革命は一回か複数回か―ヴァルター・ブルケルト『オリエント化革命 初期アルカイック時代のギリシア文化と近東の影響』を論ずる　行く手にある山―マーティン・ウェスト『ヘリコン山の東壁 ギリシアの詩と神話にみる西アジア的要素』を論ずる　古代ギリシアにみるフェニキアの政治とエジプトの正義）　第7部 普及の努力（ウェルズリー戦線異状あり―メアリー・レフコヴィッツ『アフリカ起源ではない』を論ずる）　〔06170〕

バーナンキ, ベン・S.　Bernanke, Ben S.

◇連邦準備制度と金融危機―バーナンキFRB理事会議長による大学生向け講義録（The Federal Reserve and the Financial Crisis）　ベン・バーナンキ著, 小谷野俊夫訳　一灯舎　2012.6　260, 5p　19cm　〈文献あり　発売：オーム社〉1500円　①978-4-903532-85-1

内容 第一回講義 連邦準備制度の起源と任務（中央銀行の任務と政策手段　中央銀行の起源　金融パニックとは　金融パニックと中央銀行の最後の貸し手機能　金本位制：制度と問題点　連邦準備制度の設立　大恐慌　大恐慌時の連邦準備の金融政策　ルーズベルトの政策　死次応答）　第二回講義 第二次大戦後の連邦準備（第二次大戦の終結と連邦準備の独立性の獲得　マーチン議長：風に向かって立つ金融政策　バーンズ議長：インフレ期待の定着　ヴォルガー議長：インフレ期待を払拭した強力な引締め政策　グリーンスパン議長：グレート・モデレーション　住宅バブルの発生：借り手側の問題　住宅バブルの貸して側の問題　連邦準備の金融政策が住宅バブルの原因の一つだろうか　危機の経済的影響　質疑応答）　第三回講義 金融危機に対する連邦準備の対応（公的部門の脆弱性　新種のモーゲージとその証券化の発達　二〇〇八年、及び二〇〇九年の金融パニック　金融危機に対する政策対応　ケース・スタディ：マネー・マーケット・ファンド　ケース・スタディ：ベア・スターンズとAIG　危機の経済的結末　質疑応答）　第四回講義 金融危機の余波（連邦準備と財務省および海外当局との協力　伝統的金融政策　非伝統的な金融政策　金融政策に果たすコミュニケーションの役割　緩慢な景気回復プロセス　アメリカの潜在的な成長力は強い　金融規制改革　結び：危機から得た教訓　質疑応答）　〔06171〕

◇大恐慌論（ESSAYS ON THE GREAT DEPRESSION）　ベン・S.バーナンキ著, 栗原潤, 中村亨, 三宅敦史訳　日本経済新聞出版社　2013.3　343p　22cm　（神戸学院大学経済学翻訳叢書）〈索引あり〉4800円　①978-4-532-13432-7

内容 第1部 概観（大恐慌のマクロ経済学：比較アプローチ）　第2部 総需要：貨幣と金融市場（大恐慌の波及メカニズム：金融危機の非貨幣的効果　大恐慌時における金本位制度、デフレーション、そして金融危機：国際比較　大恐慌時のデフレーションと貨幣収縮：単純比率による分析）　第3部 総供給：労働市場（工業労働市場の循環的な動き：戦前と戦後の比較　大恐慌時における雇用、就労時間、そして労働所得；製造業8業種に関する分析　米国の恐慌時の失業、インフレーション及び賃金：欧州への教訓は存在するか　順循環的な労働生産性と景気循環に関する競合する理論：戦間期における米国の製造業から得られたいくつかの証拠　大恐慌における名目賃金硬直性と総供給）　〔06172〕

◇リフレが正しい。―FRB議長ベン・バーナンキの言葉　ベン・バーナンキ〔述〕, 髙橋洋一監訳・解説　中経出版　2013.5　255p　19cm　〈他言語標題：Reflation Is the Way to Go〉1400円　①978-4-8061-4758-9

内容 1 インフレ率の低下が好ましくない理由　2 デフレーション―「あれ」をここで起こさないために　3 インフレ目標を考える一つの視座　4 中央銀行の独立性とは何か？　5 金融政策の長期的な目標と戦略　6 アメリカ経済は今後どうなるか？　7 日本の金融政策、私はこう考える　〔06173〕

バニエ, ジャン　Vanier, Jean

◇ジャン・バニエの言葉―講話とインタビュー　ジャン・バニエ著, 浅野幸治編訳　新教出版社　2012.3　153p　18cm　〈文献あり〉1600円　①978-4-400-52360-4

内容 第1部 講話・講演（ジャン・バニエの講話一―信頼ということ　ジャン・バニエの講話二―障害があるということ　ジャン・バニエの講話三―生まれ変わりラルシュでの生活）　第2部 バニエへのインタビュー（共に生かされながら　暴力の連鎖を終わらせる　貧しい人たちの友だち）　第3部 ジャン・バニエの人と思想（浅野幸治）（ジャン・バニエ略伝　ジャン・バニエの思想）　〔06174〕

ハ

ハーニッシュ, バーン　Harnish, Verne

◇ありえない決断―フォーチュン誌が選んだ史上最高の経営判断（FORTUNE : THE GREATEST BUSINESS DECISIONS OF ALL TIME）　バーン・ハーニッシュ, フォーチュン編集部著, 石山淳訳　阪急コミュニケーションズ　2013.10　237p　19cm　1700円　①978-4-484-13117-7

内容 スティーブを呼び戻せ！――九九六年、アップル　ザッポスを救った無料配送――九九九年、ザッポス　サムスンが優秀な社員を遊ばせる理由――九九〇年、サムスン　株主より顧客を優先する信条――九八二年、ジョンソン・エンド・ジョンソン　夢想の時間が生んだ大きな成果――九四八年、3M（スリーエム）　消費者に愛されるコンピュータチップ――九九一年、インテル　「ジャックの大聖堂」がもたらしたもの――九八一年、ゼネラル・エレクトリック（GE）　一週間休むビル・ゲイツ――九九二年、マイクロソフト　ソフトソープのブロッキング作戦――九八一年、ミネトンカ　欠陥ゼロを目指すトヨタを支えたもの――九六一年、トヨタ　究極のカスタマーサービス――九三〇年代、ノードストローム　深刻な状況を脱するための特効薬――九九三年、タタ・スチール　707に社運を託したボーイング――九五二年、IBM　ウォルマートの土曜日早朝ミーティング――九六二年、ウォルマート　事業に問題が？　では大転換だ！――七九八年、イーライ・ホイットニー　利益より信頼を優先する「HPウェイ」――九五七年、HP（ヒューレット・パッカード）　賃金を倍増する 史上最高の決断？――九一四年、フォード　〔06175〕

パニョーニ, ロベルタ　Pagnoni, Roberta

◇クリスマスのほし（THE CHRISTMAS STAR）　せきやよしき文, ロベルタ・パニョーニ絵　ドン・ボスコ社　2013.10　1冊（ページ付なし）　18×18cm　700円　①978-4-88626-554-8　〔06176〕

バーニンガー, V.*　Berninger, Virginia W.

◇WISC-IVの臨床的利用と解釈（WISC-IV clinical use and interpretation）　アウレリオ・プリフィテラ, ドナルド・H.サクロフスキー, ローレンス・G.ワイス編, 上野一彦監訳, 上野一彦, バーンズ亀山静子訳　日本文化科学社　2012.5　592p　22cm　〈文献あり〉①978-4-8210-6366-6

内容 各種アセスメントのためのマルチレベル統合モデル他（Virginia W.Berninger, Alnita Dunn, Ted Alper著, バーンズ亀山静子訳）　〔06177〕

バーネイズ, エドワード　Bernays, Edward L.

◇プロパガンダ（Propaganda）　エドワード・バーネイズ著, 中田安彦訳・解説　成甲書房　2010.10　237p　20cm　〈『プロパガンダ教本』（2007年刊）の新版　文献あり〉1600円　①978-4-88086-268-2　〔06178〕

パネッタ, レオン・E.

◇世界は考える　野中邦子訳　土曜社　2013.3　189p　19cm　（プロジェクトシンジケート叢書 2）〈文献あり〉1900円　①978-4-9905587-7-2

内容 太平洋に軸足を移す米国（レオン・E.パネッタ著）　〔06179〕

バーノフ, ジョシュ　Bernoff, Josh

◇エンパワード―ソーシャルメディアを最大活用する組織体制（Empowered）　ジョシュ・バーノフ, テッド・シャドラー著, 黒輪篤嗣訳　翔泳社　2011.5　323p　20cm　（Harvard business school press）　2200円　①978-4-7981-2281-6

内容 第1部 HERO（なぜビジネスにHEROが必要なのか）　第2部 HEROは何をするのか（HEROとその取り組み　顧客間の相互影響を分析する　グランズウェルの顧客サービスを提供する　モバイルアプリケーションで顧客に力を与える　ファンの声を増幅させる）　第3部 HERO駆動の会社（DIYテクノロジーがHERO協定を支える　HEROのための準備はできているか？　HEROをいかに導き、マネジメントするか？　HEROのイノベーションを助ける　HEROのコラボレーションを助ける　HEROの安全を守る　テクノロジーのイノベーションでHEROを支える　HERO駆動を実現する）　〔06180〕

パノフ, ミシェル　Panoff, Michel

◇無文字民族の神話　ミシェル・パノフ, 大林太良他著, 大林太良, 宇野公一郎訳　新装復刊　白水社　2013.5　281, 12p　20cm　〈文献あり 索引あり〉4200円　①978-4-560-08291-1

内容 オセアニアの神話（ミシェル・パノフ著, 宇野公一郎訳）　〔06181〕

パノフスキー, アーウィン　Panofsky, Erwin

◇ルネサンス―六つの論考（THE RENAISSANCE）　ウォーレス・ファーガソン, ロペス, サートン, バイントン, ブラドナー, パノフスキー著, 沢井繁男訳　国文社　2013.7　248p　20cm　〈索引あり〉2500円　①978-4-7720-0537-1

内容 芸術家、科学者、天才（アーウィン・パノフスキー著）　〔06182〕

バーバー, ウィリアム・J.　Barber, William J.

◇グンナー・ミュルダール―ある知識人の生涯（Gunnar Myrdal）　ウィリアム・J.バーバー著, 藤田菜々子訳　勁草書房　2011.5　282, 20p　20cm　（経済学の偉大な思想家たち 1　田中秀臣, 若田部昌澄監修）〈文献あり〉3500円　①978-4-326-59891-5

内容 第1章 幼少時と初期の知的影響　第2章 正統派に対する初期の挑戦―『経済学説と政治的要素』（初版一九三〇年）　第3章 マクロ経済の不安定性を理論化する―『貨幣的均衡』（一九三二、一九三三、一九三九年版）　第4章 一九三〇年代に反景気循環的財政政策を構築する　第5章 一九三〇年代における人口問題とスウェーデン社会政策　第6章『アメリカのジレンマ―黒人問題と現代民主主義』（一九四四年）　第7章 商務大臣と戦後スウェーデンでの経済政策立案、一九四四 - 一九四七年　第8章 国際公務員と国際経済の研究、一九四七 - 一九五七年　第9章『アジアのドラマ―諸国民の貧困に関する一研究』（一九六八年）　第10章 一九六〇年代・一九七〇年代における富裕国および貧困国への経済政策提言　〔06183〕

ハーパー, ダグラス

◇ビジュアル調査法と社会学的想像力―社会風景をありありと描写する（PICTURING THE SOCIAL LANDSCAPE）　キャロライン・ノウ

ハ

ルズ, ポール・スウィートマン編, 後藤範章監訳　京都　ミネルヴァ書房　2012.10　317p　22cm　〈索引あり〉3400円　①978-4-623-06394-9
内容 水曜日の夜のボウリング（ダグラス・ハーパー著, 渡辺彰規訳）〔06184〕

バーバ, ホミ・K.　Bhabha, Homi K.
◇宗教概念の彼方へ　磯前順一, 山本達也編　京都　法蔵館　2011.9　445p　21cm　〈他言語標題：Beyond the Concept of Religion〉5000円　①978-4-8318-8174-8
内容 宗教体験と日常性（ホミ・バーバ著, 磯前順一, ダニエル・ガリモア, 山本達也訳）〔06185〕
◇文化の場所—ポストコロニアリズムの位相（THE LOCATION OF CULTURE）　ホミ・K.バーバ著, 本橋哲也, 正木恒夫, 外岡尚美, 阪元留美訳　新装版　法政大学出版局　2012.9　436, 39p　19cm　（叢書・ウニベルシタス）　5300円　①978-4-588-09959-5
内容 文化の場所　理論へのこだわり　アイデンティティを問う—フランツ・ファノンとポストコロニアルの特権　他者の問題—ステレオタイプ・差別・植民地主義言説　擬態と人間について—植民地言説のアンビヴァレンス　ずらされた礼節/こずるい市民たち　まじないになった記号—アンビヴァレンスと権威について・一八一七年五月、デリー郊外の木陰にて　古層の表現—文化的差異と植民地的無意味　国民の散種—時間、語り、近代国民国家の周縁　ポストコロニアルとポストモダン—行為媒体の問題　パンのみにて—一九世紀中葉における暴力の記号　新しさはいかに世界に登場するか—ポストモダンの空間、ポストコロニアルな時間、文化翻訳の試練　結論—「人種」、時間、近代の書き直し〔06186〕

ハーパー, G.*　Harper, Gillian
◇英国の貧困児童家庭の福祉政策—"Sure Start"の実践と評価（The National Evaluation of Sure Start）　ジェイ・ベルスキー, ジャクリーン・バーンズ, エドワード・メルシュ編著, 清水隆則監訳　明石書店　2013.3　230p　21cm　2800円　①978-4-7503-3764-7
内容 地域特性の確定（Martin Forst,Gillian Harper著, 熊谷忠和訳）〔06187〕

ハーパー, J.　Harper, John
◇中世キリスト教の典礼と音楽（The forms and orders of Western liturgy）　J.ハーパー著, 佐々木勉, 那須輝彦訳　新装版　教文館　2010.6　339, 61p　21cm　〈文献あり 索引あり〉3800円　①978-4-7642-7313-9〔06188〕

ハパーエヴァ, ジーナ
◇国家と国民の歴史—ヴィジュアル版（HISTORIES OF NATIONS）　ピーター・ファタードー編, 猪口孝日本語版監修, 小林朋則訳　原書房　2012.11　320p　26cm　〈文献あり 索引あり〉5800円　①978-4-562-04850-2
内容 ロシア—文化という布地に次々とできた裂け目（ジーナ・ハパーエヴァ）〔06189〕

バーバチー, リンダ　Barbaccia, Lynda
◇働く人のためのちいさな知恵—自然にさからわない26の提言（Simple wisdom for the not so simple business world）　リンダ・バーバチー著, 鹿田昌美訳　飛鳥新社　2012.1　190p　18cm　1238円　①978-4-86410-124-0
内容 第1部 環境をととのえる—オフィスを「いごこちのよい部屋」に変える（デスクのまわりを整理整頓しましょう　明かりを工夫しましょう　石にパワーをもらいましょう　流れる水音が心を洗いましょう　ハーブの力で空間を清めましょう ほか）　第2部 心をととのえる—オフィスを「信頼できる人の集まり」にするために（朝の時間の使い方—心をリセットし、エネルギーを注入するレッスン　通勤時間の使い方—自然や人とつながり、心を開くレッスン　午前中のイライラに—木からエネルギーをもらうレッスン　ランチタイムの使い方—食べものを味方につけ、感謝するレッスン　つながる、関わりあう—パーティションを撤去して、つながりをわかちあうレッスン ほか）〔06190〕

ハバード, ナンシー　Hubbard, Nancy
◇欧米・新興国・日本16カ国50社のグローバル市場参入戦略—M&A、提携・合弁、グリーンフィールド投資が成功する秘密（CONQUERING GLOBAL MARKETS）　ナンシー・ハバード著, KPMG FAS監訳, 高橋由紀子訳　東洋経済新報社　2013.12　350p　22cm　〈文献あり 索引あり〉3800円　①978-4-492-53337-6〔06191〕

ハバード, バーバラ・マークス
◇どんな時代が来るのか—2012年アセンション・マニュアル（The mystery of 2012）　タミ・サイモン編著, 菅靖彦, 田中淳一, 堤康一郎訳　風雲舎　2011.4　287p　19cm　1800円　①978-4-938939-64-9
内容 宇宙的人間の誕生（バーバラ・マークス・ハバード著）〔06192〕

ハーバート, レイ　Herbert, Wray
◇思い違いの法則—じぶんの脳にだまされない20の法則（On Second Thought）　レイ・ハーバート著, 渡会圭子訳　インターシフト　2012.4　341p　20cm　〈文献あり　発売：合同出版〉1900円　①978-4-7726-9528-2
内容 1 体の感覚と思い違い（生理的ヒューリスティック—心が冷えると、温かいものが欲しくなる　幻視ヒューリスティック—不安は世界の見え方を変えてしまう　運動・勢いヒューリスティック—重要なときほど、勢いに乗っていると感じる ほか）　2 数字と思い違い（計算ヒューリスティック—週九本と年間四六八本、同じなのにウケが違う　希少ヒューリスティック—欲しいものは数が少ない、数が少ないものを欲しい　係留ヒューリスティック—定価は半端な数字のほうがいい ほか）　3 意味と思い違い（デザイン・ヒューリスティック—世界には意味があり、自分はその中心にいると思う　採集ヒューリスティック—新しもの好き？ 定番志向？ それが問題だ　カリカチュア・ヒューリスティック—偏ったイメージは、みずからの老化まで早める ほか）〔06193〕

ハバード, J.*　Hubbard, Julie A.
◇子どもの仲間関係—発達から援助へ（CHILDREN'S PEER RELATIONS）　J.B.クーパーシュミット,K.A.ダッジ編, 中沢潤監訳

ハ

京都　北大路書房　2013.12　299p　21cm　〈文献あり 索引あり〉 3600円　①978-4-7628-2826-3
内容 仲間関係の中での子どもの情動の理解と制御 (Karen F.Dearing,Julie A.Hubbard著, 中沢潤訳)　〔06194〕

ハーバーマス, ユルゲン　Habermas, Jürgen
◇他者の受容―多文化社会の政治理論に関する研究 (DIE EINBEZIEHUNG DES ANDEREN)　ユルゲン・ハーバーマス〔著〕, 高野昌行訳　新装版　法政大学出版局　2012.8　403, 35p　20cm (叢書・ウニベルシタス 803) 〈索引あり〉 4500円　①978-4-588-09955-7　〔06195〕
◇討議倫理 (ERLÄUTERUNGEN ZUR DISKURSETHIK)　ユルゲン・ハーバーマス著, 清水多吉, 朝倉輝一訳　新装版　法政大学出版局　2013.7　283, 20p　19cm (叢書・ウニベルシタス)　3300円　①978-4-588-09967-0
内容 第1部 道徳性と人倫 (カントに対するヘーゲルの異議は討議倫理にも当てはまるか?　何が生活形態を「合理的」にするのか?)　第2部 道徳の発展 (正義と連帯―「段階六」についての議論のために　ローレンス・コールバーグとネオ・アリストテレス主義)　第3部 実践理性 (実践理性のプラグマティックな、倫理的な、道徳的な使用について　討議倫理の解明)　〔06196〕

ハーバーラント, デートレフ
◇日独交流150年の軌跡　日独交流史編集委員会編　雄松堂書店　2013.10　345p　29cm 〈布装〉 3800円　①978-4-8419-0655-4
内容 ヴァレニウス、カロン、ケンペル (デートレフ・ハーバーラント著, 宮田奈々訳)　〔06197〕

ハバランド, ハートムット
◇異文化コミュニケーション学への招待　鳥飼玖美子, 野田研一, 平賀正子, 小山亘編　みすず書房　2011.12　484p　22cm 〈他言語標題：Introduction to Intercultural Communication Studies〉 6000円　①978-4-622-07659-9
内容 地域言語は国際語になりえるか (ハートムット・ハバランド著, 坪井睦子訳)　〔06198〕

パパン, イザーク
◇ピエール・ベール関連資料集　2　寛容論争集成 上　野沢協編訳　法政大学出版局　2013.11　1008p　21cm　25000円　①978-4-588-12029-9
内容 信仰を真の原理に還元し、正しい限界内に収む (一六八七年) (イザーク・パパン)　〔06199〕

バービア, エドワード・B.　Barbier, Edward B.
◇なぜグローバル・グリーン・ニューディールなのか―グリーンな世界経済へ向けて (A Global Green New Deal)　エドワード・B.バービア著, 赤石秀之, 南部和香監訳　新泉社　2013.11　281p　21cm 〈索引あり〉 3000円　①978-4-7877-1305-6　〔06200〕

バビッチ, リオネル
◇歴史と和解　黒沢文貴, イアン・ニッシュ編　東京大学出版会　2011.7　424, 9p　22cm 〈索引あり〉 5700円　①978-4-13-026228-6
内容 日韓とフランス・アルジェリア (リオネル・バビッチ著, 剣持久木訳)　〔06201〕

ハーフ, ジェフリー　Herf, Jeffrey
◇ナチのプロパガンダとアラブ世界 (NAZI PROPAGANDA FOR THE ARAB WORLD)　ジェフリー・ハーフ著, 星乃治彦, 臼杵陽, 熊野直樹, 北村厚, 今井宏昌訳　岩波書店　2013.11　356, 6p　22cm 〈文献あり 索引あり〉 6800円　①978-4-00-024170-0　〔06202〕

パーフィット, デレク　Parfit, Derek
◇理由と人格―非人格性の倫理へ (Reasons and Persons)　デレク・パーフィット著, 森村進訳　勁草書房　2012.5　750, 20p　21cm　10000円　①978-4-326-10120-7
内容 1 自己破壊的諸理論 (間接的に自己破壊的な諸理論　実践的ディレンマ　道徳数学における五つの誤り　直接的に自己は快適な諸理論　二つの可能性)　2 合理性と時間 ("自己利益説"に対する最善の反論　完全な相対性への訴え　時間への異なる態度　われわれはなぜ "自己利益説"を斥けるべきなのか)　3 人格の同一性 (われわれは自分自身を何であると信じているのか　われわれは自分たちが信じているものではない。それはいかにしてか　われわれの同一性は重要なことではない。それはなぜか　重要なこと　人格の同一性と合理性　人格の同一性と道徳)　4 未来の世代 (非同一性問題　いとわしい結論　ばかげた結論　単純追加パラドックス)　〔06203〕

ハフィントン, アリアナ　Huffington, Arianna Stassinopoulos
◇誰が中流を殺すのか―アメリカが第三世界に墜ちる日 (Third world America)　アリアナ・ハフィントン著, 森田浩之訳　阪急コミュニケーションズ　2011.11　291p　20cm　2000円　①978-4-484-11114-8
内容 1章 第三世界アメリカ (「窒息」させられる中流層　「元中流層」という名の新たな階級 ほか)　2章 中流街の悪夢 (折れてしまったアメリカの背骨　「アメリカの中流層」とは誰か ほか)　3章 アメリカは朽ち果てる (50年は遅れているインフラ戦略　景気刺激策は「財政版ピニャータ」 ほか)　4章 誰がアメリカン・ドリームを殺したか (中流のためのロビイストはいない　オークションにかけられる民主主義 ほか)　5章 アメリカを第三世界にしないために (あらゆる改革を可能にする改革　ワシントンに「キラー・アプリ」を ほか)　〔06204〕

バフェット, メアリー　Buffett, Mary
◇バフェットの株式ポートフォリオを読み解く (The Warren Buffett Stock Portfolio)　メアリー・バフェット, デビッド・クラーク著, 山田美明訳　阪急コミュニケーションズ　2012.9　218p　20cm　1900円　①978-4-484-12118-5
内容 1 バフェットの投資戦略 (バフェットの投資戦略の歴史と進化　バフェットのお気に入りは老舗企業　安定した収益　バフェットの疑似債券　将来の収益率を予想する ほか)　2 ケーススタディおよび投資価値の評価 (アメリカン・エキスプレス・カンパニー　バンク・オブ・ニューヨーク・メロン (BNYメロン)　コカ・コーラ・カンパニー　コノコフィリップス　コストコ・

ハ

ホールセール・コーポレーション ほか) 〔06205〕

ハーフェナー, トルステン　Havener, Thorsten

◇心を上手に透視する方法　トルステン・ハーフェナー著, 福原美穂子訳　サンマーク出版　2011.8　286p　19cm　1500円　①978-4-7631-3154-6

内容 第1章 世界は、あなたが考える通りにある　第2章「身体」を見れば、「心の内」がわかる　第3章「暗示の力」を使いこなす　第4章 メンタル・トレーニング　第5章 意識を「今このとき」に集中する　第6章 はかり知れない「可能性」 〔06206〕

◇心を上手に操作する方法 (DENK DOCH, WAS DU WILLST)　トルステン・ハーフェナー著, 福原美穂子訳　サンマーク出版　2012.7　314p　19cm　1600円　①978-4-7631-3213-0 〔06207〕

◇青い象のことだけは考えないで！―思考を上手に操作する方法 (DENKEN SIE NICHT AN EINEN BLAUEN ELEFANTEN！)　トルステン・ハーフェナー, ミヒャエル・シュピッツバート著, 福原美穂子訳　サンマーク出版　2013.1　314p　19cm　1600円　①978-4-7631-3214-7

内容 第1章 私たちの思考は「不自由」である (青い象のことだけは考えないで！　僕がテレビ番組で行った"偽死実験" ほか)　第2章 五感と脳の働きが幸せをもたらす (つきあいたくなるのは「いいにおいがする」と感じた人　わずかな芳香だけでも、数十年前の記憶がよみがえる ほか)　第3章 私たちの思考は「自由」になれる (子どものころに夢中になった「世界最高のマジシャン」　十九歳、ラスベガス一人旅の「たった一つの目的」 ほか)　第4章 自分の世界を根本から変える「思考の力」(がん患者が回復するための「三つの要素」　「副作用がある」と説明されると、何が起こるのか？ ほか) 〔06208〕

ハーフォード, ティム　Harford, Tim

◇アダプト思考―予測不能社会で成功に導くアプローチ (ADAPT)　ティム・ハーフォード著, 遠藤真美訳　武田ランダムハウスジャパン　2012.5　397p　20cm　〈文献あり〉2000円　①978-4-270-00695-5

内容 第1章 状況に適応する―アダプト　第2章 対立―組織はいかにして学ぶか　第3章 重要な新しいアイデアを生み出す―変異　第4章 貧しい人を救う方法を見つける―選択　第5章 気候変動―成功のルールを書き換える　第6章 金融のメルトダウンを防ぐ―デカップリング　第7章 アダプトする組織　第8章 さあ、アダプトを実践しよう 〔06209〕

ハフナー, セバスチャン　Haffner, Sebastian

◇ヒトラーとは何か―新訳 (ANMERKUNGEN ZU HITLER)　セバスチャン・ハフナー著, 瀬野文教訳　草思社　2013.1　319p　19cm　〈年譜あり〉1800円　①978-4-7942-1948-0

内容 第1章 遍歴　第2章 実績　第3章 成功　第4章 誤謬　第5章 失敗　第6章 犯罪　第7章 背信 〔06210〕

ハフバウアー, G.C.　Hufbauer, Gary Clyde

◇米国の国外所得課税 (US taxation of foreign income)　G.C.ハフバウアー,A.アッサ著, 清水哲之監訳, 小野島真, 清田幸弘, 仲地健, 西迫一郎訳　五絃舎　2011.6　341p　22cm　〈文献あり 索引あり〉4000円　①978-4-86434-000-7

内容 第1章 序論　第2章 法人課税　第3章 国外所得に関する伝統的租税原則　第4章 ポートフォリオ投資所得に対する居住地国課税　第5章 世界経済における多国籍企業　第6章 穏健な改革への議論 ： 属地主義的 (テリトリアルな) 制度　補遺 〔06211〕

バーブリッジ, ジョン・J., Jr.

◇大学学部長の役割―米国経営系学部の研究・教育・サービス (The dean's perspective)　クリシナ・S.ディア編著, 佐藤修訳　中央経済社　2011.7　245p　21cm　3400円　①978-4-502-68720-4

内容 経営学部と学生への対応の考え方 (ジョン・J.バーブリッジJr.著) 〔06212〕

ハーベイ, アリソン・フィネイ　Harvey, Alison Phinney

◇エビデンスに基づく子ども虐待の発生予防と防止介入―その実践とさらなるエビデンスの創出に向けて (Preventing child maltreatment)　トニー・ケーン編, アレキサンダー・ブッチャー, アリソン・フィネイ・ハーベイ, マーセリーナ・ミアン, ティルマン・フュルニス著, 藤原武男, 水木理恵監訳, 坂戸美和子, 富田拓, 市川佳世子訳, 小林美智子監修　明石書店　2011.12　175p　21cm　2800円　①978-4-7503-3505-6

内容 導入　第1章 子ども虐待の性質と帰結　第2章 疫学と事例に基づいた情報　第3章 子ども虐待の予防・防止　第4章 虐待を受けた子どもとその家族に対するサービス　第5章 結論と提言　付録 〔06213〕

パーマー, ジョイ・A.　Palmer, Joy A.

◇教育思想の50人 (FIFTY MODERN THINKERS ON EDUCATION)　ジョイ・A.パーマー, リオラ・ブレスラー, デイヴィッド・E.クーパー編著, 広岡義之, 塩見剛一, 津田徹, 石﨑達也, 井手華奈子, 高柳充利訳　青土社　2012.11　481, 13p　20cm　〈索引あり〉2800円　①978-4-7917-6673-4

内容 A.S.ニイル―1883 - 1973　スーザン・アイザックス―1885 - 1948　ハロルド・ラッグ―1886 - 1960　ルートヴィヒ・ウィトゲンシュタイン―1889 - 1951　マルティン・ハイデッガー―1889 - 1976　ハーバート・エドワード・リード―1893 - 1968　レフ・セミョーノヴィチ・ヴィゴツキー―1896 - 1934　ジャン・ピアジェ―1896 - 1980　マイケル・オークショット―1901 - 92　カール・ロジャーズ―1902 - 87〔ほか〕 〔06214〕

パーマー, スティーブン　Palmer, Stephen

◇コーチング心理学ハンドブック (Handbook of coaching psychology)　スティーブン・パーマー, アリソン・ワイブラウ編著, 堀正監修・監訳, 自己心理学研究会訳　金子書房　2011.7　550p　22cm　〈文献あり〉12000円　①978-4-7608-2361-1

内容 コーチング心理学とは何か　第1部 コーチング心理学の射程と研究 (過去、現在そして未来―プロフェッショナルコーチングとコーチング心理学の発展　ポジテイブ心理学とコーチング心理学の統合―前提と熱望を共有しているか？ ほか)　第2部 コーチング心理学 ： さまざまなアプローチ (行動コーチング　認知行動コーチング―統合的アプローチ ほか)　第3部 コーチングとコーチング心理学において、関係、多様性そして発展を理解する (コーチ - クライエント関係

ハ

の再検討―コーチングにおける目立ちにくい変化主体　コーチ育成のための認知発達的アプローチ ほか）第4部 持続する実践（組織内にコーチングの取り組みを組み込んで維持していくための概念　コーチング心理学にスーパービジョンは必要か？）〔06215〕

パーマー, ヒュー　Palmer, Hugh

◇世界で一番美しい村プロヴァンス（The Most Beautiful Villages of Provence）　マイケル・ジェイコブズ文, ヒュー・パーマー撮影, 〔一杉由美〕〔訳〕　ガイアブックス　2013.5　213p　25cm　〈文献あり〉2800円　①978-4-88282-868-6

内容 ヴォクリューズ&ブーシュ・デュ・ローヌ（アンスイ　ボニュー　クレステ ほか）　ヴァール&アルプ・マリティーム（アンピュ　バルジュモン　コティニャック ほか）　アルプ・ド・オート・プロヴァンス（アノット　コルマール・レ・ザルプ　アントルヴォー ほか）〔06216〕

パーマー, ブランドン　Palmer, Brandon

◇「日本の朝鮮統治」を検証する―1910-1945　ジョージ・アキタ, ブランドン・パーマー著, 塩谷紘訳　草思社　2013.8　310p　20cm　2600円　①978-4-7942-1997-8

内容 1 統治史研究の最前線　2 統治の実相　3 統治と司法　4 日本の統治と近代化　5 軍人と文官　6 統治政策の評価〔06217〕

パーマー, ブルックス　Palmer, Brooks

◇心の中がグチャグチャで捨てられないあなたへ（Clutter busting）　ブルックス・パーマー〔著〕, 弓場隆訳　ディスカヴァー・トゥエンティワン　2011.3　182p　19cm　1300円　①978-4-7993-1003-8

内容 第1章 捨てる捨てないは自分で決める　第2章 大切なのはモノではなく、あなた　第3章 中毒になっていないだろうか？　第4章 過去にしがみつく必要はない　第5章 捨てればスッキリする　第6章 内面のガラクタが外面のガラクタをつくり出す　第7章 自分や他人を罰するために、モノを溜め込むこともある　第8章 心のガラクタを処分する〔06218〕

パーマー, マーク　Palmer, Mark

◇欲しいものをすべて手に入れて思い通りの人生を生きる方法（You need this book to get what you want）　マーク・パーマー, スコット・ソルダー著, 大沢章子訳　主婦の友社　2011.7　284p　19cm　1500円　①978-4-07-276110-6

内容 あなたがこの世に存在するわけ　あなたの適応力診断　自分の思考を知る　ルールブック　重要なことそうでないこと　計画　相手の頭のなかに入ってみる　Tシャツを手に入れる　説得法 その一―心をつかむ　相手にノーと言わせない　説得法その二―相手の心に働きかける会話術　説得法その三―セレブらしさを使う　説得法その四―顔の見える対応VS機械的な対応　説得法その五―相手をある程度認める　説得法その六―心のつながりを断つ　約束を強化する　敵を知る　新たなオートパイロット〔06219〕

ハーマー, マルゲリート　Hamer-Monod de Froideville, Marguerite

◇折られた花―日本軍「慰安婦」とされたオランダ人女性たちの声（Geknakte bloem）　マルゲリート・ハーマー著, 村岡崇光訳　新教出版社　2013.11　212p　19cm　1900円　①978-4-400-40729-4〔06220〕

パーマー, ロバート・R.

◇新戦略の創始者―マキアヴェリからヒトラーまで 上（Makers of modern strategy）　エドワード・ミード・アール編著, 山田積昭, 石塚栄, 伊藤博邦訳　原書房　2011.3　383p　20cm　〈1978年刊の新版〉2800円　①978-4-562-04674-4

内容 王朝戦争から国民戦争へ―フリードリヒ大王 ギベール ビューロー（ロバート・R.パーマー著, 山田積昭訳）〔06221〕

ハマック, F.M.　Hammack, Floyd M.

◇教育社会学―現代教育のシステム分析（The sociology of education（6th ed.））　J.H.バランタイン, F.M.ハマック著, 牧野暢男, 天童睦子監訳　東洋館出版社　2011.10　698p　22cm　〈文献あり 索引あり〉6500円　①978-4-491-02728-9

内容 教育の社会学―学校を理解するためのユニークな視点　教育の機能とプロセスをめぐる葛藤―何がシステムを作動させるのか　教育と成層化の過程　人種、階級、ジェンダー―教育機会の平等を達成するために　組織としての学校　公式の学校の地位と役割―「そのあるべき姿」　生徒―学校の中核　非公式のシステムと「隠れたカリキュラム」―実際に学校で何が起きているのか　教育システムと環境 : 共生の関係　高等教育システム　世界の教育システム : 国際比較の視点　世界の教育システム : イギリス、中国、ポスト植民地のアフリカの事例　教育運動と教育改革〔06222〕

ハーマン, アーサー　Herman, Arthur

◇近代を創ったスコットランド人―啓蒙思想のグローバルな展開（HOW THE SCOTS INVENTED THE MODERN WORLD）　アーサー・ハーマン著, 篠原久監訳, 守田道夫訳　京都　昭和堂　2012.8　479, 36p　22cm　〈索引あり〉4800円　①978-4-8122-1224-0

内容 プロローグ エディンバラ大学生の処刑　第1部 啓蒙知識人の出現（新しいエルサレム　自分たちが作った罠　人間の真の研究対象　分断された国土　最後の抵抗　利益を生む企業　エリート・クラブ―アダム・スミスとその友人たち）　第2部 啓蒙思想のグローバルな展開（「かの偉大なる構想」―アメリカのスコットランド人　北からの光明―スコットランド人と自由主義者と改革　最後の吟遊詩人―ウォールタ・スコット卿とハイランド・リヴァイヴァル　実用的な事柄―科学と産業におけるスコットランド人　陽は沈むことなし　自力でたたき上げた人びと―合衆国のスコットランド人）　結語 近代世界とスコットランド・ナショナリズム〔06223〕

バーマン, エリカ　Burman, Erica

◇発達心理学の脱構築（Deconstructing Developmental Psychology（原著第2版））　E.バーマン著, 青野篤子, 村本邦子監訳　京都　ミネルヴァ書房　2012.11　449p　22cm　〈索引あり〉6500円　①978-4-623-06498-4

内容 起源　第1部 主題の構成（乳幼児期を研究する社会性を帰属させる　子どもについての言説　模範

(models)と混乱(muddles) : 乳幼児期のジレンマ)　第2部 社会的発達と養育の構造(なじみのある仮定　愛の絆—愛着のジレンマ　父親の関与)　第3部 コミュニケーションの発達(言語を話す　育児の会話の言説　発達研究における言語と権力)　第4部 認知発達—合理性をつくる(Piaget, Vygotskyそして発達心理学　子ども中心の教育—移行と連続　道徳性と発達の目標)　〔06224〕

ハーマン, オレン　Harman, Oren Solomon

◇親切な進化生物学者—ジョージ・プライスと利他行動の対価 (The price of altruism)　オレン・ハーマン〔著〕, 垂水雄二訳　みすず書房　2011.12　514, 81p　20cm　〈索引あり〉4200円　①978-4-622-07666-7

内容 第1部(戦争か平和か　ニューヨーク　淘汰　放浪　友好的なヒトデと利己的なゲーム　奮戦　さまざまな解決策　容易な道はない)　第2部(ロンドン　「偶然の一致による」回心　「愛の」回心　清算　利他行動　最後の日々)　〔06225〕

バーマン, ハロルド・J.　Berman, Harold J.

◇法と革命　1　欧米の法制度とキリスト教の教養 (Law and revolution)　ハロルド・J.バーマン著, 宮島直機訳　八王子　中央大学出版部　2011.11　720p　21cm　(日本比較法研究所翻訳叢書 60)　〈文献あり　索引あり〉8800円　①978-4-8057-0361-8

内容 1 教皇革命と教会法(前史 : 部族法　教皇革命と近代的な法制度の登場　大学の登場と法学の誕生　欧米の法制度とキリスト教の教養　境界法 : 最初の近代法　教会法から派生した法律 : 家族法・相続法・財産法・契約法・訴訟法　教会と国王の対立 : ベケットvs.ヘンリ2世)　2 世俗法の登場(世俗法と教会法　封建法 : 領主と家臣の法　荘園法 : 領主と農民の法　商慣習法 : 商人の法　都市法　王国法(その1) : シチリア王国・イギリス王国・ノルマンディー侯国・フランス王国　王国法(その2) : ドイツ帝国・スペイン王国・フランドル伯領・ハンガリー王国・デンマーク王国　附論 マルクスとウエーバーについて)　〔06226〕

ハーマン, マイケル

◇インテリジェンスの20世紀　情報史から見た国際政治　中西輝政, 小谷賢編著　増補新装版　千倉書房　2012.2　329p　21cm　〈他言語標題 : The Century of Intelligence　文献あり〉3800円　①978-4-8051-0982-3

内容 冷戦におけるインテリジェンス(マイケル・ハーマン著, 山根元子訳)　〔06227〕

ハーマン, ロナ　Herman, Ronna

◇アセンションのためのワークブック—アーキエンジェル・マイケルからの贈り物　ロナ・ハーマン著, 大内博訳　太陽出版　2011.7　280p　21cm　2400円　①978-4-88469-703-7

内容 1 最新のテクニック・瞑想・確言(スピリチュアルな力づけのためのテクニック　瞑想1 5次元に光/力のピラミッドを創造する　瞑想2 無限のエイト(∞)の門にアクセスする　瞑想3 無限呼吸と倍数瞑想　瞑想4 高次元意識のクリスタルの7つの球体瞑想　瞑想5「神の力強きありてあるわれ」の確言とともに　瞑想6 紫色の炎、光の都市の瞑想とアセンションの光の柱　アーキエンジェル・マイケルの教えの要約—2009年5月のメッセージより　7つの太陽系チャクラ/光線と5つの高次な銀河系光線　瞑想7 聖心へのポータルを開く ほか)　2 最も重要な用語集　3 補足資料　〔06228〕

ハーマン, M.*　Herman, Magaretha G.Hartley

◇子どもの仲間関係—発達から援助へ (CHILDREN'S PEER RELATIONS)　J.B.クーパーシュミット,K.A.ダッジ編, 中沢潤監訳　京都　北大路書房　2013.12　299p　21cm　〈文献あり 索引あり〉3600円　①978-4-7628-2826-3

内容 研究と現実世界の出会い(Magaretha G.Hartley Herman,Donna-Marie C.Winn著, 荒木史代訳)　〔06229〕

ハミルトン, イアン　Hamilton, Ian

◇思ひ出の日露戦争　イアン・ハミルトン著, 松本泰訳　雄山閣　2011.11　349p　20cm　(日露戦争戦記文学シリーズ 3)　〈解題 : 前沢哲也　年表あり〉3000円　①978-4-639-02171-1

内容 日本の印象　新らしき知己　興味深い特徴　鴨緑江へ　鳳凰城　鴨緑江の陣地　最初の歓呼　摺鉢山を蹴る　支那将軍　藤井将軍は語る〔ほか〕　〔06230〕

ハミルトン, クライヴ

◇開発を問い直す—転換する世界と日本の国際協力　西川潤, 下村恭民, 高橋基樹, 野田真里編著　日本評論社　2011.11　327p　21cm　〈索引あり〉3600円　①978-4-535-55680-5

内容 開発と倫理(クライヴ・ハミルトン著, 西川潤, 島崎裕子訳)　〔06231〕

ハミルトン, ジョン

◇ハルハ河・ノモンハン戦争と国際関係　田中克彦, ボルジギン・フスレ編　三元社　2013.7　155p　21cm　1700円　①978-4-88303-346-1

内容 MAXIM LITVINOV〈1876-1951〉とノモンハン事件(ジョン・ハミルトン著, 坂田智恵子訳)　〔06232〕

ハミルトン, ミシェル・V.　Hamilton, Michele V.

◇ソーシャルワークと修復的正義—癒やしと回復をもたらす対話、調停、和解のための理論と実践 (Social Work and Restorative Justice)　エリザベス・ベック, ナンシー・P.クロフ, パメラ・ブラム・レオナルド編著, 林浩康監訳　明石書店　2012.11　486p　22cm　〈訳 : 大竹智ほか　索引あり〉6800円　①978-4-7503-3687-9

内容 ソーシャルワークと修復的正義—学校における実践への示唆(ミシェル・V.ハミルトン, リサ・ニトンー・ホープ著, 山下英三郎訳)　〔06233〕

ハミルトン＝ギアクリトシス, キャサリン　Hamilton-Giachritsis, Catherine

◇保健師・助産師による子ども虐待予防「CAREプログラム」—乳幼児と親のアセスメントに対する公衆衛生学的アプローチ (A COMMUNITY HEALTH APPROACH TO THE ASSESSMENT OF INFANTS AND THEIR PARENTS)　ケヴィン・ブラウン, ジョー・ダグラス, キャサリン・ハミルトン＝ギアクリトシス, ジーン・ヘガティ著, 上野昌江, 山田和子監訳

明石書店　2012.12　283p　21cm　〈文献あり 索引あり〉2800円　①978-4-7503-3733-3

内容 第1章 子どものケアと保護―公衆衛生学的アプローチ　第2章 ケア・プログラムの概観―生後最初の1年　第3章 ニーズの指標　第4章 子どもと親の情緒的発達　第5章 母子相互作用の観察　第6章 事例担当件数の管理　第7章 子どものための親支援の手引き　第8章 子ども保護　第9章 ケアパッケージを使用した事例の実例　第10章 CAREプログラムの評価　第11章 まとめ―保健師・助産師の家庭訪問における費用対効果　〔06234〕

ハム, セウン*　咸 世雄

◇東アジアのウフカジ―大風 徐勝先生退職記念文集　徐勝先生退職記念事業実行委員会(日本・韓国)編　京都　かもがわ出版　2011.2　278p　21cm　〈著作目録あり 年譜あり〉1800円　①978-4-7803-0418-3

内容 美しい宝、希望の源泉(咸世雄著, 高正子訳)　〔06235〕

ハムデン・ターナー, チャールズ　Hampden-Turner, Charles

◇異文化間のグローバル人材戦略―多様なグローバル人材の効果的マネジメント (MANAGING PEOPLE ACROSS CULTURES)　フォンス・トロンペナールス, チャールズ・ハムデン・ターナー, 古屋紀人著, 古屋紀人監訳, 木下瑞穂訳　白桃書房　2013.9　346p　22cm　〈文献あり〉3600円　①978-4-561-24609-1

内容 序章 人的資源管理(HRM)は、生まれ持った特性か、あるいは幅広い人間の素質の一部か　第1章 人的資源管理(HRM)と企業文化　第2章 募集、選考、そして評価　第3章 戦略的目標を達成するためにマネージャーを訓練する　第4章 人的資源管理はどのようにチームの問題解決力を促進できるか　第5章 学習組織を構築する―人事への挑戦　第6章 異文化間のリーダーシップ開発　第7章 個人的な診断からウェブベースのアセスメントまで　第8章 ジレンマを解決するためのステップ　第9章 評価センターの設立　第10章 異文化間のカルチャーショックの種類　第11章 多国籍な環境下における異文化マネジメントのケース・スタディー　〔06236〕

ハメル, ゲイリー　Hamel, Gary

◇経営は何をすべきか―生き残るための5つの課題 (WHAT MATTERS NOW)　ゲイリー・ハメル著, 有賀裕子訳　ダイヤモンド社　2013.2　392p　20cm　2200円　①978-4-478-01569-8

内容 第1部 いま理念が重要である(重要なものを優先する　危機の試練から学ぶ　農民の理念にふたたび光りを当てる　資本主義の危険な慢心から抜け出そう　高潔さを取り戻す)　第2部 いまイノベーションが重要である(イノベーションを守る　世界でひときわ偉大な革新的企業　偉大なデザインを生み出すイノベーション下手を巧者へ変える　アップルを解剖する)　第3部 いま適応力が重要である(変革の方法を改める　エントロピーの法則に逆らう　衰退を診断する　企業の失敗を嘆く　自社を時代後れにしない)　第4部 いま情熱が重要である(マネジメントの汚点をあぶり出す　組織よりも個人を優先する　情熱漲るコミュニティを築く　管理装置を逆回転させるフェイスブック世代のためにマネジメントを再発明する)　第5部 いまイデオロギーが重要である(マネジメントのイデオロギーに挑戦する　階層と無縁のマネジメント　マネジメントに伴う負担から逃れる組織のピラミッドを逆さまにする　さらなる高みを目指して)　〔06237〕

パーメンティア, ステファン

◇オルタナティブ・ジャスティス―新しい〈法と社会〉への批判的考察　石田慎一郎編　吹田　大阪大学出版会　2011.4　338p　21cm　〈著：石田慎一郎ほか〉3600円　①978-4-87259-368-6

内容 政治犯罪に修復的司法は可能か(ステファン・パーメンティア著, 石田慎一郎, 河村有教訳)　〔06238〕

ハーモン, クリストファー・C.

◇歴史と戦略の本質―歴史の英知に学ぶ軍事文化 下 (The past as prologue)　ウイリアムソン・マーレー, リチャード・ハート・シンレイチ編, 今村伸哉監訳, 小堤盾, 蔵原大訳　原書房　2011.3　250p　20cm　2400円　①978-4-562-04650-8

内容 歴史はテロリズムとその未来について何を提示するか(クリストファー・C.ハーモン著)　〔06239〕

パーモンティエ, ミヒャエル　Parmentier, Michael

◇ミュージアム・エデュケーション―感性と知性を拓く想起空間　ミヒャエル・パーモンティエ著, 真壁宏幹訳　慶応義塾大学出版会　2012.9　268, 18p　20cm　〈他言語標題：MUSEUMSPADAGOGIK　索引あり〉3800円　①978-4-7664-1967-2

内容 教育学から見たミュージアムの危機―誤解された目的　第1部 ミュージアムとは何か―その歴史的再構築(世界をもう一度―普遍的に再現するというミュージアムの要求はいつ始まり、いつ終わりを迎えたのか　コレクションの歴史と陶冶理念の誕生―近代ミュージアムの起源をもとめて　芸術とミュージアム―展示演出のジレンマ　ミュージアムと学校―いまだ軽視される関係の歴史)　第2部 ミュージアムの可能性―その理論的考察(モノで物語る―ミュージアムにおけるナラティヴの可能性と限界　モノの陶冶価値―あるいはミュージアムの可能性　アゴラ―ミュージアムの将来のために　「歴史は戯言」―歴史ミュージアムで年代順展示に替わる代案はあるのか?)　第3部 ひとつの試み―ヴァーチャル教育ミュージアム「デジタル世界図絵」(ヴァーチャル教育ミュージアム「デジタル世界図絵」構想　「デジタル世界図絵」の展示品選択基準と記述方針)　〔06240〕

ハモンド, アレン

◇BOPビジネス市場共創の戦略 (Next generation business strategies for the base of the pyramid)　スチュアート・L.ハート, テッド・ロンドン編著, 清川幸美訳　英治出版　2011.8　347p　20cm　2200円　①978-4-86276-111-8

内容 拡大可能な組織構成とは(アレン・ハモンド著)　〔06241〕

ハモンド, クラウディア

◇世界一素朴な質問、宇宙一美しい答え―世界の第一人者100人が100の質問に答える (BIG QUESTIONS FROM LITTLE PEOPLE)　ジェンマ・エルウィン・ハリス編, 西田美緒子訳, タイマタカシ絵　河出書房新社　2013.11　298p

22cm　2500円　①978-4-309-25292-6
内容 時間は、はやくすぎてほしいときには、なぜゆっくりすぎるの？(クラウディア・ハモンド)〔06242〕

ハモンド, ダレル　Hammond, Darell
◇カブーム！―100万人が熱狂したコミュニティ再生プロジェクト（KaBOOM！）　ダレル・ハモンド著, 関美和訳　英治出版　2012.8　395p　19cm　〈文献あり〉1900円　①978-4-86276-131-6
内容 守り合い、支え合う　ないものではなく、あるものに目を向ける　結果と同じくらいプロセスが大事　七歳児の笑顔　大問題　お決まりの仕事を、お決まりでないやり方で行う　壮大な夢　取引対変革　遊びの大切さ　火を起こすには、火花が一度散ればいい　遊び場が第一歩　さらなる拡大をめざして　イマジネーションとイノベーション　営利と非営利のあやふやな境目　カブームが闘う相手　最良が求められるとき、平均で満足してはいけない　〔06243〕

バーモント, ベッキー　Bermont, Becky
◇リーダーシップをデザインする―未来に向けて舵をとる方法（Redesigning Leadership）　ジョン・マエダ, ベッキー・バーモント著, 友重山桃訳　東洋経済新報社　2013.3　110p　20cm　1500円　①978-4-492-53322-2
内容 1 ここから始まる　2 クリエイティブとして　3 技術者として　4 教授として　5 人間として　6 ありがとう　〔06244〕

ハヤシダ, フランシス
◇インカ帝国―研究のフロンティア　島田泉, 篠田謙一編著　秦野　東海大学出版会　2012.3　428p　27cm　(国立科学博物館叢書 12)〈索引あり〉3500円　①978-4-486-01929-9
内容 インカ支配の物質的記録を読む(フランシス・ハヤシダ, ナタリア・グスマン著, 渡部森哉, 市木尚俊訳)〔06245〕

バヤル, L.
◇ハルハ河・ノモンハン戦争と国際関係　田中克彦, ボルジギン・フスレ編　三元社　2013.7　155p　21cm　1700円　①978-4-88303-346-1
内容 モンゴル国防中央文書館に保管されているハルハ河戦争史関連地図の研究利用(L.バヤル,J.ガントルガ著, 三矢緑訳)〔06246〕

パヨット, ジュンフェ・ギリグ
◇フィリピンと日本の戦後関係―歴史認識・文化交流・国際結婚（The past, love, money and much more）　リディア・N.ユー・ホセ編著, 佐竹真明, 小川玲子, 堀芳枝訳　明石書店　2011.12　310p　20cm　(明石ライブラリー 148)〈年表あり〉2800円　①978-4-7503-3506-3
内容 日比関係における日本のNGOの役割(ジュンフェ・ギリグ・パヨット著)〔06247〕

バヨール, フランク　Bajohr, Frank
◇ホロコーストを知らなかったという嘘―ドイツ市民はどこまで知っていたのか（Der Holocaust als offenes Geheimnis）　フランク・バヨール, ディータァ・ポール著, 中村浩平, 中村仁訳　現代書館　2011.4　213p　20cm　2200円　①978-4-7684-6984-2
内容 第1部 反ユダヤ的コンセンサスから良心のやましさへ―ドイツ社会とユダヤ人迫害一九三三年‐一九四五年(一九三三年以降のユダヤ人迫害―社会的態度の四つの要因　「…原則的に承認された」。反ユダヤ的コンセンサスと「全国水晶の夜」　ドイツ系ユダヤ人の強制移送とコンセンサスの限界　ホロコーストを知ること　一九四三年の戦況転換後―処罰の恐れと良心のやましさ　総括と展望―良心のやましさから責任回避と相殺へ)　第2部 ナチ政権とその犯罪の国際的周知(隠れ蓑としての戦争　ソ連邦での犯罪行為に関する最初のニュース　一九四二年のドイツ軍勝利の兆しの中での全面的大量殺人　スターリングラード後の反応　処罰による連合国の圧力　ハンガリーのユダヤ人の生命をめぐる戦い　最初の強制収容所の解放　戦後時代への伝説　総括―ナチ指導部と連合国)〔06248〕

バーラウド, A.*　Burlaud, Alain
◇大震災後に考えるリスク管理とディスクロージャー　柴健次, 太田三郎, 本間基照編著　同文舘出版　2013.3　253p　22cm　〈表紙のタイトル：Risk Management and Disclosure〉2500円　①978-4-495-19851-0
内容 破壊的リスクに対する管理可能性(Alain Burlaud執筆, 杉村卓哉, 古岡正道訳)〔06249〕

バラクロウ, ジェフリー　Barraclough, Geoffrey
◇中世教皇史（The medieval papacy）　G.バラクロウ著, 藤崎衛訳　八坂書房　2012.3　339, 34p　22cm　〈索引あり　文献あり〉3800円　①978-4-89694-991-9
内容 第1章 始まり(ローマ司教　ローマ帝国下の教皇権　教皇権の解放)　第2章 中世教皇権の勃興(教皇権とフランク人　西欧人とローマ　皇帝権と教皇権)　第3章 改革の時代(改革運動の始まり　グレゴリウス七世と叙任権闘争　教皇政府の発展　十二世紀の教皇たち)　第4章 教皇君主制(中世教皇権の危機　教皇の「バビロン捕囚」　大シスマ(教会大分裂))　第5章 新時代の幕開け〔06250〕

ハラジ, メディ
◇世界は考える　野中邦子訳　土曜社　2013.3　189p　19cm　(プロジェクトシンジケート叢書 2)〈文献あり〉1900円　①978-4-9905587-7-2
内容 エジプトとイランの緊張緩和(メディ・ハラジ著)〔06251〕

バラシオテス, S.*　Ballasiotes, Sthephanie
◇動機づけ面接法　応用編（Motivational interviewing (2nd edition)）　ウイリアム・R.ミラー, ステファン・ロルニック編, 松島義博, 後藤恵, 猪野亜朗訳　星和書店　2012.9　291p　21cm　〈文献あり〉3200円　①978-4-7911-0817-6
内容 主題の変奏曲―動機づけ面接法とその改作版(Stephen Rollnick, Jeff Allison, Sthephanie Ballasiotes, Tom Barth, Christopher C.Butler, Gary S.Rose, David B.Rosengren)〔06252〕

バラーズリー, A.　Balādhurī, Aḥmad ibn Yaḥyá
◇諸国征服史　1（Kitāb Futūḥ al-Buldān (抄訳)）　バラーズリー著, 花田宇秋訳　岩波書店　2012.4

ハ

515p　22cm　（イスラーム原典叢書）〈布装〉9200円　①978-4-00-028415-8
内容 第1部 アラビア半島（メディナへの入来と預言者モスク　ユダヤ教徒との対決　メッカ征服とアラビア半島西部の征服　アラビア半島東部の征服　アラブの棄教とアブー・バクルによるアラビア半島の統一）　第2部 シリア・パレスティナ・キプロス（シリアの征服　キプロス　シリアの境域と異民族）　第3部 ジャジーラ・アルメニア（ジャジーラの征服　ギリシア語公文書のアラビア語への改変　アルメニアの征服）　〔06253〕

◇諸国征服史　2（Kitāb Futūḥ al-Buldān（抄訳））　バラーズリー著, 花田宇秋訳　岩波書店　2013.1　481p　22cm　（イスラーム原典叢書）〈布装〉9200円　①978-4-00-028416-5
内容 第4部 北アフリカと地中海域（エジプトとマグリブの征服　アンダルスと地中海の島々の征服　ヌビアの征服　カラーティースのこと）　第5部 ササン朝の滅亡（下イラクの征服　クーファの建設と平安の都　ペルシア語公文書のアラビア語への改変　ササン朝の滅亡）　第6部 エルブルス山脈周辺地域の征服（エルブルス山脈周辺とアゼルバイジャンの征服）　第7部 バスラの建設からアフガニスタンへ（ティグリス川流域の征服　アサーウィラとズット　東方への発展）　〔06254〕

バラット, キャロライン・C.
◇ラーニング・コモンズ―大学図書館の新しいかたち　加藤信哉, 小山憲司編訳　勁草書房　2012.7　290p　22cm　〈他言語標題：LEARNING COMMONS　索引あり〉3900円　①978-4-326-00037-1
内容 ラーニング・コモンズに共通するものは何か？　この変化する環境でレファレンス・デスクを見ると（ティム・ダニエルズ, キャロライン・C.バラット執筆, 加藤信哉, 小山憲司訳）　〔06255〕

パラディーノ, ルーシー・ジョー　Palladino, Lucy Jo
◇最強の集中術（Find your focus zone）　ルーシー・ジョー・パラディーノ著, 森田由美訳　新装版　エクスナレッジ　2011.3　252p　19cm　1200円　①978-4-7678-1115-4
内容 第1部 集中ゾーンを知る（集中ゾーンとは何か？　3つの行動パターン）　第2部 集中ゾーンへの8つの鍵（まずは自分を知る　気分転換のスゴ技　先延ばし撃退法　不安を打ち負かす　緊張をコントロール　やる気を奮い起こす頭の使い方　段取りを整える　生活習慣から意識する）　〔06256〕

バラート, クラーク　Barath, Klara
◇幸せを引き寄せる新解・数秘術―預言者・バラート・クラーラ　クラーク・バラート著, アイプロップス監修　笠倉出版社　2012.4　208p　19cm　1500円　①978-4-7730-8566-2
内容 火の章（陽気でエネルギッシュなリーダータイプ　人々に活力を与える温かな太陽 ほか）　地の章（逆境に強いタフネスな完璧主義者　従順で優しく献身的な真面目人間 ほか）　風の章（みんなの注目を集める風変わりな切れ者　周囲に話題と笑いを振りまく洒落者 ほか）　水の章（感性豊かな博愛主義者　情にもろく感受性の強い気配り人間 ほか）　〔06257〕

バラトン, アラン　Baraton, Alain
◇ヴェルサイユの女たち―愛と欲望の歴史（L'AMOUR A VERSAILLES）　アラン・バラトン著, 園山千晶, 土居佳代子, 村田聖子訳　原書房　2013.3　248p　20cm　2400円　①978-4-562-04906-6
内容 控えの間　陰気な沼地ヴェルサイユ　ルイ十三世の不器用な愛　ルイ十四世の冷厳な母アンヌ・ドートリッシュ　扇とついたてと秘密の愛　憂い顔のラ・ヴァリエール夫人　パリからヴェルサイユへ　もう森へなんか行かない　モンテスパン夫人の庭　信心家の猫かぶりマントノン侯爵夫人　迷宮のような私的空間　最愛の王ルイ十五世　平民愛妾ポンパドゥール夫人　ポンパドゥール夫人の衣装ケース　ルイ十五世と「鹿の園」　後釜争い　デュ・バリー夫人の放蕩　梅毒と痘瘡　追いつめられるマリー・アントワネット　アントワネットの秘められた愛、そして死　庭園では今も…　〔06258〕

バラバシ, アルバート＝ラズロ　Barabási, Albert-László
◇バースト！―人間行動を支配するパターン（BURSTS）　アルバート＝ラズロ・バラバシ著, 青木薫監訳, 塩原通緒訳　NHK出版　2012.7　412, 26p　20cm　2800円　①978-4-14-081554-0
内容 業界一のボディガード　新教皇誕生　ランダム運動の謎　ベオグラードの決闘　未来はまだ検索できない　おぞましい予言　予測なのか予言なのか　十字軍結成　罪と罰―人間行動がランダムなら　不測の大虐殺〔ほか〕　〔06259〕

バーラミ, ホーマ
◇ストーリーで学ぶ経営の真髄（Learn like a leader）　マーシャル・ゴールドスミス, ビバリー・ケイ, ケン・シェルトン編, 和泉裕子, 井上実訳　徳間書店　2011.2　311p　19cm　1600円　①978-4-19-863118-5
内容 学びのパートナーシップをつちかう（ホーマ・バーラミ著）　〔06260〕

バラル・イ・アルテ, グザヴィエ　Barral i Altet, Xavier
◇サンティアゴ・デ・コンポステーラと巡礼の道（Compostelle）　グザヴィエ・バラル・イ・アルテ著, 杉崎泰一郎監修, 遠藤ゆかり訳　大阪　創元社　2013.5　158p　18cm　（「知の再発見」双書 159）〈文献あり 年表あり 索引あり〉1600円　①978-4-422-21219-7
内容 第1章「ムーア人殺し」の聖ヤコブ　第2章 中世の巡礼　第3章 サンティアゴ・デ・コンポステーラの巡礼路　第4章 ロマネスク美術の栄光をたたえて　第5章 サンティアゴ・デ・コンポステーラへの到着　資料篇―聖ヤコブと巡礼者たち（聖ヤコブの肖像　巡礼者たち　全ヨーロッパでの評判　旅の手帳）　〔06261〕

バラルディ, クラウディオ　Baraldi, Claudio
◇GLU―ニクラス・ルーマン社会システム理論用語集（GLU）　クラウディオ・バラルディ, ジャンカルロ・コルシ, エレーナ・エスポジト著, 土方透, 庄司信, 毛利康俊訳　国文社　2013.3　344p　20cm　〈著作目録あり〉3500円　①978-4-7720-0533-3　〔06262〕

パラン, フランソワーズ

◇都市空間の解剖　二宮宏之, 樺山紘一, 福井憲彦責任編集　藤原書店　2011.2　274p　21cm（叢書・歴史を拓く—『アナール』論文選〈新版〉4）〈コメント：小木新造　解説：福井憲彦　文献あり〉3600円　①978-4-89434-785-4

内容 パリの読書クラブ（フランソワーズ・パラン著, 山田登世子訳）〔06263〕

バラン, ホルヘ　Balán, Jorge

◇新興国家の世界水準大学戦略—世界水準をめざすアジア・中南米と日本（World-Class Worldwide）フィリップ・G.アルトバック, ホルヘ・バラン編, 米沢彰純監訳　東信堂　2013.5　386p　22cm〈索引あり〉4800円　①978-4-7989-0134-3

内容 アジアとラテン・アメリカにおける高等教育政策と研究大学（ホルヘ・バラン執筆, 米沢彰純訳）〔06264〕

パラン, ロナン　Palan, Ronen

◇タックスヘイブン—徹底解明 グローバル経済の見えざる中心のメカニズムと実態（TAX HAVENS）ロナン・パラン, リチャード・マーフィー, クリスチアン・シャヴァニュー著, 青柳伸子訳　作品社　2013.9　438p　20cm〈文献あり〉2800円　①978-4-86182-416-6

内容 第1部 タックスヘイブンの機能と役割（タックスヘイブンとは何か？　世界経済に及ぼしている影響—その統計的実態　タックスヘイブンのメカニズム—媒介機関とシステム）　第2部 タックスヘイブンの起源と発展（タックスヘイブンの起源　大英帝国によるタックスヘイブンの発展）　第3部 国際政治におけるタックスヘイブン（先進国世界とタックスヘイブン　途上国の開発とタックスヘイブン）　第4部 タックスヘイブンの規制と攻防（タックスヘイブン規制の歴史的経緯　国際的・組織的規制の開始　二一世紀世界とタックスヘイブン　グローバル経済における富と権力を問い直す）〔06265〕

バランジェ, ドゥニ

◇フランス憲政学の動向—法と政治の間 Jus Politicum　山元一, 只野雅人編訳　慶応義塾大学出版会　2013.8　313p　22cm　7000円　①978-4-7664-2063-0

内容 憲法の罠（ドゥニ・バランジェ著, 奥村公輔訳）〔06266〕

バランタイン, J.H.　Ballantine, Jeanne H.

◇教育社会学　現代教育のシステム分析（The sociology of education (6th ed.)）J.H.バランタイン,F.M.ハマック著, 牧野暢男, 天童睦子監訳　東洋館出版社　2011.10　698p　22cm〈文献あり 索引あり〉6500円　①978-4-491-02728-9

内容 教育の社会学—学校を理解するためのユニークな視点　教育の機能とプロセスをめぐる葛藤—何がシステムを作動させるのか　教育と成層化の過程　人種、階級、ジェンダー—教育機会の平等を達成するために　組織としての学校　公式の学校の地位と役割—「そのあるべき姿」　生徒—学校の中核　非公式のシステムと「隠れたカリキュラム」—実際に学校で何が起きているのか　教育システムと環境：共生の関係　高等教育システム　世界の教育システム：国際比較の視点　世界の教育システム：イギリス、中国、ポスト植民地のアフリカの事例　教育運動と教育改革〔06267〕

バリ, カトリーヌ　Barry, Catherine

◇ダライ・ラマ珠玉のことば108—心の平安を得るための仏教の知恵（108 perles de sagesse du Dalaï-Lama pour parvenir à la sérénité）ダライ・ラマ〔述〕, カトリーヌ・バリ編, 前沢敬訳, 福田洋一監修　武田ランダムハウスジャパン　2012.1　175p　19cm　1200円　①978-4-270-00636-8〔06268〕

バリー, テレサ

◇ビジュアル1001の出来事でわかる世界史（1000 events that shaped the world）ダン・オトゥール, エリザベス・タウナー, ミシェル・R.ハリス, ジュリー・シーダーボルグ, パトリシア・ダニエルズ, スティーブン・G.ヒスロップ, テレサ・バリー, 桶谷仁志著　日経ナショナルジオグラフィック社　2012.2　419p　23cm〈訳：倉田真木ほか　索引あり　文献あり　『ビジュアル歴史を変えた1000の出来事』(2009年刊)の加筆・再編集、改題　発売：日経BPマーケティング〉3800円　①978-4-86313-161-3

内容 第1章 古代—先史時代～紀元400年　第2章 中世400年～1500年　第3章 発見の時代—1500年～1700年　第4章 革命の時代—1700年～1850年　第5章 帝国主義の時代—1850年～1913年　第6章 世界大戦の時代—1914年～1945年　第7章 現代—1946年～現在〔06269〕

バーリー, ニナ　Burleigh, Nina

◇ナポレオンのエジプト—東方遠征に同行した科学者たちが遺したもの（Mirage）ニナ・バーリー著, 竹内和世訳　白揚社　2011.7　365p　20cm〈文献あり〉2800円　①978-4-8269-0162-8

内容 将軍　幾何学者と化学者　発明家　学士院　エンジニア　医者　数学者　画家　博物学者　動物学者　石　本〔06270〕

バリー, パメラ・J.　Burry, Pamela J.

◇「グロリアと三人のセラピスト」とともに生きて—娘による追想（LIVING WITH 'THE GLORIA FILMS'）パメラ・J.バリー著, 末武康弘監修, 青葉里知子, 堀尾直美共訳　コスモス・ライブラリー　2013.9　281p　19cm〈索引あり　発売：星雲社〉1800円　①978-4-434-18326-3

内容 第1章 教会と「セックスの本」—よい少女‐悪い少女　第2章 リッツ・クラッカーと脚—ケネディ死去　第3章 「あなたにはセラピーが必要よ」—あの映画　第4章 『三人のセラピスト』—「やつらを訴えろ！」　第5章 『グロリアの映画』を乗り越えて—エサレンでのフリッツ　第6章 ふたりの父親—旅　第7章 「『待って！』と伝えて」—スキップ　第8章 カール・ロジャーズを捜して—お米の上にひざまずく　第9章 ジョン・シュリーンと私の出会い—禅の修行　第10章 グロリアの死—「これはあなたの仕事よ」　エピローグ 「見たことは半分だけ信じて、聞いたことは無視せよ」〔06271〕

ハ

ハ

バリー, ブルース　Barry, Bruce

◇交渉力最強のバイブル—人間力で成功するベストプラクティス（Essentials of negotiation）　ロイ・J.レビスキー, ブルース・バリー, デイビッド・M.サンダース著, 高杉尚孝監訳, 小西紀嗣訳　マグロウヒル・エデュケーション　2011.10　459, 4, 33p　19cm　〈文献あり 索引あり　発売：日本経済新聞出版社〉2200円　①978-4-532-60514-8

内容 第1章 交渉の本質　第2章 分配型交渉の戦略と戦術　第3章 統合型交渉の戦略と戦術　第4章 交渉戦略と交渉プラン　第5章 知覚、認知、感情　第6章 コミュニケーション　第7章 交渉力を身につける　第8章 交渉と倫理　第9章 交渉を成功に導く10のベストプラクティス　〔06272〕

バリエール, イングリッド　Vallieres, Ingrid

◇解決のできない問題はぜんぶ前世にきいてみよう（Reincarnation therapy）　イングリッド・バリエール著, グリーン裕美訳　徳間書店　2011.2　365p　15cm　（5次元文庫 099）　762円　①978-4-19-906109-7

内容 第1章 前世セラピーが人類への救いとなる理由—前世からの葛藤から解放されるとき　第2章 前世セラピーの意味と目的—閉じ込められていた苦痛は前世にある　第3章 胎児が受けるトラウマ—どのように生まれたかが、後の人生に大きく影響する！　第4章 死とカルマ—学びが終わるまで、何度でも転生を繰り返す魂のわけ　第5章 輪廻転生と精神療法—長いこと忘れ去られていたトラウマ、罪の意識を閉じ込めていた領域へのチャンネルを開く　第6章 前世セラピーの実践方法—魂を浄化して運命を自分の味方にする　第7章 人生における危機とその現れ方—体に繰り返し起こることすべてはあなたへのメッセージ　第8章 前世セラピーで扱う問題—怒りのもとには失敗があり、失敗のもとには恐怖と臆病がある！　第9章 輪廻転生と魂—私たちのカルマも死後にはっきりします　第10章 ケーススタディー—人生における問題の背景にはカルマの法則があります　第11章 自分自身の問題を分析する　〔06273〕

バリエンテ, ティト・ヘノバ

◇フィリピンと日本の戦後関係—歴史認識・文化交流・国際結婚（The past, love, money and much more）　リディア・N.ユー・ホセ編著, 佐竹真明, 小川玲子, 堀芳枝訳　明石書店　2011.12　310p　20cm　（明石ライブラリー 148）　〈年表あり〉　2800円　①978-4-7503-3506-3

内容 フィリピンの映画空間における日本人（ティト・ヘノバ・バリエンテ著）　〔06274〕

ハリス, ジェンマ・エルウィン　Harris, Gemma Elwin

◇世界一素朴な質問、宇宙一美しい答え—世界の第一人者100人が100の質問に答える（BIG QUESTIONS FROM LITTLE PEOPLE）　ジェンマ・エルウィン・ハリス編, 西田美緒子訳, タイマタカシ絵　河出書房新社　2013.11　298p　22cm　2500円　①978-4-309-25292-6

内容 まだだれも見たことのない動物が、どこかにいるの？—デヴィッド・アッテンボロー卿（動物学者、植物学者）　ミミズを食べても大丈夫？—ベア・グリルス（冒険家、サバイバルの達人）　原子ってなあに？—マーカス・チャウン（宇宙の本の著者）　どうしていつも大人の言うことをきかなくちゃいけないの？—ミランダ・ハート（コメディアン）　血はなぜ赤いの？ どうして青くないの？—クリスチャン・ジェッセン博士（医師）　夢はどんなふうに生まれるの？—アラン・ド・ボトン（哲学者）　世界を歩いて一周するには、どれくらい時間がかかる？—ロージー・スウェイル＝ポープ（走って世界一周した女性冒険家）　どうして音楽があるの？—ジャーヴィス・コッカー（ミュージシャン）　エイリアンはいるの？—セス・ショスタク博士（天文学者）　風はどこからくるの？—アントニー・ウッドワードとロバート・ペン（作家）〔ほか〕　〔06275〕

ハリス, ジェーン・G.　Harris, Jeanne G.

◇分析力を駆使する企業—発展の五段階 分析で答を出す六つの問題（Analytics at work）　トーマス・H.ダベンポート, ジェーン・G.ハリス, ロバート・モリソン著, 村井章子訳　日経BP社　2011.5　326p　20cm　〈発売：日経BPマーケティング〉2200円　①978-4-8222-8433-6

内容 分析力を生かす　第1部 分析力を支える五つの要素—DELTA（データ—これがなければ始まらない　エンタープライズ—サイロ化を打破する　リーダーシップ—DELTAのカギはここにある　ターゲット—分析のツボを探せ　アナリスト—希少で貴重なリソースを賢く使う）　第2部 分析力を組織力として維持する三つの秘訣（分析を業務プロセスに組み込む　分析文化を根付かせる　分析環境を継続的に見直す　分析力開発途上企業が直面する四つの課題　分析の究極の目的はよい意思決定である）　〔06276〕

ハリス, ジョナサン　Harris, Jonathan

◇ビザンツ帝国の最期（THE END OF BYZANTIUM）　ジョナサン・ハリス著, 井上浩一訳　白水社　2013.3　301, 51p　20cm　〈文献あり 索引あり〉3800円　①978-4-560-08269-0

内容 第1章 コンスタンティノープルの秋　第2章 幻影の帝国　第3章 策を弄する　第4章 断崖に向かって　第5章 獅子の尾をよじる　第6章 公会議と十字軍　第7章 ムラトからメフメトへ　第8章 復讐の女神　第9章 波止場にて　第10章 東か西か　〔06277〕

ハリス, チャウンシー・D.

◇都市社会学セレクション　2　都市空間と都市コミュニティ　森岡清志編　日本評論社　2012.8　268p　22cm　〈文献あり〉3800円　①978-4-535-58593-5

内容 都市の性質（チャウンシー・D.ハリス, エドワード・L.ウルマン著, 原田謙訳）　〔06278〕

ハリス, ビル　Harris, Bill

◇賢者の言葉　ショーン・スティーブンソン, トニー・シェイ, ビル・ハリス, エブン・ペーガン, F.W.デクラーク, ダライ・ラマ法王14世著, 宇敷珠美監訳, ビッグピクチャーズ監修　ダイヤモンド社　2011.10　323p　19cm　〈他言語標題：The words of a wise man〉1500円　①978-4-478-01705-0

内容 1 ショーン・スティーブンソン—身長90cm車いすのモチベーター　2 トニー・シェイ—ザッポスCEO　3 ビル・ハリス—『ザ・シークレット』出演者、世界的セラピスト　4 エブン・ペーガン—最速で10億円ビジネスを作り上げる起業家　5 F.W.デクラーク—

元・南アフリカ大統領、ノーベル平和賞受賞　6 ダライ・ラマ法王14世―チベット仏教最高指導者、ノーベル平和賞受賞〔06279〕

ハリス, ポール　Harris, Paul Percy

◇ロータリーへの道（My road to rotary）　ポール・ハリス著, 柴田実訳　3訂版　成田　国際ロータリー第2790地区成田ロータリー・クラブ　2011.1　372p　22cm〈年譜あり〉〔06280〕

ハリス, ミシェル・R.　Harris, Michelle R.

◇ビジュアル1001の出来事でわかる世界史（1000 events that shaped the world）　ダン・オトゥール, エリザベス・タウナー, ミシェル・R.ハリス, ジュリー・シーダーボルグ, パトリシア・ダニエルズ, スティーブン・G.ヒスロップ, テレサ・バリー, 桶谷仁志著　日経ナショナルジオグラフィック社　2012.2　419p　23cm〈訳：倉田真木ほか　索引あり　文献あり　『ビジュアル歴史を変えた1000の出来事』(2009年刊)の加筆・再編集、改題　発売：日経BPマーケティング〉3800円　①978-4-86313-161-3

内容 第1章 古代　先史時代‐紀元400年　第2章 中世―400年～1500年　第3章 発見の時代―1500年～1700年　第4章 革命の時代―1700年～1850年　第5章 帝国主義の時代―1850年～1913年　第6章 世界大戦の時代―1914年～1945年　第7章 現代―1946年～現在〔06281〕

ハリス, ラス　Harris, Russ

◇よくわかるACT〈アクセプタンス＆コミットメント・セラピー〉―明日からつかえるACT入門（ACT Made Simple）　ラス・ハリス著, 武藤崇監訳, 武藤崇, 岩渕デボラ, 本多篤, 寺田久美子, 川島寛子訳　星和書店　2012.9　433p　21cm〈文献あり 索引あり〉2900円　①978-4-7911-0819-0〔06282〕

ハリス, ロン　Harris, Ron

◇近代イギリスと会社法の発展―産業革命期の株式会社1720-1844年（Industrializing English law）　ロン・ハリス著, 川分圭子訳　南窓社　2013.10　377p　22cm〈文献あり〉5000円　①978-4-8165-0414-3

内容 第1章 法的構造　第2章 1720年以前の株式会社法人　第3章 バブル法とその可決、その効果　第4章 2種類の異なった組織発展の経路―輸送と保険　第5章 法人ジョイント・ストック・カンパニ　第6章 トラスト・パートナーシップ・非法人会社　第7章 株式共同資本の企業組織の成長　第8章 実業界の態度　第9章 法廷におけるジョイント・ストック・カンパニ　第10章 議会におけるジョイント・ストック・カンパニ〔06283〕

ハリス, J.*　Harris, Josette G.

◇WISC-IVの臨床的利用と解釈（WISC-IV clinical use and interpretation）　アウレリオ・プリフィテラ, ドナルド・H.サクロフスキー, ローレンス・G.ワイス編, 上野一彦監訳, 上野一彦, バーンズ亀山静子訳　日本文化科学社　2012.5　507p　22cm〈文献あり〉①978-4-8210-6366-6

内容 WISC-IVの使用における文化的配慮（Josette G.Harris, Antolin M.Llorente著, 上野一彦訳）〔06284〕

ハリス, J.ポール

◇歴史と戦略の本質―歴史の英知に学ぶ軍事文化 下（The past as prologue）　ウイリアムソン・マーレー, リチャード・ハート・シンレイチ編, 今村伸哉監訳, 小堤盾, 蔵原大訳　原書房　2011.3　250p　20cm　2400円　①978-4-562-04650-8

内容 技術革新と即応体制への障害（J.ポール・ハリス著）〔06285〕

ハリス, M.ケイ　Harris, M.Key

◇ソーシャルワークと修復的正義―癒やしと回復をもたらす対話、調停、和解のための理論と実践（Social Work and Restorative Justice）　エリザベス・ベック, ナンシー・P.クロフ, パメラ・ブラム・レオナルド編著, 林浩康監訳　明石書店　2012.11　486p　22cm〈訳：大竹智ほか　索引あり〉6800円　①978-4-7503-3687-9

内容 刑務所における修復的正義（M.ケイ・ハリス, バーブ・トウズ著, 山下英三郎訳）〔06286〕

ハリスン, ジグバルト・J.

◇日本企業のイノベーション・マネジメント（Manegment of Technology and Innovation in Japan）　コルネリウス・ヘルシュタット, クリストフ・シュトゥックシュトルム, ヒューゴ・チルキー, 長平彰夫編著, 長平彰夫監訳, 松井憲一, 名取隆, 高橋修訳　同友館　2013.6　433p　22cm〈執筆：マリアン・バイゼほか　索引あり〉3800円　①978-4-496-04912-5

内容 日本のイノベーションマネジメントにおけるKnow-Who基盤モデル（ジグバルト・J.ハリスン著）〔06287〕

ハリソン, エレイン　Harrison, Elaine

◇今日は、人生を変える日。（TODAY IS THE DAY YOU CHANGE YOUR LIFE）　エレイン・ハリソン著, 小林博子, 和泉裕子訳　阪急コミュニケーションズ　2012.6　277p　19cm　1500円　①978-4-484-12114-7

内容 今日は、現状を認識する日　今日は、いらないものを把握する日　今日は、本当に望むものを明確にする日　今日は、あらゆる人間関係がよくなりはじめる日　今日は、仕事を自分のためにうまく役立てる日　今日は、目標を定めて計画を立てる日　今日は、意識に手助けをしてもらう日　今日は、ちょっとしたことに意識を向ける日（そうすると大きな変化が起きる）　今日は、誰の言葉に耳を傾けるかを選択する日　今日は、過去を捨て去る日　今日は、成功への鍵を見つける日　今日は、まったく新しい人生の初日〔06288〕

ハリソン, トッド　Harrison, Todd A.

◇ウォールストリート―強欲こそが、正義か!?（The other side of Wall Street）　トッド・ハリソン著, 酒井泰介訳　朝日新聞出版　2011.12　218p　20cm　1700円　①978-4-02-331023-0

内容 無邪気な時代　ベーグル・ボーイ　アニマルハウス　事始め　戦記　将軍と紳士　所場替え　再出発　戦線　苦い現実　時代の兆候　論争　裏切り　崩壊　創生　臨機　どん底　不死鳥　旅立ち〔06289〕

ハ

ハリソン, トマス　Harrison, Thomas

◇世界の古代帝国歴史図鑑―大国の覇権と人々の暮らし（The great empires of the ancient world）　トマス・ハリソン編, 藤井留美訳, 本村凌二日本語版監修　柊風舎　2011.10　287p　28cm　〈索引あり　文献あり〉13000円　①978-4-903530-53-6

内容 第1章 エジプト新王国―前1539～1069年　第2章 ヒッタイト帝国―前1650～1200年　第3章 アッシリア帝国とバビロニア帝国―前900～539年　第4章 アケメネス朝ペルシア―前550～330年　第5章 都市国家アテナイ―前478～404年、前378～338年　第6章 アレクサンドロスおよびその後継者たちの帝国―前338～60年　第7章 パルティアと初期ササン朝帝国―前247頃～紀元300年　第8章 ローマ帝国―前27～紀元476年　第9章 南アジアの古代帝国―前323～紀元500年　第10章 中国の古代帝国―前221～紀元220年〔06290〕

ハリソン, ポール

◇シリーズ大乗仏教　5　仏と浄土―大乗仏典 2　高崎直道監修, 桂紹隆, 斎藤明, 下田正弘, 末木文美士編　春秋社　2013.10　300p　22cm　〈文献あり〉3200円　①978-4-393-10165-0

内容 浄土に生まれる女たち（ポール・ハリソン著, 八尾史訳）〔06291〕

ハリソン, P.*　Harrison, Patti

◇WISC-IVの臨床的利用と解釈（WISC-IV clinical use and interpretation）　アウレリオ・プリフィテラ, ドナルド・H.サクロフスキー, ローレンス・G.ワイス編, 上野一彦監訳, 上野一彦, バーンズ亀山静子訳　日本文化科学社　2012.5　592p　22cm　〈文献あり〉①978-4-8210-6366-6

内容 知的障害のアセスメント（Jean Spruill, Thomas Oakland, Patti Harrison著, 上野一彦訳）〔06292〕

バリバール, エティエンヌ　Balibar, Étienne

◇スピノザと政治（Spinoza et la politique）　エティエンヌ・バリバール著, 水嶋一憲訳　水声社　2011.3　278p　22cm　（叢書言語の政治 17）〈文献あり 年譜あり〉4000円　①978-4-89176-802-7

内容 第1章 スピノザの党派　第2章『神学・政治論』―民主制のマニフェスト　第3章『政治論』―国家の科学　第4章『エティカ』―政治的人間学　第5章 政治とコミュニケーション　補論 政治的なるもの、政治―ルソーからマルクスへ、マルクスからスピノザへ〔06293〕

◇デリダ―政治的なものの時代へ（Derrida and the time of the political）　フェン・チャー, スザンヌ・ゲルラク編, 藤本一勇, 沢里岳史編訳　岩波書店　2012.1　296p　20cm　3900円　①978-4-00-024038-3

内容 終末論対目的論（エティエンヌ・バリバール著）〔06294〕

◇レイシズム・スタディーズ序説　鵜飼哲, 酒井直樹, テッサ・モーリス＝スズキ, 李孝徳著　以文社　2012.10　314p　20cm　2800円　①978-4-7531-0304-1

内容 レイシズムの構築（エティエンヌ・バリバール著, 佐藤嘉幸訳）〔06295〕

パリュ, ジャン・ポール　Pallud, Jean-Paul

◇西方電撃戦―フランス侵攻1940（BLITZKRIEG IN THE WEST THEN AND NOW）　ジャン・ポール・パリュ著, 宮永忠将, 三貴雅智訳　大日本絵画　2013.4　615p　31cm　12000円　①978-4-499-23108-4

内容 第1章 戦火ふたたび（かりそめの平和　連合国とポーランド ほか）　第2章 作戦名 ： 黄色（作戦暗号「ダンチヒ」発令　ブランデンブルク部隊の作戦 ほか）　第3章 突破（ドイツ第15軍団とフランス第9軍 クライスト集団とフランス第2軍 ほか）　第4章 作戦名 ： 赤色（二つの選択肢　ドイツ第4軍 ： ソンム川からセーヌ川にかけて ほか）　第5章 フランス敗北（切り札を失ったレイノー　要塞を巡る戦い ほか）〔06296〕

バリント, イーニド　Balint, Enid

◇母子臨床の精神力動―精神分析・発達心理学から子育て支援へ（Parent-infant psychodynamics）　ジョーン・ラファエル‐レフ編, 木部則雄監訳, 長沼佐代子, 長尾牧子, 坂井直子, 金沢聡子訳　岩崎学術出版社　2011.11　368p　22cm　〈索引あり〉6600円　①978-4-7533-1032-6

内容 無意識によるコミュニケーション（イーニド・バリント著, 長沼佐代子訳）〔06297〕

パール, エリック　Pearl, Eric

◇ザ・ゲート―あなたのなかにすべてを癒す力がある（THE RECONNECTION）　エリック・パール著, 本田健訳　KADOKAWA　2013.10　275p　19cm　1400円　①978-4-04-110585-6

内容 第1部 天からの贈り物―エリック・パール、目覚める（奇跡　あの世から現世へ　無邪気な子供時代　カイロプラクティックの道へ　新たな扉を開き、明かりをつける　交信　内なる力へ気づく）　第2部 内なる力への気づき―あなたが目覚める（つながりあう宇宙　受け取り、そして与える　基本姿勢を設定する　考えなければならないこと　リコネクティブ・エネルギーのなかへ入ろう　ヒーラーの環境をつくる　内なるヒーラーを目覚めさせる　エネルギーを感じ、それと遊ぶ　第三パートナーをまじえる　患者との交流 癒し、癒されること）〔06298〕

バール, クリスティアン・フォン　Bar, Christian Von

◇ヨーロッパ私法の原則・定義・モデル準則―共通参照枠草案〈DCFR〉（Principles, Definitions and Model Rules of European Private Law（原著概要版）（抄訳））　クリスティアン・フォン・バール, エリック・クライブ, ハンス・シュルテ‐ネルケ, ヒュー・ビール, ジョニー・ヘレ, ジェローム・ユエ, マティアス・シュトルメ, シュテファン・スワン, ポール・バルール, アンナ・ヴェネツィアーノ, フリデリィク・ツォル編, 窪田充見, 潮見佳男, 中田邦博, 松岡久和, 山本敬三, 吉永一行監訳　京都　法律文化社　2013.11　498p　22cm　〈索引あり〉8500円　①978-4-589-03541-7

内容 序論　原則　モデル準則（総則　契約及びその他の法律行為　債務及びこれに対応する権利　各種の契約及びそれに基づく権利義務　事務管理　他人に生じた損害に基づく契約外責任　不当利得　物品所有権の得喪　動産担保　信託）〔06299〕

ハ

パール, シリル　Pearl, Cyril
◇北京のモリソン―激動の近代中国を駆け抜けたジャーナリスト（MORRISON OF PEKING）　シリル・パール著, 山田侑平, 青木玲訳　白水社　2013.5　559p　20cm　〈文献あり〉3600円　①978-4-560-08153-2
内容 生い立ち　オーストラリア縦断　ニューギニア探検　「タイムズ」記者として東南アジアへ　戊戌の政変　義和団事件　日露戦争　モリソンの中国観と日本離れ　辛亥革命　袁世凱総統　第一次世界大戦　二十一ヵ条要求と袁世凱の死　中国参戦と日本の南方進出　パリ講和会議〔06300〕

ハルヴァ, ウノ　Harva, Uno
◇シャマニズム―アルタイ系諸民族の世界像　1（Die religiösen Vorstellungen der altaischen Völker）　ウノ・ハルヴァ〔著〕, 田中克彦訳　平凡社　2013.1　361p　18cm　（東洋文庫 830）〈三省堂 1971年刊の再刊　布装〉3100円　①978-4-582-80830-8
内容 世界像　大地の起源　人間の創造　世界の終末　天神　天神の"息子"と"助手"　出産と出産霊　星々　雷　風　火　神格としての大地　霊魂崇拝　死と物忌みと服喪　死者の身支度〔06301〕
◇シャマニズム―アルタイ系諸民族の世界像　2（Die religiösen Vorstellungen der altaischen Völker）　ウノ・ハルヴァ〔著〕, 田中克彦訳　平凡社　2013.5　323p　18cm　（東洋文庫 835）〈三省堂 1971年刊の再刊　布装　文献あり〉3000円　①978-4-582-80835-3
内容 第16章 供養祭　第17章 死者の世界　第18章 死者と生者の関係　第19章 自然の主たち　第20章 狩猟儀礼　第21章 シャマン　第22章 供犠と供犠祭〔06302〕

パルカ, ジョー　Palca, Joe
◇誰もがイライラしたくないのに、なぜイライラしてしまうのか？（ANNOYING）　ジョー・パルカ, フローラ・リクトマン著, 黒木章人訳　総合法令出版　2012.12　250p　19cm　〈文献あり〉1500円　①978-4-86280-336-8
内容 他人の携帯電話はどうしてイライラするのか？　イライラする音　嫌い嫌いもやがては好きに…　黒板で爪をひっかく音はなぜ耳障りなのか　スカンク！―消えないにおいにイライラする　気にすれば気にするほど…イライラする！　チーズは「誰が」消した？　絶対音感の恐怖　不協和音　ルール違反はなぜゆるせないのか〔ほか〕〔06303〕

バルコウスキー, トーマス・N.　Bulkowski, Thomas N.
◇チャートパターンパフォーマンスガイドブック―統計分析データに基づいてパターンの識別からトレードの作戦までを解説（Encyclopedia of chart patterns（2nd ed.））　トーマス・N.バルコウスキー著, パターン言語ラボラトリー訳　府中（東京都）　エスアイビー・アクセス　2012.2　955p　27cm　〈索引あり　発売：星雲社〉30000円　①978-4-434-16460-6
内容 第1部 チャートパターン（メガホン　バンプ&ランリバーサル　取手付きカップ　ダイヤモンド　ダブルボトム ほか）　第2部 イベントパターン（価格の跳ね返り　収益発表　FDA新薬承認　既存店売上高発表　銘柄格下げ）〔06304〕

バルジェス, ジョン・W.　Burgess, John William
◇日本立法資料全集　別巻 648　比較憲法論　ジョン・W.バルジェス著, 高田早苗, 吉田巳之助訳　復刻版　信山社出版　2010.7　377, 558, 203p　23cm　〈早稲田大学出版部明治41年刊の複製　発売：〔大学図書〕〉92000円　①978-4-7972-6343-5〔06305〕

ハルゼー, A.H.　Halsey, A.H.
◇イギリス社会学の勃興と凋落―科学と文学のはざまで（A history of sociology in Britain）　A.H.ハルゼー著, 潮木守一訳　横浜　世織書房　2011.3　369, 19p　19cm　〈文献あり 索引あり〉3600円　①978-4-902163-60-5
内容 第1部 とり巻く環境（序論　文学か、それとも科学か？　科学的な方法の登場）　第2部 ものがたり（戦前の社会学　戦後の社会学者達　拡張期を迎えた社会学　学生反乱期の社会学　不安定期の社会学）〔06306〕
◇グローバル化・社会変動と教育　1　市場と労働の教育社会学（EDUCATION, GLOBALIZATION AND SOCIAL CHANGE（抄訳））　ヒュー・ローダー, フィリップ・ブラウン, ジョアンヌ・ディラボー, A.H.ハルゼー編, 広田照幸, 吉田文, 本田由紀編訳　東京大学出版会　2012.4　354p　22cm　〈文献あり〉4800円　①978-4-13-051317-3
内容 教育の展望―個人化・グローバル化・社会変動 他（ヒュー・ローダー, フィリップ・ブラウン, ジョアンヌ・ディラボー, A.H.ハルゼー著, 吉田文, 本田由紀, 広田照幸訳）〔06307〕
◇グローバル化・社会変動と教育　2　文化と不平等の教育社会学（EDUCATION, GLOBALIZATION AND SOCIAL CHANGE（抄訳））　ヒュー・ローダー, フィリップ・ブラウン, ジョアンヌ・ディラボー, A.H.ハルゼー編, 苅谷剛彦, 志水宏吉, 小玉重夫編訳　東京大学出版会　2012.5　370p　22cm　〈文献あり〉4800円　①978-4-13-051318-0
内容 新しい家族とフレキシブルな労働　社会的相続と機会均等政策　社会的紐帯から社会関係資本へ―学校と保護者ネットワークの関係における階層差　バイリンガリズムをめぐる政治的駆け引き―再生産論による中国返還後の香港における母語教育政策の分析　モダニティの歩兵たち―文化消費の弁証法と21世紀の学校　民主主義・教育・そして多文化主義―グローバル世界におけるシティズンシップのジレンマ　「ジュリアには問題がある」―スウェーデンの学校におけるADHDの症状・カテゴリーとその適用のプロセス　教育における市場　教職の専門性と教員研修の四類型　教育の経済における成果主義と偽装―成果主義社会に向けて　パフォーマンス型ペダゴジーの枠づけ―学校知識とその獲得に関する生徒の視座の分析　教育的選別とDからCへの成績の転換―「処遇に適している」とは？　統治性と教育社会学―メディア、教育政策そしてルサンチマンの政治　文化・権力。不平等と日本の教育―解説にかえて〔06308〕

バルソ, ジュディス
◇共産主義の理念（L'Idée du communisme（重訳））　コスタス・ドゥズィーナス, スラヴォイ・

ジジェク編, 長原豊監訳, 沖公祐, 比嘉徹徳, 松本潤一郎訳　水声社　2012.6　434p　20cm　4500円　①978-4-89176-912-3
内容 現在にわが身を曝す共産主義の仮説（ジュディス・バルソ著, 沖公祐訳）〔06309〕

バルタザール, ハンス・ウルス・フォン
◇近代カトリックの説教　高柳俊一編　教文館　2012.8　458p　21cm　(シリーズ・世界の説教)　4300円　①978-4-7642-7338-2
内容 クリスマス「神とともに暗闇へと向かう」(ハンス・ウルス・フォン・バルタザール述, 富田裕訳)〔06310〕

バル・タル, ダニエル　Bar-Tal, Daniel
◇紛争と平和構築の社会心理学―集団間の葛藤とその解決（INTERGROUP CONFLICTS AND THEIR RESOLUTION）　ダニエル・バル・タル編著, 熊谷智博, 大渕憲一監訳　京都　北大路書房　2012.10　375p　21cm　〈索引あり〉4000円　①978-4-7628-2787-7
内容 紛争解決における社会心理的障碍 他（Daniel Bar-Tal, Eran Halperin著, 熊谷智博訳）〔06311〕

バルチーティエネ, アウクセ
◇自由への変革と市民教育　不破和彦編訳　青木書店　2011.2　182p　22cm　2500円　①978-4-250-21102-7
内容 ジャーナリストとインターネット ： 誰が誰をコントロールするか（アウクセ・バルチーティエネ著）〔06312〕

パルディール, モルデカイ　Paldiel, Mordecai
◇キリスト教とホロコースト―教会はいかに加担し、いかに闘ったか（Churches and the Holocaust）　モルデカイ・パルディール著, 松宮克昌訳　柏書房　2011.5　617p　22cm　4800円　①978-4-7601-3977-4
内容 キリスト教の反ユダヤ主義の起源　ドイツ編　フランス編　ベルギー編　オランダ編　ポーランド編　リトアニア編　ロシア・ベラルーシ・ウクライナ編　中南東部ヨーロッパ（チェコ、スロヴァキア、ルーマニア）編　ハンガリー編　バルカン諸国（クロアチア、セルビア、ブルガリア、ギリシア）編　イタリア・バチカン市国編　スイスとスカンディナヴィア諸国編　結論　ホロコースト以降の動向と議論〔06313〕

バルド, アンドレス
◇アジアの顔のキリスト　ホアン・カトレット編, 高橋敦子訳　名古屋　新世社　2010.10　175, 32p　16cm　〈文献あり〉1200円　①978-4-88382-100-6
内容 聖マリア、あなたにあいさつします（アンドレス・パルド）〔06314〕

バルト, カール　Barth, Karl
◇バルト・セレクション　4　教会と国家　1（「赤い牧師」・「弁証法神学」時代から反ナチズム・教会闘争時代へ）　カール・バルト著, 天野有編訳　新教出版社　2011.3　557p　15cm　〈他言語標題 ： BARTH SELECTION　文献あり 索引あり〉1800円　①978-4-400-30164-6
内容 イエス・キリストと社会運動　神の義　聖書における新しき世界　社会の中のキリスト者　神学的公理としての第一誡　今日の神学的実存！　訣別　決断としての宗教改革〔06315〕
◇バルト・セレクション　5　教会と国家 2（反ナチズム/教会闘争時代）　カール・バルト著, 天野有編訳　新教出版社　2013.3　645p　15cm　〈他言語標題 ： BARTH SELECTION　索引あり〉1900円　①978-4-400-30165-3
内容 福音と律法　義認と法　プラハのフロマートカ教授への手紙　オランダの「教会と平和」団体代表者への手紙　デルクセン牧師への手紙から　教会と今日の政治問題　キリスト者の武器と武具　スイスからイギリスへの手紙　ドイツのキリスト者へのクリスマス・メッセージ　今日の“時代の出来事”におけるキリスト教会の約束と責任〔06316〕

バルト, ロラン　Barthes, Roland
◇ロラン・バルト中国旅行ノート（Carnets du voyage en Chine）　ロラン・バルト著, 桑田光平訳　筑摩書房　2011.3　296p　15cm　(ちくま学芸文庫 ハ9-6)　〈索引あり〉1200円　①978-4-480-09342-4〔06317〕
◇叢書『アナール1929-2010』―歴史の対象と方法　2　1946-1957（Anthologie des Annales 1929-2010）　E.ル＝ロワ＝ラデュリ,A.ビュルギエール監修, 浜名優美監訳　L.ヴァランシ編, 池田祥英, 井上桜子, 尾河直哉, 北垣潔, 塚島真実, 平沢勝行訳　藤原書店　2011.6　460p　22cm　6800円　①978-4-89434-807-3
内容 衣服の歴史と社会学（ロラン・バルト著, 池田祥英訳）〔06318〕
◇ちくま哲学の森　1　生きる技術　鶴見俊輔, 安野光雅, 森毅, 井上ひさし, 池内紀編　筑摩書房　2011.9　420p　15cm　1200円　①978-4-480-42861-5
内容 レッスルする世界（ロラン・バルト著, 篠沢秀夫訳）〔06319〕

パルド, ローラ・S.　Pardo, Laura S.
◇言語力を育てるブッククラブ―ディスカッションを通した新たな指導法（Book Club ： A Literature-Based Curriculum（原著第2版））　T. E.ラファエル,L.S.パルド,K.ハイフィールド著, 有元秀文訳　京都　ミネルヴァ書房　2012.11　240p　21cm　〈文献あり〉2400円　①978-4-623-06387-1
内容 第1部 理論編（ブッククラブとは何か　読解力とブッククラブ　ブッククラブにおける「書くこと」の意味　よりよいブッククラブのための評価　ブッククラブを用いた学級経営　テーマに基づく単元）　第2部 実践編（『ひとりぼっちの不時着』を題材にした単元　『時をさまようタック』を題材にした単元　『戦場』を題材にした単元　作者研究―ミルドレッド・テイラー）〔06320〕

ハルトゥーニアン, ハリー・D.　Harootunian, Harry D.
◇歴史の不穏―近代、文化的実践、日常生活という問題（History's disquiet）　ハリー・ハルトゥーニアン著, 樹本健訳　こぶし書房　2011.3　280, 14p　20cm　(こぶしフォーラム 23)　〈索引あり〉3200円　①978-4-87559-254-9

内容 時間、経験、そしてファシズムの亡霊―日本の読者にあてて　序論 日常生活の避けられない「アクチュアリティ」　第1章 恐竜のあとを追って―「グローバリズム」の時代の地域研究　第2章「日常という神秘」―歴史における日常性　第3章「弁証法的な光学」―日常性における歴史（日常生活の幻想化　日常性空間の風俗化）〔06321〕

◇中国人と日本人―交流・友好・反発の近代史（The Chinese and the Japanese）　入江昭編著, 岡本幸治監訳　京都　ミネルヴァ書房　2012.3　401, 6p　22cm　〈索引あり〉7000円　①978-4-623-05858-7

内容 徳川思想における支那の機能（ハリー・D.ハルートゥニアン著, 溝部英章訳）〔06322〕

バルドーニ, ジョン　Baldoni, John

◇リーダーシップ・マスター―世界最高峰のコーチ陣による31の教え（Coaching for Leadership）　マーシャル・ゴールドスミス, ローレンス・S.ライアンズ, サラ・マッカーサー編著, 久野正人監訳, 中村安子, 夏井幸子訳　英治出版　2013.7　493p　21cm　2800円　①978-4-86276-164-4

内容 存在感を発揮する（ジョン・バルドーニ）〔06323〕

バルトリド, V.V.　Bartol'd, Vasilii Vladimirovich

◇トルキスタン文化史　1（Istoriia kul'turnoi zhizni Turkestana）　V.V.バルトリド〔著〕, 小松久男監訳　平凡社　2011.2　314p　18cm（東洋文庫 805）　2800円　①978-4-582-80805-6

内容 第1章 前イスラーム期（最古の情報 ペルシア帝国 遊牧民の侵攻と中国の史料 ほか）　第2章 イスラーム受容期のトルキスタン（現地の言語と生活上の特徴の消失　アラブ的要素の役割 ほか）　第3章 トルキスタンとトルコ人（イラン人とトルコ人の関係　トルコ人と文化 ほか）　第4章 モンゴルの覇権（モンゴルの侵攻と都市　帝国の統治 ほか）　第5章 ウズベクの諸ハン国（ウズベク諸国　ブハラ ほか）〔06324〕

◇トルキスタン文化史　2（Istoriia kul'turnoi zhizni Turkestana）　V.V.バルトリド〔著〕, 小松久男監訳　平凡社　2011.3　379p　18cm（東洋文庫 806）〈文献あり〉3000円　①978-4-582-80806-3

内容 第6章 ロシア統治期の定住民と遊牧民の生活　第7章 学校　第8章 ロシア人の移住　第9章 都市生活　第10章 現地民とロシア統治　第11章 統治のヨーロッパ化と現地民　第12章 ロシア統治と諸ハン国―ブハラ〔06325〕

パルネ, クレール　Parnet, Claire

◇ディアローグ―ドゥルーズの思想（Dialogues）　ジル・ドゥルーズ, クレール・パルネ著, 江川隆男, 増田靖彦訳　河出書房新社　2011.12　292p　15cm（河出文庫 ト6-15）〈『対話』（2008年刊）の改題〉1200円　①978-4-309-46366-7

内容 第1章 ひとつの対談、それは何か、何に役立つのか　第2章 英米文学の優位について　第3章 分析せよ死せる精神分析を　第4章 諸々の政治　付録 第5章 現働的なものと潜在的なもの　解説1 対話と折衝（江川隆男）　解説2 回帰の反復―ベルクソンからベルクソンへ（増田靖彦）〔06326〕

ハルパー, ステファン　Halper, Stefan A.

◇北京コンセンサス―中国流が世界を動かす？（The Beijing consensus）　ステファン・ハルパー〔著〕, 園田茂人, 加茂具樹訳　岩波書店　2011.10　260, 29p　20cm　3000円　①978-4-00-024713-9

内容 第1章 中国の台頭と世界秩序の変化　第2章 ワシントン・コンセンサスの興隆と衰退　第3章 中国効果　第4章 席巻する「国家資本主義」　第5章 中国は変わるという神話　第6章 混乱するアメリカの対中政策　第7章 中国台頭への処方箋〔06327〕

ハルバーシュタット, ハンス　Halberstadt, Hans

◇スナイパー―現代戦争の鍵を握る者たち（Trigger men）　ハンス・ハルバーシュタット著, 安原和見訳　河出書房新社　2011.6　330p　20cm　2400円　①978-4-309-20564-9

内容 先導するレンジャーたち　狙撃作戦の基本　海兵隊狙撃手ジェームズ・グラーテ二等軍曹　ブラヴォー・フォーと8541―狙撃手の選抜と訓練　米陸軍レンジャー チャールズ・グリーン少佐　班長 ジェームズ・ギリランド二等軍曹　面妖な弾道計算―ときどき一発、ときどき一殺　二等軍曹ハリー・マルティネス　商売道具　ジェームス・"ロック"・マクリン伍長―「精神病院」初の流血　狙撃手の復讐―「すばらしきごろつきども」と"ヘッドハンター2"の狙撃手たち　ロブ三等軍曹―サマラのスパイダーマン　ブライアン・ブルーエット―ゆっくりが確実、確実が早い・クワヒタス作戦　特技下士官アーロン・アーノルド　ジョゼフ・ベネット―遠くからの交通整理　米海兵隊二等軍曹ティモシー・ラセイジ　ジョン・ワイラー　ケヴィン・マキャフリー　ジェフ・チャン〔06328〕

ハルバースタム, イタ　Mandelbaum, Yitta Halberstam

◇スモールミラクル―67の小さな奇跡（Small miracles 2）　イタ・ハルバースタム, ジュディス・レヴィンサール編著, 加藤仁美, 高坂素行, 新保紫, 辻下晶子, 原ガディミ陽子, 福井雅子訳, ハーディング祥子監訳　バベルプレス　2011.3　405p　19cm　〈文献あり〉1500円　①978-4-89449-111-3

内容 カージナル　一…六…九…五　看護婦　再会のバスに乗って　祖父の運命を変えた日　リチャード・フレミング　白い猫　帰郷　サラ・スターンの葬儀　人は見かけによらず〔ほか〕〔06329〕

ハルバースタム, デイヴィッド　Halberstam, David

◇ザ・コールデスト・ウインター朝鮮戦争　上（THE COLDEST WINTER）　デイヴィッド・ハルバースタム著, 山田耕介, 山田侑平訳　文芸春秋　2012.8　621p　16cm（文春文庫 ハ29-1）　1067円　①978-4-16-765182-4

内容 第1部 雲山の警告　第2部 暗い日々―北朝鮮人民軍が南進　第3部 ワシントン、参戦へ　第4部 欧州優先か、アジア優先か　第5部 詰めの一手になるか―北朝鮮軍、釜山へ　第6部 マッカーサーが流れをかえる―仁川上陸　第7部 三十八度線の北へ〔06330〕

◇ザ・コールデスト・ウインター朝鮮戦争　下（THE COLDEST WINTER）　デイヴィッド・ハルバースタム著, 山田耕介, 山田侑平訳　文芸春秋　2012.8　601p　16cm（文春文庫 ハ29-2）〈文献あり〉1067円　①978-4-16-765183-1

ハ

内容 第7部 三十八度線の北へ(承前)　第8部 中国の参戦　第9部 中国軍との戦い方を知る―双子トンネル、原州、砥平里　第10部 マッカーサー対トルーマン　第11部 結末　エピローグ なされなくてはならなかった仕事 〔06331〕

ハルバーソン, ハイディ・グラント　Halvorson, Heidi Grant

◇やってのける―意志力を使わずに自分を動かす(SUCCEED)　ハイディ・グラント・ハルバーソン著, 児島修訳　大和書房　2013.9　255p　20cm　1600円　①978-4-479-79412-7

内容 Introduction 成し遂げるための科学　ゴールをかためる　なぜそこを目指す?　おのれを知る　楽観するか、悲観するか　ただ成功してもうれしくない　欲しいものと邪魔なもの　背中を押す　地道に壁を越える　シンプルな計画をつくる　自制心を日増しに伸ばす　現実を見よ　あきらめるとき、粘るとき　フィードバックの魔法 〔06332〕

ハ

ハルバーソン, リチャード　Halverson, Richard

◇デジタル社会の学びのかたち―教育とテクノロジの再考(RETHINKING EDUCATION IN THE AGE OF TECHNOLOGY)　A.コリンズ,R.ハルバーソン著, 稲垣忠編訳　京都　北大路書房　2012.12　223, 8p　21cm　2200円　①978-4-7628-2790-7

内容 1章 どのように教育は変わろうとしているのか　2章 テクノロジ推進派の意見　3章 テクノロジ懐疑派の意見　4章 アメリカにおける学校教育の発達　5章 新しい教育制度の芽ばえ　6章 教育における3つの時代の変化　7章 失われるもの、得られるもの　8章 学校はどうすれば新たなテクノロジとつきあえるのか　9章 結局、何がいいたいのか?　10章 テクノロジ世界のなかで教育を再考する　座談会 テクノロジを日本の教育に生かすために 〔06333〕

ハルパリン, E.*　Halperin, Eran

◇紛争と平和構築の社会心理学―集団間の葛藤とその解決(INTERGROUP CONFLICTS AND THEIR RESOLUTION)　ダニエル・バル・タル編著, 熊谷智博, 大渕憲一監訳　京都　北大路書房　2012.10　375p　21cm　〈索引あり〉4000円　①978-4-7628-2787-7

内容 集団間紛争における感情と感情制御―評価基盤フレームワーク 他(James J.Gross, Eran Halperin, Keren Sharvit著, 後藤伸彦訳) 〔06334〕

バルベーラ, カルロ　Barbera, Carlo

◇地底の楽園〈アガルタ神秘文明〉へのナビゲーションガイド―シャンバラのグレート・マスター直伝!　これがヴリル・パワーだ(AGARTHA, LA SORGENTE ORGINARIA : LE CIVILTA CHE ABITANO L'INTERNO DELLA TERRA)　カルロ・バルベーラ著, やよしけいこ訳　ヒカルランド　2013.6　372p　19cm　1700円　①978-4-86471-125-8

内容 2000年にオンライト・ドット・コム・パブリッシングの編集長が著者に行ったインタビュー―全てはシャンバラのマスターのコンタクトから始まった　ガイアの子宮シャンバラの基礎知識―地球の構造、地球の多次元性、地球に生きる種の相互作用　隠された楽園・アガルター驚異的テクノロジーを持つ地底界の住人たち　宇宙の神々が暮らす街・シャンバラーグレート・マスターのイニシエーションを通じて、地球の中心部へ　ガイアの生命の創造―神のパワーが行使される仕組み　アガルタ人が操る不思議なエネルギー・ヴリル　ビスケー湾の地下に存在する光の街・ヤポール　地上に天の川を表した神秘的な道―巡礼するとゼウスから"不死"という至高の贈り物を受け取れる!　中南米古代文化最大の謎・羽の生えた蛇神たち　多次元レベルで創造力を発揮する、神々の神聖なる姿の発現・アバター〔ほか〕 〔06335〕

パルマー, パット　Palmer, Pat

◇自分を好きになる本(Liking Myself)　パット・パルマー著, イクプレス訳, 広瀬弦画　NEW EDITION　径書房　2012.6　91p　19cm　1200円　①978-4-7705-0211-7

内容 第1章 自分を好きになろう　第2章 "きもち"　第3章 "きもち"を話そう　第4章 そのままでいいよ　第5章 からだのメッセージ　第6章 もっと自由に! 〔06336〕

◇おとなになる本(Self-Direction Manual)　パット・パルマー原作, イクプレス編訳, 広瀬弦画　NEW EDITION　径書房　2013.9　91p　19cm　1200円　①978-4-7705-0218-6

内容 第1章 つまらない毎日　第2章 自分の現在地を知る　第3章 大切なものはなんだろう　第4章 あなたを傷つけるもの　第5章 自信を取りもどす　第6章 自分の中にある力　第7章 気持ちを伝える　第8章 人を愛するということ　第9章 決断するとき　第10章 自由に生きる 〔06337〕

バルム, リシャール

◇EUと東アジアの地域共同体―理論・歴史・展望　中村雅治, イーヴ・シュメイユ共編　Sophia University Press上智大学出版　2012.12　404p　22cm　〈他言語標題 : The European Union and East Asian Regional Community　索引あり　制作・発売 : ぎょうせい〉3000円　①978-4-324-09206-4

内容 ヨーロッパと来たるべき世界(リシャール・バルム執筆, 南舘英孝訳) 〔06338〕

バルール, ポール

◇ヨーロッパ私法の原則・定義・モデル準則―共通参照枠草案〈DCFR〉(Principles, Definitions and Model Rules of European Private Law(原著概要版)(抄訳))　クリスティアン・フォン・バール, エリック・クライブ, ハンス・シュルテ-ネルケ, ヒュー・ビール, ジョニー・ヘレ, ジェローム・ユエ, マティアス・シュトルメ, シュテファン・スワン, ポール・バルール, アンナ・ヴェネツィアーノ, フリデリィク・ツォル編, 窪田充見, 潮見佳男, 中田邦博, 松岡久和, 山本敬三, 吉永一行監訳　京都　法律文化社　2013.11　498p　22cm　〈索引あり〉8500円　①978-4-589-03541-7

内容 序論　原則　モデル準則(総則　契約及びその他の法律行為　債務及びこれに対応する権利　各種の契約及びそれに基づく権利義務　事務管理　他人に生じた損害に基づく契約外責任　不当利得　物品所有権の得喪　動産担保　信託) 〔06339〕

ハーレ, バレンデ・テレ

◇越境する近代東アジアの民衆宗教—中国・台湾・香港・ベトナム、そして日本　武内房司編著　明石書店　2011.11　373p　22cm　〈索引あり〉　5000円　①978-4-7503-3491-2

内容 道徳的価値を維持するための神の暴力（バレンデ・テレ・ハーレ著, 梅川純代, 大道寺慶子訳）〔06340〕

パレット, クレア　Pallett, Clare

◇子どもの問題行動への理解と対応—里親のためのフォスタリングチェンジ・ハンドブック（Managing Difficult Behaviour）　クレア・パレット, キャシー・ブラッケビィ, ウィリアム・ユール, ロジャー・ワイスマン, スティーヴン・スコット著, 上鹿渡和宏訳　福村出版　2013.12　143p　26cm　1600円　①978-4-571-42054-2〔06341〕

バレット, ジェームス　Barrett, James

◇適性・適職発見テスト　ジェームス・バレット, ジョフリー・ウィリアムス共著, 本明寛, 織田正美訳　一ツ橋書店　2011.6　128p　19cm　900円　①978-4-565-13035-8

内容 1 適性テスト（論理的思考力　言語的思考力　数的思考力　抽象的思考力　技術的能力　事務的能力）2 採点とテスト結果（採点の仕方　適性プロフィール　テスト結果の解釈　次の段階へ）　3 パーソナリティテスト（性格　動機）　適職選び（適職を見つけるには）〔06342〕

◇適性・適職発見テスト—An appropriate job〔2014年度版〕（TEST YOUR OWN APTITUDE）　ジェームス・バレット, ジョフリー・ウィリアムス共著, 本明寛, 織田正美訳　一ツ橋書店　2012.6　128p　19cm　900円　①978-4-565-14035-7

内容 1 適性テスト（論理的思考力　言語的思考力 ほか）2 採点とテスト結果（採点の仕方　適性プロフィールほか）　3 パーソナリティテスト（性格　動機）　4 適職選び（適職を見つけるには　興味（動機）別職業一覧表）〔06343〕

◇適性・適職発見テスト—An appropriate job〔2015年度版〕（TEST YOUR OWN APTITUDE）　ジェームス・バレット, ジョフリー・ウィリアムス共著, 織田正美訳　一ツ橋書店　2013.7　128p　19cm　900円　①978-4-565-15035-6

内容 1 適性テスト（論理的思考力　言語的思考力　数的思考力　抽象的思考力　技術的能力　事務的能力）2 採点とテスト結果（採点の仕方　適性プロフィール　テスト結果の解釈　次の段階へ）　3 パーソナリティテスト（性格　動機）　4 適職選び（適職を見つけるには　興味（動機）別職業一覧表）〔06344〕

バレット, ダイアン　Barrett, Diane

◇コンピュータ・フォレンジック完全辞典—デジタル訴訟の最先端から学ぶ（Computer forensics jumpstart（2nd ed.））　Michael G.Solomon,K. Rudolph,Ed Tittel,Neil Broom,Diane Barrett著, AOS法務IT推進会訳, 佐々木隆仁, 柳本英之監修　幻冬舎ルネッサンス　2012.2　440p　21cm　2500円　①978-4-7790-0790-3

内容 1 コンピュータ・フォレンジックへのニーズ　2 準備—開始前に何をするべきか　3 コンピュータ証拠　4 一般的な任務　5 データイメージをキャプチャする　6 データから情報を取り出す　7 パスワードと暗号化　8 一般的なフォレンジックツール　9 すべてを統合する　10 法廷での証言方法〔06345〕

パレプ, クリシュナ・G.　Palepu, Krishna G.

◇新興国マーケット進出戦略—「制度のすきま」を攻める（Winning in emerging markets）　タルン・カナ, クリシュナ・G.パレプ著, 上原裕美子訳　日本経済新聞出版社　2012.2　317p　20cm　2500円　①978-4-532-31776-8

内容 第1部 新興国を理解する（「制度のすきま」とは何か　「制度のすきま」を特定する）　第2部 成功企業の具体例（「制度のすきま」をビジネスにする　多国籍企業が新興国市場に進出する場合　エマージング・ジャイアント—母国で競う場合　エマージング・ジャイアント—海外に進出する場合　勃興する世界）〔06346〕

パレンシア＝ロス, マイケル

◇広池千九郎の思想と業績—モラロジーへの世界の評価 2009年モラルサイエンス国際会議報告　岩佐信道, 北川治男監修　柏　モラロジー研究所　2011.2　471p　22cm　〈他言語標題：Ethical Theory and Moral Practice：Evaluating Chikuro Hiroike's Work in Moralogy　発売：広池学園事業部（柏）〉3200円　①978-4-89639-195-4

内容 文化を超えた道徳的模範の起源（マイケル・パレンシア＝ロス著, 宗中正訳）〔06347〕

バレンタイン, ボビー　Valentine, Bobby

◇日本の未来について話そう—日本再生への提言（Reimagining Japan）　マッキンゼー・アンド・カンパニー責任編集, クレイ・チャンドラー, エアン・ショー, ブライアン・ソーズバーグ編著　小学館　2011.7　416p　19cm　1900円　①978-4-09-388189-0

内容 ベンチから見た日本野球（ボビー・バレンタイン著）〔06348〕

バロー, ジャン＝ミシェル　Barrault, Jean Michel

◇貧困と憎悪の海のギャングたち—現代海賊事情（Pirates des mers d'aujourd'hui）　ジャン＝ミシェル・バロー著, 千代浦昌道訳　清流出版　2011.3　201p　19cm　1800円　①978-4-86029-337-6

内容 1 いまや空前の海賊ブーム　2 海路は世界の大動脈　3 東南アジアのハイリスクな海　4 マラッカ海峡の罠　5 インド亜大陸—海賊しか仕事がない人びと　6 ソマリア、アデン湾—無政府状態と伝統　7 アフリカ沿岸も危険がいっぱい　8 南米、カリブ海沿岸もまた…　9 狙われるヨット　10 海の男ピーター・ブレイクの殺害　11 予防策、抑止力はあるのか　日本語版への補遺 事態はもっと悪くなった〔06349〕

バーロウ, レベッカ　Barlow, Rebecca

◇アンガーコントロールトレーニング—怒りを上手に抑えるためのステップガイド（Anger Control Training）　エマ・ウィリアムズ, レベッカ・バーロウ著, 壁屋康洋, 下里誠二, 黒田治訳　軽装版

ハ

星和書店　2012.8　55, 110, 36p　26cm　〈文献あり〉2800円　①978-4-7911-0815-2　〔06350〕

バロウ, R.　Burrow, Rufus
◇はじめてのキング牧師（Martin Luther King Jr. for armchair theologians）　R.バロウ著, 山下慶親訳　教文館　2011.8　243, 5p　19cm　〈文献あり 索引あり〉1900円　①978-4-7642-6688-9
内容 第1章 人種差別の歴史　第2章 家庭からの思想　第3章 学問からの思想　第4章 モンゴメリ　第5章 キリスト教の愛とガンディーの非暴力　第6章 青少年の力と信念　第7章 人種差別、経済的搾取、戦争に反対して　第8章 女性、死刑、同性愛　第9章 マーティン・ルーサー・キング二世の遺産　〔06351〕

バーロウィッツ, ヴァネッサ
◇世界一素朴な質問、宇宙一美しい答え―世界の第一人者100人が100の質問に答える（BIG QUESTIONS FROM LITTLE PEOPLE）　ジェンマ・エルウィン・ハリス編, 西田美緒子訳, タイマタカシ絵　河出書房新社　2013.11　298p　22cm　2500円　①978-4-309-25292-6
内容 ペンギンは南極にいるのに北極にいないのはなぜ？（ヴァネッサ・バーロウィッツ）　〔06352〕

ハロウェル, エドワード・M.　Hallowell, Edward M.
◇あなたの部下が最高の成果を上げる5つの方法（Shine）　エドワード・M.ハロウェル著, 北川知子訳　ダイヤモンド社　2011.12　222p　19cm　1500円　①978-4-478-01690-9
内容 序章 どうすれば部下は力を発揮できるのか？―「能力発揮サイクル」の五つのステップ　1 部下にふさわしい仕事を「選ぶ」　2 他の社員や組織と「結びつける」　3 知性を自由に「遊ばせる」　4「全力で取り組む」サポートをする　5 成果を「認める」　終章 五つのステップの統合が最高のパフォーマンスをもたらす　〔06353〕

バローグ, カティ　Balog, Kati
◇30秒で学ぶ哲学思想―思考を呼び起こす50の哲学思想（30-SECOND PHILOSOPHIES）　バリー・ローワー監修, ジュリアン・バジーニ, カティ・バローグ, ジェイムズ・ガーヴェイ, バリー・ローワー, ジェレミー・スタンルーム執筆, 寺田俊郎監訳, 佐良土茂樹, 津田良生, 中村信隆, 目黒広和訳　スタジオタッククリエイティブ　2013.3　159p　24cm　（Series 30 Seconds）〈文献あり 索引あり〉2500円　①978-4-88393-597-0　〔06354〕

バローズ, ハル　Burrows, Hal
◇1分間マネジャーの時間管理―働きすぎを解消する仕事のさばき方（THE ONE MINUTE MANAGER MEETS THE MONKEY）　ケン・ブランチャード, ウィリアム・オンケン・ジュニア, ハル・バローズ著, 永井二菜訳　パンローリング　2013.3　183p　19cm　（フェニックスシリーズ 8）〈ダイヤモンド社 1990年刊の新訳改訂〉1300円　①978-4-7759-4111-9
内容 二年前の私　管理職に昇進　上司の苦言　"1分間マネジャー"に相談　管理職のジレンマ　諸悪の根源　"サル"の正体　飼い主は誰？　負のスパイラル　結論　"1分間マネジャー"、ビル・オンケンと出会う〔ほか〕　〔06355〕

パロッタ＝キアロッリ, マリア　Pallotta-Chiarolli, Maria
◇みんな大切！―多様な性と教育（Everyone is special！）　ローリ・ベケット編, 橋本紀子監訳, 艮香織, 小宮明彦, 杉田真衣, 渡辺大輔訳　新科学出版社　2011.3　195p　22cm　2500円　①978-4-915143-39-7
内容 カミングアウトすること/家に帰ること：異性愛中心主義と同性愛嫌悪を問いただすオーストラリアの少女たちと若い女性たち（マリア・パロッタ＝キアロッリ著, 杉田真衣訳）　〔06356〕

ハロッド, R.F.　Harrod, Roy Forbes
◇景気循環論（The trade cycle）　ハロッド〔著〕, 宮崎義一訳　中央公論新社　2011.11　183p　18cm　（中公クラシックス W68）〈年譜あり 索引あり〉1450円　①978-4-12-160129-2
内容 第1章 人間的要因（予備的考察　分業　資本主義　貨幣制度）　第2章 投資と産出量（リレーション　乗数　物価と利潤の動き　三つの動学的決定要因　景気循環の不可避性）　貯蓄に関する覚え書　〔06357〕

バロン, ナタニア　Barron, Natania
◇ギークマム―21世紀のママと家族のための実験、工作、冒険アイデア（GEEK MOM）　Natania Barron,Kathy Ceceri,Corrina Lawson,Jenny Williams著, 堀越英美, 星野靖子訳　オライリー・ジャパン　2013.10　278p　21cm　（Make Japan Books）〈発売：オーム社〉2200円　①978-4-87311-636-5
内容 1章 コミック・ヒーロー編 スーパーヒーローに！おれはなるっ!!―空想の世界への序章　2章 知育・家庭教育編 初歩的なことだよ、ワトソン君―子どもの自然な好奇心は学びへの第一歩　3章 IT・ゲーム編 抵抗は無意味だ―マルチタスクなママたちはデジタル革命の最先端　4章 科学・実験編 ときめきサイエンス―科学を親子で楽しもう　5章 料理編 ギーク一家、食を究める―料理とは工夫と精進　6章 手芸・工芸編 裁てよ国民！ ギークなハンドクラフト大集合―伝統手工芸を未知の領域へ　〔06358〕

バロン‐リード, コレット　Baron-Reid, Colette
◇ザ・マップ―直観で読み解く運命（THE MAP）　コレット・バロン‐リード著, 吉田利子訳　講談社　2012.9　333p　19cm　1700円　①978-4-06-216988-2
内容 あなたの魔法の地図　第1部 魔法の地図にあなた自身を解き放とう（あなたはいま、どこにいるのか？　あなたがいるのは「いつ」か？　ほか）　第2部 地図を旅する指針（案内してくれるのは誰？　魔法の味方たち ほか）　第3部 この冒険の魔法と意味（あなたはどうしてこの冒険を始めたのか？　魔法を見つける ほか）　第4部 魔法を現実にする（旅の仲間たち　ここからどこへ向かうのか？）　〔06359〕

パワー, マイケル　Power, Michael
◇リスクを管理する―不確実性の組織化（Organized uncertainty）　マイケル・パワー著, 堀口真司訳　中央経済社　2011.11　301p　22cm　〈文献あり 索引あり〉4600円　①978-4-502-

69030-3
内容 第1章 不確実性の組織化―イントロダクション　第2章 組織の内部を外部化する―内部統制の生成　第3章 リスク管理を標準化する―プロセスと人々を作り上げる　第4章 カテゴリーを機能させる―業務リスクの発見　第5章 世評を統治する―外部からの侵入　第6章 リスクを監査可能にする―法規化と組織化　第7章 リスク管理という世界を設計する　〔06360〕

パワーズ, ジョーン　Powers, Joan
◇クマのプーさんエチケット・ブック（POOH'S LITTLE ETIQUETTE BOOK, POOH'S LITTLE INSTRUCTION BOOK）　A.A.ミルン原案, E.H.シェパード絵, メリッサ・ドーフマン・フランス, ジョーン・パワーズ編著, 高橋早苗訳　筑摩書房　2012.6　160p　15cm　（ちくま文庫 み30-1）　740円　①978-4-480-42954-4
内容 第1部 プーの礼儀作法（はじめに　よその家を訪問する　テーブルマナー　おもてなし　会話　手紙を書く　エチケット豆知識いろいろ）　第2部 じゅうようなたしなみについて　〔06361〕

ハワード, マイケル
◇歴史と戦略の本質　歴史の英知に学ぶ軍事文化 上（The past as prologue）　ウイリアムソン・マーレー, リチャード・ハート・シンレイチ編, 今村伸哉監訳, 小堤盾, 蔵原大訳　原書房　2011.2　290p　20cm　2400円　①978-4-562-04649-2
内容 軍事史と戦争史（マイケル・ハワード著）〔06362〕
◇歴史と戦略の本質―歴史の英知に学ぶ軍事文化 下（The past as prologue）　ウイリアムソン・マーレー, リチャード・ハート・シンレイチ編, 今村伸哉監訳, 小堤盾, 蔵原大訳　原書房　2011.3　250p　20cm　2400円　①978-4-562-04650-8
内容 軍事史の利用と濫用（マイケル・ハワード著）〔06363〕

ハワード, リチャード・D.　Howard, Richard D.
◇IR実践ハンドブック―大学の意思決定支援（Institutional research）　リチャード・D.ハワード編, 大学評価・学位授与機構IR研究会訳　町田　玉川大学出版部　2012.3　350p　21cm（高等教育シリーズ 155）　3600円　①978-4-472-40453-5
内容 第1章 エンロールメント・マネジメントと学務　第2章 大学教育の有効性、学生の学習、成果のアセスメント　第3章 教育プログラムと教員の問題　第4章 資源管理及び質の向上　第5章 計画策定と政策分析　第6章 IRの理論・実務・職業倫理　第7章 IRのための技術とツール　〔06364〕

ハン, インソプ*　韓 寅燮
◇東アジアにおける市民の刑事司法参加　後藤昭編　国際書院　2011.2　269p　21cm　〈索引あり〉　4200円　①978-4-87791-215-4
内容 韓国における陪審員裁判の導入と施行（韓寅燮著, 朴銀珠訳）　〔06365〕
◇現代における人権と平和の法的探求―法のあり方と担い手論　市川正人, 徐勝編著　日本評論社　2011.9　330p　22cm　5500円　①978-4-535-51656-4
内容 韓国の陪審員裁判（韓寅燮著, 呉仁済訳, 徐勝監訳）
〔06366〕

パン, ギムン*　潘 基文
◇地球が消滅する日―いま、改めてヒロシマ、ナガサキ　近藤蒼一郎編　川口　蒼洋出版新社　2011.6　326p　22cm　1900円　①978-4-916076-00-7
内容 広島の平和の灯を消すとき 他（潘基文述, 近藤蒼一郎訳）　〔06367〕

ハン, キンミン*　范 金民
◇海域交流と政治権力の対応　井上徹編　汲古書院　2011.2　399, 6p　22cm　（東アジア海域叢書 2　小島毅監修）　7000円　①978-4-7629-2942-7
内容 文書遺珍（范金民著, 石野一晴訳）　〔06368〕
◇中国訴訟社会史の研究　夫馬進編　京都　京都大学学術出版会　2011.3　930p　22cm　〈索引あり〉　9600円　①978-4-87698-992-8
内容 把持と応差（范金民著, 箱田恵子訳）　〔06369〕

ハン, コ　班 固
◇漢書　4　列伝　1　班固著, 小竹武夫訳　筑摩書房　2010.10　590p　15cm　（ちくま学芸文庫）〈第3刷（第1刷1998年）〉　1500円　①978-4-480-08404-0
内容 陳勝項籍伝第一　張耳陳余伝第二　魏豹田儋韓王信伝第三　韓彭英盧呉伝第四　荊燕呉伝第五　楚元王伝第六　季布欒布田叔伝第七　高五王伝第八　蕭何曹参伝第九　張陳王周伝第十〔ほか〕　〔06370〕
◇漢書　1　帝紀　班固著, 小竹武夫訳　筑摩書房　2012.5　473p　15cm　（ちくま学芸文庫）〈第4刷（第1刷1997年）〉　1500円　①978-4-480-08401-9
内容 高帝紀第一　恵帝紀第二　高后紀第三　文帝紀第四　景帝紀第五　武帝紀第六　昭帝紀第七　宣帝紀第八　元帝紀第九　成帝紀第十　哀帝紀第十一　平帝紀第十二　〔06371〕
◇漢書　7　列伝　4　班固著, 小竹武夫訳　筑摩書房　2012.5　658p　15cm　（ちくま学芸文庫）〈第3刷（第1刷1998年）〉　1900円　①978-4-480-08407-1
内容 宣元六王伝第五十　匡張孔馬伝第五十一　王商史丹伝喜伝第五十二　薛宣朱博伝第五十三　翟方進伝第五十四　谷永杜鄴伝第五十五　何武王嘉師丹伝第五十六　揚雄伝第五十七　儒林伝第五十八　循吏伝第五十九〔ほか〕　〔06372〕
◇漢書　8　列伝　5　班固著, 小竹武夫訳　筑摩書房　2012.5　596, 7p　15cm　（ちくま学芸文庫）〈第3刷（第1刷1998年）〉　1900円　①978-4-480-08408-8
内容 西南夷両粤朝鮮伝第六十五　西域伝第六十六　外戚伝第六十七　元后伝第六十八　王莽伝第六十九　叙伝第七十　〔06373〕

ハン, コウタン*　潘 光旦
◇新編原典中国近代思想史　第7巻　世界冷戦のなかの選択―内戦から社会主義建設へ　野村浩一, 近藤邦康, 並木頼寿, 坂元ひろ子, 砂山幸雄, 村田雄二郎編　砂山幸雄責任編集　岩波書店　2011.10　410, 7p　22cm　〈年表あり〉　5700円　①978-4-00-028227-7

内容 アメリカの心理を診断する（抄）他（潘光旦著, 家永真幸訳）〔06374〕

ハン, ゴンス

◇感謝が習慣になる21日—一生感謝実践ガイド（One's whole life in appreciation practice edition）ジョン・クゥアン, ソ・ジョンヒ, ハン・ゴンス著, 吉田英里子訳　つくば　小牧者出版　2013.1　239p　19cm　1400円　①978-4-904308-07-3〔06375〕

ハン, サンシン*　韓 相震

◇東アジアのウフカジ—大風 徐勝先生退職記念文集　徐勝先生退職記念事業実行委員会（日本・韓国）編　京都　かもがわ出版　2011.2　278p　21cm　〈著作目録あり 年譜あり〉1800円　①978-4-7803-0418-3

内容 徐勝を通じて手に入れた我が心の自動制御装置（韓相震著, 鄭雅英訳）〔06376〕

◇リスク化する日本社会—ウルリッヒ・ベックとの対話　ウルリッヒ・ベック, 鈴木宗徳, 伊藤美登里編　岩波書店　2011.7　274p　19cm　〈執筆：三上剛史ほか〉1900円　①978-4-00-025567-7

内容 東アジアにおける第二の近代の社会変容とリスク予防ガバナンス（韓相震著, 雑賀忠宏, 田村周一, 梅村麦生訳）〔06377〕

ハン, ジョシン*　樊 如森

◇東アジア海文明の歴史と環境　鶴間和幸, 葛剣雄編著　東方書店　2013.3　555p　22cm　（学習院大学東洋文化研究叢書）4800円　①978-4-497-21304-4

内容 民国期の黄河水運（樊如森著, 河野剛彦訳）〔06378〕

ハン, チュウウン*　樊 仲雲

◇新編原典中国近代思想史　第5巻　国家建設と民族自救—国民革命・国共分裂から一致抗日へ　野村浩一, 近藤邦康, 並木頼寿, 坂元ひろ子, 砂山幸雄, 村田雄二郎編　野村浩一, 近藤邦康, 村田雄二郎責任編集　岩波書店　2010.12　392, 6p　22cm　〈年表あり〉5400円　①978-4-00-028225-3

内容 中国本位の文化建設宣言（王新命, 何炳松, 武堉, 孫寒冰, 黄文山, 陶希聖, 章益, 陳高傭, 樊仲雲, 薩孟武著, 野村浩一訳, 小野寺史郎改訳）〔06379〕

バーン, デヴィッド

◇ビジュアル調査法と社会学的想像力—社会風景をありありと描写する（PICTURING THE SOCIAL LANDSCAPE）キャロライン・ノウルズ, ポール・スウィートマン編, 後藤範章監訳　京都　ミネルヴァ書房　2012.10　317p　22cm　〈索引あり〉3400円　①978-4-623-06394-9

内容 視覚的なものと言語的なもの（デヴィッド・バーン, アイダン・ドイル著, 林浩一郎訳）〔06380〕

ハン, ヒョンジュ

◇陵墓からみた東アジア諸国の位相—朝鮮王陵とその周縁　篠原啓方編　吹田　関西大学文化交渉学教育研究拠点　2011.12　223p　30cm　（周縁の文化交渉学シリーズ 3）〈文部科学省グローバルCOEプログラム関西大学文化交渉学教育研究拠点　ハングル併載〉①978-4-9905164-6-8

内容 朝鮮初期における王陵祭祀の整備と運営（ハン・ヒョンジュ著, 金子祐樹訳）〔06381〕

パン, ヒョンチョル　方 顕哲

◇大富豪のお金の教え　パンヒョンチョル著, 吉野ひろみ訳　阪急コミュニケーションズ　2013.8　249p　19cm　〈他言語標題：The Disciplines of the Rich for their Kids〉1600円　①978-4-484-13114-6〔06382〕

ハーン, フェルディナント　Hahn, Ferdinand

◇新約聖書の伝道理解（Der Verständnis der Mission im Neuen Testament）フェルディナント・ハーン著, 勝田英嗣訳　新教出版社　2012.1　234p　21cm　〈索引あり〉3800円　①978-4-400-32439-3

内容 1 原始キリスト教伝道の旧約聖書およびユダヤ教的諸前提（旧約聖書　初期ユダヤ教）2 異邦人に対するイエスの態度　3 最初期のキリスト教における伝道（ペトロおよび最初期の教会の伝道活動　パレスチナの特定主義ユダヤ人キリスト教　ヘレニスト・ユダヤ人キリスト教　使徒会議と使徒教令）4 パウロの伝道理解　5 共観福音書と使徒言行録における伝道　6 その他のパウロ後伝承とヨハネ文書における伝道〔06383〕

ハン, ブンラン*　范 文瀾

◇新編原典中国近代思想史　第7巻　世界冷戦のなかの選択—内戦から社会主義建設へ　野村浩一, 近藤邦康, 並木頼寿, 坂元ひろ子, 砂山幸雄, 村田雄二郎編　砂山幸雄責任編集　岩波書店　2011.10　410, 7p　22cm　〈年表あり〉5700円　①978-4-00-028227-7

内容 科学工作者はどのように「旧我」に対する「新我」の闘争を展開すべきか（抄）（范文瀾著, 濱田麻矢訳）〔06384〕

ハン, ミョンギ*　韓 明基

◇鏡の中の自己認識—日本と韓国の歴史・文化・未来　東郷和彦, 朴勝俊編著　御茶の水書房　2012.3　261p　23cm　4000円　①978-4-275-00972-2

内容 15〜17世紀朝鮮知識人たちの日本認識概観（韓明基著, 朴勝俊訳）〔06385〕

ハーン, ラフカディオ　Hearn, Lafcadio

◇ちくま哲学の森　4　いのちの書　鶴見俊輔, 安野光雅, 森毅, 井上ひさし, 池内紀編　筑摩書房　2011.12　434p　15cm　1200円　①978-4-480-42864-6

内容 魂について（小泉八雲著, 田部隆次訳）〔06386〕

◇ちくま哲学の森　6　驚くこころ　鶴見俊輔, 安野光雅, 森毅, 井上ひさし, 池内紀編　筑摩書房　2012.2　437p　15cm　1300円　①978-4-480-42866-0

内容 神々の国の首都（小泉八雲著, 平井呈一訳）〔06387〕

◇中学生までに読んでおきたい哲学　1　愛のうらおもて　松田哲夫編　あすなろ書房　2012.9

251p 22cm 1800円 ①978-4-7515-2721-4
内容 心中(小泉八雲著, 上田和夫訳) 〔06388〕

◇中学生までに読んでおきたい哲学 5 自然のちから 松田哲夫編 あすなろ書房 2012.11 243p 22cm 1800円 ①978-4-7515-2725-2
内容 生神(小泉八雲著, 田代三千稔訳) 〔06389〕

パン, リン Pan, Lynn
◇世界華人エンサイクロペディア (THE ENCYCLOPEDIA OF THE CHINESE OVERSEAS) リン・パン編, 游仲勲監訳, 田口佐紀子, 山本民雄, 佐藤嘉江子訳 明石書店 2012.7 727p 27cm 〈文献あり 年表あり 索引あり〉 18000円 ①978-4-7503-3638-1
内容 第1部 出身(概観 地域的起源 「僑郷」の概念) 第2部 移住(中国内の移住 中国からの出移住 出国から到着までの間 移住の型) 第3部 組織(中国の社会秩序 海外華人の家族 宗教 海外華人の組織 華人のビジネス組織) 第4部 関係(中国との関係 非華人との関係) 第5部 コミュニティ(東南アジア 南北アメリカ オーストララシア、オセアニア ヨーロッパ 東アジア インド洋、アフリカ) 〔06390〕

ハン, レイシュ* 范 麗珠
◇東アジアの宗教と思想 吾妻重二, 小田淑子編 丸善出版 2011.9 440p 21cm (関西大学「日中関係と東アジア」講演録 第2輯) 12000円 ①978-4-621-08411-3
内容 中国北方農村における民間宗教の復興とその策略(范麗珠述, 山田明広訳) 〔06391〕

バーン, ロンダ Byrne, Rhonda
◇ザ・パワー (The power) ロンダ・バーン著, 山川紘矢, 山川亜希子, 佐野美代子訳 角川書店 2011.4 312p 19cm 〈発売 : 角川グループパブリッシング〉 1800円 ①978-4-04-791643-2
内容 ザ・パワーとは何なのでしょう 感情のパワー 感情の周波数 ザ・パワーと創造 感情こそが創造 人生はあなたに従います ザ・パワーへの鍵 ザ・パワーとお金 ザ・パワーと人間関係 ザ・パワーと健康 ザ・パワーとあなた ザ・パワーと人生 〔06392〕

◇ザ・マジック―The Secret (THE MAGIC) ロンダ・バーン著, 山川紘矢, 山川亜希子, 佐野美代子訳 角川書店 2013.2 317p 19cm 〈発売 : 角川グループパブリッシング〉 1600円 ①978-4-04-110380-7
内容 感謝できることを数えよう 魔法の小石 魔法のような人間関係 魔法のような健康 魔法のお金 魔法のような仕事 否定的な状況からの魔法に脱出法 魔法の食べ物 お金を引きつける磁石 全ての人に魔法の粉を〔ほか〕 〔06393〕

ハンギョレ新聞社
◇不屈のハンギョレ新聞―韓国市民が支えた言論民主化20年 ハンギョレ新聞社著, 川瀬俊治, 森類臣訳 現代人文社 2012.3 412p 22cm 〈年表あり 発売 : 大学図書〉 3000円 ①978-4-87798-511-0 〔06394〕

パンゲ, モーリス Pinguet, Maurice
◇自死の日本史 (La mort volontaire au Japon) モーリス・パンゲ〔著〕, 竹内信夫訳 講談社 2011.6 690p 15cm (講談社学術文庫 2054) 〈文献あり〉 1900円 ①978-4-06-292054-4
内容 カトーの「ハラキリ」 自殺の統計学 自殺社会学の歩み 兆候としての自殺 歴史の曙 暴力の失効 武芸そして死の作法 捨身 残酷の劇 愛と死 自己犠牲の伝統 奈落の底まで ニヒリズム群像 三島的行為 〔06395〕

バンゲイ・スタニエ, マイケル Bungay Stanier, Michael
◇極上の仕事―あなたのビジネス人生が輝く15の地図 (Do more great work) マイケル・バンゲイ・スタニエ著, 鈴木奈緒美訳 サンクチュアリ出版 2011.3 237p 19cm (Sanctuary books) 〈文献あり〉 1600円 ①978-4-86113-954-3
内容 1 自分の立っている場所はどこか 1 過去を見つめる 3 普段いる場所から一歩外れる 4 勇気を持って踏み出す 5 未来を触る 6 決断し実行する仕組み 7 もしも極上の仕事で躓いたら 〔06396〕

ハンコック, ハービー Hancock, Herbie
◇ジャズと仏法、そして人生を語る ハービー・ハンコック, 池田大作, ウェイン・ショーター著 毎日新聞社 2013.1 306p 19cm 1238円 ①978-4-620-32134-9
内容 第1章 ジャズを生み出した大地 第2章 音楽と人間―創造の喜び 第3章 信仰と人生 第4章 アメリカそして世界 〔06397〕

ハンザ, M.* Hanza, Marcelo
◇紛争と平和構築の社会心理学―集団間の葛藤とその解決 (INTERGROUP CONFLICTS AND THEIR RESOLUTION) ダニエル・バル・タル編著, 熊谷智博, 大淵憲一監訳 京都 北大路書房 2012.10 375p 21cm 〈索引あり〉 4000円 ①978-4-7628-2787-7
内容 豚, スリングショット, およびその他の集団間紛争の基盤(Dawna K.Coutant, Marcelo Hanza, Stephen Worchel著, 熊谷智博訳) 〔06398〕

反差別国際運動
◇平和は人権―普遍的実現をめざして 反差別国際運動日本委員会(IMADR-JC)編 反差別国際運動日本委員会 2011.9 170p 21cm (IMADR-JCブックレット 14) 〈発売 : 解放出版社(大阪)〉 1200円 ①978-4-7592-6745-7
内容 "平和への権利"の議論とその背景 平和への権利 マリオ・ホルヘ・ユーツィス 著, 小森恵 訳. 「世界人権宣言」から「平和への人権世界宣言」 テオ・ファン・ボーベン 著, 岡田仁子 訳. 平和への権利と「平和的生存権」 武者小路公秀 著. 人民の平和への権利国連宣言のために 前田朗 著. "平和に生きる権利"を阻むもの ダリット女性 ブルナド・ファティマ・ナティサン 著, 小森恵 訳. 統合されたヨーロッパで続発するロマ差別 金子マーティン 著. アフガニスタン、女性差別と暴力の実態 川崎けい子 著. 平和に生きる権利を阻むもの・沖縄 喜久里康子 著. 子どもの商業的性的搾取の実態 藤原志帆子 著. 排除され抑圧される朝鮮学校の問題より 江頭節子 著 〔06399〕

◇企業と人権インド・日本 平等な機会のために 反差別国際運動日本委員会編集 反差別国際運動

日本委員会　2012.9　146p　21cm　(IMADR-JCブックレット 15)〈発売：解放出版社(大阪)〉1200円　①978-4-7592-6756-3

内容 部落差別撤廃・人権確立と企業 友永健三 執筆. インドにおける民間企業部門によるアファーマティブ・アクション政策 スカデオ・ソラット, フィルダス・ファティマ・リズビ 執筆, 菅原絵美 訳. ダリットの経済的権利確立と排除への取り組み ビジェイ・パルマ 執筆. 雇用差別撤廃と教育向上に取り組んだ部落解放運動 北口末広 執筆. 雇用における部落差別と排除の問題 大西英雄 執筆. インドにおける人権CSR 菅原絵美 執筆. 都市労働市場における差別 スカデオ・ソラット, ポール・アテウェル, フィルダス・ファティマ・リズビ 執筆, 平野裕二 訳. ダリット差別チェック デンマーク人権研究所, 国際ダリット連帯ネットワーク 編, 小森恵 訳　〔06400〕

バンサン, ジャン*　Vincent, Jean

◇フランス法律用語辞典（Lexique des termes juridiques(原著第16版)）　Raymond Guillien, Jean Vincent〔編著〕, 中村紘一, 新倉修, 今関源成監訳, Termes juridiques研究会訳　第3版　三省堂　2012.6　490p　22cm　〈索引あり〉5000円　①978-4-385-15754-2　〔06401〕

パンシーニ, ミホヴィル

◇ことばと人間—聴覚リハビリと外国語教育のための言語理論（RETROSPECTION）　ペタール・グベリナ著, クロード・ロベルジュ編, 原田早苗, 西田俊明, 小川裕花日本語版監修　Sophia University Press上智大学出版　2012.4　418p　22cm　〈訳：小川裕花ほか　索引あり　発売：ぎょうせい〉3000円　①978-4-324-09207-1

内容 VT法の祖にして始祖、未来を予見した予言者、ペタール・グベリナ(ミホヴィル・パンシーニ著, 小川裕花訳)　〔06402〕

バーンズ, イアン　Barnes, Ian

◇地図で読むケルト世界の歴史（THE HISTORICAL ATLAS OF THE CELTIC WORLD）　イアン・バーンズ著, 鶴岡真弓監修, 桜内篤子訳　大阪　創元社　2013.5　399p　34cm　〈文献あり 索引あり〉8000円　①978-4-422-23033-7

内容 はるか時の彼方から　ハルシュタット文化(紀元前750‐450年)—交易の広がりと族長たちの富の美　丘砦—ケルトの「要塞都市」　ボヘミアの砦、ザーヴィスト　シャンパーニュのケルト人—東部フランスの古代ケルト文化　ラ・テーヌ文化—スイスの第2鉄器文化の遺跡　ケルト人の交易—錫・琥珀・塩・ワイン　墳墓の出土品　ケルト系言語—ヨーロッパ各地で展開したケルト語派　戦車墓—戦士と貴人のステイタス・シンボル〔ほか〕　〔06403〕

バーンズ, ジャクリーン　Barnes, Jacqueline

◇英国の貧困児童家庭の福祉政策—“Sure Start”の実践と評価（The National Evaluation of Sure Start）　ジェイ・ベルスキー, ジャクリーン・バーンズ, エドワード・メルシュ編著, 清水隆則監訳　明石書店　2013.3　230p　21cm　2800円　①978-4-7503-3764-7

内容 Sure Start地域プログラム地区はどう変わったか他(Jacqueline Barnes著, 倉橋弘訳)　〔06404〕

バーンズ, ジョナサン・L.S.　Byrnes, Jonathan L.S.

◇「赤字」の海と「利益」の小島—事業の4割は不採算なのに改善しないワケ（Islands of profit in a sea of red ink）　ジョナサン・L.S.バーンズ著, 高橋由紀子訳　日本経済新聞出版社　2011.10　355p　19cm　2000円　①978-4-532-31733-1

内容 第1部「利益」とは何か(だれが収益性を管理しているのか　売上は善でコストは悪か—ビジネス神話を検証する ほか)　第2部 営業は「利益」のために(顧客管理—営業術か「科学」か　収益性中心の営業 ほか)　第3部 オペレーションは「利益」のために(ウォルマートのサプライチェーン管理　サプライチェーンが一つしかない？　ほか)　第4部 リーダーシップは「利益」のために(パラダイムシフトに挑戦する　変革管理 ほか)　〔06405〕

バーンズ, ジョン・A.　Barnes, John A.

◇ケネディからの贈り物—若きリーダーたちへ（John F.Kennedy on leadership）　ジョン・A.バーンズ著, 比護富幸訳　バベルプレス　2011.7　425p　21cm　〈文献あり〉1700円　①978-4-89449-118-2

内容 前触れ—一九六三年六月一一日　ビジョン—言葉を伝えよう　規則を破る—現状を疑え　回復力—マイナスをプラスに変えよ　カリスマ—スタイルを持て　コミュニケーション—アイデアを効果的に示せ　スピーチライティング—メッセージを伝える技能を身につけよ　一心に学ぶ—あなたのプランを疑え　チーム作り—あなたの「ロバート」を見つけよ　意思決定—責任はあなたがとれ　見込み違いと判断ミス—誰よりも冷静になれ　スキャンダル—ケネディは破滅しそうになった　〔06406〕

バーンズ, スティーヴ　Burns, Steve

◇ニュートレーダー×リッチトレーダー株式投資の極上心得（NEW TRADER, RICH TRADER）　スティーヴ・バーンズ著, オブリーク山岸編訳　竹書房　2013.7　207p　18cm　〈文献あり〉857円　①978-4-8124-9544-5

内容 1 投資家心理(新米トレーダーは欲張りで非現実的な期待をする。金持ちトレーダーは投資収益について現実的である。　新米トレーダーはストレスから誤った判断をする。金持ちトレーダーはストレスを管理できる。　新米トレーダーは我慢できず、絶えず売り買いをする。金持ちトレーダーは我慢強く、買いシグナルを待つ。 ほか)　2 リスク(新米トレーダーはギャンブラーのように振舞う。金持ちトレーダーはビジネスマンのように活動する。　新米トレーダーは全財産を賭ける。金持ちトレーダーは注意深く取引量をコントロールする。　新米トレーダーにとっては、莫大の利益を上げることが最優先事項だ。金持ちトレーダーにとっては、リスクマネージメントが最優先事項だ。 ほか)　3 投資手法(新米トレーダーの大多数はすぐに諦める。　金持ちトレーダーは成功するまで粘り強くやり続ける。　新米トレーダーは損をするたびに投資手法をころころ変える。金持ちトレーダーはたとえ一時的に負けていても勝てる戦略をとり続ける。　新米トレーダーはその場の考えで注文を入れる。金持ちトレーダーは確率に基づいて注文を入れる。 ほか)　〔06407〕

バーンズ, バリー　Barnes, Barry

◇グレイトフルデッドのビジネスレッスン#—彼らの長く奇妙な旅が紡ぎ出す「超」革新的な10の教

訓（Everything I know about business I learned from the Grateful Dead）　バリー・バーンズ著, 伊藤富雄訳　翔泳社　2012.3　247p　19cm　〈文献あり〉1680円　①978-4-7981-2545-9

内容 1 戦略的インプロヴィゼーションをマスターせよ　2 自らの価値観に従って実践せよ　3 顧客に親切であれ　4 コンテンツをシェアせよ　5 ビジネス部族を形成せよ　6 インソース（内製）を実行せよ　7 イノベーションを継続せよ　8 リーダーシップを通じて変化せよ　9 権限をシェアせよ　10 経験経済を有効に活かせ　〔06408〕

バーンスタイン, リチャード・J.　Bernstein, Richard J.

◇根源悪の系譜―カントからアーレントまで（RADICAL EVIL）　リチャード・J.バーンスタイン〔著〕, 阿部ふく子, 後藤正英, 斎藤直樹, 菅原潤, 田口茂訳　法政大学出版局　2013.1　430, 10p　20cm　（叢書・ウニベルシタス 987）〈文献あり 索引あり〉4500円　①978-4-588-00987-7

内容 第1部 悪、意志、自由（根源悪―自分自身と戦うカント　ヘーゲル―"精神"の治癒？　シェリング―悪の形而上学）　第2部 悪の道徳心理学（ニーチェ―善悪の彼岸　フロイト―根絶不可能な悪と両価性）　第3部 アウシュヴィッツ以後（レヴィナス―悪と弁神論の誘惑　ヨーナス―新しい責任の倫理　アーレント―根源悪と悪の陳腐さ）　〔06409〕

バーンスティン, ガブリエル　Bernstein, Gabrielle

◇スピリット・ジャンキー―ミラクルワーカーとして生きる（SPIRIT JUNKIE）　ガブリエル・バーンスティン著, 香咲弥須子監訳, ティケリー裕子訳　ナチュラルスピリット　2013.7　334p　19cm　1800円　①978-4-86451-085-1

内容 1 恐れという名の道草（取るに足りないバカげた考え　切なる願いを抱いてアシュラムへ　サムシング・スペシャル　助けて！ 内なるガイドさま）　2 回答（ゆるし　人間関係という任務　聖なる瞬間　招待を受け入れる）　3 奇跡（スピリットは運命の恋人！　愛は勝つ　奇跡は予期するもの　スピリット・ジャンキー）　〔06410〕

バーンスティン, バジル　Bernstein, Basil B.

◇〈教育〉の社会学理論―象徴統制,〈教育〉の言説, アイデンティティ（Pedagogy, symbolic control and identity）　バジル・バーンスティン〔著〕, 久冨善之, 長谷川裕, 山崎鎮親, 小玉重夫, 小沢浩明訳　新装版　法政大学出版局　2011.12　384, 20p　20cm　（叢書・ウニベルシタス 694）〈索引あり　文献あり〉4800円　①978-4-588-09948-0

内容 理論、実証研究、応答、そして民主主義―本書の焦点と背景　第1部 "教育"の社会学理論をめざして（"教育"コードとその実践における諸様態　"教育"装置　知識の "教育"化―再文脈化過程の探求　三科と4科についての諸考察―知者からの知識の分離）　第2部 理論に照らした実証/実証に照らした理論（コード理論とその実証研究　実証研究と記述の言語）　第3部 批判と応答（社会言語学―個人的見解　エドワーズと言語コード論―エドワーズの回答を含む　言説、知識の構造、そして場―恣意的ないくつかの考察　コード理論とその位置づけ―ある誤解のケース）　特論（講演記録）再生産理論とピエール・ブルデュー―いくつかの論点を考える　〔06411〕

ハンスマン, ヘンリー　Hansmann, Henry

◇会社法の解剖学―比較法的&機能的アプローチ（The Anatomy of Corporate Law : A Comparative and Functional Approach）　レイニア・クラークマン, ポール・デイビス, ヘンリー・ハンスマン, ゲラード・ヘルティッヒ, クラウス・J.ホプト, 神田秀樹, エドワード・B.ロック著, 布井千博監訳　レクシスネクシス・ジャパン　2009.7　323p　21cm　4000円　①978-4-902625-21-9

内容 第1章 株式会社法とは何か　第2章 エージェンシー問題と法的戦略　第3章 基本的なガバナンス構造　第4章 債権者保護　第5章 関連当事者取引　第6章 重大な会社の行為　第7章 支配権取引　第8章 発行者と投資家保護　第9章 解剖学を超えて　〔06412〕

バンセル, ニコラ　Bancel, Nicolas

◇植民地共和国フランス（La republique coloniale）　N.バンセル,P.ブランシャール,F.ヴェルジェス〔著〕, 平野千果子, 菊池恵介訳　岩波書店　2011.9　237, 18p　20cm　〈文献あり 索引あり〉3300円　①978-4-00-023497-9

内容 第1章 植民地共和国（憤りと悔恨について　歴史の危機 ほか）　第2章「植民地国民la nation coloniale」なるものの起源へ（西洋文化のなかの帝国　ここでは自由・平等・友愛、あちらでは ほか）　第3章 文明化の使命の権利と義務（野蛮人の文明化　束縛と隷従 ほか）　第4章 共和国の人種と国民（人種概念の知的起源　人種と植民地化 ほか）　第5章 植民地共和国の遺産（植民地的なるものの過去と現在　アルジェリアという例外―それが隠蔽するもの ほか）　〔06413〕

ハンセン, サニー・S.　Hansen, Sunny Sundal

◇キャリア開発と統合的ライフ・プランニング―不確実な今を生きる6つの重要課題（INTEGRATIVE LIFE PLANNING）　サニー・S.ハンセン著, 平木典子, 今野能志, 平和俊, 横山哲夫監訳, 乙須敏紀訳　福村出版　2013.4　456p　22cm　〈文献あり 索引あり〉5000円　①978-4-571-24050-8

内容 第1章 統合的ライフ・プランニング ： キャリア・ディベロプメントの新しい考え方　第2章 ILPの学際的起源を辿る　第3章 重要課題1 ： 変化するグローバルな文脈のなかでなすべき仕事を見つける　第4章 重要課題2 ： 人生を意味ある全体のなかに織り込む　第5章 重要課題3 ： 家族と仕事をつなぐ　第6章 重要課題4 ： 多元性と包含性に価値を置く　第7章 重要課題5 ： スピリチュアリティ（精神性・魂・霊性）と人生の目的を探究する　第8章 重要課題6 ： 個人の転換（期）と組織の変化のマネジメント　第9章 人生を統合し、社会を形作る ： キャリアの専門家にとっての意義　演習問題集 ： ILPの適用―実践のための演習　〔06414〕

ハンセン, ジャニーヌ

◇日独交流150年の軌跡　日独交流史編集委員会編　雄松堂書店　2013.10　345p　29cm　〈布装〉3800円　①978-4-8419-0655-4

内容 「武士の娘」〈邦題：新しき土〉（ジャニーヌ・ハンセン著, 三宅舞訳）　〔06415〕

ハンセン, マーク・ヴィクター　Hansen, Mark Victor

◇どんなお金の悩みも、90日で解決できる！―誰も言わなかった「スピード起業術」　実践編（Cash in a flash fast money in slow times）　マーク・ヴィクター・ハンセン, ロバート・G.アレン著, ダイレクト出版監訳　大阪　ダイレクト出版　2011.1　262p　22cm　3800円　①978-4-904884-09-6　〔06416〕

◇どんなお金の悩みも、90日で解決できる！—誰も言わなかった「スピード起業術」　物語編（Cash in a flash fast money in slow times）　マーク・ヴィクター・ハンセン, ロバート・G.アレン著, ダイレクト出版監訳　大阪　ダイレクト出版　2011.1　214p　22cm　2800円　①978-4-904884-10-2　〔06417〕

◇史上最高のセミナー（Conversations with millionaires）　マイク・リットマン, ジェイソン・オーマン共著, 河本隆行監訳　ポケット版　きこ書房　2011.7　407p　17cm　〈述：ジム・ローンほか〉1200円　①978-4-87771-278-5

内容 収入の一割を納めた瞬間、『世の中』全体が自分に向かって開かれる（マーク・ビクター・ハンセン述）　〔06418〕

ハ

ハンセン, モートン・T.　Hansen, Morten T.

◇ビジョナリーカンパニー　4　自分の意志で偉大になる（GREAT BY CHOICE）　ジム・コリンズ, モートン・T.ハンセン著, 牧野洋訳　日経BP社　2012.9　492p　20cm　〈索引あり　発売：日経BPマーケティング〉2200円　①978-4-8222-4923-6

内容 第1章 不確実性の時代に飛躍する　第2章 10X型リーダー　第3章 二十マイル行進　第4章 銃撃に続いて大砲発射　第5章 死線を避けるリーダーシップ　第6章 具体的で整然とした一貫レシピ　第7章 運の利益率　エピローグ 自分の意志で偉大になる　〔06419〕

ハンソン, デイヴィッド・ハイネマイヤー　Hansson, David Heinemeier

◇小さなチーム、大きな仕事—37シグナルズ成功の法則（Rework）　ジェイソン・フリード, デイヴィッド・ハイネマイヤー・ハンソン著, 黒沢健二, 松永肇一, 美谷広海, 祐佳ヤング訳　完全版　早川書房　2012.1　269p　19cm　1500円　①978-4-15-209267-0

内容 まず最初に　見直す　先に進む　進展　生産性　競合相手　進化　プロモーション　人を雇う　ダメージ・コントロール　文化　最後に　37シグナルズについて　〔06420〕

ハンター, ジェームズ　Hunter, James C.

◇サーバント・リーダー—「権力」ではない。「権威」を求めよ（THE SERVANT）　ジェームズ・ハンター著, 髙山祥子訳　海と月社　2012.5　210p　19cm　〈「サーバント・リーダーシップ」（PHP研究所 1998年刊）の新訳〉1600円　①978-4-903212-35-7

内容 プロローグ このわたしが修道院へ？　1日目 リーダーが見落としているもの　2日目 殻を破り、逆転の発想を　3日目「奉仕」と「犠牲」とリーダーシップ　4日目「行為」としての愛について　5日目 メンバーが成長できる環境とは　6日目 どう行動するかを選びとるとき　7日目 リーダーにたいする真の報酬　エピローグ あらたな旅路へ　〔06421〕

ハンター, ジル

◇取調べの可視化へ！—新たな刑事司法の展開　指宿信編　日本評論社　2011.7　280p　21cm　〈年表あり〉2400円　①978-4-535-51836-0

内容 オーストラリア30年の道のり（ジル・ハンター著, 岩川直子, 指宿信訳）　〔06422〕

ハンター, ダン　Hunter, Dan

◇ゲーミフィケーション集中講義—ウォートン・スクール（FOR THE WIN : How GAME THINKING Can Revolutionize Your Business）　ケビン・ワーバック, ダン・ハンター著, 三ツ松新監訳, 渡部典子訳　阪急コミュニケーションズ　2013.12　238p　19cm　1600円　①978-4-484-13124-5

内容 01 ゲームを始めよう—ゲーミフィケーションの基本概念　02 ゲームシンキング—ゲームデザイナーの考え方を学ぶ　03 なぜゲームが有効なのか—モチベーションの原則を知る　04 ゲーミフィケーションのツールキット—ゲーム要素を理解する　05 ゲームをデザインする—ゲーミフィケーションへの6つのステップ　06 エピック・フェイル（大失敗）—失敗やリスクを避けるには　Endgame まとめ　〔06423〕

バンダー・ジー, ルース　Vander Zee, Ruth

◇エリカ奇跡のいのち（Erika's story）　ルース・バンダー・ジー文, ロベルト・インノチェンテイ絵, 柳田邦男訳, あおもりDAISY研究会マルチメディアDAISY編集　〔電子資料〕　日本障害者リハビリテーション協会（製作）　c2013　CD-ROM 1枚　12cm　〈収録時間：27分40秒　朗読：南部優子　原本の出版者：講談社〉　〔06424〕

パンタロン, マイケル　Pantalon, Michael V.

◇思い通りに相手を変える6つのステップ—インスタント・インフルエンス（INSTANT INFLUENCE）　マイケル・パンタロン著, 真喜志順子訳　ソフトバンククリエイティブ　2013.7　286p　19cm　1600円　①978-4-7973-7299-1

内容 第1部 即座に、行動を変化させる（人に「変わろう」と思わせるには？　自主性を強化する　インスタント・インフルエンスの6つのステップ　自分自身に影響力を与えるには「変わりたい」人を動かす　「変わりたくない」人を動かす　見ず知らずの他人を動かす）　第2部 理想的な結果を得るには（変化を確認する　アクションプランを作成する　さらなる前進）　〔06425〕

パンツァー, ペーター

◇日独交流150年の軌跡　日独交流史編集委員会編　雄松堂書店　2013.10　345p　29cm　〈布装〉3800円　①978-4-8419-0655-4

内容 日本とドイツ民主共和国〈1973-1989年〉他（ペーター・パンツァー著, 江面快晴訳）　〔06426〕

バンデュラ, アルバート　Bandura, Albert

◇社会的学習理論—人間理解と教育の基礎（SOCIAL LEARNING THEORY）　A.バンデュラ著, 原野広太郎監訳　オンデマンド版　金子書房　2012.5　249, 26p　21cm　〈印刷・製本

：デジタルパブリッシングサービス　文献あり　索引あり〉8000円　①978-4-7608-8017-1　〔06427〕

◇認知行動療法という革命―創始者たちが語る歴史（A HISTORY OF THE BEHAVIORAL THERAPIES（抄訳））　ウィリアム・T.オドナヒュー, デボラ・A.ヘンダーソン, スティーブン・C.ヘイズ, ジェーン・E.フィッシャー, リンダ・J.ヘイズ編, 坂野雄二, 岡島義監訳, 石川信一, 金井嘉宏, 松岡紘史訳　日本評論社　2013.9　283p　21cm　〈文献あり〉3000円　①978-4-535-98362-5

内容 社会的学習理論とセルフエフィカシー（アルバート・バンデューラ著, 岡島義訳）　〔06428〕

ハンデル, マイケル・I.　Handel, Michael I.

◇孫子とクラウゼヴィッツ―米陸軍戦略大学校テキスト（Sun Tzu and Clausewitz）　マイケル・I.ハンデル著, 杉之尾宜生, 西田陽一訳　日本経済新聞出版社　2012.9　233p　20cm　1800円　①978-4-532-16843-8

内容 イントロダクション―『孫子』と『戦争論』はコインの裏表　叙述と研究のスタイルに惑わされるなかれ　戦争の定義に関する誤解―分析レベルの問題　政治のリーダーシップと軍事的指導者・指揮官の微妙な関係　戦争の合理的見積もりは可能か―目的と手段の相互関係　戦争の逆説的な三位一体を理解する　「戦わずして勝つ」の理想と現実―流血なき勝利と決戦の追求　兵力数がすべてか？　欺瞞、奇襲、情報、指揮統率の位置づけの違い　インテリジェンス・情報は『孫子』の真骨頂　有能な指揮官は計画をそのまま遂行できるのか―指揮と統御　意外と多い共通点―軍事的指導者の役割　何がもっとも重要か―指揮官の資質　戦場における環境と軍隊指揮官の直感力のジレンマ　勇敢さと計算（打算）どちらが重要か　両者は補完関係　〔06429〕

ハント, リン　Hunt, Lynn

◇人権を創造する（Inventing human rights）　リン・ハント〔著〕, 松浦義弘訳　岩波書店　2011.10　257, 48p　20cm　〈索引あり〉3400円　①978-4-00-023408-6

内容 序章―「われわれはこれらの真理を自明なものと考える」　第1章「感情の噴出」―小説を読むことと平等を想像すること　第2章「彼らは同族なのだ」―拷問を廃止する　第3章「彼らは偉大な手本をしめした」―権利を宣言する　第4章「それはきりがありません」―人権宣言の結果　第5章「人間性という柔らかい力」―なぜ人権は失敗したが、長い目で見れば成功したのか　付録 三つの宣言――七七六年、一七八九年、一九四八年　〔06430〕

バーント, B.C.　Berndt, Bruce C.

◇ラマヌジャン書簡集（Ramanujan）　ラマヌジャン〔著〕, B.C.バーント,R.A.ランキン編著, 細川尋史訳, シュプリンガー・ジャパン株式会社編　丸善出版　2012.3　439p　22cm　〈文献あり　シュプリンガージャパン株式会社2001年6月刊の再版〉4700円　①978-4-621-06414-6　〔06431〕

バーンドーフ, キャサリン　Birndorf, Catherine

◇心の部屋の片付けかた　ルーシー・ダンジガー, キャサリン・バーンドーフ著, 長沢あかね訳　講談社　2011.10　357p　19cm　〈The nine rooms of happiness.〉1700円　①978-4-06-214781-1

内容 はじめに―ようこそ、私たちの、そしてあなたの家へ　順風満帆！ のはずが、何でイラついてるの？　幸せの鍵は自分が握っている　自分が思っているより、あなたは幸せ　心の家の間取り図を描こう　「珠玉の言葉」とちょっとした教訓　地下室―思い出が詰まった場所　ファミリールーム―愛する者たちにブチ切れる場所　リビング―友達は自分で選んだ家族　仕事部屋―お金とストレスをもらう場所　バスルーム―ほどよい自分磨きとは？　ベッドルーム―愛と、セックスと、くしゃくしゃのベッド　キッチン―熱くてたまらないのはあたり前！　子ども部屋―やることなすこと裏目に出る場所　屋根裏部屋―先祖伝来の心の宝物のありか　十番目の部屋―「携帯だって、充電しなくちゃいけないんだものね」　おわりに―イーディスの素晴らしい冒険とあなたの冒険 ※　〔06432〕

ハンドメーカー, N.*　Handmaker, Nancy

◇動機づけ面接法　応用編（Motivational interviewing（2nd edition））　ウイリアム・R.ミラー, ステファン・ロルニック編, 松島義博, 後藤恵, 猪野亜朗訳　星和書店　2012.9　291p　21cm　〈文献あり〉3200円　①978-4-7911-0817-6

内容 重複障害の治療における動機づけ面接法（Nancy Handmaker, Michele Packard, Kelly Conforti）　〔06433〕

バンドラー, リチャード　Bandler, Richard

◇望む人生を手に入れよう―NLPの生みの親バンドラーが語る：今すぐ人生を好転させ真の成功者になる25の秘訣（Get the life you want）　リチャード・バンドラー著, 白石由利奈監訳, 角野美紀訳　エル書房　2011.5　314p　20cm　〈文献あり　発売：星雲社〉1200円　①978-4-434-15608-3

内容 0 あなた自身の脳を知ることに取りかかる―心のインベントリー（目録）をつくる（あなたの無意識のパワー―変化へのフリーウェイ　あなたの思考のクオリティ―サブモダリティを理解する ほか）　1 乗り越えること（役に立たない暗示を乗り越える　恐れと恐怖症を乗り越える ほか）　2 乗り切ること（習慣と衝動を乗り切る　身体の回復期を乗り切る ほか）　3 取りかかること（楽しむことに取りかかる　愛することに取りかかる ほか）　〔06434〕

◇ミルトン・エリクソンの催眠テクニック　1　言語パターン篇（PATTERNS OF THE HYPNOTIC TECHNIQUES OF MILTON H. ERICKSON, M.D.Volume 1）　浅田仁子訳　リチャード・バンドラー, ジョン・グリンダー著　春秋社　2012.4　310p　21cm　〈文献あり〉3300円　①978-4-393-36123-8

内容 第1部 エリクソン催眠のパターン（エリクソンのパターンを概観する　エリクソンの“散りばめ技法”に学ぶ　作家オルダス・ハクスリーとの変性意識の探究に学ぶ）　第2部 エリクソン催眠のパターンを詳しく知る（ページングして「意識」の注意をそらし、その「意識」の動きを利用する　「無意識」にアクセスする　「意識」の注意をそらし、「無意識」の領域にアクセスする）　第3部 エリクソン催眠のパターンを使う（言語的因果モデルの構築と利用　トランスデリ

ベーショナル現象　曖昧さ ： より小さい構造の包含 意味の派生　催眠言語の4つのポイント）〔06435〕

◇ミルトン・エリクソンの催眠テクニック　2　知覚パターン篇（PATTERNS OF THE HYPNOTIC TECHNIQUES OF MILTON H. ERICKSON, M.D.Volume 2）　浅田仁子訳　ジョン・グリンダー, ジュディス・ディロージャ, リチャード・バンドラー著　春秋社　2012.4　294p　21cm　〈文献あり〉3300円　①978-4-393-36124-5

内容 第1部 クライエントの知覚に迫る（4タップル・モデル―一次体験を4つの記号 "VKAO"で表わす　言語―言葉を介した二次体験を「Ad」で表わす　Rオペレーター―クライエントの「表象システム」を表わす　Rオペレータと4タップルを使う―クライエントの世界モデルを活かす　Lオペレーター―クライエントの「リード・システム」を表わす　アクセシング・テクニック―言葉で過去のリソースにアクセスする　トランスデリベーショナル・サーチ―五感を通じて深層のリソースにアクセスする　Cオペレーター―言葉と行為、一貫性を感じ取る）　第2部 エリクソンのセッション記録（モンドとのセッション―トランスクリプト1　ニックとのセッション―トランスクリプト2　ふたつのセッションを振り返る―トランスクリプト1・2）〔06436〕

◇リチャード・バンドラーの3日で人生を変える方法（CHOOSE FREEDOM）　リチャード・バンドラー, アレッシオ・ロベルティ, オーウェン・フィッツパトリック共著, 白石由利奈監訳, 野津智子訳　ダイヤモンド社　2012.6　211p　19cm　〈文献あり〉1500円　①978-4-478-01749-4

内容 プロローグ "自分を自由にする"ことを学ぶ3日間のセミナー　1日目 ネガティブな考え方を変える（"自分を自由にする"とは　思考のプログラムを変える方法 ほか）　2日目 限界をつくる思い込みを変える（自分にはできないという思い込みの力　変わることは可能だと信じる ほか）　3日目 望みどおりの人生を創造する（幸せになるために何ができますか？　何を望んでいますか？　ほか）　エピローグ リチャード・バンドラーからの手紙〔06437〕

ハンドリー, リマ　Handley, Rima

◇ホメオパシック・ラブストーリー―初の女性ホメオパス、メラニー・ハーネマンの実像（A homeopathic love story）　リマ・ハンドリー著, 小林晶子, 沢元佳也共訳, 由井寅子日本語版監修　ホメオパシー出版　2011.1　359p　23cm　（ホメオパシー海外選書）〈文献あり 索引あり〉3500円　①978-4-86347-040-8

内容 出会い　メラニーの生い立ち　詩人、画家としてのメラニー　サミュエルの前半生　ホメオパスとなったハーネマン　ケーテン時代の研究　メラニーとサミュエル、パリに着く　パリでの最初の数年　診療の様子　病気と治療〔ほか〕〔06438〕

バンノ, フミサブロウ*　伴野 文三郎

◇『Japan To-day』研究―戦時期『文芸春秋』の海外発信　鈴木貞美編　京都　国際日本文化研究センター　2011.3　375p　26cm　（日文研叢書）〈発売 ： 作品社〉4800円　①978-4-86182-328-2

内容 日本文明の審美的感情（伴野文三郎著, 稲賀繁美訳）〔06439〕

バーンバック, リサ　Birnbach, Lisa

◇TRUE PREP―オフィシャル・プレッピー・ハンドブック（TRUE PREP）　リサ・バーンバック, チップ・キッド著, 篠儀直子訳, 山崎まどか日本語版監修　Pヴァイン・ブックス　2012.9　248p　22cm　〈年表あり　発売 ： スペースシャワーネットワーク〉2500円　①978-4-906700-38-7

内容 イントロダクション ： さて、あの頃ってどんなだった？ そうね、あれは1980年…　こっそり伝えて！ ： トゥルー・プレップ・マニフェスト。　その話はしません。 ： 何の話をしているのかはおわかりですね。　そこ、兄が行っていたところです ： 学校―幼稚園前から20年生まで。　クローゼットに見つけたの ： プレッピーのワードローブを発掘してご説明。　アンハッピーな時間 ： 朝食からディナーまでの終わりなき時間帯にわたしたちがやっていること。　わたしたちはそれを家と呼びます ： イヌがそこに住んでいます。そしてわたしたちも。　お気の毒なアスター夫人 ： この手のことはわたしたちにも起こるのです。　ドリンクをディナーの前に ： そしてドリンクとディナー―トゥルー・プレップ・クックブック。　ハッピーな時間、パート1―何をするか ： わたしたちは楽しむ家族です。〔ほか〕〔06440〕

バンブラ, ガルミンダ・K.　Bhambra, Gurminder K.

◇社会学的想像力の再検討―連なりあう歴史記述のために（RETHINKING MODERNITY）　ガルミンダ・K.バンブラ〔著〕, 金友子訳　岩波書店　2013.1　252, 45p　20cm　〈文献あり〉3300円　①978-4-00-025877-7

内容 ポストコロニアリズム、社会学そして知の生産の政治学　第1部 社会学と歴史記述（近代性、植民地主義、ポストコロニアル批評　ヨーロッパの近代性と社会学的想像力　近代化から複数の近代へ―ヨーロッパ中心主義の再来）　第2部 ヨーロッパ中心主義を脱構築する―連なりあう複数の歴史（ヨーロッパ文化の統合性という神話―ルネサンス　近代国民国家という神話―フランス革命　産業資本主義という神話―産業革命）　ポストコロニアリズム以降の社会学と社会理論―連なりあう歴史の記述に向けて〔06441〕

ハンフリー, ニコラス　Humphrey, Nicholas

◇ソウルダスト―〈意識〉という魅惑の幻想（Soul Dust）　ニコラス・ハンフリー著, 柴田裕之訳　紀伊国屋書店　2012.5　302p　20cm　〈索引あり〉2400円　①978-4-314-01095-5〔06442〕

ハンフリーズ, コリン・J.　Humphreys, Colin J.

◇最後の晩餐の真実（The Mystery of the Last Supper）　コリン・J.ハンフリーズ著, 黒川由美訳　太田出版　2013.7　279p　19cm　（ヒストリカル・スタディーズ 07）〈文献あり〉2800円　①978-4-7783-1369-2

内容 イエスの最後の週をめぐる四つの謎　磔刑の日付を特定するための最初の手がかり　最後の晩餐に関する問題　イエスが生きていた時代のユダヤ暦を再現する　磔刑の日付　月は血のように赤くなる　イエスの最後の晩餐は "クムランの太陽暦"に基づいた過越の食事なのか？　最後の晩餐の謎を解く鍵と古代エジプト　古代イスラエルの失われた暦を見つける　イエスの時代に、古代の暦がイスラエルで使われていた可能性　最後の晩餐の日付―四福音書に隠された手がかり　最後の晩餐から磔刑まで―福音書の記述の新たな解釈　イエスの最後の日々を新たに再

ハ

現する 〔06443〕

ハンフリーズ, ジェーン

◇福祉国家と家族　法政大学大原社会問題研究所, 原伸子編著　法政大学出版局　2012.6　336p　22cm　(法政大学大原社会問題研究所叢書)〈索引あり〉4500円　①978-4-588-64543-3

内容 市場と世帯経済(ジェーン・ハンフリーズ著, 川崎暁子訳) 〔06444〕

ハンブル, ケイト

◇世界一素朴な質問、宇宙一美しい答え—世界の第一人者100人が100の質問に答える(BIG QUESTIONS FROM LITTLE PEOPLE)　ジェンマ・エルウィン・ハリス編, 西田美緒子訳, タイマタカシ絵　河出書房新社　2013.11　298p　22cm　2500円　①978-4-309-25292-6

内容 ライオンはどうして吠えるの?(ケイト・ハンブル) 〔06445〕

ハンブル, ニコラ　Humble, Nicola

◇ケーキの歴史物語(Cake)　ニコラ・ハンブル著, 堤理華訳　原書房　2012.3　187p　20cm　(お菓子の図書館)〈文献あり〉2000円　①978-4-562-04784-0

内容 序章 特別な日を飾るケーキ　第1章 歴史とケーキ　第2章 世界のケーキ　第3章 家庭で作るケーキの文化　第4章 ケーキと儀式、その象徴性　第5章 文学とケーキ　第6章 ポストモダンのケーキ 〔06446〕

ハンブルガー, フランツ　Hamburger, Franz

◇社会福祉国家の中の社会教育—ドイツ社会教育入門(Einführung in die Sozialpädagogik(原著第3版))　フランツ・ハンブルガー著, 大串隆吉訳　有信堂高文社　2013.9　237p　22cm　〈文献あり〉4800円　①978-4-8420-8528-9

内容 1章 社会教育の概念　2章 輪郭について、内的論理について　3章 分析モデル　4章 社会教育学の理論　5章 生活歴の社会的側面　6章 社会教育行為　7章 養成　8章 補足 〔06447〕

バンヘッド, ドクター

◇世界一素朴な質問、宇宙一美しい答え—世界の第一人者100人が100の質問に答える(BIG QUESTIONS FROM LITTLE PEOPLE)　ジェンマ・エルウィン・ハリス編, 西田美緒子訳, タイマタカシ絵　河出書房新社　2013.11　298p　22cm　2500円　①978-4-309-25292-6

内容 火はどうやってもえるの?(ドクター・バンヘッド) 〔06448〕

ハンベリ‐テニソン, ロビン　Hanbury-Tenison, Robin

◇世界探検家列伝—海・河川・砂漠・極地、そして宇宙へ(The great explorers)　ロビン・ハンベリ‐テニソン編著, 植松靖夫訳　悠書館　2011.9　303p　26cm　〈文献あり 索引あり〉9500円　①978-4-903487-49-6

内容 フランシス・ヤングハズバンド—チベットの軍人にして神秘主義者(ロビン・ハンベリ‐テニソン) 〔06449〕

ハンマル, K.G.

◇世界平和への冒険旅行—ダグ・ハマーショルドと国連の未来(The Adventure of Peace)　ステン・アスク, アンナ・マルク＝ユングクヴィスト編, ブライアン・アークハート, セルゲイ・フルシチョフ他著, 光橋翠訳　新評論　2013.7　358p　20cm　〈文献あり 年譜あり〉3800円　①978-4-7948-0945-2

内容 ダグ・ハマーショルドの日誌『道しるべ』(K.G.ハンマル著) 〔06450〕

ハンラッティ, マラキー　Hanratty, Malachy

◇ゆるしの秘跡に戸惑うあなたへ—一神父の経験から　マラキー・ハンラッティ著, 金成彰子訳　女子パウロ会　2012.7　39p　15cm　300円　①978-4-7896-0717-9

内容 1 ゆるしの秘跡の受け方で変わってきたこと(心構えと重視する点の変化　準備の変化　個人で受けるゆるしの秘跡と共同回心式)　2 ゆるしの秘跡の授け手として変わってきたこと(福音書に基づくことへ　個人のゆるしの秘跡の仕方　共同回心式の進め方) 〔06451〕

【ヒ】

ヒ, コウツウ*　費 孝通

◇新編原典中国近代思想史　第7巻　世界冷戦のなかの選択—内戦から社会主義建設へ　野村浩一, 近藤邦康, 並木頼寿, 坂元ひろ子, 砂山幸雄, 村田雄二郎編　砂山幸雄責任編集　岩波書店　2011.10　410, 7p　22cm　〈年表あり〉5700円　①978-4-00-028227-7

内容 再び双軌政治を論ずる 他(費孝通著, 中村元哉訳) 〔06452〕

ピアジェ, ジャン　Piaget, Jean

◇遊びと発達の心理学(Play and Development)　J.ピアジェ他著, 森楙監訳　名古屋　黎明書房　2013.6　207p　22cm　(精神医学選書 第11巻)〈文献あり〉3700円　①978-4-654-00161-3

内容 操作の諸側面(ジャン・ピアジェ著, 森楙監訳, 阿部好策, 黒川久美, 植田ひとみ,Kyouko Muecke, 恒原睦子, 石崎昌子共訳) 〔06453〕

ピアス, マーニ　Pearce, Marni

◇子どもと教師が紡ぐ多様なアイデンティティ—カナダの小学生が語るナラティブの世界(Composing diverse identities)　D.ジーン・クランディニン, ジャニス・ヒューバー, アン・マリー・オア, マリリン・ヒューバー, マーニ・ピアス, ショーン・マーフィー, パム・スティーブス著, 田中昌弥訳　明石書店　2011.4　313p　21cm　〈文献あり〉3000円　①978-4-7503-3363-2

内容 第1章 学校での人生をナラティブとして理解する　第2章 子ども、教師、親、管理職と共に取り組む関係的なナラティブ的探究　第3章 子どもたちが支えとするストーリー—そして、教師による子どもたちについてのストーリー　第4章 脚色されたストーリー　第5章 人格教育プログラムをめぐるストーリー　第6章子どもと共に生きる、ある管理職のストーリー　第7章 支えとするストーリーを変化させる―教師の人生において個人的なものと専門的なものを織り合わせる　第8章 緊張関係を生きる―人生のカリキュラムを共に模索する　第9章 支えとするストーリーを紡ぐ―学校についてのストーリーを中断させる　第10章 人生に心を配るカウンター・ストーリー　〔06454〕

ピアーズ, マリア・W.* Piers, Maria W.

◇遊びと発達の心理学（Play and Development） J.ピアジェ他著, 森楙監訳　名古屋　黎明書房　2013.6　207p　22cm　（精神医学選書 第11巻）〈文献あり〉3700円　①978-4-654-00161-3

内容 操作の諸側面（ジャン・ピアジェ）　操作的思考と社会的適応（ピーター・H.ウォルフ）　基礎教育―発達モデルとしての対象関係（レネー・A.スピッツ）　世代間の対立とその動物行動学的原因（コンラート・ローレンツ）　乳幼児の遊びと認知の発達（ルイス・バークレイ・マーフィ）　遊びと現実（エリック・H.エリクソン）　〔06455〕

ピアソン, キャロル・S. Pearson, Carol S.

◇英雄の旅―ヒーローズ・ジャーニー 12のアーキタイプを知り、人生と世界を変える（AWAKENING THE HEROES WITHIN） キャロル・S.ピアソン著, 鏡リュウジ監訳, 鈴木彩織訳　実務教育出版　2013.9　490p　22cm　3600円　①978-4-7889-0789-8

内容 第1部 自我、魂、自己のダンス（旅における三つの段階　自我―内なる子供を守る　魂―神秘を体験する　自己―自分という人間を表現する　英雄的精神を超えて）　第2部 旅立ちのとき（幼子　孤児　戦士　援助者）　第3部 旅―本物の存在になるために（探求者　破壊者　求愛者　創造者）　第4部 帰還―自由を手にするために（統治者　魔術師　賢者　道化）　第5部 多様性を讃える力（二元性から全体性へ　ジェンダーと人の成長　ジェンダーと多様性と文化の変容　人生の神話）　〔06456〕

ピアソン, デイヴィッド Pearson, David

◇本―その歴史と未来（Book as history）　デイヴィッド・ピアソン著, 原田範行訳　ミュージアム図書　2011.9　208p　27cm　〈共同出版：大英図書館, 国際文献印刷社　文献あり 索引あり〉4200円　①978-4-904206-09-6

内容 第1章 歴史の中の本　第2章 本はテクストを越えて　第3章 大量生産に秘められた個性　第4章 蔵書家気質あれこれ　第5章 製本さまざま　第6章 図書館にある蔵書の魅力　第7章 将来的価値　第8章 版本の多様性―異本研究　〔06457〕

ピアソン, G.P. Pierson, George Peck

◇使徒はふたりで立つ―北海道のピアソンばあさん・じいさんの話（Forty happy years in Japan（抄訳））　ピアソン夫妻著, 小池創造, 小池栄訳　改訂版　北見　日本キリスト教会北見教会ピアソン文庫　2011.9　213p　21cm　（ピアソン文庫）〈年譜あり〉1500円　〔06458〕

ピアソン, I.G. Pierson, Ida Goepp

◇使徒はふたりで立つ―北海道のピアソンばあさん・じいさんの話（Forty happy years in Japan（抄訳））　ピアソン夫妻著, 小池創造, 小池栄訳　改訂版　北見　日本キリスト教会北見教会ピアソン文庫　2011.9　213p　21cm　（ピアソン文庫）〈年譜あり〉1500円　〔06459〕

ビーアド, チャールズ・A. Beard, Charles Austin

◇ルーズベルトの責任―日米戦争はなぜ始まったか 上（President Roosevelt and the coming of the war, 1941）　チャールズ・A.ビーアド〔著〕, 開米潤監訳, 阿部直哉, 丸茂恭子訳　藤原書店　2011.12　427p　22cm　4200円　①978-4-89434-835-6　〔06460〕

◇ルーズベルトの責任―日米戦争はなぜ始まったか 下（President Roosevelt and the coming of the war, 1941）　チャールズ・A.ビーアド〔著〕, 開米潤監訳, 阿部直哉, 丸茂恭子訳　藤原書店　2012.1　p429-859　22cm　〈年表あり　索引あり〉4200円　①978-4-89434-837-0　〔06461〕

ビーヴァー, アントニー Beevor, Antony

◇スペイン内戦―1936-1939 上（The battle for Spain）　アントニー・ビーヴァー〔著〕, 根岸隆夫訳　みすず書房　2011.2　259, 34p　22cm　3800円　①978-4-622-07587-5

内容 第1部 古いスペインと第二共和国（信心ぶかいカトリック王たち　王のスペイン退去 ほか）　第2部 二つのスペインの戦争（将軍たちの反乱　制圧のための戦い ほか）　第3部 内戦の国際化（武器と外交官　二つの主権国家 ほか）　第4部 代理世界戦争（戦争の変質　ハラマとグアダラハラの戦闘 ほか）　〔06462〕

◇スペイン内戦―1936-1939 下（The battle for Spain）　アントニー・ビーヴァー〔著〕, 根岸隆夫訳　みすず書房　2011.2　p263-455, 71p　22cm　〈文献あり 索引あり〉3600円　①978-4-622-07588-2

内容 第5部 内部の緊張（権力闘争　内戦のなかの内戦　ブルネテの戦闘 ほか）第6部 破局への道（テルエルの戦闘とフランコの「勝利の剣」　和平の希望、潰える　起て、スペイン！　ほか）　第7部 敗者は無残なるかな！（新スペインとフランコの強制収容所　亡命者と第二次世界大戦　終わりなき戦争 ほか）　〔06463〕

◇ノルマンディー上陸作戦1944 上（D-day）　アントニー・ビーヴァー著, 平賀秀明訳　白水社　2011.8　518p　20cm　3000円　①978-4-560-08154-9

内容 決断　「ロレーヌ十字」を身に帯びて　イギリス海峡に目を光らせる　侵攻地域を封錨せよ　深夜の空挺作戦　大艦隊が海をわたる　「オマハ・ビーチ」「ユタ・ビーチ」と空挺部隊　「ゴールド・ビーチ」と「ジュノー・ビーチ」　「ソード・ビーチ」　海岸堡をかためる　カーン占領にしくじる　ヴィレル＝ヴォカージュ　コタンタン半島のアメリカ軍　「エプソム作戦」　"ボカージュ"の戦い　カーンと「ゴルゴダの丘」　〔06464〕

◇ノルマンディー上陸作戦1944 下（D-day）　アントニー・ビーヴァー著, 平賀秀明訳　白水社　2011.8　467, 25p　20cm　〈文献あり〉3000円　①978-4-560-08155-6

内容 サン＝ロー攻略へ　「グッドウッド作戦」　ヒトラー暗殺計画　「コブラ作戦」―戦線突破　「コブラ作戦」―戦線崩壊　ブルターニュ遠征と「ブルーコート作戦」　モルタン反攻（ドイツ名「リュティヒ

作戦」）「トータライズ作戦」　金槌と金床　「ファレーズ包囲網」―殺戮の戦場 ：「パリ蜂起」とセーヌ川一番乗り　「パリ解放」　その後のこと　〔06465〕

◇パリ解放1944-49（Paris after the Liberation 1944-1949）　アントニー・ビーヴァー, アーテミス・クーパー著, 北代美和子訳　白水社　2012.9　498, 36p　20cm　〈文献あり 索引あり〉4200円　①978-4-560-08228-7

内容 第1部 二国物語（元帥と将軍　対独協力への道と抵抗運動への道 ほか）　第2部 国家、それはドゴールなり（臨時政府　外交団 ほか）　第3部 冷戦突入（影絵芝居―計略と逆計　政治と文学 ほか）　第4部 新たな秩序（パリのアメリカ人　観光客の襲来 ほか）　〔06466〕

ビヴェンズ‐テイタム, ウェイン　Bivens-Tatum, Wayne

◇図書館と啓蒙主義（Libraries and the enlightenment）　ウェイン・ビヴェンズ‐テイタム著, 川崎良孝, 川崎佳代子訳　京都　京都図書館情報学研究会　2013.3　175p　22cm　〈文献あり　発売 ： 日本図書館協会〉3500円　①978-4-8204-1223-6　〔06467〕

ピウス9世　Pius

◇教皇ピウス九世書簡―一八七二年（明治五年）　ピウス九世〔著〕, 〔ベルナルド・プティジャン〕〔訳〕　雄松堂書店　2012.6　1軸　31cm　（本邦キリシタン布教関係資料プティジャン版集成 17）〈箱入　の復刻版〉①978-4-8419-0600-4　〔06468〕

ビエリ, アレクサンダー・L.

◇世界のビジネス・アーカイブズ―企業価値の源泉　渋沢栄一記念財団実業史研究情報センター編　日外アソシエーツ　2012.3　272p　19cm　〈発売 ： 紀伊国屋書店〉3600円　①978-4-8169-2353-1

内容 企業のDNA（アレクサンダー・L.ビエリ著, 中台綾子訳）　〔06469〕

ピエール, アベ　Pierre, abbé

◇神に異をとなえる者（Mon dieu…pourquoi？）　アベ・ピエール著, フレデリック・ルノワール編, 寺家村博, 寺家村和子訳　新教出版社　2012.1　120p　19cm　1200円　①978-4-400-52144-0

内容 なぜこんなに苦しみがあるのか　なんのために生きるのか　愛と幸福　仏陀とイエス　欲望　性欲と貞操　司祭の独身と結婚　ヨハネ・パウロ二世の死…ベネディクト一六世の即位　同性結婚と同性の両親　女性司祭の叙階は必要か　マグダラのマリア　イエスはマグダラのマリアと肉体関係をもったか　マリア―神の母かそれとも新しい偶像か　科学を前にして原罪をどう考えればよいか　テイヤール・ド・シャルダンという才能　イエス、人類の救い主　イエスの不在と臨在　聖餐、キリスト教共同体の中心　初期キリスト教に立ち戻る　福音書　三位一体　自由と超自由　罪　地獄は存在するか　歴史的啓示と不可視的啓示　宗教的狂言　〔06470〕

ビエルマ, L.D.　Bierma, Lyle D.

◇『ハイデルベルク信仰問答』入門―資料・歴史・神学（An Introduction to the Heidelberg Catechism）　L.D.ビエルマ編, 吉田隆訳　教文館　2013.9　317p　21cm　3200円　①978-4-7642-7370-2

内容 第1部 歴史研究（プファルツ宗教改革と『ハイデルベルク信仰問答』の起源（一五〇〇‐一五六二年）『ハイデルベルク信仰問答』の目的と著者　『ハイデルベルク信仰問答』の資料と神学　『ハイデルベルク信仰問答』の初期の出版と翻訳　『ハイデルベルク信仰問答』研究文献（一九〇〇年以降））　第2部 ウルジヌスの教理問答（序論　『小教理問答』　『大教理問答』）　〔06471〕

ヒエロニムス

◇古代教会の説教　小高毅編　教文館　2012.1　347p　21cm　（シリーズ・世界の説教）　3400円　①978-4-7642-7335-1

内容 新受洗者への詩編四二編に関する説教（ヒエロニムス）　〔06472〕

ビオン, ウィルフレッド・R.　Bion, Wilfred Ruprecht

◇母子臨床の精神力動―精神分析・発達心理学から子育て支援へ（Parent-infant psychodynamics）　ジョーン・ラファエル‐レフ編, 木部則雄監訳, 長沼佐代子, 長尾牧子, 坂井直子, 金沢聡子訳　岩崎学術出版社　2011.11　368p　22cm　〈索引あり〉6600円　①978-4-7533-1032-6

内容 思考作用についての理論（ウィルフレッド・ビオン著, 木部則雄訳）　〔06473〕

ピオ12世　Pius

◇教会はキリストのからだ―その神秘 1943教皇ピオ十二世回勅（Mystici corporis Christi）　エウジェニオ・パチェリ著, 沢田和夫訳・解説　伊東　天使館　2011.6　122p　18cm　1000円　①978-4-938928-46-9　〔06474〕

ピガフェッタ

◇マゼラン最初の世界一周航海（Relazione del primo viaggio intorno al mondo〔etc.〕）　長南実訳　岩波書店　2011.3　377p　15cm　（岩波文庫 33-494-1）〈文献あり〉940円　①978-4-00-334941-0

内容 最初の世界周航（ピガフェッタ）　〔06475〕

ヒギンズ, ロバート　Higgins, Robert N.

◇グローバル・プロジェクトマネジメント―和と洋の知恵を活かすプロジェクト成功のヒント　永谷裕子, 平石謙治,Robert N.Higgins著　鹿島出版会　2013.3　203p　21cm　〈他言語標題 ： Global Project Management　英語抄訳付　文献あり〉2500円　①978-4-306-01155-7

内容 第1章 グローバル・プロジェクト・マネジメントとは何か（宝船の船出　統合 ほか）　第2章 プロジェクトを取り巻く環境（日本と西欧諸国の対比）（ハイ・コンテキスト文化とロー・コンテキスト文化　契約 ほか）　第3章 日本が世界に発信できるプロジェクトマネジメント・グッド・プラクティス（「おもてなし」や「きめ細やかで丁寧」なサービス精神　品質へのこだわり―高品質を生み出す日本の組織力 ほか）　第4章 グローバルプロジェクトのケーススタディ（インドネシアへの技術協力プロジェクトのマネジメント　オイルメジャー大型資源開発プロジェクト―国家ビ

ジョンとの共鳴 ほか） 付録 ファシリテーション型ワークショップの実際（ファシリテーション型ワークショップとは 多様なステークホルダーをマネジメントする ほか） 〔06476〕

ヒギンズ - ダレサンドゥロ, アン

◇広池千九郎の思想と業績―モラロジーへの世界の評価 2009年モラルサイエンス国際会議報告　岩佐信道, 北川治男監修　柏　モラロジー研究所　2011.2　471p　22cm　〈他言語標題 : Ethical Theory and Moral Practice : Evaluating Chikuro Hiroike's Work in Moralogy　発売 : 広池学園事業部（柏）〉 3200円　①978-4-89639-195-4

内容 正義と慈悲（アン・ヒギンズ - ダレサンドゥロ著, 岩佐信道訳） 〔06477〕

ピグー, アーサー・セシル　Pigou, Arthur Cecil

◇ピグー富と厚生（Economic Science in Relation to Practice, Wealth and Welfare）　Arthur Cecil Pigou〔著〕, 八木紀一郎監訳, 本郷亮訳　名古屋　名古屋大学出版会　2012.8　464p　23cm　〈索引あり〉 6800円　①978-4-8158-0702-3

内容 実践との関わりにおける経済学　富と厚生（厚生と国民分配分　国民分配分の大きさ　国民分配分の分配　国民分配分の変動）　解題 厚生経済学とは何であるのか 〔06478〕

ピケロ - バレスカス, マリア・ロザリオ

◇アジアにおけるジェンダー平等―政策と政治参画 : 東北大学グローバルCOEプログラム「グローバル時代の男女共同参画と多文化共生」（Gender equality in Agia）　辻村みよ子, スティール若希編　仙台　東北大学出版会　2012.3　353p　22cm　〈文献あり〉 3000円　①978-4-86163-185-6

内容 フィリピンにおけるジェンダー平等と女性のマグナカルタに関する試論（マリア・ロザリオ・ピケロ - バレスカス著, カルロ・エマニュエル・ピケロ - バレスカス, 安藤純子共訳） 〔06479〕

ビジュー, シドニー・W.

◇認知行動療法という革命―創始者たちが語る歴史（A HISTORY OF THE BEHAVIORAL THERAPIES（抄訳））　ウィリアム・T.オドナヒュー, デボラ・A.ヘンダーソン, スティーブン・C.ヘイズ, ジェーン・E.フィッシャー, リンダ・J.ヘイズ編, 坂野雄二, 岡島義監訳, 石川信一, 金井嘉宏, 松岡紘史訳　日本評論社　2013.9　283p　21cm　〈文献あり〉 3000円　①978-4-535-98362-5

内容 児童を対象にした初期の行動療法（シドニー・W.ビジュー著, 石川信一訳） 〔06480〕

ビショップ, アラン・J.　Bishop, Alan J.

◇数学的文化化―算数・数学教育を文化の立場から眺望する（Mathematical enculturation）　アラン・J.ビショップ著, 湊三郎訳　教育出版　2011.1　319p　22cm　〈文献あり〉 4000円　①978-4-316-80308-1

内容 第1章 知の方法に向けて　第2章 環境世界に関わる活動と数学文化　第3章 数学文化の諸価値　第4章 数学文化と子ども　第5章 数学的文化化のカリキュラム　第6章 数学的文化化その過程　第7章 数学的文化化を担う者 〔06481〕

ビショップ, ジョシア・G.　Bishop, Josiah Goodman

◇クリスチャン教会の日本伝道物語―海を越えたミッション 米国・日本・プエルトリコ（Christians and the great commission）　ジョシア・G.ビショップ著, 日本基督教団四条町教会翻訳出版委員会訳　宇都宮　日本基督教団四条町教会　2013.3　278p　21cm　〈宇都宮クリスチャン教会創立100年記念〉 非売品 〔06482〕

ビショップ, ジョン・H.

◇学校と職場をつなぐキャリア教育改革―アメリカにおけるSchool-to-Work運動の挑戦（The school-to-work movement）　ウィリアム・J.スタル, ニコラス・M.サンダース編, 横井敏郎ほか訳　学事出版　2011.7　385p　21cm　3800円　①978-4-7619-1839-2

内容 初期労働市場での生徒の成功に対する学校―企業パートナーシップの影響（ジョン・H.ビショップ, フェラン・マネ著, 篠原岳司訳） 〔06483〕

ビショップ, ラッセル　Bishop, Russell

◇ワークアラウンド仕事術―自分と周囲に変化を生みだすストレスフリーの管理術（Workarounds that work）　ラッセル・ビショップ著, 片山奈緒美訳　マグロウヒル・エデュケーション　2011.12　190p　19cm　〈発売 : 日本経済新聞出版社〉 1600円　①978-4-532-60519-3

内容 すべては自分しだい　GTDの考えかた　戦略のための社内の調整と方向性　その問題はどこが問題なのか？　効果的なコミュニケーションと行動　責任の意味と反応力　社内の衝突にうまく対処する　カルチャー・クラッシュを解決する　難しい決断よりベターな選択を　コンセンサスの難しさ〔ほか〕 〔06484〕

ピーズ, ケン

◇環境犯罪学と犯罪分析（Environmental criminology and crime analysis）　リチャード・ウォートレイ, ロレイン・メイズロール編, 島田貴仁, 渡辺昭一監訳, 斉藤知範, 雨宮護, 菊池城治, 畑倫子訳　社会安全研究財団　2010.8　313p　26cm　〈文献あり〉 ①978-4-904181-13-3

内容 反復被害（グラハム・ファレル, ケン・ピーズ著, 齊藤知範訳） 〔06485〕

ヒース, ジョセフ　Heath, Joseph

◇資本主義が嫌いな人のための経済学（Filthy lucre）　ジョセフ・ヒース著, 栗原百代訳　NTT出版　2012.2　403p　20cm　〈索引あり〉 2800円　①978-4-7571-2281-9

内容 第1部 右派（保守、リバタリアン）の謬見（資本主義は自然―なぜ市場は実際には政府に依存しているか　インセンティブは重要だ―…そうでないとき以外は　摩擦のない平面の誤謬―なぜ競争が激しいほどよいとは限らないのか？　税は高すぎる―消費者としての政府という神話　すべてにおいて競争力がない―なぜ国際競争力は重要ではないのか　自己責任―右派はどのようにモラルハザードを誤解しているか）　第2部 左派（革新、リベラル）の誤信（公正価格という誤謬—価格操作の誘惑と、なぜその誘惑に抗うべきか 「サイコパス的」利潤追求—なぜ金儲けはそう悪くないことなのか 資本主義は消えゆく運命—なぜ「体制」は崩壊しなさそうなのか(しそうに見えるのに) 同一賃金—なぜあらゆる面で残念な仕事がなくてはいけないのか 富の共有—なぜ資本主義はごく少数の資本家しか生みださないか レベリング・ダウン—平等の誤った促進法) 〔06486〕

◇ルールに従う—社会科学の規範理論序説 (Following the Rules) ジョセフ・ヒース著, 滝沢弘和訳 NTT出版 2013.2 564p 22cm (叢書《制度を考える》) 〈文献あり 索引あり〉 5800円 ①978-4-7571-4236-7

内容 第1章 道具的合理性 第2章 社会秩序 第3章 義務的制約 第4章 志向的状態 第5章 選好の非認知主義 第6章 自然主義的パースペクティブ 第7章 超越論的必然性 第8章 意志の弱さ 第9章 規範倫理学 第10章 結論 〔06487〕

ヒース, スー

◇ビジュアル調査法と社会学的想像力—社会風景をありありと描写する (PICTURING THE SOCIAL LANDSCAPE) キャロライン・ノウルズ, ポール・スウィートマン編, 後藤範章監訳 京都 ミネルヴァ書房 2012.10 317p 22cm 〈索引あり〉 3400円 ①978-4-623-06394-9

内容 ハウスシェア生活の空間地図(スー・ヒース, エリザベス・クリーバー著, 松橋達矢訳) 〔06488〕

ヒース, ピーター Heehs, Peter

◇評伝オーロビンド (Sri Aurobindo) ピーター・ヒース〔著〕, 柄谷凜訳 インスクリプト 2011.1 285p 20cm 〈文献あり 索引あり〉 3000円 ①978-4-900997-26-4

内容 第1部(インド人という出自 イギリスでの教育 仕事と家庭生活 詩人にして政治家 バンデ・マータラム 君主への宣戦布告) 第2部(ポンディシェリー時代初期 ブラフマンとヴァースデーヴァ スピリチュアルな冒険 経験の哲学 ヨーガの詩人 実験室での作業 晩年) 〔06489〕

ピスケ, ヨーン・シュテファン Pischke, Jörn Steffen

◇「ほとんど無害」な計量経済学—応用経済学のための実証分析ガイド (MONSTLY HARMLESS ECONOMETRICS) ヨシュア・アングリスト, ヨーン・シュテファン・ピスケ著, 大森義明, 小原美紀, 田中隆一, 野口晴子訳 NTT出版 2013.6 373p 21cm 〈文献あり 索引あり〉 5600円 ①978-4-7571-2251-2

内容 第1部 準備編(問いに関する問い 実験的理想) 第2部 コア(たかが回帰、されど回帰 機能する操作変数 必要なものをたぶん得られる パラレルワールド—固定効果、差分の差分、パネルデータ) 第3部 拡張(ちょっと跳んじゃうんだけど—回帰不連続デザイン 分位点回帰モデル 標準じゃない標準誤差の話) 〔06490〕

ヒスロップ, スティーブン・G.

◇ビジュアル1001の出来事でわかる世界史 (1000 events that shaped the world) ダン・オトゥール, エリザベス・[illegible], [illegible], ジュリー・シーダーボルグ, パトリシア・ダニエルズ, スティーブン・G.ヒスロップ, テレサ・バリー, 桶谷仁志著 日経ナショナルジオグラフィック社 2012.2 419p 23cm 〈訳 : 倉田真木ほか 索引あり 文献あり 『ビジュアル歴史を変えた1000の出来事』(2009年刊)の加筆・再編集、改題 発売 : 日経BPマーケティング〉 3800円 ①978-4-86313-161-3

内容 第1章 古代—先史時代～紀元400年 第2章 中世—400年～1500年 第3章 発見の時代—1500年～1700年 第4章 革命の時代—1700年～1850年 第5章 帝国主義の時代—1850年～1913年 第6章 世界大戦の時代—1914年～1945年 第7章 現代—1946年～現在 〔06491〕

ビセネブスキー, デニス Vishnevsky, Denis

◇チェルノブイリ、現実の世界 (CHERNOBYL. REAL WORLD) セルゲイ・パスケービッチ, デニス・ビセネブスキー著, 後藤隆雄訳 本の泉社 2013.10 205p 21cm 1700円 ①978-4-7807-0974-2

内容 第1章 危険な区域の国土(放射能とともに食する区域内の不毛の世界 人的な要因) 第2章 チェルノブイリ区域の"我が村"("我が村"を旅立つ 撤退(避難)する 帰還する ほか) 第3章 チェルノブイリ地方のストーカー(ストーカーは誰だ ストーカーな人々 : ゲーム師、"理想主義者"、"稼ぎや" "ストーカー"のゲームの世界と閉鎖区域の現実世界、平行線で切り離された地点 ほか) 〔06492〕

ビゾニー, ピアーズ Bizony, Piers

◇ガガーリン—世界初の宇宙飛行士、伝説の裏側で (STARMAN(原著改訂版)) ジェイミー・ドラン, ピアーズ・ビゾニー著, 日暮雅通訳 河出書房新社 2013.7 350, 11p 20cm 〈文献あり〉 2400円 ①978-4-309-20626-4

内容 第1章 農民の息子 第2章 リクルート 第3章 設計技師長 第4章 準備 第5章 飛行直前 第6章 一〇八分間 第7章 帰還 第8章 宇宙開発競争 第9章 フォロス事件 第10章 仕事への復帰 第11章 地に堕ちる 第12章 残骸 エピローグ 〔06493〕

ヒーター, デレック Heater, Derek Benjamin

◇市民権とは何か (WHAT IS CITIZENSHIP？) デレック・ヒーター〔著〕, 田中俊郎, 関根政美訳 岩波書店 2012.10 314, 15p 19cm (岩波人文書セレクション) 〈2002年刊の再刊 文献あり 索引あり〉 2800円 ①978-4-00-028560-5

内容 第1章 自由主義的市民権の伝統(起源 市民権と資本主義 マーシャルの市民権論 マーシャルの市民権論の影響力と評価 社会的市民権と新自由主義 二つの考慮すべき要素 世紀転換期の市民権 諸権利の現実と問題点) 第2章 市民共和主義的市民権の伝統(主要な思想家たち 市民権の目的 共和主義的市民権の概要 市民権の特質 市民の役割 市民の形成 共和主義的市民権の復活と議論 共和主義的市民権とその現代化) 第3章 誰が市民か(法律による市民の定義 平等か、エリート主義か フェミニストの視点からみた市民権 国籍としての市民権の起源 市民権と国籍の融合 国民としての市民—地縁か血縁か 多文化主義) 第4章 多重市民権(多重市民権という考え方 並列型市民権 連邦制度と市民権 EU(欧州連合) 国家内市民権 コスモポリスの考え方 世界市民アイデンティティとその道徳性 世界法と市

民　世界統治と市民　多重市民権―賛成論と反対論）第5章 問題と解決（市民権概念のもつ内在的な問題と矛盾　現在の諸問題　教育の役割　二つの伝統の関係と市民権の本質）〔06494〕

ピーターズ，スティーブ　Peters, Steve

◇ぶれない生き方（The Chimp Paradox）　スティーブ・ピーターズ著，ジョン・キム訳　三笠書房　2012.11　238p　19cm　1200円　①978-4-8379-5738-6

内容 "驚きの事実"をお伝えしよう　自分を変える「効果抜群のメソッド」　これが、心をコントロールする簡単な方法　「濃密な人生」「中身のない人生」　「パターン」をやめ、自由に生きる　「個性の磨き方」を知っている人は強い　「独り」を愛し、他人を大切にする　「どう言うか」に、徹底的にこだわれ　その「環境」より、もっと上に行ける　逆境に負けない「しなやかマインド」　絶好調をつくる「体のメンテナンス」　「結果を出す」ために必要なこと　この"ヴィジョン"が情熱に火をつける！　自分の「最高」を目指すために　今日、あなたは「揺るぎない自信」を得る！〔06495〕

ピーターズ，トム　Peters, Thomas J.

◇エクセレントな仕事人になれ！―「抜群力」を発揮する自分づくりのためのヒント163　トム・ピーターズ著，杉浦茂樹訳　阪急コミュニケーションズ　2011.10　433p　19cm　1800円　①978-4-484-11112-4

内容 小さなこと　エクセレント＝デキる　危機　チャンス　回復力　自分　他者　コネクション＝つながり　アティテュード＝取り組む態度　パフォーマンス〔ほか〕〔06496〕

ピータース，レイモンド・G.

◇ライフコース研究の技法―多様でダイナミックな人生を捉えるために（The Craft of Life Course Research）　グレン・H.エルダー,Jr.，ジャネット・Z.ジール編著，本田時雄，岡林秀樹監訳，登張真稲，中尾暢見，伊藤教子，磯谷俊仁，玉井航太，藤原善美訳　明石書店　2013.7　470p　22cm　〈文献あり 索引あり〉6700円　①978-4-7503-3858-3

内容 縦断的エスノグラフィー（リンダ・M.バートン，ダイアン・パーヴィン，レイモンド・G.ピータース著，本田時雄訳）〔06497〕

ピーターソン，クリストファー　Peterson, Christopher

◇ポジティブ心理学入門―「よい生き方」を科学的に考える方法（A Primer in Positive Psychology）　クリストファー・ピーターソン著，宇野カオリ訳　春秋社　2012.7　340p　19cm　〈「実践入門ポジティブ・サイコロジー」（2010年刊）の改題、改訂〉2000円　①978-4-393-36520-5

内容 ポジティブ心理学とは何か？　ポジティブ心理学について学ぶとは―スポーツ観戦ではないということ　気持ちよさとポジティブな経験　幸せ　ポジティブ思考　強みとしての徳性　価値観　興味、能力、達成　ウェルネス　ポジティブな対人関係　よい制度　ポジティブ心理学の未来〔06498〕

ピーターソン，ネーサン

◇東日本大震災の人類学―津波、原発事故と被災者たちの「その後」　トム・ギル，ブリギッテ・シテーガ，デビッド・スレイター編　京都　人文書院　2013.3　371p　19cm　2900円　①978-4-409-53043-6

内容 がれきの中の祭壇（ネーサン・ピーターソン著，深沢誉子訳）〔06499〕

ピーターソン，ボブ（教育）

◇デモクラティック・スクール―力のある学校教育とは何か（Democratic Schools（原著第2版））　マイケル・W.アップル，ジェームズ・A.ビーン編，沢田稔訳　Sophia University Press上智大学出版　2013.10　288p　21cm　〈文献あり 索引あり　発売：ぎょうせい〉2000円　①978-4-324-09636-9

内容 フラトニー小学校（ボブ・ピーターソン著）〔06500〕

ピーターソン，マリリン・ストラッチェン　Peterson, Marilyn Strachan

◇児童虐待とネグレクト対応ハンドブック―発見、評価からケース・マネジメント、連携までのガイドライン（Child abuse and neglect）　マリリン・ストラッチェン・ピーターソン，マイケル・ダーフィー編，ケビン・コルターメディカルエディター，太田真弓，山田典子監訳，加藤真紀子訳　明石書店　2012.2　690p　22cm　〈索引あり〉9500円　①978-4-7503-3542-1

内容 危険信号：養育者歴、家族歴、養育者と子どもの行動　虐待発見とスクリーニング検査　子どもへの面接　サインと症状の評価　児童マルトリートメントに関連する特殊な問題　付随するリスクファクター　社会的孤立により増強されるリスクファクター　宗教的問題　評価と治療　家庭内措置と家庭外措置の子ども〔ほか〕〔06501〕

ピーターソン，リチャード・L.　Peterson, Richard L.

◇脳とトレード―「儲かる脳」の作り方と鍛え方（Inside the investor's brain）　リチャード・L.ピーターソン著，岡村桂訳，長尾慎太郎監修　パンローリング　2011.9　599p　20cm　（ウィザードブックシリーズ vol.184）　3800円　①978-4-7759-7151-2

内容 第1部 脳に関する基礎知識―マインドとマネーの交差点（マインドとマーケット―競争上の優位性を見つけるには　脳の世界を探る―脳の構成要素 ほか）　第2部 感情と投資（直感―心の声を聞く　お金に関する感情―判断力を鈍らせるもの ほか）　第3部 お金について考える（意思を決定する―見込み、曖昧さ、信頼が意思決定に及ぼす影響　フレーミング―白黒をはっきりさせる ほか）　第4部 儲かる脳とは？（感情管理―バランスを図る　行動を変える方法―自分を深く知る ほか）〔06502〕

ピーターソン，P.*　Peterson, Peggy L.

◇動機づけ面接法　応用編（Motivational interviewing（2nd edition））　ウイリアム・R.ミラー，ステファン・ロルニック編，松島義博，後藤恵，猪野亜朗訳　星和書店　2012.9　291p　21cm　〈文献あり〉3200円　①978-4-7911-0817-6

内容 若年者に対する動機づけ面接法（John S.Baer, Peggy L.Peterson）〔06503〕

ビーチ, シルヴィア　Beach, Sylvia

◇シェイクスピア・アンド・カンパニイ書店（Shakespeare and Company）　シルヴィア・ビーチ著, 中山末喜訳　復刻新版　河出書房新社　2011.6　342p　20cm　2600円　①978-4-309-20567-0

内容 シルヴィアとは何者か　パレ・ロワイヤル　A.モニエの小さな灰色の書店　私自身の書店　開店準備にとりかかる　シェイクスピア・アンド・カンパニイ書店、遂に開店　アメリカからやってきた巡礼者たち　パウンド夫妻　フルーリュ通りからの二人の訪問者　シャーウッド・アンダソン〔ほか〕　〔06504〕

ピチオッティ, ブライアン

◇コモンズのドラマ―持続可能な資源管理論の15年（The Drama of the COMMONS）　全米研究評議会,Elinor Ostrom,Thomas Dietz,Nives Dolšak,Paul C.Stern,Susan C.Stonich,Elke U. Weber編, 茂木愛一郎, 三俣学, 泉留維監訳　知泉書館　2012.5　665p　23cm　〈文献あり 索引あり〉9000円　①978-4-86285-132-1

内容 コモンズ管理に関する一つの進化理論（ピーター・J.リチャーソン, ロバート・ボイド, ブライアン・ピチオッティ著, 広川祐司訳）　〔06505〕

ビック, エスター　Bick, Esther

◇母子臨床の精神力動―精神分析・発達心理学から子育て支援へ（Parent-infant psychodynamics）　ジョーン・ラファエル - レフ編, 木部則雄監訳, 長沼佐代子, 長尾牧子, 坂井直子, 金沢聡子訳　岩崎学術出版社　2011.11　368p　22cm　〈索引あり〉6600円　①978-4-7533-1032-6

内容 早期対象関係における皮膚の体験（エスター・ビック著, 木部則雄訳）　〔06506〕

ヒック, ジョン　Hick, John

◇人はいかにして神と出会うか―宗教多元主義から脳科学への応答（The new frontier of religion and science）　ジョン・ヒック著, 間瀬啓允, 稲田実共訳　京都　法蔵館　2011.3　266, 18p　19cm　〈文献あり〉2800円　①978-4-8318-1060-1

内容 宗教体験に対する脳神経科学からの挑戦　心と脳は同じものか　現在通用している自然主義の諸理論　もう一つの可能性　自由意志とはどういうものか　認識論上の問題　認識論的解決　何か特定の宗教でもあるのか　宗教的多元性への対応　宗教多元主義の哲学　多元主義と宗教　今日のスピリチュアリティ（霊性）　死後はどうなるか　〔06507〕

ヒックス, エスター　Hicks, Esther

◇引き寄せの法則瞑想CDブック（Getting into the vortex）　エスター・ヒックス, ジェリー・ヒックス著, 吉田利子訳　ソフトバンククリエイティブ　2011.5　150p　18cm　2000円　①978-4-7973-6417-0

内容 人生全般の瞑想　お金の瞑想　健康の瞑想　人間関係の瞑想　〔06508〕

◇引き寄せの法則―シークレット・カード（THE LAW OF ATTRACTION CARDS）　エスター・ヒックス, ジェリー・ヒックス著, 住友進訳　ソフトバンククリエイティブ　2013.3　69p　19cm　〈外箱入〉2800円　①978-4-7973-7245-8　〔06509〕

◇お金と引き寄せの法則―シークレット・カード（MONEY AND THE LAW OF ATTRACTION CARDS）　エスター・ヒックス, ジェリー・ヒックス著, 住友進訳　ソフトバンククリエイティブ　2013.4　69p　19cm　〈箱入〉2800円　①978-4-7973-7246-5　〔06510〕

ヒックス, ジェリー　Hicks, Jerry

◇引き寄せの法則瞑想CDブック（Getting into the vortex）　エスター・ヒックス, ジェリー・ヒックス著, 吉田利子訳　ソフトバンククリエイティブ　2011.5　150p　18cm　2000円　①978-4-7973-6417-0

内容 人生全般の瞑想　お金の瞑想　健康の瞑想　人間関係の瞑想　〔06511〕

◇引き寄せの法則―シークレット・カード（THE LAW OF ATTRACTION CARDS）　エスター・ヒックス, ジェリー・ヒックス著, 住友進訳　ソフトバンククリエイティブ　2013.3　69p　19cm　〈外箱入〉2800円　①978-4-7973-7245-8　〔06512〕

◇お金と引き寄せの法則―シークレット・カード（MONEY AND THE LAW OF ATTRACTION CARDS）　エスター・ヒックス, ジェリー・ヒックス著, 住友進訳　ソフトバンククリエイティブ　2013.4　69p　19cm　〈箱入〉2800円　①978-4-7973-7246-5　〔06513〕

ヒックス, デイウィッド　Hicks, David

◇グローバル・ティーチャーの理論と実践―英国の大学とNGOによる教員養成と開発教育の試み（Developing the global teacher）　ミリアム・スタイナー編, 岩崎裕保, 湯本浩之監訳　明石書店　2011.7　540p　20cm　（明石ライブラリー 146）〈文献あり 索引あり〉5500円　①978-4-7503-3381-6

内容 教員養成課程におけるグローバル教育の試み―持続可能な未来に向けた「変革のための教育」（デイヴィッド・ヒックス, ケイ・ワット著, 中村絵乃訳）　〔06514〕

ヒックス, J.R.

◇J.R.ヒックス厚生経済学―講義1-4 翻訳　J.R.ヒックス〔述〕, 金井辰郎訳　Sendai　Department of Management and Communication Faculty of Life Design Tohoku Institute of Technology　〔2011〕　13枚　30cm　（Discussion paper series no.1）　〔06515〕

ヒッセリング, シモン　Vissering, Simon

◇日本立法資料全集　別巻783　泰西国法論　シモン・ヒッセリング口授, 津田真一郎訳　復刻版　信山社出版　2012.6　237p　27cm　〈江戸開成所 1868年刊の複製〉40000円　①978-4-7972-6427-2　〔06516〕

ビッツ, マイケル　Bitz, Michael

◇ニューヨークの高校生、マンガを描く―彼らの人生はどう変わったか（Manga high）　マイケル・

ヒ

ビッツ〔著〕, 沼田知加訳　岩波書店　2012.1 239p　19cm　2000円　①978-4-00-024287-5
内容 物語の背後にある大きな物語　第1部 物語（「マンガは私の人生」—コミックブック・クラブの設立「スーパーマンは、あまりにもバカげてる」—生徒とマンガの繋がり　「自分の人生のために書いている」—読解力と学習　「私の名前はサユリ」—アイデンティティーと文化 ほか）　第2部 生徒たち（スターダイシャ—疎外感をキツネ少女のファンタジーに託して　C - ウィズ—繊細な十代の若者が見る夢　エリック—自分にできることを知るとき　サマンサ—ただ、少女マンガが好きだから ほか）　コミックスを超えて　〔06517〕

ピット, ジャン＝ロベール　Pitte, Jean-Robert
◇ワインの世界史—海を渡ったワインの秘密（Le désir du vin）　ジャン＝ロベール・ピット著, 幸田礼雅訳　原書房　2012.2　290, 17p　22cm〈文献あり〉3200円　①978-4-562-04765-9
内容 第1章 ワインの聖なる起源　第2章 一神教ユダヤ教のもっとも忠実な友　第3章 そしてワインは神となる　第4章 唯一神の血　第5章 絹の道、ワインの袋小路　第6章 イスラムにおける禁じられた歓び　第7章 キリスト教とローマの拡大の跡をたどって　第8章 贅沢、静寂、快楽　第9章 世界に向かって　第10章 テロワールの未来　結論 ワインを飲む幸せ　〔06518〕

ピットマン, フランク
◇ダイニングテーブルのミイラ セラピストが語る奇妙な臨床事例—セラピストはクライエントから何を学ぶのか（The mummy at the dining room table）　ジェフリー・A.コトラー, ジョン・カールソン編著, 岩壁茂監訳, 門脇陽子, 森田由美訳　福村出版　2011.8　401p　22cm〈文献あり〉3500円　①978-4-571-24046-1
内容 バジー・ビーの口唇期固着（フランク・ピットマン著, 門脇陽子訳）　〔06519〕

ビットリッヒ, ディートマー　Bittrich, Dietmar
◇HARIBO占い（Das Gummibarchen Orakel）　ディートマー・ビットリッヒ著, 長谷川早苗訳　阪急コミュニケーションズ　2011.5　141p　18cm　800円　①978-4-484-11103-2　〔06520〕

ビーティ, ジャック　Beatty, Jack
◇ドラッカーはなぜ、マネジメントを発明したのか—その思想のすべてを解き明かす（The world according to Peter Drucker）　ジャック・ビーティ著, 平野誠一訳　ダイヤモンド社　2011.4 318p　19cm〈『マネジメントを発明した男ドラッカー』(1998年刊)の新装版　著作目録あり〉1600円　①978-4-478-01562-9
内容 第1章 類いまれなる教育　第2章「書くことが私の仕事だ」　第3章「新しい社会」を求めて　第4章 内側から見たゼネラル・モーターズ　第5章 二〇世紀の基礎障害　第6章 マネジメントを発明した男　第7章 断絶の時代　第8章 己のなたを持て　〔06521〕

ピーティー, マーク　Peattie, Mark R.
◇植民地—20世紀日本 ： 帝国50年の興亡　マーク・ピーティー著, 浅野豊美訳　日の出町（東京都）　慈学社出版　2012.9　384p　19cm〈「20世紀の日本 4」(読売新聞社 1996年刊)の改題、補訂　文献あり 年表あり 索引あり　発売 ： 大学図書〉3800円　①978-4-903425-78-8　〔06522〕

ビーティ, メロディ　Beattie, Melody
◇共依存症（きょういぞんしょう）心のレッスン（The new codependency）　メロディ・ビーティ著, 村山久美子訳　講談社　2011.1　365p 19cm〈タイトル ： 共依存症心のレッスン〉1900円　①978-4-06-215961-6
内容 境界線を越えても、引き返せばいい　第1部 コントロールの罠から解放されて（進化するセルフ・ケア技術　境界線 ほか）　第2部 意識を持って自分につながる（感情の健全度テスト　怒りのテスト ほか）　第3部 キャッチ・アンド・リリース—しょせんただの気持ち（パンドラの箱を開ける　感情に対処する ほか）　第4部 困ったときの対処法（いつ何をすべきか　どこに助けを求めればいいか）　〔06523〕

ピテリス, クリストス　Pitelis, Christos
◇グリーン・バリュー経営への大転換（Green Business, Green Values, and Sustainability（抄訳））　クリストス・ピテリス, ジャック・キーナン, ヴィッキー・プライス編著, 谷口和弘訳　NTT出版　2013.7　285p　20cm〈索引あり〉2800円　①978-4-7571-2292-5
内容 経済化、イノベーション、持続可能な経済パフォーマンス—ビジネススクールの視点 他（クリストス・ピテリス, ヨッヘン・ルンデ）　〔06524〕

ピーテルス, ダニー　Pieters, Danny
◇社会保障の基本原則（Social security）　ダニー・ピーテルス著, 河野正輝監訳　京都　法律文化社　2011.3　198p　22cm（熊本学園大学付属社会福祉研究所社会福祉叢書 21）〈著作目録あり〉2500円　①978-4-589-03340-6
内容 社会保障の概念　社会保障法の法源　社会保障の管理運営　人的な適用範囲　社会的リスク—概念　社会的リスクおよび社会的給付—総論　老齢　死亡　労働不能　失業　家族負担　保険医療　ケア（依存状態）　生活困窮　社会保障の資金調達　司法上の保護　社会保障法における履行強制　個人のプライバシーと基本的自由の保護　国際社会保障法　社会保障（法）の国際比較　〔06525〕

ピーテルスマ, ポール　Pietersma, Paul
◇マネジャーのための経営モデルハンドブック—知っておくべき「60」の経営モデル（Key management models（2nd ed.））　マーセル・ヴァン・アッセン, ガーベン・ヴァン・デン・バーグ, ポール・ピーテルスマ著, 竹谷仁宏監訳, 桧垣さゆり訳　ピアソン桐原　2012.3　273p　21cm〈索引あり〉2300円　①978-4-86401-062-7
内容 1 戦略モデル（アンゾフの製品/市場マトリクス　BCGマトリクス　ブルー・オーシャン戦略 ほか）　2 戦術モデル（7Sフレームワーク　活動基準原価計算（ABC）　ビアーとノーリアのE理論とO理論 ほか）　3 オペレーショナル・モデル（バランス・スコアカード（BSC）　ベルビンのチームでの役割　ブランド戦略のペンタグラム（五角星）ほか）　〔06526〕

ヒトラー, アドルフ　Hitler, Adolf
◇ヒトラー語録（Deutschlad erwache！）　ヒト

ラー〔述〕, アイバンホー・ブレダウ編, 小松光昭訳　原書房　2011.5　228p　20cm　〈『ヒットラーはこう語った』(1976年刊)の改題・新装版〉　2200円　①978-4-562-04702-4

内容 ドイツ　主義　歴史　運命と神　宗教　文化　日本　イタリア　帝国主義者たち　イギリス　フランス　アメリカ　ソビエト・ロシア　マルキシズム　ユダヤ人　ヨーロッパ　民主主義と政治家　人間批判　国家社会主義　心理学　闘争　兵士と戦争　青少年と教育　女性　労働と経済　生活圏　農民　民族　指導者　ヒトラー自身〔06527〕

◇ヒトラーの遺言─1945年2月4日─4月2日　(Hitlers politisches Testament)　ヒトラー〔著〕, マルティン・ボルマン記録, 篠原正瑛訳・解説　原書房　2011.6　226p　20cm　〈1991年刊の新装版〉　2200円　①978-4-562-04707-9〔06528〕

ピニャール, フィリップ　Pignarre, Philippe

◇反資本主義宣言─フランスNPAの挑戦　(Etre anticapitaliste aujourdhui)　フィリップ・ピニャール著, 杉村昌昭訳　柘植書房新社　2011.5　199p　19cm　1800円　①978-4-8068-0621-9

内容 緒言─ひそやかに立ち去ったすべての者に思いを馳せながら　序論─歴史との新たな関係　第1章 これはマヌーバーか?　第2章 トロツキズムの遺産問題　第3章 オルター・グローバリゼーション運動の新鮮なテスト　第4章 “みんな一緒に”　第5章 “より幅広い”党か、特異な党か?　結び─冒険は続く　補論1─ジョン・デューイとレオン・トロツキーの出会い　補論2─階級闘争〔06529〕

ピニュール, イヴ　Pigneur, Yves

◇ビジネスモデル・ジェネレーション─ビジネスモデル設計書 : ビジョナリー、イノベーターと挑戦者のためのハンドブック　(Business model generation)　アレックス・オスターワルダー, イヴ・ピニュール著, 45カ国の470人の実践者共著, 小山竜介訳　翔泳社　2012.2　273p　19×26cm　〈文献あり〉　2480円　①978-4-7981-2297-7

内容 1 キャンバス(ビジネスモデルの定義　9つの構築ブロック　ビジネスモデルキャンバス)　2 パターン(アンバンドルビジネスモデル　ロングテール　マルチサイドプラットフォーム　ビジネスモデルとしてのフリー戦略　オープンビジネスモデル)　3 デザイン(顧客インサイト　アイデア創造　ビジュアルシンキング　プロトタイピング　ストーリーテリング　シナリオ)　4 戦略(ビジネスモデル環境　ビジネスモデル評価　ブルーオーシャンモデルにおけるビジネスモデル　複数のビジネスモデル運営)　5 プロセス(ビジネスモデルのデザインプロセス)　展望〔06530〕

◇ビジネスモデルYOU─キャリア再構築のための1ページメソッド　(Business Model YOU)　ティム・クラーク著, アレックス・オスターワルダー, イヴ・ピニュール共著, 神田昌典訳　翔泳社　2012.10　262p　19×26cm　2200円　①978-4-7981-2814-6

内容 1 キャンバス─組織や個人のビジネスモデルを分析し描くための鍵となるツール。その使い方を学ぶ。(ビジネスモデル思考 : 変化し続ける社会に適応する　ビジネスモデル・キャンバス　パーソナル・キャンバス)　2 熟考する─あなたの人生の方向性に立ち戻る。個人としての望み、そしてキャリア上の望みを、どう両立するのか?(あなたはどんな人?　キャリアの目的を明確にする)　3 修正する─キャンバスと、ここまでの章で得た気づきをもとにあなたの仕事生活(ワークライフ)を調整しよう。─あるいは、新しく構築し直そう。(自分を新しく構築しなおそう　パーソナル・ビジネスモデルをもう一度描く)　4 行動する─全てを実現させる方法を学ぶ。(あなたのビジネス価値を算出する　モデルを市場でテストする　次に来るものは?)　5 最後に─ビジネスモデルYOU誕生の背景にある、人々やリソースの話。(ビジネスモデルYOUコミュニティ)〔06531〕

ビネ, ロラーンス

◇人道的交渉の現場から─国境なき医師団の葛藤と選択　(Agir à tout prix?)　クレール・マゴン, ミカエル・ノイマン, ファブリス・ワイズマン編著, リングァ・ギルド他訳　小学館スクウェア　2012.11　419p　19cm　1429円　①978-4-7979-8739-3

内容 エチオピア─オガデン地方での駆け引き(ロラーンス・ビネ著)〔06532〕

ピネダ, ビクター・サンチャゴ　Pineda, Victor

◇わたしたちのできること─障害者権利条約の話　(It's about ability)　〔ビクター・サンチャゴ・ピネダ〕〔著〕, 〔玉村公二彦〕〔監訳〕, 日本障害者リハビリテーション協会日本語版冊子翻訳・編集・制作, ボランティアグループデイジー江戸川編　〔電子資料〕　日本障害者リハビリテーション協会(製作)　c2013　CD-ROM 1枚　12cm　〈収録時間 : 1時間41分　朗読 : 境実香〉〔06533〕

ピネル・スティーブンズ, ジューン　Pinnell-Stephens, June

◇公立図書館で知的自由を擁護する─現場からのシナリオ　(Protecting intellectual freedom in your public library)　ジューン・ピネル・スティーブンズ著, 川崎良孝, 高鍬裕樹, 川崎智子訳　京都　京都図書館情報学研究会　2012.10　191p　22cm　〈発売 : 日本図書館協会〉　3500円　①978-4-8204-1210-6〔06534〕

ピノ, フランチェスカ

◇世界のビジネス・アーカイブズ─企業価値の源泉　渋沢栄一記念財団実業史研究情報センター編　日外アソシエーツ　2012.3　272p　19cm　〈発売 : 紀伊国屋書店〉　3600円　①978-4-8169-2353-1

内容 合併の波の後(フランチェスカ・ピノ著, 矢野正隆訳)〔06535〕

ビーハン, キース　Behan, Keith

◇運命を操る方法─なぜ起きてほしくないことが起こるのか　キース・ビーハン著, 三浦英樹訳　青春出版社　2012.4　208p　20cm　1381円　①978-4-413-03835-5

内容 レゾナンスの法則─「スピリット世界」とのつながり　内側と外側の法則─何が今のあなたをつくり上げているか　引き寄せの法則─まだ気づいていない「インナーマグネット」の力　鏡の法則─人間関係がうまくいかない理由　投影の法則─なぜ相手に求めてしまうのか　サポートの法則─スピリットに上手にお願いする方法　抵抗の法則─なぜ起きてほし

くないことが起こるのか　執着の法則—「叶えたい」と思うほど叶わない訳　大河の法則—運命の舵とりをしているのは誰か　スペースの法則—いいものが入ってこないその原因〔ほか〕 〔06536〕

ビビー, マーティン　Bibby, Martin
◇みんな大切！—多様な性と教育（Everyone is special！）　ローリ・ベケット編, 橋本紀子監訳, 艮香織, 小宮明彦, 杉田真衣, 渡辺大輔訳　新科学出版社　2011.3　195p　22cm　2500円　①978-4-915143-39-7
内容 教員養成への多様なセクシュアリティの包含（マーティン・ビビー著, 渡辺大輔訳） 〔06537〕

ピピン, ロバート・B.　Pippin, Robert B.
◇ヘーゲルの実践哲学—人倫としての理性的行為者性（HEGEL'S PRACTICAL PHILOSOPHY）　ロバート・B.ピピン〔著〕, 星野勉監訳, 大橋基, 大藪敏宏, 小井沼広嗣訳　法政大学出版局　2013.4　506, 38p　20cm　（叢書・ウニベルシタス 991）〈文献あり 著作目録あり 索引あり〉5200円　①978-4-588-00991-4
内容 第1部 精神（前置き—自由な生活を送る　自然と精神（心）—ヘーゲルの両立論　自分自身に法則を与えることについて　自由の現実化）　第2部 自由（意志の自由—心理的次元　意志の自由—社会的次元）　第3部 社会性（ヘーゲルにおける社会性—承認された地位　承認と政治　制度の理性性　結論） 〔06538〕

ビーブ, キャサリン　Beebe, Catherine
◇青少年の友ドン・ボスコ　キャサリン・ビーブ著, 野口重光訳　新装版　ドン・ボスコ社　2009.2　221p　18cm　（ドン・ボスコ新書）〈年譜あり〉660円　①978-4-88626-475-6
内容 少年時代（ベッキの丘で　母マルゲリタ　ヨナキウグイス ほか）　司祭への道（一着！　ヨハネ・ボスコ君　友人コモッロ　「あなたは永遠の司祭である」ほか）　はたらくドン・ボスコ（「おれたちゃ神父なんて好きじゃない」　寄宿舎のはじまり　ドメニコ・サビオ ほか） 〔06539〕

ピープス, サミュエル　Pepys, Samuel
◇サミュエル・ピープスの日記　第10巻（1669年）（The diary of Samuel Pepys）　サミュエル・ピープス著, 海保眞夫訳　国文社　2012.1　322p　22cm　〈解説 ： 岡照雄〉4200円　①978-4-7720-0187-8 〔06540〕

ピープマイヤー, アリスン　Piepmeier, Alison
◇ガール・ジン—「フェミニズムする」少女たちの参加型メディア（Girl zines）　アリスン・ピープマイヤー著, 野中モモ訳　太田出版　2011.9　415p　19cm　〈索引あり〉3500円　①978-4-7783-1268-8
内容 第1章 もし私がこういうことを書かないでいたら、ほかの誰かも書きはしないだろうから—ガール・ジンが継ぐ、フェミニストの遺産と第三波の起源　第2章 なぜジンは重要なのか？—物質性と「身体化されたコミュニティ」の創造　第3章 ドレスアップをプレイする、ピンナップをプレイする、ママをプレイする—ジンとジェンダー　第4章「わたしたちは、みなひとつではない」—ガール・ジンに見られる交差的アイデンティティ　第5章「第三波フェミニズム」する—希望の公共教育としてのジン 〔06541〕

ヒベイロ, グスタボ・リンス
◇コンフリクトの人文学　第3号　大阪大学グローバルCOEプログラムコンフリクトの人文学国際研究教育拠点編　吹田　大阪大学出版会　2011.3　326p　21cm　〈他言語標題 ： Conflict Studies in the Humanities〉2400円　①978-4-87259-387-7
内容 「海賊版」の開発/発展（グスタボ・リンス・ヒベイロ著, 藤原久仁子, 酒井朋子訳） 〔06542〕

ビベリ, カリン
◇海を渡ってきたわが子—韓国の子どもを育てたスウェーデンの親たち9編の実話　キムスコグルンド編, 坂井俊樹監訳, 徐凡喜訳　梨の木舎　2013.3　136p　19cm　1500円　①978-4-8166-1303-6
内容 あなたのちいさな息子、明日到着します（カリン・ビベリ） 〔06543〕

ビマー, アンドレーアス・C.　Bimmer, Andreas C.
◇ヨーロッパ・エスノロジーの形成—ドイツ民俗学史（Einführung in die Volkskunde（改訂第3版））　インゲボルク・ヴェーバー＝ケラーマン, アンドレーアス・C.ビマー, ジークフリート・ベッカー著, 河野眞訳　京都　文緝堂　2011.3　375p 図版 32p　22cm　〈文献あり〉4000円　①978-4-9901976-5-0 〔06544〕

ビーマン, ウィリアム・O.
◇リスクの誘惑　宮坂敬造, 岡田光弘, 坂上貴之, 坂本光, 巽孝之編　慶応義塾大学出版会　2011.9　306, 3p　21cm　3200円　①978-4-7664-1857-6
内容 東洋と西洋におけるリスクの概念（ウィリアム・O.ビーマン著, ウィリアム・O.ビーマン, 佐々木剛二, 宮坂敬造訳） 〔06545〕

ピマンテル, カルロス＝ミゲル
◇フランス憲政学の動向—法と政治の間 Jus Politicum　山元一, 只野雅人編訳　慶応義塾大学出版会　2013.8　313p　22cm　7000円　①978-4-7664-2063-0
内容 承認と否認（カルロス＝ミゲル・ピマンテル著, 曽我部真裕訳） 〔06546〕

ピム, アンソニー
◇異文化コミュニケーション学への招待　鳥飼玖美子, 野田研一, 平賀正子, 小山亘編　みすず書房　2011.12　484p　22cm　〈他言語標題 ： Introduction to Intercultural Communication Studies〉6000円　①978-4-622-07659-9
内容 歴史上の問題解決策としての翻訳理論（アンソニー・ピム著, 武田珂代子訳） 〔06547〕

ビーム, ジョージ　Beahm, George W.
◇スティーブ・ジョブズ夢と命のメッセージ（I, Steve）　スティーブ・ジョブズ〔著〕, ジョージ・ビーム編, 竹内一正監訳・解説　三笠書房　2011.11　220p　15cm　（知的生きかた文庫 た59-1）　552円　①978-4-8379-7987-6
内容 はじめに 世界を変えた天才、スティーブ・ジョ

ブズ この言葉一つひとつに魂が宿っている！　1 誰よりも熱く生きる力　2 ビジョンを描く力　3 人を惹きつけ、巻き込む力　4 夢を実現していく力　5 リーダーシップの力　監訳者あとがき ジョブズがいた世界、いなくなった世界 「人生を賭ける」ほどの仕事ができるか(竹内一正)　〔06548〕

ピムペア, スティーヴン　Pimpare, Stephen

◇民衆が語る貧困大国アメリカ―不自由で不平等な福祉小国の歴史（A people's history of poverty in America）　スティーヴン・ピムペア著, 中野真紀子監訳, 桜井まり子, 甘糟智子訳　明石書店　2011.1　413p　20cm　〈索引あり〉3800円　①978-4-7503-3323-6

内容 序章 「怒れる貧者」と救済の「定法」　第1章 生きのびる―私は弟の番人か？　第2章 ねぐら―ホームとよべる場所　第3章 食べる―ゴミあさり　第4章 働く―依存すること、しないこと　第5章 愛する―女性と子ども　第6章 尊敬―救済の代償　第7章 逃亡―黒人と打ちひしがれた者たち　第8章 降伏―貧困の文化？　第9章 抵抗―パンか血か　終章 貧困の計算　〔06549〕

ヒムラル, バッタライ　Himlal, Bhattarai

◇Are you happy？―世界の子どもに笑顔をプレゼント　神崎孝行, バッタライ・ヒムラル著　牧歌舎　2013.7　90p　19cm　〈発売：星雲社〉900円　①978-4-434-18081-1

内容 疲れたら、少し休んでみませんか？　はるかの冒険 「ネパールの子どもたちを援助する会」とは、どんな会？　ネパールに「日本村」を開く　ネパールと日本の相互理解・交流をさらに深めるために　〔06550〕

ヒメネス・ベルデホ, ホアン・ラモン　Jiménez Verdejo, Juan Ramón

◇グリッド都市―スペイン植民都市の起源、形成、変容、転生　布野修司, ホアン・ラモン・ヒメネス・ベルデホ著　京都　京都大学学術出版会　2013.2　692p　21cm　7200円　①978-4-87698-268-4

内容 第1章 スペイン植民都市の形成　第2章 スペイン植民都市の空間理念とその形態　第3章 カリブ海―サント・ドミンゴ・アウディエンシア　第4章 メソアメリカ―ヌエヴァ・エスパーニャ副王領　第5章 アンデス―ペルー副王領　第6章 フィリピン―マニラ・アウディエンシア　〔06551〕

ヒューイット, ビル　Huyett, Bill

◇企業価値経営―コーポレート・ファイナンスの4つの原則（VALUE）　マッキンゼー・アンド・カンパニー, ティム・コラー, リチャード・ドッブス, ビル・ヒューイット著, 本田桂子, 鈴木一功訳　ダイヤモンド社　2012.8　260p　22cm　2400円　①978-4-478-01798-2

内容 第1部 4つの原則(なぜ、企業価値を評価するのか　価値の根源の原則　価値不変の原則　期待との際限なき闘い　ベスト・オーナーの原則)　第2部 株式市場(株式市場とは何か　株式市場と実体経済　株式市場のバブル　収益調整)　第3部 価値創造を管理する(ROIC　成長　事業ポートフォリオ　M&Aによる価値創造　リスク　有利子負債・資本構成　IR活動　価値創造経営)　〔06552〕

ヒューイット, レイノーラ　Huett, Leonora

◇心・体・魂を癒す宝石療法―パワーストーンの古代の叡智がよみがえる（THE SPIRITUAL VALUE OF GEMSTONES）　W.G.リチャードソン,L.ヒューイット著, 林陽訳　中央アート出版社　2012.4　173p　22cm　2200円　①978-4-8136-0685-7

内容 第1章 宝石に秘められた宇宙の法則　第2章 宝石パワーのすべて　第3章 その他の貴石類　第4章 貴金属と鉱石のパワー　第5章 結晶の秘密　第6章 七つの結晶系　第7章 ブレストプレート、エポデ、ウリムとトンミム　〔06553〕

ビュエル, ハル　Buell, Hal

◇ピュリツァー賞受賞写真全記録（Moments）　ハル・ビュエル著, 河野純治訳　日経ナショナルジオグラフィック社　2011.12　319p　23cm　〈索引あり　発売：日経BPマーケティング〉3800円　①978-4-86313-141-5

内容 第1期 大判カメラと初期のピュリツァー賞受賞作品(1942年・デトロイトの労働争議(ミルトン・ブルックス)　1943年・水を！(フランク・ノエル) ほか)　第2期 カメラの小型化、ベトナム戦争と公民権運動(1962年・孤独な2人(ポール・バンス)　1963年・革命と罪の赦し(ヘクター・ロンドン) ほか)　第3期 新たな賞、特集写真部門の創設(1970年ニュース速報部門・キャンパスの銃(スティーブ・スター、AP通信)　1970年特集部門・季節労働者の移動(ダラス・キニー) ほか)　第4期 カラー写真、デジタル化、女性写真家、アフリカ(1981年ニュース速報部門・浜辺での処刑(ラリー・プライス)　1981年特集部門・ジャクソン刑務所での生活(タロウ・ヤマサキ) ほか)　第5期 デジタル革命(2003年ニュース速報部門・コロラドの山火事(ロッキー・マウンテン・ニューズ紙写真部スタッフ)　2003年特集部門・エンリケの旅(ドン・バートレッティ) ほか)　〔06554〕

ビュエル＝トンプソン, ボニータ・S.　Buell-Thompson, Bonita S.

◇リーダーシップ・マスター―世界最高峰のコーチ陣による31の教え（Coaching for Leadership）　マーシャル・ゴールドスミス, ローレンス・S.ライアンズ, サラ・マッカーサー編著, 久野正人監訳, 中村安子, 夏井幸子訳　英治出版　2013.7　493p　21cm　2800円　①978-4-86276-164-4

内容 自分の価値を倍増させる(マーク・C.トンプソン, ボニータ・S.ビュエル＝トンプソン)　〔06555〕

ヒューゲル, ケリー　Huegel, Kelly

◇LGBTQってなに？―セクシュアル・マイノリティのためのハンドブック（GLBTQ）　ケリー・ヒューゲル著, 上田勢子訳　明石書店　2011.12　236p　19cm　〈文献あり〉2000円　①978-4-7503-3501-8

内容 第1章 LGBTQってなに？　第2章 ホモフォビア　第3章 カミングアウト　第4章 学校生活　第5章 LGBTQの仲間　第6章 LGBTQの恋愛　第7章 セックスとセクシュアリティ　第8章 健康管理　第9章 宗教と文化　第10章 トランスジェンダーの10代　第11章 仕事と大学　〔06556〕

ビュコロ, エリザベッタ

◇連帯経済―その国際的射程（L'économie

ヒ

solidaire）　ジャン＝ルイ・ラヴィル編, 北島健一, 鈴木岳, 中野佳裕訳　生活書院　2012.1　389p　19cm　〈索引あり　文献あり〉3400円　①978-4-903690-87-2
内容 南北間の連帯経済（エリザベッタ・ビュコロ著, 鈴木岳訳）〔06557〕

ヒューズ, キャサリン
◇子どもの社会的ひきこもりとシャイネスの発達心理学（THE DEVELOPMENT OF SHYNESS AND SOCIAL WITHDRAWAL）　ケネス・H.ルビン, ロバート・J.コプラン編, 小野善郎訳　明石書店　2013.8　363p　22cm　5800円　①978-4-7503-3873-6
内容 昔々、真っ赤な顔のカバとおとなしいネズミがいました（ロバート・J.コプラン, キャサリン・ヒューズ, ヒラリー・クレア・ラウセル著）〔06558〕

ヒューズ, キャスリン・L.
◇学校と職場をつなぐキャリア教育改革—アメリカにおけるSchool-to-Work運動の挑戦（The school-to-work movement）　ウィリアム・J.スタル, ニコラス・M.サンダース編, 横井敏郎ほか訳　学事出版　2011.7　385p　21cm　3800円　①978-4-7619-1839-2
内容〈職場を基盤とした学習〉の教授法開発（デイヴィッド・ソーントン・ムーア, キャスリン・L.ヒューズ著, 酒井貞彦, 横井敏郎訳）〔06559〕

ヒューズ, ジェラルディン　Hughes, Geraldine
◇救済—マイケル・ジャクソン児童性的虐待疑惑（1993年）の真相 ALL★THAT'S MJ（Redemption）　ジェラルディン・ヒューズ著, 寺尾和子訳　メディカルパースペクティブス　2011.1　284p　19cm　〈文献あり　発売：サンクチュアリ出版〉1900円　①978-4-86113-481-4
内容 第1部 本書で伝えたいこと　第2部 主な登場人物　第3部 巧妙な陰謀の裏側　第4部 メディアの狂騒、訴訟提起、そして、和解まで　第5部 民事訴訟と刑事捜査の実態　第6部 窮地における神の救い　第7部 和解後〔06560〕

ヒューズ, シンリグ・E.　Hughes, Cynrig E.
◇グローバル・ティーチャーの理論と実践—英国の大学とNGOによる教員養成と開発教育の試み（Developing the global teacher）　ミリアム・スタイナー編, 岩崎裕保, 湯本浩之監訳　明石書店　2011.7　540p　20cm　（明石ライブラリー 146）〈文献あり 索引あり〉5500円　①978-4-7503-3381-6
内容 大学・NGO・小学校の三者連携による教員養成プログラム—中央アメリカをテーマとした開発教育ワークショップ（シーラ・J.ベネル, パトリシア・ダニエル, シンリグ・E.ヒューズ著, 西あい訳）〔06561〕

ヒューズ, ダミアン　Hughes, Damian
◇「なりたい自分」になる（HOW TO CHANGE ABSOLUTELY ANYTHING）　ダミアン・ヒューズ著, SDL Plc訳　ピアソン桐原　2012.12　207p　19cm　（英国式スキルアップ）　1300円　①978-4-86401-133-4
内容 1 第一印象は自分で演出する—なりたい自分になるための第一歩　2 自分が他人にどう見られたいかを明確にする—人から好感を持たれる言動をする　3 感情の持つ力を認める—変化の実現を妨げかねない心理的要因を避ける　4 四つの重要な欲求に取り組む—変化に影響を与える感情をコントロールする　5 自分が変化にどう反応しているかを理解する—ある状況における事実をどう解釈するかが結果を決める　6 周りの人たちが変化にどう反応するかを予想する—必要なサポートを得るための柔軟性を身に付ける　7 信念を観察する—信念を利用して変化を推進する　8 信念の罠を回避する—変化の妨げとなるよくある間違いを特定する　9 自分が今いる場所を意識する—自分が何から影響を受けているかを理解し、変化のためのカギを見つける　10 アクションを起こす—あなたの番です〔06562〕

ヒューズ‐ジェームズ, マーサ・W.
◇リーダーシップ開発ハンドブック（The center for creative leadership）　C.D.マッコーレイ,R.S.モクスレイ,E.V.ヴェルサ編, 金井寿宏監訳, 嶋村伸明, リクルートマネジメントソリューションズ組織行動研究所訳　白桃書房　2011.3　463p　22cm　〈文献あり 索引あり〉4700円　①978-4-561-24546-9
内容 リーダーシップ開発：課題 人種と性別を越えたリーダーシップ開発（マリアン・N.ルーダーマン, マーサ・W.ヒューズ‐ジェームズ著）〔06563〕

ビュック, クリスチアン
◇法・制度・権利の今日的変容　植野妙実子編著　八王子　中央大学出版部　2013.3　480p　22cm　（日本比較法研究所研究叢書 87）　5900円　①978-4-8057-0586-5
内容 科学の進歩と人権（クリスチアン・ビュック述, 稲葉実香訳）〔06564〕

ヒュッテンマイスター, F.G.　Hüttenmeister, Frowald Gil
◇古代のシナゴーグ（Die antike Synagoge）　F.G.ヒュッテンマイスター,H.ブレードホルン著, 山野貴彦訳　教文館　2012.6　143p　22cm　〈文献あり〉2900円　①978-4-7642-7346-7
内容 第1部 文献・碑文に見るシナゴーグ（シナゴーグを表す名称および表記　シナゴーグと学びの家　シナゴーグの役割　碑文　シナゴーグ建築とラビたちシナゴーグの成立）　第2部 考古資料に見るシナゴーグ（イスラエルの地におけるシナゴーグ建築　サマリア人のシナゴーグ　ディアスポラのシナゴーグ）〔06565〕

ビュートラー, ラリー・E.
◇変容する臨床家—現代アメリカを代表するセラピスト16人が語る心理療法統合へのアプローチ（HOW THERAPISTS CHANGE）　マービン・R.ゴールドフリード編, 岩壁茂, 平木典子, 福島哲夫, 野末武義, 中釜洋子監訳, 門脇陽子, 森田由美訳　福村出版　2013.10　415p　22cm　〈索引あり〉5000円　①978-4-571-24052-2
内容 体験過程療法から折衷療法のセラピストへ（ラリー・E.ビュートラー著）〔06566〕

ヒューバー, ジャニス　Huber, Janice
◇子どもと教師が紡ぐ多様なアイデンティティ—カ

ヒ

ナダの小学生が語るナラティブの世界（Composing diverse identities）　D.ジーン・クランディニン, ジャニス・ヒューバー, アン・マリー・オア, マリリン・ヒューバー, マーニ・ピアス, ショーン・マーフィー, パム・スティーブス著, 田中昌弥訳　明石書店　2011.4　313p　21cm　〈文献あり〉3000円　①978-4-7503-3363-2

内容 第1章 学校での人生をナラティブとして理解する　第2章 子ども、教師、親、管理職と共に取り組む関係的なナラティブ的探究　第3章 子どもたちが支えとするストーリー―そして、教師による子どもたちについてのストーリー　第4章 脚色されたストーリー　第5章 人格教育プログラムをめぐるストーリー　第6章 子どもと共に生きる、ある管理職のストーリー　第7章 支えとするストーリーを変化させる―教師の人生において個人的なものと専門的なものを織り合わせる　第8章 緊張関係を生きる―人生のカリキュラムを共に模索する　第9章 支えとするストーリーを紡ぐ―学校についてのストーリーを中断させる　第10章 人生に心を配るカウンター・ストーリー　〔06567〕

ヒューバー, ジョーン　Huber, Joan

◇ジェンダー不平等起源論―母乳育が女性の地位に与えた影響（On the origins of gender inequality）　ジョーン・ヒューバー著, 古牧徳生訳　京都　晃洋書房　2011.2　194, 29p　22cm　〈文献あり 索引あり〉2600円　①978-4-7710-2183-9

内容 序説　第1章 なぜ人類の起源についての研究はつまずいたのか　第2章 霊長類から人類へ　第3章 ヒト科の出現　第4章 母乳　第5章 生業の形態と乳児の常食　第6章 ジェンダー不平等の未来　著者の回想　〔06568〕

ヒューバー, マリリン　Huber, Marilyn

◇子どもと教師が紡ぐ多様なアイデンティティ―カナダの小学生が語るナラティブの世界（Composing diverse identities）　D.ジーン・クランディニン, ジャニス・ヒューバー, アン・マリー・オア, マリリン・ヒューバー, マーニ・ピアス, ショーン・マーフィー, パム・スティーブス著, 田中昌弥訳　明石書店　2011.4　313p　21cm　〈文献あり〉3000円　①978-4-7503-3363-2

内容 第1章 学校での人生をナラティブとして理解する　第2章 子ども、教師、親、管理職と共に取り組む関係的なナラティブ的探究　第3章 子どもたちが支えとするストーリー―そして、教師による子どもたちについてのストーリー　第4章 脚色されたストーリー　第5章 人格教育プログラムをめぐるストーリー　第6章 子どもと共に生きる、ある管理職のストーリー　第7章 支えとするストーリーを変化させる―教師の人生において個人的なものと専門的なものを織り合わせる　第8章 緊張関係を生きる―人生のカリキュラムを共に模索する　第9章 支えとするストーリーを紡ぐ―学校についてのストーリーを中断させる　第10章 人生に心を配るカウンター・ストーリー　〔06569〕

ヒューバー, メアリー・テーラー

◇大学教育のネットワークを創る―FDの明日へ　京都大学高等教育研究開発推進センター, 松下佳代編　東信堂　2011.3　232p　22cm　〈文献あり 索引あり〉3200円　①978-4-7989-0043-8

内容 高等教育におけるティーチング・コモンズの構築（メアリー・テーラー・ヒューバー著, 松下佳代訳）　〔06570〕

ヒューバート, ロブ

◇北極海のガバナンス　奥脇直也, 城山英明編著　東信堂　2013.3　214p　22cm　〈他言語標題：Governing the Arctic Ocean　索引あり〉3600円　①978-4-7989-0167-1

内容 変わりゆく北極（ロブ・ヒューバート執筆, 田中佐代子訳）　〔06571〕

ヒューバマン, トニ　Huberman, Toni

◇チャールズ・ホームの日本旅行記―日本美術愛好家の見た明治（The diary of Charles Holme's 1889 visit to Japan and North America with Mrs Lasenby Liberty's Japan）　チャールズ・ホーム著, トニ・ヒューバマン, ソニア・アシュモア, 菅靖子編, 菅靖子, 門田園子訳　彩流社　2011.3　243, 13p　22cm　〈写真：アーサー・L.リバティ　文献あり 索引あり〉3000円　①978-4-7791-1607-0

内容 はじめに　チャールズ・ホームの日本旅行記 一八八九年三月二八日〜六月七日　日本　〔06572〕

ヒューベナー, クリスティーナ

◇ヴァイマル イン ベルリン―ある時代のポートレート（Weimar in Berlin）　マンフレート・ゲルテマーカー, プロイセン文化財団映像資料館編, 岡田啓美, 斎藤尚子, 茂幾保代, 渡辺芳子訳　三元社　2012.3　219p　25cm　〈年表あり　索引あり　文献あり〉5800円　①978-4-88303-301-0

内容 共和国の終焉（クリスティーナ・ヒューベナー著, 茂幾保代訳）　〔06573〕

ヒューム, サリー・ボルチ

◇成年後見法における自律と保護―成年後見法世界会議講演録　新井誠監修, 2010年成年後見法世界会議組織委員会編, 紺野包子訳　日本評論社　2012.8　319p　21cm　〈英語抄訳付〉5600円　①978-4-535-51865-0

内容 アメリカ合衆国における成年後見制度の動向 他（サリー・ボルチ・ヒューム著）　〔06574〕

ヒューム, デイヴィッド　Hume, David

◇奇蹟論・迷信論・自殺論―ヒューム宗教論集 3　デイヴィッド・ヒューム〔著〕, 福鎌忠恕, 斎藤繁雄訳　新装版　法政大学出版局　2011.3　181p　20cm　（叢書・ウニベルシタス 150）　2500円　①978-4-588-09933-5

内容 1（奇蹟について　特殊的摂理と未来（来世）の状態について）　2（迷信と熱狂について）　3（自殺について　魂の不死性について）　4（一郷士よりエディンバラの一友人に宛てた一書簡　エリオットよりヒューム宛書簡　アダム・スミス書簡―ウィリアム・ストローン宛）　5（自叙伝）　〔06575〕

◇宗教の自然史―ヒューム宗教論集 1（The natural history of religion）　デイヴィッド・ヒューム〔著〕, 福鎌忠恕, 斎藤繁雄訳　新装版　法政大学出版局　2011.3　136p　20cm　（叢書・ウニベルシタス 32）　2200円　①978-4-588-09932-8

内容 多神教が人間の原初的宗教であったこと　多神教の起原　同一主題の続き(多神教の起原)　世界の創造者ないし形成者とみなされたのではない神々　多神教のさまざまな形態—寓意譚、英雄崇拝　多神教からの一神教の起原　この学説の確証　多神教と一神教の栄枯盛衰　迫害と寛容に関して、これら諸宗教の比較　勇気ないしは卑下に関して　合理性ないしは不条理に関して　懐疑ないしは確信に関して　両種の民衆的宗教における神の本性についての不敬虔な概念　民衆的宗教の道徳への悪影響　一般的結論〔06576〕

◇人間本性論　第1巻　知性について (A treatise of human nature)　デイヴィッド・ヒューム〔著〕, 木曽好能訳　新装版　法政大学出版局　2011.5　629, 24p　22cm 〈文献あり 索引あり〉16000円　①978-4-588-12080-0

内容 第1部 観念、その起源、複合、抽象、結合等について(観念の起源について　主題の区分 ほか)　第2部 空間および時間の観念について(空間と時間の観念の無限分割の可能性について　空間と時間の無限分割の可能性について ほか)　第3部 知識と蓋然性について(知識について　蓋然性について、原因と結果の観念について ほか)　第4部 懐疑論的およびその他の哲学体系について(理性に関する懐疑論について　感覚能力に関する懐疑論について ほか)〔06577〕

◇ヒューム道徳・政治・文学論集—完訳版 (Essays, moral, political, and literary)　ヒューム〔著〕, 田中敏弘訳　名古屋　名古屋大学出版会　2011.7　485, 5p　22cm 〈索引あり〉8000円　①978-4-8158-0672-9

内容 第1部(趣味および情念の繊細さについて　言論・出版の自由について　政治は科学になりうる ほか)　第2部(商業について　技芸における洗練について　貨幣について ほか)　第3部(エッセイを書くことについて　道徳上の偏見について　中産層について ほか)〔06578〕

◇人間知性研究 (An enquiry concerning human understanding〔etc.〕)　デイヴィッド・ヒューム著, 斎藤繁雄, 一ノ瀬正樹訳　新装版　法政大学出版局　2011.12　285, 7p　22cm 〈付・人間本性論摘要　索引あり〉4800円　①978-4-588-12129-6

内容 人間知性研究(哲学の異なった種類について　観念の起源について　観念の連合について　知性の作用に関する懐疑的疑念　これらの疑念の懐疑論的解決　蓋然性について　必然的結合の観念について　自由と必然性について　動物の理性について　奇蹟について ほか)　付・人間本性論摘要〔06579〕

◇人間本性論　第2巻　情念について (A treatise of human nature.2 : of the passions)　デイヴィッド・ヒューム〔著〕, 石川徹, 中釜浩一, 伊勢俊彦訳　法政大学出版局　2011.12　357, 17p　22cm 〈索引あり　文献あり〉9800円　①978-4-588-12082-4

内容 第1部 誇りと卑下について(主題の区分　誇りと卑下について—それらの対象と原因　これらの対象と原因は何に由来するか ほか)　第2部 愛と憎しみについて(愛と憎しみの対象と原因について　この体系を強化する実験　諸困難の解決 ほか)　第3部 意志と直接情念について(自由と必然性について　同じ主題(自由と必然性)の続き　意志に影響する動機について ほか)〔06580〕

◇人間本性論　第3巻　道徳について (A Treatise of Human Nature)　デイヴィッド・ヒューム〔著〕　伊勢俊彦, 石川徹, 中釜浩一訳　法政大学出版局　2012.10　319, 13p　22cm 〈文献あり 索引あり〉8600円　①978-4-588-12083-1

内容 第1部 徳および悪徳一般について(道徳的区別は理性から引き出されるのではない　道徳的区別は道徳感覚から引き出される)　第2部 正義と不正義について(正義は自然な徳か人為的な徳か　正義と所有の根源について　所有を決定する諸規則について ほか)　第3部 その他の徳と悪徳について(自然な徳と悪徳の根源について　大いなる精神の性質について　善良さと善意について ほか)　解説 ヒューム『人間本性論』の道徳哲学〔06581〕

ヒュームズ, ジェームズ　Humes, James C.

◇チャーチル150の言葉 (The Wit & Wisdom of Winston Churchill(抄訳))　チャーチル, ジェームズ・ヒュームズ〔著〕, 長谷川喜美〔訳〕　ディスカヴァー・トゥエンティワン　2013.5　189p　18cm 〈年譜あり〉1300円　①978-4-7993-1327-5

内容 危機　人生　リーダーシップ　勇気　成功　喜び　知恵　ユーモア　信念　老いと死〔06582〕

ヒューリン, トッド　Hewlin, Todd

◇コンサンプションエコノミクス—クラウド時代を乗り切るビジネス再生の新ルール (CONSUMPTION ECONOMICS)　J.B.ウッド, トッド・ヒューリン, トーマス・ラー著, 尾崎正弘, 樋崎充監修　日経BP社　2013.2　232p　21cm 〈発売 : 日経BPマーケティング〉2000円　①978-4-8222-7603-4

内容 第1章 所有を前提としたビジネスモデルの終焉—ハイテク産業における「金のなる木」　第2章 クラウドへのシフトとルールの変更　第3章 マージンウォールを越えて　第4章 マイクロトランザクションを好きになる　第5章 ガレージの片隅に積み上げられたデータ　第6章「コンサンプション(消費)」開発—インテリジェントリスニングの人文科学　第7章「コンサンプション(消費)」マーケティング—マイクロマーケティングとマイクロバズ　第8章「コンサンプション(消費)」セールス—今のモデルはオーバーホールが必要　第9章「コンサンプション(消費)」サービス—サービス部門はいつか「数字」に責任を持つ　第10章 顧客の需要と資本市場—どれだけ早く変革すべきか　第11章 ハイテク産業はサービスに向かう〔06583〕

ヒューリング, ジム　Huling, Jim

◇戦略を、実行できる組織、実行できない組織。(The 4 Disciplines of Execution)　クリス・マチェズニー, ショーン・コヴィー, ジム・ヒューリング著, フランクリン・コヴィー・ジャパン訳　キングベアー出版　2013.5　417p　19cm　2000円　①978-4-86394-023-9

内容 第1部 実行の4つの規律(最重要目標にフォーカスする　先行指標に基づいて行動する　行動を促すスコアボードをつける ほか)　第2部 4DXのインストール : チーム編(4DXに期待できることは何か　最重要目標にフォーカスする　先行指標に基づいて行動する ほか)　第3部 4DXのインストール : 組織編(4DXのベストストーリー　組織を最重要目標にフォーカスさせる　4DXを組織全体に展開する)〔06584〕

ビュルギエール, アンドレ　Burguière, André

◇家の歴史社会学　二宮宏之, 樺山紘一, 福井憲彦責任編集　藤原書店　2010.12　295p　21cm　（叢書・歴史を拓く 2—『アナール』論文選〈新版〉）〈コメント：速水融　解説：二宮宏之　文献あり〉3800円　①978-4-89434-777-9

内容 フランスにおける結婚儀礼（アンドレ・ビュルギエール著, 長谷川輝夫訳）〔06585〕

◇叢書『アナール1929-2010』—歴史の対象と方法 2　1946-1957（Anthologie des Annales 1929-2010）　E.ル＝ロワ＝ラデュリ,A.ビュルギエール監修, 浜名優美監訳　L.ヴァランシ編, 池田祥英, 井上桜子, 尾河直哉, 北垣潔, 塚島真実, 平沢勝行訳　藤原書店　2011.6　460p　22cm　6800円　①978-4-89434-807-3

内容 貨幣と文明—スーダンの金からアメリカ大陸の銀へ 地中海のドラマ　古代奴隷制の終焉　経済的覇権を支えた貨幣—7・11世紀のイスラームの金　ブドウ畑、ワイン、ブドウ栽培者　一時的な市場から恒久的な植民地へ—中世における商業政策の発展　アメリカ産業界における「人的要素」の諸問題　経済界、金融界の一大勢力—イエズス会の日本での活動開始 1547・1583　ブルゴーニュにおけるブドウ栽培の起源　往生術—15世紀末における死の問題に関する覚書　17世紀パリにおける出版業—いくつかの経済的側面　ボーヴェジにて—17世紀における人口学的問題　16世紀半ばにおけるフランス経済とロシア市場 1640年をめぐって—大西洋の政治と経済　神話から理性へ—アルカイック期ギリシャにおける実証的思考の形成　バロックと古典主義——つの文明　衣服の歴史と社会学—方法論的考察〔06586〕

ヒューレン, イハレアカラ　Hew Len, Haleakalā

◇叡智のしずく（Dewdrops of wisdom）　モーナ・ナラマク・シメオナ, イハレアカラ・ヒューレン, カマイリ・ラファエロヴィッチ著, 平良アイリーン訳, The Foundation of I,Freedom of the Cosmos監修　SITHホ・オポノポノアジア事務局　2012.9　183p　15×15cm　1905円　①978-4-904881-02-6〔06587〕

ビュロン, ジョー

◇変貌する世界の緑の党—草の根民主主義の終焉か？（GREEN PARTIES IN TRANSITION）　E.ジーン・フランクランド, ポール・ルカルディ, ブノワ・リウー編著, 白井和宏訳　緑風出版　2013.9　455p　20cm　〈文献あり〉3600円　①978-4-8461-1320-9

内容 ベルギー二つの緑の党の類似点と相違点（ジョー・ビュロン, パスカル・デルウィ著）〔06588〕

ヒューワード, ウイリアム・L　Heward, William L.

◇応用行動分析学（APPLIED BEHAVIOR ANALYSIS（原著第2版））　ジョン・O.クーパー, ティモシー・E.ヘロン, ウイリアム・L.ヒューワード著, 中野良顯訳　明石書店　2013.6　1269p　27cm　〈文献あり 索引あり〉18000円　①978-4-7503-3826-2

内容 第1部 序論と基本概念　第2部 行動を選択し定義し測定する　第3部 行動改善を評価し分析する　第4部 強化　第5部 弱化　第6部 先行変数　第7部 新しい行動を形成する　第8部 非罰的手続きによって行動を減らす　第9部 関数分析　第10部 言語行動　第11部 特別な応用　第12部 般性の行動改善を促進する　第13部 倫理〔06589〕

ヒョドロフ‐ダビドフ, G.A.　Fedrov-Davidov, G.A.

◇アイハヌム—加藤九祚一人雑誌　2010　加藤九祚編訳　秦野　東海大学出版会　2011.3　157p　21cm　〈他言語標題：Ay Khanum〉2000円　①978-4-486-03727-9

内容 モンゴルの征服と金帳ハン国の考古学（ヒョドロフ‐ダビドフ）〔06590〕

ビョルクグレン, M.*　Björkgren, Magnus

◇インターライ方式ケアアセスメント—居宅・施設・高齢者住宅（InterRAI home care（HC）assessment form and user's manual, 9.1〔etc.〕）　John N.Morris〔ほか〕著, 池上直己監訳, 山田ゆかり, 石橋智昭訳　医学書院　2011.12　367p　30cm　3800円　①978-4-260-01503-5〔06591〕

ヒョルン, エヴァ　Hjörne, Eva

◇グローバル化・社会変動と教育 2　文化と不平等の教育社会学（EDUCATION, GLOBALIZATION AND SOCIAL CHANGE（抄訳））　ヒュー・ローダー, フィリップ・ブラウン, ジョアンヌ・ディラボー,A.H.ハルゼー編, 苅谷剛彦, 志水宏吉, 小玉重夫編訳　東京大学出版会　2012.5　370p　22cm　〈文献あり〉4800円　①978-4-13-051318-0

内容 ジュリアには問題がある（エヴァ・ヒョルン, ロジャー・サーリョ著, 志水宏吉訳）〔06592〕

ヒョン, スンファン*　玄 丞桓

◇鉄文化を拓く炭焼長者　福田晃, 金賛会, 百田弥栄子編　三弥井書店　2011.2　428p　21cm　（伝承文学比較双書）　4500円　①978-4-8382-3203-1

内容 韓国の「炭焼長者」の類型と性格（玄丞桓著, 金賛会訳）〔06593〕

ピーラー, G.カート　Piehler, G.Kurt

◇アメリカは戦争をこう記憶する（Remembering War the American Way）　G.カート・ピーラー著, 島田真杉監訳, 布施将夫, 岩本修, 藤岡真樹, 森山貴仁, 金子典生訳　京都　松籟社　2013.3　364, 13p　19cm　〈索引あり〉1905円　①978-4-87984-315-9

内容 第1章 戦争のなかで創り出された国の記憶　第2章 南北戦争の二つの遺産—記憶をめぐる対立と和解　第3章「戦争をなくすための戦争」を記憶する　第4章「よい戦争」としての第二次世界大戦、そして新しい記憶のありかた　第5章 朝鮮戦争からベトナム慰霊碑へ〔06594〕

ヒリアー, スコット　Hillier, Scot

◇インサイドMicrosoft SharePoint 2010（Inside Microsoft SharePoint 2010）　Ted Pattison, Andrew Connell,Scot Hillier,David Mann著, トップスタジオ訳　日経BP社　2012.1　627p　24cm　（マイクロソフト公式解説書）〈索引あり　発売：日経BPマーケティング〉6800円　①978-4-8222-9462-5

ヒ

内容 SharePoint 2010開発者ロードマップ SharePoint Foundation開発 Visual Studio 2010用のSharePoint Developer Tools サンドボックスソリューション ページとナビゲーション コントロールとWebパーツ リストとイベント テンプレートと型定義 リスト内のデータへのアクセス クライアント側プログラミング〔ほか〕 〔06595〕

ピリシン, ゼノン・W. Pylyshyn, Zenon W.

◇ものと場所―心は世界とどう結びついているか（Things and places） ゼノン・W.ピリシン著, 小口峰樹訳 勁草書房 2012.1 381, 61p 20cm （ジャン・ニコ講義セレクション 6）〈索引あり 文献あり〉4200円 ①978-4-326-19962-4

内容 第1章 問題への手引き―知覚と世界を結びつける（背景 心と世界を結びつけるとはどのような問題か？ 視覚の計算理論はどれもこの問題を扱っているのではないのか？ ほか） 第2章 指標づけと個別者の追跡（個別化と追跡 指標と原初的追跡 ほか） 第3章 選択―表象と事物をつなぐ鍵（選択―焦点的注意の役割 選択と直示的指示―FINSTの役割 ほか） 第4章 意識的内容と非概念的表象（非概念的表象と知覚的信念 知覚・認知研究における意識経験の役割 ほか） 第5章 われわれは空間をどうやって表象するのか―内的制約vs.外的制約（空間を表象するとは何を意味するのか？ 一般的な空間的諸制約の内在化 ほか） 〔06596〕

ビリユ, セバスティアン

◇中国伝統文化が現代中国で果たす役割 中島隆博編 東京大学グローバルCOE「共生のための国際哲学教育研究センター」 2008.12 254p 21cm （UTCP booklet 5）〈文献あり〉

内容 現代における儒学復興 他（セバスティアン・ビリユ, ジョエル・トラヴァール著, 田中有紀訳） 〔06597〕

ヒル, クライヴ

◇哲学大図鑑（The philosophy book） ウィル・バッキンガムほか著, 小須田健訳 三省堂 2012.2 352p 25cm 〈索引あり〉3800円 ①978-4-385-16223-2

内容 古代世界―紀元前700年～後250年 中世世界―250年～1500年 ルネサンスと理性の時代―1500年～1750年 革命の時代―1750年～1900年 現代世界―1900年～1950年 現代哲学―1950年～現在 〔06598〕

ヒル, クリストファー・R.

◇新アジア地政学（ASIAN GEOPOLITICS） I.ブレマー,J.S.ナイ,J.ソラナ,C.R.ヒル, 金田秀昭〔著〕, 福戸雅宏, 藤原敬之助, 水原由生, 髙橋直貴, 松尾知典共訳 土曜社 2013.6 139p 19cm （プロジェクトシンジケート叢書 3）〈文献あり〉1700円 ①978-4-9905587-8-9

内容 ナショナリズムに駆られるアジアの虎（クリストファー・R.ヒル著, 福戸雅宏訳） 〔06599〕

ヒル, クリント Hill, Clint

◇ミセス・ケネディ―私だけが知る大統領夫人の素顔（MRS.KENNEDY AND ME） クリント・ヒル, リサ・マッカビン著, 白須清美訳 原書房 2013.2 437p 20cm 2400円 ①978-4-562-04888-5

内容 第1部 1960年（ミセス・ケネディとの出会い 家族ほか） 第2部 1961年（グレン・オラ ミセス・ケネディとの旅―パリ ほか） 第3部 1962年（ミセス・ケネディとの旅―インド ミセス・ケネディとの旅―パキスタン ほか） 第4部 1963年（モナ・リザとニューヨーク市 サンシャイン・ハイウェイ ほか） 第5章 ホワイトハウスを離れて（最後の年） 〔06600〕

ヒル, チャールズ・W.L. Hill, Charles W.L.

◇国際ビジネス 1 グローバル化と国による違い（INTERNATIONAL BUSINESS（原著第8版）） チャールズ・W.L.ヒル著, 鈴木泰雄, 藤野るり子, 山崎恵理子訳 楽工社 2013.7 312p 22cm 2800円 ①978-4-903063-59-1

内容 第1部 概説（グローバル化） 第2部 国による違い（国による政治経済の違い 文化の違い 国際ビジネスの倫理） 第2部のケーススタディ（中国のグーグル 汚職の泥沼―ナイジェリアにおけるケロッグ・ブラウン・アンド・ルート） 〔06601〕

◇国際ビジネス 2 経営環境と金融システム（INTERNATIONAL BUSINESS : Competing in the Global Marketplace） チャールズ・W.L.ヒル著, 鈴木泰雄, 藤野るり子, 山崎恵理子訳 楽工社 2013.10 470p 21cm 3200円 ①978-4-903063-60-7

内容 第3部 グローバルな貿易環境と投資環境（国際貿易理論 国際貿易の政治経済 外国直接投資 地域経済統合） 第4部 国際金融システム（外国為替市場 国際通貨制度 国際資本市場） 〔06602〕

ヒル, ナポレオン Hill, Napoleon

◇心構えが奇跡を生む（Success Through a Positive Mental Attitude） ナポレオン・ヒル, W.クレメント・ストーン著, 田中孝顕訳 新版 きこ書房 2012.6 317p 17cm 1100円 ①978-4-87771-295-2

内容 第1編 成功することの素晴らしさを知れ！（最も重要な人との出会い あなたは世界を変えることができる ほか） 第2編 成功を勝ち取る（問題で悩むことは素晴らしいことだ！ 見ることを学べ ほか） 第3編 富の館への鍵（富への近道はあるのか？ 富を引き寄せよ、はねつけるな ほか） 第4編 成功に備えよ！（あなたのエネルギーを高めるには 健康と長寿 ほか） 第5編 さあ、実行だ！（あなたの成功係数をチェックしよう 眠れる巨人を呼び覚ませ ほか） 〔06603〕

◇悪魔を出し抜け！（Outwitting the Devil） ナポレオン・ヒル著, 田中孝顕訳 きこ書房 2013.11 391p 19cm 1700円 ①978-4-87771-311-9

内容 アンドリュー・カーネギーとの出会い 「もう一人の自分」の偉大なる力 悪魔との対話 「流される」習慣 最も重要な告白 ヒプノティック・リズム 引き寄せの法則 代償の法則 善と悪は、常に同時に存在している 自制心について 成功は、常に過去に経験した失敗の数に比例している 「無限の知性」とつながる 〔06604〕

ピール, ノーマン・ヴィンセント Peale, Norman Vincent

◇積極的考え方の力―新訳 : 成功と幸福を手にする17の原則（THE POWER OF POSITIVE THINKING） ノーマン・V.ピール著, 月沢李歌

子訳 ダイヤモンド社 2012.11 252p 20cm 1600円 ①978-4-478-02272-6
内容 自分自身を信じる 心を安らぎで満たす 常にエネルギーを保つ 祈りの力を活かす どうしたら幸福になれるか 怒りや苛立ちを忘れる いかにベストを尽くすか 敗北にめげない 不安に打ち勝つ 問題を解決する 信仰は治療の力となる 活力を取り戻す 自分を変える考え方 どうしたらリラックスできるか 人に好かれるには 心を痛めたときの処方箋 いかに神の力を求めるか 〔06605〕

ヒル, ハリー
◇世界一素朴な質問、宇宙一美しい答え―世界の第一人者100人が100の質問に答える (BIG QUESTIONS FROM LITTLE PEOPLE) ジェンマ・エルウィン・ハリス編, 西田美緒子訳, タイマタカシ絵 河出書房新社 2013.11 298p 22cm 2500円 ①978-4-309-25292-6
内容 しゃっくりはどうして出るの? (ハリー・ヒル) 〔06606〕

ビール, ヒュー Beale, Hugh
◇ヨーロッパ私法の原則・定義・モデル準則―共通参照枠草案〈DCFR〉(Principles, Definitions and Model Rules of European Private Law (原著概要版) (抄訳)) クリスティアン・フォン・バール, エリック・クライブ, ハンス・シュルテ-ネルケ, ヒュー・ビール, ジョニー・ヘレ, ジェローム・ユエ, マティアス・シュトルメ, シュテファン・スワン, ポール・バルール, アンナ・ヴェネツィアーノ, フリデリィク・ツォル編, 窪田充見, 潮見佳男, 中田邦博, 松岡久和, 山本敬三, 吉永一行監訳 京都 法律文化社 2013.11 498p 22cm 〈索引あり〉 8500円 ①978-4-589-03541-7
内容 序論 原則 モデル準則 (総則 契約及びその他の法律行為 債務及びこれに対応する権利 各種の契約及びそれに基づく権利義務 事務管理 他人に生じた損害に基づく契約外責任 不当利得 物品所有権の得喪 動産担保 信託) 〔06607〕

ヒル, マイケル
◇社会保障改革への提言―いま、日本に何が求められているのか 橘木俊詔, 同志社大学ライフリスク研究センター編 京都 ミネルヴァ書房 2012.6 225p 22cm 〈索引あり〉 3500円 ①978-4-623-06348-2
内容 イギリス社会保障の展開 (マイケル・ヒル執筆, 郭芳, 山村りつ訳) 〔06608〕

ヒル, リンダ・A. Hill, Linda Annette
◇ハーバード流ボス養成講座―優れたリーダーの3要素 (Being the boss) リンダ・A.ヒル, ケント・ラインバック著, 有賀裕子訳 日本経済新聞出版社 2012.1 403p 20cm 〈文献あり〉 2000円 ①978-4-532-31758-4
内容 マネジャーの三つの至上課題―旅の意味を知る 1 自分をマネジメントする (わたしは上司だ!―公式の権限に寄りかかってはいけない わたしは友人だ!―私的な関係には落とし穴もあるから気をつけよう あなたは信頼に値するか? 影響力の源泉は信頼) 2 人脈をマネジメントする (組織の現実を理解する―チームの成果を高めるには影響力が欠かせない 自分の影響力を広げよう―キーパーソンとの人脈を築いて影響力をおよぼす 自分の上司を忘れてはいけない―上司との重要な関係を最大限に活かす) 3 チームをマネジメントする (将来像を描く―変化の激しい環境に対応したマネジメント チームの仕事のしかたを明確にする―望ましいチーム文化を醸成する チームは個人の集まりでもある―チームと人材、両方をマネジメントする 日々の業務をとおしたマネジメント―三つの課題を日常業務に当てはめよう) マネジメントの旅を完結させる―経験と人間関係から学ぶ 〔06609〕

ヒル, レイバン・キャリック Hill, Laban Carrick
◇つぼつくりのデイヴ (Dave the potter) レイバン・キャリック・ヒル文, ブライアン・コリアー絵, さくまゆみこ訳 光村教育図書 2012.1 1冊 (ページ付なし) 23×29cm 〈文献あり〉 1600円 ①978-4-89572-839-3 〔06610〕

ヒル, H.* Hill, Hal
◇メコン地域経済開発論 (Globalization and Development in the Mekong Economies) 梁, ビンガム, デイヴィス編著, 阿曽村邦昭訳・注 古今書院 2012.10 391, 9p 21cm 〈文献あり 索引あり〉 6200円 ①978-4-7722-8112-6
内容 政策改革の政治経済学・メコン地域四ヵ国の改革の前途は? 他 (Hal Hill, Suiwah Leung, Trevor Wilson) 〔06611〕

ヒルガード, アーネスト・ロピケット Hilgard, Ernest Ropiequet
◇ヒルガード分割された意識―〈隠れた観察者〉と新解離説 (DIVIDED CONSCIOUSNESS (原著増補版)) アーネスト・R.ヒルガード著, 児玉憲典訳 金剛出版 2013.2 455p 22cm 〈文献あり 索引あり〉 7400円 ①978-4-7724-1285-8
内容 分割された意識と解離概念 憑依状態、遁走、多重人格 催眠性年齢退行 健忘と抑圧 夢、幻覚、想像 筋肉運動の随意的制御と不随意的制御 自動書記と分割された注意 催眠にかかる人と催眠経験 催眠下の分割された意識―"隠れた観察者" 催眠にかかった人は隠れた観察者をどのように認識し、解釈するか 分割された意識に関する新解離説 より広い領域での新解離 催眠反応性の測定 補遺 〔06612〕

ヒルシュハウゼン, エカート・フォン Hirschhausen, Eckart von
◇流れ星に祈るよりも確実に幸運を手にする方法―幸せな人は、なぜ幸せなのか (GLÜCK KOMMT SELTEN ALLEIN) エカート・フォン・ヒルシュハウゼン著, 長谷川圭訳 サンマーク出版 2013.11 259p 19cm 1600円 ①978-4-7631-3292-5
内容 序章 幸せは誤解とともにやってくる 1章 幸せは他人とともにやってくる 2章 幸せは偶然とともにやってくる 3章 幸せは楽しみとともにやってくる 4章 幸せは行動とともにやってくる 5章 幸せはあきらめとともにやってくる 〔06613〕

ヒルシュフェルド, マティアス
◇日独交流150年の軌跡 日独交流史編集委員会編 雄松堂書店 2013.10 345p 29cm 〈布装〉 3800円 ①978-4-8419-0655-4

ヒ

内容 行進曲と神々の煌めき(マティアス・ヒルシュフェルド著, 青柳亮子訳)〔06614〕

ビルスト, ジャック

◇貨幣主権論 (LA MONNAIE SOUVERAINE) M.アグリエッタ,A.オルレアン編, 坂口明義監訳, 中野佳裕, 中原隆幸訳 藤原書店 2012.6 650p 22cm 〈索引あり〉8800円 ①978-4-89434-865-3
内容 信頼と貨幣(ジャック・ビルスト著)〔06615〕

ビルソン, マンガラ Billson, Mangala

◇わたしを自由にする数秘 (NUMEROLOGY) マンガラ・ビルソン著, 伊藤アジータ訳 市民出版社 2012.12 384p 21cm 2600円 ①978-4-88178-060-2
内容 第1部 条件付けの数—成長への鍵(条件付けの数1—自尊心 条件付けの数2—傷つきやすさ、感情 条件付けの数3—表現 条件付けの数4—身体 ほか) 第2部 条件付けと個人周期数—ヒーリングの旅(個人周期数とキーナンバーとは? 条件付けの数と個人周期)〔06616〕

ピルチャー, ジェフリー・M. Pilcher, Jeffrey M.

◇食の500年史 (Food in world history) ジェフリー・M.ピルチャー著, 伊藤茂訳 NTT出版 2011.3 270p 20cm 〈文献あり 索引あり〉2200円 ①978-4-7571-4251-0
内容 最初の世界料理 第1部 変化の要因(コロンブスの交換 砂糖、香辛料、血 ヌーヴェル・キュイジーヌ 道徳経済から市場経済へ) 第2部 近代の味はどう形成されたか(工業化される食品生産 料理と国民形成 食の帝国 移民と食のグローバル化) 第3部 グローバルな味覚(銃とバター 緑の革命 マクドナルド化への不安 多元化する食)〔06617〕

ヒルティ, カール Hilty, Karl

◇ヒルティ幸福論 1 (Glück) カール・ヒルティ著, 氷上英広訳 白水社 2012.2 278p 20cm 2600円 ①978-4-560-08201-0
内容 1 仕事をするこつ 2 エピクテトス 3 絶えず悪者と闘いながらも策略を使わないような処世の道は、どうしたら可能か 4 良い習慣 5 この世の子らは光の子らよりも利口である 6 時間をつくる方法 7 幸福 8 人間とは何だろう、どこから来て、どこへ行くのか、あの金色に光る空の星のかなたには誰が住んでいるのか?〔06618〕

◇ヒルティ幸福論 2 (Glück) カール・ヒルティ著, 斎藤栄治訳 白水社 2012.3 367p 20cm 3000円 ①978-4-560-08202-7
内容 1 罪と憂い 2「わが民を慰めよ」 3 人間知について 4 教養とは何か 5 高貴なる魂 6 超越的希望 7 キリスト教序説 8 人生の階段〔06619〕

◇ヒルティ幸福論 3 (Glück) カール・ヒルティ著, 前田護郎, 杉山好訳 白水社 2012.4 372p 20cm 3000円 ①978-4-560-08203-4
内容 1 二つの幸福 2 信仰とは何か 3「わがなんじになさんとするは、驚くべき事なり」 4 苦難をとおしての勇気 5 現代の聖徒 6 われら何をなすべきか 7 孫たちに幸あれ 8 高きをめざして〔06620〕

◇生きる喜びは、仕事とともにあるヒルティの幸福論 カール・ヒルティ著, 斎藤孝訳・解説 三笠書房 2012.9 170p 15cm (知的生きかた文庫 さ38-5—〔BUSINESS〕)〈「自分の人生に一番いい結果を出す幸福術」(2007年刊)の改題、再編集〉552円 ①978-4-8379-8139-8
内容 訳者解説 ヒルティの名著『幸福論』は、読んだ人が「必ず幸せをつかむ」人生の教科書(斎藤孝) 1章 幸福に"直結する"仕事の方法 2章「充実時間」をもっと増やす智恵 3章 つらいときこそ「幸福」に近づいている 4章「心」を整えて、おだやかに生きる 5章 誰でも世界一幸福な人になれる〔06621〕

ビルテール, ジャン・フランソワ Billeter, Jean François

◇荘子に学ぶ—コレージュ・ド・フランス講義 (Lecons sur tchouang-tseu) ジャン・フランソワ・ビルテール〔著〕, 亀節子訳 みすず書房 2011.8 175p 20cm 3000円 ①978-4-622-07633-9〔06622〕

ヒルトン, ディアン Hilton, Dyan

◇全系図付エジプト歴代王朝史 (THE COMPLETE ROYAL FAMILIES OF ANCIENT EGYPT) エイダン・ドドソン, ディアン・ヒルトン著, 池田裕訳 東洋書林 2012.5 318p 27cm 〈文献あり 年表あり 索引あり〉12000円 ①978-4-88721-798-0
内容 第1章 初期王朝時代 古王国時代(創設者たち—第1王朝…第2王朝…第3王朝 大ピラミッドの建設者たち—第4王朝 ほか) 第2章 第1中間期 中王国時代 第2中間期(アクトイ家—第9王朝…第10王朝 南部の首長—第11王朝 ほか) 第3章 新王国時代(タア王朝—第17王朝2…第18王朝1 権力と栄光—第18王朝2 ほか) 第4章 第3中間期(王たちと祭司たちと—第21王朝 ショシェンク王家の盛衰—第22王朝 ほか) 第5章 末期王朝時代 プトレマイオス朝時代(最後のルネッサンス—第26王朝 ペルシア人ファラオ—第27王朝・第31王朝 ほか)〔06623〕

ヒルバーグ, ラウル Hilberg, Raul

◇ヨーロッパ・ユダヤ人の絶滅 上巻 (The destruction of the European Jews (rev.and updated ed.)) ラウル・ヒルバーグ著, 望田幸男, 原田一美, 井上茂子訳 新装版 柏書房 2012.3 515, 130p 21cm (KASHIWA CLASSICS) 6000円 ①978-4-7601-4097-8
内容 第1章 予備的考察 第2章 前史 第3章 絶滅の構造 第4章 ユダヤ人の定義 第5章 収用 第6章 強制収容 第7章 移動殺戮作戦 第8章 移送〔06624〕

◇ヨーロッパ・ユダヤ人の絶滅 下巻 (The destruction of the European Jews (rev.and updated ed.)) ラウル・ヒルバーグ著, 望田幸男, 原田一美, 井上茂子訳 新装版 柏書房 2012.3 426, 132p 21cm (KASHIWA CLASSICS) 〈索引あり〉5500円 ①978-4-7601-4098-5
内容 第8章 移送(上巻より続く) 第9章 絶滅収容所 第10章 考察 第11章 影響 第12章 その後の展開 付録〔06625〕

ヒルブ, マルティン Hilb, Martin

◇戦略経営マニュアル—取締役会を成功させる実践ツール集 (New Corporate Governance (原著第4

ヒ

版））　マルティン・ヒルブ著, 会社役員育成機構監訳　レクシスネクシス・ジャパン　2012.12　259p　21cm　〈文献あり 索引あり〉 2800円　①978-4-902625-57-8

内容 序章 イントロダクション　第1章 状況に適応すること　第2章 戦略的であること　第3章 統合的なボード・マネジメント（取締役会運営）　第4章 統制を効かせること　第5章 結論　第6章 本書の要約 〔06626〕

ピルマー, カール　Pillemer, Karl A.

◇1000人のお年寄りに教わった30の知恵（30 LESSONS FOR LIVING）　カール・ピルマー著, 月谷真紀訳　サンマーク出版　2013.10　377p　20cm　1700円　①978-4-7631-3287-1

内容 第1章 理想の結婚をするために　第2章 やりがいのある仕事を見つけるために　第3章 円満な親子関係を築くために　第4章 上手に年齢を重ねるために　第5章 後悔しない人生を送るために　第6章 最高の幸せを手に入れるために 〔06627〕

ヒルマン, サウル　Hillman, Saul

◇アタッチメントを応用した養育者と子どもの臨床（Attachment theory in clinical work with children）　ダビッド・オッペンハイム, ドグラス・F.ゴールドスミス編, 数井みゆき, 北川恵, 工藤晋平, 青木豊訳　京都　ミネルヴァ書房　2011.6　316p　22cm　〈文献あり〉 4000円　①978-4-623-05731-3

内容 虐待された子どもとその養親に対する治療的介入（ミリアム・スティール, ジル・ホッジ, ジェイン・カニュイック, ハワード・スティール, デボラ・ダゴスティーノ, インガ・ブルム, サウル・ヒルマン, ケイ・ヘンダーソン著） 〔06628〕

◇子どもの心理療法と調査・研究―プロセス・結果・臨床的有効性の探求（Child psychotherapy and research）　ニック・ミッジリー, ジャン・アンダーソン, イブ・グレンジャー, ターニャ・ネシッジ・ブコビッチ, キャシー・アーウィン編著, 鵜飼奈津子監訳　大阪　創元社　2012.2　287p　22cm　〈索引あり　文献あり〉 5200円　①978-4-422-11524-5

内容 適切な教育を受けられなかった子どものアタッチメントの発達に関するアセスメントと、調査・研究にみられるナラティブ（Jill Hodges,Miriam Steele, Jeanne Kaniuk,Saul Hillman,Kay Asquith著, 由井理亜子訳） 〔06629〕

ピロス, A.D.

◇小野佐世男ジヤワ従軍画譜　小野佐世男〔画〕, 軍政監部宣伝部監修, 小野耕世, 木村一信編　竜渓書舎　2012.11　72, 120p　23×27cm　（南方軍政関係史料 43）〈布装　ジヤワ新聞社 昭和20年刊の複製〉 25000円　①978-4-8447-0304-4

内容 小野佐世男と日本軍占領期のインドネシア絵画の発展（A.D.ピロス著, 小野耕世訳） 〔06630〕

ヒロタ, デニス

◇浄土教と親鸞教学　竜谷大学真宗学会編　京都　永田文昌堂　2011.9　364, 59p　22cm　（真宗学論叢 11）　6000円　①978-4-8162-3041-7

内容 親鸞の時間性および自然思想の一考察（デニスヒロタ著, 岩本明美訳） 〔06631〕

ビン, エイセイ*　閔 永盛

⇒ミン, ヨンソン*

ビーン, ジェームズ・A.　Beane, James A.

◇デモクラティック・スクール―力のある学校教育とは何か（Democratic Schools（原著第2版））　マイケル・W.アップル, ジェームズ・A.ビーン編, 沢田稔訳　Sophia University Press上智大学出版　2013.10　288p　21cm　〈文献あり 索引あり　発売：ぎょうせい〉 2000円　①978-4-324-09636-9

内容 なぜ、いま、デモクラティック・スクールなのか 他（ジェームズ・A.ビーン, マイケル・アップル著） 〔06632〕

ビン, トクキ*　閔 徳基

⇒ミン, ドクギ*

ピンカー, スティーブン　Pinker, Steven

◇心の仕組み　上（HOW THE MIND WORKS）　スティーブン・ピンカー著, 椋田直子訳　筑摩書房　2013.5　607p　15cm　（ちくま学芸文庫 ヒ15-1）〈日本放送出版協会 2003年刊の再刊　索引あり〉 1900円　①978-4-480-09500-8

内容 第1章 心の構造―情報処理と自然淘汰（ロボットをつくるための課題　精神活動を逆行分析する ほか）　第2章 思考機械―心を実感するために（宇宙のどこかに知的生命体はいないのか　自然演算 ほか）　第3章 脳の進化―われら石器時代人（賢くなる　生命の設計者 ほか）　第4章 心の目―網膜映像を心的記述に転じる（ディープ・アイ　光、影、形 ほか） 〔06633〕

◇心の仕組み　下（HOW THE MIND WORKS）　スティーブン・ピンカー著, 山下篤子訳　筑摩書房　2013.5　532p　15cm　（ちくま学芸文庫 ヒ15-2）〈日本放送出版協会 2003年刊の再刊　索引あり〉 1800円　①978-4-480-09501-5

内容 第5章 推論―人は世界をどのように理解するか（生態学的知能　カテゴリー化 ほか）　第6章 情動―遺伝子の複製を増やすために（普遍的な情熱　感じる機械 ほか）　第7章 家族の価値―人間関係の生得的動機（親類縁者　親と子 ほか）　第8章 人生の意味―非適応的な副産物（芸術とエンタテインメント　何がそんなにおかしいのか？ ほか） 〔06634〕

ビンガム, アルフェース　Bingham, Alpheus

◇イノベーションマーケット―新たな挑戦が求められる時代に、企業が価値を創出するには？（OPEN INNOVATION MARKETPLACE, THE ： CREATING VALUE IN THE CHALLENGE DRIVEN ENTERPRISE）　アルフェース・ビンガム, ドウェイン・スプラディン著, SDL Plc訳　ピアソン桐原　2012.12　333p　19cm　〈文献あり〉 2600円　①978-4-86401-131-0

内容 第1部 課題解決型イノベーション ： イノベーションマーケットプレイスによるイノベーションモデルの再定義、効率化、リスク管理（価値創出の未来　イノベーションの新たな枠組み　専門知識のロングテール　適切なイノベーションチャネルの選択）　第2部 課題解決型企業 ： イノベーション、アジリティ、価値の創出を促進するビジネスモデルの仮想化（課題解決型企業　宣言　課題解決型企業のプレイブック　リーダーシップ） 〔06635〕

ヒ

ビンガム, トニー　Bingham, Tony

◇「ソーシャルラーニング」入門―ソーシャルメディアがもたらす人と組織の知識革命（The new social learning）　トニー・ビンガム, マーシャ・コナー著, 松村太郎監訳, 山脇智志訳　日経BP社　2012.1　243p　19cm　〈文献あり　発売：日経BPマーケティング〉1800円　①978-4-8222-4875-8

内容 第1章 学びをめぐる変化の機運　第2章 オンラインコミュニティの流儀を取り入れる　第3章 ストーリーを共有すると仲間が見えてくる　第4章 マイクロシェアリングによる健全な文化　第5章 国家インテリジェンスに学ぶ集合知の育て方　第6章 熱中したコミュニケーションから学びが生まれる　第7章 ソーシャルラーニングが会議を共有知にする　〔06636〕

ビンガム, B.　Bingham, Benedict F.W.

◇メコン地域経済開発論（Globalization and Development in the Mekong Economies）　梁, ビンガム, デイヴィス編著, 阿曽村邦昭訳・注　古今書院　2012.10　391, 9p　21cm　〈文献あり　索引あり〉6200円　①978-4-7722-8112-6

内容 グリーバル化とメコン地域経済の開発ベトナム、ラオス、カンボジアおよびミャンマー 他（Ben Bingham, Matt Davies, Suiwah Leung）　〔06637〕

ヒンクフス, イアン　Hinckfuss, Ian

◇時間と空間の哲学（THE EXISTENCE OF SPACE AND TIME）　イアン・ヒンクフス著, 村上陽一郎, 熊倉功二訳　復刊版　紀伊国屋書店　2012.5　286p　19cm　〈第2刷（第1刷2002年）〉2800円　①978-4-314-00916-4

内容 第1章 空間―相関的か絶対的か　第2章 空間の諸性質　第3章 空間と幾何学　第4章 時間、空間そして時-空　第5章 存在と現在　第6章 時間の非対称性　結論 空間と時間の存在―相関主義者の企図の本質　〔06638〕

ヒングリー, リチャード

◇オックスフォード ブリテン諸島の歴史　1　ローマ帝国時代のブリテン島（The short Oxford history of the British Isles : the Roman Era）　鶴島博和日本語版監修　ピーター・サルウェイ編, 南川高志監訳　慶応義塾大学出版会　2011.5　336, 53p　22cm　〈文献あり 年表あり 索引あり〉4800円　①978-4-7664-1641-1

内容 景観への影響（リチャード・ヒングリー, デイヴィッド・マイルズ著）　〔06639〕

ピンスカー, ヘンリー　Pinsker, Henry

◇サポーティヴ・サイコセラピー入門―力動的理解を日常臨床に活かすために（A primer of supportive psychotherapy）　ヘンリー・ピンスカー著, 秋田恭子, 池田政俊, 重宗祥子訳　岩崎学術出版社　2011.9　309p　21cm　〈文献あり 索引あり〉3400円　①978-4-7533-1027-2　〔06640〕

ピンチ, スティーヴン　Pinch, Steven

◇都市社会地理学（Urban Social Geography（原著第6版））　ポール・ノックス, スティーヴン・ピンチ著, 川口太郎, 神谷浩夫, 中沢高志訳　改訂新版　古今書院　2013.3　388p　22cm　（大学の地理学 ADVANCED COURSE）〈文献あり 索引あり〉7500円　①978-4-7722-5266-9

内容 社会地理学と社会-空間弁証法　都市生活の経済的背景の変化　都市の文化　社会空間的分化のパターン　空間的枠組みと制度的枠組み―市民・国家・市民社会　建造物の供給構造と都市環境の社会的生産　近代アーバニズムの社会的特性　セグリゲーションとコングリゲーション　近隣・コミュニティと場所の社会的構築　都市の環境と行動　身体・セクシュアリティ・都市　居住地移動と近隣変化　都市の変化と紛争　都市社会地理学のゆくえ―最近の展開　〔06641〕

ピンチベック, ダニエル

◇どんな時代が来るのか―2012年アセンション・マニュアル（The mystery of 2012）　タミ・サイモン編著, 菅靖彦, 田中淳一, 堤康一郎訳　風雲舎　2011.4　287p　19cm　1800円　①978-4-938939-64-9

内容 蛇はいかにして脱皮するか（ダニエル・ピンチベック著）　〔06642〕

ピンチョー, エリザベス

◇ストーリーで学ぶ経営の真髄（Learn like a leader）　マーシャル・ゴールドスミス, ビバリー・ケイ, ケン・シェルトン編, 和泉裕子, 井上実訳　徳間書店　2011.2　311p　19cm　1600円　①978-4-19-863118-5

内容 脇腹を小突かれて気づくときもある（エリザベス・ピンチョー著）　〔06643〕

ピント, アーサー・R.　Pinto, Arthur R.

◇アメリカ会社法（Understanding Corporate Law, 2nd ed.2004）　アーサー・R.ピント, ダグラス・M.ブランソン著, 米田保晴監訳　レクシスネクシス・ジャパン　2010.4　741p　21cm　（LexisNexisアメリカ法概説 7）〈原書第2版〉9524円　①978-4-902625-26-4

内容 序および設立　発起人の責任および瑕疵ある設立　法人格否認の法理　会社の資金調達　法的モデルと企業統治：州法に基づく権限配分　M&A　連邦規制および委任状規則序論　信認義務序論：注意義務および経営判断原則　忠実義務　支配株主〔ほか〕　〔06644〕

ピンボロー, ジャン　Pinborough, Jan

◇図書館に児童室ができた日―アン・キャロル・ムーアのものがたり（MISS MOORE THOUGHT OTHERWISE）　ジャン・ピンボロー文, デビー・アトウェル絵, 張替恵子訳　徳間書店　2013.8　1冊（ページ付なし）　28cm　〈文献あり〉1600円　①978-4-19-863657-9　〔06645〕

ヒンメルファーブ, M.　Himmelfarb, Martha

◇黙示文学の世界（THE APOCALYPSE : A Brief History）　M.ヒンメルファーブ著, 高柳俊一訳　教文館　2013.3　266, 20p　19cm　（コンパクト・ヒストリー）〈文献あり 年表あり 索引あり〉2300円　①978-4-7642-1857-4

内容 第1章 律法時代の黙示文学　第2章「寝ずの番人の書」と天への上昇　第3章『ダニエル書』と聖徒の

ヒ

国　第4章 天上のメシア　第5章 天上の神殿、死後の霊魂の運命と宇宙論　第6章 天国と地獄への旅とヘカロート文書　第7章 ビザンティン帝国における終末論　第8章 近代における黙示運動　〔06646〕

ヒンリクス, ティ・ジェ
◇碑と地方志のアーカイブズを探る　須江隆編　汲古書院　2012.3　440, 6p　22cm　（東アジア海域叢書 6　小島毅監修）　7000円　①978-4-7629-2946-5
内容 石刻と木版（ティ・ジェ・ヒンリクス執筆, 吉田真弓訳）　〔06647〕

【フ】

ブ, イク*　武 堉
◇新編原典中国近代思想史　第5巻　国家建設と民族自救—国民革命・国共分裂から一致抗日へ　野村浩一, 近藤邦康, 並木頼寿, 坂元ひろ子, 砂山幸雄, 村田雄二郎編　野村浩一, 近藤邦康, 村田雄二郎責任編集　岩波書店　2010.12　392, 6p　22cm　〈年表あり〉5400円　①978-4-00-028225-3
内容 中国本位の文化建設宣言（王新命, 何炳松, 武堉, 孫寒冰, 黄文山, 陶希聖, 章益, 陳高傭, 樊仲雲, 薩孟武著, 野村浩一訳, 小野寺史郎改訳）　〔06648〕

フ, ゴウ*　傅 剛
◇東アジアをむすぶ漢籍文化—敦煌から正倉院、そして金沢文庫へ ： 歴博国際シンポジウム ： 予稿集　静永健監修, 陳翀, 大淵貴之編　〔佐倉〕　人間文化研究機構国立歴史民俗博物館　〔2012〕　182p　30cm　〈会期・会場 ： 2012年11月2日—3日 国立歴史民俗博物館講堂　国立歴史民俗博物館平成24年度共同研究「高松宮家伝来書籍等を中心とする漢籍読書の歴史とその本文に関する研究」　訳 ： 甲斐雄一ほか　中国語併載〉
内容 日本の旧鈔本から見た版本以前の『文選』及び鈔本と版本の関係について（傅剛著, 東美緒訳）　〔06649〕

フ, シネン*　傅 斯年
◇新編原典中国近代思想史　第5巻　国家建設と民族自救—国民革命・国共分裂から一致抗日へ　野村浩一, 近藤邦康, 並木頼寿, 坂元ひろ子, 砂山幸雄, 村田雄二郎編　野村浩一, 近藤邦康, 村田雄二郎責任編集　岩波書店　2010.12　392, 6p　22cm　〈年表あり〉5400円　①978-4-00-028225-3
内容 『東北史綱』巻首（傅斯年著, 竹元規人訳）　〔06650〕

フ, ジンジョ*　巫 仁恕
◇総合研究辛亥革命　辛亥革命百周年記念論集編集委員会編　岩波書店　2012.9　9, 592, 17p　22cm　〈索引あり〉7800円　①978-4-00-025859-3
内容 都市の民衆から辛亥革命へ（巫仁恕著, 小野泰教訳）　〔06651〕

フ, ライ*　傅 雷
◇新編原典中国近代思想史　第7巻　世界冷戦のなかの選択—内戦から社会主義建設へ　野村浩一, 近藤邦康, 並木頼寿, 坂元ひろ子, 砂山幸雄, 村田雄二郎編　砂山幸雄責任編集　岩波書店　2011.10　410, 7p　22cm　〈年表あり〉5700円　①978-4-00-028227-7
内容 米ソに対する我々の態度（抄）（傅雷著, 村田雄二郎訳）　〔06652〕

ブ, リキ　武 力
◇中国経済データブック—チャイナ・パワーの実像に迫る　武力著, 石橋春男監修, 上野振宇, 藤本健一訳　科学出版社東京　2013.7　230p　26cm　3500円　①978-4-907051-03-7
内容 第1章 中国政府と中国経済の発展　第2章 マクロ経済政策下の中国経済　第3章 主要産業の発展　第4章 資源・環境保護・省エネと排出量削減　第5章 住宅不動産業界の発展および調整　第6章 対外開放　第7章 住民の所得分配　第8章 雇用・都市化・社会保障　第9章 農業・農民・農村　〔06653〕

ファイアレイ, ウォルター
◇都市社会学セレクション　2　都市空間と都市コミュニティ　森岡清志編　日本評論社　2012.8　268p　22cm　〈文献あり〉3800円　①978-4-535-58593-5
内容 生態学的変数としての感情とシンボリズム（ウォルター・ファイアレイ著, 松本康訳）　〔06654〕

ファイジズ, オーランドー　Figes, Orlando
◇囁きと密告—スターリン時代の家族の歴史　上　（The whisperers）　オーランドー・ファイジズ著, 染谷徹訳　白水社　2011.5　506, 45p　20cm　〈索引あり〉4600円　①978-4-560-08127-3
内容 序章　第1章 革命の世代——九一七～二八年　第2章 大いなる転換——九二八～三二年　第3章 幸福を求めて——九三二～三六年　第4章 大いなる恐怖——九三七～三八年　〔06655〕
◇囁きと密告—スターリン時代の家族の歴史　下　（The whisperers）　オーランドー・ファイジズ著, 染谷徹訳　白水社　2011.5　540, 39p　20cm　〈索引あり〉4600円　①978-4-560-08128-0
内容 第5章 子供たちの運命——九三八～四一年　第6章『待っていてくれ』——九四一～四五年　第7章 平凡なスターリン主義者たち——九四五～五三年　第8章 帰還——九五三～五六年　第9章 記憶——九五六～二〇〇六年　〔06656〕

ファイファー, フィリップ・E.　Pfeifer, Phillip E.
◇マーケティング・メトリクス—マーケティング成果の測定方法（Marketing METRICS ： The Definitive Guide to Measuring Marketing Performance, 2nd Edition）　ポール・W.ファリス, ネイル・J.ベンドル, フィリップ・E.ファイファー, ディビッド・J.レイブシュタイン著, 小野晃典, 久保知一訳　ピアソン桐原　2011.8　454p　21cm　〈原書第2版〉3500円　①978-4-86401-002-3
内容 はじめに　市場シェア　マージンと純利益　製品戦略とポートフォリオ・マネジメント　顧客収益性　営業部隊と流通チャネルの管理　価格戦略　販売促

進(プロモーション)　広告メディアとインターネット　マーケティングとファイナンス　マーケティング・メトリクス構造解析　マーケティング・メトリクス体系〔06657〕

ファイファー, S.I.* Pfeiffer, Steven I.

◇WISC-IVの臨床的利用と解釈 (WISC-IV clinical use and interpretation)　アウレリオ・プリフィテラ, ドナルド・H.サクロフスキー, ローレンス・G.ワイス編, 上野一彦監訳, 上野一彦, バーンズ亀山静子訳　日本文化科学社　2012.5　592p　22cm　〈文献あり〉 ①978-4-8210-6366-6

内容 WISC-IVを用いたギフテッドのアセスメント (Sara S.Sparrow, Steven I.Pfeiffer, Tina M. Newman著, 上野一彦訳)〔06658〕

ファイン, エレン　Fein, Ellen

◇現代版ルールズ―理想の男性を手に入れる31の法則 (NOT YOUR MOTHER'S RULES)　エレン・ファイン, シェリー・シュナイダー著, 田村明子訳　ベストセラーズ　2013.5　285p　19cm　〈タイトルは奥付による.標題紙・背・表紙のタイトル : THE RULES the new secrets for dating〉 1300円 ①978-4-584-13491-7

内容 1 なぜ本書を書いたのか　2 娘たちから『ルールズ』について一言　3「娘たちを抱きしめて」母親のためのルールズ　4 ルールズをはじめるまで、好きなことをやってみる　5 男性がゲンメツする20のこと　6 ルールズに関するよくある質問とその回答　7 繰り返す価値のある20のルールズ　Conclusion デートは努力である！〔06659〕

ファインスタイン, デイヴィッド　Feinstein, David

◇エネルギー・メディスン―あなたの体のエネルギーを調整し、健康と喜びと活力を生み出す (ENERGY MEDICINE)　ドナ・イーデン著, デイヴィッド・ファインスタイン共著, 日高播希人訳　ナチュラルスピリット　2012.5　540p　21cm　2980円 ①978-4-86451-041-7

内容 第1部 内なる二〇〇万歳のヒーラーを目覚めさせる(すべてはエネルギー　エネルギー・テスト　エネルギーのハミング)　第2部 あなたのエネルギー・ボディの解剖学(経絡　チャクラ　オーラ, 電気回路, ケルト織, 基礎グリッド　五つのリズム　トリプル・ウォーマーとラディアント回路)　第3部 すべてを織り合わせる(病気　痛み　電磁気の流れの中を泳ぐ　最高度の健康と活力をもたらすために習性フィールドを設置する)〔06660〕

ファインマン, リチャード　Feynman, Richard Phillips

◇ちくま哲学の森　6　驚くこころ　鶴見俊輔, 安野光雅, 森毅, 井上ひさし, 池内紀編　筑摩書房　2012.2　437p　15cm　1300円 ①978-4-480-42866-0

内容 考えるだけでラジオを直す少年(ファインマン著, 大貫昌子訳)〔06661〕

◇ファインマンさんは超天才 (NO ORDINARY GENIUS)　〔リチャード・ファインマン〕〔述〕, クリストファー・サイクス〔著〕, 大貫昌子訳　岩波書店　2012.4　381p　15cm　(岩波現代文庫―社会 240)　1220円 ①978-4-00-603240-1

内容 1 ものごとをつきとめる楽しみ　2 爆弾と愛と　3 ノーベル賞をしとめる方法　4 トップレス・バーほか楽しく生きる方法　5 想像してごらん！　6 物理をする　7 途方もないアイデア細かい字と巨大なコンピュータ　8 チャレンジャー　9 タンヌ・トゥーバを求めて　10 死ぬこと〔06662〕

ファウスティナ〈聖〉　Faustina, Saint

◇聖ファウスティナの日記―わたしの霊魂における神のいつくしみ　聖ファウスティナ〔著〕, ユリアン・ルジツキ, 相原富士子共訳, 庄司篤監修　長崎　聖母の騎士社　2011.10　761, 20p　22cm　〈年譜あり　索引あり〉 4800円 ①978-4-88216-331-2〔06663〕

ファウスト, ルー　Faust, Lou

◇マザー・テレサCEO―驚くべきリーダーシップの原則 (Mother Teresa, CEO)　ルーマ・ボース, ルー・ファウスト著, 近藤邦雄訳　集英社　2012.4　175p　19cm　1200円 ①978-4-08-786013-9

内容 序章 マザー・テレサの原則　マザー・テレサの生涯　第1章 簡潔なビジョンを力強く伝えろ　第2章 天使に会うためなら悪魔とも取引しろ　第3章 がまん強くチャンスを待て　第4章 疑うことを恐れるな　第5章 規律を楽しめ　第6章 相手が理解できる言葉でコミュニケーションしろ　第7章 底辺にも目配りしろ　第8章 沈黙の力を使え　おわりに あなたが聖人になる必要はない〔06664〕

ファウラー, アリス

◇世界一素朴な質問、宇宙一美しい答え―世界の第一人者100人が100の質問に答える (BIG QUESTIONS FROM LITTLE PEOPLE)　ジェンマ・エルウィン・ハリス編, 西田美緒子訳, タイマタカシ絵　河出書房新社　2013.11　298p　22cm　2500円 ①978-4-309-25292-6

内容 草や木はどうやって小さい種から大きくなるの？(アリス・ファウラー)〔06665〕

ファウラー, M.フィールド

◇ボストン市立図書館とJ.ウィンザーの時代(1868-1877年)―原典で読むボストン市立図書館発展期の思想と実践　川崎良孝解説・訳, 久野和子, 川崎智子訳　京都　京都図書館情報学研究会　2012.5　401p　21cm　〈背・表紙のタイトル : ボストン市立図書館とJ.ウィンザーの時代　発売 : 日本図書館協会〉 6000円 ①978-4-8204-1200-7

内容 主の日にボストン市立図書館を開館するにあたっての抗議あるいは諫言 : 安息日を覚え、これを聖とせよ(1867年6月3日) 他(M.フィールド・ファウラー)〔06666〕

ファウン, リック

◇拡大ヨーロッパの地政学―コンステレーション理論の可能性 (The geopolitics of Euro-Atlantic integration)　ハンス・モウリッツェン, アンデルス・ウィヴェル編, 蓮見雄, 小林正英, 東野篤子訳　文真堂　2011.5　356p　21cm　〈文献あり　索引あり〉 2900円 ①978-4-8309-4703-2

内容 東部(リック・ファウン著, 東野篤子訳)〔06667〕

ファウンデーション・オヴ・アイ《Foundation of I,

フ

Inc. Freedom of the Cosmos》
◇叡智のしずく（Dewdrops of wisdom）　モーナ・ナラマク・シメオナ, イハレアカラ・ヒューレン, カマイリ・ラファエロヴィッチ著, 平良アイリーン訳, The Foundation of I,Freedom of the Cosmos監修　SITHホ・オポノポノアジア事務局　2012.9　183p　15×15cm　1905円　①978-4-904881-02-6　〔06668〕

ファーガストローム, デレク　Fagerstrom, Derek
◇図解!!やりかた大百科―役にたつ（かもしれない）438の豆知識。　デレク・ファーガストローム, ローレン・スミス, ショー・ミー・チーム著, 和田侑子訳　パイインターナショナル　2011.9　1冊（ページ付なし）　20cm　1900円　①978-4-7562-4109-2
内容 つくる　食べる　飲む　洒落る　ラブ　暮らす　育てる　保健体育　旅にでる　生きのびる　おまけ　〔06669〕

ファーガスン, イアン　Ferguson, Iain
◇ソーシャルワークの復権―新自由主義への挑戦と社会正義の確立（RECLAIMING SOCIAL WORK）　イアン・ファーガスン著, 石倉康次, 市井吉興監訳　京都　クリエイツかもがわ　2012.5　269p　22cm　〈文献あり〉2400円　①978-4-86342-086-1
内容 第1章 守るに値する専門職とは　第2章 イギリスの新自由主義　第3章 ニューレイバーと新しいソーシャルワーク　第4章 市場と社会的ケア　第5章 消費者主義, パーソナル化, 社会福祉運動　第6章 ラディカルな伝統　第7章 クリティカル・ソーシャルワーク：争点と論争　第8章 合意形成への挑戦　〔06670〕

ファーガソン, アダム　Fergusson, Adam
◇ハイパーインフレの悪夢―ドイツ「国家破綻の歴史」は警告する（When money dies）　アダム・ファーガソン〔著〕, 黒輪篤嗣, 桐谷知未訳　新潮社　2011.5　318p　20cm　〈解説：池上彰　文献あり〉2000円　①978-4-10-506271-2
内容 金を鉄に　喜びなき街　突きつけられた請求書　10億呆け　ハイパーインフレへの突入　1922年夏　ハプスブルクの遺産　秋の紙幣乱発　ルール紛争　1923年夏　ハーフェンシュタイン　奈落の底　シャハト　失業率の増大　あらわになった傷跡　〔06671〕

ファーガソン, ウォーレス・K.　Ferguson, Wallace Klippert
◇ルネサンス―六つの論考（THE RENAISSANCE）　ウォーレス・ファーガソン, ロペス, サートン, バイントン, ブラドナー, パノフスキー著, 沢井繁男訳　国文社　2013.7　248p　20cm　〈索引あり〉2500円　①978-4-7720-0537-1
内容 近代国家に向けて（ウォーレス・K.ファーガソン著）　〔06672〕

ファーガソン, エヴァ・ドライカース　Ferguson, Eva Dreikurs
◇アドラー心理学へのいざない　エヴァ・ドライカース・ファーガソン著, 大竹優子, 河内博子訳　大阪　日本アドラー心理学会　2013.7　118p　26cm　〈他言語標題：Adlerian theory：an introduction　英語併記〉2200円　①978-4-9907080-0-9　〔06673〕

ファーガソン, キティ　Ferguson, Kitty
◇ピュタゴラスの音楽（The music of Pythagoras）　キティ・ファーガソン著, 柴田裕之訳　白水社　2011.9　456, 36p　20cm　〈文献あり 索引あり〉3400円　①978-4-560-08163-1
内容 第1部 紀元前六世紀（伝説と史実の狭間で　長い髪のサモス人―紀元前六世紀　ギリシアのしきたりとはまったく異なる―紀元前六世紀 ほか）　第2部 紀元前五世紀‐紀元七世紀（ピュタゴラス派のピロラオスの著書―紀元前五世紀　プラトンによるピュタゴラスの探求―紀元前四世紀　古代の人々、私たちよりも優れていて、神々のより近くで暮らしていた人々がこの言葉を残してくれた―紀元前四世紀 ほか）　第3部 八‐二十一世紀（「巨人たちの肩に乗った小人」中世におけるピュタゴラス―八世紀‐十四世紀　自然が最も素晴らしく完璧な姿を見せるもの―十四‐十六世紀　「そのとき、夜明けの星はこぞって喜び歌い」ヨハネス・ケプラー―十六世紀と十七世紀 ほか）　〔06674〕

ファーガソン, ジョセフ
◇現代日本の政治と外交　2　日米安全保障同盟―地域的多国間主義　猪口孝監修　原書房　2013.12　403, 4p　21cm　〈文献あり 索引あり〉4800円　①978-4-562-04954-7
内容 日米同盟とロシア（ジョセフ・ファーガソン著, 鈴木均訳）　〔06675〕

ファーガソン, ニーアル　Ferguson, Niall
◇中国は21世紀の覇者となるか？―世界最高の4頭脳による大激論（Does the 21st century belong to China？）　ヘンリー・キッシンジャー, ファリード・ザカリア, ニーアル・ファーガソン, デビッド・リー（李稲葵）著, 酒井泰介訳　早川書房　2011.12　125p　18cm　952円　①978-4-15-209260-1
内容 「中国は21世紀の覇者となるか？」（ムンク・ディベート・オン・チャイナ　中国の実力　日本をどう見るか　アフリカの資源と「アラブの春」　いかに中国をとりこむか）　ヘンリー・キッシンジャーとの対話　デビッド・リー（李稲葵）との対話　〔06676〕
◇文明―西洋が覇権をとれた6つの真因（CIVILIZATION）　ニーアル・ファーガソン著, 仙名紀訳　勁草書房　2012.7　545p　20cm　〈文献あり〉3300円　①978-4-326-24840-7
内容 第1章 競争　第2章 科学　第3章 所有権　第4章 医学　第5章 消費　第6章 労働　〔06677〕
◇劣化国家（The Great Degeneration）　ニーアル・ファーガソン著, 桜井祐子訳　東洋経済新報社　2013.10　186, 15p　20cm　1600円　①978-4-492-31439-5
内容 序章 なぜ西洋は衰退したのか　第1章 ヒトの巣―民主主義の赤字　第2章 弱肉強食の経済―金融規制の脆弱さ　第3章 法の風景―法律家による支配　第4章 市民社会と非市民社会　結論 大いなる衰退論からの示唆　〔06678〕

フ

ファタードー, ピーター　Furtado, Peter

◇国家と国民の歴史―ヴィジュアル版 (HISTORIES OF NATIONS)　ピーター・ファタードー編, 猪口孝日本語版監修, 小林朋則訳　原書房　2012.11　320p　26cm　〈文献あり 索引あり〉 5800円　①978-4-562-04850-2

内容 まえがき―諸国の歴史と世界の歴史 (ピーター・ファタードー)　〔06679〕

◇世界の歴史を変えた日1001 (1001 DAYS THAT SHAPED THE WORLD)　ピーター・ファタード編集, 荒井理子, 中村安子, 真田由美子, 藤村奈緒美訳　ゆまに書房　2013.10　944p　22cm　〈索引あり〉 6900円　①978-4-8433-4198-8

内容 第1章 ビッグバン～紀元前1世紀　第2章 1～999年　第3章 1000～1499年　第4章 1500～1699年　第5章 1700～1899年　第6章 1900～1949年　第7章 1950～現代　〔06680〕

フ

ファディラ, サバン

◇フューチャースクール―シンガポールの挑戦 (A school's journey into the future)　テイ・リー・ヨン, リム・チェー・ピン, カイン・ミント・スウィー編著, トランネット訳, 中川一史監訳　ピアソン桐原　2011.2　183p　21cm　2400円　①978-4-89471-549-3

内容 シンガポールの小学校におけるWeb2.0―担任教師が低学年の児童に対してブログを活用した実践例 (ダニエル・チャーチル, ライ・ジー・イー, サバン・ファディラ)　〔06681〕

ファード, ナディア

◇D.E.スーパーの生涯と理論―キャリアガイダンス・カウンセリングの世界的泰斗のすべて (The Career Development Quarterly.Volume 43 Number1)　全米キャリア発達学会著, 仙崎武, 下村英雄編訳　図書文化社　2013.11　183p　21cm　〈索引あり〉 3000円　①978-4-8100-3637-4

内容 文化的な文脈におけるキャリア (ナディア・ファード, コンスエロ・アルボナ著, 下村英雄訳)　〔06682〕

ファーニス, A.　Farnese, A.

◇誰も書けなかった死後世界地図　A.ファーニス著, 岩大路邦夫訳, 山口美佐子文構成　コスモ21　2013.2　214p　15cm　(コスモ21不思議文庫)　600円　①978-4-87795-254-9

内容 1章 死の壁の向こうに何が見える？―"死後の世界"に関するソボクな疑問 (「死」は終わりじゃないの？ 自分が死んだといつわかるか？ ほか)　2章 「心の中身」が「死後の世界」を決める？―あなたは死んだらどこへ行く？ (死んだあと、しばらくはいろんな世界を通過する　生き方しだいで行く場所が違う？ ほか)　3章 ここまで見えた霊界のしくみ―学校もあるし仕事もある？ (先に死んだ人に会えるか？ "天使"は本当にいるのか？ ほか)　4章 空想ではなかった "地獄"の存在―フランチェッツォが目撃した地獄レポート (地獄の炎の「正体」は？ 本当の地獄の門に鬼はいるのか？ ほか)　5章 "天国"へ到る道―どんな人生にも希望がある (より明るい世界へ行くには？　赦しの大切さ ほか)　〔06683〕

ファノン, F.

◇ちくま哲学の森　3　悪の哲学　鶴見俊輔, 安野光雅, 森毅, 井上ひさし, 池内紀編　筑摩書房　2011.11　431p　15cm　1200円　①978-4-480-42863-9

内容 民族解放戦争における北アフリカ人の犯罪衝動性 (F.ファノン著, 鈴木道彦, 浦野衣子訳)　〔06684〕

ファーブル, ジャン=アンリ　Fabre, Jean Henri

◇ちくま哲学の森　6　驚くこころ　鶴見俊輔, 安野光雅, 森毅, 井上ひさし, 池内紀編　筑摩書房　2012.2　437p　15cm　1300円　①978-4-480-42866-0

内容 科学的な暗殺者 (ファーブル著, 奥本大三郎訳)　〔06685〕

◇ちくま哲学の森　8　自然と人生　鶴見俊輔, 安野光雅, 森毅, 井上ひさし, 池内紀編　筑摩書房　2012.4　448p　15cm　(〔ちくま文庫〕)　1300円　①978-4-480-42868-4

内容 単細胞植物 (ファーブル著, 日高敏隆, 林瑞枝訳)　〔06686〕

◇ディドロ著作集　第4巻　美学・美術―付・研究論集　ディドロ〔著〕, 鷲見洋一, 井田尚監修　法政大学出版局　2013.9　646p　20cm　6600円　①978-4-588-12014-5

内容 ディドロと神智論者たち (ジャン・ファーブル著, 橋本到訳)　〔06687〕

ファーマー, ポール　Farmer, Paul

◇他者の苦しみへの責任―ソーシャル・サファリングを知る　アーサー・クラインマン, ジョーン・クラインマン, ヴィーナ・ダス, ポール・ファーマー, マーガレット・ロック,E.ヴァレンタイン・ダニエル, タラル・アサド〔編〕, 坂川雅子訳　みすず書房　2011.3　267, 5p　20cm　〈解説：池沢夏樹〉 3400円　①978-4-622-07592-9

内容 人々の「苦しみ」と構造的暴力―底辺から見えるもの (ポール・ファーマー著)　〔06688〕

◇権力の病理―誰が行使し誰が苦しむのか：医療・人権・貧困 (PATHOLOGIES OF POWER)　ポール・ファーマー〔著〕, 豊田英子訳　みすず書房　2012.4　471, 35p　20cm　〈文献あり 索引あり〉 4800円　①978-4-622-07681-0

内容 第1部 証人となる (苦しみと構造的暴力について―グローバル化時代の社会的・経済的権利　疫病と拘束―グアンタナモ、エイズ、そして隔離の論理　チアパスの教訓　我々すべてに伝染病が？―ロシアの刑務所における結核の再流行)　第2部 人権をめぐる一医師の視点 (健康・治療・社会正義―解放の神学による洞察　預言に耳を傾ける―市場本位の医学に対する批判　残酷で異常な一懲罰としての薬剤耐性結核　新たな不安―グローバル化時代の医療倫理と社会的権利　健康と人権の再考―パラダイム転換のとき)　〔06689〕

ファーマン, ベン　Furman, Ben

◇フィンランド式叱らない子育て―自分で考える子どもになる5つのルール (Olen ylpeä sinusta!)　ベン・ファーマン著, バレイ友佳子訳　ダイヤモンド社　2013.9　149p　19cm　1300円　①978-4-478-02583-3

内容 1 子どもはほめて伸ばしましょう (お礼でほめてみよう　噂でほめてみよう ほか)　2「こうしてほしい」は5本指で伝えましょう (親指‐コンタクト―ま

ずは子どもの耳をこちらに向けさせる　人差し指 - リクエストーしてほしいことをはっきりと伝える ほか）　3 大人は意見を合わせましょう（感謝を伝え、気持ちに寄り添う　大人は皆同じ意見であると、子どもに伝える ほか）　4「なぜそんなことをしたの？」と聞くのはやめましょう（子どもが学ぶべきスキルを見つけ出す　子どもの動機を高める ほか）　5 子どもに罰を与えるのはやめましょう（したいことについて、子どもと話す　迷惑に目を向けさせる ほか）〔06690〕

ファリス, ポール・W.　Farris, Paul W.

◇マーケティング・メトリクス―マーケティング成果の測定方法（Marketing METRICS : The Definitive Guide to Measuring Marketing Performance, 2nd Edition）　ポール・W.ファリス, ネイル・J.ベンドル, フィリップ・E.ファイファー, ディビッド・J.レイブシュタイン著, 小野晃典, 久保知一訳　ピアソン桐原　2011.8　454p　21cm　〈原書第2版〉3500円　①978-4-86401-002-3

内容 はじめに　市場シェア　マージンと純利益　製品戦略とポートフォリオ・マネジメント　顧客収益性　営業部隊と流通チャネルの管理　価格戦略　販売促進（プロモーション）　広告メディアとインターネット　マーケティングとファイナンス　マーケティング・メトリクス構造解析　マーケティング・メトリクス体系〔06691〕

ファリーニ, パオラ

◇イタリアにおけるオルチア川流域とマントヴァの新たな経験―サステイナビリティと地域再生計画　パオラ・ファリーニ〔述〕, 玉井美子訳, 植田暁翻訳協力・監修　法政大学サステイナビリティ研究教育機構　2010.12　44p　30cm　（サス研フォーラム講演記録集 第4回）　非売品〔06692〕

ファリントン, ディビッド・P.　Farrington, David P.

◇エビデンスに基づく犯罪予防（Evidence-based crime prevention）　ローレンス・W.シャーマン, ディビッド・P.ファリントン, ブランドン・C.ウェルシュ, ドリス・レイトン・マッケンジー編, 津富宏, 小林寿一監訳, 島田貴仁, 藤野京子, 寺村堅志, 渡辺昭一訳　社会安全研究財団　2008.9　434p　26cm　〈文献あり〉①978-4-904181-02-7

内容 メリーランド科学的方法尺度 他（ディビッド・P.ファリントン, デニス・C.ゴットフレッドソン, ローレンス・W.シャーマン, ブランドン・C.ウェルシュ著, 島田貴仁訳）〔06693〕

ファルカス, M.　Farkas, Marianne D.

◇精神科リハビリテーション（Psychiatric Rehabilitaion（原著第2版））　W.アンソニー,M.コーエン,M.ファルカス,C.ガニエ著, 野中猛, 大橋秀行監訳　第2版　三輪書店　2012.11　436p　21cm　〈初版 : マイン 1993年刊　文献あり 索引あり〉4800円　①978-4-89590-422-3〔06694〕

ファルク, アルミン

◇コモンズのドラマ―持続可能な資源管理論の15年（The Drama of the COMMONS）　全米研究評議会,Elinor Ostrom,Thomas Dietz,Nives Dolšak,Paul C.Stern,Susan C.Stonich,Elke U. Weber編, 茂木愛一郎, 三俣学, 泉留維監訳　知泉書館　2012.5　665p　23cm　〈文献あり 索引あり〉9000円　①978-4-86285-132-1

内容 コモンズを利用する（アルミン・ファルク, エルンスト・フェア, ウルス・フィッシュバッハー著, 小南仁司訳）〔06695〕

ファルジュ, アルレット

◇都市空間の解剖　二宮宏之, 樺山紘一, 福井憲彦責任編集　藤原書店　2011.2　274p　21cm　（叢書・歴史を拓く―『アナール』論文選〈新版〉4）〈コメント : 小木新造　解説 : 福井憲彦　文献あり〉3600円　①978-4-89434-785-4

内容 十八世紀パリにおける暴力の舞台（アルレット・ファルジュ, アンドレ・ズィスベール著, 福井憲彦訳）〔06696〕

ファルチャン, リュボミール　Falt'an, L'ubomír

◇体制転換と地域社会の変容―スロヴァキア地方小都市定点追跡調査　石川晃弘, リュボミール・ファルチャン, 川崎嘉元編著　八王子　中央大学出版部　2010.11　335p　22cm　（中央大学社会科学研究所研究叢書 24）　4000円　①978-4-8057-1325-9

内容 調査対象地の概要（リュボミール・ファルチャン著, 川崎嘉元訳）〔06697〕

ファレット, エンソ　Faletto, Enzo

◇ラテンアメリカにおける従属と発展―グローバリゼーションの歴史社会学（Dependencia y desarrollo en America Latina）　フェルナンド・エンリケ・カルドーゾ, エンソ・ファレット著, 鈴木茂, 受田宏之, 宮地隆広訳　府中（東京都）　東京外国語大学出版会　2012.4　348p　20cm　〈索引あり〉2800円　①978-4-904575-19-2〔06698〕

ファレル, グラハム

◇環境犯罪学と犯罪分析（Environmental criminology and crime analysis）　リチャード・ウォートレイ, ロレイン・メイズロール編, 島田貴仁, 渡辺昭一監訳, 斉藤知範, 雨宮護, 菊池城治, 畑倫子訳　社会安全研究財団　2010.8　313p　26cm　〈文献あり〉①978-4-904181-13-3

内容 反復被害（グラハム・ファレル, ケン・ピーズ著, 齊藤知範訳）〔06699〕

ファレル, ジョセフ

◇転換期の教育改革―グローバル時代のリーダーシップ（Changing education）　ピーター・D.ハーショック, マーク・メイソン, ジョン・N.ホーキンス編著, 島川聖一郎, 高橋貞雄, 小原一仁監訳　町田　玉川大学出版部　2011.7　377p　22cm　〈文献あり〉6200円　①978-4-472-40430-6

内容 これからの教育（ジョセフ・ファレル著）〔06700〕

ファレル, ジルダ　Farrell, Gilda

◇脱成長の道―分かち合いの社会を創る　勝俣誠, マルク・アンベール編著　コモンズ　2011.5

279p 19cm 1900円 ①978-4-86187-078-1
内容 社会的責任の分かち合いのための政策的枠組み―未来の展望の再生（ジルダ・ファレル著）〔06701〕

ファレル, ニコラス Farrell, Nicholas Burgess
◇ムッソリーニ 上（Mussolini） ニコラス・ファレル著, 柴野均訳 白水社 2011.6 449, 22p 20cm 3800円 ①978-4-560-08141-9
内容 ドゥーチェの故郷 ドゥーチェの青年時代 放浪者・教師時代のドゥーチェ ジャーナリストとしてのドゥーチェ 『アヴァンティ！』 アルプスの塹壕戦 ファシズムの誕生 ローマ進軍 権力―ファシスト紀第一年 ドゥクス ファシズムの信奉者たちとドゥーチェ崇拝 〔06702〕
◇ムッソリーニ 下（Mussolini） ニコラス・ファレル著, 柴野均訳 白水社 2011.6 412, 40p 20cm 〈索引あり〉 3800円 ①978-4-560-08142-6
内容 エチオピア一九三五～三六年―狂犬とイギリス人たち スペイン内戦―善悪の不分明化と陣営の選択 敗北――九四〇～四三年 ムッソリーニの裏切りとファシズム体制の終焉――九四三年七月 「イタリア式悲劇」――九四三年九月 終末 〔06703〕

ファレル, ピーター・T. Farrell, Peter T.
◇世界の学校心理学事典（THE HANDBOOK OF INTERNATIONAL SCHOOL PSYCHOLOGY） シェーン・R.ジマーソン, トーマス・D.オークランド, ピーター・T.ファレル編, 石隈利紀, 松本真理子, 飯田順子監訳 明石書店 2013.9 640p 27cm 〈文献あり 索引あり〉 18000円 ①978-4-7503-3886-6
内容 第1部 各国の学校心理学（カナダの学校心理学 アメリカ合衆国の学校心理学 ジャマイカの学校心理学 プエルトリコの学校心理学 ほか） 第2部 世界の学校心理学―現在から未来へ（世界の学校心理学―これまでの歩み 学校心理学の国際的発展に影響を与える求心的、遠心的動向 国際学校心理学会―その設立、成果、および将来展望 学校心理学の国際比較調査―世界のスクールサイコロジストから得られる洞察 ほか） 〔06704〕

ファレル, ブライアン
◇検証太平洋戦争とその戦略 3 日本と連合国の戦略比較 三宅正樹, 庄司潤一郎, 石津朋之, 山本文史編著 中央公論新社 2013.8 315p 20cm 〈索引あり〉 3200円 ①978-4-12-004509-7
内容 太平洋戦争初期における連合国の敗因（ブライアン・ファレル著, 山本文史訳） 〔06705〕

ファーロング, J. Furlong, J.
◇グローバル化・社会変動と教育 1 市場と労働の教育社会学（EDUCATION, GLOBALIZATION AND SOCIAL CHANGE（抄訳）） ヒュー・ローダー, フィリップ・ブラウン, ジョアンヌ・ディラボー,A.H.ハルゼー編, 広田照幸, 吉田文, 本田由紀編訳 東京大学出版会 2012.4 354p 22cm 〈文献あり〉 4800円 ①978-4-13-051317-3
内容 学習社会における歴史・経歴・場所―生涯学習の社会学に向けて（G.リース, R.フェーブル, J.ファーロング, S.ゴラード著, 児美川孝一郎訳） 〔06706〕

ファン, キュソン* 黄 圭仙
◇朝鮮王朝を変えた55人―韓国時代劇の主役たち 韓国ドラマ時代劇王編集部編, 鄭智旭, 鄭在元, 黄圭仙執筆, 泉千春, 市川生美訳 TOKIMEKIパブリッシング 2012.3 211p 18cm 〈年表あり 文献あり 発売：角川グループパブリッシング〉 762円 ①978-4-04-899064-6 〔06707〕

ファン, タイン・ハイ
◇陵墓からみた東アジア諸国の位相―朝鮮王陵とその周縁 篠原啓方編 吹田 関西大学文化交渉学教育研究拠点 2011.12 223p 30cm （周縁の文化交渉学シリーズ 3） 〈文部科学省グローバルCOEプログラム関西大学文化交渉学教育研究拠点 ハングル併載〉 ①978-4-9905164-6-8
内容 フエ・阮朝期の皇族の陵墓について（ファン・タイン・ハイ著, 西村昌也, 新江俊彦訳） 〔06708〕
◇フエ地域の歴史と文化―周辺集落と外からの視点 西村昌也, グエン・クアン・チュン・ティエン, 野間晴雄, 熊野建編 吹田 関西大学文化交渉学教育研究拠点 2012.3 634p 30cm （周縁の文化交渉学シリーズ 7） 〈文部科学省グローバルCOEプログラム関西大学文化交渉学教育研究拠点 文献あり〉 ①978-4-9906213-2-2
内容 フエ文化と中部ベトナム文化形成過程における広南阮氏の首府（ファン・タイン・ハイ著, 西村昌也訳） 〔06709〕

ファーン, トレイシー・E. Fern, Tracey E.
◇バーナムの骨―ティラノサウルスを発見した化石ハンターの物語（BARNUM'S BONES） トレイシー・E.ファーン文, ボリス・クリコフ絵, 片岡しのぶ訳 光村教育図書 2013.2 〔34p〕 25×28cm 〈文献あり〉 1500円 ①978-4-89572-848-5 〔06710〕

ファン, ナンヨン
◇聖母とともにする十字架の道行き ファンナンヨン文, キムオクスン絵, 田島久子訳編 女子パウロ会 2011.3 38p 19cm 300円 ①978-4-7896-0701-8 〔06711〕

ファン, ビョンソク
◇韓国歴史用語辞典 イ・ウンソク, ファン・ビョンソク著, 三橋広夫, 三橋尚子訳 明石書店 2011.9 251p 20cm 3500円 ①978-4-7503-3468-4 〔06712〕

ファン・エック, リチャード・N. Van Eck, Richard N.
◇インストラクショナルデザインとテクノロジ―教える技術の動向と課題（TRENDS AND ISSUES IN INSTRUCTIONAL DESIGN AND TECHNOLOGY（原著第3版）） R.A.リーサー, J.V.デンプシー編 京都 北大路書房 2013.9 690p 21cm 〈訳：半田純子ほか 索引あり〉 4800円 ①978-4-7628-2818-8
内容 eラーニングとインストラクショナルデザイン 他（J.V.（ジャック）・デンプシー, リチャード・N.ファン・エック著, 渡辺雄貴訳） 〔06713〕

フ

ファン=スティーブンソン, マチア
◇みんなの幼児教育の未来予想図（A Vision for Universal Preschool Education）　エドワード・ジグラー, ウォルター・S.ギリアム, ステファニー・M.ジョーンズ編, 田中道治編訳　京都　ナカニシヤ出版　2013.3　322p　22cm　〈索引あり〉3800円　①978-4-7795-0753-3
内容 21世紀学校は、万人の幼児教育について何を私たちに示唆するのか（エドワード・ジグラー, ウォルター・S.ギリアム, ステファニー・M.ジョーンズ, マチア・ファン=スティーブンソン著, 池本喜代正訳）〔06714〕

ファンデンボス, G.R.　VandenBos, Gary R.
◇APA心理学大辞典（APA Dictionary of Psychology）　G.R.ファンデンボス監修, 繁桝算男, 四本裕子監訳　培風館　2013.9　1041p　27cm　〈索引あり〉8000円　①978-4-563-05234-8〔06715〕

ファーンドン, ジョン　Farndon, John
◇あなたは自分を利口だと思いますか？―オックスフォード大学・ケンブリッジ大学の入試問題（Do you think you're clever？）　ジョン・ファーンドン著, 小田島恒志, 小田島則子訳　河出書房新社　2011.12　269p　19cm　1600円　①978-4-309-20583-0
内容 あなたは自分を利口だと思いますか？―ケンブリッジ大学・法学　蟻を落とすとどうなりますか？―オックスフォード大学・物理学　棒高跳の世界記録はなぜ六・五メートル程度で、なぜ破られないのですか？―ケンブリッジ大学・コンピューターサイエンス　過去に戻れるとしたらいつにしますか、またそれはなぜですか？―オックスフォード大学・法学　あなたはクールですか？―オックスフォード大学・哲学、政治学、経済学　もし全能の神がいるとしたら、彼は自身が持ち上げられない石を造ることができるでしょうか？―オックスフォード大学・古典学　自分の腎臓を売ってもいいでしょうか？―ケンブリッジ大学・医学　精神病質者（しかも、殺人だけが唯一の楽しみである患者）に、自分は好きなだけ人殺しができる現実世界にいると信じてしまうようなバーチャルリアリティを創出する機械を使わせることは、道徳的に問題ないでしょうか？―ケンブリッジ大学・哲学　肥満の人もNHS（国民健康保険制度）の無料医療サービスを受けていいのでしょうか？―ケンブリッジ大学・社会学、政治学　なぜ、昔、工場の煙突はあれほど高かったのですか？―ケンブリッジ大学・工学〔ほか〕〔06716〕

ファン・ヒュレ, ディルク　Van Hulle, Dirk
◇人文学と電子編集―デジタル・アーカイヴの理論と実践（ELECTRONIC TEXTUAL EDITING）　ルー・バーナード, キャサリン・オブライエン・オキーフ, ジョン・アンスワース編, 明星聖子, 神崎正英監訳　慶応義塾大学出版会　2011.9　503p　21cm　4800円　①978-4-7664-1774-6
内容 著者による翻訳―サミュエル・ベケットの『ざわめく静けさ/ぴくりと跳ねて』（ディルク・ファン・ヒュレ）〔06717〕

ファン・フフト, マルク　Van Vugt, Mark
◇なぜ、あの人がリーダーなのか？―科学的リーダーシップ論（SELECTED）　マルク・ファン・フフト, アンジャナ・アフジャ著, 小坂恵理訳　早川書房　2012.10　332p　19cm　〈文献あり〉2000円　①978-4-15-209328-8
内容 第1章 リーダーシップの性質　第2章 すべてはただのゲーム　第3章 生まれながらのフォロワー　第4章 サバンナでステイタスシンボルを探す―民主的なサルたち　第5章 腐敗の誕生　第6章 ミスマッチ仮説　第7章 サバンナから重役会議室へ―ナチュラルリーダーシップの教訓　付録A 六人のナチュラルリーダー―アンケート　付録B リーダーシップの歩み〔06718〕

ファンホウテ, エドワルト　Vanhoutte, Edward
◇人文学と電子編集―デジタル・アーカイヴの理論と実践（ELECTRONIC TEXTUAL EDITING）　ルー・バーナード, キャサリン・オブライエン・オキーフ, ジョン・アンスワース編, 明星聖子, 神崎正英監訳　慶応義塾大学出版会　2011.9　503p　21cm　4800円　①978-4-7664-1774-6
内容 散文フィクションと近代の手稿―電子版のテキストコード化の限界と可能性（エドワルト・ファンホウテ）〔06719〕

ブイ, チュ・フォン
◇アジア女性と親密性の労働　落合恵美子, 赤枝香奈子編　京都　京都大学学術出版会　2012.2　329p　22cm　（変容する親密圏/公共圏 2）〈索引あり〉3600円　①978-4-87698-574-6
内容 公的労働と家事労働をうまくこなすには, 三つの頭と六本の手が必要である（クアット・チュ・ホン, ブイ・チュ・フォン, リ・バック・ズン著, 戸梶民夫訳）〔06720〕

フィアロン, ティム　Fearon, Tim
◇話す力（HOW YOU CAN TALK TO ANYONE IN EVERY SITUATION）　エマ・サージェント, ティム・フィアロン著, 夏目大訳　ピアソン桐原　2012.12　223p　19cm　（英国式スキルアップ）　1400円　①978-4-86401-103-7
内容 第1章 誰とでも自信を持って話をする　第2章 すべては自分しだい　第3章 会話の基本の「き」　第4章 話すことで心がつながる　第5章 仕事で誰とでも上手に話す　第6章 困難な状況で誰とでも上手に話す　第7章 話をやめるタイミングを知る　第8章 ここ一番で輝くための話し方〔06721〕

フィエロ, アルフレッド　Fierro, Alfred
◇パリ歴史事典―dictionnaire de Paris（Histoire et dictionnaire de Paris（第4部））　アルフレッド・フィエロ著, 鹿島茂監訳　普及版　白水社　2011.7　765, 41p　22cm　〈訳：青木真紀子ほか〉4700円　①978-4-560-08157-0〔06722〕

フィゲルスキー, スティーブン　Figlewski, Stephen
◇金融規制のグランドデザイン―次の「危機」の前に学ぶべきこと（Restoring financial stability）　ヴィラル・V.アチャリア, マシュー・リチャードソン編著, 大村敬一監訳, 池田竜哉, 増原剛輝, 山

フ

崎洋一, 安藤祐介訳　中央経済社　2011.3　488p　22cm　〈文献あり〉5800円　①978-4-502-68200-1
内容 信用デリバティブの中央清算機関（ヴィラル・V.アチャリア, ロバート・F.エンゲル, スティーブン・フィゲルスキー, アンソニー・W.リンチ, マーティ・G.サブラマニャム）〔06723〕

フィシェール, イッズ・アッディーン・ショクリー
◇死者の追悼と文明の岐路―二〇一一年のエジプトと日本　大稔哲也, 島薗進編著　三元社　2012.3　166p　21cm　1800円　①978-4-88303-308-9
内容 記憶し、認識し、回復する（イッズ・アッディーン・ショクリー・フィシェール述, 大塚修訳）〔06724〕

フィシュキン, ジェイムズ・S.　Fishkin, James S.
◇人々の声が響き合うとき―熟議空間と民主主義（When the people speak）　ジェイムズ・S.フィシュキン著, 岩木貴子訳, 曽根泰教監修　早川書房　2011.4　358p　20cm　〈索引あり〉2600円　①978-4-15-209203-8
内容 1 民主主義の理想（古代アテネから現代アテネへ　公衆の意見聴取 ほか）　2 民主的改革のトリレンマ（どのように市民の政治関与をはかるか　熟議 ほか）　3 対立するビジョン（四つの民主主義理論　競争的民主主義 ほか）　4 熟議民主主義を実践的に（公共圏に息を吹き込む―四つの問題　どれだけ関与するか ほか）　5 熟議で結果を出す（中国の例　代表性 ほか）　6 困難な状況下での熟議（意見聴取の限界に挑戦する　分断された社会―隔たりを越えて ほか）〔06725〕

ブイスー, ジャン＝マリ
◇EUと東アジアの地域共同体―理論・歴史・展望　中村雅治, イーヴ・シュメイユ共編　Sophia University Press上智大学出版　2012.12　404p　22cm　〈他言語標題：The European Union and East Asian Regional Community　索引あり　制作・発売：ぎょうせい〉3000円　①978-4-324-09206-4
内容 大衆文化、国際関係そして地域共同体（ジャン＝マリ・ブイスー執筆, 南舘英孝訳）〔06726〕

フィスク, スーザン・T.　Fiske, Susan T.
◇社会的認知研究―脳から文化まで（SOCIAL COGNITION（原著第3版））　S.T.フィスク,S.E.テイラー著, 宮本聡介, 唐沢穣, 小林知博, 原奈津子編訳　京都　北大路書房　2013.11　554p　21cm　〈文献あり 索引あり〉5800円　①978-4-7628-2822-5〔06727〕

フィスマン, レイ　Fisman, Raymond
◇意外と会社は合理的―組織にはびこる理不尽のメカニズム（THE ORG）　レイ・フィスマン, ティム・サリバン著, 土方奈美訳　日本経済新聞出版社　2013.12　333p　20cm　1800円　①978-4-532-31917-5〔06728〕

ブイチチ, ニック　Vujicic, Nick
◇それでも僕の人生は「希望」でいっぱい（Life without limits）　ニック・ブイチチ著, 渡辺美樹監訳　三笠書房　2011.6　237p　19cm　1300円　①978-4-8379-5726-3
内容 今、自分がここにいる。それが奇跡　「生きる力」が湧く一番の方法は？　腕がない、脚がない―でも、限界はない！　最高の未来を「徹底的」に信じ続けると…　"ありのまま"の自分とは何だろう　「ないもの」ではなく「あるもの」を数える　自分の中の「弱い心」との戦い方　「できないこと」は「できること」を増やすためにある　人に「チャンスの種」を蒔けば、必ず自分に返ってくる　「いいこと」が次々起こる人の習慣〔ほか〕〔06729〕

フィックス, ボブ　Fickes, Bob
◇超人生のススメ―クォンタム・エンライトメント：量子的悟りのためのガイドブック　ボブ・フィックス著, 伯井アリナ訳　ナチュラルスピリット　2011.10　239p　21cm　1800円　①978-4-86451-018-9
内容 第1章 悟りとは何か　第2章 意識進化の諸段階　第3章 より深いレベルの認識の検索　第4章「空」に達すると何ができるか　第5章 瞑想をすると何が起こるか　第6章 ダルマの量子波　第7章 悟りの量子場　第8章 精神と物質〔06730〕

フィッシャー, クロード・S.
◇都市社会学セレクション　2　都市空間と都市コミュニティ　森岡清志編　日本評論社　2012.8　268p　22cm　〈文献あり〉3800円　①978-4-535-58593-5
内容 アーバニズムの下位文化理論に向かって（クロード・S.フィッシャー著, 広田康生訳）〔06731〕

フィッシャー, ケン　Fisher, Kenneth L.
◇投資家が大切にしたいたった3つの疑問―行動ファイナンスで市場と心理を科学する方法（The only three questions that count）　ケン・フィッシャー著, 丸山清志訳　パンローリング　2011.7　749p　22cm　（ウィザードブックシリーズ vol.182）　3800円　①978-4-7759-7149-9
内容 序論（あなたに大切なことを教えようとしている私はいったい何者か？　愚か者とプロ（何度でもいおう） ほか）　第1章 疑問一―実際には間違っているが信じているものは何か（それが誤りと知っていたら信じていないだろう　神話的な相関性 ほか）　第2章 疑問二―あなたに見抜けて他人に見抜けないものは何か（見抜けないものを見抜く　薮の石は無視 ほか）　第3章 疑問三―私の脳は自分を騙して何をしようとしているのか（あなたが悪いのではない―進化が悪い　原始時代の暗号を解読する―プライドと反省 ほか）　第4章 資本市場テクノロジー（資本市場テクノロジーを作り上げて実践する　続いているうちが華 ほか）　第5章 そこにはそこがないとき、そこにある！（ジョンズ・ホプキンス大学、祖父、人生の教訓、そしてガートルード　リングの中心で石油と株式の攻防 ほか）　第6章 いや、それは正反対だ（あなたが間違っているときは完全に間違っている　相乗効果と薬物依存症のiPod債務者 ほか）　第7章 衝撃的な事実（需要と供給、それだけ　弱いドル、強いドル―何か関係は？）　第8章 大いなる屈辱をもたらす者と原始時代の脳（例の予想可能な相場　バブルの構造 ほか）　第9章 すべてをまとめる（自分の戦略にこだわり、そしてあいつに貼り付けておく　使う価値のある四つのルール ほか）〔06732〕
◇金融詐欺の巧妙な手口―投資家が守るべき5つの鉄則（How to Smell a Rat）　ケン・フィッシャー, ララ・ホフマンズ著, 田村勝省訳　一灯

舎　2012.8　291, 12p　19cm　〈索引あり　発売：オーム社〉1500円　①978-4-903532-54-7
内容 第1章 親しき仲にも礼儀あり　第2章 信じられないほどうますぎる話は通常は嘘である　第3章 派手な戦術にごまかされるな　第4章 排他性、大理石、その他の重要でないもの　第5章 相当な注意を払うのはあなたの仕事、他の誰のものでもない　第6章 金融詐欺―それから自由な未来　補遺A 資産配分―リスクと報酬　補遺B 似ているが違う―不正会計　補遺C 市場を作った人たち　〔*06733*〕

フィッシャー, ジェーン・E.　Fisher, Jane E.
◇認知行動療法という革命―創始者たちが語る歴史（A HISTORY OF THE BEHAVIORAL THERAPIES（抄訳））　ウィリアム・T.オドナヒュー, デボラ・A.ヘンダーソン, スティーブン・C.ヘイズ, ジェーン・E.フィッシャー, リンダ・J.ヘイズ編, 坂野雄二, 岡島義監訳, 石川信一, 金井嘉宏, 松岡紘史訳　日本評論社　2013.9　283p　21cm　〈文献あり〉3000円　①978-4-535-98362-5
内容 行動療法の歴史（ウィリアム・T.オドナヒュー, デボラ・A.ヘンダーソン, スティーブン・C.ヘイズ, ジェーン・E.フィッシャー, リンダ・J.ヘイズ著, 岡島義訳）　〔*06734*〕

フィッシャー, シビル　Fisher, Sibyl
◇みんな大切！―多様な性と教育（Everyone is special！）　ローリ・ベケット編, 橋本紀子監訳, 艮香織, 小宮明彦, 杉田真衣, 渡辺大輔訳　新科学出版社　2011.3　195p　22cm　2500円　①978-4-915143-39-7
内容 校長先生へのお願い（シビル・フィッシャー著, 艮香織訳）　〔*06735*〕

フィッシャー, ソール　Fisher, Saul
◇ビジネスとしての高等教育―営利大学の勃興（Earnings from learning）　デビッド・W.ブレネマン, ブライアン・パッサー, サラ・E.ターナー編著, 田部井潤監訳, 渡部晃正, 栗栖淳, 遠藤克弥訳　出版研　2011.6　265p　22cm　〈文献あり 索引あり　発売：人間の科学新社〉2800円　①978-4-8226-0291-8
内容 遠隔高等教育市場―伝統的教育機関と教育技術の費用（ソール・フィッシャー著, 栗栖淳訳）　〔*06736*〕

フィッシャー, デヴィッド　Fisher, David
◇スエズ運河を消せ―トリックで戦った男たち（The war magician）　デヴィッド・フィッシャー著, 金原瑞人, 杉田七重訳　柏書房　2011.10　566p　20cm　2600円　①978-4-7601-4020-6　〔*06737*〕

フィッシャー, ビル　Fischer, Bill
◇アイデア・ハンター―ひらめきや才能に頼らない発想力の鍛え方（The Idea Hunter）　アンディ・ボイントン, ビル・フィッシャー, ウィリアム・ボール著, 土方奈美訳　日本経済新聞出版社　2012.8　221p　19cm　〈文献あり〉1600円　①978-4-532-31822-2
内容 はじめに なぜ、狩りなのか　序章 特別な才能なんていらない　第1章 自らの「技」を知る　第2章 ルール1 とことん興味をもつ　第3章 ルール2 間口を広げる　第4章 ルール3 トレーニングを欠かさない　第5章 ルール4 しなやかさを保つ　第6章 有意義な会話をしかける　おわりに 『アイデアハンター度診断』　〔*06738*〕

フィッシャー, レン　Fisher, Len
◇群れはなぜ同じ方向を目指すのか？―群知能と意思決定の科学（THE PERFECT SWARM）　レン・フィッシャー著, 松浦俊輔訳　白揚社　2012.8　309p　20cm　〈索引あり〉2400円　①978-4-8269-0165-9
内容 第1章 群知能―集団から生まれる新しい知性　第2章 群れと自己組織化　第3章 最短ルートの見つけ方　第4章 渋滞と群集の力学　第5章 集団の知恵―多数決か平均か　第6章 多様性から合意へ　第7章 ネットワークの科学　第8章 意思決定のための単純な規則　第9章 パターンを探せ！　第10章 日常生活に役立つ34のルール　〔*06739*〕

フ

フィッシャー, ロジャー　Fisher, Roger
◇ハーバード流交渉術―必ず「望む結果」を引き出せる！（Getting to yes）　ロジャー・フィッシャー, ウィリアム・ユーリー著, 岩瀬大輔訳　三笠書房　2011.12　253p　19cm　1300円　①978-4-8379-5732-4
内容 1 あらゆる交渉が「思うまま」になる戦略（交渉は「駆け引き」ではない）　2「相手の心」をコントロールする者が交渉の場を制する！（この「感情」ひとつが流れを変える！　しなやかであり、ブレない強さ　お互いにとっての「最高の解決法」はここにある　こちらの要求を100%納得させる）　3 どんな「不利な状況」も一発で大逆転できる！（相手のほうが強かったら　相手が話に乗ってこなかったら　相手が「汚い手口」を使ってきたら）　〔*06740*〕

フィッシャー, ロナルド　Fisher, Ronald P.
◇認知面接―目撃者の記憶想起を促す心理学的テクニック（Memory-Enhancing Techniques for Investigative Interviewing）　ロナルド・フィッシャー, エドワード・ガイゼルマン著, 宮田洋監訳, 高村茂, 横田賀英子, 横井幸久, 渡辺和美訳　西宮　関西学院大学出版会　2012.6　280p　21cm　〈文献あり 索引あり〉2600円　①978-4-86283-118-7
内容 目撃者の記憶の複雑性　面接のダイナミックス　目撃者の記憶想起を制約する諸要因の克服　面接の実務管理　面接の基本技術　認知の原理　記憶促進のための実務テクニック　目撃者に対応した質問法　イメージ的・概念的記憶コードの探査　認知面接の順序　面接事例と分析　認知面接習得の為の訓練プログラム　〔*06741*〕

フィッシャー, R.J.*　Fisher, Ronald James
◇紛争と平和構築の社会心理学―集団間の葛藤とその解決（INTERGROUP CONFLICTS AND THEIR RESOLUTION）　ダニエル・バル・タル編著, 熊谷智博, 大淵憲一監訳　京都　北大路書房　2012.10　375p　21cm　〈索引あり〉4000円　①978-4-7628-2787-7
内容 紛争の知覚（Ronald James Fisher, Herbert C. Kolman著, 熊谷智博訳）　〔*06742*〕

フィッシャー=コヴァルスキー, マリナ
◇緑の産業革命―資源・エネルギー節約型成長への転換　マルティン・イェーニッケ, ミランダ・A.シュラーズ, クラウス・ヤコブ, 長尾伸一編　京都　昭和堂　2012.8　261, 31p　19cm　3000円　①978-4-8122-1238-7
内容 社会体制のメタボリズムと産業転換（マリナ・フィッシャー=コヴァルスキー著, 西村健佑訳）〔06743〕

フィッシャー=ライト, ハリー　Fischer-Wright, Halee
◇トライブ―人を動かす5つの原則（Tribal leadership）　デイブ・ローガン, ジョン・キング, ハリー・フィッシャー=ライト著　大阪　ダイレクト出版　2011.6　300p　22cm　3800円　①978-4-904884-17-1 〔06744〕

フィッシュ, リチャード　Fisch, Richard
◇変化の原理―問題の形成と解決（Change）　ポール・ワツラウィック, ジョン・H.ウィークランド, リチャード・フィッシュ著, 長谷川啓三訳　新装版　法政大学出版局　2011.11　221, 14p　20cm　（りぶらりあ選書）〈索引あり　文献あり〉2700円　①978-4-588-02303-3
内容 第1部 持続と変化（理論的な見通し　実践的な見通し）　第2部 問題形成（「同じことの繰返し」もしくは解決が問題になってしまう時　極端な問題軽視　ユートピア・シンドローム　パラドクス）　第3部 問題解決（第二次変化　リフレイミング技法　変化の実践　変化の実践―事例検討　さらなる見通し）〔06745〕
◇解決が問題である―MRIブリーフセラピー・センターセレクション（Focused problem resolution）　リチャード・フィッシュ, ウェンデル・A.レイ, カリーン・シュランガー編, 小森康永監訳　金剛出版　2011.12　349p　20cm　4800円　①978-4-7724-1226-1
内容 家族療法家らしくない人々について（一九七二）他（リチャード・フィッシュ, ポール・ワツラウィック, ジョン・H.ウィークランド, アーサー・ボーディン）〔06746〕

フィッシュバッハー, ウルス
◇コモンズのドラマ―持続可能な資源管理論の15年（The Drama of the COMMONS）　全米研究評議会,Elinor Ostrom,Thomas Dietz,Nives Dolšak,Paul C.Stern,Susan C.Stonich,Elke U. Weber編, 茂木愛一郎, 三俣学, 泉留維監訳　知泉書館　2012.5　665p　23cm　〈文献あり 索引あり〉9000円　①978-4-86285-132-1
内容 コモンズを利用する（アルミン・ファルク, エルンスト・フェア, ウルス・フィッシュバッハー著, 小南仁司訳）〔06747〕

フィッシュマン, S.*　Fishman, Shira
◇紛争と平和構築の社会心理学―集団間の葛藤とその解決（INTERGROUP CONFLICTS AND THEIR RESOLUTION）　ダニエル・バル・タル編著, 熊谷智博, 大淵憲一監訳　京都　北大路書房　2012.10　375p　21cm　〈索引あり〉4000円　①978-4-7628-2787-7
内容 テロリストの心理―個人, 集団, 組織レベルの分析（Shira Fishman, Arie W.Kruglanski, Keren Sharvit著, 脇本竜太郎訳）〔06748〕

フィッツジェラルド, ジュディス　Fitzgerald, Judith
◇インディアン・スピリット（Indian spirit）　マイケル・オレン・フィッツジェラルド, ジュディス・フィッツジェラルド編, 山川純子訳　めるくまーる　2011.2　167p　24cm　〈奏：舩木卓也　索引あり〉3800円　①978-4-8397-0144-4
内容 「中心」への道、英知のことば　写真と「ことば」大地に住み、祈ること　CD楽曲の解説〔06749〕

フィッツジェラルド, マイケル・オレン　Fitzgerald, Michael Oren
◇インディアン・スピリット（Indian spirit）　マイケル・オレン・フィッツジェラルド, ジュディス・フィッツジェラルド編, 山川純子訳　めるくまーる　2011.2　167p　24cm　〈奏：舩木卓也　索引あり〉3800円　①978-4-8397-0144-4
内容 「中心」への道、英知のことば　写真と「ことば」大地に住み、祈ること　CD楽曲の解説〔06750〕

フィッツパトリック, オーウェン　Fitzpatrick, Owen
◇リチャード・バンドラーの3日で人生を変える方法（CHOOSE FREEDOM）　リチャード・バンドラー, アレッシオ・ロベルティ, オーウェン・フィッツパトリック共著, 白石由利奈監訳, 野津智子訳　ダイヤモンド社　2012.6　211p　19cm　〈文献あり〉1500円　①978-4-478-01749-4
内容 プロローグ "自分を自由にする"ことを学ぶ3日間のセミナー　1日目 ネガティブな考え方を変える（"自分を自由にする"とは　思考のプログラムを変える方法 ほか）　2日目 限界をつくる思い込みを変える（自分にはできないという思い込みの力　変わることは可能だと信じる ほか）　3日目 望みどおりの人生を創造する（幸せになるために何ができますか？　何を望んでいますか？ ほか）　エピローグ リチャード・バンドラーからの手紙〔06751〕

フィッツパトリック, P.J.
◇中世の哲学―ケンブリッジ・コンパニオン（THE CAMBRIDGE COMPANION TO MEDIEVAL PHILOSOPHY）　A.S.マクグレイド編著, 川添信介監訳　京都　京都大学学術出版会　2012.11　601p　22cm　〈文献あり 年表あり　索引あり〉5800円　①978-4-87698-245-5
内容 中世哲学はどのように後世の思想に足跡を残したか（P.J.フィッツパトリック, ジョン・ホールデン執筆, 横田蔵人訳）〔06752〕

フィップス, エレナ
◇インカ帝国―研究のフロンティア　島田泉, 篠田謙一編著　秦野　東海大学出版会　2012.3　428p　27cm　（国立科学博物館叢書 12）〈索引あり〉3500円　①978-4-486-01929-9
内容 インカの織物伝統と植民地時代におけるその変化（エレナ・フィップス著, 武井摩利訳）〔06753〕

フィトゥシ, ジャン=ポール　Fitoussi, Jean-Paul
◇暮らしの質を測る―経済成長率を超える幸福度指標の提案：スティグリッツ委員会の報告書（Mismeasuring our lives）　ジョセフ・E.スティグリッツ, アマティア・セン, ジャンポール・フィ

フ

トゥシ著, 福島清彦訳　金融財政事情研究会　2012.4　153p　21cm　〈発売 : きんざい〉1800円　①978-4-322-11975-6
内容 要約 われわれは暮らしの測り方を間違えている―なぜGDPの合計はあわないのか(だれのためにこの報告書がつくられたのか　なぜこの報告書が重要か ほか)　第1章 古典的なGDPの問題(推計―包括性と包括性を備える可能性の対比　既存の計測の枠組み内で何ができるか)　第2章 暮らしの質(諸概念を用いた暮らしの質の計測　暮らしの質の主観的計測 ほか)　第3章 持続可能な発展と環境(これまでの研究成果　計器盤あるいは一連の指標 ほか)〔06754〕

◇繁栄の呪縛を超えて―貧困なき発展の経済学 (LA NOUVELLE ÉCOLOGIE POLITIQUE)　ジャン=ポール・フィトゥシ, エロワ・ローラン著, 林昌宏訳　新泉社　2013.8　200p　20cm　(社会思想選書)　1900円　①978-4-7877-1312-4
内容 序章 繁栄の呪縛　第1章 マルサスの罠―有限性の経済学　第2章 二つの時間の矢―動態経済学　第3章 社会正義の分配―開かれた経済学　終章「文明病」を超えて―人類の幸福とアリの暮らし　補論1 経済発展と自由　補論2 中国とインド―民主主義・発展・環境危機　日本語版解説 環境危機と金融危機〔06755〕

フイトフェルト, クラウス　Huitfeldt, Claus
◇人文学と電子編集―デジタル・アーカイヴの理論と実践 (ELECTRONIC TEXTUAL EDITING)　ルー・バーナード, キャサリン・オブライエン・オキーフ, ジョン・アンスワース編, 明星聖子, 神崎正英監訳　慶応義塾大学出版会　2011.9　503p　21cm　4800円　①978-4-7664-1774-6
内容 哲学のケーススタディ(クラウス・フイトフェルト)〔06756〕

フィードラー, ウイルフリード
◇ユダヤ出自のドイツ法律家 (DEUTSCHE JURISTEN JUDISCHER HERKUNFT)　ヘルムート・ハインリッヒス, ハラルド・フランツキー, クラウス・シュマルツ, ミヒャエル・シュトレイス著, 森勇監訳　八王子　中央大学出版部　2012.3　25, 1310p　21cm　(日本比較法研究所翻訳叢書 62)　〈文献あり 索引あり〉13000円　①978-4-8057-0363-2
内容 ユダヤ人開放のための戦いから自由主義的なドイツ憲法への道のり(ウイルフリード・フィードラー著, 森勇訳)〔06757〕

フィナンダー, リサ　Finander, Lisa
◇Disney占い―誕生日のディズニーキャラクターがみんなの性格を占う! (Disneystrology)　リリ・フィナンダー著, 川添節子訳　アルファポリス　2011.12　1冊(ページ付なし)　15×15cm　〈奥付のタイトル : ディズニー占い　発売 : 星雲社〉2000円　①978-4-434-15722-6〔06758〕

フィヒテ, ヨハン・ゴットリープ　Fichte, Johann Gottlieb
◇フィヒテ全集　第3巻　初期哲学論集　フィヒテ〔著〕, ラインハルト・ラウト, 加藤尚武, 隈元忠敬, 坂部恵, 藤沢賢一郎編　阿部典子, 高田純, 山脇雅夫, 藤沢賢一郎, 松本正夫訳　入間　哲書房　2010.12　447p　22cm　8000円　①978-4-915922-32-9
内容 真理愛について. 真理に対する関心の活性化と高揚.『エネシデムス』の論評. 根元哲学についての私独自の考察. 実践哲学. 関連書簡〔06759〕

◇フィヒテ全集　第1巻　初期宗教論・啓示批判　フィヒテ〔著〕, ラインハルト・ラウト, 加藤尚武, 隈元忠敬, 坂部恵, 藤沢賢一郎編　阿部典子, 田村一郎, 湯浅正彦, 大橋容一郎他訳　入間　哲書房　2011.8　521p　22cm　8000円　①4-915922-30-8
内容 初期宗教論. あらゆる啓示の批判の試み. 復活祭旅日記. 関連書簡〔06760〕

フィフティーセント　50 Cent
◇恐怖を克服すれば野望は現実のものとなる―50セント成り上がりの法則 (The 50th law)　50セント, ロバート・グリーン著, 石川由美子訳　トランスワールドジャパン　2011.4　387p　19cm　(TWJ books)　〈作品目録あり〉1500円　①978-4-86256-076-6
内容 01 ありままの姿を見る―究極の現実主義　02 すべてを自分色に染める―自力本願の精神　03 鞭を飴に変える―日和見主義　04 前進し続ける―計画的な勢い　05 悪を演じるべき時を見極める―攻撃性　06 先頭に立つ―権威　07 周囲の環境を徹底的に理解する―繋がり　08 過程を尊重する―精通　09 自分の限界を超える―自信　10 死の必然性に立ち向かう―崇高〔06761〕

フィーベル, ブルース・J.　Feibel, Bruce J.
◇グローバル投資パフォーマンス基準のすべて―GIPS基準への準拠と実務 (COMPLYING WITH THE GLOBAL INVESTMENT PERFORMANCE STANDARDS)　ブルース・J.フィーベル, カリン・D.ヴィンセント〔著〕, 桒原洋監訳, GIPS実務家翻訳チーム訳　東洋経済新報社　2013.4　324p　21cm　〈索引あり〉3800円　①978-4-492-73292-2
内容 1 GIPS基準の説明(準拠の基本　会社とコンポジットの定義)　2 リターン計算の方法(ポートフォリオリターンの計測　コンポジットリターンの計測　散らばりとリスクの計測)　3 報告とGIPS基準準拠の維持(コンポジットパフォーマンスの開示と広告　ラップフィー/SMA、プライベート・エクイティ、不動産　GIPS基準への準拠の維持　検証)〔06762〕

フィラトワ, エレナ・ウラジーミロヴナ　Filatova, Elena Vladimirovna
◇ゴーストタウン―チェルノブイリを走る　エレナ・ウラジーミロヴナ・フィラトワ著, 池田紫訳　集英社　2011.9　254p　18cm　(集英社新書ノンフィクション 0608N)　〈他言語標題 : Ghost Town　年表あり〉1200円　①978-4-08-720608-1
内容 第1章 ゴーストタウン　第2章 オオカミの大地　第3章 二〇〇七年春　第4章 冥王の国(プルート・レルム)〔06763〕

フィリケ, エツコ　Filliquet, Etsuko
◇へんてこサーカス (LE CIRQUE DES ILLUSIONS)　フィリケえつこ作　ほるぷ出版　2012.10　1冊(ページ付なし)　28cm　1600円　①978-4-593-50541-8〔06764〕

フ

フィリップ, スーザン・D.
◇D.E.スーパーの生涯と理論―キャリアガイダンス・カウンセリングの世界的泰斗のすべて（The Career Development Quarterly.Volume 43 Number1）　全米キャリア発達学会著, 仙崎武, 下村英雄編訳　図書文化社　2013.11　183p　21cm〈索引あり〉3000円　①978-4-8100-3637-4
内容 進路選択のレディネス（スーザン・D.フィリップ, デイビッド・L.ブルーシュタイン著, 浦部ひとみ訳）〔06765〕

フィリップス, アダム　Phillips, Adam
◇親密性（intimacies）　レオ・ベルサーニ, アダム・フィリップス著, 檜垣立哉, 宮沢由歌訳　京都　洛北出版　2012.7　250p　20cm　2400円　①978-4-903127-16-3
内容 わたしのなかのIt　恥を知れ　悪の力と愛の力　誰が書いたものでもないメモ　結論〔06766〕

フ

フィリップス, ジャック・J.　Phillips, Jack J.
◇インストラクショナルデザインとテクノロジ―教える技術の動向と課題（TRENDS AND ISSUES IN INSTRUCTIONAL DESIGN AND TECHNOLOGY（原著第3版））　R.A.リーサー, J.V.デンプシー編　京都　北大路書房　2013.9　690p　21cm〈訳：半田純子ほか　索引あり〉4800円　①978-4-7628-2818-8
内容 投資対効果（ROI）入門（ジャック・J.フィリップス, パトリシア・P.フィリップス著, 寺田佳子訳）〔06767〕

フィリップス, デイヴィッド　Phillips, David
◇クオリティ・オブ・ライフ―概念・政策・実践（Quality of life）　デイヴィッド・フィリップス著, 新田功訳　出版研　2011.7　412p　22cm〈文献あり 索引あり　発売：人間の科学新社〉3500円　①978-4-8226-0290-1
内容 第1章 クオリティ・オブ・ライフと個人　第2章 健康関連のクオリティ・オブ・ライフ　第3章 社会的文脈：効用、欲求、慎慮的価値と潜在能力　第4章 貧困と富、包摂と排除：社会過程と社会的帰結　第5章 コミュニティとクオリティ・オブ・ライフ：社会関係資本と社会的結束　第6章 社会のクオリティ・オブ・ライフの構成概念　第7章 健全な社会：生活の質と量　第8章 終章〔06768〕

フィリップス, パトリシア・P.　Phillips, Patricia P.
◇インストラクショナルデザインとテクノロジ―教える技術の動向と課題（TRENDS AND ISSUES IN INSTRUCTIONAL DESIGN AND TECHNOLOGY（原著第3版））　R.A.リーサー, J.V.デンプシー編　京都　北大路書房　2013.9　690p　21cm〈訳：半田純子ほか　索引あり〉4800円　①978-4-7628-2818-8
内容 投資対効果（ROI）入門（ジャック・J.フィリップス, パトリシア・P.フィリップス著, 寺田佳子訳）〔06769〕

フィリップス, C.D.*　Phillips, Charles D.
◇インターライ方式ケアアセスメント―居宅・施設・高齢者住宅（InterRAI home care (HC) assessment form and user's manual, 9.1〔etc.〕）　John N.Morris〔ほか〕著, 池上直己監訳, 山田ゆかり, 石橋智昭訳　医学書院　2011.12　367p　30cm　3800円　①978-4-260-01503-5〔06770〕

フィリポーン, トーマス　Philippon, Thomas
◇金融規制のグランドデザイン―次の「危機」の前に学ぶべきこと（Restoring financial stability）　ヴィラル・V.アチャリア, マシュー・リチャードソン編著, 大村敬一監訳, 池田竜哉, 増原剛輝, 山崎洋一, 安藤祐介訳　中央経済社　2011.3　488p　22cm〈文献あり〉5800円　①978-4-502-68200-1
内容 プロローグ 鳥瞰図―2007年から2009年にわたる金融危機：原因と処方箋 他（ヴィラル・V.アチャリア, トーマス・フィリポーン, マシュー・リチャードソン, ヌリエル・ルービニ）〔06771〕

フィリンガム, リディア・アリックス　Fillingham, Lydia Alix
◇フーコー（Foucault for begginers）　リディア・アリックス・フィリンガム著, 栗原仁, 慎改康之編訳　筑摩書房　2011.5　197p　15cm（ちくま学芸文庫 ヒ4-6）〈文献あり 著作目録あり 年譜あり 索引あり〉1100円　①978-4-480-09340-0
内容 狂気と文明（『狂気の歴史―古典主義時代における』）　臨床医学の誕生（『臨床医学の誕生―医学的まなざしの考古学』）　物の秩序（『言葉と物―人間諸科学の考古学』）　規律と処罰（『監視と処罰―監獄の誕生』）　セクシュアリティの歴史（『性の歴史』）　付録（主要著作紹介　年譜　用語集　ブックガイド）〔06772〕

フィールディング, A.*　Fielding, Anthony
◇移住・移民の世界地図（The atlas of human migration）　Russell King,Richard Black, Michael Collyer,Anthony Fielding,Ronald Skeldon〔著〕, 竹沢尚一郎, 稲葉奈々子, 高畑幸共訳　丸善出版　2011.10　125p　25cm〈索引あり〉2800円　①978-4-621-08450-2
内容 第1部 大いなる物語―時代を越えた移住と移民（黎明期の移住　地中海の放浪の旅 ほか）　第2部 移動する世界―現在のグローバルな移民パターン（グローバルな移民　戦後の労働者の移住と移民 ほか）　第3部 移住＝移民の時代―人の移動によるハイブリッド・アイデンティティ（難民　難民の滞留 ほか）　第4部 データと出所（経済と移動　移民政策）〔06773〕

フィールド, ジョン　Field, John
◇ソーシャルキャピタルと生涯学習（Social capital and lifelong learning）　ジョン・フィールド著, 矢野裕俊監訳, 立田慶裕, 赤尾勝己, 中村浩子訳　東信堂　2011.2　224p　21cm〈文献あり 索引あり〉2500円　①978-4-7989-0041-4
内容 第1章 社会的つながりと生涯学習（社会的分脈からみた成人学習　ソーシャルキャピタルの理論 ほか）　第2章 成人の生活にみるネットワーク、学校教育と学習―インタビューの結果と解釈（北アイルランドの教育と成人学習　初期教育と継続教育：対象グループの視点より ほか）　第3章 社会的つながりと成人学習：その証拠となる事実の概観（ソーシャルキャピタルと生涯学習：ポジティブなサイクルか？　北アイルランド生活時間調査の結果 ほか）　第4章 関係性を再考する（文脈の重要性　ソーシャルキャピタルが学習に影響する ほか）　第5章 お次は何？（よちよち歩き？　政策と実践への示唆 ほか）〔06774〕

フィールド, ノーマ　Field, Norma

◇天皇の逝く国で（In the realm of a dying emperor）　ノーマ・フィールド〔著〕, 大島かおり訳　増補版　みすず書房　2011.11　384p　20cm　（始まりの本）　3600円　①978-4-622-08343-6

内容 プロローグ　1 沖縄―スーパーマーケット経営者　2 山口―ふつうの女　3 長崎―市長　エピローグ〔06775〕

フィルプ, マーク

◇政治理論入門―方法とアプローチ（Political theory）　デイヴィッド・レオポルド, マーク・スティアーズ編著, 山岡竜一, 松元雅和監訳　慶応義塾大学出版会　2011.7　355p　21cm　〈文献あり〉3400円　①978-4-7664-1854-5

内容 政治理論と歴史（マーク・フィルプ著）〔06776〕

フィルプス, J.*　Philps, Janet

◇子どもの心理療法と調査・研究―プロセス・結果・臨床的有効性の探求（Child psychotherapy and research）　ニック・ミッジリー, ジャン・アンダーソン, イブ・グレンジャー, ターニャ・ネシッジ・ブコビッチ, キャシー・アーウィン編著, 鵜飼奈津子監訳　大阪　創元社　2012.2　287p　22cm　〈索引あり　文献あり〉5200円　①978-4-422-11524-5

内容 子どもの心理療法におけるプロセスの筋道づけ：精神分析的事例研究を評価するための新しい方法の策定に向けた諸段階（Janet Philps著, 松本拓真訳）〔06777〕

フィルポット, テリー　Philpot, Terry

◇わたしの物語―トラウマを受けた子どもとのライフストーリーワーク（THE CHILD'S OWN STORY）　リチャード・ローズ, テリー・フィルポット著, 才村真理監訳, 浅野恭子, 益田啓裕, 徳永祥子訳　福村出版　2012.12　186p　21cm　〈文献あり 索引あり〉2200円　①978-4-571-42045-0

内容 第1章 わたしはだれ？　アイデンティティと意味づけの重要性　第2章 2人の子どものストーリー　第3章 真実と真実以上のもの　第4章 インタビュー科学技術ではなくアート　第5章 ようやくやってきた安全―安全で安定的な環境を提供すること　第6章 内面化―納得するための作業　第7章 ブックを作る　第8章 でも、本当にこのようにいくのだろうか？　第9章 ライフストーリーの後の人生　第10章 SACCS見聞記と日本での取り組み/才村真理〔06778〕

フィロン〈偽〉　Pseudo-Philo

◇聖書古代誌（Les Antiquités Bibliques）　偽フィロン〔著〕, 井阪民子, 土岐健治訳　教文館　2012.9　286, 3p　22cm　（ユダヤ古典叢書）〈他言語標題：Liber Antiquitatum Biblicarum 文献あり〉1000円　①978-4-7642-0030-4〔06779〕

フィンカップ, トニー

◇ビジュアル調査法と社会学的想像力―社会風景をありありと描写する（PICTURING THE SOCIAL LANDSCAPE）　キャロライン・ノウルズ, ポール・スウィートマン編, 後藤範章監訳　京都　ミネルヴァ書房　2012.10　317p　22cm　〈索引あり〉3400円　①978-4-623-06394-9

内容 触れることのできないものを映し出す（トニー・フィンカップ著, 後藤拓也訳）〔06780〕

フィンク, ブルース　Fink, Bruce

◇精神分析技法の基礎―ラカン派臨床の実際（Fundamentals of Psychoanalytic Technique）　ブルース・フィンク〔著〕, 椿田貴史, 中西之信, 信友建志, 上尾真道訳　誠信書房　2012.11　394p　22cm　〈文献あり 索引あり〉5000円　①978-4-414-41450-9

内容 第1章 聴くlisteningと聞くhearing　第2章 質問をする　第3章 句読点を打つ　第4章 区切りを入れる（可変時間セッション）　第5章 解釈する　第6章 夢、白昼夢、幻想による作業　第7章 転移と逆転移の扱い　第8章 「電話分析」（精神分析状況のヴァリエーション）　第9章 正常化を行わない分析　第10章 精神病を治療する〔06781〕

◇後期ラカン入門―ラカン的主体について（THE LACANIAN SUBJECT）　ブルース・フィンク著, 村上靖彦監訳, 小倉拓也, 塩飽耕規, 渋谷亮訳　京都　人文書院　2013.8　313p　22cm　〈文献あり 索引あり〉4500円　①978-4-409-34047-9〔06782〕

フィンク, L.ディー　Fink, L.Dee

◇学習経験をつくる大学授業法（Creating significant learning experiences）　L.ディー・フィンク著, 土持ゲーリー法一監訳　町田　玉川大学出版部　2011.10　342p　21cm　（高等教育シリーズ 154）〈文献あり〉3800円　①978-4-472-40438-2

内容 意義ある学習経験の創造―教育プログラムの質を高める鍵　意義ある学習の分類　意義ある学習経験をデザインする（はじめるに当たって　学習経験を形成する）　教え方を変える　より良い組織的な教員サポートとは　良い授業と学習に関する人間的な意義〔06783〕

フィンチ, ブライアン　Finch, Brian

◇マネジャーのための財務管理術―ビジネスを効果的に評価・統制・管理するためのヒント（CRITICAL FINANCIAL ISSUES）　ブライアン・フィンチ著, SDL Plc訳　ピアソン桐原　2012.12　187p　21cm　（フィナンシャルタイムズダイジェスト）〈文献あり 索引あり〉2400円　①978-4-86401-121-1

内容 第1部 概要（エグゼクティブサマリー　それは何か、何を知る必要があるか？　なぜやるのか？　リスクと便益　誰がやるのか？）　第2部 実践（対処方法：企業財務における重要な課題　重要な財務問題の分析法　重要な財務問題の分析法　企業財務における重要な課題への対処を正統化する方法：ビジネスの実例　企業財務における重要な課題について話す方法）　第3部 介入（経営的介入）　第4部 詳細（追加資料）〔06784〕

フ

フィンネ・ソベリ, H.*　Finne-Soveri, Harriet
◇インターライ方式ケアアセスメント―居宅・施設・高齢者住宅（InterRAI home care (HC) assessment form and user's manual, 9.1〔etc.〕）　John N.Morris〔ほか〕著, 池上直己監訳, 山田ゆかり, 石橋智昭訳　医学書院　2011.12　367p　30cm　3800円　①978-4-260-01503-5　〔06785〕

フィンランド教育省
◇フィンランドの高等教育ESDへの挑戦―持続可能な社会のために（Towards sustainable development in higher education-reflections）　フィンランド教育省, タイナ・カイヴォラ, リーサ・ローヴェーデル編著, 斎藤博次, 開竜美監訳, 岩手大学ESDプロジェクトチーム訳　明石書店　2011.4　201p　21cm 〈文献あり〉 2500円　①978-4-7503-3377-9
内容 第1部 高等教育における持続可能な開発の取り組み（持続可能な開発のための高等教育―国際・国内指針　持続可能な開発、それは持続可能か？　どのような種類の持続可能な開発を論じるのか　持続可能な開発の価値基準について）　第2部 持続可能な開発のための科学教育（科学と持続可能性　ESDの理論的土台　希望の持てる提言により高等教育をエンパワーする　高等教育における持続可能な開発の筋道を求めて）　第3部 持続可能な開発のための教育の実践（教員養成教育における持続可能な開発　ビジネススクールにおけるESD　自然資源学と環境学における持続可能な開発　国内協力から国際協力へ）　第4部 未来を見つめて（持続可能であるためには、世界は教育を必要とする　持続可能な開発と教育 過去と未来についての考察）　〔06786〕

フィンレー, マーク・A.　Finley, Mark
◇いいえ、安息日は土曜日です（When god said remember）　マーク・A.フィンレー著, 坂井すず訳, 福音社編集部監修　立川　福音社　2011.12　223p　18cm　1000円　①978-4-89222-415-7　〔06787〕

フウ, カンテイ*　馮 涵棣
◇国際移動と教育―東アジアと欧米諸国の国際移民をめぐる現状と課題　江原裕美編著　明石書店　2011.1　366p　22cm　3900円　①978-4-7503-3319-9
内容 ベトナム人女性の育児における文化概念（馮涵棣著, 山崎直也訳）　〔06788〕

フウ, テンユ*　馮 天瑜
◇一九三〇年代東アジアの文化交流　上垣外憲一編　京都　思文閣出版　2013.5　241p　22cm （大手前大学比較文化研究叢書 9）　2800円　①978-4-7842-1687-1
内容 社会史論争と一九三〇年代の中日史学思潮（馮天瑜執筆, 陳凌虹訳）　〔06789〕

フウ, ユウラン*　馮 友蘭
◇新編原典中国近代思想史　第6巻　救国と民主―抗日戦争から第二次世界大戦へ　野村浩一, 近藤邦康, 並木頼寿, 坂元ひろ子, 砂山幸雄, 村田雄二郎編　野村浩一, 近藤邦康, 砂山幸雄責任編集　岩波書店　2011.3　412, 7p　22cm 〈年表あり〉 5700円　①978-4-00-028226-0
内容 新理学（抄）（馮友蘭著, 坂元ひろ子訳）　〔06790〕

ブウーフ, H.　Boeuf, Henri
◇日本立法資料全集　別巻 628　仏国商法略論　ブウーフ著, 司法省訳　復刻版　信山社出版　2010.7　846p　23cm 〈司法省蔵版明治20年刊の複製　発売：〔大学図書〕〉 68000円　①978-4-7972-6341-1　〔06791〕

フェア, エルンスト
◇コモンズのドラマ―持続可能な資源管理論の15年（The Drama of the COMMONS）　全米研究評議会,Elinor Ostrom,Thomas Dietz,Nives Dolšak,Paul C.Stern,Susan C.Stonich,Elke U. Weber編, 茂木愛一郎, 三俣学, 泉留維監訳　知泉書館　2012.5　665p　23cm 〈文献あり 索引あり〉 9000円　①978-4-86285-132-1
内容 コモンズを利用する（アルミン・ファルク, エルンスト・フェア, ウルス・フィッシュバッハー著, 小南仁司訳）　〔06792〕

フェアブラザー, グレゴリー・P.
◇比較教育研究―何をどう比較するか（Comparative education research）　マーク・ブレイ, ボブ・アダムソン, マーク・メイソン編著, 杉村美紀, 大和洋子, 前田美子, 阿古智子訳　上智大学出版　2011.6　351p　21cm 〈文献あり 索引あり　発売：ぎょうせい〉 2500円　①978-4-324-08596-7
内容 比較教育における量的手法と質的手法（グレゴリー・P.フェアブラザー著, 阿古智子訳）　〔06793〕

フェイガン, ブライアン　Fagan, Brian M.
◇図説人類の歴史　別巻　古代の科学と技術―世界を創った70の大発明（The Seventy Great Inventions of the Ancient World）　ブライアン・M.フェイガン編, 西秋良宏監訳　朝倉書店　2012.5　305p　32cm 〈文献あり 年表あり 索引あり〉 15000円　①978-4-254-53551-8
内容 第1部 技術（石器　火 ほか）　第2部 住まいと生業（住居　石造建築 ほか）　第3部 交通と運搬（スキー、雪靴、橇、スケート　車輪と車両 ほか）　第4部 狩猟、戦闘、スポーツ（狩猟・漁撈用の罠、漁網　投槍器、ブーメラン、弓矢 ほか）　第5部 芸術と科学（最古の芸術　音楽と楽器 ほか）　第6部 身体装飾（ボディアートと入れ墨　衣服、履物、かつら ほか）　〔06794〕
◇海を渡った人類の遥かな歴史―名もなき古代の海洋民はいかに航海したのか（BEYOND THE BLUE HORIZON）　ブライアン・フェイガン著, 東郷えりか訳　河出書房新社　2013.5　381p　20cm　2900円　①978-4-309-25283-4
内容 祖先はなぜ海へ乗り出したのか 「砂堆や浅瀬は明らかにされた」　太平洋を越えて（スンダとサフル―アボリジニの航海 「海上に散らした蝶の翅」 島々のパターン）　ポセイドンの海（絶え間なく移動する世界　材木とメック石）　モンスーンの世界（エリュトゥラー海 「交通の要衝」 「われらは雲のような帆を高く張り」）　北方の荒海（祖先たちの海景 「嵐は船尾に氷の羽となって降る」）　太平洋を西に見て（アリューシャン列島「海は非常に高くなる」　ワタ

リガラスが魚を放つ　炎の海とダイオウショウジョウガイ）〔06795〕

フェイス, ロバート・D.　Faiss, Robert D.
◇ネバダ州のゲーミング規制とゲーミング法―ロバート・D.フェイス回顧録 ： ネバダ大学オーラル・ヒストリー・プログラム（GAMING REGULATION AND GAMING LAW IN NEVADA）　ロバート・D.フェイス著, ユニバーサルエンターテインメント監修・監訳　幻冬舎メディアコンサルティング　2012.7　312, 8p　20cm 〈索引あり　発売 ： 幻冬舎〉3000円　①978-4-344-99854-4
内容 はじめに カジノ産業の成長を行政側・業界側で支えた弁護士ロバート・D.フェイス　第1章 ラスベガスを擁するネバダ州のカジノ規制・管理の実際　第2章 カジノの代理人を務める弁護士の仕事　第3章 税制等で起こりうる管理当局との摩擦　第4章 管理当局の業務内容　第5章 これからのカジノ産業が向かう道〔06796〕

フェイバ, アデル　Faber, Adele
◇子どもが聴いてくれる話し方と子どもが話してくれる聴き方大全（HOW TO TALK SO KIDS WILL LISTEN AND LISTEN SO KIDS WILL TALK）　アデル・フェイバ, エレイン・マズリッシュ共著, 三津乃・リーディ, 中野早苗共訳　きこ書房　2013.7　387p　19cm 〈索引あり〉1700円　①978-4-87771-309-6
内容 第1章 子どもが自分の気持ちをうまく処理できるように助けよう　第2章 子どもの協力を引き出す方法　第3章 罰の代わりに解決策を考えよう　第4章 子どもの自立を養う方法　第5章 子どもが自分で自分をほめる効果的なほめ方　第6章 子どもを役割から解放する　第7章 すべてを考え合わせると〔06797〕

フェーヴル, リュシアン
◇叢書『アナール1929-2010』―歴史の対象と方法 2 1946-1957（Anthologie des Annales 1929-2010）　E.ル＝ロワ＝ラデュリ,A.ビュルギエール監修, 浜名優美監訳　L.ヴァランシ編, 池田祥英, 井上桜子, 尾河直哉, 北垣潔, 塚島真実, 平沢勝行訳　藤原書店　2011.6　460p　22cm　6800円　①978-4-89434-807-3
内容 ブドウ畑、ワイン、ブドウ栽培者（リュシアン・フェーヴル著, 井上桜子訳）〔06798〕

フェキセウス, ヘンリック　Fexeus, Henrik
◇イヤになるほど人の心が読める（Konsten att lasa tankar）　ヘンリック・フェキセウス著, ハレンハルメ美穂, フレムリング和美訳　サンマーク出版　2011.9　367p　19cm　1600円　①978-4-7631-3173-7
内容 読心術とはなんだろう　“ラポール”を築けばコミュニケーションはうまくいく　実際にラポールを使って自分の望みをかなえる　感覚が思考や行動を形づくる　相手の抱いている感情を見抜く　気まずい状況をひっくり返す方法　相手の嘘を見抜く　無意識に異性の気をひく　相手に気づかれずに相手を操る　アンカーを使って感情を呼び起こす　読唇術を武器にしよう〔06799〕

フェクサス, ジャン　Feixas, Jean
◇図説尻叩きの文化史（Histoire de la fessée）　ジャン・フェクサス著, 大塚宏子訳　原書房　2012.2　281p　22cm　3200円　①978-4-562-04768-0
内容 まえがき 尻叩きと鞭打ち　第1章 幼児期から…　第2章 放埓まで　第3章 修道院で　第4章 医師のもとで　第5章 街角で　第6章 シンボル　第7章 そして今は？〔06800〕

フェッシュバック, マーレイ
◇人口から読み解く国家の興亡―2020年の米欧中印露と日本（POPULATION DECLINE AND THE REMAKING OF GREAT POWER POLITICS）　スーザン・ヨシハラ, ダグラス・A.シルバ, ゴードン・G.チャンほか著, 米山伸郎訳　ビジネス社　2013.10　301p　20cm　1900円　①978-4-8284-1725-7
内容 ロシア 人口減少と国民健康の問題を抱えるロシア軍（マーレイ・フェッシュバック著）〔06801〕

フェッラーリス, マウリツィオ
◇弱い思考（Il pensiero debole）　ジャンニ・ヴァッティモ, ピエル・アルド・ロヴァッティ編, 上村忠男, 山田忠彰, 金山準, 土肥秀行訳　法政大学出版局　2012.8　374p　20cm （叢書・ウニベルシタス 977）〈文献あり〉4000円　①978-4-588-00977-8
内容 「懐疑派」の衰朽（マウリツィオ・フェッラーリス著, 金山準訳）〔06802〕

フェヌロン, フランソワ・ド・サリニャック・ド・ラ・モト　Fènelon, François de Salignac de La Mothe-
◇近代カトリックの説教　高柳俊一編　教文館　2012.8　458p　21cm （シリーズ・世界の説教）4300円　①978-4-7642-7338-2
内容 異邦人の召命について（フランソワ・ド・サリニャック・ド・ラ・モト・フェヌロン述, 里見貞代訳）〔06803〕

ブエノ・デ・メスキータ, ブルース　Bueno de Mesquita, Bruce
◇独裁者のためのハンドブック（The Dictator's Handbook）　ブルース・ブエノ・デ・メスキータ, アラスター・スミス著, 四本健二, 浅野宜之訳　亜紀書房　2013.11　375p　19cm 〈索引あり〉2000円　①978-4-7505-1331-7〔06804〕

フェファー, ジェフリー　Pfeffer, Jeffrey
◇「権力」を握る人の法則（Power）　ジェフリー・フェファー著, 村井章子訳　日本経済新聞出版社　2011.7　303p　20cm　1800円　①978-4-532-31715-7
内容 「権力」を握る準備を始めよ　いくら仕事ができても昇進できない　「権力」を手にするための七つの資質　どうやって出世街道に乗るか　出る杭になれ　無から有を生み出す―リソースを確保せよ　役に立つ強力な人脈を作れ　「権力」を印象づけるふるまいと話し方　周りからの評判をよくしておく―イメージは現実になる　不遇の時期を乗り越える　「権力」の代償　権力者が転落する原因　権力闘争は組織とあなたにとって悪いことか　「権力」を握るのは簡単

フ

だ　〔06805〕

フェーブル, R.　Fevre, R.

◇グローバル化・社会変動と教育　1　市場と労働の教育社会学（EDUCATION, GLOBALIZATION AND SOCIAL CHANGE（抄訳））　ヒュー・ローダー, フィリップ・ブラウン, ジョアンヌ・ディラボー, A.H.ハルゼー編, 広田照幸, 吉田文, 本田由紀編訳　東京大学出版会　2012.4　354p　22cm　〈文献あり〉4800円　①978-4-13-051317-3

内容 学習社会における歴史・経歴・場所―生涯学習の社会学に向けて（G.リース, R.フェーブル, J.ファーロング, S.ゴラード著, 児美川孝一郎訳）　〔06806〕

フェラッジ, キース　Ferrazzi, Keith

◇一生モノの人脈力（Never Eat Alone）　キース・フェラッジ, タール・ラズ著, 森田由美訳　パンローリング　2012.12　253p　19cm　（フェニックスシリーズ 5）〈ランダムハウス講談社 2006年刊の新装改訂〉1300円　①978-4-7759-4108-9

内容 第1部 心がまえ編 人脈とは何か（あなたも“成功者クラブ”の一員になれる　損得を考えないこと　はっきりした人生の目標を持つ ほか）　第2部 基本スキル編 人と出会うとき（出会う前、準備は周到に　目的に合わせたリストづくり　初めての電話で成功する法 ほか）　第3部 上級スキル編 コネから仲間へ（健康・お金・子ども―心の絆を強くするもの　人を紹介する楽しみとメリット　とにかくいつも「ピンギング」―けっして連絡を絶やさない）　第4部 応用編 自分を売りこみ、恩を返す（面白いヤツになろう　「自分」というブランドをつくる　入るクラブがなければ自分でつくろう！ ほか）　〔06807〕

フェラン, トーマス・W.　Phelan, Thomas W.

◇「言い聞かせる」をやめればしつけはうまくいく！―魔法の1・2・3方式（1-2-3 magic）　トーマス・W.フェラン著, 小川捷子訳　阪急コミュニケーションズ　2012.3　294p　19cm　1400円　①978-4-484-12104-8

内容 1 基礎となる大切な考え方　2 「やめさせたいこと」への対処法　3 子どもの「試す」「操作する」という戦術　4 「させたいこと」を習慣づけるには　5 親子の絆を強めるには　6 新しい家庭生活の始まり　〔06808〕

フェランテ, ルイス　Ferrante, Louis

◇切れ者マフィアに学ぶ「できる男」88の知恵（MOB RULES）　ルイス・フェランテ著, 山田宮毘羅監訳　サンマーク出版　2012.6　317p　20cm　1800円　①978-4-7631-3215-4

内容 第1章 ソルジャー（平社員）のための知恵（一〇〇パーセント確実に雇われる方法―やる気と自信を印象づけろ！　目の前の利害にまどわされない―原則を守れ！　マフィアに定年はない―あくせく働かず仕事を愛せ！ ほか）　第2章 カポ（中間管理職）のための知恵（ツケは後から回ってくる―部下の行動に責任をもて！　銃を使わずに標的を仕留める―部下に自信をもたせろ！　シット・ダウンで解決する―不平不満は包み隠さず話し合え！ ほか）　第3章 ドン（ボス）のための知恵（野心をコントロールする―手の引き時を考えろ！　ビジネスに徹する―友人にも「ノー」と言え！　事務所に金をかけない―経費は切り詰めろ！ ほか）　〔06809〕

フェリエル, ジェフ　Ferriell, Jeffrey Thomas

◇アメリカ倒産法　上巻（Understanding bankruptcy（2nd ed.））　ジェフ・フェリエル, エドワード・J.ジャンガー著, 米国倒産法研究会訳　レクシスネクシス・ジャパン　2011.1　596p　22cm　（LexisNexisアメリカ法概説 8）〈発行元 ： 雄松堂書店　索引あり〉8500円　①978-4-8419-0570-0

内容 第1章 倒産法を基礎づける一般原則　第2章 債権者による回収　第3章 倒産の小史　第4章 倒産事件における当事者とその他の参加者　第5章 倒産手続、管轄　第6章 事件の開始　第7章 財団財産　第8章 オートマティックステイ　第9章 債務者の運営　第10章 債権および持分権　〔06810〕

◇アメリカ倒産法　下巻（Understanding bankruptcy（2nd ed.））　ジェフ・フェリエル, エドワード・J.ジャンガー著, 米国倒産法研究会訳　レクシスネクシス・ジャパン　2012.2　612p　22cm　（LexisNexisアメリカ法概説 8）〈索引あり〉8500円　①978-4-902625-48-6

内容 第11章 双方未履行契約および期間満了前の賃貸借　第12章 債務者財産の保持　第13章 免責　第14章 一般否認権とその制限　第15章 偏頗行為　第16章 詐害行為　第17章 チャプター7手続の下での清算　第18章 チャプター11による再生　第19章 倒産手続における専門家の役割　第20章 国際倒産　第21章 倒産制度の特殊な利用　〔06811〕

フェリス, ジョン

◇検証太平洋戦争とその戦略　3　日本と連合国の戦略比較　三宅正樹, 庄司潤一郎, 石津朋之, 山本文史編著　中央公論新社　2013.8　315p　20cm　〈索引あり〉3200円　①978-4-12-004509-7

内容 太平洋戦争後期における連合国の戦略（ジョン・フェリス著, 山本文史訳）　〔06812〕

フェリス, ティモシー（成功法）　Ferriss, Timothy

◇「週4時間」だけ働く。―9時―5時労働からおさらばして、世界中の好きな場所に住み、ニューリッチになろう。（The 4-hour workweek）　ティモシー・フェリス著, 田中じゅん訳　青志社　2011.2　637p　19cm　〈『なぜ、週4時間働くだけでお金持ちになれるのか？』（2007年刊）の完訳、加筆・訂正　年表あり 索引あり〉1900円　①978-4-905042-09-9

内容 はじめに　知っておいてほしいこと　1　定義（Definition）の「D」　2 捨てる（Elimination）の「E」　3 自動化（Automation）の「A」　4 解放（Liberation）の「L」　おわりに 言い忘れていた、大切なこと　〔06813〕

フェルソン, マーカス

◇環境犯罪学と犯罪分析（Environmental criminology and crime analysis）　リチャード・ウォートレイ, ロレイン・メイズロール編, 島田貴仁, 渡辺昭一監訳, 斉藤知範, 雨宮護, 菊池城治, 畑倫子訳　社会安全研究財団　2010.8　313p　26cm　〈文献あり〉①978-4-904181-13-3

内容 日常活動アプローチ（マーカス・フェルソン著, 雨宮護訳）　〔06814〕

フ

フェルテン, エリック Felten, Eric

◇忠誠心、このやっかいな美徳 (Loyalty) エリック・フェルテン著, 白川貴子訳 早川書房 2011.11 294p 20cm 2000円 ①978-4-15-209254-0

内容 第1章 忠誠心の力—生死を分ける絆 第2章 忠誠心の衝突—あれか、これか 第3章 忠誠心と家族—盤石の共犯関係 第4章 忠誠心と愛—良いときも悪いときも 第5章 忠誠心と友情—千人に一人の男 第6章 忠誠心とビジネス—ブランドと従業員 第7章 忠誠心とリーダーシップ—バラのように香しい、と言いなさい 第8章 忠誠心と愛国心—背信の理由 第9章 おわりに—救命ボートの倫理 〔06815〕

フェルドマン, オフェル

◇現代日本の政治と外交 1 現代の日本政治—カラオケ民主主義から歌舞伎民主主義へ 猪口孝監修 猪口孝, プルネンドラ・ジェイン編 原書房 2013.10 295, 6p 22cm 〈索引あり〉4200円 ①978-4-562-04926-4

内容 オオカミの群れでの取材 (オフェル・フェルドマン著, 角敦子訳) 〔06816〕

フェルドマン, ロバート・アラン Feldman, Robert Alan

◇日本経済起死回生のストーリー ロバート・アラン・フェルドマン, 財部誠一著 PHP研究所 2012.1 203p 18cm 800円 ①978-4-569-80121-6

内容 第1章 野田政権の経済政策に物申す! (評価できる二つのポイント (財部) 個々の政策に疑問が多い野田政権 (フェルドマン) ほか) 第2章 グリーン・テクノロジーの大チャンス (東北の復興は二十一世紀型産業で (財部) 日本のものづくりが優れている点 (フェルドマン) ほか) 第3章 アジアの急成長を取り込む戦略 (アジアの需要はまだまだ伸びる (フェルドマン) 中国の問題点はガバナンス能力の欠如 (財部) ほか) 第4章 アメリカと日本はパラレルワールド (成長ストーリーが見えないアメリカ経済 (フェルドマン) 日本経済と同じ道をたどっている (財部) ほか) 第5章 「起死回生のストーリー」への構造改革 (震災復興に伴う議論の危うさ (財部) 正しい財政政策を打ち出す選挙制度とは (フェルドマン) ほか) 〔06817〕

フェルドマン, R.H. Feldman, Ron H.

◇ユダヤ論集 1 反ユダヤ主義 (THE JEWISH WRITINGS) ハンナ・アーレント〔著〕, J.コーン,R.H.フェルドマン編 山田正行, 大島かおり, 佐藤紀子, 矢野久美子共訳 みすず書房 2013.9 86, 347p 22cm 6400円 ①978-4-622-07728-2

内容 1 一九三〇年代 (啓蒙とユダヤ人問題 私的サークルに反対する 独創的な同化—ラーエル・ファルンハーゲン百年忌へのエピローグ 若者の職業分野の再編成を ほか) 2 一九四〇年代 (マイノリティ問題によせて 起こっていないユダヤ戦争 沈黙と無言のあいだ ユダヤ民族の政治的組織化) 〔06818〕

◇ユダヤ論集 2 アイヒマン論争 (THE JEWISH WRITINGS) ハンナ・アーレント〔著〕, J.コーン,R.H.フェルドマン編 斎藤純一, 山田正行, 金慧, 矢野久美子, 大島かおり共訳 みすず書房 2013.9 430, 22p 22cm 〈索引あり〉6400円 ①978-4-622-07729-9

内容 2 一九四〇年代 (承前) (ユダヤ人の政治 クレミュー令はなぜ廃止されたか ヨーロッパに新しいリーダー現わる ほか) 3 一九五〇年代 (近東における和平か休戦か マグネス、ユダヤ民族の良心 巨大な犯罪の歴史—レオン・ポリアコフ『憎悪の祈禱書—第三帝国とユダヤ人』書評) 4 一九六〇年代 (アイヒマン論争—ゲルショム・ショーレムへの書簡 サミュエル・グラフトンの質問への回答 アイヒマン事件とドイツ人—ティーロ・コッホとの対談 ほか) 〔06819〕

フェルトリネッリ, カルロ Feltrinelli, Carlo

◇フェルトリネッリ—イタリアの革命的出版社 (Senior service (重訳)) カルロ・フェルトリネッリ著, 麻生九美訳 晶文社 2011.2 390, 4p 22cm 〈索引あり〉3400円 ①978-4-7949-6756-5

内容 1 一族の来歴 2 図書館の創設 3 出版社の設立 4『ドクトル・ジバゴ』 5 パステルナークとの絆 6 急進的な出版人 7 カストロの回想録 8 1968年 9 潜伏 10 事故か謀殺か 〔06820〕

フェルナンデズ, グレン

◇防災教育—学校・家庭・地域をつなぐ世界の事例 (Disaster Education) ショウ・ラジブ, 塩飽孝一, 竹内裕希子編著, 沢田晶子, ベンジャミン由里絵訳 明石書店 2013.11 182p 22cm 〈文献あり〉3300円 ①978-4-7503-3917-7

内容 防災教育における革新的な手法 他 (塩飽孝一, グレン・フェルナンデズ著) 〔06821〕

フェルナンデス, ジョン・J.

◇大学学部長の役割—米国経営系学部の研究・教育・サービス (The dean's perspective) クリシナ・S.ディア編著, 佐藤修訳 中央経済社 2011.7 245p 21cm 3400円 ①978-4-502-68720-4

内容 評価基準の設定 (ジョン・J.フェルナンデス著) 〔06822〕

フェルナンド, アジス

◇十字架を生きるしもべ アジス・フェルナンド著, KCK全国事務局,OMFインターナショナル日本委員会事務局編 イーグレープ 2010.3 39p 18cm 300円 ①978-4-903748-48-1 〔06823〕

フェルプス, P.* Phelps, Patricia H.

◇教師というキャリア—成長続ける教師の六局面から考える (Life cycle of the career teacher) Betty E.Steffy,Michael P.Wolfe,Suzanne H. Pasch,Billie J.Enz編著, 三村隆男訳 雇用問題研究会 2013.3 190p 21cm 〈文献あり〉2000円 ①978-4-87563-261-0

内容 第三局面にある教師 : the Professional Teacher (Polly Wolfe, Diane S.Murphy, Patricia H.Phelps, Vincent R.McGrath) 〔06824〕

フェルボルン, ビルギット

◇日本企業のイノベーション・マネジメント (Manegment of Technology and Innovation in Japan) コルネリウス・ヘルシュタット, クリストフ・シュトゥックシュトルム, ヒューゴ・チルヤー, 長平彰夫編著, 長平彰夫監訳, 松井憲一, 名取隆, 高橋修訳 同友館 2013.6 433p 22cm

フ

〈執筆 : マリアン・バイゼほか 索引あり〉 3800円 ①978-4-496-04912-5
内容 イノベーションプロセスの製品開発前段階〈Fuzzy Front End〉における日本企業のマネジメント活動 他（コルネリウス・ヘルシュタット, ビルギット・フェルボルン, クリストフ・シュトックシュトルム, 長平彰夫, 高橋修著）〔06825〕

フェンスターヘイン, ハーバート
◇変容する臨床家―現代アメリカを代表するセラピスト16人が語る心理療法統合へのアプローチ（HOW THERAPISTS CHANGE） マービン・R.ゴールドフリード編, 岩壁茂, 平木典子, 福島哲夫, 野末武義, 中釜洋子監訳, 門脇陽子, 森田由美訳 福村出版 2013.10 415p 22cm 〈索引あり〉 5000円 ①978-4-571-24052-2
内容 ひとりの行動療法家の自伝（ハーバート・フェンスターヘイン著）〔06826〕

フ

フェントン, アイリーン・ギフォード Fenton, Eileen Gifford
◇人文学と電子編集―デジタル・アーカイヴの理論と実践（ELECTRONIC TEXTUAL EDITING） ルー・バーナード, キャサリン・オブライエン・オキーフ, ジョン・アンスワース編, 明星聖子, 神崎正英監訳 慶應義塾大学出版会 2011.9 503p 21cm 4800円 ①978-4-7664-1774-6
内容 手稿と印刷典拠（ソース）資料から機械可読テキストを作る効果的な方法（アイリーン・ギフォード・フェントン, ホイット・N.ダッガン）〔06827〕

フォア, ジョシュア Foer, Joshua
◇ごく平凡な記憶力の私が1年で全米記憶力チャンピオンになれた理由（わけ）（Moonwalking with Einstein） ジョシュア・フォア著, 梶浦真美訳 エクスナレッジ 2011.7 359, 8p 19cm 1800円 ①978-4-7678-1180-2
内容 第1章 世界で一番頭がいい人間を探すのは難しい 第2章 記憶力のよすぎる人間 第3章 熟達化のプロセスから学ぶ 第4章 世界で一番忘れっぽい人間 第5章 記憶の宮殿 第6章 詩を憶える 第7章 記憶の終焉 第8章 プラトー状態 第9章 才能ある10分の1 第10章 私たちの中の小さなレインマン 第11章 全米記憶力選手権 〔06828〕

フォアマン＝ペック, ロレーヌ
◇エビデンスに基づく教育政策（EVIDENCE-BASED EDUCATION POLICY） D.ブリッジ, P.スメイヤー, R.スミス編著, 柘植雅義, 葉養正明, 加治佐哲也編訳 勁草書房 2013.11 270p 21cm 〈索引あり〉 3600円 ①978-4-326-25092-9
内容 アクションリサーチと政策（ロレーヌ・フォアマン＝ペック, ジェーン・マレー著, 柘植雅義, 尾崎朱, 河場哲史ほか訳）〔06829〕

フォヴェルグ, クレール
◇哲学的解釈学からテクスト解釈学へ―「テクスト布置の解釈学的研究と教育」第13回国際研究集会報告書 松沢和宏編著 〔名古屋〕 名古屋大学大学院文学研究科 2012.3 232p 30cm (Global COE program international conference series no.13) 〈他言語標題 : De l'herméneutique philosophique à l'herméneutique du texte 文献あり〉
内容 ライプニッツとガダマーにおける地平と観点（クレール・フォヴェルグ著, 鈴木球子訳）〔06830〕

フォーク, リチャード Falk, Richard A.
◇21世紀の国際法秩序―ポスト・ウェストファリアへの展望（Law in an emerging global village） リチャード・フォーク原著, 川崎孝子訳 東信堂 2011.4 309p 22cm 〈索引あり〉 3800円 ①978-4-7989-0008-7
内容 第1部 新たな世界の枠組み（グロチウスの時―果たされていない約束なのか、無害な夢なのか、好機を逸したということなのか？ 世界秩序―国家間法と人道法の均衡を求めて） 第2部 現実の関心事（国連、法の支配、人道的介入 人道的介入の複雑性―新しい世界秩序への取り組み グローバル化の時代における環境保護 海洋の平和な未来とは？ 核兵器、国際法、そして世界法廷―歴史的な出会い 核兵器に関する勧告的意見と地球市民社会の新しい法体系） 第3部 人道に適った統治へ向かって（来るべき地球文明―新自由主義か人道主義か グローバル化の時代における人道的統治の探究）〔06831〕

フォークス, キース Faulks, Keith
◇シチズンシップ―自治・権利・責任・参加（Citizenship） キース・フォークス著, 中川雄一郎訳 日本経済評論社 2011.5 284, 20p 19cm 〈文献あり〉 3200円 ①978-4-8188-2159-0
内容 第1章 シチズンシップの理念 第2章 シチズンシップと国民国家 第3章 権利と責任 第4章 多元主義と差異 第5章 シチズンシップの高まり 第6章 グローバル時代のシチズンシップ 第7章 むすび〔06832〕

フォークナー, チャールズ
◇NLPイノベーション―〈変革〉をおこす6つのモデル＆アプリケーション（INNOVATIONS IN NLP FOR CHALLENGING TIMES） L.マイケル・ホール, シェリー・ローズ・シャーベイ編, 足立桃子訳 春秋社 2013.3 324p 21cm 2800円 ①978-4-393-36639-4
内容 "市場の魔術師"のモデリング―傑出した投資家の意思決定（チャールズ・フォークナー著）〔06833〕

フォーゲル, クラウス
◇ユダヤ出自のドイツ法律家（DEUTSCHE JURISTEN JUDISCHER HERKUNFT） ヘルムート・ハインリッヒス, ハラルド・フランツキー, クラウス・シュマルツ, ミヒャエル・シュトレイス著, 森勇監訳 八王子 中央大学出版部 2012.3 25, 1310p 21cm （日本比較法研究所翻訳叢書 62） 〈文献あり 索引あり〉 13000円 ①978-4-8057-0363-2
内容 ライフワーク「国際行政法」（クラウス・フォーゲル著, 森勇訳）〔06834〕

フォーサイス, ジョン・P. Forsyth, John P.
◇不安・恐れ・心配から自由になるマインドフルネス・ワークブック―豊かな人生を築くためのアク

セプタンス&コミットメント・セラピー〈ACT〉(The Mindfulness & Acceptance Workbook for Anxiety) ジョン・P.フォーサイス, ゲオルグ・H.アイファート著, 熊野宏昭, 奈良元寿監訳 明石書店 2012.8 283p 26cm 〈訳:西川美樹ほか 文献あり〉 3000円 ①978-4-7503-3657-2
内容 1 新たな旅の準備をしましょう(いつもと違う結果を得るために新たな道を選びましょう あなたは一人ではありません—不安と不安障害を理解する 問題の核心「恐怖や不安を避けて生きること」と向き合う 不安と不安障害にまつわる俗説 過去の俗説を捨て、新たな道を切りひらこう) 2 新たな旅を始めましょう(人生に責任をもつコストと向き合う 不安に対処することと充実した人生を送ることのどちらが大切か 解決策は不安との闘いをやめること 自分の選択・行動・運命をコントロールする マインドフルなアクセプタンスとともに人生に熱中する マインドフルなアクセプタンスを学ぶ) 3 自分の人生を取り戻して生きていきましょう(自分の人生をコントロールする あなたにとっての価値を見つける マインドフルなアクセプタンスとともに不安に向き合う準備をする あなたの不安に思いやりを向ける ありのままの自分でいることに満足する 判断するマインドとともにいることに満足する 価値ある人生に向かって あきらめずにやり抜く) 〔06835〕

フォーショー, アンディ Forshaw, Andy
◇ビジュアル大年表137億年の物語(THE WHAT ON EARTH? WALLBOOK) クリストファー・ロイド著, 野中香方子訳, アンディ・フォーショーイラスト 文芸春秋 2013.7 1冊(ページ付なし) 43cm 〈タイトルは奥付による.表紙のタイトル:137億年の物語ビジュアル大年表 折本仕立て〉 2200円 ①978-4-16-376490-0 〔06836〕

フォスター, ジョナサン・K. Foster, Jonathan K.
◇記憶(Memory) ジョナサン・K.フォスター著, 郭哲次訳 星和書店 2013.8 281p 19cm 〈文献あり〉 2500円 ①978-4-7911-0853-4 〔06837〕

フォスター, マイケル・ディラン
◇世界の中の柳田国男 R.A.モース, 赤坂憲雄編, 菅原克也監訳, 伊藤由紀, 中井真木訳 藤原書店 2012.11 326p 22cm 〈他言語標題:Yanagita Kunio Studies Around the World 文献あり〉 4600円 ①978-4-89434-882-0
内容 二十一世紀から見る柳田国男と妖怪(マイケル・ディラン・フォスター執筆) 〔06838〕

フォスター, ラッセル・G.
◇世界一素朴な質問、宇宙一美しい答え 世界の第一人者100人が100の質問に答える(BIG QUESTIONS FROM LITTLE PEOPLE) ジェンマ・エルウィン・ハリス編, 西田美緒子訳, タイマタカシ絵 河出書房新社 2013.11 298p 22cm 2500円 ①978-4-309-25292-6
内容 わたしたちはなぜ夜になると眠るの?(ラッセル・G.フォスター教授) 〔06839〕

フォスター, M.B. Foster, Michael Beresford
◇プラトンとヘーゲルの政治哲学(The political philosophies of Plato and Hegel) M.B.フォスター著, 永井健晴訳 風行社 2010.8 319, 3p 22cm 4200円 ①978-4-86258-050-4 〔06840〕

フォスディック, H.E. Fosdick, Harry Emerson
◇祈りの意味(The Meaning of Prayer) H.E.フォスディック著, 斎藤剛毅訳 改訂 新教出版社 2013.9 354p 20cm 〈初版のタイトル等:祈りの意義(ヨルダン社 1990年刊) 著作目録あり〉 2800円 ①978-4-400-52146-4
内容 第1章 祈りは生まれながらのものである 第2章 祈りは神との親しい交わりである 第3章 個人に対する神の配慮 第4章 神の最善に委ねる祈り 第5章 祈る時の障害と困難 第6章 祈りと法則の支配について 第7章 祈りが答えられない時 第8章 心を支配している願望としての祈り 第9章 戦いの場としての祈り 第10章 私心のない祈り 〔06841〕

フォスル, ピーター Fosl, Peter S.
◇倫理学の道具箱(The ethics toolkit) ジュリアン・バッジーニ, ピーター・フォスル著, 長滝祥司, 広瀬覚訳 共立出版 2012.1 264, 8p 22cm 〈索引あり〉 2800円 ①978-4-320-00586-0
内容 第1章 倫理の根拠(美学 行為者性 ほか) 第2章 倫理学の枠組み(帰結主義 契約主義 ほか) 第3章 倫理学の主要概念(絶対的と相対的 行為とルール ほか) 第4章 評価・判断・批判(疎外 ほんもの ほか) 第5章 倫理学の限界(アクラシア 没道徳主義 ほか) 〔06842〕

フォーチュン編集部
◇ありえない決断—フォーチュン誌が選んだ史上最高の経営判断(FORTUNE:THE GREATEST BUSINESS DECISIONS OF ALL TIME) バーン・ハーニッシュ, フォーチュン編集部著, 石山淳訳 阪急コミュニケーションズ 2013.10 237p 19cm 1700円 ①978-4-484-13117-7
内容 スティーブを呼び戻せ!——一九九六年、アップル ザッポスを救った無料配送——一九九九年、ザッポス サムスンが優秀な社員を遊ばせる理由——一九九〇年、サムスン 株主より顧客を優先する信条——一九八二年、ジョンソン・エンド・ジョンソン 夢想の時間が生んだ大きな成果——一九四八年、3M(スリーエム) 消費者に愛されるコンピュータチップ——一九九一年、インテル 「ジャックの大聖堂」がもたらしたもの——一九八一年、ゼネラル・エレクトリック(GE) 一週間休むビル・ゲイツ——一九九二年、マイクロソフト ソフトソープのブロッキング作戦——一九八一年、ミネトンカ 欠陥ゼロを目指すトヨタを支えたもの——一九六一年、トヨタ 究極のカスタマーサービス——一九二〇年代、ノードストローム 深刻な状況を脱するための特効薬——一九九三年、タタ・スチール 707に社運を託したボーイング——一九五二年、IBM ウォルマートの土曜日早朝ミーティング——一九六二年、ウォルマート 事業に問題が? では大転換だ!——一七九八年、イーライ・ホイットニー 利益より信頼を優先する「HPウェイ」——一九五七年、HP(ヒューレット・パッカード) 賃金を倍増する 史上最高の決断?——一九一四年、フォード 〔06843〕

フォックス, スティーブ Fox, Steve
◇マリファナはなぜ非合法なのか?(Marijuana is safer) スティーブ・フォックス, ポール・

フ

アーメンターノ, メーソン・トヴェルト著, 三木直子訳　築地書館　2011.1　284p　19cm　〈文献あり〉2200円　①978-4-8067-1414-9
内容 1 "選択肢"マリファナか、酒か("二つの主役"マリファナと酒は人々にどう受け入れられ、使用されているか　"マリファナ入門"マリファナを理解しよう ほか)　2 奪われた選択肢("「マリファナの狂気」騒動"マリファナ禁止の起源　"事実確認"マリファナについての、よくある作り話とその真実 ほか)　3 選択の自由("これ以上は要らないだろう"従来のマリファナ法廃止論　悪習慣を増やすのではなく、代替案を提示する ほか)　付録「マリファナのほうがもっと安全」というメッセージを広める〔06844〕

フォックス, ネイサン・A.
◇子どもの社会的ひきこもりとシャイネスの発達心理学（THE DEVELOPMENT OF SHYNESS AND SOCIAL WITHDRAWAL）　ケネス・H.ルビン, ロバート・J.コプラン編, 小野善郎訳　明石書店　2013.8　363p　22cm　5800円　①978-4-7503-3873-6
内容 乳幼児の気質の生物学的調節因子と社会的ひきこもりとの関連(ネイサン・A.フォックス, ベサニー・C.リーブ＝サザーランド著)〔06845〕

フォックス, リチャード・W.
◇キリスト教のアメリカ的展開―継承と変容　上智大学アメリカ・カナダ研究所編　上智大学　2011.2　272, 7p　22cm　〈他言語標題：Christianity in America　索引あり　発売：ぎょうせい〉2400円　①978-4-324-09106-7
内容 セレブとしてのイエス(リチャード・W.フォックス著, 増井由紀美訳)〔06846〕

フォーティ, リチャード　Fortey, Richard A.
◇世界一素朴な質問、宇宙一美しい答え―世界の第一人者100人が100の質問に答える（BIG QUESTIONS FROM LITTLE PEOPLE）　ジェンマ・エルウィン・ハリス編, 西田美緒子訳, タイマタカシ絵　河出書房新社　2013.11　298p　22cm　2500円　①978-4-309-25292-6
内容 恐竜は絶滅して、ほかの動物は絶滅しなかったのはなぜ?(リチャード・フォーティ博士)〔06847〕

フォーテスキュー, ジョン　Fortescue, Sir John
◇自然法論（De natura legis nature）　ジョン・フォーテスキュー〔著〕, 直江真一訳　創文社　2012.1　379, 4p　22cm　〈索引あり〉7500円　①978-4-423-73115-4
内容 第1部 自然法の本質について(ここで著者は、その執筆の理由を示す。　これは法に属する問題ではあるが、著者は他の諸分野の援助を拒むものではない。この問題の解決は、カノン法あるいはローマ法以外の法を必要とする。　モーセの手を介して律法が与えられるまで、自然法のみが世界を支配していた。 ほか)　第2部 至高の諸王国における継承権について(提起された問題において正義が裁判官として選ばれ、立てられる。　王の娘の権原　王の娘が主張した最初のことに対する王の孫の返答　王の娘が主張した第二のことに対する"王の"孫の返答 ほか)〔06848〕

フォドー, アイリス・E.
◇変容する臨床家―現代アメリカを代表するセラピスト16人が語る心理療法統合へのアプローチ（HOW THERAPISTS CHANGE）　マービン・R.ゴールドフリード編, 岩壁茂, 平木典子, 福島哲夫, 野末武義, 中釜洋子監訳, 門脇陽子, 森田由美訳　福村出版　2013.10　415p　22cm　〈索引あり〉5000円　①978-4-571-24052-2
内容 セラピーの意味を見出す(アイリス・E.フォドー著)〔06849〕

フォード, ダグラス
◇インテリジェンスの20世紀―情報史から見た国際政治　中西輝政, 小谷賢編著　増補新装版　千倉書房　2012.2　329p　21cm　〈他言語標題：The Century of Intelligence　文献あり〉3800円　①978-4-8051-0982-3
内容 東南アジア戦域におけるイギリスのインテリジェンス(ダグラス・フォード著, 大野直樹訳)〔06850〕

フォード, デビー　Ford, Debbie
◇シャドウ・エフェクト―シャドウには、人生を一変させるギフトが詰まっている!!（Shadow effect）　ディーパック・チョプラ, デビー・フォード, マリアン・ウィリアムソン著, 佐藤志緒訳　ヴォイス　2011.1　299p　19cm　1700円　①978-4-89976-270-6
内容 第1部 シャドウについて(妄想の霧　脱出方法　新たな現実、新たなパワー)　第2部 自分自身、他者、そして世界と和解する(シャドウの影響　二元的な自我　シャドウの誕生 ほか)　第3部 私たちの暗闇を照らし出すのは光のみ(本当ではないのに、本当のように見えるもの　愛のないところには怖れがある　そろそろ先に進もう ほか)〔06851〕

フォード, ニール　Ford, Neal
◇プロジェクト・マネジャーが知るべき97のこと（97 things every project manager should know）　Barbee Davis編, 笹井崇司訳, 神庭弘年監修　オライリー・ジャパン　2011.11　240p　21cm　〈発売：オーム社〉1900円　①978-4-87311-510-8
内容 熟練と並の開発者の生産性(ニール・フォード)〔06852〕

フォード, ヘンリー　Ford, Henry
◇自動車王フォードが語るエジソン成功の法則（Edison, as I know him）　ヘンリー・フォード, サミュエル・クラウザー著, 鈴木雄一訳・監修　言視舎　2012.8　157p　19cm　〈年譜あり〉1400円　①978-4-905369-41-7
内容 1 エジソンとの出会い　2 少年時代の我が理想の人　3 エジソンがもたらした恩恵　4 実用の意味　5 エジソンの天才　6 発明の方法　7 成功のよろこび　8 あらゆるものへの興味　9 いつ仕事をして、いつ眠るのか　10 書物を超えた教育　11 エジソンの精神は生きていく〔06853〕

フォーナー, エリック　Foner, Eric
◇業火の試練―エイブラハム・リンカンとアメリカ奴隷制（THE FIERY TRIAL）　エリック・フォーナー著, 森本奈理訳　白水社　2013.7

フ

472, 87p 図版16p　20cm　〈年表あり 索引あり〉4800円　①978-4-560-08289-8
内容 第1章 生まれながら奴隷制反対—青年期のエイブラハム・リンカンと奴隷制　第2章 常にホイッグ党員—リンカン、法律、第二政党制度　第3章 おぞましき不正—共和党員の誕生　第4章 真二つに裂けた家—一八五〇年代後半の奴隷制と人種　第5章 唯一にして本質的な違い—連邦脱退と南北戦争　第6章 ケンタッキー州を死守せねばならない—南部境界州への戦略　第7章 永久に自由身分である—奴隷解放の実現　第8章 自由の再生—奴隷解放の実施　第9章 適切で必要な結論—奴隷制廃止、大統領再選、再建の挑戦　エピローグ「流された血の一滴一滴」戦争の意義　〔06854〕

フォナギー, ピーター　Fonagy, Peter
◇子どもの心理療法と調査・研究—プロセス・結果・臨床的有効性の探求（Child psychotherapy and research）　ニック・ミッジリー, ジャン・アンダーソン, イブ・グレンジャー, ターニャ・ネシッジ・ブコビッチ, キャシー・アーウィン編著, 鵜飼奈津子監訳　大阪　創元社　2012.2　287p　22cm　〈索引あり　文献あり〉5200円　①978-4-422-11524-5
内容 精神分析と糖尿病のコントロール ： 単一事例による研究 他（George Moran,Peter Fonagy著, 松本拓真訳）　〔06855〕
◇発達精神病理学からみた精神分析理論（Psychoanalytic Theories）　ピーター・フォナギー, メアリー・タルジェ著, 馬場礼子, 青木紀久代監訳　岩崎学術出版社　2013.11　444p　21cm　〈文献あり 索引あり〉5000円　①978-4-7533-1069-2　〔06856〕

フォーブズ, ダンカン　Forbes, Duncan
◇ヒュームの哲学的政治学（Hume's philosophical politics）　ダンカン・フォーブズ著, 田中秀夫監訳　京都　昭和堂　2011.3　464, 26p　22cm　〈文献あり 著作目録あり 索引あり〉6000円　①978-4-8122-1109-0
内容 第1部 政治の基礎（道徳の実験的手法—自然法の先駆者たち　自然法の近代的理論　「穏健な人々」のための政治的義務　社会的経験と人間本性の画一性）　第2部 哲学的政治学（科学的ウィッグ主義と通俗的ウィッグ主義　応用哲学の真偽——七四一年から四二年にかけてのヒュームとコート派およびカントリ派　政治制度の優位）　第3部 哲学的歴史（イングランド史—体制側の歴史としての哲学的歴史　哲学的歴史の限界）　〔06857〕

フォーベル, J.タイラー　Fovel, J.Tyler
◇ABAプログラムハンドブック—自閉症を抱える子どものための体系的療育法（The ABA program companion）　J.タイラー・フォーベル著, 平岩幹男監訳, 塩田玲子訳　明石書店　2012.2　203p　26cm　〈文献あり〉2500円　①978-4-7503-3538-4
内容 ABAプログラムの構造　第1部 基礎トレーニング（後続条件による行動の変化　先行条件 ： 事前に対策を講じる教育環境を作り上げる）　第2部 教育形式と環境（ディスクリート・トライアル形式で教える　言語トレーニングの要素　機会利用型教授法（Incidental teaching）　社会的交流と統合　グループ指示とグループへのインクルージョン（包括））　第3部 子どもの教育課題の計画立て（個別課題の体系化）　第4部 トレーニングの内容と評価（シャドーに求められる資格　プログラムの評価）　付録　〔06858〕

フォーリー, ダンカン・K.　Foley, Duncan K.
◇アダム・スミスの誤謬—経済神学への手引き（Adam's fallacy）　ダンカン・K.フォーリー著, 亀崎澄夫, 佐藤滋正, 中川栄治訳　京都　ナカニシヤ出版　2011.9　221p　21cm　〈文献あり 索引あり〉2700円　①978-4-7795-0519-5
内容 第1章 アダム・スミスの構想　第2章 陰鬱な科学—マルサスとリカードウ　第3章 もっとも厳しい批判者—マルクスと社会主義　第4章 限界の探究—限界主義者とヴェブレン　第5章 宙に漂うさまざまな意見—ケインズ・ハイエク・シュンペーター　第6章 大いなる幻影　〔06859〕

フォリエ, リュック　Folliet, Luc
◇ユートピアの崩壊ナウル共和国—世界一裕福な島国が最貧国に転落するまで（Nauru, l'ile devastee）　リュック・フォリエ著, 林昌宏訳　新泉社　2011.2　210p　20cm　1800円　①978-4-7877-1017-8
内容 プロローグ 廃墟と化した島国　1 リン鉱石の発見　2 日本軍の占領と独立　3 島の黄金時代　4 放漫経営のツケ　5 犯罪支援国家　6 難民収容島　7 国家の破綻　8 援助パートナーの思惑　9 肥満と糖尿病　10 リン鉱石頼みの国家再建　エピローグ ナウルの教訓　〔06860〕

フォルシェー, ドミニク　Folscheid, Dominique
◇西洋哲学史—パルメニデスからレヴィナスまで（Les grandes philosophies）　ドミニク・フォルシェー著, 川口茂雄, 長谷川琢哉訳　白水社　2011.3　184, 4p　18cm　（文庫クセジュ 956）〈文献あり 索引あり〉1050円　①978-4-560-50956-2
内容 第1章 哲学の自己探求—古代ギリシア　第2章 哲学とキリスト教—中世哲学　第3章 領土拡大する理性—デカルトとデカルト以後　第4章 理性批判の時代—十八世紀　第5章 絶対と体系—十九世紀1　第6章 哲学の外部—十九世紀2　第7章 諸学の危機と生命—十九世紀～二十世紀　第8章 存在と現象—二十世紀　〔06861〕

フォルスター, ゲオルク　Forster, Georg
◇ニーダーラインの光景（Ansichten vom Niederrhein）　ゲオルク・フォルスター著, 船越克己訳　堺　大阪公立大学共同出版会　2012.2　416, 82p　22cm　4500円　①978-4-901409-86-5　〔06862〕

フォルスト, M.*　Forst, Martin
◇英国の貧困児童家庭の福祉政策—"Sure Start"の実践と評価（The National Evaluation of Sure Start）　ジェイ・ベルスキー, ジャクリーン・バーンズ, エドワード・メルシュ編著, 清水隆則監訳　明石書店　2013.3　230p　21cm　2800円　①978-4-7503-3764-7
内容 地域特性の確定（Martin Forst,Gillian Harper著, 熊谷忠和訳）　〔06863〕

フォルニ, P.M.　Forni, Pier Massimo

◇礼節のルール―思いやりと品位を示す不変の原則25（Choosing civility）　P.M.フォルニ〔著〕, 大森ひとみ監修, 上原裕美子訳　ディスカヴァー・トゥエンティワン　2011.11　207p　19cm　1500円　①978-4-7993-1082-3　〔06864〕

◇礼節「再」入門―思いやりと品位を示す不変の原則25（CHOOSING CIVILITY）　P.M.フォルニ〔著〕, 大森ひとみ監修, 上原裕美子訳　ディスカヴァー・トゥエンティワン　2012.9　222p　18cm　（ディスカヴァー携書 089）〈「礼節のルール」(2011年刊) の改題、再刊〉1000円　①978-4-7993-1226-1

内容 第1章 礼節―人生の質を高める技術（他者とともによく生きるために　人は人の中で生きることで磨かれる　礼節とは永遠に色あせない不変の原則　愛とは礼節の先にあるもの　自制する心がよりよい未来を作る ほか）　第2章 礼節のルール25（ルール1・周囲の人に関心を向ける　ルール2・あいさつをして敬意と承認を伝える　ルール3・相手をいい人だと信じる　ルール4・人の話をきちんと聞く　ルール5・排他的にならない ほか）　第3章 人はなぜ礼節を見失うのか？（親しみのカルチャーもときと場合をわきまえて　過度の"ルール破り称賛"は考えもの　権威の消失が礼節の危機を招く　都市生活の無名性が人間関係を不安定にする　平等社会と礼節軽視のつながり）　〔06865〕

フォーレイ, ドミニク

◇知識の創造・普及・活用―学習社会のナレッジ・マネジメント（Knowledge management in the learning society）　OECD教育研究革新センター編著, 立田慶裕監訳　明石書店　2012.3　505p　22cm　〈訳：青山貴子ほか〉5600円　①978-4-7503-3563-6

内容 利用可能な指標と欠落している指標（ドミニク・フォーレイ著, 岩崎久美子訳）　〔06866〕

フォレスター, キース

◇排除型社会と生涯学習―日英韓の基礎構造分析　鈴木敏正編著　札幌　北海道大学出版会　2011.3　278p　22cm　（北海道大学大学院教育学研究院研究叢書 2）〈索引あり〉5800円　①978-4-8329-6752-6

内容 労働と生涯学習と仕事（キース・フォレスター著, 姉崎洋一監訳, 伊藤早苗訳）　〔06867〕

フォレスター, ダンカン・B.　Forrester, Duncan B.

◇神との出会い―現代の礼拝論（Encounter with God (原著第2版)）　ダンカン・B.フォレスター, J.イアン・H.マクドナルド, ジャイアン・テリニ〔著〕, 桑原昭訳　札幌　一麦出版社　2012.4　296p　21cm　〈索引あり〉4800円　①978-4-86325-023-9　〔06868〕

フォレンゼティ, アラン・E.　Fruzzetti, Alan E.

◇パートナー間のこじれた関係を修復する11のステップ―DBT（弁証法的行動療法）で身につける感情コントロール・対人関係スキル（The high-conflict couple）　アラン・E.フォレンゼティ著, 石井朝子監訳, 西川美樹訳　明石書店　2012.1　317p　19cm　〈文献あり〉2600円　①978-4-7503-3527-8

内容 1章 二人の関係に影響を及ぼす激しい感情を理解する　2章 自分自身とパートナーを受け入れる　3章 事態の悪化を止めるには　4章「一緒にいる」その瞬間に気持ちを向ける　5章 壊れた関係の修復法　6章 自分を正確に表現して二人の関係を良好にする　7章 良好な関係に必要な「承認」　8章「承認」の具体的な方法　9章「否定」されても立ち直る方法　10章 問題への対処とその解決策の話し合い　11章 苦悩を手放し、葛藤を親密さに変える　〔06869〕

フォワード, スーザン　Forward, Susan

◇となりの脅迫者―家族・恋人・友人・上司の言いなりをやめる方法（EMOTIONAL BLACKMAIL）　スーザン・フォワード著, 亀井よし子訳　パンローリング　2012.7　459p　19cm　（フェニックスシリーズ 1）〈「ブラックメール」(NHK出版 1998年刊) の改題、新装改訂版〉1500円　①978-4-7759-4103-4

内容 第1部 ブラックメールの発信と受信（エモーショナル・ブラックメールとは　ブラックメールの四つの顔「FOG」があなたの考える力をくもらせる　ブラックメール発信者はこんな手を使う　ブラックメール発信者の心のなかはどうなっているのか　責任はあなたにも　ブラックメールはあなたにどう影響するか）　第2部 理解から行動へ（いまこそ変わろう　行動に入る前に―心の準備　相手の要求を分析し作戦を練る　決断を実行に移すための戦術　総仕上げ―あなたの「ホットボタン」を解除しよう）　〔06870〕

フォン, イン・クアン

◇フューチャースクール―シンガポールの挑戦（A school's journey into the future）　テイ・リー・ヨン, リム・チェー・ピン, カイン・ミント・スウィー編著, トランネット訳, 中川一史監訳　ピアソン桐原　2011.2　183p　21cm　2400円　①978-4-89471-549-3

内容 小学校低学年の英語の授業における、デジタルストーリーテリングの活用に関するケーススタディー（リー・チュイー・ベン, スリアティ・アバス, フォン・イン・クアン, ウン・シアム・ホン（ジュン）, リム・ショー・ティアン（オードリー）, ユー・シウ・ホイ（サンディー））　〔06871〕

フォンスタイン, ローレンツ

◇日本立法資料全集　別巻822　自治論纂　独逸学協会編纂　復刻版　信山社出版　2013.9　496p　23cm　〈独逸学協会 明治21年刊の複製〉50000円　①978-4-7972-7119-5

内容 自治論〈行政学抄訳〉（ローレンツ、フォンスタイン著）　〔06872〕

フォンテーヌ, パスカル　Fontaine, Pascal

◇EUを知るための12章（Europe in 12 lessons）　パスカル・フォンテーヌ著, 〔駐日欧州連合代表部〕〔訳編〕　駐日欧州連合代表部広報部　2011.7　87p　23cm　〈日・EU関係に関する第13章付き　年表あり〉①978-92-9238-014-4　〔06873〕

フォントネ, エリザベット・ド　Fontenay, Elisabeth de

◇動物には心があるの？ 人間と動物はどうちがうの？（Quand un animal te regarde）　エリザベット・ド・フォントネ文, オーロール・カリアス絵, 伏見操訳　岩崎書店　2011.7　76p　20cm（10代の哲学さんぽ 4）　1300円　①978-4-265-07904-9

内容 1 深く考えるということ。　2 動物の体に人間の魂？　3 動物は話すのか？　4 動物は痛みを感じるか？　5 人間は動物に、「よいこと、悪いこと」の区別をもとめることができるのか？　〔06874〕

フォンドラン, ルプレヒト

◇日独交流150年の軌跡　日独交流史編集委員会編　雄松堂書店　2013.10　345p　29cm 〈布装〉　3800円　①978-4-8419-0655-4

内容 将来の日独アジェンダに取り上げるべきものは何か 他（ルプレヒト・フォンドラン著, ズックスドルフ千恵子訳）　〔06875〕

フォン・ノハラ, W.K.

◇黄禍論―日本・中国の覚醒（Die "Gelbe Gefahr"）　W.K.フォン・ノハラ著, 高橋輝好訳　国書刊行会　2012.11　302p　20cm 〈文献あり〉 1800円　①978-4-336-05550-7

内容 第1章「黄禍」説　第2章 日本と中国　第3章 日本と有色民族　第4章「一九三六年の戦争」　第5章 黄禍―日本とヨーロッパにとって　終章 開かれた戸　〔06876〕

フーカート, マーク　Goedhart, Marc

◇企業価値評価―バリュエーションの理論と実践 上（VALUATION（原著第5版））　マッキンゼー・アンド・カンパニー, ティム・コラー, マーク・フーカート, デイビッド・ウェッセルズ著, 本田桂子監訳, 柴山和久, 中村正樹, 三島大輔, 坂本教晃, 坂本貴則, 桑原祐訳　ダイヤモンド社　2012.8　478p　22cm 〈索引あり〉 4000円　①978-4-478-01796-8

内容 第1部 原理編（なぜ企業価値か？　価値創造の基本原則　期待との際限なき闘い　投下資産利益率（ROIC）　成長とは何か）　第2部 実践編（企業価値評価のフレームワーク　財務諸表の組み替え　業績および競争力の分析　将来の業績予測　継続価値の算定　資本コストの確定　企業価値から1株当たりの価値へ　企業価値の算定と結果の分析　マルチプル法による企業価値評価の検証）　第3部 創造編（企業価値はROICと成長率で決まる　市場は形式ではなく実体を評価する　市場心理と価格乖離　効率的市場における投資家と経営者）　〔06877〕

◇企業価値評価―バリュエーションの理論と実践 下（VALUATION（原著第5版））　マッキンゼー・アンド・カンパニー, ティム・コラー, マーク・フーカート, デイビッド・ウェッセルズ著, 本田桂子監訳, 加藤智秋, 中村弥生, 佐藤克宏, 岡玄樹, 田中安隆訳　ダイヤモンド社　2012.8　506p　22cm 〈索引あり〉 4000円　①978-4-478-02170-5

内容 第4部 管理編（事業ポートフォリオ戦略　価値創造のための業績管理　M&Aによる価値創造　事業売却を通じた価値創造　有利子負債・資本構成　IR活動）　第5部 上級編（税金　営業外費用、一時費用、準備金および引当金　リース、年金、その他負債　資産計上された費用　インフレーション　外資　ケース・スタディ：ハイネケン）　第6部 応用編（経営の自由度の価値評価　新興国市場における企業価値評価　高成長企業の価値評価　周期的変動のある企業の価値評価　銀行の価値評価　日本における企業価値創造）　資料編（エコノミック・プロフィットとバリュー・ドライバー式　エコノミック・プロフィットとキャッシュフローの等価性　営業フリー・キャッシュフロー、WACC、APVの導出　株主資本コストの算出　レバレッジとPER）　〔06878〕

フカミ, シンシア・V.

◇大学学部長の役割―米国経営系学部の研究・教育・サービス（The dean's perspective）　クリシナ・S.ディア編著, 佐藤修訳　中央経済社　2011.7　245p　21cm　3400円　①978-4-502-68720-4

内容 教育と学習の学術性（シンシア・V.フカミ著）　〔06879〕

ブガール, フランソワ

◇歴史におけるテクスト布置―「テクスト布置の解釈学的研究と教育」第12回国際研究集会報告書　加納修編　〔名古屋〕　名古屋大学大学院文学研究科　2012.3　279p　30cm（Global COE program international conference series no.12）〈他言語標題：Configuration du texte en histoire〉

内容 ローマ教皇の政治に奉仕する活喩法（フランソワ・ブガール著, 西村善矢訳）　〔06880〕

ブキャナン, キャロライン　Buchanan, Caroline

◇とりあえず15分から始めなさい―先延ばしをやっつけるシンプル・ルール（THE 15 MINUTE RULE）　キャロライン・ブキャナン著, 桜田直美訳　サンマーク出版　2013.7　254p　19cm　1500円　①978-4-7631-3301-4

内容 1章 15分ルールのしくみ　2章「意志の力」のウソ　3章 先延ばしをやっつけろ　4章 やる気と熱意が勝敗を分ける　5章 仕事における15分ルール　6章 お金の問題と15分ルール　7章 15分ルールと恋愛　8章 15分ルールとダイエット　9章 友人・家族と15分ルール　10章 15分ルールで外からも内からも輝く人になる　〔06881〕

ブキャナン, パトリック・J.　Buchanan, Patrick J.

◇超大国の自殺―アメリカは、二〇二五年まで生き延びるか？（SUICIDE OF A SUPERPOWER）　パトリック・J.ブキャナン著, 河内隆弥訳　幻冬舎　2012.11　583p　19cm　2500円　①978-4-344-02274-4

内容 1 超大国の消滅　2 キリスト教国アメリカの死　3 カソリックの危機　4 白いアメリカの終焉　5 人口統計の示す冬　6 平等か、自由か？　7 多様性（ディヴァーシティ）カルト　8 部族主義（トライバリズム）の勝利　9「白人党（ホワイト・パーティ）」　10 緩慢な後退　11 ラスト・チャンス　〔06882〕

◇不必要だった二つの大戦―チャーチルとヒトラー（Churchill, Hitler, and "the unnecessary war"）　パトリック・J.ブキャナン著, 河内隆弥訳　国書刊行会　2013.2　516, 10, 10p 図版16p　22cm 〈文献あり 索引あり〉 3800円　①978-4-336-05641-2

内容 何がわれわれに起こったのか？　西洋の大いなる内戦　「光栄ある孤立」の終焉　過ぎし夏の日　「復讐の時」　「役立たぬ巡洋艦の群れ」　一九三五―ストレーザ戦線の崩壊　一九三六―ラインラント

フ

一九三八―独墺合邦　ミュンヘン〔ほか〕〔06883〕

フクシマ, グレン・S.　Fukushima, Glen S.

◇日本の未来について話そう―日本再生への提言（Reimagining Japan）マッキンゼー・アンド・カンパニー責任編集, クレイ・チャンドラー, エアン・ショー, ブライアン・ソーズバーグ編著　小学館　2011.7　416p　19cm　1900円　①978-4-09-388189-0

内容 鎖国を解く（グレン・S.フクシマ著）〔06884〕

フクモト, ケンタロウ　福元 健太郎

◇現代日本の政治と外交　1　現代の日本政治―カラオケ民主主義から歌舞伎民主主義へ　猪口孝監修　猪口孝, プルネンドラ・ジェイン編　原書房　2013.10　295, 6p　22cm〈索引あり〉4200円　①978-4-562-04926-4

内容 議員（福元健太郎著, 角敦子訳）〔06885〕

フ

フクヤマ, フランシス　Fukuyama, Francis

◇政治の起源―人類以前からフランス革命まで　上（THE ORIGINS OF POLITICAL ORDER. VOLUME1）フランシス・フクヤマ著, 会田弘継訳　講談社　2013.11　378p　20cm　2800円　①978-4-06-217150-2

内容 第1部 国家以前（政治の必要性　自然状態　家族・群れから部族へ　部族社会における所有権、正義、戦争　リヴァイアサンの出現）第2部 国家建設（中国の部族主義　戦争と中国における国家の台頭　偉大な漢システム　政治制度の崩壊と家産制の復活　インドの経験した回り道　ヴァルナとジャーティ　インドの政体の弱さ　イスラム教徒の部族主義からの脱却　イスラム教を守ったマムルーク　オスマン帝国の機能と衰退　家族関係の弱体化を招いたキリスト教）〔06886〕

◇政治の起源―人類以前からフランス革命まで　下（THE ORIGINS OF POLITICAL ORDER. VOLUME2）フランシス・フクヤマ著, 会田弘継訳　講談社　2013.12　365p　20cm〈文献あり〉2700円　①978-4-06-217151-9〔06887〕

ブーゲンタール, ジェームズ・F.T.

◇ダイニングテーブルのミイラ セラピストが語る奇妙な臨床事例―セラピストはクライエントから何を学ぶのか（The mummy at the dining room table）ジェフリー・A.コトラー, ジョン・カールソン編著, 岩壁茂監訳, 門脇陽子, 森田由美訳　福村出版　2011.8　401p　22cm〈文献あり〉3500円　①978-4-571-24046-1

内容 黒はいつまでも黒（ジェームズ・F.T.ブーゲンタール著, 門脇陽子訳）〔06888〕

フーコー, ミシェル　Foucault, Michel

◇ミシェル・フーコー講義集成―コレージュ・ド・フランス講義 1983-1984年度　13　真理の勇気―自己と他者の統治 2（Le courage de la vérité）ミシェル・フーコー著　慎改康之訳　筑摩書房　2012.2　459, 9p　22cm〈索引あり〉5900円　①978-4-480-79053-8

内容 認識論的諸構造と、真理表明術の諸形式　パレーシアに関する研究の系譜。自己自身に関する"真なることを語ること"の諸実践　自己への配慮の地平における生存の師　その主要な特徴としてのパレーシア　パレーシア概念の起源について　パレーシアの二重の意味　構造上の諸特徴。真理、契約、リスク　パレーシア的協定　パレーシア対弁論術　"真なることを語ること"の種別的方式としてのパレーシア〔ほか〕〔06889〕

◇知の考古学（L'ARCHÉLOGIE DU SAVOIR）ミシェル・フーコー著, 慎改康之訳　河出書房新社　2012.9　427, 8p　15cm（河出文庫 フ10-2）〈索引あり〉1300円　①978-4-309-46377-3

内容 1 序論　2 言説の規則性（言説の統一性　言説形成ほか）3 言表とアルシーヴ（言表を定義すること　言表機能 ほか）4 考古学的記述（考古学と思想史　独創的なものと規則的なもの ほか）5 結論〔06890〕

◇ユートピア的身体/ヘテロトピア（Le corps utopique, Les hétérotopies〔etc.〕）ミシェル・フーコー著, 佐藤嘉幸訳　水声社　2013.6　144p　22cm（叢書言語の政治 20）2500円　①978-4-89176-980-2

内容 ユートピア的身体　ヘテロトピア　フーコーと身体的書き込みのパラドックス（ジュディス・バトラー）「ヘテロトピア」―ヴェネチア、ベルリン、ロサンゼルス間のある概念の苦難（ダニエル・ドゥフェール）〔06891〕

◇レイモン・アロンとの対話（Dialogue（原著新版））レイモン・アロン〔述〕, ミシェル・フーコー著, 西村和泉訳　水声社　2013.6　95p　22cm（叢書言語の政治 21）〈年譜あり〉1800円　①978-4-89176-979-6〔06892〕

フサーロ, カルロ

◇各国における分権改革の最新動向―日本, アメリカ, イタリア, スペイン, ドイツ, スウェーデン　山田徹, 柴田直子編　公人社　2012.9　118p　21cm　1500円　①978-4-86162-087-4

内容 イタリアにおける多層的なリージョン制連邦主義（カルロ・フサーロ著, 山田徹訳）〔06893〕

ブザン, トニー　Buzan, Tony

◇マインドマップ勉強法―脳を飛躍的にパワーアップする技術（The Buzan study skills handbook）トニー・ブザン著, 近田美季子監訳, ブザン教育協会監修　アスペクト　2011.3　175p　21cm　1600円　①978-4-7572-1891-8

内容 1章 自分の脳に自信を持とう　2章 効果的な学習を邪魔する要因　3章 マインドマップ勉強法　4章 速読法　5章 記憶法　6章 マインドマップ　7章 マインドマップとマインドマップ勉強法で学びを変える〔06894〕

◇トニー・ブザン頭がよくなる本（Use your head）トニー・ブザン著, 佐藤哲, 田中美樹訳　日本語第4版　東京図書　2012.4　255p　19cm　2000円　①978-4-489-02124-4

内容 第1部 脳について知ろう（すばらしい頭脳　頭のなかはどうなってるの　IQとあなたの生まれ持った聡明さ）第2部「脳」力を活用しよう（情報を想起する能力と学習する能力を一変させる　記憶術をマスターして記憶力を倍増しよう　記憶にエネルギーを「加えて」「入れる」と無限の創造性が得られるE+M=C∞）第3部 偉大なる脳に欠かせない「マインドツール」（キーワードがなぜ重要なのか　マインド

マップと放射思考法について―序論　マインドマップの作り方 ほか）〔06895〕

◇ザ・マインドマップ　ビジネス編　仕事のスキルと成果が上がる実践的活用法（MIND MAPS FOR BUSINESS）　トニー・ブザン, クリス・グリフィス著, 近田美季子訳　ダイヤモンド社　2012.6　287p　21cm　2000円　①978-4-478-00903-1

内容 第1部 マインドマップ―究極のビジネス「ソフトウェア」（マインドマップとは何か？　マインドマップの作り方 ほか）　第2部 ビジネス・スキル向上のためのマインドマップ（マインドマップ計画術　マインドマップ交渉術 ほか）　第3部 ビジネス思考力を高めるためのマインドマップ（リーダーのためのマインドマップ活用法　斬新なアイディアを生み出すためのマインドマップ ほか）　第4部 業績向上のためのマインドマップ（マインドマップで売上を伸ばす　目標設定と変化への対応）〔06896〕

◇ザ・マインドマップ―脳の無限の可能性を引き出す技術（THE MIND MAP BOOK）　トニー・ブザン, バリー・ブザン著, 近田美季子訳　新版　ダイヤモンド社　2013.2　277p　22cm　〈索引あり〉　2200円　①978-4-478-01716-6

内容 第1部 脳の無限の可能性（脳の驚異　ノートの「作り方」と「取り方」 ほか）　第2部 マインドマップをかいてみよう（マインドマップとは何か　言葉を使ってアイディアを広げる ほか）　第3部 マインドマップ活用法―基本編（マインドマップ記憶術　創造的思考の鍛え方 ほか）　第4部 マインドマップ活用法―応用編（自己分析のためのマインドマップ　マインドマップ・スケジュール術 ほか）　第5部 マインドマップの未来（ソフトウェアでかくマインドマップ　光り輝く将来）〔06897〕

ブザン, バリー　Buzan, Barry

◇ザ・マインドマップ―脳の無限の可能性を引き出す技術（THE MIND MAP BOOK）　トニー・ブザン, バリー・ブザン著, 近田美季子訳　新版　ダイヤモンド社　2013.2　277p　22cm　〈索引あり〉　2200円　①978-4-478-01716-6

内容 第1部 脳の無限の可能性（脳の驚異　ノートの「作り方」と「取り方」 ほか）　第2部 マインドマップをかいてみよう（マインドマップとは何か　言葉を使ってアイディアを広げる ほか）　第3部 マインドマップ活用法―基本編（マインドマップ記憶術　創造的思考の鍛え方 ほか）　第4部 マインドマップ活用法―応用編（自己分析のためのマインドマップ　マインドマップ・スケジュール術 ほか）　第5部 マインドマップの未来（ソフトウェアでかくマインドマップ　光り輝く将来）〔06898〕

ブシェ, ジャック

◇連帯経済―その国際的射程（L'économie solidaire）　ジャン＝ルイ・ラヴィル編, 北島健一, 鈴木岳, 中野佳裕訳　生活書院　2012.1　389p　19cm　〈索引あり　文献あり〉　3400円　①978-4-903690-87-2

内容 北アメリカにおける連帯経済（ポール・R.ベランジェ, ジャック・ブシェ, ブノワ・レベスク著, 北島健一訳）〔06899〕

フジオカ, タカマサ　藤岡 資正

◇タイビジネスと日本企業　藤岡資正, チャイポン・ポンパニッチ, 関智宏編著　同友館　2012.8　238p　19cm　2000円　①978-4-496-04905-7

内容 タイ経済の概要 ： 消費市場としての潜在性と今後の課題（藤岡資正著, 由井慶訳）〔06900〕

フジタ, ツグハル　藤田 嗣治

◇『Japan To-day』研究―戦時期『文芸春秋』の海外発信　鈴木貞美編　京都　国際日本文化研究センター　2011.3　375p　26cm　（日文研叢書）〈発売 ： 作品社〉　4800円　①978-4-86182-328-2

内容 東京での今の暮らし―藤田嗣治がパブロ・ピカソに宛てた手紙（藤田嗣治著, 林洋子訳）〔06901〕

ブシャード, コンスタンス・B.　Bouchard, Constance Brittain

◇騎士道百科図鑑（Knights in history and legend）　コンスタンス・B.ブシャード監修, 堀越孝一日本語版監修　悠書館　2011.1　304p　31cm　〈文献あり 年表あり 索引あり〉　9500円　①978-4-903487-43-4

内容 第1部 騎士の登場（騎士の起源　騎士道理想　騎士の馬　芸術にみる騎士）　第2部 騎士の生活（騎士になる　騎士道　騎士の日常　城　よろいかぶと　武器　トーナメント　騎士と戦い　紋章　十字軍騎士団　アジアの騎士）　第3部 歴史にみる騎士（騎士のおこり　ノルマンの時代　十字軍　レコンキスタ　アルビジョワ十字軍　百年戦争　騎士道の衰退）　第4部 文化遺産（文学にみる騎士　映画とテレビ　戦争ゲーム　名誉称号を授ける騎士団）　第5部 レファレンス（歴史年表　参考文献一覧　用語解説　索引 ほか）〔06902〕

ブシャール, ジェラール　Bouchard, Gérard

◇多文化社会ケベックの挑戦―文化的差異に関する調和の実践ブシャール＝テイラー報告（Fonder l'avenir）　ジェラール・ブシャール, チャールズ・テイラー編, 竹中豊, 飯笹佐代子, 矢頭典枝訳　明石書店　2011.8　159p　20cm　〈年表あり〉　2200円　①978-4-7503-3448-6

内容 第1章 「妥当なる調整」委員会　第2章 「妥当なる調整」の危機―それは存在するのか　第3章 公共機関における調和の実践―現場の状況　第4章 ケベックを規定する枠組み―共通の価値規範　第5章 「調和」の実践を尊重した政策提言　第6章 批判的意見への回答　第7章 変容するケベック　第8章 最優先されるべき勧告事項〔06903〕

プシュビルスカ, エヴァ

◇自由への変革と市民教育　不破和彦編訳　青木書店　2011.2　182p　22cm　2500円　①978-4-250-21102-7

内容 ポーランドの市民社会と市民教育（エヴァ・プシュビルスカ著）〔06904〕

ブースマン, ニコラス　Boothman, Nicholas

◇90秒で好かれる技術（Convince them in 90 seconds or less）　ニコラス・ブースマン著, 中西真雄美訳　ディスカヴァー・トゥエンティワン　2011.8　294p　19cm　1500円　①978-4-7993-1040-3

内容 第1章 "社交の天才"マルドゥーンの教え　第2章 相手の心のガードを解除しよう　第3章 非言語コミュニケーションの「ABC」を意識しよう　第4章 好感

フ

をもたれる“脳の言葉”を使おう　第5章 相手の感覚に合わせよう　第6章 あなたと相手のパーソナリティタイプを知ろう　第7章 あなたの本質をひと言で伝えよう　第8章 自分にふさわしいスタイルを見つけよう　第9章 コミュニケーションの回線をひらこう　第10章 質問と“おしゃべり”の技術を身につけよう　第11章 相手の関心を惹くアプローチを見つけよう　第12章 マルドゥーン再び—優れたコミュニケーターの秘密　第13章 ショーは続けなくてはならない　〔06905〕

フスレ, ボルジギン　Borjigin, Husel

◇ハルハ河・ノモンハン戦争と国際関係　田中克彦, ボルジギン・フスレ編　三元社　2013.7　155p　21cm　1700円　①978-4-88303-346-1

内容「ノモンハン事件」の国際的研究は、いつ、どのようにしてはじまり、またそれは、どのような成果をもたらしたか　ハルハ河戦争が国際関係に及ぼした影響　ノモンハン戦争をめぐる中ソ交渉　ハルハ河に関する米公文書　ハルハ河戦争に参加したモンゴル人民革命軍について　モンゴル国防中央文書館に保管されているハルハ河戦争史関連地図の研究利用　ロシア連邦におけるハルハ河戦争史研究とその成果および今後の動向(2000年以降)　ハルハ河：記憶の場　忘れられた魂—狭間の興安軍　ハルハ河戦争とホロンボイルのバルガ族　MAXIM LITVINOV(1876—1951)とノモンハン事件　ハルハ河よりミズーリ号まで　KHALKYN GOL：THE PLACE OF MEMORY　〔06906〕

ブツァー, マルティン

◇宗教改革時代の説教　出村彰編　教文館　2013.1　482p　21cm　(シリーズ・世界の説教)　4500円　①978-4-7642-7337-5

内容 アウクスブルクでの説教(マルティン・ブツァー述, 出村彰訳)　〔06907〕

フッカー, ジョン

◇名誉としての議席—近世イングランドの議会と統治構造　仲丸英起著　慶応義塾大学出版会　2011.4　353, 36p　21cm　4200円　①978-4-7664-1833-0

内容『イングランド議会運営のための議事規則と慣行』(ジョン・フッカー)　〔06908〕

ブッカー, ロブ　Booker, Rob

◇全米最強のFXコーチ ロブ・ブッカーとZAiが作った米国式FXマニュアル　ロブ・ブッカー, Bradley Fried, ザイFX！ 編集部編　ダイヤモンド社　2011.1　246p　21cm　1600円　①978-4-478-01548-3

内容 第1章 ローソク足の性質を利用した新しいトレード手法 第1の戦術ボルテックス(ローソク足がピボットポイントに戻る性質を利用・ボルテックス　ボルテックスの進め方 ほか)　第2章 NY市場に注目したトレード手法 第2の戦術NYボックス(NY市場の動きをキャッチ！・NYボックス　NYボックスの進め方 ほか)　第3章 市場を4つに分け、状況に合った手法を実行！　第3の戦術アリゾナルール(市場を4つに分類したトレードシステム・アリゾナルール　アリゾナルールを知る旅に出よう ほか)　第4章 トレードに対する考え方や資金管理について学ぼう「1日10pips」を実現するために(実現しやすい目標「1日10pips」　3つの戦術、どうやって選ぶ？　ほか)　〔06909〕

◇全米最強のFXコーチ ロブ・ブッカーとZAiが作った「米国式FX」DVD BOOK　ロブ・ブッカー, ブラッドリー・フリード, ZAi FX！ 編　ダイヤモンド社　2011.4　62p　26cm　〈付属資料：DVD1〉3800円　①978-4-478-01573-5

内容 序章 これだけおさえておけばOK！ アリゾナルールを行うための基礎知識(トレード必須アイテムローソク足チャートとは？　為替レートの最小単位「pip(ピップ)」ってナニ？　ほか)　第1章 ロブオススメのトレードシステム アリゾナルールとは？(画期的なトレードシステムアリゾナルールとは？　アリゾナルールの4つのフェーズ ほか)　第2章 レンジに引いたメサラインがカギ!!アリゾナ手法(1)メサ(トレンド中のレンジに注目メサ　メサの進め方(1)メサラインを引く ほか)　第3章 ストキャスのクロスに注目！ アリゾナ手法(2)スコッツデール(ストキャスが価格の調整を知らせるスコッツデール　スコッツデールの進め方(1)ストキャスのクロスを見つける ほか)　〔06910〕

フック, グレン・D.

◇EUを考える　田中浩編　未来社　2011.9　244p　19cm　(現代世界—その思想と歴史 3)　〈執筆：田中浩ほか〉2400円　①978-4-624-30116-3

内容 ヨーロッパのなかのイギリス(グレン・D.フック著, 石黒純子訳)　〔06911〕

フッサール, エトムント　Husserl, Edmund

◇間主観性の現象学その方法 (Zur Phanomenologie der Intersubjektivitat)　エトムント・フッサール著, 浜渦辰二, 山口一郎監訳　筑摩書房　2012.5　552, 6p　15cm　(ちくま学芸文庫 フ21-2)　〈索引あり〉1600円　①978-4-480-09448-3

内容 第1部 還元と方法(現象学の根本問題　純粋心理学と現象学—間主観的還元　現象学的還元の思想についての考察　現象学的な根源の問題　『デカルト的省察』における間主観性の問題について)　第2部 感情移入(感情移入に関する古い草稿からの抜粋　感情移入 一九〇九年のテキストから　「感情移入」と「類比による転用」の概念にたいする批判　本来的な感情移入と非本来的な感情移入　「内的経験」としての感情移入—モナドは窓をもつ)　第3部 発生的現象学—本能・幼児・動物(脱構築による解釈としての幼児と動物への感情移入　他のエゴと間主観性における現象学的還元　構成的発生についての重要な考察　元初性への還元　静態的現象学と発生的現象学　世界と私たち—人間の環境世界と動物の環境世界　幼児—最初の感情移入)　〔06912〕

◇間主観性の現象学　2　その展開 (Zur Phänomenologie der Intersubjektivität)　エトムント・フッサール著, 浜渦辰二, 山口一郎監訳　筑摩書房　2013.9　599, 7p　15cm　(ちくま学芸文庫 フ21-3)　〈1は「間主観性の現象学その方法」が該当　索引あり〉1700円　①978-4-480-09574-9

内容 第1部 自他の身体(自分の身体と他者の身体　私の身体の構成 ほか)　第2部 感情移入と対化(感情移入論への導入　精神の現出としての他者経験 ほか)　第3部 共同精神(共同体論)(共に働きかけあう共同体としての社会共同体　共同体の高次の能作とその構成 ほか)　第4部 正常と異常(正常な人の世界と、異常な人が世界構成へ参加すること　正常性から出発する世界の超越論的構成 ほか)　〔06913〕

ブッシュ, アンドリュー Busch, Andrew

◇イベントトレーディング入門―感染症・大災害・テロ・政変を乗り越える売買戦略 (World event trading) アンドリュー・ブッシュ著, 永井二菜訳, 長尾慎太郎監修 パンローリング 2011.3 289p 22cm (ウィザードブックシリーズ vol. 177) 〈文献あり〉 2800円 ①978-4-7759-7144-4

内容 1 感染症(黒死病(ペスト)―現代の範例 1918年スペイン風邪 狂牛病 SARS 鳥インフルエンザ) 2 自然災害(ハリケーン 地震と津波 地球温暖化) 3 政治(テロリズム 政変 政界スキャンダル 現代の短期戦争) 〔06914〕

ブッシュ, エイミー・L.

◇アタッチメントを応用した養育者と子どもの臨床 (Attachment theory in clinical work with children) ダビッド・オッペンハイム, ドグラス・F.ゴールドスミス編, 数井みゆき, 北川恵, 工藤晋平, 青木豊訳 京都 ミネルヴァ書房 2011.6 316p 22cm 〈文献あり〉 4000円 ①978-4-623-05731-3

内容 アタッチメントとトラウマ(エイミー・L.ブッシュ, アリシア・F.リーバーマン著) 〔06915〕

ブッシュ, ジョージ・W. Bush, George Walker

◇決断のとき 上 (Decision points) ジョージ・W.ブッシュ著, 伏見威蕃訳 日本経済新聞出版社 2011.4 338p 20cm 〈索引あり〉 2000円 ①978-4-532-16782-0 〔06916〕

◇決断のとき 下 (Decision points) ジョージ・W.ブッシュ著, 伏見威蕃訳 日本経済新聞出版社 2011.4 385p 20cm 〈索引あり〉 2000円 ①978-4-532-16783-7 〔06917〕

ブッシュ, デイヴィッド Boush, David M.

◇市場における欺瞞的説得―消費者保護の心理学 (Deception in the marketplace) D.M.ブッシュ,M.フリースタッド,P.ライト著, 安藤清志, 今井芳昭監訳 誠信書房 2011.5 299p 22cm 〈文献あり 索引あり〉 4000円 ①978-4-414-30625-5

内容 市場における欺瞞 欺瞞的説得の理論的視点 マーケティングにおける欺瞞の戦術 欺瞞を行うマーケティング担当者はどのように考えるのか 人々はどのように欺瞞に対処するのか―先行研究 市場における欺瞞防衛スキル 青年期および成人期における欺瞞防衛スキルの発達 市場における欺瞞防衛スキルの教育―これまでの研究 社会的な視点―規制の最前線、社会的信頼、欺瞞防衛の教育 〔06918〕

ブッシュ, リチャード・C. Bush, Richard C.

◇日中危機はなぜ起こるのか―アメリカが恐れるシナリオ (The perils of proximity) リチャード・C.ブッシュ著, 森山尚美訳, 西恭之訳・解説 柏書房 2012.1 422p 22cm 〈索引あり〉 5800円 ①978-4-7601-4038-1

内容 一九三〇年代の日中の軍事衝突 中国と日本―二国間関係の経緯 日中関係の「沈滞」を解明する 海軍, 空軍, 海上保安機関、サイバー戦士 日中の近接地点における摩擦 日中の軍事制度の特徴 中国の意思決定 日本の意思決定 中国政治における対日関係 日本政治における対中関係 緊迫情勢下の日中両国の政治制度 アメリカへの影響 何をなすべきか 〔06919〕

ブッシュウェイ, ショーン・D.

◇エビデンスに基づく犯罪予防 (Evidence-based crime prevention) ローレンス・W.シャーマン, ディビッド・P.ファリントン, ブランドン・C.ウェルシュ, ドリス・レイトン・マッケンジー編, 津富宏, 小林寿一監訳, 島田貴仁, 藤野京子, 寺村堅志, 渡辺昭一訳 社会安全研究財団 2008.9 434p 26cm 〈文献あり〉 ①978-4-904181-02-7

内容 労働市場と犯罪リスク要因(ショーン・D.ブッシュウェイ, ピーター・ロイター著, 津富宏訳) 〔06920〕

ブッダグフヤ* Buddhaguhya

◇『大日経摂義』和訳 〔Buddhaguhya〕〔原著〕, 遠藤祐純著 ノンブル社 2012.3 206p 22cm (蓮花寺仏教研究所研究叢書) 〈布装〉 6800円 ①978-4-903470-62-7

内容 1 序説(『大日経』の要義集としての『摂義』 本書の構成 デルゲ版と北京版の本書 『大日経摂義』和訳の資料 著者Buddhaguhya) 2『大日経摂義』和訳(書名 総説 各説 経文細説) 〔06921〕

ブッチャー, アレキサンダー Butchart, Alexander

◇エビデンスに基づく子ども虐待の発生予防と防止介入―その実践とさらなるエビデンスの創出に向けて (Preventing child maltreatment) トニー・ケーン編, アレキサンダー・ブッチャー, アリソン・フィネイ・ハーベイ, マーセリーナ・ミアン, ティルマン・フェルニス著, 藤原武男, 水木理恵監訳, 坂戸美和子, 富田拓, 市川佳世子訳, 小林美智子監修 明石書店 2011.12 175p 21cm 2800円 ①978-4-7503-3505-6

内容 導入 第1章 子ども虐待の性質と帰結 第2章 疫学と事例に基づいた情報 第3章 子ども虐待の予防・防止 第4章 虐待を受けた子どもとその家族に対するサービス 第5章 結論と提言 付録 〔06922〕

ブッツェッティ, ディーノ Buzzetti, Dino

◇人文学と電子編集―デジタル・アーカイヴの理論と実践 (ELECTRONIC TEXTUAL EDITING) ルー・バーナード, キャサリン・オブライエン・オキーフ, ジョン・アンスワース編, 明星聖子, 神崎正英監訳 慶応義塾大学出版会 2011.9 503p 21cm 4800円 ①978-4-7664-1774-6

内容 デジタルの地平での編集(ディーノ・ブッツェッティ, ジェローム・マッギャン) 〔06923〕

プッツガー, F.W. Putzger, F.W.

◇プッツガー歴史地図 日本語版 (PUTZGER Historischer Weltatlas) 帝国書院 2013.3 312p 34×25cm 〈原書第104版〉 9500円 ①978-4-8071-6099-0

内容 先史・初期歴史時代(長期展望(気候変動 19世紀半ば以降の気候変動) 人類の進化 ほか) 古代(古期ギリシア 初期ギリシア ほか) 中世(イスラーム世界帝国 フランク王国と東ローマ帝国 ほか) 近世(ヨーロッパ拡大の始まり 18世紀までの中央・南アメリカ ほか) 長い19世紀―1789 - 1917/18(フラ

フ

ンス革命　ナポレオン時代のヨーロッパ ほか） 20、21世紀（戦間期の世界　戦間期のヨーロッパ ほか）〔06924〕

ブッデンベルク, ズザンネ　Buddenberg, Susanne

◇ベルリン分断された都市　ズザンネ・ブッデンベルク著, トーマス・ヘンゼラー著・画, エドガー・フランツ, 深見麻奈訳　彩流社　2013.9　95p　26cm 〈文献あり〉2000円 ①978-4-7791-1932-3

内容 第1話 レギーナ・ツィーヴィツ―私の高校卒業を危うくしたベルリンの壁の建設　第2話 ウルズラ・マルヒョー―ベルリンの壁に面した病院　第3話 ホルツアプフェル家―空中ケーブルを使った壁越え　第4話 デトレフ・マッテス―壁の向こう側　第5話 ヤン・ヒルデブラント―僕の18歳の誕生日〔06925〕

フティーア, カール　Futia, Carl

◇逆張りトレーダー―メディア日記を付けて投資機会を見極める（The art of contrarian trading） カール・フティーア著, 山口雅裕訳, 長尾慎太郎監修　パンローリング　2011.1　311p　22cm （ウィザードブックシリーズ vol.174） 3800円 ①978-4-7759-7141-3

内容 第1章 市場に打ち勝てるのか　第2章 市場の間違い　第3章 エッジ　第4章 大衆の賢さと愚かさ　第5章 大衆筋のライフサイクルと心理　第6章 市場の間違いの歴史的文脈　第7章 大衆のコミュニケーション方法　第8章 メディア日記のつくり方　第9章 重要な投資テーマ　第10章 日記の解釈―市場記号論　第11章 逆張りトレードの大戦略　第12章 1982〜2000年の壮大な強気相場　第13章 バブルの崩壊―2000〜2002年の弱気相場　第14章 バブル後の2002〜2007年の強気相場　第15章 2008年の金融危機　第16章 逆張りの考え方と実行について〔06926〕

ブテイエ, M.

◇無文字民族の神話　ミシェル・パノフ, 大林太良他著, 大林太良, 宇野公一郎訳　新装復刊　白水社　2013.5　281, 12p　20cm 〈文献あり 索引あり〉4200円 ①978-4-560-08291-1

内容 北アメリカの神話（M.ブテイエ,Ph・モナン著, 宇野公一郎訳）〔06927〕

プティジャン, ベルナルド　Petitjean, Bernard

◇聖教初学要理―再刊 ： 一八六九年（明治二年） ベルナルド〔プティジャン〕〔編〕　雄松堂書店　2011.12　1冊　24cm （本邦キリシタン布教関係資料プティジャン版集成 13） 〈帙入　の復刻版　和装〉①978-4-8419-0596-0〔06928〕

◇聖教初学要理――八六八年（明治元年）（A simple catechism） 伯爾納鐸〔編〕　雄松堂書店　2012.6　1冊　26cm （本邦キリシタン布教関係資料プティジャン版集成 3） 〈帙入　の復刻版　和装〉①978-4-8419-0586-1〔06929〕

ブーテェ, ティム　Büthe, Tim

◇IASB/ISO/IEC国際ルールの形成メカニズム （THE NEW GLOBAL RULERS） ティム・ブーテェ, ウォルター・マットリ著, 小形健介訳　中央経済社　2013.4　290p　22cm　4400円 ①978-4-502-47620-4

内容 第1章 世界経済における民間規制の高まり　第2章 プライベートかつ非市場ベースのルール・メイキング―グローバル規制の類型化　第3章 制度的補完性理論　第4章 国際金融市場における民間規制機関―会計規制の制度構造と補完性　第5章 財務報告基準設定にかかわる政治問題　第6章 国際製品市場における民間規制機関―製品規制の制度構造と補完性　第7章 ナットとボルト、そしてナノテクノロジーの政治問題―国際製品市場におけるISOとIECの標準化　第8章 政治学、社会学、法学および経済学における理論的論議への貢献　第9章 結論とグローバル・ガバナンスの意義〔06930〕

◇IASB/ISO/IEC国際ルールの形成メカニズム （The new global rulers） ティム・ブーテェ, ウォルター・マットリ著, 小形健介訳　佐世保　長崎県立大学経済学部学術研究会　2013.4　290p　21cm （長崎県立大学経済学部翻訳叢書 3） 〈文献あり〉非売品〔06931〕

フード, ブルース・M.　Hood, Bruce MacFarlane

◇スーパーセンス―ヒトは生まれつき超科学的な心を持っている（Supersense） ブルース・M.フード著, 小松淳子訳　インターシフト　2011.2　407p　19cm 〈発売 ： 合同出版〉2200円 ①978-4-7726-9522-0

内容 1章 超自然現象を信じる心は、いかに生まれるか？　2章 殺人鬼のカーディガンを着るのは平気？　3章 天地創造説が受け入れられるわけ　4章 途方もなく騒がしい赤ちゃん　5章 マインド・リーディングの力　6章 つながる生気・本質・嫌悪　7章 若さや美しさというエッセンス　8章 なぜ大人になってもテディ・ベアを手放せない？　9章 誰かに見られているのがわかる　10章 ものはいかにして神聖な価値を持つか？〔06932〕

ブトミー, E.G.　Boutmy, Emile Gaston

◇人権宣言論争―イェリネック対ブトミー　イェリネック, ブトミー〔著〕, 初宿正典編訳　オンデマンド版　みすず書房　2010.12　288, 6p　19cm 〈原本 ： 1995年刊〉4600円 ①978-4-622-06218-9〔06933〕

ブドラ, レバナ・シェル　Bdolak, Levanah Shell

◇セドナ・スピリチュアルガイド　レバナ・シェル・ブドラ著, 高田有現訳　クリアサイト・ジャパン　2011.11　159p　19cm 〈他言語標題 ： Sedona Spiritual Guide　発売 ： JMA・アソシエイツステップワークス事業部〉1900円 ①978-4-904665-20-6

内容 第1章 精霊の土地　第2章 セドナのパワーとつながる　第3章 意識の覚醒　第4章 セドナのボルテックスとエネルギースポット　第5章 瞑想と儀式―ボルテックスのパワーを活用するために　第6章 変容　第7章 セドナ体験をもっと楽しむために　第8章 セドナ滞在のモデルプラン〔06934〕

フナハシ, セイイチ　舟橋 聖一

◇『Japan To-day』研究―戦時期『文芸春秋』の海外発信　鈴木貞美編　京都　国際日本文化研究センター　2011.3　375p　26cm （日文研叢書） 〈発売 ： 作品社〉4800円 ①978-4-86182-328-2

内容 日本現代文学の主要作家4 ： 徳田秋声（舟橋聖一著, 石川肇訳）〔06935〕

ブニョン, フランソワ　Bugnion, François

◇赤十字標章の歴史―"人道のシンボル"をめぐる国家の攻防（The Emblem of the Red Cross）　フランソワ・ブニョン著, 井上忠男訳　東信堂　2012.9　124p　19cm　〈文献あり〉1600円　①978-4-7989-0140-4

内容 第1章 標章の統一（起源　ロシア・トルコ戦争（一八七六年～一八七八年）　平和会議と改定会議（一八九九年、一九〇七年のハーグ会議、一九〇六年のジュネーブ会議）　一九二九年の会議　一九四九年の会議　近年の動向（一九四九年～一九七六年））　第2章 赤十字社の標章（各社の承認　未承認標章）　むすび（現状（一九七〇年代後半）　結語）　訳者による補記 赤十字標章を巡る現在の状況と赤のクリスタル標章の採用（二〇〇五年に第三追加議定書標章を採択　二重標章の問題）〔06936〕

フーバー, バーバラ

◇ユダヤ出自のドイツ法律家（DEUTSCHE JURISTEN JUDISCHER HERKUNFT）　ヘルムート・ハインリッヒス, ハラルド・フランツキー, クラウス・シュマルツ, ミヒャエル・シュトレイス著, 森勇監訳　八王子　中央大学出版部　2012.3　25, 1310p　21cm　（日本比較法研究所翻訳叢書 62）〈文献あり 索引あり〉13000円　①978-4-8057-0363-2

内容 正当な法を追求して（バーバラ・フーバー著, 渡辺靖明訳）〔06937〕

プファイファー, ゲルト

◇ユダヤ出自のドイツ法律家（DEUTSCHE JURISTEN JUDISCHER HERKUNFT）　ヘルムート・ハインリッヒス, ハラルド・フランツキー, クラウス・シュマルツ, ミヒャエル・シュトレイス著, 森勇監訳　八王子　中央大学出版部　2012.3　25, 1310p　21cm　（日本比較法研究所翻訳叢書 62）〈文献あり 索引あり〉13000円　①978-4-8057-0363-2

内容 1848-49年ドイツ国民議会議長, 1871年ドイツ帝国議会議長, ライヒ裁判所長官（ゲルト・プファイファー著, 榊原嘉明訳）〔06938〕

ブブノワ, M.A

◇アイハヌム―加藤九祚一人雑誌　2012　加藤九祚編訳　秦野　東海大学出版会　2012.12　201p　21cm　〈他言語標題 : Ay Khanum〉2000円　①978-4-486-03731-6

内容 パミールの考古学〈1946-1985〉（M.A.ブブノワ著）〔06939〕

プポー, フランク

◇学校選択のパラドックス―フランス学区制と教育の公正　園山大祐編著　勁草書房　2012.2　240p　22cm　〈索引あり〉2900円　①978-4-326-25073-8

内容 就学実践の社会空間的決定因（ジャン＝クリストフ・フランソワ, フランク・プポー著, 京免徹雄, 小林純子訳）〔06940〕

ブーミー, E.G.　Boutmy, Émil Gaston

◇日本立法資料全集　別巻 649　英米仏比較憲法論（Etudes de droit constitutionnel（2e ed.））　ブーミー著, ダイシー英訳, 深井英五重訳　復刻版　信山社出版　2010.8　232p　23cm　〈民友社明治26年刊の複製〉30000円　①978-4-7972-6344-2〔06941〕

フュックス, ズザンネ

◇流動化する民主主義―先進8カ国におけるソーシャル・キャピタル（Democracies in Flux）　ロバート・D.パットナム編著, 猪口孝訳　京都　ミネルヴァ書房　2013.7　443, 8p　22cm　〈索引あり〉4800円　①978-4-623-05301-8

内容 ドイツ（クラウス・オッフェ, ズザンネ・フュックス執筆）〔06942〕

ブュッテメーヤー, ウイルヘルム

◇時間の謎―哲学的分析（Das Rätsel der Zeit）　ハンス・ミカエル・バウムガルトナー編, 田中隆訳　丸善書店出版サービスセンター　2013.8　353p　22cm　非売品　①978-4-89630-281-3

内容 時間における音楽―音楽における時間（ウイルヘルム・ブュッテメーヤー）〔06943〕

フュルニス, ティルマン　Fürniss, Tilman

◇エビデンスに基づく子ども虐待の発生予防と防止介入―その実践とさらなるエビデンスの創出に向けて（Preventing child maltreatment）　トニー・ケーン編, アレキサンダー・ブッチャー, アリソン・フィネイ・ハーベイ, マーセリーナ・ミアン, ティルマン・フュルニス著, 藤原武男, 水木理恵監訳, 坂戸美和子, 富田拓, 市川佳世子訳, 小林美智子監修　明石書店　2011.12　175p　21cm　2800円　①978-4-7503-3505-6

内容 導入　第1章 子ども虐待の性質と帰結　第2章 疫学と事例に基づいた情報　第3章 子ども虐待の予防・防止　第4章 虐待を受けた子どもとその家族に対するサービス　第5章 結論と提言　付録〔06944〕

ブーラ, アーイシェ

◇持続可能な福祉社会へ―公共性の視座から　4　アジア・中東―共同体・環境・現代の貧困　柳沢悠, 栗田禎子編著　勁草書房　2012.7　292p　22cm　〈奥付のタイトル : 双書持続可能な福祉社会へ　索引あり〉3000円　①978-4-326-34883-1

内容 貧困と「シティズンシップ」（アーイシェ・ブーラ執筆, 柳沢悠訳）〔06945〕

フラー, マーガレット　Fuller, Margaret

◇19世紀の女性―時代を先取りしたフラーのラディカル・フェミニズム（Woman in the nineteenth century）　マーガレット・フラー著, 伊藤淑子訳　新水社　2013.11　230p　20cm　2800円　①978-4-88385-163-8〔06946〕

フライ, ノースロップ　Frye, Northrop

◇批評の解剖（ANATOMY OF CRITICISM : Four Essays）　ノースロップ・フライ著, 海老根宏, 中村健二, 出淵博, 山内久明訳　新装版　法政大学出版局　2013.11　529, 34p　19cm　（叢書・ウニベルシタス）　0000円　①978-4-588-00071-7

内容 挑戦的序論　第1エッセイ 歴史批評 様式の理論（叙

事の諸様式 序論　悲劇的叙事の諸様式 ほか）　第2エッセイ 倫理批評 象徴の理論（逐字相および記述相―動機としての象徴と記号としての象徴　形式相 心象としての象徴 ほか）　第3エッセイ 原型批評 神話の理論（原型的意味の理論（一）黙示的イメージ　原型的意味の理論（二）悪魔的イメージ ほか）　第4エッセイ 修辞批評 ジャンルの理論（継起のリズム エポス持続のリズム 散文 ほか）　結論の試み　〔06947〕

フライ, ノルベルト　Frei, Norbert

◇過ぎ去らぬ過去との取り組み―日本とドイツ　佐藤健生, ノルベルト・フライ編　岩波書店　2011.1　314, 15p　21cm　〈年表あり〉2800円　①978-4-00-001079-5

内容 持続する学習プロセス（ノルベルト・フライ著, 福永美和子訳）　〔06948〕

◇1968年―反乱のグローバリズム（1968）　ノルベルト・フライ〔著〕, 下村由一訳　みすず書房　2012.4　283, 20p　20cm　〈文献あり 索引あり〉3600円　①978-4-622-07680-3

内容 パリ、一九六八年五月　1章 はじめにはアメリカがあった　2章 ドイツ固有の道？　3章 西側世界での抗議運動　4章 東欧での運動　5章 なんだったのか、なにが残ったのか　〔06949〕

フライ, ブルーノ・S.　Frey, Bruno S.

◇幸福度をはかる経済学（HAPPINESS）　ブルーノ・S.フライ著, 白石小百合訳　NTT出版　2012.9　290p　22cm　〈文献あり 索引あり〉3400円　①978-4-7571-2273-4

内容 第1部 幸福度研究の主要な成果（幸福度研究とはなにか　効用と幸福度　所得は幸福にどのような影響を与えるか　失業は幸福にどのような影響を与えるかインフレ、格差と幸福）　第2部 幸福度研究の新しい展開（民主主義は人を幸福にするのか　なぜ自営業とボランティアは幸福なのか　結婚することで人は幸福になるのか　テレビの見すぎで不幸になる？　プロセスの効用をはかる　なぜ消費でミスをするのか公共財の便益をはかる）　第3部 幸福度と政策（幸福度を高める政策はあるのか　政治体制で幸福度は高まるのか　経済学の革命）　〔06950〕

フライ, ポッピー

◇デモクラシーの世界史（THE SECRET HISTORY OF DEMOCRACY）　ベンジャミン・イサカーン, スティーヴン・ストックウェル編, 猪口孝日本版監修, 田口未和訳　東洋書林　2012.8　330p　22cm　〈文献あり 索引あり〉3800円　①978-4-88721-803-1

内容 ポスト・アパルトヘイト先史（ポッピー・フライ著）　〔06951〕

ブライアリー, ジェームズ・レスリー　Brierly, James Leslie

◇諸国民の法および諸論稿　ジェームズ・レスリー・ブライアリー〔著〕, 長谷川正国訳　成文堂　2013.4　512p　22cm　〈索引あり〉8500円　①978-4-7923-3309-6

内容 第1部 諸国民の法―平時国際法入門（国際法の起源 現代制度の特徴　国際社会の法組織　国家　国家領域 国家の管轄権　条約　国際紛争と国際秩序の維持　国際法と武力行使）　第2部 国際法研究（教育主題としての国際法　スアレスの世界共同体構想　今日の主権国家　国内管轄事項　国際関係における立法的機能　国際法の法典化　ドイツとオーストリアとの間の関税制度n関する常設国際司法 ほか）　〔06952〕

ブライアン, エリザベス

◇母子臨床の精神力動―精神分析・発達心理学から子育て支援へ（Parent-infant psychodynamics）　ジョーン・ラファエル‐レフ編, 木部則雄監訳, 長沼佐代子, 長尾牧子, 坂井直子, 金沢聡子訳　岩崎学術出版社　2011.11　368p　22cm　〈索引あり〉6600円　①978-4-7533-1032-6

内容 周産期における双子の一方の喪失のマネージメント（エマニュエル・ルイス, エリザベス・ブライアン著, 長沼佐代子訳）　〔06953〕

プライス, ヴィッキー　Pryce, Vicky

◇グリーン・バリュー経営への大転換（Green Business, Green Values, and Sustainability（抄訳））　クリストス・ピテリス, ジャック・キーナン, ヴィッキー・プライス編著, 谷口和弘訳　NTT出版　2013.7　285p　20cm　〈索引あり〉2800円　①978-4-7571-2292-5

内容 経済的持続可能性とガバナンス―序説　人間―過去・現在・未来　グッチ資本主義の終焉　エネルギーへの挑戦　経済化、イノベーション、持続可能な経済パフォーマンス―ビジネススクールの視点　社会のグリーン・バリュー―個人が脱炭素化目標に取り組む方法とその理由　グリーン・ビジネスとグリーン・バリュー―政府の視点　企業利益の持続可能性　善良な物事を実行することがよいビジネスである　善良さを行動で示す〔ほか〕　〔06954〕

ブライス, シェラドン　Bryce, Sheradon

◇宇宙を乗りこなす喜び―ホログラムを抜け出し、自分の真性に目覚める 1（Joyriding the universe）　シェラドン・ブライス著, 鈴木ナイト美保子訳　ナチュラルスピリット　2011.5　405p　19cm　2870円　①978-4-86451-004-2

内容 退屈した古の神々　素晴らしい贈り物、肉体という宝物　肉体の意識　新種の神　アセンション　遺伝子シフトの副作用　サナギから蝶へ　美の空間を創り出す　人間の脳の進化　コアの人生と時空の媒質〔ほか〕　〔06955〕

プライス, ジョン

◇東アジアのウフカジ―大風 徐勝先生退職記念文集　徐勝先生退職記念事業実行委員会（日本・韓国）編　京都　かもがわ出版　2011.2　278p　21cm　〈著作目録あり 年譜あり〉1800円　①978-4-7803-0418-3

内容 徐勝先生との思い出（ジョン・プライス著, 多田理和子訳）　〔06956〕

プライス, マイケル・W.　Preis, Michael W.

◇ビジネススクールで学ぶ101のアイデア（101 things I learned in business school）　マイケル・W.プライス, マシュー・フレデリック著, 美谷広海訳　フィルムアート社　2011.3　1冊（ページ付なし）　14×19cm　1800円　①978-4-8459-1164-6　〔06957〕

プライスウォーターハウスクーパース《PwC》

◇世界の都市力比較—日本語抜粋版　2012（Cities of opportunity）〔PwC Global〕〔著〕,〔PwC Japan〕〔訳〕　〔PwC Japan〕　2013.1　38p　29cm　〔06958〕

ブライトマン, アラン・J.　Brightman, Alan J.

◇親と教師が今日からできる家庭・社会生活のためのABA指導プログラム—特別なニーズをもつ子どもの身辺自立から問題行動への対処まで（Steps to independence）　ブルース・L.ベイカー, アラン・J.ブライトマン著, 井上雅彦監訳, 挙市玲子, 谷口生美訳　明石書店　2011.7　385p　21cm　2400円　①978-4-7503-3432-5

内容 1 基本を教える（教える前の準備　スキルのねらいを定める　ステップの確立　ごほうびを選ぶ　効果を最大限に高める環境を整備する　無理なく教えること　記録をとることとトラブルシューティング） 2 スキルを教える（基礎スキル　基本的な身辺自立　トイレトレーニング　遊びスキル　自立した生活—自己管理スキル　自立した生活—家事スキル　自立した生活—実用学習スキル） 3 問題行動への対処（何が問題行動かを見きわめる　行動の分析　問題行動対処プログラムの開始 その1 ： 結果を変える　問題行動対処プログラムの開始 その2 ： 先行条件と代替行動）　〔06959〕

フライバーグ, セルマ　Fraiberg, Selma

◇母子臨床の精神力動—精神分析・発達心理学から子育て支援へ（Parent-infant psychodynamics）　ジョーン・ラファエル-レフ編, 木部則雄監訳, 長沼佐代子, 長尾牧子, 坂井直子, 金沢聡子訳　岩崎学術出版社　2011.11　368p　22cm　〈索引あり〉6600円　①978-4-7533-1032-6

内容 赤ちゃん部屋のおばけ—傷ついた乳幼児-母親関係の問題への精神分析的アプローチ（セルマ・フライバーグ, エドナ・アデルソン, ヴィヴィアン・シャピロ著, 長沼佐代子訳）　〔06960〕

フライマン, シモン

◇グローバル化のなかの企業文化—国際比較調査から　石川晃弘, 佐々木正道, 白石利政, ニコライ・ドリャフロフ編著　八王子　中央大学出版部　2012.2　382p　22cm　（中央大学社会科学研究所研究叢書 25）　4600円　①978-4-8057-1326-6

内容 グローバル圧力下のスウェーデン・モデル（シモン・フライマン著, 石川晃弘訳）　〔06961〕

プライヤー, アルトン　Pryor, Alton

◇ほとんど知らないハワイの歴史物語（Little Known Tales In Hawaii History）　アルトン・プライヤー著, ヒロ・せきね訳　大阪　風詠社　2012.7　170p　21cm　〈著作目録あり　発売 ： 星雲社〉1500円　①978-4-434-14066-2

内容 メネフネ—ハワイの「小さい」人々　ウクレレ、ハワイ到着　キャプテン・クック、ハワイ諸島発見　ハワイの驚くべき「カネになる木」　パーカー牧場　ハワイの中国人労働力「クーリー（Coolie）」　ハワイの女神ペレ　ポリネシア人　腺ペスト、ホノルルを襲う　パイナップル、ハワイに〔ほか〕　〔06962〕

ブライリィ, アンネシュ　Breidlid, Anders

◇アメリカの文化—アンソロジー（American culture（抄訳））　アンネシュ・ブライリィ, フレドリック・クリスティアン・ブルッゲル, オイヴィン・T.グリクスン, トルビョルン・シレヴァーグ編, 藤江啓子訳　大阪　大阪教育図書　2012.11　405p　21cm　〈2006年刊　の増補〉3800円　①978-4-271-31019-8　〔06963〕

ブラウ, モニカ　Braw, Monica

◇検閲—原爆報道はどう禁じられたのか（The atomic bomb suppressed ： American censorship in occupied Japan）　モニカ・ブラウ著, 繁沢敦子訳　新版　時事通信出版局　2011.11　262p　20cm　〈索引あり　文献あり　初版 ： 時事通信社1988年刊　発売 ： 時事通信社〉2500円　①978-4-7887-1168-6

内容 第1章 証言者たち　第2章 原子爆弾の登場　第3章 米国による占領と検閲の立案—その理想と目標　第4章 SCAPによる日本の報道管制　第5章 連合軍と占領　第6章 検閲の実施　第7章 違反行為への処罰　第8章 原子爆弾の検閲　第9章 原子爆弾検閲の理由　第10章 米国の検閲作戦の結果　〔06964〕

ブラヴァツキー, H.P.　Blavatsky, Helena Petrovna

◇ベールをとったイシス　第1巻　科学—古代および現代の科学と神学にまつわる神秘への鍵　上（Isis unveiled）　H.P.ブラヴァツキー著, ボリス・デ・ジルコフ編, 老松克博訳　宝塚　竜王文庫　2010.12　340, 20p　21cm　（神智学叢書）〈文献あり〉4600円　①978-4-89741-600-7　〔06965〕

◇シークレット・ドクトリン　宇宙発生論 上（The secret doctrine）　H.P.ブラヴァツキー著, 田中恵美子, ジェフ・クラーク訳　改訂版　川崎　宇宙パブリッシング　2013.4　471p　21cm　4000円　①978-4-907255-00-8　〔06966〕

ブラヴォ, マリア・ベルナデット

◇カルチュラル・スタディーズで読み解くアジア—Cultural Typhoon　岩崎稔, 陳光興, 吉見俊哉編　せりか書房　2011.7　314, 2p　21cm　3000円　①978-4-7967-0306-2

内容 フィリピンにおける日本製アニメの人気と両国関係（マリア・ベルナデット・ブラヴォ著, 山嵜佑衣訳）　〔06967〕

プラウス, スコット　Plous, Scott

◇判断力—判断と意思決定のメカニズム（The Psychology of Judgment and Decision Making）　スコット・プラウス著, 浦谷計子訳　マグロウヒル・エデュケーション　2012.9　528, 4p　19cm　（マグロウヒル・ビジネス・プロフェッショナル・シリーズ）〈2009年刊の再刊　文献あり 索引あり　発売 ： 日本経済新聞出版社〉2200円　①978-4-532-60523-0

内容 第1部 知覚、記憶、コンテクスト　第2部 質問のしかたで回答は変わる　第3部 意思決定のモデル　第4部 ヒューリスティックとバイアス　第5部 判断と意思決定の社会的側面　第6部 よくある落とし穴　終わりに 一歩下がって　〔06968〕

プラウティ, レロイ・フレッチャー　Prouty, Leroy Fletcher

◇JFK―CIAとベトナム戦争、そしてケネディ暗殺（JFK）　レロイ・フレッチャー・プラウティ著, 和田一郎訳　文芸社　2013.12　366p 図版24p　20cm　1600円　①978-4-286-14478-8　〔06969〕

ブラウネル, クラレンス・ルドロウ　Brownell, Clarence Ludlow

◇日本の心―アメリカ青年が見た明治の日本（The heart of Japan）　クラレンス・ルドロウ・ブラウネル著, 高成玲子原訳, 富山八雲会編　富山　桂書房　2013.6　358p　22cm　〈文献あり〉　2000円　①978-4-905345-41-1

内容 太郎兵衛とお祈りポンプ　おとよさん　僕らの大家さん　お風呂　厳かな旅立ち　帰ろうとしない客　従順なベッド　勝った人　日本語で考える　坊ちゃん〔ほか〕　〔06970〕

フ

ブラウロック, ウベ

◇法発展における法ドグマーティクの意義―日独シンポジウム　松本博之, 野田昌吾, 守矢健一編　信山社　2011.2　367p　22cm　（総合叢書 8（ドイツ法））　〈会期・会場 ： 2009年2月18日～21日 フライブルグ大学法学部〉12000円　①978-4-7972-5458-7

内容 会社法における平等取扱原則と誠実義務（ウベ・ブラウロック著, 高橋英治訳）　〔06971〕

ブラウン, アズビー　Brown, S.Azby

◇江戸に学ぶエコ生活術（Just enough）　アズビー・ブラウン著, 幾島幸子訳　阪急コミュニケーションズ　2011.3　217, 6p　21cm　〈文献あり〉2000円　①978-4-484-11101-8

内容 1章 田畑と森に囲まれて自給自足で生きる農民の豊かな暮らし（地形を最大限に生かした稲作の知恵　豊かな水の恵みをシェアする ほか）　Lesson1 江戸時代の農民の暮らしから学べること　2章 大いなる工夫でサステナブルに暮らす町人を訪ねて（きれいな道、緑の町並み　活気あふれる日本橋の魅力 ほか）　Lesson2 江戸時代の町人の暮らしから学べること　3章 実用的な美を重んじる武士の哲学に触れる（安らぎと風情が感じられる武士の屋敷　玄関に見る威厳ある調和 ほか）　Lesson3 江戸時代の武士の暮らしから学べること　〔06972〕

ブラウン, アーチー　Brown, Archie

◇共産主義の興亡（The Rise and Fall of Communism）　アーチー・ブラウン著, 下斗米伸夫監訳　中央公論新社　2012.9　797p　22cm　〈索引あり〉8500円　①978-4-12-004421-2

内容 第1部 起源と発展（共産主義の理念　初期の共産主義と社会主義 ほか）　第2部 台頭する共産主義（共産主義の魅力　共産主義と第二次世界大戦 ほか）　第3部 スターリン後の生き残り闘争（フルシチョフと第二〇回党大会　「共産主義」への紆余曲折 ほか）　第4部 多元化の圧力（ポーランドの挑戦―ヨハネ・パウロ二世、レフ・ワレサ、そして「連帯」の勃興　中国の改革―鄧小平とその後 ほか）　第5部 共産主義の没落を解釈する（ゴルバチョフ、ペレストロイカ、共産主義改革の試み、一九八五 - 八七年　ソ連共産主義の解体、一九八八 - 八九年 ほか）　〔06973〕

ブラウン, ヴァレリー・B.　Brown, Valerie B.

◇本を読んで語り合うリテラチャー・サークル実践入門（MOVING FORWARD WITH LITERATURE CIRCLES）　ジェニ・ポラック・デイ, ディキシー・リー・シュピーゲル, ジャネット・マクレラン, ヴァレリー・B.ブラウン著, 山元隆春訳　広島　渓水社　2013.10　191p　26cm　〈文献あり〉2500円　①978-4-86327-236-1

内容 第1章 リテラチャー・サークルの条件をととのえ、開始する　第2章 リテラチャー・サークルのために子どもたちを準備させる　第3章 ほんものの話し合いを促す　第4章 リテラチャー・サークルにおける書くことと思考と　第5章 話し合いを評価する　第6章 多様なニーズをかなえる　〔06974〕

ブラウン, ウェンディ　Brown, Wendy

◇民主主義は、いま？―不可能な問いへの8つの思想的介入（Democratie, dans quel etat ?）　ジョルジョ・アガンベン, アラン・バディウ, ダニエル・ベンサイード, ウェンディ・ブラウン, ジャン＝リュック・ナンシー, ジャック・ランシエール, クリスティン・ロス, スラヴォイ・ジジェク著, 河村一郎, 沢里岳史, 河合孝昭, 太田悠介, 平田周訳　以文社　2011.2　230p　20cm　2500円　①978-4-7531-0287-7

内容 いまやわれわれみなが民主主義者である（ウェンディ・ブラウン著, 河合孝昭訳）　〔06975〕

◇デリダ―政治的なものの時代へ（Derrida and the time of the political）　フェン・チャー, スザンヌ・ゲルラク編, 藤本一勇, 沢里岳史編訳　岩波書店　2012.1　296p　20cm　3900円　①978-4-00-024038-3

内容 主権のためらい（ウェンディ・ブラウン著）　〔06976〕

ブラウン, カタナ　Brown, Catana

◇リカバリー―希望をもたらすエンパワーメントモデル（RECOVERY AND WELLNESS）　カタナ・ブラウン編, 坂本明子監訳　金剛出版　2012.6　227p　21cm　〈索引あり〉3000円　①978-4-7724-1255-1

内容 何が私にとって最良の環境か？―感覚処理の視点（カタナ・ブラウン著）　〔06977〕

ブラウン, キム　Brown, Kim

◇グローバル・ティーチャーの理論と実践―英国の大学とNGOによる教員養成と開発教育の試み（Developing the global teacher）　ミリアム・スタイナー編, 岩崎裕保, 湯本浩之監訳　明石書店　2011.7　540p　20cm　（明石ライブラリー 146）　〈文献あり 索引あり〉5500円　①978-4-7503-3381-6

内容 外国語学習へのグローバル教育の応用と展開―教科横断的なカリキュラムとアクティブ・ラーニング（マーゴ・ブラウン, キム・ブラウン著, 中村絵乃訳）　〔06978〕

ブラウン, ケヴィン・D.　Browne, Kevin D.

◇乳幼児が施設養育で損なわれる危険性―EUにおける乳幼児の脱施設養育施策の理論と方策 乳幼

児施設養育という国家によるシステム虐待を考えるために　ケヴィン・ブラウン著, 津崎哲雄訳　〔大阪〕　英国ソーシャルワーク研究会　2010.8　30p　30cm　（英国ソーシャルワーク研究会・翻訳資料 第20号）　〔06979〕

◇保健師・助産師による子ども虐待予防「CAREプログラム」―乳幼児と親のアセスメントに対する公衆衛生学的アプローチ（A COMMUNITY HEALTH APPROACH TO THE ASSESSMENT OF INFANTS AND THEIR PARENTS）　ケヴィン・ブラウン, ジョー・ダグラス, キャサリン・ハミルトン＝ギアクリトシス, ジーン・ヘガティ著, 上野昌江, 山田和子監訳　明石書店　2012.12　283p　21cm　〈文献あり 索引あり〉2800円　①978-4-7503-3733-3

内容 第1章 子どものケアと保護―公衆衛生学的アプローチ　第2章 ケア・プログラムの概観―生後最初の1年　第3章 ニーズの指標　第4章 子どもと親の情緒的発達　第5章 母子相互作用の観察　第6章 事例担当件数の管理　第7章 子どものための親支援の手引き　第8章 子ども保護　第9章 ケアパッケージを使用した事例の実例　第10章 CAREプログラムの評価　第11章 まとめ―保健師・助産師の家庭訪問における費用対効果　〔06980〕

ブラウン, サニー　Brown, Sunni

◇ゲームストーミング―会議、チーム、プロジェクトを成功へと導く87のゲーム（Gamestorming）　Dave Gray,Sunni Brown,James Macanufo著, 野村恭彦監訳, 武舎広幸, 武舎るみ訳　オライリー・ジャパン　2011.8　262, 8p　21cm　〈発売：オーム社〉2600円　①978-4-87311-505-4

内容 1章 ゲームとは何か？　2章 ゲームストーミングの10のポイント　3章 ゲームストーミングの主要スキル　4章 主要なゲーム　5章 開幕のためのゲーム　6章 探索のためのゲーム　7章 閉幕のためのゲーム　8章 ゲームストーミングの実践例　特別付録 フューチャーセンターでのゲームストーミング活用事例　〔06981〕

ブラウン, ジョン・シーリー　Brown, John Seely

◇『PULL』の哲学―時代はプッシュからプルへ-成功のカギは「引く力」にある（The power of pull）　ジョン・ヘーゲル3世, ジョン・シーリー・ブラウン, ラング・デイヴソン著, 桜田直美訳　主婦の友社　2011.6　254p　19cm　1500円　①978-4-07-276127-4

内容 はじめに―「プル」の時代がやってきた　第1章 消えゆくプッシュの力　第2章 アクセスする力　第3章 必要なものを引き寄せる　第4章 プルの力で能力を最大限に発揮する　第5章 個人が起こすプルの革命　第6章 組織のトップから、プルのイノベーションを起こす　第7章 プルの力で世界を変える　おわりに 情熱を持ち、才能を開花させる　〔06982〕

ブラウン, スチュアート　Brown, Stuart L.

◇遊びスイッチ、オン！―脳を活性化させ、そうぞう力を育む「遊び」の効果（PLAY）　スチュアート・ブラウン, クリストファー・ヴォーン著, 足立理英子, 佐藤裕子, 鈴木真理子, 田中智美, 深川恵, 前田雅代訳, 芳賀靖史監訳　武蔵野　バベルプレス　2013.11　291p　21cm　1600円　①978-4-89449-142-7

内容 第1部 遊びって？（『遊び』の贈り物　だけど遊びって何なんだ？　なぜ遊ぶんだ？　人はそもそも遊ぶ動物）　第2部 遊び心のある人生を生きる（親なら遊ばせよう　遊び上手は仕事上手　遊びを共有する　遊びのダークサイド　遊ぶ世界）　〔06983〕

ブラウン, スティーブン・J.　Brown, Stephen J.

◇金融規制のグランドデザイン―次の「危機」の前に学ぶべきこと（Restoring financial stability）　ヴィラル・V.アチャリア, マシュー・リチャードソン編著, 大村敬一監訳, 池田竜哉, 増原剛輝, 山崎洋一, 安藤祐介訳　中央経済社　2011.3　488p　22cm　〈文献あり〉5800円　①978-4-502-68200-1

内容 ヘッジファンド業界における金融危機の余波（スティーブン・J.ブラウン, マーチン・カッパーチェク, アレクサンダー・ジュンクビスト, アンソニー・W.リンチ, ラッセ・H.ペダーソン, マシュー・リチャードソン）　〔06984〕

ブラウン, ダレン

◇世界一素朴な質問、宇宙一美しい答え―世界の第一人者100人が100の質問に答える（BIG QUESTIONS FROM LITTLE PEOPLE）　ジェンマ・エルウィン・ハリス編, 西田美緒子訳, タイマタカシ絵　河出書房新社　2013.11　298p　22cm　2500円　①978-4-309-25292-6

内容 人間の脳は地球上でいちばん強いの？（ダレン・ブラウン）　〔06985〕

ブラウン, ディー　Brown, Dee Alexander

◇わが魂を聖地に埋めよ　上巻（BURY MY HEART AT WOUNDED KNEE）　ディー・ブラウン著, 鈴木主税訳　草思社　2013.2　390p　16cm　（草思社文庫 ブ1-1）　1000円　①978-4-7942-1951-0

内容 第1章「彼らの態度は礼儀正しく、非のうちどころがない」　第2章 ナヴァホ族の長い歩み　第3章 リトル・クローの戦い　第4章 シャイアン族に戦雲せまる　第5章 パウダー・リヴァー侵攻　第6章 レッド・クラウドの戦い　第7章「良いインディアンは死んでいるインディアンだけだ」　第8章 ドネホガワの栄光と没落　第9章 コチーズとアパッチ族のゲリラ戦士　〔06986〕

◇わが魂を聖地に埋めよ　下巻（BURY MY HEART AT WOUNDED KNEE）　ディー・ブラウン著, 鈴木主税訳　草思社　2013.2　409p　16cm　（草思社文庫 ブ1-2）〈文献あり〉1000円　①978-4-7942-1952-7

内容 第10章 キャプテン・ジャックの試練　第11章 野牛を救うための戦い　第12章 ブラック・ヒルズをめぐる戦い　第13章 ネ・ペルセ族の逃避行　第14章 シャイアン族の大移動　第15章 スタンディング・ベアー、人間となる　第16章「ユート族は立ち去らねばならぬ！」　第17章 最後のアパッチ族酋長　第18章 幽霊の踊り　第19章 ウーンデッド・ニー　〔06987〕

ブラウン, ティナ　Brown, Tina

◇ダイアナ クロニクル―伝説のプリンセス最後の真実（The Diana chronicles）　ティナ・ブラウン著, 菊池由美, 笹山裕子, 村上利佳, 高橋美江訳　マーブルトロン　2011.4　399p　20cm

フ

(Marble books)〈発売：中央公論新社〉1900円 ①978-4-12-390295-3
内容 パリのトンネル　狩る者、狩られる者　恋愛という言葉の意味　叫び　人気の独占　スターダスト　二種類の愛　セックスと嘘とオーディオテープ　ベールを脱ぎ捨てる　傷つけあい　取引かそれとも…　最後の撮影　衝突 〔06988〕

ブラウン, トム, Jr.　Brown, Tom, Jr.
◇グランドファーザーが教えてくれたこと（The Quest）トム・ブラウン・ジュニア著, さいとうひろみ訳　ヒカルランド　2012.12　410p　19cm　1800円 ①978-4-86471-080-0
内容 ヴィジョンを生きる　四つの予言　予言の丘の墓気が散るという悪魔　スピリットの融合　グランドファーザーがヴィジョンを語る　イエス・キリスト　四十日間のヴィジョン・クエスト　ストーカーという悪魔　白いローブ(礼服)の意味　偽りの予言者たち　クエスト　アビゲイル　ウィルダネス・マインド　ウィルダネスからの旅 〔06989〕

◇グランドファーザーの生き方（Grand father）トム・ブラウン・ジュニア著, さいとうひろみ訳　ヒカルランド　2013.1　399p　19cm　1800円 ①978-4-86471-085-5
内容 第1章 グランドファーザーの探求　第2章 違うドラムの音　第3章 石の教え　第4章 木は話をする　第5章 一人であること　第6章 白人がもたらした死　第7章 南アメリカへの最初の巡礼　第8章 司祭　第9章 滝　第10章 死への旅　第11章 光への旅　第12章 傷ついた人びと　第13章 教えること 〔06990〕

ブラウン, パット　Brown, Pat
◇プロファイラー—深層心理の闇を追って（THE PROFILER）パット・ブラウン著, 村田綾子訳　講談社　2012.5　316p　19cm　1900円 ①978-4-06-216338-5
内容 第1部 下宿人(アン 殺人事件　人生の転機　ウォルト 容疑者　新たな仕事）第2部 私のプロファイリング事件簿(サラ ナイトクラブの裏で起きた殺人　ヴィッキー 真夜中の訪問者　メアリー・ベス 犯行の手口　ドリス 意外な被害者　ミッシー 少女の悪夢　ドンネル 同期の問題　クリスティーンとボブ 二重殺人　二度だまされたら、だまされた者の恥） 〔06991〕

ブラウン, ピーター　Brown, Peter
◇貧者を愛する者—古代末期におけるキリスト教的慈善の誕生（POVERTY AND LEADERSHIP IN THE LATER ROMAN EMPIRE）ピーター・ブラウン著, 戸田聡訳　慶応義塾大学出版会　2012.4　284, 12p　20cm〈索引あり〉3800円 ①978-4-7664-1932-0
内容 第1章「貧者を愛する者」—一つの公的な徳目の創造(「都市を愛する者」から「貧者を愛する者」へ「受けるよりも与えるほうが幸いだ」—パウロからコンスタンティヌスまで　コンスタンティヌス以後—特権と救貧）第2章「貧者を治める者」—司教とその都市(預言するより施与せよ　「貧者」の定義をめぐる問題　二極分化のイメージ ほか）第3章「謙譲」—東方帝国における貧困と連帯(キリスト教的慈善の変化—社会的想像力における変化　古代末期における人口学的危機の欠如　エヴェルジェティスムのキリスト教化 ほか） 〔06992〕

ブラウン, フィリップ　Brown, Phillip
◇グローバル化・社会変動と教育　1　市場と労働の教育社会学（EDUCATION, GLOBALIZATION AND SOCIAL CHANGE (抄訳)）ヒュー・ローダー, フィリップ・ブラウン, ジョアンヌ・ディラボー,A.H.ハルゼー編, 広田照幸, 吉田文, 本田由紀編訳　東京大学出版会　2012.4　354p　22cm〈文献あり〉4800円 ①978-4-13-051317-3
内容 グローバル化・知識・マグネット経済の神話 他（フィリップ・ブラウン著） 〔06993〕

◇グローバル化・社会変動と教育　2　文化と不平等の教育社会学（EDUCATION, GLOBALIZATION AND SOCIAL CHANGE (抄訳)）ヒュー・ローダー, フィリップ・ブラウン, ジョアンヌ・ディラボー,A.H.ハルゼー編, 苅谷剛彦, 志水宏吉, 小玉重夫編訳　東京大学出版会　2012.5　370p　22cm〈文献あり〉4800円 ①978-4-13-051318-0
内容 新しい家族とフレキシブルな労働　社会的相続と機会均等政策　社会的紐帯から社会関係資本へ—学校と保護者ネットワークの関係における階層差　バイリンガリズムをめぐる政治的駆け引き—再生産論による中国返還後の香港における母語教育政策の分析　モダニティの歩兵たち—文化消費の弁証法と21世紀の学校　民主主義・教育・そして多文化主義—グローバル世界におけるシティズンシップのジレンマ「ジュリアには問題がある」—スウェーデンの学校におけるADHDの症状・カテゴリーとその適用のプロセス　教育における市場　教職の専門性と教員研修の四類型　教育の経済における成果主義と偽装—成果主義社会に向けて　パフォーマンス型ペダゴジーの枠づけ—学校知識とその獲得に関する生徒の視座の分析　教育的選別とDからCへの成績の転換—「処遇に適している」とは？　統治性と教育社会学—メディア、教育政策そしてルサンチマンの政治　文化・権力。不平等と日本の教育—解説にかえて 〔06994〕

ブラウン, ブレネー　Brown, Brené
◇本当の勇気は「弱さ」を認めること（Daring Greatly）ブレネー・ブラウン著, 門脇陽子訳　サンマーク出版　2013.8　269p　20cm　1800円 ①978-4-7631-3300-7
内容 1章「いつも何かが足りない」という不安　2章「傷つくこと」について私たちが誤解していること　3章「恥」というグレムリンを退治する　4章 なりたい自分になるために、武器を手放すということ　5章 理想と現実のギャップを埋める方法　6章 人間性を取り戻す破壊力のある関わり　7章「偽りのない」子育てのための終章 〔06995〕

◇「ネガティブな感情(こころ)」の魔法（The Gifts of Imperfection）ブレネー・ブラウン著, 本田健訳・解説　三笠書房　2013.9　238p　19cm　1300円 ①978-4-8379-5745-4
内容「弱点」は「強み」に変えられるってホント!?—自分らしく豊かに生きるための心理学　一日一つ"心の荷物"を降ろすだけで起こること—こんな「小さなチャレンジ」からスタートしよう　自分で自分にブレーキをかけるのは、もうやめよう—なぜ、簡単に夢をつかむ人と、つかみ損ねる人がいるのか？　「人がどう思うか」より「自分はどうしたいか」　「完璧主義」は捨てていい　「変化」をおそれない　「ありがとうのパワー」を手にする　チャンスをつかむ「直

フ

感」を鍛える　他人とのこんな比較をしない　大胆に「遊び」、堂々と「休む」　「ぶれない自分」を手に入れる　「ToDoリスト」なんかゴミ箱行き！　もっと「熱く」なっていい　〔*06996*〕

ブラウン, ブレンダン　Brown, Brendan

◇ユーロの崩壊―ヨーロッパにおける金融失敗からの脱出ルート（Euro Crash）　ブレンダン・ブラウン著, 田村勝省訳　一灯舎　2012.4　340, 3p　20cm　〈文献あり　発売 : オーム社〉2500円　①978-4-903532-80-6

内容 第1章 ユーロ関係者を告発する（略式起訴）　第2章 ユーロ・バブルの始まり（オトマール・イッシングの歴占的考察　最初の大きな金融政策決定は大きな誤りであった（一九九八 - 九九年）ほか）　第3章 バブルの崩壊（米国や欧州では金融面で進歩はないのか？　二〇〇七年夏における信用地震 ほか）　第4章 審理（審理の計画　EMU弁護論についての最初の記載―存続した！　ほか）　第5章 EMUは死んだ : EMUよ永遠なれ！（大胆な是正策 : パリとベルリンが新しい通貨同盟（EMU - 2）を創設　EMU - 1よりもラテン貨幣同盟に近いEMU - 2 ほか）　〔*06997*〕

ブラウン, ポール・B.　Brown, Paul B.

◇ジャスト・スタート―起業家に学ぶ予測不能な未来の生き抜き方（Just Start）　レオナード・A.シュレシンジャー, チャールズ・F.キーファー, ポール・B.ブラウン著, 清水由貴子訳　阪急コミュニケーションズ　2013.8　253p　19cm　1700円　①978-4-484-13112-2

内容 1 未知の状況に直面したら（未来を予測できない場合にどうするか　何はさておき欲求）　2 不確実なことにチャレンジする（手近な手段で行動開始　許容損害を決める　学んだことを活かす　協力者を作る）　3 クリアクションを実践する（現在の結果としての未来―プレディクションとクリアクションの使い分け　不確実に備える―仕事でのクリアクション活用法　日常生活におけるクリアクション　クリアクションで世界を変える）　〔*06998*〕

ブラウン, マイケル　Brown, Michael

◇交流分析の理論と実践技法―現場に役立つ手引き（TRANSACTIONAL ANALYSIS）　S.ウラムス, M.ブラウン著, 繁田千恵監訳, 城所尚子, 丸茂ひろみ訳　風間書房　2013.8　408p　21cm　〈索引あり〉6000円　①978-4-7599-2002-4

内容 TAとは―“そうじゃないよ、シグムント。超越的瞑想法とは関係ないんだよ。”　自我状態―“一度どう？6人で楽しくやろうよ”　ストローク―“どこにも行かないでくれ。僕の脊髄が君を必要としているんだ！”　やりとり分析―“あなたは私が言ったと思ったことを理解したと信じているでしょ。でも、あなたが聞いたと思ったことは本当に私が言いたかったことではないということにあなたは気付いているかしら。”　時間の構造化―“時間とは気を揉むもの”　人間になるということ―“どんぐりだって愛が必要！”　共生関係と値引き―“君が9歳で僕が8歳。そう、僕たちは2人合わせて17歳だったことを覚えている？”　ラケットとゲーム―“ふたつの“餌”と“こいつは驚きだ”でひとつの神経衰弱と交換だ”　脚本―“母は言った。これと同じような日があったわね。”　再決断―“9つの命を持つのは猫だけではない”　脚本行動―“もし自分がどこにいるのかわかっていたら、ここにいると思う？”　交流分析的トリートメント―“…友人たちか

らほんの少しの助けを借りて”　学ぶ体験　〔*06999*〕

ブラウン, マーゴ　Brown, Margot

◇グローバル・ティーチャーの理論と実践―英国の大学とNGOによる教員養成と開発教育の試み（Developing the global teacher）　ミリアム・スタイナー編, 岩崎裕保, 湯本浩之監訳　明石書店　2011.7　540p　20cm　（明石ライブラリー 146）〈文献あり 索引あり〉5500円　①978-4-7503-3381-6

内容 外国語学習へのグローバル教育の応用と展開―教科横断的なカリキュラムとアクティブ・ラーニング（マーゴ・ブラウン, キム・ブラウン著, 中村絵乃訳）　〔*07000*〕

ブラウン, ヨハン

◇ユダヤ出自のドイツ法律家（DEUTSCHE JURISTEN JUDISCHER HERKUNFT）　ヘルムート・ハインリッヒス, ハラルド・フランツキー, クラウス・シュマルツ, ミヒャエル・シュトレイス著, 森勇監訳　八王子　中央大学出版部　2012.3　25, 1310p　21cm　（日本比較法研究所翻訳叢書 62）〈文献あり 索引あり〉13000円　①978-4-8057-0363-2

内容 ヘーゲルとサヴィニーの狭間にあった政治指向の人物（ヨハン・ブラウン著, 川並美砂訳）　〔*07001*〕

ブラウン, レイモンド・E.　Brown, Raymond Edward

◇解説「ヨハネ福音書・ヨハネの手紙」（The gospel and epistles of John）　レイモンド・E.ブラウン著, 湯浅俊治監訳, 田中昇訳　習志野　教友社　2008.12　226p　22cm　2600円　①978-4-902211-40-5　〔*07002*〕

ブラウン, ロバート

◇宗教改革時代の説教　出村彰編　教文館　2013.1　482p　21cm　（シリーズ・世界の説教）　4500円　①978-4-7642-7337-5

内容 何者にも期待しないで行なわれるべき宗教改革（ロバート・ブラウン述, 村井みどり訳）　〔*07003*〕

ブラウン, ローラ・S.

◇ダイニングテーブルのミイラ セラピストが語る奇妙な臨床事例―セラピストはクライエントから何を学ぶのか（The mummy at the dining room table）　ジェフリー・A.コトラー, ジョン・カールソン編著, 岩壁茂監訳, 門脇陽子, 森田由美訳　福村出版　2011.8　401p　22cm　〈文献あり〉3500円　①978-4-571-24046-1

内容 アルコール依存症の3歳児（ローラ・S.ブラウン著, 森田由美訳）　〔*07004*〕

ブラウンス, ベルント　Brouns, Berund

◇フェアな未来へ―誰もが予想しながら誰も自分に責任があるとは考えない問題に私たちはどう向きあっていくべきか（Fair Future : Resource Conflicts, Security and Global Justice ; A Report of the Wuppertal Institute for Climate, Environment and Energy）　ヴォルフガング・ザックス, ティルマン・ザンタリウス編, 川村久美子訳・解題　新評論　2013.12　422p　21cm

フ

3800円　①978-4-7948-0881-3
内容 第1章 現実主義者にとっての公正　第2章 環境をめぐる不公正　第3章 専有を競う競技場　第4章 フェアな資源配分モデル　第5章 フェアな豊かさ　第6章 公正とエコロジーのための取り決め　第7章 ヨーロッパの存在価値とは　〔07005〕

フラゴソ, マーゴ　Fragoso, Margaux
◇少女の私を愛したあなた―秘密と沈黙15年間の手記（TIGER, TIGER）　マーゴ・フラゴソ著, 稲松三千野訳　原書房　2013.2　443p　20cm　2400円　①978-4-562-04892-2
内容 第1部（「遊んでくれる？」　二階建ての家　悪い癖 ほか）　第2部（再会　持参金　キャシーとポール ほか）　第3部（ライバル　借金　遺産）　〔07006〕

プラシャド, ヴィジャイ　Prashad, Vijay
◇褐色の世界史―第三世界とはなにか（The Darker Nations）　ヴィジャイ・プラシャド著, 粟飯原文子訳　水声社　2013.4　447p　19cm　〈文献あり 索引あり〉4000円　①978-4-89176-927-7
内容 第1部 探求（パリ―理念の誕生　ブリュッセル―一九二七年反帝国主義連盟　バンドン―一九五五年アジア・アフリカ会議 ほか）　第2部 陥穽（アルジェ―独裁国家の危険　ラパス―兵舎からの解放　パリ―共産主義者の死 ほか）　第3部 抹殺（ニューデリー―第三世界への弔辞　キングストン―IMF主導のグローバリゼーション　シンガポール―アジアの道という誘惑 ほか）　〔07007〕

ブラゼルトン, ベリー
◇母子臨床の精神力動―精神分析・発達心理学から子育て支援へ（Parent-infant psychodynamics）　ジョーン・ラファエル‐レフ編, 木部則雄監訳, 長沼佐代子, 長尾牧子, 坂井直子, 金沢聡子訳　岩崎学術出版社　2011.11　368p　22cm　〈索引あり〉6600円　①978-4-7533-1032-6
内容 先天奇形を伴う乳児の子育て―自尊心の調整（ドリアン・ミンツァー, ハイエデリス・アルス, エドワード・トロニック, ベリー・ブラゼルトン著, 長沼佐代子訳）　〔07008〕

フラソプロス, コスタス　Vlassopoulos, Kōstas
◇ギリシャ（Greece）　ジェン・グリーン著, グレッグ・アンダーソン, コスタス・フラソプロス監修　ほるぷ出版　2011.9　64p　25cm　（ナショナルジオグラフィック世界の国）〈年表あり〉2000円　①978-4-593-58572-4
内容 地理―けわしい山、美しい海（見てみよう　スペシャルコラム ふたつに分かれた国 ほか）　自然―古代の森（見てみよう　スペシャルコラム 古代のヒツジ ほか）　歴史―帝国の支配地（見てみよう　スペシャルコラム オリンピックの起源 ほか）　人と文化―友人と家族（見てみよう　スペシャルコラム 国民の祝日 ほか）　政治と経済―栄光の時よ、ふたたび（見てみよう　スペシャルコラム 政府のしくみ ほか）　〔07009〕

ブラッカー, ジーン・A.　Brucker, Gene A.
◇ルネサンス都市フィレンツェ（Renaissance Florence）　ジーン・A.ブラッカー〔著〕, 森田義之, 松本典昭訳　岩波書店　2011.2　357, 59p　20cm　〈文献あり 索引あり〉4200円　①978-4-00-002467-9
内容 第1章 ルネサンス都市　第2章 経済　第3章 都市貴族　第4章 政治　第5章 教会と信仰　第6章 文化　第7章 エピローグ―共和国の黄昏　〔07010〕

ブラック, アリステア　Black, Alistair
◇新・イギリス公共図書館史―社会的・知的文脈1850-1914（A new history of the English public library）　アリステア・ブラック著, 藤野寛之訳・解説　日外アソシエーツ　2011.2　501p　22cm　（阪南大学翻訳叢書 22）〈文献あり 索引あり〉10000円　①978-4-8169-2302-9
内容 第1章 分析のためのモデルを求めて　第2章 公共図書館の理想の基盤　第3章 功利主義のはずみ車　第4章 主たる先駆者 : ユーワートとエドワーズ　第5章 文化、物質主義と1849年の特別委員会 : 美術の文化的物質主義　第6章 経済的関心 : 「有用」知識と政治経済学　第7章 理想主義のはずみ車　第8章 文化的関心 : 独善的中産階級の模索　第9章 図書館員 : その社会的任務と規制の理論　第10章 建築 : デザインの社会的要因　第11章 結論　〔07011〕

ブラック, ジェレミー
◇国家と国民の歴史―ヴィジュアル版（HISTORIES OF NATIONS）　ピーター・ファタードー編, 猪口孝日本語版監修, 小林朋則訳　原書房　2012.11　320p　26cm　〈文献あり 索引あり〉5800円　①978-4-562-04850-2
内容 イギリス―寄せ集めの国民国家（ジェレミー・ブラック）　〔07012〕

ブラック, デイビッド　Black, David William
◇西オーストラリア‐日本（にっぽん）交流史―永遠の友情に向かって（An enduring friendship）　デイビッド・ブラック, 曽根幸子編著, 有吉宏之, 曽根幸子監訳　日本評論社　2012.2　391p　22cm　〈タイトル : 西オーストラリアー日本交流史〉3000円　①978-4-535-58613-0
内容 両大戦間期の日豪関係と外交関係樹立までの道のり 他（デイビッド・ブラック著）　〔07013〕

ブラック, R.*　Black, Richard
◇移住・移民の世界地図（The atlas of human migration）　Russell King,Richard Black, Michael Collyer,Anthony Fielding,Ronald Skeldon〔著〕, 竹沢尚一郎, 稲葉奈々子, 高畑幸共訳　丸善出版　2011.10　125p　25cm　〈索引あり〉2800円　①978-4-621-08450-2
内容 第1部 大いなる物語―時代を越えた移住と移民（黎明期の移住　地中海の放浪の旅 ほか）　第2部 移動する世界―現在のグローバルな移民パターン（グローバルな移民　戦後の労働者の移住と移民 ほか）　第3部 移住＝移民の時代―人の移動によるハイブリッド・アイデンティティ（難民　難民の滞留 ほか）　第4部 データと出所（経済と移動　移民政策）　〔07014〕

ブラックウィル, ロバート・D.　Blackwill, Robert D.
◇リー・クアンユー、世界を語る（LEE KUAN YEW）　リークアンユー〔述〕, グラハム・アリソン, ロバート・D.ブラックウィル, アリ・ウィン著, 倉田真木訳　サンマーク出版　2013.10

217p　20cm　1700円　①978-4-7631-3321-2
内容 第1章 中国の未来　第2章 アメリカの未来　第3章 米中関係の未来　第4章 インドの未来　第5章 イスラム原理主義の未来　第6章 国家の経済成長の未来　第7章 地政学とグローバル化の未来　第8章 民主主義の未来　第9章 リー・クアンユーの考え方　第10章 むすび　〔07015〕

ブラックバーン, サイモン　Blackburn, Simon
◇哲人たちはいかにして色欲と闘ってきたのか（Lust）　サイモン・ブラックバーン著, 屋代通子訳　築地書館　2011.7　209p　19cm　1500円　①978-4-8067-1426-2
内容 熱烈なる欲望　忘我の喜び　プラトンと欲　品性を保つために　アウグスティヌスと欲　性行為は罪なのか？　自然が意図すること　アートにおける色欲　シェイクスピアとドロシー・パーカー　ホッブスと快感のシンフォニー　カントとフロイト　ポルノグラフィーの役割　進化と欲望　性的欲望の意図するところ　色欲が輝くとき　〔07016〕

ブラックマン - ジョーンズ, ラモナ
◇みんなの幼児教育の未来予想図（A Vision for Universal Preschool Education）　エドワード・ジグラー, ウォルター・S.ギリアム, ステファニー・M.ジョーンズ編, 田中道治編訳　京都　ナカニシヤ出版　2013.3　322p　22cm　〈索引あり〉3800円　①978-4-7795-0753-3
内容 幼児教育における親関与（クリストファー・C.ヘンリッチ, ラモナ・ブラックマン - ジョーンズ著, 恵羅修吉訳）　〔07017〕

ブラッケビィ, キャシー　Blackeby, Kathy
◇子どもの問題行動への理解と対応—里親のためのフォスタリングチェンジ・ハンドブック（Managing Difficult Behaviour）　クレア・パレット, キャシー・ブラッケビィ, ウィリアム・ユール, ロジャー・ワイスマン, スティーヴン・スコット著, 上鹿渡和宏訳　福村出版　2013.12　143p　26cm　1600円　①978-4-571-42054-2　〔07018〕

ブラッシュワイラー - スターン, ナディア　Bruschweiler-Stern, Nadia
◇母親になるということ—新しい「私」の誕生（The Birth of a Mother）　ダニエル・N.スターン, ナディア・ブラッシュワイラー - スターン, アリソン・フリーランド著, 北村婦美訳　大阪　創元社　2012.11　258p　19cm　2200円　①978-4-422-11554-2
内容 第1部 母親になるまで（妊娠—新しい「私」になるために　出産—変化のとき　想像上の赤ちゃんと現実の赤ちゃん）　第2部 母親が生まれる（赤ちゃんの命を守る　愛する責任　認められたい気持ち　あるお母さんの体験　もし、赤ちゃんとお母さんが日記を書いたら）　第3部 母親の適応（特別な配慮のいる子どもたち—未熟児や障害児の赤ちゃん　いつ仕事に戻るか？　父親になる夫たち）　〔07019〕

ブラッド, ミルトン・R.
◇大学学部長の役割—米国経営系学部の研究・教育・サービス（The dean's perspective）　クリシナ・S.ディア編著, 佐藤修訳　中央経済社　2011.7　245p　21cm　3400円　①978-4-502-68720-4
内容 品質を見抜く（ミルトン・R.ブラッド著）　〔07020〕

ブラッドショー, ポール　Bradshaw, Paul F.
◇礼拝はすべての人生を変えてゆく—その働き、その大切さ（Worship Changes Lives）　ポール・ブラッドショー, ピーター・モージャー編, 竹内謙太郎日本語版監修, 榊原芙美子訳　聖公会出版　2012.11　54p　23cm　1500円　①978-4-88274-233-3
内容 基本的な事柄（礼拝するのは生まれつき？　神が私たちに出会う　み言葉　行いは雄弁なり　記念）　属すること（教会と礼拝　聖なる場所？　聖書　キリストをまとう　キリストにおいて養われる）　なってゆくこと（結婚式は転換点　死から生へ　洗われて、清くなる　あなたはあなたが食べた物そのもの　赦され、赦すこと　他者のために祈る　音楽の響き）　信じること（信経　賛美と感謝　天国の味見？　：聖務日課　伝道の礼拝）　〔07021〕

ブラッドフィールド, ナンシー　Bradfield, Nancy Margetts
◇図解貴婦人のドレスデザイン1730～1930年—スタイル・寸法・色・柄・素材まで（Costume in Detail 1730-1930）　ナンシー・ブラッドフィールド著, ダイナワード訳　マール社　2013.6　400p　26cm　〈文献あり 索引あり〉2980円　①978-4-8373-0634-4
内容 第1章 1730～1800年　第2章 1800～1835年　第3章 1835～1870年　第4章 1870～1900年　第5章 1900～1930年　付録 - 1806/1814/1913年のドレスのさらなる詳細研究　〔07022〕

ブラッドフィールド・ムーディ, ジェームズ　Bradfield Moody, James
◇第6の波—環境・資源ビジネス革命と次なる大市場（The sixth wave）　ジェームズ・ブラッドフィールド・ムーディ, ビアンカ・ノグレーディ著, 峯村利哉訳　徳間書店　2011.1　318p　20cm　1700円　①978-4-19-863104-8
内容 第1部 次なるイノベーションの波（なぜ物事は変化しつづけるのか？　直近の波　資源効率性と次なる大市場　真のコストを把握する：制度の進化　クリーンテックの登場）　第2部 波をつかまえる（廃棄物はチャンスである　商品ではなくサービスを売る「シェアリング」時代　デジタル界と自然界は融合しつつある　原子は地元に、ビットは世界に　迷ったら自然を見よ）　おわりに エコ・ネイティブの時代　〔07023〕

ブラッドフォード, アーンル　Bradford, Ernle Dusgate Selby
◇マルタ島大包囲戦（The great siege Malta 1565）　アーンル・ブラッドフォード著, 井原裕司訳　元就出版社　2011.4　284p　20cm　〈文献あり〉2000円　①978-4-86106-197-4　〔07024〕

ブラッドリー, イアン　Bradley, Ian C.
◇ヨーロッパ聖地巡礼—その歴史と代表的な13の巡礼地（Pilgrimage）　イアン・ブラッドリー著, 中畑佐知子, 中森拓也訳　大阪　創元社　2012.1

フ

223p 25cm 〈索引あり 文献あり〉3200円 ①978-4-422-14382-8
内容 第1部 巡礼の歴史（聖書における巡礼の起源 初期教会における巡礼 ケルトの巡礼 巡礼の最盛期 宗教改革の後 ほか） 第2部 巡礼地（ローマ サンチャゴ セント・アンドルーズ アイオナ アイルランド ほか） 〔07025〕

ブラットン＝ジェフリー, メアリー・F.（フランキー）
Bratton-Jeffery, Mary F.（Frankie）
◇インストラクショナルデザインとテクノロジ―教える技術の動向と課題（TRENDS AND ISSUES IN INSTRUCTIONAL DESIGN AND TECHNOLOGY（原著第3版）） R.A.リーサー, J.V.デンプシー編 京都 北大路書房 2013.9 690p 21cm 〈訳：半田純子ほか 索引あり〉4800円 ①978-4-7628-2818-8
内容 軍事教育・訓練環境におけるインストラクショナルデザインの機会（メアリー・F.（フランキー）・ブラットン＝ジェフリー, アーサー・B.ジェフリー著, 寺田佳子訳） 〔07026〕

ブラドナー, レスター　Bradner, Leicester
◇ルネサンス―六つの論考（THE RENAISSANCE） ウォーレス・ファーガソン, ロペス, サートン, バイントン, ブラドナー, パノフスキー著, 沢井繁男訳 国文社 2013.7 248p 20cm 〈索引あり〉2500円 ①978-4-7720-0537-1
内容 ペトラルカからシェイクスピアまで（レスター・ブラドナー著） 〔07027〕

ブラドル, ジャン＝エルヴェ
◇人道的交渉の現場から―国境なき医師団の葛藤と選択（Agir à tout prix？） クレール・マゴン, ミカエル・ノイマン, ファブリス・ワイズマン編著, リングァ・ギルド他訳 小学館スクウェア 2012.11 419p 19cm 1429円 ①978-4-7979-8739-3
内容 公衆衛生におけるMSFの取り組み（ジャン＝エルヴェ・ブラドル著） 〔07028〕

プラトン　Platon
◇プラトーン著作集 第1巻（ソークラテースの四福音書）第1分冊 ソークラテースの弁明 クリトーン 水崎博明著 福岡 櫂歌書房 2011.2 169p 19cm （櫂歌全書）〈発売：星雲社〉2200円 ①978-4-434-15352-5
内容 ソークラテースの弁明（『ソークラテースの弁明』をこう読む 『ソークラテースの弁明』翻訳 『ソークラテースの弁明』註） クリトーン（『クリトーン』篇をこう読む 『クリトーン』篇翻訳 『クリトーン』篇註） 〔07029〕
◇プラトーン著作集 第1巻（ソークラテースの四福音書）第2分冊 パイドン―魂について プラトーン〔原著〕, 水崎博明著 福岡 櫂歌書房 2011.4 251p 19cm （櫂歌全書 2）〈発売：星雲社〉2400円 ①978-4-434-15543-7
内容 『パイドーン』篇をこう読む 『パイドーン』篇翻訳 『パイドーン』篇註 〔07030〕
◇プラトーン著作集 第1巻（ソークラテースの四福音書）第3分冊 饗宴―恋について プラトーン〔原著〕, 水崎博明著 福岡 櫂歌書房 2011.5 203p 19cm （櫂歌全書 3）〈発売：星雲社〉2200円 ①978-4-434-15581-9
内容 『饗宴』篇をこう読む 『饗宴』篇翻訳 『饗宴』篇註 〔07031〕
◇プラトーン著作集 第2巻（「徳」を問う）第1分冊 エウテュプローン、テアゲース、カルミデース プラトーン〔原著〕, 水崎博明著 福岡 櫂歌書房 2011.8 251p 19cm （櫂歌全書）〈発売：星雲社〉2400円 ①978-4-434-15770-7 〔07032〕
◇プラトーン著作集 第2巻（「徳」を問う）第2分冊 ラケース、リュシス、エウテュデーモス 水崎博明著 福岡 櫂歌書房 2011.11 361p 19cm （櫂歌全書）〈発売：星雲社〉2800円 ①978-4-434-15774-5
内容 ラケース（『ラケース』篇をこう読む 『ラケース』篇翻訳 『ラケース』篇註） リュシス（『リュシス』篇をこう読む 『リュシス』篇翻訳 『リュシス』篇註） エウテュデーモス（『エウテュデーモス』篇をこう読む 『エウテュデーモス』篇翻訳 『エウテュデーモス』篇註） 〔07033〕
◇プラトーン著作集 第3巻（プラトーンと言論）第1分冊 恋がたきたち、メネクセノス、イオーン、ヒッピアース（小） プラトーン〔原著〕, 水崎博明著 福岡 櫂歌書房 2012.1 251p 19cm （櫂歌全書）〈発売：星雲社〉2400円 ①978-4-434-16345-6 〔07034〕
◇メノン―徳について（Mενω ν） プラトン著, 渡辺邦夫訳 光文社 2012.2 286p 16cm （光文社古典新訳文庫 K-Bフ-2-2）〈年譜あり〉781円 ①978-4-334-75244-6 〔07035〕
◇ちくま哲学の森 7 恋の歌 鶴見俊輔, 安野光雅, 森毅, 井上ひさし, 池内紀編 筑摩書房 2012.3 444p 15cm 1300円 ①978-4-480-42867-7
内容 ソークラテースの話（プラトン著, 森進一訳） 〔07036〕
◇饗宴―恋について プラトン〔著〕, 山本光雄訳 新版 角川学芸出版 2012.7 212p 15cm （〔角川ソフィア文庫〕〔SP G-204-1〕）〈発売：角川グループパブリッシング〉629円 ①978-4-04-408608-4
内容 饗宴―恋について リュシス―友愛について 〔07037〕
◇プラトーン著作集 第3巻（プラトーンと言論）第2分冊 パイドロス 水崎博明著 福岡 櫂歌書房 2012.7 209p 19cm （櫂歌全書）〈発売：星雲社〉2200円 ①978-4-434-16346-3
内容 『パイドロス』篇をこう読む 『パイドロス』篇翻訳 『パイドロス』篇註 〔07038〕
◇ソクラテスの弁明（ΑΠΟΛΟΓΙΑ ΣΩΚΡΑΤΟΥΣ） プラトン著, 納富信留訳 光文社 2012.9 216p 16cm （光文社古典新訳文庫 KBフ2-3）〈年譜あり〉895円 ①978-4-334-75256-9 〔07039〕
◇プラトーン著作集 第3巻（プラトーンと言論）第3分冊 ゴルギアース（Platonis opera） プラ

トーン〔著〕, 水崎博明著　福岡　櫂歌書房　2012.10　325p　19cm　(櫂歌全書 8)　〈発売 ： 星雲社〉2800円　①978-4-434-16347-0　〔07040〕

◇プラトーン著作集　第4巻(「ある」ことと「知る」こと) 第1分冊　メノーン　プラトーン〔原著〕, 水崎博明著　福岡　櫂歌書房　2013.4　155p　19cm　(櫂歌全書)　〈発売 ： 星雲社〉2000円　①978-4-434-16847-5　〔07041〕

◇これならわかるソクラテスの言葉―『ソクラテスの弁明』『クリトン』超現代語訳　プラトン原作, 新国稔秋訳　大阪　せせらぎ出版　2013.5　170p　19cm　〈文献あり〉1200円　①978-4-88416-222-1
内容 ソクラテスの弁明(裁かれる日の朝　法廷に響くみごとな言葉　真実は語られていない　悪意に満ちた、うわさ　神託の謎とき ほか)　クリトン(君と僕の獄中対話『クリトン』)　〔07042〕

◇プラトーン著作集　第4巻(「ある」ことと「知る」こと) 第2分冊　テアイテートス　水崎博明著　福岡　櫂歌書房　2013.6　293p　19cm　(櫂歌全書)　〈発売 ： 星雲社〉2800円　①978-4-434-16848-2
内容 テアイテートス(『テアイテートス』篇をこう読む　『テアイテートス』篇翻訳　『テアイテートス』篇註)　〔07043〕

◇プラトーン著作集　第4巻(「ある」ことと「知る」こと) 第3分冊　ソピステース　水崎博明著　福岡　櫂歌書房　2013.7　269p　19cm　(櫂歌全書)　〈発売 ： 星雲社〉2600円　①978-4-434-16880-2
内容 ソピステース(『ソピステース』篇をこう読む　『ソピステース』篇翻訳　『ソピステース』篇註)　〔07044〕

◇ソクラテスの弁明　プラトン著, 納富信留訳　〔点字資料〕　日本点字図書館(点字版印刷・製本)　2013.8　3冊　27cm　〈厚生労働省委託　原本 ： 光文社 2012 光文社古典新訳文庫KBフ2-3〉　〔07045〕

◇饗宴 (ΣΥΜΠΟΣΙΟΝ)　プラトン著, 中沢務訳　光文社　2013.9　295p　16cm　(光文社古典新訳文庫 KBフ2-4)　〈年譜あり〉 933円　①978-4-334-75276-7　〔07046〕

◇プラトーン著作集　第5巻(言葉とイデア) 第1分冊　クラテュロス　プラトーン〔原著〕, 水崎博明著　福岡　櫂歌書房　2013.11　259p　19cm　(櫂歌全書)　〈発売 ： 星雲社〉2500円　①978-4-434-18055-2　〔07047〕

◇プラトーン著作集　第5巻(言葉とイデア) 第2分冊　ヒッピアース(大)　プラトーン〔原著〕, 水崎博明著　福岡　櫂歌書房　2013.11　139p　19cm　(櫂歌全書)　〈発売 ： 星雲社〉2000円　①978-4-434-18056-9　〔07048〕

◇プラトーン著作集　第4巻(「ある」ことと「知る」こと) 第4分冊　ポリティコス　プラトーン〔原著〕, 水崎博明著　福岡　櫂歌書房　2013.12　229p　19cm　(櫂歌全書)　〈発売 ： 星雲社〉2400円　①978-4-434-16881-9　〔07049〕

◇プラトーン著作集　第5巻(言葉とイデア) 第3分冊　パルメニデース　水崎博明著　福岡　櫂歌書房　2013.12　299p　19cm　(櫂歌全書)　〈発売 ： 星雲社〉2800円　①978-4-434-18057-6
内容 『パルメニデース』篇をこう読む　『パルメニデース』篇翻訳　『パルメニデース』篇註　〔07050〕

フラナガン, ドーン・P.　Flanagan, Dawn P.

◇エッセンシャルズ新しいLDの判断 (Essentials of specific learning disability identification)　ドーン・P.フラナガン, ヴィンセント・C.アルフォンソ編, 上野一彦, 名越斉子監訳　日本文化科学社　2013.10　426p　21cm　〈文献あり〉 3600円　①978-4-8210-6367-3　〔07051〕

プラハラード, C.K.　Prahalad, C.K.

◇コ・イノベーション経営―価値共創の未来に向けて (The Future of Competition)　C.K.プラハラード, ベンカト・ラマスワミ著, 有賀裕子訳　東洋経済新報社　2013.8　393, 14p　19cm　〈「価値共創の未来へ」(ランダムハウス講談社 2004年刊の改題、再編集　文献あり〉 2400円　①978-4-492-52208-0　〔07052〕

ブラバンデール, リュック・ド　Brabandere, Luc De

◇BCG流最強の思考プロセス―いかにして思い込みを捨て「新しい箱」をつくり出すか (THINKING IN NEW BOXES)　リュック・ド・ブラバンデール, アラン・イニー著, 松本剛史訳　日本経済新聞出版社　2013.10　429p　19cm　1800円　①978-4-532-31916-8
内容 第1章 なぜ「新しい箱」が必要なのか　第2章 ボックスをつくり出し、利用する　第3章 ステップ1 あらゆる物事に疑いを持つ　第4章 ステップ2 正しい問いを発するために可能性を探る　第5章 ステップ3 発散―大胆なアイデアを出し尽くす　第6章 ステップ4 収束―適切なボックスを選び出す　第7章 ステップ5 徹底的に評価し直す　第8章 ボックスを満たす―インスピレーションからイノベーションへ　第9章 未来を想像する　第10章 新しい始まり―五つのステップをあなたの状況に当てはめる　〔07053〕

プラブ, ジャイディープ　Prabhu, Jaideep C.

◇イノベーションは新興国に学べ！―カネをかけず、シンプルであるほど増大する破壊力 (JUGAAD INNOVATION)　ナヴィ・ラジュ, ジャイディープ・プラブ, シモーヌ・アフージャ著, 月沢李歌子訳　日本経済新聞出版社　2013.8　318p　19cm　1900円　①978-4-532-31896-3
内容 第1章 ジュガード―成功と成長のための戦略　第2章 原則―逆境を利用する　第3章 原則―少ないものでより多くを実現する　第4章 原則―柔軟に考え、迅速に行動する　第5章 原則―シンプルにする　第6章 原則―末端層を取り込む　第7章 原則―自分の直観に従う　第8章 ジュガードを組織に取り入れる　第9章 ジュガード的な国家をつくる　〔07054〕

ブラフマン, オリ　Brafman, Ori

◇一瞬で人に好かれる6つの秘密―なぜ、あの人の周りにだけ人が集まるのか？ (CLICK)　オリ・ブラフマン, ロム・ブラフマン著, 林田レジリ浩文訳　フォレスト出版　2013.10　260p　19cm　〈索引あり〉 1600円　①978-4-89451-597-

フ

0 〔07055〕

ブラフマン, ロム　Brafman, Rom

◇一瞬で人に好かれる6つの秘密―なぜ、あの人の周りにだけ人が集まるのか？ (CLICK) オリ・ブラフマン, ロム・ブラフマン著, 林田レジリ浩文訳　フォレスト出版　2013.12　269p　19cm 〈索引あり〉1600円 ①978-4-89451-597-0 〔07056〕

◇トンネラーの法則―どんな逆境もはねのける人はどこが違うのか？ (SUCCEEDING WHEN YOU'RE SUPPOSED TO FAIL) ロム・ブラフマン著, 藤島みさ子訳　阪急コミュニケーションズ　2013.12　236, 10p　19cm　1600円 ①978-4-484-13123-8

内容 トンネラーたちの原動力(スポットライトを自分に向ける　困難に意味を見いだす　揺るぎない決意をする)　トンネラーたちの物事への向き合い方(トンネラーの気質と成功の関係　苦難を和らげる「ユーモア」の力)　トンネラーたちの人との付き合い方(「サテライト」という存在の重要性　学んだことを実行に移す力) 〔07057〕

ブラマー, ローレンス・M.　Brammer, Lawrence M.

◇対人援助のプロセスとスキル―関係性を通した心の支援 (The helping relationship (8th ed.)) ローレンス・M.ブラマー, ジンジャー・マクドナルド著, 堀越勝監訳, 堀越勝, 大江悠樹, 新明一星, 藤原健志訳　金子書房　2011.12　308p　22cm 〈索引あり　文献あり〉6000円 ①978-4-7608-2830-2

内容 第1章 援助 : その意味について　第2章 援助者の特徴　第3章 援助過程　第4章 理解のための援助スキル　第5章 喪失と危機における援助スキル　第6章 積極的活動と行動変容の援助スキル　第7章 援助関係における倫理的問題　第8章 援助過程についての考察 〔07058〕

ブラム, ジュヌヴィエーヴ　Brame, Geneviève

◇ほんとうのフランスがわかる本 (Chez vous en France) ジュヌヴィエーヴ・ブラム著, 大塚宏子訳, ヴァンソン藤井由実日本語版監修　原書房　2011.2　266p　21cm 〈年表あり 索引あり〉2000円 ①978-4-562-04666-9

内容 第1章 フランス人の日常　第2章 はじめにフランス語ありき　第3章 フランスという国　第4章 フランスへようこそ　第5章 フランスで働く、留学する　第6章 家族、教育、健康　第7章 フランス人の余暇(3D)　第8章 フランス歳時記 〔07059〕

ブラム, マーク

◇寄り添いの死生学―外国人が語る"浄土"の魅力 (Never die alone) ジョナサン・ワッツ, 戸松義晴編　京都　浄土宗　2011.9　221p　19cm　1500円 ①978-4-88363-054-7

内容 ネバーダイアローン―間主観性体験としての正念(マーク・ブラム著) 〔07060〕

ブラン, ソランジュ　Brand, Solange

◇北京1966―フランス女性が見た文化大革命 (Pékin 1966) ソランジュ・ブラン著, 下沢和義, 土屋昌明編訳　勉誠出版　2012.12　103p 図版40p　19×27cm 〈年表あり〉3200円 ①978-4-585-22046-6

内容 時代の色彩のままの革命　文革小史　さらに語られたいくつかの文革小史 〔07061〕

フランカステル, ピエール

◇叢書『アナール1929-2010』―歴史の対象と方法　2　1946-1957 (Anthologie des Annales 1929-2010) E.ル＝ロワ＝ラデュリ,A.ビュルギエール監修, 浜名優美監訳　L.ヴァランシ編, 池田祥英, 井上桜子, 尾河直哉, 北垣潔, 塚島真実, 平沢勝行訳　藤原書店　2011.6　460p　22cm　6800円 ①978-4-89434-807-3

内容 バロックと古典主義(ピエール・フランカステル著, 井上桜子訳) 〔07062〕

ブランキ, オーギュスト　Blanqui, Louis Auguste

◇天体による永遠 (L'Éternité par les astres 〈hypothèse astronomique〉) オーギュスト・ブランキ著, 浜本正文訳　岩波書店　2012.10　216p　15cm (岩波文庫 34-225-1) 660円 ①978-4-00-342251-9

内容 1 宇宙―無限　2 無際限　3 星々との限りない距離　4 天体の物理的組成　5 ラプラスの宇宙生成論に対する所見―彗星　6 世界の起源　7 宇宙の分析と総合　8 エピローグ 〔07063〕

ブランキ, ゲイル　Blanke, Gail

◇今すぐ50個手放しなさい！ (Throw out fifty things) ゲイル・ブランキ著, 植木理恵監訳　三笠書房　2011.10　237p　19cm　1200円 ①978-4-8379-5731-7

内容 1「形あるもの」を手放す―「持ち物」を見れば、その人の「心」がわかる(寝室―もっとシンプルに気持ちよく　洗面所と浴室―「なりたい自分」をつくる場所 ほか)　2「デスクのまわり」を片づける―仕事も気分も絶好調！「混乱」からスッキリ抜け出す(自分の「ブランドづくり」をするために　「役に立つもの」をどう見分けるか ほか)　3「心のゴミ」をとり除く―あなたにブレーキをかける「重荷」を何個手放せますか(自分についての「思い込み」を手放す　自分を押し込めていた「型」から抜け出す ほか)　4 "なりたい女性"になる驚きの効果！―50個手放したとき、「うれしい自分」に変われます！(「ゴール」が見えていなければ、スタートできない　自分の「テーマソング」を見つける。そして歌う！ ほか) 〔07064〕

ブランク, ガートルード　Blanck, Gertrude

◇精神分析的心理療法を学ぶ―発達理論の観点から (PRIMER OF PSYCHOTHERAPY) ガートルード・ブランク著, 馬場謙一監訳, 篠原道夫, 岡元彩子他訳　金剛出版　2013.11　194p　22cm 〈文献あり 索引あり〉3800円 ①978-4-7724-1345-9 〔07065〕

ブランク, スティーブン・G.　Blank, Steven Gary

◇スタートアップ・マニュアル―ベンチャー創業から大企業の新事業立ち上げまで (The Startup Owner's Manual) スティーブン・G.ブランク, ボブ・ドーフ著, 堤孝志, 飯野将人訳　翔泳社　2012.11　460p　21cm 〈索引あり〉3200円 ①978-4-7981-2851-1

内容 第1部 スタートアップに顧客開発モデルが必要なわけ（大惨事への道―スタートアップは大企業の小型版ではない　確信への道―顧客開発モデル）　第2部 ステップ1 ： 顧客発見（ビジネスモデル仮説の構築　「オフィスから飛び出して」課題仮説を検証する―「人はそれを気にかけているか？」　「オフィスから飛び出して」ソリューションを検証する　ビジネスモデルの確認とピボットかそのまま先へ進むか）　第3部 ステップ2 ： 顧客実証（有償販売の準備　オフィスから飛び出してエバンジェリストユーザーに売ろう！　製品と企業のポジショニング　最大の難関―ピボットかそのまま進むか？）〔07066〕

ブランク, ハンナ　Blank, Hanne

◇ヴァージン―処女の文化史（Virgin）　ハンナ・ブランク著, 堤理華, 竹迫仁子訳　作品社　2011.9　393p　20cm　〈文献あり〉2400円　①978-4-86182-330-5

内容 第1部 処女と身体をめぐる歴史（「あなたは処女？」―ライク・ア・ヴァージン　処女という価値―それはいつから特別視されたか？　処女膜―解き明かされる「純潔」のヴェール　処女膜をめぐる医師と解剖学者の長き争い　処女と医学―治療対象としての処女/治療薬としての処女 ほか）　第2部 処女をめぐる文化史―純潔からエロティシズムへ（処女性の誕生―古代ギリシアからキリスト教まで　"天国"と"現世"―修道院と処女　非ヨーロッパ世界と処女性―植民地と処女　エロティックな処女―ポルノグラフィと欲望　処女性のパラダイムシフト―生まれ変わる「処女」）〔07067〕

フランク, ミロ・O.　Frank, Milo O.

◇結果を出す人の30秒で話を伝える技術（How to Get Your Point Across in 30 Seconds or Less）　ミロ・O.フランク著, 上原裕美子訳　青春出版社　2013.10　158p　20cm　1200円　①978-4-413-03899-7

内容 第1部 誰でも簡潔に、強力に思いを伝えられる7つのステップ（なぜ30秒で伝えなければならないのか　明確な目標を設定する　聞き手を定め、その人を理解する　どうすれば一番伝わるか考える　フックを使って話に引き込む　話全体のテーマを組み立てる　相手の頭にイメージを喚起する　終わらせ方で聞き手を動かす）　第2部 話し方や見た目で損しないための実践テクニック（話の内容以前のちょっとしたコツ　聞き手が千人でも緊張しなくなる方法　さまざまな場面で使える30秒メッセージ）〔07068〕

フランク, ロバート・H.　Frank, Robert H.

◇日常の疑問を経済学で考える（THE ECONOMIC NATURALIST）　ロバート・H.フランク著, 月沢李歌子訳　日本経済新聞出版社　2013.3　347p　15cm　（日経ビジネス人文庫 ふ7-1）　000円　①978-4-532-19674-5

内容 直方体の牛乳カートンと円筒形のソーダ缶―製品設計における経済学　無料のピーナッツと高価な電池―行動における需要と供給　「職場」での不思議な話―等しい能力をもつ労働者の稼ぎが異なるのはなぜか　他の人よりも多く支払う購入者がいるのはなぜか―値段交渉の経済学　競争とコモンズの悲劇　所有にまつわる神話　市場のシグナルを読み解く　海外のエコノミック・ナチュラリストたち　心理学と経済学の出会い　人間関係の市場　二つのオリジナル〔07069〕

フランクス, シリル・M.

◇認知行動療法という革命―創始者たちが語る歴史（A HISTORY OF THE BEHAVIORAL THERAPIES（抄訳））　ウィリアム・T.オドナヒュー, デボラ・A.ヘンダーソン, スティーブン・C.ヘイズ, ジェーン・E.フィッシャー, リンダ・J.ヘイズ編, 坂野雄二, 岡島義監訳, 石川信一, 金井嘉宏, 松岡紘史訳　日本評論社　2013.9　283p　21cm　〈文献あり〉3000円　①978-4-535-98362-5

内容 精神分析から行動療法へのパラダイムシフト（シリル・M.フランクス著, 金井嘉宏訳）〔07070〕

フランクス, ビル　Franks, Bill

◇最強のビッグデータ戦略（Taming The Big Data Tidal Wave）　ビル・フランクス著, 長尾高弘訳　日経BP社　2012.12　491p　19cm　〈索引あり　発売 ： 日経BPマーケティング〉2000円　①978-4-8222-8501-2

内容 第1部 ビッグデータの勃興（ビッグデータとは何か、なぜ重要なのか　ウェブデータ―最初のビッグデータ ほか）　第2部 ビッグデータを手なずける―テクノロジー、プロセス、メソッド（アナリティクスのスケーラビリティの向上　アナリティクスプロセスの発展 ほか）　第3部 ビッグデータを手なずける―人とアプローチ（優れた分析を可能にするもの　優れたアナリティクスのプロフェッショナルの特徴 ほか）　第4部 包括的に考える―アナリティクスの企業文化（アナリティクスのイノベーションを可能にするもの　イノベーションと発見を可能にするもの）〔07071〕

ブランクマン, キース

◇成年後見法における自律と保護―成年後見法世界会議講演録　新井誠監修, 2010年成年後見法世界会議組織委員会編, 紺野包子訳　日本評論社　2012.8　319p　21cm　〈英語抄訳付〉5600円　①978-4-535-51865-0

内容 ヨーロッパの後見制度と任意後見 他（キース・ブランクマン著）〔07072〕

フランクランド, E.ジーン　Frankland, E.Gene

◇変貌する世界の緑の党―草の根民主主義の終焉か？　（GREEN PARTIES IN TRANSITION）　E.ジーン・フランクランド, ポール・ルカルディ, ブノワ・リウー編著, 白井和宏訳　緑風出版　2013.9　455p　20cm　〈文献あり〉3600円　①978-4-8461-1320-9

内容 ドイツにおける緑の党の進化アマチュアリズムからプロフェッショナリズムへ 他（E.ジーン・フランクランド著）〔07073〕

フランクリン, キャリン　Franklin, Caryn

◇FASHION世界服飾大図鑑―THE ULTIMATE BOOK OF COSTUME AND STYLE（Fashion）　キャリン・フランクリン監修, 深井晃子日本語版監修, 秋山淑子, 黒田真知, 中川泉, 森冨美子訳　河出書房新社　2013.10　480p　31cm　〈日本語版編集 ： オフィス宮崎　年表あり 索引あり〉18000円　①978-4-309-25550-7

内容 第1章 先史時代～紀元600年 古代世界　第2章 600～1449年 中世のロマンスと文明　第3章 1450～1624年 華麗なるルネサンス　第4章 1625～1789年 バロ

フ

ックとロココ　第5章 1790～1900年 革命から日常へ　第6章 1901～1928年 ベル・エポックとジャズ・エイジ　第7章 1929～1946年 華麗さから有用性へ　第8章 1947～1963年 楽天性と若さ　第9章 1964～1979年 スウィンギング・シックスティーズからグラム・ロックへ　第10章 1980年以降 デザイナーの時代〔07074〕

フランクリン, シンシア　Franklin, Cynthia

◇解決志向ブリーフセラピーハンドブック―エビデンスに基づく研究と実践（Solution-Focused Brief Therapy）　シンシア・フランクリン, テリー・S.トラッパー, ウォレス・J.ジンジャーリッチ, エリック・E.マクコラム編, 長谷川啓三, 生田倫子, 日本ブリーフセラピー協会編訳　金剛出版　2013.9　380p　21cm　〈索引あり〉5200円　①978-4-7724-1334-3

内容 第1部 SFBTの起源と治療マニュアル（解決志向ブリーフセラピーの展開　解決志向ブリーフセラピーマニュアル）　第2部 SFBT実践の測定（解決志向の厳密な測定器具開発のパイロット・スタディ　標準化された解決志向評価尺度、および強み評価尺度に関するレビュー ほか）　第3部 研究のレビュー（SFBTの効果研究　SFBTにおける単一事例デザイン研究の系統的レビュー ほか）　第4部 SFBTの臨床的有用性（裁判所命令のDV加害者との解決志向モデル　カップル間の暴力問題に対する合同カップル面接によるSFBT ほか）　第5部 新たな実践プログラムについての研究（解決から記述へ―実践と研究　児童養護施設および医療施設の青年に対するSFBTの治療効果 ほか）〔07075〕

フランクリン, ベンジャミン

◇幸福実現のためのフランクリン・メソッド　ベンジャミン・フランクリン著, ハイブロー武蔵訳〔録音資料〕　Pan Rolling　〔2011〕　録音ディスク2枚（96分）：CD　（Audio book series―耳で聴く本オーディオブックCD）　1575円　①978-4-7759-2411-2〔07076〕

フランクル, ヴィクトール・E.　Frankl, Viktor Emil

◇人間とは何か―実存的精神療法（Arztliche Seelsorge.11., uberarbeitete Neuauflage）　ヴィクトール・E.フランクル著, 山田邦男監訳, 岡本哲雄, 雨宮徹, 今井伸和訳　春秋社　2011.5　465, 9p　20cm　〈索引あり〉3800円　①978-4-393-36510-6

内容 第1章 精神療法からロゴセラピーへ（精神分析と個人心理学　実存的空虚感と精神因性神経症　心理学主義の克服 ほか）　第2章 精神分析から実存分析へ（一般的実存分析　特殊実存分析）　第3章 心理的告白から医師による魂への配慮へ（医師による魂への配慮と聖職者による魂への配慮　操作的関係と対峙的出会い　共通項という実存分析の技法 ほか）　総括　補遺 人格についての十命題〔07077〕

◇フランクル回想録―20世紀を生きて（Was nicht in meinen Büchern steht, Lebenserinnerungen (2.durchges.Aufl.)）　V.E.フランクル著, 山田邦男訳　新装版　春秋社　2011.11　221p　20cm　1700円　①978-4-393-36519-9

内容 1 幼年、そして性格（両親　幼少時代 ほか）　2 精神医学への道（精神分析との対決　希望の職業―精神医学 ほか）　3 ナチス時代（「併合」　安楽死への抵抗 ほか）　4 "意味"へのたたかい（ウィーンへの帰還　著作活動について ほか）〔07078〕

◇『夜と霧』ビクトール・フランクルの言葉　〔ビクトール・フランクル〕〔著〕, 諸富祥彦〔訳著〕　コスモス・ライブラリー　2012.7　196p　20cm　〈文献あり　発売：星雲社〉1700円　①978-4-434-16894-9〔07079〕

フランクル, マーサ　Frankel, Martha

◇セクシー&ハッピーな生き方―ラテン女性に学ぶ、人生を120%楽しむ方法（Brazilian Sexy）　ジョニー・パディーヤ, マーサ・フランクル著, 薩摩美知子訳　サンマーク出版　2012.8　196p　19cm　1500円　①978-4-7631-3237-6

内容 あなたのなかの「ラテン」を探そう―自信を身につけ、世界を征服する秘訣　ラテン美女はなぜセクシーでゴージャスでハッピーなのか―たったの数分でミューズになる方法　かなり大事な「ヘア」のお話―「髪の毛」は多くてもいいけれど…ね！　ラティーナみたいに人生を歩こう―悩みをできるだけ軽く、小さく、少なくする方法　涙は集めて、川に流して―世界一お手軽なセラピー　リズムに乗って、流れに身をまかせて―身も心もしなやかに生きる方法　ラティーナが教える男性に関するガイドブック―あなただけのダイヤモンドの原石の磨き方　パートナーと今より10倍うまくいく方法―セックスは人生に必要不可欠な甘いスパイス　最後にちょっとだけ、私のこと―男性と人生に関する私の選択〔07080〕

ブランケ, ステファヌ　Blanquet, S.

◇怪物―わたしたちのべつの顔？（Le monstrueux）　ピエール・ペジュ文, ステファヌ・ブランケ絵, 伏見操訳　岩崎書店　2011.9　90p　20cm　（10代の哲学さんぽ 5）　1300円　①978-4-265-07905-6

内容 1 はじめに　2 正常と異常　3 怪物ってなんだろう？　4 怪物からの誘惑　5 怪物、それは神からのしるし？　6 人間と怪物が区別されていったこと　7 怪物を退治する英雄と怪物をつくりだそうとする人々について　8 自分や他人のなかにいる怪物　9 歴史上、政治上の怪物　10 理性が眠ったとき、怪物が生まれる〔07081〕

ブランシャール, アンヌ　Blanchard, Anne

◇革命児たちの仰天!?情熱人生（L'ENCYCLOPÉDIE DES REBELLES）　アンヌ・ブランシャール, フランシス・ミジオ著, セルジュ・ブロッシュ絵, 木山美穂訳　岩崎書店　2012.10　126p　31cm　〈索引あり〉3000円　①978-4-265-85026-6

内容 いろんな分野で革命を起こした人、大集合！　アメンホテプ4世　スパルタクス　アッシジの聖フランチェスコ　フランソワ・ヴィヨン　ガリレオ・ガリレイ　アイザック・ニュートン　トゥーサン・ルーヴェルチュール　ルートヴィヒ・ヴァン・ベートーヴェン　シモン・ボリバル〔ほか〕〔07082〕

ブランシャール, パスカル　Blanchard, Pascal

◇植民地共和国フランス（La republique coloniale）　N.バンセル,P.ブランシャール,F.ヴェルジェス〔著〕, 平野千果子, 菊池恵介訳　岩波書店　2011.9　237, 18p　20cm　〈文献あり　索引あり〉3300円　①978-4-00-023497-9

内容 第1章 植民地共和国(憤りと悔恨について　歴史の危機 ほか)　第2章「植民地国民la nation coloniale」なるものの起源へ(西洋文化のなかの帝国　ここでは自由・平等・友愛、あちらでは ほか)　第3章 文明化の使命の権利と義務(野蛮人の文明化　束縛と隷従 ほか)　第4章 共和国の人種と国民(人種概念の知的起源　人種と植民地化 ほか)　第5章 植民地共和国の遺産(植民地的なるものの過去と現在　アルジェリアという例外―それが隠蔽するもの ほか)　〔07083〕

ブランシャール, P.　Blanchard, Pascal

◇植民地共和国フランス (La republique coloniale)　N.バンセル,P.ブランシャール,F.ヴェルジェス〔著〕, 平野千果子, 菊池恵介訳　岩波書店　2011.9　237, 18p　20cm　〈文献あり 索引あり〉3300円　①978-4-00-023497-9

内容 第1章 植民地共和国(憤りと悔恨について　歴史の危機 ほか)　第2章「植民地国民la nation coloniale」なるものの起源へ(西洋文化のなかの帝国　ここでは自由・平等・友愛、あちらでは ほか)　第3章 文明化の使命の権利と義務(野蛮人の文明化　束縛と隷従 ほか)　第4章 共和国の人種と国民(人種概念の知的起源　人種と植民地化 ほか)　第5章 植民地共和国の遺産(植民地的なるものの過去と現在　アルジェリアという例外―それが隠蔽するもの ほか)　〔07084〕

フランス

◇日本立法資料全集　別巻801　仏国法律提要　箕作麟祥, 大井憲太郎合訳　復刻版　信山社出版　2013.1　1冊　23cm　〈葆光社 明治12年刊の複製〉100000円　①978-4-7972-6446-3

内容 国政及ヒ法律　仏国ノ憲法　裁判権及ヒ行政権　公証人及ヒ其他ノ裁判所附属吏　国土固有ノ権利及ヒ国土ノ政権　公益ノ為メ各人及ヒ財産ニ負ハシムル義務　国ノ財産並ニ租税及ヒ其他ノ歳入　国費　公ケノ会計　州政郡政、邑政〔ほか〕　〔07085〕

◇フランス刑事諸王令　続 1　鈴木教司編訳　〔出版地不明〕　鈴木教司　2013.9　311p　26cm　非売品　〔07086〕

フランス, メリッサ・ドーフマン　France, Melissa Dorfman

◇クマのプーさんエチケット・ブック (POOH'S LITTLE ETIQUETTE BOOK, POOH'S LITTLE INSTRUCTION BOOK)　A.A.ミルン原案, E.H.シェパード絵, メリッサ・ドーフマン・フランス, ジョーン・パワーズ編著, 高橋早苗訳　筑摩書房　2012.6　160p　15cm　(ちくま文庫 み30-1)　740円　①978-4-480-42954-4

内容 第1部 プーの礼儀作法(はじめに　よその家を訪問する　テーブルマナー　おもてなし　会話　手紙を書く　エチケット豆知識いろいろ)　第2部 じゅうようなたしなみについて　〔07087〕

フランス, R.T.　France, R.T.

◇マタイの福音書 (The Gospel according to Matthew)　R.T.フランス著, 山口昇訳　いのちのことば社　2011.1　542p　22cm　(ティンデル聖書注解)　5600円　①978-4-264-02270-1

内容 四福音書の中におけるマタイの福音書　マタイの福音書のいくつかの特徴　マタイの福音書の起源　マタイの主要な神学的強調点　マタイの福音書の構造　〔07088〕

フランス国立日本研究センター

◇震災とヒューマニズム―3・11後の破局をめぐって　日仏会館・フランス国立日本研究センター編, クリスチーヌ・レヴィ, ティエリー・リボー監修, 岩沢雅利, 園山千晶訳　明石書店　2013.5　328p　20cm　2800円　①978-4-7503-3814-9

内容 地理学の視座から　災害の本質　政治と原子力　守ること、声を上げること　復興の胎動　災害はどう表現されてきたか　証言―拒絶から連帯へ　3・11へのまなざし―展望　〔07089〕

フランゼーゼ, マイケル　Franzese, Michael

◇最強マフィアの仕事術 (I'll make you an offer you can't refuse)　マイケル・フランゼーゼ〔著〕, 花塚恵訳　ディスカヴァー・トゥエンティワン　2011.5　199p　19cm　1500円　①978-4-7993-1011-3

内容 01 マフィアだけが知っている実戦の知恵を教えよう　02 基本を知らないヤツは何をやっても成功できない　03 結果よければすべてよし!?マキャベリの罠に気をつけろ　04 本当の成功を手にしたいならソロモンの教えに学べ！　05 おしゃべりなヤツは大物にはなれない　06 マフィア流の会議術 "シットダウン" から交渉テクニックを学べ　07 失敗はいつか成功するためのものだ　08 法律を守れ、税金はきちんと払え、仕事は誠実にしろ　09 マキャベリか、ソロモンか、あなた自身の師を選べ　10 本当の成功とは？ 自分にとっての「成功」を定義せよ　〔07090〕

フランソワ, ジャン＝クリストフ

◇学校選択のパラドックス―フランス学区制と教育の公正　園山大祐編著　勁草書房　2012.2　240p　22cm　〈索引あり〉2900円　①978-4-326-25073-8

内容 就学実践の社会空間的決定因 (ジャン＝クリストフ・フランソワ, フランク・プポー著, 京免徹雄, 小林純子訳)　〔07091〕

フランソワ(サルの)

◇近代カトリックの説教　高柳俊一編　教文館　2012.8　458p　21cm　(シリーズ・世界の説教)　4300円　①978-4-7642-7338-2

内容 聖母マリアご誕生の祝日の説教 (フランソワ(サルの) 述, 里見貞代訳)　〔07092〕

ブランソン, ダグラス・M.　Branson, Douglas M.

◇アメリカ会社法 (Understanding Corporate Law, 2nd ed.2004)　アーサー・R.ピント, ダグラス・M.ブランソン著, 米田保晴監訳　レクシスネクシス・ジャパン　2010.4　741p　21cm　(LexisNexisアメリカ法概説 7)　〈原書第2版〉　9524円　①978-4-902625-26-4

内容 序および設立　発起人の責任および瑕疵ある設立　法人格否認の法理　会社の資金調達　法的モデルと企業統治 ： 州法に基づく権限配分　M&A　連邦規制および委任状規則序論　信認義務序論 ： 注意義務および経営判断原則　忠実義務　支配株主〔ほか〕　〔07093〕

ブランソン, リチャード　Branson, Richard

◇ライク・ア・ヴァージン―ビジネススクールでは教えてくれない成功哲学 (LIKE A VIRGIN)

フ

リチャード・ブランソン著, 土方奈美訳　日経BP社　2013.6　407p　19cm　〈発売：日経BPマーケティング〉1800円　①978-4-8222-4967-0
内容 1 リスクという名のチャンス（起業の五つの秘訣—ビジネスを軌道に乗せる　ピープル・パワー—会社の本当の強さはここから生まれる　"いい人"は一番になれる—カリカリするより仲良くやろう ほか） 2 CEOだって間違えることがある（起業家のつくり方—まずは社内起業家を育てよう　変化は空にあり—持続可能な社会へ飛び立て！　セカンド・オピニオンが気に入らない？—ならばサード・オピニオンを求めよう ほか） 3 パワー・トゥ・ザ・ピープル（悪いニュースは良いニュース？—双方向コミュニケーションが大切　パートナーを選ぶ—投資家との幸せな結婚　社員に投資しよう—そうすれば顧客があなたに投資してくれる ほか）　〔07094〕

フ

ブランソン, ロバート・K.　Branson, Robert K.
◇インストラクショナルデザインとテクノロジー—教える技術の動向と課題（TRENDS AND ISSUES IN INSTRUCTIONAL DESIGN AND TECHNOLOGY（原著第3版））　R.A.リーサー, J.V.デンプシー編　京都　北大路書房　2013.9　690p　21cm　〈訳：半田純子ほか　索引あり〉4800円　①978-4-7628-2818-8
内容 経済産業界で職を得るために（ガブリエル・K.ガブリエリ, ロバート・K.ブランソン著, 沖潮（原田）満里子訳）　〔07095〕

フランダース, ジュリア　Flanders, Julia
◇人文学と電子編集—デジタル・アーカイヴの理論と実践（ELECTRONIC TEXTUAL EDITING）　ルー・バーナード, キャサリン・オブライエン・オキーフ, ジョン・アンスワース編, 明星聖子, 神崎正英監訳　慶応義塾大学出版会　2011.9　503p　21cm　4800円　①978-4-7664-1774-6
内容 女性作家プロジェクト—デジタル化されたアンソロジー（ジュリア・フランダース）　〔07096〕

ブランチ, ロバート・M.　Branch, Robert M.
◇インストラクショナルデザインとテクノロジー—教える技術の動向と課題（TRENDS AND ISSUES IN INSTRUCTIONAL DESIGN AND TECHNOLOGY（原著第3版））　R.A.リーサー, J.V.デンプシー編　京都　北大路書房　2013.9　690p　21cm　〈訳：半田純子ほか　索引あり〉4800円　①978-4-7628-2818-8
内容 インストラクショナルデザインモデルの特徴（ロバート・M.ブランチ, M.デービット・メリル著, 合田美子訳）　〔07097〕

ブランチャード, ケン　Blanchard, Kenneth H.
◇ケン・ブランチャード リーダーシップ論—より高い成果をいかにしてあげるか：完全版（LEADING AT A HIGHER LEVEL）　ケン・ブランチャード, ケン・ブランチャード・カンパニー著, 田辺希久子, 村田綾子訳　ダイヤモンド社　2012.12　453p　20cm　〈索引あり〉2800円　①978-4-478-00148-6
内容 第1部 正しい目標とビジョンに狙いを定める（あなたの組織はハイパフォーマンス組織か　ビジョンの力）　第2部 正しい顧客サービスをする（より高いレベルの顧客サービス）　第3部 従業員と正しく向き合う（権限委譲がカギ　状況対応型リーダーシップ2—統合的概念　自律リーダーシップ　結果指向のパートナーシップ　結果指向のパートナーシップに欠かせないスキル—1分間マネジャー　状況対応型チーム・リーダーシップ　組織リーダーシップ　変革を導くための戦略）　第4部 正しいリーダーシップを選ぶ（サーバント・リーダーシップ　リーダーシップの視点を決める）　〔07098〕

◇マリガンという名の贈り物—人生を変える究極のルール（The Mulligan）　ケン・ブランチャード, ウォリー・アームストロング著, 秋山隆英訳　大阪　創元社　2013.2　214p　20cm　1200円　①978-4-422-10113-2
内容 エリート　衝撃　メンター　新しい人生の始まり　考えにふける　自尊心の源泉　現実に戻って　プレーに備える　自分のパーを設定する　一日をゆっくりスタートする　有言不実行　マリガンは役に立つ　究極nマリガンという贈り物　最初の一打　あまりプレーされていないコースを回る　繋がらない電話　「よくやった、ウィル・ダン」　ポーチにて　〔07099〕

◇1分間マネジャーの時間管理—働きすぎを解消する仕事のさばき方（THE ONE MINUTE MANAGER MEETS THE MONKEY）　ケン・ブランチャード, ウィリアム・オンケン・ジュニア, ハル・バローズ著, 永井二菜訳　パンローリング　2013.3　183p　19cm　（フェニックスシリーズ 8）〈ダイヤモンド社 1990年刊の新訳改訂〉1300円　①978-4-7759-4111-9
内容 二年前の私　管理職に昇進　上司の苦言　"1分間マネジャー"に相談　管理職のジレンマ　諸悪の根源"サル"の正体　飼い主は誰？　負のスパイラル　結論　"1分間マネジャー"、ビル・オンケンと出会う〔ほか〕　〔07100〕

◇1分間モチベーション—「仕事に行きたい！」会社にする3つのコツ（GUNG HO）　ケン・ブランチャード, シェルダン・ボウルズ著, 塩野未佳訳　パンローリング　2013.5　234p　19cm　（フェニックスシリーズ 10）〈ダイヤモンド社 1999年刊の新訳改訂〉1300円　①978-4-7759-4112-6
内容 はじめに—逆境を跳ね返した伝説のマネジャーと出会う　ガンホーへの道—業績悪化で閉鎖寸前の工場を救う一筋の光　リスの精神—重要なだけでは駄目。やりがいがある仕事をする　ビーバーの行動—自己管理と、達成可能かつ挑戦的な仕事の重要性　ガンの贈り物—仲間への声援を惜しまない。祝福を贈り合うガンホーライフ実践のための行動計画表　チェックリスト（リスの精神　ビーバーの行動　ガンの贈り物）　〔07101〕

◇リーダーシップ・マスター—世界最高峰のコーチ陣による31の教え（Coaching for Leadership）　マーシャル・ゴールドスミス, ローレンス・S.ライアンズ, サラ・マッカーサー編著, 久野正人監訳, 中村安子, 夏井幸子訳　英治出版　2013.7　493p　21cm　2800円　①978-4-86276-164-4
内容 つながりを可視化する（ケン・ブランチャード, マドレーヌ・ホーマン・ブランチャード, リンダ・ミラー）　〔07102〕

ブランチャード, マドレーヌ・ホーマン　Blanchard,

Madeleine Homan
◇リーダーシップ・マスター—世界最高峰のコーチ陣による31の教え（Coaching for Leadership） マーシャル・ゴールドスミス, ローレンス・S.ライアンズ, サラ・マッカーサー編著, 久野正人監訳, 中村安子, 夏井幸子訳　英治出版　2013.7　493p　21cm　2800円　①978-4-86276-164-4
内容 つながりを可視化する（ケン・ブランチャード, マドレーヌ・ホーマン・ブランチャード, リンダ・ミラー）〔07103〕

フランツキー, ハラルド　Franzki, Harald
◇ユダヤ出自のドイツ法律家（DEUTSCHE JURISTEN JUDISCHER HERKUNFT）　ヘルムート・ハインリッヒス, ハラルド・フランツキー, クラウス・シュマルツ, ミヒャエル・シュトレイス著, 森勇監訳　八王子　中央大学出版部　2012.3　25, 1310p　21cm　（日本比較法研究所翻訳叢書 62）〈文献あり 索引あり〉13000円　①978-4-8057-0363-2
内容 ユダヤ人の解放とこれに遅れた法律職の開放　ジグムント・ヴィルヘルム・ツインメルン（1796 - 1830）　ユダヤ人解放の早期におけるローマ法の体系家　エドゥアルト・ガンス（1797 - 1839）—ヘーゲルとサヴィニーの狭間にあった政治指向の人物　フリードリッヒ・ユリウス・シュタール（1802 - 1861）　キリスト教的国家と正統性の政党　ガブリエル・リーサー（1806 - 1863）—ユダヤ人解放のための戦いから自由主義的なドイツ憲法への道のり　エドゥアルト・フォン・ジムゾン（1810 - 1899）—1848 - 49年ドイツ国民議会議長、1871年ドイツ帝国議会議長、ライヒ裁判所長官　フェルディナント・ラッサール（1825 - 1864）—社会主義、国家主義革命家　ドイツ帝国及びワイマール共和国におけるユダヤ出自の法律家—エルンスト・ランズベルクへの思いをこめて　レヴィーン・ゴルトシュミット（1829 - 1897）—現代商法学の創始者　ハインリッヒ・デルンブルク（1829 - 1907）—後期パンデクティスティク及びプロイセン私法の「侯爵」〔ほか〕〔07104〕

ブランティンガム, パトリシア
◇環境犯罪学と犯罪分析（Environmental criminology and crime analysis）　リチャード・ウォートレイ, ロレイン・メイズロール編, 島田貴仁, 渡辺昭一監訳, 斉藤知範, 雨宮護, 菊池城治, 畑倫子訳　社会安全研究財団　2010.8　313p　26cm　〈文献あり〉①978-4-904181-13-3
内容 犯罪パターン理論（ポール・ブランティンガム, パトリシア・ブランティンガム著, 菊池城治訳）〔07105〕

ブランティンガム, ポール
◇環境犯罪学と犯罪分析（Environmental criminology and crime analysis）　リチャード・ウォートレイ, ロレイン・メイズロール編, 島田貴仁, 渡辺昭一監訳, 斉藤知範, 雨宮護, 菊池城治, 畑倫子訳　社会安全研究財団　2010.8　313p　26cm　〈文献あり〉①978-4-904181-13-3
内容 犯罪パターン理論（ポール・ブランティンガム, パトリシア・ブランティンガム著, 菊池城治訳）〔07106〕

プーラン・デヴィ　Phoolan Devi
◇女盗賊プーラン　上巻（I, Phoolan Devi（抄訳））　プーラン・デヴィ著, 武者圭子訳　草思社　2011.8　327p　16cm　（草思社文庫）　800円　①978-4-7942-1842-1
内容 1 虐待（村の生活　暗黙の掟　反抗的なこども　十一歳、早すぎた結婚　婚家での悪夢 ほか）　2 運命（あらたな屈辱　濡れ衣　だれにも言えない恥辱　無知という残酷　村八分 ほか）〔07107〕

◇女盗賊プーラン　下巻（I, Phoolan Devi（抄訳））　プーラン・デヴィ著, 武者圭子訳　草思社　2011.8　332p　16cm　（草思社文庫）　800円　①978-4-7942-1843-8
内容 3 復讐（はじめての恋　復讐の味　正義　武装した女神　凶弾 ほか）　4 解放（包囲網　裏切り　交渉　投降の日　新しいジャングル ほか）〔07108〕

ブランデン, ナサニエル　Branden, Nathaniel
◇ストーリーで学ぶ経営の真髄（Learn like a leader）　マーシャル・ゴールドスミス, ビバリー・ケイ, ケン・シェルトン編, 和泉裕子, 井上実訳　徳間書店　2011.2　311p　19cm　1600円　①978-4-19-863118-5
内容 他者を理解するために自分自身を知る（ナサニエル・ブランデン著）〔07109〕

◇自信を育てる心理学—「自己評価」入門（How to raise your self-esteem）　ナサニエル・ブランデン著, 手塚郁恵訳　新装版　春秋社　2013.5　255p　19cm　1800円　①978-4-393-36640-0
内容 第1章 自己評価の重要性　第2章 自己イメージが運命をつくる　第3章 意識的に生きる　第4章 自己を受け容れる　第5章 罪悪感から自由になる　第6章 子どもの自己を統合する　第7章 責任をもって生きる　第8章 真実に生きる　第9章 相手の自己評価を育てる　第10章 自己評価と利己心　第11章 まとめ ： 自己評価の強大な影響力〔07110〕

ブランデンシュタイン＝ツェッペリン, コンスタンティン・フォン
◇日独交流150年の軌跡　日独交流史編集委員会編　雄松堂書店　2013.10　345p　29cm　〈布装〉　3800円　①978-4-8419-0655-4
内容 フィリップ・フランツ・フォン・シーボルトと日本開国への影響（コンスタンティン・フォン・ブランデンシュタイン＝ツェッペリン著, 宮田奈々訳）〔07111〕

ブランド, ドロシア　Brande, Dorothea
◇目覚めよ！ 生きよ！—100万人の人生を変えた12の教え（WAKE UP AND LIVE！）　ドロシア・ブランド著, 小林薫訳　実業之日本社　2013.12　221p　19cm　1200円　①978-4-408-11031-8〔07112〕

ブラント, ミハイル　Brandt, M.IU.
◇ロシアの歴史—ロシア中学・高校歴史教科書　下　19世紀後半から現代まで　アレクサンドル・ダニロフ, リュドミラ・コスリナ, ミハイル・ブラント著, 吉田衆一, アンドレイ・クラフツェヴィチ監修　明石書店　2011.7　717p　21cm　（世界の教科書シリーズ 32）　6800円　①978-4-7503-3416-5〔07113〕

ブラント, リチャード　Brandt, Richard L.
◇ワンクリック—ジェフ・ベゾス率いるAmazonの

隆盛（One Click） リチャード・ブラント著，井口耕二訳 日経BP社 2012.10 283p 19cm 〈文献あり 年譜あり 発売：日経BPマーケティング〉 1600円 ①978-4-8222-4915-1

内容 ワンクリックではまだ不満 生い立ち 就職 ベゾス、インターネットを発見する ガレージの4人組 優れた書店の作り方 苦労の波 軍資金の調達 成長 書店とは誰のこと？ クラッシュ ベゾス、金ドルに賭ける アマゾンは書店を駆逐しつつあるのか？ おかしな笑い方をするクールな男 では、ベゾスはどういうマネージャーなのだろうか 頭をクラウドに突っ込んで 一歩ずつ、果敢に 〔07114〕

ブランドナー，ユディット Brandner, Judith

◇Japanレポート3.11（Reportage Japan） ユディット・ブランドナー著，ブランドル・紀子訳 未知谷 2012.11 157p 20cm 1600円 ①978-4-89642-386-0

内容 失われた日常の生活—福島・楢葉町 希望を打つ太鼓—陸前高田 憂いに満ちた人々の声—霞ヶ関 原子力村の犯罪—小出裕章さんとの対話 ガイガー線量計との生活—相南馬 「非現実的」ではない「夢想家」 空までのびる豆の木は、福島ではもう育たない—渡利の幼稚園 「幸福の島」を夢見る佐藤幸子さん—「子ども福島ネット」 山田町で摘んだ四葉のクローバー—高齢重症患者と子供たちのケアー 私達は元気でやっています！—流浪する双葉町の人々 名取の歌う精神科医—震災のトラウマセラピー 私達には関係ない？—名古屋市立大学の学生たち 〔07115〕

ブランドリーニ，アンドレア

◇正義への挑戦—セン経済学の新地平（Against injustice） 後藤玲子，ポール・デュムシェル編著，後藤玲子監訳 京都 晃洋書房 2011.9 310p 23cm 〈文献あり 索引あり〉 2900円 ①978-4-7710-2271-3

内容 多次元福祉統合指数の適用について（アンドレア・ブランドリーニ著） 〔07116〕

ブランドル，マイケル

◇変貌する世界の緑の党—草の根民主主義の終焉か？（GREEN PARTIES IN TRANSITION） E.ジーン・フランクランド，ポール・ルカルディ，ブノワ・リウー編著，白井和宏訳 緑風出版 2013.9 455p 20cm 〈文献あり〉 3600円 ①978-4-8461-1320-9

内容 スイス「オルタナティブ」と「自由主義」、二つの緑の党（アンドレアス・ランドナー，マイケル・ブランドル著） 〔07117〕

プリアー，ジーン・L. Preer, Jean L.

◇図書館倫理—サービス・アクセス・関心の対立・秘密性（Library ethics） ジーン・L.プリアー著，川崎良孝，久野和子，桑原千幸，福井佑介訳 京都 京都図書館情報学研究会 2011.11 342p 22cm 〈文献あり 発売：日本図書館協会〉 6000円 ①978-4-8204-1108-6 〔07118〕

フーリエ，シャルル Fourier, Charles

◇愛の新世界（Le nouveau monde amoureux） シャルル・フーリエ著，福島知己訳 増補新版 作品社 2013.11 737p 22cm 8200円 ①978-4-86182-457-9 〔07119〕

フリーク，ティモシー Freke, Timothy

◇気づきの扉—たった1時間で人生が目覚める本 ティモシー・フリーク著，川瀬勝訳 サンマーク出版 2011.6 94p 20cm 1200円 ①978-4-7631-3156-0 〔07120〕

◇神秘体験—スピリチュアルな目覚めへの革新的アプローチ（THE MYSTERY EXPERIENCE） ティモシー・フリーク著，みずさわすい訳 ナチュラルスピリット 2013.9 537p 19cm 2400円 ①978-4-86451-094-3

内容 序論 旅への準備（神秘体験 私からあなたへ ほか） 第1部 深い神秘への旅（物事は見た目と違う 深い神秘 ほか） 第2部 深い自己への旅（深い自己 気づきはどこに？ ほか） 第3部 深い愛への旅（神秘の中心 私と私をつなぐ—「わぉ！」のワーク ほか） 第4部 日々の暮らしへの旅（生きることの恋人になる 在ることを愛し、愛することに在る—「わぉ！」のワーク ほか） 〔07121〕

ブリクモン，ジャン Bricmont, Jean

◇人道的帝国主義—民主国家アメリカの偽善と反戦平和運動の実像（Impérialisme humanitaire (ed. rev.et augm.)） ジャン・ブリクモン〔著〕，菊地昌実訳 新評論 2011.11 308p 20cm 〈索引あり 文献あり〉 3200円 ①978-4-7948-0871-4

内容 1 本書のテーマと目的 2 権力とイデオロギー 3 第三世界と西欧 4 人権を擁護する者への質問 5 反戦の弱い論拠と強い論拠 6 幻想と欺瞞 7 罪の意識という武器 8 展望、危険、そして希望 Textes 〔07122〕

ブリゲリ，ジャン=ポール Brighelli, Jean-Paul

◇モン・サン・ミシェル—奇跡の巡礼地（Entre ciel et mer, le Mont Saint-Michel） ジャン=ポール・ブリゲリ著，池上俊一監修，岩沢雅利訳 大阪 創元社 2013.1 166p 18cm （「知の再発見」双書 158） 〈文献あり 年表あり 索引あり〉 1600円 ①978-4-422-21218-0

内容 第1章 奇跡の意味 第2章 修道士の時代 第3章 戦士、牢番、建築家 第4章 海の危険、陸の危険と向きあって 資料篇—海に浮かぶ小島の修道院 〔07123〕

プリザント，バリー・M. Prizant, Barry M.

◇SCERTSモデル—自閉症スペクトラム障害の子どもたちのための包括的教育アプローチ 2巻 プログラムの計画と介入（The SCERTS model） バリー・M.プリザント，エミー・M.ウェザビー，エミリー・ルービン，エミー・C.ローレント，パトリック・J.ライデル著，長崎勤，吉田仰希，仲野真史訳 日本文化科学社 2012.2 404p 30cm 〈索引あり 文献あり〉 9400円 ①978-4-8210-7358-0

内容 1章 SCERTSモデルの教育実践へのガイド、パート1：価値基準と基本原則、実践ガイドライン、目標設定、交流型支援 2章 SCERTSモデルの教育実践へのガイド、パート2：交流型支援：対人間支援と学習支援、ピアとの学習や遊び 3章 交流型支援：家族支援と専門家間支援 4章 交流型支援の目標と社会コミュニケーションおよび情動調整の目標のリンク　5章 社会パートナー段階における社会コミュニケーション、情動調整、交流型支援の促進 ： アセスメントからプログラムの実行まで　6章 言語パートナー段階における社会コミュニケーション、情動調整、交流型支援の促進 ： アセスメントからプログラムの実行まで　7章 会話パートナー段階における社会コミュニケーション、情動調整、交流型支援の促進 ： アセスメントからプログラムの実行まで　〔07124〕

フリス, アレックス　Frith, Alex

◇めくってはっけん！ せかいちずえほん　アレックス・フリス著, ケイト・リーク絵　学研教育出版　2012.2　14p　29cm　〈発売 ： 学研マーケティング〉1800円　①978-4-05-203489-3　〔07125〕

プリース, ジュリア

◇生涯学習支援の理論と実践―「教えること」の現在（The theory and practice of teaching（2nd ed.））　ピーター・ジャーヴィス編著, 渡辺洋子, 吉田正純監訳　明石書店　2011.2　420p　20cm　（明石ライブラリー 144）〈文献あり 索引あり〉4800円　①978-4-7503-3339-7

内容 ラディカル教育学とフェミニスト教育学（ジュリア・プリース, コリン・グリフィン著, 犬塚典子訳）　〔07126〕

ブリーズ, デイヴィッド・J.

◇オックスフォード ブリテン諸島の歴史　1　ローマ帝国時代のブリテン島（The short Oxford history of the British Isles ： the Roman Era）　鶴島博和日本語版監修　ピーター・サルウェイ編, 南川高志監訳　慶応義塾大学出版会　2011.5　336, 53p　22cm　〈文献あり 年表あり 索引あり〉4800円　①978-4-7664-1641-1

内容 世界の縁（デイヴィッド・J.ブリーズ著）　〔07127〕

ブリス, マイケル　Bliss, Michael

◇ウィリアム・オスラー―ある臨床医の生涯（William Osler）　マイケル・ブリス著, 梶竜児監訳, 三枝小夜子訳　メディカル・サイエンス・インターナショナル　2012.4　598p　24cm　〈年譜あり 索引あり〉3600円　①978-4-89592-707-9　〔07128〕

フリーズ, B.E.*　Fries, Brant E.

◇インターライ方式ケアアセスメント―居宅・施設・高齢者住宅（InterRAI home care（HC）assessment form and user's manual, 9.1〔etc.〕）　John N.Morris〔ほか〕著, 池上直己監訳, 山田ゆかり, 石橋智昭訳　医学書院　2011.12　367p　30cm　3800円　①978-4-260-01503-5　〔07129〕

フリースタッド, マリアン　Friestad, Marian

◇市場における欺瞞的説得―消費者保護の心理学（Deception in the marketplace）　D.M.ブッシュ,M.フリースタッド,P.ライト著, 安藤清志, 今井芳昭監訳　誠信書房　2011.5　299p　22cm　〈文献あり 索引あり〉4000円　①978-4-414-30625-5

内容 市場における欺瞞　欺瞞的説得の理論的視点　マーケティングにおける欺瞞の戦術　欺瞞を行うマーケティング担当者はどのように考えるのか　人々はどのように欺瞞に対処するのか―先行研究　市場における欺瞞防衛スキル　青年期および成人期における欺瞞防衛スキルの発達　市場における欺瞞防衛スキルの教育―これまでの研究　社会的な視点―規制の最前線、社会的信頼、欺瞞防衛の教育　〔07130〕

プリースト, グレアム　Priest, Graham

◇存在しないものに向かって―志向性の論理と形而上学（Towards non-being）　グレアム・プリースト著, 久木田水生, 藤川直也訳　勁草書房　2011.6　285p　22cm　〈文献あり 索引あり〉3800円　①978-4-326-10207-5

内容 第1部 志向性の意味論（志向性演算子　同一性　思考の対象　特徴づけと記述）　第2部 存在しないものを擁護する（なにがないのかについて　フィクション　数学的対象と世界　多重表示）　〔07131〕

プリースト, デイナ　Priest, Dana

◇トップシークレット・アメリカ―最高機密に覆われる国家（TOP SECRET AMERICA）　デイナ・プリースト, ウィリアム・アーキン著, 玉置悟訳　草思社　2013.10　357p 図版16p　20cm　〈文献あり〉2600円　①978-4-7942-2009-7

内容 永遠に続く警戒態勢　トップシークレット・アメリカ　あなた方が知る必要があるのはそれだけだ　神に誓って偽りは申しません　地図に出ていないアメリカの地理　巨大政府と情報のジャングル　一つの国に地図は一つ　不審な行動を通報せよ　機密を扱う人たち　対テロビジネス　無人機作戦　暗黒物質　一つの時代の終焉　〔07132〕

ブリストル, C.M.　Bristol, Claude Myron

◇信念の魔術―新訳 人生を思いどおりに生きる思考の原則（MAGIC OF BELIEVING）　C.M.ブリストル著, 大原武夫訳　ダイヤモンド社　2013.9　234p　20cm　1600円　①978-4-478-02548-2

内容 1 私は信念をつかんだ　2 心とはなにか　3 潜在意識のはたらき　4 暗示は力だ　5 イメージを描くこと　6 潜在意識を躍動させる技術　7 世界は心の投影　8 思いは実現する　〔07133〕

ブリッカー, ダイアン　Bricker, Diane D.

◇子どものニーズに応じた保育―活動に根ざした介入　クリスティ・プリティフロンザック, ダイアン・ブリッカー著, 七木田敦, 山根正夫監訳　二瓶社　2011.7　282p　21cm　〈索引あり〉2200円　①978-4-86108-058-6

内容 第1章 活動に根ざした介入の発展　第2章 ABIとは　第3章 ABIとリンクシステム　第4章 ABIの枠組み　第5章 ABIの実践　第6章 ABIとチーム　第7章 ABIを利用するときの課題　第8章 理論的構成　第9章 ABIの実践的基盤　第10章 未来に向けて　〔07134〕

フリック, ウヴェ　Flick, Uwe

◇質的研究入門―〈人間の科学〉のための方法論（Qualitative Sozialforschung）　ウヴェ・フリック著, 小田博志監訳, 小田博志, 山本則子, 春日常, 宮地尚子訳　新版　春秋社　2011.2　670p　22cm　〈文献あり 索引あり〉3900円　①978-4-

フ

393-49910-8
内容 第1部 フレームワーク　第2部 理論からテクストへ　第3部 研究デザイン　第4部 口頭データ　第5部 観察と媒介データ　第6部 テクストから理論へ　第7部 質的研究の基礎づけと執筆　第8部 質的研究 ： 統合と展望 〔07135〕

ブリッグズ, チャールズ・L.
◇アメリカ民俗学―歴史と方法の批判的考察　小長谷英代, 平山美雪編訳　岩田書院　2012.3　338p　22cm　〈文献あり〉9500円　①978-4-87294-738-0
内容 民俗学の学問領域化（チャールズ・L.ブリッグズ著, 小長谷英代解説・訳） 〔07136〕

ブリッグハウス, ティム　Brighouse, Tim
◇グローバル・ティーチャーの理論と実践―英国の大学とNGOによる教員養成と開発教育の試み（Developing the global teacher）　ミリアム・スタイナー編, 岩崎裕保, 湯本浩之監訳　明石書店　2011.7　540p　20cm　（明石ライブラリー 146）〈文献あり 索引あり〉5500円　①978-4-7503-3381-6
内容 序文（ティム・ブリッグハウス著, 湯本浩之訳） 〔07137〕

ブリッグマン, グレッグ　Brigman, Greg
◇学校コンサルテーション入門―よりよい協働のための知識とスキル（School Counselor Consultation）　グレッグ・ブリッグマン, フラン・ムリス, リンダ・ウェッブ, ジョアナ・ホワイト著, 谷島弘仁訳　金子書房　2012.4　155p　21cm　〈文献あり 索引あり〉2600円　①978-4-7608-2367-3
内容 第1章 コンサルタントとしてのスクールカウンセラーとは　第2章 コンサルテーションに生かす学校全体のアプローチ―支えとなるモデルと理論　第3章 コンサルテーションにおける倫理的問題　第4章 教師や保護者との事例コンサルテーション　第5章 学校コンサルテーションの典型的な諸問題　第6章 研修会と教育プログラム　第7章 その他の学校コンサルテーションの機会　第8章 クラス会議―協力的な雰囲気をつくる　第9章 管理職とのコンサルテーション　第10章 コミュニティにおけるコンサルテーション 〔07138〕

ブリッジ, デビッド　Bridges, David
◇エビデンスに基づく教育政策（EVIDENCE-BASED EDUCATION POLICY）　D.ブリッジ, P.スメイヤー,R.スミス編著, 柘植雅義, 葉養正明, 加治佐哲也編訳　勁草書房　2013.11　270p　21cm　〈索引あり〉3600円　①978-4-326-25092-9
内容 教育研究と政策立案者の実際の判断 他（デビッド・ブリッジ, ポール・スメイヤー, リチャード・スミス著, 柘植雅義訳） 〔07139〕

ブリッジス, ウィリアム
◇ストーリーで学ぶ経営の真髄（Learn like a leader）　マーシャル・ゴールドスミス, ビバリー・ケイ, ケン・シェルトン編, 和泉裕子, 井上実訳　徳間書店　2011.2　311p　19cm　1600円　①978-4-19-863118-5
内容 「自分らしい人間」として生きる（ウィリアム・ブリッジス著） 〔07140〕

フリッシュ, ヴォルフガング　Frisch, Wolfgang
◇法発展における法ドグマーティクの意義―日独シンポジウム　松本博之, 野田昌吾, 守矢健一編　信山社　2011.2　367p　22cm　（総合叢書 8（ドイツ法））〈会期・会場 ： 2009年2月18日～21日 フライブルグ大学法学部〉12000円　①978-4-7972-5458-7
内容 刑法の展開にとっての法教義学の意義について（ヴォルフガング・フリッシュ著, 浅田和茂訳） 〔07141〕
◇量刑法の基本問題―量刑理論と量刑実務との対話 ： 日独シンポジウム　ヴォルフガング・フリッシュ, 浅田和茂, 岡上雅美編著, ヴォルフガング・フリッシュ〔ほか〕著・訳　成文堂　2011.11　284p　22cm　〈会期・会場 ： 2009年9月12日（土）～13日（日）立命館大学朱雀キャンパス〉5000円　①978-4-7923-1925-0
内容 量刑に対する責任、危険性および予防の意味 他（ヴォルフガング・フリッシュ著, 松宮孝明訳） 〔07142〕

フリッチュ, イングリッド
◇日独交流150年の軌跡　日独交流史編集委員会編　雄松堂書店　2013.10　345p　29cm　〈布装〉3800円　①978-4-8419-0655-4
内容 リヒャルト・シュトラウス（イングリッド・フリッチュ著, 宮田奈々訳） 〔07143〕

フリッツ, ロバート
◇ストーリーで学ぶ経営の真髄（Learn like a leader）　マーシャル・ゴールドスミス, ビバリー・ケイ, ケン・シェルトン編, 和泉裕子, 井上実訳　徳間書店　2011.2　311p　19cm　1600円　①978-4-19-863118-5
内容 さらなる高みを目指す（ロバート・フリッツ著） 〔07144〕

フリッツェ, ロナルド・H.　Fritze, Ronald H.
◇捏造される歴史（Invented knowledge）　ロナルド・H.フリッツェ著, 尾沢和幸訳　原書房　2012.2　426, 38p　20cm　〈文献あり〉2800円　①978-4-562-04764-2
内容 第1章 アトランティス 疑似歴史の母　第2章「新大陸」は誰のものか？―古代アメリカ大陸の発見と定住にまつわる疑似歴史　第3章 天地創造説のなかの人種差別と疑似歴史1―マッドピープル、悪魔の子、クリスチャン・アイデンティティー　第4章 天地創造説のなかの人種差別と疑似歴史2―マッド・サイエンティスト、ホワイト・デビル、ネーション・オブ・イスラム　第5章 疑似歴史家の共謀―プソイドヒストリア・エピデミカ　第6章『黒いアテナ』論争―歴史はフィクションなのか 〔07145〕

ブリットネル, リチャード
◇オックスフォード ブリテン諸島の歴史　4　12・13世紀―1066年―1280年頃（The Short Oxford History of the British Isles ： The Twelfth and Thirteenth Centuries）　鶴島博和日本語版監修　バーバラ・ハーヴェー編, 吉武憲司監訳　慶応義塾大学出版会　2012.10　394, 86p　22cm　〈文

フ

献あり 年表あり 索引あり〉5800円 ①978-4-7664-1644-2
内容 社会の結びつきと経済の変容（リチャード・ブリットネル著, 高森彰弘訳） 〔07146〕

プリティフロンザック, クリスティ　Pretti-Frontczak, Kristie

◇子どものニーズに応じた保育―活動に根ざした介入　クリスティ・プリティフロンザック, ダイアン・ブリッカー著, 七木田敦, 山根正夫監訳　二瓶社　2011.7　282p　21cm　〈索引あり〉2200円　①978-4-86108-058-6
内容 第1章 活動に根ざした介入の発展　第2章 ABIとは　第3章 ABIとリンクシステム　第4章 ABIの枠組み　第5章 ABIの実践　第6章 ABIとチーム　第7章 ABIを利用するときの課題　第8章 理論的構成　第9章 ABIの実践的基盤　第10章 未来に向けて 〔07147〕

フリーデル, エーゴン　Friedell, Egon

◇近代文化史―ヨーロッパ精神の危機/黒死病から第一次世界大戦まで　1　文化史とは何か, 人は何のために文化史を学ぶか・ルネサンスと宗教改革（Kulturgeschichte der Neuzeit）　エーゴン・フリーデル著, 宮下啓三訳　オンデマンド版　みすず書房　2011.5　300, 13p　22cm　〈年表あり　原本 ： 1987年刊〉8500円　①978-4-622-06227-1 〔07148〕

◇近代文化史―ヨーロッパ精神の危機/黒死病から第一次世界大戦まで　2　バロックとロココ/啓蒙と革命（Kulturgeschichte der Neuzeit）　エーゴン・フリーデル著, 宮下啓三訳　オンデマンド版　みすず書房　2011.5　393, 18p　22cm　〈年表あり　原本 ： 1987年刊〉9000円　①978-4-622-06228-8 〔07149〕

◇近代文化史―ヨーロッパ精神の危機/黒死病から第一次世界大戦まで　3　ロマン主義と自由主義/帝国主義と印象主義（Kulturgeschichte der Neuzeit）　エーゴン・フリーデル著, 宮下啓三訳　オンデマンド版　みすず書房　2011.5　446, 21p　22cm　〈年表あり　原本 ： 1987年刊〉9500円　①978-4-622-06229-5 〔07150〕

フリテルス, D.*　Frijters, Dinnus

◇インターライ方式ケアアセスメント―居宅・施設・高齢者住宅（InterRAI home care（HC）assessment form and user's manual, 9.1〔etc.〕）　John N.Morris〔ほか〕著, 池上直己監訳, 山田ゆかり, 石橋智昭訳　医学書院　2011.12　307p　30cm　3800円　①978-4-260-01503-5 〔07151〕

ブリーデン, ジェイク　Breeden, Jake

◇世界一の企業教育機関がつくった仕事の教科書（Tipping Sacred Cows）　ジェイク・ブリーデン著, 宮本喜一訳　アチーブメント出版　2013.9　314p　19cm　1500円　①978-4-905154-51-8
内容 第1章 何が自分のアンタッチャブルか　第2章（×無難な）大胆なバランス　第3章（×惰性的な）責任のある協働作業　第4章（×自己陶酔的）役に立つ創造性　第5章（×ずば抜けた）成果の卓越性　第6章（×結果の）プロセスの公平性　第7章（×強迫的な）調和の取れた情熱　第8章（×舞台裏の）舞台上の準備　第9章 逆噴射の火を消そう 〔07152〕

フリーデン, マイケル

◇政治理論入門―方法とアプローチ（Political theory）　デイヴィッド・レオポルド, マーク・スティアーズ編著, 山岡竜一, 松元雅和監訳　慶応義塾大学出版会　2011.7　355p　21cm　〈文献あり〉3400円　①978-4-7664-1854-5
内容 政治的に考えることと政治について考えること（マイケル・フリーデン著） 〔07153〕

フリーデンタル‐ハーゼ, マルタ

◇自由への変革と市民教育　不破和彦編訳　青木書店　2011.2　182p　22cm　2500円　①978-4-250-21102-7
内容 壁の窪みでの民主主義の学習（マルタ・フリーデンタル‐ハーゼ著） 〔07154〕

フリード, ジェイソン　Fried, Jason

◇小さなチーム、大きな仕事―37シグナルズ成功の法則（Rework）　ジェイソン・フリード, デイヴィッド・ハイネマイヤー・ハンソン著, 黒沢健二, 松永肇一, 美谷広海, 祐佳ヤング訳　完全版　早川書房　2012.1　269p　19cm　1500円　①978-4-15-209267-0
内容 まず最初に　見直す　先に進む　進展　生産性　競合相手　進化　プロモーション　人を雇う　ダメージ・コントロール　文化　最後に　37シグナルズについて 〔07155〕

フリード, ブラッドリー　Fried, Bradley

◇全米最強のFXコーチ ロブ・ブッカーとZAiが作った米国式FXマニュアル　ロブ・ブッカー, Bradley Fried, ザイFX！ 編集部編　ダイヤモンド社　2011.1　246p　21cm　1600円　①978-4-478-01548-3
内容 第1章 ローソク足の性質を利用した新しいトレード手法 第1の戦術ボルテックス（ローソク足がピボットポイントに戻る性質を利用・ボルテックス　ボルテックスの進め方 ほか）　第2章 NY市場に注目したトレード手法 第2の戦術NYボックス（NY市場の動きをキャッチ！・NYボックス　NYボックスの進め方 ほか）　第3章 市場を4つに分け、状況に合った手法を実行！　第3の戦術アリゾナルール（市場を4つに分類したトレードシステム・アリゾナルール　アリゾナルールを知る旅に出よう ほか）　第4章 トレードに対する考え方や資金管理について学ぼう 「1日10pips」を実現するために（実現しやすい目標「1日10pips」 3つの戦術、どうやって選ぶ？　ほか） 〔07156〕

◇全米最強のFXコーチ ロブ・ブッカーとZAiが作った「米国式FX」DVD BOOK　ロブ・ブッカー, ブラッドリー・フリード,ZAi FX！ 編　ダイヤモンド社　2011.4　62p　26cm　〈付属資料 ： DVD1〉3800円　①978-4-478-01573-5
内容 序章 これだけおさえておけばOK！ アリゾナルールを行うための基礎知識（トレード必須アイテムローソク足チャートとは？　為替レートの最小単位「pip（ピップ）」ってナニ？　ほか）　第1章 ロブオススメのトレードシステム アリゾナルールとは？（画期的なトレードシステムアリゾナルールとは？　アリゾナルールの4つのフェーズ ほか）　第2章 レンジに引いたメサラインがカギ!!アリゾナ手法（1）メサ（トレ

フ

ンド中のレンジに注目メサ　メサの進め方(1) メサライを引く ほか)　第3章 ストキャスのクロスに注目! アリゾナ手法(2) スコッツデール(ストキャスが価格の調整を知らせるスコッツデール　スコッツデールの進め方(1) ストキャスのクロスを見つける ほか)
〔07157〕

フリート, ブルース　Fleet, Bruce
◇幸せな億万長者になる賢者ソロモン王の教え―富と成功を生む7つの成功法則 (The Solomon secret)　ブルース・フリート, アルトン・ガンスキー著, 佐藤利恵訳　メトロポリタンプレス　2011.5　220p　20cm　1500円　①978-4-904759-12-7
内容 序章 ソロモン王との出会い　第1章「計画」は、億万長者への第一歩　第2章 財布のひもはしっかり締めろ　第3章 世間に「うまい」儲け話はないと思え　第4章 投資の判断は、自分の都合のいいようにしてはいけない　第5章 投資で成功するために必要なこと　第6章 給料の中から一割でもいいから貯蓄する習慣をつける　第7章 幸せなお金持ちになるための秘訣　終章 ソロモン王の教えよ永遠なれ―アビダンとヨシュア
〔07158〕

フリード, J.*　Fried, Jesse M.
◇業績連動型報酬の虚実―アメリカの役員報酬とコーポレート・ガバナンス (Pay without Performance-The Unfulfilled Promise of Executive Compensation (抄訳))　Lucian Bebchuk,Jesse Fried著, 溝渕彰訳　岡山　大学教育出版　2013.11　240p　21cm　2500円　①978-4-86429-223-8
〔07159〕

フリードバーグ, アーロン・L.　Friedberg, Aaron L.
◇支配への競争―米中対立の構図とアジアの将来 (A Contest for Supremacy)　アーロン・L.フリードバーグ著, 佐橋亮監訳　日本評論社　2013.7　423p　20cm　〈索引あり〉3000円　①978-4-535-58637-6
内容 イントロダクション 支配への競争　第1章 台頭への道筋　第2章 対立の種　第3章 封じ込めから連携へ　第4章 コンゲージメント　第5章 勢―世界の趨勢を読む　第6章 韜光養晦―能力を隠して好機を待つ　第7章 戦わずして勝つ　第8章 影響力の均衡　第9章 力の均衡　第10章 代替戦略　第11章 アメリカは力の均衡を維持できるか
〔07160〕

フリードマン, ジョージ　Friedman, George
◇激動予測―「影のCIA」が明かす近未来パワーバランス (The next decade)　ジョージ・フリードマン著, 桜井祐子訳　早川書房　2011.6　356p　20cm　1800円　①978-4-15-209219-9
内容 アメリカの均衡をとり戻す　意図せざる帝国　共和国、帝国、そしてマキャヴェリ流の大統領　金融危機とよみがえった国家　勢力均衡を探る　テロの罠　方針の見直し―イスラエルの場合　戦略転換―アメリカ、イラン、そして中東　ロシアの復活　ヨーロッパ―歴史への帰還〔ほか〕
〔07161〕

フリードマン, ジョルジュ
◇叢書『アナール1929-2010』―歴史の対象と方法　2　1946-1957 (Anthologie des Annales 1929-2010)　E.ル=ロワ=ラデュリ,A.ビュルギエール監修, 浜名優美監訳　L.ヴァランシ編, 池田祥英, 井上桜子, 尾河直哉, 北垣潔, 塚島真実, 平沢勝行訳　藤原書店　2011.6　460p　22cm　6800円　①978-4-89434-807-3
内容 アメリカ産業界における「人的要素」の諸問題 (ジョルジュ・フリードマン著, 池田祥英訳)
〔07162〕

フリードマン, ジョン
◇都市社会学セレクション　3　都市の政治経済学　町村敬志編　日本評論社　2012.9　314p　22cm　3800円　①978-4-535-58594-2
内容 世界都市仮説 (ジョン・フリードマン執筆, 町村敬志訳)
〔07163〕

フリードマン, スチュワート・D.　Friedman, Stewart D.
◇トータル・リーダーシップ―世界最強ビジネススクールウォートン校流「人生を変える授業」(TOTAL LEADER SHIP)　スチュワート・D.フリードマン著, 塩崎彰久訳　講談社　2013.4　297p　19cm　1600円　①978-4-06-218283-6
内容 第1章 トータル・リーダーシップへの旅　第2章 あなたにとって本当に大切なものは何ですか　第3章 四つの領域を定義する　第4章 人生の大事なステークホルダーは誰ですか　第5章 大事なステークホルダーと心から繋がるためには　第6章 ビジョンに近づく「実験」を計画してみよう　第7章 ステークホルダーと力を合わせてビジョンを実現しよう　第8章 リーダーシップの終わらぬ旅　付録1 トータル・リーダーシップのコーチング・ネットワーク　付録2 トータル・リーダーシップを通じて組織全体で四面勝利を
〔07164〕

フリードマン, トーマス　Friedman, Thomas L.
◇かつての超大国アメリカ―どこで間違えたのかどうすれば復活できるのか (That Used to Be Us)　トーマス・フリードマン, マイケル・マンデルバウム著, 伏見威蕃訳　日本経済新聞出版社　2012.9　525p　20cm　〈索引あり〉2400円　①978-4-532-16845-2
内容 第1部 診断 (異変に気づいたら、ご一報を　自分たちの問題から目をそむける ほか)　第2部 教育という難題 (戻らない雇用　応援求む ほか)　第3部 数学と物理学に対する戦争 (これはわれわれが当然受け取るべきものだ　数学(と未来)との戦争 ほか)　第4部 失政 (魔の二歳児　「なにがなんでも反対」ほか)　第5部 アメリカ再発見 (俗言に惑わされない人々　ショック療法 ほか)
〔07165〕

フリードマン, ベンジャミン・M.　Friedman, Benjamin M.
◇経済成長とモラル (The moral consequences of economic growth)　ベンジャミン・M.フリードマン著, 地主敏樹, 重富公生, 佐々木豊訳　東洋経済新報社　2011.5　366, 99p　22cm　〈索引あり〉4800円　①978-4-492-44376-7
内容 第1部 諸概念、その起源、およびその含意 (経済成長とは何か、経済成長は何をもたらすのか　啓蒙主義とその淵源からの展望　進歩と反動―改革の時代から現代まで　所得の上昇、個人の態度、社会変化の政治学)　第2部 アメリカのデモクラシー (ホレイシオ・アルジャーからウィリアム・ジェニングズ・ブライアンまで　シオドア・ローズベルトからフラ

フ

ンクリン・ローズベルトまで　極端な例外としての大恐慌　戦後期のアメリカ社会）　第3部 将来への展望（成長と環境　アメリカにおける経済政策と経済成長）〔07166〕

フリードマン, ミルトン　Friedman, Milton

◇選択の自由―自立社会への挑戦（FREE TO CHOOSE）　M.フリードマン,R.フリードマン著, 西山千明訳　新装判　日本経済新聞出版社　2012.6　516p　20cm　〈初版 ： 日本経済新聞社 2002年刊　索引あり〉2400円　①978-4-532-35528-9

内容 第1章 市場の威力　第2章 統制という暴政　第3章 大恐慌の真の原因　第4章 ゆりかごから墓場まで　第5章 何のための平等か　第6章 学校教育制度の退廃　第7章 消費者を守るものは誰か　第8章 労働者を守るものは誰か　第9章 インフレに対する治療　第10章 流れは変わり始めた〔07167〕

フリードマン, ローズ　Friedman, Rose D.

◇選択の自由―自立社会への挑戦（FREE TO CHOOSE）　M.フリードマン,R.フリードマン著, 西山千明訳　新装判　日本経済新聞出版社　2012.6　516p　20cm　〈初版 ： 日本経済新聞社 2002年刊　索引あり〉2400円　①978-4-532-35528-9

内容 第1章 市場の威力　第2章 統制という暴政　第3章 大恐慌の真の原因　第4章 ゆりかごから墓場まで　第5章 何のための平等か　第6章 学校教育制度の退廃　第7章 消費者を守るものは誰か　第8章 労働者を守るものは誰か　第9章 インフレに対する治療　第10章 流れは変わり始めた〔07168〕

フリードランダー, ソール　Friedlander, Saul

◇アウシュヴィッツと表象の限界（Probing the Limits of Representation ： Nazism and the "Final Solution"）　ソール・フリードランダー編, 上村忠男, 小沢弘明, 岩崎稔訳　未来社　2013.5　260p　19cm　（ポイエーシス叢書）〈第3刷（第1刷1994年）〉3200円　①978-4-624-93223-7

内容 序論（ソール・フリードランダー著, 上村忠男訳）〔07169〕

フリードリッヒ, ニーチェ

◇黄金の星（ツァラトゥストラ）はこう語った　下（Also sprach Zarathustra）　フリードリッヒ・ニーチェ著, 小山修一訳　鳥影社　2011.2　353p　19cm　〈タイトル ： 黄金の星はこう語った〉1800円　①978-4-86265-293-5

内容 旅人　幻影と謎　意に染まぬ無上の幸せ　日の出前　人間を卑小にしてしまう徳　オリーヴの山で　通り過ぎること　脱落者たち　帰郷　三つの悪〔ほか〕〔07170〕

フリードリッヒ, マンフレート

◇ユダヤ出自のドイツ法律家（DEUTSCHE JURISTEN JUDISCHER HERKUNFT）　ヘルムート・ハインリッヒス, ハラルド・フランツキー, クラウス・シュマルツ, ミヒャエル・シュトレイス著, 森勇監訳　八王子　中央大学出版部　2012.3　25, 1310p　21cm　（日本比較法研究所翻訳叢書 62）〈文献あり 索引あり〉13000円　①978-4-8057-0363-2

内容 時代の渦中にあった, そしてまた, 時代を越えた法律家（マンフレート・フリードリッヒ著, 小野寺邦広訳）〔07171〕

フリードリヒ, イェルク　Friedrich, Jörg

◇ドイツを焼いた戦略爆撃―1940-1945（Der Brand）　イェルク・フリードリヒ〔著〕, 香月恵里訳　みすず書房　2011.2　474, 31p　22cm　〈文献あり 著作目録あり 年表あり 索引あり〉6600円　①978-4-622-07551-6

内容 第1章 兵器　第2章 戦略　第3章 国土　第4章 防衛　第5章 我々　第6章 自我　第7章 石〔07172〕

フリートレンダー, ザーロモ　Friedlaender, Salomo

◇理性と平和―ザーロモ・フリートレンダー/ミュノーナ政治理論作品選集　ザーロモ・フリートレンダー〔著〕, ハルトムート・ゲールケン, デートレフ・ティール, 中村博雄共編, 中村博雄訳　新典社　2012.6　254p　21cm　〈他言語標題 ： Vernunft und Frieden　年譜あり　著作目録あり　文献あり〉2400円　①978-4-7879-5509-8〔07173〕

ブリトン, ロナルド　Britton, Ronald

◇性、死、超自我―精神分析における経験（SEX, DEATH, AND THE SUPEREGO）　ロナルド・ブリトン著, 豊原利樹訳　誠信書房　2012.7　278p　22cm　〈文献あり 索引あり〉3800円　①978-4-414-41448-6

内容 第1部 性と死（ヒステリー―アンナ・O　ザビーナ・シュピールライン　性愛的逆転移　女性の去勢コンプレックスはフロイトの大失策か）　第2部 自我と超自我（実践における無意識　自我の概念　超自我からの解放　自我破壊的超自我　ユーモアと超自我）　第3部 自己愛（自己愛とその障害　空間の共有における自己愛の問題）〔07174〕

ブリニョルフソン, エリック　Brynjolfsson, Erik

◇機械との競争（Race Against The Machine）　エリック・ブリニョルフソン, アンドリュー・マカフィー著, 村井章子訳　日経BP社　2013.2　175p　19cm　〈発売 ： 日経BPマーケティング〉1600円　①978-4-8222-4921-2

内容 第1章 テクノロジーが雇用と経済に与える影響（雇用なき景気回復　仕事はどこへ行ってしまったのか ほか）　第2章 チェス盤の残り半分にさしかかった技術と人間（先行するコンピュータ　ムーアの法則とチェス盤の残り半分 ほか）　第3章 創造的破壊―加速するテクノロジー、消えてゆく仕事（生産性の伸び　伸び悩む所得 ほか）　第4章 では、どうすればいいか（組織革新の強化　人的資本への投資 ほか）　第5章 結論―デジタルフロンティア（デジタル革命は何をもたらすか　謝辞）〔07175〕

プリフィテラ, アウレリオ　Prifitera, Aurelio

◇WISC-IVの臨床的利用と解釈（WISC-IV clinical use and interpretation）　アウレリオ・プリフィテラ, ドナルド・H.サクロフスキー, ローレンス・G.ワイス編, 上野一彦監訳, 上野一彦, バーンズ亀山静子訳　日本文化科学社　2012.5　592p　22cm　〈文献あり〉①978-4-8210-6366-6

フ

内容 WISC-IVのFSIQとGAIの臨床的解釈 他（Donald H.Saklofske, Aurelio Prifitera, Lawrence G. Weiss, Eric Rolfhus, Jianjun Zhu著, 上野一彦訳）〔07176〕

プリマー, マーティン　Plimmer, Martin

◇本当にあった嘘のような話（BEYOND COINCIDENCE）　マーティン・プリマー, ブライアン・キング著, 有沢善樹訳　アスペクト　2012.11　311p　15cm　（アスペクト文庫 B19-1）　648円　①978-4-7572-2175-8

内容 世界が小さくなる扉　悲劇が近づいてくる扉　不思議な出会いの扉　失われたものが帰ってくる扉　作り話が現実になる扉　ジャスト・タイミングの扉　呪いとたたりの扉　歴史がくりかえす扉　偶然が偶然を呼ぶ扉　名前に隠された秘密の扉　パラレルワールドの扉　幸運がやってくる扉　数字に魅入られる扉　シンクロニシティの扉　運命のいたずらの扉〔07177〕

フ

フリーマン, アーサー　Freeman, Arthur

◇ダイニングテーブルのミイラ セラピストが語る奇妙な臨床事例―セラピストはクライエントから何を学ぶのか（The mummy at the dining room table）　ジェフリー・A.コトラー, ジョン・カールソン編著, 岩壁茂監訳, 門脇陽子, 森田由美訳　福村出版　2011.8　401p　22cm　〈文献あり〉　3500円　①978-4-571-24046-1

内容 史上最悪の弁護士（アーサー・フリーマン著, 森田由美訳）〔07178〕

◇臨床実践を導く認知行動療法の10の理論―「ベックの認知療法」から「ACT」・「マインドフルネス」まで（Cognitive and Behavioral Theories in Clinical Practice）　ニコラオス・カザンツィス, マーク・A.ライナック, アーサー・フリーマン編, 小堀修, 沢宮容子, 勝倉りえこ, 佐藤美奈子訳　星和書店　2012.11　509p　21cm　〈文献あり〉　4600円　①978-4-7911-0829-9

内容 精神障害の哲学、心理学、原因、および治療　Beckの認知療法　問題解決療法　論理情動行動療法　アクセプタンス&コミットメント・セラピー　行動活性化療法　弁証法的行動療法　認知分析療法　ポジティブ心理学とポジティブセラピー　マインドフルネス認知療法　感情焦点化/対人的認知療法　結び〔07179〕

フリーマン, サミュエル　Freeman, Samuel Richard

◇ロールズ政治哲学史講義　1（Lectures on the history of political philosophy）　ジョン・ロールズ〔著〕, サミュエル・フリーマン編, 斎藤純一, 佐藤正志, 山岡竜一, 谷沢正嗣, 高山裕二, 小田川大典訳　岩波書店　2011.9　444p　20cm　〈文献あり〉　3600円　①978-4-00-025818-0

内容 序論―政治哲学についての見解　ホッブズ（ホッブズの世俗的道徳主義と社会契約の役割　人間性と自然状態　実践的推論についてのホッブズの説明　主権者の役割と権力）　ロック（ロックの自然法の教義　正統な体制に関するロックの解釈　所有権と階級国家）　ヒューム（「原初契約について」　効用、正義、そして賢明な観察者）　ルソー（社会契約―その問題　社会契約―諸仮定と一般意志（一）　一般意志（二）と安定性の問題）〔07180〕

◇ロールズ政治哲学史講義　2（Lectures on the history of political philosophy）　ジョン・ロールズ〔著〕, サミュエル・フリーマン編, 斎藤純一, 佐藤正志, 山岡竜一, 谷沢正嗣, 高山裕二, 小田川大典訳　岩波書店　2011.9　p447-852, 16p　20cm　〈文献あり 索引あり〉　3600円　①978-4-00-025819-7

内容 ミル（ミルの効用の考え方　正義についてのミルの説明　自由原理　全体として見たミルの教義）　マルクス（社会システムとしての資本主義に関するマルクスの見解　権利と正義についてのマルクスの構想　マルクスの理想―自由に連合した生産者たちの社会）　補遺（ヘンリー・シジウィック四講　ジョゼフ・バトラー五講）〔07181〕

フリーマン, ローリー・アン　Freeman, Laurie Anne

◇記者クラブ―情報カルテル（Closing the shop）　ローリー・アン・フリーマン著, 橋場義之訳　緑風出版　2011.1　355p　20cm　3000円　①978-4-8461-1018-5

内容 メディアを取り込む（なぜメディアが問題か　メディアと政治プロセス―関係論的アプローチ ほか）　歴史にみるプレス、政治、市民（先例、新聞と国家の結びつきの確立 ほか）　日本の情報カルテル（競争と排除　規約と制裁を通じた関係の構築 ほか）　網の目の拡大―新聞協会と系列の役割（日本新聞協会　メディア系列 ほか）　なぜ情報カルテルが問題なのか（メディアの喩え　日本の情報カルテルがもたらしたもの ほか）〔07182〕

プリヤンバダ

◇ちくま哲学の森　7　恋の歌　鶴見俊輔, 安野光雅, 森毅, 井上ひさし, 池内紀編　筑摩書房　2012.3　444p　15cm　1300円　①978-4-480-42867-7

内容 宝石の声なる人に（岡倉天心, プリヤンバダ著, 大岡信訳）〔07183〕

フリューシュトゥック, サビーネ　Frühstück, Sabine

◇日本人の「男らしさ」―サムライからオタクまで「男性性」の変遷を追う（RECREATING JAPANESE MEN）　サビーネ・フリューシュトゥック, アン・ウォルソール編著, 長野ひろ子監訳, 内田雅克, 長野麻紀子, 粟倉大輔訳　明石書店　2013.1　307p　22cm　3800円　①978-4-7503-3745-6

内容 男性と男性性を問い直す 他（サビーネ・フリューシュトゥック, アン・ウォルソール著, 長野麻紀子訳）〔07184〕

ブリュネ, A.*　Brunet, Anne-Flore

◇パリジェンヌたちの秘密のパリ（My little Paris, le Paris secret des parisiennes）　マイ・リトル・パリ編, 広田明子訳　原書房　2012.7　153p　21cm　〈索引あり〉　1800円　①978-4-562-04844-1〔07185〕

ブリュネ, R.*　Brunet, Roger

◇ロシア・中央アジア（La Russie et les pays proches）　Roger Brunet〔著〕, 柏木隆雄, 鈴木隆編訳　朝倉書店　2011.6　272p　31cm　（ベラン世界地理大系 8　田辺裕, 竹内信夫監訳）　〈文献あり〉　16000円　①978-4-254-16738-2〔07186〕

ブリュノ, ティノ

◇震災とヒューマニズム―3・11後の破局をめぐって　日仏会館・フランス国立日本研究センター編, クリスチーヌ・レヴィ, ティエリー・リボー監修, 岩沢雅利, 園山千晶訳　明石書店　2013.5　328p　20cm　2800円　①978-4-7503-3814-9

内容 日本の新聞が原子力の「平和利用」の推進に果たした役割(ティノ・ブリュノ執筆, 園山千晶訳)〔07187〕

プリューファー, ヨハネス　Prüfer, Johannes

◇フリードリヒ・フレーベル―その生涯と業績 (Friedrich Fröbel)　ヨハネス・プリューファー著, 乙訓稔, 広嶋竜太郎訳　東信堂　2011.11　200p　22cm　〈年譜あり　索引あり〉2800円　①978-4-7989-0088-9

内容 幼年時代と修行時代　イエナでの大学生　遍歴時代　フランクフルト・アン・マインでの教師　ペスタロッチのもとでの二年間　その後の大学での研究　球体体験　解放戦争への従軍―一八一三年から一八一五年　結晶の世界への沈潜　カイルハウ学園の設立者〔ほか〕〔07188〕

ブリュレ, タイラー　Brule, Tyler

◇日本の未来について話そう―日本再生への提言 (Reimagining Japan)　マッキンゼー・アンド・カンパニー責任編集, クレイ・チャンドラー, エアン・ショー, ブライアン・ソーズバーグ編著　小学館　2011.7　416p　19cm　1900円　①978-4-09-388189-0

内容 「ポスト・ラグジュアリー」の時代(タイラー・ブリュレ著)〔07189〕

フリーランド, アリソン　Freeland, Alison

◇母親になるということ―新しい「私」の誕生 (The Birth of a Mother)　ダニエル・N.スターン, ナディア・B-スターン, アリソン・フリーランド著, 北村婦美訳　大阪　創元社　2012.11　258p　19cm　2200円　①978-4-422-11554-2

内容 第1部 母親になるまで(妊娠―新しい「私」になるために　出産―変化のとき　想像上の赤ちゃんと現実の赤ちゃん)　第2部 母親が生まれる(赤ちゃんの命を守る　愛する責任　認められたい気持ち　あるお母さんの体験　もし、赤ちゃんとお母さんが日記を書いたら)　第3部 母親の適応(特別な配慮のいる子どもたち―未熟児や障害児の赤ちゃん　いつ仕事に戻るか？　父親になる夫たち)〔07190〕

フリーランド, クリスティア　Freeland, Chrystia

◇グローバル・スーパーリッチ―超格差の時代 (PLUTOCRATS)　クリスティア・フリーランド著, 中島由華訳　早川書房　2013.11　430p　19cm　〈文献あり〉2000円　①978-4-15-209419-3〔07191〕

フリン, ブレンダン

◇変貌する世界の緑の党―草の根民主主義の終焉か？ (GREEN PARTIES IN TRANSITION)　E.ジーン・フランクランド, ポール・ルカルディ, ブノワ・リウー編著, 白井和宏訳　緑風出版　2013.9　455p　20cm　〈文献あり〉3600円　①978-4-8461-1320-9

内容 アイルランドにおける緑の党(ジョージ・テイラー, ブレンダン・フリン著)〔07192〕

プリング, リチャード

◇エビデンスに基づく教育政策 (EVIDENCE-BASED EDUCATION POLICY)　D.ブリッジ, P.スメイヤー, R.スミス編著, 柘植雅義, 葉養正明, 加治佐哲也編訳　勁草書房　2013.11　270p　21cm　〈索引あり〉3600円　①978-4-326-25092-9

内容 徹底的であることの重要性(アリス・オアンセア, リチャード・プリング著, 籾井圭子訳)〔07193〕

プリングスハイム, クラウス

◇『Japan To-day』研究―戦時期『文芸春秋』の海外発信　鈴木貞美編　京都　国際日本文化研究センター　2011.3　375p　26cm　(日文研叢書)〈発売：作品社〉4800円　①978-4-86182-328-2

内容 大いにありそうもない話(クラウス・プリングスハイム著, 野村しのぶ訳)〔07194〕

プリングスハイム, ハンス・エリック

◇『Japan To-day』研究―戦時期『文芸春秋』の海外発信　鈴木貞美編　京都　国際日本文化研究センター　2011.3　375p　26cm　(日文研叢書)〈発売：作品社〉4800円　①978-4-86182-328-2

内容 最近の日本論(『NIPPON・日本』『日本の海軍力―自己主張と権利平等をめぐり勢いを増す闘争1853-1937』)(ハンス・エリック・プリングスハイム著, 斎藤忠, 牛村圭訳)〔07195〕

ブリンクリー, キャスリン　Brinkley, Kathryn

◇光の秘密―天国からのレッスン (SECRETS OF THE LIGHT)　ダニオン・ブリンクリー, キャスリン・ブリンクリー著, 小川昭子訳　ナチュラルスピリット　2013.5　211p　20cm　1500円　①978-4-86451-073-8

内容 1 行きて帰りし物語(死との陽気なダンス　二つの世界の間で　ふるさとを遠く離れて ほか)　2 パワーへの四つの道(では、その後の話を　愛のパワー　選択のパワー ほか)　3 天国からの七つのレッスン(レッスン　パノラマ人生レビュー)　もし本当なら、どうすればいい？〔07196〕

ブリンクリー, ダニオン　Brinkley, Dannion

◇光の秘密―天国からのレッスン (SECRETS OF THE LIGHT)　ダニオン・ブリンクリー, キャスリン・ブリンクリー著, 小川昭子訳　ナチュラルスピリット　2013.5　211p　20cm　1500円　①978-4-86451-073-8

内容 1 行きて帰りし物語(死との陽気なダンス　二つの世界の間で　ふるさとを遠く離れて ほか)　2 パワーへの四つの道(では、その後の話を　愛のパワー　選択のパワー ほか)　3 天国からの七つのレッスン(レッスン　パノラマ人生レビュー)　もし本当なら、どうすればいい？〔07197〕

プルーイット, D.*　Pruitt, Dean G.

◇紛争と平和構築の社会心理学―集団間の葛藤とその解決 (INTERGROUP CONFLICTS AND THEIR RESOLUTION)　ダニエル・バル・タル編著, 熊谷智博, 大淵憲一監訳　京都　北大路

フ

書房 2012.10 375p 21cm 〈索引あり〉4000円 ①978-4-7628-2787-7
内容 集団間紛争における交渉と調停(Dean G.Pruitt著, 小山雅徳訳) 〔07198〕

ブルクシャイティエネ, ニヨレ
◇自由への変革と市民教育 不破和彦編訳 青木書店 2011.2 182p 22cm 2500円 ①978-4-250-21102-7
内容 リトアニアの成人教育(ゲヌテ・ゲドヴィレネ, エレナ・ミツクナイテ, ニヨレ・ブルクシャイティエネ著) 〔07199〕

ブルークス, リン Brooks, Lynne M.
◇戦略的プロジェクト経営 (Essentials of strategic project management) ケビン・カラハン, リン・ブルークス共著, プロジェクトマネジメント情報研究所監訳, 清水計雄, 増淵典明共訳 鹿島出版会 2011.9 125p 26cm 3500円 ①978-4-306-01151-9
内容 第1章 プロジェクトマネジメントに関する問題 第2章 プロジェクトマネジメントの基礎 第3章 プロジェクトの立上げ 第4章 プロジェクト計画 第5章 プロジェクトの実行とコントロール 第6章 プロジェクトマネジメント成熟度 第7章 プロジェクトマネジメント・オフィス 第8章 プロジェクト・ポートフォリオマネジメント 〔07200〕

フルシチョフ, セルゲイ Khrushchev, Sergei
◇世界平和への冒険旅行―ダグ・ハマーショルドと国連の未来 (The Adventure of Peace) ステン・アスク, アンナ・マルク＝ユングクヴィスト編, ブライアン・アークハート, セルゲイ・フルシチョフ他著, 光橋翠訳 新評論 2013.7 358p 20cm 〈文献あり 年譜あり〉3800円 ①978-4-7948-0945-2
内容 ダグ・ハマーショルドとニキータ・フルシチョフ(セルゲイ・フルシチョフ著) 〔07201〕

フルシチョワ, ニーナ・L.
◇世界は考える 野中邦子訳 土曜社 2013.3 189p 19cm (プロジェクトシンジケート叢書 2) 〈文献あり〉1900円 ①978-4-9905587-7-2
内容 過去をひきずるロシアの未来史(ニーナ・L.フルシチョワ著) 〔07202〕

ブルーシュタイン, デイビッド・L.
◇D.E.スーパーの生涯と理論―キャリアガイダンス・カウンセリングの世界的泰斗のすべて (The Career Development Quarterly.Volume 43 Number1) 全米キャリア発達学会著, 仙崎武, 下村英雄編訳 図書文化社 2013.11 183p 21cm 〈索引あり〉3000円 ①978-4-8100-3637-4
内容 進路選択のレディネス(スーザン・D.フィリップ, デイビッド・L.ブルーシュタイン著, 浦部ひとみ訳) 〔07203〕

ブルース, ロバート・B. Bruce, Robert Bowman
◇戦闘技術の歴史 4 ナポレオンの時代編―AD1792-AD1815 (FIGHTING TECHNIQUES OF THE NAPOLEONIC AGE) ロバート・B.ブルース, イアン・ディッキー, ケヴィン・キーリー, マイケル・F.パヴコヴィック, フレデリック・C.シュネイ著, 浅野明監修, 野下祥子訳 大阪 創元社 2013.4 367p 22cm 〈文献あり 索引あり〉4500円 ①978-4-422-21507-5
内容 第1章 歩兵の役割(縦長隊形 戦術の再考 ほか) 第2章 騎兵の戦闘(騎兵の馬 隊形と規律 ほか) 第3章 指揮と統率(スイス選抜歩兵将校(第三スイス連隊) 王室騎馬兵将校(イギリス)) 第4章 火砲と攻囲戦(野戦砲の発達 リヒテンシュタイン・システム ほか) 第5章 海戦(攻撃力 艦隊戦術 ほか) 〔07204〕

ブルース, F.F. Bruce, Frederick Fyvie
◇コリントの信徒への手紙一、二 (1&2 Corinthians) F.F.ブルース著, 伊藤明生訳 日本キリスト教団出版局 2013.10 327p 22cm (ニューセンチュリー聖書注解) 〈文献あり 索引あり〉5200円 ①978-4-8184-0860-9 〔07205〕

ブルースタイン, ポール Blustein, Paul
◇日本の未来について話そう―日本再生への提言 (Reimagining Japan) マッキンゼー・アンド・カンパニー責任編集, クレイ・チャンドラー, エアン・ショー, ブライアン・ソーズバーグ編著 小学館 2011.7 416p 19cm 1900円 ①978-4-09-388189-0
内容 外交力のない国、ニッポン(ポール・ブルースタイン著) 〔07206〕
◇IMF―世界経済最高司令部20カ月の苦闘 上 (THE CHASTENING) ポール・ブルースタイン著, 東方雅美訳 楽工社 2013.12 315p 20cm 1900円 ①978-4-903063-62-1 〔07207〕
◇IMF―世界経済最高司令部20カ月の苦闘 下 (THE CHASTENING) ポール・ブルースタイン著, 東方雅美訳 楽工社 2013.12 291p 20cm 〈年表あり〉1900円 ①978-4-903063-63-8 〔07208〕

ブルースター＝ガオ
◇『Japan To-day』研究―戦時期『文芸春秋』の海外発信 鈴木貞美編 京都 国際日本文化研究センター 2011.3 375p 26cm (日文研叢書) 〈発売：作品社〉4800円 ①978-4-86182-328-2
内容 いつ戦争は終わる？(ブルースター＝ガオ著, ジョン・ブリーン訳) 〔07209〕

プルースト, ジャック
◇ディドロ著作集 第4巻 美学・美術―付・研究論集 ディドロ〔著〕, 鷲見洋一, 井田尚監修 法政大学出版局 2013.9 646p 20cm 6600円 ①978-4-588-12014-5
内容 『百科全書』から『ラモーの甥』へ(ジャック・プルースト著, 鷲見洋一訳) 〔07210〕

フルダ, ハンス・フリードリヒ Fulda, Hans Friedrich
◇ヘーゲル―生涯と著作 (Georg Wilhelm Friedrich Hegel) ハンス・フリードリヒ・フルダ著, 海老沢善一訳 松戸 梓出版社 2013.3 392, 28p 22cm 〈布装 文献あり 年譜あり 索引あり〉5200円 ①978-4-87262-033-7
内容 1 前半生(いかにしてひとりの神学者がつくられた

か　その境遇からいかなる人物がつくられたか　「理想の反省形式」）　2 著作と教説（哲学批判としての反省批判　理性認識の古い二学科と新しい三学科　"エンチュクロペディー"における自然の哲学と精神の哲学　ヘーゲルの講義とその資料について）　3 哲学と生活―後半生（教授職を得ようと努力した十五年　大学教授の十五年）　4 死後の生、その一瞥（ヘーゲル学派とその解体　ヘーゲルを知らぬ地域とヘーゲルを忘れた時代におけるヘーゲル主義　今日のヘーゲル）〔07211〕

ブルダルー, ルイ

◇近代カトリックの説教　高柳俊一編　教文館　2012.8　458p　21cm　（シリーズ・世界の説教）　4300円　①978-4-7642-7338-2

内容 死の思い（ルイ・ブルダルー述, 高柳俊一訳）〔07212〕

プルタルコス　Plutarchus

◇英雄伝　3　プルタルコス〔著〕, 柳沼重剛訳　京都　京都大学学術出版会　2011.4　437p　20cm　（西洋古典叢書 G066　内山勝利, 大戸千之, 中務哲郎, 南川高志, 中畑正志, 高橋宏幸編）〈付属資料：8p：月報 85〉3900円　①978-4-87698-188-5

内容 アリステイデスとマルクス・カトー（大カトー）（アリステイデス　マルクス・カトー　アリステイデスとマルクス・カトーの比較）　ピロポイメンとフラミニヌス（ピロポイメン　フラミニヌス　ピロポイメンとフラミニヌスの比較）　ピュロスとマリウス（ピュロス　マリウス）　リュサンドロスとスラ（リュサンドロス　スラ　リュサンドロスとスラの比較）〔07213〕

◇モラリア　9（Moralia）　プルタルコス〔著〕, 伊藤照夫訳　京都　京都大学学術出版会　2011.5　317p　20cm　（西洋古典叢書 G067　内山勝利, 大戸千之, 中務哲郎, 南川高志, 中畑正志, 高橋宏幸編）〈文献あり〉3400円　①978-4-87698-189-2

内容 エロス談義　情話五題　哲学者はとくに権力者と語り合うべきことについて　教養のない権力者に一言　老人は政治活動に従事するべきか　政治家になるための教訓集　独裁政治と民主政治と寡頭政治について〔07214〕

◇ちくま哲学の森　1　生きる技術　鶴見俊輔, 安野光雅, 森毅, 井上ひさし, 池内紀編　筑摩書房　2011.9　420p　15cm　1200円　①978-4-480-42861-5

内容 饒舌について（プルタルコス著, 柳沼重剛訳）〔07215〕

◇モラリア　8　プルタルコス〔著〕, 松本仁助訳　京都　京都大学学術出版会　2012.8　490, 10p　20cm　（西洋古典叢書 G073　内山勝利, 大戸千之, 中務哲郎, 南川高志, 中畑正志, 高橋宏幸編集委員）〈付属資料：8p：月報 94　布装　索引あり〉4200円　①978-4-87698-197-7

内容 宴席で哲学的議論をしてよいのか　招待者のほうが客の席を決めるのか、それとも客が自分で席を決めるのか　宴会で執政官の席と言われる場所が、栄誉を得る理由はなんであるか　宴会の世話役はどのような人物でなければならないのか　どうして「恋は、人を詩人にする」と言われるのか　アレクサンドロス大王の大酒について　老人が強い酒を非常に好むのはなぜか　老人が書面をより遠く離して読むのはなぜか　なぜ衣服の洗濯には海水より淡水がよいのか　アテナイでは、アイアンティス部族の合唱隊が、けっして最下位の判定をうけないのはなぜか〔ほか〕〔07216〕

◇モラリア　10　プルタルコス〔著〕, 伊藤照夫訳　京都　京都大学学術出版会　2013.6　214p　20cm　（西洋古典叢書 G079　内山勝利, 大戸千之, 中務哲郎, 南川高志, 中畑正志, 高橋宏幸編集委員）〈附属資料：8p：月報 101　布装　文献あり〉2800円　①978-4-87698-286-8

内容 借金をしてはならぬことについて　十大弁論家列伝　アリストパネスとメナンドロスの比較論概要　ヘロドトスの悪意について〔07217〕

プルツェル・トーマス, アンナ　Pruetzel-Thomas, Anna

◇子どもの心理療法と調査・研究―プロセス・結果・臨床的有効性の探求（Child psychotherapy and research）　ニック・ミッジリー, ジャン・アンダーソン, イブ・グレンジャー, ターニャ・ネシッジ・ブコビッチ, キャシー・アーウィン編著, 鵜飼奈津子監訳　大阪　創元社　2012.2　287p　22cm　〈索引あり　文献あり〉5200円　①978-4-422-11524-5

内容 心理療法プロセスについての新しい見方と話し方の発見：子どもの心理療法Qセット（Celeste Schneider,Anna Pruetzel-Thomas,Nick Midgley著, 松本拓真訳）〔07218〕

ブルックス, アル　Brooks, Al

◇プライスアクショントレード入門―足1本ごとのテクニカル分析とチャートの読み方（Reading Price Charts Bar by Bar）　アル・ブルックス著, 長尾慎太郎監修, 井田京子訳　パンローリング　2013.6　579p　22cm　（ウィザードブックシリーズ 206）　5800円　①978-4-7759-7173-4

内容 プライスアクション　トレンドラインとトレンドチャネル　トレンド　プルバック　トレーディングレンジ　ブレイクアウト　マグネット効果　トレンドの反転　小さな反転―失敗　デイトレード　最初の1時間　デイトレードの詳しい例　日足、週足、月足のチャート　オプション　最高のトレード〔07219〕

◇プライスアクションとローソク足の法則―足1本の動きから隠れていたパターンが見えてくる（Trading Price Action Trends）　アル・ブルックス著, 長尾慎太郎監修, 山下恵美子訳　パンローリング　2013.9　622p　22cm　（ウィザードブックシリーズ 209）　5800円　①978-4-7759-7176-5

内容 第1部 プライスアクション（プライスアクションのスペクトル―極端なトレンドから極端なトレーディングレンジまで　トレンド足（陽線や陰線）、同時線、クライマックス　ブレイクアウト、トレーディングレンジ、試し、反転 ほか）　第2部 トレンドラインとチャネル（トレンドライン　トレンドチャネルライン　チャネル　ミクロチャネル　水平ライン―スイングポイントとその鍵となる価格水準 ほか）　第3部 トレンド（トレンドのトレード例　トレンドにおける強さのサイン　ツーレッグ）　第4部 一般的なトレンドパターン（スパイク・アンド・チャネル・トレンド　トレンドが伴うトレーディングレンジ　寄り付きからのトレンドと小さなプルバックを伴うトレンド）〔07220〕

フ

ブルックス, デイヴィッド　Brooks, David

◇人生の科学—「無意識」があなたの一生を決める（The social animal）　デイヴィッド・ブルックス著, 夏目大訳　早川書房　2012.2　573p　19cm　2300円　①978-4-15-209277-9

内容 意思決定—男女の感じ方　生活観の違い—結婚とセックス　乳児期の成長—親子の絆　「世界地図」作り—脳と学習　愛着—親子関係と成長　学習—友人と学校　創発システム—貧困と教育　セルフコントロール—集中力が人生を決める　文化—成功を決めるもの　知性—IQの限界　無意識の偏見—選択の仕組み　自由と絆—二つの幸せ　他者との調和—二人の間の境界　合理主義の限界—世の中は感情で動く　科学と知恵—「メティス」という境地　反乱—組織の改革　すれ違い—恋愛から友愛へ　道徳心—無意識の教育　リーダー—選挙の心理学　真の「社会」主義—階層の流動化　新たな学び—過去との対話　人生の意味—最期の時　〔07221〕

ブルックス, マックス　Brooks, Max

◇ゾンビサバイバルガイド（The ZOMBIE SURVIVAL GUIDE）　マックス・ブルックス著, 卯月音由紀訳, 森瀬繚翻訳監修　エンターブレイン　2013.8　365p　19cm　〈発売：KADOKAWA〉1800円　①978-4-04-728955-0

内容 第1章 不死者—伝説と真実　第2章 武器と戦闘技術　第3章 防御法　第4章 逃亡法　第5章 攻撃法　第6章 ゾンビの支配する世界で　第7章 ゾンビ襲撃記録　付録 大発生記録帳　〔07222〕

ブルッゲマン, W.　Brueggemann, Walter

◇聖書は語りかける（The Bible makes sense（rev. ed.））　W.ブルッゲマン〔著〕, 左近豊訳　日本キリスト教団出版局　2011.2　236p　19cm　2200円　①978-4-8184-0769-5

内容 1 斬新な視点の可能性　2 歴史的想像力を培う　3 内部者としてわかること　4 聖書の途方もない視座の中心—神　5 これまでと同じことに、まだ続きがある　6 悔い改めて、生きよ！　7「死から命へ」　8「神の子となる力」　9 聖書とその共同体　10 まとめ 聖書を見る視点　〔07223〕

ブルッゲル, フレドリック・クリスティアン　Brøgger, Fredrik Christian

◇アメリカの文化—アンソロジー（American culture（抄訳））　アンネシュ・ブライリィ, フレドリック・クリスティアン・ブルッゲル, オイヴィン・T.グリクスン, トルビョルン・シレヴァーグ編, 藤江啓子訳　大阪　大阪教育図書　2012.11　405p　21cm　〈2006年刊　の増補〉　3800円　①978-4-271-31019-8　〔07224〕

フルッサー, ヴィレム　Flusser, Vilém

◇写真の哲学のために—テクノロジーとヴィジュアルカルチャー（Für eine Philosophie der Fotografie）　ヴィレム・フルッサー著, 深川雅文訳, 室井尚解説　勁草書房　2012.5　192p　19cm　〈第6刷（第1刷1999年）〉3000円　①978-4-326-15340-4

内容 写真の哲学のために—テクノロジーとヴィジュアルカルチャー（画像　テクノ画像　写真装置　写真行為　写真　写真の流通　写真の受容　写真の宇宙　写真の哲学の必要性）　解説 文化の大転換のさなかに—二〇世紀末にフルッサーをどう読むべきか　〔07225〕

ブルデュー, ピエール　Bourdieu, Pierre

◇自己分析（Esquisse pour une auto-analyse）　ブルデュー〔著〕, 加藤晴久訳　藤原書店　2011.1　198p　20cm　（Bourdieu library）〈索引あり〉　2800円　①978-4-89434-781-6　〔07226〕

◇国家貴族—エリート教育と支配階級の再生産　1（La noblesse d'état）　ピエール・ブルデュー〔著〕, 立花英裕訳　藤原書店　2012.2　475p　22cm　（Bourdieu library）　5500円　①978-4-89434-841-7　〔07227〕

◇国家貴族—エリート教育と支配階級の再生産　2（La noblesse d'état）　ピエール・ブルデュー〔著〕, 立花英裕訳　藤原書店　2012.3　p480-818　22cm　（Bourdieu library）〈索引あり〉　5500円　①978-4-89434-842-4　〔07228〕

◇実践感覚　1（LE SENS PRATIQUE）　ピエール・ブルデュ著, 今村仁司, 港道隆訳　新装版　みすず書房　2012.5　281p　19cm　〈第3刷（新装版第1刷2001年）〉3300円　①978-4-622-04995-1

内容 第1部 理論理性批判（客観化を客観化する　主観主義の想像的人類学　構造、ハビトゥス、実践　信念と身体　実践の論理　時間の働き　象徴資本　支配の様式　主観的なものの客観性）　〔07229〕

◇実践感覚　2（LE SENS PRATIQUE）　ピエール・ブルデュ著, 今村仁司, 福井憲彦, 塚原史, 港道隆訳　新装版　みすず書房　2012.5　266, 5p　19cm　〈第3刷（新装版第1刷2001年）〉3300円　①978-4-622-04996-8

内容 第2部 実践の論理（土地と結婚戦略　親族の社会的用法　アナロジーの悪魔　家または転倒した世界）　〔07230〕

ブルート, ジョージ　Pruitt, George

◇トレードシステムはどう作ればよいのか—トレーダーが最も知りたい検証のイロハ　1　ジョージ・プルート著, 長尾慎太郎監修, 山下恵美子訳　パンローリング　2013.11　302p　22cm　（ウィザードブックシリーズ 211）　5800円　①978-4-7759-7178-9

内容 ダイナミックブレイクアウト・エンジンの移動平均線の交差システムへの適用　動的移動平均線の交差システム—パート2　S&Pデイトレーダーの最近の成績　S&Pデイトレードシステム—現在の高ボラティリティのS&P市場ではどんな損切りがうまくいくのか　先物トレードシステムは株式でどう機能するのか　EミニS&Pは解決策になるのか　S&P500のシステムはナスダック100ではどう機能するのだろうか　良いシステムはどこに行った（今日のボラティリティの高い市場ではどのシステムが機能するのか　今日のクレイジーな市場でシステムが機能しなくなったときにやるべきこと）　システム対決　S&Pシステム対2000年〔ほか〕　〔07231〕

◇トレードシステムはどう作ればよいのか—トレーダーが最も知りたい検証のイロハ　2　ジョージ・プルート著, 長尾慎太郎監修, 山下恵美子訳　パンローリング　2013.12　293p　22cm　（ウィザードブックシリーズ 212）　5800円　①978-4-7759-7179-6　〔07232〕

ブルーナ, ディック　Bruna, Dick

◇クリスマスってなあに（KERSTMIS）　ディック＝ブルーナ作, ふなざきやすこ訳　愛蔵版　講談社　2013.11　〔28p〕　17×30cm　（講談社の翻訳絵本）　1500円　①978-4-06-283076-8　〔07233〕

ブルニフィエ, オスカー　Brenifier, Oscar

◇愛すること（L'amour et l'amitié）　オスカー・ブルニフィエ文, ジャック・デプレイラスト, 藤田尊潮訳　世界文化社　2011.11　1冊（ページ付なし）　23×23cm　（はじめての哲学）　1500円　①978-4-418-11504-4　〔07234〕

◇生きる意味（Le sens de la vie）　オスカー・ブルニフィエ文, ジャック・デプレイラスト, 藤田尊潮訳　世界文化社　2011.11　1冊（ページ付なし）　23×23cm　（はじめての哲学）　1500円　①978-4-418-11503-7　〔07235〕

◇哲学してみる（Le livre des grands contraires philosophiques）　オスカー・ブルニフィエ文, ジャック・デプレイラスト, 藤田尊潮訳, 村山保史監修・訳　世界文化社　2012.3　75p　23×23cm　（はじめての哲学）　1900円　①978-4-418-12500-5

内容 一と多を考える　有限と無限を考える　存在と外見を考える　自由と必然を考える　理性と情動を考える　自然と文化を考える　時間と永遠を考える　わたしと他者を考える　肉体と精神を考える　能動的と受動的を考える　客観的と主観的を考える　原因と結果を考える　〔07236〕

◇神さまのこと（La question de Dieu）　オスカー・ブルニフィエ文, ジャック・デプレイラスト, 藤田尊潮訳　世界文化社　2012.8　1冊（ページ付なし）　23×23cm　（はじめての哲学）　1500円　①978-4-418-12501-2　〔07237〕

◇よいことわるいこと（C'est bien, c'est mal）　オスカー・ブルニフィエ文, ジャック・デプレイラスト, 藤田尊潮訳　世界文化社　2012.8　1冊（ページ付なし）　23×23cm　（はじめての哲学）　1500円　①978-4-418-12502-9　〔07238〕

ブルネマン, ヨハン　Brunnemann, Johann

◇近世ドイツの刑事訴訟―〔ヨハン・ブルネマン『糺問訴訟法論』〈1648年〉〕（Tractatus juridicus de inquisitionis processu）〔ヨハン・ブルネマン〕〔著〕, 上口裕訳　成文堂　2012.5　371p　22cm　7000円　①978-4-7923-1936-6

内容 第1章 糺問の定義　第2章 糺問の区分　第3章 糺問の主体　第4章 糺問の端緒　第5章 糺問が可能な犯罪　第6章 糺問の対象となる者　第7章 一般糺問　第8章 特別糺問の形式　第9章 各犯罪に対する刑罰　第10章 有責判決の執行　第11章 糺問に対する異議申立て　糺問刑事裁判令草案　〔07239〕

ブルーノ, ジョルダーノ　Bruno, Giordano

◇ジョルダーノ・ブルーノ著作集　5　傲れる野獣の追放（Spaccio de la bestia trionfante）　ジョルダーノ・ブルーノ〔著〕　加藤守通訳　東信堂　2013.9　293p　22cm　〈他言語標題：Le opere scelte di Giordano Bruno　背のタイトル：ジョルダーノブルーノ〉　4800円　①978-4-7989-1188-5

内容 第1対話 天の浄化の始まり（老ユピテルの改悛とモムスの召喚　悪徳のホロスコープ　"熊"の追放）　第2対話 天の浄化の中心思想（真理・賢慮・知恵・法・審判　ヘラクレスの座を巡る論争　剛毅と勤勉）　第3対話 天の浄化の完成（閑暇を巡る論争　古代エジプト人の英知　アンリ三世への期待）　〔07240〕

ブルーノ, デーブ　Bruno, Dave

◇100個チャレンジ―生きるために必要なモノは、そんなに多くない！　デーブ・ブルーノ著, ボレック光子訳　飛鳥新社　2011.8　207p　19cm　1400円　①978-4-86410-103-5

内容 1 私はなぜこれまでの生活を捨てて、「100個チャレンジ」に挑戦することを決意したのか（私はモノの奴隷だった　消費というエンドレスゲーム　チャレンジのための八つのルール　改革は、まず家庭から ほか）　2 チャレンジの一年間―始まりから終わりまで（100個チャレンジ、スタート　100個チャレンジのリスト　単純に割り切れないモノ　クリスマスのチャレンジ ほか）　〔07241〕

ブルノン, アンヌ　Brenon, Anne

◇カタリ派―中世ヨーロッパ最大の異端（Les cathares）　アンヌ・ブルノン著, 池上俊一監修, 山田美明訳　大阪　創元社　2013.8　142p　18cm　（「知の再発見」双書 160）　〈文献あり 年譜あり 索引あり〉　1600円　①978-4-422-21220-3

内容 第1章 西暦1000年を迎えたキリスト教世界　第2章 ヨーロッパのカタリ派教会　第3章 恩寵の時代　第4章 同盟を結んだ教皇とフランス国王　第5章 カタリ派の消滅　資料篇―キリストの貧者か悪魔の使徒か　〔07242〕

フルフォード, マイケル

◇オックスフォード ブリテン諸島の歴史　1　ローマ帝国時代のブリテン島（The short Oxford history of the British Isles : the Roman Era）　鶴島博和日本語版監修　ピーター・サルウェイ編, 南川高志監訳　慶応義塾大学出版会　2011.5　336, 53p　22cm　〈文献あり 年表あり 索引あり〉　4800円　①978-4-7664-1641-1

内容 新たな出発（マイケル・フルフォード著）　〔07243〕

ブルボー, リズ　Bourbeau, Lise

◇お金と豊かさの法則（L'argent et l'abondance）　リズ・ブルボー著, 浅岡夢二訳　ハート出版　2011.5　205p　19cm　1500円　①978-4-89295-686-7　〔07244〕

◇〈からだ〉の声を聞く日々のレッスン―人生に〈気づき〉をくれる365日のセルフワーク（Une année de prises de conscience avec ÉCOUTE TON CORPS）　リズ・ブルボー著, 浅岡夢二訳　ハート出版　2012.11　221p　21cm　1800円　①978-4-89295-915-8

内容 約束　原因と結果　自分を愛する　創造性　正義　受容　他者への愛　信仰　謙虚さ　率直さ〔ほか〕　〔07245〕

◇〈からだ〉の声を聞きなさい　あなたの中のスピリチュアルな友人（ÉCOUTE TON CORPS（原

著改訂版)） リズ・ブルボー著, 浅岡夢二訳 増補改訂版 ハート出版 2013.3 349p 19cm 1800円 ①978-4-89295-919-6
内容 第1部 人生の大切な法則（あなたがこの世で生きる目的 潜在意識と超意識を信頼する ほか） 第2部 “精神体”の声を聞く（エゴと傲慢さに向き合う 善悪の価値観にこだわりすぎない ほか） 第3部 “感情体”の声を聞く（恐れや罪悪感に支配されないために 感情を正しく表現する方法 ほか） 第4部 “物質体”の声を聞く（食べることの本当の意味 あなたにとって理想的な体重 ほか） 第5部 スピリチュアルに生きる（最も美しいスピリチュアリティの定義 すべてを受け入れる“6つの方法”） 〔07246〕

ブルマ, イアン Buruma, Ian
◇日本の未来について話そう―日本再生への提言（Reimagining Japan） マッキンゼー・アンド・カンパニー責任編集, クレイ・チャンドラー, エアン・ショー, ブライアン・ソーズバーグ編著 小学館 2011.7 416p 19cm 1900円 ①978-4-09-388189-0
内容 コスモポリタン国家への転換（イアン・ブルマ著） 〔07247〕

フ

ブールマン, ウィリアム Buhlman, William L.
◇肉体を超えた冒険―どのようにして体外離脱を経験するか（Adventures beyond the body） ウィリアム・ブールマン著, 二宮千恵訳 ナチュラルスピリット 2012.1 366, 24p 20cm 〈索引あり〉2200円 ①978-4-86451-031-8
内容 第1部 未知の領域を探検する（初めての旅 体外離脱での出会い） 第2部 人類最大の謎を解き明かす（新たなフロンティア 変容的性質 生来の能力を開花させる 探検のためのテクニック 体外離脱をマスターする 高度な体外離脱体験） 〔07248〕

フルマン, ジョー Fullman, Joe
◇いまがわかる！ 世界なるほど大百科（What you need to know now） ジョー・フルマン, イアン・グラハム, サリー・リーガン, イザベル・トマス著, スティーブン・スコッファム監修, 武舎広幸, 武舎るみ, 野村真依子訳 河出書房新社 2011.10 256p 29cm 〈索引あり〉3800円 ①978-4-309-61541-7 〔07249〕

プルマン, フィリップ Pullman, Philip
◇世界一素朴な質問、宇宙一美しい答え―世界の第一人者100人が100の質問に答える（BIG QUESTIONS FROM LITTLE PEOPLE） ジェンマ・エルウィン・ハリス編, 西田美緒子訳, タイマタカシ絵 河出書房新社 2013.11 298p 22cm 2500円 ①978-4-309-25292-6
内容 本を書く人は、どうやってアイデアを思いつくの？（フィリップ・プルマン） 〔07250〕

ブルム, インガ
◇アタッチメントを応用した養育者と子どもの臨床（Attachment theory in clinical work with children） ダビッド・オッペンハイム, ドグラス・F.ゴールドスミス編, 数井みゆき, 北川恵, 工藤晋平, 青木豊訳 京都 ミネルヴァ書房 2011.6 316p 22cm 〈文献あり〉4000円 ①978-4-623-05731-3
内容 虐待された子どもとその養親に対する治療的介入（ミリアム・スティール, ジル・ホッジ, ジェイン・カニュイック, ハワード・スティール, デボラ・ダゴスティーノ, インガ・ブルム, サウル・ヒルマン, ケイ・ヘンダーソン著） 〔07251〕

ブルーム, ジョン
◇正義への挑戦―セン経済学の新地平（Against injustice） 後藤玲子, ポール・デュムシェル編著, 後藤玲子監訳 京都 晃洋書房 2011.9 310p 23cm 〈文献あり 索引あり〉2900円 ①978-4-7710-2271-3
内容 選好で推論する？（ジョン・ブルーム著） 〔07252〕

ブルーム, ニール Broom, Neil
◇コンピュータ・フォレンジック完全辞典―デジタル訴訟の最先端から学ぶ（Computer forensics jumpstart (2nd ed.)） Michael G.Solomon,K. Rudolph,Ed Tittel,Neil Broom,Diane Barrett著, AOS法務IT推進会訳, 佐々木隆仁, 柳本英之監修 幻冬舎ルネッサンス 2012.2 446p 21cm 2500円 ①978-4-7790-0790-3
内容 1 コンピュータ・フォレンジックへのニーズ 2 準備―開始前に何をするべきか 3 コンピュータ証拠 4 一般的な任務 5 データイメージをキャプチャする 6 データから情報を取り出す 7 パスワードと暗号化 8 一般的なフォレンジックツール 9 すべてを統合する 10 法廷での証言方法 〔07253〕

ブルーム, ポール Bloom, Paul
◇喜びはどれほど深い？―心の根源にあるもの（How pleasure works） ポール・ブルーム著, 小松淳子訳 インターシフト 2012.2 299p 20cm 〈文献あり 発売：合同出版〉2200円 ①978-4-7726-9527-5
内容 第1章 見えない“本質”がそこにある―喜びの本質 第2章 魂のお味はいかが？―食の喜び 第3章 魅力の正体ってなに？―愛とセックスの喜び 第4章 有名人の着た服が高額で売れるわけ―物を愛する喜び 第5章 なぜアートに魅せられるのか？―芸術・スポーツの喜び 第6章 空想の役割―想像の喜び 第7章 怖いモノ見たさの謎を解く―安全と苦痛の喜び 第8章 科学と宗教、限りなさと畏怖―超越する喜び 〔07254〕

ブルームフィールド, スティーヴ Bloomfield, Steve
◇サッカーと独裁者―アフリカ13か国の「紛争地帯」を行く（Africa united） スティーヴ・ブルームフィールド著, 実川元子訳 白水社 2011.12 321, 8p 20cm 3000円 ①978-4-560-08187-7
内容 まえがき チーター世代が台頭するアフリカをサッカーで読み解く 第1章 エジプト―サッカーを利用した独裁者 第2章 スーダンとチャド―石油をめぐる哀しい争い 第3章 ソマリア―紛争国家に見出される一筋の希望の光 第4章 ケニア―サッカーは部族間闘争を超える 第5章 ルワンダとコンゴ民主共和国―大虐殺と大災害を乗り越えての再生 第6章 ナイジェリア―サッカー強豪国が抱える深い悩み 第7章 コートジヴォワール―サッカー代表チームがもたらした平和と統一 第8章 シエラレオネとリベリア―アフリカナンバー1になった障がい者サッカー代表チーム 第9章 ジンバブエ―破綻した国家でサッカーを操る独裁

者　第10章 南アフリカ—アフリカ初ワールドカップ開催国の光と影　〔07255〕

ブルーメンクランツ, C.* Blumenkranz, Carla

◇私たちは "99%" だ—ドキュメントウォール街を占拠せよ（OCCUPY！）『オキュパイ！ ガゼット』編集部編, 肥田美佐子訳　岩波書店　2012.4　247p　21cm　2000円　①978-4-00-025778-7

内容 1 ウォール街を占拠せよ（一つの「ノー」、たくさんの「イエス」　トップ一%の真実　アメリカンドリームをあきらめて　いま、立ち上がる　合意の神学 ほか）　2「占拠」の風景（ニューヨーク　アトランタ　オークランド　フィラデルフィア　ボストン）　3 過去からの視線（アメリカの危機）　〔07256〕

ブルーメンクローン, マリア Blumencron, Maria

◇ヒマラヤを越える子供たち（Flucht über den Himalaya）　マリア・ブルーメンクローン著, 堀込一ゲッテ由子訳　小学館　2012.6　355p　19cm　1900円　①978-4-09-356707-7

内容 第1部（リトル・ペマ カムパの少女　ケルン 1997年冬　タムディン アムドの少年　ラダック チベット子供村 1998年夏　2人の姉妹 チメとドルカー ほか）　第2部（ネパール 2000年4月6日　亡命最初の晩　ネパール 2000年4月8日　農家に隠れて　ネパール 2000年4月9日 ほか）　〔07257〕

ブルーメンタール, カレン Blumenthal, Karen

◇スティーブ・ジョブズの生き方（Steve Jobs）　カレン・ブルーメンタール著, 渡辺了介訳　あすなろ書房　2012.3　349p　19cm　〈年譜あり　索引あり　文献あり〉1600円　①978-4-7515-2223-3

内容 はじめに—三つの物語　第1部 旅こそが報酬（ジョブズの素　ウォズ ほか）　第2部 真のアーティストは出荷する（ネクスト　家族 ほか）　第3部 最後にもう一つ…（がん　成就 ほか）　〔07258〕

ブルメンタール, ヘストン

◇世界一素朴な質問、宇宙一美しい答え—世界の第一人者100人が100の質問に答える（BIG QUESTIONS FROM LITTLE PEOPLE）　ジェンマ・エルウィン・ハリス編, 西田美緒子訳, タイマタカシ絵　河出書房新社　2013.11　298p　22cm　2500円　①978-4-309-25292-6

内容 どうして食べものを料理するの？（ヘストン・ブルメンタール）　〔07259〕

ブルーメンベルク, ハンス Blumenberg, Hans

◇神話の変奏（Arbeit am Mythos）　ハンス・ブルーメンベルク〔著〕, 青木隆嘉訳　法政大学出版局　2011.4　841, 16p　20cm　（叢書・ウニベルシタス 955）〈著作目録あり 索引あり〉11000円　①978-4-588-00955-6

内容 第1部 太古における権限分割（「現実による絶対支配」以後　名状しがたい混沌への名前の闖入 ほか）　第2部 物語の歴史化（時代を見る遠近法の歪み　基本神話と芸術神話 ほか）　第3部 火を奪った償い（継承の源泉としての源泉の継承　ソフィストとキュニコス学派—プロメテウス物語の光と影 ほか）　第4部 神に逆らう神（「起爆剤」　神と神との対立 ほか）　第5部 プロメテウス・この百年（歴史哲学を経て　再び孤島の岩山で ほか）　〔07260〕

◇コペルニクス的宇宙の生成 3（Die Genesis der Kopernikanischen Welt）　ハンス・ブルーメンベルク〔著〕, 座小田豊, 後藤嘉也, 小熊正久訳　法政大学出版局　2011.10　279, 6p　20cm　（叢書・ウニベルシタス 763）〈索引あり〉4300円　①978-4-588-00763-7

内容 第5部 コペルニクス的比較級（遠近法が宇宙論の拡張を導いた　上位の諸体系の典型としてのコペルニクスの体系　二十世紀から回顧したランベルトの宇宙　"諸体系の体系" をめぐる競争—カントとランベルト　カントの転回におけるコペルニクス的なものとは何か）　第6部 コペルニクス的宇宙の光学（可視性の地平は人間学的に制約されている　新しい星々の宣言とただ一人の人物がそれを信じた理由　望遠鏡に対する抵抗を説明する副次的理論が欠如していた　望遠鏡による反省と宇宙飛行の屈地性）　〔07261〕

ブルモー, ダニエル

◇EUと東アジアの地域共同体—理論・歴史・展望　中村雅治, イーヴ・シュメイユ共編　Sophia University Press上智大学出版　2012.12　404p　22cm　〈他言語標題：The European Union and East Asian Regional Community　索引あり　制作・発売：ぎょうせい〉3000円　①978-4-324-09206-4

内容 地域統合とそのパラドックス（ダニエル・ブルモー執筆, 福崎裕子訳）　〔07262〕

ブルーワー, M.* Brewer, Marilynn B.

◇紛争と平和構築の社会心理学—集団間の葛藤とその解決（INTERGROUP CONFLICTS AND THEIR RESOLUTION）　ダニエル・バル・タル編著, 熊谷智博, 大淵憲一監訳　京都　北大路書房　2012.10　375p　21cm　〈索引あり〉4000円　①978-4-7628-2787-7

内容 アイデンティティと紛争（Marilynn B.Brewer著, 縄田健悟訳）　〔07263〕

ブルンクホルスト, ハウケ

◇平和構築の思想—グローバル化の途上で考える（Krieg und Frieden im Prozess der Globalisierung）　マティアス・ルッツ＝バッハマン, アンドレアス・ニーダーベルガー編著, 舟場保之, 御子柴善之監訳　松戸　梓出版社　2011.3　238, 5p　21cm　〈索引あり〉2600円　①978-4-87262-025-2

内容 正戦か, 国際的統治体制の民主的立憲化か（ハウケ・ブルンクホルスト著, 石田京子訳）　〔07264〕

ブルンス, アレクサンダー

◇法発展における法ドグマーティクの意義—日独シンポジウム　松本博之, 野田昌吾, 守矢健一編　信山社　2011.2　367p　22cm　（総合叢書 8（ドイツ法））〈会期・会場：2009年2月18日～21日 フライブルグ大学法学部〉12000円　①978-4-7972-5458-7

内容 ドイツ民事訴訟のドグマーティクにおける実体法と手続法（アレクサンダー・ブルンス著, 松本博之訳）　〔07265〕

フ

ブルンチュリー, J.C.　Bluntschli, Johann Caspar
◇日本立法資料全集　別巻805　国家論　ブルンチュリー原著, 平田東助, 平塚定二郎共訳, 荘原和校　復刻版　信山社出版　2013.4　433p　23cm　〈春陽堂 明治22年刊の複製〉50000円　①978-4-7972-7100-3　〔07266〕
◇日本立法資料全集　別巻824　国会汎論　ブルンチュリー原著, 石津可輔訳, 讃井逸三校　復刻版　信山社出版　2013.9　137, 127p　23cm　〈文会舎 明治13年刊の複製〉30000円　①978-4-7972-7121-8　〔07267〕

ブルンツリー, イ・カ
◇日本立法資料全集　別巻822　自治論纂　独逸学協会編纂　復刻版　信山社出版　2013.9　496p　23cm　〈独逸学協会 明治21年刊の複製〉50000円　①978-4-7972-7119-5
内容 自治論(イ、カ、ブルンツリー著)　〔07268〕

ブルンナー, オットー　Brunner, Otto
◇中世ヨーロッパ社会の内部構造（Historia Mundi (抄訳)）　オットー・ブルンナー著, 山本文彦訳　知泉書館　2013.6　185, 9p　20cm　〈索引あり〉2200円　①978-4-86285-156-7　〔07269〕

ブレー, J.*　Bray, Jone S.
◇教師というキャリア―成長続ける教師の六局面から考える（Life cycle of the career teacher）　Betty E.Steffy,Michael P.Wolfe,Suzanne H. Pasch,Billie J.Enz編著, 三村隆男訳　雇用問題研究会　2013.3　190p　21cm　〈文献あり〉2000円　①978-4-87563-261-0
内容 第四局面にある教師 : the Expert Teacher (Jone S.Bray, Pamela A.Kramer, Denise LePage)　〔07270〕

ブレア, ゲイリー・ライアン　Blair, Gary Ryan
◇最高の人生を手に入れる習慣（Everything Counts!）　ゲイリー・ライアン・ブレア著, 弓場隆訳　かんき出版　2013.6　222p　20cm　1500円　①978-4-7612-6922-7
内容 第1章 チャンスをつかむために大切なこと(真実を貫く　粘り強さを発揮する ほか)　第2章 成果をもたらすために大切なこと(基本を大切にする　細部にこだわる ほか)　第3章 競争力を高めるために大切なこと(イノベーションを起こす　生涯学習に徹する ほか)　第4章 リーダーになるために大切なこと(全体への奉仕を心がける　ビジョンをもつ ほか)　第5章 幸福を追求するために大切なこと(喜びを見つける　感謝の気持ちをもつ ほか)　〔07271〕

ブレア, トニー　Blair, Tony
◇ブレア回顧録　上（A journey）　トニー・ブレア著, 石塚雅彦訳　日本経済新聞出版社　2011.11　536p　20cm　〈索引あり〉3800円　①978-4-532-16809-4
内容 第1章 大いなる期待　第2章 見習いリーダー　第3章 ニューレーバー　第4章 ハネムーン　第5章 ダイアナ妃　第6章 北アイルランド和平　第7章 "統治は散文でやる"　第8章 コソボ　第9章 保守主義の力　第10章 危機管理　第11章 ニューレーバーへの委任　〔07272〕
◇ブレア回顧録　下（A journey）　トニー・ブレア著, 石塚雅彦訳　日本経済新聞出版社　2011.11　503p　20cm　〈索引あり〉3800円　①978-4-532-16810-0
内容 第12章 9・11―肩を並べて　第13章 イラク―戦争へのカウントダウン　第14章 決意　第15章 イラク―余波　第16章 国内改革　第17章 二〇〇五年―TBとGB　第18章 勝利と悲劇　第19章 耐え忍ぶ　第20章 終盤戦　第21章 辞任　第22章 あとがき　〔07273〕

ブレア, リンダ　Blair, Linda
◇きょうだいの暗号―長男長女、次男次女、末っ子、一人っ子の性格・相性・適職（Birth order）　リンダ・ブレア著, 早川麻百合訳　徳間書店　2011.5　221p　19cm　1200円　①978-4-19-863179-6
内容 1 生まれ順で決まる性格とは？(第一子　真ん中っ子　末っ子　一人っ子)　2 親やきょうだいが与える影響(親と子どもの関係　きょうだいとの関係　家庭の中の大きな変化　そのほかの重要な人間関係　先天的性格と後天的性格)　〔07274〕

ブレイ, アラン　Bray, Alan
◇同性愛の社会史―イギリス・ルネサンス（HOMOSEXUALITY IN RENAISSANCE ENGLAND）　アラン・ブレイ著, 田口孝夫, 山本雅男訳　新版　彩流社　2013.12　239p　19cm　(フィギュール彩 6)　2000円　①978-4-7791-7004-1　〔07275〕

ブレイ, マーク　Bray, Mark
◇比較教育研究―何をどう比較するか（Comparative education research）　マーク・ブレイ, ボブ・アダムソン, マーク・メイソン編著, 杉村美紀, 大和洋子, 前田美子, 阿古智子訳　上智大学出版　2011.6　351p　21cm　〈文献あり 索引あり　発売 : ぎょうせい〉2500円　①978-4-324-08596-7
内容 様々なモデル・重点・考察 他(マーク・ブレイ, ボブ・アダムソン, マーク・メイソン著, 杉村美紀訳)　〔07276〕

フレイヴィン, C.*　Flavin, Christopher
◇ジュニア地球白書―ワールドウォッチ研究所 2012‐13　アフリカの飢えと食料・農業（STATE OF THE WORLD 2011）　ワールドウォッチ研究所編, 林良博監修　ワールドウォッチジャパン　2013.12　261p　21cm　2500円　①978-4-948754-41-6
内容 第1章「干ばつ」よりも恐ろしい「やせてゆく大地」　第2章 野菜の栄養的・経済的可能性を生かす　第3章 地域の農業資源と食料の多様性を守る　第4章 女性農業者への差別を改めて、その生産力を高める　第5章 重要な役割を果たしている都市農業　第6章 ポストハーベスト・ロス(収穫後の損失)を減らす取り組み　第7章 農業における水の利用効率を改善する　第8章 海外からの投資によって、アフリカの農地が奪われてゆく　第9章 アフリカ農業への日本の支援　付録 アフリカの飢餓に関係する資料　〔07277〕

ブレイク, ジェニー　Blake, Jenny
◇ライフ・アフター・カレッジ―グーグル式自分を

フ

変える10の法則（LIFE AFTER COLLEGE） ジェニー・ブレイク著, 栗木さつき訳 二見書房 2013.3 366p 19cm 1500円 ①978-4-576-13013-2

内容 1 人生―長期的展望を立てよう 2 仕事 3 お金 4 家 5 仕組み化 6 友人&家族 7 恋愛&人間関係 8 健康 9 楽しみ&くつろぎ 10 自己成長 〔07278〕

ブレイク, デービッド Blake, David

◇年金ファイナンス（PENSION FINANCE） デービッド・ブレイク著, 米沢康博, 丸山高行監訳, 住友生命年金研究会訳 東洋経済新報社 2012.6 395p 22cm 〈索引あり〉5800円 ①978-4-492-70135-5

内容 第1章 年金ファンドによって保有される投資資産 第2章 個人のファイナンス：個人資産の異なった資産クラスへのアロケーション 第3章 企業年金ファイナンス 第4章 確定拠出年金制度―積立段階 第5章 確定拠出年金制度―給付段階 第6章 確定給付年金制度 第7章 年金ファンドの運用 第8章 年金ファンド・パフォーマンスの測定と要因分析 〔07279〕

ブレイク, リッチ Blake, Rich

◇ヘッジファンドマネージャーのウォール街の日々―絶好調からどん底へ、そしてまた立ち上がった僕の物語（Diary of a hedge fund manager） キース・マッカロー, リッチ・ブレイク著, 田沢恭子訳 一灯舎 2011.3 335p 19cm 〈発売：オーム社〉1800円 ①978-4-903532-70-7

内容 波に乗る 船出 ジャングルへようこそ ドットコムバブル時代 目覚め 大物たちと羽ばたく ひとり立ち 吸収 世界の衝突 ウォール街の追放者 ベールを外す 大動乱 エピローグ 〔07280〕

ブレイクスリー, サンドラ Blakeslee, Sandra

◇脳はすすんでだまされたがる―マジックが解き明かす錯覚の不思議（Sleights of mind） スティーヴン・L.マクニック, スサナ・マルティネス＝コンデ, サンドラ・ブレイクスリー著, 鍛原多恵子訳 角川書店 2012.3 317, 16p 20cm 〈発売：角川グループパブリッシング〉2000円 ①978-4-04-110159-9

内容 セクシーなドレスの女―錯視と手品 曲がるスプーンの秘密―マジシャンが角度にこだわる理由 偽の丸天井をつくった修道士―芸術と科学における錯覚 ショーへようこそ、でも目隠しはそのままで―認知の錯覚 あなたたちの中にいるゴリラ―さらなる認知の錯覚 腹話術師の秘密―多感覚手品 インドのロープ魔術―記憶の錯覚 予測と仮定―マジシャンは私やあなたをどう手玉に取るか フォースとともにあらんことを―選択の錯覚 魔法の杖はなぜきくのか―錯覚の相関、迷信、催眠術、詐欺 マジックキャッスル 魔法は解けてしまうのか 〔07281〕

フレイザー, エリザベス

◇政治理論入門―方法とアプローチ（Political theory） デイヴィッド・レオポルド, マーク・スティアーズ編著, 山岡竜一, 松元雅和監訳 慶応義塾大学出版会 2011.7 355p 21cm 〈文献あり〉3400円 ①978-4-7664-1854-5

内容 政治理論と政治の境界（エリザベス・フレイザー著） 〔07282〕

フレイザー, キャンベル Fraser, Campbell

◇ターボコーチ―自己実現をかなえる黄金律（TurboCoach） ブライアン・トレーシー, キャンベル・フレイザー著, 清水美和訳, 西宮久雄監訳 バベル・プレス 2012.3 231p 19cm 1400円 ①978-4-89449-126-7

内容 1 ビジョンの明確化（個人戦略計画を立てる 事業について 競争相手を研究する 顧客を知る 自分の得意分野を知る 足かせを取り除く 現在地を確認する「S字曲線」） 2 生産性の向上（生産性を高める一一のカギ パレートの法則 ゼロベース思考 効果的な仕事の委託 レバレッジ効果 リカードの比較優位の法則 パルテノン神殿の原理） 3 ビジネスの成長（収入を増やす七つの方法 四段階の顧客満足度 見込み客の紹介を通じた事業の構築 強力なマーケティング計画の創出 強力なマーケティング計画の完成 自分ブランドの創出 利益の最大化） 付録 価値観のリスト 〔07283〕

フレイザー, ナンシー Fraser, Nancy

◇再配分か承認か？―政治・哲学論争（UMVERTEILUNG ODER ANERKENNUNG?） ナンシー・フレイザー, アクセル・ホネット〔著〕, 加藤泰史監訳, 高畑祐人, 菊地夏野, 舟場保之, 中村修一, 遠藤寿一, 直江清隆訳 法政大学出版局 2012.10 327, 45p 20cm （叢書・ウニベルシタス 983） 〈索引あり〉3800円 ①978-4-588-00983-9

内容 第1章 アイデンティティ・ポリティクスの時代の社会正義―再配分・承認・参加（再配分か承認か―切り詰められた正義の批判 再配分と承認の統合―道徳哲学の問題 社会理論の問題―資本主義社会における階級と社会的地位 政治的理論の課題―民主的正義を制度化する 危機的状況についての結論敵省察―ポストフォード主義・ポスト共産主義・グローバリゼーション） 第2章 承認としての再配分―ナンシー・フレイザーに対する反論（社会的不正の経験の現象学について 資本主義的な承認の秩序と配分をめぐる闘争 承認と社会正義） 第3章 承認できぬほどゆがめられた承認―アクセル・ホネットへの応答（批判理論における経験の位置について―政治社会学を道徳心理学に還元することに対する反論 社会理論における文化論的転回について―資本主義社会を承認秩序に還元することに対する反論 リベラルな平等について 正義を健全なアイデンティティの倫理に還元することに対する反論） 第4章 承認ということの核心―返答に対する再返答（批判的社会理論と内在的超越 資本主義と文化―社会統合・システム統合・パースペクティヴ的二元論 歴史と規範性―義務論の限界について） 〔07284〕

◇正義の秤（スケール）―グローバル化する世界で政治空間を再想像すること（Scales of Justice） ナンシー・フレイザー著, 向山恭一訳 法政大学出版局 2013.9 294p 20cm （サピエンティア 27） 〈文献あり 索引あり〉3300円 ①978-4-588-60327-3

内容 正義の秤、天秤と地図．グローバル化する世界で正義を再フレーム化すること．平等主義の二つのドグマ．変則的正義．公共圏の国境を横断すること．フェミニズムの想像力を地図化すること．規律訓練からフレキシビリゼーションへ？ グローバリゼーションにおける人類の脅威．フレーム化の政治 〔07285〕

フ

フレイザー, J.G.　Frazer, Sir James George

◇図説金枝篇　上（The illustrated golden bough）　J.G.フレーザー著, S.マコーマック編, 吉岡晶子訳, M.ダグラス監修　講談社　2011.4　279p　15cm　（講談社学術文庫 2047）　1000円　①978-4-06-292047-6

内容 第1部 呪術と王の成り立ち（森の王　祭司たる王　共感呪術　呪術による天候の支配　神格をもつ王　樹木崇拝　植物の生育と性の関係　聖なる結婚　オーク崇拝）　第2部 タブーと霊魂の危難（王者の重荷　霊魂の危難　タブーとされる行動と人物　未開人への感謝）　第3部 死にゆく神（神々の死　聖なる王を殺すこと　王殺しに代わる慣習　樹木の霊を殺す）〔07286〕

◇図説金枝篇　下（The illustrated golden bough）　J.G.フレーザー著, S.マコーマック編, 吉岡晶子訳, M.ダグラス監修　講談社　2011.5　333p　15cm　（講談社学術文庫 2048）〈索引あり〉　1150円　①978-4-06-292048-3

内容 第4部 アドニス（アドニス神話　シリアにおけるアドニス ほか）　第5部 穀物霊（デメテルとペルセポネ　ヨーロッパその他における「穀物の母」と「穀物の娘」 ほか）　第6部 身代わり（災厄の転嫁　身代わりについて ほか）　第7部 麗しき神バルデル（天と地のあいだ　バルデル神話 ほか）〔07287〕

◇金枝篇―呪術と宗教の研究　第6巻　穀物と野獣の霊 上（The Golden Bough（原著第3版））　J.G.フレイザー著, 神成利男訳, 石塚正英監修　国書刊行会　2012.12　295, 21p　23cm　9000円　①978-4-336-04497-6

内容 第1章 ディオニュソス　第2章 デメテルとペルセポネ　第3章 原初的農耕における競技の呪術的意義　第4章 原初的農耕における女性の役割　第5章 北ヨーロッパにおける穀物の母と穀物の乙女　第6章 世界各地における穀物の母　第7章 リテュエルセス　第8章 動物としての穀物霊　註 原始の暦におけるプレイアデス〔07288〕

ブレイジャー, デイビッド　Brazier, David

◇寄り添いの死生学―外国人が語る“浄土”の魅力（Never die alone）　ジョナサン・ワッツ, 戸松義晴編　京都　浄土宗　2011.9　221p　19cm　1500円　①978-4-88363-054-7

内容 死ぬことの自由（デイビッド・ブレイジャー著）〔07289〕

◇愛とその失望―人生の意味、セラピーと芸術（LOVE AND ITS DISAPPOINTMENT）　デイビッド・ブレイジャー著, 大沢美枝子, 木田満里代訳　コスモス・ライブラリー　2012.9　254p　19cm　〈文献あり　発売：星雲社〉　2000円　①978-4-434-17099-7

内容 第1章 背景にある理論　第2章 尊重の本質　第3章 芸術、文化および精神　第4章 理論の展開と実践　第5章 転移の問題と技法　第6章 まとめ―人生の意味についての一考察〔07290〕

フレイスタット, ニール　Fraistat, Neil

◇人文学と電子編集―デジタル・アーカイヴの理論と実践（ELECTRONIC TEXTUAL EDITING）　ルー・バーナード, キャサリン・オブライエン・オキーフ, ジョン・アンスワース編, 明星聖子, 神崎正英監訳　慶応義塾大学出版会　2011.9　503p　21cm　4800円　①978-4-7664-1774-6

内容 詩とネットワーク―詩を電子編集する（ニール・フレイスタット, スティーヴン・ジョーンズ）〔07291〕

ブレイター, ポール　Breiter, Paul

◇手放す生き方―タイの森の僧侶に学ぶ「気づき」の瞑想実践（A still forest pool）　アーチャン・チャー著, ジャック・コーンフィールド, ポール・ブレイター編, 星飛雄馬, 花輪陽子, 花輪俊行訳　サンガ　2011.2　264p　20cm　2800円　①978-4-904507-71-1

内容 第1章 ブッダの教えとは　第2章 見解を正す　第3章 日々是修行　第4章 瞑想について　第5章 森の教え　第6章 師への質問　第7章 悟りへの道〔07292〕

◇手放す生き方―タイの森の僧侶に学ぶ「気づき」の瞑想実践（A Still Forest Pool）　アーチャン・チャー著, ジャック・コーンフィールド, ポール・ブレイター編, 星飛雄馬, 花輪陽子, 花輪俊行訳　サンガ　2012.10　303p　15cm　（サンガ文庫 チ1-1）　1300円　①978-4-905425-26-7

内容 第1章 ブッダの教えとは　第2章 見解を正す　第3章 日々是修行　第4章 瞑想について　第5章 森の教え　第6章 師への質問　第7章 悟りへの道　アーチャン・チャーと二十世紀のタイ仏教〔07293〕

ブレイター＝ピニー, ギャヴィン

◇世界一素朴な質問、宇宙一美しい答え―世界の第一人者100人が100の質問に答える（BIG QUESTIONS FROM LITTLE PEOPLE）　ジェンマ・エルウィン・ハリス編, 西田美緒子訳, タイマタカシ絵　河出書房新社　2013.11　298p　22cm　2500円　①978-4-309-25292-6

内容 水はどうやって雲になって、雨をふらすの？（ギャヴィン・プレイター＝ピニー）〔07294〕

ブレイディ, キアラン

◇国家と国民の歴史―ヴィジュアル版（HISTORIES OF NATIONS）　ピーター・ファタードー編, 猪口孝日本語版監修, 小林朋則訳　原書房　2012.11　320p　26cm　〈文献あり 索引あり〉　5800円　①978-4-562-04850-2

内容 アイルランド―心優しき虐待者の陰で（キアラン・ブレイディ）〔07295〕

ブレイデン, グレッグ　Braden, Gregg

◇イザヤ・エフェクト―古代の預言者と量子論をつなぐ「祈り」のテクノロジー（The Isaiah effect）　グレッグ・ブレイデン著, 須々木光誦訳　ナチュラルスピリット　2011.3　389p　19cm　1980円　①978-4-903821-96-2

内容 第1章 予言の時代に生きる―現在までの歴史的視点　第2章 忘れられた民の失われた言葉―科学、宗教、奇跡を超えて　第3章 予言―忘れられた未来の沈黙のヴィジョン　第4章 波と川と道　第5章 イザヤ・エフェクト　第6章 ある僧院長との出会い　第7章 神の言葉　第8章 人類の科学　第9章 心を癒す、国家を癒す〔07296〕

◇どんな時代が来るのか―2012年アセンション・マニュアル（The mystery of 2012）　タミ・サイモ

フ

ン編著, 菅靖彦, 田中淳一, 堤康一郎訳　風雲舎　2011.4　287p　19cm　1800円　①978-4-938939-64-9
内容 岐路に立つ人類 2012年（グレッグ・ブレイデン著）〔07297〕

◇ゴッド・コード―遺伝子に秘められた神のメッセージ（The God code）　グレッグ・ブレイデン著, 島津公美訳　ダイヤモンド社　2011.8　305p　19cm　2000円　①978-4-478-00810-2
内容 イントロダクション 答えはすぐそばにあるかもしれない　第1部 私たちは誰なのか？（人類の「多様性」「独自性」を強調することで起こった悲劇　人間は自分がどこからやってきたのか、いまだ証明できていない　神の存在を信じる人が増え、その意味を考え始めた）　第2部 あらゆる生命に隠された神の名（古文書に書かれた天界の力を思い出すには　文字を元素に置きかえる時　すべての生命のすべての細胞に刻まれた神の名）　第3部 神から人類へのメッセージ（あらゆる違いを超える神のメッセージ　私たちは何を学んだのだろうか？　人類をひとつにする経験）〔07298〕

ブレイデン, J.*　Braden, Jeffery P.
◇WISC-IVの臨床的利用と解釈（WISC-IV clinical use and interpretation）　アウレリオ・プリフィテラ, ドナルド・H.サクロフスキー, ローレンス・G.ワイス編, 上野一彦監訳, 上野一彦, バーンズ亀山静子訳　日本文化科学社　2012.5　592p　22cm　〈文献あり〉①978-4-8210-6366-6
内容 聾・難聴者へのWISC-IVの使用（Jeffery P.Braden著, 上野一彦訳）〔07299〕

ブレイド, ドナルド
◇アメリカ民俗学―歴史と方法の批判的考察　小長谷英代, 平山美雪編訳　岩田書院　2012.3　338p　22cm　〈文献あり〉9500円　①978-4-87294-738-0
内容 口承伝統の研究におけるパフォーマンスの民族誌（リチャード・バウマン, ドナルド・ブレイド著, 平山美雪解説・訳）〔07300〕

フレイホフ, ウィレム
◇国家と国民の歴史―ヴィジュアル版（HISTORIES OF NATIONS）　ピーター・ファタードー編, 猪口孝日本語版監修, 小林朋則訳　原書房　2012.11　320p　26cm　〈文献あり 索引あり〉5800円　①978-4-562-04850-2
内容 オランダ―水との戦い（ウィレム・フレイホフ）〔07301〕

フレイム, ロビン
◇オックスフォード ブリテン諸島の歴史　4　12・13世紀―1066年―1280年頃（The Short Oxford History of the British Isles : The Twelfth and Thirteenth Centuries）　鶴島博和日本語版監修　バーバラ・ハーヴェー編, 吉武憲司監訳　慶應義塾大学出版会　2012.10　394, 86p　22cm　〈文献あり 年表あり 索引あり〉5800円　①978-4-7664-1644-2
内容 征服と植民定住（ロビン・フレイム著, 吉武憲司訳）〔07302〕

フレイレ, パウロ　Freire, Paulo
◇新訳被抑圧者の教育学（Pedagogia do oprimido）　パウロ・フレイレ著, 三砂ちづる訳　亜紀書房　2011.1　320p　20cm　2500円　①978-4-7505-1102-3
内容 序章　第1章「被抑圧者の教育学」を書いた理由（抑圧する者とされる者との間の矛盾―それを乗り越えるということ　明らかな抑圧状況と抑圧者について ほか）　第2章 抑圧のツールとしての"銀行型"教育（問題解決型の概念と自由と解放のための教育 「銀行型教育」の概念、そして教える者と教えられる者との矛盾について ほか）　第3章 対話性について―自由の実践としての教育の本質（対話的教育と対話　プログラムの内容の探求から始まる対話について ほか）　第4章 反 - 対話の理論（反 - 対話的な行動の理論とその特徴について―征服、抑圧維持のためのわかち合い、大衆操作と文化的浸潤について　対話的行動の理論とその特徴―協働、団結、文化的文脈の組織化）〔07303〕

ブレヴァートン, テリー　Breverton, Terry
◇人生最期のことば―時代をつくった83人（Immortal Last Words）　Terry Breverton〔著〕, 藤岡啓介訳　丸善出版　2013.4　176p　19cm　〈文献あり 索引あり〉1700円　①978-4-621-08653-7
内容 メンカウラー（エジプト第四王朝ファラオ）　ブッダ（釈迦牟尼）　ディエネセス　ソクラテス　アレクサンドロス大王　ユリウス・カエサル　クレオパトラ七世　ホラティウス　ナザレのキリスト　ネロ（ローマ皇帝）〔ほか〕〔07304〕

フレエザア
◇折口（おりくち）信夫天皇論集　折口信夫〔著〕, 安藤礼二編　講談社　2011.5　349p　16cm　（講談社文芸文庫 おW2）〈タイトル : 折口信夫天皇論集〉1400円　①978-4-06-290123-9
内容 穀物の神を殺す行事（ふれえざあ著, 折口信夫訳）〔07305〕

ブレオー, R.*　Breault, Rick A.
◇教師というキャリア　成長続ける教師の六局面から考える（Life cycle of the career teacher）　Betty E.Steffy,Michael P.Wolfe,Suzanne H. Pasch,Billie J.Enz編著, 三村隆男訳　雇用問題研究会　2013.3　190p　21cm　〈文献あり〉2000円　①978-4-87563-261-0
内容 第一局面にある教師 : the Novice Teacher（Michael J.Berson, Rick A.Breault）〔07306〕

ブレキリアン, ヤン　Brékilien, Yann
◇ケルト神話の世界　上（La mythologie celtique）　ヤン・ブレキリアン著, 田中仁彦, 山邑久仁子訳　中央公論新社　2011.8　253p　16cm　（中公文庫 フ15-1）　838円　①978-4-12-205525-4
内容 序章 もう一つのヨーロッパ　第2章 死者の海　第3章 巨石文明人の遺産　第4章 神々の系譜　第5章 創世の神話〔07307〕

◇ケルト神話の世界　下（La mythologie celtique）　ヤン・ブレキリアン著, 田中仁彦, 山邑久仁子訳　中央公論新社　2011.8　259p　16cm　（中公文庫 フ15-2）　838円　①978-4-12-205526-1

フ

内容 第6章 再生の大釜　第7章 探求と試練の旅　第8章 秘儀的神話　第9章 王権神話　第10章 愛の物語　終章 永遠の至福 〔07308〕

ブレグマン, ピーター　Bregman, Peter
◇最高の人生と仕事をつかむ18分の法則（18 MINUTES）　ピーター・ブレグマン著, 小川敏子訳　日本経済新聞出版社　2012.9　295p　19cm　1600円　①978-4-532-31827-7
内容 第1部 一時停止ボタンを押す―空に浮かんで世界を眺めよう（ペダルの回転をゆるめる―前に進もうとするスピードを落とす　アリゲーターマンを止めた少女――時停止ボタンの威力 ほか）　第2部 今年はなにをする年なのか―フォーカスすることを決めよう（なにをしたらいいのかわからないときどうすればいいか―四つの要素を軸に考える　ゲームをつくり変える―要素（1）得意なことを活かす ほか）　第3部 今日はなにをする日なのか―やるべきことをやろう（いったいなにが起きた？―あらかじめ計画を立てる　一度にひとつずつ―やることを決める ほか）　第4部 いまこの瞬間、なにをするのか―注意散漫を克服しよう（始める力を身につける　境界線の引き方 ほか）つぎのステップ（着地点） 〔07309〕

フレーザー, T.　Fraser, Thomas M.
◇タイ南部のマレー人―東南アジア漁村民族誌（Fishermen of south Thailand）　T.フレーザー著, 岩淵聡文訳　風響社　2012.3　246p　21cm（風響社あじあブックス 別巻 1）　1500円　①978-4-89489-184-5 〔07310〕

プレスイール, レオン　Pressouyre, Léon
◇シトー会（Le rêve cistercien）　レオン・プレスイール著, 杉崎泰一郎監修, 遠藤ゆかり訳　大阪　創元社　2012.8　158p　18cm（「知の再発見」双書 155）〈文献あり 年譜あり 索引あり〉　1600円　①978-4-422-21215-9
内容 第1章 シトー会の見た夢　第2章 シトー会の歴史　第3章 シトー会の制度　第4章 シトー会の遺産　資料篇―孤独と清貧を求めて 〔07311〕

ブレースウェート, ロドリク　Braithwaite, Rodric
◇アフガン侵攻1979-89―ソ連の軍事介入と撤退（AFGANTSY）　ロドリク・ブレースウェート著, 河野純治訳　白水社　2013.2　435, 42p 図版16p　20cm〈文献あり 年表あり 索引あり〉　4000円　①978-4-560-08266-9
内容 第1部 カブールへの道（失われた楽園　悲劇の始まり　介入の決断　大統領宮殿急襲　余波）　第2部 戦争の惨禍（第四〇軍出撃　国づくり　軍隊生活　戦闘　荒廃と失望）　第3部 長いお別れ（帰郷　橋への道　戦争は続く　英雄にふさわしい土地） 〔07312〕

プレスコット, デビッド・S.　Prescott, David S.
◇グッドライフ・モデル―性犯罪からの立ち直りとより良い人生のためのワークブック（Building A Better Life）　パメラ・M.イエイツ, デビッド・S.プレスコット著, 藤岡淳子監訳　誠信書房　2013.12　211p　26cm　3500円　①978-4-414-41453-0 〔07313〕

ブレスラー, リオラ　Bresler, Liora
◇教育思想の50人（FIFTY MODERN THINKERS ON EDUCATION）　ジョイ・A.パーマー, リオラ・ブレスラー, デイヴィッド・E.クーパー編著, 広岡義之, 塩見剛一, 津田徹, 石崎達也, 井手華奈子, 高柳充利訳　青土社　2012.11　481, 13p　20cm〈索引あり〉2800円　①978-4-7917-6673-4
内容 A.S.ニイル―1883‐1973　スーザン・アイザックス―1885‐1948　ハロルド・ラッグ―1886‐1960　ルートヴィヒ・ウィトゲンシュタイン―1889‐1951　マルティン・ハイデッガー―1889‐1976　ハーバート・エドワード・リード―1893‐1968　レフ・セミョーノヴィチ・ヴィゴツキー―1896‐1934　ジャン・ピアジェ―1896‐1980　マイケル・オークショット―1901‐92　カール・ロジャーズ―1902‐87〔ほか〕 〔07314〕

ブレダウ, アイバンホー　Bredau, Ivanhoe
◇ヒトラー語録（Deutschlad erwache！）　ヒトラー〔述〕, アイバンホー・ブレダウ編, 小松光昭訳　原書房　2011.5　228p　20cm〈『ヒットラーはこう語った』（1976年刊）の改題・新装版〉2200円　①978-4-562-04702-4
内容 ドイツ　主義　歴史　運命と神　宗教　文化　日本　イタリア　帝国主義者たち　イギリス　フランス　アメリカ　ソビエト・ロシア　マルキシズム　ユダヤ人　ヨーロッパ　民主主義と政治家　人間批判　国家社会主義　心理学　闘争　兵士と戦争　青少年と教育　女性　労働と経済　生活圏　農民　民族　指導者　ヒトラー自身 〔07315〕

フレッス, ローラン
◇連帯経済―その国際的射程（L'économie solidaire）　ジャン＝ルイ・ラヴィル編, 北島健一, 鈴木岳, 中野佳裕訳　生活書院　2012.1　389p　19cm〈索引あり　文献あり〉3400円　①978-4-903690-87-2
内容 連帯経済の政治的次元（ローラン・フレッス著, 中野佳裕訳） 〔07316〕

フレッチャー, マイルズ　Fletcher, William Miles
◇知識人とファシズム―近衛新体制と昭和研究会（The search for a new order）　マイルズ・フレッチャー著, 竹内洋, 井上義和訳　柏書房　2011.4　362p　20cm〈文献あり 索引あり〉3800円　①978-4-7601-3686-5
内容 第1章 戦前日本の政治と知識人　第2章 社会改革に向けて　第3章 危機意識　第4章 国家への回帰　第5章 ファシズムとナショナリズムに向き合って　第6章 昭和研究会創立のころ　第7章 新体制の構想　第8章 政治的動員　第9章 知識人・ファシズム・権力志向 〔07317〕

ブーレッツ, ピエール　Bouretz, Pierre
◇20世紀（にじゅっせいき）ユダヤ思想家―来るべきものの証人たち 1（Temoins du futur）　ピエール・ブーレッツ〔著〕, 合田正人, 柿並良佑, 渡名喜庸哲, 藤岡俊博, 三浦直希共訳　みすず書房　2011.1　365p　22cm〈タイトル：20世紀ユダヤ思想家〉6800円　①978-4-622-07580-6
内容 第1章 ヘルマン・コーエンのユダヤ教―成年者の

宗教（哲学者と預言者　哲学者たちの神のための住まい？　相関関係の意味聖性と歓待の掟 ほか）　第2章 世界の夜から“救済”の輝きへ―フランツ・ローゼンツヴァイクの星（建てる息子の回帰　同化から異化へ ヘーゲルと十九世紀的意味における歴史 ほか）　第3章 ヴァルター・ベンヤミン―歴史の天使と世紀の経験（せむしの小人　カフカの世界における啓示　『城』の影にあるユダヤの伝統 ほか）〔07318〕

◇20世紀ユダヤ思想家―来るべきものの証人たち 2（Temoins du futur）　ピエール・ブーレッツ〔著〕, 合田正人, 渡名喜庸哲, 藤岡俊博共訳　みすず書房　2011.7　372p　22cm　6800円　①978-4-622-07581-3

内容 第4章 ゲルショム・ショーレム―認識と修復とのあいだの「伝統」（ベルリンからエルサレムへ　霧の壁を突破すること　ユダヤ的魂の隠れた住処 ほか）　第5章 マルティン・ブーバー―神の死の時代におけるヒューマニズム（ツェーレンドルフの義人　マルティン・ブーバーのユダヤ教 亡命の下に架かる橋　「聖典」を翻訳すること ほか）　第6章 エルンスト・ブロッホ―期待の解釈学（ヴァルター・ベンヤミンの生き残りの兄弟？　マルクスとともに、マルクスに抗して 弁証法を人間的なものにすること　ヘーゲルによる世界との時期尚早の和解 ほか）〔07319〕

◇20世紀ユダヤ思想家―来るべきものの証人たち 3（TÉMOINS DU FUTUR（抄訳））　ピエール・ブーレッツ〔著〕, 合田正人, 渡名喜庸哲, 三浦直希共訳　みすず書房　2013.11　375, 6p　22cm　〈索引あり〉8000円　①978-4-622-07748-0〔07320〕

ブレット, アナベル・S.

◇中世の哲学―ケンブリッジ・コンパニオン（THE CAMBRIDGE COMPANION TO MEDIEVAL PHILOSOPHY）　A.S.マクグレイド編著, 川添信介監訳　京都　京都大学学術出版会　2012.11　601p　22cm　〈文献あり 年表あり 索引あり〉5800円　①978-4-87698-245-5

内容 政治哲学（アナベル・S.ブレット執筆, 佐々木亘訳）〔07321〕

ブレット, レジーナ　Brett, Regina

◇人生は、意外とすてき―私をいつくしむための50のレッスン（God never blinks）　レジーナ・ブレット著, 小川敏子訳　講談社　2011.2　290p　19cm　〈文献あり〉1500円　①978-4-06-215811-4

内容 人生は公平ではない。それでも人生は最高。　生きる道がわからないなら、次の一歩だけ踏み出す。　誰かをうらんで過ごせるほど、人生は長くない。　自分で自分を追いつめない。　「欲しいもの」か「必要なもの」か、考えてから買う。　意見は、ぴったり合わないのが当たり前。〔ほか〕〔07322〕

プレッド, J.*　Pred, Joseph

◇図解!!生き残るためのやりかた大百科―緊急時に役にたつ〈かもしれない〉175の豆知識。（Show Me How To Survive）　Joseph Pred著, 和田侑子訳・編集協力　パイインターナショナル　2012.7　1冊（ページ付なし）　20×20cm　〈索引あり〉1900円　①978-4-7562-4236-5

内容 守る・防ぐ（危険な通りの歩き方　自然の中で安全に過ごすには　職場での安全対策 ほか）　助ける・助かる（事故による負傷者の救護法　救助の呼び方　脈拍の測り方 ほか）　打ち勝つ（道しるべを残すには　動物の足跡とふんの意味　森の中をまっすぐ進むには ほか）〔07323〕

ブレッドソー, シェリー

◇リカバリー―希望をもたらすエンパワーメントモデル（RECOVERY AND WELLNESS）　カタナ・ブラウン編, 坂本明子監訳　金剛出版　2012.6　227p　21cm　〈索引あり〉3000円　①978-4-7724-1255-1

内容 ユニークなまなざしとチャンスの数々―ピアスタッフの視点から（シェリー・ブレッドソー著）〔07324〕

ブレディン, マイルズ

◇世界探検家列伝―海・河川・砂漠・極地、そして宇宙へ（The great explorers）　ロビン・ハンベリーテニソン編著, 植松靖夫訳　悠書館　2011.9　303p　26cm　〈文献あり 索引あり〉9500円　①978-4-903487-49-6

内容 ジェイムズ・ブルース―アビシニアにて魅力と勇気を発揮（マイルズ・ブレディン）〔07325〕

ブレーデカンプ, ホルスト　Bredekamp, Horst

◇芸術家ガリレオ・ガリレイ―月・太陽・手（GALILEI DER KÜNSTLER）　ホルスト・ブレーデカンプ著, 原研二訳　産業図書　2012.11　8, 563p　22cm　〈文献あり 索引あり〉6000円　①978-4-7828-0174-1

内容 導入 ： ガリレイの手　「ミケランジェロの再来」ガリレイ　文化批判としての明証性芸術　1600年前後の月　『星界の報告』の月　フィレンツェ版素描　『星界の報告』MLの素描　『星界の報告』製作　太陽黒点の描写スタイル　反省、そして絵画の奨励〔ほか〕〔07326〕

フレデリック, マシュー　Frederick, Matthew

◇ビジネススクールで学ぶ101のアイデア（101 things I learned in business school）　マイケル・W.プライス, マシュー・フレデリック著, 美谷広海訳　フィルムアート社　2011.3　1冊（ページ付なし）　14×19cm　1800円　①978-4-8459-1164-6〔07327〕

フレデリックソン, バーバラ・L.　Fredrickson, Barbara L.

◇ヒルガードの心理学（ATKINSON & HILGARD'S INTRODUCTION TO PSYCHOLOGY（原著第15版））　Susan Nolen-Hoeksema,Barbara L.Fredrickson,Geoff R. Loftus,Willem A.Wagenaar著, 内田一成監訳　金剛出版　2012.6　1181p　27cm　〈布装　文献あり 索引あり〉22000円　①978-4-7724-1233-9

内容 心理学の特徴　心理学の生物学的基礎　心理発達　感覚過程　知覚　意識　学習と条件づけ　記憶　言語と思考　動機づけ　感情　知能　人格　ストレス、健康、コーピング　心理障害　メンタルヘルス問題の治療　社会的影響　社会的認知〔07328〕

ブレドベリ, ビルギッタ

◇海を渡ってきたわが子―韓国の子どもを育てたス

ウェーデンの親たち9編の実話　キムスコグルンド編, 坂井俊樹監訳, 徐凡喜訳　梨の木舎　2013.3　136p　19cm　1500円　①978-4-8166-1303-6
内容 ヨハンナとジンは私の人生を豊かにした（ビルギッタ・ブレドベリ）〔07329〕

ブレードホルン, H.　Bloedhorn, Hanswulf
◇古代のシナゴーグ（Die antike Synagoge）　F.G.ヒュッテンマイスター,H.ブレードホルン著, 山野貴彦訳　教文館　2012.6　143p　22cm　〈文献あり〉2900円　①978-4-7642-7346-7
内容 第1部 文献・碑文に見るシナゴーグ（シナゴーグを表す名称および表記　シナゴーグと学びの家　シナゴーグの役割　碑文　シナゴーグ建築とラビたち　シナゴーグの成立）　第2部 考古資料に見るシナゴーグ（イスラエルの地におけるシナゴーグ建築　サマリア人のシナゴーグ　ディアスポラのシナゴーグ）〔07330〕

フ

ブレナー, メナチェム　Brenner, Menachem
◇金融規制のグランドデザイン―次の「危機」の前に学ぶべきこと（Restoring financial stability）　ヴィラル・V.アチャリア, マシュー・リチャードソン編著, 大村敬一監訳, 池田竜哉, 増原剛輝, 山崎洋一, 安藤祐介訳　中央経済社　2011.3　488p　22cm　〈文献あり〉5800円　①978-4-502-68200-1
内容 デリバティブ ： 究極の金融技術革新 他（ヴィラル・V.アチャリア, メナチェム・ブレナー, ロバート・F.エンゲル, アンソニー・W.リンチ, マシュー・リチャードソン）〔07331〕

ブレナー, ロバート　Brenner, Robert
◇所有と進歩―ブレナー論争（The Brenner Debate（抄訳）, Marxist History-Writing for the Twenty-first Century（抄訳））　ロバート・ブレナー著, 長原豊監訳, 山家歩, 田崎慎吾, 沖公祐訳　日本経済評論社　2013.6　289, 5p　22cm　〈索引あり〉4200円　①978-4-8188-2271-9
内容 第1論文 産業化以前のヨーロッパにおける農村の階級構造と経済発展（人口動態モデル　商業化モデル　階級抗争と経済発展）　第2論文 ヨーロッパ資本主義の農村的起源（人口動態モデルと階級関係　中世ヨーロッパにおける階級構造、階級組織、封建的発展　封建制の危機の発生とその後の発展におけるいくつかのパターン）　第3論文 所有と進歩―アダム・スミスはどこで誤ったのか（歴史なき唯物論　アダム・スミスの決定的貢献とその批判　経済発展の歴史理論に向けて　中世ヨーロッパにおける封建制の進化　封建制から資本主義への移行　比較的見地からみた経済進歩のパターン）〔07332〕

ブレナン, フィオヌアラ　Brennan, Fionnuala
◇グローバル・ティーチャーの理論と実践―英国の大学とNGOによる教員養成と開発教育の試み（Developing the global teacher）　ミリアム・スタイナー編, 岩崎裕保, 湯本浩之監訳　明石書店　2011.7　540p　20cm　（明石ライブラリー 146）〈文献あり 索引あり〉5500円　①978-4-7503-3381-6
内容 大学と政府援助機関との連携による教員養成の試み―開発教育・グローバル教育の展開とその評価（フィオヌアラ・ブレナン著, 西あい訳）〔07333〕

ブレネマン, デビッド・W.　Breneman, David W.
◇ビジネスとしての高等教育―営利大学の勃興（Earnings from learning）　デビッド・W.ブレネマン, ブライアン・パッサー, サラ・E.ターナー編著, 田部井潤監訳, 渡部晃正, 栗栖淳, 遠藤克弥訳　出版研　2011.6　265p　22cm　〈文献あり 索引あり　発売 ： 人間の科学新社〉2800円　①978-4-8226-0291-8
内容 フェニックス大学―営利高等教育の象徴 他（デビッド・W.ブレネマン著, 渡部晃正訳）〔07334〕

プレハノフ, セルゲイ　Plekhanov, Sergeĭ
◇玉座の改革者　セルゲイ・プレハノフ著, 遠藤晴男訳　朝日新聞出版　2010.12　267p　25cm　〈他言語標題 ： A reformer on the throne〉3500円〔07335〕

プレヒト, リヒャルト・ダーフィト　Precht, Richard David
◇哲学オデュッセイ―挑発する21世紀のソクラテス（Wer bin ich-und wenn ja, wie viele?）　リヒャルト・D.プレヒト著, 西上潔訳　悠書館　2011.11　441, 20p　20cm　〈索引あり〉2400円　①978-4-903487-51-9
内容 第1部 私は何を知ることができるか？（ジルス・マリーア ： スイス 宇宙の中の利口な動物―真理とは何か？　フリードリヒ・ニーチェ　ハダール ： エチオピア ルーシー・イン・ザ・スカイ―私たちはどこから来たのか？　ドナルド・カール・ヨハンソン　マドリッド ： スペイン 精神の宇宙―私の脳はどのように働いているのか？　サンティヤゴ・ラモン・イ・カハール ほか）　第2部 私は何をなすべきか？（パリ ： フランス ルソーの誤り―私たちは他者を必要とするか？　ジャン＝ジャック・ルソー　マディソン ： USA 竜退治の剣―なぜ私たちは他人を助けるのか？　フランス・ドゥ・ヴァール　ケーニヒスベルク ： ドイツ 私のうちなる法則―なぜ私は善良であるべきなのか？　イマヌエル・カント ほか）　第3部 私は何を望んでよいのか？（ル・ベック ： フランス あらゆるイメージのなかで最も偉大なもの―神は存在するのか？　カンタベリーのアンセルムス　ビショップウェアマス ： イギリス 大執事の時計―自然に意味はあるのか？　ウィリアム・ペイリー　ビーレフェルト ： ドイツ いたってノーマルなありそうにないこと―愛とは何か？　ニクラス・ルーマン ほか）〔07336〕

◇「愛」って何？―わかりあえない男女の謎を解く（Liebe）　リヒャルト・ダーフィト・プレヒト著, 柏木ゆう, 津守滋訳　柏書房　2011.12　382p　20cm　〈文献あり〉2800円　①978-4-7601-4071-8
内容 1 女と男（暗い遺産―愛は生物学とどんな関係があるか　経済的なセックスとは？―なぜ遺伝子は利己的でないか　裕福なモズ、確固たるヒキガエル―女と男はそれぞれ何を求めるとされているか　私にはあなたの見ないものが見える―本当に男女は違った考え方をするのか　性と性格―私たちの第二の自然）　2 愛（ダーウィンのためらい―愛をセックスと分かつもの　錯綜した考え―愛はなぜ情動ではないのか　私の間脳と私―私は愛したい人を愛せるか？　運命に関わる仕事―愛することは技術か？　きわめて普通の非現実性―愛と期待との関係）　3 現代の愛（恋に焦がれて？―なぜ私たちはますます恋愛を追い求め、しかもますます得難くなっているのか　恋愛を買う—消費の対象としての恋愛　愛情あふれる家庭—何が残り、何が変わったか　現実感覚と可能性の感覚—なぜ私たちには愛がそれほど重要であり続けるか）　〔07337〕

◇どうしてボクはいるの？—息子とパパの哲学対話（WARUM GIBT ES ALLES UND NICHT NICHTS？）　リヒャルト・ダーフィト・プレヒト著, 柏木ゆう訳　柏書房　2013.2　270p　20cm　2200円　①978-4-7601-4221-7

内容 1 わたしってだぁれ？（なぜ星や植物や人間があるんだろう？—自然史博物館で（1）　なぜわたしがいるの？—自然史博物館で（2）　人間は動物の名前をどうやって知ったの？—水族館で ほか）　2 何が正しいの？（頭に穴があいたら悪い人に変わっちゃうなんて—友好島で　もしも線路の上にパパやママが立っていたら—ベルリン中央駅で　病気の子どもたちを救うためなら意地悪ばあさんを殺してもいいか？—シャリテの前で ほか）　3 幸せって何？（どうして悩みごとはなくならないの？—サンスーシで　絶世の美女よりもママのほうがきれいなわけ—新博物館で　もしも無人島に不時着した乗客がみんな記憶喪失になっていたら？—プレンターの森で ほか）　〔07338〕

フレーベル, フリードリヒ・ヴィルヘルム・アウグスト　Fröbel, Friedrich Wilhelm August

◇明治保育文献集　第6巻　岡田正章監修　日本図書センター　2011.5　364p　22cm　〈日本らいぶらり1977年刊の複製〉①978-4-284-30512-9

内容 母の遊戯及育児歌（フレーベル著, A.L.ハウ訳）　〔07339〕

ブレマー, イアン　Bremmer, Ian

◇自由市場の終焉—国家資本主義とどう闘うか（The end of the free market）　イアン・ブレマー著, 有賀裕子訳　日本経済新聞出版社　2011.5　266p　20cm　2200円　①978-4-532-35464-0

内容 第1章 新たな枠組みの興隆　第2章 資本主義小史　第3章 国家資本主義—その実情と由来　第4章 さまざまな国家資本主義　第5章 世界が直面する難題　第6章 難題への対処　〔07340〕

◇「Gゼロ」後の世界—主導国なき時代の勝者はだれか（Every Nation for Itself）　イアン・ブレマー著, 北沢格訳　日本経済新聞出版社　2012.6　267p　20cm　2400円　①978-4-532-35522-7

内容 第1章 Gゼロとは何か？　第2章 Gゼロへの道　第3章 Gゼロ・インパクト　第4章 勝者と敗者　第5章 来るべき世界　第6章 Gゼロ・アメリカ　〔07341〕

◇新アジア地政学（ASIAN GEOPOLITICS）　I.ブレマー,J.S.ナイ,J.ソラナ,C.R.ヒル, 金田秀昭〔著〕, 福戸雅宏, 藤原敬之助, 水原由生, 髙橋直貴, 松尾知典共訳　土曜社　2013.6　139p　19cm（プロジェクトシンジケート叢書 3）〈文献あり〉1700円　①978-4-9905587-8-9

内容 国際紛争の一年へようこそ！（イアン・ブレマー, ハビエル・ソラナ著, 福戸雅宏訳）　〔07342〕

フレミング, キャロライン　Fleming, Carolyn

◇偉大なアイディアの生まれた場所—シンキング・プレイス（Thinking places）　ジャック・フレミング, キャロライン・フレミング著, 藤岡啓介, 上松さち, 村松静枝訳　清流出版　2011.2　366p　19cm　2400円　①978-4-86029-349-9

内容 エドヴァルド・ハーゲルップ・グリーグ　マーク・トウェイン　ウィリアム・ワーズワース　ジェーン・オースティン　チャールズ・ダーウィン　チャールズ・ディケンズ　ロバート・ルイ・スティーヴンソン　ラドヤード・キプリング　ウィリアム・バトラー・イェーツ　ビアトリクス・ポター　ヴァージニア・ウルフ　トマス・アルヴァ・エディソン　アレクサンダー・グラハム・ベル　ブッカー・T ワシントン　マージョリー・キンナン・ローリングズ　ウィリアム・フォークナー　アーネスト・ヘミングウェイ　創造的人物について　〔07343〕

フレミング, ジャック　Fleming, Jack W.

◇偉大なアイディアの生まれた場所—シンキング・プレイス（Thinking places）　ジャック・フレミング, キャロライン・フレミング著, 藤岡啓介, 上松さち, 村松静枝訳　清流出版　2011.2　366p　19cm　2400円　①978-4-86029-349-9

内容 エドヴァルド・ハーゲルップ・グリーグ　マーク・トウェイン　ウィリアム・ワーズワース　ジェーン・オースティン　チャールズ・ダーウィン　チャールズ・ディケンズ　ロバート・ルイ・スティーヴンソン　ラドヤード・キプリング　ウィリアム・バトラー・イェーツ　ビアトリクス・ポター　ヴァージニア・ウルフ　トマス・アルヴァ・エディソン　アレクサンダー・グラハム・ベル　ブッカー・T ワシントン　マージョリー・キンナン・ローリングズ　ウィリアム・フォークナー　アーネスト・ヘミングウェイ　創造的人物について　〔07344〕

ブレムノー, レイ

◇持続可能な発展とイノベーション　企業と社会フォーラム編　千倉書房　2013.9　207p　21cm（企業と社会シリーズ 2）　2400円　①978-4-8051-1023-2

内容 ユニリーバ：新しいビジネス・モデルの構築を目指して（レイ・ブレムナー著, 伊藤征慶訳）　〔07345〕

フレーリッヒ, マヌエル

◇世界平和への冒険旅行—ダグ・ハマーショルドと国連の未来（The Adventure of Peace）　ステン・アスク, アンナ・マルク＝ユングクヴィスト編, ブライアン・アークハート, セルゲイ・フルシチョフ他著, 光橋翠訳　新評論　2013.7　358p　20cm　〈文献あり 年譜あり〉3800円　①978-4-7948-0945-2

内容 世界機構の政治哲学を求めて（マヌエル・フレーリッヒ著）　〔07346〕

ブレル, ギヨーム　Bourel, Guillaume

◇フランスの歴史—フランス高校歴史教科書 19世紀中頃から現代まで 近現代史（Histoire lre L-ES, Histoire Tle L-ES）　マリエル・シュヴァリエ, ギヨーム・ブレル監修, 福井憲彦監訳, 遠藤ゆかり, 藤田真利子訳　明石書店　2011.6　700p　27cm　（世界の教科書シリーズ 30）〈執筆：フランソワ・ゲジほか　年表あり〉9500円　①978-4-7503-3412-7

内容 19世紀中頃から1930年までの工業の時代とその文明　19世紀中頃から1914年までのフランス　戦争、民主主義、全体主義（1914～1945年）　1945年から現在ま

での世界　1945年から現在までのヨーロッパ　1945年から現在までのフランス　〔07347〕

プレンスキー, マーク　Prensky, Marc
◇ディジタルネイティヴのための近未来教室―パートナー方式の教授法（Teaching Digital Natives） Marc Prensky著, 情報リテラシー教育プログラムプロジェクト訳　共立出版　2013.8　328p　21cm　〈索引あり〉 2800円　①978-4-320-12336-6
内容 第1章 パートナー方式―新たな教育環境にふさわしい教授法　第2章 パートナー方式の教授法を始める　第3章 クラスより生徒一人ひとりについて、学習内容より彼らの情熱について考えよう　第4章 関係性だけでなく、つねに現実性を　第5章 授業計画を立てる―内容から質問へ、質問からスキルへ　第6章 パートナー方式でのテクノロジー利用　第7章 名詞ツールについて理解する　第8章 生徒に創らせよう　第9章 実践と共有を通して継続的に向上しよう　第10章 パートナー方式の教授法における評価　〔07348〕

フレンチ, フランシス
◇世界探検家列伝―海・河川・砂漠・極地、そして宇宙へ（The great explorers）　ロビン・ハンベリーテニソン編著, 植松靖夫訳　悠書館　2011.9　303p　26cm　〈文献あり 索引あり〉 9500円　①978-4-903487-49-6
内容 ユーリイ・ガガーリン―人類初の宇宙飛行（フランシス・フレンチ）　〔07349〕

ブレント, マイク　Brent, Mike
◇「人を動かす」リーダーになるための本―人間関係づくりに役立つ、21のテクニック（THE LEADER'S GUIDE TO INFLUENCE HOW TO USE SOFT SKILLS TO GET HARD RESULTS）　マイク・ブレント, フィオナ・エルサ・デント著, 東出顕子訳　ピアソン桐原　2012.5　275p　21cm　〈文献あり 索引あり〉 1900円　①978-4-86401-072-6
内容 あなたの人間関係―それを正しく理解する　あなたの人間関係スタイルは？　自分の人間関係を理解する　人間関係がうまくいかなくなる原因は？　人間関係ネットワーキング　好印象をつくり出す　リスニング（聴く）　良質なクエスチョニング（訊く）　信頼と誠実さ　ラポールと共感〔ほか〕　〔07350〕

ブロー, デイヴィッド　Blow, David
◇アッバース大王―現代イランの基礎を築いた苛烈なるシャー（Shah Abbas）　デイヴィッド・ブロー著, 角敦子訳　中央公論新社　2012.6　429p　20cm　(INSIDE HISTORIES)　〈文献あり 索引あり〉 3200円　①978-4-12-004354-3
内容 シャー・アッバースが受けついだもの―シーア派国家の誕生　動乱の少年時代と権力の掌握　アッバースの統治　ウズベク族からのホラーサーン奪回　シャー・アッバースに仕えたイギリス人冒険家　攻撃に次ぐ攻撃―ホラーサーン、ペルシア湾、オスマン朝への挑戦　アッバース、オスマン朝軍を駆逐す　ヨーロッパの同盟者を求めて　ペルシア湾岸への圧力、集団強制移住と息子の殺害　イギリス＝イラン同盟軍の勝利―ホルムズ島占領　最後の勝利―カンダハールとバグダードの制圧　使節の確執　イギリス大使とアッバースの崩壊　アッバースという人物　シャー・アッバーズの宮廷　王座とモスクの同盟　商人王　シャー・アッバースと芸術　アッバース以降のサファヴィー朝　〔07351〕

ブロイアー, ジークフリート
◇宗教改革者の群像　〔マルティン・グレシャト〕〔編〕, 日本ルター学会編訳　知泉書館　2011.11　449, 18p　22cm　〈索引あり　文献あり〉 8000円　①978-4-86285-119-2
内容 トーマス・ミュンツァー（ジークフリート・ブロイアー, ハンス・ユルゲン・ゲルツ著, 木塚隆志訳）　〔07352〕

ブロイアー, ヨーゼフ　Breuer, Josef
◇ヒステリー研究〈初版〉　ブロイアー, フロイト〔著〕, 金関猛訳　中央公論新社　2013.6　535p　18cm　（中公クラシックス W72）〈文献あり 索引あり〉 2400円　①978-4-12-160139-1
内容 第1章 ヒステリー現象の心的メカニズムについて　第2章 病歴（アンナ・O嬢　エミー・フォン・N夫人　ミス・ルーシー・R　カタリーナ　エリーザベト・フォン・R嬢）　第3章 理論的考察　第4章 ヒステリーの精神療法について　〔07353〕

プロイス, フーゴー
◇主権のゆくえ―フーゴー・プロイスと民主主義の現在 法政大学ボワソナード記念現代法研究所国際セミナー　大野達司編　風行社　2011.3　159p　20cm　2000円　①978-4-86258-061-0
内容 経済生活に貢献する国際法（フーゴー・プロイス著, 大野達司訳）　〔07354〕

フロイス, ルイス　Frois, Luis
◇宣教師が見た信長の戦国―フロイスの二通の手紙を読む　高木洋編著　名古屋　風媒社　2011.3　218p　19cm　1600円　①978-4-8331-0549-1
内容 上の章 フロイスと信長（フロイスの日本上陸　待望の都へ　将軍殺害、そして宣教師の追放へ　都への復帰　信長に謁見 ほか）　下の章 フロイス・二通の手紙（第一の手紙―一五六九年六月一日　第二の手紙―一五六九年七月十二日）　〔07355〕

◇ヨーロッパ文化と日本文化（Tratado em que se contem muito susintae abreviadamente algumas contradicoes e diferencas de custumes antre a gente de Europa e esta provincia de Japao）　ルイス・フロイス著, 岡田章雄訳注　岩波書店　2012.3　199p　19cm　（ワイド版岩波文庫 348）　1100円　①978-4-00-007348-6
内容 男性の風貌と衣服に関すること　女性とその風貌、風習について　児童およびその風俗について　坊主ならびにその風習に関すること　寺院、聖像およびその宗教の信仰に関すること　日本人の食事と飲酒の仕方　日本人の攻撃用および防禦武器について―付戦争　馬に関すること　病気、医者および薬について　日本人の書法、その書物、紙、インクおよび手紙について　家屋、建築、庭園および果実について　舟とその慣習、道具について　日本の劇、喜劇、舞踊、歌および楽器について　前記の章でよくまとめられなかった異風で、特殊な事どもについて　〔07356〕

プロイセン文化財団映像資料館
◇ヴァイマル イン ベルリン―ある時代のポート

フ

レート（Weimar in Berlin） マンフレート・ゲルテマーカー, プロイセン文化財団映像資料館編, 岡田啓美, 斎藤尚子, 茂幾保代, 渡辺芳子訳 三元社 2012.3 219p 25cm 〈年表あり 索引あり 文献あり〉 5800円 ①978-4-88303-301-0

内容 戦いの狭間で―革命、反動、共和国 光と影―大都会の日常 「新しいベルリン」―建築と都市の建設 新しい女性―女性運動と日常 『ベルリン・アレクサンダー広場』―首都の神話と文学 「おっとっと、おれたちは生きてる」―「黄金の20年代」の舞台 ジャーナリズムの力と見解―ベルリンの新聞王たち 共和国の終焉―ナチスの台頭 〔07357〕

フロイト, ジークムント Freud, Sigmund

◇フロイト全集 20 ある錯覚の未来 文化の中の居心地悪さ―1929-32年 フロイト〔著〕, 新宮一成, 鷲田清一, 道籏泰三, 高田珠樹, 須藤訓任編 高田珠樹責任編集, 高田珠樹, 嶺秀樹訳 岩波書店 2011.1 364p 22cm 4400円 ①978-4-00-092680-5

内容 ある錯覚の未来 文化の中の居心地悪さ テーオドール・ライク宛書簡抜粋 アーネスト・ジョーンズ五十歳の誕生日に寄せて マクシム・ルロワ宛書簡―デカルトの夢について 一九三〇年ゲーテ賞 ジュリエット・ブトニエ宛書簡 S.フロイト/W.C.ブリット共著『トーマス・ウッドロー・ウィルソン』への緒言 エドアルド・ヴァイス著『精神分析要綱』へのはしがき ハルスマン裁判における医学部鑑定〔ほか〕 〔07358〕

◇ドストエフスキーと父親殺し 不気味なもの（Das Motiv der Kastchenwahl〔etc.〕） フロイト著, 中山元訳 光文社 2011.2 340p 16cm （光文社古典新訳文庫 K-Bフ-1-3） 〈年譜あり〉 914円 ①978-4-334-75224-8

内容 小箱選びのモチーフ（一九一三年） 精神分析の作業で確認された二、三の性格類型（一九一六年） 『詩と真実』における幼年時代の記憶について（一九一七年） 不気味なもの（一九一九年） ユーモア（一九二七年） ドストエフスキーと父親殺し（一九二八年） 〔07359〕

◇フロイト全集 21 続・精神分析入門講義 終わりのある分析とない分析―1932-37年 フロイト〔著〕, 新宮一成, 鷲田清一, 道籏泰三, 高田珠樹, 須藤訓任編 道籏泰三責任編集, 道籏泰三, 福田覚, 渡辺俊之訳 岩波書店 2011.2 465p 22cm 〈付属資料 : 16p : 月報 20〉 4600円 ①978-4-00-092681-2

内容 続・精神分析入門講義 終わりのある分析と終わりのない分析 論稿（一九三三 - 三七年）（シャーンドル・フェレンツィ追悼 マリー・ボナパルト著『エドガー・ポー―精神分析的研究』への序言 ある微妙な失錯行為 チェコ語版『精神分析入門講義』へのまえがき トーマス・マン六十歳の誕生日に寄せて ロマン・ロラン宛書簡―アクロポリスでのある想起障害 ゲオルク・ヘルマン宛書簡三通 トーマス・マン宛書簡 ほか） 〔07360〕

◇フロイトと日本人―往復書簡と精神分析への抵抗 北山修編著・書簡監訳, 井口由子書簡訳・注 岩崎学術出版社 2011.7 172p 22cm 2800円 ①978-4-7533-1024-1 〔07361〕

◇フロイト全集 5 夢解釈―1900年 2 フロイト〔著〕, 新宮一成, 鷲田清一, 道籏泰三, 高田珠樹, 須藤訓任編 新宮一成責任編集, 新宮一成訳 岩波書店 2011.10 521, 23p 22cm 〈文献あり〉 4800円 ①978-4-00-092665-2

内容 第6章 夢工作 第7章 夢過程の心理学にむけて 〔07362〕

◇ちくま哲学の森 6 驚くこころ 鶴見俊輔, 安野光雅, 森毅, 井上ひさし, 池内紀編 筑摩書房 2012.2 437p 15cm 1300円 ①978-4-480-42866-0

内容 精神分析について（フロイト著, 懸田克躬訳） 〔07363〕

◇精神分析入門 上 フロイト〔著〕, 安田徳太郎, 安田一郎訳 新版 角川学芸出版 2012.3 324p 15cm （角川文庫 17330―〔角川ソフィア文庫〕 G-202-1） 〈初版 : 角川書店1953年刊 発売 : 角川グループパブリッシング〉 629円 ①978-4-04-408604-6

内容 間違い 夢（難関と最初の試み 仮説と解釈術 夢の顕在内容と潜在思想 子供の夢 夢の検閲官 夢の象徴 夢の作業 夢の分析例 夢の太古性と小児性 願望充足 疑点と批判） 〔07364〕

◇精神分析入門 下 フロイト〔著〕, 安田徳太郎, 安田一郎訳 新版 角川学芸出版 2012.3 380p 15cm （角川文庫 17331―〔角川ソフィア文庫〕 G-202-2） 〈年譜あり 初版 : 角川書店1954年刊 発売 : 角川グループパブリッシング〉 629円 ①978-4-04-408605-3

内容 神経症学総論 精神分析と精神医学 症状の意味 外傷（トラウマ）への固着、無意識 抵抗と抑圧 人間の性生活 リビドーの発達と性の体制 発達と退行の見地、病因論 症状形成の道 普通の神経質 不安 リビドー説と自己愛 感情転移 分析療法 〔07365〕

◇フロイト全集 15 （GESAMMELTE WERKE） フロイト〔著〕, 新宮一成, 鷲田清一, 道籏泰三, 高田珠樹, 須藤訓任編集委員 岩波書店 2012.5 644p 22cm 〈付属資料 : 16p : 月報 22 布装〉 5400円 ①978-4-00-092675-1

内容 精神分析入門講義（失錯行為 夢 神経症総論） 〔07366〕

◇夢解釈〈初版〉 上 （Die Traumdeutung） フロイト〔著〕, 金関猛訳 中央公論新社 2012.6 388p 18cm （中公クラシックス W70） 1900円 ①978-4-12-160133-9

内容 第1章 夢の問題に関する科学的文献 第2章 夢解釈の方法 代表例となる夢の分析 第3章 夢は欲望充足である 第4章 夢の歪曲 第5章 夢の素材と夢の源泉 〔07367〕

◇夢解釈〈初版〉 下 （Die Traumdeutung） フロイト〔著〕, 金関猛訳 中央公論新社 2012.6 372p 18cm （中公クラシックス W71） 〈文献あり 索引あり〉 1800円 ①978-4-12-160134-6

内容 第6章 夢の仕事 第7章 夢行程の心理学 〔07368〕

◇ヒステリー研究〈初版〉 ブロイアー, フロイト〔著〕, 金関猛訳 中央公論新社 2013.6 535p 18cm （中公クラシックス W72） 〈文献あり 索引あり〉 2400円 ①978-4-12-160139-1

内容 第1章 ヒステリー現象の心的メカニズムについて 第2章 症例（アンナ・O嬢 エミー・フォン・N夫人 ミス・ルーシー・R カタリーナ エリーザベト・フォ

フ

ン・R嬢）　第3章 理論的考察　第4章 ヒステリーの精神療法について　〔07369〕

ブロイド, リチャード　Broyd, Richard

◇グリーン・バリュー経営への大転換（Green Business, Green Values, and Sustainability（抄訳））　クリストス・ピテリス, ジャック・キーナン, ヴィッキー・プライス編著, 谷口和弘訳　NTT出版　2013.7　285p　20cm　〈索引あり〉　2800円　①978-4-7571-2292-5

内容 持続可能な経済特区―行動のきっかけ（リチャード・ブロイド, ジェフ・グローガン, アレクサンドラ・マンデルボウム, アレハンドロ・ギテレーツ, デブラ・ラム）　〔07370〕

プロヴァイン, ロバート・R.　Provine, Robert R.

◇あくびはどうして伝染するのか―人間のおかしな行動を科学する（Curious Behavior yawning, laughing, hiccupping, and beyond）　ロバート・R.プロヴァイン著, 赤松真紀訳　青土社　2013.10　265, 23p　20cm　〈文献あり 索引あり〉　2400円　①978-4-7917-6734-2

内容 あくび　笑うこと　声を出して泣くこと　感情的に流す涙　白目　咳　くしゃみ　しゃっくり　嘔吐と吐き気　くすぐり　痒みと掻痒　おならとゲップ　出生前の行動　行動のキーボード　〔07371〕

ブロウド, イーライ　Broad, Eli

◇「型破り」で勝つ私の流儀―なぜ私はフォーチュン500の会社を2社も創れたのか（THE ART OF BEING UNREASONABLE）　イーライ・ブロウド著, 田中裕輔監訳　日本文芸社　2012.11　311p　20cm　1800円　①978-4-537-25973-5

内容「型破り」だからここまでやれた　「こだわり性」を自分の武器に　「快適領域」の外へ目を向けろ　型破りは「予習」で成り立つ　「二番手」のうま味を生かせ　24時間働きつつ、8時間睡眠を確保する方法　「人材」を発掘し「人財」に育てる法　「リスク管理」のうまいやり方　人を動かし「結果を出す」方法　人・金・事業に「レバレッジをかける」法〔ほか〕　〔07372〕

プロクター, ボブ　Proctor, Bob

◇イメージは物質化する―「富」を無限に引き寄せる10法則（You were Born Rich）　ボブ・プロクター著, 岩元貴久監訳　きこ書房　2013.3　285p　19cm　〈他言語標題：IMAGE MATERIALIZES.〉1500円　①978-4-87771-304-1

内容 第1の法則 お金に対する認識を変える　第2の法則 明確にする　第3の法則 イメージの力を使う　第4の法則 宇宙を味方にする　第5の法則 期待する　第6の法則 振動と誘引の法則　第7の法則 リスクを冒す　第8の法則 紙一重の差　第9の法則 プラス思考　第10の法則 捨てる　〔07373〕

プロコフィエフ, セルゲイ・O.　Prokofieff, Sergei O.

◇赦しの隠された意味（Die okkulte Bedeutung des Verzeihens）　セルゲイ・O.プロコフィエフ著, 和田悠希, 遠藤真理共訳　涼風書林　2011.5　285p　21cm　2800円　①978-4-903865-22-5　〔07374〕

プロコーフィエフ, M.M.　Prokof'ev, M.M.

◇サハリンと千島の擦文文化の土器―サハリンと千島へのアイヌ民族の進出　M.M.プロコーフィエフ,V.A.デリューギン,S.V.ゴルブノーフ著, 中川昌久訳, 菊池俊彦, 中村和之監修　函館　函館工業高等専門学校　2012.2　147p　21cm　〔07375〕

プロジェクトマネジメント協会《Project Management Institute, Inc.》

◇プロジェクト・リスクマネジメント実務標準（Practice standard for project risk management）　Project Management Institute, Inc.著, PMI日本支部監訳　PMI日本支部　2010.7　127p　30cm　〈文献あり 索引あり　発売：鹿島出版会〉4762円　①978-4-306-08527-5　〔07376〕

◇プロジェクト見積り実務標準（Practice standard for project estimating）　Project Management Institute,Inc.著, PMI日本支部監訳　PMI日本支部　2012.3　94p　30cm　〈索引あり　発売：鹿島出版会〉6000円　①978-4-306-08530-5

内容 第1章 序論　第2章 原則と概念　第3章 見積準備　第4章 見積作成　第5章 見積マネジメント　第6章 見積プロセスの改善　付録A PMI実務標準のガイドライン　付録B プロジェクト見積り実務標準の進化　付録C プロジェクト見積り実務標準の貢献者・校閲者　付録D 見積モデル　〔07377〕

ブロスフェルド, ハンスーピーター

◇ライフコース研究の技法―多様でダイナミックな人生を捉えるために（The Craft of Life Course Research）　グレン・H.エルダー,Jr., ジャネット・Z.ジール編著, 本田時雄, 岡林秀樹監訳, 登張真稲, 中尾暢見, 伊藤教子, 磯谷俊仁, 玉井航太, 藤原善美訳　明石書店　2013.7　470p　22cm　〈文献あり 索引あり〉6700円　①978-4-7503-3858-3

内容 比較ライフコース研究（ハンスーピーター・ブロスフェルド著, 本田時雄訳）　〔07378〕

ブロック, アン・グレアム　Brock, Ann Graham

◇マグダラのマリア、第一の使徒―権威を求める闘い（MARY MAGDALENE, THE FIRST APOSTLE THE STRUGGLE FOR AUTHORITY）　アン・グレアム・ブロック著, 吉谷かおる訳　新教出版社　2011.8　287p　21cm　3800円　①978-4-400-12756-7

内容 第1章 使徒の権威に関する問題　第2章 ルカ福音書における使徒の権威　第3章 ヨハネ福音書における使徒の権威　第4章 使徒証人の描き方―マルコ・マタイ福音書vs「ペトロ福音書」　第5章 他のテキストにおけるペトロとマグダラのマリアの競合関係　第6章 権威の擁護と女性たちのリーダーシップ―「パウロ行伝」vs「ペトロ行伝」　第7章 マグダラのマリアの取り替え―競合を取り除くための策戦　第8章 使徒の矛盾と権威の危機　第9章 結論 失われた使徒の伝承を回復する　〔07379〕

ブロック, ウォルター　Block, Walter

◇不道徳な経済学―擁護できないものを擁護する

フ

(Defending the undefendable)　橘玲訳・文, ウォルター・ブロック〔著〕　講談社　2011.2　315p　16cm　(講談社+α文庫 G98・3)　〈『不道徳教育』(2006年刊)の改題、加筆、改筆〉838円　①978-4-06-281414-0

内容 売春婦　ポン引き　女性差別主義者　麻薬密売人　シャブ中　恐喝者　2ちゃんねらー　学問の自由を否定する者　満員の映画館で「火事だ！」と叫ぶ奴　ダフ屋〔ほか〕　〔07380〕

ブロック, ピーター

◇ストーリーで学ぶ経営の真髄 (Learn like a leader)　マーシャル・ゴールドスミス, ビバリー・ケイ, ケン・シェルトン編, 和泉裕子, 井上実訳　徳間書店　2011.2　311p　19cm　1600円　①978-4-19-863118-5

内容 すべてには意味がある(ピーター・ブロック著)　〔07381〕

ブロック, マルク

◇叢書『アナール1929-2010』―歴史の対象と方法 2　1946-1957 (Anthologie des Annales 1929-2010)　E.ル＝ロワ＝ラデュリ, A.ビュルギエール監修, 浜名優美監訳　L.ヴァランシ編, 池田祥英, 井上桜子, 尾河直哉, 北垣潔, 塚島真実, 平沢勝行訳　藤原書店　2011.6　460p　22cm　6800円　①978-4-89434-807-3

内容 古代奴隷制の終焉(マルク・ブロック著, 平沢勝行訳)　〔07382〕

ブロック, ローター

◇平和構築の思想―グローバル化の途上で考える (Krieg und Frieden im Prozess der Globalisierung)　マティアス・ルッツ＝バッハマン, アンドレアス・ニーダーベルガー編著, 舟場保之, 御子柴善之監訳　松戸　梓出版社　2011.3　238, 5p　21cm　〈索引あり〉2600円　①978-4-87262-025-2

内容 民主主義的平和と共和主義的戦争(ローター・ブロック著, 舟場保之訳)　〔07383〕

ブロックバンク, ウェイン　Brockbank, Wayne

◇人事コンピテンシー―人と組織は「改革」「進化」「活性化」できるのか (HR COMPETENCIES)　デイブ・ウルリッチ, ウェイン・ブロックバンク, ダニ・ジョンソン, カート・スタンドホルツ, ジョン・ヤンガー著, 中島豊訳　生産性出版　2013.8　266p　21cm　〈文献あり〉6000円　①978-4-8201-2016-2

内容 第1章 人事部門における「変革の旅程」　第2章 人事の専門性をめぐる状況　第3章 信頼される行動家　第4章 文化と変革の執事　第5章 人材の管理者・組織の設計者　第6章 戦略の構築家　第7章 業務遂行者　第8章 ビジネスの協力者　第9章 あるべき人事部門の姿　第10章 本書のまとめと含意　Appendix 1 人事コンピテンシー調査(HR Competency Study：HRCS)の変遷　〔07384〕

ブロックルハースト, ルース　Brocklehurst, Ruth

◇探し絵ツアー世界地図 (CHILDREN'S PICTURE ATLAS)　ルース・ブロックルハースト作, リンダ・エドワーズ絵, ナカイサヤカ訳　文渓堂　2013.4　47p　31cm　〈索引あり〉1400円　①978-4-7999-0029-1

内容 宇宙　地図ってなに？　国と都市　人びと　旅行　氷と雪　砂漠　草原　森林　山やま　川と湖　海と大洋　世界　北アメリカ　南アメリカ　オーストラリア・オセアニア　アジア　アフリカ　ヨーロッパ　北極　南極大陸　世界一周　場所さくいん　探し絵の答え　〔07385〕

ブロッシュ, セルジュ　Bloch, Serge

◇革命児たちの仰天!?情熱人生 (L'ENCYCLOPÉDIE DES REBELLES)　アンヌ・ブランシャール, フランシス・ミジオ著, セルジュ・ブロッシュ絵, 木山美穂訳　岩崎書店　2012.10　126p　31cm　〈索引あり〉3000円　①978-4-265-85026-6

内容 いろんな分野で革命を起こした人、大集合！　アメンホテプ4世　スパルタクス　アッシジの聖フランチェスコ　フランソワ・ヴィヨン　ガリレオ・ガリレイ　アイザック・ニュートン　トゥーサン・ルーヴェルチュール　ルートヴィヒ・ヴァン・ベートーヴェン　シモン・ボリバル〔ほか〕　〔07386〕

ブロッツェン, ジャン・ピエール

◇インカ帝国―研究のフロンティア　島田泉, 篠田謙一編著　秦野　東海大学出版会　2012.3　428p　27cm　(国立科学博物館叢書 12)　〈索引あり〉3500円　①978-4-486-01929-9

内容 インカの建築物と景観(ステラ・ネア, ジャン・ピエール・プロッツェン著, 宮野元太郎訳)　〔07387〕

ブロッホ, エルンスト　Bloch, Ernst

◇ユートピアの精神 (Geist der Utopie.Bearb. Neuaufl.d.2.Fassung von 1923)　エルンスト・ブロッホ〔著〕, 好村冨士彦訳　新装復刊　白水社　2011.5　426, 4p　22cm　〈索引あり〉5600円　①978-4-560-08136-5

内容 意図(一九一八、一九二三年)　自己との出会い(古い壺　装飾の制作　音楽の哲学　構成不可能な問いの形象)　カール・マルクス、死、および黙示録―あるいは、内向的なものが外向的に、外向的なものが内向的になりうるような世界の道について　〔07388〕

◇希望の原理　第1巻 (Das Prinzip Hoffnung)　エルンスト・ブロッホ著, 山下肇, 瀬戸鞏吉, 片岡啓治, 沼崎雅行, 石丸昭二, 保坂一夫訳　白水社　2012.11　393p　19cm　(白水iクラシックス)　〈1982年刊の全3巻を全6巻本として再編集〉3800円　①978-4-560-09611-6

内容 第1部 (報告)小さな昼の夢(私たちは空っぽからはじめる　たくさんしゃぶってみて、もっとたくさん欲しくなる　毎日とりとめもなく　隠れ場と美しい異郷　逃走と凱旋　より成熟した願望とその形象　老年にも残された願望　転換のきざし)　第2部 (基礎づけ)先取りする意識(衝迫として生起するもの　満ち足りぬ赤裸な性向と願望　かなり肥大した欲動体としての人間　人間の基本的欲動に関する種々の解釈　すべての基本的欲動がもつ歴史的限界性。自己関心の諸相。満たされた情動と期待情動　昼の夢と夜の夢との原則上の区別。夜の夢における隠された古い願望充足、昼の空想における虚構し先取りする願望充足　未だ意識されないものの、あるいは前向きの薄命の、発見。新しい意識段階としての、および新しいもの―青春、時代の転換、生産力―の意識段階とし

フ

ての未だ意識されないもの。ユートピア的な機能という概念、その機能と、利益、イデオロギー、祖型、寓意 - 象徴との出会い　ユートピア的幻想が世界のなかにもつ相関物。実在的可能性、最前線と新事象と終極というカテゴリー、および地平）〔07389〕

◇希望の原理　第2巻（Das Prinzip Hoffnung）　エルンスト・ブロッホ著, 山下肇, 瀬戸鞏吉, 片岡啓治, 沼崎雅行, 石丸昭二, 保坂一夫訳　白水社　2012.12　413p　19cm　（白水iクラシックス）〈1982年刊の再編集〉4000円　①978-4-560-09612-3

内容 可能性カテゴリーの諸層　世界の変革、あるいはフォイエルバッハに関するマスクスの十一のテーゼ要約。先取りの性情と、その両極―暗い瞬間とひらかれている適合性　魅惑的な姿をとった昼の夢―パミーナ、あるいは愛の約束としての像　象徴的な形態をとった昼の夢―パンドーラの箱。残った善　第3部（移行）鏡のなかの願望像（陳列品、童話、旅、映画、舞台）（実物より美しく見せる　鏡が今日語りかけるもの　新しい衣裳、まばゆい陳列品　美しい仮面、クー・クラックス・クラン、けばけばしい娯楽雑誌　歳の市やサーカス、童話や民衆小説における、もっとましな空中楼閣　旅の魅力、古美術、スリラー小説の幸福　舞踊における願望像、パントマイムおよび映像の世界　範型を提示する施設としてみた舞台、およびそこでの決断　嘲笑され憎悪された願望像、勝手きままでユーモラスな願望像　ハッピー・エンド、それは見抜かれていてそれでも擁護される）〔07390〕

◇希望の原理　第3巻（Das Prinzip Hoffnung）　エルンスト・ブロッホ著, 山下肇, 瀬戸鞏吉, 片岡啓治, 沼崎雅行, 石丸昭二, 保坂一夫訳　白水社　2013.1　429p　19cm　（白水iクラシックス）〈1982年刊の再編集〉4200円　①978-4-560-09613-0

内容 夢みる人はますます多くを求める　身体の鍛錬、何事もうまく行くさ　健康のための闘い、医術のユートピア（温かい寝床　迷信とおとぎ話　薬剤と計画　実際の身体の改造における逡巡と目標　マルサス、出産率、食糧　医者の心配）　自由と秩序、社会的ユートピアの略図（序論　過去の社会的願望像　科学への計画と進歩）　意志と自然、技術のユートピア（魔術的な過去　非ユークリッド的現在と未来、技術の結合の問題）〔07391〕

◇希望の原理　第4巻（Das Prinzip Hoffnung）　エルンスト・ブロッホ著, 山下肇, 瀬戸鞏吉, 片岡啓治, 沼崎雅行, 石丸昭二, 保坂一夫訳　白水社　2013.2　403p　19cm　（白水iクラシックス）〈1982年刊の再編集〉4000円　①978-4-560-09614-7

内容 よりよい世界を模写する建築物、建築のユートピア（過去の建築様式のさまざまな設計　空洞の建設）エルドラドとエデン、地理的ユートピア（最初の光　発明と発見。地理的希望の特性 ほか）　絵画、オペラ、文学に表わされた願望風景（動く手　花とじゅうたん ほか）　永遠の相の下から、そして過程から見た、願望風景と知恵（中庸の研究　原物質と法則の「本来性」ほか）　八時間労働日、平時の世界、自由時間と余暇（飢えの鞭　ブルジョアジーの堅固な要塞から ほか）〔07392〕

◇希望の原理　第5巻（Das Prinzip Hoffnung）　エルンスト・ブロッホ著, 山下肇, 瀬戸鞏吉, 片岡啓治, 沼崎雅行, 石丸昭二, 保坂一夫訳　白水社　2013.3　445p　19cm　（白水iクラシックス）〈1982年刊の再編集〉4300円　①978-4-560-09615-4

内容 第5部（同一性）満たされた瞬間の願望像（道徳、音楽、もろもろの死のイメージ、宗教、東洋の自然、最高善）（自分が何なのか分からない　家庭と学校が手引きする　人間らしくなるための導きの像そのもの　危険な生と幸福な生の道標　意志のテンポと省察の道標、孤独と友情の道標、個人と共同体の道標　若きゲーテ、非諦念、エアリエル　限界を踏み越える導きの人物像。ファウストと満たされた瞬間を求める賭け　ドン・キホーテとファウストに示された、抽象的な限界踏み越えと媒介された限界踏み越えの道標　音楽における踏み越えともっとも濃密な人間世界　自己と、墓場の提灯、または最も手強い非ユートピアの力、死、に抗する希望像）〔07393〕

◇希望の原理　第6巻（Das Prinzip Hoffnung）　エルンスト・ブロッホ著, 山下肇, 瀬戸鞏吉, 片岡啓治, 沼崎雅行, 石丸昭二, 保坂一夫訳　白水社　2013.4　365, 28p　19cm　（白水iクラシックス）〈1982年刊の再編集　索引あり〉4200円　①978-4-560-09616-1

内容 宗教的な秘密、すなわち、星辰神話、脱出、御国、への人間参加の増大。無神論と御国のユートピア（序論　宗祖、福音、および「神はなぜ人となり給いしか」現実の治外法権性としての地上の核）　究極の願望内容と最高善　カール・マルクスと人間性。希望の素材〔07394〕

ブロディ, リチャード　Brodie, Richard

◇心を操るウイルス―なぜ思い通りの人生を生きられないのか（VIRUS OF THE MIND）　リチャード・ブロディ〔著〕, 森弘之訳　東洋経済新報社　2013.8　349p　19cm　〈「ミーム」（講談社 1998年刊）の改題、修正　文献あり〉2200円　①978-4-492-04502-2〔07395〕

ブローデル, フェルナン　Braudel, Fernand

◇地中海世界（LA MÉDITERRANÉE : L'HISTOIRE ET L'ESPACE LES HOMMES ET L'HÉRITAGE）　フェルナン・ブローデル編, 神沢栄三訳　みすず書房　2011.5　190, 184p　19cm　〈第3刷（第1刷2000年）〉4200円　①4-622-03384-4

内容 陸地 他（フェルナン・ブローデル）〔07396〕

◇叢書『アナール1929-2010』―歴史の対象と方法 2　1946-1957（Anthologie des Annales 1929-2010）　E.ル＝ロワ＝ラデュリ,A.ビュルギエール監修, 浜名優美監訳　L.ヴァランシ編, 池田祥英, 井上桜子, 尾河直哉, 北垣潔, 塚島真実, 平沢勝行訳　藤原書店　2011.6　460p　22cm　6800円　①978-4-89434-807-3

内容 貨幣と文明（フェルナン・ブローデル著, 浜名優美, 尾河直哉訳）〔07397〕

ブロドハーゲン, バーバラ・L.

◇デモクラティック・スクール―力のある学校教育とは何か（Democratic Schools（原著第2版））　マイケル・W.アップル, ジェームズ・A.ビーン編, 沢田稔訳　Sophia University Press上智大学出版　2013.10　288p　21cm　〈文献あり 索引あり　発売 : ぎょうせい〉2000円　①978-4-324-09636-9

フ

内容 このクラスの雰囲気が私たちを特別な存在にした（バーバラ・L.ブロドハーゲン著）〔07398〕

ブロドリック, G.C.　Brodrick, George Charles

◇日本立法資料全集　別巻914　英国地方政治論　G.C.ブロドリック著, 久米金弥訳　信山社　2013.4　244, 3p　23cm　〈地方自治法研究復刊大系 第104巻　哲学書院 明治21年刊の複製〉　30000円　①978-4-7972-6620-7　〔07399〕

ブロトン, ジェリー　Brotton, Jerry

◇はじめてわかるルネサンス（THE RENAISSANCE）　ジェリー・ブロトン著, 高山芳樹訳　筑摩書房　2013.8　271, 7p　15cm　（ちくま学芸文庫 フ35-1）〈文献あり 年表あり 索引あり〉1200円　①978-4-480-09514-5

内容 序 ホルバインの絵　第1章 世界規模のルネサンス　第2章 人文主義者の手稿　第3章 教会と国家　第4章 素晴らしき新世界　第5章 科学と哲学　第6章 ルネサンスの書き直し　〔07400〕

フロパーチェフ, G.A.　Khlopachev, Gennadiĭ Adol'fovich

◇氷河期の極北に挑むホモ・サピエンス―マンモスハンターたちの暮らしと技（Секреты Древних Косторезов Восточной Европы и Сибири）　G.A.フロパーチェフ,E.Ju.ギリヤ, 木村英明著, 木村英明, 木村アヤ子訳　雄山閣　2013.3　208p　26cm　〈文献あり〉4800円　①978-4-639-02264-0

内容 第1部 牙と角のわざのひみつ（マンモスの牙、トナカイの角 : かたちとなりたち　マンモスの牙とトナカイの角加工法の研究史　基本的な観察と考古学的な観察　マンモスの牙とトナカイの角の剝離実験　角と牙のたわみ実験―形状記憶 ほか）　第2部 酷寒に挑む旧石器時代の人びとと技―北方ユーラシアにおけるホモ・サピエンスとマンモスハンターの起源（酷寒の地に足を踏み入れたのは誰か？　旧石器時代における環境と文化の変遷史　寒さを味方にした人びと―マンモスハンターの文化の成立と展開　マンモスの骨格住居とマンモスの絶滅問題　マンモス牙製の槍に守られた少年・少女たち ほか）〔07401〕

ブロフィ, ジェア　Brophy, Jere E.

◇やる気をひきだす教師―学習動機づけの心理学（Motivating students to learn (2nd ed.)）　ジェア・ブロフィ著, 中谷素之監訳　金子書房　2011.5　477p　22cm　〈文献あり 索引あり〉8300円　①978-4-7608-3611-6

内容 1章 生徒の動機づけ―教師の視点　2章 教室に学習コミュニティを築く　3章 学習者としての自信を支える　4章 目標理論　5章 やる気をなくした生徒の自信と動機づけを回復させる　6章 報酬を与える　7章 内発的動機づけに関する自己決定理論―生徒の自律性、有能さ、および関係性への欲求に応える　8章 生徒の内発的動機づけを支援する　9章 生徒の学習動機づけを刺激する　10章 興味の湧かない、疎外された生徒を社会化する　11章 生徒の動機づけパターンに合わせて指導する　12章 動機づけ目標を教師の教授計画と実践に統合する　〔07402〕

ブロープスト, エルンスト

◇岡山市立オリエント美術館オリエント・ゼミ報告 7　岡山　岡山市立オリエント美術館オリエント・ゼミ　2013.3　146p　26cm　〈文献あり〉

内容 骨壺場文化（エルンスト・ブロープスト著, 水内透訳）〔07403〕

フロマートカ, ヨゼフ・ルクル　Hromádka, Josef Lukl

◇神学入門―プロテスタント神学の転換点（Prelom v protestantske teologii (原著第2版)）　フロマートカ著, 平野清美訳, 佐藤優監訳・解説　新教出版社　2012.4　268p　19cm　1800円　①978-4-400-31981-8

内容 1 序論　2 勉強の仕方　3 方向性　4 自由主義神学の基本路線―1799年～1914年の期間　5 自由主義神学の中での内面的矛盾　6 転換の外的前提　7 19世紀における弁証法神学の先駆者たち　8 まとめ　9 プロテスタント神学の転換点　10 危機神学　11 新しい神学における初期の欠点とそれに続く問題点　12 1921年以降のバルトの歩み　〔07404〕

ブロマン, クリスティーナ

◇海を渡ってきたわが子―韓国の子どもを育てたスウェーデンの親たち9編の実話　キムスコグルンド編, 坂井俊樹監訳, 徐凡喜訳　梨の木舎　2013.3　136p　19cm　1500円　①978-4-8166-1303-6

内容 "ぼくの故郷はスウェーデン"（クリスティーナ・ブロマン）〔07405〕

ブローマン, ロニー

◇人道的交渉の現場から―国境なき医師団の葛藤と選択（Agir à tout prix？）　クレール・マゴン, ミカエル・ノイマン, ファブリス・ワイズマン編著, リングァ・ギルド他訳　小学館スクウェア　2012.11　419p　19cm　1429円　①978-4-7979-8739-3

内容 自然災害―何とかしよう！―ロニー・ブローマンとのインタビュー（ロニー・ブローマン述）〔07406〕

フロム, エーリッヒ　Fromm, Erich

◇聴くということ―精神分析に関する最後のセミナー講義録（THE ART OF LISTENING）　エーリッヒ・フロム著, 堀江宗正, 松宮克昌訳　第三文明社　2012.9　382p　20cm　〈文献あり〉2500円　①978-4-476-03316-8

内容 第1部 分析的治療において患者に変化をもたらす要因（ジグムント・フロイトの考える治療をもたらす要因と私の批判　良性神経症と悪性神経症―良性神経症の症例　治療にいたる体質的要因と他の要因）　第2部 精神分析のセラピーとしての側面（精神分析とは何か　セラピーによる治療の前提条件　セラピー的効果をもたらす諸要因　セラピー的関係について　精神分析的過程の機能と方法　クリスチアーネ―セラピー的方法と夢理解についての所見を含む一症例　近代の性格神経症を治療するのに特化した方法　精神分析的「技法」―あるいは耳を傾けるという技）〔07407〕

◇破壊―人間性の解剖（THE ANATOMY OF HUMAN DESTRUCTIVENESS）　エーリッヒ・フロム著, 作田啓一, 佐野哲郎訳　復刊版　紀伊国屋書店　2013.5　782, 20p　19cm　〈第2刷（第1刷2001年）〉8600円　①978-4-314-00893-8

内容 本能と人間の情熱　第1編 本能主義、行動主義、精神分析（本能主義者たち　環境主義者たち　行動主義者たち　本能主義と行動主義―相違点と類似点　攻撃を理解するための精神分析的アプローチ）　第2編 本能主義的命題への反証（神経生理学　動物の行動　古生物学　人類学）　第3編 さまざまな攻撃と破壊性およびそれぞれの条件（良性の攻撃　悪性の攻撃―その前提　悪性の攻撃―残酷性と破壊性　悪性の攻撃―ネクロフィリア　悪性の攻撃―アドルフ・ヒトラー、ネクロフィリアの臨床例）　〔07408〕

フローラ, カーリン　Flora, Carlin

◇あなたはなぜ「友だち」が必要なのか（FRIENDFLUENCE）　カーリン・フローラ著, 高原誠子訳　原書房　2013.12　291p　20cm　〈文献あり〉2400円　①978-4-562-04965-3　〔07409〕

フロリダ, リチャード　Florida, Richard L.

◇グレート・リセット―新しい経済と社会は大不況から生まれる（The great reset）　リチャード・フロリダ著, 仙名紀訳　早川書房　2011.1　293p　20cm　2300円　①978-4-15-209188-8

内容 1 過去は現在へのプロローグ（グレート・リセット　私たちの危機はいつか来た道　都市化という形のイノベーション　テクノロジーが最も進歩した10年　郊外移転による解決法　定着する空間的回避　問題の解決へ）　2 経済地図の塗り換え（資本の都　次はだれか？　火付け役　国立ブームタウン　大工業都市の死と生　オーロラ　サンベルトの斜陽）　3 新たなライフスタイル（リセット経済　よりよい働き口　ニュー・ノーマル　大いなる再定着　大きく、素早く、グリーンに　あなたのスピード　弾丸より速い列車　レンタル・ドリーム　リセット・ポイント）　〔07410〕

プロール, ヘレン　Prole, Helen

◇まいにちのおいのりバイリンガル　ジュリエット・ディビッド文, ヘレン・プロール絵, 広橋麻子訳　いのちのことば社CS成長センター　2011.6　128p　19cm　1000円　①978-4-8206-0287-3　〔07411〕

フロレス, エフレン・エド・C.

◇フィリピンと日本の戦後関係―歴史認識・文化交流・国際結婚（The past, love, money and much more）　リディア・N.ユー・ホセ編著, 佐竹真明, 小川玲子, 堀芳枝訳　明石書店　2011.12　310p　20cm　（明石ライブラリー 148）〈年表あり〉2800円　①978-4-7503-3506-3

内容 フィリピン人の夫による日本文化への適応（エフレン・エド・C.フロレス著）　〔07412〕

ブロン, カーリ・ダン　Buron, Kari Dunn

◇レベル5は違法行為！―自閉症スペクトラムの青少年が対人境界と暗黙のルールを理解するための視覚的支援法（A5 Is Against the Law！）　カーリ・ダン・ブロン著, 門眞一郎訳　明石書店　2012.7　66p　26cm　〈文献あり〉1600円　①978-4-7503-3628-2

内容 この本はだれのためのもの？　5段階表とは？　レベル2がレベル3に、レベル4がレベル5になるのはどんなとき？　物事の見え方や考え方は人によって違う　だれも自分一人ではできない　キスやチラ見が犯罪になるのはどういうとき？　グレーゾーンを理解すること　事態がコントロールできなくなるのはどんなとき？　でもそれはフェアじゃない！　さいごに〔ほか〕　〔07413〕

ブロン, ミカエル

◇自由への変革と市民教育　不破和彦編訳　青木書店　2011.2　182p　22cm　2500円　①978-4-250-21102-7

内容 '並行社会'から市民社会へ（ミカエル・ブロン著）　〔07414〕

ブロンソン, アダム

◇世界の中の柳田国男　R.A.モース, 赤坂憲雄編, 菅原克也監訳, 伊藤由紀, 中井真木訳　藤原書店　2012.11　326p　22cm　〈他言語標題：Yanagita Kunio Studies Around the World　文献あり〉4600円　①978-4-89434-882-0

内容 境界の攻防（アダム・ブロンソン執筆）　〔07415〕

ブロンソン, ポー　Bronson, Po

◇間違いだらけの子育て―子育ての常識を変える10の最新ルール（Nurture shock）　ポー・ブロンソン, アシュリー・メリーマン著, 小松淳子訳　インターシフト　2011.6　311p　20cm　〈発売：合同出版〉1900円　①978-4-7726-9523-7

内容 はじめに 子育て法の多くは逆効果！　第1章 ほめられる子どもは伸びない　第2章 睡眠を削ってはいけない　第3章 触れ合いを増やしても、差別はなくならない　第4章 子どもは正直ではない　第5章 IQは生まれつきの能力ではない　第6章 きょうだい喧嘩を、叱るだけではいけない　第7章 親との対立は、絆を強めるため　第8章 頭より、自制心を鍛えよ　第9章 子どもの攻撃性はマイナス要因ではない　第10章 言葉を覚える早道を誤るな！　おわりに 大人の視点で子どもを見てはいけない　〔07416〕

フロンティヌス　Frontinus, Sextus Julius

◇フロンティヌス戦術書―新訳 古代西洋の兵学を集成したローマ人の覇道（Strategematon）　フロンティヌス著, 兵頭二十八訳　PHP研究所　2013.12　324p　18cm　1200円　①978-4-569-81324-0　〔07417〕

フロンメル, モニカ

◇ユダヤ出自のドイツ法律家（DEUTSCHE JURISTEN JUDISCHER HERKUNFT）　ヘルムート・ハインリッヒス, ハラルド・フランツキー, クラウス・シュマルツ, ミヒャエル・シュトレイス著, 森勇監訳　八王子　中央大学出版部　2012.3　25, 1310p　21cm　（日本比較法研究所翻訳叢書 62）〈文献あり 索引あり〉13000円　①978-4-8057-0363-2

内容 ジレンマに立たされた法理論家（モニカ・フロンメル著, 野沢紀雅訳）　〔07418〕

ブン, イツヘイ*　文 一平

⇒ムン, イルピョン*

ブン, エイシュウ　文 暎周

⇒ムン, ヨンジュ*

ブン, セイホウ　文 正邦

◇法学変革論　文正邦, 程燎原, 王人博, 魯天文著, 野沢秀樹訳　創英社/三省堂書店　2013.12

432p　22cm　〈索引あり〉4000円　①978-4-88142-817-7　〔07419〕

ブン, センメイ　文 鮮明
⇒ムーン, サンミョン

ブン, ブン*　文 雯
◇日中教育学対話　3　新たな対話への発展・深化を求めて　山崎高哉, 労凱声共編　横浜　春風社　2010.12　424p　20cm　3200円　①978-4-86110-248-6
内容 中国高等教育大衆化過程における構造分析(謝維和, 文雯, 李楽夫著, 楊奕訳)　〔07420〕

ブングシェ, ホルガー
◇EU経済の進展と企業・経営　久保広正, 海道ノブチカ編著　勁草書房　2013.2　204p　22cm　(シリーズ激動期のEU 2)　〈他言語標題：Development of the EU Economy, Business and Management　索引あり〉3500円　①978-4-326-54638-1
内容 EUにおける労使関係(ホルガー・ブングシェ執筆, 岡本丈彦訳)　〔07421〕

ブンジ, マリオ
◇犯罪学研究―社会学・心理学・遺伝学からのアプローチ（The Explanation of Crime）　パーオロフ・H.ウィクストラム, ロバート・J.サンプソン編著, 松浦直己訳　明石書店　2013.8　338p　22cm　6000円　①978-4-7503-3878-1
内容 犯罪の組織的理解(マリオ・ブンジ著)　〔07422〕

ブント, エルマー
◇ユダヤ出自のドイツ法律家（DEUTSCHE JURISTEN JUDISCHER HERKUNFT）　ヘルムート・ハインリッヒス, ハラルド・フランツキー, クラウス・シュマルツ, ミヒャエル・シュトレイス著, 森勇監訳　八王子　中央大学出版部　2012.3　25, 1310p　21cm　(日本比較法研究所翻訳叢書 62)　〈文献あり 索引あり〉13000円　①978-4-8057-0363-2
内容 ローマ法研究の大家(エルマー・ブント著, 川並美砂訳)　〔07423〕

フンボルト, アレクサンダー・フォン　Humboldt, Alexander von
◇フンボルト自然の諸相―熱帯自然の絵画的記述（Ansichten der Natur）　アレクサンダー・フォン・フンボルト著, 木村直司編訳　筑摩書房　2012.2　349p　15cm　(ちくま学芸文庫 フ33-1―Math & science)　〈年表あり　文献あり〉1300円　①978-4-480-09436-0
内容 草原と砂漠について　オリノコ川の滝について―アトゥレスとマイプレスの急流地帯　原始林における動物の夜間生活　植物観相学試論　さまざまな地帯における火山の構造と作用の仕方　生命力あるいはロードス島の守護神物語　カハマルカの高地―インカ皇帝アタウァルパの旧首都　アンデス山脈山の背からの南海最初の眺望　〔07424〕

【へ】

ペー, クリスチャン・ド
◇碑と地方志のアーカイブズを探る　須江隆編　汲古書院　2012.3　440, 6p　22cm　(東アジア海域叢書 6　小島毅監修)　7000円　①978-4-7629-2946-5
内容 言葉の区画(クリスチャン・ド・ペー執筆, 浅見洋二訳)　〔07425〕

ベ, ドンチョル　裴 東徹
◇富の未来図―2030年　ベ・ドンチョル, チェ・ユンシク著, 金泰旭訳　フォレスト出版　2011.1　279p　19cm　1600円　①978-4-89451-428-7
内容 プロローグ 今後20年で金融危機が5回起こる理由　第1章 富の歴史と富の未来―「富の効果」の時代が終わり「所得効果」の時代へ　第2章 金融の未来図、世界の未来図―これから起こる新産業バブル　第3章 新しい「富の管理システム」の作り方―富を手に入れるための投資先と投資方法　第4章 未来の富を手に入れる方法―富、労働、産業、技術。これから起こる世界の変化　第5章 2030年の富の地図―未来で勝者になるために必要な能力　第6章 未来で必要とされる人材―未来で勝者になるための働き方　第7章 富の能力を準備せよ―勝者が昔からやり続けていること　エピローグ 生きた魂を持つ金持ちになりなさい　〔07426〕

ベ, ハンドン*　裴 漢東
◇東アジアのウフカジ―大風 徐勝先生退職記念文集　徐勝先生退職記念事業実行委員会(日本・韓国)編　京都　かもがわ出版　2011.2　278p　21cm　〈著作目録あり 年譜あり〉1800円　①978-4-7803-0418-3
内容 民族分断とディアスポラの生き証人、徐勝(裴漢東著, 李美於訳)　〔07427〕

ベアー, ドナルド・M.
◇認知行動療法という革命―創始者たちが語る歴史（A HISTORY OF THE BEHAVIORAL THERAPIES(抄訳)）　ウィリアム・T.オドナヒュー, デボラ・A.ヘンダーソン, スティーブン・C.ヘイズ, ジェーン・E.フィッシャー, リンダ・J.ヘイズ編, 坂野雄二, 岡島義監訳, 石川信一, 金井嘉宏, 松岡紘史訳　日本評論社　2013.9　283p　21cm　〈文献あり〉3000円　①978-4-535-08362-5
内容 応用行動分析から行動療法へ(ドナルド・M.ベアー著, 石川信一訳)　〔07428〕

ベーア, J.*　Baer, John S.
◇動機づけ面接法　応用編（Motivational interviewing(2nd edition)）　ウイリアム・R.ミラー, ステファン・ロルニック編, 松島義博, 後藤恵, 猪野亜朗訳　星和書店　2012.9　291p　21cm　〈文献あり〉3200円　①978-4-7911-0817-6
内容 若年者に対する動機づけ面接法(John S.Baer, Peggy L.Peterson)　〔07429〕

ヘアンレ, タチアナ

◇量刑法の基本問題―量刑理論と量刑実務との対話 : 日独シンポジウム　ヴォルフガング・フリッシュ, 浅田和茂, 岡上雅美編著, ヴォルフガング・フリッシュ〔ほか〕著・訳　成文堂　2011.11 284p 22cm 〈会期・会場 : 2009年9月12日(土)～13日(日)立命館大学朱雀キャンパス〉 5000円 ①978-4-7923-1925-0

内容 量刑上重要な犯行事情(タチアナ・ヘアンレ著, 葛原力三訳) 〔07430〕

◇刑罰論と刑罰正義―日独シンポジウム : 日本―ドイツ刑事法に関する対話　金尚均, ヘニング・ローゼナウ編著　成文堂　2012.3　293p　22cm (竜谷大学社会科学研究所叢書 第94巻) 〈他言語標題 : Straftheorie und Strafgerechtigkeit〉 6000円 ①978-4-7923-1945-8

内容 信条の冒瀆とホロコーストの否定を例とした, ひどく不快な行動への反作用としての刑罰〈ドイツ刑法160条, 同130条3項〉(タチアナ・ヘアンレ執筆, 田中久美訳) 〔07431〕

ヘイ, コリン　Hay, Colin

◇政治はなぜ嫌われるのか―民主主義の取り戻し方 (WHY WE HATE POLITICS)　コリン・ヘイ〔著〕, 吉田徹訳　岩波書店　2012.11　226, 16p 20cm 〈文献あり 索引あり〉 2800円 ①978-4-00-025869-2

内容 第1章 政治に対する幻滅(政治と公共善　政治分析の課題としての政治不信 ほか)　第2章 政治、政治参加、政治化(固有の政治コンセプト、包括的な政治コンセプト　政治的な参加、政治的な非参加 ほか)　第3章 脱政治化の国内的源泉(脱政治化の公的政治　公共選択論 ほか)　第4章 脱政治化のグローバルな源泉(グローバル化と民主的な政治的討議は対立するのか「ハイパー・グローバル化」 ほか)　第5章 私たちはなぜ政治を嫌うのか(「私たちが望む政治」か、「彼らが望む政治参加」か　誰が非難されるべきなのか ほか) 〔07432〕

ヘイウッド, ジョン　Haywood, John

◇世界の民族・国家興亡歴史地図年表 (The New Atlas of World History)　ジョン・ヘイウッド著, 蔵持不三也日本語版監修, 松平俊久, 松田俊介, 伊藤純, 斎藤篤, 滝音大, 藤井紘司, 山越英嗣, 山崎真之訳　柊風舎　2013.10　252p　28×32cm 〈文献あり 索引あり〉 18000円 ①978-4-86498-004-3 〔07433〕

ヘイエルダール, トール　Heyerdahl, Thor

◇コン・ティキ号探検記 (KON-TIKI EKSPEDIASJONEN)　T.ヘイエルダール著, 水口志計夫訳　河出書房新社　2013.5　389p 15cm (河出文庫 へ10-1) 〈底本 : 筑摩書房 1996年刊〉 850円 ①978-4-309-46385-8

内容 学説　探検隊の誕生　南米へ　太平洋横断　途の半ば　南海の島々へ　ポリネシア人たちの間で 〔07434〕

ベイカー, ウィリアム・F.　Baker, William F.

◇芸術家に学ぶリーダーシップ (Every Leader Is an Artist)　マイケル・オマリー, ウィリアム・F.ベイカー著, 日暮美月訳　マグロウヒル・エデュケーション　2012.12　205p　19cm 〈発売 : 日本経済新聞出版社〉 1600円 ①978-4-532-60527-8

内容 意志―リーダーシップは自分で生み出す　焦点―注目の中心を際立たせる　技術―リーダーとしてテクニックを磨く　フォルム―統一感を作り出す　表現―正しく伝えるための方法を工夫する　想像力―イマジネーションを駆使する　真正性―オリジナリティを重要視する　関心―好奇心の強い文化を作り出す　満足―個人に満足と充実感を与える　人間性―芸術とリーダーシップが生き残るために　批判―真剣に評価する　リーダーシップは本当に大事なのか?　リーダーシップの名匠たち　あるリーダーの物語 〔07435〕

ベイカー, ジェド　Baker, Jed

◇おこりんぼうさんのペアレント・トレーニング―子どもの問題行動をコントロールする方法 (No more meltdowns)　ジェド・ベイカー著, 竹迫仁子訳　明石書店　2011.4　191p　21cm 〈文献あり〉 1800円 ①978-4-7503-3387-8

内容 困った行動(メルトダウンとは?―報酬と罰ではうまくいかない状態　メルトダウンはなにからできているのか?)　解決法(子どもを受けいれて、認めましょう　メルトダウンを静めましょう　どうして同じ問題がくり返し起こるのか理解しましょう　メルトダウンを未然に防ぐ策を講じましょう)　メルトダウンを起こす4つの状況とその対応策(要求　待つこと　自己イメージへの脅威　注意を向けられたい願望)　おわりに―自分なりの方法を見つけましょう 〔07436〕

ヘイガー, トーマス　Hager, Thomas

◇ライナス・ポーリング―科学への情熱と平和への信念 (Linus Pauling)　オーウェン・ギンガリッチ編, トム・ヘイガー著, 梨本治男訳　大月書店 2011.2　191, 9p　20cm (オックスフォード科学の肖像) 〈年譜あり 索引あり〉 2200円 ①978-4-272-44059-7

内容 第1章 こども教授　第2章 革命の目撃　第3章 結合　第4章 戦時の科学者　第5章 三重らせん　第6章 平和の代償　第7章 ビタミンC 〔07437〕

ベイカー, ニック

◇世界一素朴な質問、宇宙一美しい答え―世界の第一人者100人が100の質問に答える (BIG QUESTIONS FROM LITTLE PEOPLE)　ジェンマ・エルウィン・ハリス編, 西田美緒子訳, タイマタカシ絵　河出書房新社　2013.11　298p 22cm　2500円 ①978-4-309-25292-6

内容 カタツムリには殻があって、ナメクジに殻がないのは、なぜ?(ニック・ベイカー) 〔07438〕

ベイカー, ブルース・L.　Baker, Bruce L.

◇親と教師が今日からできる家庭・社会生活のためのABA指導プログラム―特別なニーズをもつ子どもの身辺自立から問題行動への対処まで (Steps to independence)　ブルース・L.ベイカー, アラン・J.ブライトマン著, 井上雅彦監訳, 挙市玲子, 谷口生美訳　明石書店　2011.7　385p 21cm　2400円 ①978-4-7503-3432-5

内容 1 基本を教える(教える前の準備　スキルのねらいを定める　ステップの確立　ごほうびを選ぶ　効果を最大限に高める環境を整備する　無理なく教えること　記録をとることとトラブルシューティング)　2 スキルを教える(基礎スキル　基本的な身辺自立　トイレトレーニング　遊びスキル　自立した生活―自己管理スキル　自立した生活―家事スキル　自立した生活―実用学習スキル)　3 問題行動への対処(何が問題行動かを見きわめる　行動の分析　問題行動対処プログラムの開始 その1 ： 結果を変える　問題行動対処プログラムの開始 その2 ： 先行条件と代替行動)〔07439〕

ベイカー, マーク　Baker, Mark

◇一生に一度だけの旅極上の世界旅行（World's Best Travel Experiences）　マーク・ベイカーほか著, 関利枝子, 北村京子訳　日経ナショナルジオグラフィック社　2013.9　319p　31cm　(NATIONAL GEOGRAPHIC)　〈索引あり　発売 ： 日経BPマーケティング〉7400円　①978-4-86313-224-5

内容 第1章 大自然の驚異(アウユイタック国立公園―カナダ、ヌナブト準州　チャーチル―カナダ、マニトバ州　カナディアン・ロッキー―カナダ ほか)　第2章 都市の誘惑(バンクーバー―カナダ、ブリティッシュコロンビア州　モントリオール―カナダ、ケベック州　サンフランシスコ―米国カリフォルニア州 ほか)　第3章 地上の楽園(ハワイ諸島―米国ハワイ州　タホ湖―米国カリフォルニア州/ネバダ州　バハ・カリフォルニア―メキシコ ほか)　第4章 田舎の休日(ガスペ半島―カナダ、ケベック州　ケープ・ブレトン島―カナダ、ノバスコシア州　ヒル・カントリー―米国テキサス州 ほか)　第5章 人類の傑作(タオス・プエブロ―米国ニューメキシコ州　メサ・ベルデ―米国コロラド州　ケベック旧市街―カナダ、ケベック州 ほか)〔07440〕

ペイゲルス, エレーヌ　Pagels, Elaine H.

◇『ユダ福音書』の謎を解く（READING JUDAS ： The Gospel of Judas and The shaping of Christianity）　エレーヌ・ペイゲルス, カレン・L.キング著, 山形孝夫, 新免貢訳　河出書房新社　2013.10　257p　20cm　〈索引あり〉2400円　①978-4-309-22602-6

内容 第1部 ユダを読む(ユダ―裏切り者か寵愛された弟子か？　ユダと十二弟子　犠牲と霊の命　王国の秘義)　第2部 ユダ福音書(原典ユダ福音書　いくつかのコプト語に関する訳語について　ユダ福音書への注解　参照索引)〔07441〕

米国

⇒アメリカ、全米も見よ

米国アカデミー

◇公共の利益のための大学知的財産マネジメント（Managing university intellectual property in the public interest）　米国アカデミー米国学術研究会議著, 羽鳥賢一監訳, 科学技術振興機構知的財産戦略センター訳　エァクレーレン　2012.2　116p　21cm　1800円　①978-4-903167-02-2

内容 要約　第1章 大学による技術移転の発展　第2章 技術移転が大学の研究規範と実務に及ぼす影響　第3章 大学の技術移転活動に関する効率性と説明責任　第4章 所見と勧告　付録〔07442〕

米国聖公会

◇多くの人を義に導く者は―アメリカ聖公会『小祝日と斎日』より（Lesser feasts and fasts 2006）　アメリカ聖公会〔著〕, 小野俊作訳, 加藤博道監修　聖公会出版　2011.12　326p　21cm　2800円　①978-4-88274-226-5

内容 小祝日(その他の祝日を含む)の特禱、聖書日課、詩編、人物について　参考資料の部(原著より)〔07443〕

ベイザーマン, マックス・H.　Bazerman, Max H.

◇行動意思決定論―バイアスの罠（Judgment in managerial decision making (7th ed.)）　M.H.ベイザーマン,D.A.ムーア著, 長瀬勝彦訳　白桃書房　2011.7　361p　22cm　〈文献あり 索引あり〉3800円　①978-4-561-26563-4

内容 第1章 経営意思決定へのイントロダクション　第2章 一般的なバイアス　第3章 覚知の限界　第4章 フレーミングと選好逆転　第5章 動機と感情が意思決定に及ぼす影響　第6章 コミットメントのエスカレーション　第7章 意思決定における公正と倫理　第8章 一般的な投資の過ち　第9章 交渉における合理的な意思決定　第10章 交渉者の認知　第11章 意思決定の改善〔07444〕

◇予測できた危機をなぜ防げなかったのか？―組織・リーダーが克服すべき3つの障壁（Predictable surprises）　マックス・H.ベイザーマン, マイケル・D.ワトキンス著, 奥村哲史訳　東洋経済新報社　2011.12　323p　22cm　〈索引あり　文献あり〉2800円　①978-4-492-50229-7

内容 予見可能な危機とは何か　第1部 予見可能な危機のプロトタイプ(9・11 ： 予見可能な危機を無視するコスト　エンロン破綻と監査法人独立性の欠陥)　第2部 気がついていることに、なぜアクションをとらないのか(認知要因 ： 人間のバイアスの作用　組織要因 ： 構造的欠陥の役割　政治要因 ： 特殊利益団体の役割)　第3部 予見可能な危機を予防する(認識 ： 発生する脅威をより早く確認する　優先順位をつける ： 適切な問題に集中する　動員 ： 予防措置への支援を築く　将来の予見可能な危機)〔07445〕

◇倫理の死角―なぜ人と企業は判断を誤るのか（DLIND SPOTS）　マックス・H.ベイザーマン, アン・E.テンブランセル著, 池村千秋訳　NTT出版　2013.9　297p　20cm　〈索引あり〉2800円　①978-4-7571-2301-4

内容 第1章 意思と行動のギャップ　第2章 これまでの倫理学では不十分な理由　第3章 なぜ自分の倫理観に反した行動を取るのか？　第4章 なぜ思っているほど倫理的に行動できないのか？　第5章 なぜ他人の非倫理的行動に気づけないのか？　第6章 なぜ倫理的な組織を築けないのか？　第7章 なぜ改革が実現しないのか？　第8章 意思と行動のギャップを狭める〔07446〕

ペイジ, クリスティン

◇どんな時代が来るのか―2012年アセンション・マニュアル（The mystery of 2012）　タミ・サイモン編著, 菅靖彦, 田中淳一, 堤康一郎訳　風雲舎　2011.4　287p　19cm　1800円　①978-4-938939-64-9

内容 女神の復活(クリスティン・ペイジ著)〔07447〕

ペイジ, ニック　Page, Nick
◇バイブルワールド―地図でめぐる聖書（The One-Stop Bible Atras）　ニック・ペイジ著, いのちのことば社出版部訳　いのちのことば社　2013.4　128p　25cm　〈文献あり 索引あり〉　1600円　①978-4-264-03050-8　〔07448〕

ヘイズ, スティーブン・C.　Hayes, Steven C.
◇子どもと青少年のためのマインドフルネス&アクセプタンス―新世代の認知/行動療法実践ガイド（Acceptance & Mindfulness Treatments for Children and Adolescents）　ローリー・A.グレコ, スティーブン・C.ヘイズ編著, 武藤崇監修, 伊藤義徳, 石川信一, 三田村仰監訳, 小川真弓訳　明石書店　2013.7　405p　21cm　〈索引あり〉　3600円　①978-4-7503-3856-9
内容 1 アセスメントと治療に関わる全般的な課題（子どものためのアクセプタンスとマインドフルネス―そのときは今　子どもと青少年のための第3世代の行動療法―進展・課題・展望　子どものアクセプタンスとマインドフルネスのプロセスに関するアセスメント）　2 特定の集団への適用（マインドフルネスによる不安の治療―子どものためのマインドフルネス認知療法　小児慢性疼痛のためのアクセプタンス&コミットメント・セラピー　ボーダーラインの特徴のある青少年のための弁証法的行動療法　学齢期の子どものためのマインドフルネス・ストレス低減プログラム　子どもの外在化障害のためのアクセプタンス&コミットメント・セラピー　青少年のアクセプタンスとボディイメージ、健康）　3 アクセプタンスとマインドフルネスをより大きな社会的文脈へ組み込む（マインドフル・ペアレンティング―帰納的な探索過程　小児プライマリーケアにアクセプタンス&コミットメント・セラピーを組み込む　学校でのアクセプタンス推進に行動コンサルタントが果たす役割）　〔07449〕
◇認知行動療法という革命―創始者たちが語る歴史（A HISTORY OF THE BEHAVIORAL THERAPIES（抄訳））　ウィリアム・T.オドナヒュー, デボラ・A.ヘンダーソン, スティーブン・C.ヘイズ, ジェーン・E.フィッシャー, リンダ・J.ヘイズ編, 坂野雄二, 岡島義監訳, 石川信一, 金井嘉宏, 松岡紘史訳　日本評論社　2013.9　283p　21cm　〈文献あり〉　3000円　①978-4-535-98362-5
内容 行動療法の歴史（ウィリアム・T.オドナヒュー, デボラ・A.ヘンダーソン, スティーブン・C.ヘイズ, ジェーン・E.フィッシャー, リンダ・J.ヘイズ著, 岡島義訳）　〔07450〕

ヘイズ, ソフィー　Hayes, Sophie
◇奴隷にされたソフィー―見知らぬ国の路上で売られたある女性の物語（Trafficked）　ソフィー・ヘイズ著, 古賀祥子訳　TOブックス　2013.10　338p　19cm　1800円　①978-4-86472-192-9　〔07451〕

ヘイズ, デクラン　Hayes, Declan
◇牙のない虎日本（JAPAN, THE TOOTHLESS TIGER）　デクラン・ヘイズ著, 座本勝之訳　鳥影社　2013.7　270p　19cm　1600円　①978-4-86265-408-3
内容 第1章 アジア―戦争の見通し　第2章 喉元へのヒ首―朝鮮半島　第3章 一つの中国と台湾　第4章 中国対日本　第5章 牙のない虎―日本　第6章 日本の防衛産業　第7章 日本の国内事情　第8章 将来に向けて　〔07452〕

ヘイズ, ピーター　Hayes, Peter
◇日本の養子縁組―社会的養護施策の位置づけと展望（Adoption in Japan）　ピーター・ヘイズ, 土生としえ著, 津崎哲雄監訳, 土生としえ訳　明石書店　2011.2　357p　20cm　（明石ライブラリー 143）　〈文献あり 索引あり〉　3800円　①978-4-7503-3350-2
内容 第1章 日本の養子縁組を概観して　第2章 特別養子縁組―保守社会での自由主義的政策　第3章 家庭養護促進協会　第4章 環の会　第5章 あるキリスト教系養子縁組斡旋機関の例　第6章 ある医師会による養子縁組斡旋の例　第7章 国際養子縁組　第8章 親子のエスニック背景が異なる養子縁組　第9章 施設養護と里親・養親による養護の比較　第10章 マッチング（縁組）過程での意思決定　第11章 権力の問題と今後の改革の見込み　附録1 養子縁組数　附録2 養子縁組、代理母制度、中絶　〔07453〕

ベイズ, ブランドン　Bays, Brandon
◇ジャーニー―癒しへの旅（The journey）　ブランドン・ベイズ著, 牧野・M.美枝訳　ナチュラルスピリット　2011.10　366p　19cm　〈『癒しへの旅』（PHP研究所2007年刊）の改訂版　文献あり〉　1700円　①978-4-86451-020-2
内容 バスケットボール大の腫瘍を宣告されて　旅のはじまり　導きを信じて　静けさに包まれて　君はきっとうまく処理をする　サンフランシスコへ　よみがえった記憶　再検査　励ましを受けて　腫瘍が完全に治癒した！〔ほか〕　〔07454〕

ヘイズ, リチャード　Hays, Richard B.
◇新約聖書のモラル・ヴィジョン―共同体・十字架・新しい創造　リチャード・ヘイズ著, 東方敬信, 河野克也訳　キリスト新聞社　2011.3　169p　19cm　1800円　①978-4-87395-589-6
内容 第1章 研究領域の地図作り―新約聖書倫理学への接近　第2章 ストーリーをあらためて語る―信仰の基準と新約聖書倫理学の作業　第3章 キリスト教倫理に対する史的イエスの意義　第4章 男性と女性―メタファー的方法の実例　〔07455〕

ヘイズ, リンダ・J.　Hayes, Linda J.
◇認知行動療法という革命―創始者たちが語る歴史（A HISTORY OF THE BEHAVIORAL THERAPIES（抄訳））　ウィリアム・T.オドナヒュー, デボラ・A.ヘンダーソン, スティーブン・C.ヘイズ, ジェーン・E.フィッシャー, リンダ・J.ヘイズ編, 坂野雄二, 岡島義監訳, 石川信一, 金井嘉宏, 松岡紘史訳　日本評論社　2013.9　283p　21cm　〈文献あり〉　3000円　①978-4-535-98362-5
内容 行動療法の歴史（ウィリアム・T.オドナヒュー, デボラ・A.ヘンダーソン, スティーブン・C.ヘイズ, ジェーン・E.フィッシャー, リンダ・J.ヘイズ著, 岡島義訳）　〔07456〕

ベイツ, デイヴィッド
◇オックスフォード ブリテン諸島の歴史　4　12・

へ

13世紀—1066年—1280年頃（The Short Oxford History of the British Isles ： The Twelfth and Thirteenth Centuries）　鶴島博和日本語版監修　バーバラ・ハーヴェー編, 吉武憲司監訳　慶応義塾大学出版会　2012.10　394, 86p　22cm　〈文献あり 年表あり 索引あり〉 5800円　①978-4-7664-1644-2

内容 一一六〇年頃までの王権、統治、そして政治生活（デイヴィッド・ベイツ著, 中村敦子訳）　〔07457〕

ベイトソン, アンナ　Bateson, Anna

◇リーダーシップ・マスター—世界最高峰のコーチ陣による31の教え（Coaching for Leadership）　マーシャル・ゴールドスミス, ローレンス・S.ライアンズ, サラ・マッカーサー編著, 久野正人監訳, 中村安子, 夏井幸子訳　英治出版　2013.7　493p　21cm　2800円　①978-4-86276-164-4

内容 状況を読む知性を身につける（アンナ・ベイトソン）　〔07458〕

ヘイトン, デイヴィッド

◇オックスフォード ブリテン諸島の歴史　8　18世紀—1688年—1815年（The Short Oxford History of the British Isles ： The Eighteenth Century 1688-1815）　鶴島博和日本語版監修　ポール・ラングフォード編, 坂下史監訳　慶応義塾大学出版会　2013.11　305, 46p　22cm　〈文献あり 年表あり 索引あり〉 5800円　①978-4-7664-1648-0

内容 競合する王国、一六八八〜一七五六年（デイヴィッド・ヘイトン著, 栗田和典訳）　〔07459〕

ペイビン, ジョシュア　Piven, Joshua

◇この方法で生きのびろ！（THE WORST-CASE SCENARIO Survival Handbook）　ジョシュア・ペイビン, デビッド・ボーゲニクト著, 倉骨彰訳　草思社　2012.8　190p　16cm　（草思社文庫 ペ2-1）　680円　①978-4-7942-1916-9

内容 第1章 脱出・突入（流砂に足をとられたとき　ドアを蹴破って室内に入るとき ほか）　第2章 防御・攻撃（毒ヘビに襲われたとき　サメが向かってきたとき ほか）　第3章 跳躍・落下（橋の上から川に飛び込むとき　建物からゴミ収納庫に飛び降りるとき ほか）　第4章 緊急事態（呼吸が止まってしまったとき　心臓が止まってしまったとき ほか）　第5章 突発事態（飛行機を代行操縦・着陸させるとき　大地震に遭遇したとき ほか）　〔07460〕

◇この方法で生きのびろ！　旅先サバイバル篇（THE WORST-CASE SCENARIO Survival Handbook）　ジョシュア・ペイビン, デビッド・ボーゲニクト著, 倉骨彰訳　草思社　2012.10　211p　16cm　（草思社文庫 ペ2-2）　700円　①978-4-7942-1928-2

内容 第1章 緊急停止（乗ったラクダが暴走しはじめたとき　列車が無人で暴走しはじめたとき ほか）　第2章 対人防御（暴動に巻きこまれそうになったとき　武装グループの人質にされたとき ほか）　第3章 脱出方法（屋上から屋上に飛び移るとき　走っている列車から飛び降りるとき ほか）　第4章 生還方法（ジャングルで迷ってしまったとき　コンパスなしで方角を知りたいとき ほか）　第5章 避難・食料（高層ホテルが火事になったとき　無人島で水を手に入れたいとき ほか）　第6章 撃退・負傷（タランチュラに襲われたとき　サソリに刺されたとき ほか）　巻末付録 旅先サバイバル戦略集（旅行のための総合戦略　荷造りするときの戦略 ほか）　〔07461〕

ベイヤー・フォン・モルゲンスターン, インゴ　Beyer von Morgenstern, Ingo

◇日本の未来について話そう—日本再生への提言（Reimagining Japan）　マッキンゼー・アンド・カンパニー責任編集, クレイ・チャンドラー, エアン・ショー, ブライアン・ソーズバーグ編著　小学館　2011.7　416p　19cm　1900円　①978-4-09-388189-0

内容 日本のハイテク企業を再起動させる4つのモデル（インゴ・ベイヤー フォン モルゲンスターン, ピーター・ケネバン, ウルリヒ・ネーアー著）　〔07462〕

ベイリー, アリス・A.　Bailey, Alice A.

◇トランス・ヒマラヤ密教入門　第4巻　真理の実践（Ponder on This）　アリス・A.ベイリー著, アート・ユリアーンス編, 土方三羊訳　アルテ　2011.4　241p　19cm　〈発売 ： 星雲社　第2刷（第1刷2002年）〉 2500円　①978-4-434-15132-3

内容 第1章 道を歩む上での心構え（動機　喜び ほか）　第2章 瞑想の科学（瞑想　内的訓練 ほか）　第3章 健康と治療（健康と病気　治療 ほか）　第4章 これについて熟考しなさい（チャレンジ　結び）　〔07463〕

ベイリー, アン　Bailey, Ann

◇認知行動療法家のためのACT（アクセプタンス&コミットメントセラピー）ガイドブック（A CBT-practitioner's guide to ACT）　ジョセフ・V.チャロッキ, アン・ベイリー著, 武藤崇, 嶋田洋徳監訳, 武藤崇, 嶋田洋徳, 黒沢麻美, 佐藤美奈子訳　星和書店　2011.8　279p　21cm　〈文献あり〉 3200円　①978-4-7911-0782-7　〔07464〕

ベイリー, エイドリアン

◇越境するケア労働—日本・アジア・アフリカ　佐藤誠編　日本経済評論社　2010.12　252p　22cm　〈索引あり〉 4400円　①978-4-8188-2145-3

内容 英国の社会セクターにおけるジンバブエ人移民労働（エイドリアン・ベイリー著, 大西裕子訳）　〔07465〕

ヘイリー, ジェイ

◇ダイニングテーブルのミイラ セラピストが語る奇妙な臨床事例—セラピストはクライエントから何を学ぶのか（The mummy at the dining room table）　ジェフリー・A.コトラー, ジョン・カールソン編著, 岩壁茂監訳, 門脇陽子, 森田由美訳　福村出版　2011.8　401p　22cm　〈文献あり〉 3500円　①978-4-571-24046-1

内容 82歳の売春婦（ジェイ・ヘイリー著, 門脇陽子訳）　〔07466〕

ベイリー, シドニー・D.　Bailey, Sydney Dawson

◇平和への道のり—スワスモア講座1993年（Peace is a process）　シドニー・D.ベイリー著, 東京YWCA国際語学ボランティア訳, キリスト友会日本年会監修　キリスト友会日本年会　2012.4　225p　21cm　1200円　〔07467〕

ベイリー, ジョナサン・B.A.

◇歴史と戦略の本質―歴史の英知に学ぶ軍事文化 下（The past as prologue）　ウイリアムソン・マーレー, リチャード・ハート・シンレイチ編, 今村伸哉監訳, 小堤盾, 蔵原大訳　原書房　2011.3　250p　20cm　2400円　①978-4-562-04650-8

内容 軍事史と学ばれた教訓の病理学～事例研究としての日露戦争（ジョナサン・B.A.ベイリー著）〔07468〕

ベイリー, R.　Bailey, Royston

◇ソーシャルケースワークと権威（Authority in social casework）　R.ホーレン,R.ベイリー著, 宗内敦編訳　八王子　書肆彩光　2013.5　309p　22cm　2000円　①978-4-9905678-4-2　〔07469〕

ベイリス, ジョン　Baylis, John

◇戦略論―現代世界の軍事と戦争（Strategy in the Contemporary World（原著第3版）（抄訳））　ジョン・ベイリス, ジェームズ・ウィルツ, コリン・グレイ編, 石津朋之監訳　勁草書房　2012.9　314p　21cm　〈文献あり 索引あり〉2800円　①978-4-326-30211-6

内容 今日の世界における戦略―「9.11アメリカ同時多発テロ事件」以降の戦略（ジョン・ベイリス, ジェームズ・ウィルツ著, 石津朋之訳）〔07470〕

ベイリン, バーナード　Bailyn, Bernard

◇世界を新たにフランクリンとジェファソン―アメリカ建国者の才覚と曖昧さ（To begin the world anew）　バーナード・ベイリン著, 大西直樹, 大野ロベルト訳　彩流社　2011.1　173, 36p　20cm　〈索引あり〉2300円　①978-4-7791-1599-8

内容 第1章 政治と創造的想像力　第2章 ジェファソンと自由の曖昧性　第3章 アメリカ外交の現実主義と理想主義―パリのフランクリン、「自由の女神から王冠を授かる」　第4章『ザ・フェデラリスト』論文集　第5章 大西洋での局面〔07471〕

ベイリン, L.　Bailyn, Lotte

◇キャリア・イノベーション―私生活の充実が未来をひらく（Breaking the mold（2nd ed.））　L.ベイリン著, 三善勝代訳　第2版　白桃書房　2011.10　260p　20cm　（Hakuto management）〈文献あり〉3000円　①978-4-561-55079-2

内容 1章 序論―私たちが暮らしている世の中　2章 組織側の決めつけ―成功へのルートは一本だけ　3章 個人側の思い込み―業務が私生活に優先する　4章 家族は組織にとって複雑な問題　5章 コミットメントと時間についての再検討　6章 公平性と統制権についての再検討　7章 変革への道　8章 未来を描く〔07472〕

ベイルズ, ケビン　Bales, Kevin

◇現代奴隷制に終止符を！―いま私たちにできること（Ending slavery）　ケビン・ベイルズ著, 大和田英子訳　凱風社　2011.5　406p　19cm　2800円　①978-4-7736-3506-5

内容 五〇〇〇年の歴史　挑戦―新しい奴隷制の世界を理解するために　計画を立てる　現代奴隷の救出　自分の国で自由を育てよう　政府の役割―最強の圧力団体　地球規模の問題と射程　サプライチェーンを根元で断つ　貧困をなくして奴隷制に終止符を打つために、奴隷制をなくして貧困を撲滅する　奴隷制度の終わりの始まり　奴隷制度を撲滅するためにみなさんは何ができるか〔07473〕

ペイン, フィリップ

◇デモクラシーの世界史（THE SECRET HISTORY OF DEMOCRACY）　ベンジャミン・イサカーン, スティーヴン・ストックウェル編, 猪口孝日本版監修, 田口未和訳　東洋書林　2012.8　330p　22cm　〈文献あり 索引あり〉3800円　①978-4-88721-803-1

内容 自主独立のハンターたち（フィリップ・ペイン著）〔07474〕

ペイン, ブランシュ　Payne, Blanche

◇ファッションの歴史―西洋中世から19世紀まで（History of Costume（抄訳））　ブランシュ・ペイン著, 古賀敬子訳　新装版　八坂書房　2013.4　486p　23cm　〈文献あり 索引あり〉3800円　①978-4-89694-153-1

内容 十二世紀までの西ヨーロッパ　十二世紀から十三世紀　十四世紀　十五世紀男性の服装　十五世紀女性の服装　十六世紀男性の服装　十六世紀女性の服装　十七世紀男性の服装　十七世紀女性の服装　十八世紀男性の服装　十八世紀 女性の服装　十九世紀男性の服装　十九世紀 女性の服装〔07475〕

ペイン, リン・S.　Paine, Lynn Sharp

◇ハーバードが教える10年後に生き残る会社、消える会社（CAPITALISM AT RISK）　ジョセフ・バウアー, ハーマン・レオナード, リン・ペイン著, 峯村利哉訳　徳間書店　2013.4　307p　20cm　1700円　①978-4-19-863599-2

内容 第1部 資本主義の未来に待ち受けるもの（大転換する世界経済とビジネスの変容　2030年までに世界経済に何が起こるか　世界の経営者が警告する迫り来る危機　マーケットはいかにして自ら脅威を生み出すのか）　第2部 資本主義の危機に企業はどう対応すべきか（世界の経営者が考えるビジネス界の現在と未来　ビジネスモデルの変革で危機をチャンスに変えた企業　新たな資本主義の時代に求められる企業の役割　ビジネス界の大再編が世界を変える）〔07476〕

ペインター, ネル・アーヴィン　Painter, Nell Irvin

◇白人の歴史（The history of white people）　ネル・アーヴィン・ペインター著, 越智道雄訳　東洋書林　2011.10　503p　22cm　〈文献あり 索引あり〉4800円　①978-4-88721-794-2

内容 ギリシア人とスキタイ人　ローマ人、ケルト人、ガリア人、そしてゲルマン人　白人奴隷　理想の美女としての白人奴隷　科学としての白人の美貌概念　ヨハン・フリードリヒ・ブルーメンバッハ、白人を「カフカス人」と命名　ジェルメーヌ・ド・スタールのドイツ学習　初期のアメリカ白人観察記　最初の移民ラッシュ　ラルフ・ウォルドー・エマスンの教育〔ほか〕〔07477〕

ヘインバーグ, リサ　Haneberg, Lisa

◇組織開発の基本―組織を変革するための基本的理論と実践法の体系的ガイド（Organization development basics）　リサ・ヘインバーグ著, 川口大輔訳　ヒューマンバリュー　2012.7　220p　23cm　（ASTDグローバルベーシックシリーズ）

〈文献あり〉2800円　①978-4-9903298-9-1
〔07478〕

ヘウサラ, アイラ

◇成年後見制度の新たなグランド・デザイン　法政大学大原社会問題研究所, 菅富美枝編著　法政大学出版局　2013.2　420p　22cm　(法政大学大原社会問題研究所叢書)〈索引あり〉5700円　①978-4-588-62524-4

内容 フィンランドの成年後見制度(アイラ・ヘウサラ著, 菅富美枝訳)
〔07479〕

ベーカー, サニー　Baker, Sunny

◇世界一わかりやすいプロジェクト・マネジメント（COMPLETE IDIOT'S GUIDE TO Project Management）　G.マイケル・キャンベル, サニー・ベーカー著, 中嶋秀隆訳　第3版　総合法令出版　2011.8　485p　21cm　2900円　①978-4-86280-263-7

内容 1 プロジェクト・マネジメントの威力　2 プロジェクト定義フェーズ　3 プロジェクト計画フェーズ　4 プロジェクト実行フェーズ　5 プロジェクト・コントロール・フェーズ　6 プロジェクト終結フェーズ　7 プロジェクト・マネジメントの効果を上げる組織とソフトウェア
〔07480〕

ヘガティ, ジーン　Hegarty, Jean

◇保健師・助産師による子ども虐待予防「CAREプログラム」―乳幼児と親のアセスメントに対する公衆衛生学的アプローチ（A COMMUNITY HEALTH APPROACH TO THE ASSESSMENT OF INFANTS AND THEIR PARENTS）　ケヴィン・ブラウン, ジョー・ダグラス, キャサリン・ハミルトン＝ギアクリトシス, ジーン・ヘガティ著, 上野昌江, 山田和子監訳　明石書店　2012.12　283p　21cm　〈文献あり 索引あり〉2800円　①978-4-7503-3733-3

内容 第1章 子どものケアと保護―公衆衛生学的アプローチ　第2章 ケア・プログラムの概観―生後最初の1年　第3章 ニーズの指標　第4章 子どもと親の情緒的発達　第5章 母子相互作用の観察　第6章 事例担当件数の管理　第7章 子どものための親支援の手引き　第8章 子ども保護　第9章 ケアパッケージを使用した事例の実例　第10章 CAREプログラムの評価　第11章 まとめ―保健師・助産師の家庭訪問における費用対効果
〔07481〕

ペーガン, エブン

◇賢者の言葉　ショーン・スティーブンソン, トニー・シェイ, ビル・ハリス, エブン・ペーガン, F.W.デクラーク, ダライ・ラマ法王14世著, 宇敷珠美監訳, ビッグピクチャーズ監修　ダイヤモンド社　2011.10　323p　19cm　〈他言語標題 : The words of a wise man〉1500円　①978-4-478-01705-0

内容 1 ショーン・スティーブンソン―身長90cm車いすのモチベーター　2 トニー・シェイ―ザッポスCEO　3 ビル・ハリス―『ザ・シークレット』出演者、世界的セラピスト　4 エブン・ペーガン―最速で10億円ビジネスを作り上げる起業家　5 F.W.デクラーク―元・南アフリカ大統領　ノーベル平和賞受賞　6 ダライ・ラマ法王14世―チベット仏教最高指導者、ノーベル平和賞受賞
〔07482〕

ヘーガン, ジョン　Hagan, John

◇戦争犯罪を裁く―ハーグ国際戦犯法廷の挑戦　上（Justice in the Balkans）　ジョン・ヘーガン著, 本間さおり訳, 坪内淳監修　NHK出版　2011.5　256p　19cm　(NHKブックス 1178)〈年表あり〉1300円　①978-4-14-091178-5

内容 プロローグ―侮られた裁判所　序章 起訴の理論　第1章 ニュルンベルクの教訓　第2章 プリエドルの民族浄化　第3章 被告が欠席した裁判　第4章 逮捕の実現
〔07483〕

◇戦争犯罪を裁く―ハーグ国際戦犯法廷の挑戦　下（Justice in the Balkans）　ジョン・ヘーガン著, 本間さおり訳, 坪内淳監修　NHK出版　2011.5　253p　19cm　(NHKブックス 1179)〈年表あり 索引あり〉1200円　①978-4-14-091179-2

内容 第5章 スレブレニッツァの大虐殺(ゴースト・チーム　チームの経験　司法取引 ほか)　第6章 フォチャの集団レイプ(チームの分断　一つの絵の断片　世界の崩壊 ほか)　第7章 ミロシェヴィッチ裁判(ミロシェヴィッチの移送　検事としての検事　コソヴォのなかで ほか)
〔07484〕

ペク, スンジョン　白 承鍾

◇鄭鑑録―朝鮮王朝を揺るがす予言の書　白承鍾著, 松本真輔訳　勉誠出版　2011.10　372, 15p　20cm　〈索引あり〉4800円　①978-4-585-23011-3
〔07485〕

ペク, ナクチョン　白 楽晴

◇韓国民主化2.0―「二〇一三年体制」を構想する　白楽晴著, 青柳純一訳　岩波書店　2012.6　274p　20cm　3500円　①978-4-00-025849-4

内容 韓国の「二〇一三年体制」と東アジア　1 二〇一〇年の危機をめぐって(「天安艦」事件の真相究明は、民主主義の回復と南北関係改善の決定的な環である　二〇一〇年の試練を踏まえ、常識と教養の回復を)　2 「一九八七年体制」の平和政策(朝鮮半島の統一は「市民参加型統一」で　北朝鮮の核実験をどう受けとめるか　「八七年体制」をどう克服するか　「六・一五南北共同宣言」の意義は何か　南北分断の現実と「変革的中道主義」)　3「二〇一三年体制」へ(なぜ「包容政策2.0」なのか　「二〇一三年体制」を準備しよう　金正日没後の「包容政策2.0」　「二〇一三年体制」をいかに実現させるか)　「金正日以後」と二〇一三年体制
〔07486〕

ペク, ナムフン*　白 南薫

◇明治学院歴史資料館資料集　第8集　朝鮮半島出身留学生から見た日本と明治学院　明治学院歴史資料館　2011.3　202p　21cm　〈編集代表 : 辻泰一郎〉952円

内容 私の一生(白南薫著, 佐藤飛文訳)
〔07487〕

ヘーグ, ルイーズ

◇越境するケア労働―日本・アジア・アフリカ　佐藤誠編　日本経済評論社　2010.12　252p　22cm　〈索引あり〉4400円　①978-4-8188-2145-3

内容 南アフリカにおけるゼノフォビア(フセイン・ソロモン, ルイーズ・ヘーグ著, 出口仁美訳)
〔07488〕

ヘクト, J.*　Hecht, Jacki
◇動機づけ面接法　応用編（Motivational interviewing (2nd edition)）　ウイリアム・R.ミラー, ステファン・ロルニック編, 松島義博, 後藤恵, 猪野亜朗訳　星和書店　2012.9　291p　21cm 〈文献あり〉3200円　①978-4-7911-0817-6
内容 一般医療と公衆保健領域における動機づけ面接法（Ken Resnicow, Colleen DiIorio, Johanna E.Soet, Belinda Borrelli, Denise Ernst, Jacki Hecht, Angelica K.Thevos）〔07489〕

ベグリー, シャロン　Begley, Sharon
◇脳には、自分を変える「6つの力」がある。（The Emotional Life of Your Brain）　リチャード・デビッドソン, シャロン・ベグリー著, 茂木健一郎訳　三笠書房　2013.2　253p　19cm　1400円　①978-4-8379-5739-3
内容 1 なぜ、このメソッドが効くのか？――生使える、脳の「6つの力」の活かし方　2 仕事、人間関係、健康、運すべて―簡単！ テストでわかる「あなたはどんな人？」　3「気持ちが生まれるしくみ」を知ろう―「幸せマインド」をつくれる人・つくれない人　4「イキイキとした毎日」を保つために―心が穏やかな人ほど、健康になれる！　5 その“常識”は大間違いかもしれない―科学が解き明かした「脳と心」の新事実　6 いつもハッピーな人と不機嫌な人の違いとは？―ダライ・ラマが教えてくれた「脳にいいこと」　7 1日10分の奇跡！ 効果を実感してください―心を整え、自分を変えるエクササイズ〔07490〕

ベケット, ローリ　Beckett, Lori
◇みんな大切！―多様な性と教育（Everyone is special！）　ローリ・ベケット編, 橋本紀子監訳, 艮香織, 小宮明彦, 杉田真衣, 渡辺大輔訳　新科学出版社　2011.3　195p　22cm　2500円　①978-4-915143-39-7
内容 “もし、私が先生だったら…”　校長先生へのお願い　命をかけてもいい！　先生にわかっていてほしかったこと　ある教育実習生の話　子どもたちのために　息子たちへの教育　セクシュアリティ教育　教員養成への多様なセクシュアリティの包含　カミングアウトするか、しないか　トランスジェンダーや多様なジェンダーの生徒たちが学校で直面する問題　本当にどうしようもないバカなヤツらばかりなんだ：学校における同性愛嫌悪について　「カミングアウトすること/家に帰ること」：異性愛中心主義と同性愛嫌悪を問いただすオーストラリアの少女たちと若い女性たち　学校における同性愛嫌悪に対する取り組み　同性愛嫌悪：何を恐れているの？〔07491〕

ベケット, C.*　Beckett, Celia
◇イギリス・ルーマニア養子研究から社会的養護への示唆―施設から養子縁組された子どもに関する質問（Policy and Practice Implications from the English and Romanian Adoptees (ERA) Study）　マイケル・ラター他著, 上鹿渡和宏訳　福村出版　2012.12　77p　22cm 〈文献あり〉2000円　①978-4-571-42048-1
内容 イギリス・ルーマニアの養子に関する研究（ERA研究）　施設ケアを離れた子どもへの影響に関する8つの質問　施設でのデプリベーションが及ぼす全体への影響に関する4つの質問　施設でのデプリベーションに特異的な心理的傾向に関する13の質問　副次的な問題に関する3つの質問　身体的発達に関する2つの質問　心理的機能の一般的なバリエーションに関する3つの質問　養子縁組家庭に関する3つの質問　介入に関する5つの質問　他の国から養子縁組された子どもたちに見られた結果に関する4つの質問〔07492〕

ヘーゲル, ジョン, 3世　Hagel, John, III
◇『PULL』の哲学―時代はプッシュからプルへ-成功のカギは「引く力」にある（The power of pull）　ジョン・ヘーゲル3世, ジョン・シーリー・ブラウン, ラング・デイヴソン著, 桜田直美訳　主婦の友社　2011.6　254p　19cm　1500円　①978-4-07-276127-4
内容 はじめに―「プル」の時代がやってきた　第1章 消えゆくプッシュの力　第2章 アクセスする力　第3章 必要なものを引き寄せる　第4章 プルの力で能力を最大限に発揮する　第5章 個人が起こすプルの革命　第6章 組織のトップから、プルのイノベーションを起こす　第7章 プルの力で世界を変える　おわりに 情熱を持ち、才能を開花させる〔07493〕

ヘーゲル, G.W.F.　Hegel, Georg Wilhelm Friedrich
◇イェーナ体系構想―精神哲学草稿1・2　G.W.F.ヘーゲル〔著〕, 加藤尚武監訳, 座小田豊, 栗原隆, 滝口清栄, 山崎純訳　法政大学出版局　2012.5　280, 7p　21cm　5800円　①978-4-588-15032-6
内容 第1部 精神哲学草稿1――八〇三 - 〇四年　第2部 精神哲学草稿2――八〇五 - 〇六年〔07494〕
◇キリスト教の精神とその運命（Der Geist des Christentums und sein Schicksal）　G.W.F.ヘーゲル著, 細谷貞雄, 岡崎英輔訳　白水社　2012.7　171p　19cm　（白水iクラシックス）　2400円　①978-4-560-09606-2
内容 愛と疎外のドラマ　第1章 ユダヤ教の精神とその運命　第2章 イエスの登場 その道徳　第3章 律法と罰 愛による運命との和解　第4章 イエスの宗教　第5章 イエスの運命　第6章 キリスト教団の運命〔07495〕
◇ヘーゲル論理の学　第1巻　存在論（Wissenschaft der Logik）　ヘーゲル〔著〕, 山口祐弘訳　作品社　2012.12　507p　22cm 〈索引あり〉6400円　①978-4-86182-408-1
内容 第1編 客観的論理学（存在論（規定性（質）　大きさ（量）　質量））〔07496〕
◇小論理学―ヘーゲルの本文だけで論理をたどる　G.W.F.ヘーゲル著, 山内清訳解　さいたま　大川書房　2013.3　218p　19cm　2800円〔07497〕
◇ヘーゲル初期哲学論集　G.W.F.ヘーゲル著, 村上恭一訳　平凡社　2013.5　547p　16cm　（平凡社ライブラリー 787）〈他言語標題：Erste Druckschriften zur Philosophie〉1900円　①978-4-582-76787-2
内容 フィヒテとシェリングとの哲学体系の差異―十九世紀の初頭における哲学の状況を展望するためのラインホルトの寄与に関して（当世の哲学活動にみられる種々の形式　フィヒテの体系の叙述　シェリングとフィヒテとの哲学原理の比較　ラインホルトの見解とその哲学について）　惑星の軌道に関する哲学的論文（ニュートン天文学の原理の批判的論究　太陽系の基礎的原理の哲学的叙述　補遺―惑星間の距離の問題）　惑星の軌道に関する哲学的論文への暫定的テーゼ〔07498〕

へ

◇ヘーゲル論理の学 2 本質論（Wissenschaft der Logik） ヘーゲル〔著〕, 山口祐弘訳 作品社 2013.5 262p 22cm 〈索引あり〉5800円 ①978-4-86182-409-8
内容 第1部 それ自身のうちでの反省としての本質（影像 本質規定性ないし反省規定 根拠） 第2部 現象（実存 現象 本質的関係） 第3部 現実性（絶対者 現実性 絶対的関係） 〔07499〕

◇ヘーゲル論理の学 3 概念論（Wissenschaft der Logik） ヘーゲル〔著〕, 山口祐弘訳 作品社 2013.12 386p 22cm 〈索引あり〉6200円 ①978-4-86182-410-4 〔07500〕

ベサニーリャ, クララ Bezanilla, Clara

◇アステカ・マヤの神々（Aztec & Maya gods & goddesses） クララ・ベサニーリャ著, 横山玲子訳 学芸書林 2011.12 49p 19cm （大英博物館双書 4―古代の神と王の小事典 3） 〈索引あり〉1500円 ①978-4-87517-086-0
内容 アステカの神々（創造神 戦争の神 死の神・女神 生命と豊穣の神・女神） マヤの神々（創造神 死と地下界の神 生命と豊穣の神・女神 その他の神々と神話） 〔07501〕

ペジュ, ピエール Péju, Pierre

◇怪物―わたしたちのべつの顔？（Le monstrueux） ピエール・ペジュ文, ステファヌ・ブランケ絵, 伏見操訳 岩崎書店 2011.9 90p 20cm （10代の哲学さんぽ 5） 1300円 ①978-4-265-07905-6
内容 1 はじめに 2 正常と異常 3 怪物ってなんだろう？ 4 怪物からの誘惑 5 怪物、それは神からのしるし？ 6 人間と怪物が区別されていったこと 7 怪物を退治する英雄と怪物をつくりだそうとする人々について 8 自分や他人のなかにいる怪物 9 歴史上、政治上の怪物 10 理性が眠ったとき、怪物が生まれる 〔07502〕

ベスキント, D.H.

◇弁護士のための法廷テクノロジー入門（Effective use of courtroom technology） D.C.シーマー, F.D.ロスチャイルド, A.J.ボッキーノ, D.H.ベスキント著, 今在景子, 荒川歩, 石崎千景, 菅原郁夫訳 日の出町（東京都） 慈学社出版 2011.4 221p 22cm 〈発売：大学図書〉3200円 ①978-4-903425-69-6 〔07503〕

ヘースティングス, ポール・D.

◇子どもの社会的ひきこもりとシャイネスの発達心理学（THE DEVELOPMENT OF SHYNESS AND SOCIAL WITHDRAWAL） ケネス・H.ルビン, ロバート・J.コプラン編, 小野善郎訳 明石書店 2013.8 363p 22cm 5800円 ①978-4-7503-3873-6
内容 シャイネス、子育て、親子関係（ポール・D.ヘースティングス, ジェイコブ・N.ヌセロビッチ, ケネス・H.ルビン, カリッサ・S.L.チア著） 〔07504〕

ベスト, アントニー

◇アジア主義は何を語るのか―記憶・権力・価値 松浦正孝編著 京都 ミネルヴァ書房 2013.2 671, 6p 22cm 〈索引あり〉8500円 ①978-4-623-06488-5
内容 日本における汎アジア主義と英国（アントニー・ベスト執筆, 松本佐保訳） 〔07505〕

ベスト, ジョエル Best, Joel

◇あやしい統計フィールドガイド―ニュースのウソの見抜き方（Stat-spotting） ジョエル・ベスト著, 林大訳 白揚社 2011.12 211p 20cm 2200円 ①978-4-8269-0163-5
内容 第1部 さあ始めよう（疑わしい数字を見分ける 背景知識） 第2部 さまざまな種類の疑わしいデータ（間違い 出所―だれが、なぜ数えたのか 定義―何を数えたのか ほか） 第3部 自分でスタット・スポッティング（まとめ―疑わしいデータの目印 よいデーター―いくつかの特徴 あとがき―そんなにひどいとは思ってもみなかったというなら、そんなひどくはないのだろう ほか） 〔07506〕

ペストン, ロバート

◇世界一素朴な質問、宇宙一美しい答え―世界の第一人者100人が100の質問に答える（BIG QUESTIONS FROM LITTLE PEOPLE） ジェンマ・エルウィン・ハリス編, 西田美緒子訳, タイマタカシ絵 河出書房新社 2013.11 298p 22cm 2500円 ①978-4-309-25292-6
内容 どうしてお金があるの？（ロバート・ペストン） 〔07507〕

ヘスラー, ピーター Hessler, Peter

◇疾走中国―変わりゆく都市と農村（Country driving） ピーター・ヘスラー著, 栗原泉訳 白水社 2011.4 392p 20cm 2600円 ①978-4-560-08117-4
内容 第1部 長城 第2部 村 第3部 工場 〔07508〕

ベースロット, エミリー

◇大災害と犯罪 斉藤豊治編 京都 法律文化社 2013.3 230p 21cm 〈他言語標題：Catastrophic Disaster and Crime〉2900円 ①978-4-589-03478-6
内容 ハリケーン・カトリーナ後のアメリカ南部の危機（エミリー・ベースロット執筆, 平山真理, 岡本英生訳） 〔07509〕

ベーダー, ジェフリー・A. Bader, Jeffrey A.

◇オバマと中国―米国政府の内部からみたアジア政策（OBAMA AND CHINA'S RISE） ジェフリー・A.ベーダー著, 春原剛訳 東京大学出版会 2013.5 301, 24p 20cm 〈索引あり〉2500円 ①978-4-13-033103-6
内容 アジア政策 全体像 アジア外交の基礎づくり―クリントン国務長官のアジア歴訪 中国―対中外交の始まり 北朝鮮―それまでのパターンを打破する 日本―自民党から民主党へ 中国―オバマ訪中と環境変動会議 オバマ政権二年目―攻撃的な中国への対応 朝鮮半島での緊張 東南アジアとの絆を強化する 中国の海洋進出 胡錦濤訪米への対応―東日本大震災と原発危機 振り返り、前を向く 〔07510〕

ペダーセン, オロフ Pedersen, Olof

◇古代メソポタミアにおける図書館と文書館の歴史

(Archives and libraries in the Ancient Near East, 1500-300 B.C.)　オロフ・ペダーセン著, 高橋信一訳　西東京　高橋信一　2013.4　250p 26cm　非売品　〔07511〕

ペーターゼン, ルドルフ　Petersen, Rudolf
◇フェアな未来へ―誰もが予想しながら誰も自分に責任があるとは考えない問題に私たちはどう向きあっていくべきか (Fair Future : Resource Conflicts, Security and Global Justice ; A Report of the Wuppertal Institute for Climate, Environment and Energy)　ヴォルフガング・ザックス, ティルマン・ザンタリウス編, 川村久美子訳・解題　新評論　2013.12　422p　21cm 3800円　①978-4-7948-0881-3
内容 第1章 現実主義者にとっての公正　第2章 環境をめぐる不公正　第3章 専有を競う競技場　第4章 フェアな資源配分モデル　第5章 フェアな豊かさ　第6章 公正とエコロジーのための取り決め　第7章 ヨーロッパの存在価値とは　〔07512〕

ペダーソン, ラッセ・H.　Pedersen, Lasse H.
◇金融規制のグランドデザイン―次の「危機」の前に学ぶべきこと (Restoring financial stability)　ヴィラル・V.アチャリア, マシュー・リチャードソン編著, 大村敬一監訳, 池田竜哉, 増原剛輝, 山崎洋一, 安藤祐介訳　中央経済社　2011.3　488p 22cm　〈文献あり〉5800円　①978-4-502-68200-1
内容 システミック・リスクへの規制 他 (トーマス・F.クーリー, ラッセ・H.ペダーソン, トーマス・フィリポーン, マシュー・リチャードソン)　〔07513〕

ペチオダット, A.*　Péchiodat, Amandine
◇パリジェンヌたちの秘密のパリ (My little Paris, le Paris secret des parisiennes)　マイ・リトル・パリ編, 広田明子訳　原書房　2012.7　153p 21cm　〈索引あり〉1800円　①978-4-562-04844-1　〔07514〕

ペチオダット, F.*　Péchiodat, Fany
◇パリジェンヌたちの秘密のパリ (My little Paris, le Paris secret des parisiennes)　マイ・リトル・パリ編, 広田明子訳　原書房　2012.7　153p 21cm　〈索引あり〉1800円　①978-4-562-04844-1　〔07515〕

ベッカー, ウルリッヒ
◇成年後見法における自律と保護―成年後見法世界会議講演録　新井誠監修, 2010年成年後見法世界会議組織委員会編, 紺野包子訳　日本評論社 2012.8　319p　21cm　〈英語抄訳付〉5600円 ①978-4-535-51865-0
内容 成年後見法と社会保障法 (ウルリッヒ・ベッカー著)　〔07516〕

ベッカー, カール
◇寄り添いの死生学―外国人が語る"浄土"の魅力 (Never die alone)　ジョナサン・ワッツ, 戸松義晴編　京都　浄土宗　2011.9　221p　19cm 1500円　①978-4-88363-054-7
内容 生と死を通じて浄土を理解する (カール・ベッカー著)　〔07517〕

ベッカー, ゲーリー・S.　Becker, Gary Stanley
◇ベッカー教授、ポズナー判事の常識破りの経済学 (Uncommon sense)　ゲーリー・S.ベッカー, リチャード・A.ポズナー著, 鞍谷雅敏, 遠藤幸彦, 稲田誠士訳　東洋経済新報社　2011.2　220p 20cm　2200円　①978-4-492-31408-1
内容 第1部 社会問題を考える (男女の産み分け　臓器売買　大学ランキング ほか)　第2部 グローバルな政治経済問題を考える (中国におけるグーグル　プーチンの人口計画　治安の民営化 ほか)　第3部 金融危機に学ぶ (サブプライム住宅ローン危機　金融危機の意味　なぜ警告が無視されたか ほか)　〔07518〕

ベッカー, ジークフリート　Becker, Siegfried
◇ヨーロッパ・エスノロジーの形成―ドイツ民俗学史 (Einführung in die Volkskunde(改訂第3版))　インゲボルク・ヴェーバー＝ケラーマン, アンドレーアス・C.ビマー, ジークフリート・ベッカー著, 河野真訳　京都　文緝堂　2011.3 375p 図版 32p　22cm　〈文献あり〉4000円 ①978-4-9901976-5-0　〔07519〕

ベッカー, ハワード・S.　Becker, Howard Saul
◇完訳アウトサイダーズ―ラベリング理論再考 (Outsiders)　ハワード・S.ベッカー著, 村上直之訳　現代人文社　2011.11　246p　21cm　〈文献あり 索引あり　発売 : 大学図書〉1900円 ①978-4-87798-494-6
内容 第1章 アウトサイダーズ　第2章 逸脱の種類―継時的モデル　第3章 マリファナ使用者への道　第4章 マリファナ使用と社会統制　第5章 逸脱集団の文化―ダンス・ミュージシャン　第6章 逸脱的職業集団における経歴―ダンス・ミュージシャン　第7章 規則とその執行　第8章 モラル・アントレプレナー　第9章 逸脱の研究―問題と共感　第10章 ラベリング理論再考　〔07520〕

◇社会学の技法 (TRICKS OF THE TRADE)　ハワード・S.ベッカー著, 進藤雄三, 宝月誠訳　恒星社厚生閣　2012.6　286p　21cm　〈索引あり〉 4000円　①978-4-7699-1279-8
内容 第1章 技法　第2章 心象 (実質的心象　科学的心象)　第3章 サンプリング (何を含むべきか　カテゴリーを超えて : 合致しないものを見出す)　第4章 概念 (概念は定義される　概念を定義する : いくつかの技法　概念は一般化である　概念は関係的である　ヴィトゲンシュタインの技法　概念の内包を拡大する)　第5章 論理 (大前提を発見する　真理表、結合、類型)　〔07521〕

◇ビジュアル調査法と社会学的想像力―社会風景をありありと描写する (PICTURING THE SOCIAL LANDSCAPE)　キャロライン・ノウルズ, ポール・スウィートマン編, 後藤範章監訳 京都　ミネルヴァ書房　2012.10　317p　22cm 〈索引あり〉3400円　①978-4-623-06394-9
内容 あとがき (ハワード・S.ベッカー著, 後藤範章訳)　〔07522〕

ベッカー, ハンス - ユルゲン
◇ユダヤ出自のドイツ法律家 (DEUTSCHE

JURISTEN JUDISCHER HERKUNFT)　ヘルムート・ハインリッヒス, ハラルド・フランツキー, クラウス・シュマルツ, ミヒャエル・シュトレイス著, 森勇監訳　八王子　中央大学出版部　2012.3　25, 1310p　21cm　(日本比較法研究所翻訳叢書 62)　〈文献あり 索引あり〉13000円　①978-4-8057-0363-2

内容 裁判官, 高等教育機関教師そしてゲーテ研究家(ハンス‐ユルゲン・ベッカー著, 森勇訳)　〔07523〕

ベッカー, ルート

◇ライフコース選択のゆくえ―日本とドイツの仕事・家族・住まい　田中洋美, マーレン・ゴツィック, クリスティーナ・岩田ワイケナント編　新曜社　2013.2　380, 4p　20cm　〈他言語標題：Beyond a Standardized Life Course〉4200円　①978-4-7885-1324-2

内容 女性の居住・生活形態の変遷(ルート・ベッカー著, 桑折千恵子訳)　〔07524〕

ヘッカー, ロルフ

◇マルクス抜粋ノートからマルクスを読む―MEGA第4部門の編集と所収ノートの研究　大谷禎之介, 平子友長編　桜井書店　2013.10　364p　22cm　4700円　①978-4-905261-14-8

内容 フルーベク『農学総論』からの抜粋について 他(ロルフ・ヘッカー著, 白井亜希子, 大谷禎之介訳)　〔07525〕

ペッカネン, ロバート

◇ボランタリズム研究　ボランティア・NPO：市民活動の理論と実践の対話　第1号　大阪ボランティア協会ボランタリズム研究所編　大阪　大阪ボランティア協会　2011.3　112p　26cm　〈他言語標題：The journal of voluntarism research 文献あり〉1500円　①978-4-87308-063-5

内容 ボランタリズムと市民社会(ロバート・ペッカネン述, 岡本仁宏訳)　〔07526〕

バッカリーア, チェーザレ　Beccaria, Cesare

◇犯罪と刑罰 (Dei delitti e delle pene)　チェーザレ・バッカリーア著, 小谷眞男訳　東京大学出版会　2011.2　211, 4p　20cm　〈文献あり 年譜あり〉2200円　①978-4-13-033205-7

内容 刑罰の起源　刑罰権　いくつかの帰結　法律の解釈　分かりにくい法律　犯罪と刑罰のあいだのバランス　刑罰の尺度についての誤り　犯罪の分類　名誉について　決闘について〔ほか〕　〔07527〕

ベッキ, マッテオ　Becchi, Matteo

◇プロジェクト・マネジャーが知るべき97のこと (97 things every project manager should know)　Barbee Davis編, 笹井崇司訳, 神庭弘年監修　オライリー・ジャパン　2011.11　240p　21cm　〈発売：オーム社〉1900円　①978-4-87311-510-8

内容 約束事が明確なら友情も長続きする(マッテオ・ベッキ)　〔07528〕

ベック, ウルリッヒ　Beck, Ulrich

◇リスク化する日本社会―ウルリッヒ・ベックとの対話　ウルリッヒ・ベック, 鈴木宗徳, 伊藤美登里編　岩波書店　2011.7　274p　19cm　〈執筆：三上剛史ほか〉1900円　①978-4-00-025567-7

内容 第二の近代の多様性とコスモポリタン的構想 他(ウルリッヒ・ベック著, 油井清光訳)　〔07529〕

◇〈私〉だけの神―平和と暴力のはざまにある宗教 (Der eigene Gott)　ウルリッヒ・ベック著, 鈴木直訳　岩波書店　2011.7　321, 17p　20cm　〈文献あり〉3300円　①978-4-00-025776-3

内容 第1章 非社会学的序文―「自分自身の神」の日記、エティ・ヒレスム　第2章 社会学的序文―神々の回帰とヨーロッパ近代の危機　第3章 寛容と暴力―宗教の二つの顔　第4章 異端か、それとも「自分自身の神」の発明か　第5章 副次的結果の狡知―世界宗教の紛争を文明化するための五つのモデル　第6章 真理の代わりに平和を？ 世界リスク社会における宗教の未来　〔07530〕

◇ユーロ消滅？―ドイツ化するヨーロッパへの警告 (DAS DEUTSCHE EUROPA)　ウルリッヒ・ベック〔著〕, 島村賢一訳　岩波書店　2013.2　116, 12p　19cm　1500円　①978-4-00-025418-2

内容 第1章 いかにユーロ危機は欧州を分断かつ統合しているか(ドイツの緊縮政策が欧州を分断している。各国の政府は賛成しているが、各国の国民は反対している　欧州連合の成功について　経済というものの盲目性　欧州の内政。国民国家という概念で政治をとらえることは、時代錯誤である　欧州連合の危機は、債務危機なのではない)　第2章 欧州の新たな権力構造。いかにしてドイツによるヨーロッパという事態が生じているか(脅威を受けたヨーロッパと政治的なものの危機　欧州の新たな権力状況　「メルキァヴェッリ」。懐柔戦略としての躊躇)　第3章 欧州のための社会契約(欧州を拡大して、さらに自由を拡大しよう　欧州を拡大して、さらに社会保障を拡大しよう　欧州を拡大して、さらに民主主義を拡大しよう　権力の問題。誰が社会契約を実現するのか　欧州の春なのだろうか)　〔07531〕

ベック, エリザベス　Beck, Elizabeth

◇ソーシャルワークと修復的正義―癒やしと回復をもたらす対話、調停、和解のための理論と実践 (Social Work and Restorative Justice)　エリザベス・ベック, ナンシー・P.クロフ, パメラ・ブラム・レオナルド編著, 林浩康監訳　明石書店　2012.11　486p　22cm　〈訳：大竹智ほか　索引あり〉6800円　①978-4-7503-3687-9

内容 コミュニティ形成に向けた衝突の活用―コミュニティ会議 他(ローレン・アブラムソン, エリザベス・ベック著, 林浩康訳)　〔07532〕

ペック, サラ

◇大学学部長の役割―米国経営系学部の研究・教育・サービス (The dean's perspective)　クリシナ・S.ディア編著, 佐藤修訳　中央経済社　2011.7　245p　21cm　3400円　①978-4-502-68720-4

内容 経営倫理教育(デビッド・クラウス, サラ・ペック著)　〔07533〕

ベック, シャーロット・ジョウコウ　Beck, Charlotte Joko

◇エブリデイ禅―今この瞬間を生きる 愛と営み (EVERYDAY ZEN：LOVE AND WORK)

シャーロット・浄光・ベック著, Steve Smith〔編〕, 田中淳一訳　サンガ　2012.6　377p　18cm　2800円　①978-4-905425-13-7

内容 第1章 はじまり　第2章 修行　第3章 感情　第4章 関係　第5章 苦しみ　第6章 理想　第7章 境界　第8章 選択　第9章 奉仕　〔07534〕

ベック, ブルース　Beck, Bruce

◇たましいの共鳴 コロンバイン高校、附属池田小学校の遺族が紡ぐいのちの絆　ドーン・アナ, ブルース・ベック, 酒井肇, 酒井智恵著, 池埜聡編著　明石書店　2013.6　189p　19cm　1800円　①978-4-7503-3831-6

内容 いのちの光をかかげて（ドーン・アナ, ブルース・ベック述）　〔07535〕

ベック＝ゲルンスハイム, エリーザベト

◇リスク化する日本社会―ウルリッヒ・ベックとの対話　ウルリッヒ・ベック, 鈴木宗徳, 伊藤美登里編　岩波書店　2011.7　274p　19cm　〈執筆：三上剛史ほか〉　1900円　①978-4-00-025567-7

内容 個人化とグローバル化の時代における家族（エリーザベト・ベック＝ゲルンスハイム著, 鈴木宗徳訳）　〔07536〕

ベックフォード, サム　Beckford, Sam

◇金持ち男になる93の方法（100 Ways to Create Wealth）　スティーブ・チャンドラー, サム・ベックフォード著, 弓場隆訳　サンマーク出版　2013.1　230p　19cm　1500円　①978-4-7631-3246-8

内容 財産を築く決意をしよう　お金に対する偏見を排除しよう　お金の流れをよくする口ぐせを習慣づけよう　お金を引き寄せる考え方を身につけよう　前向きな信念をもって生きよう　自分の価値を積極的に認めよう　チャンスをつかんで成果をあげよう　周囲の人と力を合わせよう　人びとの役に立って社会に貢献しよう　顧客を感動させる工夫をしよう　つねに自分を磨くことを心がけよう　自分を変えて「金持ち男」になろう　〔07537〕

ベッケール, ジャン＝ジャック　Becker, Jean Jacques

◇仏独共同通史第一次世界大戦　上（La Grande guerre）　ジャン＝ジャック・ベッケール, ゲルト・クルマイヒ〔著〕, 剣持久木, 西山暁義訳　岩波書店　2012.3　200, 20p　20cm　〈年表あり〉　3200円　①978-4-00-023796-3

内容 第1部 なぜ仏独戦争なのか？（世紀転換期におけるフランスとドイツの世論　一九一一年以降の仏独関係の悪化　一九一四年七月の危機）　第2部 国民間の戦争？（フランスの「神聖なる団結」とドイツの「城内平和」　戦争の試練に立つ政治体制　「神聖なる団結」と「城内平和」の変容　メンタリティーと「戦争文化」　士気とその動揺）　第3部 前代未聞の暴力を伴う戦争？（人間の動員　産業の動員）　〔07538〕

◇仏独共同通史第一次世界大戦　下（La Grande guerre）　ジャン＝ジャック・ベッケール, ゲルト・クルマイヒ〔著〕, 剣持久木, 西山暁義訳　岩波書店　2012.3　228, 31p　20cm　〈年表あり索引あり〉　3200円　①978-4-00-023797-0

内容 第3部 前代未聞の暴力を伴う戦争？（承前）（戦場の暴力　民間人に対する暴力）　第4部 なぜかくも長期戦になったのか？（神話となった短期戦　勢力均衡講和の試み）　第5部 やぶれた均衡（ドイツ優位への均衡解消　勝利と講和　戦後）　〔07539〕

ベッケンフェルデ, エルンスト＝ヴォルフガング

◇講座憲法の規範力　第1巻　規範力の観念と条件　ドイツ憲法判例研究会編　古野豊秋, 三宅雄彦編集代表　信山社　2013.8　256p　22cm　5600円　①978-4-7972-1231-0

内容 書評：コンラート・ヘッセ著『憲法の規範力』（エルンスト＝ヴォルフガング・ベッケンフェルデ著, 宮地基訳）　〔07540〕

ヘッジス, クリスティ　Hedges, Kristi

◇プレゼンスのつくり方―誰もがあなたに引きつけられる（THE POWER OF PRESENCE）　クリスティ・ヘッジス著, 松本裕訳　阪急コミュニケーションズ　2013.9　319p　19cm　1700円　①978-4-484-13113-9　〔07541〕

ヘッセ, コンラート

◇講座憲法の規範力　第1巻　規範力の観念と条件　ドイツ憲法判例研究会編　古野豊秋, 三宅雄彦編集代表　信山社　2013.8　256p　22cm　5600円　①978-4-7972-1231-0

内容 憲法の規範力（コンラート・ヘッセ著, 古野豊秋訳）　〔07542〕

ヘッセルバイン, フランシス　Hesselbein, Frances

◇リーダーの使命とは何か（HESSELBEIN ON LEADERSHIP）　フランシス・ヘッセルバイン著, 谷川漣訳　海と月社　2012.10　185p　19cm　〈「未来社会への変革」（フォレスト社 1999年刊）「未来組織のリーダー」（ダイヤモンド社 1998年刊）他から改題、再刊〉　1600円　①978-4-903212-38-8

内容 1「どうやるべきか」から「どうあるべきか」へ（「どうあるべきか」のリーダーとは？　ヒーローは身近にいる　四つのカゴを持ち歩く ほか）　2 新時代のリーダーは、こうなる（ピラミッドを円に変える　あなたは「善きサマリア人」か？　理想の組織に変わるための八つのポイント ほか）　3 外に飛び出し、社会を変えよう（官・民・NPOのトライアングル　「共通の言葉」で話せる人に　企業人は非営利組織に注目せよ ほか）　〔07543〕

◇あなたらしく導きなさい―愛されるリーダーの生き方、愉しみ方（MY LIFE IN LEADERSHIP）　フランシス・ヘッセルバイン著, 伊東奈美子訳　海と月社　2013.5　285p　19cm　1800円　①978-4-903212-42-5

内容 第1部 私の原点（家族から得た、愛の教訓　人生における決定的な瞬間　「ノー」の力に目覚めよう）　第2部 私のやり方（リーダーへの階段を上る　国際組織の中心に立つ　金科玉条に挑む ほか）　第3部 今いるところからはじめよう（奉仕することは生きること　聞くこと、そして見ること　リーダーのあなたへ ほか）　〔07544〕

◇リーダーシップ・マスター―世界最高峰のコーチ陣による31の教え（Coaching for Leadership）　マーシャル・ゴールドスミス, ローレンス・S.ライアンズ, サラ・マッカーサー編著, 久野正人監訳, 中村安子, 夏井幸子訳　英治出版　2013.7

493p　21cm　2800円　①978-4-86276-164-4
内容 互いに学び成長する（フランシス・ヘッセルバイン）〔07545〕

ベッツ, ナンシー
◇D.E.スーパーの生涯と理論―キャリアガイダンス・カウンセリングの世界的泰斗のすべて（The Career Development Quarterly.Volume 43 Number1）　全米キャリア発達学会著, 仙崎武, 下村英雄編訳　図書文化社　2013.11　183p　21cm　〈索引あり〉3000円　①978-4-8100-3637-4
内容 キャリア発達とカウンセリングにおける自己概念理論（ナンシー・ベッツ著, 安田マヤ子, 下村英雄訳）〔07546〕

ヘッドバーグ, ジョン
◇フューチャースクール―シンガポールの挑戦（A school's journey into the future）　テイ・リー・ヨン, リム・チェー・ピン, カイン・ミント・スウィー編著, トランネット訳, 中川一史監訳　ピアソン桐原　2011.2　183p　21cm　2400円　①978-4-89471-549-3
内容 ICTを活用した教育の変化と変革（テイ・リー・ヨン, ジョン・ヘッドバーグ, リム・ブーン・チェン）〔07547〕

ヘッドリー, ティモシー・P.　Hedley, Timothy P.
◇不正・不祥事のリスクマネジメント（Managing the Risk of Fraud and Misconduct）　リチャード・H.ジジェンティ, ティモシー・P.ヘッドリー著, 知野雅彦監訳, KPMG FASフォレンジック部門訳　日本経済新聞出版社　2012.6　351p　21cm　〈索引あり〉3800円　①978-4-532-31794-2
内容 第1部 不正の理解（資産の不正流用　財務報告不正）　第2部 その他不正の種類および違法行為の理解（贈賄および汚職　マネーロンダリングと貿易制裁　政府に対する規制とインサイダー取引）　第3部 効果的なコンプライアンス・プログラムのフレームワーク（持続可能な価値のための総合的・包括的なコンプライアンス・プログラム）　第4部 不正・不適切な行為の管理モデル―予防、発見、対処（予防：リスク評価　予防：行動規範、コミュニケーションと研修　予防：コーポレート・インテリジェンス　発見：不適切な行為の報告のメカニズム　発見：監査とモニタリング　対処：調査　対処：政府和解合意　対処：電子保存情報の復元、再現および分析）〔07548〕

ヘッドリク, ダニエル・R.　Headrick, Daniel R.
◇情報時代の到来―「理性と革命の時代」における知識のテクノロジー（When information came of age）　ダニエル・R.ヘッドリク〔著〕, 塚原東吾, 隠岐さや香訳　法政大学出版局　2011.7　304p　22cm　〈文献あり 索引あり〉3900円　①978-4-588-37115-8
内容 第1章 情報とその歴史　第2章 情報の組織化―科学の言葉　第3章 情報を変換すること―統計の起源　第4章 情報を表示すること―地図とグラフ　第5章 情報を保存すること―辞書と百科事典　第6章 情報を伝達すること―郵便と電信のシステム　第7章 情報時代―過去と現在〔07549〕

ヘッブ, D.O.　Hebb, Donald Olding
◇行動の機構―脳メカニズムから心理学へ　上（The organization of behavior）　D.O.ヘッブ著, 鹿取広人, 金城辰夫, 鈴木光太郎, 鳥居修晃, 渡辺正孝訳　岩波書店　2011.4　358p　15cm（岩波文庫 33-947-1）〈著作目録あり 索引あり〉940円　①978-4-00-339471-7
内容 1章 問題とその取り組み方　2章 知覚における加算性と学習　3章 場理論と等能性　4章 知覚の初期段階―集成体の成長　5章 複合対象の知覚―位相連鎖　6章 学習能力の発達　7章 学習に関係した高次と低次の過程〔07550〕
◇行動の機構―脳メカニズムから心理学へ　下（The organization of behavior）　D.O.ヘッブ著, 鹿取広人, 金城辰夫, 鈴木光太郎, 鳥居修晃, 渡辺正孝訳　岩波書店　2011.5　282p　15cm（岩波文庫 33-947-2）〈文献あり 索引あり〉840円　①978-4-00-339472-4
内容 8章 動機づけの問題―痛みと飢え　9章 動機づけの時間的変動　10章 情動障害　11章 知能の成長と衰退〔07551〕

ヘッフェ, オットフリート
◇平和構築の思想―グローバル化の途上で考える（Krieg und Frieden im Prozess der Globalisierung）　マティアス・ルッツ＝バッハマン, アンドレアス・ニーダーベルガー編著, 舟場保之, 御子柴善之監訳　松戸　梓出版社　2011.3　238, 5p　21cm　〈索引あり〉2600円　①978-4-87262-025-2
内容 グローバルな共存の基礎（オットフリート・ヘッフェ著, 田原彰太郎訳）〔07552〕

ヘッペル, マイケル　Heppell, Michael
◇「時間がない！」を卒業する200のアイデア―1日が25時間になる超時間節約術（HOW TO SAVE AN HOUR EVERY DAY）　マイケル・ヘッペル著, 服部真琴訳　阪急コミュニケーションズ　2012.4　275p　19cm　1600円　①978-4-484-12109-3
内容 01「なぜやるか」を意識する　02「ぐずぐず」を克服する　03 やるかやらないか, それが問題だ　04 邪魔を撃退する　05 自宅　06 仕事　07 上級テクニック　08 25のおまけのアイデア！〔07553〕

ベディエ, J.
◇ちくま哲学の森　7　恋の歌　鶴見俊輔, 安野光雅, 森毅, 井上ひさし, 池内紀編　筑摩書房　2012.3　444p　15cm　1300円　①978-4-480-42867-7
内容 媚薬（J.ベディエ著, 佐藤輝夫訳）〔07554〕

ペティット, クレア
◇世界探検家列伝―海・河川・砂漠・極地、そして宇宙へ（The great explorers）　ロビン・ハンベリーテニソン編著, 植松靖夫訳　悠書館　2011.9　303p　26cm　〈文献あり 索引あり〉9500円　①978-4-903487-49-6
内容 デイヴィッド・リヴィングストン―アフリカ沿岸を行く（クレア・ペティット）〔07555〕

ペティット, フィリップ

◇正義への挑戦―セン経済学の新地平 (Against injustice)　後藤玲子, ポール・デュムシェル編著, 後藤玲子監訳　京都　晃洋書房　2011.9　310p　23cm　〈文献あり 索引あり〉2900円　①978-4-7710-2271-3

内容 ネオ共和主義とセンの経済的・法的・倫理的要件 他(フィリップ・ペティット著)　〔07556〕

ヘデーン, エヴァ

◇海を渡ってきたわが子―韓国の子どもを育てたスウェーデンの親たち9編の実話　キムスコグルンド編, 坂井俊樹監訳, 徐凡喜訳　梨の木舎　2013.3　136p　19cm　1500円　①978-4-8166-1303-6

内容 これよりもっと大変なことはなかった(エヴァ・ヘデーン)　〔07557〕

ベートーヴェン・ハウスボン

◇「第九」と日本出会いの歴史―板東ドイツ人俘虜収容所の演奏会と文化活動の記録　ベートーヴェン・ハウスボン編, ニコレ・ケンプケン著, ヤスヨ・テラシマ＝ヴェアハーン訳, 大沼幸雄監訳　彩流社　2011.9　126p　21cm　〈年譜あり〉　2200円　①978-4-7791-1654-4

内容 膠州のドイツ租借地　丸亀の寺社内に設けられた仮俘虜収容所　板東のバラック式収容所　ベートーヴェン作品のコンサートプログラム　パウル・エンゲルとその手紙　板東における日本初演交響曲第九番　ベートーヴェン作品の入った他のコンサート・プログラム　その他のコンサート　板東の劇場と演劇　人形劇と展覧会　俘虜生活の終わり　〔07558〕

ペドッティ, クリスティン　Pedotti, Christine

◇絵で見るはじめてのキリスト教―子どものためのカトリック入門 (Mon premier théo l'encyclopédie catholique des petits enfants)　クリスティン・ペドッティ作, ミシェル・デュボ監修, 関谷義樹日本語版監修, つばきうたこ訳　ドン・ボスコ社　2013.4　96p　26cm　1400円　①978-4-88626-550-0

内容 聖書　世界のはじまり　ノアの箱船　アブラハムとサラ　アブラハムの子どもたち　エジプトを出る長い旅　約束の地　少年ダビデ　ダビデ王　神さまの言葉を伝える預言者　マリアとヨセフ　イエスの誕生　イエスの成長　イエスの弟子たち　イエスと出会った人びと　イエスの話　イエスの奇跡　イエスの死　イエスは生きている　聖霊にいたされてイエスの弟子が集まる　最初のキリスト者〔ほか〕　〔07559〕

ベトナム

◇ベトナム2005年教育法　近田政博訳　〔名古屋〕　ダイテック　2009.6　94p　21cm　①978-4-86293-042-2　〔07560〕

◇ベトナム統計年鑑　2010年版　グェン・ティ・タン・トゥイ訳, 高橋塁監修　伊豆　ビスタ ピー・エス　2012.3　683p　26cm　38000円　①978-4-939153-87-7

内容 第1部(行政単位及び気候　人口及び雇用　国民経済計算及び国家予算　投資　企業及び個人経営事業体　農林水産業　工業　貿易及び観光　価格指数　輸送・郵便事業及び電気通信　教育　保健医療・文化・スポーツ及び生活水準)　第2部(日越貿易年度別取引額推移　日越貿易輸出入金額(2010年1～12月)　輸出品目構成(2010)　輸入品目構成(2010)　物価表(2009 - 2010))　〔07561〕

◇ベトナム統計年鑑　2011年版　グェン・ティ・タン・トゥイ訳, 高橋塁監修　伊豆　ビスタ ピー・エス　2013.7　915p　26cm　39600円　①978-4-939153-95-2

内容 行政単位・国土及び気候　人口及び雇用　国民経済計算及び国家予算　投資及び建設業　企業及び個人経営事業体　農林水産業　工業　貿易及び観光　価格指数―Price index　輸送・郵便事業・電気通信　教育　保健医療・文化・スポーツ及び生活水準　国際統計　〔07562〕

ベトベーズ, ジャン＝ポール　Betbèze, Jean-Paul

◇100語でわかる中国 (Les 100 mots de la Chine)　アンドレ・チエン, ジャン＝ポール・ベトベーズ著, 井川浩訳　白水社　2011.12　144p　18cm　(文庫クセジュ 964)　1050円　①978-4-560-50964-7

内容 第1章 広大な国土　第2章 悠遠・激動の歴史　第3章 多岐多様な指標　第4章 複合的な経済　第5章 近年の試み　第6章 今後の課題　〔07563〕

ヘドリー, キャロル　Hedly, Carol

◇リーダーシップ・マスター―世界最高峰のコーチ陣による31の教え (Coaching for Leadership)　マーシャル・ゴールドスミス, ローレンス・S.ライアンズ, サラ・マッカーサー編著, 久野正人監訳, 中村安子, 夏井幸子訳　英治出版　2013.7　493p　21cm　2800円　①978-4-86276-164-4

内容 マイクロソフトはこう育てる(シャノン・ウォリス, ブライアン・O.アンダーヒル, キャロル・ヘドリー)　〔07564〕

ペトロ, ルイス・W.　Petro, Louis W.

◇プライベート・エクイティ (Private equity)　ハリー・チェンドロフスキー, ジェームズ・P.マーティン, ルイス・W.ペトロ, アダム・A.ワデキ編著, 若杉敬明監訳, 森順次, 藤村武史訳　中央経済社　2011.11　364p　22cm　〈索引あり〉　4600円　①978-4-502-68950-5

内容 第1部 プライベート・エクイティの歴史(プライベート・エクイティのプロセス　プライベート・エクイティ業界の特徴 ほか)　第2部 プライベート・エクイティのガバナンス(プライベート・エクイティのガバナンス・モデル　内部統制の価値 ほか)　第3部 プライベート・エクイティのオペレーション(組織と人間との対比　リーン方式への転換の開始 ほか)　第4部 プライベート・エクイティの投資における留意点(プライベート・エクイティ・ファンドとポートフォリオ企業投資　エグジット戦略における法律的考察：IPO対トレードセールス ほか)　〔07565〕

ペナルティエ, フィリップ

◇震災とヒューマニズム―3・11後の破局をめぐって　日仏会館・フランス国立日本研究センター編, クリスチーヌ・レヴィ, ティエリー・リボー監修, 岩沢雅利, 園山千晶訳　明石書店　2013.5　328p　20cm　2800円　①978-4-7503-3814-9

内容 日本不在の洪水(フィリップ・ペナルティエ執筆, 岩沢雅利訳)　〔07566〕

ペナワ, ティナ

◇コンタクト・ゾーンの人文学　第2巻　Material Culture/物質文化　田中雅一, 稲葉穣編　京都　晃洋書房　2011.4　257p　22cm　3100円　①978-4-7710-2211-9

内容 霜降りゾーンにおけるコンタクトとコンフリクト（ティナ・ペナワ著, サベジ佐和訳）〔07567〕

ペニー, ベンジャミン

◇グローバル化するアジア系宗教—経営とマーケティング　中牧弘允, ウェンディ・スミス編　大阪　東方出版　2012.1　433p　22cm　〈索引あり〉4000円　①978-4-86249-189-3

内容 歌と踊りにみる法輪功（ベンジャミン・ペニー著, 小堀馨子訳）〔07568〕

ベニス, ウォレン　Bennis, Warren G.

◇ストーリーで学ぶ経営の真髄（Learn like a leader）　マーシャル・ゴールドスミス, ビバリー・ケイ, ケン・シェルトン編, 和泉裕子, 井上実訳　徳間書店　2011.2　311p　19cm　1600円　①978-4-19-863118-5

内容 自分の人生を描きなさい（ウォレン・ベニス著）〔07569〕

◇本物のリーダーとは何か（Leaders）　ウォレン・ベニス, バート・ナナス著, 伊東奈美子訳　海と月社　2011.6　268p　19cm　1800円　①978-4-903212-26-5

内容 1 リーダーシップに関する「誤解」を解く　2「人を率いること」と「自分を律すること」について　3 戦略1 人を引きつけるビジョンを描く　4 戦略2 あらゆる方法で「意味」を伝える　5 戦略3「ポジショニング」で信頼を勝ち取る　6 戦略4 自己を創造的に活かす　7「責任を引き受ける」ということ〔07570〕

ヘニンガー, メアリー

◇学び手の視点から創る小学校の体育授業　鈴木直樹, 梅沢秋久, 鈴木聡, 松本大輔編著　岡山　大学教育出版　2013.11　260p　21cm　2800円　①978-4-86429-243-6

内容 戦術的意思決定能力の向上をめざして！（メアリー・ヘニンガー, カレン・パグナノ・リチャードソン著, 鈴木直樹, 西田陽訳）〔07571〕

ヘニング, ランドル

◇なぜリージョナリズムなのか　中逵啓示編　京都　ナカニシヤ出版　2013.6　344p　21cm　〈他言語標題：Why Regionalism Now？　索引あり〉3000円　①978-4-7795-0771-7

内容 グローバルな金融機構とリージョナルな金融機構の調整（ランドル・ヘニング執筆, 佐竹修吉訳）〔07572〕

ペニントン, ヒラリー

◇学校と職場をつなぐキャリア教育改革—アメリカにおけるSchool-to-Work運動の挑戦（The school-to-work movement）　ウィリアム・J.スタル, ニコラス・M.サンダース編, 横井敏郎ほか訳　学事出版　2011.7　385p　21cm　3800円　①978-4-7619-1809-2

内容 School-to-Careerの次は何か—進歩と見通しの評価（リチャード・カジス, ヒラリー・ペニントン著, 横井敏郎訳）〔07573〕

ベネー, ハンスー・ペーター

◇ユダヤ出自のドイツ法律家（DEUTSCHE JURISTEN JUDISCHER HERKUNFT）　ヘルムート・ハインリッヒス, ハラルド・フランツキー, クラウス・シュマルツ, ミヒャエル・シュトレイス著, 森勇監訳　八王子　中央大学出版部　2012.3　25, 1310p　21cm　（日本比較法研究所翻訳叢書 62）〈文献あり 索引あり〉13000円　①978-4-8057-0363-2

内容 労働法の創設者（ハンスー・ペーター・ベネー著, 高橋賢司訳）〔07574〕

ベネイト, ホセ・ビダル

◇反グローバリゼーションの声（VOCES CONTRA LA GLOBALIZACIÓN）　カルロス・エステベス, カルロス・タイボ編著, 大津真作訳　京都　晃洋書房　2013.11　257, 8p　21cm　2900円　①978-4-7710-2490-8

内容 資本主義の諸相（ホセ・ビダル・ベネイト述）〔07575〕

ベネシュ, オレグ

◇広池千九郎の思想と業績—モラロジーへの世界の評価 2009年モラルサイエンス国際会議報告　岩佐信道, 北川治男監修　柏　モラロジー研究所　2011.2　471p　22cm　〈他言語標題：Ethical Theory and Moral Practice：Evaluating Chikuro Hiroike's Work in Moralogy　発売：広池学園事業部（柏）〉3200円　①978-4-89639-195-4

内容 軍国主義的武士道への抵抗（オレグ・ベネシュ著, 望月文明訳）〔07576〕

ベネシュ, ミラン

◇自由への変革と市民教育　不破和彦編訳　青木書店　2011.2　182p　22cm　2500円　①978-4-250-21102-7

内容 チェコ社会の転換と成人のシティズンシップ（市民）教育（ミラン・ベネシュ, マルチン・コペツキー著）〔07577〕

ベネット, アンドリュー　Bennett, Andrew

◇社会科学のケース・スタディ—理論形成のための定性的手法（CASE STUDIES AND THEORY DEVELOPMENT IN THE SOCIAL SCIENCES）　アレキサンダー・ジョージ, アンドリュー・ベネット著, 泉川泰博訳　勁草書房　2013.1　376p　22cm　〈文献あり 索引あり〉4500円　①978-4-326-30214-7

内容 第1部 事例研究と社会科学（事例研究と理論の形成　事例研究手法と間民主国家平和論の研究）　第2部 どのように事例研究を行うか（体系的重点比較法 第1段階—事例研究のデザイン　第2段階—事例研究の実施　第3段階—事例による発見から理論への含意の導出）　第3部 代替的手法とその諸問題（事例研究と科学哲学　比較手法—統制比較と事例内分析　整合性手法　過程追跡と歴史的説明　比較分析と事例内分析の統合　類型理論　事例研究と政策妥当性のある理論　研究デザインの実例）〔07578〕

へ

ベネット, スコット

◇ラーニング・コモンズ―大学図書館の新しいかたち　加藤信哉, 小山憲司編訳　勁草書房　2012.7　290p　22cm　〈他言語標題 : LEARNING COMMONS　索引あり〉3900円　①978-4-326-00037-1

内容 高等教育における学習スペースの設計に当たって最初に問うべき質問 他(スコット・ベネット執筆, 加藤信哉, 小山憲司訳)〔07579〕

ベネット, ネイサン　Bennett, Nathan

◇リーダーシップ・マスター―世界最高峰のコーチ陣による31の教え（Coaching for Leadership）　マーシャル・ゴールドスミス, ローレンス・S.ライアンズ, サラ・マッカーサー編著, 久野正人監訳, 中村安子, 夏井幸子訳　英治出版　2013.7　493p　21cm　2800円　①978-4-86276-164-4

内容 キャリアゲームを勝ち抜く(スティーブン・A.マイルズ, ネイサン・ベネット)〔07580〕

ベネット, フラン　Bennett, Frances

◇イギリスに学ぶ子どもの貧困解決―日本の「子どもの貧困対策法」にむけて　「なくそう！ 子どもの貧困」全国ネットワーク編, 岩重佳治, 埋橋玲子, フラン・ベネット, 中嶋哲彦著　京都　かもがわ出版　2011.8　122p　19cm　1000円　①978-4-7803-0458-9

内容 イギリスは子どもの貧困にどのように取り組んでいるか(フラン・ベネット著, 山野良一訳)〔07581〕

ベネット, マリッサ　Bennett, Marisa

◇フィフティ・シェイズ・オブ・プレジャー（Fifty Shades of Pleasure）　マリッサ・ベネット著, 芦原夕貴, 飯原裕美訳　辰巳出版　2013.8　125p　19cm　1200円　①978-4-7778-1156-4

内容 第1章 セックスで恋人の心を奪うには　第2章 ねえ, わたしを叩いて！　第3章 わたしを縛って　第4章 その気にさせて　第5章 服従　第6章 支配〔07582〕

ヘネップ, ファン　Gennep, Arnold van

◇通過儀礼（LES RITES DE PASSAGE）　ファン・ヘネップ著, 綾部恒雄, 綾部裕子訳　岩波書店　2012.8　355, 17p　15cm　（岩波文庫 34-219-1）〈文献あり 索引あり〉940円　①978-4-00-342191-8

内容 第1章 儀礼の分類　第2章 実質的通過　第3章 個人と集団　第4章 妊娠と出産　第5章 出生と幼年期　第6章 加入礼　第7章 婚約と結婚　第8章 葬式　第9章 その他の通過儀礼　第10章 結論〔07583〕

ベネディクト, ルース　Benedict, Ruth

◇菊と刀（The chrysanthemum and the sword）　ルース・ベネディクト著, 西海コエン訳　縮約版　IBCパブリッシング　2011.9　183p　19cm　（対訳ニッポン双書）　1500円　①978-4-7946-0097-4

内容 日本という研究課題　戦時下の日本　分相応に振る舞うこと　明治維新　過去と世間への負い目の中で　一万分の一のお返し　最も困難な恩返し　汚名をそそぐ　人の情の領域　美徳のジレンマ　修練　子供は学ぶ　第二次世界大戦以降の日本〔07584〕

◇菊と刀―日本文化の型（The Chrysanthemum and the Sword）　ルース・ベネディクト著, 越智敏之, 越智道雄訳　平凡社　2013.8　455p　16cm　（平凡社ライブラリー 793）　1400円　①978-4-582-76793-3

内容 研究課題―日本　戦時中の日本人　「各々其ノ所ヲ得」　明治維新　過去と世間への債務者　万分の一の恩返し　「義理ほどつらいものはない」　汚名をすすぐ　人情の領域　徳のディレンマ　修用　子供は学ぶ　降伏後の日本人〔07585〕

ベネディクト16世　Benedictus

◇司祭職　教皇ベネディクト十六世著, カトリック中央協議会司教協議会秘書室研究企画編訳　カトリック中央協議会　2011.1　141p　19cm　〈他言語標題 : Priestly ministry〉1000円　①978-4-87750-157-0〔07586〕

◇中世の神学者（The theologians in the middle ages）　教皇ベネディクト十六世著, カトリック中央協議会司教協議会秘書室研究企画編訳　カトリック中央協議会　2011.5　350p　15cm　（ペトロ文庫 015）〈文献あり〉1000円　①978-4-87750-159-4〔07587〕

◇真理に根ざした愛―回勅（Caritas in veritate）　教皇ベネディクト十六世著, マイケル・シーゲル訳　カトリック中央協議会　2011.6　159p　20cm　1000円　①978-4-87750-160-0〔07588〕

◇霊的講話集　2010（The teachings of the Pope Benedict 16）　教皇ベネディクト十六世著, カトリック中央協議会司教協議会秘書室研究企画編訳　カトリック中央協議会　2011.6　366p　15cm　（ペトロ文庫）　1000円　①978-4-87750-161-7〔07589〕

◇女性の神秘家・教会博士（Women mystics of the middle age doctors of the church）　教皇ベネディクト十六世著, カトリック中央協議会司教協議会秘書室研究企画編訳　カトリック中央協議会　2011.8　246p　15cm　（ペトロ文庫）　850円　①978-4-87750-164-8〔07590〕

◇イエス・キリストの神―三位一体の神についての省察（Der Gott Jesu Christi）　教皇ベネディクト16世ヨゼフ・ラツィンガー著, 里野泰昭訳　春秋社　2011.10　213p　20cm　3000円　①978-4-393-33303-7

内容 第1章 神(「名を持つ神」「三位一体の神」「創造主なる神」「ヨブの問い」)　第2章 イエス・キリスト(「天から下り」「そして人となった」「父と同一本質」「聖書にしたがって復活し」)　第3章 聖霊〔07591〕

◇自発教令信仰の門―「信仰年」開催の告示（Porta fidei）　教皇ベネディクト十六世著, カトリック中央協議会司教協議会秘書室研究企画訳　カトリック中央協議会　2012.2　30p　21cm　120円　①978-4-87750-167-9〔07592〕

◇主のことば―使徒的勧告（VERBUM DOMINI）　教皇ベネディクト十六世著, カトリック中央協議会司教協議会秘書室研究企画訳　カトリック中央協議会　2012.4　233p　20cm　1200円　①978-4-87750-168-6〔07593〕

◇霊的講話集　2011　教皇ベネディクト十六世著,

カトリック中央協議会司教協議会秘書室研究企画編訳　カトリック中央協議会　2012.4　398p　15cm　（ペトロ文庫 018）　1200円　①978-4-87750-169-3　〔07594〕

◇イエスの祈り　教皇ベネディクト十六世著, カトリック中央協議会司教協議会秘書室研究企画編訳　カトリック中央協議会　2012.7　254p　15cm　（ペトロ文庫 020）　850円　①978-4-87750-171-6　〔07595〕

◇ナザレのイエス　2　十字架と復活（JESUS VON NAZARETH 2）　名誉教皇ベネディクト16世ヨゼフ・ラツィンガー著, 里野泰昭訳　春秋社　2013.6　376, 26p　20cm　〈文献あり 索引あり〉3500円　①978-4-393-33316-7
内容 第1章 エルサレム入城と神殿の浄化　第2章 終末についてのイエスの言葉　第3章 足洗い　第4章 イエスの大祭司的祈り　第5章 最後の晩餐　第6章 ゲツセマネ　第7章 イエスの裁判　第8章 イエスの十字架と埋葬　第9章 イエスの死からの復活　展望 天に昇り、父なる神の右の座につき、栄光のうちに再び来られる　〔07596〕

◇新約の祈り（Prayer in the New Testament）　教皇ベネディクト十六世著, カトリック中央協議会司教協議会秘書室研究企画編訳　カトリック中央協議会　2013.7　165p　15cm　（ペトロ文庫 021）　600円　①978-4-87750-175-4　〔07597〕

◇霊的講話集　2012・2013　教皇ベネディクト十六世著, カトリック中央協議会司教協議会秘書室研究企画編訳　カトリック中央協議会　2013.9　446p　15cm　（ペトロ文庫 024）　1200円　①978-4-87750-178-5　〔07598〕

ペネル, ジョン　Pennell, Joan

◇ソーシャルワークと修復的正義—癒やしと回復をもたらす対話、調停、和解のための理論と実践（Social Work and Restorative Justice）　エリザベス・ベック, ナンシー・P.クロフ, パメラ・ブラム・レオナルド編著, 林浩康監訳　明石書店　2012.11　480p　22cm　〈訳 : 大竹智ほか　索引あり〉6800円　①978-4-7503-3687-9
内容 家族の権利におけるフェミニストの視点　女性への暴力を抑止する修復的実践（メアリー・P.コス, ジョン・ペネル著, 竹原幸太訳）　〔07599〕

ベネル, シーラ・J.　Bennell, Sheila J.

◇グローバル・ティーチャーの理論と実践—英国の大学とNGOによる教員養成と開発教育の試み（Developing the global teacher）　ミリアム・スタイナー編, 岩崎裕保, 湯本浩之監訳　明石書店　2011.7　540p　20cm　（明石ライブラリー 146）　〈文献あり 索引あり〉5500円　①978-4-7503-3381-6
内容 大学・NGO・小学校の三者連携による教員養成プログラム—中央アメリカをテーマとした開発教育ワークショップ（シーラ・J.ベネル, パトリシア・ダニエル, シンリグ・E.ヒューズ著, 西あい訳）　〔07600〕

ペパー, E.*　Peper, Erik

◇新しい認知行動療法—健康に生きるための18の秘訣 実践ワークブック（Make health happen）　Erik Peper,Katherine H.Gibney,Catherine F. Holt著, 六浦裕美訳・改編, 竹林直紀日本語版監修　京都　金芳堂　2010.10　246p　26cm　〈索引あり〉2800円　①978-4-7653-1452-7　〔07601〕

ペパン, シャルル　Pépin, Charles

◇考える人とおめでたい人はどちらが幸せか—世の中をより良く生きるための哲学入門（UNE SEMAINE DE PHILOSOPHIE）　シャルル・ペパン著, 永田千奈訳　阪急コミュニケーションズ　2013.7　277p　19cm　1700円　①978-4-484-13108-5
内容 月曜日 考える人とおめでたい人はどちらが幸せか？—「思考」について　火曜日 たとえ悪法でも絶対に守るべきか？—「法律」について　水曜日 なぜ私たちは美しいものに惹かれるのか？—「美」について　木曜日 どうして学校に行かなければならないのか？—「教育」について　金曜日 神を信じるべきか？—「信仰」について　土曜日 民主制は本当に最良の政治制度か？—「民主主義」について　日曜日 幸せな死はあるのか？—「死」について　〔07602〕

ベビア, マーク　Bevir, Mark

◇ガバナンスとは何か（Governance）　マーク・ベビア著, 野田牧人訳　NTT出版　2013.10　211p　19cm　（叢書「世界認識の最前線」　猪口孝, 猪口邦子編集）　〈文献あり 索引あり〉1900円　①978-4-7571-4317-3
内容 第1章 ガバナンスとは何か　第2章 組織のガバナンス　第3章 コーポレート・ガバナンス　第4章 パブリック・ガバナンス　第5章 グローバル・ガバナンス　第6章 良いガバナンス　〔07603〕

ペフ, スタンレイ・Z.　Pech, Stanley Z.

◇チェコ革命1848年（The Czech revolution of 1848）　スタンレイ・Z.ペフ著, 山下貞雄訳　牧歌舎東京本部　2011.9　359p　20cm　〈文献あり 索引あり　発売 : 星雲社〉2000円　①978-4-434-15681-6
内容 第1部 事の成り行き（三月以前　革命の奇跡 : 三月の日々　フランクフルト問題　議会と選挙 ほか）　第2部 集団（チェコ人とスロヴァキア人　農民　労働者　学生 ほか）　第3部 結論（四八年革命物語の幾つかの考察）　〔07604〕

ヘファーナン, マーガレット　Heffernan, Margaret

◇見て見ぬふりをする社会（Wilful blindness）　マーガレット・ヘファーナン著, 仁木めぐみ訳　河出書房新社　2011.12　403p　19cm　〈文献あり〉2000円　①978-4-309-24569-0
内容 似た者同士の危険　愛はすべてを隠す　頑固な信念　過労と脳の限界　現実を直視しない　無批判な服従のメカニズム　カルト化し裸の王様　傍観者効果　現場との距離　倫理観の崩壊　告発者　見て見ぬふりに陥らないために　〔07605〕

ベブチャック, L.*　Bebchuk, Lucian A.

◇業績連動型報酬の虚実—アメリカの役員報酬とコーポレート・ガバナンス（Pay without Performance-The Unfulfilled Promise of Executive Compensation（抄訳））　Lucian Bebchuk,Jesse Fried著, 溝渕彰訳　岡山　大学教

育出版　2013.11　240p　21cm　2500円　①978-4-86429-223-8　〔07606〕

ヘミン　恵敏
◇立ち止まれば、見えてくるもの―悲しみを喜びに変える352の呟き　恵敏著, 新井満監修・訳, 吉原育子訳　日本文芸社　2012.10　247p　20cm　1500円　①978-4-537-25957-5
内容 1講 休息の章―世の中が自分を苦しめていると思っていますか？ 自分が休めば、世の中も休みます。 2講 人間関係の章―人間関係ではストーブのように接しなくてはなりません。近すぎず、遠すぎず。 3講 未来の章―人生は他人との競争ではなく、自分自身との長距離レースです。 4講 人生の章―人の顔をうかがわない。あれこれ悩みすぎない。 5講 愛の章―愛とは、自分の意思とは関係なく、ある日、ふいにお客のように訪ねてくる、人生の貴重な贈り物です。 6講 修行の章―つらい思いや経験を「一瞬立ち寄ったお客」と思い、はなれて静かに観察してみてください。たちまち解放されます。 7講 情熱の章―歳をとることは怖くないが、人生への情熱が冷めるのが怖い。8講 信仰の章―縁がなければ切実に祈ってください。縁が作られていきます。宇宙はすばらしい仲人なのです。　〔07607〕

ベーメ, ゲルノート
◇教養のコンツェルト―新しい人間学のために　高橋義人, 京都大学大学院『人環フォーラム』編集委員会編　人文書館　2011.4　641, 11p　20cm　5800円　①978-4-903174-25-9
内容 西欧の「雰囲気」と日本の「気」(ゲルノート・ベーメ, 小川侃, 高橋義人述, 久山雄甫訳)　〔07608〕

ヘラー, ヘルマン　Heller, Hermann
◇ヘーゲルと国民的権力国家思想（HEGEL UND DER NATIONALE MACHTSTAATSGEDANKE IN DEUTSCHLAND）　ヘルマン・ヘラー著, 永井健晴訳　風行社　2013.7　433, 5p　22cm　〈索引あり〉5000円　①978-4-86258-075-7　〔07609〕

ベラ, ホセ・デ
◇わが母校上智大学―上智大学創立100周年記念事業　小林章夫編　Sophia University Press上智大学出版　2013.11　138p　22cm　〈他言語標題：Alma Mater：Sophia University　発売：ぎょうせい〉1200円　①978-4-324-09748-9
内容 わが人生における上智大学（ホセ・デ・ベラ著, 小林章夫訳）　〔07610〕

ベラヴァル, イヴォン　Belaval, Yvon
◇ライプニッツのデカルト批判　上（Leibniz critique de Descartes）　イヴォン・ベラヴァル〔著〕, 岡部英男, 伊豆藏好美訳　法政大学出版局　2011.12　381, 123p　20cm　（叢書・ウニベルシタス 967）　6000円　①978-4-588-00967-9
内容 第1部 方法の精神（直観主義と形式主義　革命と伝統）　第2部 数学的モデル（四つの規則への批判　デカルトの幾何学主義とライプニッツの算術主義　代数幾何学と無限小算法）　〔07611〕

ベラスコ, ジェームズ
◇ストーリーで学ぶ経営の真髄（Learn like a leader）　マーシャル・ゴールドスミス, ビバリー・ケイ, ケン・シェルトン編, 和泉裕子, 井上実訳　徳間書店　2011.2　311p　19cm　1600円　①978-4-19-863118-5
内容 学習者の視点に立つ（ジェームズ・ベラスコ著）　〔07612〕

ベラフィオーレ, マイク　Bellafiore, Mike
◇ワン・グッド・トレード―シンプルな戦略に裁量を加味して生き残れ（One good trade）　マイク・ベラフィオーレ著, 山下恵美子訳, 長尾慎太郎監修　パンローリング　2011.12　583p　22cm　（ウィザードブックシリーズ vol.188）　5800円　①978-4-7759-7155-0
内容 第1部 プロップトレーディング会社ってどんなところ？（やつらはすごい　ワン・グッド・トレード　適合性）　第2部 成功のためのツール（成功のピラミッド　トレーダーはなぜ退場するのか　明日もトレードするために生き残れ）　第3部 技術を身につけよ（ストック・イン・プレー　テープリーディング　スコアリングで利益を最大化する）　第4部 トレーダーの脳の中身（トレーダー教育　最高の教師　市場への適応　成功するトレーダー）　〔07613〕

ベラミー, デヴィッド
◇世界一素朴な質問、宇宙一美しい答え―世界の第一人者100人が100の質問に答える（BIG QUESTIONS FROM LITTLE PEOPLE）　ジェンマ・エルウィン・ハリス編, 西田美緒子訳, タイマタカシ絵　河出書房新社　2013.11　298p　22cm　2500円　①978-4-309-25292-6
内容 木はどうやって、わたしたちが息をする空気を作っているの？（デヴィッド・ベラミー博士）　〔07614〕

ベラミー, リチャード　Bellamy, Richard Paul
◇グラムシとイタリア国家（GRAMSCI AND ITALIAN STATE）　R.ベラミー,D.シェクター著, 小池渺, 奥西達也, 中原隆幸訳　京都　ミネルヴァ書房　2012.5　18, 276, 14p　22cm　〈年譜あり 索引あり〉5000円　①978-4-623-06240-9
内容 第1章 政治的修養の時代　第2章 赤い二年間（一九一九～一九二〇年）　第3章 イタリア共産党と反ファシズム闘争（一九二一～一九二六年）　第4章 『獄中ノート』1―史的唯物論とクローチェの歴史主義　第5章 『獄中ノート』2―ヘゲモニー、国家、党　第6章 『獄中ノート』3―「イタリア人の形成」：リソルジメントと新秩序　〔07615〕

ベラルーシ非常事態省
◇チェルノブイリ原発事故ベラルーシ政府報告書―最新版（Национальный доклад Республики Беларусь Четверть века после чернобыльской катастрофы）　ベラルーシ共和国非常事態省チェルノブイリ原発事故被害対策局編, 日本ベラルーシ友好協会監訳　産学社　2013.5　189p　26cm　（vita SANGAKUSHA）　〈文献あり〉2500円　①978-4-7825-3349-9
内容 1 最新報告―チェルノブイリの過去、日本の現在（ベラルーシから見る日本の原発事故後の課題　チェルノブイリ原発事故による住民の健康問題）　2 ベラルーシ政府報告書―チェルノブイリ原発事故から四半世紀 被害克服の成果と展望(チェルノブイリ原発事故の被害　チェルノブイリ事故被害克服アプローチの進化　チェルノブイリ原発事故被害克服施策の成果　チェルノブイリ事故被害克服の長期的課題 : 解決と戦略)　〔07616〕

ベラルミーノ, ロベルト

◇近代カトリックの説教　高柳俊一編　教文館　2012.8　458p　21cm　(シリーズ・世界の説教)　4300円　①978-4-7642-7338-2

内容 心の貧しい人々は幸いである(ロベルト・ベラルミーノ述, 高柳俊一訳)　〔07617〕

ベランジェ, ダニエル

◇アジア女性と親密性の労働　落合恵美子, 赤枝香奈子編　京都　京都大学学術出版会　2012.2　329p　22cm　(変容する親密圏/公共圏 2)　〈索引あり〉3600円　①978-4-87698-574-6

内容 農家の娘から外国人妻へ(ダニエル・ベランジェ, チャン・ジャン・リン, リ・バック・ズン, クアット・チュ・ホン著, 高谷幸訳)　〔07618〕

ベランジェ, ポール・R.

◇連帯経済―その国際的射程 (L'économie solidaire)　ジャン＝ルイ・ラヴィル編, 北島健一, 鈴木岳, 中野佳裕訳　生活書院　2012.1　389p　19cm　〈索引あり　文献あり〉3400円　①978-4-903690-87-2

内容 北アメリカにおける連帯経済(ポール・R.ベランジェ, ジャック・ブシェ, ブノワ・レベスク著, 北島健一訳)　〔07619〕

ペリー, ウィリアム・J.　Perry, William James

◇核なき世界を求めて―私の履歴書 (In search of no nuclear world)　ウィリアム・J.ペリー著, 春原剛訳　日本経済新聞出版社　2011.10　227p　20cm　2300円　①978-4-532-16795-0

内容 黒船来航　故郷の想い出　沖縄駐留　スタンフォード大学　ハイテク創業　ミサイル・ギャップ　キューバ危機　緊迫の一三日間　ハイテク国防論(オフセット戦略)　ステルスの父　対ロ米中軍事協力　共産党最後の日　ナン・ルーガー法　二正面作戦　国防長官就任　NATO拡大　八月の砲声　朝鮮半島危機　カーター訪朝　ナイ・イニシアティブ　普天間返還　日米安保共同宣言　台湾海峡危機　対中威圧外交　米中軍事交流　ペリー・プロセス　幻の大統領訪朝　四賢人　核なき世界を求めて　〔07620〕

ペリー, ジョン　Perry, John

◇スタンフォード教授の心が軽くなる先延ばし思考 (The Art of Procrastination)　ジョン・ペリー著, 花塚恵訳　東洋経済新報社　2013.6　117p　20cm　1200円　①978-4-492-04496-4

内容 はじめに 先延ばしグセで悩む人へ　第1章 先延ばしに意義を見いだす　第2章 完璧主義が先延ばしを招く　第3章 やることリストがあなたを救う　第4章 音楽が先延ばしを防止する　第5章 メールとネットは要注意　第6章 横型人間の言い分　第7章 先延ばしやでない人と仕事をすると　第8章 先延ばしにしてよかったと思うとき　第9章 先延ばしやは周囲を不愉快にさせるのか？　第10章 最後に　〔07621〕

ペリー, フィリッパ　Perry, Philippa

◇まんがサイコセラピーのお話 (Couch Fiction)　フィリッパ・ペリー物語, ジュンコ・グラート絵, 鈴木竜監訳, 酒井祥子, 清水めぐみ訳　金剛出版　2013.4　153p　17×20cm　〈文献あり〉2400円　①978-4-7724-1310-7　〔07622〕

ベリー, フィル　Berrie, Phill

◇人文学と電子編集―デジタル・アーカイヴの理論と実践 (ELECTRONIC TEXTUAL EDITING)　ルー・バーナード, キャサリン・オブライエン・オキーフ, ジョン・アンスワース編, 明星聖子, 神崎正英監訳　慶應義塾大学出版会　2011.9　503p　21cm　4800円　①978-4-7664-1774-6

内容 電子版の真正性認証(フィル・ベリー, ポール・エガート, クリス・ティフィン, グレアム・バーウェル)　〔07623〕

ペリー, ポール　Perry, Paul

◇臨死共有体験―永遠の別世界をかいま見る (GLIMPSES OF ETERNITY)　レイモンド・ムーディ, ポール・ペリー著, 堀天作訳　ヒカルランド　2012.5　282p　20cm　(超☆わくわく 030)　1800円　①978-4-86471-015-2

内容 第1章 臨死共有体験との出会い/死後の世界と現実との関係がさらに深くなってきた　第2章 数多く寄せられた臨死共有体験/それは天的世界の存在証明か　第3章 私自身の臨死共有経験/遠隔精神感応か、宇宙の記憶蓄積領域への接触か　第4章 臨死共有体験の諸要素/永遠の別世界をかいま見る　第5章 歴史の中の臨死共有体験/瞠目すべき豊富なケース・スタディが存在していた　第6章 臨死共有体験を知った読者が抱くであろう様々な疑問と質問に答える　第7章 臨死共有体験とは何か/共感神経細胞「ミラー・ニューロン」あるいは側頭葉の「神秘に通じる回路」　〔07624〕

◇生きる/死ぬその境界はなかった―死後生命探究40年の結論　レイモンド・ムーディ, ポール・ペリー著, 矢作直樹監修, 堀天作訳　ヒカルランド　2013.2　416p　20cm　(超☆わくわく 040)　〈著作目録あり〉1900円　①978-4-86471-095-4

内容 死が身近にあった幼少時代―すでに死後生命のことを意識していた　祖父の死が幼い私に遺したもの　父が人を生き返らせた！―宗教と死後生命は関係がない！　ギリシア哲学の領域から死後生命を探る　体外離脱体験者との出会い―キリストの光に包まれた人　学生たちの体験談から次々と明らかになる臨死体験の諸要素　医学界も認めた、新しい研究分野としての臨死体験　臨死体験時に起きることを明らかにする―出版へ向けて　大成功した『ライフ・アフター・ライフ』―さらなる真実の探究へ　大成功の陰で―病の悪化、裏切り、中傷〔ほか〕　〔07625〕

ヘリセン, アンナ

◇碑と地方志のアーカイブズを探る　須江隆編　汲古書院　2012.3　440, 6p　22cm　(東アジア海域叢書 6　小島毅監修)　7000円　①978-4-7629-2946-5

内容 国境を越えた過去のかけら(アンナ・ヘリセン執筆, 小二田章訳)　〔07626〕

ベリング, ジェシー　Bering, Jesse

◇ヒトはなぜ神を信じるのか―信仰する本能（THE BELIEF INSTINCT）　ジェシー・ベリング著, 鈴木光太郎訳　京都　化学同人　2012.8　302, 12p　20cm　〈文献あり 索引あり〉2300円　①978-4-7598-1497-2

内容 1章 ある錯覚の歴史　2章 目的なき生　3章 サインはいたるところに　4章 奇妙なのは心の不死　5章 神が橋から人を落とす時　6章 適応的錯覚としての神　7章 いずれは死が訪れる　〔07627〕

ヘリング, ジョナサン　Herring, Jonathan

◇決断する力（HOW TO DECIDE WHAT TO DO WHEN YOU DON'T KNOW WHAT TO DO）　ジョナサン・ヘリング著, SDL Plc訳　ピアソン桐原　2012.12　198p　19cm　（英国式スキルアップ）　1400円　①978-4-86401-130-3

内容 第1章 決断する前に準備しておくこと　第2章 決断の原動力―原動力となるべきもの　第3章 決断の手法の選択　第4章 決断を下す　第5章 助けて！ まだ決断できない　第6章 決断に基づいた行動　第7章 決断の見直し　第8章 決断の実践　第9章 複数の人間が関与する決断　第10章 決断を迅速に下す　第11章 意思決断の練習　〔07628〕

ヘーリング, ノルベルト　Häring, Norbert

◇人はお金だけでは動かない―経済学で学ぶビジネスと人生（Ökonomie2.0（重訳））　ノルベルト・ヘーリング, オラフ・シュトルベック著, 熊谷淳子訳　NTT出版　2012.8　313p　20cm　〈文献あり 索引あり〉2400円　①978-4-7571-4237-4

内容 人間―エコノミック・アニマルか？　幸福の追求　労働市場の謎　忘れさられつつある小さな違い　すべては文化しだい　はかりとものさしの経済学　グローバル化の論理　金融市場―とことん効率的なのか、まるででたらめなのか　サブプライムの不意打ち―金融危機の構造　経営者も人の子　売り買いの高度な芸術　スポーツ選手をモルモットに―なぜ経済学者はスポーツが好きなのか　市場経済の暗がりで最後の警告　〔07629〕

ヘリング, メアリ　Herring, Mary

◇インストラクショナルデザインとテクノロジ―教える技術の動向と課題（TRENDS AND ISSUES IN INSTRUCTIONAL DESIGN AND TECHNOLOGY（原著第3版））　R.A.リーサー, J.V.デンプシー編　京都　北大路書房　2013.9　690p　21cm　〈訳：半田純子ほか　索引あり〉4800円　①978-4-7628-2818-8

内容 専門職の倫理：実践に適用されるルール（シャロン・E.スマルディノ, J.アナ・ドナルドソン, メアリ・ヘリング著, 渡辺雄貴訳）　〔07630〕

ヘリントン, ジャン

◇フューチャースクール―シンガポールの挑戦（A school's journey into the future）　テイ・リー・ヨン, リム・チェー・ピン, カイン・ミント・スウィー編著, トランネット訳, 中川一史監訳　ピアソン桐原　2011.2　183p　21cm　2400円　①978-4-89471-549-3

内容 まえがき（ジャン・ヘリントン）　〔07631〕

ベル, キャサリン

◇宗教概念の彼方へ　磯前順一, 山本達也編　京都　法蔵館　2011.9　445p　21cm　〈他言語標題：Beyond the Concept of Religion〉5000円　①978-4-8318-8174-8

内容 儀礼と身体（キャサリン・ベル著, 山本達也訳）　〔07632〕

ベル, チップ・R.

◇ストーリーで学ぶ経営の真髄（Learn like a leader）　マーシャル・ゴールドスミス, ビバリー・ケイ, ケン・シェルトン編, 和泉裕子, 井上実訳　徳間書店　2011.2　311p　19cm　1600円　①978-4-19-863118-5

内容 指導とトレーニングにまつわる七つの原則（チップ・R.ベル著）　〔07633〕

ベル, デイヴィッド

◇トラウマを理解する―対象関係論に基づく臨床アプローチ（Understanding trauma）　キャロライン・ガーランド編, 松木邦裕監訳, 田中健夫, 梅本園乃訳　岩崎学術出版社　2011.3　249p　22cm　〈文献あり 索引あり〉4000円　①978-4-7533-1018-0

内容 外的損傷と内的世界 他（デイヴィッド・ベル著）　〔07634〕

ベル, A.　Bell, Alexander Graham

◇ベル来日講演録―東京・京都　ベル〔述〕, 近畿聾史研究グループ編　〔京都〕　近畿聾史研究グループ　2013.10　134p　21cm

内容 唖子教育談（伊沢修二通訳）. 明治三十一年十一月ベル氏来院記　〔07635〕

ペルヴィエ, ギー　Pervillé, Guy

◇アルジェリア戦争―フランスの植民地支配と民族の解放（La guerre d'Algérie）　ギー・ペルヴィエ著, 渡辺祥子訳　白水社　2012.2　162, 2p　18cm　（文庫クセジュ 966）〈文献あり〉1200円　①978-4-560-50966-1

内容 第1章 植民地時代のアルジェリア　第2章 アルジェリアのナショナリズム　第3章 秒読み（一九三九～五四年）　第4章 反逆事件から戦争へ　第5章 戦争を遂行する第四共和政　第6章 戦争に取り組むド＝ゴール（一九五八～五九年）　第7章 民族自決の時（一九五九年九月十六日～六一年一月八日）　第8章 交渉期（一九六一年一月九日～六二年三月十八日）　第9章 戦争から平和へ？　〔07636〕

ヘルヴィグ, マリン

◇世界平和への冒険旅行―ダグ・ハマーショルドと国連の未来（The Adventure of Peace）　ステン・アスク, アンナ・マルク＝ユングクヴィスト編, ブライアン・アークハート, セルゲイ・フルシチョフ他著, 光橋翠訳　新評論　2013.7　358p　20cm　〈文献あり 年譜あり〉3800円　①978-4-7948-0945-2

内容 ダグ・ハマーショルドに導かれて（マリン・ヘルヴィグ著）　〔07637〕

ベルヴィソ, メグ　Belviso, Meg

◇スティーブ・ジョブズ（Who was Steve Jobs？）　パム・ポラック, メグ・ベルヴィソ著, 伊藤菜摘子訳　ポプラ社　2012.1　111p　20cm　（ポプラ社ノンフィクション 8）〈年表あり〉1200円　①978-4-591-12850-3

内容 第1章 シリコンバレーで育って　第2章 アップルの誕生　第3章 山あり谷あり…そして追放　第4章 次はネクスト　第5章 無限のかなたへ　第6章 アップルに帰る　第7章 ちがうことを考えよう　第8章 めちゃくちゃすばらしい　スティーブ・ジョブズの生きた時代　〔07638〕

ヘルウィッグ, モニカ　Hellwig, Monika

◇悩めるあなたのためのカトリック入門（Understanding Catholicism（原著第2版））　モニカ・ヘルウィッグ著, 浅野幸治訳　南窓社　2012.11　196p　22cm　〈索引あり〉2600円　①978-4-8165-0405-1

内容 1 神と人間（無限の慈しみとしての神　神の似姿としての人間　罪と罪深さ）　2 イエス―神の慈しみ（イエス、救い主、神の子　イエスの死と私たちの救い　復活―私たちの希望の基）　3 教会と聖霊（交わりおよび制度としての教会　聖霊の香りと秘跡　聖霊の恵みとしての新生）　4 終末の神秘（天の国と来たるべき世界　キリスト教の三位一体の神）〔07639〕

ベルガー, シュテファン

◇国家と国民の歴史―ヴィジュアル版（HISTORIES OF NATIONS）　ピーター・ファタードー編, 猪口孝日本語版監修, 小林朋則訳　原書房　2012.11　320p　20cm　〈文献あり 索引あり〉5800円　①978-4-562-04850-2

内容 ドイツ―遅れてきた国家のたび重なる変異（シュテファン・ベルガー）　〔07640〕

ベルク, オギュスタン　Berque, Augustin

◇風景という知―近代のパラダイムを超えて（La pensee paysagere）　オギュスタン・ベルク著, 木岡伸夫訳　京都　世界思想社　2011.4　119p　21cm　1600円　①978-4-7907-1514-6

内容 第1章 歴史のうねり　第2章 大地はひとりでに　第3章 二月二日　第4章 彼らは見るすべがない　第5章 すべては物質を有しながら精神に向かう　第6章 語られる以前の曖昧な事柄　付言 近代を超克したいと願う人のために　〔07641〕

◇震災とヒューマニズム―3・11後の破局をめぐって　日仏会館・フランス国立日本研究センター編, クリスチーヌ・レヴィ, ティエリー・リボー監修, 岩沢雅利, 園山千晶訳　明石書店　2013.5　328p　20cm　2800円　①978-4-7503-3814-9

内容 風土、縁起、そして自然的かつ人間的な災害（オギュスタン・ベルク執筆, 園山千晶訳）　〔07642〕

ベルク, ジョン・C.

◇変貌する世界の緑の党―草の根民主主義の終焉か？（GREEN PARTIES IN TRANSITION）　E.ジーン・フランクランド, ポール・ルカルディ, ブノワ・リウー編著, 白井和宏訳　緑風出版　2013.9　455p　20cm　〈文献あり〉3600円　①978-4-8461-1320-9

内容 アメリカの緑の党（ジョン・C.ベルク著）　〔07643〕

ベルクソン, アンリ　Bergson, Henri Louis

◇新訳ベルクソン全集　2　物質と記憶―身体と精神の関係についての試論（Matiere et memoire）　アンリ・ベルクソン著, 竹内信夫訳　白水社　2011.7　335, 46p　20cm　3200円　①978-4-560-09302-3

内容 第1章 表象のためのイメージの選択について―身体の役割　第2章 イメージの再認について―記憶と大脳　第3章 イメージの存続について―記憶と精神　第4章 イメージの限定と固定について―知覚と物質 こころとからだ　〔07644〕

◇ちくま哲学の森　2　世界を見る　鶴見俊輔, 安野光雅, 森毅, 井上ひさし, 池内紀編　筑摩書房　2011.10　440p　15cm　1200円　①978-4-480-42862-2

内容 形而上学入門（ベルグソン著, 矢内原伊作訳）　〔07645〕

◇新訳ベルクソン全集　3　笑い―喜劇的なものが指し示すものについての試論（Le rire）　アンリ・ベルクソン著, 竹内信夫訳　白水社　2011.12　193, 36p　20cm　〈付属資料：11p：月報 3 文献あり〉2400円　①978-4-560-09303-0

内容 第1章 喜劇的なもの一般について―形態の喜劇性と運動の喜劇性 喜劇的なものの伝播力　第2章 状況の喜劇性と言葉の喜劇性　第3章 性格の喜劇性　〔07646〕

◇精神のエネルギー（L'énergie spirituelle）　アンリ・ベルクソン著, 原章二訳　平凡社　2012.2　332p　16cm　（平凡社ライブラリー 755）〈索引あり〉1500円　①978-4-582-76755-1

内容 1 意識と生命　2 心と体　3 "生きている人のまぼろし"と"心霊研究"　4 夢　5 現在の記憶と誤った再認　6 知的努力　7 脳と思考―哲学的な錯覚　〔07647〕

◇ベルクソン書簡集　1　1865-1913（CORRESPONDANCES）　アンリ・ベルクソン〔著〕, 合田正人監修, ボアグリオ治子訳　法政大学出版局　2012.7　26, 506p　20cm　（叢書・ウニベルシタス 978）5500円　①978-4-588-00978-5　〔07648〕

◇新訳ベルクソン全集　4　創造的進化（L'évolution créatrice）　アンリ・ベルクソン著, 竹内信夫訳　白水社　2013.2　427, 76p　20cm　〈付属資料：11p：月報 4〉4000円　①978-4-560-09304-7

内容 第1章 生命活動の進化について―機械論と目的論　第2章 生命進化の発散的方向性―無気力、知性、本能　第3章 生命活動の指し示すものについて―自然の秩序と知性の形式　第4章 思考の映画的メカニズムと機械論者たちの錯誤 さまざまな哲学体系の歴史瞥見 真実の生成と偽りの進化論　〔07649〕

◇思考と動き（La Pensée et le mouvant）　アンリ・ベルクソン著, 原章二訳　平凡社　2013.4　434p　16cm　（平凡社ライブラリー 784）〈索引あり〉1600円　①978-4-582-76784-1

内容 1 序論（第一部）真理の成長、真なるものの遡行的運動　2 序論（第二部）問題の提起について　3 可能と現実　4 哲学的直観　5 変化の知覚　6 形而上学入門　7 クロード・ベルナールの哲学　8 ウィリアム・

ヘ

ジェームズのプラグマティズムについて―真理と実在　9 ラヴェッソンの生涯と業績　〔07650〕

ベルクハン, バルバラ　Berckhan, Barbara

◇ムカつく相手にもはっきり伝えるオトナの交渉術（Sanfte Selbstbehauptung）　バルバラ・ベルクハン著, 小川捷子訳　阪急コミュニケーションズ　2011.4　245p　19cm　1500円　①978-4-484-11106-3

内容 第1章 王のような態度（無言の会話　自信をもって座り、立ち、歩く ほか）　第2章 強い意志（自分を後回しにしない　何も言わなければ、何も得られない ほか）　第3章 感じのよい「ノー」（「ノー」と言うのは難しい　ロバにならない ほか）　第4章 感じのよい粘り強さ（くり返すことの大切さ　ビジネスでは粘るのは当たり前 ほか）　第5章 揺るぎない自信（自信のなさは頭の中で生まれる　内なる批評家の引き起こすもの ほか）　〔07651〕

◇ムカつく相手にガツンと言ってやるオトナの批判術（Jetzt reicht's mir！）　バルバラ・ベルクハン著, 小川捷子訳　阪急コミュニケーションズ　2012.10　221p　19cm　1500円　①978-4-484-12124-6

内容 第1章 批判（フィードバック）する（口を閉じ、目をつぶって我慢する　不愉快なことについて話すのはいつ？　批判を口にすることの恐れ　相手を傷つけずに批判する　禁止する代わりに交渉する　神経過敏な人たちを批判するには　フィードバックの別の面―承認、賞讃、感謝）　第2章 批判（フィードバック）される（突然批判されると　感情的な批判をどうやって冷静に受け止めるか　客観的な要素が混じっているとき　批判に対する過敏な反応を避けるには「内なる批評家」について）　〔07652〕

ベルケス, フイクリット

◇コモンズのドラマ―持続可能な資源管理論の15年（The Drama of the COMMONS）　全米研究評議会,Elinor Ostrom,Thomas Dietz,Nives Dolšak,Paul C.Stern,Susan C.Stonich,Elke U. Weber編, 茂木愛一郎, 三俣学, 泉留維監訳　知泉書館　2012.5　665p　23cm　〈文献あり 索引あり〉9000円　①978-4-86285-132-1

内容 クロス・スケールな制度的リンケージ（フイクリット・ベルケス著, 大野智彦訳）　〔07653〕

ヘルゲセン, サリー　Helgesen, Sally

◇ストーリーで学ぶ経営の真髄（Learn like a leader）　マーシャル・ゴールドスミス, ビバリー・ケイ, ケン・シェルトン編, 和泉裕子, 井上実訳　徳間書店　2011.2　311p　19cm　1600円　①978-4-19-863118-5

内容 本物のリーダーシップを確立する旅（サリー・ヘルゲーセン著）　〔07654〕

◇リーダーシップ・マスター―世界最高峰のコーチ陣による31の教え（Coaching for Leadership）　マーシャル・ゴールドスミス, ローレンス・S.ライアンズ, サラ・マッカーサー編著, 久野正人監訳, 中村安子, 夏井幸子訳　英治出版　2013.7　493p　21cm　2800円　①978-4-86276-164-4

内容 女性のリーダーシップを伸ばす（サリー・ヘルゲセン）　〔07655〕

ベルサーニ, レオ　Bersani, Leo

◇親密性（intimacies）　レオ・ベルサーニ, アダム・フィリップス著, 檜垣立哉, 宮沢由歌訳　京都　洛北出版　2012.7　250p　20cm　2400円　①978-4-903127-16-3

内容 わたしのなかのIt　恥を知れ　悪の力と愛の力　誰が書いたものでもないメモ　結論　〔07656〕

ベルジェ, ピエール　Bergé, Pierre

◇イヴ・サンローランへの手紙（Lettres a Yves）　ピエール・ベルジェ著, 川島ルミ子訳　中央公論新社　2011.3　185p　20cm　〈年譜あり〉1700円　①978-4-12-004212-6　〔07657〕

ベルシェール, ユージン

◇アジアの顔のキリスト　ホアン・カトレット編, 高橋敦子訳　名古屋　新世社　2010.10　175, 32p　16cm　〈文献あり〉1200円　①978-4-88382-100-6

内容 苦しむ人々のために（ユージン・ベルシェール）　〔07658〕

ヘルシュタット, コルネリウス　Herstatt, Cornelius

◇日本企業のイノベーション・マネジメント（Manegment of Technology and Innovation in Japan）　コルネリウス・ヘルシュタット, クリストフ・シュトゥックシュトルム, ヒューゴ・チルキー, 長平彰夫編著, 長平彰夫監訳, 松井憲一, 名取隆, 高橋修訳　同友館　2013.6　433p　22cm　〈執筆 ： マリアン・バイゼほか　索引あり〉3800円　①978-4-496-04912-5

内容 イノベーションのあいまいな前段階でのプロジェクトの不確実性の低減 他（コルネリウス・ヘルシュタット, ビルギット・フェルボルン, 長平彰夫著）　〔07659〕

ベルスキー, ゲーリー　Belsky, Gary

◇お金で失敗しない人たちの賢い習慣と考え方（Why smart people make big money mistakes and how to correct them）　ゲーリー・ベルスキー, トーマス・ギロヴィッチ著, 鬼沢忍訳　日本経済新聞出版社　2011.1　334p　20cm　〈『賢いはずのあなたが、なぜお金で失敗するのか』（日本経済新聞社2000年刊）の改訂版〉1800円　①978-4-532-35453-4

内容 プロローグ―賢いはずのあなたが、なぜお金で失敗するのか　1 心の会計　2 五十歩百歩　3 正体のわかっている悪魔　4 数字オンチ　5 錨をおろす　6 自尊心の落とし穴　7 それは噂で聞いた　8 感情的なお荷物　エピローグ―ではどうするのか　〔07660〕

ベルスキー, ジェイ　Belsky, Jay

◇英国の貧困児童家庭の福祉政策―"Sure Start"の実践と評価（The National Evaluation of Sure Start）　ジェイ・ベルスキー, ジャクリーン・バーンズ, エドワード・メルシュ編著, 清水隆則監訳　明石書店　2013.3　230p　21cm　2800円　①978-4-7503-3764-7

内容 Sure Start地域プログラムの多様性 他（Edward Melhuish,Jay Belsky,Angela Anning,Mog Ball著, 真鍋顕久訳）　〔07661〕

ベルスキ, スコット　Belsky, Scott
◇アイデアの99%―「1%のひらめき」を形にする3つの力（Making ideas happen）　スコット・ベルスキ著, 関美和訳　英治出版　2011.10　278p　19cm　1600円　①978-4-86276-117-0
内容 序章 アイデアを形にできないのはなぜだろう　第1章 整理力（整理力の大切さに気づく　アクション・メソッド―仕事も人生も行動志向に変える　優先順位をつける―エネルギーを正しく配分する　実行力―ボールを前にころがし続ける　精神力を高める―集中を持続する）　第2章 仲間力（周囲の力を借りる　コミュニティにアイデアを広める）　第3章 統率力（「働く見返り」を見直す　チームの雰囲気を上げる　クリエイティブチームを育てる　自己統率力を引き上げる）　〔07662〕

ベルソン, M.*　Berson, Michael J.
◇教師というキャリア―成長続ける教師の六局面から考える（Life cycle of the career teacher）　Betty E.Steffy,Michael P.Wolfe,Suzanne H. Pasch,Billie J.Enz編著, 三村隆男訳　雇用問題研究会　2013.3　190p　21cm　〈文献あり〉2000円　①978-4-87563-261-0
内容 第一局面にある教師 : the Novice Teacher（Michael J.Berson, Rick A.Breault）　〔07663〕

ヘルツォーク, ダグマー　Herzog, Dagmar
◇セックスとナチズムの記憶―20世紀ドイツにおける性の政治化（SEX AFTER FASCISM）　ダグマー・ヘルツォーク著, 川越修, 田野大輔, 荻野美穂訳　岩波書店　2012.12　322, 53p　22cm　〈文献あり 索引あり〉6500円　①978-4-00-025870-8
内容 第1章 セックスと第三帝国　第2章 異性愛のもろさ　第3章 正常化への執念　第4章 快楽という道徳　第5章 社会主義のロマンス　第6章 反ファシズムの身体　〔07664〕

ペルッシネン, マルッティ
◇インカ帝国―研究のフロンティア　島田泉, 篠田謙一編著　秦野　東海大学出版会　2012.3　428p　27cm　（国立科学博物館叢書 12）〈索引あり〉3500円　①978-4-486-01929-9
内容 インカ国家のコリャスユ（マルッティ・ペルッシネン著, 竹内繁訳）　〔07665〕

ヘルツル, テオドール　Herzl, Theodor
◇ユダヤ人国家―ユダヤ人問題の現代的解決の試み（Der Judenstaat）　テオドール・ヘルツル〔著〕, 佐藤康彦訳　新装版　法政大学出版局　2011.10　198p　20cm　（叢書・ウニベルシタス 330）　2500円　①978-4-588-09946-5
内容 ユダヤ人国家　ボヘミアにおけるユダヤ人狩り　「消え去った」時　フランスの状況　ガリチアの劫火　法律の敵　ジャーナリストの学校　操縦可能な飛行船　〔07666〕

ヘルティッヒ, ゲラード　Hertig, Gerard
◇会社法の解剖学―比較法的&機能的アプローチ（The Anatomy of Corporate Law : A Comparative and Functional Approach）　レイニア・クラークマン, ポール・デイビス, ヘンリー・ハンスマン, ゲラード・ヘルティッヒ, クラウス・J.ホプト, 神田秀樹, エドワード・B.ロック著, 布井千博監訳　レクシスネクシス・ジャパン　2009.7　323p　21cm　4000円　①978-4-902625-21-9
内容 第1章 株式会社法とは何か　第2章 エージェンシー問題と法的戦略　第3章 基本的なガバナンス構造　第4章 債権者保護　第5章 関連当事者取引　第6章 重大な会社の行為　第7章 支配権取引　第8章 発行者と投資家保護　第9章 解剖学を超えて　〔07667〕

ベルティーニ, マリア・バルバラ　Bertini, Maria Barbara
◇アーカイブとは何か―石板からデジタル文書まで, イタリアの文書管理（Che cos'è un archivio）　マリア・バルバラ・ベルティーニ〔著〕, 湯上良訳　法政大学出版局　2012.1　169, 15p　20cm　〈文献あり〉2800円　①978-4-588-35006-1
内容 第1章 アーカイブという概念（記憶の保存　アーカイブの定義 ほか）　第2章 イタリアのアーカイブ行政・組織（多種のアーカイブズ　イタリアのアーカイブ行政 ほか）　第3章 アーカイブの運営（アーカイブの形成　非現用文書と長期保存選別 ほか）　第4章 運用（アーカイブすなわち長期保存用スペース　閲覧と閲覧許可 ほか）　第5章 情報化とアーカイブズ（国際情勢　ヨーロッパの情勢 ほか）　付録（「アーキビストの倫理に関する国際規定」　二〇〇三年八月三〇日暫定措置令第一九六号）　〔07668〕

ヘルデーゲン, マティアス　Herdegen, Matthias
◇EU法（EUROPARECHT（原著第14版））　M.ヘルデーゲン著, 中村匡志訳　京都　ミネルヴァ書房　2013.6　431p　22cm　〈索引あり〉8000円　①978-4-623-06386-4
内容 第1部 EU法総論（欧州諸共同体とEUの発展　EUの法的性質　EUと加盟国の関係　EUの統治機構 ほか）　第2部 EU域内市場法（EUの経済体制と域内市場の実現　市場移動の自由 ほか）　第3部 EU政策法（経済通貨政策―経済通貨同盟　環境政策 ほか）　第4部 EU対外関係法（EUの対外的行為　共同外交安全保障政策）　〔07669〕

ヘルデーゲン, M.　Herdegen, Matthias
◇EU法（EUROPARECHT（原著第14版））　M.ヘルデーゲン著, 中村匡志訳　京都　ミネルヴァ書房　2013.6　431p　22cm　〈索引あり〉8000円　①978-4-623-06386-4
内容 第1部 EU法総論（欧州諸共同体とEUの発展　EUの法的性質　EUと加盟国の関係　EUの統治機構 ほか）　第2部 EU域内市場法（EUの経済体制と域内市場の実現　市場移動の自由 ほか）　第3部 EU政策法（経済通貨政策―経済通貨同盟　環境政策 ほか）　第4部 EU対外関係法（EUの対外的行為　共同外交安全保障政策）　〔07670〕

ヘルド, デヴィッド　Held, David
◇コスモポリタニズム―民主政の再構築（Cosmopolitanism）　デヴィッド・ヘルド著, 中谷義和訳　京都　法律文化社　2011.12　226p　21cm　〈索引あり　文献あり〉3800円　①978-4-589-03387-1
内容 序章 グローバル統治の変容　第1章 コスモポリタニズム : 理念・現実・不足　第2章 コスモポリタン

な秩序の諸原則　第3章 コスモポリタン法と制度要件　第4章 グローバル時代の暴力・法・正義　第5章 グローバル・ガヴァナンスの再編 : 黙示録、直ちに、あるいは、改革を！　第6章 パラレルな世界 : 金融・安全・環境のグローバルな危機のガヴァナンス　第7章 民主政、気候変動、グローバル・ガヴァナンス 〔07671〕

ヘルドマン, キム　Heldman, Kim
◇プロジェクト・マネジャーが知るべき97のこと（97 things every project manager should know）　Barbee Davis編, 笹井崇司訳, 神庭弘年監修　オライリー・ジャパン　2011.11　240p　21cm　〈発売 : オーム社〉1900円　①978-4-87311-510-8
内容 プロジェクトスコープ記述書の重要性（キム・ヘルドマン） 〔07672〕

ベルトラミーニ, ミコル・アリアンナ　Beltramini, Micol Arianna
◇人生で少なくとも一度はミラノでしておきたい101の事柄（101 cose da fare a Milano almeno una volta nella vita）　ミコル・アリアンナ・ベルトラミーニ著, 奥本美香訳　幻冬舎ルネッサンス　2012.10　242p　21cm　〈索引あり〉1600円　①978-4-7790-0829-0
内容 ミラノ、10%ラブ！　荒唐無稽なミラノのはじまりを知る　巨大なドゥオモ大聖堂で神秘の数々にまみれる　ドゥオモの頂上で天にものぼる心地になる　華麗なるガッレリアでショッピングにいそしむ　高額チケットを購入せずにスカラ座のなかを見る　サン・ロレンツォ聖堂でミステリーを検証する　ヴェトラ広場で魔女たちの火刑を悼む　バジリケ公園でゆるやかな時間を堪能する　サンテウストルジョ聖堂で神秘のストーリーを検分する〔ほか〕 〔07673〕

ヘルドリッヒ, アンドレアス
◇ユダヤ出自のドイツ法律家（DEUTSCHE JURISTEN JUDISCHER HERKUNFT）　ヘルムート・ハインリッヒス, ハラルド・フランツキー, クラウス・シュマルツ, ミヒャエル・シュトレイス著, 森勇監訳　八王子　中央大学出版部　2012.3　25, 1310p　21cm　（日本比較法研究所翻訳叢書 62）〈文献あり 索引あり〉13000円　①978-4-8057-0363-2
内容 法社会学の創始者（アンドレアス・ヘルドリッヒ著, 野沢紀雅訳） 〔07674〕

ベルトレ, ドニ　Bertholet, Denis
◇レヴィ＝ストロース伝（Claude Lévi-Strauss）　ドニ・ベルトレ著, 藤野邦夫訳　講談社　2011.12　461, 15p　22cm　〈年譜あり　索引あり　文献あり〉3800円　①978-4-06-215005-7
内容 第1章 冒険家の誕生（一九〇八 - 三四）　第2章 海外へ（一九三四 - 四一）　第3章 ニューヨークのパリジャン（一九四一 - 四七）　第4章 権力の獲得（一九四八 - 五九）　第5章 神話の王国（一九六〇 - 七一）　第6章 歩きまわる人（一九七一 - 八五）　第7章 理解する情熱（一九八五 - 二〇〇三） 〔07675〕

ベルナスコーニ, アンドレス
◇新興国家の世界水準大学戦略―世界水準をめざすアジア・中南米と日本（World-Class Worldwide）　フィリップ・G.アルトバック, ホルヘ・バラン編, 米沢彰純監訳　東信堂　2013.5　386p　22cm　〈索引あり〉4800円　①978-4-7989-0134-3
内容 チリに研究大学はあるか（アンドレス・ベルナスコーニ執筆, 白幡真紀訳） 〔07676〕

ベルナベーイ, R.*　Bernabei, Roberto
◇インターライ方式ケアアセスメント―居宅・施設・高齢者住宅（InterRAI home care (HC) assessment form and user's manual, 9.1 〔etc.〕）　John N.Morris〔ほか〕著, 池上直己監訳, 山田ゆかり, 石橋智昭訳　医学書院　2011.12　367p　30cm　3800円　①978-4-260-01503-5 〔07677〕

ベルナルディ＝モレル, ジュリアン
◇震災とヒューマニズム―3・11後の破局をめぐって　日仏会館・フランス国立日本研究センター編, クリスチーヌ・レヴィ, ティエリー・リボー監修, 岩沢雅利, 園山千晶訳　明石書店　2013.5　328p　20cm　2800円　①978-4-7503-3814-9
内容 日本の想像界における天変地異と政治権力（ジュリアン・ベルナルディ＝モレル執筆, 岩沢雅利訳） 〔07678〕

ベルナルド（クレルボーの）〈聖〉
◇アジアの顔のキリスト　ホアン・カトレット編, 高橋敦子訳　名古屋　新世社　2010.10　175, 32p　16cm　〈文献あり〉1200円　①978-4-88382-100-6
内容 エッサイの茎に咲いた花（クレルボーの聖ベルナルド） 〔07679〕

ヘルナンデス, エレイン
◇ライフコース研究の技法―多様でダイナミックな人生を捉えるために（The Craft of Life Course Research）　グレン・H.エルダー,Jr., ジャネット・Z.ジール編著, 本田時雄, 岡林秀樹監訳, 登張真稲, 中尾暢見, 伊藤教子, 磯谷俊仁, 玉井航太, 藤原善美訳　明石書店　2013.7　470p　22cm　〈文献あり 索引あり〉6700円　①978-4-7503-3858-3
内容 社会的コンボイ（フィリス・モーエン, エレイン・ヘルナンデス著, 藤原善美訳） 〔07680〕

ベルニエ, ベルナール
◇世界の中の柳田国男　R.A.モース, 赤坂憲雄編, 菅原克也監訳, 伊藤由紀, 中井真木訳　藤原書店　2012.11　326p　22cm　〈他言語標題 : Yanagita Kunio Studies Around the World　文献あり〉4600円　①978-4-89434-882-0
内容 柳田国男『先祖の話』（ベルナール・ベルニエ執筆） 〔07681〕

ペルニオーラ, マリオ　Perniola, Mario
◇無機的なもののセックス・アピール（Il Sex appeal dell'inorganico）　マリオ・ペルニオーラ著, 岡田温司, 鯖江秀樹, 蘆田裕史訳　平凡社　2012.8　238p　20cm　（イタリア現代思想 *2）2900円　①978-4-582-70343-6

内容 感覚とモノ　性のプラトー　神、動物、モノ　デカルトと感覚するモノ　属するものなき衣服となる模範的中毒　カントとモノとしての配偶者　サディズムと無機的なもののセックス・アピール　哲学的サイバーセックス　カントとモノ自体が感覚することマゾヒズムと無機的なもののセックス・アピール　衣服としての身体　ヘーゲルと「これではないもの」としてのモノ　フェティシズムと無機的なもののセックス・アピール　ハードコアの響き　ヘーゲルと「さらに」としてのモノ　ヴァンピリズムと無機的なもののセックス・アピール　造形的風景　ヘーゲルと「一挙に全体」としてのモノ　欲望と無機的なもののセックス・アピール　氾濫するインスタレーション　ハイデガーと信頼性としてのモノ　分割と無機的なもののセックス・アピール　包含的メタエクリチュール　ヴィトゲンシュタインと「これ」の感覚　快と無機的なもののセックス・アピール　倒錯的パフォーマンス　〔07682〕

ペルヌー, レジーヌ　Pernoud, Régine

◇ビンゲンのヒルデガルト―現代に響く声 ： 12世紀の預言者修道女（Hildegarde de Bingen）　レジーヌ・ペルヌー著, 門脇輝夫訳　長崎　聖母の騎士社　2012.10　335p　15cm　（聖母文庫）　800円　①978-4-88216-341-1　〔07683〕

ベルフィールド, クリーブ・R　Belfield, Clive R.

◇グローバル化・社会変動と教育　2　文化と不平等の教育社会学（EDUCATION, GLOBALIZATION AND SOCIAL CHANGE（抄訳））　ヒュー・ローダー, フィリップ・ブラウン, ジョアンヌ・ディラボー,A.H.ハルゼー編, 苅谷剛彦, 志水宏吉, 小玉重夫編訳　東京大学出版会　2012.5　370p　22cm　〈文献あり〉4800円　①978-4-13-051318-0

内容 教育における市場（ヘンリー・M.レヴィン, クリーブ・R.ベルフィールド著, 小林雅之訳）　〔07684〕

ベルフォート, ジョーダン　Belfort, Jordan

◇ウルフ・オブ・ウォールストリート　上（THE WOLF OF WALL STREET）　ジョーダン・ベルフォート著, 酒井泰介訳　早川書房　2013.12　359p　16cm　（ハヤカワ文庫 NF 396）〈「ウォール街狂乱日記」（2008年刊）の改題〉760円　①978-4-15-050396-3　〔07685〕

◇ウルフ・オブ・ウォールストリート　下（THE WOLF OF WALL STREET）　ジョーダン・ベルフォート著, 酒井泰介訳　早川書房　2013.12　373p　16cm　（ハヤカワ文庫 NF 397）〈「ウォール街狂乱日記」（2008年刊）の改題〉760円　①978-4-15-050397-0　〔07686〕

ヘルプマン, E.　Helpman, Elhanan

◇グローバル貿易の針路をよむ（UNDERSTANDING GLOBAL TRADE）　Elhanan Helpman〔著〕, 本多光雄, 井尻直彦, 前野高章, 羽田翔訳　文真堂　2012.7　209p　22cm　〈文献あり 索引あり〉2600円　①978-4-8309-4765-0

内容 第1章 はじめに　第2章 比較優位　第3章 勝者と敗者　第4章 規模と範囲　第5章 産業内における企業間の問題　第6章 オフショアリングとアウトソーシング　〔07687〕

ベルベル, イブラヒム　Berber, Ibrahim

◇トルコ救援隊―友好国トルコ・イスタンブール緊急援助隊隊長の手記 ： 25 days　〔イブラヒム・ベルベル〕〔著〕,〔在イスタンブール日本国総領事館〕〔編纂〕　〔石巻〕　〔石巻市〕　〔201－〕　57p　30cm　〔07688〕

ヘルマン, カイ－ウーヴェ　Hellmann, Kai-Uwe

◇プロテスト―システム理論と社会運動（Protest）　ニクラス・ルーマン著, カイ－ウーヴェ・ヘルマン編, 徳安彰訳　新泉社　2013.8　266p　21cm　2800円　①978-4-7877-1306-3

内容 近代社会はエコロジー的な危機に対応できるかインタビュー トロイの木馬　オルタナティブなきオルタナティブ―「新しい社会運動」のパラドックス　近代社会の自己記述におけるトートロジーとパラドックス　女性、男性、ジョージ・スペンサー・ブラウン　参加と対峙―西ドイツへの追悼文についての提言　環境リスクと政治　インタビュー システム理論とプロテスト運動　プロテスト運動　〔07689〕

ヘルマン, ヨアヒム　Herrmann, Joachim

◇刑罰論と刑罰正義―日独シンポジウム ： 日本―ドイツ刑事法に関する対話　金尚均, ヘニング・ローゼナウ編著　成文堂　2012.3　293p　22cm（竜谷大学社会科学研究所叢書 第94巻）〈他言語標題 ： Straftheorie und Strafgerechtigkeit〉6000円　①978-4-7923-1945-8

内容 ドイツ刑法および刑事訴訟法における被害者保護の展開について（ヨアヒム・ヘルマン執筆, 只木誠訳）　〔07690〕

◇市民社会と刑事司法―ヨアヒム・ヘルマン80歳記念論文集　ヨアヒム・ヘルマン原著, 田口守一, 加藤克佳編訳　成文堂　2013.1　289p　22cm〈文献あり 著作目録あり〉6500円　①978-4-7923-1968-7

内容 第1章 比較刑事訴訟法学（刑事司法の理論的基礎と政策的基礎　刑事司法の政策と比較研究―ヨーロッパの視点から　中華人民共和国における刑事公判改革のモデル　ドイツからみた比較法的考察）　第2章 刑事手続における取引と合意（公判における合意手続の法的構造―連邦通常裁判所の規準的裁判 ： BGHSt 43, 195　ドイツ刑事手続における合意　東ヨーロッパにおける刑事訴訟法改革のモデル―公判構造の変化と答弁取引のヨーロッパ的代替策についての比較法的考察　取引司法―ドイツ刑事司法にとって有用か？）　第3章 刑事手続の担い手（必要的弁護の改革についての考察　警察による被疑者の取調べ―1つの権力闘争 ： ドイツ‐アメリカ合衆国‐日本　ドイツ連邦共和国における裁判官の独立　ドイツ刑法および刑事訴訟法における被害者保護の展開―終わりのない歴史）　〔07691〕

ヘルマン‐ラジャナヤガム, ダグマー

◇アジアにおけるジェンダー平等―政策と政治参画 ： 東北大学グローバルCOEプログラム「グローバル時代の男女共同参画と多文化共生」（Gender equality in Agia）　辻村みよ子, スティール若希編　仙台　東北大学出版会　2012.3　353p　22cm　〈文献あり〉3000円　①978-4-

86163-185-6
内容 チャンドリカ・クマラトゥンガとスリランカにおける女性政治権力の低下（ダグマー・ヘルマン - ラジャナヤガム著, 宮負こう訳）〔07692〕

ヘルムス, ニコリーネ・マリーイ　Helms, Nikoline M.
◇デンマーク国民をつくった歴史教科書（Danmarks historie fortalt for børn（原著第22版））　ニコリーネ・マリーイ・ヘルムス著, 村井誠人, 大溪太郎訳　彩流社　2013.2　302, 14p　21cm　〈年表あり〉3200円　①978-4-7791-1867-8
内容 最古の時代　デンマークの王たちの伝説　神々への信仰　アンスガー（アンスガーリウス）　ヴァイキング遠征　ヴァイキング時代のデンマークの王たち　クヌーズ（クヌート）大王　スヴェン・エストリズスンの息子たち　内乱の時代　一一三一 - 五七年　ヴァルデマ時代〔ほか〕〔07693〕

ベルモン, ニコル
◇家の歴史社会学　二宮宏之, 樺山紘一, 福井憲彦責任編集　藤原書店　2010.12　295p　21cm　（叢書・歴史を拓く 2—『アナール』論文選〈新版〉）〈コメント：速水融　解説：二宮宏之　文献あり〉3800円　①978-4-89434-777-9
内容 結婚の民衆儀礼における婚礼行列の象徴機能（ニコル・ベルモン著, 長谷川輝夫訳）〔07694〕

ヘルン, ラフカディオ　Hearn, Lafcadio
⇒ハーン, ラフカディオ

ベルント, ジャクリーヌ　Berndt, Jaqueline
◇日独交流150年の軌跡　日独交流史編集委員会編　雄松堂書店　2013.10　345p　29cm　〈布装〉3800円　①978-4-8419-0655-4
内容 マンガに見る「ドイツ」（ジャクリーヌ・ベルント著, 木川弘美訳）〔07695〕

ヘレ, ジョニー　Herre, Johnny
◇ヨーロッパ私法の原則・定義・モデル準則—共通参照枠草案〈DCFR〉（Principles, Definitions and Model Rules of European Private Law（原著概要版）（抄訳））　クリスティアン・フォン・バール, エリック・クライブ, ハンス・シュルテ - ネルケ, ヒュー・ビール, ジョニー・ヘレ, ジェローム・ユエ, マティアス・シュトルメ, シュテファン・スワン, ポール・バルール, アンナ・ヴェネツィアーノ, フリデリィク・ツォル編, 窪田充見, 潮見佳男, 中田邦博, 松岡久和, 山本敬三, 吉永一行監訳　京都　法律文化社　2013.11　498p　22cm　〈索引あり〉8500円　①978-4-589-03541-7
内容 序論　原則　モデル準則（総則　契約及びその他の法律行為　債務及びこれに対応する権利　各種の契約及びそれに基づく権利義務　事務管理　他人に生じた損害に基づく契約外責任　不当利得　物品所有権の得喪　動産担保　信託）〔07696〕

ペレイラ, ホナン
◇グローバル化するアジア系宗教—経営とマーケティング　中牧弘允, ウェンディ・スミス編　大阪　東方出版　2012.1　433p　22cm　〈索引あり〉4000円　①978-4-86249-189-3
内容 グローバル化した世界における日本宗教の多国籍化（ホナン・ペレイラ著, 藤本拓也訳）〔07697〕

ベレヴィル・テーラー, P.*　Belleville-Taylor, Pauline
◇インターライ方式ケアアセスメント—居宅・施設・高齢者住宅（InterRAI home care (HC) assessment form and user's manual, 9.1〔etc.〕）　John N.Morris〔ほか〕著, 池上直己監訳, 山田ゆかり, 石橋智昭訳　医学書院　2011.12　367p　30cm　3800円　①978-4-260-01503-5〔07698〕

ベレーガー, ヘルベルト
◇ライプニッツ研究　第2号　日本ライプニッツ協会編　日本ライプニッツ協会　2012.11　177p　21cm　〈他言語標題：Studia Leibnitiana Japonica　文献あり〉1200円
内容 ライプニッツにおけるパラドックスと矛盾（ヘルベルト・ベレーガー著, 陶久明日香訳）〔07699〕

ペレス＝ディアス, ヴィクトル
◇流動化する民主主義—先進8カ国におけるソーシャル・キャピタル（Democracies in Flux）　ロバート・D.パットナム編著, 猪口孝訳　京都　ミネルヴァ書房　2013.7　443, 8p　22cm　〈索引あり〉4800円　①978-4-623-05301-8
内容 スペイン（ヴィクトル・ペレス＝ディアス執筆）〔07700〕

ベレスフォード, ボニー　Beresford, Bonnie
◇インストラクショナルデザインとテクノロジー—教える技術の動向と課題（TRENDS AND ISSUES IN INSTRUCTIONAL DESIGN AND TECHNOLOGY（原著第3版））　R.A.リーサー, J.V.デンプシー編　京都　北大路書房　2013.9　690p　21cm　〈訳：半田純子ほか　索引あり〉4800円　①978-4-7628-2818-8
内容 ヒューマンパフォーマンス向上（HPI）の発達と進化（ハロルド・D.ストルヴィッチ, ボニー・ベレスフォード著, 根本淳子訳）〔07701〕

ペレック, ジョルジュ　Perec, Georges
◇考える/分類する—日常生活の社会学（PENSER/CLASSER）　ジョルジュ・ペレック著, 阪上脩訳　法政大学出版局　2012.5　143p　19cm　（りぶらりあ選書）〈第2刷（第1刷2000年）〉2000円　①978-4-588-02202-9
内容 私が求めるものについてのノート　住むという動詞のいくつかの使い方　仕事机の上にあるいろいろな物についてのノート　見出された三つの部屋　本を整理する技術と方法についての覚え書き　斜めに見た十二章　策略の場　マレ＝イザックの思い出　初心者用料理カード八十一枚　読むこと—社会 - 心理的素描〔ほか〕〔07702〕

ベーレン, ジュヌビエーブ　Behrend, Genevieve
◇願望物質化の『超』法則—引き寄せの法則のマスターたちが隠す本物の「虎の巻」　ジュヌビエーブ・ベーレン著, 林陽訳　ヒカルランド　2011.4　157p　20cm　（超・きらきら 1）1400円

ヘ

①978-4-905027-21-8
内容 引き寄せの法則を成就させる実践の奥義！—世界の人々を幸せに導いてきたビジュアライゼーションの原典　すべてを好転させるメンタルサイエンスを知る—自らの心を、回転する神の働きの中心に置く　宇宙の無限の供給源につながる—「原因と結果の法則」を踏まえ、欲しいものを獲得する手順　生きた現実に変える黙示録の秘密—「真理はどの面から見ても同じ」偉大なるマスターの教え　ビジュアライゼーションの超技法—視覚化によって心を秩序正しく整理していく　望みのものを引き寄せる基本原理—あなたに役立つために特殊化する宇宙の創造力と調和の法則　物質と霊による調和の仕組みと法則—宇宙の創造エネルギーをどのようにして自分に振り向けるか　願望を物質化する具体的プロセス—心の絵と原物質を動かす宇宙の創造力によって現実化する　願望を物質化した人々—望みを叶えた人たちの実例から浮かび上がるその秘訣　視覚化を成功させる実践エクササイズ—瞑想、呼吸、イメージ、アファメーション、鏡などの超活用法〔ほか〕　〔07703〕

◇願望物質化の『超』法則　2　スーパークラスーマスターによるウルトラ集中レッスン（Attaining Your Desires）　ジュヌビエーブ・ベーレン著, 林陽訳　ヒカルランド　2013.11　184p　20cm　（超☆きらきら 020）　1600円　①978-4-86471-158-6
内容 序章 聖哲の教え "宇宙を貫く絶対法則"—人はなぜ思った通りの人に "なる"のか　1 願望物質化への最重要レッスン&エクササイズ36聖者（トロワード）と弟子（ベーレン）の「超」対話篇（願望実現の仕組み/宇宙の真理を知る　困難を打ち破るエネルギーを呼び覚ます　意志力を鍛え上げ心をコントロールする　潜在意識を活性化させ使いこなす）　2 願望物質化への最重要プラクティス14成功を妨げる敵を粉砕するための「超」技法篇（怒りを鎮めるプラクティス　不安を振り払うプラクティス　病を克服するプラクティス　落胆をシャットアウトするプラクティス ほか）　〔07704〕

ベーレント, ラリッサ
◇デモクラシーの世界史（THE SECRET HISTORY OF DEMOCRACY）　ベンジャミン・イサカーン, スティーヴン・ストックウェル編, 猪口孝日本版監修, 田口未和訳　東洋書林　2012.8　330p　22cm　〈文献あり 索引あり〉　3800円　①978-4-88721-803-1
内容 アボリジニのオーストラリアと民主主義（ラリッサ・ベーレント著）　〔07705〕

ペロー, ジャン＝クロード
◇都市空間の解剖　二宮宏之, 樺山紘一, 福井憲彦責任編集　藤原書店　2011.2　274p　21cm　（叢書・歴史を拓く—『アナール』論文選〈新版〉4）　〈コメント：小木新造　解説：福井憲彦　文献あり〉　3600円　①978-4-89434-785-4
内容 十八世紀における社会関係と都市（ジャン＝クロード・ペロー著, 工藤光一, 二宮宏之訳）　〔07706〕

ペロー, スーザン　Perrow, Susan
◇お話で育む子どもの心—お話は子どもの気持ちを知っている（Healing Stories for Challenging Behaviour, Therapeutic Storytelling）　スーザン・ペロー著, 尾木直樹監修, 須長千夏訳　東京書籍　2013.8　239p　22cm　1800円　①978-4-487-80809-0
内容 第1章 なぜお話が「心に効く」の？—大人のためのやさしいお話心理学（「お話」は、子どもを空想の世界へいざなうおくりもの　子どもたちを救った「お話」、家族の絆を織り上げた「お話」 ほか）　第2章「困った行動」を調和へ導いてくれるお話—「困った子」ってよばないで（たたく手つねる手かみつくお口　いじめっ子にもいじめられっ子にもなりたくない ほか）　第3章「新しい経験」へのチャレンジを助けてくれるお話—子どもだってがんばってるの（おひっこし新しいなかま　赤ちゃんがやってきた ほか）　第4章 悲しみと不安を癒してくれるお話—つらいできごとをのりこえて（みぢかな人とのおわかれ　災害のあとで ほか）　〔07707〕

ペロー, A.*　Perrot, Annick
◇パスツールと微生物—伝染病の解明と治療につくした科学者 18の体験学習〈ためしてみよう！〉（Pasteur des microbes au vaccin）　佐藤直樹, ジョゼフィーヌ・ガリポン監訳, 佐藤直樹, 佐藤薫, ジョゼフィーヌ・ガリポン訳, 笹川昇, 佐藤直樹, 松田良一〈ためしてみよう！〉監修, Annick Perrot,Maxime Schwartz〔著〕　丸善出版　2013.3　158p　19×26cm　（ジュニアサイエンス）　〈画：Jean-Marie Poissenot　文献あり 年譜あり 索引あり〉　2800円　①978-4-621-08603-2
内容 1 使命感のめざめ（ジュラ山地出身の子どもとして　美術の才能 ほか）　2 発酵の研究（ヨーロッパへの道　リール大学 ほか）　3 微生物学の発展（ワインのなかの真実　ビールと愛国心 ほか）　4 栄光のワクチン開発（炭疽病との闘い　「のろわれた畑」の調査 ほか）　パスツールがわたしたちに遺してくれたもの（ジフテリア　ペスト ほか）　〔07708〕

ベローズ, キース　Bellows, Keith
◇いつかは行きたい一生に一度だけの旅世界の食を愉しむbest 500（Food journeys of a lifetime）　キース・ベローズほか著, 関利枝子, 花田知恵, 町田敦夫訳　コンパクト版　日経ナショナルジオグラフィック社　2011.6　319p　21cm　〈発売：日経BPマーケティング〉　2800円　①978-4-86313-140-8
内容 1 地の物と出合う—「土地ごとにうまいものあり」。そこで暮らす人々が誇る地元の食材を訪ねる　2 市場に出かけよう—高級食料品店、バザール、活気ある市場。さあ、めくるめく食の探検へ　3 旬の味を愉しむ—最高においしい瞬間にめぐり合う、その季節でしか味わえない喜び　4 キッチンへようこそ—キッチンこそ食の舞台。世界のさまざまな料理の奥義をきわめる　5 食べ歩き、屋台は楽し　チリドッグからたこ焼きまで、街の屋台が食いしん坊たちを魅了する　6 偉大なる食の都—パリ、香港、ニューオーリンズ…。美食を求める巡礼の旅　7 究極の美食を求めて—一生に一度は食べてみたい、一流シェフの究極の味　8 酒神バッカスの贈り物—清冽な水と穀物や果実の豊穣がもたらす、偉大なる酒を求めて　9 スイーツの誘惑—甘い物好きには見逃せないチョコレートやケーキ。そこはスイーツの桃源郷　〔07709〕

ヘロン, ティモシー・E.　Heron, Timothy E.
◇応用行動分析学（APPLIED BEHAVIOR ANALYSIS（原著第2版））　ジョン・O.クーパー, ティモシー・E.ヘロン, ウイリアム・L.

ヒューワード著, 中野良顕訳　明石書店　2013.6　1269p　27cm　〈文献あり 索引あり〉18000円　①978-4-7503-3826-2

内容 第1部 序論と基本概念　第2部 行動を選択し定義し測定する　第3部 行動改善を評価し分析する　第4部 強化　第5部 弱化　第6部 先行変数　第7部 新しい行動を形成する　第8部 非罰的手続きによって行動を減らす　第9部 関数分析　第10部 言語行動　第11部 特別な応用　第12部 般性の行動改善を促進する　第13部 倫理　〔07710〕

ペン, ロバート

◇世界一素朴な質問、宇宙一美しい答え―世界の第一人者100人が100の質問に答える（BIG QUESTIONS FROM LITTLE PEOPLE）　ジェンマ・エルウィン・ハリス編, 西田美緒子訳, タイマタカシ絵　河出書房新社　2013.11　298p　22cm　2500円　①978-4-309-25292-6

内容 虹はなにでできている？　他（アントニー・ウッドワードとロバート・ペン）　〔07711〕

ベンアルツィ・ペロソフ, ノア　Ben Artzi-Pelossof, Noa

◇悲しみと希望―ラビン首相の孫が語る祖父、国、平和（In the Name of Sorrow and Hope）　ノア・ベンアルツィ・ペロソフ著, 石坂廬訳　ミルトス　2013.10　238p　19cm　1400円　①978-4-89586-157-1

内容 1章「私には何も起こらないから安心しなさい、ノア」　2章 初期の思い出　3章 戦争とともに成長　4章 何か異なるものへの希望　5章 和平のために強くあれ　6章 アウシュヴィッツに鳥はいない　7章 おじいちゃんの使節　8章 和平のために手を携えて　9章 暗殺者の影　10章 一九九五年十一月六日　〔07712〕

ヘング, アン　Heng, Anne

◇トゥリーエンジェルオラクル―樹木の天使からのメッセージ（The TREE ANGEL ORACLE）　フレッド・ハーゲネダー, アン・ヘング著, ホワード七歩子訳　セントラル印刷　2013.12　118p　22cm　〈外箱入　発売：学研マーケティング〉3000円　①978-4-05-405885-9　〔07713〕

ペング, イト

◇親密圏と公共圏の再編成―アジア近代からの問い　落合恵美子編　京都　京都大学学術出版会　2013.2　356p　22cm　（変容する親密圏/公共圏 1）〈索引あり〉3600円　①978-4-87698-582-1

内容 韓国の社会投資政策（イト・ペング執筆, 佐藤綾子訳）　〔07714〕

ベンクラー, ヨハイ　Benkler, Yochai

◇協力がつくる社会―ペンギンとリヴァイアサン（THE PENGUIN AND THE LEVIATHAN）　ヨハイ・ベンクラー著, 山形浩生訳　NTT出版　2013.3　276p　20cm　〈索引あり〉2400円　①978-4-7571-4291-6

内容 第1章 ペンギンVSリヴァイアサン　第2章 自然VS文化―人間協力の進化　第3章 頑固な子供、ニューヨークのドアマン、伝染する肥満―協力への心理的、社会的影響　第4章 私/あなた、我々/やつら―人間の協力における共感と集団アイデンティティ　第5章 じっくり話し合おうじゃないか　第6章 等しく半分ずつに―協力における公平性　第7章 正しいことは正しい、少なくとも規範的ではある―協力における道徳と規範　第8章 愛のためか金のためか―報酬、処罰、動機づけ　第9章 協力というビジネス　第10章 ペンギンの育て方　〔07715〕

ベーンケ, K.＊　Boehnke, Klaus

◇紛争と平和構築の社会心理学―集団間の葛藤とその解決（INTERGROUP CONFLICTS AND THEIR RESOLUTION）　ダニエル・バル・タル編著, 熊谷智博, 大渕憲一監訳　京都　北大路書房　2012.10　375p　21cm　〈索引あり〉4000円　①978-4-7628-2787-7

内容 平和構築―社会心理学的アプローチ（Klaus Boehnke, Henning Schmidtke, Maor Shani著, 大渕憲一訳）　〔07716〕

ヘンゲル, マーティン　Hengel, Martin

◇サウロ―キリスト教回心以前のパウロ（Der vorchristliche Paulus）　マーティン・ヘンゲル著, 梅本直人訳　日本キリスト教団出版局　2011.1　217p　21cm　〈文献あり 索引あり〉2400円　①978-4-8184-0767-1

内容 第1章 出自と市民権（精神的な母なる都市としてのタルソス　タルソスの政治的諸関係とタルソス市の市民権 ほか）　第2章 教育と修業―タルソスかエルサレムか（ルカによる報告とパウロの自己証言　パウロの出自についての自己証言 ほか）　第3章 エルサレムにおけるファリサイ的律法研究（ファリサイ派の教えの家　70年以前における「ファリサイ派の教義」の問題について ほか）　第4章 ギリシア語を話すエルサレムとシナゴーグのギリシア教育（「ギリシア都市」としてのエルサレム　エルサレムにおける高度なユダヤ・ギリシア教育のさまざまな可能性 ほか）　第5章 迫害者パウロ（年代学の問題　迫害者パウロの経歴について ほか）　〔07717〕

ベンサイド, ダニエル　Bensaïd, Daniel

◇民主主義は、いま？―不可能な問いへの8つの思想的介入（Democratie, dans quel etat？）　ジョルジョ・アガンベン, アラン・バディウ, ダニエル・ベンサイード, ウェンディ・ブラウン, ジャン＝リュック・ナンシー, ジャック・ランシエール, クリスティン・ロス, スラヴォイ・ジジェク著, 河村一郎, 沢里岳史, 河合孝昭, 太田悠介, 平田周訳　以文社　2011.2　230p　20cm　2500円　①978-4-7531-0287-7

内容 永続的スキャンダル（ダニエル・ベンサイード著, 平田周訳）　〔07718〕

◇21世紀マルクス主義の模索　ダニエル・ベンサイド著, 湯川順夫訳　柘植書房新社　2011.11　430p　20cm　3800円　①978-4-8068-0625-7

内容 序章 複数のマルクス主義―その過去・現在・未来　第1章 過ぎ去った20世紀とロシア十月革命の輝き　第2章 21世紀の世界を変革するマルクス主義の理論と戦略　第3章 新自由主義グローバリゼーションと世界の再植民地化　第4章 フランス反資本主義新党への挑戦　終章 共産主義の力　〔07719〕

◇マルクス―取扱説明書（MARX, mode d'emploi）　ダニエル・ベンサイド文, シャルブ絵, 湯川順夫, 中村富美子, 星野秀明訳　柘植書房

新社　2013.5　203, 15p　21cm　3200円　①978-4-8068-0647-9

内容 どのようにして、ひげ面の男に成長し、共産主義者になったのか　神が死んだとは、どういうことか　なぜ、闘争は、階級的なのか　亡霊は、どのようにして生身の人間になるのか、そして、どうして微笑むのか　なぜ、革命はいつも、定刻通りにいかないのか　なぜ、政治は、時計の針をくるわせるのか　なぜ、マルクスとエンゲルスは、党のフリーターなのか　だれが、剰余価値を盗んだのか―資本の犯罪小説　なぜ、ムッシュ・資本には、恐慌という心臓発作のおそれがあるのか　なぜ、マルクスは緑の天使でも、生産力主義の悪魔でもないのか〔ほか〕　〔07720〕

◇未知なるものの創造―マルクスの政論（INVENTER L'INCONNU）　ダニエル・ベンサイド著, 渡部実編訳　同時代社　2013.6　184p　20cm　2000円　①978-4-88683-746-2

内容 1 戦略的作戦の舞台（政治の切分音的旋律　革命の領域の拡大　戦争とヨーロッパ革命の弁証法）　2 コミューン、国家と革命（官僚主義的新リヴァイアサン　ボナパルティズムの謎　国家の廃絶と衰退　プロレタリアートのディクタトゥーラというもの　勝利の唄か弔いの独唱か）　3 コミューンの幽霊（ひとつのコミューンから次へ　ひとつの春から次へ　蜂起した都市）　4 歴史の戦略的描写　〔07721〕

ベン＝ジェルーン, タハール　Ben Jelloun, Tahar

◇アラブの春は終わらない（L'étincelle）　タハール・ベン＝ジェルーン著, 斎藤可津子訳　河出書房新社　2011.12　156p　20cm　〈著作目録あり〉2200円　①978-4-309-24571-3

内容 ムバラクの頭のなか　ベン・アリの頭のなか　反抗？ 革命？　チュニジア　エジプト　アルジェリア　イエメン　モロッコ　リビア　結　〔07722〕

ベン・シャハー, タル　Ben-Shahar, Tal

◇Q・次の2つから生きたい人生を選びなさい―ハーバードの人生を変える授業 2（Choose the Life You Want）　タル・ベン・シャハー著, 成瀬まゆみ訳　大和書房　2013.7　301p　20cm　〈文献あり〉1600円　①978-4-479-79400-4

内容 選択して生きる　人生のすばらしさを味わいつくす　いったん落ち着いて考える　戦略的に考え、行動する　自信と誇りを表現する　変化を起こす　いまやる　許す　仕事を天職と考える　困難に学ぶ〔ほか〕　〔07723〕

ベンジャミン, ローナ・スミス

◇変容する臨床家―現代アメリカを代表するセラピスト16人が語る心理療法統合へのアプローチ（HOW THERAPISTS CHANGE）　マービン・R.ゴールドフリード編, 岩壁茂, 平木典子, 福島哲夫, 野末武義, 中釜洋子監訳, 門脇陽子, 森田由美訳　福村出版　2013.10　415p　22cm　〈索引あり〉5000円　①978-4-571-24052-2

内容 歴史信奉者の生育史（ローナ・スミス・ベンジャミン著）　〔07724〕

ベンスサン, ジョルジュ　Bensoussan, Georges

◇ショアーの歴史―ユダヤ民族排斥の計画と実行（Histoire de la Shoah）　ジョルジュ・ベンスサン著, 吉田恒雄訳　白水社　2013.8　161, 5p　18cm　（文庫クセジュ 982）〈文献あり〉1200円　①978-4-560-50982-1

内容 第1章 ヨーロッパ大陸のユダヤ人―拒絶と同化のはざまで　第2章 一九三三年から一九三九年までのドイツ―合法的な排斥　第3章 混乱を極めた政策（一九三九～一九四一年）　第4章 最終的解決　第5章 世界が沈黙するなかでの抵抗　第6章 総括の時　〔07725〕

ヘンズレー, ローラ　Hensley, Laura

◇池上彰のなるほど！ 現代のメディア 3 広告にだまされないために（Mastering media : advertising attack）　池上彰日本語版監修　ローラ・ヘンズレー著, 浜田勝子訳　文溪堂　2011.3　55p　29cm　〈年表あり 索引あり〉2900円　①978-4-89423-711-7

内容 広告があふれている　広告の歴史　広告はどのようにしてつくられるか　広告戦略　広告の技術としかけ　とにかく見てほしい！　これが広告？　インターネット広告　広告をつくってみよう　〔07726〕

ヘンゼラー, トーマス　Henseler, Thomas

◇ベルリン分断された都市　ズザンネ・ブッデンベルク著, トーマス・ヘンゼラー著・画, エドガー・フランツ, 深見麻奈訳　彩流社　2013.9　95p　26cm　〈文献あり〉2000円　①978-4-7791-1932-3

内容 第1話 レギーナ・ツィーヴィッツ―私の高校卒業を危うくしたベルリンの壁の建設　第2話 ウルズラ・マルヒョー―ベルリンの壁に面した病院　第3話 ホルツアプフェル家―空中ケーブルを使った壁越え　第4話 デトレフ・マッテス―壁の向こう側　第5話 ヤン・ヒルデブラント―僕の18歳の誕生日　〔07727〕

ベンソン, ナイジェル

◇心理学大図鑑（The Psychology Book）　キャサリン・コーリンほか著, 小須田健訳, 池田健用語監修　三省堂　2013.2　352p　25cm　〈索引あり〉3800円　①978-4-385-16224-9

内容 哲学的ルーツ―心理学の形成過程　行動主義―環境への反応　心理療法―無意識裡に決定された行動　認知心理学―計算する脳　社会心理学―他者世界内存在　発達心理学―幼児から成人へ　差異心理学―人格と知能　〔07728〕

ベンソン, M.クリスティナ　Benson, M.Christina

◇女性のためのセルフ・エスティーム（THE WOMAN'S GUIDE TOTAL SELF - ESTEEM）　ステファニー・W.ディロン, M.クリスティナ・ベンソン著, 三橋由希子訳　ヴォイス　2013.7　269p　18cm　（VOICE新書）　1000円　①978-4-89976-394-9

内容 プロローグ セルフ・エスティームのパワー　第一の方法 健全な自分勝手を育てる　第二の方法 自分の体を受け入れる　第三の方法 あらゆる感情を感じる勇気を持つ　第四の方法 感情の高ぶりをストップさせる　第五の方法 鏡の中の自分と向き合う　第六の方法 自分自身のサポーターになる　第七の方法 気持ちを伝えるスキルを身につける　第八の方法 自分が自分の理想の親になる　エピローグ ピンチをチャンスに転換する　〔07729〕

ベンソン, P.ジョージ

◇大学学部長の役割―米国経営系学部の研究・教

育・サービス（The dean's perspective）クリシナ・S.ディア編著, 佐藤修訳　中央経済社　2011.7　245p　21cm　3400円　①978-4-502-68720-4
内容 米国における経営教育の展開（P.ジョージ・ベンソン著）〔07730〕

ベンダー, ダヴィッド
◇日独交流150年の軌跡　日独交流史編集委員会編　雄松堂書店　2013.10　345p　29cm　〈布装〉3800円　①978-4-8419-0655-4
内容 ドイツにおける日本の武道の伝播と育成（ダヴィッド・ベンダー著, 江面快晴訳）〔07731〕

ベンダサン, イザヤ　BenDasan, Isaiah
◇日本教は日本を救えるか―ユダヤ教・キリスト教と日本人の精神構造　イザヤ・ベンダサン著, 山本七平訳編　さくら舎　2013.1　189p　19cm　1400円　①978-4-906732-27-2
内容 第1章 日本人の「墓」と「霊」（ユダヤ人墓地の日本人　日本人にとって墓とは何か ほか）第2章 自由とは借金だ（高意識人と低意識人がともに住む国　組合は資本主義翼賛会か ほか）第3章 日本教の師と日本教徒（日本教に「ラビ」はいるか　神父でも司祭でもない一般人 ほか）第4章 日本教と「空間」意識（同じようで全然違う　旧約聖書、タルムードと『方丈記』ほか）第5章 日本人の限定的普遍主義（何が書かれていないか、何を書けなかったか　道徳的全体主義的平等主義 ほか）〔07732〕

ヘンダーソン, ケイ
◇アタッチメントを応用した養育者と子どもの臨床（Attachment theory in clinical work with children）ダビッド・オッペンハイム, ドグラス・F.ゴールドスミス編, 数井みゆき, 北川恵, 工藤晋平, 青木豊訳　京都　ミネルヴァ書房　2011.6　316p　22cm　〈文献あり〉4000円　①978-4-623-05731-3
内容 虐待された子どもとその養親に対する治療的介入（ミリアム・スティール, ジル・ホッジ, ジェイン・カニュイック, ハワード・スティール, デボラ・ダゴスティーノ, インガ・ブルム, サウル・ヒルマン, ケイ・ヘンダーソン著）〔07733〕

ヘンダーソン, デビッド　Henderson, David
◇日本の未来について話そう―日本再生への提言（Reimagining Japan）マッキンゼー・アンド・カンパニー責任編集, クレイ・チャンドラー, エアン・ショー, ブライアン・ソーズバーグ編著　小学館　2011.7　416p　19cm　1900円　①978-4-09-388189-0
内容 クリーン・テクノロジーの先鋒の地位を守れるか（デビッド・ヘンダーソン, フィリップ・ラドケ, 鈴木栄著）〔07734〕

ヘンダーソン, デボラ・A.　Henderson, Deborah A.
◇認知行動療法という革命―創始者たちが語る歴史（A HISTORY OF THE BEHAVIORAL THERAPIES（抄訳））ウィリアム・T.オドナヒュー, デボラ・A.ヘンダーソン, スティーブン・C.ヘイズ, ジェーン・E.フィッシャー, リンダ・J.ヘイズ編, 坂野雄二, 岡島義監訳, 石川信一, 金井嘉宏, 松岡紘史訳　日本評論社　2013.9　283p　21cm　〈文献あり〉3000円　①978-4-535-98362-5
内容 行動療法の歴史（ウィリアム・T.オドナヒュー, デボラ・A.ヘンダーソン, スティーブン・C.ヘイズ, ジェーン・E.フィッシャー, リンダ・J.ヘイズ著, 岡島義訳）〔07735〕

ヘンダーソン, ブルース　Henderson, Bruce
◇永遠への窓（Window to eternity）ブルース・ヘンダーソン著, 鈴木泰之訳　スヴェーデンボリ出版　2011.12　170p　19cm　1300円　①978-4-9905656-7-1
内容 1 もはや神秘ではありません　2 スヴェーデンボリ―尺度を超えた人　3 死んだら何が起こるのでしょうか？　4 あなたの「心の故郷」は天界でしょうか、地獄でしょうか　5 天の御国　6 天界の生活　7 天界での結婚　8 天界の子供　9 たとえ私が地獄に床を設けても　10 帰郷〔07736〕

ヘンダーソン, ローラ　Henderson, Laura
◇リーダーをめざすあなたへ―成功した女性の8つの戦略（How Women Lead）シャロン・ハダリィ, ローラ・ヘンダーソン著, 穴水由紀子訳　一灯舎　2013.7　339, 12p　19cm　〈文献あり　発売：オーム社〉1700円　①978-4-903532-97-4
内容 はじめに 女性のリーダーシップの新たな世界　成功戦略1 女性が持つリーダーとしての潜在能力に目覚める　成功戦略2 自分の運命は自分の手で切り開く　成功戦略3 自分のキャリアは自分で設計する　成功戦略4 臆さず自分をアピールする　成功戦略5 数字が語る話を読み取り、戦略を立て、結果につなげる　成功戦略6 とびきりのチームを作る　成功戦略7 あなたという最大の資産をはぐくむ　成功戦略8 可能性を現実のものにする　インタビューした女性たちの経歴紹介〔07737〕

ベンツ, ヴォルフガング　Benz, Wolfgang
◇ホロコーストを学びたい人のために（Der Holocaust）ヴォルフガング・ベンツ著, 中村浩平, 中村仁訳　新装版　柏書房　2012.3　202p　19cm（KASHIWA CLASSICS）〈年表あり　索引あり　文献あり　著作目録あり〉2300円　①978-4-7601-4093-0
内容 朝食付きの討議――一九四二年一月二〇日のヴァンゼー会議　ドイツ系ユダヤ人とナチズム―自己理解と脅威　ドイツにおけるユダヤ人の排斥と差別（一九三三～一九三九年）　ユダヤ人の亡命（一九三三～一九四一年）　アーリア化とユダヤの星―ドイツ系ユダヤ人の公民権完全剥奪（一九三九～一九四一年）　東部占領地域のゲットー―「ユダヤ人問題の最終解決」の開始　反ユダヤ主義から大量虐殺へ―最終解決の創世紀　東部での大虐殺―占領地域における「行動部隊」とその他の殺人部隊（一九四一、一九四二年）　ドイツからのユダヤ人の移送　テレージエンシュタットその他の大量虐殺―シンティとロマの迫害　絶滅収容所における大量虐殺の工業化（一九四二～一九四四年）〔07738〕

◇ユダヤ出自のドイツ法律家（DEUTSCHE JURISTEN JUDISCHER HERKUNFT）ヘルムート・ハインリッヒス, ハラルド・フランツキー, クラウス・シュマルツ, ミヒャエル・シュトレイス著, 森勇監訳　八王子　中央大学出版部　2012.3　25, 1310p　21cm（日本比較法研究所

翻訳叢書 62)　〈文献あり 索引あり〉13000円　①978-4-8057-0363-2
内容 迫害及び絶滅のための権利剥奪について ： 国家社会主義体制のもとでのユダヤ人法律家（ヴォルフガング・ベンツ著, 小田司訳）　〔07739〕

◇反ユダヤ主義とは何か―偏見と差別のしぶとさについて（WAS IST ANTISEMITISMUS？）　ヴォルフガング・ベンツ著, 斉藤寿雄訳　現代書館　2013.3　313p　20cm　2800円　①978-4-7684-5695-8
内容 ユダヤ人への敵意。むずかしいテーマへのアプローチ　多数派と少数派。一般大衆からのドイツ在住ユダヤ人への合図　ユダヤ人敵意の伝統。宗教的ルサンチマン　人種主義的留保としての反ユダヤ主義。社会的ルサンチマン　社会の中心部と極右主義を結ぶユダヤ人敵意の架橋機能　反ユダヤ主義者のいない反ユダヤ主義。メレマン事件　ホーマン事件―愛国的な企図を道具として利用するための教訓劇　ユダヤ人の世界陰謀？ ある産物のしぶとい生命力について　ドイツ人の五人にひとりは反ユダヤ主義者か？　イスラエル批判はどの程度許されるのか？　ヨーロッパのユダヤ人敵意　スイスとオーストリアの反ユダヤ主義　結論 ： 反ユダヤ主義とはすなわち何か？　〔07740〕

ベンツ, カール　Benz, Carl Friedrich

◇自動車と私―カール・ベンツ自伝（Lebensfahrt eines deutschen Erfinders）　カール・ベンツ著, 藤川芳朗訳　草思社　2013.10　217p　16cm（草思社文庫 ベ1-1）〈年譜あり〉700円　①978-4-7942-2005-9
内容 村の鍛冶屋の炎に照らされて　父と母　幼年時代のカール　夏休みの楽しみ　ギムナジウム時代　「若いころはおいらも怖いもの知らずで、途轍もない目標を心に秘め、つぶらな瞳で人生を覗いていたものさ」　遍歴時代　ボーン・シェイカー型自転車に乗って　自分の家と作業場　生涯で最高の大晦日〔ほか〕　〔07741〕

ベントフ, イツァク　Bentov, Itzhak

◇高次意識界へのガイドツアー―創造のメカニズムについての宇宙の手引書（A BRIEF TOUR OF HIGHER CONSCIOUSNESS）　イツァク・ベントフ著, 由井寅子監訳　ホメオパシー出版　2012.3　191p　19cm　1300円　①978-4-86347-060-6
内容 1 肥沃なる虚空（空宙のひな型　“絶対”の本質 ほか）　2 デーヴァ・神・創造主（基礎意識と上位意識デーヴァ ほか）　3 宇宙（ユニバース）を越えて（大宇宙（コスモス）　超大宇宙（スーパーコスモス）ほか）　4 ニルヴァーナのガイドつきツアー（ナーガとの出会い　ブルーカラー労働者 ほか）　5 黒幕は誰か？（上位の自己と出会う　まとめ）　付録　〔07742〕

ペントランド, アレックス（サンディ）　Pentland, Alex

◇正直シグナル―非言語コミュニケーションの科学（HONEST SIGNALS）　アレックス（サンディ）・ペントランド〔著〕, 柴田裕之訳, 安西祐一郎監訳　みすず書房　2013.3　213, 20p　20cm　〈文献あり〉2600円　①978-4-622-07736-7
内容 プロローグ 神の視座　第1章 正直シグナル　第2章 社会的役割　第3章 他人の心を読む　第4章 [illegible]バル・シグナル　第5章 ネットワーク・インテリジェンス　第6章 賢い組織　第7章 賢い社会　エピローグ テクノロジーと社会　〔07743〕

ヘンドリクス, ハーヴィル

◇ダイニングテーブルのミイラ セラピストが語る奇妙な臨床事例―セラピストはクライエントから何を学ぶのか（The mummy at the dining room table）　ジェフリー・A.コトラー, ジョン・カールソン編著, 岩壁茂監訳, 門脇陽子, 森田由美訳　福村出版　2011.8　401p　22cm　〈文献あり〉3500円　①978-4-571-24046-1
内容 ガラクタをかたづけられない妻（ハーヴィル・ヘンドリクス著, 森田由美訳）　〔07744〕

ヘンドリックス, ゲイ　Hendricks, Gay

◇ダイニングテーブルのミイラ セラピストが語る奇妙な臨床事例―セラピストはクライエントから何を学ぶのか（The mummy at the dining room table）　ジェフリー・A.コトラー, ジョン・カールソン編著, 岩壁茂監訳, 門脇陽子, 森田由美訳　福村出版　2011.8　401p　22cm　〈文献あり〉3500円　①978-4-571-24046-1
内容 腰痛に潜む嘘（ゲイ・ヘンドリックス著, 門脇陽子訳）　〔07745〕

ヘンドリックス, シェリー　Hendricks, Shellee

◇「教える」ことの覚え書き―等身大の教師であるために（NOTES ON TEACHING）　シェリー・ヘンドリックス, ラッセル・ライシ著, 坂東智子訳　フィルムアート社　2013.5　277p　19cm　〈文献あり〉2000円　①978-4-8459-1313-8
内容 教師の役割　計画と準備　はじめての授業　生徒に期待する　教室でのルール　教室という舞台を演出する　基本的なスキルを授ける　クラスをリードする　「問い」を使って学ばせる　悩みの種　生徒への接し方　保護者への接し方　フィードバック（講評）の伝え方　成果を称える　職場での心得　最後に　〔07746〕

ベンドル, ネイル・J.　Bendle, Neil J.

◇マーケティング・メトリクス マーケティング成果の測定方法（Marketing METRICS ： The Definitive Guide to Measuring Marketing Performance, 2nd Edition）　ポール・W.ファリス, ネイル・J.ベンドル, フィリップ・E.ファイファー, ディビッド・J.レイブシュタイン著, 小野晃典, 久保知一訳　ピアソン桐原　2011.8　454p　21cm　〈原書第2版〉3500円　①978-4-86401-002-3
内容 はじめに　市場シェア　マージンと純利益　製品戦略とポートフォリオ・マネジメント　顧客収益性　営業部隊と流通チャネルの管理　価格戦略　販売促進（プロモーション）　広告メディアとインターネット　マーケティングとファイナンス　マーケティング・メトリクス構造解析　マーケティング・メトリクス体系　〔07747〕

ペンドルトン, W.F.　Pendleton, William Frederic

◇著作からの話題（Topics from the writings（2nd edition））　W.F.ペンドルトン著, 鈴木泰之訳　スヴェーデンボリ出版　2012.8　373p　19cm　2100円　①978-4-906861-02-6　〔07748〕

ペンネル, T.L.　Pennell, Theodore Leighton
◇印度紀行　セイロン紀行（Things seen in Northern India, Things seen in Ceylon）　ペンネル著, 柳沢保篤訳, レッティー著, 石久保重好訳　大空社　2013.9　148, 168p　22cm　（アジア学叢書 269）〈布装　岡倉書房 昭和17年刊の複製　岡倉書房 昭和17年刊の複製〉13500円　①978-4-283-01117-5　〔07749〕

ペンフォールド, ブレント　Penfold, Brent
◇システムトレード基本と原則—トレーディングで勝者と敗者を分けるもの（The universal principles of successful trading）　ブレント・ペンフォールド著, 山口雅裕訳, 長尾慎太郎監修　パンローリング　2011.8　526p　22cm　（ウィザードブックシリーズ vol.183）　4800円　①978-4-7759-7150-5
内容 現実と向き合う　トレーディングの手順　原則1—準備　原則2—自己啓発　原則3—トレーディングスタイルを作る　原則4—トレードを行う市場を選ぶ　原則5—3本の柱　資金管理　売買ルール　心理　原則6—トレーディングを始める　一言アドバイス　最後に　〔07750〕

ヘンプトン, デイヴィッド
◇オックスフォード ブリテン諸島の歴史　8　18世紀—1688年—1815年（The Short Oxford History of the British Isles ： The Eighteenth Century 1688-1815）　鶴島博和日本語版監修　ポール・ラングフォード編, 坂下史監訳　慶応義塾大学出版会　2013.11　305, 46p　22cm　〈文献あり 年表あり 索引あり〉5800円　①978-4-7664-1648-0
内容 啓蒙主義と信仰（デイヴィッド・ヘンプトン著, 大野誠訳）　〔07751〕

ペンペル, T.J.
◇デモクラシーとアカウンタビリティ—グローバル化する政治責任　真柄秀子編　風行社　2010.11　248p　22cm　3300円　①978-4-86258-051-1
内容 地域化する発展指向型国家（T.J.ペンペル著, 東島雅昌訳）　〔07752〕

ペンマン, ステファン　Penman, Stephen H.
◇公正価値会計のフレームワーク（Principles for the application of fair value accounting）　ドロン・ニッシム, ステファン・ペンマン著, 角ケ谷典幸, 赤城諭士訳　中央経済社　2012.3　157p　22cm　〈索引あり　文献あり〉2800円　①978-4-502-44910-9
内容 序章 本書の概要　第1章 公正価値会計をめぐる諸課題　第2章 公正価値会計と歴史的原価会計の製品としての諸特性　第3章 公正価値会計の五原則　第4章 公正価値会計の適用とその実務的配慮　第5章 マーケット・ソリューション（市場による自発的な解決策）の教訓　第6章 総括：公正価値会計の適用可能性　第7章 産業別の公正価値の報告方法　〔07753〕

ベンヤミン, ヴァルター　Benjamin, Walter
◇ベンヤミン/アドルノ往復書簡—1928-1940　上（BRIEFWECHSEL 1928-1940）　ベンヤミン, アドルノ〔著〕, H.ローニツ編, 野村修訳　みすず書房　2013.6　291p　20cm　（始まりの本）〈晶文社 1996年刊の分冊〉3600円　①978-4-622-08361-0　〔07754〕
◇ベンヤミン/アドルノ往復書簡—1928-1940　下（BRIEFWECHSEL 1928-1940）　ベンヤミン, アドルノ〔著〕, H.ローニツ編, 野村修訳　みすず書房　2013.6　267, 19p　20cm　（始まりの本）〈晶文社 1996年刊の分冊　索引あり〉3600円　①978-4-622-08362-7　〔07755〕

ヘンラルド, J.*　Henrard, Jean-Claude
◇インターライ方式ケアアセスメント—居宅・施設・高齢者住宅（InterRAI home care (HC) assessment form and user's manual, 9.1〔etc.〕）　John N.Morris〔ほか〕著, 池上直己監訳, 山田ゆかり, 石橋智昭訳　医学書院　2011.12　367p　30cm　3800円　①978-4-260-01503-5　〔07756〕

ヘンリー, デイヴィッド・A.
◇世界の中の柳田国男　R.A.モース, 赤坂憲雄編, 菅原克也監訳, 伊藤由紀, 中井真木訳　藤原書店　2012.11　326p　22cm　〈他言語標題 ： Yanagita Kunio Studies Around the World　文献あり〉4600円　①978-4-89434-882-0
内容 郷土研究と柳田民俗学における桃太郎像（デイヴィッド・A.ヘンリー執筆）　〔07757〕

ヘンリッチ, クリストファー・C.
◇みんなの幼児教育の未来予想図（A Vision for Universal Preschool Education）　エドワード・ジグラー, ウォルター・S.ギリアム, ステファニー・M.ジョーンズ編, 田中道治編訳　京都　ナカニシヤ出版　2013.3　322p　22cm　〈索引あり〉3800円　①978-4-7795-0753-3
内容 幼児教育における親関与（クリストファー・C.ヘンリッチ, ラモナ・ブラックマン‐ジョーンズ著, 恵羅修吉訳）　〔07758〕

ヘンリッヒ, ディーター　Henrich, Dieter
◇神の存在論的証明—近世におけるその問題と歴史（DER ONTOLOGISCHE GOTTESBEWEIS（原著第2版））　ディーター・ヘンリッヒ〔著〕, 本間謙二, 須田朗, 中村文郎, 座小田豊訳　新装版　法政大学出版局　2012.7　431, 8p　20cm　（叢書・ウニベルシタス 190）〈文献あり〉4500円　①978-4-588-09952-6
内容 第1部 近世の形而上学における存在神学（存在論的論証の根拠づけ　存在論的論証に対する批判　体系的概観）　第2部 カントの存在神学批判（カントの主要著作における存在神学批判　合理的神学の体系と批判　カントの前批判期の諸著作における批判）　第3部 思弁的観念論における存在神学（ヘーゲルによる存在神学の革新　後期シェリング哲学における概念と現存性　Ch.H.ヴァイセと存在神学の終焉）　結び　現代における存在神学の問題　〔07759〕

【ホ】

ボー, オリヴィエ

◇フランス憲政学の動向―法と政治の間 Jus Politicum 山元一, 只野雅人編訳 慶応義塾大学出版会 2013.8 313p 22cm 7000円 ①978-4-7664-2063-0

内容 フランスにおける憲法概念の歴史(オリヴィエ・ボー著, 南野森訳) 〔07760〕

ホ, コクリョウ 蒲 国良

◇中国を知るための経典―科学的社会主義の理論と実践 高放, 李景治, 蒲国良主編, 土肥民雄, 林浩一訳 大阪 グローバリンク 2012.2 585p 24cm 4000円 ①978-4-990611-60-6 〔07761〕

ホ, ナムチュン* 許 南春

◇東アジアの間地方交流の過去と現在―済州と沖縄・奄美を中心にして 津波高志編 彩流社 2012.3 491, 7p 22cm (琉球大学人の移動と21世紀のグローバル社会 5) 〈文献あり〉 4500円 ①978-4-7791-1674-2

内容 済州と琉球の神話比較(許南春著, 神谷智昭訳) 〔07762〕

ホ, ヘイ* 歩 平

◇戦争を知らない国民のための日中歴史認識―『日中歴史共同研究〈近現代史〉』を読む 笠原十九司編 勉誠出版 2010.12 271p 22cm 2500円 ①978-4-585-22007-7

内容 中日歴史共同研究は重要な第一歩を踏み出した 他(歩平著, 笠原十九司訳) 〔07763〕

◇韓国強制併合一〇〇年―歴史と課題 国際共同研究 笹川紀勝, 辺英浩監修, 都時煥編著 明石書店 2013.8 493p 22cm 8000円 ①978-4-7503-3869-9

内容 東アジアの歴史問題の対話の空間(歩平著, 白栄勛訳) 〔07764〕

ホ, ヨンラン* 許 英蘭

◇日本の朝鮮植民地支配と植民地的近代 李昇一, 金大鎬, 鄭昞旭, 文暎周, 鄭泰憲, 許英蘭, 金旻栄著, 庵逧由香監訳 明石書店 2012.3 248p 22cm 〈文献あり〉 4500円 ①978-4-7503-3550-6

内容 生活水準向上論批判(許英蘭著) 〔07765〕

ホー, ルシーナ

◇成年後見法における自律と保護―成年後見法世界会議講演録 新井誠監修, 2010年成年後見法世界会議組織委員会編, 紺野包子訳 日本評論社 2012.8 319p 21cm 〈英語抄訳付〉 5600円 ①978-4-535-51865-0

内容 中国と香港特別区における包括的な成年後見制度への展望(ルシーナ・ホー著) 〔07766〕

ホーア, キャサリン Hoare, Katharine

◇イギリス王家―古代の神と王の小事典 7 (Kings and Queens of Britain) キャサリン・ホーア著, ガーナー麻穂訳 学芸書林 2011.9 50p 19×14cm (大英博物館双書 4) 1500円 ①978-4-87517-090-7

内容 サクソン人の君主たち ノルマン王家の君主 プランタジネット王家 ランカスター王家 ヨーク王家 テューダー王家 ステュワート王朝 ハノーヴァー王朝 サックス・コバーグ・ゴータ王家 ウィンザー王家 〔07767〕

◇西オーストラリア - 日本(にっぽん)交流史―永遠の友情に向かって (An enduring friendship) デイビッド・ブラック, 曽根幸子編著, 有吉宏之, 曽根幸子監訳 日本評論社 2012.2 391p 22cm 〈タイトル : 西オーストラリアー日本交流史〉 3000円 ①978-4-535-58613-0

内容 日本商社と西オーストラリア鉱業セクター(キャサリン・ホア著) 〔07768〕

ホアー, ステファン Hoare, Stephen

◇マネジャーのためのタレントマネジメント―最高の人材を開発し、維持するためのヒント (TALENT MANAGEMENT) ステファン・ホアー, アンドリュー・レイ著, SDL Plc訳 ピアソン桐原 2012.12 192p 21cm (フィナンシャルタイムズダイジェスト) 〈文献あり 索引あり〉 2400円 ①978-4-86401-120-4

内容 第1部 概要(エグゼクテイブサマリー タレントマネジメントとは何か なぜタレントマネジメントなのか 誰がやっているか) 第2部 実践(実施方法 : ステップバイステップガイド タレントを管理する方法 タレントを測定する方法 タレントマネジメントについて話す方法) 第3部 関与(経営陣の関与) 第4部 さらに詳しく(その他のリソース) 〔07769〕

ボアズ, フランツ Boas, Franz

◇北米インディアンの神話文化 (Race, Language and Culture(抄訳)) フランツ・ボアズ著, 前野佳彦編・監訳, 磯村尚弘, 加野泉, 坂本麻裕子, 菅原裕子, 根本峻瑠訳 中央公論新社 2013.9 413p 22cm (MEDIATIONS) 〈文献あり〉 4400円 ①978-4-12-004537-0

内容 第1部 人類学の方法(地理学の研究 民族学の目的 人類学における比較参照的方法の限界設定 民族学の方法 進化か伝播か 人類学研究の目的) 第2部 北米インディアンの神話と民話(民話と神話のジャンル的展開 インディアン神話の生成―北太平洋沿岸地帯の諸部族における神話生成過程の研究 未開の文芸ジャンルにおける様式的側面 未開の諸部族における来世観 クワキウトル族の社会組織) 第3部 言語文化と装飾芸術への展望(アメリカ先住民言語の分類 北米インディアン諸語の分類 北米インディアンの装飾芸術 アラスカで造られる針入れの装飾的意匠―合衆国国立博物館資料に基づく意匠様式史の研究) 〔07770〕

ホアン(アビラの)

◇近代カトリックの説教 高柳俊一編 教文館 2012.8 458p 21cm (シリーズ・世界の説教) 4300円 ①978-4-7642-7338-2

内容 悲しみの聖母マリアの祝日(九月一五日)の説教

ホ

(ホアン(アビラの)述, 富田裕訳)　〔07771〕

ポアンカレ, アンリ　Poincaré, Jules-Henri
◇ちくま哲学の森　6　驚くこころ　鶴見俊輔, 安野光雅, 森毅, 井上ひさし, 池内紀編　筑摩書房　2012.2　437p　15cm　1300円　①978-4-480-42866-0
内容 数学上の発見(ポアンカレ著, 吉田洋一訳)　〔07772〕

ボイス, ナタリー・ポープ　Boyce, Natalie Pope
◇リンカン大統領（ABRAHAM LINCOLN）　メアリー・ポープ・オズボーン, ナタリー・ポープ・ボイス著, 高畑智子訳　メディアファクトリー　2012.11　127p　19cm　(マジック・ツリーハウス探険ガイド)　〈年譜あり 索引あり〉700円　①978-4-8401-4890-0　〔07773〕

ボイスター, N.　Boister, Neil
◇東京裁判を再評価する（The Tokyo International Military Tribunal : A Reappraisal）　N.ボイスター,R.クライヤー著, 粟屋憲太郎, 藤田久一, 高取由紀監訳, 岡田良之助訳　日本評論社　2012.9　548p　22cm　〈文献あり 索引あり〉7200円　①978-4-535-51710-3
内容 序章 イントロダクション　第1章 裁判の背景　第2章 東京国際軍事裁判所—その性格および管轄権　第3章 被告人と起訴状　第4章 審理の執行　第5章 平和に対する罪　第6章 殺人の訴因　第7章 戦争犯罪　第8章 責任の一般原則と抗弁　第9章 刑の量定　第10章 東京国際軍事裁判所と法哲学　第11章 東京国際軍事裁判所の役割と遺産　終章 結論　〔07774〕

ホイスラー, アンゲラ
◇家族のための総合政策　3　家族と職業の両立　本沢巳代子, ウタ・マイヤー＝グレーヴェ編　信山社　2013.10　250p　22cm　(総合叢書 14—〔家族法〕)　7500円　①978-4-7972-5464-8
内容 ドイツにおける家庭の食生活と学校給食(アンゲラ・ホイスラー, レネー・ヨーン著, 荒川麻里訳)　〔07775〕

ホイットニー, グレン
◇母子臨床の精神力動—精神分析・発達心理学から子育て支援へ（Parent-infant psychodynamics）　ジョーン・ラファエル - レフ編, 木部則雄監訳, 長沼佐代子, 長尾牧子, 坂井直子, 金沢聡子訳　岩崎学術出版社　2011.11　368p　22cm　〈索引あり〉6600円　①978-4-7533-1032-6
内容 喜びと苦悩—胎児検査への反応(グレン・ホイットニー著, 長沼佐代子訳)　〔07776〕

ホイットニー, ダイアナ　Whitney, Diana Kaplin
◇なぜ、あのリーダーの職場は明るいのか？—ポジティブ・パワーを引き出す5つの思考法（APPRECIATIVE LEADERSHIP）　ダイアナ・ホイットニー, アマンダ・トロステン＝ブルーム, ケイ・レイダー著, 市瀬博基訳　日本経済新聞出版社　2012.11　364p　19cm　〈文献あり 索引あり〉2200円　①978-4-532-31845-1
内容 第1章 今なぜ価値探求型リーダーシップが求められるのか？　第2章 価値探求型リーダーシップの五つの思考法—潜在力をポジティブなパワーに変える　第3章 インクワイアリー(強み発掘思考)—問いかけがポジティブな力を育む　第4章 イルミネーション(価値「見える化」思考)—人や状況に秘められた力を引き出す　第5章 インクルージョン(つながり拡大思考)—メンバーを巻き込み、やる気を高める　第6章 インスパイア(ワクワク創造思考)—クリエイティブな精神を呼びさます　第7章 インテグリティ(みんなの利益思考)—全体を見すえ、最善の方法を選ぶ　第8章 価値探求型リーダーシップでポジティブな変化を生みだす　〔07777〕

ホイットニー, パトリック
◇BOPビジネス市場共創の戦略（Next generation business strategies for the base of the pyramid）　スチュアート・L.ハート, テッド・ロンドン編著, 清川幸美訳　英治出版　2011.8　347p　20cm　2200円　①978-4-86276-111-8
内容 デザインのリフレーム(パトリック・ホイットニー著)　〔07778〕

ホイットフィールド, スーザン
◇世界探検家列伝—海・河川・砂漠・極地、そして宇宙へ（The great explorers）　ロビン・ハンベリーテニソン編著, 植松靖夫訳　悠書館　2011.9　303p　26cm　〈文献あり 索引あり〉9500円　①978-4-903487-49-6
内容 マーク・オーレル・スタイン—シルクロードを行く(スーザン・ホイットフィールド)　〔07779〕

ホイットール, ジョナタン
◇人道的交渉の現場から—国境なき医師団の葛藤と選択（Agir à tout prix？）　クレール・マゴン, ミカエル・ノイマン, ファブリス・ワイズマン編著, リングァ・ギルド他訳　小学館スクウェア　2012.11　419p　19cm　1429円　①978-4-7979-8739-3
内容 パキスタン—反乱鎮圧に隠された罠(ジョナタン・ホイットール著)　〔07780〕

ホイト, ディック　Hoyt, Dick
◇やればできるさyes, you can—ホイト親子、夢と勇気の実話（Devoted）　ディック・ホイト著, 大沢章子訳　主婦の友社　2011.8　285p　19cm　1400円　①978-4-07-278066-4
内容 わたしの人生　リック誕生　診断　子どもの頃の思い出　小学校入学に立ちはだかる壁　タフツ大学チャプター七六六　ジミー・バナコスのためのチャリティレース　最初のレース　拒絶　ボストンマラソン　トライアスロン　アイアンマン　記録　リックの独立　新たな目標　講演の日々　世界のファンたち　〔07781〕

ボイド, ロバート　Boyd, Robert
◇コモンズのドラマ—持続可能な資源管理論の15年（The Drama of the COMMONS）　全米研究評議会,Elinor Ostrom,Thomas Dietz,Nives Dolšak,Paul C.Stern,Susan C.Stonich,Elke U. Weber編, 茂木愛一郎, 三俣学, 泉留維監訳　知泉書館　2012.5　665p　23cm　〈文献あり 索引あり〉9000円　①978-4-86285-132-1
内容 コモンズ管理に関する一つの進化理論(ピーター・

J.リチャーソン, ロバート・ボイド, ブライアン・ピチオッティ著, 広川祐司訳) 〔07782〕

ホィートン, エリザベス

◇学校と職場をつなぐキャリア教育改革―アメリカにおけるSchool-to-Work運動の挑戦 (The school-to-work movement) ウィリアム・J.スタル, ニコラス・M.サンダース編, 横井敏郎ほか訳 学事出版 2011.7 385p 21cm 3800円 ①978-4-7619-1839-2

内容 1990年代の若年者労働市場 (マイケル・A.リーズ, エリザベス・ホィートン著, 篠原岳司訳) 〔07783〕

ボイヤーズ, ロバート Boyers, Robert

◇「ニューヨーカー」のジョージ・スタイナー (GEORGE STEINER AT THE NEW YORKER) ジョージ・スタイナー著, ロバート・ボイヤーズ編, 工藤政司訳 近代文芸社 2012.5 386p 20cm 〈著作目録あり 索引あり〉 2800円 ①978-4-7733-7804-7

内容 1 歴史と政治 (反逆の聖職者 ヴィーン ヴィーン ヌル デュ アライン (ヴェーベルンとウィーンについて) ほか) 2 作家と作品 (千年の孤独 暇つぶし (ジョージ・オーウェルの『一九八四年』について) ほか) 3 思想家 (友人の友人 (ヴァルター・ベンヤミンとゲルショム ショレムについて) 悪い金曜日 (シモーヌ・ヴェイユについて) ほか) 4 人生研究 (王たちの死 (チェスについて) 辞書を作る (ジェイムズ・マレーとオクスフォード英語辞典について) ほか) 〔07784〕

ホイーラー, パトリシア Wheeler, Patricia

◇リーダーシップ・マスター―世界最高峰のコーチ陣による31の教え (Coaching for Leadership) マーシャル・ゴールドスミス, ローレンス・S.ライアンズ, サラ・マッカーサー編著, 久野正人監訳, 中村安子, 夏井幸子訳 英治出版 2013.7 493p 21cm 2800円 ①978-4-86276-164-4

内容 新天地で活躍する (パトリシア・ホイーラー) 〔07785〕

ボイル, デイヴィッド (伝記)

◇世界探検家列伝―海・河川・砂漠・極地、そして宇宙へ (The great explorers) ロビン・ハンベリーテニソン編著, 植松靖夫訳 悠書館 2011.9 303p 26cm 〈文献あり 索引あり〉 9500円 ①978-4-903487-49-6

内容 クリストファー・コロンブス―世界の形を変えた男 (デイヴィッド・ボイル) 〔07786〕

ボイントン, アンディ Boynton, Andrew C.

◇アイデア・ハンター―ひらめきや才能に頼らない発想力の鍛え方 (The Idea Hunter) アンディ・ボイントン, ビル・フィッシャー, ウィリアム・ボール著, 土方奈美訳 日本経済新聞出版社 2012.8 221p 19cm 〈文献あり〉 1600円 ①978-4-532-31822-2

内容 はじめに なぜ、狩りなのか 序章 特別な才能なんていらない 第1章 自らの「技」を知る 第2章 ルール1 とことん興味をもつ 第3章 ルール2 間口を広げる 第4章 ルール3 トレーニングを欠かさない 第5章 ルール4 しなやかさを保つ 第6章 有意義な会話をしかける おわりに 『アイデアハンター度診断』 〔07787〕

ホウ, ウェンヨン 侯 文詠

⇒コウ, ブンエイ

ホウ, ケンテツ* 方 顕哲

⇒パン, ヒョンチョル

ホウ, コウショウ* 方 広錩

◇東アジアと高麗版大蔵経―秋期特別展関連国際シンポジウム仏教大学開学100周年企画 仏教大学宗教文化ミュージアム編 京都 仏教大学宗教文化ミュージアム 2012.11 77p 30cm 〈会期・会場 : 平成24年11月3日 仏教大学宗教文化ミュージアム宗教文化シアター〉

内容 中国刻本蔵経の『高麗蔵』に対する影響 (方広錩述, 梶浦晋訳) 〔07788〕

ホウ, シギ* 豊 子義

◇21世紀の思想的課題―転換期の価値意識 大阪経済法科大学アジア太平洋研究センター、北京大学哲学系共催日中哲学シンポジウム論文集 岩佐茂, 金泰明編, 李洪权訳 国際書院 2013.10 425p 21cm (アジア太平洋研究センター叢書 4) 〈他言語標題 : The Philosophical Problematique of the 21st Century 会期・会場 : 2011年9月16日、17日 北京大学内国際会議場 共催 : 大阪経済法科大学アジア太平洋研究センター 北京大学哲学系 索引あり〉 6000円 ①978-4-87791-249-9

内容 グローバル化と資本の二重の論理 (豊子義著, 李洪権訳) 〔07789〕

ホウ, シントク* 方 新徳

◇新史料からみる中国現代史―口述・電子化・地方文献 高田幸男, 大沢肇編著 東方書店 2010.12 353p 22cm 〈文献あり 索引あり〉 3800円 ①978-4-497-21017-3

内容 国民政府の「官営」県政モデル (方新徳著, 角崎信也訳) 〔07790〕

ホウ, ブン* 方 文

◇ゾルゲ事件関係外国語文献翻訳集 no.29 日露歴史研究センター事務局編 〔川崎〕 日露歴史研究センター事務局 2011.4 55p 30cm 700円

内容 方文回想録『中国におけるゾルゲ』より抜粋 3 (方文著) 〔07791〕

◇ゾルゲ事件関係外国語文献翻訳集 no.30 日露歴史研究センター事務局編 〔川崎〕 日露歴史研究センター事務局 2011.7 60p 30cm 700円

内容 方文回想録『中国におけるゾルゲ』より抜粋 4 (方文著) 〔07792〕

ホーヴァット, E.M. Horvat, Erin McNamara

◇グローバル化・社会変動と教育 2 文化と不平等の教育社会学 (EDUCATION, GLOBALIZATION AND SOCIAL CHANGE (抄訳)) ヒュー・ローダー, フィリップ・ブラウン, ジョアンヌ・ディラボー,A.H.ハルゼー編, 苅谷剛彦, 志水宏吉, 小玉重夫編訳　東京大学出版会　2012.5　370p　22cm　〈文献あり〉4800円　①978-4-13-051318-0
内容 社会的紐帯から社会関係資本へ(E.M.ホーヴァット,E.B.ワイニンガー,A.ラロー著, 稲垣恭子訳)〔07793〕

ボーヴァル, アンリ・バナージュ・ド
◇ピエール・ベール関連資料集　2　寛容論争集成　上　野沢協編訳　法政大学出版局　2013.11　1008p　21cm　25000円　①978-4-588-12029-9
内容 宗教の寛容(一六八四年)(アンリ・バナージュ・ド・ボーヴァル)〔07794〕

ボウイー, リーマ　Gbowee, Leymah
◇祈りよ力となれ―リーマ・ボウイー自伝 (MIGHTY BE OUR POWERS)　リーマ・ボウイー, キャロル・ミザーズ著, 東方雅美訳　英治出版　2012.9　323p　20cm　〈年表あり〉2200円　①978-4-86276-137-8
内容 第1部(世界は私のものだった　「すぐに問題は解決する」　死んでしまうには若過ぎる！　罠にはまる　見知らぬ土地で　一瞬の平和)　第2部(「君ならできる」　元少年兵の素顔　ジェニーバとの新しい家　女も声をあげよう　新しい平和組織を立ち上げる　「絶対にやめないで！」　歴史を動かした座り込み　「奴らを勝たせておくの？」)　第3部(戦争は本当に終わったのか　前に進むべきとき　大切な人を失う　新しい女性ネットワークつくる　悪魔よ地獄に帰れ祖国のために働く　物語は終わらない)〔07795〕

ボヴェ, ジョゼ
◇反グローバリゼーションの声 (VOCES CONTRA LA GLOBALIZACIÓN)　カルロス・エステベス, カルロス・タイボ編著, 大津真作訳　京都　晃洋書房　2013.11　257, 8p　21cm　2900円　①978-4-7710-2490-8
内容 農民の道(ジョゼ・ボヴェ述)〔07796〕

ボウエン, ウィル　Bowen, Will
◇もう、不満は言わない (A Complaint Free World)　ウィル・ボウエン著, 高橋由紀子訳　サンマーク出版　2012.5　266p　15cm　(サンマーク文庫 う-3-1)　700円　①978-4-7631-6013-3
内容 プロローグ　1 自分が不平を口にしているのに気づかない段階(われ不平を言う、ゆえにわれあり　不平不満をやめれば健康になる)　2 自分が不平を口にしていることに気づく段階(不平不満を言わないと人間関係がよくなる　すべてはあなたの中にある)　3 意識すれば不平を口にしないですむ段階(不平不満よりも沈黙を選ぶ　非難する人と評価する人)　4 無意識に不平を口にしない段階(二十一日間不平を口にしない　二十一日間をやり通した達成者たち)　エピローグ〔07797〕

◇もう、不満は言わない　人間関係編 (Complaint Free Relationships)　ウィル・ボウエン著, 高橋由紀子訳　サンマーク出版　2012.5　295p　15cm　(サンマーク文庫 う-3-2)　〈「もう、不満は言わない 実践編」(2010年刊)の巻名変更〉720円　①978-4-7631-6014-0
内容 プロローグ　第1章 人間関係は何を語るかで決まる　第2章 人間関係をよくする方法　第3章 不満を言わずに自分のニーズを満たす　第4章 なぜ人は不平不満を言うのか？　第5章 不平不満はストレスの発散になるのか？　第6章 自分自身としっかり向き合う　第7章 自分に問題があるから不満を言う　エピローグ〔07798〕

ボーヴォワール, シモーヌ・ド　Beauvoir, Simone de
◇老い　上 (La vieillesse)　シモーヌ・ド・ボーヴォワール著, 朝吹三吉訳　新装版　京都　人文書院　2013.11　322p　20cm　2800円　①978-4-409-23054-1〔07799〕

◇老い　下 (La vieillesse)　シモーヌ・ド・ボーヴォワール著, 朝吹三吉訳　新装版　京都　人文書院　2013.11　380p　20cm　〈索引あり〉3000円　①978-4-409-23055-8〔07800〕

ボウカム, リチャード　Bauckham, Richard
◇イエスとその目撃者たち―目撃者証言としての福音書 (Jesus and the eyewitnesses)　リチャード・ボウカム著, 浅野淳博訳　新教出版社　2011.4　1冊　22cm　〈索引あり〉7600円　①978-4-400-11180-1
内容 歴史家によるイエスと証言者によるイエス　パピアスと目撃者証言　福音伝承に見られる人名　パレスチナのユダヤ人名　十二弟子　「始めから」の目撃者たち　マルコ福音書に見られるペトロの視点　マルコ福音書の受難物語と匿名人物　パピアスが語るマルコ福音書とマタイ福音書　口述伝承のモデル・ケース　イエス伝承の継承　不特定多数による伝承か目撃者証言か　目撃者の記憶　目撃者証言としてのヨハネ福音書　「イエスの愛した弟子」による証言　パピアスとヨハネ福音書　ポリュクラテスとエイレナイオスとヨハネ福音書　証言されたイエス〔07801〕

◇イエス入門 (Jesus)　リチャード・ボウカム著, 山口希生, 横田法路訳　新教出版社　2013.6　207p　19cm　〈文献あり〉1900円　①978-4-400-52071-9
内容 第1章 イエス―世界のアイコン　第2章 資料　第3章 一世紀の文脈から見たイエス　第4章 神の王国をもたらす　第5章 神の王国を教える　第6章 イエスとは何者か　第7章 死、そして新たな始まり　第8章 キリスト教信仰におけるイエス〔07802〕

ボウデンハマー, ボビー
◇NLPイノベーション―〈変革〉をおこす6つのモデル＆アプリケーション (INNOVATIONS IN NLP FOR CHALLENGING TIMES)　L.マイケル・ホール, シェリー・ローズ・シャーベイ編, 足立桃子訳　春秋社　2013.3　324p　21cm　2800円　①978-4-393-36639-4
内容 ドロップ・ダウン・スルーのプロセス―吃音に悩む人へのアプローチ(ボビー・ボウデンハマー著)〔07803〕

ホウリン*　法輪
⇒ポムニュン

ボウルズ, サミュエル　Bowles, Samuel
◇制度と進化のミクロ経済学 (MICROECONOMICS)　サミュエル・ボウル

ズ著, 塩沢由典, 磯谷明徳, 植村博恭訳　NTT出版　2013.7　572p　23cm　（叢書《制度を考える》）〈文献あり 索引あり〉6800円　①978-4-7571-2295-6

内容 第1部 調整と対立 ： 生成的な社会相互作用（社会的相互作用と制度設計　自生的秩序 ： 経済生活の自己組織化 ほか）　第2部 競争と協力 ： 資本主義の諸制度（ユートピア資本主義 ： 分権的調整　交換 ： 契約、規範、パワー ほか）　第3部 変化 ： 制度と選好の共進化（制度と個人の進化　偶然、集合行為、制度的イノベーション ほか）　第4部 結論（経済的統治 ： 市場、国家、共同体）　問題集　〔07804〕

◇不平等と再分配の新しい経済学（THE NEW ECONOMICS OF INEQUALITY AND REDISTRIBUTION）　サミュエル・ボウルズ著, 佐藤良一, 芳賀健一訳　大月書店　2013.8　213p　22cm　〈索引あり〉3000円　①978-4-272-11118-3

内容 1 不平等と再分配の新しい経済学　2 富の不平等の経済的コスト　3 競争的な世界で実行可能な平等主義　4 グローバリゼーション、文化の標準化、社会保険の政治学　5 互酬性、利他主義、再分配の政治学　6 結論 ： 不平等と再分配の新しい（それほど陰鬱でない）科学　〔07805〕

ボウルズ, シェルダン　Bowles, Sheldon M.

◇1分間モチベーション―「仕事に行きたい！」会社にする3つのコツ（GUNG HO）　ケン・ブランチャード, シェルダン・ボウルズ著, 塩野未佳訳　パンローリング　2013.5　234p　19cm　（フェニックスシリーズ 10）〈ダイヤモンド社 1999年刊の新訳改訂〉1300円　①978-4-7759-4112-6

内容 はじめに―逆境を跳ね返した伝説のマネジャーと出会う　ガンホーへの道―業績悪化で閉鎖寸前の工場を救う一筋の光　リスの精神―重要なだけでは駄目。やりがいがある仕事をする　ビーバーの行動―自己管理と、達成可能かつ挑戦的な仕事の重要性　ガンの贈り物―仲間への声援を惜しまない。祝福を贈り合う　ガンホーライフ実践のための行動計画表　チェックリスト（リスの精神　ビーバーの行動　ガンの贈り物）　〔07806〕

ボーエン, ジェームズ　Bowen, James

◇ボブという名のストリート・キャット（A Street Cat Named Bob）　ジェームズ・ボーエン著, 服部京子訳　辰巳出版　2013.12　277p　20cm　1600円　①978-4-7778-1269-1　〔07807〕

ポー・オー・パユットー　Phra Thēpwēthī Prayut

◇仏法―テーラワーダ仏教の叡智　ポー・オー・パユットー著, 野中耕一訳　新装版　サンガ　2012.2　422p　21cm　2500円　①978-4-905425-05-2

内容 まず理解すべきこと　第1部 中に縁る説法―自然界の中立の真理（五蘊―「生命」を構成する五要素　六処―世間を認識し感受する（知覚と感覚の）領域　三相――切のものの自然の特徴、三種　縁起――切のものは依存する　業―縁起に繋がる法　四聖諦―縁起に繋がる法　縁起における因縁と業について）　第2部 中道―自然の法則に従う実践（総論―いかに生きるべきか…中道　中道の各論　善き生き方は三学で（八正道←三学→四修習））　〔07808〕

◇ポー・オー・パユットー仏教辞典　仏法篇　ポー・オー・パユットー著, 野中耕一編訳　サンガ　2012.2　315p　22cm　〈索引あり〉5200円　①978-4-905425-04-5

内容 第1章 一法　第2章 二法　第3章 三法　第4章 四法　第5章 五法　第6章 六法　第7章 七法　第8章 八法　第9章 九法　第10章 十法　第11章 十一法以上　〔07809〕

◇テーラワーダ仏教の実践―ブッダの教える自己開発　ポー・オー・パユットー著, 野中耕一編訳　サンガ　2012.10　251p　15cm　（サンガ文庫 パ1-1）　1300円　①978-4-905425-27-4

内容 第1部 仏教の心髄―プラ・タマピドック（仏教の要諦　仏教の心髄　生き方のための法の原理）　第2部 自己開発―プラ・ラーチャ・ウォーラムニー（物の開発から心の開発へ　開発（パッタナー）とは何か　自己開発の方法　自己開発の基本）　第3部 人間開発について―プラ・プロムクナーポン（法は進歩するために使うもの（知足と放逸）　法の実践はバランスが必要（慈悲喜捨））　〔07810〕

ボーカー, ジュリー

◇子どもの社会的ひきこもりとシャイネスの発達心理学（THE DEVELOPMENT OF SHYNESS AND SOCIAL WITHDRAWAL）　ケネス・H.ルビン, ロバート・J.コプラン編, 小野善郎訳　明石書店　2013.8　363p　22cm　5800円　①978-4-7503-3873-6

内容 小児期と思春期の社会的ひきこもり（ケネス・H.ルビン, ジュリー・ボーカー, ハイディ・ガゼル著）　〔07811〕

ホカート, A.M.　Hocart, Arthur Maurice

◇王権（KINGSHIP）　A.M.ホカート著, 橋本和也訳　岩波書店　2012.12　425p　15cm　（岩波文庫 34-226-1）〈人文書院 1986年刊の再刊　文献あり〉1020円　①978-4-00-342261-8

内容 王の神性　神よ、王を救い給え！　瘰癧　王の正義　神饌　戴冠式　結婚式　役職者　祭司　敬意の複数形　イニシエーション　神の徴し　塚　神話と築山　天地創造　ヨシュア　神々　エピローグ　〔07812〕

ホーガン, アイリーン・A.

◇大学学部長の役割―米国経営系学部の研究・教育・サービス（The dean's perspective）　クリシナ・S.ディア編著, 佐藤修訳　中央経済社　2011.7　245p　21cm　3400円　①978-4-502-68720-4

内容 二人の学部長の見方（サラ・ブライアント・バウアー, アイリーン・A.ホーガン述）　〔07813〕

ホーガン, ケビン　Hogan, Kevin

◇なぜあの人からつい「買ってしまう」のか（Covert persuasion）　ケビン・ホーガン, ジェームス・スピークマン著, 菅靖彦訳　三笠書房　2011.2　237p　19cm　1300円　①978-4-8379-5723-2

内容 1「相手の欲求」を確実につかむ！　人を「思いのまま」に動かすテクニック（相手を自分のペースに溶け込ませる！　他人の記憶すら変えてしまうテクニック！　ほか）　2「今すぐこれが欲しい！」と思わせる52の決め手！（親密な関係を、気づかれないうちに築く　「8つのバイステップ」を頭にたたき込む ほか）　3 狙った結果を常に生み出す「マインドセット」（いつも「結果」を想像できているか　ビル・ゲイツはラッキーなんかじゃない ほか）　4 相手のホンネを簡単に引き出す「質問の力」（なぜ人間はこの確率を考えないのか　実は、こんなにトクする「質問のもつ力」！ほか）　5「小さな努力」が5倍、10倍になって返ってくる 人の心をつかんで成功する！―その絶対ポイント（「心のしくみ」を知れば、こんなにもうまくいく あなたにはそれを成し遂げる力がある！）〔07814〕

ホーガン, デニス・P.

◇ライフコース研究の技法―多様でダイナミックな人生を捉えるために（The Craft of Life Course Research）　グレン・H.エルダー,Jr., ジャネット・Z.ジール編著, 本田時雄, 岡林秀樹監訳, 登張真稲, 中尾暢見, 伊藤教子, 磯谷俊仁, 玉井航太, 藤原善美訳　明石書店　2013.7　470p　22cm〈文献あり 索引あり〉6700円　①978-4-7503-3858-3

内容 生活記録の収集と解釈（デニス・P.ホーガン, キャリー・E.スピアリン著, 登張真稲訳）〔07815〕

ホ

ホーキンズ, ゲイル　Hawkins, Gail

◇発達障害者の就労支援ハンドブック（How to Find Work that Works for People with Asperger Syndrome）　ゲイル・ホーキンズ著, 森由美子訳　京都　クリエイツかもがわ　2013.2　211p　26cm　3200円　①978-4-86342-104-2

内容 1 本人のことを知る（発達障害の特徴　本人の準備）　2 発達障害者の就労支援（指導のための4つの柱―発達障害の人たちを指導するための簡単で確実な方法　就労の道具箱―成功に導くための手段トップ10　大きなイメージ評価―仕事のスキルを評価する具体的な方法―基礎スキルを確立する）　3 適切な仕事を見つけるために（仕事の方向性　障害の表明）　4 それぞれの役割〔07816〕

ホーキンス, ジョン・N.　Hawkins, John N.

◇転換期の教育改革―グローバル時代のリーダーシップ（Changing education）　ピーター・D.ハーショック, マーク・メイソン, ジョン・N.ホーキンス編著, 島川聖一郎, 高橋貞雄, 小原一仁監訳　町田　玉川大学出版部　2011.7　377p　22cm〈文献あり〉6200円　①978-4-472-40430-6

内容 グローバル化するアジア太平洋地域における革新の指導にみられる課題と教育の発展 他（ピーター・ハーショック, マーク・メイソン, ジョン・ホーキンス著）〔07817〕

ホーキンズ, ピーター　Hawkins, Peter

◇チームコーチング―集団の知恵と力を引き出す技術（LEADERSHIP TEAM COACHING）　ピーター・ホーキンズ著, 田近秀敏監訳, 佐藤志緒訳　英治出版　2012.4　389p　22cm〈文献あり〉2800円　①978-4-86276-129-3

内容 第1部 高業績を上げるチーム（なぜ、世界はもっと高業績を上げるリーダーチームが必要なのか　高業績を上げるチームと変革型リーダーチーム　成功するチームのための五つの基本原則）　第2部 チームコーチング（チームコーチングとは何か　チームコーチングのプロセス　システミック・チームコーチング）　第3部 異なるタイプのチームのコーチング（さまざまなタイプのチーム（バーチャル、分散型、国際的、プロジェクト、顧客対応）　経営陣へのコーチング）　第4部 チームコーチの選択・開発・スーパービジョン（監督）（有能なチームコーチの探し方・選び方・そして仕事の仕方　チームコーチとしての成長　チームコーチングのスーパービジョン（監督）　チームコーチングのメソッド、ツール、テクニック　おわりに）〔07818〕

◇心理援助職のためのスーパービジョン―効果的なスーパービジョンの受け方から, 良きスーパーバイザーになるまで（SUPERVISION IN THE HELPING PROFESSIONS（原著第3版））　P.ホーキンズ,R.ショエット著, 国重浩一, バーナード紫, 奥村朱矢訳　京都　北大路書房　2012.8　292p　21cm〈文献あり 索引あり〉3200円　①978-4-7628-2782-2

内容 第1部 スーパーバイジーの視点から（「ほどよい」スーパービジョン　なぜ対人援助者となるのか？　学習を継続し、職場での実りとしていくこと　効果的なスーパーバイジーのあり方）　第2部 スーパーバイザーとスーパービジョン（スーパーバイザーになるに当たって　スーパービジョンの概要とそのモデル　七眼流スーパービジョン―スーパービジョンのプロセスモデル　差異を越えてのスーパービジョン　スーパーバイザーへのトレーニングとその発展）　第3部 グループ、チーム、ピアグループのスーパービジョン（グループ、チーム、ピアグループのスーパービジョン　グループダイナミクスを探求する）　第4部 組織的なアプローチ（スーパービジョンのネットワーク　学びの文化に向けて―スーパービジョンをめぐる組織的文脈　組織内のスーパービジョンの指針とその実践）　まとめ―開かれた精神を持つこと〔07819〕

ホーキンズ, P.　Hawkins, Peter

◇心理援助職のためのスーパービジョン―効果的なスーパービジョンの受け方から, 良きスーパーバイザーになるまで（SUPERVISION IN THE HELPING PROFESSIONS（原著第3版））　P.ホーキンズ,R.ショエット著, 国重浩一, バーナード紫, 奥村朱矢訳　京都　北大路書房　2012.8　292p　21cm〈文献あり 索引あり〉3200円　①978-4-7628-2782-2

内容 第1部 スーパーバイジーの視点から（「ほどよい」スーパービジョン　なぜ対人援助者となるのか？　学習を継続し、職場での実りとしていくこと　効果的なスーパーバイジーのあり方）　第2部 スーパーバイザーとスーパービジョン（スーパーバイザーになるに当たって　スーパービジョンの概要とそのモデル　七眼流スーパービジョン―スーパービジョンのプロセスモデル　差異を越えてのスーパービジョン　スーパーバイザーへのトレーニングとその発展）　第3部 グループ、チーム、ピアグループのスーパービジョン（グループ、チーム、ピアグループのスーパービジョン　グループダイナミクスを探求する）　第4部 組織的なアプローチ（スーパービジョンのネットワーク　学びの文化に向けて―スーパービジョンをめぐる組織的文脈　組織内のスーパービジョンの指針とその実践）　まとめ―開かれた精神を持つこと〔07820〕

ボク, エイケイ　朴 永圭

⇒パク, ヨンギュ

ボク, エイシュク*　朴 英淑

⇒パク, ヨンスク

ボク, キョウテツ*　朴 京哲
⇒パク, キョンチョル

ボク, キンケイ　朴 権恵
⇒パク, クネ

ボク, ケイケイ　朴 炯圭
⇒パク, ヒョンギュ

ボク, ケングン*　卜 憲群
◇魏晋南北朝における貴族制の形成と三教・文学―歴史学・思想史・文学の連携による 第二回日中学者中国古代史論壇論文集　中国社会科学院歴史研究所, 東方学会〔編〕, 渡辺義浩編　汲古書院　2011.9　330p　27cm　12000円　①978-4-7629-2969-4
内容 三十年来の中国古代史研究の新傾向(卜憲群著, 大知聖子訳)〔07821〕

ボク, ゲンジュン*　朴 元淳
⇒パク, ウォンスン*

ボク, コウケン*　朴 侯建
⇒パク, フゴン*

ボク, コウシュン*　朴 広春
⇒パク, クァンチュン*

ボーグ, ジェイムズ　Borg, James
◇説得力―人を動かすために本当に必要なこと(Persuasion (3rd ed.))　ジェイムズ・ボーグ著, 武舎るみ, 武舎広幸訳　ピアソン桐原　2012.3　351p　21cm　〈索引あり〉1700円　①978-4-86401-065-8
内容 第1章 説得力―驚異的な効果を生む共感力と誠意　第2章「聴き上手」であること―よく聴くことが大切なわけ　第3章 私の話を聴いてください―ここぞというときに相手の気をそらさない　第4章 ボディランゲージに注意―相手の「非言語シグナル」を読み取り、自分でもしかるべき「非言語シグナル」を発するには　第5章 記憶のマジック―記憶力の効用と記憶力向上のコツ　第6章 言葉を味方に―言語心理学の力 しかるべきときにしかるべきことを言う これが成功のカギ　第7章 電話のコミュニケーション・スキル―通話中の状況を見抜き電話を使いこなす　第8章 互いに利益を得るための交渉術―相手の心理を理解して最良の結果を出す　第9章 扱いにくい人―「扱いにくい人」とは？　第10章 性格のタイプ―「タイプ」を見きわめて適切な対応を〔07822〕
◇思考のクセづけ―考えかたを変えれば人生も変わる(Mind Power)　ジェームズ・ボルグ著, 村田綾子訳　辰巳出版　2013.1　301p　19cm　1500円　①978-4-7778-1000-0
内容 第1章 なりたい自分になる法則　第2章 人生を蝕む「歪んだ思考」　第3章 自分を楽にする「マインド・コントロール」　第4章 ストレスに負けない人間になる　第5章 不安のメカニズムを知る　第6章「怒り」が心を支配するとき　第7章 脳の回路があなたをつくる　第8章 人生の勝者になる道筋　第9章 人生はすばらしい！〔07823〕

ボク, ソウケン*　朴 相権
⇒パク, サングォン*

ボク, ソウコク*　朴 相国
⇒パク, サンクック*

ボク, テツ　朴 哲
⇒パク, チョル

ボーグ, マーカス・J.　Borg, Marcus J.
◇イエスとの初めての再会―史的イエスと現代的信仰の核心(Meeting Jesus again for the first time)　マーカス・J.ボーグ著, 西垣二一, 三ツ本武仁訳　新教出版社　2011.2　254p　19cm　2500円　①978-4-400-12034-6
内容 第1章 イエスとの再会　第2章 どんな男だったのか？―復活前のイエス　第3章 イエス、憐れみ、政治　第4章 イエスと知恵―革新的な知恵の教師　第5章 イエス、神の知恵―肉となったソフィア　第6章 イエスのイメージとキリスト者の生活のイメージ〔07824〕

ポーク, ミルブリー
◇世界探検家列伝―海・河川・砂漠・極地、そして宇宙へ(The great explorers)　ロビン・ハンベリーテニソン編著, 植松靖夫訳　悠書館　2011.9　303p　26cm　〈文献あり 索引あり〉9500円　①978-4-903487-49-6
内容 マリアンヌ・ノース―怖いもの知らずの博物学者にして植物画家(ミルブリー・ポーク)〔07825〕

ボク, ユウ*　朴 佑
⇒パク, ウ*

ボク, ユウカ　朴 裕河
⇒パク, ユハ

ボク, レイケイ*　朴 礼慶
⇒パク, イェギョン*

ボクシ　墨子
◇墨子　森三樹三郎訳　筑摩書房　2012.10　302p　15cm　(ちくま学芸文庫 ホ18-1)　〈底本：世界古典文学全集19(筑摩書房1965年刊)〉1100円　①978-4-480-09490-2
内容 尚賢篇　尚同篇　兼愛篇　非攻篇　節用篇　節葬篇　天志篇　明鬼篇　非楽篇　非命篇　非儒篇　耕柱篇　貴義篇　公孟篇　魯問篇　公輸篇〔07826〕

ボーゲニクト, デビッド　Borgenicht, David
◇この方法で生きのびろ！(THE WORST-CASE SCENARIO Survival Handbook)　ジョシュア・ペイビン, デビッド・ボーゲニクト著, 倉骨彰訳　草思社　2012.8　190p　16cm　(草思社文庫 ペ2-1)　680円　①978-4-7942-1916-9
内容 第1章 脱出・突入(流砂に足をとられたとき　ドアを蹴破って室内に入るとき ほか)　第2章 防御・攻撃(毒ヘビに襲われたとき　サメが向かってきたとき ほか)　第3章 跳躍・落下(橋の上から川に飛び込むとき　建物からゴミ収納庫に飛び降りるとき ほか)　第4章 緊急事態(呼吸が止まってしまったとき　心臓が止まってしまったとき ほか)　第5章 突発事態(飛行機を代行操縦・着陸させるとき　大地震に遭遇した

ホ

とき ほか）　〔07827〕

◇この方法で生きのびろ！　旅先サバイバル篇（THE WORST-CASE SCENARIO Survival Handbook）　ジョシュア・ペイビン, デビッド・ボーゲニクト著, 倉骨彰訳　草思社　2012.10　211p　16cm　（草思社文庫 ペ2-2）　700円　①978-4-7942-1928-2

内容 第1章 緊急停止（乗ったラクダが暴走しはじめたとき　列車が無人で暴走しはじめたとき ほか）　第2章 対人防御（暴動に巻きこまれそうになったとき　武装グループの人質にされたとき ほか）　第3章 脱出方法（屋上から屋上に飛び移るとき　走っている列車から飛び降りるとき ほか）　第4章 生還方法（ジャングルで迷ってしまったとき　コンパスなしで方角を知りたいとき ほか）　第5章 避難・食料（高層ホテルが火事になったとき　無人島で水を手に入れたいとき ほか）　第6章 撃退・負傷（タランチュラに襲われたとき　サソリに刺されたとき ほか）　巻末付録 旅先サバイバル戦略集（旅行のための総合戦略　荷造りするときの戦略 ほか）　〔07828〕

ホ

ポーコック, J.G.A.　Pocock, John Greville Agard

◇島々の発見―「新しいブリテン史」と政治思想（The Discovery of Islands）　J.G.A.ポーコック著, 犬塚元監訳, 安藤裕介, 石川敬史, 片山文雄, 古城毅, 中村逸春訳　名古屋　名古屋大学出版会　2013.12　425, 40p　22cm　〈文献あり 索引あり〉 6000円　①978-4-8158-0752-8

内容 対蹠地の認識 犬塚元 訳. ブリテン史 中村逸春 訳. 拡張されたフィールド 片山文雄 訳. 二つの王国と三つの歴史？　片山文雄 訳. 大西洋群島と三王国戦争 古城毅 訳. 歴史のなかの第三の王国 犬塚元 訳. 一六八八年以後の群島、ヨーロッパ、大西洋 石川敬史 訳. 一六八八年の意義 犬塚元 訳. 帝国、国家、国家連合 石川敬史 訳. ブリテン史における合同 石川敬史 訳. ネオ・ブリテン人と三つの帝国 犬塚元 訳. タガタ・フェヌアと啓蒙の人類学 古城毅 訳. 分断された文化における法、主権、歴史 古城毅 訳. 二〇世紀後半における主権と歴史 安藤裕介 訳. ヨーロッパを脱構築する 安藤裕介 訳. 新しいブリテン史の政治 安藤裕介 訳. 結論 安藤裕介 訳　〔07829〕

ポーザー, ハンス

◇時間の謎―哲学的分析（Das Rätsel der Zeit）　ハンス・ミカエル・バウムガルトナー編, 田中隆訳　丸善書店出版サービスセンター　2013.8　353p　22cm　非売品　①978-4-89630-281-3

内容 時間と永遠 定位知としての時間思想（ハンス・ポーザー）　〔07830〕

ポサダ, ジェニファー　Posada, Jennifer

◇あなたはすべての答えを知っている―思いだすだけで自由に生きられる（The oracle within）　ジェニファー・ポサダ著, 横川サラ, 桜庭雅文訳　徳間書店　2011.12　254p　20cm　1700円　①978-4-19-863312-7

内容 序章 すべてを覚えているということ　第1章 私の物語―内なるオラクルへの気づき　第2章 オラクルの歴史　第3章 直感的な人生を生きる（セルフラブ―聖なる鏡　信頼―神と手をつなぐ　想像力（イマジネーション）―忘れられた秘密　ゆだねること―変性意識、トランス、エクスタシー ほか）　終章 オラクルの帰還　〔07831〕

ポサラック, アレクサンドラ　Pošarac, Aleksandra

◇世界障害報告書（World Report on Disability 2011）　アラナ・オフィサー, アレクサンドラ・ポサラック編, 長瀬修監訳, 石川ミカ訳　明石書店　2013.8　567p　22cm　〈索引あり〉 7500円　①978-4-7503-3879-8

内容 第1章 障害に対する理解　第2章 障害―世界の状況　第3章 一般的な医療　第4章 リハビリテーション　第5章 アシスタンスと支援　第6章 可能にする環境　第7章 教育　第8章 就労と雇用　第9章 今後に向けて―勧告　〔07832〕

ホシ, アケミ

◇エビデンスに基づく犯罪予防（Evidence-based crime prevention）　ローレンス・W.シャーマン, ディビッド・P.ファリントン, ブランドン・C.ウェルシュ, ドリス・レイトン・マッケンジー編, 津富宏, 小林寿一監訳, 島田貴仁, 藤野京子, 寺村堅志, 渡辺昭一訳　社会安全研究財団　2008.9　434p　26cm　〈文献あり〉 ①978-4-904181-02-7

内容 地域社会と犯罪予防（ブランドン・C.ウェルシュ, アケミ・ホシ著, 小林寿一訳）　〔07833〕

ボージ, ジョー

◇北極海のガバナンス　奥脇直也, 城山英明編著　東信堂　2013.3　214p　22cm　〈他言語標題：Governing the Arctic Ocean　索引あり〉 3600円　①978-4-7989-0167-1

内容 北極地域における機会と責任（ジョー・ボージ執筆, 西本健太郎訳）　〔07834〕

ポジィ, マシュー・アダム　Poggi, Matthew Adam

◇日米対談 ジャパン・ライジング―G20時代の戦略的思考　大塚耕平, マシュー・アダム・ポジィ編著　丸善プラネット　2011.11　179p　19cm　〈発売：丸善出版〉 1400円　①978-4-86345-103-2

内容 1 ジャパン・アズ・ナンバーワン　2 金融政策論争　3 政策フロンティア　4 新興国　5 日米関係　6 日はまた昇る　〔07835〕

ホジダン, リンダ・A.　Hodgdon, Linda A.

◇自閉症スペクトラムとコミュニケーション―理解コミュニケーションの視覚的支援（Visual Strategies For Improving Communication）　リンダ・A.ホジダン著, 門眞一郎, 小川由香, 黒沢麻美訳　星和書店　2012.10　251p　26cm　〈文献あり〉 3700円　①978-4-7911-0824-4

内容 第1部 視覚的コミュニケーション入門（視覚的コミュニケーションとは？）　第2部 視覚的支援具の例（情報を与える視覚的支援具　効果的に指示するための視覚的支援　環境を整理するための視覚的手法　複数の環境間のコミュニケーションの仲介）　第3部 様々な生活環境でのコミュニケーション（家庭におけるコミュニケーションの改善　地域社会でのコミュニケーション）　第4部 視覚的支援具の作成と活用（視覚的支援具の作成　視覚的支援具と科学技術　コミュニケーションと教育に視覚的支援法を取り入れる）　第5部 プログラムの立案について（教育の動向：視覚的コミュニケーションについて）　〔07836〕

ホシノ, K.* Hoshino, Kazumi

◇健康長寿の社会文化的文脈（Healthy Aging in Sociocultural Context） Andrew E.Scharlach, Kazumi Hoshino編, 佐々木尚之,Kazumi Hoshino監訳 風間書房 2013.10 157p 21cm 〈索引あり〉 2500円 ①978-4-7599-1997-4

内容 移民高齢者のための社会文化的サポート・モデル：アメリカ合衆国、スウェーデン、日本の視点から 他（Kazumi Hoshino著, Kazumi Hoshino訳） 〔07837〕

ボシュエ, ジャック=ベニニュ

◇近代カトリックの説教 高柳俊一編 教文館 2012.8 458p 21cm （シリーズ・世界の説教） 4300円 ①978-4-7642-7338-2

内容 聖母の神への愛（ジャック＝ベニニュ・ボシュエ述, 高柳俊一訳） 〔07838〕

ボース, ミヒル

◇国家と国民の歴史―ヴィジュアル版（HISTORIES OF NATIONS） ピーター・ファタードー編, 猪口孝日本語版監修, 小林朋則訳 原書房 2012.11 320p 26cm 〈文献あり 索引あり〉 5800円 ①978-4-562-04850-2

内容 インド―自ら歴史を書き残さなかった文明（ミヒル・ボース） 〔07839〕

ボース, ルーマ Bose, Ruma

◇マザー・テレサCEO―驚くべきリーダーシップの原則（Mother Teresa, CEO） ルーマ・ボース, ルー・ファウスト著, 近藤邦雄訳 集英社 2012.4 175p 19cm 1200円 ①978-4-08-786013-9

内容 序章 マザー・テレサの原則 マザー・テレサの生涯 第1章 簡潔なビジョンを力強く伝えろ 第2章 天使に会うためなら悪魔とも取引しろ 第3章 がまん強くチャンスを待て 第4章 疑うことを恐れるな 第5章 規律を楽しめ 第6章 相手が理解できる言葉でコミュニケーションしろ 第7章 底辺にも目配りしろ 第8章 沈黙の力を使え おわりに あなたが聖人になる必要はない 〔07840〕

ボズウェル, ソフィー Boswell, Sophie

◇子どもを理解する 0-1歳（Understanding Your Baby） ソフィー・ボズウェル, サラ・ガスタヴァス・ジョーンズ著, 平井正三, 武藤誠監訳, 子どもの心理療法支援会訳 岩崎学術出版社 2013.5 197p 21cm （タビストック☆子どもの心と発達シリーズ） 〈文献あり 索引あり〉 2200円 ①978-4-7533-1059-3

内容 第1部 0歳の子どもを理解する（妊娠、出産、「親子の絆」 最初の6週間 生後3カ月から6カ月 生後6カ月から12カ月 母子分離を乗り切ること） 第2部 1歳の子どもを理解する（すばらしき新世界 探索することの重要性 性格の芽生え 母親との分離 子ども自身の人生を歩んでいくこと） 〔07841〕

ボスコ, ジョヴァンニ Bosco, Giovanni

◇こころの教育者ドン・ボスコの「ローマからの手紙」―「若者が愛されていると感じるように、愛してください」 サレジオ会日本管区編, 浦田慎二郎改訳・監修 ドン・ボスコ社 2013.10 59p 19cm 200円 ①978-4-88626-567-8

内容 1 ドン・ボスコの「ローマからの手紙」 2「ローマからの手紙」読み解きガイド（親心―愛する子どもたち、いつも君たちのことを思っています 伝わる愛“アモレヴォレッツァ”―若者たちが愛されていると感じるように愛そう アシステンツァ―ドン・ボスコはいつも若者たちと一緒だった ほか） 3 ドン・ボスコがならった神の“親心”（「お父さん」である神 まず、先に愛する 自分から近づいていく 一人ひとりを分け隔てなく大切にする ほか） 〔07842〕

ボスコ, テレジオ Bosco, Teresio

◇完訳ドン・ボスコ伝（Don Bosco una biografia nuova） テレジオ・ボスコ著, サレジオ会訳 ドン・ボスコ社 2011.1 540p 22cm 〈年譜あり〉 1800円 ①978-4-88626-514-2

内容 十二歳の出発 幼年時代 教育の原点 少年時代 小さな道化師 備えの時―家畜小屋係の三年 カステルヌオヴォの学校 「ぼくは勉強しなければならない」 キエリでの青春 友情の季節〔ほか〕 〔07843〕

ボスティールス, ブルーノ

◇共産主義の理念（L'Idée du communisme（重訳）） コスタス・ドゥズィーナス, スラヴォイ・ジジェク編, 長原豊監訳, 沖公祐, 比嘉徹徳, 松本潤一郎訳 水声社 2012.6 434p 20cm 4500円 ①978-4-89176-912-3

内容 左翼主義の仮説（ブルーノ・ボスティールス著, 沖公祐訳） 〔07844〕

ポスト, アンナ

◇エミリー・ポストのエチケット（EMILY POST'S ETIQUETTE（原著18版）（抄訳）） ペギー・ポスト, アンナ・ポスト, リジー・ポスト, ダニエル・ポスト・セニング著, 野沢敦子, 平林祥訳 宝島社 2013.3 269p 19cm 1200円 ①978-4-8002-0416-5

内容 1 毎日のマナー（暮らしのガイドライン ふだんの大切なマナー ほか） 2 外出先でのマナー（外食 旅行 ほか） 3 コミュニケーションとテクノロジー（会話上手になるには 電話のマナー ほか） 4 オフィスでのマナー（オフィスのエチケット 職場の人間関係） 〔07845〕

ポスト, ジェームズ・E. Post, James E.

◇企業と社会―企業戦略・公共政策・倫理 上（Business and society（10th ed.）） J.E.ポスト, A.T.ローレンス,J.ウェーバー著, 松野弘, 小阪隆秀, 谷本寛治監訳 京都 ミネルヴァ書房 2012.3 390p 22cm 〈索引あり 文献あり〉 3800円 ①978-4-623-05248-6

内容 第1部 社会のなかの企業 第2部 企業と社会環境 第3部 企業と倫理環境 第4部 グローバル社会のなかの企業と政府 第5部 企業と自然環境 第6部 企業と技術変化 〔07846〕

◇企業と社会―企業戦略・公共政策・倫理 下（Business and society（10th ed.）） J.E.ポスト, A.T.ローレンス,J.ウェーバー著, 松野弘, 小阪隆秀, 谷本寛治監訳 京都 ミネルヴァ書房 2012.3 375p 22cm 〈索引あり 文献あり〉 3800円 ①978-4-623-06078-8

内容 第7部 ステークホルダーへの対応（株主とコーポレート・ガバナンス 消費者保護 コミュニティと

ホ

企業　従業員と企業）　第8部 社会的課題事項（ダイバーシティと労働力　企業とメディア　新世紀とグローバルな社会的課題事項）　企業的社会政策の事例研究（オドワラ社と大腸菌の発生　ソルトレークシティとオリンピック招致をめぐる贈収賄スキャンダル　コロンビア/HCAとメディケア詐欺スキャンダル　タバコ協定　マイクロソフト社に対する反トラスト法違反訴訟事件　ダウ・コーニング社とシリコン製人工乳房論争　ナイキ社とオレゴン大学との論争　ナイジェリアのシェル石油　シェル社の変容）〔07847〕

ポスト, スティーブン　Post, Stephen Garrard
◇人を助けるということ―苦しい時を乗り越えるために（The Hidden Gifts of Helping）　スティーブン・ポスト著, ケイ洋子訳　大阪　創元社　2013.3　215p　19cm　1600円　①978-4-422-10114-9
内容 第1章 人生という不思議な旅に学ぶ　第2章 助ける人こそ光り輝く　第3章 切実に助けを求める人に尽くす　第4章 本当の幸福を探す　第5章 思いやりと無限の愛　第6章 希望を見つける　〔07848〕

ポスト, ペギー　Post, Peggy
◇エミリー・ポストのエチケット（EMILY POST'S ETIQUETTE（原著18版）（抄訳））　ペギー・ポスト, アンナ・ポスト, リジー・ポスト, ダニエル・ポスト・セニング著, 野沢敦子, 平林祥訳　宝島社　2013.3　269p　19cm　1200円　①978-4-8002-0416-5
内容 1 毎日のマナー（暮らしのガイドライン　ふだんの大切なマナー ほか）　2 外出先でのマナー（外食　旅行 ほか）　3 コミュニケーションとテクノロジー（会話上手になるには　電話のマナー ほか）　4 オフィスでのマナー（オフィスのエチケット　職場の人間関係）　〔07849〕

ポスト, リジー
◇エミリー・ポストのエチケット（EMILY POST'S ETIQUETTE（原著18版）（抄訳））　ペギー・ポスト, アンナ・ポスト, リジー・ポスト, ダニエル・ポスト・セニング著, 野沢敦子, 平林祥訳　宝島社　2013.3　269p　19cm　1200円　①978-4-8002-0416-5
内容 1 毎日のマナー（暮らしのガイドライン　ふだんの大切なマナー ほか）　2 外出先でのマナー（外食　旅行 ほか）　3 コミュニケーションとテクノロジー（会話上手になるには　電話のマナー ほか）　4 オフィスでのマナー（オフィスのエチケット　職場の人間関係）　〔07850〕

ポスト, A.H.　Post, Albert Hermann
◇日本立法資料全集　別巻 686　国家法制起原（Die Anfange des Staats-und Rechtslebens）　A.H.ポスト原著, 飯野謹一補訳　復刻版　信山社出版　2011.8　11, 303p　23cm　〈八尾書店明治26年刊の複製〉35000円　①978-4-7972-6383-1　〔07851〕

ポスト・セニング, ダニエル
◇エミリー・ポストのエチケット（EMILY POST'S ETIQUETTE（原著18版）（抄訳））　ペギー・ポスト, アンナ・ポスト, リジー・ポスト, ダニエル・ポスト・セニング著, 野沢敦子, 平林祥訳　宝島社　2013.3　269p　19cm　1200円　①978-4-8002-0416-5
内容 1 毎日のマナー（暮らしのガイドライン　ふだんの大切なマナー ほか）　2 外出先でのマナー（外食　旅行 ほか）　3 コミュニケーションとテクノロジー（会話上手になるには　電話のマナー ほか）　4 オフィスでのマナー（オフィスのエチケット　職場の人間関係）　〔07852〕

ボストン, メアリー*　Boston, Mary
◇子どもの心理療法と調査・研究―プロセス・結果・臨床的有効性の探求（Child psychotherapy and research）　ニック・ミッジリー, ジャン・アンダーソン, イブ・グレンジャー, ターニャ・ネシッジ・プコビッチ, キャシー・アーウィン編著, 鵜飼奈津子監訳　大阪　創元社　2012.2　287p　22cm　〈索引あり　文献あり〉5200円　①978-4-422-11524-5
内容 公的保護下にある子どもとの精神分析的心理療法の評価（Mary Boston,Dora Lush,Eve Grainger著, 金沢晃訳）　〔07853〕

ポストン, モイシェ　Postone, Moishe
◇時間・労働・支配―マルクス理論の新地平（TIME, LABOR, AND SOCIAL DOMINATION）　モイシェ・ポストン著, 白井聡, 野尻英一監訳　筑摩書房　2012.8　655, 27p　22cm　〈文献あり 索引あり〉6000円　①978-4-480-86722-3
内容 第1部 伝統的マルクス主義への批判（マルクスの資本主義批判を再考する　伝統的マルクス主義の諸前提　伝統的マルクス主義の限界と"批判理論"の悲観論への転回）　第2部 商品―マルクスによる批判の再構築へ向けて（抽象的労働　抽象的時間　ハーバーマスのマルクス批判）　第3部 資本―マルクスの批判の再構築へ向けて（資本の理論に向かって　労働と時間の弁証法　生産の軌道　結論的考察）　〔07854〕

〔ボストン市立図書館〕審査委員会
◇ボストン市立図書館とJ.ウィンザーの時代（1868-1877年）―原典で読むボストン市立図書館発展期の思想と実践　川崎良孝解説・訳, 久野和子, 川崎智子訳　京都　京都図書館情報学研究会　2012.5　401p　21cm　〈背・表紙のタイトル：ボストン市立図書館とJ.ウィンザーの時代　発売：日本図書館協会〉6000円　①978-4-8204-1200-7
内容 1867年審査委員会報告（『ボストン市立図書館理事会第15年報』1867年）（審査委員会）　〔07855〕

〔ボストン〕市立図書館に関する合同常任委員会
◇ボストン市立図書館とJ.ウィンザーの時代（1868-1877年）―原典で読むボストン市立図書館発展期の思想と実践　川崎良孝解説・訳, 久野和子, 川崎智子訳　京都　京都図書館情報学研究会　2012.5　401p　21cm　〈背・表紙のタイトル：ボストン市立図書館とJ.ウィンザーの時代　発売：日本図書館協会〉6000円　①978-4-8204-1200-7
内容 市立図書館の日曜開館に関する報告（『市文書第80号』1864年）他（市立図書館に関する合同常任委員会）　〔07856〕

〔ボストン〕市立図書館に関する両院合同委員会

◇ボストン市立図書館とJ.ウィンザーの時代（1868-1877年）—原典で読むボストン市立図書館発展期の思想と実践　川崎良孝解説・訳, 久野和子, 川崎智子訳　京都　京都図書館情報学研究会　2012.5　401p　21cm　〈背・表紙のタイトル：ボストン市立図書館とJ.ウィンザーの時代　発売：日本図書館協会〉6000円　①978-4-8204-1200-7

内容 市立図書館の閲覧室における日曜開館に関する報告（『市文書第75号』1867年7月27日）他（市立図書館に関する両院合同委員会）〔07857〕

ボストン市立図書館理事会

◇ボストン市立図書館とJ.ウィンザーの時代（1868-1877年）—原典で読むボストン市立図書館発展期の思想と実践　川崎良孝解説・訳, 久野和子, 川崎智子訳　京都　京都図書館情報学研究会　2012.5　401p　21cm　〈背・表紙のタイトル：ボストン市立図書館とJ.ウィンザーの時代　発売：日本図書館協会〉6000円　①978-4-8204-1200-7

内容 ボストン市立図書館理事会報告（『市文書第37号』1852年7月6日）他（ボストン市立図書館理事会）〔07858〕

ボストン変化プロセス研究会

◇解釈を越えて—サイコセラピーにおける治療的変化プロセス（Change in psychotherapy）　ボストン変化プロセス研究会著, 丸田俊彦訳　岩崎学術出版社　2011.8　253p　22cm　〈文献あり 索引あり〉4000円　①978-4-7533-1026-5 〔07859〕

ポズナー, ケネス・A.　Posner, Kenneth A.

◇マーケットのブラック・スワン—その予測と意思決定の方法（Stalking the black swan）　ケネス・A.ポズナー著, 鈴木立哉訳　実務教育出版　2011.10　406p　20cm　2800円　①978-4-7889-0794-2

内容 第1部 不確実性（極限的な環境下での予測　確率で考える　自信過剰と自信過少）　第2部 情報（戦略をもって情報過多と闘う　新情報と認知的不協和　情報の非対称性を緩和する）　第3部 分析と判断（単純な発想から複雑な分析へのマッピング　モンテカルロ・モデルの強みと弱み　判断）〔07860〕

ポズナー, バリー・Z.　Posner, Barry Z.

◇リーダーシップの真実—どんな時代でも人々がリーダーに求めていること（The truth about leadership）　ジェームズ・M.クーゼス, バリー・Z.ポズナー著, 渡辺博訳　生産性出版　2011.8　223p　19cm　1800円　①978-4-8201-1983-8

内容 導入 誰もがリーダーシップについて知りたいこと　第一の真実 違いを生み出す　第二の真実 信頼性がリーダーシップの基礎である　第三の真実 価値がコミットメントを推し進める　第四の真実 将来に目を向けるのがリーダーである　第五の真実 一人ではできない　第六の真実 信頼がすべて　第七の真実 挑戦から偉大なことが生まれる　第八の真実 模範によってリードしなければリードできない　第九の真実 最良のリーダーは最良の学習者である　第一〇の真実 リーダーシップとは心を通わすことである　エピローグ リーダーはイエスと言う〔07861〕

◇リーダーシップ・マスター—世界最高峰のコーチ陣による31の教え（Coaching for Leadership）　マーシャル・ゴールドスミス, ローレンス・S.ライアンズ, サラ・マッカーサー編著, 久野正人監訳, 中村安子, 夏井幸子訳　英治出版　2013.7　493p　21cm　2800円　①978-4-86276-164-4

内容 リーダーシップはリレーションシップ（ジェームズ・M.クーゼス, バリー・Z.ポズナー）〔07862〕

ポズナー, マイケル・I.　Posner, Michael I.

◇脳を教育する（Educating the human brain）　マイケル・I.ポズナー, メアリー・K.ロスバート著, 近藤隆文訳, 無藤隆監修　青灯社　2012.3　398p　19cm　〈索引あり　文献あり〉3800円　①978-4-86228-057-2

内容 1 教育、心理学、そして脳　2 脳と心の関連づけ　3 見ることを学ぶ　4 自分自身の心　5 遺伝子と環境　6 気質と学習　7 読み書きの能力　8 数的能力　9 熟達性　10 学校への準備〔07863〕

ポズナー, リチャード・アレン　Posner, Richard Allen

◇ベッカー教授、ポズナー判事の常識破りの経済学（Uncommon sense）　ゲーリー・S.ベッカー, リチャード・A.ポズナー著, 鞍谷雅敏, 遠藤幸彦, 稲田誠士訳　東洋経済新報社　2011.2　220p　20cm　2200円　①978-4-492-31408-1

内容 第1部 社会問題を考える（男女の産み分け　臓器売買　大学ランキング ほか）　第2部 グローバルな政治経済問題を考える（中国におけるグーグル　プーチンの人口計画　治安の民営化 ほか）　第3部 金融危機に学ぶ（サブプライム住宅ローン危機　金融危機の意味　なぜ警告が無視されたか ほか）〔07864〕

◇法と文学　上（Law and literature（3rd ed.））　リチャード・A.ポズナー著, 平野晋監訳, 坂本真樹, 神馬幸一訳　木鐸社　2011.11　336p　22cm　5000円　①978-4-8332-2443-7

内容 第1部 法としての文学（文学に映し出される法の影響　法の起源—法の原型・文学的特性としての復讐　法理論が抱える矛盾　文芸批評的な法学の限界　法の不正義を告発する文学作品　カフカ作品に関する二つの法的な見方　『失楽園』における刑罰理論）〔07865〕

◇法と文学　下（Law and literature（3rd ed.））　リチャード・A.ポズナー著, 平野晋監訳, 坂本真樹, 神馬幸一訳　木鐸社　2011.11　p339-705　22cm　〈索引あり〉5000円　①978-4-8332-2444-4

内容 第2部 文学としての法（契約・法令・憲法の解釈　文学としての法廷意見）　第3部 文学は、法を救えるか？（法に有用な背景的情報源としての文学　公判と上訴における弁論の改善　文学は、法に血を通わせられるか！）　第4部 法による文学の規制（著作者ではない人々の保護　著作者とされる人々の保護）「法と文学」という提言〔07866〕

ボスナー, レオ　Bosner, Leo

◇3・11以後の日本の危機管理を問う　務台俊介編著, レオ・ボスナー, 小池貞利, 熊丸由布治著　京都　晃洋書房　2013.1　198p　21cm　（神奈川大学法学研究所叢書 27）　2000円　①978-4-7710-2420-5

ホ

内容 3・11を経た日本の災害対策の在り方 他（レオ・ボスナー執筆, 務台俊介監訳）〔07867〕

ボスナック, ロバート　Bosnak, Robert

◇R.（ロバート）ボスナックの体現的ドリームワーク—心と体をつなぐ夢イメージ（Embodiment）ロバート・ボスナック著, 浜田華子監訳, 日本Embodied Dreamwork研究会訳　大阪　創元社　2011.4　215p　22cm　〈タイトル：R.ボスナックの体現的ドリームワーク　索引あり〉3500円　①978-4-422-11507-8

内容 視点の根本的な変化　体現化するイメージ　技法の展開　夢みる脳と同時存在的な多様性について　トラウマを代謝する　内因性の治癒反応　身をゆだねることと解離　イマジネーションの種類　第一資料とチンキ剤（彩色剤）　夢のインキュベーション、芸術、代理人による夢み　体現的な状態　この技法への実践ガイド〔07868〕

ホ

ホセ, リカルド・トロタ

◇フィリピンと日本の戦後関係—歴史認識・文化交流・国際結婚（The past, love, money and much more）リディア・N.ユー・ホセ編著, 佐竹真明, 小川玲子, 堀芳枝訳　明石書店　2011.12　310p　20cm　（明石ライブラリー 148）〈年表あり〉2800円　①978-4-7503-3506-3

内容 フィリピンにおける戦争記念碑と記念式典（リカルド・トロタ・ホセ著）〔07869〕

ポーゼン, アダム　Posen, Adam S.

◇日本の未来について話そう—日本再生への提言（Reimagining Japan）マッキンゼー・アンド・カンパニー責任編集, クレイ・チャンドラー, エアン・ショー, ブライアン・ソーズバーグ編著　小学館　2011.7　416p　19cm　1900円　①978-4-09-388189-0

内容 7人のサムライを呼べ（アダム・ポーゼン著）〔07870〕

ポーゼン, ロバート・C.　Pozen, Robert C.

◇ハーバード式「超」効率仕事術（EXTREME PEODUCTIVITY）ロバート・C.ポーゼン著, 関美和訳　早川書房　2013.7　341p　19cm　1800円　①978-4-15-209388-2

内容 1 いちばん大切な三つの考え方（目標を設定し、優先順位をつける　結果に目を向ける　雑事に手間をかけない）2 日々の生産性向上法（日課を守る　身軽に出張する　効率よく会議を行なう）3 個人のスキル向上法（要領よく読む　読みやすく書く　伝わるように話す）4 上司と部下をマネジメントする（部下をマネジメントする　上司をマネジメントする）5 実りある人生を送る（一生を通してキャリアの選択肢を広げ続ける　変化を受け入れ、基本を守る　家庭と仕事を両立させる）〔07871〕

ホーソン, ジョアンナ

◇母子臨床の精神力動—精神分析・発達心理学から子育て支援へ（Parent-infant psychodynamics）ジョーン・ラファエル - レフ編, 木部則雄監訳, 長沼佐代子, 長尾牧子, 坂井直子, 金沢聡子訳　岩崎学術出版社　2011.11　368p　22cm　〈索引あり〉6600円　①978-4-7533-1032-6

内容 赤ん坊の言葉を理解すること（ジョアンナ・ホーソン著, 長尾牧子, 金沢聡子訳）〔07872〕

ポーター, エドアルド　Porter, Eduardo

◇「生き方」の値段—なぜあなたは合理的に選択できないのか？（The price of everything）エドアルド・ポーター著, 月沢李歌子訳　日本経済新聞出版社　2011.9　306p　19cm　2000円　①978-4-532-35486-2

内容 はじめに 値段はどこにでもある　第1章「モノ」の値段　第2章「生命」の値段　第3章「幸福」の値段　第4章「女性」の値段　第5章「仕事」の値段　第6章「無料」の値段　第7章「文化」の値段　第8章「信仰」の値段　第9章「未来」の値段　おわりに—値段が機能しなくなるとき〔07873〕

ポター, ティモシー・ウィリアム

◇オックスフォード ブリテン諸島の歴史 1 ローマ帝国時代のブリテン島（The short Oxford history of the British Isles：the Roman Era）鶴島博和日本語版監修　ピーター・サルウェイ編, 南川高志監訳　慶応義塾大学出版会　2011.5　336, 53p　22cm　〈文献あり 年表あり 索引あり〉4800円　①978-4-7664-1641-1

内容 ブリテン島の変容（ティモシー・ウィリアム・ポター著）〔07874〕

ポーター, リンゼイ　Porter, Lindsay

◇暗殺の歴史（Assassination）リンゼイ・ポーター著, 北川玲訳　大阪　創元社　2011.9　190p　27cm　〈文献あり 索引あり〉3800円　①978-4-422-21500-6

内容 第1章 歴史上もっとも有名な暗殺—ユリウス・カエサル　第2章 波乱の大司教—トマス・ベケット　第3章 国王の暗殺—アンリ4世　第4章 革命の殉教者—ジャン＝ポール・マラー　第5章 第1次世界大戦の引き金—フランツ・フェルディナント大公　第6章 ならず者から伝説へ—エミリアーノ・サパタとパンチョ・ビジャ　第7章 大統領の殺害—ジョン・F.ケネディ　第8章 国家的陰謀—外交政策としての暗殺計画　終わりに—21世紀における民族主義とイスラム原理主義〔07875〕

ポータヴィー, ナッターヴート　Powdthavee, Nattavudh

◇幸福の計算式—結婚初年度の「幸福」の値段は2500万円!?（The happiness equation）ニック・ポータヴィー著, 阿部直子訳　阪急コミュニケーションズ　2012.2　268, 30p　19cm　〈文献あり〉1600円　①978-4-484-12101-7

内容 幸福の探求　幸福と科学の関係　お金で愛は買えないが、幸せなら買えるのだろうか？　お金で買えないものの値段　時は本当にすべての傷を癒してくれるだろうか？　「自分だけじゃない」　フォーカス幻想　なぜ、私たちは幸せにならなければならないのか？　幸福を決めるのは誰か？　おかしな話だが…〔07876〕

ポータヴィー, ニック　Powdthavee, Nick

◇幸福の計算式—結婚初年度の「幸福」の値段は2500万円!?（The happiness equation）ニック・ポータヴィー著, 阿部直子訳　阪急コミュニケーションズ　2012.2　268, 30p　19cm　〈文献

あり〉 1600円 ①978-4-484-12101-7
内容 幸福の探求　幸福と科学の関係　お金で愛は買えないが、幸せなら買えるのだろうか？　お金で買えないものの値段　時は本当にすべての傷を癒してくれるだろうか？　「自分だけじゃない」　フォーカス幻想　なぜ、私たちは幸せにならなければならないのか？　幸福を決めるのは誰か？　おかしな話だが… 〔07877〕

ボーダッシュ, マイケル　Bourdaghs, Michael K.
◇占領者のまなざし―沖縄/日本/米国の戦後　田仲康博編　せりか書房　2013.12　230p　21cm　2400円　①978-4-7967-0328-4
内容 ブギウギから演歌の女王へ（マイケル・ボーダッシュ著, 増淵あさ子訳） 〔07878〕

ボツァキス, ステルギオス　Botzakis, Stergios
◇池上彰のなるほど！ 現代のメディア　2　ゲームはたのしいけれど…（Entertainment and gaming）　池上彰日本語版監修　ステルギオス・ボツァキス著, 片神貴子訳　文渓堂　2011.3　55p　29cm　〈年表あり 索引あり〉2900円　①978-4-89423-710-0
内容 エンターテインメントの世界　エンターテインメント・メディアの歴史　なぜエンターテインメント作品をつくるの？　エンターテインメントにみられる暴力と性　表現と「ステレオタイプ」　エンターテインメントとお金　エンターテインメントをぬすむ　エンターテインメント・メディアのこれから 〔07879〕

ボッキーノ, A.J.　Bocchino, Anthony J.
◇弁護士のための法廷テクノロジー入門（Effective use of courtroom technology）　D.C.シーマー,F.D.ロスチャイルド,A.J.ボッキーノ,D.H.ベスキント著, 今在景子, 荒川歩, 石崎千景, 菅原郁夫訳　日の出町（東京都）　慈学社出版　2011.4　221p　22cm　〈発売 ： 大学図書〉3200円　①978-4-903425-69-6 〔07880〕

ボック, デイビッド　Bock, David
◇プロジェクト・マネジャーが知るべき97のこと（97 things every project manager should know）　Barbee Davis編, 笹井崇司訳, 神庭弘年監修　オライリー・ジャパン　2011.11　240p　21cm　〈発売 ： オーム社〉1900円　①978-4-87311-510-8
内容 モラルの重要性を認識する 他（デイビッド・ボック） 〔07881〕

ボック, デレック　Bok, Derek Curtis
◇幸福の研究―ハーバード元学長が教える幸福な社会（The politics of happiness）　デレック・ボック著, 土屋直樹, 茶野努, 宮川修子訳　東洋経済新報社　2011.10　284, 40p　20cm　〈索引あり〉2600円　①978-4-492-44383-5
内容 第1章 先行研究からの知見　第2章 幸福研究の信頼性　第3章 政策立案者は幸福研究を利用すべきか　第4章 成長の問題　第5章 不平等にどう対処すべきか　第6章 経済的苦難の脅威　第7章 苦痛を軽減する　第8章 結婚と家族　第9章 教育　第10章 政府の質　第11章 幸福研究の意義 〔07882〕

ホックシールド, アーリー・ラッセル　Hochschild, Arlie Russell
◇タイム・バインド働く母親のワークライフバランス―仕事・家庭・子どもをめぐる真実（The time bind）　アーリー・ラッセル・ホックシールド著, 坂口緑, 中野聡子, 両角道代訳　明石書店　2012.3　442p　19cm　〈タイトル ： 時間の板挟み状態働く母親のワークライフバランス　文献あり〉2800円　①978-4-7503-3554-4
内容 第1部 時間について―家族の時間がもっとあれば（「バイバイ」用の窓　管理される価値観と長い日々　頭の中の亡霊　家族の価値と逆転した世界）　第2部 役員室から工場まで―犠牲にされる子どもとの時間（職場で与えられるもの　母親という管理職　「私の友達はみんな仕事中毒」―短時間勤務のプロであること　「まだ結婚しています」―安全弁としての仕事　「見逃したドラマを全部見ていた」―時間文化の男性パイオニアたち　もし、ボスがノーと言ったら？　「大きくなったら良きシングルマザーになってほしい」　超拡大家族　超過勤務を好む人々）　第3部 示唆と代替案―新たな暮らしをイメージすること（第三のシフト　時間の板挟み状態を回避する　時間をつくる） 〔07883〕

ボッシ, ガブリエル　Bossis, Gabrielle
◇主とわたし―神との対話（Lui et moi）　ガブリエル・ボッシ著, 横瀬朋彦日本語訳　サンパウロ　2011.11　510p　21cm　〈英訳 ： イーブリン・M.ブラウン〉3500円　①978-4-8056-3904-7 〔07884〕

ホッジ, ジル　Hodges, Jill
◇アタッチメントを応用した養育者と子どもの臨床（Attachment theory in clinical work with children）　ダビッド・オッペンハイム, ドグラス・F.ゴールドスミス編, 数井みゆき, 北川恵, 工藤晋平, 青木豊訳　京都　ミネルヴァ書房　2011.6　316p　22cm　〈文献あり〉4000円　①978-4-623-05731-3
内容 虐待された子どもとその養親に対する治療的介入（ミリアム・スティール, ジル・ホッジ, ジェイン・カニュイック, ハワード・スティール, デボラ・ダゴスティーノ, インガ・ブルム, リサル・ヒルマン, ケイ・ヘンダーソン著） 〔07885〕
◇子どもの心理療法と調査・研究―プロセス・結果・臨床的有効性の探求（Child psychotherapy and research）　ニック・ミッジリー, ジャン・アンダーソン, イブ・グレンジャー, ターニャ・ネシッジ・ブコビッチ, キャシー・アーウィン編著, 鵜飼奈津子監訳　大阪　創元社　2012.2　287p　22cm　〈索引あり　文献あり〉5200円　①978-4-422-11524-5
内容 適切な教育を受けられなかった子どものアタッチメントの発達に関するアセスメントと、調査・研究にみられるナラティブ（Jill Hodges,Miriam Steele,Jeanne Kaniuk,Saul Hillman,Kay Asquith著, 由井理亜子訳） 〔07886〕

ホッジ, ロバート・D.　Hoge, Robert D.
◇非行・犯罪少年のアセスメント―問題点と方法論（Assessing the youthful offender）　ロバート・D.ホッジ,D.A.アンドリュース著, 菅野哲也訳

ホ

金剛出版　2012.2　180p　22cm　〈文献あり〉 3200円　①978-4-7724-1235-3
内容 第1章 理論的背景　第2章 少年司法制度における決定プロセス　第3章 少年司法手続における心理検査の役割　第4章 能力適性と学力レベルのアセスメント　第5章 性格、態度および行動面のアセスメント　第6章 環境要因のアセスメント　第7章 総合診断および分類システム　第8章 まとめ　〔07887〕

ホッシュリング, リュック
◇法・制度・権利の今日的変容　植野妙実子編著　八王子　中央大学出版部　2013.3　480p　22cm　(日本比較法研究所研究叢書 87)　5900円　①978-4-8057-0586-5
内容 フランスのイスラム問題におけるライシテ概念の展開 (リュック・ホッシュリング述, 中島宏訳)　〔07888〕

ホ

ボッセ, フリデリーケ
◇日独交流150年の軌跡　日独交流史編集委員会編　雄松堂書店　2013.10　345p　29cm　〈布装〉 3800円　①978-4-8419-0655-4
内容 財団法人ベルリン日独センター (フリデリーケ・ボッセ著, 関川富士子訳)　〔07889〕

ボッソニー, ステファン・T.
◇新戦略の創始者─マキアヴェリからヒトラーまで 上 (Makers of modern strategy)　エドワード・ミード・アール編著, 山田積昭, 石塚栄, 伊藤博邦訳　原書房　2011.3　383p　20cm　〈1978年刊の新版〉 2800円　①978-4-562-04674-4
内容 フランス流兵学─ド・ピック フォッシュ (ステファン・T.ボッソニー, エチエンヌ・マントゥ著, 山田積昭訳)　〔07890〕

ポッター, キース　Potter, Keith
◇揺るぎない結婚─すれ違いから触れ合いへ (Unshakable)　キース・ポッター著, 田代駿二訳　あめんどう　2013.10　317p　19cm　1500円　①978-4-900677-24-1　〔07891〕

ポッター, クリストファー
◇世界一素朴な質問、宇宙一美しい答え─世界の第一人者100人が100の質問に答える (BIG QUESTIONS FROM LITTLE PEOPLE)　ジェンマ・エルウィン・ハリス編, 西田美緒子訳, タイマタカシ絵　河出書房新社　2013.11　298p　22cm　2500円　①978-4-309-25292-6
内容 夜になるとどうして空が暗くなるの? (クリストファー・ポッター)　〔07892〕

ポッター, ピットマン・B.　Potter, Pitman B.
◇法の選択的適応　和田仁孝,Pitman B.Potter編著　シーニュ　2013.7　179p　26cm　〈文献あり〉 2000円　①978-4-9907221-0-4
内容 比較法的に見た選択的適応 (ピットマン・B.ポッター著, 石田京子訳)　〔07893〕

ポッター, ラッセル
◇世界探検家列伝─海・河川・砂漠・極地、そして宇宙へ (The great explorers)　ロビン・ハンベリーテニソン編著, 植松靖夫訳　悠書館　2011.9　303p　26cm　〈文献あり 索引あり〉 9500円　①978-4-903487-49-6
内容 ロアール・アムンセン─両極点を目指す激しい情熱 他 (ラッセル・ポッター)　〔07894〕

ホッツ, サンドラ
◇ヨーロッパ消費者法・広告規制法の動向と日本法　中田邦博, 鹿野菜穂子編　日本評論社　2011.8　598p　22cm　(竜谷大学社会科学研究所叢書 第90巻)　7000円　①978-4-535-51839-1
内容 一般法の錯誤ルールと特別法上の消費者を保護する契約解消権との関係 (サンドラ・ホッツ著, 桑岡和久訳)　〔07895〕

ポット, パトリシア
◇比較教育研究─何をどう比較するか (Comparative education research)　マーク・ブレイ, ボブ・アダムソン, マーク・メイソン編著, 杉村美紀, 大和洋子, 前田美子, 阿古智子訳　上智大学出版　2011.6　351p　21cm　〈文献あり 索引あり　発売：ぎょうせい〉 2500円　①978-4-324-08596-7
内容 比較教育研究における「経験」の位置づけ (パトリシア・ポット著, 阿古智子訳)　〔07896〕

ポットマン, ジョージ　Potman, George
◇ジョージ・ポットマンの平成史　ジョージ・ポットマン著, 高橋弘樹, 伊藤正宏日本語版著者　大和書房　2012.5　286p　19cm　1400円　①978-4-479-39225-5
内容 1章 ファミコン史─平成時代、ファミコン世代は日本をどう変えてゆくのか?　2章 ブログ・ツイッター史─平成時代、なぜ日本人は「カルボナーラなう」とつぶやくのか?　3章 マンガの汗史─平成時代、なぜマンガで汗の描写が激減したのか?　4章 人妻史─平成時代、なぜ人妻大好きブームが到来したのか?　5章 童貞史─平成時代、なぜ童貞が高齢化したのか?　6章 友達いないと不安史─平成時代、なぜ日本人は便所で食事をするのか?　7章 路チュー史─平成時代、なぜ日本人はストリートキスを好むのか?　〔07897〕

ホッパー, エリザベス　Hopper, Elizabeth
◇トラウマをヨーガで克服する (Overcoming trauma through yoga)　デイヴィッド・エマーソン, エリザベス・ホッパー〔著〕, 伊藤久子訳　紀伊国屋書店　2011.12　226p　19cm　〈索引あり〉 1800円　①978-4-314-01090-0
内容 第1章 体を取り戻す　第2章 トラウマティック・ストレス　第3章 ヨーガ　第4章 トラウマ・センシティブ・ヨーガ　第5章 トラウマを抱える皆さんへ　第6章 医療者、心理セラピストの皆さんへ　第7章 ヨーガ教師の皆さんへ　〔07898〕

ホップ, セオドール
◇新戦略の創始者─マキアヴェリからヒトラーまで 下 (Makers of modern strategy)　エドワード・ミード・アール編著, 山田積昭, 石塚栄, 伊藤博邦訳　原書房　2011.3　366p　20cm　〈1979年刊の増補、新版　索引あり〉 2800円　①978-4-562-04675-1

内容 大陸におけるシーパワーの教義（セオドール・ホップ著, 石塚栄訳）〔07899〕

ホッファー, エリック　Hoffer, Eric

◇大衆運動（THE TRUE BELIEVER ： Thoughts on the Nature of Mass Movements）　エリック・ホッファー著, 高根正昭訳　紀伊国屋書店　2012.5　194p　19cm　〈第5刷（第1刷1961年）〉2400円　①978-4-314-00935-5

内容 第1部 大衆運動の魅力（変化を求める欲望　身代りを求める欲望　大衆運動間の交流）　第2部 潜在的回心者（好ましからざる人びとの社会的役割　貧困者　不適応社　極端な利己主義者　無限の機会に直面している野心家　少数派　退屈している人　罪人）　第3部 共同行動と自己犠牲（序説　自己犠牲を促進させる要因　統一の動因）　第4部 発端から終焉まで（言論人　狂信者　実際的な活動家　大衆運動の良否）〔07900〕

ホッブズ, トマス　Hobbes, Thomas

◇ホッブズの弁明/異端（Considerations upon the reputation, loyalty, manners, & religion, of Thomas Hobbes of malmesbury, An historical narration concerning heresie, and the punishment thereof）　トマス・ホッブズ著, 水田洋編訳・解説　未来社　2011.6　141p　19cm（転換期を読む 12）　1800円　①978-4-624-93432-3

内容 トマス・ホッブズの弁明　異端についての歴史的説明と、それについての処罰〔07901〕

◇哲学原論/自然法および国家法の原理（Elements of Philosophy, the First Section, Concerning Body, with Six Lessons to the Professors of Mathematics, Elementorum Philosophiae Sectio Secunda De Homine, Elementorum Philosophiae Sectio Tertia De Cive, Humane Nature ： Or, The Fundamental Elements of Policie）　トマス・ホッブズ著, 伊藤宏之, 渡部秀和訳　柏書房　2012.5　1707p　22cm　〈文献あり 年譜あり 索引あり〉20000円　①978-4-7601-4070-1

内容 哲学原論第一巻 物体論　哲学原論第二巻 人間論　哲学原論第三巻 市民論　自然法および国家法の原理　資料1 書簡　資料2 諸著作比較表　資料3 トマス・ホッブズ略年譜〔07902〕

◇人間論（De Homine）　ホッブズ著, 本田裕志訳　京都　京都大学学術出版会　2012.7　246p　20cm　（近代社会思想コレクション 08）〈索引あり〉3200円　①978-4-87698-594-4

内容 視覚線と運動の知覚とについて　じかに見た視覚による、ということはつまり、いかなる反射も屈折も存在しない場合の、対象の見かけの場所、すなわち一般的な言い方では、像の場所について　透視図法における対象の表現について　平面鏡および球状凸面鏡における、映された対象の見かけの場所について　球状凹面鏡に映された対象の見かけの場所について　一回だけの屈折を経て見られた対象の見かけの場所について　二度の屈折の後でのものの見え方について、すなわち球面状の凸レンズまたは凹レンズを用いた一般的な視力補正具について　二重にされた視力補正具、すなわち望遠鏡と顕微鏡について　言語と知識について　欲求と忌避、快と不快、ならびにそれらの原因について　感情、すなわち心の擾乱について　気質と習性について　宗教について　仮構上の人間について〔07903〕

ポッペ, トーマス　Poppe, Thomas

◇ザ・コード―人生をひらく誕生日の数字（DAS TIROLER ZAHLENRAD）　ヨハンナ・パウンガー, トーマス・ポッペ著, 奥沢しおり, 奥沢駿訳　ソフトバンククリエイティブ　2012.4　357p　19cm　1500円　①978-4-7973-6614-3

内容 1「コード」と「ホイール」の秘法（あなたの「コード」とは？　「ホイール」のエネルギー）　2「ステーション」の教え（北 ： 6と1 統率力、洞察力、決断力　東 ： 8と3 共感し未来を見る力 ほか）　3「サイン」の知恵（「ステーション」が1つの人　「ステーション」が2つの人 ほか）　4「コード」と癒し（日常生活と「サイン」　「コード」を使った生活のレベルアップ ほか）〔07904〕

ポッペン, ロジャー

◇認知行動療法という革命―創始者たちが語る歴史（A HISTORY OF THE BEHAVIORAL THERAPIES（抄訳））　ウィリアム・T.オドナヒュー, デボラ・A.ヘンダーソン, スティーブン・C.ヘイズ, ジェーン・E.フィッシャー, リンダ・J.ヘイズ編, 坂野雄二, 岡島義監訳, 石川信一, 金井嘉宏, 松岡紘史訳　日本評論社　2013.9　283p　21cm　〈文献あり〉3000円　①978-4-535-98362-5

内容 ウォルピの貢献（ロジャー・ポッペン著, 松岡紘史訳）〔07905〕

ボディ, ツヴィ　Bodie, Zvi

◇現代ファイナンス論―意思決定のための理論と実践（Financial economics（2nd ed.））　ツヴィ・ボディ, ロバート・C.マートン, デーヴィッド・L.クリートン著, 大前恵一朗訳　原著第2版　ピアソン桐原　2011.12　601p　22cm　〈索引あり　初版 ： ピアソンエデュケーション1999年刊〉　4200円　①978-4-86401-016-0

内容 第1部 ファイナンスと金融システム　第2部 時間と資源配分　第3部 資産評価モデル　第4部 リスク管理とポートフォリオ理論　第5部 資産とデリバティブの評価　第6部 コーポレート・ファイナンス〔07906〕

ボテイ, ハウメ

◇反グローバリゼーションの声（VOCES CONTRA LA GLOBALIZACIÓN）　カルロス・エステベス, カルロス・タイボ編著, 大津真作訳　京都　晃洋書房　2013.11　257, 8p　21cm　2900円　①978-4-7710-2490-8

内容 帝国と明白なる運命（ハウメ・ボテイ述）〔07907〕

ボーディン, アーサー　Bodin, Art

◇解決が問題である―MRIブリーフセラピー・センターセレクション（Focused problem resolution）　リチャード・フィッシュ, ウェンデル・A.レイ, カリーン・シュランガー編, 小森康永監訳　金剛出版　2011.12　349p　20cm　4800円　①978-4-7724-1226-1

内容 家族療法家らしくない人について（一九七二）他（リチャード・フィッシュ, ポール・ワツラウィッ

ク, ジョン・H.ウィークランド, アーサー・ボーディン）　〔07908〕

ボデル, リサ　Bodell, Lisa
◇会社をつぶせ―「ゾンビ組織」を「考える組織」に変えるイノベーション革命（Kill the Company）　リサ・ボデル著, 穂坂かほり訳　マグロウヒル・エデュケーション　2013.4　230p　19cm　〈発売：日本経済新聞出版社〉1800円　①978-4-532-60529-2
内容 はじめに 偉大なるものに向けた最初のステップ　第1部 現状を打ち破る（イノベーションは自分から三つの企業文化―あなたの会社は？　会社をつぶせ　やることを減らし、多くのことを達成する）　第2部 新しい土台を築く（新時代に必要な能力　考える組織の行動習慣　イノベーションの実践―金融企業で変化を起こす）　結論 会社をつぶせ―未来への備え　〔07909〕

ホ

ボテロ, ジャン　Bottéro, Jean
◇最古の宗教―古代メソポタミア（La plus vieille religion en Mésopotamie）　ジャン・ボテロ著, 松島英子訳　新装版　法政大学出版局　2013.8　388, 6p　19cm　4500円　①978-4-588-35409-0
内容 メソポタミアで生まれた最古の宗教　宗教一般と諸宗教　メソポタミアとその歴史　研究資料と期待される成果について　宗教感情　宗教的具象表現　宗教的振る舞い　影響と残照　〔07910〕
◇バビロンとバイブル―古代オリエントの歴史と宗教を語る（BABYLONE ET LA BIBLE）　ジャン・ボテロ著, 松島英子訳　新装版　法政大学出版局　2013.8　264, 2p　19cm　3000円　①978-4-588-35408-3
内容 1 勉学期間　2 粘土で作られた記録書―メソポタミアとアッシリア学の成立　3 文字記号物語―文字の発明　4 メソポタミアの人々の宇宙観と宗教体系　5 日常と学術　6 バビロニアの多神教と旧約聖書の一神教　7 ギルガメシュ　8 歴史と宗教史―あるアッシリア学者の眼差し　〔07911〕

ボード, ケン　Board, Ken
◇アミュージング・グレース―恵みゆえの楽しさ　ワンポイント・エッセイ集（The Amusings of a Missionary）　ケン・ボード著　北九州　小倉聖書バプテスト教会　2013.3　218p　19cm　〈他言語標題：Amusing Grace〉1600円　①978-4-946565-57-1
内容 食事・食物　生き物・動物　子供たち　スポーツ　旅行　病院　教会・福音伝道　間違い　自動車の運転　日常生活　〔07912〕

ボードマン, ジェイソン・D.
◇ライフコース研究の技法―多様でダイナミックな人生を捉えるために（The Craft of Life Course Research）　グレン・H.エルダー,Jr., ジャネット・Z.ジール編著, 本田時雄, 岡林秀樹監訳, 登張真稲, 中尾暢見, 伊藤教子, 磯谷俊仁, 玉井航太, 藤原善美訳　明石書店　2013.7　470p　22cm　〈文献あり 索引あり〉6700円　①978-4-7503-3858-3
内容 ライフコースにおける遺伝と行動（マイケル・J.シャナハン, ジェイソン・D.ボードマン著, 本田時雄, 登張真稲訳）　〔07913〕

ボトム, アンソニー
◇犯罪学研究―社会学・心理学・遺伝学からのアプローチ（The Explanation of Crime）　パーオロフ・H.ウィクストラム, ロバート・J.サンプソン編著, 松浦直己訳　明石書店　2013.8　338p　22cm　6000円　①978-4-7503-3878-1
内容 犯罪離脱、社会的結束、人為作用（アンソニー・ボトム著）　〔07914〕

ホードレイ, クリストファー　Hoadley, Christopher
◇インストラクショナルデザインとテクノロジ―教える技術の動向と課題（TRENDS AND ISSUES IN INSTRUCTIONAL DESIGN AND TECHNOLOGY（原著第3版））　R.A.リーサー, J.V.デンプシー編　京都　北大路書房　2013.9　690p　21cm　〈訳：半田純子ほか　索引あり〉4800円　①978-4-7628-2818-8
内容 学習科学：どこから来てインストラクショナルデザイナに何をもたらすのか（クリストファー・ホードレイ, ジェームズ・P.ヴァン・ハネハン著, 椿本弥生訳）　〔07915〕

ボードロ, クリスチャン　Baudelot, Christian
◇豊かさのなかの自殺（SUICIDE, L'ENVERS DE NOTRE MONDE）　Ch・ボードロ,R.エスタブレ〔著〕, 山下雅之, 都村聞人, 石井素子訳　藤原書店　2012.6　317p　20cm　3300円　①978-4-89434-860-8
内容 序論 自殺という危機に瀕する世界　第1章 貧困は自殺から人々を保護するのか？　第2章 離陸―自殺増大の初期段階　第3章 大転換点　第4章 栄光の三〇年間　第5章 ソビエトという例外　第6章 オイルショックと若者の自殺　第7章 自殺と社会階級―その現状報告　第8章 二〇世紀―支配階級が自殺からいっそう保護される　第9章 だがしかし、彼女たちはそこから出ていく…　結論　〔07916〕

ボトン, アラン・ド
◇世界一素朴な質問、宇宙一美しい答え―世界の第一人者100人が100の質問に答える（BIG QUESTIONS FROM LITTLE PEOPLE）　ジェンマ・エルウィン・ハリス編, 西田美緒子訳, タイマタカシ絵　河出書房新社　2013.11　298p　22cm　2500円　①978-4-309-25292-6
内容 夢はどんなふうに生まれるの？（アラン・ド・ボトン）　〔07917〕

ホートン, ブライアン　Haughton, Brian
◇超常現象大全―マインドリーダー、超能力者霊媒の秘密を解き明かす！（Encyclopedia of paranormal powers）　ブライアン・ホートン著, 福山良広訳　ガイアブックス　2012.2　223p　21cm　〈索引あり　文献あり　発売：産調出版〉1800円　①978-4-88282-823-5
内容 1 第六感（超感覚的知覚（ESP）　テレパシー　クレアボヤンス　ほか）　2 精神の力（サイコキネシス　心霊治療　パイロキネシス）　3 体外離脱体験（アストラル体投影　遠隔透視　バイロケーション）　〔07918〕

ボーナー, アルフレート　Bohner, Alfred

◇同行二人の遍路―四国八十八ケ所霊場（Wallfahrt zu Zweien）　アルフレート・ボーナー著, 佐藤久光, 米田俊秀共訳　大法輪閣　2012.5　254p　19cm　〈文献あり〉2000円　①978-4-8046-1334-5

内容 序章 四国遍路―日本の民族宗教　第1章 遍路の歴史（遍路の起源　遍路という名称、古文書と諸文献、道中記）　第2章 札所寺院（四国における札所寺院の数とその分布、修行の位階　伽藍、宗派別の札所寺院、本尊）　第3章 遍路（遍路の動機　遍路の装束、持ち物）　第4章 遍路の行程（旅立ちと出発　「遍路の規則」　祈禱　納経　接待と修行　徒歩巡拝と交通手段　木賃宿　精進　女人遍路　御詠歌　奉納絵馬　祝福、薬、厄除け）　終章 他力宗教としての真言宗　補遺（四国遍路地図　遍路用語の表現と慣用句のリスト　二つの通行手形　参考・関係書誌の案内）　補足（写真・図版）〔07919〕

ボナー, サラ・E.　Bonner, Sarah E.

◇心理会計学―会計における判断と意思決定（JUDGMENT AND DECISION MAKING IN ACCOUNTING（抄訳））　サラ・E.ボナー著, 田口聡志監訳, 上枝正幸, 水谷覚, 三輪一統, 嶋津邦洋訳　中央経済社　2012.4　395p　22cm　〈文献あり 索引あり〉4600円　①978-4-502-45350-2

内容 第1章 JDM研究のイントロダクション　第2章 JDMの質　第3章 知識と個人的関与　第4章 能力、内発的動機づけ、その他の個人変数　第5章 認知プロセス　第6章 タスク変数　第7章 結論〔07920〕

ホーナー, ジャック

◇世界一素朴な質問、宇宙一美しい答え―世界の第一人者100人が100の質問に答える（BIG QUESTIONS FROM LITTLE PEOPLE）　ジェンマ・エルウィン・ハリス編, 西田美緒子訳, タイマタカシ絵　河出書房新社　2013.11　298p　22cm　2500円　①978-4-309-25292-6

内容 空を飛ぶ動物には（コウモリはべつにして）なぜ羽毛が生えているの？（ジャック・ホーナー）〔07921〕

ホーナー, ロバート・H　Horner, Robert H.

◇スクールワイドPBS―学校全体で取り組むポジティブな行動支援（BUILDING POSITIVE BEHAVIOR SUPPORT SYSTEMS IN SCHOOLS）　ディアンヌ・A.クローン, ロバート・H.ホーナー著, 野呂文行, 大久保賢一, 佐藤美幸, 三田地真実訳　二瓶社　2013.11　205p　21cm　〈索引あり〉2600円　①978-4-86108-064-7〔07922〕

ボナーノ, ジョージ・A　Bonanno, George A.

◇リジリエンス―喪失と悲嘆についての新たな視点（The Other Side of Sadness）　ジョージ・A.ボナーノ著, 高橋祥友監訳　金剛出版　2013.3　298p　20cm　〈文献あり 索引あり〉2800円　①978-4-7724-1287-2

内容 起こり得る最悪の出来事　歴史的展望　悲しみと笑い　リジリエンス　真夜中を突っ走れ　救い　悲嘆に圧倒される時　恐怖と好奇心　過去、現在、未来　来世を想像する　中国の悲嘆の儀式　逆境の中で強く生きる〔07923〕

ボニファス, パスカル　Boniface, Pascal

◇最新世界情勢地図（Atlas du monde global）　パスカル・ボニファス, ユベール・ヴェドリーヌ〔著〕, 松永りえ, 加賀通恵訳　ディスカヴァー・トゥエンティワン　2011.4　143p　19×26cm　1700円　①978-4-7993-1008-3

内容 過去における大きな転換点（地球で栄えた初めての人類　ヨーロッパの全盛期　帝国の崩壊とその影響ほか）　グローバル化した世界についてのさまざまな解釈（「国際共同体」という命題　「文明の衝突」という命題　「一極世界」という命題 ほか）　世界のさまざまなデータ（人口　世界の言語　宗教 ほか）　それぞれから見た世界（米国から見た世界　カナダから見た世界　ヨーロッパから見た世界 ほか）〔07924〕

ボニン, リズ

◇世界一素朴な質問、宇宙一美しい答え―世界の第一人者100人が100の質問に答える（BIG QUESTIONS FROM LITTLE PEOPLE）　ジェンマ・エルウィン・ハリス編, 西田美緒子訳, タイマタカシ絵　河出書房新社　2013.11　298p　22cm　2500円　①978-4-309-25292-6

内容 口のなかにはほんとうに、やりをもった悪魔が住んでいるの？（リズ・ボニン）〔07925〕

ボネ, ジェラール　Bonnet, Gérard

◇性倒錯―様々な性のかたち（Les perversions sexuelles）　ジェラール・ボネ著, 西尾彰泰, 守谷てるみ訳　白水社　2011.2　157, 3p　18cm　（文庫クセジュ 954）〈文献あり〉1050円　①978-4-560-50954-8

内容 第1章 倒錯とはなにか　第2章 倒錯の分類　第3章 サディズム的倒錯とマゾヒズム的倒錯　第4章 フェティシズムと服装倒錯、同性愛の問題　第5章 露出症と窃視症　第6章 極端な倒錯、治療的アプローチ〔07926〕

ホネット, アクセル　Honneth, Axel

◇物象化―承認論からのアプローチ（Verdinglichung）　アクセル・ホネット〔著〕, 辰巳伸知, 宮本真也訳　法政大学出版局　2011.6　180, 3p　20cm　（叢書・ウニベルシタス 956）〈索引あり〉2500円　①978-4-588-00956-3

内容 第1章 ルカーチにおける物象化　第2章 ルカーチからハイデガー、デューイへ　第3章 承認の優位　第4章 承認の忘却としての物象化　第5章 自己物象化の輪郭　第6章 物象化の社会的起源〔07927〕

◇再配分か承認か？―政治・哲学論争（UMVERTEILUNG ODER ANERKENNUNG？）　ナンシー・フレイザー, アクセル・ホネット〔著〕, 加藤泰史監訳, 高畑祐人, 菊地夏野, 舟場保之, 中村修一, 遠藤寿一, 直江清隆訳　法政大学出版局　2012.10　327, 45p　20cm　（叢書・ウニベルシタス 983）〈索引あり〉3800円　①978-4-588-00983-9

内容 第1章 アイデンティティ・ポリティクスの時代の社会正義―再配分・承認・参加（再配分か承認か―切り詰められた正義の批判　再配分と承認の統合―道徳哲学の問題　社会理論の問題―資本主義社会における階級と社会的地位　政治的理論の課題―民主的正義を制度化する　危機的状況における結論的省察―ポストフォード主義・ポスト共産主義・グロー

バリゼーション）　第2章 承認としての再配分―ナンシー・フレイザーに対する反論（社会的不正の経験の現象学について　資本主義的な承認の秩序と配分をめぐる闘争　承認と社会正義）　第3章 承認できぬほどゆがめられた承認―アクセル・ホネットへの応答（批判理論における経験の位置について―政治社会学を道徳心理学に還元することに対する反論　社会理論における文化論的転回について―資本主義社会を承認秩序に還元することに対する反論　リベラルな平等について―正義を健全なアイディンティティの倫理に還元することに対する反論）　第4章 承認ということの核心―返答に対する再返答（批判的社会理論と内在的超越　資本主義と文化―社会統合・システム統合・パースペクティヴ的二元論　歴史と規範性―義務論の限界について）　〔07928〕

◇正義の他者―実践哲学論集（DAS ANDERE DER GERECHTIGKEIT : Aufsätze zur praktische Philosophie）　アクセル・ホネット著, 加藤泰史, 日暮雅夫ほか訳　新装版　法政大学出版局　2013.6　399, 50p　19cm　（叢書・ウニベルシタス）　4800円　①978-4-588-09966-3

内容 1 社会哲学の課題（社会的なものの病理―社会哲学の伝統とアクチュアリティ　世界の意味地平を切り開く批判の可能性―社会批判をめぐる現在の論争地平での『啓蒙の弁証法』　"存在を否認されること"が持つ社会的な力―批判的社会理論のトポロジーについて ほか）　2 道徳と承認（正義の他者―ハーバーマスとポストモダニズムの倫理学的挑戦　アリストテレスとカントの間―承認の道徳についてのスケッチ　正義と愛情による結びつきとの間―道徳的論争の焦点としての家族 ほか）　3 政治哲学の問題（道徳的な罠としての普遍主義？―人権政治の条件と限界　反省的協働活動としての民主主義―ジョン・デューイと現代の民主主義理論　手続き主義と目的論の間―ジョン・デューイの道徳理論における未解決問題としての道徳的コンフリクト ほか）　〔07929〕

ホーネフェルダー, ルードガー

◇時間の謎―哲学的分析（Das Rätsel der Zeit）　ハンス・ミカエル・バウムガルトナー編, 田中隆訳　丸善書店出版サービスセンター　2013.8　353p　22cm　非売品　①978-4-89630-281-3

内容 時間と実存（ルードガー・ホーネフェルダー）　〔07930〕

ポパー, カール　Popper, Karl Raimund

◇歴史主義の貧困（THE POVERTY OF HISTORICISM）　カール・ポパー著, 岩坂彰訳　日経BP社　2013.9　266p　20cm　（NIKKEI BP CLASSICS）　〈発売 : 日経BPマーケティング〉2400円　①978-4-8222-4966-3

内容 第1章 歴史主義の反自然主義的な見解（一般化　実験 ほか）　第2章 歴史主義の親自然主義的な見解（天文学との比較 : 長期予測と大規模予測　基礎づけとしての観察 ほか）　第3章 反自然主義的な見解への批判（この批判の実践的目的　社会学への技術的アプローチ ほか）　第4章 親自然主義的な見解への批判（進化の法則は存在するか : 法則とトレンド　還元の方法、因果的説明、予測と予言 ほか）　〔07931〕

ボーハート, アーサー・C.

◇変容する臨床家―現代アメリカを代表するセラピスト16人が語る心理療法統合へのアプローチ（HOW THERAPISTS CHANGE）　マービン・R.ゴールドフリード編, 岩壁茂, 平木典子, 福島哲夫, 野末武義, 中釜洋子監訳, 門脇陽子, 森田由美訳　福村出版　2013.10　415p　22cm　〈索引あり〉5000円　①978-4-571-24052-2

内容 統合的体験療法のセラピストの進化（アーサー・C.ボーハート著）　〔07932〕

ポパム, ピーター　Popham, Peter

◇アウンサンスーチー―愛と使命（THE LADY AND THE PEACOCK）　ピーター・ポパム著, 宮下夏生, 森博行, 本城悠子訳　明石書店　2012.7　604p　20cm　〈索引あり〉3800円　①978-4-7503-3620-6

内容 第1部 アウンサンの娘　第2部 孔雀の羽ばたき（呼び出し　デビュー　自由と虐殺　母の葬儀　全国遊説　父の血　反抗）　第3部 広い世界へ（悲しみの幼年期　五人の仲間―デリー時代　セントヒューズの東洋人―オックスフォード時代　選択のとき　スーパーウーマン―あるいは「オックスフォードの主婦」）　第4部 王国の継承者（軟禁の孤独　大差の勝利―総選挙とNLD　聖人万歳―亡命者と反乱軍　ノーベル平和賞　英雄と裏切り者）　第5部 明日への道（スーに会う　悪夢―デパイン虐殺事件　サフラン革命―立ち上がる僧侶たち　孔雀効果―ビルマから世界へ）　〔07933〕

ポープ, ジェームス・A.

◇大学学部長の役割―米国経営系学部の研究・教育・サービス（The dean's perspective）　クリシナ・S.ディア編著, 佐藤修訳　中央経済社　2011.7　245p　21cm　3400円　①978-4-502-68720-4

内容 教員経験の知恵（ウィリアム・B.カーパー, カール・グッディング, ジェームス・A.ポープ, アーネスト・B.ウアー著）　〔07934〕

ホフ, ヤン

◇マルクス抜粋ノートからマルクスを読む―MEGA第4部門の編集と所収ノートの研究　大谷禎之介, 平子友長編　桜井書店　2013.10　364p　22cm　4700円　①978-4-905261-14-8

内容 なぜ労働価値説の父がフランクリンからペティに変わったのか（ヤン・ホフ著, 大谷禎之介訳）　〔07935〕

ホープ, リサ・ニトシー　Hope, Lesa Nitcy

◇ソーシャルワークと修復的正義―癒やしと回復をもたらす対話、調停、和解のための理論と実践（Social Work and Restorative Justice）　エリザベス・ベック, ナンシー・P.クロフ, パメラ・ブラム・レオナルド編著, 林浩康監訳　明石書店　2012.11　486p　22cm　〈訳 : 大竹智ほか　索引あり〉6800円　①978-4-7503-3687-9

内容 ソーシャルワークと修復的正義―学校における実践への示唆（ミシェル・V.ハミルトン, リサ・ニトシー・ホープ著, 山下英三郎訳）　〔07936〕

ホプキンズ, ジェラルド・マンリー

◇近代カトリックの説教　高柳俊一編　教文館　2012.8　458p　21cm　（シリーズ・世界の説教）　4300円　①978-4-7642-7338-2

内容 キリストは英雄〈一一月二三日、日曜日〉（ジェラルド・マンリー・ホプキンズ述, 古橋昌尚訳）　〔07937〕

ホプキンス, ジュリエット　Hopkins, Juliet

◇母子臨床の精神力動―精神分析・発達心理学から子育て支援へ（Parent-infant psychodynamics）　ジョーン・ラファエル－レフ編, 木部則雄監訳, 長沼佐代子, 長尾牧子, 坂井直子, 金沢聡子訳　岩崎学術出版社　2011.11　368p　22cm　〈索引あり〉6600円　①978-4-7533-1032-6

内容 乳幼児期における心理療法的介入―頑固な泣き叫びを主訴とする対照的なふたつの症例（ジュリエット・ホプキンス著, 長尾牧子訳）〔07938〕

ホフステード, ヘールト　Hofstede, Geert H.

◇多文化世界―違いを学び未来への道を探る（CULTURES AND ORGANIZATIONS（原著第3版））　ヘールト・ホフステード, ヘルト・ヤン・ホフステード, マイケル・ミンコフ著, 岩井八郎, 岩井紀子訳　有斐閣　2013.10　506p　22cm　〈索引あり〉3900円　①978-4-641-17389-7

内容 第1部 文化という概念（社会というゲームの規則　文化の違いを研究する）　第2部 国民文化の次元（平等？ 不平等？　私・われわれ・やつら　男性・女性・人間　違うということは、危険なことである　昨日、今、これから？　明るい？ 暗い？）　第3部 組織文化（ピラミッド・機械・市場・家族―国境を越える組織　象とコウノトリ―組織文化）　第4部 共生への道（異文化との出会い　文化の進化）〔07939〕

ホフステード, ヘルト・ヤン　Hofstede, Gert Jan

◇多文化世界―違いを学び未来への道を探る（CULTURES AND ORGANIZATIONS（原著第3版））　ヘールト・ホフステード, ヘルト・ヤン・ホフステード, マイケル・ミンコフ著, 岩井八郎, 岩井紀子訳　有斐閣　2013.10　506p　22cm　〈索引あり〉3900円　①978-4-641-17389-7

内容 第1部 文化という概念（社会というゲームの規則　文化の違いを研究する）　第2部 国民文化の次元（平等？ 不平等？　私・われわれ・やつら　男性・女性・人間　違うということは、危険なことである　昨日、今、これから？　明るい？ 暗い？）　第3部 組織文化（ピラミッド・機械・市場・家族―国境を越える組織　象とコウノトリ―組織文化）　第4部 共生への道（異文化との出会い　文化の進化）〔07940〕

ホブズボーム, エリック　Hobsbawm, Eric J.

◇匪賊の社会史（Bandits）　エリック・ホブズボーム著, 船山栄一訳　筑摩書房　2011.1　237p　15cm　（ちくま学芸文庫 ホ15-1）　〈文献あり〉1000円　①978-4-480-09344-8

内容 1 義賊とは何か　2 誰が匪賊となるか　3 貴族強盗　4 復讐者　5 ハイドゥク　6 匪賊の経済と政治　7 匪賊と革命　8 収奪者　9 シンボルとしての匪賊〔07941〕

ホプト, クラウス・J.　Hopt, Klaus J.

◇会社法の解剖学―比較法的＆機能的アプローチ（The Anatomy of Corporate Law : A Comparative and Functional Approach）　レイニア・クラークマン, ポール・デイビス, ヘンリー・ハンスマン, ゲラード・ヘルティッヒ, クラウス・J.ホプト, 神田秀樹, エドワード・B.ロック著, 布井千博監訳　レクシスネクシス・ジャパン　2009.7　323p　21cm　4000円　①978-4-902625-21-9

内容 第1章 株式会社法とは何か　第2章 エージェンシー問題と法的戦略　第3章 基本的なガバナンス構造　第4章 債権者保護　第5章 関連当事者取引　第6章 重大な会社の行為　第7章 支配権取引　第8章 発行者と投資家保護　第9章 解剖学を超えて〔07942〕

ホフマン, エヴァ　Hoffman, Eva

◇記憶を和解のために―第二世代に託されたホロコーストの遺産（After such knowledge）　エヴァ・ホフマン〔著〕, 早川敦子訳　みすず書房　2011.8　304, 13p　20cm　〈文献あり〉4500円　①978-4-622-07631-5

内容 1 ホロコーストという寓話　2 心に刻みこまれた物語　3 語られた物語　4 倫理の地平へ　5 手渡された記憶　6 過去への旅　7 過去から現在へ〔07943〕

ホフマン, カール　Hoffman, Carl

◇脱線特急―最悪の乗り物で行く、159日間世界一周（The lunatic express）　カール・ホフマン著, 藤井留美訳　日経ナショナルジオグラフィック社　2011.9　357p　19cm　〈発売：日経BPマーケティング〉1800円　①978-4-86313-110-1

内容 プロローグ 祈りのとき　第1部 南北アメリカ（行っちまえ！　ブエナ・スエルテの希望 ほか）　第2部 アフリカ（死と破壊の根源　その列車はとても良くない）　第3部 アジア（ほら行った行った！　二九〇番目の犠牲者 ほか）〔07944〕

ホフマン, ケント

◇アタッチメントを応用した養育者と子どもの臨床（Attachment theory in clinical work with children）　ダビッド・オッペンハイム, ドグラス・F.ゴールドスミス編, 数井みゆき, 北川恵, 工藤晋平, 青木豊訳　京都　ミネルヴァ書房　2011.6　316p　22cm　〈文献あり〉4000円　①978-4-623-05731-3

内容 サークル・オブ・セキュリティという取り組み（バート・パウエル, グレン・クーパー, ケント・ホフマン, ロバート・マービン著）〔07945〕

ホフマン, スタンレー　Hoffmann, Stanley

◇スタンレー・ホフマン国際政治論集（A retrospective on world politics〔etc.〕）　スタンレー・ホフマン著, 中本義彦編訳　勁草書房　2011.12　469p　22cm　〈著作目録あり〉4700円　①978-4-326-30207-9

内容 世界政治をめぐる追想　第1部 理論（国際関係論―理論への長い道のり　理論と国際関係　アメリカン・ソーシャル・サイエンス―国際関係論　国際政治におけるリアリズムとアイディアリズムを超えて）　第2部 思想（ルソーの戦争・平和論　レイモンド・アロンと国際関係理論　ヘドリー・ブルとその国際関係論への寄与　理想的な世界―ジョン・ロールズの『諸人民の法』をめぐって）　第3部 秩序（国際システムと国際法　国際秩序は存在するか　新しい世界とその諸問題　世界秩序の迷妄　世界の光景）　響きと怒り―歴史における社会科学者対戦争〔07946〕

ホフマン, ステファン・G.　Hofmann, Stefan G.

◇現代の認知行動療法―CBTモデルの臨床実践（AN INTRODUCTION TO MODERN CBT）　ステファン・G.ホフマン著, 伊藤正哉, 堀越勝訳診断と治療社　2012.11　220p　21cm　〈索引あり〉3000円　①978-4-7878-1975-8　〔07947〕

ホフマン, フランシス・G.

◇歴史と戦略の本質―歴史の英知に学ぶ軍事文化 下（The past as prologue）　ウイリアムソン・マーレー, リチャード・ハート・シンレイチ編, 今村伸哉監訳, 小堤盾, 蔵原大訳　原書房　2011.3　250p　20cm　2400円　①978-4-562-04650-8

内容 政軍関係の歴史と未来～ギャップの解消（フランシス・G.ホフマン著）　〔07948〕

ホフマン, ボブ　Hoffman, Bob

◇インストラクショナルデザインとテクノロジ―教える技術の動向と課題（TRENDS AND ISSUES IN INSTRUCTIONAL DESIGN AND TECHNOLOGY（原著第3版））　R.A.リーサー, J.V.デンプシー編　京都　北大路書房　2013.9　690p　21cm　〈訳：半田純子ほか　索引あり〉4800円　①978-4-7628-2818-8

内容 インフォーマル学習（アリソン・ロセット, ボブ・ホフマン著, 根本淳子訳）　〔07949〕

ホフマン, ポール　Hoffman, Paul

◇放浪の天才数学者エルデシュ（The man who loved only numbers）　ポール・ホフマン著, 平石律子訳　草思社　2011.10　398p　16cm　（草思社文庫）　950円　①978-4-7942-1854-4

内容 0 二十五億歳の男　1 ザ・ブックからそのまま出てきたような　2 エプシの謎　e サムとジョーの問題　3 アインシュタイン対ドストエフスキー　π 最愛の可能性専門博士　4 限界の報復　5「神が整数を創りたもうた」　6 はずれ　7 生存者たちのパーティ　∞「わしら数学者はみんなちょっとおかしいんだ」　〔07950〕

ホフマン, リード　Hoffman, Reid

◇スタートアップ！―シリコンバレー流成功する自己実現の秘訣（THE START-UP OF YOU）　リード・ホフマン, ベン・カスノーカ著, 有賀裕子訳　日経BP社　2012.5　299p　19cm　〈文献あり　発売：日経BPマーケティング〉1600円　①978-4-8222-4910-6

内容 第1章 人はみな起業家　第2章 競争するうえでの強みを培う　第3章 順応へのプラン　第4章 持つべきは人脈　第5章 飛躍への戦略　第6章 賢くリスクをとる　第7章 人脈は知識の泉　〔07951〕

ホフマンズ, ララ　Hoffmans, Lara

◇金融詐欺の巧妙な手口―投資家が守るべき5つの鉄則（How to Smell a Rat）　ケン・フィッシャー, ララ・ホフマンズ著, 田村勝省訳　一灯舎　2012.8　291, 12p　19cm　〈索引あり　発売：オーム社〉1500円　①978-4-903532-54-7

内容 第1章 親しき仲にも礼儀あり　第2章 信じられないほどうますぎる話は通常は嘘である　第3章 派手な戦術にごまかされるな　第4章 排他性、大理石、その他の重要でないもの　第5章 相当な注意を払うのはあなたの仕事、他の誰のものでもない　第6章 金融詐欺―それから自由な未来　補遺A 資産配分―リスクと報酬　補遺B 似ているが違う―不正会計　補遺C 市場を作った人たち　〔07952〕

ボベロ, ジャン

◇世俗化とライシテ　羽田正編　東京大学グローバルCOE「共生のための国際哲学教育研究センター」　2009.2　122p　21cm　（UTCP booklet 6）

内容 21世紀世界ライシテ宣言について 他（ジャン・ボベロ著, 羽田正訳）　〔07953〕

ボーベン, テオ・ファン

◇平和は人権―普遍的実現をめざして　反差別国際運動日本委員会（IMADR-JC）編　反差別国際運動日本委員会　2011.9　170p　21cm　（IMADR-JCブックレット 14）　〈発売：解放出版社（大阪）〉1200円　①978-4-7592-6745-7

内容「世界人権宣言」から「平和への人権世界宣言」（テオ・ファン・ボーベン著, 岡田仁子訳）　〔07954〕

ポポフ, アレクサンダー　PoPov, Alexander N.

◇景観の大変容―新石器化と現代化　内山純蔵, カティ・リンドストロム編　京都　昭和堂　2011.3　246, 6p　21cm　（東アジア内海文化圏の景観史と環境 2）　4000円　①978-4-8122-1117-5

内容 ロシア極東の新石器化に伴う景観変化とその特徴 他（アレクサンダー・ポポフ, アンドレイ・タバレフ, ユーリ・ミキーシン著）　〔07955〕

ポポフスキー, ヴェセリン

◇東アジア平和共同体の構築と国際社会の役割―「IPCR国際セミナー」からの提言　宗教平和国際事業団, 世界宗教者平和会議日本委員会編, 真田芳憲監修　佼成出版社　2011.9　336, 4p　18cm　（アーユスの森新書 003　中央学術研究所編）　900円　①978-4-333-02507-7

内容 東アジアの共同体の構築と国際機関の役割（ヴェセリン・ポポフスキー述, 三善恭子訳）　〔07956〕

ポホヨラ, トゥーラ

◇フィンランドの高等教育ESDへの挑戦―持続可能な社会のために（Towards sustainable development in higher education-reflections）　フィンランド教育省, タイナ・カイヴォラ, リーサ・ローヴェーデル編著, 斎藤博次, 開竜美監訳, 岩手大学ESDプロジェクトチーム訳　明石書店　2011.4　201p　21cm　〈文献あり〉2500円　①978-4-7503-3377-9

内容 大学教育と研究を通したテクノロジーにおける持続可能性の促進（シモ・イソアホ, トゥーラ・ポホヨラ著, 秋田淳子訳）　〔07957〕

ホーマイヤー, アンドレア

◇世界のビジネス・アーカイブズ―企業価値の源泉　渋沢栄一記念財団実業史研究情報センター編　日外アソシエーツ　2012.3　272p　19cm　〈発売：紀伊国屋書店〉3600円　①978-4-8169-2353-1

内容 会社の歴史（アンドレア・ホーマイヤー著, 安江明夫訳）　〔07958〕

ボーマン, アリサ　Bowman, Alisa

◇米国カリスマセラピストが教える何が起きても平常心でいられる技術（BE FEARLESS）　ジョナサン・アルパート, アリサ・ボーマン著　アチー

ホ

ブメント出版　2013.2　317p　19cm　1500円　①978-4-905154-41-9
内容 1 平常心を身につける前に知っておくべきこと（私もできたのだから、あなたもできる！ 不安の乗り越え方　どうして変化には不安が付き物なのか？　不安から抜け出せない13の理由　平常心でいられる7つの信念） 2 何が起きても平常心でいられる5つのステップ（不安のない心の基礎をつくる　自分にとっての理想の生活をはっきりさせる　不安のサイクルを断ち切る　ポジティブなもう1人の自分を育てる　不安に動じないスキルを身につける　思い描いたとおりにいきる）〔*07959*〕

ホーム, チャールズ　Holme, Charles

◇チャールズ・ホームの日本旅行記―日本美術愛好家の見た明治（The diary of Charles Holme's 1889 visit to Japan and North America with Mrs Lasenby Liberty's Japan）　チャールズ・ホーム著, トニ・ヒューバマン, ソニア・アシュモア, 菅靖子編, 菅靖子, 門田園子訳　彩流社　2011.3　243, 13p　22cm　〈写真 ： アーサー・L.リバティ　文献あり 索引あり〉3000円　①978-4-7791-1607-0
内容 はじめに　チャールズ・ホームの日本旅行記 一八八九年三月二八日～六月七日　日本〔*07960*〕

ボーム, デヴィッド　Bohm, David

◇時間の終焉―J.クリシュナムルティ＆デヴィッド・ボーム対話集（The ending of time）　J.クリシュナムルティ著, デヴィッド・ボーム〔対談〕, 渡辺充訳　コスモス・ライブラリー　2011.1　506p　19cm　〈文献あり　発売 ： 星雲社〉2300円　①978-4-434-15395-2
内容 心理的な葛藤の根源　精神から時間の蓄積物を拭い取る　なぜ人間は思考を最重要視するようになったのか？　自己中心的な活動パターンの打破　存在の基底と人間の精神　洞察は脳細胞に変容をもたらすことができるか？　死にはほとんど意味がない　他の人々の中に洞察を喚起させることはできるのか？　老化と脳細胞　コスモスの秩序　“心理的”知識の終焉　宇宙における精神　個人的な問題を解決し、断片化を終わらせることは可能か？〔*07961*〕

◇創造性について―新しい知覚術を求めて（ON CREATIVITY）　デヴィッド・ボーム著, 大槻葉子訳, 大野純一監訳, 渡辺充監修　コスモス・ライブラリー　2013.6　243p　19cm　〈文献あり　発売 ： 星雲社〉1700円　①978-4-434-18129-0
内容 第1章 創造性について　第2章 科学と芸術の関係について　第3章 想像の範囲　第4章 運動を知覚する芸術　第5章 芸術、対話、暗在秩序〔*07962*〕

ホームズ, ケリー

◇世界一素朴な質問、宇宙一美しい答え―世界の第一人者100人が100の質問に答える（BIG QUESTIONS FROM LITTLE PEOPLE）　ジェンマ・エルウィン・ハリス編, 西田美緒子訳, タイマタカシ絵　河出書房新社　2013.11　298p　22cm　2500円　①978-4-309-25292-6
内容 スポーツで負けてばかりのとき、どうすればやる気がでる？（ケリー・ホームズ）〔*07963*〕

ホームズ, ジェームズ・R.

◇人口から読み解く国家の興亡―2020年の米欧中印露と日本（POPULATION DECLINE AND THE REMAKING OF GREAT POWER POLITICS）　スーザン・ヨシハラ, ダグラス・A.シルバ, ゴードン・G.チャンほか著, 米山伸郎訳　ビジネス社　2013.10　301p　20cm　1900円　①978-4-8284-1725-7
内容 スパルタとアテナイにみる人口動態の変化による戦略的影響（ジェームズ・R.ホームズ著）〔*07964*〕

ホームズ, ライマン　Holmes, Lyman

◇ライマン・ホームズの航海日誌―ジョン万次郎を救った捕鯨船の記録　ライマン・ホームズ〔著〕, 川澄哲夫翻訳・註　慶応義塾大学出版会　2012.12　372p 図版6枚　26cm　〈他言語標題 ： A Journal of Lyman Holmes　文献あり　英語併記〉15000円　①978-4-7664-1949-8
内容 1 アメリカの鯨捕り　2 ジョン・ハウランド号の航海　ライマン・ホームズの航海日誌（英和対訳）〔*07965*〕

ホムチンスキ, ピオトル

◇グローバル化のなかの企業文化―国際比較調査から　石川晃弘, 佐々木正道, 白石利政, ニコライ・ドリャフロフ編著　八王子　中央大学出版部　2012.2　382p　22cm　（中央大学社会科学研究所研究叢書 25）　4600円　①978-4-8057-1326-6
内容 独立変数としての企業文化（ピオトル・ホムチンスキ著, 石川晃弘訳）〔*07966*〕

ポムニュン　法輪《Beop, Ryun》

◇お坊さん、どうすれば幸せに結婚できますか？　ポムニュン著, 吉川南訳　サンマーク出版　2013.8　229p　19cm　1400円　①978-4-7631-3314-4
内容 第1章 最高の相手と出会うために（「寂しさ」を愛の理由にしてはならない　条件のよい人に出会うことがはたして幸せか？　ほか）　第2章 「愛」って何ですか？（結婚とは最も「欲張り」な取引　だまし、だまされてこそ満たされる ほか）　第3章 愛することにも練習が必要（「小さな問題」ほど気をつけなさい　愛し合う者同士のほうが傷つきやすい ほか）　第4章 幸せな縁を結ぶ心の法則（すべての問題は「無知」から生まれる　「昨日の習慣」が今日の運命を決める ほか）〔*07967*〕

ポメランツ, ケネス　Pomeranz, Kenneth

◇講座生存基盤論　第1巻　歴史のなかの熱帯生存圏―温帯パラダイムを超えて　杉原薫, 脇村孝平, 藤田幸一, 田辺明生編　京都　京都大学学術出版会　2012.5　536p　22cm　〈索引あり〉4200円　①978-4-87698-202-8
内容 大ヒマラヤ分水界（ケネス・ポメランツ著, 杉原薫, 甲山治, 石坂晋哉訳）〔*07968*〕

◇グローバル経済の誕生―貿易が作り変えたこの世界（THE WORLD THAT TRADE CREATED （原著第2版））　ケネス・ポメランツ, スティーヴン・トピック著, 福田邦夫, 吉田敦訳　筑摩書房　2013.8　435p　22cm　〈文献あり 索引あり〉3800円　①978-4-480-86723-0
内容 第1章 市場の掟　第2章 輸送技術の進歩は人類に

ホ

何をもたらしたのか　第3章 ドラッグ文化の経済学　第4章 商品は世界を廻る　第5章 暴力の経済学　第6章 市場はどのようにして創られたか　第7章 世界貿易と工業化の歴史　〔07969〕

ボヤーリン, ジョナサン
◇ディアスポラの力を結集する―ギルロイ・ボヤーリン兄弟・スピヴァク　赤尾光春, 早尾貴紀編著　京都　松籟社　2012.6　346, 3p　19cm　〈執筆：上野俊哉ほか〉1900円　①978-4-87984-306-7
内容 エルサレムにのしかかる廃墟（ジョナサン・ボヤーリン著, 赤尾光春訳）　〔07970〕

ボヤーリン, ダニエル
◇ディアスポラの力を結集する―ギルロイ・ボヤーリン兄弟・スピヴァク　赤尾光春, 早尾貴紀編著　京都　松籟社　2012.6　346, 3p　19cm　〈執筆：上野俊哉ほか〉1900円　①978-4-87984-306-7
内容 我が愛を審問する（ダニエル・ボヤーリン著, 赤尾光春訳）　〔07971〕

ホ

ボラス, クリストファー　Bollas, Christopher
◇終わりのない質問―臨床における無意識の作業（The infinite question）　クリストファー・ボラス著, 館直彦訳　誠信書房　2011.11　229p　22cm　〈索引あり　文献あり〉3400円　①978-4-414-41446-2
内容 第1章 終わりのないこの世界　第2章 特別で固有なつながり　第3章 思考の工場で織り成すこと　第4章 耳を傾けること　第5章 真意を摑む　第6章 無意識を記譜する　第7章 アーリーン　第8章 キャロライン　第9章 アニー　第10章 無意識の作業　第11章 終わりのない質問　〔07972〕

ポラック, パム　Pollack, Pam
◇スティーブ・ジョブズ（Who was Steve Jobs？）　パム・ポラック, メグ・ベルヴィソ著, 伊藤菜摘子訳　ポプラ社　2012.1　111p　20cm　（ポプラ社ノンフィクション 8）〈年表あり〉1200円　①978-4-591-12850-3
内容 第1章 シリコンバレーで育って　第2章 アップルの誕生　第3章 山あり谷あり…そして追放　第4章 次はネクスト　第5章 無限のかなたへ　第6章 アップルに帰る　第7章 ちがうことを考えよう　第8章 めちゃくちゃすばらしい　スティーブ・ジョブズの生きた時代　〔07973〕

ポラック, ポール　Polak, Paul
◇世界一大きな問題のシンプルな解き方―私が貧困解決の現場で学んだこと（Out of poverty）　ポール・ポラック著, 東方雅美訳　英治出版　2011.6　333p　21cm　2200円　①978-4-86276-106-4
内容 答えは単純で当たり前のこと　現実的な解を導く12のステップ―誰にでも実行可能なこと　3つの誤解―なぜ、貧困をなくすことができないのか？　すべては「もっと稼ぐこと」から―ネパール農家は訴える　残りの九〇％の人たちのためのデザイン―現場からニーズを掘り起こす　新たな収入源を求めて――一つの作物では解決できない貧困　水問題を解決するイノベーション―あらゆる場面で生産性は向上できる　一エーカー農家から世界が変わる―冬にキュウリが育てられる！　主役は貧しい人たち―商品が売れる市場をつくる　スラムの可能性―誰にでもチャンスは開かれている〔ほか〕　〔07974〕

ポラック, レイチェル　Pollack, Rachel
◇タロットバイブル―78枚の真の意味（THE NEW TAROT HANDBOOK）　鏡リュウジ監訳, レイチェル・ポラック著, 現代タロット研究会訳　朝日新聞出版　2012.12　296p　19cm　1600円　①978-4-02-331146-6
内容 大アルカナ（愚者　魔術師　女教皇　女帝　皇帝ほか）　小アルカナ（数札）（ワンド　カップ　ソード　ペンタクル）　小アルカナ（コートカード）　〔07975〕

ポラード, ジャスティン
◇世界一素朴な質問、宇宙一美しい答え―世界の第一人者100人が100の質問に答える（BIG QUESTIONS FROM LITTLE PEOPLE）　ジェンマ・エルウィン・ハリス編, 西田美緒子訳, タイマタカシ絵　河出書房新社　2013.11　298p　22cm　2500円　①978-4-309-25292-6
内容 ふってくる雪がみんなちがうかたちだって、どうしてわかる？（ジャスティン・ポラード）　〔07976〕

ボーラム, エミリー　Bolam, Emily
◇わたしの聖書（The Lion Bible for Me）　クリスティーナ・グディングス文, エミリー・ボーラム絵, 女子パウロ会訳　女子パウロ会　2013.10　94p　18cm　1200円　①978-4-7896-0718-6　〔07977〕

ホランド, クライブ　Holland, Clive
◇北極探検と開発の歴史―ダイジェスト版（ARCTIC EXPLORATION and DEVELOPMENT）　クライブ・ホランド著, 太田昌秀訳　同時代社　2013.3　213p　19cm　〈年表あり〉5715円　①978-4-88683-738-7
内容 北極海の大航海時代はじまる―1553　バレンツ北東航路に挑戦―1594～1596　ベーリングの第1次探検―1723～1730　ベーリングの第2次探検：大北方探検1～7隊―1733～1743　科学探検が始まる　ジェームス・クックの太平洋探検―1776～1779　イギリスの北西航路探検―1818～1824　ハドソン湾から北極海への探検―1819～1827　スヴァルバル科学探検はじまる―1827～　英国海軍北西航路探検隊、磁北極を発見―1831～1833〔ほか〕　〔07978〕

ホランド, ジョン　Holland, John
◇パワー・オブ・ザ・ソウル―あなたの魂こそがあなたをあなたにする（Power of the soul）　ジョン・ホランド著, 野原みみこ訳　JMA・アソシエイツステップワークス事業部　2011.5　350p　19cm　1800円　①978-4-904665-27-5
内容 第1章 魂を理解する　第2章 大いなる源を認める　第3章 魂の感覚の開花　第4章 愛の力　第5章 内なるヒーラー　第6章 自分を自由にする　第7章 魂の旅　第8章 魂で生きる　〔07979〕

ホランド, ジョン・L.　Holland, John L.
◇ホランドの職業選択理論―パーソナリティと働く環境（Making Vocational Choices（原著第3版））　John L.Holland著, 渡辺三枝子, 松本純平, 道谷里英共訳　雇用問題研究会　2013.8　373p　21cm

〈文献あり〉3500円　①978-4-87563-264-1

内容 第1章 理論の紹介　第2章 パーソナリティのタイプ　第3章 環境モデル　第4章 環境における人間　第5章 実証的根拠（1959 - 1984）　第6章 最近の顕著な実証研究（1985 - 1996）　第7章 理論的な検討と改訂　第8章 分類体系　第9章 実践上の応用　〔07980〕

ポランニー, カール　Polanyi, Karl

◇市場社会と人間の自由―社会哲学論選　カール・ポランニー著, 若森みどり, 植村邦彦, 若森章孝編訳　大月書店　2012.5　350, 10p　20cm　〈他言語標題 ： Market Society and Human Freedom 文献あり 索引あり〉3800円　①978-4-272-43091-8

内容 第1部 市場経済と社会主義（われわれの理論と実践についての新たな検討　自由について）　第2部 市場社会の危機、ファシズム、民主主義（経済と民主主義　ファシズムの精神的前提　ファシズムとマルクス主義用語―マルクス主義を言い換える　共同体と社会―われわれの社会秩序のキリスト教的批判　ファシズムのウィルス）　第3部 市場社会を超えて―産業文明と人間の自由（複雑な社会における自由　普遍的資本主義か地域的計画か？　議会制民主主義の意味　経済決定論の信仰　ジャン・ジャック・ルソー、または自由な社会は可能か　自由と技術　アリストテレスの豊かな社会論）　〔07981〕

ホリ, マサヒロ　Hori, Masahiro

◇メコン地域経済開発論（Globalization and Development in the Mekong Economies）　梁, ビンガム, デイヴィス編著, 阿曽村邦昭訳・注　古今書院　2012.10　391, 9p　21cm　〈文献あり 索引あり〉6200円　①978-4-7722-8112-6

内容 ミャンマーの経済開発に対するグルーバル化の影響（Masahiro Hori, Leslie Teo, Trevor Wilson）　〔07982〕

ボーリシュ, スティーヴン　Borish, Steven M.

◇生者の国―デンマークに学ぶ全員参加の社会（The land of the living）　スティーヴン・ボーリシュ〔著〕, 難波克彰監修, 福井信子監訳　新評論　2011.6　507p　21cm　〈文献あり〉5000円　①978-4-7948-0874-5

内容 第1部 序説（研究の性格と目的）　第2部 曇ったイメージ、希望に満ちた現実（外国が抱くデンマークのイメージ　現代デンマークの概観）　第3部 フォルケホイスコーレの起源（暴力なき革命―18世紀後半のデンマーク農地改革　デンマークのフォルケホイスコーレの起こり）　第4部 デンマーク人の国民性に見るいくつかのテーマ（民主主義と平等主義　バランスと節度　ヒュゲ（hygge）、祝いの技法　福祉と社会的責任　鏡に映った虚像―デンマーク人の国民性の裏面）　〔07983〕

ポーリソン, デービッド

◇神様の愛―無条件の愛より素晴らしい愛（God's love better than unconditionnal）　デービッド・ポーリソン著, 日本長老伝道会編　イーグレープ　2012.3　27p　21cm　300円　①978-4-903748-63-4　〔07984〕

ボーリック, テレサ　Bolick, Teresa

◇アスペルガー症候群と思春期―実社会へ旅立つ準備を支援するために（ASPERGER SYNDROME AND ADOLESCENCE）　テレサ・ボーリック著, 田中康雄監修, 丸山敬子訳　明石書店　2012.6　259p　21cm　〈文献あり〉2400円　①978-4-7503-3601-5

内容 第1章 「旅」と道づれ　第2章 自己制御と4つの「A」　第3章 「コミュニケーションなしではいられない」　第4章 記憶、整理、および「実行機能」　第5章 思考と学習　第6章 熱中、こだわり、反復的行動　第7章 感情コンピテンス　第8章 友人関係と親密さ　第9章 社会生活のルール　第10章 実社会への準備　〔07985〕

ポリット, マイケル　Pollitt, Michael

◇グリーン・バリュー経営への大転換（Green Business, Green Values, and Sustainability（抄訳））　クリストス・ピテリス, ジャック・キーナン, ヴィッキー・プライス編著, 谷口和弘訳　NTT出版　2013.7　285p　20cm　〈索引あり〉2800円　①978-4-7571-2292-5

内容 社会のグリーン・バリュー―個人が脱炭素化目標に取り組む方法とその理由（マイケル・ポリット）　〔07986〕

ホリデイ, ルース

◇ビジュアル調査法と社会学的想像力―社会風景をありありと描写する（PICTURING THE SOCIAL LANDSCAPE）　キャロライン・ノウルズ, ポール・スウィートマン編, 後藤範章監訳　京都　ミネルヴァ書房　2012.10　317p　22cm　〈索引あり〉3400円　①978-4-623-06394-9

内容 自分自身を反映する（ルース・ホリデイ著, 山北輝裕訳）　〔07987〕

ホリハン, K.*　Hollihan, Kerrie Logan

◇ニュートンと万有引力―宇宙と地球の法則を解き明かした科学者 ： 21の体験学習〈ためしてみよう！〉（Isaac Newton and Physics for kids HIS LIFE AND IDEAS）　Kerrie Logan Hollihan〔著〕, 大森充香訳　丸善出版　2013.1　151p　19×26cm　（ジュニアサイエンス）　〈文献あり 年譜あり 索引あり〉2800円　①978-4-621-08616-2

内容 1 ちょっと変わった男の子　2 ケンブリッジ大学で学ぶ　3 はみ出し者のニュートン　4 かずかずの疑問　5 ニュートンを照らす光　6 秘密の年月　7 もっとも重要な科学書　8 変化を求めて　9 ロンドン街の男　10 弱まるライオンのうなり声　〔07988〕

ポリュビオス　Polybios

◇歴史　3（Polybii historiae）　ポリュビオス〔著〕, 城江良和訳　京都　京都大学学術出版会　2011.10　585p　20cm　（西洋古典叢書 G069 内山勝利, 大戸千之, 中務哲郎, 南川高志, 中畑正志, 高橋宏幸編）　〈付属資料 ： 8p ： 月報 88〉4700円　①978-4-87698-192-2　〔07989〕

◇歴史　4（Polybii Historiae）　ポリュビオス〔著〕, 城江良和訳　京都　京都大学学術出版会　2013.3　436, 41p　20cm　（西洋古典叢書 G077 内山勝利, 大戸千之, 中務哲郎, 南川高志, 中畑正志, 高橋宏幸編集委員）　〈布装　付属資料 ： 8p ： 月報99　索引あり〉4300円　①978-4-87698-

252-3 〔07990〕

ボリロン, クロード　Vorilhon, Claude

◇地球人は科学的に創造された―創造者からのメッセージ　ラエル著, 日本ラエリアン・ムーブメント日訳監修　多古町（千葉県）　無限堂　2012.4　277p　23cm　（INTELLIGENT DESIGN）〈文献あり 著作目録あり 索引あり〉953円　①978-4-900480-35-3

内容 第1部 真実を告げる書（遭遇　真実　選民を見守るキリストの役割　世界の終末　新しい指針　エロヒム）　第2部 異星人が私を彼らの惑星へ連れて行った（幼少より最初の遭遇まで　二度目の遭遇　鍵）　第3部 異星人を迎えよう（質問に答えて　新しい啓示　無神論の宗教　ラフェリアンの注釈と証言）〔07991〕

◇地球人は科学的に創造された―創造者からのメッセージ（INTELLIGENT DESIGN）　ラエル著, 日本ラエリアン・ムーブメント日訳監修　横組み改訂版　多古町（千葉県）　無限堂　2013.3　374p　21cm　〈文献あり 著作目録あり 索引あり〉952円　①978-4-900480-36-0

内容 第1部 真実を告げる書（遭遇　真実　選民を見守る ほか）　第2部 異星人が私を彼らの惑星へ連れて行った（幼少より最初の遭遇まで　2度目の遭遇　鍵）　第3部 異星人を迎えよう（質問に答えて　新しい啓示　無神論の宗教 ほか）〔07992〕

◇天才政治―天才たちによる人類のための政治（La Geiocratie（重訳））　ラエル著, 日本ラエリアン・ムーブメント日訳監修　横組み改訂版　多古町（千葉県）　無限堂　2013.3　132p　21cm　〈文献あり 著作目録あり〉667円　①978-4-900480-37-7

内容 第1章 天才政治の原理（統治形態の変遷小史　天才に権力を与える方法　原始的な民主主義、すなわち平均政治 ほか）　第2章 地球を幸福と開花の世界にするための提案（自分が望んでいることをしていない労働者へ　所得格差の是正から貨幣の廃止へ　配給経済 ほか）　第3章 天才政治に基づく世界政府の樹立（地球上の天才たちへのアピール　天才政治に基づく世界政府の活動計画　天才政治に基づく世界政府の財源 ほか）〔07993〕

ボーリン, カレン　Bohlin, Karen E.

◇グローバル時代の幸福と社会的責任―日本のモラル、アメリカのモラル（HAPPINESS AND VIRTUE）　ケヴィン・ライアン, バーニス・ラーナー, カレン・ボーリン, 中山理, 水野修次郎, 堀内一史編著, 中山理, 水野修次郎, 堀内一史監訳〔柏〕　麗沢大学出版会　2012.11　353p　20cm　〈文献あり　発売：広池学園事業部（柏）〉1800円　①978-4-89205-615-4

内容 第1章 勇気　第2章 正義　第3章 慈愛　第4章 感謝　第5章 知恵　第6章 内省　第7章 尊敬　第8章 責任　第9章 節制〔07994〕

ポーリーン, ジョン　Paulien, Jon

◇ジョン・ポーリーン博士の黙示録講義　第1巻　ジョン・ポーリーン講師, 山地明訳, 伊能忠嗣監修　立川　福音社　2011.2　135p　21cm　1000円　①978-4-89222-402-7〔07995〕

◇ジョン・ポーリーン博士の黙示録講義　第2巻　7つの封印とラッパ　ジョン・ポーリーン講師, 山地明訳, 伊能忠嗣監修　立川　福音社　2011.7　143p　21cm　1000円　①978-4-89222-405-8〔07996〕

◇ジョン・ポーリーン博士の黙示録講義　第3巻　最後の危機に向かって　ジョン・ポーリーン講師, 山地明訳　立川　福音社　2011.12　151p　21cm　1000円　①978-4-89222-414-0〔07997〕

◇ジョン・ポーリーン博士の黙示録講義　第4巻　万物の終わり　ジョン・ポーリーン講師, 山地明訳　立川　福音社　2012.6　159p　21cm　1000円　①978-4-89222-419-5〔07998〕

ボーリング, エリザベス　Boling, Elizabeth

◇インストラクショナルデザインとテクノロジ―教える技術の動向と課題（TRENDS AND ISSUES IN INSTRUCTIONAL DESIGN AND TECHNOLOGY（原著第3版））　R.A.リーサー, J.V.デンプシー編　京都　北大路書房　2013.9　690p　21cm　〈訳：半田純子ほか　索引あり〉4800円　①978-4-7628-2818-8

内容 変化するというデザインの本質（エリザベス・ボーリング, ケノン・M.スミス著, 半田純子訳）〔07999〕

ボール, ウィリアム　Bole, William

◇アイデア・ハンター―ひらめきや才能に頼らない発想力の鍛え方（The Idea Hunter）　アンディ・ボイントン, ビル・フィッシャー, ウィリアム・ボール著, 土方奈美訳　日本経済新聞出版社　2012.8　221p　19cm　〈文献あり〉1600円　①978-4-532-31822-2

内容 はじめに なぜ、狩りなのか　序章 特別な才能なんていらない　第1章 自らの「技」を知る　第2章 ルール1 とことん興味をもつ　第3章 ルール2 間口を広げる　第4章 ルール3 トレーニングを欠かさない　第5章 ルール4 しなやかさを保つ　第6章 有意義な会話をしかける　おわりに 『アイデアハンター度診断』〔08000〕

ボール, ジャクリーン　Ball, Jacqueline A.

◇古代中国―兵士と馬とミイラが語る王朝の栄華（Ancient China）　ジャクリーン・ボール, リチャード・リーヴィ著, ロバート・マロウチック監修, 中川治子訳　神戸　BL出版　2013.12　63p　26cm　（ナショナルジオグラフィック―考古学の探検）〈文献あり 年表あり 索引あり〉1800円　①978-4-7764-0558-0〔08001〕

ホール, ジュディ　Hall, Judy

◇幸運のクリスタル―人生を限りなく豊かにする（Crystal prosperity）　ジュディ・ホール著, 福山良広訳　ガイアブックス　2011.5　160p　23cm　〈文献あり 索引あり　発売：産調出版〉1800円　①978-4-88282-785-6

内容 第1章 繁栄とは何か（豊かな宇宙　繁栄意識 ほか）　第2章 クリスタルツール（意志の力で自分の世界を広げる　クリスタルの手入れ ほか）　第3章 クリスタル特有の効果（お金を管理・運用する　必要なお金を引き寄せる ほか）　第4章 繁栄を引き寄せるクリスタル図鑑（シトリン　アベンチュリン ほか）〔08002〕

◇クリスタルプロテクション―あなたを守り、幸運

ホ

をもたらすパワーストーン（PSYCHIC SELF-PROTECTION）　ジュディ・ホール著, 金井真弓訳　メトロポリタンプレス　2012.10　261p　19cm　1600円　①978-4-904759-15-8

内容 1 セルフプロテクション活用ツール（セルフプロテクション・ツール　心の安らぎを見つける　「ノー」と言えますか？　ほか）　2 ネガティブな考え方をやめる（スピリチュアルな免疫系　エネルギー・バンパイアを撃退する　デトックス ほか）　3 ポジティブな面を強調する（スピリチュアルな面での安定度を高める　高次のチャクラを開く　ポジティブな感情を持つ ほか）　〔08003〕

◇厳選101パワークリスタル―ジュディ・ホールの神秘的でスピリチュアルな魅力を余すところなく紹介した究極のパワークリスタル！（101 POWER CRYSTALS）　ジュディ・ホール著, 福山良広訳　ガイアブックス　2012.10　222p　28cm　〈索引あり　発売：産調出版〉2600円　①978-4-88282-847-1　〔08004〕

ボール, スティーブン　Ball, Stephen J.

◇グローバル化・社会変動と教育　2　文化と不平等の教育社会学（EDUCATION, GLOBALIZATION AND SOCIAL CHANGE（抄訳））　ヒュー・ローダー, フィリップ・ブラウン, ジョアンヌ・ディラボー, A.H.ハルゼー編, 苅谷剛彦, 志水宏吉, 小玉重夫編訳　東京大学出版会　2012.5　370p　22cm　〈文献あり〉4800円　①978-4-13-051318-0

内容 教育の経済における成果主義と偽装（スティーブン・ボール著, 油布佐和子訳）　〔08005〕

ホール, デイヴィッド・D.　Hall, David D.

◇キリスト教のアメリカ的展開―継承と変容　上智大学アメリカ・カナダ研究所編　上智大学　2011.2　272, 7p　22cm　〈他言語標題：Christianity in America　索引あり　発売：ぎょうせい〉2400円　①978-4-324-09106-7

内容 ニューイングランドにおける権威の体験（ディヴィッド・D.ホール著, 増井志津代訳）　〔08006〕

◇改革をめざすピューリタンたち―ニューイングランドにおけるピューリタニズムと公的生活の変貌（A REFORMING PEOPLE）　デイヴィッド・D.ホール著, 大西直樹訳　彩流社　2012.11　279, 20p　22cm　〈索引あり〉3500円　①978-4-7791-1840-1

内容 第1章「専制的か」、あるいは「民主的か」？―植民地政府の生成　第2章 土地、税、そして参加―タウン政府の生成　第3章 神聖なる統治―聖徒の権力化　第4章 公正な社会―倫理、法、そして権威　第5章「もう天国にいるのですか？」―マサチューセッツ、ケンブリッジにおける教会とコミュニティー　〔08007〕

ポール, ディータァ　Pohl, Dieter

◇ホロコーストを知らなかったという嘘―ドイツ市民はどこまで知っていたのか（Der Holocaust als offenes Geheimnis）　フランク・バヨール, ディータァ・ポール著, 中村浩平, 中村仁訳　現代書館　2011.4　213p　20cm　2200円　①978-4-7601-4001-0

内容 第1部 反ユダヤ的コンセンサスから良心のやましさへ―ドイツ社会とユダヤ人迫害一九三三年‐一九四五年（一九三三年以降のユダヤ人迫害―社会的態度の四つの要因　「…原則的に承認された」。反ユダヤ的コンセンサスと「全国水晶の夜」　ドイツ系ユダヤ人の強制移送とコンセンサスの限界　ホロコーストを知ること　一九四三年の戦況転換後―処罰の恐れと良心のやましさ　総括と展望―良心のやましさから責任回避と相殺へ）　第2部 ナチ政権とその犯罪の国際的周知（隠れ蓑としての戦争　ソ連邦での犯罪行為に関する最初のニュース　一九四二年のドイツ軍勝利の兆しの中での全面的大量殺人　スターリングラード後の反応　処罰による連合国の圧力　ハンガリーのユダヤ人の生命をめぐる戦い　最初の強制収容所の解放　戦後時代への伝説　総括―ナチ指導部と連合国）　〔08008〕

ボル, ピータ

◇中国宋代の地域像―比較史からみた専制国家と地域　伊原弘, 市来津由彦, 須江隆編　岩田書院　2013.8　408p　22cm　11800円　①978-4-87294-814-1

内容 ボトムアップとトップダウン（ピータ・ボル著, 高津孝訳）　〔08009〕

ホール, ピーター・A.

◇流動化する民主主義―先進8カ国におけるソーシャル・キャピタル（Democracies in Flux）　ロバート・D.パットナム編著, 猪口孝訳　京都　ミネルヴァ書房　2013.7　443, 8p　22cm　〈索引あり〉4800円　①978-4-623-05301-8

内容 イギリス（ピーター・A.ホール執筆）　〔08010〕

ホール, マイケル

◇NLPイノベーション―〈変革〉をおこす6つのモデル＆アプリケーション（INNOVATIONS IN NLP FOR CHALLENGING TIMES）　L.マイケル・ホール, シェリー・ローズ・シャーベイ編, 足立桃子訳　春秋社　2013.3　324p　21cm　2800円　①978-4-393-36639-4

内容 メタ・ステイト―〈視点〉を変えるフレーム・チェンジの考え方（マイケル・ホール著）　〔08011〕

ボール, リチャード・A.　Ball, Richard A.

◇犯罪学―理論的背景と帰結（CRIMINOLOGICAL THEORY（原著第5版））　J.ロバート・リリー, フランシス・T.カレン, リチャード・A.ボール〔著〕, 影山任佐監訳　金剛出版　2013.11　491p　27cm　〈訳：藤田真幸ほか　文献あり 索引あり〉12000円　①978-4-7724-1342-8　〔08012〕

ポール, ロン　Paul, Ron

◇他人のカネで生きているアメリカ人に告ぐ―リバータリアン政治宣言（The revolution）　ロン・ポール著, 副島隆彦監訳・解説, 佐藤研一朗訳　成甲書房　2011.3　301p　20cm　1800円　①978-4-88086-274-3

内容 第1章 経済の自由、その真の姿とは　第2章 個人には自由がある、市民には権利がある　第3章 お金―私たちが禁止された議論　第4章 金融崩壊―当然すぎた結末　第5章 アメリカ外交が犯した大きな過ち　第6章 合衆国憲法にまつわる諸問題　終章 私の革命　〔08013〕

ホ

◇ロン・ポールの連邦準備銀行を廃止せよ（END THE FED）　ロン・ポール著，副島隆彦監訳・解説，佐藤研一朗訳　成甲書房　2012.8　300p　20cm　1800円　①978-4-88086-291-0
内容 連銀という罪悪　連銀の「出生の秘密」　お金の本質を教えてくれた私の先生たち　連銀と戦争　ゴールド委員会　連銀前議長グリーンスパンとの論争　連銀現議長バーナンキとの論争　金融政策に関心のない議員たち　現在の経済危機　なぜ連銀を廃止するのか　哲学からの考察　憲法からの見地　経済学からの見地　リバータリアンとしての見地　こうして連銀を廃止せよ　〔08014〕

ホール, D.*　Hall, David
◇英国の貧困児童家庭の福祉政策―"Sure Start"の実践と評価（The National Evaluation of Sure Start）　ジェイ・ベルスキー，ジャクリーン・バーンズ，エドワード・メルシュ編著，清水隆則監訳　明石書店　2013.3　230p　21cm　2800円　①978-4-7503-3764-7
内容 Sure Startの政治的背景（Edward Melhuish, David Hall著，清水隆則訳）　〔08015〕

ホール, L.マイケル　Hall, L.Michael
◇NLPイノベーション―〈変革〉をおこす6つのモデル&アプリケーション（INNOVATIONS IN NLP FOR CHALLENGING TIMES）　L.マイケル・ホール，シェリー・ローズ・シャーベイ編，足立桃子訳　春秋社　2013.3　324p　21cm　2800円　①978-4-393-36639-4
内容 第1部 革新的なモデル（メタ・ステイト―"視点"を変えるフレーム・チェンジの考え方　LABプロファイル―"影響言語"でコミュニケーションが変わる　ソーシャルパノラマ―社会と私の"景色"を変える　シンボリック・モデリング―メタファーとクリーン・ランゲージの可能性 ほか）　第2部 革新的なアプリケーション（NLPコーチング―変化を引き出す発想の核心　成功要因モデリング―起業家のリーダーシップの核心　プロボカティブ・チェンジ・ワークス―自然な会話が導くセラピーの可能性　"市場の魔術師"のモデリング―傑出した投資家の意思決定 ほか）　〔08016〕

ボール, M.*　Ball, Mog
◇英国の貧困児童家庭の福祉政策―"Sure Start"の実践と評価（The National Evaluation of Sure Start）　ジェイ・ベルスキー，ジャクリーン・バーンズ，エドワード・メルシュ編著，清水隆則監訳　明石書店　2013.3　230p　21cm　2800円　①978-4-7503-3764-7
内容 Sure Start地域プログラムの多様性 他（Edward Melhuish,Jay Belsky,Angela Anning,Mog Ball著，真鍋顕久訳）　〔08017〕

ボルカス, アルマンド
◇人間科学と平和教育―体験的心理学を基盤とした歴史・平和教育プログラム開発の視点から　村本邦子編集担当　京都　立命館大学人間科学研究所　2012.10　166p　21cm　（共同対人援助モデル研究 5）〈他言語標題：Human science and peace education　私立大学戦略的研究基盤形成支援事業「大学を模擬社会空間とした持続的対人援助モデルの構築」〉
内容 「HWH歴史の傷を癒す」プログラムの基礎と応用（アルマンド・ボルカス著，村川治彦訳）　〔08018〕

ホルカン, ソナムペンバー　Horkhang, Sonam Pembar
◇ゲンドゥンチュンペー伝―チベットの伝説の学僧の生と死　ホルカン・ソナムペンバー，ホルカン・チャンバテンダー著，星泉，大川謙作編，ゲンドゥンチュンペー研究会訳　府中（東京都）　東京外国語大学アジア・アフリカ言語文化研究所　2012.2　191p 図版 12p　21cm　〈年譜あり　著作目録あり　文献あり〉①978-4-86337-100-2　〔08019〕

ホルカン, チャンバテンダー　Horkhang, Jampa Tendar
◇ゲンドゥンチュンペー伝―チベットの伝説の学僧の生と死　ホルカン・ソナムペンバー，ホルカン・チャンバテンダー著，星泉，大川謙作編，ゲンドゥンチュンペー研究会訳　府中（東京都）　東京外国語大学アジア・アフリカ言語文化研究所　2012.2　191p 図版 12p　21cm　〈年譜あり　著作目録あり　文献あり〉①978-4-86337-100-2　〔08020〕

ボルグ, ジェームズ　Borg, James
⇒ボーグ，ジェイムズ

ホルクハイマー, マックス　Horkheimer, Max
◇ゾチオロギカ―フランクフルト学派の社会学論集（Sociologica.2：Reden und Vorträge）　マックス・ホルクハイマー，テオドール・W.アドルノ著，三光長治，市村仁，藤野寛訳　平凡社　2012.1　389p　20cm　3800円　①978-4-582-70276-7
内容 ショーペンハウアーの現代的意義 他（M.ホルクハイマー著，藤野寛訳）　〔08021〕

ポルシェ, ルイ　Porcher, Louis
◇比較教育―1997年　比較教育に関する著作の草案と予備的見解―1817年（L'education comparee）　ドミニック・グルー，ルイ・ポルシェ著，園山大祐監訳，マルク＝アントワーヌ・ジュリアン著，園山大祐監訳　文教大学出版事業部　2011.7　190p　21cm　〈訳：上原秀一ほか〉1334円　①978-4-904035-26-9　〔08022〕

ホルシュ, アンドレーアス　Horsch, Andreas
◇経営学の基本問題（Institutionenokonomie und Betriebswirtschaftslehre）　A.ホルシュ,H.マインヘーヴェル,S.パウル編著，深山明監訳，関野賢，小沢優子訳　中央経済社　2011.10　211p　21cm　〈索引あり〉2600円　①978-4-502-69040-2
内容 第1章 新制度派経済学と経営経済学　第2章 科学理論と経営経済学　第3章 新古典派以前の経済学　第4章 新古典派理論と経営経済学　第5章 プリンシパル・エージェント理論の基礎　第6章 エージェンシー理論と保険契約　第7章 裁量権と取引コスト　第8章 エージェンシー問題とゲーム理論　第9章 進化論的経済学と企業者職能論　第10章 企業者職能と競争力　第11章 一般経営経済学の歴史と課題　〔08023〕

ボルスタッド, フランチェスコ　Bolstad, Francesco
◇書き込み式「意味順」で中学英語をやり直す本

佐々木啓成, フランチェスコ・ボルスタッド著, 田地野彰監修　中経出版　2012.8　143p　26cm　1200円　①978-4-8061-4445-8

内容 1 Lesson1～10（「AはBです」を表すときに使うbe動詞（現在・単数）の肯定文　「AはBではない」「AはBですか？」を表すbe動詞（現在・単数）の否定文・疑問文　主語が複数のとき、be動詞はいつでも "are" be動詞（現在・複数）の肯定・否定・疑問 ほか）　2 Lesson11～20（8つの疑問詞を確認しよう！　疑問詞を用いた疑問文　「今～しているところだ」を表す現在進行形　「（そのとき）～していた」を表す過去進行形 ほか）　3 Lesson21～30（2つのものを比べて「より～だ」を表現する比較の文　3つ以上の中で「最も～だ」を表現する最上級の文　「～すること」「～するための」を表す不定詞（1）名詞的用法と形容詞的用法 ほか）　〔08024〕

ボルスタッド, リチャード

◇NLPイノベーション―〈変革〉をおこす6つのモデル&アプリケーション（INNOVATIONS IN NLP FOR CHALLENGING TIMES）　L.マイケル・ホール, シェリー・ローズ・シャーベイ編, 足立桃子訳　春秋社　2013.3　324p　21cm　2800円　①978-4-393-36639-4

内容 RESOLVEモデル―〈危機〉に向き合う7ステップ（リチャード・ボルスタッド著）　〔08025〕

ポールセン, イェンス・オーイェ　Poulsen, Jens Aage

◇デンマークの歴史教科書―古代から現代の国際社会まで デンマーク中学校歴史教科書（DET HISTORISKE OVERBLIK）　イェンス・オーイェ・ポールセン著, 銭本隆行訳　明石書店　2013.9　275p　21cm　（世界の教科書シリーズ 38）〈索引あり〉 3800円　①978-4-7503-3885-9

内容 最初の人類―紀元前500万 - 2万5000年　狩猟民―紀元前1万5000 - 4000年　農耕民―紀元前1万1000 - 1000年　青銅器時代 - 地中海から北ノルウェーまで―紀元前2000 - 150年　ローマ人とゲルマン人―紀元前800 - 紀元500年　ヨーロッパのはじまり―中世前期500 - 1000年　ヨーロッパの成長―中世盛期1000 - 1350年　中世後期―1350 - 1500年　発見―1450 - 1650年　ルネッサンスと宗教改革1300 - 1650年　王へ全権―1650 - 1750年　啓蒙と革命―1700 - 1800年　民主主義への道―1790 - 1920年　近代―1850 1940年　世界の中のヨーロッパ―1870 - 1914年　2つの世界大戦と1つの休憩―1914 - 1945年　冷戦―1945 - 1989年　世界の中のデンマーク―1989年年以降　〔08026〕

ポールセン, ケビン　Poulsen, Kevin

◇アイスマン―史上最大のサイバー犯罪はいかに行なわれたか（Kingpin）　ケビン・ポールセン著, 島村浩子訳　祥伝社　2012.2　311p　19cm　1600円　①978-4-396-65048-3

内容 鍵　凶器　サンフランシスコへ　ホワイトハット　サイバー戦争　犯罪が恋しい　マックス・ヴィジョン　ようこそアメリカへ　好機　犯罪のパートナー　カード情報は一件二〇ドル　アメックスを無料で！　カード偽造工場　手入れ　不正現金引き出し　ファーヤーウォール作戦　ピザとクレジットカード　ブリーフィング　アイスマンの誕生　スターライトルーム　詐欺師　[illegible]　アンダーグラウンド　暴露　敵対的合併　財布の中身は？　第一次ウェブ戦争　カード詐欺師たちによる裁判　プラチナ一枚、クラシック六枚　ライバル　自供　逮捕　退場作戦　ダークマーケット　量刑言い渡し　その後　〔08027〕

ポールセン, サンドラ　Paulsen, Sandra

◇トラウマと解離症状の治療―図解臨床ガイド：EMDRを活用した新しい自我状態療法（Looking through the eyes of trauma and dissociation）　サンドラ・ポールセン著・イラスト, 黒川由美訳, 新井陽子, 岡田太陽監修　東京書籍　2012.3　286p　28cm　〈索引あり　文献あり〉 3800円　①978-4-487-80529-7

内容 第1章 導入と概略　第2章 アセスメント　第3章 封じ込めと安定化　第4章 トラウマ記憶へのアクセス　第5章 除反応による結合　第6章 スキルの構築と強化　第7章 統合　第8章 フォローアップ　第9章 結び　〔08028〕

ボルタンスキー, リュック　Boltanski, Luc

◇偉大さのエコノミーと愛（Grandeur, justification, amour, capitalisme, cite）　リュック・ボルタンスキー著, 三浦直希訳　文化科学高等研究院出版局　2011.5　254p　21cm　3200円　①978-4-938710-67-5　〔08029〕

◇資本主義の新たな精神　上（LE NOUVEL ESPRIT DU CAPITALISME）　リュック・ボルタンスキー, エヴ・シャペロ著, 三浦直希, 海老塚明, 川野英二, 白鳥義彦, 須田文明, 立見淳哉訳　京都　ナカニシヤ出版　2013.8　431, 22p　22cm　〈索引あり〉 5500円　①978-4-7795-0786-1　〔08030〕

◇資本主義の新たな精神　下（LE NOUVEL ESPRIT DU CAPITALISME）　リュック・ボルタンスキー, エヴ・シャペロ著, 三浦直希, 海老塚明, 川野英二, 白鳥義彦, 須田文明, 立見淳哉訳　京都　ナカニシヤ出版　2013.9　378, 51p　22cm　〈文献あり 索引あり〉 5500円　①978-4-7795-0787-8　〔08031〕

ボルツ, ノルベルト　Bolz, Norbert

◇ベンヤミンの現在（WALTER BENJAMIN）　ノルベルト・ボルツ, ヴィレム・ファン・レイイェン著, 岡部仁訳　新装版　法政大学出版局　2013.10　180p　19cm　（叢書・ウニベルシタス）　2400円　①978-4-588-09969-4

内容 第1章 必然的形式　第2章 さかさまの神学　第3章 言語の魔術　第4章 ブルジョワ世界のアレゴリー化　第5章 歴史認識の論理　第6章 人間学的唯物論　第7章 メディア美学　第8章 アクチュアルな文脈におけるベンヤミン　〔08032〕

ボルディン, V.I.

◇沿海州渤海古城クラスキノ古城の機能と性格―論集　青山学院大学クラスキノ土城発掘調査団, ロシア科学アカデミー極東支部諸民族歴史学・考古学・民族学研究所〔著〕, 清水信行監修　青山学院大学文学部史学科　2013.3　164p　30cm　〈他言語標題：Краскинское городище Приморья－характер и Функциональное назначение　文献あり　英語併載〉

内容 クラスキノ古城発掘調査[illegible]0年と日ロ共同調査（V.I.ボルディン著, 垣内あと訳）　〔08033〕

ボールディング, エリス
◇幼児はあらゆる種子の萌芽を孕む―地方都市の幼稚園長からの〈たより〉 小泉文子著（訳） 田畑書店 2013.3 219p 21cm 1500円 ①978-4-8038-0334-1
内容 子どもと孤独―創造性を養うために（エリス・ボールディング著, 小泉文子訳） 〔08034〕

ホールデン, キャシー Holden, Cathie
◇グローバル・ティーチャーの理論と実践―英国の大学とNGOによる教員養成と開発教育の試み（Developing the global teacher） ミリアム・スタイナー編, 岩崎裕保, 湯本浩之監訳 明石書店 2011.7 540p 20cm （明石ライブラリー 146）〈文献あり 索引あり〉5500円 ①978-4-7503-3381-6
内容 グローバル・ティーチャーの専門性とコンピタンス―技術的コンピタンスを超えるために（ニック・クラフ, キャシー・ホールデン著, 近藤牧子訳） 〔08035〕

ボールデン, ケイ Boulden, Kay
◇みんな大切！―多様な性と教育（Everyone is special！） ローリ・ベケット編, 橋本紀子監訳, 艮香織, 小宮明彦, 杉田真衣, 渡辺大輔訳 新科学出版社 2011.3 195p 22cm 2500円 ①978-4-915143-39-7
内容 学校における同性愛嫌悪に対する取り組み（ケイ・ボールデン著, 小宮昭彦訳） 〔08036〕

ホールデン, ジョン
◇中世の哲学―ケンブリッジ・コンパニオン（THE CAMBRIDGE COMPANION TO MEDIEVAL PHILOSOPHY） A.S.マクグレイド編著, 川添信介監訳 京都 京都大学学術出版会 2012.11 601p 22cm 〈文献あり 年表あり 索引あり〉5800円 ①978-4-87698-245-5
内容 中世哲学はどのように後世の思想に足跡を残したか（P.J.フィッツパトリック, ジョン・ホールデン執筆, 横田蔵人訳） 〔08037〕

ホルト, ジム Holt, Jim
◇世界はなぜ「ある」のか？―実存をめぐる科学・哲学的探索（WHY DOES THE WORLD EXIST？） ジム・ホルト著, 寺町朋子訳 早川書房 2013.10 445p 20cm 〈文献あり〉2500円 ①978-4-15-209414-8
内容 忙しい生活をする現代人に贈る、何もないのではなく、何かがあるはずであることの手っ取り早い証明 謎との遭遇 哲学のあらまし 無の小史 偉大なる拒否者 有限か無限か？ 帰納法を駆使するノース・オックスフォードの有神論者 多宇宙論の鬼才 究極のフリーランチ？ 究極理論を待ちながら プラトン主義の意見 「何かが存在することの倫理的な要件」 すべての魂からの決定的な言葉 ちょっとした軽妙な詩としての世界 自己：私は本当に存在するのか？ 無への回帰 セーヌ川の上で 〔08038〕

ボルト, ナンシー Bolt, Nancy M.
◇図書館と民営化（Privatizing libraries） ジェーン・ジェラード, ナンシー・ボルト, カレン・ストレッジ著, 川崎良孝訳 京都 京都図書館情報学研究会 2013.11 103p 21cm （KSPシリーズ 17）〈文献あり 発売：日本図書館協会〉2000円 ①978-4-8204-1314-1 〔08039〕

ホルト, C.* Holt, Catherine F.
◇新しい認知行動療法―健康に生きるための18の秘訣 実践ワークブック（Make health happen） Erik Peper,Katherine H.Gibney,Catherine F. Holt著, 六浦裕美訳・改編, 竹林直紀日本語版監修 京都 金芳堂 2010.10 246p 26cm 〈索引あり〉2800円 ①978-4-7653-1452-7 〔08040〕

ボールドイン, ジェームス Baldwin, James
◇ギリシャ神話（Greek myths） ジェームス・ボールドイン著, 杉谷代水訳 冨山房企画 2011.7 425p 22cm 〈『希臘神話』（冨山房明治42年刊）の新版 索引あり 発売：冨山房インターナショナル〉3500円 ①978-4-905194-13-2
内容 オリムパス山の諸神 黄金時代 プロミシュースの伝 大洪水 アイオの伝 織女 銀弓公子 アドミータスとアルセスチス ケドマスとユーローパ メヂューサの首 アタランタ物語 馬と橄欖 シーシュースの伝 工匠デダラス 後のシーシュース 〔08041〕

ボールドウィン, ジョイス・G. Baldwin, Joyce G.
◇エステル記（Esther） ジョイス・G.ボールドウィン著, 稲垣緋紗子訳 いのちのことば社 2011.3 159p 22cm （ティンデル聖書注解） 2500円 ①978-4-264-02254-1
内容 緒論（聖書における物語の位置 この書が持つ史実における正確さ 文学表現上の特徴 文学表現上のジャンル ほか） アウトライン 注解 補注（断食「復讐する、あだを返す、復讐」（naqamナーカム） 受ける分（menôtマーノート） エステル記とユダヤ民族） 付録―ギリシヤ語による付加部分 〔08042〕

ボルトン, リチャード・M. Bolton, Richard M.
◇プライベート・エクイティ（Private equity） ハリー・チェンドロフスキー, ジェームズ・P.マーティン, ルイス・W.ペトロ, アダム・A.ワデキ編著, 若杉敬明監訳, 森順次, 藤村武史訳 中央経済社 2011.11 364p 22cm 〈索引あり〉4600円 ①978-4-502-68950-5
内容 第1部 プライベート・エクイティの歴史（プライベート・エクイティのプロセス プライベート・エクイティ業界の特徴 ほか） 第2部 プライベート・エクイティのガバナンス（プライベート・エクイティのガバナンス・モデル 内部統制の価値 ほか） 第3部 プライベート・エクイティのオペレーション（組織と人間との対比 リーン方式への転換の開始 ほか） 第4部 プライベート・エクイティの投資における留意点（プライベート・エクイティ・ファンドとポートフォリオ企業投資 エグジット戦略における法律的考察：IPO対トレードセールス ほか） 〔08043〕

ボルトン, ロバート Bolton, Robert
◇人と"うまくやる"たった3つの心理テクニック―ピープル・スキル（PEOPLE SKILLS） ロバート・ボルトン著, 米谷敬一訳, 小嶋優子編集 宝島社 2012.12 335p 16cm （宝島SUGOI文庫 Dろ-1-1）〈「ピープル・スキル」（2010年刊）の改題改訂〉657円 ①978-4-8002-0254-3
内容 第1部 傾聴スキル（3つのリスニングスキル―向き

合いスキル/うながしスキル/反映スキル　なぜ反映型リスニングは有効なのか　ボディーランゲージを読む　反映スキルを高める　どういうときに反映型リスニングを適用するか）　第2部 自己主張スキル（対人関係には3つの型（ふるまい方）がある　自己主張メッセージを伝える方法　自己主張に対する防衛反応　自己主張の選択肢を増やす）　第3部 対立解消スキル（対立の防止とコントロール　対立の感情的要素　協調型問題解決法　本書の終わりに）　〔08044〕

ボルノー, オットー・フリードリヒ　Bollnow, Otto Friedrich

◇畏敬（Die Ehrfurcht（2.Aufl.））　オットー・フリードリヒ・ボルノー著, 岡本英明訳　町田　玉川大学出版部　2011.6　216p　22cm　5400円　①978-4-472-40436-8

内容 序論（感情の哲学的取り扱いの課題　畏敬を取り扱う際の特別な困難 ほか）　1章 尊敬および同系の感情（人間同士の感情連関の二つの基本形式としての尊敬と愛　愛と憎悪の炎熱に相対する尊敬と軽蔑の冷たさ ほか）　2章 畏敬（これまで論じられた感情に対する畏敬の位置　畏敬の不自然さ（非生得性）についてのゲーテの命題 ほか）　3章 羞恥の諸形式（羞恥の二つの基本形式　語史への回顧 ほか）　4章 畏敬の念に打たれた羞恥（抑制としての羞恥　客観的な意味、羞恥と恥辱 ほか）　5章 イロニー（これまでに述べたこととの関連、イロニーと沈黙　教育的イロニー ほか）　〔08045〕

◇ドイツ・ロマン主義の教育学—ロマン主義教育学の基礎と国民教育学の思想（Die Pädagogik der deutschen Romantik（原著第2版）（抄訳））　O.F.ボルノウ著, 岡本英明訳　北樹出版　2013.11　158p　19cm　1600円　①978-4-7793-0390-6　〔08046〕

ボルヘス, ホルヘ・ルイス　Borges, Jorge Luis

◇幻獣辞典（EL LIBRO DE LOS SERES IMAGINARIOS（重訳））　ホルヘ・ルイス・ボルヘス著, 柳瀬尚紀訳　新版　晶文社　2013.10　262, 6p　20cm　〈絵 ： スズキコージ　索引あり〉 2800円　①978-4-7949-6831-9　〔08047〕

ホルベック, ジョニー　Holbek, Jonny

◇イノベーションと組織（Innovations and Organizations）　ジェラルド・ザルトマン, ロバート・ダンカン, ジョニー・ホルベック著, 首藤禎史, 伊藤友章, 平安山英成訳　創成社　2012.5　209p　22cm　〈文献あり 索引あり〉 2400円　①978-4-7944-2387-0

内容 1 イノベーションの本質（イノベーション　イノベーションの特徴　要約）　2 イノベーションのプロセス（イノベーションにおける意思決定プロセス　イノベーション・プロセスの諸段階　イノベーション・プロセスの統制　革新的な意思決定の種類　イノベーションに対する抵抗　要約）　3 イノベーションに影響を及ぼす組織の特徴（組織環境　組織構造とイノベーション）　4 組織におけるイノベーションの理論（Zaltman, Duncan, Holbekの理論の検討　イノベーションの属性と採用下位段階　組織におけるイノベーションの既存理論の検討　要約と結論）　〔08048〕

ホルベック, E.J.　Holubec, Edythe Johnson

◇学習の輪—学び合いの協同教育入門（Circles of learning）　D.W.ジョンソン, R.T.ジョンソン, E.J.ホルベック著, 石田裕久, 梅原巳代子訳　改訂新版　大阪　二瓶社　2010.11　230p　21cm　〈文献あり〉 1800円　①978-4-86108-057-9　〔08049〕

ホールボム, クリス

◇NLPイノベーション—〈変革〉をおこす6つのモデル＆アプリケーション（INNOVATIONS IN NLP FOR CHALLENGING TIMES）　L.マイケル・ホール, シェリー・ローズ・シャーベイ編, 足立桃子訳　春秋社　2013.3　324p　21cm　2800円　①978-4-393-36639-4

内容 自己信頼を取りもどす—お金と自尊心へのアプローチ（クリス・ホールボム著）　〔08050〕

ホルボーン, ハーヨ

◇新戦略の創始者—マキアヴェリからヒトラーまで 上（Makers of modern strategy）　エドワード・ミード・アール編著, 山田積昭, 石塚栄, 伊藤博邦訳　原書房　2011.3　383p　20cm　〈1978年刊の新版〉 2800円　①978-4-562-04674-4

内容 プロイセン流ドイツ兵学—モルトケ シュリーフェン（ハーヨ・ホルボーン著, 山田積昭訳）　〔08051〕

ボルマン, ボブ　Volman, Bob

◇FXスキャルピング—ティックチャートを駆使したプライスアクショントレード入門（Forex Price Action Scalping）　ボブ・ボルマン著, 長尾慎太郎監修, 井田京子訳　パンローリング　2012.12　458p　22cm　（ウィザードブックシリーズ 200）　3800円　①978-4-7759-7167-3

内容 第1部 スキャルピングの基本（通貨トレード　ティックチャート　仕事としてのスキャルピング　目標値とストップと注文　確率の原則）　第2部 仕掛け（セットアップ　DD—ダブル同時線ブレイク　FB—ファーストブレイク　SB—セカンドブレイク　BB—ブロックブレイク　RB—レンジブレイク　IRB—インサイドレンジブレイク　ARB—アドバンストレンジブレイク）　第3部 トレード管理（転換点のテクニック）　第4部 トレードの選択（不利な状況）　第5部 資金管理（トレードサイズ　注意事項）　〔08052〕

ボルマン, マルティン　Bormann, Martin

◇ヒトラーの遺言—1945年2月4日—4月2日（Hitlers politisches Testament）　ヒトラー〔著〕, マルティン・ボルマン記録, 篠原正瑛訳・解説　原書房　2011.6　226p　20cm　〈1991年刊の新装版〉 2200円　①978-4-562-04707-9　〔08053〕

ホルマン, ユリア

◇日独交流150年の軌跡　日独交流史編集委員会編　雄松堂書店　2013.10　345p　29cm　〈布装〉 3800円　①978-4-8419-0655-4

内容 日本とドイツ（ユリア・ホルマン著, 三宅舞訳）　〔08054〕

ポルマン, リンダ　Polman, Linda

◇クライシス・キャラバン—紛争地における人道援助の真実（De crisiskaravaan）　リンダ・ポルマン著, 大平剛訳　東洋経済新報社　2012.12

ホ

318p 20cm 〈他言語標題 : Crisis Caravan 文献あり 索引あり〉2200円 ①978-4-492-21203-5
内容 第1章 ゴマ―完全なる倫理的災害 第2章 契約フィーバー 第3章 モンゴ(MONGOs) 第4章 ドナーのお気に入り 第5章 戦争の武器としての援助 第6章 難民戦士たち 第7章 兵糧攻め 第8章 被援助側が支配するとき 第9章 アフガン詐欺 第10章 人道主義時代の論理 〔08055〕

ホルワード, ピーター
◇共産主義の理念(L'Idée du communisme(重訳)) コスタス・ドゥズィーナス, スラヴォイ・ジジェク編, 長原豊監訳, 沖公祐, 比嘉徹徳, 松本潤一郎訳 水声社 2012.6 434p 20cm 4500円 ①978-4-89176-912-3
内容 悟性の共産主義、意志の共産主義(ピーター・ホルワード著, 松本潤一郎訳) 〔08056〕

ホ

ボルンハック, コンラート Bornhak, Konrad
◇日本立法資料全集 別巻 650 国家論(Allgemeine Staatslehre) コンラート・ボルンハック原著, 菊地駒治訳述 復刻版 信山社出版 2010.8 431p 23cm 〈早稲田大学出版部明治36年刊の複製〉45000円 ①978-4-7972-6345-9 〔08057〕

ボレー, カロリン Borré, Caroline
◇水辺の多様性 内山純蔵, カティ・リンドストロム編 京都 昭和堂 2010.3 205, 4p 21cm (東アジア内海文化圏の景観史と環境 1) 4000円 ①978-4-8122-1011-6
内容 鯉からみる日本の景観―異界とこの世をつなくメッセンジャー(カロリン・ボレー) 〔08058〕

ポーレイ, デイヴィッド・J. Pollay, David J.
◇あなたの心の「ごみバケツ」を空にする本(The law of the garbage truck) デイヴィッド・J.ポーレイ著, 坂東智子訳 イースト・プレス 2011.10 221p 19cm 1400円 ①978-4-7816-0686-6
内容 法則1「ごみバケツ」をやりすごす 法則2 自分の中の「ごみバケツ」をやりすごす 法則3 他人に「ごみ」を投げ捨てない 法則4「ごみバケツ」を救済する 法則5「ノーモアごみバケツ! の誓い」を守る 法則6「ごみサイクル」から抜け出して「感謝サイクル」に入る 法則7「ごみバケツ立ち入り禁止区域」に住む 法則8「ごみバケツ立ち入り禁止区域」で働く 〔08059〕

ボレリ, B.* Borrelli, Belinda
◇動機づけ面接法 応用編(Motivational interviewing(2nd edition)) ウイリアム・R.ミラー, ステファン・ロルニック編, 松島義博, 後藤恵, 猪野亜朗訳 星和書店 2012.9 291p 21cm 〈文献あり〉3200円 ①978-4-7911-0817-6
内容 一般医療と公衆保健領域における動機づけ面接法(Ken Resnicow, Colleen DiIorio, Johanna E.Soet, Belinda Borrelli, Denise Ernst, Jacki Hecht, Angelica K.Thevos) 〔08060〕

ホレルバッハ, アレクサンダー
◇ユダヤ出自のドイツ法律家(DEUTSCHE JURISTEN JUDISCHER HERKUNFT) ヘルムート・ハインリッヒス, ハラルド・フランツキー, クラウス・シュマルツ, ミヒャエル・シュトレイス著, 森勇監訳 八王子 中央大学出版部 2012.3 25, 1310p 21cm (日本比較法研究所翻訳叢書 62) 〈文献あり 索引あり〉13000円 ①978-4-8057-0363-2
内容 一般行政法及び社会保険法のパイオニア(アレクサンダー・ホレルバッハ著, 森勇訳) 〔08061〕

ホーレン, R. Foren, Robert
◇ソーシャルケースワークと権威(Authority in social casework) R.ホーレン,R.ベイリー著, 宗内敦編訳 八王子 書肆彩光 2013.5 309p 22cm 2000円 ①978-4-9905678-4-2 〔08062〕

ポーロ, マルコ Polo, Marco
◇マルコ・ポーロ東方見聞録 マルコ・ポーロ〔著〕, 月村辰雄, 久保田勝一訳 岩波書店 2012.5 291p 20cm 〈「全訳マルコ・ポーロ東方見聞録」(2002年刊)の「本文全訳」および「訳者あとがき」を再録し、加筆修正 布装〉2400円 ①978-4-00-024815-0
内容 1 プロローグ 2 旅のあらまし 3 小アジアからパミール高原へ 4 カシュガルから北京へ 5 大カーンの宮廷 6 北京から雲南、ビルマへ 7 北京から泉州へ 8 日本とシンの海 9 小インド―東南アジア 10 大インド―インド大陸 11 中インド―アフリカ東岸 12 大トルコ―トルキスタン 〔08063〕

ホロウィッツ, レオナルド・G. Horowitz, Leonard G.
◇ジョン・レノンを殺した凶気の調律A=440Hz―人間をコントロールする「国際標準音」に隠された謀略(The book of 528) レオナルド・G.ホロウィッツ著, 渡辺亜矢訳 徳間書店 2012.2 358p 19cm (「超知」ライブラリー 073) 1800円 ①978-4-19-863343-1
内容 音楽創造説へのいざない ジョン・レノンは528を知っていた。そして殺された 聖なる幾何学と528―ヴィク・ショーウェル、レオナルド・ホロウィッツ 「平均律A=440Hz」を利用したミュージック・カルト・コントロール 528愛の革命 覚醒への道 音楽史の中にみる528 528と時空の確率 聖なる音楽と528の鍵 528の癒し/愛の振動 528の物理学と意識 傷ついたDNAを癒す528 〔08064〕

ホロウェイ, ジョン Holloway, John
◇革命資本主義に亀裂をいれる(Crack capitalism) ジョン・ホロウェイ著, 高祖岩三郎, 篠原雅武訳 河出書房新社 2011.4 396p 20cm 〈文献あり〉4700円 ①978-4-309-24546-1
内容 1 壊すこと 2 亀裂 尊厳の反政治 3 不可能性の淵の亀裂 4 労働の二面的性質 5 抽象的労働 巨大な囲い込み 6 抽象的労働の危機 7 労働に反して為すこと 裂け目の革命のメロディ 8 誕生の時 〔08065〕

ホロウェイ, リチャード
◇世界一素朴な質問、宇宙一美しい答え―世界の第一人者100人が100の質問に答える(BIG

QUESTIONS FROM LITTLE PEOPLE) ジェンマ・エルウィン・ハリス編, 西田美緒子訳, タイマタカシ絵　河出書房新社　2013.11　298p　22cm　2500円　①978-4-309-25292-6
内容 人はどうして永遠に生きていられないの？(リチャード・ホロウェイ)　〔08066〕

ボーローザ, パトリシア・ピレス
◇デモクラシーの世界史（THE SECRET HISTORY OF DEMOCRACY）　ベンジャミン・イサカーン, スティーヴン・ストックウェル編, 猪口孝日本版監修, 田口未和訳　東洋書林　2012.8　330p　22cm　〈文献あり 索引あり〉　3800円　①978-4-88721-803-1
内容 理想と願望(パトリシア・ピレス・ボーローザ著)　〔08067〕

ポロック, F.　Pollock, Frederick
◇日本立法資料全集　別巻820　英国組合法　F.ポロック原著, 榊原幾久若訳述　復刻版　信山社出版　2013.8　216p　23cm　〈開新堂 明治21年刊の複製〉　30000円　①978-4-7972-7117-1　〔08068〕

ホロックス, クリス　Horrocks, Chris
◇ボードリヤールなんて知らないよ（Introducing Baudrillard）　クリス・ホロックス文, ゾラン・ジェヴティックイラスト, 塚原史訳・解説　明石書店　2011.8　207p　19cm　〈年譜あり　著作目録あり〉　1800円　①978-4-7503-3446-2　〔08069〕

ホロビン, ピーター　Horrobin, Peter James
◇地上で最も力ある祈り—あなたの人生に変革をもたらす祈り（The most powerful prayer on earth）　ピーター・ホロビン著, 井口典子訳　日野　地引網出版　2012.8　109p　19cm　1200円　①978-4-901634-24-3　〔08070〕

ボロフィー, デービッド・J.　Brophy, David J.
◇プライベート・エクイティ（Private equity）　ハリー・チェンドロフスキー, ジェームズ・P.マーティン, ルイス・W.ペトロ, アダム・A.ワデキ編著, 若杉敬明監訳, 森順次, 藤村武史訳　中央経済社　2011.11　364p　22cm　〈索引あり〉　4600円　①978-4-502-68950-5
内容 第1部 プライベート・エクイティの歴史(プライベート・エクイティのプロセス　プライベート・エクイティ業界の特徴 ほか)　第2部 プライベート・エクイティのガバナンス(プライベート・エクイティのガバナンス・モデル　内部統制の価値 ほか)　第3部 プライベート・エクイティのオペレーション(組織と人間との対比　リーン方式への転換の開始 ほか)　第4部 プライベート・エクイティの投資における留意点(プライベート・エクイティ・ファンドとポートフォリオ企業投資　エグジット戦略における法律的考察：IPO対トレードセールス ほか)　〔08071〕

ボロメオ, カルロ
◇近代カトリックの説教　高柳俊一編　教文館　2012.8　458p　21cm　〈シリーズ・世界の説教〉　4300円　①978-4-7642-7338-2
内容 一五六五年一〇月一五日、ミラノ地方教会会議開催にあたって(カルロ・ボロメオ述, 高柳俊一訳)　〔08072〕

ボワイエ, ロベール　Boyer, Robert
◇金融資本主義の崩壊—市場絶対主義を超えて（Finance et globalisation）　ロベール・ボワイエ〔著〕, 山田鋭夫, 坂口明義, 原田裕治監訳　藤原書店　2011.5　442p　22cm　〈訳：宇仁宏幸ほか　文献あり〉　5500円　①978-4-89434-805-9
内容 日本にとっての危機の教訓—まえがきにかえて　画期的変化の2008年　金融市場効率性理論の瓦解と他の伝統的アプローチ　金融市場は完全か—危険な過ち　金融脆弱性と経済危機—大経済学者への回帰　民間の金融イノベーションに一貫して遅れをとる各種規制　アメリカ住宅ローン市場関連のデリバティブ商品危機は避けることができた　危機の展開—資産のデフレ・スパイラル　サブプライム危機—変わらないものと新しいもの　金融主導型成長の終焉　金融イノベーションに枠付けをするなという謬論　金融の社会的統制のために—単一の要請 複数の道　構造的かつ世界的な危機だが、国民国家への復帰はあるのか　転倒する世界 継続する危機　〔08073〕
◇ユーロ危機—欧州統合の歴史と政策（OVERCOMING THE INSTITUTIONAL MISMATCH OF THE EURO-ZONE）　ロベール・ボワイエ〔著〕, 山田鋭夫, 植村博恭訳　藤原書店　2013.2　201p　20cm　〈文献あり〉　2200円　①978-4-89434-900-1　〔08074〕
◇日本経済は復活するか　田中秀臣編　藤原書店　2013.10　339p　19cm　2800円　①978-4-89434-942-1
内容 ユーロ危機、アベノミクス、日本の将来(ロベール・ボワイエ述, 藤原良雄聞き手, 植村博恭訳・構成)　〔08075〕

ホワイティング, ロバート　Whiting, Robert
◇日本の未来について話そう—日本再生への提言（Reimagining Japan）　マッキンゼー・アンド・カンパニー責任編集, クレイ・チャンドラー, エアン・ショー, ブライアン・ソーズバーグ編著　小学館　2011.7　416p　19cm　1900円　①978-4-09-388189-0
内容 野茂効果(ロバート・ホワイティング著)　〔08076〕

ホワイト, エイブ　Whyte, Abe
◇みんな大切！—多様な性と教育（Everyone is special！）　ローリ・ベケット編, 橋本紀子監訳, 艮香織, 小宮明彦, 杉田真衣, 渡辺大輔訳　新科学出版社　2011.3　195p　22cm　2500円　①978-4-915143-39-7
内容 もし、私が先生だったら…(エイブ・ホワイト著, 艮香織訳)　〔08077〕

ホワイト, エレン・G.　White, Ellen Gould Harmon
◇聖霊に導かれて—牧師と信徒への勧め　上巻（Testimonies to ministers and gospel workers）　エレン・G.ホワイト著, 今村忍, 山地明他訳　〔立川〕　福音社　2011.1　350p　21cm　〈発売：アドベンチスト・ブックセンター(立川)〉　1800円　①978-4-89222-401-0　〔08078〕

◇聖霊に導かれて―牧師と信徒への勧め　下巻（Testimonies to ministers and gospel workers）　エレン・G.ホワイト著, 今村忍, 山地明他訳　〔立川〕　福音社　2011.2　326p　21cm　〈発売：アドベンチスト・ブックセンター（立川）〉　1800円　①978-4-89222-403-4　〔08079〕

◇ハッピネス　3（Happiness）　エレン・G.ホワイト著, 福音社編集部訳　立川　福音社　2011.7　111p　15cm　180円　①978-4-89222-406-5　〔08080〕

◇祝福に満ちた生活―スチュワードシップに関する勧告（Counsels on stewardship）　エレン・G.ホワイト著, 福音社編集部訳　立川　福音社　2011.8　399p　21cm　〈文献あり〉1800円　①978-4-89222-407-2　〔08081〕

◇各時代の大争闘（The great controversy）　エレン・G.ホワイト著, 清野喜夫, 村上良夫訳　新書判　立川　福音社　2011.11　783p　18cm　1800円　①978-4-89222-411-9　〔08082〕

◇大いなる希望　1（The great hope）　エレン・G.ホワイト著, セブンスデー・アドベンリスト教団伝道局編　立川　福音社　2012.3　96p　15cm　100円　①978-4-89222-417-1　〔08083〕

◇大いなる希望　2（The great hope）　エレン・G.ホワイト著, セブンスデー・アドベンチスト教団伝道局編　立川　福音社　2012.6　88p　15cm　100円　①978-4-89222-423-2　〔08084〕

◇真のリバイバル―教会に最も必要なもの（True revival）　エレン・G.ホワイト著, 山地明訳　立川　福音社　2012.6　150p　21cm　1000円　①978-4-89222-421-8　〔08085〕

◇メサイア（The desire of ages（抄訳））　エレン・G.ホワイト著, 渡辺清美訳, 福音社編集部監修　立川　福音社　2012.7　292p　19cm　〈発売：三育協会（立川）〉　1800円　①978-4-89222-418-8　〔08086〕

◇伝道　下巻（Evangelism）　エレン・G.ホワイト著, 大畑繁雄訳　立川　福音社　2012.12　527p　21cm　1800円　①978-4-89222-430-0　〔08087〕

ホワイト, ジェフリー

◇真珠湾を語る―歴史・記憶・教育　矢口祐人, 森茂岳雄, 中山京子編　東京大学出版会　2011.12　282p　21cm　3800円　①978-4-13-020300-5

内容 記念と教育（ジェフリー・ホワイト著, 高良育代訳）　〔08088〕

ホワイト, ジョアナ　White, JoAnna

◇学校コンサルテーション入門―よりよい協働のための知識とスキル（School Counselor Consultation）　グレッグ・ブリッグマン, フラン・ムリス, リンダ・ウェッブ, ジョアナ・ホワイト著, 谷島弘仁訳　金子書房　2012.4　155p　21cm　〈文献あり 索引あり〉2600円　①978-4-7608-2367-3

内容 第1章 コンサルタントとしてのスクールカウンセラーとは　第2章 コンサルテーションに生かす学校全体のアプローチ―支えとなるモデルと理論　第3章 コンサルテーションにおける倫理的問題　第4章 教師や保護者との事例コンサルテーション　第5章 学校コンサルテーションの典型的な諸問題　第6章 研修会と教育プログラム　第7章 その他の学校コンサルテーションの機会　第8章 クラス会議―協力的な雰囲気をつくる　第9章 管理職とのコンサルテーション　第10章 コミュニティにおけるコンサルテーション　〔08089〕

ホワイト, スチュアート

◇政治理論入門―方法とアプローチ（Political theory）　デイヴィッド・レオポルド, マーク・スティアーズ編著, 山岡竜一, 松元雅和監訳　慶応義塾大学出版会　2011.7　355p　21cm　〈文献あり〉3400円　①978-4-7664-1854-5

内容 政治理論、社会科学、そして現実政治（アダム・スウィフト, スチュアート・ホワイト著）　〔08090〕

ホワイト, ヘイドン

◇アウシュヴィッツと表象の限界（Probing the Limits of Representation : Nazism and the "Final Solution"）　ソール・フリードランダー編, 上村忠男, 小沢弘明, 岩崎稔訳　未来社　2013.5　260p　19cm　（ポイエーシス叢書）　〈第3刷（第1刷1994年）〉3200円　①978-4-624-93223-7

内容 歴史のプロット化と真実の問題（ヘイドン・ホワイト著, 上村忠男訳）　〔08091〕

ホワイト, マイケル　White, Michael Kingsley

◇ナラティヴ・プラクティス―会話を続けよう（Narrative Practice）　マイケル・ホワイト著, 小森康永, 奥野光訳　金剛出版　2012.11　197p　22cm　〈文献あり 索引あり〉3800円　①978-4-7724-1275-9

内容 第1部 一般的治療考察（セラピーを世界に取り込むことと近代的権力操作の転覆　ターニング・ポイントと個人およびコミュニティの倫理の重要性　権力、精神療法、そして異議の新しい可能性　「逆転移」と豊かなストーリー展開　抵抗とセラピストの責任）　第2部 セラピーのトピック（アノレキシアについて：マイケル・ホワイトとのインタヴュー　責任：暴力加害者男性との仕事　外在化と責任　再評価と共鳴：トラウマ体験とナラティヴ対応　自殺に関する誓約　カップルセラピー：カップルを冒険へ導く）　〔08092〕

ホワイト, マシュー　White, Matthew

◇殺戮の世界史―人類が犯した100の大罪（THE GREAT BIG BOOK OF HORRIBLE THINGS）　マシュー・ホワイト著, 住友進訳　早川書房　2013.3　735p　22cm　〈文献あり〉5000円　①978-4-15-209363-9

内容 第二次ペルシア戦争　アレクサンドロス大王　春秋・戦国時代　第一次ポエニ戦争　秦の始皇帝　第二次ポエニ戦争　剣闘士競技　ローマの奴隷戦争　同盟市戦争　第三次ミトリダテス戦争〔ほか〕　〔08093〕

ホワイト, ローレンス・J.　White, Lawrence J.

◇金融規制のグランドデザイン―次の「危機」の前に学ぶべきこと（Restoring financial stability）　ヴィラル・V.アチャリア, マシュー・リチャードソン編著, 大村敬一監訳, 池田竜哉, 増原剛輝, 山崎洋一, 安藤祐介訳　中央経済社　2011.3　488p　22cm　〈文献あり〉5800円　①978-4-502-68200-

1
内容 格付機関―規制すべきなのか？ 他（マシュー・リチャードソン, ローレンス・J.ホワイト）〔08094〕

ホワイトヘッド, ピーター
◇成年後見法における自律と保護―成年後見法世界会議講演録　新井誠監修, 2010年成年後見法世界会議組織委員会編, 紺野包子訳　日本評論社　2012.8　319p　21cm　〈英語抄訳付〉5600円　①978-4-535-51865-0
内容 世界会議（ピーター・ホワイトヘッド著）〔08095〕

ホワイトヘッド, ローン・A.　Whitehead, Lorne A.
◇ハーバード流企画実現力（Buy-in）　ジョン・P.コッター, ローン・A.ホワイトヘッド著, 庭田よう子訳　講談社　2011.7　221p　20cm　1600円　①978-4-06-216782-6
内容 はじめに なぜ優れたアイデアがつぶされるのか　第1部 センターヴィルでの出来事（素晴らしいプランが葬り去られるとき　センターヴィルを救え）　第2部 メソッド編（優れたアイデアを葬り去る四つの基本戦略　優れたアイデアを守る、通説とは一見相反する五つの原則　二四の攻撃と二四の処方箋　優れたアイデアを守るための、クイック・レファレンス・ガイド）　付録 本書のメソッドは大変革にどのように役立つか〔08096〕

ホーン, アン　Horne, Ann
◇児童青年心理療法ハンドブック（THE HANDBOOK OF CHILD AND ADOLESCENT PSYCHOTHERAPY（原著第2版））　モニカ・ラニャード, アン・ホーン編著, 平井正三, 脇谷順子, 鵜飼奈津子監訳, 子どもの心理療法支援会訳　大阪　創元社　2013.4　662p　22cm　〈文献あり 索引あり〉7800円　①978-4-422-11562-7
内容 第1部 理論的基盤（精神分析における児童青年心理療法の基礎　健常な情緒的発達　アタッチメント理論と研究の貢献　神経科学と子どもの心理療法　児童青年心理療法いおける調査研究―概観）　第2部 社会的文脈（多職種協働チームにおける児童心理療法士　人種、文化、治療プロセス　国際的な状況）　第3部 治療とセッティングの多様性（治療セッティングと治療プロセス　個人の精神分析的心理療法　アセスメント、集中的心理療法、非集中的心理療法 ほか）　第4部 専門的関心領域（自閉症スペクトラム障害を持つ子どもとの心理療法　深刻な心的外傷を受けた子どもと青年の心理療法―言葉で言い表せないもの ほか）〔08097〕

ホン, クィ・ティン　Hoang, Quy Tinh
◇小学校の英語教育―ベトナムと日本の経験比較　滝口優, ホン・クィ・ティン編著　三友社出版　2012.7　206p　21cm　2200円　①978-4-88322-720-4
内容 第1章 小学生における英語教育の重要性について　第2章 ベトナムの小学校における英語教育の現状　第3章 日本の小学校における英語教育の現状　第4章 日本とベトナムにおける小学校英語教育の比較　第5章 英語学習と英語教育に関連して未来の世代にとって必要なこと　補足資料〔08098〕

ボーン, スタンフォード　Bourne, Stanford
◇母子臨床の精神力動―精神分析・発達心理学から子育て支援へ（Parent-infant psychodynamics）　ジョーン・ラファエル・レフ編, 木部則雄監訳, 長沼佐代子, 長尾牧子, 坂井直子, 金沢聡子訳　岩崎学術出版社　2011.11　368p　22cm　〈索引あり〉6600円　①978-4-7533-1032-6
内容 死産や新生児の死後の妊娠―心理的リスクとそのマネージメント（スタンフォード・ボーン, エマニュエル・ルイス著, 長沼佐代子訳）〔08099〕

ホーン, ステイシー　Horn, Stacy
◇超常現象を科学にした男―J.B.ラインの挑戦（Unbelievable）　ステイシー・ホーン著, ナカイサヤカ訳, 石川幹人監修　紀伊国屋書店　2011.7　345p　20cm　〈文献あり 年表あり 索引あり〉2200円　①978-4-314-01077-1
内容 第1章 交霊会　第2章 ESP　第3章 名声と苦闘　第4章 戦争と死者　第5章 悪魔祓い　第6章 声なき声　第7章 ポルターガイスト　第8章 特異能力者　第9章 サイケデリックと冷戦　第10章 幽霊と科学者たち　第11章 遺産〔08100〕

ホン, スンクォン*　洪淳権
◇東アジアのウフカジ―大風 徐勝先生退職記念文集　徐勝先生退職記念事業実行委員会（日本・韓国）編　京都　かもがわ出版　2011.2　278p　21cm　〈著作目録あり 年譜あり〉1800円　①978-4-7803-0418-3
内容 二〇〇五台北の台湾、そしてそれ以降（洪淳権著, 李美於訳）〔08101〕

ホーン, ゾイア　Horn, Zoia
◇ゾイア！―ゾイア・ホーン回顧録、知る権利を求めて闘う図書館員（Zoia！）　ゾイア・ホーン著, 田口瑛子訳　京都　京都図書館情報学研究会　2012.3　394p　22cm　〈索引あり　文献あり　発売：日本図書館協会〉6000円　①978-4-8204-1115-4〔08102〕

ホン, ソンタム*　洪成潭
◇東アジアのウフカジ―大風 徐勝先生退職記念文集　徐勝先生退職記念事業実行委員会（日本・韓国）編　京都　かもがわ出版　2011.2　278p　21cm　〈著作目録あり 年譜あり〉1800円　①978-4-7803-0418-3
内容 徐勝、貴兄と過ごした日々の断想（洪成潭著, 李美於訳）〔08103〕

ホン, ソンフプ　洪性翕
◇景観から未来へ　内山純蔵, カティ・リンドストロム編　京都　昭和堂　2012.3　283, 8p　21cm　（東アジア内海文化圏の景観史と環境 3）　4000円　①978-4-8122-1175-5
内容 現代韓国における景観とアイデンティティ（洪性翕著, 内山純蔵, 大谷めぐみ監訳）〔08104〕

ボン, ダニエル・ヨンシク
◇鏡の中の自己認識―日本と韓国の歴史・文化・未来　東郷和彦, 朴勝俊編著　御茶の水書房　2012.3　261p　23cm　4000円　①978-4-275-00972-2

内容 韓国と日本のソフト・パワー(ダニエル・ヨンシク・ボン著, 朴勝俊訳)　〔08105〕

ホーン, C.スティーブン　Horn, C.Steven

◇米国ビジネス・ビザ取得ガイダンス　C.スティーブン・ホーン, 渥美坂井法律事務所・外国法共同事業著, 堀脇美紗子, 京極繭香訳　中央経済社　2012.9　265p　21cm　〈索引あり〉3200円　①978-4-502-46290-0

内容 基本事項　商用による短期訪問　オンラインの情報とビザの審査の関わり　Eビザ(Treaty Investor/Trader)　L-1ビザ(Intra-company Transferee)　H-1Bビザ(Specialty Occupation)　H-2ビザ　H-3ビザ(Trainee Visa)　F-1ビザ(学生の雇用—OPTおよびSTEMによる延長)　Iビザ(Journalists and Foreign Media Workers)〔ほか〕　〔08106〕

ホンカネン, タルヤ　Honkanen, Tarja

◇フィンランド中学校現代社会教科書—15歳市民社会へのたびだち (Yhteiskunnan tuulet 9)　タルヤ・ホンカネン, ヘイッキ・マルヨマキ, エイヤ・パコラ, カリ・ラヤラ著, 高橋睦子監訳, ペトリ・ニエメラ, 藤井ニエメラみどり訳　明石書店　2011.4　257p　26cm　(世界の教科書シリーズ 29)　4000円　①978-4-7503-3346-5

内容 1 個人—コミュニティの一員　2 快適な福祉国家　3 個人の家計　4 政治的な影響力と意思決定への参加　5 国民経済　6 経済政策　7 国民の安全　8 ヨーロッパで満足できなければ　〔08107〕

ボーンステイン, デービッド　Bornstein, David

◇社会起業家になりたいと思ったら読む本—未来に何ができるのか、いまなぜ必要なのか (Social entrepreneurship)　デービッド・ボーンステイン, スーザン・デイヴィス著, 有賀裕子訳, 井上英之監修　ダイヤモンド社　2012.3　263p　19cm　〈索引あり　文献あり〉1600円　①978-4-478-01555-1

内容 第1章 社会起業家の可能性—社会はイノベーションを待っている(ひとりひとりの意識が変わってきている　教育とできること　大学とできること ほか)　第2章 社会起業家の課題—変化を起こすために知っておきたいこと(資金をどう集めるか　組織をどう運営していくか　優れた人材をどう集めるか ほか)　第3章 社会起業家の基礎知識—いま、なぜ必要なのか(社会起業家の誕生　社会起業家を後押しした、世界の変化　世界を変えた人たち ほか)　〔08108〕

ポンセ・デ・レオン・パイヴァ, アントン　Ponce de León Paiva, Antón

◇ムーからのスピリチュアル・ビジョン—フォースの超パワー : スピリットに無限のエネルギーを注ぎ込む隠されたノウハウ (El anciano en el lago sagrado)　アントン・ポンセ・デ・レオン・パイヴァ著, やよしけいこ訳　ヒカルランド　2011.11　263p　20cm　(超☆きらきら 008)　1600円　①978-4-905027-69-0　〔08109〕

ポンティエ, ジャン＝マリ

◇日本とフランス(及びヨーロッパ)における分権国家と法—2009年12月12日成城大学日仏比較法シンポジウムの記録　大津浩編　成城大学法学部憲法学教室　2011.3　163p　30cm　〈他言語標題 : Etat decentralise et droit au Japon et en FranceEurope　フランス語併記〉

内容 フランス側の視点から見た分権国家と法 他(ジャン＝マリ・ポンティエ著, 大津浩訳)　〔08110〕

ボンデュー, ディディエ

◇世界のビジネス・アーカイブズ—企業価値の源泉　渋沢栄一記念財団実業史研究情報センター編　日外アソシエーツ　2012.3　272p　19cm　〈発売 : 紀伊国屋書店〉3600円　①978-4-8169-2353-1

内容 フランスのビジネス・アーカイブズ、経営に役立つツールとして(ディディエ・ボンデュー著, 平野泉訳)　〔08111〕

ボンド, ヘンリー　Bond, Henry

◇ラカンの殺人現場案内 (LACAN AT THE SCENE)　ヘンリー・ボンド著, 橘明美訳　太田出版　2012.9　287p　19cm　2400円　①978-4-7783-1324-1　〔08112〕

ボンド, ロイド　Bond, Lloyd

◇アメリカの法曹教育 (EDUCATING LAWYERS)　ウィリアム・M.サリバン, アン・コルビィ, ジュディス・ウェルチ・ウェグナー, ロイド・ボンド, リー・S.シュールマン著, 柏木昇, 伊藤寿英, 藤本亮, 坂本力也, 田中誠一訳　八王子中央大学出版部　2013.1　291p　21cm　(日本比較法研究所翻訳叢書 64)　〈索引あり〉3600円　①978-4-8057-0365-6

内容 第1章 専門職養成におけるロースクール　第2章 共通の入口—特徴的教育としてのケース対話法　第3章 実務への架橋—「法律家のように考える」から「ローヤリング」へ　第4章 プロフェッショナルとしてのアイデンティティと目的　第5章 評価とその活用法　〔08113〕

ポーンプリック, スパーポン

◇寄り添いの死生学—外国人が語る“浄土”の魅力 (Never die alone)　ジョナサン・ワッツ, 戸松義晴編　京都　浄土宗　2011.9　221p　19cm　1500円　①978-4-88363-054-7

内容 浄土のない死?—タイ上座部仏教における安らかな死への準備(スパーポン・ポーンプリックと心の友たち著)　〔08114〕

ボンヘッファー, ディートリヒ　Bonhoeffer, Dietrich

◇アジアの顔のキリスト　ホアン・カトレット編, 高橋敦子訳　名古屋　新世社　2010.10　175, 32p　16cm　〈文献あり〉1200円　①978-4-88382-100-6

内容 あなたは孤立無援の者を知っておられます(ディートリッヒ・ボンヘッファー)　〔08115〕

◇告白教会と世界教会　ディートリヒ・ボンヘッファー著, 森野善右衛門訳　新教出版社　2011.4　421p　19cm　(新教セミナーブック 38)　〈『ボンヘッファー選集 6』(1968年刊)の改訂新版〉3800円　①978-4-400-30309-1

内容 1 世界教会運動への出発 一九三二年　2 ドイツ教会闘争の開始 一九三三年　3 告白教会と世界教会 一九三四-三五年　4 告白教会の批判的擁護者として

一九三五 - 三八年　5 ドイツの運命への参与 一九三九 - 四二年　解説・付論・あとがき　〔08116〕

◇現代信仰問答　ディートリヒ・ボンヘッファー著, 森野善右衛門訳　復刊　新教出版社　2012.3　110p　18cm　(新教新書)　1000円　①978-4-400-54053-3

内容 第一信仰問答 一九三一年　第二信仰問答 一九三六年　〔08117〕

【マ】

マー, ジェフリー　Ma, Jeffrey

◇競争優位で勝つ統計学―わずかな差を大きな勝利に変える方法（The house advantage）　ジェフリー・マー著, 須川綾子訳　河出書房新社　2011.11　313p　20cm　1900円　①978-4-309-25256-8

内容 第1章 統計学という宗教―統計上の優位を信じ、偏差を恐れない　第2章 データ主導型の意思決定―「過去」を正しく読む　第3章 バイアスにとらわれない―予測力のあるデータを探す　第4章 正しい問いを発する―意思決定の第一歩　第5章 ツキは存在するか―ホットハンド理論の真偽　第6章 偽統計学に惑わされない　第7章 最悪の事態を想定する　第8章 結果で決断を評価しない―「正しい決断」とは何か　第9章 個人の勝利はチームの勝利―正しい決断を導くインセンティブ　第10章 統計嫌いの人に対処するには　第11章 「直観」は過去データに基づく　〔08118〕

マー, バーナード　Marr, Bernard

◇マネジャーのためのKPIハンドブック―知っておくべき「75」の評価基準（KEY PERFORMANCE INDICATORS）　バーナード・マー著, SDL Plc訳　ピアソン桐原　2012.12　441p　21cm　〈索引あり〉3300円　①978-4-86401-116-7

内容 1 財務の視点　2 顧客の視点　3 マーケティングと販売の視点　4 業務プロセスとサプライチェーンの視点　5 従業員の視点　6 企業の社会的責任（CSR）の視点　〔08119〕

マイ, マンフレッド（歴史）　Mai, Manfred

◇50のドラマで知る世界の歴史―共生社会の再構築へ（Weltgeschichte）　マンフレッド・マイ著, 小杉尅次訳　京都　ミネルヴァ書房　2012.2　459p　20cm　3500円　①978-4-623-06154-9

内容 第1部 地球文明の創造と人類史の特徴（人類の始祖たち―世界史の始まり　遊牧民から農耕生活者への転換―人類の基本的ライフ・スタイル　偉大な発見、卓越した発明―道具による新世界との出会い　知性に溢れた民族の登場―メソポタミア文明圏 ほか）　第2部 政治権力・帝国建設・宗教の役割（最初の世界帝国―法治国家ローマ　世界宗教の出現―キリスト教とイスラム教　カロリング王朝―その勃興と没落　中世ヨーロッパ社会の身分制度―最上層・中下層・最下層 ほか）　第3部 大陸文明と海洋文明（キリスト教世界の分裂―カトリック教会とプロテスタント教会　宗教戦争とヨーロッパ社会―不毛な自己絶対化　東アジア世界の鎖国主義―中国と日本　「国家、それは余の所有物だ！」―ルイ十四世とフランス絶対主義 ほか）　第4部 激震するヨーロッパ大陸―政治・産業・社会・思想の大変革（ヨーロッパ脱出、"新大陸"アメリカへ―暴挙か、冒険か？　フランス市民革命―自由・平等・友愛の源流　ナポレオン支配下のヨーロッパ―革新と守旧の矛盾　産業革命と科学の発展―起点としてのイギリス ほか）　第5部 戦争と平和―世界の東西分断化、南北問題の浮上（世界史上最初の共産主義国家―ソ連邦の誕生とその影響　植民地支配と隷属からの解放―インドと中国の比較　敵は"左"ではなく"右"にいるのだ！―イタリアの極左・極右勢力の対立　ドイツ第三帝国の出現―政治の停滞と経済の不況 ほか）　〔08120〕

◇50のドラマで知るドイツの歴史―祖国統一への道（DEUTSCHE GESCHICHTE）　マンフレッド・マイ著, 小杉尅次訳　京都　ミネルヴァ書房　2013.1　432, 8p　20cm　〈索引あり〉3500円　①978-4-623-06461-8

内容 第1部 遊牧から定住へ―ゲルマン民族の形成　第2部 中世ドイツの政治・社会・人間　第3部 神聖ローマ帝国と近代ドイツへの道程　第4部 ドイツとフランスの確執、そして対決へ　第5部 ヨーロッパ諸国間の抗争とドイツ―第一次世界大戦　第6部 ヒトラー登場と国家社会主義への急旋回　第7部 分断国家ドイツ再統一への道筋　〔08121〕

マイアー, トーマス

◇成年後見法における自律と保護―成年後見法世界会議講演録　新井誠監修, 2010年成年後見法世界会議組織委員会編, 紺野包子訳　日本評論社　2012.8　319p　21cm　〈英語抄訳付〉5600円　①978-4-535-51865-0

内容 ドイツにおける成年後見制度（トーマス・マイアー著）　〔08122〕

マイェヴィチ, アルフレト・F.

◇ピウスツキの仕事―白老における記念碑の除幕に寄せて ポーランドのアイヌ研究者　井上紘一編集責任　〔札幌〕　北海道ポーランド文化協会　2013.10　142p　30cm　〈共同刊行：北海道大学スラブ研究センター　文献あり　年譜あり〉

内容 なぜだろうか（アルフレト・F.マイェヴィチ著, 井上紘一訳）　〔08123〕

マイカリジン, マシュー・P.

◇子どもの社会的ひきこもりとシャイネスの発達心理学（THE DEVELOPMENT OF SHYNESS AND SOCIAL WITHDRAWAL）　ケネス・H.ルビン, ロバート・J.コプラン編, 小野善郎訳　明石書店　2013.8　363p　22cm　5800円　①978-4-7503-3873-6

内容 子どもの社会不安の治療（マシュー・P.マイカリジン, ジェレミー・S.コーエン, ジュリー・M.エドマンズ, サラ・A.クロウリー, フィリップ・C.ケンダル著）　〔08124〕

マイケルズ, バリー　Michels, Barry

◇ツールズ（THE TOOLS）　フィル・スタッツ, バリー・マイケルズ著, 野津智子訳　早川書房　2012.7　301p　19cm　1600円　①978-4-15-209309-7

内容 第1章 ツールとは何か？　第2章 ツール1「苦しみを望む」―ハイヤーフォース「未来へ進む力」　第3章 ツール2「進んで与える」―ハイヤーフォース「アウトフロー」　第4章 ツール3「内なる権威」―

マ

ハイヤーフォース「自己表現の力」　第5章 ツール4「感謝の流れ」—ハイヤーフォース「感謝の気持ち」　第6章 ツール5「危機」—ハイヤーフォース「意志の力」　第7章 ハイヤーフォースを信じる　第8章 新たなビジョンがもたらしたもの　〔08125〕

マイケンバウム, ドナルド

◇ダイニングテーブルのミイラ セラピストが語る奇妙な臨床事例—セラピストはクライエントから何を学ぶのか (The mummy at the dining room table)　ジェフリー・A.コトラー, ジョン・カールソン編著, 岩壁茂監訳, 門脇陽子, 森田由美訳　福村出版　2011.8　401p　22cm　〈文献あり〉　3500円　①978-4-571-24046-1

内容 親なら誰もが恐れる悪夢 (ドナルド・マイケンバウム著, 森田由美訳)　〔08126〕

マイナー, アル　Miner, Al

◇死後世界へのソウルガイド&ナビゲーション—高次元存在ラマ・シングに聞く (In realms beyond)　アル・マイナー, ラマ・シング著, 金原博昭, 志水真木訳　徳間書店　2011.3　371p　15cm　(5次元文庫 102)　800円　①978-4-19-906112-7

内容 死の直前—地球での人生を終え、暗闇のとばりの中へ　死の瞬間と直後—地球を離れて漆黒の闇を超え、新たな意識世界へ向かう　庭園の意識世界—自らが落ち着く意識の世界=ソウル・グループがいる世界に到着　神を知る—神はあなたであり、あなたは神であり、一つであることを理解する　宇宙の法則—万物を創造する力から奇跡はこうして生まれる　水晶研究者のいる意識世界へ—地球に近い意識レベルに縛られているソウルたちの層　霊性のマントー自らの魂とその場の意識世界の双方を保護する重要な働き　内なる宇宙—地球での過去生を手放し、魂意識に目覚める瞬間へ　霊的受諾—霊的な潜在能力に気づき受け入れる力がどこまで到達しているか　ワンネス—個性ある魂同士が個別の実体ではなく霊的に一つの実体であること　贈り物を分かち合う—皆で共有し合うことで成長し、多くの気づきを獲得することができる　水晶の式典—あらゆる階層の魂や地球で人間として存在する魂とつながる光の祝祭　〔08127〕

マイナリ, ゴビンダ・プラサド　Mainali, Govinda Prasad

◇ナラク—ゴビンダ・マイナリ獄中日記　ゴビンダ・プラサド・マイナリ著, 今井恭平編・解説,〔東豊久〕,〔蓮見順子〕〔訳〕　希の樹出版　2013.7　255p　19cm　〈年表あり　発売：星雲社〉　1800円　①978-4-434-18086-6

内容 東京拘置所時代のノートから　絶望—上告棄却・無期刑確定直後 2003年11月　奈落—いよいよ始まった刑務所での服役生活 2003年12月、燭光—再審請求 2005年3月　望郷—母の来日 2005年4月　再会—娘たちの来日 2007年4月　永別—父の死 2007年5月　孤立—「不正挨拶」 2007年11月　煉獄—降格 2008年3月　強震—大震災とラダさん来日 2011年3月〔ほか〕　〔08128〕

マイネッケ, フリードリヒ　Meinecke, Friedrich

◇近代史における国家理性の理念 (DIE IDEE DER STAATSRÄSON : in der neueren Geschichte)　マイネッケ著, 菊盛英夫, 生松敬三共訳　新装版　みすず書房　2013.10　592p　21cm　7200円　①978-4-622-01742-4

内容 序論 国家理性の本質　第1編 絶対主義生成の時期 (マキアヴェルリ　フランスにおける最初のマキアヴェルリ反対者—ジャンティエとボーダン　ボテロとボッカリーニ　カムパネルラ　イタリアおよびドイツにおける国家理性説の流布　リシュリューのフランスにおける国家利害説　ガブリエル・ノーデ)　第2編 絶対主義成熟の時期 (グロティウス、ホッブスおよびスピノーザ瞥見　プーフェンドルフ　クールティル・ド・サンドラ　ルッセ　フリードリッヒ大王)　第3編 近代ドイツにおけるマキアヴェリズム、理想主義および歴史主義 (ヘーゲル　フィヒテ　ランケ　トライチュケ　回顧と現代)　〔08129〕

マイヤー, エドワルト　Meyer, Eduard

◇歴史は科学か　エドワルト・マイヤー, マックス・ウェーバー著, 森岡弘通訳　改訂版　みすず書房　2011.5　261p　19cm　〈第3刷 (第1刷1987年)〉 2800円　①4-622-00514-X

内容 歴史の理論と方法 (エドワルト・マイヤー)　文化科学の論理学の領域における批判的研究 (マックス・ウェーバー)　〔08130〕

マイヤー, デボラ　Meier, Deborah

◇学校を変える力—イースト・ハーレムの小さな挑戦 (The power of their ideas)　デボラ・マイヤー〔著〕, 北田佳子訳　岩波書店　2011.3　284, 7p　19cm　〈文献あり〉 2600円　①978-4-00-025804-3

内容 第1章 公教育の擁護　第2章 セントラル・パーク・イースト—もう一つの物語　第3章 学校の活動　第4章 神話と嘘と危険　第5章 選択制は公教育を救う　第6章 小さな学校　第7章 尊敬すること　第8章 授業の再創造　第9章 学問的であること—なぜ、子どもは「教養ある人」になりたくないのか　第10章 失敗と忍耐を超えて公教育へ　〔08131〕

◇デモクラティック・スクール—力のある学校教育とは何か (Democratic Schools (原著第2版))　マイケル・W.アップル, ジェームズ・A.ビーン編, 沢田稔訳　Sophia University Press上智大学出版　2013.10　288p　21cm　〈文献あり 索引あり　発売：ぎょうせい〉 2000円　①978-4-324-09636-9

内容 セントラル・パーク・イースト中等学校 (デボラ・マイヤー, ポール・シュワルツ著)　〔08132〕

マイヤー, ハートムット

◇東アジア統合の政治経済・環境協力　吉野孝, 弦間正彦編, 藪下史郎監修　東洋経済新報社　2011.3　198p　22cm　〈索引あり〉 3800円　①978-4-492-44377-4

内容 ヨーロッパの視点からみるアジア統合 (ハートムット・マイヤー著, 仁木研太訳)　〔08133〕

マイヤー=グレーヴェ, ウタ　Meier-Gräwe, Uta

◇家族のための総合政策　3　家族と職業の両立　本沢巳代子, ウタ・マイヤー=グレーヴェ編　信山社　2013.10　250p　22cm　(総合叢書 14—〔家族法〕)　7500円　①978-4-7972-5464-8

内容 男女雇用均等の問題は世紀をまたいだ課題であり続ける 他 (ウタ・マイヤー=グレーヴェ著, 岩下雅充訳)　〔08134〕

マ

マイヤーズ, ジョン・E.B.　Myers, John E.B.
◇アメリカの子ども保護の歴史―虐待防止のための改革と提言（Child protection in America）　ジョン・E.B.マイヤーズ著, 庄司順一, 渋谷昌史, 伊藤嘉余子訳　明石書店　2011.11　566p　20cm　（明石ライブラリー 147）〈索引あり〉5500円　①978-4-7503-3488-2
内容 第1部 これまでの歩み―アメリカの子ども保護の歴史（植民地時代から1875年まで　子ども虐待防止協会1900年から1962年までの子ども保護　1962年から現在までの子ども保護　子どもの性的虐待）　第2部 これからの歩み―子ども保護の現在と未来（子ども虐待とネグレクトの発生要因　虐待とネグレクトを減らすためには　子ども保護システムの改革）〔08135〕

マイヤーズ, デヴィッド・G.　Myers, David G.
◇直観を科学する―その見えざるメカニズム（INTUITION ： ITS POWERS AND PERILS）　デヴィッド・G.マイヤーズ著, 岡本浩一訳　〔柏〕　麗沢大学出版会　2012.4　399p　20cm　〈索引あり　発売 ： 広池学園事業部（柏）〉3800円　①978-4-89205-611 6
内容 第1部 直観の力（意識していなくても考えている社会的直観　直観的専門知識と創造性）　第2部 直観の危険（過去と将来に関する直観　自分の能力と美徳に関する直観　真実に対する直観）　第3部 直観の応用（スポーツにおける直観　投資における直観　臨床心理的直観 ほか）〔08136〕

マイユ, L.*　Mayeux, Lara
◇子どもの仲間関係―発達から援助へ（CHILDREN'S PEER RELATIONS）　J.B.クーパーシュミット,K.A.ダッジ編, 中沢潤監訳　京都　北大路書房　2013.12　299p　21cm　〈文献あり 索引あり〉3600円　①978-4-7628-2826-3
内容 ソシオメトリック地位と仲間集団行動（Lara Mayeux,Antonius H.N.Cillessen著, 丸山愛子訳）〔08137〕

マイリック, リーランド　Myrick, Leland
◇マンガはじめましてファインマン先生―超天才物理学者の頭の中（FEYNMAN）　ジム・オッタヴィアニ原作, リーランド・マイリック漫画, 大貫昌子訳　講談社　2013.9　277p　18cm　（ブルーバックス B-1832）〈文献あり 索引あり〉980円　①978-4-06-257832-5〔08138〕

マイルズ, スティーブン・A.　Miles, Stephen A.
◇リーダーシップ・マスター―世界最高峰のコーチ陣による31の教え（Coaching for Leadership）　マーシャル・ゴールドスミス, ローレンス・S.ライアンズ, サラ・マッカーサー編著, 久野正人監訳, 中村安子, 夏井幸子訳　英治出版　2013.7　493p　21cm　2800円　①978-4-86276-164-4
内容 キャリアゲームを勝ち抜く（スティーブン・A.マイルズ, ネイサン・ベネット）〔08139〕

マイルズ, デイヴィッド
◇オックスフォード ブリテン諸島の歴史　1　ローマ帝国時代のブリテン島（The short Oxford history of the British Isles ： the Roman Era）　鶴島博和日本語版監修　ピーター・サルウェイ編, 南川高志監訳　慶応義塾大学出版会　2011.5　336, 53p　22cm　〈文献あり 年表あり 索引あり〉4800円　①978-4-7664-1641-1
内容 景観への影響（リチャード・ヒングリー, デイヴィッド・マイルズ著）〔08140〕

マイルズ, リー
◇拡大ヨーロッパの地政学―コンステレーション理論の可能性（The geopolitics of Euro-Atlantic integration）　ハンス・モウリッツェン, アンデルス・ウィヴェル編, 蓮見雄, 小林正英, 東野篤子訳　文真堂　2011.5　356p　21cm　〈文献あり 索引あり〉2900円　①978-4-8309-4703-2
内容 北部（リー・マイルズ著, 蓮見雄訳）〔08141〕

マインヘーヴェル, ハーラルト　Meinhövel, Harald
◇経営学の基本問題（Institutionenokonomie und Betriebswirtschaftslehre）　A.ホルシュ,H.マインヘーヴェル,S.パウル編著, 深山明監訳, 関野賢, 小沢優子訳　中央経済社　2011.10　211p　21cm　〈索引あり〉2600円　①978-4-502-69040-2
内容 第1章 新制度派経済学と経営経済学　第2章 科学理論と経営経済学　第3章 新古典派以前の経済学　第4章 新古典派理論と経営経済学　第5章 プリンシパル・エージェント理論の基礎　第6章 エージェンシー理論と保険契約　第7章 裁量権と取引コスト　第8章 エージェンシー問題とゲーム理論　第9章 進化論的経済学と企業者職能論　第10章 企業者職能と競争力　第11章 一般経営経済学の歴史と課題〔08142〕

マウ, リチャード・J.　Mouw, Richard J.
◇アブラハム・カイパー入門―キリスト教世界観・人生観への手引き（Abraham Kuyper）　R.マウ著, 稲垣久和, 岩田三枝子訳　教文館　2012.7　179p　19cm　1800円　①978-4-7642-6696-4
内容 第1章 カイパーの神学と文化―概観（カイパーのカルヴァン主義　「地を満たす」　多様であることは素晴らしい　領域　文化の「運河とせき止め湖」　カイパーの政治的な「位置づけ」　第三の道　聖書における領域とは？　教会の立場　宗教的反定立　神の「素晴らしい贈り物」）　第2章 二一世紀におけるカイパー（カイパー主義の現代的刷新　人種―もう一つの加えられた「新」　福音主義のためのカイパー　世界の見方　鐘はまだ鳴っているか？　教会の役割の強化　文化的忍耐の涵養　「キリスト教世界」を超えて領域が「縮小する」時　イスラームからの挑戦　「十字架のもと」のカイパー主義）〔08143〕

マウアド, アナ・マリア
◇ビジュアル調査法と社会学的想像力―社会風景をありありと描写する（PICTURING THE SOCIAL LANDSCAPE）　キャロライン・ノウルズ, ポール・スウィートマン編, 後藤範章監訳　京都　ミネルヴァ書房　2012.10　317p　22cm　〈索引あり〉3400円　①978-4-623-06394-9
内容 写真を使ったリンダ・ロードの口述史（アナ・マリア・マウアド, アリシア・J.ルーベロール著, 山北輝裕訳）〔08144〕

マウリャ, アッシュ　Maurya, Ash
◇Running Lean―実践リーンスタートアップ（Running Lean（原著第2版））　アッシュ・マウ

リャ著, 角征典訳　オライリー・ジャパン　2012.12　237p　21cm　(THE LEAN SERIES　エリック・リースシリーズエディタ)〈文献あり　索引あり　発売：オーム社〉2200円　①978-4-87311-591-7

内容 第1部 ロードマップ(メタ原則　Running Leanの実例)　第2部 プランAを文書化する(リーンキャンバスの作成)　第3部 プランで最もリスクの高い部分を見つける(ビジネスモデルの優先順位　実験の準備)　第4部 プランを体系的にテストする(顧客インタビューの準備　課題インタビュー ほか)〔08145〕

マウル, ハインツ・エーバーハルト

◇日独交流150年の軌跡　日独交流史編集委員会編　雄松堂書店　2013.10　345p　29cm　〈布装〉3800円　①978-4-8419-0655-4

内容 杉原千畝とユダヤ人迫害問題(ハインツ・エーバーハルト・マウル著, 黒川剛訳)〔08146〕

マエダ, ジョン　前田 ジョン

◇リーダーシップをデザインする—未来に向けて舵をとる方法(Redesigning Leadership)　ジョン・マエダ, ベッキー・バーモント著, 友重山桃訳　東洋経済新報社　2013.3　110p　20cm　1500円　①978-4-492-53322-2

内容 1 ここから始まる　2 クリエイティブとして　3 技術者として　4 教授として　5 人間として　6 ありがとう〔08147〕

マエル・C.　Maëlle C.

◇いっしょにせいしょ(La bible pour les bébés)　マエル・C.作, つばきうたこ訳　ドン・ボスコ社　2013.4　1冊(ページ付なし)　15×15cm　800円　①978-4-88626-547-0〔08148〕

マーカス, エリック　Marcus, Eric

◇自殺、なぜ？ どうして！—自殺予防、自殺企図者と自死遺族のケアのために(Why Suicide)　エリック・マーカス著, 水沢都加佐訳　大月書店　2012.7　254p　19cm　1900円　①978-4-272-42015-5

内容 第1章 自殺に関する基本的な疑問　第2章 どのように自殺をするかを理解する　第3章 若い人たちの自殺　第4章 高齢者と自殺　第5章 自殺を企図するとは　第6章 自殺防止と治療—私たちにできることは？　第7章 身近な人の自殺の後に…〔08149〕

マカダムス, マイケル　McAdams, Michael Andrew

◇トルコ(Turkey)　サラ・シールズ著, マイケル・マカダムス, アリソン・ハート監修　ほるぷ出版　2011.2　64p　25cm　(ナショナルジオグラフィック世界の国)〈日本語版校閲・ミニ情報：岩淵孝　年表あり　索引あり〉2000円　①978-4-593-58571-7

内容 地理—綿の城の国　自然—鳥たちの楽園　歴史—文明の中心地　人と文化—多民族国家　政治と経済—古くて新しい国〔08150〕

マカヌフォ, ジェームズ　Macanufo, James

◇ゲームストーミング—会議、チーム、プロジェクトを成功へと導く87のゲーム(Gamestorming)　Dave Gray,Sunni Brown,James Macanufo著, 野村恭彦監訳, 武舎広幸, 武舎るみ訳　オライリー・ジャパン　2011.8　262, 8p　21cm　〈発売：オーム社〉2600円　①978-4-87311-505-4

内容 1章 ゲームとは何か？　2章 ゲームストーミングの10のポイント　3章 ゲームストーミングの主要スキル　4章 主要なゲーム　5章 開幕のためのゲーム　6章 探索のためのゲーム　7章 閉幕のためのゲーム　8章 ゲームストーミングの実践例　特別付録 フューチャーセンターでのゲームストーミング活用事例〔08151〕

マカフィー, アンドリュー　McAfee, Andrew

◇機械との競争(Race Against The Machine)　エリック・ブリニョルフソン, アンドリュー・マカフィー著, 村井章子訳　日経BP社　2013.2　175p　19cm　〈発売：日経BPマーケティング〉1600円　①978-4-8222-4921-2

内容 第1章 テクノロジーが雇用と経済に与える影響(雇用なき景気回復　仕事はどこへ行ってしまったのか ほか)　第2章 チェス盤の残り半分にさしかかった技術と人間(先行するコンピュータ　ムーアの法則とチェス盤の残り半分 ほか)　第3章 創造的破壊—加速するテクノロジー、消えてゆく仕事(生産性の伸び　伸び悩む所得 ほか)　第4章 では、どうすればいいか(組織革新の強化　人的資本への投資 ほか)　第5章 結論—デジタルフロンティア(デジタル革命は何をもたらすか　謝辞)〔08152〕

マカフィー, ジャネット　McAfee, Jeanette L.

◇自閉症スペクトラムの青少年のソーシャルスキル実践プログラム—社会的自立に向けた療育・支援ツール(NAVIGATING THE SOCIAL WORLD)　ジャネット・マカフィー著, 萩原拓監修, 古賀祥子訳　明石書店　2012.9　302p　26cm　〈文献あり〉2800円　①978-4-7503-3664-0

内容 第1部 自分の感情に気づき、対処する(単純な感情に気づく　ネガティブな考えをポジティブな考えに変える　さらに多くの感情を認識し、定義づける　非言語の手がかりを感情と関連づける ほか)　第2部 コミュニケーションスキルとソーシャルスキル(基本的な会話の受け答え　相手の非言語・状況の手がかりに気づき、読み取る ほか)　第3部 抽象思考スキル(比喩的な表現)　第4部 行動の問題(指示に従う)　付録〔08153〕

マカリスター, クレイグ・M.

◇大学学部長の役割—米国経営系学部の研究・教育・サービス(The dean's perspective)　クリシナ・S.ディア編著, 佐藤修訳　中央経済社　2011.7　245p　21cm　3400円　①978-4-502-68720-4

内容 権力と影響力(クレイグ・M.マカリスター著)〔08154〕

マキアヴェリ, ニッコロ　Machiavelli, Niccolò

◇マキャベリの名言　マキャベリ〔著〕, 矢島みゆき編訳　新人物往来社　2010.11　1冊(ページ付なし)　20cm　〈文献あり〉1700円　①978-4-404-03940-8〔08155〕

◇ディスコルシ—「ローマ史」論(Discorsi)　ニッコロ・マキァヴェッリ著, 永井三明訳　筑摩書房　2011.3　752p　15cm　(ちくま学芸文庫　マ35-1)〈1999年刊の訂正〉1800円　①978-4-

480-09352-3

内容 第1巻（都市の起源、そして特にローマの起源について　共和国の種類について、またローマはそのいずれにあたるかについて　ローマ共和国を完成した護民官制度設立のいきさつについて ほか）　第2巻（ローマ人が広大な版図を確保したのは、実力によってか、それとも運がよかったためか　ローマ人はどのような部族を相手として戦ったか、また相手の国は自分たちの自由を賭していかにねばり強く戦ったか　ローマが強国に成長したのは、周囲の国家を破壊したと同時に外国人にも簡単に栄誉を与えたからである ほか）　第3巻（宗派や国家を長く維持していくには、多くの場合本来の姿を回復することが必要である　白痴を装うことが時には最も賢明であるかもしれない　新たに獲得した自由を維持していくために、ブルトゥスが自分の息子たちを殺さなければならなかった事情について ほか）　〔08156〕

◇「君主論」55の教え　ニッコロ・マキアヴェリ著, 渡部昇一監訳　三笠書房　2011.10　253p　15cm　（知的生きかた文庫）　571円　①978-4-8379-7968-5

内容 第1章「頭のいいリーダー」が、いつも心がけていること　第2章 成功するリーダーは、こんな「資質」を持っている！　第3章 偉大な先人から、「マネジメントの極意」を学べ　第4章 もっとチームを強くする、「人を動かす」原理原則　第5章 プロフェッショナルなら知っておきたいこのスキル　第6章「本物リーダー」へと、今まさに進化しているあなたへ　〔08157〕

◇ちくま哲学の森　3　悪の哲学　鶴見俊輔, 安野光雅, 森毅, 井上ひさし, 池内紀編　筑摩書房　2011.11　431p　15cm　1200円　①978-4-480-42863-9

内容 陰謀について（マキアヴェリ著, 永井三明訳）　〔08158〕

◇フィレンツェ史　上（Istorie fiorentine）　マキァヴェッリ著, 斉藤寛海訳　岩波書店　2012.3　536p　15cm　（岩波文庫 34-003-2）　1260円　①978-4-00-340032-6

内容 第1巻 イタリア史概観。ローマ帝国の滅亡から一四三四年まで　第2巻 フィレンツェの起源からアテネ公の追放後に平民政府が復興した一三四三年まで　第3巻 ピーサ獲得にいたるまでのフィレンツェの内部抗争および戦争、一三四三‐一四一四年　第4巻 トスカーナにおけるフィレンツェの領土拡大からコジモ・デ・メディチの流刑地よりの帰還まで、一四一四‐一四三四年　〔08159〕

◇フィレンツェ史　下（ISTORIE FIORENTINE）　マキァヴェッリ著, 斉藤寛海訳　岩波書店　2012.4　551p　15cm　（岩波文庫 34-003-3）　1260円　①978-4-00-340033-3

内容 第5巻（コジモ・デ・メディチの流刑地よりの帰還からアンギアーリの戦いまで、一四三四‐一四四〇年）　第6巻（イタリアの概況。アルフォンソ一世没後のナポリ継承戦争まで、一四四〇‐一四六二年）　第7巻（コジモからピエロの息子たちにいたるまでのフィレンツェにおけるメディチ家の覇権、一四六二‐一四七八年）　第8巻（パッツィ家の陰謀から偉大なるロレンツォ・デ・メディチの死まで、一四七八‐一四九二年）　〔08160〕

◇君主論（Il Principe e altri scritti minori）　マキアヴェッリ〔著〕, 大岩誠訳　新版　角川学芸出版　2012.6　254p　15cm　（〔角川ソフィア文庫〕〔SP G-205-1〕）〈発売：角川グループパブリッシング〉 629円　①978-4-04-408609-1

内容 君主国にはどういう種類があるか、またどういう方法でそれを手に入れるかについて　世襲君主国について　混合君主国について　アレクサンドロスに征服されたダレイオス王国では、アレクサンドロスの死後その後継者に対して、どういう訳で謀叛を起こさなかったのか　占領されるまではそれぞれ固有の法令の下に存続していた都市あるいは君主国は、これをどういうふうに治めていかなければならないか　おのが手勢によって勇敢にかちえた新しい支配権について　他人の軍勢と幸運とのおかげで手に入れた新しい君主国について　凶悪な振舞いによって君位に登った者どもについて　市民君主国について　君主国の国力はすべてこれをどういうふうにして測定しなければならないか〔ほか〕　〔08161〕

◇戦争の技術　ニッコロ・マキァヴェッリ著, 服部文彦訳　筑摩書房　2012.8　309p　15cm　（ちくま学芸文庫 マ35-2）〈文献あり〉1300円　①978-4-480-09477-3　〔08162〕

マキヴェイ, ジェイムズ　Mcquivey, James

◇DIGITAL DISRUPTION―破壊的イノベーションの次世代戦略（DIGITAL DISRUPTION）　ジェイムズ・マキヴェイ著, プレシ南日子訳　実業之日本社　2013.9　286p　19cm〈索引あり〉　1700円　①978-4-408-11019-6

内容 1 デジタル・ディスラプションとは何か？（デジタル・ディスラプションが持つ意味）　2 デジタル・ディスラプターの思考法（業務に変革をもたらすために思考法を変革する　無料のツールが破壊者を自由にする　デジタル・ディスラプターはデジタル・プラットフォームを使いこなす　「デジタル消費者」の欲求を満たす）　3 デジタル・ディスラプターらしく行動する（より早く、より多くのアイデアを生み出すトータルな商品体験を提供する）　4 今すぐ自分自身を創造的に破壊する（創造的破壊の準備はできているか　デジタル・ディスラプションへの道　さらなる破壊へ）　〔08163〕

マーキュリー, マイケル　Mercury, Michael

◇マンデン占星術で読む日本の未来予言―来るべき時代は日本が世界をリードする（An Astrological Predictions for Japan in The Age of Light 2013-2024）　マイケル・マーキュリー著, トランネット翻訳協力　創樹社美術出版　2013.4　247p　19cm　1600円　①978-4-7876-0079-0

内容 第1章 過去、現在、予来　第2章 未来は予言できるか？　第3章 水瓶座時代と世界の変化　第4章 日本の未来を読み解くための占星術基礎知識　第5章 日本の未来　第6章 スーパームーン、天変地異、未来の東京　第7章 日米関係の現在および未来　第8章 どうなる？ 日本と中国　〔08164〕

マクイーウェン, スコット　McEwen, Scott

◇ネイビー・シールズ最強の狙撃手（AMERICAN SNIPER）　クリス・カイル, スコット・マクイーウェン, ジム・デフェリス著, 大槻敦子訳　原書房　2012.5　428p　20cm　2000円　①978-4-562-04797-0

内容 照準のなかの邪悪　じゃじゃ馬馴らしとばか騒ぎ　身震い　拿捕　あと五分の命　狙撃手　死をもたらす　危険のなかで　家庭内紛争　罰を与える者「ほか」　〔08165〕

マクウィニー, ローリー・A.

◇ラーニング・コモンズ―大学図書館の新しいかたち　加藤信哉, 小山憲司編訳　勁草書房　2012.7　290p　22cm　〈他言語標題：LEARNING COMMONS　索引あり〉3900円　①978-4-326-00037-1
内容 インフォメーション・コモンズ（ローリー・A.マクウィニー執筆, 加藤信哉, 小山憲司訳）〔08166〕

マクウォーリー, ジョン　Macquarrie, John

◇ハイデガーとキリスト教（HEIDEGGER AND CHRISTIANITY）　ジョン・マクウォーリー著, 村上喜良訳　勁草書房　2013.2　212, 28p　20cm　〈文献あり 著作目録あり 索引あり〉3300円　①978-4-326-15425-8
内容 第1章 経歴と初期の著作　第2章 日常的な非本来的実存　第3章 覚悟した本来的実存　第4章 形而上学と神学　第5章 物と技術と芸術　第6章 思惟と言語と詩　第7章 ただ神のごときものが我々を救うことができる　第8章 残された諸問題〔08167〕

マクガイアー, マリー＝ローズ

◇ヨーロッパ消費者法・広告規制法の動向と日本法　中田邦博, 鹿野菜穂子編　日本評論社　2011.8　598p　22cm　（竜谷大学社会科学研究所叢書 第90巻）　7000円　①978-4-535-51839-1
内容 消費者法に関するアキ・コミュノテール（共同体蓄積事項）（マリー－ローズ・マグガイア著, 高嶌英弘訳）〔08168〕

◇ヨーロッパ私法の現在と日本法の課題　川角由和, 中田邦博, 潮見佳男, 松岡久和編　日本評論社　2011.10　610p　22cm　（竜谷大学社会科学研究所叢書 第88巻）　7600円　①978-4-535-51838-4
内容 ヨーロッパ契約法原則から共通参照枠へ（マリー＝ローズ・マクガイアー著, 大中有信訳）〔08169〕

マクギャヴィン, ジョージ

◇世界一素朴な質問、宇宙一美しい答え―世界の第一人者100人が100の質問に答える（BIG QUESTIONS FROM LITTLE PEOPLE）　ジェンマ・エルウィン・ハリス編, 西田美緒子訳, タイマタカシ絵　河出書房新社　2013.11　298p　22cm　2500円　①978-4-309-25292-6
内容 世界じゅうには何種類の甲虫がいる？　他（ジョージ・マクギャヴィン博士）〔08170〕

マクギンティー, ロジャー　Mac Ginty, Roger

◇紛争と開発（Conflict and development）　ロジャー・マクギンティー, アンドリュー・ウィリアムス著, 阿曽村邦昭訳　たちばな出版　2012.2　511p　20cm　（日本国際フォーラム叢書）　〈文献あり〉4200円　①978-4-8133-2415-7
内容 第1章 貧困、金銭的利益および暴力的紛争の政治経済学　第2章 機構・ハードウエアとソフトウエア　第3章 民衆・参加、市民社会およびジェンダー　第4章 紛争の解決、転換、和解および開発　第5章 紛争後の復興と開発　第6章 開発、援助および暴力的紛争〔08171〕

マクグラス, アリスター・E.　McGrath, Alister Edgar

◇歴史のイエスと信仰のキリスト―近・現代ドイツにおけるキリスト論の形成（The making of modern German Christology (2nd ed.)）　アリスター・E.マクグラス著, 柳田洋夫訳　キリスト新聞社　2011.1　364, 15p　20cm　〈文献あり 索引あり〉4500円　①978-4-87395-584-1
内容 第1章 啓蒙主義―新しいキリスト論の様式　第2章 F.D.E.シュライエルマッハー　第3章 ヘーゲル学派―シュトラウスからフォイエルバッハまで　第4章 自由主義的キリスト像―リッチュルからハルナックまで　第5章 自由主義的キリスト論の崩壊―ヴァイスからトレルチまで　第6章 弁証法的キリスト論―バルトとブルンナー　第7章 歴史からの撤退―ブルトマンとティリッヒ　第8章 歴史への回帰―エーベリングからパネンベルクまで　第9章 啓蒙主義の終焉―モルトマンとユンゲル〔08172〕

◇「自然」を神学する―キリスト教自然神学の新展開（The open secret）　A.E.マクグラス著, 芦名定道, 杉岡良彦, 浜崎雅孝訳　教文館　2011.7　440, 63p　22cm　〈文献あり 索引あり〉4800円　①978-4-7642-7327-6
内容 自然神学―アプローチの導入　第1部 超越的なものへの人間の探求―自然神学の文脈（超越的なものの存続　超越的なものの考察―最近の三つの実例　超越的なものへの接近―戦略と実践　識別と知覚の心理学）　第2部 自然神学の基礎―地盤の明確化と再発見（開かれた秘密―自然の両義性　行き止まりなのか？―自然神学への啓蒙主義的アプローチ　自然神学へのキリスト教的アプローチ）　第3部 真理、美、善性―自然神学の革新のための基本方針（真理、美、善性―自然神学構想を拡張する　自然神学と真理　自然神学と美　自然神学と善性）　結論〔08173〕

◇神は妄想か？―無神論原理主義とドーキンスによる神の否定（The Dawkins Delusion？）　A.E.マクグラス, J.C.マクグラス著, 杉岡良彦訳　教文館　2012.6　158p　20cm　〈文献あり〉1800円　①978-4-7642-6695-7
内容 第1章 神についての妄想か（信仰は幼稚である　信仰は非合理的である　神の存在証明　神は極めて蓋然性が低い　隙間の神）　第2章 科学は神が存在しないことを証明したのか（科学の限界？　NOMAとPOMA　科学と宗教の闘争？　原理主義の衝突）　第3章 宗教の起源は何か（宗教の定義　神への信仰と宗教　心のウイルス　ミーム、万歳）　第4章 宗教は悪なのか（宗教は暴力へと導く　人間による理想の乱用　イエスと隣人愛　キリスト教と宗教批判　旧約聖書の読解に関して　宗教と幸福　結論）〔08174〕

◇キリスト教思想史入門―歴史神学概説（Historical Theology）　アリスター・E.マクグラス〔著〕, 神代真砂実, 関川泰寛訳　オンデマンド版　キリスト新聞社　2013.5　451, 65p　22cm　〈印刷・製本：デジタルパブリッシングサービス　文献あり 索引あり〉9000円　①978-4-87395-635-0〔08175〕

マクグラス, J.C.　McGrath, Joanna Collicutt

◇神は妄想か？―無神論原理主義とドーキンスによる神の否定（The Dawkins Delusion？）　A.E.マクグラス, J.C.マクグラス著, 杉岡良彦訳　教文館　2012.6　158p　20cm　〈文献あり〉1800円　①978-4-7642-6695-7
内容 第1章 神についての妄想か（信仰は幼稚である　信仰は非合理的である　神の存在証明　神は極めて蓋

然性が低い　隙間の神）　第2章 科学は神が存在しないことを証明したのか（科学の限界？　NOMAとPOMA　科学と宗教の闘争？　原理主義の衝突）　第3章 宗教の起源は何か（宗教の定義　神への信仰と宗教　心のウイルス　ミーム、万歳）　第4章 宗教は悪なのか（宗教は暴力へと導く　人間による理想の乱用　イエスと隣人愛　キリスト教と宗教批判　旧約聖書の読解に関して　宗教と幸福　結論）　〔*08176*〕

マクグラス, **V.***　McGrath, Vincent R.

◇教師というキャリア―成長続ける教師の六局面から考える（Life cycle of the career teacher）　Betty E.Steffy,Michael P.Wolfe,Suzanne H. Pasch,Billie J.Enz編著, 三村隆男訳　雇用問題研究会　2013.3　190p　21cm　〈文献あり〉2000円　①978-4-87563-261-0

内容 第三局面にある教師 : the Professional Teacher（Polly Wolfe, Diane S.Murphy, Patricia H.Phelps, Vincent R.McGrath）　〔*08177*〕

マクグルーダー, ユーリ

◇リカバリー―希望をもたらすエンパワーメントモデル（RECOVERY AND WELLNESS）　カタナ・ブラウン編, 坂本明子監訳　金剛出版　2012.6　227p　21cm　〈索引あり〉3000円　①978-4-7724-1255-1

内容 人生の経験は病ではない―狂気を医療の対象とすることがなぜリカバリーを妨げるのか（ユーリ・マクグルーダー著）　〔*08178*〕

マクグレイド, **A.S.**　McGrade, Arthur Stephen

◇中世の哲学―ケンブリッジ・コンパニオン（THE CAMBRIDGE COMPANION TO MEDIEVAL PHILOSOPHY）　A.S.マクグレイド編著, 川添信介監訳　京都　京都大学学術出版会　2012.11　601p　22cm　〈文献あり 年表あり 索引あり〉5800円　①978-4-87698-245-5

内容 中世哲学の文脈　二つの中世的観念―永遠性と位階制　言語と論理学　イスラーム世界の哲学　ユダヤ哲学　形而上学 神と存在　創造と自然　本性―普遍の問題　人間の自然本性　道徳的な生　究極的諸善―幸福、友愛、至福　政治哲学　中世哲学はどのように後世の思想に足跡を残したか　伝播と翻訳　〔*08179*〕

マクゴニガル, ケリー　McGonigal, Kelly

◇スタンフォードの自分を変える教室（The Willpower Instinct）　ケリー・マクゴニガル著, 神崎朗子訳　大和書房　2012.10　342p　20cm　1600円　①978-4-479-79363-2

内容 Introduction「自分を変える教室」へようこそ―意志力を磨けば、人生が変わる　第1章 やる力、やらない力、望む力―潜在能力を引き出す3つの力　第2章 意志力の本能―あなたの体はチーズケーキを拒むようにできている　第3章 疲れていると抵抗できない―自制心が筋肉に似ている理由　第4章 罪のライセンス―よいことをすると悪いことをしたくなる　第5章 脳が大きなウソをつく―欲求を幸せと勘ちがいする理由　第6章 どうにでもなれ―気分の落ち込みが挫折につながる　第7章 将来を売りとばす―手軽な快楽の経済学　第8章 感染した！―意志力はうつる　第9章 この章は読まないで―「やらない力」の限界　第10章 おわりに　自分自身をじっと見つめる　〔*08180*〕

◇最高の自分を引き出す法―スタンフォードの奇跡の教室in JAPAN DVDブック　ケリー・マクゴニガル著, 神崎朗子訳　大和書房　2013.6　111, 54p　20cm　〈英語併記〉1600円　①978-4-479-79392-2

内容 第1章「難しいこと」を実行する力をつける　第2章「めげない人」の体で起きていること　第3章 意志力を「筋肉」のように鍛える秘訣　第4章 あなたは「ミラーニューロン」に動かされている　第5章 私がいちばん使っている方法　第6章 日本のみなさんの疑問に答えます　〔*08181*〕

マクコラム, エリック・**E.**　McCollum, Eric E.

◇解決志向ブリーフセラピーハンドブック―エビデンスに基づく研究と実践（Solution-Focused Brief Therapy）　シンシア・フランクリン, テリー・S.トラッパー, ウォレス・J.ジンジャーリッチ, エリック・E.マクコラム編, 長谷川啓三, 生田倫子, 日本ブリーフセラピー協会編訳　金剛出版　2013.9　380p　21cm　〈索引あり〉5200円　①978-4-7724-1334-3

内容 第1部 SFBTの起源と治療マニュアル（解決志向ブリーフセラピーの展開　解決志向ブリーフセラピーマニュアル）　第2部 SFBT実践の測定（解決志向の厳密な測定器具開発のパイロット・スタディ　標準化された解決志向評価尺度、および強み評価尺度に関するレビュー ほか）　第3部 研究のレビュー（SFBTの効果研究　SFBTにおける単一事例デザイン研究の系統的レビュー ほか）　第4部 SFBTの臨床的有用性（裁判所命令のDV加害者との解決志向モデル　カップル間の暴力問題に対する合同カップル面接によるSFBT ほか）　第5部 新たな実践プログラムについての研究（解決から記述へ―実践と研究　児童養護施設および医療施設の青年に対するSFBTの治療効果 ほか）　〔*08182*〕

マクジルトン, チャールズ・**E.**　McJilton, Charles E.

◇人間としての尊厳を守るために―国際人道支援と食のセーフティネットの構築　ヨハン・セルス, チャールズ・E.マクジルトン著, 小松崎利明編　上尾　聖学院大学出版会　2012.5　76p　21cm　700円　①978-4-915832-98-7

内容 国際人権とは何か―日本における難民認定と出入国管理の現状から考える（UNHCRの活動　世界の難民状況　人道的支援とは　日本における難民の保護）　すべての人々に食べ物を―フードバンクの挑戦（私の活動のはじまり　私の責任ですることは何か　日本の貧困の実際　「セカンドハーベスト・ジャパン」の活動　活動の優先順位について　活動の精神）　〔*08183*〕

◇東日本大震災の人類学―津波、原発事故と被災者たちの「その後」　トム・ギル, ブリギッテ・シテーガ, デビッド・スレイター編　京都　人文書院　2013.3　371p　19cm　2900円　①978-4-409-53043-6

内容 支援を拒む人々（チャールズ・マクジルトン著, 池田陽子訳）　〔*08184*〕

マークス, ハワード　Marks, Howard

◇投資で一番大切な20の教え―賢い投資家になるための隠れた常識（The Most Important Thing）　ハワード・マークス著, 貫井佳子訳　日本経済新聞出版社　2012.10　315p　20cm　2000円　①978-4-532-35530-6

内容 二次的思考をめぐらす　市場の効率性（とその限

マ

界）を理解する　バリュー投資を行う　価格と価値の関係性に目を向ける　リスクを理解する　リスクを認識する　リスクをコントロールする　サイクルに注意を向ける　振り子を意識する　心理的要因の悪影響をかわす〔ほか〕〔08185〕

マークス, R.オースティン　Marks, R.Austin

◇プライベート・エクイティ（Private equity）　ハリー・チェンドロフスキー, ジェームズ・P.マーティン, ルイス・W.ペトロ, アダム・A.ワデキ編著, 若杉敬明監訳, 森順次, 藤村武史訳　中央経済社　2011.11　364p　22cm　〈索引あり〉　4600円　①978-4-502-68950-5

内容 第1部 プライベート・エクイティの歴史（プライベート・エクイティのプロセス　プライベート・エクイティ業界の特徴 ほか）　第2部 プライベート・エクイティのガバナンス（プライベート・エクイティのガバナンス・モデル　内部統制の価値 ほか）　第3部 プライベート・エクイティのオペレーション（組織と人間との対比　リーン方式への転換の開始 ほか）　第4部 プライベート・エクイティの投資における留意点（プライベート・エクイティ・ファンドとポートフォリオ企業投資　エグジット戦略における法律的考察：IPO対トレードセールス ほか）〔08186〕

マクスウェル, ジョン・C.　Maxwell, John C.

◇励ましの言葉が人を驚くほど変える（Encouragement changes everything）　ジョン・C.マクスウェル著, 弓場隆訳　扶桑社　2011.6　111p　19cm　933円　①978-4-594-06407-5

内容 第1章 人はみな、励まされて勇気を出す　第2章 人はみな、励まされて向上する　第3章 人はみな、励まされて希望を持つ　第4章 人はみな、励まされて人生を好転させる　第5章 人はみな、励まされてチームを活性化させる　第6章 人はみな、励まされて偉大になる〔08187〕

◇夢をかなえる10の質問にあなたは「YES」で答えられるか？（Put your dream to the test）　ジョン・C.マクスウェル著, 上原裕美子訳　辰巳出版　2011.6　309, 8p　19cm　〈文献あり〉　1500円　①978-4-7778-0891-5

内容 あなたの夢は何か　主体性を問う―その夢は本当に私の夢か？　明確さを問う―自分の夢がはっきりと見えているか？　現実性を問う―その夢は自分の力で実現できるのか？　情熱を問う―その夢は私を駆り立てるだけの魅力があるか？　プロセスを問う―夢をつかむための戦略があるか？　人脈を問う―夢を達成するために手を借りるべき人を想定できているか？　対価を問う―夢のために対価を支払う意志はあるか？　粘り強さを問う―夢のために前進を続けているか？　充足感を問う―夢に向けた努力は満足をもたらしているか？　意義を問う―その夢は人の役に立つか？　かえりみて、前を見て〔08188〕

◇伸びる会社には必ず理想のリーダーがいる（Go for gold）　ジョン・C.マクスウェル著, 児島修訳　辰巳出版　2011.12　219p　19cm　1500円　①978-4-7778-0948-6

内容 リーダーが孤独を感じるなら、何かが上手くいっていないのだ　もっともやっかいな部下は、自分自身「決断」がリーダーシップを決める　後ろから蹴飛ばされたら、それだけ前に進むことができる　情熱の火を絶やさない　よいリーダーは、よい聞き手である　得意分野を見つけたらそこにとどまれ　現状を明らかにすることが、リーダーの第一の仕事　リーダーの仕事ぶりは、部下を見ればわかる　適材適所はリーダーの務め〔ほか〕〔08189〕

◇これからのリーダーが「志すべきこと」を教えよう（THE 21 IRREFUTABLE LAWS OF LEADERSHIP）　ジョン・C.マクスウェル著, 渡辺美樹監訳　三笠書房　2012.9　302p　19cm　1600円　①978-4-8379-5737-9

内容 天井の法則―リーダーとしての「器」の大きさがあるか　影響力の法則―「力強いカリスマ性」を目覚めさせる法　成長の法則―「挑戦意欲」を失っていないか　針路決定の法則―「進むべき道」をどう決断するか　奉仕の法則―「利他心」は必ず自分に返ってくる　信頼の法則―あなたの「後ろ姿」はいつも見られている　尊敬の法則―部下を「その気」にさせる特効薬　直感の法則―"時流を察知する力"をつける法　磁力の法則―「有能な人材」を確実に引き寄せる　連帯の法則―人は「感情」で動く〔ほか〕〔08190〕

◇「つながり」力―結果が出せる人になる（EVERYONE COMMUNICATES, FEW CONNECT）　ジョン・C.マクスウェル著, 上原裕美子訳　辰巳出版　2012.9　401p　19cm　1500円　①978-4-7778-1053-6

内容 第1部「つながり」の原則（第一の原則：「つながり」は、人を動かす力を強める　第二の原則：「つながり」とは、相手を尊重すること　第三の原則：「つながり」とは、言葉以上の言葉で語ること　第四の法則：「つながり」づくりには、エネルギーが必要　第五の法則：「つながり」づくりの力は、学んで身につけるスキル）　第2部「つながり」づくりの実践ルール（実践ルール（1）共通の基盤を探す　実践ルール（2）「つながり」はシンプルに　実践ルール（3）勇気づける　実践ルール（4）身をもって示す）〔08191〕

◇「人の上に立つ」ために本当に大切なこと（The 21 Indispensable Qualities of a Leader）　ジョン・C.マクスウェル著, 弓場隆訳　ダイヤモンド社　2013.2　229p　19cm　〈「この人についていきたい、と思わせる21の法則」（2008年刊）の改題、修正〉　1400円　①978-4-478-02412-6

内容「人格」―リーダーシップとは、人びとに自信を与える人格のことである。「カリスマ性」―人と接するとき、相手に好かれるようにふるまうのではなく、相手が自分自身を好きになるようにふるまえばよい。「不屈の精神」―夢想する者ではなく、実行する者になる。「コミュニケーション能力」―コミュニケーションの達人は、複雑なことを簡単にする。「能力」―能力は言葉を超える。「勇気」―勇気は、他のすべての資質を保証する。「洞察力」―賢いリーダーは、聞いたことの半分しか信じない。洞察力のあるリーダーは、どちらの半分を信じればいいか知っている。「集中力」―あらゆることを上手にできる人間はいない。不思議なのは、上手にできることが多少はあるという点だ。「与える心」―名誉とは、その人が「与えたもの」に対する報酬である。「独創性」―問題を丸く収めようとして、自分の経験と確信を否定してはならない。〔ほか〕〔08192〕

◇マクスウェルのリーダーシップ集中講義（LEADERSHIP 101）　ジョン・C.マクスウェル著, 干場弓子監訳　ディスカヴァー・トゥエンティワン　2013.2　190p　20cm　1400円　①978-4-7993-1286-5

内容 1 人はいかにしてリーダーとなるか？（なぜ、わたしたちは、リーダーとして成長しなければならないのか？　リーダーとはどのように成長していくのか？）2リーダーの資質とは？（いかに自分を律するか？　人生における優先順位をいかにしてつけるのか？　いかにして、信頼を得るのか？　ビジョンを持つ）3リーダーとしての影響力を身につける（なぜ影響力が重要なのか？　影響力はどのように働くのか？　影響力を高める方法　いかにリーダーシップを引き継がせるか？）〔08193〕

◇自分が変わるための15の成長戦略（THE 15 INVALUABLE LAWS OF GROWTH）　ジョン・C.マクスウェル著, 佐々木常夫監訳　三笠書房　2013.9　286p　19cm　1500円　①978-4-8379-5741-6

内容 「計画」を立てる―自分の「最高記録」を更新しているか　「意識」を高める―「自分を知る」ことから、すべてが始まる　「自尊心」を育てる―「セルフ・イメージ」と「成果」は比例する　じっくりと「内省」する―行動派人間ほど「静かな時間」を大切にする　何があっても「継続」する―「できない理由」を探すな　「環境」を変える―「安全地帯」から一歩踏み出せ　用意周到に「戦略」を練る―人生を有利に運ぶ「作戦」を立てる　「逆境」に学ぶ―「飛躍」の前には力をためるときがある　「人格」を磨く―最後に勝ち残る「本物」の条件　「背伸び」をする―いい意味の「緊張感」を忘れるな　思い切って「手放す」―成功のために何を犠牲にできるか　「好奇心」を忘れない　「知的探究心」がブレイクスルーを生む　「手本」を見つける―「メンター」がつくと加速成長できる　可能性を「拡大」し続ける―成長か、さもなければ衰退か　「貢献」する―自分という「小さな箱」から抜け出せ〔08194〕

マクスフィールド, デヴィッド　Maxfield, David

◇自分を見違えるほど変える技術―仕事・お金・依存症・ダイエット・人間関係 ： チェンジ・エニシング（CHANGE ANYTHING）　ケリー・パターソン, ジョセフ・グレニー, デヴィッド・マクスフィールド, ロン・マクミラン, アル・スウィッツラー著, 本多佳苗, 千田彰訳　阪急コミュニケーションズ　2012.12　285, 8p　19cm　〈文献あり〉1600円　①978-4-484-12123-9

内容 第1部 行動変化の科学的アプローチ（意志の力の呪縛から自由になる　科学者として、自分を観察する）　第2部 影響力の六つの発生源（嫌いなことを好きになる　できないことをする　共犯者を友人に変える　損得を逆転させる　自分の空間をコントロールする）　第3部 あらゆるものを変化させる（キャリア―仕事上の伸び悩み　ダイエット―減量して健康な体になる‐そして維持する　健全な家計―借金返済と借金に依存しない生活　依存症―自分を取り戻す　人間関係 ： 自分変化を通して、自分たちを変化させる　変化を起こす）〔08195〕

マクタイ, ジェイ　McTighe, Jay

◇理解をもたらすカリキュラム設計―「逆向き設計」の理論と方法（UNDERSTANDING by DESIGN（原著増補第2版））　G.ウィギンズ,J.マクタイ著, 西岡加名恵訳　日本標準　2012.4　434p　26cm　〈文献あり 索引あり〉6000円　①978-4-8208-0557-1

内容 「逆向き設計」　理解を理解する　ゴールを明瞭にする　理解の6側面　本質的な問い―理解への門戸　理解を形づくる　評価者のように考える　規準と妥当性　学習のための計画　理解のための指導　設計プロセス　全体的展望―カリキュラムの枠組みとしてのUbD　「なるほど、しかし……」〔08196〕

マクダウェル, ゲイル・L.　McDowell, Gayle Laakmann

◇グーグル、アップル、マイクロソフトに就職する方法（The Google résumé）　ゲイル・L.マクダウェル著, 村井章子訳　文芸春秋　2012.3　349p　19cm　1600円　①978-4-16-375020-0

内容 第1章 志望先の人間に直当たりせよ―エントリー　第2章 大事なことは一番最初に書く―履歴書　第3章 実績は具体的に数字でアピール―履歴書・実践編　第4章 履歴書以外も手を抜くな―カバーレターと照会先　第5章 経験談はドラマティックに披露せよ―面接その1　第6章 ジャンボ旅客機にピンポン球は何個入る？―面接その2　第7章 どんな優秀な志望者だってミスをする―面接その3　第8章 毎日がお祭り、だけど仕事は超ハード―ゲーム業界の就職　第9章 私の年俸、低すぎ？ と思ったら…―内定　第10章 ねたまれずに実績をあげる秘訣―次の仕事　第11章 最後に 自分を知り、準備は周到に　付録 行動に関する五つの質問と模範回答〔08197〕

マクダウェル, ジョン　McDowell, John Henry

◇心と世界（Mind and world）　ジョン・マクダウェル著, 神崎繁, 河田健太郎, 荒畑靖宏, 村井忠康訳　勁草書房　2012.3　404, 15p　20cm　〈索引あり　文献あり〉4100円　①978-4-326-15421-0

内容 講義（概念と直観　境界なき概念領域　非概念的内容　理性と自然　行為・意味・自己　理性的動物とその他の動物）　後記（デイヴィドソンとその文脈　第三講義補遺　第五講義補遺　第六講義補遺）〔08198〕

マクダーマット, イアン

◇NLPイノベーション―〈変革〉をおこす6つのモデル&アプリケーション（INNOVATIONS IN NLP FOR CHALLENGING TIMES）　L.マイケル・ホール, シェリー・ローズ・シャーベイ編, 足立桃子訳　春秋社　2013.3　324p　21cm　2800円　①978-4-393-36639-4

内容 NLPコーチング―変化を引き出す発想の核心（イアン・マクダーマット著）〔08199〕

マグダーモット, ダニエル

◇政治理論入門―方法とアプローチ（Political theory）　デイヴィッド・レオポルド, マーク・スティアーズ編著, 山岡竜一, 松元雅和監訳　慶応義塾大学出版会　2011.7　355p　21cm　〈文献あり〉3400円　①978-4-7664-1854-5

内容 分析的政治哲学（ダニエル・マグダーモット著）〔08200〕

マーク・トウェイン　Mark Twain

⇒トウェイン, マーク

マクドゥガル, キャシー　MacDougall, Kathy

◇プロジェクト・マネジャーが知るべき97のこと（97 things every project manager should know）　Barbee Davis編, 笹井崇司訳, 神庭弘年監修　オライリー・ジャパン　2011.11　240p　21cm　〈発売 ： オーム社〉1900円　①978-4-87311-510-8

内容 変化のための道筋を描く 他（キャシー・マクドゥ

ガル）〔08201〕

マクドナー, ジョン　McDonagh, John
◇アイルランド（Ireland）アンナ・マックィン, コルム・マックィン著, エリザベス・マルコム, ジョン・マクドナー監修　ほるぷ出版　2011.1　64p　25cm　（ナショナルジオグラフィック世界の国）〈日本語版校閲・ミニ情報：岩淵孝　年表あり　索引あり〉2000円　①978-4-593-58570-0
内容 地理　自然　歴史　人と文化　政治と経済〔08202〕

マクドナルド, アン　McDonald, Ann
◇高齢者福祉とソーシャルワーク—現代的な課題（SOCIAL WORK WITH OLDER PEOPLE）アン・マクドナルド著, 杉本敏夫監訳　京都　晃洋書房　2012.4　249p　21cm　〈文献あり〉2700円　①978-4-7710-2352-9
内容 第1部 高齢者ソーシャルワーク実践の脈略（人口統計学的枠組みと理論的枠組み　高齢者サービスの発展の歴史　ソーシャルワークの機能）第2部 ソーシャルワーク実践（ソーシャルワークにおけるアセスメント　ケアプランニング　モニタリングとリビュー）第3部 ソーシャルワークの方法とインタベンション（個人への援助　家族とグループへの援助　コミュニティの援助）〔08203〕

マクドナルド, ウィリアム　MacDonald, William
◇キリストは教会を愛された（Christ loved the church）ウィリアム・マクドナルド著, ステッカー・ギュンター訳　ゴスペルフォリオプレスジャパン　2011.2　188p　22cm　1429円　①978-4-9905543-0-9〔08204〕

マクドナルド, ジャッキー　McDonald, Jacquie
◇インストラクショナルデザインとテクノロジー—教える技術の動向と課題（TRENDS AND ISSUES IN INSTRUCTIONAL DESIGN AND TECHNOLOGY（原著第3版））R.A.リーサー, J.V.デンプシー編　京都　北大路書房　2013.9　690p　21cm　〈訳：半田純子ほか　索引あり〉4800円　①978-4-7628-2818-8
内容 3か国の大学におけるデザイナの5つの役割（ブレンダ・C.リッチフィールド, J.V.（ジャック）・デンプシー, ピーター・アルビオン, ジャッキー・マクドナルド, 根本淳子著, 渡辺雄貴訳）〔08205〕

マクドナルド, ジョン
◇あなたの人生をプラスの結果に導くマスターの教え　ジョン・マクドナルド著, 関岡孝平訳〔録音資料〕パンローリング〔2013〕録音ディスク 3枚（153分）：CD（耳で聴く本オーディオブックCD）〈他言語標題：The message of a master　企画・制作：でじじ〉1365円　①978-4-7759-8250-1〔08206〕

マクドナルド, ジンジャー　MacDonald, Ginger
◇対人援助のプロセスとスキル—関係性を通した心の支援（The helping relationship（8th ed.））ローレンス・M.ブラマー, ジンジャー・マクドナルド著, 堀越勝監訳, 堀越勝, 大江悠樹, 新明一星, 藤原健志訳　金子書房　2011.12　308p　22cm　〈索引あり　文献あり〉6000円　①978-4-7608-2830-2
内容 第1章 援助：その意味について　第2章 援助者の特徴　第3章 援助過程　第4章 理解のための援助スキル　第5章 喪失と危機における援助スキル　第6章 積極的活動と行動変容の援助スキル　第7章 援助関係における倫理的問題　第8章 援助過程についての考察〔08207〕

マクドナルド, ダフ　McDonald, Duff
◇マッキンゼー—世界の経済・政治・軍事を動かす巨大コンサルティング・ファームの秘密（THE FIRM）ダフ・マクドナルド著, 日暮雅通訳　ダイヤモンド社　2013.9　414p　20cm　〈索引あり〉2400円　①978-4-478-02351-8
内容 マッキンゼーとは何者か　ザ・ファーム誕生の秘密　マッキンゼー・ウェイの生みの親、バウワー　いかにして、コンサル業界の覇者となったか　ゼネラリストか、スペシャリストか　史上最強の頭脳集団の実像　その実力は本物か　マッキンゼー的人材の条件　膨らむ野望　そのアドバイスの真価　揺らぎはじめた価値　マッキンゼー・マフィアが世界を動かす　マッキンゼーはこれからも勝ち続けるか〔08208〕

マクドナルド, ピーター（図書館学）
◇図書館と中立性（Questioning library neutrality）アリソン・ルイス編, 川崎良孝, 久野和子, 福井佑介, 川崎智子訳　京都　京都図書館情報学研究会　2013.10　158p　22cm　〈文献あり　発売：日本図書館協会〉3500円　①978-4-8204-1308-0
内容 図書館への企業の侵入—21世紀における図書館原理をめぐる争い（ピーター・マクドナルド著）〔08209〕

マクドナルド, ボブ　McDonald, Bob
◇日本の未来について話そう—日本再生への提言（Reimagining Japan）マッキンゼー・アンド・カンパニー責任編集, クレイ・チャンドラー, エアン・ショー, ブライアン・ソーズバーグ編著　小学館　2011.7　416p　19cm　1900円　①978-4-09-388189-0
内容 米国中西部から極東へ（ボブ・マクドナルド著）〔08210〕

マクドナルド, ロバート・H.
◇ラーニング・コモンズ—大学図書館の新しいかたち　加藤信哉, 小山憲司編訳　勁草書房　2012.7　290p　22cm　〈他言語標題：LEARNING COMMONS　索引あり〉3900円　①978-4-326-00037-1
内容 図書館文化と新世紀世代の価値との断絶（ロバート・H.マクドナルド, チャック・トーマス執筆, 加藤信哉, 小山憲司訳）〔08211〕

マクドナルド, J.イアン・H.　McDonald, James Ian Hamilton
◇神との出会い—現代の礼拝論（Encounter with God（原著第2版））ダンカン・B.フォレスター, J.イアン・H.マクドナルド, ジャイアン・テリニ〔著〕, 桑原昭訳　札幌　一麦出版社　2012.4　296p　21cm　〈索引あり〉4800円　①978-4-86325-023-9〔08212〕

マ

マクドナルドマン, ダナ・G.

◇リーダーシップ開発ハンドブック（The center for creative leadership） C.D.マッコーレイ,R.S.モクスレイ,E.V.ヴェルサ編, 金井寿宏監訳, 嶋村伸明, リクルートマネジメントソリューションズ組織行動研究所訳 白桃書房 2011.3 463p 22cm 〈文献あり 索引あり〉4700円 ①978-4-561-24546-9

内容 スキル・トレーニング（ダナ・G.マクドナルドマン著） 〔08213〕

マクドネル, パトリック McDonnell, Patrick

◇どうぶつがすき（Me...Jane） パトリック・マクドネルさく, なかがわちひろやく あすなろ書房 2011.9 40p 22×24cm 1500円 ①978-4-7515-2546-3 〔08214〕

マクナイト, スコット McKnight, Scot

◇福音の再発見—なぜ“救われた”人たちが教会を去ってしまうのか（The King Jesus Gospel） スコット・マクナイト著, 中村佐知訳 キリスト新聞社出版事業課 2013.5 261p 21cm 2000円 ①978-4-87395-632-9 〔08215〕

マクナイト, ロザリンド・A. McKnight, Rosalind A.

◇魂の旅—光の存在との体外離脱の記録 宇宙への体外離脱 第2弾（Soul journeys） ロザリンド・A.マクナイト著, 鈴木真佐子訳 太陽出版 2011.1 333p 21cm 2600円 ①978-4-88469-687-0

内容 1 旅のはじまり（ツアーガイドとの出会い コミュニケーションのプラットホーム 謎である生と死の真相） 2 新しい展望（天空の実験室を訪ねる なんて素敵な身体！ 地球次元の旅が終わるとき） 3 助けはいつも近くに（ガイドは地球の旅人全員についている 私たちの世話役である天使たち とらわれの身、そして解放） 4 次元への旅（子どもたちの次元 地元の建設業者との出会い 天国の会議場） 5 新しいはじまり（地球で暮らすための準備 光の天使との出会い この体験は人生をどのように変えましたか？） 〔08216〕

マクナブ, クリス McNab, Chris

◇図表と地図で知るヒトラー政権下のドイツ（Third Reich） クリス・マクナブ著, 松尾恭子訳 原書房 2011.4 307p 22cm 〈索引あり〉3800円 ①978-4-562-04680-5

内容 第1章 第三帝国の歴史 第2章 領土 第3章 経済 第4章 政権と指導者 第5章 警察と司法 第6章 国防軍 第7章 民族政策 第8章 社会政策 第9章 スポーツ・芸術文化・宗教 〔08217〕

◇SAS・特殊部隊図解敵地サバイバルマニュアル（Special Forces Handbook） クリス・マクナブ著, 北和丈監訳, 橋本大樹, 中村彩, 中川映里, 浅田美智子訳 原書房 2013.8 330p 19cm 〈文献あり 索引あり〉1900円 ①978-4-562-04939-4

内容 第1章 潜伏と逃走 第2章 捕縛と監禁 第3章 脱出 第4章 逃走中の生存術 第5章 緊急事態 第6章 ホーム・ラン—本拠地へ生還する 〔08218〕

◇SAS・特殊部隊式図解メンタルトレーニング・マニュアル（MENTAL ENDURANCE） クリス・マクナブ著, 高珊里訳 原書房 2013.12 325p 19cm 〈索引あり〉1900円 ①978-4-562-04979-0 〔08219〕

マクナマラ, アシェイマリ McNamara, Ashamarae

◇ワンネスの青写真—私は聖ジャーメインなるものである（THE BLUEPRINT OF ONENESS） 聖ジャーメイン, アシェイマリ・マクナマラ著, 片岡佳子訳 太陽出版 2012.8 137p 19cm 1500円 ①978-4-88469-744-0

内容 輝く光 時は今 一体化 受け取る 私はだれも閉めることができない門である、だから事は成就した 祈りを捧げよう 働いている愛 あなたの役割はきわめて重要である ハートを満たすこと 疑いを超越すること〔ほか〕 〔08220〕

マクニック, スティーヴン・L. Macknik, Stephen L.

◇脳はすすんでだまされたがる—マジックが解き明かす錯覚の不思議（Sleights of mind） スティーヴン・L.マクニック, スサナ・マルティネス＝コンデ, サンドラ・ブレイクスリー著, 鍛原多恵子訳 角川書店 2012.3 317, 16p 20cm 〈発売：角川グループパブリッシング〉2000円 ①978-4-04-110159-9

内容 セクシーなドレスの女—錯視と手品 曲がるスプーンの秘密—マジシャンが角度にこだわる理由 偽の丸天井をつくった修道士—芸術と科学における錯覚 ショーへようこそ、でも目隠しはそのままで—認知の錯覚 あなたたちの中にいるゴリラ—さらなる認知の錯覚 腹話術師の秘密—多感覚手品 インドのロープ魔術—記憶の錯覚 予測と仮定—マジシャンは私やあなたをどう手玉に取るか フォースとともにあらんことを—選択の錯覚 魔法の杖はなぜきくのか—錯覚の相関、迷信、催眠術、詐欺 マジックキャッスル 魔法は解けてしまうのか 〔08221〕

マクニール, ウィリアム・H. McNeill, William Hardy

◇ヴェネツィア—東西ヨーロッパのかなめ1081-1797（VENICE） ウィリアム・H.マクニール〔著〕, 清水広一郎訳 講談社 2013.9 477p 15cm （講談社学術文庫 2192） 〈岩波書店1979年刊の再刊 索引あり〉1400円 ①978-4-06-292192-3

内容 第1章 レヴァントへのフランク人の進出——〇八一-一二八二 第2章 強国ヴェネツィア——一二八二-一四八一 第3章 文化交流——二八二-一四八一 第4章 周辺的国家ヴェネツィア——一四八一-一六六九 第5章 文化的メトロポリス、ヴェネツィア——一四八一-一六六九 第6章 ヴェネツィア、対外影響力を失う——一六六九-一七九七 〔08222〕

マクニール, デイヴィッド

◇東日本大震災の人類学—津波、原発事故と被災者たちの「その後」 トム・ギル, ブリギッテ・シテーガ, デビッド・スレイター編 京都 人文書院 2013.3 371p 19cm 2900円 ①978-4-409-53043-6

内容 彼ら対我ら（デイヴィッド・マクニール著, 森岡梨香訳） 〔08223〕

マグヌソン, サリー

◇世界一素朴な質問、宇宙一美しい答え—世界の第一人者100人が100の質問に答える（BIG QUESTIONS FROM LITTLE PEOPLE）

ジェンマ・エルウィン・ハリス編, 西田美緒子訳, タイマタカシ絵　河出書房新社　2013.11　298p　22cm　2500円　①978-4-309-25292-6
内容 おしっこはどうして黄色いの？（サリー・マグヌソン）〔08224〕

マグヌソン, ラース　Magnusson, Lars
◇経済学のエピメーテウス―高橋誠一郎の世界をのぞんで　丸山徹編　知泉書館　2010.12　433p　23cm　7000円　①978-4-86285-096-6
内容 国際経済的秩序としての重商主義（ラース・マグヌソン著, 大倉正雄訳）〔08225〕
◇産業革命と政府―国家の見える手（Nation, state and the industrial revolution）　L.マグヌソン著, 玉木俊明訳　知泉書館　2012.2　238, 48p　22cm　〈索引あり　文献あり〉4500円　①978-4-86285-126-0
内容 序章　近世国家の経済学　産業革命―凶兆から未来への希望か？　ヨーロッパの工業化　西欧から最初に派生した工業化　結論〔08226〕

マ

マグヌッソン, ラーシュ
◇マルサス人口論の国際的展開―19世紀近代国家への波及　永井義雄, 柳田芳伸編　京都　昭和堂　2010.12　243, 5p　22cm　〈索引あり〉3400円　①978-4-8122-1045-1
内容 一九世紀のスウェーデンにおけるマルサスと経済学（ラーシュ・マグヌッソン著, 柳田芳伸訳）〔08227〕

マクネイ, ロイス
◇政治理論入門―方法とアプローチ（Political theory）　デイヴィッド・レオポルド, マーク・スティアーズ編著, 山岡竜一, 松元雅和監訳　慶応義塾大学出版会　2011.7　355p　21cm　〈文献あり〉3400円　①978-4-7664-1854-5
内容 事実かつ規範としての承認（ロイス・マクネイ著）〔08228〕

マクブライド, キャリル　McBride, Karyl
◇毒になる母親―自己愛マザーに苦しむ娘たちの告白（Will I ever be good enough？）　キャリル・マクブライド著, 江口泰子訳　飛鳥新社　2012.1　262p　20cm　1600円　①978-4-86410-119-6
内容 第1部 自己愛マザーのなにが問題か（あなたが背負っている重荷　母と娘の「空っぽの鏡」　母親の自己愛の特徴 ほか）　第2部 自己愛マザーの娘たち（わたしは必死に頑張った！　必死に頑張って、なんの意味があるの？　恋愛関係におよぼす影響 ほか）　第3部 回復のための5つのステップ（どう見えるかではなく、どう感じるか　母親から心理的に分離する　ほんとうの自分になる ほか）〔08229〕

マクマハン, デヴィット・L.
◇近代と仏教　末木文美士編　京都　国際日本文化研究センター　2012.3　157p　26cm　（国際シンポジウム 第41集）〈他言語標題：Modernity and Buddhism　会期：2011年10月13日―15日　文献あり〉非売品
内容 魔術化された世俗（デヴィット・L.マクマハン著, 田中悟訳）〔08230〕

マクマレン, スーザン
◇ラーニング・コモンズ―大学図書館の新しいかたち　加藤信哉, 小山憲司編訳　勁草書房　2012.7　290p　22cm　〈他言語標題：LEARNING COMMONS　索引あり〉3900円　①978-4-326-00037-1
内容 米国の大学図書館（スーザン・マクマレン執筆, 加藤信哉, 小山憲司訳）〔08231〕

マークマン, アート　Markman, Arthur B.
◇スマート・シンキング―記憶の質を高め、必要なときにとり出す思考の技術（Smart Thinking）　アート・マークマン著, 早川麻百合訳　阪急コミュニケーションズ　2013.3　293, 8p　19cm　〈文献あり〉1700円　①978-4-484-13103-0
内容 第1章 スマート・シンキングとは何か　第2章 スマート習慣で行動を変える　第3章 記憶の限界を知り、効果的に学習する　第4章 物が機能する仕組みを理解する　第5章 類似点を探し、既存の知識を応用する　第6章 記憶の効果を最大化する　第7章 スマート・シンキングの実践法　第8章 スマートな文化を築くために〔08232〕

マクミラン, ロン　McMillan, Ron
◇ダイアローグスマート―肝心なときに本音で話し合える対話の技術（Crucial conversations）　ケリー・パターソン, ジョセフ・グレニー, ロン・マクミラン, アル・スウィツラー著, 本多佳苗, 千田彰訳　幻冬舎ルネッサンス　2010.9　379p　19cm　〈文献あり〉1600円　①978-4-7790-0622-7〔08233〕
◇自分を見違えるほど変える技術―仕事・お金・依存症・ダイエット・人間関係：チェンジ・エニシング（CHANGE ANYTHING）　ケリー・パターソン, ジョセフ・グレニー, デヴィッド・マクスフィールド, ロン・マクミラン, アル・スウィツラー著, 本多佳苗, 千田彰訳　阪急コミュニケーションズ　2012.12　285, 8p　19cm　〈文献あり〉1600円　①978-4-484-12123-9
内容 第1部 行動変化の科学的アプローチ（意志の力の呪縛から自由になる　科学者として、自分を観察する）　第2部 影響力の六つの発生源（嫌いなことを好きになる　できないことをする　共犯者を友人に変える　損得を逆転させる　自分の空間をコントロールする）　第3部 あらゆるものを変化させる（キャリア―仕事上の伸び悩み　ダイエット―減量して健康な体になる・そして維持する　健全な家計―借金返済と借金に依存しない生活　依存症―自分を取り戻す　人間関係：自分変化を通して、自分たちを変化させる　変化を起こす）〔08234〕

マクメネミー, セーラ　McMenemy, Sarah
◇ロンドン―とびだすまちの風景（London）　セーラ・マクメネミーえ　大日本絵画　2011　1冊（ページ付なし）　11cm　〈折本仕立〉1000円　①978-4-499-28388-5〔08235〕
◇ニューヨーク―とびだすまちの風景（New York）　セーラ・マクメネミーえ,〔いとうみき〕〔やく〕　大日本絵画　2012　1冊（ページ付なし）　11cm　〈折本〉1000円　①978-4-499-28421-9〔08236〕

マクラウド, ゲール

◇エビデンスに基づく教育政策（EVIDENCE-BASED EDUCATION POLICY）　D.ブリッジ, P.スメイヤー,R.スミス編著, 柘植雅義, 葉養正明, 加治佐哲也編訳　勁草書房　2013.11　270p　21cm　〈索引あり〉3600円　①978-4-326-25092-9

内容 自伝と政策（モルウェナ・グリフィス, ゲール・マクラウド著, 海津亜希子, 玉木宗久訳）〔08237〕

マクラウド, ジュディス・A.　McLeod, Judyth A.

◇世界伝説歴史地図―ヴィジュアル版（THE ATLAS OF LEGENDARY LANDS）　ジュディス・A.マクラウド著, 巽孝之日本語版監修, 大槻敦子訳　原書房　2013.1　327p　27cm　〈索引あり〉4800円　①978-4-562-04883-0

内容 第1章 地球の創造　第2章 地上の楽園　第3章 伝説の地と王国　第4章 暗黒の海にある謎の島　第5章 真実からほど遠い現実　第6章 黄金の夢の大地　第7章 失われた大陸〔08238〕

マクラクラン, パトリシア・L.

◇政党政治の混迷と政権交代　樋渡展洋, 斉藤淳編　東京大学出版会　2011.12　269p　22cm　〈索引あり〉4500円　①978-4-13-036241-2

内容 郵政問題と政党対立（パトリシア・L.マクラクラン著, 松田なつ訳）〔08239〕

マークランド, ロバート・E.

◇大学学部長の役割―米国経営系学部の研究・教育・サービス（The dean's perspective）　クリシナ・S.ディア編著, 佐藤修訳　中央経済社　2011.7　245p　21cm　3400円　①978-4-502-68720-4

内容 経営学部のランキング（ロバート・E.マークランド著）〔08240〕

マグリス, クラウディオ　Magris, Claudio

◇ドナウ―ある川の伝記（DANUBIO）　クラウディオ・マグリス著, 池内紀訳　NTT出版　2012.6　548p　20cm　〈索引あり〉3800円　①978-4-7571-4147-6

内容 水源の樋　ネヴェクロヴスキー技師の大いなるドナウ　ヴァッハウにて　カフェ・ツェントラール　城と小屋　パンノニア　アンカおばあさん　曖昧な地図　マトアス〔08241〕

マクリーランド, スーザン　McClelland, Susan

◇両手を奪われても―シエラレオネの少女マリアトゥ（The Bite of the Mango）　マリアトゥ・カマラ, スーザン・マクリーランド共著, 村上利佳訳　汐文社　2012.12　282p　19cm　1600円　①978-4-8113-8973-8〔08242〕

マクリン, フランク　Mclynn, Frank

◇キャプテン・クック―世紀の大航海者（CAPTAIN COOK）　フランク・マクリン著, 日暮雅通訳　東洋書林　2013.3　590p 図版32p　22cm　〈文献あり 索引あり〉4500円　①978-4-88721-809-3

内容 ヨークシャーの徒弟　七年戦争　ニューファンドランド島の地図製作　太平洋での挑戦　タヒチとの初めての接触　快楽（キュテラ）の島　オーストラレイシアでの苦難　故国へ向かって　南極大陸　トンガ人とマオリ人〔ほか〕〔08243〕

マクレー, ジョン・R.　McRae, John R.

◇虚構ゆえの真実―新中国禅宗史（Seeing through Zen）　ジョン・R.マクレー著　大蔵出版　2012.5　256p　22cm　〈文献あり 索引あり〉4500円　①978-4-8043-0582-0

内容 第1章 法系を見る―禅仏教についての新しい視座　第2章 発端―菩提達摩と東山法門を区別しつつ接続する　第3章 首都禅―朝廷の外護と禅のスタイル　第4章 機縁問答の謎―誰が、何を、いつ、どこで？　第5章 禅と資金調達の法―宋代における宗教的活力と制度的独占　第6章 クライマックス・パラダイム―宋代禅における文化的両極性と自己修養の諸類型〔08244〕

マクレガー, ニール　MacGregor, Neil

◇100のモノが語る世界の歴史　1　文明の誕生（A HISTORY OF THE WORLD IN 100 OBJECTS）　ニール・マクレガー著, 東郷えりか訳　筑摩書房　2012.4　285p　19cm　（筑摩選書 0040）〈文献あり〉1900円　①978-4-480-01551-8

内容 第1部 何がわれわれを人間にしたのか（二〇〇万年前～紀元前九〇〇〇年）　第2部 氷河期後―食べものとセックス（紀元前九〇〇〇～前三五〇〇年）　第3部 最初の都市と国家（紀元前四〇〇〇～前二〇〇〇年）　第4部 科学と文学の始まり（紀元前二〇〇〇～前七〇〇年）　第5部 旧世界、新興勢力（紀元前一一〇〇～前三〇〇年）　第6部 孔子の時代の世界（紀元前五〇〇～前三〇〇年）〔08245〕

◇100のモノが語る世界の歴史　2　帝国の興亡（A HISTORY OF THE WORLD IN 100 OBJECTS）　ニール・マクレガー著, 東郷えりか訳　筑摩書房　2012.6　325p　19cm　（筑摩選書 0041）〈文献あり〉2100円　①978-4-480-01552-5

内容 第7部 帝国の建設者たち（紀元前三〇〇～後一〇年）　第8部 古代の快楽、近代の香辛料（一～五〇〇年）　第9部 世界宗教の興隆（一〇〇～六〇〇年）　第10部 シルクロードとその先へ（四〇〇～八〇〇年）　第11部 宮殿の内部―宮廷内の秘密（七〇〇～九〇〇年）　第12部 巡礼、侵略者、貿易商人たち（八〇〇～一三〇〇年）　第13部 ステータスシンボルの時代（一一〇〇～一五〇〇年）〔08246〕

◇100のモノが語る世界の歴史　3　近代への道（A HISTORY OF THE WORLD IN 100 OBJECTS）　ニール・マクレガー著, 東郷えりか訳　筑摩書房　2012.8　334p　19cm　（筑摩選書 0042）〈文献あり〉2100円　①978-4-480-01553-2

内容 第14部 神々に出会う（1200～1500年）　第15部 近代世界の黎明（1375～1550年）　第16部 最初の世界経済（1450～1650年）　第17部 寛容と不寛容（1550～1700年）　第18部 探検、開拓、啓蒙（1680～1820年）　第19部 大量生産と大衆運動（1780～1914年）　第20部 現代がつくりだす物の世界（1914～2010年）〔08247〕

マグレガー, リチャード　McGregor, Richard

◇中国共産党―支配者たちの秘密の世界（The party）　リチャード・マグレガー著, 小谷まさ代

訳　草思社　2011.6　446p　20cm　2300円　①978-4-7942-1826-1
内容 第1章 赤い機械―党と国家　第2章 中国株式会社―党とビジネス　第3章 個人情報を管理する者―党と人事　第4章 われわれはなぜ戦うのか―党と軍隊　第5章 上海閥―党と腐敗　第6章 皇帝は遠い―党と地方　第7章 社会主義を完成させた鄧小平―党と資本主義　第8章 『墓碑』―党と歴史　〔08248〕

マグレッタ, ジョアン　Magretta, Joan
◇マイケル・ポーターの競争戦略―エッセンシャル版（UNDERSTANDING MICHAEL PORTER）　ジョアン・マグレッタ著, 桜井祐子訳　早川書房　2012.9　318p　20cm　〈索引あり〉2000円　①978-4-15-209320-2
内容 1 競争とは何か？（競争―正しい考え方　五つの競争要因―利益をめぐる競争　競争優位―バリューチェーンと損益計算書）　2 戦略とは何か？（価値創造―戦略の核　トレードオフ―戦略のかすがい　適合性―戦略の増幅装置　継続性―戦略の実現要因）　終章 本書の実践的な意味　よくある質問 マイケル・ポーターインタビュー　〔08249〕

マクレラン, ジャネット　McLellan, Janet
◇本を読んで語り合うリテラチャー・サークル実践入門（MOVING FORWARD WITH LITERATURE CIRCLES）　ジェニ・ポラック・デイ, ディキシー・リー・シュピーゲル, ジャネット・マクレラン, ヴァレリー・B.ブラウン著, 山元隆春訳　広島　渓水社　2013.10　191p　26cm　〈文献あり〉2500円　①978-4-86327-236-1
内容 第1章 リテラチャー・サークルの条件をととのえ、開始する　第2章 リテラチャー・サークルのために子どもたちを準備させる　第3章 ほんものの話し合いを促す　第4章 リテラチャー・サークルにおける書くことと思考と　第5章 話し合いを評価する　第6章 多様なニーズをかなえる　〔08250〕

マグロー, フィル　McGraw, Phillip C.
◇運命の「ソウルメイト」と出会える本（Love Smart）　フィル・マグロー著, 名越康文訳・解説　三笠書房　2013.7　236p　15cm　（知的生きかた文庫 な40-1―〔わたしの時間シリーズ〕）〈「ラブ・スマート」(2008年刊) の改題〉571円　①978-4-8379-8201-2
内容 1 愛される女性は知っている―「男心」の秘密　2 あなたにとっての「運命の彼」とは？　3 "思い通りにならない恋"に共通すること　4 なぜあの女は"特別な女性"になれるの？　5 あなたの印象はこんなによくなる！　6 さあ、「運命の彼」と出会うステップへ　7 その彼は本当に「わたしの未来のパートナー」？　8 さらに愛され、幸せな結婚に踏み出すために　〔08251〕

マクローリン, コリン
◇どんな時代が来るのか―2012年アセンション・マニュアル（The mystery of 2012）　タミ・サイモン編著, 菅靖彦, 田中淳一, 堤康一郎訳　風雲舎　2011.4　287p　19cm　1800円　①978-4-938939-64-9
内容 新しいビジネスと政治（コリン・マクローリン著）　〔08252〕

マクワーター, ジョン
◇NLPイノベーション―〈変革〉をおこす6つのモデル＆アプリケーション（INNOVATIONS IN NLP FOR CHALLENGING TIMES）　L.マイケル・ホール, シェリー・ローズ・シャーベイ編, 足立桃子訳　春秋社　2013.3　324p　21cm　2800円　①978-4-393-36639-4
内容 行動の再モデリング―変わりつづける人に（ジョン・マクワーター著）　〔08253〕

マケイン, ドナルド　McCain, Donald V.
◇研修効果測定の基本―エバリュエーションの詳細マニュアル（Evaluation basics）　ドナルド・マケイン著, 霜山元訳　ヒューマンバリュー　2013.2　253p　23cm　（ASTDグローバルベーシックシリーズ）〈文献あり〉2800円　①978-4-9906893-1-5　〔08254〕

マケルダウニー, ジョン　McEldowney, John
◇比較安全保障―主要国の防衛戦略とテロ対策　梅川正美編著　成文堂　2013.9　288p　22cm　5700円　①978-4-7923-3313-3
内容 イギリスの非常事態対処権限における人権と法の支配（John McEldowney著, 梅川正美, 倉持孝司訳）　〔08255〕

マコウィアク, フィリップ・A.　Mackowiak, Philip A.
◇モーツァルトのむくみ―歴史人物12人を検死する（Post mortem）　フィリップ・マコウィアク著, 小林力訳　中央公論新社　2011.4　296p　20cm　2200円　①978-4-12-004218-8
内容 カルテ1 カマキリのような人間　カルテ2 古代ギリシャの大惨事　カルテ3 神の死　カルテ4 虫がわいた肉体　カルテ5 宴会係は注意せよ！　カルテ6 戦いに向かわせた声　カルテ7 足が動かなくなった純真な人　カルテ8 音楽史における最大の悲劇　カルテ9 消えた音　カルテ10 輝かしくも翳りのあった光　カルテ11 かすかに光る暗闇　カルテ12 人種的特質　〔08256〕

マゴネット, ジョナサン　Magonet, Jonathan
◇ラビの聖書解釈―ユダヤ教とキリスト教の対話　ジョナサン・マゴネット〔述〕, 小林洋一編　新教出版社　2012.2　211p　19cm　1700円　①978-4-400-30559-0
内容 第1部 ユダヤ教ラビによる聖書解釈（十戒の内的連関性　アブラハムは神のテスト（試み）に合格したのか―創世記22章に関しての省察　ルツ記のラビ的解釈　ユダヤ教ラビによる聖書解釈の特徴）　第2部 ユダヤ教とキリスト教の対話（ヨーロッパにおける宗教間対話―個人的旅路）　シンポジウム（ユダヤ教におけるメシア待望　レオ・ベックに学ぶ―ユダヤ教とキリスト教の対話　質疑応答）　〔08257〕

マコーマック, ガバン　McCormack, Gavan
◇普天間基地問題から何が見えてきたか　宮本憲一, 西谷修, 遠藤誠治編　岩波書店　2010.12　174p　19cm　1600円　①978-4-00-024657-6
内容 属国精神の清算を（ガバン・マコーマック著, 吉永ふさ子訳）　〔08258〕
◇沖縄の〈怒〉―日米への抵抗（Resistant Islands）　ガバン・マコーマック, 乗松聡子著　京都　法律

文化社　2013.4　264p　21cm　2800円　①978-4-589-03485-4

内容 序章 琉球/沖縄─処分から抵抗へ　第1章 「捨て石」の果てに─戦争、記憶、慰霊　第2章 日米「同盟」の正体─密約と嘘が支える属国関係　第3章 分離と復帰─軍支配と基地被害は続く　第4章 辺野古─望まれぬ基地　第5章 鳩山の乱　第6章 選挙と民主主義　第7章 環境─「非」アセスメント　第8章 同盟「深化」　第9章 歴史を動かす人々　終章 展望　〔08259〕

マコーマック, S.　MacCormack, Sabine

◇図説金枝篇　上（The illustrated golden bough）　J.G.フレーザー著, S.マコーマック編, 吉岡晶子訳, M.ダグラス監修　講談社　2011.4　279p　15cm　（講談社学術文庫 2047）　1000円　①978-4-06-292047-6

内容 第1部 呪術と王の成り立ち（森の王　祭司たる王　共感呪術　呪術による天候の支配　神格をもつ王　樹木崇拝　植物の生育と性の関係　聖なる結婚　オーク崇拝）　第2部 タブーと霊魂の危難（王者の重荷　霊魂の危難　タブーとされる行動と人物　未開人への感謝）　第3部 死にゆく神（神々の死　聖なる王を殺すこと　王殺しに代わる慣習　樹木の霊を殺す）　〔08260〕

◇図説金枝篇　下（The illustrated golden bough）　J.G.フレーザー著, S.マコーマック編, 吉岡晶子訳, M.ダグラス監修　講談社　2011.5　333p　15cm　（講談社学術文庫 2048）　〈索引あり〉　1150円　①978-4-06-292048-3

内容 第4部 アドニス（アドニス神話　シリアにおけるアドニス ほか）　第5部 穀物霊（デメテルとペルセポネ　ヨーロッパその他における「穀物の母」と「穀物の娘」 ほか）　第6部 身代わり（災厄の転嫁　身代わりについて ほか）　第7部 麗しき神バルデル（天と地のあいだ　バルデル神話 ほか）　〔08261〕

マコーミック, ニール

◇結果志向の法思考─利益衡量と法律家的論証（Entscheidungsfolgen als Rechtsgrunde）　グンター・トイブナー編, 村上淳一, 小川浩三訳　東京大学出版会　2011.9　236p　22cm　〈索引あり〉　4800円　①978-4-13-031185-4

内容 法における論証と解釈（ニール・マコーミック著）　〔08262〕

マゴン, クレール　Magone, Claire

◇人道的交渉の現場から─国境なき医師団の葛藤と選択（Agir à tout prix？）　クレール・マゴン, ミカエル・ノイマン, ファブリス・ワイズマン編著, リングァ・ギルド他訳　小学館スクウェア　2012.11　419p　19cm　1429円　①978-4-7979-8739-3

内容 ナイジェリア─公衆衛生と広報活動（クレール・マゴン著）　〔08263〕

マザウィ, アンドレ・エリアス　Mazawi, André Elias

◇グローバル化・社会変動と教育　1　市場と労働の教育社会学（EDUCATION, GLOBALIZATION AND SOCIAL CHANGE（抄訳））　ヒュー・ローダー, フィリップ・ブラウン, ジョアンヌ・ディラボー, A.H.ハルゼー編　広田照幸, 吉田文, 本田由紀編訳　東京大学出版会　2012.4　354p　22cm　〈文献あり〉4800円　①978-4-13-051317-3

内容 教育の拡大と不満の調停─アラブ諸国における学校教育の文化政治（アンドレ・エリアス・マザウィ著, 苅谷剛彦訳）　〔08264〕

マーザンダラーニー　Māzāndarānī, 'Abd-Allāh ebn Moḥammad

◇簿記術に関するファラキーヤの論説（Risāla-yi Falakīya dar 'Ilm-i siyāqat）　マーザンダラーニー著, 髙松洋一監修, 渡部良子, 阿部尚史, 熊倉和歌子訳　共同利用・共同拠点イスラーム地域研究拠点東洋文庫研究部イスラーム地域研究資料室　2013.2　29, 111p　30cm　〈複製を含む　文献あり〉　①978-4-904039-63-2　〔08265〕

マシー, ケビン　Massy, Kevin

◇日本の未来について話そう─日本再生への提言（Reimagining Japan）　マッキンゼー・アンド・カンパニー責任編集, クレイ・チャンドラー, エアン・ショー, ブライアン・ソーズバーグ編著　小学館　2011.7　416p　19cm　1900円　①978-4-09-388189-0

内容 光を絶やさないために（チャールズ・エビンジャー, ケビン・マシー, ゴビンダ・アバサラーラ著）　〔08266〕

マーシー, デール　Masi, Dale A.

◇企業のメンタルヘルスを強化するために─「従業員支援プログラム」の活用と実践　森晃爾, デール・マーシー, 市川佳居, 丸山崇著　労働調査会　2011.10　166p　21cm　1800円　①978-4-86319-163-1

内容 1 EAPを正しく理解するために（従業員支援プログラム（EAP）の定義と歴史　EAPの必須のプログラム　EAPのオプションプログラム）　2 EAPを有効に活用するために（産業保健体制とEAP機関の利用　EAPの評価方法　日本におけるEAP機関の認証制度について（日本版COA）　EAPの効果測定）　〔08267〕

マーシア, パトリシア　Mercier, Patricia

◇チャクラバイブル─チャクラを知り、自分のチャクラを生かすための決定版（The chakra bible）　パトリシア・マーシア著, 田嶋怜訳　新装版　ガイアブックス　2013.5　399p　17cm　（GAIA BOOKS）　〈初版：産調出版　索引あり〉2400円　①978-4-88282-872-3

内容 第1章 チャクラとは何か？　第2章 根底のチャクラ─ムーラダーラ　第3章 仙骨のチャクラ─スヴァディ・スターナ　第4章 太陽神経（神経や血管の）叢のチャクラ─マニプラ　第5章 心臓のチャクラ─アナーハタ　第6章 咽頭のチャクラ─ヴィシュッダ　第7章 額のチャクラ─アジナ　第8章 王冠のチャクラ─サハスラーラ　第9章 新しいチャクラ　第10章 他の伝統に見るチャクラ　第11章 チャクラとヒーリング　〔08268〕

マーシャル, リサ・B.　Marshall, Lisa B.

◇スマートトーク─成功する伝え方（SMART TALK）　リサ・B.マーシャル著, 坂東智子訳　学研パブリッシング　2013.11　285p　19cm　〈文献あり　発売：学研マーケティング〉1400円　①978-4-05-405844-6

マ

内容 自己紹介の仕方　会話上手になるためのテクニック　何を言ったらいいか困る場面―ケースごとの対処法　人脈を築くためのフォローアップ手法　「気くばり」と「思いやり」の外交術　「快復フィードバック」の伝え方　批判されたときの対応の仕方　むずかしい話し合いの進め方　扱いにくい人たちへのタイプ別対処法　上手な「ノー」の伝え方　影響力を発揮して、人を動かす方法　上手な交渉の仕方　ポジティブな言葉の使い方　あなたの中のカリスマ性を引き出すには？　〔08269〕

マーシュ, スーザン・H.

◇中国人と日本人―交流・友好・反発の近代史（The Chinese and the Japanese）　入江昭編著, 岡本幸治監訳　京都　ミネルヴァ書房　2012.3　401, 6p　22cm　〈索引あり〉7000円　①978-4-623-05858-7

内容 「協力者」としての周仏海（スーザン・H.マーシュ著, 伊藤のぞみ訳）　〔08270〕

マーシュ, デイヴィッド　Marsh, David

◇ユーロ―統一通貨誕生への道のり、その歴史的・政治的背景と展望（The Euro）　デイヴィッド・マーシュ著, 田村勝省訳　一灯舎　2011.5　450, 102p　20cm　〈発売：オーム社〉3200円　①978-4-903532-50-9

内容 はじめに ユーロの物語　第1章 血と金　第2章 震源地で　第3章 マルクの横暴　第4章 来るべき試練　第5章 衝撃波　第6章 欧州の運命　第7章 不均衡に対処する　第8章 審判　〔08271〕

マシューズ, オーウェン　Matthews, Owen

◇スターリンの子供たち―離別と粛清を乗りこえて（Stalin's children）　オーウェン・マシューズ著, 山崎博康訳　白水社　2011.11　345p　20cm　2800円　①978-4-560-08180-8

内容 最後の日　「常人ではなく巨人を！」　ある党幹部の死　逮捕　監獄　戦争　ミラ　マーヴィン　KGBと飲む　愛　ミラとメルヴィーシャ　異なる惑星で脱出　危機　〔08272〕

マシューズ, ゴードン

◇ライフコース選択のゆくえ―日本とドイツの仕事・家族・住まい　田中洋美, マーレン・ゴツィック, クリスティーナ・岩田ワイケナント編　新曜社　2013.2　380, 4p　20cm　〈他言語標題：Beyond a Standardized Life Course〉4200円　①978-4-7885-1324-2

内容 日本における生きがいとライフコースの変化（ゴードン・マシューズ著, 豊福実紀訳）　〔08273〕

マシューズ, ジェイ　Mathews, Jay

◇情熱教室のふたり―学力格差とたたかう学校「KIPP」の物語（Work hard.Be nice）　ジェイ・マシューズ著, 北川知子訳　ダイヤモンド社　2013.2　271p　19cm　1600円　①978-4-478-02130-9

内容 1時間目 はじまり―二人の教師の物語（強引さを身につける　リスクをとる者たち ほか）　2時間目 KIPPを立ち上げる（「ナレッジ・イズ・パワー・プログラム」誕生　レヴィン先生、解雇される ほか）　3時間目 二つの学校を始める（ボールから受け継いだもの　ファインバーグの恋人 ほか）　4時間目 多くの学校を始める（六人会議　ケネスはそこにいる ほか）　〔08274〕

マシューズ, G.*　Matthews, Gerald

◇現代の認知心理学　7　認知の個人差　市川伸一〔ほか〕編, 日本認知心理学会監修　箱田裕司編　京都　北大路書房　2011.3　287p　21cm　〈文献あり 索引あり〉3600円　①978-4-7628-2737-2

内容 情動的知性と知能（Gerald Matthews著, 小松佐穂子訳）　〔08275〕

マシュラー, トム　Maschler, Tom

◇トム・マシュラー―14人のノーベル賞作家を送り出した男　トム・マシュラー, 高橋源一郎, 若島正, 柴田元幸, ジェイ・ルービン著, 日本文学出版交流センター編訳　日本文学出版交流センター　2008.12　168p　19cm　（J-Litセミナーシリーズ文学・翻訳・言語 1）

内容 トム・マシュラー、出版の極意を語る：出版と恋愛は似ている トム・マシュラー 述. 21世紀の『世界文学』 トム・マシュラー, 高橋源一郎, 若島正 述. 英国文芸出版の現場から：わたしが出会った作家たち トム・マシュラー 述. 世界文学はこうしてつくられる トム・マシュラー, 柴田元幸, ジェイ・ルービン述. マシュラーさんとの旅 若島正 著. 幸運、そして文学への情熱で語られる人生 トム・マシュラー 述　〔08276〕

マシヨン, ジャン=バティスト

◇近代カトリックの説教　高柳俊一編　教文館　2012.8　458p　21cm　（シリーズ・世界の説教）　4300円　①978-4-7642-7338-2

内容 イエス・キリストの誕生（ジャン＝バティスト・マシヨン述, 高柳俊一訳）　〔08277〕

マース, ジム　Marrs, Jim

◇秘密の話―マスメディア・政府機関が死にもの狂いで隠蔽する（ABOVE TOP SECRET）　ジム・マース著, 渡辺亜矢訳　成甲書房　2013.5　357p　19cm　1800円　①978-4-88086-301-6

内容 911は内部犯行か？　ピークオイル説は本当か？　なぜ米軍は、UFOが目撃されたスティーブンビルでの話を変えたのか？　交通標識には暗号が隠されている？　フリーエネルギー・代替エネルギーの存在は秘密にされている？　米国連邦準備制度は詐欺か？　ケムトレイルは実在するか？　南極にナチスの基地がある？　誰がケネディを殺したのか？　ジョン・タイターは未来から来たのか？〔ほか〕　〔08278〕

マズアワー, マーク

◇世界は考える　野中邦子訳　土曜社　2013.3　189p　19cm　（プロジェクトシンジケート叢書 2）　〈文献あり〉1900円　①978-4-9905587-7-2

内容 二〇一三年のワイマール（マーク・マズアワー著）　〔08279〕

マスザワ, トモコ*　増沢 知子

◇宗教概念の彼方へ　磯前順一, 山本達也編　京都　法蔵館　2011.9　445p　21cm　〈他言語標題：Beyond the Concept of Religion〉5000円　①978-4-8318-8174-8

内容 宗教的起源への志向性（増沢知子著, 高橋原訳）

〔08280〕

マスターソン, マイケル　Masterson, Michael

◇大富豪の起業術―毎年700億円を稼ぎ出す〈ダイレクトマーケティング起業家〉が明かした　上巻（Ready, fire, aim）　マイケル・マスターソン著, 小川忠洋監訳　大阪　ダイレクト出版　2011.4　236p　22cm　3800円　①978-4-904884-12-6　〔08281〕

◇大富豪の起業術―毎年700億円を稼ぎ出す〈ダイレクトマーケティング起業家〉が明かした　下巻（Ready, fire, aim）　マイケル・マスターソン著, 小川忠洋監訳　大阪　ダイレクト出版　2011.4　261p　22cm　〈文献あり〉3800円　①978-4-904884-13-3　〔08282〕

◇大富豪の仕事術―経済的成功をつかむための具体的で現実的な8つの行動（The pledge）　マイケル・マスターソン著　大阪　ダイレクト出版　2012.4　317p　21cm　3800円　①978-4-904884-30-0　〔08283〕

◇臆病者のための科学的起業法―起業の超プロが実践する絶対に失敗しないための10の技術（The reluctant entrepreneur）　マイケル・マスターソン著　大阪　ダイレクト出版　2013.7　239p　21cm　2800円　①978-4-904884-50-8　〔08284〕

マスタンドゥーノ, マイケル

◇現代日本の政治と外交　2　日米安全保障同盟―地域的多国間主義　猪口孝監修　原書房　2013.12　403, 4p　21cm　〈文献あり 索引あり〉4800円　①978-4-562-04954-7

内容 日米同盟のグローバルなコストとベネフィット（マイケル・マスタンドゥーノ著, 佐藤洋一郎訳）　〔08285〕

マストロ, マイケル　Mastro, Michael

◇ヴァーストゥ・シャーストラで運命の人を引き寄せる―風水学のルーツ、インド風水による婚活術（Making room for Mr.Right）　ロビン・マストロ, マイケル・マストロ著, 柏倉美穂訳　ヴォイス　2011.2　237p　21cm　1600円　①978-4-89976-269-0

内容 環境が持つ力とは？　3人の独りぼっち　場所作り：身の回りを片づける　引き寄せるためにすること：自分の中に道を拓く　満月の祭壇：宇宙の源を動かす力　絆の祭壇：神とつながる毎日　恋を拓くマントラとヤントラ　あなたの回りを変える色と宝石と香　心と体と魂のお手入れ：自分の中のバランスを調える　自分の周りのバランスを調える：これも1つのエコな生き方〔ほか〕　〔08286〕

マストロ, ロビン　Mastro, Robin

◇ヴァーストゥ・シャーストラで運命の人を引き寄せる―風水学のルーツ、インド風水による婚活術（Making room for Mr.Right）　ロビン・マストロ, マイケル・マストロ著, 柏倉美穂訳　ヴォイス　2011.2　237p　21cm　1600円　①978-4-89976-269-0

内容 環境が持つ力とは？　3人の独りぼっち　場所作り：身の回りを片づける　引き寄せるためにすること：自分の中に道を拓く　満月の祭壇：宇宙の源を動かす力　絆の祭壇：神とつながる毎日　恋を拓くマントラとヤントラ　あなたの回りを変える色と宝石と香　心と体と魂のお手入れ：自分の中のバランスを調える　自分の周りのバランスを調える：これも1つのエコな生き方〔ほか〕　〔08287〕

マーストン, ダニエル

◇検証太平洋戦争とその戦略　3　日本と連合国の戦略比較　三宅正樹, 庄司潤一郎, 石津朋之, 山本文史編著　中央公論新社　2013.8　315p　20cm　〈索引あり〉3200円　①978-4-12-004509-7

内容 ビルマでのイギリスの戦略（ダニエル・マーストン著, 岡田志津枝訳）　〔08288〕

マズリッシュ, エレイン　Mazlish, Elaine

◇子どもが聴いてくれる話し方と子どもが話してくれる聴き方大全（HOW TO TALK SO KIDS WILL LISTEN AND LISTEN SO KIDS WILL TALK）　アデル・フェイバ, エレイン・マズリッシュ共著, 三津乃・リーディ, 中野早苗共訳　きこ書房　2013.7　387p　19cm　〈索引あり〉1700円　①978-4-87771-309-6

内容 第1章 子どもが自分の気持ちをうまく処理できるように助けよう　第2章 子どもの協力を引き出す方法　第3章 罰の代わりに解決策を考えよう　第4章 子どもの自立を養う方法　第5章 子どもが自分で自分をほめる効果的なほめ方　第6章 子どもを役割から解放する　第7章 すべてを考え合わせると　〔08289〕

マスロウスキー, ピーター　Maslowski, Peter

◇アメリカ社会と戦争の歴史―連邦防衛のために（For the common defense : a military history of the United States of America（Revised and expanded））　アラン・R.ミレット, ピーター・マスロウスキー著, 防衛大学校戦争史研究会訳　彩流社　2011.7　826, 115p　22cm　〈文献あり〉9500円　①978-4-7791-1588-2

内容 危険な新世界（一六〇七～一六八九年）　植民地戦争（一六八九～一七六三年）　独立革命（一七六三～一七八三年）　新しい共和国の防衛（一七八三～一八一五年）　軍隊と領土の拡大（一八一五～一八六〇年）　南北戦争（一八六一～一八六二年）　南北戦争（一八六三～一八六五年）　戦後の復員から大国の地位へ（一八六五～一八九八年）　アメリカ帝国主義の誕生（一八九八～一九〇二年）　大国の軍事力建設（一八九九～一九一七年）　第一次世界大戦におけるアメリカの戦い（一九一七～一九一八年）　戦間期の軍事政策（一九一九～一九三九年）　アメリカと第二次世界大戦―敗北の淵から勝利の頂へ（一九三九～一九四三年）　アメリカと第二次世界大戦―勝利への道（一九四三～一九四五年）　冷戦と熱戦―核抑止と集団安全保障の時代（一九四五～一九五三年）　冷戦を戦う―アメリカの拡大抑止と封じ込め政策（一九五三～一九六五年）　曖昧な戦い―ベトナム戦争とアメリカの軍事力の衰退（一九六一～一九七五年）　連邦防衛と冷戦の終結（一九七六～一九九三年）　冷戦が終結して　〔08290〕

マゾネット, ピエール・イビス　Mathonet, Pierre-Yves

◇プライベート・エクイティの投資実務―Jカーブを越えて（BEYOND THE J CURVE）　Thomas Meyer,Pierre-Yves Mathonet著, 小林和成, 萩康春訳　さんだい　2010.1　477p　22cm

〈索引あり〉4400円 ①978-4-322-12142-1
内容 1 プライベート・エクイティの環境(イントロダクション プライベート・エクイティの市場 ほか) 2 投資プロセス(投資プロセ リスクの枠組み ほか) 3 いろいろなデザイン手法(ファンド・バリュエーションの手法 ベンチマーキング ほか) 4 いろいろな管理手法(モニタリング セカンダリー取引 ほか)
〔08291〕

マチエ, アルベール　Mathiez, Albert
◇革命宗教の起源 (Les origines des cultes révolutionaires, 1789-1792) アルベール・マチエ著, 杉本隆司訳 白水社 2012.7 247p 19cm (白水iクラシックス) 〈年表あり〉2500円 ①978-4-560-09607-9
内容 革命史学の革命、そして革命の希望 革命宗教の起源 ロベスピエールと最高存在の崇拝 〔08292〕

マチェズニー, クリス　McChesney, Chris
◇戦略を、実行できる組織、実行できない組織。(The 4 Disciplines of Execution) クリス・マチェズニー, ショーン・コヴィー, ジム・ヒューリング著, フランクリン・コヴィー・ジャパン訳 キングベアー出版 2013.5 417p 19cm 2000円 ①978-4-86394-023-9
内容 第1部 実行の4つの規律(最重要目標にフォーカスする 先行指標に基づいて行動する 行動を促すスコアボードをつける ほか) 第2部 4DXのインストール：チーム編(4DXに期待できることは何か 最重要目標にフォーカスする 先行指標に基づいて行動する ほか) 第3部 4DXのインストール：組織編(4DXのベストストーリー 組織を最重要目標にフォーカスさせる 4DXを組織全体に展開する) 〔08293〕

マチニック, マーク　Muchnick, Marc
◇後悔しない生き方―人生をより豊かで有意義なものにする30の方法 (No more regrets!) マーク・マチニック〔著〕, 弓場隆訳 ディスカヴァー・トゥエンティワン 2011.9 135p 20cm 1300円 ①978-4-7993-1050-2
内容 第1章 自分の思いに素直になる(ビジョンを実現する 心の声に耳を傾ける ほか) 第2章 一日一日を大切に生きる(今日という日を充実させる 新しい日を歓迎する ほか) 第3章 現状を打ち破る(うまくいっていないことをやめる 何から始めるかを選択する ほか) 第4章 困難に挑戦する(とにかくやってみる 自分を信頼する ほか) 第5章 良心にしたがう(つねに心を開いておく 人を無条件に愛する ほか)
〔08294〕

マチャレロ, ジョゼフ・A.　Maciariello, Joseph A.
◇経営の真髄―知識社会のマネジメント 上 (MANAGEMENT(原著改訂版)) P.F.ドラッカー著, ジョゼフ・A.マチャレロ編, 上田惇生訳 ダイヤモンド社 2012.9 391p 20cm 〈索引あり〉2400円 ①978-4-478-00624-5
内容 1 マネジメントをめぐる状況の変化(知識がすべて 人口構造が変わった ほか) 2 企業にとっての成果(事業の定義 企業の目的と目標 ほか) 3 公的機関が成果とすべきもの(公的機関のマネジメント NPOが企業に教えること ほか) 4 仕事を生産的なものにし、人に成果をあげさせる(仕事と人 肉体労働の生産性 ほか) 5 組織にとっての社会的責任(社会に与える影響の処理と社会的責任 組織のミッションと公益)
〔08295〕
◇経営の真髄―知識社会のマネジメント 下 (MANAGEMENT(原著改訂版)) P.F.ドラッカー著, ジョゼフ・A.マチャレロ編, 上田惇生訳 ダイヤモンド社 2012.9 459p 20cm 〈文献あり 索引あり〉2400円 ①978-4-478-02246-7
内容 6 マネジメントの仕事(マネジメントの必要性 マネジメントの仕事の設計 ほか) 7 マネジメントのスキル(意思決定 人事 ほか) 8 イノベーションと企業家精神(企業家精神 ベンチャーのマネジメント ほか) 9 組織(戦略と組織構造 チーム型組織と職能別組織 ほか) 10 個のマネジメント(自らをマネジメントする 上司をマネジメントする ほか) 〔08296〕
◇決断の条件―マネジメント力を鍛える実践ケース50 (MANAGEMENT CASES(原著改訂版)) P.F.ドラッカー著, ジョゼフ・A.マチャレロ編, 上田惇生訳 ダイヤモンド社 2013.1 244p 19cm 1800円 ①978-4-478-00916-1
内容 第1部 パラダイムの変化 第2部 企業にとっての成果 第3部 公的サービス機関が成果とすべきもの 第4部 仕事を生産的にものにし、人に成果をあげさせる 第5部 社会的責任 第6部 マネジメントの仕事 第7部 マネジメントのスキル 第8部 イノベーションと企業家精神 第9部 組織 第10部 個に求められるもの
〔08297〕
◇ドラッカー教養としてのマネジメント (Drucker's Lost Art of Management) ジョゼフ・A.マチャレロ, カレン・E.リンクレター著, 阪井和男, 高木直二, 井坂康志訳 マグロウヒル・エデュケーション 2013.3 542p 20cm 〈文献あり 発売：日本経済新聞出版社〉3800円 ①978-4-532-60528-5
内容 序章 リベラル・アーツと現代 第1章 教養としてのマネジメントの起源 第2章 教養としてのマネジメントはいかにして生成したか 第3章 教養としてのマネジメントはいかに世界に貢献しうるか 第4章 連邦主義と権威・権力の分配 第5章 リベラル・アーツにおけるマネジメントと人間 第6章 リベラル・アーツとしてのリーダーシップ 第7章 社会生態学と教養としてのマネジメントの実践 第8章 実践手法としての社会生態学―機能する希望社会に向けた変革
〔08298〕

マーチン, デビッド・G.
◇大学学部長の役割―米国経営系学部の研究・教育・サービス (The dean's perspective) クリシナ・S.ディア編著, 佐藤修訳 中央経済社 2011.7 245p 21cm 3400円 ①978-4-502-68720-4
内容 米国経営教育の未来(デビッド・G.マーチン著)
〔08299〕

マーチン, テリー　Martin, Terry Dean
◇アファーマティヴ・アクションの帝国―ソ連の民族とナショナリズム、1923年～1939年 (The affirmative action empire) テリー・マーチン著, 荒井幸康, 渋谷謙次郎, 地田徹朗, 吉村貴之訳, 半谷史郎監修 明石書店 2011.5 712p 22cm 〈解説：塩川伸明 文献あり 年表あり 索引あり〉9800円 ①978-4-7503-3351-9
内容 ソ連―アファーマティヴ・アクションの帝国 第1部 アファーマティヴ・アクション帝国の始動(境界

マ

と民族紛争　言語のウクライナ化（一九二三年～三二年）　ソ連東方のアファーマティヴ・アクション（一九二三年～三二年）　ラテン文字化キャンペーンと民族アイデンティティのシンボル政治）　第2部 アファーマティヴ・アクション帝国の政治危機（民族共産主義の政治力学（一九二三年～三〇年）　一九三三年の飢饉に民族を見る）　第3部 アファーマティヴ・アクション帝国の修正（民族浄化と敵性民族　修正されるソ連の民族政策（一九三三年～三九年）　再浮上するロシア　諸民族の友好）〔08300〕

マッカーサー, サラ　McArthur, Sarah

◇リーダーシップ・マスター―世界最高峰のコーチ陣による31の教え（Coaching for Leadership）　マーシャル・ゴールドスミス, ローレンス・S.ライアンズ, サラ・マッカーサー編著, 久野正人監訳, 中村安子, 夏井幸子訳　英治出版　2013.7　493p　21cm　2800円　①978-4-86276-164-4

内容 序文 他（マーシャル・ゴールドスミス, ローレンス・S.ライアンズ, サラ・マッカーサー）〔08301〕

マッカーサー, ダグラス　MacArthur, Douglas

◇吉田茂＝マッカーサー往復書簡集―1945-1951　吉田茂, マッカーサー〔著〕, 袖井林二郎編訳　講談社　2012.7　565p　15cm　（講談社学術文庫 2119）〈法政大学出版局 2000年刊の第三部英語正文を削除〉1550円　①978-4-06-292119-0

内容 第1部（解説）占領下の書簡外交（前史および幣原首相の役割　史料の存在形態　第一次吉田内閣期　片山内閣期　芦田内閣期　第二次吉田内閣期　第三次吉田内閣期）　第2部 書簡篇（日本語訳）（前史（吉田外相時代）　第一次吉田内閣期　片山内閣期　芦田内閣期　第二次吉田内閣期　第三次吉田内閣期）〔08302〕

マッカーシー, キャメロン　McCarthy, Cameron

◇グローバル化・社会変動と教育　2　文化と不平等の教育社会学（EDUCATION, GLOBALIZATION AND SOCIAL CHANGE（抄訳））　ヒュー・ローダー, フィリップ・ブラウン, ジョアンヌ・ディラボー, A.H.ハルゼー編, 苅谷剛彦, 志水宏吉, 小玉重夫編訳　東京大学出版会　2012.5　370p　22cm　〈文献あり〉4800円　①978-4-13-051318-0

内容 統治性と教育社会学（キャメロン・マッカーシー, グレッグ・ディミトリアディス著, 大田直子訳）〔08303〕

マッカーシー, シャーロット

◇世界のビジネス・アーカイブズ―企業価値の源泉　渋沢栄一記念財団実業史研究情報センター編　日外アソシエーツ　2012.3　272p　19cm　〈発売：紀伊国屋書店〉3600円　①978-4-8169-2353-1

内容 アーカイブズを展示することによる商業上の効果（ケイティー・ローガン, シャーロット・マッカーシー著, 渡辺美喜訳）〔08304〕

マッカチオン, ラッセル

◇宗教概念の彼方へ　磯前順一, 山本達也編　京都　法蔵館　2011.9　445p　21cm　〈他言語標題：Beyond the Concept of Religion〉5000円　①978-4-8318-8174-8

内容 「宗教」カテゴリーをめぐる近年の議論（ラッセル・マッカチオン著, 磯前順一, リチャード・カリチマン訳）〔08305〕

マッカビン, リサ　McCubbin, Lisa

◇ミセス・ケネディ―私だけが知る大統領夫人の素顔（MRS.KENNEDY AND ME）　クリント・ヒル, リサ・マッカビン著, 白須清美訳　原書房　2013.2　437p　20cm　2400円　①978-4-562-04888-5

内容 第1部 1960年（ミセス・ケネディとの出会い　家族ほか）　第2部 1961年（グレン・オラ　ミセス・ケネディとの旅―パリ ほか）　第3部 1962年（ミセス・ケネディとの旅―インド　ミセス・ケネディとの旅―パキスタン ほか）　第4部 1963年（モナ・リザとニューヨーク市　サンシャイン・ハイウェイ ほか）　第5章 ホワイトハウスを離れて（最後の年）〔08306〕

マッカリー, エミリー・アーノルド　McCully, Emily Arnold

◇ジョン万次郎―二つのふるさとをあいした少年（Manjiro）　エミリー・アーノルド・マッカリー作・絵, 高嶋哲夫, 高嶋桃子, 近藤隆己訳　大阪　星湖舎　2012.11　1冊（ページ付なし）　31cm　1500円　①978-4-86372-046-6〔08307〕

マッカリア, ジョン

◇世界探検家列伝　海・河川・砂漠・極地、そして宇宙へ（The great explorers）　ロビン・ハンベリーテニソン編著, 植松靖夫訳　悠書館　2011.9　303p　26cm　〈文献あり 索引あり〉9500円　①978-4-903487-49-6

内容 トマス・ベインズ―遙かなる大地の画家（ジョン・マッカリア）〔08308〕

マッカロー, キース　McCullough, Keith

◇ヘッジファンドマネージャーのウォール街の日々―絶好調からどん底へ、そしてまた立ち上がった僕の物語（Diary of a hedge fund manager）　キース・マッカロー, リッチ・ブレイク著, 田沢恭子訳　一灯舎　2011.3　335p　19cm　〈発売：オーム社〉1800円　①978-4-903532-70-7

内容 波に乗る　船出　ジャングルへようこそ　ドットコムバブル時代　目覚め　大物たちと羽ばたく　ひとり立ち　吸収　世界の衝突　ウォール街の追放者　ベールを外す　大動乱　エピローグ〔08309〕

マッキー, キャスリン　McKee, Kathryn

◇「想定外」に備える企業災害対策マニュアル（Leading people through disasters）　キャスリン・マッキー, リズ・ガスリッジ著, 山中朝晶, 南沢篤花訳　翔泳社　2011.8　279p　19cm　〈付・災害時の企業のソーシャルメディア活用〉1900円　①978-4-7981-2444-5

内容 第1部 災害にどう備えるか（リーダーシップの構築　「人」を重視した業務継続プランの立案　緊急時の人事・労務）　第2部 災害時に対処する（社員のケア　災害対応の業務分担　通常業務への戻り方　通常業務に戻る際の10のステップ　心の回復力をつける　いま、始めよう―五分間の準備）　資料編　特別付録 災害時の企業のソーシャルメディア活用（トライバルメディアハウス著）〔08310〕

マ

マッキニー, フィル　McKinney, Phil
◇キラー・クエスチョン―常識の壁を超え、イノベーションを生み出す質問のシステム（BEYOND THE OBVIOUS）　フィル・マッキニー著, 小坂恵理訳　阪急コミュニケーションズ　2013.10　347p　19cm　1800円　①978-4-484-13116-0　〔08311〕

マッキノン, キャサリン　MacKinnon, Catharine A.
◇女の生、男の法　上（Women's lives, men's laws（抄訳））　キャサリン・マッキノン著, 森田成也, 中里見博, 武田万里子訳　岩波書店　2011.8　336, 17p　20cm　4200円　①978-4-00-022413-0
内容 法を理解する―実体と法　第1部 平等論の再構成（男の法のもとでの女の生　性的不平等としての性的虐待）　〔08312〕
◇女の生、男の法　下（Women's lives, men's laws）　キャサリン・マッキノン〔著〕, 森田成也, 中里見博, 武田万里子訳　岩波書店　2011.10　324, 14p　20cm　〈索引あり〉4200円　①978-4-00-022414-7
内容 第2部 セクシュアリティ、不平等、言論（理論と実践―ジェンダー、人種、リベラリズム（実践から理論へ―白人女性とは何者なのか？　批判的人種理論とフェミニズム―反「本質主義」の罠　「非現実的な忠誠からの解放」―ロナルド・ドゥウォーキンの道徳的憲法解釈 ほか）　性的不平等としてのポルノグラフィ（名誉毀損としてのポルノグラフィ、差別としてのポルノグラフィ　ポルノグラフィ、左と右、沈黙から沈黙へ―アメリカにおける女性に対する暴力 ほか））　〔08313〕

マッキム, ドナルド・K.　McKim, Donald K.
◇長老教会の問い、長老教会の答え　2　キリスト教信仰のさらなる探求（More Presbyterian Questions, More Presbyterian Answers）　ドナルド・K.マッキム〔著〕, 原田浩司訳　札幌　一麦出版社　2013.2　174p　21cm　2000円　①978-4-86325-053-6
内容 1 長老教会について　2 長老教会と他教派・他宗教　3 長老教会の神学　4 キリスト者の生活　5 礼拝とサクラメント（聖礼典）　6 社会的・倫理的諸問題　7 将来　〔08314〕
◇魂の養いと思索のために―『キリスト教綱要』を読む（Coffee With Calvin）　D.K.マッキム著, 出村彰訳　教文館　2013.11　215p　19cm　1500円　①978-4-7642-6709-1　〔08315〕

マッキャン, カワード
◇アジアの顔のキリスト　ホアン・カトレット編, 高橋敦子訳　名古屋　新世社　2010.10　175, 32p　16cm　〈文献あり〉1200円　①978-4-88382-100-6
内容 イエス、あなたを崇敬します（カワード・マッキャン）　〔08316〕

マッギャン, ジェローム　McGann, Jerome
◇人文学と電子編集―デジタル・アーカイヴの理論と実践（ELECTRONIC TEXTUAL EDITING）　ルー・バーナード, キャサリン・オブライエン・オキーフ, ジョン・アンスワース編, 明星聖子, 神崎正英監訳　慶応義塾大学出版会　2011.9　503p　21cm　4800円　①978-4-7664-1774-6
内容 デジタルの地平での編集（ディーノ・ブッツェッティ, ジェローム・マッギャン）　〔08317〕

マッキャン, ジム
◇史上最高のセミナー（Conversations with millionaires）　マイク・リットマン, ジェイソン・オーマン共著, 河本隆行監訳　ポケット版　きこ書房　2011.7　407p　17cm　〈述：ジム・ローンほか〉1200円　①978-4-87771-278-5
内容 行動するかしないかを決める責任は、自分自身にあるんだよ（ジム・マッキャン述）　〔08318〕

マッキューン, ローレイン　McCune, Lorraine
◇子どもの言語学習能力―言語獲得の基盤（How Children Learn to Learn Language）　ローレイン・マッキューン著, 小山正, 坪倉美佳訳　風間書房　2013.4　366p　21cm　〈索引あり〉3500円　①978-4-7599-1968-4
内容 第1章 展望　第2章 早期の関係性とシンボル状況　第3章 言語の世界へ：初期の段階　第4章 言語の認知的基盤　第5章 移動‐出来事、力動‐出来事語と動詞への移行　第6章 表象的遊びと言語　第7章 音声発達：音声から語へ　第8章 前言語的コミュニケーション：言語につながる母音的音声　第9章 言語発達と言語産出におけるダイナミックシステム　〔08319〕

マッキンゼー・アンド・カンパニー
◇日本の未来について話そう―日本再生への提言（Reimagining Japan）　マッキンゼー・アンド・カンパニー責任編集, クレイ・チャンドラー, エアン・ショー, ブライアン・ソーズバーグ編著　小学館　2011.7　416p　19cm　1900円　①978-4-09-388189-0
内容 日本の再生へ向けて 3・11が予感させる「国家の地殻変動」 船橋洋一 著. がれきのなかに見えた日本の課題と未来 ヘンリー・トリックス 著.「ガマン」の力 トム・リード 著. 実行の時が来た ピーター・タスカ 著. 日本よ、いますぐ目を覚ませ 長谷川閑史 著. 再び変化の時代へ コスモポリタン国家への転換 イアン・ブルマ 著. 変革へのギアチェンジ カルロス・ゴーン 著. モノづくりの時代を超えて 孫正義 著. 若者よ、日本を出よ 柳井正 著.「変化への抵抗」という錯覚 ジョン・ダワー 著. ジャパン・アズ・ナンバーワンはどこへ エズラ・F.ヴォーゲル 著.「失われた20年」からの脱却 デビッド・サンガー 著. 再建のための現状把握 過去から未来へのメッセージ スティーブン・ローチ 著. 7人のサムライを呼べ アダム・ポーゼン 著. 数字で見る日本の競争力 クラウス・シュワブ 著. 日本が世界の未来に向けて貢献すべきものとは 岩崎夏海 著. 光を絶やさないために チャールズ・エビンジャー, ケビン・マシー, ゴビンダ・アバサラーラ 著. 国際化への鍵 「日本企業のグローバル化」への具体的施策 ゴードン・オール, ブライアン・ソーズバーグ, 岩谷直幸 著. グローバル企業への変身 前田新造 著. 鎖国を解く グレン・S.フクシマ 著. 保守化する若者 山田昌弘 著. 野茂効果 ロバート・ホワイティング 著. ベンチから見た日本野球 ボビー・バレンタイン 著. サッカーで見る日本 岡田武史 著. 日本外交政策の選択 日本に突きつけられた選択肢 ビル・エモット 著. 米国の戦略的資産としての日本 マイケル・グリーン 著. 中国と向き合う 田中均 著. 外交力のない国、ニッポン ポール・ブルースタイン 著. グローバ

ルな視座 パーフェクトブレンドを求めて ハワード・シュルツ 著. 米国中西部から極東へ ボブ・マクドナルド 著. 社長島耕作からのアドバイス 弘兼憲史 著. 着眼大局、着手小局 坂根正弘 著. アジアのパイオニア ピーター・レッシャー 著. 技術と思考のイノベーション ガラパゴスからの脱出 関口和一 著. Tシャツか着物か セナパティ・ゴパラクリシュナン 著. 日本のハイテク企業を再起動させる4つのモデル インゴ・ベイヤー・フォン・モルゲンスターン, ピーター・ケネバン, ウルリヒ・ネーアー 著. シリコンバレーのDNA 南場智子 著. 日本ゲーム産業のネクストミッション 稲船敬二 著. 独自性から強さを築く ジョン・チェンバース, エザード・オーバービーク 著. クリーン・テクノロジーの先鋒の地位を守れるか デビッド・ヘンダーソン, フィリップ・ラドケ, 鈴木栄 著. 人材の「発見」と活用 リーダーの必須条件 柴田拓美 著. 若者に席を譲ろう 岡田元也 著. ワーク・ライフバランスと女性の活躍 小室淑恵 著. 家族を第一に 佐々木かをり 著. 起業家と女性が拓く日本の未来 スティーブ・ヴァンアンデル 著. 教育改革の第一歩は、民間校長の登用 藤原和博 著. 文化の継承と発展 秋田犬の系譜 マーサ・シェリル 著. 目利きの文化 ベルナール・アルノー 著. ほか6編 〔08320〕

◇企業価値経営―コーポレート・ファイナンスの4つの原則（VALUE） マッキンゼー・アンド・カンパニー, ティム・コラー, リチャード・ドッブス, ビル・ヒューイット著, 本田桂子, 鈴木一功訳 ダイヤモンド社 2012.8 260p 22cm 2400円 ①978-4-478-01798-2

内容 第1部 4つの原則（なぜ、企業価値を評価するのか 価値の根源の原則 価値不変の原則 期待との際限なき闘い ベスト・オーナーの原則） 第2部 株式市場（株式市場とは何か 株式市場と実体経済 株式市場のバブル 収益調整） 第3部 価値創造を管理する（ROIC 成長 事業ポートフォリオ M&Aによる価値創造 リスク 有利子負債・資本構成 IR活動 価値創造経営） 〔08321〕

◇企業価値評価―バリュエーションの理論と実践 上（VALUATION（原著第5版）） マッキンゼー・アンド・カンパニー, ティム・コラー, マーク・フーカート, デイビッド・ウェッセルズ著, 本田桂子監訳, 柴山和久, 中村正樹, 三島大輔, 坂本教晃, 坂本貴則, 桑原祐訳 ダイヤモンド社 2012.8 478p 22cm 〈索引あり〉 4000円 ①978-4-478-01796-8

内容 第1部 原理編（なぜ企業価値か？ 価値創造の基本原則 期待との際限なき闘い 投下資産利益率（ROIC） 成長とは何か） 第2部 実践編（企業価値評価のフレームワーク 財務諸表の組み替え 業績および競争力の分析 将来の業績予測 継続価値の算定 資本コストの推定 企業価値から1株当たりの価値へ 企業価値の算定と結果の分析 マルチプル法による企業価値評価の検証） 第3部 創造編（企業価値はROICと成長率で決まる 市場は形式ではなく実体を評価する 市場心理と価格乖離 効率的市場における投資家と経営者） 〔08322〕

◇企業価値評価―バリュエーションの理論と実践 下（VALUATION（原著第5版）） マッキンゼー・アンド・カンパニー, ティム・コラー, マーク・フーカート, デイビッド・ウェッセルズ著, 本田桂子監訳, 加藤智秋, 中村弥生, 佐藤克宏, 岡玄樹, 田中宏隆訳 ダイヤモンド社 2012.8 506p 22cm 〈索引あり〉 4000円 ①978-4-478-02170-5

内容 第4部 管理編（事業ポートフォリオ戦略 価値創造のための業績管理 M&Aによる価値創造 事業売却を通じた価値創造 有利子負債・資本構成 IR活動） 第5部 上級編（税金 営業外費用、一時費用、準備金および引当金 リース、年金、その他負債 資産計上された費用 インフレーション 外貨 ケース・スタディ : ハイネケン） 第6部 応用編（経営の自由度の価値評価 新興国市場における企業価値評価 高成長企業の価値評価 周期的変動のある企業の価値評価 銀行の価値評価 日本における企業価値創造） 資料編（エコノミック・プロフィットとバリュー・ドライバー式 エコノミック・プロフィットとキャッシュフローの等価性 営業フリー・キャッシュフロー、WACC、APVの導出 株主資本コストの算出 レバレッジとPER） 〔08323〕

マッキンタイア, スチュアート

◇国家と国民の歴史―ヴィジュアル版（HISTORIES OF NATIONS） ピーター・ファタードー編, 猪口孝日本語版監修, 小林朋則訳 原書房 2012.11 320p 26cm 〈文献あり 索引あり〉 5800円 ①978-4-562-04850-2

内容 オーストラリア―古代の土地に生まれたヨーロッパ的国家（スチュアート・マッキンタイア） 〔08324〕

マッキンタイアー, ベン　Macintyre, Ben

◇エリーザベト・ニーチェ―ニーチェをナチに売り渡した女（Forgotten fatherland） ベン・マッキンタイアー著, 藤川芳朗訳 新装復刊 白水社 2011.5 316, 22p 20cm 4800円 ①978-4-560-08138-9

内容 第1章 パラグアイアスンシオンの船着場―一八八六年三月十五日 第2章 未知の国 第3章 川をさかのぼって 第4章 白い貴婦人と新ゲルマーニア 第5章 騎士たちと悪魔たち 第6章 ラマの国のエリーザベト 第7章 権力への意志 第8章 祖国の母 第9章 新ゲルマーニア―一九九一年三月 〔08325〕

◇ナチを欺いた死体―英国の奇策・ミンスミート作戦の真実（Operation Mincemeat） ベン・マッキンタイアー著, 小林朋則訳 中央公論新社 2011.10 469p 20cm 〈文献あり 著作目録あり〉 2500円 ①978-4-12-004299-7

内容 イワシ漁師 らせん的思考回路 三号室 目標はシシリア 実在した男 小説的アプローチ パム 蝶の収集家 親愛なるアレックス 卓球を愛し、国を裏切る 埋蔵金の探索人 ケーキを焼いたスパイ ミンスミート、出航 ビルのお別れパーティー 甘美にして優美なり スペインでの追跡 キューレンタールの大手柄 ミンスミート、消化される 眠れぬヒトラー セラフとハスキー 紅茶を一杯 すべてを丸呑みに ミンスミート、公表される 後日談 〔08326〕

◇英国二重スパイ・システム―ノルマンディー上陸を支えた欺瞞作戦（DOUBLE CROSS） ベン・マッキンタイアー著, 小林朋則訳 中央公論新社 2013.10 476p 20cm 〈文献あり〉 2700円 ①978-4-12-004546-2

内容 新人たち ちょっとした謎 ロマンとメス猫 挑発 ザ・クラブ ガルボ、舞台に上がる ポポフ、ショッピングへ行く グレート・ゲーム 群れ 本物のスパイ、偽物のスパイ、二重スパイ〔ほか〕 〔08327〕

マ

マッキントッシュ, ゲーリー・L.　McIntosh, Gary L.
◇リーダーシップのダークサイド―心の闇をどう克服するか (Overcoming the Dark Side of Leadership)　ゲーリー・L.マッキントッシュ, サミュエル・D.ライマ著, 松本徳子訳　いのちのことば社　2013.6　222p　21cm　1900円　①978-4-264-03113-0
内容 第1部 闇の部分を理解する (闇の部分に不意をつかれて　闇の部分の危険性　闇の部分の犠牲者　聖書に見る闇の部分　闇の部分の成長　シーフード、ピクショナリーと闇の部分　逆説的な闇の部分)　第2部 闇の部分を発見する (支配的リーダー　自己陶酔的リーダー　被害妄想的リーダー　共依存症的リーダー　受動攻撃的リーダー)　第3部 闇の部分を贖う (闇の部分を克服する　霊的な堆肥作り　ステップ1：闇の部分を認識する　ステップ2：過去を吟味する　ステップ3：期待に振り回されない　ステップ4：自己認識を深める　キリストにあるアイデンティティー)　〔08328〕

マック, シュゼット (スーザン)
◇リカバリー―希望をもたらすエンパワーメントモデル (RECOVERY AND WELLNESS)　カタナ・ブラウン編, 坂本明子監訳　金剛出版　2012.6　227p　21cm 〈索引あり〉3000円　①978-4-7724-1255-1
内容 虹が語り, 太陽をつかむ場所―本当の私の色を見つけだす (シュゼット (スーザン)・マック著)　〔08329〕

マック, セレサ・B.　Mack, Theresa B.
◇プライベート・エクイティ (Private equity)　ハリー・チェンドロフスキー, ジェームズ・P.マーティン, ルイス・W.ペトロ, アダム・A.ワデキ編著, 若杉敬明監訳, 森順次, 藤村武史訳　中央経済社　2011.11　364p　22cm 〈索引あり〉4600円　①978-4-502-68950-5
内容 第1部 プライベート・エクイティの歴史 (プライベート・エクイティのプロセス　プライベート・エクイティ業界の特徴 ほか)　第2部 プライベート・エクイティのガバナンス (プライベート・エクイティのガバナンス・モデル　内部統制の価値 ほか)　第3部 プライベート・エクイティのオペレーション (組織と人間との対比　リーン方式への転換の開始 ほか)　第4部 プライベート・エクイティの投資における留意点 (プライベート・エクイティ・ファンドとポートフォリオ企業投資　エグジット戦略における法律的考察：IPO対トレードセールス ほか)　〔08330〕

マックィン, アンナ　McQuinn, Anna
◇アイルランド (Ireland)　アンナ・マックィン, コルム・マックィン著, エリザベス・マルコム, ジョン・マクドナー監修　ほるぷ出版　2011.1　64p　25cm (ナショナルジオグラフィック世界の国) 〈日本語版校閲・ミニ情報：岩淵孝　年表あり 索引あり〉2000円　①978-4-593-58570-0
内容 地理　自然　歴史　人と文化　政治と経済　〔08331〕

マックィン, コルム　McQuinn, Colm
◇アイルランド (Ireland)　アンナ・マックィン, コルム・マックィン著, エリザベス・マルコム, ジョン・マクドナー監修　ほるぷ出版　2011.1　64p　25cm (ナショナルジオグラフィック世界の国) 〈日本語版校閲・ミニ情報：岩淵孝　年表あり 索引あり〉2000円　①978-4-593-58570-0
内容 地理　自然　歴史　人と文化　政治と経済　〔08332〕

マックウィリアムス, カレイ　McWilliams, Carey
◇日米開戦の人種的側面アメリカの反省1944 (PREJUDICE Japanese-Americans：Symbol of Racial Intolerance)　カレイ・マックウィリアムス著, 渡辺惣樹訳　草思社　2012.7　437p　20cm　2600円　①978-4-7942-1911-4
内容 1章 カリフォルニアの特異性　2章 カリフォルニア州の対日戦争――九〇〇年‐一九四一年　3章 西海岸の日本人　4章 西海岸からのエクソダス　5章 退去と強制収容　6章 ひとつのアメリカ　7章 日本人に対する偏見の成り立ち　8章 未来に向けて　終章 一九四四年、アメリカの反省　〔08333〕

マックグラース, トム　McGrath, Tom
◇悲しみの祈り三十日セラピー (Thirty Days of Grief Prayers)　トム・マックグラース文, R.W.アリー絵, 目黒摩天雄訳　サンパウロ　2013.2　1冊 (ページ付なし)　16cm　(Elf-Help books) 〈英語併記〉700円　①978-4-8056-1519-5　〔08334〕

マックスウェル, ケリー・L.
◇みんなの幼児教育の未来予想図 (A Vision for Universal Preschool Education)　エドワード・ジグラー, ウォルター・S.ギリアム, ステファニー・M.ジョーンズ編, 田中道治編訳　京都　ナカニシヤ出版　2013.3　322p　22cm 〈索引あり〉3800円　①978-4-7795-0753-3
内容 万人の幼稚園前教育における専門性向上にかかわる課題 (ケリー・L.マックスウェル, リチャード・M.クリフォード著, 眞城知己, 宮寺千恵訳)　〔08335〕

マックブライド, アレックス　McBride, Alex
◇悪いヤツを弁護する (DEFENDING THE GUILTY)　アレックス・マックブライド著, 高月園子訳　亜紀書房　2012.6　394p　19cm　2300円　①978-4-7505-1208-2
内容 序章 裁判のゆくえは予測不能　第1章 見習い (ミドル・テンプル・レーン　依頼人との面会 ほか)　第2章 質疑応答の場 (下級弁護士に下級犯罪　陪審裁判についてのありそうもない話 ほか)　第3章 立証 (ハーフタイムを通過　証拠の重さ ほか)　第4章 判決 (紫の救命ボート　偏見 ほか)　第5章 変化 (クラーク　煙が目にしみる ほか)　終章　〔08336〕

マックロスキー, G.*　McCloskey, George
◇WISC-IVの臨床的利用と解釈 (WISC-IV clinical use and interpretation)　アウレリオ・プリフィテラ, ドナルド・H.サクロフスキー, ローレンス・G.ワイス編, 上野一彦監訳, 上野一彦, バーンズ亀山静子訳　日本文化科学社　2012.5　592p　22cm 〈文献あり〉①978-4-8210-6366-6
内容 WISC-IVインテグレーテッド (George McCloskey, Art Maerlender著, バーンズ亀山静子訳)　〔08337〕

マックローリン, R.エメット
◇宗教改革者の群像　〔マルティン・グレシャト〕〔編〕, 日本ルター学会編訳　知泉書館　2011.11　449, 18p　22cm　〈索引あり　文献あり〉8000円　①978-4-86285-119-2
内容 カスパール・シュヴェンクフェルト(R.エメット・マックローリン著, 嶺尚訳)　〔08338〕

マッケイ, ジュディス　McKay, Judith
◇怒りのセルフコントロール―感情への気づきから効果的コミュニケーションスキルまで (When anger hurts (2nd ed.))　マシュー・マッケイ, ピーター・D.ロジャーズ, ジュディス・マッケイ著, 新里健, 足立佳美監訳, 坂本輝世訳, 榊原洋一, 小野次朗監修　明石書店　2011.1　314, 9p　19cm　〈文献あり〉2200円　①978-4-7503-3324-3
内容 この本の使い方　怒りについての基本情報　怒りの真実(あなたは「怒る」ことを選んでいる　怒りは、誰のせいでもない)　怒りのコントロール(怒りの引き金思考と戦う　怒らずに暮らす方法　セルフトーク(つぶやき)で対処する　対応予習法(RCR)　効果的なコミュニケーションを行う)　大切な人とのくらし(子どもへの怒り　パートナーの虐待)　〔08339〕

マッケイ, ボニー・J.
◇コモンズのドラマ―持続可能な資源管理論の15年 (The Drama of the COMMONS)　全米研究評議会,Elinor Ostrom,Thomas Dietz,Nives Dolšak,Paul C.Stern,Susan C.Stonich,Elke U. Weber編, 茂木愛一郎, 三俣学, 泉留維監訳　知泉書館　2012.5　665p　23cm　〈文献あり 索引あり〉9000円　①978-4-86285-132-1
内容 コモンズにおける制度生成(ボニー・J.マッケイ著, 山本早苗訳)　〔08340〕

マッケイ, マシュー　McKay, Matthew
◇怒りのセルフコントロール―感情への気づきから効果的コミュニケーションスキルまで (When anger hurts (2nd ed.))　マシュー・マッケイ, ピーター・D.ロジャーズ, ジュディス・マッケイ著, 新里健, 足立佳美監訳, 坂本輝世訳, 榊原洋一, 小野次朗監修　明石書店　2011.1　314, 9p　19cm　〈文献あり〉2200円　①978-4-7503-3324-3
内容 この本の使い方　怒りについての基本情報　怒りの真実(あなたは「怒る」ことを選んでいる　怒りは、誰のせいでもない)　怒りのコントロール(怒りの引き金思考と戦う　怒らずに暮らす方法　セルフトーク(つぶやき)で対処する　対応予習法(RCR)　効果的なコミュニケーションを行う)　大切な人とのくらし(子どもへの怒り　パートナーの虐待)　〔08341〕

マッケイル, ダヴィーナ　MacKail, Davina
◇ドリームウィスパラーの超潜在開発スペシャル―あなたの夢を最速で実体化させる最強のパートナー (THE DREAM WHISPERER)　ダヴィーナ・マッケイル著, 小谷まさ代訳　ヒカルランド　2012.9　435p　21cm　(ヒカルランドA5判シリーズ)　〈文献あり〉2600円　①978-4-86471-052-7
内容 歴史と科学からみた"眠りと夢"のしくみ入門編　夢見るための最適条件！　最高の眠りへ誘う寝室環境「夢見る筋力」を鍛える！　ドリーム・ジムの超訓練プログラム　宇宙のメカニズム探求！　ハイヤーセルフ・意識・無意識の世界　シンボル/比喩を超活用！　あなた自身のオリジナル夢事典を作る　普遍的エネルギーの超メッセージ！　元型と集合的無意識に潜む大きな役割　人生を別次元に好転させる！「夢の川」「夢の宇宙カレンダー」へのアクセス旅行　私たちは一人ではない！　人類共通の夢パターン解釈　幸せに導くドリーム・ヒーリング！　健康と治癒をもたらす夢の超パワー　恐怖と向き合う・悪夢と夜驚症を解決する超技法　想像力を解き放つ！　クリエイティブ・ドリーミングの魔法　〔08342〕

マッケヴォイ, ジェイムズ
◇中世の哲学―ケンブリッジ・コンパニオン (THE CAMBRIDGE COMPANION TO MEDIEVAL PHILOSOPHY)　A.S.マクグレイド編著, 川添信介監訳　京都　京都大学学術出版会　2012.11　601p　22cm　〈文献あり 年表あり 索引あり〉5800円　①978-4-87698-245-5
内容 究極的諸善(ジェイムズ・マッケヴォイ執筆, 山口雅広訳)　〔08343〕

マッケンジー, コリン　McKenzie, Colin
◇EViewsによる計量経済分析　松浦克己, コリン・マッケンジー著　第2版　東洋経済新報社　2012.5　436p　21cm　4800円　①978-4-492-31421-0
内容 最小2乗法(OLS)単回帰　多重回帰　仮説の検定　時系列データ分析の基礎　分散不均一　操作変数法、2段階最小2乗法とGMM　連立方程式モデル　単位根　共和分　パネル分析の基礎　パネルの拡張　質的選択モデルと分布に制約のあるモデル　〔08344〕

マッケンジー, ドナルド　MacKenzie, Donald A.
◇金融市場の社会学 (Material Markets)　ドナルド・マッケンジー著, 岡本紀明訳　竜ヶ崎　流通経済大学出版会　2013.3　238p　22cm　〈索引あり〉3200円　①978-4-947553-57-7
内容 第1章 序論　第2章 金融社会論への10の指針　第3章 経済的アクターの結集　第4章 デリバティブ：仮想の生成　第5章 裁定取引の物的社会学　第6章 利益の測定　第7章 排出量市場の構成　第8章 結論：ファイナンスのブラックボックスを開ける　〔08345〕

マッケンジー, ドリス・レイトン
◇エビデンスに基づく犯罪予防 (Evidence-based crime prevention)　ローレンス・W.シャーマン, ディビッド・P.ファリントン, ブランドン・C.ウェルシュ, ドリス・レイトン・マッケンジー編, 津富宏, 小林寿一監訳, 島田貴仁, 藤野京子, 寺村堅志, 渡辺昭一訳　社会安全研究財団　2008.9　434p　20cm　〈文献あり〉①978-4-904181-02-7
内容 犯罪予防 他(ローレンス・W.シャーマン, ディビッド・P.ファリントン, ブランドン・C.ウェルシュ, ドリス・レイトン・マッケンジー著, 渡辺昭一訳)　〔08346〕

マッケンジー, ブルース　MacKenzie, Bruce
◇シンプルIFRS (Applying IFRS for SMEs)　ブルース・マッケンジー他著, 河崎照行監訳　中央経済社　2011.7　552p　21cm　〈索引あり〉

5800円 ①978-4-502-44150-9

内容 中小企業版IFRSの範囲　諸概念及び広く認められた諸原則　財務諸表の表示　キャッシュ・フロー計算書　連結財務諸表及び個別財務諸表　企業結合及びのれん　会計方針、会計上の見積りの変更及び誤謬　棚卸資産　関連会社に対する投資　ジョイント・ベンチャーに対する投資〔ほか〕　〔08347〕

マッコーマック, キム　MacCormack, Kim

◇プロジェクト・マネジャーが知るべき97のこと（97 things every project manager should know）　Barbee Davis編, 笹井崇司訳, 神庭弘年監修　オライリー・ジャパン　2011.11　240p　21cm　〈発売：オーム社〉1900円　①978-4-87311-510-8

内容 スクロールから学んだこと（キム・マッコーマック）　〔08348〕

マッコーレイ, シンシア・D.　McCauley, Cynthia D.

◇リーダーシップ開発ハンドブック（The center for creative leadership）　C.D.マッコーレイ,R.S.モクスレイ,E.V.ヴェルサ編, 金井寿宏監訳, 嶋村伸明, リクルートマネジメントソリューションズ組織行動研究所訳　白桃書房　2011.3　463p　22cm　〈文献あり 索引あり〉4700円　①978-4-561-24546-9

内容 リーダーシップ開発についての私たちの見解 他（エレン・ヴァン・ヴェルサ, シンシア・D.マッコーレイ, ラス・S.モクスレイ著）　〔08349〕

マッサーリ, アリーダ　Massari, Alida

◇クリスマスのはなし（The story of Christmas）　メアリー・ジョスリン文, アリーダ・マッサーリ絵, 関谷義樹訳　ドン・ボスコ社　2013.10　25p　27cm　1000円　①978-4-88626-555-5　〔08350〕

マツタニ, ヨシアキ　松谷 好明

◇ウェストミンスター礼拝指針―そのテキストとコンテキスト（A directory for the publique worship of God, throughout the three kingdoms of England, Scotland, and Ireland）　松谷好明著・訳　札幌　一麦出版社　2011.12　272p　21cm　〈文献あり〉3400円　①978-4-86325-021-5

内容 第1部 ウェストミンスター礼拝指針の基本的性格（ウェストミンスター礼拝指針作成の経緯　ウェストミンスター礼拝指針の概要　ウェストミンスター礼拝指針の全般的特徴と今日的意義）　第2部 ウェストミンスター礼拝指針の歴史的系譜（初代教会・古代教会・中世教会における公的神礼拝の歴史　イングランド教会における公的神礼拝の歴史　スコットランド教会における公的神礼拝の歴史）　第3部 ウェストミンスター礼拝指針―本文と註　〔08351〕

マッツァ, ヴィヴィアナ　Mazza, Viviana

◇武器より一冊の本をください―少女マララ・ユスフザイの祈り（Storia di Malala）　ヴィヴィアナ・マッツァ著, 横山千里訳　金の星社　2013.11　183p　20cm　1400円　①978-4-323-07282-1　〔08352〕

マットリ, ウォルター　Mattli, Walter

◇IASB/ISO/IEC国際ルールの形成メカニズム（THE NEW GLOBAL RULERS）　ティム・ブーテェ, ウォルター・マットリ著, 小形健介訳　中央経済社　2013.4　290p　22cm　4400円　①978-4-502-47620-4

内容 第1章 世界経済における民間規制の高まり　第2章 プライベートかつ非市場ベースのルール・メイキング―グローバル規制の類型化　第3章 制度的補完性理論　第4章 国際金融市場における民間規制機関―会計規制の制度構造と補完性　第5章 財務報告基準設定にかかわる政治問題　第6章 国際製品市場における民間規制機関―製品規制の制度構造と補完性　第7章 ナットとボルト、そしてナノテクノロジーの政治問題―国際製品市場におけるISOとIECの標準化　第8章 政治学、社会学、法学および経済学における理論的論議への貢献　第9章 結論とグローバル・ガバナンスの意義　〔08353〕

◇IASB/ISO/IEC国際ルールの形成メカニズム（The new global rulers）　ティム・ブーテェ, ウォルター・マットリ著, 小形健介訳　佐世保　長崎県立大学経済学部学術研究会　2013.4　290p　21cm　（長崎県立大学経済学部翻訳叢書 3）〈文献あり〉非売品　〔08354〕

マッハ, エルンスト　Mach, Ernst

◇感覚の分析　エルンスト・マッハ著, 須藤吾之助, 広松渉訳　新装版　法政大学出版局　2013.10　355, 10p　19cm　（叢書・ウニベルシタス）　3900円　①978-4-588-09970-0

内容 反形而上学的序説　いくつかの先入見について　私とアヴェナリュウスその他の研究者たちとの関係　感覚の研究に対する主要な着眼点　物理学と生物学、因果性と目的論　眼の空間感覚　空間感覚の立入った研究　意志　空間に関する生物学的・目的論的考察　視感覚の相互間ならびに他の心理的諸要素との関聯　感覚、記憶、聯想　時間感覚　音響感覚　以上の諸研究が物理学の考えかたに及ぼす影響　本書で述べた見解がどのように受取られたか　〔08355〕

マッピン, ジェニファー　Mappin, Jennifer

◇世界の七（なな）大陸ぐるっと大冒険（The seven continents of the world）　ジェニファー・マッピンえ, 中井川玲子やく　大日本絵画　2011　1冊（ページ付なし）　24×33cm　（めくりしかけえほん）〈タイトル：世界の七大陸ぐるっと大冒険〉1600円　①978-4-499-28381-6　〔08356〕

マッラート, シブリー

◇イスラーム信仰と現代社会　水谷周編著　国書刊行会　2011.8　242p　20cm　（イスラーム信仰叢書 10）　2500円　①978-4-336-05213-1

内容 イスラーム法と国家の構築（シブリー・マッラート著, 水谷周訳）　〔08357〕

マテイ, ジャン＝フランソワ　Mattéi, Jean-François

◇プラトンの哲学―神話とロゴスの饗宴（Platon）　ジャン＝フランソワ・マテイ著, 三浦要訳　白水社　2012.4　157, 2p　18cm　（文庫クセジュ 968）〈文献あり〉1200円　①978-4-560-50968-5

内容 序 パロドス―大地の意味　第1章 パトス―哲学者

マ

の苦難と経験　第2章 ロゴス—哲学的問答法　第3章 エイドス—イデア論　第4章 コスモス—秩序ある世界　第5章 ノモス—国家　第6章 ミュートス—神話の教訓　結び エクソドス　〔08358〕

マティアス, レギーネ

◇日独交流150年の軌跡　日独交流史編集委員会編　雄松堂書店　2013.10　345p　29cm　〈布装〉　3800円　①978-4-8419-0655-4

内容 ルール大学ボーフムのシーボルト・アーカイブズ他（レギーネ・マティアス著, 宮田奈々訳）〔08359〕

マーティン, ジェームズ・P.　Martin, James P.

◇プライベート・エクイティ（Private equity）　ハリー・チェンドロフスキー, ジェームズ・P.マーティン, ルイス・W.ペトロ, アダム・A.ワデキ編著, 若杉敬明監訳, 森順次, 藤村武史訳　中央経済社　2011.11　364p　22cm　〈索引あり〉　4600円　①978-4-502-68950-5

内容 第1部 プライベート・エクイティの歴史（プライベート・エクイティのプロセス　プライベート・エクイティ業界の特徴 ほか）　第2部 プライベート・エクイティのガバナンス（プライベート・エクイティのガバナンス・モデル　内部統制の価値 ほか）　第3部 プライベート・エクイティのオペレーション（組織と人間との対比　リーン方式への転換の開始 ほか）　第4部 プライベート・エクイティの投資における留意点（プライベート・エクイティ・ファンドとポートフォリオ企業投資　エグジット戦略における法律的考察：IPO対トレードセールス ほか）〔08360〕

マーティン, ジェーン・ローランド

◇男女共学・別学を問いなおす—新しい議論のステージへ　生田久美子編著　東洋館出版社　2011.3　244p　21cm　〈著：坂本辰朗ほか　索引あり〉2800円　①978-4-491-02673-2

内容 男女共学の世界における男女別学校教育（ジェーン・ローランド・マーティン著, 尾崎博美訳）〔08361〕

マーティン, トーマス　Martin, Thomas

◇小学生の英語かきとり＆ききとり自習ドリル—10歳からはじめたい！　長尾和夫, トーマス・マーティン, ノォースタ紀子共著　すばる舎　2012.3　199p　23×19cm　〈付属資料：CD1〉　1600円　①978-4-7991-0115-5

内容 アルファベット大文字　アルファベット小文字　あいさつ　お礼やおわび、困ったときのひとこと　1から20までの数　1つの～、2つの～　私は/あなたは～です　私は/あなたは～ではありません　あなたは～ですか？　気持ちや性格を表すことば〔ほか〕〔08362〕

マーティン, バーバラ・Y.　Martin, Barbara Y.

◇オーラ・ヒーリングのちから—スピリチュアル・エネルギーで健康と幸福に生きる（The healing power of your aura）　バーバラ・Y.マーティン, ディミトリ・モレイティス共著, 紫上はとる訳　ナチュラルスピリット　2011.9　547p　19cm　2500円　①978-4-86451-017-2

内容 第1部 スピリチュアル・ヒーリングの基礎（ヒーリングパワーの源　オーラとヒーリング　病気の最大の原因　奇跡の霊物質　健康になる瞑想　スピリチュアル・エネルギー）　第2部 健康になる瞑想（ヒーリングエネルギーの適用　身体を癒し強くするエクササイズ　光のワークのシンプルな開始プラン）〔08363〕

マーティン, マイケル　Martin, Michael Robert

◇内なる声を聞け—「汝自身を知れ」から始まる相場心理学（The Inner Voice of Trading）　マイケル・マーティン著, 長尾慎太郎監修, 井田京子訳　パンローリング　2012.7　234p　20cm　（ウィザードブックシリーズ 195）　2800円　①978-4-7759-7163-5

内容 第1章 序論　第2章 負けを認める　第3章 私が払った授業料　第4章 二人のトレーダーの進んできた道　第5章 常識とマーケットタイミング　第6章 感情の死角　第7章 あなた自身がブラックボックスになっている　第8章 レラティブバリュー戦略　第9章 損失の恵み　第10章 感情のスペシャリストになる　第11章 自分の内なる声を聞く〔08364〕

マーティン, ロッド・A.　Martin, Rod A.

◇ユーモア心理学ハンドブック（The psychology of humor）　R.A.マーティン著, 野村亮太, 雨宮俊彦, 丸野俊一監訳　京都　北大路書房　2011.9　507p　22cm　5800円　①978-4-7628-2766-2

内容 ユーモアの心理学への招待　理論と初期の研究1—精神分析と優越理論　理論と初期の研究2—覚醒、不調和、そして反転理論　ユーモアの認知心理学　ユーモアの社会心理学　ユーモアと笑いの心理生物学　ユーモアセンスとパーソナリティとの関係　ユーモアの発達心理　ユーモアと精神的健康　ユーモアと身体的健康　心理療法、教育、職場でのユーモアの活用〔08365〕

マーティン, J.*　Martin, John

◇動機づけ面接法　応用編（Motivational interviewing（2nd edition））　ウイリアム・R.ミラー, ステファン・ロルニック編, 松島義博, 後藤恵, 猪野亜朗訳　星和書店　2012.9　291p　21cm　〈文献あり〉3200円　①978-4-7911-0817-6

内容 集団による動機づけ面接法の危険性と可能性（Scott T.Walters, Richard Ogle, John Martin）〔08366〕

マデライン　Madelaine

◇みんな大切！—多様な性と教育（Everyone is special！）　ローリ・ベケット編, 橋本紀子監訳, 艮香織, 小宮明彦, 杉田真衣, 渡辺大輔訳　新科学出版社　2011.3　195p　22cm　2500円　①978-4-915143-39-7

内容 先生にわかっていてほしかったこと（マデライン著, 杉田真衣訳）〔08367〕

マーテル, クリストファー・R.　Martell, Christopher R.

◇うつ病の行動活性化療法—新世代の認知行動療法によるブレイクスルー（Depression in context）　クリストファー・R.マーテル, ミッシェル・E.アディス, ニール・S.ジェイコブソン著, 熊野宏昭, 鈴木伸一監訳　日本評論社　2011.7　277p　21cm　〈文献あり〉3200円　①978-4-535-98318-2

内容 第1部 行動活性化—古いものと新しいもの（内的原因を探す　行動活性化療法の骨子　文脈的アプローチ）　第2部 治療法としての行動活性化—行動活性化療法（行動活性化療法の原則と[illegible] ほか）　行動活性化療法をはじめる　行動活性化療法に取り組む—生

活の文脈からうつ病を捉える　行動活性化療法で用いられる技法　行動活性化療法の実践例）　第3部 課題と今後の方向性（行動活性化療法に生じうる問題と今後の方向性　結論）　〔08368〕

マーデン, オリソン・S.　Marden, Orison Swett

◇オリソン・マーデン成功の原理原則（DISCOVERING YOURSELF）　オリソン・S.マーデン著, 本田直之監訳, 堀千恵子訳　ダイヤモンド社　2012.11　246p　19cm　1429円　①978-4-478-00896-6

内容 第1部 成功の種はあなたのなかに眠っている（いま勝者でなくとも、勝者らしく振る舞いなさい　人類最大の敵、「疑念」を遠ざけなさい　強く願うことが、そのとおりの現実を引き寄せます　敗者の烙印を自分に押してはいけません ほか）　第2部 成功者、自らの人生をマーデンに語る（「電話の発明者」グラハム・ベル―実用的な目的へのあくなき挑戦が成功を導く　「デパート王」ジョン・ワナメーカー―創意工夫の知恵が何よりも長持ちする財産　「石油王」ジョン・ロックフェラー―やるとなったら必ず一番になる「発明王」トーマス・エジソン―仕事の喜びは、成功にいたるまでの「過程」にある ほか）　〔08369〕

マトゥーラ, タデエ　Matura, Thaddée

◇フランシスコ、霊性の教師（Francesco, maestro nello spirito）　タデエ・マトゥーラ著, 小西広志訳　習志野　教友社　2009.10　137p　20cm（フランシスカン叢書 3）　1400円　①978-4-902211-53-5　〔08370〕

マドソン, パトリシア・ライアン　Madson, Patricia Ryan

◇スタンフォード・インプロバイザー―一歩を踏み出すための実践スキル（Improv wisdom）　パトリシア・ライアン・マドソン〔著〕, 野津智子訳　東洋経済新報社　2011.3　239p　19cm　〈文献あり〉　1400円　①978-4-492-04417-9

内容 まず「イエス」と言う―新しい冒険の世界へ足を踏み入れよう　準備をしない―さっと行動できる柔軟な心を育てよう　とにかくその場へ行く―シンプルな習慣で心をわくわくさせよう　いますぐその場で始める―最初に思いついた考えを信頼しよう　完璧を求めない―目の前にある大切なものに気づこう　周囲に目を凝らす―気づき力を高めて自分の世界を広げよう　事実と向き合う―あるがままを受け入れて新しい物語を創ろう　針路からそれない―目的を確認することで迷いを振り払おう　贈り物に気づく―感謝の心を持って互いに支え合おう　どんどん失敗する―自分を責めることなく果敢に挑戦しよう〔ほか〕　〔08371〕

マドモワゼル・リリー*　Mademoiselle Lilly

◇パリジェンヌたちの秘密のパリ（My little Paris, le Paris secret des parisiennes）　マイ・リトル・パリ編, 広田明子訳　原書房　2012.7　153p　21cm　〈索引あり〉　1800円　①978-4-562-04844-1　〔08372〕

マドレール, ポール

◇インテリジェンスの20世紀―情報史から見た国際政治　中西輝政, 小谷賢編著　増補新装版　千倉書房　2012.2　329p　21cm　〈他言語標題：The Century of Intelligence　文献あり〉　3800円　①978-4-8051-0982-3

内容 見えざる内戦（ポール・マドレール著, 奥田泰広訳）　〔08373〕

マートン, ロバート・C.　Merton, Robert C.

◇現代ファイナンス論―意思決定のための理論と実践（Financial economics（2nd ed.））　ツヴィ・ボディ, ロバート・C.マートン, デーヴィッド・L.クリートン著, 大前恵一朗訳　原著第2版　ピアソン桐原　2011.12　601p　22cm　〈索引あり　初版：ピアソンエデュケーション1999年刊〉　4200円　①978-4-86401-016-0

内容 第1部 ファイナンスと金融システム　第2部 時間と資源配分　第3部 資産評価モデル　第4部 リスク管理とポートフォリオ理論　第5部 資産とデリバティブの評価　第6部 コーポレート・ファイナンス　〔08374〕

マートン, ロバート・K.　Merton, Robert King

◇社会理論と社会構造（SOCIAL THEORY AND SOCIAL STRUCTURE：Toward the Codification of Theory and Research）　ロバート・K.マートン著, 森東吾, 森好夫, 金沢実, 中島竜太郎共訳　みすず書房　2013.10　576, 23p　21cm　8800円　①978-4-622-01705-9

内容 第1部 社会学理論（顕在的機能と潜在的機能―社会学における機能分析の系統的整理のために　社会学理論の経験的調査に対する意義 ほか）　第2部 社会的文化的構造の諸研究（社会構造とアノミー　ビューロクラシーの構造とパースナリティ ほか）　第3部 知識社会学とマス・コミュニケーション（知識社会学　カール・マンハイムと知識社会学 ほか）　第4部 科学の社会学（科学と社会秩序　科学と民主的社会構造 ほか）　〔08375〕

マナスター, ジョアン

◇世界一素朴な質問、宇宙一美しい答え―世界の第一人者100人が100の質問に答える（BIG QUESTIONS FROM LITTLE PEOPLE）　ジェンマ・エルウィン・ハリス編, 西田美緒子訳, タイマタカシ絵　河出書房新社　2013.11　298p　22cm　2500円　①978-4-309-25292-6

内容 科学者がバイ菌をしらべるのはなぜ？　わたしには見えないのはなぜ？（ジョアン・マナスター）　〔08376〕

マニーペニー, ミセス　Moneypenny, Mrs.

◇マニーペニー先生の仕事に生きる女性の教科書（MRS.MONEYPENNY'S CAREERS ADVICE FOR AMBITIOUS WOMEN）　ミセス・マニーペニー著,〔小野田幸子〕〔翻訳・編集〕　クロスメディア・パブリッシング　2013.3　287p　19cm　〈発売：インプレスコミュニケーションズ〉　1380円　①978-4-8443-7310-0

内容 1 資格があなたの強みになる　2 人脈があなたの力になる　3 今からでもまだ遅くない　4 ただ「ノー」と言おう　5 すべてを完璧にはこなせない…　6 …それでも全部頑張りたい　7 お金に関する知識　8「職場」と「家庭」以外の場所　9 自分PRをする　10 自分1人ではできないこともある　〔08377〕

マネ, フェラン
◇学校と職場をつなぐキャリア教育改革―アメリカにおけるSchool-to-Work運動の挑戦（The school-to-work movement）　ウィリアム・J.スタル, ニコラス・M.サンダース編, 横井敏郎ほか訳　学事出版　2011.7　385p　21cm　3800円　①978-4-7619-1839-2
内容 初期労働市場での生徒の成功に対する学校―企業パートナーシップの影響（ジョン・H.ビショップ, フェラン・マネ著, 篠原岳司訳）〔08378〕

マノヴィッチ, レフ　Manovich, Lev
◇ニューメディアの言語―デジタル時代のアート、デザイン、映画（THE LANGUAGE OF NEW MEDIA）　レフ・マノヴィッチ〔著〕, 堀潤之訳　みすず書房　2013.9　485p　22cm　〈索引あり〉　5400円　①978-4-622-07731-2
内容 第1章 ニューメディアとは何か？　第2章 インターフェース　第3章 オペレーション　第4章 イリュージョン　第5章 フォーム　第6章 映画とは何か？〔08379〕

マハーシ　Mahasi Sayadaw
◇ミャンマーの瞑想―ウィパッサナー観法　マハーシ長老著, ウ・ウィジャナンダー大僧正訳　新装版　アルマット　2011.11　198p　20cm　〈文献あり　初版：国際語学社1995年刊　発売：国際語学社〉1400円　①978-4-87731-593-1
内容 第1章 ウィパッサナーの瞑想の前に　第2章 ウィパッサナーの瞑想法　第3章 見清浄　第4章 渡疑清浄　第5章 道非道智見清浄　第6章 行道智見清浄　第7章 涅槃への到達　第8章 上の道果の獲得のための修行法　第9章 終結部〔08380〕

◇気づきと智慧のヴィパッサナー瞑想―入門者のための理論と実践（Satipatthana vipassna insight through mindfulness）　マハーシ長老著, 星飛雄馬訳　サンガ　2012.2　161p　20cm　2200円　①978-4-905425-02-1
内容 第1部 理論編（戒の重要性　智慧の発展　見ること　輪廻を知る ほか）　第2部 実践編（瞑想初心者のための実践法　座る瞑想　「膨らみ、縮み」を念じるウィパッサナー瞑想の概要 ほか）〔08381〕

マハティール・ビン・モハマド　Mahathir bin Mohamad
◇マハティールの履歴書―ルック・イースト政策から30年　マハティール・ビン・モハマド著　日本経済新聞出版社　2013.5　275p　20cm　2200円　①978-4-532-16869-8
内容 第1部 マハティール、語る（首相就任　家族の価値観　東に見習え　ヨーロッパ人　ビジョン2020 ほか）　第2部 私の履歴書（戦後五〇年　幼年時代　植民地支配　読書少年　日本軍占領 ほか）〔08382〕

マハリッジ, デール　Maharidge, Dale
◇繁栄からこぼれ落ちたもうひとつのアメリカ―果てしない貧困と闘う「ふつう」の人たちの30年の記録（SOMEPLACE LIKE AMERICA）　デール・マハリッジ著, マイケル・ウィリアムソン写真, ソコレル芳子訳　ダイヤモンド社　2013.9　445p 図版72p　19cm　〈文献あり〉2400円　①978-4-478-02140-8
内容 プロローグ 2009年の旅のスナップ　1 先の見えない30年の旅に出たアメリカ―1980年代　2 アメリカの旅は続く―1990年代　3 飢えは静かに広がっていく―2000年代　4 彼らのその後を追って―2000年代後半　5 屋根が吹き飛んだアメリカ―2000年代後半　6 再生と、新しい未来への旅〔08383〕

マハルコ, マイケル　Michalko, Michael
◇アイデア・バイブル―創造性を解き放つ38の発想法（Thinkertoys（2nd ed.））　マイケル・マハルコ著, 斉藤勇監訳, 小沢奈美恵, 塩谷幸子訳　ダイヤモンド社　2012.2　430p　21cm　〈ナビゲーター：加藤昌治　『アイデアのおもちゃ箱』（1997年刊）の新版〉2800円　①978-4-478-00820-1
内容 序部 イニシエーション（最初の一歩　ワークアウト ほか）　第1部 左脳型発想法（根本を疑う―「前提逆転」発想法　属性に切る―「属性列挙」発想法 ほか）　第2部 右脳型発想法（α波―「リラックス・テクニック」　青い薔薇―「直感力」 ほか）　第3部 コイノニア型発想法（アイスブレイク　ブレーンストーミング ほか）　第4部 最後のハードル（フィードバック　すべては人間が作り出す）〔08384〕

◇クリエイティブ・シンキング入門（Creative thinkering）　マイケル・マハルコ著, 白川司訳　ディスカヴァー・トゥエンティワン　2013.8　275p　21cm　2400円　①978-4-7993-1367-1
内容 第1部 クリエスティブ・シンキングとは？（誰もがクリエイティブだった　なぜいつも同じアイデアばかりなのか？　天才のように考えるには？　初めてのアイデア　なぜ、私はそれを思いつかなかったのか？　レオナルド・ダ・ヴィンチの秘密　見方を変えれば、見え方が変わる　「チックタック」か「タックチック」か？　考えつかないことを考え出す　神が与えるアイデア）　第2部 クリエイティブ・シンカーとは？（意志はクリエイティブ・シンキングの種子　話し方を変えれば考え方も変わる　フリをしていると本当にそうなる）　まとめ 雨の中で踊れ〔08385〕

マービン, ロバート
◇アタッチメントを応用した養育者と子どもの臨床（Attachment theory in clinical work with children）　ダビッド・オッペンハイム, ドグラス・F.ゴールドスミス編, 数井みゆき, 北川恵, 工藤晋平, 青木豊訳　京都　ミネルヴァ書房　2011.6　316p　22cm　〈文献あり〉4000円　①978-4-623-05731-3
内容 サークル・オブ・セキュリティという取り組み（バート・パウエル, グレン・クーパー, ケント・ホフマン, ロバート・マービン著）〔08386〕

マーフィー, ジョセフ（人生訓）　Murphy, Joseph
◇マーフィー世界一かんたんな自己実現法（THE BEST OF DR.JOSEPH MURPHY）　ジョセフ・マーフィー著, 富永佐知子訳　新版　きこ書房　2012.7　283p　17cm　〈文献あり〉1000円　①978-4-87771-296-9
内容 第1章 今日、あなたはイメージングの驚異的な力を知る　第2章 感情をコントロールする　第3章 潜在意識は願望を刻印すれば、自ずと行動のすべてに影響をおよぼす　第4章 潜在意識の力があなたをキャリアアップさせる　第5章 「赤い糸」は実は潜在意識のことだった!?　第6章 「病は気から」というのは本当

の話　第7章 声に出して言ってみよう。あなたが心から望むことを！〔08387〕

◇あなたも金持になれる（YOUR INFINITE POWER TO BE RICH）　ジョセフ・マーフィー著, 和田次郎訳　新装版　産業能率大学出版部　2013.3　226p　19cm〈初版：産業能率短期大学出版部 1969年刊〉1500円　①978-4-382-05684-8

内容 あなたの中の無限の宝庫　富はあなたの傍に　知識が富を生む　潜在意識と協力しよう　富を祈ろう　一割献納の不思議な力　富める者はますます富む　富をつくる　すべてのビジネスは神のビジネス　増大の法則　想像力が世界を支配する　自己高揚と富　感謝の心が富をもたらす？　ことばのもつ不思議な力　静寂と富〔08388〕

マーフィー, ショーン

◇子どもと教師が紡ぐ多様なアイデンティティ―カナダの小学生が語るナラティブの世界（Composing diverse identities）　D.ジーン・クランディニン, ジャニス・ヒューバー, アン・マリー・オア, マリリン・ヒューバー, マーニ・ピアス, ショーン・マーフィー, パム・スティーブス著, 田中昌弥訳　明石書店　2011.4　313p　21cm〈文献あり〉3000円　①978-4-7503-3363-2

内容 第1章 学校での人生をナラティブとして理解する　第2章 子ども、教師、親、管理職と共に取り組む関係的なナラティブ的探究　第3章 子どもたちが支えとするストーリー―そして、教師による子どもたちについてのストーリー　第4章 脚色されたストーリー　第5章 人格教育プログラムをめぐるストーリー　第6章 子どもと共に生きる、ある管理職のストーリー　第7章 支えとするストーリーを変化させる―教師の人生において個人的なものと専門的なものを織り合わせる　第8章 緊張関係を生きる―人生のカリキュラムを共に模索する　第9章 支えとするストーリーを紡ぐ―学校についてのストーリーを中断させる　第10章 人生に心を配るカウンター・ストーリー〔08389〕

マーフィー, ティモシー・S.

◇政治経済学の政治哲学的復権―理論の理論的〈臨界―外部〉にむけて　法政大学比較経済研究所, 長原豊編　法政大学出版局　2011.3　476p　20cm（比較経済研究所研究シリーズ 別巻）〈索引あり〉4500円　①978-4-588-60241-2

内容 荒れ地の花（ティモシー・S.マーフィー著, 松本潤一郎訳）〔08390〕

マーフィー, ビル, Jr.　Murphy, Bill, Jr.

◇ハーバードビジネススクールが教えてくれたこと、教えてくれなかったこと―起業した卒業生3人の10年間（The intelligent entrepreneur）　ビル・マーフィー・ジュニア著, 藤原朝子訳　阪急コミュニケーションズ　2011.12　359p　19cm　1900円　①978-4-484-11117-9

内容 HBS入学まで―生い立ち　卒業まで―ハーバード　1年目―就職　2年目―挑戦　3～4年目―激震　5年目―復活　6年目―飛躍　7年目―変化　8年目―転機　9～10年目―新たなステージ　次の10年へ―危機を乗り越えて〔08391〕

マーフィー, リチャード　Murphy, Richard

◇タックスヘイブン―徹底解明 グローバル経済の見えざる中心のメカニズムと実態（TAX HAVENS）　ロナン・パラン, リチャード・マーフィー, クリスチアン・シャヴァニュー著, 青柳伸子訳　作品社　2013.9　438p　20cm〈文献あり〉2800円　①978-4-86182-416-6

内容 第1部 タックスヘイブンの機能と役割（タックスヘイブンとは何か？　世界経済に及ぼしている影響―その統計的実態　タックスヘイブンのメカニズム―媒介機関とシステム）　第2部 タックスヘイブンの起源と発展（タックスヘイブンの起源　大英帝国によるタックスヘイブンの発展）　第3部 国際政治におけるタックスヘイブン（先進国世界とタックスヘイブン　途上国の開発とタックスヘイブン）　第4部 タックスヘイブンの規制と攻防（タックスヘイブン規制の歴史的経緯　国際的・組織的規制の開始　二一世紀世界とタックスヘイブン　グローバル経済における富と権力を問い直す）〔08392〕

マーフィ, ルイス・バークレイ

◇遊びと発達の心理学（Play and Development）　J.ピアジェ他著, 森楙監訳　名古屋　黎明書房　2013.6　207p　22cm（精神医学選書 第11巻）〈文献あり〉3700円　①978-4-654-00161-3

内容 乳幼児の遊びと認知の発達（ルイス・バークレイ・マーフィ著, 森楙監訳, 阿部好策, 黒川久美, 植田ひとみ, Kyouko Muecke, 恒原睦子, 石崎昌子共訳）〔08393〕

マーフィー, D.*　Murphy, Diane S.

◇教師というキャリア―成長続ける教師の六局面から考える（Life cycle of the career teacher）　Betty E.Steffy,Michael P.Wolfe,Suzanne H. Pasch,Billie J.Enz編著, 三村隆男訳　雇用問題研究会　2013.3　190p　21cm〈文献あり〉2000円　①978-4-87563-261-0

内容 第三局面にある教師：the Professional Teacher（Polly Wolfe, Diane S.Murphy, Patricia H.Phelps, Vincent R.McGrath）〔08394〕

マーフィー, K.*　Murphy, Katharine

◇インターライ方式ケアアセスメント―居宅・施設・高齢者住宅（InterRAI home care (HC) assessment form and user's manual, 9.1 〔etc.〕）　John N.Morris〔ほか〕著, 池上直己監訳, 山田ゆかり, 石橋智昭訳　医学書院　2011.12　367p　30cm　3800円　①978-4-260-01503-5〔08395〕

マフムード, ロワイ

◇死者の追悼と文明の岐路―二〇一一年のエジプトと日本　大稔哲也, 島薗進編著　三元社　2012.3　166p　21cm　1800円　①978-4-88303-308-9

内容 悪を打ち負かすエジプトの伝統的手段（ロワイ・マフムード著, 中西悠喜訳）〔08396〕

マヘーシュ・ヨーギー, マハリシ　Mahesh Yogi, Maharishi

◇超越瞑想―存在の科学と生きる技術（The science of being and art of living）　マハリシ・マヘーシュ・ヨーギー著, マハリシ総合教育研究所訳　那須塩原　マハリシ出版　2011.7　453p　22cm〈『超越瞑想入門』(読売新聞社1971年刊）の改訂版　発売：星雲社〉2200円　①978-4-

マ

434-15387-7

内容 第1部「存在」の科学(科学的な真実　「存在」に到達する方法 ほか)　第2部 生命(生命とは何か?　個別生命と宇宙生命 ほか)　第3部 生きる技術(生きる技術　人間の全潜在力 ほか)　第4部 成就(生命の成就　宗教の成就 ほか)　〔08397〕

マホーニー, アン　Mahoney, Anne

◇人文学と電子編集―デジタル・アーカイヴの理論と実践 (ELECTRONIC TEXTUAL EDITING)　ルー・バーナード, キャサリン・オブライエン・オキーフ, ジョン・アンスワース編, 明星聖子, 神崎正英監訳　慶応義塾大学出版会　2011.9　503p　21cm　4800円　①978-4-7664-1774-6

内容 碑文研究(アン・マホーニー)　〔08398〕

マホーニー, マイケル・J.

◇ダイニングテーブルのミイラ セラピストが語る奇妙な臨床事例―セラピストはクライエントから何を学ぶのか (The mummy at the dining room table)　ジェフリー・A.コトラー, ジョン・カールソン編著, 岩壁茂監訳, 門脇陽子, 森田由美訳　福村出版　2011.8　401p　22cm　〈文献あり〉　3500円　①978-4-571-24046-1

内容「鏡の中のヤツにだったら、なってもいい」(マイケル・マホーニー著, 門脇陽子訳)　〔08399〕

◇変容する臨床家―現代アメリカを代表するセラピスト16人が語る心理療法統合へのアプローチ (HOW THERAPISTS CHANGE)　マービン・R.ゴールドフリード編, 岩壁茂, 平木典子, 福島哲夫, 野末武義, 中釜洋子監訳, 門脇陽子, 森田由美訳　福村出版　2013.10　415p　22cm　〈索引あり〉5000円　①978-4-571-24052-2

内容 行動主義、認知主義、構築主義(マイケル・J.マホーニー著)　〔08400〕

マホフスキー, E.　Mahovsky, Ekhard

◇革命家皇帝ヨーゼフ二世―ハプスブルク帝国の啓蒙君主1741-1790 (Dic Furche von Slawikowitz und andere Anekdoten um Kaiser Joseph 2)　E.マホフスキー著, 松本利香訳, 倉田稔監修　藤原書店　2011.3　227p　20cm　〈文献あり 年表あり 索引あり〉2800円　①978-4-89434-789-2　〔08401〕

ママーエヴァ, N.L.

◇国際関係のなかの日中戦争　西村成雄, 石島紀之, 田嶋信雄編　慶応義塾大学出版会　2011.7　450p　22cm　(日中戦争の国際共同研究 4)　5800円　①978-4-7664-1855-2

内容 日中戦争期のソ連、アメリカ合衆国と国共「統一戦線」(N.L.ママーエヴァ著, 巽由樹子訳)　〔08402〕

マメリ=ラッツェル, マリア

◇成年後見法における自律と保護―成年後見法世界会議講演録　新井誠監修, 2010年成年後見法世界会議組織委員会編, 紺野包子訳　日本評論社　2012.8　319p　21cm　〈英語抄訳付〉5600円　①978-4-535-51865-0

内容 ドイツ後見判事〈第一審〉の視点からみたドイツ成年後見法の概要(マリア・マメリ=ラッツェル著)　〔08403〕

マメン, デヴィット　Mammen, David

◇復興の創造―9/11からのニューヨークの価値観とアプローチ (CREATING RECOVERY)　デヴィット・マメン著, 林春男序文・訳　富士技術出版　2012.7　251p　21cm　〈文献あり　発売：星雲社〉2000円　①978-4-434-16252-7

内容 1 損失と打撃　2 9/11直後の日々　3 初期の復興計画　4 健康問題　5 復興の拡大　6 復興は続く　7 健康問題の拡大　8 10年の節目に向けて　〔08404〕

マライーニ, フォスコ　Maraini, Fosco

◇海女の島―舳倉島 (L'isola delle Pescatrici)　フォスコ・マライーニ著, 牧野文子訳　新版　未来社　2013.9　163p 図版32p　19cm　(転換期を読む 21)　1800円　①978-4-624-93441-5

内容 腕、頭、脚、包み、子ども、袋、お尻、靴などの大洪水　“ヒツジ雲”の空は、“ウロコ雲”の空　海の子、海女　ほんものの海女を探し求めて　うさん臭さを、見て見ないふり　黒く険阻で、不気味な七つ島　土地を耕すですって? なんて恥ずかしいことだろう!　岩の筏に乗ってる人間と神様　灰色の石ころ道　“島の王さま”の家で　タイが海士、海女の心をやらわげるイロリのそばに坐って　海底で、海女たちと　わずかな撮影にたいした苦労　握りの土で、深淵を満たす大鍋での入浴　ミコシは神さまのおぼしめしで踊る死者たちは海へ帰る　美人、妙子の岩礁、御厨島　儀礼的なあいさつと心からのあいさつ　〔08405〕

マラコフ, マルガリーテ

◇みんなの幼児教育の未来予想図 (A Vision for Universal Preschool Education)　エドワード・ジグラー, ウォルター・S.ギリアム, ステファニー・M.ジョーンズ編, 田中道治編訳　京都　ナカニシヤ出版　2013.3　322p　22cm　〈索引あり〉3800円　①978-4-7795-0753-3

内容 貧困家庭の子どものための万人の幼稚園前教育ニーズ 他(エドワード・ジグラー, ウォルター・S.ギリアム, ステファニー・M.ジョーンズ, マルガリーテ・マラコフ著, 安達励人訳)　〔08406〕

マラビー, セバスチャン　Mallaby, Sebastian

◇ヘッジファンド―投資家たちの野望と興亡　1 (More money than God)　セバスチャン・マラビー著, 三木俊哉訳　楽工社　2012.2　304p　20cm　1900円　①978-4-903063-54-6

内容 序章 アルファをめぐる競争　第1章 ビッグ・ダディ―A.W.ジョーンズ　第2章 ブロックトレーダー―M.スタインハルト　第3章 ポール・サミュエルソンの秘法―コモディティズ・コーポレーション　第4章 錬金術師―G.ソロス　第5章 番長―J.ロバートソン　第6章 ロックンロール・カウボーイ―P.T.ジョーンズ　第7章 ホワイトウェンズデー―ソロス+S.ドラッケンミラー対イングランド銀行　第8章 ハリケーン・グリーンスパン―債券市場危機とスタインハルトの退場　〔08407〕

◇ヘッジファンド―投資家たちの野望と興亡　2 (MORE MONEY THAN GOD)　セバスチャン・マラビー著, 三木俊哉訳　楽工社　2012.8　333p　20cm　1900円　①978-4-903063-56-0

内容 第9章 ソロス対ソロス―アジア通貨危機とロシアの債務不履行　第10章 敵は己自身―LTCMの興隆と破綻　第11章 ドットコム・ダブル―ロバートソン、ドラッケンミラーの一時退場　第12章 イェールの男たち―D.スウェンセンとT.ステイヤー　第13章 コードブレーカー―J.シモンズとD.E.ショー　第14章 危機の予感―K.グリフィン、火消し役を果たす　第15章 嵐を乗り越える―サブプライム危機とJ.ポールソン　第16章「よくもこんなことが！」―リーマン・ショックとヘッジファンド　終章 何を恐れるのか？〔08408〕

マラムー, シャルル

◇貨幣主権論（LA MONNAIE SOUVERAINE）　M.アグリエッタ,A.オルレアン編, 坂口明義監訳, 中野佳裕, 中原隆幸訳　藤原書店　2012.6　650p　22cm　〈索引あり〉8800円　①978-4-89434-865-3

内容 ヴェーダ・インドにおける祭式的行為への支払い（シャルル・マラムー著）〔08409〕

マラルド, ジョン・C.

◇日本哲学の多様性―21世紀の新たな対話をめざして（Frontiers of Japanese Philosophy.4 : Facing the 21st Century）　野家啓一監修, 林永強, 張政遠編　京都　世界思想社　2012.12　239p　22cm　〈索引あり〉2700円　①978-4-7907-1579-5

内容 実践概念のオルタナティブとしての「行」（ジョン・C.マラルド執筆, 竹花洋佑訳）〔08410〕

マラン, アンドレ

◇西オーストラリア‐日本（にっぽん）交流史―永遠の友情に向かって（An enduring friendship）　デイビッド・ブラック, 曽根幸子編著, 有吉宏之, 曽根幸子監訳　日本評論社　2012.2　391p　22cm　〈タイトル：西オーストラリア‐日本交流史〉3000円　①978-4-535-58613-0

内容 パースのオーストラリア・ファースト・ムーヴメント（アンドレ・マラン著）〔08411〕

マラン, ルイ

◇崇高とは何か（Du sublime）　ミシェル・ドゥギー他〔著〕, 梅木達郎訳　新装版　法政大学出版局　2011.9　413p　20cm　（叢書・ウニベルシタス 640）　4800円　①978-4-588-09943-4

内容 プッサンの一枚の絵におけるバベルの塔について（ルイ・マラン）〔08412〕

マリ, ドナティヤン　Mary, Donatien

◇カール・マルクスの亡霊（Le fantome de Karl Marx）　ロナン・ド・カラン文, 岩沢雅利訳, ドナティヤン・マリ絵　ディスカヴァー・トゥエンティワン　2011.6　64p　21cm　（プチ哲学）　1200円　①978-4-7993-1027-4〔08413〕

マリー, リン　Murray, Lynne

◇母子臨床の精神力動―精神分析・発達心理学から子育て支援へ（Parent-infant psychodynamics）　ジョーン・ラファエル‐レフ編, 木部則雄監訳, 長沼佐代子, 長尾牧子, 坂井直子, 金沢聡子訳　岩崎学術出版社　2011.11　368p　22cm　〈索引あり〉6600円　①978-4-7533-1032-6

内容 子どもの行動が母親の精神衛生に及ぼす影響（リン・マリー著, 長沼佐代子訳）〔08414〕

マリア福音姉妹会

◇御心がわからずとも―信頼してモリヤの地へ　バジレア・シュリンクの霊的遺産より　バジレア・シュリンク〔著〕, マリア福音姉妹会著, マリア福音姉妹会日本支部訳　福岡　カナン出版　2012.8　28p　19cm　314円　①978-4-944019-42-7〔08415〕

マリー・オア, アン　Murray Orr, Anne

◇子どもと教師が紡ぐ多様なアイデンティティ―カナダの小学生が語るナラティブの世界（Composing diverse identities）　D.ジーン・クランディニン, ジャニス・ヒューバー, アン・マリー・オア, マリリン・ヒューバー, マーニ・ピアス, ショーン・マーフィー, パム・スティーブス著, 田中昌弥訳　明石書店　2011.4　313p　21cm　〈文献あり〉3000円　①978-4-7503-3363-2

内容 第1章 学校での人生をナラティブとして理解する　第2章 子ども、教師、親、管理職と共に取り組む関係的なナラティブ的探究　第3章 子どもたちが支えとするストーリー―そして、教師による子どもたちについてのストーリー　第4章 脚色されたストーリー　第5章 人格教育プログラムをめぐるストーリー　第6章 子どもと共に生きる、ある管理職のストーリー　第7章 支えとするストーリーを変化させる―教師の人生において個人的なものと専門的なものを織り合わせる　第8章 緊張関係を生きる―人生のカリキュラムを共に模索する　第9章 支えとするストーリーを紡ぐ―学校についてのストーリーを中断させる　第10章 人生に心を配るカウンター・ストーリー〔08416〕

マリガン, ティモシー・P.　Mulligan, Timothy Patrick

◇Uボート部隊の全貌―ドイツ海軍・狼たちの実像（Neither sharks nor wolves）　ティモシー・P.マリガン著, 並木均訳　学研パブリッシング　2011.7　615p　20cm　（WW selection）〈文献あり　発売：学研マーケティング〉3800円　①978-4-05-404728-0

内容 運命共同体　第一世代　Uボート戦の枠組み　Uボート戦のパターン一九三九～一九四五年　精神と魂　適材適所　量より質　「子供十字軍」？　「至高の存在」　人間性と必要性の狭間　公平無私の部隊　終局〔08417〕

マリック, ファウド

◇防災教育―学校・家庭・地域をつなぐ世界の事例（Disaster Education）　ショウ・ラジブ, 塩飽孝一, 竹内裕希子編著, 沢田晶子, ベンジャミン由里絵訳　明石書店　2013.11　182p　22cm　〈文献あり〉3300円　①978-4-7503-3917-7

内容 防災に関する高等教育の必須要素（ショウ ラジブ, ファウド・マリック, 竹内裕希子著）〔08418〕

マリーナ, ホセ・アントニオ　Marina, José Antonio

◇知能礼賛―痴愚なんか怖くない（La inteligencia fracasada）　ホセ・アントニオ・マリーナ著, 谷口伊兵衛訳　近代文芸社　2011.4　269p　20cm　1700円　①978-4-7733-7774-3

内容 第1章 破綻した知能　第2章 知の破綻　第3章 情緒の破綻　第4章 言葉の破綻　第5章 意志の破綻　第6章 目標の選択　第7章 賢明な社会と愚鈍な社会　むすび 勝利する知能への礼賛　〔08419〕

マリニョ・フェロ, ホセ・ラモン　Mariño Ferro, Xosé Ramón

◇サンティアゴ巡礼の歴史―伝説と奇蹟（Leyendas y milagros del Camino de Santiago）　ホセ・ラモン・マリニョ・フェロ著, 川成洋監訳, 下山静香訳　原書房　2012.8　307p 図版16p　20cm〈文献あり〉3400円　①978-4-562-04854-0

内容 第1章 殉教と移葬　第2章 墓の発見　第3章 奇蹟　第4章 キリストの戦士サンティアゴ　第5章 高貴な巡礼者と、巡礼路の伝説　第6章 ロマンセとカンティガス　第7章 巡礼、儀式と貝殻　〔08420〕

マリノフ, ルー　Marinoff, Lou

◇哲学ルネサンスの対話　ルー・マリノフ, 池田大作著　潮出版社　2011.1　365p　19cm　1429円　①978-4-267-01854-1

内容「内なる力」に目覚めよ！　父母の思い出と家庭教育　「励ましの心」と哲学　逞しき楽観主義の人生を！　「人間に還れ！」「人間から始めよ！」　「一人」の心に太陽の輝きを！　「癒し」とは全体性の回復　個人と社会の「癒すべき傷」　対話こそ「癒し」　平和と人間主義の語らい　哲学の知恵は「人類の宝」　時代を創造する哲学　芸術の探求と師弟の絆　歓喜の人生を開く生死観　「生も歓喜」「死も歓喜」の哲学　女性こそ「平和の文化」の創造者　「人間革命」こそ「世界市民」の哲学　〔08421〕

マリヤンスキー, アレクサンドラ　Maryanski, Alexandra

◇ジョナサン・ターナー感情の社会学　4　インセスト―近親交配の回避とタブー（INCEST）　ジョナサン・H.ターナー著　ジョナサン・H.ターナー, アレクサンドラ・マリヤンスキー著, 正岡寛司, 藤見純子訳　明石書店　2012.4　426p　20cm〈文献あり 索引あり〉5500円　①978-4-7503-3578-0

内容 第1章 乱交の黄金時代　第2章 インセストの回避―インセスト・タブーの起源に関する説明の現状　第3章 禁止された行為―インセストとその心理学的結果　第4章 太古の鏡像―類人猿の社会構造と霊長目の性的回避　第5章 核家族成立に先立つホルドの社会組織　第6章 家族とタブー　第7章 インセスト・タブーの神秘を解く　〔08422〕

マリン, エイミー・J.　Marin, Amy J.

◇パートナー暴力―男性による女性への暴力の発生メカニズム（What causes men's violence against women？）　ミッシェル・ハーウェイ, ジェームズ・M.オニール編著, 鶴元春訳　京都　北大路書房　2011.9　303p　21cm〈文献あり〉3700円　①978-4-7628-2763-1

内容 男性による女性に対する暴力に関するフェミニストの見解―O'Neil-Harwayモデルへの批判（エイミー・J.マリン, ナンシー・フェリペ・ルッソ）　〔08423〕

マリン, カルロス・E

◇ストーリーで学ぶ経営の真髄（Learn like a leader）　マーシャル・ゴールドスミス, ビバリー・ケイ, ケン・シェルトン編, 和泉裕子, 井上実訳　徳間書店　2011.2　311p　19cm　1600円　①978-4-19-863118-5

内容 突進する前に、一歩退いてみる（カルロス・E.マリン著）　〔08424〕

マリンズ, ジョン　Mullins, John Walker

◇プランB―破壊的イノベーションの戦略（Getting to plan B）　ジョン・マリンズ, ランディ・コミサー著, 山形浩生訳　文芸春秋　2011.8　397p　20cm　1900円　①978-4-16-374420-9

内容 はじめに なぜこんな本を？　第0章 プランAは失敗する―携帯の暗号技術から出発したペイパル　第1章 発明より改善を―ウォークマンとナップスターを融合しiPodを開発　第2章 ダッシュボードの力―イーベイからひらめいたグローバルギビングの寄付金集め　第3章 売り上げモデルという生命線―グーグルは売り上げゼロモデルから出発　第4章 粗利モデルで行き詰まりを避けよう―パタゴニアの顧客は高価格でも企業理念を買う　第5章 運営モデル改善で贅肉を落とす―サウスウエスト航空という師を超えたライアンエアー　第6章 運転資金モデルで現金力をつける―コストコは会費制で現金を先取りする　第7章 お金がお金を生む投資モデル―スカイプは初期投資ゼロで通信業界を一変させた　第8章 各種モデルを組み合わせる―アマゾンやザラはなぜ他の追随を許さないのか　第9章 独自のプランBを見つけよう！―本書を振り返って自分に何ができるかを考える　〔08425〕

マリンズ, ユースタス　Mullins, Eustace

◇真のユダヤ史（MULLINS' NEW HISTORY OF THE JEWS）　ユースタス・マリンズ著, 天童竺丸訳・解説　成甲書房　2012.10　364p　20cm〈「衝撃のユダヤ5000年の秘密」（日本文芸社 1995年）の改題、改稿　著作目録あり〉1900円　①978-4-88086-293-4

内容 文明社会に寄生するユダヤという獣　ユダヤ人の特殊・特異な生物学的特性　いま初めて明かすユダヤ民族の真の起源　古代四大帝国を崩壊させたユダヤ　ユダヤの正体を見破ったイエス・キリスト　ユダヤの恐るべき宗教儀式の秘密　ヨーロッパを内部から侵略したユダヤ　共産主義はユダヤ・タルムードから生まれた　ユダヤに完全支配されたアメリカ合衆国　ユダヤの地球支配最終戦略　ユースタス・マリンズの人と業績 天童竺丸　〔08426〕

マルヴィ, ローラ

◇彼女は何を視ているのか―映像表象と欲望の深層　竹村和子著, 河野貴代美, 新田啓子編集　作品社　2012.12　299p　22cm〈文献あり 索引あり〉2000円　①978-4-86182-418-0

内容 ニュー・テクノロジーから観る（ローラ・マルヴィ著, 水野祥子訳）　〔08427〕

マルカード, オドー

◇時間の謎―哲学的分析（Das Rätsel der Zeit）　ハンス・ミカエル・バウムガルトナー編, 田中隆訳　丸善書店出版サービスセンター　2013.8　353p　22cm　非売品　①978-4-89630-281-3

内容 時間と有限（オドー・マルカード）　〔08428〕

マルカン, オーレリア・ジョージ

◇現代日本の政治と外交　1　現代の日本政治―カ

ラオケ民主主義から歌舞伎民主主義へ　猪口孝監修　猪口孝, プルネンドラ・ジェイン編　原書房　2013.10　295, 6p　22cm　〈索引あり〉4200円　①978-4-562-04926-4
内容 農業利益団体(オーレリア・ジョージ・マルガン著, 竜和子訳)　〔08429〕

マルキール, バートン　Malkiel, Burton Gordon
◇ウォール街のランダム・ウォーカー―株式投資の不滅の真理 (A random walk down Wall Street (第10版))　バートン・マルキール著, 井手正介訳　日本経済新聞出版社　2011.6　483p　20cm　2300円　①978-4-532-35471-8
内容 第1部 株式と価値(株式投資の二大流派　市場の狂気　株価はこうして作られる　二一世紀は巨大なバブルで始まった)　第2部 プロの投資家の成績表(株価分析の二つの手法　テクニカル戦略は儲かるか　ファンダメンタル主義者のお手並み拝見)　第3部 新しい投資テクノロジー(新しいジョギング・シューズ―現代ポートフォリオ理論　リスクをとってリターンを高める　行動ファイナンス学派の新たな挑戦　効率的市場理論に対する攻撃はなぜ的外れなのか)　第4部 ウォール街の歩き方の手引(インフレと金融資産のリターン　投資家のライフサイクルと投資戦略　ウォール街に打ち勝つための三つのアプローチ)〔08430〕

マルクス, カール・ハインリヒ　Marx, Karl Heinrich
◇ちくま哲学の森　3　悪の哲学　鶴見俊輔, 安野光雅, 森毅, 井上ひさし, 池内紀編　筑摩書房　2011.11　431p　15cm　1200円　①978-4-480-42863-9
内容 市民社会における貨幣の権力(マルクス著, 三浦和男訳)　〔08431〕
◇資本論―経済学批判　第1巻 1 (Das Kapital (4. Aufl.))　カール・マルクス著, 中山元訳　日経BP社　2011.12　451p　20cm　(Nikkei BP classics)　〈発売：日経BPマーケティング〉　2000円　①978-4-8222-4878-9
内容 第1部 資本の生産過程(商品と貨幣(商品　交換過程　貨幣または商品の流通)　貨幣の資本への変容(貨幣の資本への変容))　〔08432〕
◇資本論―経済学批判　第1巻 2 (Das Kapital (4. Aufl.))　カール・マルクス著, 中山元訳　日経BP社　2012.2　508p　20cm　(Nikkei BP classics)　〈発売：日経BPマーケティング〉　2000円　①978-4-8222-4879-6
内容 第3篇 絶対的増殖価値の生産(労働過程と価値の増殖過程　不変資本と可変資本　増殖価値率　労働日　増殖価値率と増殖価値量)　第4篇 相対的増殖価値の生産(相対的増殖価値という概念について　協業　分業とマニュファクチュア)　〔08433〕
◇資本論―経済学批判　第1巻3 (Das Kapital (原著第4版) (抄訳))　カール・マルクス著, 中山元訳　日経BP社　2012.5　476p　20cm　(NIKKEI BP CLASSICS)　〈発売：日経BPマーケティング〉2000円　①978-4-8222-4880-2
内容 第4篇 相対的増殖価値の生産(承前) (機械類と大工業)　第5篇 絶対的増殖価値と相対的増殖価値の生産(絶対的増殖価値と相対的増殖価値　労働力価格と増殖価値の量的な変動　増殖価値率のさまざまな定式)　第6篇 労働賃金(労働力の価値または価格の労働賃金への変容　時間給の賃金　出来高賃金　国による労働賃金の格差)　〔08434〕
◇共産主義者宣言 (Das Kommunistische Manifest)　カール・マルクス著, 金塚貞文訳, 柄谷行人付論　平凡社　2012.7　143p　16cm　(平凡社ライブラリー 766)　〈太田出版 1993年刊の再刊　年表あり〉1000円　①978-4-582-76766-7
内容 第1章 ブルジョアとプロレタリア　第2章 プロレタリアと共産主義者　第3章 社会主義的および共産主義的文献　第4章 種々の反対党に対する共産主義者の立場　〔08435〕
◇高校生でも読める「共産党宣言」　カール・マルクス, フリードリヒ・エンゲルス著, 北口裕康訳　パルコエンタテインメント事業部　2012.8　190p　18cm　〈表紙のタイトル：Manifest der Kommunistischen Partei　文献あり〉1200円　①978-4-89194-974-7
内容 『共産党宣言』のすゝめ(斎藤孝)　共産党宣言(「金持ち組(ブルジョア)」と「やとわれ組(プロレタリア)」　「やとわれ組(プロレタリア)」と共産主義者　「社会主義」という言葉でくくられているさまざまな考え方と共産主義について　今の世の中を変えようとしているさまざまなグループに対する共産主義者の立場)　〔08436〕
◇資本論―経済学批判　第1巻4 (Das Kapital (原著第4版) (抄訳))　カール・マルクス著, 中山元訳　日経BP社　2012.9　509p　20cm　(NIKKEI BP CLASSICS)　〈発売：日経BPマーケティング〉2000円　①978-4-8222-4881-9
内容 第7篇 資本の蓄積過程(単純再生産　増殖価値の資本への変容　資本制的な蓄積の一般法則　いわゆる原初的な蓄積　現代の植民理論)　〔08437〕
◇新訳初期マルクス―ユダヤ人問題に寄せて/ヘーゲル法哲学批判―序説 (Deutsch-Französische Jahrbücher)　カール・マルクス著, 的場昭弘訳・著　作品社　2013.3　486p　20cm　〈年譜あり 索引あり〉3800円　①978-4-86182-407-4
内容 資料『独仏年誌』に掲載された「ユダヤ人問題に寄せて」「ヘーゲル法哲学批判 - 序説」――八四四年オリジナル版　第1編「ユダヤ人問題に寄せて」、「ヘーゲル法哲学批判 - 序説」のオリジナル版からの訳　第2編 解説編　第3編 資料編　第4編 研究編　〔08438〕
◇超訳マルクス―ブラック企業と闘った大先輩の言葉　紙屋高雪訳　京都　かもがわ出版　2013.10　111p　21cm　〈他言語標題：A super-translation "Karl Heinrich Marx"〉1200円　①978-4-7803-0645-3
内容 1 働いてるおまえらに聞いてほしい―国際労働者協会創立宣言(1864年)　2 金持ちの相続権なくせば世の中かわるのかよ―相続権についての総評議会の報告(1869年)　3 奴隷解放の父、リンカーンへマルクスからメール―アメリカ大統領エーブラハム・リンカーンへ(1864年)　4 マルクス流起業のススメ・消費税がダメなワケほか―個々の問題についての暫定中央評議会代議員への指示(1866年)　5 スクープ！マルクスにインタビュー！―『ザ・ワールド』紙通信員とのインタビュー(1871年)　〔08439〕

マルクッゾ, M.C.
◇創設期の厚生経済学と福祉国家　西沢保, 小峯敦編著　京都　ミネルヴァ書房　2013.8　372p

22cm 〈索引あり〉8000円 ①978-4-623-06335-2
内容 誰のための福祉国家？(M.C.マルクッゾ著, 小峯敦, 永嶋信二郎訳) 〔08440〕

マルク＝ユングクヴィスト, アンナ Mark-Jungkvist, Anna
◇世界平和への冒険旅行―ダグ・ハマーショルドと国連の未来 (The Adventure of Peace) ステン・アスク, アンナ・マルク＝ユングクヴィスト編, ブライアン・アークハート, セルゲイ・フルシチョフ他著, 光橋翠訳 新評論 2013.7 358p 20cm 〈文献あり 年譜あり〉3800円 ①978-4-7948-0945-2
内容 第1部 ダグ・ハマーショルドの軌跡(なぜ、ダグ・ハマーショルドを国連事務総長にしたのか？ 国連への道のり―国際公務員ダグ・ハマーショルド 北京ミッション―国際交渉人ダグ・ハマーショルド ダグ・ハマーショルドとニキータ・フルシチョフ ダグ・ハマーショルドとスウェーデン政府) 第2部 ダグ・ハマーショルドの内なる世界(自然と文化―ダグ・ハマーショルドが愛したもの ダグ・ハマーショルドの日誌『道しるべ』) 第3部 ダグ・ハマーショルドから何を学ぶことができるか？(世界機構の政治哲学を求めて 国連事務総長の役割とは 「独立した国際公務」の確立を目指して ピースキーパー 国際的リーダーシップとカリスマ) ダグ・ハマーショルドに導かれて―平和と安全のビジョン 〔08441〕

マルケス, ルイス
◇国家と国民の歴史―ヴィジュアル版 (HISTORIES OF NATIONS) ピーター・ファタードー編, 猪口孝日本語版監修, 小林朋則訳 原書房 2012.11 320p 26cm 〈文献あり 索引あり〉5800円 ①978-4-562-04850-2
内容 ブラジル―奴隷制の遺産と、環境破壊という自殺行為(ルイス・マルケス) 〔08442〕

マルケス・ダ・シルバ, エルナーニ Marques da Silva, Ernani
◇プロジェクト・マネジャーが知るべき97のこと (97 things every project manager should know) Barbee Davis編, 笹井崇司訳, 神庭弘年監修 オライリー・ジャパン 2011.11 240p 21cm 〈発売：オーム社〉1900円 ①978-4-87311-510-8
内容 既製のソフトウェアを購入するということ 他(エルナーニ・マルケス・ダ・シルバ) 〔08443〕

マルコーニ, ディエーゴ
◇弱い思考 (Il pensiero debole) ジャンニ・ヴァッティモ, ピエル・アルド・ロヴァッティ編, 上村忠男, 山田忠彰, 金山準, 土肥秀行訳 法政大学出版局 2012.8 374p 20cm (叢書・ウニベルシタス 977) 〈文献あり〉4000円 ①978-4-588-00977-8
内容 ウィトゲンシュタインと空回りする車輪(ディエーゴ・マルコーニ著, 金山準訳) 〔08444〕

マルコム, エリザベス Malcolm, Elizabeth
◇アイルランド (Ireland) アンナ・マックィン, コルム・マックィン著, エリザベス・マルコム, ジョン・マクドナー監修 ほるぷ出版 2011.1 64p 25cm (ナショナルジオグラフィック世界の国) 〈日本語版校閲・ミニ情報：岩淵孝 年表あり 索引あり〉2000円 ①978-4-593-58570-0
内容 地理 自然 歴史 人と文化 政治と経済 〔08445〕

マルコム・ボルドリッジ国家品質賞財団
◇マルコム・ボルドリッジ国家品質賞―パフォーマンスエクセレンスへ向けての審査基準書：対訳版 2011-2012年 〔マルコム・ボルドリッジ国家品質賞財団〕〔著〕,〔グローバル・クオリティー・フォーラム2011-2012年版翻訳チーム〕〔訳〕 日本経営品質賞委員会 2012.1 79, 79p 30cm 〈他言語標題：Malcolm Baldrige national quality award 左右同一ページ付〉2000円 〔08446〕
◇マルコム・ボルドリッジ国家品質賞―パフォーマンス・エクセレンスへ向けての審査基準書：対訳版 2011-2012年 教育編 〔マルコム・ボルドリッジ国家品質賞財団〕〔著〕,〔グローバル・クオリティー・フォーラム2011-2012年版翻訳チーム〕〔訳〕 日本経営品質賞委員会 2012.7 81, 81p 30cm 〈左右同一ページ付〉 〔08447〕

マルコラ, ピルヨ
◇国家と国民の歴史―ヴィジュアル版 (HISTORIES OF NATIONS) ピーター・ファタードー編, 猪口孝日本語版監修, 小林朋則訳 原書房 2012.11 320p 26cm 〈文献あり 索引あり〉5800円 ①978-4-562-04850-2
内容 フィンランド―苦闘に刻まれたアイデンティティー(ピルヨ・マルコラ) 〔08448〕

マルサス, トマス・ロバート Malthus, Thomas Robert
◇人口論 (An essay on the principle of population) マルサス著, 斉藤悦則訳 光文社 2011.7 307p 16cm (光文社古典新訳文庫) 〈年譜あり〉895円 ①978-4-334-75231-6
内容 問題点 意見対立のせいで問題の解決がむずかしいこと 人間と社会の完成可能性に否定的な考え方については、ちゃんとした反論がない 人口増加がもたらす問題の性質 本書の主張の概要 人口と食糧の増加率の違い 増加率の違いの必然的な帰結 下層階級の暮らしぶりの上下運動 この上下運動がさほど注目されてこなかった理由 本書の主張全体の基礎をなす三つの命題〔ほか〕 〔08449〕

マルザーノ, ロバート Marzano, Robert J.
◇教育目標をデザインする―授業設計のための新しい分類体系 (THE NEW TAXONOMY OF EDUCATIONAL OBJECTIVES(原著第2版)) R.J.マルザーノ, J.S.ケンドール著, 黒上晴夫, 泰山裕訳 京都 北大路書房 2013.9 188p 21cm 〈文献あり 索引あり〉2500円 ①978-4-7628-2816-4 〔08450〕

マルジェル, セルジュ Margel, Serge
◇欺瞞について―ジャン＝ジャック・ルソー、文学の嘘と政治の虚構 (DE L'IMPOSTURE) セルジュ・マルジェル著, 堀千晶訳 水声社 2013.1 218p 22cm (叢書言語の政治 18) 3000円

①978-4-89176-936-9
内容 1 嘘トハ寓話デアル、あるいは潔白を打ち明けることによって嘘をつく権利―『夢想』第四の散歩から、『告白』の銘句へ（『告白』の嘘―潔白と不正のあいだで　潔白な嘘つき、誠実な人間、告白された証人）2 文化の虚構―ジャン＝ジャック・ルソーと民主制の政治体（自然、文化、歴史の経済　政治体と虚構の言説）〔08451〕

マルセル, ガブリエル
◇カール・ヤスパースと実存哲学（Karl Jaspers et la philosophie de l'existence）ミケル・デュフレンヌ, ポール・リクール著, 佐藤真理人訳　調布　月曜社　2013.9　686p　22cm　（〔古典転生〕〔8〕）〈著作目録あり 索引あり〉7000円
①978-4-86503-009-9
内容 カール・ヤスパースにおける根本状況と限界状況（ガブリエル・マルセル著, 大沢啓徳訳）〔08452〕

マルタン, アンリ＝ジャン
◇叢書『アナール1929-2010』―歴史の対象と方法 2 1946-1957（Anthologie des Annales 1929-2010）E.ル＝ロワ＝ラデュリ,A.ビュルギエール監修, 浜名優美監訳　L.ヴァランシ編, 池田祥英, 井上桜子, 尾河直哉, 北垣潔, 塚島真実, 平沢勝行訳　藤原書店　2011.6　460p　22cm　6800円
①978-4-89434-807-3
内容 十七世紀パリにおける出版業（アンリ＝ジャン・マルタン著, 井上桜子訳）〔08453〕

マルタン, ジャン＝クレ　Martin, Jean-Clet
◇ドゥルーズ―経験不可能の経験（DELEUZE）ジャン＝クレ・マルタン著, 合田正人訳　河出書房新社　2013.5　195p　15cm　（河出文庫 マ8-1）1200円　①978-4-309-46384-1
内容 1 問題の意味 2 批判的・危機的諸経験 3 ドラマ化 4 差異と反復 5 表層と深層 6 出来事・事件 7 諸多様体 8 器官なき身体 9 シネマでのイメージ 10 概念〔08454〕
◇哲学の犯罪計画―ヘーゲル『精神現象学』を読む（UNE INTRIGUE CRIMINELLE DE LA PHILOSOPHIE）ジャン＝クレ・マルタン〔著〕, 信友建志訳　法政大学出版局　2013.6　349, 5p　20cm　（叢書・ウニベルシタス 993）〈索引あり〉3600円　①978-4-588-00993-8
内容 第1場 意識の円環（抽象の裏をかく　現象と現象学 ほか）第2場 欲望の諸経路（バッカス　彼岸と「いまここ」ほか）第3場「精神は骨ではない」（理性 観念論 ほか）第4場 社会的創造（精神　契機と形象 ほか）第5場 芸術宗教と永遠性（大鋼と"歴史"　宗教的プロセス ほか）〔08455〕

マルタン, テレーズ　Martin, Thérèse
◇リジューのテレーズ365の言葉（Avec Therese de Lisieux）テレーズ・マルタン著, レイモンド・ザンベリ編, 伊従信子編訳　女子パウロ会　2011.4　391p　15cm　1200円　①978-4-7896-0702-5〔08456〕

マルチュケ, ハンス・ペーター　Marutschke, Hans Peter
◇ドイツ法入門　村上淳一, 守矢健一, ハンス・ペーター・マルチュケ著　改訂第8版　有斐閣　2012.8　336p　19cm　（外国法入門双書）2500円
①978-4-641-04807-2
内容 ドイツとドイツ人　ドイツ法の歴史　第二次大戦後のドイツ　憲法（基本法）行政法　民法　商法　経済法　労働法　刑法　司法制度　学生生活と法曹養成〔08457〕

マルツ, マクスウェル　Maltz, Maxwell
◇潜在意識が答えを知っている！（The new psycho-cybernetics）マクスウェル・マルツ著, ダン・S.ケネディ編, 田中孝顕訳　ポケット版　きこ書房　2012.1　317p　19cm　1100円
①978-4-87771-288-4
内容 人間は本来、成功するようにできている　人生を決定づける自己イメージ　人間だけがもつ「成功本能」　明確なイメージが実行への原動力となる　イマジネーションで明らかになる「本当のあなた」　ネガティブな思い込みや行動が失敗を生む　どんな問題でも解決してくれる「自動成功メカニズム」　いくつもの逆境を乗り越え幸せになる方法　「成功型」人格を手に入れる最も効果的な手段　「自動失敗メカニズム」の作動を告げる危険信号　健全な自尊心があなたを守る　創造的な自己を発揮することを恐れない　自分自身に備わる力で不安を克服する　プレッシャーに負けない強人間になる　勝利の感覚だけを常に抱きつづける　「サイコ＝サイバネティクス」で幸せを手に入れる〔08458〕

マルツォ・マーニョ, アレッサンドロ　Marzo Magno, Alessandro
◇そのとき、本が生まれた（L'ALBA DEI LIBRI）アレッサンドロ・マルツォ・マーニョ著, 清水由貴子訳　柏書房　2013.4　237p　20cm　〈文献あり〉2100円　①978-4-7601-4249-1
内容 第1章 本の都、ヴェネツィア　第2章 出版界のミケランジェロ、アルド・マヌーツィオ　第3章 世界初のタルムード　第4章 消えたコーラン　第5章 アルメニア語とギリシャ語　第6章 東方の風　第7章 世界と戦争　第8章 楽譜の出版　第9章 体のケア―医学、美容術、美食学　第10章 ピエトロ・アレティーノと作家の誕生　第11章 衰退、最後の役割、終焉〔08459〕

マルティニ, C.*　Martini, Carlo M.
◇ガリラヤのイェシュー―日本語訳新約聖書四福音書（The Greek New Testament（4th rev.ed.））山浦玄嗣訳　大船渡　イー・ピックス出版　2011.10　663p　22cm　〈文献あり〉2400円
①978-4-901602-33-4
内容 第1巻 マタイの伝えた"よきたより"　第2巻 マルコの伝えた"よきたより"　第3巻 ルカの伝えた"よきたより"　第4巻 ヨハネの伝えた"よきたより"〔08460〕

マルティネス, ホセ・ルイス
◇アンデス世界―交渉と創造の力学　染田秀藤, 関雄二, 網野徹哉編　京都　世界思想社　2012.4　448p　22cm　〈他言語標題：LOS ANDES 文献あり 索引あり〉3900円　①978-4-7907-1554-2
内容 何を記憶すべきか（ホセ・ルイス・マルティネス執筆, 関雄二監訳, 八木百合子訳）〔08461〕

マルティネス＝コンデ, スサナ　Martinez-Conde,

マ

Susana
◇脳はすすんでだまされたがる―マジックが解き明かす錯覚の不思議（Sleights of mind）　スティーヴン・L.マクニック, スサナ・マルティネス＝コンデ, サンドラ・ブレイクスリー著, 鍛原多恵子訳　角川書店　2012.3　317, 16p　20cm　〈発売：角川グループパブリッシング〉2000円　①978-4-04-110159-9
内容 セクシーなドレスの女―錯視と手品　曲がるスプーンの秘密―マジシャンが角度にこだわる理由　偽の丸天井をつくった修道士―芸術と科学における錯覚　ショーへようこそ、でも目隠しはそのままで―認知の錯覚　あなたたちの中にいるゴリラ―さらなる認知の錯覚　腹話術師の秘密―多感覚手品　インドのロープ魔術―記憶の錯覚　予測と仮定―マジシャンは私やあなたをどう手玉に取るか　フォースとともにあらんことを―選択の錯覚　魔法の杖はなぜきくのか―錯覚の相関、迷信、催眠術、詐欺　マジックキャッスル　魔法は解けてしまうのか　〔08462〕

マルティノ, ウェイン　Martino, Wayne
◇みんな大切！―多様な性と教育（Everyone is special！）　ローリ・ベケット編, 橋本紀子監訳, 艮香織, 小宮明彦, 杉田真衣, 渡辺大輔訳　新科学出版社　2011.3　195p　22cm　2500円　①978-4-915143-39-7
内容 本当にどうしようもないバカなヤツらばかりなんだ：学校における同性愛嫌悪について（ウェイン・マルティノ著, 渡辺大輔訳）　〔08463〕

マルティン, レオ　Martin, Leo
◇元ドイツ情報局員が明かす心に入り込む技術（Ich krieg Dich！）　レオ・マルティン著, シドラ房子訳　阪急コミュニケーションズ　2012.7　311p　19cm　1600円　①978-4-484-12116-1
内容 1 入口を通過するための暗号を知ろう（あなたの新しいアイデンティティを使った最初のアプローチ　冷酷な感情操作？ ほか）　2 特徴を明確にする段階（接触　赤の着信音 ほか）　3 育成段階（育成段階　試験段階 ほか）　ここからは安全地帯―ただし、極秘（信頼を築くための「007秘訣」）　〔08464〕

◇元ドイツ情報局員が明かす心を見透かす技術（Ich durchschau Dich！）　レオ・マルティン著, シドラ房子訳　阪急コミュニケーションズ　2013.7　317p　19cm　1600円　①978-4-484-13110-8
内容 1 人間についての洞察力―情報員の生命保険　2 ヴェールでうまく隠せば、半分成功　3 カップの件　4 代替プランのためのA人材　5 覆面捜査員ティホフ　6 接触用アパート　7 監視　8 鷲の高巣と鳩舎　9“カップの案件”の全国的な意味　10 クイズの解答　〔08465〕

マルテル, フレデリック　Martel, Frédéric
◇メインストリーム―文化とメディアの世界戦争（MAINSTREAM）　フレデリック・マルテル著, 林はる芽訳　岩波書店　2012.8　468, 13p　20cm　3600円　①978-4-00-024951-5
内容 第1部 世界のアメリカ化現象（ハリウッド・ロビー―アメリカ映画を世界に売り込む　マルチプレックス―アメリカ人の映画鑑賞スタイル　ザ・ディズニー―みんなが好きな文化の正体　新しいハリウッド―独占からネットワークへ　インディ・ジョーンズも「インディーズ」―映画コンテンツの作り方　ポップミュージックの発明―モータウンからMTVまで　ポーリン、ティナ、オプラ―文化を変えた女性たち　南カリフォルニア大学―メインストリーム文化の実験場）　第2部 世界文化戦争（カンフー・パンダ―中国VSハリウッド　世界征服を目論むボリウッド―ライヴァルは中国とアメリカ　ロスト・イン・トランスレーション―JポップとKポップ　TVドラマの地政学―韓流ドラマ、ラマダン・シリーズ、テレノベラ　マイアミ―中南米ポップスの中心地　アルジャジーラ―カタール発の世界的メディア　アラブのエンタテインメント―砂漠の王子は中東のマードックを目指す　ヨーロッパの反メインストリーム文化―多様化/細分化するアイデンティティ　結論 デジタル時代のコンテンツ戦争）　〔08466〕

マルナ, シャッド　Maruna, Shadd
◇犯罪者の立ち直りと犯罪者処遇のパラダイムシフト　日本犯罪社会学会編, 津富宏責任編集　現代人文社　2011.5　182p　21cm　〈発売：大学図書〉2500円　①978-4-87798-483-0
内容 再参入に向けた長所基盤のアプローチ（Shadd Maruna,Thomas P.LeBel著, 平井秀幸訳, 津富宏監訳）　〔08467〕

◇犯罪からの離脱と「人生のやり直し」　元犯罪者のナラティヴから学ぶ（Making Good）　シャッド・マルナ著, 津富宏, 河野荘子監訳　明石書店　2013.7　281p　21cm　〈文献あり 索引あり〉3200円　①978-4-7503-3846-0
内容 第1部 犯罪からの離脱を解析する（犯罪からの離脱を定義する　リヴァプール離脱研究）　第2部 レンガの壁についての二つの視点（標本の予後：悲惨　非難の脚本を読む　やり直す：回復のレトリック）　第3部 応用神話学（仕事、生成性、そして再生　罪は我にあり：恥、責任、そして中核自己　回復の儀式）　補遺 方法論に関する追加的ノート　〔08468〕

マルニーシー, ファーティマ
◇反グローバリゼーションの声（VOCES CONTRA LA GLOBALIZACIÓN）　カルロス・エステベス, カルロス・タイボ編著, 大津真作訳　京都　晃洋書房　2013.11　257, 8p　21cm　2000円　①978-4-7710-2490-8
内容 アラブ世界のインターネット革命（ファーティマ・マルニーシー述）　〔08469〕

マルホトラ, ディーパック　Malhotra, Deepak
◇チーズは探すな！―他の誰かの迷路の中でネズミとして生きることを拒んだ人たちへ（I moved your cheese）　ディーパック・マルホトラ〔著〕, 佐藤志緒訳　ディスカヴァー・トゥエンティワン　2011.11　111p　19cm　1000円　①978-4-7993-1081-6　〔08470〕

マルマー, アンドレイ
◇哲学的解釈学からテクスト解釈学へ―「テクスト布置の解釈学的研究と教育」第13回国際研究集会報告書　松沢和宏編著　〔名古屋〕　名古屋大学大学院文学研究科　2012.3　232p　30cm　（Global COE program international conference series no.13）　〈他言語標題：De l'herméneutique philosophique

l'herméneutique du texte　文献あり〉
内容 法における戦略的言語行為（アンドレイ・マルマー著, 森際康友, 小林智, 鈴木慎太郎訳）〔08471〕

マルヨマキ, ヘイッキ　Marjomäki, Heikki
◇フィンランド中学校現代社会教科書―15歳市民社会へのたびだち（Yhteiskunnan tuulet 9）　タルヤ・ホンカネン, ヘイッキ・マルヨマキ, エイヤ・パコラ, カリ・ラヤラ著, 高橋睦子監訳, ペトリ・ニエメラ, 藤井ニエメラみどり訳　明石書店　2011.4　257p　26cm　（世界の教科書シリーズ 29）　4000円　①978-4-7503-3346-5
内容 1 個人―コミュニティの一員　2 快適な福祉国家　3 個人の家計　4 政治的な影響力と意思決定への参加　5 国民経済　6 経済政策　7 国民の安全　8 ヨーロッパで満足できなければ〔08472〕

マーレー, ウイリアムソン　Murray, Williamson
◇歴史と戦略の本質―歴史の英知に学ぶ軍事文化 上（The past as prologue）　ウイリアムソン・マーレー, リチャード・ハート・シンレイチ編, 今村伸哉監訳, 小堤盾, 蔵原大訳　原書房　2011.2　290p　20cm　2400円　①978-4-562-04649-2
内容 軍事史と軍事専門職についての考察（ウイリアムソン・マーレー著）〔08473〕
◇歴史と戦略の本質―歴史の英知に学ぶ軍事文化 下（The past as prologue）　ウイリアムソン・マーレー, リチャード・ハート・シンレイチ編, 今村伸哉監訳, 小堤盾, 蔵原大訳　原書房　2011.3　250p　20cm　2400円　①978-4-562-04650-8
内容 第2部 歴史の英知に学ぶ軍事文化（長い平和な時代における軍事の変遷―ヴィクトリア朝時代のイギリス海軍について　軍事史と学ばれた教訓の病理学―事例研究としての日露戦争　技術革新と即応体制への障害―イギリス陸軍の経験―一九一八年‐一九三九年　歴史はテロリズムとその未来について何を提示するか　政軍関係の歴史と未来―ギャップの解消）　付録 歴史の利用と濫用〔08474〕
◇検証太平洋戦争とその戦略　3　日本と連合国の戦略比較　三宅正樹, 庄司潤一郎, 石津朋之, 山本文史編著　中央公論新社　2013.8　315p　20cm　〈索引あり〉3200円　①978-4-12-004509-7
内容 太平洋戦争初期におけるアメリカの戦略（ウィリアムソン・マーレー著, 山本文史訳）〔08475〕

マレー, ゴードン・S.　Murray, Gordon S.
◇投資とお金について最後に伝えたかったこと（The investment answer）　ダニエル・C.ゴールディ, ゴードン・S.マレー著, 漆嶋稔訳　日本経済新聞出版社　2011.10　143p　20cm　1400円　①978-4-532-35491-6
内容 1 投資とお金で成功するための「意思決定」（自己決定　資産配分の決定　資産分散の決定　アクティブ投資vsパッシブ投資の決定　ポートフォリオ再配分の決定）　2 投資とお金で失敗しないための「結論」（何と比較するのか？　オルタナティブ投資はどうなのか？　誰でも投資で成功できる）〔08476〕

マレー, ジェーン
◇エビデンスに基づく教育政策（EVIDENCE-BASED EDUCATION POLICY）　D.ブリッジ, P.スメイヤー, R.スミス編著, 柘植雅義, 葉養正明, 加治佐哲也編訳　勁草書房　2013.11　270p　21cm　〈索引あり〉3600円　①978-4-326-25092-9
内容 アクションリサーチと政策（ロレーヌ・フォアマン＝ペック, ジェーン・マレー著, 柘植雅義, 尾崎朱, 河場哲史ほか訳）〔08477〕

マレー, スチュアート・A.P.　Murray, Stuart A.P.
◇図説図書館の歴史（The library）　スチュアート・A.P.マレー著, 日暮雅通監訳　原書房　2011.12　396p　22cm　〈索引あり〉4200円　①978-4-562-04744-4
内容 第1章 古代の図書館　第2章 中世ヨーロッパの図書館　第3章 アジアとイスラーム　第4章 ヨーロッパの中世盛期　第5章 ルネサンスと宗教改革　第6章 啓典の民　第7章 戦争と黄金時代　第8章 北アメリカの植民地の図書館　第9章 黎明期アメリカ合衆国の図書館　第10章 図書館運動　第11章 知識の整理　第12章 図書館、図書館員、メディアセンター〔08478〕

マレー, チャールズ　Murray, Charles A.
◇階級「断絶」社会アメリカ―新上流と新下流の出現（Coming Apart）　チャールズ・マレー著, 橘明美訳　草思社　2013.2　558p　20cm　〈文献あり 索引あり〉3200円　①978-4-7942-1958-9
内容 第1部 新上流階級の形成（わたしたちのような人々　新上流階級形成の基盤　新種の居住地分離 ほか）　第2部 新下層階級の形成（建国の美徳　ベルモントとフィッシュタウン　結婚 ほか）　第3部 それがなぜ問題なのか（アメリカ社会の選択的崩壊　建国の美徳と人生の本質　分かつことのできない一つの国 ほか）　付録〔08479〕

マレー, マーセル　Marée, Marcel
◇ファラオと女王（Pharaohs and queens）　マーセル・マレー著, 近藤悠子訳, 近藤二郎監修　学芸書林　2011.6　50p　19cm　（大英博物館双書 4―古代の神と王の小事典 6）〈索引あり〉1500円　①978-4-87517-089-1
内容 エジプトの王権　初期王朝時代　古王国時代　中王国時代　第2中間期　新王国時代　第3中間期　末期王朝時代　プトレマイオス王朝時代〔08480〕

マレー, リズ　Murray, Liz
◇ブレイキング・ナイト―ホームレスだった私がハーバードに入るまで（Breaking night）　リズ・マレー著, 大城光子訳　阪急コミュニケーションズ　2012.3　452p　20cm　2200円　①978-4-484-12105-5
内容 ユニバーシティ・アベニュー　学校　精神病棟　崩壊　お手上げ　男の子　ブレイキング・ナイト　モーテル　真珠　壁　訪問　可能性〔08481〕

マレー, ロバート・エメット　Murray, Robert Emmett
◇アメリカの労働社会を読む事典（THE LEXICON OF LABOR（原著改訂版））　R.エメット・マレー著, 小畑精武, 山崎精一訳　明石書店　2012.7　286p　20cm　〈文献あり 索引あり〉3800円　①978-4-7503-3639-8〔08482〕

マーレイ, アラン　Murray, Alan S.

◇ウォール・ストリート・ジャーナル ザ・マネジメント―世界標準のリーダーの条件（THE WALL STREET JOURNAL ESSENTIAL GUIDE TO MANAGEMENT）　アラン・マーレイ著, 小野由美子監訳, 高橋璃子訳　かんき出版　2013.11　317p　19cm　〈文献あり〉1600円　①978-4-7612-6959-3　〔08483〕

マレイ, デイビッド・コード　Murray, David Kord

◇PlanB―不確実な世界で生きのびるための11の法則（PLAN B）　デイビッド・コード・マレイ著, 花塚恵訳　東洋経済新報社　2012.7　283p　20cm　〈文献あり〉2200円　①978-4-492-53317-8

内容 グランドストラテジー（大戦略）を描く―マルベリー作戦、iTunesと缶切り、進化の種　課題を特定する―マッキンリー山、フェイスブックのコンセプト、課題に関する法則　戦術リストをつくる―ファットマンとリトルボーイ、解決策に関する法則　勝負の場所を選ぶ―シルク・ドゥ・ソレイユ、クラウゼヴィッツ、力の法則　戦略と戦術の連携を図る―空っぽの一万店舗、「母と子の絆」、並列思考の法則　ゴールを設定する―IBM360、ローマ人のロングシップ、目標に関する法則　プランAを立てる―アーネスト・ヘミングウェイ、考えるように書く、計画書に関する法則　複数の未来を予測する―モルガン・スタンレーのアナリスト、カオス系、予測に関する法則　成功を促進し失敗を切り捨てる―初めてのセックス、勝者のバイアス、心構えに関する法則　指標で成否を判断する―アイスクリームと溺死の関係、相関関係と因果関係に関する法則　プランBに進化させる　進化を促す文化をつくる　プランB―プランAの子ども　〔08484〕

マレク, ウィリアム　Malek, William A.

◇戦略実行―立案から結果につなげるフレームワーク（Executing your strategy）　マーク・モーガン, レイモンド・E.レビット, ウィリアム・マレク著, 後藤治, 小林暢子訳　東洋経済新報社　2012.3　334, 17p　21cm　〈索引あり〉2800円　①978-4-492-55705-1

内容 まともな戦略を正しく実行することはなぜ難しいか？―そしてあなたにできることは？　1 正しい戦略をつくるために（“思い”のフレームワーク―「アイデンティティ」、「目的」、「未来への意思」を明らかにする　“ビジョン”のフレームワーク―「未来への意思」を「戦略」、「到達目標」、「指標」に変換する　“風土”のフレームワーク―「戦略」と「文化」と「構造」を整合させる）　2 戦略を結果に結びつけるために（“協働”のフレームワーク―「プロジェクト」を介して「戦略」を現実のものにする　“統合”のフレームワーク―複数のプロジェクトをポートフォリオとして管理する　“移行”のフレームワーク―「プロジェクト」成果をメインストリームへ移す）　正しい事柄を正しく行うことによって戦略を実行する　〔08485〕

マレーシア

◇マレーシア労働関連法和訳（Employment Act, 1955（Act265）& regulations, Employee's social Act, 1969（Act4）& regulations and rules, Guide to the Act and labour laws of Malaysia）　NNA（MALAYSIA）SDN BHD.訳編　最新改訂版第2版　エヌ・エヌ・エー　2010.7　374p　26cm　25000円　①978-4-86341-016-9　〔08486〕

マレンボン, ジョン

◇哲学大図鑑（The philosophy book）　ウィル・バッキンガムほか著, 小須田健訳　三省堂　2012.2　352p　25cm　〈索引あり〉3800円　①978-4-385-16223-2

内容 古代世界―紀元前700年～後250年　中世世界―250年～1500年　ルネサンスと理性の時代―1500年～1750年　革命の時代―1750年～1900年　現代世界―1900年～1950年　現代哲学―1950年～現在　〔08487〕

◇中世の哲学―ケンブリッジ・コンパニオン（THE CAMBRIDGE COMPANION TO MEDIEVAL PHILOSOPHY）　A.S.マクグレイド編著, 川添信介監訳　京都　京都大学学術出版会　2012.11　601p　22cm　〈文献あり 年表あり 索引あり〉5800円　①978-4-87698-245-5

内容 二つの中世的観念（ジョン・マレンボン,D.E.ラスカム執筆, 井沢清訳）　〔08488〕

マロ, サルバドール

◇新興国家の世界水準大学戦略―世界水準をめざすアジア・中南米と日本（World-Class Worldwide）　フィリップ・G.アルトバック, ホルヘ・バラン編, 米沢彰純監訳　東信堂　2013.5　386p　22cm　〈索引あり〉4800円　①978-4-7989-0134-3

内容 メキシコにおける研究大学の役割（サルバドール・マロ執筆, 河田裕子訳）　〔08489〕

マロウチック, ロバート　Murowchick, Robert E.

◇古代中国―兵士と馬とミイラが語る王朝の栄華（Ancient China）　ジャクリーン・ボール, リチャード・リーヴィ著, ロバート・マロウチック監修, 中川治子訳　神戸　BL出版　2013.12　63p　26cm　（ナショナルジオグラフィック―考古学の探検）〈文献あり 年表あり 索引あり〉1800円　①978-4-7764-0558-0　〔08490〕

マロッツィ, ジャスティン

◇世界探検家列伝―海・河川・砂漠・極地、そして宇宙へ（The great explorers）　ロビン・ハンベリーテニソン編著, 植松靖夫訳　悠書館　2011.9　303p　26cm　〈文献あり 索引あり〉9500円　①978-4-903487-49-6

内容 ハインリヒ・バルト―サハラ砂漠を横断 他（ジャスティン・マロッツィ）　〔08491〕

マローン, カレン

◇子どもにやさしいまちづくり　第2集　喜多明人, 荒牧重人, 森田明美, 内田塔子, 半田勝久編著　日本評論社　2013.9　235p　21cm　〈他言語標題：CHILD FRIENDLY CITIES〉2400円　①978-4-535-58653-6

内容 アジア・太平洋地域における「子どもにやさしいまち」の実現に向けた取組み（カレン・マローン著, 内田塔子訳）　〔08492〕

マローン, スティーヴン・P.

◇中世の哲学―ケンブリッジ・コンパニオン

（THE CAMBRIDGE COMPANION TO MEDIEVAL PHILOSOPHY） A.S.マクグレイド編著, 川添信介監訳　京都　京都大学学術出版会　2012.11　601p　22cm　〈文献あり 年表あり 索引あり〉5800円　①978-4-87698-245-5

内容 中世哲学の文脈（スティーヴン・P.マローン執筆, 川添信介訳）　〔08493〕

マローン, ピーター　Malone, Peter

◇なぜカツラは大きくなったのか？―髪型の歴史えほん（Big wig）　キャスリーン・クルル文, ピーター・マローン絵, 宮坂宏美訳　あすなろ書房　2012.4　46p　26cm　〈文献あり〉1600円　①978-4-7515-2692-7　〔08494〕

マーワンファ

◇転換期の教育改革―グローバル時代のリーダーシップ（Changing education）　ピーター・D.ハーショック, マーク・メイソン, ジョン・N.ホーキンス編著, 島川聖一郎, 高橋貞雄, 小原一仁監訳　町田　玉川大学出版部　2011.7　377p　22cm　〈文献あり〉6200円　①978-4-472-40430-6

内容 グローバル化と高等教育の枠組みの変化（マーワンファ著）　〔08495〕

マン, シビン*　満 志敏

◇東アジア海文明の歴史と環境　鶴間和幸, 葛剣雄編著　東方書店　2013.3　555p　22cm　（学習院大学東洋文化研究叢書）　4800円　①978-4-497-21304-4

内容 黄河故河道復元におけるマルチソースデータの応用（満志敏著, 柏倉伸哉訳）　〔08496〕

マン, ジョン

◇世界一素朴な質問、宇宙一美しい答え―世界の第一人者100人が100の質問に答える（BIG QUESTIONS FROM LITTLE PEOPLE）　ジェンマ・エルウィン・ハリス編, 西田美緒子訳, タイマタカシ絵　河出書房新社　2013.11　298p　22cm　2500円　①978-4-309-25292-6

内容 人間はどうやって文字を書くことをおぼえたの？（ジョン・マン）　〔08497〕

マン, ジョン・デイビッド　Mann, John David

◇ひとを動かす技術―1人の部下も500人の反対者も自分から動いてくれる（IT'S NOT ABOUT YOU）　ボブ・バーグ, ジョン・デイビッド・マン著, 川村透訳　大和書房　2012.12　254p　20cm　1600円　①978-4-479-79369-4

内容 1週間で500人から「イエス」を引き出す　自分が「与えられるもの」を知る　「原点」と「ビジョン」を見つめる　引く　相手の「力」を引き出す　「説得」しない　仕事を知り尽くす　自ら泥にまみれる　「価値観」を明確にする　「ありのままの自分」をさらす　「4つの柱」で人を動かす　「ひとつ上の視点」に立つ　相手に決めさせる　自分を手放す　〔08498〕

マン, デイビッド　Mann, David

◇インサイドMicrosoft SharePoint 2010（Inside Microsoft SharePoint 2010）　Ted Pattison, Andrew Connell,Scot Hillier,David Mann著, トップスタジオ訳　日経BP社　2012.1　627p　24cm　（マイクロソフト公式解説書）〈索引あり　発売：日経BPマーケティング〉8500円　①978-4-8222-9462-5

内容 SharePoint 2010開発者ロードマップ　SharePoint Foundation開発　Visual Studio 2010用のSharePoint Developer Tools　サンドボックスソリューション　ページとナビゲーション　コントロールとWebパーツ　リストとイベント　テンプレートと型定義　リスト内のデータへのアクセス　クライアント側プログラミング〔ほか〕　〔08499〕

マン, ルース・E.*　Mann, Ruth E.

◇動機づけ面接法　応用編（Motivational interviewing（2nd edition））　ウイリアム・R.ミラー, ステファン・ロルニック編, 松島義博, 後藤恵, 猪野亜朗訳　星和書店　2012.9　291p　21cm　〈文献あり〉3200円　①978-4-7911-0817-6

内容 刑事司法領域の人々と動機づけ面接法（Joel I.D. Ginsburg, Ruth E.Mann, Frederick Rotgers, John R.Weeke）　〔08500〕

マンキュー, N.グレゴリー　Mankiw, N.Gregory

◇マクロ経済学　1（入門篇）（Macroeconomics（7th ed.））　N.グレゴリー・マンキュー著, 足立英之, 地主敏樹, 中谷武, 柳川隆訳　第3版　東洋経済新報社　2011.4　472p　22cm　〈索引あり〉3800円　①978-4-492-31409-8

内容 第1部 イントロダクション（科学としてのマクロ経済学　マクロ経済学のデータ）　第2部 古典派理論―長期の経済（国民所得：どこから来てどこへ行くのか　貨幣とインフレーション　失業 ほか）　第3部 景気循環理論―短期の経済（景気変動へのイントロダクション ほか）　〔08501〕

◇マクロ経済学　2（応用篇）（Macroeconomics（7th ed.））　N.グレゴリー・マンキュー著, 足立英之, 地主敏樹, 中谷武, 柳川隆訳　第3版　東洋経済新報社　2012.4　347p　22cm　〈索引あり〉3700円　①978-4-492-31420-3

内容 第1部 成長理論：超長期の経済（経済成長1：資本蓄積と人口成長　経済成長2：技術・実証・政策）第2部 マクロ経済政策論争（安定化政策　政府負債と財政赤字）　第3部 マクロ経済学のさらなるミクロ的基礎（消費　投資　貨幣供給、貨幣需要と銀行システム　総需要と総供給の動学モデル）　わかっていることと、いないこと　〔08502〕

◇マンキュー経済学　1　ミクロ編（Principles of Economics（原著第6版））　N.グレゴリー・マンキュー著, 足立英之, 石川城太, 小川英治, 地主敏樹, 中馬宏之, 柳川隆訳　第3版　東洋経済新報社　2013.4　730p　22cm　〈索引あり〉4000円　①978-4-492-31437-1

内容 第1部 イントロダクション　第2部 市場はどのように機能するか　第3部 市場と厚生　第4部 公共部門の経済学　第5部 企業行動と産業組織　第6部 労働市場の経済学　第7部 より進んだ話題　〔08503〕

マングェル, アルベルト　Manguel, Alberto

◇読書の歴史―あるいは読者の歴史（A HISTORY OF READING）　アルベルト・マングェル著, 原田範行訳　新装版　柏書房　2013.1　354, 38p　21cm　〈索引あり〉3800円　①978-4-7601-4219-

4
内容 最後のページ　読書すること（陰影を読む　黙読する人々　記憶の書　文字を読む術 ほか）　読者の力（起源　宇宙を創る人々　未来を読む　象徴的な読者 ほか）　見返しのページ　〔08504〕

マンケン, トマス　Mahnken, Thomas G.
◇戦略論―現代世界の軍事と戦争（Strategy in the Contemporary World（原著第3版）（抄訳））　ジョン・ベイリス, ジェームズ・ウィルツ, コリン・グレイ編, 石津朋之監訳　勁草書房　2012.9　314p　21cm 〈文献あり 索引あり〉2800円　①978-4-326-30211-6
内容 戦略理論（トマス・マンケン著, 石津朋之訳）　〔08505〕

マンスフィールド, アンディ　Mansfield, Andy
◇クリスマスの星（FOLLOW THE STAR）　アンディ・マンスフィールドさく, みましょうこやく　大日本絵画　2013　1冊（ページ付なし）　26×26cm　（とびだししかけえほん）　1800円　①978-4-499-28440-0　〔08506〕

マンゾン, マリア
◇比較教育研究―何をどう比較するか（Comparative education research）　マーク・ブレイ, ボブ・アダムソン, マーク・メイソン編著, 杉村美紀, 大和洋子, 前田美子, 阿古智子訳　上智大学出版　2011.6　351p　21cm 〈文献あり 索引あり　発売：ぎょうせい〉2500円　①978-4-324-08596-7
内容 地理的地域・空間・場所に基づく比較研究（マリア・マンゾン著, 大和洋子訳）　〔08507〕

マンツェンライター, ヴォルフラム　Manzenreiter, Wolfram
◇日本人の「男らしさ」―サムライからオタクまで「男性性」の変遷を追う（RECREATING JAPANESE MEN）　サビーネ・フリューシュトゥック, アン・ウォルソール編著, 長野ひろ子監訳, 内田雅克, 長野麻紀子, 粟倉大輔訳　明石書店　2013.1　307p　22cm　3800円　①978-4-7503-3745-6
内容 壁を登る（ウォルフラム・マンツェンライター著, 長野麻紀子訳）　〔08508〕

マンディ, ジョン　Mundy, Jon
◇『奇跡のコース』を生きる―入門から実践まで（LIVING A COURSE in MIRACLES）　ジョン・マンディ著, 香咲弥須子監訳　ナチュラルスピリット　2012.11　310p　19cm　2000円　①978-4-86451-063-0
内容 ようこそ！『奇跡のコース』へ　救済のストーリー　自我のメカニズム　真の自己に戻る道　コースを生きる―実践　ゆるしと優しさ―祈りの歌より　〔08509〕

マンディ, ライナス　Mundy, Linus
◇ゆったりと生きるセラピー（Slow～down therapy）　ライナス・マンディ文, R.W.アリー絵, 目黒摩天雄訳　サンパウロ　2011.12　1冊（ページ付なし）　16cm　（Elf-help books）〈原文併記〉700円　①978-4-8056-8807-6　〔08510〕

◇命日を迎えるセラピー（On the Anniversary of Your Loss）　ライナス・マンディ文, R.W.アリー絵, 目黒摩天雄訳　サンパウロ　2013.2　1冊（ページ付なし）　16cm　（Elf-Help books）〈英語併記〉700円　①978-4-8056-8510-5　〔08511〕

マンテガ, ギド
◇世界は考える　野中邦子訳　土曜社　2013.3　189p　19cm　（プロジェクトシンジケート叢書 2）〈文献あり〉1900円　①978-4-9905587-7-2
内容 ブラジルの経済革命（ギド・マンテガ著）　〔08512〕

マンデラ, ネルソン　Mandela, Nelson R.
◇ネルソン・マンデラ私自身との対話（Conversations with myself）　ネルソン・マンデラ著, 長田雅子訳　明石書店　2012.1　522p　20cm 〈年表あり　索引あり〉3800円　①978-4-7503-3517-9
内容 1 牧歌劇（記憶の深淵　仲間たち）　2 劇詩（心の翼　殺す理由はない　破裂する世界　体の鎖）　3 叙事詩（満たされない男　幕間　満たされた男　駆け引き　カレンダー日記）　4 悲喜劇（嫌われ者から奇跡の人へ　祖国を離れて　故郷）　〔08513〕

マンデルバウム, マイケル　Mandelbaum, Michael
◇かつての超大国アメリカ―どこで間違えたのかどうすれば復活できるのか（That Used to Be Us）　トーマス・フリードマン, マイケル・マンデルバウム著, 伏見威蕃訳　日本経済新聞出版社　2012.9　525p　20cm 〈索引あり〉2400円　①978-4-532-16845-2
内容 第1部 診断（異変に気づいたら、ご一報を　自分たちの問題から目をそむける ほか）　第2部 教育という難題（戻らない雇用　応援求む ほか）　第3部 数学と物理学に対する戦争（これはわれわれが当然受け取るべきものだ　数学（と未来）との戦争 ほか）　第4部 失政（魔の二歳児　「なにがなんでも反対」 ほか）　第5部 アメリカ再発見（俗言に惑わされない人々　ショック療法 ほか）　〔08514〕

マンデルブロ, ベノワ・B.　Mandelbrot, Benoit B.
◇フラクタリスト―マンデルブロ自伝（THE FRACTALIST）　ベノワ・B.マンデルブロ著, 田沢恭子訳　早川書房　2013.9　493p　20cm　2800円　①978-4-15-209401-8
内容 第1部 科学者になるまで（ルーツ―血筋と精神の根源　ワルシャワでの子ども時代（一九二四～三六年）　パリでの少年時代（一九三六～三九年） ほか）　第2部 科学と人生を学んだ紆余曲折の長い道のり（パリ―試験地獄、選択の苦しみ、一日だけ通ったノルマル（一九四四～四五年）　エコール・ポリテクニークの（当時はめずらしかった）外国人学生（一九四五～四七年）　パサデナ―黄金時代のカルテクへの留学（一九四七～四九年） ほか）　第3部 人生の実り多き第三段階（IBM研究所で科学の黄金時代を過ごす（一九五八～九三年）　ハーヴァードにて―ファイナンス分野の扇動的な新参者が革命的な展開を推し進める（一九六二～六三年）　フラクタルへ向かう―経済学、工学、数学、物理学によって、IBM、ハーヴァード、MIT、イェールを経て（一九六三～六四年） ほか）　〔08515〕

マ

マンデルボウム, アレクサンドラ　Mandelbaum, Alexandra
◇グリーン・バリュー経営への大転換（Green Business, Green Values, and Sustainability（抄訳））　クリストス・ピテリス, ジャック・キーナン, ヴィッキー・プライス編著, 谷口和弘訳　NTT出版　2013.7　285p　20cm　〈索引あり〉　2800円　①978-4-7571-2292-5
内容 持続可能な経済特区―行動のきっかけ（リチャード・ブロイド, ジェフ・グローガン, アレクサンドラ・マンデルボウム, アレハンドロ・ギテレーツ, デブラ・ラム）〔08516〕

マントウ, エチエンヌ
◇新戦略の創始者―マキアヴェリからヒトラーまで 上（Makers of modern strategy）　エドワード・ミード・アール編著, 山田積昭, 石塚栄, 伊藤博邦訳　原書房　2011.3　383p　20cm　〈1978年刊の新版〉　2800円　①978-4-562-04674-4
内容 フランス流兵学―ド・ピック フォッシュ（ステファン・T.ポッソニー, エチエンヌ・マントウ著, 山田積昭訳）〔08517〕

マンビル, ブルック　Manville, Brook
◇ジャッジメントコール―決断をめぐる12の物語（JUDGMENT CALL）　トーマス・H.ダベンポート, ブルック・マンビル著, 古川奈々子訳　日経BP社　2013.3　399p　20cm　〈発売：日経BPマーケティング〉　1800円　①978-4-8222-8494-7
内容 1 参加型の問題解決プロセスをめぐるストーリー（NASA STS‐119―打ち上げを許可するべきか WGBホームズ―この住宅を売るにはどうしたらいいか ほか）　2 技術と分析をめぐるストーリー（パートナーズ・ヘルスケアシステム―この患者をどう治療すべきか　コグニザント―オフショア企業はいかにして知識を共有するか ほか）　3 文化の力に関するストーリー（古代アテナイの人々―国の存亡にかかわる侵略から市民を守れるか　メイベル・ユーとバンガード・グループ―サブプライムローン債券を投資家に推奨するべきか ほか）　4 新しいリーダーたちのストーリー（メディアゼネラル―新しい戦略のために会社の再編成が必要か　ウォレス財団―社会に本当の変化をいかにしてもたらすか ほか）〔08518〕

【ミ】

ミアシャイマー, ジョン・J.　Mearsheimer, John J.
◇なぜリーダーはウソをつくのか―国際政治で使われる5つの「戦略的なウソ」（WHY LEADERS LIE）　ジョン・J.ミアシャイマー著, 奥山真司訳　五月書房　2012.4　229p　19cm　1800円　①978-4-7727-0497-7
内容 第1章「ウソをつく」とはどういうことか　第2章 国際政治で使われるウソの種類　第3章 国家間のウソ　第4章 恐怖の煽動　第5章 戦略的隠蔽　第6章 ナショナリスト的な神話　第7章 リベラル的なウソ　第8章 国際政治で使われるウソの難点　第9章 結論〔08519〕

ミアン, マーセリーナ　Mian, Marcellina
◇エビデンスに基づく子ども虐待の発生予防と防止介入―その実践とさらなるエビデンスの創出に向けて（Preventing child maltreatment）　トニー・ケーン編, アレキサンダー・ブッチャー, アリソン・フィネイ・ハーベイ, マーセリーナ・ミアン, ティルマン・フュルニス著, 藤原武男, 水木理恵監訳, 坂戸美和子, 富田拓, 市川佳世子訳, 小林美智子監修　明石書店　2011.12　175p　21cm　2800円　①978-4-7503-3505-6
内容 導入　第1章 子ども虐待の性質と帰結　第2章 疫学と事例に基づいた情報　第3章 子ども虐待の予防・防止　第4章 虐待を受けた子どもとその家族に対するサービス　第5章 結論と提言　付録〔08520〕

ミオスゲ, ディーター
◇ユダヤ出自のドイツ法律家（DEUTSCHE JURISTEN JUDISCHER HERKUNFT）　ヘルムート・ハインリッヒス, ハラルド・フランツキー, クラウス・シュマルツ, ミヒャエル・シュトレイス著, 森勇監訳　八王子　中央大学出版部　2012.3　25, 1310p　21cm　（日本比較法研究所翻訳叢書 62）　〈文献あり 索引あり〉　13000円　①978-4-8057-0363-2
内容 ブラウンシュヴァイク公国の弁護士そして地方政治家 他（ディーター・ミオスゲ著, 森勇訳）〔08521〕

ミキ, キヨシ　三木 清
◇『Japan To-day』研究―戦時期『文芸春秋』の海外発信　鈴木貞美編　京都　国際日本文化研究センター　2011.3　375p　26cm　（日文研叢書）　〈発売：作品社〉　4800円　①978-4-86182-328-2
内容 我々の政治哲学（三木清著, 鈴木貞美訳）〔08522〕

ミキーシン, ユーリ　Mikishin, Yury
◇景観の大変容―新石器化と現代化　内山純蔵, カティ・リンドストロム編　京都　昭和堂　2011.3　246, 6p　21cm　（東アジア内海文化圏の景観史と環境 2）　4000円　①978-4-8122-1117-5
内容 ロシア極東の新石器化に伴う景観変化とその特徴 他（アレクサンダー・ポポフ, アンドレイ・タバレフ, ユーリ・ミキーシン著）〔08523〕

ミザーズ, キャロル　Mithers, Carol Lynn
◇祈りよ力となれ―リーマ・ボウイー自伝（MIGHTY BE OUR POWERS）　リーマ・ボウイー, キャロル・ミザーズ著, 東方雅美訳　英治出版　2012.9　323p　20cm　〈年表あり〉　2200円　①978-4-86276-137-8
内容 第1部（世界は私のものだった　「すぐに問題は解決する」　死んでしまうには若過ぎる！　罠にはまる　見知らぬ土地で　一瞬の平和）　第2部（「君ならできる」　元少年兵の素顔　ジェニーバとの新しい家　女も声をあげよう　新しい平和組織を立ち上げる　「絶対にやめないで！」　歴史を動かした座り込み　「奴らを勝たせておくの？」）　第3部（戦争は本当に終わったのか　前に進むべきとき　大切な人を失う　新しい女性ネットワークつくる　悪魔よ地獄に帰れ祖国のために働く　物語は終わらない）〔08524〕

ミジオ, フランシス Mizio, Francis

◇革命児たちの仰天!?情熱人生 (L'ENCYCLOPÉDIE DES REBELLES) アンヌ・ブランシャール, フランシス・ミジオ著, セルジュ・ブロッシュ絵, 木山美穂訳 岩崎書店 2012.10 126p 31cm 〈索引あり〉3000円 ①978-4-265-85026-6

内容 いろんな分野で革命を起こした人、大集合! アメンホテプ4世 スパルタクス アッシジの聖フランチェスコ フランソワ・ヴィヨン ガリレオ・ガリレイ アイザック・ニュートン トゥーサン・ルーヴェルチュール ルートヴィヒ・ヴァン・ベートーヴェン シモン・ボリバル〔ほか〕 〔08525〕

ミシャル, ニシム Mishal, Nissim

◇モサド・ファイル―イスラエル最強スパイ列伝 (MOSSAD(重訳)) マイケル・バー=ゾウハー, ニシム・ミシャル著, 上野元美訳 早川書房 2013.1 454p 20cm 〈文献あり〉2500円 ①978-4-15-209352-3

内容 ライオンの巣穴に一人で飛びこむ 闇世界の帝王 テヘランの葬儀 バグダッドの処刑 ソ連のスパイと海に浮かんだ死体 「ああ、それ? フルシチョフの演説よ…」 「アイヒマンを連れてこい! 生死は問わない」 ヨセレはどこだ? モサドに尽くすナチスの英雄 ダマスカスの男〔ほか〕 〔08526〕

ミシュラ, シブランジャン

◇広池千九郎の思想と業績―モラロジーへの世界の評価 2009年モラルサイエンス国際会議報告 岩佐信道, 北川治男監修 柏 モラロジー研究所 2011.2 471p 22cm 〈他言語標題: Ethical Theory and Moral Practice : Evaluating Chikuro Hiroike's Work in Moralogy 発売: 広池学園事業部(柏)〉3200円 ①978-4-89639-195-4

内容 広池千九郎の最高道徳の思想(シブランジャン・ミシュラ著, 竹内啓二訳) 〔08527〕

ミシュレ, ジュール Michelet, Jules

◇フランス史 4 17世紀―ルイ14世の世紀 (Histoire de France) ミシュレ〔著〕, 大野一道, 立川孝一監修 大野一道, 金光仁三郎責任編集 藤原書店 2010.12 554p 20cm 〈年表あり 索引あり〉4600円 ①978-4-89434-776-2 〔08528〕

◇フランス史 5 18世紀―ヴェルサイユの時代 (Histoire de France) ミシュレ〔著〕, 大野一道, 立川孝一監修 大野一道, 小井戸光彦, 立川孝一責任編集 藤原書店 2011.3 528p 20cm 〈年表あり 索引あり〉4600円 ①978-4-89434-792-2 〔08529〕

◇フランス史 6 19世紀―ナポレオンの世紀 (Histoire de France : dix-neuvieme siecle) ミシュレ〔著〕, 大野一道, 立川孝一監修 立川孝一責任編集 藤原書店 2011.9 615p 20cm 〈著作目録あり 年譜あり 年表あり 索引あり〉4600円 ①978-4-89434-818-9

内容 社会主義、軍国主義、産業主義 バブーフ 女たちの想いと躍進 活動再開 学校の創設 ジェルミナルとプレリアルの峰起(一七九五年四月 - 五月) ヴァンデミエールの反乱―ボナパルトの登場 ボナパルト家の起源 イタリア遠征の企て 歴史の審判 イギリスとアイルランド〔ほか〕 〔08530〕

◇ちくま哲学の森 8 自然と人生 鶴見俊輔, 安野光雅, 森毅, 井上ひさし, 池内紀編 筑摩書房 2012.4 448p 15cm (〔ちくま文庫〕) 1300円 ①978-4-480-42868-4

内容 序の章(ミシュレ著, 篠田浩一郎訳) 〔08531〕

ミジリー, N.* Midgley, Nick

◇子どもの心理療法と調査・研究―プロセス・結果・臨床的有効性の探求 (Child psychotherapy and research) ニック・ミッジリー, ジャン・アンダーソン, イブ・グレンジャー, ターニャ・ネシッジ・ブコビッチ, キャシー・アーウィン編著, 鵜飼奈津子監訳 大阪 創元社 2012.2 287p 22cm 〈索引あり 文献あり〉5200円 ①978-4-422-11524-5

内容 心理療法プロセスについての新しい見方と話し方の発見:子どもの心理療法Qセット(Celeste Schneider,Anna Pruetzel-Thomas,Nick Midgley著, 松本拓真訳) 〔08532〕

ミツクナイテ, エレナ

◇自由への変革と市民教育 不破和彦編訳 青木書店 2011.2 182p 22cm 2500円 ①978-4-250-21102-7

内容 リトアニアの成人教育(ゲヌテ・ゲドヴィレネ, エレナ・ミツクナイテ, ニヨレ・ブルクシャイティエネ著) 〔08533〕

ミッジリー, ニック Midgley, Nick

◇子どもの心理療法と調査・研究―プロセス・結果・臨床的有効性の探求 (Child psychotherapy and research) ニック・ミッジリー, ジャン・アンダーソン, イブ・グレンジャー, ターニャ・ネシッジ・ブコビッチ, キャシー・アーウィン編著, 鵜飼奈津子監訳 大阪 創元社 2012.2 287p 22cm 〈索引あり 文献あり〉5200円 ①978-4-422-11524-5

内容 1 子どもの心理療法における調査・研究とは?(子どもの心理療法の調査・研究:その進歩、問題点、そして可能性は? 子どもの心理療法士は何を知っているのだろうか?) 2 子どもの心理療法のプロセス研究(子どもの心理療法におけるプロセスの筋道づけ:精神分析的事例研究を評価するための新しい方法の策定に向けた諸段階 心理療法プロセスについての新しい見方と話し方の発見:子どもの心理療法Qセット ほか) 3 子どもの心理療法の結果とその臨床的有効性の評価(公的保護下にある子どもの精神分析的心理療法の評価 子どものうつ:予後の調査・研究プロジェクト ほか) 4 多職種協働による調査・研究(自閉症の子どもの対人関係:臨床的複雑さvs.科学的単純さ? リスクを伴う危険な行動の神話的重要性 ほか) 〔08534〕

ミッジリィ, ジェームズ Midgley, James

◇ソーシャルワークと社会開発―開発的ソーシャルワークの理論とスキル (Social Work and Social Development) James Midgley,Amy Conley著, 宮城孝監訳 丸善出版 2012.8 254p 21cm 〈訳:李恩心ほか 索引あり〉3800円 ①978-4-621-08585-1

ミ

内容 第1部 ソーシャルワークにおける開発的視点(開発的ソーシャルワークの理論と実践)　第2部 実践における社会的投資戦略とソーシャルワーク領域(社会開発、社会的投資と児童福祉　プロダクティブ・エイジングと社会開発　社会的投資と精神保健―社会的企業の役割　開発的ソーシャルワークと障害者　貧困、社会扶助と社会的投資　犯罪、社会開発と矯正ソーシャルワーク　社会開発、社会的企業と若年ホームレス　コミュニティ実践と開発的ソーシャルワーク)　第3部 結論(開発的ソーシャルワークの限界と展望)　〔08535〕

ミッター, ラナ　Mitter, Rana

◇国際関係のなかの日中戦争　西村成雄, 石島紀之, 田嶋信雄編　慶応義塾大学出版会　2011.7　450p　22cm　(日中戦争の国際共同研究 4)　5800円　①978-4-7664-1855-2

内容 日中戦争前後のイギリス外交と中国観の変容(ラナ・ミッター著, 木谷名都子訳)　〔08536〕

◇五四運動の残響―20世紀中国と近代世界（A BITTER REVOLUTION）　ラナ・ミッター〔著〕, 吉沢誠一郎訳　岩波書店　2012.7　336, 7p　22cm　〈索引あり〉7000円　①978-4-00-022922-7

内容 第1部 衝撃(発火点 一九一九年五月四日―新しい中国の形成　二都物語―北京、上海、そして五四の世代　幸福の実験―新文化時期中国における生活と愛　孔子よ、さらば―新しい政治新しい文化)　第2部 余波(死の国―中国を覆う暗闇　明日、全世界は紅くなる―文化大革命と歪曲された五四　『醜い中国人』と「河殤」―改革と「新しい五四」　思い切ってやってみる―五四の遺産と二千年紀)　〔08537〕

ミッチェル, スティーヴン　Mitchell, Stephen

◇ザ・ワーク―人生を変える4つの質問（Loving what is）　バイロン・ケイティ, スティーヴン・ミッチェル著, ティム・マクリーン, 高岡よし子監訳, 神田房枝訳　ダイヤモンド社　2011.4　323p　19cm　〈他言語標題 : THE WORK 『人生を変える4つの質問』(アーティストハウス2003年刊)の新訳、改題〉1800円　①978-4-478-00377-0

内容 基本的な考え方　ワークのやり方　実例を読む前に　夫婦や家族について問いかける　問いかけを深める　仕事とお金について考え方を変える　自分を裁く　子供へのアプローチ　水面下のビリーフをつきとめる　人以外を対象としたワーク　体と依存についてのワーク　最悪の状況を友とする　Q&A―よくある質問に答える　ワークを日常で生かすために　〔08538〕

ミッティカ, ピエルパオロ　Mittica, Pierpaolo

◇原発事故20年―チェルノブイリの現在（Chernobyl）　ピエルパオロ・ミッティカ写真, 児島修訳　柏書房　2011.11　237p　20cm　〈文献あり〉3000円　①978-4-7601-4047-3　〔08539〕

ミードウ, メリル　Meadow, Merrill

◇「これから」を生きるための授業―ハーバード・ビジネススクール（HOWARD'S GIFT）　エリック・シノウェイ, メリル・ミードウ著, 岩瀬大輔訳　三笠書房　2013.4　253p　20cm　1400円　①978-4-8379-5740-9

内容 すべての働く人へ―ハワード先生「後悔しない生き方の授業」　「ピンチ」を人生最大の「チャンス」に変える方法　夢をかなえる人はゴールからスタートを切っている　一度きりの人生を、あなたはどう描くか　「自分らしさ」は選べる　「自信を土台にできる人」「自信過剰に陥る人」　"弱点"をなくすより、"強み"を伸ばしなさい　「他人が敷いたレール」を走らない　情熱に火をつける「メンター」を探せ　上手に助けを求められる人　「もっと自分を高める環境」を選ぶ　時に「人生の岐路」を楽しめ　「失敗をバネにできる人」が得るもの　未来を切り拓く人は、もう静かに行動を起こしている　〔08540〕

ミトラ, P.*　Mitra, Pritah

◇メコン地域経済開発論（Globalization and Development in the Mekong Economies）　梁, ビンガム, デイヴィス編著, 阿曽村邦昭訳・注　古今書院　2012.10　391, 9p　21cm　〈文献あり 索引あり〉6200円　①978-4-7722-8112-6

内容 メコン地域への外国直接投資刺激策としての地域的公共支出(Pritah Mitra)　〔08541〕

ミーナ

◇ホリスティックに生きる―目に見えるものと見えないもの　日本ホリスティック教育協会, 今井重孝, 金田卓也, 金香百合編　大阪　せせらぎ出版　2011.3　188p　21cm　(ホリスティック教育ライブラリー 10)　1905円　①978-4-88416-203-0

内容 信じる(モハン, ミーナ著, 金田卓也訳)　〔08542〕

ミナハン, ブライアン　Minahan, Brian

◇日本で仕事がなくなってもグローバル企業で働ける人になる本　古川裕倫, ブライアン・ミナハン著　中経出版　2012.2　207p　19cm　1400円　①978-4-8061-4260-7

内容 第1章 グローバルに考えると仕事と人生は楽しくなる　第2章 日本の常識は世界の常識ではない　第3章 グローバル化は日本の歴史から学べ　第4章 グローバル化するために世界を知る　第5章 自分をグローバルな人材に変える方法　第6章 ビジネス英語は高校英語より簡単だ　〔08543〕

南東欧における民主主義と和解のためのセンター《CDRSEE》

◇バルカンの歴史―バルカン近現代史の共通教材（TEACHING MODERN SOUTHEAST EUROPEAN HISTORY(原著第2版)）　クリスティナ・クルリ総括責任, 柴宜弘監訳　明石書店　2013.4　547p　27cm　(世界の教科書シリーズ 37)　〈企画 : 南東欧における民主主義と和解のためのセンター 訳 : 黛秋津ほか　年表あり〉6800円　①978-4-7503-3808-8

内容 第1巻 オスマン帝国(南東欧におけるオスマン勢力の拡大　オスマン帝国の制度　宗教組織、宗教共同体そしてその実践 ほか)　第2巻 南東欧のネイション と国家(国民国家の創設―その目標と成果　国民国家の組織　民族のイデオロギー ほか)　第3巻 バルカン戦争(経済と社会　諸政策　戦争下の社会 ほか)　第4巻 第2次世界大戦(政治　戦時中の生活　戦争の恐怖 ほか)　〔08544〕

ミノワ, ジョルジュ　Minois, Georges

◇ガリレオ―伝説を排した実像（Galilee）　ジョル

ジュ・ミノワ著, 幸田礼雅訳　白水社　2011.7　173, 2p　18cm　(文庫クセジュ 959)〈文献あり〉1050円　①978-4-560-50959-3

内容 第1章 修業時代(一五六四～一六〇九年)(合理精神　世界の体系　ピサと架空の実験　パドヴァにおける教育と研究の仕事)　第2章 才能の確立(一六〇九～一六一二年)(望遠鏡論争　『星界の報告』　ローマ教会の勝利(一六一一年)　浮遊物体と太陽の黒点―方法論上の争点)　第3章 疑惑(一六一三～一六二五年)(ガリレオと聖典の解釈　宗教改革の文化的背景と聖書　一六一六年の不幸―コペルニクス説の断罪　情勢好転―ウルバヌス八世、『偽金鑑識官』とインゴリへの回答)　第4章 有罪判決(一六二五～一六三三年)(イエズス会との対立　情勢の変化　『天文対話』、コペルニクス説の宣言(一六三三年))　第5章 隠棲(一六三三～一六四二年)(アルチェトリの虜囚　不動の心　『新科学対話』とガリレオの科学(一六三八年)　ガリレオ事件とその展開だ(一七世紀から二一世紀))　〔08545〕

ミャグマルサムボー, G.

◇ハルハ河・ノモンハン戦争と国際関係　田中克彦, ボルジギン・フスレ編　三元社　2013.7　155p　21cm　1700円　①978-4-88303-346-1

内容 ハルハ河戦争に参加したモンゴル人民革命軍について 他(G.ミャグマルサムボー著, 三矢緑訳)　〔08546〕

ミュース, ヴィルヘルム　Muhs, William

◇感謝について100の言葉 (Dem Staunen entspringt der Dank Hundert Worte über die Dankbarkeit)　ヴィルヘルム・ミュース編, 女子パウロ会訳　女子パウロ会　2013.10　100p　19cm　1200円　①978-4-7896-0724-7　〔08547〕

ミュラー, クリストフ

◇ユダヤ出自のドイツ法律家 (DEUTSCHE JURISTEN JUDISCHER HERKUNFT)　ヘルムート・ハインリッヒス, ハラルド・フランツキー, クラウス・シュマルツ, ミヒャエル・シュトレイス著, 森勇監訳　八王子　中央大学出版部　2012.3　25, 1310p　21cm　(日本比較法研究所翻訳叢書 62)〈文献あり 索引あり〉13000円　①978-4-8057-0363-2

内容 自由主義的法治国家から社会的法治国家へ(クリストフ・ミュラー著, 工藤達朗訳)　〔08548〕

ミューラー, ジェリー・Z.　Muller, Jerry Z.

◇ユダヤ人の成功と悲劇―資本主義と民族主義への対応 (Capitalism and the Jews)　ジェリー・Z.ミューラー著, 千葉啓恵訳　一灯舎　2012.2　221, 43p　20cm　〈索引あり　発売：オーム社〉1800円　①978-4-903532-79-0

内容 第1章 高利貸しの長い影(近代ヨーロッパの思想における資本主義とユダヤ人)　第2章 資本主義に対するユダヤ人の反応(ミルトン・フリードマンのパラドックスを再考する　資本主義への過渡期におけるユダヤ人の人口動態　近代以前の経験と文化的傾向　ユダヤ人の経済的成功　政治的、イデオロギー的反応　相対的な観点からみたアメリカ人の経験)　第3章 過激な反資本主義(共産党員としてのユダヤ人　ソビエトでの厳しい試練　失敗に終わったドイツの革命　ハンガリー　ボリシェヴィキとしてのユダヤ人の神話　西ヨーロッパおよび東ヨーロッパ　第二次世界大戦後　第二次世界大戦後のハンガリー　ソ連圏の他の場所)　第4章 二〇世紀のヨーロッパにおけるナショナリズムの経済学とユダヤ人の運命　〔08549〕

ミュラー, ベルンハルト　Müller, Bernhard

◇修道院の断食―あなたの人生を豊かにする神秘の7日間 (Das Fasten der Monche)　ペーター・ゼーヴァルト編, ベルンハルト・ミュラー著, 島田道子訳　大阪　創元社　2011.1　231p　19cm　(修道院ライブラリー)　1400円　①978-4-422-14389-7

内容 第1章 修道院へようこそ　第2章 修道院の断食・小史　第3章 断食前の正しい準備　第4章 断食一日目―毒素を洗い流し、健康な体を作る　第5章 断食二日目―あたえ、断念する。そのことで翼が生えたように軽くなる　第6章 断食三日目―さまざまな誘惑と、断食がうまくいかない原因　第7章 断食四日目―自己発見：「罪」を自覚し、「罪」から清められる　第8章 断食五日目―ついにオアシスにたどりつく　第9章 断食六日目―目や耳、口、手を使ったさまざまな「断食」　第10章 断食七日目―最後には望みどおりの自分になれることを悟る　〔08550〕

ミューラー, ヤン・ヴェルナー　Müller, Jan-Werner

◇カール・シュミットの「危険な精神」―戦後ヨーロッパ思想への遺産 (A dangerous mind)　ヤン・ヴェルナー・ミューラー著, 中道寿一訳　京都　ミネルヴァ書房　2011.4　342, 7p　22cm　(Minerva人文・社会科学叢書 167)　6000円　①978-4-623-05823-5

内容 序章 危険な精神(シュミットの遺産, 自由主義および安定を求める闘争　シュミットを読み逆転させること ほか)　第1章 二〇世紀のドイツ公法学者(ローマの復活　ワイマル、ジュネーブ、ベルサイユに反対する立場の選択 ほか)　第2章 晩年―反自由主義の使用と濫用(仮面と鏡　安定性を求めて1―ドイツ憲法学におけるシュミット主義 ほか)　第3章 シュミットのグローバリーゼーション―線を引くこと(自由主義的自己欺瞞―偽善、倒錯した行為、共謀　テロ、政治神学、自由主義的良心 ほか)　終章 シュミットの遺産　〔08551〕

ミューリン, ラルフ・F.

◇大学学部長の役割―米国経営系学部の研究・教育・サービス (The dean's perspective)　クリシナ・S.ディア編著, 佐藤修訳　中央経済社　2011.7　245p　21cm　3400円　①978-4-502-68720-4

内容 品質への着目(ラルフ・F.ミューリン著)　〔08552〕

ミュンクラー, ヘアフリート

◇平和構築の思想―グローバル化の途上で考える (Krieg und Frieden im Prozess der Globalisierung)　マティアス・ルッツ＝バッハマン, アンドレアス・ニーダーベルガー編著, 舟場保之, 御子柴善之監訳　松戸　梓出版社　2011.3　238, 5p　21cm　〈索引あり〉2600円　①978-4-87262-025-2

内容 二十一世紀の戦争のシナリオ(ヘアフリート・ミュンクラー著, 寺田俊郎訳)　〔08553〕

ミ

ミュンツァー, トーマス
◇宗教改革時代の説教　出村彰編　教文館　2013.1　482p　21cm　（シリーズ・世界の説教）　4500円　①978-4-7642-7337-5
内容 ダニエル書二章の講解（トーマス・ミュンツァー述, 田中真造訳）〔08554〕

ミョウゾウ*　妙蔵
⇒ミョチャン*

ミョチャン*　妙蔵
◇東アジア平和共同体の構築と国際社会の役割―「IPCR国際セミナー」からの提言　宗教平和国際事業団, 世界宗教者平和会議日本委員会編, 真田芳憲監修　佼成出版社　2011.9　336, 4p　18cm　（アーユスの森新書 003　中央学術研究所編）　900円　①978-4-333-02507-7
内容 朝鮮半島の平和と東アジア平和共同体の建設（妙蔵述, 金永完訳）〔08555〕

ミラー, アリス　Miller, Alice
◇魂の殺人―親は子どもに何をしたか（Am Anfang war Erziehung）　アリス・ミラー著, 山下公子訳　新装版　新曜社　2013.1　380p　20cm　〈文献あり〉2800円　①978-4-7885-1320-4
内容 生命力の迫害としての教育（いわゆる「闇教育」「光の教育」はあるか？　沈黙の劇の終幕―世は驚き騒ぐ（自己自身に対する殲滅戦　アドルフ・ヒットラーの子ども時代―隠れた残虐からあからさまな残虐へ　ユルゲン・バルチュ―その終わりから見た一つの生命）　恐れ、憤り、そして悲しみ―ただうしろめたさは抜きで―和解への道（わざとしたわけではなくとも無慈悲な行いは痛みをもたらす　シルヴィア・プラスと苦悩の禁止　押し殺された憤怒　知る許可）〔08556〕

ミラー, アレックス　Miller, Alex
◇プロジェクト・マネジャーが知るべき97のこと（97 things every project manager should know）　Barbee Davis編, 笹井崇司訳, 神庭弘年監修　オライリー・ジャパン　2011.11　240p　21cm　〈発売：オーム社〉1900円　①978-4-87311-510-8
内容 重要だが緊急ではないこと（アレックス・ミラー）〔08557〕

ミラー, アーロン
◇若者問題の社会学―視線と射程（A SOCIOLOGY OF JAPANESE YOUTH）　ロジャー・グッドマン, 井本由紀, トゥーッカ・トイボネン編著, 井本由紀監訳, 西川美樹訳　明石書店　2013.6　315p　20cm　2600円　①978-4-7503-3828-6
内容 体罰（アーロン・ミラー執筆）〔08558〕

ミラー, ウイリアム・R.　Miller, William R.
◇動機づけ面接法　応用編（Motivational interviewing（2nd edition））　ウイリアム・R.ミラー, ステファン・ロルニック編, 松島義博, 後藤恵, 猪野亜朗訳　星和書店　2012.9　291p　21cm　〈文献あり〉3200円　①978-4-7911-0817-6〔08559〕

ミラー, キャロリン　Miller, Carolyn
◇短期で攻めるセンター英語リスニング問題別攻略100問　小菅淳吉, キャロリン・ミラー著　ピアソン桐原　2012.12　158p　21cm　〈付属資料：CD3〉1200円　①978-4-342-27108-3
内容 第1章 音の聞き取りトレーニング（基本編　リスニング力UP編）　第2章 問題別攻略75問　第3章 実戦模擬テスト　リスニングに出る基本表現〔08560〕

ミラー, ゲアハルト　Miller, Gerhard
◇ホメオパシーと占星術―ホロスコープから読み解くホメオパシー的人格タイプ（Homöopathie und Astrologie）　ゲアハルト・ミラー著, 由井寅子日本語版監修, 前原みどり訳　ホメオパシー出版　2012.5　227p　19cm　1300円　①978-4-86347-062-0〔08561〕

ミラー, スコット
◇ダイニングテーブルのミイラ セラピストが語る奇妙な臨床事例―セラピストはクライエントから何を学ぶのか（The mummy at the dining room table）　ジェフリー・A.コトラー, ジョン・カールソン編著, 岩壁茂監訳, 門脇陽子, 森田由美訳　福村出版　2011.8　401p　22cm　〈文献あり〉3500円　①978-4-571-24046-1
内容 ターミネーター、精神病棟に現る（スコット・ミラー著, 門脇陽子訳）〔08562〕

ミラー, デイヴィッド（政治）　Miller, David
◇国際正義とは何か―グローバル化とネーションとしての責任　デイヴィッド・ミラー著, 富沢克, 伊藤恭彦, 長谷川一年, 施光恒, 竹島博之訳　風行社　2011.6　360, 8p　22cm　〈文献あり 索引あり〉3000円　①978-4-86258-023-8
内容 第1章 序論　第2章 コスモポリタニズム　第3章 グローバルな平等主義　第4章 二つの責任概念　第5章 ネーションとしての責任　第6章 責任を引き継ぐこと　第7章 人権―グローバル・ミニマムを設定する　第8章 移住と領土権　第9章 世界の貧困者に対する責任　第10章 結論〔08563〕
◇政治理論入門―方法とアプローチ（Political theory）　デイヴィッド・レオポルド, マーク・スティアーズ編著, 山岡竜一, 松元雅和監訳　慶応義塾大学出版会　2011.7　355p　21cm　〈文献あり〉3400円　①978-4-7664-1854-5
内容 地球人のための政治哲学（デイヴィッド・ミラー著）〔08564〕
◇政治的に考える―マイケル・ウォルツァー論集（Thinking politically）　マイケル・ウォルツァー著, デイヴィッド・ミラー編, 萩原能久, 齋藤純一監訳　風行社　2012.4　548, 34p　22cm　〈著作目録あり〉5500円　①978-4-86258-018-4
内容 哲学とデモクラシー　哲学的会話批判　客観性と社会的意味　リベラリズムと分離の技法　いまここにある正義　排除、不正義と民主国家　コミュニタリアンのリベラリズム批判　市民社会論―社会再編への道　討議と、そしてそのほかには何が？　境界線をひく―宗教と政治　差異の政治―多文化的世界における国家像と寛容　民族と普遍的世界　国家の

ミ

道徳的地位―四人の批判者はの応答　人道的介入論　人道的介入を超えて―グローバル社会における人権　テロリズムと正しい戦争　政治行為と「汚れた手」という問題　世界のなかのアメリカ合衆国―正しい戦争と正しい社会　〔08565〕

ミラー, マーク・J.　Miller, Mark J.

◇国際移民の時代（The age of migration（4th ed.））　S.カースルズ,M.J.ミラー著, 関根政美, 関根薫監訳　第4版　名古屋　名古屋大学出版会　2011.1　465p　21cm　〈文献あり 索引あり〉　3800円　①978-4-8158-0655-2

内容 序論　移民理論　グローバリゼーション・開発・移民　1945年以前の国際移民　1945年以降のヨーロッパ、北アメリカ、オセアニアへの移民　アジア・太平洋地域の移民　サブサハラアフリカ、中東・北アフリカ、ラテンアメリカの移民　国家と国際移民―管理への探究　移民と安全保障　労働市場のなかの移民とマイノリティ　ニューエスニック・マイノリティと社会　移民と政治　結論―21世紀の移民と移動　〔08566〕

ミラー, リサ　Miller, Lisa

◇子どもを理解する　2～3歳（Understanding Your Two Year Old, Understanding Your Three-Year-Old）　リサ・ミラー, ルイーズ・エマニュエル著, 平井正三, 武藤誠監訳, 子どもの心理療法支援会訳　岩崎学術出版社　2013.11　197p　21cm　（タビストック☆子どもの心と発達シリーズ）　〈文献あり 索引あり〉2200円　①978-4-7533-1068-5　〔08567〕

ミラー, リンダ　Miller, Linda

◇リーダーシップ・マスター―世界最高峰のコーチ陣による31の教え（Coaching for Leadership）　マーシャル・ゴールドスミス, ローレンス・S.ライアンズ, サラ・マッカーサー編著, 久野正人監訳, 中村安子, 夏井幸子訳　英治出版　2013.7　493p　21cm　2800円　①978-4-86276-164-4

内容 つながりを可視化する（ケン・ブランチャード, マドレーヌ・ホーマン・ブランチャード, リンダ・ミラー）　〔08568〕

ミラージェス, フランセスク　Miralles, Francesc

◇TREASURE MAP―成功への大航海（EL MAPA DEL TESORO）　アレックス・ロビラ, フランセスク・ミラージェス著, 田内志文, 青砥直子訳　アチーブメント出版　2012.8　213p　19cm　1300円　①978-4-905154-25-9

内容 PROLOGUE 無限のファクター　1 エル・ドラドを探して　2 金色の航海　3 黄金の助言　EPILOGUE 宝の地図　FINAL NOTE 役に立つか立たないか　〔08569〕

ミラー‐ジョンソン, S.*　Miller-Johnson, Shari

◇子どもの仲間関係―発達から援助へ（CHILDREN'S PEER RELATIONS）　J.B.クーパーシュミット,K.A.ダッジ編, 中沢潤監訳　京都　北大路書房　2013.12　299p　21cm　〈文献あり 索引あり〉3600円　①978-4-7628-2826-3

内容 もし彼らをつぶせないなら, 仲間に入れよう（Shari Miller-Johnson,Philip Costanzo著, 榎本淳子訳）　〔08570〕

ミラノヴィッチ, ブランコ　Milanović, Branko

◇不平等について―経済学と統計が語る26の話（THE HAVES AND THE HAVE-NOTS）　ブランコ・ミラノヴィッチ〔著〕, 村上彩訳　みすず書房　2012.11　195, 37p　20cm　〈文献あり 索引あり〉3000円　①978-4-622-07691-9

内容 第1章 不平等な人々―国家内の個人の不平等（ロマンスと富　アンナ・カレーニナはアンナ・ヴロンスカヤになれたのか　史上最高のお金持ちは誰か ほか）　第2章 不平等な国々―世界の国家間の不平等（なぜ、マルクスは道を間違えたのか　今日の世界はいかに不平等か　「生まれ」は所得の決め手か ほか）　第3章 不平等な世界―世界の市民の不平等（あなたは世界の所得分布のどこにいるのか　世界に中間層は存在するか　アメリカ合衆国とEUの違いは何か ほか）　〔08571〕

ミラン, エリック　Mielants, Eric H.

◇資本主義の起源と「西洋の勃興」（The origins of capitalism and the “rise of the west”）　エリック・ミラン〔著〕, 山下範久訳　藤原書店　2011.3　326p　22cm　〈文献あり 索引あり〉　4600円　①978-4-89434-788-5

内容 第1章 ヨーロッパにおける商人資本主義の起源をめぐる諸見解（正統派マルクス主義　ブレナー主義（ブレナー・アプローチ）ほか）　第2章 中国とヨーロッパの政治経済比較（宋代における中国の社会経済革命（九〇〇‐一二八〇年頃）　中国とモンゴル ほか）　第3章 南アジアとヨーロッパの政治経済比較（南アジア地域における交易と商品流通　南アジアにおける国家と国家構造 ほか）　第4章 西欧と北アフリカの政治経済比較（北アフリカとスーダン諸国（紀元一二〇〇‐一五〇〇年頃）　北アフリカの都市、国家、地中海における勢力均衡 ほか）　第5章 結論―中世西欧の都市国家はヨーロッパの奇跡だったのか　〔08572〕

ミル, ジョン・スチュアート　Mill, John Stuart

◇ベンサムとコウルリッジ（Mill on Bentham and Coleridge）　J.S.ミル〔著〕, 松本啓訳　オンデマンド版　みすず書房　2010.12　239p　19cm　〈原本 ： 1990年刊〉4800円　①978-4-622-06216-5　〔08573〕

◇宗教をめぐる三つのエッセイ（Three essays on religion）　J.S.ミル著, ヘレン・テイラー編, 大久保正健訳　勁草書房　2011.2　256, 3p　20cm　〈索引あり〉2600円　①978-4-326-15415-9

内容 第1論文 自然論　第2論文 宗教の功利性　第3論文 有神論（有神論　有神論の証拠　第一原因論　人類の一般的承認に基づく論証　意識に基づく論証　自然のなかにあるデザインの痕跡に基づく論証　神の属性　霊魂の不死　啓示　一般的結論）　〔08574〕

◇大学教育について（Inaugural address delivered to the University of St.Andrews）　J.S.ミル著, 竹内一誠訳　岩波書店　2011.7　177p　15cm　（岩波文庫 34-116-10）　540円　①978-4-00-391011-5

内容 序 広義の教育と狭義の教育　1 大学教育の任務―一般教養教育の重要性　2 文学教育　3 科学教育　4 道徳科学教育　5 道徳教育と宗教教育　6 美学・芸術教育　7 結び　〔08575〕

◇自由論（On liberty）　ジョン・スチュアート・ミル著, 山岡洋一訳　日経BP社　2011.9　259p

20cm (Nikkei BP classics) 〈発売 : 日経BPマーケティング〉1600円 ①978-4-8222-4857-4
内容 第1章 はじめに 第2章 思想と言論の自由 第3章 幸福の要素としての個性 第4章 個人に対する社会の権威の限界 第5章 原則の適用 〔08576〕

◇自由論 (ON LIBERTY) ミル著, 斉藤悦則訳 光文社 2012.6 301p 16cm (光文社古典新訳文庫 KBミ1-2) 〈年譜あり〉1048円 ①978-4-334-75250-7
内容 第1章 はじめに 第2章 思想と言論の自由 第3章 幸福の要素としての個性 第4章 個人にたいする社会の権威の限界 第5章 原理の適用 〔08577〕

◇日本立法資料全集 別巻827 綱目代議政体 潤斯弥爾著, 上田充訳述 復刻版 信山社出版 2013.10 386p 23cm 〈岡島宝玉堂 明治20年刊の複製〉40000円 ①978-4-7972-7124-9 〔08578〕

◇日本立法資料全集 別巻830 自由之権利――名自由之理 (ON LIBERTY) 弥留著, 高橋正次郎訳註 復刻版 信山社出版 2013.11 320p 23cm 〈高橋正次郎 明治28年刊の複製〉38000円 ①978-4-7972-7127-0 〔08579〕

◇日本立法資料全集 別巻832 代議政体 弥児著, 前橋孝義訳述 復刻版 信山社出版 2013.12 513p 23cm 〈開新堂書店 訂正3版 明治25年刊の複製〉55000円 ①978-4-7972-7129-4 〔08580〕

ミルグラム, スタンレー Milgram, Stanley

◇服従の心理 (Obedience to authority) S.ミルグラム著, 山形浩生訳 河出書房新社 2012.1 357p 15cm (河出文庫 ミ1-1) 〈文献あり〉1300円 ①978-4-309-46369-8
内容 服従のジレンマ 検討方法 予想される行動 被害者との近接性 権威に直面した個人 さらなる変種やコントロール 役割の入れ替え 集団効果 なぜ服従するのかの分析 服従のプロセス―分析を実験に適用する 緊張と非服従 別の理論―攻撃性がカギなのだろうか? 手法上の問題 エピローグ 〔08581〕

ミルズ, ウィリアム・J. Mills, William J.

◇プロジェクト・マネジャーが知るべき97のこと (97 things every project manager should know) Barbee Davis編, 笹井崇司訳, 神庭弘年監修 オライリー・ジャパン 2011.11 240p 21cm 〈発売 : オーム社〉1900円 ①978-4-87311-510-8
内容 ミーティングはコードを書かない (ウィリアム・J.ミルズ) 〔08582〕

ミルズ, ケニス

◇アンデス世界―交渉と創造の力学 染田秀藤, 関雄二, 網野徹哉編 京都 世界思想社 2012.4 448p 22cm 〈他言語標題 : LOS ANDES 文献あり 索引あり〉3900円 ①978-4-7907-1554-2
内容 信仰の眼差しがみるもの (ケニス・ミルズ執筆, 網野徹哉, 染田秀藤監訳, 佐藤正樹訳) 〔08583〕

ミルズ, ジャネット (人生訓) Mills, Janet

◇五つの約束―自己修養のための実用ガイド (The fifth agreement) ドン・ミゲル・ルイス, ドン・ホセ・ルイス, ジャネット・ミルズ共著, こまいひさよ訳 コスモス・ライブラリー 2012.2 226p 19cm 〈発売 : 星雲社〉1500円 ①978-4-434-16467-5
内容 第1部 シンボルの力 (はじめに―全ては組み込まれている シンボルと合意―人間の芸術 あなたという物語――つ目の約束 : 非の打ち所なく言葉を使うこと (正しい言葉を使うこと) 一つ一つの心はそれぞれ一つの世界である―二つ目の約束 : 何事も自分に向けられた言動として受け取らないこと (何事も個人的に受け取らないこと) 真実か作り話か―三つ目の約束 : 憶測をめぐらさないこと (思い込みをしないこと) 信念の力―サンタクロースというシンボル 実践の積み重ねが達人を生む―四つの約束 : 常にベストを尽くすこと) 第2部 疑いの力 (疑いの力―五つ目の約束 : 疑い深くあること、しかし耳を傾けることを学ぶこと 第一の注意の夢―犠牲者たち 第二の注意の夢―戦士たち 第三の注意の夢―達人たち 見る者となる―新しい見方 三つの言葉―あなたはどんな類のメッセンジャーですか?) エピローグ―世界を変えるために、力を貸してください 〔08584〕

ミルナー, レベッカ Milner, Rebecca

◇ガイコク人ニッポン体験記 レベッカ・ミルナー著, 〔森安真知子〕〔日本語訳〕 IBCパブリッシング 2012.12 189p 19cm (対訳ニッポン双書) 〈他言語標題 : Jon's Chopsticks〉1400円 ①978-4-7946-0178-0
内容 1 レイモンドのお椀 2 何とかやっていこう 3 自由に話そうよ! 4 私のこと何って呼んだ? 5 安全第一 6 友達をつくる 7 所変われば魅力も変わる 8 どこへ行っても静かな日本 9 シティライフ 10 閉じるドア 〔08585〕

ミールレンダー, A.* Maerlender, Art

◇WISC-IVの臨床的利用と解釈 (WISC-IV clinical use and interpretation) アウレリオ・プリフィテラ, ドナルド・H.サクロフスキー, ローレンス・G.ワイス編, 上野一彦監訳, 上野一彦, バーンズ亀山静子訳 日本文化科学社 2012.5 592p 22cm 〈文献あり〉①978-4-8210-6366-6
内容 WISC-IVインテグレーテッド (George McCloskey, Art Maerlender著, バーンズ亀山静子訳) 〔08586〕

ミルワード, ピーター Milward, Peter

◇イギリスの田舎を歩く (An English Sketchbook) ピーター・ミルワード著, 橋本修一訳 横浜 春風社 2012.4 177p 20cm 1429円 ①978-4-86110-311-7
内容 サウス・ウォルシャム・ホール ノリッジ大聖堂 修道院境内の家々 ウォルシンガムへの道 ブリックリング・ホール イーリー大聖堂 コンスタブル・カントリー 湖水地方 ピーター・ラビット・カントリー ワーズワース・カントリー〔ほか〕 〔08587〕

ミルン, A.A. Milne, Alan Alexander

◇クマのプーさんエチケット・ブック (POOH'S LITTLE ETIQUETTE BOOK, POOH'S LITTLE INSTRUCTION BOOK) A.A.ミルン原案, E.H.シェパード絵, メリッサ・ドーフマン・フランス, ジョーン・パワーズ編著, 高橋早

ミ

苗訳　筑摩書房　2012.6　160p　15cm　（ちくま文庫 み30-1）　740円　①978-4-480-42954-4
内容 第1部 プーの礼儀作法（はじめに　よその家を訪問する　テーブルマナー　おもてなし　会話　手紙を書く　エチケット豆知識いろいろ）　第2部 じゅうようなたしなみについて　〔08588〕

ミレット, アラン・R.　Millett, Allan Reed
◇アメリカ社会と戦争の歴史―連邦防衛のために（For the common defense : a military history of the United States of America（Revised and expanded））　アラン・R.ミレット, ピーター・マスロウスキー著, 防衛大学校戦争史研究会訳　彩流社　2011.7　826, 115p　22cm　〈文献あり〉　9500円　①978-4-7791-1588-2
内容 危険な新世界（一六〇七～一六八九年）　植民地戦争（一六八九～一七六三年）　独立革命（一七六三～一七八三年）　新しい共和国の防衛（一七八三～一八一五年）　軍隊と領土の拡大（一八一五～一八六〇年）　南北戦争（一八六一～一八六二年）　南北戦争（一八六三～一八六五年）　戦後の復員から大国の地位へ（一八六五～一八九八年）　アメリカ帝国主義の誕生（一八九八～一九〇二年）　大国の軍事力建設（一八九九～一九一七年）　第一次世界大戦におけるアメリカの戦い（一九一七～一九一八年）　戦間期の軍事政策（一九一九～一九三九年）　アメリカと第二次世界大戦―敗北の淵から勝利の頂へ（一九三九～一九四三年）　アメリカと第二次世界大戦―勝利への道（一九四三～一九四五年）　冷戦と熱戦―核抑止と集団安全保障の時代（一九四五～一九五三年）　冷戦を戦う―アメリカの拡大抑止と封じ込め政策（一九五三～一九六五年）　曖昧な戦い―ベトナム戦争とアメリカの軍事力の衰退（一九六一～一九七五年）　連邦防衛と冷戦の終結（一九七六～一九九三年）　冷戦が終結して　〔08589〕

ミロノフ, ゲナディ　Mironov, Gennady
◇プロジェクト・マネジャーが知るべき97のこと（97 things every project manager should know）　Barbee Davis編, 笹井崇司訳, 神庭弘年監修　オライリー・ジャパン　2011.11　240p　21cm　〈発売：オーム社〉　1900円　①978-4-87311-510-8
内容 コミュニケーションが重要（ゲナディ・ミロノフ）　〔08590〕

ミン, ドクキ*　閔 徳基
◇朝鮮と琉球―歴史の深淵を探る　河宇鳳, 孫承喆, 李薫, 閔徳基, 鄭成一著, 赤嶺守監訳, 金東善, 神谷智昭, 陳碩炫, 呉明花, 前田舟子訳　宜野湾　榕樹書林　2011.7　232p　27cm　〈文献あり 年表あり 索引あり〉　6400円　①978-4-89805-154-2
内容 琉球の歴史 他（閔徳基著）　〔08591〕

ミン, ヨンソン*　閔 永盛
◇東アジアにおける市民の刑事司法参加　後藤昭編　国際書院　2011.2　269p　21cm　〈索引あり〉　4200円　①978-4-87791-215-4
内容 国民参与裁判制度の概要と成立の経緯（閔永盛著, 鄭智恵訳）　〔08592〕

ミンコフ, マイケル　Minkov, Michael
◇多文化世界―違いを学び未来への道を探る（CULTURES AND ORGANIZATIONS（原著第3版））　ヘールト・ホフステード, ヘルト・ヤン・ホフステード, マイケル・ミンコフ著, 岩井八郎, 岩井紀子訳　有斐閣　2013.10　506p　22cm　〈索引あり〉　3900円　①978-4-641-17389-7
内容 第1部 文化という概念（社会というゲームの規則　文化の違いを研究する）　第2部 国民文化の次元（平等？ 不平等？　私・われわれ・やつら　男性・女性・人間　違うということは、危険なことである　昨日、今、これから？　明るい？ 暗い？）　第3部 組織文化（ピラミッド・機械・市場・家族―国境を越える組織　象とコウノトリ―組織文化）　第4部 共生への道（異文化との出会い　文化の進化）　〔08593〕

ミンチントン, ジェリー　Minchinton, Jerry
◇うまくいっている人の考え方―完全版（52 things you can do to raise your self-esteem, Thinking better）　ジェリー・ミンチントン〔著〕, 弓場隆訳　ディスカヴァー・トゥエンティワン　2013.4　239p　18cm　（ディスカヴァー携書 100）　1000円　①978-4-7993-1328-2
内容 第1部 自分を好きになる（自分に寛大になる　自分を大切にする　自分を受け入れる　自分の価値を信じる　自分の人生を生きる）　第2部 よりよい考え方を選ぶ（視点を変えてみる　自分と出会う 人と出会う　ポジティブに考える　ありのままの自分を見る　自分の手で人生を創り出す）　〔08594〕

ミンツァー, ドリアン
◇母子臨床の精神力動―精神分析・発達心理学から子育て支援へ（Parent-infant psychodynamics）　ジョーン・ラファエル－レフ編, 木部則雄監訳, 長沼佐代子, 長尾牧子, 坂井直子, 金沢聡子訳　岩崎学術出版社　2011.11　368p　22cm　〈索引あり〉　6600円　①978-4-7533-1032-6
内容 先天奇形を伴う乳児の子育て―自尊心の調整（ドリアン・ミンツァー, ハイエデリス・アルス, エドワード・トロニック, ベリー・ブラゼルトン著, 長沼佐代子訳）　〔08595〕

ミンツァー＝マクマホン, バーバラ　Mintzer-McMahon, Barbara
◇リーダーシップ・マスター―世界最高峰のコーチ陣による31の教え（Coaching for Leadership）　マーシャル・ゴールドスミス, ローレンス・S.ライアンズ, サラ・マッカーサー編著, 久野正人監訳, 中村安子, 夏井幸子訳　英治出版　2013.7　493p　21cm　2800円　①978-4-86276-164-4
内容 明日を担う女性リーダーを育てる（バーバラ・ミンツァー＝マクマホン）　〔08596〕

ミンツバーグ, ヘンリー　Mintzberg, Henry
◇マネジャーの実像―「管理職」はなぜ仕事に追われているのか（Managing）　ヘンリー・ミンツバーグ著, 池村千秋訳　日経BP社　2011.1　444p　21cm　〈文献あり　発売：日経BPマーケティング〉　2800円　①978-4-8222-4836-9
内容 1 マネジメントがいちばん大事　2 マネジメントのダイナミクス　3 マネジメントのモデル　4 マネジメントの知られざる多様性　5 マネジメントのジレンマ　6 自然なマネジメント　付録 マネジメントの八日間　〔08597〕

◇戦略サファリ―戦略マネジメント・コンプリートガイドブック（STRATEGY SAFARI（原著第2版））　ヘンリー・ミンツバーグ, ブルース・アルストランド, ジョセフ・ランペル著, 斎藤嘉則監訳　第2版　東洋経済新報社　2013.1　488p　22cm　〈文献あり 索引あり〉4200円　①978-4-492-53319-2

内容 サファリ・ツアーのねらいと構成―さあ皆さん、戦略マネジメントという獣の登場です！　デザイン・スクール―コンセプト構想プロセスとしての戦略形成　プランニング・スクール―形式的策定プロセスとしての戦略形成　ポジショニング・スクール―分析プロセスとしての戦略形成　アントレプレナー・スクール―ビジョン創造プロセスとしての戦略形成　コグニティブ・スクール―認知プロセスとしての戦略形成　ラーニング・スクール―創発的学習プロセスとしての戦略形成　パワー・スクール―交渉プロセスとしての戦略形成　カルチャー・スクール―集合的プロセスとしての戦略形成　エンバイロメント・スクール―環境への反応プロセスとしての戦略形成　コンフィギュレーション・スクール―変革プロセスとしての戦略形成　新たなるパースペクティブ―皆さん、ちょっと待って。まだ獣全体に出会った訳ではないのだから。〔08598〕

ム

ミンデル, アーノルド　Mindell, Arnold

◇プロセスマインド―プロセスワークのホリスティック＆多次元的アプローチ（PROCESS MIND）　アーノルド・ミンデル著, 富士見ユキオ監訳, 青木聡, 松村憲訳　春秋社　2012.10　398p　20cm　〈文献あり〉3500円　①978-4-393-36637-0

内容 第1部 個人の人生におけるプロセスマインド（日常生活や臨死体験における力の場としてのプロセスマインド　場、稲妻、悟り ほか）　第2部 症状、関係性、世界におけるプロセスマインド（あなたのシグネチャー・フィールドはどのように問題をマスターするのか？　関係性における存在の基盤と悟り ほか）　第3部 科学と宗教におけるプロセスマインド（科学、宗教、神の経験　あなたの（大地に根ざした）倫理 ほか）　第4部 非局在性とエンタングルメント・ダンス（宗教、物理学、心理学におけるエンタングルメント　関係性のソフトスキルとしてのエンタングルメント ほか）〔08599〕

◇ディープ・デモクラシー―〈葛藤解決〉への実践的ステップ（THE DEEP DEMOCRACY OF OPEN FORUMS）　アーノルド・ミンデル著, 富士見ユキオ監訳, 青木聡訳　春秋社　2013.6　264p　21cm　〈文献あり〉2500円　①978-4-393-36526-7

内容 第1部 地域・職場・家族の葛藤解決の実践的ステップ―"オープンフォーラム"の準備から終わりまで（会議のルールを超えて　アウターワークとインナーワーク―現実と内面　グループワークの展開へ―力と自覚　アウェアネス・ワーク―さて、はじめよう　攻撃されたときどうするか　オープンフォーラムの終わり方）　第2部 第二の革命―ファシリテーターの次なるステップ（サイコソーシャル・アクティビスト　コミュニティの背景に気づく　メディアとの関わり方　戦争の予防　エルダーにとってのオープンフォーラム）〔08600〕

◇ワールドワーク―プロセス指向の葛藤解決、チーム・組織・コミュニティ療法（The Year 1）　アーノルド・ミンデル〔著〕, 富士見ユキオ監訳, 青木聡訳　誠信書房　2013.11　263p　19cm　〈文献あり〉2500円　①978-4-414-30421-3〔08601〕

ミンデル, エイミー　Mindell, Amy

◇クリエイティブ・プロセスワーク―目ざめながら夢をみる30の方法（THE DREAMING SOURCE OF CREATIVITY）　エイミー・ミンデル著, 富士見ユキオ監訳, 桑原香苗訳　春秋社　2013.4　317p　19cm　3300円　①978-4-393-36525-0

内容 1 クリエイティビティの種（「意図を持ったフィールド」　すべてのものの「エッセンス」）　2 ちらっと横切るもの、そしてモノたちのいのち（「フラート」と霧たちこめる魔法の国　靴下　それ。生きてる！　環境と「フラート」する　マスクの後ろには…　飛ぶ傘の物語）　3 パラレルワールドと創造性（誰かの人生を生きてみる　音楽的パラレルワールド　ドリームボディ・パペット）　4 批判者と大きなエネルギー（そんなものみんなゴミくずだ！　不機嫌なみじめさ　めちゃくちゃにする　シンプルな道）〔08602〕

【ム】

ムーア, ウェンディ　Moore, Wendy

◇解剖医ジョン・ハンターの数奇な生涯（The Knife Man）　ウェンディ・ムーア著, 矢野真千子訳　河出書房新社　2013.8　488p　15cm　（河出文庫 ム1-1）〈年譜あり〉1200円　①978-4-309-46389-6

内容 御者の膝　死人の腕　墓泥棒の手　妊婦の子宮　教授の睾丸　トカゲの尻尾　煙突掃除夫の歯　乙女の青痣　外科医のペニス　カンガルーの頭蓋骨　電気魚の発電器官　司祭の首　巨人の骨　詩人の足　猿の頭蓋骨　解剖学者の心臓〔08603〕

ムーア, ジェフリー　Moore, Geoffrey A.

◇エスケープ・ベロシティ―キャズムを埋める成長戦略（Escape velocity）　ジェフリー・ムーア著, 栗原潔訳　翔泳社　2011.12　262p　20cm　〈索引あり〉2000円　①978-4-7981-2500-8

内容 第1章 脱出速度と力の階層　第2章 カテゴリー力―ポートフォリオ管理を再構築する　第3章 企業力―メリハリのある投資を行なう　第4章 市場力―転換期にある市場を活用する　第5章 製品力―過去のしがらみを解き放つ　第6章 実行力―脱出速度の達成　最終章 結論〔08604〕

ムーア, ジョージ・エドワード　Moore, George Edward

◇倫理学（Ethics）　ジョージ・エドワード・ムーア著, 深谷昭三訳　新装版　法政大学出版局　2011.11　204p　20cm　（りぶらりあ選書）2400円　①978-4-588-02302-6

内容 功利主義　道徳的判断の客観性　正・不正の吟味の結論　自由意志　内在的価値〔08605〕

ムーア, デイヴィッド・ソーントン

◇学校と職場をつなぐキャリア教育改革―アメリカにおけるSchool-to-Work運動の挑戦（The school-to-work movement）　ウィリアム・J.ス

タル, ニコラス・M.サンダース編, 横井敏郎ほか訳　学事出版　2011.7　385p　21cm　3800円　①978-4-7619-1839-2
内容 〈職場を基盤とした学習〉の教授法開発（デイヴィッド・ソーントン・ムーア, キャスリン・L.ヒューズ著, 酒井貞彦, 横井敏郎訳）〔08606〕

ムーア, ドン・A.　Moore, Don A.
◇行動意思決定論―バイアスの罠（Judgment in managerial decision making (7th ed.)）　M.H.ベイザーマン,D.A.ムーア著, 長瀬勝彦訳　白桃書房　2011.7　361p　22cm　〈文献あり 索引あり〉3800円　①978-4-561-26563-4
内容 第1章 経営意思決定へのイントロダクション　第2章 一般的なバイアス　第3章 覚知の限界　第4章 フレーミングと選好逆転　第5章 動機と感情が意思決定に及ぼす影響　第6章 コミットメントのエスカレーション　第7章 意思決定における公正と倫理　第8章 一般的な投資の過ち　第9章 交渉における合理的な意思決定　第10章 交渉者の認知　第11章 意思決定の改善〔08607〕

ムーア, メアリーマーガレット　Moore, Mary-Margaret
◇バーソロミュー―大いなる叡智が語る愛と覚醒のメッセージ（I COME AS A BROTHER）　バーソロミュー著, メアリーマーガレット・ムーアチャネル, ヒューイ陽子訳　ナチュラルスピリット　2013.2　292p　19cm　〈マホロバアート1993年刊の改訳〉2100円　①978-4-86451-076-9
内容 第1部 人間関係（愛ではないもの　ソウル・グループ　性エネルギーという贈り物 ほか）　第2部 自己（怖れ　霊性の高い人　マスターであること ほか）　第3部 道（瞬間に生きる　心を開く　内なる気づきへ導く瞑想 ほか）〔08608〕

ムーア, A.W.　Moore, A.W.
◇無限―その哲学と数学（The Infinite（原著第2版））　A.W.ムーア〔著〕, 石村多門訳　講談社　2012.11　609p　15cm　（講談社学術文庫 2141）〈文献あり 索引あり〉1650円　①978-4-06-292141-1
内容 無限のパラドクス　第1部 歴史（古代ギリシアの思想　アリストテレス　中世とルネサンス　微積分学　合理論者と経験論者　カント　カント以後の無限の形而上学　無限の数学 カントールの衝撃　カントールの衝撃に対する反応）　第2部 無限を査定する（超限数学　レーヴェンハイム‐スコーレムの定理　ゲーデルの定理　語ることと示されること　無限を査定する、歴史を見直す　人間の有限性）〔08609〕

ムアジャーニ, アニータ　Moorjani, Anita
◇喜びから人生を生きる！―臨死体験が教えてくれたこと（DYING TO BE ME）　アニータ・ムアジャーニ著, 奥野節子訳　ナチュラルスピリット　2013.6　286p　20cm　1600円　①978-4-86451-082-0
内容 1 正しい道を求めて（私が"私んだ"日　多様な文化の影響　ヒンドゥー教とキリスト教のはざまで ほか）　2 死への旅路、そして生還（身体を離れて　神の愛を体験する　この世に戻る決心 ほか）　3 臨死体験が教えてくれたこと（私が癌にかかった理由、そしてなぜ癒されたか　私たちは神と一体である　ありのままの自分を生きる ほか）〔08610〕

ムーアハウス, ロジャー　Moorhouse, Roger
◇戦時下のベルリン―空襲と窮乏の生活1939-45（Berlin at War）　ロジャー・ムーアハウス著, 高儀進訳　白水社　2012.12　514, 7p 図版16p　20cm　〈文献あり〉4000円　①978-4-560-08255-3
内容 総統日和　総統に対する信頼　必要不可欠　用心深い楽観論　腹が減っては戦はできぬ　石になった残忍性　歓迎されざる異邦人　予兆　忘却の彼方へ　悪の育成　民衆の友　監視する者とされる者　執拗な影　国賊　逆境に立ち向かう　因果応報　狂気の果て　ゴースト・タウン〔08611〕

ムイ, チュンカ　Mui, Chunka
◇7つの危険な兆候―企業はこうして壊れていく（Billion-dollar lessons）　ポール・キャロル, チュンカ・ムイ著, 谷川漣訳　海と月社　2011.10　307p　19cm　1800円　①978-4-903212-30-2
内容 第1部 企業が陥る7つの罠（シナジーという幻想に惑わされる　「金融の錬金術」の虜になる　業界をまとめ、ひとり勝ちを夢見る　現実の変化を都合よく解釈する　隣接市場にまちがったチャンスを見出す　新テクノロジーを求めて暴走する　統合がもたらす難題を軽視する）　第2部 成功率を確実に高める知恵（人はなぜ悪い戦略を選んでしまうのか　企業が戦略ミスを犯す本当の理由　異論のないところに成果なし　「最後のチャンス」審査で念を押す）〔08612〕

ムーイ, レイモンド　Mooi, Raymond
◇主はすべてをいやされる―あなたにも、いやしと奇跡が起こります！　疲れ、傷ついたこの国に心も体もいやされ、人生も変わる本物のヒーリングを！　レイモンド・ムーイ著, 万代栄嗣訳　ウィズダム出版　2011.6　235p　19cm　1500円　①978-4-903663-22-7〔08613〕

ムーサヴィー, サイエド・アスカル　Mousavi, Sayed Askar
◇アフガニスタンのハザーラ人―迫害を超え歴史の未来をひらく民（The Hazaras of Afghanistan）　サイエド・アスカル・ムーサヴィー著, 前田耕作, 山内和也監訳　明石書店　2011.10　366, 112p　20cm　（世界人権問題叢書 77）〈文献あり 索引あり〉6000円　①978-4-7503-3477-6
内容 序章 ハザーラ学へのアプローチ　第1章 ハザーラ人とは誰か　第2章 社会構造　第3章 文化と信仰　第4章 社会・経済的関係と生産様式　第5章 一八九〇年代以降のハザーラ社会における社会・政治的変化　第6章 古い民族、新しい社会　第7章 現代アフガニスタンにおけるハザーラ人　第8章 一九八〇年代のハザーラ人　第9章 一九九〇年代のハザーラ人　結語〔08614〕

ムーサム, O.H.　Mootham, Orby Howell
◇南方民族と宗教文化　ビルマ仏教徒と慣習法（Burmese Buddhist law）　久野芳隆著, オー・エイチ・ムーサム著, 満鉄東亜経済調査局訳　大空社　2011.9　412, 213, 3p　22cm　（アジア学叢書 247）〈第一出版協会昭和18年刊と満鉄東亜経済調査局昭和17年刊の複製合本　索引あり〉24000円　①978-4-283-00819-9〔08615〕

ム

ムーディ, ドゥワイト・L.
◇アジアの顔のキリスト　ホアン・カトレット編, 高橋敦子訳　名古屋　新世社　2010.10　175, 32p　16cm　〈文献あり〉1200円　①978-4-88382-100-6
内容 わたしをお使いください(ドゥワイト・L.ムーディ)〔08616〕

ムーディ, レイモンド　Moody, Raymond A.
◇臨死共有体験―永遠の別世界をかいま見る(GLIMPSES OF ETERNITY)　レイモンド・ムーディ, ポール・ペリー著, 堀天作訳　ヒカルランド　2012.5　282p　20cm　(超☆わくわく 030)　1800円　①978-4-86471-015-2
内容 第1章 臨死共有体験との出会い/死後の世界と現実との関係がさらに深くなってきた　第2章 数多く寄せられた臨死共有体験/それは天的世界の存在証明か　第3章 私自身の臨死共有経験/遠隔精神感応か、宇宙の記憶蓄積領域への接触か　第4章 臨死共有体験の諸要素/永遠の別世界をかいま見る　第5章 歴史の中の臨死共有体験/瞠目すべき豊富なケース・スタディが存在していた　第6章 臨死共有体験を知った読者が抱くであろう様々な疑問と質問に答える　第7章 臨死共有体験とは何か/共感神経細胞「ミラー・ニューロン」あるいは側頭葉の「神秘に通じる回路」〔08617〕
◇生きる/死ぬその境界はなかった―死後生命探究40年の結論　レイモンド・ムーディ, ポール・ペリー著, 矢作直樹監修, 堀天作訳　ヒカルランド　2013.2　416p　20cm　(超☆わくわく 040)　〈著作目録あり〉1900円　①978-4-86471-095-4
内容 死が身近にあった幼少時代―すでに死後生命のことを意識していた　祖父の死が幼い私に遺したもの　父が人を生き返らせた！―宗教と死後生命は関係がない！　ギリシア哲学の領域から死後生命を探る　体外離脱体験者との出会い―キリストの光に包まれた人　学生たちの体験談から次々と明らかになる臨死体験の諸要素　医学界も認めた、新しい研究分野としての臨死体験　臨死体験時に起きることを明らかにする―出版へ向けて　大成功した『ライフ・アフター・ライフ』―さらなる真実の探究へ　大成功の陰で―病の悪化、裏切り、中傷〔ほか〕〔08618〕

ムニョス, サブリーナ　Mugnos, Sabrina
◇マヤ2012宇宙のニューサイクル―先端科学とマヤ暦がつかんだ天変地異と未来予測のすべて(I Maya e il)　サブリーナ・ムニョス著, やよしけいこ訳　徳間書店　2011.1　403p　19cm　(超スピ 021)　〈年表あり〉1800円　①978-4-19-863103-1
内容 まえがき「予言」という人類の歴史的遺産に向きあって、マヤ文明の厳密な全体像が見えてきた！　第1部 歴史検証篇(興亡を繰り返すメソアメリカ民族の壮大な歴史は、未だ謎に包まれている　周期的変化に注目し天文学を発達させたマヤ民族 ほか)　第2部 天変地異科学検証篇(地球、かくて創造され、かくて破壊される　天から地球へ隕石の脅威 ほか)　第3部 資料篇(大洪水：予告された悲劇の記録　ノストラダムスの預言 ほか)〔08619〕

ムニョス・ラミレス, フランセスク　Munoz Ramírez, Francesc
◇俗都市化―ありふれた景観グローバルな場所(URBANALIZACIÓN)　フランセスク・ムニョス著, 竹中克行, 笹野益生訳　京都　昭和堂　2013.12　258, 37p　22cm　〈文献あり 索引あり〉4000円　①978-4-8122-1340-7〔08620〕

ムフ, シャンタル　Mouffe, Chantal
◇民主主義の革命―ヘゲモニーとポスト・マルクス主義(HEGEMONY AND SOCIALIST STRATEGY(原著第2版))　エルネスト・ラクラウ, シャンタル・ムフ著, 西永亮, 千葉真訳　筑摩書房　2012.11　429p　15cm　(ちくま学芸文庫 ム6-1)　1600円　①978-4-480-09494-0
内容 1 ヘゲモニー―概念の系譜学(ローザ・ルクセンブルクのディレンマ　危機、零度 ほか)　2 ヘゲモニー―新たな政治的論理の困難な出現(複合的発展と偶然的なものの論理　「階級同盟」―デモクラシーと権威主義のあいだ ほか)　3 社会的なものの実定性を越えて―敵対とヘゲモニー(社会形成体と重層的決定　節合と言説 ほか)　4 ヘゲモニーとラディカル・デモクラシー(民主主義の革命　民主主義の革命と新しい敵対関係 ほか)〔08621〕

ムラデノフ, I.　Mladenov, Ivan
◇パースから読むメタファーと記憶(CONCEPTUALIZING METAPHORS)　I.ムラデノフ著, 有馬道子訳　勁草書房　2012.10　292, 3p　22cm　〈文献あり〉6700円　①978-4-326-10222-8
内容 見捨てられた考えについての理論的枠組み―何が見捨てられ何が発展したか　カテゴリー・基底・沈黙効果　無限の記号過程と異言語―パースとバフチン　生きている精神と退行した精神　氷山と結晶した精神　パース哲学における主観性の不在　はかり知れない過去　静かなディスコース―パースの「意識」概念における表象の諸相　一人で踊るタンゴ　意味はいかにして可能か　イヴァン・サライリエフ―ブルガリア・プラグマティズムの草分け〔08622〕

ムーリー, テレサ　Moorey, Teresa
◇数秘術バイブル―数字の持つパワーの全てを知る決定版！(The Numerology Bible)　テレサ・ムーリー著, 服部由美訳　ガイアブックス　2013.1　399p　17cm　〈索引あり　発売：産調出版〉2200円　①978-4-88282-855-6
内容 第1章 数　第2章 数秘術とその他の秘術　第3章 5つのナンバーの計算方法　第4章 数と調和するもの　第5章 重要な数　第6章 人間関係　第7章 人生のサイクル　第8章 暮らしの中の数〔08623〕

ムリス, フラン　Mullis, Fran
◇学校コンサルテーション入門―よりよい協働のための知識とスキル(School Counselor Consultation)　グレッグ・ブリッグマン, フラン・ムリス, リンダ・ウェッブ, ジョアナ・ホワイト著, 谷島弘仁訳　金子書房　2012.4　155p　21cm　〈文献あり 索引あり〉2600円　①978-4-7608-2367-3
内容 第1章 コンサルタントとしてのスクールカウンセラーとは　第2章 コンサルテーションに生かす学校全体のアプローチ―支えとなるモデルと理論　第3章 コンサルテーションにおける倫理的問題　第4章 教師や保護者との事例コンサルテーション　第5章 学校コンサルテーションの典型的な諸問題　第6章 研修会と教育プログラム　第7章 その他の学校コンサ

ルテーションの機会　第8章 クラス会議―協力的な雰囲気をつくる　第9章 管理職とのコンサルテーション　第10章 コミュニティにおけるコンサルテーション　〔08624〕

ムールヴァ, テレーズ　Mourlevat, Thérèse

◇その女(ひと)の名はロジィ―ポール・クローデルの情熱と受苦（La passion de Claudel）　テレーズ・ムールヴァ著, 湯原かの子訳　原書房　2011.3　268, 4p　20cm　〈タイトル : その女の名はロジィ　文献あり 年譜あり〉2400円　①978-4-562-04587-7

内容 第1部(幻想の故国ポーランド　フランシスとの結婚生活　ポールとの洋上の出逢い　福州・道ならぬ恋　ロジィの逃避行)　第2部(ヤンとの再婚・離散する家族　息子たちの出征・母の苦悩　ポールとの再会・和解　内なる時間・現実の時間　ロジィからイザへ)　〔08625〕

ムールバーガー, スティーヴン

◇デモクラシーの世界史（THE SECRET HISTORY OF DEMOCRACY）　ベンジャミン・イサカーン, スティーヴン・ストックウェル編, 猪口孝日本版監修, 田口未和訳　東洋書林　2012.8　330p　22cm　〈文献あり 索引あり〉3800円　①978-4-88721-803-1

内容 古代インドの共和国と擬似民主制度(スティーヴン・ムールバーガー著)　〔08626〕

ムルヤサリ, ファラ

◇防災教育―学校・家庭・地域をつなぐ世界の事例（Disaster Education）　ショウ・ラジブ, 塩飽孝一, 竹内裕希子編著, 沢田晶子, ベンジャミン由里絵訳　明石書店　2013.11　182p　22cm　〈文献あり〉3300円　①978-4-7503-3917-7

内容 防災教育における家庭と地域の役割 他(竹内裕希子, ファラ・ムルヤサリ, ショウ ラジブ著)　〔08627〕

ムロディナウ, レナード　Mlodinow, Leonard

◇しらずしらず―あなたの9割を支配する「無意識」を科学する（SUBLIMINAL）　レナード・ムロディナウ著, 水谷淳訳　ダイヤモンド社　2013.12　368p　20cm　〈索引あり〉2000円　①978-4-478-02094-4　〔08628〕

ムワウ, アデリーナ　Mwau, Adelina Ndeto

◇オクスファム男女共同参画研修マニュアル―教室での実践例つき（The Oxfam gender training manual）　スザンヌ・ウィリアムズ, アデリーナ・ムワウ, ジャネット・シード著, 川中信訳　北樹出版　2011.3　221p　26cm　2500円　①978-4-7793-0280-6

内容 1 この本の使い方と基本概念(マニュアルの使い方ガイド　基本概念)　2 ファシリテーター用指針(ガイドライン)(そもそもの検討課題　計画づくりの7ステップ　研修中の業務)　3 気づきとモーザ手法の研修コース(ジェンダーへの気づきと男と女の気づき　ジェンダー役割とジェンダーニーズ　男女共同参画社会(ジェンダーと開発GAD)　男女に配慮した計画づくりとジェンダー分析)　〔08629〕

ムン, イルピョン*　文 一平

◇明治学院歴史資料館資料集　第8集　朝鮮半島出身留学生から見た日本と明治学院　明治学院歴史資料館　2011.3　202p　21cm　〈編集代表 : 辻泰一郎〉952円

内容 私の半生(文一平著, 佐藤飛文訳)　〔08630〕

ムーン, サンミョン　文 鮮明

◇平和を愛する世界人として―文鮮明自叙伝　文鮮明著, 文鮮明師自叙伝日本語版出版委員会訳　創芸社　2011.4　350p　15cm　760円　①978-4-88144-140-4

内容 第1章 ご飯が愛である―幼少時代　第2章 涙で満たした心の川―神の召命と艱難　第3章 世界で最も中傷を浴びた人―教会創立と受難　第4章 私たちの舞台が世界である理由―アメリカへ雄飛　第5章 真の家庭が真の人間を完成する―結婚と愛　第6章 愛は統一を導く―冷戦終焉・宗教融和　第7章 韓国の未来、世界の未来―理想郷に向かって　〔08631〕

◇平和を愛する世界人として―文鮮明自叙伝　文鮮明著, 文鮮明師自叙伝日本語版出版委員会訳　増補版　創芸社　2011.9　381p　15cm　780円　①978-4-88144-147-3

内容 第1章 ご飯が愛である―幼少時代　第2章 涙で満たした心の川―神の召命と艱難　第3章 世界で最も中傷を浴びた人―教会創立と受難　第4章 私たちの舞台が世界である理由―アメリカへ雄飛　第5章 真の家庭が真の人間を完成する―結婚と愛　第6章 愛は統一を導く―冷戦終焉・宗教融和　第7章 韓国の未来、世界の未来―理想郷に向かって　〔08632〕

◇真の神様―文庫版　文鮮明著, 世界基督教統一神霊協会編　光言社　2011.10　331p　15cm　(光言社文庫)　900円　①978-4-87656-348-7　〔08633〕

◇平和を愛する世界人として―文鮮明自叙伝　文鮮明著, 文鮮明師自叙伝日本語版出版委員会訳　増補版　創芸社　2011.12　382p　20cm　1900円　①978-4-88144-148-0

内容 第1章 ご飯が愛である―幼少時代　第2章 涙で満たした心の川―神の召命と艱難　第3章 世界で最も中傷を浴びた人―教会創立と受難　第4章 私たちの舞台が世界である理由―アメリカへ雄飛　第5章 真の家庭が真の人間を完成する―結婚と愛　第6章 愛は統一を導く―冷戦終焉・宗教融和　第7章 韓国の未来、世界の未来―理想郷に向かって　〔08634〕

◇礼節と儀式―文庫版　文鮮明著, 世界基督教統一神霊協会編　光言社　2012.3　326p　15cm　(光言社文庫)　900円　①978-4-87656-350-0　〔08635〕

◇はじめての統一原理―文鮮明先生が解明した真理　訓読教材　文鮮明〔著〕, 世界基督教統一神霊協会編　光言社　2013.10　80p　21cm　360円　①978-4-87656-360-9　〔08636〕

ムン, ヒョンジン

◇サムスン式仕事の流儀―5年で一流社員になる　ムン・ヒョンジン著, 吉原育子訳　サンマーク出版　2012.1　281p　19cm　1500円　①978-4-7631-3172-0

内容 序章 サムスンの人材前―なぜ「五年」が大切なのか?　第1章 サムスン一年目―基本で圧倒しろ　第2

章 サムスン二年目—誰にも文句を言わせない強力な仕事力　第3章 サムスン三年目—完璧主義と勝利へのあくなきこだわり　第4章 サムスン四年目—すべては関係によって完成する　第5章 サムスン五年目—バージョンアップで自分だけの成功神話を　付録 サムスンの評価法—幹部資質と面接における具体的な評価方法 〔08637〕

ムン, ヨンジュ*　文 暎周

◇日本の朝鮮植民地支配と植民地的近代　李昇一, 金大鎬, 鄭昞旭, 文暎周, 鄭泰憲, 許英蘭, 金旻栄著, 庵逧由香監訳　明石書店　2012.3　248p　22cm　〈文献あり〉4500円　①978-4-7503-3550-6

内容 「経済成長論」の植民地認識に対する批判的検討（文暎周著） 〔08638〕

ムーン, H.*　Moon, HyungJin

◇サムスン式仕事の流儀—5年で一流社員になる　ムン・ヒョンジン著, 吉原育子訳　サンマーク出版　2012.1　281p　19cm　1500円　①978-4-7631-3172-0

内容 序章 サムスン入社前—なぜ「五年」が大切なのか？　第1章 サムスン一年目—基本で圧倒しろ　第2章 サムスン二年目—誰にも文句を言わせない強力な仕事力　第3章 サムスン三年目—完璧主義と勝利へのあくなきこだわり　第4章 サムスン四年目—すべては関係によって完成する　第5章 サムスン五年目—バージョンアップで自分だけの成功神話を　付録 サムスンの評価法—幹部資質と面接における具体的な評価方法 〔08639〕

メ

【メ】

メア, ケビン　Maher, Kevin K.

◇自滅するな日本　ケビン・メア著, 田原総一朗責任編集　アスコム　2012.3　230p　18cm　952円　①978-4-7762-0725-2

内容 第1章 沖縄・普天間、アメリカはここにイラついている！　第2章 民主党の迷走、アメリカはここにあきれている！　第3章 日米安保、アメリカの本音はこれだ！　第4章 TPP、アメリカの本当の狙いはこれだ！　第5章 日本と中国、アメリカはどちらが大切か？　第6章 自滅するな日本、決断せよ！ 〔08640〕

メイ, ミッチェル　May, Mitchell

◇リアルワールドリアルパーソン（Real world, real person）　ミッチェル・メイ著, 小川順子訳　シナジーカフェ　2011.6　156p　20cm　（Synergy books）〈解説：上野圭一〉1300円　①978-4-905380-00-9 〔08641〕

メイ, ヤコブ

◇異文化コミュニケーション学への招待　鳥飼玖美子, 野田研一, 平賀正子, 小山亘編　みすず書房　2011.12　484p　22cm　〈他言語標題：Introduction to Intercultural Communication Studies〉6000円　①978-4-622-07659-9

内容 ことばは社会とどう関わるか（ヤコブ・メイ著, 坪井睦子訳） 〔08642〕

メイシー, ジョアンナ

◇どんな時代が来るのか—2012年アセンション・マニュアル（The mystery of 2012）　タミ・サイモン編著, 菅靖彦, 田中淳一, 堤康一郎訳　風雲舎　2011.4　287p　19cm　1800円　①978-4-938939-64-9

内容 大いなる転換（ジョアンナ・メイシー著） 〔08643〕

メイズ, L.*　Mayes, Linda C.

◇子どもの心理療法と調査・研究—プロセス・結果・臨床的有効性の探求（Child psychotherapy and research）　ニック・ミッジリー, ジャン・アンダーソン, イブ・グレンジャー, ターニャ・ネシッジ・ブコビッチ, キャシー・アーウィン編著, 鵜飼奈津子監訳　大阪　創元社　2012.2　287p　22cm　〈索引あり　文献あり〉5200円　①978-4-422-11524-5

内容 社会神経科学と治療的行為の諸理論：子どもの心理療法との関係（Linda C.Mayes,Prakash K.Thomas著, 勅使川原学訳） 〔08644〕

メイズロール, ロレイン　Mazerolle, Lorraine Green

◇環境犯罪学と犯罪分析（Environmental criminology and crime analysis）　リチャード・ウォートレイ, ロレイン・メイズロール編, 島田貴仁, 渡辺昭一監訳, 斉藤知範, 雨宮護, 菊池城治, 畑倫子訳　社会安全研究財団　2010.8　313p　26cm　〈文献あり〉①978-4-904181-13-3

内容 環境犯罪学と犯罪分析：理論、分析アプローチと応用の位置づけ（リチャード・ウォートレイ, ロレイン・メイズロール著, 島田貴仁訳） 〔08645〕

メイソン, スティーブ

◇古代世界におけるモーセ五書の伝承　秦剛平, 守屋彰夫編　京都　京都大学学術出版会　2011.2　427p　23cm　〈索引あり〉8400円　①978-4-87698-976-8

内容 ヨセフス『ユダヤ古代誌』の後半部（スティーブ・メイソン著, 浅野淳博訳） 〔08646〕

メイソン, マーク　Mason, Mark

◇比較教育研究—何をどう比較するか（Comparative education research）　マーク・ブレイ, ボブ・アダムソン, マーク・メイソン編著, 杉村美紀, 大和洋子, 前田美子, 阿古智子訳　上智大学出版　2011.6　351p　21cm　〈文献あり 索引あり　発売：ぎょうせい〉2500円　①978-4-324-08596-7

内容 様々なモデル・重点・考察 他（マーク・ブレイ, ボブ・アダムソン, マーク・メイソン著, 杉村美紀訳） 〔08647〕

◇転換期の教育改革—グローバル時代のリーダーシップ（Changing education）　ピーター・D.ハーショック, マーク・メイソン, ジョン・N.ホーキンス編著, 島川聖一郎, 高橋貞雄, 小原一仁監訳　町田　玉川大学出版部　2011.7　377p　22cm　〈文献あり〉6200円　①978-4-472-40430-6

内容 グローバル化するアジア太平洋地域における革新の指導にみられる課題と教育の発展 他（ピーター・ハーショック, マーク・メイソン, ジョン・ホーキンス著） 〔08648〕

メイソン, マット　Mason, Matt James

◇海賊のジレンマ―ユースカルチャーがいかにして新しい資本主義をつくったか（THE PIRATE'S DILEMMA）　マット・メイソン著, 玉川千絵子, 八田真行, 鈴木沓子, 鳴戸麻子訳　フィルムアート社　2012.7　419p　19cm　2600円　①978-4-8459-1288-9

内容 イントロ ロリポップ・キャンディの襲撃　第1章 パンク資本主義―DIYからスニーカーのダウンロードまで　第2章 海賊として進むべき道―海上要塞とパテント・トロール、そして私たちに海賊行為が必要な理由　第3章 我らがリミックスの発明者―カット＆ペースト文化が新たに生み出す公共の基盤　第4章 闘争のアート―ストリートアート、ブランド化、そしてパブリックスペースをめぐる闘い　第5章 さまざまな境界侵犯―修道女のディスコ、レコード業界の死、そしてオープンソースという未来　第6章 リアル・トーク―いかにしてヒップホップは何十億も稼ぎ、世界平和をもたらすか　第7章 ネットでつながる経済学―街なかで枕で叩き合う「ピローファイト」、平手打ちを録画して公開する「ハッピースラップ」、そして後世に残る文化的遺伝子　アウトロ 海賊のジレンマ―変わるゲーム理論　〔08649〕

メイソン, ミッシェル

◇日本人の「男らしさ」―サムライからオタクまで「男性性」の変遷を追う（RECREATING JAPANESE MEN）　サビーネ・フリューシュトゥック, アン・ウォルソール編著, 長野ひろ子監訳, 内田雅克, 長野麻紀子, 粟倉大輔訳　明石書店　2013.1　307p　22cm　3800円　①978-4-7503-3745-6

内容 日本国家における武士道とジェンダー化された身体（ミッシェル・メイソン著, 長野麻紀子訳）〔08650〕

メイトランド, アレグザンダー

◇世界探検家列伝―海・河川・砂漠・極地、そして宇宙へ（The great explorers）　ロビン・ハンベリーテニソン編著, 植松靖夫訳　悠書館　2011.9　303p　26cm　〈文献あり 索引あり〉9500円　①978-4-903487-49-6

内容 ウィルフレッド・セシジャー―ルブアルハリ砂漠の精 他（アレグザンダー・メイトランド）〔08651〕

メイトランド, テレサ・L.　Maitland, Theresa L.

◇ADHDコーチング―大学生活を成功に導く援助技法（Coaching college students with AD/HD）　パトリシア・O.クイン, ナンシー・A.レイティ, テレサ・L.メイトランド著, 篠田晴男, 高橋知音監訳, ハリス淳子訳　明石書店　2011.2　245p　21cm　〈文献あり〉2000円　①978-4-7503-3325-0

内容 1 コーチング入門（ADHDのある学生にとってなぜ大学は難しいのか？　コーチングとは何か？　ADHDのある大学生に対するコーチング　コーチング―具体的な活動の開始）　2 問題への対処（日常生活のスキル―ADHDのある大学生にとっての問題　ソーシャルスキル―ADHDのある大学生にとっての問題　学習スキル―ADHDのある大学生にとっての問題　個人的問題への対処スキル―ADHDのある大学生にとっての問題）　3 まとめ（コーチング―その利点と限界）　4 資料　〔08652〕

メイニー, ケビン　Maney, Kevin

◇予測力―「最初の2秒」で優位に立つ！（The two-second advantage）　ケビン・メイニー, ヴィヴェック・ラナディヴェ著, 有賀裕子訳　朝日新聞出版　2012.3　268p　19cm　1700円　①978-4-02-331054-4

内容 第1部 天才の脳（ウェイン・グレツキーの予測脳　タイプ1とタイプ2、そして大脳皮質　優れた頭脳　ふつうの脳の優れたソフトウェア）　第2部 優れたシステム（頭脳さえあったら　優れたテクノロジーと優れた企業　脳のようなコンピュータとコンピュータのような脳）　第3部 “最初の二秒”の優位（“最初の二秒”の優位とよりよい世界　“最初の二秒”の優位とよりよい頭脳）　〔08653〕

メイヒュー, デイヴィッド　Mayhew, David R.

◇アメリカ連邦議会―選挙とのつながりで（CONGRESS（原著第2版））　デイヴィッド・メイヒュー著, 岡山裕訳　勁草書房　2013.8　130p　22cm　（ポリティカル・サイエンス・クラシックス 9　河野勝, 真淵勝監修）〈索引あり〉3100円　①978-4-326-30221-5

内容 第1部 選挙による動機づけ　第2部 過程と政策　〔08654〕

メイヒュー, ヘンリー　Mayhew, Henry

◇ロンドン路地裏の生活誌―ヴィクトリア時代　上（The illustrated Mayhew's London）　ヘンリー・メイヒュー著, ジョン・キャニング編, 植松靖夫訳　原書房　2011.3　221p　20cm　〈1992年刊の新装版〉2000円　①978-4-562-04684-3

内容 路上の人びと一般、特に呼売商人の種類　街頭職人　土曜日の夜のロンドンの街頭市場　呼売商人の習癖と娯楽　「ヴィクの天井桟敷」　無教育な呼売商人　「呼売青年」の教育　呼売商人の服装　一ペニー劇場　魚を売る街頭商人…ビリングズゲイト〔ほか〕　〔08655〕

◇ロンドン路地裏の生活誌―ヴィクトリア時代　下（The illustrated Mayhew's London）　ヘンリー・メイヒュー著, ジョン・キャニング編, 植松靖夫訳　原書房　2011.3　238p　20cm　〈1992年刊の新装版〉2000円　①978-4-562-04685-0

内容 ローズマリー・レーン　スミスフィールド・マーケットの中古品売り　生きた動物を売る街頭商人　犬の「捜し屋」―ある「ぺてん師」の生涯　偽物の鳥を売りつける小鳥屋の術策　鳥の巣を売る街頭商人　テムズ川のビール売り、あるいはパール売り　ぼろ、壊れた金物類、ビン、ガラス、そして骨を買い取る街頭商人　「ぼろとビン」を扱う店、及び「中古船具」を扱う店　台所のごみ、油脂及び脂汁の回収業者〔ほか〕　〔08656〕

◇ロンドン貧乏物語―ヴィクトリア時代呼売商人の生活誌（London Labour and the London Poor（抄訳））　ヘンリー・メイヒュー著, 植松靖夫訳　悠書館　2013.6　377p　20cm　2800円　①978-4-903487-66-3　〔08657〕

メイヤー, ディヴィッド・R.

◇アメリカ研究統合化の役割としての「映画」　宮川佳三編　大津　行路社　2011.11　246p　22cm　（南山大学地域研究センター共同研究シリーズ 3）　2400円　①978-4-87534-437-7

内容 ドキュメンタリーレポート、政府運営キャンプ、映画『怒りの葡萄』(ディヴィッド・R.メイヤー著, クマイ恭子訳・補注)〔08658〕

メイヤー, トーマス　Meyer, Thomas
◇プライベート・エクイティの投資実務—Jカーブを越えて (BEYOND THE J CURVE)　Thomas Meyer,Pierre-Yves Mathonet著, 小林和成, 萩康春訳　きんざい　2013.4　473p　22cm　〈索引あり〉4400円　①978-4-322-12142-1
内容 1 プライベート・エクイティの環境(イントロダクション　プライベート・エクイティの市場 ほか)　2 投資プロセス(投資プロセ　リスクの枠組み ほか)　3 いろいろなデザイン手法(ファンド・バリュエーションの手法　ベンチマーキング ほか)　4 いろいろな管理手法(モニタリング　セカンダリー取引 ほか)〔08659〕

メイヤー, パメラ　Meyer, Pamela
◇しょっちゅうウソをつかれてしまうあなたへ (Liespotting)　パメラ・メイヤー著, 高橋佳奈子訳　主婦の友社　2011.2　219p　19cm　1500円　①978-4-07-274364-5
内容 1 よくある嘘　2 嘘入門—誰が、いつ、なぜ嘘をつくのか？　3 顔の表情を読む　4 ボディランゲージを読む　5 ことばに耳を傾ける　6 BASICの尋問法　付録1 BASICの実践　付録2 嘘発見力テスト〔08660〕

メイヤー, リチャード・E.　Mayer, Richard E.
◇インストラクショナルデザインとテクノロジ—教える技術の動向と課題 (TRENDS AND ISSUES IN INSTRUCTIONAL DESIGN AND TECHNOLOGY(原著第3版))　R.A.リーサー, J.V.デンプシー編　京都　北大路書房　2013.9　690p　21cm　〈訳：半田純子ほか　索引あり〉4800円　①978-4-7628-2818-8
内容 リッチメディアを賢く使う(ルース・コルビン・クラーク, リチャード・E.メイヤー著, 山田政寛訳)〔08661〕

メイリンズ, フィリップ
◇歴史と和解　黒沢文貴, イアン・ニッシュ編　東京大学出版会　2011.7　424, 9p　22cm　〈索引あり〉5700円　①978-4-13-026228-6
内容 和解こそ最後の勝利(フィリップ・メイリンズ著, 杉野明訳)〔08662〕

メイン, C.*　Main, Chris J.
◇筋骨格系問題への取り組み—クリニックおよび職場での手引き：心理社会的フラッグシステムを用いた障害の特定：日本語版 (Tackling musculoskeletal problems)　Nicholas Kendall, Kim Burton,Chris Main,Paul Watson〔著〕, 菊地臣一訳　メディカルフロントインターナショナルリミテッド　2012.3　32p　21×30cm　2400円　①978-4-902090-73-4〔08663〕

メカス, ジョナス　Mekas, Jonas
◇メカスの難民日記 (I had nowhere to go)　ジョナス・メカス〔著〕, 飯村昭子訳　みすず書房　2011.6　395, 9p　22cm　4800円　①978-4-622-07608-7
内容 強制労働収容所　自由に向かって　難民収容所での生活　不安。七本のナイフが突き刺さりはじめる　遠く離れると、あなたはなんと美しいのだろう！　人生の旅はつづく　二つの世界の狭間で　ヨーロッパ最後の夏　ニューヨーク　ブルックリンで自活する　進退きわまって　マンハッタンで自活する　砂漠に根づく、あるいはイタケーに戻る〔08664〕

メグレ, ウラジーミル　Megre, Vladimir Nikolaevich
◇アナスタシア (Анастасия)　ウラジーミル・メグレ著, 水木綾子訳, 岩砂晶子監修　ナチュラルスピリット　2012.9　311p　19cm　(響きわたるシベリア杉 シリーズ1)　1700円　①978-4-86451-055-4
内容 ペレストロイカ　響きわたるシベリア杉　出会い　彼女は人間？ それとも野生動物？　彼らは何者？　森の中の寝室　アナスタシアの朝　アナスタシアの光線　コンサート・イン・ザ・タイガ　新しい星を天空に灯す〔ほか〕〔08665〕
◇響きわたるシベリア杉 (Владимир Мегре(重訳))　ウラジーミル・メグレ著, 水木綾子訳, 岩砂晶子監修　ナチュラルスピリット　2013.7　301p　19cm　(響きわたるシベリア杉 シリーズ2)　1700円　①978-4-86451-089-9
内容 宇宙人なのか、人間なのか　金の成る木　癒しが悲しみをもたらすとき　プライベートな対話　桜の木　誰の責任？　答え　ダーチュニクと全地球の日　響きわたるバードの剣　方向転換〔ほか〕〔08666〕

メーシェル, ヴェルンハルト　Möschel, Wernhard
◇ドイツ株式法　ヴェルンハルト・メーシェル著, 小川浩三訳　信山社出版　2011.2　181p　20cm　(桐蔭横浜大学ドイツ法講義シリーズ 2)　〈年譜あり 索引あり〉3200円　①978-4-7972-5542-3
内容 第1章 株式法発達史　第2章 株式法総論　第3章 株式会社の設立　第4章 株式会社の組織構成　第5章 株式会社の財務構成　第6章 会社の終了　第7章 権利保護　第8章 コンツェルン法、組織変更法　第9章 資本市場法およびヨーロッパ法との関係〔08667〕

メジロー, ジャック　Mezirow, Jack
◇おとなの学びと変容—変容的学習とは何か (TRANSFORMATIVE DIMENSIONS OF ADULT LEARNING)　ジャック・メジロー著, 金沢睦, 三輪建二監訳　鳳書房　2012.3　351p　22cm　〈布装　文献あり 索引あり〉3600円　①978-4-902455-29-8〔08668〕

メスィック, デイヴィッド・M.
◇コモンズのドラマ—持続可能な資源管理論の15年 (The Drama of the COMMONS)　全米研究評議会,Elinor Ostrom,Thomas Dietz,Nives Dolšak,Paul C.Stern,Susan C.Stonich,Elke U. Weber編, 茂木愛一郎, 三俣学, 泉留維監訳　知泉書館　2012.5　665p　23cm　〈文献あり 索引あり〉9000円　①978-4-86285-132-1
内容 コモンズ・ディレンマにおける協調行動に影響を与える諸要因(シューリ・コペルマン,J.マーク・ウェバー, デイヴィッド・M.メスィック著, 小南仁司訳)〔08669〕

メスキータ, ブルース・ブエノ・デ　Mesquita, Bruce

Bueno de
◇独裁者のためのハンドブック（The Dictator's Handbook）　ブルース・ブエノ・デ・メスキータ, アラスター・スミス著, 四本健二, 浅野宜之訳　亜紀書房　2013.11　375p　19cm　〈索引あり〉　2000円　Ⓘ978-4-7505-1331-7　〔08670〕

メストメッカー, エルンストーヨアヒム　Mestmäcker, Ernst-Joachim
◇EUの法秩序と経済秩序—法と経済の関係についての基本問題　エルンストーヨアヒム・メストメッカー著, 早川勝訳　京都　法律文化社　2011.11　228p　22cm　〈索引あり〉7000円　Ⓘ978-4-589-03367-3
内容 第1編 EUの法秩序と経済秩序（支配と法に関する欧州の基準　ローマかマーストリヒトか　EUのガバナンス構造の変遷 ほか）　第2編 ヨーロッパ競争法の展開と課題（ヨーロッパ契約社会における亀裂　ヨーロッパ法における競争と規制の接点　グローバル化時代におけるヨーロッパ競争法）　第3編 法秩序と経済秩序の相互依存（権利の法制度との関連性　デヴィッド・ヒュームとフリードリッヒ・A.フォン・ハイエクにおける社会と法—法と競争によるエゴイズムの規制について　牧草地の子羊と狼の群れの間—自然状態における競争概念の変遷）　〔08671〕

メストン, シンディ・M.　Meston, Cindy M.
◇科学者が徹底追究！　なぜ女性はセックスをするのか？（Why Women Have Sex）　シンディ・メストン, デイヴィッド・バス著, 高橋佳奈子訳　講談社　2012.6　333p　19cm　1800円　Ⓘ978-4-06-215922-7
内容 女性をその気にさせるもの　セックスの快感　愛と絆の結びつき　パートナー獲得までの戦略　ふたりの関係を破綻させるもの—嫉妬と浮気　望まないセックス—責任感か罪悪感か　快楽を得るための冒険—好奇心や変化を求めて　取引としてのセックス　セックスから得られるもの　闇の側面—虚言とレイプ　体にいいセックス—健康に効く性生活　〔08672〕

メスナー, ラインホルト　Messner, Reinhold
◇ナンガ・パルバート単独行（Alleingang Nanga Parbat）　ラインホルト・メスナー著, 横川文雄訳　山と溪谷社　2011.3　380p　15cm　（ヤマケイ文庫）〈年譜あり〉1000円　Ⓘ978-4-635-04729-6
内容 ナンガ（一人の男と一つの山　黒い孤独 ほか）　ティケ（夢は生きる　独り歩き ほか）　ディアミール（白い孤独　人の声 ほか）　ナンガ・パルバートの25年（ナンガ・パルバート年表/遠征隊一覧/登頂者一覧一九三二年から三九年、悲劇の歴史 ほか）　〔08673〕

メスナリック, クリスタ　Mesnaric, Christa
◇アリストテレスマネジメント—ビジネスに生きる哲学（Aristoteles fur Manager）　クリスタ・メスナリック著, 三谷武司訳　ディスカヴァー・トゥエンティワン　2011.8　142p　20cm　1300円　Ⓘ978-4-7993-1039-7
内容 アリストテレスに学ぶ21世紀のマネジメント　アリストテレスの履歴書　企業の成功法則　幸福の完成を求めて　「中庸」という思考法　スタッフのモチベーションをいかに高めるか！　成功のための知識マネジメント　マネジメントとスピリチュアリティは矛盾しない　アリストテレスの教えの要点を、最も重要な引用文を通じて振り返る　アリストテレスから（最後に）一言　〔08674〕

メタクサス, E.*　Metaxas, Eric
◇ウェスレー・メソジスト研究　12　川崎　日本ウェスレー・メソジスト学会　2012.3　113p　21cm　〈発売：教文館〉952円
内容 Amazing Grace：William Wilberforce and the Heroic Campaign to end Slavery, 抄訳（第四章）（Eric Metaxas）　〔08675〕

メーダサーナンダ, スワーミー　Medhasananda, Swami
◇100のQ&A—人間関係、心の平安、霊的な生活とヒンドゥ教について　スワーミー・メーダサーナンダ〔著〕,〔村椿笙子〕〔訳〕　逗子　日本ヴェーダーンタ協会　2013.4　97p　19cm　〈文献あり〉900円　Ⓘ978-4-931148-52-9　〔08676〕

メツガー, アクセル
◇ヨーロッパ私法の現在と日本法の課題　川角由和, 中田邦博, 潮見佳男, 松岡久和編　日本評論社　2011.10　610p　22cm　（竜谷大学社会科学研究所叢書 第88巻）　7600円　Ⓘ978-4-535-51838-4
内容 ヨーロッパ私法における一般的法原則（アクセル・メツガー著, 中田邦博訳）　〔08677〕

メッガー, B.*　Metzger, Bruce M.
◇ガリラヤのイェシュー—日本語訳新約聖書四福音書（The Greek New Testament（4th rev.ed.））　山浦玄嗣訳　大船渡　イー・ピックス出版　2011.10　663p　22cm　〈文献あり〉2400円　Ⓘ978-4-901602-33-4
内容 第1巻 マタイの伝えた"よきたより"　第2巻 マルコの伝えた"よきたより"　第3巻 ルカの伝えた"よきたより"　第4巻 ヨハネの伝えた"よきたより"　〔08678〕

メッツラー, マーク
◇日米欧からみた近世日本の経済思想（Economic thought in early modern Japan）　川口浩, ベティーナ・グラムリヒ＝オカ編, 田中アユ子, 安野正士訳　岩田書院　2013.2　371p　22cm　7900円　Ⓘ978-4-87294-785-4
内容 政策空間、政策の振り子、そして政策体制 他（マーク・メッツラー著）　〔08679〕

メディクス, ディーター
◇ユダヤ出自のドイツ法律家（DEUTSCHE JURISTEN JUDISCHER HERKUNFT）　ヘルムート・ハインリッヒス, ハラルド・フランツキー, クラウス・シュマルツ, ミヒャエル・シュトレイス著, 森勇監訳　八王子　中央大学出版部　2012.3　25, 1310p　21cm　（日本比較法研究所翻訳叢書 62）〈文献あり 索引あり〉13000円　Ⓘ978-4-8057-0363-2
内容 明解性の大家（ディーター・メディクス著, 坂本恵三訳）　〔08680〕

メディナ, ラケル　Medina, Raquel
◇スペイン（Spain）　アニタ・クロイ著, ホセ・マヌエル・レイエス, ラクエル・メディナ監修　ほるぷ出版　2011.12　64p　25cm　(ナショナルジオグラフィック世界の国)〈日本語版校閲・ミニ情報：岩淵孝　年表あり　索引あり〉2000円　①978-4-593-58575-5
内容 地理―ふたつの海のあいだで　自然―めずらしい動植物　歴史―歴史の光と影　人と文化―前へむかって　政治と経済―発展の時代　〔08681〕

メドヴェージェフ, ジョレス・A.　Medvedev, Zhores Aleksandrovich
◇回想―1925-2010 (Из Воспоминаний)　ジョレス・A.メドヴェージェフ, ロイ・A.メドヴェージェフ著, 佐々木洋監訳, 天野尚樹訳　現代思潮新社　2012.11　346p　22cm　4200円　①978-4-329-00485-7
内容 第1部 幼年期と青年期1925‐1953 (両親の思い出 (ジョレス一九六九～七二年稿/ロイ一九八八年稿)　危険な仕事 (ジョレス))　第2部 ソ連邦から新生ロシアへ1953‐2010 (作家の思い出　作家の探求 (ロイ二〇〇二年稿)　異論派の思い出 (ロイ) ほか)　第3部 日本語版への補遺 (逆説と驚きに満ちた国, 日本 (ジョレス, 二〇一一年稿))　〔08682〕

メドヴェージェフ, ロイ・A.　Medvedev, Roi Aleksandrovich
◇回想―1925-2010 (Из Воспоминаний)　ジョレス・A.メドヴェージェフ, ロイ・A.メドヴェージェフ著, 佐々木洋監訳, 天野尚樹訳　現代思潮新社　2012.11　346p　22cm　4200円　①978-4-329-00485-7
内容 第1部 幼年期と青年期1925‐1953 (両親の思い出 (ジョレス一九六九～七二年稿/ロイ一九八八年稿)　危険な仕事 (ジョレス))　第2部 ソ連邦から新生ロシアへ1953‐2010 (作家の思い出　作家の探求 (ロイ二〇〇二年稿)　異論派の思い出 (ロイ) ほか)　第3部 日本語版への補遺 (逆説と驚きに満ちた国, 日本 (ジョレス, 二〇一一年稿))　〔08683〕

メドウズ, P.*　Mesdows, Pamela
◇英国の貧困児童家庭の福祉政策―"Sure Start"の実践と評価 (The National Evaluation of Sure Start)　ジェイ・ベルスキー, ジャクリーン・バーンズ, エドワード・メルシュ編著, 清水隆則監訳　明石書店　2013.3　230p　21cm　2800円　①978-4-7503-3764-7
内容 Sure Start地域プログラムの費用と利益 (Pamela Mesdows著, 清水隆則訳)　〔08684〕

メトカフ, スティーブン
◇歴史と和解　黒沢文貴, イアン・ニッシュ編　東京大学出版会　2011.7　424, 9p　22cm　〈索引あり〉5700円　①978-4-13-026228-6
内容 「炎のランナー」エリック・リデルのランニング・シューズ (スティーブン・メトカフ著, 小菅信子訳)　〔08685〕

メトカーフ, J.スタンレー　Metcalfe, J.Stanley
◇進化的経済学と創造的破壊 (Evolutionary economics and creative destruction)　J.スタンレー・メトカーフ著, 八木紀一郎, 古山友則訳　日本経済評論社　2011.9　230p　22cm　(ポスト・ケインジアン叢書 36)〈文献あり 索引あり〉4000円　①978-4-8188-2176-7
内容 第1部 創造的破壊の進化的経済学 (変化の内部の変化　対抗的な競争概念と進化的つながり　フィッシャーの原理と競争過程　経済的多様性と変化のモデル　差異を求めること, 競争的であることについて)　第2部 技術政策への進化的アプローチ (進化的競争過程の下での科学政策と技術政策)　〔08686〕

メトカルフ, フランツ　Metcalf, Franz
◇ブッダが職場の上司だったら (BEING BUDDHA AT WORK)　フランツ・メトカルフ, B.J.ギャラガー著, 小池竜之介監訳　日本文芸社　2013.10　238p　19cm　1400円　①978-4-537-25955-1
内容 1「いい仕事」は必ず報われます　2「木を切り, 水を運ぶ」人になろう　3 今日の仕事に「よろこび」を見出す法　4「集中する力」と「受け入れる」力　5 お金の問題を解決するブッダ　6「変化」に対応できる力を　7 お互いに「生産的」な人間関係をつくる法　8 とかく「問題のある人」とうまくつき合う法　9 これがブッダならではの「顧客サービス」法　10 ブッダがつくる「能率が上がる」職場　11 自分をもっと「深く」掘りなさい!　〔08687〕

メドース, P.*　Meadows, Pamela
◇英国の貧困児童家庭の福祉政策―"Sure Start"の実践と評価 (The National Evaluation of Sure Start)　ジェイ・ベルスキー, ジャクリーン・バーンズ, エドワード・メルシュ編著, 清水隆則監訳　明石書店　2013.3　230p　21cm　2800円　①978-4-7503-3764-7
内容 複雑な介入の評価のための方法論 (Pamela Meadows著, 中嶌洋訳)　〔08688〕

メドフ, ピーター　Medoff, Peter
◇ダドリー通り―破壊された街の再生の物語　ピーター・メドフ, ホリー・スクラー著, 大森一輝, 森川美生訳　東洋書店　2011.8　365p　21cm　〈文献あり 年表あり 索引あり〉3200円　①978-4-88595-998-1
内容 第1章 思い起こしておくべきこと　第2章「ダドリー通り地区再生運動」を立ち上げる　第3章「私たちをゴミ溜めにするな」―地域の力を集める　第4章 都会の中に協同体を作る　第5章 収用権を得て土地を管理する　第6章 土地と住宅の開発―三角地帯, そしてその先　第7章 全体を見据えた開発―人も経済も環境も　第8章 若者のパワー　第9章 先導者たち　〔08689〕

メトラ, クロード　Mettra, Claude
◇フランス文化史 (France, culture vivante)　ジャック・ル・ゴフ, ピエール・ジャンナン, アルベール・ソブール, クロード・メトラ著, 桐村泰次訳　論創社　2012.8　445p　22cm　〈索引あり〉5800円　①978-4-8460-1169-7
内容 第1部 一つの国民の誕生 (埋もれた過去の遺跡　先史時代のフランス　ケルト世界 ほか)　第2部 一つの国家と文化の形成 (貴族的文明　「偉大な世紀」の始まり　ルイ十四世と文化)　第3部 現代への入り口 (新しい社会　産業革命)　〔08690〕

メトロー, A.
◇無文字民族の神話　ミシェル・パノフ, 大林太良

メ

他著, 大林太良, 宇野公一郎訳　新装復刊　白水社　2013.5　281, 12p　20cm　〈文献あり 索引あり〉4200円　①978-4-560-08291-1
内容 南アメリカの神話（A.メトロー著, 宇野公一郎訳）〔08691〕

メナセ, ステファニ　Ménasé, Stéphanie
◇知覚の哲学―ラジオ講演1948年（Causeries 1948）　モーリス・メルロ＝ポンティ著, ステファニ・メナセ校訂, 菅野盾樹訳　筑摩書房　2011.7　423, 2p　15cm　（ちくま学芸文庫 メ1-3）〈著作目録あり 索引あり〉1500円　①978-4-480-09389-9
内容 第1章 知覚的世界と科学の世界　第2章 知覚的世界の探索―空間　第3章 知覚的世界の探索―感知される事物　第4章 知覚的世界の探索―動物性　第5章 外部から見た人間　第6章 芸術と知覚的世界　第7章 古典世界と現代世界〔08692〕

メナンド, ルイ　Menand, Louis
◇メタフィジカル・クラブ―米国100年の精神史（The metaphysical club）　ルイ・メナンド〔著〕, 野口良平, 那須耕介, 石井素子訳　みすず書房　2011.8　457, 47p　22cm　6000円　①978-4-622-07610-0〔08693〕

メヤ‐スタブレ, ベルトラン　Meyer-Stabley, Bertrand
◇バッキンガム宮殿の日常生活（Buckingham Palace au temps d'Elisabeth 2）　B.メヤ‐スタブレ著, 新倉真由美訳　文園社　2011.4　369p　21cm　〈年譜あり〉1800円　①978-4-89336-251-3
内容 ガイドに従って　女王の一日　食事　女王陛下に仕えて　饗宴　王室の馬と犬　旅　豊かな暮らし　セレモニー　王室御用達〔ほか〕〔08694〕

メラー, クリスティアン　Möller, Christian
◇時を刻んだ説教―クリュソストモスからドロテー・ゼレまで（Sternstunden der Predigt）　ミヒャエル・ハイメル, クリスティアン・メラー著, 徳善義和訳　日本キリスト教団出版局　2011.8　448p　22cm　6000円　①978-4-8184-0788-0〔08695〕

メラー, C.マイケル　Mellor, C.Michael
◇ルイ・ブライユの生涯 天才の手法―日本点字制定120周年記念出版（Louis Braille : A Touch of Genius）　C.マイケル・メラー著, 金子昭, 田中美織, 水野由紀子共訳　日本点字委員会　2012.6　216p　26cm　〈文献あり 年譜あり 年表あり 発売 : 大活字〉2000円　①978-4-86055-658-7
内容 家庭　クーヴレ　ヴァランタン・アユイ　学校生活　ブライユの点字記号　教師　音楽　ドットマトリックス印刷方式　点字の禁止　点字の世界的広がり　エピローグ　ルイ・ブライユの生家への案内　原本巻末注　参考文献　ルイ・ブライユの親族について　年表〔08696〕
◇ルイ・ブライユの生涯天才の手法　C.マイケル・メラー著, 金子昭, 田中美織, 水野由紀子訳〔点字資料〕　日本点字図書館（点字版印刷・製本）　2012.10　4冊　27cm　〈厚生労働省委託　原本 : 日本点字委員会〉〔08697〕

メリアム, シャラン・B.
◇生涯学習の理論―新たなパースペクティブ　立田慶裕, 井上豊久, 岩崎久美子, 金藤ふゆ子, 佐藤智子, 荻野亮吾著　福村出版　2011.4　259p　21cm　〈索引あり〉2600円　①978-4-571-10156-4
内容 成人学習理論の新しい動向と研究（シャラン・B.メリアム述, 長岡智寿子訳）〔08698〕

メリックス, リンダ
◇生涯学習支援の理論と実践―「教えること」の現在（The theory and practice of teaching (2nd ed.)）　ピーター・ジャーヴィス編著, 渡辺洋子, 吉田正純監訳　明石書店　2011.2　420p　20cm　（明石ライブラリー 144）〈文献あり 索引あり〉4800円　①978-4-7503-3339-7
内容 義務教育以降の教育における評価査定（リンダ・メリックス著, 渡辺洋子訳）〔08699〕

メリデール, キャサリン　Merridale, Catherine
◇イワンの戦争―赤軍兵士の記録1939-45（Iwan's War）　キャサリン・メリデール著, 松島芳彦訳　白水社　2012.5　453, 68p　20cm　〈文献あり 索引あり〉4400円　①978-4-560-08211-9
内容 序章 戦争の真実　第1章「革命行進曲」　第2章 全世界に広がる戦火　第3章 災厄の翼が羽ばたく　第4章 暗黒の戦争　第5章「敷石一枚を争う市街戦」　第6章 国土の荒廃　第7章 兄弟愛に祝福あれ　第8章 歓喜と悲嘆、そして苦難　第9章 死体からの略奪　第10章 剣を収めて　第11章 そして記憶にすべてを刻み〔08700〕

メリホフ, グリゴリイ・V.
◇満洲の中のロシア―境界の流動性と人的ネットワーク　生田美智子編　横浜　成文社　2012.4　299p　22cm　3400円　①978-4-915730-92-4
内容 奉天軍閥の軍隊における白系露人の義勇兵（グリゴリイ・B.メリホフ著, 内山ヴァルーエフ紀子訳）〔08701〕

メリーマン, アシュリー　Merryman, Ashley
◇間違いだらけの子育て―子育ての常識を変える10の最新ルール（Nurture shock）　ポー・ブロンソン, アシュリー・メリーマン著, 小松淳子訳　インターシフト　2011.6　311p　20cm　〈発売 : 合同出版〉1900円　①978-4-7726-9523-7
内容 はじめに 子育て法の多くは逆効果！　第1章 ほめられる子どもは伸びない　第2章 睡眠を削ってはいけない　第3章 触れ合いを増やしても、差別はなくならない　第4章 子どもは正直ではない　第5章 IQは生まれつきの能力ではない　第6章 きょうだい喧嘩を、叱るだけではいけない　第7章 親との対立は、絆を強めるため　第8章 頭より、自制心を鍛えよ　第9章 子どもの攻撃性はマイナス要因ではない　第10章 言葉を覚える早道を誤るな！　おわりに 大人の視点で子どもを見てはいけない〔08702〕

メリル, M.デービット　Merrill, M.David
◇インストラクショナルデザインとテクノロジ―教える技術の動向と課題（TRENDS AND ISSUES IN INSTRUCTIONAL DESIGN AND TECHNOLOGY（原著第3版））　R.A.リーサー, J.V.デンプシー編　京都　北大路書房　2013.9

メ

690p 21cm 〈訳 : 半田純子ほか 索引あり〉 4800円 ①978-4-7628-2818-8
内容 インストラクショナルデザインモデルの特徴(ロバート・M.ブランチ, M.デービット・メリル著, 合田美子訳) 〔08703〕

メリン, レイフ Melin, Leif
◇実践としての戦略―新たなパースペクティブの展開 (STRATEGY AS PRACTICE) G.ジョンソン,A.ラングレイ,L.メリン,R.ウィッティントン著, 高橋正泰監訳, 宇田川元一, 高井俊次, 間嶋崇, 歌代豊訳 文真堂 2012.3 20, 334p 21cm 〈文献あり 索引あり〉 3500円 ①978-4-8309-4756-8
内容 第1部 (実践としての戦略パースペクティブへの招待 実践的な理論 戦略の実践を研究する) 第2部 事例研究(構造化への契機としての技術―CTスキャナーがもたらす放射線科の社会構造への影響 急速に変化する環境における迅速な戦略的意思決定 合理性の再考―組織が取り組む調査や研究に隠された目的 戦略転換の始動におけるセンスメーキングとセンスギビング 教育としての事業計画―変化する制度フィールドにおける言語とコントロール 生きられた経験としての戦略化と戦略の方向性を決定しようとする戦略担当者たちの日常の取組み 組織変革とミドルマネジャーのセンスメーキング 戦略クラフティングにおけるメタファーから実践まで) 第3部 (総括) 〔08704〕

メルキゼデク, ドランヴァロ Melchizedek, Drunvalo
◇マヤン・ウロボロス―宇宙のサイクルが完結する時、マヤの予言の真実が顕れる (THE MAYAN OUROBOROS) ドランヴァロ・メルキゼデク著, 奥野節子訳 ナチュラルスピリット 2013.10 206p 21cm 2100円 ①978-4-86451-093-6
内容 1 沈黙を破って(2007年、セドナ なぜ2012年12月21日なのか? マヤのハート ティカルでの儀式 カンデラリア洞窟での儀式 マヤの予言のポジティブな側面) 2 新しい人類の誕生(古代エジプト人の見方 カール・マンクの暗号解読 アトランティス人の失われた記憶と宇宙ステーション・ミール ピラミッド、クリスタル、人類の行動 マヤの写本 始まり いかにして新しい地球に入っていくか) 〔08705〕

メルシュ, エドワード Melhuish, Edward C.
◇英国の貧困児童家庭の福祉政策―"Sure Start"の実践と評価 (The National Evaluation of Sure Start) ジェイ・ベルスキー, ジャクリーン・バーンズ, エドワード・メルシュ編著, 清水隆則監訳 明石書店 2013.3 230p 21cm 2800円 ①978-4-7503-3764-7
内容 Sure Start地域プログラムの児童・家庭への影響 他 (Jay Belsky,Edward Melhuish著, 清水隆則訳) 〔08706〕

メルツァー, ドナルド Meltzer, Donald
◇こころの性愛状態 (Sexual States of Mind) ドナルド・メルツァー著, 古賀靖彦, 松木邦裕監訳 金剛出版 2012.11 360p 20cm 〈文献あり 索引あり〉 4800円 ①978-4-7724-1278-0
内容 第1部 歴史(精神 - 性発達の理論 性の精神病理に関するフロイトの理論) 第2部 性理論の構造的改訂(精神 - 性発達 性の臨床的精神病理) 第3部 理論の応用(暴政 世代間の「永久革命」 構造的精神 - 性理論の教育への影響 未生児についての心的現実 ポルノグラフィの制作術) 〔08707〕

メルトン, H.キース Melton, Harold Keith
◇CIA極秘マニュアル―日本人だけが知らないスパイの技術 (THE OFFICIAL CIA MANUAL OF TRICKERY AND DECEPTION) H.キース・メルトン, ロバート・ウォレス著, 北川玲訳 大阪 創元社 2013.8 221p 19cm 〈文献あり 索引あり〉 1400円 ①978-4-422-30061-0
内容 1 だましのテクニック 2 錠剤の扱い方 3 粉末の扱い方 4 液体の扱い方 5 秘密に持ち去る方法 6 だましのテクニック(女性版) 7 チームでだます 8 合図と目印 〔08708〕

メルボルン事件弁護団
◇メルボルン事件 個人通報の記録―国際自由権規約第一選択議定書に基づく申立 メルボルン事件弁護団編 現代人文社 2012.3 392p 21cm 〈付属資料 : CD - ROM1〉 4000円 ①978-4-87798-501-1
内容 第1部 メルボルン事件のあらまし(メルボルン事件のあらまし メルボルン事件年表 ほか) 第2部 メルボルン事件個人通報の記録(日本語訳)(個人通報申立書 補充報告書―個人通報を支持する追加的な法的及び事実的主張 ほか) 第3部 メルボルン事件における個人通報の実務(メルボルン事件における国際人権規約及び手続規定の適用 メルボルン事件弁護団と国連自由権規約委員会個人通報担当者とのやりとり) 第4部 メルボルン事件個人通報関係者のコメント(元自由権規約委員会委員長のコメント 国際人権法研究者のコメント ほか) 第5部 資料(市民的及び政治的権利に関する国際規約の選択議定書―B規約第一選択議定書 オーストラリア政府報告書に対するカウンターレポート―The Australian Criminal Process : Problems Regarding Accused/Defendants who do not Speak English ほか) 〔08709〕

メルロ=ポンティ, モーリス Merleau-Ponty, Maurice
◇知覚の哲学―ラジオ講演1948年 (Causeries 1948) モーリス・メルロ＝ポンティ著, ステファニ・メナセ校訂, 菅野盾樹訳 筑摩書房 2011.7 423, 2p 15cm (ちくま学芸文庫 メ1-3) 〈著作目録あり 索引あり〉 1500円 ①978-4-480-09389-9
内容 第1章 知覚的世界と科学の世界 第2章 知覚的世界の探索―空間 第3章 知覚的世界の探索―感知される事物 第4章 知覚的世界の探索―動物性 第5章 外部から見た人間 第6章 芸術と知覚的世界 第7章 古典世界と現代世界 〔08710〕

メレディス, アンソニー Meredith, Anthony
◇カッパドキア教父―キリスト教とヘレニズムの遺産 (The Cappadocians) アンソニー・メレディス著, 津田謙治訳 新教出版社 2011.4 250p 20cm 〈文献あり 索引あり〉 2900円 ①978-4-400-22753-3
内容 1 背景 2 カッパドキア神学の起源 3 カイサリアのバシレイオス 4 ナジアンゾスのグレゴリオス 5 ニュッサのグレゴリオス 6 カッパドキア教父の功績 結び 〔08711〕

メ

メレン=パーソ, モニカ

◇フィンランドの高等教育ESDへの挑戦—持続可能な社会のために（Towards sustainable development in higher education-reflections） フィンランド教育省, タイナ・カイヴォラ, リーサ・ローヴェーデル編著, 斎藤博次, 開竜美監訳, 岩手大学ESDプロジェクトチーム訳　明石書店　2011.4　201p　21cm　〈文献あり〉2500円　①978-4-7503-3377-9

内容 持続可能な開発と教育（モニカ・メレン=パーソ著, 斎藤博次訳）〔08712〕

メロートラ, ラジーヴ　Mehrotra, Rajiv

◇ダライ・ラマ誰もが聞きたい216の質問（ALL YOU EVER WANTED TO KNOW FROM HIS HOLINESS THE DALAI LAMA ON HAPPINESS, LIFE, LIVING and MUCH MORE）　ダライ・ラマ14世テンジン・ギャツォ著, ラジーヴ・メロートラ編, 滝川郁久訳　春秋社　2013.11　271p　20cm　2200円　①978-4-393-13405-4〔08713〕

メン, ジョセフ　Menn, Joseph

◇サイバー・クライム（Fatal system error）　ジョセフ・メン著, 浅川佳秀訳, 福森大喜監修　講談社　2011.10　422p　20cm　2300円　①978-4-06-216627-0

内容 1（ウォーゲーム　サイバー潜入捜査—「hardcore」vs.「eXe」　裏社会の深部へ　決意　清算　サイバー・クライムの歴史 スパムから個人情報へ）　2（すべてを賭して　デイ・オブ・アクション　闇のマーケット　裁判　犯罪を超えた犯罪　今、なにができるか）〔08714〕

メン, スティーヴン・P.

◇中世の哲学—ケンブリッジ・コンパニオン（THE CAMBRIDGE COMPANION TO MEDIEVAL PHILOSOPHY）　A.S.マクグレイド編著, 川添信介監訳　京都　京都大学学術出版会　2012.11　601p　22cm　〈文献あり 年表あり 索引あり〉5800円　①978-4-87698-245-5

内容 形而上学神と存在（スティーヴン・P.メン執筆, 上枝美典訳）〔08715〕

メンキャップ《Mencap》

◇わかりやすくしてください—読みやすい情報にするためのガイド（Make it clear）　Mencap作, 大庭亜紀絵, 支援技術開発機構編　〔電子資料〕　日本障害者リハビリテーション協会（製作）　c2013　CD-ROM 1枚　12cm　〈収録時間 ： 11分39秒　朗読 ： 居谷敬子〉〔08716〕

メンゴーニ, ルイージ

◇結果志向の法思考—利益衡量と法律家的論証（Entscheidungsfolgen als Rechtsgrunde）　グンター・トイブナー編, 村上淳一, 小川浩三訳　東京大学出版会　2011.9　236p　22cm　〈索引あり〉4800円　①978-4-13-031185-4

内容 〈結果志向の論証〉の憲法裁判実務 ヘルメノイティクと結果志向（ルイージ・メンゴーニ著）〔08717〕

メンツェル, アドルフ

◇ハンス・ケルゼン著作集　3　自然法論と法実証主義　ハンス・ケルゼン〔著〕　黒田覚, 宮崎繁樹, 上原行雄, 長尾竜一訳　日の出町（東京都）　慈学社出版　2010.9　318p　22cm　〈発売 ： 大学図書〉5800円　①978-4-903425-47-4

内容 自然法論と社会学 他（アドルフ・メンツェル著, 長尾竜一訳）〔08718〕

メンツェル, ピーター　Menzel, Peter

◇地球のごはん—世界30か国80人の“いただきます！”（What I eat）　ピーター・メンツェル, フェイス・ダルージオ著作, 和泉裕子, 池田美紀訳　TOTO出版　2012.3　337p　31cm　3000円　①978-4-88706-324-2

内容 1日の食事の総摂取カロリー 800 - 1900kcal（800 牛追いをするマサイ族・ケニア　900 HIV感染者の主婦・ボツワナ ほか）　2000 - 2400kcal（2000 牛乳を売るマイクロ起業家・バングラデシュ　2000 タクシーの運転手・アメリカイリノイ州 ほか）　3000 - 3400kcal（3000 コールセンターのオペレーター・インド　3000 パレスチナ人運転手・パレスチナ暫定自治政府 ほか）　3500 - 3900kcal（3500 力士・日本　3500 スタンドアップパドル・サーファー・アメリカカリフォルニア州 ほか）　4000 - 4900kcal（4000 アメリカ陸軍兵士・アメリカカリフォルニア州　4000 修道士・イタリア ほか）　5000 - 12300kcal（5200 アマゾン川の漁師・ブラジル　5400 長距離トラック運転手・アメリカイリノイ州 ほか）〔08719〕

メンデス, アントニオ　Mendez, Antonio J.

◇アルゴ（ARGO）　アントニオ・メンデス, マット・バグリオ著, 真崎義博訳　早川書房　2012.10　362p　16cm　（ハヤカワ文庫 NF 382）〈文献あり〉820円　①978-4-15-050382-6

内容 ようこそ革命へ　対応策を練る　外交　逃げ場なし　カナダ、救援へ動く　過去の教訓　チームの招集　作り話　ハリウッド　スタジオ・シックス　宇宙炎上　準備完了　イランでのロケーション撮影　最終準備　脱出　余波〔08720〕

【モ】

モイザー, ミヒャエル

◇ライフコース選択のゆくえ—日本とドイツの仕事・家族・住まい　田中洋美, マーレン・ゴツィック, クリスティーナ・岩田ワイケナント編　新曜社　2013.2　380, 4p　20cm　〈他言語標題 ： Beyond a Standardized Life Course〉4200円　①978-4-7885-1324-2

内容 「新しい父親」の発見（ミヒャエル・モイザー著, 桑折千恵子訳）〔08721〕

モイヤー, R.チャールズ

◇大学学部長の役割—米国経営系学部の研究・教育・サービス（The dean's perspective）　クリシナ・S.ディア編著, 佐藤修訳　中央経済社　2011.7　215p　21cm　3400円　①978-4-502-68720-4

内容 学部長室で学んだこと（R.チャールズ・モイヤー

モ

著）　〔08722〕

モウ, タクトウ　毛 沢東

◇新編原典中国近代思想史　第5巻　国家建設と民族自救―国民革命・国共分裂から一致抗日へ　野村浩一, 近藤邦康, 並木頼寿, 坂元ひろ子, 砂山幸雄, 村田雄二郎編　野村浩一, 近藤邦康, 村田雄二郎責任編集　岩波書店　2010.12　392, 6p　22cm　〈年表あり〉5400円　①978-4-00-028225-3

内容 井岡山前敵委員会の中国共産党中央あて報告（抄）他（毛沢東著, 近藤邦康訳）　〔08723〕

◇新編原典中国近代思想史　第6巻　救国と民主―抗日戦争から第二次世界大戦へ　野村浩一, 近藤邦康, 並木頼寿, 坂元ひろ子, 砂山幸雄, 村田雄二郎編　野村浩一, 近藤邦康, 砂山幸雄責任編集　岩波書店　2011.3　412, 7p　22cm　〈年表あり〉5700円　①978-4-00-028226-0

内容 延安の文芸座談会での発言（抄）他（毛沢東著, 新島淳良訳, 近藤竜哉改訳）　〔08724〕

◇新編原典中国近代思想史　第7巻　世界冷戦のなかの選択―内戦から社会主義建設へ　野村浩一, 近藤邦康, 並木頼寿, 坂元ひろ子, 砂山幸雄, 村田雄二郎編　砂山幸雄責任編集　岩波書店　2011.10　410, 7p　22cm　〈年表あり〉5700円　①978-4-00-028227-7

内容 過渡期の総路線についての中央政治局会議における講話 他（毛沢東著, 砂山幸雄訳）　〔08725〕

モウ, テンバイ*　孟 天培

◇中国占領地の社会調査　1 27　生活 2　近現代資料刊行会企画編集, 永岡正己, 沈潔監修　近現代資料刊行会　2011.8　560p　22cm　（戦前・戦中期アジア研究資料 6）〈財政部駐滬調査貨価所中華民国14年刊ほかの複製合本〉①978-4-86364-106-8

内容 二十五年来北京之物価工資及生活程度（孟天培, 甘博著, 李景漢訳）　〔08726〕

モウ, ハンカ*　孟 繁華

◇日中教育学対話　3　新たな対話への発展・深化を求めて　山崎高哉, 労凱声共編　横浜　春風社　2010.12　424p　20cm　3200円　①978-4-86110-248-6

内容 大学の発展モデル試論（孟繁華著, 吉村澄代訳）　〔08727〕

モウ, ヨウコウ*　毛 陽光

◇洛陽学国際シンポジウム報告論文集―東アジアにおける洛陽の位置　気賀沢保規編　明治大学大学院文学研究科　2011.3　217p　26cm　（明治大学東洋史資料叢刊 8）〈会期・会場 ：2010年11月27日―28日 明治大学駿河台校舎リバティタワー10階1103教室　共同刊行 ：明治大学東アジア石刻文物研究所　年表あり〉

内容 近年洛陽出土唐代墓誌の概況と研究の進展（毛陽光著, 梶山智史訳）　〔08728〕

モウシ　孟子

◇孟子―新訳 ：「孔子の正統な後継者」が唱えた理想的なリーダーの心得　守屋洋訳　PHP研究所　2012.12　165p　18cm　950円　①978-4-569-80224-4

内容 第1章 修養について（人間の本性は善である　四つの素質を育てていこう ほか）　第2章 人生について（天命を受け入れる　安楽な生活は人生をダメにする ほか）　第3章 処世について（途中で投げ出すな　逆境は天の与えた試練である ほか）　第4章 応対について（五十歩百歩　話の裏を読む ほか）　第5章 政治について（仁義あるのみ　義を優先させたい ほか）　〔08729〕

モウリッツェン, ハンス　Mouritzen, Hans

◇拡大ヨーロッパの地政学―コンステレーション理論の可能性（The geopolitics of Euro-Atlantic integration）　ハンス・モウリッツェン, アンデルス・ウィヴェル編, 蓮見雄, 小林正英, 東野篤子訳　文真堂　2011.5　356p　21cm　〈文献あり 索引あり〉2900円　①978-4-8309-4703-2

内容 欧州・大西洋統合の制度的ダイナミクス 他（フィン・ラウルセン, ハンス・モウリッツェン, アンデルス・ウィヴェル著, 小林正英訳）　〔08730〕

モーエン, フィリス

◇ライフコース研究の技法―多様でダイナミックな人生を捉えるために（The Craft of Life Course Research）　グレン・H.エルダー,Jr., ジャネット・Z.ジール編著, 本田時雄, 岡林秀樹監訳, 登張真稲, 中尾暢見, 伊藤教子, 磯谷俊仁, 玉井航太, 藤原善美訳　明石書店　2013.7　470p　22cm　〈文献あり 索引あり〉6700円　①978-4-7503-3858-3

内容 社会的コンボイ（フィリス・モーエン, エレイン・ヘルナンデス著, 藤原善美訳）　〔08731〕

モーガン, ハワード　Morgan, Howard

◇リーダーシップ・マスター―世界最高峰のコーチ陣による31の教え（Coaching for Leadership）　マーシャル・ゴールドスミス, ローレンス・S.ライアンズ, サラ・マッカーサー編著, 久野正人監訳, 中村安子, 夏井幸子訳　英治出版　2013.7　493p　21cm　2800円　①978-4-86276-164-4

内容 チームワークをすばやく醸成する（マーシャル・ゴールドスミス, ハワード・モーガン）　〔08732〕

モーガン, マーク　Morgan, Mark

◇戦略実行―立案から結果につなげるフレームワーク（Executing your strategy）　マーク・モーガン, レイモンド・E.レビット, ウィリアム・マレク著, 後藤治, 小林暢子訳　東洋経済新報社　2012.3　334, 17p　21cm　〈索引あり〉2800円　①978-4-492-55705-1

内容 まともな戦略を正しく実行することはなぜ難しいか？―そしてあなたにできることは？　1 正しい戦略をつくるために（“思い”のフレームワーク―「アイデンティティ」、「目的」、「未来への意思」を明らかにする　“ビジョン”のフレームワーク―「未来への意思」を「戦略」、「到達目標」、「指標」に変換する　“風土”のフレームワーク―「戦略」と「文化」と「構造」を整合させる）　2 戦略を結果に結びつけるために（“協働”のフレームワーク―「プロジェクト」を介して「戦略」を現実のものにする　“統合”のフレーム

モ

ワーク—複数のプロジェクトをポートフォリオとして管理する　“移行”のフレームワーク—「プロジェクト」成果をメインストリームへ移す）　正しい事柄を正しく行うことによって戦略を実行する　〔*08733*〕

モーガン, レーシー　Morgan, Lacey

◇みんな大切！—多様な性と教育（Everyone is special！）　ローリ・ベケット編, 橋本紀子監訳, 艮香織, 小宮明彦, 杉田真衣, 渡辺大輔訳　新科学出版社　2011.3　195p　22cm　2500円　①978-4-915143-39-7

内容 子どもたちのために（レーシー・モーガン著, 艮香織訳）　〔*08734*〕

モーガン, レベッカ

◇成年後見法における自律と保護—成年後見法世界会議講演録　新井誠監修, 2010年成年後見法世界会議組織委員会編, 紺野包子訳　日本評論社　2012.8　319p　21cm　〈英語抄訳付〉5600円　①978-4-535-51865-0

内容 最小制約的代替手段、限定的後見と被後見人の自主性 他（レベッカ・モーガン著）　〔*08735*〕

モーク, イヴォンヌ

◇あたりまえの暮らしを保障する国デンマーク—DVシェルター・子育て環境　上野勝代, 吉村恵, 室崎生子, 葛西リサ, 吉中季子, 梶木典子編著　ドメス出版　2013.10　230p　21cm　2400円　①978-4-8107-0796-0

内容 シェルターにおける移民女性の実態と支援（ボウ・バウナー・ソーレンセン, イヴォンヌ・モーク, ソフィア・ダネスキャル - サムソー著, 吉村恵訳）　〔*08736*〕

モクスレイ, ラス・S.　Moxley, Russ S.

◇リーダーシップ開発ハンドブック（The center for creative leadership）　C.D.マッコーレイ,R.S.モクスレイ,E.V.ヴェルサ編, 金井寿宏監訳, 嶋村伸明, リクルートマネジメントソリューションズ組織行動研究所訳　白桃書房　2011.3　463p　22cm　〈文献あり 索引あり〉4700円　①978-4-561-24546-9

内容 リーダーシップ開発 ： プロセス リーダーシップ開発のシステム・アプローチ 他（ラス・S.モクスレイ, パトリシア・オコーナー・ウィルソン著）　〔*08737*〕

モグリッジ, ドナルド　Moggridge, Donald Edward

◇ケインズ全集　第28巻　社会・政治・文学論集（THE COLLECTED WRITINGS OF JOHN MAYNARD KEYNES）　ケインズ〔著〕　ドナルド・モグリッジ編, 那須正彦訳　東洋経済新報社　2013.3　626, 61p　22cm　〈索引あり〉15000円　①978-4-492-81320-7

内容 第1章 ケインズとキングズリー・マーティン　第2章 ケインズと古代通貨　第3章 ケインズと芸術　第4章 ヒューム　第5章 雑纂　〔*08738*〕

モーゲン, ヘニング

◇世界のビジネス・アーカイブズ—企業価値の源泉　渋沢栄一記念財団実業史研究情報センター編　日外アソシエーツ　2012.3　272p　19cm　〈発売：紀伊国屋書店〉3600円　①978-4-8169-2353-1

内容 より幅広い視野で（ヘニング・モーゲン著, 小谷允志訳）　〔*08739*〕

モーゲンソー, ハンス・J.　Morgenthau, Hans J.

◇国際政治—権力と平和　上（POLITICS AMONG NATIONS（原書改訂第5版））　モーゲンソー〔著〕, 原彬久監訳　岩波書店　2013.8　408p　15cm　（岩波文庫 34-028-1）　〈福村出版1986年刊の再刊〉1020円　①978-4-00-340281-8

内容 第1部 国際政治の理論と実践（リアリストの国際政治理論　国際政治の科学）　第2部 権力闘争としての国際政治（政治権力　権力闘争—現状維持政策　権力闘争—帝国主義　権力闘争—威信政策　国際政治におけるイデオロギーの要素）　第3部 国力（国力の本質　国力の諸要素　国力の評価）　〔*08740*〕

◇国際政治—権力と平和　中（POLITICS AMONG NATIONS（原書改訂第5版））　モーゲンソー〔著〕, 原彬久監訳　岩波書店　2013.10　494p　15cm　（岩波文庫 34-028-2）　〈福村出版1986年刊の再刊〉1200円　①978-4-00-340282-5

内容 第4部 国家権力の制限—バランス・オブ・パワー（バランス・オブ・パワー　バランス・オブ・パワーの諸方法　バランス・オブ・パワーの構造　バランス・オブ・パワーの評価）　第5部 国家権力の制限—国際道義と世界世論（力の抑制要因としての道義、慣習、法　国際道義　世界世論）　第6部 国家権力の制限　国際法（国際法の主要問題　主権）　第7部 現代世界の国際政治（民族的普遍主義の新しい道義的力　新しいバランス・オブ・パワー　全面戦争）　〔*08741*〕

モージャー, ピーター　Moger, Peter

◇礼拝はすべての人生を変えてゆく—その働き、その大切さ（Worship Changes Lives）　ポール・ブラッドショー, ピーター・モージャー編, 竹内謙太郎日本語版監修, 榊原芙美子訳　聖公会出版　2012.11　54p　23cm　1500円　①978-4-88274-233-3

内容 基本的な事柄（礼拝するのは生まれつき？　神が私たちに出会う　み言葉　行いは雄弁なり　記念）　属すること（教会と礼拝　聖なる場所？　聖書　キリストをまとう　キリストにおいて養われる）　なってゆくこと（結婚式は転換点　死から生へ　洗われて、清くなる　あなたはあなたが食べた物そのもの　赦され、赦すこと　他者のために祈る　音楽の響き）　信じること（信経　賛美と感謝　天国の味見？　：聖務日課　伝道の礼拝）　〔*08742*〕

モース, エドワード・シルヴェスター　Morse, Edward Sylvester

◇ちくま哲学の森　6　驚くこころ　鶴見俊輔, 安野光雅, 森毅, 井上ひさし, 池内紀編　筑摩書房　2012.2　437p　15cm　1300円　①978-4-480-42866-0

内容 一八七七年の日本（モース著,　石川欣一訳）　〔*08743*〕

◇日本その日その日（Japan Day by Day）　エドワード・シルヴェスター・モース〔著〕, 石川欣一訳　講談社　2013.6　339p　15cm　（講談社学術文庫 2178）　〈文献あり 著作目録あり〉960円　①978-4-06-292178-7

内容 一八七七年の日本　横浜と東京　日光への旅　日光の諸寺院と山の村落　再び東京へ　大学の教授職

と江ノ島実験所　漁村の生活　江ノ島での採集　東京の生活　大学の仕事　大森に於ける古代の陶器と貝塚　六ケ月後の東京　北方の島 蝦夷　アイヌ　函館及び東京への帰還　日本のひと冬　長崎と鹿児島とへ　南方の旅　講義と社交　一八八二年の日本　陸路京都へ　瀬戸内海　京都及びその附近での陶器さがし　東京に関する覚書　鷹狩その他　〔08744〕

モス, サラ　Moss, Sarah

◇チョコレートの歴史物語（CHOCOLATE : A GLOBAL HISTORY）　サラ・モス, アレクサンダー・バデノック著, 堤理華訳　原書房　2013.1　183p　20cm　（お菓子の図書館）〈文献あり〉　2000円　①978-4-562-04884-7

内容 第1章 チョコレートの誕生（メソアメリカのチョコレート　最初期のチョコレート ほか）　第2章 ヨーロッパ上陸（スペインへ　ヨーロッパ諸国へ ほか）　第3章 チョコレート・ビジネス（革命によってもたらされた供給不足　ファン・ハウテン（バン・ホーテン）の技術革新 ほか）　第4章 永遠の魅惑（国際化するチョコレート企業　共産圏のチョコレート ほか）　〔08745〕

モース, ロナルド・A.　Morse, Ronald A.

◇世界の中の柳田国男　R.A.モース, 赤坂憲雄編, 菅原克也監訳, 伊藤由紀, 中井真木訳　藤原書店　2012.11　326p　22cm　〈他言語標題 : Yanagita Kunio Studies Around the World　文献あり〉　4600円　①978-4-89434-882-0

内容 はじめに（ロナルド・A.モース, クリスチャン・ゲーラット執筆）　〔08746〕

◇「強い日本」を取り戻すためにいま必要なこと　日下公人, 田久保忠衛, ロナルド・モース著　PHP研究所　2013.6　189p　19cm　1400円　①978-4-569-81185-7

内容 第1章 ストロング・ジャパンへの期待と恐れ（アメリカの「ウイーク・ジャパン派」と決別せよ　超党派でまとまるウイーク・ジャパン派 ほか）　第2章『遠野物語』と日本の奥義（アイデンティティに目覚める日本人　『武士道』は日本精神に非ず ほか）　第3章 やばい！アメリカ（アイデンティティ総崩れの国　平和ボケのカーナビが使えない ほか）　第4章 中国の弱み（体制批判を始めた中間層　危険水域に入った格差大国 ほか）　第5章 憲法改正と戦後秩序の総決算（国内的にも国際的にも破綻状態　前文に盛るべきは国柄の見事さ ほか）　〔08747〕

モスコヴィシ, ピエール

◇世界は考える　野中邦子訳　土曜社　2013.3　189p　19cm　（プロジェクトシンジケート叢書 2）〈文献あり〉　1900円　①978-4-9905587-7-2

内容 仏欧経済清算の年（ピエール・モスコヴィシ著）　〔08748〕

モーズリー, マイケル　Mosley, Michael

◇世界一素朴な質問、宇宙一美しい答え―世界の第一人者100人が100の質問に答える（BIG QUESTIONS FROM LITTLE PEOPLE）　ジェンマ・エルウィン・ハリス編, 西田美緒子訳, タイマタカシ絵　河出書房新社　2013.11　298p　22cm　2500円　①978-4-309-25292-6

内容 わたしの胃をぜんぶのばすと、どのくらい長い？（マイケル・モスリー博士）　〔08749〕

モーゼス, ステイントン　Moses, William Stainton

◇霊訓　続（More spirit teachings）　ステイントン・モーゼス著, 桑原啓善訳　鎌倉　でくのぼう出版　2011.7　235p　20cm　〈『ステイントン・モーゼスの続・霊訓』（土屋書店1988年刊）の再版　発売 : 星雲社〉　1500円　①978-4-434-15790-5

内容 第1部 霊言による霊訓　第2部 自動書記による霊訓　第3部 ステイントン・モーゼス（モーゼスに関する論評　モーゼスの心霊現象　モーゼスの他界訪問　モーゼスが自動書記でうけた解説　モーゼスの幽体脱離と自動書記見聞記　モーゼスの論文・抜粋）　〔08750〕

モーダック, ジョナサン　Morduch, Jonathan

◇最底辺のポートフォリオ―1日2ドルで暮らすということ（Portfolios of the poor）　ジョナサン・モーダック, スチュアート・ラザフォード, ダリル・コリンズ, オーランダ・ラトフェン〔著〕, 大川修二訳, 野上裕生監修　みすず書房　2011.12　315, 29p　20cm　〈索引あり　文献あり〉　3800円　①978-4-622-07630-8

内容 第1章 貧困者のポートフォリオ　第2章 骨の折れる日々　第3章 リスクに対処する　第4章 こつこつと積み上げる―まとまった資金を作る方法　第5章 お金の値段　第6章 マイクロファイナンス再考―グラミン2ダイアリー　第7章 よりよいポートフォリオへ　〔08751〕

モッセ, アルベルト

◇日本立法資料全集　別巻822　自治論纂　独逸学協会編纂　復刻版　信山社出版　2013.9　496p　23cm　〈独逸学協会 明治21年刊の複製〉　50000円　①978-4-7972-7119-5

内容 国法論講義（アルベルト、モッセ述）　〔08752〕

モディカ, ガイ　Modica, Guy

◇音と映像―授業・学習・現代社会におけるテクノロジーの在り方とその役割　成蹊大学文学部学会編　風間書房　2012.3　225p　20cm　（成蹊大学人文叢書 9）〈文献あり〉　2000円　①978-4-7599-1924-0

内容 良いオタク・悪いオタク（ガイ・モディカ執筆）　〔08753〕

モーテンセン, カート　Mortensen, Kurt W.

◇人を惹きつけ、幸運を呼び込む方法を教えよう（THE LAWS OF CHARISMA）　カート・モーテンセン〔著〕, 弓場隆訳　ディスカヴァー・トゥエンティワン　2013.5　171p　20cm　1400円　①978-4-7993-1326-8

内容 情熱を燃やす　自信をもつ　言行を一致させる　楽観主義に徹する　ポジティブな権力を行使する　エネルギーを高める　心のなかで幸せを感じ、ユーモアのセンスを磨く　自制心を発揮する　専門知識を深める　直感にしたがう〔ほか〕　〔08754〕

モナン, Ph

◇無文字民族の神話　ミシェル・パノフ, 大林太良他著, 大林太良, 宇野公一郎訳　新装復刊　白水社　2013.5　281, 12p　20cm　〈文献あり 索引あり〉　4200円　①978-4-560-08291-1

モ

内容 北アメリカの神話（M.ブテイエ,Ph・モナン著, 宇野公一郎訳）〔08755〕

モーパッサン, ギー・ド　Maupassant, Guy de
◇ちくま哲学の森　4　いのちの書　鶴見俊輔, 安野光雅, 森毅, 井上ひさし, 池内紀編　筑摩書房　2011.12　434p　15cm　1200円　①978-4-480-42864-6
内容 牧歌（モーパッサン著, 青柳瑞穂訳）〔08756〕

モハン
◇ホリスティックに生きる―目に見えるものと見えないもの　日本ホリスティック教育協会, 今井重孝, 金田卓也, 金香百合編　大阪　せせらぎ出版　2011.3　188p　21cm　（ホリスティック教育ライブラリー 10）　1905円　①978-4-88416-203-0
内容 信じる（モハン, ミーナ著, 金田卓也訳）〔08757〕

モーハンティー, C.T.　Mohanty, Chandra Talpade
◇境界なきフェミニズム（FEMINISM WITHOUT BORDERS）　C.T.モーハンティー著, 堀田碧監訳, 菊地恵子, 吉原令子, 我妻もえ子訳　法政大学出版局　2012.4　378, 31p　20cm　（サピエンティア 23）〈文献あり 索引あり〉　3900円　①978-4-588-60323-5〔08758〕

モフィット, テリー
◇犯罪学研究―社会学・心理学・遺伝学からのアプローチ（The Explanation of Crime）　パーオロフ・H.ウィクストラム, ロバート・J.サンプソン編著, 松浦直己訳　明石書店　2013.8　338p　22cm　6000円　①978-4-7503-3878-1
内容 行動遺伝学から得た反社会的行動に対する環境の影響を示すエビデンス（テリー・モフィット, アブシャロム・キャスピ著）〔08759〕

モフェット, マイケル・H.　Moffett, Michael H.
◇国際ビジネスファイナンス（Multinational business finance（12 ed.））　デビッド・K.アイトマン, アーサー・I.ストーンヒル, マイケル・H.モフェット著, 久保田政純, 真殿達監訳　〔柏〕　麗澤大学出版会　2011.12　719p　24cm　〈索引あり　発売 ： 広池学園事業部（柏）〉 10000円　①978-4-89205-607-9
内容 第1部 国際財務を取り巻く環境　第2部 外国為替理論と市場　第3部 外国為替リスク　第4部 多国籍企業の資金調達　第5部 海外投資の意思決定　第6部 国際業務管理〔08760〕

モーブッシン, マイケル・J.　Mauboussin, Michael J.
◇偶然と必然の方程式―仕事に役立つデータサイエンス入門（THE SUCCESS EQUATION）　マイケル・J.モーブッシン著, 田淵健太訳　日経BP社　2013.6　326p　21cm　〈発売 ： 日経BPマーケティング〉 1900円　①978-4-8222-4933-5
内容 第1章 実力と運、三つの簡単な教訓　第2章 我々は実力と運を見わけるのがどうしてこんなに下手なのか　第3章 運 - 実力連続体　第4章 連続体上に活動を位置づける　第5章 実力の変化を見きわめる　第6章 いろいろな形の運　第7章 役に立つ統計とは？　第8章 実力を高める　第9章 運に対処する　第10章「平均への回帰」を味方にする　第11章 上手な推測の技術〔08761〕

モボルニュ, レネ　Mauborgne, Renée
◇ブルー・オーシャン戦略―競争のない世界を創造する（Blue Ocean Strategy）　W.チャン・キム, レネ・モボルニュ著, 有賀裕子訳　ダイヤモンド社　2013.5　294, 8p　20cm　（HARVARD BUSINESS SCHOOL PRESS）〈武田ランダムハウスジャパン 2005年刊の再刊　文献あり〉　1900円　①978-4-478-02467-6
内容 第1部 ブルー・オーシャン戦略とは（ブルー・オーシャンを生み出す　分析のためのツールとフレームワーク）　第2部 ブルー・オーシャン戦略を策定する（市場の境界を引き直す　細かい数字は忘れ、森を見る　新たな需要を掘り起こす　正しい順序で戦略を考える）　第3部 ブルー・オーシャン戦略を実行する（組織面のハードルを乗り越える　実行を見すえて戦略を立てる　結び ： ブルー・オーシャン戦略の持続と刷新）〔08762〕

モーム, ウィリアム・サマセット　Maugham, William Samerset
◇ちくま哲学の森　3　悪の哲学　鶴見俊輔, 安野光雅, 森毅, 井上ひさし, 池内紀編　筑摩書房　2011.11　431p　15cm　1200円　①978-4-480-42863-9
内容 困ったときの友（モーム著, 竜口直太郎訳）〔08763〕

モムゼン, テオドール　Mommsen, Theodor
◇ローマ史　上　共和政の成立と地中海諸民族の闘争（Roemische Geschite）　テオドール・モムゼン著, 杉山吉朗訳　文芸社　2012.12　567p　21cm　2200円　①978-4-286-12723-1〔08764〕
◇ローマ史　下　共和政の権力闘争と君主政への動向（Roemische Geschite）　テオドール・モムゼン著, 杉山吉朗訳　文芸社　2012.12　677p　21cm　2200円　①978-4-286-12724-8〔08765〕

モムゼン, T.　Mommsen, Theodor
◇ローマ史　4　軍事独裁制の樹立（Römische Geschichte（重訳））　モムゼン〔著〕, 片岡基訳　〔周南〕〔片岡基〕　2012.4　676p　27cm　〈折り込2枚　英訳 ： ウィリアム・P.ディクソン〉〔08766〕

モーモートゥエー
◇ミャンマー概説　伊東利勝編　めこん　2011.3　731p　22cm　〈索引あり〉 7000円　①978-4-8396-0240-6
内容 言語・文学・歌謡〔カヤー（カレンニー）世界〕他（モーモートゥエー著, 飯国有佳子訳）〔08767〕

モヨ, ダンビサ　Moyo, Dambisa
◇すべての富を中国が独り占めする―これからの資源外交戦略を読み解く（WINNER TAKE ALL）　ダンビサ・モヨ著, 奥山真司訳, 朝倉慶監修　ビジネス社　2013.8　350p　19cm　1700円　①978-4-8284-1718-9
内容 第1部 資源をめぐる中国の猛攻（世界の商品需要をつき動かす存在　資源国の現状 土地と水　資源国の現状 石油、ガス、鉱物　家宝からの借金）　第2部中国の資源獲得への動きは世界にとってどのような意味を持つのか？（「商品」価格の概要　マーケットの独占　マーケットへの介入　すべては地政学にあり　未来の前兆　いまそこにある危機）〔08768〕

モラエス, ヴェンセスラウ・デ　Moraes, Wenceslau de

◇ちくま哲学の森　1　生きる技術　鶴見俊輔, 安野光雅, 森毅, 井上ひさし, 池内紀編　筑摩書房　2011.9　420p　15cm　1200円　①978-4-480-42861-5

内容 いろはだとえ（モラエス著，花野富蔵訳）〔08769〕

◇ちくま哲学の森　7　恋の歌　鶴見俊輔, 安野光雅, 森毅, 井上ひさし, 池内紀編　筑摩書房　2012.3　444p　15cm　1300円　①978-4-480-42867-7

内容 コハル（モラエス著, 花野富蔵訳）〔08770〕

モラレス, ギル　Morales, Gil

◇株式売買スクール―オニールの生徒だからできた1万8000％の投資法（Trade Like an O'Neil Disciple）　ギル・モラレス, クリス・キャッチャー著, 長尾慎太郎監修, スペンサー倫亜訳　パンローリング　2012.10　512p　22cm　（ウィザードブックシリーズ 198）〈文献あり〉3800円　①978-4-7759-7165-9

内容 第1章 優れた投資法が生まれるまで―オニールの投資法　第2章 クリス・キャッチャー博士が7年間で1万8000％を超える利益を得た方法　第3章 ギル・モラレスが株式市場で1万1000％を超える利益を出した方法　第4章 失敗に学ぶ　第5章 トレードの極意　第6章 弱気相場に乗る方法―すぐに使える空売りの手法　第7章 キャッチャー博士のマーケットダイレクションモデル　第8章 オニールの十戒　第9章 ウィリアム・オニールと実践に挑んだ日々　第10章 トレードは生きること、そして生きることはトレードすること〔08771〕

モラン, エドガール　Morin, Edgar

◇若者よ怒れ！　これがきみたちの希望の道だ―フランス発90歳と94歳のレジスタンス闘士からのメッセージ（Le chemin de l'espérance）　ステファン・エセル, エドガール・モラン著, 林昌宏訳　明石書店　2012.3　118p　19cm　1000円　①978-4-7503-3557-5

内容 1 世界のいま（世界＝運命共同体　地球規模の時代）　2 希望への道筋（暮らしを充実させる　絆の再生　若者よ、立ちあがれ！　モラルの再生　労働の再生！　多元的経済に変えよ！　狂った消費活動格差をなくせ！　教育は国家の大計　生きる歓び―ときめく心をもつ　衰弱する国　よみがえる民主主義　新たな政治を求める）〔08772〕

モラン, ダニエル　Moran, Daniel

◇戦略論―現代世界の軍事と戦争（Strategy in the Contemporary World（原著第3版）（抄訳））　ジョン・ベイリス, ジェームズ・ウィルツ, コリン・グレイ編, 石津朋之監訳　勁草書房　2012.9　314p　21cm　〈文献あり 索引あり〉2800円　①978-4-326-30211-6

内容 地理と戦略（ダニエル・モラン著, 道下徳成訳）〔08773〕

モーラン, G.*　Moran, George

◇子どもの心理療法と調査・研究―プロセス・結果・臨床的有効性の探求（Child psychotherapy and research）　ニック・ミッジリー, ジャン・アンダーソン, イブ・グレンジャー, ターニャ・ネシッジ・ブコビッチ, キャシー・アーウィン編著, 鵜飼奈津子監訳　大阪　創元社　2012.2　287p　22cm　〈索引あり　文献あり〉5200円　①978-4-422-11524-5

内容 精神分析と糖尿病のコントロール：単一事例による研究（George Moran,Peter Fonagy著, 松本拓真訳）〔08774〕

モリグチ, タリ　森口 多里

◇『Japan To-day』研究―戦時期『文芸春秋』の海外発信　鈴木貞美編　京都　国際日本文化研究センター　2011.3　375p　26cm　（日文研叢書）〈発売：作品社〉4800円　①978-4-86182-328-2

内容 現代日本絵画（森口多里著，稲賀繁美訳）〔08775〕

モリス, ジャスティン　Morris, Justin

◇戦略論―現代世界の軍事と戦争（Strategy in the Contemporary World（原著第3版）（抄訳））　ジョン・ベイリス, ジェームズ・ウィルツ, コリン・グレイ編, 石津朋之監訳　勁草書房　2012.9　314p　21cm　〈文献あり 索引あり〉2800円　①978-4-326-30211-6

内容 法律・政治・武力行使（ジャスティン・モリス著, 吉崎知典訳）〔08776〕

モリス, ジャン　Morris, Jan

◇ヴェネツィア帝国への旅（The Venetian empire）　ジャン・モリス〔著〕, 椋田直子訳　講談社　2011.11　333p　15cm　（講談社学術文庫〔2079〕）〈年表あり　文献あり〉1100円　①978-4-06-292079-7

内容 第1章 帝国以前　第2章 ああ、都よ、都　第3章 エーゲ海考　第4章 大きい島　第5章 せつない島　第6章 ギリシャの海辺　第7章 イオニアの白と金　第8章 アドリア海　第9章 帝国以降〔08777〕

モリス, ジョン・E.　Morris, John E.

◇ブラックストーン（King of capital）　デビッド・キャリー, ジョン・E.モリス著, 土方奈美訳　東洋経済新報社　2011.12　454, 50p　20cm　〈他言語標題：BLACK STONE　索引あり〉2800円　①978-4-492-71181-1

内容 デビュー　フーデイルの奇跡とリーマンの内紛　ドレクセルの一〇年　どぶ板営業　万事順調　混乱　スティーブ・シュワルツマン・ショー　一時代の終焉、そしてイメージ問題の始まり　ニューフェイス　離婚、そして価値観の違い〔ほか〕〔08778〕

モリス, ジョン・N.*　Morris, John N.

◇インターライ方式ケアアセスメント―居宅・施設・高齢者住宅（InterRAI home care (HC) assessment form and user's manual, 9.1〔etc.〕）　John N.Morris〔ほか〕著, 池上直己監訳, 山田ゆかり, 石橋智昭訳　医学書院　2011.12　367p　30cm　3800円　①978-4-260-01503-5

〔08779〕

モリス, デレク・J.　Morris, Derek John

◇神の完全な武具を身に着けよ―わたしの「大争闘」を勝ち抜くコツ（Radical protection）　デレク・J.モリス著, 大畑繁雄訳　立川　福音社　2013.8　141p　18cm　（福音社ブックス）　1000円　①978-4-89222-436-2　〔08780〕

モリス, ハワード・J.　Morris, Howard J.

◇地雷を踏む男、踏ませる女―わかりあえない関係の真理（Women are crazy, men are stupid）　ハワード・J.モリス, ジェニー・リー著, 藤井留美訳　講談社　2011.9　253p　20cm　1700円　①978-4-06-215339-3

内容 第1章 イカレ女とバカ男の歴史―ニワトリが先か、卵が先か？　第2章 バカを認めることについて―その必要があるのに、俺たちはなぜやらないのか　第3章 バカな頭のなかを探る―悪いのはバカな答え、それともイカレた質問？　第4章 バカとイカレの気まぐれな恋―三幕のドラマ　第5章 女とイカレのあいだ―そして男の沈黙の極意　第6章 サインという言葉　第7章 言うことがころころ変わる女―それに振りまわされる男　第8章 うっとうしい期待―何年たってもバカはバカ　第9章 SATCに学ぶバカ男のあれこれ　第10章 タマタマの気持ち―彼女の痛みを感じるために　第11章 クレージー・ラブ　〔08781〕

モリス, ミーガン　Morris, Meaghan

◇カルチュラル・スタディーズで読み解くアジア―Cultural Typhoon　岩崎稔, 陳光興, 吉見俊哉編　せりか書房　2011.7　314, 2p　21cm　3000円　①978-4-7967-0306-2

内容 アジアにおける凡庸さと教育について（ミーガン・モリス著, 橋本良一訳）　〔08782〕

モーリス=スズキ, テッサ　Morris-Suzuki, Tessa

◇東アジアの記憶の場　板垣竜太, 鄭智泳, 岩崎稔編著　河出書房新社　2011.4　397p　21cm　4200円　①978-4-309-22542-5

内容 金剛山（テッサ・モーリス - スズキ著, 板垣竜太訳）　〔08783〕

◇大震災のなかで　私たちは何をすべきか　内橋克人編　岩波書店　2011.6　261p　18cm　（岩波新書 新赤版1312）　820円　①978-4-00-431312-0

内容（私たちが知る）日本の終わりなのか？（テッサ・モーリス=スズキ著, 伊藤茂訳）　〔08784〕

◇北朝鮮へのエクソダス―「帰国事業」の影をたどる（Exodus to North Korea）　テッサ・モーリス - スズキ著, 田代泰子訳　朝日新聞出版　2011.9　394, 37p　15cm　（朝日文庫 す19-1）　800円　①978-4-02-261706-4

内容 旅立ち（朝日一九五九年　ジュネーブ、夢の町）　境界（東海を渡って　わらべの踊る野　内なる境界）　策略（影の外務省　氷山の一角　平壌会談　特別使節の極東歴訪　最初の"帰国"　決議第二〇）　協定（大同江のほとりの夢の家　外交官の日誌　ジュネーブからカルカッタへ　"沈黙"のパートナー　帰還案内）　到着（約束の地へ　終わらない旅　新潟の柳）　〔08785〕

◇真珠湾を語る―歴史・記憶・教育　矢口祐人, 森茂岳雄, 中山京子編　東京大学出版会　2011.12　282p　21cm　3800円　①978-4-13-020300-5

内容 大衆文化におけるアジア太平洋戦争（テッサ・モーリス・スズキ著, 矢口祐人訳）　〔08786〕

◇3・11に問われて―ひとびとの経験をめぐる考察　栗原彬, テッサ・モーリス - スズキ, 苅谷剛彦, 吉見俊哉, 杉田敦, 葉上太郎著　岩波書店　2012.2　209p　19cm　1600円　①978-4-00-023048-3

内容 ルポ ひとびとの3・11 津波の現場から―岩手県山田町 記憶と記録と体験と　座談会 津波被災地から考える　海猫と学校　津波後―ローカル、リージョナル、グローバルな復興への道筋　ルポ ひとびとの3・11 原発避難の現場から―福島県大熊町 帰れる？ 帰れない帰らない　座談会 原発危機のただなかで　福島で遭遇する二つのラッキードラゴン―放射能下のアートの転生　三・一一以後の論理と心理　放射能の雨のなかをアメリカの傘さして―「長い戦後」と核をめぐる省察　〔08787〕

◇北朝鮮で考えたこと（To the Diamond Mountains）　テッサ・モーリス - スズキ著, 田代泰子訳　集英社　2012.5　251p　18cm　（集英社新書 0643）〈文献あり 年表あり〉760円　①978-4-08-720643-2

内容 第1章 国境　第2章 橋のむこう―新義州へ、そしてさらに先へ　第3章 時と沈黙　第4章 植民地"平壌"から現在の"ピョンヤン"へ　第5章 平壌―もうひとつのイェルサレム　第6章 分断ラインの両側―開城と都羅山　第7章 殺された王妃の宮殿―ソウル　第8章 湾に浮かぶ島々―釜山へ　第9章 山への道―元山から南へ　第10章 希望の旅　〔08788〕

◇レイシズム・スタディーズ序説　鵜飼哲, 酒井直樹, テッサ・モーリス=スズキ, 李孝徳著　以文社　2012.10　314p　20cm　2800円　①978-4-7531-0304-1

内容 レイシズム・スタディーズへの視座　グローバル化されるレイシズム　移民/先住民の世界史―イギリス、オーストラリアを中心に　共和主義とレイシズム―フランスと中東問題を中心に　近代化とレイシズム―イギリス、合州国を中心に　新しいレイシズムと日本　レイシズムの構築　〔08789〕

◇批判的想像力のために―グローバル化時代の日本　テッサ・モーリス - スズキ著　平凡社　2013.2　355p　16cm　（平凡社ライブラリー 781）〈2002年刊の再刊〉1500円　①978-4-582-76781-0

内容 1 誰が語るのか―著者へのインタヴュー　2 開かれた日本のために（批判的想像力の危機　東アジアにおける歴史をめぐる戦い―「歴史への真摯さ」をめぐる考察　不穏な墓標/「悼み」の政治学と「対抗」記念碑―加藤典洋『敗戦後論』を読む　新たな市場に出荷された古い偏見―オーストラリアに見えてくる石原現象の素性　無害な君主制として天皇制は生き延びられるか―英国君主制との比較から　現代日本における移民と市民権―「コスメティック・マルチカルチャリズム」を克服するために）　3 グローバリゼーションとデモクラシー（平和への準備のために―原理主義と多元主義との衝突　グローバルな記憶・ナショナルな記述　文化・多様性・デモクラシー―「内なる多文化主義」とデモクラシーの新たな可能性）　〔08790〕

◇辺境から眺める―アイヌが経験する近代　テッサ・モーリス=鈴木著, 大川正彦訳　みすず書房　2013.5　262, 34p　19cm　〈第7刷（第1刷2000

年）〉 3000円　①978-4-622-03089-8
内容 序 辺境から眺める　第1章 フロンティアを創造する―日本極北における国境、アイデンティティ、歴史　第2章 歴史のもうひとつの風景　第3章 民族誌学の眼をとおして　第4章 国民、近代、先住民族　第5章 他者性への道―二〇世紀日本におけるアイヌとアイデンティティ・ポリティクス　第6章 集合的記憶、集合的忘却―先住民族、シティズンシップ、国際共同体　終章 サハリンを回想する　〔08791〕

◇デモクラシーとコミュニティ―東北アジアの未来を考える　中神康博, 愛甲雄一編　未来社　2013.9　352p　21cm　（成蹊大学アジア太平洋研究センター叢書）　3800円　①978-4-624-30120-0
内容 再考・人間の安全保障から見た東北アジアの未来（テッサ・モーリス＝スズキ著, 愛甲雄一訳）　〔08792〕

◇日本の外交　第6巻　日本外交の再構築　井上寿一, 波多野澄雄, 酒井哲哉, 国分良成, 大芝亮編集委員　井上寿一, 波多野澄雄, 酒井哲哉, 国分良成, 大芝亮編　岩波書店　2013.10　316p　22cm　3800円　①978-4-00-028596-4
内容 地域外交における市民社会（テッサ・モーリス＝スズキ著, 辛島理人訳）　〔08793〕

モリソン, ゲーリー・R.　Morrison, Gary
◇インストラクショナルデザインとテクノロジ―教える技術の動向と課題（TRENDS AND ISSUES IN INSTRUCTIONAL DESIGN AND TECHNOLOGY（原著第3版））　R.A.リーサー, J.V.デンプシー編　京都　北大路書房　2013.9　690p　21cm　〈訳：半田純子ほか　索引あり〉　4800円　①978-4-7628-2818-8
内容 経済産業界におけるインストラクショナルデザイン（モニカ・W.トレーシー, ゲーリー・R.モリソン著, 寺田佳子訳）　〔08794〕

モリソン, サミュエル・E.*　Morison, Samuel Eliot
◇アメリカ海軍太平洋作戦史ガダルカナル―1942年8月―1943年2月（History of United States naval operations in World War Second）　Samuel Eliot Morison〔著〕, 服部康治訳　〔出版地不明〕　仲台文庫　〔2011〕　301p　24cm　〔08795〕
◇アメリカ海軍太平洋作戦史レイテ―1944年6月―1945年1月（History of United States naval operations in World War Second）　Samuel Eliot Morison〔著〕, 服部康治訳　〔出版地不明〕　仲台文庫　〔2011〕　311p　24cm　〔08796〕

モリソン, ロバート　Morison, Robert
◇分析力を駆使する企業―発展の五段階 分析で答を出す六つの問題（Analytics at work）　トーマス・H.ダベンポート, ジェーン・G.ハリス, ロバート・モリソン著, 村井章子訳　日経BP社　2011.5　326p　20cm　〈発売：日経BPマーケティング〉 2200円　①978-4-8222-8433-6
内容 分析力を生かす　第1部 分析力を支える五つの要素―DELTA（データ―これがなければ始まらない　エンタープライズ―サイロ化を打破する　リーダーシップ―DELTAのカギはここにある　ターゲット―分析のツボを探せ　アナリスト―希少で貴重なリソースを賢く使う）　第2部 分析力を組織力として維持する三つの秘訣（分析を業務プロセスに組み込む　分析文化を根付かせる　分析環境を継続的に見直す　分析力開発途上企業が直面する四つの課題　分析の究極の目的はよい意思決定である）　〔08797〕

モリツグ, フランク　Moritsugu, Frank
◇ロッキーの麓の学校から―第2次世界大戦中の日系カナダ人収容所の学校教育（Teaching in Canadian exile）　フランク・モリツグ編著, 小川洋, 溝上智恵子〔ほか〕訳　東信堂　2011.3　404p　22cm　〈文献あり 索引あり〉 3800円　①978-4-7989-0049-0
内容 カナダは日本と交戦中　戦争前　ヘイスティングスパーク：最初の集合地　最初の日系カナダ人教師　最初の印象　最初の4校の開設　ようやく残りの学校も開校　初年度のあれこれ　白人の友人たち　自活移動プロジェクト：困難な道〔ほか〕　〔08798〕

モリヤマ, ケイ　森山 啓
◇『Japan To-day』研究―戦時期『文芸春秋』の海外発信　鈴木貞美編　京都　国際日本文化研究センター　2011.3　375p　26cm　（日文研叢書）〈発売：作品社〉 4800円　①978-4-86182-328-2
内容 日本現代文学の主要作家1：島崎藤村（森山啓著, 野間けいこ訳）　〔08799〕

モール, オットマール・フォン　Mohl, Ottmar von
◇ドイツ貴族の明治宮廷記（Am japanischen Hofe）　オットマール・フォン・モール〔著〕, 金森誠也訳　講談社　2011.12　300p　15cm　（講談社学術文庫 2088）　1000円　①978-4-06-292088-9
内容 日本への旅立ち　宮中にて　華族の生活　古都への旅　最後の将軍　侍従武官　宮中狩猟会　憲法発布　〔08800〕

モル, シュテファン　Moll, Stephen
◇フェアな未来へ―誰もが予想しながら誰も自分に責任があるとは考えない問題に私たちはどう向きあっていくべきか（Fair Future：Resource Conflicts, Security and Global Justice；A Report of the Wuppertal Institute for Climate, Environment and Energy）　ヴォルフガング・ザックス, ティルマン・ザンタリウス編, 川村久美子訳・解題　新評論　2013.12　422p　21cm　3800円　①978-4-7948-0881-3
内容 第1章 現実主義者にとっての公正　第2章 環境をめぐる不公正　第3章 専有を競う競技場　第4章 フェアな資源配分モデル　第5章 フェアな豊かさ　第6章 公正とエコロジーのための取り決め　第7章 ヨーロッパの存在価値とは　〔08801〕

モール, V.*　Mor, Vincent
◇インターライ方式ケアアセスメント―居宅・施設・高齢者住宅（InterRAI home care（HC）assessment form and user's manual, 9.1〔etc.〕）　John N.Morris〔ほか〕著, 池上直己監訳, 山田ゆかり, 石橋智昭訳　医学書院　2011.12　367p　30cm　3800円　①978-4-260-01503-5　〔08802〕

モルツ, レドモンド・キャスリーン　Molz, Redmond

モ

Kathleen
◇シビックスペース・サイバースペース―情報化社会のアメリカ公共図書館（CIVIC SPACE/CYBERSPACE）　レドモンド・キャスリーン・モルツ, フィリス・デイン共著, 山本順一訳　勉誠出版　2013.1　14, 337p　22cm　〈索引あり〉4200円　①978-4-585-20006-2
内容 第1章 公共図書館の使命―意見の一致するところと対立するところ　第2章 公共図書館の管理運営と資金調達　第3章 全国的な視点からの展望―図書館整備における連邦政府の役割　第4章 全国的な視点からの展望―全米情報基盤　第5章 公共図書館―各種サービス、技術、そして地域社会　付録 訪問調査対象機関とインタビュー調査対象者　〔08803〕

モールディン, ジョン　Mauldin, John
◇エンドゲーム―国際債務危機の警告と対策（Endgame）　ジョン・モールディン, ジョナサン・テッパー著, 山形浩生訳　プレジデント社　2012.8　338p　21cm　2000円　①978-4-8334-2020-4
内容 第1部 負債スーパーサイクルの終わり（終末の始まり　なぜギリシャが問題か　ルールを見てみよう　低成長と増大する不景気の重荷　今回はちがう：国家は破綻する　公的負債の未来：持続不可能な道　デフレの要素　インフレとハイパーインフレ）　第2部 世界ツアー―だれが先に終盤戦に直面するか（アメリカ―超大国の惨状　ヨーロッパの周縁国―現代版金本位制　東欧―よくてもL字回復　日本―潰れようとしている虫　イギリス：静かに負債をインフレで消す　オーストラリア：アイルランドの二の舞いか　エマージング市場：意図せざる副作用）　結論 エンドゲームで勝つ投資　〔08804〕

モールド, スティーヴ
◇世界一素朴な質問、宇宙一美しい答え―世界の第一人者100人が100の質問に答える（BIG QUESTIONS FROM LITTLE PEOPLE）　ジェンマ・エルウィン・ハリス編, 西田美緒子訳, タイマタカシ絵　河出書房新社　2013.11　298p　22cm　2500円　①978-4-309-25292-6
内容 炭酸の飲みもののなかに、泡はどうやってはいるの？（スティーヴ・モールド）　〔08805〕

モルトマン, ユルゲン　Moltmann, Jürgen
◇わが足を広きところに―モルトマン自伝（Weiter Raum）　ユルゲン・モルトマン著, 蓮見幸恵, 蓮見和男訳　新教出版社　2012.12　536, 8p　22cm　〈索引あり〉5700円　①978-4-400-32043-2
内容 第1部 青少年時代　第2部 見習い期間　第3部 始まり　第4部 希望の神学　第5部 政治的神学　第6部 新しい三位一体的思考の十字架のしるしにおいて　第7部 未完成の完成―生の挑戦　第8部 終わりの中に始まりが　〔08806〕

モレイティス, ディミトリ　Moraitis, Dimitri
◇オーラ・ヒーリングのちから―スピリチュアル・エネルギーで健康と幸福に生きる（The healing power of your aura）　バーバラ・Y.マーティン, ディミトリ・モレイティス共著, 紫上はとる訳　ナチュラルスピリット　2011.9　347p　19cm　2500円　①978-4-86451-017-2
内容 第1部 スピリチュアル・ヒーリングの基礎（ヒーリングパワーの源　オーラとヒーリング　病気の最大の原因　奇跡の霊物質　健康になる瞑想　スピリチュアル・エネルギー）　第2部 健康になる瞑想（ヒーリングエネルギーの適用　身体を癒し強くするエクササイズ　光のワークのシンプルな開始プラン）　〔08807〕

モレイン　Morain
◇日本立法資料全集　別巻 781　復刻版　信山社　2012.5　394, 7p　23cm　〈折り込3枚〉45000円　①978-4-7972-6425-8
内容 今時独逸帝国要典 前篇 モレイン 原著, 今村有隣訳（博文堂ほか明治20年刊）　〔08808〕

モレーノ・メンヒバル, アンドレス　Moreno Mengíbal, Andrés
◇集いと娯楽の近代スペイン―セビーリャのソシアビリテ空間（Los espacios de la sociabilidad Sevillana）　アルベルト・ゴンサレス・トゥロヤーノ, イサベル・ゴンサレス・トゥルモ, フランシスコ・バスケス・ガルシア, アンドレス・モレーノ・メンヒバル, ホセ・ルイス・オルティス・ヌエボ著, 岡住正秀, 畠中昌教, 椎名浩, 辻博子, 塩見千加子訳　彩流社　2011.10　263, 20p　22cm　〈年表あり 索引あり〉2800円　①978-4-7791-1658-2
内容 人々は劇場に集う―演劇の情熱のゆくえ（アンドレス・モレーノ・メンヒバル著, 辻博子, 岡住正秀訳）　〔08809〕

モレンハウアー, クラウス　Mollenhauer, Klaus
◇回り道　文化と教育の陶冶論的考察（UMWEGE）　クラウス・モレンハウアー著, 真壁宏幹, 今井康雄, 野平慎二訳　町田　玉川大学出版部　2012.11　270p　22cm　〈文献あり〉5200円　①978-4-472-40458-0
内容 第1章 教育的領野における相互行為と組織　第2章 未知の領域を探検する―一五世紀イタリア・ルネサンス絵画の陶冶論的解釈　第3章 教育時間の近代的観念の成立について　第4章 実見された肉体―レンブラントの解剖画とそれにかかわるいくつかの問題　第5章 教育解釈学への注釈　第6章 初期ロマン派の教育学者F.D.シュライアマハー　第7章 ヨーロッパ教育学の経由地　〔08810〕

モロー, ロラン　Moreau, Laurent
◇カント教授の多忙な1日（La folle journee du professeur Kant）　ジャン・ポール・モンジャン文, 山口俊洋訳, ロラン・モロー絵　ディスカヴァー・トゥエンティワン　2011.5　63p　21cm（プチ哲学）　1200円　①978-4-7993-1013-7　〔08811〕

モロイ, デズモンド
◇アフリカの紛争解決と平和構築―シエラレオネの経験　落合雄彦編　京都　昭和堂　2011.3　268p　22cm　（竜谷大学社会科学研究所叢書 第92巻）〈年表あり 索引あり〉3800円　①978-4-8122-1074-1
内容 武装解除・動員解除・社会再統合（DDR）（デズモンド・モロイ著, 徳光祐二郎訳・解説）　〔08812〕

モ

モロッチ, ハーヴェイ
◇都市社会学セレクション 3 都市の政治経済学 町村敬志編 日本評論社 2012.9 314p 22cm 3800円 ①978-4-535-58594-2
内容 成長マシンとしての都市(ハーヴェイ・モロッチ執筆, 堤かなめ訳) 〔08813〕

モロワ, アンドレ Maurois, André
◇ドイツ史 (HISTOIRE DE L'ALLEMAGNE) アンドレ・モロワ著, 桐村泰次訳 論創社 2013.10 303p 22cm 〈索引あり〉 5800円 ①978-4-8460-1273-1
内容 第1章 先史時代から"ゲルマニア時代"へ 第2章 教皇たちと皇帝 第3章 新しい王朝 第4章 近世の開幕 第5章 政治革命の時代 第6章 鉄と血による統一 〔08814〕

モンゴメリー, コリン
◇世界一素朴な質問、宇宙一美しい答え―世界の第一人者100人が100の質問に答える (BIG QUESTIONS FROM LITTLE PEOPLE) ジェンマ・エルウィン・ハリス編, 西田美緒子訳, タイマタカシ絵 河出書房新社 2013.11 298p 22cm 2500円 ①978-4-309-25292-6
内容 スポーツ選手は、観客がうるさいとき、どうやって集中するの?(コリン・モンゴメリー) 〔08815〕

モンジャン, ジャン=ポール Mongin, Jean Paul
◇カント教授の多忙な1日 (La folle journee du professeur Kant) ジャン・ポール・モンジャン文, 山口俊洋訳, ロラン・モロー絵 ディスカヴァー・トゥエンティワン 2011.5 63p 21cm (プチ哲学) 1200円 ①978-4-7993-1013-7 〔08816〕
◇崇高なるソクラテスの死 (La mort du divin Socrate) ジャン・ポール・モンジャン文, 及川美枝訳, ヤン・ル=ブラ絵 ディスカヴァー・トゥエンティワン 2011.5 79p 21cm (プチ哲学) 1200円 ①978-4-7993-1012-0 〔08817〕
◇デカルト氏の悪霊 (Le malin genie de monsieur Descartes) ジャン=ポール・モンジャン文, 及川美枝訳, フランソワ・シュウェーベル絵 ディスカヴァー・トゥエンティワン 2011.8 64p 21cm (プチ哲学) 1200円 ①978-4-7993-1041-0 〔08818〕

モンソー, ニコラ
◇EUと東アジアの地域共同体―理論・歴史・展望 中村雅治, イーヴ・シュメイユ共編 Sophia University Press上智大学出版 2012.12 404p 22cm 〈他言語標題 : The European Union and East Asian Regional Community 索引あり 制作・発売 : ぎょうせい〉 3000円 ①978-4-324-09206-4
内容 トルコのEU加盟プロセスに見るトルコのエリートと世論の対EU意識(ニコラ・モンソー執筆, 岩坂将充訳) 〔08819〕

モンタナーリ, マッシモ Montanari, Massimo
◇食のイタリア文化史 (La cucina italiana) アルベルト・カパッティ, マッシモ・モンタナーリ〔著〕, 柴野均訳 岩波書店 2011.2 426, 22p 22cm 〈文献あり 索引あり〉 6500円 ①978-4-00-023479-5
内容 序章 交流がもたらす独自性 1章 物理的・精神的空間としてのイタリア 2章 イタリア風に食べる 3章 味覚の形成 4章 料理の順序 5章 料理を伝える―レシピ集 6章 食べ物の語彙 7章 料理人、居酒屋主人、主婦 8章 調理場における科学と技術 9章 食欲の歴史に向けて 〔08820〕

モンタネッリ, インドロ Montanelli, Indro
◇物語ギリシャ人の歴史 (Storia dei greci) インドロ・モンタネッリ著, 谷口伊兵衛訳 文化書房博文社 2011.9 383p 19cm 2800円 ①978-4-8301-1212-6
内容 第1部 歴史と伝説とのはざまで(ミノス シュリーマン ほか) 第2部 起源("ポリス" ゼウスと家族 ほか) 第3部 ペリクレスの時代(ペリクレス ドラクマの戦い ほか) 第4部 一時代の終わり(ペロポネリス戦争 アルキビアデス ほか) 第5部 ヘレニズム(ディアドコイ 新文化 ほか) 〔08821〕

モンティナーリ, マッツィーノ Montinari, Mazzino
◇全集編者の読むニーチェ―グロイター版全集編纂の道程 (Nietzsche lesen) マッツィーノ・モンティナーリ著, 真田収一郎訳・解説 未知谷 2012.2 394p 20cm 〈索引あり 文献あり〉 6000円 ①978-4-89642-365-5
内容 第1章 ニーチェを読む 第2章 ニーチェ諸著作の新批判的全集 第3章 一八七五年から一八七九年までのニーチェの幼少期の思い出 第4章 百年前のニーチェとヴァーグナー 第5章 啓蒙主義と革命―ニーチェと後期ゲーテ 第6章 「認識の情熱」としてのニーチェの哲学 第7章 『ツァラトゥストラはこう語った』以前のツァラトゥストラ 第8章 一八八五年から一八八八年までのニーチェの遺稿もしくはテキスト批判と力への意志 第9章 ニーチェの『この人を見よ』の新しい段落 第10章 アルフレート・ボイムラーとジェルジ・ルカーチの狭間にいるニーチェ 〔08822〕

モンテッソーリ, マリア Montessori, Maria
◇モンテッソーリ教育法 子ども - 社会 - 世界 (SPANNUNGSFELD) マリア・モンテッソーリ著, クラウス・ルーメル, 江島正子共訳 ドン・ボスコ社 2012.2 198p 19cm 1500円 ①978-4-88626-190-8
内容 第1章 親 第2章 先生 第3章 論争点 第4章 モンテッソーリ式「総合制学校」 第5章 子どもと社会 第6章 コスモスと人間 付録 〔08823〕

モンテーニュ, ミシェル・ド Montaigne, Michel Eyquem de
◇ちくま哲学の森 1 生きる技術 鶴見俊輔, 安野光雅, 森毅, 井上ひさし, 池内紀編 筑摩書房 2011.9 420p 15cm 1200円 ①978-4-480-42861-5
内容 随想録より(モンテーニュ著, 関根秀雄編訳) 〔08824〕

モンテロ, フェルナンド Montero, Fernando
◇タフガイの仕事術―ハードな職場でも自分を殺さない方法 (El club de los tipos duros) フェル

ナンド・モンテロ, ラファエル・ガラン著, 宮﨑真紀訳　阪急コミュニケーションズ　2012.8　287p　19cm　1600円　①978-4-484-12119-2

内容 ジャック・バウアー - ドラマ『24』―上司にも同僚にも尊敬されつづけるタフガイになる　エレン・リプリー中尉 - 映画『エイリアン』シリーズ―"困り者"の同僚や上司を懐柔する方法　ヴィンセント - 映画『コラテラル』―あなたをけなしつづける上司に、ガツンとかましてやるには　ジョン・マクレーン - 映画『ダイ・ハード』シリーズ―どういうときなら会社で悪態をついていいか　グレゴリー・ハウス - ドラマ『Dr. HOUSE』―自己中、傲慢、猜疑心が強い…こんな上司や同僚をどう食い止めるか　デクスター・モーガン - ドラマ『デクスター』―上司や同僚を思いどおりに動かすには　マージ・シンプソン - アニメ『シンプソンズ』―不精な上司のお尻を叩くには　ブルース・バナー - 映画『ハルク』―行く手に立ちふさがる上司とどう折りあいをつけるか　ハリー・キャラハン - 映画『ダーティハリー』―クビになるかもという恐怖で縮こまってはいけない　ヴァルモン子爵 - 映画『危険な関係』―退屈なルーティンは他人に、楽しい仕事は自分に割り振られるように画策する方法〔ほか〕 〔08825〕

【ヤ】

ヤウ, ヴァレリー・ローリー　Yow, Valerie Raleigh

◇オーラルヒストリーの理論と実践―人文・社会科学を学ぶすべての人のために（Recording oral history (2nd edition)）　ヴァレリー・R.ヤウ原著, 吉田かよ子監訳・訳, 平田光司, 安倍尚紀, 加藤直子訳　インターブックス　2011.9　471p　22cm　4500円　①978-4-924914-12-4

内容 綿密なインタビュー入門　オーラルヒストリーと記憶　インタビュープロジェクトの準備　インタビューの技法　法的な問題と倫理　インタビューにおける対人関係　オーラルヒストリープロジェクトの諸相―コミュニティ研究　オーラルヒストリープロジェクトの諸相―伝記（バイオグラフィー）　オーラルヒストリープロジェクトの諸相　家族史研究　分析と解釈　プロジェクトの完了 〔08826〕

ヤコブ, クラウス　Jacob, Klaus

◇緑の産業革命―資源・エネルギー節約型成長への転換　マルティン・イェーニッケ, ミランダ・A.シュラーズ, クラウス・ヤコブ, 長尾伸一編　京都　昭和堂　2012.8　261, 31p　19cm　3000円　①978-4-8122-1238-7

内容 緑の産業革命―資源集約型成長の危機を超えて（マルティン・イェーニッケ, クラウス・ヤコブ著, 西村健佑訳） 〔08827〕

ヤコブス, ギュンター　Jakobs, Günther

◇刑罰論と刑罰正義―日独シンポジウム : 日本―ドイツ刑事法に関する対話　金尚均, ヘニング・ローゼナウ編著　成文堂　2012.3　293p　22cm　（竜谷大学社会科学研究所叢書 第94巻）〈他言語標題 : Straftheorie und Strafgerechtigkeit〉　0000円　①978-4-7923-1945-8

内容 敵味方刑法の理論について（ギュンダー・ヤコブス執筆, 玄守道訳） 〔08828〕

◇法的強制と人格性（Rechtszwang und Personalität）　ギュンター・ヤコブス著, 川口浩一, 飯島暢訳　吹田　関西大学出版部　2012.3　94p　22cm　1600円　①978-4-87354-545-5

内容 概観　1 法的強制の概念　2 緊急権　3 異議・強制としての刑罰　4 処分　5 要約　付録 管轄の段階―行為義務および受忍義務の成立とウエイトに関する考察 〔08829〕

◇国家刑罰―その意義と目的（Staatliche Strafe）　ギュンター・ヤコブス著, 飯島暢, 川口浩一訳　吹田　関西大学出版部　2013.3　128p　22cm　〈布装　独語抄訳付〉1800円　①978-4-87354-560-8

内容 1 啓蒙哲学における目的刑　2 カントにおける応報刑　3 フォイエルバッハにおける威嚇予防　4 異議と苦痛賦課　5 他者の威嚇、特別予防　6 人格対敵　付録（どのようにして何を刑法は保護するのか？（和文）―異議と予防、法益保護と規範妥当の保護　Wie und was schützt das Strafrecht ?（独文）） 〔08830〕

ヤコブセン, ビルギット・イェラン

◇海を渡ってきたわが子―韓国の子どもを育てたスウェーデンの親たち9編の実話　キムスコグルンド編, 坂井俊樹監訳, 徐凡喜訳　梨の木舎　2013.3　136p　19cm　1500円　①978-4-8166-1303-6

内容 クリスティアンの話（ビルギット・イェラン・ヤコブセン） 〔08831〕

ヤコブセン, J.P.　Jacobsen, Jens Peter

◇ちくま哲学の森　3　悪の哲学　鶴見俊輔, 安野光雅, 森毅, 井上ひさし, 池内紀編　筑摩書房　2011.11　431p　15cm　1200円　①978-4-480-42863-9

内容 ベルガモの黒死病（ヤコブセン著, 山室静訳） 〔08832〕

ヤーコブソン, リンダ　Jakobson, Linda

◇中国の新しい対外政策―誰がどのように決定しているのか（New foreign policy actors in China）　リンダ・ヤーコブソン, ディーン・ノックス〔著〕, 辻康吾訳, 岡部達味監修　岩波書店　2011.3　122, 44p　15cm　（岩波現代文庫 G248）〈索引あり〉840円　①978-4-00-600248-0

内容 第1章 序説　第2章 対外政策における公的関与者（中国共産党　国務院　人民解放軍）　第3章 対外政策関与者の思考に影響する諸要因（「合意形成」による政策決定　非公式チャンネルと忠誠心　教育）　第4章 周辺の関与者（実業界　地方政府　研究機関と学術界　メディアとネチズン）　第5章 結論 〔08833〕

ヤコブソン, ロマン　Jakobson, Roman

◇言語芸術・言語記号・言語の時間（VERBAL ART, VERBAL SIGN, VERBAL TIME）　ロマン・ヤコブソン著, 浅川順子訳　新装版　法政大学出版局　2012.11　343, 25p　19cm　（叢書・ウニベルシタス）　4000円　①978-4-588-09964-9

内容 1部 時間の次元（対談―言語と文学における時間について　言語・文学研究の諸問題 ほか）　2部 文法の詩と詩の文法（文法の詩と詩の文法　プーシキンによる 墓の詩 ほか）　3部 詩と人生（その詩人たちを浪費した時代について　精神分裂症の言語―ヘルダーリンの話し言葉と詩）　4部 ヤコブソンの遺産（詩的

機能と言語の性質　散文の詩学 ほか)　〔08834〕

ヤスパー, ヴィリ

◇ヴァイマル イン ベルリン―ある時代のポートレート (Weimar in Berlin)　マンフレート・ゲルテマーカー, プロイセン文化財団映像資料館編, 岡田啓美, 斎藤尚子, 茂幾保代, 渡辺芳子訳　三元社　2012.3　219p　25cm　〈年表あり　索引あり　文献あり〉5800円　①978-4-88303-301-0

内容 ベルリン・アレクサンダー広場(ヴィリ・ヤスパー著, 岡田啓美訳)　〔08835〕

ヤスパース, カール　Jaspers, Karl

◇哲学　ヤスパース〔著〕, 小倉志祥, 林田新二, 渡辺二郎訳　中央公論新社　2011.5　513p　18cm　(中公クラシックス W66)　〈年譜あり〉2100円　①978-4-12-160124-7

内容 実存　第1部 交わりと歴史性における自我自身(自我自身　交わり　歴史性)　第2部 自由としての自己存在(意思　自由)　第3部 状況と意識と行為のうちにある無制約性としての実存(限界状況　絶対意識　無制約的行動)　〔08836〕

ヤナツイネン, マイリス　Janatuinen, Mailis

◇主は取られる―大震災を経て - ヨブ記を読む　マイリス・ヤナツイネン著, 橋本みち子訳　キリスト新聞社出版事業課　2012.6　189p　19cm　1500円　①978-4-87395-614-5　〔08837〕

◇旧約聖書の女たち―異なる12の愛のかたち　マイリス・ヤナツイネン著, 大平郁子訳　幻冬舎ルネッサンス　2013.11　322p　19cm　1600円　①978-4-7790-1025-5　〔08838〕

ヤネス, キム・アネ　Jannes, Kim-Anne

◇自分のほんとうの運命に気づく本　キム・アネ・ヤネス著, 〔三浦英樹〕〔訳〕　青春出版社　2011.7　192p　20cm　1429円　①978-4-413-03806-5

内容 prologue 変化を恐れず強く豊かに生きる力があなたには備わっています―運命を信じてください。 1 あなたの「思考」があなたの「運命」をつくる　2 答えは必ず「あなたの中」にある　3 あなたが輝く「運命の仕事」の見つけ方　4 あなたが満たされる「運命の人」との出会い方　5「運命のしくみ」がわかれば進むべき道が見えてくる　Lesson ほんとうの運命に気づくスピリチュアル・テクニック　epilogue もっと感情をオープンにしましょうそれがほんとうの運命を知ることにつながるのです　〔08839〕

ヤーヒャ

◇アジアの顔のキリスト　ホアン・カトレット編, 高橋敦子訳　名古屋　新世社　2010.10　175, 32p　16cm　〈文献あり〉1200円　①978-4-88382-100-6

内容 わたしの主、わたしの喜び(ヤーヒャ、ムアード・アル・ラジの息子)　〔08840〕

ヤヒヤー＝ユーニス, ダクリード

◇中東・北アフリカにおけるジェンダー―イスラーム社会のダイナミズムと多様性 (Gender and diversity in the Middle East and North Africa)　ザヒア・スマイール・サルヒー編著, 鷹木恵子, 大川真由子, 細井由香, 宇野陽子, 辻上奈美江, 今堀恵美訳　明石書店　2012.1　412p　20cm　(世界人権問題叢書 79)　〈索引あり　文献あり〉4700円　①978-4-7503-3526-1

内容 危機にある男性性(アマーリア・サーアル, ダクリード・ヤヒヤー＝ユーニス著, 大川真由子訳)　〔08841〕

ヤフケ, フライア　Jaffke, Freya

◇子どものための四季の祝祭―シュタイナー幼児教育の現場から (Feste in Kindergarten und Elternhaus)　フライア・ヤフケ著, 村上祐子訳　涼風書林　2013.4　165p　15×21cm　3800円　①978-4-903865-28-7　〔08842〕

ヤプコ, マイケル

◇ダイニングテーブルのミイラ セラピストが語る奇妙な臨床事例―セラピストはクライエントから何を学ぶのか (The mummy at the dining room table)　ジェフリー・A.コトラー, ジョン・カールソン編著, 岩壁茂監訳, 門脇陽子, 森田由美訳　福村出版　2011.8　401p　22cm　〈文献あり〉3500円　①978-4-571-24046-1

内容 うつになって当たり前だったはずの女性(マイケル・ヤプコ著, 門脇陽子訳)　〔08843〕

ヤマザキ, ナオキ　山嵜 直樹

◇青い目の人形の物語―Dolls of Friendship Between Japan and America　山嵜直樹, 清水正著　長野　ほおずき書籍　2012.11　41p　22×29cm　〈日本語対訳付　文献あり　発売 : 星雲社〉1200円　①978-4-434-17224-3　〔08844〕

ヤマネ, ギンジ　山根 銀二

◇『Japan To-day』研究―戦時期『文芸春秋』の海外発信　鈴木貞美編　京都　国際日本文化研究センター　2011.3　375p　26cm　(日文研叢書)〈発売 : 作品社〉4800円　①978-4-86182-328-2

内容 日本の音楽世界(山根銀二著, 野村しのぶ訳)　〔08845〕

ヤマムラ, コーゾー　Yamamura, Kôzô

◇日本経済が豊かさを取り戻すために―長期停滞を克服する現実的プラン　コーゾー・ヤマムラ著, 吉野太喜訳　イースト・プレス　2012.9　196p　19cm　〈他言語標題 : The Way To Overcome The Stagnation Of Developed Countries, And How Japan Can Revitalize Its Economy.〉952円　①978-4-7816-0844-0

内容 はじめに 資本主義はなぜこうなってしまったのか?　第1部 資本主義の仕組み―好調と不調のメカニズムを考える(人類史上初めて物があふれた時代　世界経済を変えた300年間の3回の波)　第2部 混沌の21世紀―アメリカ、中国、ヨーロッパ(ブッシュが崩壊させたアメリカ　オバマのチェンジはいかにして挫かれたか?　中国と自爆の可能性　揺れ続けるヨーロッパ)　第3部 日本が「世界で一番住みたい国」であり続けるために(こうして日本は修復できる　「壁」をいかに壊すか)　〔08846〕

やまもと じろう

◇『Japan To-day』研究―戦時期『文芸春秋』の海外発信　鈴木貞美編　京都　国際日本文化研究

センター　2011.3　375p　26cm　（日文研叢書）〈発売：作品社〉4800円　①978-4-86182-328-2
内容 日本における勤労奉仕（やまもとじろう著, ローマン・ローゼンバウム訳）〔08847〕

ヤマモト, ミンディ　Yamamoto, Mindy
◇日本のマイクロファイナンス—人々の暮らしを支えてきた庶民金融の過去と未来　津田倫男, ミンディ・ヤマモト著　毎日コミュニケーションズ　2011.9　207p　18cm　（マイコミ新書）　830円　①978-4-8399-4026-3
内容 プロローグ—東日本大震災と今後の日本の金融　第1章 ニッポンの個人金融の実態　第2章 庶民金融とマイクロファイナンス　第3章 先進国にもあるマイクロファイナンス　第4章 開発途上国におけるマイクロファイナンス再考　第5章 日本型マイクロファイナンスと日本式ソーシャルレンディング　第6章 新たなビジネスモデルを探る　エピローグ—来るべき未来のMFIやSLI〔08848〕

ヤラス, ハンス・ディーター　Jarass, Hans D.
◇現代ドイツ・ヨーロッパ基本権論—ヤラス教授日本講演録　ハンス・D.ヤラス著, 松原光宏編　八王子　中央大学出版部　2011.12　190p　21cm　（日本比較法研究所翻訳叢書 61）〈索引あり　著作目録あり〉2500円　①978-4-8057-0362-5
内容 連邦憲法裁判所と法秩序の憲法化—憲法、とくに基本権の意義の増大について　EU法における基本権—財産権の保護を中心として　ドイツ・イミシオーン防止法の基本構造　基本法1条の序論—基本権総論　基本権：防御権と客観的原則規範—基本権の客観的内容、とくに保護義務と私法形成作用　基本権におけるドグマーティクと理論—ハンス・D.ヤラスの基本権論（土屋武）〔08849〕

ヤルドレイ＝マトヴェイチュク, クリシヤ・M.
Yardley-Matwiejczuk, Krysia M.
◇ロール・プレイ—理論と実践（Role play）　クリシヤ・M.ヤルドレイ＝マトヴェイチュク著, 和泉浩監訳, 和泉浩, 若有保彦訳　現代人文社　2011.3　293p　21cm　〈訳企画：井門正美　文献あり　索引あり　発売：大学図書〉4000円　①978-4-87798-480-9〔08850〕

ヤレムチュウク, アナスタシヤ
◇ポーランドの民族学者ブロニスワフ・ピウスツキの生涯と業績の再検討　沢田和彦編　さいたま　埼玉大学教養学部・文化科学研究科　2013.3　131p　21cm　（埼玉大学教養学部リベラル・アーツ叢書 5）〈英語併載〉①978-4-9906251-1-5
内容 ロシアの偉大なポーランド人（アナスタシヤ・ヤレムチュウク著, 井上紘一訳）〔08851〕

ヤン, ジョンソク
◇周縁と中心の概念で読み解く東アジアの「越・韓・琉」—歴史学・考古学研究からの視座　西村昌也, 篠原啓方, 岡本弘道編　吹田　関西大学文化交渉学教育研究拠点　2012.3　194p　30cm　（周縁の文化交渉学シリーズ 6）〈文部科学省グローバルCOEプログラム関西大学文化交渉学教育研究拠点　文献あり〉①978-4-9906213-1-5
内容 古代東アジアにおける宮殿の系譜（ヤン・ジョンソク述, 篠原啓方訳）〔08852〕

ヤン, ジョンピル*　梁 晶弼
◇日本帝国勢力圏の東アジア都市経済　柳沢遊, 木村健二, 浅田進史編著　慶応義塾大学出版会　2013.10　339p　22cm　（慶応義塾大学東アジア研究所叢書）〈索引あり〉5500円　①978-4-7664-2062-3
内容 植民地期開城における韓国人商権とその特徴（梁晶弼著, 金明洙訳）〔08853〕

ヤン, ビョンチャン
◇排除型社会と生涯学習—日英韓の基礎構造分析　鈴木敏正編著　札幌　北海道大学出版会　2011.3　278p　22cm　（北海道大学大学院教育学研究院研究叢書 2）〈索引あり〉5800円　①978-4-8329-6752-6
内容 韓国における地域教育共同体運動の展開（ヤン・ビョンチャン著, 山下直子訳）〔08854〕

ヤン, フンスク　梁 興淑
◇グローバル時代の朝鮮通信使研究—海峡あれど国境なし　松原孝俊編　福岡　花書院　2010.12　304p　22cm　〈文献あり　年表あり〉2667円　①978-4-903554-84-6
内容 朝鮮王朝後期の通信使行の中の訳官（梁興淑著, 風間千秋, 許智愛訳）〔08855〕

ヤン, ヨンミ*　梁 英美
◇東アジアのウフカジ—大風 徐勝先生退職記念文集　徐勝先生退職記念事業実行委員会（日本・韓国）編　京都　かもがわ出版　2011.2　278p　21cm　〈著作目録あり 年譜あり〉1800円　①978-4-7803-0418-3
内容 私が出会った徐勝（梁英美著, 小野容照訳）〔08856〕

ヤン, ロブ　Yeung, Rob
◇「ありのまま」という才能—性格に隠された成功のヒント（Personality）　ロブ・ヤン著, 二宮千寿子訳　辰巳出版　2011.11　305p　19cm　1500円　①978-4-7778-0949-3
内容 1 好奇心　2 ストレス抵抗力　3 社交性　4 自律性　5 共感力　6 学習意欲　7 上昇志向　8 アクションプラン〔08857〕

ヤンガー, ジョン　Younger, Jon
◇人事コンピテンシー—人と組織は「改革」「進化」「活性化」できるのか（HR COMPETENCIES）　デイブ・ウルリッチ, ウェイン・ブロックバンク, ダニ・ジョンソン, カート・スタンドホルツ, ジョン・ヤンガー著, 中島豊訳　生産性出版　2013.8　266p　21cm　〈文献あり〉6000円　①978-4-8201-2016-2
内容 第1章 人事部門における「変革の旅程」　第2章 人事の専門性をめぐる状況　第3章 信頼される行動家　第4章 文化と変革の執事　第5章 人材の管理者・組織の設計者　第6章 戦略の構築家　第7章 業務遂行者　第8章 ビジネスの協力者　第9章 あるべき人事部門の姿　第10章 本書のまとめと含意　Appendix 1 人事コンピテンシー調査（HR Competency Study：HRCS）の変遷〔08858〕

ヤ

ヤング, アーサー　Young, Arthur
◇スペイン・イタリア紀行（Travels during the years 1787, 1788&1789 vol.1, 2（抄訳））　アーサー・ヤング〔著〕, 宮崎揚弘訳　法政大学出版局　2012.9　232p　20cm　（叢書・ウニベルシタス 984）〈年表あり 索引あり〉2800円　①978-4-588-00984-6
内容 スペイン紀行（一七八七年七月一〇日～七月二一日）（アラン渓谷　製材所　村の貧困と悲惨　ピエリャ到着　司令官を訪問 ほか）　イタリア紀行（一七八九年九月二一日～一二月二〇日）（ニース出立　同乗相客　老大佐と再会　ブロス峠越え　野生的で崇高な景色 ほか）〔08859〕

ヤング, アーネスト・P.
◇中国人と日本人―交流・友好・反発の近代史（The Chinese and the Japanese）　入江昭編著, 岡本幸治監訳　京都　ミネルヴァ書房　2012.3　401, 6p　22cm　〈索引あり〉7000円　①978-4-623-05858-7
内容 民国初期の支那指導者と日本の援助（アーネスト・P.ヤング著, 岡本幸治訳）〔08860〕

ヤング, アンドリュー・R.　Young, Andrew R.
◇FXメタトレーダー4 MQLプログラミング―堅牢なEA構築のための総合ガイド（Expert advisor programming）　アンドリュー・R.ヤング著, 山下恵美子訳, 長尾慎太郎監修　パンローリング　2012.4　281p　21cm　（ウィザードブックシリーズ vol.191）〈索引あり〉2800円　①978-4-7759-7158-1
内容 第1章 MQL入門　第2章 売買注文　第3章 高度な売買注文　第4章 作業の関数化　第5章 ポジションと注文の管理　第6章 売買条件とインディケーター　第7章 日時　第8章 ちょっとしたコツとアドバイス　第9章 カスタムインディケーターとスクリプト〔08861〕

ヤング, オラン・R.
◇コモンズのドラマ―持続可能な資源管理論の15年（The Drama of the COMMONS）　全米研究評議会,Elinor Ostrom,Thomas Dietz,Nives Dolšak,Paul C.Stern,Susan C.Stonich,Elke U. Weber編, 茂木愛一郎, 三俣学, 泉留維監訳　知泉書館　2012.5　665p　23cm　〈文献あり 索引あり〉9000円　①978-4-86285-132-1
内容 制度的相互作用（オラン・R.ヤング著, 嶋田大作訳）〔08862〕
◇北極海のガバナンス　奥脇直也, 城山英明編著　東信堂　2013.3　214p　22cm　〈他言語標題：Governing the Arctic Ocean　索引あり〉3600円　①978-4-7989-0167-1
内容 変革の時代における北極海のガバナンス（オラン・R.ヤング執筆, 佐藤俊輔訳）〔08863〕

ヤング, サラ　Young, Sarah
◇わたしは決してあなたをひとりにしない―主の声に耳を澄ます366日（Jesus Calling）　サラ・ヤング著, 佐藤知津子訳　いのちのことば社　2013.1　381p　19cm　1800円　①978-4-264-03049-2〔08864〕

ヤング, ジェフリー・E.
◇統合的方法としての認知療法―実践と研究の展望　東斉彰編著　岩崎学術出版社　2012.11　209p　21cm　〈他言語標題：COGNITIVE THERAPY AS AN INTEGRATIVE APPROACH　執筆：大野裕ほか　索引あり〉2800円　①978-4-7533-1053-1
内容 パーソナリティ障害に対するスキーマ療法の進歩（ジェフリー・E.ヤング著, 伊藤絵美監修, 佐々木淳訳）〔08865〕

ヤング, スー・F.　Young, Sue Fostaty
◇学校で活かすいじめへの解決志向プログラム―個と集団の力を引き出す実践方法（Solution-focused schools）　スー・ヤング著, 黒沢幸子監訳　金子書房　2012.3　199p　21cm　〈文献あり〉2900円　①978-4-7608-2165-5
内容 第1章 解決志向のいじめ防止対策への道のり　第2章 教職員の職能開発（研修）　第3章 教室での取り組み　第4章 いじめへの対処　第5章 ピアサポートグループ　第6章 個別の面接〔08866〕
◇「主体的学び」につなげる評価と学習方法―カナダで実践されるICEモデル（ASSESSMENT & LEARNING）　Sue Fostaty Young,Robert J. Wilson原著, 土持ゲーリー法一監訳, 小野恵子訳　東信堂　2013.5　108p　21cm　（主体的学びシリーズ 1　主体的学び研究所〔編〕）〈文献あり〉1000円　①978-4-7989-0175-6
内容 第1章 アイデア（Ideas）、つながり（Connections）、応用（Extensions）（ICEとは　ICEを裏付ける理論）　第2章 ICEを教育と学びに応用するには（評価が難しい領域で進歩を見守るには　ルーブリックを使って「学習の」進歩をマッピングする　試験で進歩の度合を要約する　学習者とICEを共有する　生徒たちのICEへの反応）　第3章 ICEの汎用性（カリキュラムの広い範囲に応用する　多様な学習成果に応用する）〔08867〕

ヤング, リンダ
◇トラウマを理解する―対象関係論に基づく臨床アプローチ（Understanding trauma）　キャロライン・ガーランド編, 松木邦裕監訳, 田中健夫, 梅本園乃訳　岩崎学術出版社　2011.3　249p　22cm　〈文献あり 索引あり〉4000円　①978-4-7533-1018-0
内容 予備的介入：4回からなる治療的コンサルテーション 他（リンダ・ヤング著）〔08868〕

ヤングバード, マリリン　Martin, Marilyn Youngbird
◇ホーミタクヤセン―インディアンの癒しの言葉　野口法蔵監修, マリリン・ヤングバード語り, 福田たまみ訳　七つ森書館　2012.6　173p　14×14cm　1400円　①978-4-8228-1253-9
内容 第1章 全身に感謝の祈り　第2章 体は光のエネルギー　第3章 神聖な自分とつながる〔08869〕

ヤンシー, フィリップ　Yancey, Philip D.
◇神を信じて何になるのか（What good is God?）　フィリップ・ヤンシー著, 山下章子訳　いのちのことば社　2011.5　414p　19cm　2000円　①978-4-264-02904-5

ヤ

内容 探求のいきさつ　第1部 バージニア工科大学―キャンパスにおける大量虐殺　第2部 中国―変化の風　第3部 グリーンレイク―売春婦たち　第4部 ケンブリッジ―C.S.ルイスを偲んで　第5部 バイブルベルト―学生の当惑　第6部 南アフリカ―壁の崩壊　第7部 メンフィス―別の視点　第8部 中東―危機に瀕した教会　第9部 シカゴ―社会に適応できない人々の居場所　第10部 ムンバイ―恐怖の連鎖　〔08870〕

◇神に失望したとき（Disappointment with God）　フィリップ・ヤンシー著, 山下章子訳　改訳新版　いのちのことば社　2012.3　360p　19cm　〈文献あり〉 2000円　①978-4-264-02973-1

内容 第1部 闇の中の神（沈黙を経験する　接触―御父　接近―御子　委託―御霊）　第2部 闇の中で見る（中断　唯一の問題　宇宙における役割　神は不公平なのか　神はなぜ説明なさらないのか　神はなぜ沈黙しておられるのか　神はなぜ介入されないのか　神は隠れておられるのか　ヨブはなぜ幸福な最期を迎えたのか　二つの賭け、二つのたとえ）　〔08871〕

◇痛むとき、神はどこにいるのか―涙の跡を訪ねて：フィリップ・ヤンシー来日講演集　フィリップ・ヤンシー著, 鈴木茂, 新美幸子共訳　いのちのことば社　2012.7　95p　19cm　900円　①978-4-264-03035-5

内容 痛むとき、神はどこにいるのか　被災地を訪れて（ジャネット・ヤンシー）「仕える者」として　たましいの四季　〔08872〕

ヤンタ＝ポウチンスキ, アレクサンデル

◇ピウスツキの仕事―白老における記念碑の除幕に寄せて ポーランドのアイヌ研究者　井上紘一編集責任　〔札幌〕　北海道ポーランド文化協会　2013.10　142p　30cm　〈共同刊行：北海道大学スラブ研究センター　文献あり　年譜あり〉

内容 樺太のポーランド人たち（アレクサンデル・ヤンタ＝ポウチンスキ著, 佐光伸一訳, 井上紘一, 尾形芳秀注釈）　〔08873〕

【ユ】

ユ, ケイテイ*　兪 啓定

◇日中教育学対話　3　新たな対話への発展・深化を求めて　山崎高哉, 労凱声共編　横浜　春風社　2010.12　424p　20cm　3200円　①978-4-86110-248-6

内容 理想と現実の矛盾（兪啓定著, 吉村澄代訳）　〔08874〕

ユー, シウ・ホイ（サンディー）

◇フューチャースクール―シンガポールの挑戦（A school's journey into the future）　テイ・リー・ヨン, リム・チェー・ピン, カイン・ミント・スウィー編著, トランネット訳, 中川一史監訳　ピアソン桐原　2011.2　183p　21cm　2400円　①978-4-89471-549-3

内容 小学校低学年の英語の授業における、デジタルストーリーテリングの活用に関するケース・スタディー（リー・チュイー・ベン, スリアティ・アバス, フォン・イン・クアン, ウン・シアム・ホン（ジュン）, リム・ショー・ティアン（オードリー）, ユー・シウ・ホイ（サンディー））　〔08875〕

ユ, ジェウォン*　柳 在元

◇東アジアの地域協力と経済・通貨統合　塩見英治, 中条誠一, 田中素香編著　八王子　中央大学出版部　2011.3　303p　22cm　（中央大学経済研究所研究叢書 52）　3800円　①978-4-8057-2246-6

内容 東アジア通貨統合は実現可能なのか（宋熹永, 柳在元著, 姜鎮旭訳, 塩見英治監修）　〔08876〕

ユ, ジエンロン　于 建嶸

⇒ウ, ケンコウ

ユ, ジョンイル*　柳 鍾一

◇東アジアのウフカジ―大風 徐勝先生退職記念文集　徐勝先生退職記念事業実行委員会（日本・韓国）編　京都　かもがわ出版　2011.2　278p　21cm　〈著作目録あり 年譜あり〉 1800円　①978-4-7803-0418-3

内容 私が出会った徐勝（柳鍾一著, 小野容照訳）　〔08877〕

ユ, ソンテ*　柳 聖泰

◇仏教と癒しの文化　第22回国際仏教文化学術会議実行委員会編　京都　仏教大学国際交流センター　2013.9　187p　22cm　（仏教大学国際学術研究叢書 4）　〈発売：思文閣出版（京都）〉　1900円　①978-4-7842-1706-9

内容 病める社会の診断とその治療（柳聖泰著, 権東祐訳）　〔08878〕

ユー, ダーウー　于 大武

⇒ウ, ダイブ

ユ, チョルイン*　庾 喆仁

◇東アジアの間地方交流の過去と現在―済州と沖縄・奄美を中心にして　津波高志編　彩流社　2012.3　491, 7p　22cm　（琉球大学人の移動と21世紀のグローバル社会 5）　〈文献あり〉 4500円　①978-4-7791-1074-2

内容 済州の人々の生活世界における「日本」（庾喆仁著, 神谷智昭訳）　〔08879〕

ユ, テツジン*　庾 喆仁

⇒ユ, チョルイン*

ユ, ホンニョル　柳 洪烈《Yu, Hong Nyeol》

◇近代朝鮮における天主教弾圧と抵抗　柳洪烈著, 金容権訳　彩流社　2013.12　427p　22cm　〈他言語標題：Oppression and resistance Christianity in modern Korea〉 5500円　①978-4-7791-1927-9　〔08880〕

ユア, ジョン

◇世界探検家列伝―海・河川・砂漠・極地、そして宇宙へ（The great explorers）　ロビン・ハンベリーテニソン編著, 植松靖夫訳　悠書館　2011.9　303p　26cm　〈文献あり 索引あり〉 9500円　①978-4-903487-49-6

内容 ニコライ・プルジェワルスキー―中央アジアにおけ

る地理学・政治学・狩猟 他（ジョン・ユア）〔08881〕

ユイグ, フランソワ＝ベルナール　Huyghe, François-Bernard

◇テロリズムの歴史（Terrorismes Violence et propagande）　フランソワ＝ベルナール・ユイグ著, 加藤朗監修, 遠藤ゆかり訳　大阪　創元社　2013.9　142p　18cm　（「知の再発見」双書 161）〈文献あり 年表あり 索引あり〉1600円　①978-4-422-21221-0

内容 第1章 思想のために人を殺す　第2章 活動方法　第3章 演説　第4章 テロリズムは終結するか　資料篇—テロリズムの正体〔08882〕

ユイスー, ジャン＝マルク　Huissoud, Jean-Marc

◇100の地点でわかる地政学（Les 100 lieux de la geopolitique）　パスカル・ゴーション, ジャン＝マルク・ユイスー編, オリヴィエ・ダヴィド他著, 斎藤かぐみ訳　白水社　2011.10　149p　18cm（文庫クセジュ 962）　1050円　①978-4-560-50962-3

内容 前書き 地点と単語　第1章 パワーを発散する地点　第2章 パワーが織り成される空間　第3章 パワーの鍵となる地点　第4章 パワーの対決地点—係争・紛争・妥協〔08883〕

ユーイング, ジム　Ewing, Jim Path Finder

◇スペース・クリアリング—アメリカ・インディアンの「場」の浄化法 実践講座 11（Clearing）　ジム・ユーイング著, 沢田憲秀訳　ビイング・ネット・プレス　2011.2　189p　19cm　〈解説：井村宏次〉1600円　①978-4-904117-66-8

内容 はじめに—“浄め”がもたらす効果　第1章 悲しみ、苦しみ、動揺させる場所を識別する（静寂点をどう見つけるか　グラウンディング、センタリング、シールディングを行う ほか）　第2章 閉じ込められたエネルギーを解放する（レイライン、聖地、神性意識グリッド　水源と深く埋め込まれたエネルギー ほか）　第3章 大地の精霊との出会い（神のエネルギーを感知する　野生の魂（ワイルド・スピリッツ）と霊朋の探索 ほか）　第4章 エネルギー解放の儀式（屋内空間のエネルギー浄化法　大きい建物のエネルギー浄化法 ほか）〔08884〕

ユウ, シアン*　游 子安

◇越境する近代東アジアの民衆宗教—中国・台湾・香港・ベトナム、そして日本　武内房司編著　明石書店　2011.11　373p　22cm　〈索引あり〉5000円　①978-4-7503-3491-2

内容 二〇世紀、先天道の広東・香港からベトナムへの伝播と変容（游子安著, 倉田明子訳）〔08885〕

ユウ, シセイ*　游 志誠

◇東アジアをむすぶ漢籍文化—敦煌から正倉院、そして金沢文庫へ：歴博国際シンポジウム：予稿集　静永健監修, 陳翀, 大淵貴之編〔佐倉〕人間文化研究機構国立歴史民俗博物館〔2012〕182p　30cm　〈会期・会場：2012年11月2日—3日 国立歴史民俗博物館講堂　国立歴史民俗博物館平成24年度共同研究「高松宮家伝来書籍等を中心とする漢籍読書の歴史とその本文に関する研究」　訳：甲斐雄一ほか　中国語併載〉

内容 日本旧鈔本『集注文選』研究（游志誠著, 栗山雅央訳）〔08886〕

ユウ, ジュウリキ*　熊 十力

◇新編原典中国近代思想史　第6巻　救国と民主—抗日戦争から第二次世界大戦へ　野村浩一, 近藤邦康, 並木頼寿, 坂元ひろ子, 砂山幸雄, 村田雄二郎編　野村浩一, 近藤邦康, 砂山幸雄責任編集　岩波書店　2011.3　412, 7p　22cm　〈年表あり〉5700円　①978-4-00-028226-0

内容 読経示要（抄）（熊十力著, 坂元ひろ子訳）〔08887〕

ユウ, ハイヒョウ*　熊 沛彪

◇東アジア「近世」比較社会史研究　2012年度　山田賢編〔千葉〕千葉大学大学院人文社会科学研究科　2013.2　70p　30cm　（人文社会科学研究科研究プロジェクト報告書 第264集）

内容 辛亥革命期における北一輝のアジア主義とその変容（熊沛彪, 劉峰著, 村田遼平訳）〔08888〕

ユエ, ジェデオン

◇ピエール・ベール関連資料集　2　寛容論争集成 上　野沢協編訳　法政大学出版局　2013.11　1008p　21cm　25000円　①978-4-588-12029-9

内容 スイスからオランダへの手紙（一六九〇年）他（ジェデオン・ユエ）〔08889〕

ユエ, ジェローム

◇ヨーロッパ私法の原則・定義・モデル準則—共通参照枠草案〈DCFR〉（Principles, Definitions and Model Rules of European Private Law（原著概要版）（抄訳））　クリスティアン・フォン・バール, エリック・クライブ, ハンス・シュルテ-ネルケ, ヒュー・ビール, ジョニー・ヘレ, ジェローム・ユエ, マティアス・シュトルメ, シュテファン・スワン, ポール・バルール, アンナ・ヴェネツィアーノ, フリデリィク・ツォル編, 窪田充見, 潮見佳男, 中田邦博, 松岡久和, 山本敬三, 吉永一行監訳　京都　法律文化社　2013.11　498p　22cm　〈索引あり〉8500円　①978-4-589-03541-7

内容 序論　原則　モデル準則（総則　契約及びその他の法律行為　債務及びこれに対応する権利　各種の契約及びそれに基づく権利義務　事務管理　他人に生じた損害に基づく契約外責任　不当利得　物品所有権の得喪　動産担保　信託）〔08890〕

ユジェル・ギュレチ, セリム　Yücel Güleç, Selim

◇愛すべき預言者様—サッラッラーフ・アライヒ・ワサッラム　ラマザン・アイワッル著, 伊藤真恵, テラット・アイディン訳, セリム・ユジェル・ギュレチ編　京都　呉智世理夢　2010.12　840p　22cm　〈年表あり　文献あり〉〔08891〕

ユシーム, マイケル　Useem, Michael

◇インド・ウェイ飛躍の経営（The India way）　ジテンドラ・シン, ピーター・カペッリ, ハビール・シン, マイケル・ユシーム著, 太田正孝監訳, 早稲田大学アジア・サービス・ビジネス研究所訳　英治出版　2011.12　349p　20cm　〈文献あり〉

ユ

2200円　①978-4-86276-119-4
内容 目覚めた巨象　底辺からの跳躍　インド・ウェイ（従業員とのホリスティック・エンゲージメント　ジュガードの精神―即興力と適応力　創造的な価値提案　高遠な使命と目的）　ビジネスリーダーシップの再定義　〔08892〕

ユスフザイ, マララ　Yousafzai, Malala
◇わたしはマララ―教育のために立ち上がり、タリバンに撃たれた少女（I Am Malala）　マララ・ユスフザイ, クリスティーナ・ラム著, 金原瑞人, 西田佳子訳　学研パブリッシング　2013.12　429p 図版16p　20cm　〈年表あり　発売：学研マーケティング〉1600円　①978-4-05-405846-0　〔08893〕

ユーセフ, モサブ・ハッサン　Yousef, Mosab Hassan
◇ハマスの息子（Son of Hamas）　モサブ・ハッサン・ユーセフ著, 青木偉作訳　幻冬舎　2011.6　367p　19cm　〈年表あり〉1500円　①978-4-344-01999-7
内容 捕われの身――九九六年　信心の梯子――九九五年～一九九七年　ムスリム同胞団――九七七年～一九八七年　投石――九八七年～一九八九年　サバイバル――九八九年～一九九〇年　英雄の帰還――九九〇年　過激派――九九〇年～一九九二年　煽られる激情――九九二年～一九九四年　拳銃――九九五年冬～一九九六年春　暗黒の夜――九九六年〔ほか〕　〔08894〕

ユーツィス, マリオ・ホルヘ
◇平和は人権―普遍的実現をめざして　反差別国際運動日本委員会（IMADR-JC）編　反差別国際運動日本委員会　2011.9　170p　21cm　（IMADR-JCブックレット 14）〈発売：解放出版社（大阪）〉1200円　①978-4-7592-6745-7
内容 平和への権利（マリオ・ホルヘ・ユーツィス著, 小森恵訳）　〔08895〕

ユーデル, デボラ　Youdell, Deborah
◇グローバル化・社会変動と教育　2　文化と不平等の教育社会学（EDUCATION, GLOBALIZATION AND SOCIAL CHANGE（抄訳））　ヒュー・ローダー, フィリップ・ブラウン, ジョアンヌ・ディラボー, A.H.ハルゼー編, 苅谷剛彦, 志水宏吉, 小玉重夫編訳　東京大学出版会　2012.5　370p　22cm　〈文献あり〉4800円　①978-4-13-051318-0
内容 教育的選別とDからCへの成績の転換（デービッド・ギルボーン, デボラ・ユーデル著, 清水睦美訳）　〔08896〕

ユビウス, ユッレ
◇グローバル化のなかの企業文化―国際比較調査から　石川晃弘, 佐々木正道, 白石利政, ニコライ・ドリャフロフ編著　八王子　中央大学出版部　2012.2　382p　22cm　（中央大学社会科学研究所研究叢書 25）　4600円　①978-4-8057-1326-6
内容 個人的・組織的諸要因の予測変数としての企業の社会的責任（ユッレ・ユビウス, ルート・アラス著, 石川晃弘訳）　〔08897〕

ユー・ホセ, リディア・N.　Yu-Jose, Lydia N.
◇フィリピンと日本の戦後関係―歴史認識・文化交流・国際結婚（The past, love, money and much more）　リディア・N.ユー・ホセ編著, 佐竹眞明, 小川玲子, 堀芳枝訳　明石書店　2011.12　310p　20cm　（明石ライブラリー 148）〈年表あり〉　2800円　①978-4-7503-3506-3
内容 戦後五十年間のフィリピンにおける日本の文化外交について 他（リディア・N.ユー・ホセ著）　〔08898〕

ユーリー, ウィリアム　Ury, William L.
◇ハーバード流交渉術―必ず「望む結果」を引き出せる！（Getting to yes）　ロジャー・フィッシャー, ウィリアム・ユーリー著, 岩瀬大輔訳　三笠書房　2011.12　253p　19cm　1300円　①978-4-8379-5732-4
内容 1 あらゆる交渉が「思うまま」になる戦略（交渉は「駆け引き」ではない）　2「相手の心」をコントロールする者が交渉の場を制する！（この「感情」ひとつが流れを変える！　しなやかであり、ブレない強さ　お互いにとっての「最高の解決法」はここにある　こちらの要求を100%納得させる）　3 どんな「不利な状況」も一発で大逆転できる！（相手のほうが強かったら　相手が話に乗ってこなかったら　相手が「汚い手口」を使ってきたら）　〔08899〕

ユーリン, デヴィッド・L.　Ulin, David L.
◇それでも、読書をやめない理由（The lost art of reading）　デヴィッド・L.ユーリン著, 井上里訳　柏書房　2012.3　206p　20cm　1600円　①978-4-7601-4084-8
内容 プロローグ「文学は死んだ」？　第1章 物語の中の真実　第2章 この騒々しい世界で　第3章 もうひとつの時間、そして記憶　第4章 文学という鏡　第5章 本を本たらしめるもの　エピローグ それでも、わたしは本を読む　〔08900〕

ユール, ウィリアム　Yule, William
◇子どもの問題行動への理解と対応―里親のためのフォスタリングチェンジ・ハンドブック（Managing Difficult Behaviour）　クレア・パレット, キャシー・ブラッケビィ, ウィリアム・ユール, ロジャー・ワイスマン, スティーヴン・スコット著, 上鹿渡和宏訳　福村出版　2013.12　143p　26cm　1600円　①978-4-571-42054-2　〔08901〕

ユルゲンスマイヤー, マーク
◇宗教概念の彼方へ　磯前順一, 山本達也編　京都　法蔵館　2011.9　445p　21cm　〈他言語標題：Beyond the Concept of Religion〉5000円　①978-4-8318-8174-8
内容 ナショナリズムと宗教（マーク・ユルゲンスマイヤー著, 高橋原訳）　〔08902〕

ユレ, ジャン　Huré, Jean
◇シチリアの歴史（Histoire de la Sicile）　ジャン・ユレ著, 幸田礼雅訳　白水社　2013.11　175, 3p　18cm　（文庫クセジュ 985）〈文献あり〉　1200円　①978-4-560-50985-2　〔08903〕

ユ

ユン, キョンウォン*　尹 京媛

◇東アジアのディアスポラ　陳天璽, 小林知子編著　明石書店　2011.10　274p　22cm　（叢書グローバル・ディアスポラ 1）〈索引あり〉5000円　①978-4-7503-3478-3

内容 コリアン・ディアスポラ（尹京媛著, 金泰植訳）〔08904〕

ユン, ヒジン　尹 姫珍《Yun, Hee-jin》

◇人物コリア史―韓国の教科書に出てくる　1　古代・三国～高麗時代　尹姫珍著, 大図建吾訳　彩流社　2011.12　278p　19cm　〈年譜あり　年表あり　索引あり〉1900円　①978-4-7791-1693-3

内容 1 古朝鮮～三国時代（高句麗、新羅、百済、伽耶）（檀君　朱蒙　沸流と温祚 ほか）　2 南北国時代（統一新羅、渤海、後三国）（張保皐　崔致遠　大祚栄 ほか）　3 高麗時代（王建　光宗　崔承老 ほか）〔08905〕

◇韓国の教科書に出てくる人物コリア史　2　朝鮮王朝時代　尹姫珍著, 大図建吾訳　彩流社　2012.7　253p　19cm　〈年譜あり 年表あり 索引あり〉1800円　①978-4-7791-1694-0

内容 李成桂　鄭道伝　太宗　世宗　蔣英実　世祖　趙光祖　李滉　李珥　李舜臣〔ほか〕〔08906〕

◇韓国の教科書に出てくる人物コリア史　3　近現代　尹姫珍著, 大図建吾訳　彩流社　2013.1　277p　19cm　〈年譜あり 年表あり 索引あり〉1900円　①978-4-7791-1695-7

内容 1 朝鮮王朝末期～大韓帝国時代（興宣大院君　明成皇后　崔済愚　金玉均 ほか）　2 植民地時代～現代（大韓民国/朝鮮民主主義人民共和国）（申采浩　崔南善　韓竜雲　金素月　羅雲奎 ほか）〔08907〕

ユン, ヘドン　尹 海東

◇「韓国併合」100年を問う　2010年国際シンポジウム　国立歴史民俗博物館編　岩波書店　2011.3　418p　21cm　3800円　①978-4-00-025802-9

内容 植民主義と近代（尹海東著, 滝沢規起訳）〔08908〕

◇植民地朝鮮と宗教―帝国史・国家神道・固有信仰　磯前順一, 尹海東編著　三元社　2013.1　369p　22cm　（日文研叢書）　3800円　①978-4-88303-329-4

内容 「植民地近代」と宗教（尹海東執筆, 沈熙燦訳）〔08909〕

◇植民地朝鮮と宗教―帝国史・国家神道・固有信仰　磯前順一, 尹海東編著　京都　人間文化研究機構国際日本文化研究センター　2013.1　369p　22cm　（日文研叢書 50）〈制作：三元社〉非売品　①978-4-901558-58-7

内容 「植民地近代」と宗教（尹海東著, 沈熙燦訳）〔08910〕

ユン, ホンシク

◇現代韓国の家族政策　伊藤公雄, 春木育美, 金香男編　大津　行路社　2010.12　247p　22cm　2500円　①978-4-87534-423-0

内容 離婚とシングルマザー（ユン・ホンシク著, 福島みのり訳）〔08911〕

ユン, ミヒャン　尹 美香

◇20年間の水曜日―日本軍「慰安婦」ハルモニが叫ぶゆるぎない希望　尹美香著, 梁澄子訳　大阪　東方出版　2011.8　251p　23cm　1500円　①978-4-86249-183-1

内容 水曜デモ、私たちは皆、つながっている―20年間の水曜日がもたらした貴重な変化　美しい名称と汚い名称―挺身隊、慰安婦、そして日本軍「慰安婦」　13歳の夢多き少女に何が起きたのか―遠い他国に連行された朝鮮の少女たち　二度と戻れない故郷―解放、そして捨てられた人々の傷　希望の灯をともした人々―真実を明らかにする動きが始まった　金学順、世界で最も美しい告白―日本軍「慰安婦」ハルモニが叫ぶゆるぎない希望　まだ問題は終わっていない―日本政府の不道徳な欺瞞と、必ず解決しなければならない問題　戦争と女性、絶えず繰り返される悪縁―国家、そして戦時性暴力の真実　私たちがつくっていくべき未来―人権と平和の世界のために〔08912〕

ユン, ヨングァン*　尹 永寛

◇新アジア地政学（ASIAN GEOPOLITICS）　I.ブレマー,J.S.ナイ,J.ソラナ,C.R.ヒル, 金田秀昭〔著〕, 福戸雅宏, 藤原敬之助, 水原由生, 髙橋直貴, 松尾知典共訳　土曜社　2013.6　139p　19cm　（プロジェクトシンジケート叢書 3）〈文献あり〉1700円　①978-4-9905587-8-9

内容 東アジアの夢遊病者たち（尹永寛著, 松尾知典訳）〔08913〕

ユン, ヨンテク*　尹 竜沢

◇東アジアの間地方交流の過去と現在―済州と沖縄・奄美を中心にして　津波高志編　彩流社　2012.3　491, 7p　22cm　（琉球大学人の移動と21世紀のグローバル社会 5）〈文献あり〉4500円　①978-4-7791-1674-2

内容 済州島の生態文化（尹竜沢著, 神谷智昭訳）〔08914〕

ユン, C.*　Jung, Changhyun

◇真実の金正日―元側近が証言する　鄭昌鉉著, 佐藤久訳　青灯社　2011.4　343p　19cm　2800円　①978-4-86228-050-3

内容 第1章 金正日の登場―二〇〇〇年南北首脳会談　第2章 イメージと現実―金正日のリーダーシップ　第3章 北のすべてのものが彼へと向かう―金正日の北朝鮮　第4章 彼は何者なのか―金正日の私生活　第5章「創られた神話」と「誤った推論」の狭間で―出生と成長（一九四二～一九六四）　第6章 権力のバトンを引き継ぐ―後継者への道（一九六四～一九七四）　第7章 掌中の泥―北朝鮮崩壊論の虚と実　第8章 後継者金正恩の登場　あとがき「取材ノートを閉じて―イメージから現実へ」〔08915〕

ユンガー, エルンスト　Jünger, Ernst

◇労働者―支配と形態（Der Arbeiter）　エルンスト・ユンガー著, 川合全弘訳　調布　月曜社　2013.8　453p　19cm　（叢書・エクリチュールの冒険）　2800円　①978-4-86503-005-1

内容 第1部（見せ掛けの支配の時代としての第三身分の時代　市民的世界の鏡に映じた労働者像　部分の総和を超える全体としての形態　市民的空間への根源的な諸力の侵入　労働世界内では自由の要求が労働の要求として登場すること　労働者の形態の表象と

しての権力　様々な事柄に対する形態の関）　第2部（生活方法としての労働について　大衆と個人との没落　市民的個人に取って代わる労働者の類型　類型人の序列と個人の序列との相違　労働者の形態による世界の動員としての技術　労働世界の造形としての芸術　自由民主主義から労働国家への移行　社会契約に取って代わる労働計画　結語）　〔*08916*〕

ユング, エンマ　Jung, Emma

◇内なる異性―アニムスとアニマ（EIN BEITRAG ZUM PROBLEM DES ANIMUS, DIE ANIMA ALS NATURWESEN）　エンマ・ユング〔著〕, 笠原嘉, 吉本千鶴子訳　海鳴社　2013.3　153p　19cm　（バウンダリー叢書）〈1976年刊の再刊〉1200円　Ⓘ978-4-87525-293-1

内容 アニムスの問題のために　自然存在としてのアニマ　〔*08917*〕

ユング, カール・グスタフ　Jung, Carl Gustav

◇ユング名言集（Von schein und sein）　カール・グスタフ・ユング著, フランツ・アルト編, 金森誠也訳　PHP研究所　2011.2　233p　20cm　〈文献あり〉1600円　Ⓘ978-4-569-79424-2

内容 1 人生を語る（人生の本質をつかめ　人生の最高の意味 ほか）　2 影の世界（影にも長所あり　暗い性質も私の一部だ ほか）　3 個性について（孤立を避けよ　虚業と実業 ほか）　4 不安や苦悩との戦い（空想や夢を重視せよ　生の肯定、生の否定 ほか）　5 人生行路の目標について（創造的精神によって生きよ　無意識に拘泥せずむしろ探究せよ ほか）　〔*08918*〕

◇ヴィジョン・セミナー　1（Visions : notes of the seminar given in 1930-1934）　C.G.ユング著, クレア・ダグラス編, 氏原寛, 老松克博監訳, 角野善宏, 川戸円, 宮野素子, 山下雅也訳　大阪　創元社　2011.12　721p 図版〔12〕枚;　22cm　Ⓘ978-4-422-11517-7　〔*08919*〕

◇ヴィジョン・セミナー　2（Visions : notes of the seminar given in 1930-1934）　C.G.ユング著, クレア・ダグラス編, 氏原寛, 老松克博監訳, 角野善宏, 川戸円, 宮野素子, 山下雅也訳　大阪　創元社　2011.12　p726-1467　22cm　Ⓘ978-4-422-11518-4　〔*08920*〕

◇ヴィジョン・セミナー　別巻　解説・原注・訳注・索引（Visions notes of the seminar given in 1930-1934）　C.G.ユング著, C.ダグラス編, 氏原寛, 老松克博監訳, 角野善宏, 川戸円, 宮野素子, 山下雅也訳　大阪　創元社　2011.12　157p　22cm　Ⓘ978-4-422-11519-1　〔*08921*〕

◇心理学的類型　ユング〔著〕, 吉村博次訳　中央公論新社　2012.1　222p　18cm　（中公クラシックス CHUKOCLASSICS W69）〈付属資料 : 4p : 名著のことば　年譜あり〉1550円　Ⓘ978-4-12-160131-5

内容 序言　1 人間判定における類型問題（ジョルダンの類型についての概説　ジョルダンの類型の各論と批判）　2 類型総論（序論　外向型　内向型）　むすび　〔*08922*〕

ユング, マルティン・H.　Jung, Martin H.

◇メランヒトンとその時代―ドイツの教師の生涯（Philipp Melanchthon und seine Zeit（原著第2版））　マルティン・H.ユング〔著〕, 菱刈晃夫訳　知泉書館　2012.6　258, 21p　20cm　〈布装　文献あり 年表あり 索引あり〉3400円　Ⓘ978-4-86285-134-5

内容 メランヒトン、だれ、何者？　中世の終わりに生まれて　人文主義の影響下で　マルティン・ルターとの出会い　宗教改革側での第一歩　最初の福音主義教義学　しぶしぶの結婚　マイホーム　ついに、ザクセンでの宗教改革　学校と大学への関わり〔ほか〕　〔*08923*〕

ユンクファー, ゲルハルト

◇ユダヤ出自のドイツ法律家（DEUTSCHE JURISTEN JUDISCHER HERKUNFT）　ヘルムート・ハインリッヒス, ハラルド・フランツキー, クラウス・シュマルツ, ミヒャエル・シュトレイス著, 森勇監訳　八王子　中央大学出版部　2012.3　25, 1310p　21cm　（日本比較法研究所翻訳叢書 62）〈文献あり 索引あり〉13000円　Ⓘ978-4-8057-0363-2

内容 自由な弁護士の指導者であり警告者（ゲルハルト・ユンクファー著, 坂本恵三訳）　〔*08924*〕

ヨ

【ヨ】

ヨ, カセキ　余 嘉錫

◇目録学発微―中国文献分類法　余嘉錫著, 古勝隆一, 嘉瀬達男, 内山直樹訳注　平凡社　2013.7　424p　18cm　（東洋文庫 837）〈布装　索引あり〉3200円　Ⓘ978-4-582-80837-7

内容 目録学の意義とその効用　「目録」という名称　目録書の体制（篇目　叙録　小序　版本の叙跋）　目録学の歴史（周から三国まで　晋から隋まで　唐から清まで）　目録の分類体系の変遷　附録（古今の書目の分類異同表　目録要籍提要）　〔*08925*〕

ヨ, ケツ*　余 杰

◇「私（わたし）には敵はいない」の思想―中国民主化闘争二十余年　劉暁波〔著〕, 藤原書店編集部編　藤原書店　2011.5　398p　20cm　〈タイトル : 「私には敵はいない」の思想　執筆 : 劉霞ほか　文献あり 著作目録あり〉3600円　Ⓘ978-4-89434-801-1

内容 文章の力が民主化を実現する（余杰著, 横沢泰夫訳）　〔*08926*〕

ヨ, コウケイ*　余 昊奎

⇒ヨ, ホギュ

ヨ, ホギュ　余 昊奎

◇高句麗の政治と社会　東北亜歴史財団編, 田中俊明監訳, 篠原啓方訳　明石書店　2012.1　322p　22cm　〈索引あり　文献あり〉5800円　Ⓘ978-4-7503-3513-1

内容 高句麗の起源と文化的基盤（余昊奎）　〔*08927*〕

◇高句麗の文化と思想　東北亜歴史財団編, 東潮監訳, 篠原啓方訳　明石書店　2013.2　458p　22cm　〈文献あり 索引あり〉8000円　Ⓘ978-4-

7503-3754-8
内容 高句麗の城と防御体系（余昊奎著）〔08928〕

ヨウ, イシン*　楊 維真
◇国際関係のなかの日中戦争　西村成雄, 石島紀之, 田嶋信雄編　慶応義塾大学出版会　2011.7　450p　22cm（日中戦争の国際共同研究 4）5800円　①978-4-7664-1855-2
内容 ベトナム問題をめぐる中仏交渉1945-1946年（楊維真著, 天野裕子訳）〔08929〕

ヨウ, イヘイ*　楊 偉兵
◇東アジア海文明の歴史と環境　鶴間和幸, 葛剣雄編著　東方書店　2013.3　555p　22cm（学習院大学東洋文化研究叢書）4800円　①978-4-497-21304-4
内容 歴史時代の中国川江流域と長江中下流域地区の洪水災害発生に関する研究（楊偉兵著, 石川晶訳）〔08930〕

ヨウ, ガクコウ*　楊 学功
◇21世紀の思想的課題―転換期の価値意識 大阪経済法科大学アジア太平洋研究センター、北京大学哲学系共催日中哲学シンポジウム論文集　岩佐茂, 金泰明編, 李洪权訳　国際書院　2013.10　425p　21cm（アジア太平洋研究センター叢書 4）〈他言語標題：The Philosophical Problematique of the 21st Century　会期・会場：2011年9月16日、17日 北京大学内国際会議場　共催：大阪経済法科大学アジア太平洋研究センター 北京大学哲学系　索引あり〉6000円　①978-4-87791-249-9
内容 グローバル化と「中国モデル」について論ずる（楊学功著, 李洪権訳）〔08931〕

ヨウ, ケイジョウ　楊 継縄
◇毛沢東大躍進秘録　楊継縄著, 伊藤正, 田口佐紀子, 多田麻美訳　文芸春秋　2012.3　591p　22cm〈解説：伊藤正　年譜あり〉2950円　①978-4-16-374860-3
内容 永遠の墓碑　モデル地区で何が起こったか　周恩来は、なぜ毛沢東を止められなかったか　偉大なる実験、公共食堂　五つの風が吹き荒れる　来年の種籾まで拠出する　彭徳懐を罠にかける―廬山会議　毛沢東よりさらに左を行く―四川省　所有という解毒剤―安徽省　幻の反革命集団―甘粛省〔ほか〕〔08932〕

ヨウ, ケイショウ*　楊 奎松
◇国際関係のなかの日中戦争　西村成雄, 石島紀之, 田嶋信雄編　慶応義塾大学出版会　2011.7　450p　22cm（日中戦争の国際共同研究 4）5800円　①978-4-7664-1855-2
内容 抗戦期間における中国共産党とコミンテルン（楊奎松著, 梅村卓訳）〔08933〕

ヨウ, ケンキョウ*　楊 剣俠
◇中国長江デルタの都市化と産業集積　加藤弘之編著　勁草書房　2012.3　333p　22cm（神戸大学経済学叢書 第18輯）〈索引あり〉5500円　①978-4-326-54641-1
内容 私営企業の創業と成長（呉柏鈞, 楊剣俠著, 三並康平訳）〔08934〕

ヨウ, ゲンケツ*　楊 彦傑
◇近代台湾の経済社会の変遷―日本とのかかわりをめぐって　馬場毅, 許雪姫, 謝国興, 黄英哲編　東方書店（発売）　2013.11　537p　22cm〈索引あり〉6000円　①978-4-497-21313-6
内容 百年の養殖漁場（楊彦傑著, 小嶋祐輔訳）〔08935〕

ヨウ, ジ*　楊 耳
◇新編原典中国近代思想史　第7巻　世界冷戦のなかの選択―内戦から社会主義建設へ　野村浩一, 近藤邦康, 並木頼寿, 坂元ひろ子, 砂山幸雄, 村田雄二郎編　砂山幸雄責任編集　岩波書店　2011.10　410, 7p　22cm〈年表あり〉5700円　①978-4-00-028227-7
内容 陶行知先生による「武訓精神」賞揚に積極的な意味はあるか（楊耳著, 濱田麻矢訳）〔08936〕

ヨウ, シゴウ*　楊 志剛
◇朱子家礼と東アジアの文化交渉　吾妻重二, 朴元在編　汲古書院　2012.3　486p　22cm〈他言語標題：Zhu Xi's Family Rituals and Cultural Interactions in East Asia　文献あり〉13000円　①978-4-7629-2978-6
内容 中国明清時代における『朱子家礼』の普及と定着（楊志剛執筆, 井沢耕一訳）〔08937〕

ヨウ, シュウホウ*　楊 秀芳
◇中国古典の解釈と分析―日本・台湾の学術交流　佐藤錬太郎, 鄭吉雄編著　札幌　北海道大学出版会　2012.3　388p　22cm〈布装〉9500円　①978-4-8329-6765-6
内容 単語家族の研究から「天行健」の意味を論ず（楊秀芳著, 加部勇一郎訳）〔08938〕

ヨウ, ジュヒン*　楊 儒賓
◇東アジアの陽明学―接触・流通・変容　馬淵昌也編著　東方書店（発売）　2011.1　450p　22cm（学習院大学東洋文化研究叢書）5200円　①978-4-497-21018-0
内容 李士実と宸濠反乱の故事（楊儒賓著, 倉嶋真美訳）〔08939〕

ヨウ, ショウネイ*　楊 昭寧
◇日中教育学対話　3　新たな対話への発展・深化を求めて　山崎高哉, 労凱声共編　横浜　春風社　2010.12　424p　20cm　3200円　①978-4-86110-248-6
内容 現代中国における孝心教育の現状と反省（楊昭寧著, 楊建興訳）〔08940〕

ヨウ, ショウブン　葉 小文
◇中国は主張する　葉小文著, 多田敏宏訳　日本僑報社　2013.5　249p　22cm　3500円　①978-4-86185-124-7
内容 第1部 望海楼ノート（文化篇　政治篇　日中関係篇）　第2部 日中宗教交流（誠実に接して、平等に対話し、世代の友好を重ねて、共に未来を創ろう　春には気持があることを知り、岩手で会って喜ぶ）　第3部 中国共産党の10個の「なぜ」（中国共産党はなぜ生産力を発展させることができるのか？　中国共産党はなぜ民主を促進できるのか？　中国共産党はなぜ

中華民族を凝集できるのか？ ほか）　〔08941〕

ヨウ, ジンベン*　楊 人楩

◇新編原典中国近代思想史　第7巻　世界冷戦のなかの選択―内戦から社会主義建設へ　野村浩一, 近藤邦康, 並木頼寿, 坂元ひろ子, 砂山幸雄, 村田雄二郎編　砂山幸雄責任編集　岩波書店　2011.10　410, 7p　22cm　〈年表あり〉5700円　①978-4-00-028227-7
内容 自由主義者はどこへ行くのか（抄）他（楊人楩著, 水羽信男訳）　〔08942〕

ヨウ, セイ*　葉 青

◇新編原典中国近代思想史　第5巻　国家建設と民族自救―国民革命・国共分裂から一致抗日へ　野村浩一, 近藤邦康, 並木頼寿, 坂元ひろ子, 砂山幸雄, 村田雄二郎編　野村浩一, 近藤邦康, 村田雄二郎責任編集　岩波書店　2010.12　392, 6p　22cm　〈年表あり〉5400円　①978-4-00-028225-3
内容 全面的西洋化か、植民地化か（葉青著, 小野寺史郎訳）　〔08943〕

ヨウ, センキョ　楊 先挙

◇老子マネジメント入門　楊先挙著, 祐木亜子訳　日本能率協会マネジメントセンター　2010.12　333p　20cm　1600円　①978-4-8207-1795-9　〔08944〕

◇孫子の兵法戦略入門―ビジネス戦を知的に制するための戦略と戦術　楊先挙著, 祐木亜子訳　日本能率協会マネジメントセンター　2011.11　267p　19cm　1500円　①978-4-8207-1828-4
内容 第1部 30分でわかる『孫子の兵法』　第2部『孫子の兵法』をビジネスに活かす（孫子の思想　孫子のリーダー論　人心掌握と戦意高揚術　戦う組織と人材登用術　常勝のための戦略立案術　権謀術数と交渉術　詭道と常勝戦術）　第3部『孫子の兵法』全文現代語訳　〔08945〕

ヨウ, ダイケイ*　楊 大慶

◇対立と共存の歴史認識―日中関係150年　劉傑, 川島真編　東京大学出版会　2013.8　445p　21cm　〈年表あり 索引あり〉3600円　①978-4-13-023060-5
内容 1950年代における戦争記憶と浅い和解（楊大慶著, 江藤名保子訳）　〔08946〕

ヨウ, チュウビ　楊 中美

◇ゴッドギャンブラー―マカオカジノ王スタンレー・ホー　楊中美著, 青木まさこ訳　第2版　日本僑報社　2010.5　193p　19cm　2200円　①978-4-86185-098-1　〔08947〕

ヨウ, チョウリュウ*　楊 兆竜

◇新編原典中国近代思想史　第6巻　救国と民主―抗日戦争から第二次世界大戦へ　野村浩一, 近藤邦康, 並木頼寿, 坂元ひろ子, 砂山幸雄, 村田雄二郎編　野村浩一, 近藤邦康, 砂山幸雄責任編集　岩波書店　2011.3　412, 7p　22cm　〈年表あり〉5700円　①978-4-00-028226-0
内容 憲政の道（抄）（楊兆竜著, 高見沢磨訳）　〔08948〕

ヨウ, テイトク*　楊 貞徳

◇リベラリズムの中国　村田雄二郎編　有志舎　2011.9　343p　22cm　〈文献あり〉6200円　①978-4-903426-46-4
内容 自由, 自治そして歴史（楊貞徳著, 土肥歩訳）　〔08949〕

ヨウ, テンセキ*　楊 天石

◇国際関係のなかの日中戦争　西村成雄, 石島紀之, 田嶋信雄編　慶応義塾大学出版会　2011.7　450p　22cm　（日中戦争の国際共同研究 4）　5800円　①978-4-7664-1855-2
内容 蔣介石とインド独立運動（楊天石著, 渡辺直土訳）　〔08950〕

◇蔣介石研究―政治・戦争・日本　山田辰雄, 松重充浩編著　東方書店　2013.3　564p　22cm　〈索引あり〉4500円　①978-4-497-21229-0
内容 1946年政治協商会議後の憲法草案修改原則をめぐる論争（楊天石著, 張玉萍訳）　〔08951〕

ヨガナンダ, パラマハンサ　Yogananda, Paramhansa

◇パラマハンサ・ヨガナンダの成功の黄金律（How to be a success）　パラマハンサ・ヨガナンダ著, 広常仁慧訳　岡山　三雅　2011.7　201p　21cm　（叡知シリーズ）　〈発売：星雲社〉2000円　①978-4-434-15829-2
内容 第1章 成功者の特質　第2章 人生の目的とは何か　第3章 失敗癖を排除する　第4章 成功の習慣を育む　第5章 成功の道具（集中力　意志力　引き寄せる力）　第6章 職場での成功（天職を見つける　雇い主を満足させる　ビジネス上での従業員や取引先の選び方）　第7章 成功の物語　第8章 第一に、神の王国を求めよ　〔08952〕

◇パラマハンサ・ヨガナンダの喜びの源泉（HOW TO BE HAPPY ALL THE TIME）　パラマハンサ・ヨガナンダ著, 広常仁慧訳　岡山　三雅　2013.6　195p　21cm　（叡知シリーズ）　〈発売：星雲社〉2000円　①978-4-434-18075-0
内容 第1章 幸福を求めて間違った場所を探す　第2章 幸福を選ぶ　第3章 幸福を盗みとるものを遠ざける　第4章 正しい振舞いを学ぶ　第5章 鍵となる質素　第6章 他者と幸福を分かち合う　第7章 真の成功と繁栄　第8章 内なる自由と喜び　第9章 神を発見することは最高の幸福である　〔08953〕

ヨシハラ, スーザン　Yoshihara, Susan

◇人口から読み解く国家の興亡―2020年の米欧中印露と日本（POPULATION DECLINE AND THE REMAKING OF GREAT POWER POLITICS）　スーザン・ヨシハラ, ダグラス・A.シルバ, ゴードン・G.チャンほか著, 米山伸郎訳　ビジネス社　2013.10　301p　20cm　1900円　①978-4-8284-1725-7
内容 アメリカ 人口動態の優越性と将来の軍事力（スーザン・ヨシハラ著）　〔08954〕

ヨシハラ, トシ

◇人口から読み解く国家の興亡―2020年の米欧中印露と日本（POPULATION DECLINE AND THE REMAKING OF GREAT POWER POLITICS）　スーザン・ヨシハラ, ダグラス・

A.シルバ, ゴードン・G.チャンほか著, 米山伸郎訳　ビジネス社　2013.10　301p　20cm　1900円　①978-4-8284-1725-7

内容 日本 日没の国? 日本の人口動態の変化が戦略的に意味するもの（トシ・ヨシハラ著）　〔08955〕

ヨスト, ヴィルフレッド

◇宗教改革者の群像　〔マルティン・グレシャト〕〔編〕, 日本ルター学会編訳　知泉書館　2011.11　449, 18p　22cm　〈索引あり　文献あり〉8000円　①978-4-86285-119-2

内容 マルティン・ルター（ヴィルフレッド・ヨスト著, 金子晴勇, 江口再起訳）　〔08956〕

ヨゼフ, ムラーデク

◇拡大EUとニューリージョン　小林浩二, 大関泰宏編著　原書房　2012.10　316p　22cm　3200円　①978-4-562-09189-8

内容 「文明の波」とスロヴァキアの家族の現在と将来（ムラーデク・ヨゼフ著, 中川聡史訳）　〔08957〕

ヨッフェ, I.*　Joffe, Ilan

◇子どもの心理療法と調査・研究─プロセス・結果・臨床的有効性の探求（Child psychotherapy and research）　ニック・ミッジリー, ジャン・アンダーソン, イブ・グレンジャー, ターニャ・ネシッジ・プコビッチ, キャシー・アーウィン編著, 鵜飼奈津子監訳　大阪　創元社　2012.2　287p　22cm　〈索引あり　文献あり〉5200円　①978-4-422-11524-5

内容 子どものうつ：予後の調査・研究プロジェクト（Judith Trowell,Maria Rhode,Ilan Joffe著, 南里裕美訳）　〔08958〕

ヨナル, アイシェ　Önal, Ayşe

◇名誉の殺人─母、姉妹、娘を手にかけた男たち（HONOUR KILLING）　アイシェ・ヨナル著, 安東建訳　朝日新聞出版　2013.8　330p　19cm（朝日選書 907）　1600円　①978-4-02-263007-0

内容 1 レムジエ　2 ハヌム　3 ジャビト・ベイとメフメト・サイト　4 ヌラン　5 アイセル　6 ナイレ　7 ニガル　8 ファディメとイェテル　9 ウルビエ　10 パパティヤ　〔08959〕

ヨネヤマ, リサ　米山 リサ

◇真珠湾を語る─歴史・記憶・教育　矢口祐人, 森茂岳雄, 中山京子編　東京大学出版会　2011.12　282p　21cm　3800円　①978-4-13-020300-5

内容 「文化戦争」における記憶をめぐる争い（米山リサ著, 矢口祐人訳）　〔08960〕

ヨハネ(十字架の)〈聖〉　Juan de la Cruz, Saint

◇カルメル山登攀（Subida del Monte Carmelo）　十字架の聖ヨハネ著, 奥村一郎訳　改訂版　ドン・ボスコ社　2012.1　526p　19cm　1800円　①978-4-88626-527-2

内容 霊魂の能動的暗夜　第1部 感覚の能動的暗夜（第一の詩句。人間は、劣った部分（体）と、高尚な部分（精神）とからなっているため、霊的な道を歩む人々の通る夜も、二つの異なったものがあること、ならびに次の詩句の説明。　神との一致に至るまでに、霊魂が通る暗夜とは何であるか。 ほか）　第2部 精神の能動的暗夜─理性（第二の歌　暗夜の第二部、すなわち信仰という暗夜の第二の原因について論ずる。何故に、この部分の暗夜が、第一または第三の部分よりも暗いかという理由について述べる。 ほか）　第3部 精神の能動的暗夜─記憶と意志（概要　記憶による通常の知覚について。─この機能によって神と一致するためには、その知覚に全くこだわらないようにしなくてはならない。 ほか）　〔08961〕

ヨハネス23世　Joannes

◇近代カトリックの説教　高柳俊一編　教文館　2012.8　458p　21cm（シリーズ・世界の説教）　4300円　①978-4-7642-7338-2

内容 訓話（ヨハネス二三世述, 清水宏訳）　〔08962〕

◇パーチェム・イン・テリス─回勅 地上の平和（PACEM IN TERRIS）　教皇ヨハネ二十三世著, マイケル・シーゲル訳, 日本カトリック司教協議会社会司教委員会監修　カトリック中央協議会　2013.7　136p　15cm（ペトロ文庫 022）　560円　①978-4-87750-176-1　〔08963〕

ヨハネ・パウロ2世　Iohannes Paulus

◇真の開発とは─回勅：人間不在の開発から人間尊重の発展へ（ENCYCLICAL LETTER SOLLICITUDO REI SOCIALIS）　教皇ヨハネ・パウロ二世著, 山田経三訳　カトリック中央協議会　2012.4　158p　15cm（ペトロ文庫 019）　600円　①978-4-87750-170-9　〔08964〕

◇近代カトリックの説教　高柳俊一編　教文館　2012.8　458p　21cm（シリーズ・世界の説教）　4300円　①978-4-7642-7338-2

内容 詩編九三編 他（ヨハネス・パウルス二世述, 高柳俊一訳）　〔08965〕

ヨハンセン, ボブ　Johansen, Robert

◇未来を創るリーダー10のスキル─不確実性の時代を生き抜く新たな人材の条件（Leaders Make the Future(原著第2版)）　ボブ・ヨハンセン著, 伊藤裕一, 田中良知訳, 鹿野和彦監訳　日本能率協会マネジメントセンター　2013.2　323p　20cm　2000円　①978-4-8207-1858-1

内容 作り手の本能　明瞭に考える力　ジレンマをチャンスに変える力　没入体験から学ぶ力　生物学的共感力　建設的脱分極化　穏やかな透明性　迅速に試作する力　スマートモブを組織する力　共通基盤をつくる力〔ほか〕　〔08966〕

ヨハンソン, フランス　Johansson, Frans

◇成功は“ランダム”にやってくる!─チャンスの瞬間「クリック・モーメント」のつかみ方（THE CLICK MOMENT）　フランス・ヨハンソン著, 池田紘子訳　阪急コミュニケーションズ　2013.11　315, 19p　19cm　1700円　①978-4-484-13119-1　〔08967〕

ヨプケ, クリスチャン　Joppke, Christian

◇軽いシティズンシップ─市民、外国人、リベラリズムのゆくえ（CITIZENSHIP AND IMMIGRATION）　クリスチャン・ヨプケ〔著〕, 遠藤乾, 佐藤崇子, 井口保宏, 宮井健志訳　岩波書店　2013.8　276, 26p　20cm　〈文献あり

索引あり〉 2900円 ①978-4-00-025914-9
内容 第1章 シティズンシップの概念(歴史とともに変化するシティズンシップ 社会・政治理論におけるシティズンシップ 移民の時代におけるシティズンシップ リベラルに進化するシティズンシップ―ナショナルでも、ポスト・ナショナルでもなく) 第2章 地位としてのシティズンシップ(リベラル化しゆくシティズンシップ シティズンシップがリベラル化した背景 九・一一後の新たな制限 再民族化するシティズンシップ リベラル化の潮流と新たに導入された制限) 第3章 権利としてのシティズンシップ(多様性と社会的権利の衰退 外国人の権利―階層化され、回収されうる権利 少数者の権利―多文化主義なのか、反差別なのか) 第4章 アイデンティティとしてのシティズンシップ(リベラル国家における統一シティズンシップの格上げと普遍主義の逆説 リベラルなアイデンティティとムスリムの排除 シティズンシップと国民性の再考) 第5章「軽いシティズンシップ」へ(地位・権利・アイデンティティの三次元の関係 シティズンシップの未来―価値を測る二つの尺度 EUシティズンシップ―現代における一つの答え) 〔08968〕

ヨルダン, ペーター
◇拡大EUとニューリージョン 小林浩二, 大関泰宏編著 原書房 2012.10 316p 22cm 3200円 ①978-4-562-09189-8
内容 東ヨーロッパにおける行政のリージョナリゼーションと地域アイデンティティ(ペーター・ヨルダン著, 山本充訳) 〔08969〕

ヨーロッパ
⇒欧州を見よ

ヨン, ジュンヒョク
◇凡人と成功者を分ける「紙一重」の習慣 ヨン・ジュンヒョク著, 吉川南訳 サンマーク出版 2013.5 238p 19cm 〈他言語標題：MAKING SMALL CHANGES WILL LEAD YOU TO A MORE SUCCESSFUL LIFE〉 1400円 ①978-4-7631-3281-9
内容 締切を2日だけ前倒しにする 「やりたくないこと」を3分だけ余分にやる 家族そろって朝食をとる 一番前に座る つねにペンを持ち歩く 携帯電話の待ち受け画面に目標を表示させる 約束の15分前に到着する まず遊ぶ計画から立てる 自分から大きな声であいさつする 初対面の人には48時間以内にメールを出す〔ほか〕 〔08970〕

ヨーン, レネー
◇家族のための総合政策 3 家族と職業の両立 本沢巳代子, ウタ・マイヤー＝グレーヴェ編 信山社 2013.10 250p 22cm (総合叢書 14―「家族法」) 7500円 ①978-4-7972-5464-8
内容 ドイツにおける家庭の食生活と学校給食(アンゲラ・ホイスラー, レネー・ヨーン著, 荒川麻里訳) 〔08971〕

ヨンゲイ・ミンゲール・リンポチェ Yongey Mingyur Rinpoche
◇「今、ここ」を生きる―新世代のチベット僧が説く幸福への道 (The joy of living) ヨンゲイ・ミンゲール・リンポチェ著, 松永太郎, 今本渉訳 PHP研究所 2011.9 332p 20cm 1700円 ①978-4-569-77470-1
内容 第1部 礎(旅の始まり 内面の交響楽 心と脳を超えて 空―実在を超えた実在 知覚の相対性 「明晰」の贈り物 慈悲―親愛の適者生存 なぜ私たちは不幸なのか) 第2部 道(バランスを見つける ただ、くつろぐこと―最初のステップ 対象にやすらぐ―次のステップ 思考や感情に関する瞑想 慈悲―心のまん中を開くこと いつ、どこで、どのように実践するか) 第3部 果(問題が起きたら 内なる仕事 幸福の生物学 さらに先へ) 〔08972〕

45カ国の470人の実践者
◇ビジネスモデル・ジェネレーション―ビジネスモデル設計書 : ビジョナリー、イノベーターと挑戦者のためのハンドブック (Business model generation) アレックス・オスターワルダー, イヴ・ピニュール著, 45カ国の470人の実践者共著, 小山竜介訳 翔泳社 2012.2 273p 19×26cm 〈文献あり〉 2480円 ①978-4-7981-2297-7
内容 1 キャンバス(ビジネスモデルの定義 9つの構築ブロック ビジネスモデルキャンバス) 2 パターン(アンバンドルビジネスモデル ロングテール マルチサイドプラットフォーム ビジネスモデルとしてのフリー戦略 オープンビジネスモデル) 3 デザイン(顧客インサイト アイデア創造 ビジュアルシンキング プロトタイピング ストーリーテリング シナリオ) 4 戦略(ビジネスモデル環境 ビジネスモデル評価 ブルーオーシャンモデルにおけるビジネスモデル 複数のビジネスモデル運営) 5 プロセス(ビジネスモデルのデザインプロセス) 展望 〔08973〕

ヨンパルト, ホセ Llompart, José
◇自然法と国際法―ホセ・ヨンパルト教授著作集 ホセ・ヨンパルト著, 吉田脩, 石司真由美編 成文堂 2011.12 141p 21cm 4000円 ①978-4-7923-0524-6
内容 第1部 自然法と国際法(国際法と自然法―その歴史と歴史性 自然法・万民法と国際法) 第2部 ヴィトリア、スアレスの法論―スペインのスコラ法哲学者たち(ヴィトリア国際法理論の近代化意義 ヴィトリアの正当戦争の理論 スアレスの万民法理論と現代国際法 スアレスの社会契約論 古代・中世社会契約論―スアレスの思想を中心にして) 〔08974〕

【ラ】

ラ, イン* 羅 因
◇中国古典の解釈と分析 日本・台湾の学術交流 佐藤錬太郎, 鄭吉雄編著 札幌 北海道大学出版会 2012.3 388p 22cm 〈布装〉 9500円 ①978-4-8329-6765-6
内容 漢訳説一切有部の仏伝二種におけるブッダの異なる解釈について(羅因著, 中野徹訳) 〔08975〕

ラ, シデン* 羅 志田
◇国家と国民の歴史―ヴィジュアル版 (HISTORIES OF NATIONS) ピーター・ファタードー編, 猪口孝日本語版監修, 小林朋則訳 原書房 2012.11 320p 20cm 〈文献あり 索引あり〉 5800円 ①978-4-562-04850-2

内容 中国—歴史を書き残す - 過去と未来をつなぐ行為（羅志田）〔08976〕

ラ, ショウメイ*　羅 小茗

◇文化交渉における画期と創造—歴史世界と現代を通じて考える　荒武賢一朗, 池田智恵編著　吹田　関西大学文化交渉学教育研究拠点　2011.3　303p　21cm　（関西大学文化交渉学教育研究拠点次世代国際学術フォーラムシリーズ 第3輯）〈文部科学省グローバルCOEプログラム　文献あり〉①978-4-9905164-2-0

内容 現代都市青年の“斉家”生活（羅小茗著, 田中弥生訳）〔08977〕

ラ, シン*　羅 新

◇魏晋南北朝における貴族制の形成と三教・文学—歴史学・思想史・文学の連携による 第二回日中学者中国古代史論壇論文集　中国社会科学院歴史研究所, 東方学会〔編〕, 渡辺義浩編　汲古書院　2011.9　330p　27cm　12000円　①978-4-7629-2969-4

内容 北魏皇室制名漢化考（羅新著, 塩野啓貴訳）〔08978〕

ラー, トーマス　Lah, Thomas E.

◇コンサンプションエコノミクス—クラウド時代を乗り切るビジネス再生の新ルール（CONSUMPTION ECONOMICS）　J.B.ウッド, トッド・ヒューリン, トーマス・ラー著, 尾崎正弘, 樋崎充監修　日経BP社　2013.2　232p　21cm　〈発売 : 日経BPマーケティング〉2000円　①978-4-8222-7603-4

内容 第1章 所有を前提としたビジネスモデルの終焉—ハイテク産業における「金のなる木」　第2章 クラウドへのシフトとルールの変更　第3章 マージンウォールを越えて　第4章 マイクロトランザクションを好きになる　第5章 ガレージの片隅に積み上げられたデータ　第6章「コンサンプション（消費）」開発—インテリジェントリスニングの人文科学　第7章「コンサンプション（消費）」マーケティング—マイクロマーケティングとマイクロバズ　第8章「コンサンプション（消費）」セールス—今のモデルはオーバーホールが必要　第9章「コンサンプション（消費）」サービス—サービス部門はいつか「数字」に責任を持つ　第10章 顧客の需要と資本市場—どれだけ早く変革すべきか　第11章 ハイテク産業はサービスに向かう〔08979〕

ラ, リュウキ*　羅 隆基

◇新編原典中国近代思想史　第5巻　国家建設と民族自救—国民革命・国共分裂から一致抗日へ　野村浩一, 近藤邦康, 並木頼寿, 坂元ひろ子, 砂山幸雄, 村田雄二郎編　野村浩一, 近藤邦康, 村田雄二郎責任編集　岩波書店　2010.12　392, 6p　22cm　〈年表あり〉5400円　①978-4-00-028225-3

内容 人権について（抄）（羅隆基著, 水羽信男訳）〔08980〕

◇新編原典中国近代思想史　第6巻　救国と民主—抗日戦争から第二次世界大戦へ　野村浩一, 近藤邦康, 並木頼寿, 坂元ひろ子, 砂山幸雄, 村田雄二郎編　野村浩一, 近藤邦康, 砂山幸雄責任編集　岩波書店　2011.3　412, 7p　22cm　〈年表あり〉5700円　①978-4-00-028226-0

内容 政治民主主義と経済民主主義（羅隆基著, 水羽信男訳）〔08981〕

◇新編原典中国近代思想史　第7巻　世界冷戦のなかの選択—内戦から社会主義建設へ　野村浩一, 近藤邦康, 並木頼寿, 坂元ひろ子, 砂山幸雄, 村田雄二郎編　砂山幸雄責任編集　岩波書店　2011.10　410, 7p　22cm　〈年表あり〉5700円　①978-4-00-028227-7

内容 中国民主同盟臨時全国代表大会政治報告（抄）（羅隆基著, 砂山幸雄訳）〔08982〕

ライ, ゴウ*　雷 剛

◇相互探究としての国際日本学研究—日中韓文化関係の諸相　法政大学国際日本学研究所編　法政大学国際日本学研究センター　2013.3　462p　21cm　（国際日本学研究叢書 18）

内容 中国における宮沢賢治の翻訳と普及（雷剛著, 相沢瑠璃子訳）〔08983〕

◇東アジアの中の日本文化—日中韓文化関係の諸相　王敏編著　三和書籍　2013.9　462p　22cm　（国際日本学とは何か？）　3800円　①978-4-86251-155-3

内容 中国における宮沢賢治の翻訳と普及（雷剛著, 相沢瑠璃子訳）〔08984〕

ライ, コウサン*　雷 興山

◇中国渭河流域の西周遺跡　2　飯島武次編　同成社　2013.3　36, 190p　27cm　〈文献あり〉8000円　①978-4-88621-634-2

内容 周原遺跡の線刻文「周」から「周」地と先周文化を論ず（雷興山執筆, 岸本泰緒子訳）〔08985〕

ライ, ジー・イー

◇フューチャースクール—シンガポールの挑戦（A school's journey into the future）　テイ・リー・ヨン, リム・チェー・ピン, カイン・ミント・スウィー編著, トランネット訳, 中川一史監訳　ピアソン桐原　2011.2　183p　21cm　2400円　①978-4-89471-549-3

内容 シンガポールの小学校におけるWeb2.0—担任教師が低学年の児童に対してブログを活用した実践例（ダニエル・チャーチル, ライ・ジー・イー, サバン・ファディラ）〔08986〕

ライ, ジェニー　Lai, Jennie

◇意識の旅路　ジェニー・ライ著, ホーグ養子訳　河南町（大阪府）　UTAブック　2012.4　167, 149p　21cm　〈他言語標題 : Our essential nature　英語併記〉1200円　①978-4-904648-22-3

内容 第1部 存在の真実（「私たち」とは何？　「幸せと愛」対「悲しみと苦しみ」　「形ある世界」と「意識の世界」　転生　私たちの目的—真実に出会う）　第2部 存在の真実を明かすための手引き（母親と母親の反省　他力と他力の反省　瞑想　愛に帰る—自己供養　すべては愛）〔08987〕

ライ, セイイ*　頼 正維

◇人の移動、融合、変容の人類史—沖縄の経験と21世紀への提言　我部政明, 石原昌英, 山里勝己編彩流社　2013.3　400, 15p　22cm　（琉球大学人の移動と21世紀のグローバル社会 8）〈索引あり〉4000円　①978-4-7791-1677-3
内容 中国大陸における中琉関係史跡調査と研究（頼正維執筆, 前田舟子訳）〔08988〕

ライ, パク・サン　Lai, Pak-Sang
◇グローバル化・社会変動と教育　2　文化と不平等の教育社会学（EDUCATION, GLOBALIZATION AND SOCIAL CHANGE（抄訳））　ヒュー・ローダー, フィリップ・ブラウン, ジョアンヌ・ディラボー,A.H.ハルゼー編, 苅谷剛彦, 志水宏吉, 小玉重夫編訳　東京大学出版会　2012.5　370p　22cm　〈文献あり〉4800円　①978-4-13-051318-0
内容 バイリンガリズムをめぐる政治的駆け引き（パク・サン・ライ, マイケル・バイラム著, 酒井朗訳）〔08989〕

ライ, ヒ*　頼 非
◇中国中世仏教石刻の研究　気賀沢保規編　勉誠出版　2013.3　340p　22cm　9500円　①978-4-585-21012-2
内容 山東泰嶧山区における刻経の新資料と北朝隋唐期の仏教（頼非執筆, 梶山智史訳）〔08990〕

ライアン, ケヴィン　Ryan, Kevin
◇グローバル時代の幸福と社会的責任―日本のモラル、アメリカのモラル（HAPPINESS AND VIRTUE）　ケヴィン・ライアン, バーニス・ラーナー, カレン・ボーリン, 中山理, 水野修次郎, 堀内一史編著, 中山理, 水野修次郎, 堀内一史監訳〔柏〕　麗沢大学出版会　2012.11　353p　20cm　〈文献あり　発売：広池学園事業部（柏）〉1800円　①978-4-89205-615-4
内容 第1章 勇気　第2章 正義　第3章 慈愛　第4章 感謝　第5章 知恵　第6章 内省　第7章 尊敬　第8章 責任　第9章 節制〔08991〕

ライアン, ジョー　Ryan, Jo
◇人生を素敵にする60の言葉（Wise words）　ジョー・ライアン編, 多田文子訳　パイインターナショナル　2011.11　1冊（ページ付なし）　16×16cm　〈原文併記〉1000円　①978-4-7562-4183-2〔08992〕

ライアン, スティーブン・G.　Ryan, Stephen G.
◇金融規制のグランドデザイン―次の「危機」の前に学ぶべきこと（Restoring financial stability）　ヴィラル・V.アチャリア, マシュー・リチャードソン編著, 大村敬一監訳, 池田竜哉, 増原剛輝, 山崎洋一, 安藤祐介訳　中央経済社　2011.3　488p　22cm　〈文献あり〉5800円　①978-4-502-68200-1
内容 公正価値会計：信用収縮によって浮き彫りとなった政策的課題（スティーブン・G.ライアン）〔08993〕

ライアン, デイヴィッド　Lyon, David
◇監視スタディーズ―「見ること」「見られること」の社会理論（Surveillance studies）　デイヴィッド・ライアン〔著〕, 田島泰彦, 小笠原みどり訳　岩波書店　2011.9　341, 21p　20cm　〈文献あり索引あり〉3400円　①978-4-00-025817-3
内容 第1部 視点（見張られている今日の世界―監視の定義と座標軸　広がる監視の場―軍事、行政、労働、治安、消費の五領域　監視を説明する―理論はどう発達してきたか）　第2部 視覚（情報、識別、目録―前近代、近代、ポスト近代の監視形態　セキュリティ、疑い、社会的振り分け―都市で先鋭化する監視　身体、境界、生体認証―グローバル化する監視）　第3部 可視性（監視、可視性、大衆文化―監視体験はどう表現されてきたか　監視をめぐる闘い―多様な抵抗のかたち　データ、差別、尊厳―透明性と人格の主張）〔08994〕

◇私たちが, すすんで監視し, 監視される, この世界について―リキッド・サーベイランスをめぐる7章（LIQUID SURVEILLANCE）　ジグムント・バウマン, デイヴィッド・ライアン著, 伊藤茂訳　青土社　2013.6　220, 6p　20cm　〈索引あり〉2200円　①978-4-7917-6703-8
内容 第1章 ドローンとソーシャルメディア　第2章 ポスト・パノプティコンとしてのリキッド・サーベイランス　第3章 遠隔性、遠隔化、自動化　第4章 セキュリティ・インセキュリティと監視　第5章 消費主義、ニューメディア、社会的振り分け　第6章 監視を倫理的に検証する　第7章 行為主体と希望〔08995〕

ライアン, M.J.　Ryan, Mary Jane
◇人生に奇跡を起こすたったひとつの教え（Attitudes of gratitude）　M.J.ライアン〔著〕, 弓場隆訳　ディスカヴァー・トゥエンティワン　2012.2　199p　20cm　1400円　①978-4-7993-1133-2
内容 第1章 感謝が与えてくれるもの（感謝すると喜びが感じられる　感謝すると若返る　感謝すると気分がよくなる ほか）　第2章 感謝の態度を身につける（人生は奇跡だ　感謝の気持ちは自然に湧いてくる　感謝の懐中電灯 ほか）　第3章 感謝を実践する（毎日実践する　「それにもかかわらず」感謝する　平凡であることに満足する ほか）〔08996〕

ライアンズ, ネイサン　Lyons, Nathan
◇リーダーシップ・マスター――世界最高峰のコーチ陣による31の教え（Coaching for Leadership）　マーシャル・ゴールドスミス, ローレンス・S.ライアンズ, サラ・マッカーサー編著, 久野正人監訳, 中村安子, 夏井幸子訳　英治出版　2013.7　493p　21cm　2800円　①978-4-86276-164-4
内容 Y世代の価値観を理解する（ネイサン・ライアンズ）〔08997〕

ライアンズ, マーティン　Lyons, Martyn
◇本の歴史文化図鑑―ビジュアル版：5000年の書物の力（Books）　マーティン・ライアンズ著, 蔵持不三也監訳, 三芳康義訳　柊風舎　2012.5　223p　26cm　〈文献あり 索引あり〉9500円　①978-4-903530-59-8
内容 序文 書籍の力と魔力　第1章 古代と中世の世界（メソポタミア　古代中国 ほか）　第2章 新たな印刷文化（グーテンベルクとその聖書　印刷所の作業 ほか）　第3章 啓蒙思想と大衆（西欧の読み書き能力　印刷所の発展 ほか）　第4章 出版者の登場（印刷の機械化　19世紀の挿絵画家たち ほか）　第5章 万人のための知識（新たな技術　百科事典のロマンス ほか）　結

ラ

論 書物の新時代　〔08998〕

◇世界一素朴な質問、宇宙一美しい答え―世界の第一人者100人が100の質問に答える（BIG QUESTIONS FROM LITTLE PEOPLE）ジェンマ・エルウィン・ハリス編, 西田美緒子訳, タイマタカシ絵　河出書房新社　2013.11　298p　22cm　2500円　①978-4-309-25292-6

内容 世界ではじめて本を書いた人はだれ？（マーティン・ライアンズ教授）　〔08999〕

ライアンズ, ローレンス・S.　Lyons, Laurence S.

◇リーダーシップ・マスター―世界最高峰のコーチ陣による31の教え（Coaching for Leadership）マーシャル・ゴールドスミス, ローレンス・S.ライアンズ, サラ・マッカーサー編著, 久野正人監訳, 中村安子, 夏井幸子訳　英治出版　2013.7　493p　21cm　2800円　①978-4-86276-164-4

内容 序文 他（マーシャル・ゴールドスミス, ローレンス・S.ライアンズ, サラ・マッカーサー）　〔09000〕

ライエンダイク, ヨリス　Luyendijk, Joris

◇こうして世界は誤解する―ジャーナリズムの現場で私が考えたこと（People like us）ヨリス・ライエンダイク著, 田口俊樹, 高山真由美訳　英治出版　2011.12　283p　20cm　2200円　①978-4-86276-116-3

内容 ジャーナリズムの初歩　ニュースにならない真実　ドナー・ダーリン、ヒトラー・ミックス　ハミハ・ハラミハ　印刷に値するすべてのニュースを　911と独裁政治の空白　新世界　ハサミの法則　“罪もないユダヤ人が殺されている”　血なまぐさい占領　板ばさみ　不合理で奇怪　新しい人形に古いひも　旗の中に金がある　〔09001〕

ライゲルース, チャールズ・M.　Reigeluth, Charles M.

◇インストラクショナルデザインとテクノロジ―教える技術の動向と課題（TRENDS AND ISSUES IN INSTRUCTIONAL DESIGN AND TECHNOLOGY（原著第3版））R.A.リーサー, J.V.デンプシー編　京都　北大路書房　2013.9　690p　21cm　〈訳：半田純子ほか　索引あり〉　4800円　①978-4-7628-2818-8

内容 脱工業社会の教授理論とテクノロジ（チャールズ・M.ライゲルース著, 椿本弥生訳）　〔09002〕

ライザー, トーマス　Raiser, Thomas

◇法社会学の基礎理論（Grundlagen der Rechtssoziologie（原著第5版））トーマス・ライザー著, 大橋憲広監訳, 田中憲彦, 中谷崇, 清水聡訳　京都　法律文化社　2012.5　15, 461p　22cm　〈索引あり〉　10000円　①978-4-589-03430-4

内容 第1部 法社会学の学問的位置づけ（社会学の一分野としての法社会学　法学の分肢としての法社会学　法社会学の歴史および現在の状況）　第2部 法社会学の理論家たち（カール・マルクスとフリードリヒ・エンゲルス　エミール・デュルケム　オイゲン・エールリッヒ　マックス・ヴェーバー　ニクラス・ルーマン　ヘルムート・シェルスキー）　第3部 法と社会（法社会学総説）（社会学的法概念　一般的法原理　サンクション　法の妥当と有効性　契約および契約法の社会学　権力、支配、法　紛争と紛争処理　法文化の研究　人間と法　法律家の社会的プロフィール）　〔09003〕

ライザー, ヘンリエッタ

◇オックスフォード ブリテン諸島の歴史　4　12・13世紀―1066年―1280年頃（The Short Oxford History of the British Isles：The Twelfth and Thirteenth Centuries）鶴島博和日本語版監修　バーバラ・ハーヴェー編, 吉武憲司監訳　慶応義塾大学出版会　2012.10　394, 86p　22cm　〈文献あり 年表あり 索引あり〉　5800円　①978-4-7664-1644-2

内容 文化のつながり（ヘンリエッタ・ライザー著, 有光秀行訳）　〔09004〕

ライシ, ラッセル　Reich, Russell

◇「教える」ことの覚え書き―等身大の教師であるために（NOTES ON TEACHING）シェリー・ヘンドリックス, ラッセル・ライシ著, 坂東智子訳　フィルムアート社　2013.5　277p　19cm　〈文献あり〉　2000円　①978-4-8459-1313-8

内容 教師の役割　計画と準備　はじめての授業　生徒に期待する　教室でのルール　教室という舞台を演出する　基本的なスキルを授ける　クラスをリードする　「問い」を使って学ばせる　悩みの種　生徒への接し方　保護者への接し方　フィードバック（講評）の伝え方　成果を称える　職場での心得　最後に　〔09005〕

ライシュ, ロバート・B.　Reich, Robert B.

◇余震（アフターショック）そして中間層がいなくなる（Aftershock）ロバート・B.ライシュ著, 雨宮寛, 今井章子訳　東洋経済新報社　2011.7　207p　20cm　〈タイトル：余震そして中間層がいなくなる　索引あり〉　2000円　①978-4-492-44380-4

内容 第1部 破たんした取引（エクルズの洞察　二つの恐慌の類似性　あるべき取引 ほか）　第2部 反動（二〇二〇年大統領選挙　経済をめぐる政治―二〇一〇～二〇年　「前より減ること」に満足できない理由 ほか）　第3部 まっとうな取引を取り戻せ（何をすべきか―中間層のための新しいニューディール政策　どうすればよいか）　〔09006〕

ライス, アンソニー　Rice, Anthony

◇会計の謎を解く―企業会計の必須コンセプトをわかりやすく解説（ACCOUNTS DEMYSTIFIED（原著第6版））アンソニー・ライス著, SDL Plc訳　ピアソン桐原　2012.12　254p　21cm　〈索引あり〉　2400円　①978-4-86401-132-7

内容 1 会計の基本（貸借対照表と基本原則　貸借対照表の作成　損益計算書とキャッシュフロー計算書　損益計算書とキャッシュフロー計算書の作成　簿記用語）　2 決算書の解釈（ウィンゲートの年次報告書　企業決算書の具体的な機能）　3 企業決算書の分析（財務分析―はじめに　事業の分析　資金調達構成の分析　企業の評価　取引のトリック）　〔09007〕

ライス, クリス

◇東アジア平和共同体の構築と国際社会の役割―「IPCR国際セミナー」からの提言　宗教平和国際事業団, 世界宗教者平和会議日本委員会編, 真田芳憲監修　佼成出版社　2011.9　336, 4p　18cm　（アーユスの森新書 003　中央学術研究所

編） 900円 ①978-4-333-02507-7
内容 平和共同体の構築（クリス・ライス述, 三善恭子訳） 〔09008〕

ライス, コンドリーザ Rice, Condoleezza
◇コンドリーザ・ライス自伝―素晴らしいありふれた家族の物語（EXTRAORDINARY, ORDINARY PEOPLE） コンドリーザ・ライス著, 中井京子訳 扶桑社 2012.11 404p 図版16p 20cm 1905円 ①978-4-594-06709-0
内容 早めのスタート レイ家とライス家 ついに結婚 「ジョン、女の子よ」 「ピアノがほしい！」 両親は教師だった 輝きは水のなかに 学校での日々 夏休み 過熱するバーミングハム〔ほか〕 〔09009〕
◇ライス回顧録―ホワイトハウス激動の2920日（NO HIGHER HONOR） コンドリーザ・ライス著, 福井昌子, 波多野理彩子, 宮崎真紀, 三谷武司訳 集英社 2013.7 681p 22cm 〈文献あり〉 4000円 ①978-4-08-773483-6
内容 時間が途切れる前 実直な仲介者 政策に着手する 中東 ウラジーミル・プーチン 「アメリカが攻撃されている」 戦争計画の始まり テロとの戦いと国内戦線 南アジアの核問題 二国家解決〔ほか〕 〔09010〕

ライター, マーク Reiter, Mark
◇コーチングの神様が教える「前向き思考」の見つけ方（Mojo） マーシャル・ゴールドスミス, マーク・ライター著, 斎藤聖美訳 日本経済新聞出版社 2011.6 301p 20cm 1800円 ①978-4-532-31706-5
内容 1 あなたとあなたのモジョ（モジョとあなたと私 モジョを測る ほか） 2 モジョを築く（アイデンティティ―あなたは自分をどのような人間だと思うか？ 成果―最近何を達成したか？ ほか） 3 モジョ・ツールキット（「あなた」を変えるか、「それ」を変えるか アイデンティティ―あなたは何者かを理解する ほか） 4 内側と外側をつなげる（自助努力を超えて まずはあなたから） 〔09011〕

ライダー, リチャード・J. Leider, Richard J.
◇ストーリーで学ぶ経営の真髄（Learn like a leader） マーシャル・ゴールドスミス, ビバリー・ケイ, ケン・シェルトン編, 和泉裕子, 井上実訳 徳間書店 2011.2 311p 19cm 1600円 ①978-4-19-863118-5
内容 全部あれば幸せになれる？（リチャード・J.ライダー著） 〔09012〕
◇リーダーシップ・マスター―世界最高峰のコーチ陣による31の教え（Coaching for Leadership） マーシャル・ゴールドスミス, ローレンス・S.ライアンズ, リラ・マッカーリー編著, 久野正人監訳, 中村安子, 夏井幸子訳 英治出版 2013.7 493p 21cm 2800円 ①978-4-86276-164-4
内容 具体的な役割を全うする（リチャード・J.レイダー） 〔09013〕

ライダー, ローランド Ryder, Rowland
◇イーディス・キャベルの生涯―処刑の朝、若き看護師たちに遺したメッセージ（Edith Cavell） ローランド・ライダー著, 下笠徳次監訳 東京教学社 2012.2 338p 22cm 3000円 ①978-4-8082-8073-4 〔09014〕

ライターズ・フォー・ザ・99%《Writers for the 99%》
◇ウォール街を占拠せよ―はじまりの物語（OCCUPYING WALL STREET） ライターズ・フォー・ザ・99%著, 芦原省一訳 大月書店 2012.9 269p 19cm 2200円 ①978-4-272-33078-2
内容 序文 はじまり 占拠の誕生 ジェネラル・アセンブリー ブルックリン橋 60ウォール・ストリート 学生運動と労働組合 広場での生活 占拠の防衛 ポキュパイ―有色人たちの占拠運動〔ほか〕 〔09015〕

ライテラー, M.* Reiterer, Michael
◇EUとグローバル・ガバナンス―国際秩序形成におけるヨーロッパ的価値 安江則子編著 京都 法律文化社 2013.9 187p 21cm 〈文献あり 索引あり〉 3200円 ①978-4-589-03536-3
内容 EU外交政策（Michael Reiterer著, 梅沢華子訳） 〔09016〕

ライデル, パトリック・J. Rydell, Patrick J.
◇SCERTSモデル―自閉症スペクトラム障害の子どもたちのための包括的教育アプローチ 2巻 プログラムの計画と介入（The SCERTS model） バリー・M.プリサント, エミー・M.ウェザビー, エミリー・ルービン, エミー・C.ローレント, パトリック・J.ライデル著, 長崎勤, 吉田仰希, 仲野真史訳 日本文化科学社 2012.2 404p 30cm 〈索引あり 文献あり〉 9400円 ①978-4-8210-7358-0
内容 1章 SCERTSモデルの教育実践へのガイド、パート1 ： 価値基準と基本原則、実践ガイドライン、目標設定、交流型支援 2章 SCERTSモデルの教育実践へのガイド、パート2 ： 交流型支援 ： 対人間支援と学習支援、ピアとの学習や遊び 3章 交流型支援 ： 家族支援と専門家間支援 4章 交流型支援の目標と社会コミュニケーションおよび情動調整の目標のリンク 5章 社会パートナー段階における社会コミュニケーション、情動調整、交流型支援の促進 ： アセスメントからプログラムの実行まで 6章 言語パートナー段階における社会コミュニケーション、情動調整、交流型支援の促進 ： アセスメントからプログラムの実行まで 7章 会話パートナー段階における社会コミュニケーション、情動調整、交流型支援の促進 ： アセスメントからプログラムの実行まで 〔09017〕

ライデンバーグ, ジョイ・S.ゲイリン
◇世界一素朴な質問、宇宙一美しい答え―世界の第一人者100人が100の質問に答える（BIG QUESTIONS FROM LITTLE PEOPLE） ジェンマ・エルウィン・ハリス編, 西田美緒子訳, タイマタカシ絵 河出書房新社 2013.11 298p 22cm 2500円 ①978-4-309-25292-6
内容 もし骨がなかったら、わたしはどんなふうに見える？（ジョイ・S.ゲイリン・ライデンバーグ教授） 〔09018〕

ライト, ケン
◇母子臨床の精神力動―精神分析・発達心理学から子育て支援へ（Parent-infant psychodynamics） ジョーン・ラファエル-レフ編, 木部則雄監訳, 長沼佐代子, 長尾牧子, 坂井直子, 金沢聡子訳 岩

ラ

崎学術出版社 2011.11 368p 22cm 〈索引あり〉 6600円 ①978-4-7533-1032-6
内容 顔と表情—乳児の鏡としての母親の顔（ケン・ライト著, 長沼佐代子訳） 〔09019〕

ライト, サリー・アン Wright, Sally Ann
◇つくってたのしい！ クリスマスこうさくえほん サリー・アン・ライトぶん, パオラ・ベルトリーニ・グルディーナえ いのちのことば社 2012.10 27p 28cm 450円 ①978-4-264-03033-1 〔09020〕

ライト, パメラ Wright, Pamela Darr
◇アメリカのIEP個別の教育プログラム—障害のある子ども・親・学校・行政をつなぐツール（All About IEPs） ピーター・ライト, パメラ・ライト, サンドラ・オコナー著, 栢植雅義, 緒方明子, 佐藤克敏監訳 中央法規出版 2012.12 242p 21cm 〈文献あり 索引あり〉 2800円 ①978-4-8058-3731-3
内容 さあ始めましょう IEPチームとIEPミーティング 保護者の参加と同意 現在の達成レベル、測定可能なIEPの目標の設定、特別教育サービス 関連サービス、補助的エイドとサービス 子どもの進歩、アコモデーション、モディフィケーション、代替アセスメント IEPの特別な五つの要素 支援テクノロジー 学校卒業後の移行支援 プレースメント〔ほか〕 〔09021〕

ライト, ピーター Wright, Peter
◇市場における欺瞞的説得—消費者保護の心理学（Deception in the marketplace） D.M.ブッシュ,M.フリースタッド,P.ライト著, 安藤清志, 今井芳昭監訳 誠信書房 2011.5 299p 22cm 〈文献あり 索引あり〉 4000円 ①978-4-414-30625-5
内容 市場における欺瞞 欺瞞的説得の理論的視点 マーケティングにおける欺瞞の戦術 欺瞞を行うマーケティング担当者はどのように考えるのか 人々はどのように欺瞞に対処するのか—先行研究 市場における欺瞞防衛スキル 青年期および成人期における欺瞞防衛スキルの発達 市場における欺瞞防衛スキルの教育—これまでの研究 社会的な視点—規制の最前線、社会的信頼、欺瞞防衛の教育 〔09022〕

ライト, ピーター・W.D. Wright, Peter W.D.
◇アメリカのIEP個別の教育プログラム—障害のある子ども・親・学校・行政をつなぐツール（All About IEPs） ピーター・ライト, パメラ・ライト, サンドラ・オコナー著, 栢植雅義, 緒方明子, 佐藤克敏監訳 中央法規出版 2012.12 242p 21cm 〈文献あり 索引あり〉 2800円 ①978-4-8058-3731-3
内容 さあ始めましょう IEPチームとIEPミーティング 保護者の参加と同意 現在の達成レベル、測定可能なIEPの目標の設定、特別教育サービス 関連サービス、補助的エイドとサービス 子どもの進歩、アコモデーション、モディフィケーション、代替アセスメント IEPの特別な五つの要素 支援テクノロジー 学校卒業後の移行支援 プレースメント〔ほか〕 〔09023〕

ライト, フォン
◇ウィトゲンシュタイン読本 飯田隆編 新装版 法政大学出版局 2011.5 382, 10p 21cm 〈年譜あり 索引あり〉 3500円 ①978-4-588-12131-9
内容 ウィトゲンシュタインの遺稿（フォン・ライト著, 飯田隆訳） 〔09024〕

ライト, リチャード
◇学び手の視点から創る小学校の体育授業 鈴木直樹, 梅沢秋久, 鈴木聡, 松本大輔編著 岡山 大学教育出版 2013.11 260p 21cm 2800円 ①978-4-86429-243-6
内容 Game Senseとは何か?!（リチャード・ライト著, 鈴木直樹訳） 〔09025〕

ライト, ロバート・E. Wright, Robert Eric
◇金融規制のグランドデザイン—次の「危機」の前に学ぶべきこと（Restoring financial stability） ヴィラル・V.アチャリア, マシュー・リチャードソン編著, 大村敬一監訳, 池田竜哉, 増原剛輝, 山崎洋一, 安藤祐介訳 中央経済社 2011.3 488p 22cm 〈文献あり〉 5800円 ①978-4-502-68200-1
内容 ファニー・メイおよびフレディ・マックに対する処置（ドワイト・ジャフィー, マシュー・リチャードソン, スタジン・ヴァン・ニューワーバー, ローレンス・J.ホワイト, ロバート・E.ライト） 〔09026〕
◇ウォールストリート・ジャーナル式経済指標読み方のルール（The Wall Street Journal guide to the fifth economic indicators that really matter） サイモン・コンスタブル, ロバート・E.ライト著, 上野泰也監訳, 高橋璃子訳 かんき出版 2012.2 301p 21cm 1600円 ①978-4-7612-6814-5
内容 1 個人消費—個人消費に関する経済指標 2 投資支出—投資支出に関する経済指標 3 政府支出—政府支出に関する経済指標 4 貿易収支—貿易収支に関する経済指標 5 複合的指標—複合的な経済指標 6 インフレその他の不安要素—不安要素に関する経済指標 〔09027〕

ライト, ロビン・R.
◇成人のナラティヴ学習—人生の可能性を開くアプローチ（NARRATIVE PERSPECTIVES ON ADULT EDUCATION） マーシャ・ロシター, M.キャロリン・クラーク編, 立田慶裕, 岩崎久美子, 金藤ふゆ子, 佐藤智子, 荻野亮吾訳 福村出版 2012.10 161p 22cm 〈索引あり〉 2600円 ①978-4-571-10162-5
内容 大衆文化におけるナラティヴ：成人教育への批判的示唆（ロビン・R.ライト著, 荻野亮吾訳） 〔09028〕

ライドアウト, パトリシア・L. Rideout, Patricia L.
◇ソーシャルワークと修復的正義—癒やしと回復をもたらす対話、調停、和解のための理論と実践（Social Work and Restorative Justice） エリザベス・ベック, ナンシー・P.クロフ, パメラ・ブラム・レオナルド編著, 林浩康監訳 明石書店 2012.11 486p 22cm 〈訳：大竹智ほか 索引あり〉 6800円 ①978-4-7503-3687-9
内容 児童福祉現場での修復的正義—子どものケアと保

ラ

護における家族とコミュニティの連携（ディビッド・S.クランプトン, パトリシア・L.ライドアウト著, 林浩康訳）〔09029〕

ライトン, トニー　Wrighton, Tony

◇自信をつける―1分間で自分を立て直す（Confidence in a minute）　トニー・ライトン著, 飯島奈美訳　蒼竜社　2012.2　157p　19cm　1200円　①978-4-88386-404-1

内容 1 リストをつくる　2 イメージ・トレーニングをやってみる　3 緊張とうまく付き合う　4 どのように人に見られているか　5 声と話し方　6 気持ちを入れ替える　7 笑ってみよう　8 付箋を使う　9 いざというときのために　10 未来に向けて〔09030〕

◇リラックスする―1分間で自分を立て直す（Relax in a minute）　トニー・ライトン著, 飯島奈美訳　蒼竜社　2012.2　161p　19cm　1200円　①978-4-88386-405-8

内容 1 今すぐリラックスしたい　2 もうひとりの自分を静かにさせる　3 パニックになる前に　4 ぐっすり眠るために　5 シンプルな生活にしよう　6 スイッチを切ろう　7 映画のカメラマンになったつもりで　8 音楽の力を借りる　9 ポストカードを書く　10 未来に向けて〔09031〕

ライナック, マーク　Reinecke, Mark A.

⇒ライネッキー, マーク

ライネッキー, マーク　Reinecke, Mark A.

◇臨床実践を導く認知行動療法の10の理論―「ベックの認知療法」から「ACT」・「マインドフルネス」まで（Cognitive and Behavioral Theories in Clinical Practice）　ニコラオス・カザンツィス, マーク・A.ライナック, アーサー・フリーマン編, 小堀修, 沢宮容子, 勝倉りえこ, 佐藤美奈子訳　星和書店　2012.11　509p　21cm　〈文献あり〉　4600円　①978-4-7911-0829-9

内容 精神障害の哲学、心理学、原因、および治療　Beckの認知療法　問題解決療法　論理情動行動療法　アクセプタンス＆コミットメント・セラピー　行動活性化療法　弁証法的行動療法　認知分析療法　ポジティブ心理学とポジティブセラピー　マインドフルネス認知療法　感情焦点化/対人的認知療法　結び〔09032〕

ライバーストルファー, ダニエル・フリードリヒ

◇ウィーンとウィーン人（Wien und die Wiener）　アーダルベルト・シュティフター他著, 新井裕, 戸口日出夫, 阿部雄一, 荒川宗晴, 篠原敏昭, 松岡晋訳　八王子　中央大学出版部　2012.3　990, 29p　20cm　（中央大学人文科学研究所翻訳叢書 6　中央大学人文科学研究所編）　〈年表あり〉　7200円　①978-4-8057-5405-4

内容 ポスター貼りおよびビラ配り 他（ダニエル・フリードリヒ・ライバーストルファー著, 荒川宗晴訳）〔09033〕

ライバック, ティモシー　Ryback, Timothy W.

◇ヒトラーの秘密図書館（Hitler's private library）　ティモシー・ライバック著, 赤根洋子訳　文芸春秋　2012.12　429p　16cm　（文春文庫 ラ8-1）　910円　①978-4-16-766186-5

内容 1 芸術家の夢の名残―マックス・オスボルン『ベルリン』　2 反ユダヤ思想との邂逅―ディートリヒ・エッカート『戯曲ペール・ギュント』　3 封印された『我が闘争』第三巻―アドルフ・ヒトラー『我が闘争』第三巻　4 ユダヤ人絶滅計画の原点―マディソン・グラント『偉大な人種の消滅』　5 総統の座右の思想書―ポール・ド・ラガルド『ドイツ論』　6 ヴァチカンのナチス分断工作の書―アロイス・フーダル『国家社会主義の基礎』　7 オカルト本にのめりこむ―マクシミリアン・リーデル『世界の法則』　8 参謀は、将軍よりも軍事年鑑―フーゴ・ロクス『シュリーフェン』　9 老冒険家との親密な交友―スヴェン・ヘディン『大陸の戦争におけるアメリカ』　10 奇跡は起きなかった―トマス・カーライル『フリードリヒ大王』〔09034〕

ライプニッツ, G.W.　Leibniz, Gottfried Wilhelm

◇西洋思想における「個」の概念　中川純男, 田子山和歌子, 金子善彦編　慶応義塾大学言語文化研究所　2011.3　381p　21cm　〈執筆：田子山和歌子ほか　索引あり　発売：慶応義塾大学出版会〉　3500円　①978-4-7664-1808-8

内容 モナドロジー（全訳）（ライプニッツ著, 田子山和歌子訳・註）〔09035〕

◇人間知性新論（Nouveaux essais sur l'entendement humain）　G.W.ライプニッツ著, 米山優訳　限定復刊　みすず書房　2012.10　626, 16p　21cm　〈第5刷（第1刷1987年）〉　7400円　①4-622-01773-3

内容 1 本有的概念について（人間の精神の内に本有的原理があるかどうかについて　本有的であるような実践の原理は全く存在しないということ ほか）　2 観念について（観念一般が論じられ、人間の魂が常に思惟しているかどうかが折りに触れて検討される　単純観念について ほか）　3 言葉について（言葉ないし言語について　言葉の意味について ほか）　4 認識について（認識一般について　私たちの認識の程度について ほか）〔09036〕

◇形而上学叙説　ライプニッツ - アルノー往復書簡（Discours de Métaphysique et Correspondance avec Arnauld）　G.W.ライプニッツ, アルノー著, 橋本由美子監訳, 秋保亘, 大矢宗太朗訳　平凡社　2013.8　359p　16cm　（平凡社ライブラリー 794）　1500円　①978-4-582-76794-0

内容 形而上学叙説　ライプニッツ - アルノー往復書簡〔09037〕

ライマー, ゲオルグ・マイヤー

◇ユダヤ出自のドイツ法律家（DEUTSCHE JURISTEN JUDISCHER HERKUNFT）　ヘルムート・ハインリッヒス, ハラルド・フランツキー, クラウス・シュマルツ, ミヒャエル・シュトレイス著, 森勇監訳　八王子　中央大学出版部　2012.3　25, 1310p　21cm　（日本比較法研究所翻訳叢書 62）　〈文献あり 索引あり〉　13000円　①978-4-8057-0363-2

内容 一流の弁護士にして最上級の裁判官（ゲオルグ・マイヤー・ライマー著, 田代雅彦訳）〔09038〕

ライマ, サミュエル・D.　Rima, Samuel D.

◇リーダーシップのダークサイド―心の闇をどう克服するか（Overcoming the Dark Side of Leadership）　ゲーリー・L.マッキントッシュ,

ラ

サミュエル・D.ライマ著, 松本徳子訳　いのちのことば社　2013.6　222p　21cm　1900円　①978-4-264-03113-0

内容 第1部 闇の部分を理解する（闇の部分に不意をつかれて　闇の部分の危険性　闇の部分の犠牲者　聖書に見る闇の部分　闇の部分の成長　シーフード、ピクショナリーと闇の部分　逆説的な闇の部分）　第2部 闇の部分を発見する（支配的リーダー　自己陶酔的リーダー　被害妄想的リーダー　共依存症的リーダー　受動攻撃的リーダー）　第3部 闇の部分を贖う（闇の部分を克服する　霊的な堆肥作り　ステップ1：闇の部分を認識する　ステップ2：過去を吟味する　ステップ3：期待に振り回されない　ステップ4：自己認識を深める　キリストにあるアイデンティティー）〔09039〕

ライマン, ジェフリー　Reiman, Jeffrey H.

◇金持ちはますます金持ちに貧乏人は刑務所へ―アメリカ刑事司法制度失敗の実態（The rich get richer and the poor get prison）　ジェフリー・ライマン, ポール・レイトン共著, 宮尾茂訳　花伝社　2011.12　347p　21cm　〈索引あり　発売：共栄書房〉2500円　①978-4-7634-0621-7

内容 はしがき―鏡の国の刑事司法、あるいは負けるが勝ち　第1章 アメリカの犯罪抑制―失敗が失敗を生む　第2章 何と呼ぼうと犯罪は犯罪　第3章 そして貧乏人は刑務所へ　第4章 戦利品は勝利者の手に―犯罪との戦いの敗北によってだれが勝利するのか？　結論 正義の司法か、犯罪的司法か〔09040〕

ライミッツ, ヘルムート

◇歴史におけるテクスト布置―「テクスト布置の解釈学的研究と教育」第12回国際研究集会報告書　加納修編　〔名古屋〕　名古屋大学大学院文学研究科　2012.3　279p　30cm　(Global COE program international conference series no.12)〈他言語標題：Configuration du texte en histoire〉

内容 カロリング期における歴史叙述抜粋集の社会的論理（ヘルムート・ライミッツ著, 加納修, 田中玉美訳）〔09041〕

ライリー, エドワード・T.　Reilly, Edward T.

◇アメリカの「管理職の基本」を学ぶマネジメントの教科書―成果を生み出す人間関係のスキル（AMA BUSINESS BOOT CAMP）　エドワード・T.ライリー編, 渡部典子訳　ダイヤモンド社　2013.7　200p　21cm　1800円　①978-4-478-02409-6

内容 第1部 マネジメントの基礎的スキルを学ぶ―怠ってはならないマネジャーの日々の鍛練（マネジメント入門―人間関係に焦点を合わせる　部下の業績管理―組織と個人の利益を調和させる　人材マネジメント―部下を変化に対応させる　プロジェクトマネジメント――時的な取り組みを管理する方法）　第2部 マネジメントスキルのステップアップ法―戦略思考とリーダーシップを発揮する（戦略思考―現実の業務のために戦略的に考える　リーダーシップ―ビジョンを実現するために）〔09042〕

ライリー, エリザベス　Riley, Elizabeth

◇みんな大切！―多様な性と教育（Everyone is special！）　ローリ・ベケット編, 橋本紀子監訳, 艮香織, 小宮明彦, 杉田真衣, 渡辺大輔訳　新科学出版社　2011.3　195p　22cm　2500円　①978-4-915143-39-7

内容 トランスジェンダーや多様なジェンダーの生徒たちが学校で直面する問題（エリザベス・ライリー著, 渡辺大輔訳）〔09043〕

ライリー, クリストファー

◇世界一素朴な質問、宇宙一美しい答え―世界の第一人者100人が100の質問に答える（BIG QUESTIONS FROM LITTLE PEOPLE）　ジェンマ・エルウィン・ハリス編, 西田美緒子訳, タイマタカシ絵　河出書房新社　2013.11　298p　22cm　2500円　①978-4-309-25292-6

内容 お月さまのかたちはどうして変わるの？　他（クリストファー・ライリー教授）〔09044〕

ライリー, ミカエル　Riley, Michael

◇イギリスの歴史―帝国の衝撃：イギリス中学校歴史教科書（The impact of empire）　ミカエル・ライリー, ジェイミー・バイロン, クリストファー・カルピン著, 前川一郎訳　明石書店　2012.2　155p　21cm　（世界の教科書シリーズ 34）〈索引あり〉2400円　①978-4-7503-3548-3

内容 初期の帝国（ロアノーク：イングランド人は初めて建設した植民地でどんな過ちを犯したのか？―なぜ植民地の建設が失敗したのかを自分で考えてみましょう　「いつの間にか支配者になった者たち？」：イギリス人はいかにインドを支配するようになったのか？―答えを見つけるために東インド会社貿易ゲームをしてみましょう　帝国の建設者：ウォルフとクライヴについてどう考えるか？―「帝国の英雄」についてあなたが評価を下してください　帝国と奴隷制：イギリスによる奴隷貿易の歴史をいかに語るか？―史料を用いて奴隷貿易に関するふたつの見解を論じてください）　世界帝国（囚人植民地：どうすれば良い歴史映画を撮れるのか？―あなた自身の映画を構想してみましょう　隠された歴史：歴史に埋もれた物語は英領インドについて何を語るか？―インドにおいて人びとの関係がどのように変化したのかを示すグラフを描いてください　アフリカの外へ：ベナンの頭像はいったい誰が所有すべきか？―ブロンズの頭像の歴史をたどり、今日誰がこれを所有すべきかを考えてみましょう　帝国のイメージ：大英帝国はどのように描かれたのか？―子どもたちが大英帝国にどんな思いを抱くように期待されていたのかを理解するために、図像の読解に挑戦してみましょう）　帝国の終焉（アイルランド：なぜ人びとはアイルランドと大英帝国について異なる歴史を語るのか？―視聴者参加型のラジオ番組で自分の意見を述べる準備をしましょう　切なる希望：ガートルードがアラブ人に抱いた夢を助け、そして妨げたのは何だったのか？―でたらめに書かれたインターネット百科事典の質を向上させてください　帝国の終焉：なぜイギリスは1947年にインドから撤退したのか？―マウントバッテン卿に宛ててインド独立を認めるように説得する手紙を書いてみましょう　帝国の帰郷：歴史に埋もれたコモンウェルス移民の物語をいかに掘り起こすか？―コモンウェルス移民にインタビューするために良質な質問事項を考えてください）　あなたは大英帝国の歴史をどう見るか？―著者の考えに反論し、自分自身にも問い返してみましょう〔09045〕

ライル, スー Lyle, Sue

◇グローバル・ティーチャーの理論と実践―英国の大学とNGOによる教員養成と開発教育の試み (Developing the global teacher) ミリアム・スタイナー編, 岩崎裕保, 湯本浩之監訳 明石書店 2011.7 540p 20cm (明石ライブラリー 146) 〈文献あり 索引あり〉5500円 ①978-4-7503-3381-6

内容 持続可能な未来のための環境教育―初等教育教員養成課程のためのアクションリサーチ・モデルを考案する(スー・ライル著, 上條直美訳) 〔09046〕

ライール, ベルナール Lahire, Bernard

◇複数的人間―行為のさまざまな原動力 (L'HOMME PLURIEL) ベルナール・ライール〔著〕, 鈴木智之訳 法政大学出版局 2013.10 373, 74p 20cm (叢書・ウニベルシタス 998) 〈文献あり 索引あり〉4600円 ①978-4-588-00998-3 〔09047〕

ライル, G. Ryle, Gilbert

◇心の概念 (THE CONCEPT OF MIND) G.ライル著, 坂本百大, 井上治子, 服部裕幸訳 みすず書房 2012.5 492, 10p 21cm 5700円 ①978-4-622-01770-7

内容 第1章 デカルトの神話 第2章 方法を知ることと内容を知ること 第3章 意志 第4章 情緒 第5章 傾向性dispositionsと事象occurrences 第6章 自己認識 第7章 感覚と観察 第8章 想像力 第9章 知性Intellect 第10章 心理学 〔09048〕

ラインゴールド, ジェニファー

◇ありえない決断―フォーチュン誌が選んだ史上最高の経営判断 (FORTUNE : THE GREATEST BUSINESS DECISIONS OF ALL TIME) バーン・ハーニッシュ, フォーチュン編集部著, 石山淳訳 阪急コミュニケーションズ 2013.10 237p 19cm 1700円 ①978-4-484-13117-7

内容 ザッポスを救った無料配送(ジェニファー・ラインゴールド著) 〔09049〕

ラインバック, ケント Lineback, Kent

◇ハーバード流ボス養成講座―優れたリーダーの3要素 (Being the boss) リンダ・A.ヒル, ケント・ラインバック著, 有賀裕子訳 日本経済新聞出版社 2012.1 403p 20cm 〈文献あり〉2000円 ①978-4-532-31758-4

内容 マネジャーの三つの至上課題―旅の意味を知る 1 自分をマネジメントする(わたしは上司だ!―公式の権限に寄りかかってはいけない わたしは友人だ!―私的な関係には落とし穴もあるから気をつけよう あなたは信頼に値するか?―影響力の源泉は信頼) 2 人脈をマネジメントする(組織の現実を理解する―チームの成果を高めるには影響力が欠かせない 自分の影響力を広げよう―キーパーソンとの人脈を築いて影響力をおよぼす 自分の上司を忘れてはいけない―上司との重要な関係を最大限に活かす) 3 チームをマネジメントする(将来像を描く―変化の激しい環境に対応したマネジメント チームの仕事のしかたを明確にする―望ましいチーム文化を醸成する チームは個人の集まりでもある―チームと人材、両方をマネジメントする 日々の業務をとおしたマネジメント―三つの課題を日常業務に当てはめよう) マネジメントの旅を完結させる―経験と人間関係から学ぶ 〔09050〕

ラインハート, カーメン・M. Reinhart, Carmen M.

◇国家は破綻する―金融危機の800年 (This time is different) カーメン・M.ラインハート, ケネス・S.ロゴフ著, 村井章子訳 日経BP社 2011.3 588p 21cm 〈文献あり 年表あり 索引あり 発売 : 日経BPマーケティング〉4000円 ①978-4-8222-4842-0

内容 金融の脆さと信頼の移ろいやすさを巡る直観的考察 第1部 金融危機とは何か 第2部 公的対外債務危機 第3部 国内債務とデフォルトの忘れられた歴史 第4部 銀行危機、インフレ、通貨暴落 第5部 サブプライム問題と第二次大収縮 第6部 過去から何を学んだか 〔09051〕

ラインハート, マシュー Reinhart, Matthew

◇ドラゴンとモンスター―エンサイクロペディア神話の世界 (Dragons & monsters) マシュー・ラインハート, ロバート・サブダさく, おぎわらのりこやく 大日本絵画 2011 1冊(ページ付なし) 25cm (しかけえほん) 3800円 ①978-4-499-28386-1 〔09052〕

ラヴァニーノ, ジョン Lavagnino, John

◇人文学と電子編集―デジタル・アーカイヴの理論と実践 (ELECTRONIC TEXTUAL EDITING) ルー・バーナード, キャサリン・オブライエン・オキーフ, ジョン・アンスワース編, 明星聖子, 神崎正英監訳 慶應義塾大学出版会 2011.9 503p 21cm 4800円 ①978-4-7664-1774-6

内容 TEIを使わない方が良いとき(ジョン・ラヴァニーノ) 〔09053〕

ラヴィッチ, ダイアン Ravitch, Diane

◇教育による社会的正義の実現―アメリカの挑戦 (1945〜1980) (The troubled crusade) ダイアン・ラヴィッチ著, 末藤美津子訳 東信堂 2011.5 522p 22cm 〈索引あり〉5600円 ①978-4-7989-0048-3

内容 第1章 戦後の教育を主導した人々 第2章 進歩主義教育の勃興と衰退 第3章 忠誠心の調査 第4章 人種と教育―ブラウン判決 第5章 人種と教育―社会科学と法 第6章 バークレー校からケント州立大学まで 第7章 改革主義者、急進主義者、ロマン主義者 第8章 教育をめぐる新たなかけひき 〔09054〕

ラヴィル, ジャン=ルイ Laville, Jean-Louis

◇"経済"を審問する―人間社会は"経済的"なのか? 西谷修編著, 金子勝, アラン・カイエ著 せりか書房 2011.5 299p 19cm 2000円 ①978-4-7967-0304-8

内容 カール・ポラニーの現代性―『ポラニー論集』へのあとがき(アラン・カイエ, ジャン=ルイ・ラヴィル著, 藤岡俊博訳) 〔09055〕

◇連帯経済―その国際的射程 (L'économie solidaire) ジャン=ルイ・ラヴィル編, 北島健一, 鈴木岳, 中野佳裕訳 生活書院 2012.1 389p 19cm 〈索引あり 文献あり〉3400円

①978-4-903690-87-2
内容 欧州における連帯経済 他（ローラン・ギャルダン，ジャン＝ルイ・ラヴィル著，北島健一訳）〔09056〕

ラヴェラ，グウェン　Raverat, Gwen
◇ダーウィン家の人々—ケンブリッジの思い出（A CAMBRIDGE CHILDHOOD）　グウェン・ラヴェラ〔著〕，山内玲子訳　岩波書店　2012.9　11, 404p　15cm　（岩波現代文庫—文芸 208）〈「思い出のケンブリッジ」（秀文インターナショナル 1988年刊）の改題〉 1220円　①978-4-00-602208-2
内容 プレリュード　ニューナム・グレンジ　教育理論　教育について　淑女たち　紳士淑女のつつしみ　エティ伯母さん　ダウン　幽霊の夢・こわかったこと　五人のおじ　宗教　スポーツとゲーム　服装　社交界〔09057〕

ラウシェンブッシュ，ウォルター　Rauschenbusch, Walter
◇キリスト教と社会の危機—教会を覚醒させた社会的福音（Christianity and Social Crisis in the 21st Century）　ウォルター・ラウシェンブッシュ著，ポール・ラウシェンブッシュ編，山下慶親訳　新教出版社　2013.1　538p　20cm　〈索引あり〉 6100円　①978-4-400-40725-6
内容 1 キリスト教の歴史的ルーツ—ヘブライ預言者たち　2 イエスの社会的目標　3 原始キリスト教の社会的推進力　4 なぜキリスト教は社会の再建に取り組んで来なかったのか　5 現在の危機　6 社会的運動における教会の関係　7 なすべきこと〔09058〕

ラウシェンブッシュ，ポール　Raushenbush, Paul B.
◇キリスト教と社会の危機—教会を覚醒させた社会的福音（Christianity and Social Crisis in the 21st Century）　ウォルター・ラウシェンブッシュ著，ポール・ラウシェンブッシュ編，山下慶親訳　新教出版社　2013.1　538p　20cm　〈索引あり〉 6100円　①978-4-400-40725-6
内容 1 キリスト教の歴史的ルーツ—ヘブライ預言者たち　2 イエスの社会的目標　3 原始キリスト教の社会的推進力　4 なぜキリスト教は社会の再建に取り組んで来なかったのか　5 現在の危機　6 社会的運動における教会の関係　7 なすべきこと〔09059〕

ラヴジョイ，アーサー・O.　Lovejoy, Arthur Oncken
◇存在の大いなる連鎖（THE GREAT CHAIN OF BEING）　アーサー・O.ラヴジョイ著，内藤健二訳　筑摩書房　2013.5　643, 9p　15cm　（ちくま学芸文庫 ラ10-1）〈晶文社 1975年刊の修正　索引あり〉 1700円　①978-4-480-09536-7
内容 第1講 序論 観念の歴史の研究　第2講 ギリシャ哲学におけるその観念の創始—三つの原理　第3講 存在の連鎖と中世思想における内的対立　第4講 充満の原理と新しい宇宙観　第5講 ライプニッツとスピノーザにおける充満と充分理由について　第6講 十八世紀における存在の連鎖および自然における人間の地位と役割　第7講 充満の原理と十八世紀楽天主義　第8講 存在の連鎖と十八世紀生物学の或る側面　第9講 存在の連鎖の時間化　第10講 ローマン主義と充満の原理　第11講 歴史の結果とその教訓〔09060〕

ラヴジョイ，トーマス
◇反グローバリゼーションの声（VOCES CONTRA LA GLOBALIZACIÓN）　カルロス・エステベス，カルロス・タイボ編著，大津真作訳　京都　晃洋書房　2013.11　257, 8p　21cm　2900円　①978-4-7710-2490-8
内容 崩壊の道（トーマス・ラヴジョイ述）〔09061〕

ラウセル，ヒラリー・クレア
◇子どもの社会的ひきこもりとシャイネスの発達心理学（THE DEVELOPMENT OF SHYNESS AND SOCIAL WITHDRAWAL）　ケネス・H.ルビン，ロバート・J.コプラン編，小野善郎訳　明石書店　2013.8　363p　22cm　5800円　①978-4-7503-3873-6
内容 昔々、真っ赤な顔のカバとおとなしいネズミがいました（ロバート・J.コプラン，キャサリン・ヒューズ，ヒラリー・クレア・ラウセル著）〔09062〕

ラウハウス，アルフレート　Rauhaus, Alfred
◇信じるということ—ハイデルベルク信仰問答を手がかりに　下（Den Glauben verstehen）　A.ラウハウス〔著〕，菊地純子訳　教文館　2011.1　242, 9p　21cm　〈索引あり〉 2400円　①978-4-7642-7322-1
内容 霊の言葉　秘跡　秘跡‐祝福‐奉献　洗礼　子供に洗礼を授けるのか　聖餐　迷信？　罪人の宴　教会の秩序　重要な地位〔ほか〕〔09063〕

ラウブ，ジョン・H.
◇ライフコース研究の技法—多様でダイナミックな人生を捉えるために（The Craft of Life Course Research）　グレン・H.エルダー,Jr.，ジャネット・Z.ジール編著，本田時雄，岡林秀樹監訳，登張真稲，中尾暢見，伊藤教子，磯谷俊仁，玉井航太，藤原善美訳　明石書店　2013.7　470p　22cm　〈文献あり 索引あり〉 6700円　①978-4-7503-3858-3
内容 ライフコース犯罪学におけるグループに基づくトラジェクトリ（エレーン・E.ドハーティ，ジョン・H.ラウブ，ロバート・J.サンプソン著，玉井航太訳）〔09064〕

ラウフス，アドルフ
◇ユダヤ出自のドイツ法律家（DEUTSCHE JURISTEN JUDISCHER HERKUNFT）　ヘルムート・ハインリッヒス，ハラルド・フランツキー，クラウス・シュマルツ，ミヒャエル・シュトレイス著，森勇監訳　八王子　中央大学出版部　2012.3　25, 1310p　21cm　（日本比較法研究所翻訳叢書 62）〈文献あり 索引あり〉 13000円　①978-4-8057-0363-2
内容 法治国家のための生涯（アドルフ・ラウフス著，村山淳子訳）〔09065〕

ラウルセン，フィン
◇拡大ヨーロッパの地政学—コンステレーション理論の可能性（The geopolitics of Euro-Atlantic integration）　ハンス・モウリッツェン，アンデルス・ウィヴェル編，蓮見雄，小林正英，東野篤子訳　文真堂　2011.5　356p　21cm　〈文献あり

ラ

索引あり〉 2900円 ①978-4-8309-4703-2
内容 欧州・大西洋統合の制度的ダイナミクス（フィン・ラウルセン, ハンス・モウリッツェン, アンデルス・ウィヴェル著, 小林正英訳） 〔09066〕

ラウレンシオ Frère Laurent de la Résurrection, O.C.D.
◇神の現存の体験（L'expérience de la présence de Dieu） ラウレンシオ修士著, 東京女子跣足カルメル会訳 新装版 ドン・ボスコ社 2013.1 151p 15cm 800円 ①978-4-88626-045-1
内容 序説 霊的訓言 ラウレンシオ修士の談話 ラウレンシオ修士の手紙 〔09067〕

ラヴロック, ジェームズ
◇反グローバリゼーションの声（VOCES CONTRA LA GLOBALIZACIÓN） カルロス・エステベス, カルロス・タイボ編著, 大津真作訳 京都 晃洋書房 2013.11 257, 8p 21cm 2900円 ①978-4-7710-2490-8
内容 ガイア仮説とわれわれ（ジェームズ・ラヴロック述） 〔09068〕

ラウンデス, レイル Lowndes, Leil
◇人を引きつけ、人を動かす―きらりと輝く人になるコミュニケーション・テクニック70（How to talk to anyone） レイル・ラウンデス著, 小林由香利訳 阪急コミュニケーションズ 2011.12 299p 19cm 1700円 ①978-4-484-11115-5
内容 1 ひと言も発さずにみんなの興味を引く方法――目置かれるにはたった一〇秒あればいい 2 うまく話を切り出す方法 3 大物のように話す方法 4 どんなグループでも「通」になる方法―みんな何を話しているの？ 5 似た者同士だと感じさせる方法―「あら、私たちってそっくり！」 6 効果的なほめ言葉とだめなお世辞を見分ける方法 7 電話で相手の心をつかむ方法 8 パーティーで人脈を広げる方法 9 最も気づきにくいガラスの天井を破る方法―人はときにトラになる 〔09069〕

ラーエ, ポール・A.
◇歴史と戦略の本質―歴史の英知に学ぶ軍事文化 上（The past as prologue） ウイリアムソン・マーレー, リチャード・ハート・シンレイチ編, 今村伸哉監訳, 小堤盾, 蔵原大訳 原書房 2011.2 290p 20cm 2400円 ①978-4-562-04649-2
内容 教育者トゥキディデス（ポール・A.ラーエ著） 〔09070〕

ラエル Rael
⇒ボリロン, クロード

ラオ, スリクマー・S. Rao, Srikumar S.
◇ラオ教授の「幸福論」―コロンビア大学の超人気講座 人生に「いいこと」が次々と起こる35の法則（Happiness at work） スリクマー・S.ラオ著, 古川奈々子訳 マグロウヒル・エデュケーション 2011.1 303p 19cm 〈発売：日本経済新聞出版社〉 1700円 ①978-4-532-60511-7
内容 必要なのは「発想の転換」（自分の心を安定させる方法） ラベルを貼るな！（役に立たないラベルを使わないようにする方法） プラス思考はなぜ悪い？（「悪いこと」ラベルを貼らなければ、「プラス思考」の必要はない） ダルマになろう（非常に強いレジリアンスを身につける方法） 忘れる―赤ちゃんにもできること！（要らない荷物を捨てるエクササイズ） 時間を管理する必要なんて、ない！（自分を管理すれば、もっとたくさんの時間が魔法のように生まれてくる） あなたが毎日出合う大事な選択（ゲームと思えば、不愉快な状況に困らされることはない） 自分の仕事を驚の目になって見てみる（自分の仕事について語るときの内容を変える） あなたはどちらに目がいきますか？（あなたは、世界をありのままにではなく「自分の見方」で見ている） アファーメーションがあなたを苦しめている（アファーメーションの有効な使い方）〔ほか〕 〔09071〕

ラオス人民革命党
◇ラオス人民革命党第9回大会と今後の発展戦略 山田紀彦編 千葉 アジア経済研究所 2012.2 145p 21cm （情勢分析レポート No.16） 1300円 ①978-4-258-30016-7
内容 序章「2020年の最貧国脱却」に向けて 第1章 これまでの国家建設過程と第9回党大会 第2章 今後の政治改革路線と新指導部 第3章 第7次経済・社会開発5カ年計画（2011～2015年）―資源・エネルギー部門に大きく依存した経済開発 第4章 教育と人材開発―質的改善の2つの側面 第5章 第7期国会議員選挙にみる国会改革 資料1 第9回党大会政治報告（抄訳） 資料2 第7次経済・社会開発5カ年計画（2011～2015年）主要方針（抄訳） 〔09072〕

ラカプラ, ドミニク
◇アウシュヴィッツと表象の限界（Probing the Limits of Representation：Nazism and the "Final Solution"） ソール・フリードランダー編, 上村忠男, 小沢弘明, 岩崎稔訳 未来社 2013.5 260p 19cm （ポイエーシス叢書）〈第3刷（第1刷1994年）〉 3200円 ①978-4-624-93223-7
内容 ホロコーストを表象する－歴史家論争の省察（ドミニク・ラカプラ著, 小沢弘明訳） 〔09073〕

ラガルド, クリスティーヌ
◇混乱の本質―叛逆するリアル民主主義・移民・宗教・債務危機 ジョージ・ソロスほか著, 徳川家広訳 土曜社 2012.8 157p 18cm （PROJECT SYNDICATE A WORLD OF IDEAS） 〈他言語標題：Reality in Revolt〉 952円 ①978-4-9905587-4-1
内容 途上国の人々を救うために、まず先進国経済を活性化させよう（クリスティーヌ・ラガルド著） 〔09074〕
◇世界は考える 野中邦子訳 土曜社 2013.3 189p 19cm （プロジェクトシンジケート叢書 2） 〈文献あり〉 1900円 ①978-4-9905587-7-2
内容 未来の世界経済（クリスティーヌ・ラガルド著） 〔09075〕

ラガンヌ, ジャン
◇震災とヒューマニズム―3・11後の破局をめぐって 日仏会館・フランス国立日本研究センター編, クリスチーヌ・レヴィ, ティエリー・リボー監修, 岩沢雅利, 園山千晶訳 明石書店 2013.5 318p 20cm 2800円 ①978-4-7503-3814-0
内容 日本の環境破壊（ジャン・ラガンヌ執筆, 園山千晶

ラ

訳）〔09076〕

ラクハニ, デイブ　Lakhani, Dave
◇説得の心理技術―欲しい結果が手に入る「影響力」の作り方（Persuasion）　デイブ・ラクハニ著　大阪　ダイレクト出版　2013.5　303p　21cm　3800円　①978-4-904884-44-7〔09077〕

ラクラウ, エルネスト　Laclau, Ernesto
◇民主主義の革命―ヘゲモニーとポスト・マルクス主義（HEGEMONY AND SOCIALIST STRATEGY（原著第2版））　エルネスト・ラクラウ, シャンタル・ムフ著, 西永亮, 千葉真訳　筑摩書房　2012.11　429p　15cm　（ちくま学芸文庫　ム6-1）　1600円　①978-4-480-09494-0
内容 1 ヘゲモニー―概念の系譜学（ローザ・ルクセンブルクのディレンマ　危機、零度 ほか）2 ヘゲモニー―新たな政治的論理の困難な出現（複合的発展と偶然的なものの論理　「階級同盟」―デモクラシーと権威主義のあいだ ほか）3 社会的なものの実定性を越えて―敵対とヘゲモニー（社会形成体と重層的決定　節合と言説 ほか）4 ヘゲモニーとラディカル・デモクラシー（民主主義の革命　民主主義の革命と新しい敵対関係 ほか）〔09078〕

ラクー＝ラバルト, フィリップ　Lacoue-Labarthe, Philippe
◇崇高とは何か（Du sublime）　ミシェル・ドゥギー他〔著〕, 梅木達郎訳　新装版　法政大学出版局　2011.9　413p　20cm　（叢書・ウニベルシタス 640）　4800円　①978-4-588-09943-4
内容 崇高なる真理（フィリップ・ラクー＝ラバルト）〔09079〕

◇経験としての詩―ツェラン・ヘルダーリン・ハイデガー　フィリップ・ラクー＝ラバルト著, 谷口博史訳　未来社　2012.5　288p　19cm　（ポイエーシス叢書 36）〈第二刷（第一刷1997年）〉　3500円　①978-4-624-93236-7
内容 1 パウル・ツェランの二篇の詩　2 日付の記憶（カタストロフ　祈り　崇高　聖人伝　名づける権能　苦しみ　脱自　めまい　盲目　歌　天　赦すことのできないもの）〔09080〕

ラクロワ, ジャン＝ポール　Lacroix, Jean Paul
◇出世をしない秘訣―でくのぼう考（Comment ne pas reussir, manuel du petit immobiliste）　ジャン＝ポール・ラクロワ著, 小宮山量平監修・序, 椎名其二訳　改訂新版　こぶし書房　2011.9　223, 3p　19cm　〈挿絵：アンリ・モニエ　初版：理論社1960年刊　索引あり〉　1900円　①978-4-87559-256-3
内容 はじめに うまく出世を避けるには　1 子どものうちからが肝心　2 事業家にならぬためには　3 いつまでも二等兵でいるには　4 視学官にならぬためには　5 流行作家にならぬためには　6 政治家にならぬためには　7 社会の寵児とならぬためには　おわりに 自分に成功すべし〔09081〕

ラゲス, アンドレア　Lages, Andrea
◇コーチングのすべて―その成り立ち・流派・理論から実践の指針まで（HOW COACHING WORKS）　ジョセフ・オコナー, アンドレア・ラゲス著, 杉井要一郎訳　英治出版　2012.10　333p　22cm　〈文献あり〉　3200円　①978-4-86276-152-1
内容 第1部 コーチングの歴史（混沌の縁にあるコーチング　コーチングの歴史 人物編　コーチングの歴史 時代編）　第2部 コーチングのモデル（インナーゲーム、GROW、コーアクティブ・コーチング　インテグラル・コーチング　NLPコーチング ほか）　第3部 コーチングの効果（コーチングの効果測定　発達コーチング　脱近代主義的コーチング ほか）〔09082〕

ラケス, ドミニク
◇エビデンスに基づく教育政策（EVIDENCE-BASED EDUCATION POLICY）　D.ブリッジ, P.スメイヤー, R.スミス編著, 柘植雅義, 葉養正明, 加治佐哲也編訳　勁草書房　2013.11　270p　21cm　〈索引あり〉　3600円　①978-4-326-25092-9
内容 研究と政策における倫理としての認識論（ジョン・エリオット, ドミニク・ラケス著, 肥後祥治訳）〔09083〕

ラコスト, イヴ　Lacoste, Yves
◇ラルース地図で見る国際関係―現代の地政学 ヴィジュアル版（Geopolitique）　イヴ・ラコスト著, 大塚宏子訳, 猪口孝日本語版監修　原書房　2011.9　388p　22cm　〈索引あり〉　5800円　①978-4-562-04726-0
内容 第1部 現代の地政学（さまざまに使用される言葉　権力と領土 ほか）　第2部 アメリカ合衆国：困難をかかえる超大国（アメリカ合衆国：世界システムの中心たる超大国　あいつぐ紛争に直面する国 ほか）　第3部 大国の地政学（EUとNATO　フランス：西ヨーロッパの十字路 ほか）　第4部 世界の緊迫地域（アフリカ：新たな黄金郷　地中海：世界の大緊迫地帯 ほか）〔09084〕

ラコルデール, ジャン＝バティスト・アンリ
◇近代カトリックの説教　高柳俊一編　教文館　2012.8　458p　21cm　（シリーズ・世界の説教）　4300円　①978-4-7642-7338-2
内容 カトリック教理と理性によって確かめられた確実性（ジャン＝バティスト・アンリ・ラコルデール述, 高柳俊一訳）〔09085〕

ラーサウィッツ, ポール・C.
◇世界のビジネス・アーカイブズ―企業価値の源泉　渋沢栄一記念財団実業史研究情報センター編　日外アソシエーツ　2012.3　272p　19cm　〈発売：紀伊国屋書店〉　3600円　①978-4-8169-2353-1
内容 アーカイブズに根を下ろして（ポール・C.ラーサウィッツ著, 後藤佳菜子, 後藤健夫訳）〔09086〕

ラザフォード, スチュアート　Rutherford, Stuart
◇最底辺のポートフォリオ―1日2ドルで暮らすということ（Portfolios of the poor）　ジョナサン・モーダック, スチュアート・ラザフォード, ダリル・コリンズ, オーランダ・ラトフェン〔著〕, 大川修二訳, 野上裕生監修　みすず書房　2011.12　315, 29p　20cm　〈索引あり　文献あり〉　3800円　①978-4-622-07630-8
内容 第1章 貧困者のポートフォリオ　第2章 骨の折れ

ラ

る日々　第3章 リスクに対処する　第4章 こつこつと積み上げる—まとまった資金を作る方法　第5章 お金の値段　第6章 マイクロファイナンス再考—グラミン2ダイアリー　第7章 よりよいポートフォリオへ　〔09087〕

ラザルス, アーノルド・A.

◇ダイニングテーブルのミイラ セラピストが語る奇妙な臨床事例—セラピストはクライエントから何を学ぶのか（The mummy at the dining room table）　ジェフリー・A.コトラー, ジョン・カールソン編著, 岩壁茂監訳, 門脇陽子, 森田由美訳　福村出版　2011.8　401p　22cm　〈文献あり〉　3500円　①978-4-571-24046-1

内容 エディプスのジレンマ（アーノルド・ラザルス著, 門脇陽子訳）　〔09088〕

◇認知行動療法という革命—創始者たちが語る歴史（A HISTORY OF THE BEHAVIORAL THERAPIES（抄訳））　ウィリアム・T.オドナヒュー, デボラ・A.ヘンダーソン, スティーブン・C.ヘイズ, ジェーン・E.フィッシャー, リンダ・J.ヘイズ編, 坂野雄二, 岡島義監訳, 石川信一, 金井嘉宏, 松岡紘史訳　日本評論社　2013.9　283p　21cm　〈文献あり〉3000円　①978-4-535-98362-5

内容 条件づけ療法, 行動療法, 認知行動療法の架け橋（アーノルド・A.ラザルス著, 金井嘉宏訳）　〔09089〕

◇変容する臨床家—現代アメリカを代表するセラピスト16人が語る心理療法統合へのアプローチ（HOW THERAPISTS CHANGE）　マービン・R.ゴールドフリード編, 岩壁茂, 平木典子, 福島哲夫, 野末武義, 中釜洋子監訳, 門脇陽子, 森田由美訳　福村出版　2013.10　415p　22cm　〈索引あり〉5000円　①978-4-571-24052-2

内容 洞察と反射から、行動と幅広い臨床へ（アーノルド・A.ラザルス著）　〔09090〕

ラザレフ, セルゲイ・ニコラエヴィチ　Lazarev, Sergey N.

◇気づいた瞬間から幸せがはじまる愛の法則（The diagnostics of karma book1 ： bioenergetic feedback）　セルゲイ・N.ラザレフ著, 石原結実, 石原エレーナ監訳　青萌堂　2011.10　186p　19cm　1200円　①978-4-921192-74-7

内容 序章 日本人からラザレフ先生への11の質問（お金持ちになりたい！（26歳・男性）　セレブと結婚して優雅に暮らしたい（24歳・女性）ほか）　1章 運命の扉を開ける言葉たち（人を癒す「愛」、人を殺す「愛」あなたの運命を定める「バイオフィールド」 ほか）　2章 ラザレフ先生の診察室から（超心理療法士として歩みはじめたとき　「神」とあなたをつなぐ絆 ほか）　3章 運命を変えるのは愛（“「愛」を殺すこと”の罪深さ　命を宿し、動き出す「言葉」の魔力 ほか）　4章 変革の時を迎えたあなたへ（「病気」が届ける「神」からのメッセージ　自己破壊プログラムの警告 ほか）　〔09091〕

◇この「心のクリーニング」ですばらしい未来を手に入れる！　（Человек будущего первый шаг в будущее）　セルゲイ・ラザレフ著, 石原エレーナ訳　三笠書房　2011.10　253p　19cm　1400円　①978-4-8379-5730-0

内容 自分の「未来」を知る　未来をひらく「エネルギー」とは　身のまわりで起こる「不思議な現象」を読み取る　「欲望」という恐ろしい力　「蓄え」を増やす人、使い果たす人　自分では気がつかない「体の不調」の原因　「抱えている問題」を解決する法　あらゆることがうまくいき始める！　「未来をつくる」ために必要なこと　いま、この瞬間から「明日」を始める　「死の恐怖」とどう戦えばいいか　これが未来への「はじめの一歩」　〔09092〕

ラシアノフ, P.　Russianoff, Penelope

◇「なりたい自分」になれる本（When am I going to be happy？）　P.ラシアノフ著, 斎藤茂太訳　三笠書房　2011.9　221p　15cm　（知的生きかた文庫）　571円　①978-4-8379-7962-3

内容 第1章 ほんとうは幸せなのに、なぜ気分がおちこむ？—心のモヤモヤ、イライラはどこからくるか　第2章 自分に「ダメ」「ノー」としか言えない人—好かれたいし、評価されたいのに　第3章 なんとなくいつも自分に満足できない理由—何があなたを悩ませているのだろう　第4章 自分に厳しすぎることはありませんか—自分にもたっぷりの愛情を　第5章「人にどう思われるか」がいつも気になる人—あなたの価値観を大事にして　第6章 怒りっぽい人につけるクスリ—爆発させる前の「怒りコントロール法」　第7章 “心配しすぎ病”は克服できる—気持ちの方向転換ハンドル　第8章 自分をしっかりとまもっていく—あなたの身心を穏やかに保つ　第9章 あなたも自信に満ちて生きていける—きっぱりと迷わない生き方　第10章 よい方向へ空想力を働かせよう—つらい時期もこれで乗り切れる　第11章 あなたは自分を変えられる、必ず—もっと充実した人生への出発　〔09093〕

ラシター, ダニエル

◇取調べの可視化へ！—新たな刑事司法の展開　指宿信編　日本評論社　2011.7　280p　21cm　〈年表あり〉2400円　①978-4-535-51836-0

内容 取調べの可視化における「映像のあり方」（ダニエル・ラシター著, 大江洋平訳）　〔09094〕

ラジニーシ, A.*　Rajaneesh, Acharya

◇探求の詩（うた）—OSHOが語る神秘家詩人・ゴラク（Die o Yogi die）　OSHO講話, スワミ・プレム・グンジャ訳　市民出版社　2011.2　589p　19cm　〈タイトル ： 探求の詩　照校 ： スワミ・アドヴァイト・パルヴァ, スワミ・ニキラナンド〉2500円　①978-4-88178-190-6

内容 第1章 ゴラク—ダイヤの原石　第2章 未知の招待　第3章 自然に生きなさい　第4章 欲望を理解しなさい　第5章 ハートに生きる　第6章 覚者達の本質　第7章 孤独の放浪者　第8章 存在のエッセンス　第9章 内なる革命　第10章 愛—炎の試練　〔09095〕

◇魂のヨーガ—パタンジャリのヨーガ・スートラ ： 講話録（The path of yoga）　OSHO講話, マ・アナンド・ムグダ訳　市民出版社　2012.1　390p　19cm　〈照校 ： スワミ・アドヴァイト・パルヴァ, スワミ・ニキラナンド〉2300円　①978-4-88178-191-3

内容 第1章 ヨーガの道とは　第2章 無欲ならば光明を得る　第3章 マインドの五つの形　第4章 狂気か瞑想か　第5章 正しい理解　第6章 ヨーガの純粋性　第7章 内側に礎を定める　第8章 止まれ、それはここにある　第9章 修練と離欲　第10章 苦悩の原因　〔09096〕

◇アティーシャの知恵の書—OSHO講話録　上

ラ

チベットの覚者を語る（THE BOOK OF WISDOM） OSHO講話, スワミ・ボーディ・デヴァヤナ訳, マ・アナンド・ムグダ, スワミ・ニキラナンド, マ・ギャン・シディカ照校　市民出版社　2012.3　590p　19cm　2480円　①978-4-88178-192-0

内容 三倍偉大なアティーシャ　百合の光明　シトナルタと17のチャクラ　反逆のための最後のチャンス　白い種子を蒔く　サニヤスは獅子のためのもの　コツを学ぶ　クリシュナムルティのソロ・フルート　観照者を観照する　奇跡はあなたの生得権だ〔ほか〕〔09097〕

◇アティーシャの知恵の書—OSHO講話録 チベットの覚者を語る　下（THE BOOK OF WISDOM） OSHO講話, スワミ・ボーディ・デヴァヤナ訳, マ・アナンド・ムグダ, マ・ギャン・シディカ照校　市民出版社　2013.6　487p　19cm　2380円　①978-4-88178-193-7

内容 第17章 奴隷を目覚めさせる　第18章 オリンピックからの離脱　第19章 愛の三つの段の梯子　第20章 ディオゲネスと犬　第21章 魂の放浪者　第22章 存在する最も大きな冗談　第23章 マスターの手の後ろ　第24章 新しい人間をもたらす　第25章 私たちは古代の巡礼者だ　第26章 非論理的な電子　第27章 魂が問題　第28章 あなた自身への冗談でありなさい　付録〔09098〕

◇Joy—喜び（JOY） OSHO著, 山川紘矢, 山川亜希子訳　角川書店　2013.9　255p　19cm〈発売：KADOKAWA〉1600円　①978-4-04-110539-9〔09099〕

◇究極の旅—OSHO禅の十牛図を語る（The Search） OSHO著, スワミ・プレム・プラブッダ訳　那覇　いまここ塾　2013.10　482p　19cm〈めるくまーる社 1978年刊の再刊　発売：河出書房新社〉1800円　①978-4-309-90999-8

内容 第1話 永遠の巡礼　第2話 Q&A　第3話 沈黙のメッセージ　第4話 ノンフィクション　第5話 Q&A　第6話 Do Be, Do Be, Do　第7話 Q&A　第8話 梯子は梯子　第9話 Q&A　第10話 大団円〔09100〕

◇愛の道—神秘家・カビールを語る（THE PATH OF LOVE） OSHO講話, スワミ・プレム・グンジャ訳, マ・アナンド・ムグダ, マ・ギャン・プーナム照校　市民出版社　2013.12　340p　21cm（OSHO講話録）2380円　①978-4-88178-194-4〔09101〕

ラシャリテ, ミシェル＝オリヴィエ

◇人道的交渉の現場から—国境なき医師団の葛藤と選択（Agir à tout prix？） クレール・マゴン, ミカエル・ノイマン, ファブリス・ワイズマン編著, リングァ・ギルド他訳　小学館スクウェア　2012.11　419p　19cm　1429円　①978-4-7979-8739-3

内容 イエメン—沈黙のうちに（ミシェル＝オリヴィエ・ラシャリテ著）〔09102〕

ラジャン, メリン

◇心理学大図鑑（The Psychology Book） キャサリン・コーリンほか著, 小須田健訳, 池田健用語監修　三省堂　2013.2　352p　25cm〈索引あり〉3800円　①978-4-385-16224-9

内容 哲学的ルーツ—心理学の形成過程　行動主義—環境への反応　心理療法—無意識裡に決定された行動　認知心理学—計算する脳　社会心理学—他者世界内存在　発達心理学—幼児から成人へ　差異心理学—人格と知能〔09103〕

ラジャン, ラグラム　Rajan, Raghuram G.

◇フォールト・ラインズ—「大断層」が金融危機を再び招く（Fault lines） ラグラム・ラジャン〔著〕, 伏見威蕃, 月沢李歌子訳　新潮社　2011.1　318p　20cm　1900円　①978-4-10-506331-3

内容 第1章 金がなければ借りればいい　第2章 輸出による経済成長　第3章 逃げ足の速い外国資本　第4章 脆弱なセーフティネット　第5章 バブルからバブルへ　第6章 金が万物の尺度になったとき　第7章 銀行を賭ける　第8章 金融改革　第9章 アクセスの格差是正　第10章 蜂の寓話ふたたび〔09104〕

ラジュ, ナヴィ　Radjou, Navi

◇イノベーションは新興国に学べ！—カネをかけず、シンプルであるほど増大する破壊力（JUGAAD INNOVATION） ナヴィ・ラジュ, ジャイディープ・プラブ, シモーヌ・アフージャ著, 月沢李歌子訳　日本経済新聞出版社　2013.8　318p　19cm　1900円　①978-4-532-31896-3

内容 第1章 ジュガード—成功と成長のための戦略　第2章 原則—逆境を利用する　第3章 原則—少ないものでより多くを実現する　第4章 原則—柔軟に考え、迅速に行動する　第5章 原則—シンプルにする　第6章 原則—末端層を取り込む　第7章 原則—自分の直観に従う　第8章 ジュガードを組織に取り入れる　第9章 ジュガード的な国家をつくる〔09105〕

ラシンスキー, アダム　Lashinsky, Adam

◇ありえない決断—フォーチュン誌が選んだ史上最高の経営判断（FORTUNE：THE GREATEST BUSINESS DECISIONS OF ALL TIME） バーン・ハーニッシュ, フォーチュン編集部著, 石山淳訳　阪急コミュニケーションズ　2013.10　237p　19cm　1700円　①978-4-484-13117-7

内容 707に社運を託したボーイング 他（アダム・ラシンスキー著）〔09106〕

ラズ, ジョゼフ　Raz, Joseph

◇法体系の概念—法体系論序説（THE CONCEPT OF A LEGAL SYSTEM：AN INTRODUCTION TO THE THEORY OF A LEGAL SYSTEM） ジョゼフ・ラズ著, 松尾弘訳　解説追補版　慶応義塾大学出版会　2011.9　334p　21cm〈原書第2版〉5800円　①978-4-7664-1871-2

内容 1 オースティンの法体系論　2 オースティンの理論：批判　3 規範理論の構成要素　4 法の個別化について　5 ケルゼンの法体系論　6 諸規範の体系としての法体系　7 諸法の体系としての法体系　8 法体系の同一性　9 法体系の存在について　おわりに 源泉、規範性および個別化〔09107〕

ラズ, タール　Raz, Tahl

◇一生モノの人脈力（Never Eat Alone） キース・フェラッジ, タール・ラズ著, 森田由美訳　パンローリング　2012.12　253p　19cm（フェニックスシリーズ 5）〈ランダムハウス講談社 2006

年刊の新装改訂〉1300円 ①978-4-7759-4108-9

内容 第1部 心がまえ編 人脈とは何か(あなたも“成功者クラブ”の一員になれる 損得を考えないこと はっきりした人生の目標を持つ ほか) 第2部 基本スキル編 人と出会うとき(出会う前、準備は周到に 目的に合わせたリストづくり 初めての電話で成功する法 ほか) 第3部 上級スキル編 コネから仲間へ(健康・お金・子ども―心の絆を強くするもの 人を紹介する楽しみとメリット とにかくいつも「ピンギング」―けっして連絡を絶やさない) 第4部 応用編 自分を売りこみ、恩を返す(面白いヤツになろう 「自分」というブランドをつくる 入るクラブがなければ自分でつくろう! ほか) 〔09108〕

ラス, トム Rath, Tom

◇幸福の習慣―世界150カ国調査でわかった人生を価値あるものにする5つの要素 (Wellbeing) トム・ラス, ジム・ハーター著, 森川里美訳 ディスカヴァー・トゥエンティワン 2011.10 223p 20cm 1600円 ①978-4-7993-1065-6

内容 1章 仕事の幸福とは? 2章 人間関係の幸福とは? 3章 経済的な幸福とは? 4章 身体的な幸福とは? 5章 地域社会の幸福とは? 6章 人生を価値あるものとするために 〔09109〕

◇ストレングスリーダーシップ―さあ、リーダーの才能に目覚めよう (STRENGTHS BASED LEADERSHIP) トム・ラス, バリー・コンチー著, 田口俊樹, 加藤万里子訳 日本経済新聞出版社 2013.3 261p 20cm 1800円 ①978-4-532-31871-0

内容 1 自分の強みに投資する(最高のリーダーを真似ても、人はついてこない あなたならではのリーダーシップを見出そう ほか) 2 チームの力を最大限に活かす(すぐれたチームに共通する4つの条件 リーダーシップの実例を見る ほか) 3「なぜ人がついてくるか」を理解する(人がついてくる4つの理由) 4 実践編―強みを活かして人を率いる(ストレングス・ファインダーを受ける) 5 資料編―ストレングス・リーダーシップに関する調査(あなたの強み―ストレングス・ファインダーの裏づけとなる調査 あなたのチーム―チームの熱意に関するギャラップの調査 人はなぜついてくるのか) 〔09110〕

ラスウェル, ハロルド・D. Lasswell, Harold Dwight

◇権力と社会―政治研究の枠組 (POWER AND SOCIETY) ハロルド・D.ラスウェル, エイブラハム・カプラン著, 堀江湛, 加藤秀治郎, 永山博之訳 芦書房 2013.10 343p 22cm 〈文献あり 索引あり〉3000円 ①978-4-7556-1257-2

内容 第1部(人間 思考様式 集団) 第2部(影響力 権力 象徴 行為) 第3部(機能 構造 過程) 〔09111〕

ラスカム, D.E.

◇中世の哲学―ケンブリッジ・コンパニオン (THE CAMBRIDGE COMPANION TO MEDIEVAL PHILOSOPHY) A.S.マクグレイド編著, 川添信介監訳 京都 京都大学学術出版会 2012.11 601p 22cm 〈文献あり 年表あり 索引あり〉5800円 ①978-4-87698-245-5

内容 二つの中世的観念(ジョン・マレンボン, D.E.ラスカム執筆, 井沢清訳) 〔09112〕

ラスク, エイナル

◇海を渡ってきたわが子―韓国の子どもを育てたスウェーデンの親たち9編の実話 キムスコグルンド編, 坂井俊樹監訳, 徐凡喜訳 梨の木舎 2013.3 136p 19cm 1500円 ①978-4-8166-1303-6

内容 私の4分の1は韓国人(グルネル・ラスク, エイナル・ラスク) 〔09113〕

ラスク, グルネル

◇海を渡ってきたわが子―韓国の子どもを育てたスウェーデンの親たち9編の実話 キムスコグルンド編, 坂井俊樹監訳, 徐凡喜訳 梨の木舎 2013.3 136p 19cm 1500円 ①978-4-8166-1303-6

内容 私の4分の1は韓国人(グルネル・ラスク, エイナル・ラスク) 〔09114〕

ラスコンベ, ベン

◇成年後見制度の新たなグランド・デザイン 法政大学大原社会問題研究所, 菅富美枝編著 法政大学出版局 2013.2 420p 22cm (法政大学大原社会問題研究所叢書) 〈索引あり〉5700円 ①978-4-588-62524-4

内容 イギリス社会における裁判所受託局の役割(ベン・ラスコンベ著, 菅富美枝訳) 〔09115〕

ラスティン, M.* Rustin, Michael

◇子どもの心理療法と調査・研究―プロセス・結果・臨床的有効性の探求 (Child psychotherapy and research) ニック・ミッジリー, ジャン・アンダーソン, イブ・グレンジャー, ターニャ・ネシッジ・プコビッチ, キャシー・アーウィン編著, 鵜飼奈津子監訳 大阪 創元社 2012.2 287p 22cm 〈索引あり 文献あり〉5200円 ①978-4-422-11524-5

内容 子どもの心理療法士は何を知っているのだろうか? (Michael Rustin著, 谷口弘恵訳) 〔09116〕

ラスレット, ピーター

◇家の歴史社会学 二宮宏之, 樺山紘一, 福井憲彦責任編集 藤原書店 2010.12 295p 21cm (叢書・歴史を拓く 2―『アナール』論文選〈新版〉) 〈コメント:速水融 解説:二宮宏之 文献あり〉3800円 ①978-4-89434-777-9

内容 家族と世帯への歴史的アプローチ(ピーター・ラスレット著, 林田伸一訳) 〔09117〕

ラーセン, マット Larsen, Matt

◇ザ・スナイパー―イラク・アフガン戦争の狙撃手 (SNIPER) ジーナ・キャヴァラーロ, マット・ラーセン共著, 村上和久訳 並木書房 2013.1 294p 19cm 1800円 ①978-4-89063-301-2

内容 母の贈物 開戦―ヒンドゥークシュ山脈の教訓 嘲笑う狙撃手 「もっとも危険な戦い」 他人の家 狙撃手たちの声 レインジャー部隊―狙撃手兼奇襲隊員 教師としての特殊作戦要員―三十七番射場で学ぶ教訓 誰にでも見える場所に隠れる 隠れ場所―三つの物語 サルマン・パクで隠密行動 スコープの反射 奇怪な命中弾 発射されなかった銃弾 狙撃手たちの絆 〔09118〕

ラ

ラゾッタ, アルノルト　Lassotta, Arnold

◇中世のアウトサイダー（Bettler und Gaukler, Dirnen und Henker）　フランツ・イルジーグラー, アルノルト・ラゾッタ著, 藤代幸一訳　新装復刊　白水社　2012.5　348, 33p　20cm　〈2005年刊の複製　文献あり〉 4800円　①978-4-560-08224-9

内容 第1章 周辺集団とアウトサイダー　第2章 乞食とならず者、浮浪者とのらくら者　第3章 ハンセン病患者　第4章 心と頭を病む人びと　第5章 風呂屋と床屋、医者といかさま医者　第6章 大道芸人と楽士　第7章 魔法使い、占い女、狼男　第8章 ジプシー　第9章 娼婦　第10章 刑吏とその仲間　第11章 結論でなく、いかがわしい人びととまともな人びと　〔09119〕

ラター, マイケル　Rutter, Michael

◇イギリス・ルーマニア養子研究から社会的養護への示唆―施設から養子縁組された子どもに関する質問（Policy and Practice Implications from the English and Romanian Adoptees (ERA) Study）　マイケル・ラター他著, 上鹿渡和宏訳　福村出版　2012.12　77p　22cm　〈文献あり〉 2000円　①978-4-571-42048-1

内容 イギリス・ルーマニアの養子に関する研究（ERA研究）　施設ケアを離れた子どもへの影響に関する8つの質問　施設でのデプリベーションが及ぼす全体への影響に関する4つの質問　施設でのデプリベーションに特異的な心理的傾向に関する13の質問　副次的な問題に関する3つの質問　身体的発達に関する2つの質問　心理的機能の一般的なバリエーションに関する3つの質問　養子縁組家庭に関する3つの質問　介入に関する5つの質問　他の国から養子縁組された子どもたちに見られた結果に関する4つの質問　〔09120〕

◇英国の貧困児童家庭の福祉政策―"Sure Start"の実践と評価（The National Evaluation of Sure Start）　ジェイ・ベルスキー, ジャクリーン・バーンズ, エドワード・メルシュ編著, 清水隆則監訳　明石書店　2013.3　230p　21cm　2800円　①978-4-7503-3764-7

内容 Sure Start地域プログラム（Michael Rutter著, 安田誠人訳）　〔09121〕

ラチェッキ, マリナ　Lachecki, Marina

◇子どもが地球を愛するために―「センス・オブ・ワンダー」ワークブック（TEACHING KIDS TO LOVE THE EARTH）　マリナ・ラチェッキ, ジョセフ・パッシノ, アン・リネア, ポール・トゥルーアー著, 山本幹彦監訳, 南里憲訳　改訂版　京都　人文書院　2012.7　223p　21cm　2200円　①978-4-409-23052-7

内容 好奇心（たのしい冒険―子どもの好奇心を育む遊びや野外活動　アバーウォッキー―想像力や好奇心を使い、自然のなかへの「センス・オブ・ワンダー」ハイクに出かける ほか）　探検（天敵と獲物―環境への気づきや正しい理解、知識を育むゲーム　釣れた！―子どもたちに野外技術を伝えながら自然を探検する ほか）　発見（春の甘いめぐみ―四季の変化の不思議に気づく　炎の贈り物―焚き火を楽しみ協議することの楽しさを発見する ほか）　シェアリング（わかちあい）（ペンギンのチャック―物語や音楽・ダンスを楽しみながら自然をわかちあう　ロープの上で―ネイチャーセンターでおこなわれている環境教育や冒険プログラム ほか）　情熱（ジョン・ミュアーの足跡―エコヒーローから学びを授かり地球に対するビジョンを持つ　ブルドーザーと委員会室―気づいたことを行動へ ほか）　〔09122〕

ラーツ, セバスティアン　Rahtz, Sebastian

◇人文学と電子編集―デジタル・アーカイヴの理論と実践（ELECTRONIC TEXTUAL EDITING）　ルー・バーナード, キャサリン・オブライエン・オキーフ, ジョン・アンスワース編, 明星聖子, 神崎正英監訳　慶応義塾大学出版会　2011.9　503p　21cm　4800円　①978-4-7664-1774-6

内容 格納、検索、表示（セバスティアン・ラーツ）　〔09123〕

ラツィンガー, ヨゼフ　Ratzinger, Joseph

⇒ベネディクト16世

ラッカム, オリバー　Rackham, Oliver

◇イギリスのカントリーサイド―人と自然の景観形成史（THE HISTORY OF THE COUNTRYSIDE）　オリバー・ラッカム〔著〕, 奥敬一, 伊東宏樹, 佐久間大輔, 篠沢健太, 深町加津枝監訳　京都　昭和堂　2012.12　653p 図版16p　24cm　〈文献あり 索引あり〉 7500円　①978-4-8122-1142-7

内容 地域　歴史的手法と証拠の活用　保全　動物と植物―絶滅と新たな出現　樹林地　林間放牧地―樹林のある共有地、猟園、御猟場　植林　耕作地　ヘッジと石垣　ヘッジローと農地の樹木　ニレ　公道　ヒースランド　ムーアランド　草地　池・皿状地・人工の杭　マーシュ・フェン・河川・海　〔09124〕

ラッシュ, エディス

◇大学学部長の役割―米国経営系学部の研究・教育・サービス（The dean's perspective）　クリシナ・S.ディア編著, 佐藤修訳　中央経済社　2011.7　245p　21cm　3400円　①978-4-502-68720-4

内容 AACSB認証取得成功の秘訣（エドワード・J.シェーン, エディス・ラッシュ著）　〔09125〕

ラッシュ, デンゼル

◇成年後見法における自律と保護―成年後見法世界会議講演録　新井誠監修, 2010年成年後見法世界会議組織委員会編, 紺野包子訳　日本評論社　2012.8　319p　21cm　〈英語抄訳付〉 5600円　①978-4-535-51865-0

内容 成年後見審理とメディア（デンゼル・ラッシュ著）　〔09126〕

ラッシュ, D.*　Lush, Dora

◇子どもの心理療法と調査・研究―プロセス・結果・臨床的有効性の探求（Child psychotherapy and research）　ニック・ミッジリー, ジャン・アンダーソン, イブ・グレンジャー, ターニャ・ネシッジ・ブコビッチ, キャシー・アーウィン編著, 鵜飼奈津子監訳　大阪　創元社　2012.2　287p　22cm　〈索引あり　文献あり〉 5200円　①978-4-422-11524-5

内容 公的保護下にある子どもとの精神分析的心理療法の評価（Mary Boston, Dora Lush, Eve Grainger著, 金沢晃訳）　〔09127〕

ラ

ラッシュビー, ニック　Rushby, Nick

◇インストラクショナルデザインとテクノロジ―教える技術の動向と課題（TRENDS AND ISSUES IN INSTRUCTIONAL DESIGN AND TECHNOLOGY（原著第3版））　R.A.リーサー, J.V.デンプシー編　京都　北大路書房　2013.9　690p　21cm　〈訳：半田純子ほか　索引あり〉　4800円　①978-4-7628-2818-8

内容 IDT関連学会と出版物（ジェームズ・D.クライン, ニック・ラッシュビー, ユヤン・スー著, 沖潮（原田）満里子訳）〔09128〕

ラッセル, バートランド　Russell, Bertrand

◇ちくま哲学の森　1　生きる技術　鶴見俊輔, 安野光雅, 森毅, 井上ひさし, 池内紀編　筑摩書房　2011.9　420p　15cm　1200円　①978-4-480-42861-5

内容 いかに老いるべきか（ラッセル著, 中村秀吉訳）〔09129〕

◇ちくま哲学の森　2　世界を見る　鶴見俊輔, 安野光雅, 森毅, 井上ひさし, 池内紀編　筑摩書房　2011.10　440p　15cm　1200円　①978-4-480-42862-2

内容 ピタゴラス（ラッセル著, 市井三郎訳）〔09130〕

ラッセル, ピーター

◇どんな時代が来るのか―2012年アセンション・マニュアル（The mystery of 2012）　タミ・サイモン編著, 菅靖彦, 田中淳一, 堤康一郎訳　風雲舎　2011.4　287p　19cm　1800円　①978-4-938939-64-9

内容 知性の進化の終着点（ピーター・ラッセル著）〔09131〕

ラッセル, ロナルド　Russell, Ronald

◇全脳革命―ヘミシンクで無限の可能性を広げ、人生や実生活に役立てよう（Focusing the whole brain）　ロナルド・ラッセル編著, 坂本政道監訳, 日向やよい訳　ハート出版　2011.3　458p　19cm　〈文献あり〉2000円　①978-4-89295-681-2

内容 ヘミシンクで自分の能力を育く　ヘミシンクと子供たち　教育現場におけるヘミシンクの活用　ヘミシンクを医療に役立てる　ヘミシンクと精神医学　ヘミシンクによる睡眠効果　介護施設におけるヘミシンクの活用　ビジネスに活かせるヘミシンク　世界に広がるヘミシンク　ヘミシンクは動物にも効果があるのか　ヘミシンクを科学的に検証する　ヘミシンクで広がる無限の可能性　ヘミシンクを自発的に学ぼう〔09132〕

ラッツァラート, マウリツィオ　Lazzarato, Maurizio

◇〈借金人間〉製造工場―“負債”の政治経済学（La fabrique de l'homme endetté）　マウリツィオ・ラッツァラート著, 杉村昌昭訳　作品社　2012.6　232p　20cm　〈文献あり〉2200円　①978-4-86182-390-9

内容 第1章 社会的基盤としての「負債」（「負債」による支配　なぜ「金融」ではなく「負債」を焦点化するのか？　新自由主義の戦略的核心としての「負債」　いかに"借金人間"は製造されるのか？）　第2章「債権者/債務者」とは何か？―「負債」による主観的主体化（「返済の義務」という道徳は、いかに成立したか？―ニーチェ『道徳の系譜学』　「信用」とは何か？―マルクスの二つの「信用」論　「信頼」と「信用」―未来創造の原動力となる「信頼」/無力化させる「信用」　“負債”の歴史的展開）　第3章 新自由主義の戦略的核心としての「負債」（新自由主義の誕生―すべての人を資本家に、経営者に、そして「借金人間」に　「負債」による権力システムの再構成―主権権力・規律的権力・生政治的権力　いかに新自由主義は「債務危機」を乗り越えようとしているか？　“負債”は社会をどのように変えたか？　「反生産」「反民主主義」を超えるために）〔09133〕

ラッツィンガー, ヨーゼフ

◇近代カトリックの説教　高柳俊一編　教文館　2012.8　458p　21cm　（シリーズ・世界の説教）　4300円　①978-4-7642-7338-2

内容 わたしたちは救われているのか？ あるいは神と語るヨブ（ヨーゼフ・ラッツィンガー述, 富田裕訳）〔09134〕

ラディック, ミュリエル

◇震災とヒューマニズム―3・11後の破局をめぐって　日仏会館・フランス国立日本研究センター編, クリスチーヌ・レヴィ, ティエリー・リボー監修, 岩沢雅利, 園山千晶訳　明石書店　2013.5　328p　20cm　2800円　①978-4-7503-3814-9

内容 復興の諸問題（ミュリエル・ラディック執筆, 岩沢雅利訳）〔09135〕

ラティマー, ヒュー

◇宗教改革時代の説教　出村彰編　教文館　2013.1　482p　21cm　（シリーズ・世界の説教）　4500円　①978-4-7642-7337-5

内容 鋤の説教（ヒュー・ラティマー述, 金子啓一訳）〔09136〕

ラトゥーシュ, セルジュ　Latouche, Serge

◇脱成長の道―分かち合いの社会を創る　勝俣誠, マルク・アンベール編著　コモンズ　2011.5　279p　19cm　1900円　①978-4-86187-078-1

内容 〈脱成長〉の道―つましくも豊かな社会へ（セルジュ・ラトゥーシュ著）〔09137〕

◇〈脱成長〉は、世界を変えられるか？―贈与・幸福・自律の新たな社会へ（Pour sortir de la société de consommation）　セルジュ・ラトゥーシュ著, 中野佳裕訳　作品社　2013.5　318p　20cm　〈文献あり〉2400円　①978-4-86182-438-8

内容 もう一つの道、もう一つの声―アメリカ大陸の先住民たちの目覚めに学ぶ　第1部「際限なき経済成長」という隘路からの脱出（生産力至上主義がもたらすカタストロフ　経済発展パラダイムを克服した社会の生活は、どのようなものか？）　第2部“幸せ”と“経済学”―“経済”からの脱却をめざして（「贈与」の精神と「幸せの経済学」　“脱成長”思想の先駆者たち―イリイチ、デュピュイ ほか）　第3部 新たな社会変革への複数の道、複数の声（科学技術・経済発展と“自律社会”―カストリアディスの思想　地中海的ユートピアと“脱成長”）　第4部“脱成長”は、世界を変えられるか？（“脱成長”は危機を解決するか？　“脱成長”の道）　日本語版付録“脱成長”の美学〔09138〕

ラ

ラトクリフ, ジェリー・H.
◇環境犯罪学と犯罪分析（Environmental criminology and crime analysis）　リチャード・ウォートレイ, ロレイン・メイズロール編, 島田貴仁, 渡辺昭一監訳, 斉藤知範, 雨宮護, 菊池城治, 畑倫子訳　社会安全研究財団　2010.8　313p　26cm　〈文献あり〉①978-4-904181-13-3
内容 インテリジェンス主導型警察活動（ジェリー・H. ラトクリフ著, 島田貴仁訳）〔09139〕

ラドクリフ, スティーブ　Radcliffe, Steve
◇リーダーシップは難しくない！―ステップ・バイ・ステップ方式でマスター（LEADERSHIP PLAIN AND SIMPLE（原著第2版））　スティーブ・ラドクリフ著, SDL Plc訳　ピアソン桐原　2012.12　276p　19cm　〈文献あり〉1500円　①978-4-86401-118-1
内容 1 目標 - 啓発 - 実現　2 成長をターボチャージする方法　3 "目標" - 啓発 - 実現　4 目標 - "啓発" - 実現　5 目標 - 啓発 - "実現"　6 四つのエネルギー　7 あなたのベストに、より長く　8 目標 - 啓発 - 実現と "チーム"　9 目標 - 啓発 - 実現と "組織"〔09140〕

ラドケ, フィリップ　Radtke, Philipp
◇日本の未来について話そう―日本再生への提言（Reimagining Japan）　マッキンゼー・アンド・カンパニー責任編集, クレイ・チャンドラー, エアン・ショー, ブライアン・ソーズバーグ編著　小学館　2011.7　416p　19cm　1900円　①978-4-09-388189-0
内容 クリーン・テクノロジーの先鋒の地位を守れるか（デビッド・ヘンダーソン, フィリップ・ラドケ, 鈴木栄著）〔09141〕

ラトーシュ, セルジュ　Latouche, Serge
◇脱成長の道―分かち合いの社会を創る　勝俣誠, マルク・アンベール編著　コモンズ　2011.5　279p　19cm　1900円　①978-4-86187-078-1
内容 フクシマ原発災害で日本が変わる!?（セルジュ・ラトーシュ著）〔09142〕

ラトフェン, オーランダ　Ruthven, Orlanda
◇最底辺のポートフォリオ―1日2ドルで暮らすということ（Portfolios of the poor）　ジョナサン・モーダック, スチュアート・ラザフォード, ダリル・コリンズ, オーランダ・ラトフェン〔著〕, 大川修二訳, 野上裕生監修　みすず書房　2011.12　315, 29p　20cm　〈索引あり　文献あり〉3800円　①978-4-622-07630-8
内容 第1章 貧困者のポートフォリオ　第2章 骨の折れる日々　第3章 リスクに対処する　第4章 こつこつと積み上げる―まとまった資金を作る方法　第5章 お金の値段　第6章 マイクロファイナンス再考―グラミン2ダイアリー　第7章 よりよいポートフォリオへ〔09143〕

ラーナー, カール
◇近代カトリックの説教　高柳俊一編　教文館　2012.8　458p　21cm　（シリーズ・世界の説教）4300円　①978-4-7642-7338-2
内容 聖霊降臨のメッセージ 他（カール・ラーナー述, 高柳俊一訳）〔09144〕

ラーナー, バーニス　Lerner, Bernice
◇グローバル時代の幸福と社会的責任―日本のモラル、アメリカのモラル（HAPPINESS AND VIRTUE）　ケヴィン・ライアン, バーニス・ラーナー, カレン・ボーリン, 中山理, 水野修次郎, 堀内一史編著, 中山理, 水野修次郎, 堀内一史監訳〔柏〕　麗沢大学出版会　2012.11　353p　20cm　〈文献あり　発売 : 広池学園事業部（柏）〉1800円　①978-4-89205-615-4
内容 第1章 勇気　第2章 正義　第3章 慈愛　第4章 感謝　第5章 知恵　第6章 内省　第7章 尊敬　第8章 責任　第9章 節制〔09145〕

ラナディヴェ, ヴィヴェック　Ranadivé, Vivek
◇予測力―「最初の2秒」で優位に立つ！（The two-second advantage）　ケビン・メイニー, ヴィヴェック・ラナディヴェ著, 有賀裕子訳　朝日新聞出版　2012.3　268p　19cm　1700円　①978-4-02-331054-4
内容 第1部 天才の脳（ウェイン・グレツキーの予測脳タイプ1とタイプ2、そして大脳皮質　優れた頭脳　ふつうの脳の優れたソフトウェア）　第2部 優れたシステム（頭脳さえあったら　優れたテクノロジーと優れた企業　脳のようなコンピュータとコンピュータのような脳）　第3部 "最初の二秒"の優位（"最初の二秒"の優位とよりよい世界　"最初の二秒"の優位とよりよい頭脳）〔09146〕

ラニャード, モニカ　Lanyado, Monica
◇児童青年心理療法ハンドブック（THE HANDBOOK OF CHILD AND ADOLESCENT PSYCHOTHERAPY（原著第2版））　モニカ・ラニャード, アン・ホーン編著, 平井正三, 脇谷順子, 鵜飼奈津子監訳, 子どもの心理療法支援会訳　大阪　創元社　2013.4　662p　22cm　〈文献あり 索引あり〉7800円　①978-4-422-11562-7
内容 第1部 理論的基盤（精神分析における児童青年心理療法の基礎　健常な情緒的発達　アタッチメント理論と研究の貢献　神経科学と子どもの心理療法　児童青年心理療法いおける調査研究―概観）　第2部 社会的文脈（多職種協働チームにおける児童心理療法士人種、文化、治療プロセス　国際的な状況）　第3部 治療とセッティングの多様性（治療セッティングと治療プロセス　個人の精神分析的心理療法―アセスメント、集中的心理療法、非集中的心理療法 ほか）　第4部 専門的関心領域（自閉症スペクトラム障害を持つ子どもとの心理療法　深刻な心的外傷を受けた子どもと青年の心理療法―言葉で言い表せないもの ほか）〔09147〕

ラネ, ハリム
◇デモクラシーの世界史（THE SECRET HISTORY OF DEMOCRACY）　ベンジャミン・イサカーン, スティーヴン・ストックウェル編, 猪口孝日本版監修, 田口未和訳　東洋書林　2012.8　330p　22cm　〈文献あり 索引あり〉3800円　①978-4-88721-803-1
内容 ヴェールに隠れたイスラーム民主制度史（モハマド・アブダッラ, ハリム・ラネ著）〔09148〕

ラ

ラバーズ, ジェフリー
◇現代における人権と平和の法的探求―法のあり方と担い手論　市川正人, 徐勝編著　日本評論社　2011.9　330p　22cm　5500円　①978-4-535-51656-4
内容 アメリカのロースクール教授から見た日本の法学教育改革（ジェフリー・ラバーズ著, 坂田隆介訳, 市川正人監訳）〔09149〕

ラビナ, マーク
◇日米欧からみた近世日本の経済思想（Economic thought in early modern Japan）　川口浩, ベティーナ・グラムリヒ＝オカ編, 田中アユ子, 安野正士訳　岩田書院　2013.2　371p　22cm　7900円　①978-4-87294-785-4
内容 儒教的銀行制度―近世日本の社倉をめぐる言説とその実態（マーク・ラビナ著）〔09150〕

ラビナー, D.*　Rabiner, David L.
◇子どもの仲間関係―発達から援助へ（CHILDREN'S PEER RELATIONS）　J.B.クーパーシュミット,K.A.ダッジ編, 中沢潤監訳　京都　北大路書房　2013.12　200p　21cm　〈文献あり 索引あり〉3600円　①978-4-7628-2826-3
内容 社会的情報処理と子どもの社会的適応（Mary E.Gifford-Smith,David L.Rabiner著, 中沢潤訳）〔09151〕

ラビン, リチャード（エクトン）　Lavin, Richard
◇ECTON×銀色夏生―変化は、起き続ける　エクトン（リチャード・ラビン）, 銀色夏生著, チャンパック通訳　ヴォイス　2011.6　268p　19cm　1600円　①978-4-89976-273-7
内容「人を愛する」ということはどういうことなんですか？　どんなものにも下品なところから崇高なものまであるでしょう？　変化を認めるということには、とても自由を感じます　変化を受け入れるとは、こうだと決めていた枠を外していくような作業だと思う　これから、愛を携えた自由、より自由にという方向に行きたいです　みんなが悩んでいることに「嫉妬」と「執着」があると思うんです　自己実現、成功するということ、そしてお金について教えてください　「自分の環境は自分が思っていることの完全な現れ」って本当ですか？　結局すべて自分の中に入っているということも真実なんですよね　子供を産むことが必要かどうかで悩んでいる日本の女性が多いのですが〔ほか〕〔09152〕

ラブ, パット
◇ダイニングテーブルのミイラ セラピストが語る奇妙な臨床事例―セラピストはクライエントから何を学ぶのか（The mummy at the dining room table）　ジェフリー・A.コトラー, ジョン・カールソン編著, 岩壁茂監訳, 門脇陽子, 森田由美訳　福村出版　2011.8　401p　22cm　〈文献あり〉3500円　①978-4-571-24046-1
内容 バーガーショップの犯罪を緊急催眠で解決（パット・ラブ著, 門脇陽子訳）〔09153〕

ラフ, ピーター
◇広池千九郎の思想と業績―モラロジーへの世界の評価 2009年モラルサイエンス国際会議報告　岩佐信道, 北川治男監修　柏　モラロジー研究所　2011.2　471p　22cm　〈他言語標題：Ethical Theory and Moral Practice：Evaluating Chikuro Hiroike's Work in Moralogy　発売：広池学園事業部（柏）〉3200円　①978-4-89639-195-4
内容 広池千九郎再考、彼が生きた時代に焦点を当てて（ピーター・ラフ著, 望月文明訳）〔09154〕

ラファエル, タフィー・E.　Raphael, Taffy E.
◇言語力を育てるブッククラブ―ディスカッションを通した新たな指導法（Book Club：A Literature-Based Curriculum（原著第2版））　T.E.ラファエル,L.S.パルド,K.ハイフィールド著, 有元秀文訳　京都　ミネルヴァ書房　2012.11　240p　21cm　〈文献あり〉2400円　①978-4-623-06387-1
内容 第1部 理論編（ブッククラブとは何か　読解力とブッククラブ　ブッククラブにおける「書くこと」の意味　よりよいブッククラブのための評価　ブッククラブを用いた学級経営　テーマに基づく単元）　第2部 実践編（『ひとりぼっちの不時着』を題材にした単元　『時をさまようタック』を題材にした単元　『戦場』を題材にした単元　作者研究―ミルドレッド・テイラー）〔09155〕

ラファエル‐レフ, ジョーン　Raphael-Leff, Joan
◇母子臨床の精神力動―精神分析・発達心理学から子育て支援へ（Parent-infant psychodynamics）　ジョーン・ラファエル‐レフ編, 木部則雄監訳, 長沼佐代子, 長尾牧子, 坂井直子, 金沢聡子訳　岩崎学術出版社　2011.11　368p　22cm　〈索引あり〉6600円　①978-4-7533-1032-6
内容 序説 内なるかいじゅう―精神分析的視点への序説 他（ジョーン・ラファエル‐レフ著, 長沼佐代子訳）〔09156〕

ラファエロヴィッチ, カマイリ　Rafaelovich, Kamaile
◇ホ・オポノポノライフ―ほんとうの自分を取り戻し、豊かに生きる　カマイリ・ラファエロヴィッチ著, 平良アイリーン訳　講談社　2011.3　246p　19cm　1524円　①978-4-06-216811-3
内容 セーナとわたし1　ゴール　期待　人間関係　お金　仕事　自然　土地と家　体　わたしとウニヒピリ〔ほか〕〔09157〕
◇叡智のしずく（Dewdrops of wisdom）　モーナ・ナラマク・シメオナ, イハレアカラ・ヒューレン, カマイリ・ラファエロヴィッチ著, 平良アイリーン訳, The Foundation of I,Freedom of the Cosmos監修　SITHホ・オポノポノアジア事務局　2012.9　183p　15×15cm　1905円　①978-4-904881-02-6〔09158〕

ラフィーヴァー, リー　LeFever, Lee
◇わかりやすく説明する練習をしよう。―伝え方を鍛えるコミュニケーションを深める（The art of explanation）　リー・ラフィーヴァー著, 庭田よう子訳　講談社　2013.12　301p　19cm　1800円　①978-4-06-218263-8〔09159〕

ラフィーバー, ウォルター　LaFeber, Walter
◇アメリカVSロシア―冷戦時代とその遺産

ラ

（AMERICA, RUSSIA, AND THE COLD WAR, 1945-2006（原著第10版））　ウォルター・ラフィーバー著, 平田雅己, 伊藤裕子監訳, 中嶋啓雄, 高橋博子, 倉科一希, 高原秀介, 浅野一弘, 原口幸司訳　芦書房　2012.4　658p　20cm　3200円　①978-4-7556-1243-5

内容 歴史の重荷（一九四一年まで）　門戸開放と鉄のカーテン（一九四一年 - 一九四五年）　英ソによる冷戦開始宣言（一九四六年）　二つ割りのクルミ（一九四七年 - 一九四八年）　NSC68文書の「異質な世界」（一九四八年 - 一九五〇年）　朝鮮戦争—アジアとヨーロッパへの影響（一九五〇年 - 一九五一年）　新たな争点と新たな顔ぶれ（一九五一年 - 一九五三年）　異質な冷戦（一九五三年 - 一九五五年）　スエズ運河をめぐる東西関係（一九五四年 - 一九五七年）　ニューフロンティアと伝統的なジレンマ（一九五七年 - 一九六二年）　ヴェトナム戦争と新興諸国（一九六二年 - 一九六六年）　新たな封じ込め政策—デタントの興亡（一九六六年 - 一九七六年）「冷たい戦争」から「伝統的な戦争」へ—レーガンとゴルバチョフ（一九七七年 - 一九八九年）　新世界秩序か、分裂の時代か？（一九八九年 - 一九九三年）　冷戦後の分裂した時代—クリントン、エリツィン、そしてもう一人のブッシュへ（一九九三年 - 二〇〇一年九月一一日）　天変地異（二〇〇一年 - 二〇〇六年）　〔09160〕

ラ

ラフェリエール, ダニー　Laferrière, Dany

◇ハイチ震災日記—私のまわりのすべてが揺れる（Tout bouge autour de moi）　ダニー・ラフェリエール〔著〕, 立花英裕訳　藤原書店　2011.9　229p　20cm　〈年表あり〉2200円　①978-4-89434-822-6

内容 一分という時間　ようやくにして生活が　静けさ　弾丸　梯子　小さな祝い事　ホテルの従業員　浴室もの　恋人よ、どこ？〔ほか〕　〔09161〕

ラフェルト, レオ

◇コンフリクトの人文学　第3号　大阪大学グローバルCOEプログラムコンフリクトの人文学国際研究教育拠点編　吹田　大阪大学出版会　2011.3　326p　21cm　〈他言語標題：Conflict Studies in the Humanities〉2400円　①978-4-87259-387-7

内容 文学人類学への招待（レオ・ラフェルト述, 岡本由良, 赤尾光春訳）　〔09162〕

ラブガーデン, リーラ　Lovegarden, Leela

◇サトルボディヒーリング—あなたの人生を変容するオーラとチャクラのヒーリング（The Subtle Body Healing）　リーラ, プラサード, アルヴィナ著,〔江谷信寿〕〔監訳〕,〔坂口太郎〕〔訳〕　新装改訂版　鎌倉　和尚アートユニティ　2012.7　323p　19cm　（OEJ Books）〈発売：和尚エンタープライズジャパン〉1800円　①978-4-900612-33-4　〔09163〕

◇悟りのシンクロニシティ—内なる引き寄せの法則（Living the Life You Love）　リーラ・ラブガーデン, プラサード・デイビッド・ワンドレス, アルヴィナ・ワンドレス著, 市場義人訳　ヒカルランド　2013.3　391p　19cm　2200円　①978-4-86471-101-2

内容 プロローグ 本当のあなたを発見するための針路図—『意識の多重構造マップ』の秘密　第1章 人生を大きく変える第一歩！ ハート瞑想の実践—気づきの扉「内側への入り口」に進みましょう　第2章 絶大なパワー！『内なる引き寄せの法則』の仕組み—制限された「引き寄せの法則」を解き放つ　第3章『意識の多重構造マップ』の活用法—人生に迷わず意識をひとつに深める実践ガイダンス　第4章 ビジョン（先見）の鍵—『内なる引き寄せの法則』を機能させる1つめの黄金キー　第5章 エッセンス（本質）の鍵—『内なる引き寄せの法則』を機能させる2つめの黄金キー　第6章 ギフト（才能）の鍵—『内なる引き寄せの法則』を機能させる3つめの黄金キー　第7章 トランスフォーメーション（変容）の鍵—『内なる引き寄せの法則』を機能させる4つめの黄金キー　第8章 アクション（行動）の鍵—『内なる引き寄せの法則』を機能させる5つめの黄金キー　エピローグ シンクロニシティの法則—新しい生き方/本来の姿に目覚める中心の次元へ　〔09164〕

ラブキン, ヤコヴ・M.　Rabkin, Yakov M.

◇イスラエルとは何か　ヤコヴ・M.ラブキン著, 菅野賢治訳　平凡社　2012.6　332p　18cm　（平凡社新書 643）　880円　①978-4-582-85643-9

内容 第1章 今日のイスラエル　第2章 ヨーロッパのユダヤ教徒とユダヤ人—平等と絶滅のはざまで　第3章 シオニズムのキリスト教的起源　第4章 シオニズムの企図　第5章 シオニスト国家の形成と維持　第6章 ユダヤ教の伝統にとって“イスラエルの地”が意味するもの　第7章 ナチスによるジェノサイド、その記憶と教訓　第8章 シオニズムに対するユダヤ世界内部からの抵抗　第9章 変貌するイスラエル社会とユダヤ共同体　第10章 国際的視点から　〔09165〕

ラブジョイ, アサラ　Lovejoy, Asara

◇シータ・コマンド—お金も仕事も生きがいも、次々実現していく（The one command）　アサラ・ラブジョイ著, 佐藤志緒訳　ヴォイス　2011.6　333p　19cm　〈他言語標題：Theta Command to make it happen〉1700円　①978-4-89976-274-4

内容 1 基本概念を身につけよう　2 6つのステップを実践してみよう　3 あなたの中のよりすばらしい能力を知ろう　4 シータ・コマンドを唱えよう　5 さあ、実践してみよう　6 思考についてもっと考えてみよう　7 古い考えは巻き取ろう　8 豊かな未来に置き換えよう　9 富を引き寄せる態度を身につけよう　10 これ以上ないほどの豊かさと共に生きよう　〔09166〕

◇シータ・コマンド—お金も仕事も生きがいも、次々実現していく　アサラ・ラブジョイ著, 佐藤志緒訳, チャンパック監修　第2版　ヴォイス　2012.7（第2刷）　349p　19cm　1700円　①978-4-89976-274-4　〔09167〕

◇ワン・コマンド—アサラ・ラブジョイの、世界一シンプルな驚異の実現法（The One Command）　アサラ・ラブジョイ著, チャンパック訳　ヴォイス　2013.8　267p　19cm　〈表紙のタイトル：A Complete Guide to Amazing One Command〉1700円　①978-4-89976-396-3

内容 第1部 基本（あなたの内に在る無限の知性　あなたが思う現実とは何か　目には見えないワン・コマンドのサポート　シータ・マインドとベータ・マインドほか）　第2部 あなたの人生の新しい方向性を明確にして導く（変化のプロセス　「怖れ」を抱いたときこそ、変化の大きなチャンス　変容のために、自分自身

の身体や感情を感じる　自分自身に「夢見ること」を許す ほか）〔*09168*〕

ラフランス, マリアン　LaFrance, Marianne

◇微笑みのたくらみ―笑顔の裏に隠された「信頼」「嘘」「政治」「ビジネス」「性」を読む（LIP SERVICE）　マリアン・ラフランス著, 中村真訳　京都　化学同人　2013.8　289, 45p　20cm　〈文献あり 索引あり〉2600円　①978-4-7598-1554-2

内容 1 生命と生活（笑顔を科学する　赤ちゃんの笑顔　欠くことのできない笑顔　消える笑顔、凍りつく微笑み）　2 嘘と偽（笑顔の二面性　笑顔の政治学　笑顔を伴うサービス）　3 忠誠と束縛（本物の男は笑わない　外国なまりの笑顔　カメラに向ける笑顔　おわりに―笑顔の未来）〔*09169*〕

ラブリオーラ, アントニオ　Labriola, Antonio

◇社会主義と哲学―ジョルジュ・ソレルへの書簡（Discorrendo di socialismo e di filosofia）　アントニオ・ラブリオーラ著, 小原耕一, 渡部実訳　同時代社　2011.5　363p　20cm　〈解題：小原耕一, 田畑稔　年譜あり〉3000円　①978-4-88683-695-3〔*09170*〕

◇イタリア版「マルクス主義の危機」論争―ラブリオーラ、クローチェ、ジェンティーレ、ソレル　上村忠男監修, イタリア思想史の会編訳　未来社　2013.8　293p　19cm　（転換期を読む 20）　3200円　①978-4-624-93440-8

内容 社会主義と哲学について語る 他（アントニオ・ラブリオーラ著, 小田原琳訳）〔*09171*〕

ラブル, ヴァルテル　Rabl, Walter

◇絞首刑は残虐な刑罰ではないのか？―新聞と法医学が語る真実　中川智正弁護団, ヴァルテル・ラブル編著　現代人文社　2011.10　223p　21cm　〈発売：大学図書〉7900円　①978-4-87798-493-9

内容 序章 この本が出来るまで　第1章 死刑囚104人の最期―新聞記事は伝える　第2章 本当に絞首刑は残虐な刑罰ではないのか？（最高裁判所への意見（1）上告趣意書）　第3章 日本でも起っていた首の切断・小野沢おとわ（最高裁判所への意見（2）上告趣意書補充書（1））　第4章 日本の刑場でも首の切断やゆっくりとした窒息死がおこる（法医学者の見解（1））　第5章 古畑博士の鑑定は誤りだった（法医学者の見解（2））　第6章 ラブル博士の見解をふまえた判断を（最高裁判所への意見（3）上告趣意書補充書（2））　第7章 首の骨折で瞬間的に死亡するという説は誤りだ（法医学者の見解（3））　第8章 再びラブル博士の見解をふまえた判断を（最高裁判所への意見（4）上告趣意書補充書（3））　第9章 明治刑死者1184人―官報登載全リスト〔*09172*〕

ラペー, ロナルド・M.

◇子どもの社会的ひきこもりとシャイネスの発達心理学（THE DEVELOPMENT OF SHYNESS AND SOCIAL WITHDRAWAL）　ケネス・H.ルビン, ロバート・J.コプラン編, 小野善郎訳　明石書店　2013.8　363p　22cm　5800円　①978-4-7503-3873-6

内容 気質と社会恐怖の病因論（ロナルド・M.ラペー著）〔*09173*〕

ラマー, ケルスティン　Lammer, Kerstin

◇悲しみに寄り添う―死別と悲哀の心理学（Trauer verstehen）　ケルスティン・ラマー著, 浅見洋, 吉田新訳　新教出版社　2013.4　164p　19cm　1800円　①978-4-400-40727-0〔*09174*〕

ラーマ, スワミ　Rama, Swami

◇ヒマラヤ聖者とともに―偉大な霊性の師と過ごした日々（LIVING WITH THE HIMALAYAN MASTERS）　スワミ・ラーマ著, 伍原みかる訳　ヒカルランド　2012.8　455p　20cm　（超☆どきどき 018）　2200円　①978-4-86471-047-3

内容 ヨガの叡智の砦・ヒマラヤの霊性教育―偉大なマスターと美しい山での暮らし　私の師の教え―覚醒の道を歩む準備と訓練　真の叡智を直接体験する道―知識ではなく、自分自身で真理を知る　謙虚さを学ぶ―怒り、貪欲、執着、欲望を統制する　恐れの克服―地獄も天国も自分の心がつくりだす　出家の道―高級車に乗っていた私が世俗を放棄するまで　覚醒の道を体験する―様々な霊性の道の聖者や権威を訪ねて　宗教を超えて―世界の偉大な宗教の違いと共通点　神の守護のもとで―死の危機を助けてくれた不思議な存在たち　心の力―個人の心は大宇宙の心にまで拡張できる〔ほか〕〔*09175*〕

ラーマクリシュナ　Ramakrishna

◇抜粋ラーマクリシュナの福音（The condensed gospel of Sri Ramakrishna（第7版））　ラーマクリシュナ〔述〕, 日本ヴェーダーンタ協会〔訳〕　改訂第2版　逗子　日本ヴェーダーンタ協会　2013.2　433p　19cm　1500円　①978-4-931148-49-9〔*09176*〕

ラマザン, アイワッル　Ramazan, Ayvalli

◇愛すべき預言者様―サッラッラーフ・アライヒ・ワサッラム　ラマザン・アイワッル著, 伊藤真恵, テラット・アイディン訳, セリム・ユジェル・ギュレチ編　京都　呉智世理夢　2010.12　840p　22cm　〈年表あり　文献あり〉〔*09177*〕

ラマザン, オルサー　Ölçer, Ramazan

◇魂の視線―光の教師からあなたへ真実のメッセージ　オルサー・ラマザン著, 磯部加代子訳　高木書房　2011.7　321p　21cm　1619円　①978-4-88471-089-7

内容 聖アーデムの創造　聖ハワの創造　聖シト　人間は猿から進化したのか？―進化論に抗して　宗教と信仰心　学問と宗教、その差異　思考の形　聖なる書物が語ること　精霊と悪魔　魂　子どもはどのように生まれるか　人間の身体―この地球に酷似したもの　神秘家としての人生　預言者と光の教師たちの不死性　人間の肉体と神秘のエネルギー　ヒーラー　オーラとは何か　アストラル界とは何か〔*09178*〕

ラマスワミ, ベンカト　Ramaswamy, Venkatram

◇生き残る企業のコ・クリエーション戦略―ビジネスを成長させる「共同創造」とは何か（The power of co-creation）　ベンカト・ラマスワミ, フランシス・グイヤール共著, 山田美明訳, 尾崎正弘, 田畑万監修　徳間書店　2011.4　319p　20cm　1700円　①978-4-19-863160-1

内容 第1部 コ・クリエーション型企業こそが成長する

ラ

（成長の原動力は「コ・クリエーション」　参加型プラットフォームで感動体験を生む　アイデアのコ・クリエーションを行う方法　事業ネットワーク内の関係者とのコ・クリエーション　社会的生態系を形成する ほか）　第2部 経営のコ・クリエーション（コ・クリエーションで企業を改革する　経営者たちの新しい意思決定の方法　ビジネスのやり方を双方向から変える　戦略プロセスを開放する　制度改革のコ・クリエーション）〔09179〕

◇コ・イノベーション経営─価値共創の未来に向けて（The Future of Competition）　C.K.プラハラード, ベンカト・ラマスワミ著, 有賀裕子訳　東洋経済新報社　2013.8　393, 14p　19cm　〈「価値共創の未来へ」（ランダムハウス講談社2004年刊の改題、再編集　文献あり〉 2400円　①978-4-492-52208-0〔09180〕

ラマナ, マハルシ　Ramana, Maharshi

◇ラマナ・マハルシとの対話　第1巻　1935.1.6～1936.12.31（Talks with Sri Ramana Maharshi）　ラマナ・マハルシ〔述〕, ムナガーラ・ヴェンカタラーマイア記録, 福間巌訳　ナチュラルスピリット　2012.12　613p　19cm　〈索引あり〉　3000円　①978-4-86451-060-8〔09181〕

◇ラマナ・マハルシとの対話　第2巻　1937.1.1～1938.3.22（Talks with Sri Ramana Maharshi）　ラマナ・マハルシ〔述〕, ムナガーラ・ヴェンカタラーマイア記録, 福間巌訳　ナチュラルスピリット　2013.2　457p　19cm　〈索引あり〉　2500円　①978-4-86451-061-5

内容 第3章 1937年　第4章（1）1938年〔09182〕

◇ラマナ・マハルシとの対話　第3巻　1938.4.29～1939.4.1（Talks with Sri Ramana Maharshi）　ラマナ・マハルシ〔述〕, ムナガーラ・ヴェンカタラーマイア記録, 福間巌訳　ナチュラルスピリット　2013.4　475p　19cm　〈文献あり 年譜あり 索引あり〉　2600円　①978-4-86451-062-2

内容 第4章（2）1938年　第5章 1939年　ラマナ・マハルシの生涯〔09183〕

ラマヌジャン　Ramanujan Aiyangar, Srinivasa

◇ラマヌジャン書簡集（Ramanujan）　ラマヌジャン〔著〕, B.C.バーント,R.A.ランキン編著, 細川尋史訳, シュプリンガー・ジャパン株式会社編　丸善出版　2012.3　439p　22cm　〈文献あり　シュプリンガージャパン株式会社2001年6月刊の再版〉 4700円　①978-4-621-06414-6〔09184〕

ラーマン, ロバート・I.

◇学校と職場をつなぐキャリア教育改革─アメリカにおけるSchool-to-Work運動の挑戦（The school-to-work movement）　ウィリアム・J.スタル, ニコラス・M.サンダース編, 横井敏郎ほか訳　学事出版　2011.7　385p　21cm　3800円　①978-4-7619-1839-2

内容 School-to-Work運動は正しい道を歩んでいるか（ロバート・I.ラーマン著, 岡部敦訳）〔09185〕

ラム, グラディス・S.W.　Lam, Gladys S.W.

◇ITエンジニアのためのビジネスアナリシス─ビジネスルールからのソリューション構築（Building Business Solutions）　ロナルド・G.ロス, グラディス・S.W.ラム著, 宗雅彦監訳, 渡部洋子訳　日経BP社　2012.11　306p　21cm　〈文献あり 索引あり　発売 : 日経BPマーケティング〉 2600円　①978-4-8222-8503-6

内容 はじめに─ビジネスルールを用いたビジネスアナリシス　整合性─ビジネスとITを整合させるために本当に必要なもの　アーキテクチャスコープ─スコープ一覧　ビジネスソリューションに向けての戦略─ポリシー憲章　ビジネスルール─基本原則とパターン質問　ビジネスプロセス─ビジネスルールともっとうまく付き合う　ビジネスプロセスモデルからのビジネスルールの抽出─パターン質問　構造化ビジネス用語集─ファクトモデル　ファクトモデルからのビジネスルールの抽出─パターン質問　ビジネスマイルストーン─ビジネス運用に関わるもののライフ〔ほか〕〔09186〕

ラム, クリスティーナ　Lamb, Christina

◇わたしはマララ─教育のために立ち上がり、タリバンに撃たれた少女（I Am Malala）　マララ・ユスフザイ, クリスティーナ・ラム著, 金原瑞人, 西田佳子訳　学研パブリッシング　2013.12　429p 図版16p　20cm　〈年表あり　発売 : 学研マーケティング〉 1600円　①978-4-05-405846-0〔09187〕

ラム, ティロ

◇ユダヤ出自のドイツ法律家（DEUTSCHE JURISTEN JUDISCHER HERKUNFT）　ヘルムート・ハインリッヒス, ハラルド・フランツキー, クラウス・シュマルツ, ミヒャエル・シュトレイス著, 森勇監訳　八王子　中央大学出版部　2012.3　25, 1310p　21cm　（日本比較法研究所翻訳叢書 62）〈文献あり 索引あり〉 13000円　①978-4-8057-0363-2

内容 社会主義, 国家主義革命家（ティロ・ラム著, 金井幸子訳）〔09188〕

ラム, デブラ　Lam, Debra

◇グリーン・バリュー経営への大転換（Green Business, Green Values, and Sustainability（抄訳））　クリストス・ピテリス, ジャック・キーナン, ヴィッキー・プライス編著, 谷口和弘訳　NTT出版　2013.7　285p　20cm　〈索引あり〉　2800円　①978-4-7571-2292-5

内容 持続可能な経済特区─行動のきっかけ（リチャード・ブロイド, ジェフ・グローガン, アレクサンドラ・マンデルボウム, アレハンドロ・ギテレーツ, デブラ・ラム）〔09189〕

ラム, ヨアヒム

◇ユダヤ出自のドイツ法律家（DEUTSCHE JURISTEN JUDISCHER HERKUNFT）　ヘルムート・ハインリッヒス, ハラルド・フランツキー, クラウス・シュマルツ, ミヒャエル・シュトレイス著, 森勇監訳　八王子　中央大学出版部　2012.3　25, 1310p　21cm　（日本比較法研究所翻訳叢書 62）〈文献あり 索引あり〉 13000円　①978-4-8057-0363-2

内容 司法改革の開拓者（ヨアヒム・ラム著, 山﨑勉訳）〔09190〕

ラ

ラムサ　Ramtha

◇ラムサ愛という名のエリクサー　ラムサ著, 松野健一訳　〔神埼〕　アピアランス工房　2010.10　321p　21cm　2400円　①978-4-901284-61-5　〔09191〕

ラムサイ, タマシン

◇グローバル化するアジア系宗教—経営とマーケティング　中牧弘允, ウェンディ・スミス編　大阪　東方出版　2012.1　433p　22cm　〈索引あり〉4000円　①978-4-86249-189-3

内容 広まりゆく霊魂の自覚（ウェンディ・スミス, タマシン・ラムサイ著, 江口飛鳥訳）　〔09192〕

ラムジー, デイヴ　Ramsey, Dave

◇アントレ・リーダーの「情熱」仕事術—起業家精神でチームを導く（ENTRELEADERSHIP）　デイヴ・ラムジー著, 高橋璃子訳　早川書房　2012.6　405p　19cm　1800円　①978-4-15-209301-1

内容 最強のリーダーシップ　夢にはじまり、ゴールに終わる—夢・ビジョン・ミッションステートメント・目標　時間はどこへ消えた？　タイムマネジメントの真髄　優柔不断なリーダーはリーダーじゃない—タフな決断力を身につける方法　秘密も、魔法も、ありません—マーケティングのシステムとレシピ　小さなことからはじめよう—実践的起業ガイド　ビジネスは簡単だ、人間さえいなければ—採用と解雇のテクニック　一流のウェイターが教えてくれること—サービス精神の営業術　もう、お金で悩まない—不況に負けない財務戦略　パーティー会場の地図—すぐれたコミュニケーションがすぐれた組織を生む　仲間の絆が勝利を生む—最高のチームを育てる方法　大人だってほめられたい—正しい評価とモチベーション　成功する人間がおろそかにしない3つのこと—契約・外注・売掛金回収　タダ働きはごめんです—やる期を出させる報酬プラン　信頼のロープ—顕現を委譲するとき　〔09193〕

ラムズフェルド, ドナルド　Rumsfeld, Donald

◇真珠湾からバグダッドへ—ラムズフェルド回想録（KNOWN AND UNKNOWN）　ドナルド・ラムズフェルド著, 江口泰子, 月沢李歌子, 島田楓子訳　幻冬舎　2012.3　902p　19cm　2000円　①978-4-344-02156-3

内容 恐怖の教訓　シカゴ生まれのアメリカ人　連邦議会—明るい宮廷から泥沼へ　ニクソンの舞台　槍を受け取る者—フォード政権の内幕　冷戦との戦い　現実の世界へ　前のめり　帝国の墓場へ　サダム・フセインの誤算　イラク占領　戦時下の勾留　ブーツを履く—戦場のかなたにある難題と論争　長く厳しい苦闘　〔09194〕

ラモス, フィデル・V.

◇新アジア地政学（ASIAN GEOPOLITICS）　I.ブレマー,J.S.ナイ,J.ソラナ,C.R.ヒル, 金田秀昭〔著〕, 福戸雅宏, 藤原敬之助, 水原由生, 髙橋直貴, 松尾知典共訳　土曜社　2013.6　139p　19cm（プロジェクトシンジケート叢書 3）〈文献あり〉1700円　①978-4-9905587-8-9

内容 アジア太平洋の平和を築く（フィデル・V.ラモス著, 髙橋直貴訳）　〔09195〕

ラモネ, イグナシオ　Ramonet, Ignacio

◇フィデル・カストロ—みずから語る革命家人生 上（Fidel Castro）　フィデル・カストロ〔述〕, イグナシオ・ラモネ著, 伊高浩昭訳　岩波書店　2011.2　388p　20cm　3200円　①978-4-00-024659-0

内容 はじめに フィデルとの一〇〇時間　ある指導者の幼少時代　ある反逆者の鍛造　政治への参加　モンカダ兵営襲撃　革命の来歴　「歴史は私に無罪を証明するだろう」　チェ・ゲバラ　マエストラ山脈で　ゲリラの教訓　革命初期の過程と問題　陰謀の始まり　ヒロン浜侵攻事件　一九六二年一〇月危機　チェ・ゲバラの死　キューバとアフリカ　〔09196〕

◇フィデル・カストロ—みずから語る革命家人生 下（Fidel Castro）　フィデル・カストロ〔述〕, イグナシオ・ラモネ著, 伊高浩昭訳　岩波書店　2011.2　383, 64p　20cm　〈年表あり 索引あり〉3200円　①978-4-00-024660-6

内容 対米移住問題の危機　ソ連の崩壊　オチョア事件と死刑　キューバと新自由主義全球化　ジェームス・カーター元米大統領の来訪　二〇〇三年三月の反体制派逮捕　二〇〇三年四月の乗っ取り事件　キューバとスペイン　フィデルとフランス　ラテンアメリカ　今日のキューバ　人生と革命の決算　フィデル後はどうなるのか　〔09197〕

◇反グローバリゼーションの声（VOCES CONTRA LA GLOBALIZACIÓN）　カルロス・エステベス, カルロス・タイボ編著, 大津真作訳　京都　晃洋書房　2013.11　257, 8p　21cm　2900円　①978-4-7710-2490-8

内容 マルコス、反逆する尊厳と権力（イグナシオ・ラモーネ述）　〔09198〕

ラヤラ, カリ　Rajala, Kari

◇フィンランド中学校現代社会教科書—15歳市民社会へのたびだち（Yhteiskunnan tuulet 9）　タルヤ・ホンカネン, ヘイッキ・マルヨマキ, エイヤ・パコラ, カリ・ラヤラ著, 高橋睦子監訳, ペトリ・ニエメラ, 藤井ニエメラみどり訳　明石書店　2011.4　257p　26cm（世界の教科書シリーズ 29）　4000円　①978-4-7503-3346-5

内容 1 個人—コミュニティの一員　2 快適な福祉国家　3 個人の家計　4 政治的な影響力と意思決定への参加　5 国民経済　6 経済政策　7 国民の安全　8 ヨーロッパで満足できなければ　〔09199〕

ラーラエチェア, イグナシオ

◇連帯経済—その国際的射程（L'économie solidaire）　ジャン＝ルイ・ラヴィル編, 北島健一, 鈴木岳, 中野佳裕訳　生活書院　2012.1　389p　19cm　〈索引あり　文献あり〉3400円　①978-4-903690-87-2

内容 南アメリカにおける連帯経済（イグナシオ・ラーラエチェア, マルト・ニッセン著, 鈴木岳訳）　〔09200〕

ラリー, ダイアナ

◇国際関係のなかの日中戦争　西村成雄, 石島紀之, 田嶋信雄編　慶応義塾大学出版会　2011.7　450p　22cm（日中戦争の国際共同研究 4）　5800円　①978-4-7664-1855-2

内容 戦時中のカナダー中国関係（ダイアナ・ラリー著,

ラ

日野みどり訳)　〔09201〕

ラロー, A.　Lareau, Annette

◇グローバル化・社会変動と教育　2　文化と不平等の教育社会学 (EDUCATION, GLOBALIZATION AND SOCIAL CHANGE (抄訳))　ヒュー・ローダー, フィリップ・ブラウン, ジョアンヌ・ディラボー, A.H.ハルゼー編, 苅谷剛彦, 志水宏吉, 小玉重夫編訳　東京大学出版会　2012.5　370p　22cm　〈文献あり〉 4800円　①978-4-13-051318-0

内容 社会的紐帯から社会関係資本へ (E.M.ホーヴァット, E.B.ワイニンガー, A.ラロー著, 稲垣恭子訳)　〔09202〕

ラワル, ルークマン　Lawal, Lukeman

◇プロジェクト・マネジャーが知るべき97のこと (97 things every project manager should know)　Barbee Davis編, 笹井崇司訳, 神庭弘年監修　オライリー・ジャパン　2011.11　240p　21cm　〈発売 : オーム社〉 1900円　①978-4-87311-510-8

内容 ステークホルダーをずっと参加させる (ルークマン・ラワル)　〔09203〕

ラーン, オットー　Rahn, Otto

◇聖杯十字軍―カタリ派の悲劇 (Kreuzzug gegen den Gral : Die Tragödie des Katharismus (Günther Verlag1964))　オットー・ラーン著, 高橋健翻訳監修　無頼出版　2012.11　209p　26cm　3000円　①978-4-903077-10-9　〔09204〕

ラン, ハイカ*　藍 佩嘉

◇アジア女性と親密性の労働　落合恵美子, 赤枝香奈子編　京都　京都大学学術出版会　2012.2　329p　22cm　(変容する親密圏/公共圏 2)　〈索引あり〉 3600円　①978-4-87698-574-6

内容 ケアワークの文化, 文化をこえるケアワーク (藍佩嘉著, 山本理子訳)　〔09205〕

ランガー, エレン・J.　Langer, Ellen J.

◇ハーバード大学教授が語る「老い」に負けない生き方 (Counterclockwise)　エレン・ランガー著, 桜田直美訳　アスペクト　2011.3　205p　19cm　〈文献あり〉 1400円　①978-4-7572-1892-5

内容 1章 自分で決めることの大切さ　2章 健康に限界はない　3章 かすかな変化を感じとる　4章 健康の常識を考え直す　5章 医学のルールは変えられる　6章 言葉の持つ力　7章 言葉の中には何がある?　8章 あなたの専門家はあなた自身だ　9章 マインドフルに年を取る　10章 健康の学習者になる　〔09206〕

ランガー, カール・エトモント

◇ウィーンとウィーン人 (Wien und die Wiener)　アーダルベルト・シュティフター他著, 新井裕, 戸口日出夫, 阿部雄一, 荒川宗晴, 篠原敏昭, 松岡晋訳　八王子　中央大学出版部　2012.3　990, 29p　20cm　(中央大学人文科学研究所翻訳叢書 6　中央大学人文科学研究所編)　〈年表あり〉 7200円　①978-4-8057-5405-4

内容 リーニエ乗合馬車の御者 他 (カール・エトモント・ランガー著, 阿部雄一訳)　〔09207〕

ランカスター, トニー　Lancaster, Tony

◇ランカスター ベイジアン計量経済学 (An introduction to modern Bayesian econometrics)　ランカスター著, 小暮厚之, 梶田幸作監訳・訳, 黒島テレサ, 菟原義弘, 倉知善行訳　朝倉書店　2011.8　383p　21cm　〈奥付のタイトル : ベイジアン計量経済学　文献あり 索引あり〉 6500円　①978-4-254-12179-7

内容 ベイジアン・アルゴリズム　予測とモデルの批判　線形回帰モデル　ベイジアン計算　非線形回帰モデル　無作為化データ、制御データ、および観測データ　パネルデータのモデル　操作変数　時系列モデル　頻度論者vsベイジアン〔ほか〕　〔09208〕

ランキン, R.A.　Rankin, Robert Alexander

◇ラマヌジャン書簡集 (Ramanujan)　ラマヌジャン〔著〕, B.C.バーント, R.A.ランキン編著, 細川尋史訳, シュプリンガー・ジャパン株式会社編　丸善出版　2012.3　439p　22cm　〈文献あり　シュプリンガージャパン株式会社2001年6月刊の再版〉 4700円　①978-4-621-06414-6　〔09209〕

ランク, オットー　Rank, Otto

◇出生外傷 (DAS TRAUMA DER GEBURT)　オットー・ランク〔著〕, 細沢仁, 安立奈歩, 大塚紳一郎共訳　みすず書房　2013.8　229, 42p　20cm　4000円　①978-4-622-07782-4

内容 第1章 分析的状況　第2章 幼児的不安　第3章 性的充足　第4章 神経症的再現　第5章 象徴的適応　第6章 英雄的補償　第7章 宗教的昇華　第8章 芸術的理想化　第9章 哲学的思索　第10章 精神分析的認識　第11章 治療的作用　〔09210〕

ラング, グレンナ　Lang, Glenna

◇常識の天才ジェイン・ジェイコブズ―『死と生』まちづくり物語 (GENIUS OF COMMON SENSE)　G.ラング, M.ウンシュ著, 玉川英則, 玉川良重訳　鹿島出版会　2012.6　159p　21cm　〈文献あり 著作目録あり 年譜あり 索引あり〉 2600円　①978-4-306-07297-8

内容 小うるさい女の子が　生まれ育ったのは電気の町　ニューヨークで記者になり　キューピッドとキャンディーストアの家に出会い　アーキテクチュラル・フォーラムで学びながらレポートを　ジェインの「幸運な」記事は　母親たち、そして子供たちを束ね　都市計画に挑戦して　ウエスト・ビレッジを救う　『死と生』の反響は〔ほか〕　〔09211〕

ラング, ベレル

◇アウシュヴィッツと表象の限界 (Probing the Limits of Representation : Nazism and the "Final Solution")　ソール・フリードランダー編, 上村忠男, 小沢弘明, 岩崎稔訳　未来社　2013.5　260p　19cm　(ポイエーシス叢書)　〈第3刷 (第1刷1994年)〉 3200円　①978-4-624-93223-7

内容 限界の表象 (ベレル・ラング著, 岩崎稔訳)　〔09212〕

ランクトン, スティーブン・R.　Lankton, Stephen R.

◇ダイニングテーブルのミイラ セラピストが語る奇妙な臨床事例―セラピストはクライエントから何を学ぶのか (The mummy at the dining room

table）　ジェフリー・A.コトラー, ジョン・カールソン編著, 岩壁茂監訳, 門脇陽子, 森田由美訳　福村出版　2011.8　401p　22cm　〈文献あり〉 3500円　①978-4-571-24046-1
内容 幽霊に救われる（スティーブン・ランクトン著, 門脇陽子訳）〔09213〕

◇願いをかなえる自己催眠―人生に変化を引き起こす9つのツール（Tools of Intention）　スティーブン・ランクトン著, 上地明彦訳　金剛出版　2013.6　187p　19cm　〈著作目録あり〉1800円　①978-4-7724-1316-9
内容 智慧―インスピレーション　願いをかなえる9つのツール　チャンキング・ロジック―世界の捉え方を変える　自己催眠　感謝のプレゼント　シンボリック・イメージャリー―リソースイメージを体現する　ハートジョイ―心に愛を宿らせる　セルフイメージ・シンキング―自己像を更新する　フューチャー・シェイピング―輝く未来を形作る　自己養育法―自分の親になって、自分を育てる　チャクラ・バランシング―身体3ン3ルギーのバランスをとる　私たちの責任と可能性〔09214〕

ラングフォード, キャロル　Langford, Carol Mae
◇アメリカの危ないロイヤーたち―弁護士の道徳指針（THE MORAL COMPASS OF THE AMERICAN LAWYER TRUTH, JUSTICE, POWER, AND GREED）　リチャード・ズィトリン, キャロル・ラングフォード著, 村岡啓一訳　現代人文社　2012.7　287p　21cm　〈発売：大学図書〉2200円　①978-4-87798-523-3〔09215〕

ラングフォード, ジョゼフ　Langford, Joseph
◇マザーテレサの秘められた炎（Mother Teresa's secret fire）　ジョゼフ・ラングフォード著, 里見貞代訳　女子パウロ会　2011.6　423, 7p　20cm　2500円　①978-4-7896-0698-1
内容 第1部 闇夜の中の光（なぜマザーテレサなのか？光を浴びた人生 ほか）　第2部 イルミネーション（闇の中に、光　「わたしは渇く」神のみ心の窓 ほか）　第3部 変容（変える力　内なる神の美しさ ほか）　補稿（「わたしは渇く」聖書の声　「わたしは渇く」マザーテレサの声 ほか）〔09216〕

ラングフォード, ポール　Langford, Paul
◇オックスフォード ブリテン諸島の歴史　8　18世紀―1688年―1815年（The Short Oxford History of the British Isles：The Eighteenth Century 1688-1815）　鶴島博和日本語版監修　ポール・ラングフォード編, 坂下史監訳　慶応義塾大学出版会　2013.11　305, 46p　22cm　〈文献あり 年表あり 索引あり〉5800円　①978-4-7664-1648-0
内容 時間と空間（ポール・ラングフォード著, 坂下史訳）〔09217〕

ラングマイヤー, ローラル　Langemeier, Loral
◇キャッシュ・マシンの作り方―7週間「起業」プログラム 一生、お金に困らない！（The millionaire maker's guide to creating a cash machine for life）　ローラル・ラングマイヤー著　ダイレクト出版監訳　大阪　ダイレクト出版　2010.8　318p　22cm　（全米no.1マネーコーチローラル・ラングマイヤーのウェルスサクセス講座）　2800円　①978-4-904884-06-5〔09218〕

◇資産0から1億円を生み出す投資術（The millionaire maker's guide of wealth cycle investing）　ローラル・ラングマイヤー著, ダイレクト出版監訳　大阪　ダイレクト出版　2010.12　288p　22cm　（全米no.1マネーコーチローラル・ラングマイヤーのウェルスサクセス講座）〈奥付のタイトル：資産ゼロから1億円を生み出す投資術〉2800円　①978-4-904884-08-9〔09219〕

ラングレイ, アン　Langley, Ann
◇実践としての戦略―新たなパースペクティブの展開（STRATEGY AS PRACTICE）　G.ジョンソン,A.ラングレイ,L.メリン,R.ウィッティントン著, 高橋正泰監訳, 宇田川元一, 高井俊次, 間嶋崇, 歌代豊訳　文眞堂　2012.3　20, 334p　21cm　〈文献あり 索引あり〉3500円　①978-4-8309-4756-8
内容 第1部（実践としての戦略パースペクティブへの招待　実践的な理論　戦略の実践を研究する）　第2部 事例研究（構造化への契機としての技術―CTスキャナーがもたらす放射線科の社会構造への影響　急速に変化する環境における迅速な戦略的意思決定　合理性の再考―組織が取り組む調査や研究に隠された目的　戦略転換の始動におけるセンスメーキングとセンスギビング　教育としての事業計画―変化する制度フィールドにおける言語とコントロール　生きられた経験としての戦略化と戦略の方向性を決定しようとする戦略担当者たちの日常の取組み　組織変革とミドルマネジャーのセンスメーキング　戦略クラフティングにおけるメタファーから実践まで）　第3部（総括）〔09220〕

ラングロワ, リチャード・N.　Langlois, Richard Normand
◇消えゆく手―株式会社と資本主義のダイナミクス（The Dynamics of Industrial Capitalism：Schumpeter, Chandler, and the New Economy）　リチャード・N.ラングロワ著, 谷口和弘訳　慶応義塾大学出版会　2011.9　192p　21cm　2800円　①978-4-7664-1875-0
内容 第1章 合理化の進展　第2章 企業家の陳腐化　第3章 個人資本主義　第4章 株式会社の勃興　第5章 企業家の復権〔09221〕

ランゲ, シモン　Linguet, Simon Nicolas Henri
◇市民法理論（Théorie des loix civiles）　シモン・ランゲ著, 大津真作訳　京都　京都大学学術出版会　2013.1　800p　20cm　（近代社会思想コレクション 09）〈索引あり〉5600円　①978-4-87698-595-1
内容 第1篇 法律の効用について　第2篇 法律の起源について　第3篇 婚姻に関係した法律の発展について　第4篇 家庭内秩序と相続または遺言による財産移譲に関係した法律の発展について　第5篇 奴隷に対する主人の権力に関する法律の発展について〔09222〕

ランゲフェルト, マルティヌス・J.　Langeveld, Martinus Jan
◇教育の人間学的考察　マルティヌス・J.ランゲフェルト著, 和田修二訳　増補改訂版　未来社

2013.4　245p　19cm　(転換期を読む 17)　〈索引あり〉 2800円　①978-4-624-93437-8

内容 第1章 教育学の解体と再統合　第2章 子供の人間学　第3章 人間学的にみた児童期と少年期　第4章 子供に対する両親の関係　第5章 父親の教育的役割　第6章 教育者の人間学と心理学　第7章 豊かな社会の学校と教育　増補篇 教育学の哲学的根本問題―教育を必要とする「動物」としての人間　〔09223〕

ランコフ, アンドレイ　Lan'kov, Andreĭ Nikolaevich

◇スターリンから金日成へ―北朝鮮国家の形成 1945〜1960年 (From Stalin to Kim Il Sung)　アンドレイ・ランコフ著, 下斗米伸夫, 石井知章訳　法政大学出版局　2011.1　272p　20cm　(サピエンティア 16)　〈索引あり〉 3300円　①978-4-588-60316-7

内容 第1章 一九四五〜四八年の北朝鮮―ソ連の占領と国家の誕生　第2章 金日成、ある伝記の試み　第3章 一九四〇年代・一九五〇年代の北朝鮮指導部における分派　第4章 北朝鮮におけるソ連派の出現、一九四五〜五五年　第5章 許哥誼―朝鮮労働党の忘れられた創設の父　第6章 八月の挑戦　〔09224〕

ランサ, A.ステファン　Lanza, A.Stephen

◇パートナー暴力―男性による女性への暴力の発生メカニズム (What causes men's violence against women？)　ミッシェル・ハーウェイ, ジェームズ・M.オニール編著, 鶴元春訳　京都　北大路書房　2011.9　303p　21cm　〈文献あり〉 3700円　①978-4-7628-2763-1

内容 女性に対する暴力のジェンダー間関係次元―共同構築的な発達的視点 (サンドラ・リガジオ－ディジリオ, A.ステファン・ランサ)　〔09225〕

ランサム, ステファン　Ransom, Stephen

◇第400戦闘航空団―ドイツ空軍世界唯一のロケット戦闘機その開発と実戦記録 (Jagdgeschwader 400)　ステファン・ランサム, ハンス＝ヘルマン・カムマン共著, 宮永忠将訳　大日本絵画　2011.9　127p　25cm　(オスプレイ軍用機シリーズ 57)　〈カラーイラスト：ジム・ローリアー　文献あり〉 2800円　①978-4-499-23061-2

内容 1章 Me163コメートの誕生　2章 1./JG400第1飛行中隊　3章 2./JG400第2飛行中隊　4章 I./JG400第1番行隊　5章 II./JG400第2飛行隊　〔09226〕

ランシエール, ジャック　Rancière, Jacques

◇民主主義は、いま？―不可能な問いへの8つの思想的介入 (Democratie, dans quel etat？)　ジョルジョ・アガンベン, アラン・バディウ, ダニエル・ベンサイード, ウェンディ・ブラウン, ジャン＝リュック・ナンシー, ジャック・ランシエール, クリスティン・ロス, スラヴォイ・ジジェク著, 河村一郎, 沢里岳史, 河合孝昭, 太田悠介, 平田周訳　以文社　2011.2　230p　20cm　2500円　①978-4-7531-0287-7

内容 民主主義諸国対民主主義 (ジャック・ランシエール述, 河合孝昭訳)　〔09227〕

◇無知な教師―知性の解放について (Le maitre ignorant)　ジャック・ランシエール〔著〕, 梶田裕, 堀容子訳　法政大学出版局　2011.8　246p　20cm　(叢書・ウニベルシタス 959)　2700円　①978-4-588-00959-4

内容 第1章 ある知的冒険 (説明体制　偶然と意志 ほか)　第2章 無知な者の教え (書物の島　カリプソと錠前屋 ほか)　第3章 平等な者たちの根拠 (脳と葉　注意深い動物 ほか)　第4章 侮蔑社会 (重力の法則　不平等への情念 ほか)　第5章 解放者とその猿真似 (解放する教育法と社会的教育法　人間の解放と民衆の教育 ほか)　〔09228〕

◇デリダ―政治的なものの時代へ (Derrida and the time of the political)　フェン・チャー, スザンヌ・ゲルラク編, 藤本一勇, 沢里岳史編訳　岩波書店　2012.1　296p　20cm　3900円　①978-4-00-024038-3

内容 デモクラシーは到来すべきものか？ (ジャック・ランシエール著)　〔09229〕

◇共産主義の理念 (L'Idée du communisme (重訳))　コスタス・ドゥズィーナス, スラヴォイ・ジジェク編, 長原豊監訳, 沖公祐, 比嘉徹徳, 松本潤一郎訳　水声社　2012.6　434p　20cm　4500円　①978-4-89176-912-3

内容 共産主義なき共産主義者たち？ (ジャック・ランシエール著, 松本潤一郎訳)　〔09230〕

『ランセット』《The Lancet》

◇ランセット―日本特集号「国民皆保険達成から50年」：Japan：universal health care at 50 yearsの日本語版　渋谷健司監修　日本国際交流センター　2011.9　112p　30cm　〈他言語標題：The lancet〉 1300円　①978-4-88907-135-1　〔09231〕

ランソン, ベルトラン　Lançon, Bertrand

◇コンスタンティヌス―その生涯と治世 (Constantin)　ベルトラン・ランソン著, 大清水裕訳　白水社　2012.3　170, 4p　18cm　(文庫クセジュ 967)　〈文献あり〉 1200円　①978-4-560-50967-8

内容 第1章 コンスタンティヌスの生涯と治世　第2章 コンスタンティヌス体制　第3章 コンスタンティヌスのおびただしい立法　第4章 コンスタンティヌスの宗教政策　第5章 都市創設者にして建築好き　第6章 コンスタンティヌスをめぐる論争と神話　〔09232〕

◇古代末期―ローマ世界の変容 (L'Antiquité tardive)　ベルトラン・ランソン著, 大清水裕, 滝本みわ訳　白水社　2013.7　156, 7p　18cm　(文庫クセジュ 981)　〈文献あり〉 1200円　①978-4-560-50981-4

内容 第1章 対等に扱われるべき時代 (長きにわたった悪評　古代末期の台頭 ほか)　第2章 小春日和のローマ帝国 (四、五世紀における君主政の完成と変容　蛮族問題に直面した軍と財政 ほか)　第3章 キリスト教化とローマ性 (キリスト教会の権力伸長　キリスト教の変節 ほか)　第4章 知的な分野と芸術的な分野における活力 (文学の黄金時代　豊かで激しい論争 ほか)　第5章 混淆した世界 (未だ古代にして、もはや全き古代ならず　未だ中世ならずして、もはやわずかに…)　〔09233〕

ランダー, クリスチャン　Lander, Christian

◇ステキなアメリカ白人という奇妙な生き物―その生態と正体公式ガイドブック (Stuff white

ラ

people like)　クリスチャン・ランダー著, ライス山村直子訳　清流出版　2011.3　174p　19cm　1600円　①978-4-86029-338-3

内容 コーヒー　ファーマーズマーケット　オーガニック食品　多様性　バラク・オバマ　外に出ない人に罪悪感を植え付けること　アジア系の女の子　NPO 茶　黒人の友達を持つこと〔ほか〕　〔09234〕

ランダウ, アンゲリカ

◇法思想史の新たな水脈―私法の源流へ　竹下賢, 宇佐美誠編　京都　昭和堂　2013.11　254, 2p　22cm 〈著作目録あり〉5000円　①978-4-8122-1342-1

内容 筏津安恕氏への追悼 (アンゲリカ・ランダウ, ペーター・ランダウ著, 樺島博志訳)　〔09235〕

ランダウ, ペーター

◇ユダヤ出自のドイツ法律家 (DEUTSCHE JURISTEN JUDISCHER HERKUNFT)　ヘルムート・ハインリッヒス, ハラルド・フランツキー, クラウス・シュマルツ, ミヒャエル・シュトレイス著, 森勇監訳　八王子　中央大学出版部　2012.3　25, 1310p　21cm　(日本比較法研究所翻訳叢書 62)　〈文献あり 索引あり〉13000円　①978-4-8057-0363-2

内容 ドイツ帝国及びワイマール共和国におけるユダヤ出自の法律家 (ペーター・ランダウ著, 森勇訳)　〔09236〕

◇法思想史の新たな水脈―私法の源流へ　竹下賢, 宇佐美誠編　京都　昭和堂　2013.11　254, 2p　22cm 〈著作目録あり〉5000円　①978-4-8122-1342-1

内容 筏津安恕氏への追悼 (アンゲリカ・ランダウ, ペーター・ランダウ著, 樺島博志訳)　〔09237〕

ランダース, カーク　Landers, Kirk

◇「成功哲学」を体系化した男ナポレオン・ヒル (A lifetime of riches the biography of Napoleon Hill)　マイケル・リット・ジュニア, カーク・ランダース共著, 田中孝顕訳　きこ書房　2012.2　205p　19cm 〈年譜あり〉1400円　①978-4-87771-289-1

内容 第1章 1883‐1895年―貧しき田舎の少年時代　第2章 1895‐1908年―自分を売り込む　第3章 1908‐1918年―カーネギーとの運命的な出会い　第4章 1918‐1927年―成功哲学の伝道者として　第5章 1927‐1933年―カーネギーとの約束　第6章 1933‐1941年―思考は現実化する　第7章 1941‐1951年―新天地での再出発　第8章 1951‐1962年―W・クレメント・ストーンとの共同事業　第9章 1962‐1970年―輝かしき晩年　〔09238〕

ランダース, ヨルゲン　Randers, Jørgen

◇2052―今後40年のグローバル予測 (2052)　ヨルゲン・ランダース著, 野中香方子訳　日経BP社　2013.1　510p　21cm 〈発売：日経BPマーケティング〉2200円　①978-4-8222-4941-0

内容 第1部 背景 (未来についての懸念　2052年に向けて危惧される五つの問題)　第2部 私の世界予測 (私の予測の根拠　2052年までの人口と消費　2052年までのエネルギーとCO_2事情　2052年までの食糧事情　2052年に向かう非物質的未来　2052年の時代精神)　第3部 分析 (未来についての考察　5つのグループの未来　他の未来予測との比較　あなたは何をすべきか？)　〔09239〕

ランティス, ジェフリー　Lantis, Jeffrey S.

◇戦略論―現代世界の軍事と戦争 (Strategy in the Contemporary World (原著第3版) (抄訳))　ジョン・ベイリス, ジェームズ・ウィルツ, コリン・グレイ編, 石津朋之監訳　勁草書房　2012.9　314p　21cm 〈文献あり 索引あり〉2800円　①978-4-326-30211-6

内容 戦略文化 (ダリル・ハウレット, ジェフリー・ランティス著, 道下徳成訳)　〔09240〕

ランドナー, アンドレアス

◇変貌する世界の緑の党―草の根民主主義の終焉か？ (GREEN PARTIES IN TRANSITION)　E.ジーン・フランクランド, ポール・ルカルディ, ブノワ・リウー編著, 白井和宏訳　緑風出版　2013.9　455p　20cm 〈文献あり〉3600円　①978-4-8461-1320-9

内容 スイス「オルタナティブ」と「自由主義」、二つの緑の党 (アンドレアス・ランドナー, マイケル・ブランドル著)　〔09241〕

ランドバル, ベンクト＝オーシェ

◇知識の創造・普及・活用―学習社会のナレッジ・マネジメント (Knowledge management in the learning society)　OECD教育研究革新センター編著, 立田慶裕監訳　明石書店　2012.3　505p　22cm 〈訳：青山貴子ほか〉5600円　①978-4-7503-3563-6

内容 医療システムと教育システムの知識ベースのためのいくつかの示唆 (ベンクト＝オーシェ・ランドバル著, 織田泰幸訳)　〔09242〕

ランドベリ, ハンス

◇世界平和への冒険旅行―ダグ・ハマーショルドと国連の未来 (The Adventure of Peace)　ステン・アスク, アンナ・マルク＝ユングクヴィスト編, ブライアン・アークハート, セルゲイ・フルシチョフ他著, 光橋翠訳　新評論　2013.7　358p　20cm 〈文献あり 年譜あり〉3800円　①978-4-7948-0945-2

内容 国連への道のり (ハンス・ランドベリ著)　〔09243〕

ランドリー, デーブ　Landry, Dave S.

◇裁量トレーダーの心得―初心者編：システムトレードを捨てたコンピューター博士の株式順張り戦略 (The Layman's guide to trading stocks)　デーブ・ランドリー著, 山口雅裕訳, 長尾慎太郎監修　パンローリング　2012.2　277p　22cm　(ウィザードブックシリーズ vol.190)　4800円　①978-4-7759-7157-4

内容 第1部 最初の一歩 (ウォール街に対する考え方を変える　テクニカル分析で市場心理を読む　短期でも長期でも利益を出すトレーディング　押しや戻りでの仕掛け―詳細　損益管理　トレーダーの心理　ご注文はどうされますか？　第1部のまとめ)　第2部 次の段階に進む (探し―次のメジャートレンドを見つける　新しいトレンドに早く乗る―トレンドの転換点での仕掛け　さらに知っておくべきこと　高度

ラ

なトレーディングと資金管理　まとめると　締めくくり）〔09244〕

◇裁量トレーダーの心得　スイングトレード編　押しや戻りで仕掛ける高勝率戦略の奥義（Dave Landry on Swing Trading）　デーブ・ランドリー著, 長尾慎太郎監修, 山口雅裕訳　パンローリング　2012.6　274p　22cm　（ウィザードブックシリーズ 193）　4800円　①978-4-7759-7161-1

内容 第1部 スイングトレードの基本　第2部 さらなるスイングトレードのパターン　第3部 ボラティリティ　第4部 マーケットタイミング　第5部 オプション　第6部 心理　第7部 まとめ〔09245〕

ランドール, ウイリアム

◇成人のナラティヴ学習―人生の可能性を開くアプローチ（NARRATIVE PERSPECTIVES ON ADULT EDUCATION）　マーシャ・ロシター, M.キャロリン・クラーク編, 立田慶裕, 岩崎久美子, 金藤ふゆ子, 佐藤智子, 荻野亮吾訳　福村出版　2012.10　161p　22cm　〈索引あり〉2600円　①978-4-571-10162-5

内容 ストーリーワーク：晩年における自伝的学習（ウイリアム・ランドール著, 岩崎久美子訳）〔09246〕

ランドルト, ヘルマン

◇井筒俊彦とイスラーム―回想と書評　坂本勉, 松原秀一編　慶応義塾大学出版会　2012.10　446, 5p　20cm　5000円　①978-4-7664-1969-6

内容 井筒俊彦の知を求める旅（ヘルマン・ランドルト述, 野元晋訳・インタビュアー）〔09247〕

ランバート, スティーブン　Lambert, Stephen

◇古代エジプトのものがたり（The orchard book of Egyptian Gods and Pharaohs）　ロバート・スウィンデルズ再話, スティーブン・ランバート絵, 百々佑利子訳　岩波書店　2011.2　86p　28cm　（大型絵本）　2100円　①978-4-00-111219-1

内容 太陽神ラーの神話（光と、ものみなすべての命―すべては、どうやってはじまったのか　いうことをきかない子どもたち―ヌートとゲブ　血の池―太陽神ラーは、どうやって人間をこらしめたか）　オシリスの神話（神がみのおくりもの―イシスとオシリス　うつくしい箱―オシリスの死　ざんこくな王―イシス、逃げる　ひみつの名前―イシスは、どうやってラーのひみつをききだしたか　ちいさなツバメ―イシス、オシリスをさがす　愛の勝利―オシリス、よみがえる　セトの毒ヘビ―幼子ホルス、すくわれる　魔法の目―ホルスは、どうして目をなくしたか　ホルスの復讐―ホルスは、どうやってオシリスの復讐をなしとげたか）　ファラオ（王）と神と魔術師（王子とゆうれい―トトの魔法の本　怒れる神―ナイル川の氾濫は、なぜとまったのか　なんでももっていた王さま―おちた髪どめ　不実な妻たち―誠実な弟　天に向かう船―きょうふの旅路）〔09248〕

ランバード, W.

◇名誉としての議席―近世イングランドの議会と統治構造　仲丸英起著　慶応義塾大学出版会　2011.4　353, 36p　21cm　4200円　①978-4-7664-1833-0

内容 『下院の議事手続および特権に関する覚え書き』（W.ランバード）〔09249〕

ランフォード, ジェイムズ　Rumford, James

◇グーテンベルクのふしぎな機械（FROM THE GOOD MOUNTAIN：HOW GUTENBERG CHANGED THE WORLD）　ジェイムズ・ランフォード作, 千葉茂樹訳　あすなろ書房　2013.4　33p　29cm　1500円　①978-4-7515-2699-6〔09250〕

ランプソス, パリソウラ　Lampsos, Parisoula

◇生き抜いた私（わたし）―サダム・フセインに蹂躙され続けた30年間の告白（Mitt liv med Saddam）　パリソウラ・ランプソス, レーナ・カタリーナ・スヴァンベリ著, 久山葉子訳　主婦の友社　2011.10　286p　19cm　〈タイトル：生き抜いた私〉1600円　①978-4-07-277813-5

内容 すべての始まり　愚かな恋　つかのまの幸せ　復讐の始まり　悪魔の手再び　愛のない関係　サダムの掟　イラクの囚人　人間の顔をした獣　サダム一族の悪行　破滅へ向けて　死の宣告〔09251〕

ランペル, ジョセフ　Lampel, Joseph

◇戦略サファリ―戦略マネジメント・コンプリートガイドブック（STRATEGY SAFARI（原著第2版））　ヘンリー・ミンツバーグ, ブルース・アルストランド, ジョセフ・ランペル著, 斎藤嘉則監訳　第2版　東洋経済新報社　2013.1　488p　22cm　〈文献あり 索引あり〉4200円　①978-4-492-53319-2

内容 サファリ・ツアーのねらいと構成―さあ皆さん、戦略マネジメントという獣の登場です！　デザイン・スクール―コンセプト構想プロセスとしての戦略形成　プランニング・スクール―形式的策定プロセスとしての戦略形成　ポジショニング・スクール―分析プロセスとしての戦略形成　アントレプレナー・スクール―ビジョン創造プロセスとしての戦略形成　コグニティブ・スクール―認知プロセスとしての戦略形成　ラーニング・スクール―創発的学習プロセスとしての戦略形成　パワー・スクール―交渉プロセスとしての戦略形成　カルチャー・スクール―集合的プロセスとしての戦略形成　エンバイロメント・スクール―環境への反応プロセスとしての戦略形成　コンフィギュレーション・スクール―変革プロセスとしての戦略形成　新たなるパースペクティブ―皆さん、ちょっと待って。まだ獣全体に出会った訳ではないのだから。〔09252〕

【リ】

リー, アリソン　Leigh, Allison

◇8週間で幸福になる8つのステップ（EIGHT STEPS TO HAPPINESS）　アンソニー・グラント, アリソン・リー〔著〕, 石川園枝訳　ディスカヴァー・トゥエンティワン　2012.6　301p　19cm　1600円　①978-4-7993-1175-2

内容 1 スタートする前に知っておきたいこと（幸福になるということ　定説を覆す　変わるということ）　2 幸福になる8つのステップ（目標と価値観をはっきり

させる　無私無欲の親切な行いをする　いま、この瞬間に集中する　自分の強みを生かす　感謝する　許す　人とつながりを持つ　これまでの道のりを振り返る）　3 プログラムの舞台裏（数字が証明する効果）〔09253〕

リー, アンソニー*　Lee, Anthony

◇子どもの心理療法と調査・研究―プロセス・結果・臨床的有効性の探求（Child psychotherapy and research）　ニック・ミッジリー, ジャン・アンダーソン, イブ・グレンジャー, ターニャ・ネシッジ・ブコビッチ, キャシー・アーウィン編著, 鵜飼奈津子監訳　大阪　創元社　2012.2　287p　22cm　〈索引あり　文献あり〉5200円　①978-4-422-11524-5

内容 自閉症の子どもの対人関係 ： 臨床的複雑さvs.科学的単純さ？（Anne Alvarez,Anthony Lee著, 由井理亜子訳）〔09254〕

リ, イウン*　李 衣雲

◇近代台湾の経済社会の変遷―日本とのかかわりをめぐって　馬場毅, 許雪姫, 謝国興, 黄英哲編　東方書店（発売）　2013.11　537p　22cm　〈索引あり〉6000円　①978-4-497-21313-6

内容 日本統治期視覚式消費と展示概念の出現（李衣雲著, 武井義和訳）〔09255〕

リ, ウラジーミル・フョードロビッチ　Li, Vl.F.

◇現代朝鮮の興亡―ロシアから見た朝鮮半島現代史　A.V.トルクノフ,V.I.デニソフ,Vl.F.リ著, 下斗米伸夫監訳　明石書店　2013.6　466p　20cm　（世界歴史叢書）　5000円　①978-4-7503-3836-1

内容 第1章 『朝鮮』の国、解放の朝を迎える　第2章 分裂した国家　第3章 朝鮮半島における「限定的な大戦争」の発生と展開の原因　第4章 戦後復興と発展における二つの朝鮮（一九五三～一九六〇年代）　第5章 二〇世紀一九六〇～七〇年代の北朝鮮・韓国の政治的、そして社会経済的発展　第6章 民族近代化における二つの道（二〇世紀八〇～九〇年代初め）　第7章 二極化した世界情勢の危機とその崩壊のなかでの韓国と北朝鮮（二〇世紀末から二一世紀初頭）　第8章 北朝鮮と韓国の対外優先順位（二〇～二一世紀との狭間で）　第9章 朝鮮半島における文明的・文化的発展の二つの傾向〔09256〕

リ, エイ　李 鋭

◇「私（わたし）には敵はいない」の思想―中国民主化闘争二十余年　劉暁波〔著〕, 藤原書店編集部編　藤原書店　2011.5　398p　20cm　〈タイトル ： 「私には敵はいない」の思想　執筆 ： 劉霞ほか　文献あり 著作目録あり〉3600円　①978-4-89434-801-1

内容 共産党老幹部による全国人民代表大会宛公開書簡（李鋭ほか著, 及川淳子訳）〔09257〕

◇中国民主改革派の主張―中国共産党私史　李鋭〔著〕, 小島晋治編訳　岩波書店　2013.3　311, 8p　15cm　（岩波現代文庫―学術 282）　〈年譜あり 索引あり〉1240円　①978-4-00-600282-4

内容 『中共創始人訪談録』序―ロシア革命の贈り物とそれがもたらしたもの　『唐縦日記』に関する回想する旨と「一二・九」世代の人々　中共の出身別構成と民主主義の担い手　毛沢東と反右派闘争―知識分子を粛清せよ　インタビュー記録 毛沢東はどの皇帝よりも厳しかった　功労は世に冠たり、罪は極めて重い―党名を「社会民主党」と改めよ　改革開放についての一種の回顧―鄧小平の功罪　党自身の改革についてのいくつかの提案―「一党独裁」体制を改めよ　不滅の業績―胡耀邦に学ぼう　胡耀邦逝去前の談話―党長老の密室政治と胡耀邦の悲劇　趙紫陽との交わりを懐かしむ―「民主」と「法治」の推進者の挫折〔09258〕

リ, エイサイ*　李 泳采

⇒イ, ヨンチェ*

リ, エイショウ　李 永鐘

⇒イ, ヨンジョン

リ, エイショウ*　李 永祥

◇叢書戦争が生みだす社会―関西学院大学先端社会研究所　1　戦後社会の変動と記憶　荻野昌弘編, 石田淳〔ほか〕〔著〕　新曜社　2013.2　298, 8p　20cm　〈索引あり〉3600円　①978-4-7885-1323-5

内容 騰衝日中戦争遺跡・施設・メモリアルサイトと現代社会（李永祥著, 村島健司訳）〔09259〕

リ, エイワ　李 英和

⇒リ, ヨンファ

リ, カイゲン*　李 開元

◇資料学の方法を探る　12　愛媛大学「資料学」研究会編　松山　愛媛大学法文学部　2013.3　106p　30cm

内容 『史記』秦始皇本紀の構造について（李開元著, 藤田侑子訳）〔09260〕

リ, ガクシュン　李 学俊

⇒イ, ハクチュン

リ, ガクフ*　李 楽夫

◇日中教育学対話　3　新たな対話への発展・深化を求めて　山崎高哉, 労凱声共編　横浜　春風社　2010.12　424p　20cm　3200円　①978-4-86110-248-6

内容 中国高等教育大衆化過程における構造分析（謝維和, 文雯, 李楽夫著, 楊奕訳）〔09261〕

リ, キキョウ*　李 禧京

⇒イ, ヒギョン*

リ, キツジョ　李 吉女

⇒イ, ギルニョ

リ, ギョウ*　李 暁

◇東アジアの地域協力と経済・通貨統合　塩見英治, 中条誠一, 田中素香編著　八王子　中央大学出版部　2011.3　303p　22cm　（中央大学経済研究所研究叢書 52）　3800円　①978-4-8057-2246-6

内容 中国人民元の通貨戦略（李暁著, 張虎訳, 田中素香監修）〔09262〕

リ, ギョウトウ　李 暁東

◇転形期における中国と日本―その苦悩と展望　飯

田泰三, 李暁東編　国際書院　2012.10　319p　21cm　〈索引あり〉3400円　①978-4-87791-237-6

内容 苦悩の共有から信頼の醸成へ 李暁東 執筆. 中国外交の進歩と転換 王逸舟 執筆, 杜崎群傑 訳. 転形期日本の苦悩と展望 飯田泰三 執筆. グローバリゼーション、政府と社会ガバナンス 董昭華 執筆, 金東建, 石田徹 訳. グローバリゼーションにおける格差社会の構造 唐燕霞 執筆. 社会主義市場経済体制における所有権改革と基層社会の変容 江口伸吾 執筆. 近代以降の東アジア国際体系変革の示唆 初暁波 執筆, 石田徹, 黒木信頼 訳. 中国の東アジア地域一体化戦略 宋偉 執筆, 金東建, 石田徹 訳. 華夷秩序をめぐって 石田徹 執筆. 総括報告 宇野重昭 執筆. 総合討論 王逸舟 ほか 述, 李暁東 司会　〔09263〕

リ, ギョクテイ*　李 玉貞

◇国際関係のなかの日中戦争　西村成雄, 石島紀之, 田嶋信雄編　慶応義塾大学出版会　2011.7　450p　22cm　(日中戦争の国際共同研究 4)　5800円　①978-4-7664-1855-2

内容 抗日戦争期の蔣介石とスターリン(李玉貞著, 黒木信頼訳)　〔09264〕

リー, ギョク・ボイ　Lee, Geok Boi

◇日本のシンガポール占領―証言=「昭南島」の三年半 (SYONAN)　リー・ギョク・ボイ著, シンガポール・ヘリテージ・ソサエティ編, 越田稜, 新田準訳　新訂版　凱風社　2013.9　325p　21cm　〈文献あり 索引あり〉2500円　①978-4-7736-3801-1

内容 第1章 一つの時代の終幕―占領への序曲　第2章 戦争の勃発―シンガポール包囲戦　第3章 日本時代が始まる―住民への対応　第4章 法と秩序―日本の占領政策　第5章 昭南島の日常―大東亜共栄圏の暮らし　第6章 終局の始まり―ナショナリズムのルーツ　〔09265〕

リ, キンメイ*　李 均明

◇文献と遺物の境界―中国出土簡牘史料の生態的研究　籾山明, 佐藤信編　府中(東京都)　東京外国語大学アジア・アフリカ言語文化研究所　2011.11　282p　26cm　①978-4-86337-094-4

内容 簡牘文書の種類と遺址諸要素の関係(李均明著, 青木俊介訳)　〔09266〕

◇文献と遺物の境界―中国出土簡牘史料の生態的研究　籾山明, 佐藤信編　六一書房　2011.11　282p　26cm　7600円　①978-4-86445-008-9

内容 簡牘文書の種類と遺址諸要素の関係(李均明著, 青木俊介訳)　〔09267〕

リー, クアンユー　Lee, Kuan Yew

◇リー・クアンユー、世界を語る (LEE KUAN YEW)　リークアンユー〔述〕, グラハム・アリソン, ロバート・D.ブラックウィル, アリ・ウィン著, 倉田真木訳　サンマーク出版　2013.10　217p　20cm　1700円　①978-4-7631-3321-2

内容 第1章 中国の未来　第2章 アメリカの未来　第3章 米中関係の未来　第4章 インドの未来　第5章 イスラム原理主義の未来　第6章 国家の経済成長の未来　第7章 地政学とグローバル化の未来　第8章 民主主義の未来　第9章 リー・クアンユーの考え方　第10章 むすび　〔09268〕

リ, クン*　李 薫

⇒イ, フン

リ, ケイエン*　李 曙遠

⇒イ, キョンウォン*

リ, ケイケイ*　李 恵景

⇒イ, ヘギョン*

リ, ケイコウ　李 圭恒

⇒イ, ギュハン

リ, ケイショク　李 慶植

⇒イ, ギョンシク

リ, ケイチ　李 景治

◇中国を知るための経典―科学的社会主義の理論と実践　高放, 李景治, 蒲国良主編, 土肥民雄, 林浩一訳　大阪　グローバリンク　2012.2　585p　24cm　4000円　①978-4-990611-60-6　〔09269〕

リ, ケイロウ*　李 熒娘

⇒イ, ヒョンナン

リ, ケン　李 剣

◇中国の四季の絵本　1　元旦・小正月　王早早文, 李剣, 沈氷, 石子児絵, 〔古島洋一〕,〔張保〕〔訳〕　〔横浜〕　神奈川共同出版販売　2013.5　64p　22×27cm　〈発売 : 星の環会〉①978-4-89294-525-0　〔09270〕

リ, ケンヒン*　李 黔濱

◇西南中国少数民族の文化資源の"いま"　塚田誠之編　吹田　人間文化研究機構国立民族学博物館　2013.1　142p　26cm　(国立民族学博物館調査報告 109)　〈中国語併載〉①978-4-906962-00-6

内容 ミャオ族銀飾りの文化賞析(李黔濱著, 岡晋訳)　〔09271〕

リ, コウキ*　李 光熙

⇒イ, クァンヒ*

リ, コウキ*　李 弘祺

◇泊園記念会創立50周年記念論文集　吾妻重二編　吹田　関西大学出版部　2011.10　310p　22cm　(関西大学東西学術研究所国際共同研究シリーズ 9)　〈発行 : 関西大学東西学術研究所　年表あり〉4000円　①978-4-87354-526-4

内容 書院―近世中国における教育の中心(李弘祺著, 山田明広, 吾妻重二訳)　〔09272〕

リ, コウキン*　李 好均

⇒イ, ホギュン*

リ, コウコク*　李 康国

◇なぜリージョナリズムなのか　中逵啓示編　京都　ナカニシヤ出版　2013.6　344p　21cm　〈他言語標題 : Why Regionalism Now?　索引あり〉3600円　①978-4-7795-0771-7

内容 グローバル・インバランスと世界金融危機(李康国執筆, 佐竹修吉訳)〔09273〕

リ, コウシュ*　李 光洙
⇒イ, クァンス*

リ, コウジン*　李 孝仁
⇒イ, ヒョイン*

リ, コウトク*　李 孝徳
⇒イ, ヒョドク

リ, コウライ*　李 光来
◇『善の研究』の百年―世界へ/世界から　藤田正勝編　京都　京都大学学術出版会　2011.11　406p　22cm　〈索引あり〉4200円　①978-4-87698-576-0
内容 西洋哲学と東洋哲学との対話(李光来著, 李基原訳)〔09274〕

リ, コンカン*　李 根寛
⇒イ, クングァン*

リ, ザイエイ*　李 在永
⇒イ, ジェヨン*

リ, サンシュ*　李 賛洙
⇒イ, チャンス*

リー, ジェニー　Lee, Jenny
◇地雷を踏む男, 踏ませる女―わかりあえない関係の真理 (Women are crazy, men are stupid)　ハワード・J.モリス, ジェニー・リー著, 藤井留美訳　講談社　2011.9　253p　20cm　1700円　①978-4-06-215339-3
内容 第1章 イカレ女とバカ男の歴史―ニワトリが先か、卵が先か？　第2章 バカを認めることについて―その必要があるのに、俺たちはなぜやらないのか　第3章 バカな頭のなかを探る―悪いのはバカな答え、それともイカレた質問？　第4章 バカとイカレの気まぐれな恋―三幕のドラマ　第5章 女とイカレのあいだ―そして男の沈黙の極意　第6章 サインという言葉 第7章 言うことがころころ変わる女―それに振りまわされる男　第8章 うっとうしい期待―何年たってもバカはバカ　第9章 SATCに学ぶバカ男のあれこれ　第10章 タマタマの気持ち―彼女の痛みを感じるために 第11章 クレージー・ラブ〔09275〕

リー, ジェームス　Leigh, James
◇プロジェクト・マネジャーが知るべき97のこと (97 things every project manager should know)　Barbee Davis編, 笹井崇司訳, 神庭弘年監修　オライリー・ジャパン　2011.11　240p　21cm　〈発売：オーム社〉1900円　①978-4-87311-510-8
内容 集中する時間を取る 他(ジェームス・リー)〔09276〕

リ, シクン　李 志勲
⇒イ, ジフン

リ, ジケイ*　李 時炯
⇒イ, シヒョン

リ, ジサン*　李 峙山
◇新編原典中国近代思想史　第5巻　国家建設と民族自救―国民革命・国共分裂から一致抗日へ　野村浩一, 近藤邦康, 並木頼寿, 坂元ひろ子, 砂山幸雄, 村田雄二郎編　野村浩一, 近藤邦康, 村田雄二郎責任編集　岩波書店　2010.12　392, 6p　22cm　〈年表あり〉5400円　①978-4-00-028225-3
内容 女性は家庭に帰るべきか(李峙山著, 江上幸子訳)〔09277〕

リ, シシュク*　李 志淑
⇒イ, ジスク*

リー, シャーリーン　Li, Charlene
◇フェイスブック時代のオープン企業戦略 (Open leadership)　シャーリーン・リー著, 村井章子訳　朝日新聞出版　2011.5　331p　20cm　2400円　①978-4-02-330929-6
内容 第1部 コントロールをあきらめる(なぜコントロールをあきらめなければならないか　オープンにするとはどういうことか)　第2部 オープン戦略を立てる(オープンにする目的を考える　オープンネスの費用対効果を測定する　オープンネスをコントロールする　オープン戦略を実行に移す)　第3部 オープン・リーダーシップ(よいオープン・リーダーとは　オープン・リーダーを育てる　上手に失敗する　組織文化を変える)〔09278〕

リ, シュニン*　李 洙任
⇒リ, スーイム

リ, シュヒン*　李 珠彬
⇒イ, ジュビン

リ, ショウイツ　李 昇一
⇒イ, スンイル*

リ, ショウエキ*　李 昌益
⇒イ, チャンイク*

リ, ジョウガイ　李 城外
◇追憶の文化大革命―咸寧五七幹部学校の文化人　下巻　李城外著, 萩野脩二, 山田多佳子訳　京都　朋友書店　2013.9　204p　21cm　2500円　①978-4-89281-137-1〔09279〕

リ, ショウキ*　李 承機
⇒イ, スンギ*

リ, ショウキョク*　李 鍾旭
⇒イ, ジョウウン

リ, ショウケン*　李 承憲
⇒イ, スンホン

リ, ショウセキ*　李 鍾奭
⇒イ, ジョンソク*

リ

リ, ショウビン　李 昌玟
◇近代台湾経済とインフラストラクチュア　李昌玟, 湊照宏編著　東京大学社会科学研究所現代中国研究拠点　2012.3　150p　26vm　(現代中国研究拠点研究シリーズ no.9)　非売品
内容 近代台湾における電気通信インフラの形成 李昌玟 著. 近代台湾における台東線鉄道の敷設と花蓮港庁の発展 蔡竜保 著, 都留俊太郎 訳. 近代台湾における中小工場と電気事業 湊照宏 著. 海底ケーブルの登場と台湾糖取引制度の変化 李昌玟 著. 水利ネットワークの再構築 清水美里 著　〔09280〕

リ, ショウヨウ*　李 昌鏞
◇世界は考える　野中邦子訳　土曜社　2013.3　189p　19cm　(プロジェクトシンジケート叢書 2)　〈文献あり〉1900円　①978-4-9905587-7-2
内容 険しい道を行くアジア(黒田東彦, 李昌鏞著)　〔09281〕

リ, ショウリツ　李 承律
⇒イ, スンユル

リ, シン*　李 申
◇宗教としての儒教　奥崎裕司, 石漢椿編著　汲古書院　2011.1　276, 3p　22cm　7000円　①978-4-7629-2887-1
内容 儒教と中国近代(李申著, 日野康一郎訳)　〔09282〕

リ, シンキ*　李 進亀
⇒イ, ジング*

リ, ジンテツ*　李 仁哲
⇒イ, インチョル

リー, スー
◇成年後見制度の新たなグランド・デザイン　法政大学大原社会問題研究所, 菅富美枝編著　法政大学出版局　2013.2　420p　22cm　(法政大学大原社会問題研究所叢書)　〈索引あり〉5700円　①978-4-588-62524-4
内容 イギリスにおける本人を代弁する公的サービス(スー・リー著, 菅富美枝訳)　〔09283〕

リ, スーイム　李 洙任
◇在日コリアンの経済活動―移住労働者、起業家の過去・現在・未来　李洙任編著, 河明生, 木村健二, 田中宏, 中村尚司, 朴一, 李洙任著　不二出版　2012.2　269p　22cm　〈索引あり〉3800円　①978-4-8350-7084-1
内容 在日コリアン系起業家(デイビッド・ウィリス, 李洙任著, 李洙任訳)　〔09284〕

リ, セイケン　李 斉賢
⇒イ, チェヒョン

リ, セイジュン*　李 成順
◇グローバル時代における結婚移住女性とその家族の国際比較研究　中嶋和夫監修, 尹靖水, 近藤理恵編著　学術出版会　2013.3　267p　22cm　(学術叢書)　〈発売：日本図書センター〉4200円　①978-4-284-10384-8
内容 ドイツの移民政策と結婚移住女性(李成順, 張東虎執筆, 李志嬉訳)　〔09285〕

リ, セイセイ*　李 成制
⇒イ, ソンジェ

リ, セキダ*　李 錫兌
⇒イ, ソクテ*

リ, ソウ　李 荘
◇抗日戦争と私―元人民日報編集長の回想録　李荘著, 田所竹彦訳　日本僑報社　2013.1　254p　21cm　2800円　①978-4-86185-112-4
内容 第1章 出発　第2章 探索　第3章 追求　第4章 苦闘　第5章 登攀　第6章 建国　〔09286〕

リ, ソウクン*　李 相勲
⇒イ, サンフン*

リ, ソウシュン*　李 相俊
⇒イ, サンジュン*

リ, タイエイ*　李 泰永
⇒イ, テヨン*

リ, タイチン*　李 泰鎮
⇒イ, テジン*

リー, チュイー・ベン
◇フューチャースクール―シンガポールの挑戦(A school's journey into the future)　テイ・リー・ヨン, リム・チェー・ピン, カイン・ミント・スウィー編著, トランネット訳, 中川一史監訳　ピアソン桐原　2011.2　183p　21cm　2400円　①978-4-89471-549-3
内容 小学校低学年の英語の授業における、デジタルストーリーテリングの活用に関するケーススタディー(リー・チュイー・ベン, スリアティ・アバス, フォン・イン・クアン, ウン・シアム・ホン(ジュン), リム・ショー・ティアン(オードリー), ユー・シウ・ホイ(サンディー))　〔09287〕

リ, チュウケン*　李 柱憲
⇒イ, ジュホン*

リ, チョアン　李 荘
⇒リ, ソウ

リ, チョウセイ*　李 肇星
◇混乱の本質―叛逆するリアル民主主義・移民・宗教・債務危機　ジョージ・ソロスほか著, 徳川家広訳　土曜社　2012.8　157p　18cm　(PROJECT SYNDICATE A WORLD OF IDEAS)　〈他言語標題：Reality in Revolt〉952円　①978-4-9905587-4-1
内容 二〇一二年に中国が欲すること(李肇星著)　〔09288〕

リー, テク
◇鏡の中の自己認識―日本と韓国の歴史・文化・未来　東郷和彦, 朴勝俊編著　御茶の水書房　2012.3　261p　23cm　4000円　①978-4-275-00972-2

内容 太平洋のかなたの鏡を通して(テク・リー著, 宮崎寛訳)〔09289〕

リー, デビッド　Li, David Daokui

◇中国は21世紀の覇者となるか？—世界最高の4頭脳による大激論（Does the 21st century belong to China？）ヘンリー・キッシンジャー, ファリード・ザカリア, ニーアル・ファーガソン, デビッド・リー(李稲葵)著, 酒井泰介訳　早川書房　2011.12　125p　18cm　952円　①978-4-15-209260-1

内容 「中国は21世紀の覇者となるか？」(ムンク・ディベート・オン・チャイナ　中国の実力　日本をどう見るか　アフリカの資源と「アラブの春」　いかに中国をとりこむか)　ヘンリー・キッシンジャーとの対話　デビッド・リー(李稲葵)との対話〔09290〕

リ, ドウガク*　李 道学

⇒イ, ドハク

リ, ドウゴウ*　李 道剛

⇒イ, ドカン*

リ, トウシン*　李 東振

⇒イ, ドンジン*

リ, トクイツ*　李 徳一

⇒イ, ドギル

リ, トクジュン*　李 徳順

◇21世紀の思想的課題—転換期の価値意識 大阪経済法科大学アジア太平洋研究センター、北京大学哲学系共催日中哲学シンポジウム論文集　岩佐茂, 金泰明編, 李洪权訳　国際書院　2013.10　425p　21cm　（アジア太平洋研究センター叢書 4）〈他言語標題 : The Philosophical Problematique of the 21st Century　会期・会場 : 2011年9月16日、17日 北京大学内国際会議場　共催 : 大阪経済法科大学アジア太平洋研究センター 北京大学哲学系　索引あり〉6000円　①978-4-87791-249-9

内容 「普遍的価値」をどう考えるか(李徳順著, 李洪権訳)〔09291〕

リ, トクホウ*　李 徳方

◇平泉文化の国際性と地域性　藪敏裕編　汲古書院　2013.6　305, 5p　22cm　（東アジア海域叢書 16　小島毅監修）　7000円　①978-4-7629-2956-4

内容 唐代東都の庭園遺跡及び造園の特徴に関する研究(李徳方, 馬依莎執筆, 渡辺雄之訳)〔09292〕

リ, ナンキ*　李 南姫

⇒イ, ナムヒ*

リ, バイトク*　李 培徳

◇アジア主義は何を語るのか—記憶・権力・価値　松浦正孝編著　京都　ミネルヴァ書房　2013.2　671, 6p　22cm　〈索引あり〉8500円　①978-4-623-06488-5

内容 戦後香港と日本におけるアジア主義(李培徳執筆, 今井就稔訳)〔09293〕

リ, バイリン　李 培林

◇再び立ち上がる日本—異国文化という視点からの日本観察　李培林著, 楊慶敏訳, 西原和久監修　人間の科学新社　2011.10　345p　20cm　1600円　①978-4-8226-0295-6

内容 序章 異文化からの観察　第1章 文明の衝突？　第2章 日本の歴史を問う　第3章 ポスト近代の社会　第4章 経済と教育立国の変容　第5章 西制和魂 : 西洋の制度と日本の精神　第6章 現代と伝統の融合　第7章 工業国と農村風景　第8章 日常生活の変容　第9章 日本における中国文化の痕跡〔09294〕

リ, バック・ズン

◇アジア女性と親密性の労働　落合恵美子, 赤枝香奈子編　京都　京都大学学術出版会　2012.2　329p　22cm　（変容する親密圏/公共圏 2）〈索引あり〉3600円　①978-4-87698-574-6

内容 公的労働と家事労働をうまくこなすには, 三つの頭と六本の手が必要である 他(クアット・チュ・ホン, ブイ・チュ・フォン, リ・バック・ズン著, 戸梶民夫訳)〔09295〕

リ, ハンシュン　李 範俊

⇒イ, ボムジュン

リ, ヒョウ*　李 憑

◇魏晋南北朝における貴族制の形成と三教・文学—歴史学・思想史・文学の連携による 第二回日中学者中国古代史論壇論文集　中国社会科学院歴史研究所, 東方学会〔編〕, 渡辺義浩編　汲古書院　2011.9　330p　27cm　12000円　①978-4-7629-2969-4

内容 北魏における儒学の伝播(李憑著, 三津間弘彦訳)〔09296〕

リ, ヘイコウ*　李 炳鎬

⇒イ, ビョンホ*

リ, ヘイシン*　李 平心

◇新編原典中国近代思想史　第7巻　世界冷戦のなかの選択—内戦から社会主義建設へ　野村浩一, 近藤邦康, 並木頼寿, 坂元ひろ子, 砂山幸雄, 村田雄二郎編　砂山幸雄責任編集　岩波書店　2011.10　410, 7p　22cm　〈年表あり〉5700円　①978-4-00-028227-7

内容 「第三方面」と民主運動を論ずる(李平心著, 水羽信男訳)〔09297〕

リ, ペイリン　李 培林

⇒リ, バイリン

リ, ホウエイ*　李 宝栄

◇東アジア海をめぐる交流の歴史的展開　鐘江宏之, 鶴間和幸編著　東方書店　2010.12　317p　22cm　（学習院大学東洋文化研究叢書）　4000円　①978-4-497-21016-6

内容 世方化と東アジアの経済特区の比較(李宝栄著, 李正勲訳)〔09298〕

リ, ミンケイ*　李 珉圭

⇒イ, ミンギュ

リ

リ, メイキ*　李 明輝
⇒イ, ミョンフィ*

リー, モー・イー　Lee, Mo Yee
◇DV加害者が変わる―解決志向グループ・セラピー実践マニュアル（Solution-Focused Treatment of Domestic Violence Offenders）モー・イー・リー, ジョン・シーボルド, エイドリアナ・ウーケン著, 玉真慎子, 住谷祐子訳　金剛出版　2012.9　286p　22cm　〈文献あり 索引あり〉4200円　①978-4-7724-1267-4
内容 1 序論―解決についての説明責任　2 解決志向アセスメント面接　3 グループ・ルール、宿題、チーム・アプローチの活用　4 役に立つゴールを作る　5 ゴールを活用して変化を促す　6 変化を確実にする―「成功の言語」　7 グループ過程を活用する―「分かち合いの言語」　8 有効な仮説と手段　9 特定のグループとの共働作業　10 治療プログラムの評価　11 おわりに　〔09299〕

リ, ユウセイ*　李 有成
◇浄土真宗の七五〇年　真宗高田派正泉寺, 北島義信編　京都　文理閣　2011.11　320, 6p　21cm（リーラー「遊」 vol.7）1400円　①978-4-89259-668-1
内容 沖縄の戦争記憶（李有成著, 加納光訳）〔09300〕

リ, ユウテイ*　李 宥霆
◇天草諸島の文化交渉学研究　荒武賢一朗, 野間晴雄, 藪田貫編　吹田　関西大学文化交渉学教育研究拠点　2011.3　220p　30cm（周縁の文化交渉学シリーズ 2）〈文部科学省グローバルCOEプログラム関西大学文化交渉学教育研究拠点　文献あり〉①978-4-9905164-4-4
内容 歴史叙述における島原の乱（李宥霆著, 宮嶋純子訳）〔09301〕

リ, ヨンファ　李 英和
◇マンガ金正恩（キム・ジョンウン）入門―北朝鮮若き独裁者の素顔　河泰慶作, 崔炳善漫画, 李柳真訳, 李英和監修　TOブックス　2011.7　177p　21cm　〈タイトル：マンガ金正恩入門〉1200円　①978-4-904376-61-4
内容 第1章 金正恩VS金正男（金正恩、後継公式化の日忘れられた悲運の皇太子、金正男 ほか）　第2章 金正恩の後継へのプロセス（金正恩の子ども時代　金正恩と金正哲 ほか）　第3章 金正恩の狂気の挑発（金正恩の最初の挑発　金正恩の2つめの挑発 ほか）　第4章 金正恩の無能な内政（金正恩の最初の国内政策　金正恩の2つめの国内政策 ほか）　第5章 揺らぐ金正恩体制（金正恩と血の粛清　黄長燁と金正恩 ほか）〔09302〕

◇マンガ金正恩入門―北朝鮮若き独裁者の素顔　河泰慶作, 崔炳善漫画, 李英和監修, 李柳真訳　TOブックス　2013.8　181p　15cm（TO文庫）571円　①978-4-86472-173-8
内容 第1章 金正恩VS金正男　第2章 金正恩の後継へのプロセス　第3章 金正恩の狂気の挑発　第4章 金正恩の無能な内政　第5章 揺らぐ金正恩体制　〔09303〕

リ, リョウヘン*　李 良変
⇒イ, ヤンピョン*

リー, ルイ　李 鋭
⇒リ, エイ

リ, レイコウ*　李 昤昊
⇒イ, ヨンホ*

リー, ロバート・E.　Lee, Robert Ernest
◇家族療法のスーパーヴィジョン―統合的モデル（The integrative family therapy supervisor）ロバート・E.リー, クレッグ・A.エベレット著, 福山和女, 石井千賀子監訳, 日本家族研究・家族療法学会評議員会訳　金剛出版　2011.6　279p　22cm　〈文献あり〉3800円　①978-4-7724-1193-6
内容 スーパーヴィジョン過程における基本要素―スーパーヴィジョンの基本原則　実践現場に与える過去と未来のスーパーヴィジョンの歴史的影響についての理解　スタートを切る―統合的スーパーヴィジョンの基本的指針　トレーニング・システムの多世代的構造とダイナミクス　スーパーヴィジョンの発達段階的側面　スーパーヴィジョンのための主要な理論的リソース　スーパーヴィジョンの様式―ライブ、ビデオ、音声テープ、事例提示法　スーパーヴィジョンの形態―個別スーパーヴィジョンとグループ・スーパーヴィジョン　スーパーヴィジョンにおける文化とコンテクストに関する課題　スーパーヴィジョンにおける効果的な実践―トレーニング・システムの構成員の視点から　スーパーヴィジョン・プロセスを妨げる問題の取り扱い方　スーパーヴァイザーの責任と管理的側面のツール　スーパーヴィジョンにおけるあなた独自のモデルを明確にすること　統合的スーパーヴィジョンの実際　私たちの旅路の第一段階を終えるにあたって　〔09304〕

リアコス, アントニス
◇国家と国民の歴史―ヴィジュアル版（HISTORIES OF NATIONS）ピーター・ファタードー編, 猪口孝日本語版監修, 小林朋則訳　原書房　2012.11　320p　26cm　〈文献あり 索引あり〉5800円　①978-4-562-04850-2
内容 ギリシア―古代の栄光と現代世界とのはざまで（アントニス・リアコス）〔09305〕

リアン, マーガレット・O.　Ryan, Margaret O'Loghlin
◇催眠における生活構造のリフレーミング（Life reframming in hypnosis）織田孝裕, 白木孝二監訳　新潟　亀田ブックサービス　2012.4　347p　21cm（ミルトン・エリクソン言行録 第2巻　ミルトン・エリクソン〔著〕, アーネスト・L.ロッシ, マーガレット・O.リアン編, ヒレル・M.ザイトリン, 尾川丈一監訳）4667円　①978-4-906364-43-5　〔09306〕

リウー, アラン=マルク　Rieu, Alain-Marc
◇未完の国―近代を超克できない日本（Savoir et pouvoir dans la modernisation du Japon）アラン=マルク・リウー著, 久保田亮訳　水声社　2013.6　381p　22cm　6000円　①978-4-89176-978-9
内容 序 事例としての日本　第1章 前 - 近代化のプロセス―徳川時代の知と権力　第2章 近代化の条件　第3章 近代化の思想　第4章 近代性　第5章 近代化の終焉と近代の超克　第6章 近代の回帰―「知識社会」

へ　結論 解体から再建へ―日本はどこへ行くのか？ 〔09307〕

リウー, ブノワ　Rihoux, Benoît

◇変貌する世界の緑の党―草の根民主主義の終焉か？ (GREEN PARTIES IN TRANSITION)　E.ジーン・フランクランド, ポール・ルカルディ, ブノワ・リウー編著, 白井和宏訳　緑風出版　2013.9　455p　20cm　〈文献あり〉3600円　①978-4-8461-1320-9

内容 「アマチュア運動家の党」から「プロフェッショナルな選挙政党」へ？ 他(ポール・ルカルディ, ブノワ・リウー著) 〔09308〕

リヴァ, ジョバンニ　Riva, Giovanni

◇イエスを知るために (Per conoscere Gesú)　ジョバンニ・リヴァ著, アンジェリーナ・ヴォルペ訳　改訂版　ドン・ボスコ社　2012.10　203p　21cm　1500円　①978-4-88626-543-2

内容 探求の始まり　理性　理性の仮説　調査する出来事　環境　権力　運動そしてグループ　史料　歴史上のイエス　イエスはだれだったか　最終的な印象　裁判と選択　信仰 〔09309〕

リーヴィ, リチャード　Levey, Richard H.

◇古代中国―兵士と馬とミイラが語る王朝の栄華 (Ancient China)　ジャクリーン・ボール, リチャード・リーヴィ著, ロバート・マロウチック監修, 中川治子訳　神戸　BL出版　2013.12　63p　26cm　(ナショナルジオグラフィック―考古学の探検)　〈文献あり 年表あり 索引あり〉　1800円　①978-4-7764-0558-0 〔09310〕

リウィウス, ティトゥス　Livius

◇ローマ建国以来の歴史　9　第二次マケドニア戦争　東方諸戦役 1　リウィウス〔著〕　吉村忠典, 小池和子訳　京都　京都大学学術出版会　2012.5　268p　20cm　(西洋古典叢書〔L021〕内山勝利, 大戸千之, 中務哲郎, 南川高志, 中畑正志, 高橋宏幸編集委員)　〈付属資料 ： 8p ： 月報 93〉3100円　①978-4-87698-196-0 〔09311〕

リヴェラ=バティス, フランシスコ・L.

◇学校と職場をつなぐキャリア教育改革―アメリカにおけるSchool-to-Work運動の挑戦 (The school-to-work movement)　ウィリアム・J.スタル, ニコラス・M.サンダース編, 横井敏郎ほか訳　学事出版　2011.7　385p　21cm　3800円　①978-4-7619-1839-2

内容 School-to-Workプログラムがマイノリティの若者に与えた影響(フランシスコ・L.リヴェラ-バティス著, 安宅仁人訳) 〔09312〕

リーエン, キャシー　Lien, Kathy

◇ザFX―通貨トレーディングで儲ける基礎と応用 (The little book of currency trading)　キャシー・リーエン著, 長尾慎太郎監修, 井田京子訳　パンローリング　2011.10　235p　22cm　(ウィザードブックシリーズ 186)　2800円　①978-4-7759-7153-6

内容 雷に打たれたとき―金融危機と急増するFXトレーディング　ルーブルとバーツとユーロ、何てことだ―FXは思ったより身近だった　FXのすべて―知っておくべき基本知識　さあ始めよう―初めてのFXトレード　金利を動かし、揺るがすもの―何が通貨価値を上昇させたり、下落させたりするのか　投資家とトレーダーの違い―自分に合ったトレード方法を探す　勝者のみんながやっていること―FX市場における絶対ルール　あなたは投資家？―ゆっくりと着実な方法で勝つ　あなたはトレーダー？―素早く利益を上げたいワイルドタイプ　危険なビジネス―見通しが不透明なときでも資金を守る　間違いトップ10―だから避けてほしい　ナイジェリアからの手紙―FX詐欺を察知し、避ける　さあトレード開始だ―良いトレード計画の重要性　失敗、落胆、そして学習―より良いトレーダーになるために　賢くスタート―FXへの冒険の旅を始めよう 〔09313〕

リオタール, ジャン=フランソワ　Lyotard, Jean-François

◇崇高とは何か (Du sublime)　ミシェル・ドゥギー他〔著〕, 梅木達郎訳　新装版　法政大学出版局　2011.9　413p　20cm　(叢書・ウニベルシタス 640)　4800円　①978-4-588-09943-4

内容 崇高なるものの関心(ジャン＝フランソワ・リオタール) 〔09314〕

◇言説、形象 (ディスクール、フィギュール) (Discours, figure)　ジャン＝フランソワ・リオタール〔著〕, 三浦直希訳, 合田正人監修　法政大学出版局　2011.9　627, 60p　20cm　(叢書・ウニベルシタス 960)　〈タイトル ： 言説、形象 文献あり 著作目録あり 年譜あり 索引あり〉　7000円　①978-4-588-00960-0

内容 形象的なものの決意　意義と指示　弁証法、人差し指、形式　逆過程と超反省　言語記号？　体系における厚みの効果　言説の縁にある厚み　"否"と対象の定立　対立と差異　欲望の「歴史」の一断章をめぐるヴェドゥータ　他なる空間　線と文字　「夢作業は思考しない」　欲望と形象的なものとの共謀　言説における欲望　形説・言象、幻想のユートピア　回帰、自己－説明、二重の逆転 〔09315〕

リガジオ - ディジリオ, サンドラ　Rigazio-DiGilio, Sandra A.

◇パートナー暴力―男性による女性への暴力の発生メカニズム (What causes men's violence against women？)　ミッシェル・ハーウェイ, ジェームズ・M.オニール編著, 鶴元春訳　京都　北大路書房　2011.9　303p　21cm　〈文献あり〉　3700円　①978-4-7628-2763-1

内容 女性に対する暴力のジェンダー間関係次元―共同構築的な発達的視点(サンドラ・リガジオ - ディジリオ, A.ステファン・ランリ) 〔09316〕

リカーズ, ジェームズ　Rickards, James

◇通貨戦争―崩壊への最悪シナリオが動き出した！ (CURRENCY WARS)　ジェームズ・リカーズ著, 藤井清美訳　朝日新聞出版　2012.9　341p　20cm　〈文献あり〉　2000円　①978-4-02-331116-9

内容 第1部 戦争シミュレーション・ゲーム(戦争の前　金融戦争)　第2部 通貨戦争(黄金時代について　第一次通貨戦争―一九二一年～一九三六年　第二次通貨戦争―一九六七年～一九八七年　第三次通貨戦争―二〇一〇年～　G20による解決への動き)　第3部

リ

次のグローバル危機（グローバル化と国家資本　経済学の誤用　通貨、資本、複雑性　終局―紙券か金か、それとも混沌か）〔09317〕

リーガン, サリー　Regan, sally

◇いまがわかる！ 世界なるほど大百科（What you need to know now）　ジョー・フルマン, イアン・グラハム, サリー・リーガン, イザベル・トマス著, スティーブン・スコッファム監修, 武舎広幸, 武舎るみ, 野村真依子訳　河出書房新社　2011.10　256p　29cm　〈索引あり〉3800円　①978-4-309-61541-7〔09318〕

リーク, ケイト　Leake, Kate

◇めくってはっけん！ せかいちずえほん　アレックス・フリス著, ケイト・リーク絵　学研教育出版　2012.2　14p　29cm　〈発売：学研マーケティング〉1800円　①978-4-05-203489-3〔09319〕

リク, ヨウ*　陸洋

◇中国長江デルタの都市化と産業集積　加藤弘之編著　勁草書房　2012.3　333p　22cm　（神戸大学経済学叢書 第18輯）〈索引あり〉5500円　①978-4-326-54641-1

内容 農村基層幹部を読み解く（張楽天, 陸洋著, 嶋亜弥子訳）〔09320〕

リクトマン, フローラ　Lichtman, Flora

◇誰もがイライラしたくないのに、なぜイライラしてしまうのか？（ANNOYING）　ジョー・パルカ, フローラ・リクトマン著, 黒木章人訳　総合法令出版　2012.12　250p　19cm　〈文献あり〉1500円　①978-4-86280-336-8

内容 他人の携帯電話はどうしてイライラするのか？　イライラする音　嫌い嫌いもやがては好きに…　黒板で爪をひっかく音はなぜ耳障りなのか　スカンク！―消えないにおいにイライラする　気にすれば気にするほど…イライラする！　チーズは「誰が」消した？　絶対音感の恐怖　不協和音　ルール違反はなぜゆるせないのか〔ほか〕〔09321〕

リクール, ポール　Ricœur, Paul

◇イデオロギーとユートピア―社会的想像力をめぐる講義（Lectures on ideology and utopia）　ポール・リクール著, ジョージ・H.テイラー編, 川崎惣一訳　新曜社　2011.6　502p　22cm　〈文献あり〉5600円　①978-4-7885-1235-1

内容 第1部 イデオロギー（マルクス『ヘーゲル法哲学批判』および『経済学・哲学草稿』　マルクス『経済学・哲学草稿』「第一草稿」　マルクス『経済学・哲学草稿』「第三草稿」　マルクス『ドイツ・イデオロギー』　アルチュセール　マンハイム　ウェーバー　ハーバーマス　ギアーツ）　第2部 ユートピア（マンハイム　サン＝シモン　フーリエ）〔09322〕

◇道徳から応用倫理へ（LE JUSTE.2）　ポール・リクール〔著〕, 久米博, 越門勝彦訳　法政大学出版局　2013.7　316, 3p　20cm　（叢書・ウニベルシタス 995―公正の探求 2）〈索引あり〉3500円　①978-4-588-00995-2

内容 第1部 研究（道徳から倫理的なものへ、そして諸倫理へ　正義と真理　自律と傷つきやすさ　権威の逆説　翻訳という範型）　第2部 読解（オットフリート・ヘッフェ『法の諸原理』　マックス・ウェーバー社会学の基本的カテゴリー　ピエール・ブーレツの『世界の約束―マックス・ウェーバーの哲学』　アントワーヌ・ガラポンの『約束の番人』　根源的なものと歴史的なもの―チャールズ・テイラーの『自我の源泉』についてのノート）　第3部 実践（正常なものと病理的なものとの違い―敬意の源泉としての　医療判断の三つのレベル　医療行為と裁判行為における決定　正義と復讐　普遍的なものと歴史的なもの）〔09323〕

◇カール・ヤスパースと実存哲学（Karl Jaspers et la philosophie de l'existence）　ミケル・デュフレンヌ, ポール・リクール著, 佐藤真理人訳　調布　月曜社　2013.9　686p　22cm　（〔古典転生〕〔8〕）〈著作目録あり 索引あり〉7000円　①978-4-86503-009-9

内容 カール・ヤスパースにおける哲学と宗教（ポール・リクール著, 岡田聡訳）〔09324〕

リコーナ, トーマス　Lickona, Thomas

◇優秀で善良な学校―新しい人格教育の手引き（Smart & Good High Schools（抄訳））　トーマス・リコーナ, マシュー・デイビッドソン著, 柳沼良太監訳, 吉田誠訳　慶応義塾大学出版会　2012.9　260, 10p　19cm　2800円　①978-4-7664-1952-8

内容 優秀で善良な学校―学校、職場、その他の人生で成功するために、優秀さと善良さの統合を目指します　第1章 人格への呼びかけ―学校が直面するパフォーマンス的問題と道徳的問題　第2章 パフォーマンス的人格と道徳的人格―優秀さと善良さの統合　第3章 倫理的学習共同体―優秀さと善良さを統合するために協働する教師、子ども、保護者、地域共同体　第4章 職業倫理的学習共同体―優秀さと善良さを統合するために協働する教師〔09325〕

リーサー, ロバート・A.　Reiser, Robert A.

◇インストラクショナルデザインとテクノロジ―教える技術の動向と課題（TRENDS AND ISSUES IN INSTRUCTIONAL DESIGN AND TECHNOLOGY（原著第3版））　R.A.リーサー, J.V.デンプシー編　京都　北大路書房　2013.9　690p　21cm　〈訳：半田純子ほか　索引あり〉4800円　①978-4-7628-2818-8

内容 あなたの専門領域は何って？ 領域を定義・命名する他（ロバート・A.リーサー著, 合田美子訳）〔09326〕

リシェ, ピエール　Riché, Pierre

◇大グレゴリウス小伝―西欧中世世界の先導者（Petite vie de Grégoire le Grand）　ピエール・リシェ著, 岩村清太訳　知泉書館　2013.7　169, 22p　20cm　〈布装　年譜あり 索引あり〉2800円　①978-4-86285-159-8〔09327〕

リシャー, リチャード　Lischer, Richard

◇説教をめぐる知恵の言葉―古代から現代まで　下（The company of preachers）　リチャード・リシャー編, 加藤常昭監訳　キリスト新聞社　2011.4　330, 12p　22cm　5000円　①978-4-87395-562-9〔09328〕

◇説教者キング―アメリカを動かした言葉（THE

PREACHER KING）　リチャード・リシャー著, 梶原寿訳　日本キリスト教団出版局　2012.3　551p　22cm　〈文献あり 索引あり〉8000円　①978-4-8184-0799-2
内容 1 準備期間（生育環境　言葉への実習期間　デクスター街教会と「自由の夜明け」）2 実演活動（彼が継承したもの―伝承の構成単位　話し方の戦略　一体化から怒りへ ほか）3 神学とそれを超えるもの（聖書の鏡に照らして　エベネザー教会の福音　「自由の福音」を担って―大衆集会）〔09329〕

リース, エリック　Ries, Eric
◇リーン・スタートアップ―ムダのない起業プロセスでイノベーションを生みだす（THE LEAN STARTUP）　エリック・リース著, 井口耕二訳　日経BP社　2012.4　406p　19cm　〈文献あり 索引あり　発売：日経BPマーケティング〉1800円　①978-4-8222-4897-0
内容 第1部 ビジョン（スタート　定義　学び ほか）第2部 舵取り（始動　構築・検証　計測 ほか）第3部 スピードアップ（バッチサイズ　成長　順応 ほか）〔09330〕
◇Running Lean―実践リーンスタートアップ（Running Lean（原著第2版））　アッシュ・マウリャ著, 角征典訳　オライリー・ジャパン　2012.12　237p　21cm　（THE LEAN SERIES　エリック・リースシリーズエディタ）〈文献あり 索引あり　発売：オーム社〉2200円　①978-4-87311-591-7
内容 第1部 ロードマップ（メタ原則　Running Leanの実例）第2部 プランAを文書化する（リーンキャンバスの作成）第3部 プランで最もリスクの高い部分を見つける（ビジネスモデルの優先順位　実験の準備）第4部 プランを体系的にテストする（顧客インタビューの準備　課題インタビュー ほか）〔09331〕

リーズ, マイケル・A.　Leeds, Michael Allen
◇学校と職場をつなぐキャリア教育改革―アメリカにおけるSchool-to-Work運動の挑戦（The school-to-work movement）　ウィリアム・J.スタル, ニコラス・M.サンダース編, 横井敏郎ほか訳　学事出版　2011.7　385p　21cm　3800円　①978-4-7619-1839-2
内容 1990年代の若年者労働市場（マイケル・A.リーズ, エリザベス・ホィートン著, 篠原岳司訳）〔09332〕

リース, マーティン　Rees, Martin
◇世界一素朴な質問、宇宙一美しい答え―世界の第一人者100人が100の質問に答える（BIG QUESTIONS FROM LITTLE PEOPLE）　ジェンマ・エルウィン・ハリス編, 西田美緒子訳, タイマタカシ絵　河出書房新社　2013.11　298p　22cm　2500円　①978-4-309-25292-6
内容 宇宙はなぜあんなにキラキラしているの？（マーティン・リース）〔09333〕

リース, G.　Rees, G.
◇グローバル化・社会変動と教育　1　市場と労働の教育社会学（EDUCATION, GLOBALIZATION AND SOCIAL CHANGE（抄訳））　ヒュー・ローダー, フィリップ・ブラウン, ジョアンヌ・ディラボー, A.H.ハルゼー編, 広田照幸, 吉田文, 本田由紀編訳　東京大学出版会　2012.4　354p　22cm　〈文献あり〉4800円　①978-4-13-051317-3
内容 学習社会における歴史・経歴・場所―生涯学習の社会学に向けて（G.リース, R.フェーブル, J.ファーロング, S.ゴラード著, 児美川孝一郎訳）〔09334〕

リズヴィ, フェイザル
◇転換期の教育改革―グローバル時代のリーダーシップ（Changing education）　ピーター・D.ハーショック, マーク・メイソン, ジョン・N.ホーキンス編著, 島川聖一郎, 高橋貞雄, 小原一仁監訳　町田　玉川大学出版部　2011.7　377p　22cm　〈文献あり〉6200円　①978-4-472-40430-6
内容 グローバル化時代における教育目的の見直し（フェイザル・リズヴィ著）〔09335〕

リスター, ティモシー　Lister, Timothy R.
◇ピープルウエア―ヤル気こそプロジェクト成功の鍵（PEOPLEWARE（原著第3版））　トム・デマルコ, ティモシー・リスター著, 松原友夫, 山浦恒央, 長尾高弘訳　第3版　日経BP社　2013.12　299p　21cm　〈文献あり 索引あり　発売：日経BPマーケティング〉2200円　①978-4-8222-8524-1　〔09336〕

リスター, ルース　Lister, Ruth
◇貧困とはなにか―概念・言説・ポリティクス（Poverty）　ルース・リスター著, 松本伊智朗監訳, 立木勝訳　明石書店　2011.4　317p　20cm　〈文献あり 索引あり〉2400円　①978-4-7503-3374-8
内容 第1章 貧困の定義　第2章 貧困の測定　第3章 不平等、社会的区分、さまざまな貧困の経験　第4章 貧困と社会的排除　第5章 貧困についての言説―“他者化”から尊重・敬意へ　第6章 貧困と行為における主体性―“やりくり”から“組織化”へ　第7章 貧困、人権、シチズンシップ　終章―概念からポリティクスへ〔09337〕
◇グローバル・ジャスティス　新たな正義論への招待　内藤正典, 岡野八代編著　京都　ミネルヴァ書房　2013.5　247p　21cm　〈索引あり〉2800円　①978-4-623-06597-4
内容 シティズンシップをジェンダーの視点から考える（ルース・リスター執筆, 岡野八代訳）〔09338〕

リストマニアックス《The Listomaniacs》
◇リストマニア―インフォグラフィックスで見る驚きの事実（LISTOMANIA）　The Listomaniacs著, 前田亜里訳　パイインターナショナル　2013.9　256p　20cm　1900円　①978-4-7562-4392-8　〔09339〕

リースナー, フランク　Riesner, Frank
◇私は東ドイツに生まれた―壁の向こうの日常生活　フランク・リースナー著, 生田幸子訳, 清野智昭監修　東洋書店　2012.3　315, 7p　20cm　〈年表あり〉2500円　①978-4-88595-992-9
内容 第1章 東ドイツとはどんな国だったのか？（私たちはどんな国で生活していたのか？　東ドイツの有名人　シュタージ（国家公安局）　ナチス時代からの脱

却　ベルリンの壁）　第2章 東ドイツの国内政策（社会保障制度　人口政策　女性のための政策　社会化政策　雇用政策）　第3章 東ドイツと世界（対外的アピール　東ドイツの経済　日本との関係　西ドイツと東ドイツ）　第4章 東ドイツ的日常（ファッション　カーライフ　セックスライフ　治安　国家人民軍（NVA））　第5章 東西再統一、その後（変わりゆく東ドイツ　東ドイツの忘れもの）〔09340〕

リズビ, フィルダス・ファティマ

◇企業と人権インド・日本―平等な機会のために　反差別国際運動日本委員会編集　反差別国際運動日本委員会　2012.9　146p　21cm　（IMADR-JCブックレット 15）〈発売：解放出版社（大阪）〉1200円　①978-4-7592-6756-3

内容 インドにおける民間企業部門によるアファーマティブ・アクション政策 他（スカデオ・ソラット, フィルダス・ファティマ・リズビ執筆, 菅原絵美訳）〔09341〕

リースマン, デイヴィッド　Riesman, David

◇孤独な群衆　上（THE LONELY CROWD（原著1961年版））　デイヴィッド・リースマン〔著〕, 加藤秀俊訳　みすず書房　2013.2　355, 12p　20cm　（始まりの本）〈1964年刊の改訂訳、上下2分冊〉3200円　①978-4-622-08363-4

内容 第1部 性格（性格と社会のいくつかのかたち　道徳性から意欲へ―誰が性格形成をしてきたか　仲間たちの審判―誰が性格形成をしてきたか（つづき）　物語技術のさまざま―誰が性格形成をしてきたか（つづき）　内部指向の生き方　他人指向の生き方―「神のみちびき」から「お愛想」へ　他人指向の生き方（つづき）―もうひとつの顔）〔09342〕

◇孤独な群衆　下（THE LONELY CROWD（原著1961年版））　デイヴィッド・リースマン〔著〕, 加藤秀俊訳　みすず書房　2013.2　302, 22p　20cm　（始まりの本）〈1964年刊の改訂訳、上下2分冊　索引あり〉3200円　①978-4-622-08364-1

内容 第2部 政治（伝統指向、内部指向、他人指向―それぞれの政治スタイル　政治的説得―怒りと「やさしさ」　権力のイメージ　アメリカ人とクワキトル族）　第3部 自律性（適応か自律か？　まやかしの人格化―職場生活での自律性への障碍　強制される私生活化―余暇時間での自律性への障碍　才能の問題―余暇時間での自律性への障碍（つづき）　自律性とユートピア）〔09343〕

リーセ, レベッカ　Reese, Rebecca

◇インストラクショナルデザインとテクノロジ―教える技術の動向と課題（TRENDS AND ISSUES IN INSTRUCTIONAL DESIGN AND TECHNOLOGY（原著第3版））　R.A.リーサー, J.V.デンプシー編　京都　北大路書房　2013.9　690p　21cm　〈訳：半田純子ほか　索引あり〉4800円　①978-4-7628-2818-8

内容 仮想世界（バーチャルワールド）でデザインする（J.V.（ジャック）・デンプシー, レベッカ・リーセ, ステイシア・ウェストン著, 山田政寛訳）〔09344〕

リーゼンフェルト, シュテファン　Liesenfeld, Stefan

◇時間について100の言葉（Weise, wer die Zeit versteht Hundert Worte uber die zeit）　シュテファン・リーゼンフェルト編, 山本文子訳　女子パウロ会　2012.4　100p　19cm　1200円　①978-4-7896-0711-7〔09345〕

リーソン, ピーター・T.　Leeson, Peter T.

◇海賊の経済学―見えざるフックの秘密（The invisible hook）　ピーター・T.リーソン著, 山形浩生訳　NTT出版　2011.3　318p　20cm　〈索引あり〉1900円　①978-4-7571-2242-0

内容 第1章 見えざるフック　第2章 黒ヒゲに清き一票を―海賊民主制の経済学　第3章 アナーキー―海賊の掟の経済学　第4章 髑髏と骨のぶっちがい―海賊旗の経済学　第5章 船板を歩け―海賊拷問の経済学　第6章 仲間になるか、それとも死ぬか？―海賊リクルートの経済学　第7章 獲物が同じなら払いも同じ―海賊は平等主義者？　第8章 海賊に教わるマネジメントの秘訣〔09346〕

リチャーソン, ピーター・J.

◇コモンズのドラマ―持続可能な資源管理論の15年（The Drama of the COMMONS）　全米研究評議会,Elinor Ostrom,Thomas Dietz,Nives Dolšak,Paul C.Stern,Susan C.Stonich,Elke U. Weber編, 茂木愛一郎, 三俣学, 泉留維監訳　知泉書館　2012.5　665p　23cm　〈文献あり 索引あり〉9000円　①978-4-86285-132-1

内容 コモンズ管理に関する一つの進化理論（ピーター・J.リチャーソン, ロバート・ボイド, ブライアン・ピチオッティ著, 広川祐司訳）〔09347〕

リチャード, ズグスタ

◇グローバル人間学の世界　中村安秀, 河森正人編　吹田　大阪大学出版会　2011.4　247p　21cm　（大阪大学新世紀レクチャー）　2400円　①978-4-87259-296-2

内容 北東アジアの先住民（ズグスタ・リチャード著, 岡本明日翔訳）〔09348〕

リチャードソン, アラン　Richardson, Alan

◇仕事と人間―聖書神学的考察（The Biblical Doctrine of Work）　アラン・リチャードソン著, 西谷幸介訳　新教出版社　2012.10　156p　18cm　（新教新書 273）　〈索引あり〉1300円　①978-4-400-42727-8

内容 仕事に関する聖書の教え　創造者なる神の「わざ」　「創造的」な仕事人精神と技術　人間のための神の制定としての仕事　創世記神話の教え　キリストのわざ　キリスト教徒の固有のわざ　新約聖書における「召命」　労働者の義務に関する新約聖書の教え　仕事の制定の成就としてのキリスト　仕事に関する聖書の教えの普遍性と限定性　余暇と安息　仕事と信仰義認　仕事と礼拝　仕事の奉献　聖餐式の捧げ物に関する初期の教え〔09349〕

リチャードソン, ウォレス・G.　Richardson, Wallace G.

◇心・体・魂を癒す宝石療法―パワーストーンの古代の叡智がよみがえる（THE SPIRITUAL VALUE OF GEMSTONES）　W.G.リチャードソン,L.ヒューイット著, 林陽訳　中央アート出版社　2012.4　173p　22cm　2200円　①978-4-8136-0685-7

リ

内容 第1章 宝石に秘められた宇宙の法則　第2章 宝石パワーのすべて　第3章 その他の貴石類　第4章 貴金属と鉱石のパワー　第5章 結晶の秘密　第6章 七つの結晶系　第7章 ブレストプレート、エポデ、ウリムとトンミム　〔09350〕

リチャードソン, カレン・パグナノ
◇学び手の視点から創る小学校の体育授業　鈴木直樹, 梅沢秋久, 鈴木聡, 松本大輔編著　岡山　大学教育出版　2013.11　260p　21cm　2800円　①978-4-86429-243-6
内容 戦術的意思決定能力の向上をめざして！（メアリー・ヘニンガー, カレン・パグナノ・リチャードソン著, 鈴木直樹, 西田陽訳）　〔09351〕

リチャードソン, ジャレッド　Richardson, Jared
◇プロジェクト・マネジャーが知るべき97のこと（97 things every project manager should know）　Barbee Davis編, 笹井崇司訳, 神庭弘年監修　オライリー・ジャパン　2011.11　240p　21cm　〈発売：オーム社〉1900円　①978-4-87311-510-8
内容 あなたは特別ではない 他（ジャレッド・リチャードソン）　〔09352〕

リチャードソン, デイヴィッド　Richardson, David
◇環大西洋奴隷貿易歴史地図（ATLAS OF THE TRANSATLANTIC SLAVE TRADE）　デイヴィッド・エルティス, デイヴィッド・リチャードソン著, 増井志津代訳　東洋書林　2012.6　305p　27cm　〈年表あり〉9500円　①978-4-88721-801-7
内容 第1章 奴隷をアフリカから輸送した国々（1501-1867）　第2章 環大西洋奴隷貿易における航海拠点港　第3章 奴隷のアフリカ大西洋岸出発地、そしてアフリカと大西洋世界の関連　第4章 中間航路の体験　第5章 南北アメリカにおける奴隷の到着地と大西洋世界とのつながり　第6章 環大西洋奴隷貿易の廃止と鎮圧　〔09353〕

リチャードソン, ヒュー　Richardson, Hugh Edward
◇チベット文化史（A cultural history of Tibet）　デイヴィッド・スネルグローヴ, ヒュー・リチャードソン著, 奥山直司訳　〔2011年〕新装版　春秋社　2011.3　437, 41p　22cm　〈文献あり　年表あり　索引あり〉5800円　①978-4-393-11309-7
内容 第1部 古代王朝（チベット勢力の出現　仏教の伝来　後世の文献に描かれた古代）　第2部 中世（僧院生活の基礎　モンゴルの間接支配　宗教への専心）　第3部 黄帽派（権力への歩み　清朝の宗主権　二十世紀）　〔09354〕

リチャードソン, マシュー　Richardson, Matthew
◇金融規制のグランドデザイン―次の「危機」の前に学ぶべきこと（Restoring financial stability）　ヴィラル・V.アチャリア, マシュー・リチャードソン編著, 大村敬一監訳, 池田竜哉, 増原剛輝, 山崎洋一, 安藤祐介訳　中央経済社　2011.3　488p　22cm　〈文献あり〉5800円　①978-4-502-68200-1
内容 金融危機におけるモーゲージの組成と証券化 他（ドワイト・ジャフィー, アンソニー・W.リンチ, マシュー・リチャードソン, スタジン・ヴァン・ニューワーバー）　〔09355〕

リチャードソン, ロビン　Richardson, Robin
◇グローバル・ティーチャーの理論と実践―英国の大学とNGOによる教員養成と開発教育の試み（Developing the global teacher）　ミリアム・スタイナー編, 岩崎裕保, 湯本浩之監訳　明石書店　2011.7　540p　20cm　（明石ライブラリー 146）〈文献あり 索引あり〉5500円　①978-4-7503-3381-6
内容 地上の星の教師―ワールド・スタディーズ運動とシティズンシップ（ロビン・リチャードソン著, 湯本浩之訳）　〔09356〕

リッジウェイ, アンドレイ　Ridgeway, Andrei
◇直観力の育て方―あなたの中の"眠れる力"を目覚めさせる方法（Intuitive living）　アンドレイ・リッジウェイ著, 野津智子訳　PHP研究所　2011.5　294p　19cm　1700円　①978-4-569-79629-1
内容 1 直観力の基本　2 直観と現実世界　3 直観と人間関係　4 直観と創造性　5 直観と影　6 直観とふしぎな力　7 直観と未来　8 まとめ―マイ・ストーリー　〔09357〕

リッター, ゲルハルト・A.　Ritter, Gerhard Albert
◇ドイツ社会保障の危機―再統一の代償（DER PREIS DER DEUTSCHEN EINHEIT（原著第2版））　ゲルハルト・A.リッター著, 竹中亨監訳　京都　ミネルヴァ書房　2013.1　399, 61p　22cm　（MINERVA人文・社会科学叢書 185）〈文献あり 索引あり〉8000円　①978-4-623-06434-2
内容 第1部 再統一の環境（政治的環境　再統一と社会政策の法的枠組　再統一過程のドイツ経済　社会構造と社会政策への要請）　第2部 社会保障統一の成立（社会保障統一の概要と東西ドイツの社会保障制度　モドロウ政権の社会政策　国家条約　デメジエール政権の社会政策立法　統一条約　社会政策のアクターと再統一過程　再統一の社会保障政策）　第3部 再統一ドイツにおける社会国家の変容――九九〇～九四年（東部諸州の社会国家制度の建設と運営団体　「経済立地」論争と再統一の財政・社会政策的問題　社会政策と社会政策のアクター）　終章 結論的考察　〔09358〕

リッター・フォン・ペルガー, アントン
◇ウィーンとウィーン人（Wien und die Wiener）　アーダルベルト・シュティフター他著, 新井裕, 戸口日出夫, 阿部雄一, 荒川宗晴, 篠原敏昭, 松岡晋訳　八王子　中央大学出版部　2012.3　990, 29p　20cm　（中央大学人文科学研究所翻訳叢書 6　中央大学人文科学研究所編）〈年表あり〉7200円　①978-4-8057-5405-4
内容 パイプの死神（ウィーンの喫煙およびパイプの習慣の一情景）他（アントン・リッター・フォン・ペルガー著, 荒川宗晴訳）　〔09359〕

リッチー, アレックス
◇世界のビジネス・アーカイブズ―企業価値の源泉　渋沢栄一記念財団実業史研究情報センター編　日外アソシエーツ　2012.3　272p　19cm　〈発売：紀伊国屋書店〉3600円　①978-4-8169-2353-1

リ

内容 ビジネス・アーカイブズに関する全国的戦略（アレックス・リッチー著, 森本祥子訳）〔09360〕

リッチ, ロン　Ricci, Ron
◇コラボレーション革命―あなたの組織の力を引き出す10のステップ（THE COLLABORATION IMPERATIVE）　ロン・リッチ, カール・ウィージ著, シスコシステムズ合同会社執行役員会訳監修　日経BP社　2013.2　247p　22cm　〈索引あり　発売：日経BPマーケティング〉1800円　①978-4-8222-6276-1
内容 コラボレーション、それが重要だ―今、取り組むべき理由　第1部 カルチャー（トップこそ最大の推進者―ゴールを共有するカルチャーを醸成する　コミュニケーションの真髄をつかむ―組織を「信頼できる伝達者」の集まりに）　第2部 プロセス（共通言語を確立して全員を巻き込む―チームの方向性を一致させビジョンに邁進させる　「信頼と責任」があるチームを素早く作る―「チームチャーター」を書く　時間の無駄遣いをやめる―目的を明確にして会議の質を向上）　第3部 テクノロジー（ツールボックスを開く―適切なテクノロジーポートフォリオで戦略を支える　成果を出せる8領域―変革する業務を特定する　投資対効果の測り方―3種類のROIを理解する ほか）〔09361〕

リッチフィールド, ブレンダ・C.　Litchfield, Brenda C.
◇インストラクショナルデザインとテクノロジー―教える技術の動向と課題（TRENDS AND ISSUES IN INSTRUCTIONAL DESIGN AND TECHNOLOGY（原著第3版））　R.A.リーサー, J.V.デンプシー編　京都　北大路書房　2013.9　690p　21cm　〈訳：半田純子ほか　索引あり〉4800円　①978-4-7628-2818-8
内容 設計チームをその場で、そして遠隔地から管理する 他（ブレンダ・C.リッチフィールド著, 寺田佳子訳）〔09362〕

リッチマン, ウィリアム・M.　Richman, William M.
◇アメリカ抵触法　上巻　管轄権編（Understanding Conflict of Laws（3rd ed.））　ウィリアム・M.リッチマン, ウィリアム・L.レイノルズ著, 松岡博, 吉川英一郎, 高杉直, 北坂尚洋訳　レクシスネクシス・ジャパン　2008.12　295p　21cm　（LexisNexisアメリカ法概説 6）〈原書第3版〉5500円　①978-4-902625-15-8
内容 第1章 序　第2章 ドミサイル　第3章 裁判所の管轄権（序　歴史：力および属地性からコンタクトおよびフェアネスへ　1977年以後の管轄権―最近の事件　管轄権の基礎となるもの　対人管轄権を理解する　財産に対する管轄権　管轄権をめぐる付加的な問題）〔09363〕
◇アメリカ抵触法　下巻（法選択・外国判決編）（Understanding conflict of laws（3rd ed.））　ウィリアム・M.リッチマン, ウィリアム・L.レイノルズ著, 松岡博, 吉川英一郎, 高杉直, 北坂尚洋訳　レクシスネクシス・ジャパン　2011.2　469p　22cm　（LexisNexisアメリカ法概説 6）〈索引あり　発売：雄松堂書店〉6500円　①978-4-8419-0566-3
内容 第4章 法選択（総論上の問題　第1リステイトメント　現代の法選択理論　現在の法選択　憲法と法選択　連邦裁判所における特殊な問題）　第5章 判決（基本原則　十分な信頼と信用の範囲と限界）　第6章 家族法（婚姻と離婚　扶養　子と抵触法）〔09364〕

リッチモンド, メアリー・E.　Richmond, Mary Ellen
◇社会診断（Social diagnosis）　メアリー・E.リッチモンド著, 佐藤哲三監訳, 杉本一義監修　京都　あいり出版　2012.3　380p　27cm　〈年譜あり　索引あり〉12000円　①978-4-901903-55-4
内容 1部 社会的証拠（社会的証拠の性質と利用　証拠に関する定義　証言による証拠 ほか）　2部 社会診断へのプロセス（初回面接　家族集団　一般外部情報源 ほか）　3部 プロセスのいろいろ（社会的能力しょうがいと提示する質問プラン　移民家族　妻子不法遺棄と寡婦暮らし ほか）〔09365〕

リット, マイケル, Jr.　Ritt, Michael J., Jr.
◇「成功哲学」を体系化した男ナポレオン・ヒル（A lifetime of riches the biography of Napoleon Hill）　マイケル・リット・ジュニア, カーク・ランダース共著, 田中孝顕訳　きこ書房　2012.2　295p　19cm　〈年譜あり〉1400円　①978-4-87771-289-1
内容 第1章 1883‐1895年―貧しき田舎の少年時代　第2章 1895‐1908年―自分を売り込む　第3章 1908‐1918年―カーネギーとの運命的な出会い　第4章 1918‐1927年―成功哲学の伝道者として　第5章 1927‐1933年―カーネギーとの約束　第6章 1933‐1941年―思考は現実化する　第7章 1941‐1951年―新天地での再出発　第8章 1951‐1962年―W.クレメント・ストーンとの共同事業　第9章 1962‐1970年―輝かしき晩年〔09366〕

リットマン, マイク　Litman, Mike
◇史上最高のセミナー（Conversations with millionaires）　マイク・リットマン, ジェイソン・オーマン共著, 河本隆行監訳　ポケット版　きこ書房　2011.7　407p　17cm　〈述：ジム・ローンほか〉1200円　①978-4-87771-278-5
内容 第1章 ジム・ローン「人は自分が向かう方向に進み、自分が考える方向に向かうものなんだ」　第2章 マーク・ビクター・ハンセン「収入の一割を納めた瞬間、『世の中』全体が自分に向かって開かれる」　第3章 ウォリー・"フェイマス"・エイモス「最初にイメージすることなく、人生で何かを手に入れることは不可能なんだ」　第4章 ジャック・キャンフィールド「自分の人生に一〇〇パーセント責任を持つ」　第5章 ロバート・アレン「夢と欲望と目標と情熱があれば、あなたも億万長者になれる」　第6章 シャロン・レクター「財務諸表は、実際の人生における通知表なのよ」　第7章 マイケル・ガーバー「事業を立ち上げる真の目的は、会社を売却することだ」　第8章 ジム・マッキャン「行動するかしないかを決める責任は、自分自身にあるんだよ」　第9章 ジェイ・コンラッド・レビンソン「内面的な決意こそが成功を現実のものにする」〔09367〕

リッピンコット, ジョアン・K.
◇ラーニング・コモンズ―大学図書館の新しいかたち　加藤信哉, 小山憲司編訳　勁草書房　2012.7　290p　22cm　〈他言語標題：LEARNING COMMONS　索引あり〉3900円　①978-4-326-00037-1
内容 インフォメーション・コモンズを学習に結び付ける（ジョアン・K.リッピンコット執筆, 加藤信哉, 小山

リ

憲司訳)　〔09368〕

リップ, フォルカー
◇成年後見法における自律と保護—成年後見法世界会議講演録　新井誠監修, 2010年成年後見法世界会議組織委員会編, 紺野包子訳　日本評論社　2012.8　319p　21cm　〈英語抄訳付〉5600円　①978-4-535-51865-0
内容 成年後見と自律（フォルカー・リップ著）〔09369〕

リップ, ベルンハルト
◇時間の謎—哲学的分析（Das Rätsel der Zeit）　ハンス・ミカエル・バウムガルトナー編, 田中隆訳　丸善書店出版サービスセンター　2013.8　353p　22cm　非売品　①978-4-89630-281-3
内容 ヘルダーリンの「ムネーモシュネー」（ベルンハルト・リップ）〔09370〕

リード, エドナ・エグチ　Read, Edna Eguchi
◇スパイにされた日本人—時の壁をこえて紡ぎなおされた父と娘の絆（The Girl in the Kimono）　エドナ・エグチ・リード著, 加藤恭子, 平野加代子訳　悠書館　2012.7　247p　20cm　2000円　①978-4-903487-58-8
内容 着物　東は東, 西は東　呪い　光を見つつ　海と丘のはざまで　日が昇る国—日本へ　海辺の暮し　父の逮捕　小規模自作農　敗戦　海辺の女主人　新しい始まり　父を見つけ出す　偉大なる老女　語られなかった物語　「獄中記」　「長い旅」が終わった〔09371〕

リード, グレッグ　Reid, Greg S.
◇金鉱まで残り3フィート（Three feet from gold）　シャロン・レクター, グレッグ・リード著, 渡辺美樹監訳　きこ書房　2011.3　362p　19cm　1700円　①978-4-87771-275-4　〔09372〕

リード, ジェイソン
◇政治経済学の政治哲学的復権—理論の理論的〈臨界—外部〉にむけて　法政大学比較経済研究所, 長原豊編　法政大学出版局　2011.3　476p　20cm　（比較経済研究所研究シリーズ 別巻）〈索引あり〉4500円　①978-4-588-60241-2
内容 主体性の生産（ジェイソン・リード著, 佐藤隆訳）〔09373〕

リドー, ジョエル
◇法・制度・権利の今日的変容　植野妙実子編著　八王子　中央大学出版部　2013.3　480p　22cm　（日本比較法研究所研究叢書 87）　5900円　①978-4-8057-0586-5
内容 EUにおける基本権保護の最近の展開と将来（ジョエル・リドー述, 菅原真訳）〔09374〕

リード, スティーヴン・R.
◇現代日本の政治と外交　1　現代の日本政治—カラオケ民主主義から歌舞伎民主主義へ　猪口孝監修　猪口孝, プルネンドラ・ジェイン編　原書房　2013.10　295, 6p　22cm　〈索引あり〉4200円　①978-4-562-04926-4
内容 日本の新しい選挙環境（スティーヴン・R.リード著, 大間知知子訳）〔09375〕

リード, トム　Reid, Tom R.
◇日本の未来について話そう—日本再生への提言（Reimagining Japan）　マッキンゼー・アンド・カンパニー責任編集, クレイ・チャンドラー, エアン・ショー, ブライアン・ソーズバーグ編著　小学館　2011.7　416p　19cm　1900円　①978-4-09-388189-0
内容 「ガマン」の力（トム・リード著）〔09376〕

リード, ロイ・M.　Reed, Roy M.
◇栄光の教会—新約聖書教会を識別する九つの確かな方法（The glorious church）　ロイ・M.リード著, 鴨田信訳　八王子　カルバリー・バプテスト教会　2013　64p　30cm　非売品　①978-4-9907211-0-7　〔09377〕

リトルチャイルド, マイケル　Littlechild, Michael
◇グリーン・バリュー経営への大転換（Green Business, Green Values, and Sustainability（抄訳））　クリストス・ピテリス, ジャック・キーナン, ヴィッキー・プライス編著, 谷口和弘訳　NTT出版　2013.7　285p　20cm　〈索引あり〉2800円　①978-4-7571-2292-5
内容 善良さを行動で示す（マイケル・リトルチャイルド）〔09378〕

リドレー, マット　Ridley, Matt
◇繁栄—明日を切り拓くための人類10万年史（THE RATIONAL OPTIMIST）　マット・リドレー著, 大田直子, 鍛原多恵子, 柴田裕之訳　早川書房　2013.7　619p　16cm　（ハヤカワ文庫 NF 388）　1140円　①978-4-15-050388-8
内容 プロローグ アイデアが生殖するとき　第1章 より良い今日—前例なき現在　第2章 集団的頭脳—20万年前以降の交換と専門化　第3章 徳の形成—5万年前以降の物々交換と信頼と規則　第4章 90億人を養う—1万年前以降の農耕　第5章 都市の勝利—5000年前以降の交易　第6章 マルサスの罠を逃れる—1200年以降の人口　第7章 奴隷の解放—1700年以降のエネルギー　第8章 発明の発明—1800年以降の収穫逓増　第9章 転換期—1900年以降の悲観主義　第10章 現代の二大悲観主義—2010年以降のアフリカと気候　第11章 カタラクシー—2100年に関する合理的な楽観主義〔09379〕

リ・ナランゴア
◇アジア主義は何を語るのか—記憶・権力・価値　松浦正孝編著　京都　ミネルヴァ書房　2013.2　671, 6p　22cm　〈索引あり〉8500円　①978-4-623-06488-5
内容 モンゴル人が描いた東アジア共同体（リ・ナランゴア執筆, 野村悠訳）〔09380〕

リナーレス・フェルナンデス, アルフォンソ　Linares Fernandez, Alfonso
◇あなたの人生には使命がある（Cual es tu mision en esta vida？）　アルフォンソ・リナーレス・フェルナンデス著, 金子一雄訳　PHP研究所　2011.2　235p　19cm　1500円　①978-4-569-79125-9
内容 「使命」とは何か？　私の「才能」とは何か？　最大限の「善」はいかに施すか？　私の「情熱」とは

リ

何か？　私はいま「使命」を果たしているか？　なぜ「使命」は果たすべきなのか？　「使命」に大小はあるか？　「使命」は一生を通じて不変か？　人を愛することは「使命」になりうるか？　「使命」の達成に欠かせない三つの条件とは？　「使命」は世の中のいたるところに存在するのか？　偉大な人物たちに見る「使命」の実例　あなたの「使命宣言」を作成する　「使命」の選択を惑わす誤った基準　「使命」の達成を妨げる障害　「使命」を見きわめるヒント　この本を書いた理由 〔09381〕

リネア, アン　Linnea, Ann

◇子どもが地球を愛するために―「センス・オブ・ワンダー」ワークブック（TEACHING KIDS TO LOVE THE EARTH）　マリナ・ラチェッキ, ジョセフ・パッシノ, アン・リネア, ポール・トゥルーアー著, 山本幹彦監訳, 南里憲訳　改訂版　京都　人文書院　2012.7　223p　21cm　2200円　①978-4-409-23052-7

内容 好奇心（たのしい冒険―子どもの好奇心を育む遊びや野外活動　アバーウォッキー―想像力や好奇心を使い、自然のなかへの「センス・オブ・ワンダー」ハイクに出かける ほか）　探検（天敵と獲物―環境への気づきや正しい理解、知識を育むゲーム　釣れた！―子どもたちに野外技術を伝えながら自然を探検する ほか）　発見（春の甘いめぐみ―四季の変化の不思議に気づく　炎の贈り物―焚き火を楽しみ協議することの楽しさを発見する ほか）　シェアリング（わかちあい）（ペンギンのチャック―物語や音楽・ダンスを楽しみながら自然をわかちあう　ロープの上で―ネイチャーセンターでおこなわれている環境教育や冒険プログラム ほか）　情熱（ジョン・ミュアーの足跡―エコヒーローから学びを授かり地球に対するビジョンを持つ　ブルドーザーと委員会室―気づいたことを行動へ ほか） 〔09382〕

リーバー, ロイド・P.　Rieber, Lloyd P.

◇インストラクショナルデザインとテクノロジ―教える技術の動向と課題（TRENDS AND ISSUES IN INSTRUCTIONAL DESIGN AND TECHNOLOGY（原著第3版））　R.A.リーサー, J.V.デンプシー編　京都　北大路書房　2013.9　690p　21cm　〈訳：半田純子ほか　索引あり〉　4800円　①978-4-7628-2818-8

内容 ゲームと学習？（ヴァレリー・J.シュート, ロイド・P.リーバー, リチャード・ファン・エック著, 山田政寛訳） 〔09383〕

リーバー, F.*　Lieber, Francis

◇日本立法資料全集　別巻821　自治論―一名人民ノ自由 巻之上・巻之下　李抜著, 林董訳　復刻版　信山社出版　2013.8　277, 220p　23cm　〈林董明治13年刊の複製〉55000円　①978-4-7972-7118-8 〔09384〕

リバニオス　Libanios

◇書簡集　1（Epistulae）　リバニオス〔著〕, 田中創訳　京都　京都大学学術出版会　2013.12　669p　20cm　（西洋古典叢書 G082　内山勝利, 大戸千之, 中務哲郎, 南川高志, 中畑正志, 高橋宏幸編集委員）〈附属資料：8p：月報 104　布装〉5000円　①978-4-87698-290-5 〔09385〕

リーバーマン, アリシア・F.

◇アタッチメントを応用した養育者と子どもの臨床（Attachment theory in clinical work with children）　ダビッド・オッペンハイム, ドグラス・F.ゴールドスミス編, 数井みゆき, 北川恵, 工藤晋平, 青木豊訳　京都　ミネルヴァ書房　2011.6　316p　22cm　〈文献あり〉4000円　①978-4-623-05731-3

内容 アタッチメントとトラウマ（エイミー・L.ブッシュ, アリシア・F.リーバーマン著） 〔09386〕

リーバーマン, デヴィッド・J.　Lieberman, David J.

◇敵を味方にする19のテクニック（How to change anybody）　デヴィッド・J.リーバーマン著, 上原裕美子訳　主婦の友社　2011.10　191p　19cm　1400円　①978-4-07-277820-3

内容 社会のルールを守れない人を変える！　不義理な人を変える！　ダイエットしない人を変える！　どんより暗い人を変える！　自分を卑下する人を変える！　自分を大事にしない人を変える！　緊急の場合は…　意固地な人を変える！　はっきり言えない人を変える！　心を開かない人を変える！　ケチな人を変える！　自分を責める人を変える！　責任感のない人を変える！　失礼な人を変える！　あやまらない人を変える！　つきあいの悪い人を変える！　足を引っ張る人を変える！　時間にルーズな人を変える！　ねちねち言う人を変える！ 〔09387〕

リーバーマン, ポール　Lieberman, Paul

◇L.A.ギャングストーリー　上（GANGSTER SQUAD）　ポール・リーバーマン著, 横山啓明訳　早川書房　2013.3　374p　16cm　（ハヤカワ文庫 NF 385）　840円　①978-4-15-050385-7 〔09388〕

◇L.A.ギャングストーリー　下（GANGSTER SQUAD）　ポール・リーバーマン著, 横山啓明訳　早川書房　2013.3　374p　16cm　（ハヤカワ文庫 NF 386）　840円　①978-4-15-050386-4 〔09389〕

リバーマン, ロバート・ポール　Liberman, Robert Paul

◇精神障害と回復―リバーマンのリハビリテーション・マニュアル（Recovery from disability）　ロバート・ポール・リバーマン著, 西園昌久総監修, 池淵恵美監訳, SST普及協会訳　星和書店　2011.3　446p　26cm　〈文献あり〉6600円　①978-4-7911-0765-0 〔09390〕

リピエッツ, アラン　Lipietz, Alain

◇サードセクター―「新しい公共」と「新しい経済」（Pour le tiers secteur）　アラン・リピエッツ〔著〕, 井上泰夫訳・解説　藤原書店　2011.4　288p　20cm　3000円　①978-4-89434-797-7

内容 序章「研究と交渉」の回顧　第1章 社会連帯経済としてのサードセクターの理念型　第2章 社会経済、連帯経済、サードセクター　第3章 制度の重要性　第4章 社会的アクターの特性　第5章 法的枠組の整備　第6章 社会連帯経済の基本法の制定に向けて　結論 イニシアティブの実現に向けて 〔09391〕

リヒター, シュテッフィ

◇3・11を総合人間学から考える　総合人間学会編

リ

学文社　2013.6　156p　21cm　(総合人間学 7)　1900円　①978-4-7620-2381-1
内容「ポストフクシマ」、そしてポスト日本？(シュテッフィ・リヒター著, 福井朗子, オプヒュルス鹿島ライノルト訳)　〔09392〕

リピット, ローレンス・L.　Lippitt, Lawrence L.
◇未来ビジョンが組織を変える―企業・団体・コミュニティを再生するための8つのステップ (Preferred Futuring (抄訳))　ローレンス・L.リピット著, 三国千秋監訳, 諸星健訳　世界書院　2013.1　223p　19cm　〈文献あり〉2000円　①978-4-7927-2004-9
内容 第1部「未来ビジョン創造法」の8つのステップ (過去を振り返る　うまくいっていることとうまくいっていないことを確認する　価値観と信念を確認する　関連する出来事、発展、傾向を確認する ほか)　第2部「未来ビジョン創造法」のモデルを使う(「未来ビジョン創造法」を実行する：基礎　「未来ビジョン創造法」―企業・組織・団体などの場合　コミュニティのための「未来ビジョン創造法」　「未来ビジョン創造法」をいつ使うのか ほか)　第3部 未来を見据える (リーダーと改革に関わる人々にとっての「未来ビジョン創造法」の持つ意義)　〔09393〕

リーファー, マーシャル・A.　Leaffer, Marshall A.
◇アメリカ著作権法 (Understanding Copyright Law (4th ed.))　マーシャル・A.リーファー著, 牧野和夫監訳　レクシスネクシス・ジャパン　2008.12　931p　21cm　(LexisNexisアメリカ法概説 5)　〈原書第4版〉11000円　①978-4-902625-14-1
内容 著作権および知的財産法 序説　著作権保護の対象：一般的な基準　著作物：著作権で保護される著作物のカテゴリ　発行、表示およびその他の形式的行為　著作権の帰属　著作権の期間、更新、移転の終了、および回復　著作権登録と写しの預託　排他的権利とその制限　侵害および救済手段　著作権侵害に対するフェアユースおよびその他の抗弁〔ほか〕　〔09394〕

リフキン, ジェレミー　Rifkin, Jeremy
◇反グローバリゼーションの声 (VOCES CONTRA LA GLOBALIZACIÓN)　カルロス・エステベス, カルロス・タイボ編著, 大津真作訳　京都　晃洋書房　2013.11　257, 8p　21cm　2900円　①978-4-7710-2490-8
内容 二一世紀の大変化 (ジェレミー・リフキン述)　〔09395〕

リーブ＝サザーランド, ベサニー・C.
◇子どもの社会的ひきこもりとシャイネスの発達心理学 (THE DEVELOPMENT OF SHYNESS AND SOCIAL WITHDRAWAL)　ケネス・H.ルビン, ロバート・J.コプラン編, 小野善郎訳　明石書店　2013.8　363p　22cm　5800円　①978-4-7503-3873-6
内容 乳幼児の気質の生物学的調節因子と社会的ひきこもりとの関連 (ネイサン・A.フォックス, ベサニー・C.リーブ＝サザーランド著)　〔09396〕

リーブス, ロバート　Reeves, Robert
◇ドリーン・バーチューのフラワーセラピーガイドブック (FLOWER THERAPY)　ドリーン・バーチュー, ロバート・リーブス著, 野原みみこ訳　JMA・アソシエイツステップワークス事業部　2013.3　151p　21cm　〈索引あり〉1800円　①978-4-904665-33-6
内容 1 フラワーセラピーを理解する (フラワーセラピーの仲間たち　ヒーリングフラワーの入手と取り扱い方　フラワーセラピー・ヒーリングの方法　フラワーエッセンスとハーブティー　花と聖なるガイダンス)　2 フラワーセラピー・ディレクトリー―フラワーセラピー分類帖　3 フラワーセラピー・チャート (花に関連する大天使　花に関連するチャクラ　目的別花のエネルギーヒーリング　五十音順索引)　〔09397〕

リベラ, アラン・ド　Libera, Alain de
◇理性と信仰―法王庁のもうひとつの抜け穴 (RAISON ET FOI)　アラン・ド・リベラ〔著〕, 阿部一智訳　新評論　2013.6　612p　22cm　〈著作目録あり 索引あり〉7500円　①978-4-7948-0940-7
内容 序論 社会学者とローマ法王　第1章 トマス・アクィナスを忘れる あるいはアルベルトゥス・パラダイム　第2章 アルベルトゥス・マグヌスの哲学構想　第3章 哲学者・占星術師・降霊術師　第4章 教授たちの哲学　第5章 信仰と理性アヴェロエス対トマス・アクィナス　第6章 哲学と神学 アルベルトゥス・マグヌスによれば　第7章 知的幸福を経て至福の生へ　結論 ビリーグラハム・チルドレンとメッカコーラ・チルドレン　〔09398〕

リベラ, テマリオ・C.
◇アメリカの影のもとで―日本とフィリピン　藤原帰一, 永野善子編著　法政大学出版局　2011.6　304p　20cm　(サピエンティア 18)　〈索引あり〉3200円　①978-4-588-60318-1
内容 戦後日本とフィリピンのエリートの継続性 (テマリオ・C.リベラ著, 岡田泰平訳)　〔09399〕

リボー, ティエリー　Ribault, Thierry
◇震災とヒューマニズム―3・11後の破局をめぐって　日仏会館・フランス国立日本研究センター編, クリスチーヌ・レヴィ, ティエリー・リボー監修, 岩沢雅利, 園山千晶訳　明石書店　2013.5　328p　20cm　2800円　①978-4-7503-3814-9
内容 原子力の帝国 他 (ティエリー・リボー執筆, 園山千晶訳)　〔09400〕

リーマン, オリヴァー　Leaman, Oliver
◇イスラム哲学とは何か―宗教と哲学の攻防 (Islamic Philosophy)　オリヴァー・リーマン著, 佐藤陸雄訳　草思社　2012.12　453p　20cm　〈文献あり 索引あり〉3800円　①978-4-7942-1944-2
内容 イスラム哲学の起源と歴史　大いなる論争　知識とは何か　神秘主義　存在論　道徳・倫理　政治―イスラム国家とは何か　思想の伝播　言葉・言語　イスラム哲学の現在　イスラムに啓蒙運動は必要か　「アラブの春」と日本の大震災―イスラム哲学の視点から　〔09401〕

リム, シウ・キアウ
◇フューチャー・スクール―シンガポールの挑戦 (A school's journey into the future)　テイ・リー・

リ

ヨン, リム・チェー・ピン, カイン・ミント・スウィー編著, トランネット訳, 中川一史監訳　ピアソン桐原　2011.2　183p　21cm　2400円　①978-4-89471-549-3
内容 ICTを十分に活用した学習環境を実践研究するための枠組みを構築する（テイ・リー・ヨン, リム・チェー・ピン, リム・シウ・キアウ）〔09402〕

リム, ショー・ティアン（オードリー）
◇フューチャースクール―シンガポールの挑戦（A school's journey into the future）　テイ・リー・ヨン, リム・チェー・ピン, カイン・ミント・スウィー編著, トランネット訳, 中川一史監訳　ピアソン桐原　2011.2　183p　21cm　2400円　①978-4-89471-549-3
内容 小学校低学年の英語の授業における、デジタルストーリーテリングの活用に関するケーススタディー（リー・チュイー・ベン, スリアティ・アバス, フォン・イン・クアン, ウン・シアム・ホン（ジュン）, リム・ショー・ティアン（オードリー）, ユー・シウ・ホイ（サンディー））〔09403〕

リム, チェー・ピン　Lim, Cher Ping
◇フューチャースクール―シンガポールの挑戦（A school's journey into the future）　テイ・リー・ヨン, リム・チェー・ピン, カイン・ミント・スウィー編著, トランネット訳, 中川一史監訳　ピアソン桐原　2011.2　183p　21cm　2400円　①978-4-89471-549-3
内容 コンピューターを1人1台の割合で活用する学習環境を実現するために―シンガポールの小学校の取り組み 他（テイ・リー・ヨン, リム・チェー・ピン, スラージ・ナイア）〔09404〕

リム, ブーン・チェン
◇フューチャースクール―シンガポールの挑戦（A school's journey into the future）　テイ・リー・ヨン, リム・チェー・ピン, カイン・ミント・スウィー編著, トランネット訳, 中川一史監訳　ピアソン桐原　2011.2　183p　21cm　2400円　①978-4-89471-549-3
内容 ICTを活用した教育の変化と変革（テイ・リー・ヨン, ジョン・ヘッドバーグ, リム・ブーン・チェン）〔09405〕

リャン, ロッキー　Ryan, Rocky
◇すごい！ 人生逆転の法　ロッキー・リャン著, ソフィア・ツァオ訳　三笠書房　2012.11　221p　19cm　1500円　①978-4-8379-2469-2
内容 1 1億円以上の価値がある「達人」の講義（あなたは101歳まで、あと何年学べますか？　「感謝」こそ、自分のエネルギーを最大化するカギ ほか）　2 思考がみるみる現実化する「101の目標」（目標設定こそ「成功」に近づく第一歩である　「101個の目標」は「思考を現実化」する魔法のスイッチ ほか）　3 新しい自分の才能を発見する「8つの質問」（「自問自答」することで「自分だけの才能」が見つかる）　4 目標を必ず叶える方法（セールスのギネス記録保持者の“秘密”とは？　自信を高めるステップ1 右脳に「ポジティブなイメージ」を植えつける ほか）〔09406〕

リュ, アラン＝マルク
◇震災とヒューマニズム―3・11後の破局をめぐって　日仏会館・フランス国立日本研究センター編, クリスチーヌ・レヴィ, ティエリー・リボー監修, 岩沢雅利, 園山千晶訳　明石書店　2013.5　328p　20cm　2800円　①978-4-7503-3814-9
内容 技術の支配と民主的管理（アラン＝マルク・リュ執筆, 園山千晶訳）〔09407〕

リュウ, アン　劉 安
◇訳注「淮南子」　池田知久〔著訳〕　講談社　2012.7　445p　15cm　（講談社学術文庫 2121）〈「淮南子」（1989年刊）の改題改稿〉1300円　①978-4-06-292121-3
内容 原道　俶真　天文　墬（地）形　時則　覧冥　精神　本経　主術　繆称〔ほか〕〔09408〕

リュウ, アンシ*　劉 安志
◇魏晋南北朝における貴族制の形成と三教・文学―歴史学・思想史・文学の連携による 第二回日中学者中国古代史論壇論文集　中国社会科学院歴史研究所, 東方学会〔編〕, 渡辺義浩編　汲古書院　2011.9　330p　27cm　12000円　①978-4-7629-2969-4
内容 六朝買地券研究二題（劉安志著, 林佳恵訳）〔09409〕

リュウ, イエンズ　劉 燕子
⇒リュウ, エンシ

リュウ, エイ*　劉 英
◇新編原典中国近代思想史　第6巻　救国と民主―抗日戦争から第二次世界大戦へ　野村浩一, 近藤邦康, 並木頼寿, 坂元ひろ子, 砂山幸雄, 村田雄二郎編　野村浩一, 近藤邦康, 砂山幸雄責任編集　岩波書店　2011.3　412, 7p　22cm　〈年表あり〉5700円　①978-4-00-028226-0
内容 「破鞋」問題について（劉英著, 江上幸子訳）〔09410〕

リュウ, エキショウ*　劉 益昌
◇海の道と考古学―インドシナ半島から日本へ　菊池誠一, 阿部百里子編　高志書院　2010.11　268p　22cm　6000円　①978-4-86215-085-1
内容 17世紀の台湾（劉益昌著, 臼井進訳）〔09411〕

リュウ, エンシ　劉 燕子
◇私の西域、君の東トルキスタン　王力雄著, 馬場裕之訳, 劉燕子監修解説　〔福岡〕　集広舎　2011.1　470p　21cm　〈文献あり　発売：中国書店（福岡）〉3320円　①978-4-904213-11-7
内容 ムフタルとの出会い――九九九年新疆での遭難の追憶　ムフタルを極秘に訪問―四回の新疆再訪の記録（二〇〇三年夏　二〇〇三年秋　二〇〇六年春　二〇〇六年夏）　ムフタルかく語りき―インタビューの記録（地元民族の憎悪がこれまでになく高まっているウイグル人の心の中の歴史　民族間の矛盾　新疆漢人の「お手上げ」　抵抗者と抵抗組織　テロリズムと暴力闘争　東トルキスタン勢力が利用できる国際条件　東トルキスタンは何を基礎として建国するのか　「中道路線」を選べないか）　ムフタルへの手紙

リ

—新疆問題の検討（一通目の手紙 ： テロリズムと民族的憎悪　二通目の手紙 ： 独立は最良の選択ではない　三通目の手紙 ：「逓進民主主義」に何ができるか）〔09412〕

リユウ, オウタイ　竜 応台

◇台湾海峡一九四九　竜応台著, 天野健太郎訳　白水社　2012.7　434p　20cm　2800円　①978-4-560-08216-4

内容 第1章 手を離したきり二度と…—父と母の漂泊人生　第2章 弟よ、ここで袂を分かとう—少年たちの決断　第3章 私たちはこの縮図の上で大きくなった—名前に刻み込まれた歴史　第4章 軍服を脱げば善良な国民—包囲戦という日常　第5章 われわれは草鞋で行軍した——九四五年、台湾人が出迎えた祖国軍　第6章 フォルモサの少年たち—捕虜収容所にいた台湾人日本兵　第7章 田村という日本兵—ニューギニアに残された日記、生き残った国民党軍兵士　第8章 じくじくと痛む傷——九四九年の後遺症〔09413〕

リユウ, カ　劉 霞

◇最後の審判を生き延びて—劉暁波文集　劉暁波〔著〕, 廖天琪, 劉霞編, 丸川哲史, 鈴木将久, 及川淳子訳　岩波書店　2011.2　402, 8p　20cm　〈文献あり 著作目録あり 年譜あり〉3200円　①978-4-00-023038-4

内容 評論1 中国の特色ある政治（ポスト全体主義時代の精神風景　社会を変えて政権を変える ほか）　評論2 中国と世界（中国経済の独り勝ちの裏で　大国台頭の裏で ほか）　評論3 文化と社会（『現代中国知識人批判』あとがき　林昭が生命で書いた遺言は、現代中国にわずかに残る自由の声である ほか）　文書（六・二ハンスト宣言　○八憲章 ほか）　詩（一七歳へ—「六四」二周年を祭る　時間の呪詛の中で—「六四」一○周年を祭る ほか）　付録 劉暁波判決文〔09414〕

◇「私（わたし）には敵はいない」の思想—中国民主化闘争二十余年　劉暁波〔著〕, 藤原書店編集部編　藤原書店　2011.5　398p　20cm　〈タイトル ：「私には敵はいない」の思想　執筆 ： 劉霞ほか　文献あり 著作目録あり〉3600円　①978-4-89434-801-1

内容 劉暁波の二つのあり方 他（劉霞著, 劉燕子訳）〔09415〕

リユウ, ガホウ*　劉 雅芳

◇文化交渉における画期と創造—歴史世界と現代を通じて考える　荒武賢一朗, 池田智恵編著　吹田　関西大学文化交渉学教育研究拠点　2011.3　303p　21cm　（関西大学文化交渉学教育研究拠点次世代国際学術フォーラムシリーズ 第3輯）〈文部科学省グローバルCOEプログラム　文献あり〉①978-4-9905164-2-0

内容 異なる現代性からの「再声」（劉雅芳著, 山下千秋訳）〔09416〕

リユウ, ギケイ　劉 義慶

◇世説新語　1　劉義慶撰, 井波律子訳注　平凡社　2013.11　360p　18cm　（東洋文庫 843）〈布装 年表あり〉2900円　①978-4-582-80843-8〔09417〕

リユウ, ギョウゲン*　劉 暁原

◇国際関係のなかの日中戦争　西村成雄, 石島紀之, 田嶋信雄編　慶応義塾大学出版会　2011.7　450p　22cm　（日中戦争の国際共同研究 4）5800円　①978-4-7664-1855-2

内容 アメリカ戦時外交と中国辺境少数民族問題（劉暁原著, 高光佳絵訳）〔09418〕

リユウ, ギョウハ　劉 暁波

◇最後の審判を生き延びて—劉暁波文集　劉暁波〔著〕, 廖天琪, 劉霞編, 丸川哲史, 鈴木将久, 及川淳子訳　岩波書店　2011.2　402, 8p　20cm　〈文献あり 著作目録あり 年譜あり〉3200円　①978-4-00-023038-4

内容 評論1 中国の特色ある政治（ポスト全体主義時代の精神風景　社会を変えて政権を変える ほか）　評論2 中国と世界（中国経済の独り勝ちの裏で　大国台頭の裏で ほか）　評論3 文化と社会（『現代中国知識人批判』あとがき　林昭が生命で書いた遺言は、現代中国にわずかに残る自由の声である ほか）　文書（六・二ハンスト宣言　○八憲章 ほか）　詩（一七歳へ—「六四」二周年を祭る　時間の呪詛の中で—「六四」一○周年を祭る ほか）　付録 劉暁波判決文〔09419〕

◇「私（わたし）には敵はいない」の思想—中国民主化闘争二十余年　劉暁波〔著〕, 藤原書店編集部編　藤原書店　2011.5　398p　20cm　〈タイトル ：「私には敵はいない」の思想　執筆 ： 劉霞ほか　文献あり 著作目録あり〉3600円　①978-4-89434-801-1

内容 私の自己弁護 他（劉暁波著, 横沢泰夫訳）〔09420〕

リユウ, ケツ　劉 傑

◇対立と共存の歴史認識—日中関係150年　劉傑, 川島真編　東京大学出版会　2013.8　445p　21cm　〈年表あり 索引あり〉3600円　①978-4-13-023060-5

内容 1880年前後の日中ジャーナリズム論争 塩出浩之著. 清末駐日使節団の日本理解 戴東陽 著, 青山治世訳. 亡国, 亡省, 亡人 干奇牛 著. 戦火での映像と人生 汪朝光 著. 中国青年将校の日本陸軍留学体験 川島真 著. 第1次世界大戦中の「戦後」構想 加藤陽子著. 日本の中国統治と中国人顧問 松重充浩 著. 相反する日本憲政観 中村元哉 著. 1950年代における戦争記憶と浅い和解 楊大慶 著, 江藤名保子 訳. 中国の改革開放と大平正芳 王新生 著. 日中関係のなかの「中国通」外交官 劉傑 著. 日中戦争初期における中国の対日方針 岩谷将 著. 周恩来と日本 李恩民 著. 高碕達之助と戦後日中関係 加藤聖文 著. 廖承志と中国の対日「民間」外交 王雪萍 著. 「紅い貴族」の民間外交 馬場公彦 著〔09421〕

リユウ, ケンペイ*　劉 建平

◇戦後日中関係と廖承志—中国の知日派と対日政策　王雪萍編著　慶応義塾大学出版会　2013.9　386p　22cm　（慶応義塾大学東アジア研究所・現代中国研究シリーズ）〈文献あり 索引あり〉4200円　①978-4-7664-2087-6

内容「廖承志時代」をどう理解するか（劉建平著, 大沢武司, 山影統訳）〔09422〕

リュウ, コウ*　劉 宏
◇アジア主義は何を語るのか―記憶・権力・価値　松浦正孝編著　京都　ミネルヴァ書房　2013.2　671, 6p　22cm　〈索引あり〉8500円　①978-4-623-06488-5
内容 近代中国の南洋観と越境するアジア像 (劉宏, 曹善玉執筆, 河野正訳)　〔09423〕

リュウ, コウセイ*　劉 蘅静
◇新編原典中国近代思想史　第6巻　救国と民主―抗日戦争から第二次世界大戦へ　野村浩一, 近藤邦康, 並木頼寿, 坂元ひろ子, 砂山幸雄, 村田雄二郎編　野村浩一, 近藤邦康, 砂山幸雄責任編集　岩波書店　2011.3　412, 7p　22cm　〈年表あり〉5700円　①978-4-00-028226-0
内容 誰が家庭教育の責任を負うべきか (劉蘅静著, 秋山洋子訳)　〔09424〕

リュウ, コウブン*　劉 恒妏
◇近代台湾の経済社会の変遷―日本とのかかわりをめぐって　馬場毅, 許雪姫, 謝国興, 黄英哲編　東方書店(発売)　2013.11　537p　22cm　〈索引あり〉6000円　①978-4-497-21313-6
内容 戦後台湾の司法における日本的要素 (劉恒妏著, 大野絢也訳)　〔09425〕

リ

リュウ, コウレツ　柳 洪烈
⇒ユ, ホンニョル

リュウ, ザイゲン*　柳 在元
⇒ユ, ジェウォン*

リュウ, シイ*　劉 志偉
◇海域交流と政治権力の対応　井上徹編　汲古書院　2011.2　399, 6p　22cm　(東アジア海域叢書 2　小島毅監修)　7000円　①978-4-7629-2942-7
内容 アヘン戦争前の広州貿易システムにおける寧波商人 (劉志偉著, 阿部由美子訳)　〔09426〕

リュウ, ショ*　劉 緒
◇中国渭河流域の西周遺跡　2　飯島武次編　同成社　2013.3　36, 190p　27cm　〈文献あり〉8000円　①978-4-88621-634-2
内容 周原考古劄記四則 (劉緒執筆, 長尾宗史訳)　〔09427〕

リュウ, ショウイツ*　柳 鍾一
⇒ユ, ジョンイル*

リュウ, ショウキ　劉 少奇
◇新編原典中国近代思想史　第6巻　救国と民主―抗日戦争から第二次世界大戦へ　野村浩一, 近藤邦康, 並木頼寿, 坂元ひろ子, 砂山幸雄, 村田雄二郎編　野村浩一, 近藤邦康, 砂山幸雄責任編集　岩波書店　2011.3　412, 7p　22cm　〈年表あり〉5700円　①978-4-00-028226-0
内容 党規約の修正に関する報告(抄) (劉少奇著, 三品英憲訳)　〔09428〕
◇新編原典中国近代思想史　第7巻　世界冷戦のなかの選択―内戦から社会主義建設へ　野村浩一, 近藤邦康, 並木頼寿, 坂元ひろ子, 砂山幸雄, 村田雄二郎編　砂山幸雄責任編集　岩波書店　2011.10　410, 7p　22cm　〈年表あり〉5700円　①978-4-00-028227-7
内容 中国の社会主義への移行と全国人民代表大会開催に関する問題についてのスターリン宛書簡 他 (劉少奇著, 茂木敏夫訳)　〔09429〕

リュウ, セイキョウ*　劉 世強
◇中国の未来　金燦栄ほか著, 東滋子訳　日本僑報社　2013.12　227p　19cm　1900円　①978-4-86185-139-1
内容 第1章 中国その真実 (中国とは何者なのか―中国に関する四つのエピソード 「勝手な思い込み」―我々が中国を理解する方法 ほか)　第2章 経済発展における難関とその対策への理解 (中国経済発展の魅力 中国経済発展の苦境 ほか)　第3章 社会変化と発展の中で迎える新しい課題 (新しい成功へ―転換発展する中国社会への人民の期待　新しい挑戦―中国社会の転換型発展におけるリスクと試練 ほか)　第4章 待ち望まれる平和的発展への挑戦とその対応 (ポストクライシス時代の世界経済の振動　安全保障分野の難題 ほか)　第5章 未来の道を読み解く (中国の平和的発展への試み　転換の成功と挑戦 ほか)　〔09430〕

リュウ, セイタイ*　柳 聖泰
⇒ユ, ソンテ*

リュウ, セイリュウ*　劉 世竜
◇総合研究辛亥革命　辛亥革命百周年記念論集編集委員会編　岩波書店　2012.9　9, 592, 17p　22cm　〈索引あり〉7800円　①978-4-00-025859-3
内容 白話文と社会動員 (劉世竜著, 小野寺史郎訳)　〔09431〕

リュウ, ゾウキ*　劉 増貴
◇文献と遺物の境界―中国出土簡牘史料の生態的研究　籾山明, 佐藤信編　府中(東京都)　東京外国語大学アジア・アフリカ言語文化研究所　2011.11　282p　26cm　①978-4-86337-094-4
内容 下層の歴史と歴史の下層 (劉増貴著, 鈴木直美訳)　〔09432〕
◇文献と遺物の境界―中国出土簡牘史料の生態的研究　籾山明, 佐藤信編　六一書房　2011.11　282p　26cm　7600円　①978-4-86445-008-9
内容 下層の歴史と歴史の下層 (劉増貴著, 鈴木直美訳)　〔09433〕

リュウ, テイ　劉 婷
◇中国の四季の絵本　5　お月見・秋の行事　王早早文, 劉婷, 王嵐, 段虹絵, 〔古島洋一〕, 〔張保〕〔訳〕　〔横浜〕　神奈川共同出版販売　2013.5　64p　22×27cm　〈発売：星の環会〉①978-4-89294-529-8　〔09434〕

リュウ, トクキョウ*　劉 徳強
◇北東アジアに激変の兆し―中・朝・ロ国境を行く　大森経徳, 川西重忠, 木村汎編著　相模原　桜美林大学北東アジア総合研究所　2011.1　341p　21cm　(北東アジア研究叢書)　2000円　①978-4-904794-07-4

内容 中国図們江地域協力開発計画要綱（中国国務院批准・公表, 京都大学東アジア経済研究センター, 倪卉, 小林拓磨訳, 劉徳強監修）〔09435〕

リュウ, ネンサイ* 劉 念才

◇新興国家の世界水準大学戦略―世界水準をめざすアジア・中南米と日本（World-Class Worldwide） フィリップ・G.アルトバック, ホルヘ・バラン編, 米沢彰純監訳 東信堂 2013.5 386p 22cm 〈索引あり〉 4800円 ①978-4-7989-0134-3

内容 中国の研究大学（劉念才執筆, 福井文威訳）〔09436〕

リュウ, ビジョ 劉 美如

◇なるほど！ 中国人が教える中国人のビジネス思考（Anatomy of the Chinese Business Mind） 劉美如, 袁芳遠著, 青木創訳 センゲージラーニング 2012.11 283p 19cm 〈文献あり 発売：同友館〉 1600円 ①978-4-496-04930-9

内容 第1部 中国ってどんな国だろう（中国早わかり 中国経済―リスクとチャンス） 第2部 中国人はなぜ中国人なのか（中国人の考え方を理解するために 中国のビジネス文化のルーツ ビジネス文化の地域による違い） 第3部 中国のビジネスの世界（関係（guan xi）が物を言う 自分の成功のために他人の面子（mian zi）を立てる 相手の目に映る自分 ほか）〔09437〕

リュウ, ブンセイ* 劉 文清

◇中国古典の解釈と分析―日本・台湾の学術交流 佐藤錬太郎, 鄭吉雄編著 札幌 北海道大学出版会 2012.3 388p 22cm 〈布装〉 9500円 ①978-4-8329-6765-6

内容 恵棟『九経古義』により「経の義は訓に存す」というその経書解釈の観念を論ず（劉文清著, 田村将訳）〔09438〕

リュウ, ホウ* 劉 峰

◇東アジア「近世」比較社会史研究 2012年度 山田賢編 〔千葉〕 千葉大学大学院人文社会科学研究科 2013.2 70p 30cm （人文社会科学研究科研究プロジェクト報告書 第264集）

内容 辛亥革命期における北一輝のアジア主義とその変容（熊沛彪, 劉峰著, 村田遼平訳）〔09439〕

リュウ, ホウウン* 劉 呆運

◇東アジア世界史研究センター年報 第6号 川崎 東アジア世界史研究センター 2012.3 231p 26cm 〈文部科学省私立大学学術研究高度化推進事業オープン・リサーチ・センター整備事業 文献あり〉

内容 長安城南郊外における唐代墓地の発掘と初歩的研究（劉呆運著, 三宅俊彦訳）〔09440〕

リュウ, リツゲン* 柳 立言

◇碑と地方志のアーカイブズを探る 須江隆編 汲古書院 2012.3 440, 6p 22cm （東アジア海域叢書 6 小島毅監修） 7000円 ①978-4-7629-2946-5

内容 宋代明州（寧波）における「家族」研究（柳立言執筆, 山口智哉訳）〔09441〕

◇中国宋代の地域像―比較史からみた専制国家と地域 伊原弘, 市来津由彦, 須江隆編 岩田書院 2013.8 408p 22cm 11800円 ①978-4-87294-814-1

内容 南宋の民事裁判（柳立言著, 山口智哉訳）〔09442〕

リュウ, J.* Liu, James Hou-fu

◇紛争と平和構築の社会心理学―集団間の葛藤とその解決（INTERGROUP CONFLICTS AND THEIR RESOLUTION） ダニエル・バル・タル編著, 熊谷智博, 大淵憲一監訳 京都 北大路書房 2012.10 375p 21cm 〈索引あり〉 4000円 ①978-4-7628-2787-7

内容 紛争の集合的記憶（James Hou-fu Liu, Dario R. Paez著, 山口奈緒美訳）〔09443〕

リュウオウ, リツメイ* 劉王 立明

◇新編原典中国近代思想史 第5巻 国家建設と民族自救―国民革命・国共分裂から一致抗日へ 野村浩一, 近藤邦康, 並木頼寿, 坂元ひろ子, 砂山幸雄, 村田雄二郎編 野村浩一, 近藤邦康, 村田雄二郎責任編集 岩波書店 2010.12 392, 6p 22cm 〈年表あり〉 5400円 ①978-4-00-028225-3

内容 女性と産児制限（抄）（劉王立明著, 小浜正子訳）〔09444〕

リュークマン, ジョッシュ Lukeman, Josh

◇トレードの教典―メンタル強化チャート読解損失管理（The market maker's edge） ジョッシュ・リュークマン著, 鈴木敏昭訳, 長尾慎太郎監修 パンローリング 2011.7 345p 22cm （ウィザードブックシリーズ vol.181） 3800円 ①978-4-7759-7148-2

内容 第1部 リスク管理 第2部 基本的状況 第3部 ファンダメンタルズ 第4部 トレード 第5部 テクニカル分析 第6部 市場の脈動 第7部 高等トレーディング戦術 第8部 心理〔09445〕

リュシェール, ルイ

◇日本とフランス（及びヨーロッパ）における分権国家と法―2009年12月12日成城大学日仏比較法シンポジウムの記録 大津浩編 成城大学法学部憲法学教室 2011.3 163p 30cm 〈他言語標題：Etat decentralise et droit au Japon et en FranceEurope フランス語併記〉

内容 地方公共団体と基本権（ルイ・リュシェール, クリスチャン・デュヴァル著, 永井典克訳）〔09446〕

リュッケルト, ヨーアヒム

◇ユダヤ出自のドイツ法律家（DEUTSCHE JURISTEN JUDISCHER HERKUNFT） ヘルムート・ハインリッヒス, ハラルド・フランツキー, クラウス・シュマルツ, ミヒャエル・シュトレイス著, 森勇監訳 八王子 中央大学出版部 2012.3 25, 1310p 21cm （日本比較法研究所翻訳叢書 62） 〈文献あり 索引あり〉 13000円 ①978-4-8057-0363-2

内容 自由の精神と社会主義におけるローマ法, 法哲学及び労働法（ヨーアヒム・リュッケルト著, 金井幸子

リ

訳) 〔09447〕

リュティ, ヴァルター Lüthi, Walter

◇十戒—教会のための講解説教 (Die Zehn Gebote Gottes ausgelegt für die Gemeinde) ヴァルター・リュティ著, 野崎卓道訳 新教出版社 2011.12 303p 19cm 〈索引あり〉2000円 ①978-4-400-52106-8

内容 第1戒 唯一の救い主 第2戒 隠れた導き手 第3戒 最高の支配者 第4戒 祝日 第4戒 安息の年 第5戒 家族 第5戒 国家 第6戒 人間の命 第6戒 国際平和 第7戒 結婚生活 第7戒 不倫 第7戒 独身生活 第八戒 財産 第九戒 人間の尊厳 第十戒 人間の心 〔09448〕

◇主の祈り—講解説教 (Das Unservater) ヴァルター・リュティ著, 野崎卓道訳 新教出版社 2013.7 233p 19cm 2000円 ①978-4-400-52107-5

内容 1 父 2 御名 3 御国 4 御心 5 我らの糧 6 我らの罪 7 我らの試み 8 我らの惨めさ 9 主の御国 10 主の御力 11 主の御栄え 12 アーメン 〔09449〕

リューディッヒ, ウォルフガング

◇変貌する世界の緑の党—草の根民主主義の終焉か? (GREEN PARTIES IN TRANSITION) E.ジーン・フランクランド, ポール・ルカルディ, ブノワ・リウー編著, 白井和宏訳 緑風出版 2013.9 455p 20cm 〈文献あり〉3600円 ①978-4-8461-1320-9

内容 イギリスにおける緑の党組織の変化と継続性 (ウォルフガング・リューディッヒ著) 〔09450〕

リュデーン, ラルス

◇フィンランドの高等教育ESDへの挑戦—持続可能な社会のために (Towards sustainable development in higher education-reflections) フィンランド教育省, タイナ・カイヴォラ, リーサ・ローヴェーデル編著, 斎藤博次, 開竜美監訳, 岩手大学ESDプロジェクトチーム訳 明石書店 2011.4 201p 21cm 〈文献あり〉2500円 ①978-4-7503-3377-9

内容 持続可能であるためには、世界は教育を必要とする 他 (ラルス・リュデーン著, 斎藤博次訳) 〔09451〕

リュボミアスキー, ソニア Lyubomirsky, Sonja

◇幸せがずっと続く12の行動習慣—自分で変えられる40%に集中しよう (The how of happiness) ソニア・リュボミアスキー著, 金井真弓訳, 渡辺誠監修 日本実業出版社 2012.2 295p 19cm 1600円 ①978-4-534-04925-4

内容 1 幸せがずっと続くためにすべきこと (自分で変えられる40%に集中しよう 幸福度の測り方 幸せになるための最適な行動の選び方) 2 幸福度を高める12の行動習慣 (感謝の気持ちを表わす 楽観的になる 考えすぎない、他人と比較しない 目標達成に全力を尽くす 内面的なものを大切にする 身体を大切にする—瞑想と運動) 3 40%の行動習慣が続く5つのコツ (ポジティブな感情をより多く体験する タイミングをはかり、行動に変化を起こす 社会的なつながりを大切にする 意欲と献身的な努力をもって人と関わる 行動は繰りかえすことで習慣になる) 〔09452〕

リューリップ, ラインハルト

◇ユダヤ出自のドイツ法律家 (DEUTSCHE JURISTEN JUDISCHER HERKUNFT) ヘルムート・ハインリッヒス, ハラルド・フランツキー, クラウス・シュマルツ, ミヒャエル・シュトレイス著, 森勇監訳 八王子 中央大学出版部 2012.3 25, 1310p 21cm (日本比較法研究所翻訳叢書 62) 〈文献あり 索引あり〉13000円 ①978-4-8057-0363-2

内容 ユダヤ人の解放とこれに遅れた法律職の開放 (ラインハルト・リューリップ著, 中山幸二訳) 〔09453〕

リュングレン, G.* Ljunggren, Gunnar

◇インターライ方式ケアアセスメント—居宅・施設・高齢者住宅 (InterRAI home care (HC) assessment form and user's manual, 9.1 〔etc.〕) John N.Morris〔ほか〕著, 池上直己監訳, 山田ゆかり, 石橋智昭訳 医学書院 2011.12 367p 30cm 3800円 ①978-4-260-01503-5 〔09454〕

リョ, イツミン* 呂 一民

◇辛亥革命と日本 王柯編 藤原書店 2011.11 321p 22cm 〈執筆 : 桜井良樹ほか 年表あり 索引あり〉3800円 ①978-4-89434-830-1

内容 二十世紀初頭浙江省における社会再編 (呂一民, 徐立望著, 王海燕, 王柯訳) 〔09455〕

リョ, ゲンメイ* 呂 元明

◇地域発展のための日本研究—中国、東アジアにおける人文交流を中心に 法政大学国際日本学研究所編 法政大学国際日本学研究センター 2012.3 363p 21cm (国際日本学研究叢書 15) 〈文献あり 年譜あり〉

内容 日本文学研究会創立当時の思い出 (呂元明著, 劉春英, 呉佩軍訳) 〔09456〕

リョ, コウグン* 呂 宏軍

◇円仁と石刻の史料学—法王寺釈迦舎利蔵誌 鈴木靖民編 高志書院 2011.11 322p 22cm 7000円 ①978-4-86215-102-5

内容 隋唐時代嵩山の寺院・石刻と交通 (呂宏軍著, 劉志強訳) 〔09457〕

リョ, コン 呂 坤

◇呻吟語—新訳 : リーダーとしての資質を高める経世済民の書 呂新吾著, 守屋洋訳 PHP研究所 2012.6 183p 18cm 950円 ①978-4-569-80583-2

内容 第1章 人物について—リーダーに求められる資質とは 第2章 修養について—独りでいるときこそ、心を正す 第3章 処世について—好調なときほど謙虚であれ、慎重であれ 第4章 人品について—時勢に流されない勇気を持て 第5章 治道について—下からの声をどう汲みあげていくか 第6章 人情について—人を知る、己を知る 〔09458〕

リョ, シンゴ 呂 新吾

⇒リョ, コン (呂坤)

リ

リョ, ホウジョウ*　呂 芳上
◇蒋介石研究—政治・戦争・日本　山田辰雄, 松重充浩編著　東方書店　2013.3　564p　22cm　〈索引あり〉4500円　①978-4-497-21229-0
内容 「弾性」国際主義者蒋介石（呂芳上著, 松重充浩訳）〔09459〕

リョウ, ウンショウ　梁 雲祥
◇敦煌壁画物語—釈迦の前世・誕生・悟り・涅槃　聶鋒編著, 筒井文子編・訳, 梁雲祥監修　東京文献センター　2011.10　322p　21cm　2800円　①978-4-925187-92-3
内容 1 仏伝物語（シッダ太子が象に乗って胎に入る　シッダ太子が木の下で誕生 ほか）　2 本生物語（虎に命を捧げたサッタ太子　九色の鹿の物語 ほか）　3 因縁物語（ミミョウ尼の物語　五百人の盗賊が仏になる ほか）　4 経変物語（タンニチと端正王　鹿母夫人が蓮の花を生む ほか）〔09460〕

リョウ, エイビ*　梁 英美
⇒ヤン, ヨンミ*

リョウ, ケイメイ*　梁 敬明
◇新史料からみる中国現代史—口述・電子化・地方文献　高田幸男, 大沢肇編著　東方書店　2010.12　353p　22cm　〈文献あり 索引あり〉3800円　①978-4-497-21017-3
内容 浙江地域史研究と新史料の発掘（梁敬明著, 五味知子訳）〔09461〕

リョウ, ゴウカン*　梁 豪煥
◇歴史教育から「社会科」へ—現場からの問い　君島和彦編　東京堂出版　2011.3　290p　21cm　2500円　①978-4-490-20729-3
内容 歴史教科書の叙述とヨーロッパ中心主義（梁豪煥著, 国分麻里訳）〔09462〕

リョウ, コウシュク*　梁 興淑
⇒ヤン, フンスク

リョウ, コンリン*　梁 根林
◇日中経済刑法の比較研究　佐伯仁志, 金光旭編　成文堂　2011.6　285p　22cm　（成蹊大学アジア太平洋研究センター叢書§アジア法叢書 30）3300円　①978-4-7923-1908-3
内容 中国の環境汚染の現状, 刑事的規制及び司法の運用 他（梁根林著, 金光旭訳）〔09463〕

リョウ, ジツシュウ*　梁 実秋
◇新編原典中国近代思想史　第7巻　世界冷戦のなかの選択—内戦から社会主義建設へ　野村浩一, 近藤邦康, 並木頼寿, 坂元ひろ子, 砂山幸雄, 村田雄二郎編　砂山幸雄責任編集　岩波書店　2011.10　410, 7p　22cm　〈年表あり〉5700円　①978-4-00-028227-7
内容 憲政を論ずる（梁実秋著, 中村元哉訳）〔09464〕

リョウ, ショウジュン　梁 湘潤
◇子平推命—基礎大全　梁湘潤著, 田中要一郎訳　太玄社　2013.10　294p　22cm　〈発売：ナチュラルスピリット〉3000円　①978-4-906724-06-2
内容 第1部 四柱推命の基本要素と命式の出し方　第2部 格局を取る　第3部 十神の生剋 六親の判断　第4部 十神定位法　第5部 八格の喜忌　第6部 特別格の喜忌　付録〔09465〕

リョウ, ショウヒツ*　梁 晶弼
⇒ヤン, ジョンピル*

リョウ, ズイカ　梁 瑞華《Leung, Suiwah》
◇メコン地域経済開発論（Globalization and Development in the Mekong Economies）　梁, ビンガム, デイヴィス編著, 阿曽村邦昭訳・注　古今書院　2012.10　391, 9p　21cm　〈文献あり 索引あり〉6200円　①978-4-7722-8112-6
内容 グリーバル化とメコン地域経済の開発ベトナム、ラオス、カンボジアおよびミャンマー 他（Ben Bingham, Matt Davies, Suiwah Leung）〔09466〕

リョウ, ソウメイ*　梁 漱溟
◇新編原典中国近代思想史　第5巻　国家建設と民族自救—国民革命・国共分裂から一致抗日へ　野村浩一, 近藤邦康, 並木頼寿, 坂元ひろ子, 砂山幸雄, 村田雄二郎編　野村浩一, 近藤邦康, 村田雄二郎責任編集　岩波書店　2010.12　392, 6p　22cm　〈年表あり〉5400円　①978-4-00-028225-3
内容 中国民族自救運動の最後の覚醒（抄）他（梁漱溟著, 小野寺史郎訳）〔09467〕
◇新編原典中国近代思想史　第6巻　救国と民主—抗日戦争から第二次世界大戦へ　野村浩一, 近藤邦康, 並木頼寿, 坂元ひろ子, 砂山幸雄, 村田雄二郎編　野村浩一, 近藤邦康, 砂山幸雄責任編集　岩波書店　2011.3　412, 7p　22cm　〈年表あり〉5700円　①978-4-00-028226-0
内容 中国が憲政に到る道（抄）（梁漱溟著, 小野寺史郎訳）〔09468〕
◇新編原典中国近代思想史　第7巻　世界冷戦のなかの選択—内戦から社会主義建設へ　野村浩一, 近藤邦康, 並木頼寿, 坂元ひろ子, 砂山幸雄, 村田雄二郎編　砂山幸雄責任編集　岩波書店　2011.10　410, 7p　22cm　〈年表あり〉5700円　①978-4-00-028227-7
内容 選災を予告し、憲政を追論する上・下（抄）他（梁漱溟著, 中村元哉訳）〔09469〕

リョウ, テンキ　廖 天琪
◇最後の審判を生き延びて—劉暁波文集　劉暁波〔著〕, 廖天琪, 劉霞編, 丸川哲史, 鈴木将久, 及川淳子訳　岩波書店　2011.2　402, 8p　20cm　〈文献あり 著作目録あり 年譜あり〉3200円　①978-4-00-023038-4
内容 評論1 中国の特色ある政治（ポスト全体主義時代の精神風景　社会を変えて政権を変える ほか）　評論2 中国と世界（中国経済の独り勝ちの裏で　大国台頭の裏で ほか）　評論3 文化と社会（『現代中国知識人批判』あとがき　林昭が生命で書いた遺言は、現代中国にわずかに残る自由の声である ほか）　文書（六・二ハンスト宣言　〇八憲章 ほか）　詩（一七歳へ—「六四」二周年を祭る　時間の呪詛の中で—「六四」一〇周年を祭る ほか）　付録 劉暁波判決文〔09470〕

リョウ, マンソウ* 梁 満倉
◇魏晋南北朝における貴族制の形成と三教・文学—歴史学・思想史・文学の連携による 第二回日中学者中国古代史論壇論文集　中国社会科学院歴史研究所, 東方学会〔編〕, 渡辺義浩編　汲古書院　2011.9　330p　27cm　12000円　①978-4-7629-2969-4
内容 曹操墓より出土した文物と歴史文献との関係（梁満倉著, 谷口建速訳）〔09471〕

リョースレル, H. Roesler, Karl Friedrich Hermann
◇日本立法資料全集　別巻803　社会行政法論　H.リョースレル著, 江木衷訳述　信山社出版　2013.3　926p　23cm　〈博聞本社 明治23年刊の複製〉100000円　①978-4-7972-6448-7〔09472〕

リラ, マーク Lilla, Mark
◇神と国家の政治哲学—政教分離をめぐる戦いの歴史（The stillborn god）　マーク・リラ著, 鈴木佳秀訳　NTT出版　2011.8　333p　22cm　（叢書「世界認識の最前線」）4200円　①978-4-7571-4193-3
内容 第1章 危機　第2章 偉大なる分離　第3章 倫理的な神　第4章 ブルジョアの神　第5章 よく整えられた家　第6章 贖う神　第7章 死産に終わった虚構の神〔09473〕

リリー, サイモン Lilly, Simon
◇誕生日大全書（The Power of Birthdays, Runes, Stars and Numerology）　サイモン・リリー, スー・リリー著, 中村ゆい訳　創樹社美術出版　2013.7　779p　26cm　2800円　①978-4-7876-0081-3
内容 ルーン　占星術　惑星　数秘術　カラー　366日の誕生日占い〔09474〕

リリー, スー Lilly, Sue
◇誕生日大全書（The Power of Birthdays, Runes, Stars and Numerology）　サイモン・リリー, スー・リリー著, 中村ゆい訳　創樹社美術出版　2013.7　779p　26cm　2800円　①978-4-7876-0081-3
内容 ルーン　占星術　惑星　数秘術　カラー　366日の誕生日占い〔09475〕

リリー, J.ロバート Lilly, J.Robert
◇犯罪学—理論的背景と帰結（CRIMINOLOGICAL THEORY（原著第5版））　J.ロバート・リリー, フランシス・T.カレン, リチャード・A.ボール〔著〕, 影山任佐監訳　金剛出版　2013.11　491p　27cm　〈訳：藤田真幸ほか　文献あり 索引あり〉12000円　①978-4-7724-1342-8〔09476〕

リリカー, ダーレン・G. Lilleker, Darren G.
◇政治コミュニケーションを理解するための52章（Key concepts in political communication）　ダーレン・G.リリカー著, 谷藤悦史監訳　早稲田大学出版部　2011.3　291p　21cm　〈索引あり〉3500円　①978-4-657-11003-9
内容 美化　議題設定　アメリカ化/専門化　視聴者　真正性　ブランド/ブランド化　ブロードキャスティング/ナローキャスティング　キャンペーン　市民社会/公民社会　消費主義/消費主義化〔ほか〕〔09477〕

リーロウ, ダイアン Lierow, Diane
◇愛を知らなかった子—ネグレクトされた少女が家族を得るまで（DANI'S STORY）　ダイアン・リーロウ, バーニー・リーロウ著, 庭田よう子訳　講談社　2012.5　269p　19cm　1500円　①978-4-06-216983-7
内容 家族をもつということ　家族を必要とする子　「わたしたち」を必要とする子　野生児と呼ばれた子　ダニエルと会う日　世界に見過ごされた子　どこにも居場所のない子　八歳の誕生日　愛を知らなかった子　蝶は自由に飛び回る〔ほか〕〔09478〕

リーロウ, バーニー Lierow, Bernie
◇愛を知らなかった子—ネグレクトされた少女が家族を得るまで（DANI'S STORY）　ダイアン・リーロウ, バーニー・リーロウ著, 庭田よう子訳　講談社　2012.5　269p　19cm　1500円　①978-4-06-216983-7
内容 家族をもつということ　家族を必要とする子　「わたしたち」を必要とする子　野生児と呼ばれた子　ダニエルと会う日　世界に見過ごされた子　どこにも居場所のない子　八歳の誕生日　愛を知らなかった子　蝶は自由に飛び回る〔ほか〕〔09479〕

リン, キカン* 林 起煥
⇒イム, ギファン

リン, キフ 林 毅夫
◇北京大学中国経済講義（Demystifying the Chinese Economy）　林毅夫著, 劉徳強訳　東洋経済新報社　2012.9　269p　22cm　〈索引あり〉3800円　①978-4-492-44391-0
内容 中国経済発展のチャンスと課題　なぜ、科学革命と産業革命が中国で起きなかったのか　近代の屈辱と社会主義革命　比較優位に反するキャッチアップ戦略と伝統的な経済システム　企業の自生能力と要素賦存　比較優位に従う発展戦略　農村改革と三農問題　都市改革と残された問題　国有企業の改革に向けて　金融改革　デフレ拡大と社会主義新農村建設　市場システムの完備、公平と効率の促進、調和のとれた発展の実現　新古典派理論への反省　グローバル・インバランス、準備通貨と世界経済のガバナンス〔09480〕

リン, ギョクジョ 林 玉茹
◇植民地台湾の経済と社会　老川慶喜, 須永徳武, 谷ケ城秀吉, 立教大学経済学部編　日本経済評論社　2011.9　311p　22cm　5600円　①978-4-8188-2167-5
内容 技術移転から地域開発へ（林玉茹著, 図左篤樹訳）〔09481〕

◇台湾拓殖株式会社の東台湾経営—国策会社と植民地の改造　林玉茹著, 森田明, 朝元照雄訳　汲古書院　2012.5　382p　20cm　（汲古選書 58）〈文献あり 索引あり〉5500円　①978-4-7629-5058-2〔09482〕

リ

リン, ケイシン*　林 炯真
⇒イム, ヒョンジン*

リン, ケイヘイ*　林 啓屏
◇中国古典の解釈と分析―日本・台湾の学術交流　佐藤錬太郎, 鄭吉雄編著　札幌　北海道大学出版会　2012.3　388p　22cm　〈布装〉9500円　①978-4-8329-6765-6
内容 儒教思想における知行観（林啓屏著, 近藤浩之, 西信康訳）〔09483〕

リン, シミン*　林 士民
◇平泉文化の国際性と地域性　藪敏裕編　汲古書院　2013.6　305, 5p　22cm　（東アジア海域叢書 16　小島毅監修）　7000円　①978-4-7629-2956-4
内容 世界文化遺産平泉の調査を振り返って（林士民執筆, 大井さき訳）〔09484〕

リン, シュンショク*　林 春植
⇒イム, チュンシク

リン, ショウタク*　林 尚澤
⇒イム, サンテク*

リン, チョウ*　林 昶
◇転換期日中関係論の最前線―相互発展のための日本研究　法政大学国際日本学研究所編　法政大学国際日本学研究センター　2010.10　390p　21cm　（国際日本学研究叢書 14）
内容 二〇〇八年中国における日本社会と文化研究状況について（林昶著, 千葉明訳）〔09485〕
◇転換期日中関係論の最前線―中国トップリーダーの視点　王敏編　三和書籍　2011.3　390p　22cm　（日中新時代をひらく）　3800円　①978-4-86251-097-6
内容 二〇〇八年中国における日本社会と文化研究状況について（林昶著, 千葉明訳）〔09486〕

リン, ドウサイ*　林 同済
◇新編原典中国近代思想史　第6巻　救国と民主―抗日戦争から第二次世界大戦へ　野村浩一, 近藤邦康, 並木頼寿, 坂元ひろ子, 砂山幸雄, 村田雄二郎編　野村浩一, 近藤邦康, 砂山幸雄責任編集　岩波書店　2011.3　412, 7p　22cm　〈年表あり〉　5700円　①978-4-00-028226-0
内容 民族主義と二十世紀（抄）（林同済著, 水羽信男訳）〔09487〕

リン, ホウリョウ*　林 封良
◇文化交渉における画期と創造―歴史世界と現代を通じて考える　荒武賢一朗, 池田智恵編著　吹田　関西大学文化交渉学教育研究拠点　2011.3　303p　21cm　（関西大学文化交渉学教育研究拠点次世代国際学術フォーラムシリーズ 第3輯）　〈文部科学省グローバルCOEプログラム　文献あり〉①978-4-9905164-2-0
内容 五四革命の政治性に関する再考察（林封良著, 藤原祐子訳）〔09488〕

リン, マンコウ*　林 満紅
◇岩波講座東アジア近現代通史　第5巻　新秩序の模索―1930年代　〔和田春樹, 後藤乾一, 木畑洋一, 山室信一, 趙景達, 中野聡, 川島真〕〔編〕　岩波書店　2011.5　391p　22cm　3800円　①978-4-00-011285-7
内容 一九三〇年代台湾のアジア域内における貿易と移民（林満紅著, 藤原敬士訳）〔09489〕

リンカーン, F.W., Jr.
◇ボストン市立図書館とJ.ウィンザーの時代（1868-1877年）―原典で読むボストン市立図書館発展期の思想と実践　川崎良孝解説・訳, 久野和子, 川崎智子訳　京都　京都図書館情報学研究会　2012.5　401p　21cm　〈背・表紙のタイトル ： ボストン市立図書館とJ.ウィンザーの時代　発売 ： 日本図書館協会〉6000円　①978-4-8204-1200-7
内容 市立図書館の日曜開館に関する市長の反対（『市文書第49号』1865年5月15日）（F.W.リンカーン・ジュニア）〔09490〕

リンク, クリストフ
◇ユダヤ出自のドイツ法律家（DEUTSCHE JURISTEN JUDISCHER HERKUNFT）　ヘルムート・ハインリッヒス, ハラルド・フランツキー, クラウス・シュマルツ, ミヒャエル・シュトレイス著, 森勇監訳　八王子　中央大学出版部　2012.3　25, 1310p　21cm　（日本比較法研究所翻訳叢書 62）　〈文献あり 索引あり〉13000円　①978-4-8057-0363-2
内容 歴史法学派の教会法学者,「国家カノン法学者」そして「文化闘争」における共闘者 他（クリストフ・リンク著, 森勇訳）〔09491〕

リンク, マーセル　Link, Marcel
◇高勝率トレード学のススメ　続　自分に合ったプランを作り上げることこそが成功への第一歩（Trading Without Gamblig）　マーセル・リンク著, 長尾慎太郎監修　鈴木敏昭訳　パンローリング　2013.5　386p　22cm　（ウィザードブックシリーズ 205）　5800円　①978-4-7759-7172-7
内容 だれにも計画が必要　トレードプラン　ゲームプラン　自分自身を知る　トレード戦略　市場に精通する　大引け後　市場が開く前に　シナリオの作成　トレードからギャンブル要素をなくす　仕掛け　手仕舞い　点検と管理　過剰トレードの防止　資金管理　トレードルール　集中と規律　勝つ方法を学ぶ〔09492〕

リンクナー, ジョシュ　Linkner, Josh
◇ひらめきトレーニング―クリエイティブに結果を出す5つのステップ（DISCIPLINED DREAMING）　ジョシュ・リンクナー著, 花塚恵訳　東洋経済新報社　2012.5　249, 5p　19cm　1800円　①978-4-492-04460-5
内容 第1章 創造力とは何か　第2章 ひらめきトレーニング―創造力を使いこなすためのシステム　第3章 チャレンジ課題を特定しよう　第4章 好奇心をかり立て、注意力を研ぎ澄まそう　第5章 創造的に考える頭と文化をつくろう　第6章 創造への情熱を燃やす環境を整えよう　第7章 創造への道を見つけよう　第8章 創造力に火をつけよう　第9章 創造の火花を炎に変えよう―最も効果的な八つのテクニック　第10章 アイデアを世に送り出そう―着手〔09493〕

リ

リ

リンクレイター, アンドリュー
◇英国学派の国際関係論　佐藤誠, 大中真, 池田丈佑編　日本経済評論社　2013.10　278p　22cm　〈文献あり 索引あり〉4000円　①978-4-8188-2292-4
内容 国際社会と文明化の過程(アンドリュー・リンクレイター著, 佐藤誠, 大滝正子訳)　〔09494〕

リンクレター, カレン・E.　Linkletter, Karen E.
◇ドラッカー教養としてのマネジメント　(Drucker's Lost Art of Management)　ジョゼフ・A.マチャレロ, カレン・E.リンクレター著, 阪井和男, 高木直二, 井坂康志訳　マグロウヒル・エデュケーション　2013.3　542p　20cm　〈文献あり　発売 : 日本経済新聞出版社〉3800円　①978-4-532-60528-5
内容 序章 リベラル・アーツと現代　第1章 教養としてのマネジメントの起源　第2章 教養としてのマネジメントはいかにして生成したか　第3章 教養としてのマネジメントはいかに世界に貢献しうるか　第4章 連邦主義と権威・権力の分配　第5章 リベラル・アーツにおけるマネジメントと人間　第6章 リベラル・アーツとしてのリーダーシップ　第7章 社会生態学と教養としてのマネジメントの実践　第8章 実践手法としての社会生態学—機能する希望社会に向けた変革　〔09495〕

リンゲルナッツ
◇ちくま哲学の森　2　世界を見る　鶴見俊輔, 安野光雅, 森毅, 井上ひさし, 池内紀編　筑摩書房　2011.10　440p　15cm　1200円　①978-4-480-42862-2
内容 地球儀(リンゲルナッツ著, 板倉鞆音訳)　〔09496〕

リンストローム, アン・マリー　Lindström, Anne-Marie
◇手で笑おう—手話通訳士になりたい　(Tystnadens barn)　アン・マリー・リンストローム著, 枇谷玲子訳　汐文社　2012.8　143p　20cm　1500円　①978-4-8113-8898-4
内容 1 ポリオにかかる　2 入院生活　3 ろうの家に戻って　4 おじいちゃんとおばあちゃんの家へ　5 一人ぼっちの毎日　6 中学校で　7 家に戻る　8 夜間高校へ　9 車の免許をとる　10 高校卒業　11 手話講座を開く　〔09497〕

リンストローム, エリザベット　Lindström, Elisabet
◇スウェーデン発・知的障害のある人の生活支援ハンドブック　(Grepp om livet)　E.リンストローム, B.ヴェンベーリア著, 田代幹康, シシリア・ロボス訳・著　京都　ミネルヴァ書房　2011.3　184p　26cm　〈評価に役立つ記入様式付き　文献あり 索引あり〉3500円　①978-4-623-05915-7
内容 2つの重要なスターティングポイント　第1部 解説・実践編(活動と参加　困難な状況と環境からの要求　コントロールする—自分自身で知ること、選択すること、そして決定すること ほか)　第2部 フォーム(記入様式・資料)編(本人による自立の評価—フォーム(様式)1　支援者による自立の評価—フォーム(様式)2　能力活用の評価—フォーム(様式)3 ほか)　第3部 スウェーデンの障害福祉における法律・政策(基本理念と行政組織　法律の概要　スウェーデンの障害者福祉に関する施策の概要 ほか)　〔09498〕

リンズレイ, オグデン・R.
◇認知行動療法という革命—創始者たちが語る歴史　(A HISTORY OF THE BEHAVIORAL THERAPIES(抄訳))　ウィリアム・T.オドナヒュー, デボラ・A.ヘンダーソン, スティーブン・C.ヘイズ, ジェーン・E.フィッシャー, リンダ・J.ヘイズ編, 坂野雄二, 岡島義監訳, 石川信一, 金井嘉宏, 松岡紘史訳　日本評論社　2013.9　283p　21cm　〈文献あり〉3000円　①978-4-535-98362-5
内容 実験行動分析と行動療法の接点〈50～60年代〉(オグデン・R.リンズレイ著, 金井嘉宏訳)　〔09499〕

リンタ=アホ, ハッリ　Rinta-Aho, Harri
◇世界史のなかのフィンランドの歴史—フィンランド中学校近現代史教科書　(Historian tuulet)　ハッリ・リンタ=アホ, マルヤーナ・ニエミ, パイヴィ・シルタラ=ケイナネン, オッリ・レヒトネン著, 百瀬宏監訳, 石野裕子, 高瀬愛訳　明石書店　2011.11　437p　26cm　(世界の教科書シリーズ 33)　〈索引あり〉5800円　①978-4-7503-3473-8
内容 第7学年 フランス革命から第1次世界大戦の終結まで(フィンランド、大公国になる　機械で変化する世界　民族主義がヨーロッパを変える　大国となったアメリカ　工業国が世界を支配する　フィンランド、民族国家の誕生　現状を変えようとするフィンランド人　旧世界を滅ぼした戦争)　第8学年 フィンランドの独立からEU憲法まで(独立直後のフィンランドの苦難　国民的合意に向けて—1920～1930年代のフィンランド　独裁諸国、民主主義諸国に挑戦　第2次世界大戦　冷戦　フィンランド、福祉国家となる　統合するヨーロッパ　フィンランドとグローバル化という課題　私たちの共通の世界)　〔09500〕

リンチ, アンソニー・W.　Lynch, Anthony W.
◇金融規制のグランドデザイン—次の「危機」の前に学ぶべきこと　(Restoring financial stability)　ヴィラル・V.アチャリア, マシュー・リチャードソン編著, 大村敬一監訳, 池田竜哉, 増原剛輝, 山崎洋一, 安藤祐介訳　中央経済社　2011.3　488p　22cm　〈文献あり〉5800円　①978-4-502-68200-1
内容 金融危機におけるモーゲージの組成と証券化 他(ドワイト・ジャフィー, アンソニー・W.リンチ, マシュー・リチャードソン, スタジン・ヴァン・ニューワーバー)　〔09501〕

リンチ, マイケル　Lynch, Michael
◇エスノメソドロジーと科学実践の社会学　(SCIENTIFIC PRACTICE AND ORDINARY ACTION)　マイケル・リンチ著, 水川喜文, 中村和生監訳　勁草書房　2012.10　487p　22cm　〈文献あり 索引あり〉5300円　①978-4-326-60244-5
内容 第1章 エスノメソドロジー　第2章「古い」科学社会学の終焉　第3章 新しい科学知識の社会学の興隆　第4章 現象学とプロト・エスノメソドロジー　第5章 ウィトゲンシュタイン、ルール、認識論のトピック　第6章 分子社会学　第7章 本質から個性原理へ—ワークのエスノメソドロジー研究　結論　〔09502〕

リンツ, マンフレート　Linz, Manfred
◇フェアな未来へ—誰もが予想しながら誰も自分に

責任があるとは考えない問題に私たちはどう向きあっていくべきか（Fair Future ： Resource Conflicts, Security and Global Justice ; A Report of the Wuppertal Institute for Climate, Environment and Energy） ヴォルフガング・ザックス, ティルマン・ザンタリウス編, 川村久美子訳・解題　新評論　2013.12　422p　21cm　3800円　①978-4-7948-0881-3

内容 第1章 現実主義者にとっての公正　第2章 環境をめぐる不公正　第3章 専有を競う競技場　第4章 フェアな資源配分モデル　第5章 フェアな豊かさ　第6章 公正とエコロジーのための取り決め　第7章 ヨーロッパの存在価値とは　〔09503〕

リンデン, トベ

◇自由への変革と市民教育　不破和彦編訳　青木書店　2011.2　182p　22cm　2500円　①978-4-250-21102-7

内容 シティズンシップのための言語の学習か（トベ・リンデン著）　〔09504〕

リンド, ペール

◇世界平和への冒険旅行―ダグ・ハマーショルドと国連の未来（The Adventure of Peace） ステン・アスク, アンナ・マルク＝ユングクヴィスト編, ブライアン・アークハート, セルゲイ・フルシチョフ他著, 光橋翠訳　新評論　2013.7　358p　20cm　〈文献あり 年譜あり〉3800円　①978-4-7948-0945-2

内容 自然と文化（ペール・リンド, ベングト・テリン著）　〔09505〕

リンドクヴィスト, オッシ・V.

◇フィンランドの高等教育ESDへの挑戦―持続可能な社会のために（Towards sustainable development in higher education-reflections） フィンランド教育省, タイナ・カイヴォラ, リーサ・ローヴェーデル編著, 斎藤博次, 開竜美監訳, 岩手大学ESDプロジェクトチーム訳　明石書店　2011.4　201p　21cm　〈文献あり〉2500円　①978-4-7503-3377-9

内容 持続可能な開発、それは持続可能か？（オッシ・V.リンドクヴィスト著, 開竜美訳）　〔09506〕

リンドストロム, カティ　Lindström, Kati

◇水辺の多様性　内山純蔵, カティ・リンドストロム編　京都　昭和堂　2010.3　205, 4p　21cm　（東アジア内海文化圏の景観史と環境 1）　4000円　①978-4-8122-1011-6

内容 景観と歴史―環境問題の新たな認識へ向けて　第1部 生活の表象としての景観（景観の選択から景観の創出へ―琵琶湖周辺地域における新石器化の過程　コメ倉―水稲文化のランドマーク　水辺の生業が織りなす「重要文化的景観」―「里湖」としての琵琶湖岸内湖をめぐって　山間部河川流域の集落景観―飛騨の縄文遺跡にみる「谷指向型」景観と「盆地指向型」景観）　第2部 異界との境界としての景観（なぜ貝塚は消え去ったのか―移動する世界の中心　寺辺殺生禁断試論―宗教的戒律のつくる景観　鯉からみる日本の景観―異界とこの世をつなぐメッセンジャー　カワウソの精はなぜ消えたのか―六朝志怪小説から見た水辺の景観）　〔09507〕

◇景観の大変容―新石器化と現代化　内山純蔵, カティ・リンドストロム編　京都　昭和堂　2011.3　246, 6p　21cm　（東アジア内海文化圏の景観史と環境 2）　4000円　①978-4-8122-1117-5

内容 景観の三時代（内山純蔵, カティ・リンドストロム著）　〔09508〕

リンドスミス, ベス　Lindsmith, Beth

◇ルネサンス人物列伝（Renaissance People） ロバート・デイヴィス, ベス・リンドスミス著, 和泉香訳　悠書館　2012.7　335p　26cm　〈文献あり 索引あり〉9500円　①978-4-903487-54-0

内容 ルネサンスをどう捉えるか　1 古い伝統と新しい思想 ： 1400～1450　2 平和の時代のヨーロッパ人たち ： 1450～1475　3 勃興する諸国家 ： 1470～1495　4 突然の衝撃 ： 1490～1515　6 新しい波 ： 1530～1550　7 近代の枠組み ： 1550～1600　〔09509〕

リンドハイム, オリバー

◇アタッチメントを応用した養育者と子どもの臨床（Attachment theory in clinical work with children） ダビッド・オッペンハイム, ドグラス F.ゴールドスミス編, 数井みゆき, 北川恵, 工藤晋平, 青木豊訳　京都　ミネルヴァ書房　2011.6　316p　22cm　〈文献あり〉4000円　①978-4-623-05731-3

内容 里親ケアにおける養育責任者としての役割（メアリー・ドジャー, ダミオン・グラッソ, オリバー・リンドハイム, エリン・ルイス著）　〔09510〕

リンドバーグ, C.　Lindberg, Carter

◇愛の思想史（Love） C.リンドバーグ著, 佐々木勝彦, 浜崎雅孝訳　教文館　2011.5　275, 27p　19cm　（コンパクト・ヒストリー）　〈文献あり 索引あり〉1800円　①978-4-7642-1855-0

内容 第1章 愛という言語　第2章 聖書的な愛の見方　第3章 愛のない世界？ ギリシア・ローマ世界と初期キリスト教　第4章 カリタス―アウグスティヌスによる聖書のアガペーとヘレニズム的エロースの総合　第5章 愛と個人―アベラルドゥスとベルナルドゥス　第6章 神秘主義者たちとトルバドゥールたち　第7章 愛によって形成される信仰―スコラ哲学　第8章 愛において働く信仰―宗教改革　第9章 奉仕としての愛―敬虔主義とディアコニッセ運動　第10章 近代世界における愛　終章 結論としての非学問的あとがき　〔09511〕

リンドロース, パウラ

◇フィンランドの高等教育ESDへの挑戦―持続可能な社会のために（Towards sustainable development in higher education-reflections） フィンランド教育省, タイナ・カイヴォラ, リーサ・ローヴェーデル編著, 斎藤博次, 開竜美監訳, 岩手大学ESDプロジェクトチーム訳　明石書店　2011.4　201p　21cm　〈文献あり〉2500円　①978-4-7503-3377-9

内容 国内協力から国際協力へ（パウラ・リンドロース著, 斎藤博次訳）　〔09512〕

リンポチェ, テンジン・ワンギェル　Rinpoche, Tenzin Wangyal

◇チベット聖なる呼吸法（Awakening the sacred body） テンジン・ワンギェル・リンポチェ著,

リ

松田和也訳　学研パブリッシング　2011.8　189p　19cm　(Esoterica Selection)　〈発売：学研マーケティング〉1700円　①978-4-05-404939-0

内容 第1章 浄化の9息法（行法の概略　実践法　行法の原理 ほか）　第2章 5つのチャクラと5つのツァ・ルンの修法（上向きの風　生命力の風　火の風　浸透する風　下向きの浄化の風 ほか）　第3章 9つのルン―変容の地図（人生に変化を起こすべきときを知る　風の感覚と心　身体の認識 ほか）　〔09513〕

リンリー, P.アレックス　Linley, P.Alex

◇リーダーシップ・マスター―世界最高峰のコーチ陣による31の教え（Coaching for Leadership）　マーシャル・ゴールドスミス, ローレンス・S.ライアンズ, サラ・マッカーサー編著, 久野正人監訳, 中村安子, 夏井幸子訳　英治出版　2013.7　493p　21cm　2800円　①978-4-86276-164-4

内容 自分の性質を見極める（P.アレックス・リンリー, ニッキー・ガルシア）　〔09514〕

【ル】

ルー, メアリー・ティン・イー

◇占領する眼・占領する声―CIE/USIS映画とVOAラジオ　土屋由香, 吉見俊哉編　東京大学出版会　2012.7　8, 377, 9p　22cm　〈他言語標題：Occupying Eyes, Occupying Voices　索引あり〉　5400円　①978-4-13-026232-3

内容 農村青年のカリフォルニア訪問（メアリー・ティン・イー・ルー執筆, 土屋由香, 中村信之訳）〔09515〕

ルアレン, アンエリス

◇グローバル化のなかの日本史像―「長期の一九世紀」を生きた地域　河西英通, 浪川健治編　岩田書院　2013.5　325p　22cm　〈文献あり〉7400円　①978-4-87294-793-9

内容 遺骨は語る（アンエリス・ルアレン著, 中村歩訳）　〔09516〕

ルーイク, クラウス

◇ユダヤ出自のドイツ法律家（DEUTSCHE JURISTEN JUDISCHER HERKUNFT）　ヘルムート・ハインリッヒス, ハラルド・フランツキー, クラウス・シュマルツ, ミヒャエル・シュトレイス著, 森勇監訳　八王子　中央大学出版部　2012.3　25, 1310p　21cm　(日本比較法研究所翻訳叢書 62)　〈文献あり 索引あり〉13000円　①978-4-8057-0363-2

内容 現代商法学の創始者 他（クラウス・ルーイク著, 藤嶋肇訳）　〔09517〕

ルイス, アリソン　Lewis, Alison M.

◇図書館と中立性（Questioning library neutrality）　アリソン・ルイス編, 川崎良孝, 久野和子, 福井佑介, 川崎智子訳　京都　京都図書館情報学研究会　2013.10　158p　22cm　〈文献あり　発売：日本図書館協会〉3500円　①978-4-8204-1308-0　〔09518〕

ルイス, アンソニー　Lewis, Anthony

◇敵対する思想の自由―アメリカ最高裁判事と修正第一条の物語（Freedom for the Thought that We Hate）　アンソニー・ルイス著, 池田年穂, 籾岡宏成訳　慶応義塾大学出版会　2012.8　262, 4p　20cm　〈索引あり〉2800円　①978-4-7664-1959-7

内容 表すことの自由　誕生　「汚らわしく見下げ果てた」もの　「命あるものがひとし並実験であるように…」　自由を定義するということ　報道の自由とプライバシー　報道機関の特権とは？　恐怖そのもの　「他人にとっては抒情詩」　「ならず者で無法者」　我々が忌み嫌う思想　利益衡量　考えることの自由　〔09519〕

ルイス, エマニュエル　Lewis, Emanuel

◇母子臨床の精神力動―精神分析・発達心理学から子育て支援へ（Parent-infant psychodynamics）　ジョーン・ラファエル‐レフ編, 木部則雄監訳, 長沼佐代子, 長尾牧子, 坂井直子, 金沢聡子訳　岩崎学術出版社　2011.11　368p　22cm　〈索引あり〉6600円　①978-4-7533-1032-6

内容 死産や新生児の死後の妊娠―心理的リスクとそのマネージメント 他（スタンフォード・ボーン, エマニュエル・ルイス著, 長沼佐代子訳）　〔09520〕

ルイス, エリン

◇アタッチメントを応用した養育者と子どもの臨床（Attachment theory in clinical work with children）　ダビッド・オッペンハイム, ドグラス・F.ゴールドスミス編, 数井みゆき, 北川恵, 工藤晋平, 青木豊訳　京都　ミネルヴァ書房　2011.6　316p　22cm　〈文献あり〉4000円　①978-4-623-05731-3

内容 里親ケアにおける養育責任者としての役割（メアリー・ドジャー, ダミオン・グラッソ, オリバー・リンドハイム, エリン・ルイス著）　〔09521〕

ルイス, ジェイムス・B.

◇グローバル時代の朝鮮通信使研究―海峡あれど国境なし　松原孝俊編　福岡　花書院　2010.12　304p　22cm　〈文献あり　年表あり〉2667円　①978-4-903554-84-6

内容 一七四八年朝鮮使節における経済及び文化的側面（ジェイムス・B.ルイス著, 轟裕美訳）　〔09522〕

ルイス, ジョエル・P.　Lewis, Joél P.

◇インストラクショナルデザインとテクノロジ―教える技術の動向と課題（TRENDS AND ISSUES IN INSTRUCTIONAL DESIGN AND TECHNOLOGY（原著第3版））　R.A.リーサー, J.V.デンプシー編　京都　北大路書房　2013.9　690p　21cm　〈訳：半田純子ほか　索引あり〉4800円　①978-4-7628-2818-8

内容 多様性とアクセシビリティ（ジョエル・P.ルイス, ステファン・M.サリバン著, 半田純子訳）　〔09523〕

ルイス, スコット・M.　Lewis, Scott M.

◇新約聖書と黙示（What are they saying about new testament apocalyptic？）　スコット・M.ルイス著, 吉田忍訳　日本キリスト教団出版局　2011.5　151p　21cm　(シリーズ「神学は語

る」）〈文献あり〉2200円 ①978-4-8184-0779-4 〔09524〕

ルイス, ドン・ホセ Ruiz, Don Jose

◇五つの約束―自己修養のための実用ガイド（The fifth agreement） ドン・ミゲル・ルイス, ドン・ホセ・ルイス, ジャネット・ミルズ共著, こまいひさよ訳 コスモス・ライブラリー 2012.2 226p 19cm 〈発売：星雲社〉1500円 ①978-4-434-16467-5

内容 第1部 シンボルの力（はじめに―全ては組み込まれている シンボルと合意―人間の芸術 あなたという物語――一つ目の約束：非の打ち所なく言葉を使うこと（正しい言葉を使うこと） 一つ一つの心はそれぞれ一つの世界である―二つ目の約束：何事も自分に向けられた言動として受け取らないこと（何事も個人的に受け取らないこと） 真実か作り話か―三つ目の約束：憶測をめぐらさないこと（思い込みをしないこと） 信念の力―サンタクロースというシンボル 実践の積み重ねが達人を生む―四つの約束：常にベストを尽くすこと） 第2部 疑いの力（疑いの力―五つ目の約束：疑い深くあること、しかし耳を傾けることを学ぶこと 第一の注意の夢―犠牲者たち 第二の注意の夢―戦士たち 第三の注意の夢―達人たち 見る者となる―新しい見方 三つの言葉―あなたはどんな類のメッセンジャーですか？） エピローグ―世界を変えるために、力を貸してください 〔09525〕

ルイス, ドン・ミゲル Ruiz, Miguel

◇五つの約束―自己修養のための実用ガイド（The fifth agreement） ドン・ミゲル・ルイス, ドン・ホセ・ルイス, ジャネット・ミルズ共著, こまいひさよ訳 コスモス・ライブラリー 2012.2 226p 19cm 〈発売：星雲社〉1500円 ①978-4-434-16467-5

内容 第1部 シンボルの力（はじめに―全ては組み込まれている シンボルと合意―人間の芸術 あなたという物語――一つ目の約束：非の打ち所なく言葉を使うこと（正しい言葉を使うこと） 一つ一つの心はそれぞれ一つの世界である―二つ目の約束：何事も自分に向けられた言動として受け取らないこと（何事も個人的に受け取らないこと） 真実か作り話か―三つ目の約束：憶測をめぐらさないこと（思い込みをしないこと） 信念の力―サンタクロースというシンボル 実践の積み重ねが達人を生む―四つの約束：常にベストを尽くすこと） 第2部 疑いの力（疑いの力―五つ目の約束：疑い深くあること、しかし耳を傾けることを学ぶこと 第一の注意の夢―犠牲者たち 第二の注意の夢―戦士たち 第三の注意の夢―達人たち 見る者となる―新しい見方 三つの言葉―あなたはどんな類のメッセンジャーですか？） エピローグ―世界を変えるために、力を貸してください 〔09526〕

ルイス, ブレンダ・ラルフ Lewis, Brenda Ralph

◇写真でみる女性と戦争（Women at War） ブレンダ・ラルフ・ルイス著, 松尾恭子訳 原書房 2013.4 342p 22cm 〈索引あり〉2800円 ①978-4-562-04915-8

内容 第1章 戦争準備と開戦 第2章 銃後の暮らし 第3章 女性工場労働者たち 第4章 看護婦の役割 第5章 軍で働く 第6章 情報戦と女性諜報員 第7章 捕虜と囚人 第8章 ジャーナリスト 第9章 娯楽と慰安 第10章 戦争が終わって 〔09527〕

ルイス, ヘッドウィグ

◇アジアの顔のキリスト ホアン・カトレット編, 高橋敦子訳 名古屋 新世社 2010.10 175, 32p 16cm 〈文献あり〉1200円 ①978-4-88382-100-6

内容 神はおられる（ヘッドウィグ・ルイス） 〔09528〕

ルイス, マイケル Lewis, Michael M.

◇ブーメラン―欧州から恐慌が返ってくる（Boomerang） マイケル・ルイス著, 東江一紀訳 文芸春秋 2012.1 243p 20cm 〈解説：藤沢数希〉1400円 ①978-4-16-374900-6

内容 序章 欧州危機を見通していた男 第1章 漁師たちは投資銀行家になった 第2章 公務員が民間企業の三倍の給料をとる国 第3章 アイルランド人は耐え忍ぶ 第4章 ドイツ人の秘密の本性 第5章 あなたの中の内なるギリシャ 解説 それぞれの不幸（藤沢数希） 〔09529〕

◇世紀の空売り―世界経済の破綻に賭けた男たち（THE BIG SHORT） マイケル・ルイス著, 東江一紀訳 文芸春秋 2013.3 467p 16cm （文春文庫 ル5-1） 857円 ①978-4-16-765186-2

内容 カジノを倒産させる そもそもの始まり 隻眼の相場師 トリプルBをトリプルAに変える魔術 格付け機関は張り子の虎である ブラック＝ショールズ方程式の盲点 遭遇のラスヴェガス 偉大なる宝探し 長い静寂 沈没する投資銀行 ノアの方舟から洪水を観る すべては相関する 〔09530〕

◇ライアーズ・ポーカー（LIAR'S POKER） マイケル・ルイス著, 東江一紀訳 早川書房 2013.10 430p 16cm （ハヤカワ文庫 NF 394）〈パンローリング 2006年刊の再刊〉940円 ①978-4-15-050394-9

内容 1 うそつきポーカー 2 カネのことは言うな 3 社風を愛することを学ぶ 4 成人教育 5 ならず者たちの兄弟愛 6 肥満軍団と打ち出の小槌 7 ソロモン式ダイエット 8 下等動物から人間への道 9 戦術 10 社員をもっと満足させるには 11 富豪たちの一大事 〔09531〕

ルイズ, マリージョ・P.

◇フィリピンと日本の戦後関係―歴史認識・文化交流・国際結婚（The past, love, money and much more） リディア・N.ユー・ホセ編著, 佐竹真明, 小川玲子, 堀芳枝訳 明石書店 2011.12 310p 20cm （明石ライブラリー 148）〈年表あり〉2800円 ①978-4-7503-3506-3

内容 日本学術振興会を通じたネットワーキング（マリージョ・P ルイズ著） 〔09532〕

ルイス, C.S. Lewis, Clive Staples

◇四つの愛―新訳（The four loves） C.S.ルイス著, 佐柳文男訳 新教出版社 2011.5 231p 19cm （C.S.ルイス宗教著作集 2） 2200円 ①978-4-400-52059-7

内容 第1章 序論 第2章 人格性を持たないものに対する好みと愛 第3章 愛着 第4章 友愛 第5章 エロース的愛 第6章 恵愛 〔09533〕

ルウィッキー, クリスティーヌ Lewicki, Christine

◇いつもの「グチ」がなくなる本（J'ARRETE DE RÂLER！） クリスティーヌ・ルウィッキー

〔著〕, 井上大輔訳　クロスメディア・パブリッシング　2012.5　238p　19cm　〈発売：インプレスコミュニケーションズ〉 1380円　①978-4-8443-7147-2

内容 プロローグ グチを言うのをやめたわけ　第1章 グチが出てくる9つの理由　第2章 グチをやめると幸せになれる　第3章 コミュニケーションスタイルを変えればグチは減る　第4章 どうして今この瞬間からグチがやめられるのか？　第5章 グチをやめるためのたった1つの習慣　エピローグ 3週間連続でグチをやめたらこうなった　〔09534〕

ルヴィロワ, フレデリック　Rouvillois, Frédéric

◇ベストセラーの世界史（UNE HISTOIRE DES BEST‐SELLERS）　フレデリック・ルヴィロワ著, 大原宣久, 三枝大修訳　太田出版　2013.7　414, 36p　19cm　（ヒストリカル・スタディーズ 06）　2800円　①978-4-7783-1365-4

内容 第1部 書物―ベストセラーとは何か（大部数の恩寵　ヒットの時期　ベストセラーの地理学）　第2部 作者―どのようにしてベストセラーを作るのか（作家とヒット　ペテン師たちの小説　編集者の戴冠　検閲、万歳！　書物と映像の婚姻）　第3部 読者―ベストセラーはなぜ売れるのか（読まなければならない本　パニュルジュ・コンプレックス　安楽の文学）　結論―持続する奇跡（発掘の奇跡　出会いの奇跡　不可能なことが起きるとき）　〔09535〕

ルヴォー・ダロンヌ, ミリアム　Revault d'Allonnes, Myriam

◇なぜ世界には戦争があるんだろう。どうして人はあらそうの？（Pourquoi les hommes font-ils la guerre？）　ミリアム・ルヴォー・ダロンヌ文, ジョシェン・ギャルネール絵, 伏見操訳　岩崎書店　2011.4　66p　20cm　（10代の哲学さんぽ 3）　〈文献あり〉 1300円　①978-4-265-07903-2

内容 1 なぜ人は戦争をするのか？　2 人間が戦争をする理由を見つけるには、どんな問いを投げかけたらいいのだろう？　3 戦争と文明、そして戦争と残虐行為について。　4 戦争にはいろんな種類があるのか？戦争とは絶対に悪なのか？ 正しい戦争と正しくない戦争というのがあるのだろうか？　〔09536〕

ルカーチ, ジョン　Lukacs, John A.

◇評伝ジョージ・ケナン―対ソ「封じ込め」の提唱者（George Kennan）　ジョン・ルカーチ著, 菅英輝訳　法政大学出版局　2011.8　274p　20cm　〈索引あり〉 2900円　①978-4-588-36606-2

内容 1 孤独な青年時代　2 国務省外交局の時代　3 アメリカ丸のブリッジに立つ一等航海士　4 ワシントンからプリンストンへ　5 アメリカの良心　6 歴史家　7 哲学、宗教・追憶・晩年　〔09537〕

◇歴史学の将来（THE FUTURE OF HISTORY）　ジョン・ルカーチ〔著〕, 村井章子訳, 近藤和彦監修　みすず書房　2013.11　184, 10p　20cm　〈索引あり〉 3200円　①978-4-622-07764-0　〔09538〕

ルカルディ, ポール　Lucardie, Paul

◇変貌する世界の緑の党―草の根民主主義の終焉か？（GREEN PARTIES IN TRANSITION）　E.ジーン・フランクランド, ポール・ルカルディ, ブノワ・リウー編著, 白井和宏訳　緑風出版　2013.9　455p　20cm　〈文献あり〉 3600円　①978-4-8461-1320-9

内容 アマチュアとプロの運動家の党オランダにおける二つの緑の党 他（ポール・ルカルディ, ヘーリット・ヴァールマン著）　〔09539〕

ルクセンブルク, ローザ　Luxemburg, Rosa

◇獄中からの手紙―ゾフィー・リープクネヒトへ（Briefe aus dem Gefangnis）　ローザ・ルクセンブルク〔著〕, 大島かおり編訳　みすず書房　2011.4　175p　20cm　（大人の本棚）　2600円　①978-4-622-08088-6

内容 1 ライプツィヒから　2 ベルリンから　3 ヴロンケから　4 ブレスラウから　〔09540〕

◇資本蓄積論―帝国主義の経済的説明への一つの寄与　第1分冊（第1篇）　再生産の問題（Die Akkumulation des Kapitals）　ローザ・ルクセンブルク著, 小林勝訳, 『ローザ・ルクセンブルク選集』編集委員会編　御茶の水書房　2011.6　191p　23cm　3800円　①978-4-275-00931-9

内容 第1章 検討の対象　第2章 ケネーとアダム・スミスによる再生産過程の分析　第3章 スミスの分析の批判　第4章 マルクスの単純再生産表式　第5章 貨幣流通　第6章 拡大再生産　第7章 マルクスの拡大再生産表式の分析　第8章 マルクスによる困難解決の試み　第9章 流通過程の視角の下での困難　〔09541〕

◇ローザ・ルクセンブルク全集　第1巻　ローザ・ルクセンブルク著, 小林勝編集責任　御茶の水書房　2012.3　651, 16p　23cm　〈他言語標題：: The Complete Works of Rosa Luxemburg Japanese Translation　索引あり〉 12000円　①978-4-275-00975-3

内容 一八九二年のウッチのメーデー　ポーランド労働者階級の政治的課題　民族性剝奪について―グルコ総督の統治一〇周年に寄せて　外国の労働運動　資本主義的搾取と労働者保護立法　外国の労働運動　外国の労働運動　一八九三年のチューリヒでの第三回国際社会主義労働者大会へ宛てた一八八九～一八九三年のロシア領ポーランドにおける社会民主主義運動の状態と経過についてのポーランド王国社会民主党の機関紙『スプラヴァ・ロボトニチャ（労働者問題）』編集部による報告　国際社会主義労働者大会（一八九三年八月六日～一二日、チューリヒ）における演説―代表権の擁護に向けて　ポーランドの代表権問題についての最後の発言〔ほか〕　〔09542〕

◇資本蓄積論―帝国主義の経済的説明への一つの寄与　第3篇　蓄積の歴史的諸条件（Die Akkumulation des Kapitals）　ローザ・ルクセンブルク著, 小林勝訳, 『ローザ・ルクセンブルク選集』編集委員会編　御茶の水書房　2013.5　219p　23cm　4200円　①978-4-275-01031-5

内容 第3篇 蓄積の歴史的諸条件（拡大再生産表式の矛盾　資本の再生産とその環境　自然経済に対する闘い　商品経済の導入　農民経済に対する闘い　国際借款　保護関税と蓄積　資本蓄積の領域における軍国主義）　〔09543〕

◇ローザ・ルクセンブルク選集　1　1893-1904　ローザ・ルクセンブルク〔著〕　野村修, 田窪清秀, 高原宏平, 喜安朗, 片岡啓治訳　現代思潮新社　2013.9　283p　22cm　〈新装 現代思潮社 1970年

ル

刊のオンデマンド　印刷・製本 : デジタルパブリッシングサービス〉4000円　①978-4-329-02068-0
内容 一八九三年のイギリス鉱山労働者のストライキ　メーデーはどうして生まれたか？　第一回ドイツ鉱山労働者大会　ポシビリズムとオポチュニズム　ドイツ社会民主党(SPD)シュトゥットガルト大会での演説―戦術問題にかんする討議のなかで/1・一八九八年一〇月三日/2・一八九八年一〇月四日　ミリーツとミリタリズム　ひとつの戦術問題　実のないくるみ　党の指導機関　ドイツ社会民主党ハノーヴァー大会での演説/1・ベルンシュタインにかんする討議のなかで/2・ミリタリズムにかんする討議のなかで　獲物をめぐって　党大会とハンブルクの労働組合の紛争　ルートヴィヒスハーフェン大会をまえに　党大会で討議された八時間労働問題　学者の評議会　裏切られた期待　戦争　社会民主主義と議会主義　社会改良か革命か　ロシア社会民主党の組織問題　〔*09544*〕

◇ローザ・ルクセンブルク選集　2　1905-1911　ローザ・ルクセンブルク〔著〕　高原宏平, 田窪清秀, 野村修, 河野信子, 谷川雁訳　現代思潮新社　2013.9　272p　22cm　〈現代思潮社 1962年刊のオンデマンド　印刷・製本 : デジタルパブリッシングサービス〉4000円　①978-4-329-02069-7
内容 ロシアでの革命　第一幕のあと　「弱小民族」の問題　革命の火照り　ドイツ社会民主党イェーナ大会での演説―メーデーにかんする討議のなかで/1・一九〇五年九月一日/2・一九〇五年九月二一日/3・一九〇五年九月二二日―政治的大衆ストライキにかんする討議のなかで　極端な挑発　問題の解決　ドイツ社会民主党マンハイム大会での演説/1・政治的大衆ストライキについての討議のなかで/2・労働組合と党の関係についての討議のなかで　労働組合政策の二つの方式　メーデー　ロシア社会民主労働党ロンドン党大会における演説/1・一九〇七年五月二五日の演説/3・むすびの言葉　社会主義インターナショナル・シュトゥットガルト大会での演説/ミリタリズムと国際紛争との問題にかんする委員会での演説　SPDニュールンベルク大会での演説/1 党学校にかんする討議のなかでの演説/2 メーデーにかんする討議のなかでの演説/3 予算案承認にかんする討議のなかでの演説　つぎはなにを　種まきの時期　SPDマクデブルク大会での演説/1 バーデン州予算承認にかんする討議のなかで/2 選挙権問題にかんする討議のなかでの第百号議案の提案理由の説明　政治的大衆ストライキと労働組合/ハーゲンにおける自由労働組合連合の総会での演説　モロッコをめぐって　モロッコ問題のパンフレット　大衆ストライキ・党および労働組合　〔*09545*〕

◇ローザ・ルクセンブルク選集　3　1911-1916　ローザ・ルクセンブルク〔著〕　高原宏平, 野村修, 田窪清秀, 片岡啓治訳　現代思潮新社　2013.9　305p　22cm　〈新装 現代思潮社 1969年刊のオンデマンド　印刷・製本 : デジタルパブリッシングサービス〉4000円　①978-4-329-02070-3
内容 ドイツ社会民主党イェーナ大会での演説―モロッコ問題についての討議のなかで/1・一九一一年九月一一日/2・一九一一年九月一二日/3・一九一一年九月一四日　イェーナでの党大会を終えて　貧民収容施設で　三月のあらし　婦人選挙権と階級闘争　政治的大衆ストライキ―ベルリン第四選挙区の党員大会での演説　理論の御用化　ツァーベルン事件の決算　きたるべき報復　御用組合の奴隷まつり　ミリタリズム、戦争、労働者階級―フランクフルト刑事裁判所での弁論　判決にたいする回答　メダルの裏面　党の規律　インターナショナルの再建　社会民主党の危機(ユニウス・ブロシューレ)　(付録)国際社会民主党の任務に関する指針　〔*09546*〕

◇ローザ・ルクセンブルク選集　4　1916-1919　ローザ・ルクセンブルク〔著〕　田窪清秀, 高原宏平, 野村修, 救仁郷繁, 清水幾太郎訳　現代思潮新社　2013.9　270p　22cm　〈新装 現代思潮社 1969年刊のオンデマンド　印刷・製本 : デジタルパブリッシングサービス〉4000円　①978-4-329-02071-0
内容 あれかこれか　三月二四日の教訓　犬の政策　リープクネヒトはどうなるか　リープクネヒト　リープクネヒトはなんのために闘い、なぜ禁固刑をうけたか？　ロードス島　二つの復活祭教書　革命のはじまり　陳腐な手〔ほか〕　〔*09547*〕

ル＝グリエレック, ソニア

◇100の地点でわかる地政学 (Les 100 lieux de la geopolitique)　パスカル・ゴーション, ジャン＝マルク・ユイスー編, オリヴィエ・ダヴィド他著, 斎藤かぐみ訳　白水社　2011.10　149p　18cm　(文庫クセジュ 962)　1050円　①978-4-560-50962-3
内容 前書き 地点と単語　第1章 パワーを発散する地点　第2章 パワーが織り成される空間　第3章 パワーの鍵となる地点　第4章 パワーの対決地点―係争・紛争・妥協　〔*09548*〕

ルクリュ, エリゼ　Reclus, Élisée

◇アナキスト地人論―エリゼ・ルクリュの思想と生涯　エリゼ・ルクリュ, 石川三四郎著　書肆心水　2013.7　314p　20cm　3600円　①978-4-906917-14-3
内容 地人論〈抄〉. エリゼ・ルクリュ(石川三四郎著)　〔*09549*〕

ルクール, ドミニック　Lecourt, Dominique

◇カンギレム―生を問う哲学者の全貌 (Georges Canguilhem)　ドミニック・ルクール著, 沢崎壮宏, 竹中利彦, 三宅岳史訳　白水社　2011.8　135, 8p　18cm　(文庫クセジュ)　〈文献あり〉1050円　①978-4-560-50960-9
内容 第1章 妥協を知らない哲学者の反逆の青年時代　第2章 医学の哲学　第3章 歴史的科学認識論？　第4章 哲学　第5章 哲学を教えること、教えることの哲学　〔*09550*〕

ルケンヌ, クリスチアン　Lequesne, Christian

◇EU拡大とフランス政治 (La France dans la nouvelle Europe)　クリスチアン・ルケンヌ著, 中村雅治訳　芦書房　2012.2　177p　20cm　2800円　①978-4-7556-1244-2
内容 第1章 一九八〇年代の「静かな機能主義」(フランスは欧州通貨制度内に留まる　フランス近代化のためのヨーロッパ市場　経済通貨同盟への波及)　第2章 東方への(開放)拡大―確信をもてぬままの受け入れ(単一通貨との交換で実現したドイツ再統一　加盟よりも国家連合を　東への拡大を合理的な政策として受け入れる　イラクについての分裂からサルコジによる活性化へ)　第3章 拡大に直面したフランスの政治―リーダー(小ヨーロッパに対する連邦主義者のある種のノスタルジー　ヨーロッパ懐疑主義者とポーラ

ル

ンド配管工の作り話　トルコ加盟をめぐる論争）　第4章 自由主義的ヨーロッパに対する恐れ（二〇〇五年五月二九日の国民投票で「ノン」　社会的不信と市場に対する恐れ　「自由主義」と「リベラル」：否定的な響き　欧州市場から利益を得る経済）　第5章 拡大EUの中で自分の地位を見出す（二七カ国のEUにおいてリーダーシップを発揮する　二〇〇八年のフランス議長国を成功させる　EU拡大についての否定的な言説をやめる　拡大EUを考える）〔09551〕

ル・ゴフ, ジャック　Le Goff, Jacques

◇都市空間の解剖　二宮宏之, 樺山紘一, 福井憲彦責任編集　藤原書店　2011.2　274p　21cm（叢書・歴史を拓く―『アナール』論文選〈新版〉4）〈コメント：小木新造　解説：福井憲彦　文献あり〉3600円　①978-4-89434-785-4

内容 中世フランスにおける托鉢修道会と都市化（ジャック・ル＝ゴフ著, 江川温訳）〔09552〕

◇歴史と記憶（Storia e memoria（重訳））　ジャック・ル・ゴフ〔著〕, 立川孝一訳　新装版　法政大学出版局　2011.11　340, 54p　20cm（叢書・ウニベルシタス 644）〈文献あり〉4800円　①978-4-588-09947-2

内容 第1章 過去/現在（心理学における過去/現在の対立　言語学が照らしだす過去/現在 ほか）　第2章 古代/近代（西洋的で曖昧な対概念　この対概念における主役は近代である ほか）　第3章 記憶（民族的記憶　口承から文字への記憶の発展―先史時代から古代へ ほか）　第4章 歴史（歴史のパラドクスと曖昧さ　歴史心性―人間と過去 ほか）〔09553〕

◇フランス文化史（France, culture vivante）　ジャック・ル・ゴフ, ピエール・ジャンナン, アルベール・ソブール, クロード・メトラ著, 桐村泰次訳　論創社　2012.8　445p　22cm〈索引あり〉5800円　①978-4-8460-1169-7

内容 第1部 一つの国民の誕生（埋もれた過去の遺跡　先史時代のフランス　ケルト世界 ほか）　第2部 一つの国家と文化の形成（貴族的文明　「偉大な世紀」の始まり　ルイ十四世と文化）　第3部 現代への入り口（新しい社会　産業革命）〔09554〕

ルゴフ, ジャン＝ピエール　Le Goff, Jean-Pierre

◇ポスト全体主義時代の民主主義（La democratie post-totalitaire）　ジャン＝ピエール・ルゴフ著, 渡名喜庸哲, 中村督訳　青灯社　2011.11　303p　19cm　2800円　①978-4-86228-056-5〔09555〕

ルコムスキー, ジュディス　Lukomski, Judith

◇エンジェル・クリスタル・セラピー―天使のエネルギーで、石のパワーを高める（CRYSTAL THERAPY）　ドリーン・バーチュー, ジュディス・ルコムスキー著, 奥野節子訳　ダイヤモンド社　2012.6　252, 10p　19cm〈索引あり〉1800円　①978-4-478-01424-0

内容 第1章 人間とクリスタルのつながり　第2章 クリスタルと聖なる幾何学　第3章 天使と実践するクリスタル・セラピー　第4章 クリスタルの浄化＆選び方　第5章 クリスタルクォーツの特徴＆性質　第6章 願いをかなえるクリスタル・グリッド　第7章 クリスタルからのメッセージ　付録 クリスタル・チャート〔09556〕

ルージー, リチャード・A.　Lougy, Richard A.

◇学校におけるADHD臨床―現場で援助する実務家のための工夫（The School Counselor's Guide to ADHD）　R.A.ルージー, S.L.デルヴォ, D.ローゼンタール著, 桐田弘江, 石川元訳　誠信書房　2012.9　142p　26cm〈文献あり 索引あり〉2100円　①978-4-414-41451-6

内容 1 注意欠如・多動性障害（ADHD）とは、どういったものでしょう？　2 実行機能の不全　3 ADHDを抱える子どもへの公正な対処　4 授業での方策―生徒の成功を導くコツ　5 学校でのADHDの振る舞いへの対処　6 薬物治療について教師が知っておくべきこと　7 親への有効な伝え方〔09557〕

ルシー, A.　Russie, Alice

◇心を新たに―ウェスレーによる一日一章（Renew My Heart）　J.ウェスレー著, A.ルシー編, 坂本誠訳　教文館　2012.12　390, 8p　21cm〈索引あり〉2800円　①978-4-7642-7359-7〔09558〕

ルージー, R.A.　Lougy, Richard A.

◇学校におけるADHD臨床―現場で援助する実務家のための工夫（The School Counselor's Guide to ADHD）　R.A.ルージー, S.L.デルヴォ, D.ローゼンタール著, 桐田弘江, 石川元訳　誠信書房　2012.9　142p　26cm〈文献あり 索引あり〉2100円　①978-4-414-41451-6

内容 1 注意欠如・多動性障害（ADHD）とは、どういったものでしょう？　2 実行機能の不全　3 ADHDを抱える子どもへの公正な対処　4 授業での方策―生徒の成功を導くコツ　5 学校でのADHDの振る舞いへの対処　6 薬物治療について教師が知っておくべきこと　7 親への有効な伝え方〔09559〕

ルジャンドル, ピエール　Legendre, Pierre

◇西洋をエンジン・テストする―キリスト教的制度空間とその分裂（Le point fixe）　ピエール・ルジャンドル著, 森元庸介訳　以文社　2012.3　192p　20cm　2500円　①978-4-7531-0299-0

内容 序 ドグマ学という領野の統一性　A エンジン・テスト　B 新たなオルガノンを求めて―人類学的な問いかけの進展と西洋　C メランコリックな時間の物語　D 要塞的精神―文明の構成要素としての攻撃性　講演テクスト（法律家よ、おまえは誰なのか―法の系譜についてのインフォーマル・トーク　解釈という命法　「世界の総体を鋳直す」―西方キリスト教の普遍主義についての考察メランコリックな時間の物語）〔09560〕

◇同一性の謎―知ることと主体の闇（LA BALAFRE）　ピエール・ルジャンドル著, 橋本一径訳　以文社　2012.5　120p　20cm　2200円　①978-4-7531-0301-0

内容 向こう傷（第一の方向　第二の方向）　応用編（自らを認識する　ユダヤ＝ローマ＝キリスト教のシナリオからの派生物　理論的な広がり）　イコノグラフィ〔09561〕

ルーズヴェルト, カーミット, 3世　Roosevelt, Kermit, III

◇司法積極主義の神話―アメリカ最高裁判決の新たな理解（The Myth of Judicial Activism：Making Sense of Supreme Court Decisions）　3

ル

世・ルーズヴェルトカーミット著, 大沢秀介訳　慶応義塾大学出版会　2011.9　269p　21cm　3800円　①978-4-7664-1867-5
内容 序論 連邦最高裁を評価する　第1部 憲法事件の判断　第2部 イージー・ケース　第3部 ハード・ケース　第4部 非正統性　第5部 憲法におけるバランス〔09562〕

ルスタン, フレデリック
◇グローバリゼーション再審―新しい公共性の獲得に向けて　平井達也, 田上孝一, 助川幸逸郎, 黒木朋興編　時潮社　2012.9　302p　21cm　3200円　①978-4-7888-0678-8
内容 日本発エンターテイメントとグローバリゼーション(フレデリック・ルスタン執筆, 黒木朋興訳)〔09563〕

ル・セーヌ, シャルル
◇ピエール・ベール関連資料集　2　寛容論争集成　上　野沢協編訳　法政大学出版局　2013.11　1008p　21cm　25000円　①978-4-588-12029-9
内容 種々の宗教問題に関する対話、意見を異にするキリスト教徒が互いにすべき寛容を示す―抄(一六八七年)(シャルル・ル・セーヌ)〔09564〕

ルソー, ジャン＝ジャック　Rousseau, Jean-Jacques
◇日本立法資料全集　別巻687　民約論覆義　ジャン＝ジャック・ルソー原著, 原田潜訳述覆義　復刻版　信山社出版　2011.8　390, 8p　23cm〈春陽堂明治16年刊の複製〉40000円　①978-4-7972-6384-8〔09565〕
◇起源（Discours sur l'origine et les fondements de l'inegalite parmi les hommes, Essai sur l'origine des langues）　ジャン＝ジャック・ルソー著, 川出良枝選, 原好男, 竹内成明訳　白水社　2012.4　257p　19cm　（白水iクラシックス―ルソー・コレクション）　2600円　①978-4-560-09601-7
内容 起源　人間不平等起源論　言語起源論　解説 人間の共同性の起源をめぐる根源的問いかけ〔09566〕
◇文明（Discours sur les sciences et les arts, Discours sur l'économie politique, Extrait du Projet de paix perpétuelle de Monsieur l'Abbé de Saint-Pierre, Lettre de J.-J.Rousseau à Monsieur Voltaire）　ジャン＝ジャック・ルソー著, 川出良枝選, 山路昭, 阪上孝, 宮治弘之, 浜名優美訳　白水社　2012.6　325p　19cm　（白水iクラシックス―ルソー・コレクション）　3000円　①978-4-560-09602-4
内容 学問芸術論　政治経済論(統治論)　サン＝ピエール師の永久平和論抜粋　永久平和論批判　戦争状態は社会状態から生まれるということ　戦争についての断片　戦争についてのほかの断片　サン＝ピエール師のポリシノディ論抜粋　ポリシノディ論批判　ポリシノディ論についての断片〔ほか〕〔09567〕
◇孤独な散歩者の夢想（LES RÊVERIES DU PROMENEUR SOLITAIRE）　ルソー著, 永田千奈訳　光文社　2012.9　325p　16cm　（光文社古典新訳文庫 KBル1-3）〈年譜あり〉990円　①978-4-334-75257-6
内容 第一の散歩　第二の散歩　第三の散歩　第四の散歩　第五の散歩　第六の散歩　第七の散歩　第八の散歩　第九の散歩　第十の散歩〔09568〕
◇政治（Projet de constitution pour la Corse, Considérations sur le gouvernement de Pologne）　ジャン＝ジャック・ルソー著, 川出良枝選, 遅塚忠躬, 永見文雄訳　白水社　2012.9　251p　19cm　（白水iクラシックス―ルソー・コレクション）　2600円　①978-4-560-09603-1
内容 コルシカ国制案　ポーランド統治論〔09569〕
◇孤独（Les Rêveries du promeneur solitaire, Quatre lettres à M.le président de Malesherbes）　ジャン＝ジャック・ルソー著, 川出良枝選, 佐々木康之訳　白水社　2012.10　227p　19cm　（白水iクラシックス―ルソー・コレクション）　2500円　①978-4-560-09604-8
内容 孤独な散歩者の夢想　マルゼルブ租税法院院長への四通の手紙〔09570〕
◇日本立法資料全集　別巻833　民約論　戎雅屈蘆騒著, 田中弘義閲, 服部徳訳　復刻版　信山社出版　2013.12　1冊　23cm〈秀英舎 明治10年刊の複製〉40000円　①978-4-7972-7130-0〔09571〕

ルター, マルチン　Luther, Martin
◇イエス・キリストについて―M.ルター博士の説教 トルガウの宮廷において説教されたもの　マルチン・ルター〔著〕, 徳善義和訳・解説　教文館　2010.7　2冊(別冊とも)　21cm〈外箱入〉4200円　①978-4-7642-7314-6〔09572〕
◇ルター教会暦説教集　マルティン・ルター著, 植田兼義, 金子晴勇訳　教文館　2011.4　259p　22cm〈文献あり〉3300円　①978-4-7642-7325-2
内容 マンスフェルト伯への献辞　福音書に何を求め、何を期待すべきかについての小論　第1説教 クリスマス前夜ミサのための書簡―テトスへの手紙第二章一一・一五節　第2説教 クリスマス深夜礼拝の福音書―ルカによる福音書第二章一・一四節　第3説教 降誕日の書簡―ヘブライ人への手紙第一章一・一二節　第4説教 聖ステファノ祭の書簡―使徒言行録第六章八・一四節　第5説教 聖ヨハネ祭の書簡―シラ書第一五章一・六節　第6説教 聖ヨハネ祭の福音書―ヨハネによる福音書第二一章一九・二四節　第7説教 降誕日後主日の書簡―ガラテヤの信徒への手紙第四章一・七節　第8説教 公現日後第四主日の書簡―ローマの信徒への手紙第一三章八・一〇節　四旬節第二主日の福音書―マタイによる福音書第一五章二一・二八節　棕櫚の主日の書簡―フィリピの信徒への手紙第二章五・一一節〔09573〕
◇キリスト者の自由―訳と注解　マルティン・ルター著, 徳善義和訳　教文館　2011.5　317p　19cm〈文献あり〉2800円　①978-4-7642-6691-9
内容 キリスト者の自由について(一五二〇年)(マルティン・ルター)　緒論(徳善義和)　注解(徳善義和)〔09574〕
◇ルター著作選集　マルティン・ルター〔著〕, 徳善義和ほか訳　教文館　2012.4　693p　22cm　(キリスト教古典叢書)〈他言語標題：Ausgewählte Schriften　2005年刊の改訂、再刊　年譜あり〉4800円　①978-4-7642-1805-5

内容 贖宥の効力を明らかにするための討論　ハイデルベルクにおける討論　二種の義についての説教　死への準備についての説教　洗礼という聖なる尊いサクラメントについての説教　キリストの聖なる真のからだの尊いサクラメントについて及び兄弟団についての説教　善い行いについて　キリスト教界の改善に関してドイツのキリスト者貴族に宛てて　教会のバビロン捕囚について マルティン・ルターの序曲　キリスト者の自由について　マグニフィカート（マリアの讃歌）訳と講解〔ほか〕〔09575〕

◇宗教改革時代の説教　出村彰編　教文館　2013.1　482p　21cm　（シリーズ・世界の説教）　4500円　①978-4-7642-7337-5

内容 コリントの信徒への第二の手紙一一章〈一九節〉－一二章〈九節〉についての説教 他（マルティン・ルター述, 徳善義和訳）〔09576〕

◇ルター選集　1　ルターの祈り　ルター〔著〕　石居正己編訳　リトン　2013.9　119p　20cm　〈聖文舎 1976年刊の復刊〉1200円　①978-4-86376-032-5

内容 単純な祈りの仕方　魂の神との対話　礼拝の中での祈り　みことばとその務め　罪人への恵みを願って　さまざまな時の祈り　解説・ルターの祈りについて〔09577〕

ルーダーマン, マリアン・N.

◇リーダーシップ開発ハンドブック（The center for creative leadership）　C.D.マッコーレイ,R. S.モクスレイ,E.V.ヴェルサ編, 金井寿宏監訳, 嶋村伸明, リクルートマネジメントソリューションズ組織行動研究所訳　白桃書房　2011.3　463p　22cm　〈文献あり 索引あり〉4700円　①978-4-561-24546-9

内容 リーダーシップ開発 ： 課題 人種と性別を越えたリーダーシップ開発（マリアン・N.ルーダーマン, マーサ・W.ヒューズ - ジェームズ著）〔09578〕

ルッジウ, フランソワ=ジョゼフ　Ruggiu, François-Joseph

◇伝統都市を比較する—飯田とシャルルヴィル　高沢紀恵, 吉田伸之, フランソワ＝ジョゼフ・ルッジウ, ギヨーム・カレ編　山川出版社　2011.5　232, 67p　26cm　（別冊都市史研究）　〈文献あり〉5200円　①978-4-634-52714-0

内容 近世ヨーロッパにおける工業化以前の都市 他（フランソワ＝ジョゼフ・ルッジウ著, 竹下和亮訳）〔09579〕

ルッソ, アレッサンドロ

◇共産主義の理念（L'Idée du communisme（重訳））　コスタス・ドゥズィーナス, スラヴォイ・ジジェク編, 長原豊監訳, 沖公祐, 比嘉徹徳, 松本潤一郎訳　水声社　2012.6　434p　20cm　4500円　①978-4-89176-912-3

内容 文革が共産主義を終わらせたのか？（アレッサンドロ・ルッソ著, 比嘉徹徳訳）〔09580〕

ルッソ, ナンシー・フェリペ　Russo, Nancy Felipe

◇パートナー暴力—男性による女性への暴力の発生メカニズム（What causes men's violence against women?）　ミッシェル・ハーウェイ, ジェームズ・M.オニール編著, 鶴元春訳　京都　北大路書房　2011.9　303p　21cm　〈文献あり〉　3700円　①978-4-7628-2763-1

内容 男性による女性に対する暴力に関するフェミニストの見解—O'Neil-Harwayモデルへの批判（エイミー・J.マリン, ナンシー・フェリペ・ルッソ）〔09581〕

ルッツ=バッハマン, マティアス　Lutz-Bachmann, Matthias

◇平和構築の思想—グローバル化の途上で考える（Krieg und Frieden im Prozess der Globalisierung）　マティアス・ルッツ＝バッハマン, アンドレアス・ニーダーベルガー編著, 舟場保之, 御子柴善之監訳　松戸　梓出版社　2011.3　238, 5p　21cm　〈索引あり〉2600円　①978-4-87262-025-2

内容 軍事力による威嚇と軍事力の予防的投入（マティアス・ルッツ＝バッハマン著, 寺田俊郎訳）〔09582〕

ル・ディヴェレック, アルメル

◇フランス憲政学の動向—法と政治の間 Jus Politicum　山元一, 只野雅人編訳　慶応義塾大学出版会　2013.8　313p　22cm　7000円　①978-4-7664-2063-0

内容 混乱した憲法秩序（アルメル・ル・ディヴェレック著, 只野雅人訳）〔09583〕

ルディネスコ, エリザベート　Roudinesco, Elisabeth

◇ラカン、すべてに抗って（LACAN, ENVERS ET CONTRE TOUT）　エリザベート・ルディネスコ著, 信友建志訳　河出書房新社　2012.7　204p　20cm　2400円　①978-4-309-24594-2

内容 三十年後　ヴィーンからパリへ　子どもから鏡へ　作りなおされる主体　家族への愛憎　マグリートの愛　史料　パロール、声　「セミネール」の諸断片　愛、女　1966年、『エクリ』　モノ、ペスト　場所、書物、対象　アンティゴネー　カントをサドとともに　死〔09584〕

ルトヴェラゼ, エドヴァルド　Rtveladze, Edvard Vasilévich

◇考古学が語るシルクロード史—中央アジアの文明・国家・文化（Civilizations, states, and cultures of Central Asia）　エドヴァルド・ルトヴェラゼ著, 加藤九祚訳　平凡社　2011.5　287p　26cm　〈文献あり 索引あり〉4200円　①978-4-582-44117-8

内容 1 文明（中央アジア文明の起源　文化史的地域—中央アジア文明の基礎 ほか）　2 国家（中央アジアにおける初期のステートフッド（statehood、国家であることの地位）　国家形成のタイプ ほか）　3 精神文化（文字の文化—文明と国家の発展水準を決定する要素　世界宗教の東トルキスタンと極東への伝播における中央アジアの役割）　4 文化の移動（大シルクロード　中央アジアにおけるギリシア人Hellenesとヘレニズム文化Hellenistic Culture ほか）　付録 玄奘の中央アジア旅行経路〔09585〕

ルドルフ, ハルトムート

◇ライプニッツ研究　第2号　日本ライプニッツ協会編　日本ライプニッツ協会　2012.11　177p　21cm　〈他言語標題 ： Studia Leibnitiana Japonica　文献あり〉1200円

ル

内容 プロテスタンティズムから見たライプニッツの神学(ハルトムート・ルドルフ著, 長綱啓典訳)〔09586〕

ルドルフ, K.　Rudolph, K.

◇コンピュータ・フォレンジック完全辞典―デジタル訴訟の最先端から学ぶ(Computer forensics jumpstart (2nd ed.))　Michael G.Solomon,K. Rudolph,Ed Tittel,Neil Broom,Diane Barrett著, AOS法務IT推進会訳, 佐々木隆仁, 柳本英之監修　幻冬舎ルネッサンス　2012.2　446p　21cm　2500円　①978-4-7790-0790-3

内容 1 コンピュータ・フォレンジックへのニーズ　2 準備―開始前に何をするべきか　3 コンピュータ証拠　4 一般的な任務　5 データイメージをキャプチャする　6 データから情報を取り出す　7 パスワードと暗号化　8 一般的なフォレンジックツール　9 すべてを統合する　10 法廷での証言方法〔09587〕

ルトワック, エドワード　Luttwak, Edward N.

◇自滅する中国―なぜ世界帝国になれないのか(THE RISE OF CHINA VS.THE LOGIC OF STRATEGY)　エドワード・ルトワック著, 奥山真司監訳　芙蓉書房出版　2013.7　365p　19cm　2300円　①978-4-8295-0590-8

内容 "反発なき強国化"がまちがっている理由　時期尚早の自己主張　「巨大国家の自閉症」を定義する　中国の行動における歴史の影響　中国の台頭で生じる地経学的反抗　中国の強固化とそれにたいする世界の反応　無視できない歴史の比較　中国は成功を約束する大戦略を採用できるか?　戦略における古代の愚かな知恵　歴史の記録から見える戦略面での能力〔ほか〕〔09588〕

ルーニー, デヴィッド

◇世界一素朴な質問、宇宙一美しい答え―世界の第一人者100人が100の質問に答える(BIG QUESTIONS FROM LITTLE PEOPLE)　ジェンマ・エルウィン・ハリス編, 西田美緒子訳, タイマタカシ絵　河出書房新社　2013.11　298p　22cm　2500円　①978-4-309-25292-6

内容 飛行機はどうやって飛ぶのかな?　他(デヴィッド・ルーニー)〔09589〕

ルノー, ミシェル　Renault, Michel

◇脱成長の道―分かち合いの社会を創る　勝俣誠, マルク・アンベール編著　コモンズ　2011.5　279p　19cm　1900円　①978-4-86187-078-1

内容 生活充足度の新たな指標を地域でつくる(ミシェル・ルノー著)〔09590〕

ルノワール, フレデリック　Lenoir, Frédéric

◇ソクラテス・イエス・ブッダ―三賢人の言葉、そして生涯(Socrate Jesus Bouddha)　フレデリック・ルノワール著, 神田順子, 清水珠代, 山川洋子訳　柏書房　2011.5　283p　20cm　2300円　①978-4-7601-3976-7

内容 第1部 ソクラテス・イエス・ブッダ 三賢人の実像(彼らを知る手掛かりは?　出身階層と青少年時代　女性関係と家族　使命の自覚　人物像　移動の多い生活　教える技量　死の受け入れ方　三人は自分自身について何を語ったか　後世に広まったイメージ)　第2部 ソクラテス・イエス・ブッダ 三賢人の知恵(汝は不滅である　真理を求めて　自分自身を見つめ、自由になれ　義人であれ　愛することを学ぶ)〔09591〕

◇神に異をとなえる者(Mon dieu…pourquoi?)　アベ・ピエール著, フレデリック・ルノワール編, 寺家村博, 寺家村和子訳　新教出版社　2012.1　120p　19cm　1200円　①978-4-400-52144-0

内容 なぜこんなに苦しみがあるのか　なんのために生きるのか　愛と幸福　仏陀とイエス　欲望　性欲と貞操　司祭の独身と結婚　ヨハネ・パウロ二世の死…ベネディクト一六世の即位　同性結婚と同性の両親　女性司祭の叙階は必要か　マグダラのマリア　イエスはマグダラのマリアと肉体関係をもったか　マリア―神の母かそれとも新しい偶像か　科学を前にして原罪をどう考えればよいか　テイヤール・ド・シャルダンという才能　イエス、人類の救い主　イエスの不在と臨在　聖餐、キリスト教共同体の中心　初期キリスト教に立ち戻る　福音書　三位一体　自由と超自由　罪　地獄は存在するか　歴史的啓示と不可視的啓示　宗教的狂言〔09592〕

◇人類の宗教の歴史―9大潮流の誕生・本質・将来(Petit traité d'histoire des religions)　フレデリック・ルノワール著, 今枝由郎訳　トランスビュー　2012.1　352, 24p　20cm　〈索引あり　文献あり〉3200円　①978-4-7987-0120-2

内容 第1部 人類の宗教の起源(原始宗教　神が女性であった時代　都市の神々　世界の神々　人類の枢軸転換期)　第2部 救いへの主要な道(中国の叡智　ヒンドゥー教　仏教　ギリシャの叡智　ゾロアスター教　ユダヤ教　キリスト教　イスラム教　生き続けるアニミズム)　結論〔09593〕

◇イエスはいかにして神となったか(Comment Jésus est devenu Dieu)　フレデリック・ルノワール著, 谷口きみ子訳　春秋社　2012.6　325, 5p　20cm　〈文献あり〉2600円　①978-4-393-32332-8

内容 第1部 同時代の人々から見たイエス―紀元1世紀(史資料　逆説の人　特異な存在　超自然的な人物　ユダヤ教聖書の成就―「人の子」　ユダヤ教聖書からはみ出る「神の子」　後世の論争の発端―イエスは人か神か)　第2部 複数のイエス―2～3世紀(異教の地でのキリスト教徒　一つの革命、ヨハネと神の言　神なる人についての疑問　ユダヤ人キリスト教との新たな対立　グノーシス主義あるいは歴史的イエスと形而上学的キリストの対決　キリスト教正統教義の出現　静けさの前の嵐)　第3部 神なる人―4～5世紀(キリストと皇帝　ニカイアで初めての公会議　アリウスの巻き返し　コンスタンティノポリス公会議、ある普遍的な勝利　ネストリウスと「神の母」　エフェソスの「戦い」　カルケドン公会議、キリストの二つの本性について)〔09594〕

◇生きかたに迷った人への20章(Petit traité de vie intérieure)　フレデリック・ルノワール著, 清水珠代訳　柏書房　2012.7　244p　20cm　2300円　①978-4-7601-4140-1

内容 人生にイエスと言う―親、祖国、身体、気質…まずは自分の人生をありのままに受け入れる。　信じる心―人生を信頼し、身を委ねる。　責任感という絆―自分の人生の責任は自分で負う。そして自分だけの世界を超えて他者を思いやる。　オンとオフ―自らの中に内発するものに従いながら行動する。しかし、それに熱中しすぎない。　さあ眼を閉じて―孤独と沈黙の時間を持つ。　まず問い直そう　社会や家庭でこれまで学んだことも疑ってみる。無知の知が

ル

出発点。「汝自身を知れ」—自分の内面を深く観察する。心を鍛える—徳のある人間でありたいという意志を持ち、絶えず心を鍛えつづける。自由は難しい—無知から脱し、真と偽、善と悪、正義と不正を見分けるようになってはじめて人間は自由になるということを知る。自分を愛する—真理も幸福も自己愛から始まる。〔ほか〕　〔09595〕

◇哲学者キリスト（Le Christ philosophe）　フレデリック・ルノワール著, 田島葉子訳　トランスビュー　2012.7　357p　20cm　2800円　①978-4-7987-0125-7

内容 序 大審問官と対面するイエス（無言の接吻　価値の転倒　キリスト教徒による痛烈なキリスト教批判　イエスはなぜ死んだか　自らの言行不一致に目をつぶる教会 ほか）　第1章 イエスの物語と歴史上のイエス（エルネスト・ルナンのベストセラー　なぜキリストは実在したといえるのか　非キリスト教徒の信頼に足る証言　イエスの物語の本当らしさとは　イエスの生涯 ほか）　第2章 キリストの哲学（宗教とは別の二つの側面　キリストの教えの精神性　キリストが教えた普遍的な倫理　人格という概念）　第3章 キリスト教はいかにして誕生したか（イエスは新しい宗教の創造者ではない　ユダヤ教の革新　三つの新しい象徴行為　イエスからキリストへ　最初の教会 ほか）　第4章 キリスト教社会（国教となった宗教　修道院の誕生　教会と権力の結びつき　中世ヨーロッパのキリスト教社会　十字軍、異端審問、インディアンの虐殺）　第5章 キリスト教ユマニスムから無神論ユマニスムへ（ユマニスムの意外な由来　ルネサンス・ユマニスムと宗教改革　啓蒙時代のユマニスム　無神論ユマニスム）　第6章 近代世界の母胎（近代世界はなぜこの時代に西洋で生まれたか　進歩思想の宗教的起源　批判的理性の起源　現代ヨーロッパの「キリスト教的ルーツ」という問題　カトリック教会と近代的価値観の衝突）　第7章 キリスト教の何が残されたのか（神は住まいを変えた　宗教多元主義と信仰内容の変化　信仰上のキリスト教徒の割合　文化上のキリスト教徒　キリスト教が染みこんだ文化 ほか）　むすび サマリアの女と対面するイエス（井戸水を汲むサマリアの女　奇妙な出会いの場　愛と自由　何が真の宗教なのか　集団の外的宗教から個の内的霊性へ ほか）　〔09596〕

◇神（DIEU）　フレデリック・ルノワール著, マリー・ドリュケールインタヴュアー, 田島葉子訳　春秋社　2013.9　358p　19cm　2800円　①978-4-393-32339-7

内容 先史時代とシャーマニズム　女神から始まった神々の誕生　一神教はユダヤ人が考え出したのか　「神は愛である」と説いたイエス　神的なものの体験と不死の探究　東洋の叡智が説いた非人格的絶対者　ムハンマドの神　信議と理性—哲学者と科学者の神　無神論　神は狂信的か—宗教における暴力、女性蔑視、性の抑圧　心に語りかける神　神にはどのような未来があるのか　〔09597〕

ルパージュ, D.*　LePage, Denise

◇教師というキャリア—成長続ける教師の六局面から考える（Life cycle of the career teacher）　Betty E.Steffy,Michael P.Wolfe,Suzanne H. Pasch,Billie J.Enz編著, 三村隆男訳　雇用問題研究会　2013.3　190p　21cm　〈文献あり〉2000円　①978-4-87563-261-0

内容 第四局面にある教師 ： the Expert Teacher（Jone S.Bray, Pamela A.Kramer, Denise LePage）　〔09598〕

ルパップ, マルク

◇人道的交渉の現場から—国境なき医師団の葛藤と選択（Agir à tout prix？）　クレール・マゴン, ミカエル・ノイマン, ファブリス・ワイズマン編著, リングァ・ギルド他訳　小学館スクウェア　2012.11　419p　19cm　1429円　①978-4-7979-8739-3

内容 エピローグ—緊急事態の名においてMSFはいかに事態に適応し、自らの選択を正当化するのか（マルク・ルパップ著）　〔09599〕

ルバルカーバ, ジル　Rubalcaba, Jill

◇古代エジプト—黄金のマスクとピラミッドをつくった人びと（Ancient Egypt）　ジル・ルバルカーバ著, ジャニス・カムリン監修, 日暮雅通訳　神戸　BL出版　2013.12　63p　26cm　（ナショナルジオグラフィック—考古学の探検）〈文献あり 年表あり 索引あり〉1800円　①978-4-7764-0557-3　〔09600〕

ルビオ, カルロス

◇日本・スペイン交流史　坂東省次, 川成洋編　れんが書房新社　2010.12　505, 23p　22cm　〈文献あり 年表あり〉6000円　①978-4-8462-0377-1

内容 スペインにおける日本文学の受容（カルロス・ルビオ著, 古川美奈子訳）　〔09601〕

ルービニ, ヌリエル

◇金融規制のグランドデザイン—次の「危機」の前に学ぶべきこと（Restoring financial stability）　ヴィラル・V.アチャリア, マシュー・リチャードソン編著, 大村敬一監訳, 池田竜哉, 増原剛輝, 山崎洋一, 安藤祐介訳　中央経済社　2011.3　488p　22cm　〈文献あり〉5800円　①978-4-502-68200-1

内容 プロローグ 鳥瞰図—2007年から2009年にわたる金融危機 ： 原因と処方箋（ヴィラル・V.アチャリア, トーマス・フィリポーン, マシュー・リチャードソン, ヌリエル・ルービニ）　〔09602〕

ルービン, エミリー　Rubin, Emily

◇SCERTSモデル—自閉症スペクトラム障害の子どもたちのための包括的教育アプローチ　2巻　プログラムの計画と介入（The SCERTS model）　バリー・M.プリザント, エミー・M.ウェザビー, エミリー・ルービン, エミー・C.ローレント, パトリック・J.ライデル著, 長崎勤, 吉田仰希, 仲野真史訳　日本文化科学社　2012.2　404p　30cm　〈索引あり　文献あり〉9400円　①978-4-8210-7358-0

内容 1章 SCERTSモデルの教育実践へのガイド、パート1 ： 価値基準と基本原則、実践ガイドライン、目標設定、交流型支援　2章 SCERTSモデルの教育実践へのガイド、パート2 ： 交流型支援 ： 対人間支援と学習支援、ピアとの学習や遊び　3章 交流型支援 ： 家族支援と専門家間支援　4章 交流型支援の目標と社会コミュニケーションおよび情動調整の目標のリンク　5章 社会パートナー段階における社会コミュニケーション、情動調整、交流型支援の促進 ： アセスメントからプログラムの実行まで　6章 言語パート

ル

ナー段階における社会コミュニケーション、情動調整、交流型支援の促進 ： アセスメントからプログラムの実行まで　7章 会話パートナー段階における社会コミュニケーション、情動調整、交流型支援の促進 ： アセスメントからプログラムの実行まで　〔09603〕

ルビン, ケネス・H.　Rubin, Kenneth H.

◇子どもの社会的ひきこもりとシャイネスの発達心理学（THE DEVELOPMENT OF SHYNESS AND SOCIAL WITHDRAWAL）　ケネス・H.ルビン, ロバート・J.コプラン編, 小野善郎訳　明石書店　2013.8　363p　22cm　5800円　Ⓘ978-4-7503-3873-6

内容 シャイネス、子育て、親子関係 他（ポール・D.ヘースティングス, ジェイコブ・N.ヌセロビッチ, ケネス・H.ルビン, カリッサ・S.L.チア著）　〔09604〕

ルービン, ジェイ　Rubin, Jay

◇トム・マシュラー―14人のノーベル賞作家を送り出した男　トム・マシュラー, 高橋源一郎, 若島正, 柴田元幸, ジェイ・ルービン著, 日本文学出版交流センター編訳　日本文学出版交流センター　2008.12　168p　19cm　（J-Litセミナーシリーズ文学・翻訳・言語 1）

内容 トム・マシュラー、出版の極意を語る ： 出版と恋愛は似ている トム・マシュラー 述. 21世紀の『世界文学』 トム・マシュラー, 高橋源一郎, 若島正 述. 英国文芸出版の現場から ： わたしが出会った作家たち トム・マシュラー 述. 世界文学はこうしてつくられる トム・マシュラー, 柴田元幸, ジェイ・ルービン 述. マシュラーさんとの旅 若島正 著. 幸運、そして文学への情熱で語られる人生 トム・マシュラー 述　〔09605〕

ルフェーヴル, アンリ　Lefebvre, Henri

◇パリ・コミューン　上（La proclamation de la commune）　H.ルフェーヴル著, 河野健二, 柴田朝子, 西川長夫訳　岩波書店　2011.8　381p　15cm　（岩波文庫 33-495-1）　1020円　Ⓘ978-4-00-334951-9

内容 第1部 スタイルと方法（コミューンのスタイル　マルクス主義的実践概念歴史学と社会学全体史に向かって ほか）　第2部 帝政下の繁栄から革命的状況へ（第二帝政下の経済成長　国家の役割 ほか）　第3部 コミューンのイデオロギーと威信（問題　社会についての民衆的イメージ ほか）　第4部 一八七〇年九月四日から一八七一年三月一八日まで（パリにおける社会の解体　再構造化 ほか）　〔09606〕

◇都市への権利（Le droit a la ville）　アンリ・ルフェーヴル著, 森本和夫訳　筑摩書房　2011.9　247p　15cm　（ちくま学芸文庫 ル5-1）　〈著作目録あり〉1200円　Ⓘ978-4-480-09376-9

内容 工業化と都市化 はじめの概観　哲学と都市　細分化された科学と都市現実　都市の哲学と都市計画的イデオロギー　都市の特殊性 都市と作品　連続と非連続　現実と分析との諸水準　都市と田舎　危機的な点の周辺において　都市的形式について　スペクトル分析　都市への権利　展望か前望か　哲学の実現　都市、都市的なるもの、および都市計画についてのテーゼ　〔09607〕

◇パリ・コミューン　下（La proclamation de la commune）　H.ルフェーヴル著, 河野健二, 柴田朝子, 西川長夫訳　岩波書店　2011.10　460, 14p　15cm　（岩波文庫 33-495-2）　〈文献あり 著作目録あり 年表あり〉1140円　Ⓘ978-4-00-334952-6

内容 第5部 三月一八日の事件（大砲事件―陰謀か、挑発か、力の見せしめか　三月一八日の夜と夜明け）　第6部 三月一八日からコミューンの宣言まで（自由の夜明け　中央委員会の仕事　反動派の再結集と政治の分裂　区長たちの陰謀　軍事情勢　地方の運動　選挙ろコミューンの宣言）　第7部 コミューンの生と死―結論（コミューンの暦　コミューンの重要性と意義　コミューンは成功しえたか　ティエール氏はなぜ勝ったか　事件についての一理論の草案）　付録（三月一八日の蜂起についての議会の調査　コミューンの祭り　パリにおけるインターナショナルの会議の議事録抜粋）　〔09608〕

ル＝ブラ, ヤン　Le Bras, Yann

◇崇高なるソクラテスの死（La mort du divin Socrate）　ジャン・ポール・モンジャン文, 及川美枝訳, ヤン・ル＝ブラ絵　ディスカヴァー・トゥエンティワン　2011.5　79p　21cm　（プチ哲学）　1200円　Ⓘ978-4-7993-1012-0　〔09609〕

ルブラン, ロビン　LeBlanc, Robin M.

◇バイシクル・シティズン　「政治」を拒否する日本の主婦（Bicycle Citizens）　ロビン・ルブラン著, 尾内隆之訳　勁草書房　2012.6　335p　20cm　〈文献あり〉3900円　Ⓘ978-4-326-35162-6

内容 第1章「真理とは女性である」と仮定したら？　第2章「ふつうの主婦」のアイデンティティ　第3章 主婦とシティズンシップ　第4章 政治に抗うボランティア活動　第5章「主婦らしい運動」へ向かって―生活クラブ生協の「生活者」政治　第6章 小野清子の選挙運動―エリート政治のなかの「ふつう」の主婦　結論　〔09610〕

ルブリン, ナンシー　Lublin, Nancy

◇ゼロのちから―成功する非営利組織に学ぶビジネスの知恵11（Zilch）　ナンシー・ルブリン著, 関美和訳　英治出版　2011.3　313p　21cm　〈索引あり〉1800円　Ⓘ978-4-86276-099-9

内容 1 社員のやる気を最大化する　2 お金をかけずにブランドをつくる　3 外部の人材を活用する　4 賢くお願いする　5 お客さまを味方につける　6 役員にもっと働いてもらう　7 能力を引き出す人事を行う　8 ストーリーを知ってもらう　9 財務を上手に管理する　10 物々交換を活用する　11 イノベーションを生み出す　〔09611〕

ルーベル, ウィリアム　Rubel, William

◇パンの歴史（Bread ： A Global History）　ウィリアム・ルーベル著, 堤理華訳　原書房　2013.8　180p　20cm　（「食」の図書館）　〈文献あり〉2000円　Ⓘ978-4-562-04937-0

内容 序章 パンとは何だろう　第1章 パンのあけぼの　第2章 階級のしるしとしてのパン　第3章 味を決めるもの　第4章 世界パン紀行　第5章 21世紀のパン作り　〔09612〕

ルベル, T.＊　LeBel, Thomas P.

◇犯罪者の立ち直りと犯罪者処遇のパラダイムシフト　日本犯罪社会学会編, 津富宏責任編集　現代人文社　2011.5　182p　21cm　〈発売 ： 大学図

書〉2500円 ①978-4-87798-483-0
内容 再参入に向けた長所基盤のアプローチ（Shadd Maruna,Thomas P.LeBel著, 平井秀幸訳, 津富宏監訳）〔09613〕

ルーベロール, アリシア・J.

◇ビジュアル調査法と社会学的想像力―社会風景をありありと描写する（PICTURING THE SOCIAL LANDSCAPE） キャロライン・ノウルズ, ポール・スウィートマン編, 後藤範章監訳 京都 ミネルヴァ書房 2012.10 317p 22cm〈索引あり〉3400円 ①978-4-623-06394-9
内容 写真を使ったリンダ・ロードの口述史（アナ・マリア・マウアド, アリシア・J.ルーベロール著, 山北輝裕訳）〔09614〕

ルーベンスタイン, リチャード・E. Rubenstein, Richard E.

◇殺す理由―なぜアメリカ人は戦争を選ぶのか（REASONS TO KILL） リチャード・E.ルーベンスタイン著, 小沢千重子訳 紀伊国屋書店 2013.4 348p 20cm〈文献あり 年表あり 索引あり〉2500円 ①978-4-314-01106-8
内容 第1章 ―なぜ、私たちは戦争を選ぶのか（ビリー・バッド症候群と政府当局による欺瞞の記録 ビリー・バッドではなくディヴィー・クロケットなのか？ 開拓地の戦士仮説 ほか） 第2章 自衛の変質（国内制度の防衛―第一次セミノール戦争 普遍的な価値と国家の独立の防衛―両次の世界大戦 ほか） 第3章 悪魔を倒せ―人道的介入と道徳的十字軍（サッダーム・フセインの悪魔化 悪魔のような敵の基本的な属性 ほか） 第4章 「愛せよ、しからずんば去れ」―愛国者と反対者（愛国心とアメリカの共同体主義 反戦論者と体制からの離脱者―ベトナム以前の反戦運動 ほか） 第5章 戦争は最後の手段か？ 平和プロセスと国家の名誉（雄々しい戦争と女々しい交渉 「最後の手段」としての戦争、およびそのほかの民間伝承 ほか）〔09615〕

ルーマン, ニクラス Luhmann, Niklas

◇結果志向の法思考―利益衡量と法律家的論証（Entscheidungsfolgen als Rechtsgrunde） グンター・トイブナー編, 村上淳一, 小川浩三訳 東京大学出版会 2011.9 236p 22cm〈索引あり〉4800円 ①978-4-13-031185-4
内容 〈結果志向の論証〉理論について 法律家的論証（ニクラス・ルーマン著）〔09616〕

◇社会構造とゼマンティク 1（Gesellschaftsstruktur und Semantik） ニクラス・ルーマン〔著〕, 徳安彰訳 法政大学出版局 2011.9 419, 14p 20cm（叢書・ウニベルシタス 961）〈索引あり〉4800円 ①978-4-588-00961-7
内容 第1章 社会構造とゼマンティクの伝統 第2章 上流諸階層における相互行為―十七世紀と十八世紀におけるそのゼマンティクの転換について 第3章 初期近代の人間学―社会の進化問題の理論技術上の解決 第4章 複雑性の時間化―近代の時間概念のゼマンティクについて 第5章 自己言及と二項図式化〔09617〕

◇近代の観察（BEOBACHTUNGEN DER MODERNE） ニクラス・ルーマン著, 馬場靖雄訳 新装版 法政大学出版局 2012.9 219, 7p 19cm（叢書・ウニベルシタス） 2800円 ①978-4-588-09956-4
内容 第1章 近代社会における近代的なるもの 第2章 ヨーロッパの合理性 第3章 近代社会の固有値としての偶発性 第4章 未来の記述 第5章 非知のエコロジー〔09618〕

◇社会の芸術（DIE KUNST DER GESELLSCHAFT） ニクラス・ルーマン著, 馬場靖雄訳 新装版 法政大学出版局 2012.9 738, 26p 19cm（叢書・ウニベルシタス） 7800円 ①978-4-588-09957-1
内容 第1章 知覚とコミュニケーション―形式の再生産について 第2章 ファースト・オーダーの観察とセカンド・オーダーの観察 第3章 メディアと形式 第4章 芸術の機能と芸術システムの分出 第5章 自己組織化―コード化とプログラム化 第6章 進化 第7章 自己記述〔09619〕

◇社会構造とゼマンティク 2（GESELLSCHAFTSSTRUKTUR UND SEMANTIK） ニクラス・ルーマン〔著〕, 馬場靖雄, 赤堀三郎, 毛利康俊, 山名淳訳 法政大学出版局 2013.7 448, 18p 20cm（叢書・ウニベルシタス 962）〈索引あり〉5200円 ①978-4-588-00962-4
内容 第1章 全体社会の理論の視座から見た自己言及と目的論 第2章 主観的法（＝権利）―近代社会にとっての法意識の組み替えについて 第3章 教育科学における理論交替―汎愛主義から新人文主義へ 第4章 社会秩序はいかにして可能となるか〔09620〕

◇プロテスト―システム理論と社会運動（Protest） ニクラス・ルーマン著, カイ-ウーヴェ・ヘルマン編, 徳安彰訳 新泉社 2013.8 266p 21cm 2800円 ①978-4-7877-1306-3
内容 近代社会はエコロジー的な危機に対応できるか インタビュー トロイの木馬 オルタナティブなきオルタナティブ―「新しい社会運動」のパラドックス 近代社会の自己記述におけるトートロジーとパラドックス 女性、男性、ジョージ・スペンサー・ブラウン 参加と対峙―西ドイツへの追悼文についての提言 環境リスクと政治 インタビュー システム理論とプロテスト運動 プロテスト運動〔09621〕

◇社会の政治（DIE POLITIK DER GESELLSCHAFT） ニクラス・ルーマン〔著〕, 小松丈晃訳 法政大学出版局 2013.11 648, 15p 20cm（叢書・ウニベルシタス 968）〈索引あり〉6800円 ①978-4-588-00968-6〔09622〕

◇社会構造とゼマンティク 3（GESELLSCHAFTSSTRUKUTUR UND SEMANTIK 3） ニクラス・ルーマン著, 高橋徹, 赤堀三郎, 阿南衆大, 徳安彰, 福井康太, 三谷武司訳 法政大学出版局 2013.12 587, 21p 19cm（叢書・ウニベルシタス） 6400円 ①978-4-588-00963-1
内容 第1章 はじめに不法なかりき 第2章 伝統的支配から近代的政治への移行における国家と国家理性 第3章 個人・個性・個人主義 第4章 宗教の分出 第5章 道徳の反省理論としての倫理学〔09623〕

ルーミス, ランディ Loomis, Randy

◇プロジェクト・マネジャーが知るべき97のこと

ル

（97 things every project manager should know）　Barbee Davis編, 笹井崇司訳, 神庭弘年監修　オライリー・ジャパン　2011.11　240p　21cm　〈発売：オーム社〉1900円　①978-4-87311-510-8

内容 問題にかかるコストを削減する（ランディ・ルーミス）　〔09624〕

ルメルト, リチャード・P.　Rumelt, Richard P.

◇良い戦略、悪い戦略（GOOD STRATEGY, BAD STRATEGY）　リチャード・P.ルメルト著, 村井章子訳　日本経済新聞出版社　2012.6　410p　20cm　2000円　①978-4-532-31809-3

内容 手強い敵　第1部 良い戦略、悪い戦略（良い戦略は驚きである　強みを発見する　悪い戦略の四つの特徴　悪い戦略がはびこるのはなぜか　良い戦略の基本構造）　第2部 良い戦略に活かされる強みの源泉（テコ入れ効果　近い目標　鎖構造　設計　フォーカス　成長路線の罠と健全な成長　優位性　ダイナミクス　慣性とエントロピー　すべての強みをまとめる―NVIDIAの戦略）　第3部 ストラテジストの思考法（戦略と科学的仮説　戦略思考のテクニック　自らの判断を貫く）　〔09625〕

ル・ル, パトリック　Le Roux, Patrick

◇ローマ帝国―帝政前期の政治・社会（L'Empire romain）　パトリック・ル・ル著, 北野徹訳　白水社　2012.11　152, 15p　18cm　（文庫クセジュ 974）　〈文献あり 年表あり 索引あり〉1200円　①978-4-560-50974-6

内容 第1章 ローマ帝国またはローマの支配（ローマの世界支配　事実上の君主政）　第2章「人が住んでいる世界」の統治（皇帝　首都ローマ　属州の行政）　第3章 八〇〇〇万人の住民（人口と社会　帝国―世界　何千という都市）　第4章 帝国の諸問題（ローマ化の問題　反乱の問題　外来部族の問題）　〔09626〕

ル＝ロワ＝ラデュリ, エマニュエル　Le Roy Ladurie, Emmanuel

◇家の歴史社会学　二宮宏之, 樺山紘一, 福井憲彦責任編集　藤原書店　2010.12　295p　21cm　（叢書・歴史を拓く 2―『アナール』論文選〈新版〉）　〈コメント：速水融　解説：二宮宏之　文献あり〉3800円　①978-4-89434-777-9

内容 慣習法の体系（エマニュエル・ル＝ロワ＝ラデュリ著, 木下賢一訳）　〔09627〕

◇叢書『アナール1929-2010』―歴史の対象と方法 2　1946-1957（Anthologie des Annales 1929-2010）　E.ル＝ロワ＝ラデュリ,A.ビュルギエール監修, 浜名優美監訳　L.ヴァランシ編, 池田祥英, 井上桜子, 尾河直哉, 北垣潔, 塚島真実, 平沢勝行訳　藤原書店　2011.6　460p　22cm　6800円　①978-4-89434-807-3

内容 貨幣と文明―スーダンの金からアメリカ大陸の銀へ 地中海のドラマ　古代奴隷制の終焉　経済的覇権を支えた貨幣―7‐11世紀のイスラームの金　ブドウ畑、ワイン、ブドウ栽培者　一時的な市場から恒久的な植民地へ―中世における商業政策の発展　アメリカ産業界における「人的要素」の諸問題　経済界、金融界の一大勢力―イエズス会の日本での活動開始1547‐1583　ブルゴーニュにおけるブドウ栽培の起源　往生術―15世紀末における死の問題に関する覚書　17世紀パリにおける出版業―いくつかの経済的側面　ボーヴェジにて―17世紀における人口学的問題　16世紀半ばにおけるフランス経済とロシア市場　1640年をめぐって―大西洋の政治と経済　神話から理性へ―アルカイック期ギリシャにおける実証的思考の形成　バロックと古典主義――つの文明　衣服の歴史と社会学―方法論的考察　〔09628〕

◇国家と国民の歴史―ヴィジュアル版（HISTORIES OF NATIONS）　ピーター・ファタードー編, 猪口孝日本語版監修, 小林朋則訳　原書房　2012.11　320p　26cm　〈文献あり 索引あり〉5800円　①978-4-562-04850-2

内容 フランス―六角形の国の歴史（エマニュエル・ル・ロワ・ラデュリ）　〔09629〕

ルワンタバグ, エルメネジルド

◇広池千九郎の思想と業績―モラロジーへの世界の評価 2009年モラルサイエンス国際会議報告　岩佐信道, 北川治男監修　柏　モラロジー研究所　2011.2　471p　22cm　〈他言語標題：Ethical Theory and Moral Practice：Evaluating Chikuro Hiroike's Work in Moralogy　発売：広池学園事業部（柏）〉3200円　①978-4-89639-195-4

内容 広池千九郎の智恵と現代における挑戦（エルメネジルド・ルワンタバグ著, 足立智孝訳）　〔09630〕

ルンデ, ヨッヘン　Runde, Jochen

◇グリーン・バリュー経営への大転換（Green Business, Green Values, and Sustainability（抄訳））　クリストス・ピテリス, ジャック・キーナン, ヴィッキー・プライス編著, 谷口和弘訳　NTT出版　2013.7　285p　20cm　〈索引あり〉2800円　①978-4-7571-2292-5

内容 経済化、イノベーション、持続可能な経済パフォーマンス―ビジネススクールの視点（クリストス・ピテリス, ヨッヘン・ルンデ）　〔09631〕

ルンメル＝シスカ, ゾフィア

◇グローバル化のなかの企業文化―国際比較調査から　石川晃弘, 佐々木正道, 白石利政, ニコライ・ドリャフロフ編著　八王子　中央大学出版部　2012.2　382p　22cm　（中央大学社会科学研究所研究叢書 25）　4600円　①978-4-8057-1326-6

内容 転換期ポーランドにおける外資系企業の信頼文化（ゾフィア・ルンメル＝シスカ著, 石川晃弘訳）　〔09632〕

【レ】

レアード, スーザン

◇男女共学・別学を問いなおす―新しい議論のステージへ　生田久美子編著　東洋館出版社　2011.3　244p　21cm　〈著：坂本辰朗ほか　索引あり〉2800円　①978-4-491-02673-2

内容 男女共学という概念は必要か（スーザン・レアード著, 畠山大訳）　〔09633〕

レイ, アンドリュー　Leigh, Andrew

◇マネジャーのためのタレントマネジメント―最高

レ

の人材を開発し、維持するためのヒント（TALENT MANAGEMENT）　ステファン・ホアー, アンドリュー・レイ著, SDL Plc訳　ピアソン桐原　2012.12　192p　21cm　（フィナンシャルタイムズダイジェスト）〈文献あり 索引あり〉2400円　①978-4-86401-120-4

内容 第1部 概要（エグゼクテイブサマリー　タレントマネジメントとは何か　なぜタレントマネジメントなのか　誰がやっているか）　第2部 実践（実施方法：ステップバイステップガイド　タレントを管理する方法　タレントを測定する方法　タレントマネジメントについて話す方法）　第3部 関与（経営陣の関与）　第4部 さらに詳しく（その他のリソース）〔09634〕

レイ, ウェンデル・A.　Ray, Wendel A.

◇解決が問題である―MRIブリーフセラピー・センターセレクション（Focused problem resolution）　リチャード・フィッシュ, ウェンデル・A.レイ, カリーン・シュランガー編, 小森康永監訳　金剛出版　2011.12　349p　20cm　4800円　①978-4-7724-1226-1

内容「次から次へ」再来（ウェンデル・A.レイ, カリーン・シュランガー）〔09635〕

レイ, コウ*　黎 宏

◇変動する21世紀において共有される刑事法の課題―日中刑事法シンポジウム報告書　椎橋隆幸, 西田典之編　成文堂　2011.12　199p　21cm〈会期・会場：2011年10月1日（土）～2日（日）中央大学多摩キャンパス3号館3551号室〉2000円　①978-4-7923-1931-1

内容 いわゆる「見殺し」行為の法的性格について（黎宏著, 金光旭訳）〔09636〕

レイ, ダイアン　Reay, Diane

◇グローバル化・社会変動と教育　2　文化と不平等の教育社会学（EDUCATION, GLOBALIZATION AND SOCIAL CHANGE（抄訳））　ヒュー・ローダー, フィリップ・ブラウン, ジョアンヌ・ディラボー,A.H.ハルゼー編, 苅谷剛彦, 志水宏吉, 小玉重夫編訳　東京大学出版会　2012.5　370p　22cm〈文献あり〉4800円　①978-4-13-051318-0

内容 パフォーマンス型ペタゴジーの枠づけ（マデリーン・アーノット, ダイアン・レイ著, 山田哲也訳）〔09637〕

レイ, W.J.　Ray, William J.

◇エンサイクロペディア心理学研究方法論（METHODS TOWARD A SCIENCE OF BEHAVIOR AND EXPERIENCE（原著第10版）（抄訳））　W.J.レイ著, 岡田圭二編訳, 中尾敬, 南学, 河原純一郎, 木村堅一, 水原幸夫訳　改訂　京都　北大路書房　2013.5　381p　27cm〈文献あり 索引あり〉5000円　①978-4-7628-2806-5

内容 科学とは何か　科学的方法の紹介　仮説を発展させる　倫理　数的表現による行動の記述　推測統計―統計的決定を行なう　仮説を検討する―概念的入門　統制―実験的方法の根本原理　実験の論理を応用する―被験者間実験計画　実験の論理を拡張する―被験者内実験計画と被験者つり合わせ法　実験の生態学―実験環境からみた科学者と参加者　準実験計画、相関計画、自然観察計画　単一被験者実験計画　質問紙、調査研究、標本抽出（サンプリング）　結果を共有する　方法を超えて　（第16章）および領域別方法論〔09638〕

レイイェン, ヴィレム・ファン　Reijen, Willem van

◇ベンヤミンの現在（WALTER BENJAMIN）　ノルベルト・ボルツ, ヴィレム・ファン・レイイェン著, 岡部仁訳　新装版　法政大学出版局　2013.10　180p　19cm　（叢書・ウニベルシタス）2400円　①978-4-588-09969-4

内容 第1章 必然的形式　第2章 さかさまの神学　第3章 言語の魔術　第4章 ブルジョワ世界のアレゴリー化　第5章 歴史認識の論理　第6章 人間学的唯物論　第7章 メディア美学　第8章 アクチュアルな文脈におけるベンヤミン〔09639〕

レイエス, ホセ・マヌエル　Reyes, José Manuel

◇スペイン（Spain）　アニタ・クロイ著, ホセ・マヌエル・レイエス, ラクエル・メディナ監修　ほるぷ出版　2011.12　64p　25cm　（ナショナルジオグラフィック世界の国）〈日本語版校閲・ミニ情報：岩淵孝　年表あり　索引あり〉2000円　①978-4-593-58575-5

内容 地理―ふたつの海のあいだで　自然―めずらしい動植物　歴史―歴史の光と影　人と文化―前へむかって　政治と経済―発展の時代〔09640〕

レイコウスキ, J.*　Reykowski, Janusz

◇紛争と平和構築の社会心理学―集団間の葛藤とその解決（INTERGROUP CONFLICTS AND THEIR RESOLUTION）　ダニエル・バル・タル編著, 熊谷智博, 大淵憲一監訳　京都　北大路書房　2012.10　375p　21cm〈索引あり〉4000円　①978-4-7628-2787-7

内容 紛争解決に対する社会心理学的アプローチ（Aleksandra Cislak, Janusz Reykowski著, 大渕憲一訳）〔09641〕

レイザー, ラルフ　Lazar, Ralph

◇ヒラメキ公認ガイドブックこんな世界地図、みたことない（THE MOST STUPENDOUS ATLAS OF THE WHOLE WIDE WORLD）　リサ・スワーリング, ラルフ・レイザーイラスト, サイモン・アダムズ文, 伊藤伸子訳　京都　化学同人　2012.7　61p　31cm〈索引あり〉2500円　①978-4-7598-1483-5

内容 みんなの住んでいる世界　北アメリカ　ゴルフでひとまわり　地面の下の世界　南アメリカ　カーニバルだ、パレードだ　地球の表面　アフリカ　アフリカ邸におじゃまします　天気と気候　ヨーロッパさぁアート・ショーへ　海　アジア　ごちゃまぜバザール　世界の人びと　オセアニア　ビーチでばーべきゅー　極地　くらべてみよう　用語集とさくいん〔09642〕

◇ヒラメキ公認ガイドブック世界中を探検しよう（THE MOST BRILLIANT BOLDLY GOING BOOK OF EXPLORATION EVER）　リサ・スワーリング, ラルフ・レイザーイラスト, ピーター・クリスプ文, 伊藤伸子訳　京都　化学同人　2012.7　61p　31cm〈索引あり〉2500円　①978-4-7598-1484-2

内容 世界中を探検する　古代の探検家たち　バイキン

グの航海　旅人の話、ほら話　マルコ・ポーロとイブン＝バットゥータ　中国の探検家　航海王子エンリケ　インド上陸　西へ出航　世界一周　スペインの征服者　旧世界と新世界　北回り航路　北アメリカ横断　〔09643〕

レイサム, アラン

◇ビジュアル調査法と社会学的想像力―社会風景をありありと描写する（PICTURING THE SOCIAL LANDSCAPE）　キャロライン・ノウルズ, ポール・スウィートマン編, 後藤範章監訳　京都　ミネルヴァ書房　2012.10　317p　22cm　〈索引あり〉3400円　①978-4-623-06394-9

内容 都市の日常の出来事を調査し記述する（アラン・レイサム著, 松橋達矢訳）　〔09644〕

レイジャック, テッサ

◇古代世界におけるモーセ五書の伝承　秦剛平, 守屋彰夫編　京都　京都大学学術出版会　2011.2　427p　23cm　〈索引あり〉8400円　①978-4-87698-976-8

内容 ヘレニズム的ユダヤ教と七十人訳聖書（テッサ・レイジャック著, 秦剛平訳）　〔09645〕

レイダー, ケイ　Rader, Kae

◇なぜ、あのリーダーの職場は明るいのか？　ポジティブ・パワーを引き出す5つの思考法（APPRECIATIVE LEADERSHIP）　ダイアナ・ホイットニー, アマンダ・トロステン＝ブルーム, ケイ・レイダー著, 市瀬博基訳　日本経済新聞出版社　2012.11　364p　19cm　〈文献あり 索引あり〉2200円　①978-4-532-31845-1

内容 第1章 今なぜ価値探求型リーダーシップが求められるのか？　第2章 価値探求型リーダーシップの五つの思考法―潜在力をポジティブなパワーに変える　第3章 インクワイアリー（強み発掘思考）―問いかけがポジティブな力を育む　第4章 イルミネーション（価値「見える化」思考）―人や状況に秘められた力を引き出す　第5章 インクルージョン（つながり拡大思考）―メンバーを巻き込み、やる気を高める　第6章 インスパイア（ワクワク創造思考）　クリエイティブな精神を呼び覚ます　第7章 インテグリティ（みんなの利益思考）―全体を見すえ、最善の方法を選ぶ　第8章 価値探求型リーダーシップでポジティブな変化を生みだす　〔09646〕

レイダー, リチャード・J.　Leider, Richard J.

⇒ライダー, リチャード・J.

レイチェルズ, ジェームズ　Rachels, James

◇倫理学に答えはあるか―ポスト・ヒューマニズムの視点から（Can ethics provide answers？）　ジェームズ・レイチェルズ著, 古牧徳生, 次田憲和訳　京都　世界思想社　2011.5　280, 8p　22cm　〈索引あり〉2500円　①978-4-7907-1519-1

内容 倫理学に答えはあるか　哲学者による性急な批評　積極的安楽死と消極的安楽死　殺すこと、死ぬにまかせること、そして生の価値　動物に権利はあるか　菜食主義を支持する道徳的議論　神と道徳的自律　嘘をつくことと絶対的規則の倫理　なぜプライバシーは重要なのか　平等という思想についての省察　人間の「ふさわしさ」について　偏見への取り組み　道徳、両親、そして子供　ジョン・デューイと倫理学の真理　転覆活動としての道徳哲学　〔09647〕

レイティ, ナンシー・A.　Ratey, Nancy A.

◇ADHDコーチング―大学生活を成功に導く援助技法（Coaching college students with AD/HD）　パトリシア・O.クイン, ナンシー・A.レイティ, テレサ・L.メイトランド著, 篠田晴男, 高橋知音監訳, ハリス淳子訳　明石書店　2011.2　245p　21cm　〈文献あり〉2000円　①978-4-7503-3325-0

内容 1 コーチング入門（ADHDのある学生にとってなぜ大学は難しいのか？　コーチングとは何か？　ADHDのある大学生に対するコーチング　コーチング―具体的な活動の開始）　2 問題への対処（日常生活のスキル―ADHDのある大学生にとっての問題　ソーシャルスキル―ADHDのある大学生にとっての問題　学習スキル―ADHDのある大学生にとっての問題　個人的問題への対処スキル―ADHDのある大学生にとっての問題）　3 まとめ（コーチング―その利点と限界）　4 資料　〔09648〕

レイトン, バリー

◇都市社会学セレクション　2　都市空間と都市コミュニティ　森岡清志編　日本評論社　2012.8　268p　22cm　〈文献あり〉3800円　①978-4-535-58593-5

内容 ネットワーク、近隣、コミュニティ（バリー・ウェルマン, バリー・レイトン著, 野沢慎司訳）　〔09649〕

レイトン, ポール　Leighton, Paul

◇金持ちはますます金持ちに貧乏人は刑務所へ―アメリカ刑事司法制度失敗の実態（The rich get richer and the poor get prison）　ジェフリー・ライマン, ポール・レイトン共著, 宮尾茂訳　花伝社　2011.12　347p　21cm　〈索引あり　発売：共栄書房〉2500円　①978-4-7634-0621-7

内容 はしがき―鏡の国の刑事司法、あるいは負けるが勝ち　第1章 アメリカの犯罪抑制―失敗が失敗を生む　第2章 何と呼ぼうと犯罪は犯罪　第3章 そして貧乏人は刑務所へ　第4章 戦利品は勝利者の手に―犯罪との戦いの敗北によってだれが勝利するのか？　結論 正義の司法か、犯罪的司法か　〔09650〕

レイニー, マーティ・O.　Laney, Marti Olsen

◇内向型を強みにする―おとなしい人が活躍するためのガイド（THE INTROVERT ADVANTAGE）　マーティ・O.レイニー著, 務台夏子訳　パンローリング　2013.8　302p　19cm　（フェニックスシリーズ 12）〈「小心者が世界を変える」（ソニー・マガジンズ 2006年刊）の改題、新装改訂〉1300円　①978-4-7759-4115-7

内容 第1部 陸に打ちあげられた魚―内向型人間とは？（内向型と外向型はどこがちがう？　内向型人間はなぜ誤解されるのか？　内向型は生まれつき？―すべては脳のなせるわざ）　第2部 外向型の海を泳ぐ法―内向型人間の上手な暮らしかたガイド（パートナーとの関係―身近な人ほど誤解しやすい　子育て―親も子も無理をしないために　人づきあい―内向型人間がパーティーを楽しむ方法　仕事―九時から五時までの脅威）　第3部 自分にぴったりの人生をつくる（内向型の自分をまもるために　生まれ持った内向性を大切に育てよう　外へ―あなたの光で世界を照らそう）　〔09651〕

レイノー, フィリップ

◇フランス憲政学の動向―法と政治の間 Jus Politicum　山元一, 只野雅人編訳　慶応義塾大学出版会　2013.8　313p　22cm　7000円　①978-4-7664-2063-0
内容 法学と政治学(フィリップ・レイノー著, 新井誠訳)　〔09652〕

レイノルズ, アーサー・J.

◇みんなの幼児教育の未来予想図 (A Vision for Universal Preschool Education)　エドワード・ジグラー, ウォルター・S.ギリアム, ステファニー・M.ジョーンズ編, 田中道治編訳　京都　ナカニシヤ出版　2013.3　322p　22cm 〈索引あり〉3800円　①978-4-7795-0753-3
内容 幼児教育における投資の経済便益(アーサー・J.レイノルズ, ジュディ・A.テンプル著, 秋川陽一訳)　〔09653〕

レイノルズ, ウィリアム・L.　Reynolds, William L.

◇アメリカ抵触法　上巻　管轄権編 (Understanding Conflict of Laws(3rd ed.))　ウィリアム・M.リッチマン, ウィリアム・L.レイノルズ著, 松岡博, 吉川英一郎, 高杉直, 北坂尚洋訳　レクシスネクシス・ジャパン　2008.12　295p　21cm (LexisNexisアメリカ法概説 6) 〈原書第3版〉5500円　①978-4-902625-15-8
内容 第1章 序　第2章 ドミサイル　第3章 裁判所の管轄権(序　歴史：力および属地性からコンタクトおよびフェアネスへ　1977年以後の管轄権―最近の事件　管轄権の基礎となるもの　対人管轄権を理解する　財産に対する管轄権　管轄権をめぐる付加的な問題)　〔09654〕

◇アメリカ抵触法　下巻(法選択・外国判決編) (Understanding conflict of laws(3rd ed.))　ウィリアム・M.リッチマン, ウィリアム・L.レイノルズ著, 松岡博, 吉川英一郎, 高杉直, 北坂尚洋訳　レクシスネクシス・ジャパン　2011.2　469p　22cm (LexisNexisアメリカ法概説 6) 〈索引あり　発売：雄松堂書店〉6500円　①978-4-8419-0566-3
内容 第4章 法選択(総論上の問題　第1リステイトメント　現代の法選択理論　現在の法選択　憲法と法選択　連邦裁判所における特殊な問題)　第5章 判決(基本原則　十分な信頼と信用の範囲と限界)　第6章 家族法(婚姻と離婚　扶養　子と抵触法)　〔09655〕

レイノルズ, ガー　Reynolds, Garr

◇裸のプレゼンター―「自然さ」とインパクトのあるプレゼンのための心得 (The naked presenter)　ガー・レイノルズ著, 熊谷小百合訳　ピアソン桐原　2011.7　207p　23cm 〈索引あり〉2300円　①978-4-86401-055-9
内容 1「自然さ」と裸のプレゼンテーション　2「準備」を最優先する　3 聴衆と心を通わせるための3つのポイント―「パンチ」、「存在感」、「プレゼンターの印象」　4「情熱」、「近接」、「遊び心」によって聴衆の心をつかむ　5「ペース」に気を配り聴衆の「参加」を促す　6 インパクトのあるエンディングを演出する　7「粘り強さ」を持って前進し続ける　〔09656〕

◇プレゼンテーションZen―プレゼンのデザインと伝え方に関するシンプルなアイデア (PRESENTATION ZEN(原著第2版))　ガー・レイノルズ著, 熊谷小百合訳　第2版　ピアソン桐原　2012.10　333p　23cm 〈初版：ピアソン・エデュケーション 2009年刊　索引あり〉2600円　①978-4-86401-087-0　〔09657〕

レイノルズ, トビー　Reynolds, Toby

◇幸せに生きる60のヒント (Happy thoughts)　トビー・レイノルズ編, 多田文子訳　パイインターナショナル　2011.11　1冊(ページ付なし)　16×16cm 〈原文併記〉1000円　①978-4-7562-4184-9　〔09658〕

レイノルズ, ブレット　Reynolds, Brett

◇音と映像―授業・学習・現代社会におけるテクノロジーの在り方とその役割　成蹊大学文学部学会編　風間書房　2012.3　225p　20cm (成蹊大学人文叢書 9) 〈文献あり〉2000円　①978-4-7599-1924-0
内容 ウィキの神話を打ち破る(ブレット・レイノルズ執筆)　〔09659〕

レイビー, ピーター

◇世界探検家列伝―海・河川・砂漠・極地、そして宇宙へ (The great explorers)　ロビン・ハンベリーテニソン編著, 植松靖夫訳　悠書館　2011.9　303p　26cm 〈文献あり 索引あり〉9500円　①978-4-903487-49-6
内容 アルフレッド・ラッセル・ウォレス―適者生存(ピーター・レイビー)　〔09660〕

レイヒー, リサ・ラスコウ　Lahey, Lisa Laskow

◇なぜ人と組織は変われないのか―ハーバード流自己変革の理論と実践 (Immunity to Change)　ロバート・キーガン, リサ・ラスコウ・レイヒー著, 池村千秋訳　英治出版　2013.10　435p　22cm　2500円　①978-4-86276-154-5
内容 個人や組織は本当に変われるのか？　第1部 “変われない”本当の理由(人の知性に関する新事実　問題をあぶり出す免疫マップ　組織の「不安」に向き合う)　第2部 変革に成功した人たち(さまざまな組織が抱える悩み―集団レベルの変革物語　なぜ部下に任せられないのか？―個人レベルの変革物語1　自分をおさえることができるか？―個人レベルの変革物語2　うまくコミュニケーションが取れないチーム―集団を変革するために、個人レベルで自己変革に取り組む物語)　第3部 変革を実践するプロセス(変わるために必要な3つの要素　診断―「変われない原因」を突き止める　克服―新しい知性を手に入れる　組織を変える　成長を促すリーダーシップ)　〔09661〕

レイブシュタイン, ディビッド・J.　Reibstein, David J.

◇マーケティング・メトリクス―マーケティング成果の測定方法 (Marketing METRICS：The Definitive Guide to Measuring Marketing Performance, 2nd Edition)　ポール・W.ファリス, ネイル・J.ベンドル, フィリップ・E.ファイファー, ディビッド・J.レイブシュタイン著, 小野晃典, 久保知一訳　ピアソン桐原　2011.8　454p　21cm 〈原書第2版〉3500円　①978-4-86401-002-3
内容 はじめに　市場シェア　マージンと純利益　製品

レ

戦略とポートフォリオ・マネジメント　顧客収益性　営業部隊と流通チャネルの管理　価格戦略　販売促進(プロモーション)　広告メディアとインターネット　マーケティングとファイナンス　マーケティング・メトリクス構造解析　マーケティング・メトリクス体系　〔09662〕

レイブン, ヘイゼル　Raven, Hazel

◇実践エンジェル―天使を身近に感じるための誌上ワークショップ完全ガイド (The angel experience)　ヘイゼル・レイブン著, 宮田摂子訳　ガイアブックス　2011.1　256p　17cm　(ワンランクアップシリーズ)〈索引あり　発売：産調出版〉1900円　①978-4-88282-769-6

内容 天使とはなんだろう?　天使とつながる　天使を招きいれる　守護天使　天使のヒーリング　天使に助けを求める　天使との結びつきをさらに深める　実生活での天使体験　〔09663〕

レイリング, J.　Reiling, J.

◇ヘブライ人への手紙 (Hebreeën)　J.レイリング著, 登家勝也訳　教文館　2012.3　292p　19cm　(コンパクト聖書注解)　3500円　①978-4-7642-1848-2

内容 緒論　序章 一章1‐4節　第一の論証―御子は以前からの御言葉の伝達者たちの上に立つ　一章5‐14節　第一の勧告―御子の救済の使信をないがしろにするな　二章1‐4節　第二の論証―御子の救済の道 二章5節‐三章6節　第二の勧告―神の民の平安から迷い出るな 三章7節‐四章13節　第三の論証―大祭司としての神の子 四章14節‐五章10節　移行 五章11節‐六章20節　第四の、最終の論証 七章1節‐一〇章18節　第三の、最後の勧告 一〇章19節‐一二章29節　手紙文体の終章 一三章1‐25節　〔09664〕

レイン, クリストファー　Layne, Christopher

◇幻想の平和―1940年から現在までのアメリカの大戦略 (The peace of illusions)　クリストファー・レイン著, 奥山真司訳　五月書房　2011.8　457p　19cm　3800円　①978-4-7727-0492-2

内容 イントロダクション　第1章 理論, 歴史, そしてアメリカの大戦略　第2章 第二次大戦とアメリカ世界覇権の基礎　第3章 アメリカの大戦略とソ連――一九四五‐一九五三年　第4章 西ヨーロッパにおける門戸開放とアメリカの覇権　第5章 ヨーロッパの封じ込め―アメリカの覇権とヨーロッパの反応　第6章 リベラルのイデオロギーとアメリカの大戦略　第7章 アメリカ一極時代の終焉　第8章 オフショア・バランシングという戦略　結論　〔09665〕

レヴィ, ウディ　Levy, Udi

◇ナバテア文明 (Die Nabatäer (重訳))　ウディ・レヴィ著, 持田鋼一郎訳　作品社　2012.9　252p　22cm　〈文献あり 索引あり〉3200円　①978-4-86182-400-5

内容 第1章 忘れられた文明への接近　第2章 羊飼い、王、十字架・民族の発展の段階　第3章 ナバテアの宗教とその変容　第4章 ナバテア芸術の言語　第5章 遊牧民から農民へ　第6章 ナバテア人とユダヤ人―対照的な隣人同士　第7章 ペトラ―祭司と王の都　第8章 シブタ―教会と貯水槽の都市　〔09666〕

レヴィ, エリファス　Lévi, Éliphas

◇大いなる神秘の鍵―エノク、アブラハム、ヘルメス・トリスメギストス、ソロモンによる (La clef des grands mysteres)　エリファス・レヴィ著, 鈴木啓司訳　京都　人文書院　2011.9　538p　22cm　〈索引あり〉6800円　①978-4-409-03076-9

内容 第1部 宗教の神秘　第2部 哲学の神秘　第3部 自然の神秘　第4部 実践の大いなる秘奥あるいは学問の実現　補遺　黒魔術に関する文献　〔09667〕

レヴィ, クリスチーヌ　Lévy, Christine

◇震災とヒューマニズム―3・11後の破局をめぐって　日仏会館・フランス国立日本研究センター編, クリスチーヌ・レヴィ, ティエリー・リボー監修, 岩沢雅利, 園山千晶訳　明石書店　2013.5　328p　20cm　2800円　①978-4-7503-3814-9

内容 3月11日の大惨事後の女性の声 (クリスチーヌ・レヴィ執筆, 園山千晶訳)　〔09668〕

レヴィ, ジョヴァンニ

◇国家と国民の歴史―ヴィジュアル版 (HISTORIES OF NATIONS)　ピーター・ファタードー編, 猪口孝日本語版監修, 小林朋則訳　原書房　2012.11　320p　26cm　〈文献あり 索引あり〉5800円　①978-4-562-04850-2

内容 イタリア―カトリック、権力、民主主義、そして過去の失敗 (ジョヴァンニ・レヴィ)　〔09669〕

レヴィ, ジョエル　Levy, Joel

◇秘密結社の謎バイブル―ミステリアスで謎めいた組織などの隠された真実を解明するガイドの決定版 (The secret societies bible)　ジョエル・レヴィ著, 瓜本美穂訳　ガイアブックス　2011.2　399p　17cm　〈文献あり 索引あり　発売：産調出版〉2400円　①978-4-88282-782-5

内容 1 秘密の世界 (秘密結社の特徴　秘密結社のルーツ)　2 宗教、秘儀、そしてオカルト結社 (テンプル騎士団と新テンプル騎士団　薔薇十字運動　フリーメイソンリー　オカルト秘密結社　オプス・デイ　シオン修道会とレンヌの謎)　3 政治結社と犯罪結社 (アサシン (暗殺教団)　イルミナティ　新世界秩序のエリートたち　イタリアのフリーメイソンリープロパガンダ・デュー　闇の同胞愛とマフィア　三合会と堂)　〔09670〕

レヴィ, マイケル

◇大災害と犯罪　斉藤豊治編　京都　法律文化社　2013.3　230p　21cm　〈他言語標題：Catastrophic Disaster and Crime〉2900円　①978-4-589-03478-6

内容 経済・企業犯罪研究からみた福島原発事故 (マイケル・レヴィ, トム・ホーリック・ジョンズ執筆, 松原英世訳)　〔09671〕

レヴィ, リチャード・E.

◇各国における分権改革の最新動向―日本, アメリカ, イタリア, スペイン, ドイツ, スウェーデン　山田徹, 柴田直子編　公人社　2012.9　118p　21cm　1500円　①978-4-86162-087-4

内容 アメリカ合衆国における連邦・州・地方の権限 (リチャード・E.レヴィ著, 柴田直子訳)　〔09672〕

レヴィ, レイモンド・A.　Levy, Raymond A.

◇エビデンスベイスト精神力動的心理療法ハンドブック―科学と臨床実践をつなぐ試み（HANDBOOK OF EVIDENCE-BASED PSYCHODYNAMIC PSYCHOTHERAPY）　R.A.レヴィ,J.S.アブロン編著, 安達圭一郎, 石山貴章, 久崎孝浩編訳　京都　北大路書房　2012.8　22, 356p　21cm　〈文献あり 索引あり〉4500円　①978-4-7628-2783-9

内容 1 さまざまな精神疾患に対する効果性研究と実用性研究（精神力動的心理療法 ： 効果性研究と実用性研究の文献レビュー　パニック障害の精神力動的治療 ： 臨床と研究評価　パニック障害に対する実地治療 ： 感情焦点プロセスの重要性　摂食障害の精神力動的心理療法に対する実証的裏づけ　境界性パーソナリティ障害に対する転移焦点型心理療法と他の精神力動的心理療法に関するエビデンス（科学的根拠）　防衛機制評価尺度を用いて心理療法における防衛機能の変化について研究する ： 4つの仮説と4つのケース）　2 心理療法のプロセスを測定する実証的心理尺度（精神力動的心理療法のプロセス測定尺度　逆転移とパーソナリティ病理 ： 逆転移尺度の作成と臨床適用）　3 精神力動的心理療法の理論、方法、プロセス（治療同盟、交渉、決裂の修復　精神力動的心理療法における情動焦点型技法について　情動焦点型短期力動的治療 ： 実証的に支持された感情恐怖に対する解決方略　うつ病外来患者治療における治療効果の持続に寄与する要因）　4 精神力動論と心理療法の神経生理学的基礎（精神力動的な概念と治療の神経学的モデル ： 精神力動的心理療法への影響　精神力動的心理療法研究における生理的モニタリング）〔*09673*〕

レヴィ＝ストロース, クロード　Lévi-Strauss, Claude

◇アスディワル武勲詩（La geste d'Asdiwal）　クロード・レヴィ＝ストロース著, 西沢文昭訳　筑摩書房　2011.12　174p　15cm　（ちくま学芸文庫 レ6-1）〈解説 ： 内堀基光〉900円　①978-4-480-09419-3

内容 1 ツィムシアン族の人々　2 アスディワルの冒険　3 地理・経済・社会・宇宙観　4 冒険がもつメッセージ　5 メッセージの構造分析　6 異伝が語ること　7 矛盾の克服としての神話　8 伝承による変形　9 神話の構造化と伝播〔*09674*〕

レヴィナス, エマニュエル　Lévinas, Emmanuel

◇時間と他者　エマニュエル・レヴィナス著, 原田佳彦訳　新装版　法政大学出版局　2012.11　135p　19cm　（叢書・ウニベルシタス）　1900円　①978-4-588-09960-1

内容 1（主題と構想　"実存すること"の孤独 ほか）　2（日常生活と救済　世界による救済―糧 ほか）　3（労働　苦悩と死 ほか）　4（力と他人との関係　エロス ほか）〔*09675*〕

レヴィーン, ピーター　Levine, Peter

◇熟議民主主義ハンドブック（The deliberative democracy handbook）　ジョン・ギャスティル, ピーター・レヴィーン編, 津富宏, 井上弘貴, 木村正人監訳　現代人文社　2013.5　399p　21cm　〈発売 ： 大学図書〉3800円　①978-4-87798-543-1〔*09676*〕

レヴィン, ヘンリー・M.　Levin, Henry M.

◇グローバル化・社会変動と教育　2　文化と不平等の教育社会学（EDUCATION, GLOBALIZATION AND SOCIAL CHANGE（抄訳））　ヒュー・ローダー, フィリップ・ブラウン, ジョアンヌ・ディラボー,A.H.ハルゼー編, 苅谷剛彦, 志水宏吉, 小玉重夫編訳　東京大学出版会　2012.5　370p　22cm　〈文献あり〉4800円　①978-4-13-051318-0

内容 教育における市場（ヘンリー・M.レヴィン, クリーブ・R.ベルフィールド著, 小林雅之訳）〔*09677*〕

レヴィンサール, ジュディス　Leventhal, Judith

◇スモールミラクル―67の小さな奇跡（Small miracles 2）　イタ・ハルバースタム, ジュディス・レヴィンサール編著, 加藤仁美, 高坂素行, 新保紫, 辻下晶子, 原ガディミ陽子, 福井雅子訳, ハーディング祥子監訳　バベルプレス　2011.3　405p　19cm　〈文献あり〉1500円　①978-4-89449-111-3

内容 カージナル　一…六…九…五　看護婦　再会のバスに乗って　祖父の運命を変えた日　リチャード・フレミング　白い猫　帰郷　サラ・スターンの葬儀　人は見かけによらず〔ほか〕〔*09678*〕

レヴィンスキー, ジルケ・フォン

◇実演家概論―権利の発展と未来への道　日本芸能実演家団体協議会実演家著作隣接権センター編　勁草書房　2013.12　449p　22cm　4000円　①978-4-326-40287-8

内容 実演家の権利の国際条約（ジルケ・フォン・レヴィンスキー著, 財田寛子訳）〔*09679*〕

レヴェンソン, トマス　Levenson, Thomas

◇ニュートンと贋金づくり―天才科学者が追った世紀の大犯罪（NEWTON AND THE COUNTERFEITER）　トマス・レヴェンソン著, 寺西のぶ子訳　白揚社　2012.12　333p　20cm　〈文献あり 索引あり〉2500円　①978-4-8269-0167-3

内容 偉大なる自然哲学者　詐欺師の生い立ち　錬金術、狂気、情熱　新しい監事　前哨戦　ニュートンと贋金づくり〔*09680*〕

レオトー, P.

◇ちくま哲学の森　7　恋の歌　鶴見俊輔, 安野光雅, 森毅, 井上ひさし, 池内紀編　筑摩書房　2012.3　444p　15cm　1300円　①978-4-480-42867-7

内容 恋愛（P.レオトー著, 堀口大学訳）〔*09681*〕

レオナード, ハーマン・B.　Leonard, Herman B.

◇ハーバードが教える10年後に生き残る会社、消える会社（CAPITALISM AT RISK）　ジョセフ・バウアー, ハーマン・レオナード, リン・ペイン著, 峯村利哉訳　徳間書店　2013.4　307p　20cm　1700円　①978-4-19-863599-2

内容 第1部 資本主義の未来に待ち受けるもの（大転換する世界経済とビジネスの変容　2030年までに世界経済に何が起こるか　世界の経営者が警告する迫り来る危機　マーケットはいかにして自ら脅威を生み出すのか）　第2部 資本主義の危機に企業はどう対応すべ

レ

きか（世界の経営者が考えるビジネス界の現在と未来　ビジネスモデルの変革で危機をチャンスに変えた企業　新たな資本主義の時代に求められる企業の役割　ビジネス界の大再編が世界を変える）〔09682〕

レオナルド, スティーヴ

◇世界一素朴な質問、宇宙一美しい答え―世界の第一人者100人が100の質問に答える（BIG QUESTIONS FROM LITTLE PEOPLE）　ジェンマ・エルウィン・ハリス編, 西田美緒子訳, タイマタカシ絵　河出書房新社　2013.11　298p　22cm　2500円　①978-4-309-25292-6

内容 世界でいちばん力もちの動物はなあに？（スティーヴ・レオナルド）〔09683〕

レオナルド, パメラ・ブラム　Leonard, Pamela Blume

◇ソーシャルワークと修復的正義―癒やしと回復をもたらす対話、調停、和解のための理論と実践（Social Work and Restorative Justice）　エリザベス・ベック, ナンシー・P.クロフ, パメラ・ブラム・レオナルド編著, 林浩康監訳　明石書店　2012.11　486p　22cm　〈訳：大竹智ほか　索引あり〉6800円　①978-4-7503-3687-9

内容 結論と次なる歩み 他（エリザベス・ベック, ナンシー・P.クロフ, パメラ・ブルーム・レオナルド著, 中島和郎訳）〔09684〕

レオポルド, デイヴィッド　Leopold, David

◇政治理論入門―方法とアプローチ（Political theory）　デイヴィッド・レオポルド, マーク・スティアーズ編著, 山岡竜一, 松元雅和監訳　慶應義塾大学出版会　2011.7　355p　21cm　〈文献あり〉3400円　①978-4-7664-1854-5

内容 序論 他（デイヴィッド・レオポルド, マーク・スティアーズ著）〔09685〕

レオ1世

◇古代教会の説教　小高毅編　教文館　2012.1　347p　21cm　（シリーズ・世界の説教）　3400円　①978-4-7642-7335-1

内容 〔レオ1世〕（レオ1世）〔09686〕

レガー, グイド

◇日本企業のイノベーション・マネジメント（Manegment of Technology and Innovation in Japan）　コルネリウス・ヘルシュタット, クリストフ・シュトゥックシュトルム, ヒューゴ・チルキー, 長平彰夫編著, 長平彰夫監訳, 松井憲一, 名取隆, 高橋修訳　同友館　2013.6　433p　22cm　〈執筆：マリアン・バイゼほか　索引あり〉3800円　①978-4-496-04912-5

内容 日米欧における研究開発の国際化における相違点（グイド・レガー著）〔09687〕

レガーレ, マーサ　Legare, Martha

◇プロジェクト・マネジャーが知るべき97のこと（97 things every project manager should know）　Barbee Davis編, 笹井崇司訳, 神庭弘年監修　オライリー・ジャパン　2011.11　240p　21cm　〈発売：オーム社〉1900円　①978-4-87311-510-8

内容 みんなが聞きたいことは何ですか？（マーサ・レガーレ）〔09688〕

レーガン, サリー　Regan, Sally

◇ビジュアル歴史図鑑20世紀（20th CENTURY）　R.G.グラント, サリー・レーガン, スーザン・ケネディ著, リチャード・オーバリー監修・序文, 尾沢和幸訳　日経ナショナルジオグラフィック社　2013.9　319p　29cm　（NATIONAL GEOGRAPHIC）〈年表あり 索引あり　発売：日経BPマーケティング〉4600円　①978-4-86313-194-1

内容 1900‐09　1910‐19　1920‐29　1930‐39　1940‐49　1950‐59　1960‐69　1970‐79　1980‐89　1990‐〔09689〕

レクター, シャロン　Lechter, Sharon L.

◇金鉱まで残り3フィート（Three feet from gold）　シャロン・レクター, グレッグ・リード著, 渡辺美樹監訳　きこ書房　2011.3　362p　19cm　1700円　①978-4-87771-275-4〔09690〕

◇史上最高のセミナー（Conversations with millionaires）　マイク・リットマン, ジェイソン・オーマン共著, 河本隆行監訳　ポケット版　きこ書房　2011.7　407p　17cm　〈述：ジム・ローンほか〉1200円　①978-4-87771-278-5

内容 財務諸表は、実際の人生における通知表なのよ（シャロン・レクター述）〔09691〕

レコード, ジェフリー　Record, Jeffrey

◇アメリカはいかにして日本を追い詰めたか―「米国陸軍戦略研究所レポート」から読み解く日米開戦（Japan's Decision for War in 1941）　ジェフリー・レコード著, 渡辺惣樹訳・解説　草思社　2013.11　222p　20cm　1800円　①978-4-7942-2015-8

内容 日本の戦争決断一九四一年：その今日的教訓 ジェフリー・レコード 著. 異様なルーズベルト外交と米国世論を理解できなかった日本外交：「米国陸軍戦略研究所レポート」解読のヒント 渡辺惣樹 著〔09692〕

レシチェンコ, N.V.

◇沿海州渤海古城クラスキノ古城の機能と性格―論集　青山学院大学クラスキノ土城発掘調査団, ロシア科学アカデミー極東支部諸民族歴史学・考古学・民族学研究所〔著〕, 清水信行監修　青山学院大学文学部史学科　2013.3　164p　30cm　〈他言語標題：Краскинское городище Приморья－характер и Функциональное назначение　文献あり　英語併載〉

内容 クラスキノ古城住人の生活文化（N.V.レシチェンコ著, 垣内あと訳）〔09693〕

レスター, エヴァ・P.　Lester, Eva P.

◇精神分析における境界侵犯―臨床家が守るべき一線（Boundaries and boundary violations in psychoanalysis）　グレン・O.ギャバード, エヴァ・P.レスター著, 北村婦美, 北村隆人訳　金剛出版　2011.11　288p　22cm　〈索引あり　文献あり〉4000円　①978-4-7724-1221-6

内容 第1章 精神分析における境界概念　第2章 境界と

精神分析過程　第3章 分析の枠組み、分析的境界、そして分析的対象　第4章 境界とジェンダー　第5章 精神分析における境界侵犯の初期の歴史　第6章 性的境界侵犯　第7章 非性的境界侵犯　第8章 転移の運命：終結後の境界　第9章 精神分析のスーパービジョンにおける境界　第10章 組織の対応　〔09694〕

レズニコー, K.*　Resnicow, Ken

◇動機づけ面接法　応用編 (Motivational interviewing (2nd edition))　ウイリアム・R.ミラー, ステファン・ロルニック編, 松島義博, 後藤恵, 猪野亜朗訳　星和書店　2012.9　291p　21cm 〈文献あり〉 3200円　①978-4-7911-0817-6

内容 一般医療と公衆保健領域における動機づけ面接法 (Ken Resnicow, Colleen DiIorio, Johanna E.Soet, Belinda Borrelli, Denise Ernst, Jacki Hecht, Angelica K.Thevos)　〔09695〕

レズニック, S.*　Resnick, Sarah

◇私たちは "99%" だ―ドキュメントウォール街を占拠せよ (OCCUPY!)　『オキュパイ！ ガゼット』編集部編, 肥田美佐子訳　岩波書店　2012.4　247p　21cm　2000円　①978-4-00-025778-7

内容 1 ウォール街を占拠せよ (一つの「ノー」、たくさんの「イエス」　トップ一%の真実　アメリカンドリームをあきらめて　いま、立ち上がる　合意の神学ほか)　2「占拠」の風景 (ニューヨーク　アトランタ　オークランド　フィラデルフィア　ボストン)　3 過去からの視線 (アメリカの危機)　〔09696〕

レーダー, ジークフリート

◇宗教改革者の群像　〔マルティン・グレシャト〕〔編〕, 日本ルター学会編訳　知泉書館　2011.11　449, 18p　22cm 〈索引あり　文献あり〉 8000円　①978-4-86285-119-2

内容 ヨハンネス・ロイヒリン (ジークフリート・レーダー著, 竹原創一訳)　〔09697〕

レタベック, クレイグ　Letavec, Craig

◇プロジェクト・マネジャーが知るべき97のこと (97 things every project manager should know)　Barbee Davis編, 笹井崇司訳, 神庭弘年監修　オライリー・ジャパン　2011.11　240p　21cm 〈発売：オーム社〉 1900円　①978-4-87311-510-8

内容 現実を考慮して計画する (クレイグ・レタベック)　〔09698〕

レーダーマン, ミシェル・ティリス　Lederman, Michelle Tillis

◇「なぜか人に好かれる人」の11の法則 (The 11 laws of likability)　ミシェル・ティリス・レーダーマン著, 栗木さつき訳　日本経済新聞出版社　2012.3　275p　19cm　1600円　①978-4-532-31787-4

内容 第1部 会話の準備 (ありのままの自分を見せよう　ポジティブな自己イメージをもとう　認識を変えれば、現実も変わる　よいエネルギーを伝染させよう)　第2部 相手を魅了する「話し方」(好奇心を示せば、会話が広がる　「聞き上手」はみんなから好かれる　だれとでも類似点を見つけられる　ポジティブな「気分の記憶」をつくりだそう)　第3部 自分のことを覚えてもらう (自分をアピールすれば親しみを覚えてもらえる　自分から率先して「与える」　関係が進展しなくても焦らない)　〔09699〕

レチフ・ド・ラ・ブルトンヌ, N.　Restif de la Bretonne, Nicolas Edme

◇ちくま哲学の森　7　恋の歌　鶴見俊輔, 安野光雅, 森毅, 井上ひさし, 池内紀編　筑摩書房　2012.3　444p　15cm　1300円　①978-4-480-42867-7

内容 三色の娘 (レチフ・ド・ラ・ブルトンヌ著, 小沢晃訳)　〔09700〕

列国議会同盟《IPU》

◇ジェンダーに配慮した議会のための行動計画　衆議院事務局, 参議院事務局訳　参議院事務局国際部国際会議課　〔2012〕　41p　21cm　①978-92-9142-581-5　〔09701〕

レッサー, リチャード　Lesser, Richard

◇BCG未来をつくる戦略思考―勝つための50のアイデア (Own the Future)　マイケル・ダイムラー, リチャード・レッサー, デビッド・ローズ, ジャンメジャヤ・シンハ編, 御立尚資監訳, ボストンコンサルティンググループ編訳　東洋経済新報社　2013.10　523p　20cm　2800円　①978-4-492-55736-5

内容 1 変化適応力　2 グローバリゼーション　3 コネクティビティ (接続性)　4 サステナビリティ (持続可能性)　5 顧客視点　6 組織能力向上　7 価値志向　8 信頼　9 大胆な挑戦　10 組織の力を引き出す　〔09702〕

レッシヒ, ジモーネ

◇過ぎ去らぬ過去との取り組み―日本とドイツ　佐藤健生, ノルベルト・フライ編　岩波書店　2011.1　314, 15p　21cm 〈年表あり〉 2800円　①978-4-00-001079-5

内容 文化外交か歴史教育か？(ジモーネ・レッシヒ著, 根本尚美訳)　〔09703〕

レッシャー, ピーター　Löscher, Peter

◇日本の未来について話そう―日本再生への提言 (Reimagining Japan)　マッキンゼー・アンド・カンパニー責任編集, クレイ・チャンドラー, エアン・ショー, ブライアン・ソーズバーグ編著　小学館　2011.7　416p　19cm　1900円　①978-4-09-388189-0

内容 アジアのパイオニア (ピーター・レッシャー著)　〔09704〕

レッジョ・チルドレン

◇子どもたちの100の言葉―レッジョ・エミリアの幼児教育実践記録 (The Hundred Languages of Children)　レッジョ・チルドレン著, ワタリウム美術館企画・編集, 田辺敬子, 木下竜太郎, 辻昌宏, 志茂こづえ訳　日東書院本社　2012.11　349p　22cm 〈学研 2001年刊の増補改訂版〉 4000円　①978-4-528-01058-1

内容 可能性の物語その1 (環境　自己再認識の重要性　ライオンの肖像　色を把握する ほか)　可能性の物語その2 (影　小鳥の遊園地　群衆　二頭の馬の誕生 ほか)　可能性の物語その3　アイデアのあれこれ (小石が並んだ。なんてきれい！　木のブレスレット　て

んとう虫の飛行 ほか）〔09705〕

レッソン, ヴィルジニー　Raisson, Virginie

◇2033年地図で読む未来世界（2033 ATLAS DES FUTURS DU MONDE）　ヴィルジニー・レッソン著, 田中裕子訳　早川書房　2012.6　191p　24×26cm　3800円　①978-4-15-209210-6

内容 第1部 人口を知ると世界が見えてくる（人口　移民　都市化）　第2部 世界の人口は本当に過剰なのか（食糧・農業　水　過剰人口？）　第3部 過剰消費の時代（エネルギー　枯渇の兆し　気候）〔09706〕

レッティー, C.　Rettie, Clare

◇印度紀行　セイロン紀行（Things seen in Northern India, Things seen in Ceylon）　ペンネル著, 柳沢保篤訳, レッティー著, 石久保重好訳　大空社　2013.9　148, 168p　22cm　（アジア学叢書 269）〈布装　岡倉書房 昭和17年刊の複製　岡倉書房 昭和17年刊の複製〉13500円　①978-4-283-01117-5〔09707〕

レッテル, ホルガー

◇日独交流150年の軌跡　日独交流史編集委員会編　雄松堂書店　2013.10　345p　29cm　〈布装〉　3800円　①978-4-8419-0655-4

内容 コンラート・アデナウアーの訪日（ホルガー・レッテル著, 福山美和子訳）〔09708〕

レットガーズ, クルト

◇時間の謎―哲学的分析（Das Rätsel der Zeit）　ハンス・ミカエル・バウムガルトナー編, 田中隆訳　丸善書店出版サービスセンター　2013.8　353p　22cm　非売品　①978-4-89630-281-3

内容 背景の前の行為時間（クルト・レットガーズ）〔09709〕

レッドファーン, ニック　Redfern, Nicholas

◇ペンタゴン特定機密ファイル―謎の遺物・古代の核戦争・失われた文明 アメリカ情報機関の極秘調査（THE PYRAMIDS AND THE PENTAGON）　ニック・レッドファーン著, 立木勝訳　成甲書房　2013.11　324p　19cm　1800円　①978-4-88086-308-5〔09710〕

レッドフィールド, ジェームズ　Redfield, James

◇第十二の予言―決意のとき（The twelfth insight）　ジェームズ・レッドフィールド著, 山川紘矢, 山川亜希子訳　角川書店　2011.12　366p　20cm　〈発売：角川グループパブリッシング〉1900円　①978-4-04-110103-2〔09711〕

レッドマン, ハーバート・ヴィア

◇『Japan To-day』研究―戦時期『文芸春秋』の海外発信　鈴木貞美編　京都　国際日本文化研究センター　2011.3　375p　26cm　（日文研叢書）〈発売：作品社〉4800円　①978-4-86182-328-2

内容 改造内閣（ハーバート・ヴィア・レッドマン著, 有馬学訳）〔09712〕

レッドマン, ピーター　Redman, Peter

◇みんな大切！―多様な性と教育（Everyone is special！）　ローリ・ベケット編, 橋本紀子監訳, 艮香織, 小宮明彦, 杉田真衣, 渡辺大輔訳　新科学出版社　2011.3　195p　22cm　2500円　①978-4-915143-39-7

内容 少年たちを論難することのない反抑圧的活動は可能か（ピーター・レッドマン著, 小宮昭彦訳）〔09713〕

レドニス, ローレン　Redniss, Lauren

◇放射能―キュリー夫妻の愛と業績の予期せぬ影響（RADIOACTIVE）　ローレン・レドニス著, 徳永旻訳　国書刊行会　2013.11　205p　29cm　5600円　①978-4-336-05757-0〔09714〕

レーナー, ハリエット　Lerner, Harriet Goldhor

◇「一生愛」のルール（MARRIAGE RULES）　ハリエット・レーナー著, 植木理恵監訳　三笠書房　2012.8　238p　19cm　1200円　①978-4-8379-5736-2

内容 1 賢い二人はこの「違い」に気づいている！―今すぐ実践したい、究極の心理ルール　2 二人の愛をもっと深めるコミュニケーション術―この「気遣いひとつ」で、パートナーの行動が変わる　3 あなたがパターンを変えれば、相手も変わる―男と女の「綱引きの法則」 今、大切にすべきこと　4「プラスの口げんか」が二人の関係を強くする！―「けんか」をしないことは、相手と真剣に向き合わないこと　5 セックスにときめくか、ときめかないか―ベッドルームの心理学「愛が深まる二人・心が遠ざかる二人」　6「よき父親・よき母親」になるために―あなたがもっと成長し、もっと幸せになるとき　7「私」がやるべきこと・「パートナー」ができること―もうあなた一人で背負わなくていいのです！　エピローグ ハッピーエンドをお約束します ルールをたった10個実践すれば、すべて望む方向に！〔09715〕

レナード, ゲイリー・R.　Renard, Gary R.

◇神の使者（THE DISAPPEARANCE OF THE UNIVERSE）　ゲイリー・R.レナード著, 吉田利子訳　新装版　河出書房新社　2013.2　510p　20cm　2800円　①978-4-309-23088-7

内容 第1部 夢のなかの囁き（アーテンとパーサ、現れる　地下の川　奇跡　存在の秘密　エゴの計画）　第2部 目覚め（聖霊の代替策　赦しの法則　悟り　臨死体験　病を癒す ほか）〔09716〕

レナード, ドロシー　Leonard-Barton, Dorothy

◇「経験知」を伝える技術（Deep Smarts）　ドロシー・レナード, ウォルター・スワップ著, 池村千秋訳　新装版　ダイヤモンド社　2013.9　331, 16p　19cm　〈初版：ランダムハウス講談社 2005年刊　文献あり〉2000円　①978-4-478-02483-6

内容 第1章 なぜ、経験知が重要なのか　第2章 経験を通じて学習する　第3章 エキスパートの専門知識　第4章 知識を集めて、組み合わせる　第5章 個人の信念の影響　第6章 社会的影響　第7章 経験知をどうやって移転するか　第8章 指導のもとでの経験　第9章 経験知をはぐくむ―組織のために、個人のために〔09717〕

レナード, S.*　Leonard, Sarah

◇私たちは"99%"だ―ドキュメントウォール街を占拠せよ（OCCUPY！）『オキュパイ！ ガゼッ

ト』編集部編, 肥田美佐子訳　岩波書店　2012.4　247p　21cm　2000円　①978-4-00-025778-7

内容 1 ウォール街を占拠せよ（一つの「ノー」、たくさんの「イエス」　トップ一%の真実　アメリカンドリームをあきらめて　いま、立ち上がる　合意の神学 ほか）2「占拠」の風景（ニューヨーク　アトランタ　オークランド　フィラデルフィア　ボストン）3 過去からの視線（アメリカの危機）〔09718〕

レーナル, ギヨーム＝トマ　Raynal, Guillaume-Thomas

◇両インド史　東インド篇 下巻（Histoire philosophique et politique des etablissemens et du commerce des Europeens dans les deux Indes）ギヨーム＝トマ・レーナル著, 大津真作訳　法政大学出版局　2011.5　645, 18p　22cm　〈索引あり〉18000円　①978-4-588-15057-9

内容 第4篇 東インドにおけるフランス人の旅行、植民地、戦争、貿易（フランスの貿易における古代の諸革命　大インドへ最初に旅したフランス人たち　大インドのためにフランスは会社を設立する。この会社に対して認められた振興策について　フランス人はマダガスカルに植民地を形成する。この島についての記述　マダガスカルにおけるフランス人の振る舞い。彼らはそこでなにをやることができ、なにをやらなければならなかったか ほか）第5篇 東インドにおけるデンマーク、オーステンデ、スウェーデン、プロイセン、スペイン、ロシアの貿易。ヨーロッパと大インドとの結びつきに関する重要ないくつかの問題（デンマークの古代諸革命　デンマークは大インド貿易を企てる　大インドでデンマーク人の貿易はどのような変遷を経たか　大インドにおけるデンマーク人の現状　オーステンデにおける大インド会社の設立 ほか）〔09719〕

レニール, フィル　LeNir, Philip

◇ミンツバーグ教授のマネジャーの学校　フィル・レニール, 重光直之著　ダイヤモンド社　2011.9　185p　19cm　1500円　①978-4-478-00271-1

内容 序章 バブル崩壊、そして突然のリストラ—朝一番のメールで、明暗が分かれる　第1章 ある日、会社が買収された—新しい女性ボスは、コストカットの鬼　第2章 義父、ヘンリー・ミンツバーグ教授—現場経験を重視する、異色の世界的経営学者　第3章 ランチタイムから始めよう—お弁当持参の勉強会「コーチング・アワセルブズ」の始まり　第4章 芽生え始めた、小さな変化—共感から意識改革に至るプロセス　第5章 そして、キャリアや人生も変わる—「コーチング・アワセルブズ」を広める会社を立ち上げる　終章 対話によって、深い内省を促す—日本版を「リフレクション・ラウンドテーブル」として展開〔09720〕

レーニン, ウラジーミル・イリイチ　Lenin, Vladimir Il'ich

◇レーニンの「青年同盟の任務」—青年は今、何をどう学ぶべきか：露・英・和・中・4ヵ国語対訳　レーニン〔著〕, 柴田順吉訳著, 新谷昌之監修　横浜　いづみ書房　2011.11　135p　21cm　1200円　①978-4-9906100-0-5〔09721〕

◇国家と革命　レーニン〔著〕, 角田安正訳　講談社　2011.12　289p　15cm　（講談社学術文庫 2090）960円　①978-4-06-292090-2

内容 第1章 階級社会と国家　第2章 国家と革命——一八四八‐一八五一年の経験　第3章 国家と革命—パリ・コミューン（一八七一年）の経験マルクスの分析　第4章 つづき—エンゲルスの補足的注釈　第5章 国家死滅の経済上の原理　第6章 日和見主義者によるマルクス主義の卑俗化〔09722〕

レーネルト, ゲルトルート　Lehnert, Gertrud

◇絵とたどるモードの歴史（Mode）ゲルトルート・レーネルト著, 黒川祐子訳　中央公論美術出版　2011.12　278p　22cm　〈索引あり〉4200円　①978-4-8055-0674-5

内容 モードとは？　先史時代　中世末期とルネサンス　バロックとアンシャン・レジーム　エンパイアとビーダーマイヤー　オートクチュールの誕生　現代モードの誕生　狂乱の一九二〇年代　優雅な女らしさ：一九三〇年代から一九五〇年代　若者によるモードの革命：一九六〇年代から一九七〇年代　ポスト・モダンのモード：一九八〇年代から一九九〇年代〔09723〕

レーネン, ウィリアム　Rainen, William

◇直感力が高まる生き方（Celebrate your life）ウィリアム・レーネン著, 伊藤仁彦訳　中経出版　2011.3　191p　19cm　1600円　①978-4-8061-3972-0

内容 プロローグ「直感力」を使えば、人生がうまくまわりだす！　第1章「直感力」がすべての幸運の鍵（幸せとは　あなたは「本当の自分」を知っていますか？ ほか）第2章「直感力」の磨き方使い方（五感を使って、幸運サイクルをスタートさせよう　思考を手放し、直感に耳をすませよう ほか）第3章「直感力」が高まる生き方（必要な経験を引き寄せ、人生を豊かにしよう ほか）第4章 超実践！ 本当の自分と会話するソウル・コミュニケーション（ハイヤーセルフとコミュニケーションをとろう　チャクラはメッセージを伝えている ほか）〔09724〕

◇生き方の答えが見つかる本（Finding the answers that live inside of you）ウィリアム・レーネン著, 伊藤仁彦訳　中経出版　2011.7　335p　19cm　1500円　①978-4-8061-4093-1

内容 Prologue 今、あなたに必要な「答え」を見つけるために　最適な「答え」に出あえる！ 本書の効果的な使い方　人生が変わる！ 願いが叶う！ アファメーションの作り方・使い方　Oracle Book あなたへの答え　Spiritual Execises 答えをつかむ力を高めるスピリチュアル・エクササイズ　Epilogue 私たちが今、知っておきたいこと〔09725〕

◇幸運力が高まる生き方　ウィリアム・レーネン著, 伊藤仁彦訳　中経出版　2011.9　221p　15cm　（中経の文庫 う-12-1）〈『レーネンさんのスピリチュアルなお話』（ナチュラルスピリット2007年刊）の改題、加筆、新編集〉571円　①978-4-8061-4185-3

内容 第1章 人生が変わる！ 毎日の暮らし方（人生に幸運を呼ぶ鍵　簡単なのにパワフル！ アファメーションを活用しよう！　毎日できる！ アファメーションを使った儀式 ほか）第2章 幸運力が高まる！ 新しい時代の生き方（新しい時代の流れに乗って生きよう　宇宙の流れに乗り、幸せと成功を呼び寄せるには　あなたが生まれてきた理由 ほか）第3章 自然のパワーとともに生きる（天然資源の秘められたるパワー　世界最高峰の聖なる山「富士山とレーニア山」　シャスタ山にすむさまざまな存在 ほか）〔09726〕

◇心がポジティブに穏やかになる本　ウィリアム・

レ

レーネン著, 伊藤仁彦訳　マキノ出版　2011.11　186p　19cm　1333円　①978-4-8376-7171-8

内容 第1章 あなたの過去世を知る（魂のバランスと成長がゴール　スピリット・ワールドは怖くない　スピリチュアルの本当の意味 ほか）　第2章 生まれ変わりとカルマの真実（人間以外の種への転生　だれともソウルメイトになれる　カルマが生まれる理由 ほか）　第3章 スピリット・ワールドについて（すべての人が異なった目的で生まれる　スピリット・ワールドと人間界は双方向　高層階のスピリットからサポートを受ける ほか）〔09727〕

◇人生を創る―感謝と愛と奇跡に満ちて生きるために　よしもとばなな, ウィリアム・レーネン著, 伊藤仁彦, 磯崎ひとみ訳　ダイヤモンド社　2011.11　173, 9p　19cm　〈付属資料（CD1枚 12cm）：人生が大きく変わるアファメーションCD〉1600円　①978-4-478-01709-8

内容 1 私たちの魂が求めているもの　2 宇宙の流れにまかせ、そのエネルギーとともに生きる　3 愛すること、命をはぐくむこと　4 人生でいちばん大切なもの　5 今、私たちにできること　6 スピリチュアルとは、癒しとは　7 これからの時代を幸せに生きていくために　スペシャル対談〔09728〕

◇幸運を引き寄せる生き方―心も体も、たましいも美しく幸せになる！：道端ジェシカ・対談&瞑想エクササイズ　ウィリアム・レーネン著, 伊藤仁彦訳　角川マガジンズ　2011.12　183p　19cm　〈著作目録あり　発売：角川グループパブリッシング〉1600円　①978-4-04-731859-5

内容 第1章 ウィリアム・レーネン×道端ジェシカ スピリチュアル・クロストーク（「自分は自分」という意識を持つことが大切　「自分を信頼すること」で美しく、幸せに生きる ほか）　第2章 レーネンさん流 美しく、幸せに生きるためのヒント（「あなたの最高の人生の地図」になるハイヤーセルフの存在を知る　「直感」と「フィーリング」が変化とエネルギーを産みだすみなもとになる ほか）　第3章 レーネンさん流 困難な時代に幸運を引き寄せるヒント（すべてがバージョンアップする時代に、幸運を引き寄せるためのアプローチ　ネガティブな経験もそのまま受け入れ、過去にきちんとピリオドを打つ ほか）　第4章 レーネンさん流 美しく、幸せに生きるためのエクササイズ（スピリチュアルに生きる基本となる「自分を尊ぶ」ための3つのエクササイズ　感覚をクリアに保ち、各観性が身につくオーラを広げるためのエクササイズ ほか）　第5章 レーネンさん流 自分を知り、自分を高めるエクササイズ（アファメーションによる言葉のパワーで理想の「自分」に近づくエクササイズ　自分を高めるアファメーションを効果的につくる3つのポイント ほか）〔09729〕

◇10分間瞑想CDブック―幸せとチャンスが実現する：聴くだけで自然にできる7つの瞑想（10 minute meditations）ウィリアム・レーネン著, 伊藤仁彦, 磯崎ひとみ訳　ダイヤモンド社　2012.3　117p　18cm　2000円　①978-4-478-01710-4

内容 プロローグ 7つの瞑想の力　1 豊かさを引き寄せる瞑想　2 直感力を高める瞑想　3 スピリチュアルな成長をもたらす瞑想　4「今」を生きるための瞑想　5 客観性を確立し、無条件の愛を実践する瞑想　6 自分を癒す「セルフヒーリング」の瞑想　7 人や場所を癒す「遠隔ヒーリング」の瞑想　今すぐ始めたい！人生を変えるスピリチュアル・エクササイズ〔09730〕

◇人生が一瞬で好転する「ダメな自分」とサヨナラする本―あなたの魅力が輝き出すヒーリングCD付　ウィリアム・レーネン著, 伊藤仁彦, 磯崎ひとみ訳　角川学芸出版　2012.6　175p　19cm　〈発売：角川グループパブリッシング〉1600円　①978-4-04-653259-6

内容 第1章「ダメな自分」とサヨナラする！7つの方法（仕事で「ダメな自分」とサヨナラする！　恋愛下手な「ダメな自分」とサヨナラする！　「○○失格」な「ダメな自分」とサヨナラする！ ほか）　第2章 最高の自分に変わる！21日間プログラム（楽しめることだけをする　「なぜ？」「どうして？」と考えない　自分のフィーリングを尊ぶ ほか）　第3章 自分の才能と魅力を輝かせる7つの方法（聞くだけで効果あり！付属のヒーリングCD　オーラとエネルギーのエクササイズ　幸せな未来を引き寄せるアファメーション ほか）〔09731〕

◇あなたの潜在力を120%活用する方法―自分を信じ、褒めることで最高の人生を実現!!　ウィリアム・レーネン著, 伊藤仁彦訳　主婦の友社　2012.7　191p　19cm　1600円　①978-4-07-284316-1

内容 第1章 自分の潜在力を引き出すために気をつけること（潜在力とは何でも達成できる力。「できない」「変わらない」と自分を制限しないことが大切　潜在力を上げるために気をつけること）　第2章 自分の潜在力を引き出すアクション（変化の流れに乗る　自分をポジティブなエネルギーで満たす ほか）　第3章 自分の潜在力を高めるあり方（本当の自分を生きることに責任を持つとは　自分を愛する ほか）　第4章 潜在力を120%活用につながる時間の使い方（毎日が新しい人生―褒めることを日課に　2つのエクササイズの効果）　第5章 潜在力を広げる生き方6つの法則（あなたの潜在力を広げるために、宇宙の法則―6つを知り、生きる　引き寄せの法則 ほか）〔09732〕

◇宇宙直感でピピッと生きよう―第5の脳波エネルギー：ハイアーセルフの設計図通りに生きれば間違いなし　ウィリアム・レーネン著, 伊藤仁彦訳　ヒカルランド　2012.10　249, 11p　19cm　1700円　①978-4-86471-065-7

内容 プロローグ 起きる経験すべてはハイアーセルフがデザイン―この魂の法則を理解すれば豊かさは自動的に実現していきます　第1章 第5の脳波エネルギーにアクセスしよう―直感力と宇宙の法則を最大限に活用！水瓶座の時代に光り輝くためのマスターキー　第2章 宇宙・ハイアーセルフに身をゆだねよう―新しい経験と行動で潜在力を磨き上げる！次々と奇跡を現実化させる魂の実践レッスン　第3章 カルマはもうこれ以上創らない―ほんとうの自分に気づいて霊的意識を成長させるスピリチュアル法則　第4章 自分もみんなも幸せを体感できる―宇宙次元でコミュニケーションの絆を！あらゆる生命とともにエネルギーを高め合う生き方　第5章 社会システムや情報に縛られない―洗脳・操作・支配を解き放って宇宙からのケアとギフトを獲得する実践法　第6章 喜び、祝福、笑いが願いを引き寄せる―スピリットたちのサポートを受けて人生をさらに楽しくポジティブに生きる魔法〔09733〕

◇嫌な仕事をするのはもうやめにしよう　ウィリアム・レーネン著, 伊藤仁彦訳　マキノ出版　2012.11　173p　19cm　〈英語抄訳付〉1333円　①978-4-8376-7184-8

内容 1章 新しい時代の成功法則（この時代に成功を招く8つの法則　過去の成功体験を捨て去る　新しい時代の成功の基準とは？ ほか）　2章 レーネンさんに

レ

聞いた仕事の悩み72（仕事術篇　コミュニケーション篇　お金の問題篇　心の問題篇　心身の健康篇　ライフスタイル篇　転職篇）　3章 日々の生活に役立つ「アファメーション」〔09734〕

◇幸せになれるドリーム瞑想CDブック―聴きながら眠るだけ　ウィリアム・レーネン著, 伊藤仁彦訳　ダイヤモンド社　2013.3　156p　19cm　1600円　①978-4-478-02407-2

内容 序章 変化が幸せをもたらす　1章 脳波を知って、生き方を変える（成長には "動き" が不可欠　5つの脳波、その状態と特性 ほか）　2章 夢があなたに意味するところ（夢には一日が反映される　不眠症の悪影響 ほか）　3章 眠りながら自分を成長に導く（夢は見るよりも、感じること　深くよく眠ることで実現すること ほか）　4章 スピリチュアルな成長に必要なこと（過去、未来を心配しない生き方の重要性　五感を使って日々の成長を促す ほか）〔09735〕

◇成功とは何か？ を考える33の法則―新しい時代を幸せに生きるスピリチュアルメッセージ　ウィリアム・レーネン著, 伊藤仁彦, 磯崎ひとみ訳　主婦の友社　2013.3　191p　19cm　〈表紙のタイトル : THE LAW OF SUCCESS〉1600円　①978-4-07-286692-4

内容 第1章 成功を呼ぶ33の法則（直感とフィーリングは成功への道を示すサイン　自分のフィーリングに気づく力を高める　自分は「成功するのに値する」と知る ほか）　第2章 成功をつかむ！ 人生のサイクルの見きわめ方、生かし方（人生のサイクルを最大限に生かすために　宇宙の波に乗って成功するために　どんなサイクルもポジティブに変える方法 ほか）　第3章 成功のエネルギーを創造する！ スピリチュアル・ツール（オーラを広げるエクササイズ　エネルギー・ボールをつくり出すエクササイズ　サイクルを変える呼吸法 ほか）〔09736〕

レビスキー, ロイ・J.　Lewicki, Roy J.

◇交渉力最強のバイブル―人間力で成功するベストプラクティス（Essentials of negotiation）　ロイ・J.レビスキー, ブルース・バリー, デイビッド・M.サンダース著, 高杉尚孝監訳, 小西紀嗣訳　マグロウヒル・エデュケーション　2011.10　459, 4, 33p　19cm　〈文献あり 索引あり　発売 : 日本経済新聞出版社〉2200円　①978-4-532-60514-8

内容 第1章 交渉の本質　第2章 分配型交渉の戦略と戦術　第3章 統合型交渉の戦略と戦術　第4章 交渉戦略と交渉プラン　第5章 知覚、認知、感情　第6章 コミュニケーション　第7章 交渉力を身につける　第8章 交渉と倫理　第9章 交渉を成功に導く10のベストプラクティス〔09737〕

レビット, レイモンド・E.　Levitt, Raymond E.

◇戦略実行―立案から結果につなげるフレームワーク（Executing your strategy）　マーク・モーガン, レイモンド・E.レビット, ウィリアム・マレク著, 後藤治, 小林暢子訳　東洋経済新報社　2012.3　334, 17p　21cm　〈索引あり〉2800円　①978-4-492-55705-1

内容 まともな戦略を正しく実行することはなぜ難しいか？―そしてあなたにできることは？　1 正しい戦略をつくるために（"思い" のフレームワーク―「アイデンティティ」、「目的」、「未来への意思」を明らかにする　"ビジョン" のフレームワーク―「未来への意思」を「戦略」、「到達目標」、「指標」に変換する　"風土" のフレームワーク―「戦略」と「文化」と「構造」を整合させる）　2 戦略を結果に結びつけるために（"協働" のフレームワーク―「プロジェクト」を介して「戦略」を現実のものにする　"統合" のフレームワーク―複数のプロジェクトをポートフォリオとして管理する　"移行" のフレームワーク―「プロジェクト」成果をメインストリームへ移す）　正しい事柄を正しく行うことによって戦略を実行する〔09738〕

レヒトネン, オッリ　Lehtonen, Olli

◇世界史のなかのフィンランドの歴史―フィンランド中学校近現代史教科書（Historian tuulet）　ハッリ・リンタ＝アホ, マルヤーナ・ニエミ, パイヴィ・シルタラ＝ケイナネン, オッリ・レヒトネン著, 百瀬宏監訳, 石野裕子, 高瀬愛訳　明石書店　2011.11　437p　26cm　（世界の教科書シリーズ 33）〈索引あり〉5800円　①978-4-7503-3473-8

内容 第7学年 フランス革命から第1次世界大戦の終結まで（フィンランド、大公国になる　機械で変化する世界　民族主義がヨーロッパを変える　大国となったアメリカ　工業国が世界を支配する　フィンランド、民族国家の誕生　現状を変えようとするフィンランド人　旧世界を滅ぼした戦争）　第8学年 フィンランドの独立からEU憲法まで（独立直後のフィンランドの苦難　国民的合意に向けて―1920～1930年代のフィンランド　独裁諸国、民主主義諸国に挑戦　第2次世界大戦　冷戦　フィンランド、福祉国家となる　統合するヨーロッパ　フィンランドとグローバル化という課題　私たちの共通の世界）〔09739〕

レビュファ, ガストン　Rébuffat, Gaston

◇星と嵐―6つの北壁登行（Etoiles et tempetes）　ガストン・レビュファ著, 近藤等訳　山と渓谷社　2011.6　253p　15cm　（ヤマケイ文庫）〈年譜あり〉900円　①978-4-635-04733-3

内容 グランド・ジョラスの北壁（ウォーカー・バットレス　中央バットレス）　ピッツ・バディレの北壁　ドリュの北壁　マッターホルンの北壁　チマ・グランデ・ディラヴァレドの北壁　アイガーの北壁（アイガーワント）〔09740〕

レビン, ローレンス・S.　Levin, Lawrence S.

◇リーダーシップ・マスター―世界最高峰のコーチ陣による31の教え（Coaching for Leadership）　マーシャル・ゴールドスミス, ローレンス・S.ライアンズ, サラ・マッカーサー編著, 久野正人監訳, 中村安子, 夏井幸子訳　英治出版　2013.7　493p　21cm　2800円　①978-4-86276-164-4

内容 集合知を生み出す（ローレンス・S.レビン）〔09741〕

レビンソン, ジェイ・コンラッド

◇史上最高のセミナー（Conversations with millionaires）　マイク・リットマン, ジェイソン・オーマン共著, 河本隆行監訳　ポケット版　きこ書房　2011.7　407p　17cm　〈述 : ジム・ローンほか〉1200円　①978-4-87771-278-5

内容 内面的な決意こそが成功を現実のものにする（ジェイ・コンラッド・レビンソン述）〔09742〕

レビンソン, マーティン・H.　Levinson, Martin H.

◇GS思考法―一般意味論を日常生活に活かす

レ

（Sensible thinking for turbulent times）　マーティン・H.レビンソン著, 吉田悟監訳, 亀井ユリ訳　文教大学出版事業部　2011.10　212p　21cm　〈文献あり〉1714円　①978-4-904035-28-3　〔09743〕

レプコ, アレン・F.　Repko, Allen F.

◇学際研究―プロセスと理論（Interdisciplinary Research（原著第2版））　アレン・F.レプコ著, 光藤宏行, 大沼夏子, 阿部宏美, 金子研太, 石川勝彦訳　福岡　九州大学出版会　2013.3　485p　26cm　〈文献あり 索引あり〉4600円　①978-4-7985-0098-0　〔09744〕

レフラー, カレン　Leffler, Karen

◇ジョン・オブ・ゴッド―無償の愛が奇跡を起こす（John of God）　ヘザー・カミング, カレン・レフラー著, 奥野節子訳　ダイヤモンド社　2011.3　285p　19cm　1800円　①978-4-478-00637-5

内容 第1章 貧しかった少年時代とミディアムとしての開花　第2章 生まれ故郷イタパチでの一日　第3章 妻アナが語る、夫としての彼、ミディアムとしての彼の生活　第4章 カーサへの道のり　第5章 聖イグナチオ・デ・ロヨラの家　第6章 メインホールとカレントルーム　第7章 カーサのヒーリング方法　第8章 ペルー、アメリカでの素晴らしい体験　第9章 スピリティズムとエンティティ　第10章 奇跡的なヒーリング体験　〔09745〕

レ・ブランク, マルク

◇犯罪学研究―社会学・心理学・遺伝学からのアプローチ（The Explanation of Crime）　パーオロフ・H.ウィクストラム, ロバート・J.サンプソン編著, 松浦直己訳　明石書店　2013.8　338p　22cm　6000円　①978-4-7503-3878-1

内容 状況に応じた逸脱行動の自己抑制と社会的抑制（マルク・レ・ブランク著）　〔09746〕

レベスク, ブノワ

◇連帯経済―その国際的射程（L'économie solidaire）　ジャン＝ルイ・ラヴィル編, 北島健一, 鈴木岳, 中野佳裕訳　生活書院　2012.1　389p　19cm　〈索引あり　文献あり〉3400円　①978-4-903690-87-2

内容 北アメリカにおける連帯経済（ポール・R.ベランジェ, ジャック・ブシェ, ブノワ・レベスク著, 北島健一訳）　〔09747〕

レベディンスキー, ヤロスラフ　Lebedynsky, Iaroslav

◇アッティラ大王とフン族―〈神の鞭〉と呼ばれた男（Le dossier Attila）　カタリン・エッシェー, ヤロスラフ・レベディンスキー著, 新保良明訳　講談社　2011.7　302p　19cm　（講談社選書メチエ 503）　〈文献あり 年表あり 索引あり〉1800円　①978-4-06-258477-7

内容 第1章 史料　第2章 アッティラの生涯―史料に記されている事実　第3章 人物　第4章 君主　第5章 外交家アッティラ　第6章 大将軍アッティラ　第7章 アッティラの死　第8章 アッティラの神話　結論　〔09748〕

レ・ペドヴィン, ロビン　Le Poidevin, Robin

◇時間と空間をめぐる12の謎（TRAVELS IN FOUR DIMENSIONS）　ロビン・レ・ペドヴィン〔著〕, 植村恒一郎, 島田協子訳　岩波書店　2012.6　329, 19p　20cm　〈文献あり 索引あり〉4000円　①978-4-00-025847-0

内容 万物の尺度　変化　側面のない箱はあるのか　曲線と次元　時間の始まりと終わり　空間の端　無限とパラドックス　時間は過ぎ去るのか　映画のごとき宇宙　歴史に介入する　他にもある時間と空間　時間の矢　〔09749〕

レミーン, オリバー

◇ヨーロッパ私法の現在と日本法の課題　川角由和, 中田邦博, 潮見佳男, 松岡久和編　日本評論社　2011.10　610p　22cm　（竜谷大学社会科学研究所叢書 第88巻）　7600円　①978-4-535-51838-4

内容 ドイツとヨーロッパの消滅時効法の新たな展開における中心問題（オリバー・レミーン著, 水津太郎訳）　〔09750〕

レムニック, デイヴィッド　Remnick, David

◇レーニンの墓―ソ連帝国最期の日々　上（Lenin's tomb）　デイヴィッド・レムニック著, 三浦元博訳　白水社　2011.2　425p　20cm　3200円　①978-4-560-08107-5

内容 第1部 記憶のために（森の戦い　幼年スターリン主義者　永久保存のために　回帰する歴史　革命の寡婦たち　ニーノチカ　医師団陰謀事件その後　メモリアル　川面のメッセージ）　第2部 民主主義の展望（仮面舞踏会　二重思考者たち　党幹部たち　貧しき人びと　地底の革命　帝国からの葉書　サハリン島　パンとサーカス　最後の収容所）　〔09751〕

◇レーニンの墓―ソ連帝国最期の日々　下（Lenin's tomb）　デイヴィッド・レムニック著, 三浦元博訳　白水社　2011.2　388, 32p　20cm　〈文献あり 索引あり〉3200円　①978-4-560-08108-2

内容 第3部 革命の日々（「明日は戦に」　失われた幻想　十月革命　メーデー！ メーデー！　愛情省　黒い九月　テレビ塔　保守強硬派　市井の人びと）　第4部「一度目は悲劇として、二度目は茶番として」　第5部 裁かれる旧体制　〔09752〕

レモフ, ダグ　Lemov, Doug

◇成功する練習の法則―最高の成果を引き出す42のルール（PRACTICE PERFECT）　ダグ・レモフ, エリカ・ウールウェイ, ケイティ・イェッツイ著, 依田卓巳訳　日本経済新聞出版社　2013.6　324p　20cm　1900円　①978-4-532-31888-8

内容 1 練習の思い込みを見直そう　2 どんな練習にするか考えよう　3 手本を活用しよう　4 フィードバックしよう　5 練習できる組織を作ろう　6 練習は終わらない　〔09753〕

レーン, デニス

◇神の導きを知るための10の原則（When god guides）　デニス・レーン著, OMFインターナショナル日本委員会事務局編　イーグレープ　2012.3　35p　18cm　300円　①978-4-903748-62-7　〔09754〕

レ

レーン, ビル　Lane, Bill

◇ウェルチに学んだ勝ち組と負け組の分かれ目（LOSING IT）　ビル・レーン著, 大田直子訳　講談社　2013.9　221p　19cm　1600円　①978-4-06-218085-6

内容 はじめに 二種類の負け組について　第1章 負け組　第2章 インテグリティの落とし穴とチャンス　第3章 君臨すれども経営せず　第4章 マイクロマネジメントの必要性　第5章 優柔不断と注意力散漫　第6章 横柄な態度について　第7章 現実を見きわめる　第8章 コミュニケーションをあなどるな　第9章 リーダーシップとは　〔09755〕

レンシオーニ, パトリック　Lencioni, Patrick

◇なぜCEOの転進先が小さなレストランだったのか―マネジメントを極めた男の物語（The three signs of a miserable job）　パトリック・レンシオーニ著, 矢羽野薫訳　NTT出版　2011.3　254p　19cm　1600円　①978-4-7571-2253-6

内容 ブライアンの場合　1 マネジャーという天職　2 リタイア生活（のはずだった）　3 実験―イタリアンレストランの場合　4 再びCEOとして　解説 3つのサイン　〔09756〕

◇ザ・アドバンテージ―なぜあの会社はブレないのか？（The Advantage）　パトリック・レンシオーニ著, 矢沢聖子訳　翔泳社　2012.10　252p　19cm　1680円　①978-4-7981-2846-7

内容 規律1 結束力のあるリーダーシップ・チームをつくる（信頼を築く　衝突に熟達する　実行責任を果たす　説明責任を追及する　結果を重視する）　規律2：透明性をつくり出す（我々はなぜ存在するのか？　我々はどうふるまうか？　我々はなにをするのか？　現時点で一番重要なことはなにか？　誰がなにをするか？）　規律3 透明性を浸透させる　規律4 透明性を高める（優れた会議が果たす役割　競争優位を手に入れる　組織の健全性のチェックリスト）〔09757〕

レンショー, ドミーナ

◇ダイニングテーブルのミイラ セラピストが語る奇妙な臨床事例―セラピストはクライエントから何を学ぶのか（The mummy at the dining room table）　ジェフリー・A.コトラー, ジョン・カールソン編著, 岩壁茂監訳, 門脇陽子, 森田由美訳　福村出版　2011.8　401p　22cm　〈文献あり〉　3500円　①978-4-571-24046-1

内容 教会の許しを請うペニス（ドミーナ・レンショー著, 森田由美訳）　〔09758〕

レンツ, イルゼ

◇親密圏と公共圏の再編成―アジア近代からの問い　落合恵美子編　京都　京都大学学術出版会　2013.2　356p　22cm　（変容する親密圏/公共圏 1）〈索引あり〉3600円　①978-4-87698-582-1

内容 フェミニズムにおける「私」と「公」のダイナミクス（イルゼ・レンツ執筆, 左海（松沢）陽子訳）〔09759〕

レンプファー, メリッサ

◇リカバリー―希望をもたらすエンパワーメントモデル（RECOVERY AND WELLNESS）　カタナ・ブラウン編, 坂本明子監訳　金剛出版　2012.6　227p　21cm　〈索引あり〉3000円　①978-4-7724-1255-1

内容 参加型アクションリサーチ―精神保健領域の研究者と精神障害を有する人との間のパートナーシップを構築するモデル（メリッサ・レンプファー著）〔09760〕

連邦預金保険公社《FDIC》

◇連邦預金保険公社2009年次報告書（Federal Deposit Insurance Corporation（FDIC）annual report 2009）　連邦預金保険公社〔著〕, 農村金融研究会訳　農村金融研究会　〔2011〕　13, 219p　30cm　〔09761〕

◇2006年連邦預金保険改革法に基づくFDICの施行規則　農村金融研究会訳編　〔農村金融研究会〕　2011.3　236p　30cm　〔09762〕

◇連邦預金保険公社2010年次報告書（Federal Deposit Insurance Corporation（FDIC）annual report 2010）　連邦預金保険公社〔著〕, 農村金融研究会訳　農村金融研究会　〔2012〕　16, 225p　30cm　〔09763〕

◇連邦預金保険公社2011年次報告書（Federal Deposit Insurance Corporation（FDIC）annual report 2011）　連邦預金保険公社〔著〕, 農村金融研究会訳　農村金融研究会　〔2013〕　15, 208p　30cm　〔09764〕

【ロ】

ロ, カ*　盧 珂

◇学力格差に挑む　耳塚寛明編　金子書房　2013.5　149p　21cm　（お茶の水女子大学グローバルCOEプログラム格差センシティブな人間発達科学の創成 3巻）〈索引あり〉2400円　①978-4-7608-9536-6

内容 中国西部五省における小中学生の学力格差（杜育紅, 胡咏梅, 盧珂執筆, 李敏, 王傑訳）　〔09765〕

ロ, コウリツ　盧 恒立

◇〈実践〉四柱推命―人の運命と健康のあり方（Four pillars of destiny）　盧恒立著, 山道帰一監訳, 島内大乾訳　太玄社　2012.3　255p　22cm　〈発売：ナチュラルスピリット〉3000円　①978-4-906724-00-0

内容 第1部 四柱推命（四柱推命とは　陰陽五行論　農暦と干支暦を理解する ほか）　第2部 健康生活に活かす四柱推命（健康を理解する土台となる五行　火のアンバランス―心臓と血液　土のアンバランス―がん ほか）　付録（タイタニック号の運命　風水と津波災害）　〔09766〕

ロ, ジュウコク*　盧 重国

⇒ノ, ジュングク

ロー, スティーブン　Law, Stephen

◇考える力をつける哲学問題集（THE PHILOSOPHY GYM（抄訳））　スティーブン・ロー著, 中山元訳　筑摩書房　2013.8　415p　15cm　（ちくま学芸文庫 ロ8-1）〈「北極の北には何がある？」（ランダムハウス講談社 2006年

刊）の改題　文献あり〉1500円　①978-4-480-09566-4

内容 宇宙はどこからはじまったか？　とりはずされた脳の冒険　意識という謎　日常にひそむ推論の落とし穴　歯医者には患者の痛みが理解できるか？　考える機械の悲しみ　意味とは何か？　デザイナー・ベビーの誕生　同性愛はいけないこと？　道徳を教えるのは神様か？　悪さを見抜く色眼鏡　これでも芸術？　知識について　陽はまた昇る　タイム・トラベルは可能か？　人は人を罰しうるか？　ジョディーとメアリーの最大幸福　ぼくがぼくであること　世界をまどわす七つの逆説　〔*09767*〕

ロ, セイコウ*　盧 盛江

◇東アジアをむすぶ漢籍文化―敦煌から正倉院、そして金沢文庫へ ： 歴博国際シンポジウム ： 予稿集　静永健監修, 陳翀, 大淵貴之編　〔佐倉〕人間文化研究機構国立歴史民俗博物館　〔2012〕182p　30cm　〈会期・会場 ： 2012年11月2日―3日 国立歴史民俗博物館講堂　国立歴史民俗博物館平成24年度共同研究「高松宮家伝来書籍等を中心とする漢籍読書の歴史とその本文に関する研究」　訳 ： 甲斐雄一ほか　中国語併載〉

内容 空海『文鏡秘府論』の対属論について（盧盛江著, 種村由季子訳）　〔*09768*〕

ロ, タイトン　盧 泰敦

⇒ノ, テドン

ロー, デイヴィッド・S.　Law, David Stephen

◇日本の最高裁を解剖する―アメリカの研究者からみた日本の司法　デイヴィッド・S.ロー著, 西川伸一訳　現代人文社　2013.6　156p　21cm　〈他言語標題 ： The Japanese Supreme Court and Judicial Review　索引あり　発売 ： 大学図書〉1900円　①978-4-87798-551-6

内容 保守的最高裁の解剖. 日本で違憲立法審査が十分機能してこなかったのはなぜか　〔*09769*〕

ロ, テンブン　魯 天文

◇法学変革論　文正邦, 程燎原, 王人博, 魯天文著, 野沢秀樹訳　創英社/三省堂書店　2013.12　432p　22cm　〈索引あり〉4000円　①978-4-88142-817-7　〔*09770*〕

ロー, ロドニー

◇オックスフォード ブリテン諸島の歴史　10　20世紀―1901年―1951年（The Short Oxford History of the British Isles ： The British Isles 1901-1951）　鶴島博和日本語版監修　キース・ロビンズ編, 秋田茂監訳　慶応義塾大学出版会　2013.8　295, 58p　22cm　〈文献あり 年表あり 索引あり〉5800円　①978-4-7664-1650-3

内容 富、貧困、進歩（ロドニー・ロー著, 山口育人訳）　〔*09771*〕

ロイ, アッシュ　Roy, Ashok

◇インドと組めば日本は再建できる　鈴木壮治, アッシュ・ロイ著　幻冬舎　2011.6　224p　18cm　952円　①978-4-344-02000-9

内容 1 日本人は、インドを知らなすぎる　2「古い国」インドは、「若い国」でもある　3 インドでは、中身も見せかけも大事　4 インド人が「どう儲けるか」をまず知れ　5 インド人は中国人が嫌い、憎んでさえいる　6 日本が出遅れると、インドは中国と組むしかない　7 最初に行なうべき日印共同事業は「インフラ」事業　8 揺籃期のインド不動産市場は、日本の大きなチャンス　9 インドの国連常任理事国入りをサポートせよ　10 日本人は、もっとインド人と会わなければダメだ　11 もし日本人がインド人と組むなら、これだけは必要　〔*09772*〕

ロイ, アルンダティ　Roy, Arundhati

◇民主主義のあとに生き残るものは　アルンダティ・ロイ〔著〕, 本橋哲也訳　岩波書店　2012.8　156p　19cm　1600円　①978-4-00-024865-5

内容 1 帝国の心臓に新しい想像力を―ウォール街占拠運動支援演説　2 民主主義のあとに生き残るものは―2011年3月13日に予定されていた東京講演　3 資本主義―ある幽霊の話　4 自由―カシミールの人びとが欲する唯一のもの　5 インタヴュー 運動、世界、言語―20113月11日の翌日、東京にて　〔*09773*〕

◇ゲリラと森を行く（Walking with the Comrades）　アルンダティ・ロイ著, 粟飯原文子訳　以文社　2013.5　240p　20cm　2800円　①978-4-7531-0313-3

内容 チダンバラム氏の戦争　同志たちと歩く　トリクルダウンの革命　〔*09774*〕

ロイエンベルガー, ロベルト　Leuenberger, Robert

◇洗礼とはなにか―その今日の問題を問う（Taufe in der Krise）　ロベルト・ロイエンベルガー著, 宍戸達訳　新教出版社　2012.10　279p　19cm　2600円　①978-4-400-32431-7

内容 未解決の問題（教会が言っていること　母親たちが言っていること ほか）　洗礼とは何か（洗礼のもとになっている事がら　洗礼の成り立ち（要約としてのまとめ）ほか）　危機の焦点―幼児洗礼（危機のきざし　乳児に洗礼を施すのは違法か ほか）　結論はどうなるか（手がかり―過程（プロセス）としての洗礼　洗礼の始まりと受洗志願者教育―幼児洗礼を変えること ほか）　付録（洗礼礼拝　両親ゼミナールと結びついた、洗礼制度のモデル ほか）　〔*09775*〕

ロイター, ピーター

◇エビデンスに基づく犯罪予防（Evidence-based crime prevention）　ローレンス・W.シャーマン, ディビッド・P.ファリントン, ブランドン・C.ウェルシュ, ドリス・レイトン・マッケンジー編, 津富宏, 小林寿一監訳, 島田貴仁, 藤野京子, 寺村堅志, 渡辺昭一訳　社会安全研究財団　2008.9　434p　26cm　〈文献あり〉①978-4-904181-02-7

内容 労働市場と犯罪リスク要因（ショーン・D.ブッシュウェイ, ピーター・ロイター著, 津富宏訳）　〔*09776*〕

ロイド, アレクサンダー　Loyd, Alexander

◇奇跡を呼ぶヒーリングコード―誰でも6分間で健康、成功、素晴らしい人間関係を実現できる画期的方法（The healing code）　アレクサンダー・ロイド, ベン・ジョンソン著, 住友進訳　ソフトバンククリエイティブ　2011.10　399p　19cm　1900円　①978-4-7973-6577-1

内容 1 人生、健康、繁栄の3つの秘密（病気の原因は1つしかない　ストレスは体内のエネルギーの問題によって引き起こされる　心の問題が本質　人間というハードディスク ほか）　2 実質的にどんな健康、人間関係、成功の問題も解決する方法（ヒーリングコードとは何か？　6分間でできる「普遍的ヒーリングコード」　「心の問題発見検査」を利用して、あなたの問題を特定する　インスタント・インパクト環境ストレスを10秒でやっつける ほか）〔09777〕

ロイド, クリストファー　Lloyd, Christopher

◇137億年の物語―宇宙が始まってから今日までの全歴史（What on Earth Happened？）　クリストファー・ロイド著, 野中香方子訳　文芸春秋　2012.9　506p　25cm　〈文献あり 索引あり〉　2990円　①978-4-16-374200-7

内容 第1部 母なる自然―137億年前～700万年前（ビッグバンと宇宙の誕生　生命はどこからきたか　地球と生命体のチームワーク　化石という手がかり　海は生命の源　生命の協力体制　進化の実験場　恐竜戦争　花と鳥とミツバチ　哺乳類の繁栄）　第2部 ホモ・サピエンス―700万年前～紀元前5000年（冷凍庫になった地球　二足歩行と脳　心の誕生　人類の大躍進　狩猟採集民の暮らし　大型哺乳類の大量絶滅　農耕牧畜の開始）　第3部 文明の夜明け―紀元前5000年～西暦570年ごろ（文字の発明 シュメール文明　王は神の化身 エジプト文明　母なる大地の神　金属、馬、車輪　中国文明の誕生　仏教を生んだインドの文明　オリエントの戦争　ギリシア都市国家の繁栄　覇者が広めたヘレニズム文化　ローマ帝国の繁栄と衰退　先住民の精霊信仰　コロンブス以前の南北アメリカ大陸）　第4部 グローバル化―西暦570年ごろ～現在（イスラームの成立と拡大　紙、印刷術、火薬　中世ヨーロッパの苦悩　富を求めて　大航海時代と中南米の征服者たち　新大陸の農作物がヨーロッパを変えた　生態系の激変　ヨーロッパ人は敵か味方か　自由がもたらした争い　人類を変えたテクノロジー　白人による植民地獲得競争　資本主義への反動　世界はどこへ向かうのか？）〔09778〕

◇ビジュアル大年表137億年の物語（THE WHAT ON EARTH？ WALLBOOK）　クリストファー・ロイド著, 野中香方子訳, アンディ・フォーショーイラスト　文芸春秋　2013.7　1冊（ページ付なし）　43cm　〈タイトルは奥付による.表紙のタイトル ： 137億年の物語ビジュアル大年表　折本仕立て〉 2200円　①978-4-16-376490-0〔09779〕

ロイヤル, マーク　Royal, Mark

◇エンゲージメント革命―フラストレーションから社員を解放する（THE ENEMY OF ENGAGEMENT）　マーク・ロイヤル, トム・アグニュー著, 市川幹人訳　生産性出版　2012.10　254p　21cm　2400円　①978-4-8201-2002-5

内容 何かが起こっている　フラストレーション　バーネット社に広がる職場のフラストレーション　意欲溢れる社員の能力を引き出す　少ないインプットで多くの成果を達成　入社時の意欲の維持　軌道修正　社員を活かす環境を理解する　社員を活かす環境の整備　診断と処方　成功の兆し　マネージャーは組織変革の推進者〔09780〕

ロイヤル, リサ　Royal, Lyssa

◇ギャラクティックファミリーと地球のめざめ―地球創世の全貌と銀河のヒストリーそして、いま人類の進化のプロセスが始まる（Our Galactic Family and the Awakening of Planet Earth）　リサ・ロイヤル・ホルト著, 鏡見沙椰訳　ヴォイス　2013.11　249p　19cm　1800円　①978-4-89976-401-4〔09781〕

ロウ, ガイセイ*　労 凱声

◇再検討教育機会の平等　宮寺晃夫編　岩波書店　2011.8　302, 2p　21cm　3500円　①978-4-00-022587-8

内容 教育機会の平等（労凱声著, 楊奕訳）〔09782〕

ロウ, ケイ*　楼 勁

◇魏晋南北朝における貴族制の形成と三教・文学―歴史学・思想史・文学の連携による 第二回日中学者中国古代史論壇論文集　中国社会科学院歴史研究所, 東方学会〔編〕, 渡辺義浩編　汲古書院　2011.9　330p　27cm　12000円　①978-4-7629-2969-4

内容 魏晋の子学の流伝に関する二、三の問題（楼勁著, 島田悠訳）〔09783〕

ロウ, ジャック　Lowe, Jacques

◇ケネディ回想録―フォト・メモワール（MY KENNEDY YEARS）　ジャック・ロウ著, 竜和子訳　原書房　2013.10　256p　28cm　〈索引あり〉 4800円　①978-4-562-04927-1

内容 1 上院議員との出会い　2 合衆国国民を魅了する　3 大統領候補指名を勝ちとって　4 大統領選挙戦　5 大統領就任　6 ホワイトハウス　7 RFKとわたし　8 世界の舞台で〔09784〕

ロウ, ホウゲン*　楼 邦彦

◇新編原典中国近代思想史　第7巻　世界冷戦のなかの選択―内戦から社会主義建設へ　野村浩一, 近藤邦康, 並木頼寿, 坂元ひろ子, 砂山幸雄, 村田雄二郎編　砂山幸雄責任編集　岩波書店　2011.10　410, 7p　22cm　〈年表あり〉 5700円　①978-4-00-028227-7

内容 「公然と政府に反対する」について（楼邦彦著, 水羽信男訳）〔09785〕

ロウ, ロイ　Lowe, Roy

◇進歩主義教育の終焉―イングランドの教師はいかに授業づくりの自由を失ったか（The death of progressive education）　ロイ・ロウ著, 山崎洋子, 添田晴雄監訳　知泉書館　2013.6　333p　23cm　〈文献あり 年表あり 索引あり〉 6000円　①978-4-86285-157-4〔09786〕

ロヴァス, オレ・イヴァ　Lovaas, Ole Ivar

◇自閉症児の教育マニュアル―決定版・ロヴァス法による行動分析治療（Teaching individuals with developmental delays）　イヴァ・ロヴァス著, 中野良顕訳　ダイヤモンド社　2011.8　930p　22cm　〈文献あり 索引あり〉 13000円　①978-4-478-00481-4

内容 第1部 基本的概念　第2部 治療への移行　第3部 初歩的な学習の概念　第4部 表現言語　第5部 視覚型学習者に対する方略　第6部 プログラムについての考慮〔09787〕

ロヴァッティ, ピエル・アルド　Rovatti, Pier Aldo

◇弱い思考（Il pensiero debole）　ジャンニ・ヴァッティモ, ピエル・アルド・ロヴァッティ編, 上村忠男, 山田忠彰, 金山準, 土肥秀行訳　法政大学出版局　2012.8　374p　20cm　（叢書・ウニベルシタス 977）〈文献あり〉4000円　①978-4-588-00977-8

内容 経験の過程でのさまざまな変容（ピエル・アルド・ロヴァッティ著, 上村忠男訳）〔09788〕

ロヴィローザ＝マドラーゾ, チットラーリ　Rovirosa-Madrazo, Citlali

◇《非常事態》を生きる―金融危機後の社会学（Living on borrowed time）　ジグムント・バウマン, チットラーリ・ロヴィローザ＝マドラーゾ著, 高橋良輔, 高沢洋志, 山田陽訳　作品社　2012.3　352p　20cm　〈文献あり〉2500円　①978-4-86182-364-0

内容 第1部 液状化していく政治経済構造（テーマ「資本主義」 金融・信用危機―銀行の失敗か？ それとも、大成功の帰結か？ いずれにしろ資本主義は死んではいない　テーマ「福祉国家」 経済のグローバル化時代における福祉国家とは？―ベンサムが構想したパノプティコンの最後の残滓？ 貧しい人々を取り締まるものか、それとも救うものか？　テーマ「民主主義と主権」 いわゆる「国家」とは何か？ 民主主義、主権、人権を再考する）　第2部 人間なるものの行方（テーマ「ジェノサイド」 モダニティ、ポスト・モダニティ、ジェノサイド―十分の一刑と征服から「コラテラル・ダメージ（巻き添え被害）」へ　テーマ「人口問題」 人口、そして廃棄された生の生産と再生産―偶然性と不確定性から容赦のないバイオテクノロジーへ（ウォールストリートを超えて）　テーマ「原理主義」 世俗的原理主義と宗教的原理主義の抗争―二一世紀に繰り広げられるのはドグマ間の競争か、権力をめぐる闘争か　テーマ「科学/技術」 遺伝情報を書き込む―新たな経済のための新たなグラマトロジー「死すべき人間（ホモ・モータルス）」からDIY（Do It Yourself 自分でやろう）の「ポスト・ヒューマン」への移行、そして遺伝子的エリート支配（ジェネトクラシー）の到来　テーマ「世代・ロスジェネ」 ユートピア、愛情、もしくはロスト・ジェネレーション）〔09789〕

ローヴェーデル, リーサ　Rohweder, Liisa

◇フィンランドの高等教育ESDへの挑戦―持続可能な社会のために（Towards sustainable development in higher education-reflections）　フィンランド教育省, タイナ・カイヴォラ, リーサ・ローヴェーデル編著, 斎藤博次, 開竜美監訳, 岩手大学ESDプロジェクトチーム訳　明石書店　2011.4　201p　21cm　〈文献あり〉2500円　①978-4-7503-3377-9

内容 どのような種類の持続可能な開発を論じるのか 他（リーサ・ローヴェーデル著, 開竜美訳）〔09790〕

ロヴェロ・カレズ, ジュリー　Rovéro-Carrez, Julie

◇トーキョー・シスターズ（Tokyo sisters）　ラファエル・ショエル, ジュリー・ロヴェロ・カレズ著, 松本百合子訳　小学館　2011.9　285p　15cm　（小学館文庫 ラ4-1）　714円　①978-4-09-408617-1

内容 1章 赤信号は渡らない　2章 食べることが大好き！　3章 いつも元気にまじめに遊ぶ　4章 おしゃれは「カワイイ」が勝ち　5章 ぬかりなきビューティ　6章 謎だらけのお仕事　7章 未知との遭遇　8章 狙いを定めて、いざ男探し　9章 結婚生活はアンビリバボー　10章 心とからだのデトックス〔09791〕

ロウシ　老子

◇「超訳」老子 心が安らぐ150の言葉　岬竜一郎編訳　PHP研究所　2011.8　232p　15cm　（PHP文庫 み33-5）　533円　①978-4-569-67587-9

内容 序章 ホッとする生き方をするために　第1章「道」とともに生きる　第2章 たおやかに、自由に生きるために　第3章 しなやかで力強く生きるために　第4章 静かに生きるために　第5章 人の世で生きるために〔09792〕

◇ちくま哲学の森　1　生きる技術　鶴見俊輔, 安野光雅, 森毅, 井上ひさし, 池内紀編　筑摩書房　2011.9　420p　15cm　1200円　①978-4-480-42861-5

内容 老子（抄）（老子著, 小川環樹訳）〔09793〕

◇優しさと柔らかさと―老子のことば　加島祥造著　メディアファクトリー　2011.9　94p　19cm　952円　①978-4-8401-4253-3

内容 1 心が落ちつく　2「いま」を生きる　3 人の先に立たない　4 常識をこえる　5 流れにまかせる　6 争わない〔09794〕

◇老子　老子〔著〕, 蜂屋邦夫訳注　岩波書店　2012.4　453p　19cm　（ワイド版岩波文庫 349）〈岩波文庫 2008年刊の再刊　索引あり〉1600円　①978-4-00-007349-3〔09795〕

◇老子―トルストイ版（Лао－Си Тао－Те－Кинг или Писание о нравственности）　老子〔原著〕, トルストイ,〔小西増太郎〕〔ロシア語訳〕, 加藤智恵子, 有宗昌子共訳　八尾　ドニエプル出版　2012.11　270p　19cm　〈ロシア語併記　発売：新風書房（大阪）〉2000円　①978-4-88269-747-3〔09796〕

◇老子　老子〔著〕, 福永光司訳　筑摩書房　2013.1　383p　15cm　（ちくま学芸文庫 ロ7-1）〈索引あり〉1200円　①978-4-480-09513-8

内容 上篇（道経）　下篇（徳経）〔09797〕

◇柔訳老子の言葉　谷川太一訳　経済界　2013.5　348p　18cm　〈文献あり〉1500円　①978-4-7667-8544-9〔09798〕

◇老子 訳注―帛書「老子道徳経」　小池一郎著　勉誠出版　2013.7　299p　19cm　3200円　①978-4-585-29054-4

内容 帛書老子（道経）（西漢竹書老子下経）（道の道う可きは（道可道也）　天下は皆美の美為たるを知り（天下皆知美之為美）　賢を上ばざれば（不上賢）　道は沖なり（道沖）ほか）　帛書老子（徳経）（西漢竹書老子上経）（上徳は徳せず（上徳不徳）　昔より一を得たる者（昔之得一者）　上士は道を聞いて（上士聞道）　反するは（反也者）ほか）〔09799〕

◇「老子」新訳―名のない領域からの声　加島祥造著　地湧社　2013.8　221p　19cm　1500円　①978-4-88503-226-4〔09800〕

◇柔訳老子の言葉写真集　上巻　谷川太一訳　経済界　2013.12　175p　20cm　〈文献あり〉2000円　①978-4-7667-8568-5〔09801〕

ロ

◇柔訳老子の言葉写真集　下巻　谷川太一訳　経済界　2013.12　175p　20cm　〈文献あり〉2000円　①978-4-7667-8569-2　〔09802〕

ロウパー, ジョン　Roper, Jon

◇アメリカ大統領の歴史大百科―ビジュアル版（THE COMPLETE ILLUSTRATED GUIDE TO THE PRESIDENTS OF AMERICA）　ジョン・ロウパー著, 越智道雄訳　東洋書林　2012.12　263p　31cm　〈索引あり〉9500円　①978-4-88721-811-6

内容 第1部 18・19世紀の大統領―1754‐1901（ジョージ・ワシントン、ジョン・アダムズとアメリカ合衆国の建国―1754‐1801　トマス・ジェファスンからジェイムズ・モンローまで―1801‐1825　ジョン・クインシー・アダムズからジェイムズ・ポークまで―1824‐1848　ザカリー・テイラーからアンドルー・ジョンスンまで―1849‐1869　ユリシーズ・S グラントからウィリアム・マッキンリーまで―1869‐1901）　第2部 20世紀以降の大統領―1901‐（セオドア・ローズヴェルトからウドロウ・ウィルスンまで―1901‐1921　ウォーレン・ハーディングからフランクリン・D ローズヴェルトまで―1921‐1945　ハリー・トルーマンからジョン・F ケネディまで―1945‐1963　リンドン・B ジョンスンからジミー・カーターまで―1963‐1981　ロナルド・レーガン以降―1981‐）〔09803〕

ロ

ロウハナ, N.*　Rouhana, Nadim N.

◇紛争と平和構築の社会心理学―集団間の葛藤とその解決（INTERGROUP CONFLICTS AND THEIR RESOLUTION）　ダニエル・バル・タル編著, 熊谷智博, 大渕憲一監訳　京都　北大路書房　2012.10　375p　21cm　〈索引あり〉4000円　①978-4-7628-2787-7

内容 和解をめぐる主要論点―紛争解決とパワー力動に関する伝統的仮定への挑戦（Nadim N.Rouhana著, 大渕憲一訳）〔09804〕

ロウヤマ, マサミチ　蠟山 政道

◇『Japan To-day』研究―戦時期『文芸春秋』の海外発信　鈴木貞美編　京都　国際日本文化研究センター　2011.3　375p　26cm　（日文研叢書）〈発売：作品社〉4800円　①978-4-86182-328-2

内容 日本と海外の批評家（蠟山政道著, 有馬学訳）〔09805〕

ロウリー, S.トッド

◇経済学のエピメーテウス―高橋誠一郎の世界をのぞんで　丸山徹編　知泉書館　2010.12　433p　23cm　7000円　①978-4-86285-096-6

内容 ピタゴラス学派の数学的理想主義と経済・政治理論の構想（S.トッド・ロウリー著, 武藤功訳）〔09806〕

ロェスラー, ハネス

◇ヨーロッパ消費者法・広告規制法の動向と日本法　中田邦博, 鹿野菜穂子編　日本評論社　2011.8　598p　22cm　（竜谷大学社会科学研究所叢書 第90巻）　7000円　①978-4-535-51839-1

内容 ヨーロッパ私法および消費者法における弱者保護（ハネス・ロェスラー著, 中田邦博訳）〔09807〕

◇ヨーロッパ私法の現在と日本法の課題　川角由和, 中田邦博, 潮見佳男, 松岡久和編　日本評論社　2011.10　610p　22cm　（竜谷大学社会科学研究所叢書 第88巻）　7600円　①978-4-535-51838-4

内容 エルンスト・ラーベルとウィーン売買法条約 他（ハネス・ロェスラー著, 西谷祐子, 岩本学訳）〔09808〕

ローエル, パーシヴァル　Lowell, Percival

◇オカルト・ジャパン―外国人の見た明治の御岳行者と憑霊文化（Occult Japan or the way of the gods）　パーシヴァル・ローエル著, 菅原寿清訳・解説　岩田書院　2013.2　388p　22cm　8900円　①978-4-87294-783-0　〔09809〕

◇極東三国〈シナ・朝鮮・日本〉の歴史認識　国嶋一則著・訳　公論社　2013.6　213p　20cm　〈年表あり〉1700円　①978-4-7714-1301-6

内容 ある日本改革者の運命 他（ローエル著, 国嶋一則訳）〔09810〕

◇神々への道―米国人天文学者の見た神秘の国・日本（Occult Japan or The Way of Gods）　パーシヴァル・ローエル著, 平岡厚, 上村和也訳　国書刊行会　2013.10　277p 図版20p　20cm　3400円　①978-4-336-05668-9　〔09811〕

ローエル, A.ローレンス　Lowell, Abbott Lawrence

◇日本立法資料全集　別巻 684　政府及政党　A.ローレンス・ローヱル原著, 柴原亀二訳述　復刻版　信山社出版　2011.7　684, 16p　23cm　〈早稲田大学出版部明治36年刊の複製〉56000円　①978-4-7972-6381-7　〔09812〕

◇日本立法資料全集　別巻 695　欧洲大陸に於ける政府と政党　A.L.ロウヱル原著, 渡辺為蔵訳　復刻版　信山社出版　2011.11　804p　23cm　〈民友社明治32年刊の複製〉70000円　①978-4-7972-6393-0

内容 第1編 仏蘭西　第2編 以太利　第3編 日耳曼　第4編 墺太利匈加利　第5編 瑞西　〔09813〕

ローエンタール, マーク・M.　Lowenthal, Mark M.

◇インテリジェンス―機密から政策へ（Intelligence（4th edition））　マーク・M.ローエンタール著, 茂田宏監訳　慶応義塾大学出版会　2011.5　412p　22cm　〈文献あり〉4200円　①978-4-7664-1826-2

内容「インテリジェンス」とは何か　米国インテリジェンスの発展　米国インテリジェンス・コミュニティ　マクロ見地からのインテリジェンス・プロセス―誰が、何を、誰のために　収集と収集方法　分析　カウンターインテリジェンス　秘密工作　政策決定者の役割　監視と説明責任　インテリジェンスの課題―国民国家　インテリジェンスの課題―国境を越える問題　インテリジェンスをめぐる倫理及び道徳上の問題　インテリジェンス改革　諸外国のインテリジェンス機関　〔09814〕

ロオジエ, マイケル・J.　Losier, Michael J.

◇引き寄せの法則（Law of Attraction）　マイケル・J.ロオジエ〔著〕, 石井裕之監修　講談社　2012.4　215p　15cm　（講談社文庫 ろ12-1）〈2007年刊の再刊〉476円　①978-4-06-277269-3

内容 1「引き寄せの法則」とは何か　2 BASIC STEP1 自分の願望をはっきりさせる　3 BASIC STEP2 自分の願望に注意を向ける　4 BASIC STEP3 すべて

のことを受け入れる　5 お金のゆとりを引き寄せる　6 理想の人間関係を引き寄せる　7「引き寄せの法則」を子どもに教える　8「引き寄せの法則」の歴史　〔09815〕

ロカティス, クレイグ　Locatis, Craig

◇インストラクショナルデザインとテクノロジ―教える技術の動向と課題（TRENDS AND ISSUES IN INSTRUCTIONAL DESIGN AND TECHNOLOGY（原著第3版））　R.A.リーサー, J.V.デンプシー編　京都　北大路書房　2013.9　690p　21cm　〈訳：半田純子ほか　索引あり〉　4800円　①978-4-7628-2818-8

内容 保健医療教育における職能パフォーマンス・研修・テクノロジ（クレイグ・ロカティス著, 沖潮（原田）満里子訳）　〔09816〕

ローガン, ケイティー

◇世界のビジネス・アーカイブズ―企業価値の源泉　渋沢栄一記念財団実業史研究情報センター編　日外アソシエーツ　2012.3　272p　19cm　〈発売：紀伊国屋書店〉　3600円　①978-4-8169-2353-1

内容 アーカイブズを展示することによる商業上の効果（ケイティー・ローガン, シャーロット・マッカーシー著, 渡辺美喜訳）　〔09817〕

ローガン, デイブ　Logan, David Coleman

◇トライブ―人を動かす5つの原則（Tribal leadership）　デイブ・ローガン, ジョン・キング, ハリー・フィッシャー＝ライト著　大阪　ダイレクト出版　2011.6　300p　22cm　3800円　①978-4-904884-17-1　〔09818〕

◇パフォーマンスアップ3つの法則―組織と個人の成果にブレークスルーを起こす法（The three laws of performance）　スティーヴ・ザフロン, デイヴ・ローガン著　大阪　ダイレクト出版　2011.10　277p　22cm　3800円　①978-4-904884-23-2　〔09819〕

ローガン, ユージン　Rogan, Eugene L.

◇アラブ500年史―オスマン帝国支配から「アラブ革命」まで　上（The Arabs）　ユージン・ローガン著, 白須英子訳　白水社　2013.11　437p 図版12p　20cm　3300円　①978-4-560-08328-4

内容 第1章 カイロからイスタンブールへ　第2章 オスマン帝国支配へのアラブ人の挑戦　第3章 ムハンマド・アリーのエジプト帝国　第4章 改革の危機　第5章 植民地主義の第一波―北アフリカ　第6章 分割統治―第一次大戦とその戦後処理　第7章 中東の大英帝国　第8章 中東のフランス帝国　第9章 パレスチナの災難とその影響　〔09820〕

◇アラブ500年史―オスマン帝国支配から「アラブ革命」まで　下（The Arabs）　ユージン・ローガン著, 白須英子訳　白水社　2013.11　375, 34p　20cm　〈索引あり〉　3300円　①978-4-560-08329-1

内容 第10章 アラブ・ナショナリズムの台頭　第11章 アラブ・ナショナリズムの衰退　第12章 石油の時代　第13章 イスラーム勢力の台頭　第14章 冷戦以後　〔09821〕

ローグ, マーク　Logue, Mark

◇英国王のスピーチ―王室を救った男の記録（THE KING'S SPEECH）　マーク・ローグ, ピーター・コンラディ著, 安達まみ訳　岩波書店　2012.6　266p　20cm　2400円　①978-4-00-022287-7

内容 国王陛下万歳　「庶民の植民地人」　英国への航路　成長の痛み　診断　羽根飾りつき大礼服　嵐の前の静けさ　エドワード八世の三百二十七日　戴冠式の前夜　戴冠式のあと　第二次大戦への道　「オーストリア人のペンキ屋を殺せ」　ダンケルクと暗黒の日々　形勢逆転　勝利　最後の言葉　〔09822〕

ロクシン, クラウス　Roxin, Claus

◇ロクシン刑法総論　第2巻〔翻訳第1分冊〕　犯罪の特別現象形態　翻訳第1分冊（Strafrecht. Band 2：Besondere Erscheinungsformen der Straftat）　ロクシン〔著〕, 山中敬一監訳　信山社　2011.1　599p　22cm　〈標題紙・背のタイトル：クラウス・ロクシン刑法総論〉　12800円　①978-4-7972-5550-8

内容 第8編 正犯と共犯（正犯　共犯　特別の一身上の要素　共犯の前段階）　第9編 未遂論（未遂）　〔09823〕

◇ロクシン刑法総論　第2巻　犯罪の特別現象形態（Strafrecht：allgemeiner teil（Band 2））　ロクシン〔著〕, 山中敬一監訳　信山社　2012.5　605p　22cm　〈標題紙・背のタイトル：クラウス・ロクシン刑法総論〉　12800円　①978-4-7972-5548-5　〔09824〕

ロゲリン, マシュー　Logelin, Matthew

◇僕がパパに育つまで―シングルファーザーの涙と再生の1年（Two Kisses for Maddy）　マシュー・ロゲリン著, 服部由美訳　講談社　2012.4　299p　19cm　1600円　①978-4-06-217236-3

内容 1（僕が未来の妻、わが子の母親に出会ったのは、ガソリンスタンドだった。あれは、一九九六年一月も終わりかけた火曜日、ふたりが十八歳のときだった。　あれが、リズが幼い少女のころに夢見ていたプロポーズだったかどうかはわからない。ふたりとも汗まみれの白いTシャツ姿で、おまけに時差ぼけ気味だったが、僕たちにとっては、それ以上ないほど「完璧に不完全な瞬間」だった。　僕は無理にでも微笑み、自信ありげな口調で、すべてうまくいくさ、と言った。ベッドの彼女の横に座り、点滴をしていないほうの腕をやさしく撫でた。「僕たちの赤ん坊は完璧だ。なんたって母親が君なんだからね」ほか）　2（僕は、すばらしい父親以上のものになる必要があった。それなら、史上最高の父親になってやろうじゃないか。　涙はいつも突然湧き上がってきた。泣かずにはいられなかったが、マディの前では懸命に涙をこらえた。僕のつらさを感じてほしくなかったのだ。自分の人生はこなごなになったというのに、まわりの人たちが何ごともなかったかのように暮らしているのを見ると、気がおかしくなりそうになった。しかし、見知らぬ人たちが大きな慰めとなってくれたこともある。ほか）　3（彼女がいなくなって一日、彼女がいなくなって一週間、彼女がいなくなって一ヵ月、彼女がいなくなって一年。こういった日が近づくと、おぞましい日に目覚めたとき、自分が完全に崩壊するのではないかと恐ろしくて、しばらく用心深く過ごした。　職場復帰後の僕は「妻が死んだ男」だった。同僚たちのなかには、死が伝染病であるかのように、

ロ

僕に接する人もいた。とはいえ、僕には彼らを責めたりできなかった—僕も彼らの立場に立てば、おそらく同じような反応を見せたことだろう。 今、僕が負っている責任は、ただ赤ん坊を幸せにしておくこと以上のものだった—マデリンが両方の親から同じくらいの影響を受けられるように、ふたりが好きだったことをつづけ、さらに深めていく必要があったのだ。 ほか）〔09825〕

ロゴザンスキー, ジャコブ

◇崇高とは何か（Du sublime） ミシェル・ドゥギー他〔著〕, 梅木達郎訳 新装版 法政大学出版局 2011.9 413p 20cm （叢書・ウニベルシタス 640） 4800円 ①978-4-588-09943-4

内容 世界の贈与（ジャコブ・ロゴザンスキー）〔09826〕

ロゴフ, ケネス・S. Rogoff, Kenneth S.

◇国家は破綻する—金融危機の800年（This time is different） カーメン・M.ラインハート, ケネス・S.ロゴフ著, 村井章子訳 日経BP社 2011.3 588p 21cm 〈文献あり 年表あり 索引あり 発売：日経BPマーケティング〉 4000円 ①978-4-8222-4842-0

内容 金融の脆さと信頼の移ろいやすさを巡る直観的考察 第1部 金融危機とは何か 第2部 公的対外債務危機 第3部 国内債務とデフォルトの忘れられた歴史 第4部 銀行危機、インフレ、通貨暴落 第5部 サブプライム問題と第二次大収縮 第6部 過去から何を学んだか〔09827〕

ローサー, デボラ・L. Lowther, Deborah

◇インストラクショナルデザインとテクノロジ—教える技術の動向と課題（TRENDS AND ISSUES IN INSTRUCTIONAL DESIGN AND TECHNOLOGY（原著第3版）） R.A.リーサー, J.V.デンプシー編 京都 北大路書房 2013.9 690p 21cm 〈訳：半田純子ほか 索引あり〉 4800円 ①978-4-7628-2818-8

内容 初等中等教育におけるテクノロジ統合とインストラクショナルデザイナ（デボラ・L.ローサー, スティーブン・M.ロス著, 沖潮（原田）満里子訳）〔09828〕

ロサン・チューキ・ギェルツェン Blo-bzaṅ-chos-kyi-rgyal-mtshan

◇甚深道たる上師供養儀軌 ロサン・チューキ・ギェルツェン造, チベット仏教普及協会編著 チベット仏教普及協会 2011.6 111p 21cm （ポタラ・カレッジチベット仏教叢書 6） 2200円 ①978-4-903568-06-5〔09829〕

ローザンヌ世界宣教会議

◇ケープタウン決意表明（コミットメント）（The Cape Town Commitment） 日本ローザンヌ委員会訳 いのちのことば社 2012.4 127p 19cm 900円 ①978-4-264-03023-2

内容 1 私たちが愛する主のために—ケープタウン信仰の告白（私たちが愛するのは、神がまず私たちを愛してくださったからである 私たちは生ける神を愛する 私たちは父なる神を愛する 私たちは子なる神を愛する 私たちは聖霊なる神を愛する 私たちは神の言葉を愛する 私たちは神の世界を愛する 私たちは神の福音を愛する 私たちは神の民を愛する 私たちは神の宣教を愛する） 2 私たちが仕える世のために—ケープタウン行動への呼びかけ（多元的でグローバル化した世界にあって、キリストの真理を証しする 分断され、損なわれた世界にあって、キリストの平和を築き上げる 他の信仰を持つ人々の中でキリストの愛を生きる 世界宣教のためのキリストのみこころを見分ける キリストの教会を謙遜と誠実と質素へと呼び戻す 宣教における一体性を目指す、キリストの体の内部における協力）〔09830〕

ロージ, ピーター・A. Lorge, Peter Allan

◇アジアの軍事革命—兵器から見たアジア史（THE ASIAN MILITARY REVOLUTION） ピーター・A.ロージ著, 本野英一訳 京都 昭和堂 2012.4 240, 8p 22cm 〈文献あり 年表あり 索引あり〉 3200円 ①978-4-8122-1225-7

内容 1 元代の中国 2 日本の天下統一 3 中国の軍事革命と朝鮮での戦争 4 東南アジア 5 一七五〇年までの南アジア 6 南アジアの軍事革命、一七五〇 - 一八五〇 7 西洋の到来と撤収〔09831〕

ロシア

◇旧ソ連の北朝鮮経済資料集—1946-1965年 木村光彦編訳 知泉書館 2011.1 501p 27cm 20000円 ①978-4-86285-099-7

内容 1946年2月21日現在の金融状況 土地改革建議案 1946年の食糧状況 1946年の商業と財政金融 決定書第25軍軍事委員会 北朝鮮の破壊の程度と経済再建の経過 報告：1945年11月15日から1946年5月1日までの北朝鮮企業による工場の作業と製品生産 1946年初の鉱工業状況 1946年の産業状況 貨幣改革関連書簡〔ほか〕〔09832〕

◇外国著作権法令集 46 ロシア編 桑野雄一郎訳 著作権情報センター 2012.3 84p 21cm 〈SARVH共通目的事業（平成23年度）〉 非売品〔09833〕

ロシア科学アカデミー極東支部歴史考古民族学研究所

◇沿海州渤海古城クラスキノ古城の機能と性格—論集 青山学院大学クラスキノ土城発掘調査団, ロシア科学アカデミー極東支部諸民族歴史学・考古学・民族学研究所〔著〕, 清水信行監修 青山学院大学文学部史学科 2013.3 164p 30cm 〈他言語標題：Краскинское городище Приморья－характер и Функциональное назначение 文献あり 英語併載〉

内容 考古学からみたクラスキノ古城. クラスキノ古城発掘調査30年と日・ロ共同調査 V.I.ボルディン 著, 垣内あと 訳. 考古学から見たクラスキノ古城の機能と性格 田村晃一 著. 渤海平地城とクラスキノ城跡 小嶋芳孝 著. クラスキノ古城出土の遺物. クラスキノ城址出土土器の特質とその意義 中沢寛将 著. クラスキノ古城の土器 E.I.ゲルマン 著, 垣内あと 訳. 沿海州渤海遺跡出土瓦についての一考察 清水信行 著. クラスキノ古城住人の生活文化 N.V.レシチェンコ 著, 垣内あと 訳. 文献からみたクラスキノ古城の機能と性格. 沿海地方クラスキノ古城 A.L.イヴリエフ 著, 垣内あと 訳. クラスキノ古城と塩州 酒寄雅志 著. 交易の視角からみた渤海国 鈴木靖民 著〔09834〕

ロジェ, フィリップ Roger, Philippe

◇アメリカという敵—フランス反米主義の系譜学（L'Ennemi américain） フィリップ・ロジェ著, 大谷尚文, 佐藤竜二訳 法政大学出版局 2012.7

ロ

741, 89p 20cm （叢書・ウニベルシタス 974）〈索引あり〉9800円 ①978-4-588-00974-7
内容 プロローグ この「不運な世界」―啓蒙主義の反 - 米 第1部 ヤンキーの抑えがたい上昇（軽蔑の時代 アメリカ非合衆国 ミス・リバティと聖像破壊者 ハバナからマニラまで―アメリカ人のための世界？ ヤンキーとアングロ - サクソン 人種のポートレート「敵の血が流れる人々」 トラストの帝国―社会主義か封建制か） 第2部 聖職者の偏見（もう一つのマジノ戦 衰退に直面して―ガリアの砦か、それともヨーロッパの緩衝地帯か？ 負債から従属へ―ペリション・コンプレックス メトロポリス、コスモポリス―フランス的なものの擁護 人間の擁護―反米主義はヒューマニズムである 精神の反乱、文化の闘争、同業者組合の擁護）〔09835〕

ロジェ, ブラザー Roger, frère
◇暗闇、それが内なる光となるために―100の祈り ブラザー・ロジェ著, 黙想と祈りの集い準備会訳, 植松功監修 サンパウロ 2012.6 123p 17cm 600円 ①978-4-8056-2618-4 〔09836〕

ロジスキー, ジョン・J. Rozycki, John J.
◇アメリカ会計学 理論、制度、実証（ACCOUNTING THEORY） ハリー・I.ウォーク, ジェームズ・L.ドッド, ジョン・J.ロジスキー著, 長谷川哲嘉, 中野貴之, 成岡浩一, 菅野浩勢, 松本安司, 平賀正剛訳 同友館 2013.3 458p 22cm 〈索引あり〉5000円 ①978-4-496-04962-0
内容 第1章 会計理論序説 第2章 会計理論と会計研究 第3章 財務会計の制度構造をめぐる展開 第4章 財務報告規制の経済学 第5章 公準、原則および概念 第6章 目的の探求 第7章 FASBの概念フレームワーク 第8章 投資者および債権者に対する会計情報の有用性 第9章 統一性と開示―会計基準設定に関するいくつかの方向性 第10章 国際会計〔09837〕

ロシター, マーシャ Rossiter, Marsha
◇成人のナラティヴ学習―人生の可能性を開くアプローチ（NARRATIVE PERSPECTIVES ON ADULT EDUCATION） マーシャ・ロシター, M.キャロリン・クラーク編, 立田慶裕, 岩崎久美子, 金藤ふゆ子, 佐藤智子, 荻野亮吾訳 福村出版 2012.10 161p 22cm 〈索引あり〉2600円 ①978-4-571-10162-5
内容 デジタル・ストーリーテリング：ナラティヴ領域の新たなプレイヤー 他（マーシャ・ロシター, ペニー・A.ガルシア著, 立田慶裕訳）〔09838〕

ロジャーズ, エベレット・M. Rogers, Everett M.
◇エンターテイメント・エデュケーション―社会変化のためのコミュニケーション戦略（Entertainment-education） Arvind Singhal, Everett M.Rogers著, 河村洋子訳 成文堂 2011.3 329p 22cm （熊本大学政創研叢書 8）〈文献あり〉2500円 ①978-4-7923-9214-7 〔09839〕

ロジャーズ, ジェイムズ・スティーヴン Rogers, James Steven
◇イギリスにおける商事法の発展―手形が紙幣となるまで（The early history of the law of bills and notes） ジェイムズ・スティーヴン・ロジャーズ著, 川分圭子訳 弘文堂 2011.1 288p 22cm 〈文献あり 索引あり〉3500円 ①978-4-335-35486-1
内容 第1章 中央裁判所、商事法、商慣習法 第2章 初期の為替業務・商業実務 第3章 初期の為替取引―私法 第4章 初期の為替取引―公法と政策 第5章 為替取引から為替手形へ―商業実務の変容 第6章 商慣習（custom of merchants）と為替手形法の発達 第7章 17世紀の大陸法学者と為替手形法 第8章 譲渡性（transferability）と流通性（negotiability） 第9章 18世紀の為替/約束手形法 第10章 融通手形（accommodation bill）の問題〔09840〕

ロジャーズ, ジム Rogers, Jim
◇冒険投資家ジム・ロジャーズのストリート・スマート―市場の英知で時代を読み解く（STREET SMARTS） ジム・ロジャーズ著, 神田由布子訳 ソフトバンククリエイティブ 2013.5 287p 19cm 1600円 ①978-4-7973-7239-7
内容 若き日の投資家 無邪気な外遊 独り立ち 下げ相場に勝つ 冒険投資家 商品市況の隆盛 川べりの家 史上最大の債務国 破綻なき資本主義は地獄なきキリスト教 東洋への道 移民の国 自由の民の国？ 紙幣の危機 需要と供給の法則には逆らえない 日は東から昇る 創造的破壊〔09841〕

ロジャーズ, デービッド Rogers, David J.
◇古今の名将に学ぶ経営戦略―グローバル・ビジネス戦争を勝ち抜くための七つの処方箋（WAGING BUSINESS WARFARE） デービッド・ロジャーズ著, 松野弘訳 京都 ミネルヴァ書房 2013.3 400, 26p 20cm 〈TBSブリタニカ 1989年刊の修正・加筆 索引あり〉2600円 ①978-4-623-06567-7
内容 序論 古今の名将から学ぶ「ビジネス戦争」への教訓 処方箋1 リーダーシップを発揮せよ 処方箋2 目的を維持し、プランを調整せよ 処方箋3 決定的なポイントに主要な戦力を集中せよ 処方箋4 攻撃側に立ち、機動力を維持せよ 処方箋5 抵抗が最も少ない方策に従え 処方箋6 防御を固めよ 処方箋7 全員に任務を全うさせよ〔09842〕

ロジャーズ, ナイジェル Rodgers, Nigel
◇ローマ帝国大図鑑―ヨーロッパの歴史への道は全てローマ帝国に通ずる（THE ILLUSTRATED ENCYCLOPEDIA OF THE ROMAN EMPIRE） ナイジェル・ロジャーズ著, 田中敦子訳 ガイアブックス 2013.12 511p 25cm 〈年表あり 索引あり〉4800円 ①978-4-88282-893-8
内容 第1部 ローマの繁栄と衰亡（ローマ：世界初の超大国 ローマの軍事力） 第2部 ローマの世界（ローマ：史上初の世界都市 ローマの芸術と社会）〔09843〕

ロジャーズ, ピーター・D. Rogers, Peter Denny
◇怒りのセルフコントロール―感情への気づきから効果的コミュニケーションスキルまで（When anger hurts（2nd ed.）） マシュー・マッケイ, ピーター・D.ロジャーズ, ジュディス・マッケイ著, 新里健, 足立佳美監訳, 坂本輝世訳, 榊原洋一, 小野次朗監修 明石書店 2011.1 314, 9p

19cm 〈文献あり〉2200円 ①978-4-7503-3324-3

内容 この本の使い方　怒りについての基本情報　怒りの真実（あなたは「怒る」ことを選んでいる　怒りは、誰のせいでもない）　怒りのコントロール（怒りの引き金思考と戦う　怒らずに暮らす方法　セルフトーク（つぶやき）で対処する　対応予習法（RCR）　効果的なコミュニケーションを行う）　大切な人とのくらし（子どもへの怒り　パートナーの虐待）〔09844〕

ロジャーズ, ベネディクト　Rogers, Benedict

◇ビルマの独裁者タンシュエ―知られざる軍事政権の全貌（Than Shwe）　ベネディクト・ロジャーズ著, 秋元由紀訳　白水社　2011.12　286, 35p　20cm 〈解説：根本敬　索引あり　文献あり〉2800円 ①978-4-560-08172-3

内容 第1章 郵便局員から圧制者へ　第2章 緑と橙色の国　第3章 民主化勢力からの挑戦　第4章 人道に対する罪　第5章 現代の皇帝タンシュエ　第6章 王の都　第7章 僧侶と嵐　第8章 ライバル、後継者、政商、そして将来〔09845〕

ロジン　魯迅

◇新編原典中国近代思想史　第5巻　国家建設と民族自救―国民革命・国共分裂から一致抗日へ　野村浩一, 近藤邦康, 並木頼寿, 坂元ひろ子, 砂山幸雄, 村田雄二郎編　野村浩一, 近藤邦康, 村田雄二郎責任編集　岩波書店　2010.12　392, 6p　22cm 〈年表あり〉5400円 ①978-4-00-028225-3

内容 中国無産階級革命文学と先駆者の血 他（魯迅著, 丸山昇訳）〔09846〕

◇筑摩書房なつかしの高校国語―名指導書で読む　筑摩書房編　筑摩書房　2011.5　775p　15cm（ちくま学芸文庫 ン5-1）1800円 ①978-4-480-09378-3

内容 藤野先生（魯迅著, 竹内好訳）〔09847〕

ローズ, ウィリアム・R.　Rhodes, William R.

◇国際金融危機にどう立ち向かうか―最前線で学んだリーダーシップ（BANKER TO THE WORLD）　ウィリアム・R.ローズ著, 行天豊雄監訳・解説, 斎藤聖美訳　日本経済新聞出版社　2012.9　285p　20cm 〈文献あり 索引あり〉2900円 ①978-4-532-13428-0

内容 1 大胆に、毅然と　2 影響の大きさを想定して、問題を予見する　3 タイムリーに行う　4 迅速にわかりやすい行動をとる　5 脅しに挑む―正義のために立ち上がれ　6 WEIJI（危机）―チャンスをつかめ　7 文化、歴史、顧客そして言語を知ること　8 コンセンサスを形成し、問題解決に革新的な方法を用いる〔09848〕

ローズ, ギデオン　Rose, Gideon

◇終戦論―なぜアメリカは戦後処理に失敗し続けるのか（How Wars End）　ギデオン・ローズ著, 千々和泰明監訳, 佐藤友紀訳　原書房　2012.7　506p　20cm 〈索引あり〉2800円 ①978-4-562-04852-6

内容 第1章 クラウゼヴィッツの命題　第2章 第一次世界大戦　第3章 第二次世界大戦―ヨーロッパ　第4章 第二次世界大戦―太平洋　第5章 朝鮮戦争　第6章 ヴェトナム戦争　第7章 湾岸戦争　第8章 イラク戦争　第9章 アフガニスタンおよびそれ以降〔09849〕

ローズ, キャロライン

◇戦争と和解の日英関係史　小菅信子, ヒューゴ・ドブソン編著　法政大学出版局　2011.7　318p　22cm 〈他言語標題：Japan and Britain at War and Peace　索引あり〉5200円 ①978-4-588-37709-9

内容 日英和解と日中和解（キャロライン・ローズ著, 向田智恵訳）〔09850〕

◇歴史と和解　黒沢文貴, イアン・ニッシュ編　東京大学出版会　2011.7　424, 9p　22cm 〈索引あり〉5700円 ①978-4-13-026228-6

内容 歴史の終焉？　二一世紀における日中和解（キャロライン・ローズ著, 向田千恵訳）〔09851〕

ローズ, キャロル・M.

◇コモンズのドラマ―持続可能な資源管理論の15年（The Drama of the COMMONS）　全米研究評議会,Elinor Ostrom,Thomas Dietz,Nives Dolšak,Paul C.Stern,Susan C.Stonich,Elke U. Weber編, 茂木愛一郎, 三俣学, 泉留維監訳　知泉書館　2012.5　665p　23cm 〈文献あり 索引あり〉9000円 ①978-4-86285-132-1

内容 共同所有, 規制性所有, 環境保護（キャロル・M.ローズ著, 小南仁司訳）〔09852〕

ロス, クリスティン

◇民主主義は、いま？―不可能な問いへの8つの思想的介入（Democratie, dans quel etat？）　ジョルジョ・アガンベン, アラン・バディウ, ダニエル・ベンサイード, ウェンディ・ブラウン, ジャン＝リュック・ナンシー, ジャック・ランシエール, クリスティン・ロス, スラヴォイ・ジジェク著, 河村一郎, 沢里岳史, 河合孝昭, 太田悠介, 平田周訳　以文社　2011.2　230p　20cm　2500円 ①978-4-7531-0287-7

内容 民主主義、売出し中（クリスティン・ロス著, 太田悠介訳）〔09853〕

ローズ, ゲイリー　Rhoades, Gary

◇アカデミック・キャピタリズムとニュー・エコノミー―市場, 国家, 高等教育（ACADEMIC CAPITALISM and the NEW ECONOMY）　S.スローター,G.ローズ〔著〕, 成定薫監訳, 阿曽沼明裕, 杉本和弘, 羽田貴史, 福留東土訳　法政大学出版局　2012.11　501, 36p　20cm（叢書・ウニベルシタス 985）〈文献あり 索引あり〉6800円 ①978-4-588-00985-3

内容 第1章 アカデミック・キャピタリズムの理論　第2章 アカデミック・キャピタリズムの政治的背景　第3章 特許政策―法律の変化と商業的拡張　第4章 特許政策の影響―学生と教員　第5章 著作権―大学の政策と実践　第6章 著作権の影響―大学の中心的機能の商品化　第7章 学科レベルのアカデミック・キャピタリズム　第8章 大学執行部のアカデミック・キャピタリズム　第9章 権力のネットワーク―理事会と学長　第10章 スポーツ―契約、商標、ロゴ　第11章 学士課程学生と教育市場　第12章 アカデミック・キャピタリズム的な知と学問の体制〔09854〕

ロ

ローズ, サマンサ Rose, Samantha

◇スピリテッド―魂を解き放ち、人生を変える（SPIRITED） レベッカ・ローゼン著, サマンサ・ローズ共著, みずさわすい訳 ナチュラルスピリット 2012.4 394p 19cm 1900円 ①978-4-86451-034-9

内容 第1章 ホントにいるの？ 第2章 少し違ったやり方で 第3章 こころの傷。そのありか 第4章 過去を、過去として 第5章 そこにある扉をノックする 第6章 日々のワーク 第7章 より高い魂へ 瞑想集 〔09855〕

ロス, ジュリー・A. Ross, Julie A.

◇離婚後の共同養育と面会交流実践ガイド―子どもの育ちを支えるために（JOINT CUSTODY WITH A JERK（抄訳）） J.A.ロス,J.コーコラン著, 青木聡, 小田切紀子訳 京都 北大路書房 2013.9 215p 19cm 2400円 ①978-4-7628-2813-3

内容 第1章 問題を特定する（最低なヤツ以外の問題） 第2章 誰が問題ピラミッドの頂上にいるのか？ 第3章 あなたが問題ピラミッドの頂上にいるとき 第4章 あなたが解決しなければならない問題 第5章 元配偶者と協力することを学ぶ 第6章 子どもが問題ピラミッドの頂上にいるとき 第7章 子どもに自信を与える 第8章 元配偶者が問題ピラミッドの頂上にいるとき 第9章 多様な離婚家族 第10章 明るい将来 〔09856〕

ロス, ジョン

◇世界探検家列伝―海・河川・砂漠・極地、そして宇宙へ（The great explorers） ロビン・ハンベリーテニソン編著, 植松靖夫訳 悠書館 2011.9 303p 26cm 〈文献あり 索引あり〉 9500円 ①978-4-903487-49-6

内容 チャールズ・スタート―内陸海を探し求めて（ジョン・ロス） 〔09857〕

ローズ, ジョン・M.

◇変容する臨床家―現代アメリカを代表するセラピスト16人が語る心理療法統合へのアプローチ（HOW THERAPISTS CHANGE） マービン・R.ゴールドフリード編, 岩壁茂, 平木典子, 福島哲夫, 野末武義, 中釜洋子監訳, 門脇陽子, 森田由美訳 福村出版 2013.10 415p 22cm 〈索引あり〉 5000円 ①978-4-571-24052-2

内容 ひとりのセラピストの旅路（ジョン・M.ローズ著） 〔09858〕

ロス, スティーブン・M. Ross, Steven M.

◇インストラクショナルデザインとテクノロジ―教える技術の動向と課題（TRENDS AND ISSUES IN INSTRUCTIONAL DESIGN AND TECHNOLOGY（原著第3版）） R.A.リーサー, J.V.デンプシー編 京都 北大路書房 2013.9 690p 21cm 〈訳：半田純子ほか 索引あり〉 4800円 ①978-4-7628-2818-8

内容 初等中等教育におけるテクノロジ統合とインストラクショナルデザイナ（デボラ・L.ローサー, スティーブン・M.ロス著, 沖潮（原田）満里子訳） 〔09859〕

ロス, デビッド Roth, David

◇グリーン・バリュー経営への大転換（Green Business, Green Values, and Sustainability（抄訳）） クリストス・ピテリス, ジャック・キーナン, ヴィッキー・プライス編著, 谷口和弘訳 NTT出版 2013.7 285p 20cm 〈索引あり〉 2800円 ①978-4-7571-2292-5

内容 善良な物事を実行することがよいビジネスである（デビッド・ロス） 〔09860〕

ローズ, デビッド Rhodes, David

◇BCG未来をつくる戦略思考―勝つための50のアイデア（Own the Future） マイケル・ダイムラー, リチャード・レッサー, デビッド・ローズ, ジャンメジャヤ・シンハ編, 御立尚資監訳, ボストンコンサルティンググループ編訳 東洋経済新報社 2013.10 523p 20cm 2800円 ①978-4-492-55736-5

内容 1 変化適応力 2 グローバリゼーション 3 コネクティビティ（接続性） 4 サステナビリティ（持続可能性） 5 顧客視点 6 組織能力向上 7 価値志向 8 信頼 9 大胆な挑戦 10 組織の力を引き出す 〔09861〕

ローズ, フランク・S.

◇スヴェーデンボリの主張 フランク・S.ローズ著, 鈴木泰之訳 スヴェーデンボリ出版 2013.3 32p 18cm （スヴェーデンボリ出版ブックレット no.1） 200円 ①978-4-906861-05-7 〔09862〕

ローズ, ポーリン Rose, Pauline

◇グローバル化・社会変動と教育 1 市場と労働の教育社会学（EDUCATION, GLOBALIZATION AND SOCIAL CHANGE（抄訳）） ヒュー・ローダー, フィリップ・ブラウン, ジョアンヌ・ディラボー,A.H.ハルゼー編, 広田照幸, 吉田文, 本田由紀編訳 東京大学出版会 2012.4 354p 22cm 〈文献あり〉 4800円 ①978-4-13-051317-3

内容 ワシントン・コンセンサスからポスト・ワシントン・コンセンサスへ―国際的な政策アジェンダがマラウイの教育政策・実践に及ぼした影響（ポーリン・ローズ著, 浜野隆訳） 〔09863〕

ローズ, ポール

◇世界探検家列伝―海・河川・砂漠・極地、そして宇宙へ（The great explorers） ロビン・ハンベリーテニソン編著, 植松靖夫訳 悠書館 2011.9 303p 26cm 〈文献あり 索引あり〉 9500円 ①978-4-903487-49-6

内容 アレクサンダー・フォン・フンボルト―学術的探検の第一人者 他（ポール・ローズ） 〔09864〕

ローズ, マイケル・J. Roads, Michael J.

◇愛の目を通して―自然界のスピリット・パンとの旅（Through the eyes of love） マイケル・J.ローズ著, 大亀安美訳 ナチュラルスピリット 2011.10 382p 19cm 1800円 ①978-4-86451-019-6

内容 ガイドストーンの旅―2004年 リンドウの体験―

ロ

2004年　赤と黒のエネルギー―2005年　大いなる光をもたらす存在―2005年　トリーニーの移行―2006年　カオスとオーダーのねじれ―2006年　我が家のエネルギー体験―2006年　動物のエネルギー、大地のエネルギー―2006年　トリーニーのいたずら―2006年　ロープを解き放つ―2006年〔ほか〕〔09865〕

◇愛の目を通して　ブック2　多次元の新たなる旅へ（THROUGH THE EYES OF LOVE）　マイケル・J.ローズ著, 大亀安美訳　ナチュラルスピリット　2012.10　341p　19cm　1750円　①978-4-86451-058-5

内容 パンとの出会い、つながりが創造されたとき　ユニコーンの領域へ　竜の領域へ　マイケルとキャロリン、ミクサエルとクラリオン　ミステリーサークルと光のオーブ　エネルギーサインが示すもの　エネルギーの軌跡を読む　人間のエネルギーフィールド外、ワームホールへ　人間のエネルギーフィールド内、チャクラの世界　怒りのエネルギーがもたらすもの　チェルノブイリ検証、新たな創造　無条件の愛、ある村の物語〔09866〕

◇愛の目を通して　ブック3　次元シフトのとき（THROUGH THE EYES OF LOVE）　マイケル・J.ローズ著, 大亀安美訳　ナチュラルスピリット　2013.9　379p　19cm　1800円　①978-4-86451-091-2

内容 聖なる微笑み―ブッダの愛　神秘なる聖地―パワースポット、パワー吸入スポットの探索　ケーススタディー生命が移行するとき　素晴らしきバランス―ニューヨークとロンドンの人々　変化なき変化―地球五億年の痕跡をたどる　高まるカオス―宇宙の風、二つの地震　ベンと再検証の旅へ―起こりうる可能性の数々　約束を果たす―再びニューヨークとロンドンへ　ミクサエルを知る旅　トーラスを追跡する　マイケルを訪ねる　次元シフトを探求する〔09867〕

ローズ, リチャード　Rose, Richard

◇わたしの物語―トラウマを受けた子どもとのライフストーリーワーク（THE CHILD'S OWN STORY）　リチャード・ローズ, テリー・フィルポット著, 才村真理監訳, 浅野恭子, 益田啓裕, 徳永祥子訳　福村出版　2012.12　186p　21cm〈文献あり 索引あり〉2200円　①978-4-571-42045-0

内容 第1章 わたしはだれ？　アイデンティティと意味づけの重要性　第2章 2人の子どものストーリー　第3章 真実と真実以上のもの　第4章 インタビュー科学技術ではなくアート　第5章 ようやくやってきた安全―安全で安定的な環境を提供すること　第6章 内面化―納得するための作業　第7章 ブックを作る　第8章 でも、本当にこのようにいくのだろうか？　第9章 ライフストーリーの後の人生　第10章 SACCS見聞記と日本での取り組み/才村真理〔09868〕

ロス, ロナルド・G.　Ross, Ronald G.

◇ITエンジニアのためのビジネスアナリシス―ビジネスルールからのソリューション構築（Building Business Solutions）　ロナルド・G.ロス, グラディス・S.W.ラム著, 宗雅彦監訳, 渡部洋子訳　日経BP社　2012.11　306p　21cm〈文献あり 索引あり　発売：日経BPマーケティング〉2600円　①978-4-8222-8503-6

内容 はじめに―ビジネスルールを用いたビジネスアナリシス　整合性―ビジネスとITを整合させるために本当に必要なもの　アーキテクチャスコープ―スコープ一覧　ビジネスソリューションに向けての戦略―ポリシー憲章　ビジネスルール―基本原則とパターン質問　ビジネスプロセス―ビジネスルールともっとうまく付き合う　ビジネスプロセスモデルからのビジネスルールの抽出―パターン質問　構造化ビジネス用語集―ファクトモデル　ファクトモデルからのビジネスルールの抽出―パターン質問　ビジネスマイルストーン―ビジネス運用に関わるもののライフ〔ほか〕〔09869〕

◇アジャイル経営のためのビジネスルールマネジメント入門―変化適合型システムを導くビジネスアナリシスアプローチ（Business Rule Concepts）　ロナルド・G.ロス著, 宗雅彦監訳, 渡部洋子訳　日経BP社　2013.7　234p　21cm〈文献あり 索引あり　発売：日経BPマーケティング〉2400円　①978-4-8222-8514-2

内容 第1部 主要なアイデア（構造化ビジネス用語集について知っておくべきこと　ビジネスルールについて知っておくべきこと　ルールブックマネジメントについて知っておくべきこと）　第2部 ビジネス用語集とコンセプトモデル（コンセプトモデルと言語化　コンセプトモデルの作成　構造中で特殊な目的を持つ要素）　第3部 ビジネスルール（ビジネスルール　ビジネスルールとイベント：引火点　ビジネスルールのアート）　第4部 アーキテクチャ（スマートなアーキテクチャと知識のポイント　ビジネスルールとビジネスプロセス　本当にスマートなシステムを構想する：動的で軽い使い捨て型の手続き）〔09870〕

ローズ, G.*　Rose, Gary S.

◇動機づけ面接法　応用編（Motivational interviewing (2nd edition)）　ウイリアム・R.ミラー, ステファン・ロルニック編, 松島義博, 後藤恵, 猪野亜朗訳　星和書店　2012.9　291p　21cm〈文献あり〉3200円　①978-4-7911-0817-6

内容 主題の変奏曲―動機づけ面接法とその改作版（Stephen Rollnick, Jeff Allison, Sthephanie Ballasiotes, Tom Barth, Christopher C.Butler, Gary S.Rose, David B.Rosengren）〔09871〕

ロス, S.A.*　Ross, Stephen A.

◇コーポレートファイナンスの原理（Corporate Finance (原著第9版)）　Stephen A.Ross, Randolph W.Westerfield,Jeffrey F.Jaffe著, 大野薫訳　金融財政事情研究会　2012.10　1554p　21cm〈索引あり　発売：きんざい〉10000円　①978-4-322-11338-9

内容 第1部 概観　第2部 価値とキャピタル・バジェッティング　第3部 リスク　第4部 資本構成と配当政策　第5部 長期資本調達　第6部 オプション、先物、そしてコーポレートファイナンス　第7部 短期財務　第8部 スペシャル・トピックス〔09872〕

ロスタン, エドモン　Rostand, Edmond

◇ちくま哲学の森　7　恋の歌　鶴見俊輔, 安野光雅, 森毅, 井上ひさし, 池内紀編　筑摩書房　2012.3　444p　15cm　1300円　①978-4-480-42867-7

内容 シラノ週報の場（ロスタン著, 辰野隆, 鈴木信太郎訳）〔09873〕

ロスチャイルド, F.D.　Rothschild, Frank D.

◇弁護士のための法廷テクノロジー入門（Effective

ロ

use of courtroom technology)　D.C.シーマー, F.D.ロスチャイルド, A.J.ボッキーノ, D.H.ベスキント著, 今在景子, 荒川歩, 石崎千景, 菅原郁夫訳　日の出町(東京都)　慈学社出版　2011.4　221p　22cm　〈発売 : 大学図書〉3200円　①978-4-903425-69-6　〔09874〕

ロスバート, メアリー・K.　Rothbart, Mary Klevjord

◇脳を教育する (Educating the human brain)　マイケル・I.ポズナー, メアリー・K.ロスバート著, 近藤隆文訳, 無藤隆監修　青灯社　2012.3　398p　19cm　〈索引あり　文献あり〉3800円　①978-4-86228-057-2

内容 1 教育、心理学、そして脳　2 脳と心の関連づけ　3 見ることを学ぶ　4 自分自身の心　5 遺伝子と環境　6 気質と学習　7 読み書きの能力　8 数的能力　9 熟達性　10 学校への準備　〔09875〕

ロスモ, D.キム

◇環境犯罪学と犯罪分析 (Environmental criminology and crime analysis)　リチャード・ウォートレイ, ロレイン・メイズロール編, 島田貴仁, 渡辺昭一監訳, 斉藤知範, 雨宮護, 菊池城治, 畑倫子訳　社会安全研究財団　2010.8　313p　26cm　〈文献あり〉①978-4-904181-13-3

内容 地理的プロファイリング(D.キム・ロスモ, サッシャ・ロンバウツ著, 菊池城治訳)　〔09876〕

ロセット, アリソン　Rossett, Allison

◇インストラクショナルデザインとテクノロジ―教える技術の動向と課題 (TRENDS AND ISSUES IN INSTRUCTIONAL DESIGN AND TECHNOLOGY(原著第3版))　R.A.リーサー, J.V.デンプシー編　京都　北大路書房　2013.9　690p　21cm　〈訳 : 半田純子ほか　索引あり〉4800円　①978-4-7628-2818-8

内容 インフォーマル学習(アリソン・ロセット, ボブ・ホフマン著, 根本淳子訳)　〔09877〕

ローゼナウ, ヘニング　Rosenau, Henning

◇刑罰論と刑罰正義―日独シンポジウム : 日本―ドイツ刑事法に関する対話　金尚均, ヘニング・ローゼナウ編著　成文堂　2012.3　293p　22cm　(竜谷大学社会科学研究所叢書 第94巻)　〈他言語標題 : Straftheorie und Strafgerechtigkeit〉6000円　①978-4-7923-1945-8

内容 ドイツ刑事手続における合意(ヘニング・ローゼナウ執筆, 加藤克佳訳)　〔09878〕

ローゼン, マイケル・J.　Rosen, Michael J.

◇ハヌカーのあかり (Chanukah Lights)　マイケル・J.ローゼン文, ロバート・サブダ絵・紙工作, 菊池由美訳　大日本絵画　2012　1冊(ページ付なし)　24cm　(とびだししかけえほん)　3700円　①978-4-499-28448-6　〔09879〕

ローゼン, レベッカ　Rosen, Rebecca

◇スピリテッド―魂を解き放ち、人生を変える (SPIRITED)　レベッカ・ローゼン著, サマンサ・ローズ共著, みずさわすい訳　ナチュラルスピリット　2012.4　394p　19cm　1900円　①978-4-86451-034-9

内容 第1章 ホントにいるの?　第2章 少し違ったやり方で　第3章 こころの傷。そのありか　第4章 過去を、過去として　第5章 そこにある扉をノックする　第6章 日々のワーク　第7章 より高い魂へ　瞑想集　〔09880〕

ローゼン, ロバート・H.

◇ストーリーで学ぶ経営の真髄 (Learn like a leader)　マーシャル・ゴールドスミス, ビバリー・ケイ, ケン・シェルトン編, 和泉裕子, 井上実訳　徳間書店　2011.2　311p　19cm　1600円　①978-4-19-863118-5

内容 健全なリーダーの姿を求めて(ロバート・H.ローゼン著)　〔09881〕

ローゼン, ローレンス　Rosen, Lawrence

◇文化としての法―人類学・法学からの誘い (Law as culture)　ローレンス・ローゼン著, 角田猛之, 石田慎一郎監訳, 市原靖久, 河村有教, 久保秀雄, 薗巳晴, 馬場淳共訳　福村出版　2011.5　209p　22cm　〈文献あり 索引あり〉3300円　①978-4-571-41043-7

内容 第1章 法と社会統制(コンフリクトと関係性　道徳・法・文化 ほか)　第2章 事実の創造(法的「事実」と文化史―イギリスとヨーロッパ大陸　疑いの処理 ほか)　第3章 推論・権力・法(動かすメタファー　推論形式 ほか)　第4章 コスモロジーとしての法(適所におく　コスモスをつくりだす ほか)　〔09882〕

ローゼングレン, デイビッド・B.　Rosengren, David B.

◇動機づけ面接法　応用編 (Motivational interviewing(2nd edition))　ウイリアム・R.ミラー, ステファン・ロルニック編, 松島義博, 後藤恵, 猪野亜朗訳　星和書店　2012.9　291p　21cm　〈文献あり〉3200円　①978-4-7911-0817-6

内容 主題の変奏曲―動機づけ面接法とその改作版(Stephen Rollnick, Jeff Allison, Sthephanie Ballasiotes, Tom Barth, Christopher C.Butler, Gary S.Rose, David B.Rosengren)　〔09883〕

◇動機づけ面接を身につける――人でもできるエクササイズ集 (Building Motivational Interviewing Skills)　デイビッド・B.ローゼングレン著, 原井宏明監訳, 岡嶋美代, 山田英治, 望月美智子訳　星和書店　2013.11　361p　26cm　〈文献あり 索引あり〉3700円　①978-4-7911-0859-6　〔09884〕

ローゼンステイン, ブルース　Rosenstein, Bruce

◇ドラッカーに学ぶ自分の可能性を最大限に引き出す方法 (Living in more than one world)　ブルース・ローゼンステイン著, 上田惇生監訳, 井坂康志訳　ダイヤモンド社　2011.3　163p　19cm　〈年譜あり〉1500円　①978-4-478-01447-9

内容 第1章 自分の世界を広げる(トータルライフをデザインする　人生の手綱を握る ほか)　第2章 強みを鍛える(競争優位の源泉　強みを言える者は少ない ほか)　第3章 明日を創造する(「見る人」の本領　未来を創造するもっとも優れた方法 ほか)　第4章 心を大きくする(人は心に集まる　外に出て自らを役立てる ほか)　第5章 教え、学び、成長する(教えることは学ぶこと　学ぶ機会 ほか)　〔09885〕

ロ

ローゼンストック, ラリー

◇デモクラティック・スクール―力のある学校教育とは何か（Democratic Schools（原著第2版））　マイケル・W.アップル, ジェームズ・A.ビーン編, 沢田稔訳　Sophia University Press上智大学出版　2013.10　288p　21cm　〈文献あり 索引あり　発売：ぎょうせい〉2000円　①978-4-324-09636-9

内容 作業訓練場を越えて（ラリー・ローゼンストック, エイドゥリア・スタインバーグ著）　〔09886〕

ローゼンズワイグ, マーク

◇図書館と中立性（Questioning library neutrality）　アリソン・ルイス編, 川崎良孝, 久野和子, 福井佑介, 川崎智子訳　京都　京都図書館情報学研究会　2013.10　158p　22cm　〈文献あり　発売：日本図書館協会〉3500円　①978-4-8204-1308-0

内容 図書館における政治と反政治（マーク・ローゼンズワイグ著）　〔09887〕

ローゼンタール, デイヴィッド　Rosenthal, David K.

◇学校におけるADHD臨床―現場で援助する実務家のための工夫（The School Counselor's Guide to ADHD）　R.A.ルージー,S.L.デルヴォ,D.ローゼンタール著, 桐田弘江, 石川元訳　誠信書房　2012.9　142p　26cm　〈文献あり 索引あり〉2100円　①978-4-414-41451-6

内容 1 注意欠如・多動性障害（ADHD）とは、どういったものでしょう？　2 実行機能の不全　3 ADHDを抱える子どもへの公正な対処　4 授業での方策―生徒の成功を導くコツ　5 学校でのADHDの振る舞いへの対処　6 薬物治療について教師が知っておくべきこと　7 親への有効な伝え方　〔09888〕

ローゼンタール, ハワード

◇ダイニングテーブルのミイラ セラピストが語る奇妙な臨床事例―セラピストはクライエントから何を学ぶのか（The mummy at the dining room table）　ジェフリー・A.コトラー, ジョン・カールソン編著, 岩壁茂監訳, 門脇陽子, 森田由美訳　福村出版　2011.8　401p　22cm　〈文献あり〉3500円　①978-4-571-24046-1

内容 下水溝の格子、遊園地、牧師とのセックス（ハワード・ローゼンタール著, 森田由美訳）　〔09889〕

ローゼンタール, A.M.　Rosenthal, Abraham Michael

◇38人の沈黙する目撃者―キティ・ジェノヴィーズ事件の真相（Thirty-eight witnesses）　A.M.ローゼンタール著, 田畑暁生訳　青土社　2011.6　113p　20cm　1500円　①978-4-7917-6608-6　〔09890〕

ローゼンツヴァイク, フランツ　Rosenzweig, Franz

◇健康な悟性と病的な悟性（Das Buchlein vom gesunden und kranken Menschenverstand）　フランツ・ローゼンツヴァイク著, 村岡晋一訳　作品社　2011.3　178p　20cm　2000円　①978-4-86182-315-2

内容 発作　往診　診断　治療法　同僚間の往復書簡　治療　治療法　職場への復帰　〔09891〕

ローゼンバウム, ジェームズ・E.

◇学校と職場をつなぐキャリア教育改革―アメリカにおけるSchool-to-Work運動の挑戦（The school-to-work movement）　ウィリアム・J.スタル, ニコラス・M.サンダース編, 横井敏郎ほか訳　学事出版　2011.7　385p　21cm　3800円　①978-4-7619-1839-2

内容 大学進学と労働力養成における高校の役割―「すべての者に大学を」政策は高校を不適切なものにしたか（ジェームズ・E.ローゼンバウム著, 岡部敦訳）　〔09892〕

ローゼンバーグ, ティナ　Rosenberg, Tina

◇クール革命―貧困・教育・独裁を解決する「ソーシャル・キュア」（Join the club）　ティナ・ローゼンバーグ著, 小坂恵理訳　早川書房　2012.1　490p　20cm　〈文献あり〉3000円　①978-4-15-209266-3

内容 序章 ソーシャル・キュアで問題解決　第1章 未来を考えはじめた南アフリカの若者　第2章 理屈では割り切れない世界　第3章 クールな若者はたばこを吸わない　第4章 企業のツールを活用する　第5章 微積分クラブ　第6章 世界を変える天使たち　第7章 匿名で問題は解決できない　第8章 クールな革命　第9章 恐怖を逆手にとる　第10章 ソーシャル・キュアの可能性　〔09893〕

ローゼンバーグ, ボブ　Rosenberg, Bob

◇人文学と電子編集―デジタル・アーカイヴの理論と実践（ELECTRONIC TEXTUAL EDITING）　ルー・バーナード, キャサリン・オブライエン・オキーフ, ジョン・アンスワース編, 明星聖子, 神崎正英監訳　慶応義塾大学出版会　2011.9　503p　21cm　4800円　①978-4-7664-1774-6

内容 記録資料の編集（ボブ・ローゼンバーグ）　〔09894〕

ローゼンバーグ, マーク・J.　Rosenberg, Marc J.

◇インストラクショナルデザインとテクノロジ―教える技術の動向と課題（TRENDS AND ISSUES IN INSTRUCTIONAL DESIGN AND TECHNOLOGY（原著第3版））　R.A.リーサー, J.V.デンプシー編　京都　北大路書房　2013.9　690p　21cm　〈訳：半田純子ほか　索引あり〉4800円　①978-4-7628-2818-8

内容 ナレッジマネジメントと学習：両方で完璧（マーク・J.ローゼンバーグ著, 根本淳子訳）　〔09895〕

ローゼンバーグ, マーシャル・B.　Rosenberg, Marshall B.

◇NVC―人と人との関係にいのちを吹き込む法（Nonviolent Communication（原著第2版））　マーシャル・B.ローゼンバーグ著, 安納献監訳, 小川敏子訳　日本経済新聞出版社　2012.6　349p　19cm　〈文献あり 索引あり〉1800円　①978-4-532-31810-9

内容 第1章 心の底から与える―非暴力コミュニケーションの核心　第2章 思いやる気持ちを妨げるコミュニケーション　第3章 評価をまじえずに観察する　第4章 感情を見極め、表現する　第5章 自分の感情に責任をもつ　第6章 人生を豊かにするための要求　第7章 共感をもって受け取る　第8章 共感の力　第9章思いやりをもって自分自身とつながる　第10章 怒りをじゅうぶんに表現する　第11章 力を防御的に使う　第12章 自分を解放し、人に助言する　第13章 NVCで感謝を表現する　〔09896〕

ローゼンブルース, フランシス　Rosenbluth, Frances McCall

◇日本政治の大転換―「鉄とコメの同盟」から日本型自由主義へ（JAPAN TRANSFORMED）　フランシス・ローゼンブルース, マイケル・ティース著, 徳川家広訳　勁草書房　2012.12　286, 56p　20cm　〈文献あり〉2800円　①978-4-326-35163-3

内容 第1章 なぜいま、日本の政治システムと経済体制を学ぶのか？　第2章 日本の歴史、日本の文化　第3章 第3章 「実験」と「挫折」の日本政治史　第4章 一九五五年体制下の日本政治　第5章 「日本経済の奇跡」の政治的基礎　第6章 政治改革以後の日本政治　第7章 「新しい日本経済」の政治学　第8章 政治改革後の日本外交　第9章 結論　エピローグ 二〇〇九年の総選挙と自民党の下野　〔09897〕

ローソン, カレン　Lawson, Karen

◇リーダーシップ開発の基本―効果的なリーダー育成プログラムを作る（Leadership development basics）　カレン・ローソン著, 永礼弘之監修, 長尾朋子訳　ヒューマンバリュー　2013.2　154p　23cm　（ASTDグローバルベーシックシリーズ）　2400円　①978-4-9906893-0-8　〔09898〕

ローソン, コリーナ　Lawson, Corrina

◇ギークマム―21世紀のママと家族のための実験、工作、冒険アイデア（GEEK MOM）　Natania Barron,Kathy Ceceri,Corrina Lawson,Jenny Williams著, 堀越英美, 星野靖子訳　オライリー・ジャパン　2013.10　278p　21cm　（Make Japan Books）　〈発売：オーム社〉2200円　①978-4-87311-636-5

内容 1章 コミック・ヒーロー編 スーパーヒーローに！おれはなるっ!!―空想の世界への序章　2章 知育・家庭教育編 初歩的なことだよ、ワトソン君―子どもの自然な好奇心は学びへの第一歩　3章 IT・ゲーム編 抵抗は無意味だ―マルチタスクなママたちはデジタル革命の最先端　4章 科学　実験編 ときめきサイエンス―科学を親子で楽しもう　5章 料理編 ギーク一家、食を究める―料理とは工夫と精進　6章 手芸・工芸編 裁てよ国民！ ギークなハンドクラフト大集合―伝統手工芸を未知の領域へ　〔09899〕

ローソン, フィリップ　Rawson, Philip S.

◇聖なるチベット　秘境の宗教文化（Sacred Tibet）　フィリップ・ローソン著, 森雅秀, 森喜子訳　新版　平凡社　2012.10　127p　21cm　（新版・イメージの博物誌）　〈文献あり〉1900円　①978-4-582-28437-9

内容 エネルギーの国土　基層としてのシャーマニズム　仏教伝来　超越的なものの姿　三身説　菩薩　マントラと金剛のエネルギー　宗教生活と芸術　瞑想による視覚化　智慧としての女性と微細身　究極のパターン　死の儀礼　体系化されたイコノグラフィ　テーマ別　〔09900〕

◇タントラ　インドのエクスタシー礼賛（TANTRA）　フィリップ・ローソン著, 松山俊太郎訳　新版　平凡社　2012.10　127p　21cm　（新版・イメージの博物誌）　〈文献あり〉1900円　①978-4-582-28436-2

内容 インドのエクスタシー礼賛　テーマ別（儀式と礼拝　性と実在　クリシュナ　死と火　宇宙図　微細身　瞑想用の図形　単一体への道）　〔09901〕

ローダ, スーレッシュ・K.　Lodha, Suresh K.

◇格差の世界地図（The Atlas of GLOBAL INEQUALITIES）　Ben Crow,Suresh K.Lodha〔著〕, 岸上伸啓訳　丸善出版　2012.5　128p　25cm　〈文献あり 索引あり〉2800円　①978-4-621-08547-9

内容 1 経済格差　2 権力格差　3社会的格差　4 アクセスの格差　5 健康格差　6 教育上の格差　7 環境の格差　8 平等に向かって　9 データ、定義、資料　〔09902〕

ローダー, ヒュー　Lauder, Hugh

◇グローバル化・社会変動と教育　1　市場と労働の教育社会学（EDUCATION, GLOBALIZATION AND SOCIAL CHANGE（抄訳））　ヒュー・ローダー, フィリップ・ブラウン, ジョアンヌ・ディラボー,A.H.ハルゼー編, 広田照幸, 吉田文, 本田由紀編訳　東京大学出版会　2012.4　354p　22cm　〈文献あり〉4800円　①978-4-13-051317-3

内容 教育の展望―個人化・グローバル化・社会変動 他（ヒュー・ローダー, フィリップ・ブラウン, ジョアンヌ・ディラボー, A.H.ハルゼー著, 吉田文, 本田由紀, 広田照幸訳）　〔09903〕

◇グローバル化・社会変動と教育　2　文化と不平等の教育社会学（EDUCATION, GLOBALIZATION AND SOCIAL CHANGE（抄訳））　ヒュー・ローダー, フィリップ・ブラウン, ジョアンヌ・ディラボー,A.H.ハルゼー編, 苅谷剛彦, 志水宏吉, 小玉重夫編訳　東京大学出版会　2012.5　370p　22cm　〈文献あり〉4800円　①978-4-13-051318-0

内容 新しい家族とフレキシブルな労働　社会的相続と機会均等政策　社会的紐帯から社会関係資本へ―学校と保護者ネットワークの関係における階層差　バイリンガリズムをめぐる政治的駆け引き―再生産論による中国返還後の香港における母語教育政策の分析　モダニティの歩兵たち―文化消費の弁証法と21世紀の学校　民主主義・教育・そして多文化主義―グローバル世界におけるシティズンシップのジレンマ　「ジュリアには問題がある」―スウェーデンの学校におけるADHDの症状・カテゴリーとその適用のプロセス　教育における市場　教職の専門性と教員研修の四類型　教育の経済における成果主義と偽装―成果主義社会に向けて　パフォーマンス型ペダゴジーの枠づけ―学校知識とその獲得に関する生徒の視座の分析　教育的選別とDからCへの成績の転換―「処遇に適している」とは？　統治性と教育社会学―メディア、教育政策そしてルサンチマンの政治　文化・権力。不平等と日本の教育―解説にかえて　〔09904〕

ロダオ, フロレンティーノ　Rodao García, Florentino

◇日本・スペイン交流史　坂東省次, 川成洋編　れんが書房新社　2010.12　505, 23p　22cm　〈文献あり 年表あり〉6000円　①978-4-8462-0377-1

内容 スペイン内戦と日本・中国の関係（フロレンティ

ノ・ロダオ著, 安田圭史訳)　〔09905〕

◇フランコと大日本(だいにっぽん)帝国 (Franco y el imperio japonés)　フロレンティーノ・ロダオ著, 深沢安博, 八嶋由香利, 深沢晴奈, 渡辺千秋, 砂山充子, 磯山久美子訳　晶文社　2012.2　424, 108p　22cm　〈タイトル：フランコと大日本帝国　索引あり　文献あり〉5500円　①978-4-7949-6765-7

内容 第1章 新秩序への期待　第2章 東アジアにおける協力　第3章 日本の勝利　第4章 厄介な友好関係　第5章 不可能な交渉　第6章 日本と戦後のスペイン　〔09906〕

ロダール, マイケル　Lodahl, Michael E.

◇神の物語 (The story of god (2nd edition))　マイケル・ロダール著, 大頭真一訳　日本聖化協力会出版委員会　2011.10　333, 17p　22cm　〈文献あり〉3500円　①978-4-938774-56-1　〔09907〕

ロタンダ, ロナルド・D.　Rotunda, Ronald D.

◇概論アメリカの法曹倫理―事例解説 (Legal ethics in a nutshell (3rd ed.))　ロナルド・D.ロタンダ著, 当山尚幸訳　彩流社　2012.2　346p　22cm　〈索引あり〉2800円　①978-4-7791-1771-8

内容 1 総論　2 依頼者と法律家の関係　3 相談役　4 代弁者　5 依頼者以外の者との関係　6 法律事務所およびその他の団体　7 公的役務　8 法的役務に関する情報　9 法律専門職としての品格の保持　〔09908〕

ロ

ローチ, ケント

◇えん罪原因を調査せよ―国会に第三者機関の設置を　日弁連えん罪原因究明第三者機関ワーキンググループ編著, 指宿信監修　勁草書房　2012.9　172p　21cm　2300円　①978-4-326-40277-9

内容 えん罪委員会の役割(ケント・ローチ執筆, 高倉新喜訳, 菊地裕子訳協力)　〔09909〕

ローチ, スティーブン　Roach, Stephen S.

◇日本の未来について話そう―日本再生への提言 (Reimagining Japan)　マッキンゼー・アンド・カンパニー責任編集, クレイ・チャンドラー, エアン・ショー, ブライアン・ソーズバーグ編著　小学館　2011.7　416p　19cm　1900円　①978-4-09-388189-0

内容 過去から未来へのメッセージ(スティーブン・ローチ著)　〔09910〕

ローチ, メアリー　Roach, Mary

◇世界一素朴な質問、宇宙一美しい答え―世界の第一人者100人が100の質問に答える (BIG QUESTIONS FROM LITTLE PEOPLE)　ジェンマ・エルウィン・ハリス編, 西田美緒子訳, タイマタカシ絵　河出書房新社　2013.11　298p　22cm　2500円　①978-4-309-25292-6

内容 ウシが一年間おならをがまんして、大きいのを一発したら、宇宙まで飛んでいける？(メアリー・ローチ)　〔09911〕

ロック, エドワード・B.　Rock, Edward B.

◇会社法の解剖学―比較法的＆機能的アプローチ (The Anatomy of Corporate Law : A Comparative and Functional Approach)　レイニア・クラークマン, ポール・デイビス, ヘンリー・ハンスマン, ゲラード・ヘルティッヒ, クラウス・J.ホプト, 神田秀樹, エドワード・B.ロック著, 布井千博監訳　レクシスネクシス・ジャパン　2009.7　323p　21cm　4000円　①978-4-902625-21-9

内容 第1章 株式会社法とは何か　第2章 エージェンシー問題と法的戦略　第3章 基本的なガバナンス構造　第4章 債権者保護　第5章 関連当事者取引　第6章 重大な会社の行為　第7章 支配権取引　第8章 発行者と投資家保護　第9章 解剖学を超えて　〔09912〕

ロック, ジョン　Locke, John

◇ジョン・ロック『子どもの教育』(Some thoughts concerning education)　ジョン・ロック著, 北本正章訳　原書房　2011.7　362, 12p　22cm　〈索引あり〉4800円　①978-4-562-04704-8

内容 第1部 体育―子どもの習慣形成(身体の健康　習慣の形成 ほか)　第2部 徳育―子どものしつけ(子どもの気質　子どもの自由とわがまま ほか)　第3部 知育―子どもの学び(学習分野と学び方　その他の教養 ほか)　第4部 結論(子どもは白紙)　〔09913〕

◇市民政府論 (Two treatises of government)　ロック著, 角田安正訳　光文社　2011.8　369p　16cm　(光文社古典新訳文庫 K-Bロ-1-1)　〈年譜あり〉914円　①978-4-334-75234-7

内容 自然状態について　戦争状態について　隷属状態について　所有権について　父権について　政治的社会、すなわち市民社会について　政治的社会の発生について　政治的共同体と統治は何を目的とするのか　国家の各種形態について　立法権力の及ぶ範囲について　国家の立法権、執行権、外交権　権力相互の上下関係　君主の大権について　総合的に見た家父長権力(父権)、政治権力、専制権力について　征服について　簒奪について　専制について　統治の消滅について　〔09914〕

◇電子書籍を無名でも100万部売る方法 (HOW I SOLD 1 MILLION eBOOKS IN 5 MONTHS)　ジョン・ロック著, 小谷川拳次監修, 細田朋希監訳, 大竹雄介訳　東洋経済新報社　2012.12　177p　19cm　〈著作目録あり〉1200円　①978-4-492-04480-3

内容 1 キンドルで電子書籍を100万部売った男の物語(インディーズ作家のリベンジ　「新しい出版」のかたち　最大の秘密　本書のたった1つの目的　よくある質問　出版マーケティング 7つのウソ)　2 成功の4つの鍵(電子書籍 成功の鍵　あなたが勘違いしていること　あなたは何をすべきか)　3 電子書籍を自力で100万部売る方法(ビジネスプランの概要　本質は常にシンプル　人生を変えるブログの書き方　本書の場合)　〔09915〕

ロック, マーガレット　Lock, Margaret

◇他者の苦しみへの責任―ソーシャル・サファリングを知る　アーサー・クラインマン, ジョーン・クラインマン, ヴィーナ・ダス, ポール・ファーマー, マーガレット・ロック, E.ヴァレンタイン・

ダニエル, タラル・アサド〔編〕, 坂川雅子訳　みすず書房　2011.3　267, 5p　20cm　〈解説：池沢夏樹〉3400円　①978-4-622-07592-9
内容 「苦しみ」の転換―北米と日本における死の再構築（マーガレット・ロック著）〔09916〕

ロッシ, アーネスト・ローレンス　Rossi, Ernest Lawrence

◇ダイニングテーブルのミイラ セラピストが語る奇妙な臨床事例―セラピストはクライエントから何を学ぶのか（The mummy at the dining room table）　ジェフリー・A.コトラー, ジョン・カールソン編著, 岩壁茂監訳, 門脇陽子, 森田由美訳　福村出版　2011.8　401p　22cm　〈文献あり〉3500円　①978-4-571-24046-1
内容 股関節と鼻の医者、マイケルジャクソンのチケットを見つける（アーネスト・ロッシ著, 森田由美訳）〔09917〕

◇催眠における生活構造のリフレーミング（Life reframming in hypnosis）　織田孝裕, 白木孝二監訳　新潟　亀田ブックサービス　2012.4　347p　21cm　（ミルトン・エリクソン言行録 第2巻　ミルトン・エリクソン〔著〕, アーネスト・L.ロッシ, マーガレット・O.リアン編, ヒレル・M.ザイトリン, 尾川丈一監訳）　4667円　①978-4-906364-43-5〔09918〕

◇ミルトン・エリクソンの二月の男―彼女は, なぜ水を怖がるようになったのか（THE FEBRUARY MAN）　ミルトン・H.エリクソン, アーネスト・ローレンス・ロッシ著, 横井勝美訳　金剛出版　2013.3　426, 3p　20cm　〈文献あり 索引あり〉5400円　①978-4-7724-1295-7
内容 催眠治療へのアプローチ　「二月の男」の人物像形成　複数レベルのコミュニケーションと存在　精神力動のプロセスを喚起し、利用すること　能動的なトランスでの治療〔09919〕

ロッシ, パオロ　Rossi, Paolo

◇普遍の鍵（Clavis Universalis）　パオロ・ロッシ著, 清瀬卓訳　新装版　国書刊行会　2012.8　372, 12p　20cm　〈文献あり 索引あり〉4500円　①978-4-336-05533-0
内容 1 十四、十五世紀にみるイメージと場所記憶　2 十六世紀百科全書思想と結合術　3 世界劇場　4 ジョルダーノ・ブルーノの表象論理学　5 人工記憶と新しい論理学―ド・ラ・ラメー、ベーコン、デカルト　6 百科全書思想と汎智論　7 普遍言語の形成　8 ライプニッツ記号法の淵源〔09920〕

ロッシェル, ウイルヘルム

◇日本立法資料全集　別巻822　自治論纂　独逸学協会編纂　復刻版　信山社出版　2013.9　496p　23cm　〈独逸学協会 明治21年刊の複製〉50000円　①978-4-7972-7119-5
内容 中央集権及国内小国ノ説（ウヰルヘルム、ロッシェル著）〔09921〕

ロッシュ, ダニエル

◇成年後見制度の新たなグランド・デザイン　法政大学大原社会問題研究所, 菅富美枝編著　法政大学出版局　2013.2　420p　22cm　（法政大学大原社会問題研究所叢書）〈索引あり〉5700円　①978-4-588-62524-4
内容 スイスにおける成年者保護法の改正（ダニエル・ロッシュ著, 上山泰訳）〔09922〕

ロッシュ, マイテ　Roche, Maïte

◇マリアのおはなし（La belle histoire de Marie）　マイテ・ロッシュ絵・文, 竹下節子訳　ドン・ボスコ社　2013.4　1冊（ページ付なし）　26cm　1000円　①978-4-88626-546-3〔09923〕

ロッソ, レンツォ　Rosso, Renzo

◇一流のバカになれ！（BE STUPID）　レンツォ・ロッソ著, 小佐田愛子訳　アチーブメント出版　2013.6　217p　19cm　1400円　①978-4-905154-37-2
内容 利口な奴は事実を見る。バカな奴は可能性に賭ける。/レンツォとウサギ　利口な奴は批評する。バカな奴は創造する。/危険なデニム　バカをやってこなかったのなら、何も成し遂げていない。/どうやって（もう少しで）解雇されるに至ったのか　利口な奴は頭で考える。バカな奴は心で動く。/イタリア製モヒカン族、第1号　バカな奴は失敗もする。利口な奴は挑戦すらしない。/単独飛行　バカの名において、信頼が集まる。/惑星ディーゼルでの生活　バカだけが本当に輝ける。/コミュニケーションの技術　利口な奴は計画する。バカな奴はノリでやる。/剪定が成長を促す　利口な奴には知恵がある。バカな奴には肝っ玉がある。/あるニューヨークの住所　バカになろう。間違ったやり方なんてない。/広告革命〔ほか〕〔09924〕

ロット＝ファルク, E.

◇無文字民族の神話　ミシェル・パノフ, 大林太良他著, 大林太良, 宇野公一郎訳　新装復刊　白水社　2013.5　281, 12p　20cm　〈文献あり 索引あり〉4200円　①978-4-560-08291-1
内容 エスキモーの神話 他（E.ロット＝ファルク著, 宇野公一郎訳）〔09925〕

ロッハー, ゴットフリート・W.

◇宗教改革者の群像　〔マルティン・グレシャト〕〔編〕, 日本ルター学会編訳　知泉書館　2011.11　449, 18p　22cm　〈索引あり　文献あり〉8000円　①978-4-86285-119-2
内容 フルドリヒ・ツヴィングリ（ゴットフリート・W.ロッハー著, 富田恵美子・ドロテア訳）〔09926〕

ローティ, リチャード　Rorty, Richard

◇文化政治としての哲学（Philosophy as cultural politics）　リチャード・ローティ〔著〕, 冨田恭彦, 戸田剛文訳　岩波書店　2011.11　282, 8p　20cm　〈索引あり〉3400円　①978-4-00-024665-1
内容 1 プラグマティズムから見た宗教と道徳（文化政治と神の存在の問い　ロマン主義的多神教としてのプラグマティズム　誠実な誤り）　2 文化における哲学の場所（偉業・深遠・有限　過渡的ジャンルとしての哲学）　3 分析哲学の最近の争点から（プラグマティストの目から見た現代の分析哲学　自然主義と静観主義　ヴィトゲンシュタインと言語論的転回　全体論と歴史主義　カント対デューイ―道徳哲学の昨今の状況）〔09927〕

ロ

ロード, デボラ・L.　Rhode, Deborah L.

◇キレイならいいのか―ビューティ・バイアス（The beauty bias）　デボラ・L.ロード著, 栗原泉訳　亜紀書房　2012.3　294p　20cm　2300円　①978-4-7505-1203-7

内容 第1章 些末なことが大事なこと―女たちが支払っている代償　第2章 容姿の重要性と、ひとをマネる代償　第3章 美の追求は割に合う？　第4章 際限のない批判合戦　第5章 外見で人を判断するな―不当な差別　第6章 新しく作るか、あるものを使うか―法の枠組み　第7章 改革に向けての戦略　〔09928〕

ロード, M.*　Rhode, Maria

◇子どもの心理療法と調査・研究―プロセス・結果・臨床的有効性の探求（Child psychotherapy and research）　ニック・ミッジリー, ジャン・アンダーソン, イブ・グレンジャー, ターニャ・ネシッジ・プコビッチ, キャシー・アーウィン編著, 鵜飼奈津子監訳　大阪　創元社　2012.2　287p　22cm　〈索引あり　文献あり〉5200円　①978-4-422-11524-5

内容 子どものうつ：予後の調査・研究プロジェクト（Judith Trowell,Maria Rhode,Ilan Joffe著, 南里裕美訳）　〔09929〕

ロトガース, F.*　Rotgers, Frederick

◇動機づけ面接法　応用編（Motivational interviewing (2nd edition)）　ウイリアム・R.ミラー, ステファン・ロルニック編, 松島義博, 後藤恵, 猪野亜朗訳　星和書店　2012.9　291p　21cm　〈文献あり〉3200円　①978-4-7911-0817-6

内容 刑事司法領域の人々と動機づけ面接法（Joel I.D. Ginsburg, Ruth E.Mann, Frederick Rotgers, John R.Weeke）　〔09930〕

ロートシュタイン, ボー

◇流動化する民主主義―先進8カ国におけるソーシャル・キャピタル（Democracies in Flux）　ロバート・D.パットナム編著, 猪口孝訳　京都　ミネルヴァ書房　2013.7　443, 8p　22cm　〈索引あり〉4800円　①978-4-623-05301-8

内容 スウェーデン（ボー・ロートシュタイン執筆）　〔09931〕

ロートフェルス, ハンス

◇新戦略の創始者―マキアヴェリからヒトラーまで　上（Makers of modern strategy）　エドワード・ミード・アール編著, 山田積昭, 石塚栄, 伊藤博邦訳　原書房　2011.3　383p　20cm　〈1978年刊の新版〉2800円　①978-4-562-04674-4

内容 ドイツの解説者―クラウゼヴィッツ（ハンス・ロートフェルス著, 山田積昭訳）　〔09932〕

ロドリゲス・デル・アリサール, マリロー

◇日本・スペイン交流史　坂東省次, 川成洋編　れんが書房新社　2010.12　505, 23p　22cm　〈文献あり 年表あり〉6000円　①978-4-8462-0377-1

内容 スペインにおける日本語教育（マリロー・ロドリゲス・デル・アリサール著, 藤村祐子訳）　〔09933〕

ロナ, ロバート　Wrona, Robert J.

◇TWI実践ワークブック―改善が生きる、明るく楽しい職場を築く（The TWI Workbook）　パトリック・グラウプ, ロバート・ロナ著, 成沢俊子訳　日刊工業新聞社　2013.11　334p　21cm　〈文献あり〉2800円　①978-4-526-07159-1　〔09934〕

ローニツ, H.　Lonitz, Henri

◇ベンヤミン/アドルノ往復書簡―1928-1940　上（BRIEFWECHSEL 1928-1940）　ベンヤミン, アドルノ〔著〕, H.ローニツ編, 野村修訳　みすず書房　2013.6　291p　20cm　（始まりの本）〈晶文社 1996年刊の分冊〉3600円　①978-4-622-08361-0　〔09935〕

◇ベンヤミン/アドルノ往復書簡―1928-1940　下（BRIEFWECHSEL 1928-1940）　ベンヤミン, アドルノ〔著〕, H.ローニツ編, 野村修訳　みすず書房　2013.6　267, 19p　20cm　（始まりの本）〈晶文社 1996年刊の分冊　索引あり〉3600円　①978-4-622-08362-7　〔09936〕

ローバー, フォルクマール

◇変貌する世界の緑の党―草の根民主主義の終焉か？（GREEN PARTIES IN TRANSITION）　E.ジーン・フランクランド, ポール・ルカルディ, ブノワ・リウー編著, 白井和宏訳　緑風出版　2013.9　455p　20cm　〈文献あり〉3600円　①978-4-8461-1320-9

内容 選挙に勝つための戦い（フォルクマール・ローバー著）　〔09937〕

ローバー, ロルフ

◇犯罪学研究―社会学・心理学・遺伝学からのアプローチ（The Explanation of Crime）　パーオロフ・H.ウィクストラム, ロバート・J.サンプソン編著, 松浦直己訳　明石書店　2013.8　338p　22cm　6000円　①978-4-7503-3878-1

内容 重大な非行の累積的3次元発育モデル（ロルフ・ローバー,N.ウィム・スロット, マグダ・サウサマーローバー著）　〔09938〕

ロバーグ, クリスティン　Loberg, Kristin

◇天才脳をつくる！―潜在能力をぐんぐん伸ばす、計算と記憶のテクニック（GENIUS）　マイク・バイスター, クリスティン・ロバーグ著, 酒井泰介訳　早川書房　2012.10　350p　19cm　1900円　①978-4-15-209325-7

内容 忘れてはならないお話　1 記憶のマジック（あなたも天才のように考えられる―IQに関係なく天才的精神を育む方法　パターンの力―すべては関係性だ！）　2 天才になるための六つのスキルをマスターする（スキル1&2 フォーカスとコンセントレーション―指示についてこられるか？　スキル3 膨大な情報を「記憶」せずに保つ―関連づけの妙で頭脳活動の余力を増す　スキル4 型破りに発想する―ヒトラーと姑の共通点とは　スキル5 とりまとめ―ひっかけて覚える　スキル6 忘却―忘却こそ記憶の支え）　3 特別補習さらなるツールと情報源（「見てくれ、ぼくは天才だ！」ごっこ―子どもからお年寄りまで楽しめる楽しいゲームをもっと（家族や友人を驚かせるトリックもね）　質疑応答―質疑応答スタイルで最後に一言）　あなたの内なる天才　〔09939〕

ロバーツ, アリス　Roberts, Alice M.

◇世界一素朴な質問、宇宙一美しい答え―世界の第一人者100人が100の質問に答える（BIG QUESTIONS FROM LITTLE PEOPLE）　ジェンマ・エルウィン・ハリス編, 西田美緒子訳, タイマタカシ絵　河出書房新社　2013.11　298p　22cm　2500円　①978-4-309-25292-6

内容 わたしたちの骨はなにでできているの？（アリス・ロバーツ教授）〔09940〕

ロバーツ, ジェフリー　Roberts, Geoffrey

◇スターリンの将軍ジューコフ（STALIN'S GENERAL）　ジェフリー・ロバーツ著, 松島芳彦訳　白水社　2013.12　357, 60p　20cm　〈文献あり 年譜あり 索引あり〉3600円　①978-4-560-08334-5 〔09941〕

ロバーツ, ジェーン　Roberts, Jane

◇個人的現実の本質―セス・ブック ： 日々の問題を解決し、人生を豊かにするための具体的で実践的なテクニック（The nature of personal reality）　ジェーン・ロバーツ著, ナチュラルスピリット編集部編訳　ナチュラルスピリット　2012.1　691p　19cm　〈記録 ： ロバート・F.バッツ　著作目録あり〉2900円　①978-4-86451-030-1

内容 第1部（生きた世界の絵　現実と個人の観念　暗示とテレパシー、観念の集まり　想像力と観念、そして観念はどこから来たのか ほか）　第2部（自然な光明と強いられた光明の性質、化学的な衣をまとう魂　観念の運び手としての意識、健康と満足にまつわる観念　恩寵、良心、そして日々の経験　善と悪、個人と集団の観念、それらが個人的・社会的経験に及ぼす影響 ほか）〔09942〕

ロバーツ, マイケル　Roberts, Michael

◇グレース―ファッションが教えてくれたこと（GRACE ： A MEMOIR）　グレース・コディントン著, マイケル・ロバーツ〔著〕, 田代文訳　スペースシャワーネットワーク（発売）　2013.12　32, 333p　24cm　（SPACE SHOWER BOOKs）3800円　①978-4-907435-11-0 〔09943〕

ロバーツ, マーティン

◇NLPイノベーション―〈変革〉をおこす6つのモデル&アプリケーション（INNOVATIONS IN NLP FOR CHALLENGING TIMES）　L.マイケル・ホール, シェリー・ローズ・シャーベイ編, 足立桃子訳　春秋社　2013.3　324p　21cm　2800円　①978-4-393-36639-4

内容 問題を明確にする11の質問―ビジネスの変革管理へのアプローチ（マーティン・ロバーツ著）〔09944〕

ロバーツ, ルーク

◇日本人の「男らしさ」―サムライからオタクまで「男性性」の変遷を追う（RECREATING JAPANESE MEN）　サビーネ・フリューシュトゥック, アン・ウォルソール編著, 長野ひろ子監訳, 内田雅克, 長野麻紀子, 粟倉大輔訳　明石書店　2013.1　307p　22cm　3800円　①978-4-7503-3745-6

内容 名と誉れ（ルーク・ロバーツ著, 長野麻紀子訳）〔09945〕

ロバーツ, レジーナ・L.

◇ラーニング・コモンズ―大学図書館の新しいかたち　加藤信哉, 小山憲司編訳　勁草書房　2012.7　290p　22cm　〈他言語標題 ： LEARNING COMMONS　索引あり〉3900円　①978-4-326-00037-1

内容 ラーニング・コモンズの進化する風景（レジーナ・L.ロバーツ執筆, 加藤信哉, 小山憲司訳）〔09946〕

ロハティン, フェリックス　Rohatyn, Felix G.

◇フェリックス・ロハティン自伝―ニューヨーク財政危機を救った投資銀行家（Dealings, A Political and Financial Life）　フェリックス・ロハティン〔著〕, 渡辺泰彦訳　鹿島出版会　2012.12　337p　19cm　2400円　①978-4-306-09421-5

内容 人生を変えた最初の幸運―エディット・ピアフ、そしてアンドレ・マイヤーとの出会い　人生を変えた第二の幸運―合併買収部門への配置換え　最初の大仕事はエイビス買収―「いっそう、がんばります」「イケイケどんどん時代」の到来―ITT会長ジニーンとの親交　ハートフォード保険会社買収劇（その一）―ベア・ハグ計画　ハートフォード保険会社買収劇（その二）―ニクソン大統領登場　ハリウッド征服の夢―ワーナー買収でシナトラと交渉　ウォールストリート崩壊の予兆―手数料自由化　「監視委員会」は「危機委員会」―ウォールストリートは大混乱　危機から危機へ―デュポン一族対ロス・ペローの対決〔ほか〕〔09947〕

◇勇気ある決断―アメリカをつくったインフラ物語（Bold Endeavors, How Our Government Built America, and Why It Must Rebuild Now）　フェリックス・ロハティン〔著〕, 渡辺寿恵子訳　鹿島出版会　2012.12　243p　19cm　〈文献あり〉2400円　①978-4-306-02449-6

内容 第1章 ルイジアナ買収―トマス・シェファソン　第2章 エリー運河―デウィット・クリントン　第3章 大陸横断鉄道―アブラハム・リンカーン、セオドア・ジュダ　第4章 ランドグラント・カレッジ―アブラハム・リンカーン、ジャスティン・モリル　第5章 ホームステッド（自営農地）法―アンドリュー・ジョンソン　第6章 パナマ運河―セオドア・ルーズベルト　第7章 地方電化局―フランクリン・デラノ・ルーズベルト、モーリス・クック　第8章 復興金融公社―ハーバード・フーヴァー、フランクリン・デラノ・ルーズベルト、ジェシー・ジョーンズ　第9章 復員兵援護法―フランクリン・デラノ・ルーズベルト、ウォレン・アサトン　第10章 州間高速道路システム―ドワイト・アイゼンハワー　エピローグ 全米復興銀行の必要性〔09948〕

ロバートソン, ジェニファー

◇日本人の「男らしさ」―サムライからオタクまで「男性性」の変遷を追う（RECREATING JAPANESE MEN）　サビーネ・フリューシュトゥック, アン・ウォルソール編著, 長野ひろ子監訳, 内田雅克, 長野麻紀子, 粟倉大輔訳　明石書店　2013.1　307p　22cm　3800円　①978-4-7503-3745-6

内容 ロボットのジェンダー（ジェニファー・ロバートソン著, 長野麻紀子訳）〔09949〕

ロバートソン, デイビッド*　Robertson, David

◇メコン地域経済開発論（Globalization and Development in the Mekong Economies）　梁, ビンガム, デイヴィス編著, 阿曽村邦昭訳・注　古今書院　2012.10　391, 9p　21cm　〈文献あり　索引あり〉6200円　①978-4-7722-8112-6

内容 東アジアにおける特恵貿易協定の拡散・メコン地域諸国にとっての意味は？（David Robertson）〔09950〕

ロビラ, アレックス　Rovira, Alex

◇TREASURE MAP―成功への大航海（EL MAPA DEL TESORO）　アレックス・ロビラ, フランセスク・ミラージェス著, 田内志文, 青砥直子訳　アチーブメント出版　2012.8　213p　19cm　1300円　①978-4-905154-25-9

内容 PROLOGUE 無限のファクター　1 エル・ドラドを探して　2 金色の航海　3 黄金の助言　EPILOGUE 宝の地図　FINAL NOTE 役に立つか立たないか〔09951〕

ロビン, ジェニファー　Robin, Jennifer

◇最高の職場―いかに創り、いかに保つか、そして何が大切か（The great workplace）　M.バーチェル,J.ロビン著, 伊藤健市, 斎藤智文, 中村艶子訳　京都　ミネルヴァ書房　2012.2　267, 19p　20cm　〈索引あり〉2000円　①978-4-623-06222-5

内容 第1章 序論―最高の職場を創り上げることがもつ価値　第2章 信用―「私はリーダーを信じる」　第3章 尊敬―「私はこの組織の価値ある一員です」　第4章 公正―「皆が同じルールでプレーする」　第5章 誇り―「私は本当に意味あることに貢献します」　第6章 連帯感―「わが社の社員はすばらしい」　第7章 グローバルな視点―世界各国にある最高の職場　第8章 行動を起こす―最高の職場を創り上げる〔09952〕

ロビンズ, アンソニー　Robbins, Anthony

◇一瞬で自分を変える法（UNLIMITED POWER）　アンソニー・ロビンズ著, 本田健訳・解説　三笠書房　2012.6　314p　15cm　（知的生きかた文庫 ほ14-2―〔BUSINESS〕）　590円　①978-4-8379-8120-6

内容 あなたを大物にする「不思議な力」　「勝利の方程式」のマスター法　自分を変える「信念強化」法　「成功者のメンタリティ」七つの法則　「一瞬にして劇的に」自分が進化する！　「やる気」が自動発火する身体のつくり方　相手の「深層心理」を鋭く読む法　カリスマが必ず持っている「三つの武器」　「戦わずして勝つ」言葉の魔力　「新機軸を打ち出す」のが上手い人　「つねに最高の自分」を引き出すプログラミング　富と成功「五つのカギ」　最後に、あなたの成功を確信する！〔09953〕

◇一瞬で自分を変える言葉―アンソニー・ロビンズ名言集　清水康一朗著, セミナーズ編集部訳　KADOKAWA　2013.12　189p　20cm　（角川フォレスタ）　〈他言語標題：You can change yourself in a heartbeat〉1400円　①978-4-04-653938-0〔09954〕

ロビンズ, キース　Robbins, Keith

◇オックスフォード ブリテン諸島の歴史　10　20世紀―1901年―1951年（The Short Oxford History of the British Isles：The British Isles 1901-1951）　鶴島博和日本語版監修　キース・ロビンズ編, 秋田茂監訳　慶応義塾大学出版会　2013.8　295, 58p　22cm　〈文献あり 年表あり　索引あり〉5800円　①978-4-7664-1650-3

内容 中間点半世紀のブリテン諸島と「帝国」他（キース・ロビンズ著, 秋田茂監訳）〔09955〕

ロビンス, クリストファー

◇世界の中の柳田国男　R.A.モース, 赤坂憲雄編, 菅原克也監訳, 伊藤由紀, 中井真木訳　藤原書店　2012.11　326p　22cm　〈他言語標題：Yanagita Kunio Studies Around the World　文献あり〉4600円　①978-4-89434-882-0

内容 『遠野物語』の表と裏（クリストファー・ロビンス執筆）〔09956〕

ロビンス, ジェームズ　Robbins, James

◇月曜日の朝9分ですべてがうまく回りだす―チームの力を最大化するリーダーの教科書（NINE MINUTES ON MONDAY）　ジェームズ・ロビンス著, 上原裕美子訳　日本実業出版社　2013.6　254p　19cm　1600円　①978-4-534-05081-6

内容 最高のリーダーが知っている3つの真実　1 4つの基本ニーズと具体的な実践方法（今週、誰にどんな気配りを示せるか？　今週、誰にフィードバックできるか？　今週、誰に報酬や評価を与えられるか？　今週、誰に「もうひとつの給料」を渡せるか？）　2 サブニーズと具体的な実践方法（今週、誰の自主性を高められるか？　今週、誰の成長を後押しできるか？　今週、チームの団結をどのように高められるか？　今週、どこにちょっとした「楽しみ」を取り入れられるか？　今週、部下はどんな手本を必要としているか？）　山頂からの景色―「信じる」ことが力になる〔09957〕

ロビンズ, スティーブン・P.　Robbins, Stephen P.

◇マネジメントとは何か（TRUTH ABOUT MANAGING PEOPLE（原著第3版））　スティーブン・P.ロビンズ著, 清川幸美訳　ソフトバンククリエイティブ　2013.4　228p　20cm　〈「マネジメントの正体」（ソフトバンクパブリッシング 2002年刊）の改題、加筆・再編集した新版　文献あり〉1600円　①978-4-7973-7260-1

内容 第1部 採用　第2部 モチベーション　第3部 リーダーシップ　第4部 コミュニケーション　第5部 チーム作り　第6部 衝突の処理　第7部 職務設計　第8部 業績評価　第9部 変化への対応〔09958〕

ロビンソン, アンドルー　Robinson, Andrew

◇図説アインシュタイン大全―世紀の天才の思想と人生（Einstein：a hundred years of relativity）　アンドルー・ロビンソン編著, 小山慶太監訳, 寺町朋子訳　東洋書林　2011.5　255p　27cm　〈年譜あり　文献あり〉8000円　①978-4-88721-790-4

内容 第1部 物理学者アインシュタイン（アインシュタイン以前の物理学　物理学者への道　奇跡の年、1905年　一般相対性理論　量子論をめぐる論争　万物の理論を求めて　アインシュタイン以降の物理学）　第2部 人間アインシュタイン（世界一の有名人　私生活

と家庭生活　ドイツ、戦争、平和主義　アメリカ　シオニズム、ユダヤ人大虐殺、イスラエル　核の天使と悪魔　ひとつの時代の終焉　アインシュタインの色あせぬ不思議な魅力）〔*09959*〕

ロビンソン, グウェン　Robinson, Gwen

◇日本の未来について話そう―日本再生への提言（Reimagining Japan）　マッキンゼー・アンド・カンパニー責任編集, クレイ・チャンドラー, エアン・ショー, ブライアン・ソーズバーグ編著　小学館　2011.7　416p　19cm　1900円　①978-4-09-388189-0

内容 日本美食革命（グウェン・ロビンソン著）〔*09960*〕

ロビンソン, グレッグ

◇家族と教育　石川照子, 高橋裕子編著　明石書店　2011.12　307p　22cm　（ジェンダー史叢書 第2巻）　4800円　①978-4-7503-3510-0

内容 シティズンシップの最前線（グレッグ・ロビンソン著, 浅井理恵子訳）〔*09961*〕

ロビンソン, ジェイムズ・A.　Robinson, James A.

◇世界は考える　野中邦子訳　土曜社　2013.3　189p　19cm　（プロジェクトシンジケート叢書 2）〈文献あり〉1900円　①978-4-9905587-7-2

内容 国家資本主義は最強か（ダロン・アセモグル, ジェームス・ロビンソン著）〔*09962*〕

◇国家はなぜ衰退するのか―権力・繁栄・貧困の起源　上（WHY NATIONS FAIL）　ダロン・アセモグル, ジェイムズ・A.ロビンソン著, 鬼沢忍訳　早川書房　2013.6　360p　20cm　〈索引あり〉2400円　①978-4-15-209384-4

内容 第1章 こんなに近いのに、こんなに違う　第2章 役に立たない理論　第3章 繁栄と貧困の形成過程　第4章 小さな相違と決定的な岐路―歴史の重み　第5章「私は未来を見た。うまくいっている未来を」―収奪的制度のもとでの成長　第6章 乖離　第7章 転換点　第8章 領域外―発展の障壁〔*09963*〕

◇国家はなぜ衰退するのか―権力・繁栄・貧困の起源　下（WHY NATIONS FAIL）　ダロン・アセモグル, ジェイムズ・A.ロビンソン著, 鬼沢忍訳　早川書房　2013.6　358p　20cm　〈文献あり 索引あり〉2400円　①978-4-15-209385-1

内容 第9章 後退する発展　第10章 繁栄の広がり　第11章 好循環　第12章 悪循環　第13章 こんにち国家はなぜ衰退するのか　第14章 旧弊を打破する　第15章 繁栄と貧困を理解する〔*09964*〕

ロビンソン, ジェニファー・メタ

◇大学教育のネットワークを創る―FDの明日へ　京都大学高等教育研究開発推進センター, 松下佳代編　東信堂　2011.3　232p　22cm　〈文献あり 索引あり〉3200円　①978-4-7989-0043-8

内容 SOTLを支援する小規模な教員ネットワークの形成（ジェニファー・メタ・ロビンソン著, 松下佳代訳）〔*09965*〕

ロビンソン, デイヴ　Robinson, Dave

◇ビギナーズ哲学（INTRODUCING PHILOSOPHY）　デイヴ・ロビンソン著, 鬼沢忍訳　筑摩書房　2012.10　185p　15cm　（ちくま学芸文庫 ヒ4-7）〈文献あり〉1100円　①978-4-480-09455-1

内容 問い　哲学とは何か？　神政国家　ギリシャ人　ミレトス人の大問題　ピュタゴラスと数学　ヘラクレイトスと逆転する世界　パルメニデス　ゼノンの運動のパラドックス　エンペドクレスと四元素〔ほか〕〔*09966*〕

ロビンソン, ピーター　Robinson, Peter

◇人文学と電子編集―デジタル・アーカイヴの理論と実践（ELECTRONIC TEXTUAL EDITING）　ルー・バーナード, キャサリン・オブライエン・オキーフ, ジョン・アンスワース編, 明星聖子, 神崎正英監訳　慶応義塾大学出版会　2011.9　503p　21cm　4800円　①978-4-7664-1774-6

内容 『カンタベリー物語』をはじめとする中世テキスト（ピーター・ロビンソン）〔*09967*〕

ロビンソン, リン・A.　Robinson, Lynn A.

◇直感で生きる―「直感日記」で、これからの毎日が変わる（Listen）　リン・A.ロビンソン著, 住友進訳　講談社　2011.1　277p　19cm　1429円　①978-4-06-215995-1

内容 あなたの世界が崩されるとき　直感の声を聞くさまざまな方法　直感に従って心を決める　絶望の底につき落とされたとき　悲しみをくぐり抜けるとき　自分をだめにする言葉を口にしない　奇跡を起こす六つのレシピ　騒がしい心を静める　「不安グセ」をなおす　あなたの人生を創るのは、あなた〔ほか〕〔*09968*〕

◇お金と本当の豊かさ―これ一冊で手に入れる！（REAL PROSPERITY）　リン・A.ロビンソン著, 白川貴子訳　ヴォイス　2012.11　353p　18cm　（VOICE新書 017）〈2005年刊の再刊〉1000円　①978-4-89976-372-7

内容 自分にとっての豊かさとは何かを考える　豊かさは、どんな人にも備わる生まれながらの権利　こうあって欲しいという考え方に沿って人生を思い描く　内なる億万長者の声に耳をすませる　お金に対する前向きな意識を持つ　夢を具体的に思い描く　祈りを込めた生き方を心がける　神さまにあてて「救援求む」の広告を出す　繁栄のための祈り　どれだけあればじゅうぶんなのか〔ほか〕〔*09969*〕

ローファー, バーソルド　Laufer, Berthold

◇収集の神様バーソルド・ローファーの『シノイラニカ』を読む―博物学の発展に大きく貢献（Sino-iranica）　バーソルド・ローファー著, 松下富子訳　ブックコム　2012.6　264p　22cm　3500円　①978-4-903935-68-3〔*09970*〕

ローフィンク, ノルベルト

◇平和構築の思想―グローバル化の途上で考える（Krieg und Frieden im Prozess der Globalisierung）　マティアス・ルッツ＝バッハマン, アンドレアス・ニーダーベルガー編著, 舟場保之, 御子柴善之監訳　松戸　梓出版社　2011.3　238, 5p　21cm　〈索引あり〉2600円　①978-4-87262-025-2

内容 信仰と暴力行使（ノルベルト・ローフィンク著, 戸田聡訳）〔*09971*〕

ロフタス, ジェフ・R.　Loftus, Geoff R.
◇ヒルガードの心理学（ATKINSON & HILGARD'S INTRODUCTION TO PSYCHOLOGY（原著第15版））　Susan Nolen-Hoeksema,Barbara L.Fredrickson,Geoff R. Loftus,Willem A.Wagenaar著, 内田一成監訳　金剛出版　2012.6　1181p　27cm　〈布装　文献あり 索引あり〉 22000円　①978-4-7724-1233-9
内容 心理学の特徴　心理学の生物学的基礎　心理発達　感覚過程　知覚　意識　学習と条件づけ　記憶　言語と思考　動機づけ　感情　知能　人格　ストレス、健康、コーピング　心理障害　メンタルヘルス問題の治療　社会的影響　社会的認知　〔*09972*〕

ロフタス, ポール　Loftus, Paul
◇時間を最高に活かす17の技術（Time well spent）　ポール・ロフタス, リンドン・ジョーンズ著, 力丸祥子訳　イースト・プレス　2012.4　263p　19cm　1400円　①978-4-7816-0755-9
内容 まず目標を定める　余暇の増やしかた　時間をどう使いたいか　「先のばし」の悪習を克服する　時間管理をさまたげる「心のカベ」をこわす　集中力が最大化する「プライムタイム」　実のところ時間を何に使っているのか　目標と「やること」を管理する　オフィス環境で時間を節約する　仕事のひんぱんな「中断」を避ける〔ほか〕　〔*09973*〕

ロ

ロペス, ドナルド・S.
◇近代と仏教　末木文美士編　京都　国際日本文化研究センター　2012.3　157p　26cm　（国際シンポジウム 第41集）〈他言語標題：Modernity and Buddhism　会期：2011年10月13日―15日　文献あり〉 非売品
内容 ビュルヌフと仏教研究の誕生（ドナルド・S.ロペス著, 高橋原訳）　〔*09974*〕

ロペス, ベン　Lopez, Ben
◇ネゴシエイター―人質救出への心理戦（THE NEGOTIATOR）　ベン・ロペス著, 土屋晃, 近藤隆文訳　柏書房　2012.7　380p　20cm　2200円　①978-4-7601-4137-1
内容 第1部 エンド・ゲーム（身柄）　第2部 ビジネス（ゴムのニワトリ　売り込み　もっとも長い道のり）　第3部 降下地域（初動　損の上塗り　詐術　シェパードの祈り）　第4部 新しい波（最後の手段　裸の王様）　第5部 不和（立てこもり　交渉人部屋　ジャーの兵士　突破口　長い議論　帰ってほしい　高値の標的　魔女の集会）　第6部 海賊たち（ザ・ウルフ　循環）　〔*09975*〕

ロペス, ホアン・トーレス　López, Juan Torres
◇もうひとつの道はある―スペインで雇用と社会福祉を創出するための提案（HAY ALTERNATIVAS：Propuestas para crear empleo y bienestar social en España）　ビセンス・ナバロ, ホアン・トーレス・ロペス, アルベルト・ガルソン・エスピノサ著, 吾郷健二, 海老原弘子, 広田裕之訳, ATTAC Japan編　柘植書房新社　2013.9　277p　19cm　2500円　①978-4-8068-0652-3
内容 第1章 世界危機の原因　第2章 スペイン経済危機の特殊性　第3章 解決しなければならないこと―より公正で効率的な経済のための課題　第4章 まともな雇用を創出するための条件　第5章 社会支出の不足という障害　第6章 雇用創出と経済回復のためには、賃金の引下げか引上げか？　第7章 経済活動の別のモデルへの融資　第8章 もうひとつの欧州、もうひとつの世界　第9章 人間に仕え、自然と調和した経済　第10章 一一五の具体的な提案　〔*09976*〕

ロペス, ロバート・サバティーノ　Lopez, Robert Sabatino
◇叢書『アナール1929-2010』―歴史の対象と方法 2 1946-1957（Anthologie des Annales 1929-2010）　E.ル＝ロワ＝ラデュリ,A.ビュルギエール監修, 浜名優美監訳　L.ヴァランシ編, 池田祥英, 井上桜子, 尾河直哉, 北垣潔, 塚島真実, 平沢勝行訳　藤原書店　2011.6　460p　22cm　6800円　①978-4-89434-807-3
内容 一時的な市場から恒久的な植民地へ（ロバート・サバティーノ・ロペス著, 北垣潔訳）　〔*09977*〕
◇ルネサンス―六つの論考（THE RENAISSANCE）　ウォーレス・ファーガソン, ロペス, サートン, バイントン, ブラドナー, パノフスキー著, 沢井繁男訳　国文社　2013.7　248p　20cm　〈索引あり〉 2500円　①978-4-7720-0537-1
内容 困難な時代と文化への投資（ロバート・S.ロペス著）　〔*09978*〕

ロペス＝アウスティン, アルフレド　López-Austin, Alfredo
◇カルプリ―メソアメリカの神話学　アルフレド・ロペス＝アウスティン〔著〕, 篠原愛人, 林みどり, 曽根尚子, 柳沼孝一郎訳　文化科学高等研究院出版局　2013.2　159p　21cm　〈文献あり〉 2700円　①978-4-938710-79-8
内容 ナウアの身体宇宙論　海を越えてきたメシーカ人の歴史物語　古代ナワの死をめぐる信仰　メソアメリカの守護神たち　メソアメリカ伝統における宇宙樹　〔*09979*〕

ロペス・ベルトラン, マリア・クララ
◇アンデス世界―交渉と創造の力学　染田秀藤, 関雄二, 網野徹哉編　京都　世界思想社　2012.4　448p　22cm　〈他言語標題：LOS ANDES　文献あり 索引あり〉 3900円　①978-4-7907-1554-2
内容 一七世紀インディアスにおける紙・書類仕事・公証人（マリア・クララ・ロペス・ベルトラン執筆, 吉江貴文翻訳）　〔*09980*〕

ロベッティ, トゥリオ
◇「神仏習合」再考　ルチア・ドルチェ, 三橋正編　勉誠出版　2013.9　382, 16p　22cm　〈他言語標題：RETHINKING "SYNCRETISM" IN JAPANESE RELIGION〉 9800円　①978-4-585-21017-7
内容 二つが一つになるということ（トゥリオ・ロベッティ著, 大内典訳）　〔*09981*〕

ロベール, ジョセリーヌ
◇グローバル化のなかの企業文化―国際比較調査から　石川晃弘, 佐々木正道, 白石利政, ニコライ・ドリャフロフ編著　八王子　中央大学出版部

2012.2　382p　22cm　（中央大学社会科学研究所研究叢書 25）　4600円　①978-4-8057-1326-6
内容 企業文化と職務満足（ジョセリーヌ・ロベール, アイグル・アスファロヴァ著, 石川晃弘訳）〔09982〕

ロベール, マルセル

◇『Japan To-day』研究―戦時期『文芸春秋』の海外発信　鈴木貞美編　京都　国際日本文化研究センター　2011.3　375p　26cm　（日文研叢書）〈発売 : 作品社〉4800円　①978-4-86182-328-2
内容 建築（マルセル・ロベール著, 園部暁子訳）〔09983〕

ロベルジュ, クロード　Roberge, Claude

◇ことばと人間―聴覚リハビリと外国語教育のための言語理論（RETROSPECTION）　ペタール・グベリナ著, クロード・ロベルジュ編, 原田早苗, 西田俊明, 小川裕花日本語版監修　Sophia University Press上智大学出版　2012.4　418p　22cm　〈訳 : 小川裕花ほか　索引あり　発売 : ぎょうせい〉3000円　①978-4-324-09207-1
内容 今日の言調聴覚法（ヴェルボトナル法）―時代にあったリハビリ、言語教育を求めて　話し言葉の聴きとりにおける触覚の機能について　最適性の原則　創造性とリハビリテーション　言調聴覚法とその聴覚障がい者のリハビリへの応用　VT法から見た聴きとりと調音　VTシステムにおける音声リズム　SGAV方式（サンクルー・ザグレブ方式）の理論的基礎―パロールの言語学　SGAV方式における聴きとりと心理言語の構造の構造化と段階的な限界の克服　年齢から見た外国語学習〔ほか〕〔09984〕

ロベルティ, アレッシオ　Roberti, Alessio

◇リチャード・バンドラーの3日で人生を変える方法（CHOOSE FREEDOM）　リチャード・バンドラー, アレッシオ・ロベルティ, オーウェン・フィッツパトリック共著, 白石由利奈監訳, 野津智子訳　ダイヤモンド社　2012.6　211p　19cm　〈文献あり〉1500円　①978-4-478-01749-4
内容 プロローグ “自分を自由にする”ことを学ぶ3日間のセミナー　1日目 ネガティブな考え方を変える（“自分を自由にする”とは　思考のプログラムを変える方法 ほか）　2日目 限界をつくる思い込みを変える（自分にはできないという思い込みの力　変わることは可能だと信じる ほか）　3日目 望みどおりの人生を創造する（幸せになるために何ができますか？　何を望んでいますか？　ほか）　エピローグ リチャード・バンドラーからの手紙〔09985〕

ローホー, ドミニック　Loreau, Dominique

◇シンプルリスト―ゆたかな人生が始まる（L'art des listes）　ドミニック・ローホー著, 笹根由恵訳　講談社　2011.1　221p　19cm　〈文献あり〉1000円　①978-4-06-216797-0
内容 1 本当の自分に出会うためのリスト　2 毎日をシンプルに生きるためのリスト　3 幸せが再生産されるリスト　4 五感を磨くリスト　5 自分と人生をもっと好きになるリスト　6 悩みから解放されるためのリスト　7 恋愛の苦しみを昇華するリスト　8 魔法のようなリスト　9 人生の脚本家は私〔09986〕

◇シンプルを極める　余分なモノを捨て、心に何も無い空間を作る（L'art de l'essentiel）　ドミニック・ローホー著, 原秋子訳　幻冬舎　2011.2　318p　18cm　1000円　①978-4-344-01953-9
内容 第1章 モノを排除するための妙薬（日常生活のなかで　メンタル面において　もっと生きる喜びを）　第2章 身辺整理、事始め（アイデンティティに沿った分別　様々な壁を乗り越えて）　第3章 いざ、実践！（住まいに関係するモノの棚卸し　テクニック　すっきり片づいた後で）〔09987〕

◇シンプルに生きるストレスからの解放（L'art de la simplicite le mental）　ドミニック・ローホー著, 原秋子訳　幻冬舎　2011.6　117p　15×15cm　〈絵 : サンドラ・カベズエロ・ベルトッジ〉952円　①978-4-344-01998-0
内容 1 こころの内面のエコロジー（メンタル面の浄化　メンタルコントロールの実践　集中力と瞑想）　2 人との付き合い（交友関係をシンプルに　人と一緒にいるとき　孤独を味わう）　3 自分自身を磨く（自分を改革する準備　読書と書くこと　訓練と規律　いくつかの訓練　自分のエネルギーを節約する）〔09988〕

◇クオリティオブラブ―愛されるシンプルな理由　ドミニック・ローホー著, 赤松梨恵訳　講談社　2011.11　234p　19cm　〈他言語標題 : Quality of Love〉1000円　①978-4-06-217393-3
内容 第1章 男と女の会話　第2章 貴女へのラブレター　第3章 人としてのクオリティ　第4章 ジェントルマンの見つけ方　第5章 エレガントに生きる　第6章 素敵な男性とは　第7章 シンプルな約束〔09989〕

◇人生で大切なことは雨が教えてくれた（Aimer la Pluie, Aimer la Vie）　ドミニック・ローホー著, 原秋子訳　幻冬舎　2012.6　221p　18cm　952円　①978-4-344-02193-8
内容 第1章 雨がもたらす感動（悲しみが美と韻を踏む時　幸福と雨）　第2章 雨、メンタルの世界において（内観　今、ここに　瞑想）　第3章 精神世界における雨（二つの世界の狭間を漂うということ　雨とそのルーツ　自己超越）　第4章 雨の情景 感覚の世界にて（雨のキャンバス　雨が奏でる音楽　雨の香りとその感触）　第5章 雨愛好家になる…（自宅で雨を愉しむ　雨の日の外出）〔09990〕

◇シンプルに美しく生きる44のレッスン　ドミニック・ローホー文・写真, 笹根由恵訳　角川マガジンズ　2012.7　1冊（ページ付なし）　19cm　〈他言語標題 : leçons sur la beauté, en toute simplicité　発売 : 角川グループパブリッシング〉1200円　①978-4-04-731864-9
内容 上質でエレガントな小さき手帳　豆皿の洗練された美しさ　錫製アンティークの茶入れ　民芸品の美　美酒と酒器　自分専用のオイルで美を磨く　ジュエリーは厳選して少しだけ　理想のハンドバッグ　リネンで味わう贅沢　香水のカクテル〔ほか〕〔09991〕

◇「限りなく少なく」豊かに生きる（L'INFINMENT PEU）　ドミニック・ローホー著, 原秋子訳　講談社　2013.4　188p　17cm　1200円　①978-4-06-218302-4
内容 1 ほんの少しのセンスで「時間」を豊かに使う　2「感性」が磨かれる暮らし方　3 品性を養う「お金」の使い方　4「目標」を軽やかに達成する　5「言葉」を減らせば、絆は深まる　6「人間関係」を少なく、ゆるやかに　7「感情」の浮き沈みからの解放　8 シンプルに「考える」練習　9「エゴ」を追放し、透明な自分になる　10 あなたに「幸せ」が満ちるとき〔09992〕

ロ

ローマイヤー, E.　Lohmeyer, Ernst

◇ガリラヤとエルサレム―復活と顕現の場が示すもの（Galiläa und Jerusalem）　E.ローマイヤー著, 辻学訳　日本キリスト教団出版局　2013.6　160p　22cm　（聖書学古典叢書）〈文献あり 索引あり〉3000円　①978-4-8184-0857-9
〔09993〕

ロマシュキナ, グルナラ

◇グローバル化のなかの企業文化―国際比較調査から　石川晃弘, 佐々木正道, 白石利政, ニコライ・ドリャフロフ編著　八王子　中央大学出版部　2012.2　382p　22cm　（中央大学社会科学研究所研究叢書 25）　4600円　①978-4-8057-1326-6
内容 企業文化のロシア的特性（グルナラ・ロマシュキナ著, 石川晃弘訳）
〔09994〕

ロマス, ロバート　Lomas, Robert

◇フリーメイソンシンボル事典（The secret power of Masonic Symbols）　ロバート・ロマス著, 松田和也訳　学研パブリッシング　2013.2　270p　24cm　〈発売：学研マーケティング〉3800円　①978-4-05-405428-8
内容 第1部 シンボルの隠された影響力（シンボルが言葉よりも強力である理由　シンボルが狩人を農民に変えた　シンボルが王国を造った　人間の脳に対するシンボルの力　シンボルがフリーメイソンリーを創った　シンボルは神の心に浸透する　政治的安定のための秘密のシンボル　合衆国憲法を変えたメイソンリーのシンボル　シンボルと人類の偉大な飛躍）　第2部 メソニック象徴学への招待（第1階級のシンボル　第2階級のシンボル　第3階級のシンボル　一般的シンボル）　第3部 トレーシングボードの実際（トレーシング・ボード）
〔09995〕

ロマーノ, ルッジェーロ　Romano, Ruggiero

◇イタリアという「国」―歴史の中の社会と文化（Paese Italia）　ルッジェーロ・ロマーノ〔著〕, 関口英子訳　岩波書店　2011.12　193, 10p　20cm　〈著作目録あり〉2900円　①978-4-00-022190-0
内容 第1章 なぜわれわれはイタリア人であると言わずにはいられないのか　第2章 イタリアの歴史―国民と"くに"の狭間で　第3章 イタリア史の一つのあり方として　第4章 封建制のイタリア　第5章 イタリア・「モデル」のダイナミズム　第6章 イタリア人の"優越性"の確立とその崩壊　第7章 何をもってリソルジメントとするか　第8章 地中海―沿岸都市と内陸都市
〔09996〕

ロマノフ, アレクサンダー　Romanov, Alexander

◇666―イルミナティの革命のためのテキスト　アレクサンダー・ロマノフ著, キアラン山本訳　ヒカルランド　2012.2　493p　15cm　（超☆ぴかぴか文庫 017）〈『イルミナティだけが知っている』(2011年刊)の加筆・修正〉1000円　①978-4-905027-99-7
内容 どっちが神で、どっちがサタンか―秘密結社イルミナティが初めて明かす驚愕の精神宇宙　神が宇宙を作ったのではなく、宇宙が神を作った―イルミナティの霊知はかく語る！　イルミナティにかけられた陰謀機関の疑いにイルミナティ自らが反論する！　イルミナティがとらえた「神」と「精神の発生」の本質支配するために神になりかわったエリートたち―イルミナティは「人間」をこうとらえている！　イルミナティが考える宗教―そこでは神とサタンが逆転している！　神のクローン「ルシファー」の誕生とその弟たる「サタン」誕生！　すべてが始まった場所「無次元」―イルミナティだけが知っている万物の起源とは？　真の神を包含する宇宙と悪魔によって作られた二つの物理宇宙が存在する！　イルミナティは闇の支配権力構造「オールド・ワールド・オーダー」から人々を解放することを目指してきた！〔ほか〕
〔09997〕

◇ソウルマトリックス―金融とメディアが超洗脳TEC.で作り上げた暗黒のバーチャル空間　アレクサンダー・ロマノフ著, キアラン山本訳　ヒカルランド　2012.5　241p　19cm　（超☆はらはら 017）〈他言語標題：SOUL MATRIX　文献あり〉1600円　①978-4-86471-020-6
内容 第1章 ソウルマトリックス―古代イルミナティは「意識は無意識（ヒーロー&アーキタイプ）の門番である」と知っていた！　第2章 究極のヒーロー―マトリックスの究極の支配システムを粉砕することこそ、全人類に課せられた使命だった！　第3章 ハイパーリアリティ―オリジナル（原型）なき、悪夢のような無限シミュレーションの世界　第4章 シミュラークラまたはマトリックス―メディアがふりまく悪質なまがい物の世界が「現実」を乗っ取る！　第5章 とてつもない大惨事―制御棒なき金融という名の原子炉　第6章 人間は数学的エンティティ―イルミナティの教え「数学一元論」の衝撃！
〔09998〕

ローマン, ケネス　Roman, Kenneth

◇デイヴィッド・オグルヴィ広告を変えた男（The king of Madison Avenue）　ケネス・ローマン著, 山内あゆ子訳　海と月社　2012.1　466p　19cm　2000円　①978-4-903212-32-6
内容 エキセントリックなケルトの血―生い立ち　「試験という試験に落ちた」―不遇の学生時代　セールスマンへの道　メイザーって誰だ？　アメリカの金農夫とスパイ　ビッグアイデア　哲学のキングたち　真の教会　王様は城にいる　大規模合併と誇大妄想　エンターテインメントという名の病　奇妙なひっかかり
〔09999〕

ロミ　Romi

◇三面記事の歴史（Histoire des cinq siècle de faits divers）　ロミ著, 土屋和之訳　国書刊行会　2013.9　384p 図版12p　22cm　〈文献あり〉3800円　①978-4-336-05746-4
内容 第1章 三面記事と文明　第2章 三面記事の発展　第3章 新聞と三面記事　第4章 三面記事商店街　第5章 政治利用された三面記事　第6章 三面記事からつくられた芸術や文学
〔10000〕

ローム, ダン　Roam, Dan

◇4日で使える実践！ 超ビジュアルシンキング（Unfolding the napkin）　ダン・ローム著, 小川敏子訳　講談社　2011.6　349p　23cm　2200円　①978-4-06-215962-3
内容 はじめに『超ビジュアルシンキング』を実践するために（『超ビジュアルシンキング』の実践用テキストをつくる目的とは？　問題を解決するための絵を描くガイドブック ほか）　第1日目 見る（めざすは首都ワシントンDC　ナプキンに初めて絵を描く ほか）　第2日目 視る（マッキンゼーとレゴ「なに」の力　問

題をどのように視るのか ほか）　第3日目 想像する（つぎの刃　ワインボトルのコルクはどうすれば抜けるのか？ ほか）　第4日目 見せる（ビジネスの現場で「不完全な」絵をどのように描くのか？　まちがいのない構成—SQVIDの第3の利用法 ほか）　〔*10001*〕

ロメロ, オスカー

◇近代カトリックの説教　高柳俊一編　教文館　2012.8　458p　21cm　（シリーズ・世界の説教）　4300円　①978-4-7642-7338-2

内容 最後の説教（オスカー・ロメロ述, 高柳俊一訳）　〔*10002*〕

ローヤーン, ユルゲン

◇マルクス抜粋ノートからマルクスを読む—MEGA第4部門の編集と所収ノートの研究　大谷禎之介, 平子友長編　桜井書店　2013.10　364p　22cm　4700円　①978-4-905261-14-8

内容 どのようにしてひとつの理論が姿を現わしたか（ユルゲン・ローヤーン著, 佐々木隆治, 李承駿, 大谷禎之介訳）　〔*10003*〕

ロー＝ヨハンソン, イーヴァル　Lo-Johansson, Ivar

◇スウェーデン ： 高齢者福祉改革の原点—ルポルタージュからの問題提起（Ålderdoms-Sverige）　イーヴァル・ロー＝ヨハンソン〔著〕, 西下彰俊, 兼松麻紀子, 渡辺博明編訳　新評論　2013.1　216p　22cm　〈文献あり〉2800円　①978-4-7948-0923-0

内容 スウェーデンの高齢化　エッテステューパとエッテクルッバ　スウェーデンの老人ホーム　老人ホームの精神　老年の恋慕と孤独　老人ホームの抵抗者達　高齢者の組合　ラップ人の老人ホーム　高齢者問題の危機　世代間戦争〔ほか〕　〔*10004*〕

ローラン, エロワ　Laurent, Éloi

◇繁栄の呪縛を超えて—貧困なき発展の経済学（LA NOUVELLE ÉCOLOGIE POLITIQUE）　ジャン＝ポール・フィトゥシ, エロワ・ローラン著, 林昌宏訳　新泉社　2013.8　200p　20cm　（社会思想選書）　1900円　①978-4-7877-1312-4

内容 序章 繁栄の呪縛　第1章 マルサスの罠—有限性の経済学　第2章 二つの時間の矢—動態経済学　第3章 社会正義の分配—開かれた経済学　終章「文明病」を超えて—人類の幸福とアリの暮らし　補論1 経済発展と自由　補論2 中国とインド—民主主義・発展・環境危機　日本語版解説 環境危機と金融危機　〔*10005*〕

ローランド, ポール　Roland, Paul

◇実践するカバラ—カバラコース完全マスター（The complete Kabbalah course）　ポール・ローランド著, サトー・ポーラ訳　出帆新社　2011.9　299p　19cm　〈文献あり〉2500円　①978-4-86103-085-7

内容 カバラの歴史　「天にあるごとく、地にも行なわれん」　小宇宙としての人間　聖典の神秘　心理の木　カバラの道　夢分析　自己能力開発のための実践的方法　サイキック能力の開発法　カバラと予言　上級ヴィジュアライゼーション（視覚化）の技術　グループでするワーク　〔*10006*〕

ローランド, マーク

◇学校と職場をつなぐキャリア教育改革—アメリカにおけるSchool-to-Work運動の挑戦（The school-to-work movement）　ウィリアム・J.スタル, ニコラス・M.サンダース編, 横井敏郎ほか訳　学事出版　2011.7　385p　21cm　3800円　①978-4-7619-1839-2

内容 各章の要約（マーク・ローランド著, 横井敏郎訳）　〔*10007*〕

ローリー, カリヤニ　Lawry, Kalyani

◇ただそれだけ—セイラー・ボブ・アダムソンの生涯と教え（Only that）　カリヤニ・ローリー著, 高木悠鼓訳　ナチュラルスピリット　2011.11　229p　19cm　1800円　①978-4-86451-022-6

内容 第1部 生涯—セイラー・ボブ・アダムソンの歩み（幼年期　水兵になる　羊毛刈りに行く　禁酒する ほか）　第2部 教え—講話、質疑応答、インタビューからの抜粋（少数の人だけのものではない　本質は非顕現であり、けっして変化したことがない　誰がその質問をしているのか？　間断なき瞑想ならざる瞑想 ほか）　〔*10008*〕

ローリー, クリス　Rowley, Chris

◇グローバル・ティーチャーの理論と実践—英国の大学とNGOによる教員養成と開発教育の試み（Developing the global teacher）　ミリアム・スタイナー編, 岩崎裕保, 湯本浩之監訳　明石書店　2011.7　540p　20cm　（明石ライブラリー 146）〈文献あり 索引あり〉5500円　①978-4-7503-3381-6

内容 グローバル教育における哲学的探究—「子どもたちのための哲学」の実践経験から（クリス・ローリー, ナイジェル・トーイ著, 湯本浩之訳）　〔*10009*〕

ローリー, ジェームズ

◇NLPイノベーション—〈変革〉をおこす6つのモデル＆アプリケーション（INNOVATIONS IN NLP FOR CHALLENGING TIMES）　L.マイケル・ホール, シェリー・ローズ・シャーベイ編, 足立桃子訳　春秋社　2013.3　324p　21cm　2800円　①978-4-393-36639-4

内容 シンボリック・モデリング—メタファーとクリーン・ランゲージの可能性（ジェームス・ローリー著）　〔*10010*〕

ローリンズ, C.E.　Rollins, Catherine E.

◇励ます技術（52 SIMPLE WAYS TO ENCOURAGE OTHERS（抄訳））　C.E.ローリンズ著, 弓場隆訳　ディスカヴァー・トゥエンティワン　2013.2　117p　19cm　〈「人を励ますのが苦手な人のための50の簡単な方法」（2009年刊）の改題・改訂〉1200円　①978-4-7993-1295-7

内容 第1部 人を励ますために「行動」する（日常の中に癒しの場をつくる　元気が出るメッセージを渡す　美しい物を贈る　ピンチのとき、そばにいる　努力している点を見つけてほめる ほか）　第2部 人を励ますために「言葉」をかける（「素敵ですね」　「ありがとう」　「素晴らしい！」　「あなたのことを思い出しました」　「手伝えることはありますか？」 ほか）　〔*10011*〕

ロールズ, ジョン　Rawls, John

◇ロールズ政治哲学史講義　1（Lectures on the

history of political philosophy）　ジョン・ロールズ〔著〕, サミュエル・フリーマン編, 斎藤純一, 佐藤正志, 山岡竜一, 谷沢正嗣, 高山裕二, 小田川大典訳　岩波書店　2011.9　444p　20cm　〈文献あり〉 3600円　①978-4-00-025818-0

内容 序論―政治哲学についての見解　ホッブズ（ホッブズの世俗的道徳主義と社会契約の役割　人間性と自然状態　実践的推論についてのホッブズの説明　主権者の役割と権力）　ロック（ロックの自然法の教義　正統な体制に関するロックの解釈　所有権と階級国家）　ヒューム（「原初契約について」　効用、正義、そして賢明な観察者）　ルソー（社会契約―その問題　社会契約―諸仮定と一般意志（一）　一般意志（二）と安定性の問題）　〔*10012*〕

◇ロールズ政治哲学史講義　2（Lectures on the history of political philosophy）　ジョン・ロールズ〔著〕, サミュエル・フリーマン編, 斎藤純一, 佐藤正志, 山岡竜一, 谷沢正嗣, 高山裕二, 小田川大典訳　岩波書店　2011.9　p447-852, 16p　20cm　〈文献あり 索引あり〉 3600円　①978-4-00-025819-7

内容 ミル（ミルの効用の考え方　正義についてのミルの説明　自由原理　全体として見たミルの教義）　マルクス（社会システムとしての資本主義に関するマルクスの見解　権利と正義についてのマルクスの構想　マルクスの理想―自由に連合した生産者たちの社会）　補遺（ヘンリー・シジウィック四講　ジョゼフ・バトラー五講）　〔*10013*〕

ロルドン, フレデリック　Lordon, Frédéric

◇なぜ私たちは、喜んで“資本主義の奴隷”になるのか？―新自由主義社会における欲望と隷属（CAPITALISME, DESIR ET SERVITUDE）　フレデリック・ロルドン著, 杉村昌昭訳　作品社　2012.11　270p　20cm　2400円　①978-4-86182-417-3

内容 なぜ私たちは、喜んで“資本主義の奴隷”になるのか？―新自由主義社会における欲望と隷属（ポスト近代の“奴隷制”としての新自由主義―資本による「実質的包摂」は、いかに機能しているのか？　なぜ私たちは、喜んで“資本主義の奴隷”になるのか？―「やりがい搾取」や「自己実現幻想」を超えて）　第1章 “何かをしたい/させたい”という欲望（何かをしたいという欲望　何かをさせたいという欲望―経営者と組み込み ほか）　第2章 人を“喜んで”労働させる方法（内在的な楽しい感情　合意のアポリア ほか）　第3章 “労働による支配”からの脱却をめざして（“合意”と支配　欲望の分割と無力感 ほか）　〔*10014*〕

ロルニック, ステファン　Rollnick, Stephen

◇動機づけ面接法　応用編（Motivational interviewing (2nd edition)）　ウイリアム・R.ミラー, ステファン・ロルニック編, 松島義博, 後藤恵, 猪野亜朗訳　星和書店　2012.9　291p　21cm　〈文献あり〉 3200円　①978-4-7911-0817-6

内容 主題の変奏曲―動機づけ面接法とその改作版（Stephen Rollnick, Jeff Allison, Sthephanie Ballasiotes, Tom Barth, Christopher C.Butler, Gary S.Rose, David B.Rosengren）　〔*10015*〕

ロルフフス, E.*　Rolfhus, Eric

◇WISC-IVの臨床的利用と解釈（WISC-IV clinical use and interpretation）　アウレリオ・プリフィテラ, ドナルド・H.サクロフスキー, ローレンス・G.ワイス編, 上野一彦監訳, 上野一彦, バーンズ亀山静子訳　日本文化科学社　2012.5　592p　22cm　〈文献あり〉 ①978-4-8210-6366-6

内容 WISC-IVのFSIQとGAIの臨床的解釈 他（Donald H.Saklofske, Aurelio Prifitera, Lawrence G. Weiss, Eric Rolfhus, Jianjun Zhu著, 上野一彦訳）　〔*10016*〕

ローレンス, アン・T.　Lawrence, Anne T.

◇企業と社会―企業戦略・公共政策・倫理　上（Business and society (10th ed.)）　J.E.ポスト, A.T.ローレンス, J.ウェーバー著, 松野弘, 小阪隆秀, 谷本寛治監訳　京都　ミネルヴァ書房　2012.3　390p　22cm　〈索引あり　文献あり〉 3800円　①978-4-623-05248-6

内容 第1部 社会のなかの企業　第2部 企業と社会環境　第3部 企業と倫理環境　第4部 グローバル社会のなかの企業と政府　第5部 企業と自然環境　第6部 企業と技術変化　〔*10017*〕

◇企業と社会―企業戦略・公共政策・倫理　下（Business and society (10th ed.)）　J.E.ポスト, A.T.ローレンス, J.ウェーバー著, 松野弘, 小阪隆秀, 谷本寛治監訳　京都　ミネルヴァ書房　2012.3　375p　22cm　〈索引あり　文献あり〉 3800円　①978-4-623-06078-8

内容 第7部 ステイクホルダーへの対応（株主とコーポレート・ガバナンス　消費者保護　コミュニティと企業　従業員と企業）　第8部 社会的課題事項（ダイバーシティと労働力　企業とメディア　新世紀とグローバルな社会的課題事項）　企業的社会政策の事例研究（オドワラ社と大腸菌の発生　ソルトレークシティとオリンピック招致をめぐる贈収賄スキャンダル　コロンビア/HCAとメディケア詐欺スキャンダル　タバコ協定　マイクロソフト社に対する反トラスト法違反訴訟事件　ダウ・コーニング社とシリコン製人工乳房論争　ナイキ社とオレゴン大学との論争　ナイジェリアのシェル石油　シェル社の変容）　〔*10018*〕

ロレンス, フェデリコ

◇国家と国民の歴史―ヴィジュアル版（HISTORIES OF NATIONS）　ピーター・ファタードー編, 猪口孝日本語版監修, 小林朋則訳　原書房　2012.11　320p　26cm　〈文献あり 索引あり〉 5800円　①978-4-562-04850-2

内容 アルゼンチン―100周年と200周年のあいだで（フェデリコ・ロレンス）　〔*10019*〕

ローレンス, ポール・R.　Lawrence, Paul R.

◇ハーバード・ビジネススクールの〈人間行動学〉講義―人を突き動かす4つの衝動（Driven）　ポール・R.ローレンス, ニティン・ノーリア著　大阪　ダイレクト出版　2013.6　383p　21cm　3800円　①978-4-904884-46-1　〔*10020*〕

ロレンス, D.H.　Lawrence, David Herbert

◇ちくま哲学の森　7　恋の歌　鶴見俊輔, 安野光雅, 森毅, 井上ひさし, 池内紀編　筑摩書房　2012.3　444p　15cm　1300円　①978-4-480-42867-7

内容 セックス対愛らしさ（D.H.ロレンス著, 伊藤整訳）　〔*10021*〕

ロ

ローレンツ, コンラート　Lorenz, Konrad

◇遊びと発達の心理学（Play and Development）　J.ピアジェ他著, 森楙監訳　名古屋　黎明書房　2013.6　207p　22cm　（精神医学選書 第11巻）〈文献あり〉3700円　①978-4-654-00161-3

内容 世代間の対立とその動物行動学的原因（コンラート・ローレンツ著, 森楙監訳, 阿部好策, 黒川久美, 植田ひとみ,Kyouko Muecke, 恒原睦子, 石崎昌子共訳）〔10022〕

ローレント, エミー・C.　Laurent, Amy C.

◇SCERTSモデル―自閉症スペクトラム障害の子どもたちのための包括的教育アプローチ　2巻　プログラムの計画と介入（The SCERTS model）　バリー・M.プリザント, エミー・M.ウェザビー, エミリー・ルービン, エミー・C.ローレント, パトリック・J.ライデル著, 長崎勤, 吉田仰希, 仲野真史訳　日本文化科学社　2012.2　404p　30cm　〈索引あり　文献あり〉9400円　①978-4-8210-7358-0

内容 1章 SCERTSモデルの教育実践へのガイド、パート1 ： 価値基準と基本原則、実践ガイドライン、目標設定、交流型支援　2章 SCERTSモデルの教育実践へのガイド、パート2 ： 交流型支援 ： 対人間支援と学習支援、ピアとの学習や遊び　3章 交流型支援 ： 家族支援と専門家間支援　4章 交流型支援の目標と社会コミュニケーションおよび情動調整の目標のリンク　5章 社会パートナー段階における社会コミュニケーション、情動調整、交流型支援の促進 ： アセスメントからプログラムの実行まで　6章 言語パートナー段階における社会コミュニケーション、情動調整、交流型支援の促進 ： アセスメントからプログラムの実行まで　7章 会話パートナー段階における社会コミュニケーション、情動調整、交流型支援の促進 ： アセスメントからプログラムの実行まで　〔10023〕

ロロフ, J.　Roloff, Jürgen

◇イエス―時代・生涯・思想（Jesus）　J.ロロフ著, 嶺重淑,A.ルスターホルツ訳　教文館　2011.3　182, 5p　19cm　〈文献あり 索引あり〉1500円　①978-4-7642-6689-6

内容 第1章 導入　第2章 資料とその評価　第3章 周辺世界の歴史的状況　第4章 同時代ユダヤ教の多様性におけるイエス　第5章 イエスの生涯の概要　第6章 イエスの活動のモチーフと視点　第7章 エルサレムでの最後の日々のドラマ　第8章 ナザレのイエスから教会のキリストへ　第9章 批判的コメント―メディア時代におけるイエス　〔10024〕

ローワー, バリー　Loewer, Barry

◇30秒で学ぶ哲学思想―思考を呼び起こす50の哲学思想（30-SECOND PHILOSOPHIES）　バリー・ローワー監修, ジュリアン・バジーニ, カティ・バローグ, ジェイムズ・ガーヴェイ, バリー・ローワー, ジェレミー・スタンルーム執筆, 寺田俊郎監訳, 佐良土茂樹, 津田良生, 中村信隆, 目黒広和訳　スタジオタッククリエイティブ　2013.3　159p　24cm　（Series 30 Seconds）〈文献あり 索引あり〉2500円　①978-4-88393-597-0　〔10025〕

ローン, ジム

◇史上最高のセミナー（Conversations with millionaires）　マイク・リットマン, ジェイソン・オーマン共著, 河本隆行監訳　ポケット版　きこ書房　2011.7　407p　17cm　〈述 ： ジム・ローンほか〉1200円　①978-4-87771-278-5

内容 人は自分が向かう方向に進み、自分が考える方向に向かうものなんだ（ジム・ローン述）〔10026〕

ロングマン, フィリップ

◇人口から読み解く国家の興亡―2020年の米欧中印露と日本（POPULATION DECLINE AND THE REMAKING OF GREAT POWER POLITICS）　スーザン・ヨシハラ, ダグラス・A.シルバ, ゴードン・G.チャンほか著, 米山伸郎訳　ビジネス社　2013.10　301p　20cm　1900円　①978-4-8284-1725-7

内容 世界の高齢化がもたらす地政学的影響（フィリップ・ロングマン著）〔10027〕

ロンドン, テッド　London, Ted

◇BOPビジネス市場共創の戦略（Next generation business strategies for the base of the pyramid）　スチュアート・L.ハート, テッド・ロンドン編著, 清川幸美訳　英治出版　2011.8　347p　20cm　2200円　①978-4-86276-111-8

内容 BOPと富を共創する 他（テッド・ロンドン, スチュアート・ハート著）〔10028〕

ロンバー, A.*　Lombard, Allan

◇シンプルIFRS（Applying IFRS for SMEs）　ブルース・マッケンジー他著, 河崎照行監訳　中央経済社　2011.7　552p　21cm　〈索引あり〉5800円　①978-4-502-44150-9

内容 中小企業版IFRSの範囲　諸概念及び広く認められた諸原則　財務諸表の表示　キャッシュ・フロー計算書　連結財務諸表及び個別財務諸表　企業結合及びのれん　会計方針、会計上の見積りの変更及び誤謬　棚卸資産　関連会社に対する投資　ジョイント・ベンチャーに対する投資〔ほか〕〔10029〕

ロンバウツ, サッシャ

◇環境犯罪学と犯罪分析（Environmental criminology and crime analysis）　リチャード・ウォートレイ, ロレイン・メイズロール編, 島田貴仁, 渡辺昭一監訳, 斉藤知範, 雨宮護, 菊池城治, 畑倫子訳　社会安全研究財団　2010.8　313p　26cm　〈文献あり〉①978-4-904181-13-3

内容 地理的プロファイリング（D.キム・ロスモ, サッシャ・ロンバウツ著, 菊池城治訳）〔10030〕

ロンバール, モーリス

◇叢書『アナール1929-2010』―歴史の対象と方法　2　1946-1957（Anthologie des Annales 1929-2010）　E.ル＝ロワ＝ラデュリ,A.ビュルギエール監修, 浜名優美監訳　L.ヴァランシ編, 池田祥英, 井上桜子, 尾河直哉, 北垣潔, 塚島真実, 平沢勝行訳　藤原書店　2011.6　460p　22cm　6800円　①978-4-89434-807-3

内容 経済的覇権を支えた貨幣（モーリス・ロンバール著, 平沢勝行訳）〔10031〕

ロ

ロンプ, G.　Romp, Graham

◇ゲーム理論とその経済学への応用（Game theory）　G.ロンプ著, 福住多一訳　シーエーピー出版　2011.6　364p　22cm　〈文献あり 索引あり〉 3500円　①978-4-904341-00-1

内容 ゲーム理論とは何か　静学的ゲーム理論　動学的ゲーム理論　寡占　参入阻止　新しい古典派マクロ経済学　ニューケインジアン・マクロ経済学　国際政策協調　戦略的貿易政策　環境経済学　実験経済学　ゲーム理論に対する批判　〔10032〕

【ワ】

ワイアット, スチュアート　Wyatt, Stuart

◇マネジメント絶対法則40（The secret laws of management）　スチュアート・ワイアット著, 中島早苗訳　大阪　創元社　2012.1　166p　19cm（創元社ビジネス）　1300円　①978-4-422-10111-8

内容 管理しつつ、リードせよ　デッドラインをすぐに決めない　割り込み仕事に「ノー」と言える人はいない　見えない的を射ることはできない　同時にできる仕事は7つまで　上司が2人いると生産性は半分になる　部下に好かれる上司は少ない　時間を見積もるときはかけ算を使え　だらだらムードは15分で定着する　嫌がっていても変化は起きる〔ほか〕　〔10033〕

ワイス, アントニオ・E.　Weiss, Antonio E.

◇ビジネスマンのための問題解決ハンドブック―知っておくべき「35」のテクニックとツール（KEY BUSINESS SOLUTIONS）　アントニオ・E.ワイス著, 梶川達也訳　ピアソン桐原　2012.10　242p　21cm　〈文献あり 索引あり〉 1900円　①978-4-86401-082-5

内容 1 OBTAIN問題解決プロセス（到達点の明確化　問題の細分化　仮説の検証　問題の分析　解決案を創出する　利害関係者と情報を共有する　利害関係者との関係を良好に維持する　チームメンバーとの関係を良好に維持する）　2 重要なビジネス手法とフレームワーク（重要なビジネス手法とフレームワーク）　〔10034〕

ワイス, エイミー・E.　Weiss, Amy E.

◇奇跡が起こる前世療法（MIRACLES HAPPEN）　ブライアン・L.ワイス, エイミー・E.ワイス著, 山川紘矢, 山川亜希子訳　PHP研究所　2013.1　377p　21cm　1700円　①978-4-569-80893-2

内容 私たちは皆つながっている　前世の証明　理解と癒し　感情的な痛みからの解放　身体の症状や病気を治す　悲しみを手放す　直感とそのほかの超能力について　さまざまな現象　永遠の間柄　動物が教えてくれる学び　愛に溢れた短い物語　霊的体験と神秘体験　〔10035〕

ワイス, ジョシュア・N.　Weiss, Joshua N.

◇最高の結果を生み出すハーバード流「話し方・聞き方」超入門（THE NEGOTIATOR IN YOU）　ジョシュア・N.ワイス著, 山田美明訳　徳間書店　2013.7　238p　19cm　1400円　①978-4-19-863631-9

内容 第1部 ビジネスを成功させる話し方・聞き方（固定観念や思い込みがコミュニケーションの障壁となる　「内部」と「外部」との話し合いを成功させる　「事実」という言葉に惑わされてはいけない ほか）　第2部 日常のコミュニケーション次第で、人生は豊かになる（家庭での会話に交渉術を生かす　感情をコントロールする　相手の価値観を理解する ほか）　第3部 思い通りに希望をかなえる交渉力（多岐にわたる話し合いや交渉の場面　相手の態度を対立から協調へ変える方法　誰にでも希望をかなえる資格がある ほか）　〔10036〕

ワイズ, スティーヴン・M.　Wise, Steven M.

◇個体と権利　2010-2011年度　嶋津格編　〔千葉〕　千葉大学大学院人文社会科学研究科　2012.2　71p　30cm　（人文社会科学研究科研究プロジェクト報告書 第243集）　〈文献あり〉

内容 コモン・ローにおける人以外の一部動物の基本権（Steven M.Wise著, 丸祐一訳）　〔10037〕

ワイズ, デイヴィッド　Wise, David

◇中国スパイ秘録―米中情報戦の真実（Tiger trap）　デイヴィッド・ワイズ著, 石川京子, 早川麻百合共訳　原書房　2012.2　373p　20cm　2400円　①978-4-562-04780-2

内容 千の砂粒　パーラーメイド　リクルート　二重のゲーム　読み終えたら完全に隠滅せよ　『ミスター・グローブ、大変だ！』　虎に乗って―中国と中性子爆弾　飛び込み　キンドレッド・スピリット　セゴパーム〔ほか〕　〔10038〕

ワイズ, ティム　Wise, Tim J.

◇アメリカ人種問題のジレンマ―オバマのカラー・ブラインド戦略のゆくえ（Colorblind）　ティム・ワイズ著, 脇浜義明訳　明石書店　2011.11　235p　20cm　（世界人権問題叢書 78）　〈索引あり〉 2900円　①978-4-7503-3499-8

内容 第1章 ポスト・レイシャル・リベラリズムの誕生と勝利（カラー・ブラインド・ユニバーサリズムと公共政策　バラク・オバマと人種超越レトリック）　第2章 ポスト・レイシャル・リベラリズムの問題点（人種間格差の現実　人種に基づく不当な扱い―継承された不利な立場と現行差別　被害者への責任転嫁―貧困の文化的思考法の不適切性　カラー・ブラインドによる人種差別の悪化　ポスト・レイシャル・リベラリズムは社会階級を語るが、白人の耳には人種が聞こえる―なぜポスト・レイシャル・リベラリズムは自分で自分の首を絞めることになるのか）　第3章 啓発された個人主義―進歩的に肌の色の違いを意識するアプローチのための一つのパラダイム（公正と平等へのキーワードとしての啓発された個人主義　啓発された個人主義実践）　〔10039〕

ワイス, ブライアン・L.　Weiss, Brian Leslie

◇奇跡が起こる前世療法（MIRACLES HAPPEN）　ブライアン・L.ワイス, エイミー・E.ワイス著, 山川紘矢, 山川亜希子訳　PHP研究所　2013.1　377p　21cm　1700円　①978-4-569-80893-2

内容 私たちは皆つながっている　前世の証明　理解と癒し　感情的な痛みからの解放　身体の症状や病気を治す　悲しみを手放す　直感とそのほかの超能力について　さまざまな現象　永遠の間柄　動物が教えてくれる学び　愛に溢れた短い物語　霊的体験と神秘体験　〔10040〕

ワ

ワイス, ローラ　Weiss, Laura B.

◇アイスクリームの歴史物語（Ice cream）　ローラ・ワイス著, 竹田円訳　原書房　2012.3　188p　20cm　（お菓子の図書館）〈文献あり〉2000円　①978-4-562-04785-7

内容 序章 みんながアイスを愛してる　第1章 アイスクリーム草創期　第2章 旧世界と新世界で　第3章 大衆化するアイスクリーム　第4章 アイスクリームの黄金時代　第5章 コーン・アイスクリームの誕生　第6章 大量生産の時代　第7章 新たなアイスクリームを求めて　〔10041〕

ワイス, ローレンス・G.　Weiss, Lawrence G.

◇WISC-IVの臨床的利用と解釈（WISC-IV clinical use and interpretation）　アウレリオ・プリフィテラ, ドナルド・H.サクロフスキー, ローレンス・G.ワイス編, 上野一彦監訳, 上野一彦, バーンズ亀山静子訳　日本文化科学社　2012.5　592p　22cm　〈文献あり〉①978-4-8210-6366-6

内容 WISC-IVのFSIQとGAIの臨床的解釈 他（Donald H.Saklofske, Aurelio Prifitera, Lawrence G. Weiss, Eric Rolfhus, Jianjun Zhu著, 上野一彦訳）　〔10042〕

ワイズマン, アラン　Weisman, Alan

◇滅亡へのカウントダウン—人口大爆発とわれわれの未来　上（COUNTDOWN）　アラン・ワイズマン著, 鬼沢忍訳　早川書房　2013.12　357p　20cm　〈索引あり〉2000円　①978-4-15-209425-4　〔10043〕

◇滅亡へのカウントダウン—人口大爆発とわれわれの未来　下（COUNTDOWN）　アラン・ワイズマン著, 鬼沢忍訳　早川書房　2013.12　364p　20cm　〈文献あり 索引あり〉2000円　①978-4-15-209426-1　〔10044〕

ワイズマン, ジェリー　Weissman, Jerry

◇「心を動かす」プレゼンテーション—実例から学ぶ80のヒント（PRESENTATIONS IN ACTION）　ジェリー・ワイズマン著, 武舎るみ, 武舎広幸訳　ピアソン桐原　2012.12　274p　19cm　〈索引あり〉1900円　①978-4-86401-123-5

内容 第1部 内容—何をどう話すか（『オズの魔法使』に学ぶ　オバマ大統領とYOU（皆さん）ほか）　第2部 ビジュアル資料—パワーポイントのスライドはこうデザインする（「プレゼンテーション＝文書」と思い込まない　問題なのは筆ではなく筆使い ほか）　第3部 伝えるスキル　言葉より雄弁なのは動作（新生児が学ぶ会話術　エドワード・R.マローに学ぶ ほか）　第4部 質疑応答—やっかいな質問のさばき方（即答は命取り「傾聴」についてオバマ大統領に学ぶ ほか）　第5部 仕上げ—すべての要素を一つに（群盲象を評す　スライドと「グロータル・ストップ」ほか）　〔10045〕

ワイズマン, ニコラス・パトリック・スティーヴン

◇近代カトリックの説教　高柳俊一編　教文館　2012.8　458p　21cm　（シリーズ・世界の説教）4300円　①978-4-7642-7338-2

内容 タボルとオリーブ（ニコラス・パトリック・スティーヴン・ワイズマン述, 高柳俊一訳）　〔10046〕

ワイズマン, ファブリス　Weissman, Fabrice

◇人道的交渉の現場から—国境なき医師団の葛藤と選択（Agir à tout prix？）　クレール・マゴン, ミカエル・ノイマン, ファブリス・ワイズマン編著, リングァ・ギルド他訳　小学館スクウェア　2012.11　419p　19cm　1429円　①978-4-7979-8739-3

内容 沈黙は癒す…—冷戦からテロに対する戦いまでについてMSFが語る/歴史の回顧 他（ファブリス・ワイズマン著）　〔10047〕

ワイズマン, リチャード　Wiseman, Richard John

◇運のいい人の法則（The luck factor）　リチャード・ワイズマン〔著〕, 矢羽野薫訳　角川書店　2011.10　316p　15cm　（角川文庫 16986）〈『運のいい人、悪い人』（2004年刊）の改題　発売：角川グループパブリッシング〉705円　①978-4-04-298225-8

内容 1 あなたは運のいい人？（運のパワー　ラッキーな人生、アンラッキーな人生）　2 運を鍛える四つの法則（チャンスを最大限に広げる　虫の知らせを聞き逃さない　幸運を期待する　不運を幸運に変える）　3 幸運な人生をつかむために（幸運のレッスン　幸運のワークショップ　より幸せな人生をめざして）　〔10048〕

◇超常現象の科学—なぜ人は幽霊が見えるのか（Paranormality）　リチャード・ワイズマン著, 木村博江訳　文芸春秋　2012.2　317p　20cm　〈文献あり〉1550円　①978-4-16-374920-4

内容 あなたの知らない世界へ　第1章 占い師のバケの皮をはぐ　第2章 幽体離脱の真実　第3章 念力のトリック　第4章 霊媒師のからくり　第5章 幽霊の正体　第6章 マインドコントロール　第7章 予知能力の真偽　特別付録 これであなたも超能力者　〔10049〕

◇その科学が成功を決める（59 SECONDS）　リチャード・ワイズマン著, 木村博江訳　文芸春秋　2012.9　350p　16cm　（文春文庫 S10-1）〈文献あり〉695円　①978-4-16-765184-8

内容 実験1「自己啓発」はあなたを不幸にする！—「自己啓発」を実践している人は、何もしない人より幸福度が低いという衝撃のデータ　実験2「面接マニュアル」は役立たずだった！—「ヘマをしたほうが好感度がアップする」という米デューク大学の大規模調査　実験3 イメージトレーニングは逆効果—ペンシルヴェニア大学研究室発「プラス思考が人生を暗くする！」　実験4 まちがいだらけの創造力向上ノウハウ—オランダでの研究成果「暗示をかけるだけで人は創造的になれる」　実験5 婚活サイトに騙されるな—ノースウエスタン大学発「大勢にモテようとする女は敬遠される」　実験6 ストレス解消法のウソ—アイオワ州立大の研究では「カラオケは逆効果」　実験7 離婚の危機に瀕しているあなたに—「夫婦間の話し合いは効果なし」ワシントン大学調査が下した冷徹な事実　実験8 決断力の罠—「集団で行う意思決定はリスクが高い」というMITの実験結果　実験9「ほめる教育」の落とし穴—コロンビア大学発「ほめられて育った子どもは失敗を極度に恐れるようになる」　実験10 心理テストの虚と実—アテにならないこれだけの科学的根拠　〔10050〕

◇その科学があなたを変える（RIP IT UP）　リチャード・ワイズマン著, 木村博江訳　文芸春秋　2013.10　342, 13p　20cm　〈文献あり〉1750円　①978-4-16-376750-5

内容 第1章 その科学が幸せを変える 第2章 その科学が愛を変える 第3章 その科学が悩みを変える 第4章 その科学がやる気を変える 第5章 その科学が説得力を変える 第6章 その科学があなたを変える 〔10051〕

ワイスマン, ロジャー

◇子どもの問題行動への理解と対応―里親のためのフォスタリングチェンジ・ハンドブック (Managing Difficult Behaviour) クレア・パレット, キャシー・ブラッケビィ, ウィリアム・ユール, ロジャー・ワイスマン, スティーヴン・スコット著, 上鹿渡和宏訳 福村出版 2013.12 143p 26cm 1600円 ①978-4-571-42054-2 〔10052〕

ワイナー, エリック Weiner, Eric

◇世界しあわせ紀行 (THE GEOGRAPHY OF BLISS) エリック・ワイナー著, 関根光宏訳 早川書房 2012.10 438p 19cm 2300円 ①978-4-15-209329-5

内容 1章 オランダ―幸せは数値 2章 スイス―幸せは退屈 3章 ブータン―幸せは国是 4章 カタール―幸せは当たりくじ 5章 アイスランド―幸せは失敗 6章 モルドバ―幸せは別の場所に 7章 タイ―幸せとは何も考えないこと 8章 イギリス―幸せは不完成 9章 インド―幸せは矛盾する 10章 アメリカ―幸せは安住の地に 〔10053〕

ワイナー, ティム Weiner, Tim

◇CIA秘録―その誕生から今日まで 上 (Legacy of ashes) ティム・ワイナー著, 藤田博司, 山田侑平, 佐藤信行訳 文芸春秋 2011.8 608p 16cm (文春文庫) 1048円 ①978-4-16-765176-3

内容 第1部 トルーマン時代―1945‐1953 (「諜報はグローバルでなくては」誕生前 「力の論理」創設期 「火をもって火を制す」マーシャル・プラン 「最高の機密」秘密工作の始まり 「盲目のお金持ち」鉄のカーテン 「あれは自殺作戦だ」朝鮮戦争 「広大な幻想の荒野」尋問実験「ウルトラ」) 第2部 アイゼンハワー時代―1953‐1961 (「わが方に計画なし」スターリン死す 「CIAの唯一、最大の勝利」イラン・モサデク政権転覆 「爆撃につぐ爆撃」グアテマラ・クーデター工作 「そして嵐に見舞われる」ベルリン・トンネル作戦 「別のやり方でやった」自民党への秘密献金 「盲目を求める」ハンガリー動乱 「不器用な作戦」イラク・バース党 「非常に不思議な戦争」スカルノ政権打倒 「下にも上にもうそをついた」カストロ暗殺計画) 第3部 ケネディ、ジョンソン時代―1961‐1968 (「どうしていいか、だれにも分からなかった」ピッグズ湾侵攻作戦 「われわれは自らも騙した」キューバ・ミサイル危機1 「喜んでミサイルを交換しよう」キューバ・ミサイル危機2 「親分、仕事はうまくやったでしょう」ゴ・ディン・ディエム暗殺 「陰謀だと思った」ケネディ暗殺 「不吉な漂流」トンキン湾事件) 〔10054〕

◇CIA秘録―その誕生から今日まで 下 (Legacy of ashes) ティム・ワイナー著, 藤田博司, 山田侑平, 佐藤信行訳 文芸春秋 2011.8 604p 16cm (文春文庫) 1048円 ①978-4-16-765177-0

内容 第3部 (承前) ケネディ、ジョンソン時代―1961‐1968 (「知恵よりも勇気」マコーンの辞任 「長い下り坂の始まり」新長官、ラオス、タイ、インドネシア 「その時、戦争に勝てないことを知った」ベトナムからの報告 「政治的な水爆」チェ・ゲバラ捕獲 「外国の共産主義者を追い詰める」ベトナム反戦運動) 第4部 ニクソン、フォード時代―1968‐1977 (「あの間抜けどもは何をしているのだ」ニクソンとキッシンジャー 「米政府は軍事的解決を望む」チリ、アジェンデ政権の転覆 「ひどいことになるだろう」ウォーターゲート事件 「秘密機関の概念を変える」シュレジンジャーの挫折 「古典的なファシストの典型」キプロス紛争 「CIAは崩壊するだろう」議会による調査 「サイゴン放棄」サイゴン陥落 「無能で怯えている」ブッシュ新長官) 第5部 カーター、レーガン、ブッシュ・シニア時代―1977‐1993 (「カーターは体制の転覆を図っている」カーター人権外交 「ただぐっすり寝込んでいたのだ」イラン革命 「野放図な山師」ソ連のアフガニスタン侵攻 「危険なやり方で」レバノン危機 「ケーシーは大きな危険を冒していた」イラン・コントラ事件1 「詐欺師のなかの詐欺師」イラン・コントラ事件2 「考えられないことを考える」ソ連の後退 「壁が崩れるときどうするか」湾岸戦争とソ連崩壊) 第6部 クリントン、ブッシュ時代―1993‐2007 (「われわれにはまったく事実がなかった」ソマリア暴動 「一体全体どうして分からなかったのか」エームズ事件 「経済的な安全保障のやめのスパイ」日米自動車交渉 「厄介な事態に陥っている」ウサマ・ビンラディンの登場 「これほど現実的な脅威はあり得ないだろう」9.11への序曲 「暗黒の中へ」ビンラディン捕獲作戦 「重大な間違い」イラク大量破壊兵器 「葬儀」灰の遺産) 〔10055〕

ワイニンガー, E.B. Weininger, Elliot B.

◇グローバル化・社会変動と教育 2 文化と不平等の教育社会学 (EDUCATION, GLOBALIZATION AND SOCIAL CHANGE (抄訳)) ヒュー・ローダー, フィリップ・ブラウン, ジョアンヌ・ディラボー, A.H.ハルゼー編, 苅谷剛彦, 志水宏吉, 小玉重夫編訳 東京大学出版会 2012.5 370p 22cm 〈文献あり〉 4800円 ①978-4-13-051318-0

内容 社会的紐帯から社会関係資本へ (E.M.ホーヴァット, E.B.ワイニンガー, A.ラロー著, 稲垣恭子訳) 〔10056〕

ワイブラウ, アリソン Whybrow, Alison

◇コーチング心理学ハンドブック (Handbook of coaching psychology) スティーブン・パーマー, アリソン・ワイブラウ編著, 堀正監修・監訳, 自己心理学研究会訳 金子書房 2011.7 550p 22cm 〈文献あり〉 12000円 ①978-4-7608-2361-1

内容 コーチング心理学とは何か 第1部 コーチング心理学の射程と研究 (過去、現在そして未来―プロフェッショナルコーチングとコーチング心理学の発展 ポジティブ心理学とコーチング心理学の統合―前提と熱望を共有しているか？ ほか) 第2部 コーチング心理学：さまざまなアプローチ (行動コーチング 認知行動コーチング―統合的アプローチ ほか) 第3部 コーチングとコーチング心理学において、関係、多様性そして発展を理解する (コーチ‐クライエント関係の再検討―コーチングにおける目立ちにくい変化主体 コーチ育成のための認知発達的アプローチ ほか) 第4部 持続する実践 (組織内にコーチングの取り組みを組み込んで維持していくための概念 コーチング心理学にスーパービジョンは必要か？) 〔10057〕

ワイブル, エイドリアン　Wible, Adrian

◇プロジェクト・マネジャーが知るべき97のこと（97 things every project manager should know）　Barbee Davis編, 笹井崇司訳, 神庭弘年監修　オライリー・ジャパン　2011.11　240p　21cm　〈発売：オーム社〉1900円　①978-4-87311-510-8

内容　Wikiを使う　他（エイドリアン・ワイブル）〔10058〕

ワイブレイ, R.N.　Whybray, Roger Norman

◇イザヤ書40-66章（Isaiah 40-66）　R.N.ワイブレイ著, 高柳富夫訳　日本キリスト教団出版局　2012.12　376p　22cm　（ニューセンチュリー聖書注解）〈文献あり 索引あり〉6200円　①978-4-8184-0843-2

内容　緒論（本書の区分　第二イザヤ　第三イザヤ　40-66章の本文 ほか）　注解（40章-55章（預言者の召命と委任（40：1-8）　良い知らせの告知（40：9-11）　創造者にして歴史の主（40：12-17）ほか）　56章-66章（真実の神の民（56：1-8）　無価値な指導者たちと偶像崇拝者たち（56：9-57：13）　へりくだる者への慰め（57：14-21）ほか））〔10059〕

◇コヘレトの言葉（Ecclesiastes）　R.N.ワイブレイ著, 加藤久美子訳　日本キリスト教団出版局　2013.2　301p　22cm　（ニューセンチュリー聖書注解）〈文献あり 索引あり〉4600円　①978-4-8184-0847-0

内容　表題（1：1）「空虚の空虚（新共同訳「なんという空しさ」）」（1：2-3）　自然の絶え間なき循環（1：4-11）「ソロモン」の遺言（1：12-2：26）　人は自分の時を知らない（3：1-15）　裁きはどこに見いだされるか（3：16-22）　虐げられた者の窮状（4：1-3）　働きすぎの愚かさ（4：4-6）　守銭奴（4：7-8）　ひとりよりもふたりがよい（4：9-12）〔ほか〕〔10060〕

ワイルド, スチュワート　Wilde, Stuart

◇ザ・クイックニング―人生をコントロールする見えない力（The quickening）　スチュワート・ワイルド著, 石井裕之訳　フォレスト出版　2011.3　225p　20cm　1500円　①978-4-89451-435-5

内容　第1章 使えない「スピリチュアル」はもういらない　第2章 他人の心に入りこむ「ターボ思考」とは？　第3章 透明人間になる方法　第4章 時間を操作する方法　第5章 エーテルを強化するトレーニング　第6章 クイックニングを加速する　第7章 ターボ思考のトレーニング〔10061〕

ワカタベ, マサズミ　若田部 昌澄

◇グンナー・ミュルダール―ある知識人の生涯（Gunnar Myrdal）　ウィリアム・J.バーバー著, 藤田菜々子訳　勁草書房　2011.5　282, 20p　20cm　（経済学の偉大な思想家たち 1　田中秀臣, 若田部昌澄監修）〈文献あり〉3500円　①978-4-326-59891-5

内容　第1章 幼少時と初期の知的影響　第2章 正統派に対する初期の挑戦―『経済学説と政治的要素』（初版一九三〇年）　第3章 マクロ経済の不安定性を理論化する―『貨幣的均衡』（一九三二、一九三三、一九三九年版）　第4章 一九三〇年代に反景気循環的財政政策を構築する　第5章 一九三〇年代における人口問題とスウェーデン社会政策　第6章『アメリカのジレンマ―黒人問題と現代民主主義』（一九四四年）　第7章 商務大臣と戦後スウェーデンでの経済政策立案、一九四四-一九四七年　第8章 国際公務員と国際経済の研究、一九四七-一九五七年　第9章『アジアのドラマ―諸国民の貧困に関する一研究』（一九六八年）　第10章 一九六〇年代・一九七〇年代における富裕国および貧困国への経済政策提言〔10062〕

ワクテル, ポール・L.

◇変容する臨床家―現代アメリカを代表するセラピスト16人が語る心理療法統合へのアプローチ（HOW THERAPISTS CHANGE）　マービン・R.ゴールドフリード編, 岩壁茂, 平木典子, 福島哲夫, 野末武義, 中釜洋子監訳, 門脇陽子, 森田由美訳　福村出版　2013.10　415p　22cm　〈索引あり〉5000円　①978-4-571-24052-2

内容　自己欺瞞に関する〈必然的に〉自己欺瞞的な回想（ポール・L.ワクテル著）〔10063〕

ワーグナー, ヴィレム・A.　Wagenaar, Willem A.

◇ヒルガードの心理学（ATKINSON & HILGARD'S INTRODUCTION TO PSYCHOLOGY（原著第15版））　Susan Nolen-Hoeksema,Barbara L.Fredrickson,Geoff R. Loftus,Willem A.Wagenaar著, 内田一成監訳　金剛出版　2012.6　1181p　27cm　〈布装　文献あり 索引あり〉22000円　①978-4-7724-1233-9

内容　心理学の特徴　心理学の生物学的基礎　心理発達　感覚過程　知覚　意識　学習と条件づけ　記憶　言語と思考　動機づけ　感情　知能　人格　ストレス、健康、コーピング　心理障害　メンタルヘルス問題の治療　社会的影響　社会的認知〔10064〕

ワーグナー, フリーデリント　Wagner, Friedelind

◇炎の遺産―リヒャルト・ワーグナーの孫娘の物語（Heritage of fire）　フリーデリント・ワーグナー, ページ・クーパー著, 北村充史訳　論創社　2011.9　332p　19cm　2500円　①978-4-8460-0930-4

内容　救国者が来た日　シンデレラ・チャイルド　バイロイト・フェスティバル　コージマは思い出す　家族で行列行進曲　父にはわたしが必要　指揮台をめぐる戦い　父の一周忌　ラズベリー・シロップで忠誠乾杯　ベルリンの休日〔ほか〕〔10065〕

ワーグナー, C.*　Wagner, Christopher C.

◇動機づけ面接法　応用編（Motivational interviewing（2nd edition））　ウイリアム・R.ミラー, ステファン・ロルニック編, 松島義博, 後藤恵, 猪野亜朗訳　星和書店　2012.9　291p　21cm　〈文献あり〉3200円　①978-4-7911-0817-6

内容　動機づけ面接法における価値観の役割（Christopher C.Wagner, Francisco P.Sanchez）〔10066〕

ワゴナー, ポール　Waggoner, Paul

◇プロジェクト・マネジャーが知るべき97のこと（97 things every project manager should know）　Barbee Davis編, 笹井崇司訳, 神庭弘年監修　オライリー・ジャパン　2011.11　240p　21cm　〈発売：オーム社〉1900円　①978-4-87311-510-8

内容 プロジェクトマネジメントの三位一体 他（ポール・ワゴナー）〔10067〕

ワース, ボブ

◇西オーストラリア - 日本（にっぽん）交流史―永遠の友情に向かって（An enduring friendship）デイビッド・ブラック, 曽根幸子編著, 有吉宏之, 曽根幸子監訳　日本評論社　2012.2　391p　22cm　〈タイトル：西オーストラリアー日本交流史〉3000円　①978-4-535-58613-0

内容 鉄の絆（ボブ・ワース著）〔10068〕

ワース, ルイス

◇都市社会学セレクション　第1巻　近代アーバニズム　松本康編　日本評論社　2011.9　232p　22cm　3500円　①978-4-535-58592-8

内容 生活様式としてのアーバニズム（ルイス・ワース著, 松本康訳）〔10069〕

ワーズディン, ハワード・E.　Wasdin, Howard E.

◇極秘特殊部隊シール・チーム・シックス―ビンラディン暗殺！：あるエリート・スナイパーの告白（SEAL TEAM SIX）ハワード・E.ワーズディン, スティーブン・テンプリン著, 伏見威蕃訳　朝日新聞出版　2012.8　415p　20cm　2200円　①978-4-02-331105-3

内容 第1部（遠くから敵を撃つ　一撃必中　苦労は子どもを鍛える　ソ連の潜水艦と緑色の英雄　安楽な日はきのうだけだ　SEALチーム2　砂漠の嵐）第2部（SEALチーム6　復活したスナイパー　CIAの隠れ家―アイディド狩り　アイディドの邪悪な守護神を捕らえる　モガディシュ在空監視任務）第3部（モガディシュの戦い　復活　大使暗殺脅迫　陸にあがったSEAL：治癒）〔10070〕

ワースリー, ルーシー　Worsley, Lucy

◇暮らしのイギリス史―王侯から庶民まで（IF WALLS COULD TALK）ルーシー・ワースリー著, 中島俊郎, 玉井史絵訳　NTT出版　2013.1　364p 図版16p　22cm　〈文献あり 索引あり〉3600円　①978-4-7571-4292-3

内容 第1部 寝室の歴史―なぜ見知らぬ者同士が同じベッドで寝たのか？（ベッドの歴史　出産　授乳　下着　クロゼット　病気　セックス　妊娠　性癖　性病　夜着　国王の心室　睡眠　暗殺）第2部 浴室の歴史―なぜ水洗便所は開発から普及まで二百五十年もかかったのか？（浴室の衰退　入浴復活　浴室誕生　歯磨き　整髪　化粧　便所　水洗便所　落し紙　月経）第3部 居間の歴史―なぜランプ磨きは召使たちに嫌われたのか？（寛ぎ　過剰装飾　暖房と照明　召使　掃除　儀礼　歓待　恋愛　葬儀）第4部 台所の歴史―なぜ富裕者は果物に食指を動かさないのか？（調理人　台所　悪臭　料理　冷蔵庫　食事時間　嗜好品　食物　食事作法　ソース　酩酊　皿洗い）〔10071〕

ワースレイ, ピーター　Worsley, Peter

◇千年王国と未開社会―メラネシアのカーゴ・カルト運動（THE TRUMPET SHALL SOUND：A Study of 'Cargo' Cults in Melanesia）ピーター・ワースレイ著, 吉田正紀訳　紀伊国屋書店　2012.5　422p　19cm　（文化人類学叢書）4600円　①978-4-314-00345-2

内容 第1章 フィージィーのトゥカ運動　第2章 千年王国主義と社会変化　第3章 ニューギニアにおける初期の宗教運動　第4章 ヴァイララ狂信　第5章 カーゴ・カルト運動の拡大と発展　第6章 運動の継続―ブカ島の場合　第7章 日本軍の到来　第8章 ニューヘブリディーズ諸島の宗教運動　第9章 千年王国から政治へ　第10章 転換期　結論　付録〔10072〕

ワックス, レイモンド　Wacks, Raymond

◇法哲学（Philosophy of law）レイモンド・ワックス〔著〕, 中山竜一, 橋本祐子, 松島裕一訳　岩波書店　2011.3　189, 9p　19cm　（1冊でわかる）〈解説：中山竜一　文献あり〉1800円　①978-4-00-026902-5

内容 序説　1 自然法　2 法実証主義　3 解釈としての法　4 権利と正義　5 法と社会　6 批判的法理論〔10073〕

ワッツ, ジョナサン　Watts, Jonathan

◇寄り添いの死生学―外国人が語る"浄土"の魅力（Never die alone）ジョナサン・ワッツ, 戸松義晴編　京都　浄土宗　2011.9　221p　19cm　1500円　①978-4-88363-054-7

内容 "浄土"はおとぎばなしの世界？　それとも真実？（ジョナサン・ワッツ, 戸松義晴著）〔10074〕

ワッツ, ローラ

◇成年後見法における自律と保護―成年後見法世界会議講演録　新井誠監修, 2010年成年後見法世界会議組織委員会編, 紺野包子訳　日本評論社　2012.8　319p　21cm　〈英語抄訳付〉5600円　①978-4-535-51865-0

内容 高齢者および後見における調停 他（ローラ・ワッツ著）〔10075〕

ワット, マイケル

◇エビデンスに基づく教育政策（EVIDENCE-BASED EDUCATION POLICY）D.ブリッジ, P.スメイヤー, R.スミス編著, 柘植雅義, 葉養正明, 加治佐哲也編訳　勁草書房　2013.11　270p　21cm　〈索引あり〉3600円　①978-4-326-25092-9

内容 教育研究及び政策（デビッド・ブリッジ, マイケル・ワット著, 柘植雅義訳）〔10076〕

ワツラウィック, ポール　Watzlawick, Paul

◇変化の原理―問題の形成と解決（Change）ポール・ワツラウィック, ジョン・H.ウィークランド, リチャード・フィッシュ著, 長谷川啓三訳　新装版　法政大学出版局　2011.11　221, 14p　20cm　（りぶらりあ選書）〈索引あり　文献あり〉2700円　①978-4-588-02303-3

内容 第1部 持続と変化（理論的な見通し　実践的な見通し）第2部 問題形成（「同じことの繰返し」もしくは解決が問題になってしまう時　極端な問題軽視　ユートピア・シンドローム　パラドクス）第3部 問題解決（第二次変化　リフレイミング技法　変化の実践　変化の実践―事例検討　さらなる見通し）〔10077〕

◇解決が問題である―MRIブリーフセラピー・センターセレクション（Focused problem resolution）リチャード・フィッシュ, ウェンデル・A.レイ, カリーン・シュランガー編, 小森康

永監訳　金剛出版　2011.12　349p　20cm　4800円　Ⓘ978-4-7724-1226-1

内容 家族療法家らしくない人々について(一九七二)他(リチャード・フィッシュ, ポール・ワツラウィック, ジョン・H.ウィークランド, アーサー・ボーディン)　〔10078〕

ワデキ, アダム・A.　Wadecki, Adam A.

◇プライベート・エクイティ (Private equity)　ハリー・チェンドロフスキー, ジェームズ・P.マーティン, ルイス・W.ペトロ, アダム・A.ワデキ編著, 若杉敬明監訳, 森順次, 藤村武史訳　中央経済社　2011.11　364p　22cm〈索引あり〉　4600円　Ⓘ978-4-502-68950-5

内容 第1部 プライベート・エクイティの歴史(プライベート・エクイティのプロセス　プライベート・エクイティ業界の特徴 ほか)　第2部 プライベート・エクイティのガバナンス(プライベート・エクイティのガバナンス・モデル　内部統制の価値 ほか)　第3部 プライベート・エクイティのオペレーション(組織と人間との対比　リーン方式への転換の開始 ほか)　第4部 プライベート・エクイティの投資における留意点(プライベート・エクイティ・ファンドとポートフォリオ企業投資　エグジット戦略における法律的考察 : IPO対トレードセールス ほか)　〔10079〕

ワテル, ポール　Wachtel, Paul

◇金融規制のグランドデザイン―次の「危機」の前に学ぶべきこと (Restoring financial stability)　ヴィラル・V.アチャリア, マシュー・リチャードソン編著, 大村敬一監訳, 池田竜哉, 増原剛輝, 山崎洋一, 安藤祐介訳　中央経済社　2011.3　488p　22cm〈文献あり〉5800円　Ⓘ978-4-502-68200-1

内容 金融セクター規制の国際連携(ヴィラル・V.アチャリア, ポール・ワテル, インゴ・ウォルター)　〔10080〕

ワード, スザン　Ward, Suzanne

◇新しい時代への輝き―この激動の時代を理解するために (Illuminations for a new era)　スザン・ワード著, 森田玄訳　ナチュラルスピリット　2011.8　469p　19cm　(マシュー・ブック 3)　2200円　Ⓘ978-4-86451-014-1

内容 1 今まさに大切なこと　2 さらなる輝き　3 神との会話　4 ほかの世界からのメッセージ　5 マシューの近況　6 戦争　〔10081〕

◇宇宙の声―あなたの声は宇宙に響くそれに愛を込めよう (VOICES OF THE UNIVERSE)　スザン・ワード著, 森田玄訳　ナチュラルスピリット　2012.12　334p　19cm　(マシュー・ブック 4)　1700円　Ⓘ978-4-86451-070-7

内容 1 地球を超えた声　2 地球の声　3 共時性　4 さらなるマシューのメッセージ　5 地球外からの声　6 愛のパワー　〔10082〕

ワトキンス, ジョン・G.　Watkins, John Goodrich

◇治療的自己―治療を効果的に進めるための医療者の心得 (The Therapeutic Self)　ジョン・G.ワトキンス著, 日本心療内科学会治療的自己評価基準作成委員会訳　アドスリー　2013.5　286p　21cm〈索引あり　発売 : 丸善出版〉3000円　Ⓘ978-4-904419-43-4

内容 第1部 治療的自己の概念の起源(原著第1部)　第2部 代表的な心理療法の立場から(原著第2部)　第3部 自己について(原著第3部)　第4部 治療的自己についての理論的枠組み(原著第5部)　第5部 実験結果(原著第6部)　第6部 まとめと展望(原著第8部)　〔10083〕

ワトキンス, マイケル・D.　Watkins, Michael D.

◇予測できた危機をなぜ防げなかったのか?―組織・リーダーが克服すべき3つの障壁 (Predictable surprises)　マックス・H.ベイザーマン, マイケル・D.ワトキンス著, 奥村哲史訳　東洋経済新報社　2011.12　323p　22cm〈索引あり　文献あり〉2800円　Ⓘ978-4-492-50229-7

内容 予見可能な危機とは何か　第1部 予見可能な危機のプロトタイプ(9・11 : 予見可能な危機を無視するコスト　エンロン破綻と監査法人独立性の欠陥)　第2部 気がついていることに、なぜアクションをとらないのか(認知要因 : 人間のバイアスの作用　組織要因 : 構造的欠陥の役割　政治要因 : 特殊利益団体の役割)　第3部 予見可能な危機を予防する(認識 : 発生する脅威をより早く確認する　優先順位をつける : 適切な問題に集中する　動員 : 予防措置への支援を築く　将来の予見可能な危機)　〔10084〕

ワトキンズ, ロナルド

◇世界探検家列伝―海・河川・砂漠・極地、そして宇宙へ (The great explorers)　ロビン・ハンベリーテニソン編著, 植松靖夫訳　悠書館　2011.9　303p　26cm〈文献あり 索引あり〉9500円　Ⓘ978-4-903487-49-6

内容 ヴァスコ・ダ・ガマ―海路にてインドへ(ロナルド・ワトキンズ)　〔10085〕

ワトキンス, M.*　Watkins, Marley W.

◇WISC-IVの臨床的利用と解釈 (WISC-IV clinical use and interpretation)　アウレリオ・プリフィテラ, ドナルド・H.サクロフスキー, ローレンス・G.ワイス編, 上野一彦監訳, 上野一彦, バーンズ亀山静子訳　日本文化科学社　2012.5　592p　22cm〈文献あり〉Ⓘ978-4-8210-6366-6

内容 WISC-IVに伴う検査行動のアセスメント(Thomas Oakland, Joseph Glutting, Marley W. Watkins著, 上野一彦訳)　〔10086〕

ワトソン, カミーラ・E.　Watson, Camilla E.

◇アメリカ税務手続法―米国内国歳入法における調査・徴収・争訟・犯則手続の制度と実務 (Tax Procedure and Tax Fraud in a nutshell (原著第4版))　カミーラ・E.ワトソン著, 大柳久幸, 神谷信, 田畑仁, 生永真美子共訳　大蔵財務協会　2013.10　414p　21cm〈索引あり〉3333円　Ⓘ978-4-7547-2033-9

内容 連邦税制の概観　IRS及び財務省による規則の制定　租税実務における危険と行動準則　IRS保有資料の開示及び申告書情報に係る守秘義務　連邦税申告書とコンプライアンス　コンプライアンスの更なる向上のために : 税務調査及び不服申立て　税額の査定手続と消滅時効　過誤納金と行政上の還付請求　査定権及び還付請求権に係る消滅時効の緩和措置　民事罰及び経過利子 ほか　〔10087〕

ワトソン, ジェシカ　Watson, Jessica

◇ジェシカ16歳夢が私に勇気をくれた（True Spirit）　ジェシカ・ワトソン著, 田島已起子訳　福岡　書肆侃侃房　2013.2　343p 図版16p 19cm　（Woman's Best）　1600円　①978-4-86385-100-9

内容 第1章 出発　第2章 航海（シドニーから北上、ライン諸島へ　チリとホーン岬に向かって南下　ホーン岬から北へ　南大西洋からアフリカへ　南アフリカを通過　南洋から家へ）　第3章 帰郷　〔10088〕

ワトソン, ジャネル

◇政治経済学の政治哲学的復権―理論の理論的〈臨界―外部〉にむけて　法政大学比較経済研究所, 長原豊編　法政大学出版局　2011.3　476p 20cm　（比較経済研究所研究シリーズ 別巻）〈索引あり〉 4500円　①978-4-588-60241-2

内容 欲望機械（ジャネル・ワトソン著, 比嘉徹徳訳）〔10089〕

ワトソン, バートン　Watson, Burton

◇チャイナ・アト・ラースト―三〇余年の中国研究と1983年の初旅（China at last）　バートン・ワトソン著, 山口弘務訳　七草書房　2012.11 287p　20cm　〈著作目録あり〉 1800円　①978-4-906923-00-7　〔10090〕

ワトソン, リチャード（1961-）　Watson, Richard

◇減速思考―デジタル時代を賢く生き抜く知恵（Future minds）　リチャード・ワトソン著, 北川知子訳　徳間書店　2011.9　237p　19cm　1600円　①978-4-19-863251-9

内容 第1部 デジタル時代の知性（スクリーンエイジャーの出現　デジタル時代の子どもたちと教育）　第2部 考えることの大切さ（考えることについて考える　アイデアの交配と誕生　考えるための空間）　第3部 われわれに何ができるのか（行き詰まりの解消法　未来の知性）　〔10091〕

ワトソン, P.*　Watson, Paul

◇筋骨格系問題への取り組み―クリニックおよび職場での手引き ： 心理社会的フラッグシステムを用いた障害の特定 ： 日本語版（Tackling musculoskeletal problems）　Nicholas Kendall, Kim Burton,Chris Main,Paul Watson〔著〕, 菊地臣一訳　メディカルフロントインターナショナルリミテッド　2012.3　32p　21×30cm　2400円　①978-4-902090-73-4　〔10092〕

ワーナー, アレックス　Werner, Alex

◇写真で見るヴィクトリア朝ロンドンの都市と生活（Dickens's Victorian London）　アレックス・ワーナー, トニー・ウィリアムズ著, 松尾恭子訳　原書房　2013.12　327p　22cm　〈索引あり〉 3800円　①978-4-562-04975-2　〔10093〕

ワーナー, エドワード

◇新戦略の創始者―マキアヴェリからヒトラーまで 下（Makers of modern strategy）　エドワード・ミード・アール編著, 山田積昭, 石塚栄, 伊藤博邦訳　原書房　2011.3　366p　20cm　〈1979年刊の増補、新版　索引あり〉 2800円　①978-4-562-04675-1

内容 航空戦理論―ドゥーエ ミッチェル セヴァースキー（エドワード・ワーナー著, 山田積昭訳）〔10094〕

ワーバック, ケビン　Werbach, Kevin

◇ゲーミフィケーション集中講義―ウォートン・スクール（FOR THE WIN ： How GAME THINKING Can Revolutionize Your Business）　ケビン・ワーバック, ダン・ハンター著, 三ツ松新監訳, 渡部典子訳　阪急コミュニケーションズ 2013.12　238p　19cm　1600円　①978-4-484-13124-5

内容 01 ゲームを始めよう―ゲーミフィケーションの基本概念　02 ゲームシンキング―ゲームデザイナーの考え方を学ぶ　03 なぜゲームが有効なのか―モチベーションの原則を知る　04 ゲーミフィケーションのツールキット―ゲーム要素を理解する　05 ゲームをデザインする―ゲーミフィケーションへの6つのステップ　06 エピック・フェイル（大失敗）―失敗やリスクを避けるには　Endgame まとめ　〔10095〕

ワプショット, ニコラス　Wapshott, Nicholas

◇ケインズかハイエクか―資本主義を動かした世紀の対決（KEYNES HAYEK）　ニコラス・ワプショット〔著〕, 久保恵美子訳　新潮社　2012.11 429p　20cm　〈文献あり 索引あり〉 2400円 ①978-4-10-506341-2

内容 魅力的なヒーロー―ケインズかハイエクの崇拝対象になるまで一九一九～二七年　帝国の終焉―ハイエクがハイパーインフレを直接経験する一九一九～二四年　戦線の形成―ケインズが「自然な」経済秩序を否定する一九二三～二九年　スタンリーとリヴィングストン―ケインズとハイエクが初めて出会う一九二八～三〇年　リバティ・バランスを射った男―ハイエクがウィーンから到着する一九三一年　暁の決闘―ハイエクがケインズの『貨幣論』を辛辣に批評する一九三一年　応戦―ケインズとハイエクが衝突する一九三一年　イタリア人の仕事―ケインズがピエロ・スラッファに論争の継続を依頼する一九三二年『一般理論』への道―コストゼロの失業対策一九三二～三三年　ハイエクの驚愕―『一般理論』が反響を求める一九三二～三六年〔ほか〕　〔10096〕

ワプニック, ケネス　Wapnick, Kenneth

◇奇跡講座入門―講話とQ&A（A talk given on a course in miracles, an introduction）　ケネス・ワプニック著, 加藤三代子訳　中央アート出版社 2011.7　220p　20cm　2000円　①978-4-8136-0640-6

内容 第1章『奇跡講座』の背景（ヘレンとビル　『講座』口述の開始と筆記作業　編集、完成　出版）　第2章 一なる心の状態―天国の世界（『講座』における二つのレベル　第一レベル―実相　神・聖霊・キリスト）　第3章 間違った心の状態―自我の思考体系（罪、罪悪感、恐れ　否認と投影　罪悪感を必要としている自我　攻撃と防衛のサイクル　特別な関係　特別性の三つのパターン）　第4章 正しい心の状態―聖霊の思考体系（怒りと赦し　奇跡の意味）　第5章 イエス―その生涯の目的（因果律―原因と結果　手本としてのイエス）　〔10097〕

◇奇跡のコース　第2巻　学習者のためのワークブック/教師のためのマニュアル（A COURSE IN MIRACLES）　ヘレン・シャックマン記, ウィリアム・セットフォード, ケネス・ワプニッ

ワ

ク編, 大内博訳　ナチュラルスピリット　2012.12　809, 105p　22cm　5500円　①978-4-86451-069-1

内容 1（この部屋の中で（この通りで、この窓から、この場所で）私が見ているものには、何の意味もありません。　私は、この部屋の中で（この通りで、この窓から、この場所で）見ているもののすべてに、それらが私に対してもっている意味のすべてを与えています。私は、この部屋で（この通りで、この窓から、この場所で）見ているものを何も理解していません。　これらの思いには何の意味もありません。これらの思いは私がこの部屋で（この通りで、この窓から、この場所で）見ているものと同じようなものです。　私の動揺は、私が考える理由によるものであることは決してありません。ほか）　2（ゆるしとは何でしょうか　救いとは何でしょうか　この世界とは何でしょうか　罪とは何でしょうか　肉体とは何でしょうか ほか）〔*10098*〕

ワーヘナール, ローベルト　Wagenaar, Robert

◇欧州教育制度のチューニング―ボローニャ・プロセスへの大学の貢献（Tuning educational structures in Europe（2nd ed.））　フリア・ゴンサレス, ローベルト・ワーヘナール編著, 深堀聡子, 竹中亨訳　明石書店　2012.2　198p　22cm　3600円　①978-4-7503-3544-5

内容 第1章 チューニング・プロジェクトの概要　第2章 チューニングの方法　第3章 教授・学習プロセスにおけるコンピテンス　第4章 欧州単位互換・累積制度（ECTS）、学生の学習量、学習成果　第5章 コンピテンスにもとづく学位プログラムにおける教授、学習、評価の方法　第6章 プログラム・レベルでの質向上 ： チューニングの方法　第7章 チューニング用語の解説（2006年11月）〔*10099*〕

ワームズ, ペニー　Worms, Penny

◇Google Earthと旅する世界の歴史（A HISTORY OF THE WORLD WITH GOOGLE EARTH）　ペニー・ワームズ文, ウィリアム・イングス絵, ひろうちかおり訳　大日本絵画　2012　1冊（ページ付なし）　31cm　（VRしかけえほん）　1300円　①978-4-499-28480-6〔*10100*〕

ワラウェンダー, リチャード A.　Walawender, Richard A.

◇プライベート・エクイティ（Private equity）　ハリー・チェンドロフスキー, ジェームズ・P.マーティン, ルイス・W.ペトロ, アダム・A.ワデキ編著, 若杉敬明監訳, 森順次, 藤村武史訳　中央経済社　2011.11　364p　22cm　〈索引あり〉　4600円　①978-4-502-68950-5

内容 第1部 プライベート・エクイティの歴史（プライベート・エクイティのプロセス　プライベート・エクイティ業界の特徴 ほか）　第2部 プライベート・エクイティのガバナンス（プライベート・エクイティのガバナンス・モデル　内部統制の価値 ほか）　第3部 プライベート・エクイティのオペレーション（組織と人間との対比　リーン方式への転換の開始 ほか）　第4部 プライベート・エクイティの投資における留意点（プライベート・エクイティ・ファンドとポートフォリオ企業投資　エグジット戦略における法律的考察 ： IPO対トレードセールス ほか）〔*10101*〕

ワルツマン, リック　Wartzman, Rick

◇ドラッカーの視点（What Would Drucker Do Now?）　リック・ワルツマン著, 宮本喜一訳　アチーブメント出版　2012.12　477p　20cm　〈文献あり 索引あり〉　2000円　①978-4-905154-36-5

内容 第1部 学問としてのマネジメント　第2部 マネジメントの実践　第3部 明日を支配するもの―二一世紀のマネジメント革命　第4部 ウォール街と金融　第5部 価値観と責任について　第6部 公共および社会セクター　第7部 芸術、音楽そしてスポーツ〔*10102*〕

ワールドウォッチ研究所《WWI》

◇地球環境データブック―ワールドウォッチ研究所 2010-11　特別記事 ： 世界の水産資源―将来世代のための管理（Vital signs）　ワールドウォッチ研究所企画編集, 松下和夫監訳　ワールドウォッチジャパン　2011.3　242p　21cm　2600円　①978-4-948754-40-9

内容 第1部 主要基礎データ（エネルギーと運輸の動向　環境と気候の動向　食料と農業と水産業の動向　世界経済と資源の動向　人口と社会の動向）　第2部 ワールドウォッチ（自転車時代に追い風を　トイレットペーパーの原料にされる森林）　第3部 特別記事 世界の水産資源 ： 将来世代のための管理（世界の水産資源をめぐる動き　世界の水産資源の管理の展開―伝統的な資源管理の限界　地球環境問題としての水産資源―どのようなガバナンスが求められるか）〔*10103*〕

◇地球環境データブック―ワールドウォッチ研究所 2011-12　特別記事 ： フード&ウオーター・セキュリティ（Vital signs）　ワールドウォッチ研究所企画編集, 松下和夫監訳　ワールドウォッチジャパン　2012.2　242p　21cm　2600円　①978-4-948754-43-0

内容 第1部 主要基礎データ（エネルギーと運輸の動向　環境と気候の動向　食料と農業と水産業の動向　世界経済と資源の動向　人口と社会の動向）　第2部 特別記事―フード&ウオーター・セキュリティ ： 未来世代を養う食料と水の展望（再燃した世界の食料価格危機の動向　世界の食料需要の動向　世界の食料供給の動向　人口超大国である中国の食料需給の動向　地球の水資源　水資源の基本的性質と利用の現状　農業に利用される水資源の特徴　湿潤地域の潅漑農業の行方　バーチャル・ウオーター　気候変動が農業生産と食料供給に与える影響　農業生産が気候変動に与える影響）〔*10104*〕

◇地球環境データブック―ワールドウォッチ研究所 2012-13（VITAL SIGNS）　ワールドウォッチ研究所企画編集, 松下和夫監訳　ワールドウォッチジャパン　2013.2　260p　21cm　〈日本語版編集協力 ： 環境文化創造研究所〉　2600円　①978-4-948754-44-7

内容 第1部 主要基礎データ（エネルギーの動向　運輸の動向　環境と気候の動向　食料と農業と水産業の動向　世界経済と資源の動向　人口と社会の動向）　第2部 特別記事・世界の一次エネルギー―原子力・自然エネルギー・化石燃料（一次エネルギーの歴史的動向　原子力　自然エネルギー　化石燃料　日本の一次エネルギー―持続可能性へ向けた選択）〔*10105*〕

◇ジュニア地球白書―ワールドウォッチ研究所 2012－13　アフリカの飢えと食料・農業（STATE OF THE WORLD 2011）　ワールドウォッチ研究所編, 林良博監修　ワールドウォッチジャパン　2013.12　261p　21cm　2500円

ワ

①978-4-948754-41-6
内容 第1章「干ばつ」よりも恐ろしい「やせてゆく大地」 第2章 野菜の栄養的・経済的可能性を生かす 第3章 地域の農業資源と食料の多様性を守る 第4章 女性農業者への差別を改めて、その生産力を高める 第5章 重要な役割を果たしている都市農業 第6章 ポストハーベスト・ロス(収穫後の損失)を減らす取り組み 第7章 農業における水の利用効率を改善する 第8章 海外からの投資によって、アフリカの農地が奪われてゆく 第9章 アフリカ農業への日本の支援 付録 アフリカの飢餓に関係する資料 〔10106〕

ワン, アイミン　王 艾明
⇒オウ, ガイメイ

ワン, ジンスー　王 錦思
⇒オウ, キンシ

ワン, チン　王 静
⇒オウ, セイ

ワン, ニン　王 寧
⇒オウ, ネイ

ワン, フイ　汪 暉
⇒オウ, キ

ワン, ホンユィ
◇転換期の教育改革—グローバル時代のリーダーシップ (Changing education)　ピーター・D.ハーショック, マーク・メイソン, ジョン・N.ホーキンス編著, 島川聖一郎, 高橋貞雄, 小原一仁監訳　町田　玉川大学出版部　2011.7　377p　22cm 〈文献あり〉6200円　①978-4-472-40430-6
内容 内と外における相互連結(ワン・ホンユィ著) 〔10107〕

ワン, リィション　王 力雄
⇒オウ, リキユウ

ワング, メグ　Wang, Meg
◇みんなが楽しめる聖書ものがたり365 (365 Story Bible)　メグ・ワング文, ヘザー・スチュワート絵　いのちのことば社　2013.5　381p　20cm 2000円　①978-4-264-03066-9 〔10108〕

ワンドレス, アルヴィナ　Wandres, Alvina
◇サトルボディヒーリング—あなたの人生を変容するオーラとチャクラのヒーリング (The Subtle Body Healing)　リーラ, プラサード, アルヴィナ著, 〔江谷信寿〕〔監訳〕, 〔坂口太郎〕〔訳〕　新装改訂版　鎌倉　和尚アートユニティ　2012.7 323p　19cm　(OEJ Books)　〈発売：和尚エンタープライズジャパン〉1800円　①978-4-900612-33-4 〔10109〕
◇悟りのシンクロニシティ—内なる引き寄せの法則 (Living the Life You Love)　リーラ・ラブガーデン, プラサード・デイビッド・ワンドレス, アルヴィナ・ワンドレス著, 市場義人訳　ヒカルランド　2013.3　391p　19cm　2200円　①978-4-86471-101-2
内容 プロローグ 本当のあなたを発見するための針路図—『意識の多重構造マップ』の秘密　第1章 人生を大きく変える第一歩！ ハート瞑想の実践—気づきの扉「内側への入り口」に進みましょう　第2章 絶大なパワー！『内なる引き寄せの法則』の仕組み—制限された「引き寄せの法則」を解き放つ　第3章『意識の多重構造マップ』の活用法—人生に迷わず意識をひとつに深める実践ガイダンス　第4章 ビジョン(先見)の鍵—『内なる引き寄せの法則』を機能させる1つめの黄金キー　第5章 エッセンス(本質)の鍵—『内なる引き寄せの法則』を機能させる2つめの黄金キー　第6章 ギフト(才能)の鍵—『内なる引き寄せの法則』を機能させる3つめの黄金キー　第7章 トランスフォーメーション(変容)の鍵—『内なる引き寄せの法則』を機能させる4つめの黄金キー　第8章 アクション(行動)の鍵—『内なる引き寄せの法則』を機能させる5つめの黄金キー　エピローグ シンクロニシティの法則—新しい生き方/本来の姿に目覚める中心の次元へ 〔10110〕

ワンドレス, プラサード・デイビッド　Wandres, Prasad David
◇サトルボディヒーリング—あなたの人生を変容するオーラとチャクラのヒーリング (The Subtle Body Healing)　リーラ, プラサード, アルヴィナ著, 〔江谷信寿〕〔監訳〕, 〔坂口太郎〕〔訳〕　新装改訂版　鎌倉　和尚アートユニティ　2012.7 323p　19cm　(OEJ Books)　〈発売：和尚エンタープライズジャパン〉1800円　①978-4-900612-33-4 〔10111〕
◇悟りのシンクロニシティ—内なる引き寄せの法則 (Living the Life You Love)　リーラ・ラブガーデン, プラサード・デイビッド・ワンドレス, アルヴィナ・ワンドレス著, 市場義人訳　ヒカルランド　2013.3　391p　19cm　2200円　①978-4-86471-101-2
内容 プロローグ 本当のあなたを発見するための針路図—『意識の多重構造マップ』の秘密　第1章 人生を大きく変える第一歩！ ハート瞑想の実践—気づきの扉「内側への入り口」に進みましょう　第2章 絶大なパワー！『内なる引き寄せの法則』の仕組み—制限された「引き寄せの法則」を解き放つ　第3章『意識の多重構造マップ』の活用法—人生に迷わず意識をひとつに深める実践ガイダンス　第4章 ビジョン(先見)の鍵—『内なる引き寄せの法則』を機能させる1つめの黄金キー　第5章 エッセンス(本質)の鍵—『内なる引き寄せの法則』を機能させる2つめの黄金キー　第6章 ギフト(才能)の鍵—『内なる引き寄せの法則』を機能させる3つめの黄金キー　第7章 トランスフォーメーション(変容)の鍵—『内なる引き寄せの法則』を機能させる4つめの黄金キー　第8章 アクション(行動)の鍵—『内なる引き寄せの法則』を機能させる5つめの黄金キー　エピローグ シンクロニシティの法則—新しい生き方/本来の姿に目覚める中心の次元へ 〔10112〕

ワンネスユニヴァーシティ
◇アンマ—ディバインマザー　ワンネスユニヴァーシティ編, 勝浦由子訳　出帆新社　2011.8　125p 17cm　1800円　①978-4-86103-086-4 〔10113〕
◇Evenings..—Consciousness becoming conscious of itself is creation：バァガヴァンとの対話 (Evenings)　ワンネスユニヴァーシティ編, 勝浦由子訳　出帆新社　2012.6　115p　21cm 〈英語併記〉1500円　①978-4-86103-091-8

ワ

〔10114〕

◇ジャーニー・イントゥ・アウェイクニング (Vision of Oneness, A Journey into Awakening 〔etc.〕) ワンネスユニバーシティー編著, 六反田京助訳, 伊藤武編集協力 出帆新社 2013.3 136p 19cm 1800円 ①978-4-86103-095-6
内容 リベレーション・スートラ アウェイクニングへの旅 ウイークリー・ウェブキャスト・ティーチング チャクラ・ディヤーナ ワンネステンプル ワンネスユニバーシティーについて 〔10115〕

【ン】

ンジキザワ, T.* Njikizawa, Tapiwa
◇シンプルIFRS (Applying IFRS for SMEs) ブルース・マッケンジー他著, 河崎照行監訳 中央経済社 2011.7 552p 21cm 〈索引あり〉 5800円 ①978-4-502-44150-9
内容 中小企業版IFRSの範囲 諸概念及び広く認められた諸原則 財務諸表の表示 キャッシュ・フロー計算書 連結財務諸表及び個別財務諸表 企業結合及びのれん 会計方針、会計上の見積りの変更及び誤謬 棚卸資産 関連会社に対する投資 ジョイント・ベンチャーに対する投資〔ほか〕 〔10116〕

【無著者】

聖書
◇新約聖書—新改訳 大型分冊 新改訳聖書刊行会訳 3版 いのちのことば社 2008.1 503p 30cm 〈発売：日本聖書刊行会〉4800円 ①978-4-264-02019-6 〔10117〕
◇聖書—新改訳 旧約 1 創世記—ルツ記 新日本聖書刊行会訳 いのちのことば社 2011.2 464p 15cm 〈共通の付属資料が「新約」にあり 奥付のタイトル：文庫聖書〉 〔10118〕
◇聖書—新改訳 旧約 2 サムエル記第1－雅歌 新日本聖書刊行会訳 いのちのことば社 2011.2 p465-1125 15cm 〈共通の付属資料が「新約」にあり 奥付のタイトル：文庫聖書〉〔10119〕
◇聖書—新改訳 旧約 3 イザヤ書—マラキ書 新日本聖書刊行会訳 いのちのことば社 2011.2 p1126-1568 15cm 〈共通の付属資料が「新約」にあり 奥付のタイトル：文庫聖書〉〔10120〕
◇聖書—新改訳 新約 新日本聖書刊行会訳 いのちのことば社 2011.2 503p 15cm 〈奥付のタイトル：文庫聖書 付(1冊, 1枚)：聖書ってこんな本, 聖書通読表〉 〔10121〕
◇新約聖書訳と註 第2巻 上 ルカ福音書 田川建三訳著 作品社 2011.3 534p 22cm 5200円 ①978-4-86182-137-0 〔10122〕
◇天地創造—旧約聖書 創世の書 フェデリコ・バルバロ訳注 講談社 2011.4 253p 15cm (講談社学術文庫 2046) 880円 ①978-4-06-292046-9 〔10123〕
◇水墨創世記 司修画, 月本昭男訳 岩波書店 2011.6 257p 23cm 3300円 ①978-4-00-023726-0
内容 天地創造 エデンの園(その一)—最初の男女 エデンの園(その二)—破戒と追放 カインとアベル カインの末裔 シェトの系譜 アダムの系譜 ネフィリム 洪水 祝福と契約〔ほか〕 〔10124〕
◇聖書のことば 共同訳聖書実行委員会, 日本聖書協会訳 東京書籍 2011.8 86p 20cm (朗読CD付き名作文学シリーズ朗読の時間) 〈朗読：滝田栄〉1700円 ①978-4-487-80594-5
内容 イエスの誕生が予告される イエスの誕生 羊飼いと天使 誘惑を受ける ナザレで聖書を朗読する 漁師を弟子にする 手の萎えた人をいやす 山上の説教「幸い」 人を裁くな 罪深い女を赦す〔ほか〕 〔10125〕
◇新約聖書訳と註 第2巻 下 使徒行伝 田川建三訳著 作品社 2011.9 719p 22cm 5600円 ①978-4-86182-138-7 〔10126〕
◇塚本虎二訳新約聖書 塚本虎二訳, 塚本虎二訳新約聖書刊行会編 新教出版社 2011.9 1034p 22cm 4000円 ①978-4-400-11119-1
内容 本文(マルコ福音書 マタイ福音書 ルカ福音書 ヨハネ福音書 使徒のはたらき ローマ人へ コリント人へ ガラテヤ人へ エペソ人へ ピリピ人へ ほか) 略註 解説 〔10127〕
◇ヘブライ語聖書対訳シリーズ 19 列王記 下 2 ミルトス・ヘブライ文化研究所編 ミルトス 2011.9 158p 21cm 2800円 ①978-4-89586-222-6 〔10128〕
◇ヘブライ語聖書対訳シリーズ 38 雅歌・ルツ記・哀歌 ミルトス・ヘブライ文化研究所編 ミルトス 2011.9 194p 21cm 2800円 ①978-4-89586-223-3 〔10129〕
◇BIBLE navi—聖書新改訳解説・適用付 (Life application study Bible) いのちのことば社出版部訳 いのちのことば社 2011.12 2225p 27cm 〈年表あり 索引あり〉10476円 ①978-4-264-02871-0
内容 旧約聖書(創世記 出エジプト記 レビ記 民数記 申命記 ほか) 新約聖書(マタイの福音書 マルコの福音書 ルカの福音書 ヨハネの福音書 使徒の働き ほか) 〔10130〕
◇新改訳聖書バイブルmini革装 新日本聖書刊行会訳 第3版 いのちのことば社 2012.1 508p 15cm 6000円 ①978-4-264-02582-5
内容 旧約聖書(創世記 出エジプト記 レビ記 民数記 申命記 ほか) 新約聖書(マタイの福音書 マルコの福音書 ルカの福音書 ヨハネの福音書 使徒の働き ほか) 〔10131〕
◇新改訳聖書バイブルmini革装 新日本聖書刊行会訳 第3版 いのちのことば社 2012.1 508p 15cm 6000円 ①978-4-264-02581-8
内容 旧約聖書(創世記 出エジプト記 レビ記 民数記 申命記 ほか) 新約聖書(マタイの福音書 マルコの福音書 ルカの福音書 ヨハネの福音書 使徒の働き ほか) 〔10132〕
◇新約聖書—原文校訂による口語訳 フランシスコ会聖書研究所訳注 FB-A6N サンパウロ

無著者

2012.2 729p 16cm 1200円 ①978-4-8056-4013-5
内容 マタイによる福音書 マルコによる福音書 ルカによる福音書 ヨハネによる福音書 使徒言行録 ローマの人々への手紙 コリントの人々への第一の手紙 コリントの人々への第二の手紙 ガラテヤの人々への手紙 エフェソの人々への手紙〔ほか〕〔10133〕

◇新約聖書—原文校訂による口語訳 フランシスコ会聖書研究所訳注 FB-B6N サンパウロ 2012.2 729p 19cm 1700円 ①978-4-8056-4014-2
内容 マタイによる福音書 マルコによる福音書 ルカによる福音書 ヨハネによる福音書 使徒言行録 ローマの人々への手紙 コリントの人々への第一の手紙 コリントの人々への第二の手紙 ガラテヤの人々への手紙 エフェソの人々への手紙〔ほか〕〔10134〕

◇雅歌—古代イスラエルの恋愛詩 秋吉輝雄訳, 池沢夏樹編 教文館 2012.3 76p 26cm 2500円 ①978-4-7642-7915-5 〔10135〕

◇ローマ字聖書Yohanne no fuku-in—明治学院大学図書館所蔵 : 『約翰伝福音書』対照 : 解説・註解 ヘボン,S.R.ブラウン訳, 鈴木進編 明治学院大学キリスト教研究所 2012.3 96p 26cm (MICSオケイジョナル・ペーパー 15) 〈ギリシャ語校閲 : 石本東生〉非売品 〔10136〕

◇超訳聖書古代ユダヤ賢人の言葉 石井希尚編訳 ディスカヴァー・トゥエンティワン 2012.4 204p 20cm 〈他言語標題 : Words from the Ancient Jewish Wisdom〉1700円 ①978-4-7993-1155-4 〔10137〕

◇塚本虎二訳新約聖書 塚本虎二訳, 塚本虎二訳新約聖書刊行会編 第2版 新教出版社 2012.9 1039p 22cm 4000円 ①978-4-400-11119-1 〔10138〕

◇聖書—マタイによる福音書 新世界訳 海老名 ものみの塔聖書冊子協会 c2013 127p 16cm 〔10139〕

◇新約聖書・ヘレニズム原典資料集 大貫隆, 筒井賢治編訳 東京大学出版会 2013.2 344p 21cm 〈他言語標題 : The New Testament in the Hellenistic World : A Collection of Original Texts 文献あり〉3600円 ①978-4-13-012450-8
内容 マルコによる福音書と並行記事 マタイによる福音書 ルカによる福音書 ヨハネによる福音書 使徒言行録 ローマの信徒への手紙 コリントの信徒への第一の手紙 コリントの信徒への第二の手紙 ガラテヤの信徒への手紙 エフェソの信徒への手紙〔ほか〕 〔10140〕

◇聖書—原文校訂による口語訳 フランシスコ会聖書研究所訳注 サンパウロ 2013.2 2500, 729, 11p 19cm 5000円 ①978-4-8056-4831-5
内容 旧約聖書(創世記 出エジプト記 レビ記 民数記 申命記 ほか) 新約聖書(マタイによる福音書 マルコによる福音書 ルカによる福音書 ヨハネによる福音書 使徒言行録 ほか) 〔10141〕

◇せいしょのべんきょう (My Bible lessons) 〔海老名〕 ものみの塔聖書冊子協会 2013.3印刷 1冊(ページ付なし) 23cm 〔10142〕

◇新約聖書—訳と註 5 ヨハネ福音書 田川建三訳著 作品社 2013.6 794p 22cm 5800円 ①978-4-86182-139-4 〔10143〕

仏教経典

◇国訳一切経 印度撰述部 釈経論部 5 上 真野正順訳, 長尾雅人, 谷川理宣校訂 改訂 大東出版社 2010.3(5刷) 334p 22cm 10000円 ①978-4-500-00145-3
内容 大智度論 巻第68-83 〔10144〕

◇国訳一切経 印度撰述部 阿含部 3 椎尾弁匡訳, 水野弘元, 三枝充悳校訂解説 改訂 大東出版社 2010.6(8刷) 556p 22cm 10500円 ①978-4-500-00004-3
内容 新訂雑阿含経. 八衆誦 巻29-31. 渇誦 巻32-54. 如来誦 巻45-48 〔10145〕

◇国訳一切経 印度撰述部 阿含部 8 林五邦訳, 水野弘元校訂解説, 奈良康明校訂 改訂 大東出版社 2010.10(8刷) 429, 6p 22cm 10500円 ①978-4-500-00009-8
内容 増壱阿含経解題. 増壱阿含経 第1-23 〔10146〕

◇維摩経—梵文和訳 高橋尚夫, 西野翠訳 春秋社 2011.1 324, 9p 20cm 〈他言語標題 : Vimalakirti-nirdesa 索引あり〉2400円 ①978-4-393-11308-0
内容 仏国土清浄の由来(仏国品第一) 不可思議にして巧みなる方便(方便品第二) 声聞と菩薩を病気見舞いに遣わす(弟子品第三・菩薩品第四) 病気見舞い(問疾品第五) 不可思議という解脱の示現(不思議品第六) 天女(観衆生品第七) 如来の家系(仏道品第八) 不二の法門に入る(入不二法門品第九) 化身(菩薩)が運ぶ食事(香積仏品第十) 有尽無尽と名づけるほうのみやげ(菩薩行品第十一) アビラティ世界の示現とアクショーブヤ如来(見阿閦仏品第十二) 供養の物語と法の委嘱(法供養品第十三・嘱累品第十四) 〔10147〕

◇国訳一切経 和漢撰述部 諸宗部 4 改訂 大東出版社 2011.5(2刷) 354p 22cm 10000円 ①978-4-500-00183-5
内容 華厳一乗十玄門 鎌田茂雄 訳. 華厳五教章 鎌田茂雄 訳. 修華厳奥旨妄尽還源観并序 鎌田茂雄 訳. 華厳一乗法界図 鎌田茂雄 訳. 原人論 鎌田茂雄 訳. 律宗綱要 平川彰 訳 〔10148〕

◇新国訳大蔵経 中国撰述部 1-1(華厳宗部) 華厳五教章(宋本) 金師子章 法界玄鏡 木村清孝, 吉田叡礼訳註 大蔵出版 2011.5 336p 22cm 〈索引あり〉9500円 ①978-4-8043-8201-2
内容 華厳五教章(宋本)(建立一乗 第一 教義摂益 第二 古今立教 第三 ほか) 金師子章(明縁起 第一 弁色空 第二 約三性 第三 ほか) 法界玄鏡(釈標題 法界観門三重) 〔10149〕

◇パーリ仏典 第3期 1 相応部(サンユッタニカーヤ)有偈篇 1 片山一良訳 大蔵出版 2011.6 428p 22cm 〈索引あり〉9000円 ①978-4-8043-1213-2
内容 解説(パーリ仏典について 相応部について 仏典解釈法—「相応部」第一経『度暴流経』をめぐって 有偈篇1所収経の梗概) 有偈篇相応(天相応 天子相応 コーサラ相応) 〔10150〕

◇仏教経典大鑑—傍訳 池田勇諦, 宮坂宥勝, 藤井正雄, 中野東禅, 高橋弘次, 渡辺宝陽監修 四季社

無著者

2011.6　798p　26cm　18000円　①978-4-88405-654-4

内容 序 大乗仏教はどこから生まれてきたのか　般若心経(全訳)　金剛経(全訳)　華厳経(抄訳)　維摩経(抄訳)　法華経(抄訳)　無量寿経(全訳)　観無量寿経(抄訳)　阿弥陀経(全訳)　涅槃経(抄訳)　大日経(抄訳)　金剛頂経(抄訳)　〔10151〕

◇維摩経―梵漢和対照・現代語訳　植木雅俊訳　岩波書店　2011.8　676p　22cm　〈文献あり 索引あり〉 5500円　①978-4-00-025413-7

内容 仏国土の完全な浄化という序(仏国品第一)　考えも及ばない巧みなる方便(方便品第二)　声聞と菩薩に見舞い派遣を問う(弟子品第三)　声聞と菩薩に見舞い派遣を問う＝続き(菩薩品第四)　病気の慰問(文殊師利問疾品第五)　"考えも及ばない"という解脱の顕現(不思議品第六)　天女(観衆生品第七)　如来の家系(仏道品第八)　不二の法門に入ること(入不二法門品第九)　化作された「菩薩による」食べ物の請来(香積仏品第十)　「尽きることと尽きないこと」という名前の法の施し(菩薩行品第十一)　"極めて楽しいところ"(妙喜)という世界の請来と"不動であるもの"(阿閦)という如来との会見(見阿閦仏品第十二)　結論と付嘱(法供養品第十三)　結論と付嘱(嘱累品第十四)　〔10152〕

◇原始仏典　2〔第1巻〕　相応部経典　第1巻　前田専学編, 中村元監修　中村元訳　春秋社　2011.11　508p　22cm　7000円　①978-4-393-11301-1

内容 第1集 詩句をともなった集(神々についての集成　「神の子」たち　コーサラ　悪魔についての集成　尼僧に関する集成　梵天に関する集成　バラモンに関する集成　ヴァンギーザ長老についての集成　林に関する集成　ヤッカについての集成　サッカ(帝釈天)に関する集成)　〔10153〕

◇パーリ仏典　第3期2　相応部〈サンユッタニカーヤ〉有偈篇 2　片山一良訳　大蔵出版　2012.4　482p　22cm　〈索引あり〉 10000円　①978-4-8043-1214-9

内容 第4 悪魔相応　第5 比丘尼相応　第6 梵天相応　第7 バラモン相応　第8 ヴァンギーサ相応　第9 林相応　第10 夜叉相応　第11 サッカ相応　〔10154〕

◇原始仏典　2〔第2巻〕　相応部経典　第2巻　中村元監修　前田専学編集, 浪花宣明訳　春秋社　2012.5　630p　22cm　〈布装〉 8000円　①978-4-393-11302-8

内容 第1篇 因縁についての集成　第2篇 明瞭な理解についての集成　第3篇 要素についての集成　第4篇 無始についての集成　第5篇 カッサパについての集成　第6篇 利得と尊敬の集成　第7篇 ラーフラの集成　第8篇 ラッカナの集成　第9篇 たとえの集成　第10篇 比丘の集成　〔10155〕

◇阿含経典　1　存在の法則〈縁起〉に関する経典群　人間の分析〈五蘊〉に関する経典群　増谷文雄編訳　筑摩書房　2012.8　664p　15cm　(ちくま学芸文庫 マ3-2)　〈「阿含経典 第1巻・第2巻」(1979年刊)の合本〉 1800円　①978-4-480-09471-1

内容 存在の法則(縁起)に関する経典群(因縁相応　現観相応　界相応　無始相応　迦葉相応　利得と供養相応　譬喩相応　比丘相応)　人間の分析(五蘊)に関する経典群(蘊相応　羅陀相応　見相応　煩悩相応　修證相応)　〔10156〕

◇阿含経典　2　人間の感官〈六処〉に関する経典群　実践の方法〈道〉に関する経典群　詩〈偈〉のある経典群　増谷文雄編訳　筑摩書房　2012.9　646, 13p　15cm　(ちくま学芸文庫 マ3-3)　〈「阿含経典 第3巻・第4巻」(1979年刊)の合本〉 1800円　①978-4-480-09472-8

内容 人間の感官(六処)に関する経典群(六処相応　受相応　閻浮車相応 ほか)　実践の方法(道)に関する経典群(道相応　覚支相応　念処相応 ほか)　詩(偈)のある経典群(諸天相応　天子相応　拘薩羅相応 ほか)　〔10157〕

◇阿含経典　3　中量の経典群　長量の経典群　大いなる死　五百人の結集　増谷文雄編訳　筑摩書房　2012.10　531p　15cm　(ちくま学芸文庫 マ3-4)　〈「阿含経典 第5巻・第6巻」(1987年刊)の合本〉 1700円　①978-4-480-09473-5

内容 中量の経典群　長量の経典群　大いなる死　五百人の結集　〔10158〕

◇原始仏典　2〔第3巻〕　相応部経典　第3巻　中村元監修　前田専学編集, 及川真介, 羽矢辰夫, 平木光二訳　春秋社　2012.11　743p　22cm　〈布装〉 9500円　①978-4-393-11303-5

内容 存在の構成要素についての集成　ラーダに関すること　見解に関すること　預流者の境地に入った人について　生起することについて　煩悩について　舎利弗について　竜について　金翅鳥について　ガンダッバの身について〔ほか〕　〔10159〕

◇全訳金剛頂大秘密瑜伽タントラ(Vajraśekhara mahā guhyayoga tantra(重訳))　北村太道, タントラ仏教研究会訳　浦安　起心書房　2012.11　414p　22cm　(『金剛頂経』系密教原典研究叢刊 1)　〈索引あり〉 9200円　①978-4-907022-02-0

内容 前編(最勝大儀軌王、秘密にして大瑜伽のタントラである金剛頂の中、厚密にして甚密海会の一切の作業を集めたものにして、第六の中の十六大菩薩の説示と名づくる釈　摂一切儀軌・大秘密瑜伽の第六の大最勝秘密を集めたものにして、一切如来の秘密儀軌の大王・妙秘密瑜伽金剛頂の中、広大な菩提の理趣に入ると名づくる(釈)　摂一切儀軌大秘密瑜伽の第六番目の大最勝秘密を集めたものにして、(一切如来の)秘密儀軌の大王・妙秘密瑜伽金剛頂の中より、大タントラ王の秘趣釈と名づくる(釈))　後編(金剛頂大秘密瑜伽の中、最勝真実性秘密儀軌王・一切如来の『秘密帝王主経』と名づくる釈　大秘密瑜伽真実性最勝第一大秘密儀軌王・金剛頂の中、一切如来の『秘密帝主王経』如来部と名づくる釈　金剛頂(大)秘密瑜伽の中、最勝第一真実性秘密儀軌王・一切如来の『秘密帝主(王)経』降三世と名づくる釈　一切如来の『秘密帝主王経』、甚秘密の最勝秘密瑜伽大儀軌王金剛頂の中、金剛部の真実性甚秘密釈)　〔10160〕

◇根本説　切有部律薬事　八尾史訳注　連合出版　2013.3　619p　27cm　〈文献あり 索引あり〉 5700円　①978-4-89772-277-1

内容 第1ウッダーナ 薬　第2ウッダーナ マハーセーナー　第3ウッダーナ ラージャグリハ　第4ウッダーナ 竹林　第5ウッダーナ 大工　第6ウッダーナ イッチャーナンガラー　第7ウッダーナ キンピラー　第8ウッダーナ アーディラージュヤ　第9ウッダーナ クマーラヴァルダナ　第10ウッダーナ 病人　第11ウッダーナ カイネーヤ　〔10161〕

◇原始仏典　2〔第4巻〕　相応部経典　第4巻　中村元監修　前田専学編集, 服部育郎, 新田智通, 平山淳子, 山口務訳　春秋社　2013.6　885p

22cm 〈布装〉 11000円 ①978-4-393-11304-2
内容 第1篇 六処についての集成 第2篇 感受についての諸小経典の集成 第3篇 女についての諸小経典の集成 第4篇 ジャンブカーダカについての諸小経典の集成 第5篇 サーマンダカについての諸小経典の集成 第6篇 モッガラーナについての諸小経典の集成 第7篇 チッタについての諸小経典の集成 第8篇 村長についての集成 第9篇 無為についての集成 第10篇 無記についての集成 〔10162〕

法令・判例集

◇安全保障貿易管理のための超訳外為法 安全保障貿易情報センター 2010.7 121p 30cm 〔10163〕

◇ベーシック条約集 2012 田中則夫, 薬師寺公夫, 坂元茂樹編集代表 東信堂 2012.4 1243p 19cm 2600円 ①978-4-7989-0105-3
内容 国際機構 国家 個人 条約 海洋 空域 国際化地域 環境 国際経済 外交機関 国際犯罪 紛争の平和的解決 安全保障 軍備の規制 武力紛争 平和の回復 国際法関係資料 〔10164〕

◇障害者の権利条約と日本—概要と展望 長瀬修, 東俊裕, 川島聡編 増補改訂版 生活書院 2012.10 398p 21cm 〈政府仮訳(2007年版)、川島・長瀬仮訳、政府仮訳(2009年版)〉 2800円 ①978-4-903690-98-8
内容 「障害者の権利条約」仮訳 他(川島聡, 長瀬修訳) 〔10165〕

◇極東国際軍事裁判審理要録 第1巻 東京裁判英文公判記録要訳 国士舘大学法学部比較法制研究所監修, 松元直歳編訳 原書房 2013.3 679p 27cm (明治百年史叢書 467) 〈翻訳協力 : 山本昌弘〉 25000円 ①978-4-562-04893-9
内容 1 準備段階(極東戦争犯罪裁判の淵源 極東国際軍事裁判所の設置 公判準備段階 公判冒頭段階) 2 検察主張立証段階(前提的立証 日本の憲法と政府組織 戦争輿論の形成 満州への軍事侵攻 中国本土への軍事侵攻 中国関連残虐行為(通例の戦争犯罪)と阿片麻薬の輸送 中国本土への軍事侵攻—支那事変 満州・支那の経済的支配) 〔10166〕

◇ベーシック条約集 2013 田中則夫, 薬師寺公夫, 坂元茂樹編集代表 東信堂 2013.4 1249p 19cm 2600円 ①978-4-7989-0165-7
内容 国際機構 国家 個人 条約 海洋 空域 国際化地域 環境 国際経済 外交機関〔ほか〕 〔10167〕

その他

◇聖クリシュナの神譚詩—ローマ字表記によるサンスクリット語和訳 朗誦用 梵和訳 第1巻 坂本弘子訳 〔横浜〕 ヴァースデーヴァ・クリシュナ協会 2009.12 274p 27cm 〈他言語標題 : Srimad Bhagavata Purana 製作 : 岩波ブックセンター〉 ①978-4-904241-03-5 〔10168〕

◇神の王国について『徹底的な証しをする』—大文字版 ("Bearing thorough witness"about God's kingdom) 大文字版 〔海老名〕 ものみの塔聖書冊子協会 2010印刷 447p 23cm 〈背のタイトル : 徹底的な証し〉 〔10169〕

◇ミシュナ 4 別巻 アヴォート (Shisha sidre mishnah) 長窪専三訳 教文館 2010.5 142p 22cm (ユダヤ古典叢書) 2500円 ①978-4-7642-1929-8 〔10170〕

◇フィロカリア—東方キリスト教霊性の精華 第4巻 (Φιλοκαλια) 谷隆一郎, 三嶋輝夫訳 名古屋 新世社 2010.6 262p 22cm 5000円 ①978-4-88382-101-3 〔10171〕

◇み言葉の調べ 3 受難と復活 宍戸達編訳 新教出版社 2010.11 139p 19cm 1500円 ①978-4-400-12785-7 〔10172〕

◇悪魔の輪廻—なぜ中国で反日運動は頻発するのか 周希寧訳注 ダイナミックセラーズ出版 2010.12 184p 19cm 1000円 ①978-4-88493-337-1 〔10173〕

◇グノーシスの変容—ナグ・ハマディ文書・チャコス文書 荒井献, 大貫隆編訳 岩波書店 2010.12 565, 5p 22cm 6600円 ①978-4-00-022629-5 〔10174〕

◇ライブラリー・日本人のフランス体験 第15巻 映画のなかのパリ 和田博文監修 岡田秀則編 柏書房 2010.12 736p 22cm 〈河出書房1938年刊ほかの複製合本〉 ①978-4-7601-3641-4
内容 シナリオ 大いなる幻影 舞踏会の手帖 望郷(松永武夫, 姫田嘉男訳) 〔10175〕

◇わたしたちに対する神の言葉エレミヤを通して—大文字版 (God's word for us through Jeremiah) 〔海老名〕 ものみの塔聖書冊子協会 2011印刷 255p 23cm 〈背のタイトル : エレミヤ〉 〔10176〕

◇大航海時代の日本—ポルトガル公文書に見る 高瀬弘一郎訳註 八木書店 2011.2 672, 49p 22cm 〈文献あり 索引あり〉 15000円 ①978-4-8406-2071-0
内容 序論 収録文書の概要(収録文書の来歴 大航海時代の奴隷問題 キリスト教徒・異教徒・ユダヤ人・孤児基金 布教と貿易 その他) 本文篇(一五二〇年二月七日付けエヴォラ発、ポルトガル国王のインディア総督宛勅令(抜粋)—インディア全域における、胡椒の取引および輸送の禁止/その刑罰 シナの代理商人ディオゴ・アイレスに与えたポルトガル国王の規則(抜粋)—王室の商館および代理商人の関与なしに、胡椒その他の商品をシナで商うことを禁止 一五三三年三月一四日付けエヴォラ発、ポルトガル国王のインディア副王宛書簡—モーロ人・異教徒の囚われ人がキリスト教徒になった場合にとるべき措置 一五五五年三月二二日付けゴア発、インディア副王の勅令—バサインとその近辺における異教寺院や偶像の存在、異教の祭り・儀式の挙行、異教的慣習の禁止/その取締りと刑罰 ほか) 〔10177〕

◇超訳ブッダの言葉 小池竜之介編訳 ディスカヴァー・トゥエンティワン 2011.2 1冊 20cm 〈他言語標題 : The Buddha's voice reinterpreted in modern words 文献あり〉 1700円 ①978-4-88759-958-1
内容 1 怒らない 2 比べない 3 求めない 4 業を変える 5 友を選ぶ 6 幸せを知る 7 自分を知る 8 身体を見つめる 9 自由になる 10 慈悲を習う 11 悟る 12 死と向き合う 〔10178〕

◇オスマン民法典(メジェッレ)研究序説 大河原知樹, 堀井聡江, 磯貝健一編 NIHUプログラム「イスラーム地域研究」東洋文庫拠点東洋文庫研究部イスラーム地域研究資料室 2011.3 55p

無著者

26cm (NIHU program Islamic area studies) 〈文献あり〉①978-4-904039-28-1 〔10179〕

◇訳解クルアーン クルアーン正統十読誦の意味と機能 中田考監訳, 中田香織, 下村佳州紀訳, 松山洋平著 〔名古屋〕 黎明イスラーム学術・文化振興会 2011.3 561p 26cm ①978-4-9905758-0-9 〔10180〕

◇エリュトゥラー海案内記 (Periplus maris Erythraei) 村川堅太郎訳注 改版 中央公論新社 2011.6 310p 16cm (中公文庫 む7-3) 〈初版 : 中央公論社1993年刊 索引あり〉648円 ①978-4-12-205504-9
内容 アフリカ東海岸 紅海東岸 アラビア南岸 ペルシア湾内部 インド洋北岸 インド マライ、シナ 〔10181〕

◇フィロカリア―東方キリスト教霊性の精華 第5巻 (Φιλοκαλια) 橋村直樹, 袴田渉, 出村和彦訳 名古屋 新世社 2011.7 324p 22cm 6000円 ①978-4-88382-105-1 〔10182〕

◇聖クリシュナの神譚詩―ローマ字表記によるサンスクリット語和訳 朗誦用 梵和訳 第2巻 坂本弘子訳 〔横浜〕 ヴァースデーヴァクリシュナ協会 2011.8 143p 27cm 〈他言語標題 : Srimad Bhagavata Purana 製作 : 岩波ブックセンター〉①978-4-904241-12-7 〔10183〕

◇月に映すあなたの一日―ネイティブ・アメリカンの364のことわざが示す今日を生きる指針 北山耕平訳と編纂 マーブルトロン 2011.10 1冊 (ページ付なし) 17cm (Marble books) 〈他言語標題 : Native American Moon Counting Book 発売 : 三交社〉1600円 ①978-4-87919-644-6 〔10184〕

◇なんでもきいて! まるごとビジュアル大百科―膨大なデータとビジュアルで世界を読み解く (Ask me anything) 左巻健男日本語版監修 日東書院本社 2011.11 303p 29cm 〈索引あり〉4500円 ①978-4-528-01002-4
内容 宇宙 地球 恐竜 植物 動物 人体 科学とテクノロジー 乗り物 世界 社会と文化 歴史 〔10185〕

◇ウェストミンスター礼拝指針―本文と註 (Westminster directory of public worship) 松谷好明訳 札幌 一麦出版社 2011.12 123p 18cm 1400円 ①978-4-86325-022-2
内容 各個教会の集まりと公的神礼拝における会衆の行動について 聖書の公的朗読について 説教の前の公的祈りについて 御言葉の説教について 説教のあとの祈りについて 聖礼典の執行―第一に、洗礼について 聖餐式、すなわち、主の晩餐の聖礼典執行について 主日の聖別について 結婚の挙式について 病者への訪問について〔ほか〕 〔10186〕

◇改革派教会信仰告白集 3 大崎節郎編 札幌 一麦出版社 2011.12 664p 23cm 8600円 ①978-4-86325-036-9 〔10187〕

◇別段風説書が語る19世紀―翻訳と研究 松方冬子編 東京大学出版会 2012.1 365p 22cm 〈索引あり 文献あり〉7600円 ①978-4-13-020251-0 〔10188〕

◇改革派教会信仰告白集 5 大崎節郎編 札幌 一麦出版社 2012.3 277p 23cm 〈付属資料 : 4p : 月報 5〉4800円 ①978-4-86325-038-3 〔10189〕

◇シオンの議定書―定本 四王天延孝原訳, 天童竺丸補訳・解説 成甲書房 2012.3 189p 20cm 〈他言語標題 : THE PROTOCOLS OF THE ELDERS OF ZION〉1600円 ①978-4-88086-287-3 〔10190〕

◇改革派教会信仰告白集 6 大崎節郎編 札幌 一麦出版社 2012.4 701p 23cm 〈付属資料 : 6p : 月報 6〉8800円 ①978-4-86325-039-0 〔10191〕

◇アヴェスター―原典訳 伊藤義教訳 筑摩書房 2012.6 252p 15cm (ちくま学芸文庫 ア37-1) 1100円 ①978-4-480-09460-5 〔10192〕

◇ゾーハル―カバラーの聖典 (DER SOHAR (原著第3版)) エルンスト・ミュラー編訳, 石丸昭二訳 法政大学出版局 2012.7 478, 5p 20cm (叢書・ウニベルシタス 976) 〈文献あり〉 5400円 ①978-4-588-00976-1
内容 カバラーとゾーハル トーラーの賛美 創造教義 世界計画 人間界 祭祀と祭式 ゾーハルについての声 附『ゾーハルとその教義』抄 (エルンスト・ミュラー) 〔10193〕

◇ウェストミンスター小教理問答講解 (The Westminster shorter catechism) 水垣渉, 袴田康裕著 札幌 一麦出版社 2012.8 188p 22cm 〈文献あり〉2400円 ①978-4-86325-042-0 〔10194〕

◇フランス 牛場暁夫, 田辺裕編訳 朝倉書店 2012.11 228p 31cm (ベラン世界地理大系 3 田辺裕, 竹内信夫監訳) 〈文献あり 索引あり〉 15000円 ①978-4-254-16733-7 〔10195〕

◇タルムード モエードの巻 シャバット篇 長窪専三翻訳監修 三貴 2012.12 15, 660, 27p 31cm 〈文献あり〉 〔10196〕

◇ウパニシャッド―原典訳 岩本裕編訳 筑摩書房 2013.2 381p 15cm (ちくま学芸文庫 ウ20-1) 1400円 ①978-4-480-09519-0
内容 カウシータキ＝ウパニシャッド (抄) チャーンドーグヤ＝ウパニシャッド (全) ブリハッド＝アーラヌヤカ＝ウパニシャッド (抄) カタ＝ウパニシャッド (全) プラシュナ＝ウパニシャッド (全) 〔10197〕

◇改革派教会信仰告白集 別巻 大崎節郎編 札幌 一麦出版社 2013.2 407p 23cm 非売品 ①978-4-86325-056-7 〔10198〕

◇聖クリシュナの神譚詩―ローマ字表記によるサンスクリット語和訳 : 朗誦用 : 梵和訳 第3巻上 坂本弘了訳 〔横浜〕 ヴァースデーヴァクリシュナ協会 2013.2 236p 27cm 〈他言語標題 : Śrīmad Bhāgavata Purāṇa〉①978-4-904241-23-3 〔10199〕

◇聖人たちの祈り (PREGHIERE DI SANTI) 石川康輔, 浦田慎二郎訳 ドン・ボスコ社 2013.4 47p 15cm 〈1993年刊の再編、加筆〉300円 ①978-4-88626-551-7 〔10200〕

◇その信仰に倣う (Imitate their faith) 〔著者名〕 ものみの塔聖書冊子協会 2013.5印刷 207p

23cm 〔10201〕

◇中国小学生優秀作文全集 水野平太郎訳, 水野洋子監修 〔日野〕 水野洋子 2013.5 321p 22cm 〔10202〕

◇至高者の歌―バガヴァッド・ギータ 三浦関造訳 新改訂版 宝塚 竜王文庫 2013.6 116p 19cm 1300円 ①978-4-89741-900-8

内容 アルジュナの悲哀 理論(原子論)と行 行為の統一 智慧の統一 行作の離慾 小我剋服の統一 認識の統一 不滅至上荘厳の統一 大(王)秘密、大(王)科学の統一 至上神力の統一〔ほか〕 〔10203〕

◇YOUCAT―日本語 カトリック教会の青年向けカテキズム (YOUCAT) 日本カトリック司教協議会青少年司牧部門訳, 髙見三明監修 カトリック中央協議会 2013.6 303p 21cm 〈索引あり〉 1800円 ①978-4-87750-174-7 〔10204〕

◇パリの住人の日記 1 1405-1418 (Journal d'un Bourgeois de Paris 1405-1449) 堀越孝一訳・校注 八坂書房 2013.7 370, 20p 20cm 〈文献あり 索引あり〉 2800円 ①978-4-89694-745-8 〔10205〕

◇ペリー日本遠征命令公式複写集―ペリー艦隊サラトガ号艦長公式通信および命令複写集 史料 (Copy book of letters and orders as commander of the U.S.S.Saratoga, one of the ships in Perry's black fleet) 平尾信子翻刻・翻訳・解説 〔横須賀〕 横須賀開国史研究会 2013.8 137p 30cm 〔10206〕

◇あなたもお読みでしたか…―日々の聖句による366日の聖務日課 神学歳時記 1 鈴木和男編・訳 燦葉出版社 2013.9 199p 21cm 1800円 ①978-4-87925-111-4 〔10207〕

◇明史選挙志 1 明代の学校・科挙・任官制度 井上進, 酒井恵子訳注 平凡社 2013.9 339p 18cm (東洋文庫 839) 〈布装〉 2900円 ①978-4-582-80839-1

内容 1 学校(総序 国子監 府州県学 宗学・社学・武学) 2 科挙(制度概要) 〔10208〕

◇マヌ法典 渡瀬信之訳注 平凡社 2013.11 526p 18cm (東洋文庫 842) 〈中公文庫 1991年刊の改訂 布装〉 3300円 ①978-4-582-80842-1 〔10209〕

著 者 名 索 引

（ABC順）

【 A 】

Aalst, Mariska van (アールスト, マリスカ・ヴァン) ……35
Aaronovitch, David (アーロノビッチ, デビッド) ……42
Abbott, Andrew Delano (アボット, アンドリュー) ……23
Abbott, Chris (アボット, クリス) ……23
Abelar, Taisha (エイブラー, タイシャ) ……111
Abell, Derek F. (エーベル, デレク・F.) ……117
Abella, Alex (アベラ, アレックス) ……22
Abells, Chana Byers (アベルス, チャナ・バイヤーズ) ……23
Ablon, J.Stuart (アブロン, J.スチュアート) ……22
Abraham, William James (エイブラハム, W.J.) ……111
Abramson, Lauren (アブラムソン, ローレン) ……22
Acemoglu, Daron (アセモグル, ダロン) ……13
Acharya, Viral V. (アチャリア, ヴィラル・V.) ……15
Achor, Shawn (エイカー, ショーン) ……110
Acton, Alfred (アクトン, アルフレッド) ……9
Acton, Harold (アクトン, ハロルド) ……9
Adams, Christine A. (アダムズ, クリスティーン・A.) ……13
Adams, Gemini (アダムズ, ジェミニ) ……14
Adams, George (アダムス, ジョージ) ……14
Adams, James L. (アダムズ, ジェイムズ・L.) ……14
Adams, Mark (アダムス, マーク) ……14
Adams, Simon (アダムズ, サイモン) ……14
Adamson, Bob (アダムソン, ボブ) ……14
ADB (アジア開発銀行) ……10
Addis, Michael E. (アディス, マイケル・E.) ……16
Adelson, Edna (アデルソン, エドナ) ……16
Adkinson, Robert (アドキンソン, ロバート) ……17
Adler, Alfred (アドラー, アルフレッド) ……17
Adler, Gordon (アドラー, ゴードン) ……18
Adler, Max (アドラー, マックス) ……18
Adler, Nancy J. (アドラー, ナンシー・J.) ……18
Adner, Ron (アドナー, ロン) ……17
Adorno, Theodor Wiesengrund (アドルノ, テオドール・W.) ……18
Adyashanti (アジャシャンティ) ……11
Agamben, Giorgio (アガンベン, ジョルジョ) ……8
Agasthiya, Sri (アガスティア, シュリ) ……8
Agís Villaverde, Marcelino (アヒース＝ビリャベルデ, マルセリーノ) ……21
Aglietta, Michel (アグリエッタ, ミシェル) ……10
Agnew, Thomas George Arnold (アグニュー, トム) ……9
Agnoli, Antonella (アンニョリ, アントネッラ) ……50
Aguirre, Adalberto, Jr. (アギーレ, アダルベルト, Jr.) ……8
Ahamed, Liaquat (アハメド, ライアカット) ……21
Ahlstrand, Bruce W. (アルストランド, ブルース) ……35
Ahmed, Ajaz (アーメッド, アジャズ) ……26
Ahn, Cheol soo (アン, チョルス) ……43
Ahn, Heegun (アン, ヒゴン) ……43
Ahn, Hyungmo (アン, ヒョンモ) ……43
Ahsian, Naisha (アーシャン, ネイシャ) ……11
Ahuja, Anjana (アフジャ, アンジャナ) ……21
Ahuja, Simone (アフージャ, シモーヌ) ……22
Aigen, Kenneth (エイゲン, ケネス) ……110
Aischinēs (アイスキネス) ……4
Akerlof, George A. (アカロフ, ジョージ・A.) ……8
Akita, George (アキタ, ジョージ) ……8
Akst, Daniel (アクスト, ダニエル) ……9
Alain (アラン) ……29
Alain, Patrick (アレイン, パトリック) ……39
Aland, Barbara (アーラント, B.) ……30
Aland, Kurt (アーラント, クルト) ……30
Alasko, Carl (アラスコ, カール) ……29
Alaszewski, Andy (アラシェフスカ, アンディ) ……29
Albala, Ken (アルバーラ, ケン) ……37
Alberoni, Francesco (アルベローニ, フランチェスコ) ……38
Albert, Michael H. (アルバート, M.) ……37
Albert, Michel (アルベール, ミシェル) ……38
Albion, Peter R. (アルビオン, ピーター) ……37
Albrecht, Gary L. (アルブレヒト, G.L.) ……38
Albright, William Foxwell (オールブライト, W.F.) ……144
Alcock, Sir Rutherford (オールコック, ラザフォード) ……142
Aldrich, Daniel P. (アルドリッチ, ダニエル・P.) ……36
Aldrich, Richard (オルドリッチ, リチャード) ……143
Alexander, Eben (アレグザンダー, エベン) ……39
Alexander, Ian (アレクサンダー, I.) ……39
Alexander, John (アレクサンダー, ジョン) ……39
Alexander, Kristen (アレキサンダー, クリステン) ……39
Alexandersson, Olof (アレクサンダーソン, オロフ) ……39
Alfonso (アルフォンソ10世) ……37
Alfonso, Vincent C. (アルフォンソ, ヴィンセント・C.) ……37
Alford, Mimi (アルフォード, ミミ) ……37
Al-Khalili, Jim (アル＝カリーリ, ジム) ……34
Allan, Jeremy (アラン, ジェレミー) ……30
Allan, Tony (アラン, トニー) ……30
Allen, James (アレン, ジェームス (1864-1912)) ……40
Allen, James (アレン, ジェームズ (1960-)) ……41

Allen, Mark(アレン, マーク) ……41
Allen, Paul(アレン, ポール) ……41
Allen, Robert C.(アレン, ロバート・C.) ……41
Allen, Robert G.(アレン, ロバート・G.) ……41
Allen, William Edward David(アレン, W.E.D.) ……41
Alley, Robert W.(アリー, R.W.) ……31
The Alliance for Inclusive Education(アライアンス・フォー・インクルーシヴ・エデュケーション) ……29
Allione, Tsultrim(アリオーネ, ツルティム) ……32
Allison, Graham T.(アリソン, グラハム) ……33
Allison, Jeff(アリソン, J.) ……33
Allock, Debra(アロック, D.) ……42
Alloway, Tracy Packiam(アロウェイ, トレーシー) ……42
Allsopp, Nigel(オールソップ, ナイジェル) …… 142
Allworth, James(アルワース, ジェームズ) ……39
Alonso Puig, Mario(アロンソ=プッチ, マリオ) ……42
Alper, Ted(アルパー, T.) ……36
Alpert, Jonathan Boyd(アルパート, ジョナサン) ……36
Alt, Franz(アルト, フランツ) ……35
Altbach, Philip G.(アルトバック, フィリップ・G.) ……35
Alter, Adam L.(オルター, アダム) …… 143
Altfest, Lewis J.(アルトフェスト, ルイス・J.) ……35
Althusser, Louis(アルチュセール, ルイ) ……35
Altman, Daniel(アルトマン, ダニエル) ……36
Altman, Edward I.(アルトマン, エドワード・I.) ……36
Alvarez, Anne(アルバレス, A.) ……37
Alvarez, Cesar(アルバレス, シーザー) ……37
Alweiss, Lilian(アルワイス, リリアン) ……38
Aly, Götz(アリー, ゲッツ) ……31
Amada, Gerald(アマダ, ジェラルド) ……23
Amar, Patrick(アマール, パトリック) ……23
Ambrose, Alice(アンブローズ, アリス) ……50
Amiot, Joseph Marie(アミオ, ジャン) ……23
Amnesty International(アムネスティ・インターナショナル) ……26
Amsden, Alice Hoffenberg(アムスデン, アリス・H.) ……24
Anastasi, Elizabeth(アナスタシ, エリザベス) ……19
Anawalt, Patricia Rieff(アナワルト, パトリシア・リーフ) ……19
Anchordoguy, Marie(アンチョルドギー, マリー) ……48
Anderson, Allen(アンダーソン, アレン) ……46
Anderson, Benedict Richard O'Gorman(アンダーソン, ベネディクト) ……47
Anderson, Elijah(アンダーソン, イライジャ) ……46
Anderson, Greg(アンダーソン, グレッグ) ……47
Anderson, Harlene(アンダーソン, ハーレーン) ……47
Anderson, Hugh(アンダーソン, ヒュー) ……47
Anderson, Jan(アンダーソン, ジャン) ……47
Anderson, Jenny(アンダーソン, ジェニー) ……47
Anderson, Linda C.(アンダーソン, リンダ) ……48
Anderson, Mark(アンダーソン, マーク) ……48
Anderson, Max(アンダーソン, マックス) ……48
Anderson, Robert David(アンダーソン, R.D.) ……48
Anderson, Stephen A.(アンダーソン, ステファン・A.) ……47
Anderson, Steven R.(アンダーソン, スティーブン) ……47
Anderson, Terry(アンダーソン, テリー) ……47
Anderson, William S.(アンダーソン, ウィリアム・S.) ……46
André, Jacques(アンドレ, ジャック) ……49
Andrews, Andy(アンドルーズ, アンディ) ……49
Andrews, Donald Arthur(アンドリュース, D.A.) ……49
Andrews, Neil H.(アンドリュース, ニール・H.) ……49
Andrews, Shirley(アンドリュース, シャーリー) ……49
Angel, Dave(エンジェル, デイブ) …… 124
Angela, Alberto(アンジェラ, アルベルト) ……44
Angelo, Jack(アンジェロ, ジャック) ……44
Angrist, Joshua David(アングリスト, ヨシュア) ……44
Anka, Darryl(アンカ, ダリル(バシャール)) ……43
Anna, Dawn(アナ, ドーン) ……19
Anning, Angela(アニング, A.) ……19
Ansary, Mir Tamim(アンサーリー, タミム) ……44
Anscombe, G.E.M.(アンスコム, G.E.M.) ……45
Anspach, Mark Rogin(アンスパック, マルク・ロガン) ……46
Anthoine de Saint-Joseph, Fortuné(アントワーヌ・ド・サン=ジョゼフ, F.) ……49
Anthony, William Alan(アンソニー, W.) ……46
APA(アメリカ心理学会) ……28
Appel, Jacob(アペル, ジェイコブ) ……23
Apple, Michael W.(アップル, マイケル・W.) ……15
Appold, Kenneth G.(アッポルド, K.G.) ……16
Aravamudan, Gita(アラヴァムダン, ギーター) ……29
Arbuckle, Brad B.(アーバックル, ブラッド・B.) ……20
Archdeacon, Thomas J.(アーチディコン, トーマス・J.) ……14
Archer-Wright, Ian(アーチャー・ライト, イアン) ……14
Arendt, Hannah(アーレント, ハンナ) ……41
Argüello, Kiko(アルグエヨ, キコ) ……34
Ariely, Dan(アリエリー, ダン) ……31

Ariès, Philippe(アリエス, フィリップ) ……31
Aris, Michael(アリス, マイケル) ……32
Aristoteles(アリストテレス) ……32
Ariyoshi, George R.(アリヨシ, ジョージ・R.) ‥33
Ariyoshi, Rita(アリヨシ, リタ) ……33
Arkin, William M.(アーキン, ウィリアム) …… 9
Armentano, Paul(アーメンターノ, ポール) ……28
Armitage, David(アーミテイジ, デイヴィッド) ……23
Armitage, John(アーミテージ, ジョン) ……24
Armstrong, David Malet(アームストロング, デイヴィッド・M.) ……24
Armstrong, Nicky(アームストロング, ニッキー) ……24
Armstrong, Thomas(アームストロング, トーマス) ……24
Armstrong, Wally(アームストロング, ウォリー) ……24
Arnauld, Antoine(アルノー, A.) ……36
Arnault, Bernard(アルノー, ベルナール) ……36
Arneson, Steve(アーネソン, スティーヴ) ……19
Arnold, Dietmar(アルノルト, ディートマール) ……36
Arnold, Frank(アーノルト, フランク) ……20
Arnold, Glen(アーノルド, グレン) ……20
Arnold, Ingmar(アルノルト, イングマール) ……36
Arnot, Madeleine(アーノット, マデリーン) ……20
Arnove, Anthony(アーノブ, アンソニー) ……20
Aron, Raymond(アロン, レイモン) ……42
Arrighi, Giovanni(アリギ, ジョヴァンニ) ……32
Arrison, Sonia(アリソン, ソニア) ……33
Arrow, Kenneth Joseph(アロー, ケネス・J.) …42
Arthur, James(アーサー, ジェームズ) ……10
Arthur, W.Brian(アーサー, W.ブライアン) ……10
Arze, Reginaldo Ustariz(アルセ, レヒナルド・ウスタリス) ……35
Ásgeir Jónsson(アウスゲイル・ジョウンソン) ‥ 7
Ash, Timothy Garton(アッシュ, ティモシー・ガートン) ……15
Ashmore, Sonia(アシュモア, ソニア) ……11
Ask, Sten(アスク, ステン) ……12
Askenazy, Philippe(アシュケナージ, フィリップ) ……11
Aspholm, Suvi(アスフォルム, S.) ……12
Asquith, Kay(アスキス, K.) ……12
Assa, Ariel(アッサ, A.) ……15
Assange, Julian Paul(アサンジ, ジュリアン) …10
Assen, Marcel van(アッセン, マーセル・ヴァン) ……15
Assmann, Aleida(アスマン, アライダ) ……12
Assmann, Dirk(アスマン, ディルク) ……13
Assoun, Paul-Laurent(アスン, ポール=ロラン) ……10
Aston, Maxine(アストン, マクシーン) ……12
Atkinson, William Walker(アトキンソン, ウィリアム・ウォーカー) ……17
Atkisson, Alan(アトキソン, アラン) ……16
Attali, Jacques(アタリ, ジャック) ……14
Atteshlis, Stylianos(アテシュリス, スティリアノス) ……16
Attwood, Chris(アットウッド, クリス) ……15
Attwood, Janet Bray(アットウッド, ジャネット) ……15
Atwell, Debby(アトウェル, デビー) ……16
Atwood, Christee Gabour(アトウッド, クリスティー) ……16
Aubry, Isabelle(オブリ, イザベル) …… 140
Auclair, Marcelle(オクレール, マルセル) …… 134
Audi, Paul(オーディ, ポール) …… 137
Audibert, Catherine(オディベール, カトリーヌ) …… 137
Audit Commission(イギリス地方自治体監査委員会) ……58
Augustine, Sue(オーガスティン, スー) …… 132
Augustinus, Aurelius, Saint, Bp.of Hippo(アウグスティヌス〈聖〉) …… 6
Aung San Suu Kyi(アウン・サン・スー・チー) ‥ 7
Aurelius Antoninus, Marcus(アウレリウス) …… 7
Austin, John(オースティン, ジョン) …… 135
Avasarala, Govinda(アバサラーラ, ゴビンダ) ‥20
Avicenna(アヴィセンナ) …… 6
Avichail, Rabbi Eliyahu(アビハイル, ラビ・エリヤフ) ……21
Avigdor, Barrett S.(アヴィグドル, B.S.) …… 5
Avis, Paul D.L.(エイヴィス, ポール) …… 110
Ayres, Chris(エアーズ, クリス) …… 109
Ayres, Ian(エアーズ, イアン) …… 109
Ayukawa, Michiko Midge(アユカワ, ミチコ・ミッジ) ……29

【 B 】

Bachelard, Gaston(バシュラール, ガストン) …… 565
Bacqué, Marie-Frédérique(バッケ, マリ=フレデリック) …… 574
Baddeley, Alan D.(バドリー, アラン) …… 583
Badenoch, Alexander(バデノック, アレクサンダー) …… 578
Bader, Jeffrey A.(ベーダー, ジェフリー・A.) …… 715
Badinter, Elisabeth(バダンテール, エリザベート) …… 570
Badiou, Alain(バディウ, アラン) …… 576
Baer, John S.(ベーア, J.) …… 707
Bagehot, Walter(バジョット, ウォルター) …… 565
Baggini, Julian(バジーニ, ジュリアン) …… 564

Baghai, Mehdrad (バグハイ, メルダッド) …… 562
Baglio, Matt (バグリオ, マット) …… 563
Bagwell, Catherine L. (バグウェル, C.) …… 562
Bailey, Alice A. (ベイリー, アリス・A.) …… 711
Bailey, Ann (ベイリー, アン) …… 711
Bailey, Royston (ベイリー, R.) …… 712
Bailey, Sydney Dawson (ベイリー, シドニー・D.) …… 711
Bailyn, Bernard (ベイリン, バーナード) …… 712
Bailyn, Lotte (ベイリン, L.) …… 712
Bainton, Rolnad H. (バイントン, ローランド・H.) …… 552
Bajohr, Frank (バヨール, フランク) …… 593
Baker, Bruce L. (ベイカー, ブルース・L.) …… 708
Baker, Jed (ベイカー, ジェド) …… 708
Baker, Mark (ベイカー, マーク) …… 709
Baker, Sunny (ベーカー, サニー) …… 713
Baker, William F. (ベイカー, ウィリアム・F.) …… 708
Balādhurī, Aḥmad ibn Yaḥyá (バラーズリー, A.) …… 593
Balán, Jorge (バラン, ホルヘ) …… 595
Baldoni, John (バルドーニ, ジョン) …… 601
Baldwin, James (ボールドイン, ジェームス) …… 766
Baldwin, Joyce G. (ボールドウィン, ジョイス・G.) …… 766
Bales, Kevin (ベイルズ, ケビン) …… 712
Balibar, Étienne (バリバール, エティエンヌ) …… 598
Balint, Enid (バリント, イーニド) …… 598
Ball, Jacqueline A. (ボール, ジャクリーン) …… 762
Ball, Mog (ボール, M.) …… 764
Ball, Richard A. (ボール, リチャード・A.) …… 763
Ball, Stephen J. (ボール, スティーブン) …… 763
Ballantine, Jeanne H. (バランタイン, J.H.) …… 595
Ballasiotes, Sthephanie (バラシオテス, S.) …… 593
Balog, Kati (バローグ, カティ) …… 604
Bancel, Nicolas (バンセル, ニコラ) …… 609
Bandler, Richard (バンドラー, リチャード) …… 611
Bandura, Albert (バンデュラ, アルバート) …… 610
Banerjee, Abhijit V. (バナジー, アビジット・V.) …… 584
Bar, Christian Von (バール, クリスティアン・フォン) …… 598
Barabási, Albert-László (バラバシ, アルバート＝ラズロ) …… 594
Baraldi, Claudio (バラルディ, クラウディオ) …… 594
Barath, Klara (バラート, クラーク) …… 594
Baraton, Alain (バラトン, アラン) …… 594
Barbaccia, Lynda (バーバチー, リンダ) …… 587
Barber, William J. (バーバー, ウィリアム・J.) …… 586
Barbera, Carlo (バルベーラ, カルロ) …… 602
Barbier, Edward B. (バービア, エドワード・B.) …… 588
Bard, Ron (バード, ロン) …… 580
Bardach, Eugene (バーダック, ユージン) …… 569
Bardoe, Cheryl (バードー, シェリル) …… 579
Barker, Rodney (バーカー, ロドニー) …… 557
Barlow, Rebecca (バーロウ, レベッカ) …… 603
Barnes, Barry (バーンズ, バリー) …… 608
Barnes, Ian (バーンズ, イアン) …… 608
Barnes, Jacqueline (バーンズ, ジャクリーン) …… 608
Barnes, John A. (バーンズ, ジョン・A.) …… 608
Baron-Reid, Colette (バロン‐リード, コレット) …… 604
Barr, Pat (バー, パット) …… 546
Barraclough, Geoffrey (バラクロウ, ジェフリー) …… 593
Barral i Altet, Xavier (バラル・イ・アルテ, グザヴィエ) …… 594
Barrault, Jean-Michel (バロー, ジャン＝ミシェル) …… 603
Barrett, Diane (バレット, ダイアン) …… 603
Barrett, James (バレット, ジェームス) …… 603
Barron, Natania (バロン, ナタニア) …… 604
Barry, Bruce (バリー, ブルース) …… 596
Barry, Catherine (バリ, カトリーヌ) …… 595
Bar-Tal, Daniel (バル・タル, ダニエル) …… 600
Barth, Karl (バルト, カール) …… 600
Barth, Tom (バース, T.) …… 566
Barthes, Roland (バルト, ロラン) …… 600
Bartholomew (バーソロミュー) …… 568
Bartlett, Allison Hoover (バートレット, アリソン・フーヴァー) …… 583
Bartlett, Richard (バートレット, リチャード) …… 583
Bartlett, Sarah (バートレット, サラ) …… 583
Bartol'd, Vasilii Vladimirovich (バルトリド, V.V.) …… 601
Barton, Dominic (バートン, ドミニク) …… 584
Bartram, Pamela (バートラム, パメラ) …… 583
Barwell, Graham (バーウェル, グレアム) …… 554
Bar-Zohar, Michael (バー＝ゾウハー, マイケル) …… 568
Basso, Thomas F. (バッソ, トム) …… 575
Bataille, Georges (バタイユ, ジョルジュ) …… 569
Batbie, Anselme Polycarpe (バドビー, A.P.) …… 582
Bateson, Anna (ベイトソン, アンナ) …… 711
Batker, David K. (バトカー, デイヴィッド・K.) …… 580
Batra, Raveendra N. (バトラ, ラビ) …… 582
Batson, Charles Daniel (バトソン, チャールズ・ダニエル) …… 581
Bauckham, Richard (ボウカム, リチャード) …… 742
Baudelot, Christian (ボードロ, クリスチャン) …… 754
Bauman, Richard (バウマン, リチャード) …… 556
Bauman, Yoram (バウマン, ヨラム) …… 555
Bauman, Zygmunt (バウマン, ジグムント) …… 555

Baumeister, Roy F.（バウマイスター, ロイ）… 555
Baumgartner, Hans Michael（バウムガルトナー, ハンス・ミヒャエル）…… 556
Bausinger, Hermann（バウジンガー, ヘルマン）…… 554
Baxter, John（バクスター, ジョン）…… 562
Baylis, John（ベイリス, ジョン）…… 712
Bays, Brandon（ベイズ, ブランドン）…… 710
Bazerman, Max H.（ベイザーマン, マックス・H.）…… 709
Bdolak, Levanah Shell（ブドラ, レバナ・シェル）…… 660
Beach, Sylvia（ビーチ, シルヴィア）…… 619
Beahm, George W.（ビーム, ジョージ）…… 622
Beale, Hugh（ビール, ヒュー）…… 629
Beane, James A.（ビーン, ジェームズ・A.）…… 631
Beard, Charles Austin（ビーアド, チャールズ・A.）…… 614
Beattie, Melody（ビーティ, メロディ）…… 620
Beatty, Jack（ビーティ, ジャック）…… 620
Beauvoir, Simone de（ボーヴォワール, シモーヌ・ド）…… 742
Bebchuk, Lucian A.（ベブチャック, L.）…… 723
Beccaria, Cesare（ベッカリーア, チェーザレ）… 717
Becchi, Matteo（ベッキ, マッテオ）…… 717
Beck, Bruce（ベック, ブルース）…… 718
Beck, Charlotte Joko（ベック, シャーロット・ジョウコウ）…… 717
Beck, Elizabeth（ベック, エリザベス）…… 717
Beck, Ulrich（ベック, ウルリッヒ）…… 717
Becker, Gary Stanley（ベッカー, ゲーリー・S.）…… 716
Becker, Howard Saul（ベッカー, ハワード・S.）…… 716
Becker, Jean Jacques（ベッケール, ジャン＝ジャック）…… 718
Becker, Siegfried（ベッカー, ジークフリート）… 716
Beckett, Celia（ベケット, C.）…… 714
Beckett, Lori（ベケット, ローリ）…… 714
Beckford, Sam（ベックフォード, サム）…… 718
Beebe, Catherine（ビーブ, キャサリン）…… 622
Beevor, Antony（ビーヴァー, アントニー）…… 614
Begley, Sharon（ベグリー, シャロン）…… 714
Behan, Keith（ビーハン, キース）…… 621
Behrend, Genevieve（ベーレン, ジュヌビエーブ）…… 732
Beitzel, Barry J.（バイツェル, バリー・J.）…… 548
Belaval, Yvon（ベラヴァル, イヴォン）…… 724
Belfield, Clive R.（ベルフィールド, クリーブ・R.）…… 731
Belfort, Jordan（ベルフォート, ジョーダン）… 731
Bell, Alexander Graham（ベル, A.）…… 726
Bellafiore, Mike（ベラフィオーレ, マイク）…… 724
Bellamy, Richard Paul（ベラミー, リチャード）…… 724
Belleville-Taylor, Pauline（ベレヴィル・テーラー, P.）…… 732
Bellows, Keith（ベローズ, キース）…… 733
Belsky, Gary（ベルスキー, ゲーリー）…… 728
Belsky, Jay（ベルスキー, ジェイ）…… 728
Belsky, Scott（ベルスキ, スコット）…… 729
Beltramini, Micol Arianna（ベルトラミーニ, ミコル・アリアンナ）…… 730
Belviso, Meg（ベルヴィソ, メグ）…… 727
Ben Artzi-Pelossof, Noa（ベンアルツィ・ペロソフ, ノア）…… 734
BenDasan, Isaiah（ベンダサン, イザヤ）…… 736
Bendle, Neil J.（ベンドル, ネイル・J.）…… 737
Benedict, Ruth（ベネディクト, ルース）…… 722
Benedictus（ベネディクト16世）…… 722
Benjamin, Walter（ベンヤミン, ヴァルター）… 738
Ben Jelloun, Tahar（ベン＝ジェルーン, タハール）…… 735
Benkler, Yochai（ベンクラー, ヨハイ）…… 734
Bennell, Sheila J.（ベネル, シーラ・J.）…… 723
Bennett, Andrew（ベネット, アンドリュー）… 721
Bennett, Frances（ベネット, フラン）…… 722
Bennett, Marisa（ベネット, マリッサ）…… 722
Bennett, Nathan（ベネット, ネイサン）…… 722
Bennis, Warren G.（ベニス, ウォレン）…… 721
Bensaïd, Daniel（ベンサイド, ダニエル）…… 734
Ben-Shahar, Tal（ベン・シャハー, タル）…… 735
Benson, M.Christina（ベンソン, M.クリスティナ）…… 735
Bensoussan, Georges（ベンスサン, ジョルジュ）…… 735
Bentov, Itzhak（ベントフ, イツァク）…… 737
Benz, Carl Friedrich（ベンツ, カール）…… 737
Benz, Wolfgang（ベンツ, ヴォルフガング）…… 736
Beop, Ryun（ポムニュン）…… 759
Berber, Ibrahim（ベルベル, イブラヒム）…… 731
Berckhan, Barbara（ベルクハン, ハルハラ）…… 728
Beresford, Bonnie（ベレスフォード, ボニー）… 732
Berg, Cynthia A.（バーグ, シンシア・A.）…… 560
Berg, Gerben Van den（バーグ, ガーベン・ヴァン・デン）…… 559
Berg, Katherine（バーグ, K.）…… 562
Berg, Michael（バーグ, マイケル）…… 561
Bergé, Pierre（ベルジェ, ピエール）…… 728
Berger, Peter L.（バーガー, ピーター）…… 557
Berger, Teresa（バーガー, テレサ）…… 557
Bergman, Ronen（バーグマン, ロネン）…… 562
Bergson, Henri Louis（ベルクソン, アンリ）…… 727
Bering, Jesse（ベリング, ジェシー）…… 726
Berk, Jonathan B.（バーク, ジョナサン）…… 560
Berkey, Jonathan Porter（バーキー, ジョナサン）…… 558
Berkowitz, Eric（バーコウィッツ, エリック）…… 563
Berman, Harold J.（バーマン, ハロルド・J.）… 591

Bermont, Becky (バーモント, ベッキー) 593
Bernabei, Roberto (ベルナベーイ, R.) 730
Bernal, Martin (バナール, マーティン) 585
Bernanke, Ben S. (バーナンキ, ベン・S.) 585
Bernays, Edward L. (バーネイズ, エドワード) 586
Berndt, Bruce C. (バーント, B.C.) 611
Berndt, Jaqueline (ベルント, ジャクリーヌ) ... 732
Berninger, Virginia W. (バーニンガー, V.) 586
Bernoff, Josh (バーノフ, ジョシュ) 586
Bernstein, Basil B. (バーンスティン, バジル) .. 609
Bernstein, Gabrielle (バーンスティン, ガブリエル) 609
Bernstein, Richard J. (バーンスタイン, リチャード・J.) 609
Berque, Augustin (ベルク, オギュスタン) 727
Berrie, Phill (ベリー, フィル) 725
Bersani, Leo (ベルサーニ, レオ) 728
Berson, Michael J. (ベルソン, M.) 729
Bertholet, Denis (ベルトレ, ドニ) 730
Bertini, Maria Barbara (ベルティーニ, マリア・バルバラ) 729
Best, Joel (ベスト, ジョエル) 715
Betbèze, Jean-Paul (ベトベーズ, ジャン＝ポール) 720
Bevir, Mark (ベビア, マーク) 723
Beyer von Morgenstern, Ingo (ベイヤー・フォン・モルゲンスターン, インゴ) 711
Bezanilla, Clara (ベサニーリャ, クララ) 715
Bhabha, Homi K. (バーバ, ホミ・K.) 587
Bhambra, Gurminder K. (バンブラ, ガルミンダ・K.) 612
Bibby, Martin (ビビー, マーティン) 622
Bick, Esther (ビック, エスター) 619
Biden, Joseph R., Jr. (バイデン, ジョセフ・R., Jr.) 549
Bierma, Lyle D. (ビエルマ, L.D.) 615
Billeter, Jean François (ビルテール, ジャン・フランソワ) 630
Billson, Mangala (ビルソン, マンガラ) 630
Bimmer, Andreas C. (ビマー, アンドレーアス・C.) 622
Bingham, Alpheus (ビンガム, アルフェース) .. 631
Bingham, Benedict F.W. (ビンガム, B.) 632
Bingham, Tony (ビンガム, トニー) 632
Bion, Wilfred Ruprecht (ビオン, ウィルフレッド・R.) 615
Bird, Isabella Lucy (バード, イザベラ) 578
Birnbach, Lisa (バーンバック, リサ) 612
Birndorf, Catherine (バーンドーフ, キャサリン) 611
Bishop, Alan J. (ビショップ, アラン・J.) 616
Bishop, Josiah Goodman (ビショップ, ジョシア・G.) 616
Bishop, Russell (ビショップ, ラッセル) 616
Bittrich, Dietmar (ビットリッヒ, ディートマー) 620
Bitz, Michael (ビッツ, マイケル) 619
Bivens-Tatum, Wayne (ビヴェンズ‐テイタム, ウェイン) 615
Bizony, Piers (ビゾニー, ピアーズ) 617
Björkgren, Magnus (ビョルクグレン, M.) 627
Black, Alistair (ブラック, アリステア) 668
Black, David William (ブラック, デイビッド) 668
Black, Richard (ブラック, R.) 668
Blackburn, Simon (ブラックバーン, サイモン) 669
Blackeby, Kathy (ブラッケビィ, キャシー) 669
Blackwill, Robert D. (ブラックウィル, ロバート・D.) 668
Blair, Gary Ryan (ブレア, ゲイリー・ライアン) 692
Blair, Linda (ブレア, リンダ) 692
Blair, Tony (ブレア, トニー) 692
Blake, David (ブレイク, デービッド) 693
Blake, Jenny (ブレイク, ジェニー) 692
Blake, Rich (ブレイク, リッチ) 693
Blakeslee, Sandra (ブレイクスリー, サンドラ) 693
Blanchard, Anne (ブランシャール, アンヌ) 674
Blanchard, Kenneth H. (ブランチャード, ケン) 676
Blanchard, Madeleine Homan (ブランチャード, マドレーヌ・ホーマン) 676
Blanchard, Pascal (ブランシャール, P.) 675
Blanchard, Pascal (ブランシャール, パスカル) 674
Blanck, Gertrude (ブランク, ガートルード) ... 672
Blank, Hanne (ブランク, ハンナ) 673
Blank, Steven Gary (ブランク, スティーブン・G.) 672
Blanke, Gail (ブランキ, ゲイル) 672
Blanquet, S. (ブランケ, ステファヌ) 674
Blanqui, Louis Auguste (ブランキ, オーギュスト) 672
Blavatsky, Helena Petrovna (ブラヴァツキー, H.P.) 663
Bliss, Michael (ブリス, マイケル) 679
Blo-bzaṅ-chos-kyi-rgyal-mtshan (ロサン・チューキ・ギェルツェン) 936
Bloch, Ernst (ブロッホ, エルンスト) 703
Bloch, Serge (ブロッシュ, セルジュ) 703
Block, Walter (ブロック, ウォルター) 702
Bloedhorn, Hanswulf (ブレードホルン, H.) 698
Bloom, Paul (ブルーム, ポール) 690
Bloomfield, Steve (ブルームフィールド, スティーヴ) 690
Blow, David (ブロー, デイヴィッド) 700
Blumenberg, Hans (ブルーメンベルク, ハンス) 691

Blumencron, Maria（ブルーメンクローン, マリア）……691
Blumenkranz, Carla（ブルーメンクランツ, C.）……691
Blumenthal, Karen（ブルーメンタール, カレン）……691
Bluntschli, Johann Caspar（ブルンチュリー, J.C.）……692
Blustein, Paul（ブルースタイン, ポール）……686
Board, Ken（ボード, ケン）……754
Boas, Franz（ボアズ, フランツ）……739
Bocchino, Anthony J.（ボッキーノ, A.J.）……751
Bock, David（ボック, デイビッド）……751
Bodell, Lisa（ボデル, リサ）……754
Bodie, Zvi（ボディ, ツヴィ）……753
Bodin, Art（ボーディン, アーサー）……753
Boehnke, Klaus（ベーンケ, K.）……734
Boeuf, Henri（ブウーフ, H.）……646
Bohlin, Karen E.（ボーリン, カレン）……762
Bohm, David（ボーム, デヴィッド）……759
Bohner, Alfred（ボーナー, アルフレート）……755
Boister, Neil（ボイスター, N.）……740
Bok, Derek Curtis（ボック, デレック）……751
Bolam, Emily（ボーラム, エミリー）……760
Bole, William（ボール, ウィリアム）……762
Bolick, Teresa（ボーリック, テレサ）……761
Boling, Elizabeth（ボーリング, エリザベス）……762
Bollas, Christopher（ボラス, クリストファー）……760
Bollnow, Otto Friedrich（ボルノー, オットー・フリードリヒ）……767
Bolstad, Francesco（ボルスタッド, フランチェスコ）……764
Bolt, Nancy M.（ボルト, ナンシー）……766
Boltanski, Luc（ボルタンスキー, リュック）……765
Bolton, Richard M.（ボルトン, リチャード・M.）……766
Bolton, Robert（ボルトン, ロバート）……766
Bolz, Norbert（ボルツ, ノルベルト）……765
Bonanno, George A.（ボナーノ, ジョージ・A.）……755
Bond, Henry（ボンド, ヘンリー）……772
Bond, Lloyd（ボンド, ロイド）……772
Bonhoeffer, Dietrich（ボンヘッファー, ディートリヒ）……772
Boniface, Pascal（ボニファス, パスカル）……755
Bonner, Sarah E.（ボナー, サラ・E.）……755
Bonnet, Gérard（ボネ, ジェラール）……755
Booker, Rob（ブッカー, ロブ）……658
Boothman, Nicholas（ブースマン, ニコラス）……657
Borg, James（ボーグ, ジェイムズ）……745
Borg, Marcus J.（ボーグ, マーカス・J.）……745
Borgenicht, David（ボーゲニクト, デビッド）……745
Borges, Jorge Luis（ボルヘス, ホルヘ・ルイス）……767
Borish, Steven M.（ボーリシュ, スティーヴン）……761
Borjigin, Husel（フスレ, ボルジギン）……658
Bormann, Martin（ボルマン, マルティン）……767
Bornhak, Konrad（ボルンハック, コンラート）……768
Bornstein, David（ボーンステイン, デービッド）……772
Borré, Caroline（ボレー, カロリン）……768
Borrelli, Belinda（ボレリ, B.）……768
Bosco, Giovanni（ボスコ, ジョヴァンニ）……747
Bosco, Teresio（ボスコ, テレジオ）……747
Bose, Ruma（ボース, ルーマ）……747
Bosnak, Robert（ボスナック, ロバート）……750
Bosner, Leo（ボスナー, レオ）……749
Bossis, Gabrielle（ボッシ, ガブリエル）……751
Boston, Mary（ボストン, メアリー）……748
Boswell, Sophie（ボズウェル, ソフィー）……747
Bottéro, Jean（ボテロ, ジャン）……754
Botzakis, Stergios（ボツァキス, ステルギオス）……751
Bouchard, Constance Brittain（ブシャード, コンスタンス・B.）……657
Bouchard, Gérard（ブシャール, ジェラール）……657
Boulden, Kay（ボールデン, ケイ）……766
Bourbeau, Lise（ブルボー, リズ）……689
Bourdaghs, Michael K.（ボーダッシュ, マイケル）……751
Bourdieu, Pierre（ブルデュー, ピエール）……688
Bourel, Guillaume（ブレル, ギヨーム）……699
Bouretz, Pierre（ブーレッツ, ピエール）……696
Bourne, Stanford（ボーン, スタンフォード）……771
Boush, David M.（ブッシュ, デイヴィッド）……659
Boutmy, Emile Gaston（ブトミー, E.G.）……660
Boutmy, Émil Gaston（ブーミー, E.G.）……661
Bouwsma, William James（バウズマ, ウィリアム・J.）……554
Bowen, James（ボーエン, ジェームズ）……743
Bowen, Will（ボウエン, ウィル）……742
Bower, Joseph L.（バウアー, ジョセフ・L.）……552
Bowles, Samuel（ボウルズ, サミュエル）……742
Bowles, Sheldon M.（ボウルズ, シェルダン）……743
Bowman, Alisa（ボーマン, アリサ）……758
Boyce, Natalie Pope（ボイス, ナタリー・ポープ）……740
Boyd, Robert（ボイド, ロバート）……740
Boyer, Robert（ボワイエ, ロベール）……769
Boyers, Robert（ボイヤーズ, ロバート）……741
Boynton, Andrew C.（ボイントン, アンディ）……741
Brabandere, Luc De（ブラバンデール, リュック・ド）……671
Braden, Gregg（ブレイデン, グレッグ）……694
Braden, Jeffery P.（ブレイデン, J.）……695
Bradfield, Nancy Margetts（ブラッドフィールド, ナンシー）……669

Bradfield Moody, James（ブラッドフィールド・ムーディ, ジェームズ）……669
Bradford, Ernle Dusgate Selby（ブラッドフォード, アーンル）……669
Bradley, Ian C.（ブラッドリー, イアン）……669
Bradner, Leicester（ブラドナー, レスター）……670
Bradshaw, Paul F.（ブラッドショー, ポール）……669
Brafman, Ori（ブラフマン, オリ）……671
Brafman, Rom（ブラフマン, ロム）……672
Braithwaite, Rodric（ブレースウェート, ロドリク）……696
Brame, Geneviève（ブラム, ジュヌヴィエーヴ）……672
Brammer, Lawrence M.（ブラマー, ローレンス・M.）……672
Branch, Robert M.（ブランチ, ロバート・M.）……676
Brand, Solange（ブラン, ソランジュ）……672
Brande, Dorothea（ブランド, ドロシア）……677
Branden, Nathaniel（ブランデン, ナサニエル）……677
Brandner, Judith（ブランドナー, ユディット）……678
Brandt, M.IU.（ブラント, ミハイル）……677
Brandt, Richard L.（ブラント, リチャード）……677
Branson, Douglas M.（ブランソン, ダグラス・M.）……675
Branson, Richard（ブランソン, リチャード）……675
Branson, Robert K.（ブランソン, ロバート・K.）……676
Bratton-Jeffery, Mary F. (Frankie)（ブラットン＝ジェフリー, メアリー・F.（フランキー））……670
Braudel, Fernand（ブローデル, フェルナン）……704
Braw, Monica（ブラウ, モニカ）……663
Bray, Alan（ブレイ, アラン）……692
Bray, Jone S.（ブレー, J.）……692
Bray, Mark（ブレイ, マーク）……692
Brazier, David（ブレイジャー, デイビッド）……694
Breault, Rick A.（ブレオー, R.）……695
Bredau, Ivanhoe（ブレダウ, アイバンホー）……696
Bredekamp, Horst（ブレーデカンプ, ホルスト）……697
Breeden, Jake（ブリーデン, ジェイク）……681
Bregman, Peter（ブレグマン, ピーター）……696
Breidlid, Anders（ブライリィ, アンネシュ）……663
Breiter, Paul（ブレイター, ポール）……694
Brékilien, Yann（ブレキリアン, ヤン）……695
Bremmer, Ian（ブレマー, イアン）……699
Breneman, David W.（ブレネマン, デビッド・W.）……698
Brenifier, Oscar（ブルニフィエ, オスカー）……689
Brennan, Fionnuala（ブレナン, フィオヌアラ）……698
Brenner, Menachem（ブレナー, メナチェム）……698
Brenner, Robert（ブレナー, ロバート）……698
Brenon, Anne（ブルノン, アンヌ）……689
Brent, Mike（ブレント, マイク）……700
Bresler, Liora（ブレスラー, リオラ）……696
Brett, Regina（ブレット, レジーナ）……697
Breuer, Josef（ブロイアー, ヨーゼフ）……700
Breverton, Terry（ブレヴァートン, テリー）……695
Brewer, Marilynn B.（ブルーワー, M.）……691
Bricker, Diane D.（ブリッカー, ダイアン）……679
Bricmont, Jean（ブリクモン, ジャン）……678
Bridges, David（ブリッジ, デビッド）……680
Brierly, James Leslie（ブライアリー, ジェームズ・レスリー）……662
Brighelli, Jean-Paul（ブリゲリ, ジャン＝ポール）……678
Brighouse, Tim（ブリッグハウス, ティム）……680
Brightman, Alan J.（ブライトマン, アラン・J.）……663
Brigman, Greg（ブリッグマン, グレッグ）……680
Brinkley, Dannion（ブリンクリー, ダニオン）……685
Brinkley, Kathryn（ブリンクリー, キャスリン）……685
Bristol, Claude Myron（ブリストル, C.M.）……679
Britton, Ronald（ブリトン, ロナルド）……683
Broad, Eli（ブロウド, イーライ）……702
Brock, Ann Graham（ブロック, アン・グレアム）……702
Brockbank, Wayne（ブロックバンク, ウェイン）……703
Brocklehurst, Ruth（ブロックルハースト, ルース）……703
Brodie, Richard（ブロディ, リチャード）……704
Brodrick, George Charles（ブロドリック, G.C.）……705
Brøgger, Fredrik Christian（ブルッゲル, フレドリック・クリスティアン）……688
Bronson, Po（ブロンソン, ポー）……706
Brooks, Al（ブルックス, アル）……687
Brooks, David（ブルックス, デイヴィッド）……688
Brooks, Lynne M.（ブルークス, リン）……686
Brooks, Max（ブルックス, マックス）……688
Broom, Neil（ブルーム, ニール）……690
Brophy, David J.（ボロフィー, デービッド・J.）……769
Brophy, Jere E.（ブロフィ, ジェア）……705
Brotton, Jerry（ブロトン, ジェリー）……705
Brouns, Berund（ブラウンス, ベルント）……667
Brown, Archie（ブラウン, アーチー）……664
Brown, Brendan（ブラウン, ブレンダン）……667
Brown, Brené（ブラウン, ブレネー）……666
Brown, Catana（ブラウン, カタナ）……664
Brown, Dee Alexander（ブラウン, ディー）……665
Brown, John Seely（ブラウン, ジョン・シーリー）……665

Brown, Kim（ブラウン, キム）…………………… 664
Brown, Margot（ブラウン, マーゴ）…………… 667
Brown, Michael（ブラウン, マイケル）………… 667
Brown, Pat（ブラウン, パット）………………… 666
Brown, Paul B.（ブラウン, ポール・B.）……… 667
Brown, Peter（ブラウン, ピーター）…………… 666
Brown, Phillip（ブラウン, フィリップ）……… 666
Brown, Raymond Edward（ブラウン, レイモンド・E.）…………………………………………… 667
Brown, S.Azby（ブラウン, アズビー）………… 664
Brown, Stephen J.（ブラウン, スティーブン・J.）………………………………………………… 665
Brown, Stuart L.（ブラウン, スチュアート）… 665
Brown, Sunni（ブラウン, サニー）…………… 665
Brown, Tina（ブラウン, ティナ）……………… 665
Brown, Tom, Jr.（ブラウン, トム, Jr.）……… 666
Brown, Valerie B.（ブラウン, ヴァレリー・B.）………………………………………………… 664
Brown, Wendy（ブラウン, ウェンディ）……… 664
Browne, Kevin D.（ブラウン, ケヴィン・D.）… 664
Brownell, Clarence Ludlow（ブラウネル, クラレンス・ルドロウ）……………………………… 664
Broyd, Richard（ブロイド, リチャード）……… 702
Bruce, Frederick Fyvie（ブルース, F.F.）…… 686
Bruce, Robert Bowman（ブルース, ロバート・B.）………………………………………………… 686
Brucker, Gene A.（ブラッカー, ジーン・A.）… 668
Brueggemann, Walter（ブルッゲマン, W.）…… 688
Brûlé, Tyler（ブリュレ, タイラー）…………… 685
Bruna, Dick（ブルーナ, ディック）…………… 689
Brunet, Anne-Flore（ブリュネ, A.）…………… 684
Brunet, Roger（ブリュネ, R.）………………… 684
Brunnemann, Johann（ブルネマン, ヨハン）… 689
Brunner, Otto（ブルンナー, オットー）……… 692
Bruno, Dave（ブルーノ, デーブ）……………… 689
Bruno, Giordano（ブルーノ, ジョルダーノ）… 689
Bruschweiler-Stern, Nadia（ブラッシュワイラー＝スターン, ナディア）……………………… 669
Bryce, Sheradon（ブライス, シェラドン）…… 662
Brynjolfsson, Erik（ブリニョルフソン, エリック）………………………………………………… 683
Buchanan, Caroline（ブキャナン, キャロライン）……………………………………………… 655
Buchanan, Patrick J.（ブキャナン, パトリック・J.）……………………………………………… 655
Buchholz, Steve（バッコルツ, スティーブ）… 574
Buck, Pearl Sydenstricker（バック, パール）… 573
Buckingham, Marcus（バッキンガム, マーカス）………………………………………………… 573
Buckingham, Will（バッキンガム, ウィル）… 573
Buddenberg, Susanne（ブッデンベルク, ズザンネ）……………………………………………… 660
Buddhaguhya（ブッダグヒヤ）………………… 660
Buell, Hal（ビュエル, ハル）…………………… 623
Buell-Thompson, Bonita S.（ビュエル＝トンプソン, ボニータ・S.）……………………………… 623
Bueno de Mesquita, Bruce（ブエノ・デ・メスキータ, ブルース）……………………………… 647
Buffett, Mary（バフェット, メアリー）……… 588
Bugnion, François（ブニョン, フランソワ）… 661
Buhlman, William L.（ブールマン, ウィリアム）………………………………………………… 690
Bulkowski, Thomas N.（バルコウスキー, トーマス・N.）………………………………………… 599
Bungay Stanier, Michael（バンゲイ・スタニエ, マイケル）……………………………………… 607
Burchard, Brendon（バーチャード, ブレンドン）………………………………………………… 571
Burchell, Michael（バーチェル, マイケル）… 571
Burg, Bob（バーグ, ボブ）……………………… 561
Burger, Edward B.（バーガー, エドワード・B.）………………………………………………… 557
Burgess, John William（バルジェス, ジョン・W.）……………………………………………… 599
Burgess, William T.（バーゲス, ウィリアム・T.）………………………………………………… 563
Burguière, André（ビュルギエール, アンドレ）………………………………………………… 627
Burke, Brian L.（バーク, B.）………………… 561
Burke, Edmund（バーク, エドマンド）……… 559
Burke, Peter（バーク, ピーター）……………… 560
Burke-Gaffney, Brian（バークガフニ, ブライアン）……………………………………………… 562
Burlaud, Alain（バーラウド, A.）……………… 593
Burleigh, Nina（バーリー, ニナ）……………… 595
Burman, Erica（バーマン, エリカ）…………… 590
Burnard, Lou（バーナード, ルー）…………… 584
Burns, Steve（バーンズ, スティーヴ）……… 608
Buron, Kari Dunn（ブロン, カーリ・ダン）… 706
Burrow, Rufus（バロウ, R.）…………………… 604
Burrows, Hal（バローズ, ハル）……………… 604
Burry, Pamela J.（バリー, パメラ・J.）……… 595
Burton, A.Kim（バートン, A.）………………… 584
Buruma, Ian（ブルマ, イアン）………………… 690
Busby, Richard D.（バスビー, リチャード・D.）………………………………………………… 568
Busch, Andrew（ブッシュ, アンドリュー）…… 659
Bush, George Walker（ブッシュ, ジョージ・W.）……………………………………………… 659
Bush, Richard C.（ブッシュ, リチャード・C.）………………………………………………… 659
Buss, David M.（バス, デイヴィッド・M.）… 566
Bussgang, Jeffrey（バスギャング, ジェフリー）………………………………………………… 567
Butchart, Alexander（ブッチャー, アレキサンダー）……………………………………………… 659
Büthe, Tim（ブーテェ, ティム）……………… 660
Butler, Christopher C.（バトラー, C.）……… [illegible]
Butler, Judith P.（バトラー, ジュディス）…… 582

Butler, Timothy（バトラー, ティモシー）…… 582
Buzan, Barry（ブザン, バリー）…… 657
Buzan, Tony（ブザン, トニー）…… 656
Buzzetti, Dino（ブッツェッティ, ディーノ）…… 659
Byers, Aruna Rea（バイヤース, アルーナ）…… 550
Byers, Thomas H.（バイアース, トーマス）…… 547
Byram, Michael（バイラム, マイケル）…… 550
Byrd, James P.（バード, ジェイムズ）…… 579
Byrne, Rhonda（バーン, ロンダ）…… 607
Byrnes, Jonathan L.S.（バーンズ, ジョナサン・L.S.）…… 608
Byrom, Jamie（バイロン, ジェイミー）…… 551
Byron, John（バイロン, ジョン）…… 551
Byster, Mike（バイスター, マイク）…… 548

【C】

Cabane, Olivia Fox（カバン, オリビア・フォックス）…… 165
Caesar, Gaius Julius（カエサル, ユリウス）…… 150
Caillé, Alain（カイエ, アラン）…… 147
Caillois, Roger（カイヨワ, ロジェ）…… 148
Cain, Susan（ケイン, スーザン）…… 259
Cainer, Jonathan（ケイナー, ジョナサン）…… 259
Calan, Ronan de（カラン, ロナン・ド）…… 170
Calise, Mauro（カリーゼ, マウロ）…… 171
Callahan, Kevin R.（カラハン, ケビン）…… 170
Callan, Jamie Cat（キャラン, ジェイミー・キャット）…… 195
Callias, Aurore（カリアス, オーロール）…… 171
Calonius, Erik（カロニウス, エリック）…… 176
Calvin, Jean（カルヴァン, ジャン）…… 172
Calypso, Gnobo A.（カリプソ, ノボ）…… 172
Cameron, Julia（キャメロン, ジュリア）…… 194
Cameron, Kenneth（キャメロン, ケネス）…… 194
Cameron, Rondo E.（キャメロン, ロンド）…… 195
Camillo, Chris（カミロ, クリス）…… 168
Cammann, Hans-Hermann（カムマン, ハンス＝ヘルマン）…… 169
Camp, Jim（キャンプ, ジム）…… 196
Campbell, Chellie（キャンベル, チェリー）…… 196
Campbell, G.Michael（キャンベル, G.マイケル）…… 196
Campbell, Neil（キャンベル, ニール）…… 196
Campbell, Ross（キャンベル, ロス）…… 196
Campbell, W.Keith（キャンベル, W.キース）…… 197
Campion, Nicholas（キャンピオン, ニコラス）…… 196
Campopiano, Ruth D.（カンポピアノ, R.）…… 181
Candrakirti（チャンドラキールティ）…… 461
Canning, John（キャニング, ジョン）…… 193
Cannon, Marcia G.（キャノン, マーシャ）…… 194
Capatti, Alberto（カパッティ, アルベルト）…… 165
Caper, Robert（ケイパー, R.）…… 259
Caplin, Andrew（カプリン, アンドリュー）…… 167
Cappelli, Peter（カペッリ, ピーター）…… 167
Cardon, Dominique（カルドン, ドミニク）…… 174
Cardoso, Fernando Henrique（カルドーゾ, フェルナンド・エンリケ）…… 174
Carey, David Leonard（キャリー, デビッド）…… 195
Cariolato, Alfonso（カリオラート, アルフォンソ）…… 171
Carlberg, Gunnar（カールバーグ, G.）…… 174
Carliner, Saul（カーライナー, サウル）…… 169
Carlson, Curtis Ray（カールソン, カーティス・R.）…… 172
Carlson, Jon（カールソン, ジョン）…… 173
Carlson, Laurie（カールソン, ローリー）…… 173
Carlson, Richard（カールソン, リチャード）…… 173
Carlton Books Limited（カールトン・ブックス）…… 174
Carlyle, Marie-Claire（カーライル, マリー＝クレール）…… 169
Carnegie, Andrew（カーネギー, アンドリュー）…… 163
Carnegie, Dale（カーネギー, D.）…… 163
Carnegie, Dorothy Reeder（カーネギー, ドロシー）…… 163
Carnoy, Martin（カーノイ, マーティン）…… 164
Caroline, Hau（カロライン, ハウ）…… 176
Carpenter, Iain（カーペンター, イアン）…… 167
Carpenter, Jennifer N.（カーペンター, ジェニファー・N.）…… 167
Carpenter, Judith M.（カーペンター, ジュディス）…… 167
Carr, Allen（カー, アレン）…… 145
Carr, Edward Hallett（カー, E.H.）…… 147
Carr, Margaret（カー, マーガレット）…… 147
Carr, Thomas K.（カー, トーマス・K.）…… 146
Carré, Guillaume（カレ, ギヨーム）…… 175
Carré de Malberg, Raymond（カレ・ド・マルベール, R.）…… 175
Carr-Gomm, Philip（カー＝ゴム, フィリップ）…… 151
Carroll, Paul B.（キャロル, ポール）…… 196
Carson, David（カーソン, デイビッド）…… 157
Cartari, Vincenzo（カルターリ, ヴィンチェンツォ）…… 173
Carter, Philip（カーター, フィリップ（1958-））…… 157
Carter, Sandy（カーター, サンディ）…… 157
Cartledge, Paul（カートリッジ, ポール）…… 161
Carwardine, Mark（カーワディン, マーク）…… 176
Casas, Bartolomé de las（カサス, ラス）…… 152
Case, Mary（ケイス, メアリ）…… 259
Casnocha, Ben（カスノーカ, ベン）…… 156
Cassirer, Ernst（カッシーラー, エルンスト）…… 159
Castaneda, Carlos（カスタネダ, カルロス）…… 154

Castel, Robert (カステル, ロベール) ············ 155
Castellà i Pujols, Maria Betlem (カステラ＝イ＝プジョルス, マリア＝ベトレム) ··········· 154
Castellanos, Edwin J. (カステジャノス, エドウィン・J.) ·· 154
Castellanos, María (カステジャノス, マリア) ·· 154
Castillo, David Diaz (カスティロ, デビッド・ディアス) ·· 154
Castle, Jennifer (キャッスル, J.) ················· 193
Castles, Stephen (カースルズ, スティーブン) ·· 157
Castro, Américo (カストロ, アメリコ) ·········· 155
Castro Ruz, Fidel (カストロ・ルス, フィデル) ·· 155
Castro Ruz, Juanita (カストロ, フアーナ) ····· 155
Catret, Juan (カトレット, ホアン) ··············· 161
Cauchon, Rose (コーション, ローズ) ··········· 284
Caussade, Jean-Pierre de (コッサード, J.P.) ·· 286
Cavaillès, Jean (カヴァイエス, ジャン) ·········· 148
Cavalier, Jean (カヴァリエ, J.) ···················· 149
Cavalier, Philippe (カヴァリエ, フィリップ) ·· 148
Cavallaro, Gina (キャヴァラーロ, ジーナ) ····· 193
Cavallo Jhlos, Maurizio (カヴァーロ・ヒーロス, マオリッツィオ) ································ 149
Cavendish, Lucy (キャベンディッシュ, ルーシー) ·· 194
Cavoukian, Ann (カブキアン, アン) ············· 165
Cavusgil, S.Tamer (カブスギル, S.ターマー) ·· 165
Cawthorne, Nigel (カウソーン, ナイジェル) ··· 149
CDRSEE (南東欧における民主主義と和解のためのセンター) ······································ 814
Ceceri, Kathy (シセリ, キャシー) ················ 333
Cels, Johan (セルス, ヨハン) ······················· 423
Cenckiewicz, Sławomir (ツェンツキェヴィッチ, スワヴォミール) ································ 474
Cendrowski, Harry (チェンドロフスキー, ハリー) ·· 455
CERI (経済協力開発機構教育研究革新センター) ·· 258
Cerminara, Gina (サーミナラ, ジナ) ············· 314
Césaire, Aimé (セゼール, エメ) ··················· 420
Chabris, Christopher F. (チャブリス, クリストファー) ·· 458
Chadwick, John (チャドウィック, ジョン) ····· 458
Chah, Achaan (チャー, アーチャン) ············ 456
Chaipong Pongpanich (チャイポン・ポンパニッチ) ························· 457
Chalk, Rosemary A. (チョーク, ローズマリー) ·· 467
Chambers, John (チェンバース, ジョン) ······· 455
Chambers, William Nisbet (チェンバーズ, ウィリアム・N.) ·· 455
Chamboko, Raymond (チャンボコ, R.) ········· 461
Chamine, Shirzad (チャミン, シャザド) ········ 458
Chamoux, François (シャムー, フランソワ) 010
Chan, Ronald W. (チャン, ロナルド・W.) ····· 460
Chan, Sucheng (チャン, スーチェン) ············ 459
Chandler, Clay (チャンドラー, クレイ) ········· 460
Chandler, Steve (チャンドラー, スティーヴ) ·· 461
Chang, Gordon G. (チャン, ゴードン・G.) ···· 459
Chang, Gordon H. (チャン, ゴードン・H.) ···· 459
Chao, Ramón (チャオ, ラモン) ···················· 457
Chapman, Gary D. (チャップマン, ゲーリー) ·· 457
Chapman, Marina (チャップマン, マリーナ) ·· 458
Chapman, Mark David (チャップマン, マーク) ·· 458
Charb (シャルブ) ····································· 349
Charbonier, Jean-Jacques (シャルボニエ, ジャン＝ジャック) ······································ 349
Charleson, Susannah (チャールソン, スザンナ) ·· 458
Charlesworth, James H. (チャールズワース, J. H.) ··· 458
Chartered Institute of Public Finance and Accountancy (英国勅許公共財務会計協会) ·· 110
Charvet, Shelle Rose (シャーベイ, シェリー・ローズ) ·· 347
Chauveau, Adolphe (ショウボー, アドルフ) ··· 370
Chavagneux, Christian (シャヴァニュー, クリスチアン) ·· 341
Cheah, Pheng (チャー, フェン) ··················· 457
Checkland, Olive (チェックランド, O.) ········ 454
Cheffers, Mark (チェファーズ, マーク) ········ 454
Cheiro (キロ) ··························· 203
Chesbrough, Henry William (チェスブロウ, ヘンリー) ·· 454
Chesterfield, Philip Dormer Stanhope (チェスターフィールド, フィリップ) ··················· 454
Chesterton, Cecil (チェスタトン, セシル) ······ 454
Chesterton, Gilbert Keith (チェスタトン, G. K.) ·· 454
Chovalior, Roger (シュバリエ, ロジャー) ······· 359
Chevallier, Marielle (シュヴァリエ, マリエル) ·· 353
Chhor, Heang (ショー, エアン) ··················· 367
Chiapello, Ève (シャペロ, エヴ) ·················· 347
Chieng, André (チェン, アンドレ) ··············· 455
Chinoy, Mike (チノイ, マイク) ···················· 456
Choeël, Raphaëlle (ショエル, ラファエル) ····· 371
Choi, Jang-Jip (チェ, ジャンジプ) ··············· 453
Chope Paljor Tsering (チョペ・ペルジョル・ツェリン) ·· 468
Chomsky, Noam (チョムスキー, ノーム) ······· 468
Chopra, Deepak (チョプラ, ディーパック) ····· 467
Choquette, Sonia (ショケット, ソニア) ········· 371
Chowdhury, Anwarul K. (チョウドリ, アンワルル・K.) ·· 467
Chown, Marcus (チャウン, マーカス) ·········· 457
Chrisp, Peter (クリスプ, ピーター) ·············· 234
Christensen, Bonnie (クリステンセン, ボニー) ·· 234

Christensen, Clayton M.(クリステンセン, クレイトン・M.) …… 233
Christian, Johnna (クリスチャン, J.) …… 233
Chrysostomos, Diōn (クリュソストモス, ディオン) …… 237
Chua, Amy (チュア, エイミー) …… 462
Chung, Erin Aeran (チャン, エリン・エラン) … 459
Churchill, Winston (チャーチル, ウィンストン) …… 457
Cialdini, Robert B.(チャルディーニ, ロバート・B.) …… 459
Ciarrochi, Joseph (チャロッキ, ジョセフ・V.) …… 459
Cicero, Marcus Tullius (キケロ, マルクス・トゥリウス) …… 182
Cillessen, Antonius H.N.(シレッセン, A.) …… 381
Cimatti, Vincenzo (チマッティ, V.) …… 456
Cioran, Émile M.(シオラン, エミール) …… 331
Cislak, Aleksandra (シスラク, A.) …… 333
Cixous, Hélène (シクスー, エレーヌ) …… 331
Claeys, Gregory (クレイズ, グレゴリー) …… 244
Clandinin, D.Jean (クランディニン, D.ジーン) …… 229
Clark, Andy (クラーク, アンディ) …… 224
Clark, Arthur B.(クラーク, アーサー・B.) …… 224
Clark, David (クラーク, デビッド) …… 224
Clark, M.Carolyn (クラーク, M.キャロリン) … 225
Clark, Richard E.(クラーク, リチャード・E.) …… 224
Clark, Ruth Colvin (クラーク, ルース・コルビン) …… 224
Clark, Tim (クラーク, ティム) …… 224
Clark, William R.(クラーク, ウィリアム・R.) …… 224
Clarke, Gill (クラーク, ジル) …… 224
Clarkson, Janet (クラークソン, ジャネット) … 225
Claudel, Paul (クローデル, ポール) …… 252
Clausewitz, Carl von (クラウゼヴィッツ, カール・フォン) …… 223
Clayton, Gary E.(クレイトン, ゲーリー・E.) …… 245
Clayton, Max (クレイトン, マックス) …… 245
Cleeton, David L.(クリートン, デーヴィッド・L.) …… 235
Clegg, Brian (クレッグ, ブライアン) …… 247
Clement, Mary C.(クレメント, M.) …… 248
Clementi, Gian Luca (クレメンティ, ジャン・ルカ) …… 248
Cliff, Nigel (クリフ, ナイジェル) …… 235
Clive, Eric M.(クライブ, エリック) …… 220
Cloud, Henry (クラウド, ヘンリー) …… 223
Clough, Nick (クラフ, ニック) …… 227
Coase, Ronald Harry (コース, ロナルド) …… 284
Coates, John (コーツ, ジョン) …… 285
Cobast, Éric (コバスト, エリック) …… 291
Cobb, Edith (コッブ, イディス) …… 287
Cock-Starkey, Claire (コック・スターキー, クレア) …… 286
Cocteau, Jean (コクトー, ジャン) …… 283
Coddington, Grace (コディントン, グレース) …… 288
Coester, Michael (ケスター, ミヒャエル) …… 262
Coester-Waltjen, Dagmar (ケスター＝ヴァルチェン, ダグマール) …… 262
Coetsee, Danie (クツィエ, D.) …… 214
Coface (コファス) …… 292
Coggan, Philip (コガン, フィリップ) …… 279
Cohen, Alan (コーエン, アラン) …… 278
Cohen, Daniel (コーエン, ダニエル) …… 279
Cohen, Eliot A.(コーエン, エリオット) …… 278
Cohen, Mikal R.(コーエン, M.) …… 279
Cohen, Robin (コーエン, ロビン) …… 279
Cohen, Solomon Ibrahim (コーヘン, スレイマン・イブラヒム) …… 293
Cohn-Sherbok, Dan (コンシャーボク, ダン) … 302
Coie, John D.(クーイ, J.D.) …… 209
Colby, Anne (コルビィ, アン) …… 299
Cole, R.Alan (コール, R.アラン) …… 296
Coleman, John (コールマン, ジョン) …… 300
Coll, Steve (コール, スティーブ) …… 296
Collie, Craig (コリー, クレイグ) …… 294
Collier, Bryan (コリアー, ブライアン) …… 295
Collier, Paul (コリアー, ポール) …… 295
Collin, Catherine (コーリン, キャサリン) …… 295
Collingham, Elizabeth M.(コリンガム, リジー) …… 295
Collins, Allan (コリンズ, アラン) …… 295
Collins, Ashlinn (コリンズ, アシュリーン) …… 295
Collins, Daryl (コリンズ, ダリル) …… 296
Collins, James Charles (コリンズ, ジム) …… 296
Collins, María Antonieta (コリンズ, マリーア＝アントニエタ) …… 296
Collins, Randall (コリンズ, ランドル) …… 296
Collyer, Michael (コリヤー, M.) …… 295
Columbus, Christopher (コロンブス, クリストファー) …… 300
Compagnon, Antoine (コンパニョン, アントワーヌ) …… 303
Compoint, Stéphane (コンポワン, ステファヌ) …… 304
Compri, Gaetano (コンプリ, ガエタノ) …… 304
Comte, Auguste (コント, オーギュスト) …… 303
Conant, Douglas R.(コナン, ダグラス) …… 290
Conchie, Barry (コンチー, バリー) …… 302
Condillac, Étienne Bonnot de (コンディヤック, エティエンヌ・ボノ・ド) …… 303
Conduct Problems Prevention Research Group (コンダクト・プロブレムズ・プリヴェンション・リサーチ・グループ) …… 302
Conforti, Kelly (コンフォーティ, K.) …… 304

Conlan, Thomas D.(コンラン, トマス・D.) … 304
Conley, Amy (コンリー, エイミー) …………… 304
Conley, Chip (コンリー, チップ) ……………… 305
Conneeley, Serene (コネリー, セレーン) ……… 291
Connell, Andrew (コネル, アンドリュー) ……… 291
Connellan, Thomas K.(コネラン, トム) ……… 291
Conner, Marcia L.(コナー, マーシャ) ………… 290
Connerton, Paul (コナトン, ポール) …………… 290
Connolly, Suzanne M.(コノリー, スザンヌ・M.) ……………………………… 291
Connors, Laurence A.(コナーズ, ローレンス・A.) ……………………………… 290
Conradi, Peter (コンラディ, ピーター) ………… 304
Constable, Simon (コンスタブル, サイモン) … 302
Conwell, Russell Herman (コンウェル, ラッセル・ハーマン) ………………………… 301
Cooke, C.W.(クック, C.W.) …………………… 214
Cooke, Tim (クーク, ティム) …………………… 213
Cooley, Thomas F.(クーリー, トーマス・F.) ‥ 231
Cooper, Artemis (クーパー, アーテミス) ……… 217
Cooper, David Edward (クーパー, デイヴィッド・E.) ………………………………… 218
Cooper, Diana (クーパー, ダイアナ) ………… 218
Cooper, Ian (クーパー, イアン) ……………… 217
Cooper, John O.(クーパー, ジョン・O.) ……… 218
Cooper, Mick (クーパー, ミック) …………… 218
Cooper, Page (クーパー, ページ) …………… 218
Cooper, Robert Gravlin (クーパー, ロバート・G.) ……………………………………… 219
Cooper, Stephen Andrew (クーパー, S.A.) …. 219
Copeland, B.Jack (コープランド, B.ジャック) ……………………………………… 292
Coplan, Robert J.(コプラン, ロバート・J.) … 292
Corbin, Alain (コルバン, アラン) …………… 299
Corcoran, Judy (コーコラン, ジュディ) ……… 283
Cordeo, Mikaelah (コルドー, ミケーラ) ……… 297
Cordesman, Anthony H.(コーデスマン, アンソニー・H.) ……………………………… 288
Corey, Gerald (コーレイ, ジェラルド) ……… 300
Cori, Patricia (コーリ, パトリシア) ………… 294
Cornell, Joseph Bharat (コーネル, ジョセフ) ‥ 291
Corsi, Giancarlo (コルシ, ジャンカルロ) …… 297
Costa, Rebecca D.(コスタ, レベッカ) ……… 284
Costanzo, Philip (コスタンツォ, P.) ………… 284
Coster, Theo (コステル, テオ) ……………… 284
Cottrell, Leonard (コットレル, レナード) …… 287
Coulter, Kevin (コルター, ケビン) ………… 297
Courtine-Denamy, Sylvie (クルティーヌ＝ドゥナミ, シルヴィ) ……………………… 242
Coutant, Dawna K.(クータント, D.) ……… 214
Coutrot, Thomas (クトロ, トマ) …………… 216
Covey, Sean (コヴィー, ショーン) ………… 276
Covey, Stephen R.(コヴィー, スティーブン・R.) ……………………………………… 276
Cowan, Carolyn Pape (コーワン, C.) ……… 300
Cowan, Philip A.(コーワン, フィリップ) …… 300
Cowen, Tyler (コーエン, タイラー) ………… 278
Coyle, Daniel (コイル, ダニエル) …………… 272
Coyne, Kevin P.(コイン, ケビン・P.) ……… 272
Coyne, Shawn T.(コイン, ショーン・T.) …… 273
Cramm, Dagmar von (クラム, ダグマール・フォン) ……………………………………… 228
Crampton, Alexandra Lee (クランプトン, アレクサンドラ・リー) ………………………… 230
Crampton, David S.(クランプトン, ディビッド・S.) ………………………………… 230
Crane, Greg (クレイン, グレッグ) ………… 245
Crane, Nicholas (クレイン, ニック) ……… 245
Crawford, Saffi (クロフォード, サッフィ) …… 252
Creach, Jerome Frederick Davis (クリーチ, J.F.D.) ………………………………… 234
Creightmore, Richard (クレイトモア, リチャード) ……………………………………… 245
Creme, Benjamin (クレーム, ベンジャミン) … 248
Creveld, Martin van (クレフェルト, マーチン・ファン) ……………………………… 248
Crick, Bernard Rowland (クリック, バーナード) ……………………………………… 234
Crick, Thomas K.(クイック, トーマス・K.) ‥ 210
Croce, Benedetto (クローチェ, ベネデット) … 251
Crone, Deanne A.(クローン, ディアンヌ・A.) ……………………………………… 253
Cross, Daphne (クロス, ダフニ) …………… 250
Crossley, Nick (クロスリー, ニック) ……… 251
Crossley, Pamela Kyle (クロスリー, パミラ・カイル) ………………………………… 251
Crosswell, Kathy (クロスウェル, キャシー) …. 251
Crow, Ben (クロー, ベン) …………………… 249
Crowell, Beverly (クロウェル, ビバリー) …… 249
Crowley, Aleister (クロウリー, アレイスター) ……………………………………… 250
Crowther, Kiesha (クローサー, キーシャ) 250
Crowther, Samuel (クラウザー, サミュエル) ‥ 223
Croy, Anita (クロイ, アニタ) ……………… 249
Croy, Elden (クロイ, エルデン) …………… 249
Crum, Dan (クラム, ダン) ………………… 228
Crutchfield, Leslie R.(クラッチフィールド, レスリ R.) …………… 226
Cryer, Robert (クライヤー, R.) …………… 221
Cullen, Francis T.(カレン, フランシス・T.) ‥ 175
Culpin, Christopher (カルピン, クリストファー) ……………………………………… 174
Cumings, Bruce (カミングス, ブルース) …… 168
Cumming, Heather (カミング, ヘザー) ……… 168
Cummins, Geraldine (カミンズ, ジェラルディン) ……………………………………… 169
Cunnally, John (カナリー, ジョン) ………… 162
Cunningham, Hugh (カニンガム, ヒュー) …… 162
Cunningham, Lawrence (カニンガム, L.S.) …. 163

Currivan, Jude（カリヴァン, ジュード）……… 171
Curry, Constance（カリー, コンスタンス）…… 170
Cusanus, Nicolaus（クザーヌス）………………… 213
Cusumano, Michael A.（クスマノ, マイケル・A.）………………………………………………… 213
Cuthbertson, Keith（カットバートソン, キース）………………………………………………… 160

【D】

Dagenais, Raymond J.（ダジュネ, R.）………… 440
Dahan, Udi（ダーハン, ウディ）………………… 443
Dahl, Robert Alan（ダール, R.A.）……………… 447
Dahle, Gro（ダーレ, グロー）…………………… 448
Dain, Phyllis（デイン, フィリス）……………… 488
Dalai Lama（ダライ・ラマ14世）………………… 445
Dale Carnegie & Associates, Inc.（D.カーネギー協会）………………………………………… 478
Dallaire, Roméo（ダレール, ロメオ）…………… 448
Dalloz, Edouard（ダローズ, E.）………………… 448
Dalmia, Aryaman（ダルミア, アリャマン）…… 448
Dalrymple, Jane（ダリンプル, ジェーン）……… 447
Dalton, Pamela（ドルトン, パメラ）…………… 520
D'Aluisio, Faith（ダルージオ, フェイス）……… 447
Dalzell, Frederick（ダルゼル, フレデリック）… 447
Dampier, Phil（ダンピエール, フィル）………… 452
Damrosch, Leopold（ダムロッシュ, レオ）…… 445
Daniel, Matt"Boom"（ダニエル, マット・"ブーン"）……………………………………………… 442
Daniel, Patricia（ダニエル, パトリシア）……… 442
Daniel, Roh（ダニエル, ロー）…………………… 442
Däniken, Erich von（デニケン, エーリッヒ・フォン）…………………………………………… 492
Danilov, Aleksandr Anatol'evich（ダニロフ, アレクサンドル）………………………………… 443
Daniotti, Tiziano（ダニオッティ, ティッツィアーノ）…………………………………………… 443
Danko, William D.（ダンコ, ウィリアム・D.）‥ 451
Dante Alighieri（ダンテ・アリギエーリ）……… 451
D'Antonio, Michael（ダントニオ, マイケル）… 451
Danziger, Lucy S.（ダンジガー, ルーシー）…… 451
Darwin, Charles Robert（ダーウィン, チャールズ・R.）………………………………………… 436
Das, Veena（ダス, ヴィーナ）…………………… 440
Dashdondog Gerelmaa（ダシュドング・ゲレルマ）……………………………………………… 439
Dashpurėv, Danzankhorloogiĭn（ダシプルブ, D.）………………………………………………… 439
Data Management Association International（データ・マネジメント・アソシエーション・インターナショナル）……………………………… 491
Dattilio, Frank M.（ダッティリオ, フランク・M.）………………………………………………… 441
Davenport, Thomas H.（ダベンポート, トーマス・H.）………………………………………… 444
David, Juliet（デイヴィッド, ジュリエット）… 477
David, Olivier（ダヴィド, オリヴィエ）………… 436
Davidson, Alexander（デビッドソン, アレクサンダー）………………………………………… 493
Davidson, Matthew（デイビッドソン, マシュー）………………………………………………… 482
Davidson, Paul（デヴィッドソン, ポール）…… 489
Davidson, Richard J.（デビッドソン, リチャード・J.）………………………………………… 493
Davies, Howard（デイビス, ハワード）………… 482
Davies, Matt（デイヴィス, M.）………………… 477
Davies, Norman（デイヴィス, ノーマン）……… 477
Davies, Paul（デイビス, ポール）……………… 482
Davis, Barbee（デイビス, バービー）…………… 482
Davis, Mark William（デイヴィス, マーク）…… 477
Davis, Monte（デイビス, モンテ）……………… 482
Davis, Robert Charles（デイヴィス, ロバート・C.）………………………………………………… 477
Davis, Scott（デイビス, スコット）……………… 482
Davis, Susan（デイヴィス, スーザン）………… 477
Davison, Lang（デイヴソン, ラング）…………… 478
Dawisha, Adeed（ダウィシャ, アディード）…… 436
Dawkins, Richard（ドーキンス, リチャード）‥ 508
Day, Jeni Pollack（デイ, ジェニ・ポラック）… 475
Day, Malcolm（デイ, マルコム）………………… 476
Dean, David（ディーン, デビッド）……………… 488
Dean, Hartley（ディーン, ハートレー）………… 488
Dearing, Karen F.（ディアリング, K.）………… 476
Debus, Michael（デーブス, ミヒャエル）……… 493
Decker, Benton Weaver（デッカー, ベントン・ウィーバー）…………………………………… 491
Decker, Edwina Naylor（デッカー, エドウィーナ・ネイラー）………………………………… 491
De Crescenzo, Luciano（デ・クレシェンツォ, ルチャーノ）…………………………………… 490
Deegan, Marilyn（ディーガン, マリリン）……… 479
DeFelice, Jim（デフェリス, ジム）……………… 493
De Graaf, John（デ・グラーフ, ジョン）……… 490
Deguy, Michel（ドゥギー, ミシェル）………… 505
Deimann, Markus（ダイマン, マルクス）……… 436
Deimler, Michael S.（ダイムラー, マイケル）… 436
de La Boétie, Étienne（ド・ラ・ボエシ, エティエンヌ）………………………………………… 516
Delacourtie, Émile（ドラクルチー, E.）………… 515
De La Mare, Walter John（デ・ラ・メア, ウォルター）………………………………………… 496
Deleuze, Gilles（ドゥルーズ, ジル）…………… 508
Della Casa, Giovanni（デッラ・カーサ, G.）…. 491
Déloye, Yves（デロワ, イヴ）…………………… 499
DeLozier, Judith（ディロージャ, ジュディス）………………………………………………… 488
Delumeau, Jean（ドリュモー, ジャン）………… 518

De Man, Paul(ド・マン, ポール) ………… 514
DeMarco, M.J.(デマルコ, エムジェー) ………… 493
DeMarco, Tom(デマルコ, トム) ………… 493
Demartini, John F.(ディマティーニ, ジョン・F.) ………… 483
DeMarzo, Peter M.(ディマーゾ, ピーター) … 483
Demick, Barbara(デミック, バーバラ) ………… 493
Demirović, Alex(デミロヴィッチ, アレックス) ………… 494
Dempsey, John V.(デンプシー, J.V.) ………… 499
Denbow, James Raymond(デンボー, ジェイムズ) ………… 501
Denifle, Heinrich(デニフレ, H.) ………… 492
Denisov, Valeriĭ Iosifovich(デニソフ, ワレリー・ヨシフォビッチ) ………… 492
Denning, Stephen(デニング, ステファン) ………… 492
Dennison, Paul Ehrlich(デニッソン, ポール・E.) ………… 492
Denord, François(ドゥノール, フランソワ) … 506
Dent, Fiona Elsa(デント, フィオナ・エルサ) ‥ 499
d'Entrèves, Alexander Passerin(ダントレーヴ, A.P.) ………… 451
Deriugin, V.A.(デリューギン, V.A.) ………… 497
DeRoiser, Melissa E.(デロイサー, M.) ………… 499
Derrida, Jacques(デリダ, ジャック) ………… 497
DeRuvo, Silvia L.(デルヴォ, シルヴィア・L.) ………… 497
Descartes, Rene(デカルト, ルネ) ………… 489
Després, Jacques(デプレ, ジャック) ………… 493
Dethurens, Pascal(ドゥテュランス, パスカル) ………… 506
Deutsch, Lorànt(ドゥッチ, ロラン) ………… 506
Devi, Phoolan(デヴィ, プーラン) ………… 489
De Vincentiis, Fiammetta Positano(ディ・ヴィンチェンティス, フィアンメッタ・ポジターノ) ………… 477
De Vincentiis, Salvatore Positano(ディ・ヴィンチェンティス, サルヴァトーレ・ポジターノ) ………… 477
De Waal, Edmund(ドゥ・ヴァール, エドマンド) ………… 504
Dewey, John(デューイ, ジョン) ………… 494
De Zirkoff, Boris(デ・ジルコフ, ボリス) ………… 490
Dhir, Krishna S.(ディア, クリシナ・S.) ………… 476
Diamond, Jared M.(ダイアモンド, ジャレド) ………… 494
Diamond, Stuart(ダイアモンド, スチュアート) ………… 434
Diamond, Susan(ダイアモンド, スーザン) ………… 434
Dick, Walter(ディック, ウォルター) ………… 480
Dickie, Iain(ディッキー, イアン) ………… 480
DiClemente, Carlo C.(ディクレメンテ, カルロ・C.) ………… 479
DiConsiglio, John(ディコンシーリョ, ジョン) ………… 479
Didato, Salvatore V.(ディダート, サルバトーレ・V.) ………… 480
Diderot, Denis(ディドロ, ドゥニ) ………… 481
Dieckmann, Maijaliisa(ディークマン, マイヤリーサ) ………… 479
Dienel, Peter C.(ディーネル, ペーター・C.) ‥ 482
Diermeier, Daniel(ディアマイアー, ダニエル) ………… 476
Diesbrock, Tom(ディースブロック, トム) ………… 480
Dietz, Thomas(ディーツ, トーマス) ………… 480
Dietzsch, Steffen(ディーチュ, シュテフェン) ‥ 480
DiFonzo, Nicholas(ディフォンツォ, ニコラス) ………… 482
DiIorio, Colleen(ディイオリオ, C.) ………… 477
Dijk, Herman K.van(ダイク, H.) ………… 435
Dillabough, Jo-Anne(ディラボー, ジョアンヌ) ………… 486
Dillon, Karen(ディロン, カレン) ………… 488
Dillon, Stephanie W.(ディロン, ステファニー・W.) ………… 488
Dilthey, Wilhelm(ディルタイ, W.) ………… 487
Dilts, Robert(ディルツ, ロバート) ………… 487
Dimitriadis, Greg(ディミトリアディス, グレッグ) ………… 484
Dirie, Waris(ディリー, ワリス) ………… 487
Dixon, Gail(ディクソン, ゲイル) ………… 479
Doane, Dudley J.(ドーン, ダッドリー・J.) … 523
Dobbs, Michael(ドブズ, マイケル) ………… 511
Dobbs, Richard(ドッブス, リチャード) ………… 510
Dobbs-Allsopp, F.W.(ダブス=オルソップ, F.W.) ………… 444
Dobelli, Rolf(ドベリ, ロルフ) ………… 512
Dobrin, Arthur(ドブリン, アーサー) ………… 512
Dobson, Hugo(ドブソン, ヒューゴ) ………… 512
Dodd, James L.(ドッド, ジェームズ・L.) ………… 509
Dodd, Sarah J.(ドッド, サラ・J.) ………… 509
Dodds, Klaus(ドッズ, クラウス) ………… 509
Dodge, Kenneth A.(ダッジ, K.A.) ………… 440
Dodson, Aidan(ドドソン, エイダン) ………… 510
Doflein, Franz(ドフライン, フランツ) ………… 512
Dogan, Mattei(ドガン, マテイ) ………… 508
Doherty, Fraser(ダハティ, フレイザー) ………… 443
Doherty, Neil A.(ドハーティ, ニール・A.) ………… 511
Dolce, Lucia(ドルチェ, ルチア) ………… 520
Dolšak, Nives(ドルジャーク, ニーヴェス) ………… 519
Donaldson, J.Ana(ドナルドソン, J.アナ) ………… 510
Donders, Jacobus(ドンデルス, J.) ………… 524
Donoghue, Paul J.(ドナヒュー, ポール・J.) ‥ 510
Donzelot, Jacques(ドンズロ, ジャック) ………… 524
Dooley, Mike(ドゥーリー, マイク) ………… 507
Dooman, Isaac(ドーマン, アイザック) ………… 514
Doran, Jamie(ドーラン, ジェイミー) ………… 516
Dorf, Bob(ドーフ, ボブ) ………… 511
Dorf, Richard C.(ドーフ, リチャード) ………… 511

Dorling Kindersley, Inc.（ドーリング・キンダースリー）……518
Dorman, Brandon（ドーマン, ブランドン）……514
Dostoevskii, Fedor Mikhailovich（ドストエフスキー, フョードル・ミハイロヴィチ）……509
Dotterweich, Kass P.（ドッターウィック, キャス・ペリー）……509
Doughty, Andrew（ダウティー, アンドリュー）……436
Douglas, Claire（ダグラス, C.）……439
Douglas, Claire（ダグラス, クレア）……438
Douglas, Jo（ダグラス, ジョー）……438
Douglas, Mary（ダグラス, メアリー）……438
Douglas, Scott（ダグラス, スコット）……438
Douglass, Donna N.（ダグラス, ドナ・N.）……438
Douglass, Merrill E.（ダグラス, メリル・E.）……439
Douzinas, Costas（ドゥズィーナス, コスタス）……505
Dovifat, Emil（ドヴィファト, エミール）……504
Dow, David R.（ダウ, デイヴィッド）……436
Dower, John W.（ダワー, ジョン・W.）……448
Downs, Alan（ダウンズ, アラン）……437
Downs, Chuck（ダウンズ, チャック）……437
Doyle, Bob（ドイル, ボブ）……502
Draeger, Heinz-Joachim（ドレーガー, ハインツ＝ヨアヒム）……520
Drake, Marjorie（ドレイク, マージョリ）……520
Dreaver, Jim（ドリーヴァー, ジム）……517
Dreyfus, Suelette（ドレイファス, スーレット）……520
Drezner, Daniel W.（ドレズナー, ダニエル）……522
Driscoll, Marcy P.（ドリスコル, マーシー・P.）……517
Driscoll, M.J.（ドリスコル, M.J.）……517
Driver, Janine（ドライヴァー, ジャニーン）……514
Dror, Yehezkel（ドロア, イェヘッケル）……522
Drucker, Doris（ドラッカー, ドリス）……515
Drucker, Marie（ドリュケール, マリー）……518
Drucker, Peter Ferdinand（ドラッカー, ピーター・F.）……515
Dryburgh, Alastair（ドライバーグ, アラステア）……515
Dryden, Windy（ドライデン, ウィンディ）……515
Dubet, François（デュベ, フランソワ）……495
Dubost, Michel（デュボ, ミシェル）……496
Ducret, Diane（デュクレ, ディアーヌ）……494
Dudley, Robert（ダッドリー, ロバート）……441
Duffie, Darrell（ダフィー, ダレル）……444
Duffy, Michael（ダフィー, マイケル）……444
Duflo, Esther（デュフロ, エスター）……495
Dufrenne, Mikel（デュフレンヌ, ミケル）……495
Dugard, Jaycee Lee（デュガード, ジェイシー）……494
Dugard, Martin（デュガード, マーティン）……494
Duggan, Hoyt N.（ダッガン, ホイット・N.）……440
Duhigg, Charles（デュヒッグ, チャールズ）……495
Dummett, Michael（ダメット, マイケル）……445
Dumont, Theron Q.（デュモン, セロン・Q.）……496
Dumouchel, Paul（デュムシェル, ポール）……496
Dunbar, Nicholas（ダンバー, ニコラス）……451
Dunbar, Robin Ian MacDonald（ダンバー, ロビン）……451
Duncan, John（ダンカン, ジョン）……450
Duncan, Robert（ダンカン, ロバート）……450
Dunn, Alnita（ダン, A.）……450
Dunn, James D.G.（ダン, J.D.G.）……450
Dunn, Richard L.（ダン, R.）……450
DuPasquier, Jean-Nöel（デュパスキエ, J.）……495
Dupriez, Léon（ジュップリエ, L.）……356
Dupuy, Jean-Pierre（デュピュイ, ジャン＝ピエール）……495
Durfee, Michael（ダーフィー, マイケル）……444
Durusau, Patrick（ドゥルソー, パトリック）……508
Du Sautoy, Marcus（デュ・ソートイ, マーカス）……494
Dutton, Kevin（ダットン, ケヴィン）……441
Dutton, Mary Ann（ドゥットン, マリー・アン）……506
Dworkin, Ronald（ドゥオーキン, ロナルド）……505
Dyer, Davis（ダイアー, デーヴィス）……434
Dyer, Jeffrey M.（ダイアー, ジェフリー）……434
Dyer, Wayne W.（ダイアー, ウエイン・W.）……433
Dyson, Michael Eric（ダイソン, マイケル・エリック）……435

【E】

Eagleman, David（イーグルマン, デイヴィッド）……59
Eaglestone, Robert（イーグルストン, ロバート）……58
Eagleton, Terry（イーグルトン, テリー）……58
Earle, Edward Mead（アール, エドワード・ミード）……34
Earle, Jonathan Halperin（アール, ジョナサン）……34
Earnest, Peter（アーネスト, ピーター）……19
Earnhart, Philip（アーンハート, フィリップ）……50
Easley, David（イースリー, デイビッド）……60
Eaves, Morris（イーヴズ, モリス）……56
Ebbutt, Blanche（エバット, ブランチ）……116
Ebenstein, Lanny（エーベンシュタイン, ラニー）……117
Ebinger, Charles（エビンジャー, チャールズ）……117
Eccles, Robert G.（エクレス, ロバート・G.）……112
Eccleshare, Julia（エクルスシェア, ジュリア）……112

Eckhart（エックハルト）…… 115
Eco, Umberto（エーコ, ウンベルト）…… 112
Edelman, Murray Jacob（エーデルマン, マーレー）…… 115
Edelson, Edward（イーデルソン, エドワード）…60
Eden, Donna（イーデン, ドナ）…… 61
Education for All Global Monitoring Report Team（エデュケーション・フォー・オール・グローバル・モニタリング・レポート・チーム）…… 115
Edwards, Jorge（エドワーズ, ホルヘ）…… 116
Edwards, Linda（エドワーズ, リンダ）…… 116
Edwards, Todd M.（エドワーズ, トッド・M.）…… 116
Eeghen, Idzard van（イーゲン, イドザード・ファン）…… 59
Egan, Kieran（イーガン, キエラン）…… 57
Eggert, Paul（エガート, ポール）…… 112
Ehrman, Bart D.（アーマン, バート・D.）…… 23
Eichengreen, Barry（アイケングリーン, バリー）…… 3
Eifert, Georg H.（アイファート, ゲオルグ・H.）‥ 5
Einstein, Albert（アインシュタイン, アルバート）…… 5
Eiteman, David K.（アイトマン, デビッド・K.）‥ 5
Eknath, Easwaran（エクナット, イーシュワラン）…… 112
El Alami, Dawoud Sudqi（アラミー, ダウド）…… 29
Elcheroth, Guy（エルチャロス, G.）…… 122
Elder, Alexander（エルダー, アレキサンダー）…… 122
Elder, Glen H., Jr.（エルダー, グレン・H., Jr.）…… 122
Eldredge, John（エルドリッジ, J.）…… 122
Elfferding, Susanne（エルファディング, ズザンネ）…… 123
Eliade, Mircea（エリアーデ, ミルチャ）…… 120
Elisseeff, Danielle（エリセーエフ, ダニエル）… 121
Elisseeff, Vadime（エリセーエフ, ヴァディム）…… 121
Elliott, Rebecca（エリオット, レベッカ）…… 120
Ellis, Charles D.（エリス, チャールズ・D.）…… 121
Ellison, Sarah（エリソン, サラ）…… 121
Ellston, Peter（エルストン, ピーター）…… 122
Elon, Amos（エロン, アモス）…… 123
Eltis, David（エルティス, デイヴィッド）…… 122
Elton, Chester（エルトン, チェスター）…… 122
Emami, Houman（エマミ, フーマン）…… 118
Emanuel, Louise（エマニュエル, ルイーズ）…… 118
Emard, Jeanne（エマール, ジャンヌ）…… 118
Embleton, Gerry A.（エンブルトン, ゲーリー）…… 125
Emerson, David（エマーソン, デイヴィッド）‥ 117
Emerson, Ralph Waldo（エマソン, ラルフ・ウォルドー）…… 117
Emilia, Reggio（エミリア, レッジョ）…… 118
Emmett, Rita（エメット, リタ）…… 118
Emmott, Bill（エモット, ビル）…… 119
Emmott, Stephen（エモット, スティーブン）… 118
Engdahl, William（イングドール, ウィリアム）‥65
Engelmann, Paul（エンゲルマン, パウル）…… 124
Engels, Friedrich（エンゲルス, フリードリヒ）…… 124
Engeseth, Stefan（エンジェシス, ステファン）…… 124
Engeström, Yrjö（エンゲストローム, ユーリア）…… 124
England, Breck（イングランド, ブレック）…… 65
Engle, Robert F.（エンゲル, ロバート・F.）…… 124
Enright, Amanda（エンライト, アマンダ）…… 125
Enz, Billie J.（エンズ, B.J.）…… 124
Epikouros（エピクロス）…… 116
Erickson, Carolly（エリクソン, キャロリー）… 120
Erickson, Milton H.（エリクソン, ミルトン・H.）…… 120
Ericsson, Kent（エリクソン, ケント）…… 120
Erikson, Erik Homburger（エリクソン, エリク・H.）…… 120
Ernst, Denise（アーンスト, D.）…… 45
Ertuğrul, İlter（エルトゥールル, イルテル）…… 122
Erwin, Steve（アーウィン, スティーヴ）…… 6
Eschbach, Louis Prosper Auguste（エスクバック, L.）…… 113
Escher, Katalin（エッシェー, カタリン）…… 115
Escher, Peter（エッシャー, ピーター）…… 115
Escobar, Mario（エスコバル, マリオ）…… 113
Esham, Barbara（エシャム, バーバラ）…… 113
Esping-Andersen, Gøsta（エスピン＝アンデルセン, イエスタ）…… 114
Espinosa, Alberto Garzón（エスピノサ, アルベルト・ガルソン）…… 114
Esposito, Elena（エスポジト, エレーナ）…… 114
Esposito, John L.（エスポジト, ジョン・L.）… 114
Esposito, Roberto（エスポジト, ロベルト）…… 114
Essene, Virginia（エッセン, ヴァージニア）…… 115
Esser, Caietanus（エッサー, カエタン）…… 115
Essig, Don（エシッグ, ドン）…… 113
Establet, Roger（エスタブレ, ロジェ）…… 113
Estéves, Carlos（エステベス, カルロス）…… 114
Estulin, Daniel（エスチューリン, ダニエル）… 114
EU（欧州連合）…… 131
Evans, Richard W.（エバンズ, リチャード）…… 116
Evans, Robert John Weston（エヴァンズ, R.J.W.）…… 111
Evans, Vaughan（エヴァンス, ボーガン）…… 111
Evatt, Alison（エヴァット, アリソン）…… 111
Everett, Craig A.（エベレット, クレッグ・A.）…… 117
Everett, Daniel Leonard（エヴェレット, ダニエル・L.）…… 111

Everitt, Anthony (エヴァリット, アントニー) …… 111
Ewing, Jim Path Finder (ユーイング, ジム) … 846

【 F 】

Faber, Adele (フェイバ, アデル) …… 647
Fabre, Jean Henri (ファーブル, ジャン＝アンリ) …… 636
Fagan, Brian M. (フェイガン, ブライアン) …… 646
Fagerstrom, Derek (ファーガストローム, デレク) …… 635
Faiss, Robert D. (フェイス, ロバート・D.) …… 647
Faletto, Enzo (ファレット, エンソ) …… 637
Falk, Richard A. (フォーク, リチャード) …… 650
Falt'an, L'ubomír (ファルチャン, リュボミール) …… 637
Farkas, Marianne D. (ファルカス, M.) …… 637
Farmer, Paul (ファーマー, ポール) …… 636
Farndon, John (ファーンドン, ジョン) …… 639
Farnese, A. (ファーニス, A.) …… 636
Farrell, Gilda (ファレル, ジルダ) …… 637
Farrell, Nicholas Burgess (ファレル, ニコラス) …… 638
Farrell, Peter T. (ファレル, ピーター・T.) …… 638
Farrington, David P. (ファリントン, ディビッド・P.) …… 637
Farris, Paul W. (ファリス, ポール・W.) …… 637
Faulks, Keith (フォークス, キース) …… 650
Faust, Lou (ファウスト, ルー) …… 634
Faustina, Saint (ファウスティナ〈聖〉) …… 634
FDIC (連邦預金保険公社) …… 930
Fearon, Tim (フィアロン, ティム) …… 639
Fedrov-Davidov, G.A. (ヒョドロフ - ダビドフ, G.A.) …… 627
Feibel, Bruce J. (フィーベル, ブルース・J.) … 643
Fein, Ellen (ファイン, エレン) …… 634
Feinstein, David (ファインスタイン, デイヴィッド) …… 634
Feixas, Jean (フェクサス, ジャン) …… 647
Feldman, Robert Alan (フェルドマン, ロバート・アラン) …… 649
Feldman, Ron H. (フェルドマン, R.H.) …… 649
Felten, Eric (フェルテン, エリック) …… 649
Feltrinelli, Carlo (フェルトリネッリ, カルロ) ‥ 649
Fènelon, François de Salignac de La Mothe－(フェヌロン, フランソワ・ド・サリニャック・ド・ラ・モト) …… 647
Fenton, Eileen Gifford (フェントン, アイリーン・ギフォード) …… 650
Ferguson, Eva Dreikurs (ファーガソン, エヴァ・ドライカース) …… 635
Ferguson, Iain (ファーガスン, イアン) …… 635
Ferguson, Kitty (ファーガソン, キティ) …… 635
Ferguson, Niall (ファーガソン, ニーアル) …… 635
Ferguson, Wallace Klippert (ファーガソン, ウォーレス・K.) …… 635
Fergusson, Adam (ファーガソン, アダム) …… 635
Fern, Tracey E. (ファーン, トレイシー・E.) ‥ 638
Ferrante, Louis (フェランテ, ルイス) …… 648
Ferrazzi, Keith (フェラッジ, キース) …… 648
Ferriell, Jeffrey Thomas (フェリエル, ジェフ) …… 648
Ferriss, Timothy (フェリス, ティモシー (成功法)) …… 648
Fevre, R. (フェーブル, R.) …… 648
Fexeus, Henrik (フェキセウス, ヘンリック) … 647
Feynman, Richard Phillips (ファインマン, リチャード) …… 634
Fichte, Johann Gottlieb (フィヒテ, ヨハン・ゴットリープ) …… 643
Fickes, Bob (フィックス, ボブ) …… 640
Field, John (フィールド, ジョン) …… 644
Field, Norma (フィールド, ノーマ) …… 645
Fielding, Anthony (フィールディング, A.) …… 644
Fierro, Alfred (フィエロ, アルフレッド) …… 639
Figes, Orlando (ファイジズ, オーランドー) …… 633
Figlewski, Stephen (フィゲルスキー, スティーブン) …… 639
Filatova, Elena Vladimirovna (フィラトワ, エレナ・ウラジーミロヴナ) …… 643
Fillingham, Lydia Alix (フィリンガム, リディア・アリックス) …… 644
Filliquet, Etsuko (フィリケ, エツコ) …… 643
Finander, Lisa (フィナンダー, リサ) …… 643
Finch, Brian (フィンチ, ブライアン) …… 645
Fink, Bruce (フィンク, ブルース) …… 645
Fink, L.Dee (フィンク, L.ディー) …… 645
Finley, Mark (フィンレー, マーク・A.) …… 646
Finne-Soveri, Harriet (フィンネ・ソベリ, H.) ‥ 646
Fisch, Richard (フィッシュ, リチャード) …… 642
Fischer, Bill (フィッシャー, ビル) …… 641
Fischer-Wright, Halee (フィッシャー＝ライト, ハリー) …… 642
Fisher, David (フィッシャー, デヴィッド) …… 641
Fisher, Jane E. (フィッシャー, ジェーン・E.) …… 641
Fisher, Kenneth L. (フィッシャー, ケン) …… 640
Fisher, Len (フィッシャー, レン) …… 641
Fisher, Roger (フィッシャー, ロジャー) …… 641
Fisher, Ronald James (フィッシャー, R.J.) …… 641
Fisher, Ronald P. (フィッシャー, ロナルド) … 641
Fisher, Saul (フィッシャー, ソール) …… 641
Fisher, Sibyl (フィッシャー, シビル) …… 641
Fishkin, James S. (フィシュキン, ジェイムズ・S.) …… 640
Fishman, Shira (フィッシュマン, S.) …… 642
Fiske, Susan T. (フィスク, スーザン・T.) …… 640

Fisman, Raymond（フィスマン, レイ）………… 640
Fitoussi, Jean-Paul（フィトゥシ, ジャン＝ポール）………… 642
Fitzgerald, Judith（フィッツジェラルド, ジュディス）………… 642
Fitzgerald, Michael Oren（フィッツジェラルド, マイケル・オレン）………… 642
Fitzpatrick, Owen（フィッツパトリック, オーウェン）………… 642
Flanagan, Dawn P.（フラナガン, ドーン・P.）‥ 671
Flanders, Julia（フランダース, ジュリア）…… 676
Flavin, Christopher（フレイヴィン, C.）……… 692
Fleet, Bruce（フリート, ブルース）………… 682
Fleming, Carolyn（フレミング, キャロライン）………… 699
Fleming, Jack W.（フレミング, ジャック）…… 699
Fletcher, William Miles（フレッチャー, マイルズ）………… 696
Flick, Uwe（フリック, ウヴェ）………… 679
Flora, Carlin（フローラ, カーリン）………… 706
Florida, Richard L.（フロリダ, リチャード）… 706
Flusser, Vilém（フルッサー, ヴィレム）……… 688
Foer, Joshua（フォア, ジョシュア）………… 650
Foley, Duncan K.（フォーリー, ダンカン・K.）………… 653
Folliet, Luc（フォリエ, リュック）………… 653
Folscheid, Dominique（フォルシェー, ドミニク）………… 653
Fonagy, Peter（フォナギー, ピーター）……… 653
Foner, Eric（フォーナー, エリック）………… 652
Fontaine, Pascal（フォンテーヌ, パスカル）…. 654
Fontenay, Elisabeth de（フォントネ, エリザベット・ド）………… 654
Forbes, Duncan（フォーブズ, ダンカン）……… 653
Ford, Debbie（フォード, デビー）………… 652
Ford, Henry（フォード, ヘンリー）………… 652
Ford, Neal（フォード, ニール）………… 652
Foren, Robert（ホーレン, R.）………… 768
Forni, Pier Massimo（フォルニ, P.M.）………… 654
Forrester, Duncan B.（フォレスター, ダンカン・B.）………… 654
Forshaw, Andy（フォーショー, アンディ）…… 651
Forst, Martin（フォルスト, M.）………… 653
Forster, Georg（フォルスター, ゲオルク）……. 653
Forsyth, John P.（フォーサイス, ジョン・P.）‥ 650
Fortescue, Sir John（フォーテスキュー, ジョン）………… 652
Fortey, Richard A.（フォーティ, リチャード）‥ 652
Forward, Susan（フォワード, スーザン）……… 654
Fosdick, Harry Emerson（フォスディック, H. E.）………… 651
Fosl, Peter S.（フォスル, ピーター）………… 651
Foster, Jonathan K.（フォスター, ジョナサン・K.）………… 651
Foster, Michael Beresford（フォスター, M.B.）………… 651
The Fostering Network（里親養育ネットワーク）………… 312
Foucault, Michel（フーコー, ミシェル）……… 656
Foundation of I, Inc. Freedom of the Cosmos（ファウンデーション・オヴ・アイ）………… 634
Fourier, Charles（フーリエ, シャルル）……… 678
Fovel, J.Tyler（フォーベル, J.タイラー）……… 653
Fox, Steve（フォックス, スティーブ）………… 651
Fragoso, Margaux（フラゴソ, マーゴ）……… 668
Fraiberg, Selma（フライバーグ, セルマ）……… 663
Fraistat, Neil（フレイスタット, ニール）……… 694
France, Melissa Dorfman（フランス, メリッサ・ドーフマン）………… 675
France, R.T.（フランス, R.T.）………… 675
Frank, Milo O.（フランク, ミロ・O.）………… 673
Frank, Robert H.（フランク, ロバート・H.）… 673
Frankel, Martha（フランクル, マーサ）……… 674
Frankl, Viktor Emil（フランクル, ヴィクトール・E.）………… 674
Frankland, E.Gene（フランクランド, E.ジーン）………… 673
Franklin, Caryn（フランクリン, キャリン）…… 673
Franklin, Cynthia（フランクリン, シンシア）‥ 674
Franks, Bill（フランクス, ビル）………… 673
Franzese, Michael（フランゼーゼ, マイケル）… 675
Franzki, Harald（フランツキー, ハラルド）…… 677
Fraser, Campbell（フレイザー, キャンベル）… 693
Fraser, Nancy（フレイザー, ナンシー）……… 693
Fraser, Thomas M.（フレーザー, T.）………… 696
Frazer, Sir James George（フレイザー, J.G.）‥ 694
Frederick, Matthew（フレデリック, マシュー）………… 697
Fredrickson, Barbara L.（フレデリックソン, バーバラ・L.）………… 697
Freeland, Alison（フリーランド, アリソン）…… 685
Freeland, Chrystia（フリーランド, クリスティア）………… 685
Freeman, Arthur（フリーマン, アーサー）……. 684
Freeman, Laurie Anne（フリーマン, ローリー・アン）………… 684
Freeman, Samuel Richard（フリーマン, サミュエル）………… 684
Frei, Norbert（フライ, ノルベルト）………… 662
Freire, Paulo（フレイレ, パウロ）………… 695
Freke, Timothy（フリーク, ティモシー）……… 678
Frère Laurent de la Résurrection, O.C.D.（ラウレンシオ）………… 863
Freud, Sigmund（フロイト, ジークムント）…… 701
Frey, Bruno S.（フライ, ブルーノ・S.）……… 662
Fried, Bradley（フリード, ブラッドリー）……. 681
Fried, Jason（フリード, ジェイソン）………… 681
Fried, Jesse M.（フリード, J.）………… 682

Friedberg, Aaron L.(フリードバーグ, アーロン・L.) …… 682
Friedell, Egon(フリーデル, エーゴン) …… 681
Friedlaender, Salomo(フリートレンダー, ザーロモ) …… 683
Friedlander, Saul(フリードランダー, ソール) …… 683
Friedman, Benjamin M.(フリードマン, ベンジャミン・M.) …… 682
Friedman, George(フリードマン, ジョージ) …… 682
Friedman, Milton(フリードマン, ミルトン) …… 683
Friedman, Rose D.(フリードマン, ローズ) …… 683
Friedman, Stewart D.(フリードマン, スチュワート・D.) …… 682
Friedman, Thomas L.(フリードマン, トーマス) …… 682
Friedrich, Jörg(フリードリヒ, イェルク) …… 683
Fries, Brant E.(フリーズ, B.E.) …… 679
Friestad, Marian(フリースタッド, マリアン) …… 679
Frijters, Dinnus(フリテルス, D.) …… 681
Frisch, Wolfgang(フリッシュ, ヴォルフガング) …… 680
Frith, Alex(フリス, アレックス) …… 679
Fritze, Ronald H.(フリッツェ, ロナルド・H.) …… 680
Fröbel, Friedrich Wilhelm August(フレーベル, フリードリヒ・ヴィルヘルム・アウグスト) …… 699
Frois, Luis(フロイス, ルイス) …… 700
Fromm, Erich(フロム, エーリッヒ) …… 705
Frontinus, Sextus Julius(フロンティヌス) …… 706
Frühstück, Sabine(フリューシュトゥック, サビーネ) …… 684
Fruzzetti, Alan E.(フォレンゼティ, アラン・E.) …… 654
Frye, Northrop(フライ, ノースロップ) …… 661
Fukushima, Glen S.(フクシマ, グレン・S.) …… 656
Fukuyama, Francis(フクヤマ, フランシス) …… 656
Fulda, Hans Friedrich(フルダ, ハンス・フリードリヒ) …… 686
Fuller, Margaret(フラー, マーガレット) …… 661
Fullman, Joe(フルマン, ジョー) …… 690
Furlong, J.(ファーロング, J.) …… 638
Furman, Ben(ファーマン, ベン) …… 636
Fürniss, Tilman(フュルニス, ティルマン) …… 661
Furtado, Peter(ファタードー, ピーター) …… 636
Futia, Carl(フティーア, カール) …… 660

【G】

Gabaix, Xavier(ガバイ, ザビエル) …… 164
Gabbard, Glen O.(ギャバード, グレン・O.) …… 194
Gabler, Hans Walter(ガーブラー, ハンス・ヴァルター) …… 165
Gabriel, J.C.(ガブリエル, J.C.) …… 166
Gabrielli, Gabrielle K.(ガブリエリ, ガブリエル・K.) …… 166
Gadamer, Hans-Georg(ガダマー, ハンス＝ゲオルク) …… 158
Gaddam, Sai(ガダム, サイ) …… 158
Gadea, Hilda(ガデア, イルダ) …… 160
Gagnon, Alain-G.(ガニョン, アラン＝G.) …… 162
Gagnon, Elisa(ギャニオン, アイリーサ) …… 193
Galán, Rafael(ガラン, ラファエル) …… 170
Galeano, Eduardo(ガレアーノ, エドゥアルド) …… 175
Gallagher, B.J.(ギャラガー, B.J.) …… 195
Gallagher, Shaun(ギャラガー, ショーン) …… 195
Galland, Adolf(ガランド, アドルフ) …… 170
Gallenberger, Joseph(ギャレンバーガー, ジョー) …… 195
Gallicchio, Marc S.(ガリキオ, マーク) …… 171
Gallo, Carmine(ガロ, カーマイン) …… 175
Gamage, David Thenuwara(ガマゲー, D.) …… 167
Gandhi, Mohandas Karamchand(ガンディー, マハトマ) …… 179
Ganeri, Anita(ガネリ, アニータ) …… 163
Gangaji(ガンガジ) …… 178
Gansky, Alton(ガンスキー, アルトン) …… 179
Gants, David(ガンツ, デイヴィド) …… 179
Gaponenko, Konstantin(ガポネンコ, コンスタンチン) …… 167
Garcea, Nicky(ガルシア, ニッキー) …… 172
Gardiner, Michael(ガーデナ, マイケル) …… 161
Gardiner, Samuel Rawson(ガーディナー, サミュエル・ローソン) …… 160
Gardner, Dan(ガードナー, ダン) …… 161
Gardner, John William(ガードナー, ジョン・W.) …… 161
Gardner, Laurence(ガードナー, ローレンス) …… 161
Gardner, Martin(ガードナー, マーティン) …… 161
Garin, Eugenio(ガレン, エウジェニオ) …… 175
Garland, Caroline(ガーランド, キャロライン) …… 170
Garn, Randy(ガーン, ランディ) …… 178
Garnett, John(ガーネット, ジョン) …… 163
Garton-Ash, Timothy(ガートン・アッシュ, ティモシー) …… 162
Garvey, James(ガーヴェイ, ジェイムズ) …… 149
Gasché, Rodolphe(ガシェ, ロドルフ) …… 153
Gastil, John(ギャスティル, ジョン) …… 193
Gat, Azar(ガット, アザー) …… 160
Gate(ゲート) …… 263
Gates, Bill(ゲイツ, ビル) …… 259
Gauchon, Pascal(ゴーション, パスカル) …… 283
Gauding, Madonna(ゴーディング, マドンナ) …… 288
Gaus, Mahjudin(ガウス, マフユディン) …… 149
Gbowee, Leymah(ボウイー, リーマ) …… 742

Geertz, Clifford（ギアーツ, クリフォード）····· 182
Geffroy, Gustave（ジェフロワ, G.）················ 328
Geiselman, R.Edward（ガイゼルマン, エドワード）······································· 148
Gelabert, Jorge（ギルバート, ジョージ）········· 202
Gélinet, Patrice（ジェリネ, パトリス）··········· 329
Gelles, Richard J.（ゲレス, リチャード・J.）··· 268
Gelzer, Matthias（ゲルツァー, マティアス）···· 267
Gennep, Arnold van（ヘネップ, ファン）········ 722
Gentile, Giovanni（ジェンティーレ, ジョヴァンニ）··································· 331
George, Alexander L.（ジョージ, アレキサンダー）··································· 371
George, Roger（ジョージ, ロジャー）············· 372
George, Sheba Mariam（ジョージ, シバ・マリヤム）··································· 371
George, Susan（ジョージ, スーザン）············· 372
Gerber, Michael E.（ガーバー, マイケル・E.）·· 164
Gerkin, Charles V.（ガーキン, チャールズ・V.）·· 150
Germano, William P.（ジャマーノ, ウィリアム）······································· 347
Germon, Jennifer（ジャーモン, ジェニファー）·· 348
Gerner, Jochen（ギャルネール, ジョシェン）··· 195
Gerzema, John（ガーズマ, ジョン）··············· 156
Gesell, Silvio（ゲゼル, シルビオ）·················· 262
Gesson, Keith（ゲッセン, K.）····················· 262
Gessen, Masha（ゲッセン, マーシャ）············ 262
Geweke, John（ゲウエク, J.）······················· 260
Ghazzālī（ガザーリー）································ 153
Ghose, Aurobindo（ゴーシュ, オーロビンド）·· 283
Ghosn, Carlos（ゴーン, カルロス）················ 301
Giammalvo, Paul（ギアンマルヴォ, ポール）··· 182
Gibbes, E.B.（ギブス, E.B.）························ 186
Gibbon, Piers（ギボン, ピアーズ）················· 186
Gibbons, John（ギボンズ, ジョン）················ 187
Gibbs, Nancy（ギブス, ナンシー）················· 186
Gibney, Katherine H.（ギブニー, K.）··········· 186
Gibran, Kahlil（ジブラーン, カリール）·········· 336
Gibson, Clare K.（ギブソン, クレア）············· 186
Gibson, James Jerome（ギブソン, ジェームズ・J.）·· 186
Giegerich, Wolfgang（ギーゲリッヒ, ヴォルフガング）··································· 182
Giele, Janet Zollinger（ジール, ジャネット・Z.）·· 380
Gierke, Otto Friedrich von（ギールケ, オットー・フォン）································· 201
Gies, Frances（ギース, フランシス）·············· 183
Gies, Joseph（ギース, ジョゼフ）·················· 183
Giesbrecht, Martin Gerhard（ギーゼブレヒト, マーティン・ゲルハルト）························ 183
Gifford-Smith, Mary E.（ギフォード・スミス, M.）······································· 186
Gil, Eliana（ギル, エリアナ）························ 201
Gilbert, Daniel Todd（ギルバート, ダニエル）·· 202
Gilbert, Shirli（ギルバート, シルリ）·············· 202
Gilboa, Itzhak（ギルボア, イツァーク）·········· 203
Gile, Daniel（ジル, ダニエル）······················ 380
Gilgen, Ruedi（ギルゲン, R.）······················· 202
Gill, Mel（ギル, メル）································ 201
Gill, Tom（ギル, トム）······························· 201
Gillborn, David（ギルボーン, デービッド）····· 203
Gilliam, Walter S.（ギリアム, ウォルター・S.）·· 200
Gilligan, James（ギリガン, ジェームズ）········· 200
Gilligan, Stephen（ギリガン, スティーヴン）··· 200
Gillison, Karen（ギリソン, カレン）··············· 200
Gilovich, Thomas（ギロヴィッチ, トーマス）··· 203
Gingerich, Owen（ギンガリッチ, オーウェン）·· 207
Gingerich, Wallace J.（ジンジャーリッチ, ウォレス・J.）····································· 385
Ginsburg, Joel I.D.（ギンズバーグ, J.）·········· 208
Gintis, Herbert（ギンタス, ハーバート）········· 209
Ginzburg, Carlo（ギンズブルグ, カルロ）········ 208
Giorgi, Amedeo（ジオルジ, アメデオ）··········· 331
Girard, René（ジラール, ルネ）····················· 379
Girgenti, Richard H.（ジジェンティ, リチャード・H.）····································· 332
Giria, Evgeniĭ IUr'evich（ギリヤ, エヴゲニー・ユリエヴィッチ）···························· 200
Gladen, Steve（グレイデン, スティーブ）········ 244
Gladstone, William（グラッドストーン, ウィリアム）······································ 226
Glaeser, Edward Ludwig（グレイザー, エドワード）······································· 244
Glahn, Lucia（グラーン, ルーツィア）············ 229
Glass, Cathy（グラス, キャシー）·················· 225
Glenday, Craig（グレンディ, クレイグ）········· 249
Glickman, Michael（グリックマン, マイケル）·· 235
Glutting, Joseph（グルーティング, J.）·········· 242
Gnilka, Joachim（グニルカ, ヨアヒム）·········· 216
Goddard, Neville Lancelot（ゴダード, ネヴィル）··· 285
Godelier, Maurice（ゴドリエ, モーリス）········ 289
Godin, Seth（ゴーディン, セス）··················· 288
Godzik, Maren（ゴツィック, マーレン）········· 285
Goedhart, Marc（フーカート, マーク）··········· 655
Goethe, Johann Wolfgang von（ゲーテ, ヨハン・ヴォルフガング・フォン）··················· 262
Goffman, Erving（ゴッフマン, アーヴィング）·· 288
Goldfarb, Robert W.（ゴールドファーブ, ロバート・W.）································· 298
Goldfried, Marvin R.（ゴールドフリード, マービン・R.）································· 299
Goldie, Daniel C.（ゴールディ, ダニエル・C.）·· 297

Goldman, Stuart Douglas (ゴールドマン, スチュアート・D.) ……… 299
Goldratt, Eliyahu M. (ゴールドラット, エリヤフ) ……… 299
Goldratt, Rami (ゴールドラット, ラミ) ……… 299
Goldsmith, Barton (ゴールドスミス, バートン) ……… 298
Goldsmith, Douglas F. (ゴールドスミス, ドグラス・F.) ……… 298
Goldsmith, James J. (ゴールドスミス, ジェームズ・J.) ……… 298
Goldsmith, Marshall (ゴールドスミス, マーシャル) ……… 298
Goldsmith, Mike (ゴールドスミス, マイク) ……… 298
Goldstein, Melvyn C. (ゴールドスタイン, メルヴィン・C.) ……… 298
Goldsworthy, Adrian Keith (ゴールズワーシー, エイドリアン) ……… 297
Gombrich, Ernst Hans Josef (ゴンブリッチ, エルンスト・H.) ……… 304
Gomez, Ana M. (ゴメス, アナ・M.) ……… 293
González, Justo L. (ゴンサレス, J.) ……… 302
González Ferreras, Julia (ゴンサレス, フリア) ……… 301
González Troyano, Alberto (ゴンサレス・トゥロヤーノ, アルベルト) ……… 302
González Turmo, Isabel (ゴンサレス・トゥルモ, イサベル) ……… 302
Good, Nancy J. (グッド, ナンシー・J.) ……… 214
Goodey, Jo (グディ, ジョー) ……… 216
Goodings, Christina (グディングス, クリスティーナ) ……… 216
Goodman, Matthew (グッドマン, マシュー) ……… 215
Goodman, Roger (グッドマン, ロジャー) ……… 215
Goodstein, Phyllis Kaufman (グッドスタイン, フィリス・カウフマン) ……… 215
Goodwin, Doris Kearns (グッドウィン, ドリス・カーンズ) ……… 215
Goolishian, Harold (グーリシャン, ハロルド) ……… 231
Goossaert, Vincent (ゴーセール, ヴァンサン) ……… 285
Gopalkrishnan, Senapathy (ゴパラクリシュナン, セナパティ) ……… 291
Gorard, S. (ゴラード, S.) ……… 294
Gorbunov, S.V. (ゴルブノーフ, S.V.) ……… 299
Gordin, Michael D. (ゴーディン, マイケル・D.) ……… 288
Gordon, Andrew (ゴードン, アンドルー) ……… 289
Gordon, Carl (ゴードン, カール) ……… 290
Gordon, Mike (ゴードン, マイク) ……… 290
Gorer, Geoffrey (ゴーラー, ジェフリー) ……… 293
Gori, Severino (ゴリ, セヴェリーノ) ……… 294
Görtemaker, Heike B. (ゲルテマーカー, ハイケ・B.) ……… 267
Görtemaker, Manfred (ゲルテマーカー, マンフレート) ……… 268
Goss, Mimi (ゴッス, ミミ) ……… 286
Gostick, Adrian Robert (ゴスティック, エイドリアン) ……… 284
Gouillart, Francis J. (グイヤール, フランシス) ……… 210
Goullart, Peter (グラード, ピーター) ……… 227
Goulston, Mark (ゴールストン, マーク) ……… 297
Gourevitch, Philip (ゴーレイヴィッチ, フィリップ) ……… 300
Govindarajan, Vijay (ゴビンダラジャン, ビジャイ) ……… 291
Gowler, David B. (ガウラー, デイヴィッド・B.) ……… 150
Graat, Junko (グラート, ジュンコ) ……… 227
Gracián y Morales, Baltasar (グラシアン, バルタサール) ……… 225
Graham, Benjamin (グレアム, ベンジャミン) ……… 243
Graham, Carol (グラハム, キャロル) ……… 227
Graham, Ian (グラハム, イアン) ……… 227
Graham, James (グラハム, ジェームス) ……… 227
Grainger, Eve (グレインジャー, E.) ……… 245
Grainger, Eve (グレンジャー, イブ) ……… 248
Gramlich-Oka, Bettina (グラムリヒ=オカ, ベティーナ) ……… 229
Gramsci, Antonio (グラムシ, アントニオ) ……… 228
Grandguillot, Béatrice (グラングリオット, B.) ……… 229
Grandguillot, Francis (グラングリオット, F.) ……… 229
Grandmont, Jean-Michel (グランモン, ジャン＝ミシェール) ……… 231
Granger, Russell H. (グレンジャー, ラッセル・H.) ……… 249
Grant, Anthony M. (グラント, アンソニー) ……… 229
Grant, David (グラント, D.) ……… 230
Grant, Heather McLeod (グラント, ヘザー・マクラウド) ……… 229
Grant, R.G. (グラント, R.G.) ……… 230
Gratton, Lynda (グラットン, リンダ) ……… 226
Grau, Lester W. (グラウ, レスター) ……… 222
Graupp, Patrick (グラウプ, パトリック) ……… 223
Grauwe, Paul de (グラウエ, ポール・デ) ……… 223
Graves, Christopher (グレイヴス, クリストファー) ……… 244
Graves, Jaya (グレイヴス, ジャヤ) ……… 244
Gray, Carol (グレイ, キャロル) ……… 243
Gray, Colin S. (グレイ, コリン・S.) ……… 243
Gray, Dave (グレイ, デイブ) ……… 244
Gray, John (グレイ, ジョン (1948-)) ……… 243
Gray, John (グレイ, ジョン (1951-)) ……… 243
Gray, Len (グレイ, L.) ……… 244
Greathouse, William M. (グレイトハウス, ウィリアム・M.) ……… 245
Greco, Laurie A. (グレコ, ローリー・A.) ……… 246

Green, Amy Boothe（グリーン, エイミー・ブース）……237
Green, André（グリーン, アンドレ）……237
Green, David（グリーン, デイビッド（金融））……238
Green, David（グリーン, デイヴィド（電子編集））……237
Green, Howard E.（グリーン, ハワード・E.）……238
Green, Jen（グリーン, ジェン）……237
Green, Joel B.（グリーン, ジョエル・B.）……237
Green, Michael J.（グリーン, マイケル・J.）……238
Green, Phil（グリーン, フィル）……238
Green, Thomas Hill（グリーン, トマス・ヒル）……238
Greenberg, Cathy L.（グリーンバーグ, C.L.）……240
Greenberg, Leslie S.（グリーンバーグ, レスリー・S.）……239
Greenblatt, Alan（グリーンブラット, アラン）……240
Greenblatt, Stephen（グリーンブラット, スティーヴン）……240
Greene, Anthony F.（グリーン, アンソニー・F.）……237
Greene, Jack P.（グリーン, ジャック・P.）……237
Greene, Liz（グリーン, リズ）……238
Greene, Robert（グリーン, ロバート）……238
Greene, Robert William（グリーン, R.W.）……238
Greene, Ross W.（グリーン, ロス・W.）……238
Greenfield, Kent（グリーンフィールド, ケント）……240
Greenspan, Jacob（グリーンスパン, ヤコブ）……239
Greenspan, Stanley I.（グリーンスパン, スタンレー）……239
Greenstein, Elaine（グリーンスタイン, イレーヌ）……239
Greenwald, Bruce C.N.（グリーンウォルド, ブルース）……239
Greenwald, Rachel（グリーンウォルド, レイチェル）……239
Greer, John Michael（グリア, ジョン・マイケル）……231
Greer, Mary Katherine（グリーア, メアリー・K.）……231
Gregersen, Hal B.（グレガーセン, ハル）……246
Gregg, Susan（グレッグ, スーザン）……247
Gregory, Morna E.（グレゴリー, モーナ・E.）……246
Greif, Mark（グライフ, M.）……220
Greninger, Richard（グレニンガー, リチャード）……248
Grenny, Joseph（グレニー, ジョセフ）……247
Greschat, Martin（グレシャト, マルティン）……247
Gress, Michael A.（グレス, マイケル）……247
Gretton, George L.（グレットン, G.）……247
Grew, Joseph Clark（グルー, ジョセフ・C.）……240
Gribbin, John R.（グリビン, ジョン）……233
Gribble, Kate（グリブル, ケイト）……236
Grice, H.Paul（グライス, ポール）……220
Grier, Francis（グリアー, フランシス）……231
Griesy, Paul V.（グリーシー, ポール・V.）……231
Griffin, Jacqui（グリフィン, ジャッキー）……236
Griffiths, Chris（グリフィス, クリス）……236
Griffiths, Roy（グリフィス, R.）……236
Griffiths, Simon（グリフィス, サイモン）……236
Grimes, Christina L.（グライムズ, C.）……221
Grinder, John（グリンダー, ジョン）……239
Grippo, Daniel（グリッポ, ダニエル）……235
Grisbrooke, William Jardine（グリズブルック, ウィリアム・ジャーディン）……234
Griswold, Eliza（グリズウォルド, イライザ）……233
Groeschel, Craig（グローシェル, クレイグ）……250
Grogan, Jeff（グローガン, ジェフ）……250
Grollman, Earl A.（グロルマン, アール・A.）……253
Grose, Peter（グロース, ピーター）……250
Gross, James J.（グロス, J.）……251
Grothe, Mardy（グロース, マーディ）……251
Grousset, René（グルッセ, ルネ）……242
Groux, Dominique（グルー, ドミニック）……240
Groves, Robert M.（グローヴス, R.）……250
Gruber, Beth（グルーバー, ベス）……242
Grudina, Paola Bertolini（グルディーナ, パオラ・ベルトリーニ）……242
Gruen, Arno（グリューン, アルノ）……237
Grundtvig, Nicolai Frederik Severin（グルントヴィ, N.F.S.）……243
Gstöhl, Sieglinde（グステル, S.）……213
Guala, Francesco（グァラ, フランチェスコ）……209
Guattari, Félix（ガタリ, フェリックス）……158
Guber, Peter（グーバー, ピーター）……218
Guberina, Petar（グベリナ, ペタール）……220
Gudis, Catherine（グディス, キャサリン）……216
Guerlac, Suzanne（ゲルラク, スザンヌ）……268
Guevara, Ernesto Che（ゲバラ, エルネスト・チェ）……265
Guha, Ramachandra（グハ, ラーマチャンドラ）……218
Guichonnet, Paul（ギショネ, ポール）……182
Guile, David（ガイル, デイヴィド）……148
Guillebeau, Chris（ギレボー, クリス）……203
Guillien, Raymond（ギリアン, レモン）……200
Guiraudon, Virginie（ギルドン, バージニー）……202
Guizot, François Pierre Guillaume（ギゾー, F.）……183
Gulliksen, Øyvind Tveitereid（グリクスン, オイヴィン・T.）……231
Gunn, Tim（ガン, ティム）……178
Gunther, Max（ギュンター, マックス）……198
Guo, Feng（グオ, フェン）……212
Gupta, Mahendra Nath（グプタ, マヘンドラ）……219

Gustafson, David L.（ガスタフソン, デビッド・L.）…… 154
Gustavus Jones, Sarah（ガスタヴァス・ジョーンズ, サラ）…… 154
Guthridge, Liz（ガスリッジ, リズ）…… 156
Gutierrez, Alejandro（ギテレーツ, アレハンドロ）…… 185
Güting, Eberhard W.（ギューティング, エーバハルト）…… 197
Gwynne, Samuel C.（グウィン, S.C.）…… 211
Gyss, Caroline（ジス, カロリーヌ）…… 333

【H】

Ha, Tae-gyong（ハ, テギョン）…… 546
Haanel, Charles Francis（ハアネル, チャールズ・F.）…… 547
Haase, Ulrike（ハーゼ, ウルリケ）…… 568
Haastrecht, Rob van（ハーストレッチト, ロブ・ヴァン）…… 567
Habermas, Jürgen（ハーバーマス, ユルゲン）…… 588
Hacking, Ian（ハッキング, イアン）…… 573
Hadary, Sharon（ハダリィ, シャロン）…… 570
Haffner, Sebastian（ハフナー, セバスチャン）…… 589
Hagan, John（ヘーガン, ジョン）…… 713
Hagel, John, III（ヘーゲル, ジョン, 3世）…… 714
Hageneder, Fred（ハーゲネダー, フレッド）…… 563
Hager, Thomas（ヘイガー, トーマス）…… 708
Hahn, Ferdinand（ハーン, フェルディナント）…… 606
Haidt, Jonathan（ハイト, ジョナサン）…… 549
Hais, Michael D.（ハイス, マイケル・D.）…… 548
Hakim, Catherine（ハキム, キャサリン）…… 558
Halberstadt, Hans（ハルバーシュタット, ハンス）…… 601
Halberstam, David（ハルバースタム, デイヴィッド）…… 601
Hall, David（ホール, D.）…… 764
Hall, David D.（ホール, デイヴィッド・D.）…… 763
Hall, Judy（ホール, ジュディ）…… 762
Hall, L.Michael（ホール, L.マイケル）…… 764
Hallowell, Edward M.（ハロウェル, エドワード・M.）…… 604
Halper, Stefan A.（ハルパー, ステファン）…… 601
Halperin, Eran（ハルパリン, E.）…… 602
Halsey, A.H.（ハルゼー, A.H.）…… 599
Halverson, Richard（ハルバーソン, リチャード）…… 602
Halvorson, Heidi Grant（ハルバーソン, ハイディ・グラント）…… 602
Hamburger, Franz（ハンブルガー, フランツ）…… 613
Hamel, Gary（ハメル, ゲイリー）…… 592
Hamer-Monod de Froideville, Marguerite（ハーマー, マルゲリート）…… 590
Hamilton, Ian（ハミルトン, イアン）…… 591
Hamilton, Michele V.（ハミルトン, ミシェル・V.）…… 591
Hamilton-Giachritsis, Catherine（ハミルトン＝ギアクリトシス, キャサリン）…… 591
Hammack, Floyd M.（ハマック, F.M.）…… 590
Hammond, Darell（ハモンド, ダレル）…… 593
Hampden-Turner, Charles（ハムデン・ターナー, チャールズ）…… 592
Hanbury-Tenison, Robin（ハンベリ - テニソン, ロビン）…… 613
Hancock, Herbie（ハンコック, ハービー）…… 607
Handel, Michael I.（ハンデル, マイケル・I.）…… 611
Handley, Rima（ハンドリー, リマ）…… 612
Handmaker, Nancy（ハンドメーカー, N.）…… 611
Haneberg, Lisa（ヘインバーグ, リサ）…… 712
Hannafin, Michael J.（ハナフィン, マイケル・J.）…… 584
Hanratty, Malachy（ハンラッティ, マラキー）…… 613
Hansen, Mark Victor（ハンセン, マーク・ヴィクター）…… 609
Hansen, Morten T.（ハンセン, モートン・T.）…… 610
Hansen, Sunny Sundal（ハンセン, サニー・S.）…… 609
Hansmann, Henry（ハンスマン, ヘンリー）…… 609
Hansson, David Heinemeier（ハンソン, デイヴィッド・ハイネマイヤー）…… 610
Hanus, Michel（アヌス, ミシェル）…… 19
Hanza, Marcelo（ハンザ, M.）…… 607
Harden, Blaine（ハーデン, ブレイン）…… 578
Harding, Vincent Gordon（ハーディング, ビンセント・ゴードン）…… 577
Hardt, Michael（ハート, マイケル）…… 579
Hardy, Cynthia（ハーディ, C.）…… 576
Harford, Tim（ハーフォード, ティム）…… 589
Hargreaves, Andy（ハーグリーブス, アンディ）…… 563
Häring, Norbert（ヘーリング, ノルベルト）…… 726
Harman, Oren Solomon（ハーマン, オレン）…… 591
Harnish, Verne（ハーニッシュ, バーン）…… 586
Harootunian, Harry D.（ハルトゥーニアン, ハリー・D.）…… 600
Harper, Gillian（ハーパー, G.）…… 587
Harper, John（ハーパー, J.）…… 587
Harris, Bill（ハリス, ビル）…… 596
Harris, Gemma Elwin（ハリス, ジェンマ・エルウィン）…… 596
Harris, Jeanne G.（ハリス, ジェーン・G.）…… 596
Harris, Jonathan（ハリス, ジョナサン）…… 596
Harris, Josette G.（ハリス, J.）…… 597
Harris, Michelle R.（ハリス, ミシェル・R.）…… 597
Harris, M.Key（ハリス, M.ケイ）…… 597
Harris, Paul Percy（ハリス, ポール）…… 597

Harris, Ron（ハリス, ロン）……… 597
Harris, Russ（ハリス, ラス）……… 597
Harrison, Elaine（ハリソン, エレイン）……… 597
Harrison, Patti（ハリソン, P.）……… 598
Harrison, Thomas（ハリソン, トマス）……… 598
Harrison, Todd A.（ハリソン, トッド）……… 597
Harrod, Roy Forbes（ハロッド, R.F.）……… 604
Hart, Allison（ハート, アリソン）……… 578
Hart, Diane（ハート, ダイアン）……… 579
Hart, George（ハート, ジョージ）……… 579
Hart, John Fraser（ハート, ジョン・フレーザー）……… 579
Hart, Stuart L.（ハート, スチュアート・L.）… 579
Hart-Davis, Adam（ハート＝デイヴィス, アダム）……… 581
Harter, James K.（ハーター, ジム）……… 569
Harva, Uno（ハルヴァ, ウノ）……… 599
Harvey, Alison Phinney（ハーベイ, アリソン・フィネイ）……… 589
Harvey, Barbara F.（ハーヴェー, バーバラ）… 553
Harvey, David（ハーヴェイ, デヴィッド）……… 553
Harway, Michele（ハーウェイ, ミッシェル）…… 553
Hassemer, Winfried（ハッセマー, ヴィンフリート）……… 575
Hatzfeld, Jean（ハッツフェルド, ジャン）……… 575
Haughton, Brian（ホートン, ブライアン）……… 754
Havener, Thorsten（ハーフェナー, トルステン）……… 589
Hawes, Catherine（ハウズ, C.）……… 554
Hawkins, Gail（ホーキンズ, ゲイル）……… 744
Hawkins, John N.（ホーキンス, ジョン・N.）‥ 744
Hawkins, Peter（ホーキンズ, P.）……… 744
Hawkins, Peter（ホーキンズ, ピーター）……… 744
Hay, Colin（ヘイ, コリン）……… 708
Hayek, Friedrich August von（ハイエク, フリードリヒ・A.）……… 547
Hayes, Declan（ヘイズ, デクラン）……… 710
Hayes, Linda J.（ヘイズ, リンダ・J.）……… 710
Hayes, Peter（ヘイズ, ピーター）……… 710
Hayes, Sophie（ヘイズ, ソフィー）……… 710
Hayes, Steven C.（ヘイズ, スティーブン・C.）‥ 710
Hays, Richard B.（ヘイズ, リチャード）……… 710
Haywood, John（ヘイウッド, ジョン）……… 708
Hazan, Éric（アザン, エリック）……… 10
Headrick, Daniel R.（ヘッドリク, ダニエル・R.）……… 719
Hearn, Lafcadio（ハーン, ラフカディオ）……… 606
Hearth, Amy Hill（ハース, エイミー・ヒル）… 565
Heartland, James（ハートランド, ジェームズ）……… 583
Heater, Derek Benjamin（ヒーター, デレック）……… 617
Heath, Chip（ハース, チップ）……… 566
Heath, Dan（ハース, ダン）……… 566
Heath, Joseph（ヒース, ジョセフ）……… 616
Hebb, Donald Olding（ヘッブ, D.O.）……… 719
Hecht, Jacki（ヘクト, J.）……… 714
Hedges, Kristi（ヘッジス, クリスティ）……… 718
Hedley, Timothy P.（ヘッドリー, ティモシー・P.）……… 719
Hedly, Carol（ヘドリー, キャロル）……… 720
Heehs, Peter（ヒース, ピーター）……… 617
Heffernan, Margaret（ヘファーナン, マーガレット）……… 723
Hegarty, Jean（ヘガティ, ジーン）……… 713
Hegel, Georg Wilhelm Friedrich（ヘーゲル, G.W.F.）……… 714
Heidegger, Martin（ハイデガー, マルティン）‥ 549
Heine, Christian Johann Heinrich（ハイネ, ハインリヒ）……… 549
Heinemann, Gundi（ハイネマン, グンディ）…… 550
Heinemann, Klaus W.（ハイネマン, クラウス）……… 549
Heinrichs, H.C.Helmut（ハインリッヒス, ヘルムート）……… 552
Held, David（ヘルド, デヴィッド）……… 729
Heldman, Kim（ヘルドマン, キム）……… 730
Helgesen, Sally（ヘルゲセン, サリー）……… 728
Hélie, Faustin（エリー, フォースタン）……… 119
Heller, Hermann（ヘラー, ヘルマン）……… 724
Hellmann, Kai-Uwe（ヘルマン, カイーウーヴェ）……… 731
Hellwig, Monika（ヘルウィッグ, モニカ）……… 727
Helms, Nikoline M.（ヘルムス, ニコリーネ・マリーイ）……… 732
Héloïse（エロイーズ）……… 123
Helpman, Elhanan（ヘルプマン, E.）……… 731
Henderson, Bruce（ヘンダーソン, ブルース）… 736
Henderson, David（ヘンダーソン, デビッド）‥ 736
Henderson, Deborah A.（ヘンダーソン, デボラ・A.）……… 736
Henderson, Laura（ヘンダーソン, ローラ）…… 736
Hendricks, Gay（ヘンドリックス, ゲイ）……… 737
Hendricks, Shellee（ヘンドリックス, シェリー）……… 737
Heng, Anne（ヘング, アン）……… 734
Hengel, Martin（ヘンゲル, マーティン）……… 734
Henrard, Jean-Claude（ヘンラルド, J.）……… 738
Henrich, Dieter（ヘンリッヒ, ディーター）…… 738
Henry, Michel（アンリ, ミシェル）……… 50
Henseler, Thomas（ヘンゼラー, トーマス）…… 735
Hensley, Laura（ヘンズレー, ローラ）……… 735
Heppell, Michael（ヘッペル, マイケル）……… 719
Herbert, Jean（エルベール, ジャン）……… 123
Herbert, Wray（ハーバート, レイ）……… 587
Herdegen, Matthias（ヘルデーゲン, M.）……… 729
Herdegen, Matthias（ヘルデーゲン, マティアス）……… 729
Herf, Jeffrey（ハーフ, ジェフリー）……… 588

Herman, Arthur（ハーマン, アーサー）………… 590
Herman, Magaretha G.Hartley（ハーマン, M.）
………………………………………………………… 591
Herman, Ronna（ハーマン, ロナ）……………… 591
Heron, Timothy E.（ヘロン, ティモシー・E.）‥ 733
Herre, Johnny（ヘレ, ジョニー）……………… 732
Herring, Jonathan（ヘリング, ジョナサン）…… 726
Herring, Mary（ヘリング, メアリ）…………… 726
Herrmann, Joachim（ヘルマン, ヨアヒム）…… 731
Hersey, Paul（ハーシィ, ポール）……………… 564
Hershman, Seymour（ハーシュマン, セイモア）
………………………………………………………… 565
Hershock, Peter D.（ハーショック, ピーター・D.）…………………………………………… 565
Herstatt, Cornelius（ヘルシュタット, コルネリウス）………………………………………… 728
Hertig, Gerard（ヘルティッヒ, ゲラード）…… 729
Hertz, Noreena（ハーツ, ノリーナ）…………… 572
Hervey de Saint-Denys, Léon（エルヴェ・ド・サン＝ドニ, L.）……………………………… 121
Herz, Rachel Sarah（ハーツ, レイチェル）…… 573
Herzl, Theodor（ヘルツル, テオドール）……… 729
Herzog, Dagmar（ヘルツォーク, ダグマー）…… 729
Herzog, Maurice（エルゾーグ, モーリス）…… 122
Hessel, Stéphane（エセル, ステファン）……… 114
Hesselbein, Frances（ヘッセルバイン, フランシス）………………………………………… 718
Hessler, Peter（ヘスラー, ピーター）………… 715
Heugel, Inès（ウージェル, イネス）…………… 103
Heward, William L.（ヒューワード, ウイリアム・L.）……………………………………… 627
Hew Len, Haleakalā（ヒューレン, イハレアカラ）……………………………………………… 627
Hewlin, Todd（ヒューリン, トッド）………… 626
Heyerdahl, Thor（ヘイエルダール, トール）…… 708
Heymann, Fritz（ハイマン, フリッツ）……… 550
Heymel, Michael（ハイメル, ミヒャエル）…… 550
Hick, John（ヒック, ジョン）………………… 619
Hicks, David（ヒックス, デイヴィッド）……… 619
Hicks, Esther（ヒックス, エスター）………… 619
Hicks, Jerry（ヒックス, ジェリー）…………… 619
Higgins, Robert N.（ヒギンズ, ロバート）…… 615
Highfield, Kathy（ハイフィールド, キャシー）‥ 550
Hilb, Martin（ヒルブ, マルティン）…………… 630
Hilberg, Raul（ヒルバーグ, ラウル）………… 630
Hile, Lori（ハイル, ローリー）………………… 551
Hilgard, Ernest Ropiequet（ヒルガード, アーネスト・ロピケット）………………………… 629
Hill, Charles W.L.（ヒル, チャールズ・W.L.）‥ 628
Hill, Clint（ヒル, クリント）………………… 628
Hill, Hal（ヒル, H.）…………………………… 629
Hill, Laban Carrick（ヒル, レイバン・キャリック）…………………………………………… 629
Hill, Linda Annette（ヒル, リンダ・A.）……… 629
Hill, Napoleon（ヒル, ナポレオン）…………… 628
Hillier, Scot（ヒリアー, スコット）………… 627
Hillman, Saul（ヒルマン, サウル）…………… 631
Hilton, Dyan（ヒルトン, ディアン）………… 630
Hilty, Karl（ヒルティ, カール）……………… 630
Himlal, Bhattarai（ヒムラル, バッタライ）…… 623
Himmelfarb, Martha（ヒンメルファーブ, M.）
………………………………………………………… 632
Hinard, François（イナール, フランソワ）………61
Hinckfuss, Ian（ヒンクフス, イアン）……… 632
Hines, Terence（ハインズ, テレンス）……… 551
Hirdes, John P.（ハーデス, J.P.）……………… 577
Hirsch, Jeffrey A.（ハーシュ, ジェフリー・A.）
………………………………………………………… 564
Hirschhausen, Eckart von（ヒルシュハウゼン, エカート・フォン）………………………… 629
Hirschman, Albert O.（ハーシュマン, アルバート）…………………………………………… 565
Hitler, Adolf（ヒトラー, アドルフ）………… 620
Hjörne, Eva（ヒョルン, エヴァ）…………… 627
Hoadley, Christopher（ホードレイ, クリストファー）………………………………………… 754
Hoang, Quy Tinh（ホン, クィ・ティン）……… 771
Hoare, Katharine（ホーア, キャサリン）……… 739
Hoare, Stephen（ホアー, ステファン）……… 739
Hobbes, Thomas（ホッブズ, トマス）………… 753
Hobsbawm, Eric J.（ホブズボーム, エリック）
………………………………………………………… 757
Hocart, Arthur Maurice（ホカート, A.M.）…… 743
Hochschild, Arlie Russell（ホックシールド, アーリー・ラッセル）…………………………… 751
Hodgdon, Linda A.（ホジダン, リンダ・A.）… 746
Hodges, Jill（ホッジ, ジル）………………… 751
Hoffer, Eric（ホッファー, エリック）………… 753
Hoffman, Bob（ホフマン, ボブ）……………… 758
Hoffman, Carl（ホフマン, カール）…………… 757
Hoffman, Eva（ホフマン, エヴァ）…………… 757
Hoffman, Paul（ホフマン, ポール）…………… 758
Hoffman, Reid（ホフマン, リード）…………… 758
Hoffmann, Stanley（ホフマン, スタンレー）…… 757
Hoffmans, Lara（ホフマンズ, ララ）………… 758
Hofmann, Stefan G.（ホフマン, ステファン・G.）…………………………………………… 757
Hofstede, Geert H.（ホフステード, ヘールト）‥ 757
Hofstede, Gert Jan（ホフステード, ヘルト・ヤン）……………………………………………… 757
Hogan, Kevin（ホーガン, ケビン）…………… 743
Hoge, Robert D.（ホッジ, ロバート・D.）…… 751
Holbek, Jonny（ホルベック, ジョニー）……… 767
Holden, Cathie（ホールデン, キャシー）……… 766
Holland, Clive（ホランド, クライブ）………… 760
Holland, John（ホランド, ジョン）…………… 760
Holland, John L.（ホランド, ジョン・L.）…… 760
Hollihan, Kerrie Logan（ホリハン, K.）……… 761

Holloway, John (ホロウェイ, ジョン) ………… 768
Holme, Charles (ホーム, チャールズ) ………… 759
Holmes, Lyman (ホームズ, ライマン) ………… 759
Holt, Catherine F. (ホルト, C.) ………… 766
Holt, Jim (ホルト, ジム) ………… 766
Holubec, Edythe Johnson (ホルベック, E.J.) ‥ 767
Honkanen, Tarja (ホンカネン, タルヤ) ………… 772
Honneth, Axel (ホネット, アクセル) ………… 755
Hood, Bruce MacFarlane (フード, ブルース・M.) ………… 660
Hope, Lesa Nitcy (ホープ, リサ・ニトシー) … 756
Hopkins, Juliet (ホプキンス, ジュリエット) … 757
Hopper, Elizabeth (ホッパー, エリザベス) ‥‥ 752
Hopt, Klaus J. (ホプト, クラウス・J.) ………… 757
Hori, Masahiro (ホリ, マサヒロ) ………… 761
Horkhang, Jampa Tendar (ホルカン, チャンバテンダー) ………… 764
Horkhang, Sonam Pembar (ホルカン, ソナムペンバー) ………… 764
Horkheimer, Max (ホルクハイマー, マックス) ………… 764
Horn, C.Steven (ホーン, C.スティーブン) ‥‥ 772
Horn, Stacy (ホーン, ステイシー) ………… 771
Horn, Zoia (ホーン, ゾイア) ………… 771
Horne, Ann (ホーン, アン) ………… 771
Horner, Robert H. (ホーナー, ロバート・H.) ‥ 755
Horowitz, Leonard G. (ホロウィッツ, レオナルド・G.) ………… 768
Horrobin, Peter James (ホロビン, ピーター) ‥ 769
Horrocks, Chris (ホロックス, クリス) ………… 769
Horsch, Andreas (ホルシュ, アンドレーアス) ‥ 764
Horvat, Erin McNamara (ホーヴァット, E.M.) ………… 741
Hoshino, Kazumi (ホシノ, K.) ………… 747
Howard, Richard D. (ハワード, リチャード・D.) ………… 605
Howe, David (ハウ, デビッド) ………… 552
Howells, Robert (ハウエルズ, ロバート) ………… 554
Howlett, Darryl (ハウレット, ダリル) ………… 556
Hoyt, Dick (ホイト, ディック) ………… 740
Hromádka, Josef Lukl (フロマートカ, ヨゼフ・ルクル) ………… 705
Hsieh, Tony (シェイ, トニー) ………… 324
Hubbard, Julie A. (ハバード, J.) ………… 587
Hubbard, Nancy (ハバード, ナンシー) ………… 587
Huber, Janice (ヒューバー, ジャニス) ………… 624
Huber, Joan (ヒューバー, ジョーン) ………… 625
Huber, Marilyn (ヒューバー, マリリン) ………… 625
Huberman, Toni (ヒューバマン, トニ) ………… 625
Huckle, John (ハックル, ジョン) ………… 574
Hudson, Annabel (ハドソン, アナベル) ………… 580
Hudson, Winson (ハドゥソン, ウィンソン) ‥‥ 580
Huegel, Kelly (ヒューゲル, ケリー) ………… 625
Huett, Leonora (ヒューイット, レイノーラ) … 623
Hufbauer, Gary Clyde (ハフバウアー, G.C.) ‥ 589
Huffington, Arianna Stassinopoulos (ハフィントン, アリアナ) ………… 588
Hughes, Cynrig E. (ヒューズ, シンリグ・E.) ‥ 624
Hughes, Damian (ヒューズ, ダミアン) ………… 624
Hughes, Geraldine (ヒューズ, ジェラルディン) ………… 624
Huissoud, Jean-Marc (ユイスー, ジャン＝マルク) ………… 846
Huitfeldt, Claus (フイトフェルト, クラウス) ‥ 643
Huling, Jim (ヒューリング, ジム) ………… 626
Humbert, Marc (アンベール, マルク) ………… 50
Humble, Nicola (ハンブル, ニコラ) ………… 613
Humboldt, Alexander von (フンボルト, アレクサンダー・フォン) ………… 707
Hume, David (ヒューム, デイヴィッド) ………… 625
Humes, James C. (ヒュームズ, ジェームズ) … 626
Humphrey, Nicholas (ハンフリー, ニコラス) ‥ 612
Humphreys, Colin J. (ハンフリーズ, コリン・J.) ………… 612
Hunt, Lynn (ハント, リン) ………… 611
Hunter, Dan (ハンター, ダン) ………… 610
Hunter, James C. (ハンター, ジェームズ) ………… 610
Huré, Jean (ユレ, ジャン) ………… 847
Hurst, Brandon (ハースト, ブランドン) ………… 567
Husserl, Edmund (フッサール, エトムント) … 658
Hutchinson, Peter (ハッチンソン, ピーター) ‥ 575
Hüttenmeister, Frowald Gil (ヒュッテンマイスター, F.G.) ………… 624
Huyett, Bill (ヒューイット, ビル) ………… 623
Huyghe, François-Bernard (ユイグ, フランソワ＝ベルナール) ………… 846
Huysmans, Greg (ハイズマンズ, グレッグ) ‥‥ 548
Hvistendahl, Mara (ヴィステンドール, マーラ) ………… 74
Hyams, Edward (ハイアムズ, エドワード) ………… 547
Hybels, Bill (ハイベルズ, ビル) ………… 550
Hyde, Maggie (ハイド, マギー) ………… 549
Hyppolite, Jean (イポリット, J.) ………… 62

【 I 】

Iacovino, Raffaele (イアコヴィーノ, ラファエル) ………… 55
Iamblichos (イアンブリコス) ………… 55
IBBY (国際児童図書評議会) ………… 279
Ibn Hishām, ‘Abd al-Malik (イブン・ヒシャーム, A.) ………… 62
Ibn Isḥāq, Muḥammad (イブン・イスハーク, M.) ………… 61
Ibrahim, Abdürresid (イブラヒム, アブデュルレシド) ………… 61
IBRD (国際復興開発銀行) ………… 280

Ichioka, Yuji（イチオカ, ユウジ）…………60
Icke, David（アイク, デーヴィッド）…………1
IEC（国際電気標準会議）…………280
Ietto-Gillies, Grazia（イエットギリエス, グラツィア）…………57
IFLA（国際図書館連盟）…………280
IFSW（国際ソーシャルワーカー連盟）…………279
Ignatieff, Michael（イグナティエフ, マイケル）‥58
IILS（国際労働問題研究所）…………283
Ikenberry, G.John（アイケンベリー, G.ジョン）‥3
Ilibagiza, Immaculée（イリバギザ, イマキュレー）…………64
Illes, Judika（イルス, ジュディカ）…………64
ILO（国際労働機関）…………282
Imaeva, Zara（イマーエワ, ザーラ）…………62
Immink, Gerrit（イミンク, F.G.）…………62
INEE（緊急時の教育のための機関間ネットワーク）…………207
Ingerman, Sandra（インガーマン, サンドラ）…65
Ingrao, Christian（アングラオ, クリスティアン）…………44
Ings, William（イングス, ウィリアム）…………65
Innocenti, Roberto（インノチェンティ, ロベルト）…………66
Institute For Challenging Disorganization（インスティトゥート・フォー・チャレンジング・ディスオーガナイゼーション）…………65
The International Financial Reporting Group of Ernst & Young（アーンスト・アンド・ヤングLLP）…………45
Iny, Alan（イニー, アラン）…………61
Iohannes Paulus（ヨハネ・パウロ2世）…………852
Ip, Greg（イップ, グレッグ）…………60
IPA（子どもの遊ぶ権利のための国際協会）…288
IPU（列国議会同盟）…………924
Iralu, Kaka Dierhekolie（イラル, カカ・ディエヘコリエ）…………63
Irsigler, Franz（イルジーグラー, フランツ）……64
Irvall, Birgitta（イールヴァール, ビルギッタ）…64
Irvine, William Braxton（アーヴァイン, ウィリアム・B.）…………5
Irwin, Will（アーウィン, ウィル）…………6
Isaacson, Walter（アイザックソン, ウォルター）‥3
Isakhan, Benjamin（イサカーン, ベンジャミン）…………59
Isbouts, Jean-Pierre（イスブ, ジャン・ピエール）…………59
Isherwood, Baron（イシャウッド, バロン）……59
Ishi, Kotaro（イシイ, K.）…………59
ISO（国際標準化機構）…………280
ISS（国際社会事業団）…………279
Ivanov-Razumnik（イヴァーノフ=ラズームニク）…………55
Iverson, Ken（アイバーソン, ケン）…………5
Iwand, Hans Joachim（イーヴァント, ハンス・ヨーアヒム）…………56
Iyengar, Sheena（アイエンガー, シーナ）…………1
Iyer, Pico（アイヤー, ピコ）…………5
Izzo, John Baptist（イッツォ, ジョン）…………60

【J】

Jackson, Andrew（ジャクソン, アンドリュー）…………342
Jackson, Tim（ジャクソン, ティム）…………342
Jacob, Klaus（ヤコブ, クラウス）…………841
Jacobs, A.J.（ジェイコブズ, A.J.）…………325
Jacobs, Harriet Ann（ジェイコブズ, ハリエット・アン）…………324
Jacobs, Jane（ジェイコブズ, ジェイン）…………324
Jacobs, Michael（ジェイコブズ, マイケル）…324
Jacobsen, Annie（ジェイコブセン, アニー）…325
Jacobsen, Jens Peter（ヤコブセン, J.P.）……841
Jacobson, Leonard（ジェイコブソン, レナード）…………325
Jacobson, Neil S.（ジェイコブソン, ニール・S.）…………325
Jaffe, Dennis T.（ジャフ, デニス）…………346
Jaffe, Jeffrey F.（ジャフィー, J.）…………346
Jaffee, Dwight（ジャフィー, ドワイト）……346
Jaffke, Freya（ヤフケ, フライア）…………842
Jäger, Willigis（イェーガー, ヴィリギス）……56
Jain, Naresh（ジャイン, ナレシュ）…………340
Jain, Purnendra（ジェイン, プルネンドラ）…326
Jaina, Yaśapāla（ジャイン, ヤシュパール）…341
Jakobs, Günther（ヤコブス, ギュンター）……841
Jakobson, Linda（ヤーコブソン, リンダ）……841
Jakobson, Roman（ヤコブソン, ロマン）……841
Jamall, Maurice（ジャマール, モーリス）……348
James, Bethan（ジェイムズ, ベサン）…………325
James, Sian（ジェームズ, シアン）…………328
Jameson, Fredric R.（ジェイムソン, フレドリック）…………325
Jamieson, Ian（ジャーミソン, イアン）…………348
Janatuinen, Mailis（ヤナツイネン, マイリス）‥842
Janet, Pierre（ジャネ, ピエール）…………345
Janger, Edward J.（ジャンガー, エドワード・J.）…………349
Jänicke, Martin（イェーニッケ, マルティン）…57
Jannes, Kim-Anne（ヤネス, キム・アネ）……842
Janney, Rachel（ジャネイ, レイチェル）……345
Jarass, Hans D.（ヤラス, ハンス・ディーター）…………843
Jarrow, Gail（ジャロー, ゲイル）…………349
Jarvis, Jeff（ジャービス, ジェフ）…………345
Jarvis, Peter（ジャーヴィス, ピーター）……342
Jaspers, Karl（ヤスパース, カール）…………842
Javers, Eamon（ジャヴァーズ, エイモン）……341

Jaworski, Joseph（ジャウォースキー, ジョセフ）…… 342
Jeannin, Pierre（ジャンナン, ピエール）…… 350
Jeffery, Arthur B.（ジェフリー, アーサー・B.）…… 327
Jeffery, Keith（ジェフリー, キース）…… 328
Jellinek, Georg（イェリネック, G.）…… 57
Jenkins, Mark Collins（ジェンキンス, マーク・コリンズ）…… 330
Jerome, Fred（ジェローム, フレッド）…… 330
Jerrard, Jane（ジェラード, ジェーン）…… 328
Jervis, Barrie G.（ジャーヴィス, B.）…… 342
Jessup, Philip Caryl（ジェサップ, フィリップ・C.）…… 326
Jestice, Phyllis G.（ジェスティス, フィリス・G.）…… 326
Jevtic, Zoran（ジェヴティック, ゾラン）…… 326
Jhering, Rudolf von（イェーリング, ルードルフ・フォン）…… 57
Jiao, Ben（ジャオ, ベン）…… 342
Jigs-med nam-mk'a（ジクメ・ナムカ）…… 332
Jiménez Verdejo, Juan Ramón（ヒメネス・ベルデホ, ホアン・ラモン）…… 623
Jimerson, Shane R.（ジマーソン, シェーン・R.）…… 337
Jirsch, Anne（ジルチ, アン）…… 381
Joannes（ヨハネス23世）…… 852
Jobs, Steve（ジョブズ, スティーブ）…… 373
Joffe, Ilan（ヨッフェ, I.）…… 852
Joffrin, Laurent（ジョフラン, ローラン）…… 373
Johansen, Robert（ヨハンセン, ボブ）…… 852
Johansson, Frans（ヨハンソン, フランス）…… 852
John, Kose（ジョン, コーズ）…… 375
John of Kronstadt, Saint（イオアン（クロンシュタットの）〈聖〉）…… 57
Johnson, Ben（ジョンソン, ベン）…… 378
Johnson, Chalmers（ジョンソン, チャルマーズ）…… 378
Johnson, Charles（ジョンソン, チャールズ）…… 377
Johnson, Dani（ジョンソン, ダニ）…… 377
Johnson, David T.（ジョンソン, デイビッド・T.）…… 378
Johnson, David W.（ジョンソン, D.W.）…… 379
Johnson, Gerry（ジョンソン, ゲリー）…… 376
Johnson, Jeff A.（ジョンソン, ジェフ・A.）…… 377
Johnson, Jessica K.（ジョンソン, ジェシカ・K.）…… 377
Johnson, Mark W.（ジョンソン, マーク）…… 378
Johnson, Nelson（ジョンソン, ネルソン）…… 378
Johnson, Paul（ジョンソン, ポール）…… 378
Johnson, R.Burke（ジョンソン, R.バーク）…… 379
Johnson, Roger T.（ジョンソン, R.T.）…… 379
Johnson, Simon（ジョンソン, サイモン）…… 377
Johnson, Steven（ジョンソン, スティーヴン）…… 377
Johnson, Tim（ジョンソン, ティム）…… 378
Johnston, Alexander Keith（ジョンストン, A.）…… 376
Jonassen, David（ジョナセン, デビット）…… 373
Jones, Andrew（ジョーンズ, アンドリュー）…… 375
Jones, Charles Irving（ジョーンズ, チャールズ・I.）…… 376
Jones, Lyndon Hamer（ジョーンズ, リンドン）…… 376
Jones, Noreen（ジョーンズ, ノリーン）…… 376
Jones, Stephanie M.（ジョーンズ, ステファニー・M.）…… 376
Jones, Steve（ジョーンズ, スティーブ）…… 375
Jones, Steven（ジョーンズ, スティーヴン）…… 375
Joppke, Christian（ヨプケ, クリスチャン）…… 852
Joseph, Claudia（ジョセフ, クラウディア）…… 372
Joslin, Mary（ジョスリン, メアリー）…… 372
Jost, John T.（ジョスト, J.）…… 372
Jotischky, Andrew（ジョティシュキー, アンドリュー）…… 373
Jouhaud, Christian（ジュオー, クリスチアン）…… 354
Jounel, Pierre（ジュネル, ピエール）…… 359
Journe, François-Paul（ジュルヌ, フランソワ=ポール）…… 365
Joya, Malalai（ジョヤ, マラライ）…… 374
Joyce, Colin（ジョイス, コリン）…… 368
Joyce, James（ジョイス, ジェイムズ）…… 369
Juan de la Cruz, Saint（ヨハネ（十字架の）〈聖〉）…… 852
Judson, Bruce（ジャドソン, ブルース）…… 344
Judt, Tony（ジャット, トニー）…… 344
Jukov, Boris（ジューコフ, ボリス）…… 355
Julian of Norwich（ジュリアン（ノリッジの））…… 363
Jullien, Marc Antoine（ジュリアン, マルク=アントワーヌ）…… 363
Jung, Carl Gustav（ユング, カール・グスタフ）…… 849
Jung, Changhyun（ユン, C.）…… 848
Jung, Emma（ユング, エンマ）…… 849
Jung, Martin H.（ユング, マルティン・H.）…… 849
Jünger, Ernst（ユンガー, エルンスト）…… 848

【K】

Kacher, Chris（キャッチャー, クリス）…… 193
Kacperczyk, Marcin（カッパーチェク, マーチン）…… 160
Kadali, Krishna（カダリ, クリシュナ）…… 158
Kadelbach, Gerd（カーデルバッハ, ゲルト）…… 161
Kafka, Franz（カフカ, フランツ）…… 165
Kagan, Robert（ケーガン, ロバート）…… 261
Kahane, Tony（ケーン, トニー）…… 268

Kahn, Judd (カーン, ジャッド) …… 177
Kahneman, Daniel (カーネマン, ダニエル) …… 163
Kahnweiler, Jennifer B. (カーンウェイラー, ジェニファー・B.) …… 178
Kaivola, Taina (カイヴォラ, タイナ) …… 147
Kaldor, Mary (カルドー, メアリー) …… 174
Kamara, Mariatu (カマラ, マリアトゥ) …… 168
Kamen, Gloria (カーメン, グロリア) …… 169
Kämpken, Nicole (ケンプケン, ニコレ) …… 269
Kamrin, Janice (カムリン, ジャニス) …… 169
Kaniuk, Jeanne (カニュイック, ジェイン) …… 162
Kanodia, Chandra (カノディア, チャンドラ) …… 164
Kant, Immanuel (カント, イマヌエル) …… 179
Kantchelov, Alexander (カンチェロフ, A.) …… 179
Kantorowicz, Ernst Hartwig (カントーロヴィチ, エルンスト・H.) …… 181
Kaplan, Abraham (カプラン, エイブラハム) …… 166
Kaplan, Ari (カプラン, アリ) …… 165
Kaplan, Ellen (カプラン, エレン) …… 166
Kaplan, Michael (カプラン, マイケル) …… 166
Kaplan, Robert D. (カプラン, ロバート・D.) …… 166
Kaplan, Robert S. (キャプラン, ロバート・S.) …… 194
Kaplan, Soren (カプラン, ソーレン) …… 166
Karas, Joža (カラス, ヨジャ) …… 169
Karavidopoulos, Johannes (カラビドプロス, J.) …… 170
Karier, Thomas Mark (カリアー, トーマス) …… 171
Karinch, Maryann (カリンチ, マリアン) …… 172
Karlan, Dean S. (カーラン, ディーン) …… 170
Karlitz, Gail (カーリッツ, ゲイル) …… 171
Kaser, Karl (カーザー, カール) …… 151
Kashyap, Anil K. (カシャップ, アニル・K.) …… 153
Katie, Byron (ケイティ, バイロン) …… 259
Katz, Mabel (カッツ, マベル) …… 159
Katz, Richard (カッツ, リチャード) …… 159
Katzenbach, Jon R. (カッツェンバック, ジョン・R.) …… 159
Katzenstein, Peter J. (カッツェンスタイン, ピーター・J.) …… 159
Kaufman, Josh (カウフマン, ジョシュ) …… 149
Kaufmann, Franz-Xaver (カウフマン, フランツ・グザファー) …… 150
Kawasaki, Guy (カワサキ, ガイ) …… 176
Kay, Ann (ケイ, アン) …… 254
Kay, John Anderson (ケイ, ジョン・A.) …… 254
Kaye, Beverly (ケイ, ビバリー) …… 255
Kaye, David H. (ケイ, デイビッド・H.) …… 255
Kaye, Sharon M. (ケイ, シャロン) …… 254
Kazantzis, Nikolaos (カザンツィス, ニコラオス) …… 153
Keady, John (キディ, J.) …… 184
Kean, Alasdair (キーン, アラスディア) …… 203
Keane, John (キーン, ジョン) …… 205
Keenan, Jack (キーナン, ジャック) …… 185
Keene, Donald (キーン, ドナルド) …… 205
Kegan, Robert (キーガン, ロバート) …… 182
Kehily, Mary Jane (ケヒリー, メアリー・ジェーン) …… 265
Kehl, Medard (ケール, メダルド) …… 267
Keller, George (ケラー, ジョージ) …… 265
Keller, Helen Adams (ケラー, ヘレン) …… 265
Keller, John M. (ケラー, ジョン・M.) …… 265
Keller, Timothy J. (ケラー, ティモシー) …… 265
Kellerman, Barbara (ケラーマン, バーバラ) …… 266
Kelley, Robin D.G. (ケリー, ロビン・D.G.) …… 266
Kelly, John Norman Davidson (ケリー, J.N.D.) …… 266
Kelly, Paul (ケリー, ポール) …… 266
Kelman, Herbert C. (ケルマン, H.) …… 268
Kelsang Gyatso (ゲシェ ケルサン ギャッツオ) …… 261
Kelsen, Hans (ケルゼン, ハンス) …… 267
Kempermann, P. (ケンパーマン, P.) …… 269
Kempf, Hervé (ケンプ, エルヴェ) …… 269
Kendall, John S. (ケンドール, ジョン・S.) …… 269
Kendall, Nicholas (ケンダル, N.) …… 269
Kenevan, Peter (ケネバン, ピーター) …… 264
Kennedy, Dane Keith (ケネディ, デイン) …… 264
Kennedy, Dan S. (ケネディ, ダン・S.) …… 264
Kennedy, John Fitzgerald (ケネディ, ジョン・F.) …… 263
Kennedy, Paul M. (ケネディ, ポール) …… 264
Kennedy, Susan (ケネディ, スーザン) …… 263
Kennerley, Helen (ケナリー, ヘレン) …… 263
Kenyon, Tom (ケニオン, トム) …… 263
Keohane, Robert Owen (コヘイン, ロバート・O.) …… 292
Kepel, Gilles (ケペル, ジル) …… 265
Kerényi, Karl (ケレーニイ, カール) …… 268
Kerr, Alex (カー, アレックス) …… 145
Kerr, Fergus (カー, ファーガス) …… 146
Kerr, Miranda (カー, ミランダ) …… 147
Kerrigan, Michael (ケリガン, マイケル) …… 266
Kersten, Holger (ケルステン, ホルガー) …… 267
Kersting, Wolfgang (ケアスティング, ヴォルフガング) …… 254
Keskinen, Soili (ケスキネン, ソイリ) …… 261
Kessler, David (ケスラー, デイヴィッド) …… 262
Kessler, Ronald (ケスラー, ロナルド) …… 262
Kettl, Donald F. (ケトル, ドナルド) …… 263
Keynes, John Maynard (ケインズ, ジョン・メイナード) …… 260
Khan, Salman (カーン, サルマン) …… 177
Khan, Zia (カン, ジア) …… 177
Khanna, Parag (カンナ, パラグ) …… 181
Khanna, Tarun (カナ, タルン) …… 162

Khan-Panni, Phillip（カーン＝パニ, フィリップ）…… 181
Khine, Myint Swe（カイン, ミント・スウィー）…… 148
Khlopachev, Gennadiĭ Adol'fovich（フロパーチェフ, G.A.）…… 705
Khrushchev, Sergei（フルシチョフ, セルゲイ）…… 686
Kida, Thomas Edward（キーダ, トマス）…… 183
Kidd, Chip（キッド, チップ）…… 184
Kidder, David S.（キダー, デビッド・S.）…… 183
Kidner, Derek（キドナー, デレク）…… 185
Kiefer, Charles F.（キーファー, チャールズ・F.）…… 186
Kierkegaard, Søren Aabye（キルケゴール, セーレン・オービュイ）…… 201
Kiernan, Kevin（キーナン, ケヴィン）…… 185
Kildow, Betty A.（キルドウ, ベティー・A.）…… 202
Kiley, Kevin F.（キーリー, ケヴィン）…… 200
Kim, Dae-jung（キム, デジュン）…… 189
Kim, Jae-Houn（キム, ジェホン）…… 188
Kim, Kisam（キム, キサム）…… 187
Kim, Rando（キム, ナンド）…… 190
Kim, W.Chan（キム, W.チャン）…… 192
Kim, YongCheol（キム, ヨンチョル）…… 191
Kim, Yong-hee（キム, ヨンヒ）…… 191
Kimsey-House, Henry（キムジーハウス, ヘンリー）…… 192
Kimsey-House, Karen（キムジーハウス, キャレン）…… 192
King, Brett（キング, ブレット）…… 207
King, Brian（キング, ブライアン）…… 207
King, John Paul（キング, ジョン・P.）…… 207
King, Karen L.（キング, カレン・L.）…… 207
King, Martin Luther, Jr.（キング, マーティン・ルーリー, Jr.）…… 208
King, Patricia A.（キング, パトリシア・A.）…… 207
King, Russell（キング, ラッセル）…… 208
Kingston, Karen（キングストン, カレン）…… 208
Kinney, Jeff（キニー, ジェフ）…… 185
Kinslow, Frank J.（キンズロー, フランク）…… 208
Kirby, John R.（カービィ, J.R.）…… 165
Kirichenko, Alekseĭ Alekseevich（キリチェンコ, アレクセイ・アレクセーヴィチ）…… 200
Kirk, Joan（カーク, ジョアン）…… 151
Kirschner, Rick（カーシュナー, リック）…… 154
Kirshenbaum, Sheril（カーシェンバウム, シェリル）…… 153
Kirzner, Israel M.（カーズナー, イスラエル・M.）…… 156
Kissinger, Henry Alfred（キッシンジャー, ヘンリー・A.）…… 184
Kittay, Eva Feder（キテイ, エヴァ・フェダー）…… 184
Kitz, Volker（キッツ, フォルカー）…… 184
Kiyosaki, Robert T.（キヨサキ, ロバート）…… 199
Klaassen, Pieter（クラーセン, ピーター）…… 226
Klaff, Oren（クラフ, オーレン）…… 227
Klages, Ludwig（クラーゲス, ルートヴィッヒ）…… 225
Klein, Gillian（クライン, ジリアン）…… 221
Klein, Herbert S.（クライン, ハーバート・S.）…… 221
Klein, James D.（クライン, ジェームズ・D.）…… 221
Klein, Lawrence Robert（クライン, ローレンス・R.）…… 222
Klein, Naomi（クライン, ナオミ）…… 221
Klein, Tovah P.（クライン, T.）…… 222
Kleinberg, Jon（クラインバーグ, ジョン）…… 222
Kleinman, Arthur（クラインマン, アーサー）…… 222
Kleinman, Joan（クラインマン, ジョーン）…… 222
Kleon, Austin（クレオン, オースティン）…… 246
Klontz, Brad（クロンツ, ブラッド）…… 253
Klontz, Ted（クロンツ, テッド）…… 253
Kloppenberg, James T.（クロッペンバーグ, ジェイムズ）…… 252
Kluth, Paula（クルス, ポーラ）…… 241
Knecht, Peter（クネヒト, ペトロ）…… 217
Knight, Frank Hyneman（ナイト, フランク）…… 526
Knight, Gary A.（ナイト, ゲーリー・A.）…… 526
Knight, George R.（ナイト, ジョージ・R.）…… 526
Knopp, Guido（クノップ, グイド）…… 217
Knowles, Caroline（ノウルズ, キャロライン）…… 542
Knowles, Malcolm Shepherd（ノールズ, マルカム）…… 544
Knox, Dean（ノックス, ディーン）…… 542
Knox, Paul L.（ノックス, ポール）…… 542
Knox, Ronald Arbuthnott（ノックス, ロナルド・アーバスノット）…… 543
Koch, Richard（コッチ, リチャード）…… 286
Kocka, Jürgen（コッカ, ユルゲン）…… 286
Kohn, Alfie（コーン, アルフィ）…… 300
Kohn, Jerome（コーン, J.）…… 301
Kolanovic, Dubravka（コラノヴィッチ, ドゥブラヴカ）…… 294
Koller, Tim（コラー, ティム）…… 293
Kolomiets, Maksim（コロミーエツ, マクシム）…… 300
Koltz, Tony（コルツ, トニー）…… 297
Komisar, Randy（コミサー, ランディ）…… 293
Konstam, Angus（コンスタム, アンガス）…… 302
Koofi, Fawzia（クーフィ, フォージア）…… 219
Koop, Gary（クープ, G.）…… 219
Kopp, Wendy（コップ, ウェンディ）…… 287
Kornfield, Jack（コーンフィールド, ジャック）…… 303
Koschmann, J.Victor（コシュマン, J.ヴィクター）…… 283
Koss, Marry P.（コス, メアリー・P.）…… 284
Kosulina, Liudmila Gennad'evna（コスリナ, リュドミラ）…… 285

Kotler, Milton (コトラー, ミルトン) ············ 289
Kotler, Philip (コトラー, フィリップ) ·········· 289
Kotter, John P. (コッター, ジョン・P.) ········ 286
Kottler, Jeffrey A. (コトラー, ジェフリー・A.) ···························· 289
Kötz, Hein (ケッツ, ハイン) ······················ 262
Koudelka, Josef (クーデルカ, ジョセフ) ········ 216
Koudounaris, Paul (クドゥナリス, ポール) ···· 216
Koulouri, Christina (クルリ, クリスティナ) ··· 242
Kouzes, James M. (クーゼス, ジェームズ・M.) ···························· 214
Kövér, György (ケヴェール, ジェルジ) ········ 260
Kraakman, Reinier R. (クラークマン, レイニア) ···························· 225
Kraft, Victor (クラーフト, ヴィクトル) ········ 228
Krakauer, Jon (クラカワー, ジョン) ············ 223
Kramarenko, Grigoriĭ Amosovits (クラマレンコ, ゲ・ア) ···························· 228
Kramarenko, Zhorzh (クラマレンコ, ジョルジュ) ···························· 228
Kramer, Pamela A. (クレイマー, P.) ············ 245
Kranowitz, Carol Stock (クラノウィッツ, キャロル・ストック) ···························· 227
Kranton, Rachel E. (クラントン, レイチェル・E.) ···························· 230
Krauss, Lawrence Maxwell (クラウス, ローレンス・M.) ···························· 223
Kravitz, Lee (クラヴィッツ, リー) ·············· 222
Kravtsevich, Andrei Ivanovich (クラフツェヴィチ, アンドレイ) ···························· 228
Kregel, Jan Allen (クレーゲル, J.A.) ·········· 246
Kreilgaard, Peter (クライルガート, ピーター) ···························· 221
Kreiner, Josef (クライナー, ヨーゼフ) ·········· 220
Kreppner, Jana (クレップナー, J.) ·············· 247
Krishnamurti, Jiddu (クリシュナムルティ, ジッドゥ) ···························· 232
Krishnananda (クリシュナナンダ) ················ 232
Kristeva, Julia (クリステヴァ, ジュリア) ······· 233
Kristof, Aziz (クリストフ, アジズ) ·············· 234
Krochik, Margarita (クロチック, M.) ············ 252
Krogerus, Mikael (クロゲラス, ミカエル) ······ 250
Kroijer, Lars (クロイヤー, ラース) ·············· 249
Kropf, Nancy P. (クロフ, ナンシー・P.) ········ 252
Kropotkin, Petr Alekseevich (クロポトキン, ピョートル) ···························· 252
Krueger, David (クルーガー, デビッド) ········ 241
Kruglanski, Arie W. (クルグランスキー, A.) ·· 241
Krugman, Paul R. (クルーグマン, ポール・R.) ···························· 241
Krull, Kathleen (クルル, キャスリーン) ········ 243
Krumeich, Gerd (クルマイヒ, ゲルト) ·········· 242
Krzus, Michael P. (クルス, マイケル・P.) ······ 241
Kua, Patrick (クア, パトリック) ·················· 209
Kuhn, Gabriel (クーン, ガブリエル) ············ 253
Kuklin, Susan (クークリン, スーザン) ·········· 213
Kulikov, Boris (クリコフ, ボリス) ················ 231
Kumin, Libby (クミン, リビー) ···················· 220
Kümmel, Friedrich (キュンメル, フリードリッヒ) ···························· 198
Kundu, Anupam (クンドゥ, アヌパム) ·········· 254
Kuno, Kanako (クノ, カナコ) ······················ 217
Kupersmidt, Janis B. (クーパーシュミット, J.B.) ···························· 219
Kurlansky, Mark (カーランスキー, マーク) ···· 170
Kurtz, Lisa A. (カーツ, リサ・A.) ················ 158
Kurzem, Mark (カーゼム, マーク) ················ 157
Kustenmacher, Marion (キュステンマッハー, マリオン) ···························· 197
Küstenmacher, Werner (キュステンマッハー, ヴェルナー・ティキ) ···························· 197
Kuyk, Jef J.van (カルク, ジェフ・フォン) ····· 172
Kuyken, Willem (クイケン, ウィレム) ··········· 210
Kuznick, Peter J. (カズニック, ピーター) ······ 156
Kwai, Terence H. (クワイ, テレンス・H.) ······ 253
Kwak, James (クワック, ジェームズ) ············ 253
Kwon, O.Yul (クォン, オユル) ···················· 212
Kyle, Chris (カイル, クリス) ······················· 148
Kymlicka, Will (キムリッカ, ウィル) ············ 192

【 L 】

Labriola, Antonio (ラブリオーラ, アントニオ) ···························· 873
Lachecki, Marina (ラチェッキ, マリナ) ········· 868
Laclau, Ernesto (ラクラウ, エルネスト) ········ 864
Lacoste, Yves (ラコスト, イヴ) ··················· 864
Lacoue-Labarthe, Philippe (ラクー＝ラバルト, フィリップ) ···························· 864
Lacroix, Jean Paul (ラクロワ, ジャン＝ポール) ···························· 864
LaFeber, Walter (ラフィーバー, ウォルター) ·· 871
Laferrière, Dany (ラフェリエール, ダニー) ···· 872
LaFrance, Marianne (ラフランス, マリアン) ·· 873
Lages, Andrea (ラゲス, アンドレア) ············ 864
Lah, Thomas E. (ラー, トーマス) ················ 854
Lahey, Lisa Laskow (レイヒー, リサ・ラスコウ) ···························· 920
Lahire, Bernard (ライール, ベルナール) ········ 861
Lai, Jennie (ライ, ジェニー) ······················ 854
Lai, Pak-Sang (ライ, パク - サン) ················ 855
Lakhani, Dave (ラクハニ, デイブ) ··············· 864
Lam, Debra (ラム, デブラ) ························ 874
Lam, Gladys S.W. (ラム, グラディス・S.W.) ·· 874
Lamb, Christina (ラム, クリスティーナ) ······· 874
Lambert, Stephen (ランバート, スティーブン) ···························· 880

Lammer, Kerstin（ラマー, ケルスティン）…… 873
Lampel, Joseph（ランペル, ジョセフ）………… 880
Lampsos, Parisoula（ランプソス, パリソウラ）……… 880
Lancaster, Tony（ランカスター, トニー）……… 876
The Lancet（『ランセット』）……………………… 878
Lançon, Bertrand（ランソン, ベルトラン）…… 878
Lander, Christian（ランダー, クリスチャン）… 878
Landers, Kirk（ランダース, カーク）…………… 879
Landry, Dave S.（ランドリー, デーブ）………… 879
Lane, Bill（レーン, ビル）…………………………… 930
Laney, Marti Olsen（レイニー, マーティ・O.）……… 919
Lang, Glenna（ラング, グレンナ）……………… 876
Langemeier, Loral（ラングマイヤー, ローラル）……… 877
Langer, Ellen J.（ランガー, エレン・J.）……… 876
Langeveld, Martinus Jan（ランゲフェルト, マルティヌス・J.）…………………………………… 877
Langford, Carol Mae（ラングフォード, キャロル）……………………………………………… 877
Langford, Joseph（ラングフォード, ジョゼフ）……… 877
Langford, Paul（ラングフォード, ポール）…… 877
Langley, Ann（ラングレィ, アン）……………… 877
Langlois, Richard Normand（ラングロワ, リチャード・N.）…………………………………… 877
Lan'kov, Andreĭ Nikolaevich（ランコフ, アンドレイ）………………………………………… 878
Lankton, Stephen R.（ランクトン, スティーブン・R.）………………………………………… 876
Lantis, Jeffrey S.（ランティス, ジェフリー）…… 879
Lanyado, Monica（ラニャード, モニカ）……… 870
Lanza, A.Stephen（ランサ, A.ステファン）…… 878
Lareau, Annette（ラロー, A.）…………………… 876
Larson, Matt（ラーセン, マット）……………… 867
Lashinsky, Adam（ラシンスキー, アダム）…… 866
Lassotta, Arnold（ラゾッタ, アルノルト）……… 868
Lasswell, Harold Dwight（ラスウェル, ハロルド・D.）…………………………………………… 867
Latouche, Serge（ラトーシュ, セルジュ）……… 870
Latouche, Serge（ラトゥーシュ, セルジュ）…… 869
Lauder, Hugh（ローダー, ヒュー）……………… 943
Laufer, Berthold（ラウファー, バーソルド）…… 949
Laurent, Amy C.（ローレント, エミー・C.）… 955
Laurent, Éloi（ローラン, エロワ）……………… 953
Lavagnino, John（ラヴァニーノ, ジョン）……… 861
Laville, Jean-Louis（ラヴィル, ジャン＝ルイ）‥ 861
Lavin, Richard（ラビン, リチャード（エクトン））……………………………………………… 871
Law, David Stephen（ロー, デイヴィッド・S.）……… 931
Law, Stephen（ロー, スティーブン）…………… 930
Lawal, Lukeman（ラワル, ルークマン）………… 876
Lawrence, Anne T.（ローレンス, アン・T.）…… 954
Lawrence, David Herbert（ロレンス, D.H.）…… 954
Lawrence, Paul R.（ローレンス, ポール・R.）‥ 954
Lawry, Kalyani（ローリー, カリヤニ）………… 953
Lawson, Corrina（ローソン, コリーナ）………… 943
Lawson, Karen（ローソン, カレン）…………… 943
Layne, Christopher（レイン, クリストファー）……… 921
Lazar, Ralph（レイザー, ラルフ）……………… 918
Lazarev, Sergey N.（ラザレフ, セルゲイ・ニコラエヴィチ）……………………………………… 865
Lazzarato, Maurizio（ラッツァラート, マウリツィオ）…………………………………………… 869
Leaffer, Marshall A.（リーファー, マーシャル・A.）…………………………………………… 895
Leake, Kate（リーク, ケイト）…………………… 888
Leaman, Oliver（リーマン, オリヴァー）……… 895
Lebedynsky, Iaroslav（レベディンスキー, ヤロスラフ）………………………………………… 929
LeBel, Thomas P.（ルベル, T.）………………… 915
LeBlanc, Robin M.（ルブラン, ロビン）……… 915
Le Bras, Yann（ル＝ブラ, ヤン）……………… 915
Lechter, Sharon L.（レクター, シャロン）…… 923
Lecourt, Dominique（ルクール, ドミニック）… 909
Lederman, Michelle Tillis（レーダーマン, ミシェル・ティリス）…………………………… 924
Lee, Anthony（リー, アンソニー）……………… 881
Lee, Duckil（イ, ドギル）…………………………… 53
Lee, Geok Boi（リー, ギョク・ボイ）………… 882
Lee, Hark-Joon（イ, ハクチュン）………………… 54
Lee, Jenny（リー, ジェニー）…………………… 883
Lee, Jubin（イ, ジュビン）………………………… 52
Lee, Kuan Yew（リー, クアンユー）…………… 882
Lee, Kyong-Sik（イ, ギョンシク）………………… 51
Lee, Min-Kyu（イ, ミンギュ）……………………… 55
Lee, Mo Yee（リー, モー・イー）……………… 886
Lee, Nam Su（イ, ナムス）………………………… 54
Lee, Robert Ernest（リー, ロバート・E.）…… 886
Leeds, Michael Allen（リーズ, マイケル・A.）‥ 889
Leeson, Peter T.（リーソン, ピーター・T.）…… 890
Lefebvre, Henri（ルフェーヴル, アンリ）……… 915
LeFever, Lee（ラフィーヴァー, リー）………… 871
Leffler, Karen（レフラー, カレン）…………… 929
Legare, Martha（レガーレ, マーサ）　923
Legendre, Pierre（ルジャンドル, ピエール）…… 910
Le Goff, Jacques（ル・ゴフ, ジャック）……… 910
Le Goff, Jean-Pierre（ルゴフ, ジャン＝ピエール）……………………………………………… 910
Lehnert, Gertrud（レーネルト, ゲルトルート）……… 926
Lehtonen, Olli（レヒトネン, オッリ）………… 928
Leibniz, Gottfried Wilhelm（ライプニッツ, G.W.）…………………………………………… 859
Leider, Richard J.（ライダー, リチャード・J.）……… 857

Leigh, Allison（リー, アリソン）…… 880
Leigh, Andrew（レイ, アンドリュー）…… 917
Leigh, James（リー, ジェームス）…… 883
Leighton, Paul（レイトン, ポール）…… 919
Lemov, Doug（レモフ, ダグ）…… 929
Lencioni, Patrick（レンシオーニ, パトリック）…… 930
Lenin, Vladimir Il'ich（レーニン, ウラジーミル・イリイチ）…… 926
LeNir, Philip（レニール, フィル）…… 926
Lenoir, Frédéric（ルノワール, フレデリック）…… 913
Leonard, Herman B.（レオナード, ハーマン・B.）…… 922
Leonard, Pamela Blume（レオナルド, パメラ・ブラム）…… 923
Leonard, Sarah（レナード, S.）…… 925
Leonard-Barton, Dorothy（レナード, ドロシー）…… 925
Leopold, David（レオポルド, デイヴィッド）…… 923
LePage, Denise（ルパージュ, D.）…… 914
Le Poidevin, Robin（レ・ペドヴィン, ロビン）…… 929
Lequesne, Christian（ルケンヌ, クリスチアン）…… 909
Lerner, Bernice（ラーナー, バーニス）…… 870
Lerner, Harriet Goldhor（レーナー, ハリエット）…… 925
Le Roux, Patrick（ル・ル, パトリック）…… 917
Le Roy Ladurie, Emmanuel（ル＝ロワ＝ラデュリ, エマニュエル）…… 917
Lesser, Richard（レッサー, リチャード）…… 924
Lester, Eva P.（レスター, エヴァ・P.）…… 923
Letavec, Craig（レタベック, クレイグ）…… 924
Leuenberger, Robert（ロイエンベルガー, ロベルト）…… 931
Leung, Suiwah（リョウ, ズイカ）…… 901
Levenson, Thomas（レヴェンソン, トマス）…… 922
Leventhal, Judith（レヴィンサール, ジュディス）…… 922
Levey, Richard H.（リーヴィ, リチャード）…… 887
Lévi, Éliphas（レヴィ, エリファス）…… 921
Levin, Henry M.（レヴィン, ヘンリー・M.）…… 922
Levin, Lawrence S.（レビン, ローレンス・S.）…… 928
Lévinas, Emmanuel（レヴィナス, エマニュエル）…… 922
Levine, Peter（レヴィーン, ピーター）…… 922
Levinson, Martin H.（レビンソン, マーティン・H.）…… 928
Lévi-Strauss, Claude（レヴィ＝ストロース, クロード）…… 922
Levitt, Raymond E.（レビット, レイモンド・E.）…… 928
Lévy, Christine（レヴィ, クリスチーヌ）…… 921
Levy, Joel（レヴィ, ジョエル）…… 921
Levy, Raymond A.（レヴィ, レイモンド・A.）…… 922
Levy, Udi（レヴィ, ウディ）…… 921
Lewicki, Christine（ルウィッキー, クリスティーヌ）…… 907
Lewicki, Roy J.（レビスキー, ロイ・J.）…… 928
Lewis, Alison M.（ルイス, アリソン）…… 906
Lewis, Anthony（ルイス, アンソニー）…… 906
Lewis, Brenda Ralph（ルイス, ブレンダ・ラルフ）…… 907
Lewis, Clive Staples（ルイス, C.S.）…… 907
Lewis, Emanuel（ルイス, エマニュエル）…… 906
Lewis, Joél P.（ルイス, ジョエル・P.）…… 906
Lewis, Michael M.（ルイス, マイケル）…… 907
Lewis, Scott M.（ルイス, スコット・M.）…… 906
Li, Charlene（リー, シャーリーン）…… 883
Li, David Daokui（リー, デビッド）…… 885
Li, Vl.F.（リ, ウラジーミル・フョードロビッチ）…… 881
Libanios（リバニオス）…… 894
Libera, Alain de（リベラ, アラン・ド）…… 895
Liberman, Robert Paul（リバーマン, ロバート・ポール）…… 894
Lichtman, Flora（リクトマン, フローラ）…… 888
Lickona, Thomas（リコーナ, トーマス）…… 888
Lieber, Francis（リーバー, F.）…… 894
Lieberman, David J.（リーバーマン, デヴィッド・J.）…… 894
Lieberman, Paul（リーバーマン, ポール）…… 894
Lien, Kathy（リーエン, キャシー）…… 887
Lierow, Bernie（リーロウ, バーニー）…… 902
Lierow, Diane（リーロウ, ダイアン）…… 902
Liesenfeld, Stefan（リーゼンフェルト, シュテファン）…… 890
Lilla, Mark（リラ, マーク）…… 902
Lilleker, Darren G.（リリカー, ダーレン・G.）…… 902
Lilly, J.Robert（リリー, J.ロバート）…… 902
Lilly, Simon（リリー, サイモン）…… 902
Lilly, Sue（リリー, スー）…… 902
Lim, Cher Ping（リム, チェー・ピン）…… 896
Linares Fernandez, Alfonso（リナーレス・フェルナンデス, アルフォンソ）…… 893
Lindberg, Carter（リンドバーグ, C.）…… 905
Lindsmith, Beth（リンドスミス, ベス）…… 905
Lindström, Anne-Marie（リンストローム, アン・マリー）…… 904
Lindström, Elisabet（リンストローム, エリザベット）…… 904
Lindström, Kati（リンドストロム, カティ）…… 905
Lineback, Kent（ラインバック, ケント）…… 861
Linguet, Simon Nicolas Henri（ランゲ, シモン）…… 877
Link, Marcel（リンク, マーセル）…… 903
Linkletter, Karen E.（リンクレター, カレン・E.）…… 904
Linkner, Josh（リンクナー, ジョシュ）…… 903

Linley, P.Alex (リンリー, P.アレックス) 906
Linnea, Ann (リネア, アン) 894
Linz, Manfred (リンツ, マンフレート) 904
Lipietz, Alain (リピエッツ, アラン) 894
Lippitt, Lawrence L. (リピット, ローレンス・L.) 895
Lischer, Richard (リシャー, リチャード) 888
Lister, Ruth (リスター, ルース) 889
Lister, Timothy R. (リスター, ティモシー) 889
The Listomaniacs (リストマニアックス) 889
Litchfield, Brenda C. (リッチフィールド, ブレンダ・C.) 892
Litman, Mike (リットマン, マイク) 892
Littlechild, Michael (リトルチャイルド, マイケル) 893
Liu, James Hou-fu (リュウ, J.) 899
Livius (リウィウス, ティトゥス) 887
Ljunggren, Gunnar (リュングレン, G.) 900
Ljungqvist, Alexander (ジュンクビスト, アレクサンダー) 367
Llompart, José (ヨンパルト, ホセ) 853
Llorente, Antolin M. (ジョレンテ, A.) 375
Lloyd, Christopher (ロイド, クリストファー) 932
Loberg, Kristin (ロバーグ, クリスティン) 946
Locatis, Craig (ロカティス, クレイグ) 935
Lock, Margaret (ロック, マーガレット) 944
Locke, John (ロック, ジョン) 944
Lodahl, Michael E. (ロダール, マイケル) 944
Lodha, Suresh K. (ローダ, スーレッシュ・K.) 943
Loewer, Barry (ローワー, バリー) 955
Loftus, Geoff R. (ロフタス, ジェフ・R.) 950
Loftus, Paul (ロフタス, ポール) 950
Logan, David Coleman (ローガン, デイブ) 935
Logelin, Matthew (ロゲリン, マシュー) 935
Logue, Mark (ローグ, マーク) 935
Lohmeyer, Ernst (ローマイヤー, E.) 952
Lo-Johansson, Ivar (ロー＝ヨハンソン, イーヴァル) 953
Lomas, Robert (ロマス, ロバート) 952
Lombard, Allan (ロンバー, A.) 955
London, Ted (ロンドン, テッド) 955
Lonitz, Henri (ローニツ, H.) 946
Loomis, Randy (ルーミス, ランディ) 916
Lopez, Ben (ロペス, ベン) 950
López, Juan Torres (ロペス, ホアン・トーレス) 950
Lopez, Robert Sabatino (ロペス, ロバート・サバティーノ) 950
López-Austin, Alfredo (ロペス＝アウスティン, アルフレド) 950
Lordon, Frédéric (ロルドン, フレデリック) 954
Loreau, Dominique (ローホー, ドミニック) 951
Lorenz, Konrad (ローレンツ, コンラート) 955
Lorge, Peter Allan (ロージ, ピーター・A.) 936
Löscher, Peter (レッシャー, ピーター) 924
Losier, Michael J. (ロオジエ, マイケル・J.) ... 934
Lougy, Richard A. (ルージー, R.A.) 910
Lougy, Richard A. (ルージー, リチャード・A.) 910
Lovaas, Ole Ivar (ロヴァス, オレ・イヴァ) 932
Lovegarden, Leela (ラブガーデン, リーラ) 872
Lovejoy, Arthur Oncken (ラヴジョイ, アーサー・O.) 862
Lovejoy, Asara (ラブジョイ, アサラ) 872
Lowe, Jacques (ロウ, ジャック) 932
Lowe, Roy (ロウ, ロイ) 932
Lowell, Abbott Lawrence (ローエル, A.ローレンス) 934
Lowell, Percival (ローエル, パーシヴァル) 934
Lowenthal, Mark M. (ローエンタール, マーク・M.) 934
Lowndes, Leil (ラウンデス, レイル) 863
Lowther, Deborah (ローサー, デボラ・L.) 936
Loyd, Alexander (ロイド, アレクサンダー) 931
Lublin, Nancy (ルブリン, ナンシー) 915
Lucardie, Paul (ルカルディ, ポール) 908
Luhmann, Niklas (ルーマン, ニクラス) 916
Lukacs, John A. (ルカーチ, ジョン) 908
Lukeman, Josh (リュークマン, ジョッシュ) ... 899
Lukomski, Judith (ルコムスキー, ジュディス) 910
Lush, Dora (ラッシュ, D.) 868
Luther, Martin (ルター, マルチン) 911
Lüthi, Walter (リュティ, ヴァルター) 900
Luttwak, Edward N. (ルトワック, エドワード) 913
Lutz-Bachmann, Matthias (ルッツ＝バッハマン, マティアス) 912
Luxemburg, Rosa (ルクセンブルク, ローザ) ... 908
Luyendijk, Joris (ライエンダイク, ヨリス) 850
Lyle, Sue (ライル, スー) 861
Lynch, Anthony W. (リンチ, アンソニー・W.) 904
Lynch, Michael (リンチ, マイケル) 904
Lyon, David (ライアン, デイヴィッド) 855
Lyons, Laurence S. (ライアンズ, ローレンス・S.) 856
Lyons, Martyn (ライアンズ, マーティン) 855
Lyons, Nathan (ライアンズ, ネイサン) 855
Lyotard, Jean-François (リオタール, ジャン＝フランソワ) 887
Lyubomirsky, Sonja (リュボミアスキー, ソニア) 900

【 M 】

Ma, Jeffrey（マー, ジェフリー）………………… 773
McAdams, Michael Andrew（マカダムス, マイケル）………………………………………… 776
McAfee, Andrew（マカフィー, アンドリュー）………………………………………………… 776
McAfee, Jeanette L.（マカフィー, ジャネット）………………………………………………… 776
Macanufo, James（マカヌフォ, ジェームズ）… 776
MacArthur, Douglas（マッカーサー, ダグラス）………………………………………………… 791
McArthur, Sarah（マッカーサー, サラ）……… 791
McBride, Alex（マックブライド, アレックス）.. 794
McBride, Karyl（マクブライド, キャリル）…… 784
McCain, Donald V.（マケイン, ドナルド）…… 786
McCarthy, Cameron（マッカーシー, キャメロン）………………………………………… 791
McCauley, Cynthia D.（マッコーレイ, シンシア・D.）……………………………………… 796
McChesney, Chris（マチェズニー, クリス）…… 790
McClelland, Susan（マクリーランド, スーザン）………………………………………………… 785
McCloskey, George（マックロスキー, G.）…… 794
McCollum, Eric E.（マクコラム, エリック・E.）………………………………………………… 779
McCormack, Gavan（マコーマック, ガバン）… 786
MacCormack, Kim（マッコーマック, キム）…. 796
MacCormack, Sabine（マコーマック, S.）……. 787
McCubbin, Lisa（マッカビン, リサ）…………… 791
McCullough, Keith（マッカロー, キース）……. 791
McCully, Emily Arnold（マッカリー, エミリー・アーノルド）………………………… 791
McCune, Lorraine（マッキューン, ローレイン）………………………………………………… 792
McDonagh, John（マクドナー, ジョン）……… 782
McDonald, Ann（マクドナルド, アン）………… 782
McDonald, Bob（マクドナルド, ボブ）………… 782
McDonald, Duff（マクドナルド, ダフ）………… 782
MacDonald, Ginger（マクドナルド, ジンジャー）……………………………………… 782
McDonald, Jacquie（マクドナルド, ジャッキー）………………………………………… 782
McDonald, James Ian Hamilton（マクドナルド, J.イアン・H.）……………………… 782
MacDonald, William（マクドナルド, ウィリアム）……………………………………… 782
McDonnell, Patrick（マクドネル, パトリック）………………………………………………… 783
MacDougall, Kathy（マクドゥガル, キャシー）………………………………………………… 781
McDowell, Gayle Laakmann（マクダウェル, ゲイル・L.）………………………………… 781
McDowell, John Henry（マクダウェル, ジョン）………………………………………………… 781
McEldowney, John（マケルダウニー, ジョン）………………………………………………… 786
McEwen, Scott（マクイーウェン, スコット）… 777
McGann, Jerome（マッギャン, ジェローム）… 792
Mac Ginty, Roger（マクギンティー, ロジャー）………………………………………………… 778
McGonigal, Kelly（マクゴニガル, ケリー）…… 779
McGrade, Arthur Stephen（マクグレイド, A. S.）………………………………………… 779
McGrath, Alister Edgar（マクグラス, アリスター・E.）…………………………………… 778
McGrath, Joanna Collicutt（マクグラス, J.C.）………………………………………………… 778
McGrath, Tom（マックグラース, トム）……… 794
McGrath, Vincent R.（マクグラス, V.）……… 779
McGraw, Phillip C.（マグロー, フィル）……… 786
MacGregor, Neil（マクレガー, ニール）……… 785
McGregor, Richard（マグレガー, リチャード）………………………………………………… 785
Mach, Ernst（マッハ, エルンスト）…………… 796
Machiavelli, Niccolò（マキアヴェリ, ニッコロ）………………………………………………… 776
Maciariello, Joseph A.（マチャレロ, ジョゼフ・A.）………………………………………… 790
McIntosh, Gary L.（マッキントッシュ, ゲーリー・L.）………………………………………… 794
Macintyre, Ben（マッキンタイアー, ベン）…… 793
McJilton, Charles E.（マクジルトン, チャールズ・E.）…………………………………… 779
Mack, Theresa B.（マック, セレサ・B.）……… 794
MacKail, Davina（マッケイル, ダヴィーナ）…. 795
McKay, Judith（マッケイ, ジュディス）……… 795
McKay, Matthew（マッケイ, マシュー）……… 795
McKee, Kathryn（マッキー, キャスリン）……. 791
MacKenzie, Bruce（マッケンジー, ブルース）.. 795
McKenzie, Colin（マッケンジー, コリン）……. 795
MacKenzie, Donald A.（マッケンジー, ドナルド）………………………………………… 795
McKim, Donald K.（マッキム, ドナルド・K.）………………………………………………… 792
McKinney, Phil（マッキニー, フィル）………… 792
MacKinnon, Catharine A.（マッキノン, キャサリン）………………………………………… 792
McKnight, Rosalind A.（マクナイト, ロザリンド・A.）……………………………………… 783
McKnight, Scot（マクナイト, スコット）……… 783
Macknik, Stephen L.（マクニック, スティーヴン・L.）……………………………………… 783
Mackowiak, Philip A.（マコウィアク, フィリップ・A.）……………………………………… 786
McLellan, Janet（マクレラン, ジャネット）….. 786
McLeod, Judyth A.（マクラウド, ジュディス・A.）………………………………………… 785
Mclynn, Frank（マクリン, フランク）………… 785

McMenemy, Sarah (マクメネミー, セーラ) …… 784
McMillan, Ron (マクミラン, ロン) …… 784
McNab, Chris (マクナブ, クリス) …… 783
McNamara, Ashamarae (マクナマラ, アシェイマリ) …… 783
McNeill, William Hardy (マクニール, ウィリアム・H.) …… 783
Macquarrie, John (マクウォーリー, ジョン) …… 778
McQuinn, Anna (マックィン, アンナ) …… 794
McQuinn, Colm (マックィン, コルム) …… 794
Mcquivey, James (マキヴェイ, ジェイムズ) …… 777
McRae, John R. (マクレー, ジョン・R.) …… 785
McTighe, Jay (マクタイ, ジェイ) …… 781
McWilliams, Carey (マックウィリアムス, カレイ) …… 794
Madelaine (マデライン) …… 797
Mademoiselle Lilly (マドモワゼル・リリー) …… 798
Madson, Patricia Ryan (マドソン, パトリシア・ライアン) …… 798
Maëlle C. (マエル・C.) …… 776
Maerlender, Art (ミールレンダー, A.) …… 818
Magnusson, Lars (マグヌソン, ラース) …… 784
Magone, Claire (マゴン, クレール) …… 787
Magonet, Jonathan (マゴネット, ジョナサン) …… 786
Magretta, Joan (マグレッタ, ジョアン) …… 786
Magris, Claudio (マグリス, クラウディオ) …… 785
Maharidge, Dale (マハリッジ, デール) …… 799
Mahasi Sayadaw (マハーシ) …… 799
Mahathir bin Mohamad (マハティール・ビン・モハマド) …… 799
Maher, Kevin K. (メア, ケビン) …… 824
Mahesh Yogi, Maharishi (マヘーシュ・ヨーギー, マハリシ) …… 800
Mahnken, Thomas G. (マンケン, トマス) …… 811
Mahoney, Anne (マホーニー, アン) …… 801
Mahovsky, Ekhard (マホフスキー, E.) …… 801
Mai, Manfred (マイ, マンフレッド(歴史)) …… 773
Main, Chris J. (メイン, C.) …… 826
Mainali, Govinda Prasad (マイナリ, ゴビンダ・プラサド) …… 774
Maitland, Theresa L. (メイトランド, テレサ・L.) …… 825
Malcolm, Elizabeth (マルコム, エリザベス) …… 805
Malek, William A. (マレク, ウィリアム) …… 809
Malhotra, Deepak (マルホトラ, ディーパック) …… 807
Malkiel, Burton Gordon (マルキール, バートン) …… 804
Mallaby, Sebastian (マラビー, セバスチャン) …… 801
Malone, Peter (マローン, ピーター) …… 810
Malthus, Thomas Robert (マルサス, トマス・ロバート) …… 805
Maltz, Maxwell (マルツ, マクスウェル) …… 800
Mammen, David (マメン, デヴィット) …… 801
Mandela, Nelson R. (マンデラ, ネルソン) …… 811
Mandelbaum, Alexandra (マンデルボウム, アレクサンドラ) …… 812
Mandelbaum, Michael (マンデルバウム, マイケル) …… 811
Mandelbaum, Yitta Halberstam (ハルバースタム, イタ) …… 601
Mandelbrot, Benoit B. (マンデルブロ, ベノワ・B.) …… 811
Maney, Kevin (メイニー, ケビン) …… 825
Manguel, Alberto (マングェル, アルベルト) …… 810
Mankiw, N.Gregory (マンキュー, N.グレゴリー) …… 810
Mann, David (マン, デイビッド) …… 810
Mann, John David (マン, ジョン・デイビッド) …… 810
Mann, Ruth E. (マン, ルース・E.) …… 810
Manovich, Lev (マノヴィッチ, レフ) …… 799
Mansfield, Andy (マンスフィールド, アンディ) …… 811
Manville, Brook (マンビル, ブルック) …… 812
Manzenreiter, Wolfram (マンツェンライター, ヴォルフラム) …… 811
Mappin, Jennifer (マッピン, ジェニファー) …… 796
Maraini, Fosco (マライーニ, フォスコ) …… 801
Marcus, Eric (マーカス, エリック) …… 776
Marden, Orison Swett (マーデン, オリソン・S.) …… 798
Marée, Marcel (マレー, マーセル) …… 808
Margel, Serge (マルジェル, セルジュ) …… 805
Marin, Amy J. (マリン, エイミー・J.) …… 803
Marina, José Antonio (マリーナ, ホセ・アントニオ) …… 802
Mariño Ferro, Xosé Ramón (マリニョ・フェロ, ホセ・ラモン) …… 803
Marinoff, Lou (マリノフ, ルー) …… 803
Marjomaki, Heikki (マルヨマキ, ハイッキ) …… 808
Mark-Jungkvist, Anna (マルク＝ユングクヴィスト, アンナ) …… 805
Markman, Arthur B. (マークマン, アート) …… 784
Marks, Howard (マークス, ハワード) …… 779
Marks, R.Austin (マークス, R.オースティン) …… 780
Marques da Silva, Ernani (マルケス・ダ・シルバ, エルナーニ) …… 805
Marr, Bernard (マー, バーナード) …… 773
Marra, Jim (マーラ, ジム) …… 788
Marsh, David (マーシュ, デイヴィッド) …… 788
Marshall, Lisa B. (マーシャル, リサ・B.) …… 787
Martel, Frédéric (マルテル, フレデリック) …… 807
Martell, Christopher R. (マーテル, クリストファー・R.) …… 797
Martin, Barbara Y. (マーティン, バーバラ・Y.) …… 797
Martin, James P. (マーティン, ジェームズ・P.) …… 797

Martin, Jean-Clet（マルタン, ジャン＝クレ）‥ 806
Martin, John（マーティン, J.）………………… 797
Martin, Leo（マルティン, レオ）………………… 807
Martin, Marilyn Youngbird（ヤングバード, マリリン）…………………………………………… 844
Martin, Michael Robert（マーティン, マイケル）…………………………………………… 797
Martin, Rod A.（マーティン, ロッド・A.）…… 797
Martin, Terry Dean（マーチン, テリー）……… 790
Martin, Thérèse（マルタン, テレーズ）……… 806
Martin, Thomas（マーティン, トーマス）…… 797
Martinez-Conde, Susana（マルティネス＝コンデ, スサナ）…………………………………… 806
Martini, Carlo M.（マルティニ, C.）………… 806
Martino, Wayne（マルティノ, ウェイン）…… 807
Maruna, Shadd（マルナ, シャッド）………… 807
Marutschke, Hans Peter（マルチュケ, ハンス・ペーター）………………………………… 806
Marx, Karl Heinrich（マルクス, カール・ハインリヒ）………………………………………… 804
Mary, Donatien（マリ, ドナティヤン）……… 802
Maryanski, Alexandra（マリヤンスキー, アレクサンドラ）………………………………… 803
Marzano, Robert J.（マルザーノ, ロバート）… 805
Marzo Magno, Alessandro（マルツォ・マーニョ, アレッサンドロ）……………………… 806
Maschler, Tom（マシュラー, トム）………… 788
Masi, Dale A.（マーシー, デール）………… 787
Maslowski, Peter（マスロウスキー, ピーター）…………………………………………… 789
Mason, Mark（メイソン, マーク）…………… 824
Mason, Matt James（メイソン, マット）…… 825
Massari, Alida（マッサーリ, アリーダ）…… 796
Massy, Kevin（マシー, ケビン）…………… 787
Masterson, Michael（マスターソン, マイケル）…………………………………………… 789
Mastro, Michael（マストロ, マイケル）…… 789
Mastro, Robin（マストロ, ロビン）………… 789
Mathews, Jay（マシューズ, ジェイ）……… 788
Mathiez, Albert（マチエ, アルベール）…… 790
Mathonet, Pierre-Yves（マゾネット, ピエール・イビス）……………………………………… 789
Mattéi, Jean-François（マテイ, ジャン＝フランソワ）………………………………………… 796
Matthews, Gerald（マシューズ, G.）……… 788
Matthews, Owen（マシューズ, オーウェン）…. 788
Mattli, Walter（マットリ, ウォルター）…… 796
Matura, Thaddée（マトゥーラ, タデエ）…… 798
Mauborgne, Renée（モボルニュ, レネ）…… 835
Mauboussin, Michael J.（モーブッシン, マイケル・J.）……………………………………… 835
Maugham, William Samerset（モーム, ウィリアム・サマセット）………………………… 835
Mauldin, John（モールディン, ジョン）…… 839
Maupassant, Guy de（モーパッサン, ギー・ド）…………………………………………… 835
Maurois, André（モロワ, アンドレ）……… 840
Maurya, Ash（マウリャ, アッシュ）……… 775
Maxfield, David（マクスフィールド, デヴィッド）………………………………………… 781
Maxwell, John C.（マクスウェル, ジョン・C.）…………………………………………… 780
May, Mitchell（メイ, ミッチェル）………… 824
Mayer, Richard E.（メイヤー, リチャード・E.）…………………………………………… 826
Mayes, Linda C.（メイズ, L.）……………… 824
Mayeux, Lara（マイユ, L.）………………… 775
Mayhew, David R.（メイヒュー, デイヴィッド）…………………………………………… 825
Mayhew, Henry（メイヒュー, ヘンリー）…… 825
Māzāndarānī, 'Abd-Allāh ebn Moḥammad（マーザンダラーニー）……………………… 787
Mazawi, André Elias（マザウィ, アンドレ・エリアス）……………………………………… 787
Mazerolle, Lorraine Green（メイズロール, ロレイン）………………………………………… 824
Mazlish, Elaine（マズリッシュ, エレイン）…… 789
Mazza, Viviana（マッツァ, ヴィヴィアナ）…… 796
Meadow, Merrill（ミードウ, メリル）……… 814
Meadows, Pamela（メドース, P.）………… 828
Mearsheimer, John J.（ミアシャイマー, ジョン・J.）……………………………………… 812
Medhasananda, Swami（メーダサーナンダ, スワーミー）……………………………………… 827
Medina, Raquel（メディナ, ラクエル）…… 827
Medoff, Peter（メドフ, ピーター）………… 828
Medvedev, Roi Aleksandrovich（メドヴェージェフ, ロイ・A.）…………………………… 828
Medvedev, Zhores Aleksandrovich（メドヴェージェフ, ジョレス・A.）…………………… 828
Megre, Vladimir Nikolaevich（メグレ, ウラジーミル）………………………………………… 826
Mehrotra, Rajiv（メロートラ, ラジーヴ）…… 831
Meier, Deborah（マイヤー, デボラ）……… 774
Meier-Gräwe, Uta（マイヤー＝グレーヴェ, ウタ）…………………………………………… 774
Meinecke, Friedrich（マイネッケ, フリードリヒ）…………………………………………… 774
Meinhövel, Harald（マインヘーヴェル, ハーラルト）………………………………………… 775
Mekas, Jonas（メカス, ジョナス）………… 826
Melchizedek, Drunvalo（メルキゼデク, ドランヴァロ）……………………………………… 830
Melhuish, Edward C.（メルシュ, エドワード）…………………………………………… 830
Melin, Leif（メリン, レイフ）……………… 830
Mellor, C.Michael（メラー, C.マイケル）…… 829
Melton, Harold Keith（メルトン, H.キース）… 830
Meltzer, Donald（メルツァー, ドナルド）…… 830
Menand, Louis（メナンド, ルイ）………… 829

Ménasé, Stéphanie（メナセ, ステファニ）……829
Mencap（メンキャップ）……831
Mendez, Antonio J.（メンデス, アントニオ）…831
Menn, Joseph（メン, ジョセフ）……831
Menzel, Peter（メンツェル, ピーター）……831
Mercier, Patricia（マーシア, パトリシア）……787
Mercury, Michael（マーキュリー, マイケル）…777
Meredith, Anthony（メレディス, アンソニー）……830
Merleau-Ponty, Maurice（メルロ＝ポンティ, モーリス）……830
Merridale, Catherine（メリデール, キャサリン）……829
Merrill, M.David（メリル, M.デービット）……829
Merryman, Ashley（メリーマン, アシュリー）…829
Merton, Robert C.（マートン, ロバート・C.）…798
Merton, Robert King（マートン, ロバート・K.）……798
Mesdows, Pamela（メドウズ, P.）……828
Mesnaric, Christa（メスナリック, クリスタ）…827
Mesquita, Bruce Bueno de（メスキータ, ブルース・ブエノ・デ）……826
Messner, Reinhold（メスナー, ラインホルト）…827
Mestmäcker, Ernst-Joachim（メストメッカー, エルンストーヨアヒム）……827
Meston, Cindy M.（メストン, シンディ・M.）…827
Metaxas, Eric（メタクサス, E.）……827
Metcalf, Franz（メトカルフ, フランツ）……828
Metcalfe, J.Stanley（メトカーフ, J.スタンレー）……828
Mettra, Claude（メトラ, クロード）……828
Metzger, Bruce M.（メッガー, B.）……827
Meyer, Eduard（マイヤー, エドワルト）……774
Meyer, Pamela（メイヤー, パメラ）……826
Meyer, Thomas（メイヤー, トーマス）……826
Meyer-Stabley, Bertrand（メヤースタブレ, ベルトラン）……829
Mezirow, Jack（メジロー, ジャック）……826
Mian, Marcellina（ミアン, マーセリーナ）……812
Michalko, Michael（マハルコ, マイケル）……799
Michelet, Jules（ミシュレ, ジュール）……813
Michels, Barry（マイケルズ, バリー）……773
Midgley, James（ミッジリィ, ジェームズ）……813
Midgley, Nick（ミジリー, N.）……813
Midgley, Nick（ミッジリー, ニック）……813
Mielants, Eric H.（ミラン, エリック）……817
Mikishin, Yury（ミキーシン, ユーリ）……812
Milanović, Branko（ミラノヴィッチ, ブランコ）……817
Miles, Stephen A.（マイルズ, スティーブン・A.）……775
Milgram, Stanley（ミルグラム, スタンレー）…818
Mill, John Stuart（ミル, ジョン・スチュアート）……817
Miller, Alex（ミラー, アレックス）……816
Miller, Alice（ミラー, アリス）……816
Miller, Carolyn（ミラー, キャロリン）……816
Miller, David（ミラー, デイヴィッド（政治））…816
Miller, Gerhard（ミラー, ゲアハルト）……816
Miller, Linda（ミラー, リンダ）……817
Miller, Lisa（ミラー, リサ）……817
Miller, Mark J.（ミラー, マーク・J.）……817
Miller, William R.（ミラー, ウイリアム・R.）…816
Miller-Johnson, Shari（ミラー - ジョンソン, S.）……817
Millett, Allan Reed（ミレット, アラン・R.）…819
Mills, Janet（ミルズ, ジャネット（人生訓））……818
Mills, William J.（ミルズ, ウィリアム・J.）……818
Milne, Alan Alexander（ミルン, A.A.）……818
Milner, Rebecca（ミルナー, レベッカ）……818
Milward, Peter（ミルワード, ピーター）……818
Minahan, Brian（ミナハン, ブライアン）……814
Minchinton, Jerry（ミンチントン, ジェリー）…819
Mindell, Amy（ミンデル, エイミー）……820
Mindell, Arnold（ミンデル, アーノルド）……820
Miner, Al（マイナー, アル）……774
Minkov, Michael（ミンコフ, マイケル）……819
Minois, Georges（ミノワ, ジョルジュ）……814
Mintzberg, Henry（ミンツバーグ, ヘンリー）…819
Mintzer-McMahon, Barbara（ミンツァー＝マクマホン, バーバラ）……819
Miralles, Francesc（ミラージェス, フランセスク）……817
Mironov, Gennady（ミロノフ, ゲナディ）……819
Mishal, Nissim（ミシャル, ニシム）……813
Mitchell, Stephen（ミッチェル, スティーヴン）……814
Mithers, Carol Lynn（ミザーズ, キャロル）……812
Mitra, Pritah（ミトラ, P.）……814
Mitter, Rana（ミッター, ラナ）……814
Mittica, Pierpaolo（ミッティカ, ピエルパオロ）……814
Mizio, Francis（ミジオ, フランシス）……813
Mladenov, Ivan（ムラデノフ, I.）……822
Mlodinow, Leonard（ムロディナウ, レナード）……823
Modica, Guy（モディカ, ガイ）……834
Moffett, Michael H.（モフェット, マイケル・H.）……835
Moger, Peter（モージャー, ピーター）……833
Moggridge, Donald Edward（モグリッジ, ドナルド）……833
Mohanty, Chandra Talpade（モーハンティー, C.T.）……835
Mohl, Ottmar von（モール, オットマール・フォン）……838
Moll, Stephen（モル, シュテファン）……838
Mollenhauer, Klaus（モレンハウアー, クラウス）……[illegible]
Möller, Christian（メラー, クリスティアン）…829

Moltmann, Jürgen (モルトマン, ユルゲン) …… 839
Molz, Redmond Kathleen (モルツ, レドモンド・キャスリーン) …… 838
Mommsen, Theodor (モムゼン, T.) …… 835
Mommsen, Theodor (モムゼン, テオドール) … 835
Moneypenny, Mrs. (マニーペニー, ミセス) …… 798
Mongin, Jean Paul (モンジャン, ジャン＝ポール) …… 840
Montaigne, Michel Eyquem de (モンテーニュ, ミシェル・ド) …… 840
Montanari, Massimo (モンタナーリ, マッシモ) …… 840
Montanelli, Indro (モンタネッリ, インドロ) … 840
Montero, Fernando (モンテロ, フェルナンド) …… 840
Montessori, Maria (モンテッソーリ, マリア) … 840
Montinari, Mazzino (モンティナーリ, マッツィーノ) …… 840
Moody, Raymond A. (ムーディ, レイモンド) … 822
Mooi, Raymond (ムーイ, レイモンド) …… 821
Moon, HyungJin (ムーン, H.) …… 824
Moore, A.W. (ムーア, A.W.) …… 821
Moore, Don A. (ムーア, ドン・A.) …… 821
Moore, Geoffrey A. (ムーア, ジェフリー) …… 820
Moore, George Edward (ムーア, ジョージ・エドワード) …… 820
Moore, Mary-Margaret (ムーア, メアリーマーガレット) …… 821
Moore, Wendy (ムーア, ウェンディ) …… 820
Moorey, Teresa (ムーリー, テレサ) …… 822
Moorhouse, Roger (ムーアハウス, ロジャー) … 821
Moorjani, Anita (ムアジャーニ, アニータ) …… 821
Mootham, Orby Howell (ムーサム, O.H.) …… 821
Mor, Vincent (モール, V.) …… 838
Moraes, Wenceslau de (モラエス, ヴェンセスラウ・デ) …… 836
Morain (モレイン) …… 839
Moraitis, Dimitri (モレイティス, ディミトリ) …… 839
Morales, Gil (モラレス, ギル) …… 836
Moran, Daniel (モラン, ダニエル) …… 836
Moran, George (モーラン, G.) …… 836
Morduch, Jonathan (モーダック, ジョナサン) …… 834
Moreau, Laurent (モロー, ロラン) …… 839
Moreno Mengíbal, Andrés (モレーノ・メンヒバル, アンドレス) …… 839
Morgan, Howard (モーガン, ハワード) …… 832
Morgan, Lacey (モーガン, レーシー) …… 833
Morgan, Mark (モーガン, マーク) …… 832
Morgenthau, Hans J. (モーゲンソー, ハンス・J.) …… 833
Morin, Edgar (モラン, エドガール) …… 836
Morison, Robert (モリソン, ロバート) …… 838
Morison, Samuel Eliot (モリソン, サミュエル・E.) …… 838
Moritsugu, Frank (モリツグ, フランク) …… 838
Morris, Derek John (モリス, デレク・J.) …… 837
Morris, Howard J. (モリス, ハワード・J.) …… 837
Morris, Jan (モリス, ジャン) …… 836
Morris, John E. (モリス, ジョン・E.) …… 836
Morris, John N. (モリス, ジョン・N.) …… 836
Morris, Justin (モリス, ジャスティン) …… 836
Morris, Meaghan (モリス, ミーガン) …… 837
Morrison, Gary (モリソン, ゲーリー・R.) …… 838
Morris-Suzuki, Tessa (モーリス＝スズキ, テッサ) …… 837
Morse, Edward Sylvester (モース, エドワード・シルヴェスター) …… 833
Morse, Ronald A. (モース, ロナルド・A.) …… 834
Mortensen, Kurt W. (モーテンセン, カート) … 834
Möschel, Wernhard (メーシェル, ヴェルンハルト) …… 826
Moses, William Stainton (モーゼス, ステイントン) …… 834
Mosley, Michael (モーズリー, マイケル) …… 834
Moss, Sarah (モス, サラ) …… 834
Mouffe, Chantal (ムフ, シャンタル) …… 822
Mouritzen, Hans (モウリッツェン, ハンス) …… 832
Mourlevat, Thérèse (ムールヴァ, テレーズ) … 823
Mousavi, Sayed Askar (ムーサヴィー, サイエド・アスカル) …… 821
Mouw, Richard J. (マウ, リチャード・J.) …… 775
Moxley, Russ S. (モクスレイ, ラス・S.) …… 833
Moyo, Dambisa (モヨ, ダンビサ) …… 835
Muchnick, Marc (マチニック, マーク) …… 790
Mugnos, Sabrina (ムニョス, サブリーナ) …… 822
Muhs, William (ミュース, ヴィルヘルム) …… 815
Mui, Chunka (ムイ, チュンカ) …… 821
Müller, Bernhard (ミュラー, ベルンハルト) … 815
Müller, Jan-Werner (ミューラー, ヤン・ヴェルナー) …… 815
Muller, Jerry Z. (ミューラー, ジェリー・Z.) … 815
Mulligan, Timothy Patrick (マリガン, ティモシー・P.) …… 802
Mullins, Eustace (マリンズ, ユースタス) …… 803
Mullins, John Walker (マリンズ, ジョン) …… 803
Mullis, Fran (ムリス, フラン) …… 822
Mundy, Jon (マンディ, ジョン) …… 811
Mundy, Linus (マンディ, ライナス) …… 811
Munoz Ramírez, Francesc (ムニョス・ラミレス, フランセスク) …… 822
Murowchick, Robert E. (マロウチック, ロバート) …… 809
Murphy, Bill, Jr. (マーフィー, ビル, Jr.) …… 800
Murphy, Diane S. (マーフィー, D.) …… 800
Murphy, Joseph (マーフィー, ジョセフ (人生訓)) …… 799

Murphy, Katharine（マーフィー, K.）………… 800
Murphy, Richard（マーフィー, リチャード）…… 800
Murray, Alan S.（マーレイ, アラン）………… 809
Murray, Charles A.（マレー, チャールズ）…… 808
Murray, David Kord（マレイ, デイビッド・コード）………… 809
Murray, Gordon S.（マレー, ゴードン・S.）…… 808
Murray, Liz（マレー, リズ）………… 808
Murray, Lynne（マリー, リン）………… 802
Murray, Robert Emmett（マレー, ロバート・エメット）………… 808
Murray, Stuart A.P.（マレー, スチュアート・A.P.）………… 808
Murray, Williamson（マーレー, ウイリアムソン）………… 808
Murray Orr, Anne（マリー・オア, アン）……… 802
Mwau, Adelina Ndeto（ムワウ, アデリーナ）… 823
Myers, David G.（マイヤーズ, デヴィッド・G.）………… 775
Myers, John E.B.（マイヤーズ, ジョン・E.B.）………… 775
Myrick, Leland（マイリック, リーランド）…… 775

【N】

Nadeau, Rodney A.（ナダル, ロドニー・A.）… 529
Nadler, Steven M.（ナドラー, スティーヴン）‥ 530
Naeher, Ulrich（ネーアー, ウルリヒ）………… 539
Nagarjuna（ナーガールジュナ）………… 528
Nahin, Paul J.（ナーイン, ポール・J.）……… 527
Naidoo, Rajani（ネイドゥ, ラジャニ）………… 539
Naimark, Norman M.（ネイマーク, ノーマン・M.）………… 539
Najita, Tetsuo（ナジタ, テツオ）………… 528
Nam, Kyongwan（ナム, キョンワン）………… 531
Namur, Parfait（ナミュール, P.）………… 531
Nancy, Jean-Luc（ナンシー, ジャン＝リュック）………… 531
Nanda, Bal Ram（ナンダ, バール・ラーム）…… 532
Nanus, Burt（ナナス, バート）………… 530
Napoléon, Charles（ナポレオン, シャルル）…… 531
Napoleoni, Loretta（ナポリオーニ, ロレッタ）‥ 531
Napoli, Donna Jo（ナポリ, ドナ・ジョー）…… 531
Nasar, Sylvia（ナサー, シルヴィア）………… 528
Nash, Susan Smith（ナッシュ, スーザン・スミス）………… 529
National Audit Office（イギリス会計検査院）…58
National Career Development Association（全米キャリア発達学会）………… 425
The National Geographic Society（ナショナルジオグラフィック協会）………… 529
Navarro, Peter（ナヴァロ, ピーター）………… 527
Navarro, Vicenç（ナバロ, ビセンス）………… 530
Neal, Larry（ニール, ラリー）………… 538
Neath, Ian（ニース, I.）………… 534
Negri, Antonio（ネグリ, アントニオ）………… 539
Neidhart, Christoph（ナイハード, クリストフ）………… 526
Neiwert, David A.（ナイワート, デヴィッド・A.）………… 527
Nelson, Kadir（ネルソン, カディール）………… 540
Nelson, Richard R.（ネルソン, リチャード・R.）………… 540
Nepo, Mark（ネポ, マーク）………… 540
Nesic-Vuckovic, Tanja（ネシッジ・ブコビッチ, ターニャ）………… 540
Neufeld, Peter（ニューフェルド, ピーター）…… 537
Neuharth, Dan（ニューハース, ダン）………… 537
Neuman, Michael（ノイマン, ミカエル）……… 541
Neumeier, Marty（ニューマイヤー, マーティ）………… 537
Neuwirth, Robert（ニューワース, ロバート）… 538
Newcomb, Jacky（ニューコム, ジャッキー）…… 536
Newman, John Henry（ニューマン, ジョン・ヘンリ）………… 537
Newman, Katherine S.（ニューマン, キャサリン・S.）………… 537
Newman, Tina M.（ニューマン, T.M.）……… 537
Newton, John（ニュートン, ジョン）………… 536
Newton, Michael Duff（ニュートン, マイケル）………… 536
Newton, Richard（ニュートン, リチャード）…… 537
Nguyen, Frank（グエン, フランク）………… 212
Nguyen, Quang Trung Tien（グエン, クアン・チュン・ティエン）………… 211
Nguyen, Thi Binh（グエン, ティ・ビン）……… 212
Nhat Hanh, Thich（ナット・ハン, ティク）…… 529
Nichols, John（ニコルス, ジョン）………… 533
Nicholson, Heather Norris（ニコルソン, ヘザー・ノリス）………… 534
Nicolaidi, Mike（ニコライディ, マイク）……… 533
Nida-Rümelin, Julian（ニーダ＝リューメリン, ユリアン）………… 534
Niederberger, Andreas（ニーダーベルガー, アンドレアス）………… 534
Niederhauser, Emil（ニーデルハウゼル, エミル）………… 535
Nielsen, Gyda Skat（ニールセン, ギッダ・スカット）………… 538
Niemi, Marjaana（ニエミ, マルヤーナ）……… 533
Nietzsche, Friedrich Wilhelm（ニーチェ, フリードリヒ）………… 534
Nieuwerburgh, Stijin Van（ニューワーバー, スタジン・ヴァン）………… 538
Nikolai（ニコライ）………… 533
Nikolić, Mišo（ニコリッチ, ミショ）………… 533
Nish, Ian Hill（ニッシュ, イアン）………… 535
Nissim, Doron（ニッシム, ドロン）………… 535

Nitzsche, Dirk (ニッチェ, ダーク) ……………… 535
Niven, Paul R. (ニヴン, ポール) ………………… 532
Nivola, Claire A. (ニヴォラ, クレア・A.) …… 532
Nixon, Richard Milhous (ニクソン, リチャード) ……………………………………………… 533
Njikizawa, Tapiwa (ンジキザワ, T.) ………… 965
Noelle-Neumann, Elisabeth (ノエル＝ノイマン, E.) ……………………………………………… 542
Nogrady, Bianca (ノグレーディー, ビアンカ) ‥ 542
Noh, Suntag (ノ, スンテク) ……………………… 541
Nohria, Nitin (ノーリア, ニティン) …………… 544
Nolen-Hoeksema, Susan (ノーレン・ホークセマ, スーザン) ……………………………………… 545
Noll, Richard (ノル, リチャード) ……………… 544
Nomura, Carl (ノムラ, カール) ………………… 544
Nonemaker, Sue (ノンマーカー, S.) ………… 545
Norden, Hermann (ノーデン, H.) ……………… 543
Norgaard, Mette (ノルガード, メッテ) ……… 544
Norris, Rick (ノーリス, リック) ……………… 544
North, Douglass Cecil (ノース, ダグラス・C.) ……………………………………………… 542
North, Michael (ノルト, ミヒャエル) ………… 544
Norton, David P. (ノートン, デビッド・P.) …. 543
Norwich, Brahm (ノーウィッチ, ブラーム) …. 541
Nostitz, Nick (ノスティック, ニック) ………… 542
Notbohm, Ellen (ノットボム, エレン) ………… 543
Noth, Martin (ノート, マルティン) …………… 543
Nouwen, Henri J.M. (ナウエン, ヘンリ・J.M.) ……………………………………………… 527
Nowakowski, Richard J. (ノワコフスキー, R. J.) ……………………………………………… 545
Nowakowski, Richard J. (ノヴァコフスキ, R.) ……………………………………………… 541
NRC (アメリカ研究審議会) ……………………… 28
Nussbaum, Martha Craven (ヌスバウム, マーサ・C.) ……………………………………………… 538
Nutt, Roberta L. (ナット, ロバート・L.) ……. 529
Nye, Joseph S., Jr. (ナイ, ジョセフ・S., Jr.) ‥ 525
Nyhus, Svein (ニーフース, スヴァイン) ……… 536

【 O 】

Oakeshott, Michael (オークショット, マイケル) ……………………………………………… 133
Oakland, Thomas (オークランド, トーマス・D.) ……………………………………………… 133
Obama, Barack (オバマ, バラク) ……………… 139
O'Brien, Dominic (オブライエン, ドミニク) … 140
Obstfeld, Maurice (オブズフェルド, モーリス) ……………………………………………… 140
O'Connor, Flannery (オコナー, フラナリー) ‥ 134
O'Connor, Joseph (オコナー, ジョセフ) ……… 134
O'Connor, Sandra Webb (オコナー, サンドラ) ……………………………………………… 134
Odekon, Mehmet (オデコン, メフメト) ……… 137
O'Donnell, Louise (オドンネル, L.) ………… 138
O'Donohue, William T. (オドナヒュー, ウィリアム・T.) ……………………………………… 138
OECD (経済協力開発機構) ……………………… 255
O'Faoláin, Seán (オフェイロン, ショーン) ….. 140
Officer, Alana (オフィサー, アラナ) ………… 139
Ogas, Ogi (オーガス, オギ) …………………… 132
Ogle, Richard (オーグル, R.) ………………… 134
Oh, Youngseok (オ, ヨンシク) ……………… 125
O'Hanlon, William Hudson (オハンロン, ビル) ……………………………………………… 139
OHCHR (国際連合人権高等弁務官事務所) ….. 281
O'Keeffe, Katherine O'Brien (オキーフ, キャサリン・オブライエン) ………………………… 132
O'Keeffe, Niamh (オキーフ, ニアム) ………… 133
Okin, Susan Moller (オーキン, スーザン・モラー) ……………………………………………… 133
Oksala, Johanna (オクサラ, ヨハンナ) ……… 133
Olander, Stefan (オーランダー, ステファン) ‥ 141
O'Laughlin, Michael (オラフリン, マイケル) ‥ 141
Ölçer, Ramazan (ラマザン, オルサー) ……… 873
Old, Hughes Oliphant (オールド, ヒューズ・オリファント) ………………………………… 143
Oldenberg, Hermann (オルデンベルク, ヘルマン) ……………………………………………… 143
Oldenburg, Ray (オルデンバーグ, レイ) ……. 143
Olegario, Rowena (オレガリオ, ロウェナ) …… 144
Olender, Piotr (オレンダー, ピョートル) ……. 145
Olguner, Fahrettin (オルグネル, ファフレッティン) ……………………………………………… 142
Ollivier, Bernard (オリヴィエ, ベルナール) …. 142
O'Loughlin, James (オラフリン, ジェームズ) ‥ 141
Olson, Parmy (オルソン, パーミー) ………… 142
Olssen, Mark (オルセン, マーク) …………… 142
O'Malley, Michael (オマリー, マイケル) ……. 140
Oman, Jason (オーマン, ジェイソン) ………… 141
Omar Khayyám (オマル・ハイヤーム) ……… 141
Omartian, Stormie (オマーティアン, ストーミー) ……………………………………………… 140
Önal, Ayşe (ヨナル, アイシェ) ……………… 852
Oncken, William, Jr. (オンケン, ウィリアム, Jr.) ……………………………………………… 145
O'Neal, Ted (オニール, テッド) ……………… 138
Onec, Omnec (オネク, オムネク) …………… 139
O'Neil, James M. (オニール, ジェームズ・M.) ……………………………………………… 138
O'Neil, William J. (オニール, ウィリアム・J.) ……………………………………………… 138
O'Neill, Jim (オニール, ジム) ………………… 138
Ong, Aihwa (オング, アイファ) ……………… 145
Oppenheim, David (オッペンハイム, ダビッド) ……………………………………………… 137

Oppenheimer, Andrés (オッペンハイマー, アンドレス) ……… 137
Orbanes, Philip E. (オルベーンズ, フィリップ・E.) ……… 144
O'Reilly, Arthur (オレイリー, アーサー) ……… 144
O'Reilly, Bill (オライリー, ビル) ……… 141
Oren, Michael B. (オレン, マイケル・B.) ……… 144
Orenstein, Peggy (オレンスタイン, ペギー) ……… 145
Orléan, André (オルレアン, アンドレ) ……… 144
Orr, Anne Murray (オア, アン・マリー) ……… 125
Orr, Gordon (オー, ゴードン) ……… 125
Orrell, David (オレル, デイヴィッド) ……… 144
Ortega y Gasset, José (オルテガ・イ・ガセー, J.) ……… 143
Ortiz Nuevo, José Luis (オルティス・ヌエボ, ホセ・ルイス) ……… 143
Ortmann, Andreas (オルトマン, アンドレアス) ……… 143
Orwell, George (オーウェル, ジョージ) ……… 131
Osborne, David E. (オズボーン, デビッド) ……… 136
Osborne, Kenan B. (オズボーン, ケナン・B.) ……… 136
Osborne, Mary Pope (オズボーン, メアリー・ポープ) ……… 136
Osborne, Robin (オズボン, ロビン) ……… 136
Osborne, Will (オズボーン, ウィル) ……… 135
Osbourne, Ozzy (オズボーン, オジー) ……… 135
Osman, Tarek (オスマーン, タレク) ……… 136
Osterwalder, Alexander (オスターワルダー, アレックス) ……… 135
Ostrom, Elinor (オストロム, エリノア) ……… 135
Oswald, Yvonne (オズワルド, イヴォンヌ) ……… 136
Oswick, Cliff (オズウィック, クリフ) ……… 134
O'Toole, Dan (オトゥール, ダン) ……… 138
Ott, Hermann E. (オット, ヘルマン・E.) ……… 137
Ottaviani, Jim (オッタヴィアニ, ジム) ……… 136
Oudin, Bernard (ウダン, ベルナール) ……… 104
Ouwehand, Cornelius (アウエハント, C.) ……… 6
Overbeek, Edzard J.C. (オーバービーク, エザード) ……… 139
Overy, Richard (オーバリー, リチャード) ……… 139
Owen, Jo (オーエン, ジョー) ……… 131

【 P 】

Paci, Enzo (パーチ, エンツォ) ……… 570
Paci, Paolo (パーチ, パオロ) ……… 570
Pack, Robert (パック, ロバート) ……… 574
Packard, David (パッカード, デービッド) ……… 573
Packard, Michele (パッカード, M.) ……… 573
Packer, James Innell (パッカー, ジェームズ・I.) ……… 573
Padesky, Christine A. (パデスキー, クリスティーン・A.) ……… 577
Padilha, Janea (パディーヤ, ジョニー) ……… 577
Padilla, Stan (パディラ, スタン) ……… 577
Paez, Dario R. (パエス, D.) ……… 557
Page, Nick (ペイジ, ニック) ……… 710
Pagels, Elaine H. (ペイゲルス, エレーヌ) ……… 709
Pagnoni, Roberta (パニョーニ, ロベルタ) ……… 586
Paine, Lynn Sharp (ペイン, リン・S.) ……… 712
Painter, Nell Irvin (ペインター, ネル・アーヴィン) ……… 712
Pais, Abraham (パイス, アブラハム) ……… 548
Pakaluk, Michael (パカラック, マイケル) ……… 558
Pakola, Eija (パコラ, エイヤ) ……… 563
Palan, Ronen (パラン, ロナン) ……… 595
Palca, Joe (パルカ, ジョー) ……… 599
Paldiel, Mordecai (パルディール, モルデカイ) ……… 600
Palepu, Krishna G. (パレプ, クリシュナ・G.) ……… 603
Palladino, Lucy Jo (パラディーノ, ルーシー・ジョー) ……… 594
Pallett, Claire (パレット, クレア) ……… 603
Pallotta-Chiarolli, Maria (パロッタ＝キアロッリ, マリア) ……… 604
Pallud, Jean-Paul (パリュ, ジャン・ポール) ……… 598
Palmer, Brandon (パーマー, ブランドン) ……… 590
Palmer, Brooks (パーマー, ブルックス) ……… 590
Palmer, Hugh (パーマー, ヒュー) ……… 590
Palmer, Joy A. (パーマー, ジョイ・A.) ……… 589
Palmer, Mark (パーマー, マーク) ……… 590
Palmer, Pat (パルマー, パット) ……… 602
Palmer, Stephen (パーマー, スティーブン) ……… 589
Pan, Lynn (パン, リン) ……… 607
Panas, Jerold (パナス, ジェロルド) ……… 584
Panoff, Michel (パノフ, ミシェル) ……… 586
Panofsky, Erwin (パノフスキー, アーウィン) ……… 586
Pantalon, Michael V. (パンタロン, マイケル) ……… 610
Pardo, Laura S. (パルド, ローラ・S.) ……… 600
Parfit, Derek (パーフィット, デレク) ……… 588
Park, Hyeong-kyu (パク, ヒョンギュ) ……… 561
Parker, D.C. (パーカー, D.C.) ……… 558
Parker, Franklin Calvin (パーカー, F.カルヴィン) ……… 558
Parker, Jonathan (パーカー, ジョナサン) ……… 557
Parker, Philip (パーカー, フィリップ) ……… 557
Parker, Steve (パーカー, スティーブ) ……… 557
Parker-Pope, Tara (パーカー＝ポープ, タラ) ……… 558
Parkyn, Chetan (パーキン, チェタン) ……… 558
Parmentier, Michael (パーモンティエ, ミヒャエル) ……… 592
Parnet, Claire (パルネ, クレール) ……… 601
Parsons, Joanne (パーソンズ, ジョアン) ……… 568

Parsons, Paul（パーソンズ, ポール）…… 569
Parsons, Talcott（パーソンズ, タルコット）…… 569
Partnoy, Frank（パートノイ, フランク）…… 581
Parton, Allen（パートン, アレン）…… 584
Parton, Sandra（パートン, サンドラ）…… 584
Partridge, Burgo（パートリッジ, バーゴ）…… 583
Pasachoff, Naomi E.（パサコフ, ナオミ）…… 563
Pascal, Blaise（パスカル, ブレーズ）…… 566
Pascal, Georges（パスカル, ジョルジュ）…… 566
Pasch, Suzanne H.（パッシュ, S.）…… 575
Paskevich, Sergeĭ（パスケービッチ, セルゲイ）…… 567
Passineau, Joseph（パッシノ, ジョセフ）…… 574
Passmore, John Arthur（パスモア, ジョン）…… 568
Pastowski, Andreas（パストウスキー, アンドレアス）…… 567
Patrick, Bethanne Kelly（パトリック, ベサニー）…… 583
Patterson, JoEllen（パターソン, ジョーエレン）…… 569
Patterson, Kerry（パターソン, ケリー）…… 569
Patterson, Miles L.（パターソン, マイルズ・L.）…… 569
Pattison, Ted（パティソン, テッド）…… 576
Paul, Ron（ポール, ロン）…… 763
Paul, Stephan（パウル, シュテファン）…… 556
Paulien, Jon（ポーリーン, ジョン）…… 762
Paulsen, Sandra（ポールセン, サンドラ）…… 765
Paulus（パウロ6世）…… 556
Paungger, Johanna（パウンガー, ヨハンナ）…… 556
Pawlas, George E.（パウラス, G.）…… 556
Payne, Blanche（ペイン, ブランシュ）…… 712
Peale, Norman Vincent（ピール, ノーマン・ヴィンセント）…… 628
Pearce, Marni（ピアス, マーニ）…… 613
Pearl, Cyril（パール, シリル）…… 599
Pearl, Eric（パール, エリック）…… 598
Pearson, Carol S.（ピアソン, キャロル・S.）…… 614
Pearson, David（ピアソン, デイヴィッド）…… 614
Peattie, Mark R.（ピーティー, マーク）…… 620
Pech, Stanley Z.（ペフ, スタンレイ・Z.）…… 723
Péchiodat, Amandine（ペチオダット, A.）…… 716
Péchiodat, Fany（ペチオダット, F.）…… 716
Pedersen, Lasse H.（ペダーソン, ラッセ・H.）…… 716
Pedersen, Olof（ペダーセン, オロフ）…… 715
Pedotti, Christine（ペドッティ, クリスティン）…… 720
Péju, Pierre（ペジュ, ピエール）…… 715
Pendleton, William Frederic（ペンドルトン, W. F.）…… 737
Penfold, Brent（ペンフォールド, ブレント）…… 738
Penman, Stephen H.（ペンマン, ステファン）…… 738
Pennell, Joan（ペネル, ジョン）…… 723
Pennell, Theodore Leighton（ペンネル, T.L.）…… 738
Pentland, Alex（ペントランド, アレックス（サンディ））…… 737
Peper, Erik（ペパー, E.）…… 723
Pépin, Charles（ペパン, シャルル）…… 723
Pepys, Samuel（ピープス, サミュエル）…… 622
Perec, Georges（ペレック, ジョルジュ）…… 732
Perniola, Mario（ペルニオーラ, マリオ）…… 730
Pernoud, Régine（ペルヌー, レジーヌ）…… 731
Perrot, Annick（ペロー, A.）…… 733
Perrow, Susan（ペロー, スーザン）…… 733
Perry, John（ペリー, ジョン）…… 725
Perry, Paul（ペリー, ポール）…… 725
Perry, Philippa（ペリー, フィリッパ）…… 725
Perry, William James（ペリー, ウィリアム・J.）…… 725
Pervillé, Guy（ペルヴィエ, ギー）…… 726
Peters, Steve（ピーターズ, スティーブ）…… 618
Peters, Thomas J.（ピーターズ, トム）…… 618
Petersen, Rudolf（ペーターゼン, ルドルフ）…… 716
Peterson, Christopher（ピーターソン, クリストファー）…… 618
Peterson, Marilyn Strachan（ピーターソン, マリリン・ストラッチェン）…… 618
Peterson, Peggy L.（ピーターソン, P.）…… 618
Peterson, Richard L.（ピーターソン, リチャード・L.）…… 618
Petitjean, Bernard（プティジャン, ベルナルド）…… 660
Petro, Louis W.（ペトロ, ルイス・W.）…… 720
Pfeffer, Jeffrey（フェファー, ジェフリー）…… 647
Pfeifer, Phillip E.（ファイファー, フィリップ・E.）…… 633
Pfeiffer, Steven I.（ファイファー, S.I.）…… 634
Phelan, Thomas W.（フェラン, トーマス・W.）…… 648
Phelps, Patricia H.（フェルプス, P.）…… 649
Philippon, Thomas（フィリポーン, トーマス）…… 644
Phillips, Adam（フィリップス, アダム）…… 644
Phillips, Charles D.（フィリップス, C.D.）…… 644
Phillips, David（フィリップス, デイヴィッド）…… 644
Phillips, Jack J.（フィリップス, ジャック・J.）…… 644
Phillips, Patricia P.（フィリップス, パトリシア・P.）…… 644
Philpot, Terry（フィルポット, テリー）…… 645
Philps, Janet（フィルプス, J.）…… 645
Phoolan Devi（プーラン・デヴィ）…… 677
Phra Thēpwēthī Prayut（ポー・オー・パユットー）…… 743
Piaget, Jean（ピアジェ, ジャン）…… 613
Piehler, G.Kurt（ピーラー, G.カート）…… 627
Piepmeier, Alison（ピープマイヤー, アリスン）…… 622

Pierre, abbé（ピエール, アベ）………… 615
Piers, Maria W.（ピアーズ, マリア・W.）…… 614
Pierson, George Peck（ピアソン, G.P.）…… 614
Pierson, Ida Goepp（ピアソン, I.G.）…… 614
Pieters, Danny（ピーテルス, ダニー）…… 620
Pietersma, Paul（ピーテルスマ, ポール）…… 620
Pignarre, Philippe（ピニャール, フィリップ）… 621
Pigneur, Yves（ピニュール, イヴ）…… 621
Pigou, Arthur Cecil（ピグー, アーサー・セシル）…… 616
Pilcher, Jeffrey M.（ピルチャー, ジェフリー・M.）…… 630
Pillemer, Karl A.（ピルマー, カール）…… 631
Pimpare, Stephen（ピムペア, スティーヴン）… 623
Pinborough, Jan（ピンボロー, ジャン）…… 632
Pinch, Steven（ピンチ, スティーヴン）…… 632
Pineda, Victor（ピネダ, ビクター・サンチャゴ）…… 621
Pinguet, Maurice（パンゲ, モーリス）…… 607
Pinker, Steven（ピンカー, スティーブン）…… 631
Pinnell-Stephens, June（ピネル‐スティーブンズ, ジューン）…… 621
Pinsker, Henry（ピンスカー, ヘンリー）…… 632
Pinto, Arthur R.（ピント, アーサー・R.）…… 632
Pipe, Jemima（パイプ, ジェマイマ）…… 550
Pippin, Robert B.（ピピン, ロバート・B.）…… 622
Pischke, Jörn-Steffen（ピスケ, ヨーン・シュテファン）…… 617
Pitelis, Christos（ピテリス, クリストス）…… 620
Pitte, Jean-Robert（ピット, ジャン＝ロベール）…… 620
Pius（ピウス9世）…… 615
Pius（ピオ12世）…… 615
Piven, Joshua（ペイビン, ジョシュア）…… 711
Platon（プラトン）…… 670
Plekhanov, Sergeĭ（プレハノフ, セルゲイ）…… 698
Plimmer, Martin（プリマー, マーティン）…… 684
Plous, Scott（プラウス, スコット）…… 663
Plutarchus（プルタルコス）…… 687
Pocock, John Greville Agard（ポーコック, J.G.A.）…… 746
Poggi, Matthew Adam（ポジィ, マシュー・アダム）…… 746
Pohl, Dieter（ポール, ディータァ）…… 763
Poincaré, Jules-Henri（ポアンカレ, アンリ）…… 740
Polak, Paul（ポラック, ポール）…… 760
Polanyi, Karl（ポランニー, カール）…… 761
Pollack, Pam（ポラック, パム）…… 760
Pollack, Rachel（ポラック, レイチェル）…… 760
Pollay, David J.（ポーレイ, デイヴィッド・J.）…… 768
Pollitt, Michael（ポリット, マイケル）…… 761
Pollock, Frederick（ポロック, F.）…… 760
Polman, Linda（ポルマン, リンダ）…… 767
Polo, Marco（ポーロ, マルコ）…… 768
Polybios（ポリュビオス）…… 761
Pomeranz, Kenneth（ポメランツ, ケネス）…… 759
Ponce de León Paiva, Antón（ポンセ・デ・レオン・パイヴァ, アントン）…… 772
Popham, Peter（ポパム, ピーター）…… 756
PoPov, Alexander N.（ポポフ, アレクサンダー）…… 758
Poppe, Thomas（ポッペ, トーマス）…… 753
Popper, Karl Raimund（ポパー, カール）…… 756
Porcher, Louis（ポルシェ, ルイ）…… 764
Porter, Eduardo（ポーター, エドアルド）…… 750
Porter, Lindsay（ポーター, リンゼイ）…… 750
Posada, Jennifer（ポサダ, ジェニファー）…… 746
Pošarac, Aleksandra（ポサラック, アレクサンドラ）…… 746
Posen, Adam S.（ポーゼン, アダム）…… 750
Posner, Barry Z.（ポズナー, バリー・Z.）…… 749
Posner, Kenneth A.（ポズナー, ケネス・A.）… 749
Posner, Michael I.（ポズナー, マイケル・I.）… 749
Posner, Richard Allen（ポズナー, リチャード・アレン）…… 749
Post, Albert Hermann（ポスト, A.H.）…… 748
Post, James E.（ポスト, ジェームズ・E.）…… 747
Post, Peggy（ポスト, ペギー）…… 748
Post, Stephen Garrard（ポスト, スティーブン）…… 748
Postone, Moishe（ポストン, モイシェ）…… 748
Potman, George（ポットマン, ジョージ）…… 752
Potter, Keith（ポッター, キース）…… 752
Potter, Pitman B.（ポッター, ピットマン・B.）…… 752
Poulsen, Jens Aage（ポールセン, イェンス・オーイェ）…… 765
Poulsen, Kevin（ポールセン, ケビン）…… 765
Poundstone, William（パウンドストーン, ウィリアム）…… 556
Powdthavee, Nattavudh（ポータヴィー, ナッターヴート）…… 750
Powdthavee, Nick（ポータヴィー, ニック）…… 750
Powell, Colin L.（パウエル, コリン）…… 554
Power, Michael（パワー, マイケル）…… 604
Powers, Joan（パワーズ, ジョーン）…… 605
Pozen, Robert C.（ポーゼン, ロバート・C.）… 750
Prabhu, Jaideep C.（プラブ, ジャイディープ）…… 671
Prahalad, C.K.（プラハラード, C.K.）…… 671
Prashad, Vijay（プラシャド, ヴィジャイ）…… 668
Precht, Richard David（プレヒト, リヒャルト・ダーフィト）…… 698
Pred, Joseph（プレッド, J.）…… 697
Preer, Jean L.（プリアー, ジーン・L.）…… 678
Preis, Michael W.（プライス, マイケル・W.）… 662
Prensky, Marc（プレンスキー, マーク）…… 700

Prescott, David S.（プレスコット, デビッド・S.）…… 696
Pressouyre, Léon（プレスイール, レオン）…… 696
Pretti-Frontczak, Kristie（プリティフロンザック, クリスティ）…… 681
Priest, Dana（プリースト, デイナ）…… 679
Priest, Graham（プリースト, グレアム）…… 679
Prifitera, Aurelio（プリフィテラ, アウレリオ）…… 683
Prizant, Barry M.（プリザント, バリー・M.）…… 678
Proctor, Bob（プロクター, ボブ）…… 702
Project Management Institute, Inc.（プロジェクトマネジメント協会）…… 702
Prokof'ev, M.M.（プロコーフィエフ, M.M.）…… 702
Prokofieff, Sergei O.（プロコフィエフ, セルゲイ・O.）…… 702
Prole, Helen（プロール, ヘレン）…… 706
Prouty, Leroy Fletcher（プラウティ, レロイ・フレッチャー）…… 664
Provine, Robert R.（プロヴァイン, ロバート・R.）…… 702
Pruetzel-Thomas, Anna（プルツェル - トーマス, アンナ）…… 687
Prüfer, Johannes（プリューファー, ヨハネス）…… 685
Pruitt, Dean G.（プルーイット, D.）…… 685
Pruitt, George（プルート, ジョージ）…… 688
Pryce, Vicky（プライス, ヴィッキー）…… 662
Pryor, Alton（プライヤー, アルトン）…… 663
Pseudo-Philo（フィロン〈偽〉）…… 645
Pullman, Philip（プルマン, フィリップ）…… 690
Pusser, Brian（パッサー, ブライアン）…… 574
Putallaz, Martha（パタッラス, M.）…… 570
Putnam, Hilary（パトナム, ヒラリー）…… 581
Putnam, Linda（パットナム, L.）…… 575
Putnam, Robert D.（パットナム, ロバート・D.）…… 575
Putzger, F.W.（プッツガー, F.W.）…… 659
PwC（プライスウォーターハウスクーパース）…… 663
Pyle, Kenneth B.（パイル, ケネス・B.）…… 551
Pylyshyn, Zenon W.（ピリシン, ゼノン・W.）…… 628

【 Q 】

Quante, Michael（クヴァンテ, ミヒャエル）…… 211
Quesnay, François（ケネー, フランソワ）…… 263
Quiggin, John（クイギン, ジョン）…… 209
Quigley, James H.（クィグリー, ジェームス）…… 209
Quinn, Gary（クイン, ゲーリー）…… 210
Quinn, Patricia O.（クイン, パトリシア・O.）…… 210
Quinn, Robert E.（クイン, ロバート・E.）…… 210
Quinodoz, Jean-Michel（キノドス, ジャン - ミシェル）…… 185
Quintilianus, Marcus Fabius（クインティリアヌス）…… 210

【 R 】

Rabiner, David L.（ラビナー, D.）…… 871
Rabkin, Yakov M.（ラブキン, ヤコヴ・M.）…… 872
Rabl, Walter（ラブル, ヴァルテル）…… 873
Rachels, James（レイチェルズ, ジェームズ）…… 919
Rackham, Oliver（ラッカム, オリバー）…… 868
Radcliffe, Steve（ラドクリフ, スティーブ）…… 870
Rader, Kae（レイダー, ケイ）…… 919
Radjou, Navi（ラジュ, ナヴィ）…… 866
Radtke, Philipp（ラドケ, フィリップ）…… 870
Rafaelovich, Kamaile（ラファエロヴィッチ, カマイリ）…… 871
Rahn, Otto（ラーン, オットー）…… 876
Rahtz, Sebastian（ラーツ, セバスティアン）…… 868
Rainen, William（レーネン, ウィリアム）…… 926
Raiser, Thomas（ライザー, トーマス）…… 856
Raisson, Virginie（レッソン, ヴィルジニー）…… 925
Rajala, Kari（ラヤラ, カリ）…… 875
Rajan, Raghuram G.（ラジャン, ラグラム）…… 866
Rajaneesh, Acharya（ラジニーシ, A.）…… 865
Rama, Swami（ラーマ, スワミ）…… 873
Ramakrishna（ラーマクリシュナ）…… 873
Ramana, Maharshi（ラマナ, マハルシ）…… 874
Ramanujan Aiyangar, Srinivasa（ラマヌジャン）…… 874
Ramaswamy, Venkatram（ラマスワミ, ベンカト）…… 873
Ramazan, Ayvalli（ラマザン, アイワッル）…… 873
Ramonet, Ignacio（ラモネ, イグナシオ）…… 875
Ramsey, Dave（ラムジー, デイヴ）…… 875
Ramtha（ラムサ）…… 875
Ranadivé, Vivek（ラナディヴェ, ヴィヴェック）…… 870
Rancière, Jacques（ランシエール, ジャック）…… 878
Randers, Jørgen（ランダース, ヨルゲン）…… 879
Rank, Otto（ランク, オットー）…… 876
Rankin, Robert Alexander（ランキン, R.A.）…… 876
Ransom, Stephen（ランサム, ステファン）…… 878
Rao, Srikumar S.（ラオ, スリクマー・S.）…… 863
Raphael, Taffy E.（ラファエル, タフィー・E.）…… 871
Raphael-Leff, Joan（ラファエル - レフ, ジョーン）…… 871
Ratey, Nancy A.（レイティ, ナンシー・A.）…… 919
Rath, Tom（ラス, トム）…… 867
Rauhaus, Alfred（ラウハウス, アルフレート）…… 862
Rauschenbusch, Walter（ラウシェンブッシュ, ウォルター）…… 862

Raushenbush, Paul B.（ラウシェンブッシュ, ポール）…… 862
Raven, Hazel（レイブン, ヘイゼル）…… 921
Raverat, Gwen（ラヴェラ, グウェン）…… 862
Ravitch, Diane（ラヴィッチ, ダイアン）…… 861
Rawls, John（ロールズ, ジョン）…… 953
Rawson, Philip S.（ローソン, フィリップ）…… 943
Ray, Wendel A.（レイ, ウェンデル・A.）…… 918
Ray, William J.（レイ, W.J.）…… 918
Raynal, Guillaume-Thomas（レーナル, ギヨーム＝トマ）…… 926
Raz, Joseph（ラズ, ジョゼフ）…… 866
Raz, Tahl（ラズ, タール）…… 866
Read, Edna Eguchi（リード, エドナ・エグチ）…… 893
Reay, Diane（レイ, ダイアン）…… 918
Rébuffat, Gaston（レビュファ, ガストン）…… 928
Reclus, Élisée（ルクリュ, エリゼ）…… 909
Record, Jeffrey（レコード, ジェフリー）…… 923
Redfern, Nicholas（レッドファーン, ニック）…… 925
Redfield, James（レッドフィールド, ジェームズ）…… 925
Redman, Peter（レッドマン, ピーター）…… 925
Redniss, Lauren（レドニス, ローレン）…… 925
Reed, Roy M.（リード, ロイ・M.）…… 893
Rees, G.（リース, G.）…… 889
Rees, Martin（リース, マーティン）…… 889
Reese, Rebecca（リーセ, レベッカ）…… 890
Reeves, Robert（リーブス, ロバート）…… 895
Regan, Sally（レーガン, サリー）…… 923
Regan, sally（リーガン, サリー）…… 888
Reibstein, David J.（レイブシュタイン, ディビッド・J.）…… 920
Reich, Robert B.（ライシュ, ロバート・B.）…… 856
Reich, Russell（ライシ, ラッセル）…… 856
Reid, Greg S.（リード, グレッグ）…… 893
Reid, Tom R.（リード, トム）…… 893
Reigeluth, Charles M.（ライゲルース, チャールズ・M.）…… 856
Reijen, Willem van（レイイェン, ヴィレム・ファン）…… 918
Reiling, J.（レイリング, J.）…… 921
Reilly, Edward T.（ライリー, エドワード・T.）…… 860
Reiman, Jeffrey H.（ライマン, ジェフリー）…… 860
Reinecke, Mark A.（ライネッキー, マーク）…… 859
Reinhart, Carmen M.（ラインハート, カーメン・M.）…… 861
Reinhart, Matthew（ラインハート, マシュー）…… 861
Reiser, Robert A.（リーサー, ロバート・A.）…… 888
Reiter, Mark（ライター, マーク）…… 857
Reiterer, Michael（ライテラー, M.）…… 857
Remnick, David（レムニック, デイヴィッド）…… 929
Renard, Gary R.（レナード, ゲイリー・R.）…… 925
Renault, Michel（ルノー, ミシェル）…… 913
Repko, Allen F.（レプコ, アレン・F.）…… 929
Resnick, Sarah（レズニック, S.）…… 924
Resnicow, Ken（レズニコー, K.）…… 924
Restif de la Bretonne, Nicolas Edme（レチフ・ド・ラ・ブルトンヌ, N.）…… 924
Rettie, Clare（レッティー, C.）…… 925
Revault d'Allonnes, Myriam（ルヴォー・ダロンヌ, ミリアム）…… 908
Reyes, José Manuel（レイエス, ホセ・マヌエル）…… 918
Reykowski, Janusz（レイコウスキ, J.）…… 918
Reynolds, Brett（レイノルズ, ブレット）…… 920
Reynolds, Garr（レイノルズ, ガー）…… 920
Reynolds, Toby（レイノルズ, トビー）…… 920
Reynolds, William L.（レイノルズ, ウィリアム・L.）…… 920
Rhoades, Gary（ローズ, ゲイリー）…… 938
Rhode, Deborah L.（ロード, デボラ・L.）…… 946
Rhode, Maria（ロード, M.）…… 946
Rhodes, David（ローズ, デビッド）…… 939
Rhodes, William R.（ローズ, ウィリアム・R.）…… 938
Ribault, Thierry（リボー, ティエリー）…… 895
Ricci, Ron（リッチ, ロン）…… 892
Rice, Anthony（ライス, アンソニー）…… 856
Rice, Condoleezza（ライス, コンドリーザ）…… 857
Richardson, Alan（リチャードソン, アラン）…… 890
Richardson, David（リチャードソン, デイヴィッド）…… 891
Richardson, Hugh Edward（リチャードソン, ヒュー）…… 891
Richardson, Jared（リチャードソン, ジャレッド）…… 891
Richardson, Matthew（リチャードソン, マシュー）…… 891
Richardson, Robin（リチャードソン, ロビン）…… 891
Richardson, Wallace G.（リチャードソン, ウォレス・G.）…… 890
Riché, Pierre（リシェ, ピエール）…… 888
Richman, William M.（リッチマン, ウィリアム・M.）…… 892
Richmond, Mary Ellen（リッチモンド, メアリー・E.）…… 892
Rickards, James（リカーズ, ジェームズ）…… 887
Ricœur, Paul（リクール, ポール）…… 888
Rideout, Patricia L.（ライドアウト, パトリシア・L.）…… 858
Ridgeway, Andrei（リッジウェイ, アンドレイ）…… 891
Ridley, Matt（リドレー, マット）…… 893
Rieber, Lloyd P.（リーバー, ロイド・P.）…… 894
Ries, Eric（リース, エリック）…… 889
Riesman, David（リースマン, デイヴィッド）…… 890

Riesner, Frank (リースナー, フランク) ………… 889
Rieu, Alain-Marc (リウー, アラン＝マルク) … 886
Rifkin, Jeremy (リフキン, ジェレミー) ………… 895
Rigazio-DiGilio, Sandra A. (リガジオ‐ディジリオ, サンドラ) ………… 887
Rihoux, Benoît (リウー, ブノワ) ………… 887
Riley, Elizabeth (ライリー, エリザベス) ………… 860
Riley, Michael (ライリー, ミカエル) ………… 860
Rima, Samuel D. (ライマ, サミュエル・D.) … 859
Rinpoche, Tenzin Wangyal (リンポチェ, テンジン・ワンギェル) ………… 905
Rinta-Aho, Harri (リンタ＝アホ, ハッリ) …… 904
Ritt, Michael J., Jr. (リット, マイケル, Jr.) … 892
Ritter, Gerhard Albert (リッター, ゲルハルト・A.) ………… 891
Riva, Giovanni (リヴァ, ジョバンニ) ………… 887
Roach, Mary (ローチ, メアリー) ………… 944
Roach, Stephen S. (ローチ, スティーブン) …… 944
Roads, Michael J. (ローズ, マイケル・J.) …… 939
Roam, Dan (ローム, ダン) ………… 952
Robbins, Anthony (ロビンズ, アンソニー) …… 948
Robbins, James (ロビンス, ジェームズ) ………… 948
Robbins, Keith (ロビンズ, キース) ………… 948
Robbins, Stephen P. (ロビンズ, スティーブン・P.) ………… 948
Roberge, Claude (ロベルジュ, クロード) …… 951
Roberti, Alessio (ロベルティ, アレッシオ) …… 951
Roberts, Alice M. (ロバーツ, アリス) ………… 947
Roberts, Geoffrey (ロバーツ, ジェフリー) …… 947
Roberts, Jane (ロバーツ, ジェーン) ………… 947
Roberts, Michael (ロバーツ, マイケル) ………… 947
Robertson, David (ロバートソン, デイビッド) ………… 948
Robin, Jennifer (ロビン, ジェニファー) ………… 948
Robinson, Andrew (ロビンソン, アンドルー) ‥ 948
Robinson, Dave (ロビンソン, デイヴ) ………… 949
Robinson, Gwen (ロビンソン, グウェン) …… 949
Robinson, James A. (ロビンソン, ジェイムズ・A.) ………… 949
Robinson, Lynn A. (ロビンソン, リン・A.) …… 949
Robinson, Peter (ロビンソン, ピーター) ………… 949
Roche, Maïte (ロッシュ, マイテ) ………… 945
Rock, Edward B. (ロック, エドワード・B.) … 944
Rodao García, Florentino (ロダオ, フロレンティーノ) ………… 943
Rodgers, Nigel (ロジャーズ, ナイジェル) …… 937
Roesler, Karl Friedrich Hermann (リョースレル, H.) ………… 902
Rogan, Eugene L. (ローガン, ユージン) ………… 935
Roger, frère (ロジェ, ブラザー) ………… 937
Roger, Philippe (ロジェ, フィリップ) ………… 936
Rogers, Benedict (ロジャーズ, ベネディクト) ………… 938
Rogers, David J. (ロジャーズ, デービッド) …… 937
Rogers, Everett M. (ロジャーズ, エベレット・M.) ………… 937
Rogers, James Steven (ロジャーズ, ジェイムズ・スティーヴン) ………… 937
Rogers, Jim (ロジャーズ, ジム) ………… 937
Rogers, Peter Denny (ロジャーズ, ピーター・D.) ………… 937
Rogoff, Kenneth S. (ロゴフ, ケネス・S.) …… 936
Rohatyn, Felix G. (ロハティン, フェリックス) ………… 947
Rohweder, Liisa (ローヴェーデル, リーサ) …… 933
Roland, Paul (ローランド, ポール) ………… 953
Rolfhus, Eric (ロルフフス, E.) ………… 954
Rollins, Catherine E. (ローリンズ, C.E.) …… 953
Rollnick, Stephen (ロルニック, ステファン) … 954
Roloff, Jürgen (ロロフ, J.) ………… 955
Roman, Kenneth (ローマン, ケネス) ………… 952
Romano, Ruggiero (ロマーノ, ルッジェーロ) ‥ 952
Romanov, Alexander (ロマノフ, アレクサンダー) ………… 952
Romi (ロミ) ………… 952
Romp, Graham (ロンプ, G.) ………… 956
Roosevelt, Kermit, III (ルーズヴェルト, カーミット, 3世) ………… 910
Roper, Jon (ロウパー, ジョン) ………… 934
Rorty, Richard (ローティ, リチャード) ………… 945
Rose, Gary S. (ローズ, G.) ………… 940
Rose, Gideon (ローズ, ギデオン) ………… 938
Rose, Pauline (ローズ, ポーリン) ………… 939
Rose, Richard (ローズ, リチャード) ………… 940
Rose, Samantha (ローズ, サマンサ) ………… 939
Rosen, Lawrence (ローゼン, ローレンス) …… 941
Rosen, Michael J. (ローゼン, マイケル・J.) … 941
Rosen, Rebecca (ローゼン, レベッカ) ………… 941
Rosenau, Henning (ローゼナウ, ヘニング) …… 941
Rosenberg, Bob (ローゼンバーグ, ボブ) ………… 942
Rosenberg, Marc J. (ローゼンバーグ, マーク・J.) ………… 942
Rosenberg, Marshall B. (ローゼンバーグ, マーシャル・B.) ………… 942
Rosenberg, Tina (ローゼンバーグ, ティナ) …… 942
Rosenbluth, Frances McCall (ローゼンブルース, フランシス) ………… 943
Rosengren, David B. (ローゼングレン, デイビッド・B.) ………… 941
Rosenstein, Bruce (ローゼンステイン, ブルース) ………… 941
Rosenthal, Abraham Michael (ローゼンタール, A.M.) ………… 942
Rosenthal, David K. (ローゼンタール, デイヴィッド) ………… 942
Rosenzweig, Franz (ローゼンツヴァイク, フランツ) ………… 942
Ross, Julie A. (ロス, ジュリー・A.) ………… 939
Ross, Ronald G. (ロス, ロナルド・G.) ………… 940

Ross, Stephen A.（ロス, S.A.）………940
Ross, Steven M.（ロス, スティーブン・M.）………939
Rossett, Allison（ロセット, アリソン）………941
Rossi, Ernest Lawrence（ロッシ, アーネスト・ローレンス）………945
Rossi, Paolo（ロッシ, パオロ）………945
Rossiter, Marsha（ロシター, マーシャ）………937
Rosso, Renzo（ロッソ, レンツォ）………945
Rostand, Edmond（ロスタン, エドモン）………940
Rotgers, Frederick（ロトガース, F.）………946
Roth, David（ロス, デビッド）………939
Rothbart, Mary Klevjord（ロスバート, メアリー・K.）………941
Rothschild, Frank D.（ロスチャイルド, F.D.）………940
Rotunda, Ronald D.（ロタンダ, ロナルド・D.）………944
Roudinesco, Elisabeth（ルディネスコ, エリザベート）………912
Rouhana, Nadim N.（ロウハナ, N.）………934
Rousseau, Jean-Jacques（ルソー, ジャン＝ジャック）………911
Rouvillois, Frédéric（ルヴィロワ, フレデリック）………908
Rovatti, Pier Aldo（ロヴァッティ, ピエル・アルド）………933
Rovéro-Carrez, Julie（ロヴェロ・カレズ, ジュリー）………933
Rovira, Alex（ロビラ, アレックス）………948
Rovirosa-Madrazo, Citlali（ロヴィローザ＝マドラーゾ, チットラーリ）………933
Rowley, Chris（ローリー, クリス）………953
Roxin, Claus（ロクシン, クラウス）………935
Roy, Arundhati（ロイ, アルンダティ）………931
Roy, Ashok（ロイ, アッシュ）………931
Royal, Lyssa（ロイヤル, リサ）………932
Royal, Mark（ロイヤル, マーク）………932
Royal Geographical Society（英国王立地理学協会）………110
Rozycki, John J.（ロジスキー, ジョン・J.）………937
Rtveladze, Edvard Vasilévich（ルトヴェラゼ, エドヴァルド）………912
Rubalcaba, Jill（ルバルカーバ, ジル）………914
Rubel, William（ルーベル, ウィリアム）………915
Rubenstein, Richard E.（ルーベンスタイン, リチャード・E.）………916
Rubin, Emily（ルービン, エミリー）………914
Rubin, Jay（ルービン, ジェイ）………915
Rubin, Kenneth H.（ルビン, ケネス・H.）………915
Rudolph, K.（ルドルフ, K.）………913
Ruggiu, François-Joseph（ルッジウ, フランソワ＝ジョゼフ）………912
Ruiz, Don Jose（ルイス, ドン・ホセ）………907
Ruiz, Miguel（ルイス, ドン・ミゲル）………907
Rumelt, Richard P.（ルメルト, リチャード・P.）………917
Rumford, James（ランフォード, ジェイムズ）………880
Rumsfeld, Donald（ラムズフェルド, ドナルド）………875
Runde, Jochen（ルンデ, ヨッヘン）………917
Rushby, Nick（ラッシュビー, ニック）………869
Russell, Bertrand（ラッセル, バートランド）………869
Russell, Ronald（ラッセル, ロナルド）………869
Russianoff, Penelope（ラシアノフ, P.）………865
Russie, Alice（ルシー, A.）………910
Russo, Nancy Felipe（ルッソ, ナンシー・フェリペ）………912
Rustin, Michael（ラスティン, M.）………867
Rutherford, Stuart（ラザフォード, スチュアート）………864
Ruthven, Orlanda（ラトフェン, オーランダ）………870
Rutter, Michael（ラター, マイケル）………868
Ryan, Jo（ライアン, ジョー）………855
Ryan, Kevin（ライアン, ケヴィン）………855
Ryan, Margaret O'Loghlin（リアン, マーガレット・O.）………886
Ryan, Mary Jane（ライアン, M.J.）………855
Ryan, Rocky（リャン, ロッキー）………896
Ryan, Stephen G.（ライアン, スティーブン・G.）………855
Ryback, Timothy W.（ライバック, ティモシー）………859
Rydell, Patrick J.（ライデル, パトリック・J.）………857
Ryder, Rowland（ライダー, ローランド）………857
Ryle, Gilbert（ライル, G.）………861

【S】

Sabbagh, Karl（サバー, カール）………313
Sabuda, Robert（サブダ, ロバート）………313
Sachs, Jeffrey D.（サックス, ジェフリー）………311
Sachs, Wolfgang（ザックス, ヴォルフガング）………311
Saenger, Ingo（ゼンガー, インゴ）………424
Safer, Jeanne（セイファー, ジーン）………417
Sage, Peter（セージ, ピーター）………420
Sahlins, Marshall David（サーリンズ, マーシャル）………310
Said, Edward W.（サイード, エドワード・W.）………307
Sainte-Beuve, Charles Augustin de（サント・ブーヴ, C.）………323
St.John, Noah（セント・ジョン, ノア）………425
Saint-Pierre, Charles Irénée Castel de（サン－ピエール, C.）………323
Sáiz, Agustín（サイス, アグスティン）………306

Saklofske, Donald H.（サクロフスキー, ドナルド・H.）…… 309
Saklofske, Donald H.（サクロフスク, D.）…… 309
Salhi, Zahia Smail（サルヒー, ザヒア・スマイール）…… 317
Säljö, Roger（サーリョ, ロジャー）…… 316
Salm, Frieder（ザルム, フリーデル）…… 317
Salsberg, Brian（ソーズバーグ, ブライアン）…… 428
Salway, Peter（サルウェイ, ピーター）…… 316
Salza Prina Ricotti, Eugenia（サルツァ・プリーナ・リコッティ, エウジェニア）…… 316
Salzberger-Wittenberg, Isca（ザルツバーガー - ウィッテンバーグ, イスカ）…… 316
Sam-Bodden, Brian（サムボッデン, ブライアン）…… 315
Sambuchino, Chuck（サンブチーノ, チャック）…… 323
Samos, Daniel（サモス, ダニエル）…… 315
Sampson, Robert J.（サンプソン, ロバート・J.）…… 323
Samuelson, Paul（サミュエルソン, ポール）…… 314
Sanchez, Francisco P.（サンチェス, F.P.）…… 321
Sanchez-Hucles, Janis（サンチェス - ウクレス, ジャニス）…… 321
Sandahl, Phillip（サンダール, フィル）…… 321
Sandberg, Sheryl（サンドバーグ, シェリル）…… 322
Sandel, Michael J.（サンデル, マイケル・J.）…… 321
Sander, Peter J.（サンダー, ピーター）…… 318
Sanders, Catherine M.（サンダーズ, キャサリン・M.）…… 318
Sanders, E.P.（サンダース, E.P.）…… 319
Sanders, Harland（サンダース, カーネル・ハーランド）…… 318
Sanders, Kenneth（サンダース, ケネス）…… 318
Sanders, Nicholas M.（サンダース, ニコラス・M.）…… 319
Sandholtz, Kurt（スタンドホルツ, カート）…… 396
Sandstrom, Marlene J.（サンドストーム, M.）…… 322
Sanger, David E.（サンガー, デビッド）…… 317
Santarius, Tilman（ザンタリウス, ティルマン）…… 321
Santideva（シャーンティデーヴァ）…… 350
Sapori, Michelle（サポリ, ミシェル）…… 314
Sappho（サッフォー）…… 312
Saramago, José（サラマーゴ, ジョゼ）…… 315
Sardello, Robert J.（サーデッロ, ロバート）…… 312
Sargent, Emma（サージェント, エマ）…… 310
Sarjanen, Petri（サルヤネン, ペトリ）…… 317
Sarkar, Saral K.（ショルカル, ショラル）…… 374
Saroyan, William（サローヤン, ウィリアム）…… 317
Sarramon, Christian（サラモン, クリスティアン）…… 315
Sarton, George（サートン, ジョージ）…… 313
Sartwell, Matthew（サートウェル, マシュー）…… 312
Sasek, Miroslav（サセック, ミロスラフ）…… 310
Sassen, Saskia（サッセン, サスキア）…… 311
Sassoon, Vidal（サスーン, ヴィダル）…… 310
Satariano, William A.（サタリアノ, W.）…… 310
Satran, Pamela Redmond（サトラン, パメラ・レドモンド）…… 312
Saunders, Anthony（サンダース, アンソニー）…… 318
Saunders, David M.（サンダース, デイビッド・M.）…… 318
Saval, Nikil（サヴァル, N.）…… 308
Saviano, Roberto（サヴィアーノ, ロベルト）…… 308
Savoy, Nick（サヴォイ, ニック）…… 308
Sawa, Maureen（サワ, モーリーン）…… 317
Sayers, William Charles Berwick（セイヤーズ, ウィリアム・バーウィック）…… 418
Schab, Lisa M.（シャーブ, リサ・M.）…… 346
Schache, Ruediger（シャヘ, リューディガー）…… 347
Schachter, Abby（シャクター, A.）…… 343
Schadler, Ted（シャドラー, テッド）…… 344
Schaefer, Charles E.（シェーファー, チャールズ・E.）…… 327
Scharlach, Andrew E.（スカーラク, A.）…… 390
Schecter, Darrow（シェクター, ダロウ）…… 326
Scheepbouwer, Martin（シープバウアー, マーティン）…… 336
Schein, Edgar H.（シャイン, エドガー・H.）…… 340
Scheindlin, Raymond P.（シェインドリン, レイモンド・P.）…… 326
Scheinfeld, Robert（シャインフェルド, ロバート）…… 341
Scheler, Max Ferdinand（シェーラー, マックス）…… 328
Schelling, Friedrich Wilhelm Joseph von（シェリング, F.）…… 329
Scheltema, Johann Friedrich（シェルテマ, J.）…… 329
Schemeil, Yves（シュメイユ, イーヴ）…… 362
Scherer, Hermann（シェーラー, ヘルマン）…… 328
Scherhorn, Gerhard（シェルホルン, ゲルハルト）…… 330
Scheube, Botho（ショイベ, B.）…… 369
Schiff, Andrew J.（シフ, アンドリュー・J.）…… 336
Schiff, Peter D.（シフ, ピーター・D.）…… 336
Schiff, Stacy（シフ, ステイシー）…… 336
Schiffrin, André（シフリン, アンドレ）…… 336
Schifrin, Matthew（シフリン, マシュー）…… 336
Schiller, Johann Christoph Friedrich von（シラー, フリードリヒ・フォン）…… 379
Schipper, Mineke（シッパー, ミネケ）…… 333
Schiraldi, Glenn R.（シラルディ, グレン・R.）…… 379
Schlanger, Karin（シュランガー, カリーン）…… 363
Schlegel, Friedrich von（シュレーゲル, フリードリヒ）…… 365

Schleiermacher, Friedrich（シュライエルマッハー, フリードリヒ）…… 362
Schlesinger, Leonard A.（シュレシンジャー, レオナード・A.）…… 365
Schlink, Basilea（シュリンク, バジレア）…… 364
Schlossberg, Margaret C.（シュロスバーグ, マーガレット・C.）…… 366
Schmalz, Klaus（シュマルツ, クラウス）…… 360
Schmid, Konrad（シュミート, K.）…… 362
Schmid, Sil（シュミット, ジル）…… 361
Schmidt, Chris（シュミット, クリス）…… 361
Schmidtke, Henning（シミドケ, H.）…… 338
Schmitt, Carl（シュミット, カール）…… 361
Schmitt, Eli（シュミット, E.）…… 361
Schnabl, Philipp（シュナブル, フィリップ）…… 359
Schnapper, Dominique（シュナペール, ドミニク）…… 359
Schneewind, Jerome B.（シュナイウィンド, J. B.）…… 358
Schneider, Celeste（シュナイダー, C.）…… 359
Schneider, Hans（シュナイダー, ハンス）…… 359
Schneider, Sherrie（シュナイダー, シェリー）…… 358
Schneier, Bruce（シュナイアー, ブルース）…… 358
Schock-Smith, Angyne J.（ショック‐スミス, アンジン・J.）…… 372
Schoeps, Julius Hans（シェプス, ユーリウス・H.）…… 327
Schofield, Philip（スコフィールド, フィリップ）…… 392
Scholem, Gershom Gerhard（ショーレム, ゲルショム）…… 375
Schopenhauer, Arthur（ショーペンハウアー, アルトゥール）…… 374
Schor, Juliet B.（ショア, ジュリエット・B.）…… 368
Schrager, Adam（シュレイガー, アダム）…… 365
Schreiner, Klaus（シュライナー, クラウス）…… 362
Schreurs, Miranda Alice（シュラーズ, ミランダ・A.）…… 363
Schroeder, Hans-Werner（シュレーダー, ハンス＝ヴェルナー）…… 365
Schucman, Helen（シャックマン, ヘレン）…… 343
Schug, John A.（シュグ, ジョン・A.）…… 354
Schulte-Nölke, Hans（シュルテ‐ネルケ, ハンス）…… 364
Schultz, Helmut（シュルツ, ヘルムート）…… 364
Schultz, Howard（シュルツ, ハワード） 364
Schulz, Kathryn（シュルツ, キャスリン）…… 364
Schulze, Hans Kurt（シュルツェ, ハンス・K.）…… 364
Schumacher, Ernst Friedrich（シューマッハー, エルンスト・フリードリヒ）…… 360
Schuré, Edouard（シュレー, エドゥアール）…… 365
Schürer, Emil（シューラー, エーミール）…… 362
Schutz, Will（シュッツ, ウィル）…… 356
Schwab, Klaus（シュワブ, クラウス）…… 366
Schwabe, Christoph（シュヴァーベ, クリストーフ）…… 353
Schwager, Jack D.（シュワッガー, ジャック・D.）…… 366
Schwartz, Antoine（シュワルツ, アントワーヌ）…… 366
Schwartz, Barry（シュワルツ, バリー）…… 366
Schwartz, Beverly（シュワルツ, ビバリー）…… 367
Schwartz, Maxime（シュワルツ, マクシム）…… 367
Schwarz, Patrick（シュウォーツ, パトリック）…… 353
Schwean, Vicki L.（シュウィーン, V.）…… 353
Schwed, Fred, Jr.（シュエッド, フレッド, Jr.）…… 354
Schwedt, Elke（シュヴェート, エルケ）…… 353
Schwedt, Herbert（シュヴェート, ヘルベルト）…… 353
Schweitzer, Albert（シュヴァイツァー, アルベルト）…… 353
Schwentker, Wolfgang（シュヴェントカー, ヴォルフガング）…… 353
Schwoebel, François（シュウェーベル, フランソワ）…… 353
Scoffham, Stephen（スコッファム, スティーブン）…… 392
Scott, Cynthia D.（スコット, シンシア）…… 391
Scott, James C.（スコット, ジェームズ・C.）…… 391
Scott, Joan Wallach（スコット, ジョーン・W.）…… 391
Scott, Manda（スコット, マンダ）…… 392
Scott, Michael（スコット, マイケル（犯罪心理学））…… 392
Scott-Stokes, Henry（スコット・ストークス, ヘンリー）…… 392
Seaberg, Maureen（シーバーグ, モリーン）…… 335
Sebbah, François-David（セバー, フランソワ＝ダヴィッド）…… 421
Sebold, John（シーボルド, ジョン）…… 337
Secoske, Matt（セコスキ, マット）…… 419
Secter, Irving I.（セクター, アービング・I.）…… 419
Seddiqui, Daniel（セディッキ, ダニエル）…… 421
Seddon, Diane（セドン, D.）…… 421
Seed, Janet（シード, ジャネット）…… 334
Seefeldt, Jürgen（ゼーフェルト, ユルゲン）…… 422
Seelig, Tina Lynn（シーリグ, ティナ）…… 380
Seewald, Peter（ゼーヴァルト, ペーター）…… 418
Segev, Tom（セゲフ, トム）…… 419
Seidensticker, Edward（サイデンステッカー, エドワード）…… 307
Seidman, Dov（シードマン, ダヴ）…… 334
Seiwert, Lothar（ザイヴァート, ローター）…… 306
Selbst, Edwin（セルブスト, E.）…… 423
Selby, John（セルビー, ジョン）…… 423
Seldon, Anthony（セルドン, アンソニー）…… 423
Seligman, Martin E.P.（セリグマン, マーティン）…… 422

Selman, Martin J.（セルマン, マーティン・J.） …… 423
Selva, T.（セルヴァ, T.） …… 422
Sen, Amartya Kumar（セン, アマルティア） …… 423
Sen, Colleen Taylor（セン, コリーン・テイラー） …… 424
Sen, Sunanda（セン, スナンダ） …… 424
Seneca, Lucius Annaeus（セネカ, ルキウス・アンナエウス） …… 421
Senge, Peter Michael（センゲ, ピーター・M.） …… 425
Senor, Dan（セノール, ダン） …… 421
Serrell, Mathilde（セレル, マティルド） …… 423
Service, Robert（サーヴィス, ロバート） …… 308
Setchfield, Neil（セッチフィールド, ニール） …… 420
Seward, Ingrid（シュワード, イングリッド） …… 366
Seymour, Miranda（シーモア, ミランダ） …… 338
Shah, Sneh（シャー, スネー） …… 340
Shamdasani, Sonu（シャムダサーニ, ソヌ） …… 348
Shane, Scott Andrew（シェーン, スコット・A.） …… 330
Shani, Maor（シャニ, M.） …… 345
Shankar, Pandrangi（シャンカル, パンドランギ） …… 349
Shannon, Lisa J.（シャノン, リサ・J.） …… 345
Shapcott, Richard（シャプコット, リチャード） …… 347
Shapiro, Aaron（シャピロ, アーロン） …… 345
Shapiro, Vivian（シャピロ, ヴィヴィアン） …… 345
Sharkey, John（シャーキー, ジョン（ケルト文化）） …… 342
Sharkey, John（シャーキー, ジョン（理学療法）） …… 342
Sharma, Robin Shilp（シャーマ, ロビン） …… 347
Sharma, Ruchir（シャルマ, ルチル） …… 349
Sharp, Gene（シャープ, ジーン） …… 346
Sharp, Isadore（シャープ, イザドア） …… 345
Sharp, Timothy J.（シャープ, ティモシー・J.） …… 346
Sharpe, Kenneth Evan（シャープ, ケネス） …… 346
Sharvit, Keren（シャーヴィト, K.） …… 342
Shaules, Joseph（ショールズ, ジョセフ） …… 375
Shavit, David（シャヴィット, デイヴィッド） …… 342
Shaw, Rajib（ショウ, ラジブ） …… 370
Shaxson, Nicholas（シャクソン, ニコラス） …… 343
Shea, Shawn Christopher（シア, ショーン・クリストファー） …… 324
Sheehan, Michael（シーハン, マイケル） …… 336
Sheldon, Rose Mary（シェルドン, ローズ・マリー） …… 330
Sheldrake, Philip（シェルドレイク, P.） …… 330
Shelton, Ken（シェルトン, ケン） …… 330
Shenk, David（シェンク, デイヴィッド） …… 331
Shenk, Joshua Wolf（シェンク, ジョシュア・ウルフ） …… 331
Shenkar, Oded（シェンカー, オーデッド） …… 330
Shenon, Philip（シノン, フィリップ） …… 335
Shepard, Ernest Howard（シェパード, E.H.） …… 327
Shepher, Joseph（シェファー, J.） …… 327
Sher, Barbara（シェール, バーバラ） …… 329
Sheran, Ashtar（シェラン, アシュター） …… 329
Sheridan, Richard（シェリダン, リチャード） …… 329
Sherman, Lawrence W.（シャーマン, ローレンス・W.） …… 348
Sherrill, Martha（シェリル, マーサ） …… 329
Sherrow, Victoria（シャーロー, ヴィクトリア） …… 349
Shewmake, Carrol Johnson（シューメーク, キャロル・ジョンソン） …… 362
Shields, Sarah D.（シールズ, サラ） …… 380
Shillony, Ben-Ami（シロニー, ベン・アミー） …… 381
Shin, Youngseok（シン, ヨンソク） …… 383
Shine, Betty（シャイン, ベティ） …… 341
Shipside, Steve（シップサイド, スティーブ） …… 333
Shlaim, Avi（シュライム, アヴィ） …… 363
Shohet, Robin（ショエット, ロビン） …… 371
Shorter, Wayne（ショーター, ウェイン） …… 372
Shteir, Rachel（シュタイア, レイチェル） …… 355
Shulam, Joseph（シュラム, ヨセフ） …… 363
Shulman, Lee S.（シュールマン, リー・S.） …… 365
Shusterman, Richard（シュスターマン, リチャード） …… 355
Shute, Valerie J.（シュート, ヴァレリー・J.） …… 357
Sieber, Ulrich（ズィーバー, ウルリッヒ） …… 387
Siebold, Steve（シーボルド, スティーブ） …… 337
Siegel, Mary E.（ジーゲル, マリー・E.） …… 332
Siemer, Deanne C.（シーマー, D.C.） …… 337
Sieyès, Emmanuel Joseph, comte（シィエス, E.） …… 324
Sigstedt, Cyriel Odhner（シグステッド, シリエル・オドナー） …… 332
Silbiger, Steven Alan（シルビジャー, スティーブン） …… 381
Silk, Angèle M.J.（シルク, アンジェル・M.J.） …… 380
Siltala-Keinänen, Päivi（シルタラ＝ケイナネン, パイヴィ） …… 380
Silver, Bruce Richard（シルヴァー, B.） …… 380
Silver, Nate（シルバー, ネイト） …… 381
Silverstein, Luise B.（シルバースタイン, ルイス・B.） …… 381
Simbulan, Roland G.（シンブラン, ローランド・G.） …… 385
Simeona, Morrnah Nalamaku（シメオナ, モーナ・ナラマク） …… 338
Simmel, Derry（ジンメル, デリー） …… 386
Simmel, Georg（ジンメル, ゲオルグ） …… 386
Simmons, Annette（シモンズ, アネット） …… 339
Simmons, Robert（シモンズ, ロバート） …… 339
Simmons, Simone（シモンズ, シモーヌ） …… 339

Simon, George K.（サイモン, ジョージ）……… 307
Simon, Hermann（サイモン, ハーマン）………… 308
Simon, Tami（サイモン, タミ）…………………… 308
Simons, Daniel J.（シモンズ, ダニエル）……… 339
Sims, Peter（シムズ, ピーター）………………… 338
Simsa, Pavel（シムサ, パベル）………………… 338
Sinclair, Celia Brewer（シンクレア, C.B.）…… 384
Sinclair, Hugh（シンクレア, ヒュー）………… 384
Sindell, Milo（シンデル, マイロ）……………… 385
Sindell, Thuy（シンデル, トゥイ）……………… 385
Sinek, Simon（シネック, サイモン）…………… 334
Sing, Lama（シング, ラマ）……………………… 384
Singer, Blair（シンガー, ブレア）……………… 383
Singer, Judith D.（シンガー, ジュディス）…… 383
Singer, Peter（シンガー, ピーター）…………… 383
Singer, Saul（シンゲル, シャウル）…………… 384
Singh, Harbir（シン, ハビール）………………… 382
Singh, Jitendra（シン, ジテンドラ）…………… 382
Singh, Simon（シン, サイモン）………………… 382
Singhal, Arvind（シンハル, A.）………………… 385
Singul, Francisco（シングル, フランシスコ）…… 384
Sinha, Janmejaya（シンハ, ジャンメジャヤ）… 385
Siniavskii, Andrei Donat'evich（シニャフスキー, アンドレイ）……………………………… 334
Sinnreich, Richard Hart（シンレイチ, リチャード・ハート）……………………………… 386
Sinoway, Eric C.（シノウェイ, エリック）……… 334
Sipe, Ken（サイプ, ケン）………………………… 307
Sitchin, Zecharia（シッチン, ゼカリア）………… 333
Sivananda, Swami（シバナンダ, スワミ）……… 335
Ska, Jean Louis（スカ, ジャン・ルイ）………… 390
Skeldon, Ronald（スケルドン, ロナルド）……… 391
Skinner, Burrhus Frederic（スキナー, B.F.）… 390
Skinner, Quentin（スキナー, クェンティン）… 390
Sklar, Holly（スクラー, ホリー）………………… 391
Skoglund, Kim（スコグルンド, キム）…………… 391
Skomal, Marty（スコマル, マーティ）…………… 392
Slater, David H.（スレイター, デビッド）……… 415
Slaughter, Sheila（スローター, シェイラ）……… 415
Slavin, Bill（スレイヴィン, ビル）……………… 415
Sletten, Brian（スレッテン, ブライアン）……… 415
Sloane, Paul（スローン, ポール）……………… 416
Sloterdijk, Peter（スローターダイク, ペーター）……………………………………………… 415
Slywotzky, Adrian J.（スライウォツキー, エイドリアン・J.）………………………………… 414
Smadja, Éric（スマジャ, エリック）…………… 410
Smaldino, Sharon E.（スマルディノ, シャロン・E.）……………………………………………… 411
Smart, Peter（スマート, ピーター）…………… 411
Smedley, Jenny（スメドリー, ジェニー）……… 414
Smeyers, Paul（スメイヤー, ポール）　414
Smiles, Samuel（スマイルズ, サミュエル）…… 410
Smith, Adam（スミス, アダム）………………… 411
Smith, Alastair（スミス, アラスター）………… 411
Smith, Frank（スミス, フランク）……………… 412
Smith, Gordon（スミス, ゴードン）…………… 412
Smith, Greg（スミス, グレッグ）……………… 412
Smith, Joseph Anthony（スミス, ジョス・A.）……………………………………………… 412
Smith, Keith Cameron（スミス, キース・キャメロン）……………………………………… 411
Smith, Kennon M.（スミス, ケノン・M.）……… 412
Smith, Lauren（スミス, ローレン）…………… 413
Smith, Laurence C.（スミス, ローレンス・C.）……………………………………………… 413
Smith, Paul（スミス, ポール（経営））………… 412
Smith, Peter Daniel（スミス, P.D.）…………… 413
Smith, Richard（スミス, リチャード）………… 413
Smith, Robert D.（スミス, ロバート・D.）…… 413
Smith, Robert Rowland（スミス, ロバート・ロウランド）………………………………… 413
Smith, Roy C.（スミス, ロイ・C.）…………… 413
Smith, Steve（スミス, スティーヴ）…………… 412
Smith, Wendy（スミス, ウェンディ）………… 411
Smits, Gregory James（スミッツ, グレゴリー）……………………………………………… 413
Smullyan, Raymond M.（スマリヤン, レイモンド・M.）………………………………………… 411
Snaith, John G.（スネイス, ジョン・G.）……… 406
Snell, Kate（スネル, ケイト）…………………… 406
Snell, Martha E.（スネル, マーサ・E.）……… 406
Snellgrove, David L.（スネルグローヴ, デイヴィッド）……………………………………… 406
Snyder, Gary（スナイダー, ゲーリー）………… 406
Sobel, Andrew Carl（ソーベル, アンドリュー）……………………………………………… 429
Soboul, Albert（ソブール, アルベール）……… 428
Sobritchea, Carolyn Israel（ソブリチャ, キャロリン）……………………………………… 428
Soet, Johanna E.（ソエト, J.）　427
Sofsky, Wolfgang（ソフスキー, ヴォルフガング）……………………………………………… 428
Sokolov, Aleksandr（ソコロフ, アレクサンドル）……………………………………………… 428
Solana, Javier（ソラナ, ハビエル）…………… 429
Solder, Scott（ソルダー, スコット）…………… 429
Soletta, Luigi（ソレッタ, ルイジ）…………… 429
Solnado, Alexandra（ソルナード, アレクサンドラ）……………………………………………… 429
Solomon, Michael G.（ソロモン, マイケル・G.）……………………………………………… 430
Solove, Daniel J.（ソローヴ, ダニエル・J.）…… 430
Sommers, Sam（サマーズ, サム）……………… 314
Sonuga-Barke, Edmund（ソヌガ・バルケ, E.）……………………………………………… 428
Sören, Daniel（ソレン, ダニエル）…………… 429
Sørensen, Henrik（ソレンセン, ヘンリック）…… 429

Soros, George（ソロス, ジョージ）…… 430
SOS CHILDREN'S VILLAGES INTERNATIONAL（SOS子どもの村インターナショナル）…… 113
Spalding, Baird Thomas（スポールディング, ベアード）…… 410
Sparrow, Sara S.（スパロー, サラ・S.）…… 407
Spaventa, Bertrando（スパヴェンタ, ベルトランド）…… 407
Speakman, James（スピークマン, ジェームス）…… 407
Spence, Jonathan D.（スペンス, ジョナサン・D.）…… 409
Spence, Michael（スペンス, マイケル）…… 410
Spencer, Lyle M.（スペンサー, ライル・M.）…… 409
Spencer, Signe M.（スペンサー, シグネ・M.）…… 409
Spender, J.C.（スペンダー, J.C.）…… 410
Sperry, Len（スペリー, レン）…… 409
Spiegel, Dixie Lee（シュピーゲル, ディキシー・リー）…… 360
Spiegler, Julie（シュピーグラー, ジュリー）…… 360
Spiller, Jan（スピラー, ジャン）…… 408
Spini, Dario（スピニ, D.）…… 408
Spitzbart, Michael（シュピッツバート, ミヒャエル）…… 360
Spitzer, Cindy S.（スピッツァー, シンディ）…… 408
Spitzer, Leo（シュピッツァー, レオ）…… 360
Spivak, Gayatri Chakravorty（スピヴァク, ガヤトリ・チャクラヴォルティ）…… 407
Spooner, John D.（スプーナー, ジョン）…… 408
Spradlin, Dwayne（スプラディン, ドウェイン）…… 408
Spring, Janis Abrahms（スプリング, ジャニス・エイブラムズ）…… 408
Spring, Michael（スプリング, マイケル）…… 409
Spruill, Jean（スプライル, J.）…… 408
Stabb, Ingrid（スタブ, イングリッド）…… 395
Stack, Laura（スタック, ローラ）…… 395
Stackpole, Cynthia Snyder（スタックポール, シンシア・スナイダー）…… 395
Staddon, J.E.R.（スタッドン, ジョン）…… 395
Stalker, Peter（ストーカー, ピーター）…… 402
Stamaty, Mark Alan（スタマティー, マーク・アラン）…… 395
Standish, Paul（スタンディッシュ, ポール）…… 396
Stanley, Andy（スタンリー, アンディー）…… 397
Stanley, Thomas J.（スタンリー, トマス・J.）…… 397
Stanton, Fredrik（スタントン, フレドリック）…… 397
Starbird, Michael（スターバード, マイケル）…… 395
Stark, David（スターク, デヴィッド）…… 394
Stears, Marc（スティアーズ, マーク）…… 397
Steel, Knight（スティール, K.）…… 400
Steel, Piers（スティール, ピアーズ）…… 400
Steele, Jackie F.（スティール, ジャッキー）…… 399
Steele, Miriam（スティール, ミリアム）…… 400
Steele, Shelby（スティール, シェルビー）…… 399
Steer, Dugald A.（スティール, ドゥガルド・A.）…… 400
Steffy, Betty E.（ステッフィー, B.）…… 400
Steger, Brigitte（シテーガ, ブリギッテ）…… 334
Stein, Abby（スタイン, アビー）…… 394
Stein, Christina Tracy（スターン, クリスティーナ・トレイシー）…… 396
Steinberg, Avi（スタインバーグ, アヴィ）…… 394
Steinberg, Jonathan（スタインバーグ, ジョナサン）…… 394
Steinberg, Milton（スタインバーグ, ミルトン）…… 394
Steiner, Bob（スタイナー, ボブ）…… 393
Steiner, Christopher（スタイナー, クリストファー）…… 393
Steiner, George（スタイナー, ジョージ）…… 393
Steiner, Miriam（スタイナー, ミリアム）…… 394
Steiner, Rudolf（シュタイナー, ルドルフ）…… 355
Steinitzer, Wilhelm（シュタイニッツァー, W.）…… 356
Stendhal（スタンダール）…… 396
Stengel, Richard（ステンゲル, リチャード）…… 401
Stent, Gunther Siegmund（ステント, ガンサー・S.）…… 401
Stephenson, Sean（スティーブンソン, ショーン）…… 399
Sterdyniak, Henri（ステルディニアック, アンリ）…… 401
Sterelny, Kim（ステレルニー, キム）…… 401
Sterk, Wolfgang（シュテルク, ヴォルフガング）…… 356
Sterling, Fred（スターリング, フレッド）…… 395
Stern, Daniel N.（スターン, ダニエル・N.）…… 396
Stern, Paul C.（スターン, ポール・C.）…… 396
Sterner, Thomas M.（スターナー, トーマス・M.）…… 395
Stets, Jan E.（ステッツ, ジャン・E.）…… 400
Stevens, Andrew（スティーブンズ, アンドリュー）…… 399
Stevens, Suzanne（スティーヴンズ, S.）…… 398
Stevenson, N.J.（スティーヴンソン, N.J.）…… 398
Stevenson, Robert Louis Balfour（スティーヴンソン, ロバート・ルイス）…… 398
Stewart, Ian（スチュアート, イアン）…… 397
Stewart, Matthew（スチュアート, マシュー）…… 397
Stibal, Vianna（スタイバル, ヴァイアナ）…… 394
Stiegler, Bernard（スティグレール, ベルナール）…… 399
Stifter, Adalbert（シュティフター, アーダルベルト）…… 356
Stiglitz, Joseph E.（スティグリッツ, ジョセフ・E.）…… 398
Stilwell, Alexander（スティルウェル, アレグザンダー）…… 400

Stirner, Max（シュティルナー, M.）…… 356
Stockstrom, Christoph（シュトックシュトルム, クリストフ）…… 357
Stockwell, Stephen（ストックウェル, スティーヴン）…… 402
Stoker, Gerry（ストーカー, ジェリー）…… 401
Stolleis, Michael（シュトレイス, ミヒャエル）…… 358
Stolovitch, Harold D.（ストルヴィッチ, ハロルド・D.）…… 403
Stone, Dan（ストーン, ダン）…… 405
Stone, Martin Lawrence（ストーン, M.）…… 405
Stone, Michael H.（ストーン, マイケル）…… 405
Stone, Oliver（ストーン, オリバー）…… 405
Stone, W.Clement（ストーン, W.クレメント）…… 405
Stonehill, Arthur I.（ストーンヒル, アーサー・I.）…… 406
Stones, Rosemary（ストーンズ, ローズマリー）…… 406
Stonich, Susan C.（ストニック, スーザン）…… 402
Stopes, Marie C.（ストープス, マリー）…… 402
Stora, Benjamin（ストラ, バンジャマン）…… 402
Stora, Renée（ストラ, ルネ）…… 402
Storbeck, Olaf（シュトルベック, オラフ）…… 357
Storl, Wolf-Dieter（シュトルル, ヴォルフ＝ディーター）…… 357
Stott, Carole（ストット, キャロル）…… 402
Stowell, Charlotte（ストウェル, シャーロット）…… 401
Stowell, Gordon（ストウェル, ゴードン）…… 401
Straeb, Hermann（シュトレープ, H.）…… 358
Strand, Clark（ストランド, クラーク）…… 403
Strange, Susan（ストレンジ, スーザン）…… 404
Straub, Eberhard（シュトラウプ, エバーハルト）…… 357
Strauss, Leo（シュトラウス, レオ）…… 357
Strauss, Neil（ストラウス, ニール）…… 403
Strawson, Peter Frederick（ストローソン, P. F.）…… 404
Strege, Karen（ストレッジ, カレン）…… 404
Strehlow, Wighard（シュトレーロフ, ヴィガート）…… 358
Strigl, Denny F.（ストリグル, デニー・F.）…… 403
Stril-Rever, Sofia（ストリル＝ルヴェ, ソフィア）…… 403
Stringer, Chris（ストリンガー, クリス）…… 403
Stringer, Ernest T.（ストリンガー, E.T.）…… 403
Strobel, Lee（ストロベル, リー）…… 404
Strobel, Tammy（ストローベル, タミー）…… 404
Stronge, Charles（ストロング, チャールズ）…… 404
Stross, Randall E.（ストロス, ランダル）…… 404
Strozier, Charles B.（ストロジャー, チャールズ・B.）…… 404
Stuart, Heather（スチュアート, ヘザー）…… 397
Stuart-Fox, Martin（スチュワート＝フォックス, マーティン）…… 397
Stubhaug, Arild（ストゥーブハウグ, A.）…… 401
Stull, William J.（スタル, ウィリアム・J.）…… 396
Stutterheim, Willem Frederik（ストュテルヘイム, W.）…… 402
Stutz, Phil（スタッツ, フィル）…… 395
Su, Yuyan（スー, ユヤン）…… 386
Suarez Fernandez, Miguel（スアレス, ミゲル）…… 386
Subrahmanyam, Marti G.（サブラマニャム, マーティ・G.）…… 313
Subramaniam, Venkat（スブラマニアム, ベンカト）…… 408
Suh, Dae-Sook（ソ, デスク）…… 426
Sukhdev, Pavan（スクデフ, パヴァン）…… 391
Sullivan, Geraldine（サリヴァン, ジェラルディン）…… 315
Sullivan, Rodney N.（サリバン, ロドニー・N.）…… 316
Sullivan, Stephen M.（サリバン, ステファン・M.）…… 315
Sullivan, Tim（サリバン, ティム）…… 315
Sullivan, William M.（サリバン, ウィリアム・M.）…… 315
Sumanasara, Alubomulle（スマナサーラ, アルボムッレ）…… 411
Summerscale, Kate（サマースケイル, ケイト）…… 314
Sundaram, Rangarajan K.（サンドラム, ランガラジャン・K.）…… 323
Sunderland, Margot（サンダーランド, マーゴット）…… 319
Sundström, Gerdt（スンドシュトレム, ジェルト）…… 417
Suneby, Elizabeth（サナビー, エリザベス）…… 313
Sunstein, Cass R.（サンスティーン, キャス・R.）…… 318
Suntum, Ulrich van（ズントゥム, ウルリヒ・ファン）…… 417
Supersbergen, Nikolaus（ズーパースベルゲン, ニコウラス）…… 407
Surprenant, Aimée M.（スープレナント, A.M.）…… 409
Surya Das（スールヤ・ダス）…… 414
Sutherland, Stuart（サザーランド, スチュアート）…… 310
Sutter, Andrew J.（サター, アンドリュー・J.）…… 310
Sutton, Robert I.（サットン, ロバート・I.）…… 312
Suzuki, Edward（スズキ, エドワード）…… 393
Svoboda, Terese（スヴォボダ, テレーズ）…… 390
Swanberg, Lena Katarina（スヴァンベリ, レーナ・カタリーナ）…… 387
Swanston, Alexander（スワンストン, アレグザンダー）…… 416

Swanston, Malcolm（スワンストン, マルコム）………… 416
Swap, Walter C.（スワップ, ウォルター）……… 416
Swedenborg, Emanuel（スヴェーデンボリ, エマヌエル）………… 389
Sweeney, John（スウィーニー, ジョン）………… 388
Sweeney, Michael S.（スウィーニー, マイケル・S.）………… 388
Sweetman, Paul（スウィートマン, ポール）……… 388
Swerling, Lisa（スワーリング, リサ）………… 416
Swiatek, Frank（スウィアテク, フランク）……… 388
Swift, Adam（スウィフト, アダム）………… 388
Swindells, Robert（スウィンデルズ, ロバート）………… 388
Switzler, Al（スウィツラー, アル）………… 388
Sykes, Charles J.（サイクス, チャールズ・J.）‥ 306
Sykes, Christopher（サイクス, クリストファー）………… 306
Sylva, Douglas A.（シルバ, ダグラス・A.）……… 381
Syme, Ronald（サイム, ロナルド）………… 307
Symons, Terrie（サイモンズ, テリー）………… 308
Syré, Ludger（ジュレ, ルートガー）………… 365
Szuchman, Paula（シューマン, ポーラ）………… 360
Szymanski, Jeff（シマンスキー, ジェフ）………… 337

【T】

Tabaka, Arta（タバカ, アルタ）………… 443
Tabarev, Andrei（タバレフ, アンドレイ）……… 443
Tacitus, Cornelius（タキトゥス）………… 438
Tadić, Dušan（タディチ, ドゥシコ）………… 441
Tagore, Sir Rabīndranāth（タゴール, ラビンドラナート）………… 439
Taibo, Carlos（タイボ, カルロス）………… 435
Taleb, Nassim Nicholas（タレブ, ナシーム・ニコラス）………… 448
Tamanaha, Brian Z.（タマナハ, ブライアン・Z.）………… 444
Tan, Chade-Meng（タン, チャディー・メン）‥ 449
Tan, Neivelle（タン, ネヴィル）………… 449
Tannen, Deborah（タネン, デボラ）………… 443
Tanner, Julia（タナー, ジュリア）………… 441
Tanner, Norman P.（タナー, N.）………… 442
Tanzen Lhundrup（タンゼン・ルンドゥプ）…… 451
Taret, Catherine（タレット, C.）………… 448
Target, Mary（タルジェ, メアリー）………… 447
Tasker, Peter（タスカ, ピーター）………… 440
Tate, Ryan（テイト, ライアン）………… 481
Tay, Lee Yong（テイ, リー・ヨン）………… 476
Taylor, Alan John Percivale（テイラー, A.J.P.）………… 486
Taylor, Anthony James（テイラー, アンソニー）………… 484
Taylor, Astra（テイラー, A.）………… 486
Taylor, Charles（テイラー, チャールズ）……… 485
Taylor, David（テイラー, デイヴィッド（精神分析））………… 485
Taylor, George Howard（テイラー, ジョージ・H.）………… 485
Taylor, Gladys（テイラー, グラディス）……… 484
Taylor, Helen（テイラー, ヘレン）………… 485
Taylor, Jeremy（テイラー, ジェレミー（1943-））………… 484
Taylor, Maria（テイラー, マリア）………… 486
Taylor, Matthew（テイラー, マシュー）……… 486
Taylor, Richard（テイラー, R.（図像学））……… 486
Taylor, Richard（テイラー, リチャード（倫理））………… 486
Taylor, Sandra Anne（テイラー, サンドラ・アン）………… 484
Taylor, Shelley E.（テイラー, シェリー・E.）‥ 484
Taylor, Timothy（テイラー, ティモシー）……… 485
Tedlow, Richard S.（テドロー, リチャード・S.）………… 491
Teece, David J.（ティース, デビッド・J.）…… 479
Teilhard de Chardin, Pierre（テイヤール・ド・シャルダン, ピエール）………… 484
Teixeira de Melo, Fabio（テイセイラ・デ・メロ, ファビオ）………… 480
Tejasānanda, Swami（テジャサーナンダ, スワーミー）………… 490
Telford, William R.（テルフォード, W.R.）…… 498
Telles, Edward Eric（テルズ, エドワード・E.）………… 498
Tellini, Gian（テリニ, ジャイアン）………… 497
Templar, Richard（テンプラー, リチャード）… 499
Templin, Stephen（テンプリン, スティーブン）………… 500
Tenbrunsel, Ann E.（テンブランセル, アン・E.）………… 500
Teo, Leslie（テオ, L.）………… 489
Tepper, Jonathan（テッパー, ジョナサン）…… 491
Teresa（テレジア（イエズスの）〈聖〉）………… 498
Terzi, Lorella（テルジ, ロレラ）………… 497
Tesla, Nikola（テスラ, ニコラ）………… 490
Teubner, Gunther（トイブナー, グンター）…… 502
Thant Myint-U（タンミンウー）………… 452
Theiszen, Gerd（タイセン, ゲルト）………… 435
Theotoki-Atteshli, Panayiota（セオトキ - アテシュリ, パナヨッタ）………… 418
Thérèse, Saint（テレーズ（リジューの））……… 498
Thesenga, Susan（テセンガ, スーザン）………… 490
Thetford, William N.（セットフォード, ウィリアム）………… 420
Thevos, Angelica K.（セヴォス, A.）………… 418
Thies, Michael F.（ティース, マイケル）……… 479
Thiess, Frank（ティース, フランク）………… 479

Thiesse, Anne-Marie (ティエス, アンヌ＝マリ) ……… 478
Thinley, Jigmi Y. (ティンレイ, ジグミ) ……… 488
Thirion, Samuel (ティリオン, サミュエル) ……… 487
Thomas, Alan Ken (トーマス, アラン・ケン) ‥ 512
Thomas, Glyn V. (トーマス, グリン・V.) ……… 513
Thomas, Julian (トーマス, ジュリアン) ……… 513
Thomas, Keith (トマス, キース) ……… 513
Thomas, Lorraine (トーマス, ロレイン) ……… 513
Thomas, Prakash K. (トーマス, P.) ……… 513
Thomas, R.Roosevelt, Jr. (トーマス, R.ルーズベルト, Jr.) ……… 513
Thomas Aquinas, Saint (トマス・アクィナス) ……… 513
Thompson, Barbara Rose (トンプソン, バーバラ) ……… 524
Thompson, Bonita S. (トンプソン, ボニタ・S.) ……… 525
Thompson, Bruce R.T. (トンプソン, ブルース) ……… 525
Thompson, David (トンプソン, デイヴィッド) ……… 524
Thompson, Donald N. (トンプソン, ドナルド) ……… 524
Thompson, Ernest (トンプソン, アーネスト) ‥ 524
Thompson, Hunter S. (トンプソン, ハンター・S.) ……… 525
Thompson, James D. (トンプソン, ジェームス・D.) ……… 524
Thompson, Mark C. (トンプソン, マーク・C.) ……… 525
Thompson, Stith (トンプソン, スティス) ……… 524
Thompson, William (トンプソン, W.) ……… 525
Thomson, Anne (トムソン, アン) ……… 514
Thomson, Paul (トムソン, ポール) ……… 514
Thornhill, Christopher J. (ソーンヒル, クリス) ……… 432
Thorncroft, Graham (ソーンクロフト, グラハム) ……… 428
Thornley, Rebecca Gundersen (ソーンリィ, レベッカ・ガンダーセン) ……… 432
Thornton, Stephen J. (ソーントン, スティーブン・J.) ……… 432
Thorslund, Mats (トールスルンド, M.) ……… 520
Thorwald, Jürgen (トールヴァルト, J.) ……… 519
Thucydides (トゥキュディデス) ……… 505
Thurber, James (サーバー, ジェイムズ) ……… 313
Thurman, Robert A.F. (サーマン, ロバート・A.F.) ……… 314
Tice, Louis E. (タイス, ルー) ……… 435
Tickell, Sir Clispin (ティッケル, クリスピン) ‥ 481
Tickle, Phyllis A. (ティックル, フィリス・A.) ……… 481
Tierney, John Marion (ティアニー, ジョン) … 476
Tiffin, Chris (ティフィン, クリス) ……… 482
Tillich, Paul (ティリッヒ, パウル) ……… 487
Tillion, Germaine (ティヨン, ジェルメーヌ) … 484
Tilney, Tony (ティルニー, トニー) ……… 487
Tin, Louis-Georges (タン, ルイ＝ジョルジュ) ……… 450
Tincq, Henri (タンク, アンリ) ……… 451
Tipping, Colin C. (ティッピング, コリン・C.) ……… 481
Tittel, Ed (ティテル, エド) ……… 481
Tobe, Glenn R. (トベ, グレン) ……… 512
Todd, Alpheus (トッド, アルフユース) ……… 509
Todd, Emmanuel (トッド, エマニュエル) ……… 509
Todd, John (トッド, ジョン) ……… 510
Todorov, Tzvetan (トドロフ, ツヴェタン) ……… 510
Toews, Barb (トウズ, バーブ) ……… 505
Toivonen, Tuukka Hannu Ilmari (トイボネン, トゥーッカ) ……… 502
Tokayer, Marvin (トケィヤー, マーヴィン) ……… 508
Toland, John (トーランド, ジョン) ……… 517
Toll, Ian W. (トール, イアン) ……… 519
Tolstoi, Lev Nikolaevich (トルストイ, レフ・ニコラエヴィチ) ……… 519
Tomasello, Michael (トマセロ, マイケル) ……… 514
Tomlin, Jenny (トムリン, ジェニー) ……… 514
Toobin, Jeffrey (トゥービン, ジェフリー) ……… 506
Toohey, Peter (トゥーヒー, ピーター) ……… 506
Töpffer, Rodolphe (テプフェール, ロドルフ) ‥ 493
Topik, Steven (トピック, スティーヴン) ……… 511
Torkunov, Anatoliĭ Vasil'evich (トルクノフ, アナトーリー・ワシリエビッチ) ……… 519
Törneke, Niklas (トールネケ, ニコラス) ……… 520
Torpey, John C. (トーピー, ジョン・C.) ……… 511
Torrance, Thomas Forsyth (トーランス, トーマス・F.) ……… 516
Torrence, Phillip D. (トーレンス, フィリップ・D.) ……… 522
Torrenzano, Richard (トレンザーノ, リチャード) ……… 522
Torres, Carlos Alberto (トーレス, カルロス・アルベルト) ……… 521
Torres, Luis E. (トーレス, ルイス・E.) ……… 521
Torres, Sandra (トーレス, S.) ……… 521
Torres-Arpi, Magdalena E. (トーレス＝アルピ, マグダレナ・E.) ……… 521
Tough, Paul (タフ, ポール) ……… 444
Toulmin, Stephen Edelston (トゥールミン, スティーヴン) ……… 508
Touraine, Alain (トゥレーヌ, アラン) ……… 508
Toussaint, Eric (トゥーサン, エリック) ……… 505
Towner, Elizabeth (タウナー, エリザベス) ……… 437
Townsend, Heather (タウンゼンド, ヘザー) … 437
Townsend, John Sims (タウンゼント, ジョン・S.) ……… 437
Toye, Nigel (トーイ, ナイジェル) ……… 501
Tracey, Monica W. (トレーシー, モニカ・W.) ……… 521

Tracy, Brian（トレーシー, ブライアン）……… 520
Tracy, Brian（トレイシー, ブライアン）……… 520
Tran Thi Mai Hoa（トラン・ティ・マイ・ホア）
……… 517
Traver Tomás, Vicente（トラベル・トマス, ビセンテ）……… 516
Trenin, Dmitri（トレーニン, ドミートリー）… 522
Trepper, Terry S.（トラッパー, テリー・S.）… 516
Tresmontant, Claude（トレスモンタン, クロード）……… 522
Treuer, Paul（トゥルーアー, ポール）……… 507
Trevarthen, Colwyn（トレヴァーセン, コールウィン）……… 520
Trias de Bes, Fernando（トリアス・デ・ベス, フェルナンド）……… 517
Tricks, Henry（トリックス, ヘンリー）……… 517
Trimble, Chris（トリンブル, クリス）……… 518
Trinh, Thi Minh-Ha（トリン, T.ミンハ）……… 518
Trobridge, George（トロブリッジ, ジョージ）‥ 523
Trompenaars, Alfons（トロンペナールス, フォンス）……… 523
Tronick, Edward Z.（トロニック, エドワード・Z.）……… 523
Troper, Michel（トロペール, ミシェル）……… 523
Trosten-Bloom, Amanda（トロステン＝ブルーム, アマンダ）……… 523
Trowell, Judith（トローウェル, J.）……… 522
Trump, Donald J.（トランプ, ドナルド・J.）… 517
Truong, Nicolas（トリュオング, ニコラ）……… 518
Tschäppeler, Roman（チャペラー, ローマン）‥ 458
Tschirky, Hugo（チルキー, ヒューゴ）……… 470
Tse, David K.（ツェ, デイヴィッド）……… 474
Tse, Edward（ツェ, エドワード）……… 474
Tseng, Winston（ツェン, W.）……… 474
Tson kha pa Blo bzan grags pa（ツォンカパ）‥ 475
Tuchman, Barbara Wertheim（タックマン, バーバラ・W.）……… 440
Tucker, Harry（タッカー, ハリー）……… 440
Tuckman, Bruce（タックマン, ブルース）……… 440
Tuell, Steven Shawn（トゥール, S.S.）……… 507
Tulley, Gever（タリー, ゲイバー）……… 446
Tunstill, Jane（タンスティル, J.）……… 451
Turner, Jonathan H.（ターナー, ジョナサン・H.）……… 441
Turner, Sarah E.（ターナー, サラ・E.）……… 441
Turney, Chris（ターニー, クリス）……… 442
Turpin, Dominique（テュルパン, ドミニク）… 496
Tusch, Manuel（トゥッシュ, マヌエル）……… 505
Tvert, Mason（トヴェルト, メーソン）……… 504
Twain, Mark（トウェイン, マーク）……… 504
Twenge, Jean M.（トウェンギ, ジーン・M.）… 504
Twintreess, Marilyn（ツイントゥリーズ, マリリン）……… 473
Twintreess, T.（ツイントゥリーズ, トーマス）‥ 473
Twist, Lynne（トゥイスト, リン）……… 504
Two Feather, William（トゥフェザー, ウィリアム）……… 506
Tyl, Noel（ティル, ノエル）……… 487

【U】

Ubalde, Jonard（ウバルデ, ジョナード）……… 106
Uken, Adriana（ウーケン, エイドリアナ）……… 103
Ulin, Bengt（ウリーン, ベングト）……… 107
Ulin, David L.（ユーリン, デヴィッド・L.）… 847
Ulrich, David（ウルリッチ, デイブ）……… 108
Ulrich, Wendy（ウルリッチ, ウェンディ）……… 108
Ulric of England（アルリック・オブ・イングランド）……… 38
Umbreit, Mark（アンブレイト, マーク）……… 50
UN（国際連合）……… 280
Underhill, Brian O.（アンダーヒル, ブライアン・O.）……… 48
Underwood, Marion K.（アンダーウッド, M.）‥ 46
Unger, Lorin（アンガー, ローリン）……… 44
UNHCR（国際連合難民高等弁務官事務所）…… 281
Unsworth, John（アンスワース, ジョン）……… 46
Uribe Escobar, Fernando（ウリベ, フェルナンド）……… 107
Urquhart, Brian（アークハート, ブライアン）…… 9
Urry, John（アーリ, ジョン）……… 31
Urwin, Cathy（アーウィン, キャシー）……… 6
Ury, William L.（ユーリー, ウィリアム）……… 847
Useem, Michael（ユシーム, マイケル）……… 846
Uslaner, Eric M.（アスレイナー, エリック・M.）……… 13
Ustariz Arze, Reginaldo（ウスタリス・アルセ, レヒナルド）……… 103

【V】

Vainio, Pirkko（ヴァイニーオ, ピルッコ）……… 67
Valensi, Lucette（ヴァランシ, L.）……… 69
Valentine, Bobby（バレンタイン, ボビー）…… 603
Valéry, Paul Ambroise（ヴァレリー, ポール）…… 70
Valle, Angelo（ヴァーリ, アンジェロ）……… 69
Vallieres, Ingrid（バリエール, イングリッド）‥ 596
Valsiner, Jaan（ヴァルシナー, ヤーン）……… 69
Valtorta, Maria（ヴァルトルタ, マリア）……… 69
Van Andel, Steve（ヴァンアンデル, スティーブ）……… 70
Vance, William A.（ヴァンス, ウィリアム・A.）
……… 70
VandenBos, Gary R.（ファンデンボス, G.R.）‥ 639

Vander Wal, Thomas (ヴァンダー・ウォル, T.) …… 71
Vander Zee, Ruth (バンダー・ジー, ルース) …… 610
Van Eck, Richard N. (ファン・エック, リチャード・N.) …… 638
Van Gelder, Sarah (ヴァン・ゲルダー, サラ) …… 70
Van Haneghan, James P. (ヴァン・ハネハン, ジェームズ・P.) …… 71
Vanhoutte, Edward (ファンホウテ, エドワルト) …… 639
Van Hulle, Dirk (ファン・ヒュレ, ディルク) …… 639
Vanier, Alain (ヴァニエ, アラン) …… 68
Vanier, Jean (バニエ, ジャン) …… 585
Van Loon, Borin (ヴァン・ルーン, ボリン) …… 71
Van Manen, Max (ヴァン=マーネン, マックス) …… 71
Van Velsor, Ellen (ヴァン・ヴェルサ, エレン) …… 70
Van Vugt, Mark (ファン・フフト, マルク) …… 639
Vardaman, James M. (バーダマン, ジェームス・M.) …… 570
Varella, Lelio (ヴァレラ, レリオ) …… 70
Vasseilev, Georgy (ヴァッセイレフ, G.) …… 68
Vattimo, Gianni (ヴァッティモ, ジャンニ) …… 68
Vauclair, Jacques (ヴォークレール, ジャック) …… 94
Vaughan, Christopher C. (ヴォーン, クリストファー) …… 102
Vaughan, Hal (ヴォーン, ハル) …… 102
Vaughan, Margaret E. (ヴォーン, M.E.) …… 103
Vázquez García, Francisco (バスケス・ガルシア, フランシスコ) …… 567
Vedantam, Shankar (ヴェダンタム, シャンカール) …… 88
Védrine, Hubert (ヴェドリーヌ, ユベール) …… 89
Veil, Simone (ヴェーユ, シモーヌ) …… 91
Velasquez, Eric (ヴェラスケス, エリック) …… 91
Velasquez, Mary Marden (ヴェラスケス, メアリー・マーデン) …… 91
Velleius Paterculus (ウェレイユス・パテルクルス) …… 93
Venkataramaiah, Munagala S. (ヴェンカタラーマイア, ムナガーラ) …… 93
Ventrella, Scott W. (ヴェントレラ, スコット・W.) …… 94
Verdick, Elizabeth (バーディック, エリザベス) …… 577
Verelst, Suana (ヴェレルスト, スアナ) …… 93
Vergès, Françoise (ヴェルジェス, フランソワーズ) …… 91
Vermès, Géza (ヴェルメシ, ゲザ) …… 93
Vermeulen, Freek (ヴァーミューレン, フリーク) …… 68
Vernant, Jean-Pierre (ヴェルナン, ジャン=ピエール) …… 92
Verschuer, Charlotte von (ヴェアシュア, シャルロッテ・フォン) …… 84
Veysey, Bonita M. (ヴェイセイ, B.) …… 85
Vico, Giovanni Battista (ヴィーコ, ジャンバッティスタ) …… 73
Victor, Jean-Christophe (ヴィクトル, ジャン-クリストフ) …… 73
Vietor, Richard H.K. (ヴィートー, リチャード・H.K.) …… 75
Vigarello, Georges (ヴィガレロ, ジョルジュ) …… 72
Villa-Vicencio, Charles (ヴィラ・ヴィセンシオ, チャールズ) …… 77
Villela, Khristaan (ヴィレラ, K.) …… 82
Vincent, David (ヴィンセント, デイヴィド) …… 84
Vincent, Jean (バンサン, ジャン) …… 608
Vincent, Karyn D. (ヴィンセント, カリン・D.) …… 83
Vining, Elizabeth Gray (ヴァイニング, エリザベス・グレイ) …… 67
Virtue, Doreen (バーチュー, ドリーン) …… 571
Virtue, Grant (バーチュー, グラント) …… 571
Vishnevsky, Denis (ビセネブスキー, デニス) …… 617
Visser, Jan (ヴィッサー, ヤン) …… 74
Vissering, Simon (ヒッセリング, シモン) …… 619
Vitale, Joseph C. (ヴィターレ, ジョー) …… 74
Vitkine, Antoine (ヴィトキーヌ, アントワーヌ) …… 75
Vivekananda, Swami (ヴィヴェーカーナンダ, スワーミー) …… 71
Viveret, Patrick (ヴィヴレ, パトリック) …… 72
Vlassopoulos, Kōstas (フラソプロス, コスタス) …… 668
Vogel, Ezra F. (ヴォーゲル, エズラ・F.) …… 95
Vogel, Louis (ヴォージェル, ルイ) …… 95
Vogel, Suzanne H. (ヴォーゲル, スーザン) …… 95
Voiels, Veronica (ヴォイルズ, ベロニカ) …… 94
Volman, Bob (ボルマン, ボブ) …… 767
Vorilhon, Claude (ボリロン, クロード) …… 702
Vos, Catherine F. (ヴォス, キャスリン) …… 95
Vujicic, Nick (ブイチチ, ニック) …… 640
Vygotskiĭ, Lev Semenovich (ヴィゴツキー, L.S.) …… 73

【 W 】

Wachtel, Paul (ワテル, ポール) …… 961
Wacks, Raymond (ワックス, レイモンド) …… 960
Wade, Nicholas (ウェイド, ニコラス) …… 85
Wade, Woody (ウェイド, ウッディー) …… 85
Wadecki, Adam A. (ワデキ, アダム・A.) …… 961
Wademan, Daisy (ウェイドマン, デイジー) …… 85
Wagele, Elizabeth (ウェイゲル, エリザベス) …… 85
Wagenaar, Robert (ワーヘナール, ローベルト) …… 963

Wagenaar, Willem A.（ワーグナー, ヴィレム・A.）……959
Waggoner, Paul（ワゴナー, ポール）……959
Wagner, Christopher C.（ワーグナー, C.）……959
Wagner, Friedelind（ワーグナー, フリーデリント）……959
Wagner, Gerhard（ヴァーグナー, ゲルハルト）……68
Wahl, Asbjørn（ヴォール, アズビヨン）……97
Wahl, Rainer（ヴァール, ライナー）……69
Waitley, Denis（ウェイトリー, デニス）……85
Walawender, Richard A.（ワラウェンダー, リチャード・A.）……963
Waldherr, Kris（ウォルダー, クリス）……99
Waldroop, James（ウォルドループ, ジェームズ）……99
Walker, Gabrielle（ウォーカー, ガブリエル）……94
Walker, Morton（ウォーカー, モートン）……94
Wallace, Ian（ウォレス, イアン）……101
Wallace, Robert（ウォレス, ロバート（諜報））……101
Wallerstein, Immanuel Maurice（ウォーラーステイン, I.）……97
Wallin, David J.（ウォーリン, デイビッド・J.）……97
Wallis, Shannon（ウォリス, シャノン）……97
Wallmann, Johannes（ヴァルマン, ヨハネス）……70
Walpole, Spencer（ウォルポール, スペンサー）……101
Walsch, Neale Donald（ウォルシュ, ニール・ドナルド）……98
Walsh, Carl E.（ウォルシュ, カール・E.）……98
Walsh, Ciaran（ウォルシュ, シアラン）……98
Walter, Ingo（ウォルター, インゴ）……99
Walters, Guy（ウォルターズ, ガイ）……99
Walters, Scott T.（ウォルターズ, S.）……99
Walthall, Anne（ウォルソール, アン）……98
Walton, Ashley（ウォルトン, アシュレイ）……100
Waltz, Kenneth Neal（ウォルツ, ケネス）……99
Walvoord, Barbara E.Fassler（ウォルワード, バーバラ）……101
Walzer, Michael（ウォルツァー, マイケル）……99
Wandres, Alvina（ワンドレス, アルヴィナ）……964
Wandres, Prasad David（ワンドレス, プラサード・デイビッド）……964
Wang, Meg（ワング, メグ）……964
Wapnick, Kenneth（ワプニック, ケネス）……962
Wapshott, Nicholas（ワプショット, ニコラス）……962
Ward, Jamie（ウォード, ジェイミー）……96
Ward, Sarah F.（ウォード, サラ・F.）……96
Ward, Suzanne（ワード, スザン）……961
Wardetzki, Bärbel（ヴァルデツキー, ベルベル）……69
Ware, Bronnie（ウェア, ブロニー）……84
Warnock, Mary（ウォーノック, メアリー）……97
Warren, Kay（ウォレン, ケイ）……101
Warren, Richard（ウォレン, リック）……102
Warren, Robert Penn（ウォーレン, ロバート・ペン）……102
Warrick, Joby（ウォリック, ジョビー）……97
Warshak, Richard Ades（ウォーシャック, リチャード・A.）……95
Wartzman, Rick（ワルツマン, リック）……963
Wasdin, Howard E.（ワーズディン, ハワード・E.）……960
Wasmund, Sháá（ウォーズマン, シャー）……96
Waterhouse, Stephen（ウォーターハウス, スティーブン）……96
Waters, Michael R.（ウォーターズ, マイケル・R.）……96
Watkins, John Goodrich（ワトキンス, ジョン・G.）……961
Watkins, Marley W.（ワトキンス, M.）……961
Watkins, Michael D.（ワトキンス, マイケル・D.）……961
Watson, Burton（ワトソン, バートン）……962
Watson, Camilla E.（ワトソン, カミーラ・E.）……961
Watson, Jessica（ワトソン, ジェシカ）……962
Watson, Paul（ワトソン, P.）……962
Watson, Richard（ワトソン, リチャード（1961-））……962
Watts, Jonathan（ワッツ, ジョナサン）……960
Watzlawick, Paul（ワツラウィック, ポール）……960
Weakland, John H.（ウィークランド, ジョン・H.）……73
Weatherford, Carole Boston（ウェザーフォード, キャロル・ボストン）……87
Webb, Linda D.（ウェッブ, リンダ）……89
Webber, Christopher L.（ウェッバー, クリストファー・L.）……88
Weber, Alfred（ウェーバー, アルフレッド）……89
Weber, Elke U.（ウェーバー, E.）……90
Weber, James（ウェーバー, ジェームズ）……90
Weber, Karl（ウェバー, カール）……89
Weber, Kathleen R.（ウェーバー, K.）……91
Weber, Max（ウェーバー, マックス）……90
Weber-Kellermann, Ingeborg（ヴェーバー＝ケラーマン, インゲボルク）……91
Webster-Stratton, Carolyn（ウェブスター‐ストラットン, C.）……91
Weeber, Karl-Wilhelm（ヴェーバー, カール＝ヴィルヘルム）……89
Weeke, John R.（ウィーク, J.）……72
Wegman, Ita（ヴェーグマン, イタ）……86
Wegner, Judith Welch（ウェグナー, ジュディス・ウェルチ）……86
Weidenfeld, Nathalie（ヴァイデンフェルト, ナタリー）……67
Weil, Simone（ヴェイユ, シモーヌ）……85
Weil, Sylvie（ヴェイユ, シルヴィ）……86

Weiner, Eric（ワイナー，エリック）…… 958
Weiner, Eric J.（ウェイナー，エリック・J.）…… 85
Weiner, Tim（ワイナー，ティム）…… 958
Weininger, Elliot B.（ワイニンガー，E.B.）…… 958
Weiser, Artur（ヴァイザー，アルトゥール）…… 67
Weishaupt, Adam（ヴァイスハウプト，アダム）…… 67
Weisman, Alan（ワイズマン，アラン）…… 957
Weiss, Amy E.（ワイス，エイミー・E.）…… 956
Weiss, Antonio E.（ワイス，アントニオ・E.）…… 956
Weiss, Brian Leslie（ワイス，ブライアン・L.）…… 956
Weiss, Joshua N.（ワイス，ジョシュア・N.）…… 956
Weiss, Laura B.（ワイス，ローラ）…… 957
Weiss, Lawrence G.（ワイス，ローレンス・G.）…… 957
Weissman, Fabrice（ワイズマン，ファブリス）…… 957
Weissman, Jerry（ワイズマン，ジェリー）…… 957
Weizsäcker, Carl Friedrich von（ヴァイツゼッカー，カール・フリードリヒ・フォン）…… 67
Welch, David A.（ウェルチ，デイヴィッド・A.）…… 92
Wellmer, Albrecht（ヴェルマー，アルブレヒト）…… 92
Wells, David（ウェルズ，デイヴィッド）…… 92
Wells, Herbert George（ウェルズ，ハーバート・ジョージ）…… 92
Welsh, Brandon C.（ウェルシュ，ブランドン・C.）…… 91
Wennberg, Birgitta（ヴェンベーリア，ビルギッタ）…… 94
Wentker, Hermann（ヴェントカー，ヘルマン）…… 93
Werbach, Kevin（ワーバック，ケビン）…… 962
Werner, Alex（ワーナー，アレックス）…… 962
Wesley, John（ウェスレー，ジョン）…… 88
Wesselman, Henry Barnard（ウエスルマン，ハンク）…… 88
Wessels, David（ウェッセルズ，デイビッド）…… 88
West, Alex（ウエスト，アレックス）…… 87
Westbrook, David（ウエストブルック，デヴィッド）…… 87
Westen, Robin（ウェステン，ロビン）…… 87
Westerfield, Randolph W.（ウェスターフィールド，R.）…… 87
Westermann, Claus（ヴェスターマン，C.）…… 87
Weston, Stasia（ウェストン，ステイシア）…… 88
Wetherby, Amy M.（ウェザビー，エミー・M.）…… 86
Wettasinghe, Sybil（ウェッタシンハ，シビル）…… 88
Wexler, Lisa（ウェクスラー，リサ）…… 86
Weygand, Zina（ヴェイガン，ジナ）…… 84
Wheatley, Margaret J.（ウィートリー，マーガレット・J.）…… 76
Wheeler, Patricia（ホイーラー，パトリシア）…… 741
Whicher, Olive（ウィチャー，オリーヴ）…… 74
White, Ellen Gould Harmon（ホワイト，エレン・G.）…… 769
White, JoAnna（ホワイト，ジョアナ）…… 770
White, Lawrence J.（ホワイト，ローレンス・J.）…… 770
White, Matthew（ホワイト，マシュー）…… 770
White, Michael Kingsley（ホワイト，マイケル）…… 770
Whitehead, Lorne A.（ホワイトヘッド，ローン・A.）…… 771
Whitfield, John（ウィットフィールド，ジョン）…… 75
Whiting, Robert（ホワイティング，ロバート）…… 769
Whitington, John（ウィティングトン，ジョン）…… 75
Whitlow, Steve（ウィットゥロー，スティーヴ）…… 75
Whitney, Diana Kaplin（ホイットニー，ダイアナ）…… 740
Whittington, Richard（ウィッティントン，リチャード）…… 74
WHO（世界保健機関）…… 419
Whybray, Roger Norman（ワイブレイ，R.N.）…… 959
Whybrow, Alison（ワイブラウ，アリソン）…… 958
Whyte, Abe（ホワイト，エイブ）…… 769
Wible, Adrian（ワイブル，エイドリアン）…… 959
Wichterle, Otto（ウィフテルレ，オットー）…… 77
Widmer, Edward L.（ウィドマー，テッド）…… 76
Wiedemer, John David（ウィドマー，デビッド）…… 76
Wiedemer, Robert A.（ウィドマー，ロバート・A.）…… 76
Wiegand, Wayne A.（ウィーガンド，ウェイン・A.）…… 72
Wiese, Carl（ウィージ，カール）…… 73
Wiggins, Grant P.（ウィギンズ，グラント）…… 72
Wiig, Elisabeth H.（ウィーグ，E.）…… 72
Wikström, Per-Olof H.（ウィクストラム，パーオロフ・H.）…… 72
Wilde, Stuart（ワイルド，スチュワート）…… 959
Wilkinson, Philip（ウィルキンソン，フィリップ）…… 80
Wilkinson, Roy（ウィルキンソン，ロイ）…… 80
Wilkinson, Tony J.（ウィルキンソン，トニー）…… 80
Willett, John B.（ウィレット，ジョン）…… 82
Williams, Andrew（ウィリアムス，アンドリュー）…… 77
Williams, Anthony（ウィリアムズ，トニー）…… 78
Williams, Dean（ウィリアムズ，ディーン）…… 78
Williams, Emma（ウィリアムズ，エマ）…… 77
Williams, Geoffrey（ウィリアムス，ジョフリー）…… 78
Williams, Jason（ウィリアムズ，ジェイソン）…… 77
Williams, Jenny（ウィリアムズ，ジェニー（教育））…… 77
Williams, Judy（ウィリアムズ，ジュディ）…… 78
Williams, Lee（ウィリアムス，リー）…… 78
Williams, Nancy Rothenberg（ウイリアムズ ナンシー・ローゼンバーグ）…… 78

Williams, Noel H.（ウィリアムス, N.H.）……79
Williams, Raymond（ウィリアムズ, レイモンド）……79
Williams, Suzanne（ウィリアムズ, スザンヌ）…78
Williamson, Karen（ウィリアムソン, カレン）…79
Williamson, Marianne（ウィリアムソン, マリアン）……79
Williamson, Michael（ウィリアムソン, マイケル）……79
Williamson, Stephen D.（ウィリアムソン, スティーブン・D.）……79
Willin, Melvyn J.（ウィリン, メルヴィン）……80
Willis, Ethan（ウィリス, イーサン）……79
Willis, Paul（ウィリス, ポール）……80
Willmore, Joe（ウィルモア, ジョー）……82
Wills, Howard（ウィルズ, ハワード）……80
Wilmot, William W.（ウィルモット, ウィリアム・W.）……82
Wilson, Bill（ウィルソン, ビル）……81
Wilson, Brent G.（ウィルソン, ブレンド・G.）‥81
Wilson, Edward Osborne（ウィルソン, エドワード・O.）……80
Wilson, Norman James（ウィルソン, ノーマン・J.）……81
Wilson, Paul（ウィルソン, ポール）……81
Wilson, Peter Lamborn（ウィルソン, ピーター・ランボーン）……81
Wilson, Robert J.（ウィルソン, ロバート・J.）‥81
Wilson, Trevor（ウィルソン, T.）……81
Wilson, Valerie Plame（ウィルソン, ヴァレリー・プレイム）……80
Wimmer, Otto（ヴィマー, オットー）……77
WingMakers LLC（ウイングメーカー）……83
Winkler, Franz（ヴィンクラー, フランツ）……83
Winn, Donna-Marie C.（ウィン, D.）……83
Winnicott, Donald Woods（ウィニコット, ドナルド・W.）……76
Winograd, Morley（ウィノグラッド, モーリー）……77
Winter, Jeanette（ウィンター, ジャネット）……84
Winterson, Jeanette（ウィンターソン, ジャネット）……84
Winthrop, Simon（ウィンスロップ, サイモン）‥83
Wintz, Jack（ウィンツ, ジャック）……84
Wirtz, James J.（ウィルツ, ジェームズ）……82
Wise, David（ワイズ, デイヴィッド）……956
Wise, Steven M.（ワイズ, スティーヴン・M.）‥956
Wise, Tim J.（ワイズ, ティム）……956
Wiseman, Richard John（ワイズマン, リチャード）……957
Wishart, Trevor（ウィシャート, トレヴァー）……73
Wisser, Richard（ヴィッサー, リヒャルト）……74
Wittern, Christian（ウィッテルン, クリスティアン）……74
Wittgenstein, Ludwig（ウィトゲンシュタイン, ルートヴィッヒ）……75
Wivel, Anders（ウィヴェル, アンデルス）……71
Woeser, Tsering（オーセル, ツェリン）……136
Wohlhaupter, Eugen（ヴォールハウプター, オイゲン）……100
Wolcott, David A.（ウォルコット, デビッド・A.）……98
Wolf, Diane Lauren（ウルフ, ダイアン・ローレン）……107
Wolfe, Burton H.（ウルフ, バートン・H.）……108
Wolfe, David（ウルフ, D.（ゲーム理論））……108
Wolfe, Michael P.（ウルフ, M.）……108
Wolfe, Polly（ウルフ, P.）……108
Wolferen, Karel van（ウォルフレン, カレル・ヴァン）……100
Wolfrum, Edgar（ヴォルフルム, エトガー）……100
Wolk, Harry I.（ウォーク, ハリー・I.）……94
Wollstonecraft, Mary（ウルストンクラフト, メアリ）……107
Wolmar, Christian（ウォルマー, クリスティアン）……101
Wong, Dona M.（ウォン, ドナ・M.）……102
Wood, Andrea（ウッド, アンドリア）……104
Wood, David（ウッド, デイビッド）……105
Wood, Hannah（ウッド, ハンナ）……105
Wood, James B.（ウッド, ジェームズ・B.）……104
Wood, J.B.（ウッド, J.B.）……105
Wood, John（ウッド, ジョン）……104
Wood, Kay（ウッド, ケイ）……104
Wood, Lamont（ウッド, ラモント）……105
Woods, Caspian（ウッズ, カスピアン）……104
Woods, Robert（Bob）T.（ウッズ, B.）……104
Woodside, Alexander（ウッドサイド, アレクサンダー）……105
Woodward, Benjamin（ウッドワード, ベンジャミン）……106
Woodward, Bob（ウッドワード, ボブ）……106
Woodward, Harry（ウッドワード, ハリー）……106
Woodward, John（ウッドワード, ジョン）……106
Woodward, Woody（ウッドワード, ウッディ）……105
Woollams, Stanley（ウラムス, スタン）……106
Woolley, Benjamin（ウリー, ベンジャミン）……106
Woolway, Erica（ウールウェイ, エリカ）……107
Worchel, Stephen（ウォーケル, S.）……95
Worden, James William（ウォーデン, J.ウィリアム）……96
Worms, Penny（ワームズ, ペニー）……963
Worsley, Lucy（ワースリー, ルーシー）……960
Worsley, Peter（ワースレイ, ピーター）……960
Wortley, Richard K.（ウォートレイ, リチャード）……96
Wright, Georg Henrik von（ウリクト, G.H.フォン）……106

Wright, Pamela Darr（ライト, パメラ）………858
Wright, Peter（ライト, ピーター）………858
Wright, Peter W.D.（ライト, ピーター・W.D.）………858
Wright, Robert Eric（ライト, ロバート・E.）‥858
Wright, Sally Ann（ライト, サリー・アン）……858
Wrighton, Tony（ライトン, トニー）………859
Writers for the 99%（ライターズ・フォー・ザ・99%）………857
Wrona, Robert J.（ロナ, ロバート）………946
Wulf, Christoph（ヴルフ, クリストフ）………107
Wunsch, Marjory（ウンシュ, マージョリー）…109
WWI（ワールドウォッチ研究所）………963
Wyatt, Stuart（ワイアット, スチュアート）……956
Wyne, Ali（ウィン, アリ）………82
Wynn, Garrison（ウィン, ギャリソン）………82

【X】

Xenophon（クセノポン）………214
Xinran（シンラン）………386

【Y】

Yamamoto, Mindy（ヤマモト, ミンディ）………843
Yamamura, Kôzô（ヤマムラ, コーゾー）………842
Yancey, Philip D.（ヤンシー, フィリップ）……844
Yardley-Matwiejczuk, Krysia M.（ヤルドレイ＝マトヴェイチュク, クリシヤ・M.）………843
Yates, Frances Amelia（イェイツ, フランシス・A.）………56
Yates, Pamela M.（イエイツ, パメラ・M.）……56
Yeates, Keith Owen（イーツ, K.）………60
Yeung, Rob（ヤン, ロブ）………843
Yezzi, Katie（イェッツイ, ケイティ）………57
Yin, Robert K.（イン, ロバート・K.）………65
Yogananda, Paramhansa（ヨガナンダ, パラマハンサ）………851
Yongey Mingyur Rinpoche（ヨンゲイ・ミンゲール・リンポチェ）………853
Yoshihara, Susan（ヨシハラ, スーザン）………851
Youdell, Deborah（ユーデル, デボラ）………847
Young, Andrew R.（ヤング, アンドリュー・R.）………844
Young, Arthur（ヤング, アーサー）………844
Young, Sarah（ヤング, サラ）………844
Young, Sue Fostaty（ヤング, スー・F.）………844
Younger, Jon（ヤンガー, ジョン）………843
Yousafzai, Malala（ユスフザイ, マララ）………847
Yousef, Mosab Hassan（ユーセフ, モサブ・ハッサン）………847
Yow, Valerie Raleigh（ヤウ, ヴァレリー・ローリー）………841
Yu, Hong Nyeol（ユ, ホンニョル）………845
Yücel Güleç, Selim（ユジェル・ギュレチ, セリム）………846
Yu-Jose, Lydia N.（ユー・ホセ, リディア・N.）………847
Yule, William（ユール, ウィリアム）………847
Yun, Hee-jin（ユン, ヒジン）………848

【Z】

Zack, Devora（ザック, デボラ）………311
Zadra, Dan（ゼドラ, ダン）………421
Zaffron, Steve（ザフロン, スティーヴ）………314
Zagami, Leo（ザガミ, レオ）………309
Zahavi, Dan（ザハヴィ, ダン）………313
Zaĭtsev, Aleksandr Iosifovich（ザーイツェフ, A. I.）………307
Zak, Paul J.（ザック, ポール・J.）………311
Zakaria, Fareed（ザカリア, ファリード）………309
Zakriski, Audrey L.（ザクリスキ, A.）………309
Zaltman, Gerald（ザルトマン, ジェラルド）……316
Zambelli, Raymond（ザンベリ, レイモンド）……323
Zander, Benjamin（ザンダー, ベンジャミン）‥318
Zander, Pietro（ザンデル, ピエトロ）………321
Zander, Rosamund Stone（ザンダー, ロザモンド・ストーン）………318
Zarcone, Thierry（ザルコンヌ, ティエリー）……316
Zarin, Jill（ザリン, ジル）………316
Zawodny, Janusz Kazimierz（ザヴォドニー, J. K.）………309
Zeisel, Hans（ザイゼル, ハンス）………307
Zelinski, Ernie John（ゼリンスキー, アーニー・J.）………422
Zemel, Eitan（ジーメル, エータン）………338
Zenevitch, Joe（ゼネビッチ, ジョー）………421
Zhu, Jianjun（チュー, J.）………461
Zigler, Edward（ジグラー, エドワード）………332
Zijderveld, Anton C.（ザイデルフェルト, アントン）………307
Ziller, Amanda（ジラー, アマンダ）………379
Zimmer, Carl（ジンマー, カール）………385
Zimmerman, David（ジマーマン, D.）………337
Zingales, Luigi（ジンガレス, ルイジ）………383
Zinn, Howard（ジン, ハワード）………382
Zitrin, Richard A.（ズィトリン, リチャード）‥387
Žižek, Slavoj（ジジェク, スラヴォイ）………332
Zook, Chris（ズック, クリス）………397

Zsámboki, Károlyné (ジャーンボキ, カーロイネー) …… 350
Zuckerman, Michael W. (ザッカーマン, マイケル・W.) …… 311
Zuckoff, Allan (ズーコフ, A.) …… 392
Zukin, Sharon (ズーキン, シャロン) …… 390
Zurhorst, Eva-Maria (ツアホルスト, エファ・マリア) …… 472
Zweben, Allen (ツヴェベン, A.) …… 473
Zweig, Jason (ツヴァイク, ジェイソン) …… 473
Zweig, Stefan (ツヴァイク, シュテファン) …… 473
Zwingli, Huldrych (ツヴィングリ, フルドリヒ) …… 473

翻訳図書目録 2011-2013
I 総記・人文・社会

2014年5月25日 第1刷発行

発 行 者／大高利夫
編集・発行／日外アソシエーツ株式会社
〒143-8550 東京都大田区大森北 1-23-8 第3下川ビル
電話 (03)3763-5241(代表) FAX(03)3764-0845
URL http://www.nichigai.co.jp/
発 売 元／株式会社紀伊國屋書店
〒163-8636 東京都新宿区新宿 3-17-7
電話 (03)3354-0131(代表)
ホールセール部(営業) 電話 (03)6910-0519

電算漢字処理／日外アソシエーツ株式会社
印刷・製本／株式会社平河工業社

《中性紙三菱クリームエレガ使用》

ISBN978-4-8169-2473-6 Printed in Japan,2014

本書はディジタルデータでご利用いただくことができます。詳細はお問い合わせください。